NomosKommentar

Sabine Knickrehm | Olaf Rademacker [Hrsg.]

Sozialgesetzbuch XIV

Soziale Entschädigung

Lehr- und Praxiskommentar

Dirk H. Dau, Richter am Bundessozialgericht a.D., Hamburg | **Sabine Knickrehm**, Vorsitzende Richterin am Bundessozialgericht, Kassel | **Renate Christine Kruse**, Regierungsdirektorin im Bundesministerium für Arbeit und Soziales | **Dr. Anders Leopold**, Richter am Landessozialgericht Hamburg | **Tatjana Lilienfeld**, Vorsitzende Richterin am Bayerischen Landessozialgericht | **Dr. Miriam Meßling**, Vizepräsidentin des Bundessozialgerichts, Kassel | **Dr. Tobias Mushoff**, Richter am Landessozialgericht Nordrhein-Westfalen, Essen | **Prof. Dr. Katja Nebe**, Martin-Luther Universität Halle-Wittenberg | **Olaf Rademacker**, Richter am Bundessozialgericht, Kassel | **Stefanie Vogl**, Richterin am Hessischen Landessozialgericht, Darmstadt | **Prof. Dr. Ursula Waßer**, Richterin am Bundessozialgericht, Kassel | **Dr. Christian Weber**, Referatsleiter im Landesversorgungsamt beim Landesverwaltungsamt Sachsen-Anhalt

Nomos

Zitiervorschlag: LPK-SGB XIV/Bearbeiter

Die Deutsche Nationalbibliothek verzeichnet diese Publikation in der Deutschen Nationalbibliografie; detaillierte bibliografische Daten sind im Internet über http://dnb.d-nb.de abrufbar.

ISBN 978-3-8487-3912-7

1. Auflage 2022

Vorwort

Mit dem Projekt der Kommentierung des Sozialgesetzbuchs 14. Buch – SGB XIV – will das Autorenteam des vorliegenden Werkes ein neues Kapitel im Rahmen der Kommentierung zum gesamten sozialen Entschädigungsrechts aufschlagen. Dabei stellen sich ganz neue Herausforderungen:

Das BVG, dessen Wurzeln auf eine jahrhundertelange Tradition zurückgehen, kann auch bei einer Kommentierung des SGB XIV nicht hinweggedacht werden. Selbst wenn es ab dem 1.1.2024 nach §§ 142 ff. SGB XIV nur noch für einen kleinen Kreis Leistungsberechtigter und mit Modifizierungen zur Anwendung gelangt, werden doch die seit Ende des zweiten Weltkriegs entwickelten Grundsätze und die Rechtsprechung zum BVG bei der Auslegung der Vorschriften des SGB XIV zu berücksichtigen sein. Die Leistungsvoraussetzungen in den Kapiteln 1, 2 und 3 des SGB XIV sowie manche Leistungsarten – hier sei nur der Berufsschadensausgleich genannt – bauen auf den Strukturen des BVG auf oder übernehmen sie. Auch Regelungen, die bisher auf das BVG Bezug genommen haben, werden zu wesentlichen Teilen fortgeführt, wobei sich der Gesetzgeber unterschiedlicher Regelungstechniken bedient. Regelungsgegenstände, die in den letzten Jahrzehnten an Bedeutung gewonnen haben, wie die Opferentschädigung und die Entschädigung für Impfschäden werden unmittelbar in das neue Gesetzbuch integriert. In anderen Bereichen wird dagegen weiterhin auf das zentrale Entschädigungsgesetz – und damit nun das SGB XIV anstelle des BVG – verwiesen.

Es gibt jedoch nicht nur Kontinuitäten, sondern der Gesetzgeber ist mit dem SGB XIV zT ganz bewusst von „alt hergebrachten" Grundsätzen abgewichen. In beide Richtungen muss das BVG mithin auch bei einer Kommentierung des SGB XIV immer mitbedacht werden. Da die Kommentierung – wie schon der Vorläufer: Handkommentar zum Gesamten Sozialen Entschädigungsrecht – praxistauglich sein und gleichzeitig einem wissenschaftlichen Anspruch genügen soll, wird den Grundlagen der Kausalitätsbeurteilung oder den verfahrensrechtlichen Vorschriften ein breiterer Raum eingeräumt. Und es bleibt dabei: Ein besonderes Augenmerk gilt der Systematisierung und Einordnung der bearbeiteten Normen in den Gesamtkomplex des Sozialen Entschädigungsrechts. Dies erfordert einen Spagat zwischen dem „alten" noch in Kraft befindlichen Recht und dem zukünftigen, mit Auswirkungen nicht nur auf die Form der Präsentation, sondern auch inhaltlicher Art. Es gilt zudem diejenigen anzusprechen, die schon mit dem BVG und anderen Gesetzen der Sozialen Entschädigung gearbeitet haben und zukünftig mit den neuen Regelungen des SGB XIV konfrontiert sein werden. Dabei möchte wir aber auch denjenigen Hilfestellung bei der Fallbearbeitung oder Erarbeitung wissenschaftlicher Texte anbieten, die nicht nur mit dem SGB XIV, sondern mit der Sozialen Entschädigung insgesamt Neuland betreten.

Das Werk soll auch in der Übergangsphase bis 2024 eine übersichtliche Kommentierung der relevanten Gesetze der sozialen Entschädigung aus einer Hand ermöglichen. Diesem Ziel dient insbesondere die Synopse, die denjenigen, die sich noch am alten Recht orientieren, das Auffinden der Neureglung erleichtern sollen. Zudem wird in der Kommentierung der neuen Vorschriften des SGB XIV jeweils in einem besonderen Abschnitt erläutert, an welcher Stelle die jeweiligen Regelungsgegenstände im alten Recht normiert worden waren. Unterschiede und Parallelen zwischen altem und neuem Recht werden in der Einzelkommentierung herausgearbeitet.

Unverändert bleibt das Format des Kommentars, mit der ihm eigenen Umfangsbegrenzung. Literatur und Rechtsprechung sollen gleichwohl auf aktuellem Stand umfassend in die Kommentierung eingearbeitet und auch kritisch gewürdigt werden. Ziel ist es zu einer Entwicklung der Dogmatik unter den Vorzeichen des SGB XIV sowie einer Weiterentwicklung der Dogmatik des sozialen Entschädigungsrechts beizutragen.

Gesellschaftliche und soziale Veränderungen haben die Weiterentwicklung des Sozialen Entschädigungsrechts erforderlich gemacht. Der Gesetzgeber hat zunächst zögerlich, aber dann Ende 2019 doch mit einem Gesetzeswerk in Gestalt des SGB XIV auf Ereignisse, wie den Anschlag auf den Weihnachtsmarkt auf dem Breitscheidplatz, den Amoklauf von München oder etwa den Angriff auf die Synagoge in Halle reagiert. Gleichzeitig hat das Opferentschädigungsrecht als heute relevantester Teil der Sozialen Entschädigung eine neue, der Verfestigung der traumatisch bewirkten Erkrankung entgegenwirkende Ausrichtung erhalten. Es reagiert endlich auf – nicht mehr ganz neue – Erkenntnisse aus der Traumaforschung. Stichworte sind insoweit „Schnelle Hilfen" etwa in Traumambulanzen sowie der Ausbau der Teilhabeleistungen, unter Bezug auf und orientiert am SGB IX. Auch der Wandel des europäischen Rechts in der gewachsenen Europäischen Union und der zunehmende Auslandsbezug der Menschen sind nicht am sozialen Entschädigungsrecht vorbeigegangen. So ist die Auslandsversorgung mit dem BVG bereits im Jahr 2011 europarechtskonform angepasst worden. Im SGB XIV – und bereits im Vorgriff darauf in dem noch bis 2023 fortgeltenden OEG – werden die komplizierten und in der Verwaltungspraxis nur noch selektiv zur Anwendung gebrachten einschränkenden Sonderregelungen zur Entschädigung von Ausländern endlich vollständig aufgegeben. Anspruch auf Leistungen für in Deutschland erlittene Schädigungen besteht nun unabhängig von der Staatsangehörigkeit. Diese Änderungen – auch die „kleineren" – sind in die Kommentierung bereits eingearbeitet, so dass sich das Werk auf neuestem gesetzlichen Stand befindet.

Gerade in Zeiten der Pandemie haben die Vorschriften des IfSG an Bedeutung gewonnen – den Niederschlag im Entschädigungsrecht, einschließlich des SGB XIV, findet sich kritisch gewürdigt auf dem neuesten Stand im vorliegenden Werk.

Die Kommentierung bezieht ebenfalls die einschlägigen und entscheidenden untergesetzlichen Regelungen und Verwaltungsvorschriften zum BVG – mit Blick auf die vorgesehene und zum Teil bereits in Kraft getretenen Ermächtigungsnormen für untergesetzliche Regelungen des SGB XIV – ein. Auf eine Kommentierung der sozialrechtlichen Vorschriften des SGB IX (Schwerbehindertenrecht) haben wir ua aus Platzgründen verzichtet. Soweit Regelungen des SGB IX (Teilhabe), aber auch der SGB V, VII, XI im Kontext des Normgefüges des SGB XIV zukünftig von Bedeutung sind, werden sie bei den jeweiligen Vorschriften zum neuen SER erörtert.

Das Autorenteam hat die zuvor dargelegten Herausforderungen angenommen und versucht sie umzusetzen. Verlag, Autorenteam und Herausgeber bitten um eine kritische Begleitung des Werkes und hoffen auf Anregungen und Vorschläge zur Weiterentwicklung von Inhalt und Konzeption.

Kassel, im Juli 2022 *Sabine Knickrehm/Olaf Rademacker*

Bearbeiterverzeichnis

Dirk H. Dau, Richter am Bundessozialgericht a.D., Hamburg (§§ 21-22, 82, 89-91, 100, 139, 142, 144-145, 148-150, 152-154)

Sabine Knickrehm, Vorsitzende Richterin am Bundessozialgericht, Kassel (Vor § 1, §§ 1-6, 8-11, 25-28, 123-125)

Renate Christine Kruse, Regierungsdirektorin im Bundesministerium für Arbeit und Soziales (§§ 92-98, 105-109 SGB XIV)

Dr. Anders Leopold, Richter am Landessozialgericht Hamburg (§§ 7, 12, 15, 101-102; Art. 8 G-SER: Österreich-Abkommen)

Tatjana Lilienfeld, Vorsitzende Richterin am Bayerischen Landessozialgericht (§§ 23, 103, 140; Anti-D-HilfeG; HäftlingshilfeG)

Dr. Miriam Meßling, Vizepräsidentin des Bundessozialgerichts, Kassel (§§ 24, 141)

Dr. Tobias Mushoff, Richter am Landessozialgericht Nordrhein-Westfalen, Essen (§§ 29-40, 83-88, 110; Art. 26 und 27 G-SER: Änderungen VersMedV)

Prof. Dr. Katja Nebe, Martin-Luther Universität Halle-Wittenberg (§§ 62-70; Art. 41 G-SER: Änderung Kfz-HV)

Olaf Rademacker, Richter am Bundessozialgericht, Kassel (§§ 13-14, 16-20, 126-132, 137-138; StrRehaG; VwRehaG)

Stefanie Vogl, Richterin am Hessischen Landessozialgericht, Darmstadt (§§ 41-61, 99, 104, 143, 151)

Prof. Dr. Ursula Waßer, Richterin am Bundessozialgericht, Kassel (Vor §§ 71 ff., §§ 71-81, 146-147)

Dr. Christian Weber, Referatsleiter im Landesversorgungsamt beim Landesverwaltungsamt Sachsen-Anhalt (§§ 111-122, 133-136, 155-158)

Inhaltsverzeichnis

Sozialgesetzbuch Vierzehntes Buch (SGB XIV) – Soziale Entschädigung –

Vom 12. Dezember 2019 (BGBl. I 2652)
(FNA 860-14)
zuletzt geändert durch Art. 48 und 49 G über die Entschädigung der Soldatinnen und Soldaten und zur Neuordnung des Soldatenversorgungsrechts
vom 20. August 2021 (BGBl. I 3932)

Kapitel 5
Krankenbehandlung der Sozialen Entschädigung

Abschnitt 1 Leistungen und Nachweispflicht

Abschnitt 2 Vergütung der Leistungserbringer

Abschnitt 3 Zuständigkeit und Datenübermittlung

Abschnitt 4 Erstattungen von Aufwendungen und Verwaltungskosten

Kapitel 6
Leistungen zur Teilhabe

Kapitel 11
Besondere Leistungen im Einzelfall

Kapitel 12
Überführung und Bestattung

Kapitel 13
Härtefallregelung

Kapitel 14
Regelungen bei Wohnsitz oder gewöhnlichem Aufenthalt im Ausland

Kapitel 15
Besonderheiten der Leistungserbringung für einzelne Entschädigungstatbestände

Kapitel 16
Einsatz von Einkommen und Vermögen

Kapitel 17
Anpassung

Kapitel 18
Organisation, Durchführung und Verfahren

Abschnitt 1 Organisation und Durchführung

Kapitel 23
Vorschriften zu Besitzständen

Abschnitt 1 Grundsätze und Leistungen

Abschnitt 2 Neufeststellungen und Anpassung

Abschnitt 3 Vertrauensschutz für die Absicherung gegen Krankheit

Abschnitt 4 Wahlrecht

Abschnitt 5 Anrechnung

Abschnitt 6 Kostentragung und Zuständigkeit

Abschnitt 7 Umsetzung

Gesetz über die Hilfe für durch Anti-D-Immunprophylaxe mit dem Hepatitis-C-Virus infizierte Personen (Anti-D-Hilfegesetz – AntiDHG)

Gesetz über Hilfsmaßnahmen für Personen, die aus politischen Gründen außerhalb der Bundesrepublik Deutschland in Gewahrsam genommen wurden (Häftlingshilfegesetz – HHG)

Gesetz über die Rehabilitierung und Entschädigung von Opfern rechtsstaatswidriger Strafverfolgungsmaßnahmen im Beitrittsgebiet (Strafrechtliches Rehabilitierungsgesetz – StrRehaG)

Abschnitt 1 Rehabilitierung und Folgeansprüche

Abschnitt 2 Gerichtliches Verfahren

Abschnitt 3 Soziale Ausgleichsleistungen

Abkürzungsverzeichnis

aA	anderer Ansicht
aaO	am angegebenen Ort
AAÜG	Gesetz zur Überführung der Ansprüche und Anwartschaften aus Zusatz- und Sonderversorgungssystemen des Beitrittsgebiets (Anspruchs- und Anwartschaftsüberführungsgesetz)
AAÜG-ÄndG	Gesetz zur Änderung und Ergänzung des Anspruchs- und Anwartschaftsüberführungsgesetzes (AAÜG-Änderungsgesetz)
Abl.	Amtsblatt
ABl EU	Amtsblatt der Europäischen Union
ABl. AHK	Amtsblatt der Alliierten Hohen Kommission SozR 4-3800 § 1 Nr 7
Abs.	Absatz
Abschn.	Abschnitt
AEUV	Vertrag über die Arbeitsweise der Europäischen Union
aF	alte Fassung
AHK	Alliierte Hohe Kommission
AHP	Anhaltspunkte für die ärztliche Gutachtertätigkeit im sozialen Entschädigungsrecht und nach dem Schwerbehindertenrecht (Teil 2 SGB IX)
Alg	Arbeitslosengeld
AMG	Gesetz über den Verkehr mit Arzneimitteln (Arzneimittelgesetz)
Anm.	Anmerkung
AntiDHG	Gesetz über die Hilfe für durch Anti-D-Immunprophylaxe mit dem Hepatitis-C-Virus infizierte Personen (Anti-D-Hilfegesetz)
ArchsozArb	Archiv für Wissenschaft und Praxis der sozialen Arbeit (Zeitschrift)
ASUMed	Arbeitsmedizin – Sozialmedizin – Umweltmedizin (Zeitschrift)
AO-EmU 1987	Anordnung über eine erweiterte materielle Unterstützung für Bürger bei Gesundheitsschäden infolge medizinischer Maßnahmen
AOK	Allgemeine Ortskrankenkasse
Art.	Artikel
AsylbLG	Asylbewerberleistungsgesetz
AufenthG	Aufenthaltsgesetz
Aufl.	Auflage
aufgeh.	aufgehoben
AusglV	Verordnung über die Einkommensfeststellung nach dem Bundesversorgungsgesetz (Ausgleichsrentenverordnung)
AuslVersV	Auslandsversorgungsverordnung
AuslZustVO	Auslandszuständigkeitsverordnung
B	erforderliche ständige Begleitung
BAföG	Bundesgesetz über die individuelle Förderung der Ausbildung (Bundesausbildungsförderungsgesetz)
BaföGÄndG	Gesetz zur Änderung des Bundesausbildungsförderungsgesetzes
BAG	Bundesarbeitsgericht
BAGE	Entscheidungen des BAG (Entscheidungssammlung)
Banz	Bundesanzeiger
BarbBl.	Bundesarbeitsblatt
Bay	Bayern/bayerisch(es)
BB	Betriebsberater (Zeitschrift)
bbB	Besonderes berufliches Betroffensein
BbesG	Bundesbesoldungsgesetz
Bbg	Brandenburg
BEB	Bundeseinheitliche Benennungsliste für zahntechnische Leistungen
Bek.	Bekanntmachung
BeamtVG	Gesetz über die Versorgung der Beamten und Richter des Bundes (Beamtenversorgungsgesetz)
BEG	Bundesgesetz zur Entschädigung für Opfer der nationalsozialistischen Verfolgung (Bundesentschädigungsgesetz)
Begr.	Begründer

BerRehaG	Gesetz über den Ausgleich beruflicher Benachteiligungen für Opfer politischer Verfolgung im Beitrittsgebiet (Berufliches Rehabilitierungsgesetz)
BFH	Bundesfinanzhof
BFHE	Entscheidungen des Bundesfinanzhofs (Entscheidungssammlung)
BG	Die Berufsgenossenschaft (Zeitschrift)
BfSE	Bundesstelle für Soziale Entschädigung
BGB	Bürgerliches Gesetzbuch
BGBl.	Bundesgesetzblatt
BGH	Bundesgerichtshof
Begr.	Begründer
BGSG	Gesetz über den Bundesgrenzschutz (Bundesgrenzschutzgesetz)
BIH	Bundesarbeitsgemeinschaft der Integrationsämter und Hauptfürsorgestellen
BK	Berufskrankheit
BKGG	Bundeskindergeldgesetz
BKV	Berufskrankheiten-Verordnung
BMA	Bundesministerium für Arbeit
BliE	Besondere Leistungen im Einzelfall
Bln	Berlin
BMAS	Bundesministerium für Arbeit und Soziales
BMF	Bundesministerium der Finanzen
BMG	Bundesministerium für Gesundheit
BMI	Bundesministerium des Innern
BMVg	Bundesministerium der Verteidigung
BR-Drs.	Bundesrats-Drucksache
Brem	Bremen
BRKG	Bundesreisekostengesetz
Breith	Breithaupt (Entscheidungssammlung)
BSA	Berufsschadensausgleich
BschAV	Verordnung zur Durchführung des § 30 Abs. 3 bis 12 und des § 40a Abs. 1 bis 5 des Bundesversorgungsgesetzes (Berufsschadensausgleichsverordnung)
BSG	Bundessozialgericht
BSGE	Entscheidungen des Bundessozialgerichts (Entscheidungssammlung)
BseuchG	Gesetz zur Verhütung und Bekämpfung übertragbarer Krankheiten beim Menschen (Bundesseuchengesetz)
BT	Deutscher Bundestag
BT-Drs.	Bundestags-Drucksache
BTHG	Bundesteilhabegesetz
Buchholz	Sammel- und Nachschlagewerk der Rechtsprechung des Bundesverwaltungsgerichts
Buchst.	Buchstabe
BudgetV	Verordnung zur Durchführung des § 17 Abs. 2 bis 4 SGB IX
BVBl	Bundesversorgungsblatt (Zeitschrift)
BVerfG	Bundesverfassungsgericht
BVerfGE	Entscheidungen des Bundesverfassungsgerichts (Entscheidungssammlung)
BVerwG	Bundesverwaltungsgericht
BVerwGE	Entscheidungen des Bundesverwaltungsgerichts (Entscheidungssammlung)
BVFG	Gesetz über die Angelegenheiten der Vertriebenen und Flüchtlinge (Bundesvertriebenengesetz)
BVG	Gesetz über die Versorgung der Opfer des Krieges (Bundesversorgungsgesetz)
BVG§ 31Abs5DV	Verordnung zur Durchführung des § 31 Abs. 4 des Bundesversorgungsgesetzes
BVGÄndG	Gesetz zur Änderung des Bundesversorgungsgesetzes
BVGVwV	Verwaltungsvorschriften zum BVG
BW	Baden-Württemberg
BWK-Ausl	Bundesgesetz zur Wiedergutmachung nationalsozialistischen Unrechts in der Kriegsopferversorgung für Berechtigte im Ausland
bzgl	bezüglich
bzw.	beziehungsweise

ContStifG	Gesetz über die Conterganstiftung für behinderte Menschen (Conterganstiftungsgesetz)
CT	Computertomographie
DbAG	Gesetz über einen Ausgleich für Dienstbeschädigungen im Beitrittsgebiet (Dienstbeschädigungsausgleichsgesetz)
DBKZ	Deutsche Behinderten- und Kriegsopfer-Zeitung (Zeitschrift)
DDR	Deutsche Demokratische Republik
DGUV	Deutsche Gesetzliche Unfallversicherung
dh	das heißt
Die Leistungen	Die Leistungen der Krankenversicherung (Zeitschrift)
DMW	Deutsche Medizinische Wochenschrift (Zeitschrift)
DÖV	Die Öffentliche Verwaltung (Zeitschrift)
DOK	Die Ortskrankenkasse (Zeitschrift)
DriZ	Deutsche Richterzeitung (Zeitschrift)
Drs.	Drucksache
DRV	Deutsche Rentenversicherung (Zeitschrift)
DS-GVO	Datenschutz-Grundverordnung
DVBl	Deutsches Verwaltungsblatt (Zeitschrift)
EGMR	Europäischer Gerichtshof für Menschenrechte
EGRL	Europäische Richtlinie
EGV	Europäische Verordnung/Vertrag zur Gründung der Europäischen Gemeinschaft
EG-VO 883/2004	Verordnung (EG) Nr. 883/2004 des Europäischen Parlaments und des Rates vom 29.4.2004 zur Koordinierung der Systeme der sozialen Sicherheit
EG-VO 987/2009	Verordnung (EG) Nr. 987/2009 des Europäischen Parlaments und des Rates vom 16.9.2009 zur Festlegung der Modalitäten für die Durchführung der Verordnung (EG) Nr. 883/2004 des Europäischen Parlaments und des Rates zur Koordinierung der Systeme der sozialen Sicherheit
EinigVtr	Vertrag zwischen der Bundesrepublik Deutschland und der Deutschen Demokratischen Republik über die Herstellung der Einheit Deutschlands (Einigungsvertrag)
EMA	European Medicines Agency/Europäische Arzneimittel-Agentur
EntSchRG	Entschädigungsrentengesetz
EStG	Einkommensteuergesetz
EU	Europäische Union
EuGH	Europäischer Gerichtshof
EuGRZ	Europäische Grundrechte Zeitschrift
EuOEÜbk	Übereinkommens über die Entschädigung für Opfer von Gewalttaten vom 24.11.1983
EuOEÜbkG	Gesetz zu dem Übereinkommen über die Entschädigung für Opfer von Gewalttaten vom 24.11.1983
EUR	Euro
EuroAS	Informationsdienst Europäisches Arbeits- und Sozialrecht
EWG-VO 1408/71	Verordnung (EWG) Nr. 1408/71 des Rates vom 14.6.1971 zur Anwendung der Systeme der sozialen Sicherheit auf Arbeitnehmer und deren Familien, die innerhalb der Gemeinschaft zu- und abwandern
FA	Beilage zum Fachanwalt für Arbeitsrecht (Zeitschrift)
FamRZ	Zeitschrift für das gesamte Familienrecht
FEVS	Fürsorgerechtliche Entscheidungen der Verwaltungs- und Sozialgerichte
FreizügG/EU	Gesetz über die allgemeine Freizügigkeit von Unionsbürgern
FRG	Fremdrentengesetz
FZV	Verordnung über die Zulassung von Fahrzeugen zum Straßenverkehr
G	Gesetz
G 131	Gesetz zur Regelung der Rechtsverhältnisse der unter Art. 131 GG fallenden Personen
G-BA	Gemeinsamer Bundesausschuss

GdB	Grad der Behinderung
GdS	Grad der Schädigungsfolgen
gem.	gemäß
GesR	Gesundheitsrecht (Zeitschrift)
GG	Grundgesetz für die Bundesrepublik Deutschland
ggf	gegebenenfalls
GKV	Gesetzliche Krankenversicherung
GOÄ	Gebührenordnung für Ärzte
GOZ	Gebührenordnung für Zahnärzte
grds.	Grundsätzlich
GRV	Gesetzliche Rentenversicherung
G-SER	Gesetz zur Regelung des Sozialen Entschädigungsrechts
GUV	Gesetzliche Unfallversicherung
GVBl	Gesetzes- und Verordnungsblatt
HBegleitG	Haushaltsbegleitgesetz
Hess	Hessen/hessisch(es)
HHG	Gesetz über Hilfsmaßnahmen für Personen, die aus politischen Gründen außerhalb der Bundesrepublik Deutschland in Gewahrsam genommen wurden (Häftlingshilfegesetz)
HKG	Gesetz über Hilfsmaßnahmen für Heimkehrer (Heimkehrergesetz)
hM	herrschende Meinung
Hmb	Hamburg
Hrsg.	Herausgeber
Hs.	Halbsatz
HVBG-Info	Aktueller Informationsdienst für die berufsgenossenschaftliche Sachbearbeitung
idG	in der Gestalt
idF	in der Fassung
idR	in der Regel
idS	in diesem Sinne
ieS	im engeren Sinne
IfSG	Gesetz zur Verhütung und Bekämpfung von Infektionskrankheiten beim Menschen (Infektionsschutzgesetz)
InfAuslR	Informationsbrief Ausländerrecht (Zeitschrift)
Info also	Informationen zum Arbeitslosenrecht und Sozialhilferecht (Zeitschrift)
IfSG	Gesetz über die Verhütung und Bekämpfung von Infektionskrankheiten beim Menschen (Infektionsschutzgesetz)
insb.	insbesondere
insg.	insgesamt
iS	im Sinne
iSd	im Sinne des
iSv	im Sinne von
iVm	in Verbindung mit
Jamt	Das Jugendamt (Zeitschrift)
Jura	Juristische Ausbildung (Zeitschrift)
jurisPK	Juris Praxiskommentar
jurisPR-SozR	Juris Praxisreport-Sozialrecht
JVEG	Justizvergütungs- und -Entschädigungsgesetz
Kap.	Kapitel
KFürsV	Verordnung zur Kriegsopferfürsorge
KfW	Kreditanstalt für den Wiederaufbau
KfzHV	Verordnung über die Kraftfahrzeughilfe zur beruflichen Rehabilitation (Kraftfahrzeughilfeverordnung)
KHEntG	Gesetz über die Entgelte für voll- und teilstationäre Krankenhausleistungen
Kompass/KBS	Kompass – Zeitschrift der Knappschaft, Bahn, See
KOV	Die Kriegsopferversorgung (Zeitschrift)
KOVVfG	Gesetz über das Verwaltungsverfahren der Kriegsopferversorgung

KOVVfGVwV	Verwaltungsvorschrift zum Gesetz über das Verwaltungsverfahren der Kriegsopferversorgung
KOVVwG	Gesetz über die Errichtung der Verwaltungsbehörden der Kriegsopferversorgung
KvdA	Kraftfahrverband Deutscher Ärzte e.V.
LPartG	Gesetz über die eingetragene Lebenspartnerschaft (Lebenspartnerschaftsgesetz)
LPartÜAG	Gesetz zur Überarbeitung des Lebenspartnerschaftsrechts
LPK	Lehr- und Praxiskommentar
LSA	(Land) Sachsen-Anhalt
LSG	Landessozialgericht
LT	Landtag
LTA	Regelungen zu den Leistungen zur Teilhabe am Arbeitsleben
MdE	Minderung der Erwerbsfähigkeit
MDK	Medizinischer Dienst der Krankenversicherung
MDR	Monatsschrift für Deutsches Recht (Zeitschrift)
mE	meines Erachtens
MedR	Medizinrecht (Zeitschrift)
Med. Reha	Medizinische Rehabilitation
MedSach	Der medizinische Sachverständige (Zeitschrift)
MittLVAOfr	Mitteilungen der Landesversicherungsanstalten Oberfranken und Mittelfranken (Zeitschrift)
MRK	Europäische Menschenrechtskonvention
MRT	Magnetresonanztomographie
MStGB	Militärstrafgesetzbuch
MuSchG	Mutterschutzgesetz
MV	Mecklenburg-Vorpommern
mwN	mit weiteren Nachweisen
mWv	mit Wirkung vom
mWz	mit Wirkung zum
NBA	Neues Begutachtungsassessment
Nds	Niedersachsen
NdsVBl	Niedersächsisches Verwaltungsblatt
nF	neue Fassung
NJ	Neue Justiz (Zeitschrift)
NJW	Neue Juristische Wochenschrift (Zeitschrift)
Nr./Nrn.	Nummer/Nummern
NRW	Nordrhein-Westfalen
NStZ	Neue Zeitschrift für Strafrecht
NVA	Nationale Volksarmee
NVwZ	Neue Zeitschrift für Verwaltungsrecht
NZA	Neue Zeitschrift für Arbeitsrecht
NZS	Neue Zeitschrift für Sozialrecht
NZWehrr	Neue Zeitschrift für Wehrrecht
OEG	Gesetz über die Entschädigung für Opfer von Gewalttaten (Opferentschädigungsgesetz)
OLG	Oberlandesgericht
OrthV	Verordnung über die Versorgung mit Hilfsmitteln und über Ersatzleistungen nach dem Bundesversorgungsgesetz (Orthopädieverordnung)
OrthVersorgUVV	Verordnung über die orthopädische Versorgung Unfallverletzter
OVG	Oberverwaltungsgericht
PEI	Paul-Ehrlich-Institut
PflVG	Gesetz über die Pflichtversicherung für Kraftfahrzeughalter (Pflichtversicherungsgesetz)
Praxis	Die Praxis (Zeitschrift – jetzt: Neue Praxis)
PStG	Personenstandsgesetz

PsychThG-AusbRefG	Psychotherapeutenausbildungsreformgesetz
RdLH	Rechtsdienst der Lebenshilfe (Zeitschrift)
RegNr.	Registriernummer
RepG	Gesetz über die Reparations-, Restitutions-, Zerstörungs- und Rückerstattungsschäden (Reparationsschädengesetz)
Ref.-E	Referentenentwurf eines Gesetzes zur Regelung des Sozialen Entschädigungsrechts vom 20.11.2018
RGBl	Reichsgesetzblatt
RhPf	Rheinland-Pfalz
RL	Richtlinie
Rn.	Randnummer
Rost	Richtlinien-Ost
Rspr	Rechtsprechung
Rundschr.	Rundschreiben
RÜG	Gesetz zur Herstellung der Rechtseinheit in der gesetzlichen Renten- und Unfallversicherung (Renten-Überleitungsgesetz)
rv	Die Rentenversicherung (Zeitschrift)
RVA	Reichsversorgungsamt
RVGE	Entscheidungen des Reichsversorgungsgerichts (Entscheidungssammlung)
RVO	Reichsversicherungsordnung
S.	Satz/Seite
Saarl	Saarland
Sachg.	Sachgebiet
Sächs	Sachsen/sächsisch(es)
SARS-CoV-2	Coronavirus COVID 19
SBZ	Sowjetisch besetzte Zone bzw. sowjetische Besatzungszone
SchlH	Schleswig-Holstein
SdL	Soziale Sicherheit in der Landwirtschaft (Zeitschrift)
SDSRV	Schriftenreihe des Deutsche Sozialrechtsverbandes
SG	Gesetz über die Rechtsstellung der Soldaten (Soldatengesetz)/Sozialgericht
SE	Soziale Entschädigung
SER	Soziales Entschädigungsrecht
SGG	Sozialgerichtsgesetz
SGb	Die Sozialgerichtsbarkeit (Zeitschrift)
SGB I	Sozialgesetzbuch Erstes Buch – Allgemeiner Teil
SGB II	Sozialgesetzbuch Zweites Buch – Grundsicherung für Arbeitsuchende
SGB III	Sozialgesetzbuch Drittes Buch – Arbeitsförderung
SGB IV	Sozialgesetzbuch Viertes Buch – Gemeinsame Vorschriften für die Sozialversicherung
SGB V	Sozialgesetzbuch Fünftes Buch – Gesetzliche Krankenversicherung
SGB VI	Sozialgesetzbuch Sechstes Buch – Gesetzliche Rentenversicherung
SGB VII	Sozialgesetzbuch Siebtes Buch – Gesetzliche Unfallversicherung
SGB VIII	Sozialgesetzbuch Achtes Buch – Kinder- und Jugendhilfe
SGB IX	Sozialgesetzbuch Neuntes Buch – Rehabilitation und Teilhabe behinderter Menschen
SGB X	Sozialgesetzbuch Zehntes Buch – Sozialverwaltungsverfahren und Sozialdatenschutz
SGB XI	Sozialgesetzbuch Elftes Buch – Soziale Pflegeversicherung
SGB XII	Sozialgesetzbuch Zwölftes Buch – Sozialhilfe
SGB XIV	Sozialgesetzbuch Vierzehntes Buch – Soziale Entschädigung
SH	Schnelle Hilfen
Slg	Gerichtshof der Europäischen Gemeinschaften – Teil I – Rechtsprechung des Gerichtshofes
Slg.	Sammlung
sog.	so genannt
Sozialrecht aktuell	Sozialrecht aktuell (Zeitschrift)
Sozialrichter	Der Sozialrichter (Zeitschrift)
SozialVerw	Die Sozialverwaltung (Zeitschrift)

SozSich	Soziale Sicherheit (Zeitschrift)
SozR	Sozialrecht (Entscheidungssammlung)
SozVers	Die Sozialversicherung (Zeitschrift)
SRa	Sozialrecht aktuell (Zeitschrift)
StGB	Strafgesetzbuch
STIKO	Ständige Impfkommission
StrRehaG	Gesetz über die Rehabilitierung und Entschädigung von Opfern rechtsstaatswidriger Strafverfolgungsmaßnahmen im Beitrittsgebiet (Strafrechtliches Rehabilitierungsgesetz)
stRspr	ständige Rechtsprechung
SuP	Sozialrecht und Praxis (Zeitschrift)
SurlV	Verordnung über den Sonderurlaub für Bundesbeamtinnen, Bundesbeamte, Richterinnen und Richter des Bundes (Sonderurlaubsverordnung)
SUV	Verordnung über den Urlaub der Soldatinnen und Soldaten (Soldatinnen- und Soldatenurlaubsverordnung)
SVG	Gesetz über die Versorgung für die ehemaligen Soldaten der Bundeswehr und ihre Hinterbliebenen (Soldatenversorgungsgesetz)
TBl	Taubblindheit
TdSE	Träger der Sozialen Entschädigung
Thür	Thüringen/thüringer
ua	unter anderem
UntAbschlG	Gesetz über den Abschluss von Unterstützungen der Bürger der ehemaligen Deutschen Demokratischen Republik bei Gesundheitsschäden infolge medizinischer Maßnahmen (Unterstützungsabschlussgesetz)
usw	und so weiter
uU	unter Umständen
UVMG	Gesetz zur Modernisierung der gesetzlichen Unfallversicherung (Unfallversicherungsmodernisierungsgesetz)
VA	Verwaltungsakt
VdK-Mitt.	VdK-Mitteilungen (Zeitschrift)
VersorgB	Der Versorgungsbeamte (Zeitschrift)
VersMedV	Verordnung zur Durchführung des § 1 Abs. 1 und 3, des § 30 Abs. 1 und des § 35 Abs. 1 des Bundesversorgungsgesetzes (Versorgungsmedizin-Verordnung)
VersorgVerw	Die Versorgungsverwaltung (Zeitschrift)
VersR	Versicherungsrecht (Zeitschrift)
VertrZuwG	Gesetz über die einmalige Zuwendung an die im Beitrittsgebiet wohnenden Vertriebenen (Vertriebenenzuwendungsgesetz)
VfG-KOVVwV	Verwaltungsvorschriften zum KOVVfG
VGH	Verwaltungsgerichtshof
vgl.	vergleiche
vH	von Hundert
VMG	Versorgungsmedizinische Grundsätze der Anlage 2 der VersMedV
VO	Verordnung
vsl.	voraussichtlich
VSSR	Vierteljahresschrift für Sozialrecht (Zeitschrift)
VübV	Versehrtenleibesübungen-Verordnung
VwGO	Verwaltungsgerichtsordnung
VwRehaG	Gesetz über die Aufhebung rechtsstaatswidriger Verwaltungsentscheidungen im Beitrittsgebiet und die daran anknüpfenden Folgeansprüche (Verwaltungsrechtliches Rehabilitierungsgesetz)
VwV	Verwaltungsvorschrift
VwVfG	Verwaltungsverfahrensgesetz
WoGG	Wohngeldgesetz
WPflG	Wehrpflichtgesetz
WSG	Gesetz über die Geld- und Sachbezüge der Soldaten, die aufgrund der Wehrpflicht Wehrdienst leisten (Wehrsoldgesetz)

WStG	Wehrstrafgesetz
WZS	Wege zur Sozialversicherung (Zeitschrift)
zB	zum Beispiel
ZDG	Gesetz über den Zivildienst der Kriegsdienstverweigerer (Zivildienstgesetz)
ZESAR	Zeitschrift für Europäisches Arbeits- und Sozialrecht
ZfF	Zeitschrift für das Fürsorgewesen
ZfS	Zentralblatt für Sozialversicherung, Sozialhilfe und Versorgung, Zeitschrift für das Recht der sozialen Sicherheit (Zeitschrift)
ZfSH/SGB	Zeitschrift für die sozialrechtliche Praxis
ZRP	Zeitschrift für Rechtspolitik
ZSR	Zeitschrift für Sozialreform

Literaturverzeichnis

Kommentare und Handbücher

Becker/Kingreen	Becker/Kingreen, SGB V – Gesetzliche Krankenversicherung, Kommentar, 7. Aufl. 2020
BeckOGK	Gsell/Krüger/Lorenz/Reymann, beck-online.GROSSKOMMENTAR, Kommentar, Band BGB, 37. Aufl. 2021
BeckOK GG	Epping/Hillgruber, BeckOK Grundgesetz, Kommentar, 49. Aufl. 2021
BeckOK SozR	Rolfs/Giesen/Kreikebohm/Meßling/Udsching, BeckOK Sozialrecht, Kommentar, 63. Aufl. 2021
Bergmann/Dienelt	Bergmann, Jan/Dienelt, Klaus, Ausländerrecht, Kommentar, 10. Aufl. 2013
Berlebach/Helmke/Bauer	Berlebach (Begr.)/Helmke/Bauer, Familienleistungsausgleich, Loseblatt-Kommentar, Stand 2/2021
Bley/Kreikebohm/Marschner SozR	Bley/Kreikebohm/Marschner, Sozialrecht, Lehrbuch, 9. Aufl. 2007
Blüm/Zacher Sozialstaat	Blüm/Zacher, 40 Jahre Sozialstaat Bundesrepublik Deutschland, Handbuch, 1. Aufl. 1989
BMAS Übersicht über das Sozialrecht	Bundesministerium für Arbeit und Soziales (Hrsg.), Übersicht über das Sozialrecht, 8. Aufl. 2011; 16. Aufl. 2019/2020
Dauses/Ludwigs EU-WirtschaftsR-HdB	Dauses/Ludwigs, Handbuch des EU-Wirtschaftsrechts, Handbuch, 54. Aufl. 2021
Deinert/Neumann SGB IX-HdB	Deinert/Neumann, Rehabilitation und Teilhabe behinderter Menschen – Handbuch SGB IX, Handbuch, 2. Aufl. 2009
Eichenhofer ISR	Eichenhofer, Internationales Sozialrecht, München 1994
Eichenhofer/v. Koppenfels-Spies/Wenner SGB I	Eichenhofer/von Koppenfels-Spies/Wenner, SGB I: Allgemeiner Teil, Kommentar, 2. Aufl. 2018
Empfehlungen zur Kriegsopferfürsorge	Empfehlungen zur Kriegsopferfürsorge, Loseblattsammlung, Stand 1.1.2020
EnzEuR XI	Böse, Enzyklopädie Europarecht: EnzEuR, Band 11: Europäisches Strafrecht, Handbuch, 2. Aufl. 2021
ErfK	Müller-Glöge/Preis/Schmidt, Erfurter Kommentar zum Arbeitsrecht, Kommentar, 22. Aufl. 2022
Erman	Erman/Grunewald/Maier-Reimer/Westermann, BGB, Kommentar, 16. Aufl. 2020
Feldes/Kohte/Stevens-Bartol SGB IX	Feldes/Kohte/Stevens-Bartol, SGB IX – Sozialgesetzbuch Neuntes Buch, Kommentar, 4. Aufl. 2018
Fichte/Plagemann SozVerwVerfR-HdB	Fichte/Plagemann, Sozialverwaltungsverfahrensrecht, Handbuch, 2. Aufl. 2016
Fischer	Fischer, Strafgesetzbuch: StGB, Kommentar, 69. Aufl. 2022
Frank	Frank, Handbuch des Bundesversorgungsgesetzes, Vorschriftensammlung mit erläuternden Hinweisen, Loseblatt, Stuttgart
Fuchs/Cornelissen EU Social Security Law	Fuchs/Cornelissen, EU Social Security Law, Kommentar, 1. Aufl. 2015
Fuchs/Ritz/Rosenow	Fuchs/Ritz/Rosenow, SGB IX – Kommentar zum Recht behinderter Menschen, Kommentar, 7. Aufl. 2021
Gagel	Gagel, Alexander (Begr.)/Knickrehm, Sabine/Deinert, Olaf, SGB II/SGB III, Kommentar, 83. Aufl. 2021
Gelhausen/Weiner	Gelhausen/Weiner, SGB XIV/OEG/VersMedV, Kommentar, 7. Aufl. 2021
Gelhausen Soziales EntschädigungsR	Gelhausen, Soziales Entschädigungsrecht, Handbuch, 2. Aufl. 1998
Goldbeck/Allroggen/Münzer/Rassenhofer/Fegert	Goldbeck, Lutz/Allroggen, Marc/Münzer, Annika/Rassenhofer, Miriam/Fegert, Jörg M., Sexueller Missbrauch, 1. Aufl. 2017

Grabitz/Hilf/Nettesheim	Grabitz/Hilf/Nettesheim, Das Recht der Europäischen Union, Kommentar, 74. Aufl. 2021
Grube/Wahrendorf/Flint	Grube/Wahrendorf/Flint, SGB XII – Sozialhilfe, Kommentar, 7. Aufl. 2020
Grüneberg	Grüneberg, Bürgerliches Gesetzbuch, Kommentar, 81. Aufl. 2022
Grüner	Grüner, Handbuch der sozialen Pflegeversicherung (HSP), Rechtsprechungssammlung, Kommentar
Hailbronner AuslR	Hailbronner, Ausländerrecht, Kommentar, 119. Aufl. 2021
Hambüchen	Hambüchen, BEEG, EStG, BKGG, Stand 12/2009
Hauck/Noftz	Hauck/Noftz, Sozialgesetzbuch, Kommentar, Band 8, 9, 10, 1. Aufl. 2019
Heinz	Heinz, Opferentschädigungsgesetz, Kommentar, 2008
HK-ArbSchR	Kohte/Faber/Feldhoff, Arbeitsschutzrecht, Kommentar, 2. Aufl. 2018
HK-SozEntschR	Knickrehm, Gesamtes Soziales Entschädigungsrecht, Kommentar, 1. Aufl. 2012
Huber	Huber, Aufenthaltsgesetz, 2010 inzw. Huber/Mantel Aufenthaltsgesetz, 3. Aufl., 2021
Huster/Kingreen InfektionsschutzR-HdB	Huster/Kingreen, Handbuch Infektionsschutzrecht, 2. Aufl. 2022
Igl/Welti	Igl/Welti, Sozialrecht, 8. Aufl. 2008
Jarass/Pieroth	Jarass/Pieroth, Grundgesetz für die Bundesrepublik Deutschland: GG, Kommentar, 16. Aufl. 2020
Johow/Schwandner/Stevens-Bartol	Johow/Schwandner/Stevens-Bartol, Handbuch des Bundesversorgungsrechts, Loseblatt
jurisPK-BGB	Herberger/Martinek/Rüßmann/Weth/Würdinger, juris PraxisKommentar BGB, Kommentar, Band 1, 2, 3, 4, 5, 6, 9. Aufl. 2020
jurisPK-SGB I	Schlegel/Voelzke/Voelzke, juris PraxisKommentar SGB I, Kommentar, 3. Aufl. 2018
jurisPK-SGB V	Schlegel/Voelzke, juris PraxisKommentar SGB V, Kommentar, 4. Aufl. 2020
jurisPK-SGB IX	Schlegel/Voelzke, juris PraxisKommentar SGB IX – Rehabilitation und Teilhabe behinderter Menschen, Kommentar, 3. Aufl. 2018
jurisPK-SGB X	Schlegel/Voelzke, juris PraxisKommentar SGB X – Sozialverwaltungsverfahren und Sozialdatenschutz, Kommentar, 2. Aufl. 2017
jurisPK-SGB XI	Schlegel/Voelzke/Hauck, juris PraxisKommentar SGB XI, Kommentar, 2. Aufl. 2017
jurisPK-SGB XII	Schlegel/Voelzke/Coseriu/Eicher, juris PraxisKommentar SGB XII, Kommentar, 3. Aufl. 2020
jurisPK-SGB XIV	Schlegel/Voelzke, juris PraxisKommentar SGB XIV – Soziale Entschädigung, Kommentar, 1. Aufl. 2021
jurisPK-SGG	Schlegel/Voelzke, juris PraxisKommentar SGG, Kommentar, 1. Aufl. 2014
jurisPK-StraßenVerkehrsR	Freymann/Wellner, juris PraxisKommentar Straßenverkehrsrecht, Kommentar, 2. Aufl. 2022
KassKomm	Körner/Leitherer/Mutschler/Rolfs, Kasseler Kommentar Sozialversicherungsrecht, Kommentar, 116. Aufl. 2021
Kahl/Waldhoff/Walter	Kahl/Waldhoff/Walter, Bonner Kommentar zum Grundgesetz, Loseblatt-Kommentar, Stand 200. Lieferung Sept. 2019
Kießling	Kießling, Andrea, Infektionsschutzgesetz: IfSG, Kommentar, 2. Aufl. 2021
Knickrehm/Kreikebohm/Waltermann	Knickrehm/Kreikebohm/Waltermann, Kommentar zum Sozialrecht, Kommentar, 7. Aufl. 2021
Knickrehm/Mushoff/Schmidt Neues SozEntschR	Knickrehm/Mushoff/Schmidt, Das neue Soziale Entschädigungsrecht – SGB XIV, Handbuch, 1. Aufl. 2020

Kossens/von der Heide/Maaß	Kossens/von der Heide/Maaß, SGB IX – Rehabilitation und Teilhabe behinderter Menschen mit Behindertengleichstellungsgesetz, Kommentar, 4. Aufl. 2015
Krasney/Burchardt/Kruschinsky/Becker	Krasney/Burchadrt/Kruschinsky/Becker, Gesetzliche Unfallversicherung: SGB VII, Kommentar, Loseblatt
Krauskopf	Krauskopf, Soziale Krankenversicherung, Pflegeversicherung, Kommentar, Loseblatt
Kreikebohm/Roßbach SGB VI	Kreikebohm/Roßbach, SGB VI, Kommentar, 6. Aufl. 2021
Lachwitz/Schellhorn/Welti	Lachwitz/Schellhorn/Welti, HK-SGB IX – Handkommentar zum Sozialgesetzbuch IX, Kommentar, 3. Aufl. 2009
Lackner/Kühl	Lackner/Kühl, StGB, Kommentar, 29. Aufl. 2018
Leopold ISPR	Leopold, Internationales Sozialprozessrecht, 1. Aufl. 2021
Lieb/Hohagen/Riemannr	Lieb, Klaus/Hohagen, Fritz/Riemann, Dieter, Psychiatrie und Psychotherapie 2.0, 1. Aufl. 2016
Lilge/Gutzler	Lilge/Gutzler, Berliner Kommentare SGB I – Sozialgesetzbuch Allgemeiner Teil, Kommentar, 5. Aufl. 2019
LPK-SGB I	Krahmer/Trenk-Hinterberger, Sozialgesetzbuch I, Kommentar, 4. Aufl. 2020
LPK-SGB IX	Dau/Düwell/Joussen/Luik, SGB IX – Rehabilitation und Teilhabe von Menschen mit Behinderungen, Kommentar, 6. Aufl. 2022
LPK-SGB V	Hänlein/Schuler, Sozialgesetzbuch V, Kommentar, 5. Aufl. 2016, 6. Aufl. 2022
LPK-SGB VII	Becker/Franke/Molkentin, Sozialgesetzbuch VII, Kommentar, 5. Aufl. 2018
LPK-SGB X	Diering/Timme/Stähler, Sozialgesetzbuch X, Kommentar, 5. Aufl. 2019
LPK-SGB XI	Krahmer/Plantholz, Sozialgesetzbuch XI, Kommentar, 5. Aufl. 2018
LPK-SGB XII	Bieritz-Harder/Conradis/Thie, Sozialgesetzbuch XII, Kommentar, 12. Aufl. 2020
Maurer/Waldhoff AllgVerwR	Maurer/Waldhoff, Allgemeines Verwaltungsrecht, Lehrbuch, 20. Aufl. 2020
Maunz/Dürig	Maunz/Dürig, Grundgesetz, Kommentar, Loseblatt
Meyer-Ladewig/Keller/Leitherer/Schmidt	Meyer-Ladewig/Keller/Leitherer/Schmidt, Sozialgerichtsgesetz: SGG, Kommentar, 13. Aufl. 2020
Mrozynski SGB I	Mrozynski, SGB I – Sozialgesetzbuch Allgemeiner Teil, Kommentar, 6. Aufl. 2019
Mrozynski/Müller-Wenner/Schorn	Mrozynski/Müller-Wenner/Schorn, SGB IX, Kommentar, 2003
Musielak/Voit	Musielak/Voit, Zivilprozessordnung: ZPO, Kommentar, 18. Aufl. 2021
MüKoBGB	Säcker/Rixecker/Oetker/Limperg, Münchener Kommentar zum Bürgerlichen Gesetzbuch, Kommentar, Band 2, 9. Aufl. 2022, Band 10, 8. Aufl. 2020
MüKoStPO	Knauer/Kudlich/Schneider, Münchener Kommentar zur Strafprozessordnung: StPO, Kommentar, 1. Aufl. 2014
NK-EuSozR	Fuchs, Europäisches Sozialrecht, Kommentar, 7. Aufl. 2018
NK-GesundhR	Berchtold/Huster/Rehborn, Gesundheitsrecht, Kommentar, 2. Aufl. 2018
NK-SGB III	Heinz/Schmidt-De Caluwe/Scholz, Sozialgesetzbuch III – Arbeitsförderung, Kommentar, 7. Aufl. 2021
Pfister/Mütze	Pfister, Wolfgang/Mütze, Wolfgang, Rehabilitierungsrecht, München, Stand August 1997
Rohr/Sträßer/Dahm BVG	Rohr/Sträßer/Dahm, Bundesversorgungsgesetz, Kommentar, 7. Aufl. 2019

Rust/Falke	Rust/Falke, AGG – Allgemeines Gleichbehandlungsgesetz mit weiterführenden Vorschriften, Kommentar, 1. Aufl. 2007
Sachs	Sachs, Grundgesetz: GG, Kommentar, 9. Aufl. 2021
Schlegel/Meßling/Bockholdt	Corona-Gesetzgebung – Gesundheit und Soziales, 2. Aufl. 2022
Schmidt-Bleibtreu/Hofmann/Hopfauf	Schmidt-Bleibtreu/Hofmann/Hopfauf, Kommentar zum Grundgesetz: GG, Kommentar, 11. Aufl. 2007
Schmidt SGB XIV	Schmidt, SGB XIV Soziale Entschädigung, Kommentar, 1. Aufl. 2021
Schoreit/Düsseldorf	Schoreit/Düsseldorf, Gesetz zur Entschädigung für Opfer von Gewalttaten, Kommentar, 1. Aufl. 1977
Schulz-Lüke/Wolf	Schulz-Lüke/Wolf, Gewalttaten und Opferentschädigung, Kommentar, 1. Aufl. 1977
Schönke/Schröder	Schönke/Schröder, Strafgesetzbuch, Kommentar, 30. Aufl. 2019
Schütze	Schütze, SGB X, Kommentar, 9. Aufl. 2020
Seewald/Felix	Seewald/Felix, Kindergeldrecht, Stand 10/2019
Siefert	Siefert, Asylbewerberleistungsgesetz, Kommentar, 2. Aufl. 2020
SRH	Ruland/Becker/Axer, Sozialrechtshandbuch (SRH), Handbuch, 6. Aufl. 2018
Staudinger	Staudinger (Begr.), BGB – Kommentar zum Bürgerlichen Gesetzbuch mit Einführungsgesetz, 16. Aufl., 2021
SWK-BehindertenR	Deinert/Welti, StichwortKommentar Behindertenrecht, Kommentar, 2. Aufl. 2018
Vorberg/Van Nuis	Vorberg/Van Nuis, Das Recht der Kriegsbeschädigten und Kriegshinterbliebenen, VI. bis VIII. Teil, 2./3. Aufl., Herford ab 1972
Wilke	Wilke, Soziales Entschädigungsrecht, Kommentar, 7. Aufl. 1992
Wolff/Bachof/Stober/Kluth VerwR I	Wolff/Bachof/Stober/Kluth, Verwaltungsrecht I, Lehrbuch, 13. Aufl. 2017

Aufsätze und Monografien

Bartke, Mathias, Die Dritte OEG-Novelle – Paradigmenwechsel im Opferentschädigungsrecht?, SozialVerw 2009, 36

Becker, Peter, Der Arbeitsunfall, SGb 2007, 721

Becker, Peter, Zur Unfallkausalität, SGb 2012, 691

Becker, Ulrich, Soziales Entschädigungsrecht, Bestand, Grundsätze, Neuordnung, 2018

Behn, Michael, Zur „Unbilligkeit" iSd § 2 Abs. 1 OEG bei Gewaltverbrechen innerhalb „familienhafter Verhältnisse", SGb 1985, 363

Bender, Jürgen/Eicher, Wolfgang (Hrsg.), Sozialrecht – Terra incognita, Saarbrücken 2009

Benz, Manfred, Anmerkung zum Urteil des BSG vom 20.4.1993 – 2 RU 35/92, SGb 1993, 635

Bethke, Der Begriff „Verschlimmerung" in der KOV, VersorgB 1960, 28

Bieback, Karl-Jürgen, Grundlagen und Schranken des sozialrechtlichen Herstellungsanspruchs, SGb 1990, 517

Bieback, Karl-Jürgen, Sozialrechtlicher Herstellungsanspruch wegen Verletzung der Beratungspflicht über die Möglichkeit der Befreiung von der KVdR, SGb 1984, 252

Biesold, Karl-Heinz, Wehrdienstbeschädigungen als Folge militärischer Einsätze, MedSach 2010, 23

Bischoff, Werner, Versorgungsanspruch des „mittelbar" Geschädigten?, Kurzreferat, ZfS 1964, 171

Bischofs, Volker, Der Anspruch der Opfer von Gewalttaten im Lichte des neuen SGB XIV – eine Annäherung, SGb 2022, 21
Bischofs, Volker, Der sogenannte Schockschaden im Opferentschädigungsrecht – Eine kurze teleologische Betrachtung, SGb 2010, 693
Bley, Helmar, Das Recht der Sozialverwaltung als Teil des Systems der öffentlich-rechtlichen Verwaltung, SGb 1973, 479
Bley, Helmar, Die öffentlich-rechtliche Risikohaftung als Teil eines sozialen Entschädigungsrechts, SGb 1974, 45
Blumenthal, Wolfgang/Schliehe, Ferdinand (Hrsg.), Teilhabe als Ziel der Rehabilitation, Festschrift 100 Jahre DVfR, Heidelberg 2009
Bock, Stefanie, Der internationale Anwendungsbereich des Opferentschädigungsgesetzes, ZRP 2009, 148
Böhm, Dietrich, Die Entschädigung der Contergan-Kinder, Siegen 1973
Boorberg (Verlag), Empfehlungen zur Kriegsopferfürsorge, Loseblattsammlung, Stand 1.1.2020
Borrée, Iris/Friedrich, Johannes/Wüsten, Barbara, Das kaum bekannte Opferentschädigungsgesetz, Soziale Sicherheit 2014, 69
Börsel, Christina, Anmerkung zum Urteil des LSG Niedersachsen vom 14.12.2017 – L 10 VE 45/15, RdLH 2018, 156
Böwering-Möllenkamp, Claudia, Die Begutachtung seelischer Folgen sexuellen Missbrauchs nach dem Opferentschädigungsgesetz, STREIT 2015, 163
Böwering-Möllenkamp, Claudia, Neue Hilfeformen in der Gewaltopferentschädigung – eine Bewertung aus psychiatrischer Sicht, SRa Sonderheft 2017, 55
Breitkreuz, Tilman, Grundfragen des SGB I, Sozialrecht aktuell 2008, 210, 215
Bulla, Eckart, Der verfassungsrechtliche Eigentumsschutz der Entschädigungsansprüche nach dem Bundesversorgungsgesetz und den entsprechenden Versorgungsgesetzen für die Angehörigen der Bundesbahn des zivilen Ersatzdienstes und der zivilen Schutzkorps, DVBl 1972, 529
Bundesministerium für Arbeit und Soziales (Hrsg.), Übersicht über das Sozialrecht, 8. Aufl. 2011
Busse, Angela, Gemeinsam passgenau planen? – Der Teilhabeplan, SRa Sonderheft 2019, 53
Coenen, Versorgung nach § 1 Abs. 3 Satz 2 BVG, KOV 1968, 86
Cüppers, Martin, Wegbereiter der Shoa, Darmstadt 2005
Dahm, Dirk, Die Rücknahme der Anerkennung von Schädigungsfolgen gem. § 1 Abs. 3 S. 3 BVG und die Bedeutung von §§ 45 und 48 SGB X, ZfS 2000, 101
Dahm, Dirk, Wegfall des lebenslangen Rentenanspruchs gebrechlicher und ursprünglich zum Selbstunterhalt unfähiger Waise, jurisPR-SozR 23/2016 Anm. 4,
Dannecker, Gerhard/Biermann, Jörg, Das Opferentschädigungsrecht im Spannungsfeld der Rechtsgebiete am Beispiel von ausländischen Strafgefangenen als Opfer von Gewalttaten durch Mitgefangene, SGb 2002, 469
Dannecker, Gerhard/Biermann, Jörg, Die Bedeutung des Strafrechts für das Opferentschädigungsrecht aus materiellrechtlicher und verfahrensrechtlicher Sicht, SGb 2000, 101
Dau, Dirk H., Anhaltspunkte durch „Versorgungsmedizinische Grundsätze“ ersetzt, jurisPR-SozR 4/2009 Anm. 4
Dau, Dirk H., Blindheit in neuer Sicht, jurisPR-SozR 10/2016, Anm. 5
Dau, Dirk H., Der lange Weg vom RVG zum neuen sozialen Entschädigungsrecht, SRa Sonderheft 2017, 1
Dau, Dirk H., Drittes Gesetz zur Änderung des OEG – viel Lärm um (fast) nichts, SGb 2009, 695
Dau, Dirk H., Grenzen bei der Pauschalierung von Werbungskosten, jurisPR-SozR 22/2009 Anm. 5

Dau, Dirk H., Trotz Blindheit kein Merkzeichen „Bl", jurisPR-SozR 9/2019, Anm. 4
Dau, Dirk H., Vermutung der Bekanntgabe eines Verwaltungsakts – wie die obersten Gerichtshöfe des Bundes die Einheitlichkeit der Rechtsprechung (nicht) wahren, jurisPR-SozR 1/2015, Anm. 1
Denis, Doris/Baum, Eckart, Entschädigung psychischer Gesundheitsstörungen nach politischer Haft in der SBZ/DDR, NJW 1999, 3298
Denis, Doris/Kummer, Peter ua, Entschädigung und Begutachtung psychischer Störungen nach politischer Haft in der SBZ/DDR, MedSach 2000, 77
Deutsch, Erwin, Impfschadensversorgung nach Teilnahme an Impfstudie möglicherweise auf Empfehlung der Ethikkommission, MedR 2010, 584
Dinnebier, Jeannine, Opferentschädigung als Sozialleistungstatbestand, Marburg 2013
Dollase, Tobias, Rehabilitierung und Entschädigung von DDR-Unrecht, DRiZ 2010, 328
Dörr, Gernot, Sozialrechtlicher Herstellungsanspruch, Kompass/KBS 2009, Nr. 9/10, 18
Drescher, Markus, Höchststand an Kindeswohlgefährdungen, SozSich 2021, 326
Drohsel, Franziska, Die Reformbedürftigkeit des sozialen Entschädigungsrechts unter besonderer Berücksichtigung der Opfer sexualisierte Gewalt, NZS 2019, 613
DRV Bund, Die Renten wegen verminderter Erwerbsfähigkeit, DRV-Schriften Bd. 96, Dezember 2011
Düwell, Franz Josef, Das Gesetz zur Änderung des BVG und anderer Vorschriften, FA 2008, 43
Dutta, Anatol, Haftung für etwaige Impfschäden, NJW 2022, 649
Eichenhofer, Eberhard, Internationales Sozialrecht, München 1994
Epping, Conrad, Beziehungen zwischen dem Krankenversicherungsrecht und dem sozialen Entschädigungsrecht, SdL 1990, 214
Fegert, Jörg M./Clemens, Vera/Rassenhofer, Miriam, Sexueller Missbrauch an Kindern erschüttert die Republik, doch die Reform des sozialen Entschädigungsrechts regelt frühe Hilfen für betroffene Kinder nicht spezifisch, RP Reha 3/2019, 44
Fehl, Hans-Martin, Der Anspruchstatbestand des § 8b BVG, ZfS 1990, 330
Fengler, Jörg, Triffst du nur das Zauberwort – Die Konstruktion wirksamer therapeutischer Interventionen, Report Psychologie 2003, 446
Frank, Andreas, Die Entschädigungsunwürdigkeit der deutschen Kriegsopferversorgung, Würzburg 2003
Frank, Andreas, Theorie und Praxis der Entschädigung unechter Gesundheitsschäden (§ 8b BVG), Behindertenrecht 1997, 101
Franke, Edgar, Notwendigkeit und Kritik der Reform im Sozialen Entschädigungsrecht, RP Reha 2019, 5
Frei, Vergangenheitspolitik. Die Anfänge der Bundesrepublik Deutschland und die NS-Vergangenheit, 1996
Friedrich, Johannes, Anmerkung zum Urteil des BSG vom 15.12.2016 – B 9 V 3/15 R, SGb 2018, 122
Frings, Peter, Muss § 14 SGB I neu definiert werden, SRa 2019, 96
Fritsche, Stefan, Die Rechtsstellung ehemaliger DDR-Heimkinder nach der Novellierung des Strafrechtlichen Rehabilitierungsgesetzes, NJ 2020, 208
Frommberger, Ulrich, Posttraumatische Belastungsstörung, in: Lieb, Kaus/Hohagen, Fritz/Riemann, Dieter, Psychiatrie und Psychotherapie 2.0, 1. Aufl. 2016
Gitter, Wolfgang/Schulin, Bertram/Zacher Hans F., Festschrift für Otto Krasney, 1997
Glage, Gerhard, Rechtsnatur und Stellung der Kriegsopferversorgung in unserem Rechtssystem, BVBl 1957, 102
Goertz, Antje, in Igl, Gerhard/Felix, Dagmar (Hrsg.), Die Gesetzmäßigkeit der Verwaltung im Rahmen des sozialrechtlichen Herstellungsanspruchs, 2007

Goldbeck, Lutz/Allroggen, Marc/Münzer, Annika/Rassenhofer, Miriam/Fegert, Jörg M., Sexueller Missbrauch, 2017
Götz, Ernst, Der Begriff „Verschlimmerung" in der Kriegsopferversorgung, VersorgB 1960, 29
Graumann, Sigrid, Assistierte Freiheit – Von einer Behindertenpolitik der Wohltätigkeit zu einer Politik der Menschenrechte, 2011
Grühn, Corinna, Schutz des Kindes im Sozialen Entschädigungsrecht – vom vorsätzlichen, rechtswidrigen tätlichen Angriff bis zur erheblichen Vernachlässigung, SGb 2021, 414
Grundel, Beate/Blättner, Anna, Entschädigung von Opfern interpersoneller Gewalt im Raum Fulda, pg-papers 2/2011, September 2011
Gurgel, Hans-Joachim, Der ursächliche Zusammenhang im Recht der sozialen Entschädigung nach § 5 SGB I – Beiträge zum Sozialrecht (Festgabe für Hans Grüner) 1982, S. 199
Gutzler, Stephan, Soziales Entschädigungsrecht – Entwicklungslinien – offene Fragen – Ausblick, WzS 2015, 10
Hackspiel, Sabine, Opferentschädigung und Europäisches Gemeinschaftsrecht, NJW 1989, 2166
Hahn, Erik, Impfschäden als Folgen eines Arbeitsunfalls, NZA 2022, 369
Hansen, Hans-Georg, Anmerkung zum Urteil des BSG vom 16.3.1994 – 9 RV 11/93, SGb 1995, 134
Hansen, Hans-Georg, Der Berufsschadensausgleich, Köln 1996
Hansen, Hans-Georg, Voraussetzungen der Posttraumatischen Belastungsstörung bei sexuellem Missbrauch im Kindesalter für einen Anspruch nach § 1 OEG, jurisPR-SozR 4/2019 Anm. 5
Harkotte, Ludwig, Umsetzung des OEG – Anspruch und Wirklichkeit, in: WEISSER RING e.V., Opferentschädigungsgesetz. Intention und Praxis Opfergerecht, 7. Mainzer Opferforum, 1995, S. 109
Heinatz, Michael, Zehn Jahre strafrechtliche Rehabilitierung in Deutschland, NJW 2000, 3022
Heinig, Hans Michael, Anmerkung zum Urteil des BSG vom 29.3.2007 – B 9a VG 2/05 R, SGb 2008, 485
Heinz, Dirk, Ansprüche nach dem Opferentschädigungsrecht anlässlich „schlechter" ärztlicher Behandlung?, GesR 2018, 347
Heinz, Dirk, Der eingeschränkte Schadensersatzanspruch des Bundes bei Zivildienstschädigungen, VersorgVerw 1997, 90
Heinz, Dirk, Zu neueren Entwicklungen im Bereich der Gewaltopferentschädigung anlässlich neuerer Rechtsprechung zur Anspruchsberechtigung nach dem OEG bei erlittenem „Mobbing" und „Stalking", Behindertenrecht 2011, 125 f.
Held, Heinrich-J./Wältermann, Frank, Ausländer weitgehend gleichgestellt, BArbBl. 1993 Nr. 9 S. 9
Henke, Norbert, Theorie der wesentlichen Bedingung und Einwand der selbstgeschaffenen Gefahr in der Kriegsopferversorgung, SGb 1980, 212
Hirschmüller, Albrecht, Trauma und seelische Erkrankung aus historischer Sicht, MedSach 2003, 137
Hoffmann, Birgit, Anmerkung zum Urt. des BSG vom 6.7.2006, SGb 2007, 112, 113
Hofmann, Andreas W./Neuhöfer, Stefan, Das „Corona"-Virus und die allgemeine Impfpflicht, NVwZ 2022, 2
Hohmann-Jeddi, Christina, Neue STIKO-Empfehlungen zu Covid-19, Astra-Zeneca-Vakzine nur für Jüngere, Pharmazeutische Zeitung vom 28.1.2021
Högenauer, Horst, Neue Aspekte in der Beurteilung psychoreaktiver und neuropsychologischer Störungen als Leistungsgrund – aus der Sicht der Gutachter des Versorgungsärztlichen Dienstes, MedSach 2006, 67

Hökendorf, Jörn/Wersig, Maria, Die Reform des Sozialen Entschädigungsrechts aus der Genderperspektive, RP Reha 3/2019, 53

Hütter-Brungs, Schockschaden im Arzthaftungsrecht, MedR 2021, 708

Igney, Claudia/Ehmke, Jacqueline, Das Opferentschädigungsgesetz – eine gute Idee mit Reformbedarf, Trauma – Zeitschrift für Psychotraumatologie und ihre Anwendungen 4/2016, 64

Illgner, Was sind „wirtschaftliche" Folgen der Schädigung nach dem Bundesversorgungsgesetz?, SozSich 1955, 27

Jaritz, Susanne, Vereinbarungen im sozialhilferechtlichen Dreiecksverhältnis, SRa 2012, 105

Jung, Eberhard, Soziale Entschädigung bei Gesundheitsschäden (§ 5 SGB I) und gesetzliche Unfallversicherung, BG 2004, 486

Kauder, Siegfried, Entschädigung für deutsche Opfer von im Ausland begangenen Gewalttaten, ZRP 2003, 402

Keitz, Wolf von, Ist die Anerkennungsform im Sinne der Entstehung oder der Verschlimmerung für spätere Entscheidungen ohne Bedeutung?, KOV 1966, 25

Keller, Fritz, Anm. zur Entscheidung des 13. Senats des BSG vom 27.3.2007 – B 13 RJ 58/06 R, jurisPR-SozR 18/2007 Anm. 4

Keller, Wolfgang, Anm. zu B 9 V 6/13 R, SGb 2016, 232

Keller, Wolfgang, Der Zurechnungszusammenhang bei Unfällen von Beschädigten und Arbeitsunfallopfern nach dem Versorgungsrecht und dem Recht der gesetzlichen Unfallversicherung, NZS 1994, 161

Keller, Wolfgang, Psychische Unfallfolgen – Kausalität, SGb 2007, 248

Keßler, Ulrich, Die Rechtsprechung zum Verwaltungsrechtlichen und Beruflichen Rehabilitierungsgesetz, NJ 2008, 439

Kieswald, Hans, Rechtsfortbildung durch Richterrecht im sozialen Entschädigungsrecht, insbesondere in der Kriegsopferversorgung, in Entwicklung des Sozialrechts Aufgabe der Rechtsprechung, Hrsg. Deutscher Sozialrechtsverband, 1984, S. 469

Kirchhoff, Guido, Die Feststellung von Sozialleistungen durch Jugendämter, SGb 2020, 524

Klemp/Hölzl, Die Neufassung des § 1a Bundesversorgungsgesetz (BVG): Streichung von Kriegsopferrenten für NS-Täter, Forschungsbericht im Auftrag des BMAS (2016), 124; abrufbar unter www.de/DE/Service/Medien/Publikationen/Forschungsberichte/fb472-schlussbericht.html

Knickrehm, Sabine, Traumata bei „Auslandseinsätzen" und posttraumatische Belastungsstörung im Unfallversicherung – und Soldatenversorgungsrecht, SGb 2010, 381

Köbl, Ursula, Erwerbsminderungsrenten, in: Becker, Ulrich/Kaufmann, Franz-Xaver/Baron von Maydell, Bernd/Schmähl, Winfried/Zacher Hans F. (Hrsg.), FS für Franz Ruland, 1. Aufl. 2007, S. 351

Koyuncu, Adem, Anmerkung zu dem Urteil des BSG vom 24.4.2009 – B 9 VJ 1/08 R, GesR 2010, 49

Krahl, Christina, Therapie der Posttraumatischen Belastungsstörung, in: Freytag, Holger/Krahl, Gordon/Krahl, Christina/Thomann, Klaus-Dieter (Hrsg.), Psychotraumatologische Begutachtung, 1. Aufl. 2012, S. 187

Kranig, Andreas, Entschädigung von Opfern nach terroristischen Anschlägen – Wer verantwortet den Opferschutz?, NZV 2020, 21

Kranig, Andreas, Neuordnung des Sozialen Entschädigungsrechts – Zusammenführung mit der Gesetzlichen Unfallversicherung, SGB 2019, 65

Krasney, Otto Ernst, Ausgleich des immateriellen Schadens in einem Sozialen Entschädigungsrecht, ZSR 1973, 681

Kunz, Eduard/Zellner, Gerhard/Gelhausen, Reinhard/Weiner, Bernhard, Opferentschädigungsgesetz, 5. Aufl., München 2010

Kunze, Thomas, Die Kausalität in der gesetzlichen Unfallversicherung, VSSR 2005, 299

Kunze, Thomas, Sonstige „verhaltensunabhängige“ Unbilligkeit im Sinne von § 2 Abs. 1 Satz 1 OEG, VersorgVerw 1995, 37

Lamla, Die Rechtsfolgen einer Zustimmung zur Kannversorgung nach § 1 Abs. 3 Satz 2 BVG, KOV 1971, 72

Lauterbach, Lorenz, Absenkung der Witwengrundrente im Beitrittsgebiet, NJ 2003, 671

Lehmann, Walter-Jürgen/Tritt, Oskar/Wimmer, Klaus, Das Zweite Gesetz zur Bereinigung von SED-Unrecht, NJ 1994, 350 ff., 401 ff.

Leiska-Stephan, Nicola, Die Reform des Sozialen Entschädigungsrechts im Hinblick auf die Bedarfe gewaltbetroffener Frauen und ihrer Kinder, NDV 2017, 145*Lemke, Michael,* Die strafrechtliche Rehabilitierung von Opfern des SED-Unrechts, NJ 1996, 399, 401

Leopold, Anders, Internationales Sozialprozessrecht, München 2021

Lersch, Elmar, Gesetz über die Hilfe für durch Anti-D-Immunprophylaxe mit dem Hepatitis C-Virus infizierte Personen, NJW 2000, 3404

Leube, Konrad, Opferentschädigung bei Auslandstaten (§ 3a OEG) – Voraussetzungen und Ausschlussgründe, ZfSH/SGB, 2010, 333

Löbner, Andreas, Die aktuelle Reform des Sozialen Entschädigungsrechtes, Sozialrechtaktuell 2015, 182

Loytved, Helge, Zur Anerkennung von so genannten Schockschäden im Gewaltopferentschädigungsrecht; MedSach 2005, 148

Loytved, Helge, Zur Unmittelbarkeit der Schockschädigung von Sekundäropfern nach dem Opferentschädigungsgesetz, NZS 2004, 516

Ludyga, Hannes, Die Schweigepflicht von Ärzten bei der Behandlung Minderjähriger, NZFam 2017, 1121

Luik, Steffen, Anmerkung zum Urteil des BSG vom 29.3.2007 – B 9a VG 2/05 R, jurisPR-SozR 1/2008 Anm. 4

Luik, Steffen, Verhältnis zwischen Antrag auf Arbeitslosengeld nach dem SGB III und solchen nach dem SGB II, jurisPR-SozR 4/2015 Anm. 1

Luthe, Ernst-Wilhelm, Keine Pflicht des Jugendamtes zum Hinweis auf Leistungsansprüche aufgrund bevorstehender Gesetzesänderung, jurisPR-SozR 42/2004 Anm. 4.

Luthe, Ernst-Wilhelm (Hrsg.), Rehabilitationsrecht, Berlin 2009

Maercker, Andreas, Traumafolgestörungen, 5. Aufl. 2019

Marburger, Horst/Dahm, Dirk, Gesundheitsschäden durch Dritte, Regensburg 2008

Matysiak-Klose ua, Internationale Gesundheitsvorschriften (IGV) der WHO: Nach längerer Phase der Revision wurden die „IGV 2005“ verabschiedet, Epidemiologisches Bulletin 50/2006, 451 ff.

Meseke, Stefan, Der Tatbestand der Verbrechen gegen die Menschlichkeit nach dem Römischen Statut des Internationalen Strafgerichtshofs, Berlin 2004

Möllhoff, Gerhard, Panoramawandel in der Bewertung psychischer Traumen im militärischen Dienst (1900 bis 2002), ASUMed 2002, 374

Müller, Henning, Der Umgang mit dem Opfer im Recht, ASR 2016, 5

Müller-Piepenkötter, Roswita, Warum brauchen wir ein neues Soziales Entschädigungsrecht – das Leitgesetz des BVG als Auslaufmodell?, SRa Sonderheft 2017, 16

Mushoff, Tobias, Beschädigtenversorgung nach dem Häftlingshilfegesetz bei Anschlussgewahrsam in der Nähe eines Atomwaffentestgeländes, NZS 2020, 505

Mushoff, Tobias, Psychische Erkrankung als Grund der Erwerbsminderung – Die zumutbare Willensanstrengung oder der Psyche ausgeliefert sein. Eine rechtliche Betrachtung, Sozialrecht Aktuell Sonderheft 2018, 42

Mushoff, Tobias, Zur Berücksichtigung einer Ausgleichsrente nach dem PrVG des Landes Berlin als Einkommen, NZS 2018, 996

Mutschler, Bernd, Aktuelle Probleme zur Überprüfung belastender Verwaltungsakte nach § 44 SGB X, WzS 2009, 193

Nielsson, Svenja, Die Zukunft des Sozialen Entschädigungsrechts?, SGb 2017, 378

Obermayer, Klaus, Rechtsnatur der Kriegsopferansprüche, München 1963

Otte, Torsten, Staatliche Entschädigung für Opfer von Gewalttaten in Österreich, Deutschland und der Schweiz, Dissertation, Münster 1998

Otto, Karl-A., Kriegsopfer werden versorgt, BArbBl 1990, Nr. 12

Pawlita, Cornelius, Wissenschaftliche Anerkennung eines Psychotherapieverfahrens – Wirksamkeitsnachweis, SGb 2009, 731

Plagemann, Hermann/Baumann, Katja, Soziale Entschädigung in Zeiten der Pandemie, CoVuR 2021, 514

Rahn, Christian, Haftungsfragen bei Corona-Impfschäden, ZGMR 2021, 345

Rassenhofer, Miriam, Sexueller Missbrauch: Partizipative Modelle der gesellschaftlichen Aufarbeitung und Innovationen in der therapeutischen Versorgung Betroffener, 1. Aufl. 2016

Rassenhofer, Miriam/Laßlof, Annika/Felix, Sebastian/Heuft, Gereoib/Schepker, Renate/Keller, Ferdinand/Fegert, Jörg M., Effektivität der Frühintervention in Traumaambulanzen, Psychotherapeut 2016, 197

Rauschenbach, Thomas (Hrsg.), Kommentierte Daten der Kinder- und Jugendhilfe (KomDat) 2/2019

Rehder, Jürgen, Anerkennung von Schädigungsfolgen nach dem BVG im Sinne der Verschlimmerung oder im Sinne der Entstehung, VersorgB 1966, 57

Reinhard, Hans-Joachim, Neuregelung des Sozialen Entschädigungsrechts im SGB XIV, ZRP 2019, 221

Riedel-Krekeler, Die Rehabilitierung ehemaliger Heimkinder der DDR nach dem Strafrechtlichen Rehabilitierungsgesetz, Berlin 2014

Rohwer-Kahlmann, Harry, Das soziale Entschädigungsrecht im geplanten Sozialgesetzbuch, ZSR 1974, 82

Rohwer-Kahlmann, Harry, Zum Eigentumsschutz sozialrechtlicher Positionen, SGb 1975, 161

Roos, Elke, Der Impfschadensprozess – Risiken und Nebenwirkungen, ZFSH SGB 2020, 210

Rösner, Norbert, Anerkennung von Gesundheitsstörungen nach § 1 Abs. 3 Satz 2 BVG („Kannversorgung"), MedSach 1990, 4

Rösner, Norbert, Ärztliche Befundberichte und ihre Bedeutung für die Begutachtung – aus ärztlicher Sicht, MEDSACH 1996, 40

Rösner, Norbert, Ursächlicher Zusammenhang zwischen Schädigung und Tod, MedSach 1988, 185

Ruefner, Wolfgang, Empfiehlt es sich, die soziale Sicherung für den Fall von Personenschäden, für welche die Allgemeinheit eine gesteigerte Verantwortung trägt, neu zu regeln?, Verhandlungen des 49. Deutschen Juristentags, Band 1, Gutachten, 1972

Rühle, Walter, Verfahrenshindernisse aus der Sicht der Versorgungsverwaltung, in WEISSER RING, Opferentschädigungsgesetz – Intention und Praxis opfergerecht?, 1996, S. 131.

Ruland, Franz, Solidarität – Notwendigkeit und aktuelle Herausforderungen, FS für Gerhard Igl, 2017, 482

Schaade, Lars/Widders, U./Stange, G./Höhl, N., Impfempfehlungen der Ständigen Impfkommission beim Robert-Koch-Institut, Bundesgesundheitsblatt 2009, 1006

Schaumberg, Thorsten, Die Leistungen der Schnellen Hilfen nach dem SGB XIV im Zeitraum zwischen dem 1.1.2021 und dem 31.12.2023 – Ein Überblick, ASR 2021, 104

Schillings, Martin, Die ärztliche Gutachtertätigkeit muss Gesetz werden, SuP 2003, 117
Schmachtenberg, Rolf, Das neue Soziale Entschädigungsrecht, in Deutscher Sozialgerichtstag (Hrsg.), Sozialstaat und Europa – Gegensatz oder Zukunft, 1. Aufl. 2016, S. 207.
Schmachtenberg, Rolf, Erster Arbeitsentwurf eines Gesetzes zur Regelung des Sozialen Entschädigungsrechts – Konzeption und Inhalt, SRa Sonderheft 2017, 18
Schmachtenberg, Rolf, Reformperspektiven eines wirksamen Opferentschädigungsrechts, in: WEISSER RING e. V., Moderne Opferentschädigung, 1. Aufl. 2012, S. 140
Schmidt, Benjamin, Schnittstellen – Insbesondere zur Krankenversicherung, SRa Sonderheft 2017, 51
Schmidt, Sylvia/Schmidt, Benjamin, Der sozialrechtliche Herstellungsanspruch, Jura 2005, 372
Schmitt, Walter, Der lange Abschied von der sozialrechtlichen Ursachenlehre, VSSR 2004, 349
Schmitt, Walter, Die posttraumatische Belastungsstörung im sozialen Entschädigungsrecht – Von der unüberprüfbaren Tatsachenfeststellung zur berechenbaren Rechtsanwendung, VSSR 2006, 69
Schmitz-Dörner, Monika, Die Rehabilitierung von in Kinderheimen und Jugendwerkhöfen untergebrachten Personen, NJ 2012, 190
Schuler, Rolf, Internationales Sozialrecht der Bundesrepublik Deutschland, Baden-Baden 1988
Schulin, Bertram, Soziale Entschädigung als Teilsystem kollektiven Schadensausgleichs, Augsburg 1981
Schulz-Lüke, Gerd/Wolf, Manfred, Gewalttaten und Opferentschädigung, Berlin 1977
Schürmann, Ivonne, Projektbericht „Evaluation der Traumaambulanzen in NRW", Mai 2010
Seel, Helga, Fallmanagement und Standards der Beratung, SRa Sonderheft 2020, 217
Sen, Carolin, Wettbewerb im sozialrechtlichen Dreiecksverhältnis und Ausschreibungen nach EU-Vergaberecht, SRa 2017, 90
Söhngen, Uwe, Grenzen der Anrechnung von Leistungen des Sozialen Entschädigungsrechts als Einkommen nach dem SGB II, jurisPR-SozR 22/2014 Anm. 2.
Spallek, Haribert, Aufhebung des Bundes-Seuchengesetzes, VersorgVerw 1999, 84
Spindler, Helga, Anm. zum Urteil des SG Duisburg vom 9.6.2006 – S 27 AS 289/05, Info also 2007, 84
Sprau, Harald, Beginn des Versorgungsanspruchs bei Badekurunfällen, VersorgVerw 1989, 38
Stähler, Thomas P., Recht der sozialen Entschädigung, SGb 2021, 622
Steiner, Gerd H., Die sog. Versorgungsehen der gesetzlichen Unfall- und Rentenversicherung, in: Deutsche Gesetzliche Unfallversicherung (Hrsg.), 20 Jahre Hochschule der Gesetzlichen Unfallversicherung, 1. Aufl. 2014, S. 239
Stevens, Andreas, Schizophrene Psychose, Wehrdienst, Lebensereignisse und die „Kannversorgung", MedSach 1999, 145
Steyer, Stephan, Die Kriegsopferversorgung in der DDR, VersorgVw 1990, 13
Tabbara, Annette, Neues Sozialgesetzbuch XIV – Die Reform des Sozialen Entschädigungsrechts, NZS 2020, 210
Tappert, Wilhelm, Schnelle Hilfe und mehr Unterstützung für Opfer von Gewalttaten, Deutsche Richterzeitung 2020, 352
Tegenthoff, Martin/Frettlöh, Jutta, Psychotrauma-Ambulanz – Spezialambulanz für psychische Störungen nach Arbeitsunfall, BG 2007, 227

Trometer, Leonhard, Das Versorgungsrecht im sozialen Sicherungssystem der BRD unter besonderer Berücksichtigung der Hinterbliebenenversorgung, VdKMitt. 1972, 534

Trometer, Leonhard, Die Fortentwicklung des BVG zu einem Leitgesetz des sozialen Entschädigungsrechts, KOF-SchwBR 1973, 1

Trometer, Leonhard, Die Kriegsopferversorgung nach 1945, in Bartholomäi/Bodenbender ua (Hrsg.), Festschrift für Ernst Schellenberg, Sozialpolitik nach 1945, 1977, 191

Trometer, Leonhard, Die Sozialenquete unter dem Gesichtspunkt der KOV, BVBl 1967, 120

Trometer, Leonhard, Vom Kriegsopferrecht zum sozialen Entschädigungsrecht, in Blüm/Zacher (Hrsg.), 40 Jahre Sozialstaat Bundesrepublik Deutschland, 1989, S. 579, 584 f.

Udsching, Peter/Rolfs, Christian (Hrsg.), Jahrbuch des Sozialrechts, jährlich erscheinend, Berlin

Verspohl, Ines, Neuerungen des Sozialen Entschädigungsrechts, SuP 2019, 71

Viefhues, Wolfram, Verlängerung des Unterhalts nach § 1615l Abs. 2 BGB bei Betreuung eines behinderten Kindes, jurisPR-FamR 20/2015 Anm. 6

Vießmann, Thomas, Der Einfluss von gesundheitlichen Vorbelastungen auf die Kausalitätsbeurteilung von Gesundheitsstörungen im Versorgungsrecht, SGb 2013, 68

Vießmann, Thomas, Versorgungrechtliche Behandlung nachträglicher Verschlechterungen des Gesundheitszustands (Nachschadensproblematik), SGb 2014, 537

Voelzke, Thomas, Die Herbeiführung des Versicherungsfalls im Sozialversicherungsrecht, 2004

Vogl, Stefanie, Aktuelle Änderungen des Sozialen Entschädigungsrechts, SGb 2008, 583

Von Keitz, Wolf, Ist die Anerkennungsform im Sinne der Entstehung oder der Verschlimmerung für spätere Entscheidungen ohne Bedeutung?, KOV 1966, 25

Von Koch, Friedrich, Auskunfts- und Beratungspflichten im Sozialrecht, 2000

Vorberg, Robert/Van Nuis, Hanns (Hrsg.), Das Recht der Kriegsbeschädigten und Kriegshinterbliebenen, VI. bis VIII. Teil, 2./3. Aufl., Herford ab 1972

Voß, Jürgen, Das BVG als Leitgesetz für die soziale Entschädigung – Vorschläge für eine Strukturreform, ZfS 2003, 161

Walus, Andreas, Pandemie und Katastrophennotstand: Zuständigkeitsverteilung und Kompetenzmängel des Bundes, DÖV 2010, 127

Weber, Christian, Zum Regierungsentwurf eines Gesetzes zur Regelung des Sozialen Entschädigungsrechts, RP-Reha 2019, 26

Weißer Ring (Hrsg.), Entschädigung für die Folgen einer Gewalttat – muss das OEG bei typischen Problemlagen versagen, Mainzer Schriften zur Situation von Kriminalitätsopfern, 2000

Welti, Felix, Behinderung und Rehabilitation aus rechtswissenschaftlicher Sicht, in Masuch, Peter/Spellbrink, Wolfgang/Becker, Ulrich/Leibfried, Stephan, Grundlagen und Herausforderungen des Sozialstaats – Bundessozialgericht und Sozialstaatsforschung, Band 2, 1. Aufl. 2015, S. 621

Welti, Felix, Kann die Sprache des sozialen Rechtsstaats verständlich sein?, FS für Igl, 2017, S. 497

Welti, Felix, Medizinische Rehabilitation im gegliederten Sozialleistungssystem, SRa Sonderheft 2020, 175

Welti, Felix/Fuchs, Maximilian/Fuchsloch, Christiane/Naegele, Gerhard/Udsching, Peter (Hrsg.), Festschrift für Gerhard Igl, Baden-Baden 2017

Wendt, Wolf Rainer, Case Management, 7. Aufl. 2018

Wermelskirchen, Bodo, Die Rechtsprechung zum Strafrechtlichen Rehabilitierungsgesetz, NJ 2008, 342

Widder, Bernhard/Gaidzik, Peter W. (Hrsg.), Neurowissenschaftliche Begutachtung, 3. Aufl. 2018

Wilke, Gerhard, Zur Versorgung nach § 1 Abs. 3 Satz 2 BVG, KOV 1968, 22

Wilke, Gerhard, Zur Weiterentwicklung des Bundesversorgungsgesetzes durch das 3. NOG, KOV 1967, 56

Wolber, Kurt, Keine analoge Anwendung des § 1 Abs. 3 S. 3 BVG zur Einschränkung der Rücknahme- oder Änderungsmöglichkeiten eines unrichtig ergangenen Leistungsbescheides in der gesetzlichen Unfallversicherung, SGb 2000, 338

Wulfhorst, Traugott, Soziale Entschädigung – Politik und Gesellschaft, Baden-Baden 1994

Wulfhorst, Traugott, Zur Rechtsdogmatik der Sozialen Entschädigung für Opfer von Gewalttaten, VSSR 1997, 185

Wulfhorst, Traugott, Zweck und Bemessung der Beschädigten-Grundrente, Beispiel: Absenkung im Beitrittsgebiet, Kritik des BSG-Urteils vom 10.8.1993, VersorgVerw 1994, 19

Wüsten, Barbara, Reformprojekt – Das neue Soziale Entschädigungsrecht, in Deutscher Sozialgerichtstag, Sozialstaat und Europa -- Gegensatz oder Zukunft?, 2016, 216

Zentrum Bayern Familie und Soziales, Leitfaden Traumaambulanzen für Opfer von Gewalttaten im Kindes- und Jugendalter, April 2010h

Gesetzesmaterialien

Art. 48 und 49 Gesetz über die Entschädigung der Soldatinnen und Soldaten und zur Neuordnung des Soldatenversorgungsrechts vom 20.8.2021, BGBl. 2021 I 3932, BT-Drs. 19/27523

Gesetz zur Bekämpfung sexualisierter Gewalt gegen Kinder v. 16.6.2021, Ergänzung von §§ 13 und 14 SGB XIV, BGBl. 2021 I 1810, BT-Drs. 19/23707, 17, 64 f.

Gesetz zur Stärkung der Teilhabe von Menschen mit Behinderungen sowie zur landesrechtlichen Bestimmung der Träger der Sozialhilfe (Teilhabestärkungsgesetz), Art. 11a – Ändg. § 1 Abs. 8 und § 5 OEG, v. 2.6.2021, BGBl. 2021 I 1387, 1399, BR-Drs. 129/21, 8 f. (Stellungnahme des Bundesrates, vgl. Art. 12a), BT-Drs. 19/28834, 25 f., 59 (Beschlussempfehlung und Bericht des Ausschusses für Arbeit und Soziales)

Gesetz zur Änderung des Gesetzes über Finanzhilfen des Bundes zum Ausbau der Tagesbetreuung für Kinder und des Kinderbetreuungsfinanzierungsgesetzes v. 15.4.2020, BGBl. 2020 I 811 – u.a. Änderung des § 1 Abs. 4 betreffend die gleichberechtigte Leistungsgewährung an Ausländerinnen und Auslänger sowie die gestufte örtliche Zuständigkeit im OEG nach dem Wohnortprinzip durch Art. 2a; s. dazu BT-Drs. 19/17818 v. 11.3.2020

Gesetz zur Regelung des Sozialen Entschädigungsrechts v. 12.12.2019, BGBl. 2019 I 2652

BT-Drs. 19/13824 = BR-Drs. 352/19

BT-Drs. 19/14870 (Beschlussempfehlung und Bericht)

BT-Drs. 19/14879 (Bericht des Haushaltsausschusses [8. Ausschuss] gem. § 96 Geschäftsordnung)

1. Durchgang: BR-PlPr. 980, 375–377
1. Beratung: BT-PlPr. 19/119, 14747C - 14762D
2. Beratung: BT-PlPr. 19/124, 15436B - 15445B
3. Beratung: BT-PlPr. 19/124, 15445A
2. Durchgang: BR-PlPr. 983, 580–581

Stellungnahmen von Verbänden und Sachverständigen im Ausschuss für Arbeit und Soziales

Ausschuss-Drs. 19(11)457 *Contergannetzwerk Deutschland e.V.*
Ausschuss-Drs. 19(11)477 *Bundespsychotherapeutenkammer*
Ausschuss-Drs. 19(11)478 *AOK-Bundesverband*
Ausschuss-Drs. 19(11)480 *Weißer Ring e.V.*
Ausschuss-Drs. 19(11)481 *Sozialverband Deutschland e.V.*
Ausschuss-Drs. 19(11)489 *Deutsche Gesetzliche Unfallversicherung*
Ausschuss-Drs. 19(11)492 *Bundesverband Frauenberatungsstellen und Frauennotrufe/Frauen gegen Gewalt e.V.*
Ausschuss-Drs. 19(11)501 *Sozialverband VdK Deutschland e.V.*
Ausschuss-Drs. 19(11)502 *Betroffenenrat des Unabhängigen Beauftragten für Fragen des sexuellen Kindesmissbrauchs*
Ausschuss-Drs. 19(11)504 *Arbeitskreis Opferhilfe e.V.*
Ausschuss-Drs. 19(11)479 *Prof. Schepker*
Ausschuss-Drs. 19(11)490 *Prof. Seel*
Ausschuss-Drs. 19(11)491 *Dr. Drohsel*
Ausschuss-Drs. 19(11)503 *S. Knickrehm*

Koalitionsvertrag für die 19. Legislaturperiode, S. 95, ab Ziff. 4411, abrufbar unter https://www.bundesregierung.de/resource/blob/656734/847984/5b8bc23590d4cb2892b31c987ad672b7/2018-03-14-koalitionsvertrag-data.pdf?download=1

BT-Drs. 19/234 – „Opferentschädigung verbessern"

Externes Ergebnisprotokoll der 94. Konferenz der Minister und Ministerinnen, Senatoren und Senatorinnen für Arbeit und Soziales der Länder v. 6./7.12.2017, 17 ff., abrufbar unter https://asmkintern.rlp.de/fileadmin/asmkintern/Beschluesse/Protokoll_94._ASMK_2017/Protokoll_extern_der_94._ASMK.pdf

Abschlussbericht des Bundesbeauftragten für die Opfer und Hinterbliebenen des Terroranschlags auf dem Breitscheidplatz aus November 2017, BMJV, 20 ff., abrufbar unter https://www.bmjv.de/SharedDocs/Downloads/DE/News/Artikel/121317_Abschlussbericht_Opferbeauftragter.pdf?__blob=publicationFile&v=1

Abschlussbericht Runder Tisch Sexueller Kindesmissbrauch in Abhängigkeits- und Machtverhältnissen in privaten und öffentlichen Einrichtungen und im familiären Bereich v. BMAS, BMFSFJ, BMBF v. 30.11.2011, abrufbar unter https://weisser-ring.de/sites/default/files/domains/weisser_ring_dev/downloads/abschlussberichtrtkm.pdf

BT-Drs. 16/12273 – Entwurf eines Dritten Gesetzes zur Änderung des Opferentschädigungsgesetzes v. 17.3.2009

BR-Drs. 541/07 (Beschluss) – Entwurf eines Gesetzes zur Änderung des BVG und anderer Vorschriften des sozialen Entschädigungsrechts v. 21.9.2007

Synopse

BVG/OEG/IfSG/ZDG (§§ beziehen sich auf die Fassung vor der Änderung durch das Gesetz zur Regelung des Sozialen Entschädigungsrechts vom 12.12.2019, BGBl. 2019 I 2652)	SGB XIV soweit nicht anders angegeben	Zeitpunkt der Änderung und Bemerkungen zu Änderungen (Artikel beziehen sich – soweit nicht ausdrücklich anders angegeben – auf das Gesetz zur Regelung des Sozialen Entschädigungsrechts vom 12.12.2019, BGBl. 2019 I 2652)
BVG – §§	**SGB XIV – §§**	
Anspruch auf Versorgung	Allgemeine Vorschriften und Anspruch auf Leistungen der SE – Kap. 1 und Kap. 2 Abschn. 1	
§ 1	§ 4	Art. 60 Abs. 7 – 1.1.2024 neu: Bestimmung gilt für alle Entschädigungstatbestände (geregelt iE im Kap. 2 Abschn. 2 UAbschn. 1–4)
	§ 25	Kausalitätsprinzip ohne Schädigung durch eine militärische oder militärähnliche Dienstverrichtung pp – S. zur Weitergewährung von bestandskräftig bewilligten Leistungen für Schädigungen durch eine militärische oder militärähnliche Dienstverrichtung pp oder vor dem Außerkrafttreten des BVG am 31.12.2023 beantragte Leistungen nach dem BVG Kap. 23 SGB XIV Besitzstände
	§ 139	
	§ 1	Art. 60 Abs. 7 – 1.1.2024 Aufgaben der SE
	§ 2	Art. 60 Abs. 5 – 1.1.2021 Berechtigte der SE
	§ 3	Art. 60 Abs. 7 – 1.1.2024 Leistungen der SE
	§ 10	Antragserfordernis
§ 1a	§ 22	Art. 60 Abs. 7 – 1.1.2024 betrifft nur Entschädigungstatbestand der Kriegsauswirkungen beider Weltkriege – kriegseigentümlicher Gefahrenbereich Zur Weitergewährung von bestandskräftig bewilligten Leistungen für Schädigungen durch eine militärische oder militärähnliche Dienstverrichtung pp

		oder vor dem Außerkrafttreten des BVG am 31.12.2023 beantragte Leistungen nach dem BVG Kap. 23 SGB XIV Besitzstände
§ 2	---	Art. 60 Abs. 7 – 1.1.2024 Zur Anwendung des BVG für dortige Entschädigungstatbestände Kap. 23 SGB XIV Besitzstände
§ 3	---	Art. 60 Abs. 7 – 1.1.2024 Zur Anwendung des BVG für dortige Entschädigungstatbestände Kap. 23 SGB XIV Besitzstände
§ 4	---	Art. 60 Abs. 7 – 1.1.2024 Zur Anwendung des BVG für dortige Entschädigungstatbestände Kap. 23 SGB XIV Besitzstände
§ 5	---	Art. 60 Abs. 7 – 1.1.2024 Zur Anwendung des BVG für dortige Entschädigungstatbestände Kap. 23 SGB XIV Besitzstände
§ 5 Abs. 1 Buchst. e	§ 21	Art. 60 Abs. 7 – 1.1.2024 Entschädigungstatbestand der Kriegsauswirkungen beider Weltkriege – kriegseigentümlicher Gefahrenbereich
§ 6	---	Art. 60 Abs. 7 – 1.1.2024 Zur Anwendung des BVG für dortige Entschädigungstatbestände Kap. 23 SGB XIV Besitzstände
§ 7	§ 2 (für das gesamte SER)	Art. 60 Abs. 5 – 1.1.2021 Zur Anwendung des BVG für dortige Entschädigungstatbestände Kap. 23 SGB XIV Besitzstände
§ 8	---	Art. 60 Abs. 7 – 1.1.2024 Zur Anwendung des BVG für dortige Entschädigungstatbestände Kap. 23 SGB XIV Besitzstände
§ 8a	§ 4 Abs. 2 Nrn. 1 und 2 (zT)	Art. 60 Abs. 7 – 1.1.2024
§ 8b	§ 4 Abs. 3	wie vor
§ 9	§ 3	wie vor
---	Kap. 1 Abschn. 1 – Allgemeine Voraussetzungen einschließlich Kausalitätsprinzip	wie vor
---	Kap. 3 – Leistungsgrundsätze	wie vor

---	Entschädigungs-tatbestände – Kap. 2 Abschn. 2	▪ Gewalttaten ▪ Kriegsauswirkungen beider Welt-kriege ▪ Zivildienstschädigung ▪ Impfung und andere med. Prophy-laxe
---	§§ 13–24	Art. 60 Abs. 7 – 1.1.2024
---	Schnelle Hilfen – Kap. 4	
---	§§ 29, 30, 39 §§ 31–37 §§ 38, 40 §§ 115, 116	Art. 60 Abs. 7 – 1.1.2024 Fallmanagement Art. 60 Abs. 5 – 1.1.2021 Traumaambulanzen Art. 60 Abs. 3 Nr. 1 – 20.12.2019 erleichtertes Verfahren
Heil- und Kranken-behandlung/Versehrtenlei-besübungen	Krankenbehand-lung und med. Reha – Kap. 5	
§ 10 § 10 Abs. 4 S. 1 Nr. 1 Buchst. a iVm Abs. 7 § 10 Abs. 4 S. 1 Buchst. c	§ 41 § 42 Abs. 3 § 42 Abs. 4 § 43	Art. 60 Abs. 7 – 1.1.2024 + Med. Reha, s. bei Kap. 6 (Teilhabe) Leistungen für Angehörige und Nahe-stehende von Schwerstgeschädigten wie vor für Hinterbliebene ergänzende Leistungen der Krankenbe-handlung
§ 11 § 11 Abs. 2 § 11 Abs. 1 Nr. 8, Abs. 3, § 13, § 18c	§ 42 --- § 43 § 46	Art. 60 Abs. 7 – 1.1.2024 Badekuren weggefallen ergänzende Leistungen der Krankenbe-handlung Hilfsmittelversorgung (s. bei § 13 BVG)
§ 11a + VÜbV	§ 62 Nr. 4, §§ 42, 43	Art. 60 Abs. 7 – 1.1.2024 Versehrtenleibesübungen weggefallen Umstrukturierung der Leistungen der Krankenbehandlung, mit Bezugnahme auf SGB V und ergänzende Leistungen unter Berücksichtigung der Besonder-heiten des SER – s. Kap. 5 §§ 41–61
§ 12 § 12 Abs. 3	wie vor	wie vor Badekur für Ehegatten und Eltern weg-gefallen
§ 13 + OrthV	§ 46	Art. 60 Abs. 7 – 1.1.2024 unter Bezugnahme auf § 31 Abs. 2 SGB VII s. OrthVersorgUVV und Richt-linien der Verbände der UV-Träger aufgehoben OrthV zum 1.1.2024 – Art. 58 Nr. 7 iVm Art. 60 Abs. 7

§ 14 Blindenführzulage und Beihilfe	§ 2 Abs. 2 OrthVersorgUVV	Art. 60 Abs. 7 – 1.1.2024 ergänzt um Schädigungsfolge „Taubblindheit“ nach § 82 Abs. 3
§ 15 + V zu § 15	§ 46	Art. 60 Abs. 7 – 1.1.2024 unter Bezugnahme auf § 31 Abs. 2 SGB VII s. OrthVersorgUVV und Richtlinien der Verbände der UV-Träger
§ 16–16h	§ 47	Art. 60 Abs. 7 – 1.1.2024 nun Krankengeld der SE
§ 17	§ 48	Art. 60 Abs. 7 – 1.1.2024
§ 18 § 18 Abs. 1 § 18 Abs. 3, 4 § 18 Abs. 5 § 18 Abs. 6 § 18 Abs. 7	§§ 44, 51, 53 §§ 44, 26 § 50 § 50 Abs. 5 § 49 § 43 Abs. 2 Nr. 5	wie vor keine Kostenbeteiligung gilt nur für Geschädigte Erstattungsanspruch – selbstbeschaffte Leistung Krankengeld der SE Zuschüsse bei Zahnersatz
§ 18a	§ 10 Abs. 1, Abs. 3 Nr. 1, Abs. 4	Art. 60 Abs. 7 – 1.1.2024 grundsätzlich Antragsleistung; nach Ermessen auch Erbringung von Amts wegen
§ 18b	§ 45	Art. 60 Abs. 7 – 1.1.2024
§ 18c Abs. 1 § 18c Abs. 1 S. 2 § 18c Abs. 2 S. 2 § 18c Abs. 4 § 18c Abs. 6	§§ 46, 49 §§ 54, 57, 58 § 52 §§ 58, 78 §§ 55, 56 § 59	wie vor Beiträge zur Arbeitsförderung, GRV + Alterssicherung Vergütungsanspruch der Leistungserbringer Art. 60 Abs. 7 – 1.1.2024 Datenübermittlung
§ 19	§ 60 § 61 – bei Leistungen nach § 46	Art. 60 Abs. 7 G-SER 1.1.2024 Erstattung Krankenkasse Erstattung Unfallkassen der Länder
§ 20	wie vor	Art. 60 Abs. 7 – 1.1.2024
§ 21	§ 28	Art. 60 Abs. 7 – 1.1.2024 § 28 gilt jedoch für alle Leistungen des SER
§ 22	§ 52	Art. 60 Abs. 7 – 1.1.2024
§ 24	§ 53	wie vor

§ 24a	§ 46 Abs. 2	Art. 60 Abs. 7 G-SER 1.1.2024 unter Bezugnahme auf § 31 Abs. 2 SGB VII s. VO und Richtlinien der Verbände der UV-Träger
---	Leistungen zur Teilhabe – Kap. 6	
---	§§ 62–70	Art. 60 Abs. 7 – 1.1.2024 ▪ Teilhabe am Arbeitsleben + Geldleistung ▪ Teilhabe an Bildung ▪ Soziale Teilhabe ▪ Med. Rehabilitation, Erbringung im Rahmen der Leistungen nach dem Kap. 5 (Krankenbehandlung)
Kriegsopferfürsorge	BLiE – Kap. 11 und 16	
§ 25	§ 92	Art. 60 Abs. 7 – 1.1.2024 neu: Leistungsberechtigung nur noch für Geschädigte und Hinterbliebene
§ 25a	§ 92 insbes. Abs. 3 und 5	Art. 60 Abs. 7 – 1.1.2024 neu: darlehensweise Leistungsgewährung, wenn kein Anspruch auf Beihilfe
§ 25b § 25b Abs. 5 S. 1, 2 § 25b Abs. 5 S. 3	§ 92 Abs. 4 § 26 zur Leistungsform § 70 §§ 69, 97	Art. 60 Abs. 7 – 1.1.2024 neu: Reduzierung des Einzelleistungskatalog gegenüber § 25 Abs. 1 BVG Besonderheiten bei der Leistungsbemessung Wunsch- und Wahlrecht
§ 25c	Kap. 16 §§ 105 ff.	Art. 60 Abs. 7 – 1.1.2024 Einsatz von Einkommen und Vermögen entsprechend Kap. 11 SGB XII
§ 25d	§§ 105 ff. § 28 Verhältnis zu Leistungen anderer Träger	Art. 60 Abs. 7 – 1.1.2024
§ 25e	§ 107	wie vor
§ 25f	§ 108	wie vor
§ 26	Kap. 6 §§ 63 f.	Art. 60 Abs. 7 – 1.1.2024 keine Fürsorgeleistung mehr – allenfalls § 96 SGB XIV
§ 26a	§§ 105 ff.	Art. 60 Abs. 7 – 1.1.2024
§ 26b	Kap. 5 §§ 41 ff.	wie vor

§ 26c	Kap. 7 §§ 71 ff.	wie vor
§ 26d	§ 95	Art. 60 Abs. 7 – 1.1.2024 neu: Leistungsberechtigt nur noch Geschädigte § 95 iVm § 92 Abs. 6 SGB XIV
§ 26e	entfallen	Altenhilfe – allenfalls § 96 SGB XIV
§ 27	§§ 93 Abs. 2 und 3, 94	Art. 60 Abs. 7 – 1.1.2024 neu: Bezugsrahmen SGB VIII und BAföG sowie Leistungen zur Förderung einer Ausbildung durch Rückzahlung der darlehensweisen BAföG-Leistung
§ 27a	§§ 93 Abs. 1 und 96	Art. 60 Abs. 7 – 1.1.2024 neu: Leistungen nach Kap. 3 und 4 SGB XII
§ 27b	entfallen	Art. 60 Abs. 7 – 1.1.2024 Erholungshilfe – nun med. Reha nach § 62 Abs. 4 ff. SGB XIV und allenfalls § 96 SGB XIV
§ 27c	entfallen	Art. 60 Abs. 7 – 1.1.2024 Wohnungshilfe – nun Teil der Leistungen nach § 93 Abs. 1 SGB XIV
§ 27d	§ 96	Art. 60 Abs. 7 – 1.1.2024
§§ 27d Abs. 1 Nr. 4, Abs. 3 S. 5, 6 § 27d Abs. 1 Nr. 3	entfallen §§ 65, 66 Leistungen der Blindenhilfe als Vorläufer des 82	Art. 60 Abs. 7 – 1.1.2024 nunmehr keine Fürsorgeleistung mehr
§ 27e	entfallen	Art. 60 Abs. 7 – 1.1.2024 Sonderfürsorge für Schwerstbeschädigte – Individualisierung des Bedarfs nach § 92 Abs. 1 und § 96 SGB XIV
§ 27f	§ 109	Art. 60 Abs. 3 Nr. 1 – 1.1.2024 Plus gem. § 105 Abs. 2 Verordnungen nach § 96 SGB XII
§ 27g	§ 105 Abs. 1 SGB XIV iVm § 93 SGB XII § 120 mit Einschränkungen	Art. 60 Abs. 7 – 1.1.2024
§ 27h	§ 105 Abs. 1 SGB XIV iVm § 94 SGB XII	wie vor
§ 27i	§ 105 Abs. 1 SGB XIV iVm § 95 SGB XII	wie vor
§ 27j	entfallen	war Übergangsregelung im BVG

KFürsV	entfallen	aufgehoben nach Art. 58 Nr. 5 iVm Art. 60 Abs. 7 zum 1.1.2024
Beschädigtenrente	Entschädigungs-zahlungen – Kap. 9	
§ 29	§§ 27 und 89 Abs. 1 Nr. 2	Art. 60 Abs. 7 – 1.1.2024
§ 30 Abs. 1	§ 5 Abs. 1	wie vor Bestimmung des GdS
§ 30 Abs. 2	entfallen	eine Erhöhung des GdS wegen eines besonderen beruflichen Betroffenseins ist im SGB XIV nicht mehr vorgesehen s. aber Kap. 23 SGG XIV Besitz-stände
§ 30 Abs. 16	§ 5 Abs 2	Art. 60 Abs. 7 – 1.1.2024
BSA	BSA – Kap. 10	
§ 30 Abs. 3–12	§§ 89–90 – Kap. 10 BSA	Art. 60 Abs. 7 – 1.1.2024
§ 30 Abs. 14 BSchAV	§ 91	Art. 60 Abs. 3 – 1.1.2019 Verordnungsermächtigung Außerkrafttreten der BSchAV zum 1.1.2024 – Art. 58 Nr. 8 iVm Art. 60 Abs. 7
Grundrente	Entschädigungs-zahlungen an Geschädigte – Kap. 9 Abschn. 1	
§ 31	§§ 83, 28 Abs. 2	Art. 60 Abs. 7 – 1.1.2024
§ 31 Abs. 1 S. 2 bis Abs. 4	§ 83 Abs. 2 und 3	Art. 60 Abs. 7 – 1.1.2024 Erhöhung der Entschädigungszahlung bei schwersten Schädigungsfolgen
§ 31 Abs. 5 S. 2	§ 5 Abs. 2	wie vor Verordnungsermächtigung
§§ 32–34	entfallen	Ausgleichsrente sowie Ehegatten- und Kinderzuschlag als Leistungen entfallen s. aber Kap. 23 SGG XIV Besitz-stände
Pflegezulage	Leistungen bei Pflegebedürftig-keit – Kap. 7	
§ 35	§§ 71–75	Art. 60 Abs. 7 – 1.1.2024 keine Pflegezulage mehr – Leistungen bei Pflegebedürftigkeit nach dem SGB XI und ergänzende Leistungen der SE bei Pflegebedürftigkeit
§ 35 Abs. 2	§ 76	Art. 60 Abs. 7 – 1.1.2024 Häusliche Pflege im Arbeitgebermodell

---	§§ 77–81	Art. 60 Abs. 7 – 1.1.2024 keine Entsprechung im BVG aufgrund der Leistungserbringung durch die Pflegekassen und zum Teil durch Unfallkassen (zB Versorgung mit Pflegehilfsmitteln als ergänzende Leistung)
Bestattungsgeld	Überführung und Bestattung – Kap. 12	
§ 36	§ 99	Art. 60 Abs. 3 Nr. 2 – 20.12.2019 – Änderung des § 36 – zuletzt geändert durch Art. 1 Nr. 8 VGO zur Anpassung des Bemessungsbetrags und von Geldleistungen nach dem BVG (27. KOVAnpV v. 28.6.2022, BGBl. I 1012) ergänzt um die Überführungskosten Art. 60 Abs. 7 – 1.1.2024- 99 SGB XIV
Sterbegeld		
§ 37	---	als eigene Leistung entfallen s. aber Kap. 23 SGG XIV Besitzstände
Hinterbliebenenrente	Entschädigungszahlungen an Hinterbliebene – Kap. 9 Abschn. 2	
---	§ 6 Abs. 1 iVm Kap. 4, § 43 Abs. 2 Nr. 1 und § 43 Abs. 4, §§ 6 Abs. 2 iVm 63 Abs. 3, Kap. 9, § 93 Abs. 1 S. 2, § 94	weitere Leistungen für Hinterbliebene (nach § 6 Abs. 1 auch Angehörige und Nahestehende)
§§ 38–43, 48, 48a (soweit Witwer und Witwen betreffend)	§ 85 Abs. 1 und 2	Art. 60 Abs. 7 – 1.1.2024 nun auch Partner einer nichtehelichen Lebensgemeinschaft Schadensausgleich, Pflegeausgleich Ausgleichsrente entfallen s. aber Kap. 23 SGG XIV Besitzstände
§ 44	§ 85 Abs. 3	Art. 60 Abs. 7 – 1.1.2024
§§ 45–47, 48, 48a (soweit Waise betreffend)	§ 87	wie vor s. auch Kap. 23 SGG XIV Besitzstände
§§ 49–51	§ 88	Art. 60 Abs. 7 – 1.1.2024 s. auch Kap. 23 SGG XIV Besitzstände
§ 52	---	

§ 3	---	als eigene Leistung entfallen s. aber Kap. 23 SGG XIV Besitzstände
§ 53a	§ 59 SGB XI	idF durch Art. 39 Nr. 9 Buchst. b – 1.1.2024
Zusammentreffen von Ansprüchen	Anspruchskonkurrenz – Kap. 1 Abschn. 1	
§§ 54, 55	§ 8, zT §§ 28, 136	Art. 60 Abs. 7 – 1.1.2024
Anpassung der Versorgungsbezüge	Anpassung – Kap. 17	
§ 56	§ 110	Art. 60 Abs. 7 – 1.1.2024 Anpassung der Leistungen nach dem BVG im Rahmen des Besitzbestandsschutzes, 150 Kap. 23
Beginn, Änderung, Aufhören	Antragserfordernis und Beginn – Kap. 2 Abschn. 1	
§ 6 KOVVfG	§ 10	Art. 60 Abs. 7 – 1.1.2024 Antragserfordernis
§ 60	§ 11	Art. 60 Abs. 7 – 1.1.2024 ohne Änderung und Aufhören der Versorgung iS des § 60 Abs. 3 und 4 BVG, s. Regeln des SGB X
---	§ 12	Art. 60 Abs. 7 – 1.1.2024 Aufwendungen für Dolmetscher und Übersetzer
§ 60a	§ 90	Art. 60 Abs. 7 – 1.1.2024 für den BSA
§ 61	---	entfallen, da keine Sonderregelungen für Beginn und Änderung im SGB XIV s. aber erleichtertes Verfahren bei Leistungen der Schnellen Hilfen – §§ 115, 116
§ 62	Kap. 16	Art. 60 Abs. 7 – 1.1.2024 es gelten die Regelungen des SGB XII
Bes. Vorschriften für Berechtigte außerhalb des Geltungsbereichs des BVG	Regelungen bei Wohnsitz oder gewöhnlichem Aufenthalt im Ausland – Kap. 14	
§ 64	§ 101, Kap. 14	Art. 60 Abs. 7 – 1.1.2024 s. Kap. 23 SGG XIV Besitzstände
§ 64a	§ 101	Art. 60 Abs. 7 – 1.1.2024
§§ 64b–64f	§ 101 Abs. 8 und 9	Art. 60 Abs. 7 – 1.1.2024

Ruhen des Anspruchs auf Versorgung	Anspruchskonkurrenz – Kap. 2 Abschn. 1	
§ 65	§ 8 Abs. 3 zT § 28	Art. 60 Abs. 7 – 1.1.2024
---	§ 9	wie vor Ausschluss der Pfändung
Zahlung	---	
§ 66 Abs. 2 S. 4	§ 122	Art. 60 Abs. 7 – 1.1.2024
Versorgung bei Unterbringung	---	
§ 71	---	
Übertragung Kraft Gesetzes	Erstattungsanspruch – Kap. 18 Abschn. 3	
§ 71b	§ 121	Art. 60 Abs. 7 – 1.1.2024 Erstattungsansprüche nach §§ 102 ff. SGB X
Kapitalabfindung	Abfindung	
§§ 72–80 § 78 zur Pfändung	§§ 84 und 86 § 9 zur Pfändung § 28 zum Verhältnis zu anderen Trägern	Art. 60 Abs. 7 – 1.1.2024 Abfindung für Geschädigte sowie Witwen und Witwer
Rentenkapitalisierungsgesetz-KOV	---	Art. 58 Nr. 13 iVm Art. 60 Abs. 7 – Aufhebung zum 1.1.2024
Schadensersatz/Erstattung	Ansprüche gegen Schadensersatzpflichtige und Erstattungsansprüche – Kap. 18 Abschn. 3	
§ 81	§ 8 Abs. 1	Art. 60 Abs. 7 – 1.1.2024
§ 81a	§ 120	Art. 60 Abs. 7 – 1.1.2024
§ 81b	§ 121	wie vor
§ 81c	§ 120	wie vor
§ 66 Abs. 2 S. 4	§ 122	Art. 60 Abs. 7 – 1.1.2024 Erstattung bei Überzahlung nach dem Tod
Ausdehnung des Personenkreises	---	
§ 82	---	s. Kap. 23 SGB XIV Besitzstände
Anrechnung Versorgungsbezüge auf Arbeitsentgelt	---	
§ 83	---	

Übergangsvorschriften		
§§ 84–87	---	
§§ 88–88b	§§ 93 und 96, Kap. 11	Art. 60 Abs. 7 – 1.1.2024
Härteausgleich	Härtefallregelung	
§ 89	§ 100, Kap. 13 s. auch § 43 Abs. 2	Art. 60 Abs. 7 – 1.1.2024 ergänzende Leistungen der Krankenbehandlung als Rechtsanspruch
Schlussvorschriften		
§§ 90–92	---	
---	Bundesstelle für SE – Kap. 19 / Statistik und Bericht – Kap. 20	
---	§§ 123–125 §§ 126–132	Art. 60 Abs. 7 – 1.1.2024 Bundesselle der SE Statistik und Bericht
---	Kostentragung – Kap. 21	
---	§§ 133–136	Art. 60 Abs. 7 – 1.1.2024
---	Übergangsvorschriften – Kap. 22	
---	§§ 137–141	Art. 60 Abs. 7 – 1.1.2024
---	Besitzstände – Kap. 23	
---	§§ 142–157	Art. 60 Abs. 7 – 1.1.2024 § 145 idF des Art. 48 v. 20.8.2021, BGBl. 2021 I 3932
KOVVfG – §§	SGB XIV – §§	
KOVVfG	Durchführung – Kap. 18 – Prüfung des Leistungsanspruchs Abschn. 2	Art. 58 Nr. 12 iVm Art. 60 Abs. 7 – Außerkrafttreten KOVVfG – 1.1.2024
§§ 1–4	§§ 111–114	Art. 60 Abs. 7 – 1.1.2024 Organisation, Durchführung und Verfahren – Kap. 18
§§ 12, 13	§ 118	Art. 60 Abs. 7 – 1.1.2024
§ 15	§ 117	Art. 60 Abs. 7 – 1.1.2024
§ 18	---	§§ 60 ff. SGB I
---	§ 115	Art. 60 Abs. 7 – 1.1.2024 erleichtertes Verfahren bei Leistungen der Schnellen Hilfen
---	§ 116	Art. 60 Abs. 7 – 1.1.2024 weiteres Verfahren nach dem erleichterten Verfahren

---	§ 119	Art. 60 Abs. 7 – 1.1.2024 vorzeitige Leistung und vorläufige Entscheidung
§ 22	§ 119	Art. 60 Abs. 7 – 1.1.2024
§ 31 Abs. 2	§ 55 Abs. 4 und 7	Art. 60 Abs. 7 – 1.1.2024
§§ 40, 41, 48, 49–52	---	
OEG – §§	SGB XIV – §§	
§ 1 Abs. 1 Satz 1	§§ 10 Abs. 1, 13, 14 Abs. 1 Nr. 2	Art. 60 Abs. 7 – 1.1.2024
§ 1 Abs. 1 Satz 2	§ 14 Abs. 1 Nr. 3	Art. 60 Abs. 7 – 1.1.2024
§ 1 Abs. 2 Nr. 1	§ 14 Abs. 1 Nr. 1	Art. 60 Abs. 7 – 1.1.2024
§ 1 Abs. 2 Nr. 2	§ 14 Abs. 1 Nr. 4	Art. 60 Abs. 7 – 1.1.2024
§ 1 Abs. 3	§ 4 Abs. 2 Nr. 1	Art. 60 Abs. 7 – 1.1.2024
§ 1 Abs. 4–7 (jetzt Abs. 4)	§ 7	Art. 60 Abs. 7 – 1.1.2024 mWv 1.7.2018 ist § 1 Abs. 4 OEG geändert und § 1 Abs. 5–7 OEG durch Art. 3 Nr. 1 Buchst. a und b aufgehoben worden; die bisherigen Abs. 8–14 sind Abs. 5–11 geworden; § 1 Abs. 4 OEG ist mWv 1.7.2018 erneut geändert worden durch Art. 2a Nr. 1 des Gesetzes zur Änd. des Gesetzes über Finanzhilfen des Bundes zum Ausbau der Tagesbetreuung für Kinder und des Kinderbetreuungsfinanzierungsgesetzes v. 15.4.2020, BGBl. 2020 I 811, 812
§ 1 Abs. 8 (jetzt Abs. 5)	§§ 6, 85–87	Art. 60 Abs. 7 – 1.1.2024 § 1 Abs. 8 OEG wurde durch Art. 3 Nr. 1 Buchst. c zu Abs. 5, der neue Abs. 5 wurde durch Art. 3 Nr. 1 Buchst. d mWv 1.7.2018 geändert
§ 1 Abs. 9 (jetzt Abs. 6)	§ 4 Abs. 2 Nr. 2	Art. 60 Abs. 7 – 1.1.2024 § 1 Abs. 9 OEG wurde durch Art. 3 Nr. 1 Buchst. c mWv 1.7.2018 zu Abs. 6
§ 1 Abs. 10 (jetzt Abs. 7)	§ 4 Abs. 3	Art. 60 Abs. 7 – 1.1.2024 § 1 Abs. 10 OEG wurde durch Art. 3 Nr. 1 Buchst. c mWv 1.7.2018 zu Abs. 7
§ 1 Abs. 11 (jetzt Abs. 8)	§§ 18, 19 Abs. 2	Art. 60 Abs. 7 – 1.1.2024 § 1 Abs. 11 OEG wurde durch Art. 3 Nr. 1 Buchst. c mWv 1.7.2018 zu Abs. 8; § 1 Abs. 8 OEG wurde erneut geändert durch Art. 11a Nr. 1 Teilhabestärkungsgesetz vom 2.6.2021, BGBl. 2021 I 1387, 1399 und bestimmt jetzt das Gegenteil von dem, was

		ursprünglich in § 1 Abs. 11 OEG geregelt war
§ 1 Abs. 12 (jetzt Abs. 9)	§§ 4 Abs. 4 bis 6, 5 Abs. 2 Nr. 2, 100, 101	Art. 60 Abs. 7 – 1.1.2024 § 1 Abs. 12 OEG wurde durch Art. 3 Nr. 1 Buchst. c mWv 1.7.2018 zu Abs. 9
§ 1 Abs. 13 (jetzt Abs. 10)	§ 60	Art. 60 Abs. 7 – 1.1.2024 § 1 Abs. 13 OEG wurde durch Art. 3 Nr. 1 Buchst. c mWv 1.7.2018 zu Abs. 10
§ 1 Abs. 14 (jetzt Abs. 11)	§ 43 Abs. 2 Nr. 3	Art. 60 Abs. 7 – 1.1.2024 keine unmittelbare Entsprechung im neuen Recht; § 1 Abs. 14 OEG wurde durch Art. 3 Nr. 1 Buchst. c mWv 1.7.2018 zu Abs. 11
§ 2 Abs. 1	§§ 16, 17 Abs. 1 §§ 19 Abs. 1, 20 Abs. 1	Art. 60 Abs. 7 – 1.1.2024
§ 2 Abs. 2	§ 17 Abs. 2	wie vor
§ 3	§ 8 vgl. auch § 28	wie vor
§ 3a	§§ 15, 102	Art. 60 Abs. 7 – 1.1.2024 § 3a OEG wurde durch Art. 3 Nr. 2 mWv 1.7.2018 geändert
§ 4 Abs. 1	§§ 113 Abs. 2, 133 S. 2	Art. 60 Abs. 7 – 1.1.2024 § 4 Abs. 1 OEG ist durch Art. 3 Nr. 3 und erneut durch Art. 2a Nr. 2 des G zur Änd. des Gesetzes über Finanzhilfen des Bundes zum Ausbau der Tagesbetreuung für Kinder und des Kinderbetreuungsfinanzierungsgesetzes v. 15.4.2020, BGBl. 2020 I 811, 812 jeweils mWv 20.12.2019 geändert worden
§ 4 Abs. 2 (heute Abs. 6)	§ 134 Abs. 1	Art. 60 Abs. 7 – 1.1.2024 § 4 Abs. 2 OEG geändert mWv 20.12.2019 durch Art. 2a Nr. 2 Buchst. d des G zur Änd. des Gesetzes über Finanzhilfen des Bundes zum Ausbau der Tagesbetreuung für Kinder und des Kinderbetreuungsfinanzierungsgesetzes v. 15.4.2020, BGBl. 2020 I 811, 812; dadurch eingefügt Abs. 2–5 zur örtlichen und sachlichen Zuständigkeit – bisherige Abs. 2–4 sind Abs. 6–8 geworden
§ 4 Abs. 3 (jetzt Abs. 7) wie vor	§ 133 S. 1	wie vor

§ 4 Abs. 4 (jetzt Abs. 8) wie vor	§ 136	wie vor
§ 5	§ 120	Art. 60 Abs. 7 – 1.1.2024 mWv 10.6.2021 wurde § 5 OEG geändert durch Art. 11a Nr. 2 Teilhabestärkungsgesetz vom 2.6.2021, BGBl. 2021 I 1387, 1399
§ 6 Abs. 1 Satz 1, Satz 3	§§ 111, 112, 113 Abs. 2	Art. 60 Abs. 5 – 1.1.2021 § 6 Abs. 1 Satz 3 OEG wurde geändert mWz 20.12.2019 durch Art. 2a Nr. 3 des G zur Änd. des Gesetzes über Finanzhilfen des Bundes zum Ausbau der Tagesbetreuung für Kinder und des Kinderbetreuungsfinanzierungsgesetzes v. 15.4.2020, BGBl. 2020 I 811, 812
§ 6 Abs. 1 Satz 2 Nr. 1	§ 113 Abs. 2	Art. 60 Abs. 7 – 1.1.2024 § 6 Abs. 1 Satz 2 Nr. 1 OEG wurde geändert mWz 20.12.2019 durch Art. 2a Nr. 3 des G zur Änd. des Gesetzes über Finanzhilfen des Bundes zum Ausbau der Tagesbetreuung für Kinder und des Kinderbetreuungsfinanzierungsgesetzes v. 15.4.2020, BGBl. 2020 I 811, 812
§ 6 Abs. 1 Satz 2 Nr. 2	§ 113 Abs. 6	Art. 60 Abs. 3 Nr. 1 – 20.12.2019
§ 6 Abs. 2	§ 113 Abs. 1	Art. 60 Abs. 7 – 1.1.2024
§ 6 Abs. 3, Abs. 4	§ 117	soweit Bezugnahme auf § 15 KOVVfG; im Übrigen keine unmittelbare Entsprechung im neuen Recht
§ 6a Abs. 1	§ 124 Abs. 2 Nr. 2	Art. 60 Abs. 7 – 1.1.2024
§ 6a Abs. 2	§§ 114 Abs. 2, 124 Abs. 2 Nr. 3, 10 Abs. 6	Art. 60 Abs. 7 – 1.1.2024
§ 7	§ 51 Abs. 1 Nr. 6 SGG	Art. 60 Abs. 7 – 1.1.2024
§§ 8, 9	entfallen	keine Entsprechung im neuen Recht
§§ 10, 10a	§ 138 Abs. 3 bis 6	Art. 60 Abs. 7 – 1.1.2024 § 10 Satz 3 OEG wurde durch Art. 3 Nr. 4 mWv 1.7.2018 gestrichen
§ 10b	---	keine Entsprechung im neuen Recht, vgl. jedoch § 1 Abs. 4–7 OEG/§ 7 SGB XIV; § 10b OEG wurde durch Art. 3 Nr. 5 mWv 1.7.2018 aufgehoben
§ 10c	---	keine unmittelbare Entsprechung im neuen Recht, vgl. jedoch § 11, § 149 sowie die Kommentierung zu → § 138 Rn. 14

§ 10d	---	keine Entsprechung im neuen Recht, vgl. jedoch § 60
§ 11	---	keine Entsprechung im neuen Recht, vgl. jedoch § 138 sowie Art. 60
IfSG – §§	**SGB XIV – §§**	
§ 2	§ 24 S. 1 letzter Teils.	Art. 46 Nr. 2 – Aufhebung § 2 Nr. 11 (Definition des Impfschadens) Art. 60 Abs. 7 – 1.1.2024
§ 22 Abs. 3 S. 1		Art. 46 Nr. 3 – geändert, Verweis auf die Regelungen SER
§§ 60–64	§ 24 und alle für Entschädigungsanspruch geltenden Vorschriften §§ 111, 112, 113 § 141	Art. 46 Nr. 5 – aufgehoben zum 1.1.2024 Art. 60 Abs. 7 – 1.1.2024
§ 66	wie vor §§ 135, 136	Art. 46 Nr. 6 – Aufhebung Abs. 2 und 3 IfSG Art. 60 Abs. 7 – 1.1.2024
§ 67	wie vor	Art. 46 Nr. 7 – Aufhebung Abs. 2 Art. 60 Abs. 7 – 1.1.2024
§ 68	wie vor	Art. 46 Nr. 8 – Aufhebung Abs. 2 und 3 Art. 60 Abs. 7 – 1.1.2024
ZDG – §§	**SGB XIV – §§**	
§ 35	Verweis auf SGB XIV	Art. 7 Nr. 2 Buchst. a – Änderung Abs. 5 S. 4 ZDG Art. 60 Abs. 7 – 1.1.2024
§ 35	Verweis auf entsprechende Anwendung der §§ 60–62, 65–67 SGB I und SGB X in Angelegenheiten des § 35 Abs. 5/8 Rechtsweg – SGB in Angelegenheiten des § 35 Abs. 5/8	Art. 7 Nr. 2 Buchst. b – Einfügung eines Abs. 9 Art. 7 Nr. 2 Buchst. b – Einfügung eines Abs. 10
§§ 47–51	§ 23 und alle für Entschädigungsanspruch geltenden Vorschriften § 103 §§ 111, 112, 113	Art. 7 Nr. 3 – aufgehoben Art. 60 Abs. 7 – 1.1.2024

§ 49	§ 104 § 134 § 140	

Eine synoptische Darstellung, ausgehend von den Regelungen des SGB XIV findet sich bei: Luik (Hrsg.), Kommentar SGB XIV – Soziales Entschädigungsrecht (Teilkommentierung), 2022, S. 307 ff.

Sozialgesetzbuch Vierzehntes Buch – Soziale Entschädigung – (SGB XIV)[1]

Vom 12. Dezember 2019 (BGBl. I 2652)
(FNA 860-14)
zuletzt geändert durch Art. 48 und 49 G über die Entschädigung der Soldatinnen und Soldaten und zur Neuordnung des Soldatenversorgungsrechts vom 20. August 2021 (BGBl. I 3932)

Vorbemerkung zu den §§ 1 ff. SGB XIV

A. Historische Entwicklung

I. BVG und Vorgängerregelungen

1 Das heutige gesamte Soziale Entschädigungsrecht (SER), das SGB XIV sowie die zukünftig weiterhin nicht in das SGB XIV integrierten Entschädigungsgesetze gehen auf eine Kriegs- und Wehrdienstopferentschädigung zurück,[1] die auf einer jahrhundertelangen Tradition beruht.[2] An sie knüpfen die Grundsätze und Strukturen des Sozialen Entschädigungsrechts der Bundesrepublik Deutschland, insbesondere das BVG, an. Durch die Technik der Verweisung fast aller Gesetze der Sozialen Entschädigung auf das BVG ist und bleibt dieses Gesetz bis zu seiner weitgehendenden Ablösung durch das SGB XIV am 1.1.2024 das „Grund- oder Leitgesetz" dieses Sozialrechtszweiges (s. iE → Rn. 14, 21 und zum vorzeitigen Inkrafttreten → Rn. 15). Das **„moderne" Recht der Kriegsopferversorgung** bzw. das „moderne SER" wird dabei zuvörderst geprägt durch die dogmatische Entwicklung des Kriegsopferversorgungsrechts in der zweiten Hälfte des 20. Jahrhundert. Während noch im **Kaiserreich**[3] und im **Ersten Weltkrieg**[4] die Entschädigung – für während der Ableistung des militärischen Dienstes erlittene Schäden – nach Dienstgraden gestaffelt sowie nach Berufs-

---

1 Verkündet als Art. 1 G v. 12.12.2019 (BGBl. I 2652); Inkrafttreten gem. Art. 60 Abs. 7 dieses G überwiegend am **1.1.2024.** Gem. Art. 60 Abs. 3 dieses G sind die §§ 38, 40, 91, 109 und 113 Abs. 6 am **20.12.2019**, gem. Art. 60 Abs. 5 dieses G sind die §§ 2, 31 bis 37, 111, 112, 115, 116 und 138 Abs. 7 am **1.1.2021** in Kraft getreten.

1 Zur spezialgesetzlichen Entwicklung der Gewaltopfer- und Zivildienstopferentschädigung, dem Impfschadensrecht sowie der weiteren nicht in das SGB XIV integrierten Entschädigungsgesetze, die zukünftig auf die Regelungen im SGB XIV verweisen werden, s. unter §§ 13, 23, 24 SGB XIV und HHG, VwRehaG, StrRehaG, AntiDHG.

2 SRH/Hase § 26 Rn. 12 mwN.

3 Gesetz betreffend die Pensionierung und Versorgung der Militärpersonen des Reichsheeres und der Kaiserlichen Marine sowie die Bewilligung für die Hinterbliebenen solcher Personen vom 27.6.1871, RGBl. I 275 und Militärhinterbliebenengesetz vom 17.5.1917, RGBl. I 214; Verordnung über die soziale Kriegsbeschädigten- und Hinterbliebenenfürsorge vom 8.2.1919, RGBl. I 187.

4 Offiziers- und Mannschaftsversorgungsgesetz vom 31.5.1906, RGBl. I 214.

und Nichtberufssoldaten erfolgte,[5] wurde diese Differenzierung in der **Weimarer Republik** durch das Reichsversorgungsgesetz vom 12.5.1920[6] idF vom 22.12.1927[7] – dem Vorgängergesetz des BVG – überwunden.[8] Zugleich wurde ein gesetzlicher Anspruch auf Heilbehandlung begründet, die Unterscheidung zwischen Dienst- und Kriegsbeschädigung aufgehoben und die Rentenhöhe in Abhängigkeit von einer Minderung der Erwerbsfähigkeit (MdE – heute GdS [§ 30 Abs. 1 BVG, § 5 SGB XIV]), vom Familienstand, Beruf und Wohnsitz festgestellt. Der 2. Weltkrieg mit seinen Millionen von Kriegs- und Zivilopfern brachte weitere Veränderungen dieses Leistungssystems mit sich, auch bezogen auf die zahlreichen Sonderdienste, die die „Zivilbevölkerung" zu leisten hatte (Notdienst, Luftschutz-, Reichsarbeitsdienst). Ziel der Leistungen war die Wiederherstellung der Gesundheit, um eine Rückführung ins Arbeitsleben bzw. die Teilnahme am weiteren Kriegseinsatz zu erreichen.

2 Nach dem Ende des Zweiten Weltkriegs – unter der Regierung des **Alliierten Kontrollrats** – bot sich in den einzelnen **Besatzungszonen** im Bereich der „Kriegsopferversorgung" zunächst ein durch das unterschiedliche weltanschauliche Vorverständnis geprägtes zersplittertes Bild. Das Kontrollratsgesetz Nr. 34 vom 21.8.1946[9] hob alle Gesetze über die rechtliche und wirtschaftliche Stellung von Angehörigen der ehemaligen Wehrmacht auf. Nur bei Bestehen einer besonderen Anordnung konnten Zahlungen von Versorgungsbezügen an den betroffenen Personenkreis erfolgen. In der französischen Besatzungszone wurden die alten Vorschriften in beschränktem Umfang weiter angewendet. In der britischen Besatzungszone wurde zunächst ein Weg zur Versorgung der „Kriegsbeschädigten" im System der Rentenversicherung bei Bedürftigkeit – und ab März 1947 nach den Grundsätzen der Unfallversicherung gesucht, während in der amerikanischen Besatzungszone unter der Federführung von Bayern mit dem Gesetz über Leistungen an Körperbeschädigte (KBLG)[10] ab 1947 die Grundlage für das spätere Versorgungsrecht geschaffen wurde. Der Weg zur einheitlichen Neuregelung der sozialen Entschädigung wurde in der neu gegründeten Bundesrepublik Deutschland jedoch erst nach der Aufhebung des Kontrollratsgesetzes Nr. 34 am 16.12.1949[11] frei.

3 Die ersten Vereinheitlichungsansätze in der Kriegsopferversorgung brachte das Gesetz zur Verbesserung von Leistungen an Kriegsopfer vom 27.3.1950,[12] zunächst mit **Überbrückungsmaßnahmen** bis zum Inkrafttreten des BVG. Die vollständige Neuregelung erfolgte durch das **BVG vom 20.12.1950,**[13] mit Wirkung vom 1.10.1950. Es orientierte sich stark am Reichsversorgungsgesetz von 1920. Allerdings war der berechtigte Personenkreis weiter gefasst – nicht nur ehemalige Wehrmachtsangehörige, sondern auch Personen, die durch militärähnlichen Dienst oder unmittelbare Kriegseinwirkungen, wie etwa Flucht, Internierung, Bombenkrieg, Verschleppung oder Umsiedlung eine Schädigung erlitten hatten, konnten Entschädigung erhalten. Die Generalklausel des § 1 BVG und die rechtliche Verpflichtung des Staates für die Kriegsopfer Sorge zu tragen waren die wesentlichen Neuerungen. Bis in die sechziger Jahre des

5 Reichsmilitär-Pensionsgesetz vom 27.6.1872, RGBl. 275; Offiziers-Pensions-Gesetz vom 31.5.1906, RGBl. 565; Mannschafts-Versorgungs-Gesetz vom 31.5.1906, RGBl. 593; Militär-Hinterbliebenen-Gesetz vom 17.5.1907, RGBl. 214.
6 RGBl. I 989.
7 RGBl. I 515.
8 S. auch SRH/Hase § 26 Rn. 13.
9 ABl. AHK, 1946, 172.
10 Vom 26.3.1947.
11 ABl. AHK 1949, 72; Für die DDR außer Wirkung gesetzt durch Beschluss des Ministerrats der UdSSR über die Auflösung der Hohen Kommission der Sowjetunion in Deutschland vom 20.9.1955.
12 BGBl. 1950 I 77.
13 BGBl. 1950 I 791.

letzten Jahrhunderts wurde das BVG durch zahlreiche Novellen immer wieder geändert. Die Verbände der Kriegsopfer stellten ua die Forderung, die Grundrentenregelung (zukünftig vergleichbar § 83 SGB XIV) weiter auszubauen.[14] Denn die Kriegsopferversorgung war zunächst stark fürsorgerisch geprägt, so dass nur der bedürftige Teil der Opfer in den Genuss der Leistungen gelangen konnte. Die erste **Neuordnung** des gesamten BVG erfolgte durch das **Gesetz vom 27.6.1960.**[15] Sie brachte vor allem Regelungen zum Berufsschadensausgleich (im weiteren BSA, s. § 89 SGB XIV), einer Schwerstbeschädigtenzulage (§ 83 Abs. 2 und 3 SGB XIV) und Ansätze einer Grundrentenregelung, mit Betonung des immateriellen Aspekts dieser Leistung (s. im Einzelnen → Rn. 17; § 83 SGB XIV). In der Folgezeit gab es immer wieder Überarbeitungen mit Leistungsanpassungen und insbesondere Leistungsverbesserungen für Beschädigte, aber auch Kriegerwitwen (zur Hinterbliebenenversorgung nach dem SGB XIV §§ 85 ff. SGB XIV).[16] Seit der Neufassung des BVG durch das **BVG-Bekanntmachungsgesetz 1982**[17] hat das BVG bis heute über 100 Änderungen erfahren. Mit dem Gesetz zur Änderung des BVG vom **14.1.1998**[18] ist **§ 1a** in das BVG eingefügt worden. Danach sind Versorgungsleistungen zu entziehen oder nicht zu bewilligen, wenn der Berechtigte bzw. derjenige, von dem die Berechtigung abgeleitet wird, während der Herrschaft des Nationalsozialismus gegen die Grundsätze der Menschlichkeit oder Rechtsstaatlichkeit verstoßen hat.[19] Damit wurde ein – wenn auch später – Schlusspunkt in der Debatte um die Mitschuld von Kriegsopfern an den Verbrechen des faschistischen Unrechtsstaats gesetzt (§ 22 SGB XIV).[20] Die letzte grundlegende Reform ist durch das **Gesetz zur Änderung des BVG und anderer Vorschriften des Sozialen Entschädigungsrechts** im Jahre **2007** erfolgt.[21] Sie hat insbesondere eine Reform im Bereich der Heil- und Krankenbehandlung (43 SGB XIV), des Versorgungskrankengeldes (§ 47 SGB XIV), der Hilfsmittel (§ 46 SGB XIV) und der Beschädigten- und Hinterbliebenenrenten gebracht. Hervorzuheben ist die Änderung der Bezeichnung des Maßstabs für die Höhe der Grundrente. Das Ausmaß der Schädigung wird seitdem nicht mehr nach dem Grad der Minderung der Erwerbsfähigkeit – MdE –, sondern dem Grad der Schädigungsfolgen – GdS – (§ 30 Abs. 1 BVG; § 5 SGB XIV) bemessen.[22] Zudem ist mit **§ 30 Abs. 17** BVG[23] (§ 5 Abs. 2 SGB XIV) eine Rechtsgrundlage für den Erlass der **VersMedV** geschaffen worden, deren Anlage zu § 2 die Anhaltspunkte für die ärztliche Gutachtertätigkeit im SER und nach dem Schwerbehindertenrecht (AHP) ersetzt. Die fehlende Rechtsgrundlage der AHP war über viele Jahre vom BSG,[24] den Instanzgerichten,[25] aber auch in der Literatur[26] kriti-

14 Trometer in 40 Jahre Sozialstaat Bundesrepublik Deutschland, 1989, S. 579, 584 f.
15 BGBl. I 661.
16 S. zB 3. NOG vom 28.12.1966, BGBl. I 750; Trometer in FS für Ernst Schellenberg, Sozialpolitik nach 1945, 1977, 191; Wilke KOV 1967, 56.
17 BGBl. 1982 I 21, mWv 1.1.1982.
18 BGBl. 1998 I 66, mWv 21.1.1998.
19 S. hierzu Entscheidungen des BSG insbes. v. 24.11.2005 – B 9a/9 V8/03 R, BSGE 95, 244; 6.7.2006 – B 9a V 5/05 R, BSGE 96, 303; zur Hinterbliebenenversorgung: BSG 30.9.2009 – B 9 V 1/08 R, Breith 2010, 470.
20 Vgl. zu den Einzelheiten HK-SozEntschR/Knickrehm BVG § 1a.
21 BVGÄndG 2007, BGBl. I 2904; s. zu den Einzelheiten Vogl, Aktuelle Änderungen des Sozialen Entschädigungsrechts, SGb 2008, 583 ff.
22 Vogl SGb 2008, 583.
23 Ab 1.7.2011 Abs. 16 gem. Art. 1 Nr. 16 Buchst. e u. f Gesetz zur Änderung des BVG und anderer Vorschriften v. 20.6.2011, BGBl. 2011 I 1114.
24 BSG 18.9.2003 – B 9 SB 3/02 R, BSGE 91, 205 mwN.
25 S. nur LSG NRW 6.6.202 – L 7 SB 193/00 und 8.8.202 – L 7 SB 70/02; BayLSG 5.6.2002 – L 18 SB 110/00.
26 Düwell FA 2008, 43; s. Knickrehm in Udsching/Rolfs, Jahrbuch des Sozialrechts, 2009, Band 30, S. 382; Knickrehm Band 27, 2006, 298 f. mwN; Schillings SuP 2003, 117; s. auch ausführlich bei Art. 26, 27 G-SER.

siert worden. 2011 ist das BVG in mehrerlei Hinsicht „modernisiert“ worden. Durch das **Gesetz zur Änderung des BVG und anderer Gesetze** 2011[27] sind die Versorgungsrentenleistungen in den alten und neuen Bundesländern auf ein einheitliches Niveau gebracht worden (Änderung des § 84a BVG). Diese Anpassung betrifft die Rentenleistungen aller Leistungsberechtigten des Sozialen Entschädigungsrechts. Zudem erfolgt auf Grundlage der Entscheidung des EuGH vom 4.12.2008[28] die Auslandsversorgung für alle Berechtigten mit Wohnsitz im Ausland nun einheitlich (Änderung der §§ 64 bis 64f BVG und Streichung von § 64e BVG;[29] § 101 SGB XIV). Die Regelungen zum BSA nach § 30 BVG (§§ 89 ff. SGB XIV) sind mit dem Ziel geändert worden, sie den heutigen gesellschaftlichen Verhältnissen anzupassen und in der Umsetzung zu vereinfachen[30] (zu den Einzelheiten s. bei § 89 SGB XIV[31]). Auch der Normkomplex der **Kriegsopferfürsorge** (§§ 92 ff. SGB XIV) hat Änderungen erfahren. Bei weiteren Änderungen handelte es sich ebenso wie in anderen Gesetzen der sozialen Entschädigung vielfach um Anpassungen der Leistungshöhe[32] und solche, die erforderlich geworden sind, weil in anderen Bereichen des Sozialleistungssystems rechtliche Änderungen vorgenommen wurden.[33]

4 Auch das **BVerfG** hat sich einige Male mit Regelungen des BVG befasst. Von großer, sozialpolitischer Bedeutung ist dabei die Entscheidung aus dem Jahre 1974, mit der die **Verschuldensklausel des § 44 Abs. 2** BVG wegen Verstoßes gegen Art. 3 Abs. 1 iVm Art. 20 Abs. 1 GG für verfassungswidrig erklärt wurde.[34] Nach § 44 Abs. 2 BVG wurden Kriegerwitwen, deren neue Ehe aus ihrem alleinigen oder überwiegenden Verschulden geschieden wurde, vom Wiederaufleben der Witwenrente ausgeschlossen. Ebenfalls die Hinterbliebenenversorgung betraf eine Entscheidung des BVerfG aus dem Jahr 2004. Es hat befunden, dass es mit Art. 3 Abs. 1 iVm Art. 6 Abs. 1 GG unvereinbar ist, wenn das OEG keine Versorgungsleistung für den Partner einer nichtehelichen Lebensgemeinschaft vorsieht, der nach dem gewaltsamen Tod des anderen Lebenspartners unter Verzicht auf eine Erwerbstätigkeit die Betreuung der gemeinsamen Kinder übernimmt. (zur Hinterbliebenenversorgung s. §§ 85 ff. SGB XIV).[35] Ferner hatte das BVerfG sich häufig mit der Verfassungsmäßigkeit der unterschiedlichen

---

27 Vom 20.7.2011, BGBl. 2011 I 1114.

28 EuGH 4.12.2008 – C-221/07.

29 § 64e BVG räumte deutschen Versorgungsberechtigten, die in einem der in der AuslVersV (Verordnung zur Auslandsversorgung nach § 64e des Bundesversorgungsgesetzes v. 30.6.1990, BGBl. 1990 I 1321, aufgehoben mWz 1.7.2011 durch Art. 4 Gesetz zur Änderung des BVG v. 20.6.2011, BGBl. 2011 I 114) genannten Staaten lebten „nur“ eine Teilversorgung ein. Aufgrund der besonderen politischen Situation in Osteuropa, die zu einer wesentlich besseren Absicherung der deutschen Versorgungsberechtigten gegenüber sonstigen dort lebenden Personen geführt hätte, wurde in diese Länder nur eine „abgesenkte“ Leistung erbracht, s. zu den Einzelheiten HK-SozEntschR/Reinhard BVG § 64e Rn. 9 ff.

30 BT-Drs. 17/5311, 13.

31 HK-SozEntschR/Dau BVG § 30 Rn. 21 ff.

32 S. zB zuletzt die Höhe der Pflegezulage nach § 35 Abs. 1 S. 4 BVG durch Art. 1 Nr. 7 Buchst. b 27. KOV-Anpassungsverordnung 2022 – 27. KOVAnpV – v. 28.6.2022, BGBl. 2022 I 1012, mWv 1.7.2022 oder Renten für Witwen und hinterbliebene Lebenspartner nach § 40 BVG durch Art. 1 Nr. 9 27. KOVAnpV v. 28.6.2022, BGBl. 2022 I 1012, mWv 1.7.2022 sowie die Grundrente nach § 31 BVG durch Art. 1 Nr. 3 Buchst. a und b 27. KOVAnpV v. 28.6.2022, BGBl. 2022 I 1012, mWv 1.7.2022.

33 Vgl. iE BT-Drs. 17/5311, 13 f.; s. auch mit den Änderungen des SGB IX durch das BTHG v. 23.12.2016, BGBl. 2016 I 3234.

34 BVerfG 12.11.1974 – 1 BvR 505/68, BVerfGE 38, 448.

35 BVerfG 9.11.2004 – 1 BvR 684/98, BVerfGE 112, 50.

Höhe der **Versorgungsleistungen in den alten und neuen Bundesländern** auseinander zu setzen[36] (→ Rn. 5).

Eine große Herausforderung für das SER stellte die **Herstellung der deutschen Einheit** dar. In der DDR gab es kein eigenständiges System der Kriegsopferversorgung – die Leistungsansprüche der Kriegsbeschädigten wurden aus der Sozialversicherung gedeckt.[37] Die Einführung des BVG in den neuen Bundesländern erfolgte unter Voraussetzungen, die den unterschiedlichen Lebensbedingungen und Lebensstandards in den beiden Teilen Deutschlands Rechnung tragen sollten (Anlage I, Kap. VIII Sachgebiet K Abschn. III Nrn. 1–21 Einigungsvertrag).[38] Von besonderer Bedeutung war die Einfügung des **§ 84a BVG**, wonach den Versorgungsberechtigten, die am 18.5.1990 ihren Wohnsitz oder gewöhnlichen Aufenthalt in den in Art. 3 des Einigungsvertrags genannten Gebieten hatten, auch bei Verlegung des Wohnsitzes in das alte Bundesgebiet eine Versorgung erst ab dem 1.1.1991 erhalten sollten. Allerdings wurden die Leistungen auch nur nach den Maßgaben des Einigungsvertrags gewährt. Eine dieser Maßgaben hat das BVerfG mit folgender Entscheidungsformel für nichtig erklärt:[39] „§ 84a des Bundesversorgungsgesetzes (BVG) in Verbindung mit Anlage I Kapitel VIII Sachgebiet K Abschnitt III Nr. 1 Buchstabe a des Vertrages zwischen der Bundesrepublik Deutschland und der Deutschen Demokratischen Republik über die Herstellung der Einheit Deutschlands – Einigungsvertrag – vom 31.8.1990 ... ist mit Artikel 3 Absatz 1 des Grundgesetzes unvereinbar und nichtig, soweit die Beschädigtengrundrente nach § 31 Absatz 1 Satz 1 des Bundesversorgungsgesetzes auch nach dem 31.12.1998 im Beitrittsgebiet anders berechnet wird als im übrigen Bundesgebiet".[40] Zur Begründung hat das **BVerfG** vor allem darauf hingewiesen, dass wegen der **Genugtuungsfunktion der Grundrenten** eine abweichende Bemessung der Leistungen mit dem niedrigeren Lohn-, Gehalts- und Sozialleistungsniveau in den neuen Bundesländern nicht legitimiert werden könne (s. auch → Rn. 19 f.). 5

Vereinzelt ist durch das G-SER[41] eine vorgreifliche Änderung auch des BVG iS einer Anpassung der Vorschriften an das SGB XIV, das erst ab dem 1.1.2024 in Kraft tritt, erfolgt. Dies betrifft die Leistungen bei Bestattung (Höhe und Auslandsfälle) und Überführung aus dem Ausland nach § 36 BVG[42] (s. § 99 SGB XIV). Ebenso sind durch das Art. 2 G-SER Korrekturen bei §§ 30 (Änderung der Renteneintrittsalter nach dem SGB VI; s. § 89 Abs. 5 SGB XIV) und 46 BVG (Grundrente für Waisen;[43] s. § 87 SGB XIV) im Hinblick auf die Höhe der Leistung vorgenommen worden. Sie sind nach Art. 60 Abs. 2 G-SER bereits zum 1.7.2018 in Kraft getreten. Dies gilt im Übrigen auch für Änderungen in der Versorgung von Ausländerinnen und Ausländern nach dem OEG (§§ 1, 3a, 10 und 10b OEG; nun § 1 Abs. 4 idF v. 15.4.2020 ab dem 1.7.2018,[44] s. § 7 SGB XIV). Schlussendlich haben einige Regelungen des BVG durch die Sozialschutzpakete im Zuge der Covid-19-Pandemie Änderungen erfahren iS von 6

36 BVerfG 14.3.2000 – 1 BvR 284/96, 1 BvR 1659/96, BVerfGE 102, 41, NJW 2000, 1855, SozSich 2001, 134.
37 Steyer, Die Kriegsopferversorgung in der DDR, VersorgVw 1990, 13.
38 Einigungsvertrag, BGBl. II 889, 1067; zur Überleitung s. nur Otto BArbBl 1990, Nr. 12, S. 13.
39 BVerfG 14.3.2000 – 1 BvR 284/96, 1 BvR 1659/96, BVerfGE 102, 41, NJW 2000, 1855, SozSich 2001, 134.
40 S. auch Lauterbach NJ 2003, 671.
41 G-SER v. 19.12.2019, BGBl. 2019 I 2652.
42 Art. 2 iVm Art. 60 Abs. 2 G-SER mWv 1.7.2018.
43 Erneut angepasst durch Art. 1 Nr. 11 27. KOVAnpV v. 28.6.2022, BGBl. 2022 I 1012, mWv 1.7.2022.
44 Art. 2a Nr. 1 Buchst. a des Gesetzes zur Änderung des Gesetzes über Finanzhilfen des Bundes zum Ausbau der Tagesbetreuung für Kinder und des Kinderbetreuungsfinanzierungsgesetzes v. 15.4.2020, BGBl. I 811, mWv 1.7.2018.

Verfahrenserleichterungen und Zusatzleistungen zur Bewältigung der speziellen Situation aufgrund Einschränkungen der Bewegungsfreiheit und sonstiger Auflagen während und zwischen den Lockdowns.[45]

II. SGB XIV

7 Vorläufiger Endpunkt dieser Entwicklung wird das Inkrafttreten des SGB XIV – Soziale Entschädigung – zum 1.1.2024 sein.[46] Die **Reform des SER** war dringend geboten, denn die Übertragung der Regelungen des BVG auf andere Entschädigungstatbestände, als die der Versorgung der Kriegsopfer des 1. und 2. Weltkriegs, hat zu vielfältigen Unstimmigkeiten und Regelungslücken geführt. Zudem geht die Zahl der Kriegsopfer und ihrer Hinterbliebenen demographiebedingt weiter zurück. In der Entwurfsbegründung zum G-SER wird prognostiziert, dass im Jahr 2024 voraussichtlich weniger als 36.000 Kriegsbeschädigte, deren Angehörige und Hinterbliebene Leistungen nach dem BVG bezögen. Diese Zahl werde in den Folgejahren aus Gründen der Demografie noch kleiner werden.[47] Zugleich sei der Kreis derjenigen, für deren gesundheitliche Schädigung aufgrund anders gearteter Ereignisse die staatliche Gemeinschaft Verantwortung übernehmen müsse, größer geworden. In der Entwurfsbegründung zum G-SER werden insoweit prominent die Opfer von Gewalttaten benannt,[48] deren Entschädigung heute durch das OEG erfolgt, ebenfalls unter Bezugnahme auf das BVG. Der bisherige Verweis auf die Regelungen der Kriegsopferversorgung reduziert die Reaktionsmöglichkeiten zur Schadensminimierung, -beseitigung und -ausgleich letztlich jedoch auf den Erkenntnisstand und das Verständnis von Entschädigung der 1960er Jahre, zB im Bereich der psychischen Schädigungsfolgen oder im Hinblick auf die Ermöglichung von Teilhabe und die Gewährung eines finanziellen Ausgleichs bei über gesundheitliche Schäden hinausgehenden bleibenden Schädigungsfolgen. Ebenso wird das aus dem Jahr 1976 stammende OEG[49] insbesondere mit seiner Definition der Schädigungstatbestände den veränderten gesellschaftlichen Bedingungen nicht mehr gerecht.[50] Dem und auch neuen wissenschaftlichen Erkenntnissen sowie den rechtswissenschaftlichen Entwicklungen im SER Rechnung zu tragen hat sich der Gesetzgeber bei der inhaltlichen Ausgestaltung des SGB XIV zum Ziel gesetzt.[51]

8 Im **Mittelpunkt der Reform des SER** steht die Anpassung der Opferentschädigung an neue medizinisch-wissenschaftliche Erkenntnisse, insbesondere betreffend mögliche psychische Folgen von Gewalttaten, aber auch Veränderungen der gesellschaftlichen Sichtweise auf Gewalttaten, wie zB die Ausübung von Gewalt ohne tätlichen

45 § 88a BVG eingefügt durch Art. 7 Gesetz für den erleichterten Zugang zu sozialer Sicherung und zum Einsatz und zur Absicherung sozialer Dienstleister aufgrund des Coronavirus SARS-CoV-2 – Sozialschutz-Paket „I", BGBl. 2020 I 575, mWv 28.3.2020 und § 88b BVG eingefügt durch Art. 12 Gesetz zu sozialen Maßnahmen zur Bekämpfung der Corona-Pandemie – Sozialschutz-Paket II – v. 20.5.2020, BGBl. 2020 I 1055 mWv 29.5.2020; Änderung der §§ 88a und b BVG sowie Einfügung eines § 88d BVG durch Art. 3 Gesetz zur Regelung einer Einmalzahlung der Grundsicherungssysteme an erwachsene Leistungsberechtigte und zur Verlängerung des erleichterten Zugangs zu sozialer Sicherung und zur Änderung des Sozialdienstleister-Einsatzgesetzes aus Anlass der COVID-19-Pandemie – Sozialschutz-Paket III – v. 10.3.2021, BGBl. 2021 I 335 mWv 1.4.2021.

46 Art. 1 iVm Art. 60 G-SER v. 19.12.2019, BGBl. 2019 I 2652.

47 BT-Drs. 19/13824, 141.

48 BT-Drs. 19/13824, 141.

49 V. 11.5.1976, BGBl. 1976 I 1181.

50 S. BR-Drs. 541/07, 3; vgl. Knickrehm/Mushoff/Schmidt Neues SozEntschR Rn. 3.

51 BT-Drs. 19/13824, 142, 144.

Angriff,[52] ausschließlich durch psychischen Druck. Kritisch wurde von Verbänden, die die Vertretung von Opfern von Gewalttaten wahrnehmen auch die mangelnde Opferfreundlichkeit der Ausgestaltung des Leistungssystems angeprangert, verbunden vielfach mit einer erneuten Traumatisierung oder weiteren Belastung des Opfers während des Entschädigungsverfahrens.[53]

Nach dem Abschlussbericht „Runder Tisch – Sexueller Kindesmissbrauch in Abhängigkeits- und Machtverhältnissen in privaten und öffentlichen Einrichtungen und im familiären Bereich" aus November 2011[54] waren im BMAS 2013 erste Überlegungen zur Neugestaltung des SER angestellt und im Koalitionsvertrag für die 19. Legislaturperiode, die Reform der Sozialen Entschädigung als Ziel der Regierungsarbeit formuliert worden. Alsdann hat es schlussendlich doch noch bis Ende Dezember 2019 gedauert, ehe es zum **Gesetzesbeschluss des SGB XIV** gekommen ist. Dazwischen lag die 94. Konferenz der Minister und Ministerinnen, Senatoren und Senatorinnen für Arbeit und Soziales der Länder und der Abschlussbericht des Bundesbeauftragten für die Opfer und Hinterbliebenen des Terroranschlags auf den Breitscheidplatz aus November 2017[55] sowie der im selben Jahr vorgelegte Referentenentwurf eines SGB XIII.[56] Im Rahmen der Arbeit an einem neuen SER war deutlich geworden, dass eine stärke Anpassung der Ausgestaltung der Leistungen an die Sozialversicherungsleistungen des SGB V und SGB VII bei einer Integration der sozialen Entschädigung ins SGB sinnvoll erscheinen könnte, ohne jedoch aus dem Blick zu verlieren, dass wegen der staatlicherseits übernommenen Verantwortung für den mangelnden Schutz der Bürger vor dem schädigenden Ereignis, über die im SGB V und SGB VII verorteten Leistungen hinaus, eine Deckung des Mehrbedarfs erforderlich sein würde.[57] Es sollten das Leistungssystem und die Berechnung der Leistungen vereinfacht, eine passgenauere Ausrichtung der Leistungen auf die Bedarfe des geschädigten Personenkreises erfolgen und der Besitzstand der bisher Leistungsberechtigten der Sozialen Entschädigung unangefochten bleiben. 9

Schon in dem Referentenentwurf für das SGB XIII (→ Rn. 9) war als ein entschädigungsfähiges Ereignis ein solches, ausgeübt mit **psychischer Gewalt** vorgesehen. Bei der Versorgung der Opfer sollte ein schneller Zugang der Opfer zu Hilfsangeboten (zB Traumaambulanzen, s. nun §§ 31 ff. SGB XIV) gewährleistet sowie ein Fallmanagement für die Betroffenen (s. nun § 30 SGB XIV) installiert werden. Als Ziel wurde formuliert, das Leistungsrecht auf die Stärkung individueller Ressourcen auszurichten, um eine Re-Viktimisierung der Betroffenen durch ihre wiederholte Zurückverweisung in eine Opferrolle zu vermeiden.[58] Die zur Stellungnahme aufgeforderten Verbänden 10

52 S. zu dieser Problematik Knickrehm in Udsching/Rolfs, Jahrbuch des Sozialrechts der Gegenwart, 2020, Band 41, 361, 379; BSG 16.12.2014 – B 9 V 1/13 R, BSGE 118, 63.

53 Franke RP Reha 2019, 5; Voß ZfSH/SGB 2003, 161; Müller ASR 2016, 5.

54 Abschlussbericht Runder Tisch Sexueller Kindesmissbrauch in Abhängigkeits- und Machtverhältnissen in privaten und öffentlichen Einrichtungen und im familiären Bereich v. BMAS, BMFSFJ, BMBF v. 30.11.2011, abrufbar unter https://weisser-ring.de/sites/default/files/domains/weisser_ring_dev/downloads/abschlussberichtrtkm.pdf; s. auch BT-Drs. 19/13824, 141.

55 Externes Ergebnisprotokoll der 94. Konferenz der Minister und Ministerinnen, Senatoren und Senatorinnen für Arbeit und Soziales der Länder v. 6./7.12.2017, 17 ff., abrufbar unter https://asmkintern.rlp.de/fileadmin/asmkintern/Beschluesse/Protokoll_94._ASMK_2017/Protokoll_extern_der_94._ASMK.pdf; Abschlussbericht des Bundesbeauftragten für die Opfer und Hinterbliebenen des Terroranschlags auf dem Breitscheidplatz aus November 2017, BMJV, 20 ff., abrufbar unter https://www.bmjv.de/SharedDocs/Downloads/DE/News/Artikel/121317_Abschlussbericht_Opferbeauftragter.pdf?__blob=publicationFile&v.=1.

56 Vgl. Schmachtenberg SRa Sonderheft 2017, 18 ff.

57 Vgl. Knickrehm/Mushoff/Schmidt Neues SozEntschR Rn. 5.

58 Schmachtenberg SRa Sonderheft 2017, 18 ff.

erkannten jedoch ua im neuen Leistungskatalog des SGB XIII die Gefahr von Leistungskürzungen.[59]

11 Auf Grundlage der sich an die Kritik am Entwurf des SGB XIII anschließenden Diskurses wurde im Herbst 2019 das überarbeitete SGB XIV in die parlamentarische Beratung eingebracht.[60] Bundestag und Bundesrat stimmten dem Gesetzentwurf in seiner letzten Fassung schlussendlich mit großer Mehrheit zu.[61] Zu den Stellungnahmen der Verbände und im Ausschuss für Arbeit und Soziales angehörten Sachverständigen vgl. die Ausschuss-Drs.[62] Die Verkündung im BGBl. erfolgte am 19.12.2019.[63]

12 Auch wenn mit dem SGB XIV der Maßstab für viele Regelungen wiederum aus den Bedarfen einer bestimmten Opfergruppe folgt, die der Gewaltopfer anstatt bisher der Kriegsopfer, kommt das „neue" Recht doch mit einem **„allgemeinen Teil"** in den §§ 1–12 sowie dem Kapitel 3 seinem Anspruch, Regelungen für die Gesamte Soziale Entschädigung zu treffen, nach. Die §§ 1–3 SGB XIV beinhalten die allgemeinen Vorschriften, zur Aufgabe und dem Anwendungsbereich der Sozialen Entschädigung (§ 1 SGB XIV), zur Bestimmung des Kreises der grundsätzlich Leistungsberechtigten (§ 2 SGB XIV) und zu den einzelnen Leistungen der Sozialen Entschädigung (§ 3 SGB XIV). Wichtig ist an dieser Stelle zu betonen, dass auch das SER nach dem SGB XIV „ursachenbasiert" ist. Das bedeutet, es muss auch weiterhin ein doppelter **Kausalzusammenhang** zwischen dem schädigenden Ereignis und der primären Gesundheitsstörung (dem Primärschaden) sowie zwischen dieser (diesem) und der Schädigungsfolge bestehen. Der Kausalzusammenhang unterliegt weiterhin dem Beweismaßstab der Wahrscheinlichkeit und die Glieder der Kausalkette müssen nachgewiesen werden (→ § 1 Rn. 23 ff.). Im Kapitel 2 finden sich alsdann die Regelungen zu den allgemeinen Voraussetzungen, die erfüllt sein müssen, um einen Leistungsanspruch zu verwirklichen, wie zB zum **GdS** (§ 5 SGB XIV) oder zur **Anspruchskonkurrenz** (§ 8 SGB XIV). Das 3. Kapitel bestimmt die allgemeinen **Leistungsvoraussetzungen** (§ 25 SGB XIV), die **Leistungsformen** (§ 26 SGB XIV), den **Vorrang** der Leistungen zur Teilhabe (§ 27 SGB XIV) und das **Verhältnis** der Leistungen nach dem SGB XIV **zu Leistungen anderer Träger** (§ 28 SGB XIV). Diese Grundsätze sind in Zukunft nicht mehr von der Behandlung einer bestimmten Opfergruppe abzuleiten, sondern gelten für alle Leistungen und Verfahren, die eine soziale Entschädigung sicherstellen sollen. Dies gilt im Übrigen auch für die in den Kapiteln 4 bis 15 SGB XIV geregelten Leistungen, die bei Eintritt aller im SGB XIV geregelten **Entschä-**

59 Deutscher Sozialgerichtstag, Sozialstaat und Europa – Gegensatz oder Zukunft?/Wüsten, S. 216; s. auch Leiska-Stephan NDV 2017, 145, insbes. zur häuslichen Gewalt und Gewalt gegen Kinder.

60 BT-Drs. 19/13824.

61 Entwurf eines G-SER BT-Drs.19/13824, Beschlussempfehlung und Bericht des Ausschusses für Arbeit und Soziales (11. Ausschuss) BT-Drs. 19/14870, Bericht des Haushaltsausschusses (8. Ausschuss) gem. § 96 Geschäftsordnung BT-Drs. 19/14879, am 7.11.2019 in 3. Lesung zu BT-PlPr. 19/124, 15445 (A); s. auch Protokoll der gesamten Debatte der 3. Lesung im Bundestag, BT-PlPr. 19/124, 15436 ff.; BR-PlPr. 983, 580.

62 Contergannetzwerk Deutschland eV Ausschuss-Drs. 19(11)457; Bundespsychotherapeutenkammer Ausschuss-Drs. 19(11)477; AOK-Bundesverband Ausschuss-Drs. 19(11)478; Weißer Ring eV Ausschuss-Drs. 19(11)480; Sozialverband Deutschland eV Ausschuss-Drs. 19(11)481; Deutsche Gesetzliche Unfallversicherung Ausschuss-Drs. 19(11)489; Bundesverband Frauenberatungsstellen und Frauennotrufe/Frauen gegen Gewalt eV Ausschuss-Drs. 19(11)492; Sozialverband VdK Deutschland eV Ausschuss-Drs. 19(11)501; Betroffenenrat des Unabhängigen Beauftragten für Fragen des sexuellen Kindesmissbrauchs Ausschuss-Drs. 19(11)502; Arbeitskreis Opferhilfe eV Ausschuss-Drs. 19(11)504; als Sachverständige: Prof. Schepker Ausschuss-Drs. 19(11)479, Prof. Seel Ausschuss-Drs. 19(11)490, Dr. Drohsel Ausschuss-Drs. 19(11)491, S. Knickrehm Ausschuss-Drs. 19(11)503.

63 BGBl. 2019 I 2652.

digungsfälle und durch Verweisung in den unter → Rn. 14 benannten Gesetzen nach denselben Regeln beansprucht werden können, sowie den Einsatz von Einkommen und Vermögen nach Kapitel 16 SGB XIV.

Die **Kriegsopferfürsorge** der §§ 25–29 BVG wird ab dem 1.1.2024 durch die „**Besonderen Leistungen im Einzelfall**" (BLiE) nach Maßgabe der §§ 92–98 SGB XIV ersetzt. 13
Es erfolgt insoweit eine Orientierung an den Leistungen nach dem SGB XII, unter Berücksichtigung der besonderen Situation der Leistungsberechtigten des SE. Die vormalige Kriegsopferfürsorge ist dabei um einige „überkommene", nicht mehr der gesellschaftlichen Realität entsprechende Leistungen und/oder in dem geänderten System ohnehin aufgegangenen Leistungen „entschlackt" worden.[64]

Das SGB XIV übernimmt damit an dieser Stelle auch für die nicht in das SGB XIV 14
integrierten Entschädigungsleistungen (SVG, HHG, BGSG, VerwRehaG, StrRehaG[65] und AntiDHG sowie ContStifG und BFDG) – durch (teilweise) Verweisung – die Funktion eines **Leitgesetzes**. Ausscheiden aus dem Kreis der der SE im engeren Sinne zuzuordnenden Gesetzes wird die Versorgung der Soldaten nach dem SVG, zum 1.1.2025 geregelt im SEG. Die Bundesregierung hat am 21.3.2021 einen Gesetzentwurf über die Entschädigung der Soldatinnen und Soldaten und zur Neuordnung des Soldatenversorgungsrechts vorgelegt, der zu einer vom SGB XIV unabhängigen Entschädigung von Soldatinnen und Soldaten führen soll. In der Entwurfsbegründung heißt es insoweit, das SGB XIV stelle vor allem die Opfer von zivilen Gewalttaten einschließlich der Opfer von Terrorgewalt in den Fokus. Aufgrund dieser geänderten Ausrichtung des SER sei es erforderlich, die Beschädigtenversorgung der Soldatinnen und Soldaten eigenständig zu regeln. Um den Besonderheiten des Dienst- und Treueverhältnisses sowie der aus dem immanenten Aufopferungsgedanken erwachsenden besonderen Fürsorgepflicht des Dienstherrn gegenüber den Soldatinnen und Soldaten sowie ihren Angehörigen und Hinterbliebenen gerecht zu werden, gelte es, deren spezifischen Bedarfe und Interessen bei der Ausgestaltung der Leistungen passgenau abzudecken.[66]

Das **Inkrafttreten** des **SGB XIV** ist gestaffelt. Der überwiegende Teil der Vorschriften 15
tritt am 1.1.2024 in Kraft (Art. 60 Abs. 7 G-SER). Im Hinblick auf die Änderungen im BVG und OEG, die nach Art. 60 Abs. 2 G-SER bereits zum 1.7.2018 in Kraft getreten sind wird auf → Rn. 6 verwiesen. Art. 60 Abs. 3 G-SER benennt als Datum des Inkrafttretens den 20.12.2019. Betroffen hiervon sind etliche Verordnungsermächtigungen (s. hierzu iE → Rn. 23). Die Änderungen zum 1.1.2020 nach Art. 60 Abs. 4 G-SER betreffen die Umbenennung des Bundeversicherungsamtes in „Bundesamt für Soziale Sicherung". Art. 60 Abs. 5 G-SER hat zu vorgreiflichem Inkrafttreten des SGB IXV zum 1.1.2021 geführt. Art. 1 § 2 (Regelung zu den Berechtigten der SE; s. hierzu unter § 2 SGB XIV), §§ 31 bis 37 (Regelung des SGB XIV zu den Traumaambulanzen nach Kap. 4 Abschn. 3), §§ 111 bis 112 (Regelungen zu den TdSE und deren sachliche Zuständigkeit nach Kap. 18 Abschn. 1), §§ 115 bis 116 (Regelungen zum erleichterten Verfahren bei Leistungen der Schnellen Hilfen und Weiteres Verfahren nach Kap. 18 Abschn. 2) und § 138 Abs. 7 SGB XIV (Besonderer zeitlicher Geltungsbereich für Opfer von Gewalttaten – hier bereits ab dem 1.1.2021, betreffend Leistun-

64 Vgl. Knickrehm/Mushoff/Schmidt Neues SozEntschR Rn. 287 ff., insbes. Rn. 290.

65 S. bisher mit Verweis auf das BVG als Teil des SGB § 68 Nr. 7 SGB I; ab dem 1.1.2024 § 68 idF des Art. 28 Nr. 5 Buchst. a G-SER v. 12.12.2019, BGBl. 2019 I 2652 mit dem Verweis auf „insbesondere" HHG, BGSG, VerwRehaG, StrRehaG und noch SVG und Aufhebung der Nr. 8, die das KOVVfG betrifft.

66 BT-Drs. 19/27523, 1, an die Ausschüsse überwiesen BT-PlPr 19/218, S. 27516D – 27521D; Beschlussempfehlung BT-Drs. 19/29846; verabschiedet am 20.8.2021 als Art. 1 des Gesetzes über die Entschädigung der Soldatinnen und Soldaten und zur Neuordnung des Soldatenversorgungsrechts – SEG, BGBl. 2021 I 3932.

gen in Traumaambulanzen für alle Berechtigten der SE, wenn zum Tatzeitpunkt die Voraussetzungen des OEG erfüllt sind). Zum 1.7.2021 treten nach Art. 60 Abs. 6 G-SER in Kraft, Art. 31 Nr. 3 Buchst. b und Art. 34 Nr. 5 G-SER. Dies betrifft die Änderung des § 18a Abs. 3 S. 1 Nr. 4 SGB IV im Hinblick auf den Wechsel von Grundrente zu Entschädigungszahlungen und deren Bemessungsgrundlage und die Änderung des § 93 SGB VI betreffend das Zusammentreffen von Rentenleistungen nach dem SGB VI und Leistungen aus der GUV im Zuge insbesondere der Änderungen durch das G-SER zur Grundrente.

B. Rechtssystematische Einordnung von BVG und SGB XIV

16 Das BVG sowie zukünftig das SGB XIV sind Teil des sozialen Entschädigungsrechts und damit im Rahmen der tradierten **Binnensystematisierung** des Sozialrechts (Sozialversicherung, Versorgung und Fürsorge) der **„Versorgung“** oder im Rahmen neuerer Systematisierungsversuche (Vorsorgesystem, Entschädigungssysteme sowie Ausgleichssysteme, Hilfs- und Förderungssysteme) dem „Entschädigungssystem“[67] oder schadensausgleichendem System (im Gegensatz zum nachteilsausgleichenden System)[68] zuzuordnen. Der entschädigungsrechtliche Charakter des BVG trat jedoch erst mit dem ersten Neuordnungsgesetz aus dem Jahre 1960 klar zu Tage. Bestärkt durch eine Entscheidung des BVerfG überwogen zunächst **fürsorgerische Gedanken**[69] (s. auch → Rn. 3) in dem Sinne, dass nur diejenigen Leistungen nach dem BVG erhalten sollten, die nicht in der Lage waren, sich selbst zu helfen.[70] Das **BVerfG** hatte 1951 festgestellt: „Weder Art. 1 Abs. 1 GG noch Art. 2 Abs. 1 GG begründet ein Grundrecht des Einzelnen auf gesetzliche Regelung von Ansprüchen auf angemessene Versorgung (Kriegsopferversorgung) durch den Staat.“ Auch aus dem grundgesetzlichen Bekenntnis zum Sozialstaat folge derartiges nicht, denn nicht die Bundesrepublik trage die Schuld an dem Verlust der Heimat und der Habe, die furchtbaren Verluste seien vielmehr die Schicksalsfolgen des von einer verantwortungslosen Regierung angefangenen Krieges – einer Regierung, die viele Millionen Menschen ins Elend gestürzt habe. Zudem habe zwar in allen Zeiten die Gemeinschaft versucht, den Opfern allgemeiner Katastrophen, besonders den Opfern der Kriege, zu helfen. Stets aber habe es sich dabei um Maßnahmen besonderer Art gehandelt, die mit einem zivilrechtlichen Schadensersatz für weggenommenes Gut oder verschuldeten Körperschaden nicht verglichen werden könnten.[71]

17 Grundsätzlich dienen Entschädigungssysteme dem **Ausgleich exogener Schäden**, für den die **Allgemeinheit die Verantwortung trägt oder übernommen hat** (**Aufopferungsanspruch** – s. auch → Rn. 15).[72] Im Falle des BVG werden die gesundheitlichen und wirtschaftlichen Schäden einer Person ausgeglichen, die durch die Ereignisse des Weltkriegs verursacht worden sind und für deren Entschädigung die Bundesrepublik Deutschland unter sozial- und gesellschaftspolitischen Aspekten die Verantwortung übernommen hat. Dieser Personenkreis bleibt auch unter Geltung des SGB XIV entschädigungsberechtigt (s. zu den **„Besitzstandsvorschriften“** §§ 142 ff. SGB XIV). Das „neue SER“ nach dem SGB XIV umfasst jedoch ausdrücklich auch **Opfer von Gewalttaten** nach § 1 Abs. 2 Nr. 1 iVm §§ 13 ff. SGB XIV, von **Kriegsauswirkungen beider Weltkriege** nach § 1 Abs. 2 Nr. 2 iVm §§ 21 ff. SGB XII, Geschädigte durch Ereignisse im Zusammenhang mit der Ableistung des **Zivildienstes** nach § 1 Abs. 2 Nr. 3 iVm

67 S. nur Bley/Kreikebohm/Marschner SozR, 9. Aufl. 2007, S. 7, 9, Rn. 11, 15 mwN.
68 Bley SGb 1973, 479.
69 Blüm/Zacher Sozialstaat/Trometer, 1989, S. 579.
70 Blüm/Zacher Sozialstaat/Trometer, 1989, S. 579, 582 f.; Trometer KOF-SchwBR 1973, 1; Trometer VdKMitt. 1972, 534; Trometer BVBl 1967, 120.
71 BVerfG 19.12.1951 – 1 BvR 220/51, BVerfGE 1, 97, SozR Nr. 1 zu Art. 1 GG.
72 S. hierzu ausführlich Becker, SozEntschR, S. 92 ff.

§ 23 SGB XIV und durch **Schutzimpfungen** und **andere Maßnahmen der spezifischen Prophylaxe** nach § 1 Abs. 2 Nr. 4 iVm § 24 SGB XIV sowie diejenigen Personen bei denen sich Tatbestände verwirklicht haben für die durch eine **gesetzliche Verweisung** auf die Vorschriften des SGB XIV ein Anspruch auf Leistungen nach dem SER entsteht (→ Rn. 14). Wegen der Übernahme der Verantwortung durch die Allgemeinheit für die entstandenen gesundheitlichen und hierauf beruhenden wirtschaftlichen Schäden sind die Leistungen des BVG und des SGB XIV ausschließlich **steuerfinanziert**. Das BVG, wie auch das SGB XIV bergen jedoch nach wie vor auch Elemente des Fürsorgesystems in Gestalt der **„Kriegsopferfürsorge"** und der **„Besonderen Leistungen im Einzelfall** (BLiE)" nach den §§ 92 ff. SGB XIV. Der Leistungskatalog ist insoweit klar umrissen und von dem des Entschädigungsteils im Wesentlichen getrennt. Die Kriegsopferfürsorge tritt nach § 25a Abs. 1 ua dann ein, wenn die Beschädigten nicht in der Lage sind, den vom BVG im weiteren definierten Bedarf aus den übrigen Leistungen des BVG und ihrem sonstigen Einkommen und Vermögen zu decken. Ähnlich ist § 92 Abs. 1 SGB XIV formuliert, der für den Leistungsanspruch voraussetzt, dass Geschädigte nicht oder nicht ausreichend in der Lage sind, den jeweiligen Bedarf aus ihrem Einkommen und Vermögen zu decken. Dieses Unvermögen muss zudem durch die Schädigungsfolgen entstanden sein (vgl. zu den Einzelheiten und Unterschieden zur Kriegsopferfürsorge des BVG → SGB XIV § 92 Rn. 7 ff.). Der Stellenwert der Kriegsopferfürsorge nach dem BVG ist heute stark zurückgegangen. Am 31.12.2018 bezogen nur noch insgesamt rund 17.2189 Personen (am 31.12.2008 waren es noch 46.250 Personen) in der Bundesrepublik laufende Leistungen der Kriegsopferfürsorge nach dem BVG und 5.910 Personen (am 31.12.2008 waren es 27.560 Personen) einmalige Hilfen.[73] Inwieweit sich dies durch die neue Struktur der Fürsorgeleistungen in der SE bzw. die geänderten Voraussetzungen für den Leistungszugang zur SE ändern wird, bleibt abzuwarten. Allerdings stehen die Höhe der Leistungen nach dem BVG und SGB XIV – auch außerhalb der Fürsorgeleistungen (zum SGB XIV s. Entschädigungszahlungen an Waisen nach Vollendung des 18. Lebensjahres gem. § 87 Abs. 4 SGB XIV oder an hinterbliebene Eltern nach § 88 SGB XIV sowie Leistungen des BSA gem. §§ 89 ff. SGB XIV) – zum Teil in Abhängigkeit von der Anrechnung anderer Sozialleistungen – etwa aus dem Sozialversicherungssystem (s. hierzu insbesondere § 8 SGB XIV, aber auch zB Leistungen aus dem Entschädigungsfonds für Schäden aus Kraftfahrzeugunfällen nach § 12 PflG, § 18 SGB XIV, s. dazu auch § 120 SGB XIV) – oder eigenem Einkommen oder Vermögen. Grundsätzlich gilt wegen der oben beschriebenen Ausgleichsfunktion nach § 28 SGB XIV, dass Leistungen nach dem SGB XIV wegen eines schädigenden Ereignisses iSd § 1 Abs. 2 SGB XIV den Leistungen anderer Träger, insbesondere anderer Sozialleistungsträger vorgehen (grundsätzlicher Vorrang).[74]

Das **BVG** hat bisher eine herausgehobene Stellung innerhalb der sozialen Entschädigung. Es ist das **Leitgesetz für** zahlreiche andere **Gesetze des SER**,[75] so dass es trotz des teilweise historisch überlebten Grundtatbestandes des § 1 BVG – zumindest soweit es die dort benannten schädigenden Ereignisse betrifft – immer noch große Bedeutung 18

73 Statistik der Kriegsopferfürsorge nach Angaben des BMAS auf dessen Homepage (www.bmas.de) – Pfad: Soziale Sicherung – Soziale Entschädigung und Versorgungsmedizin – Zahlen und Daten – Statistik der Kriegsopferfürsorge/Stand 31.12.2008; Zahlen für 2018 s. https://www.bmas.de/DE/Soziales/Soziale-Entschaedigung/Zahlen-und-Daten/zahlen-und-daten-art.html.

74 Vgl. Knickrehm/Mushoff/Schmidt Neues SozEntschR Rn. 90.

75 Rohwer-Kahlmann ZSR 1974, 82; für das BSeuchG vgl. BSG 19.8.1981 – 9 RVi 5/80, SozR 3850 § 52 Nr. 1 unter Hinweis auf BT-Drs. VI/1568, Begründung II S. 6; III zu Art. 1 Nr. 1 § 52 S. 9; s. auch BSG 28.10.1980 – 9 RVi 1/80, Breith 1981, 803, VersorgB 1981, 59.

für die „moderne" SE hat.[76] Bereits 1972 hat der 49. Deutsche Juristentag das SER als notwendiges, kausal orientiertes System typisierter Leistungsgewährung für gesetzlich abgrenzbare Fälle von Personenschäden bezeichnet, für welche die Allgemeinheit eine gesteigerte Verantwortung trage. Das BVG eigne sich insoweit als Vorlage für ein umfassendes soziales Entschädigungsgesetz.[77] Besondere Bedeutung kommt heute insbesondere den Grundregeln des § 1 Abs. 3, 4 und 5 BVG zu, aber auch dessen Abs. 1 im Hinblick auf das dort begründeten Kausalitäts- und Antragsprinzip zu (s. Ausgestaltung im Einzelnen in §§ 60–62 BVG). **Gesetze, die auf das BVG verweisen** sind: SVG (§§ 80–83a), BGSG (§ 59 Abs. 1 iVm § 80 SVG), ZDG (§ 47), IfSchG (§ 60), OEG (§ 1), StrRehaG (§ 21 – Beschädigte, § 22 – Hinterbliebene), VwRehaG (§ 3 – Betroffene, § 4 – Hinterbliebene), IfSG (§ 60), AntiDHG (§ 1 – Kausalität iSd § 1 BVG; § 2 – Heil- und Krankenbehandlung nach §§ 10–24a BVG; § 4 – GdS iSv §§ 30 Abs. 1 und 31 Abs. 2 BVG; §§ 64, 64a Abs. 1 und Abs. 3 Satz 1 BVG, §§ 64d sowie 64f BVG Hilfe bei Wohnsitz im Ausland und 89 BVG Härteausgleich; § 62 BVG – Neufeststellung der Leistung; § 66 BVG – Zahlungsweise). Diese Leitfunktion wird ab dem 1.1.2024 das SGB XIV übernehmen (→ Rn. 7).

19 Gleichwohl ist die „soziale Entschädigung" kein einheitliches und geschlossenes System der sozialen Sicherung. Es werden vielmehr **heterogene Ausgleichstatbestände** und hieraus folgend -systeme zusammengefasst, mit einem insgesamt im Verhältnis zu anderen steuerfinanzierten Leistungssystemen hohen Versorgungsniveau. Insoweit wird immer mal wieder die Frage aufgeworfen, ob dieses Leistungsniveau tatsächlich über den **Aufopferungsgedanken** zu rechtfertigen sei.[78] Allerdings heißt es in **§ 5 S. 1 SGB I** nicht nur, dass die **Abgeltung eines besonderen Opfers** durch die staatliche Gemeinschaft die Leistungen des sozialen Entschädigungsrechts trägt, sondern sie auch **„aus anderen Gründen"** gerechtfertigt sein kann. In diesem Sinne ist auch in einzelnen Bereichen bereits eine Tendenz zur Abkehr von der Anlehnung an das BVG-Niveau zu verzeichnen, etwa bei der Versorgungsstruktur nach dem AntiDHG (s. § 3 AntiDHG) oder der Entschädigung von Conterganopfern (s. § 13 ContStifG).

20 Unabhängig von der eigenen Leistungsfähigkeit werden die **Grundrente** nach § 31 BVG und die Leistung für ein **besonderes berufliches Betroffensein** gemäß § 30 Abs. 2 BVG gewährt. Sie sind als **reine Ausgleichsleistungen** für gesundheitliche Schäden und dadurch verursachte Betroffenheit im Beruf ausgestaltet (wirtschaftliche Folgen → Rn. 10 ff.). Die Grundrente und auch die zukünftigen Entschädigungszahlungen nach § 83 SGB XIV beinhalten eine materielle und eine immaterielle Komponente. Sie dienen der Deckung eines schädigungsbedingten Mehrbedarfs und der Abgeltung immaterieller Schäden, denn sie werden von der Allgemeinheit in Ansehung des von den Berechtigten erbrachten Opfers geleistet. Für das BVG gilt, dass durch die ständige Erweiterung des Leistungskatalogs im Hinblick auf die Komponente des Ausgleichs des schädigungsbedingten Mehraufwandes der **immaterielle Anteil der Grundrente** weiter bestärkt worden ist.[79] Die Grundrente wird daher auch in den beiden Fürsorgesystemen des **SGB II** (§ 11a Abs. 1 SGB II) und **SGB XII** (§ 82 Abs. 1 SGB XII)

76 S. auch Vogl SGb 2008, 583 (589); s. auch → Rn. 14.
77 Ruefner, Verhandlungen des 49. Deutschen Juristentags, Band 1, Gutachten, 1972.
78 Vgl. SRH/Hase § 26 Rn. 25; s. auch Bartke SozialVerw 2009, 36; zum Aufopferungsanspruch s. auch → Rn. 17; s. auch Becker, SozEntschR, S. 92 ff.
79 BVerfG 14.3.2000 – 1 BvR 284/96, BVerfGE 102, 41; BVerwG 26.8.1964 – V C 99.63, BVerwGE 19,198, ZfS 1965, 25; BSG 28.7.1999 – B 9 VG 6/98 R, SozR 3-5910 § 76 Nr. 3; BSG 10.8.1993 – 9 RV 4/93, BB 1993, 2166 (50), BSGE 73, 41; BSG 23.10.1985 – B 9a RVg 4/83, BSGE 59, 40, SGb 1986, 424; SozR 3-3100 § 11 Nr. 6; BSG 12.6.2003 – B 9 V 2/02 R, Breith 2004, 150, BSGE 91, 114; BSG 20.11.2003 – B 13 RJ 5/03 R, BSGE 91, 114, SGb 2004, 110.

nicht als **Einkommen** bei der Leistungsberechnung berücksichtigt.[80] Dies ist wie schon unter → Rn. 16 dargelegt nach dem SGB XIV nun für weitere Teile der Leistungen des SER der Fall; im Hinblick auf die Entschädigungszahlungen insgesamt oder einmalige Leistungen bei Gewalttaten im Ausland nach § 102 SGB XIV, gilt dies gem. § 28 Abs. 2 SGB XIV auch bei der Erbringung von Leistungen nach dem AsylbLG.

Das BVG, wie die SE insgesamt, werden zwar erst zum 1.1.2024 in einem eigenen Buch des SGB – SGB XIV – zusammengefasst. Gleichwohl soll auch schon bisher das BVG den in § 1 **SGB I** postulierten Aufgaben des SGB für das gesamte soziale Entschädigungsrecht gerecht werden. Die in § 68 Nr. 7 und 8 SGB I[81] aufgeführten Einzelgesetze, auch soweit sie „nur" auf das BVG verweisen, gelten bis zu ihrer Einordnung in das SGB als dessen besondere Teile. Nach § 5 SGB I hat derjenige, der einen Gesundheitsschaden erleidet, für dessen Folgen die staatliche Gemeinschaft in Abgeltung eines besonderen Opfers oder aus anderen Gründen nach versorgungsrechtlichen Grundsätzen einsteht, ein Recht auf die notwendigen Maßnahmen zur Erhaltung, Besserung und **Wiederherstellung der Gesundheit** und der **Leistungsfähigkeit** und – auch Hinterbliebene – auf **angemessene wirtschaftliche Versorgung**. Die Bandbreite der „Versorgungsleistungen" nach dem BVG reicht von Leistungen für medizinische Maßnahmen (§§ 10–24a BVG; §§ 41 ff. SGB IXV; §§ 62 ff. SGB XIV; §§ 71 ff. SGB XIV), über die Beschädigtenrenten (§§ 29–34 BVG; §§ 83 ff. SGB XIV) bis zu dem heutigen „Herzstück", den Leistungen für Hinterbliebene (§§ 38–52 BVG, §§ 85 ff. SGB XIV). Daneben werden subsidiär Leistungen der Kriegsopferfürsorge erbracht. Die Subsidiarität der Fürsorgeleistungen wird auch nach dem SGB XIV erhalten verbleiben. § 24 Abs. 1 SGB I idF des Gesetzes zur Übertragung der Zuständigkeiten der Länder im Bereich der Beschädigten- und Hinterbliebenenversorgung nach dem Dritten Teil des Soldatenversorgungsgesetzes auf den Bund v.15.7.2013,[82] der die Leistungen der Sozialen Entschädigung aufzählt – ab dem 1.1.2024 aufzählen wird[83] –, nimmt diesen Leistungskatalog – dann etwas stärker ausdifferenziert – aber inhaltlich im Wesentlichen unverändert – auf. Das ist auch konsequent, denn das bisherige BVG hat die Funktion des „Grundgesetzes" der Sozialen Entschädigung. Dazu Näheres unter → Rn. 17. Es wird insoweit zum 1.1.2024 durch das SGB XIV abgelöst. 21

Leistungen nach dem BVG werden als **Geld- oder Sachleistungen** gewährt. Leistungen der **Heilbehandlung, Versehrtenleibesübungen und Krankenbehandlung** sind grundsätzlich Sachleistungen – soweit sich aus dem BVG oder dem SGB IX nichts anderes ergibt – ohne Beteiligung des Leistungsempfängers und Berechtigten an den Kosten (§ 18 Abs. 1 S. 1 und 2). Hieran wird sich im Hinblick auf die Krankenbehandlung und die Versorgung mit Hilfsmitteln[84] durch das SGB XIV nichts ändern (s. § 44 SGB XIV; § 46 SGB XIV). Nach dem BVG werden die drei eingangs benannten Leistungen nach Maßgabe des § 18c BVG unter **Mitwirkung der Krankenkassen** (§ 24 Abs. 2 S. 2 SGB I) und zunächst **zulasten der Krankenkassen** erbracht – soweit eine Mitgliedschaft in der Gesetzlichen Krankenversicherung besteht. Den Aufwendungsersatz der Krankenkassen regelt § 19 BVG – die pauschale Abgeltung § 20 BVG.[85] Nach § 57 Abs. 1 SGB XIV wird die Krankenbehandlung unter der rechtlichen Verantwortung der Träger der Sozialen Entschädigung (TdSE) erbracht werden. Die Erbringung 22

80 Vgl. hierzu nur Hauck/Noftz/Lücking SGB II § 82 Rn. 30; LPK-SGB XII/Geiger § 82 Rn. 51 f.; Gagel/Striebinger SGB II § 11a Rn. 55; Knickrehm/Kreikebohm/Waltermann/G. Becker SGB II § 11a Rn. 7 ff.

81 IdF des Art. 2 Nr. 4 Zweites Gesetz zur Änderung des Bundeselterngeld- und Elternzeitgesetzes v. 15.2.2021, BGBl. 2021 I 239 mWv 1.9.2021.

82 BGBl. 2013 I 2416.

83 IdF des Art. 28 Nr. G-SER v. 12.12.2019, BGBl. 2019 I 2652 mWv 1.1.2024.

84 Vgl. Knickrehm/Mushoff/Schmidt Neues SozEntschR Rn. 149.

85 Hierzu im Einzelnen HK-SozEntschR/Vogl BVG §§ 18c ff.

selbst obliegt je nach Leistung[86] und Kassenzugehörigkeit gem. § 57 Abs. 2 bis 4 SGB XIV den Krankenkassen.[87] Für die Hilfsmittelversorgung nach § 57 Abs. 5 SGB XIV ist Leistungserbringer die zuständige Unfallkasse des Landes. §§ 60, 61 SGB XIV beinhalten zukünftig eigene Regelungen zur Erstattung der Aufwendung von Krankenkassen und Unfallversicherungsträger sowie deren Verwaltungskosten. Die **Höhe der Geldleistungen** – ohne zu berücksichtigendes Einkommen – bestimmt sich im BVG nach dem Grad der Schädigung (**GdS** – § 30 Abs. 1 BVG). Dieser wiederum ist nach den allgemeinen Auswirkungen der Funktionsbeeinträchtigungen, die durch die als Schädigungsfolge anerkannten körperlichen, geistigen oder seelischen Gesundheitsstörungen bedingt sind, in allen Lebensbereichen zu beurteilen. Dabei kann die Grundrente durch zahlreiche Leistungen erhöht werden, wie etwa die Schwerstbeschädigtenzulage nach § 31 Abs. 1. S. 1 oder die Ausgleichsrente nach § 32 BVG (s. nun § 83 SGB XIV). Die Abhängigkeit der Entschädigungszahlungen vom GdS wird sich nach § 5 SGB XIV iVm § 83 SGB XI V nicht ändern. Das Krankengeld der SE gem. § 47 SGB XIV wird – unter Berücksichtigung Sonderregelungen in den Abs. 2 bis 9 des § 47 SGB XIV entsprechend der Regeln des SGB V erbracht. Die zahlreichen Erhöhungsmöglichkeiten sind deutlich reduziert worden.

23 Die Normen des BVG werden durch zahlreiche **Gesetze, Verordnungen und Verwaltungsvorschriften** (BVGVwV auf Grundlage von Art. 84 Abs. 2 GG) zur allgemeinen Rechtsanwendung ergänzt. Es handelt sich insbesondere um (angegeben werden die jeweils neuesten Fassungen):

- Gesetz über das Verwaltungsverfahren der Kriegsopfer (**KOVVfG**) vom 6.5.1976, idF des Art. 156 des Gesetzes zum Abbau verzichtbarer Anordnungen der Schriftform im Verwaltungsrecht des Bundes v. 29.3.2017 mWv 5.4.2017; nach Art. 58 Nr. 12 G-SER Außerkrafttreten mit dem Inkrafttreten des SGB XIV am 1.1.2024;[88]
- Gesetz zur Sicherstellung der Grundrentenabfindung in der Kriegsopferversorgung (**Rentenkapitalisierungsgesetz-KOV**) idF der 9. Zuständigkeitsanpassungsverordnung vom 31.10.2006 mWv 8.11.2006; nach Art. 58 Nr. 10 G-SER Außerkrafttreten mit dem Inkrafttreten des SGB XIV am 1.1.2024;[89]
- Verordnung über die Versorgung mit Hilfsmitteln und über Ersatzleistungen nach dem BVG (**OrthV**) vom 4.10.1989, geändert durch Art. 19 des Gesetzes zur Änderung des BVG und anderer Vorschriften des sozialen Entschädigungsrechts vom 13.12.2007 mWv 21.12.2007; nach Art. 58 Nr. 7 G-SER Außerkrafttreten mit dem Inkrafttreten des SGB XIV am 1.1.2024;[90]
- Versehrtenleibesübungen-Verordnung (**VÜbV**) idF der Verordnung zur Änderung der VÜbV vom 15.11.2000, mWv 1.1.2000; nach Art. 58 Nr. 6 G-SER Außerkrafttreten mit dem Inkrafttreten des SGB XIV am 1.1.2024;[91]
- Verordnung zur Durchführung des § 15 des Bundesversorgungsgesetzes (**BVG§ 15DV**) vom 31.1.1972 mWv 1.1.1972 – Maßgaben aufgrund EinigVtr nicht mehr anzuwenden gem. Art. 109 Nr. 3 Buchst. i Buchst. gg nach dem Gesetz zur Bereinigung von Bundesrecht v. 8.12.2010; nach Art. 58 Nr. 16 G-SER Außerkrafttreten mit dem Inkrafttreten des SGB XIV am 1.1.2024;[92]

---

86 Leistungen nach §§ 42, 47 und 53 gem. § 57 Abs. 2 und 3 SGB XIV durch die Krankenkassen und alle weiteren Leistungen nach § 57 Abs. 6 SGB XIV durch den TdSE.
87 Vgl. Knickrehm/Mushoff/Schmidt Neues SozEntschR Rn. 192 f.
88 Gol. 2017 I, 626; BGBl. 2019 I 2652, 2724.
89 BGBl. 2006 I 2407; BGBl. 2019 I 2652, 2724.
90 BGBl. 2017 I 2904; BGBl. 2019 I 2652, 2724.
91 BGBl. 2000 I 1572; BGBl. 2019 I 2652, 2724.
92 BGBl. 1972 I 105 und BGBl. I 2010, 1864; BGBl. 2019 I 2652, 2724.

- Verordnung zur Durchführung des § 30 Abs. 3 bis 12 und des § 40a Abs. 1 bis 5 des Bundesversorgungsgesetzes (**BSchAV**) idF vom 28.6.2011 mWv 1.7.2011 idF des Art. 2 Zwanzigste Verordnung zur Anpassung des Bemessungsbetrages und von Geldleistungen nach dem Bundesversorgungsgesetz (20. KOV-Anpassungsverordnung 2014 – 20. KOV-AnpV 2014) v. 23.9.2014; nach Art. 58 Nr. 8 G-SER Außerkrafttreten mit dem Inkrafttreten des SGB XIV am 1.1.2024;[93]
- Verordnung zur Durchführung des § 31 Abs. 5 des Bundesversorgungsgesetzes (**BVG§ 31Abs5DVBek70/**Schwerstbeschädigtenzulage) idF der Bekanntmachung der Neufassung vom 20.4.1970[94] – geändert durch Art. 16 des Gesetzes zur Änderung des BVG und anderer Vorschriften des sozialen Entschädigungsrechts vom 13.12.2007 mWv 21.12.2007[95] nunmehr zu § 31 Abs. 4; Eine Regelung zum Außerkrafttreten findet sich im G-SER nicht. Allerdings kommt der Verordnung bereits deswegen ab dem 1.1.2024 allenfalls als Gradmesser für die Beurteilung der neuen Rechtslage zu, als in § 83 Abs. 2 und 3 SGB XIV eine Erhöhung der Entschädigungszahlung nach § 83 Abs. 1 SGB XIV um 20 % für Geschädigte mit schwersten Schädigungsfolgen vorgesehen ist. Was schwerste Schädigungsfolgen sind, bestimmt § 83 Abs. 3 SGB XIV[96].
- Verordnung über die Einkommensfeststellung nach dem Bundesversorgungsgesetz (**AusglV**) vom 1.7.1975, geändert durch Art. 38 Gesetz zur Verbesserung der Eingliederungschancen am Arbeitsmarkt v. 20.12.2011, mWv 1.4.2012;[97]
- Verordnung zur Auslandsversorgung nach § 64e des Bundesversorgungsgesetzes (**AuslVersV**) idF der zweiten Verordnung zur Änderung der AuslVersV (2. AuslVersVÄndV) vom 5.3.2001 mWv 1.11.2000[98] – aufgehoben durch Art. 4 BVG-Änderungsgesetz vom 20.6.2011 mWv 1.7.2011;[99]
- 52. Verordnung über das anzurechnende Einkommen nach dem Bundesversorgungsgesetz (**AnrV 2020**) v. 8.6.2020 ab dem 1.7.2020;[100] Verordnung über das anzurechnende **Einkommen** nach dem Bundesversorgungsgesetz in dem in Artikel 3 des **Einigungsvertrage**s genannten Gebiet vom 17.7.2009;[101]
- Verordnung über die **sachliche Zuständigkeit** in der Kriegsopferversorgung vom 20.5.1963 zuletzt geändert durch Verordnung vom 23.6.1988; nach Art. 58 Nr. 14 G-SER Außerkrafttreten mit dem Inkrafttreten des SGB XIV am 1.1.2024;[102]
- Verordnung zur Durchführung des § 1 Abs. 1 und 3, des § 30 Abs. 1 und des § 35 Abs. 1 des Bundesversorgungsgesetzes (**VersMedV**) vom 10.12.2008[103] idF des Art. 26 und 27 G-SER v. 12.12.2019 mWz 20.12.2019 und 1.1.2024;[104]
- Verordnung über die sozialversicherungsrechtliche Beurteilung von Zuwendungen des Arbeitgebers als Arbeitsentgelt (**SvEV**) vom 21.12.2006 (BGBl. I, 3385), zuletzt geändert durch die Verordnung zur Änderung der Sozialversicherungsent-

93 BGBl. 2011 I 1273; BGBl. 2014 I 1533; BGBl. 2019 I 2652, 2724.
94 BGBl. 1970 I 410.
95 BGBl. 2007 I 2904.
96 Vgl. Knickrehm/Mushoff/Schmidt Neues SozEntschR Rn. 266 und BT-Drs. 19/13824, 207.
97 BGBl. 2011 I 2854; BGBl. 2019 I 2652, 2724.
98 BGBl. 2001 I 310.
99 BGBl. 2011 I 1114.
100 BGBl. 2020 I 1224.
101 BGBl. 2009 I 2036.
102 BGBl.1988 I 911; BGBl. 2019 I 2652, 2724.
103 BGBl. 2008 I 2412.
104 BGBl. 2019 I 2652, 276; s. auch Knickrehm/Mushoff/Schmidt Neues SozEntschR Rn. 458 und 470.

geltverordnung und der Unfallversicherungsobergrenzenverordnung15.12 2020; ab dem 1.1.2024 idF des Art. 41 G-SER;[105]

- Verordnung über Kraftfahrzeughilfe zur beruflichen Rehabilitation (**KfzHV**) vom 28.9.1987 geändert durch Art. 117 des Gesetzes vom 23.12.2003; geändert durch Art. 41 G-SER v. 19.12.2019 mWz 1.1.2024;[106]
- Verordnung zur Kriegsopferfürsorge (**KFürsV**) vom 16.1.1979, geändert durch Art. 2 BVG-Änderungsgesetz vom 20.6.2011 mWv 1.7.2011; nach Art. 58 Nr. 5 G-SER Außerkrafttreten mit dem Inkrafttreten des SGB XIV am 1.1.2024;[107]
- Allgemeine Verwaltungsvorschriften zum BVG (**BVGVwV**) idF vom 27.8.1986.[108] Seit dem ist die Verwaltungspraxis auf Grundlage von verschiedenen Rundschreiben des BMAS, die auf die Fassung der BVGVwV-1986 Bezug nehmen, mehrfach modifiziert worden.[109]

Das **SGB XIV** umfasst die folgenden Regelungen, auf deren Grundlage **Verordnungen** und andere **untergesetzliche allgemeine Regelungen** erlassen bzw. getroffen werden sollen:

- Verordnungsermächtigung für Rechtsverordnung durch das BMAS zur Aufstellung der Grundsätze, die maßgebend sind für die Bewertung des GdS iSd § 5 Abs. 1 SGB XIV, für die Anerkennung einer Gesundheitsstörung als Schädigungsfolge nach § 4 Abs. 4 bis 6 SGB XIV sowie zur Regelung des Verfahrens für die Aufstellung und Fortentwicklung der zuvor genannten Grundsätze (§ 5 SGB XIV; s. oben zur **VersMedV**; s. auch Art. 26, 27 G-SER);
- Verordnungsermächtigung für Rechtsverordnung durch das BMAS mit Zustimmung des BR zur Bestimmung des Inhalts der Vereinbarungen mit **Traumaambulanzen** nach § 37 SGB XIV (§ 38 SGB XIV); nach Art. 60 Abs. 3 G-SER Inkrafttreten am 20.12.2019; Es liegt ein Referentenentwurf des BMAS vom 19.5.2022 über eine Traumaambulanz-Verordnung – TAV vor;[110]
- Verordnungsermächtigung für Rechtsverordnung durch das BMAS mit Zustimmung des BR zur Bestimmung der qualitativen Anforderungen an die **Kooperationsvereinbarungen** nach § 39 SGB XIV (§ 40 SGB XIV); nach Art. 60 Abs. 3 G-SER Inkrafttreten am 20.12.2019;
- Verordnungsermächtigung für Rechtsverordnung durch das BMAS im Einvernehmen mit dem BMF zur Bestimmung der Grundlagen des **BSA** nach §§ 89, 90 SGB XIV (§ 91 SGB XIV); s. bisher oben zur **BSchAV** zur Durchführung des § 30 Abs. 3 bis 12 und des § 40a Abs. 1 bis 5 BVG; nach Art. 60 Abs. 3 G-SER Inkrafttreten am 20.12.2019;
- Verordnungsermächtigung für Rechtsverordnung durch das BMAS im Einvernehmen mit dem BMF zur Bestimmung von **Einkommen und Vermögen** bei der Berechnung der BLiE nach §§ 92 ff. SGB XIV (§ 107 SGB XIV); s. bisher oben zur AnrV; nach Art. 60 Abs. 3 G-SER Inkrafttreten am 20.12.2019;
- Verordnungsermächtigung für Rechtsverordnung durch das BMAS mit Zustimmung des BR zur Bestimmung der Höhe und des Zeitpunkts der **Anpassung der**

105 BGBl. 2020 I 2933, 2715.
106 BGBl. 2007 I 2848; BGBl. 2019 I 2652, 2715 f.
107 BGBl. 2011 I 1114; BGBl. 2019 I 2652, 2724.
108 BAnz 1986, 12297–12302.
109 S. zB zuletzt zum Az.: Va 6 – 54003 – Aufhebung der VV Nr. 3 zu § 36 BVG v. 4.8.2020 rückwirkend zum 1.7.2018 oder zum Az.: Vb 2 – 54424, in dem darum gebeten wird zum 27.1.2014 die Rechtsprechung des BSG (BSG Urt. v. 17.4.2013 – B 9 V 2/12 R, SozR 4-3100 § 37 Nr. 1) im Hinblick auf die Höhe des Sterbegeldes zu beachten.
110 S. https://www.bmas.de/DE/Service/Gesetze-und-Gesetzesvorhaben/traumaambulanz-verordnung-tav.html.

Entschädigungszahlungen nach §§ 83 ff. SGB XIV, § 89 SGB XIV, § 102 SGB XIV (§ 110 SGB XIV);

- Verordnungsermächtigung für Rechtsverordnung durch das BMAS zur Bestimmung der **örtlichen Zuständigkeit** der TdSE für Personen, die im **Ausland** leben nach § 101 SGB XIV (§ 113 Abs. 6 SGB XIV); nach Art. 60 Abs. 3 G-SER Inkrafttreten am 20.12.2019;
- Verordnungsermächtigung für Rechtsverordnung durch das BMAS mit Zustimmung des BR zur **Anpassung** der Geldbeträge im Rahmen der **Besitzstandswahrung** nach §§ 144 ff. SGB XIV (§ 150 SGB XIV);
- **Verwaltungsvereinbarung** zur Regelung der Pauschalabgeltung der Erstattungsansprüche der Krankenkassen zwischen der Bundesstelle für SE und dem Spitzenverband Bund der Krankenkassen mit Zustimmung des BMAS und des BMG § 60 Abs. 3 SGB XIV;
- **Verwaltungsvereinbarung** zur Regelung der Pauschalabgeltung der Pflegekassen zwischen der Bundesstelle für SE und dem Spitzenverband Bund der Krankenkassen als Spitzenverband Bund der Pflegekassen mit Zustimmung des BMAS und des BMG § 80 Abs. 3 SGB XIV.

C. Rechtsnatur des Versorgungsanspruchs

Der Versorgungsanspruch nach dem BVG ist ein öffentlich-rechtlicher Anspruch, 24
neben dem kein weiterer Schadensersatzanspruch gegen den Staat besteht. Es handelt sich um einen **Aufopferungsanspruch**[111] (s. jedoch auch → Rn. 14, 18 – Rechtfertigung aus anderen Gründen nach § 5 S. 1 SGB I). Die BRD hat insoweit die kausale Verantwortung für Schädigungen ihrer Bürger durch den vom faschistischen Unrechtssystem entfachten 2. Weltkrieg übernommen.[112] Rohwer-Kahlmann erkennt eine konstitutive Vorleistung des Berechtigten in der schädigungsbedingten Beeinträchtigung der Gesundheit oder der Erwerbsfähigkeit, der Freiheit oder des Vermögens und infolgedessen einen Eigentumsschutz für die Rechtsposition des sozialen Entschädigungsrechts nach dem GG.[113] Dass Rentenleistungen der Kriegsopferversorgung dem **Schutz des Art. 14 GG** unterliegen, vertritt auch das BSG.[114] Es führt unter Hinweis auf das BVerfG dazu aus, bei den Leistungen der Kriegsopferversorgung handele es sich um Aufopferungsansprüche, die dem Ausgleich der für die dem Staat an Gesundheit und Leben gebrachten besonderen Opfer dienten und für die der Staat eine besondere Verantwortung trage.[115] Damit beruhten diese Ansprüche nicht auf Billigkeitserwägungen aufgrund einer ausschließlichen Fürsorgepflicht des Staates.[116] Dieses führt allerdings nicht dazu, dass ein bestimmter „Anpassungsmechanismus" verlangt werden kann.[117] Ebenso lässt das BVerfG eine Differenzierung zwischen Rentenleistungen der sozialen Entschädigung an Beschädigte selbst und Hinterbliebene zu.

---

111 Bulla DVBl 1972, 529; Obermayer, Rechtsnatur der Kriegsopferansprüche, 1963; Glage BVBl 1957, 102; Bley SGb 1974, 45; BSG 20.10.1955 – 10 RV 135/54, BSGE 1, 272 = KOV 1957, 215; s. auch → Rn. 5; s. hierzu ausführlich Becker, SozEntschR, S. 92 ff.

112 BSG 8.12.1982 – 9a RV 18/82, BSGE 54, 206; BVerfG 30.5.1978 – 1 BvL 26/76, BVerfGE 48, 281; Schulin, S. 164 ff.

113 Rohwer-Kahlmann SGb 1975, 161.

114 BSG 7.5.1986 – B 9a RV 20/85, SGb 1987, 76; s. aber auch BVerfG 19.12.1951 – 1 BvR 220/51, BVerfGE 1, 97.

115 S. BVerfG 24.7.1963 – 1 BvL 101/58, BVerfGE 17, 38, NJW 1963, 1727; 30.5.1978 – 1 BvL 26/76, BVerfGE 48, 281.

116 Vgl. auch Kieswald, 1984, S. 469 ff.

117 § 56 idF des Art. 25 des HBegleitG 1983 vom 20.12.1983 (BGBl. I 1857) verstößt nicht gegen das GG: BVerfG 19.7.1984 – 1 BvR 1698/83, SozR 3100 § 56 Nr. 2; so auch BSG 7.5.1986 – B 9a RV 20/85, SGb 1987, 76 und 29.2.1988 – 9/9a BV 16/87.

Soweit hinsichtlich der Höhe der Leistungen zwischen Hinterbliebenenrenten in den neuen und alten Bundesländern unterschieden wird, liege kein Verstoß gegen Art. 3 Abs. 1 GG vor.[118] Nach Auffassung des BVerfG bedarf es wegen des unterschiedlichen Charakters von Beschädigtenrenten und Hinterbliebenenrenten keiner Gleichbehandlung der beiden Ansprüche (vgl. ausführlich → Rn. 4, 5). Aufgrund von Art. 1 Nr. 30 des BVG-Änderungsgesetzes v. 20.6.2011[119] ist nach der Neufassung des § 84a jedoch Anlage I Kapitel VIII, Sachgebiet K – Soziales Entschädigungsrecht und Rehabilitation, Abschnitt III Nr. 1 Buchst. a des EinigVtr iVm Art. 3 EinigVertr mWv 1.7.2011 nicht mehr anwendbar. Auch Hinterbliebenenrenten werden nunmehr in den alten und neuen Bundesländern in derselben Höhe gezahlt.

25 Unzweifelhaft liegt der Aufopferungsgedanke dem Leistungsanspruch des BVG, aber auch des SVG, ZDG und IfSchG zugrunde.[120] Fraglich wird diese Annahme jedoch bei Leistungen nach dem **OEG, StrRehaG, VwRehaG und HHG.** Bei den letzten drei der genannten Gesetze kann der Verantwortungsbereich nur schwerlich der BRD zugeordnet werden. Immerhin handelt es sich um Leistungsberechtigte, denen außerhalb der Grenzen der BRD politisch motiviertes Unrecht zugefügt worden ist. Das BSG rechtfertigt ihre Unterstützung damit, die BRD habe insoweit **Verantwortung iS einer sozial- und fürsorgerechtlichen Förderung** übernommen.[121] Soweit es das OEG betrifft, wird in der Rechtsprechung des BSG das **Versagen des staatlichen Gewaltmonopols** als Grund für die Leistungsgewährung aus Steuermitteln angegeben.[122] Fraglich ist, ob Verbrechensprävention tatsächlich zum Ausschluss von Straftaten führen kann und damit auch, ob insoweit die Annahme eines Aufopferungsanspruchs als Grundlage von Leistungen nach dem OEG gerechtfertigt ist. Als Rechtfertigung für Entschädigungsleistungen bedarf es jedoch bereits nach § 5 S. 1 SGB I dieses „Klimmzuges" nicht, denn danach kann die Gemeinschaft auch aus anderen Gründen nach versorgungsrechtlichen Grundsätzen für den Schaden einstehen (s. auch → Rn. 6, 10).[123]

26 Zum **Rechtsanspruch** auf Leistungen der SE, **Ermessensleistungen** und **„Kann-Leistungen"** bzw. **Härtefallleistungen** → § 1 Rn. 10.

D. Verfahrensrechtliche Grundsätze

I. SGB I

27 **§ 5 SGB I** konkretisiert die SE als einen Teil der sozialen Rechte nach **§ 2 SGB I.** Dort werden die Grundsätze der sozialen Entschädigung und ihre Grundlagen festgelegt (zum Aufopferungsanspruch → Rn. 24 und 20). Die einzelnen **Ansprüche nach dem Recht der sozialen Entschädigung** bei Gesundheitsschäden werden in der Einweisungsnorm des **§ 24 Abs. 1 SGB I** idF vom 15.7.2013 mWv 1.1.2016 bestimmt.[124]

118 BVerfG 7.1.2005 – 1 BvR 286/04, NJ 2005, 262.
119 BGBl. 2011 I 1114.
120 SRH/Hase 4 § 26 Rn. 5.
121 BSG 27.3.1974 – 10 RV 11/73, BSGE 37, 206; BSG 30.8.1979 – 4 RJ 119/78, BSGE 49, 13; BSG 23.4.1981 – 1 RA 87/79, BSGE 51, 275.
122 BT-Drs. 7/2506, 7 f.; BSG 7.11.1979 – 9 RVg 2/78, BSGE 49, 104, 105, mwN; zum Territorialitätsprinzip und der Einführung des OEG in den neuen Bundesländern s. BSG 16.12.2004 – B 9 VG 1/03 R, Breith 2005, 587; Gelhausen/Weiner OEG, 4. Aufl., Einführung.
123 Bartke SozialVerw 2009, 36.
124 Gesetz zur Übertragung der Zuständigkeiten der Länder im Bereich der Beschädigten- und Hinterbliebenenversorgung nach dem Dritten Teil des Soldatenversorgungsgesetzes auf den Bund v. 15.7.2013, BGBl. 2013 I 2416.

1. Heil- und Krankenbehandlung sowie andere Leistungen zur Erhaltung, Besserung und Wiederherstellung der Leistungsfähigkeit einschließlich wirtschaftlicher Hilfen,
2. Besondere Hilfen im Einzelfall einschließlich Leistungen zur Teilhabe am Arbeitsleben,
3. Renten wegen anerkannter Schädigungsfolgen,
4. Renten an Hinterbliebene, Bestattungsgeld und Sterbegeld und
5. Kapitalabfindung, insbesondere zur Wohnraumbeschaffung.

Die Vorschrift ist mWz 1.1.2024 neugefasst worden.[125] Zukünftig wird ein Rechtsanspruch auf die folgenden Leistungen der SE gewährleistet: Fallmanagement und in einer Traumaambulanz als Schnelle Hilfen, Krankenbehandlung, zur Teilhabe, bei Pflegebedürftigkeit, bei Blindheit, Entschädigungszahlungen, Berufsschadensausgleich, Besondere im Einzelfall, bei Überführung und Bestattung, Ausgleich in Härtefällen, bei Wohnsitz oder gewöhnlichem Aufenthalt im Ausland sowie nach den Vorschriften zu Besitzständen (§ 24 Abs. 1 SGB I).

§ 24 SGB I ist Bindeglied zwischen dem sozialen Recht auf Entschädigung bei Gesundheitsschäden nach § 5 SGB I und dem jeweiligen Anspruch nach den einzelnen Gesetzen der SE.[126] Nach **§ 68 Nr. 7 SGB I** gelten bis zu ihrer Einordnung in dieses Gesetzbuch am 1.1.2024 die nachfolgenden Gesetze mit den zu ihrer Ergänzung und Änderung erlassenen Gesetzen als dessen besondere Teile: das Bundesversorgungsgesetz und soweit andere Gesetze die entsprechende Anwendung der Leistungsvorschriften des Bundesversorgungsgesetzes vorsehen, wie insbesondere

a) §§ 80–83 SVG,
b) § 59 Abs. 1 BGS iVm § 80 SVG,
c) § 47 ZDG,
d) § 60 IfSchG,
e) §§ 4 und 5 des HHG,
f) § 1 OEG,
g) §§ 21 und 22 StRehaG und
h) §§ 3 und 4 VwRehaG.

Zum Verhältnis von § 29 BVG (Auswirkungen einer erfolgversprechende Rehamaßnahme auf den Zeitpunkt der Höherbewertung der MdE/des GdS, des BSA und der Ausgleichsrente; s. nun § 27 SGB XIV) und § 66 SGB I vgl. BSG 17.7.2008 – B 9/9a VS 1/06 R.[127] Zu den Besonderheiten der **Antragstellung** vgl. Kommentierung zu § 10 SGB XIV (bisher § 60 BVG). Zum **Wohnsitz oder gewöhnlichen Aufenthalt** s. § 30 SGB I und § 101 SGB XIV (bisher § 7 BVG – persönliche Voraussetzungen für die Anspruchsberechtigung sowie BVGVwV zu § 7).

II. SGB X

Das SGB X findet auch im Bereich der Gesetze der SE Anwendung. Insoweit gelten zumeist keine Besonderheiten, mit Ausnahme derjenigen, die durch die Besonderheiten des SER bedingt sind. Gesetzliche Ausnahmeregelungen finden sich nur noch in einigen wenigen Vorschriften von BVG und KOVVfG; zukünftig gilt etwa eine abweichende Behandlung gegenüber § 48 SGB X nach § 149 SGB XIV bei der Neufeststellung. Eine wesentliche **Abweichung** gegenüber der Rücknahme-/Aufhebungsregelung des **§ 45 SGB X** ist durch das Gesetz zur Änderung des BVG vom 11.4.2002 **beseitigt** 28

125 Art. 28 Nr. 3 G-SER v. 12.12.2019, BGBl. 2019 I 2652.
126 Vgl. jurisPK-SGB I/Palsherm, Stand 30.3.2009, § 24 Rn. 33.
127 SozR 4-3100 § 29 Nr. 1.

worden.[128] § 1 Abs. 3 S. 3 wurde gestrichen. Die abweichenden Regelungen der §§ 60 und 62 BVG werden mit dem Inkrafttreten des SGB XIV ihre Bedeutung verlieren.[129]

III. Sozialrechtlicher Herstellungsanspruch

29 Das richterrechtliche Rechtsinstitut des sozialrechtlichen Herstellungsanspruchs[130] ist auch im sozialen Entschädigungsrecht anwendbar.[131] Voraussetzungen sind:

1. Das Vorliegen einer **Pflichtverletzung**, die dem zuständigen **Sozialleistungsträger zuzurechnen** ist,
2. dadurch Eintritt eines **sozialrechtlichen Nachteils** oder Schadens beim Berechtigten,[132]
3. die Möglichkeit durch Vornahme einer Amtshandlung des Trägers einen **Zustand herzustellen**, der bestehen würde, wenn die Pflichtverletzung nicht erfolgt wäre.[133]

Im Rahmen des sozialrechtlichen Herstellungsanspruchs hat der Leistungsträger den Berechtigten, der infolge fehlender, aber erforderlicher Beratung einen verspäteten Leistungsantrag gestellt hat, innerhalb seiner Zuständigkeit auch dann so zu stellen, als sei der Antrag rechtzeitig gestellt worden, wenn der Antrag Leistungen eines fremden Leistungsträgers betroffen hätte. Das BSG hat allerdings beispielsweise einen sozialrechtlichen Herstellungsanspruch gegenüber dem Versorgungsträger bei Beantragung von Hinterbliebenenrente beim Träger der Rentenversicherung verneint.[134] Vgl. zu den Besonderheiten bei der Beantragung von Leistungen zur Krankenbehandlung nach § 10 Abs. 4 SGB XIV und von Leistungen wegen einer Gewalttat über eine Unterstützungsbehörde eines anderen Mitgliedsstaats der EU nach § 10 Abs. 6 SGB XIV.

30 Nach ständiger Rechtsprechung des BSG können Leistungen, die aufgrund eines Herstellungsanspruches zu gewähren sind, in entsprechender Anwendung des **§ 44 Abs. 4 SGB X** nur für einen Zeitraum von vier Jahren rückwirkend beansprucht werden.[135] Auch der für die soziale Entschädigung zuständige 9. Senat des BSG vertritt die Auffassung, dass aus der Verletzung eines Herstellungsanspruchs rückwirkende Leistungsansprüche, die auf einer fiktiven Vorverlegung des für den Leistungsbeginn materiellrechtlich maßgeblichen Antragsdatums beruhen, nicht für mehr als vier zurückliegende Kalenderjahre hergeleitet werden können.[136] Er wendet insoweit § 44 Abs. 4 SGB X analog auf laufende Leistungen, die nachträglich aufgrund eines Herstellungs-

---

128 BGBl. 2002 I 1302 – BT-Drs. 14/8008 S. 7/8; vgl. S. HK-SozEntschR/Knickrehm BVG Vor § 1 Rn. 18.

129 Vgl. zur Rechtslage nach dem BVG BSG 15.12.1999 – B 9 V 26/98 R, SozR 3-3100 § 62 Nr. 4; BSG 29.8.1990 – 9a/9 RV 32/88, SozR 3-3100 § 62 Nr. 1; BSG 28.7.1999 – B 9 V 18/98 R, SozR 3-3100 § 62 Nr. 3; BSG 25.6.1985 – 9a RV 61/83, SozR 1300 § 44 Nr. 19; BSG 27.4.1989 – 9 RV 22/88, BSGE 65, 60; s. zu dieser Entscheidung auch Olk ZfS 1990, 219; vgl. Dahm ZfS 2000, 101; Wolber SGb 2000, 338.

130 Zum sozialrechtlichen Herstellungsanspruch allg.: Bieback SGb 1990, 517; Bieback SGb 1984, 252; Breitkreuz SRa 2008, 210 (215 ff.); Dörr Kompass/KBS 2009, Nr. 9/10, 18; Goertz in Igl/Felix; Schmidt/Schmidt Jura 2005, 372.

131 Vgl. dazu allg. BSG 10.12.2003 – B 9 VJ 2/02 R, BSGE 92, 34; BSG 15.8.2000 – B 9 VG 1/99 R, Breith 2000, 1049; s. auch BSG 25.1.1994 – 7 RAr 50/93, Breith 1994, 965, mwN; BSG 11.12.2002 – B 10 LW 14/01 R, SozR 3-5868 § 85 Nr. 8.

132 S. zur Kausalität kritisch Spindler info also 2007, 84.

133 BSG 15.8.2000 – B 9 VG 1/99 R, Breith 2000, 1049 mwN; s. zur Möglichkeit der Herstellung durch die Verwaltung: BSG 31.10.2007 – B 14/11b AS 63/06 R, SozR 4-1200 § 14 Nr. 10.

134 BSG 15.8.2000 – B 9 VG 1/99 R, Breith 2000, 1049.

135 BSG 28.1.1999 – B 14 EG 6/98 B, NZS 1999, 415; BSG 9.9.1986 – 11a RA 28/85, BSGE 60, 245, NJW 1987, 2103.

136 BSG 14.2.2001 – B 9 V 9/00 R, BSGE 87, 280.

anspruchs zuzuerkennen sind, an.[137] Der 9. Senat rechtfertigt dieses damit, dass die Verletzung einer Nebenpflicht nicht weitreichendere Folgen haben könne als die Verletzung der Hauptpflicht.[138]

IV. KOVVfG

Das KOVVfG findet – soweit heute noch in Kraft[139] – neben den Vorschriften des SGB I und SGB X als Spezialgesetz Anwendung bei der Ausführung des BVG und anderer Gesetze, die das BVG für anwendbar erklären, soweit die Leistungen von der „Versorgungsverwaltung" gewährt werden (§ 1 KOVVfG). Zu den Einzelheiten, insbesondere auch zu der Änderung der Verwaltungsstruktur der Versorgungsverwaltung s. die Rechtsprechung des BSG zu § 2 KOVVfG.[140] Entscheidende Bedeutung kommt heute (noch) insbesondere § 15 KOVVfG, ersetzt ab dem 1.1.2024 durch § 117 SGB XIV – Beweiserleichterungen – zu, der die Voraussetzungen der **Herabsetzung des Beweismaßstabs** des „Nachweises" auf die **Glaubhaftmachung** regelt (zum Beweismaßstab für die Schädigung s. unter § 117 SGB XIV).[141] Die Regelung des § 15 KOVVfG findet subsidiär Anwendung, wenn Unterlagen nicht vorhanden, nicht zu beschaffen oder ohne Verschulden des Antragstellers oder seiner Hinterbliebenen verlorengegangen sind. Seine Anwendungsbreite ist nur bezogen auf den Nachweis der mit der Schädigung zusammenhängenden Tatsachen. Dabei können, wenn der Tod als Schädigungsfolge geltend gemacht wird und zusätzlich bestimmte **Fälle extremer Beweisnot** vorliegen,[142] Angaben des Antragstellers aus eigenem Wissen ausnahmsweise entbehrlich sein. In einem solchen Fall können die mit der Schädigung zusammenhängenden Tatsachen wie nach sonstigen eine Beweiserleichterung einräumenden rechtlichen Vorschriften glaubhaft gemacht werden (vgl. auch § 23 Abs. 1 S. 2 SGB X).[143] Grundsätzlich gilt, dass dann, wenn der Antragsteller zu dem Schädigungstatbestand überhaupt keine **Angaben aus eigenem Wissen** machen kann, die Beweiserleichterung auch dann nicht eingreift, wenn er gerade wegen der behaupteten Schädigung hierzu möglicherweise außer Stande ist.[144] Der **typische Anwendungsfall** des § 15 KOVVfG ist der, dass es keine unmittelbaren Zeugen des schädigenden Vorgangs gibt und nur auf die Angaben des Geschädigten selbst zurückgegriffen werden kann.[145] Glaubhaftmachung bedeutet das Dartun überwiegender Wahrscheinlichkeit, dh der guten Möglichkeit, dass der Vorgang sich wie dargetan zugetragen hat, wobei durchaus gewisse Zweifel bestehen bleiben können. Da dieser Beweismaßstab von einer Relativität gekennzeichnet ist, muss nicht wie bei der Wahrscheinlichkeit des 31

137 So die hM in Rspr. und Lit., vgl. BSG 11.4.1985 – 4b/9a RV 5/84, ZfSH/SGB 1986, 167; BSG 9.9.1986 – 11a RA 28/85, BSGE 60, 245; BSG 21.1.1987 – 1 RA 27/86, Breith 1987, 742; BSG 28.1.1999 – B 14 EG 6/98 B, NZS 1999, 415; BSG 14.2.2001 – B 9 V 9/00 R, BSGE 87, 280; BSG 27.3.2007 – B 13 R 58/06 R, BSGE 98, 162 mwN; Keller in jurisPR-SozR 18/2007 Anm. 4; Mutschler WzS 2009, 193 (199); Mrozynski SGB I § 14 Rn. 43; zweifelnd Schütze/Schütze SGB X § 44 Rn. 34 mwN; aA der frühere 4. Senat des BSG 26.6.2007 – B 4 R 19/07 R, SozR 4-1300 § 44 Nr. 12.

138 BSG 14.2.2001 – B 9 V 9/00 R, BSGE 87, 280; s. auch BSG 16.12.2004 – B 9 VJ 2/03 R.

139 Neufassung durch Bekanntmachung vom 6.5.1976, BGBl. I 1169, zuletzt geändert durch Art. 20 Abs. 3 BVGÄndG 2007 vom 13.12.2007, BGBl. 2007 I 2904; zum Außerkrafttreten → Rn. 22.

140 S. auch BSG 11.12.2008 – B 9 VS 1/08 R, BSGE 102, 149; BSG 11.12.2008 – B 9 V 3/07 R; BSG 23.4.2009 – B 9 VG 1/08 R.

141 BSG 8.8.2001 – B 9 V 23/01 B, SozR 3-3900 § 15 Nr. 4.

142 BSG 3.2.1999 – B 9 V 33/97 R, BSGE 83, 279.

143 BSG 8.8.2001 – B 9 V 23/01 B, Breith 2001, 967.

144 BSG 28.6.2000 – B 9 VG 3/00 R, SozR 3-3900 § 15 Nr. 3.

145 Vgl. BSG 12.12.1995 – 9 RVg 6/95.

ursächlichen Zusammenhangs absolut mehr für als gegen die glaubhaft zu machende Tatsache sprechen.[146]

V. Verwaltungsvorschriften

32 Allgemeine Verwaltungsvorschriften zum BVG (BVGVwV) idF vom 27.8.1986[147] – Hinweise auf sie s. vor oder innerhalb der einzelnen Vorschriften des SGB XIV zu den sie vormals betreffenden Absätze und Normen des BVG.

33 Die BVGVwV beruhen auf Erlass der Bundesregierung auf Grundlage **von Art. 84 Abs. 2 GG.** Die BVGVwV sollen eine **einheitliche Anwendung und Auslegung der Vorschriften des BVG** gewährleisten. Sie stellen eine verwaltungsinterne Anweisung zur Auslegung des Gesetzes dar. Eine solche Norminterpretation kann jederzeit ergänzt und revidiert werden. Der Leistungsberechtigte kann sich daher nicht auf die Richtigkeit und Aufrechterhaltung einer älteren abweichenden Interpretation verlassen.[148] So führt die auf einer rechtsauslegenden Verwaltungsvorschrift beruhende ständige rechtswidrige Verwaltungsübung, auch nicht in Verbindung mit dem Gleichheitssatz und dem Vertrauensschutzgrundsatz, zu einer anspruchsbegründenden Selbstbindung der Verwaltung.[149] Allerdings ist im Hinblick auf ihre Außenwirkung zwischen **ermessensleitenden** (→ Rn. 26), **rechtsauslegenden oder norminterpretierenden** (→ Rn. 27) und **normergänzenden** VwV (→ Rn. 28) zu differenzieren.

34 Als Ausgangspunkt einer zu einem Anspruch des Leistungsberechtigten führenden Selbstbindung der Verwaltung kommen nur **ermessensleitende VwV** in Betracht. Sie sind dort anzutreffen, wo die Verwaltung nach der objektiven Rechtsordnung Entscheidungsfreiheit für den Einzelfall oder für Gruppen von Einzelfällen hat, dh also nur im Bereich einer ihr durch das objektive Recht eingeräumten Ermächtigung, bei Vorliegen bestimmter Tatbestandsmerkmale letztverbindlich nach ihrem Ermessen zu entscheiden.[150] In diesem Bereich dienen VwV ua dem Zweck, bei gleichliegenden Sachverhalten eine gleichmäßige Anwendung des Ermessens iSd Art. 3 GG sicherzustellen. Dem entspricht auf Seiten des Leistungsberechtigten der Anspruch, auch in ihrem Fall nicht ohne sachlichen Grund von der üblichen Ermessenshandhabung abzuweichen.[151] Derartige VwV sind nach dem wirklichen Willen des Urhebers auszulegen, wie er in einer von diesem gebilligten oder doch geduldeten tatsächlichen Verwaltungspraxis zum Ausdruck kommt.[152] Die Feststellung einer solchen Verwaltungspraxis ist nach der Rechtsprechung des 9. Senats des BSG Aufgabe der Tatsachengerichte und unterliegt nicht der Überprüfung durch das Revisionsgericht.[153]

35 **Rechtsauslegende oder norminterpretierende VwV** scheiden als Grundlage für eine mit Außenwirkung versehene Selbstbindung der Verwaltung schon ihrer Natur nach aus. Die Befugnis zur letztverbindlichen Auslegung des objektiven Rechts ist durch

146 BSG 8.8.2001 – B 9 V 23/01 B, Breith 2001, 967.
147 BAnz 1986, 12297–12302; s. auch Änderungen durch Rundschreiben → Rn. 22.
148 BSG 25.8.1976 – 9 RV 206/75, Breith 1977, 172.
149 BVerwG 10.12.1969 – VIII C 104.69, BVerwGE 34, 278, NJW 1970, 675.
150 Vgl. dazu zB BVerwG 11.7.1962 – V C 5.62, BVerwGE 14, 307, NJW 1962, 1978; BSG 30.9.2009 – B 9 VS 3/09 R.
151 Vgl. allgemein hierzu BSG 22.5.1969 – 4 RJ 287/68, BSGE 29, 246; BSG 20.8.1970 – 1 RA 211/68, BSGE 31, 258; BSG 27.2.1980 – 1 RJ 4/79, BSGE 50, 33.
152 BSG 22.5.1969 – 4 RJ 287/68, BSGE 29, 246; s. dazu insbes. BVerwG 24.3.1977 – II C 14.75, BVerwGE 52, 193; BVerwG 31.8.1988 – 1 WB 143/87, BVerwGE 86, 55, NZWehrr 1989, 106; BVerwG 1.6.1995 – 2 C 16/94, BVerwGE 98, 324, NVwZ 1997, 73; BVerwG 10.4.1997 – 2 C 38/95, BVerwG Buchholz 236.1 § 3 SG Nr. 16, DVBl 1998, 191; BSG 30.9.2009 – B 9 VS 3/09 R.
153 BSG 30.9.2009 – B 9 VS 3/09R; s. auch BVerwG 9.7.1987 – 1 B 49/87, InfAuslR 1987, 274; BVerwG 4.11.1992 – 1 B 182/91, Buchholz 402.24 § 10 AuslG Nr. 133, InfAuslR 1993, 54; BVerwG 7.8.1998 – 2 B 41/98.

Art. 19 Abs. 4 GG den Gerichten übertragen. Die Rechtsauslegung der Verwaltung in Gestalt der VwV steht mithin unter dem Vorbehalt, dass sie die Billigung durch die Rechtsprechung findet. Die Wirkung norminterpretierender VwV bleibt deshalb auf den internen Bereich der Verwaltung beschränkt mit der Folge, dass ihre Beachtung oder Nichtbeachtung auf die Rechtmäßigkeit oder Rechtswidrigkeit eines in ihrer Anwendung ergangenen Verwaltungsaktes keinen Einfluss hat.[154]

Anders verhält es sich nach Auffassung des BSG mit den (seltenen) **normergänzenden VwV**. Sie konkretisieren auf gesetzlicher Grundlage unmittelbar die Rechtspositionen von betroffenen Bürgern oder Organisationen außerhalb der Verwaltung. Einen derartigen Rechtsnormcharakter hat das BSG für die BVGVwV zu § 30 Nr. 4 vom 23.1.1965 bejaht, in der die (damals noch) MdE-Sätze für bestimmte Körperschäden festgesetzt worden sind.[155] 36

VI. Leistungsträger

Alle sozialen Entschädigungsgesetze des Bundes werden von den Ländern ausgeführt (Art. 83, 85 GG). In § 24 Abs. 2 SGB I werden die zuständigen Leistungsträger benannt (Versorgungsämter, Landesversorgungsämter, orthopädische Versorgungsstellen, für die besonderen Hilfen im Einzelfall die Kreise und kreisfreien Städte sowie die Hauptfürsorgestellen und bei der Durchführung der Heil- und Krankenbehandlung die Mitwirkung der Träger der GKV, s. auch → Rn. 17 f.). Nach § 24 SGB I in der Fassung ab dem 1.1.2024 sind zuständig die nach Bundesrecht oder Landesrecht bestimmten Träger der Sozialen Entschädigung (TdSE, s. § 111 ff. SGB XIV). Organisationsrechtliche Kompetenzen werden durch § 24 Abs. 2 SGB I jedoch nicht zugewiesen. Zu den organisationsrechtlichen Strukturen vgl. im Einzelnen die Kommentierung unter § 2 KOVVfG und ab dem 1.1.2024 §§ 111 ff. SGB XIV. Zu beachten ist auch die Rechtsprechung des 9. Senats des BSG zur Verfassungsmäßigkeit der Organisationsreform in Nordrhein-Westfalen.[156] 37

Kapitel 1 Allgemeine Vorschriften

§ 1 Aufgabe und Anwendungsbereich der Sozialen Entschädigung

(1) Die Soziale Entschädigung unterstützt Menschen, die durch ein schädigendes Ereignis, für das die staatliche Gemeinschaft eine besondere Verantwortung trägt, eine gesundheitliche Schädigung erlitten haben, bei der Bewältigung der dadurch entstandenen Folgen.

---

154 BSG 14.1.1958 – 11/8 RV 991/55, BSGE 6, 252, NJW 1958, 477; BSG 18.3.1958 – 10 RV 415/55, BSGE 7, 75, NJW 1958, 1062; BSG 30.9.1966 – 9 RV 1006/63, Breith 1967, 235; BSG 13.12.1972 – 7 RAr 43/69, Breith 1973, 575; BSG 5.5.1982 – 9a/9 RV 46/81; BSG 15.8.2000 – B 9 V 4/00 R, BSGE 87, 63.

155 BSG 22.5.1969 – 4 RJ 287/68, BSGE 29, 246; BSG 11.6.1970 – 9 RV 340/69, SozR Nr. 42 zu § 30 BVG; zum Rechtsnormcharakter der Beihilfebestimmungen des Bundes vgl. BVerwG 21.11.1994 – 2 C 5/93, Buchholz 270 § 6 BhV Nr. 8 S. 3, DVBl 1995, 203; BSG 27.1.1982 – 9a/9 RV 33/81, Breith 1982, 796; BSG 30.9.2009 – B 9 VS 3/09 R.

156 BSG 11.12.2008 – B 9 V 43/07 R; BSG 11.12.2008 – B 9 VS 1/08 R, BSGE 102, 149; BSG 23.4.2009 – B 9 VG 1/08 R; s. auch Kahlert, Anm. zur Entscheidung B 9 VS 1/08 R, SGb 2010, 115; s. auch S. Knickrehm in Udsching/Rolfs, Jahrbuch des Sozialrechts, Band 30, S. 391 ff. mwN.

(2) Schädigende Ereignisse sind:

1. **Gewalttaten nach Kapitel 2 Abschnitt 2 Unterabschnitt 1,**
2. **Kriegsauswirkungen beider Weltkriege nach Kapitel 2 Abschnitt 2 Unterabschnitt 2 sowie**
3. **Ereignisse im Zusammenhang mit der Ableistung des Zivildienstes nach Kapitel 2 Abschnitt 2 Unterabschnitt 3 sowie**
4. **Schutzimpfungen oder andere Maßnahmen der spezifischen Prophylaxe nach Kapitel 2 Abschnitt 2 Unterabschnitt 4,**

die eine gesundheitliche Schädigung verursacht haben.

(3) Das schädigende Ereignis kann ein zeitlich begrenztes, ein wiederkehrendes oder ein über längere Zeit einwirkendes Ereignis sein.

A. Gesetzesgeschichte

I. Geltendes und neues Recht

1 Mit dem SGB XIV[1] wird zum 1.1.2024 ein neues Kapitel im SER aufgeschlagen. Waren die Vorschriften des **BVG**[2] – wie insbesondere in §§ 1, 2–5 BVG zum Ausdruck kommt – auf gesundheitliche Schädigungen und ggf. hierdurch verursachte wirtschaftliche Schäden, durch **militärische Handlungen** bzw. im Zusammenhang mit diesen entstandene Schädigungen ausgerichtet, machen diese zukünftig nur noch einen kleinen Teil der Entschädigungstatbestände aus. In der Begründung zum Entwurf des SGB XIV heißt es insoweit, „Die Zahl der **Kriegsopfer** und ihrer Hinterbliebenen geht demographiebedingt sehr stark zurück. Absehbar ist, dass zum Zeitpunkt des Inkrafttretens des SGB XIV im Jahr 2024 voraussichtlich weniger als 36 000 Kriegsbeschädigte, deren Angehörige und Hinterbliebene Leistungen nach dem BVG beziehen werden. Die Zahl dieser Berechtigten wird in den Folgejahren aus Gründen der Demografie noch weiter zurückgehen. Die Zahl der Berechtigten im Bereich der Entschädigung von Opfern einer Gewalttat wird hingegen voraussichtlich tendenziell zunehmen."[3] Die Ausrichtung auf eine „neue" Gruppe von **Berechtigten** und **Entschädigungstatbestände** bedeutet jedoch nicht, dass die bisherigen „Kriegsopfer" unversorgt blieben. Die Regelungen zu den Besitzständen in den §§ 142 bis 148 SGB XIV tragen dafür Sorge, dass sie weiterhin auf demselben Niveau, wie nach dem BVG, Leistungen erhalten. Soweit es aktuell zu Schädigungen aufgrund von Auswirkungen beider Weltkriege kommt, sieht § 21 SGB XIV einen eigenen Entschädigungstatbestand vor.

2 Der **demographiebedingte Rückgang** der Leistungsberechtigten (→ Rn. 1) war jedoch nicht der einzige Grund, das SER zu überarbeiten. Die Anknüpfung an die Versorgung der Kriegsopfer des 1. und 2. Weltkrieges durch das BVG, auf die auch im Hinblick auf die Grundvoraussetzungen, die Leistungshöhe und manche verfahrensrechtliche Regelung für andere Gruppen von Geschädigten aktuell noch Bezug genommen wird (zB Gewaltopfer, Impfgeschädigte, Geschädigte iSd HHG, SVG, VwRehaG, StrRehaG; s→ Vor § 1 Rn. 14), wird in vielen Bereichen einer „modernen" SE nicht mehr gerecht. Der bisherige Verweis auf die Vorschriften der Kriegsopferversorgung reduziert die Reaktionsmöglichkeiten bezüglich der **Schadensminimierung, -beseitigung** und des **-ausgleichs** „letztlich auf den Erkenntnisstand und das Verständnis von Entschädigung der 1960er Jahre, zB im Bereich der psychischen Schädigungsfolgen oder im Hinblick auf die Ermöglichung von Teilhabe und Gewährung eines finanziellen Ausgleichs bei über gesundheitliche Schäden hinausgehenden bleibenden Schädigungsfolgen."[4] Zur historischen Herleitung der Kriegsopferversorgung, der Diskussion über eine Erneuerung des SER und zum gesetzgeberischen Weg zum SGB XIV s. ausführlich → Vor § 1 Rn. 1–23.

II. Änderungen im SGB XIV gegenüber dem BVG und Parallelität

3 Gleichsam „vor die Klammer gezogen" finden sich im Kapitel 1 des SGB XIV nun einige der allgemeinen Vorschriften. Das neue SER trägt damit der unter → Rn. 2 beschriebenen Entwicklung Rechnung, dass es Geltung für unterschiedliche Gruppen

1 Art. 1 iVm Art. 60 Abs. 1 G-SER v. 12.12.2019, mWv 1.1.2024, BGBl. 2019 I 2652.
2 IdF des Art. 2 iVm Art. 60 Abs. 2 G-SER v. 12.12.2019, mWv 1.7.2018, BGBl. 2019 I 2652, zuletzt geändert durch Art. 3 Gesetz zur Regelung einer Einmalzahlung der Grundsicherungssysteme an erwachsene Leistungsberechtigte und zur Verlängerung des erleichterten Zugangs zu sozialer Sicherung und zur Änderung des Sozialdienstleister-Einsatzgesetzes aus Anlass der COVID-19-Pandemie – Sozialschutz-Paket III – v. 10.3.2021, BGBl. 2021 I 335 mWv 1.4.2021; s. auch → Vor § 1 Rn. 6; s. auch → Vor § 1 Rn. 3 ff.
3 BT-Drs. 19/13824, 1.
4 Knickrehm/Mushoff/Schmidt Neues SozEntR Rn. 3.

von Geschädigten und Schädigungstatbestände haben soll, anders als noch das BVG, das bisherige „Leitgesetz" der SE (→ Vor § 1 Rn. 7, 18). Diese Funktion ist letzterem im Verlaufe der Nachkriegszeit durch gesellschaftliche und politische Veränderungen zugewachsen, ohne dass es darauf angelegt war. Seine Normen können daher auf andere Schädigungstatbestände, wie zB Gewalttaten (§ 1 Abs. 1 OEG; → § 1 Rn. 36) oder politisch motivierte Schädigungen in der DDR (§ 4 Abs. 1 HHG;[5] s. iE → HHG § 5 Rn. 1 ff.), immer nur entsprechend angewendet werden. § 1 BVG fasst in einer Vorschrift zahlreiche **Grundvoraussetzungen** des Anspruchs nach dem BVG zusammen, ergänzt durch §§ 2–9 BVG. Deren Funktionen werden ab dem 1.1.2024 auf Normen des 1. Kapitels, 2. Kapitels Abschnitt 1 (Allgemeine Voraussetzungen §§ 4–12 SGB XIV) und 3. Kapitels (§§ 25–28 SGB XIV) des SGB XIV aufgeteilt.

4 §§ 2, 3, 4 und 6 BVG definieren die **Schädigungstatbestände** des militärischen und militärähnlichen Dienstes;[6] § 5 dient der Ausfüllung des in § 1 Abs. 1 BVG benannten Begriffs der unmittelbaren Kriegseinwirkung.[7] §§ 7, 8 BVG bestimmen den persönlichen Geltungsbereich des BVG – Bestimmung des Kreises der Anspruchsberechtigten.[8] Für das gesamte SER legt nun § 2 SGB XIV den Kreis der **Berechtigen** der SE fest (Abdruck der §§ 7, 8 BVG s. § 2 SGB XIV). § 8a BVG nimmt eine Erweiterung der in § 1 Abs. 2 Buchst. e und f BVG aufgeführten geschützten Tätigkeiten vor.[9] Eine Fiktion der gesundheitlichen Schädigung erfolgt durch § 8b BVG, indem einer gesundheitlichen Schädigung iSd § 1 Abs. 1 BVG die Beschädigung eines am Körper getragenen Hilfsmittels, einer Brille, von Kontaktlinsen oder von Zahnersatz gleichgestellt wird.[10] Die Regelungsgegenstände der §§ 8a und 8b BVG weisen Parallelitäten zu denen der § 4 Abs. 2 Nrn. 1 und 2 sowie Abs. 3 SGB XIV auf (Abdruck von §§ 8a und 8b BVG s. § 4 SGB XIV). § 9 BVG legt sodann den Umfang der Versorgung fest. Seine Funktion entspricht daher der des § 3 SGB XIV (Abdruck s. § 3 SGB XIV).

B. Normsystematik

I. Allgemeiner Regelungsgehalt

5 § 1 SGB XIV ist die **Einweisungsnorm** des SGB XIV. Sie leitet das Kap. 1 unter dem Titel „Allgemeine Vorschriften" ein und ist überschrieben mit Aufgabe und Anwendungsbereich der SE. Zur systematischen Einordnung der SE in das Sozialleistungssystem und die sie kennzeichnenden Merkmale → Vor § 1 Rn. 16 ff. Vergleichbar § 1 Abs. 1, 2 BVG erfasst § 1 Abs. 2 SGB XIV die originären **Entschädigungstatbestände** der zukünftigen SE, also diejenigen, für die das SGB XIV unmittelbar Anwendung finden soll (zu den Gesetzen, die auf die entsprechende Anwendung des SGB XIV verweisen werden, → Vor § 1 Rn. 14). Auch die in § 1 Abs. 1 BVG verankerte **Kausalitätsanforderung** als Voraussetzung für den Leistungsanspruch hat Eingang in die Einleitungsnorm des neuen SER gefunden. Weniger deutlich als noch in § 1 Abs. 1 BVG kommt in § 1 Abs. 1 SGB XIV zum Ausdruck, dass ein **Rechtsanspruch** auf Leistungen der SE besteht. In § 1 Abs. 1 SGB XIV ist die Rede von der Unterstützung bei der Bewältigung der durch die Schädigung entstandenen Folgen. Dass hierauf ein Rechtsanspruch besteht, wird erst durch § 4 SGB XIV klargestellt. Zwar wird aus § 1 Abs. 3 SGB XIV deutlich, dass Leistungen nach diesem Gesetz immer ein schädigendes Ereignis voraussetzen. Als ein solches definiert § 1 Abs. 1 SGB XIV ein zeitlich begrenztes, aber auch ein wiederkehrendes oder über längere Zeit einwirkendes. Hier nimmt die neue gesetzliche Regelung in der Rechtsanwendung erkannte rechtliche und tatsächli-

5 S. nun Art. 9 Nr. 1 Buchst. b G-SER v. 12.12.2021, BGBl. 2019 I, 2652, 2693.
6 S. hierzu HK-SozEntschR/Knickrehm BVG § 1 Rn. 38 ff.
7 S. iE hierzu HK-SozEntschR/Knickrehm BVG § 5 Rn. 1.
8 HK-SozEntschR/Knickrehm BVG §§ 7, 8.
9 HK-SozEntschR/Knickrehm BVG § 1 Rn. 26, 52, 53 und § 8a Rn. 1.
10 Zu den Einzelheiten: HK-SozEntschR/Knickrehm BVG § 8b.

che Schwierigkeiten, etwa aus der Soldatenversorgung auf, wenn die Schädigungsfolgen nicht auf ein plötzlich von außen auf den Körper einwirkendes **Ereignis**, sondern durch länger andauernde **Einwirkungen** bedingt sind. In der Soldatenversorgung hat sich die Rechtsprechung bisher mit einem Rückgriff auf das Berufskrankheitenrecht der GUV (zunächst nach der RVO und jetzt nach dem SGB VII) beholfen[11] (s. iE → Rn. 37 f.).

II. Systematische Einordnung und Normzweck

Die Leistungen der SE sind Teil des Sozialleistungssystems Deutschlands, unterscheiden sich jedoch insoweit von anderen Leistungen, als sie – der Verortung in der Binnensystematik bei der **„Versorgung"** oder dem **Entschädigungssystem/schadensausgleichenden System** entsprechend (iE → Vor § 1 Rn. 15 f.) – nicht nur eine soziale Notlage beseitigen, sondern einen angemessenen Ausgleich und auch die Abgeltung immaterieller Nachteile (iE → Vor § 1 Rn. 19) nach einem schädigenden Ereignis bewirken[12] sollen. Grund für die Leistungen ist eine definierte besondere Verantwortung, die die Gesellschaft für die Entstehung der zugrundeliegenden Schäden und die daraus erwachsenen Folgen übernimmt (zum Aufopferungsanspruch → Vor § 1 Rn. 18).[13] Es geht dabei um die Realisierung des Auftrags aus §§ 5 und 24 SGB I (→ Vor § 1 Rn. 20 f.). § 1 SGB XIV übernimmt insoweit die Funktion der übergreifenden Einleitung in dieses System, insbesondere durch dessen Abs. 1. Die dort gewählte Formulierung „Die Soziale Entschädigung unterstützt ..." bringt bereits zum Ausdruck, dass mit den Leistungen aus dem SER kein vollständiger Ausgleich der Schädigungsfolgen bewirkt, sondern deren Folgen „nur" soweit möglich „behoben" oder „gelindert" werden sollen.[14] 6

§ 1 SGB XIV bestimmt, welche allgemeinen **Grundvoraussetzungen** erfüllt sein müssen, um einen Anspruch auf Leistungen der SE realisieren zu können. Alle Leistungen der SE setzten voraus, dass durch ein definiertes schädigendes Ereignis eine gesundheitliche Schädigung oder der Tod des Geschädigten entstanden ist. Hieraus müssen gesundheitliche oder wirtschaftliche Beeinträchtigungen folgen – nur sie werden entschädigt. Mit Abs. 1 wird das Erfordernis des Kausalzusammenhangs zwischen dem schädigenden Ereignis und der gesundheitlichen Schädigung sowie zwischen dieser und den Schädigungsfolgen normiert (vgl. auch → Vor § 1 Rn. 12). Werden nur Sachen oder das Vermögen beschädigt, zerstört oder gemindert, besteht kein Anspruch auf Entschädigungsleistungen nach dem SGB XIV,[15] mit Ausnahme der Beschädigung oder Zerstörung von am Körper getragenen Hilfsmitteln nach § 4 Abs. 3 SGB XIV (→ § 4 Rn. 19 ff.). 7

C. Einzelkommentierung

I. Absatz 1

1. Unterstützung – Rechtsanspruch. § 1 Abs. 1 S. 1 SGB XIV betont als Aufgabe der SE die „Unterstützung" von **Menschen**, die eine gesundheitliche Schädigung durch bestimmte definierte schädigende Ereignisse erlitten haben. Menschen meint hier, Personen, soweit sie **Berechtigte** iSd § 2 SGB XIV sind. Geschädigte sind im Hinblick auf fast alle Leistungen des SGB XIV auch Berechtigte (Ausnahme zB Hinterbliebenenver- 8

---

11 BSG 11.6.1974 – 9 RV 122/73, BSGE 37, 282, 283, zur Wehrdiensteigentümlichkeit nervlicher Belastungen für einen Herzinfarkt; s. auch BSG 5.5.1993 – 9/9a RV 25/92, SozR 3-3200 § 81 Nr. 8.
12 Vgl. BT-Drs. 19/13824, 169.
13 S. hierzu ausführlich auch Becker, SozEntschR, S. 92 ff.
14 BT-Drs. 19/13824, 170.
15 S. auch BT-Drs. 19/13824, 170.

sorgung). Für Angehörige, Hinterbliebene und Nahestehende gilt dies nur, wenn sie die Voraussetzungen des § 6 SGB XIV erfüllen und/oder ausdrücklich zum berechtigten Personenkreis der einzelnen Leistungen gehören. S. insoweit § 6 Abs. 1 SGB XIV zB bezüglich der „Schnellen Hilfen (SH)"; die Berechtigung der Angehörigen und Hinterbliebenen im Hinblick auf Krankenbehandlung nach § 42 Abs. 3 und 4 SGB XIV oder die der Hinterbliebenen bezüglich BLiE gem. § 92 Abs. 6 SGB XIV.

9 Die Wortwahl **„Unterstützung"** im Zusammenhang mit dem SER erscheint zunächst einmal ungewöhnlich, ist doch der Begriff eher mit Wohlfahrt iS der freiwilligen Hilfe, denn mit einem **Rechtsanspruch** auf Entschädigungsleistungen gegen den Staat assoziiert. § 1 Abs. 1 BVG normiert insoweit den „Erhalt von Versorgung". Ebenso wie der überwiegende Teil der Leistungsansprüche nach dem BVG sind gleichwohl auch die nach dem SGB XIV als **Rechtsansprüche** ausgebildet. Für das SGB XIV wird dies jedoch erst in § 4 SGB XIV klargestellt, in dem es dort heißt, „Geschädigte haben Anspruch auf Leistungen" der SER. Dies entspricht auch den Vorgaben des § 5 S. 1 SGB I, der das Recht desjenigen, der einen Gesundheitsschaden erleidet, für dessen Folgen die staatliche Gemeinschaft in Abgeltung eines besonderen Opfers oder aus anderen Gründen nach versorgungsrechtlichen Grundsätzen einsteht, auf die notwendigen Maßnahmen zur Erhaltung, zur Besserung und zur Wiederherstellung der Gesundheit und der Leistungsfähigkeit und angemessene wirtschaftlich Versorgung begründet. Mit Blick auf die Entwurfsbegründung zum G-SER erscheint es auch naheliegender, dass mit dem Wort „Unterstützung" keine Relativierung des Rechtsanspruchs gemeint, sondern die Wortwahl als ein Versuch des „Einhegens" der Erwartungen an ein neues die Ansprüche der SE regelndes Gesetz zu verstehen ist. Es wird betont, dass mit den Leistungen der SE die Folgen des schädigenden Ereignisses, soweit dies möglich sei, behoben oder aber gelindert werden sollten. Eine völlige Schadlosstellung der Berechtigten werde nicht angestrebt. Ziel sei eine unter sozialen Gesichtspunkten ausgestaltete Entschädigung.[16]

10 Gleichzeitig können **Rechtsansprüche** aus der SE nur insoweit geltend gemacht oder hergeleitet werden, als deren Voraussetzungen und Inhalt durch die Vorschriften des SGB XIV bestimmt sind (**§ 2 Abs. 1 S. 2 SGB I** – zur Einordnung ins SGB → Vor § 1 Rn. 19, 21). In weitaus geringerem Umfang werden die Leistungen nach dem SGB XIV, wie auch schon nach dem BVG, als **Ermessensleistungen** erbracht. Beispielhaft seien hier für das BVG auf die Heil- oder Krankenbehandlung verwiesen, die nach § 10 Abs. 8 BVG auch vor der Anerkennung eines Versorgungsanspruchs gewährt werden können, die Gewährung einer Badekur nach § 11 Abs. 2 BVG oder die Erbringung von Zuschüssen als Ersatzleistung zur Ergänzung der Versorgung mit Hilfsmitteln nach § 11 Abs. 3 BVG. Ermessensleistungen sieht auch das SGB XIV vor – in den §§ 73 (Kostenübernahme vor Pflegebedürftigkeit bei voraussichtlich nur weniger als sechsmonatiger Einschränkung), 92 Abs. 5 (Erbringung von BLiE als Darlehen), 95 Abs. 3 und 4 (Beihilfen und Beiträge der haushaltsführenden Person für eine angemessene Alterssicherung sowie die Übernahme der angemessenen Kosten für eine vorübergehende anderweitige Unterbringung, im Rahmen der Leistungen zur Weiterführung des Haushalts), 96 (Leistungen in sonstigen Lebenslagen), 100 (Härteausgleich; s. vormals § 89 BVG), 101 Abs. 3, 4 und 8 SGB XIV (Leistungen bei Wohnsitz oder gewöhnlichem Aufenthalt im Ausland). Zu unterscheiden von den Ermessensleistungen sind die sogenannten **„Kannleistungen"** nach § 1 Abs. 3 S. 2 BVG und zukünftig § 4 Abs. 6 SGB XIV. Bei dieser „Kannversorgung" handelt es sich nicht um eine Ermessensleistung, sondern die Verwaltung ist zum Handeln verpflichtet, also Versorgung zu gewähren, wenn die Voraussetzungen der „Kannversorgung" vorliegen. Das Wort „kann" wird nur im Zusammenhang mit der Feststellung der Voraussetzungen gebraucht. Ob die Voraussetzungen vorliegen, ist eine objektive Tatsache,

16 BT-Drs. 19/13824, 170.

die zwar von der Bewertung der Beweismittel, nicht aber vom Ermessen der Verwaltung abhängt (§ 4 Abs. 6 SGB XIV).[17] S. zur Kannversorgung nach den Vorschriften, die auf das BVG verweisen, zB: § 61 S. 2 IfSG, § 4 Abs. 5 HHG, § 81 Abs. 6 S. 2 SVG.

2. Verhältnis: Schädigendes Ereignis – gesundheitliche Schädigung – Schädigungsfolge. 11
Das **schädigende Ereignis** ist der **schädigende Vorgang.**[18] Nach der Rechtslage zum BVG wurde dieser Begriff gelegentlich mit „**Schädigung**" umschrieben oder auch im Sinne der **Folge des Vorgangs** verwendet,[19] was allerdings nach dem Wortlaut des § 1 Abs. 1 BVG erläuterungsbedürftig war. Deshalb war schon im HK-SozEntschR die Auffassung vertreten worden, es sollten um der Klarheit Willen stets die Begriffe „schädigendes Ereignis" einerseits und „Schädigungsfolgen" andererseits, hingegen nicht „Schädigung" verwendet werden. § 1 Abs. 1 SGB XIV ist insoweit von der Wortwahl her eindeutig, wenn dort das schädigende Ereignis als Ursache für die **gesundheitliche Schädigung** und die Bewältigung der dadurch entstandenen Folgen (**Schädigungsfolgen**) bezeichnet werden. § 4 Abs. 1 SBB XIV wiederholt die Verwendung der Terminologie des § 1 Abs. 1 SGB XIV. „Gesundheitliche Schädigung meint dabei den primären Gesundheitsschaden. § 1 Abs. 1 SGB XIV gibt insoweit folgende Differenzierung vor: Es ist – wie in der gesetzlichen Unfallversicherung[20] – zu unterscheiden zwischen:

1. dem schädigenden Vorgang oder dem **schädigenden Ereignis,**
2. der durch diesen oder diese hervorgerufenen gesundheitlichen Schädigungen (Gesundheitsstörung/primärer Gesundheitsschaden – **haftungsbegründende Kausalität**) und
3. den aus dem gesundheitlichen Primärschaden/der Gesundheitsstörung erwachsenden gesundheitlichen und wirtschaftlichen Folgen der Schädigung (Schädigungsfolgen – **haftungsausfüllende Kausalität**), die mit einem zur Leistungsgewährung führenden Grad der MdE bzw. GdS verbunden sind.[21]

3. Schädigendes Ereignis. Schädigende Ereignisse iSd SGB XIV sind gem. § 1 Abs. 2 12
SGB XIV, **Gewalttaten** nach dem 2. Kap. Abschn. 2 UAbschn. (§§ 13 ff. SGB XIV), **Kriegsauswirkungen beider Weltkriege** nach dem 2. Kap. Abschn. 2 UAbschn. 2 (§ 21 SGB XIV), Ereignisse im Zusammenhang mit der **Ableistung des Zivildienstes** nach dem 2. Kap. Abschn. 2 UAbschn. 3 (§ 23 SGB XIV) und **Schutzimpfungen** oder andere Maßnahmen der spezifischen **Prophylaxe** nach dem 2. Kap. Abschn. 2 UAbschn. 4 (§ 24 SGB XIV).[22] Schädigende Ereignisse bleiben jedoch auch die des **BVG** in seiner bisherigen Fassung, über die Regelungen zu den Besitzständen und auch wenn sie – was der Ausnahmefall sein dürfe – bis zum 31.12.2023 erstmals beantragt werden würden. (s. § 142 SGB XIV). Schädigende Ereignisse iSd SGB XIV sind ferner all jene, die über die Verweisungsvorschriften anderer Gesetze der SE auf die Regelungen des SGB XIV Bezug nehmen (→ Vor § 1 Rn. 14 und insoweit § 142 SGB XIV). Zu den Schädigungstatbeständen nach dem BVG vgl. iE Knickrehm in HK-SozEntschR.[23]

4. Gesundheitliche Schädigung. Nur für die Folgen einer gesundheitlichen Beeinträch- 13
tigung aufgrund des schädigenden Ereignisses wird Versorgung gewährt. Eine **Aus-**

---

17 BSG Urt. v. 16.3.1994 – 9 RV 11/93, BSGE 74, 109; vgl. auch HK-SozEntschR/Knickrehm BVG § 1 Rn. 7; s. auch Knickrehm/Mushoff/Schmidt Neues SozEntschR Rn. 44.
18 So auch SRH/Hase § 26 Rn. 32; Rohr/Sträßer/Dahm BVG § 1 Nr. 8.
19 Wilke/Fehl, Soziales Entschädigungsrecht, BVG § 1 Rn. 56.
20 Vgl. Becker SGb 2007, 721; BSG 9.5.2006 – B 2 U 1/05 R, BSGE 96, 196; BSG 17.2.2009 – B 2 U 18/07 R, Breith 2009, 889.
21 Vgl. auch Bley/Kreikebohm/Marschner SozR, 9. Aufl. 2007, S. 203; Igl/Welti, Sozialrecht, 8. Aufl., § 68 Rn. 6; S. Knickrehm SGb 2010, 381 (383); anders SRH/Hase § 26 Rn. 32.
22 S. zu den Einzelheiten bei den jeweiligen Vorschriften.
23 HK-SozEntschR/Knickrehm BVG § 1 Rn. 38 ff.

nahme bildet lediglich § 4 Abs. 3 SGB XIV, wonach der gesundheitlichen Schädigung eine Beschädigung von am Körper getragenen Hilfsmitteln – zB Brille, Kontaktlinsen oder Zahnersatz – gleichsteht (ausführlich s. § 4 SGB XIV, dort auch mit Hinweis auf § 8b BVG). Versorgung wird jedoch nicht für die gesundheitliche Beeinträchtigung (Schädigung) selbst gewährt, also den **Primärschaden,** sondern nur für das, was von der Gesundheitsstörung an gesundheitlichen und wirtschaftlichen Folgen verbleibt zB bei einem Kreuzbandriss als Primärschädigung verbleibt der Zustand nach Kreuzbandriss und Kniegelenksinstabilität rechts oder links als Schädigungsfolge.[24] Dies gilt auch für die Krankenbehandlung, die nach § 41 Abs. 1 SGB XIV für anerkannte Schädigungsfolgen erbracht wird. Häufig fallen allerdings Gesundheitsstörung und gesundheitliche Schädigungsfolge zusammen, wie bei dem soeben benannten Kreuzbandriss, wenn die Primärschädigung zugleich auch die Schädigungsfolge, also den (vorläufigen) gesundheitlichen Endzustand (sollte er nicht durch weitere Behandlung zu bessern sein), darstellt. Aber etwa auch im Todesfall.

14 **5. Schädigungsfolge.** Der Versorgungsanspruch kann sich aus **gesundheitlichen *und/ oder* wirtschaftlichen Folgen** der gesundheitlichen Schädigung (→ Rn. 16) ergeben. § 1 Abs. 1 SGB XIV spricht insoweit zwar zunächst einmal nur von den „dadurch (Anm. durch die gesundheitliche Schädigung aufgrund eines schädigenden Ereignisses → Rn. 16) entstandenen Folgen". Aus dem Wortlaut des § 4 Abs. 1 SGB XIV folgt jedoch, dass es sich um gesundheitliche und wirtschaftliche Folgen handelt. Auch wenn durch das im Gesetzestext verwendete Wort „und" das kumulative Vorliegen dieser Folgen erforderlich erscheinen könnte, sind entschädigungsfähig auch einzig verbleibende wirtschaftliche Folgen einer gesundheitlichen Schädigung. Nach dem Normgefüge des SGB XIV sollen die gesundheitlichen Folgen in erster Linie durch die **Schnellen Hilfen** (§§ 29 ff. SGB XIV), die **Krankenbehandlung** (§§ 41 ff. SGB XIV und **die Teilhabe** (§§ 62 ff. SGB XIV) ausgeglichen werden, ohne dass es auf die wirtschaftlichen Folgen ankäme. Werden insoweit Entschädigungszahlungen erforderlich, zeigt § 83 SGB XIV, dass besondere wirtschaftliche Folgen (vgl. zum BVG[25]) der gesundheitlichen Schädigung zusätzlich zu den gesundheitlichen Folgen entschädigt werden. Der wirtschaftliche Schaden kann in dem schädigungsbedingten Mehraufwand erkannt werden, zB für die Pflege (§§ 71 ff. SGB XIV). Eine Entschädigung rein immaterieller Schäden erfolgt nicht, wenn auch die Entschädigungszahlung genau wie die **Grundrente** eine starke **immaterielle Komponente** hat (→ Vor § 1 Rn. 20).

15 Die gesundheitliche Folge der Schädigung, die Schädigungsfolge, wird durch Verwaltungsakt als solche anerkannt. Bezeichnet die Versorgungsverwaltung die Schädigungsfolgen nur unklar und gibt sie damit mehreren Deutungen über den Umfang ihrer Feststellung („**Anerkennung**") Raum, so geht dies zu ihren Lasten; sie muss es dann gegen sich gelten lassen, wenn die Feststellung so ausgelegt wird, wie sie bei Würdigung aller Umstände verstanden werden muss, auch wenn die Verwaltung eine „Anerkennung" in diesem Umfang nicht gewollt hat.[26] Dabei ist zu beachten, dass grundsätzlich nicht einzelne Erscheinungsbilder von Gesundheitsstörungen, sondern das vorhandene Grundleiden selber anerkannt wird,[27] auch wenn nur ein Erscheinungsbild als Schädigungsfolge bezeichnet worden ist. Soll abweichend hiervon nur ein bestimmter Teil oder ein Erscheinungsbild eines Leidens als Schädigungsfolge anerkannt werden, bedarf es eines besonderen einschränkenden Hinweises oder

24 BSG 15.12.1999 – B 9 VS 2/98 R, SozR 3-3200 § 81 Nr. 16, Rn. 15, SozSich 2001, 67.
25 Illgner SozSich 1955, 27.
26 BSG 11.11.1959 – 11 RV 666/58, BSGE 11, 57, Breith 1960, 143.
27 Vgl. Reichsversorgungsgericht v. 28.8.1924, RVGE 4, 125; BSG 19.4.1956 – 8 RV 139/54, BSGE 3, 45; BSG 12.3.1958 – 11/9 RV 1138/55, BSGE 7, 53, SGb 1959, 100; BSG 11.11.1959 – 11 RV 666/58, BSGE 11, 57, Breith 1960, 143.

besonderer Umstände, aus denen dies zu schließen ist.[28] Eine Gesundheitsstörung, die ohne Folgen geblieben ist, ist ebenso wenig anzuerkennen, wie eine ohne Folgen abgeklungene Schädigungsfolge.

a) **Entstehung und/oder Verschlimmerung.** Ein schädigungsbedingtes Leiden ist im Sinne der **Entstehung** oder der **Verschlimmerung** anzuerkennen (zu den BVGVwV zu § 1 BVG Nr. 4 → Rn. 42).[29] Dabei handelt es sich um **selbstständige Streitteile** des einheitlichen Versorgungsanspruchs, über die ggf. gesondert zu entscheiden ist.[30] Eine Revisionsbegründung muss sich mithin auf beide Gesichtspunkte (Entstehung und Verschlimmerung) beziehen, wenn sie eine umfassende Überprüfung erreichen will.[31] Bei der **Abgrenzung** zwischen Entstehung und Verschlimmerung eines Leidens ist nach der Rechtsprechung des BSG zum BVG – die auf das SGB XIV wohl übertragbar ist (s. vorbehaltlich der Neufassung der Versorgungsmedizinischen Grundsätze – VMG – in der Anlage 2 zur VersMedV) – Folgendes zu unterscheiden: 16

- Beruht ein Leiden auf einer Anlage, die bisher kein krankhaftes Geschehen hervorgerufen hat, und wird das krankhafte Geschehen erst durch den schädigenden Vorgang iSd BVG zum Ausbruch gebracht, stehen als Bedingungen sowohl die Anlage als auch der schädigende Vorgang nebeneinander. Sind beide Bedingungen iS der versorgungsrechtlichen Kausalitätsnorm annähernd gleichwertig, muss das Leiden als durch den Wehrdienst (nunmehr das schädigende Ereignis der anerkannten Art) verursacht und damit iS der Entstehung anerkannt werden.
- Hat sich hingegen ein schon in Erscheinung getretenes Krankheitsgeschehen infolge versorgungsrechtlich geschützter Einflüsse stärker oder beschleunigter entwickelt, ist eine Verschlimmerung anzunehmen;[32] in diesem Fall ist der abgrenzbar verschlimmerte Anteil als schädigungsbedingt zu werten.[33]
- Hatten sich aufgrund der Anlage krankhafte körperliche oder psychische Veränderungen bereits entwickelt, auch ohne dass sie sofort bemerkt oder bemerkbar geworden waren, so handelt es sich versorgungsrechtlich um eine Verschlimmerung,[34] wenn der schädigende Vorgang entweder den Zeitpunkt vorverlegt hat, an dem das Leiden sonst in Erscheinung getreten wäre, oder das Leiden schwerer auftreten ließ, als es sonst zu erwarten gewesen wäre.[35]

Eine Verschlimmerung eines iS der Entstehung anerkannten Schädigungsleidens müsste zwar grundsätzlich auf ihre Ursächlichkeit zur anerkannten Schädigungsfolge geprüft werden.[36] In der Regel wird jedoch davon auszugehen sein, dass besondere Umstände hinzutreten müssen, um nachzuweisen, dass der spätere Zustand nicht mehr auf das ursprüngliche Leiden zurückzuführen ist.

b) **Anlagebedingte Leiden – insbes. psychische Gesundheitsstörungen.** Zum Verschlimmerungsanteil eines anlagebedingten Leidens s. unter → Rn. 20. Von besonderer Bedeutung im Rahmen der Anerkennung von Schädigungsfolgen sind die **psychi-** 17

---

28 BSG 14.12.1960 – 10 RV 402/57, Breith 1961, 937; BSG 30.9.1980 – 10 RV 47/79.
29 Rehder VersorgB 1966, 57.
30 Vgl. dazu BSG 6.4.1960 – 11 RV 240/59, SozR Nr. 12 zu § 41 VerwVG.
31 Vgl. dazu BSG 18.6.2002 – B 2 U 34/01 R, SozR 3-1500 § 164 Nr. 12; BSG 28.4.2005 – B 9a/9 V 4/04 R, Breith 2005, 879.
32 BSG 16.10.1974 – 10 RV 531/73, SGb 1975, 338; BSG 12.2.1975 – 9 RV 392/74, SozR 3200 § 81 Nr. 3; BSG 3.9.1986 – 9a RV 31/85, Breith 1987, 397; Kieswald, S. 469, 479.
33 BSG 9.10.1987 – 9a RV 38/86.
34 Bethke VersorgB 1960, 28; Götz VersorgB 1960, 29.
35 BSG 16.10.1974 – 10 RV 531/73, SGb 1975, 338; BSG 14.12.1961 – 11 RV 40/60, KOV 1962, 90.
36 So BSG 27.12.1957 – 10 RV 925/55; BSG 13.5.1964 – 10 RV 925/55, BSGE 21, 75; kritisch von Keitz KOV 1966, 25; Wilke/Fehl § 1 Rn. 76.

schen Gesundheitsstörungen[37] bzw. ihre Folgen, die durch schädigende Ereignisse bei einer der in § 1 Abs. 1 benannten Betätigungen hervorgerufen oder verschlimmert worden sind. Rechtsprechung und Literatur haben sich in den vergangenen Jahrzehnten seit dem Inkrafttreten des BVG mit ihrer Anerkennung schwer getan. Sie wurden weitgehend als anlagebedingt und damit nicht entschädigungsfähig bewertet.[38] Unter der Geltung des Reichsversorgungsgesetzes gab es eine Entschädigung für psychische Kriegsleiden so gut wie gar nicht.[39] Das Reichsversorgungsgericht hat die Leiden der „Gliederzitterer oder Gliederschüttler" als Hysterie – eine anormale seelische Veranlagung – gewertet.[40] Nach dem zweiten Weltkrieg wurden bei psychisch traumatisierten Soldaten überwiegend somatoforme und psychosomatische Krankheitsbilder angenommen.[41] Vielfach wurde mit Situationsbeschreibungen, wie „Begehrensneurose", „Konversion" oder „vorgegebener psychischer Abnormität" gearbeitet. In der Rechtsprechung fand bis 1980[42] im Wesentlichen eine Verknüpfung der seelischen Störung mit einer vorhandenen Organstörung statt.[43] Ihre Grundlage fand diese Rechtsprechung in der bis 2007 geltenden Fassung des § 30 Abs. 1 S. 1, der lautete: „Die Minderung der Erwerbsfähigkeit ist nach der körperlichen und geistigen Beeinträchtigung im allgemeinen Erwerbsleben zu beurteilen; dabei sind seelische Begleiterscheinungen und Schmerzen zu berücksichtigen." Seit dem 21.12.2007 werden im Wortlaut auch „seelische" Gesundheitsstörungen als entschädigungsfähig befunden.[44] Im Zuge der Änderung des DSM und des ICD im Hinblick auf die Folgen psychischer Traumen in Gestalt lang anhaltender psychischer Belastungen fanden sie auch Aufnahme in die AHP.[45] Zu den sogenannten Schockschäden → Rn. 25, 32; § 4 Abs. 5 SGB XIV sowie zur Problematik der Unmittelbarkeit → Rn. 25 f.).

18 c) **Mittelbare Schädigungsfolgen, Folgeschaden und Nachschaden.** Eine **mittelbare Schädigungsfolge** ist eine Gesundheitsstörung, die unabhängig von der anerkannten Schädigungsfolge oder dem unmittelbar schädigenden Vorgang entstanden ist (anders als die Verschlimmerung), bei deren Entstehung die anerkannte Schädigungsfolge jedoch wesentlich mitgewirkt hat (vgl. zur Theorie der wesentlichen Bedingung und der Gewichtung bei mehreren Ursachen → Rn. 27). Entscheidend sind mithin das Zusammenspiel von anerkannter Schädigungsfolge und einer weiteren Einwirkung von außen. Rechtlich ist die Mitwirkung anderer Ereignisse im Verhältnis zum anerkannten Leiden zu gewichten, wobei zunächst der Zurechnungszusammenhang zu

37 Denis/Kummer ua MedSach 2000, 77.

38 Vgl. hierzu S. Knickrehm SGb 2010, 381, mit zahlreichen weiteren Nachweisen zu Literatur und Rechtsprechung.

39 Biesold MedSach 2010, 23; Hirschmüller MedSach 2003, 137.

40 Reichsversorgungsgericht v. 11.5.1928 – M Nr. 26883/27, Entscheidungen des Reichsversorgungsgerichts 7. Band, 1928, S. 290; Reichsversorgungsgericht v. 3.4.1928 – M Nr. 8718/27, Entscheidungen des Reichsversorgungsgerichts 7. Band, 1928, S. 251.

41 BSG 6.11.1985 – 9a RV 10/84, BSGE 59, 100; s. auch Möllhoff ASUMed 2002, 374.

42 BSG 29.10.1980 – 9 RV 23/80: Zur Frage, ob eine Neurose auch dann als Schädigungsfolge anerkannt werden kann, wenn sie nicht an wehrdienstbedingte organische Störungen anknüpft oder sich mit ihnen vermischt.

43 S. nur BSG 6.8.1963 – 10 RV 1331/60, DMW 1964, 1959; aber wegweisend bereits BSG 20.8.1963 – 11 RV 808/61, BSGE 19, 275; hieran anknüpfend BSG 29.1.1974 – 9 RV 590/73.

44 § 30 Abs. 1 BVG idF des Art. 1 Nr. 32 Buchst. a Gesetz zur Änderung des BVG und anderer Vorschriften des sozialen Entschädigungsrechts vom 13.12.2007, BGBl. 2007 I 2904 mWv 21.12.2007.

45 Vgl. zuletzt: Rundschreiben des BMAS vom 2.12.2008 – c 3–46052 – 2/60, das auf einen Beschluss des ärztlichen Sachverständigenbeirats beim Bundesministerium für Arbeit und Soziales – Sektion „Versorgungsmedizin" zurückgeht.

prüfen ist, also der Schutzbereich des Gesetzes (Ist das weitere Leiden unter Umständen entstanden, die noch zum Schutzbereich des Kriegsopferrechts zählen?).[46]

Das BSG bringt diesen Zusammenhang in dem nachfolgenden Fall sehr plastisch zum Ausdruck: „Wenn ein Beschädigter wegen schädigungsbedingter Kopfschmerzen erst später einen Geschäftsgang unternimmt, so hat dies nicht zur Folge, dass er auf diesem ganzen Geschäftsgang etwa unter Versorgungsschutz steht. Er trägt vielmehr selbst das Risiko der auf diesem Geschäftsgang auftretenden allgemeinen Gefahren wie Schädigung durch Verkehrsunfälle, sonstige Unfälle oder verbrecherische Handlungen; es sei denn, er ist durch eine private oder die gesetzliche Unfallversicherung gegen solche Unfälle geschützt".[47]

Andererseits wird nach Auffassung des BSG die versorgungsrechtlich relevante Ursachenkette nicht unterbrochen, wenn ein infolge einer Kriegsbeschädigung in dem Gebrauch des linken Armes erheblich gehinderter Mensch im allgemeinen Straßenverkehr ein Leichtmotorrad steuert und dabei zu Schaden kommt.[48]

Der Beschädigte muss sein Verhalten gleichwohl seinem Gesundheitszustand anpassen (Verschuldensprüfung bei der Frage der wesentlichen Bedingung – selbstgeschaffene Gefahr). Hinsichtlich der ihm aufzuerlegenden Beschränkungen ist allerdings eine Abwägung mit seinem Teilhabeanspruch vorzunehmen. Keine mittelbare Schädigungsfolge liegt hingegen dann vor, wenn die neue Gesundheitsstörung eine Minderleistung hervorruft, die wegen der anerkannten Schädigungsfolgen nicht ebenso gut wie von einem Gesunden kompensiert werden kann. Es liegt alsdann ein nicht zu entschädigender **Nachschaden** vor (zu den BVGVwV zu § 1 BVG Nr. 13 → Rn. 42; s. auch → Rn. 27).[49] Nachträgliche Gesundheitsstörungen, die in ihrem gesundheitlichen Erscheinungsbild nicht durch die Schädigungsfolgen beeinflusst sind, die vielmehr mit der Schädigung nur über ihre Auswirkungen auf den GdS verbunden sind, werden dem schädigenden Ereignis nicht zugerechnet. Das BSG hat das insbesondere bei dem schädigungsbedingten Verlust eines ersten von zwei paarigen Organen und einem schädigungsunabhängigen nachfolgenden Verlust des zweiten Organs entschieden – schädigungsunabhängiger Nachschaden.[50] Diese Rechtsprechung dient einer Haftungsbeschränkung und schließt die Einbeziehung des allgemeinen Risikos der Altersveränderungen, der Verschleißerscheinungen und der sonstigen späteren Unfälle und Gesundheitsstörungen aus dem Entschädigungstatbestand aus.[51]

Bei den Sonderregelungen des § 4 Abs. 2 SGB XIV[52] handelt es sich nicht um eine 19
gesetzliche Normierung mittelbarer Schädigungsfolgen, sie soll vielmehr den Versorgungsschutz auf an sich **schädigungsunabhängig eingetretene Unfälle** erweitern, die sich ua auf dem Weg zur Beantragung einer Leistung oder bei der Inanspruchnahme einer Leistung (zB der Heilbehandlung oder medizinischen Rehabilitationsmaßnahme) ereignen.[53] Die Schädigung infolge einer medizinischen Behandlung ist hingegen –

46 BSG 20.5.1992 – 9a RV 28/90, BSGE 71, 1.
47 BSG 25.11.1965 – 9 RV 526/64.
48 BSG 26.2.1959 – 9 RV 96/55.
49 BSG 6.9.1989 – 9 RV 26/88, SozR 3100 § 30 Nr. 79.
50 BSG 29.5.1962 – 7/9 RV 634/60, BSGE 17, 99; BSG 19.6.1962 – 11 RV 1188/60, BSGE 17, 114; BSG 25.6.1963 – 11 RV 568/62, BSGE 19, 201; BSG 27.7.1965 – 10 RV 659/63, BSGE 23, 188; BSG 21.9.1967 – 2 RU 65/66, BSGE 27, 142; BSG 10.12.1975 – 9 RV 112/75, BSGE 41, 70; BSG 25.10.1978 – 9 RV 68/77, BSGE 47, 123.
51 BSG 6.9.1989 – 9 RV 26/88, SozR 3100 § 30 Nr. 79.
52 Vgl. 1 Abs. 2 Buchst. f BVG: s. auch § 81 Abs. 2 Nr. 2 Buchst. b SVG.
53 Vgl. zur Erweiterung des Versorgungsschutzes BSG 25.3.2004 – B 9 VS 1/02 R, SozR 4-3200 § 81 Nr. 1.

ebenso wie im Unfallversicherungsrecht[54] – nicht als Unfall bei der Durchführung einer Maßnahme der Heilbehandlung iS dieser Vorschrift anzusehen.[55] Gesundheitsstörungen, die durch ärztliche Behandlung von Schädigungsfolgen hervorgerufen werden, können als **mittelbare Schädigungsfolgen** anerkannt werden.[56]

20 Ein **Nachschaden** ist nicht entschädigungsfähig. Dies betrifft etwa den Fall, dass nach dem schädigungsbedingten Verlust eines Auges, das Augenlicht auch des anderen Auges verloren geht und damit Blindheit eintritt. Die Blindheit ist ein schädigungsunabhängiger Nachschaden.[57] Er kann nicht zu einer Höherbewertung des GdS (der MdE) herangezogen werden. Der Nachschaden ist ein Schaden, der nach „Abschluss der versorgungsrechtlich erheblichen Ursachenkette" aufgetreten und den anerkannten Schädigungsfolgen nicht mehr zuzurechnen ist.[58] Zum Nachschaden gehören Gesundheitsstörungen allerdings nicht schon dann, wenn sie zeitlich nach der Schädigung eingetreten sind, sie müssen vielmehr auch unabhängig von der Schädigung oder den Schädigungsfolgen entstanden sein und sich entwickelt haben. Die sogenannte Nachschadensregelung ist daher nicht anzuwenden, wenn die Schädigungsfolgen neue oder zusätzliche gesundheitliche Schäden schaffen.[59] Vom Nachschaden ist der **Folgeschaden** abzugrenzen. Für die Erhöhung des GdS oder der MdE wegen eines Folgeschadens bedarf es eines kausalen Zusammenhangs zwischen dem schädigenden Ereignis oder der Schädigungsfolge und der erst danach aufgetretenen gesundheitlichen Störung. Schädigendes Ereignis oder Schädigungsfolge müssen an ihrer Entstehung wesentlich mitgewirkt haben, soll es zu einer Anerkennung als Folgeschaden kommen. Der Folgeschaden muss allerdings bei demjenigen, der in seiner Person den Versorgungstatbestand erfüllt, eingetreten sein, nicht bei einem Dritten, wie etwa dem Arbeitgeber wegen der Kosten der Arbeitsunfähigkeit des Arbeitnehmers nach dessen Teilnahme an einer Wehrübung[60] oder dem nach einem sexuellen Missbrauch geborenen Kind wegen der nur unregelmäßigen Unterhaltszahlungen des Täters.[61]

21 **d) Immaterieller Schaden.** Zwar ist es zutreffend, wenn Fehl ausführt, einen Ersatz **immaterieller Schäden** durch „Rentenleistungen" kenne das BVG nicht.[62] Nichts anderes gilt für das SGB XIV. Entschädigt werden auch nach § 1 Abs. 1 iVm § 4 Abs. 1 SGB XIV nur die gesundheitlichen und wirtschaftlichen Folgen der Schädigung. Gleichwohl beinhaltet die Entschädigungszahlung nach dem SGB XIV ebenso wie die frühere Grundrente nach dem BVG eine **materielle** und eine **immaterielle Komponente**. Sie dient damit einerseits der Deckung eines schädigungsbedingten Mehrbedarfs und andererseits der Abgeltung immaterieller Schäden. Denn sie wird in Ansehung dessen erbracht, dass die staatliche Gemeinschaft eine besondere Verantwortung für das schädigende Ereignis trägt (s. auch → Vor § 1 Rn. 17, 19 f.). Da zudem der Leistungskatalog des BVG im Hinblick auf den Ausgleich des schädigungsbedingten Mehraufwandes immer mehr erweitert worden ist, wird nach der Rechtsprechung des

54 Vgl. BSG 27.6.1978 – 2 RU 20/78, BSGE 46, 283; BSG 1.2.1979 – 2 RU 75/78, SozR 2200 § 539 Nr. 56, 71.
55 Vgl. dazu BSG 6.9.1989 – 9 RV 21/88, SozR 3200 § 81 Nr. 35; aA wohl noch BSG 10.12.1975 – 9 RV 338/75, SozR 3200 § 80 Nr. 2.
56 Vgl. BSG 17.5.1962 – 11 RV 398/61, BSGE 17, 60; zum Unfallversicherungsrecht s. auch BSG 30.10.1991 – 2 RU 41/90, SozR 3-2200 § 548 Nr. 13.
57 Vgl. hierzu HK-SozEntschR/Dau BVG § 31 Rn. 6.
58 BSG 8.10.1987 – 4b RV 49/86, SozR 3100 § 30 Nr. 71.
59 BSG 1.4.1981 – 9 RV 33/80.
60 BSG 12.10.1972 – 10 RV 570/71, BSGE 35, 1.
61 BSG 18.10.1995 – 9 RVg 7/93, BSGE 77, 11.
62 Wilke/Fehl, Soziales Entschädigungsrecht, 7. Aufl. 1992, BVG § 1 Rn. 59.

BVerfG der immaterielle Anteil der Grundrente nach dem BVG ebenfalls bestärkt.[63] In der Entwurfsbegründung zum SGB XIV wird dies im Hinblick auf die Entschädigungszahlungen nach § 83 SGB XIV bestätigt.[64] Die Grundrente nach dem BVG und zukünftig die **Entschädigungszahlungen** nach dem 9. Kap. des SGB XIV sowie die **Einmalzahlungen** nach § 102 Abs. 4 und 5 SGB XIV werden daher auch in den Fürsorgesystemen des SGB II (§ 11a Abs. 1 SGB II) und SGB XII (§ 82 Abs. 1 SGB XII) sowie dem AsylbLG (§ 7 Abs. 2 Nr. 2 AsylbLG) nicht als Einkommen bei der Leistungsberechnung berücksichtigt. Dies soll zukünftig durch die allgemeine Regelung des § 28 Abs. 2 SGB XIV klargestellt werden, so dass einer einzelgesetzlichen Nicht**anrechnungs**regelung nicht mehr bedarf[65] (s. § 28 SGB XIV). Die Hinterbliebenenleistungen beinhalten hingegen auch nach der Rechtsprechung des BVerfG keine immaterielle Komponente, da die Hinterbliebenen keine Verletzung ihrer eigenen körperlichen Integrität aufgrund von Kriegshandlungen haben hinnehmen müssen, an denen sie beteiligt waren.[66] Dies entspricht auch der Auffassung im Schrifttum zum bisherigen SER.[67] Insoweit gilt allerdings nach § 28 Abs. 2 SGB XIV zu beachten, dass die Leistungen nach dem 9. Kap. des SGB XIV auch die Entschädigungszahlungen an Hinterbliebene erfassen und die Leistungen nach diesem Kap. insgesamt von der Anrechnung als **Einkommen** oder **Vermögen** auf andere Sozialleistungen ausgenommen sind.

6. Besondere Verantwortung der staatlichen Gemeinschaft. Die Formulierung der **besonderen Verantwortung der staatlichen Gemeinschaft** – für die durch ein schädigendes Ereignis erlittenen gesundheitlichen Folgen – geht zurück auf § 5 **Abs. 1 S. 1 SGB I** sowie den Grundgedanken des Ausgleichs **exogener Schäden** durch das SER oder zT den **Aufopferungsanspruch** (zu den Einzelheiten → Vor § 1 Rn. 17) als Teil des Binnensystems der Versorgung (→ Vor § 1 Rn. 17, 19). In § 5 SGB I ist eben diese Aufgabe als eine solche des SGB und der sozialen Rechte formuliert. Gutzler beschreibt sie wie folgt, die Regelung „überwölbe" die einzelnen de lege lata dem sozialen Entschädigungsrecht zugehörenden Rechtsgebiete als Ordnungsprinzip und stelle als solches klar, dass diese nicht zusammenhanglos nebeneinander stünden, sondern einem Grundgedanken verpflichtet sind.[68] Dieser Grundgedanke wird normativ durch das SGB XIV ausgestaltet. Es beansprucht für die unter → Rn. 12 aufgeführten schädigenden Ereignisse und den aus ihnen schlussendlich erwachsenden (durch sie verursachten) gesundheitlichen Folgen, ein allgemein gültiges Regelungskonzept der Anspruchs- und Leistungsvoraussetzungen, sowie der Ansprüche und der verwaltungstechnischen Ausgestaltung für die Leistungsgewährung, auch soweit die Ansprüche nicht aus Folgen von Ereignissen erwachsen, die ausdrücklich im SGB XIV geregelt sind, sondern für die nur auf das SGB XIV Bezug genommen wird. 22

7. Kausalzusammenhang. Ebenso wie der Leistungsanspruch nach dem BVG wird auch der des SGB XIV von der Voraussetzung des Kausalzusammenhangs innerhalb einer mehrgliedrigen Kausalkette geprägt sein. Zwar war im Verlaufe des Gesetzge- 23

63 BVerfG 14.3.2000 – 1 BvR 284/96, BVerfGE 102, 41; BVerwG 26.8.1964 – V C 99.63, ZfS 1965, 25, BVerwGE 19,198; BSG 28.7.1999 – B 9 VG 6/98, SozR 3-5910 § 76 Nr. 3; BSG 10.8.1993 – 9 RV 4/93, BB 1993, 2166 (50), BSGE 73, 41; BSG 23.10.1985 – B 9a RVg 4/83, BSGE 59, 40, SGb 1986, 424; SozR 3-3100 § 11 Nr. 6; BSG 12.6.2003 – B 9 V 2/02 R, Breith 2004, 150, BSGE 91, 114; BSG 20.11.2003 – B 13 RJ 5/03 R, BSGE 91, 114, SGb 2004, 110.

64 S. BT-Drs. 19/13824, 207.

65 BT-Drs. 19/13824, 182.

66 BVerfG 7.1.2005 – 1 BvR 286/04, NJ 2005, 262; BVerfG 14.3.2000 – 1 BvR 284/96, 1 BvR 1659/96, BVerfGE 102, 41.

67 Gelhausen, Soziales Entschädigungsrecht, Rn. 483; Wilke/Förster BVG § 40 Rn. 1; Getrost, Anm. zur Entscheidung des BSG 10.9.1980 – 11 RK 1/80, SGb 1981, 354, SGb 1981, 357; Krasney ZSR 1973, 681; Lauterbach NJ 2003, 671.

68 Lilge/Gutzler/Gutzler SGB I, 5. Aufl. 2019, § 5 Rn. 5.

bungsprozesses bis zum Gesetzesbeschluss des SGB XIV gelegentlich Kritik hieran laut geworden.[69] Diese Stimmen konnten sich jedoch nicht durchsetzen und so wird in der Entwurfsbegründung auch ausdrücklich darauf hingewiesen, Abs. 1 enthalte den Kausalitätsgrundsatz als tragende und unverzichtbare Säule der Sozialen Entschädigung.[70] Zu den BVGVwV insoweit → Rn. 42.

24 a) **Kausalität – Grundsatz.** Versorgung nach dem SGB XIV wird nur Personen erbracht, die durch einen der in § 1 Abs. 2 SGB XIV enumerativ benannten schädigenden Ereignisse eine gesundheitliche Schädigung (Primärschaden, → Rn. 13) erlitten haben und wenn diese gesundheitliche Schädigung gesundheitliche und wirtschaftliche Folgen (Schädigungsfolgen, → Rn. 14 ff.) zeigt. Dies gilt auch für Personen und Ereignisse iS der Gesetze, die die entsprechende Anwendbarkeit des SGB XIV anordnen (→ Vor § 1 Rn. 11). Nur diese Folgen sind zu entschädigen (→ Rn. 14). Die **Kausalkette** im sozialen Entschädigungsrecht ist mithin **mehrgliedrig.**[71] Grundsätzlich wird zwischen der **haftungsbegründenden** und der **haftungsausfüllenden** Kausalität unterschieden. Den schädigenden Vorgang oder das schädigende Ereignis verbindet die haftungsbegründende Kausalität mit der durch diesen oder dieses hervorgerufenen gesundheitlichen Schädigung (Kausalität zwischen schädigendem Ereignis und Primärschaden).[72] Die Verbindung zwischen dem gesundheitlichen Primärschaden/der Gesundheitsstörung sowie den gesundheitlichen und wirtschaftlichen Folgen der Schädigung ist der haftungsausfüllenden Kausalität zuzuordnen (Zusammenhang zwischen primärer Schädigung und späterer Gesundheitsstörung).[73]

25 Damit allein sind die kausalen Verbindungen des Versorgungstatbestandes jedoch nicht hinreichend umschrieben. Vielfach ist es erforderlich, etwa die im BVG ausdrücklich benannte militärische Dienstverrichtung oder die Verrichtung aus Anlass der in § 1 Abs. 2 SGB XIV aufgeführten Ereignisse näher einzugrenzen – sowohl zeitlich als auch im Hinblick darauf, welche Betätigungen ihnen zuzuordnen sind. Im Unfallversicherungsrecht wird insoweit unterschieden zwischen dem **Zurechnungszusammenhang** (übertragen ins SER – **Unmittelbarkeit**: Die Betätigung, bei der das schädigende Ereignis eingetreten ist, muss in einem Zusammenhang stehen mit einer der enumerierten Erscheinungsformen des Krieges/der schädigenden Ereignisse des SGB XIV, wie sie in § 1 festgelegt sind) und der **Unfallkausalität** (übertragen ins SER: Zusammenhang zwischen den kriegsbedingten oder sonstigen gesetzlich benannten Umständen des SER bzw. der jeweiligen Betätigung, die in einem Zusammenhang mit den enumerierten Tatbeständen steht und dem schädigenden Ereignis). Insoweit handelt es sich nicht um eine Frage der haftungsbegründenden Kausalität, sondern ähnlich dem Recht der GUV zum einen um den **inneren oder sachlichen Zusammenhang** oder Zurechnungszusammenhang. Besonders deutlich wird dieses am Tatbestandsmerkmal des § 4 Abs. 2 SGB XIV, indem der dort umschriebene Unfall auf dem Weg zur Inanspruchnahme der Leistungen der SE ausdrücklich als schädigendes Ereignis „gleichgestellt" wird (entsprechende Anwendung des § 4 Abs. 1 SGB XIV).[74] Das BSG hat jene Unmittelbarkeit etwa auch angenommen im Falle einer Mutter, die bei der Überbringung der Nachricht vom gewaltsamen Tode ihrer Tochter (ein schädigendes

69 Vgl. zB Hökendorf/Wersig RP Reha 3/2019, 53 ff.
70 BT-Drs. 19/13824, 170.
71 S. allgemein zur Kausalität: Becker SGb 2012, 691; Kunze VSSR 2005, 299; Schmitt VSSR 2004, 349; Jung BG 2004, 486; Gurgel, (FG für Hans Grüner) 1982, S. 199; Rösner MedSach 1988, 185.
72 BSG 18.5.2006 – B 9a V 2/05 R, SozR 4-3100 § 1 Nr. 3.
73 BSG 18.5.2006 – B 9a V 2/05 R, SozR 4-3100 § 1 Nr. 3; insoweit zumindest missverständlich: Rohr/Sträßer/Dahm § 1 Nr. 10.
74 Vgl. hierzu BSG 8.10.1987 – 4b RV 29/86, BSGE 62, 187, Breith 1988, 410 zur Anerkennung von Verbrennungsfolgen, erlitten durch einen Umtrunk nach dem nicht überwachten Zapfenstreich und damit verbundenen Alkoholverbot.

Ereignis iSd OEG) einen Schock erleidet.[75] Ferner ist ein Zusammenhang zwischen den kriegsbedingten oder sonstigen gesetzlich benannten Umständen des SER bzw. der jeweiligen Betätigung, die in einem Zusammenhang mit den enumerierten Tatbeständen steht, und dem schädigenden Ereignis erforderlich, der vielfach unbestimmt dem Kausalzusammenhang zugeordnet wird,[76] jedoch ebenfalls keine Frage der haftungsbegründenden Kausalität ist – in der gesetzlichen Unfallversicherung nunmehr Unfallkausalität.[77] Zwar wird in der Rechtsprechung des BSG insoweit häufig nicht differenziert. Dieser Differenzierung bedarf es jedoch auch nicht immer. Zum einen sind die Schädigungstatbestände der Kriegsopferversorgung in den §§ 1 und 2 bis 5 BVG detailliert umschrieben, so dass bei Erfüllung des jeweiligen Tatbestandes der Zusammenhang vielfach auf der Hand liegt. Zum anderen hat die Rechtsprechung etwa bei § 1 Abs. 1 Alt. 3 u. 4 BVG (3. durch einen Unfall während der Ausübung des militärischen oder 4. militärähnlichen Dienstes) einen zeitlichen Zusammenhang des Unfalls mit der Ausübung des militärischen oder militärähnlichen Dienstes als ausreichend angesehen.[78] Dies ist übertragbar auf die „neuen" aufgezählten und gleichgestellten schädigenden Ereignisse des § 4 Abs. 2 SGB XIV. Hierfür spricht im BVG der eingangs erwähnte Wortlaut mit dem Wort „während", aber auch die Tatsache, dass häufig die Ausübung des militärischen Dienstes zugleich eine militärische Dienstverrichtung sein wird.[79] Im SGB XIV sind die gleichgestellten schädigenden Ereignisse ebenfalls zeitlich umschrieben, etwa, „bei der Inanspruchnahme" von nach dem SGB XIV zustehenden Leistungen, also zunächst einmal nicht davor oder danach, ggf. aber auf dem Weg zu ihrer Inanspruchnahme, weil der Weg etwa zu einer Rehabilitationsmaßnahme in einem inneren Zusammenhang mit der Maßnahme steht oder anders ausgedrückt, ihr unmittelbar zuzuordnen ist. Im Ergebnis lassen sich die Kausalzusammenhänge wie folgt zusammenfassen: **Die konkrete Betätigung muss der enumerierten Erscheinungsform des Krieges oder den aufgeführten schädigenden Ereignissen des SGB XIV zuzurechnen sein (Unmittelbarkeit). Das an sich schädigende Ereignis muss in einem Ursachenzusammenhang mit der geschützten Betätigung stehen. Die gesundheitliche Störung (Primärschaden) muss durch das schädigende Ereignis hervorgerufen worden sein (haftungsbegründende Kausalität). Der Primärschaden muss die zur Entschädigung anstehenden gesundheitlichen und wirtschaftlichen Folgen bedingt haben (haftungsausfüllende Kausalität).**

Für die Beurteilung der **Unmittelbarkeit** im Versorgungsrecht ist nach der Rechtspre- 26
chung des BSG eine strenge **zeitliche Zäsur** kennzeichnend.[80] Es ist auf diejenigen Gegebenheiten abzuheben, welche bei Eintritt des schädigenden Ereignisses bestanden. Hierzu ist regelmäßig ein Vergleich anzustellen zwischen dem Zustand der Erwerbsfähigkeit unmittelbar vor Beginn der Schädigung und der Situation unmittelbar nachher. Mit dem Ende des schädigenden Vorgangs ist zugleich die versorgungsrechtlich beachtliche Ursachenkette abgeschlossen.[81] Durch den zeitlichen Aus- und Einschnitt soll der Versorgungsschutz gegen solche Folgen in Gestalt von Einbußen der Erwerbsfähigkeit abgegrenzt werden, die durch Vorkommnisse außerhalb der versorgungsrechtlich erheblichen Ursachenkette ausgelöst werden.[82] Die Schädigungskette soll, so das BSG nicht ins Endlose weiterlaufen. Zwischen Tat und Schaden müsse eine gewisse Nähe bestehen. Als Beispiel verweist der 9. Senat in der „ersten

75 BSG 7.11.1979 – 9 RVg 1/78, BSGE 49, 98.
76 Vgl. Igl/Welti SGB XI § 68 Rn. 1.
77 BSG 9.5.2006 – B 2 U 1/05 R, BSGE 96, 196; BSG 17.2.2009 – B 2 U 18/07 R, Breith 2009, 889; s. auch Becker SGB 2012, 691.
78 BSG 25.11.1958 – 10 RV 1055/55, BSGE 8, 264.
79 Zur Synonymität der Begriffe vgl. BSG 25.11.1958 – 10 RV 1055/55, BSGE 8, 264
80 BSG 7.11.1979 – 9 RVg 1/78, BSGE 49, 98.
81 BSG 10.12.1975 – 9 RV 112/75, BSGE 41, 70.
82 BSG 25.6.1963 – 11 RV 568/62, BSGE 19, 201.

Schockschadensentscheidung nach dem OEG“[83] auf eine frühe Entscheidung, in der die unmittelbare Einwirkung auf eine Beschädigte bejaht worden war, die während zweier Fliegerangriffe einen Schlaganfall davontrug. Es wurde für entscheidend gehalten, dass die Bomben in nächster Nähe gefallen waren und die Schreckwirkung sich spontan – zeitlich direkt – einstellte.[84] Aber auch ein gelockerter zeitlicher Zusammenhang wurde noch als „unmittelbar“ bewertet, in dem Fall des Bewohners eines Hauses, in dem durch den Abwurf von Brandbomben Feuer ausgebrochen war und der einem Herzschlag erlag als er das Feuer im Hause zu Gesicht bekam. Für die Unmittelbarkeit wurde ua für bedeutsam gehalten, dass der Verstorbene dem Verlauf des Ereignisses nicht als unbeteiligter Zuschauer gegenübergestanden, sondern seine Habe gefährdet gesehen hatte.[85] Mit noch größerer zeitlicher Distanz erlitt eine Person einen Schlaganfall, der auf die seelische Erschütterung zurückgeführt wurde, die der Betroffene beim Anblick seiner – wenige Minuten vorher – durch Sprengbomben zerstörten Wohnung erlebte.[86]

27 **b) Wesentlich mitwirkende Bedingung.** Im SER gilt die **Theorie der wesentlich mitwirkenden Bedingung.** Grundlage ist die **Äquivalenztheorie.** Danach ist die rechtlich relevante Ursache jede Bedingung, die zum Erfolg geführt hat, also ein Verhalten, das nicht hinweggedacht werden kann, ohne dass der Erfolg entfiele (**conditio sine qua non**). Allerdings wird nicht jede Bedingung, die am Erfolg mitgewirkt hat, als rechtlich beachtlich angesehen. Es wird wegen der Unbegrenztheit der naturwissenschaftlich-philosophischen Ursachen eine Wertung vorgenommen. Haben mehrere Ursachen zum Erfolg beigetragen, kann nur diejenige den Entschädigungsanspruch auslösen, die wegen ihrer besonderen Beziehung zum Erfolg diesen wesentlich herbeigeführt hat. Es muss sich um eine wesentliche Bedingung handeln. Dabei können Ursachen in ihrer Bedeutung und Tragweite für den Eintritt des Erfolges **annähernd gleichwertig** sein. Kommt einem der Umstände gegenüber einem anderen indessen eine überragende Bedeutung zu, so ist dieser Umstand allein Ursache im Rechtssinn. Im Einzelnen bedarf es dazu nach der Rechtsprechung des 9. Senats des BSG der wertenden Abwägung der in Betracht kommenden Bedingungen.[87] Der Senat hat sich insoweit 2014 von der Rechtsprechung zum Recht der GUV abgegrenzt und ausgeführt, dort werde die wertende Entscheidung über eine Ursache als „wesentlich“ nicht gleichgesetzt mit „gleichwertig“ oder „annähernd gleichwertig“. Denn im Recht der GUV könne auch eine nicht annähernd gleichwertige, sondern rechnerisch verhältnismäßig niedriger zu bewertende Ursache für den Erfolg rechtlich wesentlich sein, solange die andere(n) Ursache(n) keine überragende Bedeutung hätten.[88] Diese Rechtsprechung, die zwar ihren Ausgangspunkt ebenfalls im Versorgungsrecht habe,[89] schließe die Wesentlichkeit einer von drei ungefähr gleichwertigen Teilursachen nicht bereits deshalb aus, weil die allein maßgebliche Teilursache nur zu einem Drittel Berücksichtigung finden könne.[90] In die Bewertung fließe damit ein, ob den verbleibenden sozialrechtlich nicht maßgeblichen Teilursachen überragende Bedeutung zukomme. Erst wenn angenommen werden könne, dass diesen eine überragende Bedeutung beizumessen sei, folge

83 BSG 7.11.1979 – 9 RVg 1/78, BSGE 49, 98.
84 BSG 15.11.1955 – 10 RV 85/54, BSGE 2, 29.
85 BSG 13.5.1958 – 10 RV 678/56, SozR Nr. 19 zu § 5 BVG.
86 BSG 24.2.1960 – 9 RV 908/56; BSG 7.11.1979 – 9 RVg 1/78, BSGE 49, 98, juris Rn. 18.
87 BSG 12.6.2001 – B 9 V 5/00 R, BSGE 88, 153; BSG 27.2.1962 – 10 RV 119/59, BSGE 16, 216.
88 Unter Verweis auf BSG 9.5.2006 – B 2 U 1/05 R, BSGE 96, 196, Rn. 15.
89 Hinweis auf die Entscheidungen des Reichsversorgungsamtes (RVA), s. AN 1912, 930 und frühen des BSG: BSG 10.6.1955 – 10 RV 390/54, BSGE 1, 72 und BSG 14.7.1955 – 8 RV 177/54, BSGE 1, 150.
90 BSG 1.12.1960 – 5 RKn 66/59, BSGE 13, 175.

daraus, dass die nicht annähernd gleichwertige sozialrechtlich relevante Teilursache unwesentlich sei. Es würden insoweit wohl etwas niedrigere Anforderungen an die Stärke der Mitwirkung angelegt.[91] Der 9. Senat hält an seiner „langjährigen Rechtsprechung“ zur Theorie der wesentlichen Bedingung unter Beibehaltung des Merkmals der „annähernden Gleichwertigkeit“ fest. Im SER, wo in der Regel die Folgen einer einmaligen schädigenden Einwirkung zu beurteilen seien, habe sich die Bestimmung der Wesentlichkeit nach der „annähernden Gleichwertigkeit“ bewährt. Dies gelte unabhängig davon, dass in Einzelfällen auch im SER auf Wertungen etwa der gesetzlichen Unfallversicherung zurückgegriffen werde.[92] Diese wertende Abwägung birgt die Gefahr der Vermischung der Fragen der Zurechnung und der Kausalität. Dies wird sehr deutlich an Kellers Anmerkung zu der soeben dargestellten Entscheidung, wenn er ausführt, bei der erforderlichen Wertentscheidung sei maßgebend, ob sich ein Risiko verwirklicht habe, für das nach dem Schutzbereich der einschlägigen Rechtsnorm Schutz gewährt werden solle.[93] Ob ein schädigendes Ereignis noch dem Schutzbereich der sozialen Entschädigung zuzurechnen ist, ist jedoch keine Frage der Kausalität, sondern eine Frage, die dieser vorgelagert zu klären ist (→ Rn. 25).[94] Zur Abgrenzung zwischen „innerer“ Ursache und Unfallgeschehen s. auch → Rn. 26.[95]

Besondere Bedeutung kommt nach der Rechtsprechung des BSG der Frage zu, ob der 28
an sich bestehende ursächliche Zusammenhang durch eine vom Beschädigten **selbst geschaffene Gefahrenlage** verdrängt werden kann. Ein Beschädigter ist einer solchen von ihm selbst herbeigeführten Gefahr dann erlegen, wenn er in hohem Maße vernunftwidrig gehandelt hat und nach seinen Fähigkeiten höchstwahrscheinlich mit der Gefahr rechnen musste, sie aber in gröblich leichtfertiger Weise nicht abgewendet hat (s. zu den speziellen Regelungen beim schädigenden Ereignis „Gewalttat“: Ausschluss und Versagung von Leistungen nach § 16 SGB XIV [Verursachung des schädigenden Ereignisses in vorwerfbarer Weise] und § 17 SGB XIV [Unbilligkeit der Leistungen nach dem SER, wegen in dem eigenen Verhalten der Antragsteller liegenden Gründe], bisher § 2 Abs. 1 OEG, die allerdings nur für dieses schädigende Ereignis ausdrücklich normiert sind, → § 16 Rn. 8 f. und → § 17 Rn. 6 f.). Nach Auffassung des 9. Senats schließt bisher eine selbst geschaffene Gefahrenlage auch im Leistungsbereich des BVG einen Versorgungsanspruch aus. Durch die Schaffung eines neuen und selbstständigen Gefahrenbereichs durch den Beschädigten, so das BSG, werde die für den schädigenden Erfolg wesentliche und eigentümliche Bedingung begründet und die andere Bedingung (militärische Dienstverrichtung pp) könne dahinter zurücktreten. Die selbst geschaffene Gefahrenlage könne mithin die von einem rechtlich geschützten Gefahrenbereich ausgehende Gefährdung in ihrer ursächlichen Bedeutung verdrängen. Dogmatisch ist die Rechtsfigur der „selbstgeschaffenen Gefahr“ dem **Zusammenhang zwischen der geschützten Tätigkeit und dem schädigenden Ereignis** (→ Rn. 25 f.) zuzuordnen.[96] Der für die Unfallversicherung zuständige 2. Senat des BSG hat in

---

91 Unter Verweis auf Krasney/Burchardt/Kruschinsky/Becker, Gesetzliche Unfallversicherung, Bd. 1, Stand Oktober 2013, § 8 Rn. 314; vgl. auch Knickrehm SGb 2010, 381 (384).

92 BSG 16.12.2014 – B 9 V 6/13 R, SozR 4-7945 § 3 Nr. 1 Rn. 16 ff., unter Hinweis auf den Rückgriff auf die Rechtsprechung zur GUV im Bereich des SVG bei der Bestimmung unfallunabhängiger Krankheiten BSG 11.10.1994 – 9 BV 55/94, HVBG-INFO 1995, 970; hierzu Keller SGb 2007, 248 (249) und Keller Anm. zu B 9 V 6/13 R, SGb 2016, 232.

93 Keller Anm. zu B 9 V 6/13 R, SGb 2016, 232 (238).

94 Insoweit zumindest missverständlich Rohr/Sträßer/Dahm § 1 Nr. 10; SRH/Hase § 26 Rn. 33, 34.

95 BSG 13.12.2000 – B 9 VS 1/00 R, BSGE 87, 194.

96 BSG 31.5.1979 – 10 RV 55/78, BSGE 48, 187, 189 f.; dazu Anmerkung v. Henke SGb 1980, 212; BSG 17.5.1977 – 10 RV 73/76, SozSich 1977, 349.

einem Fall eines Unfalls unter Alkoholeinfluss denn auch Folgendes ausgeführt: Der Begriff der selbstgeschaffenen Gefahr sei für die Beurteilung des sachlichen Zusammenhangs zwischen der versicherten Tätigkeit und der Verrichtung zur Zeit des Unfalls ohne Bedeutung (Zurechnungszusammenhang). Denn wenn die selbstgeschaffene Gefahr privaten Umständen zuzurechnen sei, betreffe sie typischerweise nicht den sachlichen Zusammenhang zwischen der versicherten Tätigkeit und der Verrichtung zur Zeit des Unfalls, sondern die Unfallkausalität zwischen dieser Verrichtung und dem Unfallereignis als konkurrierende unversicherte Ursache. Beispiele hierfür seien die Fälle einer unerheblichen Unterbrechung oder einer eingebrachten Gefahr. Dementsprechend sei die selbstgeschaffene Gefahr kein besonderes Rechtsprinzip oder eigenständiger Rechtssatz zur Zusammenhangsbeurteilung beim Arbeitsunfall, sondern nur im Rahmen der Abwägung zwischen der versicherten und der nichtversicherten Ursache als Element der letzteren bei der Beurteilung des Zusammenhangs zu berücksichtigen.[97]

29 c) **Haftungsbegründende Kausalität und haftungsausfüllende Kausalität.** Der Ursachenzusammenhang zwischen dem schädigenden Vorgang oder dem schädigenden Ereignis und der durch diesen oder dieses hergerufenen gesundheitlichen Schädigungen (Primärschaden) wird als **haftungsbegründende Kausalität** bezeichnet. Das BSG hat es 1999 klarstellend wie folgt formuliert: „Die haftungsbegründende Kausalität betrifft (auch) die Frage, ob das schädigende Ereignis den Eintritt des Primär- oder Erstschadens wesentlich verursacht hat. … Erst nach dem Eintritt des Primärschadens setzt die **haftungsausfüllende Kausalität** ein. Sie verknüpft die Ergebnisse der späteren, gesundheitlichen Entwicklung (die „Schädigungsfolgen") mit der Schädigung"[98] (s. auch → Rn. 24). Sowohl haftungsbegründende als auch haftungsausfüllende Kausalität bedürfen der Wahrscheinlichkeit (im Einzelnen → Rn. 31 ff.).

30 d) **Beweismaßstab.** Schädigendes Ereignis, Primärschädigung und Schädigungsfolge bedürfen des **Nachweises** – des **Vollbeweises**. Für den Vollbeweis muss sich das Gericht die **volle Überzeugung vom Vorhandensein oder Nichtvorhandensein einer Tatsache** verschaffen. Allerdings verlangt auch der Vollbeweis keine absolute Gewissheit, sondern lässt eine an Gewissheit grenzende Wahrscheinlichkeit ausreichen. Denn ein darüberhinausgehender Grad an Gewissheit ist so gut wie nie zu erlangen. Das bedeutet, dass auch dem Vollbeweis gewisse Zweifel innewohnen können und verbleibende Restzweifel bei der Überzeugungsbildung unschädlich sind, solange sie sich nicht zu gewichtigen Zweifeln verdichten.[99] Eine Tatsache ist bewiesen, wenn sie in so hohem Grade wahrscheinlich ist, dass alle Umstände des Falles nach vernünftiger Abwägung des Gesamtergebnisses des Verfahrens und nach der allgemeinen Lebenserfahrung geeignet sind, die volle richterliche Überzeugung zu begründen[100] (s. hierzu auch → Rn. 31). Unter den Bedingungen des § 117 SGB XIV (bisher § 15 KOVVfG) genügt auch die **Glaubhaftigkeit** der mit der Schädigung in Zusammenhang stehenden Tatsachen. Der 9. Senat des BSG hat in diesem Zusammenhang befunden, dass in dem Fall, in dem die Angaben der antragstellenden Person, die sich auf die mit der Schädigung in Zusammenhang stehenden Tatsachen beziehen, nach den Umständen des Falls glaubhaft seien, sie auch dann der Entscheidung über eine Gewaltopferentschädigung zugrunde gelegt werden müssten, wenn für den schädigenden Vorgang keine Tatzeu-

97 BSG 5.9.2006 – B 2 U 24/05 R, BSGE 97, 54.
98 BSG 15.12.1999 – B 9 VS 2/98 R, Breith 2000, 390; s. auch BSG 10.8.1993 – 9/9a RV 22/92, BSGE 73, 37.
99 BSG 17.4.2013 – B 9 V 1/12 R, BSGE 113, 205, Rn. 33 und – B 9 V 3/12 R, juris Rn. 34; BSG 24.11.2010 – B 11 AL 35/09 R, juris Rn. 21.
100 BSG 8.8.2001 – B 9 V 23/01 B, SozR 3-3900 § 15 Nr. 4; BSG 5.5.2009 – B 13 R 55/08 R, BSGE 103, 99, 104; s. auch BSG 15.12.2016 – B 9 V 3/15 R, BSGE 122, 218, Rn. 26.

gen vorhanden seien und der als Täter Beschuldigte die Tat bestreite.[101] Im Rahmen des § 15 S. 1 KOVVfG hat es das BSG als ausreichend angesehen, wenn die **Möglichkeit, dass die Angaben des Antragstellers zutreffend** seien, als die wahrscheinlichste angesehen werden könne. In diesem Zusammenhang weist es darauf hin, dass mit einem Glaubhaftigkeitsgutachten hingegen der Nachweis erbracht werden könne, so dass dann, wenn dieser misslinge, gleichwohl auf § 15 KOVVfG zurück gegriffen werden könne.[102] Bei dem „Glaubhafterscheinen" iSd § 15 S. 1 KOVVfG handele es sich um den dritten, mildesten Beweismaßstab des Sozialrechts. Glaubhaftmachung bedeutet das Dartun einer überwiegenden Wahrscheinlichkeit, dh der guten Möglichkeit, dass sich der Vorgang so zugetragen hat, wobei durchaus gewisse Zweifel bestehen bleiben können.[103] Dieser Beweismaßstab ist – so das BSG – durch seine Relativität gekennzeichnet. Es muss nicht, wie bei der Wahrscheinlichkeit des ursächlichen Zusammenhanges, absolut mehr für als gegen die glaubhaft zu machende Tatsache sprechen. Es reicht die gute Möglichkeit aus, dh es genügt, wenn bei mehreren ernstlich in Betracht zu ziehenden Möglichkeiten das Vorliegen einer davon relativ am wahrscheinlichsten ist, weil nach Gesamtwürdigung aller Umstände besonders viel für diese Möglichkeit spricht. Von mehreren ernstlich in Betracht zu ziehenden Sachverhaltsvarianten muss eine den übrigen gegenüber ein gewisses (kein deutliches) Übergewicht zukommen[104] (hierzu auch → Rn. 34). § 1 Abs. 3 S. 1 BVG regelt ebenso wie § 4 Abs. 4 SGB XIV (→ § 4 Rn. 26) den Beweismaßstab nur für die haftungsausfüllende Kausalität ausdrücklich. Insoweit ist die **Wahrscheinlichkeit** ausreichend. Eine Wahrscheinlichkeit ist nach der Rechtsprechung des BSG zum BVG dann gegeben, wenn nach der **geltenden wissenschaftlichen Lehrmeinung mehr für als gegen einen ursächlichen Zusammenhang spricht**[105] (§ 4 Abs. 4 SGB XIV, → § 4 Rn. 27). Diese Definition ist der Fragestellung nach dem wesentlichen ursächlichen Zusammenhang angepasst, die nur entweder mit ja oder mit nein beantwortet werden kann. Es muss sich unter Würdigung des Beweisergebnisses ein solcher Grad von Wahrscheinlichkeit ergeben, dass ernste Zweifel hinsichtlich einer anderen Möglichkeit ausscheiden. Für die Wahrscheinlichkeit ist ein „deutliches" Übergewicht für eine der Möglichkeiten erforderlich. Sie entfällt, wenn eine andere Möglichkeit ebenfalls ernstlich in Betracht kommt.[106] Allerdings hatte das BSG wegen der Formulierung in § 1 Abs. 3 S. 1 BVG, die insoweit der des § 4 Abs. 4 SGB XIV entspricht, noch in seiner Entscheidung vom 24.9.1992[107] für das Soldatenversorgungsrecht (§ 1 Abs. 3 S. 1 BVG ist gleichlautend mit § 81 Abs. 6 S. 1 SVG) den Vollbeweis der haftungsbegründenden Kausalität gefordert. 1999 hat der 9. Senat des BSG alsdann diese Rechtsprechung aufgegeben und zur Begründung ausgeführt, es bestehe kein sachliches Bedürfnis, die damals vorgenommene Differenzierung des Beweisgrades für die einzelnen Stufen des Kausalzusammenhangs beizubehalten. Auch führe der unterschiedliche Beweisgrad zu Problemen bei der Beurteilung des gesamten Kausalverlaufs und zwinge zur Festlegung in der Frage der – umstrittenen – Abgrenzung zwischen haftungsbegründender und haftungsausfüllender Kausalität. Zudem folge aus der bisherigen Rechtsprechung eine sachlich nicht gerechtfertigte Abweichung des Entschädigungsrechts vom Recht der

101 BSG 17.4.2013 – B 9 V 1/12 R, BSGE 113, 205, ZfSH/SGB 2013, 472; zu aussagepsychologischen Gutachten s. auch BSG 15.12.2016 – B 9 V 3/15 R, BSGE 122, 218, SGb 2018, 116.
102 BSG 17.4.2013 – B 9 V 1/12 R, BSGE 113, 205, ZfSH/SGB 2013, 472.
103 BSG 8.8.2001 – B 9 V 23/01 B, SozR 3-3900 § 15 Nr. 4 S. 14 f. mwN.
104 BSG 15.12.2016 – B 9 V 3/15 R, BSGE 122, 218, Rn. 28.
105 Vgl. BSG 8.8.2001 – B 9 V 23/01 B, SozR 3-3900 § 15 Nr. 4 S. 14 mwN.
106 BSG 17.4.2013 – B 9 V 1/12 R, BSGE 113, 205, juris Rn. 34 und – B 9 V 3/12 R, juris Rn. 35.
107 BSG 24.9.1992 – 9a RV 31/90, SozSich 1994, 196.

gesetzlichen Unfallversicherung.[108] Denn dort sei anerkannt, dass auch für die haftungsbegründende Kausalität der Beweisgrad der Wahrscheinlichkeit ausreiche.[109] Lässt sich die Wahrscheinlichkeit nicht feststellen, gehen die Folgen (objektive Beweislosigkeit) zulasten desjenigen, der aus der Tatsache ein Recht herleiten will. Für den Fall der fehlenden Wahrscheinlichkeit, weil über die Ursache des festgestellten Leidens Ungewissheit in der medizinischen Wissenschaft besteht, kann „Kannversorgung" nach § 1 Abs. 3 S. 2 BVG oder zukünftig § 4 Abs. 6 SGB XIV in Betracht kommen (ausführlich unter → § 4 Rn. 29 f.).

31 Nach allen Gesetzen des SER (SGB XIV und alle Gesetze, die eine entsprechende Anwendung anordnen, → Vor § 1 Rn. 14) müssen allerdings die anspruchsbegründenden Tatsachen **nachgewiesen,** dh **ohne vernünftige Zweifel oder mit an Sicherheit grenzender Wahrscheinlichkeit** bewiesen, sein,[110] soweit nichts anderes bestimmt ist (s. auch → Rn. 30). Es müssen sich mithin folgende Tatsachenkomplexe oder Glieder der Kausal-(Ursachen-)kette mit an Sicherheit grenzender Wahrscheinlichkeit feststellen lassen. Der erste nachzuweisende Komplex ist die geschützte Tätigkeit, also bei § 1 BVG die militärische Dienstverrichtung, oder die Ausübung einer gleichgestellten Tätigkeit – im SGB XIV etwa der Hin- oder Rückweg zur Inanspruchnahme von Leistungen der SER nach § 4 Abs. 2 Nr. 1 Buchst. a SGB XIV. Infolge dieser Verrichtung muss ein nachzuweisendes schädigendes Ereignis eine nachzuweisende gesundheitliche Schädigung hervorgerufen haben. Aufgrund dieser Schädigung muss es dann zu der in MdE/GdS-Graden zu bewertenden nachzuweisenden Schädigungsfolge gekommen sein. Dagegen genügt für die Feststellung des haftungsbegründenden und haftungsausfüllenden Ursachenzusammenhangs der Beweisgrad der Wahrscheinlichkeit.[111]

32 Im Bereich des Opferentschädigungsrecht hat das BSG im Falle einer durch einen Schädigungstatbestand iSd § 1 OEG (Vergewaltigung/Nachricht von der Tötung des getrennt lebenden Ehemannes) hervorgerufenen psychischen Erkrankung zudem eine **bestärkte Möglichkeit** anstelle der Wahrscheinlichkeit des ursächlichen Zusammenhangs ausreichen lassen. Die Wahrscheinlichkeit des ursächlichen Zusammenhangs in diesen Fällen, so der 9. Senat, könne letztlich niemand mit hinreichender Wahrscheinlichkeit zuverlässig unter den zahlreichen Möglichkeiten herausfiltern.[112] Auf Grundlage dessen, dass diejenigen Tatsachen vorliegen, die nach den AHP (Extrembelastungen) geeignet seien, einen Ursachenzusammenhang zwischen einem belastenden Ereignis und dem Auftreten einer psychischen Erkrankung zu begründen, sei eine bestärkte Wahrscheinlichkeit anzunehmen, die nur durch einen sicheren anderen Kausalverlauf widerlegt werden könne.[113] Diese Rechtsprechung ist den Besonderheiten der

---

108 BSG 30.4.1985 – 2 RU 24/84, BSGE 58, 76; BSG 20.1.1987 – 2 RU 27/86, BSGE 61, 127.

109 BSG 15.12.1999 – B 9 VS 2/98 R, Breith 2000, 390.

110 Zum OEG: BSG 22.6.1988 – 9/9a RVg 3/87, BSGE 63, 271 mwN; zum BVG: BSG 12.12.1995 – 9 RV 14/95, BSGE 77, 151; zum SVG: BSG 24.9.1992 – 9a RV 31/90, SozR 3-3200 § 81 Nr. 6; zum Impfschadensrecht: BSG 19.3.1986 – 9a RVi 2/84, SozR 3850 § 51 Nr. 9.

111 BSG 15.12.1999 – B 9 VS 2/98 R, SozSich 2001, 67.

112 Vgl. ausführlich Dau in Weisser Ring (Hrsg.), Entschädigung für Folgen einer Gewalttat, S. 73.

113 BSG 12.6.2003 – B 9 VG 1/02 R, BSGE 91, 107; Fortführung von BSG 18.10.1995 – 9/9a RVg 4/92, BSGE 77, 1; die Anlage zu § 2 VersMedV enthält keine derartigen Ausführungen mehr. Es bleibt abzuwarten, ob sie bei der Überarbeitung vorgesehen sein werden. Bisher gilt: „Bereits mit Wirkung zum 20.12.2019 ist die VersMedV durch Art. 26 G-SER geändert worden. Zum Hintergrund: Die auf der Grundlage der Verordnungsermächtigung des § 5 Abs. 2 SGB XIV fortbestehende VersMedV enthält als Anlage zu § 2 die VMG, die seit dem 1.1.2009 die bisherigen AHP abgelöst und weiterentwickelt haben. Es handelt sich bei den VMG – wie zuvor bei den AHP – um antizipierte Sachverständigengutachten. Die VMG enthalten neben allgemeinen

Erkenntnislage bei psychischen Schädigungsfolgen geschuldet, so dass sie zwar auch über das OEG hinaus auf andere Gebiete des sozialen Entschädigungsrechts übertragbar erscheint,[114] jedoch nicht auf andere Schädigungsfolgen ausgedehnt werden kann. Der Gesetzgeber des SGB XIV hat diese Rechtsprechung aufgenommen und in § 4 Abs. 5 SGB XIV normativ erfasst (→ § 4 Rn. 28).

Im Falle von Beweisschwierigkeiten – insbesondere durch Zeitablauf – kommt daneben in Ausnahmefällen – subsidiär – auch eine **Glaubhaftmachung** in Betracht derzeit noch nach **§ 15 KOVVfG** und zukünftig unter den Voraussetzungen des § 117 SGB XIV s. auch → Rn. 30). Bei der Glaubhaftmachung handelt es sich um den dritten, mildesten Beweismaßstab des Sozialrechts. Glaubhaftmachung bedeutet das Dartun überwiegender Wahrscheinlichkeit, dh **der guten Möglichkeit, dass der Vorgang sich so zugetragen hat, wobei durchaus gewisse Zweifel bestehen bleiben können.**[115] Dieser Beweismaßstab ist durch seine Relativität gekennzeichnet. Es muss nicht, wie bei der Wahrscheinlichkeit des ursächlichen Zusammenhanges, absolut mehr für als gegen die glaubhaft zu machende Tatsache sprechen. Es reicht die gute Möglichkeit aus, dh es genügt, wenn bei mehreren ernstlich in Betracht zu ziehenden Möglichkeiten das Vorliegen einer davon relativ am wahrscheinlichsten ist, weil nach Gesamtwürdigung aller Umstände besonders viel für diese Möglichkeit spricht; von mehreren ernstlich in Betracht zu ziehenden Sachverhaltsvarianten muss den übrigen gegenüber einer das Übergewicht zukommen. Die bloße Möglichkeit einer Tatsache reicht hingegen auch bei der Glaubhaftmachung nicht aus.[116] 33

Das BSG hat ferner in der besonderen Situation der erst nach 40 Jahren möglich gewordenen Geltendmachung von Versorgungsansprüchen nach der Wiedervereinigung eine weitere Situation erkannt, für die eine Beweiserleichterung erforderlich sei. Die **Beweisnot** sei hier durch Zeitablauf eingetreten. Sie sei unverschuldet, denn selbst wenn zunächst noch Urkunden vorhanden gewesen sein sollten, so seien diese im Hinblick darauf, dass eine Wiedervereinigung der beiden deutschen Staaten in absehbarer Zeit nicht erwartet werden konnte, häufig nicht mehr sorgfältig aufbewahrt worden. **§ 15 KOVVfG** ist insoweit oftmals nicht ausreichend, weil dieser voraussetzt, dass der Antragsteller Angaben über die mit der Schädigung im Zusammenhang stehenden Tatsachen machen kann. Daher hat das BSG – pragmatisch und situationsbedingt – bei Antragstellern in Beweisnot aus den **neuen Bundesländern** auf den ansonsten erforderlichen hohen Sicherheitsgrad bei der Überzeugungsbildung entgegen seiner sonstigen Rechtsprechung verzichtet[117] und im Beitrittsgebiet für typische Geschehensabläufe die Beweiserleichterungen des **Anscheinsbeweises** zum Tragen kommen 34

Grundsätzen (Teil A), der im Teil B geregelten GdS-Tabelle und Regelungen zu den Merkzeichen (Teil D) im Teil C Einzelheiten zur Begutachtung im Sozialen Entschädigungsrecht. Letztere (Teil C) wurden neugefasst auf Grundlage des benannten Art. 26, allerdings ohne die bisher geltenden Kausalitätsgrundsätze zu ändern – jedoch in Sprachgebrauch, Systematik und Struktur modernisiert. Es ist ein Referentenentwurf zur Änderung der VersMedV im Herbst 2018 vorgelegt worden (6. Änderungsverordnung VersMedV, Bearbeitungsstand 28.8.2018, s. auch BT-Drs. 19/4946 und BT-Drs. 19/5262 zur Anfrage der FDP-Fraktion zur Praxis der Anerkennung von Schwerbehindertenausweisen bei Trisomie 21 insbesondere bei Kindern und Jugendlichen), ohne dass nach kritischer Diskussion hierüber derzeit ein neuer Entwurf vorliegt – vgl. S. Knickrehm in Udsching/Rolfs, Jahrbuch des Sozialrechts der Gegenwart, Band 41, S. 361 (362 f.).

114 S. Knickrehm SGb 2010, 381.

115 BSG 22.9.1977 – 10 RV 15/77, BSGE 45, 9, SGb 1978, 313; vgl. auch BSG 17.12.1980 – 12 RK 42/80, SozR 5070 § 3 Nr. 1; BSG 10.8.1989 – 4 BA 94/89; BSG 8.8.2001 – B 9 V 23/01 B, Breith 2001, 967.

116 BSG 8.8.2001 – B 9 V 23/01 B, Breith 2001, 967.

117 Vgl. Dahm ZfS 2002, 310; Stoll NZS 1998, 369.

lassen.[118] Zwar – so das BSG – schweige der Gesetzgeber zu diesem Problem. Aus dem Schweigen des Gesetzgebers könne jedoch gefolgert werden, dass er die Lösung der mit der Rechtsausdehnung insoweit verbundenen Probleme der Rechtsanwendung überlassen und damit auch den Gerichten den Freiraum belassen habe, die der besonderen Situation nach dem Beitritt der neuen Bundesländer angemessenen Rechtsgrundsätze zu entwickeln.[119] Der Anscheinsbeweis ermöglicht bei sogenannten typischen Geschehensabläufen, von einer festgestellten Ursache auf einen bestimmten Erfolg oder von einem festgestellten Erfolg auf eine bestimmte Ursache zu schließen. Er beruht auf Erfahrungswissen. Es muss also ein Hergang zugrunde liegen, der erfahrungsgemäß in bestimmtem Sinne abläuft. Sind aber mehrere Geschehensabläufe oder Vorgänge möglich, dann ist diese Beweisregel ausgeschlossen, mag auch eine von mehreren Möglichkeiten, die für den Antragsteller günstig wäre, wahrscheinlicher sein als eine andere.[120]

II. Absatz 2

35 **1. Schädigende Ereignisse nach dem SGB XIV.** Die schädigenden Ereignisse des SGB XIV sind in § 1 Abs. 2 SGB XIV enumerativ aufgezählt. Es handelt sich nach § 1 Abs. 2 Nr. 1 SGB XIV um **Gewalttaten** iS der §§ 13, 14 SGB XIV, nach § 1 Abs. 2 Nr. 2 SGB XIV um **Kriegsauswirkungen beider Weltkriege** iSd § 21 SGB XIV, nach § 1 Abs. 2 Nr. 3 SGB XIV um Ereignisse im Zusammenhang mit der **Ableistung des Zivildienstes** iSd § 23 SGB XIV und nach § 1 Abs. 2 Nr. 4 SGB XIV um **Schutzimpfungen** und andere **Maßnahmen der spezifischen Prophylaxe** iSd § 24 SGB XIV. Schädigende Ereignisse sind nach § 4 Abs. 2 SGB XIV zudem **Unfälle**. Sie führen zu einem entsprechenden Anspruch nach dem SER – soweit alle Tatbestandsvoraussetzungen einschließlich der Kausalanforderungen erfüllt sind – und wenn sie sich ereignen, auf einem Hin- oder Rückweg, der notwendig ist, um Leistungen nach diesem Buch in Anspruch zu nehmen (Nr. 1 Buchst. a), bei Inanspruchnahme der Berechtigten nach diesem Buch zustehenden Leistungen (Nr. 1 Buchst. b) oder bei der unverzüglichen Erstattung einer Strafanzeige oder auf dem Hin- oder Rückweg hiervon (Nr. 1 Buchst. c) sowie bei der notwendigen Begleitung einer geschädigten Person bei Handlungen iSv Nr. 1 des § 4 Abs. 2 SGB XIV (Nr. 2).

36 **2. Schädigende Ereignisse nach dem BVG und Gesetzen die das SGB XIV für entsprechend anwendbar erklären.** Auch im Rahmen des SGB XIV können **schädigende Ereignisse** die Leistungsansprüchen nach dem **BVG** zugrundliegen weiterhin zur Anspruchsberechtigung führen. Dies betrifft zum einen diejenigen, die bei Inkrafttreten des SGB XIV – als spätestens am 23.12.2023 – Leistungen nach dem BVG beziehen oder nach dem BVG beantragt haben bzw. Leistungen beziehen nach Gesetzen, nach denen das BVG entsprechend anwendbar ist. Für sie gelten die Regelungen des Kap. 23 mit den Vorschriften zu **Besitzständen**. Zum zweiten gilt nach § 139 S. 1 SGB XIV, dass Personen, die **vor dem 1.1.2024** geschädigt worden sind, Leistungen nach dem SGB XIV erhalten, wenn die Voraussetzungen nach dem BVG in der bis zum 31.12.2023 geltenden Fassung erfüllt waren und sie einen entsprechenden Antrag erst am 1.1.2024 oder später stellen.[121] Ein derartiger besonderer zeitlicher Geltungsbereich gilt auch für Opfer von Gewalttaten nach § 138 SGB XIV, Zivildienstgeschädigte nach § 140 SGB XIV und für Geschädigte durch Schutzimpfungen oder einer anderen Maßnahme der spezifischen Prophylaxe gem. § 141 SGB XIV. Zu den soeben

118 Zum Anscheinsbeweis im Sozialrecht allgemein vgl. BSG 20.6.1995 – 8 RKnU 2/94, NZS 1995, 556; BSG 22.6.1988 – 9/9a RVg 3/87, BSGE 63, 270.
119 BSG 12.12.1995 – 9 RV 14/95, BSGE 77, 151.
120 BSG 22.6.1988 – 9/9a RVg 3/87, BSGE 63, 270; BSG 24.7.1964 – 10 RV 331/62, BVBl 1964, 169; BGH 27.5.1957 – II ZR 132/56, BGHZ 24, 308.
121 Vgl. BT-Drs. 19/13824, 226 f.

benannten Ereignissen, die enumerativ im SGB XIV aufgezählt sind, kommen zukünftig solche hinzu, die einem Entschädigungsanspruch zugrunde liegen aufgrund eines Gesetzes, das auf **entsprechende Anwendung** des zukünftigen SGB XIV – bisher BVG – verweist. Es wird sich handeln um solche, nach dem **HHG, BGSG, VerwRehaG, StrRehaG und AntiDHG** sowie **ContStifG und BFDG** (zum SVG → Vor § 1 Rn. 14).

III. Absatz 3

1. Dauer der Einwirkung – schädigende Ereignisse nach dem SGB XIV. Abs. 3 regelt einen speziellen Aspekt des schädigenden Ereignisses als einem Glied in der Kausalkette, der die vorhergehenden Ausführungen zur Zurechenbar – oder Unmittelbarkeit ergänzt (→ Rn. 26). Als ein schädigendes Ereignis wird in § 1 Abs. 3 SGB XIV nicht nur das definiert, was **zeitlich begrenzt** ist, sondern auch ein **wiederkehrend**es oder über **längere Zeit** einwirkendes. Hier nimmt die neue gesetzliche Regelung des SER in der Rechtsanwendung erkannte rechtliche und tatsächliche Schwierigkeiten, etwa aus der Soldatenversorgung auf, wenn die Schädigungsfolgen nicht durch ein plötzlich von außen auf den Körper einwirkendes **Ereignis**, sondern durch länger andauernde **Einwirkung**en bedingt sind. 37

2. Zeitlich begrenztes Ereignis. Die Wortwahl der „zeitlichen Begrenzung" lehnt an den Begriff des Arbeitsunfalls iSd § 8 Abs. 1 S. 2 SGB VII an.[122] Danach sind Unfälle zeitlich begrenzte, von außen auf den Körper einwirkende **Ereignisse**, die zu einem Gesundheitsschaden (Primärschaden) oder zum Tod geführt haben (Primärschaden = Schädigungsfolge). Von einer derartigen **zeitlichen Begrenzung** des schädigenden Ereignisses ist im SER bisher in der Regel ausgegangen worden. Mit wiederkehrenden oder länger andauernden Ereignissen hat sich die Rechtsanwendung schwergetan, zumal es in BVG und SVG hierfür auch keine eigene Regelungsgrundlage gab (→ Rn. 39 f.). 38

3. Länger einwirkendes Ereignis. Mit der zeitlichen Bestimmung eines möglichen **schädigenden Ereigniss**es als ein „**länger einwirkend**es" nimmt das SGB XIV ebenfalls eine Anleihe im SGB VII – hier im BK-Recht.[123] Insbesondere in der Soldatenversorgung hat sich die Rechtsprechung bisher mit einem Rückgriff auf das **BK-Recht** der GUV (zunächst nach der RVO und jetzt nach dem SGB VII) beholfen.[124] So hat das BSG dargelegt, dass Krankheiten sich aufgrund vielfältiger Einflüsse entwickelten, denen der Einzelne im Laufe seines Lebens ausgesetzt sei. Als Mitursachen kämen zB die persönliche Lebensweise, Erbanlagen und mannigfache Umwelteinwirkungen in Betracht. Der Wehrdienst könne auf dieses Geschehen ebenso (mit)ursächlich einwirken, wie auch für sich allein Schäden herbeiführen. Ebenso wie in dem Recht der GUV seien die Grenzen des versicherungsrechtlich geschützten Bereichs bei einem äußerlich im allgemeinen leicht erkennbaren Unfallgeschehen anders zu ziehen als bei einer BK. Es müsse insbesondere die schicksalhafte Erkrankung aus dem versorgungsrechtlich geschützten Bereich ausgegrenzt werden. Ebenso wie eine Person wegen einer BK nur entschädigt werde, wenn sie „berufseigentümlich" einer erhöhten Gesundheitsgefährdung ausgesetzt gewesen sei, müsse für die Entschädigung einer Erkrankung nach dem SVG im Einzelfall geprüft werden, ob „wehrdiensteigentümliche Verhältnisse" als Ursache in einem Maße vorlägen, dass andere Ursachen in den Hintergrund träten. Dies könne dann der Fall sein, wenn die Erkrankung in die BKVO aufgenommen worden sei. Ferner sei sie dann als Wehrdienstbeschädigung anzuerkennen, wenn der Dienstherr wegen Gefährdung der Soldaten handeln müsste, 39

---

122 S. Kranig SGB 2019, 65 (75).
123 S. Kranig SGB 2019, 65 (75).
124 BSG 11.6.1974 – 9 RV 122/73, BSGE 37, 282, 283, zur Wehrdiensteigentümlichkeit nervlicher Belastungen für einen Herzinfarkt; s. auch BSG 5.5.1993 – 9/9a RV 25/92, SozR 3-3200 § 81 Nr. 8.

weil die Soldaten im Dienst solchen Einwirkungen in höherem Grade als die übrige Bevölkerung ausgesetzt seien und es als medizinstatistisch nachgewiesen gelte, dass die Zahl der Erkrankungen von Soldaten signifikant höher als in der Allgemeinbevölkerung sei. Inwieweit sich diese Probleme bei den im SER verbliebenen schädigenden Ereignissen noch stellen werden, nachdem davon auszugehen ist, dass die Soldatenversorgung zukünftig aus dem SER, das den Regeln des SGB XIV folgt herausfallen wird, bleibt abzuwarten. Denkbar sind derartige Konstellationen wohl in erster Linie bei Ereignissen iSd § 1 Abs. 2 Nr. 3 SGB XIV (Ableistung des Zivildienstes) und iSd § 1 Abs. 2 Nr. 2 SGB XIV (Kriegsauswirkungen beider Weltkriege). In der Entwurfsbegründung wird als Beispiel wohl aus dem Bereich der Gewaltopferversorgung die anhaltende Situation während der Gefangenschaft genannt.[125]

40 **4. Wiederkehrend einwirkendes Ereignis.** Das **wiederkehrende Ereignis** ist ein „echtes" Novum und findet bisher auch kein rechtliches Pendant in der GUV. Kranig weist darauf hin, dass diese Regelung des § 1 Abs. 3 SGB XIV auch die in der GUV bestehende Lücke zwischen Arbeitsunfall und Berufskrankheit sachgerecht schließen könne.[126] Gerade im Bereich der Gewaltopferentschädigung hat sich insoweit eine Notwendigkeit ergeben. So ist es nicht auszuschließen, dass ein einzelnes Ereignis idG einer Gewalttat noch keine gesundheitlichen Auswirkungen zeigt, zumindest keine Schädigungsfolgen hervorruft, aber die Wiederholung dessen. Hierbei ist zu beachten, dass durch § 13 Abs. 1 Nr. 2 SGB XIV nun auch Straftaten gegen freie Willensentscheidung einer Person ein schädigendes Ereignis darstellen können, wie zB auch das Stalking, was das BSG bei fehlender Tätlichkeit des Angriffs bisher abgelehnt hatte.[127] In der Entwurfsbegründung wird insoweit auch verwiesen auf eben diese Situationen der Nachstellung, aber auch des Menschenhandels.[128]

D. Anhang

I. BVG

41 **§ 1 BVG [Voraussetzungen des Versorgungsanspruchs]**

(1) Wer durch eine militärische oder militärähnliche Dienstverrichtung oder durch einen Unfall während der Ausübung des militärischen oder militärähnlichen Dienstes oder durch die diesem Dienst eigentümlichen Verhältnisse eine gesundheitliche Schädigung erlitten hat, erhält wegen der gesundheitlichen und wirtschaftlichen Folgen der Schädigung auf Antrag Versorgung.

(2) Einer Schädigung im Sinne des Absatzes 1 stehen Schädigungen gleich, die herbeigeführt worden sind durch

a) eine unmittelbare Kriegseinwirkung,
b) eine Kriegsgefangenschaft,
c) eine Internierung im Ausland oder in den nicht unter deutscher Verwaltung stehenden deutschen Gebieten wegen deutscher Staatsangehörigkeit oder deutscher Volkszugehörigkeit,
d) eine mit militärischem oder militärähnlichem Dienst oder mit den allgemeinen Auflösungserscheinungen zusammenhängende Straf- oder Zwangsmaßnahme, wenn sie den Umständen nach als offensichtliches Unrecht anzusehen ist,
e) einen Unfall, den der Beschädigte auf einem Hin- oder Rückweg erleidet, der notwendig ist, um eine Maßnahme der Heilbehandlung, eine Badekur, Versehrtenleibesübungen als Gruppenbehandlung oder Leistungen zur Teilhabe am Arbeitsleben nach § 26 durchzuführen oder um auf Verlangen eines zuständigen Leistungsträgers oder eines Gerichts wegen der Schädigung persönlich zu erscheinen,
f) einen Unfall, den der Beschädigte bei der Durchführung einer der unter Buchstabe e aufgeführten Maßnahmen erleidet.

125 BT-Drs. 19/13824, 270.
126 Kranig SGB 2019, 65 (75).
127 BSG 6.102011 – B 9 VG 18/10 B, mwN.
128 BT-Drs. 19/13824, 270.

(3) [1]Zur Anerkennung einer Gesundheitsstörung als Folge einer Schädigung genügt die Wahrscheinlichkeit des ursächlichen Zusammenhangs. [2]Wenn die zur Anerkennung einer Gesundheitsstörung als Folge einer Schädigung erforderliche Wahrscheinlichkeit nur deshalb nicht gegeben ist, weil über die Ursache des festgestellten Leidens in der medizinischen Wissenschaft Ungewißheit besteht, kann mit Zustimmung des Bundesministeriums für Arbeit und Soziales die Gesundheitsstörung als Folge einer Schädigung anerkannt werden; die Zustimmung kann allgemein erteilt werden.

(4) Eine vom Beschädigten absichtlich herbeigeführte Schädigung gilt nicht als Schädigung im Sinne dieses Gesetzes.

(5) [1]Ist der Beschädigte an den Folgen der Schädigung gestorben, so erhalten seine Hinterbliebenen auf Antrag Versorgung. [2]Absatz 3 gilt entsprechend.

II. BVGVwV

BVGVwV zu § 1 Nr. 2 42

Ursachen sind die Bedingungen, die wegen ihrer besonderen Beziehung zum Erfolg zu dessen Eintritt wesentlich mitgewirkt haben. Haben mehrere Umstände zu einem Erfolg beigetragen, sind sie versorgungsrechtlich nur dann nebeneinander stehende Mitursachen, wenn sie in ihrer Bedeutung und Tragweite für den Eintritt des Erfolgs annähernd gleichwertig sind. Kommt einem der Umstände gegenüber dem anderen eine überragende Bedeutung zu, ist dieser Umstand allein Ursache im Sinne des BVG.

BVGVwV zu § 1 Nr. 4

Auch die infolge einer Schädigung eingetretene Verschlimmerung eines früheren Leidens begründet einen Anspruch auf Versorgung; dasselbe gilt für eine Gesundheitsstörung, die durch ein äußeres Ereignis hervorgerufen und durch die Folgen der Schädigung verursacht worden ist (mittelbare Schädigungsfolge).

BVGVwV zu § 1 Nr. 9

Wahrscheinlichkeit iS des § 1 Abs. 3 liegt vor, wenn unter Berücksichtigung der herrschenden medizinisch-wissenschaftlichen Lehrmeinung mehr für als gegen den ursächlichen Zusammenhang spricht. Eine Anerkennung nach § 1 Abs. 3 S. 2 setzt eine zeitliche Verbindung zwischen krankhaften Veränderungen und einem nach § 1 als schädigendes Ereignis in Betracht kommenden Tatbestand voraus. Es müssen außerdem Schädigungsfaktoren vorhanden sein, die wegen der Ungewissheit in der medizinischen Wissenschaft nicht mit der erforderlichen Wahrscheinlichkeit als Ursache der Gesundheitsstörung bewertet werden können.

BVGVwV zu § 1 Nr. 13

Schäden an Leib oder Leben, für die der frühere Wehrmachtsfiskus nur zivilrechtlich schadensersatzpflichtig war, sind keine Schädigungsfolgen iS des § 1.

§ 2 Berechtigte der Sozialen Entschädigung

(1) Berechtigte sind Geschädigte sowie deren Angehörige, Hinterbliebene und Nahestehende.

(2) Geschädigte sind Personen, die durch ein schädigendes Ereignis nach diesem Buch unmittelbar eine gesundheitliche Schädigung erlitten haben.

(3) [1]Angehörige sind Ehegatten sowie Kinder und Eltern von Geschädigten. [2]Als Kinder gelten auch in den Haushalt Geschädigter aufgenommene Stiefkinder sowie Pflegekinder im Sinne des § 2 Absatz 1 Satz 1 Nummer 2 des Bundeskindergeldgesetzes.

(4) [1]Hinterbliebene sind

1. **Witwen, Witwer und Waisen,**
2. **Eltern sowie**
3. **Betreuungsunterhaltsberechtigte**

einer an den Folgen einer Schädigung verstorbenen Person. [2]Als Waisen gelten auch in den Haushalt der an den Folgen einer Schädigung verstorbenen Person aufgenommene

Stiefkinder sowie Pflegekinder im Sinne des § 2 Absatz 1 Satz 1 Nummer 2 des Bundeskindergeldgesetzes.

(5) Nahestehende sind Geschwister sowie Personen, die mit Geschädigten eine Lebensgemeinschaft führen, die der Ehe ähnlich ist.

A. Gesetzesgeschichte

I. Geltendes und neues Recht

1 Der Kreis der **Leistungsberechtigten**[1] wird in § 2 SGB XIV schon für die Zeit ab dem **1.1.2021** (fast) (→ Rn. 3) erschöpfend festgelegt. Nach Art. 60 Abs. 5 G-SER ist die Regelung bereits zu diesem Zeitpunkt in Kraft getreten (s. iE → Rn. 2).[2] Anspruchsberechtigte nach dem SGB XIV sind die **Geschädigten** selbst (§ 2 Abs. 2 SGB XIV), **Angehörige** iSd § 2 Abs. 3 SGB XIV, **Hinterbliebene**, wie in § 2 Abs. 4 SGB XIV im Einzelnen bestimmt, und **Nahestehende** iSd § 2 Abs. 5 SGB XIV. Im Kap. 2 Abschn. 2 werden mit Wirkung zum 1.1.2024 (Art. 60 Abs. 7 G-SER) bei der Realisierung des schädigenden Ereignisses „Gewalttat" iSd § 1 Abs. 2 Nr. 1 SGB XIV (zu schädigenden Ereignissen → § 1 Rn. 35) zwei weitere Personengruppen ergänzend anspruchsberechtigt nach dem SGB XIV. Es sind nach § 14 Abs. 2 SGB XIV Personen, die durch das Miterleben der Tat oder das Auffinden des Opfers eine gesundheitliche Schädigung erlitten haben, ohne dass sie dem in § 2 Abs. 1 benannten Kreis der Anspruchsberechtigten zugehören müssen (**Schockschadensopfer**). Ferner sind anspruchsberechtigt Personen, die durch die Überbringung der Nachricht vom Tode oder einer schweren Verletzung des Opfers eine gesundheitliche Schädigung erleiden – allerdings nur dann, wenn sie eine enge emotionale Beziehung mit dem Opfer verbindet. Solche **Sekundäropfer** (s. auch → Rn. 11) sind in der Regel Angehörige und Nahestehende. Es können aber auch Personen sein, die aus anderen Gründen die emotionale Beziehung zum Opfer haben.

1 Zur Entschädigung von Angehörigen der Anfang 1943 hinter der Front zur Partisanenbekämpfung („Unternehmen Winterzauber") eingesetzten lettischen „Schutzmannschaftsbataillone", BSG 16.4.2002 – B 9 V 2/01 R, BSGE 89, 207.

2 BGBl. 2019 I 2652, 2724.

2 Gegenüber dem **Referentenentwurf** aus dem Jahr 2018[3] hat sich nach der Anhörung der Verbände[4] im Jahr 2019[5] eine Änderung insbesondere der Zuordnung des betroffenen Personenkreises zu den unter → Rn. 1 aufgeführten einzelnen Gruppen der Anspruchsberechtigten ergeben. So ist die im Referentenentwurf noch zu findende Bezeichnung „Lebenspartnerin und Lebenspartner" (§ 3 Abs. 3 SGB XIV-Ref.-E) gestrichen worden. Nach § 1 S. 1 LPartG können nach dem 30.9.2017 keine Lebenspartnerschaften zwischen zwei Personen gleichen Geschlechts begründet werden. Sie gründen nun eine Ehe (§ 1353 Abs. 1 BGB; → Rn. 17) und bestehende Lebenspartnerschaften können in eine Ehe nach § 20a LPartG umgewandelt werden. Auch wenn dies nicht geschehen ist, gelten die beiden Partner einer vor dem 1.10.2017 geschlossenen Lebensgemeinschaft als Ehegatten iSd § 2 Abs. 3 SGB XIV, denn aufgrund des § 21 LPartG[6] gelten die Regelungen für Eheleute auch für eingetragene **Lebenspartnerinnen** und **Lebenspartner**, so dass diese keine besondere Erwähnung in der Aufzählung zu finden brauchten.[7] Dasselbe gilt auch für die Hinterbliebenen iSd § 2 Abs. 3 SGB XIV. Witwen und Witwer sind auch die im Referentenentwurf (§ 3 Abs. 4 SGB XIV-Ref.-E) noch zusätzlich benannten „hinterbliebenen eingetragenen Lebenspartnerinnen und Lebenspartner". In § 2 Abs. 4 Nr. 2 SGB XIV eingefügt worden sind Betreuungsunterhaltsberechtigte. Bei ihnen handelt es sich um Partner einer „eheähnlichen Lebensgemeinschaft" (s. iE → Rn. 33 ff.).[8] Ihre Erwähnung war erforderlich geworden, weil das BVerfG am 9.11.2004 befunden hat, es sei mit Art. 3 Abs. 1 iVm Art. 6 Abs. 1 GG unvereinbar, dass das OEG keine Versorgungsleistung für den **Partner einer nichtehelichen Lebensgemeinschaft** vorsehe, der nach dem gewaltsamen Tod des anderen Lebenspartners unter Verzicht auf eine Erwerbstätigkeit die Betreuung der gemeinsamen Kinder übernehme (s. auch bereits § 1 zunächst Abs. 8, nun Abs. 5 OEG, → Rn. 35).[9] Dies ergänzend ist in das SGB XIV in der am 12.12.2019 beschlossenen Fassung gegenüber dem Ref.-E aufgenommen worden, dass als Waisen auch in den Haushalt der an den Folgen einer Schädigung verstorbenen Person aufgenommene Stiefkinder sowie Pflegekinder im Sinne des § 2 Abs. 1 S 1 Nr. 2 BKKG gelten (iE → Rn. 21 ff., 24 ff.). Während **„Eltern"** nach § 3 Abs. 5 SGB XIV-Ref.-E noch der anspruchsberechtigten Gruppe der „Nahestehenden" zugeordnet waren, werden sie nun in der Gruppe der „Angehörigen" verortet (s. iE → Rn. 29). Verknüpft ist dies mit einer Aufnahme eines Anspruchs auf die sog. „Elternrente" iSd § 88 SGB XIV ins SER, die der SGB XIV-Ref.-E noch nicht vorsah.

3 § 2 SGB XIV ist zwar bereits **in Kraft getreten** (→ Rn. 1), kommt in **Bestandsfällen** jedoch wohl nur sehr selten zur Anwendung. Voraussetzung hierfür ist, dass das zurzeit noch geltende Gesetz der SE einen Anspruch für die betreffende Personengruppe vorsehen muss, sofern nicht in dem bereits in Kraft getretenen SGB XIV ein solcher

---

3 Referentenentwurf des BMAS zum Entwurf eines Gesetzes zur Regelung des Sozialen Entschädigungsrechts – G-SER – vom 20.11.2018; abzurufen unter https://www.google.com/url?sa=t&rct=j&q=&esrc=s.&source=web&cd=&ved=2ahUKEwiJtbHr1fvwAhXN1qQKHXf8D40QFjABegQIBRAD&url=https%3A%2F%2Fwww.vdek.com%2Fcontent%2Fdam%2Fvdeksite%2Fvdek%2Fpolitik%2Fgesetze%2FReferentenentwurf_Gesetz_zur_Regelung_des_Sozialen_Entsch%25C3%25A4digungsrechts_SER_SGB-XIV.pdf&usg=AOvVaw0REAccGaZQ0DAU4xgowN67.

4 Vgl. zusammenfassend Knickrehm in Udsching/Rolfs, Jahrbuch des Sozialrechts, Band 40, S. 331 ff. mwN, insbesondere auch zu den einzelnen Stellungnahmen der Verbände.

5 BT-Drs. 19/13824, 170 f.

6 Lebenspartnerschaftsgesetz v. 16.2.2001, BGBl. 2001 I 266 zuletzt geändert durch Art. 3 des Gesetzes zur Umsetzung des Gesetzes zur Einführung des Rechts auf Eheschließung für Personen gleichen Geschlechts v. 18.12.2018, BGBl. 2018 I 2639.

7 BT-Drs. 19/13824, 170.

8 BT-Drs. 19/13824, 171.

9 BVerfG 9.11.2004 – 1 BvR 684/98, BVerfGE 112, 50.

Anspruch selbstständig begründet wird. Die ausdrückliche Bestimmung der Anspruchsberechtigung durch das betreffende Gesetz der SE (→ Vor § 1 Rn. 14) oder für die betreffende Leistungsart nach dem SGB XIV ist auch in Zukunft erforderlich. Denn zum einen differenziert § 6 SGB XIV im Hinblick auf die Leistungsansprüche nach den einzelnen Personengruppen und zum anderen wird innerhalb der einzelnen Leistungsarten iSd § 3 SGB XIV auch nach dem Kreis der in § 2 SGB XIV definierten Anspruchsberechtigten unterschieden. Bezieher und Antragsteller nach dem **BVG** erhalten damit weiterhin Leistungen nach den Regeln des BVG, denn dieses tritt erst mit Ablauf des 31.12.2023 außer Kraft. Dies bedeutet, die Leistungsgewährung folgt bis dahin den Regeln des BVG, wobei zB Leistungen für **Nahestehende** iSd § 2 Abs. 5 SGB XIV dort nicht vorgesehen sind (s. auch → Rn. 38 f.). „Übersetzt" in das BVG sind die in § 2 Abs. 3 SGB XIV benannten „Angehörigen", also Ehegatten, Kinder und Eltern, letztlich nur Eltern und zB im Rahmen der Pflegeleistungen „Ehegatten des zu pflegenden Geschädigten". Die weiteren Angehörigen sind dort wie in § 4 Abs. 4 SGB XIV „Hinterbliebene". Zur Einbeziehung von Lebenspartnerinnen und -partnern und der Erziehung gemeinsamer Kinder in den Kreis der Leistungsberechtigten → Rn. 2. Bei schädigenden Ereignissen – nicht nur Gewalttaten, sondern auch den in anderen Gesetzen als anspruchsauslösend bestimmten –, die sich ab dem **1.1.2021** zutragen, sind Anspruchsberechtigte diejenigen des § 2 SGB XIV. Dies bedeutet zB, dass selbst dann, wenn das betreffende Gesetz keine Leistungen für Nahestehende von durch einen Munitionsfund aus dem Zweiten Weltkrieg Geschädigte nach dem BVG vorsieht, die Nahestehenden unter den in §§ 31 ff. SGB XIV benannten Voraussetzungen Leistungen der **Traumaambulanz**, auch im **Erleichterten Verfahren** nach §§ 115, 116 SGB XIV,[10] erhalten können. Die Regelungen des Kap. 4 Abschn. 3 sind neben § 2 SGB XIV bereits zum 1.1.2021 in Kraft getreten.

II. Änderungen im SGB XIV gegenüber dem BVG und Parallelität

4 Die in § 2 SGB XIV verwendete Bezeichnung **„Nahestehende"** findet sich im **BVG** oder den Gesetzen der SE, die auf das BVG verweisen, nicht. **„Angehörige"** als Berechtigte iSd § 2 Abs. 3 SGB XIV sind nach dem BVG letztlich nur die **Eltern** oder ggf. Verwandte der aufsteigenden Linie iSd § 38 Abs. 1 S. 1 BVG (zur Elternrente s. §§ 49 ff. BVG;[11] hier finden sich unter § 50 Abs. 2 Nr. 3 BVG auch Großeltern als Anspruchsberechtigte im Hinblick auf die Elternrente; s. im SGB XIV § 88 Abs. 3 Nr. 2, → Rn. 29). Der Begriff „Angehörige" wird in § 1 Abs. 1 Nr. 2 HHG ohne nähere Eingrenzung bzw. Abgrenzung zu den Begriffen „Hinterbliebene", „Eltern" oder „Kinder" verwendet. Lilienfeld vertritt daher die Auffassung, dass es sich nach den jeweiligen Vorschriften des BVG, auf die § 4 HHG verweist, bestimme, wer zu dem jeweiligen Personenkreis gehöre.[12] Insoweit weicht die Systematik des SGB XIV jedoch von der des BVG ab. Im SGB XIV wird die Leistung den „Angehörigen" iSd § 2 Abs. 3 SGB XIV gewährt, soweit sie eine Leistung beanspruchen können. Anders ist es hingegen an vielen Stellen im BVG. So werden Leistungen der Krankenbehandlung nach § 10 Abs. 4 BVG dem Schwerbeschädigten erbracht, für den Ehegatten und für die Kinder iSd § 33b Abs. 1 bis 4 BVG sowie sonstige Angehörigen, die mit dem Schwerbeschädigten in häuslicher Gemeinschaft leben und von ihm überwiegend unterhalten werden. Anspruchsberechtigte sind insoweit nach dem Wortlaut der Vorschrift die „Geschädigten bzw. die dortigen Hinterbliebenen".[13] In der Rolle des den Leistungsanspruch der Geschädigten erhöhenden „Faktors" – nicht als selbstständig Leistungsberechtigte – werden Angehörige zB auch im Rahmen der Pflegeleistungen

10 Nach Art. 60 Abs. 5 G-SER ebenfalls zum 1.1.2021 in Kraft getreten.
11 Vgl. zu den Einzelheiten HK-SozEntschR/Dau BVG § 51.
12 Siehe HK-SozEntschR/Lilienfeld HHG § 1 Rn. 16.
13 Vgl. iE HK-SozEntschR/Vogl BVG § 10 Rn. 30.

benannt – s. „Eltern des zu pflegenden Geschädigten" (zur Pflegezulage s. § 35 BVG[14]). Alle weiteren Angehörigen nach dem BVG sind letztlich **„Hinterbliebene"** iSd § 4 Abs. 4 Nr. 1 SGB XIV. Zur Einbeziehung von Lebenspartnerinnen und -partnern und der Erziehung gemeinsamer Kinder in den Kreis der Leistungsberechtigten nach dem BVG s. → Rn. 2. Die Regelung des SGB XIV lehnt sich im Hinblick auf die Verwendung des Begriffs „Kinder" an den des § 45 Abs. 2 BVG an, der als Kinder gelten lässt Stiefkinder oder Kinder des Lebenspartners, die der Verstorbene in seinen Haushalt aufgenommen hatte und Pflegekinder iSd § 2 Abs. 1 Nr. 2 BKGG.[15]

Die Aufnahme der **„Nahestehenden"** in das SGB XIV ist in erster Linie der Erkenntnis geschuldet, dass das schädigende Ereignis und die Schädigungsfolge eines Geschädigten auch für Personen, wie Geschwister oder Partner einer nichtehelichen Lebensgemeinschaft einen Einschnitt in das Leben der Nahestehenden mit sich bringen kann.[16] Um bei diesem „Einschnitt" Unterstützung zu leisten, werden sie zukünftig nach § 6 Abs. 1 SGB XIV Anspruch auf **Leistungen der SH** nach Maßgabe der Vorschriften des Kap. 4 sowie nach § 43 SGB XIV auf **besondere psychotherapeutische Leistungen** haben. Zum Anspruch auf Leistungen der **Traumaambulanz** nach Kap. 4 Abschn. 3 (§§ 31–36 SGB XIV) für Nahestehende bereits ab dem 1.1.2021 → Rn. 3. 5

Mit der vorweggestellten Bestimmung des Kreises der **Anspruchsberechtigten** der SE in § 2 SGB XIV unterscheidet sich das neue SER systematisch deutlich vom BVG als dem Leitgesetz der SE (zu Leitgesetz → Vor § 1 Rn. 18). Das BVG verbindet den Kreis der Anspruchsberechtigten, wie er in § 2 SGB XIV vorab definiert wird, immer unmittelbar mit dem jeweiligen Leistungsanspruch (→ Rn. 7 zur Bedeutung von § 7 BVG). So regelt zB § 1 Abs. 1 BVG, dass Beschädigte (s. Geschädigte nach § 2 Abs. 2 SGB XIV), wenn die Schädigungsfolge auf einer militärischen Dienstverrichtung beruht, für die gesundheitlichen und wirtschaftlichen Folgen Versorgung erhalten. Damit wird deutlich, anspruchsberechtigt sind in diesem Fall die Geschädigten und nicht ihre Hinterbliebenen. Deren Anspruchsberechtigung wird erst in § 38 Abs. 1 BVG im Zusammenhang mit der Hinterbliebenenrente geregelt, wenn es dort heißt, „Ist ein Beschädigter an den Folgen einer Schädigung gestorben, so haben die Witwe (Witwer – Gleichstellung mit der Witwe – s. § 43 BVG), der hinterbliebene Lebenspartner, die Waisen und die Verwandten der aufsteigenden Linie (s. ausschließlich bei der Elternrente §§ 49 ff. BVG) Anspruch auf Hinterbliebenenrente." 6

§ 7 BVG – erweitert um **§ 8 BVG** – regelt, auf wen das BVG anwendbar ist iS eines **persönlichen Geltungsbereichs** und nicht iSd § 2 SGB XIV der Bestimmung des Kreises der Anspruchsberechtigten. Die Vorschriften begründen keinen Entschädigungsanspruch.[17] Hierzu ist es erforderlich, dass ein versorgungsrechtlich geschützter Tatbestand iSd §§ 1 bis 6 erfüllt ist.[18] Die Tatbestandsvoraussetzungen des § 7 BVG müssen in der Person des Versorgungsberechtigten verwirklicht sein, auch wenn die Leistung dem Hinterbliebenen erbracht wird.[19] Die in § 7 BVG normierten Voraussetzungen dienen der Abgrenzung zwischen deutschen oder Personen mit deutscher Volkszugehörigkeit und **Ausländern**. Auf Ausländer ist das BVG im weitesten Sinne nur unter den Bedingungen des § 7 Abs. 1 Nr. 2 und 3 BVG anwendbar, wenn die Schädigung also bei der Ausübung des Dienstes für die deutsche Wehrmacht oder für eine deutsche Organisation oder die Schädigung in territorialem Zusammenhang mit Deutschland verursacht worden ist. § 8 BVG erweitert den Personenkreis um Berechtigte mit 7

14 Vgl. zu den Einzelheiten HK-SozEntschR/Vogl BVG § 35 Rn. 37 ff.
15 Vgl. hierzu HK-SozEntschR/Dau BVG § 45 Rn. 5.
16 BT-Drs. 19/13824, 171.
17 Vgl. BSG 27.8.1974 – 9 RV 406/73, Breith 1975, 219; BSG 8.7.1980 – 9 RV 44/79.
18 Vgl. BSG 30.10.1969 – 8 RV 89/68, BSGE 30, 115.
19 S. jedoch zum Begriff des anderen Kriegsopfers: BSG 7.2.1985 – 9a RV 5/83, BSGE 58, 38; s. auch BT-Drs. 17/5311, 9; zu den Hinterbliebenen s. auch BT-Drs. 17/5311, 15.

Wohnsitz im Ausland. Damit entsprechen die dortigen Regelungen § 7 SGB XIV, der bestimmt, dass Ausländerinnen und Ausländer dieselben Ansprüche wie Deutsche haben und § 101 SGB XIV, der die Leistungsmodalitäten bei Wohnsitz im Ausland festlegt.

B. Normsystematik

I. Allgemeiner Regelungsgehalt

8 Der Normgehalt des § 2 SGB XIV besteht allein in der Bestimmung des Kreises der Leistungs**berechtigten** der SE sowie der Definition der einzelnen Gruppen von Berechtigten und zwar für alle Leistungen der SE und alle schädigenden Ereignisse, für deren Folgen die staatliche Gemeinschaft iSd § 1 Abs. 1 SGB XIV die Verantwortung trägt. Die Gruppen der Leistungsberechtigten werden in § 2 Abs. 1 SGB XIV bezeichnet mit: Geschädigte, Angehörige, Hinterbliebene und Nahestehende. Soll in Anbetracht der Folgen eines schädigenden Ereignisses eine weitere Personengruppe die Leistungsberechtigung erhalten, so muss dies entweder bei der betreffenden Leistungsart oder in dem Gesetz, dass auf das SGB XIV Bezug nimmt, geregelt werden. Eine derartige Abweichung ist nach § 14 SGB XIV zB für die Gewaltopferentschädigung vorgesehen. Dort werden nach § 14 Abs. 2 SGB XIV Schockschadens- und Sekundäropfer in die Leistungsberechtigung einbezogen (s. auch → Rn. 1). Die in § 2 Abs. 1 SGB XIV aufgezählten anspruchsberechtigten Personenkreise werden in den Abs. 2 bis 5 näher **definiert**.

II. Systematische Einordnung und Normzweck

9 Auch § 2 SGB XIV gehört zu den **Einweisungsnormen** des SER (→ § 1 Rn. 5). Die Vorschrift bestimmt seit dem 1.1.2021 den Kreis der Berechtigten der SE[20]. Ab dem 1.1.2024 gilt er für die **Berechtigten** aller vier der im SGB XIV festgelegten Komplexe schädigender Ereignisse und für alle Leistungen, die das SGB XIV vorhält. Derzeit hat er zB für Nahestehende nur Bedeutung für die Leistungen der Traumaambulanz (§§ 31 ff. SGB XIV) und das Erleichterte Verfahren (§§ 115 f. SGB XIV) für den Zugang zu diesen bzw. soweit die einzelnen Gesetze der SE eine Berechtigung für bestimmte Personenkreise vorsehen (→ Rn. 4 f.). Die Vorschrift selbst vermittelt keine Leistungsansprüche, sondern dient lediglich der Bestimmung und Definition der potenziell leistungsberechtigten Personenkreise. Ob den in § 2 SGB XIV als leistungsberechtigt benannten Personenkreisen auch Leistungen der SE erbracht werden, richtet sich nach § 6 SGB XIV, den speziellen Regelungen bei den einzelnen Leistungsarten (zB für Leistungen der Krankenbehandlung nach § 42 SGB XIV, der im Hinblick auf das „ob" der Leistungserbringung nach Geschädigten, Angehörigen/Nahestehenden und Hinterbliebenen differenziert) und der Regelungsstruktur der Gesetze, die auf das SGB XIV verweisen werden.

C. Einzelkommentierung

I. Abs. 1

10 Abs. 1 bestimmt, wer in Zukunft die Berechtigten der SE sind – für alle Leistungsarten der SE und alle schädigenden Ereignisse, für deren Folgen iSd § 1 SGB XIV die staatliche Gemeinschaft Verantwortung durch Leistungen der SE trägt, mit **Geschädigten**, **Berechtigten**, **Angehörigen** und **Hinterbliebenen** sowie **Nahestehenden**. Der Regelungsgehalt von Abs. 1 erschöpft sich in der Aufzählung der **Berechtigten**gruppen. Die **Aufzählung** ist allerdings **nicht abschließend**. Es können für einzelne Leistungsarten oder bestimmte schädigende Ereignisse, den dortigen Besonderheiten entsprechend,

20 Art. 60 Abs. 5 G-SER.

weitere Leistungsberechtigte bestimmt werden (→ Rn. 1). Soweit eine Vorschrift der SE eine der in Abs. 1 benannten Personengruppen als leistungsberechtigt bestimmt, handelt es sich immer um die Personengruppe, wie sie in den Abs. 2 bis 5 des § 2 SGB XIV **legal definiert** wird. Abweichungen hiervon müssen ausdrücklich bestimmt werden, wie etwa in § 88 Abs. 3 Nr. 2 SGB XIV, wenn dort Großeltern im Hinblick auf die monatliche Entschädigungszahlung an hinterbliebene Eltern diesen gleichgestellt werden (§ 88 SGB XIV).

II. Abs. 2

§ 2 Abs. 2 SGB XIV definiert den leistungsberechtigten Personenkreis der **„Geschädigten"** und zwar anders als das BVG unabhängig von der Art des schädigenden Ereignisses. Das SGB XIV differenziert ersichtlich zwischen überlebenden Geschädigten und solchen, bei denen die Schädigungsfolge der Tod ist. Letztere werden mit **„an den Folgen einer Schädigung verstorbene Personen"** bezeichnet. Dies ist deswegen von Bedeutung, weil an die Art der Schädigungsfolge unterschiedliche Leistungsansprüche anknüpfen – im Hinblick auf die verstorbene Person insbesondere Hinterbliebenenleistungen, aber auch andere Leistungen unter besonderen Voraussetzungen. § 1 Abs. 2 SGB XIV bestimmt, dass der Personenkreis der Beschädigten durch ein schädigendes Ereignis der SE, iSd in Kap. 2 Abschn. 2, Unterabschn. 1–4 SGB XIV oder ein Gesetz, dass die entsprechende Anwendbarkeit des SGB XIV regelt, **„unmittelbar"** (hierzu → § 1 Rn. 26) eine **gesundheitliche Schädigung** erlitten haben muss. **Abweichungen** hiervon müssen ausdrücklich normiert werden, wie etwa nach § 14 Abs. 2 SGB XIV betreffend die **Sekundäropfer**, die durch die Überbringung der Nachricht vom Tod oder der schweren Verletzung des Opfers selbst eine gesundheitliche Schädigung erlitten haben (§ 14 SGB XIV). 11

Anspruchsberechtigt ist, wer die die gesundheitliche Schädigung in seiner Person erlitten hat und einen der Schädigungstatbestände des SGB XIV bzw. der Gesetze, die auf die entsprechende Anwendung des SGB XIV verweisen, erfüllt.[21] Der Anspruchsberechtigte muss **unmittelbar geschädigt** sein. Dies nimmt das Gesetz auch bei den **„Schockschadensopfern"** an, benennt sie allerdings ausdrücklich durch Gleichstellung als Geschädigte. Der nur **mittelbar Geschädigte**[22] steht nicht unter dem Versorgungsschutz. 12

Beispiel: Die Ehefrau, die sich bei ihrem Ehemann, bei dem Lungentuberkulose als Schädigungsfolge anerkannt ist, angesteckt hat oder der Ehemann, der sich eine Lueserkrankung zuzog, weil seine Ehefrau sich hieran bei einer Vergewaltigung infiziert hatte.[23]

Das BSG hat in seiner Rechtsprechung zum BVG das Erfordernis der unmittelbaren (nun gesundheitlichen) Schädigung dem Wortlaut des § 1 Abs. 1 BVG entnommen: „*Wer* ... eine gesundheitliche Schädigung erlitten" habe, erhalte wegen der gesundheitlichen und wirtschaftlichen Folgen der Schädigung Versorgung. Zudem werden § 1 Abs. 2 lit. a BVG und § 5 BVG zur Begründung der „Unmittelbarkeit" herangezogen.[24] Danach ist grundsätzlich ein **enger zeitlicher und örtlicher Zusammenhang**[25] zwischen dem Schädigungstatbestand und der schädigenden Einwirkung iS einer 13

21 BSG 15.1.1960 – 11/10 RV 51/57, BSGE 11, 234; BSG 28.1.1975 – 10 RV 159/74, SozR 3100 § 1 Nr. 5.
22 Bischoff ZfS 1964, 171.
23 BSG 7.11.1079 – 9 Vg 1/78, BSGE 49, 98; BSG 8.12.1982 – 9a RV 18/82, BSGE 54, 206; Verfassungsbeschwerde ist vom BVerfG nicht angenommen worden BVerfG 11.10.1983 – 1 BvR 171/83; vgl. auch Anm. v. Schulin SGb 1983, 451; BSG 28.1.1975 – 10 RV 159/74, Breith 1975, 872.
24 BSG 10.12.2002 – B 9 VG 7/01 R, BSGE 90, 190; BSG 25.3.2004 – B 9 VG 5/02 R.
25 S. auch BSG 11.7.2000 – B 9 V 36/00 B.

engen, untrennbaren Verbindung beider Tatbestandselemente ohne örtliche und zeitliche Zwischenglieder erforderlich. Geregelt wird insoweit eine Vorfrage der Kausalität, mit der der berechtigte Personenkreis iSd Geschädigten (im Sprachgebrauch des BVG: „Beschädigte") begrenzt wird.[26] Diese im Recht der Kriegsopferversorgung entwickelte Rechtsprechung, die insbesondere bei den sogenannten „Sekundäropfern" von Bedeutung ist, ist im Recht der Opferentschädigung weiterentwickelt worden (s. dort unter § 14 SGB XIV). Durch das Merkmal der „Unmittelbarkeit" in der Kriegsopferversorgung soll verhindert werden, dass die Schädigungskette ins Endlose weiterläuft.

Beispielhaft sei auf die frühen Entscheidungen des BSG vom 15.11.1955[27] und 13.8.1958[28] sowie 23.2.1960[29] verwiesen. Dort wurde bei einer Beschädigten ein Versorgungstatbestand bejaht, die während zweier Fliegerangriffe einen Schlaganfall erlitten hatte. Es wurde für entscheidend gehalten, dass die Bomben in nächster Nähe gefallen waren und die Schreckwirkung sich spontan – zeitlich direkt – einstellte.

Auch bei einem Fliegerangriff, bei dem sich der später Verstorbene im Hauskeller befunden hatte und der, als er sich an den Löscharbeiten beteiligen wollte und das Feuer im Hause zu Gesicht bekam, bewusstlos wurde und alsbald verstarb, war dem BSG für die Frage der Unmittelbarkeit ua bedeutsam, dass der Verstorbene dem Verlauf des Ereignisses nicht als unbeteiligter Zuschauer gegenübergestanden, sondern seine Habe gefährdet gesehen hatte.

Die Unmittelbarkeit wurde schließlich angenommen in einem Fall, in dem ein Schlaganfall auf die seelische Erschütterung zurückgeführt wurde, die der Betroffene beim Anblick seiner – wenige Minuten vorher – durch Sprengbomben zerstörten Wohnung erlebte. Das BSG ist der Auffassung, die enge zeitliche Verkettung zwischen Bombenexplosion und der Wahrnehmung ihres Ausgangs rechtfertige die Annahme der Unmittelbarkeit. An dieser Ansicht sah sich das BSG auch nicht deshalb gehindert, weil zwischen dem Kampfgeschehen und dem Gesundheitsschaden ein Zwischenakt, nämlich die Sachvernichtung, lag. Die psychische Einwirkung wurde noch als unmittelbar angesehen, weil sie spontan einen Schrecken oder Schock erzeugte, der dann die Gesundheitsstörung zur Folge hatte.[30]

Als weitere – insbesondere für die Opferentschädigung – wichtige Entscheidung ist auf die vom 17.3.1982[31] zu verweisen, nach der unmittelbar geschädigt sein kann, wer ansehen muss, dass seine Eltern durch feindliche Soldaten erschossen werden, und dadurch einen seelischen Schock erleidet. Allerdings wird der Begriff der „unmittelbaren Schädigung" weit verstanden und richtet sich letztlich nach dem Schutzzweck des Gesetzes.[32]

14 Bereits 1962 hat das BSG den **Kreis der Versorgungsberechtigten** über den Wortlaut des § 1 BVG hinaus ausgedehnt. Es hat dem dem BVG zugrunde liegenden Entschädigungsgedanken („zu entschädigen sind die Opfer des Krieges")[33] entnommen, dass auch die Personen Ansprüche auf Versorgung erhalten sollen, bei denen nach der **Geburt** Gesundheitsstörungen vorhanden sind, die durch schädigende Einwirkungen iSd BVG vor ihrer Geburt verursacht worden sind. Das Gericht geht insoweit von

26 Vgl. Dau Anm. zur Entscheidung des SG Karlsruhe 23.10.2009 – S 1 VG 2257/09, jurisPR-SozR 2/2010 Anm. 5; Loytved NZS 2004, 516; Loytved MedSach 2005, 148; s. auch BSG 7.11.1079 – 9 Vg 1/78, BSGE 49, 98.
27 BSG 15.11.1955 – 10 RV 85/54, BSGE 2, 29 = ZfS 1956, 131.
28 BSG 13.5.1958 – 10 RV 678/56, Breith 1958, 873.
29 BSG 24.2.1960 – 9 RV 908/56, VersorgB 1960, 59.
30 BSG 3.11.1959 – 9 RV 80/56, NJW 1960, 401.
31 BSG 17.3.1982 – 9a/9 RV 41/80, SozSich 1982, 332 = SGb 1983, 66; vgl. auch Anm. zu diesem Urteil von Henke SGb 1983, 68.
32 BSG 16.4.2002 – B 9 VG 1/01 R, BSGE 89, 202; s. auch Loytved NZS 2004, 516.
33 BSG 21.7.1964 – 8 RV 833/62.

einer Gesetzeslücke aus, die zu schließen es befugt sei. Erforderlich ist allerdings, dass die Schädigung auf eine unmittelbare Kriegseinwirkung auf die **Leibesfrucht** zurückzuführen ist.[34] Das BSG hat diese Rechtsprechung alsdann dahin gehend erweitert, dass Anspruch auf Versorgung nach dem BVG auch das Kind hat, das erst nach dem schädigenden Ereignis, von dem die Mutter betroffen ist, gezeugt worden ist und das nur deshalb krank zur Welt kommt, weil sich die Schädigungsfolge der Mutter, die der Mutter nicht bekannt gewesen ist, auf das Kind im Mutterleib übertragen hat.[35] Etwas anderes gilt in Abgrenzung dazu für ein Kind eines ehemaligen Berufssoldaten, das bei seiner Geburt in einem Wehrmachtslazarett eine Hirnschädigung davongetragen hat. Es hat keinen militärischen oder militärähnlichen Dienst absolviert und ist auch nicht unmittelbar durch eine Kriegseinwirkung geschädigt worden.[36] Für das OEG hat das BSG unter Heranziehung der Rechtsprechung zum BVG ausgeführt: Ein aus einer Inzestbeziehung geschädigt geborenes Kind hat Anspruch auf Versorgung nach dem Opferentschädigungsgesetz, wenn seine Zeugung Folge einer Gewalttat iSd § 1 OEG war (vgl. unter → OEG § 1 Rn. 14).[37] Zum HHG vgl. BSG vom 15.7.2004.[38] Im Bereich der Soldatenversorgung hat der 9. Senat des BSG aktuell darauf hingewiesen, der Versorgungsanspruch eines während der Schwangerschaft geschädigten Kindes einer Soldatin setze eine Wehrdienstbeschädigung der Mutter voraus.[39]

III. Abs. 3

§ 2 Abs. 3 SGB XIV definiert drei Personengruppen als **Angehörige**. Es sind **Ehegatten, Kinder** und **Eltern von Geschädigten**. Nur wenn sie in dieser Beziehung zu einem Geschädigten stehen, sind sie (Leistungs)Berechtigte iSd § 2 Abs. 3 SGB XIV. 15

§ 6 Abs. 1 SGB XIV **begrenzt** den **Leistungsanspruch** der Angehörigen allgemein auf **Leistungen für SH** nach Maßgabe des Kap. 4 – s. **Fallmanagement** als Ermessensleistung gem. § 30 Abs. 3 SGB XIV, **psychotherapeutische Frühintervention** und solche in **anderen Fällen** unter den Voraussetzungen des § 32 Abs. 2 SGB XIV und § 33 SGB XIV im Umfang nach Maßgabe des § 34 SGB XIV – sowie **besondere psychotherapeutische Leistungen** nach § 43 Abs. 2 Nr. 1 SGB XIV unter den Bedingungen des § 43 Abs. 4 SGB XIV und mit Anspruch auf **Fahrtkostenerstattung** nach § 53 SGB XIV. Wie es für alle Berechtigtengruppen gilt, führt auch die Leistungsberechtigung der Ehegatten nach § 2 Abs. 3 SGB XIV nur dann zu einem Leistungsanspruch, wenn entweder bei der Normierung des schädigenden Ereignisses und/oder der jeweiligen Leistungsart ein derartiger Leistungsanspruch für Ehegatten vorgesehen ist. Anders liegt der Fall bei der Leistungsberechtigung nach § 14 Abs. 2 S. 3 SGB XIV als sog. **„Schockschadensopfer"**. Dieses kann einen nicht auf die Leistungen nach § 6 Abs. 1 SGB XIV beschränkten Anspruch haben. Es wird Geschädigten gleichgestellt, 16

---

34 BSG 24.10.1962 – 10 RV 583/59, BSGE 18, 55 = SGb 1963, 216 = NJW 1963, 1078; s. zur Schädigung des Kindes bei der Geburt im Rahmen der truppenärztlichen Versorgung BSG 30.9.2021 – B 9 V 1/19 R.

35 BSG 15.10.1963 – 11 RV 1292/61, BSGE 20, 41 = NJW 1964, 470 = SGb 1964, 147 = SozSich 1964, 53.

36 BSG 26.9.1968 – 10 RV 888/66.

37 BSG 16.4.2002 – B 9 VG 1/01 R, BSGE 89, 199 = NJW 2002, 3123 = Breith 2002, 911.

38 BSG 15.7.2004 – B 9 V 6/03 R, BSGE 93, 131 = Breith 2004, 947 – Der Ausschluss von den Leistungen nach dem Häftlingshilfegesetz für die im Gewahrsam geborenen Abkömmlinge von im Gewahrsam geborenen Berechtigten erfasst auch die Leibesfrucht einer im Gewahrsam geborenen Berechtigten – Nichtannahme der Verfassungsbeschwerde: BVerfG 24.11.2004 – 1 BvR 2409/04; s. auch Hengelhaupt jurisPR-SozR 6/2005 Anm. 5 zu BSG 15.7.2004 – B 9 V 6/03 R.

39 BSG 30.9.2021 – B 9 V 1/19 R, SozR 4-3200 § 81f Nr. 1.

wenn durch die Überbringung der Nachricht von dem Tod oder schweren Verletzung des Opfers bei ihm/ihr eine gesundheitliche Schädigung hervorgerufen wird – soweit eine enge emotionale Beziehung zum Opfer besteht. Eine solche wird regelmäßig angenommen bei Angehörigen, also auch Ehegatten. Zugleich sehen §§ 19 und 20 SGB XIV Gründe für den Ausschluss und das Versagen von Leistungen auch für Schockschadensopfer vor.

17 **1. Ehegatten.** Die erste Gruppe der **Angehörigen**, die **Ehegatten**, umfasst auch eine gleichgeschlechtliche Ehe. Denn Ehegatten sind nach § 1353 Abs. 1 BGB zwei Personen verschiedenen oder gleichen Geschlechts, die eine Ehe auf Lebenszeit geschlossen haben. Sie sind einander zur ehelichen Lebensgemeinschaft verpflichtet; sie tragen füreinander Verantwortung. Zur vorangegangenen Fassung des SGB XIV im Referentenentwurf, der noch die Worte „eingetragene **Lebenspartnerin** oder Lebenspartner" verwendete, → Rn. 2. Die Ehe kann nach § 1313 S. 1 und 2 BGB nur durch richterliche Entscheidung auf Antrag aufgehoben werden; sie ist erst mit der Rechtskraft der Entscheidung aufgelöst (§ 1564 BGB). Die Beurkundung der Eheschließung erfolgt durch Eintragung ins Eheregister (§ 15 PStG) und der Nachweis ist durch einen Auszug aus den Personenstandsregistern oder Personenstandsurkunden zu führen (§§ 54, 55 PStG; zum Inhalt der Eheurkunde s. § 57 PStG, zum Beweis: §§ 54 Abs. 2, 55 Abs. 1 Nr. 2, 57 PStG).

18 **2. Kinder.** Leistungsberechtigte Angehörige sind auch Kinder. Dies sind leibliche **Kinder**. Als Kinder gelten auch **Stiefkinder** und **Pflegekinder** nach Maßgabe des § 2 Abs. 3 S. 2 SGB XIV. Insoweit lehnt sich die Regelung des SGB XIV an die des § 45 Abs. 2 BVG an, der als Kinder gelten lässt, Stiefkinder oder Kinder des Lebenspartners, die der Verstorbene in seinen Haushalt aufgenommen hatte und Pflegekinder iSd § 2 Abs. 1 Nr. 2 BKGG (→ Rn. 4).

19 a) **Leibliche Kinder.** Bei einem leiblichen **Kind** iSd § 2 Abs. 3 S. 1 SGB XIV handelt es sich um ein Kind der/des Geschädigten; es muss – wie im Kindergeldrecht – mit der/dem Geschädigten verwandt iSd BGB sein (§§ 1589, 1601, 1615a BGB). Zwar wird das „Kind" anders als das „Pflegekind" in § 2 Abs. 3 SGB XIV nicht näher definiert. Allerdings liegt es nahe, den Begriff des Kindes im SGB XIV dem im BKGG gleichzustellen. Denn nach § 2 Abs. 3 S. 2 SGB XIV gelten Pflegekinder iSd § 2 Abs. 1 S. 1 Nr. 2 BKGG als Kinder. Es kann mithin davon ausgegangen werden, dass auch für leibliche Kinder die Regelungen des BKGG einen Hinweis darauf geben können, wer als Kind berechtigt sein soll.[40] Hieraus folgt das Erfordernis der „Verwandtschaft" als entscheidendes Merkmal. Es kommt bei leiblichen Kindern, jedoch anders als bei Stief- und Pflegekindern, nicht darauf an, dass die Kinder in einem Haushalt mit der/dem Geschädigten leben. Dies folgt im Umkehrschluss aus § 2 Abs. 3 S. 2 SGB XIV, der die Haushaltsaufnahme für Stief- und Pflegekinder voraussetzt, wenn sie als Kinder iSd § 2 Abs. 3 S. 1 SGB XIV gelten sollen.

20 Auch die **Adoptivkinder** der/des Geschädigten sind leibliche Kinder iSd § 2 Abs. 3 S. 1 SGB XIV. Adoptivkinder werden heute in öffentlich-rechtlichen Bestimmungen ebenso wie andernorts allgemein von dem Begriff „Kinder" erfasst. Im Unterschied dazu gelten Pflege- oder Stiefkindern redaktionell „als Kinder".[41] Adoptivkinder erlangen durch die Adoption die rechtliche Stellung eines eigenen Kindes. Dies gilt für beide in § 1754 Abs. 1 BGB geregelten Fälle, die Adoption eines fremden Kindes durch ein Ehepaar und die Stiefkindadoption, bei der ein Ehegatte das Kind des anderen annimmt.[42] Das von der/dem Geschädigten adoptierte Stiefkind ist dann Kind iSd § 2

40 Siehe hierzu zB Seewald/Felix BKGG/Seewald § 2 Rn. 8 f.; Hambüchen EStG/Pauli § 32 Rn. 27 ff.; Berlebach/Helmke BKGG/Bauer § 2 Rn. 14 f.

41 Vgl. die Begründung des AdoptAnpG BT-Drs. 10/1746, 14; s. auch Staudinger/Frank BGB § 1754 Rn. 12.

42 Vgl. Staudinger/Frank BGB § 1754 Rn. 4.

Abs. 3 S. 1 SGB XIV und braucht daher auch nicht in den Haushalt des/der Geschädigten aufgenommen zu sein. Möglich ist jedoch auch eine Adoption in „anderen Fällen" nach § 1754 Abs. 2 BGB, also eine Adoption unter den Bedingungen des § 1741 Abs. 2 S. 1 BGB. Danach gilt grundsätzlich, wer nicht verheiratet ist, kann ein Kind nur allein annehmen. Es handelt sich dann, wenn die/der Geschädigte das Kind angenommen hat um dessen Kind iSd § 2 Abs. 3 S. 1 SGB XIV. Hat die/der Partnerin/Partner einer nichtehelichen Lebensgemeinschaft das Kind allein angenommen und ist Geschädigte/Geschädigter die/der andere Partnerin/Partner, kann dieses Kind wohl nicht einmal als Stiefkind eine Leistungsberechtigung erlangen (s. ausführlich → Rn. 23).[43] Allerdings ermöglicht § 1766a BGB – mWv 31.3.2020 in das BGB einfügt[44] –, wenn auch unter sehr engen Voraussetzungen, die **Stiefkindadoption** in der nichtehelichen Lebensgemeinschaft, nachdem das BVerfG in dem bisher geltenden vollständigen Ausschluss einen Verstoß gegen Art. 3 GG erkannt und dem Gesetzgeber aufgegeben hat, das Adoptionsrecht entsprechend zu ändern.[45] Danach besteht der Verstoß gegen den Gleichbehandlungsgrundsatz darin, dass Kindern in nichtehelichen Stiefkindfamilien – anders als Kindern in ehelichen Stiefkindfamilien – jegliche Möglichkeit verwehrt ist, vom Stiefelternteil adoptiert zu werden, ohne gleichzeitig das Verwandtschaftsverhältnis zum rechtlichen Elternteil zu verlieren. Ansonsten gilt: ein Ehepaar kann ein Kind grundsätzlich nur gemeinschaftlich annehmen. Ein Ehegatte kann ein Kind seines Ehegatten allein annehmen. Da es sich in diesen Fällen immer um die Kombination „leibliches plus adoptiertes Kind" in der Person des Kindes handelt, ist dieses als Kind leistungsberechtigt iSd § 2 Abs. 3 S. 1 SGB XIV. Anders ist dies dann, wenn der Ehegatte ein Kind allein annimmt, weil der andere Ehegatte das Kind nicht annehmen kann, etwa wegen Geschäftsunfähigkeit oder Nochnichtvollendung des 21. Lebensjahres. Wird nicht der annehmende Ehegatte geschädigt iSd § 2 Abs. 2 SGB XIV, sondern seine Ehepartnerin/sein Ehepartner, gilt dieses angenommene Kind, wenn es in den Haushalt der/des Geschädigten aufgenommen ist, jedoch zumindest als leistungsberechtigtes Stiefkind (s. ausführlich → Rn. 21 ff.).

b) Stiefkinder. Nach § 2 Abs. 3 S. 2 SGB XIV werden Kindern iSd § 2 Abs. 3 S. 1 SGB XIV gleichgestellt – „gelten als **Kinder** iSd § 2 Abs. 3 S. 1 SGB XIV" – in den Haushalt der/des Geschädigten aufgenommene **Stiefkinder**. Beim Stiefkind handelt es sich in familienrechtlichen Bezügen um das Kind des Ehegatten, das die/der andere nicht adoptiert hat (→ Rn. 20).[46] Dieses Kind ist mit dem Ehegatten seines leiblichen Elternteils verschwägert iSd § 1590 BGB.[47] Anders als das leibliche oder Adoptivkind, muss das Stiefkind, soll die Gleichstellung mit dem Kind als Leistungsberechtigtes erfolgen, aber in den Haushalt des Geschädigten aufgenommen sein. 21

Der Begriff der **„Haushaltsaufnahme"** bedeutet die Aufnahme am Wohnort der/des Geschädigten in die Familiengemeinschaft mit einem dort begründeten Betreuungs- 22

43 Siehe zur Problematik der Annahme eines Kindes der/des Partnerin/Partners in einer nichtehelichen Lebensgemeinschaft, wenn der andere Elternteil des Kindes noch lebt, BVerfG 26.3.2019 – 1 BvR 673/17. Danach war § 1754 Abs. 1 und Abs. 2 und § 1755 Abs. 1 S. 1 und Abs. 2 BGB idF BGB nach dem KindschaftsrechtsreformG vom 16.12.1997 (BGBl. 1997 I 2949) mit Art. 3 Abs. 1 GG insoweit unvereinbar, als danach ein Kind von seinem mit einem rechtlichen Elternteil in nichtehelicher Lebensgemeinschaft lebenden Stiefelternteil unter keinen Umständen adoptiert werden konnte, ohne dass die verwandtschaftliche Beziehung zum rechtlichen Elternteil erlosch.

44 Art. 1 Nr. 2 Gesetz zur Umsetzung der Entscheidung des Bundesverfassungsgerichts v. 26.3.2019 zum Ausschluss der Stiefkindadoption in nichtehelichen Familien, BGBl. 2020 I 541.

45 BVerfG 26.3.2019 – 1 BvR 673/17, BVerfGE 151, 101 = NJW 2019, 1793.

46 Staudinger/Helms, 2019, BGB § 1754 Rn. 4; s. auch Berlebach/Helmke/Bauer BKGG § 2 Rn. 23; Hambüchen/Pauli EStG § 32 Rn. 35; Seewald/Felix/Seewald BKGG § 2 Rn. 28.

47 Erman/Hammermann BGB § 1590 Rn. 1.

und Erziehungsverhältnis familienhafter Art, iSd Versorgung und Erziehung.[48] In der Rechtsprechung von BSG[49] und Finanzgerichtsbarkeit[50] ist die Haushaltsaufnahme durch drei Merkmale gekennzeichnet. Sie ist Schnittstelle von Merkmalen **örtlicher** (Familienwohnung), **materieller** (Vorsorge, Unterhalt) und **immaterieller** Art (Zuwendung, Fürsorge, Begründung eines familienähnlichen Bandes).[51] Die/der Geschädigte muss mit dem Stiefkind mithin räumlich zusammenleben. Dies scheidet aus bei einer dauerhaften Trennung von Kind und Geschädigter/Geschädigtem, andererseits muss das Kind auch nicht ständig in dem Haushalt leben, etwa bei Internatsunterbringung, einer sonstigen außerhäusigen Unterbringung während der Schul- oder Berufsausbildung oder in einem Heim, wenn der ortsbezogene Mittelpunkt in der Familienwohnung weiter besteht.[52] Der materielle Aspekt bedeutet, dass in nicht unerheblichem Umfang eine Versorgung des Kindes erfolgt, die nicht rein monetärer Art sein muss.[53] Der immaterielle Aspekt umfasst Zuwendung von Fürsorge oder die Begründung eines familienähnlichen Bandes.[54]

23 Aus dem unter → Rn. 17, 19, 20 dargelegten systematischen Zusammenhang – Ehe, früher eingetragene Lebenspartnerschaft, leibliches Kind, Adoptivkind – folgt, dass nur sog. **„echte" Stiefkinder** von § 2 Abs. 3 S. 2 SGB XIV erfasst sind (→ Rn. 20). Karl zieht zur Untermauerung dessen zusätzlich die Entwurfsbegründung zu § 2 SGB XIV des G-SER heran.[55] Dort heißt es, dass Kinder von eingetragenen Lebenspartnern als Stiefkinder des geschädigten eingetragenen Lebenspartners gelten. Dies bedeutet, dass im Fall der Schädigung des nicht leiblichen Elternteils, das Kind nur dann als Stiefkind iSd § 2 Abs. 3 S. 2 SGB XIV gilt, wenn zwischen den Eltern eine Ehe oder eine der Ehe gleichgestellte Lebenspartnerschaft (→ Rn. 2, 17) besteht. Nur dann sind die Kinder mit dem nicht leiblichen Elternteil verschwägert (→ Rn. 21). **„Faktische Stiefkinder"**[56] sind damit keine Angehörigen iSd § 2 Abs. 3 S. 2 SGB XIV und wie schon nach dem BVG nicht leistungsberechtigt im Hinblick auf eine Waisenrente nach § 45 BVG.[57] Karl hält das für eine unausgewogene Regelung, stehen Pflegekinder doch gerade zu keinem der Elternteile in einem verwandtschaftlichen Verhältnis und gelten dennoch nach § 2 Abs. 3 S. 2 letzter Satzteil SGB XIV als Kinder. Sie wägt ab, dass zwar durch § 2 Abs. 5 SGB XIV auch Partner einer eheähnlichen Lebensgemeinschaft im Fall der Schädigung des Partners „nur" als Nahestehende eine Leistungsberechtigung erlangen und es daher folgerichtig sei, nichtleibliche Kinder des Partners auch nicht als Stiefkinder im Sinne von § 2 Abs. 3 S. 2 SGB XIV und damit nicht als Angehörige zu behandeln. Andererseits würden die Partner einer eheähnlichen Lebensgemeinschaft durch § 2 Abs. 4 Nr. 3 SGB XIV unter weiteren Voraussetzungen als Hinterbliebene und durch § 2 Abs. 5 SGB XIV als Nahestehende „aufgefangen", mit der Folge der Leistungsberechtigung nach § 6 Abs. 1 und 2 SGB XIV. „Faktische" Stiefkinder würden dagegen gar nicht berücksichtigt. Sie bringt vor, dies werde den gesellschaftlichen Lebensverhältnissen nicht mehr gerecht. Allerdings hat es das **BVerfG** 2004 in einem Nichtannahmebeschluss für verfassungsgemäß befunden, dass dem „faktischen Stiefkind" kein Anspruch auf eine Waisenrente nach dem gewaltsamen Tod des nichteheli-

---

48 Vgl. BSG 18.8.1971 – 4 RJ 411/70, BSGE 33, 105 = juris Rn. 10; s. auch Seewald/Felix/Felix BKGG § 2 Rn. 36.
49 BSG 19.11.1997 – 14/10 RKg 18/96; s. auch BSG 14.3.2012 – B 14 AS 17/11 R, BSGE 110, 204; BSG 14.3.2012 – B 14 AS 45/11 R, juris Rn. 15.
50 Siehe nur FG Münster 20.7.2010 – 15 K 1327/07 Kg, juris Rn. 18 ff.
51 Berlebach/Helmke/Bauer EStG § 32 Rn. 12.
52 Siehe Seewald/Felix/Seewald BKGG § 2 Rn. 40.
53 Siehe Seewald/Felix/Seewald BKGG § 2 Rn. 43.
54 Vgl. Seewald/Felix/Seewald BKGG § 2 Rn. 44.
55 BT-Drs. 19/13824, 170.
56 Zum Begriff s. auch BSG 13.11.2008 – B 14 AS 2/08 R, BSGE 102, 76 = juris Rn. 36.
57 Siehe HK-SozEntschR/Dau BVG § 45 Rn. 5.

chen Lebenspartners seiner Mutter, in dessen Haushalt es gelebt hat, zusteht.[58] Einen Verstoß gegen Art. 3 Abs. 1 GG vermochte das BVerfG nicht zu erkennen. Im Verhältnis zu „echten Stiefkindern" verweist das BVerfG darauf, dass die Unterscheidung bereits deswegen gerechtfertigt sei, weil erste familienrechtlich geschützt seien (§ 1687b Abs. 1 und 2 BGB, § 1682 Satz 1 BGB, § 1685 Abs. 2 BGB). Stiefkinder partizipierten faktisch an dem Anspruch auf Familienunterhalt, der ihrem Elternteil in rechtlich gesicherter Form aus §§ 1360, 1360 a BGB gegen den anderen Partner zustehe. „Faktische Stiefkinder" seien demgegenüber in der Beziehung zum Partner des Elternteils rechtlich in keiner Weise gesichert.[59] Die Nichtgewährung von Hinterbliebenenversorgung an ein „faktisches Stiefkind" verstößt nach der Entscheidung des BVerfG auch nicht gegen das Schutz- und Förderungsgebot des Art. 6 Abs. 1 GG. Denn weder der überlebende Elternteil in einer nichtehelichen Lebensgemeinschaft noch dessen Kind konnten auf den Fortbestand der Unterhaltsleistungen, die der verstorbene Partner erbracht hatte, vertrauen. Das BVerfG vergleicht die Situation des „faktischen Stiefkindes" insoweit mit dem in der Situation mit einem alleinerziehenden Elternteil. Auch wenn unter Berücksichtigung dessen die Nichteinbeziehung der „faktischen Stiefkinder" in den Kreis der Leistungsberechtigten nach § 2 Abs. 4 S. 1 Nr. 1 bzw. S. 2 SGB XIV und damit der Ausschluss von Entschädigungszahlungen an Hinterbliebene und BLiE, wie nach § 6 Abs. 2 SGB XIV vorgesehen, verfassungsrechtlich zu rechtfertigen sein mag, so widerspricht es doch dem Sinn und Zweck des SER, wenn für die „faktischen Stiefkinder" nicht wenigsten ein Anspruch auf Leistungen der SH nach § 6 Abs. 1 SGB XIV, wie für Nahestehende, vorgesehen ist. Karl[60] will dies durch eine weite Auslegung des Begriffs „Stiefkinder" nach § 2 Abs. 3 S. 2 SGB XIV bewirken, denn unabhängig davon, dass „faktische Stiefkinder" eher dem Kreis der Nahestehenden zuzuordnen seien, wären die zu beanspruchenden Leistungen nach § 6 Abs. 1 SGB XIV am Ende die gleichen. Es ist zutreffend, dass der Wortlaut des § 2 Abs. 5 SGB XIV mit seiner Umschreibung der Gruppe der „Nahestehenden" keinen Raum für die Einbeziehung der „faktischen Stiefkinder" lässt. Die Erweiterung des Begriffs „Stiefkinder" um die Gruppe der „faktischen" im Rahmen der Gesamtgruppe der „Angehörigen" wäre auch keine solitäre in der rechtlichen Landschaft. So umfasst der Begriff des Angehörigen immer den Ehegatten, engere Verwandte und Verschwägerte, kann aber darüber hinaus auch den Verlobten, in den Haushalt aufgenommene Pflegepersonen sowie nichteheliche Partner und Stiefkinder/-eltern erfassen. Auch im BGB wird die Reichweite des Angehörigenbegriffs nach Sinn und Zweck der jeweiligen Norm (§ 530, § 563 II, § 1611, § 1969 BGB) bestimmt.[61] Ein weiteres Argument lässt sich aus dem ab dem 1.3.2020 geltenden § 1766a BGB[62] gewinnen, der nun auch die Stiefkindadoption in einer nichtehelichen Lebensgemeinschaft unter engen Bedingungen zulässt (→ Rn. 20), wenn diese in eine verfestigte Lebensgemeinschaft erfolgt. § 1766a Abs. 2 BGB geht davon aus, dass dies idR der Fall ist, wenn die Personen seit mindestens vier Jahren oder als Eltern eines gemeinschaftlichen Kindes mit diesem eheähnlich zusammenleben. Sie liegt in der Regel nicht vor, wenn ein Partner mit einem Dritten verheiratet ist. Die Regelung geht auf eine Entscheidung des BVerfG[63] zurück, das in dem Verbot der „Stiefkindadoption in einer nichtehelichen Lebensgemeinschaft" einen Verfassungsverstoß erkannt hat, bestehend

58 BVerfG 10.12.2004 – 1 BvR 2320/98.
59 BVerfG 10.12.2004 – 1 BvR 2320/98, juris Rn. 15, 16.
60 jurisPK-SGB XIV/Karl § 2 Rn. 32.
61 Erman/Hammermann BGB Vor § 1589 Rn. 4.
62 Art. 1 Nr. 2 Gesetz zur Umsetzung der Entscheidung des Bundesverfassungsgerichts vom 26.3.2019 zum Ausschluss der Stiefkindadoption in nichtehelichen Familien, BGBl. 2020 I 541.
63 BVerfG 26.3.2019 – 1 BvR 673/17, BVerfGE 151, 101 = NJW 2019, 1793.

nicht gegenüber dem Annehmenden, sondern gegenüber dem betroffenen Kind.[64] Besteht jedoch nach § 1766a BGB die Möglichkeit einer Adoption auch in einer nichtehelichen Lebensgemeinschaft, lässt sich der Ausschluss von „faktischen Stiefkindern“ von der Leistungsberechtigung in der SE – zumindest unter den in § 1766a BGB festgelegten Bedingungen – kaum noch rechtfertigen. Das BVerfG sieht gerade die Ungleichbehandlung von Kindern in ehelichen und nichtehelichen Stiefkindfamilien als nicht gerechtfertigt an.[65]

24 c) **Pflegekind.** Auch **Pflegekinder** können zu dem Kreis der „**Angehörigen**“ zählen, wenn sie in den Haushalt der/des Geschädigten aufgenommen und solche iSd § 2 Abs. 1 S. 1 Nr. 2 BKGG sind. Zur Haushaltsaufnahme → Rn. 22. § 2 Abs. 1 S. 1 Nr. 2 BKGG bestimmt, dass Pflegekinder Personen sind, mit denen der Berechtigte durch **ein familienähnliches,** auf Dauer berechnetes **Band** verbunden ist, sofern er sie nicht zu Erwerbszwecken in seinen Haushalt aufgenommen hat und das Obhuts- und Pflegeverhältnis zu den Eltern nicht mehr besteht.[66]

25 Ein **familienähnliches Band** erfordert, dass das Verhältnis zwischen dem Pflegekind und den Pflegeeltern durch ein Aufsichts-, Erziehungs- und Betreuungsverhältnis auf der Grundlage einer **ideellen Dauerbindung** gekennzeichnet ist; dabei ist nach der Rspr. des BSG nicht allein auf die äußeren Lebensumstände, sondern darauf abzustellen, ob das Pflegekind in der Familie eine natürliche Einheit von Versorgung, Erziehung und Heimat findet – also nicht nur Kostgänger ist, sondern wie zur Familie gehörig angesehen und behandelt wird.[67]

26 Die **Dauerbindung** erfordert keine solche etwa bis zur Volljährigkeit des Pflegekindes. Nach der Rspr. des BSG zum Recht der Kindererziehungszeiten nach dem SGB VI ist für ein Pflegekindschaftsverhältnis erforderlich, dass es jedenfalls für einen Zeitraum begründet wird, der für die körperliche und geistige Entwicklung des Pflegekindes erheblich ist, in der Regel also für einen mehrjährigen Zeitraum. Kein Pflegekindschaftsverhältnis liege hingegen vor, wenn von vornherein geplant sei, dass es nur einen kürzeren Zeitraum dauern oder jederzeit aufgrund neuer Umstände beendet werden solle. **Bereitschaftspflege** iSd § 33 SGB VIII genügt daher nicht.[68] Groth hält im Rahmen seiner Ausführungen zu § 56 SGB I (Sonderrechtsnachfolge) bei Säuglingen aber regelmäßig drei Jahre für ausreichend.[69] Die Dauer bedarf einer prognostischen Beurteilung, einer vorausschauenden Betrachtung (ex ante), ob zu einem bestimmten Zeitpunkt hinreichende Gründe für die Annahme bestehen, das Pflegeverhältnis werde über einen längeren Zeitraum bestehen.[70]

27 Eine **ideelle Dauerbindung** ist zu verneinen, wenn die Aufnahme in den Haushalt aus **Erwerbszwecken** erfolgt ist. Diese Regelung geht auf die Rechtsprechung von BSG und BFH zurück, die beide, wenn auch mit unterschiedlicher Konnotation, verlangt hatten, dass die Pflegeeltern einen nicht unwesentlichen Teil bzw. zumindest 20 % der Unterhaltskosten des Pflegekindes tragen.[71] Der Gesetzgeber hat dies durch Änderungen der §§ 32 EStG und 2 BKGG 2003 korrigiert[72] und die Kindergeldberechtigten

64 Erman/Teklote BGB § 1766a Rn. 1.
65 BVerfG 26.3.2019 – 1 BvR 673/17, juris Rn. 61 f. = BVerfGE 151, 101= NJW 2019, 1793.
66 So schon BSG 19.11.1997 – 14/10 RKg 18/96, juris Rn. 15.
67 BSG 19.11.1997 – 14/10 RKg 18/96, juris Rn. 16; BSG 22.9.1993 – 10 RKg 6/92, SozR 3-5870 § 2 Nr. 20; BSG 8.7.1991 – 10 RKg 15/91, BSGE 69, 191, 193 mwN.
68 BSG 16.6.2016 – B 13 R 15/14 R, juris Rn. 16.
69 jurisPK-SGB I/Groth § 56 Rn. 37.
70 BSG 16.6.2016 – B 13 R 15/14 R, juris Rn. 17.
71 BSG 19.11.1997 – 14/10 RKg 18/96, FEVS 48, 188; BFH 29.1.2003 – VIII R 71/00, BFHE 201, 292 = JAmt 2003, 599.
72 Zweites Gesetz zur Änderung Steuerrechtlicher Vorschriften – Steueränderungsgesetz 2003 – v. 15.12.2003, BGBl. 2003 I 2654.

von einem Nachweis der tatsächlichen Unterhaltsaufwendungen entbunden.[73] Allerdings soll die Kindergeldberechtigung dann verwehrt werden, wenn es sich um ein sog. **„Kostkind“** handelt, dieses also zu „Erwerbszwecken“ in den Haushalt aufgenommen worden ist.[74] Dies bedeutet, dass die Kostenbeteiligung von dritter Seite (zB Jugendamt) nicht als leistungsgerechte Bezahlung der Pflegeeltern erscheinen darf. Ihr muss der Entgeltcharakter fehlen. Im Konflikt mit der Wertung des SGB VIII, wonach die gewerbsmäßige – auf Gewinnerzielung gerichtete Pflege – ein Pflegeverhältnis tatbestandsmäßig nicht ausschließt,[75] hat der BFH geurteilt, nur wenn den Pflegeeltern ein erheblich über den Pflegesätzen des zuständigen Jugendamtes liegendes Pflegegeld gezahlt werde, könne angenommen werden, dass sie nach marktwirtschaftlichen Grundsätzen für die Unterbringung und Betreuung entlohnt würden.[76] Er lässt der sozialrechtlichen Einordnung der Unterbringung steuerrechtlich grundsätzlich Tatbestandswirkung zukommen.[77]

28 Dem nicht mehr bestehenden **Obhuts- und Pflegeverhältnis** mit den leiblichen Eltern steht nicht entgegen, wenn diese das Pflegekind gelegentlich besuchen oder umgekehrt dieses die leiblichen Eltern besucht. Auch die Zahlung von Unterhalt durch diese ist nicht grundsätzlich ein Kriterium für die Aufgabe des Obhuts- und Pflegeverhältnisses. Allerdings sind die Grenzen, wie unter → Rn. 27 aufgezeigt, zu beachten. Auch darf die Aufnahme in den Haushalt der Pflegeeltern (→ Rn. 22) durch die Besuche bei den leiblichen Eltern nicht in Frage gestellt werden. Folge der hier behandelten Tatbestandsvoraussetzung ist, dass nichteheliche Lebenspartner nicht Pflegeväter oder Pflegemütter der Kinder der/des Partner/s sein können (s. auch zu den faktischen Stiefkindern → Rn. 23).[78]

29 **3. Eltern.** Angehörige sind auch die **Eltern** der/des Geschädigten. Eltern sind nach §§ 1591 und 1592 BGB Mutter und Vater der/des Geschädigten. Dies können sowohl die leiblichen Eltern(teile) als auch **Adoptiveltern** sein. Da Angehörige und Hinterbliebene nach § 6 Abs. 1 SGB XIV aus der Leistungsberechtigung iSd § 2 SGB XIV die gleichen Leistungsansprüche ableiten können und Hinterbliebene gem. § 6 Abs. 2 SGB XIV insoweit noch darüber hinausgehend privilegiert werden, können sowohl § 2 Abs. 4 S. 1 Nr. 2 SGB XIV als auch § 88 Abs. 3 SGB XIV zur Bestimmung dessen, was unter „Eltern“ zu verstehen ist, herangezogen werden. Nach § 88 Abs. 3 SGB XIV (§ 88 SGB XIV) werden den Eltern gleichgestellt Stiefeltern oder Pflegeeltern, wenn sie die Geschädigte oder den Geschädigten vor der Schädigung unentgeltlich unterhalten haben und Großeltern, wenn die oder der Verstorbene ihnen Unterhalt geleistet hat oder hätte. Während in § 49 Abs. 2 Nr. 1 BVG darüber hinaus die Adoptiveltern gesondert aufgeführt werden, findet sich hierzu keine eigene Regelung in § 2 SGB XIV. Dies ist auch nicht erforderlich, denn ebenso wie Adoptivkinder Kinder iSd § 2 Abs. 3 S. 1 SGB XIV sind, stehen Adoptiveltern den Eltern gleich.[79] Die Einbeziehung der **Stief- und Pflegeeltern** in den Kreis der Angehörigen nach § 2 Abs. 3 SGB XIV ist auch insoweit konsequent, als umgekehrt die Kinder dieser Stief- und Pflegeeltern unter den gleichen Bedingungen, nur unter umgekehrten Vorzeichen leistungsberechtigt wären. Im Hinblick auf die Ausführungen unter → Rn. 23 muss dies nunmehr auch für die Eltern „faktischer Stiefkinder“, also diejenigen gelten, die mit dem Elternteil des Kindes in einer nichtehelichen Lebensgemeinschaft zusammenleben, zumindest, wenn die

73 Vgl. zur gesetzlichen Entwicklung iE Seewald/Felix/Seewald BKGG § 2 Rn. 62 ff.
74 BT-Drs. 15/1945, 9.
75 Vgl. iE Seewald/Felix/Seewald BKGG § 2 Rn. 65; Berlebach/Helmke/Bauer EStG § 32 Rn. 17 ff.
76 BFH 19.10.2017 – III R 25/15, juris Rn. 30 unter Hinweis auf BFH/NV 2006, 262 und BFH 2.4.2009 – III R 92/06, BFHE 224, 542 = BStBl. II 2010, 345.
77 BFH 2.4.2009 – III R 92/06, BFHE 224, 542 = BStBl. II 2010, 345.
78 Vgl. jurisPK-SGB I/Groth § 56 Rn. 36.
79 Vgl. schon zum BVG HK-SozEntschR/Dau BVG §§ 49–51 Rn. 2.

Voraussetzungen des § 1766a Abs. 2 BGB gegeben sind (hierzu → Rn. 23). Dafür spricht auch die Benennung der „Betreuungsunterhaltsberechtigten" als Hinterbliebene nach § 2 Abs. 4 S. 1 Nr. 2 SGB XIV. Hier ist jedoch ebenso wie bei den **Großeltern** nach § 88 Abs. 3 Nr. 2 SGB XIV zu beachten, dass der Gesetzgeber für sie nur im Schädigungsfall „Tod" eine Leistungsberechtigung und nicht bei einer anderen gesundheitlichen Schädigungsfolge vorgesehen hat. Dies führt aber letztlich nur dazu, dass im Schädigungsfall „Tod" nach § 6 Abs. 2 iVm § 88 SGB XIV eine weitergehende Leistungsberechtigung als bei einer anderen gesundheitlichen Schädigungsfolge gegeben ist.[80] Sowohl Angehörige als auch Hinterbliebene sind im Hinblick auf die SH und besondere psychotherapeutische Leistungen nach § 43 Abs. 2 Nr. 1 iVm § 43 Abs. 4 SGB XIV leistungsberechtigt, also bei gesundheitlicher Schädigungsfolge, einschließlich Tod des Geschädigten. Für Großeltern kann dies allerdings nur unter den in § 88 Abs. 3 Nr. 2 SGB XIV benannten Bedingungen gelten, denn ansonsten würde der Kreis der Leistungsberechtigten ohne gesetzlichen Anknüpfungspunkt erweitert.

IV. Abs. 4

30 Auch die Gruppe der **Hinterbliebenen** umfasst verschiedene Personengruppen. Voraussetzung ist in allen Fällen, dass der Tod der verstorbenen Person Folge der Schädigung ist (zur Schädigungsfolge ausführlich → § 1 Rn. 14 ff. und zur Kausalität → § 1 Rn. 24 ff.). § 2 Abs. 4 SGB XIV benennt insoweit Witwen, Witwer, Waisen und Betreuungsunterhaltsberechtigte.

31 **1. Witwen und Witwer.** Witwen und Witwer sind die überlebenden Ehegatten der verstorbenen Person (zum Begriff der Ehegatten s. die Ausführungen zu § 2 Abs. 3 SGB XIV unter → Rn. 17). Zur Leistungsberechtigung nichtehelicher Partner der verstorbenen Person s. unter → Rn. 32 f.

32 **2. Waisen und Geltungswaisen (Satz 1 Nr. 1 und Satz 2). Waisen** sind **Kinder** iSd § 2 Abs. 3 S. 1 und S. 2 SGB XIV (→ Rn. 18 ff.). Die Regelungstechnik des § 2 Abs. 4 SGB XIV entspricht insoweit der des § 2 Abs. 3 SGB XIV zur Bestimmung dessen, was unter dem Rechtsbegriff „Angehörige" zu verstehen ist. Waisen sind zunächst einmal nach § 2 Abs. 4 S. 1 Nr. 1 SGB XIV die leiblichen Kinder und Adoptivkinder (→ Rn. 19 f.). Ihnen gleichgestellt werden **Stief- und Pflegekinder** nach § 2 Abs. 4 S. 2 SGB XIV unter denselben Bedingungen wie nach § 2 Abs. 3 S. 2 SGB XIV (zu Stief- und Pflegekindern ausführlich → Rn. 21 ff., 24 ff.). Karl will die **faktischen Stiefkinder** aus dem Kreis der leistungsberechtigten Hinterbliebenen ausschließen, anders als aus dem Kreis der Angehörigen nach § 2 Abs. 3 SGB XIV. Sie begründet dies damit, dass faktische Stiefkinder anderenfalls sogar bessergestellt würden als die Partner der eheähnlichen Lebensgemeinschaft, die nicht Hinterbliebene seien und daher auch keine monatlichen Entschädigungszahlungen erhielten.[81] Sie befindet sich damit in Gesellschaft mit dem BVerfG, das 2004 den Ausschluss eines faktischen Stiefkindes von Hinterbliebenenleistungen der SE als verfassungsgemäß erkannt hat (s. iE → Rn. 23).[82] Dem ist grundsätzlich zu folgen, wenn sich auch seit dieser Entscheidung die gesellschaftlichen Wertvorstellungen und Lebensformen geändert haben.[83] Dies hat im Übrigen auch der Gesetzgeber des SGB XIV erkannt, denn Partner einer nichtehelichen Lebensgemeinschaft erhalten nach § 85 Abs. 2 SGB XIV unter bestimmten Bedingungen ebenfalls monatliche Entschädigungszahlungen an Witwen und Witwer, wenngleich das BVerfG den Ausschluss von nicht verheirateten Partnern von diesen Leistungen noch 2010 – für das Rentenversicherungsrecht – verfassungsrechtlich nicht

80 So auch jurisPK-SGB XIV/Karl § 2 Rn. 35.
81 jurisPK-SGB XIV/Karl § 2 Rn. 41.
82 BVerfG 10.12.2004 – 1 BvR 2320/98.
83 So schon unter Hinweis auf das Statistische Jahrbuch BVerfG 9.11.2004 – 1 BvR 684/98, juris Rn. 63 = BVerfGE 112, 50.

beanstandet hatte[84]. Die Bedingungen für die Entschädigungszahlungen nach § 85 Abs. 2 SGB XIV sind: dass ein Partner an den Schädigungsfolgen verstorben ist und der andere unter Verzicht auf eine Erwerbstätigkeit die Betreuung eines gemeinschaftlichen Kindes ausüben muss. Dann besteht der Anspruch auf Entschädigungsleistungen für die ersten drei Lebensjahre des Kindes. Damit folgt der Gesetzgeber einer Entscheidung des BVerfG aus dem Jahr 2004, wonach es mit Art. 3 Abs. 1 iVm Art. 6 Abs. 1 GG unvereinbar ist, dass das OEG keine Versorgungsleistung für den Partner einer nichtehelichen Lebensgemeinschaft vorsieht, der nach dem gewaltsamen Tod des anderen Lebenspartners unter Verzicht auf eine Erwerbstätigkeit die Betreuung der gemeinsamen Kinder übernimmt.[85] Der Anknüpfungspunkt ist hier, wie vom BVerfG formuliert, die Sorge für das Kind und insbesondere auch die Betreuung des Kindes durch einen Elternteil.[86] Zwar betreffen die Ausführungen des BVerfG und auch § 85 Abs. 2 SGB XIV nur „gemeinsame Kinder", also keine faktischen Stiefkinder. Andererseits kann der Tod des Stiefelternteils für das Stiefkind ebenfalls eine finanzielle Einbuße bedeuten, wenn der verstorbene Stiefelternteil maßgeblich zu dessen Unterhalt und/oder Betreuung beigetragen hat. Wollte man hier nicht den Weg gehen, die Dauer des Leistungsbezugs für faktische Stiefkinder nach § 87 SGB XIV – wenn sie als Waisen iSd § 2 Abs. 4 S. 1 Nr. 1 SGB XIV angesehen würden – vergleichbar der Regelung des § 85 Abs. 2 SGB XIV zu begrenzen, würde sich jedoch bei der aktuellen Rechtslage in der Tat das von Karl beschriebene Ungleichgewicht zwischen dem Leistungsbezug von nichtehelichen Partnern und faktischen Stiefkindern nach dem Tod des Partners bzw. Stiefelternteils auftun. Gleichwohl bleibt an dieser Stelle zukünftiger Regelungsbedarf für den Gesetzgeber.

3. Betreuungsunterhaltsberechtigte. Betreuungsunterhaltsberechtigt sind nach **§ 1615l BGB** nicht miteinander verheiratete Mütter gegen den Vater aus Anlass der Geburt (für die Zeit des Mutterschutzes iSd § 3 MuSchG – frühestens 4 Monate vor der Geburt) sowie Mütter und Väter für weiteren Unterhalt, bis mindestens drei Jahre nach der Geburt. Die Unterhaltsberechtigung verlängert sich, solange und soweit dies der Billigkeit entspricht. Betreuungsunterhaltsberechtigt ist nach **§ 1570 BGB** auch ein geschiedener Ehegatte gegenüber dem anderen ehemaligen Ehepartner wegen der Pflege oder Erziehung eines gemeinschaftlichen Kindes für mindestens drei Jahre nach der Geburt, mit Verlängerungsmöglichkeit, solange und soweit dies der Billigkeit entspricht. Zwar macht die Wortwahl „Betreuungsunterhaltsberechtigte" deutlich, dass diese Partner/vormalige Ehegatten sein müssen und nicht Kinder, sonstige Angehörige oder Nahestehende sein können. Systematik sowie Sinn und Zweck des SGB XIV zeigen jedoch, dass der Personenkreis der Betreuungsunterhaltsberechtigten iSd § 2 Abs. 4 S. 1 Nr. 2 SGB XIV nicht mit dem des Familienrechts deckungsgleich ist. 33

Parallel zu § 1615l und § 1570 BGB knüpft auch die Leistungsberechtigung nach § 2 Abs. 4 S. 1 Nr. 2 SGB XIV an die **Betreuung eines Kindes** an. Die Zeitdauer der Leistungsberechtigung insoweit und der Grund für die Leistungsberechtigung weichen jedoch voneinander ab. **Betreuungsunterhaltsberechtigte** nach § 2 Abs. 4 S. 1 Nr. 2 SGB XIV sind allein Partner einer an den Schädigungsfolgen verstorbenen Person, die in einer **eheähnlichen Lebensgemeinschaft** mit einem gemeinsamen Kind gelebt und die wegen der **Kindererziehung** auf eine **Erwerbstätigkeit verzichtet** haben in den ersten drei Lebensjahren des Kindes. Geschiedene Ehegatten iSd § 1570 BGB scheiden als Leistungsberechtigte aus. Denn für diese ist im SGB XIV kein Leistungsanspruch vorgesehen. Wie ebenfalls bei den Eltern und Kindern (→ Rn. 18 ff., 29) muss auch die Leistungsberechtigung nach § 2 Abs. 4 S. 1 Nr. 2 SGB XIV im Verbund mit dem in § 6 SGB XIV geregelten Anspruch auf Leistungen – hier für Hinterbliebene – und den 34

84 BVerfG 17.11.2010 – 1 BvR 1883/10.
85 BVerfG 9.11.2004 – 1 BvR 684/98, juris Rn. 61 = BVerfGE 112, 50.
86 BVerfG 9.11.2004 – 1 BvR 684/98, juris Rn. 64 = BVerfGE 112, 50.

Leistungen für Hinterbliebene bzw. den Bedingungen, unter denen auch ihnen Leistungen zu erbringen sind, betrachtet werden. Da es sich bei Partnern einer verstorbenen Person, die in einer nichtehelichen Lebensgemeinschaft gelebt haben, nicht um Witwen oder Witwer handelt (→ Rn. 31, 17) und § 2 Abs. 4 auch zwischen diesen und Betreuungsunterhaltsberechtigten differenziert, kommt als einzige Entschädigungszahlung für letzteren Personenkreis die des § 85 Abs. 2 SGB XIV in Betracht (zu Entschädigungsleistungen für Partner einer eheähnlichen Gemeinschaft → Rn. 32 und § 85 SGB XIV). Zugleich haben betreuungsunterhaltsberechtigte Hinterbliebene nach § 6 Abs. 2 SGB XIV anders als Nahestehende Anspruch auf BLiE in der Gestalt von Leistungen zum Lebensunterhalt bis zu fünf Jahren nach dem Tod des Geschädigten (§ 93 Abs. 1 S. 2 SGB XIV) und Leistungen zur Teilhabe innerhalb eines Zeitraums von fünf Jahren nach dem Tod der geschädigten Person nach § 63 Abs. 3 SGB XIV. Hieraus ist zu schließen, dass der Personenkreis der hinterbliebenen Betreuungsunterhaltsberechtigten des § 2 Abs. 4 S. 1 Nr. 2 SGB XIV sich von dem der Nahestehenden, die mit Geschädigten eine Lebensgemeinschaft führen, die der Ehe ähnlich ist iSd § 2 Abs. 5 SGB XIV, unterscheidet. Letztere haben nach § 6 Abs. 1 SGB XIV nur Anspruch auf SH und besondere psychotherapeutische Leistungen. Die Leistungen der SE an Hinterbliebene hingegen sollen neben einer immateriellen Anerkennung des Opfers in der Gestalt des Verlusts des Partners bei der Einstellung auf die neue Lebenssituation ohne die verstorbene Person helfen.[87] Eine Übergangsleistung zur Befähigung zum Führen eines selbstständigen Lebens schien dem Gesetzgeber jedoch insbesondere deswegen erforderlich, weil insoweit die Kindererziehung bisher zum Verzicht auf eben diese Selbständigkeit geführt hatte, idealiter ausgeglichen durch Unterhaltsleistungen der verstorbenen Person.

35 Die unter → Rn. 34 beschriebene Intention des Gesetzgebers ist allerdings Ausdruck einer bereits unter → Rn. 32 beschriebenen Forderung des **BVerfG** aus dem Jahr 2004.[88] Es hat befunden, dass es mit Art. 3 Abs. 1 iVm Art. 6 Abs. 1 GG unvereinbar ist, dass das **OEG** keine Versorgungsleistung für den Partner einer nichtehelichen Lebensgemeinschaft vorsieht, der nach dem gewaltsamen Tod des anderen Lebenspartners unter Verzicht auf eine Erwerbstätigkeit die Betreuung der gemeinsamen Kinder übernimmt. In Umsetzung dessen hat der Gesetzgeber durch eine Einfügung der Sätze 4 und 5 in § 1 Abs. 8 OEG[89] formuliert, „Partner einer eheähnlichen Gemeinschaft erhalten Leistungen in entsprechender Anwendung der §§ 40, 40a und 41 des Bundesversorgungsgesetzes, sofern ein Partner an den Schädigungsfolgen verstorben ist und der andere unter Verzicht auf eine Erwerbstätigkeit die Betreuung eines gemeinschaftlichen Kindes ausübt; dieser Anspruch ist auf die ersten drei Lebensjahre des Kindes beschränkt." Letztlich übernimmt das SGB XIV diese Formulierung, zugeschnitten auf das neue SER, im Wesentlichen wortidentisch. Durch Art. 3 G-SER[90] ist diese Regelung aufgrund der „Umstrukturierung" des § 1 OEG in Abs. 5 Sätze 2 und 3 der Vorschrift „verschoben" worden, sodass sie ab dem 1.1.2024 nahtlos ihren Anschluss im SGB XIV findet.

36 In der Entwurfsbegründung zum G-SER wird die **eheähnliche Gemeinschaft** als eine solche umschrieben, in der eine Verbindung auf Dauer angelegt ist, die daneben keine weitere Lebensgemeinschaft zulässt und sich durch innere Bindungen auszeichnet, die ein gegenseitiges Einstehen der Partner in den Not- und Wechselfällen des Lebens

87 BT-Drs. 19/13824, 207.
88 BVerfG 9.11.2004 – 1 BvR 684/98, BVerfGE 112, 50.
89 Art. 2 Gesetz zur Änderung von Vorschriften des Sozialen Entschädigungsrechts und des Gesetzes über einen Ausgleich für Dienstbeschädigungen im Beitrittsgebiet, vom 19.6.2006, BGBl. 2006 I 1305.
90 Art. 3 Nr. 1 Buchst. b u. c G-SER v. 12.12.2019, BGBl. 2019 I 2652 mWv 1.7.2018.

begründen. Erforderlich sei zudem das Zusammenleben in einer Wohnung.[91] Diese Formulierung entspricht im Wesentlichen der vom BVerfG gewählten zur Umschreibung der „eheähnlichen Gemeinschaft" – geprägt durch die Umschreibung als „Einstehens- und Verantwortungsgemeinschaft".[92] Letztere hat inzwischen als Typus[93] auch Einzug in andere Sozialgesetze gefunden. Der Begriff ist geprägt durch verschiedene Elemente, die gleichzeitig vorliegen müssen. Es muss sich 1. um Partner handeln, die 2. in einer Wohn- und Wirtschaftsgemeinschaft leben (objektive Voraussetzungen) und zwar 3. so, dass nach verständiger Würdigung der wechselseitige Wille anzunehmen ist, Verantwortung füreinander zu tragen und füreinander einzustehen (subjektive Voraussetzung).[94]

Soweit die **Eltern** nicht als **Hinterbliebene** in § 2 Abs. 4 SGB XIV aufgeführt werden, 37
scheint dies ein Versehen zu sein. Denn sie haben unter den Voraussetzungen des § 88 SGB XIV auch Anspruch auf Entschädigungszahlungen unter den dort benannten Voraussetzungen. Insoweit sind sie als Hinterbliebene leistungsberechtigt und nicht „nur" Angehörige iSd § 2 Abs. 3 SGB XIV und damit berechtigt, Leistungen iSd § 6 Abs. 1 SGB XIV in Anspruch zu nehmen.

V. Abs. 5

Nahestehende sind nach § 2 Abs. 5 SGB XIV Geschwister des und mit dem Geschä- 38
digten in einer eheähnlichen Lebensgemeinschaft wohnende Personen. Wie sich aus dem Wortlaut und der Gesetzesbegründung ergibt, sind leistungsberechtigt nur Personen, die mit der **geschädigten** Person in der definierten Beziehung stehen. Bei der/dem Geschädigten kann es sich dabei um eine Person handeln, die geschädigt ist, weil sie gesundheitliche Schädigungsfolgen erlitten hat oder verstorben ist. Soweit Karl die Regelung nur auf **verstorbene Personen** anwenden will, ist dies nicht nachvollziehbar und war im Prozess der Entstehung des SGB XIV wohl auch nicht angedacht.[95] Die Nahestehenden sind die einzige Gruppe der Berechtigten der SE, denen ausschließlich Leistungen nach § 6 Abs. 1 SGB XIV, also SH und besondere psychotherapeutische Leistungen, zustehen (zu den Eltern → Rn. 37). Angehörige in der Gestalt von Ehegatten und Kindern können im Falle des Versterbens der geschädigten Person als Hinterbliebene Leistungen beanspruchen, also iSd § 6 Abs. 2 SGB XIV. Auch Eltern, in § 2 Abs. 3 SGB XIV allein als „Angehörige" bezeichnet, haben einen Anspruch auf Entschädigungszahlungen iSd § 88 SGB XIV, also einen Anspruch, der über den in § 6 Abs. 1 SGB XIV aufgeführten hinausgeht.

1. Geschwister. Geschwister sind zunächst einmal diejenigen, die in der Seitenlinie im 39
zweiten Grad iSd § 1589 BGB miteinander verwandt sind, weil sie von derselben Person abstammen, also Bruder und Schwester. Ebenso wie bei § 2 Abs. 3 SGB XIV sind Geschwister auch **Adoptivbrüder und -schwestern** der gemeinsamen Eltern oder des gemeinsamen Elternteils (zu Adoptivkindern iE → Rn. 20). Unter Berücksichtigung der den Nahestehenden nach § 6 Abs. 1 SGB XIV zugedachten Leistungsansprüche in Gestalt von SH und besonderen psychotherapeutischen Leistungen müssen auch die in § 2 Abs. 3 S. 2 SGB XIV benannten **Stief- und Pflegekinder** der gemeinsamen Eltern/des gemeinsamen Elternteils als „Geschwister" iSd § 2 Abs. 5 SGB XIV angesehen werden (zu diesen Personenkreisen iE → Rn. 21 ff., 24 ff.).[96] Es geht darum, ihnen, wenn sie zum näheren Umfeld der geschädigten Person gehören, Hilfe bei der

91 BT-Drs. 19/13824, 208.
92 BVerfG 17.11.1992 – 1 BvL 8/87, juris Rn. 92 = BVerfGE 87, 234.
93 Siehe zum Typusbegriff: BVerfG 17.11.1992 – 1 BvL 8/87, juris Rn. 92 = BVerfGE 87, 234.
94 BSG 23.8.2012 – B 4 AS 34/12 R, juris Rn. 14 = BSGE 111, 250.
95 BT-Drs. 19/13824, 171.
96 Vgl. auch jurisPK-SGB XIV/Karl § 2 Rn. 49.

Überwindung der durch die Schädigung verursachten Folgen anzubieten. In der Entwurfsbegründung wird insoweit darauf hingewiesen, die verstärkte Einbeziehung des persönlichen Umfelds der geschädigten Person in den Kreis der Berechtigten des SER berücksichtige, dass eine Gewalttat oder ein anderes schädigendes Ereignis im Sinne des SGB XIV einen umfassenderen Einschnitt in das Leben dieser Person darstelle. Daher werde auch Personen im Umfeld der oder des Geschädigten Zugang zu SH ermöglicht.[97] Da weder BVG noch OEG derartige Leistungen kennen, sind Geschwister nicht versorgungsberechtigt im BVG, auch nicht im Wege des Härteausgleichs nach § 89 BVG.[98]

40 **2. Eheähnliche Lebensgemeinschaft.** Im Sinne der unter → Rn. 39 umschriebenen Einbeziehung des Umfeldes der geschädigten Person in die Hilfsangebote des SGB XIV sind auch Personen, die mit der geschädigten Person eine Lebensgemeinschaft führen, die einer Ehe ähnlich ist, leistungsberechtigt. Ihre Ansprüche sind allerdings nach § 6 Abs. 1 SGB XIV auf die der SH und besonderen psychotherapeutischen Leistungen beschränkt. Zur eheähnlichen Lebensgemeinschaft → Rn. 36 und zur Abgrenzung von dem Personenkreis der Betreuungsunterhaltsberechtigten iSd § 2 Abs. 4 S. 1 Nr. 2 SGB XIV → Rn. 33 ff.

D. Anhang

I. Referentenentwurf zur Regelung des SER vom 20.11.2018

41 **§ 3 SGB XIV-Ref.-E Berechtigte**

(1) Berechtigte der Sozialen Entschädigung sind Geschädigte sowie deren Angehörige, Hinterbliebene und Nahestehende.

(2) Geschädigte sind Personen, die durch ein schädigendes Ereignis nach diesem Buch unmittelbar eine gesundheitliche Schädigung erlitten haben.

(3) Angehörige sind Ehegatten, eingetragene Lebenspartnerinnen und Lebenspartner sowie Kinder von Geschädigten. Als Kinder gelten auch Stiefkinder, in den Haushalt Geschädigter aufgenommene Kinder von eingetragenen Lebenspartnerinnen und Lebenspartnern sowie Pflegekinder im Sinne des § 2 Absatz 1 Satz 1 Nummer 2 des Bundeskindergeldgesetzes.

(4) Hinterbliebene sind Witwen, Witwer und hinterbliebene eingetragene Lebenspartnerinnen und Lebenspartner sowie Waisen einer an den Folgen einer Schädigung verstorbenen Person.

(5) Nahestehende sind Eltern, Geschwister sowie Personen, die mit Geschädigten eine Lebensgemeinschaft führen, die der Ehe oder eingetragenen Lebenspartnerschaft ähnlich ist.

II. BVG

42 **§ 1 BVG [Voraussetzungen des Versorgungsanspruchs]**

(§ 1 Abs. 1 und Abs. 5 BVG abgedruckt bei → § 1 Rn. 41)

§ 7 BVG [Persönlicher Geltungsbereich]

(1) Dieses Gesetz wird angewendet auf

1. Deutsche und deutsche Volkszugehörige und deren Hinterbliebene,
2. andere Kriegsopfer, wenn die Schädigung mit einem Dienst im Rahmen der deutschen Wehrmacht oder mit einem militärähnlichen Dienst für eine deutsche Organisation in ursächlichem Zusammenhang steht, und deren Hinterbliebene,
3. andere Kriegsopfer, bei denen die Schädigung in Deutschland oder in einem zur Zeit der Schädigung von der deutschen Wehrmacht besetzten Gebiet durch unmittelbare Kriegseinwirkung eingetreten ist, und deren Hinterbliebene, soweit sie ihren Wohnsitz oder gewöhnlichen Aufenthalt im Geltungsbereich dieses Gesetzes haben.

97 BT-Drs. 19/13824, 171.
98 Wilke/Fehl, 7. Aufl. 1992, BVG § 1 Rn. 12 unter Hinweis auf BSG 14.11.1961 – 11 RV 20/61, BSGE 15, 239; s. auch HK-SozEntschR/Knickrehm BVG § 1 Rn. 14.

(2) Auf Kriegsopfer, die aus derselben Ursache einen Anspruch auf Versorgung gegen einen anderen Staat besitzen, wird das Gesetz nicht angewendet, es sei denn, daß zwischenstaatliche Vereinbarungen etwas anderes bestimmen.

§ 49 BVG [Elternrente]
(abgedruckt bei → § 88 Rn. 22)

III. OEG

§ 1 OEG Anspruch auf Versorgung 43

...

(5) ... [2]Partner einer eheähnlichen Gemeinschaft erhalten Leistungen in entsprechender Anwendung der §§ 40, 40a und 41 des Bundesversorgungsgesetzes, sofern ein Partner an den Schädigungsfolgen verstorben ist und der andere unter Verzicht auf eine Erwerbstätigkeit die Betreuung eines gemeinschaftlichen Kindes ausübt; dieser Anspruch ist auf die ersten drei Lebensjahre des Kindes beschränkt.

...

IV. BVGVwV

BVGVwV zu § 33b Nr. 2 und 3 44

Nr. 2

Stiefkinder sind die Kinder des anderen Ehegatten, die nicht zugleich eigene Kinder sind. ein Stiefkindschaftsverhältnis endet nicht durch Auflösung oder Nichtkeitserklärung der Ehe, durch die es begründet worden ist. Als in den Haushalt des Beschädigten aufgenommen siind auch die Kinder anzusehen, die der Beschädigte auf seine Kosten anderweitig untergebracht hat, ohne dass die häusliche Verbindung mit ihnen aufgegeben werden soll.

Nr. 3

Die Anerkennung der Vaterschaft zu einem nichtehelichen Kind muss öffentlich beurkundet sein (§ 1600e BGB). Als Vater ist der Beschädigte auch dann anzusehen, wenn er die Vaterschaft vor Inkrafttreten des Gesetzes über die rechtliche Stellung der nichtehelichen Kinder in einer öffentlichen Urkunde anerkannt oder sich in einem vollstreckbaren Schuldtitel zur Erfüllung seiner Unterhaltspflicht nach § 1708 BGB aF verpflichtet hat oder hierzu verurteilt worden ist.

§ 3 Leistungen der Sozialen Entschädigung

Die Soziale Entschädigung umfasst:

1. **Leistungen des Fallmanagements und Leistungen in einer Traumaambulanz als Schnelle Hilfen nach Kapitel 4,**
2. **die Krankenbehandlung der Sozialen Entschädigung nach Kapitel 5,**
3. **Leistungen zur Teilhabe nach Kapitel 6,**
4. **Leistungen bei Pflegebedürftigkeit nach Kapitel 7,**
5. **Leistungen bei Blindheit nach Kapitel 8,**
6. **Entschädigungszahlungen nach Kapitel 9,**
7. **den Berufsschadensausgleich nach Kapitel 10,**
8. **Besondere Leistungen im Einzelfall nach Kapitel 11,**
9. **Leistungen bei Überführung und Bestattung nach Kapitel 12,**
10. **den Ausgleich in Härtefällen nach Kapitel 13,**
11. **Leistungen bei Wohnsitz oder gewöhnlichem Aufenthalt im Ausland nach Kapitel 14 sowie**
12. **Leistungen nach den Vorschriften zu Besitzständen nach Kapitel 23.**

Die Vorschrift legt abschließend fest, welche Leistungen der SE von Leistungsberech- 1
tigten iS des § 2 SGB XIV beansprucht werden können (zB Kreis der Leistungsberechtigten, → § 2 Rn. 1 ff.). Sie dient zur Ausfüllung der in §§ 5 und 24 Abs. 1 SGB I

beschriebenen Ziele der SE und deren Leistungen (hierzu auch → Vor § 1 Rn. 21 f.).[1] Zur Leistungsstruktur und deren Änderung gegenüber der des BVG/OEG → Vor § 1 Rn. 7 ff. Zum vorzeitigen Inkrafttreten, dh vor dem 1.1.2024, → Vor § 1 Rn. 15. Im Hinblick auf die Leistungen der SE betrifft dies insbesondere die Leistungen nach § 3 Nr. 1 SGB XIV – Leistungen in Traumaambulanzen (§§ 31–37 SGB XIV) –, die bereits ab dem 1.1.2021 in Anspruch genommen werden können,[2] unter den Voraussetzungen des ebenfalls zu diesem Zeitpunkt in Kraft getretenen § 138 SGB XIV (betreffend Opfer von Gewalttaten). S. auch zu den Leistungsvoraussetzungen unter → § 25 Rn. 9.

Kapitel 2 Anspruch auf Leistungen der Sozialen Entschädigung

Abschnitt 1 Allgemeine Voraussetzungen

§ 4 Anspruch auf Leistungen für Geschädigte

(1) [1]Geschädigte haben Anspruch auf Leistungen der Sozialen Entschädigung wegen der anerkannten gesundheitlichen und der wirtschaftlichen Folgen einer gesundheitlichen Schädigung, die ursächlich auf ein schädigendes Ereignis zurückzuführen ist. [2]Das Vorliegen der in Satz 1 genannten Anspruchsvoraussetzungen ist auf Antrag festzustellen.

(2) Ein Anspruch entsprechend Absatz 1 besteht auch bei gesundheitlichen Schädigungen, die

1. herbeigeführt worden sind durch einen Unfall von Geschädigten
   a) auf einem Hin- oder Rückweg, der notwendig ist, um Leistungen nach diesem Buch in Anspruch zu nehmen,
   b) bei Inanspruchnahme der ihnen nach diesem Buch zustehenden Leistungen oder
   c) bei der unverzüglichen Erstattung einer Strafanzeige oder auf dem Hin- oder Rückweg hiervon,

2. eine Person bei einem Unfall im Sinne von Nummer 1 bei der notwendigen Begleitung einer geschädigten Person erleidet.

(3) Ein Anspruch entsprechend Absatz 1 besteht auch bei Beschädigung oder Verlust eines im oder am Körper getragenen Hilfsmittels.

(4) [1]Zur Anerkennung einer Gesundheitsstörung als Schädigungsfolge genügt die Wahrscheinlichkeit des ursächlichen Zusammenhangs. [2]Sie ist gegeben, wenn nach dem aktuellen Stand der medizinischen Wissenschaft mehr für als gegen einen ursächlichen Zusammenhang spricht.

(5) Bei psychischen Gesundheitsstörungen wird die Wahrscheinlichkeit des ursächlichen Zusammenhangs im Einzelfall vermutet, wenn diejenigen medizinischen Tatsachen vorliegen, die nach den Erfahrungen der medizinischen Wissenschaft geeignet sind, einen Ursachenzusammenhang zwischen einem nach Art und Schwere geeigneten schädigenden Ereignis und der gesundheitlichen Schädigung und der Schädigungsfolge zu begründen und diese Vermutung nicht durch einen anderen Kausalverlauf widerlegt wird.

(6) [1]Wenn die zur Anerkennung einer Gesundheitsstörung als Schädigungsfolge erforderliche Wahrscheinlichkeit nur deshalb nicht gegeben ist, weil über die Ursache der Gesundheitsstörung in der medizinischen Wissenschaft Ungewissheit besteht, kann mit Zustimmung des Bundesministeriums für Arbeit und Soziales die Gesund-

1 Vgl. BT-Drs. 19/13824, 171.
2 Art. 60 Abs. 5 G-SER v. 12.12.2019, BGBl. 2019 I, 2552.

heitsstörung als Schädigungsfolge anerkannt werden. [2]In den Fällen nach Kapitel 2 Abschnitt 2 Unterabschnitt 4 tritt an die Stelle der Zustimmung des Bundesministeriums für Arbeit und Soziales die Zustimmung der zuständigen obersten Landesbehörde. [3]Die Zustimmung kann allgemein erteilt werden.

A. Gesetzesgeschichte

I. Geltendes und neues Recht

§ 4 SGB XIV tritt zum 1.1.2024 in Kraft. Ein vergleichbarer Regelungsgehalt findet sich im **BVG** über zahleiche Vorschriften verteilt, insbes. § 1 Abs. 1, 2 Buchst. e und f, Abs. 3 BVG. Das SGB XIV übernimmt hier die Grundlegungen des BVG, insbesondere im Hinblick auf die Kausalität in den Abs. 1 und 4 sowie die der „**Kannversorgung**" nach Abs. 6 des § 4 SGB XIV. Die Regelung des § 4 Abs. 2 SGB XIV zu den „**Wegeunfällen**", Unfällen bei der Inanspruchnahme einer Leistung nach dem SGB XIV, dem Unfall einer Begleitperson und der Schädigung von „**Körperersatzhilfsmitteln**" findet eine Entsprechung in § 1 Abs. 2 Buchst. e, f, § 4 BVG und §§ 8a, 8b BVG sowie im OEG in § 1 Abs. 3, 9 und 10. 1

II. Änderungen im SGB XIV gegenüber dem BVG und Parallelität

Die wesentlichen Grundsätze zur **Kausalität** nach dem SGB XIV entsprechen denen des BVG (→ § 1 Rn. 23 ff.). Dies gilt auch für die sog. „**Kannversorgung**" (→ § 1 Rn. 10). Zur „**bestärkten Möglichkeit**" im Rahmen der Kausalitätsbeurteilung und deren richterrechtliche Grundlage im OEG nach § 1 Abs. 5 SGB IXV → § 1 Rn. 32. Auch die Kausalitätsregeln bei **Wegeunfällen** bleiben gegenüber dem BVG nahezu unverändert, wenn auch zT mit anderen Vorzeichen im Hinblick auf die zurückgelegten Wege.[1] Eine deutlich allgemeinere Fassung hat der Unfall bei der Durchführung 2

1 Vgl. zur Gestellung oder Entlassung aus der Kriegsgefangenschaft HK-SozEntschR/Knickrehm BVG § 4.

einer **stationären Maßnahme** durch § 1 Abs. 2 Buchst. b SGB XIV gegenüber § 8a BVG erhalten. Wenig geändert, nur allgemeiner iS einer Anwendbarkeit auf unterschiedlichste Lebenssachverhalte gefasst worden ist die **Beschädigung von Hilfsmittel** durch § 1 Abs. 3 SGB XIV im Verhältnis zu § 8b BVG. Ebenso ist die sog. „Kannversorgung" nach § 1 Abs. 3 S. 2 BVG – nun § 4 Abs. 6 SGB IXV – erhalten geblieben.

B. Normsystematik

I. Allgemeiner Regelungsgehalt

3 Neben § 2 SGB XIV mit der Bestimmung der Leistungsberechtigten der SE ist § 4 SGB XIV die **grundlegende Vorschrift** des SGB XIV, die den Entschädigungsanspruch ausfüllt. Sie gilt für alle Ansprüche auf Grundlage aller schädigenden Ereignisse der SE. Maßgeblich ist insoweit, dass alle Ansprüche der SE dem **Kausalitätsgrundsatz** folgen. Diesen umschreibt die Regelung im Einzelnen, vom Grundsatz (Abs. 1 und 4), über die entsprechende Anwendung (Abs. 2 und 3) bis hin zu Modifizierungen des Kausalitätsgrundsatzes (Abs. 5) und Ausnahmen (Kannversorgung nach Abs. 6).

II. Systematische Einordnung und Normzweck

4 Die Vorschrift gilt für alle Bereiche der SE, also für alle Entschädigungstatbestände des Kap. 2 Abschn. 2. Sie wird aber auch für alle Gesetze gelten, die zukünftig auf das SGB XIV anstelle des BVG verweisen werden. Sie ist wie auch die anderen Vorschriften des Kap. 2 Abschn. 1 „vor die Klammer gezogen" und leitet den Abschn. mit den **allgemeinen Voraussetzungen** ein. § 4 SGB XIV normiert grundlegend die **Kausalitätsregeln** der SE, die bisher im BVG über zahlreiche Vorschriften verteilt (s. iE → Rn. 1 und → Rn. 35) und vor Allem in konkrete Zusammenhänge eingepasst sind, wie zB in § 1 Abs. 1 BVG, der den Kausalitätsgrundsatz mit konkreten Entschädigungstatbeständen verbindet. § 4 SGB XIV regelt zunächst einmal nur den Anspruch von **Geschädigten** iSd § 2 Abs. 2 SGB XIV (→ § 2 Rn. 11 ff.) auf Leistungen der SE. Die Ansprüche **weiterer Leistungsberechtigter** iSd § 2 Abs. 3 bis 5 SGB XIV (→ § 2 Rn. 15 ff.) werden durch § 6 SGB XIV festgelegt (→ § 6 Rn. 4 ff.). Im Hinblick auf die Kausalitätsregeln gelten insoweit jedoch keine Unterschiede.

C. Einzelkommentierung

I. Abs. 1

5 § 4 Abs. 1 S. 1 SGB XIV wiederholt und konkretisiert das in der Einleitungsnorm des § 1 Abs. 1 SGB XIV bereits festgelegte **Kausalitätsprinzip**. In dem Entwurf zum G-SER wird dazu formuliert, hierbei handele es sich um die tragende Säule der SE. Die Vorschrift mache deutlich, dass ein Anspruch auf staatliche Entschädigung nur für kausal verursachte Schädigungsfolgen bestehe.[2] Zu den Einzelheiten der dreigliedrigen Kausalkette mit **haftungsbegründender** und **haftungsausfüllender Kausalität** → § 1 Rn. 23 ff. Zum **Nachweis/Vollbeweis** des schädigenden Ereignisses, dem Maßstab der **Wahrscheinlichkeit** und der **Glaubhaftigkeit/Möglichkeit** (§ 117 SGB XIV) s. ausführlich → § 1 Rn. 30.

6 Der in der Entwurfsbegründung so benannte **„Grundbescheid"**,[3] wie er über § 4 Abs. 1 S. 2 SGB XIV Eingang in das SER gefunden hat, beinhaltet letztlich eine **„Statusanerkennung"**. Auf den Erlass eines solchen Bescheides besteht ein **Rechtsanspruch**. Der Verwaltungsakt stellt fest, dass ein Kausalzusammenhang zwischen einem Entschädigungstatbestand/schädigenden Ereignis und einer gesundheitlichen Schädigung sowie dadurch bedingter Folgen besteht, ohne dass daraus ein Leistungsan-

2 BT-Drs. 19/13824, 171.
3 BT-Drs. 19/13824, 171.

spruch folgt. Dies dürfte insbesondere dann von Bedeutung sein, wenn den gesundheitlichen Folgen kein messbarer GdS iSd § 5 SGB XIV folgt. Eine solche **Anerkennungsfunktion** ist im Vorfeld des Gesetzgebungsverfahrens des SER zT von den Opferverbänden gefordert worden.[4] Es wurde vorgebracht, dass es den Opfern vielfach nicht um monetäre Entschädigung, aber Anerkennung des erlittenen Unrechts gehe. Um jedoch zu verhindern, dass die TdSE in jedem Fall, der nicht zu einem Leistungsanspruch führt, einen derartigen Bescheid erlassen müssen, erfolgt die Feststellung nur auf **Antrag** der Geschädigten. Sollen hierauf aufbauend später weitere Ansprüche gegründet werden, sind die allgemeinen Regeln des Sozialverwaltungsverfahrensrechts zu beachten, also insbesondere **§§ 45, 48 SGB X**. Zwar mag mit § 4 Abs. 1 S. 2 SGB XIV iS der Anerkennungsfunktion nur eine punktuelle Gestaltung eines Rechtsverhältnisses gewollt sein, so dass der Idee nach der **feststellende Verwaltungsakt** wohl kein solcher mit **Dauerwirkung** sein soll. Gleichwohl wohnt ihm ein Element der Zukunftsgerichtetheit inne. Denn für die Erfüllung seiner Folgen bedarf es keiner weiteren Regelungsakte. Der Verwaltungsakt beinhaltet eine materiellrechtlich in die Zukunft wirkende Anerkennung der zuvor dargelegten Tatbestandselemente und ist daher als Verwaltungsakt mit Dauerwirkung zu qualifizieren.[5] Auch ist wohl in der Statusfeststellung ein „**rechtlicher Vorteil** iSd § 45 Abs. 1 SGB X zu erkennen. Denn die Statusfeststellung erweitert den Rechtskreis der Berechtigten und hat iS der eingangs beschriebenen Funktion für sie eine tatsächlich günstige (**begünstigende**) **Wirkung**.[6] Zur Verschlimmerung, zum Nachschaden oder Folgeschaden vgl. iE → § 1 Rn. 16 ff. Lehnt der TdSE den Erlass eines „Grundbescheides" ab, etwa, weil es bereits an einem schädigenden Ereignis iSd Kap. 2 Abschn. 2 fehlt, so besteht kein Anspruch auf „Überprüfung" dieses Verwaltungsakts nach § 44 **Abs. 1 SGB X**. Es kommt allein § 44 Abs. 2 SGB X insoweit in Betracht. Mit der ausschließlichen Ablehnung eines Antrags auf Statusanerkennung wird keine Sozialleistung versagt.[7] Allerdings kommt es insoweit auf die Formulierung des ablehnenden Bescheides und das Begehren der Antragsteller an, denn nur wenn sie sich ausschließlich auf die Statusanerkennung beziehen, gilt das soeben gesagte. Ansonsten beinhaltet der Bescheid immer auch das Element der Ablehnung der Erbringung von Leistungen des SE. Inwieweit sich hieraus tatsächlich praktische Probleme ergeben werden bleibt abzuwarten. Denn wenn die Ablehnung des Statusbescheides nicht zugleich die Ablehnung von Leistungen der SE beinhaltet, steht es den Antragstellern frei, erneut einen Antrag auf Leistungen der SE zu stellen, ohne dass der vorbenannte ablehnende Verwaltungsakt eine neue Entscheidung hinderte bzw. zuvor aufgehoben werden müsste. Allerdings erfolgte dann die eventuelle Leistungsgewährung erst ab Antragstellung – soweit die Leistungserbringung einen Antrag erfordert (s. § 10 SGB XIV) – und nicht für die Vergangenheit und damit nur für den in § 44 Abs. 4 SGB X vorgesehen Vier-Jahres-Zeitraum.[8]

4 Vgl. zur Forderung nach einem „unrechtsanerkennender Versagungsbescheid" – Anlage 1 zu dem Abschlussbericht Runder Tisch Sexueller Kindesmissbrauch in Abhängigkeits- und Machtverhältnissen in privaten und öffentlichen Einrichtungen und im familiären Bereich v. BMAS, BMFSFJ, BMBF v. 30.11.2011; s. auch Knickehm/Mushoff/Schmidt Neues SozEntschR Rn. 41.

5 Vgl. zu feststellenden Verwaltungsakten als solche mit Dauerwirkung Schütze/Schütze SGB X § 45 Rn. 76.

6 Vgl. zur „Begünstigung" iSd § 45 Abs. 1 SGB X Schütze/Schütze SGB X § 45 Rn. 24 ff.

7 Vgl. zur Feststellung einer Behinderung s. BSG 29.5.1991 – 9a/9 RVs 11/89, BSGE 69, 14, 16; s. auch BSG 7.4.2011 – B 9 SB 3/10 R, juris Rn. 28.

8 Vgl. hierzu zum Merkzeichen „RF" BSG 16.2.2012 – B 9 SB 2/11 R, juris Rn. 28.

II. Abs. 2

7 Gleichgestellt sind nach § 4 Abs. 2 SGB XIV den originären schädigenden Ereignissen, wie sie als Entschädigungstatbestände im Kap. 2 Abschn. 2 SGB XIV oder in den Gesetzen, die zukünftig auf das SGB XIV verweisen (→ Vor § 1 SGB XIV), aufgeführt sind, **Unfälle**, wenn sie sich im weitesten Sinne im **Zusammenhang mit der Schaffung der Voraussetzungen oder der Leistungserbringung nach dem SGB XIV** ereignen. Der Schutzbereich der Entschädigungstatbestände wird insoweit erweitert. § 4 Abs. 2 SGB XIV legt allerdings nur den Schutzbereich fest; die sonstigen Voraussetzungen für einen **Leistungsanspruch** müssen darüber hinaus erfüllt sein (zum Nachweis und zur Kausalität → Rn. 5, 8, 11). Ein Anspruch auf Leistungen kann nicht unmittelbar aus § 4 SGB XIV abgeleitet werden.

8 § 4 Abs. 2 Nr. 1 SGB XIV bestimmt als **anspruchsberechtigte Person** nur die **geschädigte** iSd § 2 Abs. 2 SGB XIV. Der Kreis der Leistungsberechtigten nach einem Unfall iSd § 4 Abs. 2 SGB XIV wird ausnahmsweise nach § 4 Abs. 2 Nr. 2 SGB XIV um die notwendige Begleitperson der **geschädigten Person** erweitert. Die **Begleitperson** hat dann die gleichen Ansprüche wie eine geschädigte Person und ist nicht wie Angehörige, Hinterbliebene oder Nahestehende nach § 6 SGB XIV nur in beschränktem Umfang leistungsberechtigt.

9 **1. Unfall.** Der Begriff des **Unfalls** iSd BVG, OEG oder SVG – zukünftig iSd § 4 Abs. 2 SGB XV ist qua definitionem identisch mit dem des Rechts der **GUV**.[9] Nach § 8 Abs. 1 S. 2 SGB VII ist ein Unfall ein zeitlich begrenztes von außen auf den Körper einwirkendes Ereignis, das zu einem Gesundheitsschaden oder zum Tod führt. Für die Einordnung der Folge eines Unfalls als Schädigungsfolge iSd § 1 BVG ist nach der Rechtsprechung des BSG ein zeitgleicher Ablauf mit der militärischen oder militärähnlichen Dienstverrichtung ausreichend („während"). Der Dienst muss **nicht ursächlich für den Unfall** gewesen sein.[10] Dies gilt auch weiterhin für die Unfälle iSd § 4 Abs. 2 SGB XIV, s. dort die ausdrücke Wortwahl „auf" und „bei", im Gegensatz zu dem die Kausalität fordernden „durch" oder „wegen". Der Schutzbereich des SGB XIV ist dem nach dem BVG vergleichbar. Dort ist der Soldat im Rahmen der Regelung des § 1 BVG gegen zwei Arten von Unfällen geschützt ist: (stillschweigend) gegen solche, die sich infolge des Wehrdienstes, und (ausdrücklich) gegen solche, die sich „während der Ausübung des militärischen oder militärähnlichen Dienstes" (so auch § 81 Abs. 1, 2. Alt SVG) ereignen. Bei der ersten Art von Unfällen wird es sich jedenfalls in aller Regel zugleich um eine „durch den militärischen Dienst oder die militärähnliche Dienstverrichtung herbeigeführte gesundheitliche Schädigung" iSd § 1 Abs. 1 S. 1 BVG oder zukünftig zB der Ableistung des Zivildienstes iSd § 23 SGB XIV handeln.

10 Zur Frage der wesentlichen Bedingung/des Beweismaßstabs bei **innerer Ursache** und **ungeklärtem Unfallgeschehen** s. BSG vom 13.12.2000.[11] Das BSG vertritt dort die Auffassung, dass nach einem Sturz und Aufschlagen mit dem Kopf auf eine Betoneinfassung der Geschädigte einen Unfall zusätzlich zu seiner Schädigung durch eine innere Ursache – Herzinfarkt – erlitten habe, selbst wenn der Unfall auch durch den Herzinfarkt – und damit mittelbar ebenfalls durch eine innere Ursache – bedingt gewesen sei. Der Aufprall auf die Betoneinfassung stelle „ein zeitlich begrenztes, von

---

9 BSG 13.12.2000 – B 9 VS 1/00 R, BSGE 87, 194; s. auch Anmerkung hierzu von Hansen SGb 2001, 698; Trenk-Hinterberger in Gitter/Schulin/Zacher FS für Otto Ernst Krasney, 663; Keller NZS 1994, 161.

10 Vgl. BSG 25.11.1958 – 10 RV 1055/55, BSGE 8, 264; BSG 6.8.1968 – 10 RV 420/66, BVBl 1969, 59; BSG 22.9.1971 – 10 RV 330/70, BSGE 33, 141.

11 BSG 13.12.2000 – B 9 VS 1/00 R, BSGE 87, 194.

außen auf den Körper einwirkendes Ereignis“ iSd Unfallbegriffs dar.[12] Zur Kausalität → Vor § 1 Rn. 23 ff. und → Rn. 12.

Die Problematik des „**Wegeunfalls**“ (§ 4 Abs. 2 Nr. 1 Buchst. a SGB XIV – ein Unfall auf dem Hin- oder Rückweg, der **notwendig** ist, um Leistungen nach dem SGB XIV [oder Leistungen nach einem Gesetz, dass auf das SGB XIV verweist] in Anspruch zu nehmen oder § 4 Abs. 2 Nr. 1 Buchst. c SGB XIV, auf dem Hin- oder Rückweg zur unverzüglichen Erstattung einer Strafanzeige – s. zum **geschützten Weg** auch § 4 BVG und BVGVwV zu § 4 BVG, → Rn. 36) stellt sich im SER ebenso wie im Recht der GUV. **Hin- und Rückweg** bedeutet insoweit, der Weg von der eigenen Wohnung oder dem Ort an dem die geschädigte Person sich aktuell ständig aufhält – wenn sie zB nach einer Gewalttat Schutz außerhalb der eigenen Wohnung gesucht hat – zum Ort der Inanspruchnahme der Leistungen nach dem SGB XIV, zB in einer Traumaambulanz. Es muss sich allerdings wie im Recht der GUV um den direkten Weg handeln. Dies findet in § 4 Abs. 2 Nr. 1 Buchst. a SGB XIV seinen Ausdruck darin, dass es sich um den „notwendigen“ Weg handeln muss. Insoweit kann auf die Rspr. hierzu, aber auch die Rspr. des BSG zum geschützten Weg nach dem BVG zurückgegriffen werden. Bereits früh hat das BSG klargestellt: Ist ein Soldat zu einem Dienst an einem Ort außerhalb der Truppenunterkunft abgeordnet, so ist er bei der Rückkehr von diesem Ort in die Truppenunterkunft nach § 4 Abs. 1 Buchst. c BVG (→ Rn. 35) versorgungsrechtlich geschützt, es sei denn, er habe nach dem Ende der Dienstverrichtung eine dem persönlichen Lebensbereich zuzurechnende Tätigkeit verrichtet, die wegen ihrer Art und Dauer geeignet gewesen sei, den Zusammenhang mit dem Dienst endgültig zu lösen.[13] In diesen Rahmen fügt es sich ein, wenn das BSG die Situation der Rückkehr von einer privaten Feier zur Kaserne nicht dem geschützten Dienstweg zuordnet, weil sowohl die Rückkehr in die Unterkunft zu einer bestimmten Zeit, als auch der Rückweg selbst eine Einheit mit der Freizeitbetätigung bilden.[14] Ebenfalls der **Freizeit** ist es zuzuordnen, wenn ein Soldat bei der Heimkehr aus dem Wochenendurlaub verunglückt, denn allein der nahe zeitliche Zusammenhang zwischen dem Unfall und dem Urlaubsende habe – so das BSG – nicht etwa zur Folge, dass die fragliche Unfallfahrt als gesetzlich geschützter Rückweg von der **Familienwohnung** – s. zum Begriff der Familienwohnung auch BVGVwV Nr. 2 zu § 4 BVG, → Rn. 36 – zum Dienstort zu werten sei. Es müsse vielmehr im Einzelfall die Unfallfahrt örtlich und ausschließlich zwischen Dienstort und Familienwohnung unternommen worden sein oder übertragen ins SGB XIV von der Familienwohnung zu der Stelle an der zB die Schutzimpfung iSd § 24 SGB XIV durchgeführt wird. Eine ständige Familienwohnung des Soldaten sei dort, wo der Mittelpunkt seines außerdienstlichen Lebens liege.[15] Auch der „**Umweg**“[16] von der Familienwohnung bei den Eltern über die Wohnung der Braut/Freundin zur Dienststelle ist nach der Rechtsprechung des BSG der Freizeit zuzuordnen.[17] Zum „**Abweg**“ s. auch BSG vom 5.3.1980[18] und zur **Alkoholfahrt** s. BSG vom 30.6.1977.[19] In Abgrenzung zur Rechtsprechung des Unfallsenats des BSG vertritt der 11

12 BSG 28.7.1977 – 2 RU 15/76, SozR 2200 § 550 Nr. 35; BSG 20.1.1987 – 2 RU 27/86, BSGE 61, 127.

13 BSG 25.3.1971 – 9 RV 596/69, SGb 1972, 185, mit Anm. von Getrost SGb 1972, 190.

14 BSG 28.6.1973 – 9 RV 689/72, Breith 1974, 699.

15 BSG 16.5.1972 – 9 RV 676/71; vgl. zum Begriff der Familienwohnung auch BSG 24.11.1977 – 9 RV 78/76, SozR 3200 § 81 Nr. 12.

16 Zum Umweg s. auch BSG 24.4.1980 – 9 RV 82/78; BSG 6.10.9181 – 9 RV 23/81; BSG 5.5.1993 – 9/9a RV 21/91, SozR 3200 § 81 Nr. 7, mit Anm. v. Schroth SGb 1994, 238.

17 BSG 2.2.1977 – 9 RV 202/75, Breith 1975, 732.

18 BSG 5.3.1980 – 9 RV 40/78.

19 BSG 30.6.1977 – 9 RV 80/76, SozR 3200 § 81 Nr. 10, unter Hinweis auf: BSG 28.2.1961 – 2 RU 226/57, BSGE 14, 64; BSG 31.10.1969 – 2 RU 40/67, BSGE 30, 12; BSG 10.12.1975 – 8 RU 202/74, SozR 2200 § 548 Nr. 11.

9. Senat des BSG die Auffassung, dass ein gefahrerhöhendes, als vorsätzliches Vergehen **strafbares Fahrverhalten** den Versorgungsschutz eines Soldaten auf dem Heimweg von der Kaserne unterbreche.[20]

12 **2. Kausalität.** Wenn auch, wie unter → Rn. 9 ausgeführt, die geschützte Verrichtung nicht ursächlich für den Unfall gewesen sein muss, so muss die zu entschädigende gesundheitliche Folge jedoch durch den Unfall, der sich bei der geschützten Verrichtung ereignet, bedingt sein. Die gesundheitliche Schädigung muss durch den Unfall herbeigeführt worden sein.

13 **3. Schutzbereich erweiternde Tatbestände – Nr. 1 Buchst. a) bis c) und Nr. 2.** Der Kontext in dem die benannten schutzbereichserweiternden Unfallereignisse stehen ist recht unterschiedlich. Zum einen handelt es sich um **Wegeunfälle** (→ Rn. 10), wie nach § 4 Abs. 2 Nr. 1 Buchst. c SGB XIV auf dem Hin- oder Rückweg zur unverzüglichen Erstattung einer Strafanzeige (vgl. § 1 Abs. 3 letzter Hs. OEG) oder dem Hin- oder Rückweg, der notwendig ist, um Leistungen nach dem SGB XIV in Anspruch zu nehmen gem. § 4 Abs. 2 Nr. Buchst. a SGB XIV (vgl. auch § 1 Abs. 3 Hs. 1 OEG, § 1 Abs. 2 Buchst. e und f BVG). § 4 Abs. 2 Nr. 1 Buchst. c SGB XIV beinhaltet daneben einen weiteren Tatbestand, den eines Unfalls bei der unverzüglichen Erstattung der Strafanzeige selbst, also etwa auf dem Polizeirevier und – dem vergleichbar – einen Unfall iSd § 4 Abs. 2 Nr. 1 Buchst. b SGB XIV bei der Inanspruchnahme der den Berechtigten nach § 2 SGB XIV zustehenden Leistungen. Leistungsberechtigt kann auch eine Person sein, die einen Unfall erleidet bei der **notwendigen Begleitung** der geschädigten Person in dem Kontext des § 4 Abs. 2 Nr. 1 SGB XIV (→ Rn. 8). Derartige Gleichstellungen sind kein Novum des SGB XIV, sondern führen auch nach dem BVG ggf. zu Leistungsansprüchen, → Rn. 1.

14 **a) Unfall auf dem Weg zur Inanspruchnahme der Leistungen – Nr. 1 Buchst. a.** § 4 Abs. 2 Nr. 1 **Buchst. a** SGB XIV erfasst Hin- und Rückwege, die mit der eigentlichen **Geltendmachung von Leistungen** (nur) durch Geschädigte (→ Rn. 8) verbunden sind, sowie solche, die mit der **Leistungserbringung** im Zusammenhang stehen. Im BVG/OEG sind diese Wege ebenfalls unter Schutz gestellt (→ Rn. 1, 11). Wege, die mit der Leistungserbringung in Zusammenhang stehen, sind solche, die zur Inanspruchnahme der Leistung führen, also zB der Weg zur Krankenbehandlung, zu einer Traumaamublanz oder der Stelle, an der die Schutzimpfung durchgeführt werden soll. Wege, die zur Geltendmachung der Leistung führen, sind schon nach dem BVG unter Schutz gestellt, dort allerdings dem Zeitgeist entsprechend, wenn der Unfall erlitten wird auf einem Weg, der auf Verlangen eines zuständigen Leistungsträgers oder eines Gerichts, wegen der Schädigung persönlich zu erscheinen, zurückgelegt wird (§ 1 Abs. 2 Buchst. e letzter Hs. BVG bzw. § 8a Abs. 1 S. 2 BVG). Angesichts dessen, dass der Weg zur Geltendmachung der Leistung in einem Gerichtstermin etwa als Kläger/in ohnehin unter Versicherungsschutz der GUV steht,[21] meint die „Geltendmachung von Leistungen" hier die bei einem TdSE oder einer Krankenkasse (§ 10 Abs. 4 SGB XIV) oder einem sonstigen Träger iSd § 16 SGB I. Mit dem Tatbestandsmerkmal der „Notwendigkeit" des Hin- und Rückweges wird der unter → Rn. 11 dargelegten Problematik des geschützten Weges Rechnung getragen.

15 **b) Unfall bei der Inanspruchnahme der Leistungen – Nr. 1 Buchst. b.** Bei der **Inanspruchnahme** von Leistungen nach dem SGB XIV, unabhängig davon, um welche Leistungen es sich handelt, zB Leistungen in Traumaamulanzen, Leistungen zur Krankenbehandlung oder Leistungen zur Teilhabe, sind Geschädigte nach § 4 Abs. 2 Nr. 1

20 BSG 16.12.2004 – B 9 VS 1/04 R, BSGE 94, 133 unter Hinweis auf BSG 11.10.1994 – 9 RV 8/94, BSGE 75, 180 und in Abgrenzung zu BSG 4.6.2002 – B 2 U 11/01 R, SozR 3-2700 § 8 Nr. 10.

21 BSG 27.10.2009 – B 2 U 23/08 R.

Buchst. b SGB XIV gegen gesundheitliche Schädigungen aufgrund von Unfällen geschützt. Insoweit handelt es sich nicht um Wegeunfälle, auf dem Weg zu der Maßnahme, Behandlung pp, sondern bei der Maßnahme selbst, also der **Erbringung der Leistung**. Auch hier sind nur „Geschädigte" leistungsberechtig im Hinblick auf die Schädigungsfolgen, die durch den Unfall entstehen. Rutscht also zB eine geschädigte Person in der Arztpraxis während einer Krankenbehandlung nach dem SGB XIV oder in einer Einrichtung während der Teilhabeleistung auf glattem Boden aus und führt dies zu einem Beinbruch, mit anschließender Fehlstellung des Beines, ist sie durch das SGB XIV geschützt, etwa durch Leistungen zur weiteren Krankenbehandlung, solche zur Teilhabe oder ggf. durch Anspruch auf BLiE bis hin ggf. zu Entschädigungszahlungen nach §§ 83 ff. SGB XIV. Derartiges sieht bereits § 8a BVG – etwas modifiziert – vor. Sofern die Maßnahme etwa eine rehabilitative ist und der Unfall sich bei einem im Rahmen eines während der Reha ausgetragenen „Wettkampfs" zugetragen hat, gilt wie nach dem BVG auch für das SGB XIV, dass ein gewisses Maß an Leistungsstreben zu Wettkampfzwecken unschädlich ist, solange der Charakter der Übungen dadurch nicht verdrängt wird.[22] Erforderlich ist hier jedoch, dass die Maßnahme die Ursache des Unfalls ist. Ereignet sich „bei" einer Maßnahme der medizinischen Teilhabe iSd § 62 Nr. 4 SGB XIV ein Unfall, der nach den Umständen grundsätzlich dem privaten Bereich zuzurechnen ist (zB Kauf eines Getränks), wird Versorgung nur gewährt, wenn ein Zusammenhang mit dem sozialen Bezugsfeld (hier der Teilhabe) besteht.[23] Bei der Durchführung einer Badekur – so das BSG zum BVG – umfasst der Versorgungsschutz allerdings auch Unfälle auf einem Spaziergang, wenn der **Spazierweg** die medizinischen Anwendungen ergänzt und in den Behandlungsplan der Badekur – wenn auch nachträglich – eingeordnet werden kann.[24] Maßnahmen anderer Träger unterfallen nicht § 4 Abs. 2 Nr. 1 Buchst. b SGB XIV, selbst dann nicht, wenn sie wegen der Schädigungsfolgen durchgeführt werden.[25] S. auch Erweiterung des anspruchsberechtigten Personenkreises durch § 8a BVG.[26]

c) Wegeunfall/Unfall bei der Erstattung einer Strafanzeige – Nr. 1 Buchst. c. § 4 Abs. 2 Nr. 1 Buchst. c SGB XIV beinhaltet zwei Tatbestände, den Unfall auf dem Weg zur unverzüglichen Erstattung einer Strafanzeige und der Unfall bei der Erstattung der Strafanzeige, also etwa im Polizeirevier. Die Vorschrift korrespondiert mit § 17 Abs. 2 SGB XIV, der es in das Ermessen des TdSE stellt Leistungen vollständig oder teilweise zu versagen, wenn Geschädigte es unterlassen haben, das ihnen Mögliche und Zumutbare zur Aufklärung des Sachverhalts und zur Verfolgung der Täterin oder des Täters beizutragen. Eine vergleichbare Regelung findet sich in § 2 Abs. 2 OEG. Dabei wird von den Geschädigten insbesondere erwartet, unverzüglich **Strafanzeige** bei einer für die Strafverfolgung zuständigen Stelle zu erstatten. **Unverzüglich** bedeutet ohne schuldhaftes Zögern[27]. Als Pendant dazu wird nach § 1 Abs. 3 OEG bzw. zukünftig § 4 Abs. 2 Nr. 1 Buchst. c SGB XIV der Unfallversorgungsschutz auf Unfälle erstreckt, die die Geschädigten bei der unverzüglichen Erstattung der Strafanzeige erleiden. Zum Wegeunfall s. unter → Rn. 11 und zum Begriff des Unfalls → Rn. 9 f. 16

d) Unfall der Begleitperson – Nr. 2. Erleidet die die geschädigte Person **begleitende Person** bei einem **Unfall** (→ Rn. 9 ff.) aus Anlass der in § 4 Abs. 2 Nr. 1 benannten Ereignisse eine **gesundheitliche Schädigung**, ist sie leistungsberechtigt wie (entsprechend) eine geschädigte Person nach dem SGB XIV. Die Begleitung kann mithin erfol- 17

22 BSG 28.1.1975 – 10 RV 101/74, BSGE 39, 78; s. auch zu Voraussetzungen im Einzelnen BSG 26.6.1985 – 4b/9a RV 35/84, ZfSH/SGB 1986, 226.
23 BSG 6.9.1989 – 9 RV 21/88, VersR 1990, 329.
24 BSG 13.3.1985 – 9a RV 38/83, SozR 3100 § 1 Nr. 33; Sprau VersorgVerw 1989, 38.
25 BSG 24.1.1979 – 9 RV 15/78, ZfS 1979, 212.
26 HK-SozEntschR/Knickrehm BVG § 8a.
27 Vgl. HK-SozEntschR/Rademacker OEG § 2 Rn. 35.

gen auf dem notwendigen Hin- und Rückweg der geschädigten Person, um Leistungen nach dem SGB XIV in Anspruch zu nehmen, (→ Rn. 14, § 4 Abs. 2 Nr. 1 Buchst. a SGB XIV), bei der Inanspruchnahme von Leistungen nach dem SGB XIV durch die geschädigte Person (→ Rn. 15, § 4 Abs. 2 Nr. 1 Buchst. b SGB XIV) und bei der unverzüglichen Anzeigeerstattung oder dem Hin- und Rückweg der geschädigten Person aus diesem Anlass (→ Rn. 16, § 4 Abs. 2 Nr. 1 Buchst. c SGB XIV). Ein Unfall bei einer Begleitung der geschädigten Person etwa auf einem privaten Spaziergang, wenn er nicht mit der Inanspruchnahme von Leistungen nach dem SGB XIV im Zusammenhang steht, ist nicht entschädigungsfähig – er ist dem privaten Umfeld zuzurechnen, s. → Rn. 18.

18 **Begleitpersonen**, die bei einem der in § 4 Abs. 2 Nr. 1 SGB XIV benannten Ereignisse einen Unfall erleiden, sind nach § 4 Abs. 2 Nr. 2 SGB XIV im Hinblick auf die durch den Unfall erlittenen gesundheitlichen Schädigungsfolgen nur dann leistungsberechtigt, wenn ihre Begleitung der Geschädigten notwendig war. Der Begriff der notwendigen Begleitung wird auch im Zusammenhang mit der Fahrkostenerstattung bei dem Aufsuchen der Traumaambulanz nach § 36 Abs. 1 SGB XIV sowie der Reisekostenerstattung im Rahmen der Krankenbehandlung nach § 53 Abs. 1 SGB XIV benannt. Dies dürften auch die typischen Fälle der Begleitung sein – andere Konstellationen sind allerdings nicht ausgeschlossen, dies zeigt der Verweis auf alle unter § 4 Abs. 2 Nr. 1 SGB XIV benannten Geschehnisse (s. aber → Rn. 17). Auch das BVG kennt die **„notwendige" Begleitung** – eine § 4 Abs. 2 Nr. 1 SGB XIV vergleichbare Regelung findet sich in § 8a Abs. 3 BVG. § 24 Abs. 1 S. 1 BVG regelt die Reisekostenerstattung der „notwendigen Begleitung". Wie der unbestimmte Rechtsbegriff der „Notwendigkeit" der Begleitung auszufüllen ist, dazu sind weder im SGB XIV noch im BVG Hinweise normiert. Zur Notwendigkeit einer Begleitung iSd § 24 BVG (bei einer Krankenbehandlung, Badekur oder Heilbehandlung) hat das BSG befunden, sie sei anzunehmen, wenn die Begleitperson dem Beschädigten während seines Aufenthaltes am Ort der Behandlung hätte behilflich sein müssen, etwa bei der Zurücklegung von Wegen innerhalb des Ortes, oder wenn es erforderlich gewesen sei ihm für andere tägliche Verrichtungen zur Verfügung zu stehen.[28] Voraussetzung sei nicht die Hilflosigkeit der Geschädigten, aber das Erfordernis einer Hilfeleistung wegen einer bestehenden Hilfsbedürftigkeit.[29] Letztere muss auf gesundheitliche Gründe zurückgehen,[30] ohne dass diese durch das schädigende Ereignis verursacht worden sein müssen. Auch ein rollstuhlpflichtiger Mensch, der unabhängig von einem schädigenden Ereignis in diesen Zustand gelangt ist, kann ggf. eine Begleitung benötigen, wenn er/sie Opfer einer Gewalttat geworden ist und den Weg zur Anzeigeerstattung oder zur Traumaamulanz wegen der Angewiesenheit auf den Rollstuhl nicht alleine zurücklegen kann. Ein Indiz für die notwendige Begleitung kann vorliegen, wenn die Voraussetzungen für das Merkzeichen „B" (ständige Begleitung – § 229 Abs. 2 SGB IX) nach dem SGB IX iVm mit den VMG der Anlage zu § 2 VersMedV gegeben sind. Grundsätzlich hängt die Beurteilung der „Notwendigkeit der Begleitung" jedoch von den Umständen des Einzelfalls ab. So wird die Begleitung traumatisierter Kinder oder Jugendlicher wohl nur ausnahmsweise zu verneinen sein.[31]

28 BSG 28.1.1981 – 9 RV 26/80, juris Rn. 18, ZfS 1981, 299.
29 BSG 23.11.1962 – 8 RV 413/60, juris Rn. 25.
30 Vgl. HK-SozEntschR/Knickrehm BVG § 8a Rn. 6.
31 Knickrehm/Mushoff/Schmidt Neues SozEntschR Rn. 114.

III. Abs. 3

Eine vergleichbare Vorschrift findet sich in § 8b BVG (→ Rn. 35). Sie ist durch das **KOV-Strukturgesetz 1990** eingefügt worden[32] und § 8 **Abs. 3 SGB VII** (vormals § 548 Abs. 2 RVO) nachgebildet (als Gesundheitsschaden gilt auch die Beschädigung oder der Verlust eines Hilfsmittels). § 8b BVG gilt wie auch § 4 Abs. 3 SGB XIV zukünftig für alle Gesetze der sozialen Entschädigung, die das BVG/SGB XIV für anwendbar erklären. Während bei § 8b BVG aufgrund dessen Wortlauts noch ausdrücklich zu differenzieren war zwischen der Ausstattung mit Hilfsmitteln als eine Leistung der Heil- und Krankenbehandlung und der Wiederherstellung bzw. des Ersatzes des Hilfsmittels nach Beschädigung nach § 8b BVG,[33] ist § 4 Abs. 3 SGB XIV insoweit eindeutiger gefasst. Durch den Verweis auf den § 4 Abs. 1 SGB XIV „entsprechenden Anspruch" wird deutlich, dass dann, wenn die Beschädigung oder der Verlust des Hilfsmittels durch ein **schädigendes Ereignis**/einen **schädigenden Vorgang** bedingt ist (**Kausalität**, → Rn. 5 ff.), die Beseitigung auch des „Sachschadens"[34] nach den Vorschriften des Kap. 5 SGB XIV – der Krankenbehandlung der SE – erfolgt. 19

Das **Hilfsmittel** kann auch **schädigungsunabhängig**[35] getragen werden. Der Zurechnungszusammenhang zu den Entschädigungstatbeständen des SER ergibt sich allein dadurch, dass die Beschädigung des Hilfsmittels durch einen schädigenden Vorgang iSd § 14 Abs. 1 SGB XIV verursacht worden sein muss, so dass auch ein nicht schädigungsbedingt getragenes Hilfsmittel der „Entschädigung" des § 4 Abs. 4 SGB XIV unterfällt. **Schädigungsbedingt getragene Hilfsmittel** werden im Übrigen ohnehin nach den Vorschriften der Krankenbehandlung des Kap. 5 des (§ 46) SGB XIV ersetzt oder zu repariert. **Zielrichtung** des § 4 Abs. 3 SGB XIV ist nicht der unmittelbare Ersatz des **Sachschadens**, sondern die Beseitigung der Auswirkungen der Sachbeschädigung auf die Gesundheitsstörung.[36] Ebenso unterscheiden sich die Tatbestandsvoraussetzungen des Leistungsanspruchs. So kommt es im Rahmen der Krankenbehandlung – anders als nach § 4 Abs. 3 SGB XIV – nicht darauf an, dass das Hilfsmittel zum Zeitpunkt der Beschädigung am Körper getragen wurde. 20

1. Hilfsmittel. Hilfsmittel iSd § 4 Abs. 3 SGB XIV sind gem. § 46 Abs. 1 SGB XIV diejenige, die nach § 31 Abs. 1 **SGB VII** als solche anzuerkennen sind. Dies sind alle ärztlich verordneten Sachen, die den Erfolg der Heilbehandlung sichern oder die Folgen von Gesundheitsschäden mildern oder ausgleichen. Dazu gehören insbesondere Körperersatzstücke, orthopädische und andere Hilfsmittel sowie ebenso wie nach § 8b BVG auch Blindenführhunde[37] und Brillen, Kontaktlinsen, nicht jedoch der **Zahnersatz**. Letzterer gilt nach § 46 Abs. 1 S. 2 SGB XIV ausdrücklich nicht als Hilfsmittel, um keine „Abbruchkante" zwischen der Hilfsmittelversorgung durch die UV-Träger und der zahnärztlichen Krankenbehandlung durch die Krankenkassen – jeweils im Auftrag der TdSE – entstehen zu lassen.[38] Die Ausstattung mit Hilfsmitteln umfasst praktisch alle auch durch die GKV zu erbringenden Hilfsmittel, kann aber nach dem SER unter Verweis auf das SGB VII teilweise noch darüber hinausgehen. In der Entwurfsbegründung zum G-SER wird insoweit insbesondere auf die Formulierung des § 26 Abs. 2 S. 1 SGB VII hingewiesen, in der es heißt, es sei **mit allen geeigneten Mit-** 21

32 Art. 1 Nr. 2 KOV-Strukturgesetz v. 23.3.1990, BGBl. I 582, in Kraft getreten am 1.4.1990.
33 Vgl. HK-SozEntschR/Knickrehm BVG § 8b Rn. 2.
34 BT-Drs. 19/13824, 171.
35 BT-Drs. 19/13824, 171; s. auch zu § 8b BVG HK-SozEntschR/Knickrehm BVG § 8b Rn. 2.
36 Vgl. Wilke/Fehl, 7. Aufl. 1992, § 8b Rn. 1; Fehl ZfS 1990, 330; Epping SdL 1990, 214; Frank Behindertenrecht 1997, 101.
37 S. zum Blindenführhund als Hilfsmittel: Knickrehm/Mushoff/Schmidt Neues SozEntschR Rn. 260; s. auch jurisPK-SGB VII/Stähler § 31 Rn. 18.
38 BT-Drs. 19/13824, 190.

teln zu handeln. Stähler benennt in diesem Zusammenhang etwa auch die Kosten für eine Blindenschriftmaschine sowie die Aufwendungen für die Anschaffung eines PC und nicht nur die Kosten für eine behinderungsbedingte Zusatzausstattung[39] (s. zu den Einzelheiten § 46 SGB XIV).

22 § 4 Abs. 3 SGB XIV verwendet insoweit eine genauere Formulierung als § 8b BVG, indem nicht nur die am Körper, sondern auch die im Körper getragenen Hilfsmittel bei Beschädigung durch ein Ereignis iSd § 4 Abs. 1 SGB XIV zu ersetzen oder reparieren sind. Entsprechend ist jedoch auch schon unter Geltung des BVG zu verfahren. Im Übrigen hatte das BMAS eine erweiternde Anwendung des § 8b BVG nach zwei Entscheidungen des Unfallsenats des BSG aus dem Jahre 2001[40] in einer Verwaltungsregelung zur Durchführung des BVG[41] bereits empfohlen. Es hat darauf hingewiesen, dass die vom BSG in den genannten Urteilen für den Bereich der gesetzlichen **Unfallversicherung** aufgestellten Kriterien auch auf die Anwendung des § 8b BVG sowie auf die vergleichbaren Regelungen in den übrigen Gesetzen des sozialen Entschädigungsrechts zu übertragen seien. Danach sind ua auch diejenigen Sachen geschützt, die zum Ausgleich einer Behinderung zwar **medizinisch nicht unbedingt notwendig** sind, ihr aber doch noch sinnvollerweise dienen. Beispiele hierfür sind etwa die Ausstattung mit Gleitsichtgläsern (bei einem Kurz- und Weitsichtigen) oder mit entspiegelten oder getönten Gläsern. Demgegenüber scheiden Sachen aus, die darüberhinausgehend luxuriös gestaltet sind und im Wesentlichen nicht mehr dem Ausgleich der Behinderung, sondern der Zierde und dem Schmuck des Trägers dienen. Aus der Übertragbarkeit der Entscheidungen des Unfallsenats folgt zudem ebenso wie künftig nach dem SGB XIV: Der Anspruch des Geschädigten auf Ersatz oder Erneuerung des durch einen Unfall beschädigten oder zerstörten Hilfsmittels ist, anders als der Anspruch der Versicherten auf Versorgung mit einem Hilfsmittel wegen der Folgen eines Arbeitsunfalls, nicht durch die in der gesetzlichen Krankenversicherung geltenden **Festbeträge** begrenzt.

23 **2. „Am oder im Körper tragen".** Tatbestandlich ist Voraussetzung für die Entschädigungsleistung nach § 4 Abs. 3 SGB XIV und § 8b BVG, dass das Hilfsmittel zum **Zeitpunkt der Beschädigung** am oder im Körper getragen wird. Denn nur wenn dies der Fall ist, kann die Beschädigung Auswirkungen auf die gesundheitliche Störung haben, indem das Hilfsmittel seiner Funktion eines Ausgleichs des Ausfalls einer körperlichen Funktion durch die Beschädigung beraubt wird. Die Beschädigung eines nur in Reserve vorgehaltenen Hilfsmittels löst daher keine Versorgungsleistung aus. Etwas anderes gilt allerdings dann, wenn das Hilfsmittel zum Zeitpunkt der Beschädigung nicht am Körper getragen werden konnte oder durfte, weil es bei der entsprechenden Verrichtung hinderlich war. Voraussetzung ist dann allerdings die jederzeitige Verfügbarkeit des Hilfsmittels, etwa einer Brille, die zum Schlafen abgelegt und durch einen nächtlichen Überfall beschädigt wird, aber beim Erwachen zum Ausgleich der Sehstörung sogleich wieder erforderlich ist.[42]

24 **3. Beschädigung oder Verlust.** Der Anspruch aus § 4 Abs. 3 SGB XIV iVm § 46 SGB XIV besteht in dem **Ersatz** oder der **Reparatur** des Hilfsmittels. Dies folgt aus den Tatbestandsmerkmalen **„Beschädigung"** und **„Verlust"**. Es ist der Zustand vor dem schädigenden Ereignis wiederherzustellen. Wenn allerdings die technische Entwicklung über das bisher verwendete Hilfsmittel „hinweggegangen" ist, ist auch ein grundsätzlich reparables, jedoch praktisch nicht mehr reparierbares oder ein verlorenes/

39 jurisPK-SGB VII/Stähler § 31 Rn. 18.
40 BSG 20.2.2001 – B 2 U 9/00 R, BSGE 87, 301; BSG 11.9.2001 – B 2 U 38/00 R, HVBG-INFO 2001, 2765.
41 Bundesminister für Gesundheit und Soziale Sicherung Bundesrepublik Deutschland, Aktenzeichen 432 – 62006, v. 28.3.2003, BArbBl 2003, Nr. 5, 66.
42 Wilke/Fehl, 7. Aufl. 1992, BVG § 8b Rn. 2.

vernichtetes altes Hilfsmittel durch eines, das dem neuesten **Stand der Medizintechnik** entspricht, zu ersetzen. Insoweit gilt über § 46 SGB XIV § 26 Abs. 2 SGB VII – Hilfe mit allen geeigneten Mitteln (→ Rn. 22).

4. **Anspruch entsprechend § 4 Abs. 1 SGB XIV.** Durch den Verweis in § 4 Abs. 3 SGB XIV auf den Anspruch entsprechend § 4 Abs. 1 SGB XIV wird deutlich, dass alle **schädigenden Ereignisse**/alle Entschädigungstatbestände Auslöser für den Anspruch auf Ersatz oder die Reparatur des **Hilfsmittels** sein können. Dies bedeutet, auch die schädigenden Vorgänge nach § 4 Abs. 2 SGB XIV können einen Anspruch nach § 4 Abs. 3 SGB XIV nach sich ziehen, denn auch dort wird die entsprechende Anwendung des § 4 Abs. 1 SGB XIV normiert. Gerade der unfallbedingten Beschädigung dürfte im Übrigen auch die größte tatsächliche Bedeutung zukommen. Ebenso gilt dies für schädigende Vorgänge nach anderen Gesetzen, die auf das SGB XIV verweisen. Der Verweis auf § 4 Abs. 1 SGB XIV zieht zugleich nach sich, dass auch im Rahmen des § 4 Abs. 3 SGB XIV die allgemeinen **Kausalitätsregeln** des SER gelten (→ Rn. 19). 25

IV. Abs. 4

§ 4 Abs. 4 SGB XIV beschreibt den **Beweismaßstab** für die Kausalitätsbögen der **haftungsbegründenden** und der **haftungsausfüllenden Kausalität**. Auch wenn nach der Formulierung des § 4 Abs. 4 S. 1 SGB XIV der Beweismaßstab der Wahrscheinlichkeit nur für die haftungsausfüllende Kausalität zwischen Gesundheitsstörung und Schädigungsfolge ausdrücklich benannt wird, gilt er auch für den weiteren Kausalzusammenhang des haftungsbegründenden Ursachenzusammenhangs zwischen dem schädigenden Ereignis und der Gesundheitsstörung (→ § 1 Rn. 30). Dies gilt auch schon derzeit unter dem BVG – 1999 bestätigt durch eine Entscheidung des BSG.[43] Zur Kausalitätsanforderung ausführlich → § 1 Rn. 23 ff. und zum Beweismaßstab im Besonderen s. iE → § 1 Rn. 30 ff. Schädigendes Ereignis, Primärschädigung und Schädigungsfolge bedürfen des Nachweises (→ § 1 Rn. 31). 26

Die Wahrscheinlichkeit eines Kausalzusammenhangs ist gegeben, wenn **mehr für als gegen den infrage kommenden ursächlichen Zusammenhang spricht**. Zur Theorie der wesentlich mitwirkenden Bedingung → § 1 Rn. 27.[44] § 4 Abs. 4 S. 2 SGB XIV formuliert, die Wahrscheinlichkeit des ursächlichen Zusammenhangs sei gegeben, wenn nach dem **aktuellen Stand der medizinischen Wissenschaft** mehr für als gegen einen ursächlichen Zusammenhang spreche. Damit wird grundsätzlich die **Möglichkeit** des ursächlichen Zusammenhangs als ausreichender Beweismaßstab ausgeschlossen.[45] Als **aktueller Erkenntnisstand** wird vom BSG im Recht der GUV angesehen, durch Forschung und praktische Erfahrung gewonnene Erkenntnisse, die von der großen Mehrheit der auf dem betreffenden Gebiet tätigen Fachwissenschaftler anerkannt werden, über die also, von vereinzelten nicht ins Gewicht fallenden Gegenstimmen abgesehen, Konsens besteht.[46] Die heranzuziehenden Quellen, Fachbücher, Standardwerke, Merkblätter des zuständigen Ministeriums, Begründungen des Sachverständigenbeirats, Konsensempfehlungen etc haben die TdSE/das Gericht eigenständig kritisch zu 27

43 BSG 15.12.1999 – B 9 VS 2/98 R, Breith 2000, 390.

44 S. auch zum Recht der GUV: „Für die nach der Theorie der wesentlichen Bedingung zu beurteilenden Ursachenzusammenhänge genügt indes die hinreichende Wahrscheinlichkeit, allerdings nicht die bloße Möglichkeit, unter Hinweis auf BSG 6.9.2018 – B 2 U 13/17 R, SozR 4-5671 Anl. 1 Nr. 2108 Nr. 10 Rn. 9; BSG 23.4.2015 – B 2 U 6/13 R, SozR 4-5671 Anl. 1 Nr. 2108 Nr. 7 Rn. 10; BSG 4.7.2013 – B 2 U 11/12 R, BSGE 114, 90, Rn. 12; BSG 16.3.2021 – B 2 U 11/19 R, juris Rn. 12.

45 BT-Drs. 19/13824, 171.

46 Vgl. BSG 17.12.2015 – B 2 U 11/14 R, BSGE 120, 230, Rn. 16 f.; BSG 23.4.2015 – B 2 U 6/13 R, SozR 4-5671 Anl. 1 Nr. 2108 Nr. 7 Rn. 22; BSG 16.3.2021 – B 2 U 11/19 R, juris Rn. 34.

würdigen und auf ihre Aktualität hin – ggf. durch Sachverständige – zu überprüfen.[47] Zum Schwerbehindertenrecht hat der 9. Senat des BSG angenommen, dass die VMG in der Anlage zu § 2 VersMed dem Stand der medizinischen Wissenschaft entsprechen.[48]

V. Abs. 5

28 Von dem soeben unter → Rn. 27 beschriebenen Grundsatz macht § 4 Abs. 5 SGB XIV eine Ausnahme bei **psychischen Gesundheitsstörungen** (s. auch → § 1 Rn. 32). Die Formulierung des Abs. 5 geht auf die Entscheidung des BSG v. 12.6.2003[49] zurück. Im Leitsatz 3 hat der 9. Senat dort ausgeführt, lägen diejenigen Tatsachen vor, die nach den Anhaltspunkten für die ärztliche Gutachtertätigkeit[50] im Sozialen Entschädigungsrecht und nach dem Schwerbehindertenrecht geeignet seien, einen Ursachenzusammenhang zwischen einem belastenden Ereignis und dem Auftreten einer psychischen Erkrankung zu begründen, so sei eine **zur Wahrscheinlichkeit verdichtete Möglichkeit** anzunehmen, die nur durch einen sicheren anderen Kausalverlauf widerlegt werden kann." Die VMG als Anlage zu § 2 VersMedV enthalten derartige Hinweise nicht mehr. Insoweit hat das SGB XIV den „Schwebezustand", in dem immer noch auf die längst nicht mehr anwendbaren AHP zugegriffen wurde,[51] durch eine gesetzliche Regelung beendet, wenn auch wesentlich abstrakter und (noch) ohne die unter Nr. 71 der AHP aufgeführten medizinischen Erkenntnisse.[52] Dies ist insoweit konsequent, als von den jeweiligen Sachverständigen ohnehin der aktuelle Stand der medizinischen Wissenschaft seiner Begutachtung zugrunde zu legen ist.[53] Ein verwaltungsseitiger Hinweis geht insoweit fehl und führt ggf. auch zur Verkürzung des Blicks. In der Entwurfsbegründung zur Anlage zu § 2 VersMedV heißt es insoweit: „Der Abschnitt „Kausalitätsbeurteilung bei einzelnen Krankheitsbildern" (AHP 53 – 143) war als Arbeitshilfe für Versorgungsärzte gedacht. Es handelt sich jedoch um medizinisches Lehrbuchwissen, das nicht durch ein Bundesministerium verordnet werden kann ... Zudem behalten die Nr. 53 bis Nr. 143 der Ausgabe 2008 der AHP auch nach Inkrafttreten der vorliegenden Verordnung Gültigkeit als antizipierte Sachverständigengutachten."[54] Allerdings räumt § 5 Abs. 2 Nr. 2 SGB XIV zukünftig die Möglichkeit ein, entsprechende Grundsätze in die VMG der Anlage zu § 2 VersMedV aufzunehmen (→ § 5 Rn. 16).

29 Bei § 4 Abs. 5 SGB XIV handelt sich um einen **„Vermutungstatbestand"** im Rahmen des Beweismaßstabs der **Wahrscheinlichkeit** des **Kausalzusammenhangs** bei **psychischen Gesundheitsstörungen**, der allerdings gleichwohl nicht voraussetzungslos ist. Das BSG hat dazu ausgeführt, „... insbesondere bei Krankheiten, die auf seelischen

---

47 BSG 17.12.2015 – B 2 U 11/14 R, BSGE 120, 230, Rn. 27 f.; BSG 24.7.2012 – B 2 U 100/12 B, SozR 4-1500 § 160 Nr. 24 Rn. 18; BSG 24.7.2012 – B 2 U 9/11 R, SozR 4-2700 § 8 Nr. 44 Rn. 68; BSG 16.3.2021 – B 2 U 11/19 R, juris Rn. 34.

48 BSG 17.4.2013 – B 9 SB 3/12 R, juris Rn. 35.

49 BSG 12.6.2003 – B 9 VG 1/02 R, BSGE 91, 107.

50 AHP, Teil C, Kausalitätsbeurteilung bei den einzelnen Krankheitszuständen, Nervensystem und Psyche, Nr. 71 ff.

51 S. Rundschreiben des BMAS v. 15.12.2008 IVc3 – 48021–6; vom Verordnungsgeber ausdrücklich in der Weiterverwendung als antizipierte Sachverständigengutachten vorgesehen, s. BR-Drs. 767/08, 4.

52 S. hierzu kritisch, Stellungnahme des UBSKM zum Entwurf des G-SER/SGB XIV v. 9.1.2019.

53 Vgl. hierzu BT-Drs. 19/13824, 250 zu Art. 26 Änderung der VersMedV, Teil C, Abschnitt 3 – Ursächlicher Zusammenhang.

54 Verordnung zur Durchführung des § 1 Abs. 1 und 3, des § 30 Abs. 1 und des § 35 Abs. 1 des Bundesversorgungsgesetzes (Versorgungsmedizin-Verordnung – VersMedV), BR-Drs. 767/08, 4.

Einwirkungen beruhen, bestehen – anders als bei Verletzungsfolgen – regelmäßig erhebliche Schwierigkeiten, den rechtlich nach den jeweiligen Entschädigungsgesetzen entscheidenden Vorgang – also das die Entschädigungspflicht auslösende Ereignis – als die wesentliche medizinische Ursache festzustellen. Es verbleibt meistens die **Unsicherheit**, ob nicht **andere wesentlich mitwirkende Bedingungen**, etwa eine bereits vorbestehende Anlage von Krankheitswert, für die Ausbildung einer seelischen Dauererkrankung (des seelischen Dauerschadens) vorhanden sind. Dies bedeutet, dass im Regelfall **zahlreiche Möglichkeiten** des Ursachenzusammenhanges bestehen. Wenn jedoch ein Vorgang nach den medizinischen Erkenntnissen – etwa fußend auf dem Erfahrungswissen der Ärzte – in signifikant erhöhtem Maße geeignet ist, eine bestimmte Erkrankung hervorzurufen, liegt die Wahrscheinlichkeit nahe, dass sich bei einem hiervon Betroffenen im Einzelfall die Gefahr einer Schädigung auch tatsächlich verwirklicht hat; die Möglichkeit verdichtet sich dann zur Wahrscheinlichkeit."[55] In der Entwurfs-Drs. zu Art. 1 § 4 G-SER wird ausgeführt, „... diesem Urteil hatte sich auch das BMAS mit Rundschreiben vom 9.5.2006 (IVc 2 – 47035/3 – zur Anerkennung psychischer Schädigungen im Rahmen des OEG) an die Länder angeschlossen und im Interesse einer gleichmäßigen Durchführung des OEG um Beachtung und Anwendung gebeten.[56]

VI. Abs. 6

Abs. 6 regelt die sog. „**Kannversorgung**" in Fällen der Ungewissheit der Ursache einer Gesundheitsstörung in der medizinischen Wissenschaft. Bei der „Kannversorgung" handelt es sich also nicht um eine Ermessensleistung – in der beschriebenen Fallkonstellation muss die Verwaltung vielmehr handeln. Sie ist verpflichtet Versorgung zu gewähren, wenn die Voraussetzungen der „Kannversorgung" vorliegen – es besteht alsdann ein **Rechtsanspruch** auf die Leistung. Das Wort „kann" wird nur im Zusammenhang mit der Feststellung der Voraussetzungen gebraucht. Ob die Voraussetzungen vorliegen, ist eine objektive Tatsache, die zwar von der Bewertung der Beweismittel, nicht aber vom Ermessen der Verwaltung abhängt.[57] „Kannversorgung" kommt nur dann in Betracht, wenn die Gesundheitsstörung, über deren Ursache in der medizinischen Wissenschaft Ungewissheit besteht, eine Schädigungsfolge ist, also kausal auf ein schädigendes Ereignis zurück geht (zum Kausalzusammenhang → Rn. 5 und → § 1 Rn. 23 ff.). 30

Die „**Kannleistungsregelungen**" des § 4 Abs. 6 SGB XIV und die der weitgehend wortidentischen[58] Vorschrift des § 1 Abs. 3 S. 2 BVG unterscheiden nicht nach Pflichtleistungen und Ermessensleistungen, sondern stellen lediglich für dieselbe Leistung unterschiedliche Voraussetzungen auf – s. ebenso bisher für § 81 Abs. 6 S. 1 und 2 SVG, § 47 Abs. 7 S. 1 und 2 ZDG, § 4 Abs. 5 S. 2 HHG, § 61 S. 1 und 2 IfSchG, § 21 Abs. 5 S. 1 und 2 StrRehaG, § 3 Abs. 5 S. 1 und 2 VwRehaG, § 1 Abs. 9 OEG.[59] Die Anerkennung von Gesundheitsstörungen als Schädigungsfolgen, die nicht mit Wahrscheinlichkeit auf ein schädigendes Ereignis zurückzuführen sind, steht nicht im Ermessen der Verwaltung, wenn die Voraussetzungen des § 4 Abs. 6 SGB XIV oder § 1 Abs. 3 31

55 BSG 12.6.2003 – B 9 VG 1/02 R, BSGE 91, 107, Rn. 20.
56 BT-Drs. 19/13824, 171, 172.
57 BSG Urt. v. 16.3.1994 – 9 RV 11/93, BSGE 74, 109; vgl. auch HK-SozEntschR/Knickrehm BVG § 1 Rn. 7.
58 § 1 Abs. 3 S. 2 BVG spricht von der Ursache des „Leidens" während § 4 Abs. 6 SGB XIV nun formuliert: „Ursache der Gesundheitsstörung". Zudem ist aus der „Gesundheitsstörung als Folge einer Schädigung" die „Gesundheitsstörung als Schädigungsfolge" geworden. Eine inhaltliche Änderung ist damit nicht verbunden.
59 § 1 OEG idF des Art. 11a iVm Art. 14 Abs. 2 Teilhabestärkungsgesetz v. 2.6.2021 mWv 10.6.2021, BGBl. 2021 I 1387.

S. 2 BVG erfüllt sind.[60] Bereits nach alter Rechtslage (bis 31.12.1980 war Versorgung bei Ungewissheit der medizinischen Wissenschaft über die Ursache des Leidens nur im Wege des **Härteausgleichs** nach § 89 BVG möglich – ohne dass die Gesundheitsstörung als Schädigungsfolge anzuerkennen war) galt: Die Ungewissheit über die Ursache des festgestellten Leidens ist gerichtlich nachprüfbar.[61] Denn diese Ungewissheit ist eine solche der medizinischen Wissenschaft;[62] sie ist von medizinischen Sachverständigen zu bekunden.[63] 1994 hat der 9. Senat des BSG klargestellt: Zwar habe das BSG auch in Zeiten, als die „Kannleistung" nicht mehr in der Härtevorschrift des § 89 BVG geregelt war, von „Ermessen" gesprochen.[64] Ein prozessual unterschiedliches Schicksal einer „Pflichtleistung" und einer „Ermessensleistung" habe damit aber nicht gebilligt werden sollen. Der Verwaltung werde auch in § 1 Abs. 3 S. 2 BVG kein **Ermessen** eingeräumt. Die Verwendung des Wortes „kann" deute zwar in vielen Fällen darauf hin, dass die Verwaltung auch bei Erfüllung der Voraussetzungen eines Handelns nicht immer handeln müsse. So liege der Fall hier jedoch nicht. § 1 Abs. 3 S. 2 BVG und § 4 Abs. 6 SGB XIV gehen davon aus, dass die Verwaltung handeln muss. Sie ist verpflichtet Versorgung zu erbringen, wenn die Voraussetzungen der „Kannversorgung" vorliegen. Ob die Voraussetzungen vorliegen, ist eine objektive Tatsache, die zwar von der Bewertung der Beweismittel, nicht aber vom Ermessen der Verwaltung abhängt.[65] Durch die Ermächtigung des § 1 Abs. 3 S. 2 BVG / § 4 Abs. 6 SGB XIV und der gleichlautenden anderer Gesetze der sozialen Entschädigung soll eine dem Gleichheitssatz entsprechende bundeseinheitliche Praxis gewährleistet werden, die auf Änderungen allgemeiner Tatsachen, hier der Erkenntnisse der medizinischen Wissenschaft möglichst schnell reagieren kann – ein Gesetzgebungsverfahren wäre deutlich schwerfälliger. Liegen die Voraussetzungen, wie in den **VMG in der Anlage zu § 2 VersMedV** (Teil C: Begutachtung im Sozialen Entschädigungsrecht, Nr. 4) beschrieben vor, ist die Verwaltung verpflichtet die Anerkennung auszusprechen. Andererseits ist die Kannleistung zu versagen, wenn die in den VMG in der Anlage zu § 2 VersMedV benannten Voraussetzungen nicht gegeben sind.[66]

32 „Kannversorgung" ist zu erbringen, wenn eine Gesundheitsstörung – soweit sie Schädigungsfolge ist – vorliegt, über deren Ursache **in der medizinischen Wissenschaft Ungewissheit** herrscht. Die Ungewissheit muss sich dabei auf die Ursache des Leidens allgemein beziehen und darauf, dass im konkreten Fall der ursächliche Zusammenhang ungewiss ist. Das Gesetz setzt eine abstrakte, nicht eine konkrete Ungewissheit der Leidensursache für die Gewährung der Versorgung nach § 1 Abs. 3 S. 2 voraus.[67] Dh im Fall der „Kannversorgung" nach § 4 Abs. 6 SGB XIV/§ 1 Abs. 3 S. 2 BVG sind lediglich die Anforderungen an die Kausalverknüpfung (zur Kausalität allgemein → Rn. 5 und → § 1 Rn. 23 ff.) in bestimmtem Umfang abgeschwächt. Wegen der allgemeinen Unsicherheit über die Ursachen Gesundheitsstörung lässt das Gesetz einen geringeren Überzeugungsgrad als die Wahrscheinlichkeit, die allein wegen dieser allgemeinen Unkenntnis nicht angenommen werden kann, genügen. Allerdings muss es

60 BSG 16.3.1994 – 9 RV 11/93, BSGE 74, 109; BSG 23.5.1969 – 10 RV 150/66, KOV 1970, 73.
61 BSG 25.11.1976 – 9 RV 230/75, SozR 3100 § 1 Nr. 13 mwN.
62 Stevens MedSach 1999, 145; Hansen, Anm. zum Urteil des BSG vom 16.3.1994 – 9 RV 11/93, BSGE 74, 109 und zur Parallelentscheidung vom gleichen Tag – 9 RV 3/93, SGb 1995, 134; Rösner MedSach 1990, 4; Lamla KOV 1971, 72; Wilke KOV 1968, 22; Coenen KOV 1968, 86.
63 BSG 19.8.1981 – 9 RVi 5/80, SozR 3850 § 52 Nr. 1.
64 Vgl. BSG 25.11.1976 – 9 RV 230/75, SozR 3100 § 1 Nr. 13; BSG 9.2.1978 – 9 RV 41/77, SozR 3100 § 1 Nr. 19; BSG 19.8.1981 – 9RVi 5/80, SozR 3850 § 52 Nr. 1.
65 BSG 16.3.1994 – 9 RV 11/93, BSGE 74, 109.
66 BSG 10.11.1993 – 9/9a RV 41/92, BSGE 73, 190.
67 BSG 9.10.1969 – 10 RV 480/67, KOV 1970, 106.

nach wissenschaftlichen Arbeitshypothesen möglich erscheinen, dass bestimmte schädigende Einwirkungen, die nachgewiesen sind, die Krankheit ursächlich beeinflusst haben. Eine „Kannversorgung" ist nur gerechtfertigt, wenn in der medizinischen Wissenschaft nach wenigstens einer medizinischen Lehrmeinung der Ursachenzusammenhang **wahrscheinlich**, nicht nur **möglich** ist.[68] Wird eine solche Meinung überhaupt nicht vertreten, fehlt es an der erforderlichen Wahrscheinlichkeit nicht infolge einer Ungewissheit; denn alle Meinungen stimmen dann darin überein,[69] s. auch Nr. 9 BVGVwV zu § 1 (→ Rn. 36). Ferner bleibt eine bestimmte zeitliche Verknüpfung mit einem schädigenden Ereignis auch für die Fälle des § 4 Abs. 6 SGB XIV/§ 1 Abs. 3 S. 2 BVG unerlässlich. Entstehungszeitpunkt und zeitlicher Verlauf des Leidens ungewisser medizinischer Ursache müssen mit Wahrscheinlichkeit in den Zusammenhang des schädigenden Ereignisses eingeordnet werden können. Die Erkenntnisse bewegen sich mithin im Spannungsfeld zwischen der Wahrscheinlichkeitsbeurteilung, die sich auf gesicherte allgemeine Kausalitätserfahrungen stützt, und der Unwahrscheinlichkeit oder Unmöglichkeit, die eine Versorgung ausschließt. In diesem Zwischenraum ist Versorgung zu gewähren, wenn der Ursachenzusammenhang sich allein wegen der allgemeinen Ungewissheit über die Kausalität nicht als wahrscheinlich bewerten lässt. Allerdings muss der Ursachenzusammenhang aufgrund allgemeiner Erfahrung als möglich erscheinen.[70]

Auch im Rahmen der Kannversorgung ist daher eine mehrgliedrige **Kausalkette** zu 33
prüfen (zur Kausalität → § 1 Rn. 23 ff.; s. auch → Rn. 5): Ein mit dem definierten schädigenden Ereignis zusammenhängender schädigender Vorgang muss zu einer primären Schädigung geführt haben, die wiederum eine Schädigungsfolge bedingt hat. Dabei müssen sich die einzelnen Glieder der Kausalkette (schädigender Vorgang, primäre Schädigung, Schädigungsfolgen) grundsätzlich im Sinne eines Vollbeweises mit an Sicherheit grenzender Wahrscheinlichkeit feststellen lassen.[71] Für den ursächlichen Zusammenhang zwischen schädigendem Vorgang, primärer Schädigung und Schädigungsfolge ist versorgungsrechtlich als Beweismaßstab eine hinreichende Wahrscheinlichkeit zugrunde zu legen; es muss also nach der geltenden medizinisch-wissenschaftlichen Lehrmeinung mehr für als gegen einen ursächlichen Zusammenhang sprechen. Das BSG hat zur Prüfung der Kannversorgung – etwa wegen einer Leukämie – ausgeführt: „Für den ursächlichen Zusammenhang zwischen erster Schädigungsfolge, also einer auf das lymphatische System einwirkenden Infektionskrankheit und der weiteren Schädigungsfolge, der AMK, ist der Beweismaßstab der „guten Möglichkeit" ausreichend."[72]

Die Anerkennung einer Gesundheitsstörung als Folge einer Schädigung im Rahmen 34
der Kannversorgung erfordert die **Zustimmung** des jeweils zuständigen Bundesministeriums. Nach § 4 Abs. 6 S. 1 SGB XIV und § 1 Abs. 3 S. 2 BVG ist es die des **Bundministeriums für Arbeit und Soziales** und nach § 4 Abs. 6 S. 2 SGB XIV, bei Ereignissen im Zusammenhang mit der Ableistung des Zivildienstes, statt dessen die der **zuständigen obersten Landesbehörde**. Zu unterscheiden ist zwischen der Zustimmung im **Einzelfall** und der **allgemein** erteilten Zustimmung. Das BMAS hatte die allgemeine Zustimmung für eine Reihe von Krankheiten, deren Entstehung in der medizinischen Wissenschaft ungewiss ist/war und für die sonst nach dem Gesetz eine „Kannleistung"

68 BSG 10.11.1993 – 9/9a RV 41/92, BSGE 73, 190.
69 Rösner MedSach 1990, 4; BT-Drs. 19/13824, 172.
70 BSG 9.2.1978 – 9 RV 41/77, SozR 3100 § 1 Nr. 19.
71 Zu den Grundsätzen der versorgungsrechtlichen Kausalitätslehre: BSG 24.9.1992 – 9a RV 31/90, SozR 3-3200 § 81 Nr. 6; BSG 15.12.1999 – B 9 VS 2/98R, SozR 3-3200 § 81 Nr. 16 S 73; BSG 25.3.2004 – B 9 VS 1/02 R, SozR 4-3200 § 81 Nr. 1; BSG 18.5.2006 – B 9a V 2/05 R, SozR 4-3100 § 1 Nr. 3.
72 BSG 17.7.2008 – B 9/9a VS 5/06 R, SozR 4-3200 § 81 Nr. 5.

infrage kommt/kam, erklärt. Die letzte Veröffentlichung in den **AHP** stammt aus dem Jahre 2008, s. dort unter Ziff. 39 Abs. 7. Diese Hinweise sind in der Anlage zu § 2 VersMedV nicht mehr enthalten. Das BMAS hat hierzu in einem Rundschreiben aus dem Jahr 2016[73] ausgeführt: „Künftig ist im Rahmen der Begutachtung auf Grundlage evidenzbasierten medizinischen Wissens und unter Anwendung von Teil C der Versorgungsmedizinischen Grundsätze zu prüfen, ob die zur Anerkennung einer Gesundheitsstörung als Folge einer Schädigung erforderliche Wahrscheinlichkeit des ursächlichen Zusammenhanges vorliegt. Wenn dabei in einem Einzelfall diese Wahrscheinlichkeit deswegen verneint werden muss, weil über die Ursache des festgestellten Leidens in der medizinischen Wissenschaft Ungewissheit besteht, ist der Einzelfall dem BMAS mit der Bitte um Entscheidung gemäß § 1 Absatz 3 Satz 2 BVG vorzulegen. Von einer durch das BMAS **generell erteilten Zustimmung** für einzelne Fallkonstellationen kann **künftig nicht mehr** ausgegangen werden." Das Rundschreiben vom 12.12.1996[74] sei vollständig und ersatzlos aufgehoben worden, weil die Begutachtungskriterien zu den im Rundschreiben aus 1996 genannten Erkrankungen veraltet seien und die Gutachterinnen/Gutachter ohnehin verpflichtend, evidenzbasierte Kriterien anwenden müssten, so dass das Rundschreiben nicht mehr zur Anwendung kommen könne.

D. Anhang

I. BVG

35 **§ 1 BVG [Voraussetzungen des Versorgungsanspruchs]**

(abgedruckt bei → § 1 Rn. 41)

§ 4 BVG [Heimweg vom Dienst oder aus der Kriegsgefangenschaft]

(1) [1]Zum militärischen oder militärähnlichen Dienst gehören auch

a) der Weg des Einberufenen zum Gestellungsort und der Heimweg nach Beendigung des Dienstverhältnisses,
b) Dienstreisen, Dienstgänge und die dienstliche Tätigkeit am Bestimmungsort,
c) das Zurücklegen des mit dem Dienst zusammenhängenden Weges nach und von der Dienststelle und
d) die Teilnahme an dienstlichen Veranstaltungen.

[2]Hatte der Beschädigte wegen der Entfernung seiner ständigen Familienwohnung vom Dienstort an diesem oder in dessen Nähe eine Unterkunft, gilt Satz 1 Buchstabe c auch für den Weg von und nach der Familienwohnung.

(2) Absatz 1 gilt entsprechend für Kriegsgefangene, Internierte und Verschleppte.

(3) Für Entlassene, die innerhalb der jetzigen Grenzen des Bundesgebiets keine Wohnung haben, gilt der Entlassungsweg mit dem Eintreffen an dem vorläufig zugewiesenen Aufenthaltsort als beendet.

§ 8a BVG [Fiktion der Schädigung]

(1) [1]Einer Schädigung im Sinne des § 1 Abs. 1 steht eine Schädigung gleich, die ein Berechtigter oder Leistungsempfänger nach § 10 Abs. 4 oder 5 durch einen Unfall bei der Durchführung einer stationären Maßnahme nach § 12 Abs. 1 oder 4 oder § 26 oder auf dem notwendigen Hin- und Rückweg erleidet. [2]Dies gilt entsprechend, wenn der Berechtigte oder Leistungsempfänger dem Verlangen eines zuständigen Leistungsträgers oder eines Gerichts, wegen der Versorgung persönlich zu erscheinen, folgt und dabei einen Unfall erleidet.

(2) Absatz 1 gilt entsprechend, wenn eine Pflegeperson bei einer Badekur nach § 12 Abs. 3 einen Unfall erleidet.

(3) [1]Einer Schädigung im Sinne des § 1 Abs. 1 steht eine Schädigung gleich, die eine nicht nach § 2 Abs. 1 Nr. 1 oder 9 des Siebten Buches Sozialgesetzbuch versicherte Begleitperson durch einen Unfall

73 Rundschreiben Soziale Entschädigung v. 7.11.2016 – Va – 2 – 55070.
74 VI 5 – 55470 – 2, auf das bei der Einführung der VersMedV 2008 noch ausdrücklich verwiesen worden war, s. BR-Drs. 767/08, 4.

bei einer wegen der Folgen der Schädigung notwendigen Begleitung des Beschädigten auf einem Weg im Sinne des § 1 Abs. 2 Buchstabe e oder bei der notwendigen Begleitung während der Durchführung einer dort aufgeführten Maßnahme erleidet. [2]Dies gilt entsprechend, wenn der Beschädigte dem Verlangen eines Leistungsträgers, einer anderen Behörde oder eines Gerichts folgt, persönlich zu erscheinen.

§ 8b BVG [Fiktion der gesundheitlichen Schädigung]

Einer gesundheitlichen Schädigung im Sinne des § 1 Abs. 1 steht die Beschädigung eines am Körper getragenen Hilfsmittels, einer Brille, von Kontaktlinsen oder von Zahnersatz gleich.

II. BVGVwV

BVGVwV zu § 1 Nr. 2 36

Ursachen sind die Bedingungen, die wegen ihrer besonderen Beziehung zum Erfolg zu dessen Eintritt wesentlich mitgewirkt haben. Haben mehrere Umstände zu einem Erfolg beigetragen, sind sie versorgungsrechtlich nur dann nebeneinander stehende Mitursachen, wenn sie in ihrer Bedeutung und Tragweite für den Eintritt des Erfolgs annähernd gleichwertig sind. Kommt einem der Umstände gegenüber dem anderen eine überragende Bedeutung zu, ist dieser Umstand allein Ursache im Sinne des BVG.

BVGVwV zu § 1 Nr. 8

Für Beginn, Ende und Unterbrechung des Hin- und Rückwegs iS des § 1 Abs. 2e gilt Nr. 1 zu § 4 entsprechend. (Nr. 1 zu § 4: Der Weg nach und von dem Gestellungsort oder der Dienststelle beginnt und endet idR an der Haustür. Die Unterbrechung des Weges aus persönlichen Gründen gehört nicht zum Dienst).

BVGVwV zu § 1 Nr. 9

... Eine Anerkennung nach § 1 Abs. 3 S. 2 setzt eine zeitliche Verbindung zwischen krankhaften Veränderung und einem nach § 1 als schädigendes Ereignis in Betracht kommenden Tatbestand voraus. Es müssen außerdem Schädigungsfaktoren vorhanden sein, die wegen der Ungewissheit in der medizinischen Wissenschaft nicht mit der erforderlichen Wahrscheinlichkeit als Ursache der Gesundheitsstörung bewertet werden können.

BVGVwV zu § 4 Nr. 1

Der Weg nach und von dem Gestellungsort oder der Dienststelle beginnt und endet in der Regel an der Haustür. Die Unterbrechung des Weges aus persönlichen Gründen gehört nicht zum Dienst.

BVGVwV zu § 4 Nr. 2

Als Familienwohnung iS des § 4 Abs. 1 S. 2 ist bei einem Verheirateten die eheliche Wohnung anzusehen, wenn die Ehegatten in ehelicher Lebensgemeinschaft leben. Bei einem Ledigen ist die elterliche Wohnung als seine Familienwohnung anzusehen, wenn er ersichtlich seinen Wohnsitz bei den Eltern aufrechterhalten hat und die elterliche Wohnung Mittelpunkt seines Lebens geblieben ist. In anderen Fällen sind die jeweiligen Umstände besonders zu würdigen; dabei ist entscheidend, wo der Beschädigte den Mittelpunkt seines Lebens hatte. Eines zeitlichen Zusammenhangs mit dem Beginn oder Ende des Dienstes bedarf es beim Zurücklegen des Weges von und nach der ständigen Familienwohnung nicht.

§ 5 Grad der Schädigungsfolgen, Verordnungsermächtigung

(1) [1]Der Grad der Schädigungsfolgen ist nach den allgemeinen Auswirkungen der körperlichen, seelischen, geistigen oder Sinnesbeeinträchtigungen, die durch die als Schädigungsfolge anerkannten Gesundheitsstörungen bedingt sind, in allen Lebensbereichen zu beurteilen. [2]Er ist nach Zehnergraden von zehn bis 100 zu bemessen. [3]Ein bis zu fünf Grad geringerer Grad der Schädigungsfolgen wird vom höheren Zehnergrad mit umfasst. [4]Vorübergehende Gesundheitsstörungen sind nicht zu berücksichtigen. [5]Als vorübergehend gilt ein Zeitraum von bis zu sechs Monaten. [6]Bei geschädigten Kindern und Jugendlichen ist der Grad der Schädigungsfolgen nach dem Grad zu

bemessen, der sich bei Erwachsenen mit gleicher Gesundheitsstörung ergibt, soweit damit keine Schlechterstellung der Kinder und Jugendlichen verbunden ist.

(2) Das Bundesministerium für Arbeit und Soziales wird ermächtigt, durch Rechtsverordnung mit Zustimmung des Bundesrates

1. **die Grundsätze aufzustellen, die für die Bewertung des Grades der Schädigungsfolgen im Sinne des Absatzes 1 maßgebend sind,**
2. **die Grundsätze aufzustellen, die für die Anerkennung einer Gesundheitsstörung als Schädigungsfolge nach § 4 Absatz 4 bis 6 maßgebend sind sowie**
3. **das Verfahren für die Aufstellung und Fortentwicklung der in Nummer 1 und 2 genannten Grundsätze zu regeln.**

A. Gesetzesgeschichte

I. Geltendes und neues Recht

1 Die Vorschrift des § 5 SGB XIV findet ihre Entsprechung in § 30 BVG,[1] allerdings nur in dessen Abs. 1 und 16. Dies betrifft den Beurteilungsmaßstab für die Bemessung des Grades der Schädigung (GdS) und die Verordnungsermächtigung für eine VersMedV.[2] Die Regelung des § 5 SGB XIV tritt erst zum 1.1.2024 in Kraft – bis dahin ist § 30 BVG insgesamt anzuwenden; allerdings sind Änderungen der VersMedV bereits zum 20.12.2019[3] erfolgt (zu den Einzelheiten → G-SER Art. 26 Rn. 1 ff.).

II. Änderungen im SGB XIV gegenüber dem BVG und Parallelität

2 § 5 Abs. 1 SGB XIV entspricht mit wenigen Ausnahmen § 30 Abs. 1 BVG in der aktuellen Fassung.[4] § 30 BVG selbst ist seit 1950 von einer Norm mit zwei Absätzen[5] zu

---

1 IdF des Art. 2 Nr. 1 G-SER v. 12.12.2019, BGBl. 2019 I 2652, mW bis zum 31.12.2023 gem. Art. 58 Nr. 2 und Art. 60 As. 2 G-SER.

2 Zu den Einzelheiten der Änderung der VersMedV durch das G-SER s. Art. 26 und Art. 27 G-SER.

3 Art. 26 iVm Art. 60 Abs. 3 Nr. 4 G-SER in Kraft getreten zum Tag nach der Verkündung, BGBl. 2019 I 2652.

4 V.12.12.2019, BGBl. 2019 I 2652.

5 § 30 Abs. 1 BVG lautete: die Minderung der Erwerbsfähigkeit ist nach der körperlichen Beeinträchtigung im allgemeinen Erwerbsleben zu beurteilen; ... Für erhebliche äußere Körperschäden können Mindesthundertsätze festgesetzt werden. Nach § 30 Abs. 2 BVG war bei jugendlichen Beschädigten (§ 34 BVG) die Minderung der Erwerbsfähigkeiten nach dem Grade zu bemessen, der sich bei Erwachsenen mit gleicher Gesundheitsstörung ergab – idF des Gesetzes für die Versorgung der Opfer des Krieges (Bundesversorgungsgesetz) v. 20.12.1950, BGBl. 1950 I 791, 796.

einer solchen mit 16 Absätzen angewachsen. Dau beschreibt daher den Umfang der Vorschrift in ihrem Endstadium als „einem kleinen Fachaufsatz entsprechend".[6] § 30 BVG beschränkt sich aktuell nicht mehr darauf, Grundsätze für die Einschätzung des **GdS** als der Bestimmungsgröße für die Grundrente und als Anknüpfungsmerkmal für zahlreiche weitere Leistungen vorzugeben (Abs. 1). Hinzugekommen sind das Institut des **besonderen beruflichen Betroffenseins** (Abs. 2) und mit den Abs. 3 bis 15 der in zahlreichen Varianten und Sonderformen behandelte, immer weiter veränderte und verfeinerte **Berufsschadensausgleich** (BSA). Den Schlusspunkt setzt die erst nach langem Zögern 2007 geschaffene und 2008 mit der **VersMedV** genutzte Ermächtigungsgrundlage für die mit den VMG vorgegebenen Grundsätzen zur Bewertung von Schädigungsfolgen und zur Feststellung ihres Grades als Anlage zu § 2 VersMedV. Die Regelungen zum BSA finden sich ab dem 1.1.2024 in §§ 89 bis 91 SGB XIV – fast wortidentische Verordnungsermächtigung und Grundlage für die BSchAv in aktueller Fassung[7] (zu den Einzelheiten → § 89 Rn. 3). Diese Vorschriften entsprechen im Wesentlichen denen des § 30 Abs. 3 bis 14 BVG. Die Regelungen zum besonderen beruflichen Betroffensein nach § 30 Abs. 2 BVG werden im SGB XIV ersatzlos entfallen, jedenfalls für neue Versorgungsfälle. Für „Altfälle" s. die Regelungen zu den Besitzständen nach Kap. 23. § 5 Abs. 1 SGB XIV enthält nicht mehr die noch in § 30 Abs. 1 S. 5 BVG vorgesehene Möglichkeit, für erhebliche äußere Gesundheitsschäden **Mindestgrade** festzusetzen. Die bisher geltenden Mindestsätze aus der BVGVwV Nr. 5 zu § 30 BVG sind unter → Rn. 21 abgedruckt. Deren Entfallen ist einem gewandelten Verständnis von potenziellen gesundheitlichen Schädigungsfolgen gewichen. Während bis weit in die achtziger Jahres des vergangenen Jahrhunderts Vergleichsmaßstab für die Beurteilung nicht sichtbarer Folgen einer Schädigung zumeist die „sichtbaren" Schädigungsfolgen waren, **psychische Beeinträchtigungen** zunächst gar nicht und später sehr zögerlich Berücksichtigung fanden, geht das SGB XIV einen anderen Weg. Es stellt insbesondere die Behebung psychischer Folgen schädigender Ereignisse in den Vordergrund seines Leistungskatalogs.[8] So sind etwa die SH mit der zentralen Leistung der Behandlung in Traumaambulanzen im ersten Kap. die erste Leistungsart der SE, die im SGB XIV geregelt ist (Kap. 4 Abschn. 3 SGB XIV). § 5 Abs. 2 SGB XIV weist keine wesentlichen Abweichungen von § 30 Abs. 16 BVG auf (s. aber → Rn. 6).

B. Normsystematik

I. Allgemeiner Regelungsgehalt

Die Norm trifft in ihrer Gesamtheit (Abs. 1 und Abs. 2) Regelungen zum Maßstab der Bewertung des GdS. Zwar gilt es im jeweiligen Einzelfall festzustellen, wie sich die körperlichen, seelischen, geistigen oder Sinnesbeeinträchtigungen, die durch die als Schädigungsfolge anerkannten Gesundheitsstörung bedingt sind, auf alle Lebensbereiche der jeweiligen Geschädigten auswirken. Um hierfür jedoch eine einheitliche Handhabung, die eine Gleichbehandlung ermöglicht, zu gewährleisten, wird die eingangs benannte „Formel" sozusagen rechnerisch handhabbar gemacht. Es erfolgt die Bemessung in Graden der Schädigung, gestaffelt von 10 bis 100. Diese rechnerische Umsetzung der allgemeinen Vorgaben des Abs. 1 sollen durch die in Abs. 2 eröffnete 3

6 HK-SozEntschR/Dau BVG, § 30 Rn. 1.

7 S. bisher BSchA – Verordnung zur Durchführung des § 30 Abs. 3 bis 12 und des § 40a Abs. 1 und 5 des BVG idF vom 28.6.2011 mWv 1.7.2011, BGBl. 2011 I 1273 idF des Art. 2 Zwanzigste Verordnung zur Anpassung des Bemessungsbetrages und von Geldleistungen nach dem Bundesversorgungsgesetz (20. KOV-Anpassungsverordnung 2014 – 20. KOV-AnpV 2014) v. 23.9.2014, BGBl. 2014 I 1533; nach Art. 58 Nr. 8 G-SER Außerkrafttreten mit dem Inkrafttreten des SGB XIV am 1.1.2024, BGBl. 2019 I 2652, 2724.

8 Vgl. BT-Drs. 19/13824, 1; s. zu psychischen Schädigungsfolgen Knickrehm SGb 2010, 381.

Ermächtigungsgrundlage für eine Rechtsverordnung konkretisiert werden. § 5 Abs. 2 SGB XIV ist Rechtsgrundlage für die VersMedV (bisher § 30 Abs. 16 BVG). Die Vorschrift gilt zukünftig – wie bisher auch § 30 Abs. 1 und 30 Abs. 16 BVG – für alle Gesetze der SE, die auf das SGB XIV Bezug nehmen werden.

II. Systematische Einordnung und Normzweck

4 Abs. 1 bestimmt mit dem **Grad der Schädigungsfolgen (GdS)** den Maßstab, nach dem sich die Höhe der Entschädigungszahlungen an Geschädigte (§ 83 SGB XIV), einschließlich des Zugangs zum BSA mit einem Mindest-GdS von 30 (§ 89 Abs. 1 Nr. 1 SGB XIV), teilweise die Krankenbehandlung nach § 42 Abs. 2 und 3 SGB XIV, wenn keine anderweitige Absicherung im Krankheitsfall vorhanden ist, und Leistungen bei Gewalttaten im Ausland nach § 102 Abs. 4 SGB XIV bemessen. Der GdS selbst ist aufgrund der in § 5 Abs. 1 SGB XIV festgelegten Maßstäbe alsdann im konkreten Einzelfall versorgungsmedizinisch zu bestimmen.

5 Die Bezeichnung dieses Maßstabs als **GdS** hat 2007[9] die frühere Bezeichnung **MdE** (Minderung der Erwerbsfähigkeit) abgelöst. Mit dieser Änderung sollte zweierlei zum Ausdruck kommen. Zum einen, dass das BVG als „Grundgesetz der sozialen Entschädigung" keinen umfassenden Ersatz aller Gesundheitsschäden anstrebt, sondern nur den, der **kausal** auf ein schädigendes Ereignis zurückzuführen ist. Zum zweiten sollte auch die verbale Verbindung mit dem Erwerbsleben „gekappt" werden, denn es kommt zur Bemessung des GdS nicht allein auf die Auswirkungen der Gesundheitsstörung im Hinblick auf die Möglichkeiten des Geschädigten eine **Erwerbstätigkeit** ausüben zu können an. In der Entwurfsbegründung zur Änderung des BVG wird insoweit hervorgehoben, dass nach dem SER ein angemessener Ausgleich für die kausal auf einen Schädigungstatbestand zurückzuführenden gesundheitlichen und wirtschaftlichen Schäden erbracht werde, für den die staatliche Gemeinschaft einzutreten habe. Eine materielle Änderung oder gar Verschlechterung hinsichtlich der Feststellung des Schädigungsgrades war mit dieser Änderung der Begrifflichkeit nicht beabsichtigt. An den über Jahrzehnte bewährten Bewertungskriterien und Verfahrensabläufen soll festgehalten werden.[10]

6 Die in Abs. 2 des § 5 SGB XIV formulierte **Ermächtigungsgrundlage** für die **VerMedV** entspricht weitestgehend der des **§ 30 Abs. 16 BVG.** Abgesehen von der systematischeren Darstellung, ist die Anpassung an die Normierung des SGB XIV erfolgt und der aufgrund der geänderten Versorgung im Falle der Pflegebedürftigkeit (Kap. 7 – §§ 71 ff. SGB XIV) nicht mehr erforderliche besondere Normbefehl im Hinblick auf die Bestimmung der Hilflosigkeit und der Stufen der Pflegezulage konnte entfallen. Es sollen auf Basis dieser Ermächtigungsgrundlage **Grundsätze für die medizinische Bewertung von Schädigungsfolgen** und die **Bemessung** des **GdS** aufgestellt werden.[11] Die dort genannten entsprechend anzuwenden Maßstäbe finden sich in der auf § 30 Abs. 16 BVG beruhenden VersMedV[12] und den VMG als **Anlage** zu **§ 2 VersMedV.**

---

9 Eingeführt durch das Gesetz zur Änderung des Bundesversorgungsgesetzes und anderer Vorschriften des Sozialen Entschädigungsrechts – BVGÄndG 2007 – v. 13.12.2007 (BGBl. I 2904) mit Wirkung v. 21.12.2007.

10 BT-Drs. 16/6541, 31; s. auch Vogl, Aktuelle Änderungen des Sozialen Entschädigungsrechts, SGb 2008, 583 (584); s. auch HK-SozEntschR/Dau BVG § 30 Rn. 5.

11 § 30 Abs. 16 BVG ermächtigt daneben noch dazu, Grundsätze für die Anerkennung einer Gesundheitsstörung nach § 1 Abs. 3 BVG aufzustellen; die Kriterien für die Bewertung der Hilflosigkeit und die Stufen der Pflegezulage nach § 35 Abs. 1 BVG zu bestimmen; das Verfahren zur Entwicklung und Fortentwicklung dieser Grundsätze und Kriterien zu regeln, vgl. auch § 1 VersmedV.

12 V. 10.12.2008 (BGBl. I 2412), zuletzt geändert durch die Dritte Änderungs-VO v. 17.12.2010, BGBl. 2010 I 2124.

Die Anlage mit den VMG zu § 2 VesMedV (→ Rn. 5) sieht bisher eine entsprechende Anwendung von **GdS/GdB** (Grad der Behinderung) vor. Dies erschließt sich einerseits über den in § 153 Abs. 2 SGB IX enthaltenen Verweis. Die auf dieser Grundlage ergangene VersMedV verweist in Teil A Nr. 2 a)[13] ausdrücklich darauf: „GdS und GdB werden nach gleichen Grundsätzen bemessen. Beide Begriffe unterscheiden sich lediglich dadurch, dass der GdS nur auf die Schädigungsfolgen (also **kausal**) und der GdB auf alle Gesundheitsstörungen unabhängig von ihrer Ursache (also **final**[14]) bezogen ist. Beide Begriffe haben die Auswirkungen von Funktionsbeeinträchtigungen in allen Lebensbereichen und nicht nur die Einschränkungen im allgemeinen Erwerbsleben zum Inhalt. GdS und GdB sind ein Maß für die körperlichen, geistigen, seelischen und sozialen Auswirkungen einer Funktionsbeeinträchtigung aufgrund eines Gesundheitsschadens."[15] Liegen mehrere Beeinträchtigungen der Teilhabe am Leben in der Gesellschaft vor, wird der GdB gemäß § 152 Abs. 3 Satz 1 SGB IX nach den Auswirkungen der Beeinträchtigungen in ihrer Gesamtheit unter Berücksichtigung ihrer wechselseitigen Beziehungen als ein Gesamt-GdB festgestellt – dies gilt auch für den GdS. Es ist davon auszugehen, dass es bei dem Gleichlauf von GdS und GdB auch in näherer Zukunft verbleibt. In der Entwurfsbegründung zu § 5 SGB XIV wird darauf hingewiesen, dass eine gesamte oder teilweise Neuverkündung der VersMedV nicht erforderlich sei. Allerdings beabsichtigt das BMAS die VersMedV – Teil A – zu überarbeiten. Ein **Referentenentwurf** zur Änderung der VersMedV war im Herbst 2018 vorgelegt worden.[16] Vorgesehen war die VMG auf der Grundlage des aktuellen Stands der medizinischen Wissenschaft fortzuentwickeln, unter Anwendung evidenzbasierter Medizin. Der Ärztliche Sachverständigenbeirat Versorgungsmedizin hatte eine Anpassung der Anlage an den aktuellen Stand der medizinischen Wissenschaft und der versorgungsmedizinischen Erfordernisse empfohlen.[17] Der vom BMAS vorgelegte Entwurf ist auf vielfältige Kritik gestoßen und das Ministerium sah sich in größerem Umfang Änderungsvorschlägen der Vertreterinnen und Vertreter der Bundesländer und zahlreicher Verbände (ua DBSV, VdK, SoVD, Weißer Ring, verdi) ausgesetzt.[18] 7

C. Einzelkommentierung

I. Abs. 1

1. Grad der Schädigungsfolgen – GdS – Allgemeine Auswirkungen in allen Lebensbereichen (S. 1). Die unter → Rn. 5 dargelegte Begründung für die „Umbenennung" der **MdE**" in „**GdS**" als Maßstabe für die Bemessung der Schädigungsfolgen, verdeckt – so Dau – eine **grundlegende**, von Rechtsprechung und Praxis gegen den Wortlaut des § 30 Abs. 1 BVG „bereits seit einiger Zeit schleichend vollzogene **Neuorientierung**". Das, was 2007 mit der neuen Begrifflichkeit „vermieden" werden sollte, die Ausrichtung des Bemessungsmaßstabs am **Erwerbsleben**, ist **zuvor** nach dem Gesetzestext **zentraler Bezugspunkt** gewesen, ausgedrückt in dem ohne weitere Begründung zugleich mit Einführung des GdS gestrichenen **Satz 2 des § 30 Abs. 1 BVG aF** der lautete: „Für die Beurteilung [der MdE] ist maßgebend, um wieviel die Befähigung zur üblichen, auf **Erwerb gerichteten Arbeit** und deren Ausnutzung im **wirtschaftlichen Leben** durch 8

13 Abrufbar unter: http://www.gesetze-im-internet.de/versmedv/anlage.html.

14 Vgl. BSG 30.9.2009 – B 9 SB 4/08 R, SuP 2010, 30 mwN.

15 Vgl. im Einzelnen zu den Gemeinsamkeiten von GdS/GdB in den Allgemeinen Grundsätzen unter A 2. der Anlage zu § 2 VersMedV.

16 6. Änderungsverordnung VersMedV, Bearbeitungsstand 28.8.2018, s. auch BT-Drs. 19/4946 und BT-Drs. 19/5262 zur Anfrage der FDP-Fraktion zur Praxis der Anerkennung von Schwerbehindertenausweisen bei Trisomie 21 insbesondere bei Kindern und Jugendlichen.

17 BT-Drs. 19/4946, 1.

18 Zu den Einzelheiten s. S. Knickrehm in Udsching/Rolfs, Jahrbuch des Sozialrechts der Gegenwart, 2020, S. 361, 362 f.

die als Folgen einer Schädigung anerkannten Gesundheitsstörungen beeinträchtigt sind." Gesetzlicher **Maßstab** für die MdE-Einschätzung war danach die (gesellschaftliche) **Rolle des Erwerbstätigen** schlechthin, bezogen auf die wichtigsten und gängigsten Leistungsanforderungen im gesamten Erwerbsleben.[19] Daran änderte auch der – mit der Neufassung gleichfalls gestrichene – Hs. 2 des § 30 Abs. 1 S. 1 BVG aF nichts, wonach „dabei", dh bei der MdE-Einschätzung, „seelische Begleiterscheinungen und Schmerzen angemessen zu berücksichtigen" waren. Denn diese Umstände wurden nicht als selbstständige Faktoren, sondern nur soweit gewürdigt, wie sie die Erwerbsfähigkeit beeinträchtigten.[20]

9 Die **einschneidende Neufassung** des § 1 **Abs. 1 BVG** im Jahr 2007 hat den **Unterschied** zwischen der Definition der Behinderung in § 2 Abs. 1 SGB IX idF bis zum 31.12.2017 und der des BVG minimiert. § 2 Abs. 1 SGB IX umschrieb als Behinderung, die Beeinträchtigung der körperlichen Funktion, geistigen Fähigkeit oder seelischen Gesundheit, die mit hoher Wahrscheinlichkeit länger als sechs Monate von dem für das Lebensalter typischen Zustand abweicht und daher die Teilhabe am Leben in der Gesellschaft beeinträchtigt. § 30 Abs. 1 S. 1 BVG setzt als Maßstab, die aus den gesundheitlichen Störungen resultierenden allgemeinen Auswirkungen in **allen Lebensbereichen**. Unter **„allgemeinen Auswirkungen"** dieser Funktionsbeeinträchtigungen in allen Lebensbereichen ist dasselbe zu verstehen wie die Beeinträchtigungen bei der Teilhabe am gesellschaftlichen Leben. In den Materialien zum BVGÄndG 2007 wurde insoweit betont, **materiell ändere** sich mit der neuen Formulierung des § 1 Abs. 1 BVG **nichts**.[21] Dies ist insoweit zutreffend, als auch schon deutlich vor 2007 MdE und GdB nicht nur **Einschränkungen** im **allgemeinen Erwerbsleben**, sondern in **allen Lebensbereichen** im Blick hatten.[22] Die Auswirkungen von Funktionsstörungen im **Versorgungs-** und im **Schwerbehindertenrecht** sind mithin schon bisher nach **einheitlichen Gesichtspunkten** zu bewerten, die verwendeten Begriffe unterscheiden sich allein dadurch, dass der **final** ausgerichtete **GdB** die Auswirkungen aller Störungen, gleich welcher Ursache, ausdrückt, während der **kausal** geprägte **GdS** nur die anerkannten Schädigungsfolgen, als Gesundheitsstörungen in ihren allgemeinen Auswirkungen berücksichtigt.[23] Soweit allerdings in der BT-Drs. zum G-SER[24] in einem Begründungsstrang mit dem Gleichklang von § 5 SGB XIV und § 2 SGB IX ausgeführt wird, mit der Formulierung in § 5 Abs. 1 S. 1 SGB XIV erfolge keine rechtliche oder fachliche Neugestaltung des Begriffs der Schädigungsfolge im Vergleich zum BVG (2007), wird „unterschlagen", dass der **Behinderungsbegriff** des § 2 SGB IX durch das **BTHG 2016**[25] (in Kraft getreten zum 1.1.2018) eine **deutliche Änderung** erfahren hat (→ Rn. 9).[26]

19 So etwa noch BSG 12.12.1995 – 9 RV 9/95, BSGE 77, 147, MDR 1996, 616; Wulfhorst VersorgVerw 1994, 19 f.; Wulfhorst Soziale Entschädigung – Politik und Gesellschaft, 1994, 218 unter Hinweis auf den Unterschied zum Schwerbehindertenrecht: BSGE 9.10.1987 – 9a RVs 5/86, BSGE 62, 209, Breith 1988, 580 (Salmonellendauerausscheider).

20 Wulfhorst VersorgVerw 1994, 19 (20).

21 BT-Drs. 16/6541, 31.

22 So die Anhaltspunkte für die ärztliche Gutachtertätigkeit im sozialen Entschädigungsrecht und nach dem Schwerbehindertengesetz – AHP –, Ausgabe 1996, Nr. 18 Abs. 1 unter ausdrücklicher Gleichstellung von MdE und GdB; ebenso schon die AHP 1983, Nr. 18 Abs. 1 für die damals noch einheitlich im Versorgungs- und im Schwerbehindertenrecht geltende Bezeichnung „MdE".

23 LPK-SGB IX/Dau § 69 Rn. 17; so auch die AHP seit der Ausgabe 1996 und jetzt die Versorgungsmedizinischen Grundsätze (Anlage zu § 2 VersMedV), Nr. A. 2. a); zitiert aus HK-SozEntschR/Dau BVG § 30 Rn. 7; BT-Drs. 19/13824, 172.

24 BT-Drs. 19/13824, 172.

25 BGBl. 2016 I 3234.

26 AA wohl Schmidt SGB XIV/Karl § 5 Rn. 10.

Die Neufassung des Behinderungsbegriffs im SGB IX durch das **Bundesteilhabegesetz – BTHG –**[27] (→ Rn. 7) orientiert[28] sich an Art. 1 S. 2 **UN-BRK,**[29] worauf auch in der Entwurfsbegründung zu § 5 SGB XIV ausdrücklich Bezug genommen wird. Dort heißt es, die Neuformulierung trage insbesondere dem gewandelten Verständnis von Teilhabe und Behinderung, auch im Zuge der Umsetzung der UN-BRK, Rechnung.[30] Nach Art. 1 S. 2 UN-BRK zählen zu den Menschen mit Behinderungen Menschen, die langfristige körperliche, seelische, geistige oder Sinnesbeeinträchtigungen haben, welche sie in Wechselwirkung mit verschiedenen Barrieren an der vollen, wirksamen und gleichberechtigten Teilhabe an der Gesellschaft hindern können. Dieses sich in der Definition in § 2 Abs. 1 SGB IX widerspiegelnde Begriffsverständnis hat nach der Entwurfsbegründung zu § 2 SGB IX idF des BTHG in Anlehnung an das **Partizipationsmodell** der WHO wesentliche Aspekte der ICF aufgenommen. Die ICF definiere in ihrem **bio-psycho-sozialen Modell** Behinderung ebenfalls als Ergebnis der **Wechselwirkung** zwischen Gesundheitsproblem und den **personen- und umweltbezogenen Kontextfaktoren.** Zur „Rechtsklarheit" sollte der Behinderungsbegriff daher durch die Inbezugnahme der Wechselwirkung zwischen der Beeinträchtigung und den Umweltfaktoren deklaratorisch an die UN-BRK angepasst werden.[31] Das bio-psycho-soziale Modell der möglichen multiplen Wechselwirkungen verdeutlicht, dass Behinderung im Sinne einer Beeinträchtigung der Funktionsfähigkeit kein statisches Merkmal, sondern ein dynamischer Prozess ist (Modell der Funktionsfähigkeit und Behinderung).[32] Behinderung oder die Auswirkungen der Gesundheitsstörung iSd § 5 Abs. 1 S. 1 SGB XIV werden daher ICF-konform nicht mehr monokausal als Krankheitsfolge betrachtet im Sinne eines regelwidrigen Zustandes, der zu einer Funktionsbeeinträchtigung führt, die ihrerseits negative soziale Folgen für den Betroffenen hat.[33] Kontextfaktoren werden in der ICF als mögliche Einflussfaktoren auf die Funktionsfähigkeit, insbesondere von **Aktivität** und **Teilhabe** beschrieben.[34] 10

2. GdS – Merkmale (S. 1). Zu allgemeinen **Auswirkungen in allen Lebensbereichen** → Rn. 8 f. **Körperliche Beeinträchtigungen** sind nicht nur organische Beeinträchtigungen, sondern in einem umfassenden Sinne zu verstehen. Die im Gleichlauf zur Änderung des § 2 Abs. 1 SGB IX erfolgte Aufnahme auch der **Sinnesbeeinträchtigungen** in den Text des § 5 Abs. 1 S. 1 SGB IXV war nach bisheriger Lesart von den körperlichen Beeinträchtigungen umfasst.[35] Sie schloss schon bisher Störungen der Sinne und Empfindungen ein. Welti weist denn auch zutreffend darauf hin, dass zwischen diesen Erscheinungsformen auch nicht immer trennscharf unterschieden werden könne, zumal wenn sie gleichzeitig und in Wechselwirkung miteinander aufträten.[36] Die Sinnesbeeinträchtigungen betreffen alle Sinne, einschließlich etwa Empfinden gegenüber Reizen, wie Temperatur.[37] Sie müssen allerdings Auswirkungen auf die Körperfunk- 11

27 BGBl. 2016 I 3234.
28 BT-Drs. 18/9522, 2 f.
29 Übereinkommen der Vereinten Nationen vom 13.12.2006 über die Rechte von Menschen mit Behinderungen sowie Fakultativprotokoll vom 13. 12.2006 zum Übereinkommen der Vereinten Nationen über die Rechte von Menschen mit Behinderungen; Bundesgesetz zu dem Übereinkommen vom 21.12.2008, BGBl. 2008 II 1419; zur Umsetzung der UN-BRK auch durch das SGB XIV s. BT-Drs. 19/13824, 172.
30 BT-Drs. 19/13824, 172.
31 BT-Drs. 18/9522, 226.
32 Gemeinsame Empfehlungen Begutachtung, BAR, 2016, 13.
33 Vgl. jurisPK-SGB IX/Luthe § 2 Rn. 60.
34 BAR, Kontextfaktoren bei der Ermittlung von Teilhabebedarfen, 2021, Arbeitshilfe, S. 13; s. auch SWK-BehindertenR/Welti 26,6.
35 BT-Drs. 18/9522, 227.
36 SWK-BehindertenR/Welti 26,16.
37 Schmidt SGB XIV/Karl § 5 Rn. 11.

tion haben.[38] Es handelt sich im Wesentlichen um Erkrankungen des Nervensystems oder Erkrankungen, die das Nervensystem beeinträchtigen.[39] **Geistige Beeinträchtigungen** sind solche im kognitiven, psychomotorischen und intellektuellen Bereich, wie Wahrnehmung, Erkennen, Denken, Vorstellen, Erinnern und Urteilen, aber zB auch Bewusstsein sowie die mentale Funktion, Bewegungshandlungen durchzuführen.[40] Die **seelische Beeinträchtigung** umfasst neben seelischen Erkrankungen auch psychisch-funktionale Fähigkeiten der Persönlichkeit. Ein organischer Befund muss bei Einschränkungen der seelischen Gesundheit nicht unbedingt zugrunde liegen. Die Beeinträchtigung wird nicht nur durch Krankheiten an sich, sondern durch psychisch-funktionale Fähigkeiten wie Persönlichkeit (Selbstsicherheit und Selbstvertrauen), psychische Energie, Antrieb, Psychomotorik, Belastbarkeit und Emotionen ausgelöst.[41] Insgesamt ist der Begriff der seelischen Beeinträchtigung offener als die stark an funktionalen Erfordernissen orientierten Begriffe der körperlichen und geistigen Beeinträchtigungen. Er verdeutlicht, dass der als Abweichung definierte psychische Zustand häufig durch Zuschreibungen des sozialen Umfeldes und des Betroffenen selbst mitbestimmt wird und sich teils mit der „Teilhabebeeinträchtigung" überschneidet.[42] Zur Beurteilung des Vorliegens einer ausgeprägten Teilhabebeeinträchtigung im SGB IX bedarf es, wie auch im SER einer Gesamtbetrachtung der Einschnitte, die den betreffenden Menschen in allen Lebensbereichen beeinträchtigen.[43]

12 **3. GdS – Bemessung (S. 2 – 6).** Nach § 5 Abs. 1 S. 2 SGB XIV erfolgt die „Bewertung" der zuvor beschriebenen Beeinträchtigungen nach „**Graden**", in **Zehnerstufen**, gestuft zwischen 10 und 100. Die jeweiligen Zehnergrade werden durch Teil B der Anlage zu § 2 VersMedV bestimmt. Danach sind die dort ausgewiesenen „Grade" Anhaltswerte, mit Beurteilungsspannen, um den Besonderheiten des Einzelfalles Rechnung tragen zu können. Soweit Gesundheitsstörungen nicht in der Tabelle aufgeführt sind, ist der GdS in Analogie zu vergleichbaren Gesundheitsstörungen zu beurteilen. Die Bemessung erfolgt nach „Organgruppen" – seelische Beeinträchtigungen werden nach Teil B Nr. 3 der Anlage zu § 2 VersMed unter „Nervensystem und Psyche" gefasst. Schlussendlich bestimmt sich der GdS jedoch nur in Ausnahmefällen nach einem Einzelgrad. Da selten eine einzelne Beeinträchtigung auszumachen sein wird, sondern idR mehrere, so sind nach Teil A Nr. 3 der Anlage zu § 2 VersMedV zwar Einzel-GdS anzugeben, es ist jedoch ein **Gesamt-GdS** zu ermitteln (s. insoweit auch für das Zusammentreffen von Schädigungsfolgen mehrerer schädigender Ereignisse und von Ansprüchen aus verschiedenen Gesetzen § 8 Abs. 2 SGB XIV). Dabei sind die einzelnen Werte nicht zu addieren, sondern es sind die Auswirkungen der einzelnen Funktionsbeeinträchtigungen in ihrer Gesamtheit unter Berücksichtigung ihrer wechselseitigen Beziehungen zueinander zu bewerten. Um die Auswirkungen der Funktionsbeeinträchtigungen in ihrer Gesamtheit unter Berücksichtigung ihrer wechselseitigen Beziehungen zueinander beurteilen zu können, muss aus der ärztlichen Gesamtschau heraus beachtet werden, dass die Beziehungen der Funktionsbeeinträchtigungen zueinander unterschiedlich sein können, je nachdem in welchem Lebensbereich sich die Beeinträchtigung selbst und wie sie im Verhältnis zu den weiteren Beeinträchtigungen auswirkt. Teil A Nr. 3 der Anlage zu § 2 VersMedV formuliert, dass von Ausnahmefällen (zB hochgradige Schwerhörigkeit eines Ohres bei schwerer beidseitiger Einschränkung der Sehfähigkeit) abgesehen, zusätzliche leichte Gesundheitsstörungen, die nur einen GdS von 10 bedingten, nicht zu einer Zunahme des Ausmaßes der Gesamt-

38 jurisPK-SGB IX/Luthe § 2 Rn. 65.
39 Vgl. jurisPK-SGB IX/Luthe § 2 Rn. 65.
40 jurisPK-SGB IX/Luthe § 2 Rn. 65; LPK-SGB IX/Joussen § 2 Rn. 7; s. auch Schmidt SGB XIV/Karl § 5 Rn. 11.
41 LPK-SGB IX/Joussen § 2 Rn. 8.
42 Vgl. auch jurisPK-SGB IX/Luthe § 2 Rn. 65.
43 Zu § 2 SGB IX s. BSG 16.12.2014 – B 9 SB 2/13 R, SozR 4-3250 § 69 Nr. 18 (Leitsatz).

beeinträchtigung führten, auch nicht, wenn mehrere derartige leichte Gesundheitsstörungen nebeneinander bestünden. Auch bei leichten Funktionsbeeinträchtigungen mit einem GdS von 20 sei es vielfach nicht gerechtfertigt, auf eine wesentliche Zunahme des Ausmaßes der Behinderung zu schließen. Soweit ein Einzel-GdS um **5 Grad geringer** ist als die Zehnerstufe, wird er von der nächst höheren Zehnerstufe mitumfasst (§ 5 As. 1 S. 3 SGB XIV). Nach § 5 Abs. 1 S. 4 und 5 SGB XIV fließen nur **vorübergehende Gesundheitsstörungen** nicht in die GdS-Bemessung ein. Sie können allerdings zB Gegenstand einer **Krankenbehandlung** oder einer SH sein. Zwar erfolgt die Krankenbehandlung nach § 41 ff. SGB XIV nur für **anerkannte Schädigungsfolgen**. Aber die Anerkennung der Schädigungsfolge erfolgt unabhängig von der GdS-Bemessung.[44] Andererseits ist nach dem Wortlaut des § 5 Abs. 1 SGB XIV nur eine als Schädigungsfolge anerkannte Gesundheitsstörung mit einem GdS zu bemessen, denn die Leistungserbringung der SE erfolgt nach den Regeln der §§ 1 und 4 SGB XIV nur für Schädigungsfolgen, also für kausale Folgen einer durch ein schädigendes Ereignis hervorgerufenen Gesundheitsstörung (→ § 1 Rn. 14; → § 4 Rn. 5 f.). Als vorübergehend wird ein Zeitraum von bis zu 6 Monaten definiert. Damit knüpft § 5 Abs. 1 S. 5 SGB XIV an § 2 Abs. 1 S. 1 SGB IX an. Ebenso wie im SGB IX, auf das im Bereich der **Teilhabe**leistungen nach dem Kap. 6 des SGB XIV vielfach Bezug genommen wird, sollen durch die Begrenzung jedoch nicht solche Teilhabeleistungen ausgeschlossen werden, die möglichst früh geboten sein können, um Störungen nicht nur vorübergehenden Charakters entgegenzuwirken. Liegt eine Prognose vor, die auf einen längeren Zeitraum als sechs Monate einer auch grundsätzlich aufhebbaren Behinderung hinweist, fällt auch diese von Beginn an unter die Regelungen des SGB XIV.[45] Eine Besonderheit der GdS-Bemessung gilt für **Kinder** und **Jugendliche**. Grundsätzlich gilt nach § 5 Abs. 1 S. 5 SGB XIV zwar derselbe Maßstab wie bei Erwachsenen. Wenn sich allerdings die Beeinträchtigung bei dem Kind gravierender auswirkt als bei einem Erwachsenen ist sie nach der individuellen Beeinträchtigung des Kindes zu bemessen (§ 5 Abs. 1 S. 6 SGB XIV).[46] Die Regelungen der S. 2 bis 4 entsprechen denen des § 30 Abs. 1 S. 2 und 3 BVG. Ohne wohl eine Abweichung vom bisherigen Recht bewirken zu wollen, formuliert § 30 Abs. 1 S. 4 BVG die speziellen Auswirkungen für Kinder und Jugendliche wie folgt: „Bei beschädigten Kindern und Jugendlichen ist der Grad der Schädigungsfolgen nach dem Grad zu bemessen, der sich bei Erwachsenen mit gleicher Gesundheitsstörung ergibt, soweit damit keine Schlechterstellung der Kinder und Jugendlichen verbunden ist." In § 5 Abs. 1 S. 6 SGB XIV werden die Jugendlichen, anders als in S. 5 nicht gesondert erwähnt. Soweit sich die Gesundheitsstörung jedoch bei dem Jugendlichen gravierender auswirkt als bei einem Erwachsenen, hat eine individuelle Bemessung zu erfolgen. Denn letztere ist wie oben dargelegt auch immer bei einem Erwachsenen vorzunehmen.

II. Abs. 2

1. Verordnungsermächtigung – Hs. 1. Erstmals mit **§ 30 Abs. 17** BVG[47] wurde eine Rechtsgrundlage für den Erlass der **VersMedV** geschaffen worden, deren Anlage zu § 2 die Anhaltspunkte für die ärztliche Gutachtertätigkeit im SER und nach dem Schwerbehindertenrecht (**AHP**) ersetzte. Die fehlende Rechtsgrundlage der AHP war 13

44 So wohl auch Schmidt SGB XIV/Karl § 5 Rn. 15.
45 So zum SGB IX LPK-SGB IX/Joussen § 2 Rn. 10.
46 S. zur Hilflosigkeit bei Kindern und Jugendlichen Teil A Nr. 5 Anlage zu § 2 VersMedV.
47 Ab 1.7.2011 Abs. 16 gem. Art. 1 Nr. 16 Buchst. e u. f Gesetz zur Änderung des BVG und anderer Vorschriften v. 20.6.2011, BGBl. 2011 I 1114.

über viele Jahre vom BSG,[48] den Instanzgerichten,[49] aber auch in der Literatur[50] kritisiert worden. Derzeit findet sich die Verordnungsermächtigung in § 30 Abs. 16 BVG. Sie gilt, mit Ausnahme der Änderungen, die sie durch **Art. 26 G-SER** mWv 20.12.2019[51] erfahren hat unverändert weiter. Es werden auf Basis der **Ermächtigungsgrundlage** in § 5 Abs. 2 Hs. 1 SGB XIV vom BMAS mit Zustimmung des BR durch Rechtsverordnung nach Nr. 1 **Grundsätze** aufgestellt für die medizinische Bewertung des GdS nach § 5 Abs. 1 SGB XIV, nach Nr. 2 solche, die für die Anerkennung der Schädigungsfolge iS von § 4 Abs. 4 bis 6 SGB XIV maßgebend sind, und nach Nr. 3 Verfahrensregeln für die Aufstellung und Fortschreibung der Grundsätze nach Nrn. 1 und 2 von Schädigungsfolgen und die Bemessung des GdS.[52]

14 Die **VMG** in der **Anlage zu § 2 VersMedV** enthalten neben **allgemeinen Grundsätzen** (Teil A), der im Teil B geregelten **GdS-Tabelle** und Regelungen zu den in der SER nicht relevanten aber nach dem SGB IX bedeutsamen Merkzeichen (Teil D) im Teil C Einzelheiten zur **Begutachtung im SER**. Letztere (Teil C) wurden neugefasst auf Grundlage des Art. 26 G-SER, allerdings ohne die bisher geltenden Kausalitätsgrundsätze zu ändern. Es erfolgte eine Überarbeitung im Hinblick auf Sprachgebrauch, Systematik und Struktur. Betont wird ua in methodischer Hinsicht, dass streng zwischen der ärztlichen Begutachtung im Rahmen der Tatsachenermittlungen (zB Diagnosestellung) und derjenigen des ursächlichen Zusammenhangs unterschieden werden müsse. Ferner wird darauf hingewiesen, dass vor der ärztlichen Begutachtung der Wahrscheinlichkeit des ursächlichen Zusammenhangs das Ereignis und die gesundheitliche Schädigung (primäre Gesundheitsstörung) sowie die Gesundheitsstörung – Schädigungsfolge – (sekundäre Gesundheitsstörung) festgestellt und voll bewiesen sein müssten. Beschrieben werden zudem die Beweisanforderungen und in besonderen Fallkonstellationen Beweiserleichterungen. Abschn. 3 behandelt die sprachlich überarbeiteten, jedoch nicht inhaltlich geänderten Grundsätze zur Feststellung des ursächlichen Zusammenhangs. Die Regelungen der Kann-Versorgung sind neu zusammengefasst worden – auch sie entsprechen jedoch inhaltlich dem bisherigen Abschn. C 4. Die Grundsätze zur Bestimmung des GdS, die zum Folgeschaden, zu den Folgen von medizinischen Maßnahmen, zur absichtlich herbeigeführten Gesundheitsstörung, zum Ursachenzusammenhang zwischen Schädigungsfolge und Tod sind zwar zT an anderer Stelle als bisher eingefügt, aber ebenfalls ohne inhaltliche Änderungen neu gefasst worden.[53]

15 Ein Referentenentwurf zur Änderung der VersMedV war bereits im Herbst 2018 vorgelegt worden[54] (→ Rn. 6). Der vom BMAS vorgelegte Entwurf war jedoch vielfältiger

48 BSG 18.9.2003 – B 9 SB 3/02 R, BSGE 91, 205 mwN.

49 S. nur LSG NRW 6.6.202 – L 7 SB 193/00 und 8.8.202 – L 7 SB 70/02; BayLSG 5.6.2002 – L 18 SB 110/00.

50 Düwell FA 2008, 43; Knickrehm in Udsching/Rolfs, Jahrbuch des Sozialrechts, 2009, S. 382; Knickrehm in Jahrbuch des Sozialrechts, 2006, S. 298 f. mwN; Schillings SuP 2003, 117; s. auch ausführlich bei Art. 26, 27 G-SER.

51 Art. 60 Abs. § Nr. 4 G-SER v. 12.12.2019, BGBl. 2019 I 2652, 2724.

52 § 30 Abs. 16 BVG ermächtigt daneben noch dazu, Grundsätze für die Anerkennung einer Gesundheitsstörung nach § 1 Abs. 3 BVG aufzustellen; die Kriterien für die Bewertung der Hilflosigkeit und die Stufen der Pflegezulage nach § 35 Abs. 1 BVG zu bestimmen; das Verfahren zur Entwicklung und Fortentwicklung dieser Grundsätze und Kriterien zu regeln, vgl. auch § 1 VersMedV.

53 Vgl. zu den Einzelheiten Knickrehm/Mushoff/Schmidt Neues SozEntschR Rn. 457 ff.

54 6. Änderungsverordnung VersMedV, Bearbeitungsstand 28.8.2018, s. auch BT-Drs. 19/4946 und BT-Drs. 19/5262 zur Anfrage der FDP-Fraktion zur Praxis der Anerkennung von Schwerbehindertenausweisen bei Trisomie 21 insbesondere bei Kindern und Jugendlichen.

Kritik ausgesetzt.[55] Im Fokus standen ua, die vorgesehenen leichteren Einschränkungen mit einem GdS 20 nur noch in Ausnahmefällen in die Gesamt-GdB-Bildung einfließen zu lassen, einen Überprüfungsmechanismus unter Beachtung des „neuen Rechts" auch für bereits bindend anerkannte Feststellungen einzuführen, bei behinderten Menschen vorhandene Hilfsmittel als Teilhabeeinschränkungen ausgleichend bei der Begutachtung und GdS-Feststellung zu berücksichtigen und als Grundlage der Begutachtung von dem „bestmögliche Behandlungsergebnis" auszugehen.[56] Im Jahr 2020 ist in der zuständigen Abteilung des BMAS an einer Änderung des Referentenentwurfs unter Berücksichtigung der benannten Diskussionsbeiträge gearbeitet worden. Das Ergebnis bleibt abzuwarten – ggf. wird erst in der kommenden Legislaturperiode eine Änderung der VersMedV insoweit beschlossen werden.

2. GdS-Bewertung – Nr. 1. Die Grundsätze der Bewertung des GdS iSd § 5 Abs. 1 SGB XIV sind bereits zurzeit unter **Teil A** und **B der Anlage zu § 2 VersMed** geregelt. Nach § 2 VersMedV (→ Rn. 22) werden die in § 1 VersMedV genannten Grundsätze und Kriterien dort als deren Bestandteil festgelegt. Die Anlage wird auf der Grundlage des aktuellen Stands der medizinischen Wissenschaft unter Anwendung der Grundsätze der evidenzbasierten Medizin erstellt und fortentwickelt sowie die Anlage „Versorgungsmedizinische Grundsätze" als Anlageband zum Bundesgesetzblatt ausgegeben.[57] Teil A der Anlage zu § 2 VersMedV bestimmt die Grundsätze bzgl. der Schädigungsfolgen, des GdS und der Bildung des Gesamt-GdS. Die Nr. 4 und 5 des Teils A betreffen die Hilflosigkeit und Besonderheiten der Beurteilung der Hilflosigkeit bei Kindern und Jugendlichen. Sie sind für das SER nicht von Bedeutung – s. jedoch Verordnungsermächtigung nach § 153 Abs. 3 SGB IX. Die Nr. 6 und 7 bestimmen die Grundsätze zu Blindheit und hochgradiger Sehbehinderung sowie bei wesentlicher Änderung der Verhältnisse. Teil B der Anlage beinhaltet die eigentliche GdS-Tabelle, gegliedert nach Organgruppen. 16

3. Anerkennung Schädigungsfolge – Nr. 2. Die Grundsätze für die Anerkennung einer Gesundheitsstörung als Schädigungsfolge nach § 4 Abs. 4 bis 6 SGB XIV finden sich – mit Ausnahme der für eine Schädigungsfolge iSd § 4 Abs. 5 SGB XIV – heute bereits im **Teil C** der Anlage (Begutachtung im Sozialen Entschädigungsrecht – **VMG**). Angesichts der gegenüber dem BVG geänderten Regelungen zur Erbringung von Leistungen bei Pflege wird Nr. 13 des Teil C der Anlage unter Geltung des SGB XIV keine Bedeutung mehr haben. Nr. 4 des Teils C der Anlage bestimmt die Grundsätze zur **Kannversorgung** – in Zukunft **§ 4 Abs. 6** SGB XIV. Alle übrigen Ziffern betreffen die Grundregel des **§ 4 Abs. 4** SGB XIV. Vorab wird unter Nr. 1 des Teils C der Anlage darauf hingewiesen, dass unterschieden werden müsse zwischen ärztlicher Begutachtung im Rahmen der Tatsachenermittlung und der ärztlichen Begutachtung des ursächlichen Zusammenhangs. Die Tatsachen bedürfen des Nachweises und für die Annahme der Ursachenzusammenhänge genügt die Wahrscheinlichkeit (vgl. ausführlich zum Beweismaßstab → § 1 Rn. 30; zum Kausalzusammenhang → § 1 Rn. 23 ff.). 17

Grundsätze zur **„bestärkten Möglichkeit"** bei psychischen Erkrankungen iSd § 4 Abs. 5 SGB XIV fehlen derzeit in Teil C der Anlage zu § 2 VersMedV. In seiner Entscheidung 12.6.2003,[58] auf die die Regelung des § 4 Abs. 5 SGB XIV zurückgeht, hatte der 9. Senat des BSG formuliert, lägen diejenigen Tatsachen vor, die nach den 18

---

55 Zu den Einzelheiten s. S. Knickrehm in Udsching/Rolfs, Jahrbuch des Sozialrechts der Gegenwart, 2020, S. 361, 362 f.

56 Vgl. zusammenfassend verdi – Arbeitsmarkt- und Sozialpolitik 11.2.2020, abzurufen unter ttps://arbeitsmarkt-und-sozialpolitik.verdi.de/ueber-uns/nachrichten/++co++f1ee29b2–42ab-11ea-bc53–001a4a160100, zuletzt abgerufen am 27.3.2021.

57 Anlageband zum BGBl. I Nr. 57 vom 15.12.2008; zuletzt geändert durch Art. 27 G-SER v. 12.12.2019, BGBl. 2019 I 2652.

58 BSG 12.6.2003 – B 9 VG 1/02 R, BSGE 91, 107.

Anhaltspunkten für die ärztliche Gutachtertätigkeit[59] im SER und nach dem Schwerbehindertenrecht geeignet seien, einen Ursachenzusammenhang zwischen einem belastenden Ereignis und dem Auftreten einer psychischen Erkrankung zu begründen, so sei eine zur **Wahrscheinlichkeit verdichtete Möglichkeit** anzunehmen, die nur durch einen sicheren anderen Kausalverlauf widerlegt werden könne (→ § 4 Rn. 28). Bei der Umstellung von den AHP auf die aktuellen VMG, verrechtlicht als Anlage zu § 2 VersMedV, wurden derartige Hinweise nicht wieder aufgenommen. Insoweit hat das SGB XIV zwar grundsätzlich den „Schwebezustand", in dem immer noch auf die längst nicht mehr anwendbaren AHP zugegriffen wurde,[60] durch eine gesetzliche Regelung beendet, allerdings wesentlich abstrakter und (noch) ohne die unter Nr. 71 der AHP aufgeführten medizinischen Erkenntnisse.[61] Dies ist vielfach bedauert worden,[62] wenn auch insoweit konsequent, als von den jeweiligen Sachverständigen ohnehin der aktuelle Stand der medizinischen Wissenschaft seiner Begutachtung zugrunde zu legen ist.[63] In der Entwurfsbegründung zur Anlage zu § 2 VersMedV heißt es insoweit: „Der Abschnitt „Kausalitätsbeurteilung bei einzelnen Krankheitsbildern" (AHP 53–143) war als Arbeitshilfe für Versorgungsärzte gedacht. Es handelt sich jedoch um medizinisches Lehrbuchwissen, das nicht durch ein Bundesministerium verordnet werden kann ... Zudem behalten die Nr. 53 bis Nr. 143 der Ausgabe 2008 der AHP auch nach Inkrafttreten der vorliegenden Verordnung Gültigkeit als antizipierte Sachverständigengutachten."[64] Allerdings räumt § 5 Abs. 2 Nr. 2 SGB XIV zukünftig die Möglichkeit ein, entsprechende Grundsätze (wieder) in die VMG der Anlage zu § 2 VersMedV aufzunehmen. Diese Regelung ist erst im Verlaufe des Gesetzgebungsverfahrens in § 5 Abs. 2 SGB XIV – während der Ausschussberatungen[65] – aufgenommen worden, um die Möglichkeit zu eröffnen, auch Beurteilungsmaßstäbe für med. Sachverhalte aufstellen zu können, die bei psychischen Gesundheitsstörungen nach den Erfahrungen in der med. Wissenschaft geeignet sind, einen Ursachenzusammenhang zwischen einem schädigenden Ereignis und der gesundheitlichen Schädigung sowie der Schädigungsfolge zu begründen. Anhaltspunkte für die Umsetzung könnte die EinsatzunfallV (→ Rn. 23) nach § 63c Abs. 2a SVG bieten.[66] Der dortige Abs. 2a lautet: „(2a) Das Bundesministerium der Verteidigung bestimmt im Einvernehmen mit dem Bundesministerium für Gesundheit und dem Bundesministerium für Arbeit und Soziales unter Beachtung des Stands der Erkenntnisse der medizinischen Wissenschaft durch Rechtsverordnung, unter welchen Voraussetzungen vermutet wird, dass eine Posttraumatische Belastungsstörung oder eine andere in der Rechtsverordnung zu bezeichnende psychische Störung durch einen Einsatzunfall verursacht worden ist. Es kann bestimmen, dass die Verursachung durch einen Einsatzunfall nur dann vermutet wird, wenn der Soldat an einem Einsatz bewaffneter Streitkräfte im Ausland teilge-

59 AHP, Teil C, Kausalitätsbeurteilung bei den einzelnen Krankheitszuständen, Nervensystem und Psyche, Nr. 71 ff.

60 S. Rundschreiben des BMAS v. 15.12.2008 IVc3 – 48021–6; vom Verordnungsgeber ausdrücklich in der Weiterverwendung als antizipierte Sachverständigengutachten vorgesehen, s. BR-Drs. 767/08, 4.

61 S. hierzu kritisch Stellungnahme des UBSKM zum Entwurf des G-SER/SGB XIV v. 9.1.2019.

62 S. etwa Sozialverband VdK, BT-Drs. 19(11)505, 47.

63 Vgl. hierzu BT-Drs. 19/13824, 250 zu Art. 26 Änderung der VersMedV, Teil C, Abschnitt 3 – Ursächlicher Zusammenhang.

64 Verordnung zur Durchführung des § 1 Abs. 1 und 3, des § 30 Abs. 1 und des § 35 Abs. 1 des Bundesversorgungsgesetzes (Versorgungsmedizin-Verordnung – VersMedV), BR-Drs. 767/08, 4.

65 S. BT-Drs. 19(11)421, 1, 7.

66 So Anregung der Bundespsychotherapeutenkammer BT-Drs. 19(11)477 im Rahmen der Sachverständigenanhörung vom 30.10.2019, S. 73, mit einem konkreten Vorschlag für eine gesetzliche Regelung; s. auch Schmidt/Karl SGB XIV § 5 Rn. 25.

nommen hat und dabei von einem bewaffneten Konflikt betroffen war oder an einem solchen Konflikt teilgenommen hat."

4. Verfahren – Nr. 3. Regelungen zum Verfahren sowohl der **Aufstellung** als auch **Fortentwicklung** der Grundsätze des § 5 Abs. 2 Nr. 1 und 2 SGB XIV finden sich bezogen auf das BVG heute in §§ 3, 4 VersMedV (→ Rn. 22). Im Zentrum steht bisher ein unabhängiger **„Ärztlicher Sachverständigenbeirat Versorgungsmedizin"** (**Beirat**) beim BMAS, dessen Zusammensetzung in § 3 Abs. 2 ff. VersMedV geregelt ist. Er berät das BMAS nach § 3 Abs. 1 VersMedV vorbereitend zu allen versorgungsärztlichen Angelegenheiten und der Fortentwicklung der Anlage entsprechend dem aktuellen Stand der medizinischen Wissenschaft und versorgungsmedizinischer Erfordernisse. Zur Beschlussfassung im Beirat s. § 4 VersMedV. 19

D. Anhang

I. BVG

§ 30 BVG [Minderung der Erwerbsfähigkeit; Berufsschadensausgleich] 20

(1) [1]Der Grad der Schädigungsfolgen ist nach den allgemeinen Auswirkungen der Funktionsbeeinträchtigungen, die durch die als Schädigungsfolge anerkannten körperlichen, geistigen oder seelischen Gesundheitsstörungen bedingt sind, in allen Lebensbereichen zu beurteilen. [2]Der Grad der Schädigungsfolgen ist nach Zehnergraden von 10 bis 100 zu bemessen; ein bis zu fünf Grad geringerer Grad der Schädigungsfolgen wird vom höheren Zehnergrad mit umfasst. [3]Vorübergehende Gesundheitsstörungen sind nicht zu berücksichtigen; als vorübergehend gilt ein Zeitraum bis zu sechs Monaten. [4]Bei beschädigten Kindern und Jugendlichen ist der Grad der Schädigungsfolgen nach dem Grad zu bemessen, der sich bei Erwachsenen mit gleicher Gesundheitsstörung ergibt, soweit damit keine Schlechterstellung der Kinder und Jugendlichen verbunden ist. [5]Für erhebliche äußere Gesundheitsschäden können Mindestgrade festgesetzt werden.

...

(16) Das Bundesministerium für Arbeit und Soziales wird ermächtigt, im Einvernehmen mit dem Bundesministerium der Verteidigung und mit Zustimmung des Bundesrates durch Rechtsverordnung die Grundsätze aufzustellen, die für die medizinische Bewertung von Schädigungsfolgen und die Feststellung des Grades der Schädigungsfolgen im Sinne des Absatzes 1 maßgebend sind, sowie die für die Anerkennung einer Gesundheitsstörung nach § 1 Abs. 3 maßgebenden Grundsätze und die Kriterien für die Bewertung der Hilflosigkeit und der Stufen der Pflegezulage nach § 35 Abs. 1 aufzustellen und das Verfahren für deren Ermittlung und Fortentwicklung zu regeln.

II. BVGVwV

BVGVwV Nr. 1 bis 4 zu § 30 21

1. Bei der Beurteilung der Minderung der Erwerbsfähigkeit (MdE) nach § 30 Abs. 1 sind nicht zu berücksichtigen
   a) Ereignisse, die erst in der Zukunft erwartet werden,
   b) Gesundheitsstörungen, die zeitlich nach dem schädigenden Ereignis eingetreten sind und mit der Schädigung nicht in Zusammenhang stehen.
2. Die durch die Folgen der Schädigung bedingte MdE ist in Hundertteilen der Erwerbsfähigkeit des Beschädigten auszudrücken. Hat bei Eintritt der Schädigung bereits ein Vorschaden mit einer messbaren MdE bestanden, so ist bei der Bemessung der schädigungsbedingten MdE folgendes zu berücksichtigen: Wenn sich Vorschaden und Schädigungsfolge an verschiedenen Körperteilen befinden und sich gegenseitig nicht beeinflussen, so ist der Vorschaden ohne Bedeutung. Hat die Schädigung eine vorgeschädigte Gliedmaße oder ein vorgeschädigtes Organ betroffen, so muss die schädigungsbedingte MdE niedriger sein als die MdE, die sich aus dem nun bestehenden Gesamtschaden ergibt, es sei denn, dass der Vorschaden nach seinem Umfang oder nach seiner Art keine wesentliche Bedeutung für die gesamte Gesundheitsstörung hat. Dabei darf die MdE durch den Vorschaden nicht rein rechnerisch von der MdE durch den Gesamtschaden abgezogen werden. Maßgeblich ist, zu welchem zusätzlichen anatomischen und funktionellen Verlust die Schädigung geführt hat; dieser zusätzliche Verlust kann auch zur Erwerbsunfähigkeit führen. Sind durch Vorschaden und Schädigungsfolge verschiedene Organe oder Gliedmaßen oder paarige Organe betroffen und verstärkt der Vorschaden die schädigungsbedingte Funktionsstörung, so ist die

schädigungsbedingte MdE unter Umständen höher zu bewerten, als es bei isolierter Betrachtung der Schädigungsfolge zu geschehen hätte.

3. Eine Minderung der Erwerbsfähigkeit setzt eine Gesundheitsstörung voraus, die mehr als sechs Monate andauert. Schwankungen im Gesundheitszustand bei längerem Leidensverlauf ist mit einer Durchschnitts-MdE Rechnung zu tragen. Stirbt ein Beschädigter innerhalb von sechs Monaten nach Eintritt der Schädigung, so sind die durch die Schädigung bedingten Gesundheitsstörungen mit dem Grad der MdE zu bewerten, der nach ärztlicher Erfahrung nach Ablauf der sechs Monate zu erwarten gewesen wäre. Fallen Eintritt der Gesundheitsstörung und Tod jedoch zusammen, kann eine MdE nicht angenommen werden. Eintritt der Gesundheitsstörung und Tod fallen nicht nur zusammen, wenn beide Ereignisse im selben Augenblick eintreten. Dies ist vielmehr auch dann der Fall, wenn die Gesundheitsstörung in so rascher Entwicklung zum Tode führt, dass bei natürlicher Betrachtungsweise Eintritt der Gesundheitsstörung und Tod einen einheitlichen Vorgang darstellen.
4. Wenn die Erwerbsfähigkeit durch mehrere Gesundheitsstörungen beeinträchtigt wird, ist eine die Gesamtauswirkung der Gesundheitsstörungen zusammenfassende Minderung der Erwerbsfähigkeit (Gesamt-MdE) festzusetzen.

BVGVwV Nr. 5 zu § 30

5. Für erhebliche äußere Körperschäden gelten folgende Mindesthundertsätze:

	vom Hundert
Schädelnarben mit erheblichem Verlust von Knochenmasse ohne Funktionsstörungen des Gehirns	30
Hirnbeschädigung mit stärkeren Funktionsstörungen	50
Rückenmarksverletzung mit schweren Funktionsstörungen	70
Verlust des Gaumens	30
Erheblicher Gewebsverlust der Zunge	30
Verlust des Kehlkopfes	70
Völliger Verlust der Nase	50
Abstoßend wirkende Entstellung des Gesichts	50
Verlust beider Ohrmuscheln	30
Verlust oder Erblindung eines Auges bei voll gebrauchsfähigem anderen Auge	30
Verlust oder Erblindung eines Auges und Herabsetzung der Sehschärfe des anderen Auges auf weniger als die Hälfte	50
Hochgradige Sehbehinderung mehr als	90
Völlige Taubheit	70
Verlust des männlichen Gliedes	50
Künstlicher After	50
Verlust des Afterschließmuskels	50
Urinfistel mit Notwendigkeit, ein Urinal zu tragen	50
Verlust eines Armes im Schultergelenk oder mit sehr kurzem Oberarmstumpf	80
Verlust eines Armes im Oberarm oder im Ellenbogengelenk	70
Verlust eines Armes im Unterarm	50
Verlust einer ganzen Hand	50
Verlust aller Finger einer Hand	50
Verlust des ganzen Daumens einschließlich Mittelhandknochens einer Hand	30
Verlust eines Beines im Hüftgelenk oder mit sehr kurzem Oberschenkelstumpf	80

	vom Hundert
Verlust eines Beines im Bereich des Oberschenkels bis zur Kniehöhe (zB Amputation nach Gritti)	70
Verlust eines Beines im Bereich des Unterschenkels bei genügender Funktionstüchtigkeit des Stumpfes und der Gelenke	50
Verlust eines Beines im Bereich des Unterschenkels bei ungenügender Funktionstüchtigkeit des Stumpfes und der Gelenke	60
Verlust beider Beine im Bereich der Unterschenkel bei Funktionstüchtigkeit der Stümpfe und der Gelenke	80
Teilverlust des Fußes mit Erhalten der Ferse (Absetzung nach Pirogow) einseitig	40
beidseitig	70
Teilverlust des Fußes (Absetzung nach Lisfranc und Sharp) einseitig	30
beidseitig	50
Teilverlust des Fußes (Absetzung nach Chopart) einseitig	30
beidseitig	60
Verlust aller Zehen an beiden Füßen	30

III. VersMedV

Verordnung zur Durchführung des § 1 Abs. 1 und 3, des § 30 Abs. 1 und des § 35 Abs. 1 des Bundesversorgungsgesetzes (Versorgungsmedizin-Verordnung – VersMedV)[67] 22

Vom 10. Dezember 2008 (BGBl. I S. 2412)
(FNA 830–2–19)

zuletzt geändert durch Art. 26, 27 G zur Regelung des Sozialen Entschädigungsrechts vom 12. Dezember 2019 (BGBl. I S. 2652)

Auf Grund des § 30 Abs. 17 des Bundesversorgungsgesetzes, der durch Artikel 1 Nr. 32 Buchstabe i des Gesetzes vom 13. Dezember 2007 (BGBl. I S. 2904) eingefügt worden ist, verordnet das Bundesministerium für Arbeit und Soziales im Einvernehmen mit dem Bundesministerium der Verteidigung:

§ 1 VersMedV Zweck der Verordnung

Diese Verordnung regelt die Grundsätze für die medizinische Bewertung von Schädigungsfolgen und die Feststellung des Grades der Schädigungsfolgen im Sinne des § 30 Abs. 1 des Bundesversorgungsgesetzes, für die Anerkennung einer Gesundheitsstörung nach § 1 Abs. 3 des Bundesversorgungsgesetzes, die Kriterien für die Bewertung der Hilflosigkeit und der Stufen der Pflegezulage nach § 35 Abs. 1 des Bundesversorgungsgesetzes und das Verfahren für deren Ermittlung und Fortentwicklung.

§ 2 VersMedV Anlage „Versorgungsmedizinische Grundsätze“

[1]Die in § 1 genannten Grundsätze und Kriterien sind in der Anlage zu dieser Verordnung[68] als deren Bestandteil festgelegt. [2]Die Anlage wird auf der Grundlage des aktuellen Stands der medizinischen Wissenschaft unter Anwendung der Grundsätze der evidenzbasierten Medizin erstellt und fortentwickelt.

§ 3 VersMedV Beirat

(1) Beim Bundesministerium für Arbeit und Soziales wird ein unabhängiger „Ärztlicher Sachverständigenbeirat Versorgungsmedizin“ (Beirat) gebildet, der das Bundesministerium für Arbeit und Soziales zu allen versorgungsärztlichen Angelegenheiten berät und die Fortentwicklung der Anlage entspre-

67 Die Änderungen durch G v. 12.12.2019 (BGBl. I S. 2652) treten teilweise erst **mWv 1.1.2024** in Kraft und sind insoweit im Text noch nicht berücksichtigt.
68 **Amtl. Anm.:** Die Anlage „Versorgungsmedizinische Grundsätze“ wird als Anlageband zu dieser Ausgabe des Bundesgesetzblatts ausgegeben.

chend dem aktuellen Stand der medizinischen Wissenschaft und versorgungsmedizinischer Erfordernisse vorbereitet.

(2) Der Beirat hat 17 Mitglieder, und zwar ...

...

§ 4 VersMedV Beschlüsse

Die Beschlüsse des Beirats werden mit einfacher Mehrheit der nach § 3 Absatz 2 berufenen Mitglieder gefasst.

IV. Einsatzunfallverordnung

23 **Verordnung über die Vermutung der Verursachung einer psychischen Störung durch einen Einsatzunfall (Einsatzunfallverordnung – EinsatzUV)**

Vom 24. September 2012 (BGBl. I 2092)
FNA 53-4-20

zuletzt geändert durch Art. 1 Erste VO zur Änd. der EinsatzunfallVO vom 9.7.2020 (BGBl. I 1868)

§ 1 EinsatzUV Einsatzunfall als Ursache einer psychischen Störung

Es wird vermutet, dass eine psychische Störung durch einen Einsatzunfall verursacht worden ist, wenn

1. eine Fachärztin oder ein Facharzt für Psychiatrie und Psychotherapie der Bundeswehr festgestellt hat, dass die psychische Störung nach Beendigung einer besonderen Auslandsverwendung aufgetreten ist, und
2. die erkrankte Person während der Auslandsverwendung der Gefahr einer psychischen Störung in besonderer Weise ausgesetzt war.

Psychische Störungen im Sinne von Satz 1 sind:

1. posttraumatische Belastungsstörungen,
2. Anpassungsstörungen,
3. sonstige Reaktionen auf schwere Belastung,
4. Angststörungen,
5. affektive Störungen,
6. somatoforme Störungen,
7. akute vorübergehende psychotische Störungen.

(2) Der Gefahr einer psychischen Störung im Sinne des Absatzes 1 in besonderer Weise ausgesetzt waren Personen, die während der Auslandsverwendung

1. von einer bewaffneten Auseinandersetzung betroffen waren (§ 2 Absatz 1),
2. an einer solchen Auseinandersetzung teilgenommen haben (§ 2 Absatz 2) oder
3. einer Situation ausgesetzt waren, die mit den Tatbeständen nach den Nummern 1 und 2 vergleichbar ist.

...

§ 6 Anspruch auf Leistungen für Angehörige, Hinterbliebene und Nahestehende

(1) Angehörige, Hinterbliebene und Nahestehende erhalten Schnelle Hilfen nach Maßgabe der Vorschriften des Kapitels 4 sowie besondere psychotherapeutische Leistungen nach § 43 Absatz 2 Nummer 1 in Verbindung mit § 43 Absatz 4.

(2) Hinterbliebene erhalten darüber hinaus Leistungen zur Teilhabe am Arbeitsleben nach § 63 Absatz 3, Entschädigungszahlungen an Hinterbliebene nach Kapitel 9 Abschnitt 2, Leistungen zum Lebensunterhalt nach § 93 Absatz 1 Satz 2 und die Leistung zur Förderung einer Ausbildung nach § 94.

A. Gesetzesgeschichte

I. Geltendes und neues Recht

Anders als § 2 SGB XIV, der aufgrund von Art. 60 Abs. 5 G-SER bereits seit dem **1.1.2021** in Kraft ist[1] (→ § 2 Rn. 1) und obwohl § 6 SGB XIV in einem engen Zusammenhang mit dieser Vorschrift steht sowie die Vorschriften über die Leistungen in **Traumaambulanzen** – genannt in § 6 SGB XIV – ebenfalls schon seit diesem Zeitpunkt gelten (→ Vor § 1 Rn. 15), entfaltet § 6 SGB XIV erst zum 1.1.2024 Wirkung.[2] Hieraus folgt, dass die in § 6 Abs. 1 SGB XIV benannten Leistungsberechtigten zwar Leistungen der Traumaambulanz nach Maßgabe der §§ 31 bis 37 SGB XIV in Anspruch nehmen können, nicht jedoch schon jetzt die ebenfalls zum Kap. 4 zählenden Leistungen des **Fallmanagements** und **besondere psychotherapeutische Leistungen** nach § 43 Abs. 2 Nr. 1 iVm § 43 Abs. 4 SGB XIV. Auch können Hinterbliebenen, denen gem. § 6 Abs. 2 SGB XIV neben den SH nach Kap. 4 und den besonderen psychotherapeutischen Leistungen, auch Entschädigungszahlungen nach dem Kap. 9 und BLiE iSv § 93 Abs. 1 S. 2 und § 94 SGB XIV erbracht werden können, bis zum 1.1.2024 nur die Leistungen in Traumaambulanzen beanspruchen. Zu den Leistungen in Traumaambulanzen s. §§ 31 ff. SGB XIV und zu den besonderen psychotherapeutischen Leistungen s. § 43 SGB XIV, zum Fallmanagement s. § 30 SGB XIV, BLiE s. §§ 92 ff. SGB XIV, einschließlich Leistungen zur Förderung einer Ausbildung nach § 94 SGB XIV. 1

II. Änderungen im SGB XIV gegenüber dem BVG und Parallelität

Eine § 6 SGB XIV vergleichbare Vorschrift findet sich im BVG nicht. Dort werden in den §§ 2 bis 4 und § 6 BVG die in § 1 Abs. 1 BVG benannten Begriffe des militärischen und militärähnlichen Dienstes umschrieben – die Vorschriften dienen insoweit deren Ausfüllung. Dies gilt zum Teil auch für § 5 BVG, der bestimmt, was unter „**unmittelbaren** Kriegseinwirkungen" zu verstehen ist und welche nachträglichen Auswirkungen kriegerischer Handlungen noch als unmittelbare Kriegseinwirkung gelten. Vgl. zur Unmittelbarkeit im SER sowie dem **Zurechnungszusammenhang** im Recht der GUV → § 1 Rn. 24–26. Diese Vorschriften des BVG sind daher eher den Entschädigungstatbeständen des Kap. 2 Abschn. 2 SGB XIV vergleichbar, wenn auch einzig bezogen auf Geschehnisse im Zusammenhang der beiden Weltkriege. Allenfalls **§ 7 BVG**, der den persönlichen Geltungsbereich des BVG bestimmt, hat systematisch eine gewisse Nähe zu § 6 SGB XIV, ohne allerdings wie in § 6 SGB XIV den Zusammenhang zwischen einzelnen Gruppen von Leistungsberechtigung iSd § 2 SGB XIV mit deren Ansprüchen auf Leistungen der SE herzustellen. Dies erfolgt im BVG erst bei den einzelnen die Leistungen umschreibenden Normen, indem sie jeweils festlegen, wem diese Leistungen erbracht werden, wie zB in § 10 BVG (Voraussetzungen und Zweck der Heil- und Krankenbehandlung), der zunächst den Beschädigten als Adressaten der Leistungen benennt auch bezüglich der Leistungen für den Ehegatten und Lebenspartner, die Kinder sowie sonstige Angehörige, die mit dem Beschädigten in häuslicher Gemeinschaft leben und von ihm überwiegend unterhalten werden. Nur bei den Witwen und hinterbliebenen Lebenspartnern, Waisen und versorgungsberechtigte Eltern ist dies nach § 10 Abs. 4 S. 1 Buchst. c BVG anders.[3] 2

Wie unter → Rn. 2 exemplarisch verdeutlicht, unterscheiden sich die **Regelungstechnik** von BVG und SGB XIV. Im SGB XIV wird ein allgemeiner Teil den ab dem Kap. 4 folgenden Kap. über die einzelnen Leistungsarten mit ihren jeweils eigenen Voraussetzungen vorangestellt. Damit wird eine bessere Systematisierung des Normprogramms geschaffen und es kann von allen Normen der einzelnen Leistungsgruppen, aber auch 3

1 Art. 60 Abs. 5 G-SER v. 12.12.2019, BGBl. 2019 I 2652.
2 Art. 60 Abs. 7 G-SER v. 12.12.2019, BGBl. 2019 I 2652.
3 S. iE HK-SozEntschR/Vogl BVG § 10.

allen Gesetzen der SE, die zukünftig auf das SGB XIV verweisen, unmittelbar auf diese Vorschriften zurückgegriffen werden, ohne sie für das jeweils gegenständliche schädigende Ereignis einer gesonderten Anpassung zu unterziehen, soweit dies nicht ausdrücklich geregelt ist. Dies ist zB der Fall bei dem schädigenden Ereignis „Gewalttat", indem in § 14 Abs. 2 SGB XIV bestimmte Personengruppen (Schockschadensopfer und Sekundäropfer → § 2 Rn. 11 f.) den Leistungsberechtigten iSd § 2 iVm § 14 Abs. 1 SGB XIV gleichgestellt werden. Durch diese ausdrückliche Gleichstellung „rücken" sie ein in die Position der Geschädigten, damit in die derjenigen, die voll umfänglich anspruchsberechtigt sind, anders als die in § 6 Abs. 1 und 2 SGB XIV benannten Angehörigen, Hinterbliebenen und Nahestehenden.

B. Normsystematik

I. Allgemeiner Regelungsgehalt

4 Der Regelungsgehalt des § 6 SGB XIV ist eher beschränkt. Er verleiht den dort benannten Personen keine Ansprüche, sondern benennt einzelne Gruppen von **Leistungsberechtigten** und ordnet ihnen dann **Leistungsansprüche** zu, wobei der Anspruch für diese nur dann auch durchsetzbar ist, wenn die Voraussetzungen der jeweiligen Leistungsnormen erfüllt werden. Diese sind, soweit § 6 Abs. 1 SGB XIV zB auf Leistungen in **Traumaambulanzen** verweist, zwar recht niedrigschwellig. Allerdings und hier kommt eher § 2 SGB XIV Bedeutung zu, besteht ein Anspruch auf Leistungen der Traumaambulanzen zB für Angehörige nur dann, wenn sie nach § 2 Abs. 3 S. 1 SGB XIV Angehörige eines Geschädigten sind (→ § 2 Rn. 15). Dh, es muss eine dem Ehegatten, Kind oder Eltern angehörige Person eine gesundheitliche oder wirtschaftliche Folge aufgrund einer gesundheitlichen Schädigung erlitten haben, die ursächlich auf ein schädigendes Ereignis zurückzuführen ist und wegen der nun psychotherapeutische Frühintervention (§ 32 Abs. 2 SGB XIV) erforderlich wird, um den Eintritt einer psychischen Gesundheitsstörung oder deren Chronifizierung beim Angehörigen zu verhindern – **Kausalzusammenhang** (§ 4 Abs. 1 S. 1 SGB XIV). Nur in dieser „Rolle" steht auch dem Angehörigen ein Leistungsanspruch auf Behandlung in einer Traumaambulanz zu. Vergleichbares gilt für alle in § 2 Abs. 3 SGB XIV benannten Angehörigen, aber auch die in § 2 Abs. 4 SGB XIV aufgeführten Hinterbliebenen und Nahestehenden nach § 2 Abs. 5 SGB XIV. Für Hinterbliebene wird unter denselben Bedingung der Leistungskanon nach § 6 Abs. 2 SGB XIV erweitert. An der Grundvoraussetzung, dass die verstorbene Person in Folge einer gesundheitlichen Schädigung, die ursächlich auf ein schädigendes Ereignis zurückzuführen ist, verstorben ist, ändert dies jedoch nichts.

II. Systematische Einordnung und Normzweck

5 Zur systematischen Einordnung → Rn. 3. Systematisch folgt § 6 SGB XIV der Vorschrift des § 4 SGB XIV, der bestimmt, wann und unter welchen Bedingungen „**Geschädigte**" leistungsberechtigt sind. § 4 füllt insoweit § 2 Abs. 2 SGB XIV und den dort gewählten Begriff des „**unmittelbar Geschädigten**" aus. Von diesem **leiten** die weiteren Berechtigen des § 2 Abs. 3 bis 5 SGB XIV ihre Leistungsansprüche **ab**, die ihnen nach § 6 Abs. 1 und 2 SGB XIV zugeordnet werden. Wenn die Systematik des SGB XIV insoweit konsequent durchgehalten worden ist, haben die Berechtigten des § 2 Abs. 3 bis 5 SGB XIV keine Ansprüche auf Leistungen der SE, die über die in § 6 Abs. 1 und 2 SGB XIV benannten hinausgehen, es sei denn nach den Vorschriften über die Besitzstände nach Kap. 23.

C. Einzelkommentierung

I. Abs. 1

6 Abs. 1 ordnet den in § 2 Abs. 3, 4, 5 SGB XIV „definierten" **Berechtigten** der SE **Leistungsansprüche** zu, ohne ihnen diese zu verleihen. Letzteres erfolgt erst wenn die Tatbestandsvoraussetzungen der einzelnen Leistungsvorschriften in der Person des Leistungsberechtigten erfüllt sind. Die Berechtigten sind **Angehörige** (s. iE § 2 SGB XIV), **Hinterbliebene** (s. iE § 2 SGB XIV) und **Nahestehende** (s. iE § 2 SGB XIV). Ihnen allen stehen zu – vorausgesetzt sie erfüllen die Voraussetzungen des § 2 Abs. 3 bis 5 SGB XIV, sind also Angehörige oder Nahestehende einer geschädigten Person oder Hinterbliebene einer aufgrund einer gesundheitlichen Schädigung verstorbenen Person (→ Rn. 5) – SH nach Maßgabe der Vorschriften des Kap. 4 (nach § 30 SGB XIV – **Fallmanagement** und nach §§ 31 ff. SGB XIV Leistungen in **Traumaambulanzen** – zum Inkrafttreten → Rn. 1), ggf. im (vereinfachten) Verfahren nach §§ 115, 116 SGB XIV (nach Art. 60 Abs. 5 G-SER ebenfalls schon zum 1.1.2021 in Kraft getreten).[4] Ferner können sie ab dem 1.1.2024 leistungsberechtigt sein für besondere psychotherapeutische Leistungen nach § 43 Abs. 2 Nr. 1 iVm § 43 Abs. 4 SGB XIV (s. § 43 SGB XIV). Hierbei handelt es sich um ergänzende Leistungen der Krankenbehandlung, die ihnen ebenso wie Geschädigten (§ 43 Abs. 1 SGB XIV) als ergänzende Leistungen unter den dort benannten Bedingungen eingeräumt werden.

II. Abs. 2

7 Abs. 2 des § 6 SGB XIV erweitert den in → Rn. 6 aufgeführten Leistungskatalog für angehörige (→ Rn. 5) Hinterbliebene iSd § 2 Abs. 3 und 4 SGB XIV. Neben den zuvor benannten Leistungen können sie bei Erfüllung der weiteren Tatbestandsvoraussetzungen Leistungen zur Teilhabe am Arbeitsleben nach § 63 Abs. 3 SGB XIV, Entschädigungszahlungen an Hinterbliebene nach Kap. 9 Abschn. 2 (§§ 85 ff. SGB XIV), BLiE in Gestalt der Leistungen zur Sicherung des Lebensunterhaltsnach § 93 Abs. 1 S. 2 und Leistungen zur Förderung der Ausbildung nach § 94 SGB XIV erhalten. Hierauf besteht ein Rechtsanspruch (→ Vor § 1 Rn. 8 ff.).

§ 7 Anspruch auf Leistungen für Ausländerinnen und Ausländer

Ausländerinnen und Ausländer haben dieselben Ansprüche wie Deutsche.

A. Gesetzesgeschichte

I. Neues und geltendes Recht

1 Die Norm wurde durch das G-SER vom 12.12.2019[1] in die Ursprungsfassung des SGB XIV eingefügt. Änderungen an der Norm haben sich seither nicht ergeben. Der zeitliche Geltungsbereich folgt aus §§ 137 ff. SGB XIV (zu ausländischen Opfern von

4 BGBl. 2019 I 2652.
1 BGBl. 2019 I 2652.

Gewalttaten vgl. im Einzelnen → § 13 Rn. 33 f., → § 138 Rn. 3, 5, 12 ff., 29, 41; zur Entwicklung unter Geltung des OEG vgl. → § 13 Rn. 1, 3 ff., 9).

2 Bis zum Inkrafttreten der Norm am 1.1.2024 (Art. 60 Abs. 7 G-SER) gelten weiterhin die Bestimmungen der einzelnen Leistungsgesetze, für den hier relevanten Gegenstand § 7 BVG und § 1 OEG. Hinsichtlich letztgenannter Vorschrift hat der Gesetzgeber in jüngerer Zeit mehrfach Änderungen vorgenommen. Soweit dort zuletzt missverständlich das Erfordernis eines rechtmäßigen Inlandsaufenthaltes beibehalten wurde, wenngleich auch zuvor schon ein weiter Begriff dessen zugrunde gelegt worden ist,[2] erfolgte durch Art. 2a des Gesetzes zur Änderung des Gesetzes über Finanzhilfen des Bundes und zum Ausbau der Tagesbetreuung für Kinder und des Kinderbetreuungsfinanzierungsgesetzes v. 15.4.2020[3] rückwirkend zum 1.7.2018 eine erneute Änderung iS einer Anpassung an das SGB XIV .

II. Änderungen im SGB XIV gegenüber dem BVG/OEG

3 Mit dem SGB XIV ergeben sich gegenüber dem vormaligen Recht in systematischer Hinsicht Änderungen insoweit, als nunmehr ein Gleichbehandlungsgebot in den Allgemeinen Teil aufgenommen wurde. Während das OEG in der bis zum 30.6.2018 geltenden Fassung zwischen Ausländern aus EU-Mitgliedstaaten und solchen aus anderen Staaten unterschied – für letztere verlangte das Gesetz eine Gegenseitigkeitsverbürgung –,[4] ist diese Differenzierung durch Art. 2a des Gesetzes zur Änderung des Gesetzes über Finanzhilfen des Bundes und zum Ausbau der Tagesbetreuung für Kinder und des Kinderbetreuungsfinanzierungsgesetzes v. 15.4.2020[5] rückwirkend aufgehoben worden.[6] Die vorherige Regelung war nicht nur rechtspolitisch fragwürdig, sondern auch unverhältnismäßig.[7]

B. Normsystematik

I. Allgemeiner Regelungsgehalt

4 § 7 enthält in seinem einzigen Satz ein explizites Gleichbehandlungsgebot.

II. Systematische Einordnung und Normzweck

5 Mit § 7 ist eine Gleichstellung von Ausländerinnen und Ausländern im sozialen Entschädigungsrecht beabsichtigt. Die Norm gilt prinzipiell für das gesamte SGB XIV.[8] Sie erfasst die **Anspruchsberechtigung dem Grunde nach** ebenso wie die **Leistungen** nach dem SGB XIV. Zu beachten ist jedoch folgende Differenzierung: Im Inland werden sämtliche Leistungen nach dem SGB XIV ohne Einschränkungen erbracht. Ob Leistungen an Berechtigte mit Wohnsitz oder gewöhnlichem Aufenthalt im Ausland transferiert werden können, unterliegt hingegen besonderen Bestimmungen. Diese finden sich im SGB XIV allgemein in § 101 und speziell betreffend Entschädigungsleistungen für Gewalttaten im Ausland in § 102. Diese Bestimmungen gelten für deutsche und ausländische Staatsangehörige indes unterschiedslos.

6 Gleichbehandlungsgebote in Bezug auf nationale Sozialleistungen ergeben sich zudem aus **über- und zwischenstaatlichem Recht**. In erster Linie zu nennen sind das allgemeine Diskriminierungsverbot des Unionsrechts (Art. 18 AEUV), darüber hinaus aber

---

2 Vgl. BT-Drs. 19/13824, 84, 233 f.
3 BGBl. 2020 I 811.
4 Ausf. HK-SozEntschR/Rademacker OEG § 1 Rn. 98 ff.; s. auch SRH/Hase Kap. 26 Rn. 62.
5 BGBl. 2020 I 811.
6 Vgl. BT-Drs. 19/17818, 10; s. auch Schmidt SGB XIV/Karl § 7 Rn. 4.
7 So bereits Schuler ISR der BRD, S. 734.
8 Schmidt SGB XIV/Karl § 7 Rn. 9.

auch spezielle Vorgaben aus dem EU-Sekundärrecht (v.a. Art. 7 Abs. 2 EU-VO Nr. 492/2011). Sie genießen Anwendungsvorrang gegenüber § 7. Letztere Vorschrift hat dagegen v.a. Bedeutung für Leistungsberechtigte aus Staaten, für die das EU-Recht keine Geltung verlangt.

Die Berechtigung zum Bezug von Leistungen der sozialen Entschädigung ändert nichts am **aufenthaltsrechtlichen Status** von Ausländerinnen und Ausländern. Insbesondere bleibt eine bestehende Ausreisepflicht erhalten.[9] 7

Für die Verwirklichung der Gleichstellung nicht unwesentlich ist, ob Leistungsansprüche praktisch wirksam angebracht werden können. Zwecks Erleichterung dessen werden die Kosten für **Dolmetscherinnen und Dolmetscher** übernommen (§ 12).[10] 8

C. Einzelkommentierung

Durch § 7 wird eine **Gleichbehandlung** von Ausländerinnen und Ausländern mit deutschen Staatsangehörigen im sozialen Entschädigungsrecht hergestellt. Die Gleichstellung bezieht sich nicht nur auf die Leistungsberechtigung dem Grunde nach, dh ob ein Anspruch auf Entschädigungsleistungen gegeben ist, sondern auch auf die Leistungshöhe, soweit ein Aufenthalt im Inland besteht. 9

Die Norm enthält **keine eigene Anspruchsgrundlage**. Erforderlich ist die Erfüllung der Tatbestandsmerkmale des jeweils angezogenen Entschädigungsanspruchs. 10

Vom Gleichbehandlungsgebot erfasst werden **Ausländerinnen und Ausländer**. Das SGB XIV enthält keine eigenständige Definition dieses Begriffs. Der Blick auf § 15 S. 1 wie auch auf die deutsche Rechtsordnung im Übrigen legen nahe, dass der Begriff des Ausländers unter Zuhilfenahme des Aufenthaltsrechts sowie des Verfassungsrechts auszulegen ist. Er bezieht sich auf Personen, die nicht Deutsche iSd Art. 116 Abs. 1 GG sind.[11] Als Ausländer ist damit idR nicht anzusehen, wer die deutsche Staatsangehörigkeit besitzt. Erwerb und Besitz der deutschen Staatsangehörigkeit richten sich nach den Normen des Staatsangehörigkeitsgesetzes (StAG). Kein Ausländer ist, wer sog. Statusdeutscher ist (vgl. § 1 BVFG). Als Ausländer ist des Weiteren nicht anzusehen, wer neben der deutschen Staatsangehörigkeit eine weitere Staatsangehörigkeit besitzt. Sofern nicht § 116 Abs. 1 GG auf sie Anwendung findet, sind Ausländer ebenso die Angehörigen anderer Mitgliedstaaten der EU. 11

Deutschland sieht sich aus nachvollziehbaren Gründen in der Pflicht, alle geschädigten Ausländerinnen und Ausländer **ungeachtet ihres aufenthaltsrechtlichen Status** in den Schutzbereich des SGB XIV einzubeziehen. Die Rechtmäßigkeit des Aufenthalts ist daher – mit Ausnahme des § 15 – keine besondere Leistungsvoraussetzung mehr.[12] Herangezogen wird hier der Gedanke einer besonderen Aufopferung bzw. eines Versagens des staatlichen Gewaltmonopols, wenn in den Gesetzesmaterialien[13] ausgeführt wird, dass die Pflicht des deutschen Staates, Personen auf seinem Territorium vor bestimmten Gefahren, die im sozialen Entschädigungsrecht abgebildet sind, zu schützen, nicht vom Aufenthaltsstatus dieser Personen abhängig sei. Gerade Personen mit unsicherem Aufenthaltsstatus könnten besonders gefährdet sein, Opfer von Gewalttaten zu werden. Zu berücksichtigen sei ferner, dass auch Straftaten, die an Ausländerinnen und Ausländern mit unrechtmäßigem Aufenthalt verübt werden, strafrechtlich verfolgt würden. Es sei daher folgerichtig, auch diesen Personen den Zugang zu Leis- 12

9 BT-Drs. 19/13824, 173.
10 Vgl. Reinhard ZRP 2019, 221 (223).
11 Schmidt SGB XIV/Karl § 7 Rn. 13; vgl. Delitz VersBeamt 1961, 16.
12 Zum vormaligen Recht zB BSG Urt. v. 8.11.2007 – B 9/9a VG 3/05 R, SozR 4-3800 § 1 Nr. 12; BSG Urt. v. 13.8.1996 – 9a RVg 4/84, BSGE 60, 186; Schmidt SGB XIV/Karl § 7 Rn. 11; → § 13 Rn. 1 ff.
13 BT-Drs. 19/13824, 173.

tungen der sozialen Entschädigung zu eröffnen. Umfasst seien des Weiteren Fallkonstellationen, in denen illegal aufhältige Menschen nicht freiwillig in das Bundesgebiet eingereist seien oder gerade wegen des schädigenden Ereignisses keine Möglichkeit hätten, einen rechtmäßigen Aufenthalt zu begründen, wie etwa in Fällen des Menschenhandels. Dem ist zuzustimmen. Auch hinsichtlich der übrigen Entschädigungstatbestände (zB für Opfer von Blindgängern und Minen) erscheint es nicht länger angezeigt, bei Ausländerinnen und Ausländern nach dem aufenthaltsrechtlichen Status zu differenzieren. Verwirklicht wird damit eine umfassende Gleichstellung hinsichtlich der Anspruchsberechtigung dem Grunde nach. Eine solche erscheint umso mehr geboten, als Ausländerinnen und Ausländer zur wirtschaftlichen Entwicklung Deutschlands beitragen.[14]

13 Im Blick zu behalten ist, dass das Gleichbehandlungsgebot des § 7 im Kontext der **Vorgaben des über- und zwischenstaatlichen Rechts** steht und ihnen genügen muss. Diese schränken den Spielraum des Gesetzgebers hinsichtlich seiner Freiheit zu einer Differenzierung zwischen Deutschen und Ausländerinnen bzw Ausländern erheblich ein.[15] Insbesondere zu beachten sind die Einflüsse des EU-Rechts. Zwar mag § 7 angesichts seiner bedingungslosen Formulierung den Eindruck erwecken, als seien alle übrigen Gleichstellungsklauseln nunmehr gegenstandslos geworden. Festzuhalten ist jedoch, dass das Unionsrecht gegenüber mitgliedstaatlichem Recht Anwendungsvorrang genießt.[16] In den Gesetzgebungsmaterialien zum SGB XIV[17] wird zutreffend ausgeführt, dass eine Gleichbehandlung mit deutschen Staatsangehörigen für die Angehörigen der Mitgliedstaaten der EU sowie der der Staaten, für die Rechtsvorschriften der EU eine Gleichbehandlung erforderlich machen, zwingend ist. Insoweit ist die Rspr. des Europäischen Gerichtshofs[18] in Erinnerung zu rufen: Die Einbeziehung von Unionsbürgern in das nationale Opferentschädigungsrecht wurde ursprünglich von Fällen im Kontext der unionsrechtlich garantierten Dienstleistungsfreiheit (Art. 56 AEUV), zB durch Ausübung derselben als Tourist oder Geschäftsreisender, angestoßen. Die Gesetzgebungsmaterialien zum SGB XIV nehmen hierauf bezeichnenderweise immer noch Bezug,[19] wenn auch ohne konkretes Zitat der einschlägigen Rechtsprechung des EuGH. Das **allgemeine Diskriminierungsverbot** (heute: **Art. 18 AEUV**) steht jeder unterschiedlichen Behandlung aus Gründen der Staatsangehörigkeit entgegen. Konsequenterweise müssen Personen, die sich in einer unionsrechtlich geregelten Situation befinden (zB Ausübung einer Grundfreiheit oder der Unionsbürgerfreizügigkeit), genauso behandelt werden wie Angehörige des leistungsgewährenden Mitgliedstaats. Soweit dieses Gebot Anwendung findet, ist es daher einem Mitgliedstaat verwehrt, die Gewährung eines Rechts an eine Person davon abhängig zu machen, dass sie im Inland wohnt, wenn die eigenen Staatsangehörigen diese Voraussetzung nicht zu erfüllen brauchen. Der Anspruch auf Diskriminierungsfreiheit folgt unmittelbar aus dem Unionsrecht und ist nicht von einer nationalen Erlaubnis oder Umsetzung abhängig. Zudem ist der Anspruch auf Gleichstellung nicht daran gebunden, dass zwischen dem betreffenden Mitgliedstaat und dem Land, dessen Staatsangehörigkeit der Anspruchsberechtigte besitzt, ein Gegenseitigkeitsabkommen besteht. Garantiert das Unions-

14 IdS Denkschrift zum Europäischen Übereinkommen, BT-Drs. 13/2477, 15.
15 Vgl. Greiser ZESAR 2014, 18; s. auch BT-Drs. 11/7097, 23 betr. das gegen Deutschland eingeleitete Vertragsverletzungsverfahren.
16 Allg. EuGH Urt. v. 15.7.1964 – 6/64, ECLI:EU:C:1964:66 – Costa/ENEL; ausf. Jarass/Beljin NVwZ 2004, 1.
17 BT-Drs. 19/13824, 173.
18 EuGH Urt. v. 2.2.1989 – 186/87, ECLI:EU:C:1989:47 – Cowan; dazu Hackspiel NJW 1989, 2166; später ebenso EuGH Urt. v. 5.6.2008 – C-164/07, ECLI:EU:C:2008:321 – Wood; hierauf Bezug nehmend EuGH Urt. v. 11.10.2016 – C-601/14, ECLI:EU:C:2016:759 – Kommission/Italien.
19 BT-Drs. 19/13824, 177.

recht einer natürlichen Personen die Freiheit, sich in einen anderen Mitgliedstaat zu begeben, so ist zwingende Folge dieser Freizügigkeit, dass Leib und Leben dieser Person in dem betreffenden Mitgliedstaat in gleicher Weise geschützt sind, wie dies bei den eigenen Staatsangehörigen und den in diesem Staat wohnhaften Personen der Fall ist. Daraus ist zu entnehmen, dass das Diskriminierungsverbot gegenüber Dienstleistungsempfängern iSd AEUV gilt, soweit es um den Schutz vor möglichen Gewalttaten und, falls eine Gewalttat verübt wird, um den im nationalen Recht vorgesehenen Anspruch auf Kompensation geht. Hieran ändert sich nichts dadurch, dass die Entschädigung aus finanziellen Mitteln des Staates getragen wird. Für die übrigen Entschädigungstatbestände des SGB XIV gilt nichts grundlegend anderes. Eine Rechtfertigung von Ungleichbehandlungen kommt lediglich dann in Betracht, wenn die Differenzierung auf objektiven und von der Staatsangehörigkeit unabhängigen Gründen beruht und in angemessenem Verhältnis zu einem legitimerweise verfolgten Zweck steht.[20]

Speziell für Wanderarbeitnehmer und ihre Familienangehörigen folgt ein Gleichbehandlungsgebot aus **Art. 7 Abs. 2 EU-VO Nr. 492/2011**,[21] denn Leistungen des sozialen Entschädigungsrechts stellen „soziale Vergünstigungen" iSd Bestimmung dar,[22] hinsichtlich derer jeder Mitgliedstaat der EU eine **Inländergleichbehandlung** zu gewähren hat. Hierdurch soll die soziale Integration der Wanderarbeitnehmer und ihrer Familienangehörigen in den Zuzugsstaat gewährleistet, wenigstens aber erleichtert werden.[23] 14

Keine Gleichbehandlung im sozialen Entschädigungsrecht wird dagegen von Art. 4 EG-VO Nr. 883/2004[24] gefordert. Leistungen des sozialen Entschädigungsrechts unterfallen prinzipiell nicht den Regelungen des **koordinierenden Sozialrechts der EU**. Art. 3 Abs. 5 EG-VO Nr. 883/2004 schließt aus dessen sachlichem Anwendungsbereich Leistungen aus solchen Systemen aus, bei denen ein EU-Mitgliedstaat für Personenschäden die Haftung übernimmt und Entschädigung leistet. Beispielhaft und nicht abschließend aufgezählt werden Leistungen für Opfer von Krieg und militärischen Aktionen oder der sich daraus ergebenen Folgen, Opfer von Straftaten, Attentaten oder Terrorakten sowie Opfer von Schäden, die von Bediensteten eines Mitgliedstaats in Ausübung ihrer Pflichten verursacht werden, oder für Personen, die aus politischen oder religiösen Gründen oder aufgrund ihrer Abstammung Nachteile erlitten haben. Aus der Perspektive des deutschen Rechts fallen damit die Leistungen, die als solche sozialer Entschädigung eingestuft werden, nicht unter das Koordinierungsrecht. Betroffen sind in erster Linie das SGB XIV, aber auch die ihm vorangehenden Gesetze, wie etwa das BVG, das OEG, Normen des ZDG und des IfSG. Wenngleich es sich um einen Ausnahmetatbestand handelt, der grundsätzlich eine enge Interpretation gebietet, ist er in dem Sinne zu verstehen, dass er Leistungen, die auf einem Sonderopfer beruhen, insgesamt ausschließen möchte (→ § 101 Rn. 11). 15

Ein Gebot der Gleichbehandlung folgt zT aus dem **Assoziationsrecht** der EU. Gleichzubehandeln sind Ausländerinnen und Ausländer, die Angehörige der Vertragsstaaten des Europäischen Wirtschaftsraums (derzeit noch Island, Norwegen und Liechtenstein) sowie Staatsangehörige der Schweiz sind. Auf sie sind die allgemeinen Diskrimi- 16

20 ZB EuGH Urt. v. 5.6.2008 – C-164/07, ECLI:EU:C:2008:321 – Wood; hierauf Bezug nehmend EuGH Urt. v. 11.10.2016 – C-601/14, ECLI:EU:C:2016:759 – Kommission/Italien.

21 VO (EU) Nr. 492/2011 des Europäischen Parlaments und des Rates v. 5.4.2011 über die Freizügigkeit der Arbeitnehmer innerhalb der Union, ABl.EU 2011 Nr. L 141, 1.

22 Schuler ISR der BRD, S. 735.

23 NK-EuSozR/Steinmeyer VO 492/2011 Art. 7 Rn. 2.

24 VO (EG) Nr. 883/2004 des Europäischen Parlaments und des Rates v. 29.4.2004 zur Koordinierung der Systeme sozialer Sicherheit, ABl.EU 2004 Nr. L 166, 1; zu nachfolgenden Änderungen vgl. BeckOK SozR/Leopold VO 883/2004 Art. 91 Rn. 2 ff.

nierungsverbote des Art. 4 EWR-Abk.[25] und Art. 2 des Freizügigkeitsabkommens der EU mit der Schweiz[26] anzuwenden. Dagegen folgen aus dem Abkommen über Handel und Zusammenarbeit der EU mit dem Vereinigten Königreich Großbritannien/Nordirland[27] sowie dem Assoziationsabkommen mit der Türkei[28] keine entsprechenden Gleichstellungsgebote, da die Staatsangehörigen dieser Staaten nicht in gleicher Weise an der Freizügigkeit teilhaben. Im Falle des Vereinigten Königreichs sind Leistungen der sozialen Entschädigung wie in der EG-VO Nr. 883/2004 gem. Art. KSS. 1 Abs. 4 lit. c des Protokolls über die Koordinierung der sozialen Sicherheit sogar explizit ausgeschlossen. Gleiches gilt im Verhältnis zur Türkei nach dem Assoziationsratsbeschluss ARB 3/80, da soziale Entschädigungsleistungen hiernach ebenfalls nicht der Koordinierung unterfallen. Auch aus den übrigen Assoziationsabkommen (zB Europa-Mittelmeer-Abkommen) ist mit Blick auf Leistungen der sozialen Entschädigung keine weitergehende Gleichstellung abzuleiten.

17 Im **zwischenstaatlichen Recht** finden sich Gleichstellungen von Ausländern mit Inländern betreffend Leistungen der sozialen Entschädigung aufgrund sehr unterschiedlicher Vorschriften: Allgemein gebieten Art. 23 f. der Genfer Flüchtlingskonvention[29] die Gleichbehandlung von Flüchtlingen in Bezug auf Leistungen der öffentlichen Fürsorge sowie – mit Ausnahmen – der sozialen Sicherheit. Im Übrigen sind Gleichbehandlungsgebote aber nur in personell und/oder gegenständlich eingeschränktem Umfang normiert: Weder das Europäische Übereinkommen vom 24.11.1983 über die Entschädigung für Opfer von Gewalttaten[30] noch die bilateralen Abkommen Deutschlands mit anderen Staaten sehen explizit eine umfassende Gleichstellung vor. Vielmehr bestehen nur punktuelle Gleichbehandlungsgebote, zB hinsichtlich bestimmter Leistungen (vgl. Art. 1 des Dt.-Öst. Abkommens[31] und Art. 1 des Dt.-Span. Abkommens[32]). Ein identischer Leistungsumfang wird nicht durchgehend garantiert. Der Anwendungsbereich der Entschädigungsabkommen mit Belgien, Luxemburg und Spanien ist jedoch erweitert auf Angehörige der Abkommensstaaten, die während des Zweiten Weltkriegs in dt. Militärverbänden Dienst geleistet haben und in Ausübung dieses Dienstes zu Schaden gekommen sind.[33] Wo es an einer umfassenden Gleichstellung fehlt, entfaltet § 7 seine Wirkung.

18 § 7 ist schließlich im Lichte des verfassungsrechtlichen **allgemeinen Gleichbehandlungsgebots** (Art. 3 Abs. 1 GG) zu betrachten. Diese Norm verbietet ua eine unterschiedliche Behandlung von Personen nach ihrer Staatsangehörigkeit,[34] steht nach der

---

25 ABl. 1994 Nr. L 1, 3; vgl. Heinz OEG § 1 Rn. 189; HK-SozEntschR/Rademacker OEG § 1 Rn. 106.
26 ABl.EG 2002 Nr. L 114, 6.
27 Vorl. Fassung ABl.EU 2020 Nr. L 444, 14; redigierte Fassung ABl.EU 2021 Nr. L 149, 10.
28 ABl. 1964 Nr. 217, 3687; HK-SozEntschR/Rademacker OEG § 1 Rn. 108.
29 BGBl. 1953 II, 560.
30 BGBl. 1996 II, 1120, 1121. Vertragsstaaten sind mit Stand 15.7.2021 Albanien (1.3.2005, BGBl. 2005 II, 753), Aserbaidschan (1.7.2000, BGBl. 2000 II, 1209), Belgien (1.7.2004), Bosnien und Herzegowina (1.8.2005, BGBl. 2007 II, 925), Dänemark (1.2.1988), Deutschland (1.3.1997), Estland (1.5.2006), Finnland (1.3.1991), Frankreich (1.6.1990), Kroatien (1.11.2008, BGBl. 2009 II, 543), Liechtenstein (1.4.2009), Luxemburg (1.2.1988), Malta (1.7.2015), Niederlande (1.2.1988), Norwegen (1.10.1992), Österreich (1.12.2006), Portugal (1.12.2001), Rumänien (1.6.2006), Schweden (1.1.1989), Schweiz (1.1.1993), Slowakei (1.7.2009), Spanien (1.2.2002), Tschechien (1.1.2001), Vereinigtes Königreich Großbritannien (1.6.1990) und Zypern (1.5.2001).
31 BGBl. 1964 II, 220, 221.
32 BGBl. 1965 II, 273, 274.
33 Eichenhofer ISR Rn. 472.
34 Jarass/Pieroth/Jarass GG Art. 3 Rn. 144.

Rspr. des BVerfG aber in Einklang mit einem legislativ begrenzten Leistungsexport im Falle eines ausländischen Wohnsitzes.[35]

D. Anhang

I. BVG

§ 7 BVG [Persönlicher Geltungsbereich] 19

(abgedruckt bei → § 2 Rn. 42)

II. OEG

§ 1 OEG Anspruch auf Versorgung 20

(1–3) …

(4) Ausländerinnen und Ausländer haben dieselben Ansprüche wie Deutsche.

(5–11) …

III. Materialien

Rundschreiben des BMAS vom 30.3.2021 – Va 6-54034-1/1. 21

§ 8 Konkurrenz von Ansprüchen

(1) [1]Berechtigte haben wegen eines schädigenden Ereignisses nach diesem Buch gegen den Bund oder die Länder nur die auf diesem Buch beruhenden Ansprüche. [2]Jedoch finden die Vorschriften der beamtenrechtlichen Unfallfürsorge in der jeweils geltenden Fassung Anwendung. [3]Trifft ein Entschädigungsanspruch aufgrund eines schädigenden Ereignisses nach Kapitel 2 Abschnitt 2 Unterabschnitt 1 mit einem Schadensersatzanspruch aufgrund fahrlässiger Amtspflichtverletzung zusammen, so wird der Anspruch nach § 839 Absatz 1 des Bürgerlichen Gesetzbuchs nicht dadurch ausgeschlossen, dass die Voraussetzungen für den Entschädigungsanspruch bestehen.

(2) [1]Treffen Ansprüche aus mehreren schädigenden Ereignissen nach § 1 Absatz 3 zusammen, so ist ein einheitlicher Grad der Schädigungsfolgen festzusetzen. [2]Dies gilt auch, wenn Ansprüche aus diesem Gesetz mit Ansprüchen aus anderen Gesetzen, die eine entsprechende Anwendung dieses Gesetzes vorsehen, zusammentreffen.

(3) [1]Ansprüche nach dem Siebten Buch, nach dem Soldatenversorgungsgesetz [ab 1.1.2025: *Soldatenentschädigungsgesetz*] oder nach der beamtenrechtlichen Unfallfürsorge gehen den Ansprüchen nach diesem Buch vor, soweit beide Ansprüche auf derselben Ursache beruhen. [2]Der Anspruch auf Leistungen nach diesem Buch ruht in Höhe der Versorgung aus der gesetzlichen Unfallversicherung oder nach dem Soldatenversorgungsgesetz [ab 1.1.2025: *Soldatenentschädigungsgesetz*] und in Höhe des Unterschiedsbetrags zwischen einer Versorgung nach allgemeinen beamtenrechtlichen Bestimmungen und aus der beamtenrechtlichen Unfallfürsorge, soweit beide Ansprüche auf derselben Ursache beruhen.

35 BVerfG Beschl. v. 8.1.1981 – 2 BvL 3/77 und 2 BvL 9/77, BVerfGE 56, 1.

A. Gesetzesgeschichte

I. Geltendes und neues Recht

1 Die Vorschrift greift Elemente der sich bis zum 31.12.2023 in Kraft befindlichen §§ 54, (55,) 65, 81 BVG (→ Rn. 2 ff.) und § 3 OEG (→ Rn. 5) sowie § 47 Abs. 9 ZDG (→ Rn. 7) und 63 Abs. 1 – 3 IfSG (→ Rn. 6) auf. Was im SGB XIV mit **„Konkurrenz von Ansprüchen"** überschrieben ist (s. ebenso § 63 Abs. 1 und 2 IfSG), „firmiert" im OEG unter Zusammentreffen von Ansprüchen und im BVG – nicht amtlich – unter „Ruhen des Anspruchs auf Versorgung" und „Zusammentreffen mit Ansprüchen aus der Unfallversicherung" (zu den Einzelheiten → Rn. 21 ff.). Am deutlichsten ist § 8 SGB XIV § 3 OEG nachgebildet. § 8 SGB XIV ist im Verlaufe der Ausschussberatungen um einen Satz 3 im Abs. 1 erweitert worden.[1] Weitere Regelungen zum Zusammentreffen von Leistungen der SE finden sich in § 23 Abs. 1 und 2 StrRehaG[2] und § 5 VwRehaG[3] sowie § 6 Abs. 1 und 2 HHG.[4] Zuletzt ist § 8 Abs. 3 S. 1 und 2 SGB XIV durch Art. 49 Gesetz über die Entschädigung der Soldatinnen und Soldaten – Soldatenentschädigungsgesetz – SEG – geändert worden.[5] Die Wörter „Soldatenversorgungsgesetz" werden durch die Wörter „Soldatenentschädigungsgesetz" ersetzt. Diese Umformulierung des § 8 Abs. 3 SGB XIV tritt nach § 90 Abs. 1 am 1.1.2025, zusammen mit dem SEG in Kraft.[6] Hintergrund ist die sich an die Reform des SER anschließende Reform des Soldatenentschädigungsrechts, die nicht durch Integration in das SGB XIV, sondern in einem eigenständigen Gesetz erfolgt.

II. Änderungen im SGB XIV gegenüber dem BVG/OEG/IfSG/ZDG und Parallelität

2 **1. BVG.** § 8 SGB XIV systematisiert die insbesondere im BVG in einer Vielzahl von Vorschriften nur zu Einzelaspekten getroffenen Regelungen zur „Anspruchskonkurrenz" (→ Rn. 1). Ein Teil der Regelungen des BVG ist zwar noch in Kraft. Sie haben aber vielfach aufgrund der spezifischen Sachverhalte auf die sie zugeschnitten sind, keine tatsächliche Relevanz mehr. So regelt **§ 54 Abs. 1 BVG zwar** das Zusammentreffen von Ansprüchen aus der **Unfallversicherung** mit solchen nach dem BVG, mit einem **Vorrang** der Ansprüche der **SE**, allerdings nur für den Zeitraum **vor dem 1.1.1942** und **nach dem 8.5.1945**. Hintergrund waren die verstärkten Luftangriffe der Alliierten in dem dazwischen liegenden Zeitraum, die auch zu gesundheitlichen Schädigungen auf dem **Arbeitsweg** (durch einen **Wegeunfall**) führten und nicht zulasten der GUV gehen sollten. Dau führt daher zu Recht aus, dass die Vorschrift des § 54 Abs. 1

1 BT-Drs. 19/14870, 6, 30.
2 Zur Kommentierung HK-SozEntschR/Rademacker StrRehaG § 23 Rn. 2–4.
3 S. zur Kommentierung HK-SozEntschR/Rademacker VwRehaG §§ 1–18 Rn. 12.
4 S. zur Kommentierung HK-SozEntschR/Lilienfeld HHG § 6 Rn. 2, 3.
5 BGBl. 2021 I 3932, 4026.
6 BGBl. 2021 I 3932, 4035.

BVG wohl nur noch historische Bedeutung habe.[7] **§ 54 Abs. 2 BVG** weist unter Ausschluss von Ansprüchen nach dem SER, die Lasten der Schädigung dem **Unfallversicherungssystem** zu. Es handelt sich auch insoweit allerdings um eine historisch spezifische Situation der Zwangsverpflichtung (zB bei der SDAG Wismut) in der Zeit vom 8.5.945 bis 5.10.1955 im Beitrittsgebiet. § 54 Abs. 2 BVG verhindert den Ausschluss der Geschädigten aus beiden Systemen (im SER unter Verweis auf einen Arbeitsunfall und im Recht der GUV unter Verweis auf die **Zwangsarbeit**). Soweit Karl im Zusammenhang mit dem bisherigen Recht auch **§ 55 BVG** aufführt, findet diese Regelung kein Pendant in § 8 SGB XIV, sondern allenfalls in § 28 Abs. 2 SGB XIV, allerdings nicht betreffend die Rangfolge der Leistungen der SE, sondern gegenüber anderen Sozialleistungen, die nach dem Normbefehlt des § 28 Abs. 2 SGB XIV dort nicht als Einkommen angerechnet werden sollen.

§ 65 BVG mit seiner sehr differenzierten Regelung des Verhältnisses von **beamtenrechtlicher Unfallfürsorge** und Leistungen aus der **GUV** zu den Leistungen der SE 3
wird ab dem 1.1.2024 durch **§ 8 Abs. 3 SGB XIV** ersetzt. Die Vorschrift regelt schlicht den Vorrang der Ansprüche nach der beamtenrechtlichen Unfallfürsorge, nach dem SGB VII und der **Soldatenversorgung** (Soldatenentschädigung, → Rn. 1) gegenüber den Ansprüchen nach dem SGB XIV, wobei ein Anspruch gegen den TdSE im Falle der übersteigenden Leistung der SE bestehen bleibt. Ansprüche aus der Soldatenversorgung waren von § 65 BVG nicht erfasst. Insoweit sieht § 84 Abs. 3 SVG bisher – vergleichbar § 8 Abs. 2 SGB XIV – die Festsetzung eines einheitlichen GdS für Schädigungsfolgen aus unterschiedlichen schädigenden Ereignissen vor. Allerdings gilt das nur noch bei Ansprüchen aus anderen Gesetzen, wenn diese das SGB XIV als entsprechend anwendbar bestimmen. Dies wird zukünftig bei der Soldatenversorgung nicht mehr der Fall sein (→ Vor § 1 Rn. 14),[8] so dass es der Ergänzung des § 8 Abs. 3 SGB XIV bedurfte. Ein vom Bundesrat in seiner Stellungnahme zum Entwurf des SGB XIV der Bundesregierung gefordertes **Antragsrecht der TdSE** mit Wirkung für die Geschädigten bei der Durchführung des SGB VII, des SVG oder beamtenrechtlichen Unfallfürsorge, um den Vorrang der Leistungen dieser Träger durchzusetzen, ist nicht umgesetzt worden.[9] Die Bundesregierung hat in ihrer Antwort auf den Vorschlag des BR insbesondere auf die Dispositionsbefugnis der Geschädigten abgestellt, die gegen ein umfassendes Antragsrecht für die TdSE anstelle der/des Geschädigten spreche. Diese Dispositionsbefugnis könne durch Gesetz zwar durch ein Antragsrecht eines erstattungsberechtigten Trägers eingeschränkt werden (so zB in § 27i BVG, § 97 SGB VIII, § 95 SGB XII und § 5 Abs. 3 SGB II). Diese Normen bezweckten, den Bezug von Doppelleistungen auszuschließen und hätten zudem auch den Sinn, das Eintreten eines Sozialleistungsträgers zu verhindern, der nur subsidiär bei Bedürftigkeit der Berechtigten zuständig sei. Auf die Bedürftigkeit komme es im SGB XIV jedoch nur bei den BLiE (§§ 92–98 SGB XIV) an. Unter Beachtung des Dispositionsrechts sei daher ein uneingeschränktes Antragsrecht der TdSE nur mit Zustimmung der Berechtigten möglich. Insoweit wird auf die Möglichkeit verwiesen, zB eine entsprechende Passage in das neue Antragsformular nach dem SGB XIV aufzunehmen, mit der gleichzeitig weitere in Betracht kommende Anträge bei anderen Sozialleistungsträgern gestellt würden.[10] Im Hinblick auf die herausgestellte Dispositionsbefugnis der Berechtigten ist fraglich, ob diese nicht gerade durch ein solches Vorgehen eingeschränkt wird, zumindest dann, wenn über derartige Anträge und die Konsequenzen

7 Dau in HK-Gesamtes SozEntschR BVG § 54 Rn. 3 ff.

8 S. Gesetzentwurf über Entschädigung von Soldatinnen und Soldaten und zur Neuordnung des Soldatenversorgungsrechts, BT-Drs. 19/27523, 1, S. SEG vom 20.8.2021, BGBl. 2021 I 3932, 3933, mWv 1.1.2025, außer § 6 Abs. 5 (zum GdS) und § 18 (Hilfen zur Mobilität), die bereits zum 1.10.2021 in Kraft getreten sind.

9 BT-Drs. 19/13824, 286.

10 BT-Drs. 19/13824, 312 f.

hieraus nicht eingehend beraten wird. Dies wäre Aufgabe des Fallmanagements nach § 30 Abs. 1 iVm Abs. 5 SGB XIV, das nicht nur im Hinblick auf die Beratung über die Konsequenzen des § 152 SG XIV (Wahlrecht zwischen altem und neuem Recht) dafür Sorge tragen soll, mündigen und gut informierten Betroffenen, die Möglichkeit zu eröffnen, ihre Rechte der individuellen Situation entsprechend ausüben können.[11]

4 § 8 Abs. 1 SGB XIV nimmt einen Teil der Regelung des **§ 81 BVG** auf. Dort sind allerdings nur die Ansprüche gegen den **Bund** und nicht wie zukünftig nach § 8 Abs. 1 S. 1 SGB XIV auch Ansprüche gegenüber den **Ländern** normiert. Grundsätzlich gilt sowohl nach § 81 BVG, als auch § 8 Abs. 1 SGB XIV, dass Ansprüche wegen schädigender Ereignisse der SE gegen den Bund (und ab dem 1.1.2024 auch gegen die Länder) nur in Gestalt der Ansprüche der SE bestehen. Beide Vorschriften verweisen jedoch auf die Ansprüche nach der **beamtenrechtlichen Unfallfürsorge**, die nach § 8 Abs. 3 SGB XIV vorrangig sind.

5 **2. OEG.** Die bisherigen Regelungen des **§ 3** Abs. 1 und letztlich wohl auch Abs. 2 **OEG** finden sich zukünftig in § 8 Abs. 2 SGB XIV wieder. Es geht insoweit in beiden Vorschriften um den einheitlichen Anspruch auf Leistungen der SE, wenn Ansprüche aus mehreren Gesetzen der SE zusammentreffen, die auf das SGB XIV verweisen und/ oder mehrere Ansprüche aufgrund von schädigenden Ereignissen iSd § 1 Abs. 2 SGB XIV bestehen. Bewirkt wird dies durch die Bildung eines **Gesamt-GdS**, der dann die Leistungen bestimmt, soweit diese von der Höhe des GdS abhängig sind. § 3 Abs. 3 SGB XIV entspricht § 8 Abs. 1 S. 3 SGB XIV; der Möglichkeit des nebeneinander Bestehens eines Anspruchs gegen den Bund oder die Länder aus der SE nach dem SGB XIV bzw. eines Gesetzes, das auf das SGB XIV verweist, und einer fahrlässigen **Amtspflichtverletzung** nach § 839 Abs. 1 BGB. Die spezielle Regelung des **§ 3 Abs. 4 OEG**, der bei Zusammentreffen ein und derselben Schädigung aufgrund eines Ereignisses nach dem SGB VII und dem OEG **Versicherungsfreiheit** für geschädigte Personen nach dem OEG normiert, wird in Zukunft nicht mehr benötigt. Da nach § 8 Abs. 3 SGB XIV Leistungen der **GUV** denen nach dem SGB XIV generell vorgehen, bedarf es der Regelung des § 4 Abs. 1 Nr. 2 SGB VII,[12] auf den § 3 Abs. 4 OEG verweist, nicht mehr. Die Vorschrift des SGB VII wird mWv 1.1.2024 aufgrund von Art. 35 Nr. 2 iVm Art. 60 Abs. 7 G-SER v. 12.12.2019 gestrichen.[13] Zukünftig wird nach § 8 Abs. 3 S. 2 SGB XIV nur der die Höhe der Leistung der GUV überschreitende Betrag durch den TdSE erbracht oder umgekehrt, ruht der Anspruch nach dem SGB XIV in Höhe der Versorgung nach dem SGB VII (und der beamtenrechtlichen Unfallfürsorge sowie der Soldatenversorgung, → Rn. 3). Dies gilt nun im Übrigen auch für die bisherige Nr. 2 Buchst. b des § 4 Abs. 1 SGB VII, der sich auf eine „parallele" Schädigung durch **nachträgliche Auswirkungen einer kriegseigentümlichen Gefahr** und eine solche iSd SGB VII bezieht, für die als eigener Schädigungstatbestand der SE iSd § 1 Abs. 2 Nr. 2 (Kriegsauswirkungen beider Weltkriege) iVm § 21 SGB SGB XIV zukünftig § 8 Abs. 3 SGB XIV gilt.

6 **3. IfSG.** Die gleichen Regelungen, allerdings etwas anders formuliert, treffen zukünftig § 8 Abs. 2 SGB XIV und bisher **§ 63 Abs. 1 IfSG**; dies gilt auch für § 8 Abs. 1 S. 3 SGB XIV und **§ 63 Abs. 2 IfSG**. Während **§ 63 Abs. 3 IfSG** und § 3 Abs. 4 OEG das Verhältnis bei **Impfschäden** und solchen nach dem OEG zu § 4 Abs. 1 Nr. 2 SGB VII (Versicherungsfreiheit bei Identität der Schädigung nach dem SGB VII und dem IfSG/ OEG) zu Leistungen der GUV gesondert regeln, geht dies zukünftig in § 8 Abs. 3 SGB XIV auf (→ Rn. 5). § 63 Abs. 2 IfSG entspricht zukünftig § 8 Abs. 1 S. 3 SGB XIV. An die Stelle des **§ 63 Abs. 4 IfSG** – mit dem Verweis auf **§ 81a BVG** (dies

11 Vgl. BT-Drs. 19/14870, 29.
12 S. zu den Einzelheiten jurisPK-SGB VII/Angersbach § 4 Rn. 73.
13 BGBl. 2019 I 2652.

gilt im Übrigen auch für § 5 OEG) – tritt der in § 120 SGB XIV vorgenommene Verweis auf § 116 SGB X.[14]

4. ZDG. § 47 Abs. 11 **ZDG** verweist auf § 55 BVG, soweit ein Anspruch nach § 47 Abs. 1 ZDG mit „anderen" Ansprüchen nach dem ZDG zusammentrifft (→ Rn. 2). § 8 Abs. 2 SGB XIV und § 47 **Abs. 9 ZDG** treffen eine vergleichbare Regelung für den Fall des Zusammentreffens von Ansprüchen nach dem ZDG und solchen nach dem BVG/aus Gesetzen, die das BVG für entsprechend anwendbar bestimmen – respektive zukünftig, Ansprüchen aus schädigenden Ereignissen nach § 1 Abs. 2 SGB XIV oder solchen aus Gesetzen, die das SGB XIV entsprechend anwenden. 7

B. Normsystematik

Die Vorschrift fasst eine Reihe von Einzelvorschriften aus dem BVG, OEG, IfSG und ZDG (→ Rn. 1), mit zum Teil unterschiedlich weit reichendem Regelungsumfang zuvörderst für Schädigungsfolgen verursacht durch die vier unter § 1 Abs. 2 SGB XIV benannten schädigenden Ereignissen zusammen. Sie führt die insoweit bisher zersplitterten Regelungen der verschiedenen Gesetze, die auf deren zum Teil unterschiedlicher Entwicklung – in zeitlicher Hinsicht und betreffend ihren Sinn und Zweck – beruhen, zusammen. Aus der Stellung der Vorschrift unter den allgemeinen Voraussetzungen (Kap. 2 Abschn. 1) und dem Wortlaut des § 8 Abs. 2 SGB XIV wird deutlich – soweit keine ausdrückliche Ausnahme, wie nach § 8 Abs. 1 S. 3 SGB vorgesehen ist –, dass die Regelungen zur **Anspruchskonkurrenz** auch für andere Gesetze, die das SGB XIV als anwendbar bestimmen, geeignet ist und insoweit zukünftig eine einheitliche Regelung für die gesamte SE ermöglicht. 8

Innerhalb der Vorschrift folgt die Regelungstechnik in Abs. 1 und 3 der Idee das Verhältnis zu bestimmen von **äußeren Ansprüchen** der Berechtigten zu „**inneren**" nach dem SGB XIV. Abs. 2 gibt die Handlungsanweisung vor beim Zusammentreffen „innerer" Ansprüche, also solcher nach der SE, beruhten sie auf dem SGB XIV oder anderen Gesetzen, die auf das SGB XIV verweisen. Systematisch werden die Berechtigten der SE grundsätzlich auf Ansprüche nach dem SGB XIV verwiesen – Bund und Länder schotten sich ab gegen eine Verpflichtung, Ansprüche für dieselben Schädigungsfolgen aufgrund desselben schädigenden Ereignisses auf Basis einer anderen Anspruchsgrundlage außerhalb der SE befriedigen zu müssen. Eine Ausnahme stellen – wie bisher – insoweit Ansprüche aus der **beamtenrechtlichen Unfallfürsorge** dar und der **Schadensersatz**anspruch wegen **fahrlässiger Amtspflichtverletzung** nach § 839 Abs. 1 BGB im Falle einer entschädigungsfähigen Gewalttat. Abs. 3 regelt ebenfalls ein Verhältnis zu äußeren Ansprüchen – solchen außerhalb der SE – für dieselben Schädigungsfolgen aufgrund der selben schädigenden Ereignisse, hier gegenüber den UV-Trägern, den Trägern der Soldatenversorgung und Bund bzw. Ländern als Träger der beamtenrechtlichen Unfallfürsorge. Leistungen aus diesen Systemen haben Vorrang vor denen des SGB XIV. Allerdings normiert das Gesetz insoweit keinen abschließenden Vorrang der anderen Systeme, sondern nur in Höhe deren Leistungen. Bei Ansprüchen auf weitere Leistungen der SE bleiben Berechtigten diese insoweit gleichwohl erhalten. Die Regelungstechnik ist die des **Ruhen**s der Ansprüche der SE in Höhe der Ansprüche nach dem **SGB VII**, dem **SVG** oder der **beamtenrechtlichen Unfallfürsorge**. In Abs. 2 geht es um das Zusammentreffen von Ansprüchen aus dem „Inneren" der SE. Grob gesprochen werden sie einer gemeinsamen Bewertung unterzogen, um zu einem einheitlichen Anspruch zu gelangen. 9

14 Vgl. BT-Drs. 19/13824, 222.

I. Allgemeiner Regelungsgehalt

10 § 8 SGB XIV legt die Regeln für unterschiedliche **Anspruchskonkurrenzen** fest. Dabei geht es zunächst in Abs. 1 darum **Bund** und **Länder** von Ansprüchen, die über die des SGB XIV hinausgehen, wenn sie auf demselben schädigenden Ereignis und denselben Schädigungsfolgen beruhen, freizustellen. Verpflichtungen zur Befriedigung weiterer Ansprüche werden nur anerkannt, wenn sie auf Vorschriften der **beamtenrechtlichen Unfallfürsorge** beruhen oder bei Gewalttaten auf einer **fahrlässigen Amtspflichtverletzung** mit einem Schadensersatzanspruch nach § 839 Abs. 1 BGB. § 8 Abs. 2 SGB XIV bestimmt die Regeln dazu, wie zu verfahren ist, wenn mehrere **Ansprüche der SE** zusammentreffen, also auf unterschiedlichen schädigenden Ereignissen und hierdurch verursachten Schädigungsfolgen beruhen. Grundsätzlich gilt, dass ein einheitlicher Anspruch festzustellen ist und eine gemeinsame Entschädigung zu erfolgen hat. § 8 Abs. 3 regelt das Verhältnis der Leistungen der SE zu denen nach dem **SGB VII**, dem **SVG** und der **beamtenrechtlichen Unfallfürsorge**, wenn sie auf demselben schädigenden Ereignis beruhen. Die zuletzt benannten Systeme sind vorrangig zur Leistung verpflichtet – darüberhinausgehende Ansprüche nach dem SGB XIV bleiben jedoch bestehen.

II. Systematische Einordnung und Normzweck

11 § 8 SGB XIV gilt für **alle Schädigungstatbestände** des SGB XIV sowie alle aus solchen Gesetzen, die zukünftig auf das SGB XIV verweisen werden. Die Vorschrift legt die Anspruchskonkurrenzen fest, regelt **Vorrang** und **Nachrang**. Danach gilt die **Grundregel**, dass wegen schädigender Ereignisse nach dem SGB XIV (oder eines Gesetzes, das auf das SGB XIV verweist) gegen **Bund** und **Länder** nur **Ansprüche** geltend gemacht werden können, **die auf dem SGB XIV beruhen**. Ausgenommen von dieser allgemeinen Geltung, die sich bereits aus dem Wortlaut des § 8 Abs. 1 S. 1 SGB XIV, aber auch der Einordnung der Vorschrift unter den „Allgemeinen Voraussetzungen" des Abschn. 1 Kap. 2 ergibt, ist das Zusammentreffen eines Entschädigungsanspruchs aufgrund eines nach dem SGB XIV zu entschädigenden Ereignisses mit einem anderen auf derselben Schädigungsfolge und demselben schädigenden Ereignis beruhenden Leistungsanspruch aus der beamtenrechtlichen Unfallfürsorge, einem Schadenersatzanspruch aufgrund fahrlässiger Amtspflichtverletzung nach § 839 Abs. 1 BGB und Ansprüchen nach dem SGB VII sowie dem SVG.[15] Es soll eine Doppelversorgung vermieden werden (s. auch → Rn. 3, 13). § 8 SGB XIV muss zudem im Zusammenhang mit § 28 Abs. 4 SGB XIV betrachtet werden. § 28 SGB XIV regelt unter dem Kap. 3 – den Leistungsgrundsätzen – das Verhältnis der Leistungen nach dem SGB XIV zu Leistungen anderer Träger. Grundsätzlich ordnet dessen Abs. 1 den Vorrang der Leistungen der SE vor den Leistungen anderer Träger an, soweit sie – auf demselben[16] – schädigenden Ereignis beruhen. Eine Ausnahme hiervon sieht § 28 Abs. 4 SGB XIV vor, der die Geltung des Grundsatzes nach Abs. 1 (und Abs. 3, der Nichtanrechnung von Leistungen aus privaten Sicherungs- und Versorgungssystemen regelt) zurücknimmt, soweit im SGB XIV Abweichendes geregelt ist. Dies ist ua in § 8 SGB XIV der Fall (vgl. § 28 SGB XIV).

C. Einzelkommentierung

I. Abs. 1

12 **1. Ansprüche gegen den Bund und die Länder – S. 1.** Verletzten Bund oder Länder ihre Pflichten, die Bürger vor schädigenden Ereignissen iS der SE zu schützen, oder

15 S. auch BT-Drs. 19/13824, 182.
16 Knickrehm/Mushoff/Schmidt Neues SozEntschR Rn. 90; so auch Schmidt SGB XIV/Biendert § 28 Rn. 7.

haben sie iSd § 5 Abs. 1 SGB I aus anderen Gründen nach versorgungsrechtlichen Grundsätzen einzustehen, so haben die Berechtigten iSd § 2 SGB XIV die im SGB XIV festgelegten **Ansprüche gegen Bund und Länder**. Die Regelung hat **materiellrechtliche Wirkung**. Weitere Ansprüche auf anderen Anspruchsgrundlagen, aufgrund desselben schädigenden Ereignisses und derselben Schädigungsfolge – so der **Grundsatz** – gegen Bund und Länder, bestehen nicht. Soweit vor der Beantragung von Leistungen der SE bereits „Leistungen" auf anderer Rechtsgrundlage von Bund oder Ländern erbracht worden sind, gilt ab Antragstellung und Bestehen eines Leistungsanspruchs nach dem SGB XIV § 120 SGB XIV: Die Ansprüche gehen auf den TdSE über, soweit nicht § 8 SGB XIV besondere Regelungen trifft, also etwa zum Nebeneinanderbestehen von Schmerzensgeldansprüchen nach § 839 Abs. 1 BGB und Leistungen nach dem SGB XIV gem. § 8 Abs. 1 S. 3 SGB XIV (→ Rn. 14). Denn grundsätzlich sind Leistungen der SE nach § 11 Abs. 1 SGB XIV frühestens ab dem Beginn des Monats der Antragstellung zu erbringen. Ob daneben in Fällen der rückwirkenden Leistungserbringung aufgrund von § 11 Abs. 2 SGB XIV überhaupt Bedarf für andere rechtliche Instrumente der Rückabwicklung, etwa über die ungerechtfertigte Bereicherung nach § 812 BGB oder die Aufrechnung nach § 51 SGB I, besteht, bleibt abzuwarten. Es erscheint wenig wahrscheinlich, dass ein Berechtigter Ansprüche außerhalb der SE geltend gemacht, jedoch keinen Antrag auf Leistungen nach einem Gesetz der SE gestellt hat. Im Übrigen müsste für die Durchsetzbarkeit des materiellrechtlichen Vorrangs der Leistungen der SE im Verhältnis zu anderen Ansprüchen gegenüber Bund und Ländern eine Gleichartigkeit der Forderungen (in zeitlicher und sachlicher Hinsicht) bestehen.[17] Ansprüche anderer Art (vertragliche oder deliktische) gegenüber Schädigern (**Schadensersatzpflichtigen**) erfasst § 8 Abs. 1 S. 1 SGB XIV nicht. Insoweit gilt **§ 120 SGB XIV**. Ansprüche können danach allerdings unter den Bedingungen des **§ 116 SGB X** auf den jeweiligen TdSE übergehen.[18] Dies gilt auch für Ansprüche aus dem Entschädigungsfonds für Schäden aus Kfz-Unfällen nach § 12 PflVG bei Personenschäden.[19]

2. Beamtenrechtliche Unfallfürsorge – S. 2. Beamtenrechtliche Unfallfürsorge wird nach den Beamtenversorgungsgesetzen der Länder und des Bundes erbracht (§§ 30 ff. **BeamtVG** des Bundes). Nach § 30 Abs. 2 BeamtVG umfasst die Unfallfürsorge des Bundes die Erstattung von Sachschäden und besonderen Aufwendungen (§ 32 BeamtVG), Heilverfahren (§§ 33, 34 BeamtVG), Unfallausgleich (§ 35 BeamtVG), Unfallruhegehalt oder Unterhaltsbeitrag (§§ 36 bis 38 BeamtVG), Unfall-Hinterbliebenenversorgung (§§ 39 bis 42 BeamtVG), einmalige Unfallentschädigung und einmalige Entschädigung (§ 43 BeamtVG), Schadensausgleich in besonderen Fällen (§ 43a BeamtVG) und Einsatzversorgung iSd § 31a BeamtVG. § 8 Abs. 1 S. 2 SGB XIV regelt insoweit nur, dass diese Regelungen in ihrer jeweiligen Fassung Anwendung finden. Zwar heißt es in der Entwurfsbegründung zum G-SER zu § 8 SGB XIV, dass die Ansprüche der beamtenrechtlichen Unfallfürsorge neben den Ansprüchen nach dem SGB XIV stünden.[20] Diese Aussage ist allerdings nur im Kontext des § 8 Abs. 1 S. 1 SGB XIV, der über die Ansprüche nach dem SGB XIV hinaus, weitere Ansprüche gegen Bund und Länder aufgrund von Schädigungsfolgen desselben schädigenden Ereignisses ausschließt, zutreffend. Denn § 8 Abs. 3 SGB XIV ordnet an, dass Ansprüche ua nach der beamtenrechtlichen Unfallfürsorge denen nach dem SGB XIV vorge- 13

17 Insoweit skeptisch gegenüber den Ausführungen in Schmidt SGB XIV/Karl § 8 Rn. 14 und Antwort der Bundesregierung in BT-Drs. 19/14904 Nr. 27b, 11; s. auch Hauck/Noftz/Lilge SGB I § 51 Rn. 27.
18 Vgl. BT-Drs. 19/13824, 222.
19 AA wohl Schmidt SGB XIV/Karl § 8 Rn. 11.
20 BT-Drs. 19/13824, 222.

hen, soweit sie auf derselben Ursache beruhen. Nur so kann eine Doppelversorgung vermieden werden (→ Rn. 11).

14 **3. Amtshaftungsanspruch – S. 3.** Von der Grundregel, dass Bund und Länder für die Folgen eines schädigenden Ereignisses iSd SGB XIV nur mit Leistungen der SE eintreten und keine weiteren Ansprüche aufgrund dieser Ereignisse gegen sie geltend gemacht werden können, normiert § 8 Abs. 1 S. 3 SGB XIV in Fällen des schädigenden Ereignisses **„Gewalttat"** iSd § 1 Abs. 2 Nr. 1 SGB XIV eine **Ausnahme** für einen **Schadensersatzanspruch** bei **fahrlässiger Amtspflichtverletzung** nach § 839 Abs. 1 BGB. Diese Regelung, die der des § 3 Abs. 3 OEG entspricht, ist erst aufgrund der Beschlussempfehlung des 11. Ausschusses (AuS-Ausschuss) vom 6.11.2019 in das SGB XIV aufgenommen worden.[21] Dadurch soll sichergestellt werden, dass beim Hinzutreten einer fahrlässigen Amtspflichtverletzung der Amtshaftungsanspruch des Gewaltopfers nicht ausgeschlossen ist und neben den Ansprüchen nach dem OEG bestehen bleibt.[22] Nach **§ 839 Abs. 1 BGB** gilt, verletzt ein Beamter vorsätzlich oder fahrlässig die ihm einem Dritten gegenüber obliegende Amtspflicht, so hat er dem Dritten den daraus entstehenden Schaden zu ersetzen. Fällt dem Beamten nur Fahrlässigkeit zur Last, so kann er nur dann in Anspruch genommen werden, wenn der Verletzte nicht auf andere Weise Ersatz zu erlangen vermag – Subsidiarität des Anspruchs gegen den Beamten. Grundlage insoweit ist **Art. 34 GG** (Haftung bei Amtspflichtverletzung), wonach dann, wenn jemand in Ausübung eines ihm anvertrauten öffentlichen Amtes die ihm einem Dritten gegenüber obliegende Amtspflicht verletzt, die Verantwortlichkeit grundsätzlich den Staat oder die Körperschaft trifft, in deren Dienst er steht. Bei Vorsatz oder grober Fahrlässigkeit bleibt der Rückgriff vorbehalten. Für den Anspruch auf Schadensersatz und für den Rückgriff darf der ordentliche Rechtsweg nicht ausgeschlossen werden. Da § 120 SGB XIV unter Verweis auf § 116 SGB X jedoch einen **Anspruchsübergang** normiert, ist § 8 Abs. 1 S. 3 SGB XIV im Wesentlichen von Bedeutung bei **Schmerzensgeldansprüchen**. Denn § 116 SGB X setzt für den Anspruchsübergang eine sachliche Kongruenz der Ansprüche voraus, die beim Schmerzensgeld im Verhältnis zu den Ansprüchen nach dem SGB XIV nicht gegeben ist.[23]

II. Abs. 2

15 **1. Einheitlicher GdS – S. 1.** Treffen Schädigungsfolgen verschiedener schädigender Ereignisse iSd § 1 Abs. 2 SGB XIV (der Verweis auf § 1 Abs. 3 SGB XIV ist ein redaktionelles Versehen, das auf die Fassung des Referentenentwurfs zum SGB III zurückgeht) zusammen, so ist ein einheitlicher GdS, ein **Gesamt-GdS** für alle **Schädigungsfolgen** festzusetzen (zur GdS-Bildung und ihren Folgen s. Regelungen der VesMedV und insbesondere Anlage zu § 2 VersMedV ausführlich unter § 5 SGB XIV). **Zuständig** für diese Festsetzung ist nach **§ 113 Abs. 3 SGB XIV** das Land, das über die Ansprüche aus dem letzten schädigenden Ereignis entscheidet. Eine **Kosten**regelung insoweit findet sich in **§ 136 SGB XIV**. In den Fällen des § 8 Abs. 2 sind danach die Kosten, die durch das Hinzutreten einer weiteren Schädigung verursacht werden, von dem Land zu tragen, das für die Entscheidung über Ansprüche aus der weiteren Schädigung zuständig ist. Das gilt entsprechend für den Bund, soweit dieser nach allgemeinen Regeln die Kosten zu tragen hat.

16 **2. Einheitlicher GdS – S. 2.** Dasselbe wie unter → Rn. 15 ausgeführt gilt auch dann, wenn Schädigungsfolgen zusammentreffen, die aufgrund unterschiedlicher Gesetze der

21 S. auch Antwort der Bundesregierung auf eine kleine Anfrage der Fraktion Bündnis 90/Die GRÜNEN vom 7.11.2019, BT-Drs. 19/14904, 10 f.
22 BT-DRs. 19/14870, 30.
23 Vgl. Schütze/Bieresborn SGB X § 116 Rn. 24; s. zum OEG HK-SozEntschR/Rademacker OEG § 3 Rn. 8.

SE entschädigungsfähig sind, also auch solcher aus Gesetzen, die „lediglich" zukünftig auf die Regelungen des **SGB XIV erweisen**. Insoweit schafft § 8 Abs. 2 SGB XIV eine Klarstellung gegenüber § 65 BVG. Hierzu hat Dau ausgeführt,[24] gesetzlich nicht allgemein geregelt sei die **Konkurrenz** von Ansprüchen, die auf **derselben Schädigung** beruhten und **einerseits** nach dem BVG bestünden, **andererseits** nach einem Gesetz, welches das BVG für entsprechend anwendbar erkläre. Da eine **mehrfache Versorgung** wegen desselben Schadensereignisses **ausscheide**, sei der zur Leistung Verpflichtete von mehreren Trägern zu bestimmen. Das geschehe durch **ausdrückliche gesetzliche Regelung** nur im Opferentschädigungsrecht, indem **§ 3 Abs. 2 OEG** anordne, dass „die Ansprüche nach diesem Gesetz **entfallen**". In allen anderen Fällen werde die versorgungsrechtliche Grundentscheidung des § 65 BVG entsprechend anzuwenden sein, wonach die Ansprüche – unter **Ruhen** derer nach dem BVG – **nebeneinander** bestünden.[25]

III. Abs. 3

Abs. 3 regelt zweierlei: Zum ersten in S. 1 den **Vorrang** der Ansprüche nach dem SGB VII, dem SVG oder der beamtenrechtlichen Unfallfürsorge gegenüber denen der SE nach dem SGB XIV und zum zweiten in S. 2 das **Ruhen** der Ansprüche nach dem SGB XIV dem Grunde und der Höhe nach beim Zusammentreffen mit Ansprüchen aus den zuvor benannten Systemen, wenn die Ansprüche auf derselben Ursache beruhen. Einzig öffentlich-rechtlichen Leistungen, die ebenso wie nach dem SGB XIV keine Beitragsgegenleistung des Geschädigten voraussetzen, lassen Ansprüche nach dem SGB XIV ruhen. Insoweit gilt nichts anderes als bisher nach § 3 OEG iVm § 65 BVG.[26] Vorrang und Ruhen betrifft nach dem Wortlaut des § 8 Abs. 3 SGB XIV „**Ansprüche**" auf die Leistungen des jeweiligen anderen Sicherungssystems. Es kommt nicht darauf an, ob dieser Anspruch sich tatsächlich in einer Leistung **verwirklicht**. Ein solcher Schluss kann auch nicht aus § 8 Abs. 3 S. 2 SGB XIV gezogen worden, der das Ruhen der Versorgungsansprüche nach dem SGB XIV anordnet in Höhe der Versorgung aus der Unfallversicherung oder dem SVG. Denn insoweit ist nicht das „Ruhen" dem Grunde nach Regelungsgegenstand, sondern im nächsten Schritt der Maßstab für die Bestimmung der „Höhe" des Ruhensbetrags. Hieraus folgt, wenn die Leistung aus einem sich aus dem jeweiligen anderen Sicherungssystem ergebenden Grund nicht zur Auszahlung gelangt (zB Ausschluss nach § 101 SGB VII oder Verzicht auf Leistungsteile[27]), bleibt sie gleichwohl vorrangig und der Anspruch nach dem SGB XIV ist nachrangig bzw. ruht. Allerdings kommt es hierauf nicht an, wenn Berechtigte keinen Antrag zur Verwirklichung von Leistungen aus dem anderen Sicherungssystem gestellt hat. Eine § 5 Abs. 3 SGB II vergleichbare Regelung beinhaltet das SGB XIV nicht. Die Berechtigten haben die Wahlmöglichkeit. Ein eigenes Antragsrecht der TdSE ist im Gesetzgebungsverfahren ausdrücklich und gerade unter Hinweis auf die Dispositionsfreiheit der Berechtigten abgelehnt worden (→ Rn. 3). Ziel der Regelung ist allein die Vermeidung von Doppelleistungen/einer Doppelversorgung. 17

1. Vorrang – S. 1. Ansprüche nach dem SGB VII, dem SVG oder der beamtenrechtlichen Unfallfürsorge gehen denen nach der SE des SGB XIV vor. Nach dem Wortlaut des § 8 Abs. 3 SGB XIV kommt es nicht darauf an, dass tatsächlich Leistungen aus den drei benannten Sicherungssystemen erbracht werden, es genügen Ansprüche auf diese Leistungen, die allerdings realisierbar sein müssen, also soweit antragsabhängig auch beantragt worden sein. Allein ein innersystematischer Grund der Nichtleistung – etwa eine Ausschlussregelung wie nach § 101 SGB VII und nach der bisherigen Rspr. 18

24 HK-SozEntschR/Dau BVG § 65 Rn. 6.
25 SächsLSG 8.7.2003 – L 6 VJ 1/03 zur analogen Anwendung des § 65 BVG.
26 S. hierzu BSG 17.11.1981 – 9 RVg 2/81, BSGE 52, 281.
27 So wohl BSG 10.11.93 – 9/9a RVg 2/92, juris Rn. 11.

des BSG wohl auch ein „Verzicht“ auf einen Leistungsteil[28] – führt gleichwohl dazu, dass allein der Anspruch ohne seine tatsächliche Realisierung den Nachrang der Leistungen der SE auslöst (s. auch → Rn. 17). Ansprüche nach dem **SGB VII** umfassen sämtliche Leistungen der GUV. Ein **Vergleich** der **Einzelleistungen** findet nicht statt, weil deren Zusammensetzung und Berechnung jeweils eigenen und unterschiedlichen Regeln folgt.[29] Dies gilt im Übrigen auch für Leistungen nach dem **SVG** und der beamtenrechtlichen Unfallfürsorge. Ansprüche nach dem SVG, die bisher nicht nach § 3 OEG oder § 65 BVG als vorrangig behandelt worden sind, werden nun folgerichtig in § 8 Abs. 3 SGB XIV als vorrangige bestimmt, denn Ansprüche aus der Soldatenversorgung folgen zukünftig nicht mehr den Regeln der SE, hier des SGB XIV (→ Rn. 3; → Vor § 1 Rn. 14). Das **Beamtenversorgungsrecht** schließt Beamte (für die das BVG oder eines der das BVG für anwendbar erklärenden Gesetze gilt) in keinem Fall von **Unfallfürsorge** aus. Sie werden deshalb **ohne Ausnahme** durch Leistungen auf dem jeweils höheren Niveau (**meist-**)**begünstigt.**[30] § 8 Abs. 3 S. 1 SGB XIV statuiert den **Vorrang** der Leistungen der anderen Systeme gegenüber denen der SE, um Doppelleistungen und damit eine Überversorgung zu vermeiden. Voraussetzung ist allerdings, dass die Ansprüche auf derselben Ursache beruhen. Wie bereits Dau zu § 65 BVG ausführt, bedeutet das Auf-**derselben-Ursache**-beruhen, dass die Ansprüche hinsichtlich ihrer Ursachen **identisch** sein müssen.[31] Der Wortlaut des § 8 Abs. 3 S. 1 SGB XIV ist nun eindeutig, indem er die Worte verwendet „Soweit sie auf derselben Ursache beruhen“. § 65 BVG formuliert hier „wenn“. **Teilweise** Identität führt nicht zu **vollständigem** Ruhen, weil das dem Zweck der Vorschrift widerspräche, **Doppelleistungen** – also Leistungen mit gleicher Funktion – **auszuschließen.** Funktionsgleich in diesem Sinne sind Leistungen aber nur, soweit sie **dasselbe** Schadensereignis entschädigen. **Vollständig** ruht der Anspruch auf Versorgungsleistungen iSd § 8 Abs. 3 S. 1 Hs. 1 SGB XIV deshalb erst, wenn nach **sämtlichen** Gesundheitsschäden, die dem **Gesamt-GdS** zugrunde liegen auch die **Gesamt-MdE** des Unfallversicherungsrechts (§ 56 Abs. 2 SGB VII) eingeschätzt worden ist.[32] Bei nur **teilweiser** Überschneidung soll der nach Versorgungsrecht verbleibende Zahlbetrag im Wege **proportionaler Kürzung** ermittelt werden (zum Ruhen iE → Rn. 19).[33]

19 **2. Ruhen – S. 2. Ruhen** bedeutet, dass der zugrundeliegende Anspruch bestehen bleibt. Beschränkt wird aber seine Verwirklichung zulasten des vorrangigen Sicherungssystems. Das trifft nach § 8 Abs. 3 S. 2 SGB XIV im Verhältnis zum Schutz durch die gesetzliche Unfallversicherung, das SVG und zT der Ansprüche nach beamtenrechtlichen Vorschriften sowie der beamtenrechtlichen Unfallfürsorge zu.[34] S. zum **Weiterbestehen des Anspruchs** auch BVGVwV zu § 65 Nr. 1 (→ Rn. 25). Anders als bisher differenziert § 8 Abs. 3 S. 2 SGB XIV im Hinblick auf die Ruhensanordnung nicht mehr nach einzelnen Leistungen, wie derzeit noch in § 65 Abs. 2 und 3 BVG vorgesehen.[35] S. zur selben Ursache und Gesamt-GdS beim Ruhen auch → Rn. 18. Das BSG hat befunden, der Anspruch auf Versorgungsbezüge nach dem BVG (§ 65) ruht neben einer beamtenrechtlichen Versorgung – wenn (zukünftig „soweit“) beide

28 So wohl BSG v. 10.11.93 – 9/9a RVg 2/92, juris Rn. 11.
29 S. auch HK-SozEntschR/Dau BVG § 65 Rn. 9; BSG 10.11.1993 – 9/9a RVg 2/92, Rn. 10.
30 HK-SozEntschR/Dau BVG § 65 Rn. 5.
31 HK-SozEntschR/Dau BVG § 65 Rn. 8.
32 BSG 29.8.1990 – 9a/9 RVh 1/89, Breith 1991, 499.
33 BSG 29.8.1990 – 9a/9 RVh 1/89, Breith 1991, 499; Rohr/Sträßer/Dahm BVG/Dahm, 10.2007, BVG§ 65–4; Wilke/Sailer, 7. Aufl. 1992, BVG § 65 Rn. 2.
34 BSG 17.11.1981 – 9 RVg 2/81, BSGE 52, 281; BSG 25.3.1999 – B 9 VG 1/98 R, BSGE 84, 54; vgl. zur GUV und nach § 3 Abs. 4 OEG auch BT-Drs. 7/2506, Begründung, S. 16, V, zu § 4 Abs. 4.
35 Vgl. dazu HK-SozEntschR/Dau BVG § 65 Rn. 9.

Ansprüche auf derselben Ursache beruhen – in Höhe der Differenz der Nennbeträge (Bruttodifferenz) zwischen einer (fiktiven) Versorgung nach allgemeinen beamtenrechtlichen Bestimmungen und der tatsächlich gezahlten beamtenrechtlichen Unfallfürsorge. Die Berechnung der Ruhensleistungen nach **Bruttobeträgen** trage den unterschiedlichen familien- und steuerrechtlichen Besonderheiten der einzelnen Anspruchsberechtigten im Hinblick auf Art. 3 Abs. 1 GG am ehesten Rechnung und berühre als Methode zur Schadensbemessung und -verteilung nicht den Wesensgehalt der Eigentumsgarantie (Art. 14 GG).[36] Während bei Ansprüchen nach dem SVG und dem SGB VII das Ruhen der Leistungen der SE nach dem Wortlaut des § 8 Abs. 3 S. 2 SGB XIV in Höhe der Versorgung durch die Ansprüche nach dem SVG und SGB VII erfolgt, ruht er bei der beamtenrechtlichen Unfallfürsorge in Höhe des Unterschiedsbetrags zwischen der Versorgung nach den allgemeinen beamtenrechtlichen Bestimmungen und aus der beamtenrechtlichen Unfallfürsorge. Dies bedeutet, wie schon nach § 65 Abs. 1 S. 1 Nr. 2 BVG, dass dann, wenn das schädigende Ereignis **zugleich** ein **Dienstunfall** nach Beamtenrecht ist, die **Bezüge** aus der **beamtenrechtlichen Unfallfürsorge** (§§ 30 ff. BeamtVG) – als der „Unfallversicherung" der Beamten – wie **Bezüge** aus der GUV behandelt werden. Steht dem – **aktiven** – Beamten diese beamtenrechtliche Versorgung in Gestalt von Unfallfürsorge (§ 2 Abs. 1 Nr. 4 BeamtVG) neben seinen Dienstbezügen zu, so **ruhen** die Ansprüche nach dem BVG/zukünftig SGB XIV in **voller** Höhe der Unfallfürsorgebezüge. Bezieht der durch Dienstunfall geschädigte – **pensionierte** – Beamte Versorgung nach den Sondervorschriften über Unfallfürsorge, so **ruhen** die Ansprüche nach BVG/zukünftig SGB XIV in Höhe der **Differenz** zwischen dem Gesamtbetrag dieser Versorgungsbezüge und einer fiktiven Dienstzeitversorgung nach den allgemeinen beamtenrechtlichen Vorschriften.[37]

20 Das Ruhen tritt nur ein, wenn die Leistungsvoraussetzungen des anderen Anspruchs gegeben sind, also zB auch soweit erforderlich ein **„Antrag"** gestellt worden ist. Besteht der Anspruch jedoch aus innersystematischen Gründen nicht, wird das Ruhen des Anspruchs der SE gleichwohl ausgelöst – hierzu → Rn. 17 f.

D. Anhang

I. BVG

21 **§ 54 BVG [Zusammentreffen mit Ansprüchen aus Unfallversicherung]**

(1) [1]Ist eine Schädigung im Sinne des § 1 zugleich ein Unfall im Sinne der gesetzlichen Unfallversicherung, so besteht nur Anspruch nach diesem Gesetz. [2]Das gilt nicht, soweit das schädigende Ereignis vor dem 1. Januar 1942 oder nach dem 8. Mai 1945 eingetreten ist.

(2) [1]Personen, bei denen eine Schädigung im Sinne des § 1 infolge einer Heranziehung zur Zwangsarbeit in der Zeit vom 8. Mai 1945 bis zum 5. Oktober 1955 im Beitrittsgebiet verursacht worden ist, sowie deren Hinterbliebene haben keinen Anspruch nach diesem Gesetz. [2]Sie haben Anspruch auf Leistungen der gesetzlichen Unfallversicherung; die Tätigkeit nach Satz 1 gilt als versicherte Tätigkeit. [3]Die Sätze 1 und 2 gelten nicht für Personen, die ihren gewöhnlichen Aufenthalt vor dem 19. Mai 1990 im damaligen Geltungsbereich dieses Gesetzes genommen haben.

§ 55 BVG [Zusammentreffen von Versorgungsrenten]

(1) [1]Treffen nach diesem Gesetz zusammen

a) eine Beschädigtenrente mit einer Witwen- oder Waisenrente, ist neben den Grundrenten die günstigere Ausgleichsrente zu gewähren,
b) ein Berufsschadensausgleich mit einem Schadensausgleich, ist der Berufsschadensausgleich bei der Festsetzung des Schadensausgleichs als Einkommen zu berücksichtigen,

36 Vgl. BSG 16.3.2016 – B 9 V 4/15 R, SozR 4-3100 § 65 Nr. 2 Leitsatz und Rn. 26 – unter Verweis auf BSG 14.2.1957 – 8 RV 691/55, BSGE 4, 281.
37 So HK-SozEntschR/Dau BVG § 65 Rn. 10.

c) eine Beschädigten- oder Witwenrente mit einem Anspruch auf Elternrente, sind die Ausgleichsrente, der Ehegattenzuschlag, der Berufsschadensausgleich und der Schadensausgleich bei der Festsetzung der Elternrente als Einkommen zu berücksichtigen.

[2]Ist nach Satz 1 Buchstabe a die Witwenausgleichsrente zu gewähren, zählt bei der Feststellung des Berufsschadensausgleichs die Ausgleichsrente nur mit dem Betrag, der ohne das Zusammentreffen als Beschädigtenausgleichsrente zu zahlen wäre, zum derzeitigen Bruttoeinkommen. [3]Das gilt auch, wenn Leistungen nach den Sätzen 1 und 2 mit entsprechenden Leistungen nach anderen Gesetzen zusammentreffen, die eine entsprechende Anwendung dieses Gesetzes vorsehen.

(2) Für Witwen- oder Waisenbeihilfen gilt Absatz 1 entsprechend.

§ 65 BVG [Ruhen des Anspruchs auf Versorgung]

(1) [1]Der Anspruch auf Versorgungsbezüge ruht, wenn beide Ansprüche auf derselben Ursache beruhen

1. in Höhe der Bezüge aus der gesetzlichen Unfallversicherung,
2. in Höhe des Unterschieds zwischen einer Versorgung nach allgemeinen beamtenrechtlichen Bestimmungen und aus der beamtenrechtlichen Unfallfürsorge.

[2]Kinderzulagen zur Verletztenrente aus der gesetzlichen Unfallversicherung bleiben mit dem Betrag unberücksichtigt, in dessen Höhe ohne die Kinderzulage von anderen Leistungsträgern Kindergeld oder entsprechende Leistungen zu zahlen wären.

(2) Der Anspruch auf die Grundrente (§ 31) ruht in Höhe der neben Dienstbezügen gewährten Leistungen aus der beamtenrechtlichen Unfallfürsorge, wenn beide Ansprüche auf derselben Ursache beruhen.

(3) Der Anspruch auf Heilbehandlung (§ 10 Abs. 1) und auf den Pauschbetrag als Ersatz für Kleider- und Wäscheverschleiß (§ 15) ruht insoweit, als

1. aus derselben Ursache Ansprüche auf entsprechende Leistungen aus der gesetzlichen Unfallversicherung oder nach den beamtenrechtlichen Vorschriften über die Unfallfürsorge bestehen;
2. Ansprüche auf entsprechende Leistungen nach den Vorschriften über die Heilfürsorge für Angehörige der Bundespolizei und für Soldaten (§ 69a, § 70 Abs. 2 Bundesbesoldungsgesetz und § 1 Abs. 1 Wehrsoldgesetz) und nach den landesrechtlichen Vorschriften für Polizeivollzugsbeamte der Länder bestehen.

(4) [1]In dem in Artikel 3 des Einigungsvertrages genannten Gebiet führen auch andere Ansprüche, die auf gleicher Ursache beruhen, zu einem Ruhen des Anspruchs auf Versorgungsbezüge. [2]Dies gilt bei der Kriegsbeschädigtenrente, dem Pflegegeld, dem Blindengeld und dem Sonderpflegegeld sowie bei der von einer Kriegsbeschädigtenrente abgeleiteten Hinterbliebenenrente nach dem Rentenangleichungsgesetz vom 28. Juni 1990 (GBl. I Nr. 38 S. 495) für den Betrag, der vom Träger der Rentenversicherung allein auf Grund der Kriegsbeschädigung gezahlt wird.

(5) [1]Das Ruhen wird mit dem Zeitpunkt wirksam, in dem seine Voraussetzungen eingetreten sind. [2]Die Zahlung von Versorgungsbezügen wird mit Ablauf des Monats eingestellt oder gemindert, in dem das Ruhen wirksam wird, und wieder aufgenommen oder erhöht mit Beginn des Monats, in dem das Ruhen endet.

§ 81 BVG [Ansprüche gegen den Bund]

Erfüllen Personen die Voraussetzungen des § 1 oder entsprechender Vorschriften anderer Gesetze, die eine entsprechende Anwendung dieses Gesetzes vorsehen, so haben sie wegen einer Schädigung gegen den Bund nur die auf diesem Gesetz beruhenden Ansprüche; jedoch finden die Vorschriften der beamtenrechtlichen Unfallfürsorge, das Gesetz über die Erweiterte Zulassung von Schadenersatzansprüchen bei Dienstunfällen in der im Bundesgesetzblatt Teil III, Gliederungsnummer 2030-2-19, bereinigten Fassung, und § 82 des Beamtenversorgungsgesetzes Anwendung.

II. OEG

22 **§ 3 OEG Zusammentreffen von Ansprüchen**

(1) Treffen Ansprüche aus diesem Gesetz mit Ansprüchen aus § 1 des Bundesversorgungsgesetzes oder aus anderen Gesetzen zusammen, die eine entsprechende Anwendung des Bundesversorgungsgesetzes vorsehen, ist unter Berücksichtigung des durch die gesamten Schädigungsfolgen bedingten Grades der Schädigungsfolgen eine einheitliche Rente festzusetzen.

(2) Die Ansprüche nach diesem Gesetz entfallen, soweit auf Grund der Schädigung Ansprüche nach dem Bundesversorgungsgesetz oder nach einem Gesetz, welches eine entsprechende Anwendung des Bundesversorgungsgesetzes vorsieht, bestehen.

(3) Trifft ein Versorgungsanspruch nach diesem Gesetz mit einem Schadensersatzanspruch auf Grund fahrlässiger Amtspflichtverletzung zusammen, so wird der Anspruch nach § 839 Abs. 1 des Bürgerlichen Gesetzbuchs nicht dadurch ausgeschlossen, daß die Voraussetzungen des § 1 vorliegen.

(4) Bei Schäden nach diesem Gesetz gilt § 4 Abs. 1 Nr. 2 des Siebten Buches Sozialgesetzbuch nicht.

III. ZDG

§ 47 ZDG Versorgung 23

...

(9) Treffen Ansprüche aus einer Zivildienstbeschädigung mit Ansprüchen aus § 1 des Bundesversorgungsgesetzes oder aus anderen Gesetzen zusammen, die eine entsprechende Anwendung des Bundesversorgungsgesetzes vorsehen, ist unter Berücksichtigung des durch die gesamten Schädigungsfolgen bedingten Grades der Schädigungsfolgen eine einheitliche Rente festzusetzen.

...

IV. IfSG

§ 63 IfSG Konkurrenz von Ansprüchen, Anwendung der Vorschriften nach dem Bundesversorgungsgesetz, Übergangsregelungen zum Erstattungsverfahren an die Krankenkassen 24

(1) Treffen Ansprüche aus § 60 mit Ansprüchen aus § 1 des Bundesversorgungsgesetzes oder aus anderen Gesetzen zusammen, die eine entsprechende Anwendung des Bundesversorgungsgesetzes vorsehen, ist unter Berücksichtigung des durch die gesamten Schädigungsfolgen bedingten Grades der Schädigungsfolgen eine einheitliche Rente festzusetzen.

(2) Trifft ein Versorgungsanspruch nach § 60 mit einem Schadensersatzanspruch auf Grund fahrlässiger Amtspflichtverletzung zusammen, so wird der Anspruch nach § 839 Abs. 1 des Bürgerlichen Gesetzbuchs nicht dadurch ausgeschlossen, dass die Voraussetzungen des § 60 vorliegen.

...

V. BVGVwV

BVGVwV zu § 65 Nr. 1–6 25

1. Durch das Ruhen erlischt der Anspruch auf Versorgung nicht; jedoch sind die sich aus dem Anspruch ergebenden Leistungen für den Zeitraum des Ruhens nicht zu erbringen.

2. Zur beamtenrechtlichen Unfallfürsorge im Sinne des § 65 Abs. 1 gehört auch der Unfallausgleich nach § 35 sowie der Unterhaltsbeitrag nach § 38 des Beamtenversorgungsgesetzes.

3. Ruhen Bezüge aus der beamtenrechtlichen Unfallfürsorge (zB nach § 53 des Beamtenversorgungsgesetzes wegen eines mit einer Beschäftigung im öffentlichen Dienst verbundenen Einkommens), so ruhen die Versorgungsbezüge nach dem Bundesversorgungsgesetz nur insoweit, als der nach Anwendung der beamtenrechtlichen Ruhensvorschriften verbleibende Zahlbetrag die Versorgung nach den allgemeinen beamtenrechtlichen Bestimmungen übersteigt. Nummer 5 letzter Satz zu § 44 ist entsprechend anzuwenden.

4. Zu den Dienstbezügen im Sinne des § 65 Abs. 2 gehört auch ein Unterhaltszuschuß.

5. Leistungen zur Abgeltung eines besonderen Aufwandes (zB Pflegezulage, Ersatz der außergewöhnlichen Kosten für Kleider und Wäscheverschleiß, Führhundzulage) ruhen nur, wenn und soweit gleichartige Leistungen aus der gesetzlichen Unfallversicherung und dem Beamtenrecht gewährt werden. Wird wegen Hilflosigkeit zum Ruhegehalt ein Zuschlag gewährt oder werden die Kosten einer notwendigen Pflegekraft erstattet oder sorgt der Dienstherr selbst für die Pflege nach den Vorschriften der beamtenrechtlichen Unfallfürsorge (vgl. § 34 des Beamtenversorgungsgesetzes), sind der Zuschlag zum Ruhegehalt oder die erstatteten Kosten für die Pflegekraft oder der Wert der von dem Dienstherrn übernommenen Pflege auf eine nach dem Bundesversorgungsgesetz zustehende Pflegezulage anzurechnen.

6. Der beamtenrechtlichen Unfallfürsorge steht Unfallfürsorge auf Grund eines anderen öffentlich-rechtlichen oder eines diesem gleichzuachtenden Dienstverhältnisses gleich (vgl. § 84 Abs. 6 des Soldatenversorgungsgesetzes).

§ 9 Ausschluss der Pfändbarkeit von Ansprüchen

Ansprüche auf Entschädigungszahlungen nach Kapitel 9 und die Geldleistung nach § 144 können nicht gepfändet werden.

A. Gesetzesgeschichte

I. Geltendes und neues Recht

1 **BVG, ZDG** und **IfSG** enthalten nur noch vereinzelte Sonderregelungen zur **Pfändbarkeit** von Leistungsansprüchen. Im Wesentlichen wird ansonsten in den Gesetzen, für die das BVG bezüglich der Leistungen der SE „Leitgesetz" ist (→ Vor § 1 Rn. 14), auf die dortigen Regelungen verwiesen. Allerdings beinhaltet auch das BVG nur noch eine Norm, die sich explizit mit der Pfändung befasst – § 78 BVG. Die vormaligen §§ 67–70a BVG sind schon mit der Einführung des **SGB I**[1] zum 1.1.1976 außer Kraft getreten, so dass sich auch in der SE die Pfändbarkeit von Ansprüchen nach den §§ 53 und 54 SGB I (zum Pfändungsschutz insoweit iE → Rn. 8) regelt, mit Ausnahme der bisherigen Sonderregelungen bis zum 31.12.2023 und dann zukünftig der des § 9 SGB XIV (→ Rn. 5 ff.).

2 **§ 78 BVG** (→ Rn. 11) enthält ein **Pfändungsverbot**, das wegen des in § 37 S. 1 SGB I enthaltenen Vorbehalts abweichender Regelungen als speziellere Norm dem § 54 SGB I vorgeht. Das Pfändungsverbot des § 78 BVG besteht in Höhe der ausgezahlten Abfindungssumme innerhalb der von der Verwaltung nach § 76 Abs. 1 BVG (→ Rn. 11) gesetzten Frist. Innerhalb dieser Frist besteht nach § 400 BGB in derselben Höhe auch ein **Abtretungsverbot**.[2] Hintergrund ist die in § 76 Abs. 1 BVG geregelte Rückzahlungspflicht für eine **Kapitalabfindung**, wenn sie nicht innerhalb der von der Verwaltung bemessenen Frist bestimmungsgemäß verwendet wird. Anders als zukünftig nach § 84 SGB XIV ist die Kapitalabfindung nach dem BVG „zweckgebunden", sie soll dem begünstigten Personenkreis den Erwerb von Grundeigentum erleichtern oder ihm eine finanzielle Hilfe zur wirtschaftlichen Stärkung des bereits erworbenen Grundeigentums gewähren.[3] Das in § 78 BVG normierte Pfändungs(- und Abtretungs)verbot dient damit letztlich der Sicherung des Anspruchs der Verwaltung auf Rückerhalt der ausgekehrten Abfindung.

3 **§ 67 IfSG** (→ Rn. 12) enthält Pfändungs- und Übertragungsregelungen. Die SE im Impfschadensrecht wird dabei lediglich von § 67 Abs. 2 IfSG betroffen. Abs. 1 der Vorschrift bezieht sich auf Entschädigungsleistungen, die nicht Bestandteil der SE sind. Soweit § 67 IfSG Regelungen zu Leistungen der SE wegen eines „Impfschadens" trifft, wird in dessen Abs. 2 auf das BVG verwiesen. Insoweit führt allerdings Meßling zutreffend aus, dass dieser Verweis im Wesentlichen ins Leere gehe,[4] enthält doch das BVG nur noch mit § 78 BVG eine Sonderregelung zur Pfändbarkeit (→ Rn. 2). Ansonsten gelten für Ansprüche nach den §§ 60, 61 und 63 Abs. 1 IfSG seit dem 1.1.1976 die Vorschriften der **§§ 53 und 54 SGB I**[5] (→ Rn. 1; zu den Einzelheiten des Pfändungsschutzes nach § 54 → Rn. 8). Der Verweis in § 67 Abs. 2 IfSG kann sich mithin nur auf den Fall der besonderen Regelung bei Kapitalabfindung beziehen.

1 Sozialgesetzbuch Allgemeiner Teil, SGB I v. 11.12.1975, BGBl. 1975 I, 3015.
2 HK-SozEntschR/Knörr BVG § 78 Rn. 1.
3 So schon BSG 14.3.1975 – 10 RV 263/74, SozR 3100 § 72 Nr. 1 S. 2; s. zu den Einzelheiten der Kapitalabfindung nach § 72 BVG HK-SozEntschR/Knörr BVG § 72.
4 HK-SozEntschR/Meßling IfSG § 67 Rn. 2.
5 § 55 SGB I – Kontenpfändung und Pfändung von Bargeld – ist als Folgeänderungen aus Anlass der Änderungen in den §§ 833a und 850l ZPO-E (s. BT-Drs. 16/12714, 22) aufgehoben worden durch Art. 7 Abs. 5 iVm Art. 10 Abs. 2 Gesetz zur Reform des Kontenpfändungsschutzes v. 7.7.2009, BGBl. 2009 I 1707, mWv 1.1.2012.

§ 50 **Abs. 5 ZDG** trifft eine Regelung zur Abtretung und Verpfändbarkeit des Anspruchs auf **Ausgleich für anerkannte Kriegsdienstverweigerer** wegen einer Zivildienstbeschädigung nach § 50 Abs. 1 ZDG, also eine Leistung, die in der Zeit bis zur Beendigung des Zivildienstes in Höhe der Grundrente und Schwerstbeschädigtenzulage nach §§ 30 Abs. 1 und 31 BVG (Bemessungsmaßstab), erbracht wird. Bei dem Ausgleich handelt es sich nicht um eine Sozialleistung,[6] also **keine Leistung der SE,**[7] so dass die Sonderregelung des § 50 Abs. 5 ZDG keine abweichende Regelung iSd § 37 S. 1 SGB I für das ZDG darstellt und auch für das zukünftige SGB XIV keine Bedeutung hat. 4

Es verbleibt dabei, dass auch zukünftig die Regelungen der §§ 53, 54 **SGB I** (zu § 55 SGB I → Rn. 3) in der SE zur Anwendung kommen sollen (s. auch → Rn. 8). Die unter → Rn. 1 ff. beschriebenen Ausnahmen treten mit dem Inkrafttreten des SGB XIV 1.1.2024 außer Kraft. Ausnahmen gelten dann nur noch für die **Pfändbarkeit von Entschädigungszahlungen** (monatliche Entschädigungszahlungen nach § 83 SGB XIV, Abfindungen nach § 84 SGB XIV und Entschädigungszahlungen an Hinterbliebene nach den §§ 85 bis 88 SGB XIV) und Geldleistungen unter Besitzstandsschutz nach § 144 SGB XIV. Insoweit gilt das **Pfändungsverbot** des § 9 SGB XIV. Allerdings sieht § 54 SGB I ebenfalls Regelungen zur Unpfändbarkeit von Sozialleistungsansprüchen vor, wie etwa nach dessen Abs. 1 Dienst- und Sachleistungen oder nach Abs. 3 Nr. 3 Geldleistungen, die dafür bestimmt sind, den durch deinen Körper- oder Gesundheitsschaden bedingten Mehraufwand auszugleichen (iE → Rn. 8). 5

II. Änderungen im SGB XIV gegenüber dem BVG und Parallelität

Zwar gelten auch zukünftig für **(Kapital-)Abfindungen** iSv §§ 84, 86 SGB XIV besondere **Pfändungs**regelungen. Allerdings unterscheidet sich die Intension der Vorschriften erheblich. Während das Pfändungs-(und Abtretungs)verbot des **§ 78 BVG** in erster Linie der Sicherung des Anspruchs der Verwaltung dient, für den Fall, dass bei nicht **zweckgerechter Verwendung** der Kapitalabfindung sie den Abfindungsbetrag für die Rückerstattungsforderung sichern kann (→ Rn. 2), dient § 9 SGB XIV der Sicherung der Berechtigten vor **Zugriffen** ihrer **Gläubiger** auf die in § 9 SGB XIV benannten Leistungen der SE.[8] Ansonsten gilt wie bisher auch (s. zu § 67 Abs. 2 IfSG → Rn. 3), dass, von dieser Ausnahme abgesehen, die Regeln der §§ 53, 54 **SGB I** für Geldleistungsansprüche der SE zur Anwendung gelangen (zu den Einzelheiten insoweit → Rn. 8). 6

B. Normsystematik

I. Allgemeiner Regelungsgehalt

§ 9 SGB XIV normiert einen **Pfändungsschutz** für Berechtigte, die Entschädigungszahlungen nach dem SGB XIV beziehen, also eine monatliche Entschädigungszahlung nach § 83 SGB XIV, eine Abfindung iSd § 84 SGB XIV oder Entschädigungszahlungen an Hinterbliebene idG einer monatlichen Entschädigungszahlung an Witwen und Witwer sowie Partner einer eheähnlichen Gemeinschaft (§ 85 SGB XIV), Abfindungen an Witwen und Witwer (§ 86 SGB XIV), monatliche Entschädigungszahlungen an Waisen (§ 87 SGB XIV) oder monatliche Entschädigungszahlungen an hinterbliebene Eltern (§ 88 SGB XIV) sowie Geldleistungen iSd § 144 SGB XIV, also solchen nach den Regeln des Besitzstandsschutzes. Die Vorschrift sichert Berechtigten der SE mithin die benannten Leistungen wegen ihrer Zweckbindung[9] (s. aber zum weiteren Pfän- 7

6 Vgl. HK-SozEntschR/Lilienfeld ZDG § 85 Rn. 2.
7 Unklar bei Schmidt SGB XIV/Karl § 9 Rn. 3.
8 S. auch BT-Drs. 19/13824, 173.
9 BT-Drs. 19/13824, 173.

dungsschutz → Rn. 8). In ihren **Dispositionsmöglichkeiten** werden die Berechtigten dadurch nicht beschränkt. Während im Referentenentwurf (§ 10 SGB XIV-E) auch noch ein Verbot der **Übertragung/Abtretung** der Leistungen vorgesehen war, um sicherzustellen, dass die Entschädigungszahlungen allein den jeweils Berechtigten zur Anerkennung und zum Ausgleich der erlittenen Schädigungsfolgen zugutekommen,[10] ist der Regelungsgehalt des § 9 SGB XIV nun auf den Schutz vor äußerem Zugriff reduziert. Im Gesetzentwurf wird ausdrücklich darauf hingewiesen. Berechtigte könnten auch weiterhin über die Entschädigungszahlungen verfügen und sie zur Erfüllung von Verbindlichkeiten oder zur Absicherung einer Finanzierung einsetzen.[11]

II. Systematische Einordnung und Normzweck

8 § 9 SGB XIV normiert einen **Pfändungsschutz**, der entsprechend dem Vorbehalt des § 37 S. 1 SGB I als abweichende Regelung in einer **spezielleren Norm** § 54 **SGB I** vorgeht. Damit soll der Zweckbindung der Geldleistungen des SGB XIV (zum Aufopferungs- und Entschädigungsanspruch aufgrund der Verantwortung der Gesellschaft → Vor § 1 SGB XIV Rn. 17), soweit sie in § 9 SGB XIV benannt werden, Rechnung getragen und diese vor dem Zugriff der Gläubiger der Berechtigten geschützt werden. Der Pfändungsschutz betreffend die Leistungen der SE geht jedoch deutlich über die ausdrückliche Normierung im SGB XIV hinaus. Dies folgt aus der Anwendbarkeit des SGB I auch im Falle der Erbringung von Leistungen der SE nach dem BVG oder Gesetzen, die auf die entsprechende Anwendbarkeit des BVG verweisen, sowie zukünftig des SGB XIV. Bereits aus § 54 Abs. 1 SGB I ergibt sich, dass Ansprüche auf **Dienst- und Sachleistungen** nicht gepfändet werden. Zum Schutz der Krankenbehandlung der SE (nach § 44 SGB XIV Sachleistung oder Kostenbeteiligung), der Teilhabeansprüche, soweit sie als Sachleistungen erbracht werden, oder Pflegesachleistungen vor der Pfändung bedurfte es in § 9 SGB XIV daher keiner gesonderten Erwähnung. Weitere Ansprüche auf **laufende Geldleistungen**, wie etwa das Krankengeld der SE nach § 47 SGB XIV oder der BSA nach § 89 SGB XIV, unterliegen der Pfändung wie **Arbeitseinkommen** (§ 54 Abs. 4 SGB I). Andererseits sind schon bisher durch **§ 54 Abs. 3 Nr. 3 SGB I** weitere Leistungen der SE vor Pfändung geschützt, weil es sich um Geldleistungen handelt, die dafür bestimmt sind, den durch den **Körper- oder Gesundheitsschaden bedingten Mehraufwand** auszugleichen. Darunter werden bisher gefasst insbes. die Grundrente und die Schwerbeschädigtenzulage (§ 31 BVG), die Beihilfe für fremde Führung oder für einen Blindenhund (§ 14 BVG), die Zulage für **Kleider- oder Wäscheverschleiß** (§ 15 BVG) und die Pflegezulage (§ 35 BVG) sowie entsprechende Geldleistungen, die in anderen Versorgungsfällen unter Verweis auf die Normen des BVG erbracht werden (vgl. § 68 Nr. 7 SGB I).[12] Zukünftig zählen hierzu auch die Kleiderverschleißpauschale iSd § 46 Abs. 1 Nr. 2 SGB XIV oder die **Kfz-Hilfe** nach § 63 Abs. 2 SGB XIV iVm § 49 Abs. 8 Nr. 1 SGB IX sowie weitere Leistungen nach dem SGB XIV, die unter Verweis ua auf die Regelungen der §§ 49–55 SGB XIV erbracht werden.[13] Ebenfalls von der Pfändbarkeit ausgeschlossen sind Leistungen bei hochgradiger Sehbehinderung, Blindheit und Taubheit iSd § 82 SGB IXV nach § 54 Abs. 4 SGB I iVm **§ 850a Nr. 8 ZPO.**[14] Es muss mithin für jede einzelne Leistung über die in § 9 SGB XIV aufgeführten hinaus geprüft werden, ob sie dem Pfändungsverbot des

---

10 Referenten-Entwurf zum SGB XIV (§ 10 SGB XIV-E), 147 abrufbar unter https://www.der-paritaetische.de/alle-meldungen/referentenentwurf-sgb-xiv-entwurf-eines-gesetzes-zur-regelung-des-sozialen-entschaedigungsrechts/.
11 BT-Drs. 19/13824, 173.
12 Vgl. Lilge/Gutzler/Lilge SGB I § 54 Rn. 39; vgl. auch jurisPK-SGB I/Pflüger § 54 Rn. 70 ff.
13 Lilge/Gutzler/Lilge SGB I § 54 Rn. 39.
14 jurisPK-SGB I/Pflüger § 54 Rn. 70.

§ 54 Abs. 1 oder Abs. 3 Nr. 3 SGB I, ggf. iVm §§ 850 ff. ZPO unterfallen. Lilge weist in seiner Kommentierung zu § 54 SGB I darauf hin, dass von dem Pfändungsschutz nach § 54 Abs. 3 Nr. 3 SGB I jedoch nicht erfasst seien Sozialleistungen an schwerbehinderte Menschen, die dem Ausgleich von Einkommensverlusten dienten (BSA nach bisherigem und zukünftigem Recht), weil durch diese kein gesundheitsbedingter Mehraufwand ausgeglichen werde (s. auch Ausgleichsrente nach § 32 BVG).[15]

C. Einzelkommentierung

9 § 9 SGB XIV normiert einen **Pfändungsschutz** für die dort aufgeführten einzelnen Leistungen – **laufende Geldleistungen** und Abfindungen (dazu → Rn. 7) –, der neben dem des § 54 SGB I (zur Anwendbarkeit des § 54 SGB I im SER → Rn. 1) steht (§ 37 SGB I Vorbehalt abweichender Regelungen). Soweit es die in § 9 SGB XIV durch den Verweis auf Kap. 9 dem Pfändungsschutz unterstellten **Abfindungen** betrifft, greift das SGB XIV zukünftig eine Teilregelung des BVG (§ 78 BVG) auf. Die ausdrückliche Regelung des § 9 SGB XIV geht jedoch über die bisherige Normierung in der SE hinaus, wenn auch im Ergebnis – aufgrund der Anordnung der Unpfändbarkeit in § 54 Abs. 3 Nr. 3 **SGB I** – die in § 9 SGB XIV benannten Leistungen ohne diese ausdrückliche Regelung weitestgehend dem Pfändungsschutz unterstellt gewesen wären.[16] Soweit Ansprüche aus der SE nach dem SGB XIV nicht der Anordnung der Unpfändbarkeit nach § 54 Abs. 1 SGB XIV als **Dienst- oder Sachleistung** unterfallen (Fallmanagement, Behandlungen in Traumaamulanzen, Pflegesachleistungen usw), ist zu prüfen, ob es sich nach § 54 Abs. 3 Nr. 3 SGB I um Geldleistungen handelt, die dafür bestimmt sind, den durch einen **Körper- oder Gesundheitsschaden bedingten Mehraufwand** auszugleichen. Dies ist bereits bisher bei einer Vielzahl an Leistungen der SE nach dem BVG angenommen worden und wird sich auch unter dem Regime des SGB XIV nicht ändern (s. iE → Rn. 8).[17] Wenn es sich um eine **einmalige Leistung** handelt, greift der Pfändungsschutz des § 54 Abs. 2 SGB I, wonach diese nur gepfändet werden können, soweit nach den Umständen des Falles, insbesondere nach den Einkommens- und Vermögensverhältnissen des Leistungsberechtigten, der Art des beizutreibenden Anspruchs sowie der Höhe und der Zweckbestimmung der Geldleistung, die Pfändung der Billigkeit entspricht. Gerade bei den Leistungen der SE dürfte insoweit wegen der Ausgleichsfunktion immer eine besonders sorgfältige Prüfung erforderlich sein. Schlussendlich sehen die Regeln der **§§ 850 ff. ZPO**, auf die nach § 54 Abs. 4 SGB I verwiesen wird, wenn es dort heißt, laufende Geldleistungen könnten wie Arbeitseinkommen gepfändet werden, Sonderregelungen iS des Ausschlusses von der Pfändbarkeit vor (zB § 850a Nr. 8 ZPO – Blindenzulage – s. insoweit Leistungen bei hochgradiger Sehbehinderung, Blindheit und Taubheit gem. § 82 SGB XIV → Rn. 8).

10 Leistungen des SGB XIV können auch zukünftig grundsätzlich **übertragen** und **verpfändet** werden. Die gegenteilige Regelung des SGB XIV-E/Referentenentwurf hat das Gesetzgebungsverfahren nicht erfolgreich passieren können (s. insoweit zum SGB XIV-E → Rn. 8). In der Entwurfsbegründung zu Art. 1 § 9 G-SER heißt es insoweit, Berechtigte können im Rahmen des § 53 SGB I nach wie vor über die Entschädigungszahlungen verfügen und sie zur Erfüllung von Verbindlichkeiten oder zur Absicherung einer Finanzierung einsetzen.[18] Dies gilt allerdings nicht für **Dienst- und Sachleistungen der SE**. Sie sind nach § 53 Abs. 1 SGB I ebenso wenig der Verpfändung oder

15 Lilge/Gutzler/Lilge SGB I § 54 Rn. 40.
16 Vgl. Lilge/Gutzler/Lilge SGB I § 54 Rn. 39; s. auch LPK-SGB I/Timme/Weingart § 54 Rn. 11.
17 jurisPK-SGB I/Pflüger § 54 Rn. 70; Lilge/Gutzler/Lilge SGB I § 54 Rn. 39; s. auch LPK-SGB I/Timme/Weingart § 54 Rn. 11.
18 BT-Drs. 19/13824, 173.

Übertragung zugänglich, wie sie pfändbar sind (→ Rn. 9). Aber auch für Geldleistungen gelten Einschränkungen im Hinblick auf die Übertragung und Verpfändung. Abs. 2 und 3 des § 53 SGB I enthalten insoweit **Schutzbestimmungen** für den Leistungsempfänger, die eine zu weitgehende Verfügung verhindern. § 53 SGB I macht, wie Timme/Weingart[19] es formulieren, andererseits einen nicht unerheblichen Teil von Sozialleistungen, insbesondere Entgeltersatzleistungen, dem Rechtsverkehr gegenüber zugänglich, soweit die Leistungen die Grenzen des Pfändungsschutzes für Arbeitseinkommen nach § 54 Abs. 4 SGB I iVm §§ 850 ff. ZPO (→ Rn. 8) überschreiten.

D. Anhang

I. BVG

11 **§ 78 BVG [Pfändungsverbot]**

Innerhalb der in § 76 Abs. 1 vorgesehenen Frist ist ein der ausgezahlten Abfindungssumme gleichkommender Betrag an Geld, Wertpapieren und Forderungen der Pfändung nicht unterworfen.

§ 76 BVG [Rückzahlungspflicht]

(1) Die Abfindung ist auf Erfordern insoweit zurückzuzahlen, als sie nicht innerhalb einer von der zuständigen Verwaltungsbehörde bemessenen Frist bestimmungsgemäß verwendet worden ist.

...

II. IfSG

12 **§ 67 IfSG Pfändung**

(1) ...

(2) Übertragung, Verpfändung und Pfändung der Ansprüche nach den §§ 60, 62 und 63 Abs. 1 richten sich nach den Vorschriften des Bundesversorgungsgesetzes.

§ 10 Antragserfordernis

(1) Leistungen der Sozialen Entschädigung werden auf Antrag erbracht, soweit dieses Buch nichts Abweichendes regelt.

(2) [1]Von Amts wegen werden Besondere Leistungen im Einzelfall nach Kapitel 11 erbracht. [2]Hiervon ausgenommen ist die Leistung nach § 94.

(3) Von Amts wegen können erbracht werden:

1. **Leistungen der Krankenbehandlung nach Kapitel 5,**
2. **Leistungen zur Teilhabe am Arbeitsleben nach § 63,**
3. **Leistungen zur Teilhabe an Bildung nach § 65 und**
4. **Leistungen zur Sozialen Teilhabe nach § 66.**

(4) Sind Geschädigte gesetzlich krankenversichert, gelten Anträge auf Leistungen nach Kapitel 5 zugleich als Anträge auf die entsprechenden Leistungen ihrer Krankenkasse, Anträge auf Leistungen ihrer Krankenkasse zugleich als Anträge auf die entsprechenden Leistungen nach Kapitel 5.

(5) [1]Für Leistungen der Traumaambulanz genügt es, wenn unverzüglich nach der zweiten Sitzung ein Antrag gestellt wird. [2]Bei Kontaktaufnahme des Fallmanagements mit möglicherweise berechtigten Personen genügt es, wenn nach der Kontaktaufnahme ein Antrag gestellt wird.

(6) Der Antrag auf Leistungen der Sozialen Entschädigung als Opfer einer Gewalttat nach Abschnitt 2 Unterabschnitt 1 kann auch gestellt werden über eine Unterstützungsbehörde eines anderen Mitgliedstaates der Europäischen Union im Sinne des

---

19 LPK-SGB I/Timme/Weingart § 53 Rn. 2.

Artikels 3 Absatz 1 der Richtlinie 2004/80/EG des Rates vom 29. April 2004 zur Entschädigung der Opfer von Straftaten (ABl. L 261 vom 6.8.2004, S. 15).

A. Gesetzesgeschichte

I. Geltendes und neues Recht

Nach § 1 Abs. 1 BVG bzw. den Gesetzen, die auf die entsprechende Anwendung des BVG verweisen (§ 1 Abs. 1 **OEG**, § 60 Abs. 1 **IfSG** und § 47 Abs. 1 **ZDG**, Texte unter → Rn. 32 ff.), bedarf die Erbringung der Leistungen der SE durch die Verwaltung eines **Antrags**. Auch § 10 Abs. 1 SGB XIV setzt für die Leistungserbringung weiterhin grundsätzlich einen Antrag voraus, wenn auch **nicht ausnahmslos**. Bereits § 18a BVG beinhaltet eine Sonderregelung für Leistungen nach §§ 10 bis 24a BVG (Heilbehandlung, Versehrtenleibesübungen und **Krankenbehandlung**) – sie können von Amts wegen gewährt werde; ihre Erbringung von Amts wegen steht im Ermessen des Leistungsträgers. Eine vergleichbare Regelung findet sich in § 10 Abs. 1 Hs. 2 SGB XIV iVm § 10 Abs. 3 Nrn. 1 bis 4 SGB XIV. Auch nach § 10 Abs. 3 SGB XIV steht es im Ermessen des TdSE, ob Leistungen der Krankenbehandlung (beachte hier auch § 10 Abs. 4 SGB XIV im Hinblick auf die bei einer GKV gestellten Anträge als solche auf Leistungen der Krankenbehandlung der SE), zur **Teilhabe** am Arbeitsleben nach § 63 SGB XIV, zur Teilhabe und Bildung nach § 65 SGB XIV und der Sozialen Teilhabe nach § 66 SGB XIV von Amts wegen erbracht werden. Immer von Amts wegen zu erbringen sind nach § 10 Abs. 2 SGB XIV **BLiE** – mit Ausnahme der zur Förderung der Ausbildung nach § 94 SGB XIV. Die Erbringung von Amts wegen ansonsten entspricht auch der bisherigen Rechtslage, die sich insoweit zwar nicht aus dem BVG selbst erschließt, zu der es aber in der KFürsV, die auf der Ermächtigungsgrundlage des § 27f BVG erlassen worden ist, unter § 54 Abs. 2 **KFürsV**[1] heißt: „Leistungen der Kriegsopferfürsorge sind **von Amts wegen** zu erbringen, wenn die anspruchsbegründenden Tatsachen dem Träger der Kriegsopferfürsorge bekannt sind und Beschädigte oder Hinterbliebene dem zustimmen. ... Werden Tatsachen bekannt, die auf die Notwendigkeit von Maßnahmen der Kriegsopferfürsorge schließen lassen, hat der Träger der Kriegsopferfürsorge die Antragstellung anzuregen“ (→ Rn. 31). Eine besondere 1

1 IdF des Art. 45 Buchst. a Gesetzes zur Änderung des Bundesversorgungsgesetzes und anderer Vorschriften des Sozialen Entschädigungsrechts v. 13.12.2007, BGBl. 2007 I 2904, mWv 21.12.2007, gültig bis 31.12.2023.

Bedeutung kommt der Antragstellung beim **Wahlrecht** zwischen „altem" und „neuem" Recht im Rahmen des **Besitzstandsschutzes** zu. Dieses kann unter den Voraussetzungen des § 142 Abs. 1 und 2 unter Beachtung des Abs. 3 SGB XIV ausgeübt werden. Das Wahlrecht ist nach § 152 Abs. 2 SGB XIV innerhalb von 12 Monaten nach Eintritt der Bestandskraft der Entscheidung über Leistungen nach dem Kap. 23 über die Besitzstände auszuüben. Die Ausübung des Wahlrechts ist unwiderruflich. Im Rahmen der Bestandsschutzregeln des Kap. 23 erfolgt die Neufeststellung zur Anspruchsberechtigung und zum GdS nach § 149 Abs. 1 SGB XIV ebenfalls nur auf Antrag und richtet sich inhaltlich alsdann nach den Regeln der Kap. 1–22 des SGB XIV, also nach neuem Recht. Derartige Neufeststellungen können auch von Amts wegen erfolgen.

II. Änderungen im SGB XIV gegenüber dem BVG und Parallelität

2 Nach bisherigem und neuem SER entsteht der Versorgungsanspruch grundsätzlich nicht schon allein mit der Verwirklichung des gesetzlichen Tatbestandes, soweit er vom Willen des Berechtigten unabhängig ist. Der **Antrag** des Berechtigten muss als weiterer rechtsbegründender Faktor hinzukommen.[2] Der Antrag im SER entfaltet **materiellrechtliche Wirkung** (s. auch BVGVwV zu § 1 Nr. 1 als norminterpretierende VwV). S. zum Beginn, zur Änderung und dem Aufhören der Versorgung im Verhältnis zum Antrag bisher § 60 BVG sowie § 6 KOVVfG; nun ausschließlich zum Antrag § 10 SGB XIV und zum Beginn → § 11 Rn. 7. Die im Gesetz angelegten Ausnahmen von der Begründung des Anspruchs durch den Antrag stimmen im geltenden und zukünftigen Recht weitgehend überein (→ Rn. 1).

B. Normsystematik

I. Allgemeiner Regelungsgehalt

3 § 10 SGB XIV normiert die **Antragstellung** als **materiellrechtliche Leistungsvoraussetzung,**[3] um sie sogleich in vielfältiger Weise wieder aufzuweichen und ein Handeln der TdSE **von Amts wegen** in deren **Ermessen** oder sogar **Verpflichtung** zu stellen. Gerade Letzteres tangiert dabei die Grenze zu dem in der Entwurfsbegründung formulierten Grundsatz der Entscheidungsfreiheit der Leistungsberechtigten, ob und welche Leistungen der SE sie in Anspruch nehmen wollen.[4] Wird diese Entscheidungsfreiheit ernst genommen, kommt dem nach § 30 SGB XIV vorgesehenen **Fallmanagement** große Bedeutung zu. Dort soll und muss die Beratung der Leistungsberechtigten über die Anspruchsvoraussetzungen, aber auch die Leistungen und die Konsequenzen aus deren Beantragung erfolgen. Dies gilt auch im Hinblick darauf, dass das Ergebnis dessen ggf. ein Verzicht auf Leistungen der SE ist. Erfolgt die Beratung falsch oder unzureichend und werden dadurch Leistungen der SE vereitelt, steht ein **sozialrechtlicher Herstellungsanspruch** im Raum. Er setzt voraus, dass der Sozialleistungsträger eine ihm aufgrund des Gesetzes oder eines Sozialrechtsverhältnisses obliegende Pflicht, insbesondere zur Beratung und Auskunft (§§ 14, 15 SGB I – § 30 SGB XIV), verletzt hat. Ferner ist erforderlich, dass zwischen der Pflichtverletzung des Sozialleistungsträgers und dem Nachteil des Betroffenen ein ursächlicher Zusammenhang besteht. Schließlich muss der durch das pflichtwidrige Verwaltungshandeln eingetretene Nachteil

2 BSG 25.11.1965 – 9 RV 256/64, BVBl 1966, 48; BSG 23.3.1956 – 10 RV 385/55, BSGE 2, 289, NJW 1957, 197; BSG 15.4.1958 – 10 RV 393/56, BSGE 7, 118; BSG 14.5.1958 – 11/9 RV 1042/55, BSGE 7, 187, NJW 1958, 1158; BSG 19.3.1969 – 10 RV 726/67, BSGE 29, 186; BSG 7.8.1975 – 10 RV 135/74, SozR 3100 § 89 Nr. 2; Haueisen DOK 1965, 361; Barth SozVers 1966, 1–3; Gurgel SGb 1960, 132.
3 S. auch BSG 11.12.2008 – B 9/9a VG 1/07 R, SozR 4-3100 § 60 Nr. 5, Rn. 17.
4 BT-Drs. 19/13824, 173.

durch eine zulässige Amtshandlung beseitigt werden können. Die Korrektur durch den Herstellungsanspruch darf dem jeweiligen Gesetzeszweck nicht widersprechen.[5]

II. Systematische Einordnung und Normzweck

Zwar stellt § 10 SGB XIV einerseits klar, dass Leistungen der SE grundsätzlich ein **Antragserfordernis** zugrunde liegt. Die Berechtigten können, so die Entwurfsbegründung, jedoch **entscheiden, ob** sie Leistungen der SE in Anspruch nehmen möchten.[6] Dies kann vor dem Hintergrund zB der Regelung des § 17 Abs. 2 SGB XIV von Bedeutung sein, wenn dort geregelt ist, dass Leistungen wegen der Folgen einer Gewalttat iS der §§ 13 ff. SGB XIV ganz oder teilweise versagt werden können, wenn Geschädigte es unterlassen haben, das ihnen Mögliche und Zumutbare zur Aufklärung des Sachverhalt und zur Verfolgung der Täterin oder des Täters beizutragen. Nach der hier vertretenen Lesart hat die Auslegung der unbestimmten Rechtsbegriffe „möglich" und „zumutbar" zwar unter Beachtung der Opferinteressen zu erfolgen. Dies schließt jedoch nicht aus, dass Gewaltopfer, etwa weil sie den Täternamen oder Tätermerkmale nicht Preis geben möchten, auf eine Beantragung von Leistungen der SE verzichten. Auch muss es den Berechtigten freistehen, **welche** Leistungen der SE sie in Anspruch nehmen möchten.[7] Psychotherapeutische Betreuung in Traumaambulanzen kann zB nicht aufgezwungen, von Amts wegen „verordnet" werden. 4

Aus dem vorher ausgeführten folgt, wie bereits nach dem BVG, dass verschiedenartige Versorgungsleistungen grundsätzlich jeweils **gesondert beantragt** werden müssen[8] (vgl. auch § 6 KOVVfG unter → Rn. 30). Das Antragsprinzip ist jedoch nach der höchstrichterlichen Rechtsprechung sinnvoll und nicht schematisch zu handhaben.[9] Es ist daher nicht die Ausdrucksweise, sondern der unter Berücksichtigung aller Umstände erkennbare Wille des Antragstellers maßgeblich. Der 9. Senat des BSG vertritt insoweit die Auffassung, dass auch ein besonders klarer Wortlaut Raum für eine Auslegung lasse, denn die Feststellung der Eindeutigkeit einer Willenserklärung werde erst durch ihre Auslegung erreicht.[10] Der Antrag ist daher als auf alle nach Lage des Falles in Betracht kommenden Leistungen gerichtet anzusehen,[11] er ist **auszulegen** – es gilt auch hier der **Meistbegünstigungsgrundsatz** (s. hierzu auch → Rn. 18).[12] Mit einem Antrag werden nicht nur die Ansprüche geltend gemacht, die bei seiner Stellung im Gesetz vorgesehen sind, sondern darüber hinaus auch diejenigen, die bis zu seiner endgültigen Bearbeitung durch Gesetzesänderung entstehen.[13] Im sozialen Entschädigungsrecht soll der Antragsteller zwar die begehrten Leistungen nennen, er muss es jedoch nicht, wenn sein Antrag entsprechend ausgelegt werden kann.[14] Der Antrag beispielsweise auf Feststellung einer Behinderung iSd SchwbG/SGB IX und ein Form- 5

5 BSG 22.3.2018 – B 5 RE 1/17 R, BSGE 125, 252, Rn. 35 f.; BSG 18.1.2011 – B 4 AS 99/10 R, SozR 4-4200 § 37 Nr. 5, Rn. 24 mwN.

6 BT-Drs. 19/13824, 173.

7 So auch BT-Drs. 19/13824, 173.

8 Vgl. BSG 8.3.1966 – 10 RV 516/64, BVBl 1966, 117; BSG 7.8.1975 – 10 RV 135/74, SozR 3100 § 89 Nr. 2; BSG 1.4.1981 – 9 RV 49/80, Breith 1982, 321.

9 BSG 28.10.1975 – 9 RV 458/74, SozR 3100 § 35 Nr. 1; BSG 29.5.1980 – 9 RV 18/79; BSG 1.4.1981 – 9 RV 49/80, Breith 1982, 321.

10 BSG 11.12.2008 – B 9 VS 1/08 R, BSGE 102, 149, Rn. 72 mwN.

11 So auch BSG 28.4.2005 – B 9a/9 VG 3/04 R, SozR 4-3800 § 1 Nr. 9, Rn. 28.

12 Vgl. BSG 16.3.1979 – 9 RV 18/78, Breith 1980, 494; BSG 30.1.1980 – 12 RK 16/79, SozR 5070 § 10a Nr. 3, zum Meistbegünstigungsgrundsatz vgl. zuletzt BSG 2.10.2020 – B 9 SB 10/20 B, juris Rn. 18 unter Verweis auf BSG 14.7.2020 – B 5 R 28/20 B, juris Rn. 4 mwN.

13 BSG 29.5.1980 – 9 RV 18/79; BSG 16.3.1979 – 9 RV 18/78, SozR 3900 § 40 Nr. 12; BVerwG 10.7.1963 – 19 VI C 91.60, BVerwGE 16, 198.

14 BSG 28.4.2005 – B 9a/9 VG 3/04 R, VersorgVerw 2006, 94; BSG 1.4.1981 – 9 RV 49/80, Breith 1982, 321; s. auch § 60 BVG; Vorberg VersorgB 1970, 104.

blatt-Antrag eines Kriegsbeschädigten auf Anerkennung nach dem SchwbG kann nach der ständigen Rspr. des BSG zugleich als Antrag auf Überprüfung nach dem BVG und Erhöhung des schädigungsbedingten GdS angesehen werden. Voraussetzung ist, dass der Versorgungsberechtigte mit dem Antrag nach dem SchwG/SGB IX auf Schädigungsfolgen hingewiesen hat. Dann ist die nach dem SchwbG/SGB IX und für die Anerkennung von Schädigungsfolgen nach dem BVG gleichermaßen zuständige Versorgungsbehörde verpflichtet, den Antragsteller unverzüglich darauf hinzuweisen, dass er auch Rechte nach dem BVG geltend machen kann; der Antrag nach dem Schwerbehindertengesetz gilt insofern auch als Antrag nach dem BVG;[15] im Gegensatz dazu: Kein **sozialrechtlicher Herstellungsanspruch** (zu den Voraussetzungen → Rn. 3) gegenüber dem Versorgungsträger bei Beantragung von Hinterbliebenenrente beim Träger der Rentenversicherung.[16] Allerdings kann die Versorgungsverwaltung gehalten sein – wenn sich etwa aus einem ärztlichen Gutachten Hinweise auf weitere Leistungsansprüche ergeben (Rentengutachten enthält Hinweise auf Erfüllung der Anspruchsvoraussetzungen einer Pflegezulage)[17] – eine weitere Antragstellung durch den Versorgungsberechtigten anzuregen.[18] Andererseits hat sich der 9. Senat des BSG immer wieder auf den Standpunkt gestellt, das Versorgungsrecht brauche feste Grundlagen. Eine solche sei der das Verwaltungsverfahren in Gang setzende Versorgungsantrag. Daher könne nicht jede neue Entwicklung und Verbesserung im Versorgungsrecht dazu führen, dass neue Leistungen von Amts wegen festgestellt oder bereits laufende, durchaus sachgerechte und dem erklärten Willen des Versorgungsberechtigten entsprechende Anträge gleichsam von Amts wegen erweitert, ergänzt oder in ihrem Sachinhalt umgestellt werden. Grundsätzlich sei ein Leistungsträger auch bei bedeutsamen und folgenschweren **Rechtsänderungen** nicht verpflichtet, die bei ihm geführten Akten daraufhin zu überprüfen, ob sie Anlass für eine spontane Beratung geben.[19]

6 Die **Auslegung** des **Antrag**s hat auch für die Durchsetzung des geltend gemachten Anspruchs im **sozialgerichtlichen Verfahren** Bedeutung. Denn ein dort gestellter Antrag etwa allgemein auf „Beschädigtenversorgung“ ist unzulässig. Zwar kann im sozialgerichtlichen Verfahren die Anfechtungs- und Leistungsklage nach § 54 Abs. 4 SGG auf jede nach dem materiellen Recht vorgesehene Leistung gerichtet sein. Die beanspruchte Leistung muss jedoch genau bezeichnet werden.[20] Der Begriff „Beschädigtenversorgung“ betrifft keine bestimmte Leistung, sondern umfasst alle nach dem BVG zur Verfügung stehenden Leistungen (vgl. § 9 Abs. 1 BVG). Selbst wenn – so der 9. Senat des BSG – nach den Umständen des Falles als „Beschädigtenversorgung“ nur eine Geldleistung in Betracht käme, könne nach der ständigen Rspr. des BSG ein dann immer noch zu unbestimmter Ausspruch nicht Gegenstand eines Grundurteils nach § 130 Abs. 1 S 1 SGG sein.[21]

15 BSG 25.6.1985 – 9a RV 61/83, ZfSH/SGB 1986, 274.
16 BSG 15.8.2000 – B 9 VG 1/99 R, Breith 2000, 1049.
17 BSG 28.10.1975 – 9 RV 458/74, SozR 3100 § 35 Nr. 1.
18 Zum sozialrechtlichen Herstellungsanspruch → Vor § 1 Rn. 20 f. und zum Verhältnis des Antragsprinzips zum Erstattungsanspruch anderer Sozialleistungsträger vgl. BSG 25.5.1988 – 9/9a RVg 1/87, BSGE 63, 204; BSG 23.2.1987 – 9a RVg 1/85, BSGE 61, 180; BSG 15.8.1996 – 9 RVi 1/94 und BSG 22.4.1998 – B 9 VG 6/96 R, BSGE 82, 112.
19 BSG 7.8.1975 – 10 RV 135/74; BSG 28.4.2005 – B 9a/9 VG 3/04 R, VersorgVerw 2006, 94; vgl. auch BSG 16.12.1993 – B 13 RJ 19/92, SozR 3-1200 § 14 Nr. 12; BSG 10.12.2003 – B 9 VJ 2/02 R, BSGE 92, 34.
20 BSG 17.4.2013 – B 9 V 3/12 R, juris Rn. 24.
21 BSG 27.9.2018 – B 9 V 2/17 R, BSGE 127, 1, Rn. 15 unter Verweis auf BSG 17.4.2013 – B 9 V 3/12 R, juris Rn. 24; BSG 2.10.2008 – B 9 VG 2/07 R, juris Rn. 12; BSG 8.8.2001 – B 9 VG 1/00 R, BSGE 88, 240, 246 f., juris Rn. 25; BSG 20.10.1999 – B 9 VG 2/98 R, juris Rn. 16.

In diesem Zusammenhang wird in der Entwurfsbegründung auch darauf hingewiesen, dass der Antrag grundsätzlich **nicht fristgebunden** sei, da die **Berechtigten selbst entscheiden** sollten, wann sie bereit seien, sich im Rahmen ihrer Mitwirkungspflicht mit dem schädigenden Ereignis auseinander zu setzen.[22] Zu den Konsequenzen des Zeitpunkts der Antragstellung für den Leistungsbeginn → § 11 Rn. 6 ff. Allerdings unterliegen einige Leistungen der SE einer gesetzlich festgelegten Fristbindung. S. dazu iE → Rn. 10. 7

C. Einzelkommentierung

I. Leistungserbringung auf Antrag – Abs. 1

Unter Berücksichtigung der Regelungen in § 10 Abs. 1, 2 und 3 SGB XIV werden folgende Leistungen ausschließlich **auf Antrag** erbracht (zur Wirkung des Antrags, Auslegung und Folgen fehlerhafter Beratung → Rn. 2–4): Leistungen nach Kap. 4 – SH, unter Berücksichtigung der Besonderheiten des § 10 Abs. 5 SGB XIV; Teilhabeleistungen nach Kap. 6, §§ 64, 67, 68 SGB XIV; Leistungen bei Pflegebedürftigkeit nach Kap. 7; Leistungen bei hochgradiger Sehbehinderung, Blindheit und Taubheit nach Kap. 8; Entschädigungszahlungen nach Kap. 9; BSA nach Kap. 10; BLiE nach § 94 SGB XIV, Leistungen bei Überführung und Bestattung nach Kap. 12 und Leistungen im Rahmen der Besitzstandswahrung nach Kap. 23, insbes. § 152 SGB XIV. 8

§ 10 Abs. 1 Hs. 2 SGB XIV formuliert allerdings sogleich die **Ausnahme** von dem unter → Rn. 5 umrissenen **Antragserfordernis.** Es wird darauf hingewiesen, dass dieses Antragserfordernis nur gelte, wenn sich aus dem SGB XIV, also nicht nur § 10 SGB XIV, nichts Anderes ergebe. Aus § 10 Abs. 2 bis 6 SGB XIV ergeben sich die Grundzuweisungen des Antragserfordernisses, wie unter → Rn. 5 darlegt und im Übrigen Ausnahmen für alle anderen Leistungsansprüche (→ Rn. 7 ff.). 9

Grundsätzlich ist ein Antrag auf Leistungen der SE **nicht fristgebunden.** Der Zeitpunkt der Antragstellung hat allerdings Auswirkungen auf den Leistungsbeginn (dazu iE → § 11 Rn. 7 f.) und vereinzelte Leistungen der SE können nur **binnen einer bestimmten Frist** beantragt werden. So kann die Behandlung in einer **Traumaambulanz** zwar zunächst auch ohne vorherige Antragstellung bei einem TdSE erfolgen. Allerdings verlangt § 10 Abs. 5 S. 1 SGB XIV eine unverzügliche Antragstellung im Hinblick auf diese Leistung nach der zweiten Sitzung. Insoweit genügt es jedoch nach § 10 Abs. 5 S. 2 SGB XIV, wenn der Antrag bei einer Kontaktaufnahme des Fallmanagements gestellt wird. Leistungen für **Hinterbliebene** sind, der neuen Ausrichtung der SE durch das SGB XIV entsprechend, nur noch für Übergangszeiträume zu erbringen, um den Hinterbliebenen die Möglichkeit zu eröffnen sich auf die neue Lebenssituation nach dem Tod des Geschädigten einzustellen.[23] Aus diesem Grund ist der Antrag auf Leistungen zur **Teilhabe am Arbeitsleben** nach § 63 Abs. 3 SGB XIV innerhalb eines Jahres nach dem Tod der Geschädigten zu stellen. Auch für **Abfindungen an Witwen und Witwer** gilt nach § 86 Abs. 1 SGB XIV, dass deren Beantragung fristgebunden ist. Die Leistung muss innerhalb eines Jahres nach der Bewilligung der Entschädigungszahlung beantragt werden. Diese Frist gilt nach § 84 Abs. 1 SGB XIV im Übrigen auch für **Abfindungsleistungen für Geschädigte.** Obwohl **Leistungen zur Förderung der Ausbildung** nach § 94 SGB XIV im Rahmen der BLiE erbracht werden, sind sie nicht von Amts wegen, sondern ebenfalls nur auf Antrag zu gewähren. § 10 Abs. 2 SGB XIV macht hier ausdrücklich eine Ausnahme von der Erbringung von Amts wegen. Die Anträge auf **Übernahme der Rückzahlung eines Darlehens zur Ausbildungsförderung** nach § 94 Abs. 1 SGB XIV sind nach § 94 Abs. 3 SGB XIV ebenfalls fristgebunden. Im 10

22 BT-Drs. 19/13824, 174.
23 BT-Drs. 19/13824, 207; s. auch Knickrehm/Mushoff/Schmidt Neues SozEntschR Rn. 204.

Rahmen der Vorschriften zu den **Besitzständen** des Kap.23 muss das **Wahlrecht** nach § 152 SGB XIV innerhalb von 12 Monaten nach Eintritt der Bestandskraft der Entscheidung über Leistungen nach diesem Kap. ausgeübt werden.

11 Wird die gesetzliche Frist versäumt kann eine **Wiedereinsetzung in den vorigen Stand** – hier die Frist zur Auslösung des Verwaltungsverfahrens über den geltend gemachten Anspruch – iSd **§ 27 SGB X** in Betracht kommen. Grundsätzlich gilt dabei, dass es sich bei der versäumten Frist nicht um eine **Ausschlussfrist** handeln darf, bei deren Vorliegen eine Wiedereinsetzung in den vorigen Stand nicht zulässig ist (§ 27 Abs. 5 SGB X). Um eine solche Ausschlussfrist handelt es sich dann, wenn nach Sinn und Zweck der Rechtsvorschrift die gesetzliche Regelung „mit der Frist steht oder fällt".[24] Dabei kann die Regelung eines solchen Ausschlusses sowohl in Form einer ausdrücklichen Anordnung innerhalb der betroffenen Fristenregelung erfolgen[25] als auch dadurch, dass er sich aus dem Wesen der Frist durch Auslegung von Ziel und Zweck der jeweiligen Fristbestimmung und der ihr zugrunde liegenden Interessenabwägung ergibt.[26] Letzteres ist zumindest bei den Fristen des § 63 Abs. 3 SGB XIV (**Teilhabe am Arbeitsleben für Hinterbliebene**), als auch den Fristen für die Beantragung von **Abfindungszahlungen** nach §§ 84 Abs. 1 und 86 Abs. 1 SGG XIV, § 94 SGB XIV (Übernahme der Rückzahlung des Darlehens für die **Ausbildungsförderung**) und dem **Wahlrecht** nach § 152 SGB XIV der Fall. Ohne die Einhaltung der gesetzlich normierten Fristen entfällt der Sinn und Zweck der benannten Leistungen[27] (s. zB zur Teilhabeleistung für Hinterbliebene → Rn. 10). Etwas anderes gilt zB für die Frist des § 10 Abs. 5 SGB XIV. Denn die Kosten für die ersten beiden Sitzungen der Traumaambulanz werden auch getragen, wenn Ansprüche nach dem SGB XIV nicht bestehen (§ 11 Abs. 5 SGB XIV). Zudem soll die schnelle Behandlung in der Traumaambulanz verhindern, dass Spätfolgen des Traumas eintreten, Folgen sich verfestigen oder Folgen erst gar nicht auftreten.[28] Die Erbringung der Leistung als frühe, vor der Antragstellung, ist daher bereits im Gesetz angelegt. Der Annahme einer Ausschlussfrist insoweit würde auch der Möglichkeit der vorzeitigen Leistung und vorläufigen Entscheidung des TdSE iSd § 119 SGB XIV widersprechen. Im Übrigen wäre im Fall der Inanspruchnahme von Leistungen der Traumaambulanz auch das Verhältnis von Aktivität der Berechtigten (Aufsuchen der Traumaambulanz als „Antrag") zur Kenntnisnahme hiervon durch die TdSE zu klären. Es ist allerdings zu differenzieren zwischen der „Wiedereinsetzungsmöglichkeit" nach § 11 Abs. 2 SGB XIV, die der des § 60 Abs. 1 BVG entspricht, und der Wiedereinsetzung bei dem Versäumen einer gesetzlichen Frist iSd § 27 SGB X. Erste regelt lediglich das Verhältnis zwischen **Antragstellung** und **Leistungsbeginn**. Nach **§ 11 Abs. 2 SGB XIV** werden Leistungen unter bestimmten Bedingungen auch für Zeiträume vor der Antragstellung erbracht.[29]

12 Zu **Form, Inhalt** und **Auslegung** des Antrags und zum Ort der Antragstellung (**TdSE** oder anderer Träger) → Rn. 5.

---

24 Schütze/Siefert SGB X § 27 Rn. 10 unter Verweis auf BSG 16.12.1993 – 4 RA 16/93, SozR 3-1300 § 27 Nr. 5, Rn. 24.
25 S. BSG 5.2.2004 – B 11 AL 47/03 R, juris Rn. 12 ff.
26 Vgl. BSG 23.1.2008 – B 10 EG 6/07 R, SozR 4-7833 § 4 Nr. 1 Rn. 13 unter Verweis auf BSG 16.12.1999 – B 14 EG 3/98 R, BSGE 85, 231, 239 mwN.
27 So wohl auch Schmidt SGB XIV/Karl § 10 Rn. 14.
28 Vgl. BT-Drs. 19/13824, 185.
29 So auch Schmidt SGB XIV/Karl § 10 Rn. 14; s. insoweit auch zum Verhältnis zwischen Leistungsbeginn und Antragstellung nach § 37 SGB II BSG 18.1.2011 – B 4 AS 99/10 R, juris Rn. 23.

II. Leistungserbringung – zwingend – von Amts wegen – BLiE – Abs. 2

13 Die **BLiE**, die die Leistungen der **Kriegsopferfürsorge** nach dem BVG ersetzen, sind vom TdSE zwingend **von Amts wegen** zu erbringen (s. im Ermessen der TdSE stehende Erbringung von Amts wegen nach Abs. 3 → Rn. 14). Dies entspricht auch im Wesentlichen dem bisherigen und noch geltenden Recht – hier § 27f BVG iVm § 54 KFürsV (s. iE → Rn. 1). Nach § 10 Abs. 2 S. 2 SGB XIV ausdrücklich von der Erbringung von Amts wegen ausgenommen sind die Leistungen zur **Ausbildungsförderung** iSd § 94 SGB XIV. Dies folgt bereits daraus, dass die Leistung in der Rückzahlung des für die Ausbildung erlangten Darlehens besteht und diese Rückzahlung selbst fristgebunden ist. Haben mithin Berechtigte, die den Fristen zB des BAföG unterworfen sind, bereits selbst Tilgungsleistungen erbracht, entfällt die Leistungsverpflichtung des TdSE. Es bedarf daher immer eines „Anstoßes" der Berechtigten, um die Leistungserbringung durch die Versorgungsverwaltung gegenüber dem Darlehensgläubiger auszulösen.

14 § 10 Abs. 2 SGB XIV folgt mit der Leistungserbringung von Amts wegen dem sog. **„Kenntnisgrundsatz"** des SGB XII, an das die BLiE in ihren Voraussetzungen und ihrer Höhe (§ 105 Abs. 2 SGB XIV) – unter Berücksichtigung der Besonderheiten der SE ua im Hinblick auf den Kausalzusammenhang zwischen Unvermögen des „Selbstunterhalts" und Schädigungsfolgen oder beim Einsatz von Einkommen und Vermögen nach §§ 105 ff. SGB XIV – vielfach angelehnt sind. Wie nach **§ 18 Abs. 1 SGB XII** werden – anders als etwa bei Leistungen nach dem SGB II (§ 37 SGB II) – auch die BLiE ohne Antrag Berechtigten (schon dann) erbracht, sobald dem TdSE oder einer von ihm beauftragten Stelle bekannt wird, dass die Voraussetzungen für die Leistung vorliegen.[30] Während Coseriu die praktische Bedeutung des Kenntnisgrundsatzes für die Sozialhilfe in Frage stellt,[31] dürfte die überwiegende Zahl der Fälle in der SE gerade durch anderweitige Kenntnis des TdSE vom Hilfebedarf ausgelöst werden. Denn es ist davon auszugehen, dass die TdSE die entsprechende Kenntnis im Zusammenhang mit der Klärung eines Anspruchs auf andere Leistungen der SE erlangen werden. Dies gilt umso mehr, als § 92 Abs. 1 S. 2 SGB XIV den Ursachenzusammenhang zwischen dem finanziellen Unvermögen sich selbst unterhalten zu können und den Schädigungsfolgen voraussetzt. § 11 Abs. 3 SGB XIV regelt insoweit für den Leistungsbeginn konsequent, dass frühestens ab dem Monat, in dem der zuständigen Behörde die der Leistung zugrundeliegenden Tatsachen bekannt geworden sind, Leistungen von Amts wegen erbracht werden. Auch hier orientiert sich das SER im Bereich der BLiE am SGB XII. Als Kenntnis (§ 18 Abs. 1 SGB XII) wird für die Sozialhilfe bestimmt, die **positive Kenntnis aller Tatsachen**, die den Leistungsträger in die Lage versetzen, die Leistung zu erbringen. Kenntnis bezieht sich dabei allein auf die erforderlichen Tatsachen – ggf. im Wege der Amtsermittlung festgestellt. Im Gegensatz zur Rspr. der VG ist keine qualifizierte Kenntnis erforderlich, also die einen Leistungsanspruch begründende Schlüssigkeit im Hinblick auf die rechtliche Bewertung des Ob und der Höhe.[32]

III. Leistungserbringung – nach Ermessen – von Amts wegen Abs. 3

15 Anders als nach § 10 Abs. 2 SGB XIV kann die Erbringung von Leistungen der Krankenbehandlung, zur Teilhabe am Arbeitsleben und zur Teilhabe an Bildung sowie zur sozialen Teilhabe zwar auch **von Amts wegen** erfolgen. Allerdings steht die Entschei-

30 jurisPK-SGB XII/Coseriu § 18 Rn. 9.
31 jurisPK-SGB XII/Coseriu § 18 Rn. 13.
32 Zusammenfassend ThürOVG 28.10.2010 – 3 KO 712/07, juris Rn. 58 – s. dazu ausführlich jurisPK-SGB XII/Coseriu § 18 Rn. 32; kritisch im Hinblick auf die Folgen dieses Verständnisses von „Kenntnis" insbes. für Sozialhilfe für die Vergangenheit, LPK-SGB XII/Armborst § 18 Rn. 6 ff.

dung, ob die jeweilige Leistung von Amts wegen erbracht wird, im **Ermessen** des TdSE. Die Regelung nimmt die bisher geltende des § 18a Abs. 1 BVG auf (→ Rn. 28). Danach gilt, die Leistungen nach den §§ 10 bis 24a BVG (Anm. Heilbehandlung, Versehrtenleibesübungen und Krankenbehandlung) werden auf Antrag gewährt; sie können auch von Amts wegen gewährt werden. Die Fixpunkte der Bandbreite für die Möglichkeit zur Ermessensausübung sind auf der einen Seite die Erlangung von Kenntnissen des TdSE darüber, dass Tatsachen vorliegen, die einen Leistungsanspruch auf die benannten Leistungen zulassen und auf der anderen Seite die sichere Kenntnis aller Tatsachen für den Leistungsanspruch. Im letzteren Fall ist das Ermessen der TdSE im Hinblick auf die Frage, **ob** die Leistungen **von Amts wegen** zu erbringen sind **auf Null reduziert**. Das Erlangen der Kenntnis von einzelnen Tatsachen, die für einen Leistungsanspruch bekannt sein müssen, löst bereits insofern eine Handlung von Amts wegen aus, als bei den vier in § 10 Abs. 3 SGB XIV benannten Leistungen **gesteigerter Anlass** für die dem Grunde nach immer gegebene Verpflichtung der TdSE zur **Amtsermittlung** nach § 20 SGB X (**Untersuchungsgrundsatz**) besteht. Das BSG hat zu **§ 18a Abs. 1 S. 1 BVG** insoweit ausgeführt, dass – zur Vermeidung sich aus der Vielgestaltigkeit der Leistungsansprüche und ggf. der Unkenntnis der Berechtigten über diese ergebender Rechtsnachteile – der Versorgungsverwaltung gesetzlich die Möglichkeit eröffnet werde, von Amts wegen diejenigen Leistungen zu gewähren, welche sie bei rechtzeitiger Antragstellung zu gewähren gehabt hätte.[33] In diesen Zusammenhang hat es dann die heutige „Amtsermittlungspflicht" der Versorgungverwaltung gestellt und führt aus, durch § 12 Abs. 1 S. 1 KOVVfG (gestrichen durch Art. II § 16 Nr. 1 G über ein SGB – Verwaltungsverfahren, wegen des Inkrafttretens des § 20 SGB X mWv 1.1.1981)[34] werde der Versorgungsverwaltung bereits mit der Verpflichtung zur Aufklärung des Sachverhalts von Amts wegen aufgegeben, den Leistungsvoraussetzungen im Einzelfall unter Einsatz ihrer Rechts- und Sachkunde nachzugehen. Es betont, diese Pflicht bestehe bereits, wenn Umstände bekannt würden, die auf einen Anspruch nach den §§ 10 bis 24a BVG „schließen ließen", selbst wenn daraus Art und Umfang der erforderlichen Maßnahmen noch nicht eindeutig erkennbar seien.[35] Wenn auch die Regelung des § 10 Abs. 4 SGB XIV nur die Leistungen der Krankenbehandlung und nur den Kreis der „Gesetzlich Krankenversicherten" betrifft, so gibt die Vorschrift einen gewissen Anhalt auch für die Anwendung und Auslegung des § 10 Abs. 3 SGB XIV. Der Antrag bei der Krankenkasse auf deren Leistungen gilt danach zugleich als Antrag auf die entsprechende Leistung nach dem SGB XIV. Danach müssen sich die TdSE die Kenntnis der Träger der GKV zurechnen lassen. Hier ist der Ansatzpunkt für die Leistungserbringung ohne Antrag, also von Amts wegen, bei irgendwie gearteter Kenntnis oder sogar dem Kennenmüssen der einschlägigen Tatsachen.

16 Zu beachten ist insoweit, dass die Möglichkeit der TdSE **von Amts wegen** die in § 10 Abs. 3 SGB XIV benannten Leistungen zu erbringen, diese Leistungen nicht zu **Ermessensleistungen** macht. Der **Rechtsanspruch** auf die Leistungen wird durch die Regelung des § 10 Abs. 2 SGB XIV nicht berührt.

17 Leistungen, die von Amts wegen erbracht werden können, sind die der **Krankenbehandlung** nach dem Kap. 5 des SGB XIV – (fast) ohne Einschränkung. „Fast", denn die Regelung bezieht sich nur auf die Leistungen der Krankenbehandlung, auf die die **Berechtigten** der SE iSd § 2 SGB XIV einen Anspruch haben.[36] Die **Leistungserbringer** können sich nicht auf die Regelung berufen. Die Vergütungen nach Kap. 5 Abschn. 2 sowie die Erstattungen von Aufwendungen und Verwaltungskosten nach Abschn. 4

33 BSG 8.8.1974 – 10 RV 197/73, BSGE 38, 69, juris Rn. 17.
34 BGBl. 1980 I 1469; s. auch BT-Drs. 8/2034, 40.
35 BSG 8.8.1974 – 10 RV 197/73, BSGE 38, 69, juris Rn. 19; Rn. 7; s. HK-SozEntschR/Vogl BVG § 18a Rn. 7.
36 So wohl auch BT-Drs. 19/13824, 173 f.

SGB XIV folgen eigenen Regeln. Dies bedeutet, von Amts wegen können erbracht werden, Krankenbehandlung der SE iSd § 41 SGB XIV, Krankenbehandlung nach § 42 SGB XIV, ergänzende Leistungen der Krankenbehandlung gem. § 43 SGB XIV, die Versorgung mit Hilfsmitteln iSd § 46 SGB XIV, Krankengeld der SE nach § 47 SGB XIV, nach § 48 SGB XIV Beihilfe bei erheblicher Beeinträchtigung der Erwerbsgrundlage, Zuschüsse bei Zahnersatz gem. § 49 SGB XIV, Kostenerstattung bei selbstbeschaffter Krankenbehandlung (§ 50 SGB XIV) und für Krankenbehandlung bei vorübergehendem Auslandsaufenthalt (§ 51 SGB XIV) und Beiträge zur Arbeitsförderung, zur GRV und zur Alterssicherung nach § 52 SGB XIV sowie Reisekosten gem. § 53 SGB XIV. Bei den Teilhabeleistungen werden nach § 10 Abs. 3 Nr. 2 bis 4 SGB XIV einzelne Leistungen herausgegriffen, deren Erbringung von Amts wegen erfolgen kann, wobei die Leistungen zur **med. Reha** iSd § 62 S. 1 Nr. 4 SGB XIV hinzugedacht werden müssen, denn sie unterfallen nach § 62 S. 2 SGB XIV einschließlich der unterhaltssichernden und anderen ergänzenden Leistungen der Krankenbehandlung der SE, die bereits von § 10 Abs. 3 Nr. 1 SGB XIV erfasst ist. Aus der Benennung einzelner Leistungen in § 10 Abs. 3 Nr. 2 bis 4 SGB XIV folgt, dass unterhaltssichernde und andere ergänzende Leistungen iSd § 64 SGB XIV für Geschädigte und Hinterbliebene, die Leistungen zur **Teilhabe** am Arbeitsleben iSd § 63 SGB XIV erhalten, nicht von Amts wegen erbracht werden können – es gilt das Antragserfordernis. Auch nach den Regeln der §§ 67 und 68 SGB XIV ist beim Zusammentreffen von Leistungen der Teilhabe nach § 62 S. 1 Nr. 1 bis 3 SGB XIV mit **Pflegeleistungen** den TdSE nicht die Möglichkeit eröffnet die Pflegeleistungen von Amts wegen erbringen zu können.

IV. Anträge GKV-TdSE – Abs. 4

18 Die **Begünstigung** (→ Rn. 19) des § 10 Abs. 4 SGB XIV trifft nach dem ausdrücklichen Wortlaut der Regelung nur „**Geschädigte**". Dh für andere Berechtigte iSd § 2 Abs. 3 und 4 SGB XIV, die einen Leistungsanspruch nach § 42 Abs. 3 und 4 SGB XIV, § 43 Abs. 4 SGB XIV haben, gilt die Erleichterung der „Gleichstellung" von Anträgen auf Leistungen bei der GKV und dem TdSE nicht. Die Möglichkeit der Leistungserbringung von Amts wegen nach § 10 Abs. 3 Nr. 1 SGB XIV (→ Rn. 14 ff.) gilt hingegen für alle im Kap. 5 benannten Leistungsberechtigten.

19 § 10 Abs. 4 SGB XIV entspricht, angepasst an die „neue" Rechtslage fast wörtlich § 18a Abs. 1 S. 3 BVG (→ Rn. 28). Danach gelten, wenn der Geschädigte Mitglied einer Krankenkasse ist, Anträge auf Leistungen nach dem BVG zugleich als Anträge auf die entsprechenden Leistungen der Krankenkasse und umgekehrt. Der Wortlaut des § 10 Abs. 4 SGB XIV ist insoweit eindeutiger, als sich dort die Regelung ausdrücklich auf Leistungen der TdSE auf die nach dem Kap. 5 des SGB XIV, also die der **Krankenbehandlung** bezieht. Gleichwohl muss im Hinblick auf die Leistungen der KV ein Maßstab gefunden werden. Dieser ist nach § 10 Abs. 4 SGB XIV, wie auch nach § 18a Abs. 1 S. 3 BVG, der der „entsprechenden Leistungen". Vogl weist in diesem Zusammenhang darauf hin, dass der Begriff „**entsprechende Leistungen**" in § 18a Abs. 1 S. 3 BVG nach der Interessenlage der Norm, die die Antragstellung erleichtern solle, nicht im Sinne von § 10 Abs. 7 Buchst. d BVG als **Gleichartigkeit der Leistung** auszulegen sei,[37] sondern mit Blick auf das mit dem Antrag angestrebte Ziel – die medizinische Versorgung zu erhalten – unabhängig davon, ob die dahin gehende Leistung als Sachleistung oder etwa nur als Zuschuss gewährt werde.[38] In Zweifelsfällen sei der Antrag **meistbegünstigend** (zum Meistbegünstigungsgrundsatz → Rn. 5) **auszulegen** bzw. der Antragsteller im Rahmen der **Aufklärungs- und Beratungspflichten**, die

37 S. auch zu § 10 Abs. 4 SGB XIV Entwurfsbegründung BT-Drs.19/13824, 174.
38 HK-SozEntschR/Vogl BVG § 18a Rn. 5 unter Verweis auf Rohr/Sträßer/Dahm BVG/Dahm, Stand Oktober 2007, § 18a Anm. 2.

sowohl die Behörden der Versorgungsverwaltung als auch die Krankenkassen gemäß §§ 13, 14 SGB I träfen, auf die in Betracht kommenden und zu beantragenden Leistungen hinzuweisen. Eine gewisse Einhegung ergibt sich bezüglich der entsprechenden Leistungen der GKV aus § 42 Abs. 1 SGB XIV, der ausdrücklich auf bestimmte Leistungen der GKV verweist. Andererseits geht § 43 SGB XIV über den Leistungskatlog der GKV hinaus, verbunden damit, dass die KV den TdSE den ergänzenden Bedarf anzeigen sollen. Daher ist davon auszugehen, dass § 10 Abs. 4 SGB XIV auch die der GKV bekannt gewordenen Begehren der Geschädigten, die über die Leistungen nach § 42 SGB XIV hinaus gehen, meint, für die der Antrag zugleich beim TdSE als gestellt gilt.

20 Mit der Regelung soll nach der Entwurfsbegründung eine **Verfahrensvereinfachung** und **Erleichterung** für die Berechtigten der SE, die in der GKV versichert sind, bewirkt werden. Die Ursache einer Behandlungsbedürftigkeit lasse sich häufig nicht einfach und schnell feststellen. Geschädigte sollten daher nicht mit der Entscheidung belastet werden, ob für die begehrten Leistungen die Krankenkasse oder die Verwaltungsbehörde zuständig sei. Bedeutsam sei dies insbesondere in den Fällen, in denen die **Abgrenzung** von **Schädigungsfolgen** und **Nichtschädigungsfolgen** in Frage stehe.[39]

V. Antrag Traumaambulanz/Fallmanagement – Abs. 5

21 Mit § 10 Abs. 5 SGB XIV soll die **Idee der SH** abgesichert werden, SH durch Behandlung in der **Traumaambulanz unbürokratisch** und **ohne vorherige Antragstellung** zu ermöglich.[40] Die ersten zwei Behandlungen in der Traumaambulanz können daher – abweichend von § 10 Abs. 1 SGB XIV und § 11 Abs. 1 SGB XIV – nach § 10 Abs. 5 SGB XIV ohne vorherige Antragstellung beim TdSE in Anspruch genommen werden. Erst danach muss der TdSE eingeschaltet werden. Dies wird begleitet durch **§ 11 Abs. 4 S. 2 SGB XIV**, der das **Verbot** der Erbringung von SH vor der Antragstellung **aussetzt**, für die Inanspruchnahme der ersten beiden Sitzungen (§ 10 Abs. 5 SGB II) sowie bei Kontaktaufnahme des Fallmanagements mit möglicherweise berechtigten Personen. Allerdings können auch die ersten fünf (inklusive der beiden nach § 10 Abs. 5 SGB XIV) Sitzungen noch in Anspruch genommen werden, obwohl durch den TdSE noch keine Entscheidung im erleichterten Verfahren nach **§ 115 SGB XIV** ergangen ist (§ 34 Abs. 2 SGB XIV). Im Weiteren dient dem Ziel der unbürokratischen Leistungserbringung die Regelung des **§ 34 Abs. 3 SGB XIV.** Danach sind bis zu zehn weitere Sitzungen zu „finanzieren“, wenn die zuständige Behörde zwei Wochen nach Vorliegen des Antrags keine Entscheidung getroffen hat und die Traumaambulanz die dringende Behandlungsbedürftigkeit sowie die geplante Durchführung der weiteren Sitzungen vorab angezeigt hat.

22 Mit der Verwendung des Wortes **„genügt“** in beiden Sätzen des § 10 Abs. 5 SGB XIV wird zweierlei zum Ausdruck gebracht. Zum einen wird die strikte Vorgabe des § 10 Abs. 1 SGB XIV **durchbrochen,** dass Leistungen der SE, soweit keine Ausnahme geregelt ist, nur auf **Antrag zu erbringen** sind. Ein **Verzicht** auf die Antragstellung an sich geht damit jedoch nicht einher, nur ist eine **spätere ausreichend.** In diesem Sinne hegt das Wort „genügt“ zum zweiten eben diese Ausnahme wieder ein, indem es nach Zeitablauf wie ein **„muss“** der Antragstellung wirkt (zur Fristbindung → Rn. 22). Auf einen zeitgerechten Antrag (→ Rn. 22) sind dann weitere Leistungen zu erbringen. Systematisch steht die Regelung damit in Zusammenhang mit der des § 11 Abs. 5 SGB XIV, wonach auch dann, wenn keine Ansprüche nach dem SER bestehen, die Kosten der ersten beiden Sitzungen vom Träger der SE sowie die Kosten der Kontaktaufnahme durch das Fallmanagement getragen werden.

39 BT-Drs. 19/13824, 174.
40 So Entwurfsbegründung BT-Drs. 19/13824, 174.

Der Antrag „muss" (→ Rn. 21) nach § 10 Abs. 5 S. 1 SGB XIV **unverzüglich** nach zwei Sitzungen gestellt werden. Der Antrag ist mithin **fristgebunden**. Zur Bedeutung des Begriffs „unverzüglich" ist auf § 121 Abs. 1 S. 1 BGB zurückzugreifen. Der Begriff wird dort legal definiert als **„ohne schuldhaftes Zögern"**. Gutzler weist im Rahmen der Kommentierung zu § 16 SGB I darauf hin, dass „unverzüglich" nicht gleichzusetzen sei mit „sofort".[41] Im Rahmen des § 10 Abs. 5 SGB XIV ist das Verschulden der die Leistungen der Traumaambulanz Inanspruchnehmenden situationsbedingt zu fassen. So kann eine verzögerte Antragstellung gleichwohl eine unverzügliche sein, wenn die Verzögerung auf die Folgen des schädigenden Ereignisses zurückgeht. Dies ist zB dann der Fall, wenn das schädigende Ereignis zu einer Traumatisierung geführt hat, die die Geschädigte oder den Geschädigten in ihrer/seiner Handlungsfähigkeit aktuell einschränkt. Dasselbe gilt, wenn die Angaben der Antragsteller unklar sind und deshalb Rückfragen zur Feststellung der zuständigen Leistungsträger erforderlich sind. Soweit Karl[42] an dieser Stelle die Regeln der **Wiedereinsetzung** nach § 27 SGB X bemüht, ist es sicherlich zutreffend, dass in § 10 Abs. 5 SGB XIV keine Ausschlussfrist iSd § 27 Abs. 5 SGB X formuliert wird. Systematisch bedarf es hier der Wiedereinsetzung jedoch nicht. Denn wenn die Geschädigten kein schuldhaftes Zögern trifft, sie also ohne Verschulden gehindert waren die Frist einzuhalten, liegt bereits eine „unverzügliche" Antragstellung iSd § 10 Abs. 5 SGB XIV vor. 23

Dem Erfordernis der unverzüglichen Antragstellung nach der zweiten Sitzung wird der Fall der **Kontaktaufnahme des Fallmanagements** gleichstellt, in dem nach § 10 Abs. 5 S. 2 SGB XIV auch eine **Antragstellung nach der Kontaktaufnahme** genügt. Eine zeitliche Begrenzung, bis zu welchem Zeitpunkt alsdann ein Antrag zu stellen ist, wird insoweit nicht formuliert. Insbesondere wird keine Antragstellung unverzüglich – also ohne schuldhaftes Zögern (→ Rn. 22) – nach der Kontaktaufnahme verlangt. Möglicherweise liegt dem die Vorstellung zu Grunde, dass bei dem Kontakt mit dem Fallmanagement auch die Frage der Antragstellung geklärt bzw. vorbereitet wird. So sieht § 30 Abs. 5 Nr. 1 SGB XIV vor, dass beim Fallmanagement der mögliche Hilfebedarf ermittelt und nach § 30 Abs. 5 Nr. 4 SGB XIV auch Unterstützung bei der Antragstellung geleistet wird. Gleichwohl kann diese Alternative in Zusammenschau mit § 10 Abs. 5 S. 1 SGB XIV nur so verstanden werden, dass auch nach der Kontaktaufnahme mit dem Fallmanagement der Antrag unverzüglich zu stellen ist, spätestens unverzüglich nach der zweiten Sitzung in der Traumaambulanz. 24

VI. Antrag bei Unterstützungsbehörde eines Mitgliedstaats der EU – Abs. 6

Eine eigenständige Regelung dazu, wo Anträge auf Leistungen der SE gestellt werden müssen findet sich im SGB XIV nicht. Es gilt insoweit **§ 16 SGB I**, wonach Anträge auf Sozialleistungen beim **zuständigen Leistungsträger** zu stellen sind. Sie werden auch von allen anderen Leistungsträgern, von allen Gemeinden und bei Personen, die sich im Ausland aufhalten, auch von den amtlichen Vertretungen der Bundesrepublik Deutschland im Ausland entgegengenommen. § 16 Abs. 2 SGB I formuliert alsdann die Verpflichtung der entgegennehmenden Stelle zur unverzüglichen Weiterleitung an den zuständigen Leistungsträger. Gleichwohl findet sich in § 10 Abs. 6 SGB XIV eine eigene Regelung für die Entgegennahme von Anträgen über die **Unterstützungsbehörde** eines anderen Mitgliedsstaats der EU. Allerdings ist die Antragstellung dort nicht zwingend, sondern stellt eine weitere Möglichkeit dar den Antrag anzubringen, ausgedrückt durch das Wort „auch". § 10 Abs. 6 SGB XIV nimmt insoweit Bezug auf die **Richtlinie (RL) 2004/80/EG** des Rates vom 29.4.2004[43] zur Entschädigung der 25

41 Lilge/Gutzler/Gutzler SGB I § 16 Rn. 51.
42 Schmidt SGB XIV/Karl § 10 Rn. 33.
43 ABl. EU L 261 S. 15.

Opfer von Straftaten (zu den Einzelheiten der RL → Rn. 2). Die Regelung schreibt insoweit § 6a Abs. 2 OEG (→ Rn. 2) fort.

26 Nach Art. 1 der **RL 2004/80/EG** können Personen den Antrag auf Entschädigung in ihrem Wohnsitzstaat stellen, wenn sie in einem anderen EU-Mitgliedstaat Opfer einer Gewalttat geworden sind. Für die Anwendung dieser Regelung sind nach RL 2004/80 EG Art. 3 Abs. 1 die von jedem Mitgliedstaat zu benennenden **Unterstützungsbehörden** zuständig.[44] Die Unterstützungsbehörde hat nach RL 2004/80 EG Art. 5 und 6 die Aufgabe, dem Antragsteller die erforderlichen **Informationen** und **Antragsformulare** zu Verfügung zu stellen und den Antrag so schnell wie möglich an die Entscheidungsbehörde zu übermitteln. Die Unterstützungsbehörde ermittelt die zuständige Behörde des Staates, in dem sich die Gewalttat ereignet hat, leitet den Antrag weiter und begleitet das weitere Verfahren. Die Aufgabe der Unterstützungsbehörde übernimmt anders als bisher nach § 6a Abs. 2 OEG nicht mehr das BMAS selbst, sondern ab dem 1.1.2024 nach **§ 124 Abs. 2 Nr. 3 SGB XIV** die Bundesstelle für Soziale Entschädigung im Rahmen des Bundesamtes für Soziale Sicherung. Nach **§ 6a Abs. 2** OEG und zukünftig **§ 114 Abs. 2 SGB XIV** nimmt das BMAS für Deutschland allerdings weiterhin die Aufgabe der zentralen **Kontaktstelle** nach RL 2004/80 EG Art. 16 S. 2 wahr. Aufgabe der Kontaktstelle ist insbesondere die **Förderung der Zusammenarbeit** und die Erarbeitung von Lösungen bei auftretenden Problemen. Nach Art. 16 Satz 2 der Richtlinie kommen die Vertreter der Kontaktstelle regelmäßig zusammen. Am 24.6.2020 hat die Europäische Kommission eine Mitteilung an das Europäische Parlament, den Europäischen Wirtschafts- und Sozialausschuss und den Ausschuss der Regionen und eine EU-Strategie für die Rechte von Opfern (2020–2025) vorgelegt.[45] Es wird ein umfassendes Maßnahmenpaket für die nächsten fünf Jahre formuliert. Ziel der erarbeiteten Maßnahmen sei, die Rechte der Opfer besser zu schützen, dabei Opfer mit besonderen Bedürfnissen gebührend berücksichtigen und somit die Sicherheit aller Bürger in der Union zu erhöhen.[46]

27 **Antragsberechtigte** iSd § 10 Abs. 6 SGB XIV sind Personen mit **Wohnsitz** oder **gewöhnlichem Aufenthalt außerhalb Deutschlands** (zur Leitungsberechtigung → § 7 Rn. 13), jedoch in einem Mitgliedsstaat der EU, die in Deutschland Opfer einer Gewalttat iSd § 1 Abs. 2 Nr. 1 iVm §§ 13 ff. SGB XIV geworden sind. Sie können ihren Antrag auf Entschädigung bei der **Unterstützungsbehörde** iS der RL 2004/80 EG Art. 3 Abs. 1 (→ Rn. 2) eines anderen Mitgliedsstaats stellen.[47] Zum Verfahren → Rn. 2. Umgekehrt können Personen, die ihren **gewöhnlichen Aufenthalt oder Wohnsitz in Deutschland** haben und Opfer einer Gewalttat im Geltungsbereich der RL 2004/80 EG werden, einen Antrag auf Entschädigung bei der Unterstützungsbehörde in Deutschland stellen (Bundesstelle für Soziale Entschädigung, → Rn. 2). Insoweit sieht § 15 SGB XIV zwar zukünftig einen Leistungsanspruch gegen den deutschen TdSE vor, allerdings ua nach Maßgabe des **§ 102 SGB XIV**. Dieser normiert in Abs. 7, dass zu Leistungen aus anderen öffentlichen oder privaten Sicherungs- oder Versorgungssystemen, die auf die Leistungen bei „Auslandsgewalttaten“ anzurechnen sind, auch Leistungen aus Sicherungs- oder Versorgungssystemen, insbesondere Systemen der Opferentschädigung des Staates zählen, in dem sich die Gewalttat ereignet hat.

44 Vgl. HK-SozEntschR/Rademacker OEG § 6a Rn. 3.
45 S. unter BR-Drs. 378/20.
46 BR-Drs. 378/20, 28.
47 S. auch BT-Drs. 19/13824, 174.

D. Anhang

I. BVG

§ 1 BVG [Voraussetzungen des Versorgungsanspruchs] 28

(1) Wer durch eine militärische oder militärähnliche Dienstverrichtung oder durch einen Unfall während der Ausübung des militärischen oder militärähnlichen Dienstes oder durch die diesem Dienst eigentümlichen Verhältnisse eine gesundheitliche Schädigung erlitten hat, erhält wegen der gesundheitlichen und wirtschaftlichen Folgen der Schädigung auf Antrag Versorgung.

...

§ 18a BVG [Beginn, Dauer und Beendigung der Gewährung von Leistungen]

(1) [1]Die Leistungen nach den §§ 10 bis 24a [BVG – Anm. Heilbehandlung, Versehrtenleibesübungen und Krankenbehandlung] werden auf Antrag gewährt; sie können auch von Amts wegen gewährt werden. ... [3]Ist der Berechtigte Mitglied einer Krankenkasse, gelten Anträge auf Leistungen nach diesem Gesetz zugleich als Anträge auf die entsprechenden Leistungen der Krankenkasse, Anträge auf Leistungen der Krankenkasse zugleich als Anträge auf die entsprechenden Leistungen nach diesem Gesetz.

...

II. BVGVwV

BVGVwV zu § 1 Nr. 1 29

Der Antrag ist materiell-rechtliche Voraussetzung des Anspruchs auf Versorgung. Er ist auf alle nach Lage des Falles in Betracht kommenden Leistungen gerichtet anzusehen, es sei denn, dass er auf bestimmte Leistungen ausdrücklich beschränkt ist.

BVGVwV zu § 18a

Werden der Verwaltungsbehörde unmittelbar oder durch pflichtgemäße Information der Krankenkasse Umstände bekannt, die darauf schließen lassen, daß der Berechtigte Anspruch auf eine Leistung nach den §§ 10 bis 24a (BVG) hat, so soll sie im Hinblick auf die Möglichkeit, Leistungen von Amts wegen zu gewähren, den Sachverhalt aufklären. Dabei kommt es nicht darauf an, daß die bekanntgewordenen Umstände bereits die Art und den Umfang der erforderlichen Maßnahmen eindeutig erkennen lassen. Berechtigte, die wegen Schädigungsfolgen, Gebrechlichkeit oder wegen hohen Alters wahrscheinlich nicht in der Lage sind, von sich aus sachgerechte Anträge auf Leistungen nach den §§ 10 bis 24a zu stellen, und Berechtigte, bei denen wegen der Art der Schädigungsfolgen mit Verschlechterungen im Gesundheitszustand gerechnet werden muß, soll die Verwaltungsbehörde im Hinblick auf die Möglichkeit, Leistungen von Amts wegen zu gewähren und die Heil- und Krankenbehandlung anstelle der Krankenkasse durchzuführen, in geeigneten Zeitabständen, je nach Lage des Falles, zur Aufklärung des Sachverhaltes vorladen oder durch geeignete Bedienstete aufsuchen lassen.

III. KOVVfG

§ 6 KOVVfG [Antragstellung] 30

Die Anträge in Versorgungsangelegenheiten sind bei dem Versorgungsamt zu stellen, auch wenn für die Entscheidung das Landesversorgungsamt zuständig ist.

IV KFürsV

§ 54 KFürsV Dauer der Leistungen; Leistungen von Amts wegen 31

...

(2) [1]Leistungen der Kriegsopferfürsorge sind von Amts wegen zu erbringen, wenn die anspruchsbegründenden Tatsachen dem Träger der Kriegsopferfürsorge bekannt sind und Beschädigte oder Hinterbliebene dem zustimmen. ... [3]Werden Tatsachen bekannt, die auf die Notwendigkeit von Maßnahmen der Kriegsopferfürsorge schließen lassen, hat der Träger der Kriegsopferfürsorge die Antragstellung anzuregen.

V. OEG

32 **§ 1 OEG Anspruch auf Versorgung**

(1) [1]Wer im Geltungsbereich dieses Gesetzes oder auf einem deutschen Schiff oder Luftfahrzeug infolge eines vorsätzlichen, rechtswidrigen tätlichen Angriffs gegen seine oder eine andere Person oder durch dessen rechtmäßige Abwehr eine gesundheitliche Schädigung erlitten hat, erhält wegen der gesundheitlichen und wirtschaftlichen Folgen auf Antrag Versorgung in entsprechender Anwendung der Vorschriften des Bundesversorgungsgesetzes. …

VI. IfSG

33 **§ 60 IfSG Versorgung bei Impfschaden und bei Gesundheitsschäden durch andere Maßnahmen der spezifischen Prophylaxe**

(1) [1]Wer durch eine Schutzimpfung oder durch eine andere Maßnahme der spezifischen Prophylaxe, die

…

eine gesundheitliche Schädigung erlitten hat, erhält nach der Schutzimpfung wegen des Impfschadens im Sinne des § 2 Nr. 11 oder in dessen entsprechender Anwendung bei einer anderen Maßnahme wegen der gesundheitlichen und wirtschaftlichen Folgen der Schädigung auf Antrag Versorgung in entsprechender Anwendung der Vorschriften des Bundesversorgungsgesetzes, soweit dieses Gesetz nichts Abweichendes bestimmt. …

VII. ZDG

34 **§ 47 ZDG Versorgung**

(1) [1]Ein Dienstpflichtiger, der eine Zivildienstbeschädigung erlitten hat, erhält nach Beendigung des Dienstverhältnisses wegen der gesundheitlichen und wirtschaftlichen Folgen der Schädigung auf Antrag Versorgung in entsprechender Anwendung der Vorschriften des Bundesversorgungsgesetzes, soweit in diesem Gesetz nichts Abweichendes bestimmt ist. …

§ 11 Beginn der Leistungserbringung, Kostenregelung für die erste Inanspruchnahme Schneller Hilfen

(1) Leistungen, die auf Antrag erbracht werden, sind ab dem Monat zu erbringen, in dem die Voraussetzungen für die Inanspruchnahme vorliegen, frühestens ab dem Monat, in dem der Antrag auf diese Leistungen gestellt wird.

(2) [1]Abweichend von Absatz 1 sind für Zeiträume vor der Antragstellung Leistungen zu erbringen, wenn der Antrag innerhalb eines Jahres nach dem schädigenden Ereignis gestellt war. [2]War die anspruchsberechtigte Person ohne ihr Verschulden an der Antragstellung verhindert, so verlängert sich diese Frist um den Zeitraum der Verhinderung.

(3) Leistungen, die von Amts wegen erbracht werden, sind frühestens ab dem Monat zu erbringen, in dem der zuständigen Behörde die der Leistung zugrundeliegenden Tatsachen bekannt geworden sind.

(4) [1]Leistungen der Schnellen Hilfen werden für Zeiträume vor der Antragstellung nicht erbracht. [2]Dies gilt nicht für die Inanspruchnahme der ersten beiden Sitzungen in der Traumaambulanz sowie die Kontaktaufnahme des Fallmanagements mit möglicherweise berechtigten Personen.

(5) Die Kosten für die ersten beiden Sitzungen in der Traumaambulanz sowie die erste Kontaktaufnahme durch das Fallmanagement werden auch dann getragen, wenn Ansprüche nach diesem Buch nicht bestehen, auch nicht im Erleichterten Verfahren nach § 115.

A. Gesetzesgeschichte

I. Geltendes und neues Recht

1 Die zukünftigen Regelungen des § 11 Abs. 1 bis 3 SGB XIV entsprechen im Grundsatz denen des bisherigen Rechts nach **§ 60 Abs. 1 S. 1 bis 3 BVG** und **§ 60 Abs. 3 S. 1 BVG iVm § 3 KOVVfG. § 47 Abs. 8 ZDG** verweist auf die entsprechende Anwendung des § 60 BVG, der überschrieben ist mit „Beginn und Änderung" der Versorgung. Der Grundsatz lautet, dass Leistungen erbracht werden ab dem Monat, in dem ihre Voraussetzungen vorliegen, frühestens mit dem Antragsmonat. Die Erbringung von Leistungen ist nach altem und neuem Recht von der **Antrag**stellung als **materiellrechtlicher Voraussetzung** abhängig, es sei denn, es ist etwas anderes geregelt – im BVG oder SGB XIV. Die Auswirkungen dieser Grundregel, die ihre gesetzliche Grundlage in § 10 Abs. 1 SGB XIV und §§ 1 Abs. 1, 60 Abs. 1 S. 1 BVG findet, auf den **Leistungsbeginn** bestimmt zukünftig **§ 11 Abs. 1 SGB XIV** (vgl. ausführlich → § 10 Rn. 1 f.). § 60 Abs. 1 BVG regelt Antragstellung und Leistungsbeginn derzeit noch gemeinsam in einer Vorschrift. **§ 11 Abs. 3 SGB XIV** sieht **den Beginn der Leistungserbringung von Amts wegen** vor, **wie er in § 10 Abs. 2 SGB XIV** für BLiE zwingend zu erfolgen hat und für Leistungen der Krankenbehandlung nach Kap. 5 sowie Leistungen nach §§ 63, 65 und 66 SGB XIV im Ermessen des TdSE steht (→ § 10 Rn. 12 ff., 14 ff.). Bei der Erbringung von Leistungen von Amts wegen beginnt die Leistung frühestens in dem Monat, in dem der zuständigen Behörde die der Leistung zugrunde liegenden Tatsachen bekannt geworden sind. Vergleichbar wird dies in § 60 Abs. 3 S. 1 BVG und § 3 KOVVfG formuliert (→ Rn. 31, 33). Das Antragsprinzip modifizierend normiert **§ 11 Abs. 2 SGB XIV** zukünftig die Möglichkeit der **Leistungserbringung auch vor der Antragstellung,** wenn der Antrag innerhalb eines Jahres nach dem schädigenden Ereignis gestellt wird. Diese Frist verlängert sich, wenn die berechtigte Person ohne ihr **Verschulden** an der Antragstellung gehindert war. Diese Regelung entspricht, lediglich angepasst an die neue Diktion, der des § 60 Abs. 1 S. 2 und 3 BVG (→ Rn. 31).

2 Eine u.a. § 60 Abs. 2 BVG entsprechende Regelung zur **Neufeststellung** und dem **Beginn** etwa der **höheren Leistung** fehlt in § 11 SGB XIV. Sie ist auch nicht mehr

erforderlich, denn insoweit gelten die Regeln des Kap. 1 Abschn. 3 Titel 2 – Bestandskraft von Verwaltungsakten – nach dem SGB X (§§ 39 bis 51 SGB X). Wegen einer wesentlichen Änderung der Verhältnisse, die in § 60 Abs. 2 BVG insbes. geregelt ist, kommt § 48 SGB X zur Anwendung. Soweit Karl an dieser Stelle auf § 149 SGB XIV verweist,[1] so hat die Vorschrift einen sehr engen Anwendungsbereich, denn sie findet sich systematisch bei den Vorschriften des Kap. 23 zu den Besitzständen und betrifft diejenigen, deren Leistungen nach „altem" Recht (insbes. BVG als Leitgesetz) festgestellt worden waren oder wegen einer Antragstellung bis zum 31.12.2023 festzustellen sind (§§ 138 ff. SGB XIV). Im Falle der Neufeststellung ist alsdann das SGB XIV anzuwenden, auch wenn sich die Berechtigten für die Weitergeltung des alten Rechts im Hinblick auf die bei ihnen festgestellten Schädigungsfolgen entschieden (§ 152 SGB XIV) haben.[2]

II. Änderungen im SGB XIV gegenüber dem BVG und Parallelität

3 Unter → Rn. 1 ist bereits darauf hingewiesen worden, dass sich eine **wesentliche Änderung** der Rechtslage durch das zukünftige Recht nicht ergibt. Nur werden zukünftig der **Antragsgrundsatz** als Leistungsvoraussetzung und der **Leistungsbeginn** in den §§ 10 und 11 SGB XIV systematisch auseinandergezogen. Die Regelungen der Abs. 4 und 5 des § 11 SGB XIV finden kein Pendant im bisherigen Recht. Der dortige Normgehalt betrifft die mit dem SGB XIV neu geschaffenen **Leistungen der SH**, insbesondere die Behandlung in einer Traumaambulanz. Sie wird flankiert vom Abs. 5 des § 10 SGB XIV, der im Hinblick auf den Zeitpunkt der erforderlichen Antragstellung eine Sonderregelung trifft (→ § 10 Rn. 20 f.), die alsdann auch ihre Auswirkungen auf den Leistungsbeginn vor und ohne Antragstellung hat (s. hierzu aber auch die §§ 32–34 SGB XIV).

B. Normsystematik

I. Allgemeiner Regelungsgehalt

4 Der Regelungsgehalt des § 11 SGB XIV scheint nach dessen Überschrift zwei verschiedene Gegenstände zu betreffen; zum einen den **Leistungsbeginn** und zum anderen eine **Kostenregelung für die erste Inanspruchnahme der SH**. Im Grunde hängt letzteres jedoch mit ersterem zusammen. Die Abs. 1 bis 4 des § 11 SGB XIV befassen sich mit dem Leistungsbeginn in Abhängigkeit von der Antragstellung und im Falle der Leistungserbringung von Amts wegen. Die zeitliche Besonderheit bei der Beantragung von Leistungen der Traumaambulanz nach § 10 Abs. 5 SGB XIV (es genügt die Antragstellung nach der zweiten Sitzung oder nach der Kontaktaufnahme mit dem Fallmanagement → § 10 Rn. 20 f.) und dem ersten Kontakt mit dem Fallmanagement als Maßnahmen der SH führen alsdann zu der Kostenregelung des § 11 Abs. 5 SGB XIV, indem die Kosten für die ersten beiden Sitzungen in der Traumaambulanz sowie die erste Kontaktaufnahme durch das Fallmanagement auch dann vom TdSE übernommen werden, wenn Ansprüche nach dem SGB XIV nicht bestehen. Grundsätzlich regelt § 11 SGB XIV damit insgesamt das Verhältnis von Antrag beim/Kenntnisnahme des TdSE zum Leistungsbeginn.[3]

II. Systematische Einordnung und Normzweck

5 § 11 SGB XIV steht in einem systematischen Zusammenhang mit der Regelung des **§ 10 SGB XIV**. So wie § 10 Abs. 1 SGB XIV grundsätzlich für den Leistungsanspruch den **Antrag** als **materiellrechtliche Voraussetzung** vorschreibt, regelt § 11 Abs. 1

1 Schmidt SGB XIV/Karl § 11 Rn. 3.
2 So auch Schmidt SGB XIV/Kerner § 149 Rn. 8.
3 So zusammenfassend Schmidt SGB XIV/Karl § 11 Rn. 7.

SGB XIV den Leistungsbeginn in Abhängigkeit von der Antragstellung. Die Leistungserbringung erfolgt frühestens ab dem Monat der Antragstellung, wenn in diesem bereits alle anderen Leistungsvoraussetzungen gegeben sind, ansonsten wenn letzteres der Fall ist. Von dieser Grundregel macht § 11 Abs. 2 SGB XIV zwei Ausnahmen, indem der Leistungsbeginn auch vor der Antragstellung liegen kann, wenn zum einen der Antrag innerhalb eines Jahres nach dem schädigenden Ereignis gestellt wird und zum zweiten bei einer noch späteren Antragstellung, wenn die Berechtigten kein Verschulden an der Verspätung trifft. In letzterem Fall verlängert sich die „Jahresfrist" des § 11 Abs. 2 S. 1 SGB XIV um den Zeitraum der schuldlosen Verhinderung an der rechtzeitigen Antragstellung. Die Vorschrift ist **§ 27 SGB X** nachgebildet. § 10 Abs. 2 und 3 SGB XIV regeln weitere Abweichungen von dem Antragsprinzip und ordnen die **Leistungserbringung von Amts wegen** bei den BLiE (außer der des § 64 SGB XIV) bzw. die in das **Ermessen** des TdSE gestellte Leistungserbringung von Amts wegen für die in § 10 Abs. 3 SGB XIV aufgeführten Leistungen an. Hierauf reagiert § 11 Abs. 3 SGB XIV, indem dort der Zeitpunkt des Leistungsbeginns festgelegt wird, wenn die Leistungserbringung keinen Antrag voraussetzt, sondern von Amts wegen erfolgt. § 11 Abs. 4 S. 2 und Abs. 5 SGB XIV stehen in einem Folgeverhältnis zu § 10 Abs. 5 SGB XIV, mit zeitlichen **Sonderregeln** zur Antragstellung für die **SH** (unverzüglich nach der zweiten Sitzung oder nach der Kontaktaufnahme des Fallmanagements s. → § 10 Rn. 20 ff.), deren Leistungsbeginn, wenn die Sonderregelung greift und der sich hieraus ergebenden Kostenfolge, wenn ein Leistungsanspruch verneint wird.

§ 11 SGB XIV dient der Systematisierung der Leistungsvoraussetzungen des Entschädigungsanspruchs der SE, indem er auf der Voraussetzung des **Antragserfordernisses** nach § 10 SGB XIV aufbaut und anders als nach dem BVG die beiden Regelungsbereiche „Antrag als **materiellrechtliche Voraussetzung** der **Leistungserbringung**" und den **Leistungsbeginn** auseinanderzieht. An ihrem Standort unter Kap. 2 Abschn. 1 „Allgemeine Voraussetzungen" gelten die in §§ 10 und 11 SGB XIV festgeschriebenen Regeln nun für alle Leistungen der SE, ohne Besonderheiten wie etwa bisher nach § 47 Abs. 8 ZDG. 6

C. Einzelkommentierung

I. Leistungsbeginn ab Vorliegen der Leistungsvoraussetzungen – frühestens ab Antragsmonat – Abs. 1

Leistungsbeginn für Leistungen, die auf **Antrag** zu erbringen sind, ist der **Monatsbeginn**, ab dem alle Leistungsvoraussetzungen gegeben sind (§ 11 Abs. 1 Hs. 1 SGB XIV). Zu diesen Leistungsvoraussetzungen gehört auch der Antrag selbst – er ist **materiellrechtliche Leistungsvoraussetzung** im SER (§ 10 Abs. 1 SGB XIV, → § 10 Rn. 2 f.). Insoweit regelt Hs. 2 des § 11 Abs. 1 SGB XIV eine daraus folgende Selbstverständlichkeit, indem die Leistungserbringung frühestens **ab dem Monat beginnt**, in dem der Antrag gestellt worden ist. Unabhängig von dem Tag der Antragstellung innerhalb eines Monats erfolgt die Leistungserbringung immer ab dem Beginn des Monats der Antragstellung bzw. des Vorliegens der Leistungsvoraussetzungen. Dies dient der Vereinfachung der Leistungserbringung an sich, aber auch der Leistungsberechnung.[4] Zur **Auslegung** des Antrags → § 10 Rn. 5 ff. und zur **Wirkung der Antragstellung** → § 10 Rn. 8 ff. 7

4 Ein eigentliches Monatsprinzip, wie etwa im SGB II – § 37 Abs. 2 SGB II – folgt hieraus nicht, denn es handelt sich bei den Leistungen der SER – mit Ausnahme der BLiE – nicht um solche, die von einem Hilfebedarf abhängig sind, aA Schmidt SGB XIV/Karl § 11 Rn. 8.

8 Unverändert gilt auch für das SGB XIV, was Knörr zum § 60 BVG ausgeführt hat[5]: „Der **Antrag** ist eine **einseitige, empfangsbedürftige, öffentlich-rechtliche Willenserklärung,** mit der der Antragsteller zum Ausdruck bringt, eine Sozialleistung (hier: Leistungen der Beschädigtenversorgung) in Anspruch nehmen zu wollen."[6] Mit dem Antrag wird in der Regel ein Verwaltungsverfahren eingeleitet (§ 18 Satz 2 Nr. 1 SGB X). Auf diese Willenserklärung finden die Vorschriften des BGB Anwendung, soweit keine spezielle Regelung getroffen worden ist. Der Antrag wird in dem Zeitpunkt wirksam, in dem er dem Leistungsträger (vgl. § 16 Abs. 1 SGB I) zugeht (§ 130 Abs. 1 S. 1 BGB).[7] Der Antrag ist an keine Form gebunden,[8] es sei denn, eine spezialgesetzliche Regelung – wie etwa § 6 KOVVfG in Versorgungsangelegenheiten nach dem BVG (→ Rn. 33)[9] – schreibt eine bestimmte Form vor. Der Antrag ist vom Leistungsträger so auszulegen, dass das Begehren des Antragstellers möglichst weitgehend zum Tragen kommt.[10] Maßgebend ist insoweit der objektive Erklärungswert und die recht verstandene Interessenlage des Antragstellers (§ 133 BGB)[11] – zum Meistbegünstigungsgrundsatz ausführlich → § 10 Rn. 5, 18.

II. Leistungsbeginn abweichend von Abs. 1 – Abs. 2

9 Ebenso wie nach § 11 Abs. 2 SGB XIV eröffnet § 60 Abs. 1 S. 2 BVG eine **Rückwirkung** der **Leistungserbringung,** wenn der Antrag innerhalb eines Jahres nach Eintritt der Schädigung gestellt wird. Die **Jahresfrist** wird nach § 60 Abs. 1 S. 3 BVG und zukünftig § 11 Abs. 2 S. 2 SGB XIV wiederum um den Zeitraum verlängert, in dem eine **unverschuldete Verhinderung** der Antragstellung vorlag. Ihrer Wirkung nach ermöglicht die (verlängerte) Jahresfrist eine **Wiedereinsetzung in den vorigen Stand** iSd § 27 SGB X bei Eintritt der Schädigung.[12] Zu den Einzelheiten → § 10 Rn. 10, Rn. 13 f.

10 **1. Rückwirkende Leistungserbringung für ein Jahr – S. 1.** Die **rückwirkende Leistungserbringung** erfolgt bei Antragstellung innerhalb eines **Jahres** nach Eintritt (der Schädigung – Text § 60 Abs. 1 S. 2 BVG → Rn. 31) des schädigenden Ereignisses (Text § 11 Abs. 2 S. 1 SGB XIV).[13] Diese Regelung trägt insbesondere den Belangen von Impfgeschädigten und Opfern von Gewalttaten Rechnung.[14] Der Gesetzgeber wollte damit den Versorgungsberechtigten eine **Überlegungsfrist** einräumen,[15] aber nach der Entwurfsbegründung zum G-SER zugleich auch einen **Anreiz** für Berechtigte schaffen, den **Antrag** möglichst **innerhalb eines Jahres** nach dem schädigenden Ereignis zu stellen. Der Entwurfsgeber geht dabei davon aus, dass bei einem länger zurückliegenden schädigenden Ereignis die **Sachverhaltsaufklärung** erschwert sein könnte. Eine mög-

5 HK-SozEntschR/Knörr BVG § 60 Rn. 5.
6 Vgl. etwa BSG 17.7.1990 – 12 RK 10/89, SozR 3-1200 § 16 Nr. 2 S. 5, EzS 70/75; BSG 26.4.2007 – B 4 R 21/06 R, SozR 4-1200 § 44 Nr. 2 Rn. 23.
7 Dazu etwa BGH 3.11.1976 – VIII ZR 140, 75, BGHZ 67, 271 (275) = NJW 1977, 194.
8 Vgl. hierzu den in § 9 Satz 1 SGB X geregelten Grundsatz der Nichtförmlichkeit des Verwaltungsverfahrens; dazu etwa BSG 18.8.2005 – B 7a/7 AL 66/04 R, SozR 4-4300 § 415 Nr. 1 Rn. 11; BSG 28.10.2009 – B 14 AS 56/08 R, FEVS 61, 486 = SGb 2009, 714.
9 HK-SozEntschR/Knörr KOVVfG § 6 Rn. 4.
10 Vgl. BSG 4.4.2006 – B 1 KR 5/05 R, BSGE 96, 161, Rn. 14 mwN, NZS 2007, 84.
11 Hierzu etwa BSG 24.4.2008 – B 9/9a SB 10/06 R, Breith 2009, 240 = SGb 2009, 240; BSG 2.10.2008 – B 9 VH 1/07 R, SozR 4-3100 § 60 Nr. 4 Rn. 40.
12 BSG 11.12.2008 – B 9/9a VG 1/07 R, juris Rn. 18 ff.; BSG 30.9.2009 – B 9 VG 3/08 R, BSGE 104, 245–257 = juris Rn. 28.
13 Vgl. auch Rohr/Sträßer/Dahm BVG § 60 Anm. 2.
14 So schon Woltering in Vorberg/van Nuis VI. Teil Besondere Vorschriften D I; vgl. auch Wilke/Sailer, 7. Aufl. 1992, BVG § 60 Rn. 2.
15 Hierzu BSG 10.12.2003 – B 9 VJ 2/02 R, BSGE 92, 34.

lichst frühe Antragstellung auf Leistungen der SE wirke sich insoweit positiv für die Berechtigten aus.[16] Bewilligt der Leistungsträger Leistungen der SE ab Beginn des Monats der Antragstellung, lehnt er damit zugleich den Leistungsanspruch für den davor liegenden Zeitraum und somit die rückwirkende Leistungserbringung aufgrund einer der „Verlängerungstatbestände" ab. Der Anspruch für vor der Antragstellung liegende Zeiträume kann daher mit der kombinierten **Anfechtungs- und Leistungs**(bei Ermessensleistungen: Verpflichtungs-)**klage** gerichtlich begehrt werden.[17]

Die Jahresfrist des § 11 Abs. 2 S. 1 SGB XIV knüpft an das **schädigende Ereignis** an. 11
Insoweit schafft die Regelung sprachlich Klarheit gegenüber der Formulierung in § 60 Abs. 1 S. 2 BVG, der auf den Zeitraum „innerhalb eines Jahres nach der **Schädigung**" abstellt. Zur ungenauen Bezeichnung durch das Wort „Schädigung", verstanden als die Schädigungsfolge oder das schädigende Ereignis, → § 1 Rn. 11. Gemeint sein dürfte nach beiden Formulierungen der Zeitpunkt, zu dem der schädigende Vorgang sein Ende gefunden hat. Der schädigende Vorgang oder das schädigende Ereignis wird für das SGB XIV in § 1 Abs. 2 SGB XIV iVm ergänzend § 1 Abs. 3 SGB XIV als **zeitlich begrenztes, wiederkehrendes** oder über **längere Zeit einwirkendes Ereignis** definiert (zu den Einzelheiten → § 1 Rn. 38 ff.). Der Tag des Endes (**Endzeitpunkt**) eines derartigen schädigenden Ereignisses[18] ist zugleich der Tag vor dem **Beginn der Jahresfrist**. Insoweit gilt **§ 187 Abs. 1 BGB**,[19] wonach dann, wenn für den Anfang einer **Frist** ein **Ereignis** oder ein in den Lauf eines Tages fallender Zeitpunkt maßgebend ist, bei der Berechnung der Frist der Tag nicht mitgerechnet wird, in welchen das Ereignis oder der Zeitpunkt fällt. § 187 Abs. 1 BGB regelt insoweit, dass dem fristauslösenden Ereignis so viele Stunden und Minuten hinzugerechnet werden, wie an der Vollendung des Tages fehlen. Denn auch im SER möchte der Gesetzgeber der Tatsache Rechnung tragen, dass die meisten Fristen eine Schutzfunktion haben, sodass es angemessener erscheint, die Frist verlängernd zu berechnen als sie zu verkürzen. Die Tagesfrist beginnt also erst um 0:00 Uhr des Folgetages zu laufen und läuft am letzten Tag der Frist um 24:00 Uhr ab.[20] Hat sich mithin das schädigende Ereignis am 31.12.2019 zugetragen, endet die Jahresfrist am 31.12.2020. Gleiches gilt, wenn am 31.12.2019 das letzte wiederkehrende Ereignis stattgefunden hat oder die letzte schädigende Einwirkung erfolgte. Maßgeblich ist der Endzeitpunkt des schädigenden Ereignisses, denn auch ein zeitlich begrenztes Ereignis kann sich zB über die Tageswende zutragen, so dass es nicht auf dessen Beginn ankommen kann (zB der 30.12. – 23:45 Uhr), sondern das Ende des Ereignisses (31.12. – 00:05 Uhr). Erst am Endpunkt des schädigenden Ereignisses steht im Übrigen fest, welche Gesundheitsschädigung – welcher Primärschaden – durch das schädigende Ereignis eingetreten ist (s. **haftungsbegründenden Kausalität** → § 1 Rn. 29).

Wird innerhalb der unter → Rn. 11 beschriebenen Jahresfrist – bis zum Ablauf des 12
letzten Tages dieser Frist – ein Antrag auf Leistungen der SE nach bisherigem oder zukünftigem Recht gestellt, so wirkt dieser Antrag wie eine Handlung, die eine **Wiedereinsetzung in vorigen Stand** iSd **§ 27 Abs. 1 S. 1 SGB X** ermöglicht. Die weitere Frist zur Nachholung der versäumten Handlung nach § 27 Abs. 2 SGB X ist diesbezüglich jedoch unbeachtlich. Der Antrag muss bis zum letzten Tag der Frist nach § 11 Abs. 2 S. 1 SGB XIV gestellt und insoweit muss die versäumte Handlung nachgeholt

16 BT-Drs. 19/13824, 174.
17 Siehe zum Sachverhalt in der Sache BSG 30.9.2009 – B 9 VG 3/08 R, BSGE 104, 245 = Zusammenhang von juris Rn. 7 und 21.
18 Das BSG formuliert insoweit zwar dem Wortlaut des § 60 Abs. 1 S. 2 BVG folgend, nicht ganz eindeutig, „... Jahresfrist (beginnend mit dem Eintritt der Schädigung) ...", BSG 16.3.2016 – B 9 V 6/15 R, SozR 4-3100 § 60 Nr. 7 Rn. 17.
19 So auch Schmidt SGB XIV/Karl § 11 Rn. 15.
20 So Staudinger/Repgen BGB § 187 Rn. 2.

worden sein. Erfolgt die Antragstellung später, sind die Voraussetzungen des § 11 Abs. 2 S. 2 SGB XIV oder § 60 Abs. 1 S. 3 BVG, also Verschulden an der Fristversäumnis, zu prüfen (vergleichbar § 27 Abs. 3 SGB X, → Rn. 13 ff.).

13 **2. Verlängerung der rückwirkenden Leistungserbringung wegen schuldloser Verhinderung – S. 2.** Nach S. 2 **verlängert** sich die **„Nachfrist"** für die Antragstellung und damit der Leistungsbeginn um die Zeit der **unverschuldeten Hinderung** an der Antragstellung. Die Vorschrift entspricht der Regelung in § 60 Abs. 1 S. 3 BVG. Hierzu hat das BSG ausgeführt, der Ausnahmecharakter der erweiterten Rückwirkung des Antrags nach § 60 Abs. 1 S. 3 BVG gebiete eine enge Handhabung. Nach der Gesetzesbegründung sollte den Belangen von Impfgeschädigten und Opfern von Gewalttaten Rechnung getragen werden,[21] insoweit sei aber die äußerste Sorgfalt des Leistungsberechtigten oder des Vertretenden zu erwarten.[22]

14 **a) Fristverlängerung.** Die Regelung **verlängert** den **Jahreszeitraum** um den der Zeit der **Verhinderung** an der **Antragstellung**. Der Hinderungsgrund muss allerdings bis zum Ablauf des Jahreszeitraums eingetreten sein. Der systematische Zusammenhang zwischen S. 1 und S. 2 des § 11 Abs. 2 SGB XIV verlangt einen derartigen Stufenaufbau, so dass, wenn der **Jahreszeitraum** abgelaufen ist und erst dann der Hinderungsgrund eintritt, die Verlängerungsregelung nicht mehr in Betracht kommt. § 11 Abs. 2 S. 2 SGB XIV verlangt dabei – anders als § 27 Abs. 2 SGB X – keine Hinderung der versäumten Handlung innerhalb der Jahresfrist infolge höherer Gewalt. Es genügt die Versäumung der Frist **ohne Verschulden** des Antragstellers. Ist der Jahreszeitraum vor der Antragstellung verstrichen und lag kein Hindernis vor, das den Leistungsberechtigten schuldlos an der Antragstellung hinderte, so gilt für den Leistungsbeginn § 11 Abs. 1 SGB XIV – Leistungen sind zu erbringen ab dem Ersten des Antragsmonats. Umgekehrt beginnt die Jahresfrist erst dann zu laufen, wenn das Hindernis weggefallen ist, soweit dieses bereits bei dem Ende des schädigenden Ereignisses vorgelegen hat.[23]

15 Abweichend von der zuvor beschriebenen Regel, letztlich andockend an die Sonderregelung der §§ 10 Abs. 5 und 11 Abs. 4 SGB XIV, soll – Leistungserbringung in **atypischen Fällen** – bei einer akuten **psychischen Belastung** aufgrund eines schädigenden Ereignisses, auch mehr als 12 Monate später eine **psychotherapeutische Intervention** als Leistung der SE erbracht werden. Voraussetzung ist, dass die psychotherapeutische Behandlung innerhalb von 12 Monaten nach dem Auftreten einer akuten Belastung aufgrund des schädigenden Ereignisses begehrt wird. Dies kann auch deutlich nach Ablauf der Jahresfrist des § 11 Abs. 2 SGB XIV sein. Nach dem Verschulden an der Fristversäumnis, wie nach § 11 Abs. 2 S. 2 SGB XIV, fragt § 33 SGB XIV nicht (zu den Voraussetzungen iE s. § 33 SGB XIV). Für den Regelfall folgt § 32 Abs. 1 SGB XIV dem § 11 Abs. 2 S. 1 SGB XIV, indem die psychotherapeutische Behandlung innerhalb von 12 Monaten nach dem schädigenden Ereignis oder – dies ist die Besonderheit bei der Behandlung in der Traumaambulanz – Kenntnis von diesem (§ 14 Abs. 2 SGB XIV) einsetzen soll. Dies gilt auch für **Angehörige, Hinterbliebene** und **Nahestehende** iSd § 2 Abs. 3, 4 und 5 SGB XIV.

16 **b) Hinderung an der Antragstellung. Hinderungsgründe** für die rechtzeitige Antragstellung iSd § 11 Abs. 1 oder Abs. 2 S. 1 SGB XIV können vielfältig sein. Sie reichen von der akuten Erkrankung über Störungen in der Kommunikation (Verzögerung bei der Briefzustellung/Postlaufzeiten, Netzstörung pp) bis hin zu länger andauernden Hindernissen, etwa aufgrund des familiären Umfeldes. Grundsätzlich gilt, dass die

---

21 BT-Drs. 8/1735, 19.
22 BSG 16.3.2016 – B 9 V 6/15 R, SozR 4-3100 § 60 Nr. 7 Rn. 22.
23 So auch Schmidt SGB XIV/Karl § 11 Rn. 24; BSG 11.12.2008 – B 9/9a VG 1/07 R, juris Rn. 27.

Frist des § 11 Abs. 2 S. 1 SGB XIV zwar bis zum Schluss genutzt werden kann. Auch ein am letzten Tag der **Jahresfrist** (→ Rn. 14) eingegangener Antrag führt noch zur Leistungserbringung ab Ende des schädigenden Ereignisses (→ Rn. 11). Allerdings ist, je näher der Zeitpunkt des Fristablaufs kommt, umso mehr auf die **Wahrung** der hinreichenden Sorgfalt zu achten.[24] Es gilt ein erhöhter **Sorgfaltsmaßstab** bei der Prüfung des Verschuldens an der **Fristversäumnis** (→ Rn. 19 ff.). Insoweit gilt derselbe Maßstab wie bei § 27 SGB X oder § 67 SGG.

Kein eine Fristversäumnis entschuldigender Grund ist die **Unkenntnis über einen Leistungsanspruch**. Dies folgert das BSG aus dem Grundsatz der formellen **Publizität** bei der Verkündung von Gesetzen. Nach diesem Grundsatz gelten Gesetze mit ihrer Verkündung im Bundesgesetzblatt allen Normadressaten als bekannt, ohne Rücksicht darauf, ob und wann diese tatsächlich davon Kenntnis erhalten haben. Eine Unkenntnis des Rechts und der Befristung seiner Ausübung vermag daher eine Wiedereinsetzung nicht zu rechtfertigen.[25] Etwas anderes mag gelten, wenn die Rechtsunkenntnis auf „unverschuldetem **Rechtsirrtum**" beruht.[26] 17

Soweit nach der Rechtsprechung des BSG das richterrechtliche Institut des **sozialrechtlichen Herstellungsanspruchs** auch neben der gesetzlichen Wiedereinsetzungsregelung in § 27 SGB X (soweit einschlägig)[27] anwendbar ist,[28] gilt dies auch für die „Wiedereinsetzungsregelung" des § 11 Abs. 2 SGB XIV. Bedeutung kann dies insbesondere dann gewinnen, wenn die **Jahresfrist** des § 11 Abs. 2 S. 1 SGB XIV versäumt und erst danach ein Hindernis iSd § 11 Abs. 2 S. 2 SGB XIV eingetreten ist. Dabei erfordert der Herstellungsanspruch eine Pflichtverletzung eines Sozialleistungsträgers und einen hierdurch beim Betroffenen hervorgerufenen rechtlichen Nachteil auf dem Gebiet des Sozialrechts – bis zum Ablauf der Jahresfrist. Als Rechtsfolge ist der Zustand wiederherzustellen, der ohne die Pflichtverletzung bestehen würde, wobei dies jedoch nur durch eine zulässige Amtshandlung geschehen darf.[29] 18

c) **Verschulden.** Im Hinblick auf den **Verschuldens**begriff kann auf **§ 27 SGB X** und **§ 67 SGG** zurückgegriffen werden. Das BSG hat insoweit bereits bei der Auslegung des Verschuldensbegriffs in § 60 Abs. 1 S. 3 BVG diese Kriterien herangezogen.[30] Ohne Verschulden in dieser Hinsicht handelt, wer die nach den Umständen des Falles von einem **gewissenhaft Handelnden zu erwartende Sorgfalt** beachtet. Grundsätzlich gilt hierbei ein **subjektiver Maßstab** (→ Rn. 20). Es sind insbesondere der Geisteszustand, das Alter, der Bildungsgrad und die Geschäftsgewandtheit des Antragstellers zu berücksichtigen (s. hierzu auch BVGVwV zu § 18 Abs. 2 BVG; Text unter → Rn. 34).[31] 19

---

24 Siehe zB bei Verzögerungen in den Postlaufzeiten BVerfG v. 29.12.194 – 2 BvR 106/93 unter Hinweis auf BVerfG 1.12.1982 – 1 BvR 607/82, BVerfGE 62, 334 (337), s. auch BSG 8.7.2020 – B 10 ÜG 18/19 B, juris Rn. 10 mwN; BSG 2.2.2006 – B 9a V 46/05 B, juris Rn. 3.

25 BSG 6.5.2010 – B 13 R 44/09 R, SozR 4-1200 § 14 Nr. 13 Rn. 24 unter Bezug auf BSG 14.11.2002 – B 13 RJ 39/01 R, SozR 3-2600 § 115 Nr. 9 S. 57; BSG 15.8.2000 – B 9 VG 1/99 R, SozR 3-3100 § 60 Nr. 3 S. 5 f.; BSG 21.5.1996 – 12 RK 43/95, SozR 3-5070 § 21 Nr. 3 S. 9; BSG vom 22.10.1998 – B 5 RJ 56/97 R, juris Rn. 16.

26 Inwieweit sich für die SE vergleichbare Situationen ergeben, die einer rechtzeitigen Antragstellung entgegenstehen könnten, muss im Einzelfall geprüft werden. Siehe zum unverschuldeten Rechtsirrtum BVerfG 10.6.1975 – 2 BVR 1074/74, BVerfGE 40, 95.

27 BSG 6.5.2010 – B 13 R 44/09 R, SozR 4-1200 § 14 Nr. 13 Rn. 26.

28 Vgl. ausführlich BSG 2.2.2006 – B 10 EG 9/05 R, BSGE 96, 44; s. auch BSG 16.3.2016 – B 9 V 6/15 R, SozR 4-3100 § 60 Nr. 7 Rn. 29.

29 Im Einzelnen BSG 11.3.2004 – B 13 RJ 16/03 R, BSGE 92, 241 mwN; BSG 19.11.2009 – B 13 R 5/09 R, SozR 4-2600 § 236 Nr. 1 Rn. 25.

30 Vgl. BSG 15.8.2000 – B 9 VG 1/99 R, juris Rn. 13 mwN.

31 Vgl. BSG 15.8.2000 – B 9 VG 1/99 R, juris Rn. 13 mwN; BSG 2.2.2006 – B 10 EG 9/05 R, BSGE 96, 44.

20 aa) **Verschuldensmaßstab. Verschuldensmaßstab** ist damit ein **individueller/subjektiver** (→ Rn. 18), der auf die konkrete Person, ihre Fähigkeiten und Möglichkeiten sowie die konkrete Situation abstellt, in der sich die potenziell leistungsberechtigte Person befindet/befunden hat. Dies setzt jedoch voraus, dass der leistungsberechtigten Person überhaupt Verschulden zukommen kann. Sie darf mithin nicht **geschäftsunfähig** (geschäftsunfähig ist nach § 104 BGB, 1. wer nicht das siebente Lebensjahr vollendet hat, 2. wer sich in einem die freie Willensbestimmung ausschließenden Zustand krankhafter Störung der Geistestätigkeit befindet, sofern nicht der Zustand seiner Natur nach ein vorübergehender ist.) oder **handlungsunfähig** (vor Vollendung des 15. Lebensjahres nach § 36 SGB I) sein (zur Verschuldenszurechnung etwa wegen des „Nichthandelns des gesetzlichen Vertreters" → Rn. 20 f.). Karl[32] wirft in diesem Zusammenhang die Frage nach der Bedeutung des § 208 BGB für die „Verschuldensfähigkeit" des Opfers einer Gewalttat gegen die sexuelle Selbstbestimmung auf. Danach ist die Verjährung von Ansprüchen wegen Verletzung der sexuellen Selbstbestimmung bis zur Vollendung des 21. Lebensjahrs des Gläubigers gehemmt. Lebt der Gläubiger von Ansprüchen wegen Verletzung der sexuellen Selbstbestimmung bei Beginn der Verjährung mit dem Schuldner in häuslicher Gemeinschaft, so ist die Verjährung auch bis zur Beendigung der häuslichen Gemeinschaft gehemmt. Dahinstehen kann insoweit, dass **§ 208 BGB** die **Hemmung der Verjährung** von privatrechtlichen Ansprüchen gegenüber den „Schädigern" und nicht das schuldlose Versäumen einer Antragsfrist betrifft, also das Stadium, bevor potenziell Leistungsberechtigte Gläubiger eines Anspruchs gegen einen öffentlich-rechtlichen Sozialleistungsträger werden können. Denn die Beachtung des Gedankens des § 208 BGB ist im Interesse des Opferschutzes durchaus zu erwägen. Auch wenn man methodisch nicht mit Karl eine „entsprechende Anwendung" im Recht der SE annehmen will,[33] so ist zumindest die Berücksichtigung des Gedankens des § 208 BGB angesichts der Ausdehnung der Schädigungstatbestände durch das SGB XIV gerade mit Blick auf den Schutz der sexuellen Selbstbestimmung (zB § 13 Abs. 2 SGB XIV) und des Leistungskatalogs in Bezug auf psychotherapeutische Hilfen (zB §§ 32 Abs. 2 und 33 SGB XIV) bei der Bestimmung des Verschuldensmaßstabs als „neuer" Gesichtspunkt, auch über den Zeitpunkt der Handlungsfähigkeit iSd § 36 SGB I hinaus, sachgerecht.

21 bb) **Zurechnung des Verschuldens.** Grundsätzlich müssen sich Leistungsberechtigte, wie nach § 27 Abs. 1 S. 2 SGB X oder § 67 Abs. 1 SGG, das **Verschulden des Vertretenden** als ihr eigenes zurechnen lassen.[34] Danach liegt ein Verschulden nur dann nicht vor, wenn der Vertreter die nach den Umständen des Falles zu erwartende Sorgfalt beachtet hat. Das BSG hat sich diesbezüglich bereits mehrfach mit der Frage befasst, ob auch dem minderjährigen Gewaltopfer das Verschuldens seines **gesetzlichen Vertreters** zuzurechnen ist, wenn der/die gesetzliche Vertreter/Vertreterin aus tat- und täterbestimmten eigenen Interessen keinen Antrag auf Beschädigtenrente gestellt hat.[35] Es hat die **Zurechnung** insoweit grundsätzlich verneint. Es dürfe sich nicht nachteilig auf den Versorgungsanspruch eines Gewaltopfers auswirken, dass sein gesetzlicher Vertreter den Widerspruch zwischen seinen Eigeninteressen (als Täter unentdeckt zu bleiben) und den Interessen der von ihm gesetzlich vertretenen Hinterbliebenen zulasten letzterer löst. In einem solchen Fall lasse sich das **pflichtwidrige Unterlassen** des Vertreters dem Vertretenen ausnahmsweise nicht zurechnen. Dies

32 Schmidt SGB XIV/Karl § 11 Rn. 28.
33 Schmidt SGB XIV/Karl § 11 Rn. 28.
34 Vgl. BSG 16.3.2016 – B 9 V 6/15 R, juris Rn. 20 unter Hinweis auf BSG 23.10.1985 – B 9a RVg 4/83, BSGE 59, 40, 41 f.; BSG 15.8.2000 – B 9 VG 1/99 R, SozR 3-3100 § 60 Nr. 3 S. 5; BSG 11.12.2008 – B 9/9a VG 1/07 R, SozR 4-3100 § 60 Nr. 5 Rn. 21; s. auch BSG 28.4.2005 – B 9a/9 VG 1/04 R, BSGE 94, 282 = juris Rn. 13.
35 BSG 28.4.2005 – B 9a/9 VG 1/04 R, BSGE 94, 282, Leitsatz unter Hinweis auf BSG 23.10.1985 – 9a RVg 4/83, BSGE 59, 40.

gelte auch, wenn das Handeln nicht in der eigenen Person der Eltern täterbestimmt sei, etwa weil ein Elternteil als Täter in Betracht komme, sondern die Eltern die Tat verheimlichen wollten, weil damit zumindest – auch eigener – empfindlicher Ansehensverlust verbunden wäre und dem gewalttätigen Familienangehörigen Kriminalstrafe bis zum Freiheitsentzug drohe (s. zum Zeugnisverweigerungsrecht BSG B 9 VG 3/08 R[36] – fraglich bei drohenden zivilrechtlichen Regressansprüchen). Im Widerstreit mit diesem Interesse müssten sie in Erfüllung ihrer Pflichten dem Kind gegenüber für dieses einen Versorgungsantrag stellen und hätten dabei grundsätzlich Tat und Täter anzugeben. Räumten Eltern in einer solchen Situation ihren eigenen und den damit eng verflochtenen Interessen des Gewalttäters den Vorrang ein, so scheiterten sie zwangsläufig bei der Erfüllung ihres, auch grundgesetzlich statuierten Auftrags (Art. 6 Abs. 2 S. 1 GG), für ihr Kind zu „sorgen". Den kindlichen Gewaltopfern sei ein solches **tatbestimmtes und täterbezogenes Versagen** ihrer gesetzlichen Vertreter im Rahmen des § 60 Abs. 1 BVG nicht als Verschulden anzulasten.[37] Das BSG zitiert in diesem Zusammenhang zwar auch **§ 208 BGB**. Insoweit handelt es sich jedoch nicht um die die Leistungsberechtigenden exkulpierende Schuldzurechnung gegenüber einem Dritten (gesetzlicher Vertreter zB), sondern die Frage, inwieweit die Leistungsberechtigten selbst sich in einer „Zwangslage" befinden, die eine schuldhafte Versäumung der Antragsfrist des § 11 Abs. 2 S. 2 SGB XIV ausschließt (→ Rn. 19). Dafür spricht auch die Begründung in der Ausschuss-Drs. zur Einführung des § 208 BGB. Dort wird ausgeführt, minderjährige Opfer von Verletzungen der sexuellen Selbstbestimmung seien häufig auch nach Erlangung der vollen Geschäftsfähigkeit mit 18 Jahren emotional nicht in der Lage, ihre Ansprüche wegen solcher Taten selbst zur verfolgen. Im Interesse des Opferschutzes sollte deshalb nicht auf die Volljährigkeit, sondern auf das 21. Lebensjahr abgestellt werden.[38]

Soweit ein **gesetzlicher Vertreter bestellt** ist, der in ähnliche Konflikte, wie unter → Rn. 20 beschrieben kommen kann, gilt für die Schuldzurechnung das dort ausgeführte. Ob Handlungen oder hier das „Nichthandeln" idG des Unterlassens der Antragstellung nach dem SER des **Ergänzungspflegers** iSd § 1909 BGB oder des **Vormunds** iSd § 1793 BGB oder des nach § 1897 BGB bestellten **Betreuers** den potenziell nach dem SGB XIV Leistungsberechtigten zuzurechnen sind, hängt von den den jeweiligen Vertretern **zugewiesenen Aufgaben** ab. Dem Vormund obliegt grundsätzlich die Fürsorge in allen Angelegenheiten der Person und des Vermögens des Mündels, dem Pfleger sowie Betreuer dagegen grundsätzlich nur die Fürsorge in einzelnen oder einem beschränkten Kreis von Angelegenheiten.[39] Verletzen sie die ihnen obliegenden Pflichten im Hinblick auf die Antragstellung geht dies zulasten der Leistungsberechtigten, sodass letztere nur unter den Voraussetzungen des § 11 Abs. 3 S. 1 SGB XIV Leistungen der SE beanspruchen können.[40] 22

Das **Jugendamt** kann sich qua seiner Stellung als öffentlich-rechtlicher Sozialleistungsträger nicht in der unter → Rn. 20 beschriebenen Lage befinden. Sofern es gesetzlicher Vertreter ist, gelten die unter → Rn. 21 beschriebenen Voraussetzungen für die Schuldzurechnung. Eine gesetzliche Vertretung durch das Jugendamt wird jedoch idR nicht der Fall sein, sodass es bereits deswegen nicht verpflichtet ist, für die Kinder und Jugendlichen, die von ihnen Leistungen nach dem **SGB VIII** erhalten, ebenfalls Leistungen nach der SE zu beantragen. Hieran ändert auch die Befugnis des Jugendamtes nach **§ 97 SGB VIII** nichts, Anträge auf Sozialleistungen bei einem anderen Sozialleis- 23

36 BSG 30.9.2009 – B 9 VG 3/08 R, BSGE 104, 245.
37 BSG 28.4.2005 – B 9a/9 VG 1/04 R, BSGE 94, 282 = juris Rn. 16.
38 BT-Drs. 14/7052, 181.
39 Erman/Roth BGB Vor § 1909 Rn. 3.
40 BSG 16.3.2016 – B 9 V 6/15 R, juris Rn. 19, 21; missverständlich insoweit Schmidt SGB XIV/Karl § 11 Rn. 31.

tungsträger zu stellen. Die Vorschrift dient allein der Durchsetzung des **Nachrangs** der Leistungen nach dem SGB VIII. Geht ein Jugendamt nach § 97 SGB VIII vor, ist dies daher keine Beratungs- und Unterstützungsleistung gegenüber dem Berechtigten. Es stellt nur einen positiven Nebeneffekt für die Betroffenen dar, wenn sie durch die ihnen daraufhin von der zuständigen Behörde bewilligten Leistungen bessergestellt sind als zuvor.[41] Das BSG formuliert hierzu, die Befugnis nach § 97 S. 1 SGB VIII, beim zuständigen Versorgungsamt ein Verwaltungsverfahren zur Feststellung einer Leistungspflicht nach dem OEG einzuleiten, beziehe sich lediglich darauf, im eigenen Interesse und im eigenen Namen gegenüber einem anderen Leistungsträger ein fremdes Recht geltend zu machen, nämlich die Feststellung einer (anderen) Sozialleistung zu betreiben und (als gesetzlicher **Prozessstandschafter** des eigentlich Berechtigten) gegen eine ablehnende Entscheidung Rechtsmittel einzulegen. Es obliege dem Jugendamt zB im Rahmen der Hilfeplanung nach § 36 SGB VIII keine Pflicht, über sämtliche rechtlichen Vorteile und Möglichkeiten im Zuständigkeitsbereich anderer Behörden zu beraten.[42] Das BSG schließt einen **sozialrechtlichen Herstellungsanspruch** gegen den TdSE aus, wenn das Jugendamt trotz Kenntnis von der Tat keinen Antrag auf Gewaltopferentschädigung bei dem zuständigen Versorgungsamt gestellt hat. Denn eine arbeitsteilige Einschaltung der Jugendämter in das Verwaltungsverfahren der Behörden der Versorgungsverwaltung führe nicht zu einer **materiellrechtlichen Verknüpfung** der Zuständigkeitsbereiche beider Behörden. Der Versorgungsverwaltung sei mithin eine durch das Jugendamt unterlassene Beratung des Gewaltopfers nicht zuzurechnen. Ein weiter gefasstes Verständnis der Pflicht zur Aufklärung iSd § 13 SGB I und zur Beratung iSd § 14 SGB I würde – so das BSG – die Antragserfordernisse und Antragsfristen in sozialrechtlichen Leistungsgesetzen unterlaufen.[43]

III. Leistungsbeginn bei Leistungserbringung von Amts wegen – Abs. 3

24 Die **Kenntnis** des zuständigen TdSE von den dem Leistungsanspruch zugrundeliegenden Tatsachen ersetzt bei den zwingend von Amts wegen zu erbringenden Leistungen (BLiE s. → § 10 Rn. 12 ff.) und im Fall der im Ermessen des TdSE stehenden Erbringung von Amts wegen (Leistungen nach § 10 Abs. 3 SGB XIV → § 10 Rn. 14) die **Antrag**stellung durch die Leistungsberechtigten. Sie durchbricht damit das Antragserfordernis als materiellrechtliche Voraussetzung der Leistungserbringung. Zum Begriff der Kenntnis iE → § 10 Rn. 13. Zum **Leistungsbeginn** frühestens ab dem Monat der Kenntnis und Monatsprinzip → Rn. 7.

IV. Antrag auf Schnelle Hilfen – Abs. 4

25 Abs. 4 formuliert für die **SH** (**Fallmanagement** iSd § 30 SGB XIV und Behandlung in **Traumaambulanz**en nach §§ 31 ff. SGB XIV) Sonderregelungen zur Leistungserbringung in Abhängigkeit bzw. Unabhängigkeit von der Antragstellung durch die Leistungsberechtigten. Die Vorschrift steht im Kontext mit § 10 Abs. 5 SGB XIV (→ § 10 Rn. 20 ff.).

26 **1. Erbringung Schneller Hilfen vor der Antragstellung.** Für **SH** gilt der Grundsatz des § 10 Abs. 1 SGB XIV, wonach die Leistungserbringung antragsabhängig ist (s. → § 10 Rn. 8). Nach **§ 10 Abs. 5 SGB XIV** genügt es allerdings, wenn der **Antrag** unverzüglich nach der zweiten Sitzung in der Traumaambulanz (→ § 10 Rn. 20 ff.) oder nach der Kontaktaufnahme des Fallmanagements (→ § 10 Rn. 23) gestellt wird. Aus dem

41 Hauck/Noftz/Kirchhoff SGB VIII § 97 Rn. 5.
42 BSG 11.12.2008 – B 9/9a VG 1/07 R, SozR 4-3100 § 60 Nr. 5 Rn. 25 ff.; s. auch BSG 27.7.2004 – B 7 SF 1/03 R, SozR 4-1200 § 14 Nr. 5 Rn. 10 und 12.
43 BSG 11.12.2008 – B 9/9a VG 1/07 R, SozR 4-3100 § 60 Nr. 5 Rn. 25 ff.; BSG 16.3.2016 – B 9 V 6/15 R, Rn. 31 unter Bezug auf BSG 27.7.2004 – B 7 SF 1/03 R, SozR 4-1200 § 14 Nr. 5 Rn. 15.

systematischen Zusammenhang von § 10 Abs. 5 SGB XIV mit § 11 Abs. 4 S. 1 SGB XIV[44], der festlegt, dass SH nicht für Zeiträume **vor** der **Antragstellung** erbracht werden, folgt daher, dass die Leistungen zwar gleichwohl für eine begrenzte Zeit vor der Antragstellung erbracht werden können, darüber hinaus – unverzüglich nach der zweiten Sitzung oder der Kontaktaufnahme des Fallmanagements – jedoch nicht ohne Antragstellung. Dies bestätigt § 11 Abs. 4 S. 2 SGB XIV nochmals ausdrücklich.

2. Keine rückwirkende Erbringung Schneller Hilfen. Die Regelung des § 11 Abs. 4 S. 1 SGB XIV legt mit der „Sonderregelung" für SH zudem fest, dass eine **rückwirkende Leistungserbringung** nach § 11 Abs. 2 SGB XIV für diese nicht in Betracht kommt. Unabhängig davon, dass Leistungen in Traumaambulanzen oder Fallmanagement als Sach- oder Dienstleistung nicht rückwirkend erbracht werden können,[45] folgt aus § 11 Abs. 4 S. 1 SGB XIV, dass bei unverschuldeter verspäteter Antragstellung, sei es nun iSd § 11 Abs. 2 S. 1 oder S. 2 SGB XIV und Inanspruchnahme psychotherapeutischer Leistungen auf eigene Kosten, eine **Erstattung** der Aufwendung für diese **selbstbeschaffte Behandlung**, auch wenn sie notwendig iSd SER war, entgegen § 50 Abs. 2 SGB XIV nicht erfolgt. § 50 Abs. 2 S. 1 SGB XIV verweist insoweit auf § 11 Abs. 2 SGB XI, der nach der Anordnung des § 11 Abs. 4 SGB XIV für die SH nicht gilt (s. auch → Rn. 26). 27

V. Kostentragung für Schnelle Hilfen – Abs. 5

Systematisch steht Abs. 5 im Zusammenhang mit § 11 Abs. 4 und § 10 Abs. 5 SGB XIV sowie § 115 SGB XIV (Leistungserbringung im Erleichterten Verfahren). Gleichwohl tangiert sein Regelungsinhalt nur die Leistungserbringung, denn er trifft – an dieser Stelle überraschend und anders als die Abs. 1 bis 4 des § 11 SGB XIV[46] – eine Regelung zur **Kostentragung**. Die **ersten beiden Sitzungen** in der **Traumaambulanz** sowie die **erste Kontaktaufnahme** mit dem **Fallmanagement** sollen danach für die Inanspruchnehmenden kostenlos sein – die Kosten hierfür werden von den TdSE getragen –, wenn Ansprüche aus der SE nach dem SGB XIV nicht bestehen, auch nicht im Erleichterten Verfahren nach § 115 SGB XIV. In der Entwurfsbegründung wird zum **Sinn und Zweck** der Regelung ausgeführt, sie solle sicherstellen, dass Berechtigte nicht aus Furcht vor Erstattungsansprüchen von der zügigen Inanspruchnahme Schneller Hilfen abgehalten werden würden. Dies widerspreche der Konzeption der Schnellen Hilfen. 28

Auch wenn die Regelung des § 11 Abs. 2 SGB XIV (Verlängerung der Antragsfrist s. → Rn. 25) bei Leistungen der SH keine Anwendung findet, ist § 11 Abs. 5 SGB XIV so zu verstehen, dass die ersten beiden Sitzungen in einer Traumaambulanz und die erste Kontaktaufnahme mit dem Fallmanagement für den Inanspruchnehmenden **grundsätzlich kostenfrei** sind. Denn § 10 Abs. 5 SGB XIV sieht eine Ausnahme vom Grundsatz in §§ 10 Abs. 1 und 11 Abs. 1 SGB XIV vor, dass Leistungen der SE nur auf Antrag und ab dem Beginn des Antragsmonats zu erbringen sind. Der Antrag auf Leistungen der SH ist zwar unverzüglich nach der zweiten Sitzung in der Traumaambulanz oder nach der Kontaktaufnahme mit dem Fallmanagement zu stellen. Eine Regelung, dass die Kosten alsdann von den Inanspruchnehmenden zu tragen sind, wenn dies nicht geschieht, enthält § 11 Abs. 5 SGB XIV jedoch nicht. Vielmehr gilt auch für diese Leistungen, dass der TdSE die Kosten trägt. Erfolgt die **Antragstellung** 29

44 Anders wohl Schmidt SGB XIV/Karl § 11 Rn. 38, wenn sie ausführt, im Wortlaut des § 11 Abs. 4 S. 2 SGB XIV komme nicht zum Ausdruck, dass SH nur bei rechtzeitiger Antragstellung iSv § 10 Abs. 5 SGB XIV rückwirkend erbracht würden; so aber BT-Drs. 19/13824, 174.

45 Schmidt SGB XIV/Karl § 11 Rn. 37.

46 So auch Schmidt SGB XIV/Karl § 11 Rn. 39.

verspätet, also nicht „unverzüglich" oder „nach der ersten Kontaktaufnahme"[47], gilt dasselbe, wie bei der vollständig unterbliebenen Antragstellung – die erbrachte Leistung der ersten beiden Sitzungen in einer Traumaambulanz oder die erste Kontaktaufnahme mit dem Fallmanagement bleiben für die Inanspruchnehmenden nach § 11 Abs. 5 SGB XIV kostenfrei.

30 Aus dem Wortlaut des Abs. 5 des § 11 SGB XIV folgt, dass die Befreiung von der Kostentragung nur für die ersten beiden Sitzungen in der Traumaambulanz und nur die erste Kontaktaufnahme mit dem Fallmanagement gilt. Sollten **darüber hinausgehende Aufwendungen** insbesondere durch die Inanspruchnahme einer Traumaambulanz (psychotherapeutische Begleitung) entstehen sowie kein Anspruch nach dem SGB XIV gegeben und auch keine Leistungen im Erleichterten Verfahren nach § 115 SGB XIV erbracht worden sein, müssen die Inanspruchnehmenden die Kosten selbst tragen (§ 50 Abs. 2 SGB X). Werden die Leistungen im **Erleichterten Verfahren** erbracht, steht die Leistungsgewährung zwar nach § 115 Abs. 4 SGB XIV unter dem **Vorbehalt des Widerrufs**. Nach § 116 Abs. 2 SGB XIV erfolgt – sofern ein Anspruch auf Leistungen der SE im weiteren Verfahren abgelehnt wird – der Widerruf des Verwaltungsakts über die Leistungen im Erleichterten Verfahren. Die Leistungserbringung ist bis dahin rechtmäßig und wird nur für die **Zukunft** widerrufen (§ 47 Abs. 1 Nr. 1 SGB X). Hieraus folgt, dass Leistungen, die vor dieser Entscheidung erbracht worden sind, auch über die zweite Sitzung in der Traumaambulanz hinaus nicht **zu erstatten** sind, sondern nur Leistungen, die darüber hinausgehen (§ 50 Abs. 1 SGB X[48]). Die Kosten für die Sachleistung „Behandlung in der Traumaambulanz" lassen sich beziffern – die **Erstattung** hat **in Geld** zu erfolgen (§ 50 Abs. 1 S. 2 SGB X). Im Hinblick auf die SH „Fallmanagement" ist dies jedoch schwierig, zumindest dann, wenn die Leistung durch den TdSE selbst erbracht wird. Aufwendungen werden allenfalls dann bezifferbar sein, wenn Leistungen in Anspruch genommen worden sind von Organisationen, mit denen der TdSE eine Kooperationsvereinbarung iSd § 39 SGB XIV geschlossen hat.

D. Anhang

I. BVG

31 **§ 60 BVG [Beginn und Änderung der Beschädigtenversorgung]**

(1) [1]Die Beschädigtenversorgung beginnt mit dem Monat, in dem ihre Voraussetzungen erfüllt sind, frühestens mit dem Antragsmonat. [2]Die Versorgung ist auch für Zeiträume vor der Antragstellung zu leisten, wenn der Antrag innerhalb eines Jahres nach Eintritt der Schädigung gestellt wird. [3]War der Beschädigte ohne sein Verschulden an der Antragstellung verhindert, so verlängert sich diese Frist um den Zeitraum der Verhinderung. ...

(3) [1]Wird die höhere Leistung von Amts wegen festgestellt, beginnt sie mit dem Monat, in dem die anspruchsbegründenden Tatsachen einer Dienststelle der Kriegsopferversorgung bekanntgeworden sind. ...

II. ZDG

32 **§ 47 ZDG Versorgung**

...

(8) [1]§ 60 des Bundesversorgungsgesetzes findet mit der Maßgabe Anwendung, dass die Versorgung nicht vor dem Tag beginnt, der auf den Tag der Beendigung des Zivildienstverhältnisses folgt, § 60 Abs. 1 des Bundesversorgungsgesetzes auch mit der Maßgabe, dass die Versorgung mit dem auf den Tag der Beendigung des Dienstverhältnisses folgenden Tage beginnt, wenn der Erstantrag innerhalb eines Jahres nach Beendigung des Zivildienstverhältnisses gestellt wird. [2]Ist ein anerkannter Kriegsdienstverweigerer, dessen Hinterbliebenen Versorgung nach Absatz 1 zustehen würde, verschollen, so

47 So ist wohl auch Schmidt SGB XIV/Karl § 11 Rn. 39 zu verstehen.
48 Vgl. Schütze/Schütze SGB X § 50 Rn. 20.

beginnt die Hinterbliebenenversorgung abweichend von § 61 des Bundesversorgungsgesetzes frühestens mit dem ersten Tag des Monats, der auf den Monat folgt, in dem die Zahlung von Bezügen aufgrund der Dienstleistung endet.

...

III. KOVVfG

§ 3 KOVVfG [Örtliche Zuständigkeit] 33

...

(3) Bedarf es eines Antrages nicht, so tritt an die Stelle des Zeitpunktes der Antragstellung der Zeitpunkt der Einleitung des Verfahrens.

...

§ 6 KOVVfG [Antragstellung]

Die Anträge in Versorgungsangelegenheiten sind bei dem Versorgungsamt zu stellen, auch wenn für die Entscheidung das Landesversorgungsamt zuständig ist.

IV. BVGVwV

BVGVwV zu § 60 Nr. 3 34

Ein Verschulden im Sinne des *(Anm. § 60 BVG)* Absatzes 1 Satz 3 und des Absatzes 2 Satz 3 liegt nicht vor, wenn der Beschädigte die ihm gebotene und nach den gesamten Umständen zumutbare Sorgfalt beachtet hat. Hierbei ist nach der Rechtsprechung des Bundessozialgerichts ein subjektiver, auf die konkrete Person abgestellter Maßstab anzulegen. Nummer 2 zu § 18 gilt entsprechend *(Anm.s. unten)*.

BvGVwV zu § 18 Abs. 2 BVG

Unvermeidbare Umstände im Sinne des § 18 Abs. 2 Satz 1 *(Anm. BVG)* liegen vor, wenn von dem Berechtigten bei Berücksichtigung der im Rechtsverkehr erforderlichen Sorgfalt nach seinen persönlichen Fähigkeiten und Verhältnissen nicht erwartet werden konnte, die Krankenkasse oder Verwaltungsbehörde vor oder rechtzeitig nach Einleitung der Behandlungsmaßnahmen in Anspruch zu nehmen. Hierbei können insbesondere das Alter und eine daraus etwa resultierende Geschäftsungewandtheit berücksichtigt werden. Unvermeidbare Umstände im Sinne des § 18 Abs. 2 Satz 1 können auch dann angenommen werden, wenn der Berechtigte bisher noch keine Leistungen der Heil- und Krankenbehandlung erhalten hat.

§ 12 Übernahme der Aufwendungen für Dolmetscherinnen und Dolmetscher, Übersetzerinnen und Übersetzer sowie Kommunikationshilfen

(1) Bei der Ausführung von Leistungen nach diesem Buch und im Verwaltungsverfahren werden notwendige Aufwendungen für Dolmetscherinnen und Dolmetscher sowie Übersetzerinnen und Übersetzer von dem Träger der Sozialen Entschädigung getragen, wenn eine berechtigte oder antragstellende Person ihren gewöhnlichen Aufenthalt seit weniger als fünf Jahren im Geltungsbereich dieses Buches hat.

(2) Hat eine antragstellende oder berechtigte Person ihren gewöhnlichen Aufenthalt im Ausland, werden notwendige Aufwendungen für Übersetzerinnen und Übersetzer bei der Antragstellung nach diesem Buch von dem Träger der Sozialen Entschädigung getragen.

(3) Bei der Ausführung von Leistungen nach diesem Buch und im Verwaltungsverfahren werden notwendige Aufwendungen für Kommunikationshilfen nach Maßgabe des § 9 des Behindertengleichstellungsgesetzes in Verbindung mit der Kommunikationshilfenverordnung übernommen.

A. Gesetzesgeschichte

I. Neues und geltendes Recht

1 Die Norm wurde durch das G-SER vom 12.12.2019[1] in die Ursprungsfassung des SGB XIV eingefügt. Änderungen an der Norm haben sich seitdem nicht ergeben. Sie gilt für ab dem 1.1.2024 gestellte Anträge (§ 137).

2 Bis zum Inkrafttreten der Norm am 1.1.2014 (Art. 60 Abs. 7 G-SER) bestehen keine vergleichbaren besonderen Regeln im Sozialen Entschädigungsrecht. Es gilt stattdessen die allgemeine Bestimmung des § 19 SGB X.

II. Änderungen im SGB XIV gegenüber dem bisherigen Recht

3 Mit § 12 wird erstmals eine spezielle Regelung betreffend die Tragung von Aufwendungen für Dolmetscherinnen und Dolmetscher, Übersetzerinnen und Übersetzer sowie Kommunikationshilfen in den Allgemeinen Teil des sozialen Entschädigungsrechts aufgenommen.

B. Normsystematik

I. Allgemeiner Regelungsgehalt

4 Die Norm regelt die Tragung und den Ersatz von Aufwendungen für die Inanspruchnahme von Dolmetscherinnen und Dolmetschern sowie Übersetzerinnen und Übersetzern in Fällen, in denen antragstellende bzw. leistungsberechtigte Personen einer Unterstützung durch derartige Dienstleister bedürfen und ihren gewöhnlichen Aufenthalt seit weniger als fünf Jahren im Inland haben (**Abs. 1**). Darüber hinaus sieht das Gesetz die Tragung von Aufwendungen für Übersetzerinnen und Übersetzern für antragstellende bzw. berechtigte Personen vor, die ihren gewöhnlichen Aufenthalt im Ausland haben (**Abs. 2**). Schließlich wird die Übernahme von Kosten für Kommunikationshilfen normiert (**Abs. 3**).

II. Systematische Einordnung

5 § 12 stellt eine Spezialregelung iSv § 37 SGB I gegenüber der allgemeinen Vorschrift des § 19 SGB X dar,[2] die grundsätzlich zwar auch im Sozialen Entschädigungsrecht

1 BGBl. 2019 I 2652.
2 BT-Drs. 19/13824, 175.

gilt,[3] von der aber insoweit teilweise derogiert wird. Aufgrund ihrer Einordnung in den Allgemeinen Teil gilt § 12 für das gesamte SGB XIV und für sämtliche Entschädigungstatbestände iSv § 1 Abs. 2.

1. Dolmetscher- und Übersetzerleistungen. Durch die Normierung eines Anspruchs auf Übernahme der Aufwendungen für Dolmetscherinnen und Dolmetscher sowie Übersetzerinnen und Übersetzer trägt das SGB XIV dem aus der **Opferentschädigungsrichtlinie** der EU (RL 2004/80/EG)[4] folgenden Gebot Rechnung, in grenzüberschreitenden Fällen praktisch auftretende Probleme bei der Durchführung des Verwaltungsverfahrens aufgrund von Sprachbarrieren zu verringern.[5] 6

Keine Überlagerung erfolgt durch Art. 76 Abs. 7 EG-VO Nr. 883/2004 bzw. entsprechende Vorschriften des Assoziationsrechts, weil der Bereich des Sozialen Entschädigungsrechts gemäß Art. 3 Abs. 5 lit. b EG-VO Nr. 883/2004 größtenteils explizit vom sachlichen Anwendungsbereich des **koordinierenden Sozialrechts der EU** ausgeschlossen ist (→ § 7 Rn. 15).[6] Eine innerstaatliche Norm, die eine Erstreckung der unionsrechtlichen Regelung auf das SGB XIV vorsähe, ist nicht ersichtlich. 7

Dagegen handelt es sich bei der Tragung von Aufwendungen für Dolmetscherinnen und Dolmetscher sowie Übersetzerinnen und Übersetzer oder weitere Kommunikationshilfen uU um **soziale Vergünstigungen** iSv Art. 7 Abs. 2 EU-VO Nr. 492/2011. Geboten ist insoweit wenigstens eine Inländergleichbehandlung. Erforderlich ist dafür allerdings, dass der Anwendungsbereich der sog. „Freizügigkeitsverordnung" eröffnet ist. 8

Im **zwischenstaatlichen Recht**, insbesondere in den von Deutschland mit anderen Staaten geschlossenen Entschädigungsabkommen (→ G-SER Art. 8 Rn. 1), finden sich keine spezifischen Regelungen über den Einsatz von Dolmetscher- oder Übersetzerpersonen. 9

2. Kommunikationshilfen. Für Menschen mit Behinderungen und Sprachbarrieren existieren weitere Regelungen über den Einsatz von Kommunikationshilfen. Als solche finden sich die allgemeine Vorschrift des § 17 Abs. 2 SGB I sowie im Recht der Teilhabe die §§ 76 Abs. 2 Nr. 6, 82 SGB IX betreffend Leistungen zur Förderung der Verständigung.[7] Aus dem Sozialverwaltungsverfahrensrecht ist die Vorschrift des § 19 Abs. 1 Satz 2 SGB X zu nennen. 10

§ 12 setzt das aus Art. 9 des Übereinkommens vom 13.12.2006 über die Rechte von Menschen mit Behinderungen (**UN-BRK**)[8] folgende Gebot der Zugänglichkeit ua von Einrichtungen, medizinischen Diensten und sonstigen Diensten, die der Öffentlichkeit offenstehen, mittels Informations- und Kommunikationstechnologien um. 11

C. Einzelkommentierung

I. Aufwendungen für Dolmetscher und Übersetzer bei Inlandsaufenthalt (Abs. 1)

Grund für die Regelung eines Anspruchs auf Tragung von Aufwendungen für Dolmetscherinnen und Dolmetscher sowie Übersetzerinnen und Übersetzer ist im Kern, dass als **Amtssprache** gemäß § 19 Abs. 1 Satz 1 SGB X die deutsche Sprache[9] festgelegt ist. 12

3 Schmidt SGB XIV/Weber § 12 Rn. 2.
4 RL 2004/80/EG des Rates vom 29.4.2004 zur Entschädigung der Opfer von Straftaten, ABl.EU 2004 Nr. L 261, 15.
5 S. Erwägung 12 zur RL 2004/80/EG.
6 AA offenbar Schmidt SGB XIV/Weber § 12 Rn. 6.
7 Vgl. LSG Hmb Urt. v. 20.11.2014 – L 4 SO 15/13, ZFSH/SGB 2015, 144; LSG Nds-Brem Urt. v. 23.8.2016 – L 8 SO 369/12.
8 BGBl. 2008 II 1419.
9 Zu Einzelfragen s. zB Hauck/Noftz/Vogelgesang SGB X § 19 Rn. 7 ff.

Sowohl Behörden als auch die nach § 12 SGB X am Verfahren Beteiligten haben im Rahmen ihrer mündlichen, schriftlichen und elektronischen Kommunikation diese Sprache zu nutzen.[10] Dieser Grundsatz gilt nicht nur für die von der Verwaltung zu treffende Entscheidung über eine beantragte Sozialleistung, sondern auch alle ihre vorangehenden Anhörungen und Mitteilungen.

13 Die in einem Verwaltungsverfahren verwendete Sprache kann erheblichen Einfluss auf dessen Ergebnis haben. Aus Gründen der Verfahrensfairness und um vorhandene Sprachbarrieren zu überkommen, bedarf es einer Hilfestellung für der deutschen Sprache nicht hinreichend mächtige Personen, denn die Pflicht zur Nutzung ausschließlich dieser Sprache kann sich als ein Hindernis darstellen, welches den Zugang zu und die tatsächliche Inanspruchnahme von Sozialleistungen faktisch versperren kann.

14 Zwar können die für den Bereich des Sozialen Entschädigungsrechts zuständigen Behörden versuchen, **Merk-, Informations- und Mitteilungsblätter** auch in anderen als der deutschen Sprache vorzuhalten.[11] Dies ist jedoch nicht geeignet, die Beratungspflichten nach §§ 13 ff. SGB I vollständig zu ersetzen. Zudem erscheint es als kaum möglich, alle in Betracht kommenden Sprachen abzudecken. Ebenfalls nicht erfasst wäre die Situation einer mündlichen Antragstellung.

15 Eine Verpflichtung für Behörden dahin gehend, Kommunikation auch in einer fremden Sprache vorzunehmen (zB Übersetzung von Bescheiden) besteht grundsätzlich nicht. Vielmehr ist es Angelegenheit von Antragstellern bzw. Leistungsberechtigten, sich den Inhalt von Verwaltungsentscheidungen und der ihnen vorangehenden Kommunikation selbst zu erschließen, ggf. unter Hinzuziehung eines Dolmetschers oder Übersetzers.[12] Ob Behörden zu einer Hilfebestellung bei der Beschaffung einer Dolmetscher- oder Übersetzerperson verpflichtet sind, ist eine Frage des Einzelfalls. Behörden sind auch nicht ohne Weiteres gehalten, für die Abgabe von Erklärungen durch fremdsprachige Personen selbst eine Dolmetscher- bzw. Übersetzerperson heranzuziehen.[13] Ausnahmsweise kann das Gebot rechtlichen Gehörs eine solche Vorgehensweise aber erforderlich machen.[14] § 12 schafft mit Blick auf diese Gegebenheiten eine Sondernorm, in der geregelt wird, wie vorhandene Sprachbarrieren abgebaut werden und wer die Kosten hierfür trägt. Der Gesetzgeber hat insoweit ein **Aufwandserstattungsmodell** gewählt.

16 **1. Leistungsberechtigte.** Anspruch auf die Übernahme von Aufwendungen für Dolmetscherinnen und Dolmetscher sowie Übersetzerinnen und Übersetzer haben nach dem Wortlaut der Bestimmung **berechtigte** und **antragstellende Personen**.

17 Die Staatsangehörigkeit der antragstellenden bzw. berechtigten Person ist für die Geltendmachung des Anspruchs unerheblich. Das Gesetz knüpft nicht hieran an, sondern an den Aufenthalt. Ohnehin wäre anderenfalls eine Gleichstellung nach § 7 geboten. Ein bloßer tatsächlicher Aufenthalt im Inland genügt nach dem Wortlaut der Vorschrift jedoch nicht. Vielmehr muss es sich um den gewöhnlichen Aufenthalt der antragstellenden bzw. berechtigten Person handeln. Für den Begriff des **gewöhnlichen Aufenthalts** ist auf § 30 Abs. 3 S. 2 SGB I abzustellen. Dies ergibt sich aus der Einbindung des SGB XIV in das System des Sozialgesetzbuchs. Anzuknüpfen ist damit in ers-

10 Schütze/Roller SGB X § 19 Rn. 6; KassKomm/Mutschler SGB X § 19 Rn. 3 f.

11 KassKomm/Mutschler SGB X § 19 Rn. 3a; Hauck/Noftz/Vogelgesang SGB X § 19 Rn. 15; SRH/Wallerath Kap. 11 Rn. 59; vgl. auch Art. 19 f. der Istanbul-Konvention.

12 Vgl. BSG Urt. v. 24.4.1997 – 11 RAr 89/96; LSG NRW Urt. v. 31.1.2007 – L 12 AL 124/06; jurisPK-SGB X/Hissnauer § 19 Rn. 19; LPK-SGB X/Böttiger § 19 Rn. 9 f.; Schütze/Roller SGB X § 19 Rn. 6; Meißner in Fichte/Plagemann SozVerwVerf-HdB Kap. 2 Rn. 170.

13 KassKomm/Mutschler SGB X § 19 Rn. 4; Schütze/Roller SGB X § 19 Rn. 6.

14 Hauck/Noftz/Vogelgesang SGB X § 19 Rn. 13; SRH/Wallerath Kap. 11 Rn. 63; aA LPK-SGB X/Böttiger § 19 Rn. 9.

ter Linie an objektive Faktoren,[15] wie einen verfestigten Aufenthalt mit zukunftsoffener Perspektive. Die äußeren Umstände müssen erkennen lassen, dass sich die betroffene Person nicht nur vorübergehend im Bundesgebiet aufhält, sondern dort ihren Lebensmittelpunkt hat.[16] Auf den bloßen Willen der Person, im Inland zu verbleiben, kommt es grds. nicht an. Jedoch kann dieses subjektive Kriterium ergänzend herangezogen werden. Der aufenthaltsrechtliche Status einer Person ist ohne Bedeutung für den Begriff des gewöhnlichen Aufenthalts.

Die Berechtigung ist begrenzt auf Personen, deren gewöhnlicher Aufenthalt erst **weniger als fünf Jahre** andauert. Ohne den Begriff des gewöhnlichen Aufenthalts aufenthaltsrechtlich aufzuladen, stellen die Gesetzesmaterialien[17] bezüglich der zeitlichen Limitierung dennoch einen Bezug zum Aufenthaltsrecht her, denn die Anknüpfung an einen gewöhnlichen Aufenthalt von weniger als fünf Jahren erfolgt mit Blick auf den allgemeinen Zeitraum bis zur Erteilung einer Niederlassungserlaubnis oder eine Erlaubnis zum Daueraufenthalt. Dies erscheint sachangemessen. Hierzu ist angemerkt worden, dass es sich bei dem Fünf-Jahres-Zeitraum um eine verhältnismäßig kurze Zeitspanne handele und durch die Begrenzung Personengruppen mit unzureichendem Zugang zu sprachlicher Bildung benachteiligt werden könnten.[18] Auch bestehe nach Ablauf des Fünf-Jahres-Zeitraumes keine einzelfallbezogene Abwägungsmöglichkeit zugunsten der Behörden.[19] Dem ist jedoch entgegenzuhalten, dass jenseits des Fünf-Jahres-Zeitraumes die allgemeine Vorschrift des § 19 SGB X anzuwenden ist. Diese vermag zwar einen Anspruch auf Dolmetscher-/Übersetzerleistungen nicht im selben Umfang zu begründen, es darf aber erwartet werden, dass der Zeitraum von fünf Jahren auch dazu genutzt wird, sich ausreichende Sprachkenntnisse anzueignen,[20] zumal hierfür gesetzlich verschiedene Anreize gesetzt werden (s. zB § 5b AsylbLG). Dass die Realität häufig eine andere ist, verlangt nicht notwendig nach einem zusätzlichen Einsatz finanzieller Mittel staatlicherseits. 18

2. Sachlicher Geltungsbereich. Das Gesetz nennt sowohl das Verwaltungsverfahren als auch die Ausführung von Leistungen als sachlichen Anwendungsbereich der Regelung, wenn auch in umgekehrter Reihenfolge. Diese Begriffe stehen nebeneinander. Aus der Vorschrift ist nicht abzuleiten, dass Aufwendungen bei Ausführung von Leistungen per se nicht mehr zu tragen wären, wenn ein entsprechender Bedarf im Verwaltungsverfahren nicht bestanden hat. Vielmehr bedarf es einer Prüfung im Einzelfall, ob eine Bedarfslage gegeben ist. 19

a) **Verwaltungsverfahren.** Der Anspruch besteht zum einen im Verwaltungsverfahren. Gemeint ist damit das Verwaltungsverfahren im Sinne des § 8 SGB X. Bezeichnet wird damit die nach außen wirkende Tätigkeit der Behörden, die auf die Prüfung der Voraussetzungen, die Vorbereitung und den Erlass eines Verwaltungsaktes gerichtet ist. Beginn und Ende des Verfahrens richten sich nach den allgemeinen Bestimmungen. Der Erlass des Verwaltungsaktes selbst wird mitumfasst. Das Verwaltungsverfahren endet grundsätzlich mit der Bekanntgabe des Verwaltungsaktes gemäß § 37 SGB X.[21] 20

Mitumfasst ist ein sich eventuell anschließendes **Widerspruchsverfahren**. Hierfür spricht, dass das Verwaltungsverfahren im Falle der Erhebung eines Widerspruchs 21

15 BSG Urt. v. 30.1.2013 – B 4 AS 54/12 R, BSGE 113, 60; BSG Urt. v. 28.7.1967 – 4 RJ 411/66, BSGE 27, 88; LPK-SGB I/Meißner/Timme § 30 Rn. 8.
16 Mrozynski SGB I § 30 Rn. 23a.
17 BT-Drs. 19/13824, 175.
18 Reinhard ZRP 2019, 221 ff.
19 Schmidt SGB XIV/Weber § 12 Rn. 1.
20 IdS BT-Drs. 19/13824, 175.
21 Vgl. BSG Urt. v. 17.5.2011 – B 2 U 18/10 R, BSGE 108, 194.

noch nicht bestandskräftig abgeschlossen ist.[22] Die Frage danach, ob das Widerspruchsverfahren eine bloße Fortsetzung des Verwaltungsverfahrens ist oder ein selbstständiges Verwaltungsverfahren darstellt, bedarf insoweit keiner Antwort, denn selbst im Falle der Annahme eines eigenständigen Verwaltungsverfahrens wäre der Anwendungsbereich der Norm eröffnet.

22 Während dieses Zeitraums ist das in § 19 Abs. 2 SGB X vorgesehene, zweigestufte Verfahren – Aufforderung zur Vorlage einer Übersetzung innerhalb einer vorgegebenen Frist und im Falle der Nichtvorlage Selbstbeschaffung durch die Behörde[23] – für den in § 12 bezeichneten Personenkreis unanwendbar.

23 In einem sich an das Widerspruchsverfahren ggf. anschließenden **sozialgerichtlichen Verfahren** hat § 12 indes keine Geltung. Dort sind dem Verweis des § 61 Abs. 1 SGG folgend die Vorschriften der §§ 185 ff. GVG anzuwenden.[24] Ebenso wenig anzuwenden sind die Vorschriften des Gerichtsdolmetschergesetzes (GDolmG).

24 **b) Bei Ausführung der Leistungen.** Der Anspruch auf Tragung der Aufwendungen für Dolmetscherinnen und Dolmetscher sowie Übersetzerinnen und Übersetzer besteht auch bei der Ausführung von Leistungen nach dem SGB XIV. Der Hinweis in den Gesetzesmaterialien[25] auf § 17 SGB I dürfte dahin zu deuten sein, dass es sich bei § 12 Abs. 1 um eine Ergänzung bzw. Konkretisierung der Hinwirkungs- und Nebenpflichten der Behörden bei der Ausführung von Sozialleistungen, insbesondere iSv § 17 Abs. 1 Nr. 1 und Nr. 3 SGB I, handeln soll.[26] Hierzu gehören zB ärztliche Untersuchungen und Behandlungen, aber etwa auch Diagnosegespräche.[27] Überkommen werden sollen dabei Kommunikationshürden, die sich iRd Leistungserbringung für berechtigte Personen stellen können. Eine Behandlung kann ihren Zweck – je nach Schädigung und Schädigungsfolgen – nur schwer oder sogar gar nicht erreichen, wenn die zu behandelnde Person die sie behandelnde Person nicht versteht. Es besteht nach der Rspr. des BSG[28] aber kein Anspruch auf eine Leistungserbringung durch muttersprachliche Leistungserbringer. Davon weicht auch die Spezialregelung in § 12 nicht ab. Indirekt kann sich aber ein Anreiz für die Verwaltung ergeben, einen muttersprachlichen Leistungserbringer vorzuschlagen bzw. auszuwählen, wenn hierdurch die zusätzlichen und zu übernehmenden Aufwendungen einer Dolmetscherperson bzw. einer Übersetzerperson entfielen.

25 **3. Dolmetscher- und Übersetzerpersonen.** In Deutschland sind die Berufsbezeichnungen Dolmetscher und Übersetzer nicht geschützt. Dolmetscherinnen und Dolmetscher sind ebenso wie Übersetzerinnen und Übersetzer berufsmäßig tätige Sprachmittler, die Äußerungen von einer Ausgangssprache in eine Zielsprache übertragen. Begrifflich ist jedoch weiter zu differenzieren:

26 **a) Dolmetscherpersonen.** Aufgabe von Dolmetscherinnen und Dolmetschern (engl. „interpreter") ist es, mündliche Äußerungen/Verlautbarungen zunächst aus einer fremden Sprache sinnwahrend in die Zielsprache – mit Blick auf § 19 Abs. 1 SGB X die deutsche Sprache – akustisch zu übertragen und ggf. anschließende mündliche Äußerungen der Behörde in deutscher Sprache in die fremde Ausgangssprache.

---

22 BSG Urt. v. 25.2.2010 – B 11 AL 24/08 R, BSGE 106, 21; Schütze/Roller SGB X § 8 Rn. 4.
23 Dazu Hauck/Noftz/Vogelgesang SGB X § 19 Rn. 17 ff.; jurisPK-SGB X/Hissnauer § 19 Rn. 32 ff.
24 Näher Leopold ISPR, Rn. 538 ff.
25 BT-Drs. 19/13824, 175.
26 Schmidt SGB XIV/Weber § 12 Rn. 13.
27 Vgl. Krauskopf/Angermaier SGB I § 17 Rn. 18.
28 BSG Urt. v. 6.2.2008 – B 6 KA 40/06 R, SozR 4-5520 § 31 Nr. 3; Schütze/Roller SGB X § 19 Rn. 6.

b) **Übersetzerpersonen.** Übersetzerinnen und Übersetzer (engl. „translator“) werden von Behörden oder Beteiligten herangezogen, wenn es der sinnwahrenden Übertragung eines fremdsprachigen Schriftstücks in eine andere Sprache bedarf. Eine bloße Zusammenfassung oder nur annähernd sinngemäße Sprachmittlungsleistung genügen nicht.[29] 27

c) **Auswahl.** Das Gesetz fordert von Dolmetscherinnen und Dolmetschern bzw. Übersetzerinnen und Übersetzern keine bestimmte Ausbildung oder Qualifikation iSd Erwerbs eines Hochschulgrades. Es ist für die Anwendung des § 12 auch nicht entscheidend, ob die infrage kommende Sprachmittlerperson öffentlich bestellt oder beeidigt ist. Dies zeigt der Blick auf die Bestimmung des § 19 Abs. 2 Satz 2 SGB X, der für „begründete Fälle“ den Einsatz öffentlich bestellter bzw. beeidigter Personen fordert. Ein solches Erfordernis stellt § 12 nicht auf.[30] 28

Vorzugswürdig ist die Auswahl einer Dolmetscher- oder Übersetzerperson, mittels derer eine unmittelbare Übertragung von der Ausgangssprache in die Zielsprache erfolgen kann. In seltenen Fällen kann sich aber die Notwendigkeit ergeben, zunächst in eine Mittlersprache zu übertragen und von dieser in die Zielsprache.[31] 29

d) **Sprachmittlungsfehler.** Kommt es zu Abweichungen zwischen einer fremdsprachigen Verlautbarung bzw. einem fremdsprachigen Dokument und seiner Übersetzung, hat diejenige Person das **Risiko** zu tragen, in deren Verantwortungsbereich die Translation fällt.[32] 30

4. **Aufwendungen.** Aus der systematischen Einordnung des § 12 ist abzuleiten, dass die Aufwendungen der antragstellenden oder berechtigten Person entstanden sein müssen. Bringt die antragstellende oder berechtigte Person einen Dolmetscher mit zur Behörde oder bedient sie sich eines Übersetzers, ist ihr der Aufwand entstanden und dem Grunde nach zu erstatten. Der Aufwand ist gegenüber der Behörde nachzuweisen, etwa durch Vorlage von Rechnungen etc. In den Gesetzesmaterialien[33] wird der zulasten der Verwaltung erwartete Aufwand mit jährlich 40.000 bis 50.000 EUR quantifiziert. 31

Zwar ist theoretisch denkbar, dass auch der Behörde Aufwendungen im Zusammenhang mit der Beauftragung einer Dolmetscher- oder Übersetzerperson entstehen. Das kann insbesondere dann von Relevanz sein, wenn es gerade die Behörde ist, die den Einsatz eines Sprachmittlers für erforderlich hält. In derartigen Fällen kann sie den Beteiligten indes nicht in Anwendung der Vorschrift des § 19 SGB X an den Kosten beteiligen, denn dies liefe Sinn und Zweck der Regelung des § 12 diametral zuwider. Von § 19 SGB X soll insoweit gerade abgewichen werden. 32

5. **Notwendigkeit.** Das Gesetz limitiert die Übernahme der Aufwendungen insoweit, als nur die notwendigen Aufwendungen übernommen werden. Der Begriff der Notwendigkeit wird im Gesetz nicht definiert. Er bezieht sich sowohl auf die Frage, ob überhaupt eine Einbindung von Dolmetscher- und Übersetzerpersonen notwendig ist als auch die, ob getätigte Aufwendungen hierfür ihrer Höhe nach notwendig sind. Es handelt sich um einen unbestimmten Rechtsbegriff, der vollständiger gerichtlicher Kontrolle unterliegt. 33

Hinsichtlich des „Ob“ einer Sprachmittlung kann bei fremdsprachigen Antragstellern bzw. Leistungsberechtigten nicht per se von einer Notwendigkeit der Inanspruchnahme von Sprachmittlungsdienstleistungen ausgegangen werden. Daran fehlt es etwa dann, wenn die Behörde aufgrund eigener Sprachkenntnisse ihrer Mitarbeiterinnen 34

29 LPK-SGB X/Böttiger § 19 Rn. 14.
30 Schmidt SGB XIV/Weber § 12 Rn. 7.
31 LPK-SGB X/Böttiger § 19 Rn. 14.
32 SRH/Wallerath Kap. 11 Rn. 62.
33 BT-Drs. 19/13824, 156.

und Mitarbeiter in der Lage ist, fremdsprachliche Eingaben und Vorbringen zu verstehen.[34] Abzustellen ist dabei auf die gesamte Behörde, nicht bloß auf die/den im Einzelfall befasste/n Mitarbeiter/in.[35] Bei gängigen Sprachen (zB Englisch) werden solche Kenntnisse nicht selten vorliegen. Im Übrigen aber dürfte es sich um Seltenheitsfälle handeln. Es sollte dabei im Blick behalten werden, dass eine fremdsprachliche Verständigung zu Missverständnissen führen kann. Maßgeblich bleiben dabei zwar Äußerungen in deutscher Sprache. In Fällen eines Ermessens (v.a. bei Rücknahme eines Verwaltungsaktes) kann eine fehlerhafte fremdsprachliche Erklärung einer Behörde gegenüber Leistungsberechtigten, die auf diese Erklärung vertraut haben, die Ermessensbetätigung beeinflussen.[36] Ebenso fehlt es an der Notwendigkeit der Tragung von Aufwendungen, wenn die antragstellende bzw. leistungsberechtigte Person selbst über Deutschkenntnisse verfügt, die es ihr ermöglichen, das Anliegen vorzubringen. Dem gleichzustellen ist es, wenn sich antragstellende bzw. leistungsberechtigte Personen der Hilfe von Personen bedienen, die ihnen als „unprofessionelle" Sprachmittler zur Verfügung stehen, zB Familienangehörige oder Freunde mit ausreichenden Kenntnissen der deutschen Sprache. Besteht allerdings der Verdacht einer bewusst unrichtigen Sprachmittlung, ist zur Vermeidung von Fehlern die Hinzuziehung eines professionellen Sprachmittlers angezeigt.[37] Dies sollte auch dann erfolgen, wenn es auf die exakte Bezeichnung eines anspruchsbegründenden Merkmals ankommt oder eine Sprachmittlung offen erkennbar unrichtig ist.[38]

35 Zwar enthält der Gesetzeswortlaut kein explizites Erfordernis einer Angemessenheit der Aufwendungen. Mit Blick auf den Umfang der Aufwendungen ist aber dennoch das **Wirtschaftlichkeitsgebot** zu beachten. Als notwendig ist jedenfalls anzusehen, was bei analoger Anwendung des JVEG an Dolmetscherinnen und Dolmetscher bzw. Übersetzerinnen und Übersetzer als Entschädigung zu entrichten wäre.[39] Zulässig dürfte es auch sein, dass die Behörde mit Dolmetscher- bzw. Übersetzerpersonen Vereinbarungen über die Vergütung der Dienstleistungserbringung schließt.[40] Dies erscheint insbesondere dann sinnvoll, wenn sie häufiger auf deren Dienstleistungen zurückgreift[41] oder falls eine aufwändige Übersetzung zu fertigen ist.[42] Werden Mitarbeiterinnen und Mitarbeiter als Dolmetscher- oder Übersetzerperson tätig, haben sie keinen gesonderten Vergütungsanspruch hierfür.

II. Aufwendungen für Übersetzer bei Auslandsaufenthalt (Abs. 2)

36 Bei antragstellenden oder berechtigten Personen, die ihren gewöhnlichen Aufenthalt nicht im Inland, sondern im Ausland haben, stellen sich vergleichbare Kommunikationsprobleme. Gegenüber § 12 Abs. 1 ist der Anspruch für diesen Personenkreis jedoch in mehrfacher Hinsicht begrenzt:

37 Aufwendungen werden lediglich übernommen für die Dienste von **Übersetzerinnen und Übersetzern**. Dabei macht es grds. keinen Unterschied, ob die Übersetzerperson im In- oder Ausland ansässig ist. Dagegen werden keine Aufwendungen getragen für die Inanspruchnahme von Dolmetscherdiensten. Dies lässt sich zT damit erklären,

34 BT-Drs. 19/13824, 175.
35 LPK-SGB X/Böttiger § 19 Rn. 20.
36 jurisPK-SGB X/Hissnauer § 19 Rn. 22.
37 Schmidt SGB XIV/Weber § 12 Rn. 9.
38 LPK-SGB X/Böttiger § 19 Rn. 17.
39 Vgl. BT-Drs. 18/7824, 48; BSG Beschl. v. 29.7.2014 – B 3 SF 1/14 R, SozR 4-1500 § 51 Nr. 13.
40 KassKomm/Mutschler SGB X § 19 Rn. 9a; Kreutz ZFSH/SGB 2011, 629; Kreutz ZFSH/SGB 2008, 586; Mrozynski ZFSH/SGB 2003, 470.
41 jurisPK-SGB X/Hissnauer § 19 Rn. 44.
42 Hauck/Noftz/Vogelgesang SGB X § 19 Rn. 23.

dass Dolmetscherdienste eine Präsenz der fremdsprachigen Person voraussetzen, damit aber in der Situation eines im Ausland gewöhnlich Aufhältigen während des Verwaltungsverfahrens in Deutschland regelmäßig nicht gerechnet zu werden braucht. Ausgeschlossen ist eine solche Situation indes nicht. Zu denken ist etwa an nur vorübergehend im Inland aufhältige Personen (zB Touristinnen und Touristen[43]), die aber vor Verlassen des Landes oder anlässlich eines weiteren Aufenthalts im Inland einen Antrag beim zuständigen Träger anbringen möchten. Insoweit erscheint das Gesetz ergänzungsbedürftig. Aufgrund der praktischen Seltenheit der Situation dürfte sich der erforderliche Erfüllungsaufwand in Grenzen halten. Bis dahin gilt § 19 SGB X.

Der Wortlaut der Bestimmung legt zudem nahe, dass die Aufwendungen für Übersetzerinnen und Übersetzer nur **„bei der Antragstellung"** getragen werden müssen. Eine Übernahme entsprechender Aufwendungen bei Ausführung der Leistungen ist gesetzlich nicht vorgesehen und auch nicht beabsichtigt.[44] 38

Der Wortlaut fordert ebenso wie in Abs. 1 die **Notwendigkeit** der Aufwendungen. Insoweit gelten in Abs. 2 vergleichbare Maßstäbe wie dort (→ Rn. 33 ff.). Bei im Ausland ansässigen Übersetzerpersonen ist uU § 8 Abs. 4 JVEG zu beachten. 39

III. Aufwandsersatz für Kommunikationshilfen (Abs. 3)

Die Regelung des § 12 Abs. 3 steht ebenso im Gesamtkontext der Kommunikation zwischen Behörde und Antragstellern bzw. Leistungsberechtigten mit Kommunikationshindernissen, betrifft aber einen von den Regelungen in Abs. 1 und Abs. 2 verschiedenen Gegenstand, denn es geht in erster Linie nicht um die Ermöglichung einer Kommunikation im Wege des Einsatzes von Dolmetscherinnen und Dolmetscherinnen bzw. Übersetzerinnen und Übersetzern zur Behebung von Sprachbarrieren aufgrund des Gebots der Verwendung der deutschen Sprache statt einer Fremdsprache (§ 19 SGB X), sondern um die Ermöglichung einer **Kommunikation zwischen Behörden und Menschen mit Hör- und/oder Sprachbehinderungen** – in deutscher Sprache,[45] wenngleich keine explizite Begrenzung auf diesen Personenkreis erfolgt. Trifft eine Hör- oder Sprachbehinderung mit dem Umstand zusammen, dass die betreffende Person fremdsprachig ist, bedarf es sowohl der Übernahme von Aufwendungen iSv Abs. 1 oder 2 als auch solcher nach Abs. 3. 40

Gesichert werden soll mit § 12 Abs. 3 ein **bundeseinheitlicher Maßstab** bei der Gewährung von Kommunikationshilfen.[46] Da die Versorgungsverwaltung in die Zuständigkeit der Länder fällt, bedurfte es eines Gesetzes, welches den gewünschten Maßstab für die Länder für verbindlich erklärt. Diese Funktion wird spezifisch für den Bereich der Versorgungsverwaltung von § 12 Abs. 3 übernommen. 41

Das Gesetz verweist diesbezüglich auf die Vorschrift des **§ 9 BGG**. Gemäß Abs. 1 dieser Norm haben Menschen mit Hörbehinderung und Menschen mit Sprachbehinderung nach Maßgabe der Rechtsverordnung nach § 9 Abs. 2 BGG (Verordnung zur Verwendung von Gebärdensprache und anderen Kommunikationshilfen im Verwaltungsverfahren nach dem BGG [Kommunikationshilfenverordnung – KHV] vom 17.7.2002[47]) das Recht, mit Trägern öffentlicher Gewalt zur Wahrnehmung eigener Rechte im Verwaltungsverfahren in deutscher Gebärdensprache, mit lautsprachbegleitenden Gebärden oder über andere geeignete Kommunikationshilfen zu kommunizieren. Auf Wunsch der Berechtigten stellen die Träger öffentlicher Gewalt die geeigneten 42

43 Vgl. BT-Drs. 19/13824, 175.
44 BT-Drs. 19/13824, 175.
45 KassKomm/Mutschler SGB X § 19 Rn. 4a; jurisPK-SGB X/Hissnauer § 19 Rn. 26.
46 BT-Drs. 19/14870, 30.
47 BGBl. 2002 I 2650; zul. geänd. durch Gesetz v. 21.12.2020, BGBl. 2020 I 3229.

Kommunikationshilfen kostenfrei zur Verfügung und tragen hierfür die notwendigen Aufwendungen.

43 Die Aufwendungen werden übernommen im **Verwaltungsverfahren** und **bei Ausführung der Leistungen**. Insoweit besteht ein § 12 Abs. 1 sachlich identischer Anwendungsbereich (→ Rn. 19 ff.).

44 **Kommunikationshilfen** können sächliche oder persönliche Hilfen sein. Alle Hilfen müssen mit der deutschen Sprache kompatibel sein.[48] Als Kommunikationshilfen, für die Aufwendungen übernommen werden können, kommen gemäß § 12 Abs. 3 iVm § 9 BGG iVm § 3 Abs. 2 KHV in Betracht:

- Gebärdensprachdolmetscherinnen und Gebärdensprachdolmetscher;
- Kommunikationshelferinnen und Kommunikationshelfer (insbes. Schriftdolmetscherinnen und Schriftdolmetscher, Simultanschriftdolmetscherinnen und Simultanschriftdolmetscher, Oraldolmetscherinnen und Oraldolmetscher, Kommunikationsassistentinnen und Kommunikationsassistenten);
- Kommunikationsmethoden (zB Lormen oder taktil wahrnehmbare Gebärden);
- Kommunikationsmittel (zB akustisch-technische Hilfen, grafische Symbol-Systeme).[49]

45 Übernommen werden nur die jeweils **notwendigen Aufwendungen**. Als notwendig sind die Hilfen anzusehen, mit deren Unterstützung eine Kommunikation erreicht werden kann. Wo es keiner Kommunikationshilfe bedarf, ist eine Notwendigkeit zu verneinen (→ Rn. 33 ff.).

46 Hinsichtlich der **Höhe von Aufwendungen** für Kommunikationshilfen ist eine Notwendigkeit bei Einbindung von Personen in dem Umfang zu bejahen, der der regelmäßigen gesetzlichen Entschädigung dieser Personen entspricht. Die Entschädigung von Gebärdensprachdolmetscherinnen und Gebärdensprachdolmetschern richtet sich gemäß § 5 Abs. 1 KHV nach dem JVEG. Die jeweiligen Sätze sind zuletzt mit dem Kostenrechtsänderungsgesetz 2021[50] angepasst und im Zuge dessen erhöht worden. Ein Kostenersatz durch Verfahrensbeteiligte ist nicht vorgesehen.

Abschnitt 2 Entschädigungstatbestände

Unterabschnitt 1 Gewalttaten

§ 13 Opfer von Gewalttaten

(1) Als Opfer einer Gewalttat erhält bei Vorliegen der Voraussetzungen nach § 4 Absatz 1 Leistungen der Sozialen Entschädigung, wer im Inland oder auf einem deutschen Schiff oder in einem deutschen Luftfahrzeug eine gesundheitliche Schädigung erlitten hat durch

1. einen vorsätzlichen, rechtswidrigen, unmittelbar gegen ihre oder seine Person gerichteten tätlichen Angriff (körperliche Gewalttat) oder durch dessen rechtmäßige Abwehr oder

2. ein sonstiges vorsätzliches, rechtswidriges, unmittelbar gegen die freie Willensentscheidung einer Person gerichtetes schwerwiegendes Verhalten (psychische Gewalttat).

(2) Ein Verhalten im Sinne von Absatz 1 Nummer 2 ist in der Regel schwerwiegend, wenn es den Tatbestand des sexuellen Missbrauchs (§§ 174 bis 176d des Strafgesetzbuchs), des sexuellen Übergriffs, der sexuellen Nötigung, der Vergewaltigung (§§ 177

48 Schütze/Roller SGB X § 19 Rn. 7.
49 S. dazu Köhler SdL 2017, 43.
50 BGBl. 2020 I 3229.

und 178 des Strafgesetzbuchs), des Menschenhandels (§§ 232 bis 233a des Strafgesetzbuchs), der Nachstellung (§ 238 Absatz 2 und 3 des Strafgesetzbuchs), der Geiselnahme (§ 239b des Strafgesetzbuchs) oder der räuberischen Erpressung (§ 255 des Strafgesetzbuchs) erfüllt oder von mindestens vergleichbarer Schwere ist.

A. Gesetzesgeschichte

I. Bisheriges Recht – Textgeschichte und Einführung

1. Opferentschädigung bis zum G-SER. Bereits gegen Ende der 1960er Jahre setzte eine Diskussion zu der Frage ein, ob und ggf. auf welche Weise die Stellung der Opfer von Gewalttaten durch die Zuerkennung eines Anspruchs auf Sozialleistungen zu verbessern ist. Im Oktober 1970 sprachen sich die Justizminister aus Bund und Ländern für eine solche Regelung aus.[1] Allerdings gab es auch kritische Stimmen, die geltend machten, dass der Staat nicht für jedes Risiko menschlichen Zusammenlebens verantwortlich zu machen sei, dass das bestehende Rechtssystem ausreichend sei oder dass es an einem plausiblen Grund fehle, Opfer von Gewalttaten gegenüber Opfern von Unfällen oder Naturkatastrophen zu privilegieren.[2] Ein erster **Gesetzentwurf der** 1

1 Vgl. BT-Drs. 7/2506, 9.
2 Vgl. zum damaligen Meinungsstand Kötz, Verbrechensopfer als Staatsrentner?, ZRP 1972, 139 ff.; Rüfner, Empfiehlt es sich, die soziale Sicherung für den Fall von Personenschäden, für welche die Allgemeinheit eine gesteigerte Verantwortung trägt, neu zu regeln?, Gutachten für den Deutschen Juristentag (49) 1972, E 45.

CDU/CSU-Fraktion im deutschen Bundestag aus dem Jahr 1971[3] sah vor, Opfer von Gewalttaten im Rahmen der gesetzlichen **Unfallversicherung** zu entschädigen. Dabei sollten auch fahrlässig begangene Taten einbezogen werden. Bei der ersten Lesung dieses Gesetzentwurfs erwies sich, dass zwar alle Fraktionen im Deutschen Bundestag dem Anliegen, Opfer von Gewalttaten zu entschädigen im Grundsatz positiv gegenüberstanden.[4] Es gab jedoch unterschiedliche Auffassungen über den richtigen Weg der Umsetzung. In Abkehr von der Konzeption des Gesetzentwurfs der CDU/CSU-Fraktion aus dem Jahr 1971 sah der im August 1974 von der Bundesregierung eingebrachte Entwurf eines Gesetzes über die Entschädigung für Opfer von Gewalttaten (OEG)[5] eine Beschränkung auf Opfer vorsätzlich begangener Straftaten und eine Entschädigung in entsprechender **Anwendung der Vorschriften des BVG** vor. Die Gesetzgebungskompetenz des Bundes wurde aus Art. 74 Abs. 1 Nr. 7 GG (öffentliche Fürsorge) abgeleitet.[6] Der in dem Gesetzentwurf vorgesehene Ersatz von Sachschäden stieß im Bundesrat ebenso auf Kritik wie die für den Regelfall vorgesehene Kostenträgerschaft der Länder.[7] Der Bundesrat rief den Vermittlungsausschuss auch mit der Begründung an, dass ein Anspruch von **Ausländern** nur gerechtfertigt sei, soweit deren Heimatstaat die Gegenseitigkeit gewährleiste.[8] Im Vermittlungsausschuss wurde eine **Kostenteilung zwischen Bund und Ländern** vereinbart. Die Vorschrift über die **Erstattung von Sachkosten** wurde gestrichen und Ansprüche von Ausländern unter den Vorbehalt der Gegenseitigkeit gestellt.[9] Das OEG vom 11.5.1976[10] trat am 16.5.1976 in Kraft.

2 Während das OEG ursprünglich allein die Entschädigung für Verbrechensopfer vorsah, die **seit dem Inkrafttreten des Gesetzes am 16.5.1976** geschädigt wurden, wurden mit dem **Ersten Gesetz zur Änderung des Gesetzes über die Entschädigung für Opfer von Gewalttaten**[11] vom 20.12.1984 in Form einer **Härteregelung** unter engeren Voraussetzungen Personen einbezogen, die die Schädigung in der Zeit vom 23.5.1949 bis zum 15.5.1976 erlitten hatten. Nach Maßgabe des Einigungsvertrags[12] bzw. § 10 S. 4[13] und § 10a Abs. 1 S. 2 OEG, ab 1.1.2024: § 138 Abs. 5 SGB XIV, vgl. → § 138 Rn. 36 ff.) gilt die Härteregelung auch für Schäden durch Gewalttaten, die in der DDR

3 BT-Drs. 6/2420.
4 Vgl. BT-Drs. 7/2506, 9.
5 BT-Drs. 7/2506.
6 Zur gebotenen weiten bzw. jedenfalls „nicht engen" Auslegung des Begriffs der Fürsorge in Art. 74 Abs. 1 Nr. 7 vgl. BSG Urt. v. 25.6.2009 – B 10 EG 8/08 R, BSGE 103, 291; BVerfG Urt. v. 21.7.2015 – 1 BvF 2/13, BVerfGE 140, 65 Rn. 29 mwN; Jarass/Pieroth GG Art. 74 Rn. 17; Kahl/Waldhoff/Walter/Axer Bonner Kommentar zum GG Art. 74 Rn. 25 f.; kritisch dagegen: Otte, Staatliche Entschädigung für Opfer von Gewalttaten in Österreich, Deutschland und der Schweiz, S. 85; zu Änderungen des OEG unter Bezugnahme auf Art. 72 Abs. 2 GG vgl. BT-Drs. 16/12273, 6.
7 BT-Drs. 7/2506, 19 ff.
8 BR-Drs. 87/2/76, 1.
9 Vgl. BT-Drs. 7/4907, 2.
10 BGBl. I 1181.
11 BGBl. I 1723.
12 Vgl. Art. 8 iVm Anl. 1 Kap VIII Sachgebiet K Abschn. III Nr. 18 des Einigungsvertrags vom 31.8.1990, BGBl. II 885, 1069, geändert durch Art. 2 des Zweiten Gesetzes zur Änderung des Gesetzes über die Entschädigung für Opfer von Gewalttaten vom 21.7.1993, BGBl. I 1262, 1263; nicht mehr anzuwenden gem. Art. 1 Nr. 6 Buchst. g D Buchst. bb bbb des Gesetzes über die weitere Bereinigung von Übergangsrecht aus dem Einigungsvertrag v. 21.1.2013 I, 91 mWv 29.1.2013.
13 Mit der Einfügung des § 10 S. 5 (seit der Aufhebung von S. 3 durch das G-SER inhaltlich unverändert S. 4) und des § 10a Abs. 1 S. 2 OEG durch das Gesetz zur Änderung des Bundesversorgungsgesetzes und anderer Vorschriften wurde die Regelung aus dem Einigungsvertrag mWv 1.7.2011 unmittelbar in das OEG übernommen.

seit der Gründung (7.10.1949) bis zum 2.10.1990 (Tag vor dem Beitritt) begangen wurden.

Der als Ergebnis des Vermittlungsverfahrens seit Inkrafttreten des OEG geltende Ausschluss von Ausländern betraf zunächst auch **EU-Bürger**. Auf ein Vertragsverletzungsverfahren der Kommission gegen die Bundesrepublik Deutschland reagierte der Gesetzgeber, indem er EU-Bürger vom Gegenseitigkeitsvorbehalt ausnahm.[14] 3

Als Reaktion auf eine Welle ausländerfeindlicher Übergriffe[15] wurde mit dem **Zweiten Gesetz zur Änderung des Gesetzes über die Entschädigung für Opfer von Gewalttaten**[16] vom 21.7.1993 auch die Lage der in Deutschland lebenden **Ausländer aus Drittstaaten** verbessert, die sich seit längerer Zeit rechtmäßig in Deutschland aufhalten. Während Ausländer, die sich seit mindestens drei Jahren rechtmäßig im Bundesgebiet aufhalten, Deutschen gleichgestellt wurden, unterlagen die Ansprüche von Ausländern mit einer kürzeren Aufenthaltsdauer Beschränkungen. Ausländer, die sich vorübergehend für höchstens sechs Monate im Bundesgebiet aufhalten, blieben – von Härtefällen abgesehen – vollständig von Ansprüchen ausgeschlossen, wenn sie nicht mit einem Deutschen oder einem gleichgestellten Ausländer verheiratet oder in gerader Linie verwandt waren. 4

Das Inkrafttreten des Gesetzes zu dem **Europäischen Übereinkommen** vom 24.11.1983 **über die Entschädigung für Opfer von Gewalttaten** vom 17.7.1996[17] hatte nur geringe Auswirkungen auf die Stellung der Staatsangehörigen von Vertragsstaaten in Gestalt von Ansprüchen bereits bei vorübergehendem Aufenthalt in Deutschland und ohne das Erfordernis einer verwandtschaftlichen Beziehung zu einem Deutschen oder einem privilegierten Ausländer. Mit Art. 2 des **Gesetzes zur Änderung von Erstattungsvorschriften im sozialen Entschädigungsrecht** vom 25.7.1996[18] wurden **Erstattungsansprüche**, die Krankenkassen gegenüber den für die Durchführung des OEG zuständigen Behörden haben, pauschaliert. Der mit dem **Gesetz zur Änderung des Opferentschädigungsgesetzes und anderer Gesetze** vom 6.12.2000[19] eingeführte Anspruch auch auf **heilpädagogische Behandlung** sowie heilgymnastische und bewegungstherapeutische Übungen kommt vor allem Kindern[20] mit Ansprüchen nach dem OEG zugute. Mit Art. 2 des **Gesetzes zur Änderung von Vorschriften des Sozialen Entschädigungsrechts und des Gesetzes über einen Ausgleich für Dienstbeschädigungen im Beitrittsgebiet** vom 19.6.2006[21] setzte der Gesetzgeber eine Entscheidung des Bundesverfassungsgerichts vom 9.11.2004[22] um und erweiterte den Kreis der anspruchsberechtigten Hinterbliebenen auf **Partner einer nichtehelichen Lebensgemeinschaft**, die ein gemeinsames Kind betreuen. 5

Mit dem **Zuwanderungsgesetz**[23] vom 30.7.2004 wurde der Kreis der anspruchsberechtigten Ausländer erweitert, indem geregelt wurde, dass der Aufenthalt von **geduldeten Ausländern** unabhängig vom Grund der Duldung als rechtmäßig iSd OEG gilt. 6

14 Art. 6 Nr. 1 des Gesetzes über die neunzehnte Anpassung der Leistungen nach dem Bundesversorgungsgesetz sowie zur Änderung weiterer sozialrechtlicher Vorschriften vom 26.6.1990, BGBl. I 1211.
15 Vgl. BT-Drs. 12/4889, 6.
16 BGBl. I 1262.
17 BGBl. I 1120; BGBl. 1997 II 740.
18 BGBl. I 1118.
19 BGBl. I 1676.
20 Vgl. BT-Drs. 14/4054, 7; Wältermann, Zur Änderung des Opferentschädigungsgesetzes und weiterer Gesetze, NJW 2001, 733.
21 BGBl. I 1305.
22 1 BvR 684/98; vgl. BR-Drs. 39/06, 12.
23 Art. 10 Nr. 11 des Gesetzes zur Steuerung und Begrenzung der Zuwanderung und zur Regelung des Aufenthalts und der Integration von Unionsbürgern und Ausländern vom 30.7.2004, BGBl. 2004 I, 1950, 2005 f.

Die Politik der ganz kleinen Schritte bezogen auf die Einbeziehung von **Ausländern**, die in Deutschland Opfer einer Gewalttat werden,[24] setzte der Gesetzgeber mit dem **Dritten Gesetz zur Änderung des Opferentschädigungsgesetzes** vom 25.6.2009[25] fort. Abweichend von der mit dem 2. OEG-Änderungsgesetz getroffenen Regelung wird nicht mehr gefordert, dass ein Ausländer, der sich für weniger als sechs Monate in Deutschland aufhält, mit einem privilegierten Ausländer verheiratet oder in gerader Linie verwandt ist, sondern es genügt eine Verwandtschaft dritten Grades. Außerdem wird der Geltungsbereich des OEG auf **Gewalttaten** ausgedehnt, denen Deutsche oder privilegierte Ausländer (in Deutschland lebende EU-Bürger und Ausländer mit verfestigtem Aufenthaltsstatus) **im Ausland** zum Opfer fallen. Für solche Auslandsfälle sind allerdings nur erheblich reduzierte Leistungen vorgesehen.[26] Mit dem zum 1.7.2011 in Kraft getretenen **Gesetz zur Änderung des Bundesversorgungsgesetzes und anderer Vorschriften**[27] wurden Änderungen des BVG ua im Bereich der Auslandsversorgung und der Pauschalerstattung von Aufwendungen der Krankenkassen nachvollzogen und eine Reihe redaktioneller Fehler behoben. Mit Artikel 28 des **Gesetzes zur Änderung des Bundesversorgungsgesetzes** und anderer Vorschriften vom 17.7.2017[28] sind die Einmalzahlungen für Geschädigte und ihre Hinterbliebenen sowie der Zuschuss zu Überführungs- und Beerdigungskosten erhöht worden, die nach § 3a Abs. 2, Abs. 3 OEG bei Gewalttaten im Ausland gezahlt werden.[29]

7 **2. Entwicklung seit Verkündung des G-SER.** Mit G-SER vom 12.12.2019[30] ist das Soziale Entschädigungsrecht in zentralen Teilen **mit Wirkung zum 1.1.2024**[31] neu geordnet worden (vgl. im Einzelnen → Vor § 1 Rn. 7 ff.). Die Entschädigung für Opfer von Gewalttaten ist dann Gegenstand von **Kapitel 2 Abschnitt 2** des SGB XIV (§§ 13 ff.). Die Definition der Gewalttat als schädigendes Ereignis ist durch die Einbeziehung psychischer Gewalttaten (vgl. im Einzelnen nachfolgend → Rn. 66 ff.) und die Erweiterung der Gleichstellungssachverhalte (insbes. § 14 Abs. 1 Nr. 5 und 6) erheblich erweitert worden (vgl. im Einzelnen → § 14 Rn. 25 ff.). Für die Zeit **bis zum 31.12.2013** gelten weiter die Vorschriften des **OEG**, die jedoch durch Art. 3 G-SER und durch weitere nachfolgende Gesetze geändert worden sind. Dadurch wurde ein Teil der in §§ 13 ff. SGB XIV enthaltenen Änderungen inhaltlich „vorgezogen" (vgl. nachfolgend → Rn. 9; → § 18 Rn. 2, 8). Das gilt jedoch nicht für die aus § 13 SGB XIV folgende erweiterte Definition des schädigenden Ereignisses (Gewalttat). Diese gilt erst für Gewalttaten bzw. Schädigungen in der Zeit ab dem 1.1.2024 (→ § 138 Rn. 11, 17, 20).

8 Im **Gesetzgebungsverfahren zum G-SER** sind in § 13 Abs. 2 SGB XIV auf Empfehlung des Ausschusses für Arbeit und Soziales[32] die Straftatbestände „des sexuellen Missbrauchs (§§ 174 bis 176b StGB) sowie des sexuellen Übergriffs, der sexuellen Nötigung und der Vergewaltigung (§§ 177 und 178 StGB) ergänzend in Bezug genommen worden (dazu im Einzelnen → § Rn. 73).

9 Mit der Änderung des OEG durch Art. 3 Nr. 1 **G-SER**[33] sowie Art. 2a Nr. 1 **des Gesetzes zur Änderung des Gesetzes über Finanzhilfen des Bundes zum Ausbau der Tages-**

24 Vgl. Dau, Drittes Gesetz zur Änderung des OEG – viel Lärm um (fast) nichts, SGb 2009, 695.
25 BGBl. 2009 I 1580.
26 Vgl. im Einzelnen bei § 3a OEG.
27 Vom 20.6.2011, BGBl. 2011 I 1114.
28 BGBl. 2017 I 2541.
29 Vgl. BT-Drs. 18/12611, 125.
30 BGBl. 2019 I 2652.
31 Art. 60 Abs. 7 G-SER.
32 BT-Drs. 19/14870, 7, 31 zu Nr. 1 Buchst. f.
33 Vom 12.12.2019, BGBl. 2018 I 2652.

betreuung für Kinder und des Kinderbetreuungsfinanzierungsgesetzes[34] sind **Ausländer** bezogen auf die Leistungen Deutschen mWv 1.7.2018 vollständig gleichgestellt worden.[35] Durch die Neufassung von § 1 Abs. 4 OEG und die Streichung von § 1 Abs. 5 bis 7 OEG wird im Ergebnis die Einführung der Regelung des § 7 SGB XIV vorgezogen.[36] Vergleichbares gilt für die Einführung des **Wohnort- anstelle des Tatortprinzips** für die Bestimmung der örtlichen Zuständigkeit durch die Änderungen des § 4 Abs. 1 OEG mit dem G-SER[37] und dem Gesetz zur Änderung des Gesetzes über Finanzhilfen des Bundes zum Ausbau der Tagesbetreuung für Kinder und des Kinderbetreuungsfinanzierungsgesetzes. Zuständig für die Gewährung von Versorgung ist nun das Land, in dem die berechtigte Person ihren Wohnsitz oder gewöhnlichen Aufenthalt hat. **Übergangsregelungen** zum Wechsel der **örtlichen Zuständigkeit** sind mit dem Gesetz zur Änderung des Gesetzes über Finanzhilfen des Bundes zum Ausbau der Tagesbetreuung für Kinder und des Kinderbetreuungsfinanzierungsgesetzes als § 4 Abs. 2 bis 5 OEG eingefügt worden.[38] Ab dem 1.1.2024 ist die örtliche Zuständigkeit bei der Entschädigung von Opfern einer Gewalttat Gegenstand des § 113 Abs. 2 SGB XIV.[39] Die für die Zeit ab dem 1.1.2024 in § 18 SGB XIV geregelte Erstreckung auf **Gewalttaten durch den Gebrauch eines Kraftfahrzeugs** gilt aufgrund der Änderung des § 1 Abs. 8 OEG durch Art. 11a Nr. 1 des Teilhabestärkungsgesetzes[40] bereits seit dem 10.6.2021 (zu weiteren Einzelheiten vgl. die Kommentierung zu § 18 SGB XIV und zu § 138 SGB XIV).

§ 13 Abs. 2 SGB XIV ist noch vor seinem Inkrafttreten zum 1.1.2024 durch das **Gesetz zur Bekämpfung sexualisierter Gewalt gegen Kinder**[41] an die Neustrukturierung der Straftatbestände zum sexuellen Missbrauch von Kindern im StGB angepasst worden. Mit diesem Gesetz sind § 176a StGB (Sexualisierte Gewalt gegen Kinder ohne Körperkontakt mit dem Kind) und § 176b StGB (Vorbereitung von sexualisierter Gewalt gegen Kinder) eingefügt worden. Dadurch sind die ursprünglich in § 176a StGB (Schwerer sexueller Missbrauch von Kindern) und § 176b StGB (Sexueller Missbrauch von Kindern mit Todesfolge) geregelten Qualifizierungen (mit inhaltlichen Änderungen beim schweren sexuellen Missbrauch) zu §§ 176c, 176d StGB geworden. Dem ist durch eine redaktionelle Anpassung[42] von § 13 Abs. 2 Rechnung getragen worden; die Bezugnahme auf §§ 176 bis 176b StGB wurde durch eine Bezugnahme auf §§ 176 bis 176d StGB ersetzt. 10

II. Änderungen gegenüber dem OEG

Mit dem G-SER ist der Regelungsgehalt des § 1 OEG als zentraler Norm des OEG mWv 1.1.2024 auf zahlreiche Vorschriften des SGB XIV verteilt worden. **§ 13** nimmt den wesentlichen Inhalt des **§ 1 Abs. 1 S. 1 OEG** auf (dazu → Rn. 102). Maßgebend für die Frage, ob noch § 1 Abs. 1 S. 1 OEG oder aber bereits § 13 SGB XIV zur Anwendung kommen ist nach § 138 Abs. 1 SGB XIV grundsätzlich der Tatzeitpunkt bzw. der Zeitpunkt der Schädigung (→ § 138 Rn. 15 ff.). Von § 1 Abs. 1 S. 1 OEG unterscheidet sich § 13 SGB XIV im Wesentlichen in drei Punkten: 11

34 Vom 15.4.2020, BGBl. 2020 I 811.
35 BT-Drs. 19/13824, 233, zu Art. 3 Nr. 1 und Nr. 2; BT-Drs. 19/17818, 10, zu Art. 2a Nr. 1 Buchst. a; vgl. auch → § 7 Rn. 2.
36 Vgl. BT-Drs. 19/17818, 10, zu Art. 2a Nr. 1 Buchst a.
37 Vgl. dazu Tabbara NZS 2020, 210 (216).
38 Vgl. dazu im Einzelnen → § 113 Rn. 11 ff.; zur Gesetzesbegründung vgl. BT-Drs. 19/17818, 10, zu Art. 2a Nr. 1 Buchst. a.
39 Vgl. → § 113 Rn. 27 ff.
40 Vom 2.6.2021, BGBl. 2021 I 1387, 1399.
41 Vom 16.6.2021, BGBl. 2021 I 1810.
42 BT-Drs. 19/23707, zu Art. 8 Abs. 7.

12 1. § 13 beschränkt sich auf Opfer eines „gegen ihre oder seine Person" gerichteten tätlichen Angriffs, während sich § 1 Abs. 1 S. 1 OEG auf einen Angriff „gegen seine oder **eine andere Person**" und damit auch auf den gegen eine andere Person gerichteten tätlichen Angriff (Fall des **aberratio ictus**) bezog. Darin liegt aber keine inhaltliche Änderung; die Einbeziehung erfolgt nun über § 14 Abs. 1 Nr. 2 SGB XIV (vgl. dazu im Einzelnen → Rn. 23, → § 14 Rn. 18). Die Wendung „gegen seine oder eine andere Person" war auch gesetzlicher Anknüpfungspunkt der Rspr. des BSG zum sog. **Schockschaden**. Danach konnten auch Personen Entschädigungsansprüche haben, die nicht unmittelbar von einem tätlichen Angriff getroffen worden sind, sondern als sog. Sekundäropfer eine psychische Schädigung erleiden.[43] Der Umstand, dass die genannte Wendung nicht mehr in § 13 enthalten ist, bewirkt auch insofern keine wesentliche inhaltliche Änderung, weil diese Fallgruppe nun in weitgehender Übernahme mit den dazu in der Rspr. entwickelten Kriterien in § 14 Abs. 2 geregelt worden ist (vgl. im Einzelnen → § 14 Rn. 48 ff.).

13 2. Während § 1 OEG die erforderliche **Kausalität** zwischen dem schädigenden Ereignis (Gewalttat), der dadurch hervorgerufenen gesundheitlichen Schädigung („... infolge ...") und zwischen Schädigung und Gesundheitsschaden („... wegen der gesundheitlichen und wirtschaftlichen Folgen ...") angesprochen wird, sind diese Aspekte im SGB XIV gleichsam „vor die Klammer gezogen" und für alle vier Entschädigungstatbestände, die Gegenstand des SGB XIV sind (vgl. § 1 Abs. 2 sowie Kapitel 2 Abschnitt 2 Unterabschnitt 2 bis 4) in § 4 Abs. 1 geregelt worden. § 13 verweist insoweit auf diese Regelung und formuliert dem entsprechend, dass das Opfer einer Gewalttat „bei Vorliegen einer Voraussetzung nach § 4 Abs. 1" unter näher geregelten weiteren Voraussetzungen Leistungen der sozialen Entschädigung erhält. In gleicher Weise verweist § 21 für die Opfer von Kriegsauswirkungen, § 23 Abs. 1 für Geschädigte durch Ereignisse im Zusammenhang mit der Ableistung des Zivildienstes und § 24 S. 1 für die Geschädigten durch Schutzimpfungen jeweils auf § 4 Abs. 1. Inhaltliche Änderungen sind mit dieser Neustrukturierung nicht verbunden. Zu Fragen der gesundheitlichen Schädigung und zur Kausalität wird im Einzelnen auf die Kommentierung zu § 4, auf → Rn. 83 ff. sowie auf HK-SozEntschR BVG § 1 Rn. 26 ff., OEG § 1 Rn. 89 ff. verwiesen.

14 3. Eine wesentliche inhaltliche Änderung gegenüber § 1 Abs. 1 S. 1 OEG folgt hingegen aus der Einbeziehung **psychischer Gewalttaten** durch § 13 Abs. 1 Nr. 2, Abs. 2.[44] Das OEG war ursprünglich auf die Entschädigung von Körperschäden nach Gewalttaten ausgerichtet.[45] Voraussetzung für einen Entschädigungsanspruch war nach § 1 Abs. 1 S. 1 OEG ein „tätlicher Angriff" und damit grundsätzlich eine in feindseliger Willensrichtung unmittelbar auf den Körper eines anderen zielende gewaltsame Einwirkung[46] und damit grundsätzlich eine Kraftentfaltung gegen eine Person.[47] Zwar sind von diesem Grundsatz Ausnahmen zugelassen worden: Auch der strafbare ohne körperliche Gewalt verübte sexuelle Missbrauch von Kindern konnte nach stRspr ein tätlicher Angriff iSd § 1 Abs. 1 S. 1 OEG sein.[48] Eine Erstreckung dieses weiten Begriffsverständnisses auf andere Fallgruppen hat das BSG jedoch abgelehnt, weil sie mit der auf eine körperliche Gewaltanwendung abstellenden gesetzgeberischen Kon-

43 Grundlegend: BSG Urt. v. 7.11.1979 – 9 RVg 1/78, BSGE 49, 98; vgl. im Einzelnen → § 14 Rn. 48 ff.
44 Knickrehm/Mushoff/Schmidt Neues SozEntschR Rn. 22.
45 Vgl. BT-Drs. 7/2506, 10.
46 BSG Urt. v. 16.12.2014 – B 9 V 1/13 R, BSGE 118, 63 Rn. 19.
47 BSG Urt. v. 15.12.2016 – B 9 V 3/15 R, BSGE 122, 218 Rn. 23; vgl. im Einzelnen → Rn. 36 ff.
48 Vgl. zB BSG Urt. v. 17.4.2013 – B 9 V 1/12 R, BSGE 113, 205 Rn. 28.

zeption unvereinbar wäre.[49] Durch die ausdrückliche Einbeziehung psychischer Gewalttaten mit § 13 Abs. 1 Nr. 2 und durch die Definition des schwerwiegenden Verhaltens im Sinne von Abs. 1 Nr. 2 durch § 13 Abs. 2 SGB XIV werden aber die in der Rspr. zum OEG gezogenen Grenzen verschoben (vgl. im Einzelnen → Rn. 66). Ferner wird der anspruchsberechtigte Personenkreis durch die Gleichstellungssachverhalte nach § 14 Abs. 1 Nr. 5 SGB XIV (erhebliche Vernachlässigung von Kindern) und § 14 Abs. 1 Nr. 6 SGB XIV (Herstellung, Verbreitung und öffentliche Zugänglichmachung von Kinderpornografie nach § 184b Abs. 1 Nrn. 1, 3 und 4 StGB) ganz erheblich erweitert.

B. Normsystematik

I. Allgemeiner Regelungsgehalt

§ 13 definiert, wer als Opfer einer Gewalttat Anspruch auf Leistungen der Sozialen Entschädigung hat. Die Vorschrift unterscheidet zwischen den Opfern körperlicher Gewalttaten (Abs. 1 Nr. 1) und den Opfern psychischer Gewalttaten (Abs. 1 Nr. 2, Abs. 2). 15

II. Systematische Einordnung

Bei den Gewalttaten, die Gegenstand von Abschnitt 2 Unterabschnitt 1 des SGB XIV sind, handelt es sich um den wohl praktisch bedeutsamsten der vier in § 1 Abs. 2 aufgezählten **schädigenden Ereignisse**, die Ansprüche der sozialen Entschädigung nach dem SGB XIV auslösen können. Die drei weiteren Entschädigungstatbestände des SGB XIV sind Gegenstand der folgenden Unterabschnitte 2 bis 4. § 13 bestimmt, wer als Opfer einer Gewalttat bei Vorliegen der Voraussetzungen nach § 4 Abs. 1 SGB XIV Anspruch auf Leistungen der Sozialen Entschädigung hat. Die Vorschrift wird durch § 14 SGB XIV ergänzt, der Gleichstellungssachverhalte regelt. 16

Ua zur Frage der erforderlichen **Kausalität** verweist § 13 Abs. 1 auf § 4 **Abs. 1** SGB XIV. Danach besteht Anspruch auf die Leistungen der Sozialen Entschädigung wegen der anerkannten gesundheitlichen und wirtschaftlichen Folgen, die ursächlich auf die Gewalttat zurückzuführen sind. § 14 Abs. 2 SGB XIV regelt eine Erweiterung auf näher definierte mittelbare Gewaltopfer. 17

Soweit es sich bei der Gewalttat um eine **terroristische Straftat** oder einen extremistischen Übergriff handelt, kommen neben den Leistungen der Sozialen Entschädigung **Härteleistungen aus Haushaltsmitteln** in Betracht, die der Bundestag jährlich gemäß der Zweckbindung der Haushaltstitel zur Verfügung stellt. Diese werden vom Bundesamt für Justiz nach der Richtlinie zur Zahlung von Härteleistungen für Opfer terroristischer Straftaten (Kapitel 0718 Titel 681 02) bzw. der Richtlinie zur Zahlung von Härteleistungen für Opfer extremistischer Übergriffe (Kapitel 0718 Titel 681 01) bewirtschaftet.[50] Bei Opfern von Gewalttaten die durch den **Gebrauch eines Kraftfahrzeugs** oder eines Anhängers geschädigt worden sind, treten neben die Leistungen der Sozialen Entschädigung und ggfs. die og Härteleistungen auch Entschädigungsansprüche aus dem „Entschädigungsfonds für Schäden aus Kraftfahrzeugunfällen" (→ § 18 Rn. 9). 18

III. Normzweck

Die Einführung von Ansprüchen auf Soziale Entschädigung für Opfer von Gewalttaten mit dem OEG wurde mit der besonderen **Verantwortung des Staates** für Personen 19

49 BSG Urt. v. 12.2.2003 – B 9 VG 2/02 R, NJW 2003, 2478 = juris Rn. 20; BSG Urt. v. 17.4.2013 – B 9 V 1/12 R, BSGE 113, 205 Rn. 28.
50 Vgl. dazu zB BT-Drs. 19/31873.

begründet, die durch eine vorsätzliche Straftat geschädigt werden. Aufgabe des Staates sei es, Bürger vor Gewalttaten zu schützen. Könne er diese Pflicht nicht erfüllen, so müsse er sich für die Entschädigung des Opfers verantwortlich fühlen.[51] Allerdings kann diesem Ansatz entgegengehalten werden, dass kein Staat einen perfekten Schutz vor Straftaten erreichen kann und dass die Gefahr, Opfer einer Gewalttat zu werden, ein allgemeines Lebensrisiko darstellt.[52] Die Rechtfertigung der Entschädigungsleistungen mit einer „kollektiven Schadensverantwortung“ stand von Anfang an auf wackligen Beinen.[53]

20 Gleichwohl hat sich der Gesetzgeber entschieden, die **„unschuldigen Opfer von Gewalttaten“**[54] vor den wirtschaftlichen Folgen der Straftat besonders zu schützen und sie damit aus dem System der Sozialhilfe (und heute auch der Grundsicherung nach dem SGB II) herauszuheben. Bei der Gewaltkriminalität unterscheide sich die Opferrolle wesentlich von dem Schicksal eines „durch einen beliebigen schweren Unglücksfall Betroffenen“, weil bei diesem das Element des willentlichen Bruchs der Rechtsordnung durch körperliche Gewalt und damit die „Enttäuschung der Erwartung der Unverbrüchlichkeit dieses wesentlichen Kerns der Friedensordnung innerhalb der Gesellschaft“ fehle.[55] Deswegen ist auch davon abgesehen worden, Unfallschäden[56] in die Entschädigung nach dem OEG einzubeziehen, und zwar selbst dann, wenn bei der Entstehung des Unfalls leichtere strafbare Handlungen mitgewirkt haben. Dies erscheint konsequent, da die Gewährung von Opferentschädigung mit einem **Versagen des Staates** begründet wird, die Bürger vor **Gewaltkriminalität** zu schützen.[57] Dass die Bundesrepublik Deutschland keine Möglichkeit hat, im **Ausland** einer Verantwortung für die Vermeidung von Straftaten unmittelbar gerecht zu werden, schlägt sich in den erheblich reduzierten Leistungen nach § 3a OEG (bis zum 31.12.2023) bzw. § 15 iVm § 102 SGB XIV nieder.[58] Aus denselben Gründen werden Leistungen für Gewalttaten, die bis zum 2.10.1990 in der **DDR** begangen wurden, nach Anlage I Kapitel VIII Sachgebiet K Abschnitt III Nr. 18 Buchst. c Einigungsvertrag, § 10 S. 3 und 4 (bis zum 31.12.2023) bzw. § 138 Abs. 5, Abs. 6 (ab 1.1.2024) nur in Härtefällen nach Maßgabe des § 10a (bis zum 31.12.2023) bzw. des § 138 Abs. 3 und Abs. 4 SGB XIV gewährt.[59]

21 Die Entschädigung der Opfer von Gewalttaten erfolgt noch bis zum 31.12.2023 nach dem **OEG** und damit in entsprechender **Anwendung der Vorschriften des BVG** nach versorgungsrechtlichen Grundsätzen. Als Grundnorm definiert § 5 SGB I den Personenkreis, der Anspruch auf soziale Entschädigung hat. Berechtigt ist danach, wer einen Gesundheitsschaden erleidet, für dessen Folgen die staatliche Gemeinschaft in Abgeltung eines besonderen Opfers oder aus anderen Gründen nach versorgungsrechtlichen Grundsätzen einsteht. Während zB im BVG der Gedanke der „Abgeltung eines besonderen Opfers“ im Vordergrund steht, wird Opfern von Gewalttaten die

51 BT-Drs. 7/2506, 7.
52 Vgl. Wulfhorst, Zur Rechtsdogmatik der Sozialen Entschädigung für Opfer von Gewalttaten, VSSR 1997, 185 (188).
53 Becker, Soziales Entschädigungsrecht, 2017, 107 f. mwN.
54 BT-Drs. 7/2506, 1.
55 BT-Drs. 7/2506, 10.
56 Abgesehen von der Sonderregelung in Abs. 3, vgl. Rn. 81.
57 Vgl. BSG Beschl. v. 12.6.2003 – B 9 VG 11/02 B.
58 Vgl. BT-Drs. 16/12273, 5, 6.
59 Vgl. BSG Urt. v. 16.12.2004 – B 9 VG 1/03 R, SozR 4-3800 § 10a Nr. 1.

Entschädigung „aus anderen Gründen“ gewährt.[60] Gem. § 68 Nr. 7 Buchst. f SGB I gilt das OEG als Bestandteil des Sozialgesetzbuchs.

Zum 1.1.2024 ist die Bezugnahme auf das BVG als Leitgesetz und damit die Bezugnahme auf Regelungen der Kriegsopferversorgung aufgegeben und das soziale Entschädigungsrecht im SGB XIV eigenständig geregelt worden. Der gegenüber dem OEG erheblich **erweiterte Gewaltbegriff** des SGB XIV, der insbesondere weitere Formen der psychischen Gewalt einbezieht und in § 14 Abs. 1 Nr. 5 die erhebliche Vernachlässigung von Kindern einer Gewalttat gleichstellt, geht wesentlich auf die **Empfehlungen der Runden Tische** „Heimerziehung“ und „Sexueller Kindesmissbrauch“ zurück.[61] 22

C. Einzelkommentierung

I. Personenkreis

1. Unmittelbarkeit. Der Anspruch auf Leistungen nach dem OEG setzt im Grundsatz die **unmittelbare Schädigung** einer **natürlichen Person** voraus. Das im Bereich der Kriegsopferversorgung vor allem aus dem Wortlaut des § 1 Abs. 1 BVG („wer“) und des § 1 Abs. 2 Buchst. a iVm § 5 BVG abgeleitete Erfordernis der **Unmittelbarkeit** galt auch für die Opferentschädigung nach dem OEG.[62] Für den Anspruch auf Gewaltopferentschädigung nach dem SGB XIV gilt im Grundsatz[63] nichts anderes. Das Erfordernis der Unmittelbarkeit wird nun sogar ausdrücklich in § 13 Abs. 1 Nr. 1 SGB XIV für die körperliche Gewalttat und in Nr. 2 für die psychische Gewalttat geregelt, wobei die Unmittelbarkeit nach Nr. 1 auf den Angriff zu beziehen ist, während sich das Verhalten nach Nr. 2 „unmittelbar“ gegen die freie Willensentscheidung einer Person richten muss. Zu fordern ist danach grundsätzlich ein enger zeitlicher und örtlicher Zusammenhang zwischen dem Schädigungstatbestand und der schädigenden Einwirkung iS einer engen, untrennbaren Verbindung beider Tatbestandselemente ohne örtliche und zeitliche Zwischenglieder.[64] Wer nur mittelbar eine Schädigung erleidet, ist regelmäßig von Entschädigungsleistungen für Opfer von Gewalttaten nach dem SGB XIV ausgeschlossen. Insofern gilt für Ansprüche nach dem SGB XIV nichts anderes als nach dem OEG und dem BVG. § 13 setzt – anders als § 1 Abs. 1 S. 1 OEG (vgl. dort: „… oder eine andere Person …“) – voraus, dass der Angriff auf den unmittelbar Geschädigten gerichtet war. Allerdings wird der Fall, dass der Angriff fehlgeht und eine andere Person als diejenige trifft, auf die er gerichtet war (**aberratio ictus**), nach § 14 Abs. 1 Nr. 2 gleichgestellt (vgl. im Einzelnen → § 14 Rn. 18). Wenn der Angriff ausschließlich gegen eine Sache gerichtet war und statt dessen eine Person schädigt, liegt dagegen kein Angriff gegen eine natürliche Person vor.[65] Soweit kein Fall des aberratio ictus und kein Gleichstellungstatbestand nach § 14 Abs. 2 vorliegt, kann ein Angriff gegen eine andere Person nach der seit dem 1.1.2024 geltenden Rechtslage keine Entschädigungsansprüche begründen (zur Frage des Anspruchs auf Leistungen der Sozialen Entschädigung für ein aus einer Inzestbeziehung geschädigt geborenes Kind → Rn. 79, 82). 23

Ein Anspruch nach dem OEG kann nur für die Zeit ab der **Vollendung der Geburt** bestehen, weil der Mensch gem. § 1 BGB erst ab diesem Zeitpunkt **rechtsfähig** ist. Ein 24

60 Gelhausen, Soziales Entschädigungsrecht, 2. Aufl. 1998, Rn. 717; Schoreit/Düsseldorf, 1977, OEG Einleitung S. 21; zu der unterschiedlichen Zielsetzung von Kriegsopferentschädigung und Gewaltopferentschädigung vgl. auch BSG Urt. v. 16.12.2004 – B 9 VG 1/03 R, SozR 4-3800 § 10a Nr. 1 mwN.

61 Vgl. BT-Drs. 19/13824, 141.

62 Ständige Rechtsprechung, vgl. BSG Urt. v. 10.12.2002 – B 9 VG 7/01 R, BSGE 90, 190 = juris Rn. 14 mwN.

63 Zu Ausnahmen von diesem Grundsatz vgl. § 14 Abs. 2.

64 Vgl. BSG Urt. v. 10.12.2002 – B 9 VG 7/01 R, BSGE 90, 190 = juris Rn. 14.

65 Hansen, Opferschutz für Dritte, ZfS 2006, 68 (69).

Anspruch nach dem OEG scheidet aus, wenn sich die unmittelbare Schädigung auf einen Toten bezieht, weil § 1 Abs. 1 OEG voraussetzt, dass es sich bei dem sog. Primäropfer um einen rechtsfähigen Menschen iSd § 1 BGB handelt. Aus der Verletzung des **postmortalen Persönlichkeitsrechts** lassen sich keine Ansprüche nach dem OEG herleiten. Mit dieser Begründung hat das BSG[66] den Anspruch von Angehörigen eines sexuell missbrauchten Toten wegen eines sog. Schockschadens abgelehnt (→ § 14 Rn. 55).

25 **2. Nasciturus.** Da § 1 OEG von der Identität der geschädigten Person und der anspruchsberechtigten Person ausgeht, wäre ein Anspruch nach dem Wortlaut der Vorschrift ausgeschlossen, wenn die **Schädigung** bereits **vor der Geburt** stattgefunden hat, weil das nach der Schädigung geborene Kind nicht **unmittelbar** geschädigt worden sein kann. Anders als zB im Recht der gesetzlichen Unfallversicherung, gibt es im OEG keine ausdrückliche Regelung zur Schädigung der Leibesfrucht. Allerdings wurde bereits § 1 Abs. 1 BVG in ständiger Rechtsprechung[67] erweiternd ausgelegt, so dass der Gesetzgeber bei der Formulierung der entsprechenden Vorschrift in § 1 Abs. 1 OEG und schließlich auch in § 13 keinen Anlass hatte, eine besondere Regelung für den Fall der Schädigung des Nasciturus zu treffen. In Literatur[68] und Rechtsprechung[69] bestand im Wesentlichen Einvernehmen, dass diese zu § 1 Abs. 1 BVG ergangene Rspr. auf § 1 Abs. 1 OEG zu übertragen ist. Für § 13 kann insofern nichts anderes gelten. Bereits mit Urt. v. 24.10.1962[70] hat das BSG entschieden, dass ein Anspruch auf Versorgung auch für solche Gesundheitsstörungen besteht, die auf Schädigungen der Leibesfrucht vor der Geburt zurückzuführen sind. In dem zugrunde liegenden Fall war die Mutter eines behinderten Kindes während der Schwangerschaft vergewaltigt und misshandelt worden. Auch die Schädigung des ungeborenen Kindes durch Alkoholkonsum der Mutter ist als tätlicher Angriff zu qualifizieren, wenn (ausnahmsweise) die außerdem erforderliche feindselige Willensrichtung des Angriffs gegeben ist.[71] Noch einen Schritt weiter ist das BSG mit seiner Entscheidung vom 15.10.1963[72] gegangen, in der die spätere Mutter mehrere Jahre vor der Schwangerschaft vergewaltigt worden und dadurch an Lues erkrankt war, mit der Folge, dass die Erkrankung später im Mutterleib auf den Nasciturus übertragen wurde und das Kind krank zur Welt kam. Obwohl das mehrere Jahre nach der Schädigung geborene kranke Kind nicht mit der geschädigten Person identisch ist und damit keine unmittelbare Schädigung des Kindes vorliegt, hat das BSG entschieden, dass sich der Schutz des BVG auf das Kind erstreckt. Damit geht die erweiternde Auslegung des § 1 Abs. 1 BVG noch über die Regelung hinaus, die für die **Unfallversicherung** in § 12 SGB VII getroffen worden ist, weil dort ausschließlich die unmittelbare Schädigung der Leibesfrucht geschützt ist. Ein Kind, das als Leibesfrucht durch die Folgen einer von seiner Mutter vor seiner Zeugung erlittenen Berufskrankheit geschädigt worden ist, hat dagegen keinen Anspruch auf Entschädigungsleistungen aus der gesetzlichen Unfallversicherung.[73]

---

66 BSG Urt. v. 12.6.2003 – B 9 VG 6/02 R, VersVerw 2004, 27.

67 Vgl. BSG Urt. v. 24.10.1962 – 10 RV 583/59, BSGE 18, 55; BSG Urt. v. 15.10.1963 – 11 RV 1292/61, BSGE 20, 41.

68 Weiner in Kunz/Zellner/Gelhausen/Weiner, 7. Aufl. 2021, OEG § 1 Rn. 4; Heinz, 2007, OEG § 1 Rn. 30; Schoreit/Düsseldorf, 1977, OEG § 1 Rn. 3, 4; Schulz-Lüke/Wolf, 1977, OEG § 1 Rn. 23; Wilke/Sailer, 7. Aufl. 1992, OEG § 1 Rn. 4.

69 BSG Urt. v. 16.4.2002 – B 9 VG 1/01 R, BSGE 89, 199.

70 10 RV 583/59, BSGE 18, 55.

71 BSG Urt. v. 24.9.2020 – B 9 V 3/18 R, BSGE 131, 61 Rn. 16 ff.; vgl. im Einzelnen → Rn. 40.

72 BSG 15.10.1963 – 11 RV 1292/61, BSGE 20, 41.

73 BSG Urt. v. 30.4.1985 – 2 RU 44/84, BSGE 58, 83.

26 Nach einer zum OEG ergangenen Entscheidung des BSG vom 16.4.2002[74] sollte auch ein aus einer **Inzestbeziehung** geborenes **behindertes Kind** Anspruch auf Versorgung nach dem OEG haben, wenn seine Zeugung Folge einer Gewalttat (vgl. dazu → Rn. 82) ist. Mit dieser Entscheidung ist das BSG noch über die oben dargestellte zu § 1 Abs. 1 BVG entwickelte Rspr. hinausgegangen, weil das aus der Inzestbeziehung hervorgegangene Kind zu keinem Zeitpunkt und auch nicht als Nasciturus ohne die Schädigung existiert hat. Das Kind war zu keinem Zeitpunkt „ungeschädigt", sondern kann nur mit seinen gesundheitlichen Einschränkungen oder als nicht vorhanden gedacht werden. Die Entscheidung des BSG ist in der Literatur[75] zu Recht auf Kritik gestoßen, weil die Grenze, die der Wortlaut der Vorschrift setzt, überschritten wird und auch eine Regelungslücke nicht zu erkennen ist. Da eine Person, die geschädigt worden ist, in diesem Fall nie existiert hat, kann auch ein Anspruch auf Entschädigung nicht bestehen. Zudem wirft die Entscheidung des BSG ethische und verfassungsrechtliche Fragen auf. Zwar ist die Entscheidung des BSG erkennbar von dem Bemühen geprägt, der behinderten Klägerin durch die Zuerkennung eines Versorgungsanspruchs zu helfen. Gleichwohl kann diese Rspr. diskriminierend wirken, weil die Klägerin nie die Chance hatte, „gesund" geboren zu werden. Damit liegt der **Schaden** unter Zugrundelegung der Rspr. des BSG letztlich in der Geburt des behinderten Kindes selbst. Nach der Rspr. des BVerfG[76] kommt die rechtliche Qualifikation des Daseins eines Kindes als Schadensquelle jedoch von Verfassungs wegen nicht in Betracht. Die Gefahr einer **diskriminierenden** Wirkung wird besonders in der Abgrenzung zu Fallkonstellationen deutlich, in denen eine Mutter ein aus einer Straftat hervorgegangenes nicht behindertes Kind zur Welt bringt. Für diesen Fall hat das BSG[77] entschieden, dass das OEG keine Anspruchsgrundlage bezüglich der Unterhaltspflichten enthält, die der Mutter aus der Straftat (sexueller Missbrauch) erwachsen und dass auch kein Anspruch auf Härteausgleich nach § 89 BVG besteht (→ Rn. 79).

27 Fraglich erscheint im Übrigen, ob die Rspr. des BSG aus dem og Urt. v. 16.4.2002 auf die ab dem 1.1.2024 geltende Rechtslage übertragbar ist:[78] Zur Begründung seiner Entscheidung, nach der eine zum Zeitpunkt der Gewalttat noch nicht existierende Person Anspruch auf Versorgung haben soll, hatte das BSG ua darauf abgestellt, dass § 1 Abs. 1 S. 1 OEG einen Angriff „gegen seine oder eine andere Person" voraussetzt.[79] Eine damit übereinstimmende Wendung, die den Angriff auf eine andere Person einbezieht, enthält § 13 SGB XIV nicht mehr. § 14 Abs. 1 Nr. 2 SGB XIV sieht eine Gleichstellung allein für die Fallkonstellation des aberratio ictus vor (→ Rn. 52 f., → § 14 Rn. 18). Allerdings wird auch nach der Ablösung des § 1 Abs. 1 S. 1 OEG durch § 13 SGB XIV im Grundsatz daran festzuhalten sein, dass auch **vorgeburtliche Schädigungen** vom Anwendungsbereich erfasst werden.

28 **3. Schockschaden.** Seit einer Entscheidung des BSG vom 7.11.1979[80] wurden in ständiger Rspr. auch Opfer sog. **Schockschäden** in den Schutzbereich des OEG einbezogen. Dabei geht es um die psychische Schädigung von Personen, die nicht selbst von einem tätlichen Angriff getroffen, sondern **Zeugen einer Gewalttat** werden oder denen die **Nachricht** von einem besonders schrecklichen Geschehen – gleich auf welchem Wege – übermittelt wird. Nach der Rspr. des BSG steht einem Anspruch nicht entgegen, dass das Opfer eines sog. Schockschadens keiner körperlichen, sondern einer psy-

74 B 9 VG 1/01 R, BSGE 89, 199.
75 Schimmelpfeng-Schütte, „Pränatale Hilfefonds" statt „Schadensfall Kind", MedR 2003, 401.
76 28.5.1993 – 2 BvF 2/90, ua BVerfGE 88, 203 = NJW 1993, 1751.
77 BSG Urt. v. 18.10.1995 – 9 RVg 7/93, BSGE 77, 11.
78 Ablehnend: Karl jurisPR-SozR 6/2021 Anm. 3.
79 BSG Urt. v. 16.4.2002 – 9 VG 1/01 R, BSGE 89, 199 = juris Rn. 21.
80 9 RVg 1/78, BSGE 49, 98.

chischen Einwirkung ausgesetzt ist. Dass die psychische Schädigung nicht bei demjenigen eintritt, auf den der Angriff gerichtet ist, steht einem Anspruch nicht entgegen, weil § 1 Abs. 1 S. 1 OEG nicht einen Angriff auf den Geschädigten voraussetzt, sondern es sich auch um einen **Angriff gegen „eine andere Person"** handeln kann. Dieser gesetzliche Anknüpfungspunkt fehlt in § 13 Abs. 1 Nr. 1 SGB XIV. Grundlage der Einbeziehung von sog. Sekundäropfern ist für Schädigungen in der Zeit ab dem 1.1.2024 deshalb allein § 14 Abs. 2 SGB XIV. Wesentliche inhaltliche Änderungen sind damit jedoch nicht verbunden, weil § 14 Abs. 2 SGB XIV an die Kriterien aus der Rspr. des BSG anknüpft.[81] Daher wird sich auch die Auslegung des ab dem 1.1.2024 geltenden Rechts insoweit an der zum OEG ergangenen Rspr. zu orientieren haben (vgl. im Einzelnen → § 14 Rn. 48 ff.).

II. Räumlicher Anwendungsbereich

29 Nach § 13 Abs. 1 S. 1 SGB XIV setzt ein Anspruch auf Versorgung eine Schädigung „im Inland oder auf einem deutschen Schiff oder Luftfahrzeug" voraus (zu Leistungen bei Gewalttaten im Ausland vgl. § 15). § 1 Abs. 1 S. 1 OEG hatte nicht den Begriff **„Inland"** verwendet, sondern statt dessen auf den „Geltungsbereich dieses Gesetzes" verwiesen. Inhaltlich liegt darin kein Unterschied mehr. In der Phase der deutsch-deutschen Teilung wurde insoweit zwischen einem staats- und völkerrechtlichen und einem funktionellen Inlandsbegriff unterschieden, wobei letzterer das Gebiet der DDR nicht umfassen sollte.[82] Seit der Wiedervereinigung hat diese Unterscheidung an Bedeutung verloren, da der funktionelle Inlandsbegriff seitdem dem völkerrechtlichen entspricht und insoweit als Inland das Hoheitsgebiet der Bundesrepublik Deutschland innerhalb seiner völkerrechtlich definierten Grenzen anzusehen ist.[83] Dazu gehören neben dem Landgebiet die Binnengewässer, die dem Festland vorgelagerten Eigengewässer (wie Meeresbuchten und Seehäfen), das sich anschließende Küstenmeer sowie der sich über den vorgenannten Gebieten befindliche Luftraum.[84] Bei Gewalttaten auf einem deutschen Schiff kommt es nicht darauf an, ob sich das Schiff noch in deutschen Gewässern befindet und auch bei Gewalttaten in deutschen Luftfahrzeugen hängt der Anspruch auf Versorgung nicht davon ab, ob sich die Gewalttat im deutschen Luftraum ereignet hat. Diese Erweiterung auf **deutsche Schiffe und Luftfahrzeuge** entspricht – trotz des etwas abweichenden Wortlauts – inhaltlich der Regelung des § 4 StGB.[85] Danach werden Schädigungen einbezogen, die eine Person an Bord eines Schiffs oder eines Luftfahrzeugs erleidet, das zur Führung der Bundesflagge bzw. des Staatszugehörigkeitszeichens der Bundesrepublik Deutschland berechtigt ist (sog. Flaggenprinzip). Ob ein Schiff berechtigt ist, die Bundesflagge zu führen, richtet sich nach dem Gesetz über das Flaggenrecht der Seeschiffe und die Flaggenführung der Binnenschiffe (Flaggenrechtsgesetz). Bei Luftfahrzeugen richtet sich die Führung des Staatszugehörigkeitszeichens nach den Vorschriften des Luftverkehrsgesetzes, das in § 1 Abs. 2 auch den Begriff des Luftfahrzeugs definiert.

30 Hintergrund der Beschränkung des räumlichen Geltungsbereichs (mit Ausnahme der Leistungen nach § 15) ist der **Schutzzweck der Regelungen über die Entschädigung der Opfer von Gewalttaten**, der darauf beruht, dass den Staat eine besondere Verantwortung für Personen trifft, die durch eine in seinem Hoheitsgebiet verübte Gewalttat

81 Vgl. BT-Drs. 19/13824, 177.
82 Vgl. Schönke/Schröder/Eser/Weißer, 30. Aufl. 2019, StGB Vor §§ 3–9 Rn. 60.
83 Schönke/Schröder/Eser/Weißer, 30. Aufl. 2019, StGB Vor §§ 3–9 Rn. 60.
84 Schönke/Schröder/Eser/Weißer, 30. Aufl. 2019, StGB Vor §§ 3–9 Rn. 61 mwN; vgl. auch → § 15 Rn. 15.
85 Ebenso: Weiner in Kunz/Zellner/Gelhausen/Weiner, 7. Aufl. 2021, OEG § 1 Rn. 23; Gelhausen, Soziales Entschädigungsrecht, 2. Aufl. 1998, Rn. 723; Wilke/Sailer, 7. Aufl. 1992, OEG § 1 Rn. 5.

geschädigt wurden, da er nicht in der Lage gewesen ist, das Opfer vor der Verletzung durch den Gewalttäter zu schützen. Bei Gewalttaten, die im Ausland begangen werden, sind deutsche Sicherheitsbehörden objektiv nicht in der Lage, das Opfer vor Gewalttaten zu schützen[86] (s. auch → § 15 Rn. 10). Die Beschränkung des Schutzes von Gewaltopfern auf das Inland darf auch nicht über die Einräumung eines Anspruchs auf Härteausgleich nach § 89 BVG (bis zum 31.12.2023) bzw. § 100 (ab dem 1.1.2024) umgangen werden.[87]

Bei **Schockschäden**, die durch die Überbringung der Nachricht von einer Gewalttat ausgelöst werden, können der Ort der Gewalttat und der Ort der Schädigung auseinander fallen. Wenn sich die Gewalttat im Ausland ereignet und ein naher Angehöriger durch die Nachricht von der Gewalttat im Inland eine Schädigung erleidet, stellt sich die Frage, ob alle in § 3 genannten Leistungen einschließlich der Entschädigungszahlungen nach dem 9. Kapitel oder nur die regelmäßig erheblich niedrigeren Leistungen bei Gewalttaten im Ausland nach § 102 in Betracht kommen. Das BSG[88] hat in seiner Rspr. zum OEG aus dem og **Schutzzweck** der Norm abgeleitet, dass entscheidend auf den **Ort der Gewalttat** und der Primärschädigung abzustellen ist. Daran wird auch unter Geltung des SGB XIV festzuhalten sein.[89] Die Neuregelung enthält insoweit keine Anknüpfungspunkte für eine Änderung gegenüber dem OEG und es existiert auch weiterhin kein über- oder zwischenstaatliches Recht (→ § 15 Rn. 28), das dieser Auslegung entgegenstehen würde. Der Ort des Eintritts der Schockschädigung reicht nicht aus, um den erforderlichen Inlandsbezug zu begründen. Etwas anderes hat das BSG nur für den Fall in Betracht gezogen, dass ein wesentlicher Teil der im Ausland vollendeten Gewalttat im Inland durchgeführt wurde. Ein Verstoß gegen das Verbot der **Diskriminierung** aufgrund der nationalen Herkunft gem. **Art. 14 MRK** kann in dieser Begrenzung des Anspruchs bereits deshalb nicht gesehen werden, weil insoweit nicht an die Staatsangehörigkeit angeknüpft wird. Außerdem gibt es für die Anknüpfung an das deutsche Hoheitsgebiet angesichts des genannten Schutzzwecks des Gesetzes eine „objektive und angemessene Rechtfertigung".[90] 31

Für dienstlich **im Ausland** verwendete **Soldaten**, ihre Familienangehörigen und die zur häuslichen Gemeinschaft gehörenden Personen ist seit dem 29.7.1995 nach **§ 81e SVG** ein dem OEG entsprechender Gewaltopferschutz gewährleistet.[91] Für gesundheitliche Schädigungen, die in der Zeit vom 1.4.1956 bis zum 28.7.1995 eintreten, werden nach § 81e Abs. 12 S. 1 SVG Versorgungsleistungen nur gewährt, wenn der Geschädigte infolge dieser Schädigung schwerbeschädigt ist oder stirbt. Die Zahlung beginnt gem. § 81e Abs. 13 SVG nicht vor dem 29.7.1995. Diese Begrenzung ist verfassungs- 32

86 Zum OEG vgl. BSG Urt. v. 10.12.2002 – B 9 VG 7/01 R, BSGE 90, 190; BSG Urt. v. 18.6.1996 – 9 RVg 4/94; EGMR 28.8.2007 – 27038/04, SozR 4-3800 § 1 Nr. 13.

87 Zum Härteausgleich nach § 89 BVG vgl. BSG Urt. v. 18.6.1996 – 9 RVg 4/94; entsprechend zur Beschränkung des Personenkreises bei der Gewährung von Hinterbliebenenversorgung nach § 1 Abs. 5 OEG: BSG Urt. v. 28.7.1999 – B 9 VG 5/98 R, SozR 3-3100 § 38 Nr. 3; BSG Urt. v. 11.3.1998 – B 9 VG 8/97 B.

88 BSG Urt. v. 10.12.2002 – B 9 VG 7/01 R, BSGE 90, 190; zustimmend: Trenk-Hinterberger in FS 50 Jahre BSG, S. 745, 764; Rundschreiben des Bundesministeriums für Arbeit und Soziales vom 5.10.2009 – IVc2–47030, S. 5; aA Gelhausen/Weiner/Weiner, 7. Aufl. 2021, OEG § 1 Rn. 17 ff., der einen Bezug zur Einführung des § 3a OEG mit dem Dritten Gesetz zur Änderung des OEG herstellen will.

89 AA Leopold, → § 15 Rn. 28.

90 EGMR 28.8.2007 – 27038/04, SozR 4-3800 § 1 Nr. 13.

91 Vgl. BSG Urt. v. 18.6.1996 – 9 RVg 4/94, USK 9663; s. auch S. Knickrehm, Traumata bei „Auslandseinsätzen" und posttraumatische Belastungsstörung im Unfallversicherungs- und Soldatenversorgungsgesetz, SGb 2010, 381.

mäßig.[92] Mit der Einführung eines **Soldatenentschädigungsgesetz (SEG)** durch Art. 1 des Gesetzes über die Entschädigung der Soldatinnen und Soldaten und zur Neuordnung des Soldatenversorgungsrechts[93] wird die Beschädigtenversorgung der Soldaten ab dem Jahr 2025 eigenständig und ohne Bezug zum BVG oder zur Sozialen Entschädigung nach dem SGB XIV geregelt. Eine Wehrdienstbeschädigung ist gem. § 3 Abs. 1 Nr. 1 bis 3 SEG eine primäre Gesundheitsstörung, die durch einen Unfall während der Ausübung des Wehrdienstes, durch eine Wehrdienstverrichtung, durch die dem Wehrdienst eigentümlichen Verhältnisse oder durch einen Angriff auf den Soldaten – entweder wegen des pflichtgemäßen dienstlichen Verhaltens oder wegen des Status als Soldat – verursacht worden ist. Gem. § 4 Abs. 1 S. 1 Nr. 5 und 6 SEG liegt eine Wehrdienstbeschädigung auch vor, wenn die primäre Gesundheitsstörung durch gesundheitsschädigende Verhältnisse während der Verwendung im Ausland oder durch einen Angriff auf den Soldaten bei Kriegshandlungen, Aufruhr oder Unruhen während der Verwendung im Ausland als Wehrdienstbeschädigung verursacht worden ist. § 4 SEG stellt bestimmte besondere Fallgestaltungen einer Wehrdienstbeschädigung gleich. Dazu gehört gem. **§ 4 Abs. 1 S. 1 Nr. 3 SEG** eine bei einer Verwendung **im Ausland außerhalb des Dienstes** erlittene primäre Gesundheitsstörung, wenn sie durch einen gegen den Soldaten oder eine andere Person gerichteten **vorsätzlichen, rechtswidrigen tätlichen Angriff** oder durch dessen rechtmäßige Abwehr verursacht worden ist. Einem tätlichen Angriff steht die vorsätzliche Beibringung von Gift sowie die wenigstens fahrlässige Herbeiführung einer Gefahr für Leib und Leben eines anderen durch ein mit gemeingefährlichen Mitteln begangenes Verbrechen gleich. Insofern gilt im Bereich der Entschädigung von Soldaten außerhalb des Dienstes bei einer Verwendung im Ausland also inhaltlich im Wesentlichen weiterhin die aus dem OEG – jedoch ohne die Beschränkung auf das Inland – übernommene Regelung des § 81e SVG. Insbesondere gilt hier nicht der durch § 13 Abs. 1 Nr. 2, Abs. 2 SGB XIV um psychische Gewalttaten erweiterte Gewaltbegriff.

III. Geltungszeitraum

33 Gem. **§ 138 Abs. 1 S. 1** SGB XIV setzt der Anspruch auf Leistungen nach dem SGB XIV für Personen, die in der Zeit vom 16.5.1976 (altes Bundesgebiet) bzw. 3.10.1990 (Beitrittsgebiet)[94] **bis zum 31.12.2023** geschädigt worden sind, voraus, dass die **Voraussetzungen nach dem OEG** in der zum Tatzeitpunkt geltenden Fassung erfüllt waren. Daraus folgt unter anderem, dass psychische Gewalttaten iSd § 13 Abs. 1 Nr. 2, Abs. 2 SGB XIV aus der Zeit vor dem 1.1.2024, grundsätzlich[95] auch für die Zeit nach dem 1.1.2024 keine Entschädigungsansprüche begründen können, wenn es sich dabei nicht um einen tätlichen Angriff iSd OEG gehandelt hat. Im Gesetzgebungsverfahren zum G-SER ist dies im Rahmen der öffentlichen Anhörung von verschiedenen Verbandsvertretern kritisiert worden.[96]

34 § 10 Abs. 1 S. 1 OEG und § 138 Abs. 1 S. 1 SGB XIV beschränken den Anspruch auf Entschädigung im Grundsatz auf Gewalttaten, die seit Inkrafttreten des OEG – und damit im alten Bundesgebiet **seit dem 16.5.1976** – begangen wurden. Für Gewaltta-

92 BVerfG 13.7.2000 – 1 BvR 395/00, SozR 3-3200 § 81e Nr. 1; BSG Urt. v. 15.12.1999 – B 9 VS 3/99 R, SozR 3-3200 § 81e Nr. 2; BSG Urt. v. 18.6.1996 – 9 RVg 4/94, USK 9663.

93 Vom 20.8.2021, BGBl. 2021 I 3932.

94 Vgl. § 138 Abs. 5 S. 1 und 2 iVm Abs. 1.

95 Zur Frage der Geltung des SGB XIV für Gewalttaten aus der Zeit vor dem 1.1.2024, wenn die Schädigung seit diesem Datum eingetreten ist, → § 138 Rn. 15 ff., 17, 20.

96 Vgl. zB für den Bundesverband der Frauenberatungsstellen und Frauennotrufe / Frauen gegen Gewalt e.V.: Bundestagsausschuss für Arbeit und Soziales, Ausschuss-Drs. 19(11)492, 41 (43 f.); ebenso die Sachverständige Dr. Drohsel, Ausschuss-Drs. 19(11)492, 34 (40).

ten, die im Beitrittsgebiet (neue Bundesländer) begangen wurden, sind die – zum 1.7.2011 auch in § 10 S. 3[97] (seit 1.1.2024: § 138 Abs. 5 S. 1 und 2) übernommenen – Regelungen des Einigungsvertrags zu beachten, die vorsehen, dass Taten **seit dem 3.10.1990** erfasst werden. Für Taten, die vor diesen Stichtagen und **seit dem 23.5.1949** (altes Bundesgebiet) bzw. dem **7.10.1949** (Beitrittsgebiet) begangen wurden, wird Versorgung unter den Voraussetzungen der Härteregelung nach § 10a OEG in der bis zum 31.12.2023 geltenden Fassung[98] bzw. nach § 138 Abs. 3 bis 5 SGB XIV gewährt. Im Ergebnis sind damit je nach dem Zeitpunkt der Schädigung oder der Gewalttat (vgl. dazu im Einzelnen → § 138 Rn. 15 ff.) vier Zeiträume zu unterscheiden:

1. Schädigung vor dem 23.5.1949 (altes Bundesgebiet) bzw. vor dem 7.10.1949 (Beitrittsgebiet): keine Ansprüche auf Gewaltopferentschädigung nach OEG oder SGB XIV,
2. Schädigung in der Zeit vom 23.5.1949 bis 15.5.1976 (altes Bundesgebiet) bzw. vom 7.10.1949 bis 2.10.1990 (Beitrittsgebiet): Anspruch in Härtefällen bei Erfüllung der Voraussetzungen nach dem OEG und weiterer besonderer Voraussetzungen (Bedürftigkeit, GdS mindestens 50, Wohnsitz oder gewöhnlicher Aufenthalt im Inland),
3. Schädigung in der Zeit vom 16.5.1976 bis 31.12.2023 (altes Bundesgebiet) bzw. 3.10.1990 bis 31.12.2023 (Beitrittsgebiet): Anspruch bei Vorliegen der Voraussetzungen nach dem OEG,
4. Schädigung in der Zeit ab dem 1.1.2024: Anspruch bei Vorliegen der Voraussetzungen nach dem SGB XIV.

Sonderregelungen gelten nach § 138 Abs. 7 SGB XIV für die Inanspruchnahme der Leistungen in einer **Traumaambulanz** bei Gewalttaten im Zeitraum vom 1.1.2021 bis zum 31.12.2023. Wegen der Einzelheiten wird auf → § 138 Rn. 40 ff. verwiesen. 35

IV. Gewalttat (Abs. 1 Nr. 1)

1. Körperliche Gewalttat. a) Allgemeine Voraussetzungen. § 13 unterscheidet zwischen körperlichen und psychischen Gewalttaten. Eine körperliche Gewalttat setzt nach § 13 Abs. 1 Nr. 1 SGB XIV einen vorsätzlichen, rechtswidrigen unmittelbar gegen eine Person gerichteten tätlichen Angriff oder dessen rechtmäßige Abwehr voraus. Der Begriff des tätlichen Angriffs in § 13 Abs. 1 Nr. 1 SGB XIV ist in Übereinstimmung mit dem identischen Begriff aus § 1 Abs. 1 S. 1 OEG zu definieren als eine **in feindseliger Willensrichtung unmittelbar auf den Körper eines anderen zielende gewaltsame Einwirkung.**[99] Der tätliche Angriff setzt danach im Grundsatz eine körperliche Gewalteinwirkung gegen eine Person voraus.[100] Bei einem gewaltsamen handgreiflichen Vorgehen gegen eine Person liegt im Regelfall auch ein tätlicher Angriff in diesem Sinne vor. In aller Regel erfüllt die Angriffshandlung bei einer körperlichen Gewalttat den Tatbestand einer – versuchten oder vollendeten – vorsätzlichen Straftat gegen das Leben (§§ 211 ff. StGB) oder gegen die körperliche Unversehrtheit (§§ 223 ff. StGB). Es sind aber auch Begehungsweisen denkbar, bei denen kein derartiger strafrechtlicher Erfolg eintritt.[101] Auch wird nicht vorausgesetzt, dass 36

97 In der seit dem 1.7.2018 geltenden Fassung des G-SER; vorher inhaltlich übereinstimmend S. 4.
98 Vgl. dazu BSG Urt. v. 18.11.2015 – B 9 V 1/14 R, BSGE 120, 89 Rn. 16 ff.
99 Vgl. die ständige Rspr. zu § 1 OEG: BSG Urt. v. 24.9.2020 – B 9 V 3/18 R, BSGE 131, 61 Rn. 18 ff.; BSG Urt. v. 16.12.2014 – B 9 V 1/13 R, BSGE 118, 63 = SGb 2015, 683; BSG Urt. v. 2.10.2008 – B 9 VG 2/07 R; BSG Urt. v. 10.12.2003 – B 9 VG 3/02 R, SozR 4-3800 § 1 Nr. 5, jeweils mwN.
100 BSG Urt. v. 7.4.2011 – B 9 VG 2/10 R, BSGE 108, 97.
101 Vgl. BSG Urt. v. 2.10.2008 – B 9 VG 2/07 R mwN.

sich der Angriff gegen eine bestimmte Person richtet, so dass zB der Schuss in eine **Menschenmenge** einen Angriff darstellen kann.[102] Wenn einer Handlung, die Personen objektiv gefährdet, die unmittelbare (feindliche) Ausrichtung auf andere Personen fehlt, liegt dagegen kein tätlicher Angriff vor.[103]

37 Die genannte Definition des tätlichen Angriffs knüpft an die Auslegung des Begriffs in **strafrechtlichen Bestimmungen** wie denen des § 113 StGB (Widerstand gegen Vollstreckungsbeamte) und des § 121 StGB (Gefangenenmeuterei) an.[104] Bereits das Reichsgericht[105] hat den Begriff des Angriffs in der og Weise definiert. Allerdings ist im OEG bewusst auf eine ausdrückliche Bezugnahme auf Bestimmungen des StGB verzichtet und insbesondere von einer listenmäßigen Benennung strafrechtlicher Tatbestände als Voraussetzung für Entschädigungsleistungen abgesehen worden.[106] Daran ist bezogen auf körperliche Gewalttaten auch im SGB XIV festgehalten worden. Aus der fehlenden Bezugnahme auf Straftatbestände nach den StGB hat das BSG[107] in ständiger Rspr. gefolgert, dass der Begriff des tätlichen Angriffs im OEG zwar in Anknüpfung an das StGB, jedoch eigenständig und ohne eine „strenge Bindung" an die strafrechtliche Bedeutung auszulegen ist. Deshalb kann es bei Straftaten, die in der DDR begangen worden sind, auch nicht auf die dort geltenden Strafrechtsnormen ankommen.[108] In einer Entscheidung vom 7.4.2011, in der es um die Frage der Bewertung von „Stalking" als tätlichem Angriff geht, hat das BSG[109] bestätigt, dass die Verletzungshandlung ohne direkte Bezugnahme auf das Strafrecht geregelt ist. Andererseits hat das BSG in dieser Entscheidung betont, dass in Fällen, in denen sich eine feindselige Willensrichtung im engeren Sinne nicht feststellen lässt, alternativ darauf abgestellt werden kann, ob der Täter eine mit Gewaltanwendung verbundene „Vorsatztat" begangen hat.[110] In diesem Zusammenhang geht das BSG davon aus, dass „stets auf die zum Tatzeitpunkt geltende Rechtslage" im Strafrecht abzustellen sei.[111]

38 Insbesondere in neueren Entscheidungen hat das BSG im Zusammenhang mit der fehlenden Bindung an den im Strafrecht verwendeten Gewaltbegriff darauf hingewiesen, dass in der Verwendung des Begriffs des tätlichen Angriffs eine rechtlich nicht zu beanstandende **Begrenzung** oder Einschränkung zu sehen sei.[112] Im Strafrecht werde der Gewaltbegriff uneinheitlich verwendet. Im Unterschied dazu zeichne sich der tätliche Angriff dadurch aus, dass **in der Regel eine körperliche Gewaltanwendung** gegen eine Person und damit eine körperliche Einwirkung auf einen anderen vorausgesetzt

102 BSG Urt. v. 4.2.1998 – B 9 VG 5/96 R, BSGE 81, 288.
103 BSG Urt. v. 10.12.2003 – B 9 VG 3/02 R, SozR 4-3800 § 1 Nr. 5 zu einem gefährlichen Eingriff in den Straßenverkehr nach § 315b StGB durch Entfernung eines Gullydeckels.
104 Vgl. BT-Drs. 7/2506 S. 14; vgl. BSG Urt. v. vom 29.4.2010 – B 9 VG 1/09 R, BSGE 106, 91 Rn. 35.
105 RG Urt. v. 18.6.1925 – III 213/25, RGSt 59, 264.
106 Vgl. BT-Drs. 7/2506, 10; BSG Urt. v. 7.4.2011 – B 9 VG 2/10 R, BSGE 108, 97 Rn. 32.
107 BSG Urt. v. 24.9.2020 – B 9 V 3/18 R, BSGE 131, 61 Rn. 19; BSG Urt. v.16.12.2014 – B 9 V 1/13 R, BSGE 118, 63 = SGb 2015, 683 Rn. 19 ff.; BSG Urt. v. 10.9.1997 – BSGE 81, 42.
108 Zur Rechtswidrigkeit → Rn. 60; ebenso bezogen auf Auslandstaten, →§ 15 Rn. 25; aA LSG LSA Urt. v. 21.10.2004 – L 7 (5) 2/01, Breith 2005, 419, das im Grundsatz von dem in der DDR geltenden Strafrecht ausgehen und Ausnahmen nur bei Wertungswidersprüchen zu elementaren Prinzipien des GG zulassen möchte.
109 B 9 VG 2/10 R, BSGE 108, 97 Rn. 32.
110 BSG Urt. v. 7.4.2011 – B 9 VG 2/10 R, BSGE 108, 97 Rn. 52, 62 mwN.
111 BSG Urt. v. 7.4.2011 – B 9 VG 2/10 R, BSGE 108, 97 Rn. 66.
112 BSG Urt. v. 24.9.2020 – B 9 V 3/18 R, BSGE 131, 61 Rn. 19; BSG Urt. v.16.12.2014 – B 9 V 1/13 R, BSGE 118, 63 Rn. 20; BSG Urt. v. 7.4.2011 – B 9 VG 2/10 R, BSGE 108, 97 Rn. 36.

werde.[113] Diese Rspr. ist zwar auf die Auslegung des Begriffs der körperlichen Gewalttat nach § 13 Abs. 1 Nr. 1 SGB XIV übertragbar, verliert aber wegen der Einbeziehung auch psychischer Gewalttaten (§ 13 Abs. 1 Nr. 1, Abs. 2) ab dem 1.1.2024 (zum zeitlichen Anwendungsbereich → Rn. 33 ff.) einen wesentlichen Teil ihrer praktischen Bedeutung. Dies war mit der Erweiterung auf psychische Gewalttaten und der damit verbundenen Einbeziehung ua von Verhalten, das den Straftatbestand der räuberischen Erpressung erfüllt, auch beabsichtigt.[114]

Eine eigenständige, von der strafrechtlichen Betrachtung teilweise unabhängige Entwicklung hat die sozialgerichtliche Rspr. auch bezogen auf das Erfordernis der **„feindseligen Willensrichtung“** genommen. In älteren Entscheidungen hat das BSG in Anlehnung an das Strafrecht noch ein handgreifliches Vorgehen gegen eine Person in kämpferisch feindlicher Absicht gefordert,[115] später jedoch klargestellt, dass für den Bereich des OEG kein aggressives Verhalten vorausgesetzt wird, so dass auch ein nicht zum (körperlichen) Widerstand fähiges Opfer von Straftaten unter dem Schutz des OEG steht.[116] Mit Rücksicht auf den das OEG prägenden Gedanken des lückenlosen Opferschutzes habe sich die Rspr. aber weitestgehend von subjektiven Merkmalen (wie etwa einer kämpferischen, feindseligen Absicht des Täters) gelöst.[117] Ausschlaggebend für das Vorliegen der Voraussetzungen des § 1 Abs. 1 S. 1 OEG sei nicht die innere Einstellung des Täters, sondern vielmehr die Rechtsfeindlichkeit des Täterhandelns[118] aus der objektiven Sicht eines vernünftigen Dritten.[119] Danach ist eine bereits nach ihrem äußeren Erscheinungsbild gewalttätige Angriffshandlung, bei der körperliche Gewalt eingesetzt wird, regelmäßig als tätlicher Angriff zu bewerten. Je gewalttätiger die Angriffshandlung gegen eine Person nach ihrem äußeren Erscheinungsbild und je größer der Einsatz körperlicher Gewalt oder physischer Mittel sind, desto geringere Anforderungen seien „in objektiver Hinsicht“ an einen tätlichen Angriff zu stellen. Je geringer sich andererseits die physische Einwirkung durch den Täter bei der Begehung des Angriffs darstellt, desto genauer muss geprüft werden, ob durch die Handlung – unter Berücksichtigung eines möglichen Geschehensablaufs – eine Gefahr für Leib oder Leben des Opfers bestand.[120] Feindselig handelt, wer (objektiv) gegen das Strafgesetz verstößt, indem er den Körper eines anderen verletzt.[121] Dafür kommt es nicht darauf an, ob der Täter in der Lage ist, seine Handlung moralisch zu bewerten und das Unrecht der Tat einzusehen. Selbst **kleine Kinder**[122] und Personen, die infolge eines **Alkoholrauschs**[123] schuldunfähig sind, können Täter einer Gewalttat 39

113 BSG Urt. v. 24.9.2020 – B 9 V 3/18 R, BSGE 131, 61 Rn. 20; BSG Urt. v.16.12.2014 – B 9 V 1/13 R, BSGE 118, 63 Rn. 20; BSG Urt. v. 7.4.2011 – B 9 VG 2/10 R, BSGE 108, 97 Rn. 36.

114 Vgl. den Hinweis auf BSG Urt. v.16.12.2014 – B 9 V 1/13 R in BT-Drs. 19/13824, 176, zu Art. 1 § 13; kritisch zu dieser Rspr. auch zB Löbner Sozialrechtaktuell 2015, 182 (185).

115 Vgl. BSG Urt. v. 23.10.1985 – 9a RVg 5/84, BSGE 59, 46; BSG Urt. v. 28.3.1984 – 9a RVg 1/83, BSGE 56, 234.

116 BSG Urt. v. 16.12.2014 – B 9 V 1/13 R, BSGE 118, 63; BSG Urt. v. 7.4.2011 – B 9 VG 2/10 R, BSGE 108, 97 Rn. 37 mwN.

117 BSG Urt. v. 7.4.2011 – B 9 VG 2/10 R, BSGE 108, 97 Rn. 32 mwN.

118 BSG Urt. v.10.9.1997 – 9 RVg 1/96, BSGE 81, 42.

119 BSG Urt. v. 7.4.2011 – B 9 VG 2/10 R, BSGE108, 97 Rn. 38.

120 BSG Urt. v. 24.9.2020 – B 9 V 3/18 R, BSGE 131, 61 Rn. 20; BSG Urt. v. 16.12.2014 – B 9 V 1/13 R, BSGE 118, 63 Rn. 23 ff.; BSG Urt. v. 7.4.2011 – B 9 VG 2/10 R, BSGE 108, 97.

121 BSG Urt. v. 8.11.2007 – B 9/9a VG 2/06 R; BSG Urt. v. 4.2.1998 – B 9 VG 5/96 R, BSGE 81, 288.

122 BSG Urt. v. 8.11.2007 – B 9/9a VG 2/06 R; BSG Urt. v. 8.11.2007 – B 9/9a VG 3/06 R, SozR 4-3800 § 1 Nr. 11; BSG Urt. v. 3.2.1999 – B 9 VG 7/97 R, SozR 3-3800 § 1 Nr. 14.

123 BSG Urt. v. 18.4.2001 – B 9 VG 3/00 R, BSGE 88, 96.

sein. Eine feindselige Haltung des Täters gegenüber dem Opfer ist nicht erforderlich.[124] Bereits die Beibringung von lebensgefährlichen Krankheitserregern (**AIDS-Infektion**) durch ungeschützten Geschlechtsverkehr, die strafrechtlich als gefährliche Körperverletzung durch aktives Handeln beurteilt worden ist, stellt einen tätlichen Angriff iSd § 1 Abs. 1 S. 1 OEG dar, ohne dass noch eine besondere feindselige Einstellung des Täters als innere Tatsache festzustellen wäre.[125] Auch wenn sich der Täter möglicherweise nur einen **Scherz** oder einen Streich erlauben möchte, kann darin ein Angriff liegen, wenn das Handeln vorsätzlich und auf Rechtsbruch gerichtet ist[126] (→ Rn. 43).

40 Bei dem **Alkoholkonsum einer schwangeren Frau** fehlt es nach der Rspr. des BSG[127] in der Regel an der feindseligen Willensrichtung mit der Folge, dass keine Gewalttat gegenüber dem ungeborenen Kind vorliegt. Etwas Anderes gilt nur, wenn durch den Alkoholkonsum die Grenze zum kriminellen Unrecht überschritten wird.[128] Da es in Deutschland weder ein strafbewehrtes Alkoholverbot für Schwangere noch einen mit §§ 223 ff. StGB vergleichbaren strafrechtlichen Schutz des ungeborenen Kindes gibt, wird die Schwelle zur Gewalttat durch den Alkoholkonsum der werdenden Mutter erst dann überschritten, wenn darin ein versuchter **Schwangerschaftsabbruch** (§ 218 Abs. 4 S. 1, § 22 StGB) liegt.[129] Allein aus dem Umstand, dass der Alkoholkonsum während der Schwangerschaft moralisch vorwerfbar ist und gesellschaftlich missbilligt wird, hat nicht zur Folge, dass darin ein tätlicher Angriff gesehen werden kann. Auch die Erweiterung des Gewaltbegriffs und insbesondere die Einbeziehung psychischer Gewalttaten durch § 13 Abs. 1 Nr. 2, Abs. 2 SGB XIV ändert daran nichts.[130] Darin liegt auch keine planwidrige Regelungslücke, die durch die Rspr. geschlossen werden könnte. Dass vorgeburtliche Schädigungen in großer Zahl durch Alkohol verursacht werden, ist allgemein bekannt,[131] so dass nicht angenommen werden kann, dass dieser Umstand im Gesetzgebungsverfahren zum SGB XIV übersehen worden sein könnte.[132] Deshalb dürfte der Alkoholkonsum der Mutter während der Schwangerschaft auch nicht als „erhebliche Vernachlässigung" des (werdenden) Kindes iSd § 14 Abs. 1 Nr. 5 anzusehen sein (→ § 14 Rn. 39).

41 **b) Ärztlicher Eingriff.** Auch in einem **ärztlichen Eingriff** kann nach der Rspr. des BSG[133] ausnahmsweise ein tätlicher Angriff iSd Abs. 1 S. 1 liegen. Voraussetzung ist zunächst, dass dieser als vorsätzliche Körperverletzung strafbar ist. Jeder ärztliche Eingriff erfüllt den objektiven Tatbestand der Körperverletzung nach § 223 Abs. 1 StGB. Wenn es an einer wirksamen **Einwilligung des Patienten fehlt** und wenn auch nicht festgestellt werden kann, dass der Patient dem Eingriff nach ordnungsgemäßer Aufklärung hypothetisch zugestimmt hätte, ist dieser auch rechtswidrig. Dies genügt

124 BSG Urt. v. 28.5.1997 – 9 RVg 1/95, USK 9714.
125 BSG Urt. v. 18.10.1995 – 9 RVg 5/95, BSGE 77, 18.
126 BSG Urt. v. 12.12.1995 – 9 RVg 1/94, SozR 3-3800 § 10a Nr. 1; BSG Urt. v. 3.2.1999 – B 9 VG 7/97 R, SozR 3-3800 § 1 Nr. 14; BSG Urt. v. 28.5.1997 – 9 RVg 1/95, USK 9714.
127 Vgl. BSG Urt. v. 24.9.2020 – B 9 V 3/18 R, BSGE 131, 61 Rn. 31; ähnlich auch bereits LSG Nds Urt. v. 14.12.2017 – L 10 VE 45/15.
128 BSG Urt. v. 24.9.2020 – B 9 V 3/18 R, BSGE 131, 61 Rn. 22 ff.; ebenso: Dau jurisPR-SozR 21/2015 Anm. 5.
129 BSG Urt. v. 24.9.2020 – B 9 V 3/18 R, BSGE 131, 61 Rn. 25 f.
130 Vgl. BSG Urt. v. 24.9.2020 – B 9 V 3/18 R, BSGE 131, 61 Rn. 31.
131 Vgl. dazu zB die Antwort der Bundesregierung auf eine Kleine Anfrage, BT-Drs. 19/6794; zu einem Urt. des LSG Nds v. 14.12.2017 – L 10 VE 45/15, vgl. auch Börsel RdLH 2018, 156 (157 f.).
132 BSG Urt. v. 24.9.2020 – B 9 V 3/18 R, NJW 2021, 876 Rn. 31.
133 BSG Urt. v. 29.4.2010 – B 9 VG 1/09 R, BSGE 106, 91; zustimmend: Czerner, Opferentschädigungsansprüche aufgrund erschlichener ärztlicher Einwilligung, SGb 2011, 279; ähnlich bereits BayLSG 16.3.1990 – L 10 VG 1/89, Breith 1991, 414.

indes noch nicht, um den Eingriff als tätlichen Angriff zu qualifizieren. Dabei ist zu berücksichtigen, dass ärztliche Eingriffe im Grundsatz von einem Heilauftrag bestimmt und in der Absicht durchgeführt werden, zu heilen. Für die besondere Fallkonstellation des ärztlichen Eingriffs müssen deshalb weitere Voraussetzungen hinzukommen, bei deren Vorliegen die Grenze zur Gewalttat im Sinne eines vorsätzlichen rechtswidrigen Angriffs überschritten wird. Unter Berücksichtigung des Schutzzwecks des OEG wird ein Patient dann zum Gewaltopfer, wenn ein als vorsätzliche Körperverletzung strafbarer ärztlicher Eingriff objektiv aus Sicht eines verständigen Dritten in keiner Weise dem Wohl des Patienten dient.[134] Dies ist insbesondere der Fall, wenn sich der Arzt bei seiner Vorgehensweise im Wesentlichen von eigenen finanziellen Interessen leiten lässt und die gesundheitlichen Belange des Patienten vernachlässigt. Dabei werden neben Fällen der Heilung einer behandlungsbedürftigen Erkrankung auch Fälle reiner **Schönheitsoperationen** erfasst. Maßgebend ist der Stand der medizinischen Erkenntnisse, der zum Zeitpunkt der Durchführung der Operation bestand. Wenn eine Operation nach der zum Zeitpunkt der Durchführung des ärztlichen Eingriffs **herrschenden medizinischen Lehrmeinung** objektiv – also aus Sicht eines verständigen Dritten – jedenfalls auch dem Wohl des Patienten diente, dann fehlt es an einer feindseligen Willensrichtung, so dass keine Gewalttat vorliegt.[135] Auch ein bloßer Kunstfehler stellt für sich genommen keinen tätlichen Angriff dar, weil es am Vorsatz fehlt.[136] Wenn dem Arzt jedoch bei einem Eingriff, der aus den og Gründen als tätlicher Angriff zu qualifizieren ist, ein Kunstfehler unterläuft, so kann es sich bei den dadurch verursachten Gesundheitsschäden um Schädigungsfolgen handeln.[137] Der Vorsatz des Täters muss sich nicht auf die eingetretene Schädigung beziehen (→ Rn. 54). Soweit es sich bei dem ärztlichen Eingriff ausnahmsweise um eine Gewalttat handelt, werden Angehörige und Nahestehende, denen die Nachricht überbracht wird, gem. § 14 Abs. 2 SGB XIV einem Gewaltopfer gleichgestellt, wenn sie dadurch einen Schockschaden erleiden. Insoweit ist die zivilrechtliche Rechtsprechung,[138] nach der für eine fehlerhafte ärztliche Behandlung im Ausgangspunkt keine anderen Maßstäbe, als für eine auf einem Unfallereignissen beruhende Schädigung gelten, auf das Soziale Entschädigungsrecht übertragbar.

Die Rspr. des BSG, nach der auch ärztliche Eingriffe unter bestimmten Voraussetzungen als Gewalttat zu qualifizieren sind, entsprach einer Tendenz in der Rechtsprechung, nach der die Voraussetzung der „feindlichen Willensrichtung" an Bedeutung verlor und entscheidend auf die Erfüllung des strafrechtlichen Tatbestands (hier: § 223 StGB) abgestellt wurde. Das BSG entfernte sich damit von dem „üblichen Sprachverständnis" des Begriffs „tätlicher Angriff" als gewaltsamem, handgreiflichem Vorgehen gegen eine Person in **kämpferischer, feindseliger Absicht.**[139] Von einer „Kraftentfaltung gegen eine Person" hat das BSG die Qualifizierung eines ärztlichen Eingriffs als 42

134 BSG Urt. v. 29.4.2010 – B 9 VG 1/09 R, BSGE 106, 91; BSG Beschl. v. 25.10.2016 – B 9 V 43/16 B, Rn. 6; vgl. auch BSG Beschl. v. 13.7.2018 – B 9 V 19/18 B, Rn. 9; LSG Bln-Bbg Urt. v. 22.5.2017 – L 13 VG 10/16.

135 Zu einer sog. geschlechtsangleichenden Operation vgl. BayLSG Urt. v. 21.7.2016 – L 15 VG 31/14.

136 Heinz GesR 2018, 347 (350 f.).

137 BSG Urt. v. 29.4.2010 – B 9 VG 1/09 R, BSGE 106, 91; ähnlich bereits BayLSG 16.3.1990 – L 10 VG 1/89, Breith 1991, 414.

138 BGH Urt. v. 1.05.2019 – VI ZR 299/17, BGHZ 222, 125; zustimmend: Hütter-Brungs MedR 2021, 708.

139 Vgl. dazu einerseits die Entscheidung des BSG vom 23.10.1985 – 9a RVg 5/84, BSGE 59, 46 in der für die Auslegung noch auf das übliche Sprachverständnis abgestellt wird und andererseits die Entscheidung vom 4.2.1998 – B 9 VG 5/96 R, BSGE 81, 288, in der dargelegt wird, dass der Begriff der Feindseligkeit für das OEG abweichend vom allgemeinen Sprachgebrauch zu definieren sei.

Gewalttat nicht abhängig gemacht.[140] In anderem Zusammenhang hat das BSG am Erfordernis einer Kraftentfaltung gegen eine Person aber gerade in neueren Entscheidungen festgehalten.[141]

43 c) **Sozial adäquates Verhalten.** Ein tätlicher Angriff liegt nicht vor, wenn es sich um ein Verhalten handelt, das im konkreten sozialen Kontext als üblich und **sozial adäquat** bzw. „sozial angemessen" anzusehen ist. In einer Entscheidung aus dem Jahre 1985 ist das BSG[142] davon ausgegangen, dass dies für das Hochheben einer jungen Frau auf einem **Stadtfest** angenommen werden könne, auch wenn sie sich dagegen wehrt, weil es sich dabei um eine auf solchen Festen nicht ganz ungewöhnliche Übung handele, die als „Volksbrauch" hingenommen werde. Mit dieser Begründung hat das BSG einen Anspruch nach dem OEG wegen der Folgen einer erlittenen Sturzverletzung abgelehnt. Es muss bezweifelt werden, dass diese Bewertung angesichts sich wandelnder Einstellungen und Maßstäbe auch heute noch in dieser Weise getroffen werden könnte.[143] „Dumme-Jungen-Streiche" und grobe, gefährliche Scherze mit schwerwiegenden Folgen (**Zünden von Feuerwerkskörpern** in der Hosentasche eines anderen,[144] Zünden von Feuerwerkskörpern in unmittelbarer Nähe einer Telefonzelle,[145] Werfen eines Feuerwerkskörpers mit dem Zuruf „fang mal",[146] Blockieren des Fahrwegs durch plötzlich quergestellte Kleinkrafträder)[147] hat das BSG wiederholt als rechtswidrigen tätlichen Angriff bewertet. Die Frage, ob ein Anspruch nach dem OEG wegen sozial adäquaten Verhaltens ausgeschlossen ist, wird in einigen Entscheidungen des BSG der **Rechtswidrigkeit** des Angriffs zugeordnet.[148] Dagegen geht die wohl hM im Strafrecht davon aus, dass die Sozialadäquanz des Verhaltens den Tatbestand ausschließt.[149]

44 d) **Drohung mit Gewalt.** Auch in einer **Freiheitsberaubung** oder einem anderen Angriff auf die körperliche Bewegungsfreiheit kann ein tätlicher Angriff zu sehen sein.[150] Nach der Rspr. des BSG ist die Grenze zur Gewalttat jedenfalls überschritten, wenn eine Person durch körperliche Gewalt ihrer Freiheit beraubt wird oder dieser Zustand durch Tätlichkeiten aufrecht erhalten wird.[151] Eine Person, die versucht, sich diesem „Angriff" durch Flucht zu entziehen und die sich dabei verletzt, ist deshalb Opfer einer Gewalttat. Die **Drohung mit Gewalt** war jedenfalls nach der älteren Rspr. des BSG[152] umso eher als tätlicher Angriff zu bewerten, je größer die objektive Gefahr für Leib und Leben des Bedrohten ist, wobei eine feste Grenzziehung nicht möglich ist. Eine Gewalttat ist daher angenommen worden, wenn die Drohung gegen eine Per-

---

140 Vgl. BSG Urt. v. 24.9.2020 – B 9 V 3/18 R, NJW 2021, 876 Rn. 19.
141 Vgl. BSG Urt. v. 16.12.2014 – B 9 V 1/13 R, BSGE 118, 63 Rn. 20; BSG Urt. v. 15.12. 2016 – B 9 V 3/15 R, BSGE 122, 218 Rn. 23; BSG Urt. v. 24.9.2020 – B 9 V 3/18 R, NJW 2021, 876 Rn. 19.
142 BSG Urt. v. 23.10.1985 – 9a RVg 5/84, BSGE 59, 46.
143 Ebenfalls kritisch: Heinz, 1. Aufl. 2007, OEG § 1 Rn. 66.
144 BSG Urt. v. 3.2.1999 – B 9 VG 7/97 R, SozR 3-3800 § 1 Nr. 14.
145 BSG Urt. v. 28.5.1997 – 9 RVg 1/95, USK 9714.
146 BSG Urt. v. 24.4.1991 – 9a/9 RVg 1/89, SozR 3-3800 § 1 Nr. 1; die in den Entscheidungsgründen enthaltene Aussage, dass eine Entschädigung nach dem OEG ausgeschlossen wäre, wenn die Handlung als gefährlicher Scherz zu werten wäre, ist in nachfolgenden Entscheidungen korrigiert worden, vgl. BSG Urt. v. 3.2.1999 – B 9 VG 7/97 R, SozR 3-3800 § 1 Nr. 14 mwN.
147 BSG Urt. v. 12.12.1995 – 9 RVg 1/94, SozR 3-3800 § 10a Nr. 1.
148 Vgl. BSG Urt. v. 3.2.1999 – B 9 VG 7/97 R, SozR 3-3800 § 1 Nr. 14; BSG Urt. v. 12.12.1995 – 9 RVg 1/94, SozR 3-3800 § 10a Nr. 1.
149 Vgl. Lackner/Kühl, 29. Aufl. 2018, StGB Vor § 32 Rn. 29; Fischer StGB Vor § 32 Rn. 12.
150 BSG Urt. v. 12.12.1995 – 9 RVg 1/94, SozR 3-3800 § 10a Nr. 1.
151 BSG Urt. v. 30.11.2006 – B 9a VG 4/05 R, SozR 4-3800 § 1 Nr. 10.
152 BSG Urt. v. 2.10.2008 – B 9 VG 2/07 R; zur weiteren Entwicklung → Rn. 45.

son mit Gewalttaten gegen Sachen, wie zB eine Tür einhergeht, die als einziges Hindernis dem unmittelbaren körperlichen Zugriff auf das Opfer im Wege stand.[153] Auch die **Aussetzung einer Person in hilfloser Lage** (§ 221 StGB) kann als tätlicher Angriff zu qualifizieren sein, selbst wenn es zu keiner körperlichen Gewaltanwendung und noch nicht einmal zu einer körperlichen Berührung kommt.[154] Ein Angriff liegt dagegen nicht vor, wenn eine Person Angst vor einem bevorstehenden körperlichen Übergriff hat, das Handeln des Täters jedoch (noch) nicht auf eine gewaltsame Einwirkung auf den Körper des anderen gerichtet ist. Solange zB ein Einbrecher davon ausgeht, dass sich in einem Gebäude keine Personen befinden, kann er die entgegen seiner Annahme dort befindliche Person nicht vorsätzlich bedrohen. Allein die von einem Einbrecher verübte Gewalt gegen Sachen, begründet keinen Angriff iSd § 1 Abs. 1 S. 1 OEG. Wenn die in dem Haus befindliche Person die Flucht ergreift, bevor sie von dem Einbrecher bemerkt wird und sich dabei verletzt, ist sie nicht Opfer eines tätlichen Angriffs geworden, auch wenn sie vernünftig und verantwortungsbewusst gehandelt haben mag, indem sie das Zusammentreffen mit dem Einbrecher vermieden hat.[155] Die bloß verbale Drohung zu schießen, stellt ebenfalls keine Gewalttat dar, wenn der Täter erkennbar keine Schusswaffe mit sich führt.[156]

In einer grundlegenden Entscheidung vom 16.12.2014[157] ist das BSG davon ausgegangen, dass die „bloße **Bedrohung** mit einer ungeladenen Schreckschusspistole" nicht die Voraussetzungen eines tätlichen Angriffs erfülle. Selbst wenn es sich nicht um eine Schreckschusspistole, sondern um eine objektiv gefährliche **geladene Waffe** gehandelt hätte, soll in der bloßen Drohung, diese einzusetzen, grundsätzlich noch kein tätlicher Angriff liegen. Soweit in einer früheren Entscheidung[158] von einer Gewalttat ausgegangen worden war, wenn der Täter das Opfer vorsätzlich mit einer scharf geladenen und entsicherten Schusswaffe bedroht hat, auch wenn es an einem Tötungs- und Verletzungsvorsatz des Täters gefehlt hat, hat das BSG daran in den – nicht tragenden (obiter dictum) – Gründen des Urteils vom 16.12.2014[159] ausdrücklich nicht mehr festgehalten und darauf hingewiesen, dass es aus Sicht des unwissenden Opfers keinen Unterschied machen kann, ob eine Schusswaffe, mit der es bedroht wird, echt oder unecht, geladen oder ungeladen ist.[160] Der tätliche Angriff soll unabhängig davon erst mit dem **Abfeuern des Schusses oder dem Aufsetzen der Waffe auf den Köper des Opfers** beginnen.[161] Diese einschränkende Definition verliert für Personen, die ab dem 1.1.2024 geschädigt werden (→ Rn. 33 f., →§ 138), mit der Einbeziehung auch von psychischen Gewalttaten durch § 13 Abs. 1 Nr. 2, Abs. 2 SGB XIV weitgehend ihre praktische Bedeutung, soweit das schädigende Verhalten – wie etwa im Falle einer räuberischen Erpressung (§ 255 StGB, → Rn. 38, 101) – als schwerwiegend iSd § 13 Abs. 2 anzusehen ist. Die Überwindung der durch das og Urt. des BSG vom 16.12.2014 gezogenen Grenzen war nach dem Inhalt der Gesetzesbegründung[162] eines der Ziele der Erweiterung des Anwendungsbereichs auf psychische Gewalttaten. 45

153 BSG Urt. v. 10.9.1997 – 9 RVg 1/96, BSGE 81, 42.
154 BSG Urt. v. 24.9.1992 – 9a RVg 5/91, NJW 1993, 880.
155 BSG Urt. v. 28.3.1984 – 9a RVg 1/83, BSGE 56, 234.
156 BSG Urt. v. 2.10.2008 – B 9 VG 2/07.
157 B 9 V 1/13 R, BSGE 113, 63.
158 BSG Urt. v. 24.7.2002 – B 9 VG 4/01 R, BSGE 90, 6.
159 B 9 V 1/13 R, BSGE 113, 63 Rn. 23 ff.
160 B 9 V 1/13 R, BSGE 113, 63 Rn. 26; anders noch BSG Urt. v. 17.4.2013 – B 9 V 1/12 R, BSGE 113, 205 Rn. 31, nach dem in Fällen der Bedrohung auf das Kriterium der objektiven Gefahr für Leib und Leben des Opfers abzustellen war.
161 BSG Urt. v. 16.12.2014 – B 9 V 1/13 R, BSGE 113, 63 Rn. 26; kritisch dazu: Heinz ZFSH/SGB 2017, 17; Löbner Sozialrechtaktuell 2015, 182 (185); Loytved jurisPR-SozR 13/2015 Anm. 6.
162 BT-Drs. 19/13824, 176.

46 Das BMAS hat zu der einschränkenden Bewertung der **Bedrohung als Gewalttat** in dem **Urt. des BSG vom 16.12.2014**[163] in einem Rundschreiben vom 10.10.2017[164] Stellung genommen. Darin fordert das BMAS die zur Durchführung des OEG zuständigen Behörden[165] zwar dazu auf, zukünftig in Fallgestaltungen, in denen eine Drohung mit einer Schreckschusspistole oder vergleichbare Drohungen, etwa mittels eines Messers oder anderer Waffen und Werkzeuge, gegeben sind, entsprechend dem Urt. v. 16.12.2014 zu entscheiden. Auf Fallgestaltungen, in denen eine Drohung mit einer objektiv gefährlichen **geladenen Waffe** erfolgt, bezieht sich diese Empfehlung aber nicht, obwohl das BSG seine geänderte Rspr. ausdrücklich auch auf diese Fälle erstreckt hat. Zudem soll künftig bei Fragen des Vorliegens eines tätlichen Angriffs noch genauer als bisher geprüft werden, ob tatsächlich eine bloße Bedrohungssituation vorlag und nicht bereits mit der Umsetzung der angedrohten Handlung begonnen wurde. Dabei knüpft das BMAS offenbar an ältere Rspr. einschließlich einer Entscheidung des Reichsgerichts[166] an, nach der die Verfolgung bzw. die Hatz einer bedrohten Person, Ausholbewegungen der Arme mit gehaltenen Waffen oder Werkzeugen oder das Einschlagen bzw. Eintreten einer verschlossenen Tür,[167] ein Indiz für die Annahme eines tätlichen Angriffs darstellen, da dann keine rein psychische Wirkung mehr gegeben sei. Die Änderung der Rspr. stelle keine wesentliche **Änderung der tatsächlichen Verhältnisse** iSd § 48 Abs. 1 dar. Das dürfte zutreffen, weil dieser Änderung nach dem Inhalt der Begründung des Urteils des BSG nicht eine Änderung in den tatsächlichen Verhältnissen zugrunde lag, sondern eine geänderte Beurteilung der Rechtslage, die dazu führen kann, dass davon abweichenden Entscheidungen in der Vergangenheit als von Anfang an rechtswidrig anzusehen sind.[168] Nach dem Inhalt des Rundschreibens wird zudem kein Raum für eine Anwendung von §§ 45 und 48 Abs. 3 SGB X gesehen, da sich eine „Änderung der Rspr. nicht zum Nachteil der Berechtigten auswirken" dürfe. Dies gelte auch bei Nachprüfungsverfahren von Amts wegen und in Fällen von Erhöhungsanträgen. Eine rechtliche Grundlage für die letztgenannte Auffassung ist jedoch nicht ersichtlich, und das Rundschreiben kann den Betroffenen auch keinen Anspruch auf Gleichbehandlung im Unrecht vermitteln.

47 e) **Vermögensschäden.** Opfer reiner **Vermögensschäden,** wie sie durch **Betrug,** Untreue und ähnliche Straftaten häufig entstehen, sind von staatlicher Entschädigung ausgenommen, weil es sich nicht um Opfer eines tätlichen Angriffs handelt.[169] Dies gilt auch für die gesundheitlichen und wirtschaftlichen Folgen solcher Straftaten. So erwerben die Angehörigen eines um sein gesamtes Vermögen gebrachten Betrugsopfers keinen Anspruch auf Hinterbliebenenversorgung, wenn sich der Betrogene aus Gram über den Verlust von Hab und Gut umbringt.[170] Daran ändert sich auch durch den Übergang vom OEG zum SGB XIV nichts, weil gerade Vermögensdelikte keinen Eingang in § 13 Abs. 2 SGB XIV gefunden haben (→ Rn. 71).

48 f) **Gewalt durch Unterlassen.** Die Frage, ob ein tätlicher Angriff auch durch ein **unechtes Unterlassungsdelikt** iSd § 13 StGB (zB Körperverletzung durch Unterlassung)

---

163 B 9 V 1/13 R, BSGE 113, 63.
164 Az.: SER 2 – 54030.
165 Vgl. § 6 Abs. 1 S. 1 OEG.
166 Vgl. RG, Urt. v. 18.11.1882 – 2463/82 – RGSt 7, 301 f.; vgl. dazu auch Heinz Behindertenrecht 2011, 125 f.; Loytved jurisPR-SozR 13/2015 Anm. 6.
167 BSG Urt. v. 10.9.1997 – 9 RVg 1/96, BSGE 81, 42.
168 Zu der Differenzierung nach den Gründen, die für die Änderung der Rspr. maßgebend waren vgl. BSG Urt. v. 21.3.1996 – 11 RAr 101/94, BSGE 78, 109 = juris Rn. 27 ff., 31; KassKomm/Steinwedel § 48 Rn. 18a, 58.
169 BSG Urt. v. 16.12.2014 – B 9 V 1/13 R, BSGE 118, 63 Rn. 22.
170 BSG Urt. v. 14.2.2001 – B 9 VG 4/00 R, BSGE 87, 276.

verwirklicht werden kann, hat das BSG[171] bisher offengelassen. Der Wortlaut spricht eher dafür, dass ein tätlicher Angriff ein aktives Tun erfordert.[172] Auf der anderen Seite setzt ein tätlicher Angriff nach der Rspr. des BSG[173] bei einem rechtsfeindlichen Täterhandeln nicht notwendig ein aggressives Verhalten voraus, so dass Fallgestaltungen, in denen auch die Begehung eines unechten Unterlassungsdelikts als tätlicher Angriff zu qualifizieren ist, nicht vollständig ausgeschlossen erscheinen. Das wird aber entgegen der wohl überwiegenden Auffassung in der Literatur[174] nicht bereits unter der Voraussetzung angenommen werden können, dass § 13 StGB das Unterlassen dem aktiven Handeln gleichstellt, weil § 13 Abs. 1 Nr. 1 SGB XIV nicht bereits jedes Handeln ausreichen lässt, sondern einen „Angriff" voraussetzt. In Betracht zu ziehen sind insbesondere Fallkonstellationen, in denen der Täter einen rechtswidrig geschaffenen Dauerzustand nicht beendet. Allerdings werden derartige Konstellationen strafrechtlich in der Regel nicht als Unterlassung, sondern als aktives Tun eingeordnet.[175]

Praktische Bedeutung hat die Frage, ob ein tätlicher Angriff auch durch Unterlassen 49
verwirklicht werden kann, unter Geltung des OEG insbesondere im Zusammenhang mit der Vernachlässigung von Kindern erlangt.[176] Durch die Gleichstellung der erheblichen Vernachlässigung von Kindern mit einer Gewalttat (§ 14 Abs. 1 Nr. 5, → § 14 Rn. 25) stellt sich diese Frage regelmäßig nur noch bei Personen, die vor dem 1.1.2024 geschädigt worden sind (→ Rn. 33 ff.), wobei nach § 138 Abs. 1 S. 2 SGB XIV die letzte von mehreren Taten maßgebend ist, durch die die Schädigung herbeigeführt wurde (→ § 138 Rn. 18 ff.).

Einigkeit besteht, dass die Unterlassung der Hilfeleistung, die jedem Bürger bei einem 50
Unglücksfall obliegt, kein tätlicher Angriff iSd § 13 Abs. 1 Nr. 1 SGB XIV ist.[177] Ein tätlicher Angriff kann nicht durch ein Unterlassungsdelikt wie die **Unterlassene Hilfeleistung nach § 323c StGB** begründet werden. § 323c StGB knüpft tatbestandlich an einen Unglücksfall, eine gemeine Gefahr oder Not an. Das SGB XIV dient nach § 1 der Unterstützung von Menschen, die durch eines der in § 1 Abs. 2 genannten schädigenden Ereignisse eine Schädigung erlitten haben. Dazu gehören nach § 1 Abs. 2 Nr. 1, § 13 SGB XIV die Opfer von Gewalttaten. Damit sind grundsätzlich – ebenso wie unter Geltung des OEG[178] – die Opfer von Gewaltkriminalität gemeint. Etwas Anderes gilt nur, soweit der Gesetzgeber mit der Erstreckung auf psychische Gewalttaten oder durch die Gleichstellungstatbestände nach § 14 eine Erweiterung des Anwendungsbereichs geregelt hat. Damit ist auch nach dem SGB XIV nicht jede körperliche Folge einer strafbaren Handlung zu entschädigen.

---

171 BSG Urt. v. 24.9.1992 – 9a RVg 5/91, NJW 1993, 880; BSG Urt. v. 10.11.1993 – 9 RVg 2/93, USK 93128; BSG Urt. v. 12.6.2003 – B 9 VG 11/02 B; vgl. auch BSG Beschl. v. 23.3.2015 – B 9 V 48/14 B, juris Rn. 26.

172 Vgl. Schönke/Schröder/Perron/Eisele, 30. Aufl. 2019, StGB § 32 Rn. 10 mwN.

173 BSG Urt. v. 10.9.1997 – 9 RVg 1/96, BSGE 81, 42.

174 Vgl. Dinnebier, Opferentschädigung als Sozialleistungstatbestand, 91; Grühn SGb 2021, 414 (416); Schulz-Lüke/Wolf, Gewalttaten und Opferentschädigung, § 1 Rn. 99; Wilke/Sailer § 1 Rn. 6; Kolb VersB 1977, 134; Gelhausen/Weiner/Weiner, 7. Aufl. 2021, OEG § 1 Rn. 32, die davon ausgehen, dass die Gleichstellung des Unterlassens mit aktivem Tun nach § 13 StGB (insbes. Bestehen einer Garantenstellung) genügt; einschränkend („idR ... nicht bloßes Unterlassen"): Wulfhorst VSSR 1997, 185 (191); generell gegen eine Einbeziehung auch von unechten Unterlassungsdelikten: Schoreit/Düsseldorf OEG § 1 Rn. 65 f.

175 Vgl. Schönke/Schröder/Perron/Eisele, 30. Aufl. 2019, StGB § 32 Rn. 11 mwN.

176 BSG Urt. v. 17.4.2013 – B 9 V 1/12 R, BSGE 113, 205, Rn. 29; BSG Urt. v. 17.4.2013 – B 9 V 3/12 R, juris Rn. 30; BSG Beschl. v. 23.3.2015 – B 9 V 48/14 B, juris Rn. 26; BSG Beschl. v. 29.5.2019 – B 9 V 15/19 B, juris Rn. 9.

177 Vgl. BSG Urt. v. 10.11.1993 – 9 RVg 2/93, USK 93128; BSG Urt. v. 12.6.2003 – B 9 VG 11/02 B.

178 Vgl. BT-Drs. 7/2506, 10.

51 g) **Abwehr eines Angriffs.** Anspruch auf Versorgung besteht nach § 13 Abs. 1 Nr. 1 SGB XIV auch für gesundheitliche Schädigungen, die eine Person bei der **Abwehr eines vorsätzlichen rechtswidrigen Angriffs** erleidet. Die Abwehr muss rechtmäßig sein. Mit dem Abwehrtatbestand knüpft der Gesetzgeber an die Reglung des § 32 StGB an.[179] Nicht nur in einer Notwehr, sondern ebenso in einer fremdnützigen Nothilfe kann danach eine solche Abwehrhandlung liegen. Auch wenn Dritte durch die Abwehrhandlung geschädigt werden, kann daraus ein Anspruch nach dem OEG folgen.[180]

52 h) **Vorsatz.** Ein Anspruch auf Versorgung als Opfer einer körperlichen Gewalttat setzt nach § 13 Abs. 1 Nr. 1 SGB XIV voraus, dass der tätliche Angriff **vorsätzlich** erfolgt ist. Damit wird der Anspruch auf Entschädigung für fahrlässige Taten grundsätzlich ausgeschlossen.[181] Ausnahmen gelten für die Fallkonstellation des aberratio ictus § 14 Abs. 1 Nr. 2 (→ Rn. 18), für Fälle, in denen sich der Angreifer über Umstände eines anerkannten Rechtfertigungsgrundes irrt (§ 14 Abs. 1 Nr. 3 → Rn. 19), für die besonderen Folgen (Gefahr für Leib und Leben) der mit gemeingefährlichen Mitteln begangenen Verbrechen nach § 14 Abs. 1 Nr. 4 (→ § 14 Rn. 20) sowie für die erhebliche Vernachlässigung von Kindern nach § 14 Abs. 1 Nr. 5 (→ § 14 Rn. 33). Es wird allgemein davon ausgegangen, dass der Begriff des Vorsatzes in Anlehnung an strafrechtliche Kriterien zu definieren ist, obwohl § 13 Abs. 1 Nr. 1 SGB XIV keine ausdrückliche Bezugnahme auf das **Strafrecht** zu entnehmen ist.[182] Bereits die Gesetzgebungsmaterialien zum OEG, die an vielen Stellen Bezüge zu strafrechtlichen Fragestellungen und Rechtsfiguren herstellen, zeigen, dass sich der Gesetzgeber insoweit an den im Strafrecht eingeführten Begriffen orientieren wollte. Daran sollte sich auch nach der Gesetzesbegründung zum SGB XIV nichts ändern.[183] Im Strafrecht wird der Vorsatz allgemein (etwas verkürzt) als Wissen und Wollen der Tatbestandsverwirklichung definiert. Für die körperliche Gewalttat nach § 13 Abs. 1 Nr. 1 SGB XIV ist zu beachten, dass der Vorsatz nicht auf die Verwirklichung des Straftatbestands, sondern nur auf die Angriffshandlung – also die in feindlicher Willensrichtung unmittelbar auf den Körper eines anderen zielende Einwirkung ohne Rücksicht auf den Erfolg – zu beziehen ist.[184] IdR wird der Angriff zwar zugleich eine vorsätzliche Straftat – zumeist in der Form eines versuchten oder vollendeten Erfolgsdelikts iSd Strafrechts (insbesondere eine Straftat gegen die körperliche Unversehrtheit) – darstellen. Ist ein solches Delikt vorsätzlich versucht oder vollendet worden, so liegt auch ein vorsätzlicher tätlicher Angriff iSd OEG vor.[185] Umgekehrt setzt ein vorsätzlicher tätlicher Angriff aber nicht notwendig eine vorsätzlich begangene Straftat oder überhaupt eine strafbare Hand-

---

179 Gelhausen, Soziales Entschädigungsrecht, 2. Aufl. 1998, Rn. 749; Schulz-Lüke/Wolf OEG § 1 Rn. 186; zu den Voraussetzungen der Notwehr → Rn. 62 f.

180 Zu § 1 Abs. 1 S. 1 OEG vgl. BSG Urt. v. 24.7.2002 – B 9 VG 4/01 R, BSGE 90, 6.

181 Zu § 1 OEG vgl. BT-Drs. 7/2506, 14.

182 Zu § 1 OEG: Gelhausen/Weiner/Heinz, 7. Aufl. 2021, OEG § 1 Rn. 91; Heinz, 1. Aufl. 2007, OEG § 1 Rn. 123; Schoreit/Düsseldorf, 1977, OEG § 1 Rn. 70; vgl. BSG Urt. v. 28.3.1984 – 9a RVg 1/83, BSGE 56, 234: „Schon der Wortlaut zeigt, dass das Gesetz zur Beschreibung der Gewalttat, die die Entschädigungspflicht des Staates auslöst, bestimmt, dem Strafgesetzbuch (StGB) entlehnte Begriffe verwendet"; insoweit nicht ganz eindeutig dagegen BSG Urt. v. 3.2.1999 – B 9 VG 7/97 R, SozR 3-3800 § 1 Nr. 14, in dem bezogen auf die bewusste Fahrlässigkeit sowohl die zivilrechtliche als auch die strafrechtliche Definition herangezogen wird.

183 Vgl. BT-Drs. 19/13824, 175: „Absatz 1 Nummer 1 übernimmt im Wesentlichen die in § 1 Absatz 1 S. 1 OEG enthaltene Definition."

184 BSG Urt. v. 4.2.1998 – B 9 VG 5/96 R, BSGE 81, 288.

185 BSG Urt. v. 4.2.1998 – B 9 VG 5/96 R, BSGE 81, 288; zu den besonderen Anforderungen bei der Einordnung einer ärztlichen Behandlung als Gewalttat vgl. Rn. 41 f.

lung voraus. Seit der Strafbarkeit auch der versuchten einfachen Körperverletzung[186] dürften solche Fallgestaltungen nur noch selten, zB bei einer als Angriff zu wertenden Drohung mit Gewalt (→ Rn. 44 ff.), in Betracht kommen.

Ein vorsätzlicher Angriff iSd § 1 Abs. 1 setzt nicht notwendig direkten Vorsatz voraus. 53
Es genügt, wenn der Angreifer mit **bedingtem Vorsatz** („**dolus eventualis**") handelt.[187] Dafür spricht vor allem der Zweck des OEG. Die öffentliche Hand soll für gesundheitliche Schäden des durch eine Gewalttat verletzten Opfers dann einen Ausgleich gewähren, wenn es dem Staat nicht gelungen ist, die Gewalttat zu verhindern, dh die Einhaltung seiner dem Schutz der körperlichen Unversehrtheit (auch) des Opfers dienenden Rechtsnormen durchzusetzen. Deshalb kann es sowohl aus der Sicht des Staates als auch aus der des Opfers und ggf. der Hinterbliebenen nicht darauf ankommen, ob die Gewalttat mit direktem oder bedingtem Vorsatz begangen worden ist.[188] Bedingter Vorsatz setzt voraus, dass der Täter eine körperliche Einwirkung auf das Opfer für möglich gehalten und billigend in Kauf genommen hat.[189] Der bedingte Vorsatz ist von der bewussten Fahrlässigkeit abzugrenzen, bei der der Täter darauf vertraut, dass „alles gut geht", obwohl ihm die Gefährlichkeit seines Tuns bekannt ist.

Der Vorsatz erfordert nicht, dass sich der Täter weiterer Folgen der unmittelbaren 54
körperlichen Einwirkung bewusst ist, er sich zB einen entsprechenden Kausalverlauf mit bestimmten Verletzungen oder sonstigen Folgen vorgestellt bzw. solche für möglich gehalten hat. Der Vorsatz muss sich nur auf den **Angriff** als solchen, nicht aber auf den entstandenen Körperschaden richten.[190] Opferentschädigung wird nicht wegen eines vorsätzlich beigebrachten Schadens, sondern wegen eines Schadens infolge eines vorsätzlichen Angriffs zugebilligt.[191] Wer einen anderen angreift, indem er zB die Schusswaffe auf den Köper des Opfers aufsetzt,[192] handelt bereits vorsätzlich, wenn Wissen und Wollen bezogen auf diese Bedrohungshandlung vorliegen. Dagegen muss sich der Vorsatz nicht auf die Verletzung beziehen, die das Opfer dieses Angriffs zB bei einer Fluchtreaktion oder deshalb erleidet, weil sich unbeabsichtigt ein Schuss aus der Waffe löst.[193]

Auch schuldunfähige Personen können vorsätzlich handeln. Ausreichend ist der sog. 55
natürliche Vorsatz, der sich allein auf den Angriff und nicht auch auf den Körperscha-

186 Einfügung des § 223 Abs. 2 StGB mWv 1.4.1998 durch das Sechste Gesetz zur Reform des Strafrechts – 6. StrRG vom 26.1.1998, BGBl. I 164.

187 BSG Urt. v. 4.2.1998 – B 9 VG 5/96 R, BSGE 81, 288; BSG Urt. v. 3.2.1999 – B 9 VG 7/97 R, SozR 3-3800 § 1 Nr. 14; Gelhausen/Weiner/Weiner, 7. Aufl. 2021, OEG § 1 Rn. 97; Wilke/Sailer, 7. Aufl. 1992, OEG § 1 Rn. 7; Gelhausen, Soziales Entschädigungsrecht, 2. Aufl. 1998, Rn. 741; einschränkend: Schoreit/Düsseldorf, 1977, OEG § 1 Rn. 74.

188 BSG Urt. v. 4.2.1998 – B 9 VG 5/96 R, BSGE 81, 288; BSG Urt. v. 3.2.1999 – B 9 VG 7/97 R, SozR 3-3800 § 1 Nr. 14.

189 BSG Urt. v. 3.2.1999 – B 9 VG 7/97 R, SozR 3-3800 § 1 Nr. 14; BSG Urt. v. 18.10.1995 – 9 RVg 1/93, SozR 3-3800 § 1 Nr. 5; zu den verschiedenen strafrechtlichen Theorien vgl. Schönke/Schröder/Sternberg-Lieben/Schuster, 30. Aufl. 2019, StGB § 15 Rn. 72 ff.; Lackner/Kühl, 29. Aufl. 2018, StGB § 15 Rn. 23 ff.; Fischer, 69. Aufl. 2022, StGB § 15 Rn. 11 ff.

190 BSG Urt. v. 24.4.1991 – 9a/9 RVg 1/89, SozR 3-3800 § 1 Nr. 1; BSG Urt. v. 3.2.1999 – B 9 VG 7/97 R, SozR 3-3800 § 1 Nr. 14; BSG Urt. v. 12.12.1995 – 9 RVg 1/94, SozR 3-3800 § 10a Nr. 1; BSG Urt. v. 24.7.2002 – B 9 VG 4/01 R – BSGE 90, 6; BSG Urt. v. vom 29.4.2010 – B 9 VG 1/09 R, BSGE 106, 91; Schulz-Lüke/Wolf, 1977, OEG § 1 Rn. 176.

191 BSG Urt. v. 24.4.1991 – 9a/9 RVg 1/89 = SozR 3-3800 § 1 Nr. 1.

192 Vgl. BSG Urt. v. 16.12.2014 – B 9 V 1/13 R, BSGE 113, 63 Rn. 26.

193 BSG Urt. v. 24.7.2002 – B 9 VG 4/01 R, BSGE 90, 6; BSG Urt. v. 10.9.1997 – 9 RVg 1/96, BSGE 81, 42.

den richten muss.[194] Das Bewusstsein des Täters, Unrecht zu tun, wird nicht vorausgesetzt.[195] Der Anspruch als Opfer einer körperlichen Gewalttat setzt **kein schuldhaftes** Handeln des Täters voraus. Deshalb können auch Kinder Täter eines vorsätzlichen Angriffs iSd § 1 Abs. 1 S. 1 OEG sein.[196] Eine feste Altersgrenze gibt es nicht. Selbst ein **Kind**, das noch nicht das 7. Lebensjahr vollendet hat und das deshalb gem. § 828 Abs. 1 BGB zivilrechtlich für einen Schaden, den es einem anderen zufügt, nicht verantwortlich ist, kann vorsätzlich handeln. Es genügt, dass das Kind in der Lage ist, die Folgen seines Handelns ungefähr vorherzusehen und die körperliche Beeinträchtigung des Opfers in seinen Willen aufgenommen hat.[197] Die Unfähigkeit, das Unrecht der Tat einzusehen, betrifft allein die Frage der Schuldfähigkeit und nicht des Vorsatzes und ist deshalb für den Anspruch auf Leistungen nach § 13 Abs. 1 Nr. 1 SGB XIV nicht von Bedeutung. Entsprechendes gilt für Personen, die sich wegen Trunkenheit in einem die Einsichts- oder Steuerungsfähigkeit ausschließenden Zustand befinden.[198] Die Verurteilung des Täters lediglich wegen fahrlässigen **Vollrauschs** gem. § 323a StGB spricht nicht gegen einen vorsätzlichen Angriff, weil der Verurteilung wegen einer vorsätzlichen Straftat gegen das Leben oder gegen die körperliche Unversehrtheit die Schuldunfähigkeit entgegengestanden haben kann, die für den Anspruch nach dem OEG nicht von Bedeutung ist. Außerdem sind Wertungen aus einem Strafverfahren für das Verfahren nach dem OEG nicht bindend.[199]

56 Ebenso wie andere anspruchsbegründende Tatsachen muss auch der Vorsatz **erwiesen** sein, also ohne vernünftige Zweifel oder mit an Sicherheit grenzender Wahrscheinlichkeit feststehen. Da es sich um eine innere Tatsache handelt, kann der Beweis schwierig sein, insbesondere wenn der Täter einer Gewalttat nicht ermittelt werden kann. In diesen Fällen hilft vielfach auch nicht § 117 Abs. 1 SGB XIV, der bestimmt, dass „die Angaben der antragstellenden Person, die sich auf die mit der Schädigung im Zusammenhang stehenden Tatschen beziehen", bei bestimmten Beweisschwierigkeiten „der Entscheidung zu Grunde zu legen" sind, „soweit sie nach den Umständen des Falles glaubhaft erscheinen". Bereits aus der Existenz der auch im Bereich des OEG anwendbaren Vorgängerregelung in § 15 VwVfG-KOV und der Regelung in § 1 Abs. 3 BVG, nach der die Wahrscheinlichkeit des ursächlichen Zusammenhangs zwischen schädigendem Ereignis und Schädigungsfolgen genügt (ab 1.1.2024: § 4 Abs. 4, Abs. 6), hat das BSG gefolgert, dass es im sozialen Entschädigungsrecht weitere Beweiserleichterungen, die sich auf zweifelhafte aber nicht erreichbare Tatsachen erstrecken, nicht gibt.[200] Der **Anscheinsbeweis** ermöglicht bei typischen Geschehensabläufen, von einer festgestellten Ursache auf einen bestimmten Erfolg oder von einem festgestellten Erfolg auf eine bestimmte Ursache zu schließen.[201] Er beruht auf Erfahrungswissen. Es muss also ein Hergang zugrunde liegen, der erfahrungsgemäß in bestimmtem Sinne abläuft. Der Anscheinsbeweis eignet sich deshalb vielfach nicht zur Feststellung **willensgesteuerter Verhaltensweisen**, die durch die Individualität des Handelnden geprägt

194 BSG Urt. v. 8.11.2007 – B 9/9a VG 3/06 R, SozR 4-3800 § 1 Nr. 11; BSG Urt. v. 8.11.2007 – B 9/9a VG 2/06 R; BSG Urt. v. 3.2.1999 – B 9 VG 7/97 R, SozR 3-3800 § 1 Nr. 14.
195 Vgl. Lackner/Kühl, 29. Aufl. 2018, StGB § 15 Rn. 34.
196 So bereits die Gesetzesbegründung zum OEG, BT-Drs. 7/2506, 14.
197 BSG Urt. v. 8.11.2007 – B 9/9a VG 3/06 R, SozR 4-3800 § 1 Nr. 11; BSG Urt. v. 8.11.2007 – B 9/9a VG 2/06 R; BSG Urt. v. 3.2.1999 – B 9 VG 7/97 R, SozR 3-3800 § 1 Nr. 14.
198 BSG Urt. v. 18.4.2001 – B 9 VG 3/00 R, BSGE 88, 96.
199 BSG Urt. v. 24.4.1991 – 9a/9 RVg 1/89, SozR 3-3800 § 1 Nr. 1.
200 BSG Urt. v. 22.6.1988 – 9/9a RVg 3/87, BSGE 63, 270.
201 Meyer-Ladewig/Keller/Leitherer/Keller, 13. Auf. 2020, SGG § 128 Rn. 9a.

sind.[202] Gleichwohl ist das BSG[203] in einer Entscheidung vom 4.2.1998 davon ausgegangen, dass auch bezogen auf den nach § 1 Abs. 1 S. 1 OEG erforderlichen Vorsatz die Grundsätze des Beweises des ersten Anscheins herangezogen werden können. Diese Auffassung begegnet Bedenken. Zu folgen ist der Rspr. des BSG[204] aber insoweit, als aus äußeren Umständen auf den Vorsatz des Täters geschlossen werden kann. Dies entspricht im Ergebnis auch weitgehend der Rspr. der Strafgerichte, die im Wege der Beweiswürdigung von äußeren Umständen (**Indizien**) auf den Vorsatz des Täters schließen.[205] So kann bei einem 10-jährigen normal entwickelten Jungen, dem bekannt ist, dass entzündete Feuerwerkskörper gefährlich sind, von einem vorsätzlichen Angriff auszugehen sein, wenn dieser einem anderen Kind einen entzündeten Feuerwerkskörper in die Hosentasche steckt.[206] Im Unterschied zu den in Strafverfahren zu entscheidenden Fallgestaltungen kann sich in Verfahren um Entschädigungsleistungen für Opfer einer körperlichen Gewalttat die Frage nach dem Vorsatz des Täters auch stellen, wenn der Täter nicht zu ermitteln ist. Nach der Rspr. des BSG ist es auch in einem solchen Fall nicht ausgeschlossen, dass aus **äußeren Umständen** auf ein vorsätzliches Handeln des unbekannten Täters geschlossen werden kann. So hat das BSG[207] einen vorsätzlichen Angriff in einem Fall angenommen, in dem einem Kind ein gefährlicher Sprengkörper mit dem Zuruf „fang mal" zugeworfen worden war. Auch wenn eine Menschenmenge durch einen unbekannten Täter wiederholt mit Signalmunition beschossen wird, kann daraus der Schluss zu ziehen sein, dass der Täter die Verletzung von Menschen jedenfalls für möglich gehalten und billigend in Kauf genommen hat.[208]

Allerdings können Beweisschwierigkeiten nicht beseitigt werden, wenn sich aus den äußeren Umständen nicht feststellen lässt, welche Willensrichtung der Täter bei seiner zur Verletzung führenden Tat hatte. Die Nichtfeststellbarkeit des Vorsatzes geht dann nach den Grundsätzen der **objektiven Beweislast** zulasten desjenigen, der den Anspruch geltend macht.[209] So ist das BSG[210] in einem Fall, in dem das Opfer auf dem Weg von seinem Haus auf die Straße plötzlich von einer Kugel getroffen zu Boden stürzte, ohne dass der Täter auch nur gesehen wurde, davon ausgegangen, dass ein Vorsatz des Täters nicht nachzuweisen ist. Auch bei Schussverletzungen kann nicht ohne Weiteres davon ausgegangen werden, dass eine vorsätzliche Tat vorliegen muss. Vielmehr können diese auch fahrlässig verursacht werden.[211] Die **Beweiswürdigung** ist grundsätzlich unabhängig von der Beurteilung in einem vorangegangenen 57

202 Meyer-Ladewig/Keller/Leitherer/Keller, 13. Auf. 2020, SGG § 128 Rn. 9d; BSG Urt. v. 22.6.1988 – 9/9a RVg 3/87, BSGE 63, 270; BSG Urt. v. 22.6.1988 – 9/9a BVg 4/87, SozR 1500 § 128 Nr. 35.

203 Vgl. BSG Urt. v. 4.2.1998 – B 9 VG 5/96 R, BSGE 81, 288.

204 Vgl. BSG Urt. v. 24.4.1991 – 9a/9 RVg 1/89, SozR 3-3800 § 1 Nr. 1; BSG Urt. v. 22.6.1988 – 9/9a BVg 4/87, SozR 1500 § 128 Nr. 35.

205 Vgl. Lackner/Kühl, 29. Aufl. 2018, StGB § 15 Rn. 25 mwN; zu den hohen speziell an den Tötungsvorsatz zu stellenden Anforderungen vgl. zB BGH Urt. v. 3.12.2015 – 4 StR 387/15, NStZ 2016, 668 Rn. 17; BGH Urt. v. 28.1.2010 – 3 StR 533/09, NStZ-RR 2010, 144.

206 BSG Urt. v. 3.2.1999 – B 9 VG 7/97 R, SozR 3-3800 § 1 Nr. 14.

207 BSG Urt. v. 24.4.1991 – 9/9a RVg 1/89, SozR 3-3800 § 1 Nr. 1.

208 BSG Urt. v. 4.2.1998 – B 9 VG 5/96 R, BSGE 81, 288.

209 BSG Urt. v. 4.2.1998 – B 9 VG 5/96 R, BSGE 81, 288; BSG Urt. v. 22.6.1988 – 9/9a RVg 3/87, BSGE 63, 270; BSG Urt. v. 22.6.1988 – 9/9a BVg 4/87, SozR 1500 § 128 Nr. 35; BSG Urt. v. 28.3.1984 – 9a RVg 1/83, BSGE 56, 234; zu den davon abweichenden Regelunge bei der Gewährung Schneller Hilfen s. § 115 SGB XIV.

210 BSG Urt. v. 22.6.1988 – 9/9a RVg 3/87, BSGE 63, 270.

211 BSG Urt. v. 22.6.1988 – 9/9a RVg 3/87, BSGE 63, 270; BSG Urt. v. 22.6.1988 – 9/9a BVg 4/87, SozR 1500 § 128 Nr. 35.

Straf- oder Zivilverfahren.[212] Allerdings dürfen die Gerichte der Sozialgerichtsbarkeit einschlägige tatsächliche **Feststellungen des Strafgerichts** im Grundsatz übernehmen[213] (zur Frage der Rechtswidrigkeit → Rn. 65).

58 Nicht vorsätzlich handelt der Täter nach hM, wenn sein Angriff fehlgeht und er statt des ausersehenen Opfers eine andere Person verletzt (**aberratio ictus**).[214] Strafrechtlich kommt in diesen Fällen nur Versuch ggf. in Tateinheit mit einer fahrlässig begangenen Straftat in Frage. Davon ist im Strafrecht die als **error in persona vel in obiecto** bezeichnete Verwechslung des Angriffsobjekts abzugrenzen, die den Vorsatz grundsätzlich nicht berührt, soweit das tatsächliche und das vorgestellte Tatobjekt tatbestandlich gleichwertig sind. Für den Bereich des OEG kommt es auf diese Unterscheidung nicht an, weil die als aberratio ictus bezeichnete Konstellation von dem Gleichstellungstatbestand nach § 14 Abs. 1 Nr. 2 erfasst wird. Einer Gewalttat steht danach „das Fehlgehen der Gewalttat, so dass sie eine andere Person trifft als die Person, gegen die sie gerichtet war" gleich (→ § 14 Rn. 18). Unter dem Gesichtspunkt des Vorsatzes ist deshalb auch die Fallgestaltung unproblematisch, dass nicht festgestellt werden kann, ob der Täter auf eine bestimmte Person geschossen und eine andere Person getroffen hat oder ob er auf eine Menschengruppe geschossen und dabei billigend in Kauf genommen hat, dass irgendeine Person aus der Gruppe getroffen wird.[215] Dagegen liegt kein vorsätzlicher Angriff vor, wenn der Täter auf eine Sache schießen wollte und versehentlich eine Person trifft.[216]

59 In Fällen, in denen der Täter in der irrigen Annahme gehandelt hat, selbst angegriffen zu werden und daher zur Notwehr berechtigt zu sein („**Putativnotwehr**"), handelt er zwar rechtswidrig; es fehlt aber nach der Rspr. des BGH[217] an der Vorsatzschuld des Täters, so dass nur noch eine Strafbarkeit wegen Fahrlässigkeit in Betracht kommt. In diesen Fällen greift jedoch der Gleichstellungstatbestand des § 14 Abs. 1 Nr. 3 ein (→ § 14 Rn. 19).[218]

60 i) **Rechtswidrigkeit.** Ein Anspruch als Opfer einer körperlichen Gewalttat setzt die **Rechtswidrigkeit** des Angriffs voraus. Auch insoweit knüpft § 13 Abs. 1 Nr. 1 SGB XIV an die strafrechtliche Begrifflichkeit an. Dem entsprechend **indiziert** die Tatbestandsmäßigkeit die Rechtswidrigkeit. Tatbestandsmäßigkeit bedeutet im vorliegenden Zusammenhang jedoch nicht notwendig das Vorliegen eines Straftatbestands. Ein tätlicher Angriff iSd § 13 Abs. 1 Nr. 1 SGB XIV kann auch vorliegen, ohne dass ein Straftatbestand verwirklicht wurde (→ Rn. 36 f.). Folglich setzt auch die Rechtswidrigkeit des Angriffs nicht notwendig den Verstoß gegen ein Strafgesetz oder gegen eine Verbotsnorm voraus.[219] Deshalb kommt es für Taten, die in der DDR begangen worden sind, grundsätzlich nicht darauf an, ob die Tat nach dem dort geltenden Recht

---

212 BSG Urt. v. 24.4.1991 – 9a/9 RVg 1/89, SozR 3-3800 § 1 Nr. 1; BSG Urt. v. 22.6.1988 – 9/9a BVg 4/87, SozR 1500 § 128 Nr. 35 mwN.
213 BSG Urt. v. 25.3.1999 – B 9 VG 1/98 R, BSGE 84, 54; BSG Urt. v. 24.4.1980 – 9 RVg 1/79, BSGE 50, 95; BSG Urt. v. 7.11.1979 – 9 RVg 2/78, BSGE 49, 104.
214 Lackner/Kühl, 29. Aufl. 2018, StGB § 15 Rn. 12 mwN.
215 Vgl. BSG Urt. v. 4.2.1998 – B 9 VG 5/96 R, BSGE 81, 288.
216 Vgl. zu einem Schuss in die Luft bzw. auf einen Baumstamm: BSG Urt. v. 22.6.1988 – 9/9a BVg 4/87, SozR 1500 § 128 Nr. 35.
217 BGH Urt. v. 2.11.2011 – 2 StR 375/11, NStZ 2012, 272 = juris Rn. 21, 24; vgl. auch BSG Urt. v. 12.2.2003 – B 9 VG 2/02 R, SozR 4-3800 § 1 Nr. 1; BSG Urt. v. 25.3.1999 – B 9 VG 5/97 R; BSG Urt. v. 10.9.1997 – 9 RVg 9/95, SozR 3-3800 § 2 Nr. 7.
218 Zur Vorgängerregelung des § 1 Abs. 1 S. 2 OEG vgl. BT-Drs. 7/2506, 14; BSG Urt. v. 25.3.1999 – B 9 VG 5/97 R, Die Leistungen Beilage 2000, 138.
219 Vgl. BSG Urt. v. 25.6.1986 – 9a RVg 2/84, BSGE 60, 147; BSG Urt. v. 28.5.1997 – 9 RVg 1/95, USK 9714.

rechtswidrig war[220] (zu im Ausland begangenen Straftaten → § 15 Rn. 25). Das bedeutet allerdings nicht, dass Zeit und Ort der Handlung ohne jede Bedeutung wären, weil bei sozial adäquatem oder gesellschaftlich noch toleriertem Verhalten kein tätlicher Angriff vorliegt (→ Rn. 43). In diesem Zusammenhang kann auch die Frage Bedeutung erlangen, nach welchen strafrechtlichen Bestimmungen das Handeln am Ort des Geschehens zu beurteilen ist: Falls sich eine feindselige Willensrichtung im engeren Sinne nicht feststellen lässt, ist auf die Rechtsfeindlichkeit einer Handlung abzuheben.[221] Rechtsfeindlich handelt ein Täter, der unter Verstoß gegen ein Strafgesetz vorsätzlich auf den Körper eines anderen einwirkt und damit eine strafbare Vorsatztat begeht.[222]

Rechtfertigungsgründe sind geschriebene und ungeschriebene Erlaubnissätze, die das Indiz der Rechtswidrigkeit einer tatbestandsmäßigen Handlung widerlegen.[223] In Betracht kommen danach ua die **Notwehr** (§ 32 StGB), der **rechtfertigende Notstand** (§ 34 StGB), das **Festnahmerecht** von Privatpersonen nach § 127 Abs. 1 StPO, Dienstrechte von Beamten und Soldaten sowie die (mutmaßliche) **Einwilligung**. In einigen Entscheidungen ordnet das BSG auch die **Sozialadäquanz** des Verhaltens der Ebene der Rechtswidrigkeit zu (→ Rn. 43).[224] Ob ein solcher Rechtfertigungsgrund vorliegt, beurteilt sich nach den **Rechtsmaßstäben**, die in den **Strafgesetzen** und ergänzend durch die Rspr. entwickelt worden sind. Strafrechtliche Vorschriften sind ein Indiz dafür, welche Tatbestände der Staat als Rechtsbruch bewertet und damit auch ein Hinweis darauf, für welche Tatbestände der Staat den Opfern der Gewaltkriminalität Entschädigung leisten will. Es sollen nur die Personen geschützt und entschädigt werden, deren Grundrecht auf Leben und auf körperliche Unversehrtheit infolge eines Rechtsbruchs verletzt wird und die dadurch einen Schaden erleiden. Davon ausgehend entfällt die Einstandspflicht des Staates, wenn trotz des verletzten schützenswerten Rechtsgutes ein objektiver Unrechtstatbestand im Sinne einer Rechtswidrigkeit nicht gegeben ist, weil die Rechtsordnung dem Täter ein Eingriffsrecht zubilligt. In diesen Fällen steht die Handlung nicht im Widerspruch zur Rechtsordnung.[225] 61

Nach § 32 Abs. 1 StGB handelt nicht rechtswidrig, wer eine Tat begeht, die durch **Notwehr** geboten ist. Nach Abs. 2 der Vorschrift ist Notwehr die **Verteidigung**, die erforderlich ist, um einen gegenwärtigen rechtswidrigen Angriff von sich oder einem anderen abzuwehren. Erforderlich ist die Verteidigungshandlung, die einerseits die sofortige Beendigung des Angriffs erwarten lässt und die endgültige Beseitigung der Gefahr gewährleistet. Andererseits ist unter mehreren zur Auswahl stehenden geeigneten, gleich wirksamen Verteidigungsarten die mildeste, nicht mit dem unmittelbaren Risiko eigener Beeinträchtigung verbundene Abwehr zu wählen.[226] Einer Verhältnismäßigkeit zwischen angegriffenem und verletztem Rechtsgut bedarf es grundsätzlich nicht.[227] Es gilt der Grundsatz, dass das Recht dem Unrecht nicht zu weichen braucht.[228] Die Notwehr, die eine Rechtswidrigkeit iSd § 13 Abs. 1 S. 1 Nr. 1 aus- 62

220 Vgl. → Rn. 37; str., wie hier: Bock ZRP 2009, 148 (150); aA LSG LSA 21.10.2004 – L 7 (5) VG 2/01, Breith 2005, 419, das im Grundsatz von dem in der DDR geltenden Strafrecht ausgehen und Ausnahmen nur bei Wertungswidersprüchen zu elementaren Prinzipien des GG zulassen möchte; ebenso Leube ZfSH/SGB 2010, 333 (336).

221 Vgl. Dau jurisPR-SozR 2/2014 Anm. 6.

222 BSG Urt. v. 7.4.2011 – B 9 VG 2/10 R, BSGE 108, 97 Rn. 52, 62 mwN; vgl. Dau jurisPR-SozR 2/2014 Anm. 6.

223 Lackner/Kühl, 29. Aufl. 2018, StGB Vor § 32 Rn. 2.

224 Vgl. BSG Urt. v. 3.2.1999 – B 9 VG 7/97 R, SozR 3-3800 § 1 Nr. 14; BSG Urt. v. 12.12.1995 – 9 RVg 1/94, SozR 3-3800 § 10a Nr. 1.

225 BSG Urt. v. 25.3.1999 – B 9 VG 1/98 R, BSGE 84, 54.

226 Vgl. Lackner/Kühl, 29. Aufl. 2018, StGB § 32 Rn. 9.

227 Vgl. Lackner/Kühl, 29. Aufl. 2018, StGB § 32 Rn. 11.

228 Vgl. BSG Urt. v. 25.3.1999 – B 9 VG 1/98 R, BSGE 84, 54.

schließt, ist nach den Rechtsmaßstäben zu beurteilen, die zur Notwehr iSd § 32 StGB im Gesetz festgelegt und ergänzend durch die Rspr. entwickelt worden sind. Zudem deckt sich damit der Notwehrbegriff des § 227 BGB.[229] Da Notwehr einen rechtswidrigen Angriff voraussetzt, ist Notwehr gegen Notwehr nicht möglich. Zulässig ist dagegen Notwehr gegen Notwehrexzess (Überschreitung der Grenzen der Notwehr in einer objektiv gegebenen Notwehrlage) und gegen Putativnotwehr (irrige Annahme des Vorliegens einer Notwehrlage).[230]

63 Insbesondere bei der Abwehr von **Angriffen schuldlos handelnder** Personen (ua Angriffen von Kindern, Menschen mit geistiger oder seelischer Behinderung oder unvermeidbar Irrenden) kann eine erforderliche Abwehrhandlung gleichwohl unter sozialethischen Gesichtspunkten nicht geboten sein. Zur Beurteilung der Frage, welche Notwehrhandlung geboten ist, ist auf die Sicht eines objektiven Dritten abzustellen.[231] Wenn sich der Täter über das Gebotensein einer Notwehrhandlung irrt, und deshalb nicht vorsätzlich handelt, bleibt dies aufgrund von § 14 Abs. 1 Nr. 3 SGB XIV (bis zum 31.12.2023: § 1 Abs. 1 S. 2 OEG) ohne Einfluss auf den Anspruch des Opfers (→ § 14 Rn. 19).

64 Die **Einwilligung** des Verletzten ist ausdrücklich nur für die Körperverletzung in § 228 geregelt, entfaltet aber nach hM auch in anderen Tatbeständen rechtfertigende Wirkung.[232] Die Wirksamkeit der Einwilligung hängt von der konkreten Einsichts- und Urteilsfähigkeit des Opfers der Gewalttat und nicht von dessen zivilrechtlicher Geschäftsfähigkeit ab. Von praktischer Bedeutung ist die Frage der Einwilligung in die Körperverletzung auch bei Sportlern, die **Doping**mittel eingenommen haben und dadurch geschädigt worden sind.[233] Bezogen auf den **sexuellen Missbrauch von Kindern** geht das BSG davon aus, dass eine erteilte Einwilligung des Opfers unbeachtlich ist, da es Kindern, solange sie noch nicht strafmündig sind, auf sexuellem Gebiet an der Fähigkeit fehle, Bedeutung und Tragweite ihrer Einwilligung zu erkennen (→ Rn. 79).[234] Die Einwilligung in einen **ärztlichen Heileingriff**, setzt voraus, dass der Patient durch den Arzt in der gebotenen Weise über den Eingriff, seinen Verlauf, seine Erfolgsaussichten, Risiken und mögliche Behandlungsalternativen aufgeklärt worden ist.[235] Nach ständiger Rspr. Stellt der Heileingriff tatbestandlich eine Körperverletzungshandlung dar.[236] Wenn ein als vorsätzliche Körperverletzung strafbarer ärztlicher Eingriff aus Sicht eines verständigen Dritten in keiner Weise dem Wohl des Patienten dient, wird der Patient nach der Rspr. des BSG[237] zum Gewaltopfer (→ Rn. 41).

229 Zu § 1 Abs. 1 S. 1 OEG vgl. BSG Urt. v. 25.6.1986 – 9a RVg 2/84, BSGE 60, 147.
230 Fischer, 69. Aufl. 2022, StGB § 32 Rn. 22, 50 f., § 33 Rn. 8; vgl. BSG Urt. v. 25.3.1999 – B 9 VG 5/97 R; BSG Urt. v. 24.7.2002 – B 9 VG 4/01 R, BSGE 90, 6.
231 Vgl. BSG Urt. v. 25.3.1999 – B 9 VG 1/98 R, BSGE 84, 54.
232 Lackner/Kühl, 29. Aufl. 2018, StGB Vor § 32 Rn. 10 mwN; teilweise wird die Auffassung vertreten, dass es bei einer Einwilligung auch am Tatbestand fehlt, jedenfalls wo dieser gerade die Überwindung des Willens einer anderen Person voraussetzt, vgl. Fischer, 69. Aufl. 2022, StGB Vor § 32 Rn. 3b.
233 Vgl. Fischer, 69. Aufl. 2022, StGB § 228 Rn. 23 ff.; zu den vom systematischen Doping in der DDR betroffenen Sportlern vgl. SG Berlin Urt. v. 27.9.2013 – S 181 VG 167/07, SGb 2013, 718 = juris Rn. 29; Dau jurisPR-SozR 2/2014 Anm. 6; Leube SGb 2013, 724; vgl. im Einzelnen → § 14 Rn. 13 ff., 16.
234 BSG Urt. v. 18.10.1995 – 9 RVg 7/93, BSGE 77, 11; im Ergebnis ähnlich im Strafrecht, vgl. Lackner/Kühl, 29. Aufl. 2018, StGB Vor § 32 Rn. 12, sowie im Zivilrecht, vgl. OLG Naumburg 20.8.2003 – 5 U 53/03, VerR 2004, 122.
235 BGH 5.7.2007 – 4 StR 549/06, NStZ-RR 2007, 340 = MedR 2008, 158; vgl. Fischer, 69. Aufl. 2022, StGB § 228 Rn. 12 ff. mwN.
236 Fischer, 69. Aufl. 2022, StGB § 223 Rn. 16.
237 BSG Urt. v. 29.4.2010 – B 9 VG 1/09 R, BSGE 106, 91; vgl. auch die Anmerkung von Czerner, SGb 2011, 279; ähnlich bereits BayLSG 16.3.1990 – L 10 Vg 1/89, Breith 1991, 414.

Gem. § 228 StGB ist die Rechtfertigung bei Vorliegen einer Einwilligung ausgeschlossen, wenn die Tat (nicht die Einwilligung)[238] **gegen die guten Sitten** verstößt. Nach ganz hM gilt dieser Ausschluss nur für Taten, die mindestens die Gefahr gravierender Verletzungen begründen. So ist nach hM das Fremd**doping** auch bei hinreichender Aufklärung sittenwidrig, wenn schwerwiegende Gesundheitsstörungen verursacht werden.[239] Ob der Gleichstellungssachverhalt nach § 14 Abs. 1 Nr. 1 (vorsätzliche Beibringung von Gift) unabhängig von der Rechtswidrigkeit erfüllt werden kann, ist unklar (→ § 14 Rn. 16). Bei Körperverletzungen, die danach trotz Einwilligung rechtswidrig sind (zB sexuell motivierte lebensgefährliche Praktiken[240] oder Injektion von Rauschgift durch Dritte, wenn der Betroffene dadurch in konkrete Todesgefahr gebracht wird; Doping im Einverständnis mit dem volljährigen Sportler),[241] werden vielfach Versagungsgründe nach §§ 16, 17 SGB XIV in Betracht kommen.

Bei der Beurteilung der Rechtswidrigkeit eines Angriffs sind Verwaltungen und Sozial- 65
gerichte nicht an rechtskräftige Urteile von Straf- oder Zivilgerichten gebunden. Auch wenn tatsächliche Feststellungen strafgerichtlichen Urteilen entnommen werden, können diese einer eigenständigen Würdigung unterzogen werden (→ Rn. 57).[242]

2. Psychische Gewalttat (Abs. 1 Nr. 2, Abs. 2). Nach § 1 Abs. 1 S. 1 OEG setzt ein 66
Entschädigungsanspruch einen „tätlichen Angriff" und damit grundsätzlich eine in feindseliger Willensrichtung unmittelbar auf den Körper eines anderen zielende gewaltsame Einwirkung voraus. Zwar sind von diesem Grundsatz Ausnahmen zugelassen worden: Auch der strafbare ohne körperliche Gewalt verübte sexuelle Missbrauch von Kindern konnte nach stRspr ein tätlicher Angriff iSd § 1 Abs. 1 S. 1 OEG sein (→ Rn. 78 ff.). Eine Erstreckung dieses weiten Begriffsverständnisses auf andere Fallgruppen hat das BSG jedoch stets mit der Begründung abgelehnt, dass diese mit der auf eine körperliche Gewaltanwendung abstellenden gesetzgeberischen Konzeption unvereinbar sei.[243] Durch die Erweiterung auf psychische Gewalttaten (§ 13 Abs. 1 Nr. 2, Abs. 2 SGB XIV) ist diese Rspr. bezogen auf Schädigungen, die in der Zeit ab dem 1.1.2024 eintreten (→ Rn. 14, 33 f.; → § 138 Rn. 10 f.), in wesentlichen Teilen überholt. Allerdings ist nicht zu erwarten, dass mit der Einbeziehung psychischer Gewalttaten weniger Abgrenzungsfragen als bisher auftreten werden. Das Gegenteil ist richtig. Die Grenzen sind durch die neue Rechtslage lediglich verschoben aber nicht aufgehoben worden. Die maßgebenden Abgrenzungskriterien sind dem Gesetz nur teilweise zu entnehmen, so dass es Aufgabe der Rspr. sein wird, Abgrenzungskriterien zu entwickeln. Außerdem werden sich mit der Einbeziehung psychischer Gewalttaten die Schwierigkeiten bei der Beurteilung der Kausalität erhöhen, weil psychische Gewalttaten typischerweise psychische Schädigungen zur Folge haben, deren Ursache häufig sehr viel schwerer zu ermitteln ist, als die Ursache einer körperlichen Schädigung.[244]

Nach der Gesetzesbegründung[245] sollen seit der Einführung des OEG im Jahre 1976 67
neue Erkenntnisse im Bereich der psychischen Gewalt gewonnen worden sein. In diesem Zusammenhang wird darauf verwiesen, dass nicht nur ein tätlicher Angriff, sondern auch eine psychische Gewalttat zu einer gesundheitlichen Schädigung des Opfers

238 Fischer, 69. Aufl. 2022, StGB § 228 Rn. 8 mwN; insoweit mindestens missverständlich: Gelhausen/Weiner/Weiner, OEG, 7. Aufl. 2021, § 1 Rn. 101.
239 Fischer, 69. Aufl. 2022, StGB § 228 Rn. 23b mwN; vgl. auch → § 14 Rn. 13 f.
240 BGH 26.5.2004 – 2 StR 505/03, BGHSt 49, 166.
241 BGH 11.12.2003 – 3 StR 120/03, BGHSt 49, 34.
242 BSG Urt. v. 25.3.1999 – B 9 VG 1/98 R, BSGE 84, 54; BSG Urt. v. 25.6.1986 – 9a RVg 2/84, BSGE 60, 147.
243 BSG Urt. v. 12.2.2003 – B 9 VG 2/02 R, NJW 2003, 2478 = juris Rn. 20; BSG Urt. v. 17.4.2013 – B 9 V 1/12 R, BSGE 113, 205 Rn. 28.
244 Vgl. Röhl Sozialrecht aktuell 2017, 43 (50).
245 BT-Drs. 19/13824, 175 f.

führen könne. Letzteres trifft zwar zweifellos zu; es handelt sich dabei aber keineswegs um eine neue Erkenntnis. Außerdem wird in der Gesetzesbegründung darauf verwiesen, dass mit der Einführung des Tatbestandes der psychischen Gewalt eine Verpflichtung aus dem Übereinkommen des Europarates zur Verhütung und Bekämpfung von Gewalt gegen Frauen und häuslicher Gewalt (**Istanbul-Konvention**) vom 11.5.2011[246] erfüllt werde.[247] Das am 12.10.2017 von der Bundesrepublik Deutschland ratifizierte[248] Übereinkommen ziele ua darauf ab, umfassende Maßnahmen zum Schutz und zur Unterstützung aller Opfer von Gewalt gegen Frauen zu entwerfen (vgl. Art. 1 Abs. 1 Buchst. c des Übereinkommens). Zu den von den Unterzeichnerstaaten zu treffenden Maßnahmen gehöre die Gewährung einer angemessenen staatlichen Entschädigung für diejenigen, die eine schwere Körperverletzung oder Gesundheitsschädigung erlitten haben (Art. 30 Abs. 2 des Übereinkommens). Dabei finde das Übereinkommen auf alle Formen von Gewalt gegen Frauen (Art. 2 Abs. 1 des Übereinkommens), somit auch auf psychische Gewalt Anwendung. Diese Form der Gewalt sei in Art. 33 des Übereinkommens explizit als eine zu sanktionierende Gewaltform aufgeführt.

68 Ob der **Istanbul-Konvention** tatsächlich eine Verpflichtung Deutschlands abgeleitet werden kann, psychische Gewalttaten ebenso wie körperliche Gewalttaten zu entschädigen, muss bezweifelt werden. Leistungen für Opfer von Gewalttaten, die mit den Leistungen nach dem OEG bzw. dem SGB XIV vergleichbar wären, gibt es weltweit nur in wenigen Staaten[249] zu denen die Türkei im Übrigen nicht gehört,[250] und es spricht wenig dafür, dass das genannte Abkommen daran etwas ändern wird. Art. 30 des Abkommens unterscheidet zwischen dem Anspruch auf Schadensersatz, den das Opfer „für alle nach diesem Übereinkommen umschriebenen Straftaten" fordern kann (Abs. 1) und dem Anspruch auf staatliche Entschädigung, der denjenigen gewährt wird, „die eine schwere Körperverletzung oder Gesundheitsschädigung erlitten haben, soweit der Schaden nicht von anderer Seite, wie dem Täter beziehungsweise der Täterin, einer Versicherung oder durch staatlich finanzierte Gesundheits- und Sozialmaßnahmen ersetzt wird." Soweit die Gesetzesbegründung zum **G-SER**[251] auf Art. 33 des Abkommens verweist, ist klarzustellen, dass sich die Vertragsparteien mit dieser Regelung allein dazu verpflichtet haben, vorsätzliches Verhalten, durch das die psychische Unversehrtheit einer Person durch Nötigung oder Drohung ernsthaft beeinträchtigt wird, unter Strafe zu stellen. Eine Verpflichtung zur Gleichstellung von körperlichen

---

246 BGBl. 2017 II 1027.

247 BT-Drs. 19/13824, 176; vgl. auch die schriftliche Stellungnahme der Sachverständigen Knickrehm, Ausschuss-Drs. 19(11)505, 64, 67; schriftliche Stellungnahme des Bundesverband Frauenberatungsstellen und Frauennotrufe // Frauen gegen Gewalt eV, Ausschuss-Drs. 19(11)505, 41, 44.

248 Vgl. BGBl. 2017 II 1026.

249 Soweit es um Staaten außerhalb der EU geht, handelte es sich in der Zeit vor der Aufhebung des Gegenseitigkeitserfordernisses zum 1.7.2018 um die kanadischen Provinzen British Columbia und Ontario, die US-Amerikanischen Bundesstaaten Maryland und Ohio sowie Norwegen, vgl. dazu die Ausführungen zu dem – durch das G-SER mWv 1.7.2018 entfallenen – Gegenseitigkeitserfordernis nach § 1 Abs. 4 Nr. 3 OEG in der Vorauflage: HK-SozEntschR/Rademacker OEG § 1 Rn. 110; vgl. auch Gelhausen/Weiner/Weiner, 6. Aufl. 2015, OEG § 1 Rn. 84; auch zB bezogen auf die Staaten, die zum 1.5.2004 der EU beigetreten sind (Estland, Lettland, Litauen, Malta, Polen, Slowakei, Slowenien, Tschechische Republik, Ungarn, Zypern) ist das BMAS in einem Rundschreiben vom 1.2.2005 – 432 – 62 034 – EU – von einem Fehlen vergleichbarer gesetzlicher Entschädigungsregelungen ausgegangen.

250 Vgl. SchlHLSG Urt. v. 6.12.2016 – L 2 VG 4/15, juris Rn. 31 mwN; das Urt. ist rechtskräftig geworden, nachdem die Klägerin ihre dagegen eingelegte Revision in der mündlichen Verhandlung vor dem BSG am 12.10.2018 zurückgenommen hat, vgl. dazu den Terminbericht des BSG von diesem Tage.

251 BT-Drs. 19/13824, 176.

mit psychischen Gewalttaten bezogen auf staatliche Entschädigungsleistungen lässt sich daraus nicht ableiten. Der Verweis auf die Verpflichtung aus der Istanbul Konvention erscheint daher vorgeschoben.[252] Bei der Frage, wie weit der Kreis der entschädigungsberechtigten Opfer von Gewalttaten gezogen werden soll, handelt es sich letztlich um eine politische Entscheidung, so dass es ehrlicher gewesen wäre, die Erweiterung auf Opfer psychischer Gewalt auch so zu begründen.

a) **Allgemeine Voraussetzungen.** § 13 **Abs. 1 Nr. 2** SGB XIV definiert die psychische Gewalttat als ein „sonstiges vorsätzliches, rechtswidriges, **unmittelbar gegen die freie Willensentscheidung** einer Person gerichtetes **schwerwiegendes Verhalten**". Diese Definition ermöglicht bei isolierter Betrachtung keine sinnvolle Abgrenzung der Tatbestände, die als psychische Gewalttaten entschädigt werden sollen. Anders als im OEG und auch bei der körperlichen Gewalttat nach Abs. 1 Nr. 1 erfolgt die Konkretisierung eines der Tatbestandsmerkmale („schwerwiegendes Verhalten") nach **§ 13 Abs. 2** in Anknüpfung an Straftatbestände. DerAufzählung der Straftatbestände aus unterschiedlichen Abschnitten des StGB mit sehr unterschiedlichen Begehungsformen, denen zudem unterschiedliche Strafrahmen zugeordnet werden, können jedoch nicht ohne Weiteres verwertbare Hinweise für Auslegung des Merkmals der „Schwere" entnommen werden.[253] Zudem folgt aus der Wendung „in der Regel", dass ein Verhalten, das einen der genannten Straftatbestände erfüllt, im Einzelfall trotzdem nicht als schwerwiegend beurteilt werden muss. Andererseits folgt aus der Alternative „oder von mindestens vergleichbarer Schwere", dass auch ein Verhalten, dass keinen der genannten Straftatbestände erfüllt, als schwerwiegend anzusehen sein kann. Ob das Ziel, eine Uferlosigkeit des Tatbestands der psychischen Gewalttat zu vermeiden[254] unter diesen Umständen erreicht werden kann, erscheint fraglich.[255] 69

Ebenso wie die körperliche Gewalttat setzt die psychische Gewalttat ein **vorsätzlich**es und **rechtswidrig**es Verhalten voraus. Wegen der Einzelheiten wird auf die Kommentierung zu Abs. 1 Nr. 1 (→ Rn. 52 ff., 60 ff.) verwiesen. Ebenfalls in Übereinstimmung mit der körperlichen Gewalttat nach § 13 Abs. 1 Nr. 1 SGB XIV muss sich der Vorsatz nicht auf die Schädigung richten, sondern nur auf das Verhalten beziehen, durch das ein Straftatbestand verwirklicht wird oder das von mindestens vergleichbarer Schwere ist (→ Rn. 54). 70

b) **Unmittelbar gegen die freie Willensentscheidung einer Person gerichtet.** Das Tatbestandsmerkmal der „unmittelbar **gegen die freie Willensentscheidung** einer Person" ist denkbar weit gefasst. Die freie Willensentscheidung von Personen wird auch durch das Verhalten anderer Personen eingeschränkt, das keinen Straftatbestand erfüllt. Die Aufzählung der Straftatbestände in Abs. 2 ist nach dem Wortlaut („oder von vergleichbarer Schwere") nicht abschließend. Nach dem Wortlaut von § 13 Abs. 1 Nr. 2, Abs. 2 SGB XIV könnte deshalb auch ein Verhalten, das keinen Straftatbestand erfüllt, als psychische Gewalttat anzusehen sein. Unter Einbeziehung der in der Gesetzesbegründung zum Ausdruck kommenden Zielsetzung ist allerdings davon auszugehen, dass allein ein Verhalten, dass einen **Straftatbestand** erfüllt, als psychische Gewalttat iSd § 13 Abs. 1 Nr. 2 SGB XIV in Betracht kommt. Dabei wird der Tatbestand der psychischen Gewalttat nicht durch die Erfüllung jedes Straftatbestands erfüllt. Voraussetzung ist vielmehr, dass entweder einer der in Abs. 2 ausdrücklich genannten Straftatbestände erfüllt wird, oder dass „das Verhalten im Sinne von Absatz 1 Nummer 1 ... von mindestens vergleichbarer Schwere ist". Anhaltspunkte dafür kann der Strafrahmen geben. In Betracht kommt allein ein strafbares Verhalten, das „unmittelbar gegen die freie Willensentscheidung einer Person" gerichtet ist. Danach sind Opfer rei- 71

252 Ähnlich auch Bischofs SGb 2022, 21 (23).
253 Ähnlich bereits Knickrehm/Mushoff/Schmidt Neues SozEntschR Rn. 67.
254 Vgl. BT-Drs. 19/13824, 176; Bischofs SGb 2022, 21 (24).
255 Zweifelnd auch: Doering-Striening Sozialrecht aktuell 2017, 31 (39 f.).

ner Vermögensschäden, wie sie durch Betrug, Untreue und ähnliche Straftaten häufig entstehen, auch weiterhin[256] von staatlicher Entschädigung ausgenommen, weil es sich nicht um Opfer eines „unmittelbar gegen die freie Willensentscheidung gerichteten Verhaltens handelt (→ Rn. 47). Dies gilt auch für die gesundheitlichen und wirtschaftlichen Folgen solcher Straftaten. Als besonders schwierig erweist sich die Grenzziehung bei Straftaten gegen die sexuelle Selbstbestimmung unter ausschließlicher Beteiligung von Kindern und Jugendlichen (vgl. im Einzelnen → Rn. 81).

72 Im Ergebnis wird die Frage, ob eine Person Opfer einer psychischen Gewalttat geworden ist, am ehesten auf der Grundlage der folgenden Prüfungsschritte zu beantworten sein:

1. Das Opfer einer der in § 13 Abs. 2 SGB XIV genannten Taten ist in der Regel auch Opfer einer Gewalttat; etwas Anderes gilt nur, wenn das Verhalten nach den Umständen des konkreten Falles ausnahmsweise nicht als schwerwiegend bezogen auf die Beeinträchtigung der Willensfreiheit des Opfers angesehen werden kann.
2. Wenn das Verhalten des Täters keinen der konkret genannten Straftatbestände erfüllt, liegt eine psychische Gewalttat nur dann vor, wenn ein Straftatbestand verwirklicht worden ist, der insbesondere im Hinblick auf die Beeinträchtigung der Willensfreiheit des Opfers als ähnlich schwerwiegend angesehen werden kann.

73 c) **Straftatbestände nach § 13 Abs. 2. aa) Straftaten gegen die sexuelle Selbstbestimmung.** Unter § 13 Abs. 2 SGB XIV fallen die in §§ 174 bis 178 StGB geregelten **Straftaten gegen die sexuelle Selbstbestimmung**. Im Regierungsentwurf des G-SER waren diese noch nicht enthalten; sie sind erst auf Beschlussempfehlung des Ausschusses für Arbeit und Soziales eingefügt worden.[257] Durch die Änderung sollten ausdrücklich auch besonders gravierende Taten gegen die sexuelle Selbstbestimmung in die „beispielhafte Aufzählung von schwerwiegendem Verhalten nach § 13 Absatz 2 aufgenommen“[258] werden. Es handele sich dabei um Taten, die mit einer ähnlich hohen Strafandrohung wie die im Regierungsentwurf bereits genannten Taten versehen sind. Mit dieser Ergänzung sollten die Ziele des Gesetzentwurfs, nämlich die Verbesserung der Situation von **Opfern sexualisierter Gewalt**, bestärkt und noch einmal deutlich gemacht werden, dass gerade diese Opfer in besonderer Weise der Solidarität unserer staatlichen Gemeinschaft bedürfen.[259] Die praktische Bedeutung dieser Bezugnahme ist erheblich: Im Jahr 2020 sind für Deutschland allein 14.594 Fälle von sexuellem Kindesmissbrauch (Straftatbestände nach §§ 176, 176a, 176b StGB aF) in der Polizeilichen Kriminalstatistik erfasst worden.[260]

74 Die **auch symbolische** Bedeutung der Erweiterung um Straftaten gegen die sexuelle Selbstbestimmung findet ihren Ausdruck in der Einbeziehung der Qualifikationen nach **§ 176c StGB** (Schwerer sexueller Missbrauch von Kindern) und **§ 176d StGB** (Sexueller Missbrauch von Kindern mit Todesfolge, jeweils in der seit dem 1.7.2021 geltenden Fassung des Gesetzes zur Bekämpfung sexualisierter Gewalt gegen Kinder;[261] vorher § 176a und § 176b StGB) und nach § 178 StGB (Sexueller Übergriff, sexuelle Nötigung und Vergewaltigung mit Todesfolge). Weil in diesen Fällen immer auch der Tatbestand des § 176 (Sexueller Missbrauch von Kindern) bzw. des § 177 (Sexueller Übergriff; sexuelle Nötigung; Vergewaltigung) erfüllt ist, kommt der Erwei-

256 Zu § 1 OEG vgl. BSG Urt. v. 16.12.2014 – B 9 V 1/13 R, BSGE 118, 63 Rn. 22; BSG Urt. v. 14.2.2001 – B 9 VG 4/00 R, BSGE 87, 276.
257 Vgl. BT-Drs. 19/14870, 7.
258 BT-Drs. 19/14870, 31; zur Einbeziehung von § 177 StGB vgl. die schriftliche Stellungnahme von Knickrehm, Ausschuss für Arbeit und Soziales, Drs. 19(11)503, 64, 67 f.
259 BT-Drs. 19/14870, 31.
260 Vgl. die Antwort der Bundesregierung auf eine Kleine Anfrage (von Abgeordneten) der FDP-Fraktion im Deutschen Bundestag, BT-Drs. 19/31589, 8 f.
261 Vom 16.6.2021, BGBl. 2021 I 1810.

terung um diese Straftatbestände im vorliegenden Zusammenhang keine praktische Bedeutung zu.

Während **§§ 174 bis 176d StGB** die sexuelle Selbstbestimmung im Hinblick auf **alters-, abhängigkeits-, situations- und konstitutionsbedingte Einschränkungen** der individuellen Möglichkeiten zur selbstbestimmten Willensbildung schützen, geht es in **§§ 177, 178 StGB** um die Überschreitung unabhängig davon geltender Grenzen mittels **besonders gravierenden Zwangs.**[262] Bereits unterhalb dieser Schwelle greift § 240 StGB ein.[263] Soweit durch das Verhalten allein der Straftatbestand der Nötigung nach § 240 StGB erfüllt wird, liegt deshalb regelmäßig noch kein schwerwiegendes Verhalten und damit keine psychische Gewalttat iSd § 13 Abs. 1 Nr. 2 SGB XIV vor. 75

Anders als § 177, 178 StGB sind die in § 13 Abs. 2 SGB XIV idF des G-SER ebenfalls in Bezug genommenen §§ 174 bis 176b StGB aF nach der Verabschiedung des G-SER[264] durch das **Gesetz zur Bekämpfung sexualisierter Gewalt gegen Kinder**[265] mWv 1.7.2021 geändert worden. Deshalb stellt sich die Frage, ob Abs. 2 eine statische oder eine **dynamische Verweisung** auf die Regelungen des StGB zu entnehmen ist. Der Wortlaut von § 13 Abs. 2 SGB XIV ist insoweit nicht ganz eindeutig; eine Verweisung auf die strafrechtlichen Bestimmungen in der jeweils geltenden Fassung ist jedenfalls nicht ausdrücklich geregelt worden und auch der Gesetzesbegründung zum G-SER ist dazu nichts zu entnehmen. Mit dem Gesetz zur Bekämpfung sexualisierter Gewalt gegen Kinder ist indes die Verweisung in § 13 Abs. 2 SGB XIV angepasst worden, indem die Angabe „176b“ durch die Angabe „176d“ ersetzt wurde. Aus dem Umstand, dass der Neustrukturierung der den sexuellen Missbrauch von Kindern betreffenden Straftatbestände in der Verweisung Rechnung getragen worden ist, kann eindeutig geschlossen werden, dass § 13 Abs. 2 StGB insgesamt nicht mehr auf die zum Zeitpunkt der Verabschiedung des G-SER geltende Fassung der §§ 174 bis 176b StGB, sondern auf die seit dem 1.7.2021 geltende Neufassung (§§ 174 bis 176d StGB) verweist (zur Änderung des § 238 StGB → Rn. 91). Im Übrigen enthält § 13 Abs. 2 SGB XIV ohnehin nur eine beispielhafte Aufzählung besonders gravierender Taten gegen die sexuelle Selbstbestimmung.[266] 76

Folge der Bezugnahme auf die Straftatbestände der §§ 174 ff. StGB, die auf Beschlussempfehlung des Ausschusses für Arbeit und Soziales[267] im Gesetzgebungsverfahren zum G-SER zurückgeht, ist ein in Teilen sehr weiter und fast uferloser Begriff der psychischen Gewalt. So fallen unter § 176 StGB auch **einvernehmliche sexuelle Handlungen (annähernd) gleichaltriger Personen,** die eine gesundheitliche Schädigung kaum erwarten lassen. Auf die Strafmündigkeit (§ 19 StGB) des „Täters“ bzw. der „Täterin“ oder ein Verschulden kommt es im vorliegenden Zusammenhang nicht an; es genügt der sog natürliche Vorsatz (→ Rn. 55). Mit § 176 Abs. 2 StGB idF des Gesetzes zur Bekämpfung sexualisierter Gewalt gegen Kinder[268] ist in Umsetzung von Empfehlungen der Reformkommission zum Sexualstrafrecht[269] die Möglichkeit eingeführt worden, in Fällen einvernehmlicher sexueller Handlungen zwischen annähernd Gleichaltrigen von Strafe abzusehen. In den Materialien[270] des Gesetzes zur Bekämpfung sexualisierter Gewalt gegen Kinder wird dazu überzeugend dargelegt, dass der absolute Schutz vor sexuellen Handlungen, den § 176 StGB Kindern gewährt, im Wider- 77

262 Vgl. Fischer, 69. Aufl. 2022, StGB § 177 Rn. 2.
263 Fischer, 69. Aufl. 2022, StGB § 177 Rn. 2.
264 Vom 12.12.2019, BGBl. 2018 I 2652.
265 Vom 16.6.2021, BGBl. 2021 I 1810.
266 BT-Drs. 19/14870, 31.
267 BT-Drs. 19/14870, 7.
268 Vom 16.6.2021, BGBl. 2021 I 1810.
269 Bundesministerium der Justiz und für Verbraucherschutz (Hrsg.), Abschlussbericht der Reformkommission zum Sexualstrafrecht, 2017, S. 314 ff.
270 BT-Drs. 19/23707, zu Art. 1 Nr. 9.

spruch dazu steht, dass es im Einzelfall geradezu Ausdruck der Entwicklung der sexuellen Selbstbestimmung sein kann, wenn zB eine 13-jährige Person sexuelle Handlungen, etwa in Form eines einvernehmlichen Zungenkusses mit einer 14-jährigen Person austauscht. Für das ungestörte Durchlaufen der einzelnen Entwicklungsphasen sei es wichtig, dass dem Kind beziehungsweise Jugendlichen ein **Freiraum sexueller Selbsterprobung** mit (annähernd) Gleichaltrigen verbleibt. Eine Bestrafung solcher Fälle würde jedoch darauf hinauslaufen, für die sexuelle Entwicklung wichtige Handlungen zu kriminalisieren und damit die vom Gesetzgeber an sich gewünschte Möglichkeit des Kindes zur ungestörten Ausbildung der sexuellen Selbstbestimmung zu konterkarieren. Die mit dem Gesetz zur Bekämpfung sexualisierter Gewalt gegen Kinder in § 176 Abs. 2 StGB eingeführte Regelung zum Absehen von Strafe ändert jedoch nichts an der Tatbestandsmäßigkeit und Rechtswidrigkeit der Handlung, so dass es sich bei dem in der Gesetzesbegründung genannten Zungenkuss – selbst unter Kindern – in der Regel um eine psychische Gewalttat iSd § 13 Abs. 2 Nr. 2 handelt. Da nach § 13 Abs. 2 SGB XIV ein Verhalten, das zwar keinen der genannten Straftatbestände erfüllt, aber von „mindestens vergleichbarer Schwere" wie etwa der angesprochene Kuss zwischen Gleichaltrigen ist, als „schwerwiegendes Verhalten" anzusehen ist, könnte jedenfalls nach dem Wortlaut fast jedes zu missbilligende oder unmoralische sexuelle Verhalten als schwerwiegend angesehen werden. In der Begründung zur Einführung der Bezugnahme auf §§ 174 ff. StGB in § 13 Abs. 2 SGB XIV wird betont, dass es sich bei den genannten Straftatbeständen nur um eine „beispielhafte Aufzählung von schwerwiegendem Verhalten"[271] handeln würde. Andererseits sollte nach der Gesetzesbegründung gerade nicht jedes unerlaubte Verhalten als psychische Gewalttat eingestuft werden, weil der Tatbestand anderenfalls uferlos würde.[272] Erst recht wird **bloß unmoralisches sexuelles Verhalten**, das keinen Straftatbestand erfüllt, nicht als schwerwiegendes Verhalten iSd § 13 Abs. 1 Nr. 2, Abs. 2 anzusehen sein. Es wird Aufgabe der Rspr. sein, das daraus folgende Spannungsverhältnis zwischen der jedenfalls in Teilbereichen nahezu **uferlosen Weite** des Wortlauts der Norm und den in der Gesetzesbegründung zum Ausdruck kommenden Zielen zum Ausgleich zu bringen.

78 **bb) Sexueller Missbrauch von Kindern nach § 176 StGB als tätlicher Angriff iSv § 1 OEG.** Bereits unter Geltung des OEG ging das BSG in ständiger Rechtsprechung[273] davon aus, dass auch der „gewaltlose" sexuelle **Missbrauch eines Kindes** ein tätlicher Angriff iSd § 1 Abs. 1 S. 1 OEG sein kann. Handlungen, durch die der Straftatbestand des **§ 176 StGB** erfüllt wird, weil der Täter sexuelle Handlungen an einem Kind unter vierzehn Jahren vornimmt oder an sich von dem Kind vornehmen lässt, stellten danach einen Angriff iSd OEG dar. Der Wortlaut des § 1 Abs. 1 S. 1 OEG schließe die Entschädigung auch in Fällen, in denen der Täter ohne Gewalt und ohne Tätlichkeit, sondern nur mit List, unter Ausnutzung eines Vertrauensverhältnisses und spielerisch vorgegangen ist, nicht aus. Hintergrund war die Überlegung, dass gerade Kleinkinder, die die Gefährlichkeit der an ihnen begangenen Sexualstraftaten noch nicht erkennen können und die des Schutzes besonders bedürfen, nicht aus dem Anwendungsbereich des OEG ausgeschlossen werden sollen. Die Gefahr schwerer psychischer Schädigung auch bei gewaltfreiem Missbrauch von Kindern verlange einen staatlichen Opferschutz auch im Hinblick auf diese Folgen, die gerade die schwächsten Mitglieder der Gesellschaft träfen. In der Literatur ist diese weite Auslegung des Gesetzes ganz über-

271 BT-Drs. 19/14870, 31.
272 BT-Drs. 19/13824, 176.
273 BSG Urt. v. 18.10.1995 – 9 RVg 4/93, BSGE 77, 7 mit zust. Anm. Schäfer SGb 1996, 439; BSG Urt. v. 18.101995 – 9 RVg 7/93, BSGE 77, 11; BSG Urt. v. 17.4.2013 – B 9 V 1/12 R, BSGE 113, 205 Rn. 28; BSG Urt. v. 17.4.2013 – B 9 V 3/12 R, juris Rn. 29.

wiegend auf Zustimmung gestoßen.[274] Dabei bleibt es auch unter Geltung des SGB XIV. Wegen der speziell die psychischen Gewalttaten betreffenden Regelungen in Abs. 1 Nr. 2, Abs. 2 wird der sexuelle Kindesmissbrauch jedoch nicht mehr als tätlicher Angriff und damit als körperliche Gewalttat iSd § 13 Abs. 1 Nr. 1 SGB XIV eingeordnet werden können, sondern als **psychische Gewalttat** iSd § 138 Abs. 1 Nr. 2, Abs. 2 SGB XIV.

Ohne Bedeutung für die Frage, ob ein Angriff vorliegt, ist nach der Rspr. des BSG die 79
Motivlage oder die **innere Einstellung des Täters** zum Opfer. Auch kommt es nicht darauf an, wie das Opfer die Tat empfunden hat. Was als feindselig anzusehen ist, bestimmt hier das Strafgesetz. Selbst wenn der Täter **aus Liebe** handelt, liegt ein rechtswidriger Angriff vor, wenn der Täter in strafbarer Weise die körperliche Integrität eines anderen rechtswidrig verletzt. Eine erteilte **Einwilligung des Opfers** wird vom BSG generell mit der Begründung als unbeachtlich angesehen, dass es Kindern, jedenfalls solange sie nicht strafmündig sind, auf sexuellem Gebiet an der Fähigkeit fehle, Bedeutung und Tragweite ihrer Einwilligung zu erkennen.[275] Es ist auch nicht von Bedeutung, ob die Initiative von dem Opfer ausgegangen ist.[276] Das soll nach der Rspr. selbst bei einvernehmlichem Geschlechtsverkehr zwischen Partnern einer Liebesbeziehung mit geringem Altersunterschied gelten, wenn einer der beiden Partner das 14. Lebensjahr gerade noch nicht vollendet hat. Allerdings sind gesundheitliche Schädigungen in einer solchen Konstellation kaum zu erwarten.[277] Für wirtschaftliche Folgen eines solchen Geschlechtsverkehrs wie den **Unterhalt** gegenüber einem gezeugten gesunden Kind besteht kein Anspruch auf Entschädigung, weil kein Zusammenhang mit einer Gesundheitsschädigung besteht. Alle wirtschaftlichen Leistungen, die das BVG zur Verfügung stellt, betreffen die Auswirkungen einer gesundheitlichen Schädigung.[278] Dagegen soll das aus einer Inzestbeziehung geborene behinderte Kind nach Auffassung des BSG Anspruch auf Versorgung nach dem OEG haben, wenn seine Zeugung Folge einer Gewalttat war (→ Rn. 26, 82).

Die vorliegenden Entscheidungen des BSG, nach denen ohne Rücksicht auf die Bege- 80
hungsform ein tätlicher Angriff iSd **§ 1 Abs. 1 S. 1 OEG** vorliegt, beziehen sich ausschließlich auf den sexuellen Missbrauch von Kindern unter 14 Jahren und damit auf Straftaten nach § 176 StGB in der bis zum 30.6.2021 geltenden Fassung. Ob diese Maßstäbe auch für **andere Straftaten gegen die sexuelle Selbstbestimmung** wie zB den nicht im engeren Sinne „gewaltsamen" Missbrauch von Jugendlichen unter 16 Jahren (§ 182 StGB), den sexuellen Missbrauch von Schutzbefohlenen unter 18 Jahren (§ 174 StGB) oder den sexuellen Missbrauch unter Ausnutzung einer Amtsstellung (§ 174b StGB), der gegenüber Erwachsenen begangen werden kann, gelten sollen, war in der zum OEG ergangenen Rspr. nicht geklärt. Das Bundesministerium für Arbeit und Sozialordnung geht in einem Rundschreiben vom 28.11.1996[279] davon aus, dass die

274 Vgl. Schäfer, „Gewaltloser" sexueller Missbrauch eines Kindes als Gewalttat, SGb 1996, 439 f.; Eichberger/Eichberger, Der Kindesmissbrauch im Opferentschädigungsrecht, ZfS 2004, 193; ebenso das Rundschreiben des Bundesministers für Arbeit und Sozialordnung vom 28.11.1996 – VI1–52030, BArbBl. 1997 Nr. 2 S. 97.

275 BSG Urt. v. 18.10.1995 – 9 RVg 7/93, BSGE 77, 11 = juris Rn. 10; ebenso in der Begründung der Beschlussempfehlung des Ausschusses für Arbeit und Soziales zur Einbeziehung der Straftaten gegen die sexuelle Selbstbestimmung in § 13 Abs. 2: BT-Drs. 19/14870, 31.

276 BSG Urt. v. 18.10.1995 – 9 RVg 7/93, BSGE 77, 11 (zum Geschlechtsverkehr eines 25-jährigen Mannes mit einem 13-jährigen Mädchen).

277 Vgl. LSG Nds-Brem Urt. v. 6.4.2005 – L 5 VG 8/03, Breith 2005, 688.

278 BSG Urt. v. 18.10.1995 – 9 RVg 7/93, BSGE 77, 11.

279 VI 1–52030, BArbBl. 1997 Nr. 2 S. 97; mit dieser Tendenz auch: Gelhausen/Weiner/Weiner, 7. Aufl. 2021, OEG § 1 Rn. 41; Gelhausen, Soziales Entschädigungsrecht, 2. Aufl. 1998, Rn. 737; Eichberger/Eichberger, Der Kindesmissbrauch im Opferentschädigungsrecht, ZfS 2004, 193 (195); Drohsel NZS 2019, 613 (615).

Rspr. des BSG auf ähnlich gelagerte Fälle zu übertragen sei, in denen heranwachsende oder erwachsene Personen Opfer sexuellen Missbrauchs geworden sind. Als ähnlich gelagert sollen Fälle anzusehen sein, in denen das Opfer auf Widerstand verzichtet, weil es sich in einer hilflosen Lage befindet und Widerstand gegen den überlegenen Täter als aussichtslos erscheint. Das Opfer könne insbesondere in eine Lage kommen, in der es dem ungehemmten Einfluss des Täters preisgegeben sei, wenn die Überlegenheit des Täters gegenüber dem Opfer auf dessen geistiger, seelischer oder körperlicher Widerstandsunfähigkeit beruhe oder der Täter im Rahmen eines besonderen Vertrauens- oder Abhängigkeitsverhältnisses seine dominierende Stellung benutze. Gegen eine derart weite Auslegung spricht neben dem Wortlaut des Gesetzes der Wille des Gesetzgebers, der den Begriff des tätlichen Angriffs anstelle des Begriffs der Gewaltkriminalität gewählt hat, da er bereits den im Strafrecht geltenden Gewaltbegriff als zu weit und zu unbestimmt angesehen hat.[280] Bezogen auf ihre Schutzbedürftigkeit erscheinen die in § 177 Abs. 2 Nr. 2 StGB[281] genannten Personen, die aufgrund ihres körperlichen oder psychischen Zustands in der Bildung oder Äußerung des Willens erheblich eingeschränkt sind, am ehesten mit den in § 176 StGB geschützten Kindern vergleichbar. Deshalb dürfte die zum Missbrauch von Kindern ergangene Rspr. auf **sexuelle Übergriffe** gegen diese Personen zu übertragen sein, mit der Folge, dass es für das Vorliegen eines tätlichen Angriffs nicht auf eine „gewaltsame“ Begehungsform ankommen kann. Auf andere Straftaten gegen die sexuelle Selbstbestimmung dürfte die Begründung des BSG (besondere Schutzbedürftigkeit der Opfer, die die Gefährlichkeit nicht erkennen können) für die – an die Grenzen des Wortlauts gehende – erweiternde Auslegung nicht vollständig zu übertragen sein. Deshalb spricht einiges dafür, dass andere Straftaten gegen die sexuelle Selbstbestimmung nur dann als Angriff anzusehen sind, wenn die allgemeinen Voraussetzungen erfüllt sind.[282]

81 Abweichend vom og Rundschreiben des BMA vom 28.11.1996 und wohl auch der Rspr. des BSG[283] dürften nicht alle sexuellen Handlungen, die nach § 176 StGB mit Strafe bedroht sind, als tätlicher Angriff iSd **§ 1 Abs. 1 S. 1 OEG** anzusehen sein. Immerhin geht auch das BSG[284] davon aus, dass auf das Erfordernis körperlicher Handlung auch in Fällen des sexuellen Missbrauchs von Kindern „nicht vollständig“ verzichtet werden kann. Andererseits soll für die „unmittelbare Einwirkung auf den Körper des Kindes“ entscheidend sein, dass die erfolgten sexuellen Handlungen strafbar sind. Nach § 176 StGB werden jedoch zB auch das Einwirken auf Kinder durch das Vorzeigen pornographischer Abbildungen oder exhibitionistische Handlungen unter Strafe gestellt. Unter Geltung des OEG können derartige Handlungen nicht als Gewalttat angesehen werden, und es handelt sich dabei auch nicht um eine körperliche Gewalttat iSd § 13 Abs. 1 Nr. 1 SGB XIV. In Betracht kommt nur eine psychische Gewalttat iSd § 13 Abs. 1 Nr. 2, Abs. 2 SGB XIV. Die Grenzen des Wortlauts des § 1 Abs. 1 S. 1 OEG würden überschritten, wenn derartige Straftaten, die auch zB von einem 14-jährigen Jugendlichen gegenüber einem 13-jährigen Kind ohne einen körperlichen Kontakt oder in Form von Zungenküssen begangen werden können, in jedem

280 Vgl. BT-Drs. 7/2506, 10.

281 In der seit dem 10.11.2016 geltenden Fassung des Fünfzigstes Gesetz zur Änderung des Strafgesetzbuches – Verbesserung des Schutzes der sexuellen Selbstbestimmung vom 4.11.2016, BGBl. 2016 I 2460; ähnlich wie der bis zum 9.11.2016 geltende § 179 StGB (Sexueller Mißbrauch widerstandsunfähiger Personen).

282 So auch LSG Nds-Brem Urt. v. 7.6.2012 – L 10 VG 26/09, SozialVerw 2013, 46 = juris Rn. 24.

283 Vgl. BSG Urt. v. 18.10.1995 – 9 RVg 4/93, BSGE 77, 7.

284 BSG Urt. v. 7.4.2011 – B 9 VG 2/10 R, BSGE 108, 97 Rn. 46.

Fall als tätlicher Angriff zu bewerten wären.[285] Der Gesetzgeber des OEG hat mit der tatbestandlichen Beschränkung auf Opfer eines tätlichen Angriffs eindeutig zum Ausdruck gebracht, dass nicht alle Opfer von Straftaten in den Schutz des Gesetzes einbezogen werden sollen.[286] Im Grundsatz wird davon auszugehen sein, dass unter Geltung des OEG – und damit für Schädigungen in der Zeit bis zum 31.12.2023 (vgl. § 138 Abs. 1 S. 1) die äußerste Grenze richterlicher **Rechtsfortbildung** mit der Erstreckung auf den „gewaltlosen" körperlichen Missbrauch von Kindern erreicht ist.

Eine Übertragung der für den sexuellen Missbrauch von Kindern entwickelten weiten Auslegung des Begriffs des tätlichen Angriffs auf den Fall einer strafbewehrten **Kindesentziehung** durch List iSd § 235 StGB (aF, heute: Entziehung Minderjähriger) hat das BSG[287] ausdrücklich mit der Begründung abgelehnt, dass dies zu einer Ausweitung der vom OEG erfassten Tatbestände führen würde, die mit der auf eine körperliche Gewaltanwendung abstellenden gesetzgeberischen Konzeption unvereinbar wäre. Bezogen auf eine (strafbare) **Inzestbeziehung** zwischen einem Vater und einer volljährigen Tochter ist das BSG[288] ohne Weiteres davon ausgegangen, dass das Vorliegen eines tätlichen **Angriffs iSd § 1 Abs. 1 S. 1 OEG** damit nicht von vornherein feststeht und dass es auch nicht genügt, dass die sexuelle Beziehung gegen den Willen der Tochter bestanden hat. Vielmehr verlangt das BSG, dass der Vater die Inzestbeziehung „erzwungen" hat. 82

Besonders in Fällen, in denen es um zeitlich weit zurückliegende Geschehnisse im familiären Nahbereich geht und in denen ein Strafverfahren nicht durchgeführt wurde, begegnet die **Feststellung**, ob ein nach § 176 StGB strafbarer **sexueller Missbrauch** stattgefunden hat, häufig erheblichen Schwierigkeiten. Diese lassen sich in aller Regel nicht durch die Beauftragung eines medizinischen Sachverständigen beheben, weil nicht allein aus einer psychiatrischen Diagnose auf ein bestimmtes Geschehen geschlossen werden kann. Nach überwiegender medizinischer Lehrmeinung gibt es keine eindeutige kausale Beziehung zwischen sexuellem Missbrauch im Kindesalter und einer spezifischen Psychopathologie im Kindes- oder im Erwachsenenalter.[289] Bestimmte Störungsbilder wie Bulimie, **Borderline-Störung** oder **dissoziative Identitätsstörung** sind nicht geeignet, eine Missbrauchserfahrung zu beweisen. Zwar wird in Teilen der medizinischen Wissenschaft davon ausgegangen, dass ein hoher Anteil von Personen, die an einer Borderline-Persönlichkeitsstörung oder einer dissoziativen Identitätsstörung leiden, Opfer sexuellen Missbrauchs geworden ist. Diese These ist jedoch 83

285 Ebenso: LSG NRW Urt. v. 28.1.2010 – L 10 VG 31/08; vgl. dazu auch die mit dem Gesetz zur Bekämpfung sexualisierter Gewalt gegen Kinder vom 16.6.2021 (BGBl. 2021 I 1810) in § 176 Abs. 2 StGB eingeführte Möglichkeit von Strafe abzusehen, wenn zwischen Täter und Kind die sexuelle Handlung einvernehmlich erfolgt und der Unterschied sowohl im Alter als auch im Entwicklungsstand oder Reifegrad gering ist.

286 Vgl. LSG NRW Urt. v. 28.1.2010 – L 10 VG 31/08.

287 BSG Urt. v. 12.2.2003 – B 9 VG 2/02 R, SozR 4-3800 § 1 Nr. 1; vgl. auch BSG Urt. v. 17.4.2013 – B 9 V 1/12 R, BSGE 113, 205.

288 BSG Urt. v. 16.4.2002 – B 9 VG 1/01 R, BSGE 89, 199; ebenso LSG NRW Urt. v. 11.3.2009 – L 10 (7) VG 42/06; OLG Celle Urt. v. 15.3.1995 – 9 U 80/94, OLGR Celle 1995, 219; zur Vorführung eines von sexuellen Handlungen heimlich gefertigten Videofilms vgl. LSG Nds-Brem Urt. v. 6.4.2005 – L 5 VG 8/03, Breith 2005, 688.

289 Högenauer, Neue Aspekte in der Beurteilung psychoreaktiver und neuropsychologischer Störungen als Leistungsgrund – aus der Sicht der Gutachter des Versorgungsärztlichen Dienstes, MedSach 2006, 67 (68); vgl. LSG Nds-Brem 5.6.2008 – L 13 VG 1/05; SchlHLSG 8.11.2005 – L 2 VG 7/02; SchlHLSG 24.2.2010 – L 2 VG 16/08 und 29.3.2011 – L 2 VG 28/08.

nicht unumstritten.[290] Die Studienlage gilt als „unübersichtlich".[291] Genetischen Faktoren wird auch bei der Entstehung einer Borderline-Störung zunehmend Bedeutung beigemessen.[292] Bei der Ermittlung des Prozentsatzes, zu dem Menschen mit Borderline-Störungen in der Kindheit ein **Trauma** erlitten haben, wird soweit ersichtlich nicht selten auf nicht überprüfbare Angaben der Betroffenen abgestellt, obwohl die erhöhte Suggestibilität gerade von Borderline-Patienten bekannt ist.[293] Die Gefahr, dass mit der Suche nach einer traumatischen Ursache für eine bestehende Borderline-Störung ein therapeutischer Erwartungsdruck auf den für Suggestionen empfänglichen Patienten ausgeübt wird, wird als erheblich angesehen.[294] Deshalb wird zunehmend gefordert, fremdanamnestische Angaben in entsprechende Untersuchungen einzubeziehen. Allerdings wird die Frage nach dem Realitätsgehalt der Bilder, die Borderline-Patienten im Kopf haben, von einem nicht geringen Teil der Therapeuten für die Therapie als unmaßgeblich angesehen.[295] Die unter Geltung des OEG noch erforderliche Unterscheidung zwischen Gewalttaten wie körperlicher Gewalt und sexuellem Missbrauch auf der einen Seite und Vernachlässigung oder chaotischen Familienverhältnissen auf der anderen Seite wird in Untersuchungen zur Genese von Borderline-Persönlichkeitsstörungen nicht immer vorgenommen. Einige Forscher fordern inzwischen eine Überprüfung der Lehrmeinung zur besonderen Bedeutung des sexuellen Missbrauchs für die Entstehung einer Borderline-Persönlichkeitsstörung.[296]

84 Der unmittelbare Schluss von der Diagnose auf einen tätlichen Angriff iSd OEG ist auch bei einer **Posttraumatischen Belastungsstörung (PTBS)** nicht zulässig.[297] Nach F43.1 ICD 10[298] und dem DSM IV[299] setzt diese Diagnose voraus, dass eine Extrembelastung stattgefunden hat.[300] Wenn gleichzeitig aus der Diagnose abgeleitet würde, dass eine Gewalttat stattgefunden haben muss, wäre dies zirkelschlüssig. Auch aus der Tatsache, dass ein behandelnder Arzt die Diagnose einer Posttraumatischen Belastungsstörung gestellt hat, kann nicht abgeleitet werden, dass eine Gewalttat stattgefunden haben muss. Schließlich gehört es nicht zur Aufgabe behandelnder Ärzte, Ermittlungen zu der Frage anzustellen, ob eine vom Patienten angegebene Gewalttat tatsächlich stattgefunden hat. Nachforschungen des Arztes könnten das für die Behandlung erforderliche Vertrauensverhältnis stören. Die Praxis zeigt, dass die Ursache einer Erkrankung nicht immer diejenige ist, die der behandelnde Arzt zugrunde legt.[301]

---

290 Vgl. Voß, Opferentschädigung – Dissoziative Identitätsstörung als Folge sexuellen Missbrauchs?, ZfS 2005, 100 (101), mwN.

291 Vgl. Persönlichkeitsstörungen, Leitlinie der Deutschen Gesellschaft für Psychiatrie, Psychotherapie und Nervenheilkunde (DGPPN), Deutsche Gesellschaft für Psychosomatische Medizin und Ärztliche Psychotherapie (DGPM), Deutsches Kollegium für Psychosomatische Medizin (DKPM), Deutsche Gesellschaft für Psychologie (DGP), Fachgruppe Klinische Psychologie und Psychotherapie, Deutsche Gesellschaft für Kinder- und Jugendpsychiatrie und -psychotherapie (DGKJP), Stand 2008, unter Punkt 1.3.

292 Vgl. Bohus/Schmahl, Psychopathologie und Therapie der Borderline-Persönlichkeitsstörung, Deutsches Ärzteblatt 2006 S. A-3345.

293 Vgl. Stoffels, Das Trauma zwischen Faszinosum und therapeutischer Herausforderung, MedSach 2007, 103.

294 Vgl. Stoffels MedSach 2007, 103 mwN.

295 Vgl. Stoffels MedSach 2007, 103.

296 Vgl. Stoffels MedSach 2007, 103 mwN.

297 So auch Böwering-Möllenkamp STREIT 2015, 163 (168 ff.); Röhl Sozialrecht aktuell 2017, 43 (47).

298 International Classification of Diseases.

299 Diagnostic and Statistical Manual of Mental Disorders.

300 Vgl. Rundschreiben des Bundesministeriums für Arbeit und Soziales vom 2.12.2008 – IVc3–46052–2/60.

301 Högenauer MedSach 2006, 67 (68).

Nicht selten wird die Diagnose der PTBS neben der Diagnose der **Dissoziativen Identitätsstörung** gestellt. Zu den Merkmalen der Dissoziativen Identitätsstörungen werden Gedächtnisprobleme, Trancezustände oder quälende Stimmen sowie offensichtliche Anzeichen für Handlungen oder Verhaltensweisen gezählt, an die man sich nicht erinnern kann.[302] Gerade wenn die Erinnerungen an einen sexuellen Missbrauch in Gestalt dissoziierter lebhafter und überdeutlicher Sinneseindrücke, Erinnerung an scheinbar zusammenhanglose Situationsfragmente in Verbindung mit traumatischen Affekten im Zusammenhang mit einer – möglicherweise schon lange zurückliegenden – Psychotherapie aufgetaucht sind, können falsche und echte Erinnerung nicht immer zuverlässig unterschieden werden.[303] Es besteht sowohl die Möglichkeit, dass bis dahin abgespaltene Erinnerungen an traumatische Vorfälle in der Therapie aufgedeckt werden (echte wieder entdeckte Erinnerung) als auch die Möglichkeit, dass die aufgetretenen Sinneseindrücke Folge von Gedächtnistäuschung oder Suggestion (**„False Memory“**) sind. Gewisse Hinweise auf eine echte Erinnerung geben Schilderungen, die über einen längeren Zeitraum konstant bleiben, während unzutreffende Erinnerungen über Ereignisse, die sich nicht ereignet haben, dazu neigen, im Laufe der Jahre eher auszuufern.[304] 85

Die Frage, ob und unter welchen Voraussetzungen die in erster Linie aus Strafverfahren bekannten **aussagepsychologischen Glaubhaftigkeitsgutachten** im Zusammenhang mit der Frage, ob sexueller Missbrauch stattgefunden hat, zur Aufklärung des Sachverhalts beitragen können, ist in den letzten Jahren Gegenstand mehrerer Urteile des BSG gewesen. Danach ist die Einholung und Verwertung von aussagepsychologischen Gutachten auch im sozialen Entschädigungsrecht zulässig.[305] An dem Erfordernis, dass der mit dem aussagepsychologischen Gutachten beauftragte Sachverständige auf die im sozialen Entschädigungsrecht bestehende Möglichkeit der Glaubhaftmachung nach § 15 KOVVfG (ab dem 1.1.2024: § 117 SGB XIV) hingewiesen werden müsse,[306] hat das BSG in einem Urt. v. 15.12.2016[307] zu Recht und mit überzeugender Begründung[308] nicht mehr festgehalten (→ § 117 Rn. 12). Aussagepsychologische Gutachten können im Rahmen eines sozialgerichtlichen Verfahrens von Bedeutung sein, wenn es darum geht zu beurteilen, ob bestimmten Angaben, ein tatsächliches Erleben einer Person zugrunde liegt. Zwar zählt eine solche Beurteilung grundsätzlich zu den Aufgaben des Tatrichters, so dass die Einholung eines Glaubhaftigkeitsgutachtens nur ausnahmsweise in Betracht kommt. Allerdings kann die Heranziehung eines aussagepsychologischen Sachverständigengutachtens insbesondere dann geboten sein, wenn die betreffenden Angaben das einzige Beweismittel sind und Anhaltspunkte dafür bestehen, dass sie durch eine psychische Erkrankung der Auskunftsperson und deren Behandlung beeinflusst worden sein könnte.[309] Zu beachten ist, dass aussagepsychologische Gutachten aus methodischen Gründen nicht dazu geeignet sind, alternative Hypothesen in Orientierung an dem Beweismaßstab der Wahrscheinlichkeit nach § 15 86

302 Voß, Opferentschädigung – Dissoziative Identitätsstörung als Folge sexuellen Missbrauchs?, ZfS 2005, 100 (101).
303 Högenauer MedSach 2006, 67 (68).
304 Högenauer MedSach 2006, 67 (68).
305 BSG Urt. v. 17.4.2013 – B 9 V 3/12 R, juris Rn. 42; BSG Urt. v. 17.4.2013 – B 9 V 1/12 R, BSGE 113, 205 Rn. 55 f.; BSG Urt. v. 15.12.2016 – B 9 V 3/15 R, BSGE 122, 218 Rn. 35.
306 BSG Urt. v. 17.4.2013 – B 9 V 3/12 R, juris Rn. 55 ff.; BSG Urt. v. 17.4.2013 – B 9 V 1/12 R, BSGE 113, 205 Rn. 57 ff.
307 B 9 V 3/15 R, BSGE 122, 218 Rn. 40 ff.
308 Ebenso: Aymans/Friedrich SGb 2016, 626 ff.; Friedrich SGb 2018, 122 (123 f.); Hansen, jurisPR-SozR 17/2017 Anm. 5; vgl. auch Röhl Sozialrecht aktuell 2017, 43 (46).
309 BSG Urt. v. 15.12.2016 – B 9 V 3/15 R, BSGE 122, 218 Rn. 41.

S. 1 KOVVfG bzw. § 117 Abs. 1 zu prüfen.[310] Die Würdigung der eingeholten Sachverständigengutachten bleibt Aufgabe des Tatrichters.

87 Bezogen auf die an ein aussagepsychologisches Gutachten ggf. zu stellenden wissenschaftlichen Anforderungen kann auf die in der **Rspr. des BGH**[311] entwickelten **Maßstäbe** Bezug genommen werden. Zu berücksichtigen ist dabei, dass auch Personen, die einer Gedächtnistäuschung unterliegen, von der Richtigkeit ihrer Erinnerung überzeugt sein können. Als problematisch wird der Beitrag von psychologischen Glaubhaftigkeitsgutachten zur Aufklärung des Sachverhalts ua in Fallgestaltungen angesehen, in denen in der Vergangenheit mit therapeutischer Unterstützung explizit Bemühungen unternommen worden sind, sich an nicht zugängliche Erlebnisse zu erinnern oder wenn die Erinnerungen erst im Laufe wiederholter Erinnerungsbemühungen entstanden sind.[312]

88 Wenn der vorsätzliche, rechtswidrige tätliche Angriff nicht mit an Gewissheit grenzender Wahrscheinlichkeit als bewiesen angesehen werden kann, stellt sich die Frage, ob der Entscheidung über einen Antrag auf Leistungen nach dem OEG gem. **§ 15 Abs. 1 KOVVfG** die Angaben des Antragstellers, die sich auf die mit der Schädigung im Zusammenhang stehenden Tatsachen beziehen, zu Grunde gelegt werden können. Für Schädigungen, die in der Zeit vor dem 1.1.2024 eingetreten sind (vgl. § 138 Abs. 1), gilt gem. § 6 Abs. 3 OEG die Beweiserleichterung nach § 15 S. 1 KOVVfG auch für Entschädigungen nach dem OEG; ab dem 1.1.2014 gilt die damit inhaltlich weitgehend übereinstimmende Regelung des § 117 SGB XIV (→ § 117 Rn. 1 f.). Voraussetzung ist, dass die Angaben des Antragstellers nach den Umständen des Falles **glaubhaft** erscheinen und dass andere Beweismittel nicht zur Verfügung stehen. Wenngleich diese Vorschrift nach ihrem Wortlaut auf den Verlust von Unterlagen abstellt, so wird sie in der sozialgerichtlichen Rspr. auch dann angewandt, wenn andere Beweismittel (zB Zeugen) nicht vorhanden sind.[313] Aus § 15 KOVVfG bzw. § 117 SGB XIV können jedoch von vornherein keine Beweiserleichterungen hergeleitet werden, wenn der Antragsteller oder Verfahrensbeteiligte keine Angabe aus eigenem Wissen machen kann (→ § 117 Rn. 11).[314] Deshalb stellt die Beweiserleichterung idR keine Hilfe dar, wenn keine konkreten Missbrauchsereignisse erinnert werden, sondern nur bruchstückhafte mosaikartige Bildsegmente und damit verbundene emotionale Zustände. § 15 KOVVfG bzw. § 117 Abs. 1 SGB XIV ermöglicht in einem solchen Fall allein die Angabe als glaubhaft zu Grunde zu legen, dass es zu derartigen **„Flash-Back-Ereignissen"** gekommen ist. Davon bleibt jedoch die Frage unberührt, wie solche geschilderten Bildsegmente zu deuten sind und ob sie den Schluss auf einen erlittenen Missbrauch zulassen. Bei der Beantwortung dieser Frage hilft die Glaubhaftmachung nach § 15 KOVVfG bzw. § 117 Abs. 1 SGB XIV nicht, wenn dazu keine Angaben aus eigenem Wissen gemacht werden können.[315] Soweit eine Person konkrete Angaben zu Missbrauchsereignissen aus eigener Erinnerung machen kann, ist im Einzelfall zu prüfen, ob diese Angaben glaubhaft sind. Dazu genügt nicht, dass sie subjektiv von der Richtigkeit ihrer Angaben überzeugt ist, sondern es muss auch unter Berücksichtigung möglicher Fehler bei der Erinnerung die überwiegende Wahrscheinlichkeit oder zumindest die gute Möglichkeit bestehen, dass sich die von dem Antragsteller bzw.

---

310 Vgl. B 9 V 3/15 R, BSGE 122, 218 Rn. 45 f.; dies verkennend: Rundschreiben des BMAS vom 8.4.2014 – Vb – 53034.

311 Vgl. BGH 30.7.1999 – 1 StR 618/98, BGHSt 45, 164 = NJW 1999, 2746; BGH 30.5.2000 – 1 StR 582/99, NStZ 2001, 45; vgl. auch BSG Urt. v. 15.12.2016 – B 9 V 3/15 R, BSGE 122, 218 Rn. 41; Gelhausen/Weiner/Weiner, 7. Aufl. 2021, OEG § 1 Rn. 177.

312 Högenauer MedSach 2006, 67 (69).

313 BSG Urt. v. 31.5.1989 – 9 RVg 3/89, BSGE 65, 123.

314 Vgl. BSG Urt. v. 28.6.2000 – B 9 VG 3/99 R, SozR 3-3900 § 15 Nr. 3.

315 SchlHLSG 8.11.2005 – L 2 VG 7/02; vgl. BayLSG 27.8.2009 – L 15 VG 22/07.

Verfahrensbeteiligten geschilderten Gewalttaten tatsächlich ereignet haben[316] (→ § 117 Rn. 14 f.). Etwas Anderes gilt für die im Erleichterten Verfahren nach §§ 115 f. SGB XIV zu erbringenden Schnellen Hilfen.

Mit der **Ablösung des OEG durch das SGB XIV zum 1.1.2024** kommt eine erweiternde Auslegung des Begriffs des tätlichen Angriffs, der auch den sexuellen Missbrauch von Kindern einschließt, nicht mehr in Betracht, weil mit § 13 Abs. 1 Nr. 2, Abs. 2 SGB XIV eine spezielle und damit vorrangige Regelung zur psychischen Gewalttat geschaffen worden ist, die neben dem sexuellen Missbrauch weitere Straftaten gegen die sexuelle Selbstbestimmung einschließt. Durch die Gleichstellung der erheblichen **Vernachlässigung von Kindern** gem. § 14 Abs. 1 Nr. 5 SGB XIV (→ § 14 Rn. 29 ff.) und der Herstellung, Verbreitung und öffentlichen Zugänglichmachung von **Kinderpornografie** nach § 184b Abs. 1 Nr. 1, 3 und 4 StGB (→ § 14 Rn. 45 ff.) werden außerdem Tatbestände unabhängig davon erfasst, ob es sich um Gewalttaten iSd § 13 Abs. 1 SGB XIV handelt. Wegen der Gleichstellung der erheblichen Vernachlässigung erübrigt sich einerseits die Klärung komplexer und häufig kaum lösbarer Abgrenzungsfragen etwa dahin gehend, ob eine psychische Erkrankung auf einen sexuellen Missbrauch bzw. körperliche Misshandlungen in der Kindheit oder aber auf eine erhebliche Vernachlässigung durch die Sorgeberechtigten zurückzuführen ist. Die Abgrenzung von anderen **Ursachen psychischer Erkrankungen**, die weder nach § 13 SGB XIV als Gewalttat eingeordnet werden können, noch nach § 14 Abs. 1 SGB XIV Gewalttaten gleichzustellen sind, bleibt aber herausfordernd. Außerdem kann die Frage, ob eine psychische Erkrankung auf Vernachlässigung oder aber auf sexuellen Missbrauch im Kindesalter zurückzuführen ist, im Zusammenhang mit dem **Übergang von Schadensersatzansprüchen** Auswirkungen auf die Anwendbarkeit des sog. Familienprivilegs nach § 116 Abs. 6 SGB X (vgl. dazu → § 14 Rn. 41, → § 120 Rn. 4, 13) haben. 89

cc) Menschenhandel. Bei §§ 232 bis 233a StGB handelt es sich um Straftaten gegen die persönliche Freiheit. Die Bezeichnung des Straftatbestands nach § 232 StGB als „**Menschenhandel**“ ist insofern irreführend, als darunter auch Straftaten wie zB die „ausbeuterische Beschäftigung“ fallen, die nicht den „Handel“ mit Menschen zum Gegenstand haben. In § 13 Abs. 2 SGB XIV werden darüber hinaus die Straftatbestände der §§ 232 bis 233a StGB insgesamt als „Menschenhandel“ bezeichnet. Tatsächlich betrifft §§ 232a StGB die **Zwangsprostitution,** § 232b StGB **Zwangsarbeit,** § 233 StGB die **Ausbeutung** der Arbeitskraft und § 233a StGB die Ausbeutung unter Ausnutzung einer Freiheitsberaubung. 90

dd) Nachstellung (Stalking), Mobbing. Der durch das 40. StÄG vom 22.3.2007[317] eingeführte **§ 238 StGB** soll den individuellen Lebensbereich schützen.[318] § 238 Abs. 1 StGB war zunächst als Erfolgsdelikt ausgestaltet. In der seit dem 10.3.2017 geltenden Fassung[319] genügt die Eignung, um den Erfolg herbeizuführen. Mit dem „Gesetz zur Änderung des Strafgesetzbuches – effektivere Bekämpfung von Nachstellungen und bessere Erfassung des Cyberstalkings sowie Verbesserung des strafrechtlichen Schutzes gegen Zwangsprostitution“ vom 10.8.2021[320] ist § 238 StGB erneut mit dem Ziel einer Verbesserung des Opferschutzes[321] erweitert worden. Untersuchungen[322] hätten 91

316 Vgl. SG Bremen Urt. v. 26.9.2009 – S 3 VG 17/07; insofern nicht überzeugend: LSG Bln-Bbg Urt. v. 8.7.2010 – L 13 VG 25/07.
317 BGBl. 2007 I 354.
318 Vgl. BT-Drs. 16/575.
319 Vgl. BGBl. 2017 I 368.
320 BGBl. 2021 I 3513.
321 Vgl. BT-Drs. 19/28679, 2, 10.
322 Dreßing/Gass/Schultz/Kuehner, „The prevalence and effects of stalking – a replication study“, Deutsches Ärzteblatt 2020, Heft 20, 347 ff., abrufbar unter https://www.aerzteblatt.de/archiv/213935/Haeufigkeit-und-Auswirkungen-von-Stalking.

ergeben, dass die Wahrscheinlichkeit für Menschen in Deutschland, im Laufe ihres Lebens Opfer von Stalking zu werden (Lebenszeitprävalenz) bei 10,8 Prozent liege. Bei Frauen liege die durchschnittliche Quote noch darüber. Stalking wirke sich dabei regelmäßig unmittelbar auf die psychische Gesundheit der Opfer aus. Vor diesem Hintergrund ist in Abs. 1 der Begriff „beharrlich" durch den Begriff „wiederholt" und das Merkmal „schwerwiegend" durch das Merkmal „nicht unerheblich" ersetzt worden. § 238 Abs. 2 StGB ist von einer Qualifikationsvorschrift in eine Regelung besonders schwerer Fälle umgestaltet und ergänzt worden.[323] Da § 238 StGB nach der Verkündung des G-SER – aber noch vor Inkrafttreten des § 13 SGB XIV – mit dem „Gesetz zur Änderung des Strafgesetzbuches – effektivere Bekämpfung von Nachstellungen und bessere Erfassung des Cyberstalkings sowie Verbesserung des strafrechtlichen Schutzes gegen Zwangsprostitution" vom 10.8.2021 geändert worden ist, stellt sich die Frage, ob § 13 Abs. 2 SGB XIV eine statische oder eine dynamische Verweisung regelt. Anders als bei der Änderung der § 174 ff. StGB durch das Gesetz zur Bekämpfung sexualisierter Gewalt gegen Kinder mWv 1.7.2021 (→ Rn. 76) ist § 13 Abs. 2 SGB XIV im Zusammenhang mit der Änderung des § 238 StGB nicht angepasst worden. Die Gesetzesbegründung enthält ebenfalls keine Hinweise darauf, dass bei der Änderung des § 238 StGB die Folgewirkungen auf das Soziale Entschädigungsrecht in den Blick genommen worden sind. Insofern bleibt unklar, ob § 13 Abs. 2 StGB im Sinne einer dynamischen Verweisung auf § 238 StGB in der seit dem 1.10.2021 geltenden Fassung Bezug nimmt. Eine gesetzliche Klarstellung erschiene sinnvoll. Auch wenn davon ausgegangen würde, dass § 13 Abs. 2 SGB XIV noch auf § 238 StGB in der zum Zeitpunkt der Verkündung des G-SER geltenden Fassung verweist, werden die in der Änderung dieses Straftatbestands zum Ausdruck kommenden Wertungen nicht ganz unberücksichtigt bleiben können, weil die Aufzählung der Taten in § 13 Abs. 2 SGB XIV, die ein schwerwiegendes Verhalten iSd § 13 Abs. 1 Nr. 2 SGB XIV darstellen, ohnehin nicht abschließend ist.

92 Die og Erweiterungen des Straftatbestands der Nachstellung können sich im Übrigen nur in den Fällen auf die Definition der psychischen Gewalttat auswirken, in denen ein besonders schwerer Fall iSd **§ 238 Abs. 2 StGB** oder die Erfolgsqualifikation nach **§ 238 Abs. 3 StGB** vorliegen. Auf § 238 Abs. 1 StGB verweist § 13 Abs. 2 SGB XIV nicht. Nach der seit dem 1.10.2021 geltenden Fassung des § 238 Abs. 2 S. 2 Nr. 1 StGB liegt ein besonders schwerer Fall indes bereits vor, wenn durch die Tat eine **Gesundheitsschädigung** des Opfers, eines Angehörigen des Opfers oder einer anderen dem Opfer nahestehenden Person verursacht wird oder wenn einer der weiteren in § 238 Abs. 2 Nr. 3 bis 7 StGB genannten Beispielfälle vorliegt.[324] Nach § 238 Abs. 2 StGB in der bis zum 30.9.2021 geltenden Fassung, der im Wesentlichen § 238 Abs. 2 S. 2 Nr. 2 StGB in der seit dem 1.10.2021 geltenden Fassung entspricht, wurde dagegen vorausgesetzt, dass der Täter das Opfer, einen Angehörigen des Opfers oder eine andere dem Opfer nahestehende Person durch die Tat in die **Gefahr des Todes** oder einer **schweren Gesundheitsschädigung** bringt. Zudem musste sich der Vorsatz des Täters auf den Eintritt dieser Gefahr erstrecken.[325]

93 Die in § 238 Abs. 2 S. 2 Nr. 1 StGB geforderten Kausalität richtet sich nicht nach den im SER geltenden, sondern nach den im Strafrecht geltenden Maßstäben. Wenn die Ursächlichkeit danach vorliegt, wird sie erst recht iSd § 4 Abs. 4 bis 6 SGB XIV zu bejahen sein. Im Ergebnis wird der Anwendungsbereich des § 13 Abs. 2 SGB XIV durch die zum 1.10.2021 in Kraft getretene Änderung des § 238 StGB erheblich erweitert: Wenn die Voraussetzungen nach § 238 Abs. 1 StGB erfüllt sind und dadurch

323 BT-Drs. 19/28679, 2, 10.
324 Zu den Gründen für diese Erweiterung vgl. BT-Drs. 19/28679, 9, 11 ff.
325 Vgl. Fischer, 69. Aufl. 2022, StGB § 238 Rn. 49; Lackner/Kühl, 29. Aufl. 2018, StGB § 15 Rn. 28, § 238 Rn. 10 mwN.

beim Opfer eine gesundheitliche Schädigung verursacht wird, dann liegt in der Regel ein besonders schwerer Fall nach § 238 Abs. 2 Nr. 1 StGB und damit in der Regel auch eine psychische Gewalttat iSd § 13 Abs. 1 Nr. 2, Abs. 2 SGB XIV vor. Damit kommt der Erweiterung des **§ 238 Abs. 1** StGB (Ersetzung des Begriffs „schwerwiegend“ durch „nicht unerheblich“ und des Begriffs „beharrlich“ durch „wiederholt“, Erweiterung um spezifische Vorgehensweisen des Cyberstalkings § 238 Abs. 1 Nr. 5 bis 7 StGB) mit dem „Gesetz zur Änderung des Strafgesetzbuches – effektivere Bekämpfung von Nachstellungen und bessere Erfassung des Cyberstalkings sowie Verbesserung des strafrechtlichen Schutzes gegen Zwangsprostitution“ vom 10.8.2021 im vorliegenden Zusammenhang erhebliche praktische Bedeutung im Sinne einer Erweiterung der Definition der psychischen Gewalt zu, jedenfalls wenn die Verweisung in § 13 Abs. 2 SGB XIV als dynamische Verweisung auf die dort genannten Straftatbestände in der jeweils geltenden Fassung zu interpretieren ist.

Nach § 238 Abs. 2 S. 2 Nr. 2 StGB liegt ein besonders schwerer Fall auch vor, wenn der Täter das Opfer, einen Angehörigen des Opfers oder eine andere dem Opfer nahe stehende Person durch die Tat in die **Gefahr des Todes** oder einer **schweren Gesundheitsschädigung** bringt. Die Formulierung entspricht im Wesentlichen der des § 238 Abs. 2 StGB in der bis zum 30.9.2021 geltenden Fassung. Der Begriff der schweren Gesundheitsschädigung wird in § 238 Abs. 2 S. 2 Nr. 2 StGB übereinstimmend mit dem identischen Begriff in § 250 Abs. 1 Nr. 1 Buchst. c StGB (Schwerer Raub) definiert. Eine solche liegt vor, wenn das Opfer in eine ernste, langwierige Krankheit verfällt oder wenn eine dauernde oder langwierige, schwerwiegende Beeinträchtigung der Gesundheit, der Arbeitskraft oder anderer körperlicher Fähigkeiten oder eine nachhaltige Beeinträchtigung der physischen oder psychischen Stabilität gegeben ist.[326] Dadurch, dass nach § 238 Abs. 2 S. 2 Nr. 1 StGB in der seit dem 1.10.2021 geltenden Fassung die Verursachung einer Gesundheitsstörung genügt, dürfte § 238 Abs. 2 S. 2 **Nr. 2** StGB kaum noch praktische Bedeutung zukommen. 94

Nach § 238 Abs. 2 S. 2 **Nr. 3** StGB liegt ein schwerer Fall in der Regel auch vor, wenn der Täter dem Opfer durch eine Vielzahl von Tathandlungen über einen Zeitraum von mindestens sechs Monaten nachstellt. Dasselbe gilt nach § 238 Abs. 2 S. 2 **Nr. 7** StGB, wenn der Täter über einundzwanzig Jahre und das Opfer unter sechzehn Jahre alt ist. Wegen der weiteren Begehungsformen, bei denen in der Regel ein schwerer Fall vorliegt, wird auf die unter → Rn. 103 abgedruckte Norm sowie die Gesetzesbegründung[327] Bezug genommen. 95

Obwohl § 13 Abs. 2 SGB XIV allein auf § 238 Abs. 2 und Abs. 3 StGB verweist, soll nach dem Inhalt der Gesetzesbegründung zu G-SER im Einzelfall auch eine Nachstellung, die allein die Voraussetzungen nach **§ 238 Abs. 1 StGB** erfüllt oder auch eine gegen die Person gerichtete Verhaltensweise im Internet als psychische Gewalttat anzusehen sein. Der Strafrahmen macht jedoch bereits deutlich, dass ein Verhalten, das allein die Voraussetzungen nach § 238 Abs. 1 StGB erfüllt, regelmäßig nicht als so schwerwiegend angesehen werden kann, wie ein Verhalten, das die Voraussetzungen nach § 238 Abs. 2 oder Abs. 3 StGB erfüllt: Eine Tat, die die Voraussetzungen nach § 238 Abs. 1 StGB erfüllt, wird mit einer Freiheitsstrafe von bis zu drei Jahren oder mit Geldstrafe bestraft, während nach Abs. 2 eine Freiheitsstrafe von drei Monaten bis zu fünf Jahren zu verhängen ist. Bei Erfüllung der Voraussetzungen nach § 238 Abs. 3 StGB ist die Strafe sogar Freiheitsstrafe von einem Jahr bis zu zehn Jahren. Im 96

326 Zu § 238 Abs. 2 StGB in der bis zum 30.9.2021 geltenden Fassung: Schönke/Schröder/Eisele, 30. Aufl. 2019, StGB § 238 Rn. 37 mwN; kritisch zu den daraus (vor der Änderung des § 238 StGB mWv 1.10.2021) folgenden hohen Anforderungen im Bereich der Gewaltopferentschädigung: Tappert Deutsche Richterzeitung 2020, 352 (353).

327 BT-Drs. 19/28679.

Rahmen des Stalking häufig vorkommende Handlungen wie die **Belästigung** mit Telefonanrufen, Klingeln an der Haustür oder die missbräuchliche Veranlassung von Notfalleinsätzen oder Lieferungen zur Wohnung des Opfers, wurden unter Geltung des OEG nicht als tätliche Angriffe iSd § 1 Abs. 1 S. 1 OEG angesehen. Daran ändert sich grundsätzlich auch nach Inkrafttreten des § 13 SGB XIV nichts, soweit dadurch allein der Straftatbestand nach § 238 Abs. 1 StGB erfüllt wird, und damit im Regelfall kein schwerwiegendes Verhalten iSd § 13 Abs. 1 Nr. 2, Abs. 2 SGB XIV anzunehmen ist. Aufgrund der Änderung des § 238 StGB und insbesondere die Erstreckung des § 238 Abs. 2 S. 2 Nr. 1 StGB durch das „Gesetz zur Änderung des Strafgesetzbuches – effektivere Bekämpfung von Nachstellungen und bessere Erfassung des Cyberstalkings sowie Verbesserung des strafrechtlichen Schutzes gegen Zwangsprostitution" auf Fälle, in denen der Täter durch die Tat eine Gesundheitsschädigung des Opfers, eines Angehörigen des Opfers oder einer anderen dem Opfer nahestehenden Person verursacht (→ Rn. 92), verliert der Umstand, dass § 238 Abs. 1 StGB durch § 13 Abs. 2 SGB XIV nicht in Bezug genommen wird, allerdings an praktischer Bedeutung.

97 Ein Verhalten, das den Straftatbestand des § 238 Abs. 2 oder Abs. 3 StGB erfüllt, konnte auch schon **unter Geltung des OEG** ein tätlicher Angriff und damit eine Gewalttat sein. Nach der Rspr. des BSG war die Grenze zur Gewalttat iSd § 1 Abs. 1 S. 1 OEG jedenfalls überschritten, wenn eine Person durch körperliche Gewalt ihrer Freiheit beraubt wird oder dieser Zustand durch Tätlichkeiten aufrechterhalten wird.[328] Die **Drohung mit Gewalt** war jedenfalls nach der älteren Rspr. des BSG[329] umso eher als tätlicher Angriff zu bewerten, je größer die objektive Gefahr für Leib und Leben des Bedrohten ist. Eine Gewalttat ist daher auch angenommen worden, wenn der Täter das Opfer vorsätzlich mit einer scharf geladenen und entsicherten Schusswaffe **bedroht** hat, auch wenn es an einem Tötungs- und Verletzungsvorsatz gefehlt hat.[330] Diese Rspr. hat das BSG allerdings mit seinem Urt. v. 16.12.2014[331] aufgegeben. Die Grenze der Wortlautinterpretation des Begriffs des tätlichen Angriffs war nach der Rspr. des BSG zum OEG jedenfalls dann erreicht, wenn sich die auf das Opfer gerichtete Einwirkung – ohne Einsatz körperlicher Mittel – allein als intellektuell oder **psychisch vermittelte Beeinträchtigung** darstellt und nicht unmittelbar auf die körperliche Integrität abzielt.[332] Daran kann unter Geltung des § 13 SGB XIV und der Erweiterung auf psychische Gewalttaten nicht mehr festgehalten werden. Für Personen, die in der Zeit bis zum 31.12.2023 geschädigt worden sind, bleibt die zum OEG ergangene Rspr. jedoch maßgebend (vgl. § 138 Abs. 1 S. 1 SGB XIV). Das Landessozialgericht Niedersachsen-Bremen[333] hatte bereits vor Inkrafttreten des § 238 StGB entschieden, dass jedenfalls Stalking, das sich nicht auf bedrohlich wirkende verbale und beleidigende Handlungsweisen beschränkt, sondern direkte körperliche Übergriffe (Schlagen mit Fäusten und mit Gegenständen) einschließt, ein tätlicher Angriff sein könne.

98 Der Straftatbestand der Nachstellung nach § 238 StGB kann auch durch Begehungsformen erfüllt werden, die keinen Bezug zu körperlicher Gewalt aufweisen. In Fällen, in denen körperliche Gewalt keine oder nur eine untergeordnete Rolle spielt, stellte sich unter Geltung des OEG die Frage, ob die Taten – ähnlich wie im Strafrecht seit der Einführung des § 238 StGB – nicht nur isoliert, sondern in ihrer Gesamtwirkung auf das Opfer zu beurteilen sind und ob auch das **„gewaltlose" Stalking** als tätlicher

---

328 BSG Urt. v. 7.4.2011 – B 9 VG 2/10 R, BSGE 108, 97 Rn. 69.
329 BSG Urt. v. 2.10.2008 – B 9 VG 2/07 R.
330 BSG Urt. v. 24.7.2002 – B 9 VG 4/01 R, BSGE 90, 6.
331 B 9 V 1/13 R, BSGE 118, 63 Rn. 23, 26.
332 BSG Urt. v. 7.4.2011 – B 9 VG 2/10 R, BSGE 108, 97 Rn. 44; BSG Urt. v. 17.4.2013 – B 9 V 1/12 R, BSGE 113, 205 Rn. 31.
333 Urt. v. 22.6.2006 – L 13 VG 7/05, VersVerw 2007, 23.

Angriff iSd § 1 Abs. 1 S. 1 OEG angesehen werden kann. Die zunächst offen gelassene[334] Frage der Zulässigkeit einer solchen **Gesamtbetrachtung**, hat das BSG mit Urt. v. 7.4.2011[335] geklärt. Danach waren die **einzelnen Stalking-Handlungen** darauf zu prüfen, ob ein vorsätzlicher, rechtswidriger Angriff vorliegt. Dabei waren die allgemeinen Kriterien zu Grunde zu legen. Einwirkungen ohne Einsatz körperlicher Mittel, die sich allein als intellektuelle oder psychische Beeinträchtigung darstellen, erfüllen unter Geltung des OEG nicht die an eine Gewalttat zu stellenden Anforderungen, weil es sich nicht um einen tätlichen Angriff handelte. Wenn die von einem Stalker verübte körperliche Gewalt keine dauerhaften Folgen hinterlassen hat, durch „Telefonterror" und andere „gewaltlose" Tathandlungen jedoch eine psychische Erkrankung wesentlich verursacht wurde, dann konnte die strafrechtliche Einordnung des gesamten Komplexes als Nachstellung nach § 238 StGB im Sinne einer tatbestandlichen Handlungseinheit nicht zur Folge haben, dass auch die psychischen Folgen des „Telefonterrors" nach dem OEG zu entschädigen waren. Die danach erforderliche Aufklärung des Sachverhalts und die Beurteilung der Kausalität bezogen auf einzelne Handlungen stellte die für die Durchführung des Gesetzes zuständigen Behörden, die Sozialgerichte und die beauftragten Sachverständigen vor schwer lösbare Aufgaben. Abweichend davon wird unter Geltung des § 13 SGB XIV eine Gesamtbetrachtung des nach § 238 Abs. 2, Abs. 3 StGB strafbaren Verhaltens unabhängig davon vorzunehmen sein, ob es um körperliche oder psychische Einwirkungen geht.

Das sog. **Mobbing** ist grundsätzlich keine Gewalttat iSd § 13 SGB XIV oder des § 1 99
OEG.[336] Unter **Mobbing** ist ein über längere Zeit sich hinziehender Konflikt zwischen dem Opfer und Personen seines gesellschaftlichen Umfeldes zu verstehen, in dessen Verlauf das Opfer verbal attackiert, in seinen Möglichkeiten zur Kommunikation eingeschränkt, in seinen sozialen Beziehungen angegriffen und in seinem Ansehen herabgesetzt wird.[337] Der Rahmen des zwar gesellschaftlich missbilligten, aber nicht strafbaren Verhaltens wird dabei idR nicht verlassen. Zwar kann nicht ausgeschlossen werden, dass Mobbing psychische Schäden zur Folge hat. Daraus kann jedoch nicht der Schluss gezogen werden, dass es sich bei Mobbing um eine psychische Gewalttat iSd § 13 Abs. 1 Nr. 2, Abs. 2 SGB XIV handelt.[338] Für die Beantwortung der Frage, ob eine Gewalttat vorliegt, kann auch nicht maßgeblich auf die Folgen für die Gesundheit des Opfers abgestellt werden. Daran hat sich durch den Übergang vom OEG zum SGB XIV im Grundsatz nichts geändert. Zwar werden nach § 13 Abs. 1 Nr. 2, Abs. 2 SGB XIV auch Opfer psychischer Einwirkungen entschädigt. Eine Gewalttat wird dabei aber weiterhin vorausgesetzt, so dass zB Opfer von Unglücksfällen von einer Entschädigung ausgeschlossen bleiben. Opfer von Straftaten werden unter Geltung des SGB XIV nicht ausnahmslos, sondern grundsätzlich nur als Betroffene einer mit körperlicher oder psychischer Gewalt verbundenen Straftat entschädigt.[339] Es gilt weiterhin, dass nicht alle aus dem Gesellschaftsleben folgenden Verletzungsrisiken abgedeckt werden.[340]

334 Vgl. zum OEG: BSG Urt. v. 14.2.2001 – B 9 VG 4/00 R, BSGE 87, 276.
335 B 9 VG 2/10 R, BSGE 108, 97 Rn. 41, 62, 71.
336 Zur Rechtslage unter Geltung des OEG vgl. BSG Urt. v. 14.2.2001 – B 9 VG 4/00 R – BSGE 87, 276, 278; BSG Urt. v. 17.4.2013 – B 9 V 3/12 R, juris Rn. 31.
337 Vgl. BAG Beschl. v. 15.1.1997 – 7 ABR 14/96, BAGE 85, 56; BSG Urt. v. 14.2.2001 – B 9 VG 4/00 R, BSGE 87, 276, mwN.
338 Zur Frage des Vorliegens eines tätlichen Angriffs iSd § 1 Abs. 1 S. 1 OEG vgl. BSG Urt. v. 14.2.2001 – B 9 VG 4/00 R, BSGE 87, 276.
339 Zur körperlichen Gewalt als Voraussetzung für die Entschädigung nach dem OEG vgl. BT-Drs. 7/2506, 10.
340 Zum OEG vgl. BSG Urt. v. 7.4.2011 – B 9 VG 2/10 R, BSGE 108, 97 Rn. 62; BSG Beschl. v. 12.5.2016 – B 9 V 11/16 B, juris Rn. 9 mwN.

100 ee) **Geiselnahme, räuberische Erpressung.** Der ausdrücklichen Erwähnung der **Geiselnahme** kommt nur **geringe praktische Bedeutung** zu, weil es sich dabei um ein Verhalten handelt, dass offensichtlich mindestens ebenso so schwer wiegt wie die Nachstellung nach § 238 Abs. 2 oder Abs. 3 StGB (vgl. § 13 Abs. 2, am Ende: „... oder mindestens von gleicher Schwere ist"). Das wird auch durch den Strafrahmen (Freiheitsstrafe nicht unter fünf Jahren) deutlich und es unterliegt auch keinem Zweifel, dass sich die Tat mindestens in gleichem Maße unmittelbar gegen die freie Willensentscheidung des Opfers richtet.

101 Mit der Aufnahme der **räuberischen Erpressung** in § 13 Abs. 2 SGB XIV hat der Gesetzgeber auf die restriktive Rspr. des BSG zu der Frage reagiert, unter welchen Voraussetzungen die **Drohung mit Gewalt** als tätlicher Angriff iSd § 1 Abs. 1 S. 1 OEG zu qualifizieren ist (→ Rn. 38, 44 ff.).

D. Anhang

I. OEG

102 **§ 1 OEG Anspruch auf Versorgung**

(1) [1]Wer im Geltungsbereich dieses Gesetzes oder auf einem deutschen Schiff oder Luftfahrzeug infolge eines vorsätzlichen, rechtswidrigen tätlichen Angriffs gegen seine oder eine andere Person oder durch dessen rechtmäßige Abwehr eine gesundheitliche Schädigung erlitten hat, erhält wegen der gesundheitlichen und wirtschaftlichen Folgen auf Antrag Versorgung in entsprechender Anwendung der Vorschriften des Bundesversorgungsgesetzes. [2]Die Anwendung dieser Vorschrift wird nicht dadurch ausgeschlossen, daß der Angreifer in der irrtümlichen Annahme von Voraussetzungen eines Rechtfertigungsgrundes gehandelt hat.

(2) bis (11) ...

II. StGB[341]

103 **§ 174 StGB Sexueller Mißbrauch von Schutzbefohlenen**

(1) [1]Wer sexuelle Handlungen

1. an einer Person unter achtzehn Jahren, die ihm zur Erziehung oder zur Betreuung in der Lebensführung anvertraut ist,
2. an einer Person unter achtzehn Jahren, die ihm im Rahmen eines Ausbildungs-, Dienst- oder Arbeitsverhältnisses untergeordnet ist, unter Missbrauch einer mit dem Ausbildungs-, Dienst- oder Arbeitsverhältnis verbundenen Abhängigkeit oder
3. an einer Person unter achtzehn Jahren, die sein leiblicher oder rechtlicher Abkömmling ist oder der seines Ehegatten, seines Lebenspartners oder einer Person, mit der er in eheähnlicher oder lebenspartnerschaftsähnlicher Gemeinschaft lebt,

vornimmt oder an sich von dem Schutzbefohlenen vornehmen läßt, wird mit Freiheitsstrafe von drei Monaten bis zu fünf Jahren bestraft. [2]Ebenso wird bestraft, wer unter den Voraussetzungen des Satzes 1 den Schutzbefohlenen dazu bestimmt, dass er sexuelle Handlungen an oder vor einer dritten Person vornimmt oder von einer dritten Person an sich vornehmen lässt.

(2) [1]Mit Freiheitsstrafe von drei Monaten bis zu fünf Jahren wird eine Person bestraft, der in einer dazu bestimmten Einrichtung die Erziehung, Ausbildung oder Betreuung in der Lebensführung von Personen unter achtzehn Jahren anvertraut ist, und die sexuelle Handlungen

1. an einer Person unter sechzehn Jahren, die zu dieser Einrichtung in einem Rechtsverhältnis steht, das ihrer Erziehung, Ausbildung oder Betreuung in der Lebensführung dient, vornimmt oder an sich von ihr vornehmen lässt oder

---

341 § 13 Abs. 2 SGB XIV nimmt auf die folgenden Straftatbestände Bezug. Den Qualifizierungen nach §§ 176c StGB (Schwerer Sexueller Missbrauch) und § 176d StGB (Sexueller Missbrauch von Kindern mit Todesfolge) und nach § 178 (Sexueller Übergriff; sexuelle Nötigung und Vergewaltigung mit Todesfolge), auf die 13 Abs. 2 SGB XIV ebenfalls Bezug nimmt, kommt im vorliegenden Zusammenhang keine eigenständige Bedeutung zu; aus diesem Grunde wurde vom Abdruck dieser Vorschriften abgesehen.

2. unter Ausnutzung ihrer Stellung an einer Person unter achtzehn Jahren, die zu dieser Einrichtung in einem Rechtsverhältnis steht, das ihrer Erziehung, Ausbildung oder Betreuung in der Lebensführung dient, vornimmt oder an sich von ihr vornehmen lässt.

[2]Ebenso wird bestraft, wer unter den Voraussetzungen des Satzes 1 den Schutzbefohlenen dazu bestimmt, dass er sexuelle Handlungen an oder vor einer dritten Person vornimmt oder von einer dritten Person an sich vornehmen lässt.

(3) Wer unter den Voraussetzungen des Absatzes 1 oder 2

1. sexuelle Handlungen vor dem Schutzbefohlenen vornimmt, um sich oder den Schutzbefohlenen hierdurch sexuell zu erregen, oder
2. den Schutzbefohlenen dazu bestimmt, daß er sexuelle Handlungen vor ihm vornimmt,

wird mit Freiheitsstrafe bis zu drei Jahren oder mit Geldstrafe bestraft.

(4) Der Versuch ist strafbar.

(5) In den Fällen des Absatzes 1 Satz 1 Nummer 1, des Absatzes 2 Satz 1 Nummer 1 oder des Absatzes 3 in Verbindung mit Absatz 1 Satz 1 Nummer 1 oder mit Absatz 2 Satz 1 Nummer 1 kann das Gericht von einer Bestrafung nach dieser Vorschrift absehen, wenn das Unrecht der Tat gering ist.

§ 174a StGB Sexueller Mißbrauch von Gefangenen, behördlich Verwahrten oder Kranken und Hilfsbedürftigen in Einrichtungen

(1) Wer sexuelle Handlungen an einer gefangenen oder auf behördliche Anordnung verwahrten Person, die ihm zur Erziehung, Ausbildung, Beaufsichtigung oder Betreuung anvertraut ist, unter Mißbrauch seiner Stellung vornimmt oder an sich von der gefangenen oder verwahrten Person vornehmen läßt oder die gefangene oder verwahrte Person zur Vornahme oder Duldung sexueller Handlungen an oder von einer dritten Person bestimmt, wird mit Freiheitsstrafe von drei Monaten bis zu fünf Jahren bestraft.

(2) Ebenso wird bestraft, wer eine Person, die in einer Einrichtung für kranke oder hilfsbedürftige Menschen aufgenommen und ihm zur Beaufsichtigung oder Betreuung anvertraut ist, dadurch mißbraucht, daß er unter Ausnutzung der Krankheit oder Hilfsbedürftigkeit dieser Person sexuelle Handlungen an ihr vornimmt oder an sich von ihr vornehmen läßt oder diese Person zur Vornahme oder Duldung sexueller Handlungen an oder von einer dritten Person bestimmt.

(3) Der Versuch ist strafbar.

§ 174b StGB Sexueller Mißbrauch unter Ausnutzung einer Amtsstellung

(1) Wer als Amtsträger, der zur Mitwirkung an einem Strafverfahren oder an einem Verfahren zur Anordnung einer freiheitsentziehenden Maßregel der Besserung und Sicherung oder einer behördlichen Verwahrung berufen ist, unter Mißbrauch der durch das Verfahren begründeten Abhängigkeit sexuelle Handlungen an demjenigen, gegen den sich das Verfahren richtet, vornimmt oder an sich von dem anderen vornehmen läßt oder die Person zur Vornahme oder Duldung sexueller Handlungen an oder von einer dritten Person bestimmt, wird mit Freiheitsstrafe von drei Monaten bis zu fünf Jahren bestraft.

(2) Der Versuch ist strafbar.

§ 174c StGB Sexueller Mißbrauch unter Ausnutzung eines Beratungs-, Behandlungs- oder Betreuungsverhältnisses

(1) Wer sexuelle Handlungen an einer Person, die ihm wegen einer geistigen oder seelischen Krankheit oder Behinderung einschließlich einer Suchtkrankheit oder wegen einer körperlichen Krankheit oder Behinderung zur Beratung, Behandlung oder Betreuung anvertraut ist, unter Mißbrauch des Beratungs-, Behandlungs- oder Betreuungsverhältnisses vornimmt oder an sich von ihr vornehmen läßt oder diese Person zur Vornahme oder Duldung sexueller Handlungen an oder von einer dritten Person bestimmt, wird mit Freiheitsstrafe von drei Monaten bis zu fünf Jahren bestraft.

(2) Ebenso wird bestraft, wer sexuelle Handlungen an einer Person, die ihm zur psychotherapeutischen Behandlung anvertraut ist, unter Mißbrauch des Behandlungsverhältnisses vornimmt oder an sich von ihr vornehmen läßt oder diese Person zur Vornahme oder Duldung sexueller Handlungen an oder von einer dritten Person bestimmt.

(3) Der Versuch ist strafbar.

§ 176 StGB Sexueller Missbrauch von Kindern

(1) Mit Freiheitsstrafe nicht unter einem Jahr wird bestraft, wer

1. sexuelle Handlungen an einer Person unter vierzehn Jahren (Kind) vornimmt oder an sich von dem Kind vornehmen lässt,
2. ein Kind dazu bestimmt, dass es sexuelle Handlungen an einer dritten Person vornimmt oder von einer dritten Person an sich vornehmen lässt,
3. ein Kind für eine Tat nach Nummer 1 oder Nummer 2 anbietet oder nachzuweisen verspricht.

(2) In den Fällen des Absatzes 1 Nummer 1 kann das Gericht von Strafe nach dieser Vorschrift absehen, wenn zwischen Täter und Kind die sexuelle Handlung einvernehmlich erfolgt und der Unterschied sowohl im Alter als auch im Entwicklungsstand oder Reifegrad gering ist, es sei denn, der Täter nutzt die fehlende Fähigkeit des Kindes zur sexuellen Selbstbestimmung aus.

§ 176a StGB Sexueller Missbrauch von Kindern ohne Körperkontakt mit dem Kind

(1) Mit Freiheitsstrafe von sechs Monaten bis zu zehn Jahren wird bestraft, wer

1. sexuelle Handlungen vor einem Kind vornimmt oder vor einem Kind von einer dritten Person an sich vornehmen lässt,
2. ein Kind dazu bestimmt, dass es sexuelle Handlungen vornimmt, soweit die Tat nicht nach § 176 Absatz 1 Nummer 1 oder Nummer 2 mit Strafe bedroht ist, oder
3. auf ein Kind durch einen pornographischen Inhalt (§ 11 Absatz 3) oder durch entsprechende Reden einwirkt.

(2) Ebenso wird bestraft, wer ein Kind für eine Tat nach Absatz 1 anbietet oder nachzuweisen verspricht oder wer sich mit einem anderen zu einer solchen Tat verabredet.

(3) [1]Der Versuch ist in den Fällen des Absatzes 1 Nummer 1 und 2 strafbar. [2]Bei Taten nach Absatz 1 Nummer 3 ist der Versuch in den Fällen strafbar, in denen eine Vollendung der Tat allein daran scheitert, dass der Täter irrig annimmt, sein Einwirken beziehe sich auf ein Kind.

§ 176b StGB Vorbereitung des sexuellen Missbrauchs von Kindern

(1) Mit Freiheitsstrafe von drei Monaten bis zu fünf Jahren wird bestraft, wer auf ein Kind durch einen Inhalt (§ 11 Absatz 3) einwirkt, um

1. das Kind zu sexuellen Handlungen zu bringen, die es an oder vor dem Täter oder an oder vor einer dritten Person vornehmen oder von dem Täter oder einer dritten Person an sich vornehmen lassen soll, oder
2. eine Tat nach § 184b Absatz 1 Satz 1 Nummer 3 oder nach § 184b Absatz 3 zu begehen.

(2) Ebenso wird bestraft, wer ein Kind für eine Tat nach Absatz 1 anbietet oder nachzuweisen verspricht oder wer sich mit einem anderen zu einer solchen Tat verabredet.

(3) Bei Taten nach Absatz 1 ist der Versuch in den Fällen strafbar, in denen eine Vollendung der Tat allein daran scheitert, dass der Täter irrig annimmt, sein Einwirken beziehe sich auf ein Kind.

§ 177 StGB Sexueller Übergriff; sexuelle Nötigung; Vergewaltigung

(1) Wer gegen den erkennbaren Willen einer anderen Person sexuelle Handlungen an dieser Person vornimmt oder von ihr vornehmen lässt oder diese Person zur Vornahme oder Duldung sexueller Handlungen an oder von einem Dritten bestimmt, wird mit Freiheitsstrafe von sechs Monaten bis zu fünf Jahren bestraft.

(2) Ebenso wird bestraft, wer sexuelle Handlungen an einer anderen Person vornimmt oder von ihr vornehmen lässt oder diese Person zur Vornahme oder Duldung sexueller Handlungen an oder von einem Dritten bestimmt, wenn

1. der Täter ausnutzt, dass die Person nicht in der Lage ist, einen entgegenstehenden Willen zu bilden oder zu äußern,
2. der Täter ausnutzt, dass die Person auf Grund ihres körperlichen oder psychischen Zustands in der Bildung oder Äußerung des Willens erheblich eingeschränkt ist, es sei denn, er hat sich der Zustimmung dieser Person versichert,
3. der Täter ein Überraschungsmoment ausnutzt,
4. der Täter eine Lage ausnutzt, in der dem Opfer bei Widerstand ein empfindliches Übel droht, oder
5. der Täter die Person zur Vornahme oder Duldung der sexuellen Handlung durch Drohung mit einem empfindlichen Übel genötigt hat.

(3) Der Versuch ist strafbar.

(4) Auf Freiheitsstrafe nicht unter einem Jahr ist zu erkennen, wenn die Unfähigkeit, einen Willen zu bilden oder zu äußern, auf einer Krankheit oder Behinderung des Opfers beruht.

(5) Auf Freiheitsstrafe nicht unter einem Jahr ist zu erkennen, wenn der Täter

1. gegenüber dem Opfer Gewalt anwendet,
2. dem Opfer mit gegenwärtiger Gefahr für Leib oder Leben droht oder
3. eine Lage ausnutzt, in der das Opfer der Einwirkung des Täters schutzlos ausgeliefert ist.

(6) [1]In besonders schweren Fällen ist auf Freiheitsstrafe nicht unter zwei Jahren zu erkennen. [2]Ein besonders schwerer Fall liegt in der Regel vor, wenn

1. der Täter mit dem Opfer den Beischlaf vollzieht oder vollziehen lässt oder ähnliche sexuelle Handlungen an dem Opfer vornimmt oder von ihm vornehmen lässt, die dieses besonders erniedrigen, insbesondere wenn sie mit einem Eindringen in den Körper verbunden sind (Vergewaltigung), oder
2. die Tat von mehreren gemeinschaftlich begangen wird.

(7) Auf Freiheitsstrafe nicht unter drei Jahren ist zu erkennen, wenn der Täter

1. eine Waffe oder ein anderes gefährliches Werkzeug bei sich führt,
2. sonst ein Werkzeug oder Mittel bei sich führt, um den Widerstand einer anderen Person durch Gewalt oder Drohung mit Gewalt zu verhindern oder zu überwinden, oder
3. das Opfer in die Gefahr einer schweren Gesundheitsschädigung bringt.

(8) Auf Freiheitsstrafe nicht unter fünf Jahren ist zu erkennen, wenn der Täter

1. bei der Tat eine Waffe oder ein anderes gefährliches Werkzeug verwendet oder
2. das Opfer
   a) bei der Tat körperlich schwer misshandelt oder
   b) durch die Tat in die Gefahr des Todes bringt.

(9) In minder schweren Fällen der Absätze 1 und 2 ist auf Freiheitsstrafe von drei Monaten bis zu drei Jahren, in minder schweren Fällen der Absätze 4 und 5 ist auf Freiheitsstrafe von sechs Monaten bis zu zehn Jahren, in minder schweren Fällen der Absätze 7 und 8 ist auf Freiheitsstrafe von einem Jahr bis zu zehn Jahren zu erkennen.

§ 232 StGB Menschenhandel

(1) [1]Mit Freiheitsstrafe von sechs Monaten bis zu fünf Jahren wird bestraft, wer eine andere Person unter Ausnutzung ihrer persönlichen oder wirtschaftlichen Zwangslage oder ihrer Hilflosigkeit, die mit dem Aufenthalt in einem fremden Land verbunden ist, oder wer eine andere Person unter einundzwanzig Jahren anwirbt, befördert, weitergibt, beherbergt oder aufnimmt, wenn

1. diese Person ausgebeutet werden soll
   a) bei der Ausübung der Prostitution oder bei der Vornahme sexueller Handlungen an oder vor dem Täter oder einer dritten Person oder bei der Duldung sexueller Handlungen an sich selbst durch den Täter oder eine dritte Person,
   b) durch eine Beschäftigung,
   c) bei der Ausübung der Bettelei oder
   d) bei der Begehung von mit Strafe bedrohten Handlungen durch diese Person,
2. diese Person in Sklaverei, Leibeigenschaft, Schuldknechtschaft oder in Verhältnissen, die dem entsprechen oder ähneln, gehalten werden soll oder
3. dieser Person rechtswidrig ein Organ entnommen werden soll.

[2]Ausbeutung durch eine Beschäftigung im Sinne des Satzes 1 Nummer 1 Buchstabe b liegt vor, wenn die Beschäftigung aus rücksichtslosem Gewinnstreben zu Arbeitsbedingungen erfolgt, die in einem auffälligen Missverhältnis zu den Arbeitsbedingungen solcher Arbeitnehmer stehen, welche der gleichen oder einer vergleichbaren Beschäftigung nachgehen (ausbeuterische Beschäftigung).

(2) Mit Freiheitsstrafe von sechs Monaten bis zu zehn Jahren wird bestraft, wer eine andere Person, die in der in Absatz 1 Satz 1 Nummer 1 bis 3 bezeichneten Weise ausgebeutet werden soll,

1. mit Gewalt, durch Drohung mit einem empfindlichen Übel oder durch List anwirbt, befördert, weitergibt, beherbergt oder aufnimmt oder
2. entführt oder sich ihrer bemächtigt oder ihrer Bemächtigung durch eine dritte Person Vorschub leistet.

(3) [1]In den Fällen des Absatzes 1 ist auf Freiheitsstrafe von sechs Monaten bis zu zehn Jahren zu erkennen, wenn

1. das Opfer zur Zeit der Tat unter achtzehn Jahren alt ist,
2. der Täter das Opfer bei der Tat körperlich schwer misshandelt oder durch die Tat oder eine während der Tat begangene Handlung wenigstens leichtfertig in die Gefahr des Todes oder einer schweren Gesundheitsschädigung bringt oder
3. der Täter gewerbsmäßig handelt oder als Mitglied einer Bande, die sich zur fortgesetzten Begehung solcher Taten verbunden hat.

[2]In den Fällen des Absatzes 2 ist auf Freiheitsstrafe von einem Jahr bis zu zehn Jahren zu erkennen, wenn einer der in Satz 1 Nummer 1 bis 3 bezeichneten Umstände vorliegt.

(4) In den Fällen der Absätze 1, 2 und 3 Satz 1 ist der Versuch strafbar.

§ 232a StGB Zwangsprostitution

(1) Mit Freiheitsstrafe von sechs Monaten bis zu zehn Jahren wird bestraft, wer eine andere Person unter Ausnutzung ihrer persönlichen oder wirtschaftlichen Zwangslage oder ihrer Hilflosigkeit, die mit dem Aufenthalt in einem fremden Land verbunden ist, oder wer eine andere Person unter einundzwanzig Jahren veranlasst,

1. die Prostitution aufzunehmen oder fortzusetzen oder
2. sexuelle Handlungen, durch die sie ausgebeutet wird, an oder vor dem Täter oder einer dritten Person vorzunehmen oder von dem Täter oder einer dritten Person an sich vornehmen zu lassen.

(2) Der Versuch ist strafbar.

(3) Mit Freiheitsstrafe von einem Jahr bis zu zehn Jahren wird bestraft, wer eine andere Person mit Gewalt, durch Drohung mit einem empfindlichen Übel oder durch List zu der Aufnahme oder Fortsetzung der Prostitution oder den in Absatz 1 Nummer 2 bezeichneten sexuellen Handlungen veranlasst.

(4) In den Fällen des Absatzes 1 ist auf Freiheitsstrafe von einem Jahr bis zu zehn Jahren und in den Fällen des Absatzes 3 auf Freiheitsstrafe nicht unter einem Jahr zu erkennen, wenn einer der in § 232 Absatz 3 Satz 1 Nummer 1 bis 3 bezeichneten Umstände vorliegt.

(5) In minder schweren Fällen des Absatzes 1 ist auf Freiheitsstrafe von drei Monaten bis zu fünf Jahren zu erkennen, in minder schweren Fällen der Absätze 3 und 4 auf Freiheitsstrafe von sechs Monaten bis zu zehn Jahren.

(6) [1]Mit Freiheitsstrafe von drei Monaten bis zu fünf Jahren wird bestraft, wer an einer Person, die Opfer

1. eines Menschenhandels nach § 232 Absatz 1 Satz 1 Nummer 1 Buchstabe a, auch in Verbindung mit § 232 Absatz 2, oder
2. einer Tat nach den Absätzen 1 bis 5

geworden ist und der Prostitution nachgeht, gegen Entgelt sexuelle Handlungen vornimmt oder von ihr an sich vornehmen lässt und dabei deren persönliche oder wirtschaftliche Zwangslage oder deren Hilflosigkeit, die mit dem Aufenthalt in einem fremden Land verbunden ist, ausnutzt. [2]Verkennt der Täter bei der sexuellen Handlung zumindest leichtfertig die Umstände des Satzes 1 Nummer 1 oder 2 oder die persönliche oder wirtschaftliche Zwangslage des Opfers oder dessen Hilfslosigkeit, so ist die Strafe Freiheitsstrafe bis zu drei Jahren oder Geldstrafe. [3]Nach den Sätzen 1 und 2 wird nicht bestraft, wer eine Tat nach Satz 1 Nummer 1 oder 2, die zum Nachteil der Person, die nach Satz 1 der Prostitution nachgeht, begangen wurde, freiwillig bei der zuständigen Behörde anzeigt oder freiwillig eine solche Anzeige veranlasst, wenn nicht diese Tat zu diesem Zeitpunkt ganz oder zum Teil bereits entdeckt war und der Täter dies wusste oder bei verständiger Würdigung der Sachlage damit rechnen musste.

§ 232b StGB Zwangsarbeit

(1) Mit Freiheitsstrafe von sechs Monaten bis zu zehn Jahren wird bestraft, wer eine andere Person unter Ausnutzung ihrer persönlichen oder wirtschaftlichen Zwangslage oder ihrer Hilflosigkeit, die mit dem Aufenthalt in einem fremden Land verbunden ist, oder wer eine andere Person unter einundzwanzig Jahren veranlasst,

1. eine ausbeuterische Beschäftigung (§ 232 Absatz 1 Satz 2) aufzunehmen oder fortzusetzen,
2. sich in Sklaverei, Leibeigenschaft, Schuldknechtschaft oder in Verhältnisse, die dem entsprechen oder ähneln, zu begeben oder
3. die Bettelei, bei der sie ausgebeutet wird, aufzunehmen oder fortzusetzen.

(2) Der Versuch ist strafbar.

(3) Mit Freiheitsstrafe von einem Jahr bis zu zehn Jahren wird bestraft, wer eine andere Person mit Gewalt, durch Drohung mit einem empfindlichen Übel oder durch List veranlasst,

1. eine ausbeuterische Beschäftigung (§ 232 Absatz 1 Satz 2) aufzunehmen oder fortzusetzen,
2. sich in Sklaverei, Leibeigenschaft, Schuldknechtschaft oder in Verhältnisse, die dem entsprechen oder ähneln, zu begeben oder
3. die Bettelei, bei der sie ausgebeutet wird, aufzunehmen oder fortzusetzen.

(4) § 232a Absatz 4 und 5 gilt entsprechend.

§ 233 StGB Ausbeutung der Arbeitskraft

(1) Mit Freiheitsstrafe bis zu drei Jahren oder mit Geldstrafe wird bestraft, wer eine andere Person unter Ausnutzung ihrer persönlichen oder wirtschaftlichen Zwangslage oder ihrer Hilflosigkeit, die mit dem Aufenthalt in einem fremden Land verbunden ist, oder wer eine andere Person unter einundzwanzig Jahren ausbeutet

1. durch eine Beschäftigung nach § 232 Absatz 1 Satz 2,
2. bei der Ausübung der Bettelei oder
3. bei der Begehung von mit Strafe bedrohten Handlungen durch diese Person.

(2) Auf Freiheitsstrafe von sechs Monaten bis zu zehn Jahren ist zu erkennen, wenn

1. das Opfer zur Zeit der Tat unter achtzehn Jahren alt ist,
2. der Täter das Opfer bei der Tat körperlich schwer misshandelt oder durch die Tat oder eine während der Tat begangene Handlung wenigstens leichtfertig in die Gefahr des Todes oder einer schweren Gesundheitsschädigung bringt,
3. der Täter das Opfer durch das vollständige oder teilweise Vorenthalten der für die Tätigkeit des Opfers üblichen Gegenleistung in wirtschaftliche Not bringt oder eine bereits vorhandene wirtschaftliche Not erheblich vergrößert oder
4. der Täter als Mitglied einer Bande handelt, die sich zur fortgesetzten Begehung solcher Taten verbunden hat.

(3) Der Versuch ist strafbar.

(4) In minder schweren Fällen des Absatzes 1 ist auf Freiheitsstrafe bis zu zwei Jahren oder auf Geldstrafe zu erkennen, in minder schweren Fällen des Absatzes 2 auf Freiheitsstrafe von drei Monaten bis zu fünf Jahren.

(5) [1]Mit Freiheitsstrafe bis zu zwei Jahren oder mit Geldstrafe wird bestraft, wer einer Tat nach Absatz 1 Nummer 1 Vorschub leistet durch die

1. Vermittlung einer ausbeuterischen Beschäftigung (§ 232 Absatz 1 Satz 2),
2. Vermietung von Geschäftsräumen oder
3. Vermietung von Räumen zum Wohnen an die auszubeutende Person.

[2]Satz 1 gilt nicht, wenn die Tat bereits nach anderen Vorschriften mit schwererer Strafe bedroht ist.

§ 238 StGB Nachstellung

(1) Mit Freiheitsstrafe bis zu drei Jahren oder mit Geldstrafe wird bestraft, wer einer anderen Person in einer Weise unbefugt nachstellt, die geeignet ist, deren Lebensgestaltung nicht unerheblich zu beeinträchtigen, indem er wiederholt

1. die räumliche Nähe dieser Person aufsucht,
2. unter Verwendung von Telekommunikationsmitteln oder sonstigen Mitteln der Kommunikation oder über Dritte Kontakt zu dieser Person herzustellen versucht,
3. unter missbräuchlicher Verwendung von personenbezogenen Daten dieser Person
   a) Bestellungen von Waren oder Dienstleistungen für sie aufgibt oder
   b) Dritte veranlasst, Kontakt mit ihr aufzunehmen,
4. diese Person mit der Verletzung von Leben, körperlicher Unversehrtheit, Gesundheit oder Freiheit ihrer selbst, eines ihrer Angehörigen oder einer anderen ihr nahestehenden Person bedroht,
5. zulasten dieser Person, eines ihrer Angehörigen oder einer anderen ihr nahestehenden Person eine Tat nach § 202a, § 202b oder § 202c begeht,
6. eine Abbildung dieser Person, eines ihrer Angehörigen oder einer anderen ihr nahestehenden Person verbreitet oder der Öffentlichkeit zugänglich macht,
7. einen Inhalt (§ 11 Absatz 3), der geeignet ist, diese Person verächtlich zu machen oder in der öffentlichen Meinung herabzuwürdigen, unter Vortäuschung der Urheberschaft der Person verbreitet oder der Öffentlichkeit zugänglich macht oder
8. eine mit den Nummern 1 bis 7 vergleichbare Handlung vornimmt.

(2) [1]In besonders schweren Fällen des Absatzes 1 Nummer 1 bis 7 wird die Nachstellung mit Freiheitsstrafe von drei Monaten bis zu fünf Jahren bestraft. [2]Ein besonders schwerer Fall liegt in der Regel vor, wenn der Täter

1. durch die Tat eine Gesundheitsschädigung des Opfers, eines Angehörigen des Opfers oder einer anderen dem Opfer nahestehenden Person verursacht,
2. das Opfer, einen Angehörigen des Opfers oder eine andere dem Opfer nahestehende Person durch die Tat in die Gefahr des Todes oder einer schweren Gesundheitsschädigung bringt,
3. dem Opfer durch eine Vielzahl von Tathandlungen über einen Zeitraum von mindestens sechs Monaten nachstellt,
4. bei einer Tathandlung nach Absatz 1 Nummer 5 ein Computerprogramm einsetzt, dessen Zweck das digitale Ausspähen anderer Personen ist,
5. eine durch eine Tathandlung nach Absatz 1 Nummer 5 erlangte Abbildung bei einer Tathandlung nach Absatz 1 Nummer 6 verwendet,
6. einen durch eine Tathandlung nach Absatz 1 Nummer 5 erlangten Inhalt (§ 11 Absatz 3) bei einer Tathandlung nach Absatz 1 Nummer 7 verwendet oder
7. über einundzwanzig Jahre ist und das Opfer unter sechzehn Jahre ist.

(3) Verursacht der Täter durch die Tat den Tod des Opfers, eines Angehörigen des Opfers oder einer anderen dem Opfer nahestehenden Person, so ist die Strafe Freiheitsstrafe von einem Jahr bis zu zehn Jahren.

§ 239b StGB Geiselnahme

(1) Wer einen Menschen entführt oder sich eines Menschen bemächtigt, um ihn oder einen Dritten durch die Drohung mit dem Tod oder einer schweren Körperverletzung (§ 226) des Opfers oder mit dessen Freiheitsentziehung von über einer Woche Dauer zu einer Handlung, Duldung oder Unterlassung zu nötigen, oder wer die von ihm durch eine solche Handlung geschaffene Lage eines Menschen zu einer solchen Nötigung ausnutzt, wird mit Freiheitsstrafe nicht unter fünf Jahren bestraft.

(2) § 239a Abs. 2 bis 4 gilt entsprechend.

§ 255 StGB Räuberische Erpressung

Wird die Erpressung durch Gewalt gegen eine Person oder unter Anwendung von Drohungen mit gegenwärtiger Gefahr für Leib oder Leben begangen, so ist der Täter gleich einem Räuber zu bestrafen.

§ 14 Gleichstellungen

(1) Einer Gewalttat stehen gleich:

1. **die vorsätzliche Beibringung von Gift,**
2. **das Fehlgehen der Gewalttat, so dass sie eine andere Person trifft als die Person, gegen die sie gerichtet war,**
3. **ein Angriff in der irrtümlichen Annahme des Vorliegens eines Rechtfertigungsgrundes,**
4. **die wenigstens fahrlässige Herbeiführung einer Gefahr für Leib und Leben eines anderen durch ein mit gemeingefährlichen Mitteln begangenes Verbrechen,**
5. **die erhebliche Vernachlässigung von Kindern und**
6. **die Herstellung, Verbreitung und öffentliche Zugänglichmachung von Kinderpornografie nach § 184b Absatz 1 Satz 1 Nummer 1, 3 und 4 des Strafgesetzbuchs.**

(2) [1]Den Opfern von Gewalttaten stehen Personen gleich, die in Folge des Miterlebens der Tat oder des Auffindens des Opfers eine gesundheitliche Schädigung erlitten haben. [2]Den Opfern von Gewalttaten stehen weiterhin Personen gleich, die durch die Überbringung der Nachricht vom Tode oder der schwerwiegenden Verletzung des Opfers eine gesundheitliche Schädigung erlitten haben, wenn zwischen diesen Personen und dem Opfer im Sinne des § 13 oder des Absatzes 1 eine enge emotionale Beziehung besteht. [3]Eine solche Beziehung besteht in der Regel mit Angehörigen und Nahestehenden.

A. Gesetzesgeschichte

I. Bisheriges Recht

1 Mit dem G-SER vom 12.12.2019[1] ist das Soziale Entschädigungsrecht in zentralen Teilen **mit Wirkung zum 1.1.2024**[2] neu geordnet worden (vgl. im Einzelnen → Vor § 1 Rn. 7 ff.). Die Entschädigung für Opfer von Gewalttaten ist künftig Gegenstand von Kapitel 2 Abschnitt 2 Unterabschnitt 1 des SGB XIV (§§ 13 ff.). Die Definition der Gewalttat als schädigendes Ereignis ist durch die Einbeziehung psychischer Gewalttaten (§ 13 Abs. 1 Nr. 2, Abs. 2 SGB XIV) und die Erweiterung der Gleichstellungssachverhalte (insbes. § 14 Abs. 1 Nr. 5 und 6 SGB XIV) erheblich erweitert worden. Bei Schädigungen in der Zeit **bis zum 31.12.2013** ist der Anspruch auf Leistungen gem. **§ 138** Abs. 1 SGB XIV über dieses Datum hinaus davon abhängig, dass die Voraussetzungen nach dem OEG erfüllt werden. Das OEG ist durch Art. 3 G-SER und durch nachfolgende Gesetze noch vor seinem Außerkrafttreten geändert worden. Dadurch wurde ein Teil der in §§ 13 ff. SGB XIV enthaltenen Änderungen inhaltlich „vorgezogen" (→ § 13 Rn. 7, 9; → § 18 Rn. 2, 8). Das gilt jedoch nicht für die aus § 14 SGB XIV folgende Erweiterung der Gleichstellungssachverhalte. Diese greifen erst bei Schädigungen in der Zeit ab dem 1.1.2024 ein (→ § 138 Rn. 11).

2 Mit Art. 8 Abs. 7 Nr. 2 des Gesetzes zur Bekämpfung sexualisierter Gewalt gegen Kinder v. 16.6.2021[3] ist § 14 SGB XIV redaktionell an die Änderung des § 184b StGB angepasst worden, indem nach der Angabe „Absatz 1" die Angabe „Satz 1" eingefügt wurde. Im Übrigen wird wegen der Entstehungsgeschichte des OEG (→ § 13 Rn. 1 ff.) und der Entwicklung seit dem G-SEG (→ § 13 Rn. 7 ff.) auf die Kommentierung zu § 13 SGB XIV verwiesen.

II. Änderungen gegenüber dem OEG

3 Die in § 1 Abs. 2 Nr. 1 OEG geregelte Gleichstellung der vorsätzlichen **Beibringung von Gift** ist ab dem 1.1.2024 Gegenstand von § 14 Abs. 1 Nr. 1 SGB XIV. Die in § 14

1 BGBl. 2019 I 2652.
2 Art. 60 Abs. 7 G-SER.
3 BGBl. 2021 I 1810.

Abs. 1 Nr. 2 SGB XIV geregelten Fälle des **Fehlgehens** der Gewalttat werden bis zum 31.12.2023 durch die in § 1 Abs. 1 S. 1 OEG enthaltene Wendung „oder eine andere Person" erfasst. Die Einbeziehung von Angriffen in der **irrtümlichen Annahme eines Rechtfertigungsgrundes** (§ 14 Abs. 1 Nr. 3 SGB XIV) folgt bisher aus § 1 Abs. 1 S. 2 OEG und die Gleichstellung der wenigstens fahrlässig herbeigeführten Gefahr für Leib und Leben eines anderen durch ein **mit gemeingefährlichen Mitteln begangenes Verbrechen** (§ 14 Abs. 1 Nr. 4) aus § 1 Abs. 2 Nr. 2 OEG. Wesentliche inhaltliche Änderungen folgen aus all dem nicht.

4 Unter Geltung des OEG ist nicht jede erhebliche **Vernachlässigung von Kindern** und jede missbräuchliche Ausübung der elterlichen Sorge, die das körperliche, geistige oder seelische Wohl des Kindes gefährdet, geeignet, Entschädigungsansprüche auszulösen.[4] Auch ausgeprägtes Fehlverhalten von Sorgeberechtigten wird nur in solchen Fällen als Gewalttat angesehen, in denen eine körperliche Misshandlung oder sexueller Missbrauch vorliegt. Im Gegensatz dazu stellt **§ 14 Abs. 1 Nr. 5** SGB XIV die erhebliche Vernachlässigung von Kindern einer Gewalttat gleich. Die praktischen Auswirkungen dieser Änderung sind gravierend, weil es sich dabei um ein Massenphänomen handeln dürfte.

5 Auch die Gleichstellung der „Herstellung, Verbreitung und öffentlichen **Zugänglichmachung von Kinderpornografie** nach § 184b Abs. 1 S. 1 Nr. 1, 3 und 4 StGB" (**§ 14 Abs. 1 Nr. 6** SGB XIV) mit einer Gewalttat hat keine Entsprechung im OEG. Bezogen auf die Zahl der Betroffenen dürfte die praktische Bedeutung des Gleichstellungstatbestands nach § 14 Abs. 1 Nr. 6 SGB XIV erheblich geringer sein, als die des § 14 Abs. 1 Nr. 5 SGB XIV. Allerdings ist wegen der Weite des in Bezug genommenen Straftatbestands ebenfalls mit erheblichen Schwierigkeiten in der praktischen Anwendung der Regelung zu rechnen (→ Rn. 46).

6 Rechtlicher Anknüpfungspunkt für die Einbeziehung der Opfer sog. **Schockschäden** war unter Geltung des § 1 Abs. 1 S. 1 OEG die Wendung „oder eine andere Person". Eine entsprechende Formulierung enthält § 13 SGB XIV nicht mehr. **14 Abs. 2** SGB XIV greift die in der Rspr. des BSG zum sog. Schockschaden entwickelten Kriterien auf.[5]

B. Normsystematik

I. Allgemeiner Regelungsgehalt

7 Mit § 14 werden eine Reihe von Tatbeständen einer Gewalttat gleichgestellt. Die Gleichstellungsachverhalte **erweitern** die in § 13 SGB XIV geregelten Entschädigungstatbestände (körperliche und psychische Gewalttaten). Während die Gleichstellungstatbestände nach § 14 Abs. 1 Nr. 1 bis 4 SGB XIV grundsätzlich bereits in § 1 Abs. 1 und 2 OEG enthalten waren und deshalb keine wesentliche inhaltliche Änderung gegenüber der Rechtslage unter Geltung des OEG bewirken und § 14 Abs. 2 SGB XIV im Wesentlichen die bereits unter Geltung des OEG entwickelte Rspr. zum sog. **Schockschaden** kodifiziert, werden durch die Gleichstellung der erheblichen **Vernachlässigung von Kindern** (§ 14 Abs. 1 Nr. 5 SGB XIV) und die Gleichstellung der Herstellung, Verbreitung und öffentliche Zugänglichmachung von **Kinderpornografie** nach § 184b Abs. 1 S. 1 Nr. 1, 3 und 4 StGB (§ 14 Abs. 1 Nr. 6 SGB XIV) ganz neue bisher nicht berücksichtigte Sachverhalte in das soziale Entschädigungsrecht einbezogen.

4 BSG Urt. v. 17.4.2013 – B 9 V 3/12 R, juris Rn. 30; BSG Beschl. v. 23.3.2015 – B 9 V 48/14 B, JAmt 2015, 335 = juris Rn. 26; BSG Beschl. v. 29.5.2019 – B 9 V 15/19 B, juris Rn. 9.

5 Vgl. BT-Drs. 19/13824, 177.

II. Systematische Einordnung

Bei den Gewalttaten, die in § 13 SGB XIV definiert werden, handelt es sich um eines der vier in § 1 Abs. 2 SGB XIV bezeichneten **schädigenden Ereignisse**, die Ansprüche der sozialen Entschädigung nach dem SGB XIV auslösen können. § 14 SGB XIV stellt näher definierte Ereignisse den Gewalttaten nach § 13 SGB XIV gleich. Dabei ergeben sich teilweise Überschneidungen, so dass bestimmte Ereignisse etwa im Zusammenhang mit der Beibringung von Gift sowohl die Voraussetzungen einer Gewalttat als auch die eines Gleichstellungssachverhalts erfüllen können. 8

III. Normzweck

Durch die **Gleichstellung** von Ereignissen gem. § 14 SGB XIV mit einer Gewalttat werden die Geschädigten den Opfern von Gewalttaten gleichgestellt. Die Gleichstellung bezieht sich in erster Linie auf Sachverhalte mit besonderer **Nähe zur Gewaltkriminalität**. Teilweise liegt bei Erfüllung dieser Tatbestände gleichzeitig eine körperliche Gewalttat iSd § 13 Abs. 1 Nr. 1 SGB XIV vor. Das trifft in besonderer Weise für die Beibringung von Gift nach § 14 Abs. 1 Nr. 1 SGB XIV und die wenigstens fahrlässige Herbeiführung einer Gefahr für Leib und Leben eines anderen durch ein mit gemeingefährlichen Mitteln begangenes Verbrechen nach § 14 Abs. 1 Nr. 4 SGB XIV zu. Allerdings wird teilweise auf das Erfordernis des Vorsatzes verzichtet (§ 14 Abs. 1 Nr. 2, 3 und 5 SGB XIV). 9

Von anderen Gleichstellungssachverhalten unterscheidet sich § 14 Abs. 1 Nr. 5 SGB XIV (erhebliche **Vernachlässigung von Kindern**) dadurch, dass dieser keine vergleichbare Nähe zur Gewaltkriminalität aufweist. Auch wenn das in der Gesetzesbegründung,[6] in der von einer Klarstellung die Rede ist, eher kaschiert wird, geht es hier um die Erweiterung des Anwendungsbereichs auf bisher vom OEG nicht erfasste Sachverhalte (vgl. dazu → Rn. 29 ff.). Ähnliches gilt für die in § 14 Abs. 1 Nr. 6 SGB XIV geregelte Gleichstellung der Herstellung, Verbreitung und öffentlichen Zugänglichmachung von **Kinderpornografie** nach § 184b Abs. 1 S. 1 Nr. 1, 3 und 4 StGB, wobei hier nicht mit einer vergleichbaren Zahl von Geschädigten mit gravierenden und dauerhaften gesundheitlichen Schädigungen zu rechnen ist, wie nach § 14 Abs. 1 Nr. 5 SGB XIV (vgl. dazu → Rn. 47). 10

C. Einzelkommentierung

I. Vorsätzliche Beibringung von Gift (Abs. 1 Nr. 1)

Abs. 1 Nr. 1 stellt die vorsätzliche **Beibringung von Gift** einer Gewalttat iSd § 13 Abs. 1 SGB XIV gleich. Hintergrund der Regelung, die seit Inkrafttreten des OEG inhaltlich nicht verändert wurde und die aus § 1 Abs. 2 Nr. 1 OEG in § 14 Abs. 1 Nr. 1 SGB XIV übernommen wurde, war die Überlegung, dass die möglichen schweren Tatfolgen die Vergiftung so stark in die Nähe der Gewaltkriminalität rücken, dass die Einbeziehung in die Entschädigungsregelung geboten erscheint.[7] Die Vorschrift beschränkt sich auf die Beibringung von Gift und damit auf Stoffe, die durch chemische oder chemisch-physikalische Wirkung die Gesundheit zu schädigen geeignet sind,[8] während die vergleichbare Strafvorschrift des § 224 Abs. 1 Nr. 1 StGB neben der Beibringung von Gift auch die Beibringung von „anderen gesundheitsschädlichen Stoffen" und damit zB auch von mechanisch wirkenden Stoffen wie zerstoßenem Glas einschließt. Nach Auffassung des BSG[9] spricht deshalb einiges dafür, dass auch die Beibringung von Krankheitserregern (HI-Viren, die eine **AIDS**-Erkrankung auslösen 11

6 Vgl. BT-Drs. 19/13824, 176 f.
7 Vgl. BT-Drs. 7/2506, 14.
8 Vgl. Lackner/Kühl, 29. Aufl. 2018, StGB § 224 Rn. 1a.
9 Zu § 1 Abs. 2 Nr. 1 OEG: BSG Urt. v. 18.10.1995 – 9 RVg 5/95, BSGE 77, 18.

können) nicht unter diesen Gleichstellungssachverhalt zu subsumieren ist. Im Ergebnis konnte das BSG diese Frage aber offenlassen, weil es in der Beibringung von lebensgefährlichen Krankheitserregern, die strafrechtlich als gefährliche Körperverletzung durch aktives Handeln beurteilt wird, einen tätlichen Angriff im Sinne von § 1 Abs. 1 OEG gesehen hat, ohne dass es auf eine besondere feindselige Einstellung des Täters als innere Tatsache ankäme. Gift iSd § 1 Abs. 2 Nr. 1 OEG kann auch das im Rahmen einer ärztlichen Behandlung verschriebene Medikament als Heilmittel in vorsätzlich falscher Dosierung sein.[10]

12 Aufgrund der Auslegung, die der Begriff des tätlichen Angriffs erfahren hat, kam bereits § 1 Abs. 2 Nr. 1 OEG nur noch eingeschränkte **Bedeutung** zu. Unter Geltung des SGB XIV trifft das in ähnliche Weise zu (zu der Frage, ob die Gleichstellung nach § 14 Abs. 1 Nr. 1 SGB XIV von der der Rechtswidrigkeit abhängt → Rn. 16). Sowohl die vorsätzliche Beibringung von Gift als auch die von § 14 Abs. 1 Nr. 1 SGB XIV nicht erfasste vorsätzliche Beibringung von anderen gesundheitsschädlichen Stoffen dürften nach heutigem Verständnis regelmäßig als tätlicher Angriff iSd § 13 Abs. 1 Nr. 1 SGB XIV und damit als körperliche Gewalttat anzusehen sein.[11]

13 Praktische Bedeutung hat der Tatbestand der vorsätzlichen Beibringung von Gift allerdings im Zusammenhang mit der Verabreichung von Dopingsubstanzen an Sportler (vgl. dazu auch → § 13 Rn. 64) erlangt.[12] Für sog. **Dopingopfer aus der ehemaligen DDR** kamen in der Vergangenheit auch Ansprüche aus dem mit Ablauf des Jahres 2007 außer Kraft getretenen **Dopingopfer-Hilfegesetz**[13] in Betracht. Wenn Anspruchsberechtigte nach dem Dopingopfer-Hilfegesetz die Voraussetzungen des § 1 Abs. 2 Nr. 1 OEG erfüllten und kein Versagungsgrund nach § 2 OEG vorlag, konnte daneben ein Anspruch nach der Härteregelung des **§ 10a** Abs. 1 S. 2 OEG (ab 1.1.2024: § 138 Abs. 5 S. 3 SGB XIV) bestehen.[14] Nach einem Rundschreiben des Bundesministeriums für Gesundheit und Soziale Sicherung vom 25.10.2004[15] waren die nach dem Dopingopfer-Hilfegesetz gewährten Leistungen nicht auf Leistungen nach dem OEG anzurechnen. Zur Begründung wird ausgeführt, dass die Leistungen nach dem Dopingopfer-Hilfegesetz keinen Entschädigungscharakter hätten, sondern aus humanitären Gründen gewährt würden. Am 3.7.2016 ist das **Zweite Dopingopfer-Hilfegesetz**[16] in Kraft und mit Ablauf des Jahres 2020 wieder außer Kraft getreten. Anträge nach diesem Gesetz konnten bis zum 31.12.2019 gestellt werden. Personen, die bereits finanzielle Hilfen aus dem „Ersten" Dopingopfer-Hilfegesetz vom 24.8.2002 erhalten haben, waren nach § 2 Abs. 3 des Zweiten Dopingopferhilfegesetzes nicht erneut anspruchsberechtigt. Nach § 8 Abs. 1 des Zweiten Dopingopferhilfegesetzes blieben Ansprüche wegen desselben Lebenssachverhalts aus anderen Rechtsgründen unberührt. Aufgrund solcher Ansprüche bereits gewährte Leistungen wurden nicht auf die Leistungen nach dem Zweiten Dopingopferhilfegesetz angerechnet.

14 Auch Wirkstoffe, die bei entsprechender medizinischer Indikation und in der dafür vorgesehenen Dosierung heilende Wirkung haben können, können etwa bei der zweckwidrigen Verwendung als Dopingmittel Gift iSd § 14 Abs. 1 Nr. 1 SGB XIV sein.

10 LSG NRW 15.12.2004 – L 10 VG 22/04.
11 Zu § 1 OEG ebenso Gelhausen/Weiner/Weiner, 7. Aufl. 2021, OEG § 1 Rn. 84; vgl. BSG Urt. v. 18.10.1995 – 9 RVg 5/95, BSGE 77, 18.
12 Vgl. LSG LSA Urt. v. 22.3.2017 – L 7 VE 12/15, juris Rn. 62.
13 Gesetz über eine finanzielle Hilfe für Doping-Opfer der DDR vom 24.8.2002, BGBl. I 3410, vgl. dazu im Einzelnen: Rixen, Soziale Entschädigung nach dem Dopingopfer-Hilfegesetz, SGb 2003, 319.
14 Vgl. LSG LSA Urt. v. 22.3.2017 – L 7 VE 12/15, juris Rn. 61; LSG Bln-Bbg Urt. v. 13.7.2016 – L 13 VG 10/14, juris Rn. 29.
15 432 – 62 013.
16 Zweites Gesetz über eine finanzielle Hilfe für Dopingopfer der DDR vom v. 28.6.2016, BGBl. 2016 I 1546.

Dafür genügt zwar nicht der Einsatz eines **Medikaments** außerhalb des Indikationsgebietes, für das es zugelassen ist, eine höhere als die empfohlene Dosierung oder die Verabreichung über einen besonders langen Zeitraum, wenn damit die Behandlung einer Gesundheitsstörung angestrebt wird (off label use). Wenn ein Medikament aber nicht mit dem Ziel der Heilung oder der Behandlung einer Gesundheitsstörung verabreicht wird, sondern zur Leistungssteigerung bei Sportlern und wenn aus diesem Grund die bekannten Risiken und Nebenwirkungen, die regelmäßig mit der Einnahme von Medikamenten verbunden sind, in Kauf genommen werden, dann liegt darin regelmäßig eine Beibringung von Gift.[17]

Die Gleichstellung nach § 14 Abs. 1 Nr. 1 SGB XIV setzt ebenso wie die Gewalttat nach § 13 Abs. 1 SGB XIV **Vorsatz** voraus. Die bloß fahrlässige Erfüllung des Straftatbestands der Schweren Gefährdung durch Freisetzung von Giften (§ 330a StGB) rechtfertigt deshalb keine Gleichstellung mit einer Gewalttat iSd § 13 SGB Abs. 1 XIV.[18] 15

Dagegen erscheint fraglich, ob die Gleichstellung nach § 14 Abs. 1 Nr. 1 SGB XIV von der **Rechtswidrigkeit** abhängt: Während die vorsätzliche Beibringung von Gift nach § 1 Abs. 2 Nr. 1 OEG „einem tätlichen Angriff" gleichzustellen war, stellt § 14 Abs. 1 Nr. 1 SGB XIV die vorsätzliche Beibringung von Gift „einer Gewalttat" gleich. Sowohl die Legaldefinitionen der körperlichen als auch der psychischen Gewalttat in § 13 Abs. 1 Nr. 1 und Nr. 2 SGB XIV schließt die Rechtswidrigkeit ein. Insofern ist es konsequent, dass das Erfordernis der Vorsätzlichkeit der Tat in § 14 Abs. 1 Nr. 1 SGB XIV ausdrücklich genannt wird. Die Rechtswidrigkeit fordert § 14 Abs. 1 Nr. 1 SG XIV aber nicht. Gegen das Erfordernis der Rechtswidrigkeit spricht auch, dass mit der Vernachlässigung von Kindern nach § 14 Abs. 1 Nr. 5 SGB XIV auch an anderer Stelle nicht rechtswidriges Verhalten eindeutig von der Gleichstellung erfasst wird (→ Rn. 33). Andererseits war nach der Gesetzesbegründung zu § 14 Abs. 1 Nr. 1 SGB XIV eine inhaltliche Änderung nicht beabsichtigt.[19] Die Formulierung des § 14 Abs. 1 Nr. 1 SGB XIV ist wörtlich aus § 1 Abs. 2 Nr. 1 OEG übernommen worden (allerdings ohne zu berücksichtigen, dass nach § 14 SGB XIV die Gleichstellung mit einer Gewalttat iSd § 13 Abs. SGB XIV und nicht „nur" mit einem tätlichen Angriff iSd § 1 Abs. 1 S. 1 OEG erfolgt). Unter Geltung des OEG war die Rechtswidrigkeit Voraussetzung für die Gleichstellung.[20] Es ist deshalb nicht auszuschließen, dass der fehlenden Erwähnung der Rechtswidrigkeit als Voraussetzung für die Gleichstellung nach § 14 Abs. 1 Nr. 1 SGB XIV ein redaktionelles Versehen zugrunde liegt; der Wortlaut und die Systematik sprechen indessen dafür, dass die Gleichstellung nach § 14 Abs. 1 Nr. 1 SGB XIV kein rechtswidriges Handeln voraussetzt (zu der ebenfalls bestehenden Unklarheit bezogen auf Nr. 6 → Rn. 45). Letztlich dürfte es darauf indes vielfach nicht ankommen, jedenfalls soweit die Einwilligung als Rechtfertigungsgrund in Frage steht. So ist eine Einwilligung zB des Sportlers in die Einnahme von Dopingmitteln ohnehin nur ausnahmsweise wirksam[21] und ändert damit häufig nichts an der Rechtswidrigkeit. Unabhängig davon wird eine Einwilligung auf der Ebene der Ausschluss- und Versagungsgründe nach §§ 16, 17 SGB XIV zu berücksichtigen sein (vgl. auch → § 13 Rn. 64, → § 16 Rn. 22). 16

17 So im Ergebnis auch: LSG LSA Urt. v. 22.3.2017 – L 7 VE 12/15, juris Rn. 62; SG Berlin Urt. v. 27.9.2013 – S 181 VG 167/07, SGb 2013, 718; ebenso: Dau jurisPR-SozR 2/2014 Anm. 6; aA Leube SGb 2013, 724 (725 f.).

18 Zur Gleichstellung einer Vergiftung durch das in Verkehr bringen von Holzschutzmitteln nach § 1 Abs. 2 Nr. 1 OEG vgl. BSG Urt. v. 28.4.1999 – B 9 VG 7/98 R.

19 Vgl. BT-Drs. 19/13824, 176: „Nummer 1 und 4 des Absatzes 1 entsprechen dem bisherigen § 1 Absatz 2 OEG."

20 Zu § 1 Abs. 2 Nr. 1 OEG vgl. HK-SozEntschR/Rademacker OEG § 1 Rn. 75.

21 Dieser steht regelmäßig die Sittenwidrigkeit der Tat entgegen, → § 13 Rn. 64.

17 Unter Geltung des OEG war umstritten, ob die Gleichstellung der Beibringung von Gift mit einem tätlichen Angriff voraussetzt, dass der Täter **feindselig** gehandelt hat. Weil die Beibringung von Gift nach § 1 Abs. 2 Nr. 1 OEG nicht nur der „Tätlichkeit" gleichgestellt wurde, sondern dem „tätlichen Angriff", sprach viel dafür, dass es nicht mehr auf die Feindseligkeit der Willensrichtung ankam.[22] § 14 Abs. 1 Nr. 1 SGB XIV unterscheidet sich davon insofern, als die vorsätzliche Beibringung von Gift nicht mehr dem „tätlichen Angriff", sondern noch weitergehend der – in § 13 Abs. 1 SGB XIV legal definierten – „Gewalttat" gleichgestellt wird. Damit dürfte auch klargestellt sein, dass die Gleichstellung nicht von der „Feindseligkeit" abhängt.

II. Aberratio ictus (Abs. 1 Nr. 2)

18 Nach der im Strafrecht herrschenden Meinung handelt der Täter nicht vorsätzlich, wenn ein Angriff fehlgeht, und der Täter statt des ausersehenen ein anderes gleichwertiges Objekt verletzt (**aberratio ictus**).[23] Strafrechtlich kommt in diesen Fällen nur Versuch ggf. in Tateinheit mit einer fahrlässig begangenen Straftat in Frage. Davon ist im Strafrecht die als **error in persona vel in obiecto** bezeichnete Verwechslung des Angriffsobjekts abzugrenzen, die den Vorsatz grundsätzlich nicht berührt, soweit das tatsächliche und das vorgestellte Tatobjekt tatbestandlich gleichwertig sind. Für die Frage, ob Entschädigungsansprüche nach dem SGB XIV bestehen, kommt es auf diese Unterscheidung nicht an, weil § 14 Abs. 1 Nr. 2 SGB XIV die im Strafrecht mit aberratio ictus bezeichnete Konstellation einer Gewalttat gleichstellt. Für Schädigungen in der Zeit bis zum 31.12.2023 folgt dies aus der Wendung **„oder eine andere Person"** in § 1 Abs. 1 OEG.[24] Unter dem Gesichtspunkt des Vorsatzes ist deshalb auch die Fallgestaltung unproblematisch, dass nicht festgestellt werden kann, ob der Täter auf eine bestimmte Person geschossen und eine andere Person getroffen hat oder ob er auf eine Menschengruppe geschossen und dabei billigend in Kauf genommen hat, dass irgendeine Person aus der Gruppe getroffen wird.[25] Dagegen liegt kein vorsätzlicher Angriff vor, wenn der Täter auf eine Sache schießen wollte und versehentlich eine Person trifft.[26]

III. Irrtümliche Annahme eines Rechtfertigungsgrundes (Abs. 1 Nr. 3)

19 Eine Gewalttat iSd § 13 Abs. 1 SGB XIV setzt ein **vorsätzliches** Verhalten voraus. Ausnahmen gelten nicht nur nach § 14 Abs. 1 Nr. 2 SGB XIV für den Fall des Fehlgehens der Gewalttat (→ Rn. 18), sondern auch für Fälle, in denen sich der Angreifer über Umstände eines anerkannten Rechtfertigungsgrundes irrt. Für Schädigungen in der Zeit bis zum 31.12.2023 folgt dies aus § 1 Abs. 1 S. 2 OEG und für die Zeit seit dem 1.1.2024 aus § 14 Abs. 1 Nr. 3 SGB XIV. In Fällen, in denen der Täter in der irrigen Annahme gehandelt hat, selbst angegriffen zu werden und daher zur Notwehr berechtigt zu sein (**„Putativnotwehr"**), handelt er zwar rechtswidrig; es fehlt aber nach hM am Vorsatz des Täters.[27] Um auch in derartigen Fällen, in denen der Täter einem **Erlaubnistatbestandsirrtum** unterliegt, die Entschädigung des Verletzten zu ermögli-

22 Andere Ansicht Dau jurisPR-SozR 2/2014 Anm. 6.
23 Vgl. zB Lackner/Kühl, 29. Aufl. 2018, StGB § 15 Rn. 12.
24 So auch ausdrücklich in den Motiven zum OEG: BT-Drs. 7/2506, 14.
25 Vgl. BSG Urt. v. 4.2.1998 – B 9 VG 5/96 R, BSGE 81, 288.
26 Vgl. zu einem Schuss in die Luft bzw. auf einen Baumstamm: BSG Urt. v. 22.6.1988 – 9/9a BVg 4/87, SozR 1500 § 128 Nr. 35; vgl. auch Hansen, Opferschutz für Dritte, ZfS 2006, 68 (69).
27 Vgl. BSG Urt. v. 12.2.2003 – B 9 VG 2/02 R, SozR 4-3800 § 1 Nr. 1; BSG Urt. v. 25.3.1999 – B 9 VG 5/97 R; BSG Urt. v. 10.9.1997 – 9 RVg 9/95, SozR 3-3800 § 2 Nr. 7; BGH Urt. v. 2.11.2011 – 2 StR 375/11, NStZ 2012, 272 = juris Rn. 21, 24; vgl. Lackner/Kühl, 29. Aufl. 2018, StGB § 17 Rn. 10 ff. mwN.

chen, regelt **§ 14 Abs. 1 Nr. 3** SGB XIV, dass eine Gewalttat auch vorliegt, wenn der Angreifer in der irrtümlichen Annahme von Voraussetzungen eines Rechtfertigungsgrundes gehandelt hat.[28]

IV. Mit gemeingefährlichen Mitteln begangene Verbrechen (Abs. 1 Nr. 4)

§ 14 Abs. 1 Nr. 4 SGB XIV stellt die wenigstens fahrlässige Herbeiführung einer Gefahr für Leib und Leben eines anderen durch ein mit gemeingefährlichen Mitteln begangenes Verbrechen der Gewalttat nach § 13 Abs. 1 SGB XIV gleich. Inhaltlich entspricht die Regelung § 1 Abs. 2 Nr. 2 OEG in der bis zum 31.12.2023 geltenden Fassung.[29] Mit dieser Gleichstellung soll der Tatsache Rechnung getragen werden, dass zB **Brandstiftung,** Überschwemmung oder **Sprengstoffanschläge** Personenschäden anrichten können, ohne dass sie gegen eine Person gerichtet sein müssen.[30] Da sich auch der tätliche Angriff nach § 13 Abs. 1 Nr. 1 SGB XIV nicht gegen eine bestimmte individualisierbare Person richten muss,[31] erfasst die Gleichstellung auch Sachverhalte, die bereits als körperliche Gewalttat anzusehen sind. § 14 Abs. 1 Nr. 4 SGB XIV bewirkt jedoch eine **Erweiterung** für bestimmte Fallgestaltungen, in denen kein vorsätzlicher tätlicher Angriff gegen Personen, sondern nur deren fahrlässig herbeigeführte Gefährdung vorliegt. Voraussetzung ist, dass die Gefährdung durch ein mit gemeingefährlichen Mitteln begangenes Verbrechen bedingt ist. Auf eine Aufzählung von Straftatbeständen, die mit gemeingefährlichen Mitteln begangen werden können, ist im Interesse einer möglichst einfachen und überschaubaren Regelung verzichtet worden.[32] Von praktischer Bedeutung sind in erster Linie die im 28. Abschnitt des StGB geregelten **gemeingefährlichen Straftaten,** wie zB Brandstiftung (§ 306),[33] Herbeiführung einer Sprengstoffexplosion (§ 308 StGB) sowie qualifizierte Begehungsweisen des Gefährlichen Eingriffs in den Bahn-, Schiffs- und Luftverkehr (§ 315 StGB) oder in den Straßenverkehr (§ 315b Abs. 3 StGB).[34] 20

Die in § 1 Abs. 2 Nr. 2 verwendeten Begriffe sind entsprechend den strafrechtlichen Begrifflichkeiten zu definieren. **„Gemeingefährliche Mittel"** sind in Übereinstimmung mit dem gleich lautenden Tatbestandsmerkmal in § 211 StGB solche, die nach ihrer Beschaffenheit und nach der Art ihrer Verwendung für eine unbestimmte Zahl anderer Personen die konkrete Möglichkeit einer Gefährdung von Leib und Leben geschaffen haben, wobei der Täter die Wirkung der von ihm entfesselten Kräfte nicht bestimmen und abgrenzen kann.[35] Ausreichend ist eine Gefährdung; der Eintritt einer konkreten Gefahr ist nicht erforderlich. Es ist auch nicht erforderlich, dass das eingesetzte Mittel seiner Natur nach gemeingefährlich ist.[36] Gemeingefährlichkeit in diesem Sinne ist in der Rspr. der Strafgerichte zB bejaht worden bei **Amokfahrten** mit dem Pkw über belebte Fußgängerbereiche[37] (zu Ansprüchen bei Gebrauch eines Kraftfahrzeugs vgl. auch → § 18), Brandstiftung,[38] Herbeiführung einer Überschwemmung sowie 21

---

28 Zu § 1 Abs. 2 Nr. 2 OEG vgl. BT-Drs. 7/2506, 14; BSG Urt. v. 25.3.1999 – B 9 VG 5/97 R, Die Leistungen Beilage 2000, 138.
29 Vgl. BT-Drs. 19/13824, 176, zu § 14.
30 Zu § 1 Abs. 2 Nr. 2 OEG vgl. BT-Drs. 7/2506, 14.
31 Zu § 1 Abs. 1 S. 1 OEG vgl. BSG Urt. v. 4.2.1998 – B 9 VG 5/96 R, BSGE 81, 288.
32 Zu § 1 Abs. 2 Nr. 2 OEG vgl. BT-Drs. 7/2506, 14.
33 Vgl. BSG Urt. v. 18.10.1995 – 9 RVg 1/93, SozR 3-3800 § 1 Nr. 5.
34 Vgl. BSG Urt. v. 10.12.2003 – B 9 VG 3/02 R, SozR 4-3800 § 1 Nr. 5.
35 Vgl. BT-Drs. 7/2506 S. 14; BSG Urt. v. 27.4.1989 – 9 RVg 1/88, SozR 3800 § 1 Nr. 13; BGH Beschl. v. 12.11.2019 – 2 StR 415/19, NStZ 2020, 284 = juris Rn. 7 mwN.
36 BGH Urt. v. 16.8.2005 – 4 StR 168/05, NStZ 2006, 167.
37 BGH Urt. v. 16.8.2005 – 4 StR 168/05, NStZ 2006, 167.
38 BGH Urt. v. 13.2.1985 – 3 StR 525/84, NJW 1985, 1477; BSG Urt. v. 18.10.1995 – 9 RVg 1/93.

beim Einsatz von Sprengstoffen oder Maschinenwaffen.[39] Nicht voll automatische Schusswaffen gehören dagegen allein wegen ihrer Gefährlichkeit noch nicht zu den gemeingefährlichen Mitteln.[40] Wenn sich eine Tat gegen eine Mehrzahl individualisierbarer Opfer richtet, ist ein mit gemeingefährlichen Mitteln begangenes Verbrechen ausgeschlossen;[41] in diesen Fällen greift aber § 13 Abs. 1 Nr. 1 SGB XIV (körperliche Gewalttat) ein.

22 Vorausgesetzt wird ferner die Begehung eines **Verbrechens**. Auch mit dem Begriff des Verbrechens wird an die strafrechtliche Terminologie angeknüpft.[42] Als Verbrechen im strafrechtlichen Sinn gelten gem. § 12 Abs. 1 StGB nur solche rechtswidrigen Taten, die im Mindestmaß mit einer Freiheitsstrafe von einem Jahr oder darüber bedroht sind. Da Verschärfungen oder Milderungen nach den Vorschriften des Allgemeinen Teils des StGB gem. § 12 Abs. 3 StGB für die Einordnung einer Straftat als Verbrechen außer Betracht bleiben, ist auch der **Versuch** einer solchen Straftat ein Verbrechen.[43] Dagegen sind Qualifikations- und Privilegierungstatbestände zu beachten. Deshalb ist zB ein Gefährlicher Eingriff in den Straßenverkehr nur dann ein Verbrechen, wenn die Qualifikation nach § 315b Abs. 3 iVm § 315 Abs. 3 StGB erfüllt ist (Absicht der Herbeiführung eines Unglücksfalles, Absicht der Ermöglichung oder Verdeckung einer anderen Straftat, Verursachung einer schweren Gesundheitsschädigung eines anderen Menschen oder Verursachung einer Gesundheitsschädigung einer großen Zahl von Menschen).[44]

23 Die nach § 14 Abs. 1 Nr. 4 SGB XIV erforderliche Begehung eines Verbrechens setzt voraus, dass der nach dem StGB zur Erfüllung des Straftatbestands erforderliche **Vorsatz** vorliegt. Wenn das Strafrecht die Einordnung eines Tatbestands als Verbrechen – wie zB bei dem Gefährlichen Eingriff in den Straßenverkehr – darüber hinausgehend von einer **Absicht** (zB zur Herbeiführung eines Unglücksfalls) des Täters abhängig macht, ist dies auch für Erfüllung der Voraussetzungen nach § 14 Abs. 1 Nr. 4 SGB XIV erforderlich.[45] Bei der Absicht ist der Wille des Täters gerade auf den Erfolg gerichtet; es kommt ihm auf den Erfolg an.[46] Der Nachweis einer Absicht kann besonders in Fällen Schwierigkeiten bereiten, in denen der Täter nicht ermittelt werden kann oder in denen die äußeren Umstände nicht zwingend den Schluss auf eine bestimmte Motivation des Täters zulassen[47] (allgemein zum Nachweis des Vorsatzes → § 13 Rn. 56 f.). Bei der Produktion und dem Vertrieb des Medikaments Contergan handelt es sich nach einer Entscheidung des LSG Nordrhein-Westfalen[48] nicht um ein vorsätzlich begangenes Verbrechen.

24 Bezogen auf die **„Gefahr für Leib und Leben** eines anderen", die von einem mit gemeingefährlichen Mitteln begangenen Verbrechen regelmäßig ausgeht, ist Vorsatz dagegen nicht erforderlich; vielmehr genügt **Fahrlässigkeit**. Fahrlässig handelt, wer entweder die Sorgfalt außer Acht lässt, zu der er nach den Umständen und seinen per-

39 Vgl. Fischer, 69. Aufl. 2022, StGB § 211 Rn. 60 mwN.
40 BGH 1.9.1992 – 1 StR 487/92, BGHSt 38, 353 = NJW 1993, 210; vgl. BSG Urt. v. 27.4.1989 – 9 RVg 1/88, SozR 3800 § 1 Nr. 13; Fischer, 69. Aufl. 2022, StGB § 211 Rn. 60, mwN.
41 BGH Beschl. v. 12.11.2019 – 2 StR 415/19, NStZ 2020, 284 = juris Rn. 7 mwN.
42 Zu § 1 Abs. 2 Nr. 2 OEG vgl. BSG Urt. v. 10.12.2003 – B 9 VG 3/02 R, SozR 4-3800 § 1 Nr. 5; BSG Urt. v. 18.10.1995 – 9 RVg 1/93, SozR 3-3800 § 1 Nr. 5.
43 Vgl. BSG Urt. v. 18.10.1995 – 9 RVg 1/93, SozR 3-3800 § 1 Nr. 5.
44 Vgl. Fischer, 69. Aufl. 2022, StGB § 315b Rn. 22, § 315 Rn. 21 ff.; BSG Urt. v. 10.12.2003 – B 9 VG 3/02 R, SozR 4-3800 § 1 Nr. 5.
45 Vgl. BSG Urt. v. 10.12.2003 – B 9 VG 3/02 R, SozR 4-3800 § 1 Nr. 5.
46 BGH Urt. v. 28.11.1962 – 3 StR 39/62, BGHSt 18, 151.
47 Zur Entfernung eines Gullydeckels vgl. BSG Urt. v. 10.12.2003 – B 9 VG 3/02 R, SozR 4-3800 § 1 Nr. 5.
48 Beschl. v. 22.2.2010 – L 10 (6) B 8/09 VG.

sönlichen Verhältnissen verpflichtet und fähig ist und deshalb die Tatbestandsverwirklichung nicht erkennt (unbewusste Fahrlässigkeit) oder wer die Tatbestandsverwirklichung für möglich hält, jedoch pflichtwidrig und vorwerfbar im Vertrauen darauf handelt, dass sie nicht eintreten werde (bewusste Fahrlässigkeit).[49] Die Vorsatz-Fahrlässigkeitskombination in § 1 Abs. 2 Nr. 2 entspricht der Regelung des § 11 Abs. 2 StGB. Die zumindest fahrlässige Gefährdung muss der Täter durch ein selbst begangenes Verbrechen herbeigeführt haben. Es genügt nicht, dass er eine gemeingefährliche Situation ausnutzt oder pflichtwidrig eine solche nicht beseitigt.[50] Der Täter muss **rechtswidrig** handeln. Auf ein **Verschulden** kommt es – ebenso wie bei der Gewalttat nach § 13 Abs. 1 SGB XIV – nicht an.[51]

V. Erhebliche Vernachlässigung von Kindern (Abs. 1 Nr. 5)

1. Rechtslage unter Geltung des OEG. Bei einer **Schädigung in der Zeit bis zum 31.12.2023** (s. § 138 SGB XIV) hängt der Anspruch auf Leistungen davon ab, ob die Voraussetzungen nach dem OEG erfüllt sind. Die Qualifizierung als tätlichen Angriff iSd § 1 Abs. 1 S. 1 OEG setzt bei Kindern, die Opfer von körperlicher Gewalt ihrer Eltern werden, voraus, dass die Erheblichkeitsschwelle überschritten wird. Falls das der Fall ist, liegt regelmäßig eine **Körperverletzung iSd § 223 StGB**[52] und damit auch ein tätlicher Angriff vor. Nach § 1631 Abs. 2 BGB haben Kinder ein Recht auf gewaltfreie Erziehung. Körperliche Bestrafungen, seelische Verletzungen und andere entwürdigende Maßnahmen sind unzulässig. Daraus folgt jedoch nicht, dass jede Vernachlässigung von Kindern und jede missbräuchliche Ausübung der elterlichen Sorge, die das körperliche, geistige oder seelische Wohl des Kindes iSd § 1666 BGB gefährdet, als Gewalttat iSd § 1 Abs. 1 OEG angesehen werden kann. Den Ausnahmecharakter der weiten Auslegung des Begriffs des tätlichen Angriffs beim sexuellen Missbrauch von Kindern hat das BSG[53] wiederholt betont. Mit der Annahme eines tätlichen Angriffs auch bei „gewaltlosem“ sexuellen Missbrauch war nach der Rspr. des BSG[54] die äußersten Grenzen der richterlichen Rechtsfortbildung erreicht. Danach konnte nicht jede Vernachlässigung von Kindern und jede missbräuchliche Ausübung der elterlichen Sorge als tätlicher Angriff iSd § 1 Abs. 1 S. 1 OEG angesehen werden.[55] Damit wird nicht in Frage gestellt, dass eine feindselige unempathische Grundhaltung von Eltern gegenüber ihrem Kind sowie eine daraus folgende **emotionale Vernachlässigung** erhebliche Gefahren für die Entwicklung eines Kindes begründet. 25

Da Eltern gegenüber ihren Kindern eine Garantenstellung iSd § 13 StGB haben, stellte sich ferner die Frage, ob in einer **Körperverletzung durch Unterlassen** (zB nicht ausrei- 26

49 Lackner/Kühl, 29. Aufl. 2018, StGB § 15 Rn. 35 mwN.
50 Zu § 1 Abs. 2 Nr. 2 OEG vgl. BT-Drs. 7/2506, 14.
51 Schoreit/Düsseldorf, 1977, OEG § 1 Rn. 171; Gelhausen, Soziales Entschädigungsrecht, 2. Aufl. 1998, Rn. 765.
52 Vgl. Lackner/Kühl, 29. Aufl. 2018, StGB § 223 Rn. 11; Fischer, 69. Aufl. 2022, StGB § 223 Rn. 38 ff.
53 BSG Urt. v. 14.2.2001 – B 9 VG 4/00 R, BSGE 87, 276–280; BSG Urt. v. 12.2.2003 – B 9 VG 2/02 R, SozR 4-3800 § 1 Nr. 1; BSG Urt. v. 7.4.2011 – B 9 VG 2/10 R, BSGE 108, 97.
54 Ebenso: Dau jurisPR-SozR 13/2010 Anm. 6.
55 BSG Urt. v. 17.4.2013 – B 9 V 3/12 R, juris Rn. 30; BSG Beschl. v. 29.5.2019 – B 9 V 15/19 B, juris Rn. 9; vgl. auch BSG Urt. v. 17.4.2013 – B 9 V 1/12 R, BSGE 113, 205 Rn. 37; Dau jurisPR-SozR 13/2010 Anm. 6; nicht eindeutig: Heinz ZfS 2000, 129 (134); Heinz ZfS 2000, 357; Heinz ZfS 2001, 97 ff.; Heinz ZfS 2007, 145; Heinz ZKJ 2016, 244 (245 f.); aA SG Ulm 27.1.2000 – S 9 VG 1086/99, ZfS 2000, 357, das davon ausgeht, dass auch extremes Fehlverhalten der Eltern bei der Pflege und Erziehung eines Kindes, welches nicht durch körperliche Übergriffe, sondern durch eine außerordentliche Vernachlässigung und eindeutig falsches Erziehungsverhalten gekennzeichnet ist, nicht aus dem Anwendungsbereich des OEG herausfallen dürfe.

chende Versorgung eines kleinen Kindes mit Nahrung) ein tätlicher Angriff gesehen werden konnte. In der Rspr. zu § 1 OEG ist die Frage, ob ein tätlicher Angriff durch ein unechtes Unterlassungsdelikt begangen werden kann, nicht geklärt. Nach der hier vertretenen Auffassung ist dies regelmäßig nicht der Fall (→ § 13 Rn. 48 f.). Auch wenn mit der wohl herrschenden Meinung in der Literatur[56] angenommen würde, dass ein Angriff auch in einem Unterlassen bestehen kann, könnte zB in der „Erziehungsunfähigkeit" der Eltern und der daraus folgenden fehlenden emotionalen Zuwendung zum Kind regelmäßig kein tätlicher Angriff gesehen werden, weil es nicht nur an einer körperlichen Gewaltanwendung, sondern auch regelmäßig am erforderlichen **Vorsatz fehlt.**

27 Ob eine Gewalttat in Fällen angenommen werden kann, in denen der Straftatbestand der **Misshandlung von Schutzbefohlenen (§ 225 StGB)** erfüllt wird, ist unter Geltung des OEG nicht eindeutig geklärt.[57] Jedenfalls erscheinen die strafrechtlichen Kriterien für eine sachgerechte Abgrenzung des nach dem OEG geschützten Personenkreises nur bedingt geeignet, weil nach § 225 StGB auch subjektive Merkmale wie die „Böswilligkeit" der Vernachlässigung – die mit den Anspruchsvoraussetzungen nach dem OEG nicht vollständig im Einklang stehen – von Bedeutung sein können.[58] Duldung aus Schwäche oder Überforderung wegen jugendlichen Alters oder mangels Reife sprechen gegen das Vorliegen von Böswilligkeit.[59] Selbst wenn der objektive Tatbestand des § 225 StGB erfüllt ist, wird es vielfach an dem nach § 1 Abs. 1 OEG erforderlichen **Vorsatz** fehlen, wenn Eltern mit der Erziehung ihres Kindes überfordert sind.[60] Nicht selten sind Kinder, die extremer psychischer Vernachlässigung ausgesetzt sind, auch Opfer körperlicher oder sexueller Gewalt. Die daraus folgenden Beeinträchtigungen werden wenig präzise als **„Milieuschäden"** bezeichnet. Der Anspruch auf Leistungen nach dem OEG hängt in diesen Fällen davon ab, ob die Schädigung ursächlich auf körperliche Misshandlungen bzw. auf sexuellen Missbrauch und damit auf Gewalttaten iSd § 1 Abs. 1 S. 1 OEG zurückgeführt werden kann, oder ob eine solche Kausalität nicht mit Wahrscheinlichkeit feststellbar ist, weil für eine vorliegende psychische Beeinträchtigung ebenso gut psychische Vernachlässigung, Lieblosigkeit, „Erziehungsunfähigkeit" der Eltern oder Ablehnung durch die Eltern ursächlich sein kann, die nicht als tätlicher Angriff anzusehen sind. Bei der danach erforderlichen Beantwortung der Frage der Kausalität kommen auch besonders qualifizierte Sachverständige erfahrungsgemäß an die Grenzen ihrer Möglichkeiten. Das BSG ist in einer Entscheidung vom 18.10.1995[61] sogar davon ausgegangen, dass bezogen auf seelische Erkrankungen „medizinische Gutachten im Einzelfall regelmäßig nichts Überzeugendes zur Ursachenfrage beitragen können". Dem kann in dieser Allgemeinheit nicht

56 Vgl. Grühn SGb 2021, 414 (416); Schulz-Lüke/Wolf, Gewalttaten und Opferentschädigung, § 1 Rn. 99; Wilke/Sailer, 7. Aufl. 1992, § 1 Rn. 6; Kolb VersB 1977, 134; Gelhausen/Weiner/Weiner 7. Aufl. 2021, OEG § 1 Rn. 32, die davon ausgehen, dass die Gleichstellung des Unterlassens mit aktivem Tun nach § 13 StGB (insbes. Bestehen einer Garantenstellung) genügt; einschränkend („idR ... nicht bloßes Unterlassen"): Wulfhorst VSSR 1997, 185 (191); generell gegen eine Einbeziehung auch von unechten Unterlassungsdelikten: Schoreit/Düsseldorf, 1977, OEG § 1 Rn. 65 f.

57 Befürwortend: Rundschreiben des Bundesministeriums für Arbeit und Sozialordnung vom 13.2.2002 – IVc2–62030; BayLSG Urt. v. 26.4.2007 – L 15 VG 15/06, juris Rn. 36 ff.; Grühn SGb 2021, 414 (416); zur Vorgängerregelung des § 223b StGB: SG Ulm 27.1.2000 – S 9 VG 1086/99, ZfS 2000, 357; offen gelassen: BSG Beschl. v. 23.3.2015 – B 9 V 48/14 B.

58 Vgl. BayLSG Urt. v. 27.8.2009 – L 15 VG 22/07; Löbner Sozialrecht aktuell 2015, 182 (184).

59 Fischer, 69. Aufl. 2022, StGB § 225 Rn. 11.

60 Vgl. BSG Beschl. v. 23.3.2015 – B 9 V 48/14 B, juris Rn. 28; BSG Beschl. v. 29.5.2019 – B 9 V 15/19 B, juris Rn. 9.

61 9/9a RVg 4/92, BSGE 77, 1.

zugestimmt werden. Allerdings müssen sich Behörden und Gerichte, die einen Gutachter mit der Beurteilung von Kausalitätsfragen beauftragen, die Grenzen der Erkenntnismöglichkeiten bewusst machen und diese akzeptieren. Wenn die Ursächlichkeit auch unter Berücksichtigung der Maßstäbe nach § 4 Abs. 4 bis 6 SGB XIV nicht festgestellt werden kann, kommt die Anerkennung einer Gesundheitsstörung als Schädigungsfolge nicht in Betracht.

In der Praxis sind die verschiedenen Faktoren, die ein Kind in seiner Entwicklung 28 beeinträchtigt haben, vielfach **nicht eindeutig** voneinander **zu unterscheiden.**[62] Wenn das Kind zur Ermittlung der Ursache einer psychischen Schädigung vernommen wird, ist dies mindestens mit einer weiteren Belastung für das Kind verbunden. Deshalb sehen die Versorgungsämter nach Möglichkeit von einer Untersuchung oder Anhörung der Betroffenen ab.[63] Die Frage nach dem ursächlichen Zusammenhang von tätlichen Angriffen für eine bestehende psychische Schädigung wird unter diesen Umständen jedoch nicht immer eindeutig zu beantworten sein.[64] Vor diesem Hintergrund muss nach Möglichkeit vermieden werden, dass unterschiedliche Auffassungen über die **Zuständigkeit** zwischen nachrangig (vgl. § 10 Abs. 1 SGB VIII) zuständigen Trägern der Jugendhilfe und Trägern der Versorgungsverwaltung bzw. Trägern der Kriegsopferfürsorge auf dem Rücken der geschädigten Kinder ausgetragen werden.[65] Nachteile für geschädigte Kinder drohen auch, wenn die nach § 5 Abs. 1 OEG, § 81a BVG auf das Land übergegangenen **Schadensersatzansprüche gegen Familienangehörige** als Schädiger gerichtlich geltend gemacht werden, auch weil in sich anschließenden Gerichtsverfahren auf eine Vernehmung des Kindes vielfach nicht verzichtet werden kann. Daher soll nach einem Rundschreiben des Bundesministeriums für Gesundheit und soziale Sicherung vom 26.11.2002[66] in diesen Fällen auf die Geltendmachung übergegangener Schadensersatzansprüche verzichtet werden. Aus denselben Gründen fordern die für die Durchführung des BVG zuständigen Behörden bei Kindern und Jugendlichen, die Opfer sexuellen Missbrauchs geworden sind, in Ausübung des nach § 2 Abs. 2 OEG eingeräumten Ermessens nicht, dass **Strafanzeige** erstattet wird.[67] Da der Versorgungsverwaltung und den Sozialgerichten keine mit Staatsanwaltschaft und Polizei vergleichbaren Ermittlungsmöglichkeiten zur Verfügung stehen, wird die Aufklärung des Sachverhalts dadurch allerdings erschwert.

2. Erweiterung durch den Gleichstellungssachverhalt nach § 14 Abs. 1 Nr. 5. Eine der 29 wohl bedeutsamsten Änderung im SGB XIV gegenüber dem OEG besteht – neben der Erweiterung auf psychische Gewalttaten – in der Gleichstellung der Vernachlässigung von Kindern. Nach der Gesetzesbegründung[68] enthält § 14 Abs. 1 Nr. 5 SGB XIV eine ausdrückliche Regelung für Fälle, in denen in der Praxis bisher schon oft Leistungen nach dem OEG erbracht wurden. Zur „**Klarstellung**“ sei diese Fallgruppe nunmehr ausdrücklich aufgenommen worden. Gemeint seien Fälle, in denen die Sorgeberechtigten einem Kind keine unmittelbare körperliche Gewalt antun, sie jedoch nicht für sein körperliches und psychisches Wohl sorgen und es sich selbst überlassen, so dass das

62 Eichberger/Eichberger ZfS 2004, 193 (199).
63 Vgl. Anlage zum Rundschreiben des Bundesministeriums für Arbeit und Sozialordnung vom 15.11.1999 – VIa2–52039, BArbBl. 2000 Nr. 1 S. 85.
64 Vgl. Böwering-Möllenkamp STREIT 2015, 163 (166).
65 Vgl. das gemeinsame Rundschreiben des Bundesministeriums für Arbeit und Soziales – IVc1–46651–8 und des Bundesministeriums für Familie, Senioren, Frauen und Jugend – 511–2258–04/000 vom 14.11.2007.
66 IVc2–62039, BArbBl. 2003 Nr. 1 S. 111.
67 Vgl. Anlage zum Rundschreiben des Bundesministeriums für Arbeit und Sozialordnung vom 15.11.1999 – VIa2–52039, BArbBl 2000 Nr. 1 S. 85; Rundschreiben des Bundesministeriums für Gesundheit und Soziale Sicherung vom 26.11.2002 – IVc2–62039, BArbBl. 2003 Nr. 1 S. 111.
68 Vgl. BT-Drs. 19/13824, 176 f.

Kind erheblichen körperlichen oder psychischen Schaden nimmt. Erfasst seien körperliche Vernachlässigungen wie unzureichende Ernährung und Verhinderung medizinisch notwendiger Hilfe. Ebenso werde die **psychische Vernachlässigung** erfasst, sofern sie als dauerhaftes, ausgeprägtes Fehlverhalten der Sorgeberechtigten in Erscheinung trete. Die Vernachlässigung müsse erheblich und als eindeutig falsches Erziehungsverhalten zu werten sein. So genüge etwa das Alleinelassen des Kindes für kurze Zeit nicht, um eine erhebliche Vernachlässigung zu begründen.

30 Diese Begründung lässt die praktische **Bedeutung der Neuregelung** nicht ausreichend erkennen.[69] Tatsächlich sind Kindern, die vernachlässigt worden sind, in der Vergangenheit nur in sehr wenigen Fällen Leistungen nach dem OEG zuerkannt worden. Der Grund dafür dürfte nicht in der geringen Zahl der davon betroffenen Kinder liegen, sondern in dem Umstand, dass nach stRspr nicht jede Vernachlässigung von Kindern und jede missbräuchliche Ausübung der elterlichen Sorge, die das körperliche, geistige oder seelische Wohl des Kindes gefährdet, als Gewalttat anzusehen ist.[70] Als Gewalttat kommt unter Geltung des OEG in erster Linie körperliche Gewalt sowie ein sexueller Missbrauch iSd § 176 StGB in Betracht. Der Anspruch auf Entschädigung hängt davon ab, ob eine (in der Regel psychische) Erkrankung mit Wahrscheinlichkeit (→ § 4 Rn. 26 ff.) gerade auf die körperliche Gewalt oder den sexuellen Missbrauch zurückzuführen ist. Gerade wenn der sexuelle Missbrauch mit einer erheblichen Vernachlässigung einhergeht, begegnete die erforderliche Abgrenzung kaum überwindbaren Schwierigkeiten.[71]

31 Die bezeichneten Schwierigkeiten bei der Ermittlung der Ursache einer psychischen Erkrankung in Fällen, in denen Kinder sowohl extremer psychischer Vernachlässigung, als auch körperlicher oder sexueller Gewalt ausgesetzt sind, werden durch die Neuregelung überwunden. Der **Begriff der Vernachlässigung** ist denkbar **weit und unbestimmt.**[72] Dem liegt auch kein gesetzgeberisches Versehen zugrunde. Hintergrund der Reformen waren Empfehlungen der Runden Tische „Heimerziehung" und „Sexueller Kindesmissbrauch" aus den Jahren 2010 und 2014 sowie sog. Werkstattgespräche zum OEG unter Beteiligung von den betroffenen Menschen und ihren Verbänden.[73] Wie auch aus der Gesetzesbegründung hervorgeht, sollte nicht nur die Vernachlässigung bezogen auf Ernährung und medizinische Versorgung, sondern auch die psychische Vernachlässigung erfasst werden. Der Umstand, dass die Vernachlässigung erheblich sein muss, soll nach der Gesetzesbegründung dazu führen, dass etwa das Alleinelassen eines Kindes für kurze Zeit nicht ausreicht.[74] Ausgeschlossen werden damit in erster Linie Sachverhalte, bei deren Vorliegen dauerhafte psychische Folgen ohnehin nicht zu erwarten sind. Eine im vorliegenden Zusammenhang wesentliche Einengung des weiten Begriffs der Vernachlässigung liegt darin nicht.[75]

32 Anders als dies bei der körperlichen oder der psychischen Gewalttat die Regel ist, wird bei der Vernachlässigung von Kindern nach § 14 Abs. 1 Nr. 5 SGB XIV auf jeden Zusammenhang mit einem Straftatbestand verzichtet. Im Unterschied zum Straftatbestand der **Misshandlung von Schutzbefohlenen** nach **§ 225 StGB** wird bei der Ver-

---

69 Ähnlich auch Bischofs SGb 2022, 21 (26); Grühn SGb 2021, 414 (419); Schmidt SGB XIV/Karl § 14 Rn. 24; Tappert Deutsche Richterzeitung 2020, 352 (354).

70 Vgl. BSG Urt. v. 17.4.2013 – B 9 V 3/12 R, juris Rn. 30; BSG Beschl. v. 23.3.2015 – B 9 V 48/14 B, JAmt 2015, 335 = juris Rn. 26; BSG Beschl. v. 29.5.2019 – B 9 V 15/19 B, juris Rn. 9.

71 Vgl. Böwering-Möllenkamp STREIT 2015, 163 (166).

72 So bereits BSG Beschl. v. 23.3.2015 – B 9 V 48/14 B.

73 BT-Drs. 19/13824, 144 f.

74 BT-Drs. 19/13824, 176.

75 Andere Ansicht Schmidt SGB XIV/Karl § 14 Rn. 28, die jedoch ebenfalls konzediert, dass geringe Formen der Vernachlässigung ohnehin idR keine gesundheitlichen Einschränkungen hervorrufen.

nachlässigung von Kindern nach § 14 Abs. 1 Nr. 5 SGB XIV keine Böswilligkeit vorausgesetzt. Der Grund für die Vernachlässigung ist ohne Bedeutung und es kommt nicht auf das Vorliegen eigensüchtiger Beweggründe wie Hass, Sadismus, Geiz oder Rache[76] an.

Die Gleichstellung der erheblichen Vernachlässigung von Kindern mit einer Gewalttat nach § 14 Abs. 1 Nr. 5 SGB XIV hängt auch nicht davon ab, ob die Sorgeberechtigten **vorsätzlich** oder wenigstens fahrlässig gehandelt haben.[77] Ebenso wenig wird Rechtswidrigkeit des Handelns vorausgesetzt. Kinder können auch durch **Unterlassen** vernachlässigt werden. Dass es auf **Vorsatz** (zu dem Begriff → § 13 Rn. 52 ff.) nicht ankommt, folgt daraus, dass § 14 Abs. 1 Nr. 5 SGB XIV die erhebliche Vernachlässigung von Kindern einer **Gewalttat** gleichstellt. Der Begriff der Gewalttat wird wiederum in § 13 Abs. 1 SGB XIV definiert als vorsätzlicher, rechtswidriger, unmittelbar gegen ihre oder seine Person gerichteter tätlicher Angriff (körperliche Gewalttat) oder ein sonstiges vorsätzliches, rechtswidriges, unmittelbar gegen die freie Willensentscheidung einer Person gerichtetes schwerwiegendes Verhalten (psychische Gewalttat). Die Gleichstellung mit einer Gewalttat beinhaltet also die Gleichstellung mit einem vorsätzlichen, rechtswidrigen Verhalten. Erheblich vernachlässigte Kinder gelten damit als Opfer einer Gewalttat und haben als solche nach § 13 Abs. 1 SGB XIV iVm § 4 Abs. 1 SGB XIV wegen der anerkannten gesundheitlichen und der wirtschaftlichen Folgen einer gesundheitlichen Schädigung, die ursächlich auf ein schädigendes Ereignis zurückzuführen ist, Anspruch auf Leistungen der Sozialen Entschädigung. Dass ein vorsätzliches oder auch nur fahrlässiges Handeln nicht vorausgesetzt wird, folgt auch im Umkehrschluss aus § 14 Abs. 1 Nr. 1 und Nr. 4 SGB XIV. Beide Gleichstellungssachverhalte setzten – anders als § 14 Abs. 1 Nr. 5 SGB XIV – vorsätzliches oder fahrlässiges Handeln ausdrücklich voraus. In § 14 Abs. 1 Nr. 6 SGB XIV erfolgt die Beschränkung auf vorsätzliches Handeln durch die Bezugnahme auf den Straftatbestand des § 184b Abs. 1 Nr. 1, 3 und 4 StGB (→ Rn. 45). Abweichend davon nimmt § 14 Abs. 1 Nr. 5 SGB XIV keinen Straftatbestand in Bezug. Damit fehlt jeder rechtliche Anknüpfungspunkt dafür, dass die Gleichstellung von einem vorsätzlichen oder wenigstens fahrlässigen Verhalten abhängig gemacht werden könnte. 33

Nach § 14 Abs. Nr. 5 SGB XIV ist die Gleichstellung nicht davon abhängig, dass gerade **Eltern** ihr Kind erheblich vernachlässigen. Auch die Vernachlässigung von Kindern durch Pflegeeltern oder auch im **institutionellen** Rahmen (zB in **Einrichtungen** der Jugendhilfe, „Kinderheimen" und Psychiatrien) wird erfasst.[78] Darauf hat die Bundesregierung in ihrer Gegenäußerung zur Stellungnahme des Bundesrates[79] im Gesetzgebungsverfahren zum G-SER ausdrücklich hingewiesen. Der Bundesrat[80] hatte um Prüfung der Frage gebeten, inwieweit Opfer institutionell erlittener Gewalten nach § 13 SGB XIV altersunabhängig als antrags- und leistungsberechtigte Personen dem Grunde nach Berücksichtigung finden beziehungsweise inwieweit der genannte Personenkreis in § 14 SGB XIV als Opfer institutionell erfahrener körperlicher oder psychischer Gewalt sowie sonstiger Schädigungen in Folge von Zwangsmaßnahmen, Ver- 34

76 Zu derartigen Motiven als Voraussetzung für die Böswilligkeit iSd § 225 StGB vgl. BGH Urt. v. 6.6.1952 – 1 StR 113/52, BGHSt 3, 20.
77 Ebenso: Bischofs SGb 2022, 21 (26); Grühn SGb 2021, 414 (420).
78 Anders Bischofs SGb 2022, 21 (26) unter Bezugnahme auf die Gesetzesbegründung in BT-Drs. 19/13824, 176; die genannte Aussage kann der zitierten Begründung jedoch nicht entnommen werden; allein der Umstand, dass an dieser Stelle ausschließlich Sorgeberechtigte erwähnt worden sind, rechtfertigt nicht den Schluss, dass der Gesetzgeber die Vernachlässigung von Kindern in Institutionen ausschließen wollte; das Gegenteil folgt aus anderen Teilen der Gesetzesbegründung, vgl. insbes. BT-Drs. 19/13824, 286 f., 313.
79 BT-Drs. 19/13824, 313.
80 BT-Drs. 19/13824, 286 f.

nachlässigung oder unzulässigen freiheitsbeschränkenden und freiheitsentziehenden Maßnahmen einer gesonderten Nennung in § 14 Abs. 1 SGB XIV bedarf. Minderjährige Nachkriegsopfer institutionell erfahrenen Leids und Unrechts in Einrichtungen der **Heimerziehung**, der Behindertenhilfe und der **Psychiatrie** sowie in Schulen, **Internaten** und sonstigen unter öffentlicher Aufsicht stehenden Einrichtungen seien durch die bisher gewährten freiwilligen Leistungen sowie durch Leistungen nach dem OEG nicht hinreichend entschädigt worden.[81] Dem hat sich die Bundesregierung[82] nicht angeschlossen und die Auffassung vertreten, dass es für die Erfüllung der Tatbestandsvoraussetzungen nach §§ 13 und 14 SGB XIV unerheblich sei, ob sich die Gewalttat oder die ihr gleichgestellte Tat im öffentlichen, privaten oder institutionellen Rahmen ereignet habe. Die vom Bundesrat angeregte Ergänzung sei daher nicht erforderlich. Richtig sei, dass für Zeiten vor Inkrafttreten des OEG grundsätzlich nur Härteleistungen (vgl. dazu im Einzelnen § 138) erbracht werden. Allerdings hat die Bundesregierung versäumt darauf hinzuweisen, dass die Gleichstellung der erheblichen Vernachlässigung nach § 14 Abs. 1 Nr. 5 SGB XIV erst bei Schädigungen in der Zeit **ab dem 1.1.2024** eingreift (→ § 138 Rn. 11), so dass die Erfüllung dieses Tatbestands (unabhängig davon, ob die Vernachlässigung durch Eltern oder Institutionen erfolgte) in der Zeit vor dem 31.12.2023 auch keinen Anspruch auf Entschädigung nach der Härteregelung des § 10a OEG oder nach § 138 Abs. 3 bis 5 SGB XIV begründet.

35 Da die Vernachlässigung eines Kindes vielfach nicht genau zeitlich eingeordnet werden kann, stellen sich bezogen auf diesen Gleichstellungssachverhalt schwierige Fragen im Zusammenhang mit dem **zeitlichen Geltungsbereich**. Nach § 138 Abs. 1 erhalten Personen, die in der Zeit vom 16.5.1976 bis 31.12.2023 geschädigt worden sind, Leistungen nach dem SGB XIV, wenn die **Voraussetzungen nach dem Opferentschädigungsgesetz** in der zum **Tatzeitpunkt** geltenden Fassung erfüllt waren. § 14 Abs. 1 Nr. 5 kommt in diesen Fällen also noch nicht zur Anwendung. Wurde die Schädigung durch mehrere Taten herbeigeführt, kommt es nach § 138 Abs. 1 S. 2 darauf an, ob die letzte Tat in dem in S. 1 genannten Zeitraum stattgefunden hat. Weil es bei der Vernachlässigung von Kindern regelmäßig keinen konkreten Tatzeitpunkt gibt, kann dem Wortlaut nicht ohne Weiteres entnommen werden, welches Recht in Fällen zur Anwendung kommt, in denen diese in der Zeit bis zum 31.12.2023 begonnen hat, aber erst danach endet. Denkbar wäre eine Zuordnung danach, ob die Vernachlässigung im Schwerpunkt bis zum genannten Stichtag oder danach erfolgt ist. Abgesehen davon, dass die erforderlichen Feststellungen zum Schwerpunkt schwer zu treffen wären und erhebliche Wertungsspielräume eröffnen würden, spricht die in § 138 Abs. 1 S. 2 SGB XIV geregelte Maßgeblichkeit der **letzten Tat** dafür, dass das neue Recht bereits in allen Fällen Anwendung findet, in denen die erhebliche Vernachlässigung, die Ursache der Schädigung ist, nach dem 31.12.2023 endet (vgl. im Einzelnen → § 138 Rn. 18 ff.).

36 Für die Auslegung des **Begriffs der Vernachlässigung** kann im Grundsatz auf die zu **§ 1666 BGB** (Gerichtliche Maßnahmen bei Gefährdung des Kindeswohls) entwickelten Maßstäbe zurückgegriffen werden.[83] Danach gilt: Wird das körperliche, geistige oder seelische Wohl des Kindes oder sein Vermögen gefährdet und sind die Eltern nicht gewillt oder nicht in der Lage, die Gefahr abzuwenden, so hat das Familiengericht die Maßnahmen zu treffen, die zur Abwendung der Gefahr erforderlich sind. Abweichend von § 1666 BGB kann allein die Gefährdung des **Vermögens** des Kinders nicht als Vernachlässigung iSd § 14 Abs. 1 Nr. 5 SGB XIV anzusehen sein. Dafür spricht der Umstand, dass auch sonst Opfer reiner Vermögensdelikte von staat-

81 Vgl. BT-Drs. 19/13/824, 286 f.
82 BT-Drs. 19/13824, 313.
83 Ähnlich auch Grühn SGb 2021, 414 (419) Fn. 70, die ergänzend auf die „Praxis der Jugendämter und der Sozialwissenschaft" Bezug nimmt.

licher Entschädigung nach dem SGB XIV ausgenommen werden (→ § 13 Rn. 47, → § 13 Rn. 71). Im Zusammenhang mit § 1666 BGB wird der Begriff der Vernachlässigung als **grob pflichtwidriges** passives Verhalten bei der Versorgung, Betreuung und Beaufsichtigung eines Kindes definiert.[84] Dazu gehört nicht nur mangelhafte Ernährung, sondern auch **emotionale Vernachlässigung** entweder durch Tun oder auch durch pflichtwidriges **Unterlassen.**[85] Allerdings dürfen dabei als Maßstab nicht einseitig die in bildungsnahen Schichten der Gesellschaft verbreiteten Erziehungsideale zugrunde gelegt werden. Bezogen auf die Auslegung des § 1666 BGB wird das damit begründet, dass anderenfalls bestimmten Bevölkerungsschichten wie Absolventen von Sonderschulen, Sozialhilfeempfängern oder Bewohnern von Obdachlosenunterkünften das Personensorgerecht generell abgesprochen werden könnte und dass dies offensichtlich rechtswidrig wäre.[86] Im vorliegenden Zusammenhang gilt im Ergebnis nichts Anderes: Wo der Staat weder Anlass noch Befugnis zum Eingreifen hat, können auch keine Entschädigungsansprüche bestehen, die im weitesten Sinne damit begründet werden, dass der Staat seiner Verantwortung nicht gerecht geworden sei. Allein der Umstand, dass die Erziehung eines Kindes „bürgerlichen Ansprüchen" nicht gerecht wird und dass zB durch die Eltern nicht die Grundlage für eine akademische Laufbahn gelegt wird, obwohl das Kind dazu intellektuell in der Lage wäre, oder dass das musikalische Talent eines Kindes nicht ausreichend gefördert wurde, kann noch keine erhebliche Vernachlässigung iSd § 14 Abs. 1 Nr. 5 begründen. Andererseits setzt die Vernachlässigung aber auch kein kriminelles Verhalten voraus (→ Rn. 33). Die Weigerung, die Kinder ärztlich untersuchen zu lassen, die unterlassene Anmeldung zum Kindergarten trotz entsprechender Aufforderung durch den Sozialdienst, die emotionale Vernachlässigung der Kinder und mangelnde Zuwendung sind von Zivilgerichten in ihrer Summe als Vernachlässigung bewertet worden.[87]

Der Begriff der Vernachlässigung eröffnet danach einen **sehr weiten Anwendungsbereich.** Wenn nach dem Ergebnis der Ermittlungen der Verwaltung oder der Gerichte zu den konkreten Lebensumständen des Antragstellers in der Kindheit und vorliegenden ärztlichen Befunden und Gutachten feststeht, dass eine Krankheit oder Behinderung ursächlich zB auf die familiären Verhältnisse oder die Verhältnisse in einer Einrichtung der Jugendhilfe zurückgeführt werden kann, dann wird in aller Regel auch eine Vernachlässigung iSd § 14 Abs. 1 Nr. 5 SGB XIV vorgelegen haben. 37

Fraglich ist, wie der Begriff des **Kindes** im vorliegenden Zusammenhang auszulegen ist. Der Straftatbestand des sexuellen Missbrauchs von Kindern nach § 176 StGB definiert Kinder als Personen unter **vierzehn** Jahre, während das Opfer bei der Misshandlung von Schutzbefohlenen nach § 225 StGB ua bei einer „böswilligen Vernachlässigung" von Personen eingreift, die unter **achtzehn** Jahre alt oder wegen Gebrechlichkeit oder Krankheit wehrlos sind. In dem Gleichstellungstatbestand nach § 14 Abs. 1 Nr. 5 SGB XIV wird aber gerade kein Bezug zu einem dieser Straftatbestände hergestellt. Der Begriff der Vernachlässigung wird besonders im Zusammenhang mit gerichtlichen Maßnahmen bei Gefährdung des Kindeswohls nach § 1666 BGB verwendet[88] und auch in der Gesetzesbegründung wird der Bezug zum Fehlverhalten von „Sorgeberechtigten" hergestellt. Sorgeberechtigt sind Eltern gegenüber ihren Kindern aber nicht nur bis zur Vollendung des 14. Lebensjahres, sondern gem. § 1626 Abs. 1 38

84 Vgl. BSG Beschl. v. 23.3.2015 – B 9 V 48/14 B, JAmt 2015, 335 = juris Rn. 26; Kindler FPR 2012, 422 (425).
85 Vgl. zB MüKoBGB/Lugani, 8. Aufl. 2020, § 1666 Rn. 102; OLG Brandenburg Beschl. v. 4.12.2015 – 13 UF 95/15, juris Rn. 21; ebenso bezogen auf die Misshandlung Schutzbefohlener nach § 223b StGB aF: BGH 30.31995 – 4 StR 768/94, BGHSt 41, 113 = juris Rn. 21 ff.
86 MüKoBGB/Lugani, 8. Aufl. 2020, § 1666 Rn. 102.
87 MüKoBGB/Lugani, 8. Aufl. 2020, § 1666 Rn. 104 mwN.
88 Vgl. BSG Beschl. v. 23.3.2015 – B 9 V 48/14 B, JAmt 2015, 335 = juris Rn. 26.

iVm § 2 BGB, solange das Kind **minderjährig** ist und damit bis zur Vollendung des 18. Lebensjahres. Dem entsprechend ist allgemein anerkannt, dass der Status des Kindes iSd § 1666 BGB mit der Vollendung der Geburt beginnt und mit Eintritt der Volljährigkeit endet.[89] Dieser Begriff des Kindes ist auch § 14 Abs. 1 Nr. 5 SGB XIV zugrunde zu legen.[90]

39 Die „Vernachlässigung" eines **ungeborenen Kindes** wird durch den Wortlaut nicht erfasst. Deshalb dürften auch pränatale Schädigungen des Embryos durch den Alkoholkonsum der werdenden Mutter nicht unter den Gleichstellungssachverhalt nach § 14 Abs. 1 Nr. 5 SGB XIV fallen (→ § 13 Rn. 40). Zwar kann mit guten Gründen die Frage gestellt werden, warum die erhebliche Vernachlässigung eines Kindes zB durch seine alkoholabhängigen Eltern ab dem ersten Tag nach der Geburt einer Gewalttat gleichgestellt wird, die Gefährdung von Leben und Gesundheit des Kindes durch eine **Alkohol konsumierende Schwangere** in der Zeit bis zur Geburt dagegen nicht. Außerdem hat das BSG Entschädigungsansprüche nach dem BVG[91] und dem OEG[92] auch schon in Fällen einer vorgeburtlichen Schädigung bejaht (→ § 13 Rn. 25). Die Entscheidung darüber, ob die zur Entschädigung berechtigenden Sachverhalte auch in Zukunft immer weiter ausgedehnt werden sollen, muss jedoch dem Gesetzgeber vorbehalten bleiben. Insbesondere der Umstand, dass die Gefahren des Alkoholkonsums in der Zeit der Schwangerschaft allgemein bekannt sind, und dass vorgeburtliche Schädigungen in großer Zahl durch Alkohol verursacht werden,[93] spricht gegen ein gesetzgeberisches Versehen und gegen eine planwidrige Regelungslücke (→ § 13 Rn. 40).

40 Welche **praktische Bedeutung der Gleichstellung** der erheblichen Vernachlässigung von Kindern nach § 14 Abs. 1 Nr. 5 SGB XIV zukommt, wird an der hohen und auch steigenden Zahl von Verfahren nach § 8a SGB VIII deutlich. Diese Vorschrift regelt den Schutzauftrag des Jugendamtes bei **Kindeswohlgefährdung**. Dazu gehört auch die Möglichkeit des Jugendamtes, das Familiengericht anzurufen, wenn es dessen Tätigwerden für erforderlich hält. Nach den vorliegenden Statistiken hat die Zahl der Gefährdungseinschätzungen nach § 8a SGB VIII mit 157.271 im Jahr 2018 einen neuen Höchststand erreicht.[94] Auch die Zahl der akuten und latenten Kindeswohlgefährdungen als Ergebnis von Gefährdungseinschätzungen durch die Jugendämter steigt seit der Einführung der Statistik im Jahr 2012 kontinuierlich auf 60.600 im Jahr 2020.[95] Das ist ein Anstieg um 9 % (5000 Fälle) gegenüber dem Vorjahr. Besonders stark ist der Zuwachs bei den registrierten psychischen Misshandlungen.[96] Insgesamt lagen in etwa einem Drittel der 60.600 Fälle mit einer Kindeswohlgefährdung Hinweise auf psychische Misshandlungen vor.[97] In 49.500 Fällen haben Jugendämter im

89 Vgl. MüKoBGB/Lugani, 8. Aufl. 2020, § 1666 Rn. 41.
90 AA Bischofs SGb 2022, 21 (25 f.), der – an die Unterscheidung zwischen Kindern und Jugendlichen in § 5 Abs. 1 S. 6 des SGB XIV anknüpfend – allein Personen vor der Vollendung ihres vierzehnten Lebensjahres als Kinder iSd § 14 Abs. 1 Nr. 5 SGB XIV ansehen möchte; allerdings geht auch er davon aus, dass als Täter einer Vernachlässigung von Kindern deren Sorgeberechtigte in Betracht kommen und dass bezogen auf die Definition des Begriffs des Sorgeberechtigten vor allem die Vorschriften der §§ 1626 ff. BGB maßgeblich seien.
91 Vgl. BSG Urt. v. 24.10.1962 – 10 RV 583/59, BSGE 18, 55; BSG Urt. v. 15.10.1963 – 11 RV 1292/61, BSGE 20, 41.
92 Vgl. BSG Urt. v. 16.4.2002 – B 9 VG 1/01 R, BSGE 89, 199.
93 Zur Rechtslage unter Geltung des OEG vgl. BSG Urt. v. 24.9.2020 – B 9 V 3/18 R, BSGE 131, 61.
94 Vgl. Rauschenbach, KomDat, 2/2019, 9 ff.
95 Vgl. Drescher SozSich 2021, 326 unter Bezugnahme auf die Daten des Statischen Bundesamtes.
96 Anstieg um 17 % gegenüber dem Vorjahr, vgl. Drescher SozSich 2021, 326 (327).
97 Drescher SozSich 2021, 326 (327).

Jahr 2019 Kinder zu ihrem Schutz in Obhut genommen.[98] Soweit dem nicht die unbegleitete Einreise aus dem Ausland zugrunde lag, waren die häufigsten Gründe dafür die Überforderung der Eltern und die Vernachlässigung.[99] Unabhängig von der nicht erfassten Dunkelziffer wird daraus deutlich, dass es sich bei der Vernachlässigung von Kindern um ein Massenphänomen handelt. Die Gleichstellung der Vernachlässigung mit Gewalttaten durch § 14 Abs. 1 Nr. 5 SGB XIV kann vor diesem Hintergrund in ihrer praktischen Bedeutung kaum überschätzt werden: Die Vernachlässigung von Kindern durch ihre Erziehungsberechtigten hat nicht nur in Einzelfällen eine gesundheitliche Schädigung von Kindern zur Folge, die jedenfalls bisher Leistungen der Jugendhilfe iSd § 2 Abs. 2 SGB VIII erforderlich macht. Dazu gehört auch die Eingliederungshilfe für Kinder und Jugendliche mit seelischer Behinderung nach § 35a SGB VIII. Allerdings sind die Leistungen der **Jugendhilfe** grundsätzlich – auch gegenüber Leistungen der Sozialen Entschädigung – **nachrangig**. Nach § 10 Abs. 1 S. 1 SGB VIII gilt der Grundsatz, dass Verpflichtungen anderer, insbesondere der Träger anderer Sozialleistungen und der Schulen, durch das SGB VIII nicht berührt werden. Andererseits verfügen die für die soziale Entschädigung zuständigen Behörden über keine mit den Jugendämtern vergleichbaren **Strukturen zur Steuerung der Hilfen für Kinder und Jugendliche**. Soweit die Jugendämter Leistungen für Kinder- und Jugendliche erbringen, die durch Vernachlässigung geschädigt worden sind, gibt ihnen § 97 SGB VIII die Möglichkeit, zur Realisierung ihrer Erstattungsansprüche die Feststellung einer Sozialleistung zu betreiben sowie Rechtsmittel einzulegen. Infolge dessen werden die für die Durchführung des SGB XIV zuständigen Behörden die Ursache der gesundheitlichen Beeinträchtigung künftig klären müssen, wenn von Jugendämtern geltend gemacht wird, dass dem Hilfebedarf eines Kindes oder Jugendlichen dessen erhebliche Vernachlässigung zugrunde liegt. Ob davon in Fällen abgesehen werden kann, in denen dies nicht den Interessen der Kinder- und Jugendlichen entspricht, weil diese Ermittlungen mit weiteren **Belastungen** oder sogar einer weiteren Schädigung verbunden sein können, erscheint fraglich. Weiterhin kann das Verhältnis von Kindern und Jugendlichen zu ihren Eltern dadurch weiter belastet werden, dass **Schadensersatzansprüche** gegenüber den Eltern als Schädiger geltend gemacht werden.

Dem Anliegen, Kindern, die durch ihre Eltern geschädigt wurden, Belastungen und möglicherweise sogar weitere Schädigung durch Ermittlungen zur **Durchsetzung von Schadensersatzansprüchen** nach Möglichkeit zu ersparen, trägt ab dem 1.1.2024 für den Regelfall § 120 Abs. 1 SGB XIV iVm § 116 Abs. 6 SGB X Rechnung. Dieses sog. Familienprivileg schließt den Übergang von Schadensersatzansprüchen bei nicht vorsätzlicher Schädigung durch Familienangehörige, die im Zeitpunkt des Schädigungsereignisses mit dem Geschädigten oder seinen Hinterbliebenen in häuslicher Gemeinschaft lebten, aus (→ § 120 Rn. 4, 13). Ein die Anwendung des **Familienprivilegs** ausschließender Vorsatz muss auf die Schadensfolge gerichtet sein.[100] Daran wird es bei Eltern, die ihre Kinder vernachlässigen, regelmäßig fehlen. Für die Zeit vor dem 1.1.2024 folgt die Geltung des Familienprivilegs aus § 5 Abs. 1 OEG iVm § 81a BVG.[101] Allerdings gab es noch keine § 14 Abs. 1 Nr. 5 SGB XIV entsprechende Regelung zur Gleichstellung der erheblichen Vernachlässigung von Kindern. 41

Soweit das sog. Familienprivileg nicht eingreift, weil Eltern hinsichtlich der Schadensfolge **vorsätzlich** gehandelt haben oder weil der Schädiger kein Familienangehöriger war, sind für die Zeit ab dem 1.1.2024 die aus § 120 Abs. 2 S. 1 SGB XIV folgenden Beschränkungen zu beachten (→ § 120 Rn. 17). Danach kann ein Ersatzanspruch nicht zum Nachteil der Berechtigten geltend gemacht werden. Dazu verweist die 42

98 Vgl. Statistisches Bundesamt, Pressemitteilung Nr. 363 vom 17.9.2020.
99 Vgl. Statistisches Bundesamt, Pressemitteilung Nr. 363 vom 17.9.2020.
100 BGH Urt. v. 28.6.2011 – VI ZR 194/10, BGHZ 190, 131 = juris Rn. 29 ff.
101 Vgl. BGH Urt. v. 28.6.2011 – VI ZR 194/10, BGHZ 190, 131; vgl. auch § 120.

Gesetzesbegründung[102] auf das Rundschreiben des Bundesministeriums für Gesundheit und Soziale Sicherung vom 26.11.2002.[103] In diesem Rundschreiben wird dargestellt, dass die (damals zuständigen) Versorgungsämter grundsätzlich verpflichtet seien, übergegangene Schadensersatzansprüche auch gerichtlich geltend zu machen. Das Rundschreiben endet jedoch mit der Bitte, (trotz der von Seiten mehrerer Länder und des Bundesrechnungshofes geltend gemachten Bedenken) auf die Geltendmachung übergegangener Schadensersatzansprüche in Fällen zu verzichten, in denen zu befürchten ist, dass dem kindlichen Opfer durch die erforderlich werdende gerichtliche Befragung etc schwere gesundheitliche Schädigungen zugefügt werden können.

43 Ob der weit gefasst Gleichstellungssachverhalt nach § 14 Abs. 1 Nr. 5 SGB XIV den davon betroffenen Kindern und Jugendlichen unter diesen Umständen tatsächlich mehr Vor- als Nachteile bringt und nicht in erster Linie die **Verlagerung von Kosten der Jugendhilfe auf die Träger der Versorgungsverwaltung** bewirkt, wird die Praxis zu erweisen haben. Ein im Gesetzgebungsverfahren zum Teilhabestärkungsgesetz unterbreiteter Vorschlag des Bundesrates, die in § 120 Abs. 2 S. 1 SGB XIV enthaltene, ab dem 1.1.2024 geltende Regelung, nach der ein Schadensersatzanspruch nicht zum Nachteil Berechtigter geltend gemacht werden kann, für den davor liegenden Zeitraum in einen neuen § 5 Abs. 2 S. 1 OEG zu übernehmen,[104] ist im Übrigen nicht aufgegriffen worden. § 5 OEG ist nur insoweit mWv 10.6.2021 geändert worden, als der Übergang des Anspruchs insbesondere dann nicht geltend gemacht werden kann, wenn die Schadensersatzleistungen des Schädigers oder eines Dritten nicht ausreichen, um den gesamten Schaden zu ersetzen.

44 Während Kinder, die von ihren Eltern vernachlässigt worden sind, wegen der daraus folgenden Gesundheitsstörungen zB in Form einer geistigen oder seelischen Behinderung Anspruch auf Leistungen der sozialen Entschädigung haben, haben Kinder, deren **Behinderung auf einer anderen Ursache** (Sauerstoffmangel bei der Geburt, Schädigung aufgrund genetischer Faktoren wie zB Trisomie 21) beruht, keinen Anspruch auf Entschädigungsleistungen. Auch darin liegt kein gesetzgeberisches Versehen und keine ausfüllungsbedürftige Regelungslücke. Allerdings war der Ausschluss der von Geburt an behinderten Kinder von Entschädigungsleistungen noch verhältnismäßig leicht zu erklären, solange der Anspruch von der Verursachung der Schädigung durch eine Gewalttat abhing. Mit der Einführung des § 14 Abs. 1 S. 5 SGB XIV werden Entschädigungsansprüche auch für Kinder begründet, deren Erkrankung oder Behinderung nicht auf eine Gewalttat zurückzuführen ist. Je weiter der Kreis der Begünstigten gezogen wird, desto schwieriger ist es, den verbleibenden nicht begünstigten Personen die Gründe dafür zu vermitteln, dass von ihrer Einbeziehung abgesehen wurde. Beim Vergleich von behinderten Kindern, die durch Vernachlässigung geschädigt wurden mit behinderten Kindern, bei denen eine solche Schädigungsursache nicht festgestellt werden kann, wird dies besonders augenfällig.

VI. Herstellung und Verbreitung von Kinderpornografie (Abs. 1 Nr. 6)

45 § 14 Abs. 1 Nr. 6 SGB XIV stellt die **Herstellung, Verbreitung und öffentliche Zugänglichmachung von Kinderpornografie** nach § 184b Abs. 1 S. 1 Nr. 1, 3 und 4 StGB (abgedruckt unter → Rn. 63) einer Gewalttat gleich. Es geht dabei ua um die Verbreitung aber auch um das Herstellen, das Beziehen, das Liefern, das Vorrätig halten oder das Bewerben kinderpornografischer Inhalte. Der Verweis auf den Straftatbestand des § 184b Abs. 1 Nr. 1, 3 und 4 StGB spricht dafür, dass die Gleichstellung **Vorsatz** voraussetzt. Jedenfalls ist nach § 15 StGB nur vorsätzliches Handeln strafbar, wenn nicht

---

102 BT-Drs. 19/13824, 222.
103 IV c 2 – 62039, BArbBl 2003, Heft 1, 111.
104 Vgl. BR-Drs. 129/21, 8 zu Art. 12a Nr. 2 b).

das Gesetz fahrlässiges Handeln ausdrücklich mit Strafe bedroht. Der Sinn der Regelung besteht darin, dass das Vorsatzerfordernis nicht in jedem Straftatbestand gesondert geregelt werden muss.[105] Der in Bezug genommene § 184b Abs. 1 Nr. 1, 3 und 4 StGB setzt damit Vorsatz voraus. Auf die **Rechtswidrigkeit** dürfte es für die Gleichstellung nach § 14 Abs. 1 Nr. 6 SGB XIV dagegen nicht ankommen. Die Vorschrift ist jedoch insoweit unklar (→ Rn. 16).

Nach der Gesetzesbegründung[106] soll es erforderlich gewesen sein, § 184b Abs. 1 S. 1 Nr. 1, 3 und 4 StGB in Gänze aufzunehmen, um „Lücken im Bereich der Entschädigung zu vermeiden". Kinder und Jugendliche könnten durch die Herstellung, öffentliche Zugänglichmachung etc von Kinderpornografie schwerste Schäden erleiden. Zur Erreichung dieses Ziels hat der Gesetzgeber allerdings eine **kaum noch überschaubare Ausweitung** des Kreises der Opfer von Gewalttaten hingenommen. § 14 Abs. 1 Nr. 6 differenziert nicht danach, in welcher Weise eine Person Opfer einer Straftat nach § 184b Abs. 1 S. 1 Nr. 1, 3 oder 4 StGB geworden ist. Damit ist zB jede Person, die über eine Spam-E-Mail oder ein Schadprogramm auf dem Computer oder dem Smartphone in **Kontakt mit kinderpornografischen Inhalten** kommt, dem Opfer einer Gewalttat gleichzustellen. Allein ein fehlendes Bemühen um einen funktionsfähigen Spamfilter und einen ausreichenden Virenschutz wird idR weder einen Ausschluss von Ansprüchen und Leistungen nach § 16 SGB XIV noch eine Versagung von Leistungen nach § 17 SGB XIV rechtfertigen. Selbst wenn aus einer „Gewalttat" in Gestalt des Empfangs einer E-Mail mit kinderpornographischem Inhalt im Regelfall keine dauerhafte Gesundheitsstörung folgt, können sich **komplexe Fragen zur Kausalität** besonders in solchen Fällen stellen, in denen bei dem Empfänger der Mail bereits psychische Beeinträchtigungen bestehen. Außerdem genügt es nach § 115 Abs. 2 S. 1 SGB XIV für den Anspruch auf Leistungen der Schnellen Hilfen bereits, wenn eine summarische Prüfung ergibt, dass die antragstellende Person nach dem Recht der Sozialen Entschädigung anspruchsberechtigt sein kann (→ § 115 Rn. 8 ff.). Das wird wohl auch bei Empfängern einer E-Mail mit kinderpornografischem Inhalt selten auszuschließen sein. Darüber hinaus ist der im Antrag dargelegte Sachverhalt nach § 115 Abs. 2 S. 2 SGB XIV als wahr zu unterstellen. 46

Die praktische Bedeutung des Gleichstellungstatbestands nach § 14 Abs. 1 Nr. 6 SGB XIV wird vermutlich trotzdem gering sein. Die moralische Verwerflichkeit und die strafrechtliche Relevanz der in § 184b Abs. 1 S. 1 Nr. 1, 3 und 4 StGB angesprochenen Handlungen ändert nichts daran, dass Taten wie zB das Vorrätighalten oder das Anbieten kinderpornografischer Inhalte jedenfalls in der Regel nicht unmittelbar **gesundheitliche Schädigungen** verursachen. Gesundheitliche Schädigungen sind zwar insbesondere im Zusammenhang mit dem **Herstellen kinderpornografischer Inhalte** zu erwarten. Allerdings wird in solchen Fällen regelmäßig bereits einer der Straftatbestände nach §§ 176 ff. StGB erfüllt, so dass eine schwerwiegende psychische Gewalttat iSd § 13 Abs. 1 Nr. 2, Abs. 2 SGB XIV vorliegt. So wird nach § 176a StGB der sexuelle Missbrauch von Kindern ohne Körperkontakt mit dem Kind bestraft. Der Straftatbestand kann auch dadurch erfüllt werden, dass auf ein Kind durch einen pornographischen Inhalt oder durch entsprechende Reden eingewirkt wird. Nach § 176b StGB wird bereits die Vorbereitung einer solchen Straftat bestraft. In solchen Fällen kommt es nicht mehr darauf an, ob ein Gleichstellungssachverhalt nach § 14 Abs. 1 Nr. 6 SGB XIV vorliegt. Ein praktischer Anwendungsbereich des § 14 Abs. 1 Nr. 6 SGB XIV erschiene aber zB denkbar, wenn eine Person erfährt, dass von ihr **Videoaufzeichnungen** mit kinderpornografischem Inhalt erstellt und verbreitet worden sind, ohne dass 47

105 Lackner/Kühl, 29. Aufl. 2018, StGB § 15 Rn. 1.
106 BT-Drs. 19/13824, 177.

ein Straftatbestand nach §§ 176 ff. StGB erfüllt worden ist und wenn die Person dadurch eine psychische Schädigung erleidet.[107]

VII. Schockschaden (Abs. 2)

48 **1. Entwicklung unter Geltung des OEG.** Seit einer Entscheidung des BSG vom 7.11.1979[108] werden in ständiger Rspr. auch Opfer sog. **Schockschäden** in den Schutzbereich des OEG einbezogen. Dabei geht es um die psychische Schädigung von Personen, die nicht selbst von einem tätlichen Angriff getroffen, sondern **Zeugen einer Gewalttat** werden oder denen die **Nachricht** von einem besonders schrecklichen Geschehen – gleich auf welchem Wege – übermittelt wird. Die Übermittlung kann zB über das Telefon oder auch über Rundfunk und Fernsehen[109] erfolgen. Dass die psychische Schädigung nicht bei demjenigen eintritt, auf den der Angriff gerichtet ist, steht einem Anspruch nicht entgegen, weil § 1 Abs. 1 S. 1 OEG nicht einen Angriff auf den Geschädigten voraussetzt, sondern es sich auch um einen Angriff gegen „eine andere Person" handeln kann. Der Vorsatz des Angreifers braucht sich nicht auf die (psychische) Schädigung auch der anderen Person zu beziehen.

49 Zwar hat der Gesetzgeber bei der Erstreckung auf „eine andere Person" nicht den Fall der psychischen Schädigung Dritter im Blick gehabt, sondern die Fallkonstellation des aberratio ictus, in der der Angriff auf eine Person ihr Ziel verfehlt und eine andere Person trifft[110] (→ Rn. 18). Nach der Rspr. des BSG steht einem Anspruch jedoch nicht entgegen, dass das Opfer eines sog. Schockschadens keiner körperlichen, sondern einer psychischen Einwirkung ausgesetzt ist. Praktische Schwierigkeiten bereitet dagegen die eindeutige Grenzziehung bezogen auf die erforderliche **Unmittelbarkeit** der Schädigung. In dieser Frage kann nicht ohne Weiteres auf die Rspr. des BSG zum Kriegsopferrecht nach dem BVG[111] zurückgegriffen werden. Vielmehr sind unter dem Stichwort des Schockschadens in der Rspr. des BSG eigenständige Kriterien mit der Tendenz entwickelt worden, den Kreis der geschützten Personen im OEG weniger eng zu ziehen als nach dem BVG.[112] In seiner Grundsatzentscheidung vom 7.11.1979 räumt das BSG ein, dass dies als Ungereimtheit empfunden werden könnte. Diese Auslegung folge jedoch aus dem Gebrauch der Worte „oder eine andere Person" in § 1 Abs. 1 S. 1 OEG, der im BVG keine Entsprechung finde.

50 Das Opfer eines Schockschadens wird in der Rspr. regelmäßig als **„Sekundäropfer"** bezeichnet. Diese Bezeichnung darf aber nicht darüber hinwegtäuschen, dass das Erfordernis der **Unmittelbarkeit der Schädigung** für diese Fallkonstellation zwar möglicherweise gelockert,[113] jedoch nicht aufgegeben wird. Der Anspruch des Sekundäropfers setzt nach ständiger Rspr. zum OEG – ebenso wie der des Primäropfers – einen unmittelbaren Zusammenhang zwischen dem Schädigungstatbestand und der schädigenden Einwirkung iS einer engen, untrennbaren Verbindung beider Tatbe-

107 Vgl. dazu auch Drohsel NZS 2019, 613 (615 f.).
108 9 RVg 1/78, BSGE 49, 98.
109 BSG Urt. v. 10.12.2002 – B 9 VG 7/01, BSGE 90, 190 mwN; vgl. Hansen, Opferschutz für Dritte, ZfS 2006, 68 (69).
110 Vgl. BT-Drs. 7/2506 S. 14; vgl. Heinz, Der „OEG-Schockschaden" – Die Behandlung eines Schadensfalles im Recht der Gewaltopferentschädigung, ZfS 2005, 69 (70); kritisch zu der Rspr. des BSG: Rundschreiben des Bundesministeriums für Arbeit, Gesundheit und Soziales vom 26.11.2002 – IVc2 – 62039/3.
111 Zur erforderlichen örtlichen Nähe zwischen Kampfhandlung und psychischer Schädigung vgl. BSG Urt. v. 15.11.1955 – 10 RV 85/54, BSGE 2, 29; zur erforderlichen örtlichen und zeitlichen Nähe zwischen Kriegseinwirkung und psychischer Schädigung eines Familienangehörigen vgl. BSG Urt. v. 17.3.1982 – 9a/9 RV 41/80, SozR 3100 § 5 Nr. 6; weitere Nachweise in BSG Urt. v. 7.11.1979 – RVg 1/78, BSGE 49, 98.
112 Vgl. Gelhausen, Soziales Entschädigungsrecht, 2. Aufl. 1998, Rn. 719 f.
113 BSG Urt. v. 8.8.2001 – B 9 VG 1/00 R, BSGE 88, 240.

standselemente voraus.[114] Bei Sekundäropfern ist insoweit an den das Primäropfer schädigenden Vorgang anzuknüpfen. Diese müssen demnach durch Wahrnehmung des Vorganges oder eine sonstige Kenntnisnahme davon geschädigt worden sein.[115] Darüber hinaus müssen die psychischen Auswirkungen der Gewalttat beim Sekundäropfer bei wertender Betrachtung mit der Gewalttat so eng verbunden sein, dass beide eine „natürliche Einheit“[116] bilden.

Maßgebliches Kriterium für das Vorliegen des erforderlichen unmittelbaren Zusammenhangs ist die **zeitliche, örtliche und personale Nähe**, wobei nicht alle Aspekte kumulativ vorliegen müssen. Besteht eine zeitliche und örtliche Nähe des Sekundäropfers zum primär schädigenden Geschehen, kann diese den erforderlichen engen Zusammenhang begründen, auch wenn es an einer besonderen personalen Nähe zu dem Primäropfer fehlt. Umgekehrt muss der Mangel eines zeitlichen und örtlichen Zusammenhanges der Unmittelbarkeit der Schädigung nicht entgegenstehen, wenn das Sekundäropfer eine enge personale Beziehung zum Primäropfer hat.[117] So hat das BSG die Unmittelbarkeit aufgrund zeitlicher und örtlicher Nähe bereits im Kriegsopferrecht als gegeben angesehen, wenn ein Sekundäropfer Zeuge der Tat geworden ist.[118] Aufgrund personaler Nähe hat das BSG die **Unmittelbarkeit** jedenfalls bei einem nahen Angehörigen auch dann bejaht, wenn das Sekundäropfer erst später die Nachricht von der vorsätzlichen gewaltsamen Tötung des Primäropfers erhält und dadurch eine Schädigung erfährt.[119] An der Unmittelbarkeit fehlt es dagegen insbesondere bei der Übermittlung von Nachrichten über Gewalttaten durch die Medien an Personen ohne enge personale Beziehung zum Primäropfer. Erforderlich ist in solchen Fällen eine enge emotionale Beziehung zwischen Primär- und Sekundäropfer. Zu der Frage, wann diese vorliegt, können auf der Grundlage der zum OEG ergangenen Rspr. des BSG nur schwer allgemein gültige Aussagen getroffen werden (für die Zeit ab dem 1.1.2024 vgl. jedoch § 14 Abs. 2 S. 2 und 3 iVm § 2 Abs. 3, Abs. 5 SGB XIV, → Rn. 59). Recht eindeutig ist, dass eine „enge emotionale Beziehung“, bei **Ehe- und Kindschaftsverhältnissen** regelmäßig angenommen werden kann.[120] Nach Auffassung des BSG[121] soll das auch noch bei Ehepartnern gelten, die (seit kurzer Zeit) getrennt leben, selbst wenn einer der Ehepartner eine neue Partnerschaft eingegangen ist. Eine enge emotionale Beziehung wird aber auch zB bei einer Liebesbeziehung ohne formale Partnerschaft vorliegen können.[122] Letztlich wird die Abgrenzung des Personenkreises unter Geltung des OEG in besonderem Maße von **Wertungen** beeinflusst. 51

114 BSG Urt. v. 12.6.2003 – B 9 VG 1/02 R, BSGE 91, 107; BSG Urt. v. 10.12.2002 – B 9 VG 7/01 R, BSGE 90, 190; BSG Urt. v. 8.8.2001 – B 9 VG 1/00 R, BSGE 88, 240.

115 BSG Urt. v. 12.6.2003 – B 9 VG 8/01 R, SozR 4-3800 § 1 Nr. 2.

116 BSG Urt. v. 12.6.2003 – B 9 VG 1/02 R, BSGE 91, 107 mwN; BSG Beschl. v. 25.9.2017 – B 9 V 30/17 B; BSG Beschl. v. 27.8.2020 – B 9 V 5/20 B, juris Rn. 9; kritisch zu diesem Begriff: Loytved, Zur Anerkennung von sogenannten Schockschäden im Gewaltopferentschädigungsrecht, MedSach 2005, 148 (150).

117 BSG Urt. v. 12.6.2003 – B 9 VG 1/02 R, BSGE 91, 107; BSG Urt. v. 10.12.2002 – B 9 VG 7/01 R, BSGE 90, 190.

118 BSG Urt. v. 17.3.1982 – 9a/9 RV 41/80, SozR 3100 § 5 Nr. 6; ebenso: Rundschreiben des Bundesministeriums für Arbeit, Gesundheit und Soziales vom 26.11.2002 – IVc2–62039/3.

119 BSG Urt. v. 7.11.1979 – 9 RVg 1/78, BSGE 49, 98; BSG Urt. v. 10.12.2002 – B 9 VG 7/01 R, BSGE 90, 190.

120 Vgl. Rundschreiben des Bundesministeriums für Arbeit, Gesundheit und Soziales vom 26.11.2002 – IVc2–62039/3.

121 BSG Urt. v. 12.6.2003 – B 9 VG 1/02 R, BSGE 91, 107; ähnlich auch die zivilgerichtliche Rspr.: OLG Karlsruhe Urt. v. 18.10.2011 – 1 U 28/11, NZV 2012, 41 = juris Rn. 29, 31; einschränkend dagegen das Rundschreiben des Bundesministeriums für Arbeit und Soziales vom 20.1.2006 – IVc2–47035/3, das das Bestehen einer besonderen emotionalen Beziehung regelmäßig bei „intakten Ehen“ annimmt.

122 Ebenso: Hansen, Opferschutz für Dritte, ZfS 2006, 68 (70).

52 Die **Unmittelbarkeit** der Schädigung ist dogmatisch von der Frage der **Kausalität** zu unterscheiden, auch wenn beide Fragen eng miteinander verbunden sind (→ § 1 Rn. 25 f.).[123] Über die Voraussetzung der Unmittelbarkeit wird unter Geltung des OEG der geschützte Personenkreis abgegrenzt. Personen, bei denen eine Schädigung typischerweise nicht zu erwarten ist oder auf die sich der Schutzbereich des Gesetzes aus anderen Gründen nicht erstreckt, werden von vornherein ausgeschlossen, ohne dass es auf die Frage der Kausalität im Einzelfall ankommt. In Teilen der Literatur ist dies mit der Begründung kritisiert worden, dass die Begrenzung des Schutzbereichs des OEG für Dritte statt über „eher willkürliche Kriterien" klarer und überzeugender anhand der Prüfung des Kausalzusammenhangs zwischen Schädigung und Schaden nach dem Grundsatz der wesentlichen Bedingung zu lösen wäre.[124] Dem kann nicht zugestimmt werden. Zwar setzt die Abgrenzung des geschützten Personenkreises unter dem Gesichtspunkt der Unmittelbarkeit **normative Wertungen** voraus.[125] Gleichwohl kann auf eine Begrenzung des Kreises der Berechtigten nicht verzichtet werden, weil anderenfalls die Gefahr bestünde, dass der **Schutzbereich** des OEG uferlos ausgeweitet würde.[126] Auch im Bereich des BVG wird der versorgungsberechtigte Personenkreis durch die Verwendung des Wortes „wer" in § 1 BVG überschaubar eingegrenzt.[127] Es spricht nichts dafür, dass der Gesetzgeber, mit der vergleichbaren Formulierung in § 1 OEG auf eine solche Begrenzung verzichten wollte. Über die Prüfung des Kausalzusammenhangs kann dies nicht in gleicher Weise erreicht werden. Gerade bei Krankheiten, die auf psychischen Einwirkungen beruhen, bestehen regelmäßig erhebliche Schwierigkeiten, die medizinische Ursache festzustellen (→ Rn. 66). Für die Schockschädigung von Sekundäropfern gewinnt dies besondere Bedeutung, da Nachrichten von Gewalttaten über die Medien einen unüberschaubaren Personenkreis erreichen können.[128]

53 **2. Gleichstellung nach § 14 Abs. 2 SGB XIV.** § 14 Abs. 2 SGB XIV greift die Rspr. des BSG zu den Voraussetzungen eines Schockschadens auf. In Anknüpfung an die zum OEG ergangene Rspr. unterscheidet § 14 Abs. 2 SGB XIV zwischen dem Sekundäropfer mit **örtlicher und zeitlicher Nähe zur Gewalttat,** das unabhängig von einer engen emotionalen Beziehung zum Gewaltopfer Leistungen der sozialen Entschädigung erhält (Abs. 2 S. 1) und dem örtlich und/oder zeitlich vom Ort des Geschehens weiter entfernten Sekundäropfer, bei dem eine **enge emotionale Beziehung** zum Gewaltopfer vorausgesetzt wird (Abs. 2 S. 2 und 3).

54 Voraussetzung für einen Entschädigungsanspruch des Sekundäropfers nach § 14 Abs. 2 SGB XIV ist, dass das **Primäropfer** einer vorsätzlichen rechtswidrigen Gewalttat iSd § 13 SGB XIV zum Opfer gefallen ist oder dass einer der Gleichstellungstatbestände nach § 14 Abs. 1 Nr. 1 bis 4 SGB XIV in der Person des Primäropfers vorliegt. Ob Personen, die die **Vernachlässigung von Kindern** (§ 14 Abs. 1 Nr. 5 SGB XIV) oder die Herstellung und Verbreitung von Kinderpornografie (§ 14 Abs. 1 Nr. 6 SGB XIV) miterleben, als Sekundäropfer Ansprüche auf soziale Entschädigung erlangen können, ist nicht geklärt. Nach dem Wortlaut des § 14 Abs. 2 SGB XIV erscheint das nicht ausgeschlossen. Der Umstand, dass der Gesetzgeber bei der Formulierung des § 14 Abs. 2

123 Vgl. BSG Urt. v. 10.12.2002 – B 9 VG 7/01 R, BSGE 90, 190.
124 Hansen, Opferschutz für Dritte, ZfS 2006, 68 (70) Fn. 28 mwN.
125 Vgl. Loytved MedSach 2005, 148 (149); BSG Urt. v. 8.8.2001 – B 9 VG 1/00 R, BSGE 88, 240.
126 Vgl. Bischofs, Der sogenannte Schockschaden im Opferentschädigungsrecht – Eine kurze teleologische Betrachtung, SGb 2010, 693.
127 Vgl. BSG Urt. v. 8.12.1982 – 9a RV 18/82, BSGE 54, 206 mwN.
128 Vgl. Loytved, Zur Unmittelbarkeit der Schockschädigung von Sekundäropfern nach dem Opferentschädigungsgesetz, NZS 2004, 516 (518); S. Knickrehm, Traumata bei „Auslandseinsätzen" und posttraumatische Belastungsstörung im Unfallversicherungs- und Soldatenversorgungsgesetz, SGb 2010, 381; vgl. Bischofs SGb 2010, 693.

SGB XIV an die Rspr. des BSG zu Schockschäden anknüpfen wollte und dass mit § 14 Abs. 1 Nr. 5 und 6 SGB XIV vergleichbare Gleichstellungssachverhalte unter Geltung des OEG nicht existierten, spricht jedoch dagegen.

Wenn das **Primäropfer** kein Opfer einer Gewalttat, sondern Unfallopfer ist oder wenn zB die Voraussetzungen nach § 13 Abs. 1 Nr. 1 SGB XIV nicht erfüllt sind, weil der Täter in Notwehr gehandelt hat, scheidet auch ein Anspruch des Sekundäropfers wegen eines Schockschadens aus.[129] Auch wenn sich das Primäropfer selbst getötet hat, liegt keine Gewalttat iSd § 13 SGB XIV vor, so dass Personen, die den Suizid miterlebt haben, nicht als Sekundäropfer entschädigt werden können.[130] Ferner muss das Primäropfer im Inland geschädigt worden sein (→ § 13 Rn. 31). Da das Primäropfer ein rechtsfähiger Mensch iSd § 1 OEG sein muss (→ § 13 Rn. 24), kann die Nachricht vom Missbrauch eines Toten keine Ansprüche auf Gewaltopferentschädigung nach § 14 Abs. 2 OEG auslösen.[131] Anders als im Zivilrecht lassen sich wegen Verletzung des postmortalen Persönlichkeitsrechts des Opfers nach dem OEG mangels Vorliegens eines tätlichen Angriffs keine Ansprüche herleiten. Bei einem ärztlichen Behandlungsfehler kommt die Schädigung von Sekundäropfern – anders als im Zivilrecht[132] – nur in Betracht, wenn die ärztliche Behandlung ausnahmsweise als Gewalttat zu qualifizieren ist (→ § 13 Rn. 41 f.). Andererseits kommt es nicht darauf an, ob das Sekundäropfer **erkennt**, dass es sich um eine Gewalttat handelt.[133] Auch wenn das Sekundäropfer zunächst vom Vorliegen eines Unglücksfalles ausgeht, ist das objektive Vorliegen einer Gewalttat und die dadurch eingetretene Schockwirkung ausschlaggebend. Ferner muss sich das Sekundäropfer eine Verursachung durch das Primäropfer (Ausschluss nach § 16 SGB XIV) oder einen das Primäropfer betreffenden Versagungsgrund nach § 17 SGB XIV jedenfalls nach der zu § 2 OEG ergangenen Rspr. des BSG[134] nicht entgegenhalten lassen (vgl. im Einzelnen → § 16 Rn. 15 ff., 18, → § 19 Rn. 8). 55

a) **Miterleben der Tat (Abs. 2 S. 1).** § 14 Abs. 2 S. 1 SGB XIV stellt Personen, die in Folge des Miterlebens der Tat oder des Auffindens des Opfers eine gesundheitliche Schädigung erlitten haben, den Opfern von Gewalttaten gleich. Nach dem Wortlaut der Regelung wird die Gleichstellung nicht von Art oder Schwere der gesundheitlichen Schädigung abhängig gemacht. Nach der zum OEG ergangenen Rspr. war ein **Schock** des Sekundäropfers vorausgesetzt worden. Dabei handelte es sich um eine **starke seelische Erschütterung** durch ein **plötzlich hereinbrechendes Ereignis.**[135] Das musste aber auch unter Geltung des OEG nicht bedeuteten, dass es zeitnah nach der Gewalttat zu einem nach außen erkennbaren Zusammenbruch des Sekundäropfers kommt.[136] An diesen Maßstäben wird unter Geltung des § 14 Abs. 2 SGB XIV festzuhalten sein. In ähnlicher Weise wird in der zivilgerichtlichen Rspr. zur Entschädigung von Schockschäden nicht jede psychische Beeinträchtigung, sondern nur eine Gesundheitsverletzung berücksichtigt, die pathologisch fassbar ist und über die gesundheitlichen Beeinträchtigungen hinausgehen, denen zB Hinterbliebene bei der Benachrichtigung vom tödlichen Unfall eines Angehörigen erfahrungsgemäß ausgesetzt sind. Aus einer Trauerreaktion, der insbesondere nahe Angehörigen eines verstorbenen Gewaltopfers erfahrungsgemäß ausgesetzt sind, konnte auch schon unter Geltung des OEG nicht 56

129 Hansen, Opferschutz für Dritte, ZfS 2006, 68 (71).
130 Vgl. BSG Beschl. v. 26.1.2021 – B 9 V 26/20 B.
131 Vgl. BSG Urt. v. 12.6.2003 – B 9 VG 6/02 R, VersVerw 2004, 27.
132 Vgl. BGH Urt. v. 21.5.2019 – VI ZR 299/17, BGHZ 222, 125.
133 BSG Urt. v. 8.8.2001 – B 9 VG 1/00 R, BSGE 88, 240; anders das SG Karlsruhe 13.10.2009 – S 1 VG 2257/09 bei einem zeitlichen Abstand zwischen dem Tod des Primäropfers und der Kenntnis der Gewalttat als Todesursache; kritisch dazu: Dau jurisPR-SozR 2/2010 Anm. 5.
134 BSG Urt. v. 7.11.2001 – B 9 VG 2/01 R, BSGE 89, 75.
135 Vgl. BSG Urt. v. 17.12.1997 – 9 BVg 5/97.
136 BSG Urt. v. 12.6.2003 – B 9 VG 1/02 R, BSGE 91, 107.

auf einen Schock geschlossen werden. Mit der ausdrücklichen Gleichstellung der Sekundäropfer in § 14 Abs. 2 SGB XIV war eine Ausweitung des Anwendungsbereichs über die in der Rspr. zum OEG entwickelten Fallgestaltungen hinaus auch nach dem Inhalt der Gesetzesbegründung zum G-SER[137] nicht beabsichtigt. Wenn die Gewalttat bei dem Sekundäropfer zu einer nach außen zunächst weitgehend symptomlosen psychischen Reaktion führt und sich erst nach einer **Latenzzeit** eine **Posttraumatische Belastungsstörung** entwickelt, steht dies jedoch der Gleichstellung nach § 14 Abs. 2 SGB XIV nicht entgegen. Ob die mit zeitlichem Abstand in Erscheinung getretene psychische Erkrankung im Einzelfall auf die Gewalttat zurückzuführen ist, ist allein eine – nicht selten schwierig zu beantwortende – Frage der Kausalität (vgl. § 4 Abs. 5 SGB XIV).

57 Auf eine emotionale oder verwandtschaftliche Beziehung des Sekundäropfers zum Primäropfer kommt es unter den in § 14 Abs. 2 **S. 1** SGB XIV genannten Voraussetzungen (Erleiden einer gesundheitlichen Schädigung durch Miterleben der Tat oder Auffinden des Opfers) nicht an. Die Frage, ob die Entschädigung des Opfers eines Schockschadens mangels Unmittelbarkeit ausgeschlossen ist, wenn **keine enge emotionale Beziehung** besteht, hatte das BSG in einer Entscheidung vom 8.8.2001[138] ausführlich erörtert und zunächst offen gelassen, in einer Entscheidung vom 12.6.2003[139] dann aber klargestellt, dass eine zeitliche und örtliche Nähe zum primär schädigenden Geschehen den erforderlichen engen Zusammenhang begründen kann, auch wenn es an einer besonderen personalen Nähe zum Primäropfer fehlt. Damit übereinstimmend macht § 14 Abs. 2 S. 1 SGB XIV die Gleichstellung von Personen, die in Folge des Miterlebens der Tat oder des Auffindens des Opfers eine gesundheitliche Schädigung erlitten haben, nicht von der Beziehung zum Opfer abhängig. Der ab dem 1.1.2024 geltende § 14 Abs. 2 S. 1 SGB XIV unterscheidet sich damit – ebenso wie die zum OEG ergangene Rspr. des BSG – von der im Zivilrecht geltenden Rechtslage, die eine uferlose Ausdehnung des Kreises der Anspruchsberechtigten vermeidet, indem sie Schockschäden jedenfalls im Grundsatz nur bei **nahen Angehörigen** des Primäropfers als adäquat verursacht ansieht.[140] Selbst für besonders gravierende Unfallereignisse macht jedenfalls der BGH[141] davon keine Ausnahme.

58 **b) Überbringung der Nachricht (Abs. 2 S. 2 und 3).** Personen, die die Tat nicht unmittelbar miterlebt haben und die das Opfer auch nicht selbst aufgefunden haben, können nach § 14 Abs. 2 S. 2 und 3 SGB XIV Anspruch auf Entschädigung als Sekundäropfer haben, wenn sie durch die Überbringung der Nachricht vom **Tode oder schweren Verletzung** des Opfers eine gesundheitliche Schädigung erleiden. Voraussetzung ist also anders als nach S. 1, dass das Primäropfer verstorben oder schwerwiegend verletzt worden ist. Bei einer leichten Verletzung des Opfers erfolgt selbst dann keine Gleichstellung nach § 14 Abs. 2 S. 2 und 3 SGB XIV, wenn einer Person irrtümlich die Nachricht von einer schweren oder tödlichen Verletzung überbracht wird. Maßgebend sind insoweit – ebenso im Falle der irrtümlichen Annahme, dass keine Gewalttat, sondern ein Unglücksfall vorliegen würde (→ Rn. 55) – die objektiven Umstände.

137 BT-Drs. 19/13824, 176 f.
138 B 9 VG 1/00 R, BSGE 88, 240; vgl. auch BSG 7.11.2001 – B 9 VG 2/01 R, BSGE 89, 75.
139 B 9 VG 1/02 R, BSGE 91, 107.
140 MüKoBGB/Oetker, 8. Aufl. 2019, § 249 Rn. 151 mwN; BGH Urt. v. 4.4.1989 – VI ZR 97/88, NJW 1989, 2317; BGH Urt. v. 5.2.1985 – VI ZR 198/83, BGHZ 93, 351 = NJW 1985, 1390; BGH Urt. v. 11.5.1971 – VI ZR 78/70, BGHZ 56, 163; BGH Urt. v. 20.3.2012 – VI ZR 114/11, BGHZ 193, 34 = juris Rn. 8; vgl. Dau jurisPR-SozR 2/2010 Anm. 5.
141 BGH Urt. v. 22.5.2007 – VI ZR 17/06, BGHZ 172, 263; aA MüKoBGB/Oetker, 8. Aufl. 2019, § 249 Rn. 153 mwN.

Es kommt nicht darauf an, auf welchem Weg die Nachricht übermittelt wird, so dass auch Nachrichten in den Medien in Betracht kommen.[142]

59 Anders als in den Fällen des Miterlebens der Tat oder des Auffindens des Opfers nach § 14 Abs. 2 S. 1 SGB XIV setzt eine Gleichstellung in den Fällen des Überbringens der Nachricht von der Gewalttat nach § 14 Abs. 2 S. 2 SGB XIV eine **enge emotionale Beziehung** zwischen Sekundär- und Primäropfer voraus. Die Wendung der „engen emotionalen Beziehung" hat der Gesetzgeber aus der Rspr. des BSG zum OEG[143] übernommen. Die unter Geltung des OEG bestehenden Schwierigkeiten und **Unwägbarkeiten** bezogen auf die Frage, in welchen Fällen eine enge emotionale Beziehung angenommen werden kann, sind mit Inkrafttreten des § 14 Abs. 2 SGB XIV weitergehend beseitigt worden. § 14 Abs. 2 S. 3 SGB XIV bestimmt, dass eine solche Beziehung in der Regel bei Angehörigen und Nahestehenden besteht. Angehörige sind nach § 2 Abs. 3 SGB XIV Ehegatten sowie Kinder und Eltern von Geschädigten. Als Kinder gelten auch in den Haushalt Geschädigter aufgenommene Stiefkinder sowie Pflegekinder im Sinne des § 2 Abs. 1 S. 1 Nr. 2 BKGG. Der Begriff des Nahestehenden wird für den Bereich des SGB XIV in § 2 Abs. 5 erläutert: Es handelt sich um Geschwister sowie Personen, die mit Geschädigten eine Lebensgemeinschaft führen, die der Ehe ähnlich ist. Weil § 14 Abs. 2 S. 2 und 3 SGB XIV nur den Regelfall beschreibt sind Ausnahmen denkbar.[144] So kann es bei schon lange getrennt lebenden Ehegatten besonders nach kurzer Ehedauer an einer engen emotionalen Beziehung fehlen. Andererseits kann eine enge emotionale Beziehung ausnahmsweise auch zwischen nicht verwandten und nicht verheirateten Personen ohne eine eheähnliche Lebensgemeinschaft bestehen. Voraussetzung ist, dass die Beziehung zwischen Primär- und Sekundäropfer vergleichbar stark durch Nähe und Zuneigung geprägt war, wie typischerweise in den Fällen des Abs. 2 S. 3.[145] Weitere Hinweise für die Auslegung können neben der Rspr. zum OEG der zivilgerichtlichen Rspr. zu Entschädigung von Schockschäden entnommen werden. Zwar wird dort die Ersatzpflicht für Schockschäden auf „nahe Angehörige"[146] begrenzt, so dass sich die Begrifflichkeiten etwas unterscheiden. Darunter werden aber im Zivilrecht nicht nur „Angehörige" im engen familienrechtlichen Sinne (Eheleute, Eltern bzw. Kinder, Geschwister und Lebenspartner) verstanden,[147] sondern zB auch Verlobte oder Lebensgefährten. Insofern gelten in beiden Bereichen weitgehend übereinstimmende Maßstäbe.

60 Nach der Begründung des **Regierungsentwurfs eines G-SER** zu § 14 SGB XIV[148] sollen Sekundäropfer „in den Fällen in denen es an einer solchen **engen emotionalen Bindung fehlt** ... Leistungen unter den Voraussetzungen des § 16" erhalten. Diese Ausführungen sind verwirrend, weil § 16 SGB XIV den Ausschluss von Leistungen und nicht die Voraussetzung für die Gewährung Schneller Hilfen zum Inhalt hat; dies galt auch schon für den Regierungsentwurf eines G-SER. Der genannten Formulierung in der Gesetzesbegründung liegt offensichtlich ein Versehen zugrunde. Sie ist irrtümlich aus der Begründung zu Art. 1 § 15 des Referentenentwurfs eines G-SER[149] übernom-

142 Zum OEG vgl. BSG Urt. v. 10.12.2002 – B 9 VG 7/01 R, BSGE 90, 190 = juris Rn. 16 mwN.
143 Vgl. BSG Urt. v. 12.6.2003 – B 9 VG 1/02 R, BSGE 91, 107; in der Literatur zum OEG wurde teilweise der Begriff der „emotionalen Sonderbeziehung" verwandt, vgl. Loytved NZS 2004, 516 (519); Loytved MedSach 2005, 148 (150).
144 So auch BT-Drs. 19/13824, 177.
145 Vgl. BT-Drs. 19/13824, 177.
146 Vgl. MüKoBGB/Oetker, 8. Aufl. 2019, § 249 Rn. 153; Palandt/Grüneberg Vor § 249 Rn. 40 mwN.
147 Vgl. MüKoBGB/Oetker, 8. Aufl. 2019, § 249 Rn. 153; Palandt/Grüneberg Vor § 249 Rn. 40 mwN.
148 BT-Drs. 19/13824, 177, zu § 14 am Ende.
149 Bearbeitungsstand 20.11.2018, 14:23 Uhr, S. 150, zu § 15 am Ende.

men worden. Dieser Referentenentwurf sah in Art. 1 § 15 Abs. 2 vor, dass der Anspruch von Sekundäropfern generell eine enge emotionale Beziehung zum Primäropfer voraussetzt. Art. § 16 des Referentenentwurfs sah als Ausnahme davon vor, dass Personen, die ein Tatgeschehen unmittelbar miterlebt oder ein Gewaltopfer aufgefunden haben, ohne eine enge emotionale Beziehung zum Opfer zu haben, **Leistungen der Schnellen Hilfe** erhalten. Die Gesetz gewordene Fassung enthält eine vergleichbare Regelung nicht mehr. Anders als im Referentenentwurf vorgesehen, ist der Anspruch auf Entschädigung bei Sekundäropfern, die in Folge des Miterlebens der Tat oder des Auffindens des Opfers eine gesundheitliche Schädigung erlitten haben (§ 14 Abs. 2 S. 1 SGB XIV), nicht mehr von einer engen emotionalen Beziehung zum Opfer abhängig (→ Rn. 53, 57). Bei den nach § 14 Abs. 2 S. 2 SGB XIV gleichgestellten Personen, die durch die Erbringung der Nachricht vom Tode oder der schwerwiegenden Verletzung des Opfers eine gesundheitliche Schädigung erlitten haben, wird dagegen eine enge emotionale Beziehung vorausgesetzt. Da es eine Art. 1 § 16 des Referentenentwurfs entsprechende Regelung zur Leistungsberechtigung sonstiger Betroffener (ohne enge emotionale Bindung zum Opfer) in der Gesetz gewordenen Fassung nicht mehr gibt, geht die og Formulierung aus der Gesetzesbegründung ins Leere.

61 Ein Anspruch des Sekundäropfers setzt voraus, dass dessen gesundheitliche Schädigung **unmittelbar** durch den vorsätzlichen, rechtswidrigen tätlichen Angriff verursacht worden ist. Davon ist das BSG[150] jedenfalls unter Geltung des OEG ausgegangen, und es gibt keine Hinweise dafür, dass sich durch die Kodifizierung dieser Rspr. in § 14 Abs. 2 SGB XIV etwas ändern sollte. An der Unmittelbarkeit der Schädigung des Sekundäropfers fehlt es, wenn diese nicht auf dem schädigenden Vorgang als solchem beruht und es erst aufgrund von Ereignissen, die das Primäropfer nach Abschluss des schädigenden Vorgangs erfasst haben, zu der „initialen Schädigung" gekommen ist. Mit dieser Begründung hat das BSG[151] entschieden, dass die Ehefrau des Opfers einer Gewalttat, das nach neuntägiger Bewusstlosigkeit im Krankenhaus verstorben ist, keinen Anspruch auf Entschädigung hat, wenn die psychische Beeinträchtigung der Ehefrau nicht mehr wesentlich durch die erfolgte Gewaltanwendung geprägt ist, sondern Folge des erst im Krankenhaus eingetretenen Todes des Primäropfers und der dadurch geänderten Lebensumstände ist. Diese Abgrenzung kann im Grundsatz nachvollzogen werden. Allerdings stellt sich die Frage, ob die erforderlichen Feststellungen zu den danach ausschlaggebenden Kausalitätsfragen in der Praxis zuverlässig getroffen werden können.

D. Anhang

I. OEG

62 **§ 1 OEG Anspruch auf Versorgung**

(1) [abgedr bei → § 13 Rn. 102]

(2) Einem tätlichen Angriff im Sinne des Absatzes 1 stehen gleich

1. die vorsätzliche Beibringung von Gift,
2. die wenigstens fahrlässige Herbeiführung einer Gefahr für Leib und Leben eines anderen durch ein mit gemeingefährlichen Mitteln begangenes Verbrechen.

(3) bis (11) [...]

150 BSG Urt. v. 12.6.2003 – B 9 VG 8/01 R, SozR 4-3800 § 1 Nr. 2; vgl. auch BSG Beschl. v. 17.12.1997 – 9 BVg 5/97.

151 BSG Urt. v. 12.6.2003 – B 9 VG 8/01 R, SozR 4-3800 § 1 Nr. 2; vgl. auch BSG Beschl. v. 17.12.1997 – 9 BVg 5/97; vgl. auch BSG Beschl. v. 14.10.2015 – B 9 V 43/15 B, juris Rn. 10.

II. StGB

§ 184b StGB Verbreitung, Erwerb und Besitz kinderpornographischer Inhalte 63

(1) [1]Mit Freiheitsstrafe von einem Jahr bis zu zehn Jahren wird bestraft, wer

1. einen kinderpornographischen Inhalt verbreitet oder der Öffentlichkeit zugänglich macht; kinderpornographisch ist ein pornographischer Inhalt (§ 11 Absatz 3), wenn er zum Gegenstand hat:
   a) sexuelle Handlungen von, an oder vor einer Person unter vierzehn Jahren (Kind),
   b) die Wiedergabe eines ganz oder teilweise unbekleideten Kindes in aufreizend geschlechtsbetonter Körperhaltung oder
   c) die sexuell aufreizende Wiedergabe der unbekleideten Genitalien oder des unbekleideten Gesäßes eines Kindes,
2. …
3. einen kinderpornographischen Inhalt, der ein tatsächliches Geschehen wiedergibt, herstellt oder
4. einen kinderpornographischen Inhalt herstellt, bezieht, liefert, vorrätig hält, anbietet, bewirbt oder es unternimmt, diesen ein- oder auszuführen, um ihn im Sinne der Nummer 1 oder der Nummer 2 zu verwenden oder einer anderen Person eine solche Verwendung zu ermöglichen, soweit die Tat nicht nach Nummer 3 mit Strafe bedroht ist.

…

§ 15 Anspruch auf Leistungen bei Gewalttaten im Ausland

[1]Personen, die durch ein schädigendes Ereignis nach den §§ 13 und 14 im Ausland eine gesundheitliche Schädigung erleiden, erhalten wegen der gesundheitlichen und wirtschaftlichen Folgen auf Antrag Leistungen nach Maßgabe des § 102, wenn sie

1. ihren gewöhnlichen und rechtmäßigen Aufenthalt im Geltungsbereich dieses Gesetzes haben und
2. sich zum Tatzeitpunkt für einen vorübergehenden Zeitraum von längstens sechs Monaten außerhalb des Geltungsbereichs dieses Gesetzes aufgehalten haben.

[2]Die Frist nach Satz 1 Nummer 2 verlängert sich auf ein Jahr, wenn der Auslandsaufenthalt dem Besuch einer Schule, Hochschule, der Berufsausbildung oder der Leistung eines freiwilligen Dienstes im Sinne des § 32 Absatz 4 Satz 1 Nummer 2 Buchstabe d des Einkommensteuergesetzes dient.

A. Gesetzesgeschichte

I. Neues und geltendes Recht

Die Vorschrift wurde mit dem G-SER vom 12.12.2019[1] in das SGB XIV eingefügt. Änderungen an der Vorschrift haben sich seither nicht ergeben. 1

1 BGBl. 2019 I 2652.

2 Bis zum Inkrafttreten von § 15 am 1.1.2024 (Art. 60 Abs. 7 SER-G) richten sich Ansprüche bei Gewalttaten im Ausland weiterhin nach § 3a Abs. 1 OEG, der mWv 1.7.2009 im Zuge des Dritten OEG-Änderungsgesetzes[2] die Möglichkeit einer Entschädigung bei Gewalttaten im Ausland einführte. Umgesetzt wurde damit ua eine Forderung insbes. des Weissen Rings.[3]

II. Änderungen im SGB XIV gegenüber dem OEG

3 § 15 führt die Norm des § 3a OEG fort. Die eine Leistungsberechtigung einschränkenden Bedingungen, insbes. die einer verbürgten Gegenseitigkeit oder einer Leistungsgewährung nur im Falle einer entsprechenden Berechtigung bei einem Inlandsfall, wurden indes mWv 1.7.2018 aufgehoben. Gegenüber dem OEG werden sowohl das Leistungsspektrum erweitert als auch die Leistungen erhöht.[4]

B. Normsystematik

I. Allgemeiner Regelungsgehalt

4 Die Vorschrift normiert den Grundtatbestand eines Anspruchs auf Entschädigungsleistungen für Personen, die außerhalb des Geltungsbereichs des SGB XIV Opfer von Gewalttaten werden.

II. Systematische Einordnung und Normzweck

5 Der deutsche Gesetzgeber hat hierbei – wie zuvor bereits die EU-Kommission in ihrem Vorschlag für eine Opferentschädigungsrichtlinie[5] – ursprünglich v.a. Opfer terroristischer Anschläge im Ausland im Blick gehabt.[6] Im Gegensatz zu Gewalttaten, die im Inland begangen werden, trifft den deutschen Staat bei im Ausland begangenen Taten im Grundsatz keine besondere Verantwortung.[7] In Übereinstimmung mit den Vorgaben der Opferentschädigungsrichtlinie der EU (RL 2004/80/EG)[8] sowie des Europäischen Übereinkommens über die Entschädigung für Opfer von Gewalttaten[9] sieht der deutsche Gesetzgeber die Verantwortung und Entschädigungspflicht primär bei dem Staat, in welchem die Gewalttat begangen wurde. Dieses Prinzip wendet Deutschland auch mit Blick auf alle übrigen Staaten an. Festzustellen ist jedoch, dass es längst nicht weltweit Opferentschädigungssysteme gibt, die dem inländischen entsprechen und somit Lücken in der Versorgung bleiben können. Überließe man den Ausgleich von durch Gewalttaten entstandenen Schädigungen dem Zivilrecht (Schadenersatz), blieben sie vielfach ohne Kompensation, weil Täter nach der Tat entweder unbekannt

---

2 BGBl. 2009 I 1580; allg. dazu Dau SGb 2009, 695.
3 Hierzu Bock ZRP 2009, 148; Gelhausen/Weiner/Weiner OEG § 3a Rn. 1; vgl. BT-Drs. 15/34, 2; BT-Drs. 15/802, 3; BT-Drs. 15/936, 2; BT-Drs. 15/1002, 3.
4 Vgl. Schmidt SGB XIV/Karl § 15 Rn. 3.
5 ABl.EG 2003 Nr. C 45 E, 69.
6 Vgl. BT-Drs. 16/12697, 7.
7 So BT-Drs. 19/13824, 177.
8 RL 2004/80/EG des Rates v. 29.4.2004 zur Entschädigung der Opfer von Straftaten, ABl.EU 2004 Nr. L 261, 15.
9 BGBl. 1996 II 1120, 1121. Vertragsstaaten sind mit Stand 31.5.2021 Albanien (1.3.2005, BGBl. 2005 II 753), Aserbaidschan (1.7.2000, BGBl. 2000 II 1209), Belgien (1.7.2004), Bosnien und Herzegowina (1.8.2005, BGBl. 2007 II 925), Dänemark (1.2.1988), Deutschland (1.3.1997), Estland (1.5.2006), Finnland (1.3.1991), Frankreich (1.6.1990), Kroatien (1.11.2008, BGBl. 2009 II 543), Liechtenstein (1.4.2009), Luxemburg (1.2.1988), Malta (1.7.2015), Niederlande (1.2.1988), Norwegen (1.10.1992), Österreich (1.12.2006), Portugal (1.12.2001), Rumänien (1.6.2006), Schweden (1.1.1989), Schweiz (1.1.1993), Slowakei (1.7.2009), Spanien (1.2.2002), Tschechien (1.1.2001), Vereinigtes Königreich Großbritannien (1.6.1990) und Zypern (1.5.2001).

bleiben und deswegen nicht in Anspruch genommen werden können oder weil Täter vermögenslos sind und eine Rechtsverfolgung keine Aussicht auf Erfolg hat.[10] Aufgrund der deswegen unbefriedigenden Ergebnisse schafft § 15 einen Ausgleich für Konstellationen, in denen Betroffene anderweitig keine oder zu wenig Hilfe erhalten.[11] In den Vordergrund tritt damit anstelle einer staatlichen Schutzpflicht ein Fürsorgegedanke.[12]

Der sachliche Anwendungsbereich der Norm ist auf einen engen Kreis **schädigender Ereignisse** begrenzt, namentlich Gewalttaten nach Kapitel 2 Abschnitt 2 SGB XIV (§ 1 Abs. 2 Nr. 1). Weitere schädigende Ereignisse iSv § 1 Abs. 2 sind nicht Gegenstand der Norm. 6

§ 15 beschreibt den berechtigten Personenkreis, welcher Anspruch auf Leistungen bei Gewalttaten im Ausland hat. Die Norm benennt weder selbst die **Voraussetzungen der Entschädigungstatbestände** im Übrigen, sondern nimmt hierfür die Vorschriften der §§ 13, 14 in Bezug. Ebenso wenig verhält sich die Norm zum **Umfang der Leistungen** sowie deren **Export in das Ausland**. Diese richten sich nach § 102.[13] 7

Die Art des schädigenden Ereignisses und insbes., ob sich die Gewalttat im In- oder Ausland ereignet hat, wird gem. § 127 Abs. 1 Nr. 4 lit. a SGB XIV in die **amtliche Statistik** der Bundesstelle für Soziale Entschädigung aufgenommen. 8

Die in § 15 beschriebene Situation löst aus deutscher Sicht keine Entschädigungspflicht gem. der **RL 2004/80/EG** aus, da sich der gewöhnliche Aufenthalt der betroffenen Person weiterhin im Inland befinden muss, nach der RL aber im Ausland. Aus Sicht anderer Staaten liegt beim selben Sachverhalt genau deswegen aber eine Situation vor, welche der RL 2004/80/EG unterfällt und deshalb Entschädigungsansprüche in anderen Mitgliedstaaten der EU zur Folge hat. 9

C. Einzelkommentierung

Das Opferentschädigungsrecht ist nach wie vor im Grundsatz – dies zeigt die normsetzungstechnische Trennung entschädigungspflichtiger Tatbestände in solche im In- und Ausland (§§ 13, 15) – am sog. **Territorialitätsprinzip** orientiert.[14] Dies fußt auf der Überlegung, dass ein Staat außerhalb der Grenzen seines Territoriums prinzipiell keine Möglichkeit hat, den Schutz betroffener Personen vor Gewalttaten zu gewährleisten, etwa durch Einsatz von Sicherheitskräften.[15] Die Verantwortlichkeit des Staates, in welchem die Straftat begangen wurde, werden im EU-Recht (Art. 2 RL 2004/80/EG) sowie im zwischenstaatlichen Recht (Art. 3 des Europäischen Übereinkommens über die Entschädigung für Opfer von Gewalttaten[16]) ebenso betont. Schäden aufgrund von Gewalttaten in anderen als den Vertragsstaaten des Europäischen Übereinkommens bzw. den EU-Mitgliedstaaten sind jedoch nicht gedeckt. Der deutsche Gesetzgeber hat sich – wohl auch aufgrund einer zunehmenden Personenmobilität und der global festzustellenden Unzulänglichkeiten anderer Systeme der Kompensation – dazu entschieden, das Territorialitätsprinzip um eine Komponente des **Personalitätsprinzips** zu erweitern.[17] Diese Erweiterung wird weder durch EU-Recht noch durch Konventi- 10

10 Schuler ISR der BRD, S. 730 f.
11 BT-Drs. 19/13824, 177.
12 Schmidt SGB XIV/Karl § 15 Rn. 4.
13 BT-Drs. 19/13824, 177.
14 Vgl. BSG Urt. v. 18.6.1996 – 9 RVg 4/94; BT-Drs. 13/2477, 15.
15 Vgl. BSG Urt. v. 10.12.2002 – B 9 VG 7/01 R, BSGE 90, 190; BT-Drs. 11/7969, 16; Leube ZFSH/SGB 2010, 333; Dau SGb 2009, 695; Bischofs SGb 2010, 693 (696); Heinz OEG § 1 Rn. 52; s. auch BSG Urt. v. 7.11.1979 – 9 RVg 2/78, BSGE 49, 104.
16 BGBl. 1996 II 1120.
17 Gelhausen/Weiner/Weiner OEG § 1 Rn. 6; Schmidt SGB XIV/Karl § 15 Rn. 8, 10; Bock ZRP 2009, 148 (149).

onsrecht ausgeschlossen oder beschränkt. Zu entschädigen sind damit auch Gewalttatereignisse, die im Ausland begangen werden. § 15 macht so deutlich, dass Entschädigungsgrund nicht allein die Aufopferung aufgrund ausgebliebener wirksamer Prävention durch die Polizei und damit ein Versagen des staatlichen Gewaltmonopols ist, denn dies könnte eine Entschädigung für Folgen einer Gewalttat im Ausland nicht rechtfertigen.[18] Grund für die Leistungen ist die allgemeine Fürsorge des Staates für seine Bürger und diejenigen Personen, die sich auf Dauer rechtmäßig in Deutschland aufhalten[19] (vgl. § 5 S. 1 SGB I: „aus anderen Gründen").[20] Allerdings zeigt sich die geringere Verantwortung Deutschlands für im Ausland begangene Taten am deutlich verminderten Leistungsumfang.[21]

I. Anspruchsberechtigter Personenkreis

11 **1. Personen.** Für die Anspruchsberechtigten wählt das Gesetz den Begriff „Personen". Mangels einer Differenzierung zwischen Deutschen und Ausländern sowie mit Blick auf § 7 können anspruchsberechtigt daher sowohl **deutsche Staatsangehörige** als auch **Angehörige fremder Staaten** sein.[22] Mithin bedarf es keiner Abgrenzung zwischen diesen Personengruppen oder einer Definition des Begriffes Ausländer (→ § 7 Rn. 11). Notwendig ist dies allenfalls dann, wenn bestimmt werden muss, ob sich eine Person rechtmäßig im Bundesgebiet aufhält, denn dieses Erfordernis trifft lediglich ausländische Personen.

12 Die Bezugnahme auf „Personen" dürfte zu Weiterungen des leistungsberechtigten Personenkreises führen. Neben deutschen Staatsangehörigen und Angehörigen fremder Staaten sind anspruchsberechtigt auch **Staatenlose** iSd New Yorker Übereinkommens über Staatenlose,[23] die hinsichtlich ihrer Rechtsstellung den Inländern gleichgestellt sind. Dies trägt den völkerrechtlichen Bindungen Deutschlands Rechnung. Ein Anspruch auf Entschädigung bei Gewalttaten im Ausland kann auch hinsichtlich dieser Personenkreise nicht verneint werden, sofern die übrigen gesetzlichen Voraussetzungen vorliegen.

13 Durch die Verwendung des allgemeinen Begriffs Personen werden nicht nur die durch die Gewalttat primär Geschädigten, sondern zudem ihre **Angehörigen, Hinterbliebenen und Nahestehenden** erfasst. Auch ihnen räumt das Gesetz bei Vorliegen der gesetzlichen Voraussetzungen einen Entschädigungsanspruch ein. Der zu gewährende Leistungsumfang ist bei diesen Personenkreisen jedoch nicht identisch (§ 102).

14 Aus der Allgemeinheit des Begriffs „Personen" ist jedoch nicht abzuleiten, dass auch **juristische Personen** einen Anspruch auf Entschädigung gem. dem SGB XIV geltend machen können. Dies ergibt sich zweifellos aus dem Erfordernis einer gesundheitlichen Schädigung, dem Verweis auf die Tatbestandsvoraussetzungen des § 13 („körperliche Gewalttat") sowie der aus § 1 Abs. 1 ersichtlichen Zielsetzung des SGB XIV. Aus dem Unionsrecht und insbes. der RL 2004/80/EG folgt keine Ausweitung des leistungsberechtigten Personenkreises.[24]

15 **2. Gewöhnlicher und rechtmäßiger Inlandsaufenthalt.** Der Erhalt von Leistungen zur Entschädigung von Gewalttaten im Ausland verlangt eine gewisse Verbundenheit zur Bundesrepublik Deutschland. Das Gesetz fordert als Ausdruck dessen, dass die Anspruchsberechtigten ihren gewöhnlichen und rechtmäßigen Aufenthalt im Gel-

18 Knickrehm/Mushoff/Schmidt Neues SozEntschR Rn. 359.
19 BT-Drs. 16/12273, 5 f.; Bischofs SGb 2010, 693 (696); Dau jurisPR-SozR 16/2009 Anm. 7.
20 Leube ZFSH/SGB 2010, 333.
21 LSG BW Urt. v. 18.2.2021 – L 6 VG 2770/20; Schmidt SGB XIV/Karl § 15 Rn. 10.
22 Schmidt SGB XIV/Karl SGB XIV § 15 Rn. 12.
23 BGBl. 1976 II 473.
24 Vgl. EuGH Urt. v. 28.6.2007 – C-467/05, ECLI:EU:C:2007:395 – Dell'Orto.

tungsbereich des SGB XIV haben. Aufgrund des in Bezug genommenen **Geltungsbereichs des Gesetzes** ist auf das Bundesgebiet abzustellen. Davon umfasst ist das gesamte Staatsgebiet der Bundesrepublik Deutschland. Zu ihm gehören das Territorium der Länder (Bundesstaat) einschließlich der inneren Gewässer sowie das sich an die Basislinien anschließende Küstenmeer nach Maßgabe des UN-Seerechtsübereinkommens (UNCLOS) vom 10.12.1982[25] sowie der Proklamation vom 19.10.1994.[26] Schwimmende Fahrzeuge mit ausländischem Hoheitskennzeichen sind, sofern sie sich in diesen Gewässern befinden, dem Inland zuzuordnen. Prinzipiell ebenso zum deutschen Hoheitsgebiet zu zählen ist die Luftsäule über dem soeben umschriebenen Territorium[27] einschließlich der darin befindlichen Luftfahrzeuge. Sonderfälle sind Grenzbrücken und Grenzflüsse: Hier erstreckt sich das Hoheitsgebiet jeweils bis zur Mittellinie.

Für den Begriff des **gewöhnlichen Aufenthalts** ist auf § 30 Abs. 3 S. 2 SGB I zu rekurrieren. Dies ergibt sich aus der Einbindung des SGB XIV in das System des Sozialgesetzbuchs. Anzuknüpfen ist damit in erster Linie an objektive Faktoren,[28] wie einen verfestigten Aufenthalt mit zukunftsoffener Perspektive. Die Umstände müssen erkennen lassen, dass sich die betroffene Person nicht nur vorübergehend an diesem Ort oder dem Gebiet aufhält und dort ihren Lebensmittelpunkt hat.[29] Allein auf den bloßen Willen der Person, im Inland zu verbleiben, kommt es grds. nicht an. Jedoch kann dieses subjektive Kriterium ergänzend herangezogen werden. Der aufenthaltsrechtliche Status einer Person ist ohne Bedeutung für den Begriff des gewöhnlichen Aufenthalts. 16

Das Gesetz fordert des Weiteren und gesondert hiervon die **Rechtmäßigkeit des Aufenthaltes** im Bundesgebiet. Den Gesetzgebungsmaterialien[30] zu Folge entspricht der Begriff des rechtmäßigen Aufenthalts dem des Ausländer- und Aufenthaltsrechts. Hergestellt wird so eine Akzessorietät zu diesen Rechtsgebieten. Erforderlich ist damit, dass die Person, die einen Entschädigungsanspruch geltend macht, über einen Aufenthaltstitel nach EU- oder deutschem Recht verfügt. Diesbezüglich wird auf die einschlägigen Vorschriften des Ausländer- und Asylrechts verwiesen. 17

3. Vorübergehender Auslandsaufenthalt. Neben den Voraussetzungen eines gewöhnlichen und rechtmäßigen Aufenthaltes im Geltungsbereich des SGB XIV dürfen die Personen, die einen Entschädigungsanspruch nach § 15 geltend machen, sich nur vorübergehend im Ausland aufhalten. Das Erfordernis eines nur vorübergehenden Auslandsaufenthaltes rechtfertigt sich aus dem Umstand, dass anderenfalls keine enge Verbindung zum Inland mehr besteht.[31] Für welchen **Zeitraum** ein Auslandsaufenthalt als vorübergehend angesehen wird, legt das Gesetz mit einer Obergrenze fest: Gemäß § 15 S. 1 Nr. 2 darf der Zeitraum prinzipiell **längstens sechs Monate** andauern. In den Gesetzgebungsmaterialien werden als Beispiele eine Urlaubs- oder Geschäftsreise genannt.[32] Nicht maßgeblich ist, auf welchen Zeitraum sich der Aufenthalt im Ausland tatsächlich erstreckt. Entscheidend ist stattdessen die Absicht, sich nur vorübergehend im Ausland aufzuhalten und dies für keinen längeren Zeitraum als sechs 18

25 BGBl. 1994 II 1798.
26 BGBl. 1994 II 3428; vgl. hierzu etwa Ipsen/Heintschel von Heinegg Völkerrecht, §§ 39 f.
27 Gelhausen/Weiner/Weiner OEG § 1 Rn. 7.
28 BSG Urt. v. 30.1.2013 – B 4 AS 54/12 R, BSGE 113, 60; BSG Urt. v. 28.7.1967 – 4 RJ 411/66, BSGE 27, 88; LPK-SGB I/Meißner/Timme § 30 Rn. 8.
29 Mrozynski SGB I § 30 Rn. 23a.
30 BT-Drs. 19/13824, 177.
31 Vgl. BT-Drs. 19/13824, 215; Schmidt SGB XIV/Karl § 15 Rn. 20; Knickrehm/Mushoff/Schmidt Neues SozEntschR Rn. 360; Tabbara NZS 2020, 210 (216).
32 BT-Drs. 19/13824, 177.

Monate (Prognosezeitraum).[33] Da es auf die Prognose eines vorübergehenden Auslandsaufenthalts ankommt, haben Personen, die dauerhaft ins Ausland verziehen und sich die Absicht von Anfang an hierauf bezog, auch in den ersten sechs Monaten ihres Auslandsaufenthaltes keinen Anspruch auf Leistungen bei Gewalttaten, die sich in diesem Zeitraum ereignen.[34] Da es aber auch nicht auf die tatsächliche Länge des Auslandsaufenthaltes ankommt, bleiben Personen anspruchsberechtigt, die länger als sechs Monate im Ausland verbleiben, etwa, weil sie Opfer einer Entführung werden und diese den sechs Monate überschreitenden Auslandsaufenthalt herbeiführt.[35] Umgekehrt folgt hieraus aber auch, dass der (vorzeitige) Abbruch eines auf mehr als sechs Monate angelegten und geplanten Auslandsaufenthaltes innerhalb des Sechs-Monats-Zeitraums nicht zur Fristwahrung genügt.[36]

19 Die zunächst allein auf einen Zeitraum von längstens sechs Monaten begrenzte Regelung rief im Gesetzgebungsverfahren ua deswegen Kritik hervor, weil sie der Situation im Ausland Studierender oder der Personen, die dort einen Freiwilligendienst ableisten, nicht gerecht wird.[37] Der Gesetzgeber hat die insoweit geäußerten Bedenken aufgegriffen und in § 15 S. 2 umgesetzt. Dient der Auslandsaufenthalt dem Besuch einer Schule, Hochschule, der Berufsausbildung oder der Leistung eines Freiwilligendienstes iSd § 32 Abs. 4 S. 1 Nr. 2d EStG, **verlängert** sich der in § 15 S. 1 Nr. 2 SGB XIV genannte Zeitraum **auf insgesamt ein Jahr** und gilt damit noch als vorübergehend.[38]

20 Während sich die Absolvierung eines Freiwilligendienstes aufgrund der Bezugnahme auf das Einkommensteuergesetz einfach definieren lässt, ist fraglich, nach welchem Recht sich die Ausfüllung der Begriffe **Schule, Hochschule** oder **Berufsausbildung** richtet. Mangels einer Definition im SGB XIV ist das Gesetz insoweit offen für eine Substitution. Andererseits handelt es sich um Begriffe des nationalen Rechts, die – Bildungspolitik ist Ländersache – eine Definition orientiert an der Landesgesetzgebung nahelegen. Die in § 15 S. 2 verwendeten Begriffe sind jedoch solche des Bundesrechts. Der Begriff der Schule bzw. Hochschule sollte jeweils in einem weiten Sinn ausgelegt werden (vgl. § 1 HRG). Erfasst sein dürften sämtliche Einrichtungen, die der Edukation von Schülern, Auszubildenden und Studierenden bis zu einem bestimmten, nach der am Ort der Einrichtung geltenden Rechtsordnung vorgesehenen Bildungsabschluss führen.

21 Die **Aufzählung** der Gründe, die zu einer Verlängerung des Sechs-Monats-Zeitraumes führen, ist **abschließend**. Andere Sachverhalte (zB Schwangerschaft, Entsendung) bewirken keine Verlängerung des vorübergehenden Aufenthalts, auch wenn sie länger als sechs Monate andauern. In derartigen Situationen kommt uU die Gewährung von Härtefallleistungen (§ 100) in Betracht.

22 Es muss sich um einen **zeitlich zusammenhängenden Aufenthalt** handeln. Daraus ist abzuleiten, dass die Zeiträume mehrerer, voneinander unabhängiger Auslandsaufenthalte nicht addiert werden dürfen (Bsp.: Reise in unterschiedliche Länder mit jeweils einer klaren Zäsur durch Rückkehr nach Deutschland).[39] Von einem zusammenhängenden Auslandsaufenthalt ist aber auszugehen bei einem sich an einen ersten Auslandsaufenthalt unmittelbar anschließenden weiteren Auslandsaufenthalt (Bsp.: Reise in verschiedene Staaten mit einer Gesamtdauer von mehr als sechs Monaten ohne

33 HK-SozEntschR/Rademacker OEG § 3a Rn. 9; Knickrehm/Mushoff/Schmidt Neues SozEntschR Rn. 360; BT-Drs. 19/13824, 177.
34 BT-Drs. 19/13824, 177.
35 BT-Drs. 19/13824, 177; Leube ZFSH/SGB 2010, 333 (335).
36 Leube ZFSH/SGB 2010, 333 (335).
37 Vgl. Drohsel BT-Ausschuss-Drs. 19(11)491, 36; des weiteren BT-Ausschuss-Drs. 19(11)502, 60.
38 Knickrehm/Mushoff/Schmidt Neues SozEntschR Rn. 361.
39 Leube ZFSH/SGB 2010, 333 (335).

zwischenzeitliche Zäsur).[40] Einen ununterbrochenen Auslandsaufenthalt fordert das Gesetz indes nicht. Lediglich kurzfristige Unterbrechungen eines ansonsten zusammenhängenden Auslandsaufenthalts führen deswegen nicht zu einer Verlängerung oder einem Neubeginn der Frist (Bsp.: Auslandsaufenthalt für 8 Monate mit zwischenzeitlicher zweiwöchiger Heimkehr nach Deutschland über Feiertage). Entscheidend dürfte auch insoweit sein, welche Absicht die sich im Ausland aufhaltende Person ursprünglich verfolgte.[41]

Zweifelsfragen werfen Konstellationen auf, in denen sich eine Person in **ständigem Wechsel zwischen Inland und Ausland** bewegt und eine feste zeitliche Grenze kaum gezogen werden kann (Bsp.: Zweijährige Tätigkeit im Wechsel von 3 Wochen im Ausland, 1 Woche im Inland). Hier ist im Einzelfall zu entscheiden, ob die allgemeine staatliche Fürsorgepflicht die Leistung einer Entschädigung rechtfertigt. In den Blick zu nehmen sind dabei die Gründe für eine Unterbrechung des Auslandsaufenthaltes bzw. der Reise in das Ausland, die Beibehaltung eines Inlandswohnsitzes, familiäre Anbindung, etc. 23

II. Schädigendes Ereignis – Gewalttat im Ausland

Entschädigung wird geleistet für die durch eine im Ausland begangene Gewalttat erlittene Schädigung. Dies verlangt zunächst eine Definition dessen, welche Gebiete zum **Ausland** zählen. Als Ausland sind alle Gebiete, Staaten und Länder außerhalb des Bundesgebietes (→ Rn. 15) zu verstehen. Eine davon abweichende Interpretation des Gesetzes führte zu einem unterschiedlichen Verständnis des Anwendungsbereiches und liefe der in § 7 normierten Gleichstellung von Ausländern und Deutschen zuwider.[42] Die Vorschrift gilt ebenso für schädigende Ereignisse iSv §§ 13 f., die auf Schiffen oder Luftfahrzeugen eintreten, die kein deutsches Hoheitszeichen tragen, sofern sie sich nicht in deutschem Hoheitsgebiet befinden. Insoweit gilt das sog. „Flaggenprinzip".[43] Zwar enthält § 15 S. 1 anders als § 13 Abs. 1 keine entsprechende ausdrückliche Regelung. Hieraus ist jedoch nicht abzuleiten, dass diese Orte als Tatort ausgeschlossen sein sollten.[44] Das Bestreben des Gesetzgebers geht vielmehr dahin, sämtliche Orte außerhalb des deutschen Bundesgebiets zu erfassen.[45] 24

Fraglich ist, ob sich das Vorliegen eines schädigenden Ereignisses nach inländischen oder ausländischen **Maßstäben** richtet.[46] Diese müssen nicht identisch sein. So wäre denkbar, dass eine Tat nach ausländischen Maßstäben nicht als vorsätzlicher, rechtswidriger Angriff anzusehen ist, etwa weil nach ausländischem Recht ein Rechtfertigungsgrund gegeben ist, den die deutsche Rechtsordnung nicht kennt. Es ist ebenso denkbar, dass ein Verhalten im Ausland als vorsätzlicher, rechtswidriger Angriff eingestuft wird, welches nach inländischen Maßstäben nicht als ein solches eingeordnet wird. Viel spricht für die Maßgeblichkeit der inländischen Rechtsvorstellungen. Die noch im Vorschlag zur RL 2004/80/EG[47] vorgesehene Relevanz der Tatbestände am Ort der Begehung der Gewalttat ist nicht in die endgültige Fassung der Opferentschädigungsrichtlinie übernommen worden. Zwar wird die für § 15 relevante Schädigungshandlung regelmäßig den Tatbestand einer versuchten oder vollendeten Straftat verwirklichen, jedoch handelt es sich bei der Opferentschädigung zum einen um ein 25

40 Vgl. BT-Drs. 17/5311, 25; Schmidt SGB XIV/Karl § 15 Rn. 22.
41 Leube ZFSH/SGB 2010, 333 (335).
42 Gelhausen/Weiner/Weiner OEG § 3a Rn. 7.
43 Schuler ISR der BRD, S. 731.
44 Gelhausen/Weiner/Weiner OEG § 3a Rn. 7.
45 Vgl. BT-Drs. 16/12273, 1 ff.
46 IErg ebenso HK-SozEntschR/Rademacker OEG § 3a Rn. 14; Schmidt SGB XIV/Karl § 15 Rn. 13.
47 ABl.EG 2003 Nr. C 45 E, 69.

von bestimmten strafrechtlichen Vorschriften gelöstes System.[48] Zum anderen dürfte – aus fiskalischem Blickwinkel – entscheidend sein, dass die Leistungen der Opferentschädigung aus Steuermitteln finanziert werden. Für welches Opfer die deutsche Gesellschaft eine Entschädigung gewähren möchte und für welches nicht, muss daher der inländischen Rechtsordnung überlassen bleiben.[49] Ihr bleibt es ebenso überlassen zu entscheiden, ob sie Rechtfertigungsgründe einer ausländischen Rechtsordnung anerkennt, die der hiesigen fremd sind.[50] Es gelten daher die vom inländischen Normgeber gesetzten Maßstäbe. Der Wortlaut des § 15 S. 1 verdeutlicht dies im Wege einer Bezugnahme auf die schädigenden Ereignisse iSv §§ 13 und 14. Ein Anspruch besteht demzufolge nur, wenn zusätzlich die Tatbestandsvoraussetzungen dieser Vorschriften vorliegen (§§ 13, 14). Das Europäische Übereinkommen über die Entschädigung von Straftatopfern gebietet keine erweiternde Auslegung.[51] Berücksichtigt werden darf aber, ob sich der Auslandsaufhältige an die Gesetze des Staates gehalten hat, in welchem er zu Schaden gekommen ist. Zumindest erscheint eine Haftung Deutschlands für einen Schaden, den eine Person während einer nach ausländischen Gesetzen rechtswidrigen oder sogar strafbaren Handlung erlitten hat, fragwürdig. Dies ist jedoch der Kategorie einer Mitverursachung (§ 16 Abs. 1) oder einer Unbilligkeit (§ 17 Abs. 1) zuzuordnen (vgl. auch Art. 8 Europäisches Übereinkommen).

26 Das schädigende Ereignis muss sich im Ausland ereignet haben. Erforderlich ist damit eine Festlegung des **Tatorts**, auch wenn sich das vormals im Gesetzestext verwendete Merkmal jetzt nicht mehr dort findet. Tatort ist der Ort, an dem die schädigende Handlung begangen oder die gebotene Handlung unterlassen wurde sowie der Ort, an dem der Erfolg der Handlung oder der Unterlassung eingetreten ist.[52] Mit der Normierung eines Entschädigungstatbestandes für Gewalttaten im Ausland ist die Frage nach dem Tatort zwar relativiert. Sie hat aber dennoch weiterhin Bedeutung, weil der im SGB XIV vorgesehene Leistungsumfang danach differiert, ob sich eine Gewalttat im Ausland ereignet hat oder im Inland.

27 Aus der Gegenüberstellung von § 13 und § 15 folgt, dass das Gesetz nur zwischen In- und Ausland abgrenzt. Geschieht die Tat im Ausland, kommt es auf den konkreten Ort im Ausland nicht an. Hält sich eine Person daher an verschiedenen Orten im Ausland auf und wird er an einem davon geschädigt oder erfolgt die Schädigung nach einer grenzüberschreitenden Tat, bleibt es bei einer Tatbegehung im Ausland. Sinn und Zweck des Gesetzes fordern, dass vom Tatbestand jede Gewalttat erfasst ist, welche sich außerhalb des Geltungsbereichs des SGB XIV ereignet. Es ist damit auch bei grenzüberschreitenden Fällen im Ausland unerheblich, in welchem Staat die Handlung begangen wurde und in welchem Staat der Erfolg eingetreten ist (Bsp.: Rakete aus Libanon verletzt deutschen Touristen in Israel;[53] russische Rakete trifft malaiisches Flugzeug mit deutschen Touristen an Bord über der Ukraine). Einfluss kann dies allenfalls darauf haben, welchem Opferentschädigungssystem eine Person vorrangig unterfällt.

28 Fraglich ist aus Sicht des SGB XIV allerdings, welches Rechtsregime Anwendung findet, wenn Handlungs- und Erfolgsort dergestalt auseinanderfallen, dass einer der Orte in Deutschland belegen ist. Von Bedeutung ist dies bei grenzüberschreitenden Gewalttaten („**Distanzdelikte**“) oder bei Sekundärschäden („**Schockschäden**“). Die Rspr. des

48 Gelhausen/Weiner/Weiner OEG § 1 Rn. 10; Leube ZFSH/SGB 2010, 333 (336); vgl. Heinz OEG § 1 Rn. 56 ff.
49 Bock ZRP 2009, 148 (150).
50 AA Leube ZFSH/SGB 2010, 333 (336).
51 BSG Beschl. v. 14.8.2020 – B 9 V 25/20 B; BSG Urt. v. 16.12.2014 – B 9 V 1/13 R, BSGE 118, 63.
52 Eichenhofer ISR Rn. 497.
53 Leube ZFSH/SGB 2010, 333 (334).

Bundessozialgerichts[54] forderte vor Einführung des § 3a OEG, dessen Nachfolgeregelung § 15 ist, dass sich sowohl Handlungs- als auch Ort der Primärschädigung in Deutschland befunden haben müssen, um zu einer Entschädigung nach deutschem Recht zu gelangen. Die gesetzliche Formulierung in S. 1 („erleiden") könnte darauf hindeuten, dass maßgeblich der Ort sein soll, wo sich der zum Tatbestand gehörende Erfolg realisiert und die Gewaltausübung zu einer gesundheitlichen Schädigung geführt hat.[55] Dagegen ließe sich argumentieren, maßgeblich müsse allein der Handlungsort sein, denn Grund für die Haftung sei ua, dass der Staat es nicht vermocht hat, durch präventive Maßnahmen das Eintreten des Schadens bzw. die Begehung der schädigenden Handlung zu verhindern.[56] Maßgebend muss der Schutzzweck des Gesetzes sein. Betont man den Gedanken der Prävention, dürfte es weiterhin auf den Ort des eingetretenen Primärschadens ankommen, denn die Entschädigungspflicht knüpfte diesfalls daran an, dass die Prävention durch deutsche Sicherheitsorgane nicht im Ausland greift und eine Einstandspflicht insoweit prinzipiell nicht besteht. Mit Blick auf die Abkehr des Opferentschädigungsrechts von einem reinen Präventionsgedanken hin zu einem Fürsorgegedanken erscheint eine andere Sichtweise vorzugswürdig, denn maßgeblich dürfte danach der Ort sein, an welchem der Schaden eingetreten ist. Daraus ergibt sich: Liegt entweder der Handlungs- oder Erfolgsort in Deutschland, ist der Fall als Inlandstat zu behandeln. Die Rspr. des BSG beruhte im Wesentlichen auf einer strikten Anwendung des Territorialitätsprinzips, welches der Gesetzgeber seit 2009 geschwächt hat, indem er gerade hinsichtlich der Entschädigung von Gewalttaten im Ausland das Personalitätsprinzip eingeführt hat. Das begrenzende Element einer als zu weit reichend empfundenen Entschädigungspflicht liegt in der Definition der zu einer Entschädigung berechtigten Personen, etwa nahen Angehörigen.[57] Aus dem über- und zwischenstaatlichen Recht ergeben sich keine weitergehenden Erkenntnisse zu dieser Frage. Die RL 2004/80/EG stellt auf den Begehungsort ab.[58] Dabei scheint die Situation grenzüberschreitender Delikte bzw. grenzüberschreitend eintretender Schäden ausgeblendet worden zu sein.[59] Das Europäische Übereinkommen legt ebenfalls den Begehungsort zugrunde. Im Falle der Begehung einer Gewalttat in verschiedenen Staaten soll die Kompensation dort geleistet werden, wo sich das Opfer gewöhnlich aufhält, wenn ein Teil der Tat auch dort begangen wurde.[60] Sofern man den Begriff der Begehung als sowohl den Handlungs- als auch den Erfolgsort umfassend liest, ist eine Differenzierung nicht erkennbar.

Die Gewalttat muss sich während des vorübergehenden Auslandsaufenthaltes ereignet 29
haben. Dies kommt im Tatbestandsmerkmal des **Tatzeitpunktes** zum Ausdruck. Für den Tatzeitpunkt ist die Tathandlung entscheidend, welche die Schädigung verursacht hat und die nicht verhindert werden konnte.[61] Häufig werden Tathandlung und Taterfolg auf denselben Zeitpunkt fallen (zB bei Körperverletzungen). Möglich ist, dass der Taterfolg erst zu einem späteren Zeitpunkt offenbar wird. Diese Latenzzeit ist grundsätzlich unbeachtlich. Denkbar ist aber auch, dass der Taterfolg erst zu einem der Schädigungshandlung nachfolgenden Zeitpunkt eintritt (zB Schockschaden bei Ange-

54 BSG Urt. v. 10.12.2002 – B 9 VG 7/01 R, BSGE 90, 190; zustimmend SRH/Hase Kap. 26 Rn. 59.
55 Gelhausen/Weiner/Weiner OEG § 1 Rn. 6; Gelhausen SozEntschR, Rn. 723; Schuler ISR der BRD, S. 731; Leube ZFSH/SGB 2010, 333 (334); vgl. auch Bischofs SGb 2010, 693 (696).
56 IdS Trenk-Hinterberger in FS 50 Jahre BSG, S. 745 (764); Eichenhofer ISR, Rn. 499.
57 So auch BSG Urt. v. 10.12.2002 – B 9 VG 7/01 R, BSGE 90, 190.
58 EuGH Urt. v. 11.10.2016 – C-601/14, ECLI:EU:C:2016:759 – Kommission/Italien.
59 Vgl. Art. 2 des Vorschlags zur RL 2004/80/EG, ABl.EU 2003 Nr. C 45 E, 69.
60 So der Erläuternde Bericht zum Europäischen Übereinkommen (zu Art. 3), www.coe.int; vgl. auch Eichenhofer ISR, Rn. 490.
61 Leube ZFSH/SGB 2010, 333 (334).

hörigen nach einer Tötung; Schockschaden nach Kenntniserlangung von der Verbreitung kinderpornografischer Inhalte [vgl. § 14 Abs. 2 S. 2, auch iVm § 14 Abs. 1 Nr. 6 und § 13 Abs. 2]). Überschreitet der Zeitraum zwischen Tathandlung und Taterfolg die Sechs-Monats-Grenze, bleibt es bei der Entschädigungspflicht.[62]

30 Leistungen zur Entschädigung von Gewalttaten im Ausland werden nur gewährt, wenn die Auslandstat nach Inkrafttreten des § 3a OEG, dh nach dem 30.6.2009, begangen wurde.[63]

III. Gesundheitliche Schädigung

31 Voraussetzung für einen Anspruch nach § 15 ist des Weiteren, dass die anspruchsberechtigte Person eine gesundheitliche Schädigung (Primärschädigung) erleidet. Angeknüpft wird damit an die Terminologie des § 13 und § 4 SGB XIV. Nach § 15 gelten keine abweichenden Maßstäbe. Zwischen den gesundheitlichen und/oder wirtschaftlichen Folgen (Sekundärschäden) und den Primärschäden muss ein Kausalzusammenhang bestehen.

IV. Leistungen

32 Betroffene Personen erhalten Leistungen nach Maßgabe des **§ 102** wegen der gesundheitlichen und wirtschaftlichen der Folgen der Tat. Auch insoweit gelten die in § 13 vorgezeichneten Maßstäbe. Anders als § 4 Abs. 1 S. 1 verlangt § 15 seinem Wortlaut nach nicht ausdrücklich eine Anerkennung gesundheitlicher und/oder wirtschaftlicher Folgen. Dies dürfte jedoch aus dem Verweis auf § 13 Abs. 1 und dem dortigen Verweis auf § 4 Abs. 1 folgen. Die Anerkennung obliegt den Behörden im Inland.

V. Antragserfordernis

33 Die Normierung des Antragserfordernisses in § 15 S. 1 erscheint auf den ersten Blick überflüssig, denn ein Antragserfordernis ergibt sich bereits aus § 10 Abs. 1. Eine **eigenständige Bedeutung** hat das Antragserfordernis indes bei Leistungen der Krankenbehandlung, die gemäß § 10 Abs. 3 Nr. 1 auch von Amts wegen erbracht werden können.[64] Im Übrigen dient die Bestimmung aber lediglich der **Klarstellung**.

34 Der Antrag auf Leistungen ist grds. bei der dafür **zuständigen Behörde** anzubringen. Diesbezüglich gelten die Vorschriften der §§ 111 ff. Ergänzend ist jedoch die Systematik des Gesetzes zu beachten. Gerade in Fällen, in denen ein Auslandsbezug besteht, kann der Weg zur zuständigen Behörde faktisch erschwert sein. Zwecks Erleichterung des Zugangs zu den Leistungen der sozialen Entschädigung kann ein Antrag gemäß § 10 Abs. 6 auch über eine Unterstützungsbehörde eines anderen Mitgliedstaates der EU iSd Art. 3 Abs. 1 RL 2004/80/EG gestellt werden. Zuständige Unterstützungsbehörde in Deutschland ist gem. §§ 123, 124 Abs. 2 Nr. 3 die Bundesstelle für Soziale Entschädigung. Aufgrund der Einbindung des SGB XIV in das SGB gilt ebenso die Bestimmung des § 16 SGB I.

35 Von der in Art. 6 des Europäischen Übereinkommens vorgesehenen Option einer **Frist** für die Antragstellung hat die Bundesrepublik Deutschland weitgehend abgesehen (s. aber § 10 Abs. 5 SGB XIV).

---

62 Trenk-Hinterberger in FS 50 Jahre BSG, S. 745 (764); Leube ZFSH/SGB 2010, 333 (334).

63 LSG Bln-Bbg Urt. v. 27.9.2012 – L 13 VG 1/11; nachfolgend BSG Beschl. v. 10.10.2013 – B 9 V 66/12 B.

64 Schmidt SGB XIV/Karl § 15 Rn. 16.

VI. Rechtsschutzaspekte

Ansprüche auf Leistungen der sozialen Entschädigung aufgrund der wegen einer Gewalttat im Ausland erlittenen Schäden gem. §§ 15, 102 sind vor deutschen Behörden und Gerichten zu verfolgen. Die vorübergehende Natur des Auslandsaufenthaltes legt es nahe, dass sich die jeweils anspruchsberechtigte Person zu diesem Zeitpunkt wieder im Inland aufhält. Die Realität kann aber durchaus eine andere sein. Da § 10 Abs. 6 lediglich den Antrag auf Leistungen umfasst, nicht aber Rechtsbehelfe, sind Widersprüche bei der dafür zuständigen Behörde zu erheben. Zwecks Fristwahrung räumt das Gesetz betroffenen Personen die Möglichkeit ein, einen Widerspruch nach Maßgabe von § 84 Abs. 2 SGG bei weiteren Behörden einreichen zu dürfen. Für das Klagverfahren gilt die Bestimmung des § 91 SGG.[65] 36

D. Anhang

§ 3a OEG Leistungen bei Gewalttaten im Ausland 37

(1) Erleiden Deutsche oder Ausländer nach § 1 Absatz 4 im Ausland infolge einer Gewalttat nach § 1 Absatz 1 oder 2 eine gesundheitliche Schädigung im Sinne von § 1 Absatz 1, erhalten sie wegen der gesundheitlichen und wirtschaftlichen Folgen auf Antrag einen Ausgleich nach Absatz 2, wenn sie

1. ihren gewöhnlichen und rechtmäßigen Aufenthalt im Geltungsbereich dieses Gesetzes haben und
2. sich zum Tatzeitpunkt für einen vorübergehenden Zeitraum von längstens sechs Monaten außerhalb des Geltungsbereichs dieses Gesetzes aufgehalten haben.

(2–6) (abgedruckt bei → § 102 Rn. 46)

§ 16 Ausschluss von Ansprüchen und Leistungen

(1) Von Ansprüchen nach diesem Buch ist ausgeschlossen, wer das schädigende Ereignis in vorwerfbarer Weise verursacht hat.

(2) Leistungen sind so zu erbringen, dass sie nicht der Person wirtschaftlich zugutekommen, die das schädigende Ereignis verursacht hat.

65 Vgl. Leopold ISPR, Rn. 467 ff.

A. Gesetzesgeschichte

I. Bisheriges Recht

1 Die Regelungen zum **Ausschluss von Ansprüchen und Leistungen** im Falle der Verursachung nach § 16 Abs. 1 und § 19 Abs. 1 SGB XIV entsprechen im Wesentlichen § 2 Abs. 1 S. 1 **Alt. 1** OEG, der dort als „Versagungsgrund" bezeichnet wird (vgl. im Einzelnen → Rn. 6, 10, 28, → § 17 Rn. 12 ff.). Die in § 2 Abs. 1. **Alt. 2** geregelte Versagung wegen Unbilligkeit ist ab dem 1.1.2024[1] Gegenstand des § 17.

2 § 2 Abs. 1 S. 1 OEG galt unverändert seit Inkrafttreten des OEG am 16.5.1976. Nach der Begründung des Gesetzentwurfs der Bundesregierung[2] war eine kriminogene Wirkung einer Entschädigung zwar nicht zu erwarten. Es erscheine eher fernliegend, dass eine Gewalttat in Gestalt eines Körperverletzungs- oder Tötungsdelikts wegen der in Aussicht stehenden Entschädigung durch das Opfer provoziert wird. Gleichwohl sollte das Verhalten des Opfers einer Entschädigung entgegenstehen, wenn es die Schädigung überwiegend selbst **verursacht** hat oder sich in einem solchem Maße **rechtsfeindlich** verhalten hat, dass es unbillig wäre, die Allgemeinheit für die Schäden aufkommen zu lassen. Anders als im Zivilrecht nach § 254 BGB ist eine Minderung der Leistung wegen **Mitverschuldens** nicht vorgesehen. Ein Antrag des Landes Rheinland-Pfalz,[3] das Gesetz um eine Bestimmung zu ergänzen, die bei schuldhafter Mitverursachung der Schädigung durch den Betroffenen die Möglichkeit einer differenzierten Bemessung der Versorgungsleistungen nach dem Grad des Mitverschuldens vorsieht, fand im Vermittlungsausschuss[4] keine Mehrheit. Nach Abs. 1 ist die Versorgung entweder im Ganzen zu erbringen oder vollständig abzulehnen.

3 **§ 2 Abs. 1 Satz 1 Alt 1** OEG soll eine Entschädigung ausschließen, wenn der Geschädigte eine wesentliche Bedingung im Sinne der im Versorgungsrecht geltenden Kausaltheorie für den Eintritt der Schädigung gesetzt hat.[5] Daran hält § 16 Abs. 1 SGB XIV fest. Die Vorschrift tritt **zum 1.1.2024 in Kraft**. Maßgebend für die Frage, ob noch § 2 OEG oder aber bereits § 16 SGB XIV zur Anwendung kommen, ist nach § 138 Abs. 1, Abs. 2 SGB XIV grundsätzlich der Zeitpunkt der Schädigung.

II. Änderungen gegenüber dem § OEG

4 § **16** SGB XIV (Ausschluss von Ansprüchen und Leistungen) entspricht im Wesentlichen **§ 2 Abs. 1 S. 1 Alt. 1 OEG**. Nach § 2 Abs. 1 S. 1 Alt. 1 OEG (abgedruckt unter → Rn. 37) sind Leistungen zu versagen, wenn der Geschädigte die Schädigung **verursacht** hat. Der Wortlaut des § 16 Abs. 1 SGB XIV unterscheidet sich davon insofern, als nach § 2 Abs. 1 S. 1 Alt 1 OEG allein auf eine Verursachung durch den **Geschädigten** abgestellt wird, während § 16 Abs. 1 SGB XIV formuliert, dass von Ansprüchen ausgeschlossen ist, „**wer** das schädigende Ereignis in vorwerfbarer Weise verursacht hat." Die praktischen Auswirkungen sind jedoch gering. Die geänderte Formulierung bewirkt in erster Linie eine Klarstellung im Sinne der bereits zum OEG ergangenen Rspr. des BSG zu Schockschadensfällen (→ Rn. 15 ff., → Rn. 18). Danach sind die in der Person des Primäropfers vorliegenden Versagungsgründe nicht dem Sekundäropfer zuzurechnen. Änderungen bei der Gewährung von Leistungen an Angehörige, Hinterbliebene und Nahestehende werden durch die gegenüber § 2 Abs. 1 S. 1 Alt. 1 OEG geänderte Formulierung in § 16 Abs. 1 SGB XIV nicht bewirkt, weil die Ausschluss-

---

1 Art. 60 Abs. 7 G-SER.
2 Entwurf eines Gesetzes über die Entschädigung für Opfer von Gewalttaten, BT-Drs. 7/2506, 11.
3 BR-Drs. 87/2/76, 68; siehe dazu auch BSG Urt. v. 7.11.1979 – 9 RVg 2/78, BSGE 49, 104, 107 = juris Rn. 18.
4 Vgl. BT-Drs. 7/4907.
5 BT-Drs. 7/2506, 15.

und Versagungsgründe für diesen Personenkreis gesondert in §§ 19, 20 SGB XIV geregelt worden sind (→ § 19 Rn. 2, 7).

Anders als § 2 Abs. 1 S. 1 Alt. 1 OEG setzt § 16 Abs. 1 SGB XIV eine Verursachung „in **vorwerfbarer** Weise" voraus. Eine Änderung der Rechtslage wird dadurch nicht bewirkt, weil die Rspr. des BSG auch schon unter Geltung des OEG einen subjektiven Maßstab angelegt hat (→ Rn. 23). Die in § 2 Abs. 1 S. 2 OEG genannten Versagungsgründe, die keine wesentliche praktische Bedeutung gewonnen haben (→ § 17 Rn. 4, 33), sind nicht in das SGB XIV übernommen worden. Der Regelungsgegenstand des § 2 Abs. 1 S. 1 Alt. 2 OEG (Versagung aus sonstigen Gründen) ist für die Zeit ab dem 1.1.2024 in leicht veränderter Form in § 17 Abs. 1 SGB XIV übernommen worden (vgl. im Einzelnen → § 17 Rn. 3, 9 ff.). 5

Als **Rechtsfolge** sieht § 16 Abs. 1 SGB XIV – anders als die Vorgängerregelung in § 2 Abs. 1 S. 1 Alt. 1 OEG – den **Ausschluss von Ansprüchen** und nicht die Versagung von Leistungen vor. Eine inhaltliche Änderung folgt daraus aber nicht (vgl. im Einzelnen → Rn. 28; → § 17 Rn. 12 ff.). 6

Eine **§ 16 Abs. 2 SGB XIV** unmittelbar entsprechende gesetzliche Regelung gibt es im OEG nicht. Allerdings ist das BSG[6] bereits unter Geltung des § 2 OEG davon ausgegangen, dass eine Entschädigung nach § 2 Abs. 2 S. 1 Alt. 2 OEG aus sonstigen Gründen versagt werden kann, wenn sie dem Täter zugutekommen würde. Rechtlicher Anknüpfungspunkt war das Wort „insbesondere" in § 2 Abs. 2 S. 1 Alt. 2 OEG, das sich in §§ 16, 17 SGB XIV nicht mehr findet (→ Rn. 30, 35; → § 17 Rn. 3, 10, 31 f.). 7

B. Normsystematik

I. Allgemeiner Regelungsgehalt

Ebenso wie § 2 OEG soll § 16 Ansprüche in Fällen ausschließen (Abs. 1) oder jedenfalls modifizieren (Abs. 2) in denen die Gewährung von Leistungen Sozialen Entschädigung im Einzelfall in Widerspruch zu den **gesetzlichen Zielen** geraten würde. Ziel des OEG war es in erster Linie, das „unschuldige Opfer"[7] von Gewalttaten zu entschädigen. Für die Gewaltopferentschädigung im SGB XIV gilt im Grundsatz nichts anderes. Daher soll nach Möglichkeit ausgeschlossen werden, dass rechtsfeindliches Verhalten mit einer Entschädigung „belohnt" wird.[8] Eine der Fallgruppen, in denen Ansprüche auf Entschädigung ausgeschlossen werden sollen, ist die Verursachung in vorwerfbarer Weise nach **§ 16 Abs. 1** SGB XIV. Dabei ist die Verursachung im Sinne der Kausaltheorie der wesentlichen Bedingung zu verstehen.[9] 8

Nach **§ 16 Abs. 2** SGB XIV sind Leistungen so zu erbringen, dass sie nicht der Person wirtschaftlich zugutekommen, die das schädigende Ereignis verursacht hat. Die Regelung ist Ausdruck des Grundsatzes, dass die Opfer und nicht die Täter entschädigt werden sollen.[10] 9

II. Systematische Einordnung

Während die Versagung von Leistungen wegen Unbilligkeit einschließlich der (Mit-)Verursachung für die Zeit bis zum 31.12.2023 einheitlich in § 2 OEG geregelt ist, unterscheidet das SGB XIV für die Zeit ab dem 1.1.2024 zwischen dem **Ausschluss** von Ansprüchen und Leistungen aus Gründen der (Mit-)Verursachung (§ 16 SGB XIV) und der **Versagung** von Leistungen wegen Unbilligkeit (§ 17 SGB XIV). Bei 10

6 Vgl. BSG Urt. v. 23.10.1985 – 9a RVg 4/83, BSGE 59, 40 = juris Rn. 21.
7 BT-Drs. 7/2506, 1.
8 Zum OEG vgl. BSG Urt. v. 17.11.1981 – 9 RVg 2/81, BSGE 52, 281.
9 BT-Drs. 19/13824, 177.
10 Vgl. BT-Drs. 19/13824, 177 f.

der Mitverursachung nach § 16 Abs. 1 SGB XIV handelt es sich um einen besonderen Fall der Unbilligkeit iSv § 17 Abs. 1 SGB XIV (vgl. nachfolgend → Rn. 12). § 16 SGB XIV wird durch eine gesonderte Regelung zum Ausschluss von Ansprüchen und Leistungen für Angehörige, Hinterbliebene und Nahestehende ergänzt (§ 19 SGB XIV). Die entsprechende Ergänzung zu § 17 (Versagung von Leistungen) findet sich in § 20 SGB XIV.

11 Die Aufteilung des Regelungsgehalts des § 2 OEG auf vier Normen ist nicht geeignet, die **Übersichtlichkeit und Klarheit** zu erhöhen. Im Anwendungsbereich des § 16 SGB XIV und des § 19 SGB XIV gibt es – ebenso wie im Anwendungsbereich des § 17 SGB XIV und des § 20 SGB XIV – weitgehende Überschneidungen. Soweit § 19 Abs. 1 SGB XIV die in § 16 Abs. 2 SGB XIV getroffene Regelung auf Angehörige, Hinterbliebene und Nahestehende überträgt, dürfte ein redaktionelles Versehen vorliegen (→ § 19 Rn. 9 f.). Zudem bleibt unklar, welche praktische Bedeutung der begrifflichen Unterscheidung zwischen dem Ausschluss (§§ 16, 19 SGB XIV) und der Versagung (§§ 17, 20 SGB XIV) zukommen soll; darüber gibt auch die Gesetzesbegründung keine Auskunft (vgl. auch → Rn. 28, → § 17 Rn. 12); die Differenzierung dürfte Ausdruck eines **übertriebenen Bemühens um Systematisierung** sein.[11] Das im Gesetzentwurf eines G-SER genannte Ziel, das Soziale Entschädigungsrecht klar strukturiert, transparent, übersichtlich und verständlich zu regeln,[12] wird jedenfalls bezogen auf die Reglungen zum Ausschluss und zur Versagung von Leistungen nicht erreicht.[13]

C. Einzelkommentierung

I. Verursachung nach Abs. 1

12 **1. Allgemeines.** Nach Abs. 1 sind Leistungen nach dem SGB XIV ausgeschlossen (zum Begriff des Ausschlusses → Rn. 28), wenn der Geschädigte die Schädigung in vorwerfbarer Weise **verursacht** hat. Zu § 2 OEG hat das BSG entschieden, dass es sich bei der **Mitverursachung** nach § 2 Abs. 1 S. 1 Alt. 1 OEG um einen Sonderfall der in § 2 Abs. 1 S. 1 Alt. 2 OEG geregelten Unbilligkeit handelt. Nach ständiger Rechtsprechung[14] ist die Mitverursachung stets zuerst zu prüfen. Daran dürfte auch unter Geltung des SGB XIV festzuhalten sein. Zwar ist die Mitverursachung nun eigenständig in § 16 SGB XIV geregelt und als Ausschlussgrund bezeichnet worden, während die Leistungen im Falle der Unbilligkeit nach § 17 SGB XIV weiterhin zu „versagen" sind. Inhaltlich hat sich dadurch jedoch nichts geändert.[15] § 16 Abs. 1 SGB XIV bestimmt, wann die unmittelbare Tatbeteiligung des Geschädigten Leistungen nach dem OEG ausschließt. Ist allein die unmittelbare Förderung der Tat durch den Geschädigten als Leistungsausschließungsgrund in Betracht zu ziehen, so handelt es sich bei § 16 Abs. 1 SGB XIV um eine abschließende Regelung.[16] Wenn ein solcher Tatbeitrag des Opfers die Schwelle der Mitverursachung nicht erreicht, kann dieser nicht allein, sondern nur unter Berücksichtigung zusätzlicher Gründe zur Unbilligkeit und damit zur Versagung nach § 17 Abs. 1 SGB XIV führen.[17] Zum Bereich der unmittelbaren Tatbeteiligung

11 Andere Ansicht Schmidt SGB XIV/Karl § 17 Rn. 34, die davon ausgeht, dass sich Versagungsgründe von Ausschlussgründen dadurch unterscheiden würden, dass die Versagung eine gesonderte darauf bezogene Verwaltungsentscheidung voraussetzen würde, → § 17 Rn. 13.
12 BT-Drs. 19/13824, 2, 152.
13 Ebenso, jedoch mit Bezug auf §§ 13, 14 SGB XIV, Bischofs SGb 2022, 21, 27 f.
14 StRspr., vgl. BSG Urt. v. 18.4.2001 – B 9 VG 3/00 R, BSGE 88, 96 = juris Rn. 17; BSG Urt. v. 29.3.2007 – B 9a VG 2/05 R, BSGE 98, 178, jeweils mwN.
15 Im Ergebnis ebenso: Schmidt SGB XIV/Karl § 16 Rn. 15, § 17 Rn. 8, 20.
16 Zu Abs. 1 S. 1 Alt. 1 OEG: BSG Urt. v. 18.10.1995 – 9 RVg 5/95, BSGE 77, 18.
17 Zu § 2 Abs. 1 S. 1 OEG: BSG Urt. v. 15.8.1996 – 9 RVg 6/94, BSGE 79, 87 = juris Rn. 20; BSG Urt. v. 29.3.2007 – B 9a VG 2/05, BSGE 98, 178 = juris Rn. 13, jeweils mwN.

gehören alle unmittelbaren, mit dem Tatgeschehen auch zeitlich **eng verbundenen Umstände.** Dagegen sind die sonstigen, nicht unmittelbaren, sondern lediglich **erfolgsfördernden Umstände,** wie die Vorgeschichte der Tat im Rahmen des § 17 Abs. 1 SGB XIV zu prüfen.

13 Wenn einer der in Abs. 1 genannten Ausschlussgründe vorliegt, ist die Leistung **zwingend in vollem Umfang** abzulehnen. Einen Ermessensspielraum räumt Abs. 1 (anders als § 17 Abs. 2, → § 17 Rn. 37, 39) der Verwaltung nicht ein und auch eine nach dem Grad des Verschuldens differenzierende, § 254 BGB entsprechende Regelung ist nicht vorgesehen (→ Rn. 2, 16).[18]

14 **2. Personenkreis. a) Allgemeines.** Nach dem Wortlaut des § 16 Abs. 1 SGB XIV bezieht sich der Ausschluss auf **Ansprüche „nach diesem Buch".** Ausgeschlossen ist nach § 16 Abs. 1 SGB XIV „**wer** das schädigende Ereignis in vorwerfbarer Weise verursacht hat." **Schädigende Ereignisse** iSd § 16 Abs. 1 SGB XIV sind körperliche oder psychische Gewalttaten iSd § 13 SGB XIV sowie die durch § 14 SGB XIV gleichgestellten Sachverhalte. Danach würde die Vorschrift auch den Ausschluss eines **Hinterbliebenen** von Leistungen erfassen, wenn dieser die Schädigung in vorwerfbarer Weise verursacht hat. Darüber hinaus ist das BSG[19] bereits in seiner Rspr. zu § 2 Abs. 1 S. 1 OEG davon ausgegangen, dass sich Hinterbliebene auch das Verhalten des Opfers entgegenhalten lassen müssen, weil es sich bei der Hinterbliebenenversorgung um einen abgeleiteten Anspruch handelt. Allerdings geht seit dem 1.1.2024 § 19 SGB XIV als spezielle Regelung zum Ausschluss von Ansprüchen und Leistungen für Angehörige, Hinterbliebene und Nahestehende vor.[20] In der Sache macht das jedoch keinen Unterschied, weil § 19 SGB XIV wegen der Voraussetzungen auf § 16 SGB XIV verweist.

15 **b) Opfer von Schockschäden unter Geltung des OEG.** Von den Hinterbliebenen, die ihre Ansprüche von dem des Opfers ableiten, sind die **Opfer eines Schockschadens** (Sekundäropfer) zu unterscheiden. Sekundäropfer stehen dem Opfer einer Gewalttat nach der zum OEG ergangen Rspr. des BSG (ab 1.1.2024: § 14 Abs. 2 SGB XIV, → § 14 Rn. 53 ff.) gleich. Sie sind damit unmittelbar in eigener Person Geschädigte.[21] Abweichend von der zivilgerichtlichen Rechtsprechung[22] muss sich das Sekundäropfer ein **Mitverschulden des Primäropfers** nach der Rspr. des BSG[23] nicht entgegenhalten lassen. Das BSG macht die Entschädigung des Sekundäropfers nicht generell von einer persönlichen Beziehung zum Primäropfer abhängig (→ § 14 Rn. 57, 59). Deshalb und wegen der vom Zivilrecht abweichenden Maßstäbe bei der Beurteilung der Kausalität (Adäquanztheorie im Zivilrecht, Theorie von der wesentlichen Bedingung im Bereich des Sozialen Entschädigung, vgl. dazu → § 1 Rn. 27) hält das BSG es nicht für gerechtfertigt, dem Sekundäropfer ein Verschulden des Primäropfers zuzurechnen, selbst wenn eine enge persönliche Verbindung besteht. Davon zu unterscheiden ist der Fall, dass der Täter nicht rechtswidrig gehandelt hat. Dann liegen die Anspruchsvoraussetzungen nach § 1 Abs. 1 OEG ebenso wenig vor, wie zB bei der Schockschädigung durch einen Unglücksfall.

---

18 Kritisch zu diesem „Alles-oder-Nichts-Prinzip": Otte, Staatliche Entschädigung für Opfer von Gewalttaten, 1998, S. 233 f.

19 BSG Urt. v. 7.11.1979 – 9 RVg 2/78, BSGE 49, 104, 106 = juris Rn. 16; BSG Urt. v. 3.10.1984 – 9a RVg 6/83, BSGE 57, 168 = juris Rn. 11; BSG Urt. v. 15.8.1996 – 9 RVg 6/94, BSGE 79, 87 = juris Rn. 12; vgl. BSG Urt. v. 18.4.2001 – B 9 VG 3/00 R, BSGE 88, 96.

20 So auch Schmidt SGB XIV/Karl § 16 Rn. 25.

21 Zum OEG: BSG Urt. v. 7.11.2001 – B 9 VG 2/01 R, BSGE 89, 75 = juris Rn. 11.

22 BGH 11.5.1971 – VI ZR 78/70, BGHZ 56, 163 = NJW 1971, 1883; vgl. BGH 6.2.2007 – VI ZR 55/06, NJW-RR 2007, 1395.

23 BSG Urt. v. 7.11.2001 – B 9 VG 2/01 R, BSGE 89, 75.

16 Die og Rspr. des BSG, nach der sich das Sekundäropfer ein **Mitverschulden des Primäropfers** nicht entgegenhalten lassen muss, überzeugt bezogen auf die **Rechtslage unter Geltung des OEG** nicht vollständig und ist auch in der instanzgerichtlichen Rspr. auf Kritik gestoßen.[24] Die unterschiedlichen im Zivilrecht und im sozialen Entschädigungsrecht geltenden Kausalitätstheorien stellen keinen geeigneten Anknüpfungspunkt für die Unterscheidung von der zivilgerichtlichen Rspr. dar. Gesetzlicher Anknüpfungspunkt für die zivilgerichtliche Rspr. zur Berücksichtigung eines Mitverschuldens des Primäropfers ist § 254 BGB. Die auf dieser Grundlage angestellten Erwägungen zur Billigkeit können unter Geltung des OEG im Grundsatz auf das soziale Entschädigungsrecht übertragen werden, weil es auch nach § 2 Abs. 1 OEG auf die (Un-)billigkeit ankommt. Richtig ist, dass nach der Rspr. des BSG zu § 1 OEG der Entschädigungsanspruch des Sekundäropfers – anders als im Zivilrecht – nicht generell von der persönlichen Beziehung des Schockgeschädigten zum Gewaltopfer abhängt. Soweit der Schock nicht durch die Übermittlung der Nachricht von der Gewalttat, sondern durch das unmittelbare Miterleben eintritt, forderte die Rspr. zu § 2 OEG (ebenso wie ab 1.1.2024 § 14 Abs. 2 S. 1 SGB XIV) keine persönliche Nähebeziehung (→ § 14 Rn. 57). Deshalb konnte sich durchaus die Frage stellen, aus welchem Grund eine Person, die zB eine Schießerei von Mitgliedern rivalisierender Banden („Bandenkrieg") aus dem Drogenmilieu unmittelbar miterlebt und dadurch einen Schock erleidet, vom Anspruch auf Entschädigung ausgeschlossen werden soll, wenn die Toten und Verletzten die Gewalttat wesentlich verursacht haben. Der Schock des Sekundäropfer wird dadurch nicht geringer und wenn das Sekundäropfer nur zufällig am Ort des Geschehens ist, kann ihm regelmäßig auch kein eigenes Verschulden entgegengehalten werden. Allerdings hängt der Entschädigungsanspruch des Sekundäropfers auch sonst davon ab, dass das „Primäropfer" tatsächlich **Gewaltopfer** ist. Zudem sprechen gute Gründe dafür, dass eine Person, die durch das Miterleben einer vom Opfer selbst verschuldeten und deshalb nicht zu entschädigenden Gewalttat einen Schock erleidet, nicht besser zu stellen ist, als eine Person, deren Schock auf ein Unfallereignis zurückgeht.

17 Dass die vom BSG entwickelten og Maßstäbe zu schwer auflösbaren **Wertungswidersprüchen** führen können, wird besonders in Fallkonstellationen deutlich, in denen die Gleichstellung des Sekundäropfers (ab 1.1.2024: § 14 Abs. 2 S. 2 und 3 SGB VIV) SGB XIV von der **persönlichen Nähebeziehung zum Primäropfer** abhängt, weil die Gewalttat nicht unmittelbar miterlebt wurde. Wenn die Person, die einen Schock erlitten hat, – in Abwandlung der unter → Rn. 16 dargestellten Fallkonstellation – den Bandenkrieg im Drogenmilieu nicht unmittelbar miterlebt hat, sondern davon zB als (selbst nicht strafrechtlich in Erscheinung getretene) Ehefrau des erschossenen Bandenchefs telefonisch erfahren hat, würde ein Ausschluss oder eine Versagung von Leistungen nach der Rspr. des BSG jedenfalls nicht mit Blick auf die sowohl kriminellen als auch risikobehafteten Aktivitäten des Ehemanns in Betracht kommen. Das müsste wohl selbst dann gelten, wenn der Ehefrau die kriminelle Betätigung ihres Ehemannes und die dadurch bedingten Risiken, Opfer einer Gewalttat zu werden, bekannt sind. Nach den zu § 2 Abs. 1 S. 1 Alt. 2 OEG (ab 1.1.2024: § 17 Abs. 1 SGB XIV) entwickelten Maßstäben, sollen aber gerade **rechtsfeindliche Betätigungen im Vorfeld der Gewalttat** Entschädigungsansprüche ausschließen (→ § 17 Rn. 20 ff.). Über die Entschädigung des persönlich mit dem Primäropfer eng verbundenen Sekundäropfers

24 Vgl. LSG Nds-Brem Urt. v. 11.4.2018 – L 10 VE 36/14, juris Rn. 35, das sich der Rspr. des BSG mit Blick auf dessen „schwer nachvollziehbare Erwägungen" ausdrücklich nicht anschließt; die dagegen eingelegte Nichtzulassungsbeschwerde blieb aus formalen Gründen (fehlende Vertretung durch einen vor dem BSG zugelassenen Rechtsanwalt) ohne Erfolg, BSG Beschl. v. 25.6.2018 – B 9 V 25/18 B.

würde letztlich ein **kriminelles** und gerade deshalb besonders **riskantes Verhalten** Entschädigungsansprüche auslösen.

c) **Opfer von Schockschäden unter Geltung des SGB XIV.** Durch die im Vergleich zu § 2 Abs. 1 S. 1 Alt. 1 OEG etwas geänderte Formulierung des § 16 Abs. 1 SGB XIV dürfte der og Kritik an der Rspr. des BSG zur Versagung von Leistungen gegenüber Sekundäropfern die Grundlage entzogen sein, so dass eine **Klarstellung im Sinne der** zum OEG ergangenen **Rspr.** erreicht wird: Nach § 2 Abs. 1 S. 1 Alt. 1 OEG war die Leistung zu versagen, „wenn der Geschädigte die Schädigung verursacht hat". Maßgebend war also die Verursachung durch den **Geschädigten**. Abweichend davon ist nach § 16 Abs. 1 SGB XIV von **Ansprüchen** ausgeschlossen, „**wer** das schädigende Ereignis in vorwerfbarer Weise verursacht". Es kommt deshalb nach neuer Rechtslage nicht mehr auf die Verursachung durch den Geschädigten, sondern darauf an, ob derjenige, der Ansprüche geltend macht, das schädigende Ereignis verursacht hat. Nach § 19 SGB XIV sind zwar auch Angehörige, Hinterbliebene und Nahestehende von Ansprüchen ausgeschlossen, wenn in der Person des Geschädigten ein Ausschlussgrund vorliegt. Diese Regelung gilt aber nicht für die Sekundäropfer in Schockschadenskonstellationen, bei denen es sich nach der Rspr.[25] des BSG zum OEG um unmittelbar in eigener Person Geschädigte handelt (→ Rn. 15, → § 19 Rn. 8). Diese Unterscheidung gewinnt auch im vorliegenden Zusammenhang praktische Bedeutung. In Schockschadenskonstellationen gibt es (mindestens) zwei „Geschädigte", das Primär- und das Sekundäropfer. Während es naheliegt, dass mit dem „Geschädigten" in § 2 Abs. 1 S. 1 Alt. 1 OEG (auch) das Primäropfer gemeint ist, so dass eine Verursachung durch diesen die Leistungen insgesamt und damit nicht nur ihm gegenüber, sondern ebenso gegenüber dem Sekundäropfer ausschließt (und der Versagungsgrund des § 2 Abs. 1 S. 1 Alt. 2 OEG durch das Wort „insbesondere" offen formuliert ist), kommt es nach § 16 Abs. 1 SGB XIV allein auf die Verursachung durch den Anspruchsteller an. Damit übereinstimmend wird in der Gesetzesbegründung[26] zu § 19 SGB XIV ausdrücklich darauf hingewiesen, dass Angehörige in den Fällen des § 14 Abs. 2 SGB XIV selbst Geschädigte sind und dass diese einen eigenständigen Anspruch haben. Daher komme es nur darauf an, ob in ihrer Person ein Ausschlussgrund vorliegt. Ein **Sekundäropfer**, das eigene Ansprüche geltend macht, ohne das schädigende Ereignis verursacht zu haben, kann deshalb nicht von Ansprüchen ausgeschlossen sein. Dass dadurch schwer auflösbare Wertungswidersprüche ausgelösten werden können (→ Rn. 17), kann angesichts des eindeutigen **Wortlauts** des § 17 Abs. 1 SGB XIV und des damit übereinstimmenden in der Gesetzesbegründung[27] zum Ausdruck kommenden Willens des Gesetzgebers keinen Einfluss auf die Auslegung der Vorschrift haben. 18

3. Vorwerfbare Verursachung. a) Wesentliche Bedingung. Die Mitursächlichkeit nach § 16 Abs. 1 SGB XIV[28] bestimmt sich ebenso wie nach § 2 Abs. 1 S. 1 Alt. 1 OEG[29] nach der Kausalitätsnorm der wesentlichen Bedingung. Das Opfer hat den Angriff danach **mitverursacht**, wenn sein Tatbeitrag nach der auch im Opferentschädigungsrecht anwendbaren **versorgungsrechtlichen Kausalitätstheorie** nicht nur ein nicht hinwegzudenkender Teil der Ursachenkette, sondern wesentliche, dh annähernd **gleichwertige Bedingung** neben dem Beitrag des rechtswidrig handelnden Angreifers ist.[30] Für die Vergleichbarkeit der Tatbeiträge von Opfer und Angreifer ist deren strafrecht- 19

---

25 Zum OEG: BSG Urt. v. 7.11.2001 – B 9 VG 2/01 R, BSGE 89, 75 = juris Rn. 11; ab 1.1.2024: §§ 83 f. SGB XIV, → § 14 Rn. 55.
26 BT-Drs. 19/13824, 179.
27 BT-Drs. 19/13824, 179 zu § 19.
28 Vgl. BT-Drs. 19/13827, 177.
29 Vgl. die stRspr: BSG Urt. v. 18.4.2001 – B 9 VG 5/00 R, BSGE 88, 103 mwN; grundlegend: BSG Urt. v. 7.11.1979 – 9 RVg 2/78, BSGE 49, 104; vgl. auch BT-Drs. 7/2506, 15.
30 BSG Urt. v. 15.8.1996 – 9 RVg 6/94, BSGE 79, 87 mwN.

liche Einordnung von Bedeutung. Die Tatbeiträge sind vergleichbar, wenn sie jeweils strafbare Handlungen darstellen und die Strafandrohungen in etwa gleich sind.[31]

20 b) **Leichtfertiges Eingehen einer Gefahr und Provokation.** Nach der Rspr. des BSG kann eine die Leistung ausschließende Mitverursachung auch vorliegen, wenn das Opfer keinen Straftatbestand erfüllt, sich aber **leichtfertig** durch eine unmittelbare, mit dem eigentlichen Tatgeschehen insbesondere zeitlich eng zusammenhängende Förderung der Tat selbst gefährdet hat. Gleiches gilt, wenn sich das Opfer einer konkret erkannten Gefahr leichtfertig nicht entzogen hat, ohne sozial nützlich oder sogar erwünscht zu handeln und obwohl ihm dies zumutbar und möglich gewesen wäre.[32] Soweit ein leichtfertiges Verhalten nicht im unmittelbaren zeitlichen Zusammenhang mit der Gewalttat steht, ist zu prüfen, ob die Leistungen wegen dieses Verhaltens nach § 17 Abs. 1 SGB XIV zu versagen sind (→ § 17 Rn. 20, 25 ff.).

21 **Leichtfertigkeit** setzt im vorliegenden Zusammenhang voraus, dass das Opfer in hohem Maße vernunftwidrig gehandelt hat und dass es in grob fahrlässiger Weise unterlassen hat, einer höchstwahrscheinlich zu erwartenden Gefahr auszuweichen.[33] Leichtfertigkeit ist im Opferentschädigungsrecht also durch einen erhöhten Grad von Fahrlässigkeit gekennzeichnet. Es wird jedoch nicht verlangt, dass der Angegriffene sich versteckt; er darf vielmehr einen Angriff durch tätiges Verhalten abwehren.[34] Wenn das Opfer irrig ohne eigenes Verschulden eine Notwehrsituation annimmt, liegt in dem dadurch bedingten Verhalten des Opfers in der Regel keine im vorliegenden Zusammenhang wesentliche Mitursache.[35]

22 Das Verhalten des Opfers ist mitursächlich, wenn es die Schädigung bewusst angestrebt oder billigend in Kauf genommen hat[36] oder wenn es sich durch eine **Provokation** zumindest **leichtfertig in die Gefahr** einer solchen Schädigung begeben hat.[37] Abzustellen ist dabei nach der Rspr. des BSG auf die konkret eingetretene Schädigung. Darüber hinaus verlangt das BSG[38] teilweise, dass der Angriff nach der Schwere der Provokation auch objektiv verhältnismäßig war. Bei einer einfachen Körperverletzung (Ohrfeige) hat das BSG eine vorausgegangene Beleidigung als Grund für den Ausschluss von Leistungen nach dem OEG ausreichen lassen.[39] Dagegen werden bei Tötungsdelikten hohe Anforderungen an das Ausmaß der Provokation gestellt. Dabei wird die hohe natürliche Hemmschwelle vor Tötungsdelikten berücksichtigt.[40] Das BSG verlangt, dass das Opfer als Reaktion auf die Provokation mit der Tötungshandlung rechnen musste und dies auch erkennen konnte. Vorausgesetzt wird ein erhöhter Grad der Fahrlässigkeit des Opfers, der etwa der groben Fahrlässigkeit im bürgerlichen Recht entspricht.[41] Grob fahrlässig handelt, wer die erforderliche Sorgfalt in besonders schwerem Maße verletzt und wer schon einfachste, ganz nahe

31 BSG Urt. v. 18.4.2001 – B 9 VG 5/00 R, BSGE 88, 103; BSG Urt. v. 15.8.1996 – 9 RVg 6/94, BSGE 79, 87; BSG Urt. v. 6.12.1989 – 9 RVg 2/89, BSGE 66, 115.

32 BSG Urt. v. 18.10.1995 – 9 RVg 5/95, BSGE 77, 18; BSG Urt. v. 6.12.1989 – 9 RVg 2/89, BSGE 66, 115.

33 BSG Urt. v. 24.4.1980 – 9 RVg 1/79, BSGE 50, 95; BSG Urt. v. 21.10.1998 – B 9 VG 4/97 R; BSG Urt. v. 18.4.2001 – B 9 VG 3/00 R, BSGE 88, 96 Rn. 18.

34 BSG Urt. v. 8.8.1984 – 9a RVg 2/82, USK 84181.

35 BSG Urt. v. 25.3.1999 – B 9 VG 1/98 R, BSGE 84, 54; BSG Urt. v. 18.6.1996 – 9 RVg 7/94, BSGE 78, 270.

36 Zur Verabreichung von Doping-Substanzen mit Wissen des geschädigten Sportlers: Rundschreiben des Bundesministeriums für Gesundheit und Soziale Sicherung vom 25.10.2004 – 432–62013.

37 BSG Urt. v. 15.8.1996 – 9 RVg 6/94, BSGE 79, 87.

38 BSG Urt. v. 1.9.1999 – B 9 VG 3/97 R, USK 99120; vgl. Schoreit/Düsseldorf OEG § 2 Rn. 7.

39 BSG Urt. v. 7.12.1983 – 9a RV 40/82, SozR 3800 § 2 Nr. 4.

40 BSG Urt. v. 15.8.1996 – 9 RVg 6/94, BSGE 79, 87.

41 BSG Beschl. v. 30.4.2018 – B 9 V 58/17 B, juris Rn. 6.

liegende Überlegungen nicht anstellt und daher nicht beachtet, was im gegebenen Fall jedem einleuchten muss.[42] Im Gegensatz zum bürgerlichen Recht gilt dabei kein objektiver Sorgfaltsmaßstab, sondern es ist – ähnlich wie im Strafrecht – ein individueller Maßstab anzulegen, der auf die persönlichen Fähigkeiten des Opfers abstellt.[43] Einer Gefahr, die das Opfer nicht als solche erkennt, muss es sich also auch nicht entziehen. Dasselbe gilt, wenn es dem Opfer nicht zumutbar und möglich ist, der Gefahr zu entgehen.[44] Eine grob fahrlässige Selbstgefährdung ist auszuschließen, wenn das Opfer von der Gewalttat wie „ein Blitz aus heiterem Himmel" getroffen wird.[45]

c) **Vorwerfbarkeit.** Anders als § 2 Abs. 1 S. 1 Alt. 1 OEG macht die im Übrigen übereinstimmende Regelung in § 16 Abs. 1 SGB XIV den Ausschluss von Leistungen davon abhängig, dass das schädigende Ereignis **„in vorwerfbarer Weise"** verursacht worden ist. Daraus folgt aber keine inhaltliche Änderung[46] und eine solche war nach der Gesetzesbegründung[47] auch nicht beabsichtigt. Bereits in seiner Rspr. zu § 2 Abs. 1 S. 1 Alt. 1 OEG hat das BSG[48] die persönliche Erkenntnisfähigkeit des Opfers berücksichtigt und bei der Beantwortung der Frage, ob dieses sich leichtfertig oder gar bewusst einer Gefahr ausgesetzt hat, einen **subjektiven Maßstab** angelegt (→ Rn. 5). In Übereinstimmung damit ist nach der Rspr. des BSG auch zu berücksichtigen, ob der Geschädigte aufgrund von Alkoholkonsum in seiner Fähigkeit eingeschränkt ist, die Gefährlichkeit der Situation zu erkennen und entsprechend zu handeln.[49] Die Schuldunfähigkeit des Opfers steht einer wesentlichen Mitverursachung jedoch nicht entgegen, wenn die Voraussetzungen des § 323a StGB (Vollrausch) – also die schuldhafte Selbstberauschung mit nachfolgender Straftat – vorliegen.[50] Ob eine schuldlose wesentliche Mitverursachung denkbar ist, hat das BSG in einem Urt. v. 10.9.1997[51] ausdrücklich offen gelassen. Das Opfer kann sich aber jedenfalls nicht auf fehlende Steuerungsfähigkeit berufen, wenn es dafür und für die spätere Tat aufgrund seines Vorverhaltens verantwortlich ist.[52] Außerdem kann die Zugehörigkeit zum „Kreis der Alkohol- und Drogenkonsumenten" nach der zu § 2 Abs. 1 S. 1 Alt. 2 OEG ergangenen Rspr. des BSG unter Umständen als eine den Anspruch auf Leistungen nach dem OEG ausschließende missbilligenswerte Selbstgefährdung anzusehen sein (vgl. im Einzelnen → § 17 Rn. 21, 24 ff.). 23

d) **Einzelfälle aus der Rechtsprechung.** Unter Zugrundelegung der dargestellten Maßstäbe hat das BSG[53] entschieden, dass ein Gewaltopfer, das einen **Skinhead** in einer Diskothek aufgefordert hat, sich einen neuen Friseur zu suchen, nicht mit einem bru- 24

42 BSG Urt. v. 11.6.1987 – 7 RAr 105/85, BSE 62, 32; BSG Urt. v. 31.8.1976 – 7 RAr 112/74, BSGE 42, 184.
43 BSG Urt. v. 18.4.2001 – B 9 VG 3/00 R, BSGE 88, 96; BSG Urt. v. 21.10.1998 – B 9 VG 6/97 R, BSGE 83, 62; BSG Urt. v. 21.10.1998 – B 9 VG 2/97 R, NJW 1999, 2767.
44 Vgl. BSG Urt. v. 18.4.2001 – B 9 VG 3/00 R, BSGE 88, 96 = juris Rn. 18 BSG Beschl. v. 30.4.2018 – B 9 V 58/17 B, juris Rn. 6, jeweils mwN.
45 BSG Urt. v. 21.10.1998 – B 9 VG 6/97 R, BSGE 83, 62; BSG Urt. v. 26.6.1985 – 9a RVg 6/84, BSGE 58, 214; BSG Urt. v. 7.11.1979 – 9 RVg 2/78, BSGE 49, 104.
46 Ebenso: Schmidt SGB XIV/Karl § 16 Rn. 29, 32.
47 BT-Drs. 19/13824, 177: „Die Norm entspricht weitgehend dem bisherigen § 2 Absatz 1 S. 1, 1. Halbsatz OEG."
48 BSG Urt. v. 21.10.1998 – B 9 VG 2/97 R, NJW 1999, 2767.
49 BSG Urt. v. 1.9.1999 – B 9 VG 3/97 R, USK 99120 = juris Rn. 13.
50 BSG Urt. v. 10.9.1997 – 9 RVg 9/95, NJW 1998, 2996; vgl. auch zum tätlichen Angriff im Zustand des Vollrauschs: BSG Urt. v. 18.4.2001 – B 9 VG 3/00 R, BSGE 88, 96 = juris Rn. 14 f.
51 9 RVg 9/95, NJW 1998, 2996.
52 Unter Hinweis auf die strafrechtlichen Grundsätze der actio libera in causa: BSG Urt. v. 15.8.1996 – 9 RVg 6/94, BSGE 79, 87, vgl. auch die Anmerkung von Dannecker SGb 1998, 178 (179).
53 Vgl. BSG Urt. v. 20.10.1999 – B 9 VG 2/98 R, USK 99140.

talen Angriff rechnen musste. Auch in einem Fall, in dem ein Ehemann seine **Ehefrau und einen anderen Mann im Ehebett** getötet hat, nachdem er diese dort am ersten Hochzeitstag eng umschlungen und nackt angetroffen hatte und zusätzlich von diesen **gedemütigt** und beleidigt worden war, hat das BSG[54] keinen Ausschlussgrund iSd Abs. 1 angenommen. Die Ehefrau und ihr Partner hätten angesichts der schweren Beleidigungen möglicherweise mit einer Körperverletzung durch den insoweit einschlägig vorbestraften Ehemann, nicht jedoch damit rechnen müssen, ihr Leben aufs Spiel zu setzen. Wegen der Rspr. des BSG in Fällen, in denen zwar kein wesentlich ursächlicher Tatbeitrag des Antragstellers, aber gleichwohl eine leichtfertige, die Unbilligkeit begründende Selbstgefährdung angenommen wurde, wird ergänzend auf die Kommentierung zu → § 17 Rn. 25 ff. verweisen.

25 Eine den Anspruch ausschließende Mitverursachung soll nach der Rspr. des BSG[55] vorliegen, wenn sich jemand freiwillig auf **ungeschützten Geschlechtsverkehr** mit einer Zufallsbekanntschaft einlässt und sich dadurch an **HIV** infiziert. Die Gleichwertigkeit könne nicht deshalb bestritten werden, weil die Beteiligung des Opfers nicht in demselben Maße zu missbilligen sei, wie die des Täters. Anderenfalls wäre die Selbstgefährdung des Opfers nie mit der vorsätzlichen Straftat des Täters gleichwertig.

26 Der Entscheidung des BSG zur Versagung einer Entschädigung für das Opfer einer **AIDS-Erkrankung** ist insofern zuzustimmen, als die Gleichwertigkeit des Tatbeitrags nicht in jedem Fall an der strafrechtlichen Beurteilung gemessen werden kann. Dies wird insbesondere in Fällen deutlich, in denen das Opfer ausdrücklich seine **Einwilligung** mit der Schädigung erklärt. Wenn das Opfer seine Interessen auf diese Weise preisgibt, kann darin zweifellos eine wesentliche Ursache der nachfolgenden Gewalttat gesehen werden, die dem Anspruch auf Entschädigung nach dem OEG entgegensteht, obwohl das gegen sich selbst gerichtete Verhalten des Opfers keinen Straftatbestand erfüllt.[56] In den Fällen, in denen eine solche ausdrückliche Einwilligung nicht vorliegt, sondern dem Opfer entgegengehalten wird, sich leichtfertig selbst gefährdet zu haben, wird es allerdings darauf ankommen, unabhängig von moralisierenden Bewertungen einheitliche Maßstäbe zur Beurteilung der Frage anzulegen, ob sich das Opfer zumindest leichtfertig in die Gefahr einer Schädigung begeben hat. Hier werden in der Rspr. in anderem Zusammenhang sehr hohe Anforderungen formuliert, wenn verlangt wird, dass sich dem Opfer die konkreten Folgen einer Provokation „geradezu aufdrängen“[57] müssen. Vor diesem Hintergrund wird bei der Frage, ob einer **HIV-Infektion** eine leichtfertige Selbstgefährdung zu Grunde liegt, im Einzelfall danach zu differenzieren sein, ob sich das Opfer zB vor dem ungeschützten Geschlechtsverkehr bei dem Täter nach dem Vorliegen einer HIV-Infektion erkundigt oder sich gar das Ergebnis eines zeitnah durchgeführten HIV-Tests vorlegen lassen hat.[58] An einer eindeutigen Auskunft des Täters zu dieser Frage hat es in der der Entscheidung des BSG vom 18.10.1995[59] zugrunde liegenden Fallgestaltung gefehlt. Zudem war das Opfer mit dem Einverständnis zum ungeschützten Analverkehr ein besonders hohes Risiko eingegangen.

27 Gewaltopferentschädigung ist nicht zu versagen, wenn sich das Opfer zwar in Gefahr begibt, dabei aber **von der Rechtsordnung erwünscht** handelt. Dies ist der Fall, wenn das Opfer auf riskante Weise, aber mit friedlichen Mitteln vergeblich versucht, den

54 BSG Urt. v. 15.8.1996 – 9 RVg 6/94, BSGE 79, 87.
55 BSG Urt. v. 18.10.1995 – 9 RVg 5/95, BSGE 77, 18.
56 Dannecker, Anmerkung zum Urt. des BSG vom 15.8.1996 – 9 RVg 6/94, SGb 1998, 178 (181).
57 BSG Urt. v. 15.8.1996 – 9 RVg 6/94, BSGE 79, 87.
58 Andere Ansicht SchlHLSG Urt. v. 22.1.2003 – L 2 VG 21/02.
59 BSG Urt. v. 18.10.1995 – 9 RVg 5/95, BSGE 77, 18.

Angreifer von seinem Vorhaben abzubringen[60] (zur Ausübung gefährlicher Berufe → § 17 Rn. 25). Wer den Rechtsfrieden oder die Rechtsordnung wahren oder verteidigen will, darf ein bewusstes Risiko für sich eingehen. Ferner kann die rechtmäßige Abwehr eines Angriffs, die den Täter zu weiteren Gewalttaten provoziert oder die Wahrnehmung des Rechts auf **Selbsthilfe nach § 229 BGB** keine im vorliegenden Zusammenhang wesentliche Ursache der Schädigung sein.[61]

4. Ausschluss von Ansprüchen. Anders als § 2 OEG und auch als § 17 SGB XIV regelt § 16 Abs. 1 SGB XIV als Folge der vorwerfbaren Mitverursachung nicht die **Versagung** von Leistungen, sondern den **Ausschluss** von Ansprüchen. Die Verwendung der beiden unterschiedlichen Begriffe in ein und demselben Gesetz könnte dafürsprechen, dass damit Unterschiedliches geregelt werden sollte. Gegen diese Annahme spricht jedoch die Gesetzesbegründung, der keine Hinweise dafür zu entnehmen sind, dass inhaltliche Unterschiede beabsichtigt worden sein können. Obwohl § 16 Abs. 1 SGB XIV nach seinem Wortlaut nicht die Versagung, sondern den „Ausschluss von Ansprüchen und Leistungen" regelt, soll die Norm nach der Gesetzesbegründung[62] „weitgehend dem bisherigen § 2 Absatz 1 S. 1, 1. Halbsatz OEG" entsprechen. Auf die unterschiedliche Wortwahl bezogen auf die Rechtsfolge (Ausschluss oder Versagung) geht die Begründung nicht ein. Im Ergebnis ist davon auszugehen, dass die Verwendung des Begriffs „ausgeschlossen" in § 16 Abs. 1 SGB XIV anstelle von „versagen" in § 2 Abs. 1 S. 1 OEG sowie § 17 Abs. 1 SGB XIV keine inhaltliche Bedeutung hat (vgl. auch → § 17 Rn. 12 ff.). Entsprechendes gilt für den Umstand, dass § 16 SGB XIV den Ausschluss von „Ansprüchen nach diesem Buch" – also dem SGB XIV – zum Gegenstand hat, während sich die Rechtsfolge nach § 17 SGB XIV auf „Leistungen der Sozialen Entschädigung" bezieht (→ § 17 Rn. 17 f.). 28

II. Mittelbare Begünstigung des Täters (Abs. 2)

1. Rechtslage unter Geltung des OEG. Nach 16 Abs. 2 SGB XIV sind Leistungen so zu erbringen, dass sie nicht dem Schädiger zugutekommen. Die Regelung knüpft im Grundsatz an eine der vier in der Rspr. des BSG zu **§ 2 Abs. 1 S. 1 Alt. 2 OEG** entwickelten Fallgruppen[63] der Unbilligkeit (→ § 17 Rn. 20 ff.) an. Danach ist die Leistung auch im Falle einer durch die Versorgung entstehenden **Begünstigung des Täters**[64] zu versagen (→ § 17 Rn. 31 f.). Dabei geht es vor allem um Konstellationen, in denen der Täter mit dem Opfer zusammenlebt oder in denen er mit dem getöteten Opfer verwandt oder verheiratet ist, und dadurch von den Ansprüchen auf **Hinterbliebenenversorgung** profitiert. 29

Der entscheidende rechtliche Anknüpfungspunkt für die Versagung von Leistungen bei einer durch die Versorgung entstehenden Begünstigung des Täters war das Wort „insbesondere" in § 2 Abs. 1 S. 1 Alt. 2 OEG[65] (→ § 17 Rn. 32). § 2 Abs. 1 S. 1 Alt. 2 OEG macht die Versagung aus sonstigen Gründen **„insbesondere"** vom **Verhalten** des Antragstellers abhängig. Aus der Verwendung des Wortes „insbesondere" wird deutlich, dass die Versagung unter Geltung des OEG auch aus Gründen erfolgen kann, die keinen unmittelbaren Bezug zum Verhalten des Antragstellers haben. Im Regierungs- 30

60 BSG Urt. v. 25.3.1999 – B 9 VG 5/97 R, Die Leistungen Beilage 2000, 138; BSG Urt v. 24.4.1991 – 9a RVg 1/90, Behindertenrecht 1992, 70; BSG Urt. v. 6.12.1989 – 9 RVg 2/89, BSGE 66, 115.

61 Vgl. BSG Urt. v.17.11.1981 – 9 RVg 2/81, BSGE 52, 281; aA LSG Saarl 9.8.2005 – L 5 VG 1/05.

62 BT-Drs. 19/13824, 178, zu § 16 Abs. 1.

63 BSG Urt. v. 21.10.1998 – B 9 VG 6/97 R, BSGE 83, 62; BSG Urt. v. 29.3.2007 – B 9a VG 2/05 R, BSGE 98, 178.

64 BSG Urt. v. 23.10.1985 – 9a RVg 4/83, BSGE 59, 40 = juris Rn. 21 ff.

65 Vgl. BSG Urt. v. 23.10.1985 – 9a RVg 4/83, BSGE 59, 40 = juris Rn. 21.

entwurf eines Gesetzes über die Entschädigung für Opfer von Gewalttaten aus dem Jahr 1974 war das Wort „insbesondere" noch nicht enthalten.[66] Die Einfügung geht auf die Stellungnahme des Bundesrats im Gesetzgebungsverfahren zur Einführung des OEG zurück. Zur Begründung machte der Bundesrat geltend, dass die Möglichkeit bestehen müsse, die Entschädigung zu **versagen**, wenn sie im Ergebnis auch **dem Täter zugute** komme.[67] Besonders bei Straftaten zwischen Angehörigen, die in häuslicher Gemeinschaft leben, sei dies denkbar. Es sei zweifelhaft, ob auf der Grundlage der im Regierungsentwurf vorgesehenen Formulierung, die ausschließlich auf das eigene Verhalten des Antragstellers abstelle (also ohne das Wort „insbesondere"), die Entschädigung in Fällen der Begünstigung des Täters versagt werden könne.[68] Die Bundesregierung hat diesem Vorschlag in ihrer Gegenäußerung – ohne jede Einschränkung oder nähere Begründung – zugestimmt.[69] Unter Berücksichtigung der dargestellten **Entstehungsgeschichte** ist das BSG[70] in einem Fall, in dem ein Mann seine Ehefrau getötet hatte, davon ausgegangen, dass das gemeinsame minderjährige Kind keinen Anspruch auf Hinterbliebenenversorgung hat, solange der Mann (Vater) seinem Kind Unterhalt leistet. Maßgeblich war dabei für das BSG, dass der Vater seiner Unterhaltspflicht gegenüber dem Kind in vollem Umfang nachgekommen war, so dass „dem Gesetzeszweck Genüge getan" werde, ohne dass zusätzlich eine Hinterbliebenenversorgung geleistet werden müsse.[71] Außerdem weist das BSG darauf hin, dass die Hinterbliebenenversorgung für das minderjährige Kind an den Vater und damit den Täter zu leisten gewesen wäre.[72]

31 Die Rspr. des BSG, nach der Leistungen gem. § 2 Abs. 1 S. 1 Alt. 2 OEG zu versagen sind, wenn durch deren Gewährung der Täter begünstigt würde, hat allerdings nur **geringe praktische Bedeutung** erlangt. In der Literatur ist die Entscheidung auf Kritik gestoßen.[73] Das BMAS ist in einem Rundschreiben an die Versorgungsämter vom 19.10.1995[74] davon ausgegangen, dass der genannten Entscheidung des BSG vom 23.10.1985[75] eine nicht verallgemeinerungsfähige Ausnahmekonstellation zugrunde lag, die dadurch gekennzeichnet gewesen sei, dass der Täter bis zu seiner Verhaftung sowohl die Personensorge über das Kind ausgeübt, als auch Unterhalt gewährt hat. Bei Straftaten zwischen in häuslicher Gemeinschaft lebenden Angehörigen (vgl. dazu auch → § 17 Rn. 2, 11, 26 ff.) sei somit nicht grundsätzlich die Gewährung einer Waisenrente nach dem OEG als unbillig zu versagen. Anderenfalls würden **familienhafte Täter-Opfer-Beziehungen** gegenüber anderen Fallkonstellationen benachteiligt. Vor einer Versagung sollte von der Versorgungsverwaltung geprüft werden, ob nicht „durch **anderweitige administrative Maßnahmen**" die Bevorteilung des Täters ausgeschlossen werden kann. Unter Geltung des **OEG** – also für die Zeit **bis zum 31.12.2023** – erscheint fraglich, auf welcher rechtlichen Grundlage die im og Rundschreiben angesprochenen „administrativen Maßnahmen" zur Vermeidung einer Bevorteilung des Täters ergriffen werden könnten; die Ausgestaltung von Leistungen etwa der Hinterbliebenenversorgung wird gesetzlich weitgehend vorgegeben, so dass die Spielräume der Verwaltung im Regelfall gering sind.

---

66 Vgl. § 3 des Gesetzentwurfs, BT-Drs. 7/2506, 4.
67 BT-Drs. 7/2506, 20, Nr. 4 (zu § 3).
68 BT-Drs. 7/2506, 20, Nr. 4 (zu § 3).
69 BT-Drs. 7/2506, 23, Nr. 4.
70 BSG Urt. v. 23.10.1985 – 9a RVg 4/83, BSGE 59, 40.
71 BSG Urt. v. 23.10.1985 – 9a RVg 4/83, BSGE 59, 40 = juris Rn. 22; kritisch zu diesem Argument: HK-SozEntschR/Rademacker OEG § 1 Rn. 141.
72 BSG Urt. v. 23.10.1985 – 9a RVg 4/83, BSGE 59, 40 = juris Rn. 23.
73 Kunze VersorgVerw 1995, 37; vgl. auch HK-SozEntschR/Rademacker OEG § 1 Rn. 141.
74 VI1–52035 und VI1–52036.
75 9a RVg 4/83, BSGE 59, 40.

2. Änderungen durch das SGB XIV. Mit **§ 16 Abs. 2 SGB XIV** könnten die bereits in dem og Rundschreiben des BMAS vom 19.10.1995[76] angesprochenen „anderweitigen administrativen Maßnahmen“ zur Vermeidung einer Bevorteilung des Täters zum **1.1.2024** eine rechtliche Grundlage erhalten, weil nun ausdrücklich bestimmt wird, dass die Leistungen so zu erbringen sind, dass sie nicht der Person wirtschaftlich zugutekommen, die das schädigende Ereignis verursacht hat. Denkbar erschiene zB die Einrichtung einer Amtspflegschaft nach § 55 SGB VIII für das minderjährige Opfer bzw. unterhaltsberechtigte Familienmitglied.[77] Allerdings dürfte die Umsetzung der Vorgaben des § 16 Abs. 2 SGB XIV für die Verwaltung aufwändig sein. Erforderlich erscheint jedenfalls eine besondere Qualifikation der dafür zuständigen Behördenmitarbeiter.[78] 32

§ 16 Abs. 2 SGB XIV bietet nach seinem Wortlaut **keine Grundlage für den vollständigen Ausschluss** oder eine Versagung von Leistungen. Regelungsgegenstand ist nicht das „Ob“, sondern allein das „Wie“ der Leistungserbringung. Eine Auslegung dahin, dass die Ablehnung von Leistungen eine besondere Form der Leistungserbringung sei, erscheint nicht vertretbar. Daran kann auch die **Überschrift** des § 16 SGB XIV nichts ändern. Zwar soll Inhalt des § 16 SGB XIV danach der „Ausschluss von Ansprüchen und Leistungen“ sein. Da § 16 Abs. 1 SGB XIV die Voraussetzungen des Ausschlusses von **Ansprüchen** regelt, kann der in der Überschrift angesprochene „Ausschluss von ... **Leistungen**“ nur auf Abs. 2 bezogen werden. Im Unterschied zu Abs. 1 enthält Abs. 2 aber gerade nicht das Wort „ausgeschlossen“. Vielmehr geht es § 16 Abs. 2 SGB XIV allein um die Art und Weise der Erbringung von Leistungen. Daher ist der Wortlaut der Überschrift bezogen auf den Inhalt von Abs. 2 unpräzise. 33

Die Gesetzgebungsmaterialien deuten allerdings darauf hin, dass im **Gesetzgebungsverfahren** keine Klarheit bezogen auf diesen Punkt bestanden hat: Die Gesetzesbegründung zum Regierungsentwurf eines G-SER[79] enthält dazu keine klare Aussage, vermittelt aber jedenfalls den Eindruck, als ob auf dieser Grundlage auch Leistungen abgelehnt werden könnten.[80] Der Bundesrat ist in seiner Stellungnahme davon ausgegangen, dass § 16 Abs. 2 SGB XIV unklar formuliert sei, dass der Regelung aber nach ihrem Wortlaut keine Grundlage für den Ausschluss von Leistungen entnommen werden könne.[81] Die Bundesregierung hat in ihrer Gegenäußerung[82] die Auffassung vertreten, dass der Wortlaut „hinreichend klar“ sei, in den weiteren Ausführungen aber indirekt deutlich gemacht, dass das gerade nicht der Fall ist: So wird einerseits konzediert, dass sich § 16 Abs. 2 SGB XIV nach dem Wortlaut lediglich auf die **Art und Weise der Leistungserbringung** beziehe. Daraus folge dann aber, dass die Leistung nur so erbracht werden dürfe, dass sie nicht dem Täter wirtschaftlich zugutekomme. „Im Umkehrschluss“ sei die „Leistungserbringung nur dann ausgeschlossen, wenn die Erfüllung der Voraussetzungen unmöglich“ sei. Daran anschließend formuliert die Bundesregierung dann wieder, dass sie die Auffassung des Bundesrates teile, nach der ein Leistungsausschluss „allenfalls das letzte Mittel“ sein könne. Mit dem Wort „allenfalls“ wird letztlich offengelassen, ob ein Leistungsausschluss auf der Grundlage des § 16 Abs. 2 SGB XIV in Betracht kommen soll. Den Materialien kann unter diesen 34

---

76 VI1–52035 und VI1–52036.
77 Ebenso: Gelhausen in Kunz/Zellner/Gelhausen/Weiner, 6. Aufl. 2015, OEG § 2 Rn. 35.
78 Ebenso Schmidt SGB XIV/Karl § 16 Rn. 55; ähnlich zur Frage des Umgangs mit „geschlechtsspezifischer Gewalt“: Schriftliche Stellungnahme des Bundesverband Frauenberatungsstellen und Frauennotrufe, BT-Ausschuss für Arbeit und Soziales, Drs. 19(11)505, 41, 43.
79 BT-Drs. 19/13824, 178.
80 Vgl. BT-Drs. 19/13824, 178: „Von der Leistungserbringung nicht grundsätzlich ausgeschlossen sind ...“.
81 BT-Drs. 19/13824, 287, zu Ziffer 6 (Art. 1 § 16 Abs. 2).
82 BT-Drs. 19/13824, 314, zu Ziffer 6 (Art. 1 § 16 Abs. 2).

Umstanden keine eindeutige Aussage entnommen werden. Ausschlaggebend muss danach sein, dass § 16 Abs. 2 SGB XIV nach dem Wortlaut allein die Art und Weise bzw. das „wie" der Leistungserbringung regelt. Insofern unterscheidet sich § 16 Abs. 2 SGB XIV von § 16 Abs. 1 und § 17 SGB XIV, die den Ausschluss bzw. die Versagung von Ansprüchen als Rechtsfolge vorsehen.

35 Als gesetzlicher Anknüpfungspunkt für eine Versagung von Leistungen wegen Begünstigung des Schädigers kommt auch **§ 17 Abs. 1 SGB XIV** nicht in Betracht. Die Vorschrift entspricht zwar im Wesentlichen § 2 Abs. 2 S. 1 Alt. 2 OEG. Auf der Grundlage dieser Vorschrift können nach der Rspr. des BSG Leistungen versagt werden, wenn der Täter durch diese Leistungen begünstigt würde. Gesetzlicher Anknüpfungspunkt dieser Rspr. war jedoch das in § 2 Abs. 2 S. 1 Alt. 2 OEG enthaltene Wort „insbesondere", das gerade nicht in § 17 Abs. 1 SGB XIV übernommen wurde (→ Rn. 7; → § 17 Rn. 3, 31 f.). Deshalb spricht jedenfalls viel dafür, dass nach der ab dem 1.1.2024 geltenden Rechtslage Leistungen nicht mehr mit der Begründung versagt werden dürfen, dass diese den Täter begünstigen würden.[83]

III. Beweislast

36 Während der Geschädigte die Beweislast für das Vorliegen einer Gewalttat nach § 13 SGB XIV oder eines Gleichstellungssachverhalts nach § 14 SGB XIV zu tragen hat, trifft den Versorgungsträger die Beweislast dafür, dass einer der Ausschlussgründe nach § 16 Abs. 1[84] oder ein Grund für eine Leistungserbringung nach Maßgabe des § 16 Abs. 2 SGB XIV vorliegt (→ § 17 Rn. 40). Das gilt auch für die Frage, ob das Opfer eine Gefährdung im Interesse der **Streitschlichtung** oder aus anderen sozial nützlichen Motiven heraus auf sich genommen hat. Jedenfalls wenn Anhaltspunkte für eine solche Motivlage des Geschädigten vorliegen, geht die Unaufklärbarkeit zulasten des Trägers der Sozialen Entschädigung.[85] Entsprechendes gilt, wenn nicht mit der notwendigen Sicherheit festgestellt werden kann, ob hinsichtlich der Selbstgefährdung des Geschädigten grobe Fahrlässigkeit vorlag[86] oder wenn nicht ausgeschlossen werden kann, dass das Opfer schuldlos in der irrigen Annahme gehandelt hat, es liege eine Notwehrsituation vor.[87] Bezogen auf die Unbilligkeit einer Entschädigung bei Konflikten zwischen Strafgefangenen hat das BSG in einer Entscheidung vom 18.4.2001[88] die Möglichkeit angedeutet, dass sich die Beweislast in einer solchen Konstellation ausnahmsweise umkehren könnte. Mit Urt. v. 29.3.2007[89] hat das BSG jedoch ausdrücklich erklärt, an dieser Rspr. nicht mehr festzuhalten.

D. Anhang

37 **§ 2 OEG Versagungsgründe**

(1) [1]Leistungen sind zu versagen, wenn der Geschädigte die Schädigung verursacht hat oder wenn es aus sonstigen, insbesondere in dem eigenen Verhalten des Anspruchstellers liegenden Gründen unbillig

---

83 Wohl aA Schmidt SGB XIV/Karl § 16 Rn. 53, die davon ausgeht, dass mit dem Inkrafttreten des SGB XIV insoweit keine Änderung der Rechtslage verbunden sei.

84 Vgl. die ständige Rspr. zu § 2 OEG: BSG Urt. v. 1.9.1999 – B 9 VG 3/97 R, USK 99120; BSG Urt. v. 25.3.1999 – B 9 VG 5/97 R, Die Leistungen Beilage 2000, 138; BSG Urt. v. 21.10.1998 – B 9 VG 4/97 R; BSG Urt. v. 18.6.1996 – 9 RVg 7/94, BSGE 78, 270.

85 BSG Urt. v. 25.3.1999 – B 9 VG 5/97 R, Die Leistungen Beilage 2000, 138.

86 BSG Urt. v. 1.9.1999 – B 9 VG 3/97 R, USK 99120.

87 BSG Urt. v. 25.3.1999 – B 9 VG 1/98 R, BSGE 84, 54; BSG Urt. v. 18.6.1996 – 9 RVg 7/94, BSGE 78, 270.

88 B 9 VG 5/00 R, BSGE 88, 103; ablehnend: Dannecker/Biermann, Das Opferentschädigungsrecht im Spannungsfeld der Rechtsgebiete am Beispiel von ausländischen Strafgefangenen als Opfer von Gewalttaten durch Mitgefangene, SGb 2002, 469 (474).

89 B 9a VG 2/05 R, BSGE 98, 178.

wäre, Entschädigung zu gewähren. [2]Leistungen sind auch zu versagen, wenn der Geschädigte oder Antragsteller

1. an politischen Auseinandersetzungen in seinem Heimatstaat aktiv beteiligt ist oder war und die Schädigung darauf beruht oder
2. an kriegerischen Auseinandersetzungen in seinem Heimatstaat aktiv beteiligt ist oder war und Anhaltspunkte dafür vorhanden sind, daß die Schädigung hiermit in Zusammenhang steht, es sei denn, er weist nach, daß dies nicht der Fall ist oder
3. in die organisierte Kriminalität verwickelt ist oder war oder einer Organisation, die Gewalttaten begeht, angehört oder angehört hat, es sei denn, er weist nach, daß die Schädigung hiermit nicht in Zusammenhang steht.

(2) ... [abgedruckt bei → § 17 Rn. 41]

§ 17 Versagung von Leistungen

(1) Leistungen sind zu versagen, wenn es aus in dem eigenen Verhalten der Antragstellerin oder des Antragstellers liegenden Gründen unbillig wäre, Leistungen der Sozialen Entschädigung zu erbringen.

(2) Leistungen können ganz oder teilweise versagt werden, wenn Geschädigte es unterlassen haben, das ihnen Mögliche und Zumutbare zur Aufklärung des Sachverhalts und zur Verfolgung der Täterin oder des Täters beizutragen.

A. Gesetzesgeschichte

I. Bisheriges Recht

1 Die Regelung zur Versagung von Leistungen wegen Unbilligkeit nach § 17 Abs. 1 SGB XIV entspricht im Wesentlichen **§ 2 Abs. 1 S. 1 Alt. 2 OEG** (vgl. im Einzelnen → Rn. 3). § 2 Abs. 1 S. 1 OEG gilt unverändert seit Inkrafttreten des OEG am 16.5.1976 bis zum 31.12.2023 (→ § 16 Rn. 1). § 17 tritt **zum 1.1.2024 in Kraft.**[1] Maßgebend für die Frage, ob noch § 2 OEG oder aber bereits § 17 SGB XIV zur Anwendung kommen, ist nach § 138 Abs. 1, Abs. 2 SGB XIV grundsätzlich der Zeitpunkt der Schädigung.

1 § 60 Abs. 7 G-SER.

2 Nach § 17 Abs. 1 SGB XIV haben die Versorgungsbehörden – ähnlich wie nach § 2 Abs. 1 S. 1 Alt. 2 OEG – Leistungen zu versagen, wenn die Gewährung mit Rücksicht auf das Verhalten des Anspruchstellers unbillig wäre. Ein der gerichtlichen Prüfung entzogener Ermessens- oder Beurteilungsspielraum der Verwaltung besteht nicht. Die Erforderlichkeit einer solchen **Generalklausel** wurde im Gesetzgebungsverfahren zum OEG[2] mit Erfahrungen aus dem bereits 10 Jahre vor Inkrafttreten des OEG bestehenden Entschädigungssystem in England begründet. Mit der Versagung wegen Unbilligkeit aus sonstigen Gründen können auch Umstände, die in keinem örtlichen oder zeitlichen Zusammenhang mit der Gewalttat stehen, Berücksichtigung finden. Gedacht war dabei an Zuhälter oder Rauschgifthändler, die keinen Anspruch auf Versorgung aus öffentlichen Mitteln haben sollten, wenn sie Opfer der auf solchen Gebieten herrschenden Rivalität unter Konkurrenten werden (→ Rn. 21). Die in dem Gesetzentwurf der CDU/CSU Fraktion vom 12.7.1971[3] vorgesehene Versagung von Leistungen in Fällen, in denen das Opfer mit dem Täter verwandt, verlobt, verheiratet oder verschwägert ist oder mit diesem in häuslicher Gemeinschaft lebt, hat keinen Eingang in § 2 OEG gefunden und ist auch nicht Gegenstand des SGB XIV geworden (vgl. dazu auch → Rn. 11, 26 ff.).

II. Änderungen gegenüber dem OEG

3 Nach der Begründung zum Gesetzentwurf eines G-SER soll § 17 Abs. 1 SGB XIV dem bisherigen § 2 Abs. 1 S. 1 Alt. 2 OEG entsprechen. Das trifft auch im Wesentlichen zu, vernachlässigt jedoch, dass als Gründe für die Unbilligkeit nach § 2 Abs. 1 S. 1 Alt. 2 OEG **„insbesondere"** das Verhalten des Antragstellers in Betracht kam. Die Öffnung durch die Verwendung des Wortes „insbesondere" ist nicht in § 17 Abs. 1 SGB XIV übernommen worden, so dass nach dieser Vorschrift nur noch Gründe im Verhalten des Antragstellers maßgebend sind (zu den Auswirkungen dieser Änderung → Rn. 31 f.; zur entsprechenden Geltung bei Leistungen für Angehörige, Hinterbliebene und Nahestehende → § 20 Rn. 8). Die von § 2 Abs. 1 S. 1 Alt. 2 OEG umfasste Vermeidung einer (mittelbaren) Begünstigung des Täters ist ab dem 1.1.2024 Gegenstand des § 16 Abs. 2 (→ § 16 Rn. 32 ff.).

4 Die speziell auf **Ausländer** bezogenen Versagungsgründe nach § 2 **Abs. 1 S.** 2 OEG (abgedruckt bei → § 16 Rn. 37) sind nicht in das SGB XIV übernommen worden. In den Gesetzgebungsmaterialien[4] wird das damit begründet, dass die genannten Fälle der Leistungsversagung vom allgemeinen Begriff der Unbilligkeit erfasst würden. Das dürfte im Wesentlichen zutreffen (vgl. im Einzelnen → Rn. 33 ff.), steht aber im Widerspruch zur Gesetzesbegründung[5] für die Einführung des § 2 Abs. 1 S. 2 OEG. Danach sollten sich im Zusammenhang mit der Erweiterung des Anwendungsbereichs für nicht nur vorübergehend in Deutschland lebende Ausländer durch das 2. OEG-Änderungsgesetz[6] mit Wirkung vom 1.7.1990 „neue Versagungssachverhalte ergeben" können, „die nicht unter die bestehende Regelung in § 2 Abs. 1 subsumiert werden mussten." Deshalb würden in § 2 Abs. 1 S. 2 OEG „beispielhaft weitere Versagungsgründe genannt." Einschränkende Interpretationen sollten vermieden und die Beweislast sollte in den genannten Fällen auf den Betroffenen verlagert werden.

5 **§ 17 Abs. 2** SGB XIV soll nach der Gesetzesbegründung § 2 Abs. 2 OEG entsprechen. Wesentliche Unterschiede bestehen tatsächlich nicht. Allerdings konkretisiert § 2 Abs. 2 OEG die Mitwirkungspflichten der Geschädigten dahin gehend, dass diese

2 BT-Drs. 7/2506, 15, zu § 3 Abs. 1 des Gesetzentwurfs.
3 BT-Drs. 6/2420.
4 BT-Drs. 19/13824, 178.
5 BT-Drs. 12/4889, 7.
6 Zweites Gesetz zur Änderung des Gesetzes über die Entschädigung für Opfer von Gewalttaten vom 21.7.1993, BGBl. I 1262.

„insbesondere unverzüglich **Anzeige** bei einer für die Strafverfolgung zuständigen Behörde zu erstatten haben." Dieser Halbsatz fehlt in § 17 Abs. 2 SGB XIV. Auch darauf geht die Gesetzesbegründung nicht ein. Die praktischen Auswirkungen dieser Änderung sind allerdings gering (vgl. im Einzelnen → Rn. 36, 38 f.).

B. Normsystematik

I. Allgemeiner Regelungsgehalt

Nach **§ 17 Abs. 1** SGB XIV sind Leistungen zu versagen, wenn ihre Erbringung mit Rücksicht auf das eigene Verhalten der antragstellenden Person unbillig wäre.[7] Es handelt sich um eine Auffangnorm, die die Versagung von Leistungen der Sozialen Entschädigung auch in Fällen vorsieht, in denen eine Verursachung in vorwerfbarer Weise iSd § 16 SGB XIV nicht gegeben ist. Unbillig iSd § 17 Abs. 1 SGB XIV ist die Gewährung von Leistungen der Allgemeinheit zum Ausgleich der Gewalttatfolgen dann, wenn sie nach den besonderen Umständen des Einzelfalles der grundlegenden Wertung des OEG widersprechen.[8] Dabei kommen nach der Rspr. sowohl tatbezogene wie auch tatunabhängige Umstände in Frage.[9] Anknüpfungspunkt ist das Verhalten des Antragstellers. Abs. 1 eröffnet deshalb nicht die Möglichkeit, die Voraussetzungen für die Gewährung von Leistungen allgemein unter dem Gesichtspunkt der **Billigkeit** zu korrigieren. In der Rspr. des BSG sind die Gründe, die eine Versagung wegen Unbilligkeit rechtfertigen, insbesondere dadurch konkretisiert worden, dass ein der Mitverursachung hinsichtlich Gewicht und Bedeutung annähernd gleichkommendes Verhalten verlangt wird (vgl. im Einzelnen → Rn. 19). Außerdem hat das BSG zur Unbilligkeit iSd § 2 Abs. 1 S. 1 Alt. 2 OEG vier Fallgruppen gebildet, von denen drei ohne Weiteres auf die Rechtslage unter Geltung des § 17 Abs. 1 SGB XIV übertragen werden können (→ Rn. 20). 6

Die ab dem 1.1.2024 in **§ 17 Abs. 2** SGB XIV geregelte Möglichkeit, die Leistung wegen unzureichender Mitwirkung des Geschädigten an der Aufklärung der Straftat zu versagen, entspricht dem bisherigen § 2 Abs. 2 OEG. § 2 Abs. 2 OEG soll dem Umstand Rechnung tragen, dass die Versorgungsämter für die Entscheidung über den Antrag nach dem OEG auf Unterlagen angewiesen sind und dass dabei den Ergebnissen polizeilicher Ermittlungen regelmäßig erhebliche Bedeutung zukommt. Wenn sich der Geschädigte zB grundlos weigert, Aussagen zu machen oder wenn er die Ermittlungen durch unzutreffende Angaben verzögert, muss den Versorgungsbehörden die Möglichkeit gegeben werden, Leistungen zu versagen. Mit der Ausgestaltung als Ermessenregelung kann den Besonderheiten des Einzelfalles Rechnung getragen werden.[10] 7

II. Systematische Einordnung

§ 17 SGB XIV ist **eine von vier Nachfolgeregelungen** des noch bis zum 31.12.2023 geltenden § 2 OEG (→ § 16 Rn. 10 f.). Die Versagung von Leistungen nach § 17 SGB XIV wird bezogen auf Angehörige, Hinterbliebene und Nahestehende durch § 20 ergänzt. Die in § 2 Abs. 1. Alt. 1 OEG geregelte Versagung von Leistungen wegen (Mit-)Verursachung durch den Geschädigten ist ab dem 1.1.2024 Gegenstand der § 16 Abs. 1, § 19 Abs. 1 SGB XIV. Das im Gesetzentwurf eines G-SER genannte Ziel, das Soziale Entschädigungsrecht klar strukturiert, transparent, übersichtlich und ver- 8

7 BT-Drs. 19/13824, 178, zu § 17 Abs. 1.
8 BSG Urt. v. 7.11.1979 – 9 RVg 2/78, BSGE 49, 104, 107 = juris Rn. 17.
9 BSG Urt. v. 7.11.1979 – 9 RVg 2/78, BSGE 49, 104, 108 = juris Rn. 20; BSG Urt. v. 23.10.1985 – 9a RVg 4/83, BSGE 59, 40 = juris Rn. 21.
10 BT-Drs. 7/2506, 15, 16.

ständlich zu regeln,[11] wird bezogen auf die Reglungen zum Ausschluss von Ansprüchen und zur Versagung von Leistungen nicht erreicht (→ Rn. 12 ff., → § 16 Rn. 11, → § 19 Rn. 7, 10, → § 20 Rn. 6).

C. Einzelkommentierung

I. Versagung wegen Unbilligkeit (Abs. 1)

9 **1. Allgemeines.** Der **Begriff der Unbilligkeit** ist ein unbestimmter Rechtsbegriff, der von den Gerichten zu konkretisieren ist.[12] Der Verwaltung kommt also kein Ermessens- oder Beurteilungsspielraum zu. Bei der Auslegung des Begriffs der Unbilligkeit sind die Wertungen des Gesetzes zu beachten. Nach der zu § 2 Abs. 1 S. 1 Alt. 2 OEG ergangenen Rspr. des BSG, die insoweit auf § 17 Abs. 1 SGB XIV übertragen werden kann, ist der Versagungsgrund der Unbilligkeit so zu konturieren, dass die darauf beruhende Gegennorm den Leistungsausschluss gegenüber dem Rechtsanspruch nach §§ 13, 14 SGB XIV rechtfertigen kann. Rechtsgrund für die Gewährung von Gewaltopferentschädigung ist das Einstehen der staatlichen Gemeinschaft für die Folgen bestimmter Gesundheitsstörungen nach den Grundsätzen der Sozialen Entschädigung. Aufgabe des Staates ist es ua, den Bürger vor Gewalttaten zu schützen. Kann er dieser Aufgabe nicht gerecht werden, so besteht ein Bedürfnis für eine allgemeine Entschädigung.[13] Stellt sich jemand jedoch bewusst außerhalb der staatlichen Gemeinschaft und realisiert sich die damit verbundene Gefahr in Schädigungen durch eine Gewalttat, so widerspräche es dem **Verbot unzulässiger Rechtsausübung**, zum Ausgleich der Schädigungsfolgen staatliche Leistungen zu verlangen.[14]

10 § 17 Abs. 1 macht die Versagung im Grundsatz allein von Voraussetzungen abhängig, die in dem **Verhalten** oder in der Person des Opfers bzw. des Antragstellers liegen. Insofern unterscheidet sich § 17 Abs. 1 SGB XIV von § 2 Abs. 1 S. 1 Alt. 2 OEG, der die Beschränkung auf das Verhalten des Antragstellers durch die Verwendung des Begriffs „insbesondere“ relativiert (→ Rn. 3, 31 f.; → § 16 Rn. 30, 35). Bereits nach § 2 Abs. 1 S. 1 Alt. 2 OEG – und erst Recht unter Geltung des § 17 Abs. 1 SGB XIV – wird durch die Regelung zur Versagung nicht die Möglichkeit eröffnet, die Voraussetzungen für die Gewährung von Leistungen allgemein unter dem Gesichtspunkt der **Billigkeit** zu korrigieren. Soweit ein Anspruch auf Leistungen nach § 1 OEG oder nach §§ 13, 14 SGB XIV besteht, darf der Anspruch auf Versorgung deshalb nicht von einer **Bedürftigkeit** abhängig gemacht werden. Auch Reichtum des Opfers ist kein Ausschlussgrund.[15] Soweit Entschädigungszahlungen für Hinterbliebene abstrakt den Ersatz von Unterhaltsansprüchen bezwecken, darf der Anspruch nicht unter Hinweis auf § 20 Abs. 1 iVm § 17 Abs. 1 SGB XIV unter Billigkeitsgesichtspunkten davon abhängig gemacht werden, ob das Opfer gegenüber dem Hinterbliebenen realisierbare Unterhaltsansprüche hatte.[16] Mit diesen Grundsätzen steht eine vereinzelt gebliebene Entscheidung des BSG v. 23.10.1985[17] zum Anspruch auf **Waisenrente** nicht im Einklang (→ Rn. 31; → § 20 Rn. 8).

11 Obwohl die Leistungen nach dem OEG mit der Verantwortung des Staates für den Schutz der Bürger begründet werden und auch für die Entschädigung für Opfer von Gewalttaten nach dem SGB XIV nichts anderes gelten kann, sind Ansprüche nicht

11 BT-Drs. 19/13824, 2, 152.
12 BSG Urt. v. 7.11.1979 – 9 RVg 2/78, BSGE 49, 104, 107 = juris Rn. 17.
13 Vgl. BT-Drs. 7/2506, 7.
14 BSG Urt. v. 21.10.1998 – B 9 VG 6/97 R, BSGE 83, 62 = juris Rn. 20 f.
15 Schoreit/Düsseldorf, 1977, OEG § 2 Rn. 27.
16 Zu § 2 OEG iVm den Regelungen zur Hinterbliebenenversorgung nach dem BVG: BSG Urt. v. 18.4.2001 – B 9 VG 3/00 R, BSGE 88, 96 = juris Rn. 19; BSG Urt. v. 7.11.1979 – 9 RVg 2/78, BSGE 49, 104.
17 9a RVg 4/83, BSGE 59, 40.

generell davon abhängig, dass der Staat tatsächlich im Einzelfall die Möglichkeit gehabt hätte, die Gewalttat durch Maßnahmen der Verbrechensbekämpfung zu vermeiden. Die bereits der Einführung des OEG zugrundeliegende Entscheidung des Gesetzgebers, Gewalttaten im persönlichen und **familiären Nahbereich**, in dem die Einwirkungsmöglichkeiten des Staates begrenzt sind, nicht generell von einer Entschädigung auszuschließen (→ Rn. 2), darf deshalb nicht über die Regelungen zu den Versagungsgründen konterkariert werden.[18] Vor diesem Hintergrund kann auch die Auffassung des Bundesministeriums für Arbeit und Sozialordnung[19] nicht überzeugen, nach der für Gewalttaten innerhalb der ehemaligen **Liegenschaften der sowjetischen Streitkräfte** in den neuen Bundesländern Ansprüche auf Entschädigung nach § 2 Abs. 1 S. 1 OEG zu versagen sind, solange dort die Polizeigewalt von den sowjetischen Streitkräften und nicht von der deutschen Polizei ausgeübt wird.

2. Versagung. Dem Umstand, dass § 17 SGB XIV als Rechtsfolge die **Versagung** regelt, während es in § 16 SGB XIV um den **Ausschluss** von Ansprüchen geht, kommt keine inhaltliche Bedeutung zu. Das Wort „Ausschluss" (in der Überschrift zu § 16 SGB XIV) hat im vorliegenden Zusammenhang die gleiche Bedeutung wie „Versagung" (in der Überschrift zu § 17 SGB XIV; → § 16 Rn. 6, 28). 12

In Teilen der Literatur zum SGB XIV wird versucht, der Verwendung unterschiedlicher Begriffe – Ausschluss in § 16 und Versagung in § 17 SGB XIV – einen Sinn zu geben. So geht Karl[20] davon aus, dass sich **Versagungsgründe** von **Ausschlussgründen** dadurch unterscheiden würden, dass die Versagung eine gesonderte darauf bezogene Verwaltungsentscheidung voraussetzen würde. Dagegen spricht vor allem, dass bereits § 2 OEG Versagungsgründe regelt. Nach der Gesetzesbegründung[21] soll § 17 Abs. 1 SGB XIV dem bisherigen § 2 Abs. 1 S. 1 Alt. 2 OEG entsprechen. Auch wenn das nicht vollständig zutrifft, weil das Wort „insbesondere" aus § 2 Abs. 1 S. 1 Alt. 2 OEG nicht in § 17 Abs. 1 SGB XIV übernommen wurde, spricht jedenfalls nichts dafür, dass der Gesetzgeber eine wesentliche inhaltliche Änderung beabsichtigt hat, und auch der Wortlaut enthält dafür keine Anhaltspunkte. Daher kann der genannten Auffassung von Karl nicht gefolgt werden; vielmehr sind die in der Rspr. zu § 2 Abs. 1 S. 1 Alt. 1 OEG entwickelten Maßstäbe vollständig auf § 17 Abs. 1 zu übertragen, soweit die Rspr. nicht gerade an das Wort „insbesondere" in § 2 Abs. 1 S. 1 Alt. 1 OEG anknüpft (→ Rn. 31 f.). 13

In einer **Antwort auf eine Kleine Anfrage**[22] hat die Bundesregierung die Auffassung vertreten, dass § 16 SGB XIV so zu verstehen sei, dass Ansprüche nach dem SER von vornherein ausgeschlossen seien, während § 17 SGB XIV dem Träger die Möglichkeit eröffne, Leistungen auch **nach Antragsbewilligung** und Leistungserbringung zu versagen. Auch diese Auffassung steht im Widerspruch zu der Aussage in der Gesetzesbegründung,[23] nach der § 17 Abs. 1 SGB XIV dem bisherigen § 2 Abs. 1 S. 1 Alt. 2 OEG entspricht und zu dem Umstand, dass der in § 17 SGB XIV verwendete Begriff der Versagung unverändert aus § 2 OEG übernommen worden ist. Zudem verwundert, dass die Bundesregierung dem **Vertrauensschutz** (§§ 45, 48 SGB X) in diesem Zusammenhang offenbar keine Bedeutung beimisst. Dass § 2 OEG die Möglichkeit eröffnen würde, bereits bewilligte Entschädigungsleistungen nachträglich zu versagen, ist in der Rspr. zum OEG soweit ersichtlich nicht einmal erwogen worden. Auch ist kein sachlicher Grund dafür ersichtlich, dass in Fällen der (Mit-)Verursachung insoweit grundsätzlich anderes gelten sollte, als in Fällen der Unbilligkeit aus sonstigen Gründen. 14

18 Vgl. BSG Urt. v. 7.11.1979 – 9 RVg 2/78, BSGE 49, 104; vgl. auch → Rn. 26 ff.
19 Rundschreiben vom 20.10.1997 – VI1–52039/1.
20 In Schmidt SGB XIV § 17 Rn. 34.
21 BT-Drs. 19/13824, 178.
22 BT-Drs. 19/14904, 12, zu Frage 29.
23 BT-Drs. 19/13824, 178.

Schließlich gibt es vielfach Überschneidungen zwischen beiden Fallgruppen (→ Rn. 25, → § 16 Rn. 12).

15 Den gleichen Einwänden begegnet die Auffassung,[24] dass über den Begriff der Versagung in § 17 SGB XIV ein Bezug zu **§ 66 SGB I** herzustellen sei und dass die Entscheidung über die Versagung daher – ebenso wie bei § 66 SGB I – ohne eine Prüfung der **materiellen Anspruchsvoraussetzungen** zu erfolgen hätte. Auch dagegen sprechen die og Gesetzesbegründung sowie der Umstand, dass der Begriff der Versagung bereits in § 2 OEG Verwendung gefunden hat, ohne dass daraus die genannten Folgen abgeleitet worden wären. § 66 SGB I kann keine für das gesamte SGB geltende Definition des Begriffs der Versagung entnommen werden und der Begriff wird in § 66 SGB I auch in einem gänzlich anderen Kontext verwendet: Dort geht es um die Mitwirkung bei der Aufklärung des entscheidungserheblichen Sachverhalts. Wenn der entscheidungserhebliche Sachverhalt mangels Mitwirkung nicht festgestellt werden kann, dann kann auch keine zuverlässige Aussage darüber getroffen werden, ob der Anspruch besteht.

16 **Isolierte Feststellungen** zum Vorliegen von Versagungsgründen sind auch unter Geltung des OEG idR nicht getroffen worden,[25] und ein Anspruch auf eine entsprechende gerichtliche Feststellung bezogen auf einen Versagungsgrund dürfte auch unter Geltung des SGB XIV nicht in Betracht kommen, weil das nach § 55 Abs. 1 SGG erforderliche Feststellungsinteresse nicht besteht, wenn überhaupt keine Gewalttat oder ein gleichzustellender Sachverhalt vorliegt. Auch § 55 Abs. 1 Nr. 3 SGG sieht eine allein auf das Vorliegen von Versagungsgründen bezogene Feststellung nicht vor. Davon zu unterscheiden ist die Frage, ob Behörden und Gerichte aufwendige **Ermittlungen zum Vorliegen einer Gewalttat** iSd § 13 SGB XIV oder eines Gleichstellungssachverhalts nach § 14 SGB XIV durchführen müssen, wenn offensichtlich ist, dass Leistungen jedenfalls nach § 16 SGB XIV ausgeschlossen oder nach § 17 SGB XIV zu versagen sind. Es spricht jedenfalls viel dafür, dass die Verwaltung bei ihrer Entscheidung über einen Antrag auf Leistungen der Sozialen Entschädigung die Frage offenlassen kann, ob überhaupt eine Gewalttat vorliegt, wenn feststeht, dass Leistungen jedenfalls nach § 17 Abs. 1 SGB XIV zu versagen sind.[26] Dem steht auch nicht entgegen, dass nach § 55 Abs. 1 Nr. 3 SGG mit der Klage die Feststellung begehrt werden kann, ob eine Gesundheitsstörung oder der Tod die Folge einer Schädigung im Sinne des OEG oder des SGB XIV ist. Wenn feststeht, dass ein Leistungsanspruch wegen eines Versagungsgrundes auch zukünftig ausgeschlossen ist, wird es regelmäßig an dem nach § 55 Abs. 1 SGG erforderlichen **Feststellungsinteresse** fehlen. Damit übereinstimmend hat das BSG[27] die Voraussetzungen der Feststellungsklage in Fällen, in denen eine Schädigung keine MdE zur Folge hatte, nur mit der Begründung als erfüllt angesehen, dass Spätfolgen nicht ausgeschlossen werden können. Weil Leistungsansprüche beim Vorliegen von Versagungsgründen auch in Zukunft ausgeschlossen sind und die in der Person des Geschädigten vorliegenden Versagungsgründe gem. § 20 Abs. 1 SGB XIV auch Ansprüchen von Angehörigen, Hinterbliebenen und Nahestehenden entgegenstehen, wird das erforderliche Feststellungsinteresse beim Vorliegen von Versagungsgründen, jedenfalls im Regelfall nicht zu begründen sein.

17 **3. Leistungen der sozialen Entschädigung.** § 17 regelt die Voraussetzungen einer Versagung von **Leistungen der Sozialen Entschädigung**. Die Leistungen der Sozialen Entschädigung, auf die sich die Versagung bezieht, werden in § 3 SGB XIV definiert. In § 17 Abs. 2 SGB XIV ist nur noch von Leistungen und nicht mehr ausdrücklich von

---

24 Knickrehm/Mushoff/Schmidt Neues SozEntschR Rn. 71.
25 Vgl. BSG Urt. v. 11.3.1998 – B 9 VG 3/96 R, juris Rn. 17.
26 Vgl. BSG Urt. v. 11.3.1998 – B 9 VG 3/96 R, juris Rn. 17; anders bei einer im Ermessen der Verwaltung stehenden Versagung nach § 17 Abs. 2 SGB XIV, vgl. BSG Urt. v. 24.4.1991 – 9a/9 RVg 5/89, BSGE 68, 248.
27 BSG Urt. v. 16.3.1994 – 9 RV 2/93, SGb 1995, 26 = juris Rn. 10.

Leistungen der Sozialen Entschädigung die Rede. Aus dem Zusammenhang folgt jedoch, dass auch dort die in § 3 SGB XIV definierten Leistungen der Sozialen Entschädigung gemeint sind.

Dass durch § 16 **„Ansprüche nach diesem Buch"** ausgeschlossen werden, während nach § 17 Abs. 1 SGB XIV **„Leistungen der sozialen Entschädigung"** zu versagen sind, hat keine erkennbare praktische Bedeutung. Die Leistungen der Sozialen Entschädigung werden in § 3 SGB XIV umfassend definiert. Ein inhaltlicher Unterschied würde nur bestehen, wenn es Ansprüche nach dem SGB XIV geben würde, die über die in § 3 SGB XIV aufgezählten Leistungen hinausgingen. Dafür ist nichts ersichtlich. 18

4. Verhältnis zur Mitverursachung nach § 16 Abs. 1 SGB XIV. Zur Unbilligkeit nach § 17 Abs. 1 SGB XIV führen nur solche Gründe, die dem in § 16 Abs. 1 SGB XIV genannten Fall **der Mitverursachung** an Bedeutung **annähernd gleichkommen.** Insofern kann die Rechtsprechung[28] zum Verhältnis der Versagungsgründe nach § 2 Abs. 1 S. 1 Alt. 1 OEG (Mitverursachung) und § 2 Abs. 1 S. 1 Alt 2 OEG (Versagung aus sonstigen Gründen) auf die ab dem 1.1.2024 geltende Rechtslage übertragen werden. Der Maßstab hierfür ergibt sich aus dem gesetzlichen Zweck der Gewaltopferentschädigung, aus verfassungsrechtlichen Wertungen, aus Prinzipien der Gesamtrechtsordnung und aus viktimologischen Erkenntnissen. Im Rahmen des § 17 Abs. 1 SGB XIV bzw. der zweiten Alternative des § 2 Abs. 1 S. 1 OEG sind insbesondere die lediglich mittelbaren Ursachen der Gewalttat wie typischerweise die Vorgeschichte zu prüfen. Ein Tatbeitrag der unterhalb der Schwelle der Mitverursachung bleibt, kann die Gewährung von Leistungen nur zusammen mit anderen Umständen als unbillig erscheinen lassen (→ § 16 Rn. 12). Gefordert ist dann, dass die „sonstigen Umstände" zusammen mit dem für sich genommen nicht ausreichenden Tatbeitrag dem in der ersten Alternative genannten Grund der Mitverursachung an Bedeutung annähernd gleichkommen.[29] 19

5. Fallgruppen. Zur Auslegung des unbestimmten Rechtsbegriffs der Unbilligkeit im Sinne der zweiten Alternative des § 2 Abs. 1 S. 1 OEG hat das BSG in ständiger Rechtsprechung[30] vier **Fallgruppen** gebildet, von denen die ersten drei ohne Weiteres für die Auslegung des § 17 Abs. 1 SGB XIV herangezogen werden können, während die vierte Fallgruppe für die Zeit ab dem 1.1.2024 mit § 16 Abs. 2 SGB XIV eine eigenständige Regelung (→ Rn. 32; → § 16 Rn. 7, 35) erfahren hat: 20

1. eine im Vorfeld der Tat liegende **rechtsfeindliche Betätigung**, mit der sich das spätere Opfer außerhalb der staatlichen Gemeinschaft stellt;
2. die sozialwidrige mit speziellen Gefahren verbundene **Zugehörigkeit zum Kreis der Alkohol- oder Drogenkonsumenten**, wenn die Tat aus diesem Milieu entstanden ist;
3. das bewusste oder **leichtfertige Eingehen einer Gefahr**, der sich das Opfer ohne Weiteres hätte entziehen können, es sei denn für dieses Verhalten läge ein rechtfertigender Grund vor und
4. eine durch die Versorgung entstehende **Begünstigung des Täters.**

a) **Rechtsfeindliche Betätigung.** Mit der Fallgruppe wird der bereits in den Gesetzgebungsmaterialien zum OEG[31] angesprochenen Überlegung Rechnung getragen, dass Personen, die sich als Zuhälter, Rauschgifthändler oder sonst **in krimineller Weise betätigen** und die Opfer der auf solchen Gebieten herrschenden Rivalitäten werden, 21

28 BSG Urt. v. 7.11.2001 – B 9 VG 2/01 R, BSGE 89, 75 mwN; BSG Beschl. v. 25.7.2019 – B 9 V 3/19 B, juris Rn. 9.

29 BSG Urt. v. 6.7.2006 – B 9a VG 1/05 R, SGb 2007, 111 = juris Rn. 16; BSG Urt. v. 29.3.2007 – B 9a VG 2/05 R, BSGE 98, 178 = juris Rn. 13.

30 BSG Urt. v. 29.3.2007 – B 9a VG 2/05 R, BSGE 98, 178; BSG Urt. v. 21.10.1998 – B 9 VG 6/97 R, BSGE 83, 62.

31 BT-Drs. 7/2506, 15; vgl. BSG Urt. v. 7.11.1979 – 9 RVg 2/78, BSGE 49, 104.

keinen Anspruch haben sollen, aus öffentlichen Mitteln versorgt zu werden. Diese Gesichtspunkte werden auch in den Gesetzgebungsmaterialien[32] zu § 17 Abs. 1 SGB XIV angesprochen. Dabei ist die Versagung nach der Rspr. des BSG[33] nicht davon abhängig, dass das gefahrbringende Verhalten des Geschädigten in mittelbarem oder in unmittelbarem Zusammenhang mit dem schädigenden Ereignis steht. Eine zu missbilligende Selbstgefährdung kann bereits in der Zugehörigkeit zum „Milieu" oder zur „Szene" bestehen, in der Straftaten an der Tagesordnung sind (vgl. dazu auch die Fallgruppe 2). Unbilligkeit wird in diesen Fällen nur ausnahmsweise nicht angenommen werden können, wenn milieubedingte Auseinandersetzungen oder kriminelle Geschäfte ohne Einfluss auf die Gewalttat waren.

22 Als mittelbare Ursache bzw. Nachwirkung einer rechtsfeindlichen Betätigung hat das BSG[34] zunächst auch die Strafhaft angesehen und daraus den Schluss gezogen, dass Ansprüche nach dem OEG ausgeschlossen sind, wenn der **Strafgefangene** Opfer des Angriffs eines Mitgefangenen wird und sich in dieser Schädigung „gefängniseigentümliche Gefahren" verwirklicht haben. Diese Rspr. hat das BSG[35] ausdrücklich aufgegeben, weil sie mit dem in § 2 Strafvollzugsgesetz verankerten und nach der Rspr. des Bundesverfassungsgerichts[36] auch verfassungsrechtlich abgesicherten Resozialisierungsgrundsatz nur schwer zu vereinbaren ist. Der Resozialisierungsgrundsatz verpflichtet den Staat, schädlichen Auswirkungen des Freiheitsentzugs auf die Inhaftierten im Rahmen des Möglichen zu begegnen. Die damit verbundene Verantwortung schließt es aus, im Strafvollzug und damit im staatlichen Einwirkungsbereich eingetretene Gewalttaten von jeder Opferentschädigung freizustellen.

23 Die Unbilligkeit nach der 1. Fallgruppe soll nach einer Entscheidung des BSG vom 24.3.1993[37] auch dann gelten, wenn sich das Opfer zum Zeitpunkt der Straftat bereits **aus dem Kreis der Straftäter endgültig gelöst** und außerdem an der Aufklärung des Sachverhalts mitgewirkt hat. Das soll selbst dann gelten, wenn die Gewalttat gerade Folge der Distanzierung von der kriminellen Szene und der Zusammenarbeit mit den Ermittlungsbehörden ist. Ähnlich wie in seiner älteren Rspr. zum Ausschluss von Strafgefangenen von einer Entschädigung ist das BSG auch hier von einer Art „Nachwirkung" der Zugehörigkeit zum kriminellen Milieu ausgegangen.[38] Die Gründe, die das BSG zur Aufgabe der Rspr. zum Ausschluss von Strafgefangenen veranlasst haben, sind jedenfalls teilweise auf die Rspr. zum Ausschluss gefährdeter Zeugen, die sich aus dem kriminellen Milieu gelöst haben, zu übertragen. Die besondere Verantwortung des Staates für Zeugen, die aufgrund ihrer Aussagebereitschaft einer Gefährdung von Leben oder Gesundheit ausgesetzt sind, hat auch in dem Gesetz zur Harmonisierung des **Schutzes gefährdeter Zeugen (ZSHG)**[39] Ausdruck gefunden. Das Gesetz enthält in § 7 auch Regelungen zur Vermeidung von Nachteilen beim Bezug von Sozialleistungen. Leistungen nach dem OEG werden dort zwar nicht ausdrücklich angesprochen. Der Ausschluss von Leistungen wegen Unbilligkeit unter dem Gesichtspunkt der ehemaligen Zugehörigkeit zur kriminellen Szene erscheint gleichwohl jedenfalls seit dem Inkrafttreten des ZSHG zum 31.12.2001 nicht mehr gerechtfertigt.

---

32 BT-Drs. 19/13824, 178.
33 BSG Urt. v. 24.3.1993 – 9/9a RVg 3/91, BSGE 72, 136 = juris Rn. 10 mwN.
34 BSG Urt. v. 18.4.2001 – B 9 VG 5/00 R, BSGE 88, 103; kritisch dazu Dannecker/Biermann SGb 2002, 469.
35 BSG Urt. v. 29.3.2007 – B 9a VG 2/05 R, BSGE 98, 178; vgl. die zustimmenden Anmerkungen von Luik jurisPR-SozR 1/2008 Anm. 4 sowie Heinig SGb 2008, 485.
36 Vgl. BVerfG 1.7.1998 – 2 BvR 441/90 ua, BVerfGE 98, 169 = NJW 1998, 3337.
37 9/9a RVg 3/91, BSGE 72, 136.
38 Kritisch dazu: Dannecker/Biermann SGb 2000, 101 (107); Dannecker/Biermann SGb 2002, 469 (471).
39 Vom 11.12.2001, BGBl. I 3510.

b) Zugehörigkeit zum Kreis der Alkohol- und Drogenkonsumenten. Eine den Anspruch auf Leistungen ausschließende missbilligenswerte Selbstgefährdung kann nach der ständiger Rspr. des BSG[40] in der Zugehörigkeit zum „Kreis der **Alkohol- und Drogenkonsumenten**" bestehen, wenn die Gewalttat aus diesem Milieu entstanden ist. Auf der anderen Seite kann nach ständiger Rspr. ein „unsolider" oder **„unmoralischer" Lebenswandel** den Ausschluss von Leistungen nach dem OEG nicht rechtfertigen.[41] Der übermäßige Konsum von **Alkohol**[42] oder gelegentlicher Konsum von **Marihuana**[43] sind allein noch nicht geeignet eine Unbilligkeit zu begründen. Im Einzelfall erweist sich die Abgrenzung einer die Leistung ausschließenden Milieuzugehörigkeit von einem Lebensstil, der von der Mehrheit der Bevölkerung als **unmoralisch** empfunden wird, als Gratwanderung.[44] Eine eindeutige Zuordnung einer Person zu einem bestimmten Milieu ist vielfach nicht möglich. Vor diesem Hintergrund stellt sich die Frage, ob die Zugehörigkeit zum Kreis der Suchtmittelabhängigen überhaupt alleine geeignet sein kann, die Unbilligkeit zu begründen. Wenn sich das suchtmittelabhängige Opfer rechtsfeindlich betätigt, ist bereits die erste Fallgruppe einschlägig und wenn mit dem Verhalten eine wesentliche Ursache für die Gewalttat gesetzt wird, kommt der Ausschluss von Leistungen nach § 16 Abs. 1 SGB XIV (ab 1.1.2024) bzw. nach § 2 Abs. 1 S. 1 Alt. 1 OEG (bis 31.12.2023) in Betracht. In diese Richtung weist auch die Gesetzesbegründung zu § 17 Abs. 1 SGB XIV, in der ausdrücklich darauf hingewiesen wird, dass ein auf einer Alkoholabhängigkeit – und damit einer Erkrankung – beruhendes Verhalten eine Unbilligkeit nicht begründen kann.[45] Auch wenn das Opfer von seinen Freiheitsrechten Gebrauch macht und sich für eine möglicherweise verbreitet als anstößig empfundene aber von der Rechtsordnung tolerierte Lebensweise entscheidet, wird nicht deutlich, welches Verhalten ihm vorgeworfen werden soll. Dannecker und Biermann[46] schlagen daher vor, die Fallgruppe der sozialwidrigen, mit spezifischen Gefahren verbundenen Milieuzugehörigkeit aufzugeben. Dem ist insofern zuzustimmen, als die bloße Zugehörigkeit zu einem nicht notwendig kriminellen Milieu jedenfalls nicht alleine geeignet sein kann, den Leistungsausschluss zu begründen. Unbilligkeit ist danach erst anzunehmen, wenn weitere Umstände wie ein mit der Schädigung zusammenhängendes namentlich kriminelles Verhalten des Opfers hinzutreten.[47] Das BSG[48] hat die in einer Entscheidung des LSG Schleswig-Holstein[49] aufgeworfene Frage, ob die Fallgruppe der „sozialwidrigen, mit besonderen Gefahren verbundenen Zugehörigkeit zum Kreis der Alkohol- und Drogenkonsumenten" näher einzugrenzen ist, in einer Entscheidung vom 6.7.2006 ausdrücklich offengelassen und darauf verweisen, dass ohnehin „die jeweiligen Verhältnisse des Einzelfalles" maßgebend seien. 24

c) Leichtfertiges Eingehen einer Gefahr, Beziehungstaten. Soweit das leichtfertige Verhalten in unmittelbarem zeitlichen Zusammenhang mit der Gewalttat steht, weil das Opfer den Täter zB provoziert hat, ist allein die Ursächlichkeit nach § 16 Abs. 1 25

---

40 Zu § 2 Abs. 1 S. 1 OEG vgl. BSG Urt. v. 6.7.2006 – B 9a VG 1/05 R, SozR 4-3800 § 2 Nr. 1, mwN.
41 BSG Urt. v. 21.10.1998 – B 9 VG 6/97 R, BSGE 83, 62; BSG Urt. v. 7.11.1979 – 9 RVg 2/78, BSGE 49, 104.
42 Vgl. SG Dortmund 2.4.2009 – S 18 VG 434/07.
43 HessLSG 28.5.2008 – L 4 VG 3/07 ZVW.
44 Hoffmann SGb 2007, 112 (113).
45 BT-Drs. 19/13824, 178 zu § 17 Abs. 1.
46 Dannecker/Biermann, Die Bedeutung des Strafrechts für das Opferentschädigungsrecht aus materiellrechtlicher und verfahrensrechtlicher Sicht, SGb 2000, 101 (106).
47 Hoffmann, Anmerkung zum Urt. des BSG vom 6.7.2006, SGb 2007, 112 (113); vgl. SchlHLSG 30.3.2005 – L 2 VG 1/03.
48 B 9a VG 1/05 R, SGb 2007, 111; kritisch dazu die Anmerkung von Hoffmann SGb 2007, 112 (113).
49 Urt. v. 30.3.2005 – L 2 VG 1/03, juris Rn. 42.

SGB XIV bzw. § 1 Abs. 1 S. 1 Alt. 1 OEG zu prüfen.[50] Als sonstiger Versagungsgrund kommt das leichtfertige Eingehen einer Gefahr deshalb nur in Betracht, wenn (auch) sonstige erfolgsfördernde Umstände in Frage stehen (→ § 16 Rn. 12, 20, 24). Zu prüfen ist dann, ob diese allein oder zusammen mit Tatbeiträgen, die die Schwelle der wesentlichen Mitverursachung nicht erreichen, der Mitverursachung an Bedeutung annähernd gleichkommen. Wer durch seinen **Beruf** zB als **Geldbote** ein erhöhtes Risiko eingeht und damit **sozial nützlich** handelt, ist dadurch nicht von Leistungen nach dem OEG ausgeschlossen.[51] Auch **Prostituierte** sind nicht wegen ihrer Tätigkeit von Ansprüchen nach dem OEG ausgeschlossen.[52] Zu den Anforderungen an den Leistungsausschluss wegen leichtfertiger Selbstgefährdung wird im Übrigen auf die Ausführungen zur Mitverursachung verwiesen (→ § 16 Rn. 21 ff.).

26 Von erheblicher praktischer Bedeutung ist die Frage, ob sich eine Person, die in einer sog. **Gewaltbeziehung** lebt und die von ihrem Partner verletzt oder getötet wird, leichtfertig in die Gefahr einer solchen Schädigung begeben hat. In der Rspr. des BSG ist geklärt, dass bei Gewalttaten, die sich auf dem **Hintergrund häuslicher Gemeinschaft** oder ähnlich vertrauter Beziehungen ereignet haben, eine Entschädigung deshalb jedenfalls nicht allgemein ausgeschlossen ist.[53] Daran ändert sich mit dem Übergang vom OEG zum SGB XIV im Grundsatz nichts. Bezogen auf die Maßstäbe im Einzelnen gibt es allerdings keine ganz einheitliche Rspr. des BSG. In einer Entscheidung vom 3.10.1984[54] hat das BSG die Auffassung vertreten, dass eine Frau, die in einer Lebensgemeinschaft verbleibt, die mit einer dauernden Gefahrenlage verbunden ist, in der sie stets mit einer schweren Misshandlung rechnen muss, keine staatliche Entschädigung im Fall einer Körperverletzung beanspruchen kann. Die Entscheidung ist in Literatur[55] und Rechtsprechung[56] nachvollziehbar auf Kritik gestoßen. Die leichtfertige Selbstgefährdung hat das BSG in dieser Entscheidung damit begründet, dass die Frau die Gefährdung jederzeit durch verantwortungsbewusstes Handeln hätte vermeiden können, indem sie ihren aggressiven Freund verlässt. Der Frage, ob die zum Zeitpunkt der Tat hochgradig alkoholisierte Frau die Gefährlichkeit erkannt hat und nach ihren individuellen Fähigkeiten dazu in der Lage war, die notwendigen Konsequenzen zu ziehen, wird in dieser Entscheidung jedoch nicht nachgegangen. Ebenso hat das BSG[57] in einem Fall entschieden, in dem ein Ehemann Opfer seiner gewalttätigen Ehefrau geworden war. Diese hatte ihren Ehemann mit mehreren Messerstichen lebensgefährlich verletzt, nachdem sie – „nach auswärts verbrachter Nacht“ – in die eheliche Wohnung zurückgekehrt und dort von diesem beleidigt sowie an den Haaren gezogen worden war. Ausschlaggebend war nach Auffassung des BSG, dass dem Ehemann die Neigung seiner Ehefrau zu Gewalttätigkeiten – auch unter Einsatz von Feuerhaken, Flaschen und Messern – bekannt war. Die Beleidigungen und Tätlichkeiten des Ehemannes hat das BSG zwar nicht als wesentliche Mitursache bewertet, weil der Ehemann damit nicht in ähnlich schwerwiegender Weise gegen die Rechtsordnung verstoßen hat, wie seine Frau. Es hätte aber einem Mindestmaß an Selbstverantwor-

50 BSG Urt. v. 18.10.1995 – 9 RVg 5/95, BSGE 77, 18.
51 Vgl. BSG Urt. v. 17.11.1981 – 9 RVg 2/81, BSGE 52, 281.
52 BSG Urt. v. 7.11.1979 – 9 RVg 2/78, BSGE 49, 104.
53 Zu § 2 OEG: BSG Urt. v. 7.11.1979 – 9 RVg 2/78, BSGE 49, 104 = juris Rn. 21.
54 9a RVg 6/83, BSGE 57, 168; vgl. BSG Beschl. v. 25.7.2019 – B 9 V 3/19 B, juris Rn. 9; ähnlich LSG Bln-Bbg Urt. v. 26.2.2009 – L 11 VG 38/08; BayLSG Urt. v. 15.9.2009 – L 15 VG 5/08.
55 Gelhausen/Weiner, 7. Aufl. 2021, OEG § 2 Rn. 35; Gelhausen, Soziales Entschädigungsrecht, 2. Aufl. 1998, Rn. 842; Dannecker/Biermann SGb 2000, 101 (107), Fn. 86; Behn SGb 1985, 363.
56 SG Dortmund Urt. v. 24.9.2002 – S 43 VG 329/99, Streit 2002, 176; vgl. SchlHLSG Urt. v. 29.3.2011 – L 2 VG 44/10.
57 BSG Urt. v. 9.12.1998 – B 9 VG 8/97 R.

tung des Ehemannes entsprochen, seine bekannt gewaltbereite Ehefrau nicht durch Beleidigungen und Tätlichkeiten herauszufordern.[58]

Abweichend davon hat das BSG[59] keinen Versagungsgrund in einem Fall gesehen, in dem ein **Vater seinen Sohn** mit Schüssen aus einer Pistole lebensgefährlich verletzt hat, nachdem der Sohn seine Eltern zuvor jahrelang **grob beleidigt**, mit dem Tode bedroht und wiederholt auch körperlich angegriffen hatte. In einer Entscheidung vom 18.4.2001[60] hat das BSG entscheidend auf die individuellen Fähigkeiten der in emotionaler Abhängigkeit zu dem gewalttätigen Partner lebenden Frau abgestellt. Die Frau war auch in diesem Fall bereits häufig von ihrem Partner geschlagen worden und hatte blaue Flecken ua im Gesicht und Rippenverletzungen davongetragen. Nach einem längeren Streit schlug der alkoholabhängige und unter Alkoholeinfluss stehende Partner die Frau so heftig, dass sie an den Folgen der erlittenen Verletzungen starb. Die Beurteilung des LSG, dass die von dem Täter **emotional abhängige** Frau nicht mit dieser Eskalation rechnen musste und sich deshalb nicht leichtfertig selbst gefährdet hat, hat das BSG in diesem Fall nicht beanstandet. Damit übereinstimmend hat das BSG auch in anderen Fällen bei **Beziehungstaten innerhalb der Familie** hohe Anforderungen an das Vorliegen einer leichtfertigen Selbstgefährdung gestellt und die Verstrickung der Beteiligten in die Beziehung berücksichtigt.[61] An einer vergleichbaren Berücksichtigung des individuellen Sorgfaltsmaßstabs fehlt es in der og Entscheidung des BSG zur Gewaltbeziehung vom 3.10.1984 (→ Rn. 26). 27

Unabhängig von der Frage, ob die dargestellten Entscheidungen alle in gleicher Weise überzeugen können, sind die in der Rspr. des BSG zu § 2 Abs. 1 S. 1 Alt. 2 OEG entwickelten Maßstäbe zu der Frage, unter welchen Voraussetzungen Leistungen bei Gewalttaten unter Ehegatten oder Familienmitgliedern wegen Unbilligkeit zu versagen sind, jedenfalls im Grundsatz auf die **Rechtslage unter Geltung des § 17 Abs. 1 SGB XIV** zu übertragen. Dabei ist zu berücksichtigen, dass die bereits im Zusammenhang mit der Einführung des OEG erhobene Forderung,[62] Leistungen in Fällen zu versagen, in denen das **Opfer mit dem Täter verwandt**, verlobt, verheiratet oder verschwägert ist oder mit diesem in **häuslicher Gemeinschaft** lebt, weder Eingang in § 2 OEG noch in § 17 Abs. 1 SGB XIV gefunden hat (→ Rn. 2, 11). 28

Auf der anderen Seite ist aber auch im SGB XIV nicht geregelt worden, dass der Verbleib der von **häuslicher Gewalt** Betroffenen in der Beziehung, von vornherein kein Ausschluss- oder Versagungsgrund sein könne. Forderungen, einen Ausschluss auf Fälle der wesentlichen Mitverursachung durch das Opfer zu begrenzen,[63] haben sich im Gesetzgebungsverfahren zum SGB XIV nicht durchgesetzt. Dasselbe gilt für den gemeinsamen Vorschlag mehrerer Bundesratsausschüsse, an § 16 Abs. 1 SGB XIV den folgenden Satz anzufügen: „Die Tatsache, dass Betroffene häuslicher Gewalt sich nicht aus der Beziehung lösen, stellt in der Regel **keine vorwerfbare Mitverursachung** dar.“[64] Zur Begründung war geltend gemacht worden, dass häusliche Gewalt und Partnerschaftsgewalt kein individuelles, sondern ein gesamtgesellschaftliches Problem seien. Es bestehe daher gerade in diesen Fällen eine besondere gesellschaftliche Verant- 29

58 BSG Urt. v. 9.12.1998 – B 9 VG 8/97 R, juris Rn. 15.
59 BSG Urt. v. 21.10.1998 – B 9 VG 6/97 R, BSGE 83, 62.
60 B 9 VG 3/00 R, BSGE 88, 96 = juris Rn. 24; ebenso: SchlHLSG Urt. v. 29.6.2010 – L 2 VG 6/09 und 29.3.2011 – L 2 VG 44/10.
61 Zu einem Vater-Sohn-Konflikt: BSG Urt. v. 21.10.1998 – B 9 VG 6/97 R, BSGE 83, 62.
62 Vgl. den Gesetzentwurf der CDU/CSU Fraktion vom 12.7.1971, BT-Drs. 6/2420, 1, 4 zu Art. 1 Nr. 2; s. dazu auch BSG Urt. v. 7.11.1979 – 9 RVg 2/78, BSGE 49, 104 = juris Rn. 21.
63 Vgl. schriftl. Stellungnahme der Sachverständigen Drohsel, Ausschuss-Drs. 19(11)505, 34, 37; schriftl. Stellungnahme des Bundesverband Frauenberatungsstellen und Frauennotrufe / Frauen gegen Gewalt eV, Ausschuss-Drs. 19(11)505, 41, 43.
64 BR-Drs. 351/1/19, 8.

wortung für die Betroffenen; wenn Kinder betroffen seien, sei die besondere **gesellschaftliche Verantwortung** durch den staatlichen Schutzauftrag in Art. 6 Abs. 2 GG nochmals gesteigert. Ausschlussgründe seien im OEG auch in Fällen angenommen worden, in denen Betroffene sich nicht aus Beziehungen mit gewalttätigen Partnern lösen konnten. Zum Teil sei in entsprechenden Konstellationen davon ausgegangen worden, dass das Opfer die Situation mit verursacht habe. In Fällen von Gewalt im Nahbereich hätten Opfer oft keine Alternative zur Rückkehr bzw. zum Verbleib in diesem Nahbereich. Neben emotionalen Verstrickungen spielten hierbei auch (vermeintliche) gesellschaftliche Erwartungen, Bedürfnisse von gemeinsamen Kindern oder anderen Angehörigen, das den Betroffenen vermittelte Rollenbild, begründete Ängste vor weiterer Eskalation, aber auch fehlende Ausweichmöglichkeiten wegen fehlender Plätze in Frauenhäusern oder wirtschaftliche Abhängigkeit eine Rolle. Eine Anwendung von Leistungsausschlüssen in diesen Fällen würde eine sachlich nicht gerechtfertigte Benachteiligung der Betroffenen darstellen.

30 Der von den Bundesratsausschüssen empfohlene Ausschluss einer Mitverursachung durch den Verbleib in einer gewaltgeprägten Beziehung ist **nicht Gesetz** geworden. Das kann gut nachvollzogen werden, weil die geforderte Sonderregelung zu einer schwer zu begründenden Privilegierung einer einzelnen Fallkonstellation (Verbleib in einer „Gewaltbeziehung“) gegenüber allen anderen geführt hätte. Außerdem wäre bei einer isolierten Änderung von § 16 Abs. 1 SGB XIV offengeblieben, wie sich das auf die Versagung wegen Unbilligkeit nach § 17 Abs. 1 SGB XIV ausgewirkt hätte. Danach wird es auch unter Geltung des SGB XIV auf die **Umstände des Einzelfalles** ankommen und damit auch auf die Frage, ob das spätere Gewaltopfer die Selbstgefährdung erkannt hat, aus welchem Grund es die Beziehung nicht beendet hat, und ob ihm eine Beendigung subjektiv möglich gewesen wäre. Bei der Beurteilung des Einzelfalles werden die og von den Bundesratsausschüssen bezeichneten Gesichtspunkte zu berücksichtigen sein.

31 **d) Begünstigung des Täters.** Wenn der Täter mit dem getöteten Opfer verwandt oder verheiratet war, kann er über den Anspruch auf **Hinterbliebenenversorgung** durch Leistungen nach dem OEG begünstigt werden. Eine solche **Begünstigung des Täters** ist nach der zu § 2 Abs. 1 S. 1 Alt. 2 OEG ergangenen Rspr. des BSG[65] unbillig (→ § 16 Rn. 29 ff.; zu der ab 1.1.2024 geltenden Rechtslage → § 16 Rn. 32). Gerade mit dem Ziel, Leistungen auch in Fällen nach § 2 Abs. 1 S. 1 Alt. 2 OEG versagen zu können, in denen der Täter durch die Entschädigungsleistungen begünstigt würde, ist im Gesetzgebungsverfahren zum OEG auf Vorschlag des Bundesrates das Wort „insbesondere“ eingefügt worden[66] (→ § 16 Rn. 30). Allerdings geht das BMAS in einem Rundschreiben vom 19.10.1995[67] davon aus, dass administrative Maßnahmen, die eine Begünstigung des Täters ausschließen, Vorrang vor einer Versagung nach § 2 Abs. 1 S. 1 Alt. 2 OEG haben. Außerdem erscheint die Rspr. des BSG, nach der die Versagung davon abhängt, ob der Täter dem Hinterbliebenen tatsächlich Unterhalt leistet,[68] mit den gesetzlichen Vorgaben, nach denen für den Anspruch auf Hinterbliebenenversorgung die abstrakte Unterhaltsverpflichtung genügt, kaum vereinbar (dazu im Einzelnen → § 20 Rn. 8).

32 Auf die **ab dem 1.1.2024** geltende Rechtslage ist die Rspr. des BSG zum Ausschluss von Leistungen in Fällen, in denen der Täter dadurch begünstigt würde, nicht übertragbar: Entscheidender normativer Anknüpfungspunkt dieser Rspr. war das in § 2 Abs. 2 S. 1 Alt. 2 OEG enthaltene Wort „insbesondere“, das gerade nicht in **§ 17 Abs. 1 SGB XIV** übernommen wurde. An dessen Stelle ist mWv 1.1.2024 **§ 16 Abs. 2**

65 BSG Urt. v. 23.10.1985 – 9a RVg 4/83, BSGE 59, 40 = juris Rn. 21 ff.
66 BT-Drs. 7/2506, 20, 23 (zu § 3 des Gesetzentwurfs).
67 VI1–52035 und VI1–52036.
68 BSG Urt. v. 23.10.1985 – 9a RVg 4/83, BSGE 59, 40 = juris Rn. 22.

SGB XIV getreten (→ § 16 Rn. 7, 35), der jedoch auf der Rechtsfolgenseite keinen Leistungsausschluss regelt, sondern allein die Frage, wie die Leistung zu erbringen ist – nämlich so, dass sie nicht der Person zugutekommt, die das schädigende Ereignis verursacht hat. Die in der Praxis sicher nicht immer einfache Umsetzung dieser Vorgabe ist Aufgabe der nach Landesrecht zuständigen Behörden. Eine Grundlage für die Versagung der Leistung in Fällen, in denen das nicht gelingt, kann § 16 Abs. 2 SGB XIV nicht entnommen werden (vgl. im Einzelnen → § 16 Rn. 33 ff.). Missverständlich ist allerdings der in § 19 Abs. 1 SGB XIV geregelte Ausschluss von Angehörigen, Hinterbliebenen und Nahestehenden in Fällen, in denen die Voraussetzungen des § 16 Abs. 2 SGB XIV in der Person des Geschädigten vorliegen (vgl. im Einzelnen → § 19 Rn. 2, 9 f.).

6. Versagungsgründe für Ausländer (§ 2 Abs. 1 S. 2 OEG). Die mit dem 2. OEG-Änderungsgesetz[69] im Zusammenhang mit der Erweiterung des Anwendungsbereichs für **Ausländer** eingeführten besonderen Versagungsgründe haben soweit ersichtlich keine praktische Bedeutung gewonnen.[70] Rspr. zu dieser Regelung ist nicht veröffentlicht. Die Regelung hat in erster Linie symbolische Bedeutung und diente erkennbar dazu, die politische Akzeptanz für eine erweiterte Einbeziehung von Ausländern in den Schutz nach dem OEG im Gesetzgebungsverfahren zu erhöhen. Dort gab es Bedenken, dass ausländische Opfer von Bürgerkriegen, die ihre Auseinandersetzungen in Deutschland fortsetzen, nach dem OEG entschädigt werden müssten.[71] Bei der Erweiterung des Anwendungsbereichs auf Auslandstaten durch die Einfügung des § 3a mit dem 3. OEG-Änderungsgesetz[72] hat der Gesetzgeber davon Abstand genommen, speziell darauf bezogene Versagungsgründe zu regeln.[73] Mit der Neufassung von § 1 Abs. 4 OEG durch Art. 2a Nr. 1 Buchst. a des Gesetzes zur Änderung des Gesetzes über Finanzhilfen des Bundes zum Ausbau der Tagesbetreuung für Kinder und des Kinderbetreuungsfinanzierungsgesetzes vom 15.4.2020[74] sind Ausländer mWv 1.7.2018 Deutschen bezogen auf Leistungsansprüche nach dem OEG gleichgestellt worden. Eine inhaltsgleiche Regelung enthält § 7 SGB XIV für die Zeit ab dem 1.1.2024. § 2 Abs. 1 S. 2 OEG ist für die Zeit bis zum 31.12.2023 erhalten geblieben. Das SGB XIV enthält jedoch keine entsprechende Reglung mehr. 33

§ 2 Abs. 1 S. 1 Nr. 1 OEG schließt Personen von Leistungen nach dem OEG aus, die an **politischen Auseinandersetzungen** in ihrem Heimatland aktiv beteiligt sind oder waren, wenn die Schädigung darauf beruht. Durch die Beschränkung des Ausschlusses auf „aktiv" Beteiligte sollte vermieden werden, dass Opfer von Bürgerkriegen, die in Deutschland Opfer einer Gewalttat werden, zusätzlich von Leistungen ausgeschlossen werden.[75] Nach dem Wortlaut könnten von dem Ausschluss nach § 2 Abs. 1 S. 1 Nr. 1 OEG auch Deutsche betroffen sein, die sich in ihrem Heimatland (Deutschland) politisch betätigen. So ist die Vorschrift nach ihrer Entstehungsgeschichte aber eindeutig nicht gemeint und eine solche Auslegung würde auch mit dem Grundrecht der Meinungsfreiheit aus Art. 5 Abs. 1 S. 1 GG in Konflikt geraten. Von dem Ausschluss könnten jedoch zB anerkannte **Asylbewerber** betroffen sein, die durch ihre schriftstellerische Tätigkeit in Konflikt mit der Regierung ihres Heimatlandes geraten sind, wenn dies Anlass für eine gegen sie in Deutschland verübte Gewalttat ist. Mit den 34

69 Zweites Gesetz zur Änderung des Gesetzes über die Entschädigung für Opfer von Gewalttaten vom 21.7.1993, BGBl. 1993 I 1262.
70 Ebenso: Heinz, 2007, OEG § 2 Rn. 29.
71 Vgl. Held/Wältermann BArbBl. 1993 Nr. 9 S. 9, 11.
72 Drittes Gesetz zur Änderung des Opferentschädigungsgesetzes vom 25.6.2009, BGBl. I 1580.
73 Vgl. dazu auch das Rundschreiben des Bundesministeriums für Arbeit und Soziales vom 5.10.2009 – IVc2–47030 S. 16 f.
74 BGBl. 2020 I 811, 812.
75 Held/Wältermann BArbBl. 1993 Nr. 9 S. 9, 11.

Wertmaßstäben der deutschen **Verfassung**, die die **Meinungsfreiheit** schützt und die politisch Verfolgten das Recht auf Asyl garantiert, erscheint die Vorschrift danach nur schwer zu vereinbaren. Jedenfalls erscheint eine **einschränkende Auslegung** mit Blick auf die auch für in Deutschland lebende Ausländer geltenden verfassungsmäßigen Rechte geboten.[76] Soweit die Vorschrift dahin auszulegen ist, dass unter „Heimatland" ausschließlich das Ausland zu verstehen ist und deshalb ausschließlich Ausländer betroffen sind, dürfte die Vorschrift zudem gegen das Verbot der **Diskriminierung** aus Gründen der Staatsangehörigkeit nach Art. 18 Abs. 1 AEUV verstoßen, soweit Bürger aus **Mitgliedstaaten der EU** betroffen sind.

35 Bei Vorliegen der in § 2 Abs. 1 S. 2 Nr. 2 und Nr. 3 OEG (in der bis zum 31.12.2023 geltenden Fassung) genannten Versagungsgründe sind Leistungen regelmäßig bereits nach § 2 Abs. 1 S. 1 OEG und in der Zeit ab dem 1.1.2024 nach § 16 Abs. 1, § 17 Abs. 1 SGB XIV zu versagen.

II. Mangelnde Mitwirkung an der Aufklärung (Abs. 2)

36 Nach § 17 Abs. 2 SGB XIV können Leistungen versagt werden, wenn der Geschädigte es unterlassen hat, das ihm Mögliche zur **Aufklärung** des Sachverhalts und zur Verfolgung des Täters beizutragen. Die Regelung entspricht § 2 Abs. 2 OEG.[77] Nach § 20 Abs. 2 SGB XIV können Leistungen auch versagt werden, wenn **Angehörige, Hinterbliebene oder Nahestehende** nicht das ihnen Mögliche und Zumutbare zur Aufklärung des Sachverhalts beitragen (→ § 20 Rn. 10). Im Unterschied dazu beschränkt sich die Mitwirkungspflicht nach § 2 Abs. 2 OEG auf den **Geschädigten**. Ein weiterer Unterschied besteht darin, dass nach § 17 Abs. 2 SGB XIV die unverzügliche Erstattung einer **Strafanzeige** durch den Geschädigten – jedenfalls nicht mehr ausdrücklich – als erforderlicher Bestandteil des Beitrags des Geschädigten zur Aufklärung bezeichnet wird. Gleichwohl wird die Erstattung der Strafanzeige auch unter Geltung des § 17 Abs. 2 SGB XIV im Regelfall Teil des zumutbaren und möglichen Beitrags des Antragstellers sein. Im Einzelfall kann die Erstattung einer Strafanzeige aber insbesondere bei verwandtschaftlichen, ehelichen oder eheähnlichen Beziehungen zwischen Opfer und Täter für das Opfer unzumutbar sein, insbesondere wenn dieses minderjährig ist.[78] Unter Geltung des OEG (bis 31.12.2023) ist der Verpflichtung zur Erstattung der Strafanzeige in § 1 Abs. 3 OEG Rechnung getragen worden, indem der Unfallversorgungsschutz auf Unfälle erstreckt worden ist, die der Geschädigte bei der unverzüglichen Erstattung der Strafanzeige erleidet. Unverzüglich bedeutet ohne schuldhaftes Zögern.

37 Anders als der Ausschluss von Ansprüchen wegen Verursachung nach § 16 Abs. 1 SGB XIV oder die Versagung wegen Unbilligkeit nach § 17 Abs. 1 SGB XIV steht die Versagung nach § 17 Abs. 2 XIV – ebenso wie nach § 2 Abs. 2 OEG – im **Ermessen** der Versorgungsverwaltung.[79] Die Pflichten nach Abs. 2 überschneiden sich nur in Randbereichen mit den Mitwirkungspflichten nach § 60 Abs. 1 SGB I, weil sich die Pflichten nach § 17 Abs. 2 SGB XIV im Schwerpunkt auf den Zeitraum vor Einleitung des Verwaltungsverfahrens beziehen.[80]

38 Wie bereits aus dem Wortlaut des § 17 Abs. 2 SGB XIV eindeutig hervorgeht, kann von dem Geschädigten von vornherein nur das ihm Mögliche und **Zumutbare** ver-

---

76 Ähnlich: Gelhausen in Kunz/Zellner/Gelhausen/Weiner, 7. Aufl. 2021, OEG § 2 Rn. 47.
77 BT-Drs. 19/13824, 178.
78 BT-Drs. 19/13824, 178.
79 Vgl. BT-Drs. 19/13824, 178.
80 Vgl. Schoreit/Düsseldorf, 1977, OEG § 6 Rn. 25.

langt werden.[81] Dabei gilt ein **subjektiver Maßstab.**[82] Die Regelung zu den Grenzen der Mitwirkung in § 65 SGB I gilt zwar nur für die Mitwirkungspflichten nach §§ 60 bis 64 SGB I und deshalb nicht unmittelbar für die Pflichten nach Abs. 2. Gleichwohl können die dort getroffenen Wertungen auch im vorliegenden Zusammenhang herangezogen werden.[83] Danach spricht einiges dafür, dass dem Geschädigten in entsprechender Anwendung des § 65 Abs. 3 SGB I die fehlende Erstattung einer Strafanzeige nicht entgegengehalten werden kann, wenn er anderenfalls eine ihm **nahe stehende Person** iSd § 383 Abs. 1 Nrn. 1 bis 3 ZPO der Gefahr aussetzen würde, wegen einer Straftat oder einer Ordnungswidrigkeit verfolgt zu werden.[84] Das ändert allerdings nichts daran, dass nach dem auch im sozialgerichtlichen Verfahren geltenden Grundsatz der objektiven Beweislast die fehlende Beweisbarkeit von Tatsachen zulasten desjenigen geht, der daraus Ansprüche für sich herleiten möchte. Wenn wegen der eingeschränkten Mitwirkung des Geschädigten nicht festgestellt werden kann, dass dieser Opfer einer Gewalttat im Sinne des § 1 Abs. 1 geworden ist, geht dies zu seinen Lasten.

Besonders wenn Kinder oder Jugendliche Opfer eines **sexuellen Missbrauchs** geworden sind, kann die Erstattung einer Strafanzeige **subjektiv unmöglich** sein.[85] In einem solchen Fall, kommt eine Versagung nach Abs. 2 nicht in Betracht. In Fällen, in denen die Erstattung der Strafanzeige möglich, aber für den Betroffenen mit besonderen Schwierigkeiten verbunden ist, hat die Versorgungsverwaltung nach pflichtgemäßem Ermessen unter Berücksichtigung aller maßgeblichen Gesichtspunkte zu entscheiden, ob sie von der Möglichkeit der Versagung von Leistungen Gebrauch macht. Dabei besteht auch die Möglichkeit einer **teilweisen Versagung** in Gestalt der Versagung bestimmter Leistungen.[86] Wenn die **Strafanzeige** nicht oder nicht unverzüglich, sondern verspätet erstattet worden ist, wird das im Rahmen des auszuübenden Ermessens nur dann zu einer Versagung führen können, wenn dadurch die Aufklärung des Sachverhalts nicht nur unwesentlich erschwert wird.[87] Nach einem Rundschreiben des Bundesministeriums für Arbeit und Sozialordnung vom 15.11.1999[88] wird eine grundsätzliche Leistungsversagung wegen einer fehlenden Strafanzeige bei jugendlichen Gewaltopfern, die durch **Jugendämter** betreut werden, als ermessensfehlerhaft angesehen, wenn das Jugendamt bereits eine ausreichende Sachverhaltsaufklärung betrieben hat und gute Gründe dafür anführt, dass im Interesse des Opfers auf eine Strafanzeige verzichtet werden sollte. 39

III. Beweislast

Während der Geschädigte die **Beweislast** für das Vorliegen einer Gewalttat nach § 13 SGB XIV oder eines Gleichstellungssachverhalts nach § 14 SGB XIV zu tragen hat, 40

81 Zu § 2 Abs. 2 OEG vgl. BSG Urt. v. 24.4.1991 – 9a/9 RVg 5/89, BSGE 68, 248.
82 Ebenso zu § 2 OEG in der Vorauflage: HK-SozEntschR/Rademacker OEG § 2 Rn. 37; vgl. auch Gelhausen in Kunz/Zellner/Gelhausen/Weiner, 7. Aufl. 2021, OEG § 2 Rn. 59 f.; Rundschreiben des Bundesministeriums für Arbeit und Sozialordnung vom 10.11.1994 – VI 1–52053, BArbBl 1995 Nr. 1 S. 54.
83 Vgl. BSG Urt. v. 24.4.1991 – 9a/9 RVg 5/89, BSGE 68, 248.
84 Vgl. Schulz-Lüke/Wolf, 1977, OEG § 2 Rn. 18; ähnlich auch die Hinweise in dem vom BMAS empfohlenen Vorblatt zu einem bundeseinheitlichen Antragsformular, eingeführt mit Rundschreiben des BMAS v. 4.4.2014 – Vb 2 53425, abrufbar über die Internetseite des BMAS; ausdrücklich offen gelassen in BSG Urt. v. 24.4.1991 – 9a/9 RVg 5/89, BSGE 68, 248.
85 Vgl. SG Frankfurt Urt. v. 10.7.2002 – S 24 VG 886/01, ASR 2004, 32.
86 BSG Urt. v. 24.4.1991 – 9a/9 RVg 5/89, BSGE 68, 248; Schoreit/Düsseldorf, 1977, OEG § 2 Rn. 46.
87 Vgl. LSG RhPf 6.6.1989 – L 4 Vg 5/87.
88 VI a 2–52039, BArbBl 2000 Nr. 1 S. 85.

trifft den Träger der Sozialen Entschädigung die Beweislast dafür, dass einer der Versagungsgründe nach § 17 SGB XIV[89] vorliegt (→ § 16 Rn. 36). Für die noch bis zum 31.12.2023 maßgebenden Versagungsgründe nach § 2 OEG gilt im Grundsatz nichts anderes. Bei Vorliegen der in § 2 **Abs. 1 S. 2 Nr. 2 und Nr. 3 OEG** genannten, auf Ausländer bezogenen Versagungsgründe soll die Formulierung („es sei denn, er weist nach, ...") nach den Motiven[90] bewirken, dass der Geschädigte die Beweislast zu tragen hat, weil der Zusammenhang mit der konkreten Gewalttat sonst nur schwer festzustellen wäre. Nach dem Wortlaut der Vorschrift bleibt die Beweislast bezogen auf die aktive Beteiligung des Ausländers an kriegerischen Auseinandersetzungen in seinem Heimatland oder die Verwicklung in die organisierte Kriminalität bei der Versorgungsverwaltung. Eine Vermutung dahin, dass Ausländer bis zum Beweis des Gegenteils an kriegerischen Auseinandersetzungen in ihrem Heimatland aktiv beteiligt oder in die organisierte Kriminalität verwickelt sind, wird durch § 2 Abs. 1 S. 2 Nrn. 2 und 3 OEG nicht begründet. Die noch bis zum 31.12.2023 geltende **Umkehr der Beweislast** nach § 2 Abs. 1 S. 2 Nr. 2 und 3 OEG betrifft allein die Frage, ob die konkrete Gewalttat damit im Zusammenhang steht.

D. Anhang

41 **§ 2 OEG Versagungsgründe**

(1) ... [abgedruckt bei → § 16 Rn. 37]

(2) Leistungen können versagt werden, wenn der Geschädigte es unterlassen hat, das ihm Mögliche zur Aufklärung des Sachverhalts und zur Verfolgung des Täters beizutragen, insbesondere unverzüglich Anzeige bei einer für die Strafverfolgung zuständigen Behörde zu erstatten.

§ 18 Ansprüche bei Gebrauch eines Kraftfahrzeugs

Wird eine Gewalttat im Sinne des § 13 durch den Gebrauch eines Kraftfahrzeugs oder eines Anhängers verübt, werden Leistungen nach diesem Buch erbracht.

A. Gesetzesgeschichte

1 In der Zeit seit der Einführung des **OEG** bis zum 9.6.2021 waren Ansprüche auf Versorgung bei Schäden durch den Gebrauch eines Kraftfahrzeugs oder eines Anhängers ausgeschlossen. Für derartige Schäden hat nach dem – durch § 9 Nr. 1 OEG[1] eingeführten – § 12 Abs. 1 S. 1 Nr. 3 Pflichtversicherungsgesetz der „Entschädigungsfonds für Schäden aus Kraftfahrzeugunfällen" einzutreten. In Abkehr davon regelt der am 10.6.2021 in Kraft getretene § 1 Abs. 8 OEG in Übereinstimmung mit § 18 SGB XIV, dass Leistungen (auch) bei einer **Gewalttat** erbracht werden, die durch den **Gebrauch eines Kraftfahrzeugs** oder eines Anhängers verübt wird.

89 Vgl. die stRspr zu § 2 OEG: BSG Urt. v. 1.9.1999 – B 9 VG 3/97 R, USK 99120; BSG Urt. v. 25.3.1999 – B 9 VG 5/97 R, Die Leistungen Beilage 2000, 138; BSG Urt. v. 21.10.1998 – B 9 VG 4/97 R; BSG Urt. v. 18.6.1996 – 9 RVg 7/94, BSGE 78, 270.
90 Vgl. BT-Drs. 12/5182, 16.
1 BGBl. 1974 I 1181, 1183.

Die ursprünglich als **§ 1 Abs. 6 OEG**[2] in Kraft getretene Ausschlussregelung ist mit Art. 6 Nr. 3 KOV-Anpassungsgesetz 1990[3] als **Abs. 8** und mit Art. 1 Nr. 1 Buchst. c des 2. OEG-Änderungsgesetzes[4] ebenfalls ohne inhaltliche Änderung als **Abs. 11** eingefügt worden. Durch die Aufhebung von § 1 Abs. 5, 6 und 7 OEG durch Art. 3 Nr. 1 Buchst. b und c G-SER[5] ist § 1 Abs. 11 OEG – wiederum ohne inhaltliche Änderung – zu **§ 1 Abs. 8 OEG** geworden. Durch Art. 11a Teilhabestärkungsgesetz[6] ist § 1 Abs. 8 OEG **mWv 10.6.2021 grundlegend geändert** worden. § 1 Abs. 8 OEG entspricht seitdem § 18 SGB XIV, der nach § 60 Abs. 7 G-SER aber erst am 1.1.2024 in Kraft tritt. Durch die Änderung des § 1 Abs. 8 OEG wurde also im Ergebnis die Regelung des § 18 SGB XIV vorgezogen. 2

B. Normsystematik und Allgemeiner Regelungsgehalt

§ 18 SGB XIV setzt voraus, dass eine **Gewalttat iSd § 13 SGB XIV** vorliegt und bestimmt, dass Leistungen nach dem SGB XIV (auch) erbracht werden, wenn die Gewalttat durch den **Gebrauch eines Kraftfahrzeugs** oder eines Anhängers verübt worden ist. Während §§ 16, 17, 19 und 20 SGB XIV den **Ausschluss** und die **Versagung** von Leistungen beim Vorliegen bestimmter Sachverhalte zum Inhalt haben, beschreibt § 18 SGB XIV einen Sachverhalt bei dessen Vorliegen Leistungen nach dem SGB XIV gerade **nicht ausgeschlossen** sind, sondern erbracht werden. Genau genommen hätte es der Regelung nicht bedurft. Deren Streichung würde keinerlei Änderungen bewirken. Die Vorschrift dient aber der Klarstellung. Hintergrund ist, dass das OEG seit dessen Einführung keine Anwendung auf Gewalttaten gefunden hatte, die vom Angreifer durch den Gebrauch eines Kraftfahrzeugs verursacht worden sind. 3

C. Einzelkommentierung

I. Allgemeines

§ 18 SGB XIV regelt weder eine Erweiterung noch eine Einschränkung des Anwendungsbereichs des SGB XIV. Das Vorliegen einer **Gewalttat iSd § 13** SGB XIV wird vorausgesetzt. Wenn diese Voraussetzung erfüllt ist, werden Ansprüche nicht dadurch ausgeschlossen, dass diese Gewalttat durch den Gebrauch eines Kraftfahrzeugs oder eines Anhängers verübt worden ist. 4

Die Vorschrift hat genau genommen **keinen Regelungsgehalt**. Ihre Aufnahme in das SGB XIV erscheint dennoch im Interesse der **Klarstellung** nachvollziehbar, weil das OEG auf Schäden aus tätlichen Angriffen, die von den Angreifern durch den Gebrauch eines Kraftfahrzeugs begangen worden waren, bereits bei seiner Einführung ausgeschlossen hatte. Der Ausschluss sollte sich auf die Fälle einer vorsätzlichen Schädigung beziehen, in denen nach § 12 Abs. 1 S. 1 Nr. 3 Pflichtversicherungsgesetz der **„Entschädigungsfonds für Schäden aus Kraftfahrzeugunfällen"** einzutreten hatte. Wegen der daraus folgenden übereinstimmenden Definition der sowohl in § 1 Abs. 8 (idF des Art. 3 Nr. 1 Buchst. b und c G-SER) als auch in § 12 Abs. 1 S. 1 Pflichtversicherungsgesetz enthaltenen Wendung „Gebrauch eines Kraftfahrzeugs oder eines 5

---

2 Gesetz über die Entschädigung für Opfer von Gewalttaten (OEG) vom 11.5.1976, BGBl. 1974 I 1181.

3 Gesetz über die neunzehnte Anpassung der Leistungen nach dem Bundesversorgungsgesetz sowie zur Änderung weiterer sozialrechtlicher Vorschriften vom 26.6.1990, BGBl. I 1211, 1216.

4 Zweites Gesetz zur Änderung des Gesetzes über die Entschädigung für Opfer von Gewalttaten vom 21.7.1993, BGBl. I 1262, 1263; ein bei der Verschiebung entstandenes Redaktionsversehen wurde mit Art. 1 Nr. 1 des Gesetzes zur Änderung des Opferentschädigungsgesetzes vom 6.12.2000, BGBl. I 1676 korrigiert.

5 BGBl. 2019 I 2652, 2690.

6 Vom 2.6.2021, BGBl. 2021 I 1387, 1399.

Anhängers" wird auf die Kommentierung des § 1 Abs. 11 OEG in der Vorauflage verwiesen.[7]

6 Dadurch dass bei Angriffen mittels eines Kraftfahrzeugs oder eines Anhängers die Verkehrsopferhilfe nach dem Pflichtversicherungsgesetz an die Stelle der staatlichen Opferentschädigung trat, war vor der Einbeziehung auch der Opfer von Gewalttaten, die von dem Angreifer durch den Gebrauch eines Kraftfahrzeugs oder eines Anhängers verursacht worden sind, das eingesetzte **Tatwerkzeug** entscheidend für die Zuständigkeit und das zur Anwendung kommende Entschädigungssystem. Art und Umfang der Leistungen waren in beiden Systemen sehr unterschiedlich. Gegenüber dem Entschädigungsfonds für Schäden aus Kraftfahrzeugunfällen können nur Ansprüche geltend gemacht werden, die gegen den Schädiger und seine Haftpflichtversicherung bestanden hätten.[8] Die Ansprüche sind gem. § 12 Abs. 4 S. 1 PflVG, § 117 Abs. 1, Abs. 3 S. 1 VVG auf die **Mindestversicherungssumme** in der Kfz-Haftpflichtversicherung und damit nach der Anlage zu § 4 Abs. 2 PflVG auf 7,5 Mio Euro für Personenschäden sowie 1,22 Mio Euro für Sachschäden pro Schadensereignis begrenzt. Auf der anderen Seite werden aus der Haftpflichtversicherung auch Ansprüche auf **Verdienstausfall** und auf **Schmerzensgeld** gedeckt, die das OEG (ebenso wie künftig das SGB XIV) in dieser Form nicht kennt. Zusätzlich werden nahen Angehörigen der Opfer terroristischer und extremistischer Anschläge **Härteleistungen** aus einem vom Bundesamt für Justiz verwalteten Fonds als freiwillige, besondere Solidaritätsleistung des Staates gezahlt.[9]

7 Auslöser für die Einbeziehung auch von Gewalttaten, die von dem Angreifer durch den Gebrauch eines Kraftfahrzeugs oder eines Anhängers verursacht worden sind, war der Anschlag auf dem Berliner **Breitscheidplatz.**[10] Die Opfer des Anschlags kritisierten einhellig schwer durchschaubare Zuständigkeiten und das Fehlen einer einheitlichen Struktur,[11] obwohl die Ausschlussregelung des § 1 Abs. 11 OEG aF (entsprechend § 1 Abs. 8 idF des Art. 3 Nr. 1 Buchst. b und c G-SER)[12] von den zuständigen Trägern nicht angewandt wurde.[13] Als rechtliche Grundlage für die generelle Nichtanwendung des § 1 Abs. 11 OEG aF wurde die gem. § 1 Abs. 12 OEG aF auch für den Bereich der Opferentschädigung geltende Regelung zum **Härteausgleich** nach § 89 BVG herangezogen. Allerdings stand diese Auslegung im Widerspruch zur ständigen Rspr. des BSG, die die Anwendung auf vom Gesetzgeber nicht vorhergesehene **Einzel- oder Sonderfälle** begrenzt. Vorausgesetzt wird, dass die Auswirkungen der Gesetzesanwendung dem Zweck der begehrten aber abgelehnten Leistung in besonders unbilliger Weise widersprechen. Wenn der Ausschluss nicht auf einem Sonderfall beruht, sondern der Systematik des Gesetzes folgt, ist dagegen kein Raum für einen Härteaus-

---

7 HK-SozEntschR/Rademacker OEG § 1 Rn. 151; vgl. auch BSG Urt. v. 12.12.1995 – 9 RVg 1/94, MDR 1996, 1048 = juris Rn. 11.

8 Kranig NZV 2020, 21 (27).

9 Vgl. dazu die Richtlinie zur Zahlung von Härteleistungen für Opfer extremistischer Übergriffe, auf der Seite des BMJV abrufbar unter https://www.bundesjustizamt.de/DE/SharedDocs/Publikationen/Haerteleistungen/Richtlinie_Haerteleistung_extremistisch.html; vgl. auch BMJV, Abschlussbericht des Bundesbeauftragten für die Opfer und Hinterbliebenen des Terroranschlags auf dem Breitscheidplatz, S. 21 ff.

10 Vgl. BR-Drs. 129/21, 8 f., zu Art. 12a Nr. 1, BT-Drs. 19/28834, zu Art. 11a Nr. 1.

11 BMJV, Abschlussbericht des Bundesbeauftragten für die Opfer und Hinterbliebenen des Terroranschlags auf dem Breitscheidplatz, S. 12.

12 BGBl. 2019 I 2652, 2690.

13 BMJV, Abschlussbericht des Bundesbeauftragten für die Opfer und Hinterbliebenen des Terroranschlags auf dem Breitscheidplatz, S. 20.

gleich nach § 89 BVG.[14] Die gesetzlichen Begrenzungen – zu denen auch § 1 Abs. 11 OEG aF (entsprechend § 1 Abs. 8 idF des Art. 3 Nr. 1 Buchst. b und c G-SER) gehörte – dürfen also über den Härteausgleich nicht umgangen werden.[15] Genau darum ging es aber bei der Einbeziehung der Opfer des Terroranschlags auf dem Breitscheidplatz in die Leistungen nach dem OEG. Darüber hinaus haben sich die Länder darauf geeinigt, bis zum Inkrafttreten des § 18 SGB XIV auch künftig in vergleichbaren Fällen § 1 Abs. 11 OEG aF (entsprechend § 1 Abs. 8 idF des Art. 3 Nr. 1 Buchst. b und c G-SER) nicht anzuwenden.[16] Ferner hat das BMAS in einem Rundschreiben vom 12.12.2019[17] ohne überzeugende dogmatische Begründung[18] die Auffassung vertreten, dass § 1 Abs. 11 OEG aF (entsprechend § 1 Abs. 8 idF des Art. 3 Nr. 1 Buchst. b und c G-SER) bei Gewalttaten im Ausland generell nicht anzuwenden sei.

Vor diesem Hintergrund erscheint es konsequent, dass die in § 18 SGB XIV getroffene Regelung mit der **Änderung des § 1 Abs. 8 OEG** (idF des Art. 3 Nr. 1 Buchst. b und c G-SER) durch Art. 11a Teilhabestärkungsgesetz[19] gleichsam vorgezogen worden ist. Der Bundesrat, auf dessen Vorschlag die Änderung zurückgeht, hat die Erforderlichkeit der Änderung überzeugend damit begründet, dass die Vereinbarung der Länder zur eingeschränkten Anwendung des § 1 Abs. 8 OEG (idF des Art. 3 Nr. 1 Buchst. b und c G-SER) den Betroffenen nicht die erforderliche **Rechtssicherheit** vermitteln könne.[20] 8

II. Verhältnis zu Ansprüchen aus Entschädigungsfonds

Trotz der Erweiterung des Anwendungsbereichs des OEG und des SGB XIV auf Gewalttaten, die durch den Gebrauch eines Kraftfahrzeugs oder eines Anhängers verursacht worden sind, ist die Regelungen in § 12 Abs. 1 S. 1 Nr. 3 Pflichtversicherungsgesetz über das Eintreten des **„Entschädigungsfonds für Schäden aus Kraftfahrzeugunfällen"** auch in Fällen einer vorsätzlichen Schädigung beibehalten worden. Bei Opfern von Gewalttaten, die durch den Gebrauch eines Kraftfahrzeugs oder eines Anhängers geschädigt worden sind, hat das zur Folge, dass Entschädigungsansprüche sowohl aus dem „Entschädigungsfonds für Schäden aus Kraftfahrzeugunfällen" als auch nach dem OEG bestehen. In der Gesetzesbegründung zu § 18 SGB XIV[21] wird dazu ausgeführt, dass der primären Einstandspflicht des Entschädigungsfonds Rechnung getragen würde, indem die Ansprüche der geschädigten Person gegen den Entschädigungsfonds auf den Träger der Sozialen Entschädigung übergehen, soweit der Träger Leistungen erbracht habe, die **nach Art und Umfang den Leistungen nach Schadensersatzrecht entsprechen**. Damit sind Opfer von Gewalttaten, die durch den Gebrauch eines Kraftfahrzeugs oder eines Anhängers geschädigt werden, nun sogar günstiger gestellt, als andere Gewaltopfer, weil zB Anspruch auf Schmerzensgeld oder auf Verdienstaus- 9

14 Vgl. die stRspr: BSG Urt. v. 24.4.1991 – 9a RVg 2/90, SozR 3-3100 § 89 Nr. 1 = juris Rn. 10 ff.; BSG Urt. v. 18.10.1995 – 9 RVg 7/93, BSGE 77, 11 = juris Rn. 15; BSG Urt. v. 18.6.1996 – 9 RVg 4/94, USK 9663 = juris Rn. 18; BSG Urt. v. 18.6.1996 – 9 RVg 2/95, BSGE 78, 274 = juris Rn. 15; BSG Urt. v. 28.7.1999 – B 9 VG 5/98 R, SozR 3-3100 § 38 Nr. 3 = juris Rn. 18.

15 Vgl. dazu HK-SozEntschR/Rademacker OEG § 1 Rn. 97; darauf bezugnehmend auch Kranig NZV 2020, 21, Fn. 37.

16 Vgl. BT-Drs. 129/21, zu Art. 12a Nr. 1.

17 Az.: SER 2 – 53130.

18 Das BMAS hat in dem Rundschreiben die Auffassung vertreten, dass die Wendung „Dieses Gesetz" in § 1 Abs. 11 OEG aF allein auf § 1 OEG, nicht dagegen auf § 3a OEG zu beziehen sei; dabei ist offensichtlich, dass mit „Dieses Gesetz" das OEG gemeint ist.

19 Vom 2.6.2021, BGBl. 2021 I 1387, 1399.

20 BR-Drs. 129/21, 9, zu Art. 12a Nr. 1.

21 BT-Drs. 19/13824, 179.

fälle und Unterhaltsleistungen in dieser Form im OEG nicht vorgesehen sind. Die aus dem Entschädigungsfonds gezahlten Leistungen gehen nicht vollständig nach § 5 OEG iVm § 81a BVG bzw. nach § 120 Abs. 1 SGB XIV iVm § 116 SGB X auf den Kostenträger der Sozialen Entschädigung über, sondern kommen teilweise[22] – ergänzend zu den Leistungen nach dem OEG bzw. dem SGB XIV – dem Gewaltopfer zugute. Damit werden die Entschädigungsansprüche auch künftig von Zufällen abhängig sein. So sind die meisten Opfer bei dem Anschlag auf dem Berliner **Breitscheidplatz** durch das eingesetzte Kraftfahrzeug zu Schaden gekommen. Eines der Opfer ist jedoch vom Täter erschossen worden. Die Entschädigung der Hinterbliebenen des erschossenen Opfers richtet sich nach den Vorschriften des OEG (künftig: des SGB XIV), während für die anderen Opfer bzw. ihre Hinterbliebenen ergänzend Leistungen aus dem „Entschädigungsfonds für Schäden aus Kraftfahrzeugunfällen" in Betracht kommen. Unabhängig davon erhalten die Hinterbliebenen von Opfern derartiger Anschläge Leistungen nach der **Richtlinie zur Zahlung von Härteleistungen für Opfer extremistischer Übergriffe.**[23]

10 Solange die Ansprüche aus dem Entschädigungsfonds für Schäden aus Kraftfahrzeugunfällen erhalten bleiben, werden Opfer also in vergleichbaren Konstellationen auch in Zukunft nach unterschiedlichen Maßstäben entschädigt. Bei Gewalttaten unter Einsatz eines Kraftfahrzeugs erhalten die Opfer Leistungen von zwei unterschiedlichen Stellen und wenn es sich um einen Terroranschlag handelt, kommen Härteleistungen aus einem weiteren Fonds in Betracht. Kranig[24] fordert vor diesem Hintergrund überzeugend die Kumulation von Leistungen unterschiedlicher Träger durch eine **Streichung von § 12 Abs. 1 S. 1 Nr. 3 Pflichtversicherungsgesetz** zu reduzieren. Nach dieser Vorschrift, die im Zuge der Einführung des OEG in das Pflichtversicherungsgesetz eingefügt worden war, tritt der „Entschädigungsfonds für Schäden aus Kraftfahrzeugunfällen" auch in Fällen ein, denen eine Haftpflichtversicherung deswegen keine Deckung gewährt, weil der Ersatzpflichtige den Eintritt der Tatsache, für die er dem Ersatzberechtigten verantwortlich ist, **vorsätzlich** und widerrechtlich herbeigeführt hat. Der Entschädigungsfonds bliebe damit nicht für die Entschädigung der Opfer von Gewalttaten, aber zB für Kfz-Unfälle zuständig, bei denen der Schädiger, der den Schaden fahrlässig verursacht hat, nicht ermittelt werden kann (§ 12 Abs. 1 S. 1 Nr. 1 Pflichtversicherungsgesetz).

III. Übergangsregelungen

11 **1. Leistungen nach dem SGB XIV.** Nach § 138 Abs. 1 S. 1 SGB XIV haben Personen, die in der Zeit vom 16.5.1976 bis zum 31.12.2023 geschädigt werden, nur dann Anspruch auf **Leistungen nach dem SGB XIV,** wenn die Voraussetzungen nach dem **OEG in der zum Tatzeitpunkt geltenden Fassung** erfüllt waren. Weil die Änderung des § 1 Abs. 8 OEG durch Art. 11a Teilhabestärkungsgesetz[25] zum **10.6.2021** in Kraft getreten ist, stellt sich die Frage, ob der Anspruch auf Leistungen nach dem SGB XIV voraussetzt, dass die Gewalttat durch den Gebrauch eines Kraftfahrzeugs seit diesem Zeitpunkt verübt worden ist (→ Rn. 14; → § 138 Rn. 12).

12 Soweit ein Anspruch auf Leistungen zwar nach dem OEG (dazu nachfolgend), aber gem. § 138 Abs. 1 S. 1 SGB XIV nicht nach dem SGB XIV besteht, dürften für die Zeit

22 Zum Fehlen der sachlichen Kongruenz beim Schmerzensgeld mit der Folge, dass die Voraussetzung für den Übergang des Anspruchs nach § 116 SGB X nicht erfüllt sind, vgl. Hauck/Noftz/Schlaeger/Bruno SGB X § 116 Rn. 151.
23 Auf der Seite des BMJV abrufbar unter https://www.bundesjustizamt.de/DE/SharedDocs/Publikationen/Haerteleistungen/Richtlinie_Haerteleistung_extremistisch.html.
24 Kranig NZV 2020, 21 (33).
25 Vom 2.6.2021, BGBl. 2021 I 1387, 1399.

ab dem 1.1.2024 die Regelungen zu den **Besitzständen** (§§ 142 ff. SGB XIV) und zum Wahlrecht (§§ 152 f. SGB XIV) maßgebend sein.

13 **2. Leistungen nach dem OEG.** Die Erweiterung des Anwendungsbereichs des OEG **mWv 10.6.2021** auf tätliche Angriffe durch den Gebrauch eines Kraftfahrzeugs (Änderung des § 1 Abs. 8 OEG durch Art. 11a Teilhabestärkungsgesetz[26]) ist – anders als etwa die durch § 10 S. 3 OEG auf Gewalttaten ab dem 1.7.1990 beschränkte rückwirkende Einbeziehung bestimmter Gruppen von Ausländern durch das 2. OEG-Änderungsgesetz[27] oder die auf bedürftige Schwerbeschädigte beschränkte rückwirkende Einbeziehung von Schädigungen im Beitrittsgebiet in der Zeit vom 7.10.1949 bis zum 2.10.1990 – durch § 10a Abs. 1 S. 2 OEG **ohne** eine speziell darauf bezogene **Übergangsregelung** eingeführt worden.

14 Ob **§ 11 Abs. 8 OEG** Anspruch auf Versorgung für **tätliche Angriffe** begründet, die in der Zeit **vor dessen Inkrafttreten am 10.6.2021** durch den Gebrauch eines Kraftfahrzeugs oder eines Anhängers verübt worden sind, ist nicht abschließend geklärt. Gegen die Erstreckung auf Gewalttaten, die sich in der Zeit vor dem 10.6.2021 ereignet haben, spricht, dass es für Ansprüche nach dem SGB XIV bei Taten, die sich vor dem 1.1.2024 ereignet haben, gem. § 138 Abs. 1 S. 1 SGB XIV auf die zum Tatzeitpunkt geltende Fassung des OEG ankommt (→ § 138 Rn. 12). Anderseits enthält das OEG in der bis zum 31.12.2023 geltenden Fassung gerade keine entsprechende Regelung. Aus **§ 10c OEG** (abgedr. bei → § 138 Rn. 46) folgt vielmehr, dass durch Änderungen des OEG **neue Ansprüche** entstehen können. Bezogen auf die erweiterte Einbeziehung bestimmter Gruppen von Ausländern durch das 2. OEG-Änderungsgesetz[28] hat das BSG[29] sogar die Auffassung vertreten, dass die gesetzlich[30] geregelte Beschränkung der Rückwirkung auf Gewalttaten, die sich seit dem 1.7.1990 ereignet haben, mit der Verfassung unvereinbar wäre, und dass deshalb bei Gewalttaten, die sich in der Zeit davor ereignet haben, die Härtereglung des § 10a OEG entsprechend anzuwenden sei.

15 Nach § 10c S. 1 OEG werden **neue Ansprüche**, die sich aufgrund einer Änderung des OEG ergeben, nur **auf Antrag** festgestellt. Dieses Antragserfordernis folgt aber auch bereits aus § 1 Abs. 1 S. 1 OEG. Wird der Antrag binnen eines Jahres nach Verkündung des Änderungsgesetzes gestellt, so beginnt die Zahlung nach § 10c S. 2 OEG mit dem Zeitpunkt des Inkrafttretens, frühestens jedoch mit dem Monat, in dem die Voraussetzungen erfüllt sind. Im Übrigen ist für den Beginn der Beschädigtenversorgung § 1 Abs. 1 S. 1 OEG iVm § 60 Abs. 1 S. 1 BVG maßgebend. Der Lauf der **Jahresfrist** nach **§ 10c S. 2 OEG** beginnt nicht mit dem Eintritt der Schädigung oder dem Inkrafttreten der Neuregelung, sondern mit der Verkündung des Änderungsgesetzes[31] und damit bezogen auf die hier maßgebende Änderung des § 10 Abs. 8 OEG am 9.6.2021.

26 Vom 2.6.2021, BGBl. 2021 I 1387, 1399.

27 Vom 21.7.1993, BGBl. 1993 I 1262, vgl. dazu und zu der verfassungskonformen Auslegung der Vorschrift durch das BSG mit Möglichkeit, Entschädigungsleistungen in Härtefällen auch für Taten zu gewähren, die vor dem Stichtag begangen worden sind: HK-SozEntschR/Rademacker OEG § 1 Rn. 114, § 10 Rn. 5.

28 Vom 21.7.1993, BGBl. 1993 I 1262, vgl. dazu (wie vorstehende Fn.) HK-SozEntschR/Rademacker OEG § 1 Rn. 114, § 10 Rn. 5.

29 BSG Urt. v. 6.3.1996 – 9 RVg 4/95, BSGE 78, 51; BSG Urt. v. 6.3.1996 – 9 RVg 3/95; BSG Urt. v. 6.3.1996 – 9 RVg 10/95; BSG Urt. v. 6.3.1996 – 9 RVg 3/94; kritisch dazu Hansen, Gewährung von Opferentschädigung an in der Bundesrepublik Deutschland lebende Ausländer, SGb 1997, 190.

30 § 10c S. 2 OEG idF des 2. OEG-Änderungsgesetz; „in Nachvollziehung" (so die Gesetzesbegründung, BT-Drs. 14/4054 S. 7 f.) der genannten Rspr. des BSG ist mit dem Gesetz zur Änderung des Opferentschädigungsgesetzes und anderer Gesetze vom 6.12.2000 § 10 S. 3 Hs. 2 OEG angefügt worden, vgl. HK-SozEntschR/Rademacker OEG § 1 Rn. 114, § 10 Rn. 5.

31 Zu den Hintergründen vgl. HK-SozEntschR/Rademacker OEG § 10c Rn. 1.

Ob sich auch die **Jahresfrist** nach § 10c S. 2 OEG bei einer unverschuldeten Verhinderung in Anwendung des § 60 Abs. 1 S. 3 BVG verlängern kann, hat das BSG[32] bisher offengelassen.

D. Anhang

16 **§ 1 OEG Anspruch auf Versorgung**[33]

(1) bis (7) ...

(8) Wird ein tätlicher Angriff im Sinne des Absatzes 1 durch den Gebrauch eines Kraftfahrzeugs oder eines Anhängers verübt, werden Leistungen nach diesem Gesetz erbracht.

(9) bis (11) ...

§ 19 Ausschluss von Ansprüchen und Leistungen für Angehörige, Hinterbliebene und Nahestehende, Konkurrenzen

(1) Angehörige, Hinterbliebene und Nahestehende sind von Ansprüchen nach diesem Buch ausgeschlossen, wenn die Voraussetzungen des § 16 in der eigenen Person oder in der Person der oder des Geschädigten vorliegen.

(2) § 18 gilt entsprechend.

A. Gesetzesgeschichte

I. Bisheriges Recht

1 § 19 SGB XIV ist eine der vier **Nachfolgeregelungen** des **§ 2 OEG**. Dazu und wegen der Entstehungsgeschichte des § 2 OEG wird auf die Kommentierung zu → § 16 Rn. 1 ff. verwiesen. Im Gesetzgebungsverfahren zum G-SER und auch danach ist § 19 SGB XIV nicht geändert worden, so dass die geltende Fassung dem Regierungsentwurf[1] entspricht. Die Vorschrift tritt zum 1.1.2024 in Kraft.[2] Maßgebend für die Frage, ob noch § 2 OEG oder aber bereits § 19 SGB XIV zur Anwendung kommen, ist nach § 138 Abs. 1, Abs. 2 SGB XIV grundsätzlich der Zeitpunkt der Schädigung.

II. Änderungen gegenüber dem OEG

2 Eine **§ 19 Abs. 1 SGB XIV** unmittelbar entsprechende Vorschrift, die speziell den Ausschluss von Ansprüchen und Leistungen für Angehörige, Hinterbliebene und Nahestehende zum Gegenstand hat, **existiert im OEG nicht**. Eine inhaltliche Änderung folgt daraus jedoch nicht (→ Rn. 7). Die Bezugnahme auch auf § 16 Abs. 2 SGB XIV könnte als Änderung gegenüber der Rechtslage unter Geltung des OEG verstanden werden; es dürfte sich dabei aber am ehesten um ein redaktionelles Versehen handeln (dazu im Einzelnen → Rn. 9 f.).

3 Der in **§ 19 Abs. 2 SGB XIV** in Bezug genommene **§ 18 SGB XIV** bestimmt, dass Leistungen nach dem SGB XIV (auch dann) gewährt werden, wenn die Gewalttat iSd § 13 SGB XIV durch den **Gebrauch eines Kraftfahrzeugs** oder eines Anhängers verübt wird. Eine damit übereinstimmende Regelung enthält § 1 Abs. 8 OEG in der seit dem 10.6.2021 geltenden durch Art. 11a Teilhabestärkungsgesetz[3] geänderten Fassung (zu der zuvor geregelten Nichtanwendbarkeit des OEG → § 18 Rn. 1, 5 f., 11 ff.).

---

32 Vgl. BSG Urt. v. 28.4.2005 – B 9a/9 VG 3/04 R, juris Rn. 36.
33 In der durch Art. 11a Teilhabestärkungsgesetz vom 2.6.2021, BGBl. 2021 I 1387, 1399 mWv 10.6.2021 geänderten Fassung.
1 BT-Drs. 19/13824, 26, 179.
2 Art. 60 Abs. 7 G-SER.
3 Vom 2.6.2021, BGBl. 2021 I 1387, 1399.

B. Normsystematik und Allgemeiner Regelungsgehalt

I. Allgemeiner Regelungsgehalt

4 **§ 19 Abs. 1** stellt klar, dass die in § 16 Abs. 1 SGB XIV getroffene Regelung zum Ausschluss von Ansprüchen im Falle der **Mitverursachung** sowie die in § 16 Abs. 2 getroffene Regelung zur Art und Weise der Leistungserbringung zur Vermeidung einer Begünstigung des Schädigers auch für Angehörige, Hinterbliebene und Nahestehende gelten. § 19 Abs. 2 überträgt die in § 18 SGB XIV getroffene Regelung zur Geltung des § 13 SGB XIV auch für Gewalttaten unter Einsatz eines **Kraftfahrzeugs** ausdrücklich auf Angehörige, Hinterbliebene und Nahestehende.

II. Systematische Einordnung

5 § 19 hat kaum eigenständige, sondern im Wesentlichen **klarstellende** Bedeutung, weil § 16 SGB XIV bereits unmittelbar für Angehörige, Hinterbliebene und Nahestehende gilt. Als die speziellere Regelung verdrängt § 19 Abs. 1 SGB XIV in seinem Anwendungsbereich § 16 SGB XIV. Die Aufteilung des Regelungsgehalts des § 2 OEG auf vier sehr eigenständig formulierte Vorschriften mit sich überschneidenden Anwendungsbereichen trägt **nicht zu mehr Klarheit** oder einer besseren Verständlichkeit bei (vgl. nachfolgend → Rn. 7, 10, → § 16 Rn. 11, → § 17 Rn. 12 ff., → § 19 Rn. 7, 10, → § 20 Rn. 6). Das im Gesetzentwurf eines G-SER genannte Ziel, das Soziale Entschädigungsrecht klar strukturiert, transparent, übersichtlich und verständlich zu regeln,[4] wird jedenfalls bezogen auf die Neureglung zum Ausschluss von Ansprüchen und zur Versagung von Leistungen nicht erreicht.

C. Einzelkommentierung

I. Entsprechende Geltung des § 16 SGB XIV (§ 19 Abs. 1)

6 § 19 Abs. 1 SGB XIV überträgt die in § 16 Abs. 1 SGB XIV getroffene Regelung zum **Ausschluss** von Ansprüchen bei (Mit-)**Verursachung** sowie die in § 16 Abs. 2 SGB XIV getroffene Regelung, nach der Leistungen so zu erbringen sind, dass sie nicht dem Verursacher der Schädigung zugutekommen, auf Angehörige iSd § 2 Abs. 3 SGB XIV, Hinterbliebene iSd § 2 Abs. 4 SGB XIV und Nahestehende iSd § 2 Abs. 5 SGB XIV. Die Ansprüche von Angehörigen, von Nahestehenden und von Hinterbliebenen nach dem SGB XIV werden in § 6 SGB XIV bezeichnet.

7 **1. Verweis auf 16 Abs. 1 SGB XIV.** Die in § 19 Abs. 1 SGB XIV angeordnete entsprechende Anwendung des **§ 16 Abs. 1** SGB XIV bezieht sich sowohl auf den Fall, dass der Ausschlussgrund in der Person des Angehörigen, des Hinterbliebenen oder des Nahestehenden vorliegt, der die Versorgung geltend macht, als auch auf den Fall, dass ein Ausschlussgrund in der Person des Geschädigten vorliegt. Das bedeutet, dass sich Angehörige, Hinterbliebene und Nahestehende nicht nur ihr **eigenes Mitverschulden**, sondern ebenso das **Mitverschulden des Geschädigten** entgegenhalten lassen müssen. Soweit die Voraussetzungen des § 16 Abs. 1 SGB XIV in der Person des Angehörigen, des Hinterbliebenen oder des Nahestehenden vorliegen, hätte es der Bezugnahme nicht bedurft, weil die Regelung dann auch unmittelbar Anwendung findet (→ § 16 Rn. 14). Soweit die Voraussetzungen in der Person des Geschädigten vorliegen, hat das BSG[5] bereits in seiner Rspr. zu § 2 OEG aus dem Umstand, dass Hinterbliebene vom Geschädigten abgeleitete Ansprüche haben, hergeleitet, dass diese sich das Verhalten des Gewaltopfers entgegenhalten müssen. Diese Rspr. ist auf die Rechtslage

4 BT-Drs. 19/13824, 2, 152.

5 BSG 7.11.1979 – 9 RVg 2/78, BSGE 49, 104, 106 = juris Rn. 16; vgl. BSG 18.4.2001 – B 9 VG 3/00 R, BSGE 88, 96; BSG 15.8.1996 – 9 RVg 6/94, BSGE 79, 87 = juris Rn. 12.

unter Geltung des SGB XIV übertragbar. Insofern handelt es sich bei der Verweisung auf § 16 Abs. 1 SGB XIV in § 19 Abs. 1 SGB XIV nur um eine Klarstellung.

8 § 19 Abs. 1 SGB XIV bezieht sich nur auf den Fall, dass Angehörige, Hinterbliebene oder Nahestehende iSd § 2 Abs. 3 bis 5 SGB XIV gerade aus dieser Stellung heraus Ansprüche geltend machen, nicht aber auf Personen iSd § 14 Abs. 2 SGB XIV, die einen **Schockschaden** erleiden.[6] Letztere sind nur dann nach § 16 Abs. 1 SGB XIV ausgeschlossen, wenn sie die Schädigung selbst verursacht haben, **nicht** aber im Falle einer **Verursachung durch das Primäropfer** (im Einzelnen → § 16 Rn. 15 ff., 18). Auch wenn die Person, die einen Schockschaden erleidet, zugleich Angehöriger, Hinterbliebener oder Nahestehender des Gewaltopfers ist, findet § 19 Abs. 1 SGB XIV keine Anwendung. Der Wortlaut der Vorschrift ist insoweit zwar nicht eindeutig, weil die Regelung nach ihrem Wortlaut Angehörige, Hinterbliebene und Nahestehende von Leistungen ausschließt und nicht – wie in § 17 SGB XIV – nur „Leistungen für Angehörige, ...". Dabei handelt es sich aber nur um eine Ungenauigkeit in der Formulierung. Das ergibt sich insbesondere aus dem Sinn der Regelung, der – anknüpfend an die Rspr. des BSG[7] zu § 2 OEG – darin besteht, dass den Personen, die vom Gewaltopfer abgeleitete Ansprüche geltend machen, auch die gegenüber dem Gewaltopfer bestehenden Ausschlussgründe entgegenhalten werden können. Wer einen Schockschaden iSd § 14 Abs. 2 SGB XIV erleidet, ist aber selbst Gewaltopfer und hat nicht nur einen abgeleiteten, sondern einen eigenen Anspruch als Geschädigter. Damit übereinstimmend soll § 19 Abs. 1 SGB XIV auch nach der Gesetzesbegründung[8] gegenüber Opfern eines Schockschadens nicht zur Anwendung kommen, auch wenn sie Angehörige, Hinterbliebene oder Nahestehende sind.

9 **2. Verweis auf 16 Abs. 2 SGB XIV.** Nach seinem Wortlaut verweist § 19 Abs. 1 SGB XIV auf § 16 SGB XIV und damit auch auf dessen Abs. 2. Das macht auch der Vergleich mit der entsprechenden Regelung in § 20 Abs. 1 SGB XIV deutlich, die ausdrücklich nur auf § 17 Abs. 1 SGB XIV verweist. Die Bezugnahme in § 19 Abs. 1 SGB XIV auf **§ 16 Abs. 2 SGB XIV** ist aber bereits ungenau gefasst, weil sie sich auf den **Ausschluss** von Ansprüchen bezieht („... sind von Ansprüchen nach diesem Buch ausgeschlossen ..."), obwohl § 16 Abs. 2 SGB XIV zur Vermeidung einer mittelbaren Begünstigung des Täters keinen Ausschluss, sondern Vorgaben zu Art und Weise der Leistungserbringung regelt (→ § 16 Rn. 33). Trotzdem spricht der Wortlaut mit der Bezugnahme auf den gesamten § 16 SGB XIV für die entsprechende Geltung auch des § 16 Abs. 2 SGB XIV. Damit übereinstimmend weist die **Gesetzesbegründung**[9] ausdrücklich auf die entsprechende Geltung auch des § 16 Abs. 2 SGB XIV hin. Danach sollen „die Leistungen der Sozialen Entschädigung für Angehörige, Hinterbliebene und Nahestehende nicht der Person zu Gute kommen [...], die das schädigende Ereignis verursacht hat". Auf den Umstand, dass dies bereits unabhängig von einer Verweisung unmittelbar aus § 16 Abs. 2 SGB XIV folgt, geht die Gesetzesbegründung nicht ein.

10 Ein **sinnvoller Anwendungsbereich** der Verweisung auf § 16 Abs. 2 SGB XIV ist **nicht erkennbar**. Das folgt schon aus dem Umstand, dass **§ 19 Abs. 1** SGB XIV den **Ausschluss** von Leistungen zum Inhalt hat („... sind von Ansprüchen nach diesem Buch ausgeschlossen, wenn ..."), der in § 16 Abs. 2 SGB XIV aber gerade nicht vorgesehen ist („Leistungen sind so zu erbringen, dass ..."). Nach § 16 Abs. 2 SGB XIV

6 Ebenso Schmidt SGB XIV/Karl § 19 Rn. 8.

7 BSG Urt. v. 7.11.1979 – 9 RVg 2/78, BSGE 49, 104, 106 = juris Rn. 16; BSG Urt. v. 3.10.1984 – 9a RVg 6/83, BSGE 57, 168 = juris Rn. 11; BSG Urt. v. 15.8.1996 – 9 RVg 6/94, BSGE 79, 87 = juris Rn. 12; vgl. BSG Urt. v. 18.4.2001 – B 9 VG 3/00 R, BSGE 88, 96.

8 BT-Drs. 19/13824, 179 zu § 19.

9 BT-Drs. 19/13824, 179 zu § 19.

sind Leistungen so zu erbringen, dass sie nicht der Person wirtschaftlich zugutekommen, die das schädigende Ereignis verursacht hat. Dabei kommt es nach dem Wortlaut der Vorschrift nicht darauf an, gegenüber wem – dem Geschädigten, einem Angehörigen, einem Hinterbliebenen oder einem Nahestehenden – die Leistungen zu erbringen sind. Ausschlaggebend ist, dass durch die Leistungen nicht mittelbar der Verursacher der Schädigung begünstigt werden dürfen. Bezogen auf Fälle, in denen Angehörige, Hinterbliebene oder Nahestehende die Schädigung **in eigener Person verursacht** haben, bedarf es schon deshalb keiner Erweiterung des Anwendungsbereichs des § 16 Abs. 2 SGB XIV über § 19 Abs. 1 SGB XIV, weil **Verursacher** bereits nach **§ 16 Abs. 1** SGB XIV von Entschädigungsansprüchen ausgeschlossen sind, und nach § 16 Abs. 2 SGB XIV dürfen ihnen die Entschädigungsleistungen anderer auch nicht mittelbar zugutekommen. Der Sohn, der seinen Vater erschlägt, ist also nach § 16 Abs. 1 SGB XIV von Entschädigungszahlungen an Waisen ausgeschlossen, und gegenüber seiner Mutter sind die Entschädigungszahlungen an Witwen so zu erbringen, dass der gemeinsame Sohn dadurch auch nicht mittelbar begünstigt wird. Letzteres folgt unmittelbar aus § 16 Abs. 2 SGB XIV, ohne dass es einer Erweiterung des Geltungsbereichs auf Angehörige über § 19 Abs. 1 SGB XIV bedürfte. Ferner dürfte auszuschließen sein, dass Hinterbliebene durch die Verweisung in § 19 Abs. 1 SGB XIV („Angehörige, Hinterbliebene und Nahestehende sind von Ansprüchen nach diesem Buch **ausgeschlossen, wenn** ...“) auf § 16 Abs. 2 SGB XIV generell von Leistungen ausgeschlossen werden sollen, wenn der Schädiger durch die Leistungen begünstigt würde. Anderenfalls würde die Regelung in § 16 Abs. 2 SGB XIV konterkariert, die gerade nicht den Ausschluss von Leistungen, sondern die Art und Weise der Leistungserbringung zum Inhalt hat (vgl. dazu → § 16 Rn. 33 f.).

3. Rechtslage unter Geltung des OEG. Eine Vorschrift, die speziell den Ausschluss 11
von Ansprüchen und Leistungen an Hinterbliebene zum Gegenstand hat, existiert im OEG nicht. Die Versagung nach **§ 2 Abs. 1 S. 1 Alt. 1 OEG** bezieht sich allein auf die (Mit-)Verursachung durch den Geschädigten, so dass eine **Verursachung durch Hinterbliebene** vom Wortlaut nicht erfasst wird. Allerdings waren Leistungen nach § 2 Abs. 1 S. 1 Alt. 2 OEG zu versagen, wenn es aus sonstigen, insbesondere im eigenen **Verhalten des Antragstellers** liegenden Gründen unbillig wäre, Entschädigung zu gewähren. Damit sind Leistungen auch gegenüber Hinterbliebenen zu versagen, die die Schädigung selbst verursacht haben. Ferner sind Hinterbliebene nach der Rspr. des BSG[10] zu § 1 Abs. 5, § 2 Abs. 1 S. 1 OEG von Leistungen ausgeschlossen, wenn ein **Versagungsgrund** iSd § 2 OEG **in der Person des Gewaltopfers** vorliegt, weil Hinterbliebene nur über abgeleitete Ansprüche verfügen mit der Folge, dass sie sich auch dessen Verhalten entgegenhalten müssen (→ Rn. 7 f.; zur Frage der Versagung der Leistungen Hinterbliebener auch aus **verhaltensunabhängigen** „sonstigen Gründen“ → § 17 Rn. 10, 31 f.; → § 20 Rn. 8).

Soweit § 16 SGB XIV von der Vorgängerregelung in § 2 Abs. 1 S. 1 OEG abweicht 12
(vgl. dazu → § 16 Rn. 4 ff.), wirkt sich das über die Bezugnahme nach § 19 Abs. 1 SGB XIV auch auf den Ausschluss von Ansprüchen und Leistungen für Angehörige, Hinterbliebene und Nahestehende aus.

II. Entsprechende Geltung des § 18 SGB XIV (Abs. 2)

Der in § 19 Abs. 2 SGB XIV in Bezug genommene § 18 SGB XIV bestimmt, dass Leis- 13
tungen nach dem SGB XIV (auch dann) gewährt werden, wenn die Gewalttat iSd § 13

10 BSG Urt. v. 7.11.1979 – 9 RVg 2/78, BSGE 49, 104, 106 = juris Rn. 16; BSG Urt. v. 3.10.1984 – 9a RVg 6/83, BSGE 57, 168 = juris Rn. 11; BSG Urt. v. 15.8.1996 – 9 RVg 6/94, BSGE 79, 87 = juris Rn. 12; vgl. BSG Urt. v. 18.4.2001 – B 9 VG 3/00 R, BSGE 88, 96.

SGB XIV durch den **Gebrauch eines Kraftfahrzeugs** oder eines Anhängers verübt wird. Eine mit § 18 SGB XIV übereinstimmende Regelung enthält § 1 Abs. 8 OEG in der seit dem 10.6.2021 geltenden durch Art. 11a Teilhabestärkungsgesetz[11] geänderten Fassung (zu der zuvor geregelten Nichtanwendbarkeit des OEG → § 18 Rn. 1, 5 f., 11 ff.). Weil sich bereits § 18 SGB XIV auf „Leistungen nach diesem Buch“ bezieht, schließt er die in § 6 SGB XIV bezeichneten Leistungen für Angehörige, Hinterbliebene und Nahestehende ein. Ein **Anwendungsbereich** des § 19 Abs. 2 SGB XIV ist **nicht erkennbar**. Nach der Gesetzesbegründung[12] soll der Vereis auf § 18 SGB XIV der Klarstellung dienen. Bereits § 18 SGB XIV selbst dient lediglich der Klarstellung. Insofern kann die Regelung als (Versuch der) Klarstellung einer Klarstellung bezeichnet werden.

§ 20 Versagung von Leistungen für Angehörige, Hinterbliebene und Nahestehende

(1) Leistungen für Angehörige, Hinterbliebene und Nahestehende sind zu versagen, wenn die Voraussetzungen des § 17 Absatz 1 in der eigenen Person oder in der Person der oder des Geschädigten vorliegen.

(2) Leistungen für Angehörige, Hinterbliebene und Nahestehende können ganz oder teilweise versagt werden, wenn die Voraussetzungen des § 17 Absatz 2 in der eigenen Person oder in der Person der oder des Geschädigten vorliegen.

A. Gesetzesgeschichte

I. Bisheriges Recht

1 § 20 SGB XIV ist eine von vier **Nachfolgeregelungen** des **§ 2 OEG**. Dazu und wegen der Entstehungsgeschichte des § 2 OEG wird auf die Kommentierung zu → § 16 Rn. 1 ff. verwiesen. Im Gesetzgebungsverfahren zum G-SER und auch später ist § 20 SGB XIV nicht geändert worden, so dass die geltende Fassung dem Regierungsentwurf[1] entspricht. Die Vorschrift tritt zum 1.1.2024 in Kraft.[2] Maßgebend für die Frage, ob noch § 2 OEG oder aber bereits § 20 SGB XIV zur Anwendung kommen, ist nach § 138 Abs. 1, Abs. 2 SGB XIV grundsätzlich der Tatzeitpunkt.

II. Änderungen gegenüber dem OEG

2 Eine § **20 Abs. 1 SGB XIV** unmittelbar entsprechende Vorschrift, die speziell die Versagung von Leistungen für Angehörige, Hinterbliebene und Nahestehende zum Gegenstand hat, **existiert im OEG nicht**. Eine inhaltliche Änderung folgt daraus jedoch nicht (→ Rn. 7). Soweit sich § 17 SGB XIV von der Vorgängerregelung des § 2 OEG unterscheidet (vgl. dazu → Rn. 8 f., → § 17 Rn. 3 ff.), sind davon über die Bezugnahme in § 20 SGB XIV auch Angehörige, Hinterbliebene und Nahestehende betroffen.

3 Eine § **20 Abs. 2 iVm § 17 Abs. 2 SGB XIV** entsprechende Regelung gibt es in der Zeit bis zum 31.12.2023 nicht. Eine Versagung kommt deshalb bis zu diesem Zeitpunkt nur in Betracht, wenn der Geschädigte nicht oder nicht im erforderlichen Maß an Aufklärung des Sachverhalts mitgewirkt hat, nicht aber im Falle einer **unzureichenden Mitwirkung** von Angehörigen, Hinterbliebenen und Nahestehenden.

11 Vom 2.6.2021, BGBl. 2021 I 1387, 1399.
12 BT-Drs. 19/13824, 179 zu § 19.
1 Vgl. BT-Drs. 19/13824, 26, 179.
2 Art. 60 Abs. 7 G-SER.

B. Normsystematik

I. Allgemeiner Regelungsgehalt

4 § 20 SGB XIV ergänzt § 17 SGB XIV und überträgt die dort geregelten Versagungsgründe auf Leistungen für Angehörige, Hinterbliebene und Nahestehende.

II. Systematische Einordnung

5 § 20 **Abs. 1** SGB XIV hat im Wesentlichen **klarstellende** Bedeutung und verdrängt als speziellere Regelung in seinem Anwendungsbereich § 17 Abs. 1 SGB XIV. Dagegen wird der Anwendungsbereich von § 17 Abs. 2 SGB XIV durch § 20 **Abs. 2** SGB XIV erweitert, weil danach nicht nur die unzureichende Mitwirkung des Geschädigten, sondern auch die unzureichende Mitwirkung von Angehörigen, Hinterbliebenen oder Nahestehenden die vollständige oder die teilweise Versagung von Leistungen zur Folge haben kann.

6 Die Aufteilung des Regelungsgehalts des § 2 OEG auf vier sehr eigenständig formulierte Vorschriften mit sich überschneidenden Anwendungsbereichen trägt **nicht zu mehr Klarheit** oder einer besseren Verständlichkeit bei (→ § 19 Rn. 7, 10, → § 16 Rn. 11; → § 17 Rn. 8, 12 ff.). Das im Gesetzentwurf eines G-SER genannte Ziel, das Soziale Entschädigungsrecht klar strukturiert, transparent, übersichtlich und verständlich zu regeln,[3] wird bezogen auf die Neureglungen zum Ausschluss und zur Versagung von Leistungen nicht erreicht.

C. Einzelkommentierung

I. Entsprechende Geltung des § 17 Abs. 1 (§ 20 Abs. 1)

7 **1. Rechtslage ab dem 1.1.2024.** § 20 Abs. 1 SGB XIV überträgt die in § 17 Abs. 1 SGB XIV getroffene Regelung zur Versagung von Leistungen auf Angehörige, Hinterbliebene und Nahestehende. Die **Begriffe Angehörige, Hinterbliebene und Nahestehende** werden für das SGB XIV in § 2 Abs. 3 bis 5 SGB XIV definiert. Der in Bezug genommene § 17 Abs. 1 SGB XIV bestimmt, dass Leistungen zu versagen sind, wenn es aus in dem eigenen **Verhalten** des Antragstellers liegenden Gründen **unbillig** wäre, Leistungen der Sozialen Entschädigung zu erbringen. § 20 Abs. 1 SGB XIV ordnet die Geltung dieser Vorschriften für zwei Konstellationen an: Zum einen für den Fall, dass die Voraussetzungen des § 17 Abs. 1 SGB XIV in der eigenen Person – also der des Angehörigen, des Hinterbliebenen oder des Nahestehenden – vorliegen und zum anderen für den Fall, dass die Voraussetzungen des § 17 Abs. 1 SGB XIV in der Person des Geschädigten vorliegen. Der Fall, dass die Voraussetzungen des § 17 Abs. 1 SGB XIV in der Person des Angehörigen, des Hinterbliebenen oder des Nahestehenden vorliegen, wird bereits unmittelbar durch § 17 Abs. 1 SGB XIV erfasst, weil die Vorschrift auf das Verhalten des Antragstellers und nicht auf das Verhalten des Geschädigten abstellt und sich allgemein auf Leistungen der Sozialen Entschädigung – und damit auch auf die Leistungen für Angehörige, Hinterbliebene und Nahestehende (vgl. § 6 SGB XIV) – bezieht. Insofern erweitert § 20 Abs. 1 SGB XIV den Anwendungsbereich des § 17 Abs. 1 SGB XIV nicht. Soweit die Voraussetzungen der Unbilligkeit in der Person des Geschädigten vorliegen, hat das BSG[4] bereits in seiner Rspr. zu § 2 Abs. 1 S. 1 OEG aus dem Umstand, dass Hinterbliebene vom Geschädigten abgeleitete Ansprüche haben, hergeleitet, dass diese sich das Verhalten des Gewaltopfers entgegenhalten müssen. Diese Rspr. ist auf die Rechtslage unter Geltung des SGB XIV über-

3 BT-Drs. 19/13824, 2, 152.

4 BSG Urt. v. 7.11.1979 – 9 RVg 2/78, BSGE 49, 104, 106 = juris Rn. 16; vgl. BSG Urt. v. 18.4.2001 – B 9 VG 3/00 R, BSGE 88, 96; BSG Urt. v. 15.8.1996 – 9 RVg 6/94, BSGE 79, 87.

tragbar (→ Rn. 2, 11). Insofern handelt es sich bei der Verweisung auf § 17 Abs. 1 SGB XIV in § 20 Abs. 1 SGB XIV nur um eine **Klarstellung.**

8 **2. Rechtslage bis zum 31.12.2023.** Während der durch § 20 Abs. 1 SGB XIV in Bezug genommene § 17 Abs. 1 SGB XIV die Versagung wegen Unbilligkeit an Gründe im Verhalten des Antragstellers knüpft, ist der bis zum 31.12.2023 geltende § 2 Abs. 1 S. 1 Alt. 2 OEG insofern offener formuliert, als er die Versagung von Gründen **„insbesondere“ in dem eigenen Verhalten“** abhängig macht. Die Erweiterung des Anwendungsbereichs durch das Wort „insbesondere“ hat zwar insgesamt nur geringe praktische Bedeutung erlangt (→ § 16 Rn. 31). Eine gewisse Relevanz besteht aber gerade für den Bereich der Hinterbliebenenversorgung. Bereits im Gesetzgebungsverfahren[5] zum OEG ist die Einfügung des Wortes „insbesondere“ damit begründet worden, dass bei Straftaten zwischen Angehörigen, die in häuslicher Gemeinschaft leben, Leistungen auch unabhängig vom Verhalten des Antragstellers versagt werden müssten, um eine (mittelbare) Begünstigung des Täters durch Leistungen der Sozialen Entschädigung auszuschließen (→ § 16 Rn. 30, → § 17 Rn. 31). Daran anknüpfend hat das BSG mit Urt. v. 23.10.1985[6] entschieden, dass das Kind eines getöteten Gewaltopfers, für die Zeit, in der dieses Kind von dem lebenden Elternteil (der gleichzeitig der Täter war) Unterhalt in vollem Umfang erhält, keinen Anspruch auf Halbwaisenrente hat, obwohl dem Kind eines Kriegsopfers unter entsprechenden Voraussetzungen ein Anspruch zugestanden haben würde. Als Grundlage für den Ausschluss hat das BSG in dieser Entscheidung **§ 2 Abs. 1 S. 1 Alt. 2 OEG** herangezogen[7] und die Auffassung vertreten, dass der Anspruch der grundlegenden Wertung des OEG widerspreche. Die **Waisenrente** nach dem OEG sei ausschließlich vom **Unterhaltscharakter** geprägt. Die Zwecksetzung des BVG, wonach die Waisenrente nicht nur die durch den Wegfall des Unterhaltspflichtigen erlittene Einbuße ersetzen soll, sondern als zusätzlicher Anknüpfungspunkt auch die im Einzelnen nicht wägbaren Belastungen im menschlichen und persönlichen Bereich hinzukämen, sei auf das OEG nicht uneingeschränkt übertragbar. Diese vereinzelt gebliebene Entscheidung des BSG kann nicht überzeugen.[8] Die in §§ 40 ff. BVG für die Hinterbliebenenversorgung geregelten Anspruchsvoraussetzungen dürfen nicht für den Bereich der Opferentschädigung durch Rückgriff auf § 2 unter dem Gesichtspunkt der Billigkeit korrigiert werden. Bereits mit Urt. v. 7.11.1979[9] hat das BSG entschieden, dass die Hinterbliebenenversorgung nach dem OEG nicht unter Bezugnahme auf § 2 Abs. 1 OEG von einer wirtschaftlichen Notlage des Hinterbliebenen abhängig gemacht werden darf, weil es sich dabei um einen systemfremden Gesichtspunkt handelt. Der Gesetzgeber hat weder im OEG noch nach den entsprechend anzuwendenden Bestimmungen des BVG die Grundversorgung von einer konkret nachzuweisenden wirtschaftlichen Notlage im Einzelfall, die durch die Gewalttat verursacht sein müsste, abhängig gemacht. Zwar trifft es zu, dass die Hinterbliebenenrente nach dem OEG im Grundsatz keinen immateriellen Schaden, sondern Unterhaltsansprüche gegen den Verstorbenen ersetzen soll.[10] Daraus kann jedoch kein im vorliegenden Zusammenhang maßgeblicher Unterschied zu der Versorgung

5 BT-Drs. 7/2506, 20, Nr. 4 (zu § 3).
6 9a RVg 4/83, BSGE 59, 40.
7 BSG Urt. v. 23.10.1985 – 9a RVg 4/83, BSGE 59, 40 = juris Rn. 21.
8 Ähnlich das Bundesministerium für Arbeit und Sozialordnung, das in einem Rundschreiben vom 19.10.1995 – VI1–52035 und VI1–52036 von der Orientierung an dem Urt. des BSG abgerückt ist und zur Begründung darauf hingewiesen hat, dass der Entscheidung des BSG ein Ausnahmefall zu Grunde gelegen habe, „der nicht zu verallgemeinern“ sei; vgl. Kunze, Sonstige „verhaltensunabhängige“ Unbilligkeit im Sinne von § 2 Abs. 1 S. 1 OEG, VersorgVerw 1995, 37.
9 9 RVg 2/78, BSGE 49, 104.
10 BSG Urt. v. 18.4.2001 – B 9 VG 3/00 R, BSGE 88, 96; kritisch Kunze VersorgVerw 1995, 37.

der Hinterbliebenen von Kriegsopfern hergeleitet werden.[11] Unterschiedliche Anspruchsvoraussetzungen für Hinterbliebene von Kriegsopfern auf der einen Seite und Hinterbliebene von Gewaltopfern auf der anderen Seite sind danach unter dem Gesichtspunkt einer unterschiedlichen Zwecksetzung der Leistungen nicht begründbar. Für den Anspruch auf Hinterbliebenenversorgung nach dem OEG kommt es weder darauf an, ob der Unterhalt nach der Gewalttat von anderer Seite sichergestellt wird, noch darauf, ob vor dem Tod Unterhalt geleistet wurde. Das gilt auch bei Ehepartnern, die zum Zeitpunkt der Gewalttat seit vielen Jahren getrennt gelebt haben. Es genügt die abstrakte Unterhaltsverpflichtung des verstorbenen Gewaltopfers.[12]

Auf die **ab 1.1.2024** geltende Rechtslage ist das Urt. des BSG vom 23.10.1985[13] von 9
vornherein nicht übertragbar, weil das Wort „insbesondere" als maßgeblicher Anknüpfungspunkt in der ab diesem Zeitpunkt geltenden Nachfolgeregelung des § 17 Abs. 1 SGB XIV nicht mehr enthalten ist. Der Vermeidung einer Begünstigung des Täters dient ab dem 1.1.2024 **§ 16 Abs. 2 SGB XIV**, der auf der Rechtsfolgenseite keinen Leistungsausschluss regelt, sondern allein, wie die Leistung zu erbringen ist – nämlich so dass sie nicht der Person zugutekommt, die das schädigende Ereignis verursacht hat (dazu im Einzelnen → § 16 Rn. 29 ff., → § 17 Rn. 31 f.).

II. Entsprechende Geltung des § 17 Abs. 2 (§ 20 Abs. 2)

Nach § 17 Abs. 2 SGB XIV können Leistungen ganz oder teilweise versagt werden, 10
wenn Geschädigte es unterlassen haben, das ihnen Mögliche und Zumutbare zur **Aufklärung des Sachverhalts** und zur Verfolgung der Täterin oder des Täters beizutragen. Anders als nach § 17 Abs. 1 SGB XIV wird also nicht auf das Verhalten des Antragstellers, sondern das des **Geschädigten** abgestellt. § 20 Abs. 2 überträgt die dem Geschädigten obliegenden **Mitwirkungspflichten** auf diejenigen, die Leistungen für Angehörige, Hinterbliebenen sowie Nahestehende geltend machen. Die Regelung betrifft also nicht Opfer von Schockschäden, die keine abgeleiteten, sondern eigene Leistungsansprüche als Geschädigte geltend machen (→ § 16 Rn. 15 ff.; → § 19 Rn. 8).

Ebenso wie unter Geltung des OEG müssen sich Personen, die vom Gewaltopfer abge- 11
leitete Ansprüche geltend machen, auch die **Versagungsgründe** entgegenhalten lassen, die der Gewährung von Leistungen an das Gewaltopfer entgegenstehen.[14] Insofern bewirkt § 20 Abs. 2 Alt. 2 SGB XIV („... oder des Geschädigten ...") keine Änderung der Rechtslage (→ Rn. 2, 7). Über die Bezugnahme auf § 17 Abs. 2 SGB XIV in § 20 Abs. 2 Alt. 1 SGB XIV können Leistungen für Angehörige, Hinterbliebene und Nahestehende aber auch ganz oder teilweise versagt werden, wenn diese es **in eigener Person** unterlassen haben, das Ihnen Mögliche und Zumutbare zur Aufklärung des Sachverhalts und zur Verfolgung des Täters beizutragen. Eine damit übereinstimmende Regelung gibt es im OEG nicht. In den Gesetzgebungsmaterialien[15] wird die Änderung damit begründet, dass Fälle denkbar seien, in denen es zwar nicht dem Gewaltopfer, aber der nicht unmittelbar geschädigten Person, möglich und zumutbar sei, zur Sachverhaltsaufklärung und zur Verfolgung des Täters beizutragen.

---

11 BVerfG Nichtannahmebeschl. v. 10.12.2004 – 1 BvR 2320/98, SozR 4-3800 § 1 Nr. 6; BVerfG Urt. v. 24.7.1963 – 1 BvL 101/58, BVerfGE 17, 38.
12 Vgl. BSG Urt. v. 18.4.2001 – B 9 VG 3/00 R, BSGE 88, 96.
13 9a RVg 4/83, BSGE 59, 40.
14 BSG Urt. v. 7.11.1979 – 9 RVg 2/78, BSGE 49, 104, 106 = juris Rn. 16; vgl. BSG Urt. v. 18.4.2001 – B 9 VG 3/00 R, BSGE 88, 96; BSG Urt. v. 15.8.1996 – 9 RVg 6/94, BSGE 79, 87.
15 BT-Drs. 19/13824, 180, zu § 20 Abs. 2.

Unterabschnitt 2 Kriegsauswirkungen beider Weltkriege

§ 21 Opfer von Kriegsauswirkungen beider Weltkriege

Wer im Inland durch Auswirkungen kriegerischer Vorgänge im Zusammenhang mit einem der beiden Weltkriege, die einen kriegseigentümlichen Gefahrenbereich hinterlassen haben, eine gesundheitliche Schädigung erlitten hat, erhält bei Vorliegen der Voraussetzungen nach § 4 Absatz 1 Leistungen der Sozialen Entschädigung.

A. Gesetzesgeschichte

1 Die Vorschrift wurde durch Art. 1 **G-SER**[1] eingeführt; nach dessen Art. 60 Abs. 7 tritt sie am 1.1.2024 in Kraft. Sie geht zurück auf §§ 1 Abs. 2 lit. a, 5 Abs. 1 lit. e BVG.

2 Nach diesen Bestimmungen des BVG waren die nachträglichen Auswirkungen kriegerischer Vorgänge ein Unterfall „unmittelbarer" Kriegseinwirkungen. **Unmittelbarkeit** dürfte weiterhin – jetzt ungeschriebenes – Tatbestandsmerkmerkmal sein (zur Unmittelbarkeit → § 1 Rn. 25). Der territoriale Anwendungsbereich ist auf schädigende Ereignisse im **Inland** begrenzt. Nach bisherigem Recht kam es nicht darauf an, wo der nahezu ausschließlich im **Ausland** geführte Erste Weltkrieg und die **europaweite** Kriegsführung der Wehrmacht und ihrer Gegner im Zweiten Weltkrieg kriegseigentümliche Gefahrenbereiche hinterlassen hatten.[2] Auch ohne ausdrücklichen Hinweis, wie noch im Text des § 5 Abs. 1 lit. e BVG, können Kampfhandlungen Jahrzehnte nach ihrem Ende nurmehr **„nachträgliche"** Auswirkungen haben.

B. Normsystematik

I. Allgemeiner Regelungsgehalt

3 Die Vorschrift normiert einen Entschädigungstatbestand wegen Ereignissen, die als Nachwirkungen der beiden Weltkriege Personen erst **nach** dem **31.12.2023** gesundheitlich schädigen oder ihre Ansprüche wegen davor erlittener Schädigung erst nach diesem Datum geltend machen.

4 Auswirkungen der beiden Weltkriege sind neben Gewalttaten, Schutzimpfungen und Ereignissen im Zusammenhang mit dem Zivildienst der **vierte** im SGB XIV geregelte **Entschädigungstatbestand.** Von der großen Zahl an Kriegsopfern fällt darunter aber nur der verschwindend geringe Teil erst künftig durch verbliebene Kriegseinwirkungen Geschädigter. Wer am **31.12.2023** aufgrund der vielfältigen Entschädigungstatbestände des BVG bereits Leistungen nach jenem Gesetz bezogen hat, dessen **Besitzstand** ist allgemein geschützt, auch der eines nach §§ 1 Abs. 2 lit. a, 5 Abs. 1 lit. e BVG Geschädigten. Nach § 142 SGB XIV erhält er weiterhin die bisher bezogenen Leistungen, hat aber das Recht, stattdessen auch Leistungen nach dem SGB XIV zu wählen (§ 152 SGB XIV). Wer **vor** dem **1.1.2024** geschädigt worden ist, aber bis dahin noch **keinen Antrag** nach dem BVG gestellt hat, erhält Leistungen nach dem SGB XIV, sofern er die Voraussetzungen nach dem BVG in der bis zum 31.12.2023 geltenden Fassung erfüllt (§ 139 SGB XIV).

II. Systematische Einordnung und Normzweck

5 Obwohl die Kampfhandlungen des Ersten Weltkriegs vor mehr als einem Jahrhundert und die des Zweiten vor mehr als sieben Jahrzehnten geendet haben, können sich der-

1 BGBl. 2019 I 2652.
2 Vgl. BSG Urt. v. 27.8.1974 – 9 RV 406/73, juris Rn. 14 ff. und BSG Urt. v. 12.6.2001 – B 9 V 5/00 R, juris Rn. 2, 33 zu kriegseigentümlichen Gefahrenbereichen in den Niederlanden und in Polen.

art weit zurückliegende kriegerische Vorgänge in wenigen Einzelfällen auch heute noch gesundheitsschädigend auswirken. Wer **nach** dem **31.12.2023** Opfer solch fortbestehender Gefahren wird, etwa durch Bombenblindgänger, entsorgte oder sonst zurückgebliebene Munition, soll nach dem Entschädigungstatbestand des § 21 SGB XIV wegen der gesundheitlichen Folgen entschädigt werden; ebenso, wer trotz **vor** dem **1.1.2024** erlittener Schädigung noch **keinen Leistungsantrag** gestellt hat (§ 139 SGB XIV).[3]

C. Einzelkommentierung

Kriegseigentümlich ist ein Gefahrenherd, wenn er als Folge des Kampfgeschehens in einer für Kriegsverhältnisse typischen, von anderen Lebensverhältnissen unterschiedlichen Art und Weise entstanden ist.[4] In den noch heute praktisch bedeutsamen Munitionsfundfällen fehlt die geforderte Verbindung zum Kampfgeschehen, wenn übende Truppen Sprengkörper zurückgelassen haben, auch wenn die Übung während des Krieges stattgefunden hat.[5] Ein einmal entstandener kriegseigentümlicher Gefahrenbereich endet nicht durch Zeitablauf von selbst, sondern erst dann, wenn er seine Kriegseigentümlichkeit verliert oder schlechthin beseitigt wird[6]. 6

Kennzeichnend für den Entschädigungstatbestand ist, dass gesundheitliche Schäden ohne zeitlichen Zusammenhang mit Kampfhandlungen, aber in **unmittelbarem Zusammenhang** mit kriegerischen Vorgängen eingetreten sind.[7] Der unmittelbare Zusammenhang kann aufgehoben sein, wenn der Beschädigte selbst einen neuen Gefahrenbereich schafft, etwa indem er mit einem Sprengkörper hantiert, dessen Gefährlichkeit er erkannt hat oder hätte erkennen müssen.[8] Bei **Kindern** kommt es darauf an, ob sie trotz ihres jugendlichen Alters schon die nötige Einsicht in die Gefährlichkeit ihres Tuns haben und in der Lage sind dieser Einsicht entsprechend zu handeln.[9] Der unmittelbare Zusammenhang mit kriegerischen Vorgängen kann auch durch das Handeln eines Dritten aufgehoben sein, so wenn eine Aufsichtsperson Kinder entgegen öffentlich rechtlicher Verpflichtung nicht daran hindert mit Fundmunition zu spielen.[10] 7

Haben sowohl die Auswirkung eines kriegseigentümlichen Gefahrenbereichs als auch das Verhalten des Beschädigten selbst zu einer Gesundheitsschädigung geführt, so sind für die Beurteilung der **Wesentlichkeit** beider **Bedingungen** die Beschaffenheit des Gefahrenbereichs und das Verhalten des Beschädigten sowie die nach seinen Fähigkeiten ihm mögliche Erkennbarkeit des Gefahrenbereichs andererseits gegeneinander abzuwägen.[11] 8

Wie nach der BVGVwV zu § 5 Nr. 5 S. 2 umfasst die Vorschrift „auch Schäden, die in ursächlichem Zusammenhang mit einem auf Beseitigung von Gefahrenquellen oder auf eine ähnliche Tätigkeit gerichteten Arbeitsverhältnis stehen“. Wer als Angestellter eines **Kampfmittelbeseitigungs**unternehmens Bombenblindgänger entschärft und als dabei Verletzter unter dem Schutz der GUV steht, erwirbt **Ansprüche** zugleich nach 9

3 BT-Drs. 19/13824, 180.
4 BSG Urt. v. 9.8.1962 – 10 RV 1239/59, juris Rn. 12.
5 BSG Urt. v. 4.2.1998 – B 9 V 16/96 R, juris Rn. 14 („Übungsmunition“; Munition vor Auslieferung an das Militär); zu noch nicht zum Kriegseinsatz bestimmten Kampfstoffen („Lost“) vgl. BSG Urt. v. 17.12 1997 – 9 RV 9/96, juris Rn. 16 f.
6 BSG Urt. v. 18.3.1964 – 10 RV 667/59, juris Rn. 14.
7 BVGVwV zu § 5 Nr. 5.
8 Vgl. BSG Urt. v. 18.7.1962 – 11 RV 584/59, juris Rn. 10.
9 BSG Urt. v. 12.6.2001 – B 9 V 5/00 R, juris Rn. 34 ff.
10 vgl. BSG Urt. v. 27.8.1974 – 9 RV 406/73, juris Rn. 16 und zur Verletzung elterlicher Aufsichts- und Sorgfaltspflichten BSG Urt. v. 11.8.1976 – 10 RV 25/76, juris Rn. 15.
11 BSG Urt. v. 27.2.1962 – 10 RV 119/59, juris Rn. 22 f.

dem **SBG VII** und dem **SGB XIV**. Deren **Konkurrenz** regelt § 8 Abs. 3 SGB XIV (Nachrang und Ruhen von Leistungen nach diesem Buch).

D. Anhang

I. BVG

10 **§ 1 BVG [Voraussetzungen des Versorgungsanspruchs]**

…

(2) Einer Schädigung im Sinne des Absatzes 1 stehen Schädigungen gleich, die herbeigeführt worden sind durch

a) eine unmittelbare Kriegseinwirkung,

…

§ 5 BVG [Unmittelbare Kriegseinwirkungen]

(1) Als unmittelbare Kriegseinwirkung im Sinne des § 1 Abs. 2 Buchstabe a gelten, wenn sie im Zusammenhang mit einem der beiden Weltkriege stehen,

…

e) nachträgliche Auswirkungen kriegerischer Vorgänge, die einen kriegseigentümlichen Gefahrenbereich hinterlassen haben.

…

II. BVGVwV

11 **BVGVwV zu § 5 Nr. 5**

§ 5 Abs. 1 Buchstabe e ist anzuwenden, wenn ohne zeitlichen Zusammenhang mit Kampfhandlungen, aber in unmittelbarem Zusammenhang mit kriegerischen Vorgängen gesundheitliche Schäden eingetreten sind. Die Vorschrift umfasst auch Schäden, die in ursächlichem Zusammenhang mit einem auf Beseitigung von Gefahrenquellen oder auf eine ähnliche Tätigkeit gerichteten Arbeitsverhältnissen stehen.

§ 22 Versagung, Entziehung und Minderung der Leistung

(1) [1]Leistungen der Sozialen Entschädigung sind zu versagen, wenn Geschädigte während der Herrschaft des Nationalsozialismus gegen die Grundsätze der Menschlichkeit oder Rechtsstaatlichkeit verstoßen haben. [2]Anhaltspunkte, die eine besonders intensive Überprüfung erforderlich machen, ob Geschädigte durch ihr individuelles Verhalten gegen Grundsätze der Menschlichkeit oder Rechtsstaatlichkeit verstoßen haben, können sich insbesondere aus einer freiwilligen Mitgliedschaft in der SS ergeben.

(2) Leistungen sind mit Wirkung für die Zukunft ganz oder teilweise zu entziehen, wenn ein Versagungsgrund im Sinne des Absatzes 1 vorliegt und das Vertrauen der Geschädigten auf eine fortwährende Erbringung der Leistungen im Einzelfall auch angesichts der Schwere der begangenen Verstöße nicht überwiegend schutzbedürftig ist.

(3) Soweit in den Fällen des Absatzes 2 die sofortige Entziehung oder Minderung der Leistungen zu unbilligen Härten führt, soll die Entziehung oder Minderung nach einer angemessenen Übergangsfrist erfolgen.

(4) Die Absätze 1 bis 3 gelten entsprechend für Leistungen aus Ansprüchen, die sich von Geschädigten im Sinne von Absatz 1 ableiten.

A. Gesetzesgeschichte

Die Vorschrift wurde durch Art. 1 G-SER[1] eingeführt; nach dessen Art. 60 Abs. 7 tritt sie am 1.1.2024 in Kraft. Sie übernimmt in modifizierter Fassung den seit 21.1.1998 geltenden § 1a BVG.[2] 1

In Abs. 1 ist die Datumsangabe **13.11.1997** gestrichen worden. Erst auf Anträge, die ab der dritten Lesung im Bundestag gestellt wurden (Stichtag), konnten nach § 1a BVG Leistungen versagt wer-den, weil den Antragstellern von da an kein **Vertrauensschutz** mehr zugebilligt wurde.[3] Die Aus-weitung der in § 1a Abs. 1 bis 3 BVG geregelten Tatbestände auf Hinterbliebene wurde in einem zusätzlichen Abs. 4 verselbständigt. 2

B. Normsystematik

Das SGB XIV nennt **Ausschluss- und Versagungsgründe** auch in den §§ 16, 17. Danach soll Opfern von Gewalttaten keine staatliche Entschädigung zugutekommen, wenn sie ihre Schädigung in vorwerfbarer Weise verursacht haben oder es unbillig erscheint, ihnen Leistungen zu erbringen.[4] Für Kriegsopfer, die während der **NS-Zeit** gegen die **Grundsätze** der **Menschlichkeit** oder **Rechtsstaatlichkeit** verstoßen haben, schließt § 22 SGB XIV Leistungen der Sozialen Entschädigung in zwei Konstellationen **vollständig** oder **teilweise** aus: wenn Leistungen erstmalig beantragt werden (**Neufälle**) nach Abs. 1 und wenn bereits laufende Leistungen bezogen werden (**Altfälle**) nach Abs. 2. Abs. 1 ordnet zwingend die vollständige und endgültige Versagung an, Abs. 2 lässt es zu, den Umfang der Entziehung unter Abwägung konkreter Umstände des Einzelfalles zu beschränken (Minderung). Abs. 3 erlaubt, die Leistungen in Härtefällen nicht sofort zu entziehen oder zu mindern, sondern für eine **Übergangszeit**, inhaltlich und zeitlich differenziert, zunächst noch zu belassen. Abs. 4 macht die vorangehenden Regelungen entsprechend anwendbar auf abgeleitete Ansprüche von Hinterbliebenen der Kriegsopfer.[5] 3

Die **Versagung** oder den **Ausschluss** von Leistungen, deren Voraussetzungen an sich vorliegen, kennen **zahlreiche Gesetze** für den Fall, dass der Geschädigte in der Zeit des **Nationalsozialismus** gegen die Grundsätze der Rechtsstaatlichkeit oder Menschlichkeit verstoßen hat, so etwa § 2 Abs. 1 Nr. 2 HHG und § 3 Abs. 2 Nr. 2 BVFG. Grund solcher Regelungen ist die Überlegung, dass wegen der Folgen erlittener Schädigungen nicht leistungsberechtigt sein soll, wer selbst Täter des Unrechtsregimes gewesen ist. 4

Wie schon bei § 1a Abs. 2 und 3 BVG handelt es sich bei § 22 Abs. 2 und 3 SGB XIV um eine **spezielle Entziehungsregelung**, die nach § 37 S. 1 SGB I den allgemeinen verfahrensrechtlichen Bestimmungen der §§ 45, 48 SGB X für begünstigende Verwaltungsakte vorgeht; jedenfalls soweit diese bis zum Inkrafttreten des Gesetzes am 1.1.2024 ergangen sind. Einen speziellen Entziehungstatbestand gab es vor und neben § 1a BVG mit § 64 S. 1 Nr. 2 BVG für Versorgungsberechtigte mit Wohnsitz oder gewöhnlichem Aufenthalt im Ausland. 5

Aufgrund eines **Ausschlusstatbestandes** sollen solchen Antragstellern Leistungen der Sozialen Entschädigung versagt werden, die während der Herrschaft des Nationalsozialismus gegen die Grundsätze der Menschlichkeit oder Rechtsstaatlichkeit verstoßen haben. Bereits bindend bewilligte Leistungen sind Berechtigten, die einen solchen 6

1 BGBl. 2019 I 2652.
2 BGBl. 1998 I 66.
3 BT-Drs. 13/8705, 3.
4 Vgl. Tabarra NZS 2020, 210 (214).
5 Damit dürfte es sich nunmehr bei Anträgen auf Hinterbliebenenversorgung stets um „Neufälle“ handeln; anders noch BSG Urt. v. 30.9.2009 – B 9 V 1/08 R, juris Rn. 43 ff. zur Vorgängervorschrift § 1a BVG.

Verstoß begangen haben, unter Wahrung rechtsstaatlichen Vertrauensschutzes für die Zukunft vollständig oder teilweise zu entziehen. Dieselben Sanktionen treffen Hinterbliebene, die Anspruch auf abgeleitete Leistungen haben.

C. Einzelkommentierung

7 Die Regelung hatte schon in den Jahren nach ihrer Einführung in Form des § 1a BVG hohe **symbolische** aber, gemessen an den Ergebnissen des Verwaltungsvollzugs, nur geringe **praktische Bedeutung.**[6] Seit seinem Inkrafttreten am 21.1.1998 ist § 1a BVG lediglich in 99 Fällen angewendet worden, davon waren nur neun Versagungen, ganz überwiegend handelte es sich also um den Entzug bindend bewilligter Leistungen.[7] Die letzte Entscheidung liegt lange zurück. Sie wurde 2008 getroffen.[8]

8 Obwohl die Regelung danach, realistisch betrachtet, **keinen Anwendungsbereich** mehr hat, ist sie in das SGB XIV übernommen worden. Zu recht, weil sie an die versorgungsrechtliche **Begünstigung** von **Tätern** aus der Zeit nationalsozialistischer Herrschaft erinnert, die im Krieg zugleich dessen Opfer wurden, und damit beispielhaft an die **„Vergangenheitspolitik"** insbesondere in den frühen Jahren der Bundesrepublik Deutschland: „Im Herbst 1949, sofort nach Eröffnung des Deutschen Bundestages, begannen in allen Fraktionen Bemühungen um eine Beendigung, zum Teil sogar Rückgängigmachung der politischen Säuberung, wie sie die Alliierten seit 1945 durchgesetzt und wie sie die von ihnen lizensierten demokratischen Parteien zunächst auch mitgetragen hatten".[9]

9 Solche Bestrebungen hat es auch bei **Entstehung** des **BVG** gegeben; und sie hatten Erfolg. Der Gesetzentwurf definierte in § 2 Abs. 1 lit. a den „Dienst in der **Waffen-SS**" zwar noch ausdrücklich als anspruchsbegründenden **militärischen Dienst**. Er bestimmte aber in § 8, dass der Anspruch auf Geldleistungen nach „diesem Gesetz" entfällt, „soweit ein Anspruch auf Zahlung von Versorgungsbezügen wegen politischer Belastung nicht besteht".[10] Beides ist nicht Gesetz geworden. Während man sich sowohl im zuständigen Ausschuss als auch im Plenum des Bundestages einig war, auch kriegsbeschädigte SS-Angehörige einzubeziehen, ihnen jedoch nicht „noch ein namentliches Erinnerungsdenkmal" zu setzen,[11] wurde darauf verzichtet, wie noch in § 8 des Entwurfs vorgesehen, bis dahin geltende differenzierte Nachkriegsbestimmungen des **Besatzungsrechts**[12] fortzuführen, nach denen **freiwillige SS-Angehörige** weitgehend von Versorgungsleistungen **ausgeschlossen** waren.[13] Nach Auffassung des BSG hatte der Gesetzgeber des Jahres 1950 mit diesem Verzicht „das Versorgungsrecht bis zu einem gewissen Grade ‚dem **Wandel** der allgemeinen **Rechtsanschauung**' angepaßt"; der zuvor geltende Ausschluss SS-Angehöriger sei gleichwohl, anders als von der Vorinstanz angenommen, wegen der besonderen Bedeutung, „die der SS in der

---

6 Zu den Gründen: BT-Drs. 18/10975, 2 f. und BT-(Ausschuss-)Drucksache 19(11)915-neu, 3.

7 Klemp/Hölzl, Die Neufassung des § 1a Bundesversorgungsgesetz (BVG): Streichung von Kriegsopferrenten für NS-Täter, Forschungsbericht im Auftrag des BMAS (2016), 124; abrufbar unter www.de/DE/Service/Medien/Publikationen/Forschungsberichte/fb472-schlussbericht.html.

8 BT-Drs. 18/10975, 1, 3.

9 Frei, Vergangenheitspolitik. Die Anfänge der Bundesrepublik Deutschland und die NS-Vergangenheit, 1966, 13.

10 BT-Drs. I/1333, Anlage 1, S. 3, 6.

11 BT, 1. Wahlperiode, Plenarprotokoll 93. Sitzung, 3442 (D); BSG Urt. v. 9.12.1998 – B 9 V 46/97 R, juris Rn. 15; ausführlich zur Qualifikation des Dienstes in der SS als militärischer Dienst BSG Urt. v. 15.11.1977 – 10 RV 96/76, juris Rn. 17 ff.

12 Wulfhorst, Soziale Entschädigung – Politik und Gesellschaft, 1994, 208.

13 Vgl. die Darstellung dieser Bestimmungen in BSG Urt. v. 11.6.1959 – 11/9 RV 130/57, juris Rn. 11.

Zeit der Herrschaft Nationalsozialismus zugekommen ist" nicht gleichheitssatzwidrig gewesen.[14]

Nach seiner **revisionistischen Weichenstellung** 1950 hat der Gesetzgeber in den folgenden Jahren zwar andere Leistungsgesetze geändert und dort den **Verstoß** gegen die **Grundsätze** der **Menschlichkeit** oder **Rechtsstaatlichkeit** während der Herrschaft des Nationalsozialismus als **Ausschlussgrund** normiert.[15] Es hat dann aber nahezu fünfzig Jahre gedauert, bis schließlich, nach Presseberichten über kriegsopferversorgte lettische SS-Angehörige und wiederholte, aber wirkungslose parlamentarische Initiativen,[16] mit Wirkung vom 21.1.1998 das **BVG novelliert** und § 1a eingefügt wurde. Das **„faktische Scheitern der Gesetzesnovelle"** war 2019 Anlass, eine weitere Änderung mit dem Ziel zu fordern, „Leistungen an Personen, die **freiwillig** der **Waffen-SS** beigetreten waren, einzustellen".[17] Es erscheint allerdings zweifelhaft, dass eine solche Heraufstufung der ohnehin schwer feststellbaren „freiwilligen" SS-Mitgliedschaft vom bloßen **Anhaltspunkt** für eine intensive **Überprüfung** zum undifferenziert **anspruchsvernichtenden** Tatbestandsmerkmal den vom BSG in mehreren Entscheidungen[18] herausgearbeiteten, nachfolgend kurz genannten Anforderungen[19] an eine **rechtsstaatlich** genügende **Entziehungsregelung** entspräche.[20] 10

Mit der Voraussetzung für eine Versagung oder Entziehung von Leistungen, dem Verstoß gegen die Grundsätze der Menschlichkeit oder Rechtsstaatlichkeit, ist die Verletzung **selbstverständlicher ethisch-moralischer Grundwerte** benannt, die Grundlage eines jeden menschlichen Zusammenlebens bilden sind.[21] 11

Unter die Vorschrift fällt aber nur ein **Verstoß,** der im **konkreten Einzelfall** objektiv und subjektiv nachgewiesen wird, so dass sich eine individuelle Schuldfeststellung treffen lässt. Bewiesen werden muss ein konkretes, räumlich und zeitlich eingegrenztes Verhalten, das **individuell-persönlich** zuzurechnen und vorzuwerfen und damit **schuldhaft** ist.[22] 12

D. Anhang

§ 1a BVG [Leistungsausschluss; Entziehung; Minderung] 13

(1) [1]Leistungen sind zu versagen, wenn der Berechtigte oder derjenige, von dem sich die Berechtigung ableitet, während der Herrschaft des Nationalsozialismus gegen die Grundsätze der Menschlichkeit oder Rechtsstaatlichkeit verstoßen hat und er nach dem 13. November 1997 einen Antrag auf Leistungen gestellt hat. [2]Anhaltspunkte, die eine besonders intensive Überprüfung erforderlich machen, ob ein Berechtigter durch sein individuelles Verhalten gegen Grundsätze der Menschlichkeit oder Rechtsstaatlichkeit verstoßen hat, können sich insbesondere aus einer freiwilligen Mitgliedschaft des Berechtigten in der SS ergeben.

(2) Leistungen sind mit Wirkung für die Zukunft ganz oder teilweise zu entziehen, wenn ein Versagungsgrund im Sinne des Absatzes 1 vorliegt und das Vertrauen des Berechtigten auf eine fortwährende Gewährung der Leistungen im Einzelfall auch angesichts der Schwere der begangenen Verstöße nicht überwiegend schutzbedürftig ist.

---

14 BSG Urt. v. 11.6.1959 – 11/9 RV 130/57, juris Rn. 14.
15 § 3 S. 1 Nr. 3a Gesetz zur Regelung der Rechtsverhältnisse der unter Artikel 131 des Grundgesetzes fallenden Personen (BGBl. 1957 I 1297); § 2 S. 1 Nr. 2 HHG (BGBl. 1960 I 561), vgl. dazu BT-Drs. 3/1111, 7 und 3/1855, 1.
16 LT Mecklenburg-Vorpommern Drs.1/3008; BT-Drs. 12/4788; BT-Drs. 13/1467.
17 BT-Drs. 19/14150, 2; siehe dazu BT- Ausschuss für Arbeit und Soziales, Protokoll-Nr. 19/107 über die Öffentliche Anhörung und BT-Ausschussdrucksache 19(11)910, 911, 915neu, 919, 920 (schriftliche Stellungnahmen der Sachverständigen).
18 BSG Urt. v. 24.11.2005 – B 9a/9 V 8/03 R, 6.7.2006 – B 9a V 5/05 R und 30.9.2009 – B 9 V 1/08 R.
19 Dazu ausführlich HK-SozEntschR/Knickrehm BVG § 1 Rn. 5 ff.
20 So schon BT-Drs. 13/8980, 7.
21 BSG Urt. v. 24.11.2005 – B 9a/9 V 8/03 R, juris Rn. 39 f.
22 BSG Urt. v. 24.11.2005 – B 9a/9 V 8/03 R, juris Rn. 46 f.

(3) Soweit in den Fällen des Absatzes 2 die sofortige Entziehung oder Minderung der Leistungen zu unbilligen Härten führt, soll die Entziehung oder Minderung nach einer angemessenen Übergangsfrist erfolgen.

Unterabschnitt 3 Ereignisse im Zusammenhang mit der Ableistung des Zivildienstes

§ 23 Geschädigte durch Ereignisse im Zusammenhang mit der Ableistung des Zivildienstes

(1) Wer im Zusammenhang mit der Ableistung eines Zivildienstes eine gesundheitliche Schädigung durch eine Tätigkeit, einen Unfall, einen Angriff auf seine Person oder in sonstiger Weise erlitten hat (Zivildienstgeschädigter), erhält bei Vorliegen der Voraussetzungen nach § 4 Absatz 1 Leistungen der Sozialen Entschädigung.

(2) Ein Zusammenhang mit der Ableistung des Zivildienstes besteht auch bei gesundheitlichen Schädigungen, die herbeigeführt worden sind

1. auf dem unmittelbaren Weg von und zu der Dienststelle,

2. auf dem unmittelbaren Hin- oder Rückweg bei Antritt und Beendigung des Zivildienstes,

3. auf einem vom unmittelbaren Weg abweichenden Weg, um

a) ein Kind, das mit dem Dienstleistenden in einem Haushalt lebt, wegen des Zivildienstes fremder Obhut anzuvertrauen oder

b) mit anderen Dienstleistenden oder Berufstätigen oder in der gesetzlichen Unfallversicherung versicherten Personen gemeinsam ein Fahrzeug zu benutzen,

4. auf dem Weg von und nach der ständigen Familienwohnung, wenn der Dienstleistende wegen der Entfernung seiner Familienwohnung vom Dienstort oder wegen der Pflicht zum Wohnen in einer dienstlichen Unterkunft am Dienstort oder in dessen Nähe eine Unterkunft hat.

(3) Ein Zusammenhang mit der Ableistung des Zivildienstes besteht auch bei gesundheitlichen Schädigungen, die im Zusammenhang mit der Behandlung oder dem Bezug von Leistungen für eine Zivildienstschädigung herbeigeführt worden sind.

A. Gesetzesgeschichte

Die **Versorgung** von Personen (nach Beendigung des Dienstverhältnisses), die durch Ereignisse **im Zusammenhang mit der Ableistung des Zivildienstes** geschädigt worden sind, ist **bis 31.12.2023** in den §§ 47 ff. des Gesetzes über den Zivildienst der Kriegsdienstverweigerer (**Zivildienstgesetz** – ZDG) geregelt (Gesetzestext vgl. Anhang). Sie wird grundsätzlich nach Beendigung des Zivildienstverhältnisses in entsprechender Anwendung des BVG gewährt (§ 47 Abs. 1 S. 1 ZDG) und von den zur Durchführung des BVG zuständigen Behörden im Auftrag des Bundes durchgeführt (§ 51 Abs. 1 ZDG). Für den Anspruch auf **Ausgleich** für Zivildienstbeschädigungen (bis zur Beendigung des Zivildienstverhältnisses) nach § 50 ZDG ist das Bundesamt für den Zivildienst zuständig (§ 2 Abs. 1 ZDG). Inhaltlich und systematisch orientieren sich die Beschädigtenversorgung und der Ausgleich der Zivildienstleistenden nach den §§ 47 ff. ZDG sehr stark an den Vorschriften der §§ 80 ff. SVG. Die **Grundsätze der Soldatenversorgung** sind **übertragbar,** soweit nicht tatsächliche oder rechtliche Besonderheiten des Zivildienstverhältnisses einer entsprechenden Anwendung entgegenstehen. Damit sind die Zivildienstleistenden bislang im Hinblick auf ihre Beschädigtenversorgung den ehemaligen Soldaten und mit diesen den Kriegsbeschädigten der beiden Weltkriege gleichgestellt.[1] 1

Bereits zum 1.7.2011 ist jedoch das Gesetz zur Änderung wehrrechtlicher Vorschriften 2011 (Wehrrechtsänderungsgesetz 2011 – WehrRÄndG 2011) in Kraft getreten. Wesentlicher Inhalt ist die Aussetzung der allgemeinen Wehrpflicht für Zeiträume außerhalb des Spannungs- und Verteidigungsfalls. Anstelle des Grundwehrdienstes soll ein neuer freiwilliger Wehrdienst treten, der jungen Frauen und Männern offensteht.[2] Dies hat zur Konsequenz, dass auch die Pflicht zur Ableistung des **Zivildienstes,** bei dem es sich um einen **Wehrersatzdienst** handelt, im selben Umfang **ausgesetzt wird,** wie die Wehrpflicht. Die letzten Zivildienstverhältnisse haben am 31.12.2011 geendet (§ 83 Abs. 4 ZDG). Die Vorschriften über die Versorgung Zivildienstleistender finden weiterhin Anwendung, solange und soweit (ehemalige) Zivildienstleistende eine Zivildienstbeschädigung erlitten haben und gesundheitliche und/oder wirtschaftliche Folgen der Schädigung bestehen. 2

§ 47 ZDG ist **Teil der Vorschriften des SER** und gilt bis zur Einordnung in das Sozialgesetzbuch als dessen besonderer Teil (§ 68 Nr. 7c SGB I in der bis 31.12.2023 geltenden Fassung). Diese Einordnung erfolgt **zum 1.1.2024** durch Art. 1 des G-SER vom 12.12.2019,[3] der das SER als SGB XIV in das Sozialgesetzbuch eingliedert und Leistungen der Sozialen Entschädigung auch für Zivildienstgeschädigte vorsieht. Zugleich werden das BVG und die §§ 47 ff. ZDG aufgehoben. Dabei werden in das SGB XIV auch Leistungen übernommen, die dem Anspruch auf Ausgleich für Zivildienstbeschädigungen entsprechen. 3

Rechtssystematisch beachtenswert ist, dass die **Beschädigtenversorgung der Soldatinnen und Soldaten,** die sich aufgrund der Rechtsfolgenverweisung in § 80 SVG bislang grundsätzlich nach den Vorschriften des BVG richtet, nicht in das SGB XIV eingegliedert wird. Stattdessen wird die Beschädigtenversorgung **ab 1.1.2025** aus dem SVG 4

---

1 Zu den Einzelheiten der Rechtslage bis 31.12.2023 vgl. HK-SozEntschR/Lilienfeld ZDG. Die §§ 47 ff. ZDG haben seither keine maßgebliche inhaltliche Änderung erfahren.
2 BT-Drs. 17/4821, 1 und 13 f.
3 BGBl. 2019 I 2652.

herausgelöst und in einem **eigenständigen Gesetz** über die Entschädigung der Soldatinnen und Soldaten (**Soldatenentschädigungsgesetz** – SEG) geregelt. Begründet wird dies damit, dass die spezifischen Bedarfe und Interessen der Soldatinnen und Soldaten bei der Ausgestaltung der Leistungen passgenau abgedeckt werden sollen, um den Besonderheiten des Dienst- und Treueverhältnisses sowie der aus dem immanenten Aufopferungsgedanken erwachsenden besonderen Fürsorgepflicht des Dienstherrn gerecht zu werden.[4] Eine von den Grundsätzen des SGB XIV abweichende Neuregelung erfährt somit insbesondere das Leistungsrecht,[5] während die einzelnen Voraussetzungen für das **Vorliegen einer Wehrdienstbeschädigung** im Vergleich zur Rechtslage nach dem SVG im Wesentlichen gleich bleiben sollen.[6] Das Soldatenentschädigungsgesetz bleibt jedoch Teil des Sozialgesetzbuches.[7]

5 Der Gesetzgeber hat damit **ab 1.1.2025** für Zivildienstgeschädigte einerseits und Personen, die andererseits eine Wehrdienstbeschädigung erlitten haben, zwei **unterschiedliche Versorgungs- bzw. Entschädigungssysteme** begründet, obwohl der Leistungspflicht in beiden Fällen ein Dienstverhältnis mit dem Bund zugrunde liegt.[8] Die **Grundsätze**, nach denen sich das Vorliegen einer **Wehrdienstbeschädigung** bestimmt (vgl. ab 1.1.2025 §§ 3, 4 SEG),[9] dürften jedoch **weiterhin übertragbar** sein, soweit nicht tatsächliche oder rechtliche Besonderheiten des Zivildienstverhältnisses einer entsprechenden Anwendung entgegenstehen. Allerdings ist die praktische Bedeutung dieser Frage gering, solange die allgemeine Wehr- und damit auch die Zivildienstpflicht ausgesetzt ist (→ Rn. 2). Für den Zeitraum zwischen dem Außerkrafttreten des BVG und dem Inkrafttreten des Soldatenentschädigungsgesetzes (**1.1.2024 bis 31.12.2024**) richten sich die Leistungen für wehrdienstbeschädigte Soldatinnen und Soldaten im Übrigen weiterhin nach dem SVG iVm dem BVG in der am 31.12.2023 geltenden Fassung.[10]

B. Normsystematik

6 Die Vorschrift knüpft an §§ 47, 47b ZDG in der bis 31.12.2023 geltenden Fassung an[11] und bewirkt **gemeinsam mit §§ 103, 104** (vgl. bis 31.12.2023 §§ 49, 50 ZDG) **und 140 SGB XIV** die **Einordnung** der Versorgung von Personen, die durch Ereignisse im Zusammenhang mit der Ableistung des Zivildienstes geschädigt worden sind, **in das Sozialgesetzbuch**. Sie definiert die spezifischen Entschädigungstatbestände, die im Zusammenhang mit der Ableistung des Zivildienstes auftreten können und deren Erfüllung eine notwendige Voraussetzung des (neuen) Anspruchs auf Leistungen der Sozialen Entschädigung für Zivildienstgeschädigte nach den Vorschriften des SGB XIV ist.

7 Soweit § 47 ZDG bis 31.12.2023 **Regelungen** enthält, die über die Definition des Entschädigungstatbestandes hinausgehen, werden diese **hinfällig**. Insoweit finden die allgemeinen Vorschriften des SGB XIV Anwendung. Daher bedarf es zB keiner eigenständigen Regelung der Grundvoraussetzungen des Versorgungsanspruches nach § 47 Abs. 1 ZDG (einschließlich der Leistungsansprüche von Personen, die ihre Leistungsberechtigung von der geschädigten Person ableiten, wie bei der Versorgung Hinterbliebener; vgl. § 2, § 4 Abs. 1, § 6 und §§ 85 ff., 99 SGB XIV), zur Gleichstellung der Schädigung bestimmter Gegenstände mit einer gesundheitlichen Schädigung nach § 47

4 Vgl. BT-Drs. 19/27523, 1 und 184.
5 Vgl. BT-Drs. 19/27523, 2; Hofene SGb 2021, 617 ff.
6 Vgl. BT-Drs. 19/27523, 185.
7 BT-Drs. 19/27523, 185; § 68 Nr. 18 SGB I in der ab 1.1.2025 geltenden Fassung.
8 Vgl. Hofene SGb 2021, 617 (621).
9 Vgl. BT-Drs. 19/27523, 200 ff.
10 Vgl. BT-Drs. 19/27523, 245 zu Art. 3 Nr. 2.
11 BT-Drs. 19/13824, 180 f.

Abs. 6 ZDG (vgl. § 4 Abs. 3 SGB XIV), zur Beurteilung der Ursachenzusammenhänge und zur Gewährung einer sog. Kann-Versorgung nach § 47 Abs. 7 S. 1 und 2 ZDG (vgl. § 4 Abs. 4 bis 6 SGB XIV), zu Beginn, Änderung und Ende der Versorgung nach § 47 Abs. 8 ZDG (vgl. zB § 11 SGB XIV) sowie zum Zusammentreffen bzw. zur Konkurrenz verschiedener Ansprüche nach § 47 Abs. 9 und 11 ZDG (vgl. § 8 SGB XIV).

Gleiches gilt grundsätzlich auch für die Regelungen in **§ 51 ZDG**, soweit sie die Durchführung der Versorgung nach den §§ 47 bis 49 ZDG betreffen. **Organisation, Durchführung und Verfahren** richten sich nach den §§ 111 ff. SGB XIV, die **Kostentragung** (vgl. § 51 Abs. 4 ZDG iVm §§ 88 Abs. 8 SVG) nach §§ 133 ff. SGB XIV. Dabei enthält § 113 Abs. 4 SGB XIV eine spezielle Regelung des örtlich zuständigen Landes bei der Entschädigung von Berechtigten nach § 23 SGB XIV. Die Kosten für Leistungen nach § 23 SGB XIV trägt zudem der Bund in voller Höhe (§ 134 Abs. 2 SGB XIV). Soweit § 51 Abs. 1 S. 1 sowie Abs. 3 S. 1 ZDG Angelegenheiten des § 35 Abs. 5 und 8 ZDG betreffen, werden die Regelungen ab 1.1.2024 in § 35 Abs. 9 und 10 ZDG (neu) übernommen.[12] Soweit § 50 Abs. 3 S. 2 Nr. 1 ZDG eine **Bindungswirkung** rechtskräftiger sozialgerichtlicher Entscheidungen in bestimmten Angelegenheiten der §§ 47 bis 50 vorsieht, bedarf es einer entsprechenden Regelung ab 1.1.2024 nicht mehr. Denn die Bindungswirkung sollte insbes. divergierende Entscheidungen vor dem Hintergrund vermeiden, dass für die Versorgung Zivildienstgeschädigter nach § 47 ff. ZDG einerseits und für den Ausgleich nach § 50 ZDG andererseits unterschiedliche Behörden zuständig sind. Für die Zivildienstgeschädigten ergibt sich somit bis 31.12.2023 mit Beendigung des Zivildienstverhältnisses ein Wechsel des Leistungsträgers. Das SGB XIV sieht demgegenüber für die verschiedenen Leistungen (vgl. § 103 SGB XIV) keine unterschiedlichen Zuständigkeiten (vgl. §§ 111 ff. SGB XIV) mehr vor.[13] 8

C. Einzelkommentierung

I. Begriff des Zivildienstes

Im **Zivildienst** erfüllen anerkannte Kriegsdienstverweigerer Aufgaben, die dem Allgemeinwohl dienen, vorrangig im sozialen Bereich (§ 1 ZDG).[14] Die im ZDG verwendeten Begriffe der Dienstpflichtigen, Dienstleistenden und anerkannten Kriegsdienstverweigerer beschreiben verschiedene Verpflichtungsstufen, wobei Dienstleistende nur diejenigen sind, deren Zivildienstleistung tatsächlich bereits begonnen und noch nicht geendet hat. Die **Dauer** des Zivildienstes entspricht der Dauer des Grundwehrdienstes (vgl. § 24 Abs. 1 S. 1 ZDG). Beginn und Ende des Zivildienstes bestimmen sich nach §§ 25, 42, 44, 45 Abs. 1 Satz 2 ZDG. Aufgrund der derzeit geltenden Aussetzung des Wehrdienstes sowie des Wehrersatzdienstes haben die letzten Zivildienstverhältnisse am 31.12.2011 geendet (→ Rn. 2). 9

In Anlehnung an die Regelungen für den zusätzlichen freiwilligen Wehrdienst können Dienstpflichtige auf Antrag **freiwilligen zusätzlichen Zivildienst** leisten (§ 41a Abs. 1 ZDG), der als öffentlich-rechtliches Dienstverhältnis ausgestaltet ist.[15] Nach § 41a Abs. 3 ZDG haben freiwillig zusätzlichen Zivildienst Leistende die Rechtsstellung eines Dienstleistenden, der als anerkannter Kriegsdienstverweigerer Zivildienst leistet; sozialversicherungsrechtlich gilt er als Person, die aufgrund gesetzlicher Pflicht Zivildienst leistet. Es handelt sich um Zivildienst iSd ZDG (§ 41a Abs. 4 S. 1; vgl. auch 10

12 BT-Drs. 19/13824, 88, 236 zu Art. 7, Nr. 2.
13 Vgl. HK-SozEntschR/Lilienfeld ZDG § 51 Rn. 1 und SVG § 88 Rn. 10 ff., 27.
14 Zur rechtlichen Ausgestaltung des Zivildienstverhältnisses und zur Abgrenzung zum Recht der gesetzlichen Unfallversicherung vgl. auch BSG Urt. v. 20.4.1993 – 2 RU 35/92, SozR 3-2200 § 541 Nr. 3; hierzu Anm. von Benz SGb 1993, 635.
15 Vgl. BT-Drs. 17/1953, 14 f.

§ 78 Abs. 2 ZDG). Den Dienstleistenden stehen daher auch in der Zeit des freiwilligen zusätzlichen Zivildienstes alle Ansprüche und Rechte zu, wie sie für die Dienstleistenden in dem Zeitraum entsprechend der Dauer des Grundwehrdienstes (zuletzt sechs Monate) gelten.

II. Zivildienstgeschädigte (Abs. 1)

11 § 23 Abs. 1 SGB XIV regelt die Voraussetzungen, unter denen **Zivildienstgeschädigte** – bei Vorliegen der jeweils sonstigen Voraussetzungen des SGB XIV – Leistungen der Sozialen Entschädigung erhalten können. Sie knüpft an die Tatbestände des § 47 ZDG in der bis 31.12.2023 geltenden Fassung an.[16] Dabei werden die sehr detailliert definierten Tatbestände des § 47 Abs. 2, Abs. 3 Nr. 1, Abs. 4, Abs. 5 S. 1 Nr. 1 ZDG mit der offen gehaltenen Formulierung in Abs. 1, wonach Zivildienstgeschädigte die gesundheitliche Schädigung „durch eine Tätigkeit, einen Unfall, einen Angriff auf seine Person oder in sonstiger Weise erlitten" haben müssen, zusammengefasst. Weder dem Wortlaut noch der Begründung des Gesetzentwurfes kann entnommen werden, dass sich durch die gesetzliche Neuregelung eine grundsätzliche Schlechterstellung der Zivildienstleistenden ergeben soll. Tatsächlich ist der Wortlaut einer weiten Auslegung zugänglich. Zudem werden nach dem Schutzzweck des § 23 SGB XIV jedenfalls solche schädigenden Ereignisse im Zusammenhang mit dem Zivildienst erfasst, für welche die staatliche Gemeinschaft eine besondere Verantwortung trägt (vgl. § 1 Abs. 1 SGB XIV). Es kann daher grundsätzlich angenommen werden, dass die bisher von § 47 ZDG erfassten Schädigungstatbestände auch ein schädigendes Ereignis iSd § 23 Abs. 1 SGB XIV darstellen; andererseits geht aber die Übergangsregelung des § 140 SGB XIV davon aus, dass unterschiedliche Bewertungen zumindest im einzelnen Fällen denkbar sind.

12 Voraussetzung dafür, dass eine betroffene Person als Zivildienstgeschädigter anzusehen ist, ist nach dem Gesetzeswortlaut sowie der stRspr des BSG in jedem Fall, dass erstens zwischen dem schädigenden Ereignis (eine Tätigkeit, ein Unfall, ein Angriff auf die Person oder in sonstiger Weise) und der Ableistung des Zivildienstes ein **innerer bzw. sachlicher Zusammenhang** besteht. Zweitens muss es kausal durch das schädigende Ereignis zu einer **gesundheitlichen Schädigung** (im Sinne der Entstehung einer neuen Erkrankung oder der Verschlimmerung eines bestehenden Leidens[17]) gekommen sein. Kommen als Ursachen für eine gesundheitliche Schädigung mehrere Faktoren – getrennt voneinander oder auch durch ihr Zusammenwirken (Summationstrauma) – in Betracht, so ist für jeden gesondert zu untersuchen, ob der Tatbestand eines schädigenden Ereignisses iSd § 23 SGB XIV erfüllt ist. Rechtlich bedeutsam sind nur die Umstände, die diese Voraussetzungen erfüllen.[18] Damit konkretisiert § 23 Abs. 1 SGB XIV die allgemeinen Voraussetzungen für einen Anspruch auf Leistungen der Sozialen Entschädigung nach § 4 Abs. 1 S. 1 SGB XIV.

13 Durch den Verweis auf die Voraussetzungen nach § 4 Abs. 1 SGB XIV greift die Vorschrift zudem das **Kausalitätsprinzip** als tragende Säule der Sozialen Entschädigung auf (vgl. zu den Kausalitätsanforderungen → § 1 Rn. 23 ff.) und macht deutlich, dass ein Anspruch auf staatliche Entschädigung nur für kausal verursachte Schädigungsfolgen besteht.[19] Dies entspricht ebenfalls der Rechtslage nach dem ZDG bzw. allgemein dem SER. Ansprüche auf Leistungen der Sozialen Entschädigung setzen grundsätzlich eine **dreigliedrige Kausalkette** aus schädigendem Ereignis, (primärer) gesundheitlicher Schädigung und Schädigungsfolge voraus. Dabei müssen sich die drei Glieder der

16 BT-Drs. 19/13824, 180.
17 Vgl. BSG Urt. v. 25.3.2004 – B 9 VS 1/02 R, SozR 4-3200 § 81 Nr. 1 mwN.
18 Vgl. BSG Urt. v. 17.5.1977 – 10 KlV 2/74, SozR 3200 § 88 Nr. 2.
19 BT-Drs. 19/13824, 171 zu § 4.

Kausalkette selbst mit an Sicherheit grenzender Wahrscheinlichkeit (Vollbeweis) feststellen lassen.[20] Für den Ursachenzusammenhang zwischen den drei Gliedern genügt die Wahrscheinlichkeit des ursächlichen Zusammenhangs (§ 4 Abs. 4 S. 1 SGB XIV). Entsprechend der stRspr des BSG wird die **Wahrscheinlichkeit des ursächlichen Zusammenhangs** in § 4 Abs. 4 S. 2 SGB XIV dahin gehend definiert, dass nach dem aktuellen Stand der medizinischen Wissenschaft mehr für als gegen den Ursachenzusammenhang spricht. Wie bisher genügt die reine Möglichkeit nicht.[21] Die sog. **Theorie der wesentlichen Bedingung** findet Anwendung.[22]

1. Eine Tätigkeit im Zusammenhang mit der Ableistung des Zivildienstes. **Jedenfalls** unter Geltung des § 47 ZDG bis 31.12.2023 bestehen Parallelen zum Recht der Soldatenversorgung. Die Vorschrift definiert den Begriff der Zivildienstbeschädigung in **Anlehnung an** denjenigen der **Wehrdienstbeschädigung** iSd § 81 SVG. Auf Literatur und Rspr. zum SVG kann daher zur Auslegung der §§ 47 ff. ZDG zurückgegriffen werden.[23] Ab 1.1.2025 können voraussichtlich die Grundsätze der §§ 3 und 4 SEG entsprechend berücksichtigt werden (→ Rn. 5). Für die Frage, ob eine **Tätigkeit** eine **Zivildienstverrichtung** darstellt (bzw. im Zusammenhang mit der Ableistung des Zivildienstes iSd § 23 Abs. 1 SGB XIV steht), ist somit die **Zweckbestimmung der Tätigkeit maßgebend.** Sie muss nach den jeweiligen Umständen in einem engen inneren Zusammenhang mit dem Dienst stehen, dh zur Erfüllung einer dienstlichen Pflicht erfolgen; ausnahmsweise kann sie auch außerhalb der Dienstzeit oder außerhalb der Dienststelle vorgenommen werden. Keine Zivildienstverrichtungen sind Tätigkeiten, die aufgrund freier Willensbestimmung aus privaten Gründen vorgenommen werden.[24] Allerdings wird in der Regel während der **dienstfreien Zeit** kein Zivildienst geleistet.[25] 14

Systembedingte Unterschiede zwischen Wehrdienst und Zivildienst sind jedoch zu beachten. So gehören zB die truppenärztliche Versorgung oder die Kasernierung und die Kameradschaft (§ 12 SVG) zu den eigentümlichen Verhältnissen des Wehrdienstes; etwas Vergleichbares gibt es im Bereich des Zivildienstes grundsätzlich nicht (vgl. aber § 40 ZDG). Eine Zivildiensteigentümlichkeit kann daher jedenfalls in derartigen Fällen in aller Regel nicht bejaht werden.[26] 15

Soweit darüber hinaus das BSG unter Berücksichtigung des Wortlautes von § 81 Abs. 1 SVG für die Tatbestandsalternative „während der Ausübung des Wehrdienstes" einen Ursachenzusammenhang zwischen der Ausübung des Wehrdienstes und dem Unfall für nicht erforderlich gehalten hat[27] (vergleichbare Erwägungen müssen für die Tatbestandsalternative „während der Ausübung des Zivildienstes" in § 47 Abs. 2 ZDG gelten), dürfte sich diese Rspr. auf die Regelung in § 23 Abs. 1 SGB XIV nicht übertragen lassen. Denn danach wird gerade der **Zusammenhang mit der Ableistung** 16

20 Vgl. BSG Urt. v. 27.9.2018 – B 9 V 2/17 R, BSGE 127, 1 = juris Rn. 33 mwN; BSG Urt. v. 12.9.2019 – B 9 V 2/18 R, BSGE 129, 87 = juris Rn. 20.

21 BT-Drs. 19/13824, 171 zu Art. 1, Kap. 2, Abschnitt 1, § 4.

22 Vgl. BSG Urt. v. 12.9.2019 – B 9 V 2/18 R, BSGE 129, 87 = juris Rn. 21; BSG Urt. v. 16.12.2014 – B 9 V 6/13 R, SozR 4-7945 § 3 Nr. 1 Rn. 16 ff.; BSG Beschl. v. 3.3.2014 – B 9 V 51/13 B, juris Rn. 13; vgl. zu den Grundsätzen der Theorie der wesentlichen Bedingung beispielhaft ausführlich BSG Urt. v. 9.5.2006 – B 2 U 1/05 R, BSGE 96, 196 Rn. 13 ff. mwN bzw. zu möglichen kleineren Unterschieden im SER BSG Urt. v. 16.12.2014 – B 9 V 6/13 R, SozR 4-7945 § 3 Nr. 1 Rn. 16 ff.

23 Vgl. den Überblick bei HK-SozEntschR/Lilienfeld SVG § 81.

24 Insg. vgl. BSG Urt. v. 17.5.1977 – 10 RV 73/76, SozR 3200 § 81 Nr. 8 = SozSich 1977, 349, wobei es das BSG offen gelassen hat, ob eine zu dienstlichen Zwecken ausgeübte Tätigkeit während der Freizeit stets oder nur bei Vorliegen besonderer Umstände als Wehrdienstverrichtung anzusehen ist.

25 BSG Urt. v. 5.7.2007 – B 9/9a VS 3/06 R, BSGE 99, 1.

26 BSG Urt. v. 24.11.1988 – 9/9a RV 46/87, SozR 7380 § 47 Nr. 1; vgl. auch BSG Urt. v. 11.11.1987 – 9a RV 14/87, HV-INFO 1988, 437.

27 BSG Urt. v. 13.12.2000 – B 9 VS 1/00 R, BSGE 87, 194 mwN.

des Dienstes gefordert. Dieser Zusammenhang mit der Ableistung des Zivildienstes kann sich bei Vorliegen einer inneren Ursache aber dadurch ergeben, dass dienstliche Umstände diese innere Ursache wesentlich beeinflusst haben oder eine besondere Gefahr am Dienstort an Art oder Schwere des Unfalls oder der gesundheitlichen Schädigung wesentlich mitgewirkt hat.[28]

17 **2. Ein Unfall im Zusammenhang mit der Ableistung des Zivildienstes.** Der **Unfallbegriff** iSd § 23 Abs. 1 SGB XIV dürfte grds. demjenigen des Rechts der gesetzlichen Unfallversicherung (vgl. § 8 Abs. 1 S. 2 SGB VII; ähnlich auch § 27 Abs. 2 S. 1 SVG) entsprechen. Unfälle sind danach zeitlich begrenzte, von außen auf den Körper einwirkende Ereignisse, die zu einem Gesundheitsschaden oder zum Tod führen. Ausgeschlossen werden damit insbesondere Unfälle, die auf einer inneren Ursache beruhen.[29] Vgl. zum Begriff des Unfalls auch die Kommentierung bei → § 4 Rn. 9 ff.

18 **3. Ein Angriff auf die Person Zivildienstleistender im Zusammenhang mit der Ableistung des Zivildienstes.** Für den **Begriff des Angriffs** kann auf den entsprechenden Begriff bei Opfern von Gewalttaten (§ 13 Abs. 1 Nr. 1 SGB XIV) zurückgegriffen werden. Allerdings genügt bei § 23 Abs. 1 SGB XIV ein Angriff auf die Person des Zivildienstleistenden. Nicht vorausgesetzt wird, dass es sich um einen vorsätzlichen, rechtswidrigen oder tätlichen Angriff handelt. Andererseits muss der Angriff **aus bestimmten Gründen** erfolgen, denn er muss im Zusammenhang mit der Ableistung des Zivildienstes stehen. Anders als nach § 47 Abs. 3 Nr. 1 lit. a und b ZDG sind diese bestimmten Gründe ab 1.1.2024 jedoch nicht mehr näher definiert. Die bislang bereits erfassten Fallgruppen eines Angriffs wegen eines „pflichtgemäßen dienstlichen Verhaltens" oder wegen der „Zugehörigkeit zum Zivildienst" dürften aber weiterhin umfasst sein. Weitere Fallgestaltungen sind aber nicht grundsätzlich ausgeschlossen.

19 **4. Alkoholbedingtes Verhalten.** Der Zusammenhang mit der Ableistung des Zivildienstes dürfte nach der Rspr. des BSG entfallen, wenn **alkoholbedingtes Verhalten** für eine gesundheitliche Schädigung **allein wesentlich bestimmend** war. Das ist der Fall, wenn nach den Erfahrungen des täglichen Lebens davon ausgegangen werden kann, dass die geschädigte Person, hätte sie nicht unter Alkoholeinfluss gestanden, unter gleichen Umständen nicht geschädigt worden wäre. Die Ableistung des Zivildienstes ist in diesen Fällen nicht mehr wesentliche Bedingung des schädigenden Ereignisses, sondern nur noch **Gelegenheitsursache**. Sind sonstige ursächliche Faktoren nicht erwiesen, kann die Lebenserfahrung dafür sprechen, dass die durch den Alkoholeinfluss hervorgerufene Untüchtigkeit zu ordnungsgemäßem Handeln das schädigende Ereignis herbeigeführt hat; allerdings muss diese Untüchtigkeit im Vollbeweis nachgewiesen sein insbes. durch entsprechende Blutalkoholkonzentration und Verhalten der geschädigten Person in Form von alkoholtypischen Ausfallerscheinungen. Das BSG spricht hier vom negativen Tatbestandsmerkmal des alkoholbeherrschten Zustandes. Für die Bejahung dieses (umgekehrten) Zusammenhanges genügt dabei die Wahrscheinlichkeit des Geschehensablaufs.[30]

20 Beim Alkoholgenuss unterscheidet das BSG den bloßen **Leistungsabfall** vom **Leistungsausfall** (Zustand, in dem die geschädigte Person zu keiner zweckgerichteten Tätigkeit mehr fähig ist; insbes. Vollrausch). Nur letzterer bewirkt ein Lösen vom Dienst. Fälle, in denen bei einem weit geringeren Trunkenheitsgrad dienstliche Ver-

---

28 Vgl. BSG Urt. v. 15.2.2005 – B 2 U 1/04 R, SozR 4-2700 § 8 Nr. 12.
29 Vgl. BSG Urt. v. 17.2.2009 – B 2 U 18/07 R, SozR 4-2700 § 8 Nr. 31 Rn. 9, 13 ff.; BSG Urt. v. 29.11.2011 – B 2 U 10/11 R, SozR 4-2700 § 8 Nr. 42 Rn. 13 ff.
30 Vgl. BSG Urt. v. 24.8.1982 – 9a RV 3/82, SozR 3200 § 81 Nr. 18 mwN; BSG Urt. v. 8.10.1987 – 4b RV 29/86, BSGE 62, 187.

richtungen bis zu einem gewissen Grad immerhin noch vorstellbar sind, sind dem nicht gleichzusetzen.[31]

5. In sonstiger Weise im Zusammenhang mit der Ableistung des Zivildienstes. Das Tatbestandsmerkmal **„in sonstiger Weise"** dürfte einen **Auffangtatbestand** für derartige schädigende Ereignisse darstellen, die von den Tatbestandsalternativen Tätigkeit, Unfall oder Angriff noch nicht abgedeckt sind. Als Zivildienstgeschädigte iSd § 23 Abs. 1 SGB XIV dürften danach insbes. nicht nur solche Personen in Betracht kommen, deren gesundheitliche Schädigung durch ein zeitlich begrenztes schädigendes Ereignis („eine Tätigkeit", ein Unfall", „ein Angriff" iSd § 23 Abs. 1 SGB XIV) verursacht worden ist, sondern auch Personen, bei denen sich eine gesundheitliche Schädigung im Zusammenhang mit der Ableistung des Zivildienstes über einen längeren Zeitraum entwickelt hat („im Zusammenhang mit der Ableistung des Zivildienstes in sonstiger Weise erlitten"). Zu prüfen ist, ob eine (sich regelmäßig langsam entwickelnde) Erkrankung mit der notwendigen Wahrscheinlichkeit durch zivildienstliche Einflüsse herbeigeführt worden ist. Die Erkrankungen können vielfältiger Natur sein (zB psychische Erkrankungen, Erkrankungen des Herz-Kreislauf-Systems, Krebserkrankungen usw); neben möglichen dienstlichen Einflüssen kommen hier aber auch nichtdienstliche Einwirkungen in Betracht wie allgemeine Umwelteinflüsse, soziale Faktoren, persönliche Lebensweise oder genetische Veranlagung, die abzugrenzen sind. Unter Berücksichtigung der Rspr. des BSG im Soldatenversorgungsrecht[32] können diejenigen normativen Vorgaben und Grundsätze **entsprechend** herangezogen werden, die im Recht der **gesetzlichen Unfallversicherung** für die Fälle der Anerkennung von **Berufskrankheiten** entwickelt worden sind (vgl. auch → § 1 Rn. 39). 21

Nach den Grundsätzen der gesetzlichen Unfallversicherung kann eine Krankheit als **Berufskrankheit** anerkannt werden, wenn sie nach den Erkenntnissen der medizinischen Wissenschaft durch besondere Einwirkungen verursacht wird, denen bestimmte Personengruppen durch ihre versicherte Tätigkeit in erheblich höherem Grade als die übrige Bevölkerung ausgesetzt sind. Ob **bestimmte (berufliche) Einwirkungen** in zahlenmäßig beachtlichem Umfang **generell geeignet sind, eine bestimmte Krankheit herbeizuführen,** wird in der gesetzlichen Unfallversicherung nicht durch Verwaltung und Gericht im Einzelfall ermittelt, sondern nach umfassenden Ermittlungen vom Gesetzgeber allgemein durch Verordnung festgelegt (§ 9 Abs. 1 SGB VII iVm der Berufskrankheiten-Verordnung).[33] Dementsprechend kommt eine Zivildienstschädigung in Betracht, wenn Zivildienstleistende im Dienst (über einen längeren Zeitraum) Einwirkungen ausgesetzt waren, die im Unfallversicherungsrecht zu der Erkenntnis geführt haben, dass sie das Krankheitsrisiko in auffallender Weise erhöhen, und wenn die Krankheit deshalb in die Berufskrankheiten-Verordnung aufgenommen worden ist. Darüber hinaus ist im Einzelfall zu prüfen, ob die Erkrankung ihre Ursache in einer dem Zivildienst zuzuordnenden schädigenden Einwirkung hat, dh die geschädigte Person die jeweiligen Voraussetzungen für die Entstehung der Berufskrankheit tatsächlich erfüllt. Dabei ist die Frage, welche Voraussetzungen zur Annahme eines ursächlichen Zusammenhangs zwischen der schädigenden Einwirkung und der Erkrankung vorliegen müssen, unter Zuhilfenahme medizinischer, naturwissenschaftlicher und techni- 22

---

31 Vgl. insg. BSG Urt. v. 30.6.1977 – 9 RV 80/76, SozR 3200 § 81 Nr. 10 mwN; vgl. auch BSG Urt. v. 5.9.2006 – B 2 U 24/05 R, BSGE 97, 54.

32 Vgl. insg. BSG Urt. v. 26.2.1992 – 9a RV 4/91, SozR 3-3200 § 81 Nr. 3; BSG Urt. v. 23.6.1993 – 9/9a RV 26/90, HV-INFO 1993, 2320 mwN; BSG Urt. v. 10.11.1993 – 9/9a RV 41/92, BSGE 73, 190 mwN; BSG Urt. v. 17.7.2008 – B 9/9a VS 5/06 R, SozR 4-3200 § 81 Nr. 5 mwN; systematisch dargestellt in: BSG Beschl. v. 19.6.1996 – 9 BV 105/95 mwN.

33 Vgl. insg. BSG Urt. v. 17.7.2008 – B 9/9a VS 5/06 R, SozR 4-3200 § 81 Nr. 5 mwN.

scher Sachkunde nach den im Entscheidungszeitpunkt aktuellen wissenschaftlichen Erkenntnissen zu beantworten.[34]

23 Liegt eine **Erkrankung** vor, die **von der entsprechend heranzuziehenden Berufskrankheiten-Verordnung nicht erfasst** wird, ist die Anerkennung als Zivildienstgeschädigter dennoch nicht ausgeschlossen. Denn auch der Rechtsgrundsatz des § 9 Abs. 2 SGB VII (**„Wie-Berufskrankheit“**) ist zu übertragen.[35] Danach ist eine Krankheit, die nicht in der Berufskrankheiten-Verordnung bezeichnet ist oder bei der die dort bestimmten Voraussetzungen nicht vorliegen, wie eine Berufskrankheit als Versicherungsfall anzuerkennen, sofern im Zeitpunkt der Entscheidung nach neuen Erkenntnissen der medizinischen Wissenschaft die Voraussetzungen für eine Aufnahme in die BKV erfüllt sind. Darüber hinaus dürfte der Wortlaut der Tatbestandsalternative „in sonstiger Weise“ auch solche Fälle erfassen, in denen lediglich im Einzelfall ein ursächlicher Zusammenhang mit dem Zivildienst hinreichend wahrscheinlich ist.

III. Wegeunfälle (Abs. 2)

24 § 23 Abs. 2 SGB XIV regelt die Berücksichtigung von **Wegeunfällen**, knüpft an die Regelungen des § 47 Abs. 5 ZDG (seinerseits der Regelung in § 81 Abs. 4 SVG nachempfunden) in der bis 31.12.2023 geltenden Fassung an und ist angelehnt an § 8 Abs. 2 SGB VII.[36] Auf die Rspr. zu den genannten Vorschriften kann daher zurückgegriffen werden.

25 **1. Unmittelbarer Weg von und zur Dienststelle sowie Hin- oder Rückweg bei Antritt und Beendigung des Zivildienstes (Abs. 2 Nr. 1 und 2).** Der unmittelbare Hin- und Rückweg bei Antritt und Beendigung des Zivildienstes (§ 23 Abs. 2 Nr. 2 SGB XIV) sind gesondert erfasst, weil der Zivildienst ggf. nicht bei einer Dienststelle (§ 3 ZDG) begonnen wird (vgl. § 25b Abs. 1 Satz 1 ZDG). Hin- oder Rückweg bei Antritt und Beendigung des Zivildienstes sowie die Wege von oder zur Dienststelle sind nur dann von § 23 Abs. 2 Nr. 1 und 2 SGB XIV erfasst, wenn es sich um den **unmittelbaren Weg** handelt. **Endpunkt** des Hinweges und zugleich **Ausgangspunkt** in der Gegenrichtung ist die Dienststelle (bzw. im Fall der Nr. 2 auch ein anderer Ort). Der andere, im Gesetz nicht ausdrücklich festgelegte Grenzpunkt wird regelmäßig die **(Familien-)Wohnung** sein. Die Vorschrift erfasst daneben ausgehend vom Wortlaut aber auch andere Wege nach und von der Dienststelle, die mit dem Dienst zusammenhängen (Wege zu oder von einem **dritten Ort**), weil die geschädigte Person den Weg zurücklegen muss, um aus dem privaten, ungeschützten Lebensbereich heraus den geschützten Dienst aufzunehmen oder in diesen wieder hinüberzuwechseln, nachdem eine geschützte Tätigkeit beendet wurde. Diese Wege sind dadurch gekennzeichnet, dass sie stets **im privaten Lebensbereich enden oder dort beginnen.**[37] Dabei kommt es nach neuerer Rspr. des BSG zum Recht der gesetzlichen Unfallversicherung nicht (mehr) auf einen Angemessenheitsvergleich mit der üblichen Wegstrecke zwischen Wohnung und Dienststelle, auf den Zweck des Aufenthalts am dritten Ort, auf die Beschaffenheit der Wege, auf das benutzte Verkehrsmittel, auf den Zeitaufwand, auf das Unfallrisiko oder auf weitere Kriterien an.[38]

---

34 Vgl. insg. BSG Urt. v. 17.7.2008 – B 9/9a VS 5/06 R, SozR 4-3200 § 81 Nr. 5 mwN.
35 So zur Rechtslage unter der RVO vgl. BSG Urt. v. 23.6.1993 – 9/9a RV 26/90, HV-INFO 1993, 2320 mwN.
36 BT-Drs. 19/13824, 180.
37 Insg. vgl. BSG Urt. v. 8.8.2001 – B 9 VS 2/00 R, BSGE 88, 247 mwN; vgl. auch BSG Urt. v. 16.3.1982 – 9a/9 RV 40/81, BSGE 53, 173 mwN; BSG Urt. v. 28.6.1973 – 9 RV 689/72, Breith. 1974, 699 mwN; BSG Urt. v. 25.3.1971 – 9 RV 596/69, SozR Nr. 8 zu § 4 BVG mwN.
38 BSG Urt. v. 30.1.2020 – B 2 U 2/18 R, BSGE 130, 1.

Der geschützte Weg nach und von der Dienststelle **beginnt bzw. endet** mit dem Verlassen bzw. Betreten des häuslichen Bereichs, dh mit dem Durchschreiten der Außentür des von der geschädigten Person bewohnten Gebäudes. Schutz besteht für solche Gefahren, die gewöhnlich mit der Zurücklegung des Weges funktional verbunden sind.[39] Bei der Zurücklegung des Weges nach und von der Dienststelle ist die geschädigte Person in der **Wahl des Verkehrsmittels und** im Rahmen des Vertretbaren auch in der Wahl **der Wegstrecke** (zB aus verkehrstechnischen Gründen) grundsätzlich **frei.**[40] 26

Zu den sog. Wegeunfällen hat sich sowohl im Recht der Soldatenversorgung als auch der Unfallversicherung eine durchaus **kasuistisch geprägte Rechtsprechung** entwickelt mit dem Ziel, die **Grenze** zu ermitteln, bis zu welcher der gesetzliche Schutz reichen soll. Denn nicht jeder Weg, der die Dienststelle als Ziel oder Ausgangspunkt hat, ist gesetzlich geschützt. Im Kern geht es darum, ob die eingetretene gesundheitliche Schädigung den Zivildienstleistenden persönlich – also dessen **privater Sphäre** – oder seinem Dienstherrn – also der **dienstlichen Sphäre** – zuzurechnen ist. Schutz besteht, wenn zwischen dem Zurücklegen des Weges und dem Zivildienst ein **innerer Zusammenhang** besteht.[41] 27

Geschützt sind Wege, die erkennbar zu dem Zweck zurückgelegt werden, den Ort der Tätigkeit oder nach deren Beendigung im typischen Fall die eigene Wohnung zu erreichen. Maßgebend für die Beurteilung, ob eine konkrete Verrichtung der grundsätzlich versicherten Fortbewegung dient, ist nach der Rspr. zum Recht der gesetzlichen Unfallversicherung die **„objektivierte Handlungstendenz"** der geschädigten Person. Das objektiv beobachtbare Handeln muss subjektiv – zumindest auch – auf die Erfüllung des Tatbestands der versicherten Tätigkeit ausgerichtet sein. Die subjektive Handlungstendenz als von den Tatsachengerichten festzustellende innere Tatsache muss sich mithin im äußeren Verhalten des Handelnden (Verrichtung) widerspiegeln, so wie es objektiv beobachtbar ist.[42] Fehlt es an einem solchen inneren Zusammenhang, scheidet ein Schutz selbst dann aus, wenn sich der Unfall auf derselben Strecke ereignet, die die geschädigte Person auf dem Weg nach oder von dem Ort der Dienststelle gewöhnlich benutzt. Insoweit **ist die örtlich-räumliche Beziehung zur Wegstrecke von der funktionalen Beziehung abzugrenzen.**[43] 28

Dem persönlichen Lebensbereich zuzurechnen sind generell die zahlreichen und verschiedenartigen **vorbereitenden Verrichtungen des täglichen Lebens,** die dazu dienen, die geschützte dienstliche Tätigkeit später wieder ordnungsgemäß durchführen zu können. Ihnen ist gemeinsam, dass sie zugleich mit ihrem privaten Charakter mittelbar der Erfüllung von Verpflichtungen aus dem Dienstverhältnis dienen und vielfach hierzu sogar unentbehrlich sind, dieser Tätigkeit aber zu fern stehen, als dass sie schon der unter Schutz stehenden dienstlichen Sphäre zuzurechnen wären.[44] Als **geschützte Vorbereitungshandlungen** wurden aber ua **ausnahmsweise** anerkannt das unvorhergesehen notwendige Nachtanken,[45] das Holen von Medikamenten unmittel- 29

39 Vgl. BSG Urt. v. 29.5.1991 – 9a/9 RV 28/89, SozR 3-3200 § 81 Nr. 2 mwN: BSG Urt. v. 17.12.2015 – B 2 U 8/14 R, SozR 4-2700 § 8 Nr. 55 Rn. 17 ff.; BSG Urt. v. 5.7.2016 – B 2 U 5/15 R, BSGE 122, 1 = juris Rn. 21.

40 BSG Urt. v. 5.5.1993 – 9/9a RV 21/91, SozR 3-3200 § 81 Nr. 7 mwN.

41 StRspr. BSG, zB BSG Urt. v. 16.12.2004 – B 9 VS 1/04 R, BSGE 94, 133 mwN.

42 StRspr.; vgl. zuletzt BSG Urt. v. 6.10.2020 – B 2 U 9/19 R, juris Rn. 20.

43 Vgl. BSG Urt. v. 16.12.2004 – B 9 VS 1/04 R, BSGE 94, 133 mwN; BSG Urt. v. 8.8.2001 – B 9 VS 2/00 R, BSGE 88, 247 mwN.

44 BSG Urt. v. 8.8.2001 – B 9 VS 2/00 R, BSGE 88, 247 mwN.

45 BSG Urt. v. 14.12.1978 – 2 RU 59/78, SozR 2200 § 550 Nr. 39 mwN; Abgrenzung dazu bei BSG Urt. v. 11.8.1998 – B 2 U 29/97 R, SozR 3-2200 § 550 Nr. 19 mwN; Schutz bejahend auch BSG Urt. v. 24.1.1995 – 8 RKnU 1/94, SozR 3-2200 § 548 Nr. 23.

bar vor der Arbeitsaufnahme,[46] das Holen der in der Wohnung vergessenen Brille[47] bzw. der Zahnvollprothese[48] oder des vergessenen Spindschlüssels.[49] Kennzeichnend für die vorgenannten Fälle vergessener Sachen ist, dass jeweils der kürzeste Weg zwischen Wohnung und Tätigkeitsort aus dienstlichen (betrieblichen) Gründen wiederholt wurde.[50] **Nicht geschützt** ist zB die Reparatur des privaten PKW auf der Fahrt zum Dienst, wenn die Reparaturbedürftigkeit bereits vor Fahrtbeginn vorlag – selbst dann, wenn sie erst während der Fahrt (oder bei Fahrtantritt) erkannt worden ist.[51]

30 Geschützt ist grundsätzlich der **unmittelbare Weg** zwischen der Dienststelle und dem dritten Ort. **Unschädlich** sind **geringfügige/unwesentliche Unterbrechungen**, dh Verrichtungen, die üblicherweise örtlich und zeitlich noch als Teile des Weges in seiner Gesamtheit angesehen werden können und die sozusagen im Vorbeigehen und ganz nebenbei erledigt werden.[52] Größere **Umwege** insbes. **aus verkehrstechnischen Gründen** sind im Rahmen der freien Wahl des Weges ebenfalls unschädlich, sofern die Zielrichtung beibehalten wird und für die Wahl des weiteren Weges keine Gründe maßgebend sind, die allein oder überwiegend dem privaten Lebensbereich zuzurechnen sind.[53] Ist ein dienstbezogener Grund für die Unterbrechung bzw. den Umweg oder Abweg nicht erkennbar, handelt es sich insoweit nicht um einen geschützten Weg. Der geschützte Weg kann jedoch nach Beendigung des Abweges bzw. Umweges oder auch der Unterbrechung fortgesetzt werden.[54] Für die Unterscheidung zwischen einer bloßen Unterbrechung eines einheitlichen Weges und der Beendigung eines Weges an einem sog. dritten Ort hat das BSG zuletzt die nach stRspr geltende **zeitliche Grenze von zwei Stunden** ausdrücklich bestätigt. Dauert der Aufenthalt an dem fraglichen Ort länger als zwei Stunden, handelt es sich um einen sog. dritten Ort.[55]

31 Die **objektive Beweislast**, etwaige eigenwirtschaftliche Gründe der geschädigten Person festzustellen, geht zulasten der zuständigen Behörde, solange sich die geschädigte Person auf einem geschützten Weg befindet. Liegt demgegenüber ein Umweg oder eine Unterbrechung vor, trägt die geschädigte Person die objektive Beweislast für das Vorliegen dienstlicher Gründe.[56]

32 **2. Abweichender Weg wegen Kinderbetreuung oder Fahrgemeinschaft (Abs. 2 Nr. 3 lit. a und b).** **§ 23 Abs. 2 Nr. 3 lit. a und b SGB XIV** legen mit konstitutiver Wirkung fest, unter welchen Voraussetzungen (**Kinderbetreuung, Fahrgemeinschaft**) ein Abweichen vom unmittelbaren Weg zwischen Wohnung und Dienststelle nicht als Unterbrechung des Zusammenhanges mit dem Zivildienst zu werten ist. Nach der gesetzlichen Fiktion liegt in diesen Fällen **kein schädlicher Abweg** vor.

33 § 23 Abs. 2 Nr. 3 lit. a SGB XIV setzt voraus, dass das **Kind** mit dem Zivildienstleistenden **in einem Haushalt lebt** und die Notwendigkeit, es **fremder Obhut** anzuvertrauen, **wegen des Zivildienstes** besteht. In der Praxis wird sich die Notwendigkeit fremder Obhut immer dann ergeben, wenn Zivildienstleistende durch ihren Zivildienst, aber auch der Ehegatte oder Lebenspartner verhindert ist, das Kind zu beaufsichtigen. Das Erfordernis **fremder Obhut** dürfte immer gegeben sein, wenn das Kind

46 Vgl. BSG Urt. v. 18.3.1997 – 2 RU 17/96, SozR 3-2200 § 550 Nr. 16 mwN.
47 BSG Urt. v. 25.1.1977 – 2 RU 99/75, SozR 2200 § 550 Nr. 25.
48 BSG Urt. v. 26.5.1977 – 2 RU 97/75, USK 77139.
49 BSG Urt. v. 29.1.1959 – 2 RU 198/56, SozR Nr. 11 zu § 543 RVO.
50 BSG Urt. v. 8.8.2001 – B 9 VS 2/00 R, BSGE 88, 247 mwN.
51 BSG Urt. v. 29.5.1991 – 9a/9 RV 28/89, SozR 3-3200 § 81 Nr. 2 mwN.
52 BSG Urt. v. 29.5.1991 – 9a/9 RV 28/89, SozR 3-3200 § 81 Nr. 2 mwN; BSG Urt. v. 7.5.2019 – B 2 U 31/17 R, SozR 4-2700 § 8 Nr. 69 Rn. 20.
53 BSG Urt. v. 30.11.1971 – 10 RV 114/70, BSGE 33, 239 mwN.
54 BSG Urt. v. 16.12.2004 – B 9 VS 1/04 R, BSGE 94, 133; BSG Urt. v. 8.8.2001 – B 9 VS 2/00 R, BSGE 88, 247 mwN; BSG Urt. v. 20.4.1983 – 9a RV 30/82, USK 8350 mwN.
55 BSG Urt. v. 30.1.2020 – B 2 U 20/18 R, SozR 4-2700 § 8 Nr. 74 Rn. 13 ff.
56 Vgl. BSG Urt. v. 5.5.1993 – 9/9a RV 21/91, SozR 3-3200 § 81 Nr. 7.

außerhalb des Haushaltes der Zivildienstleistenden betreut wird. Dies ist nicht nur bei entgeltlicher Betreuung der Fall, sondern auch bei Betreuung durch außenstehende Familienangehörige wie etwa die Großeltern. **Zweck der Vorschrift** ist, die Vereinbarkeit von Familie und Beruf zu fördern. Einer eigenständigen Regelung für den Fall, dass die Kinderbetreuung wegen der beruflichen Tätigkeit des Ehegatten oder eingetragenen Lebenspartners erforderlich ist (so noch § 47 Abs. 5 S. 2 lit. a ZDG), bedarf es wohl nicht; im Übrigen bestünde Unfallversicherungsschutz nach § 8 Abs. 2 Nr. 2 lit. a SGB VII.

Die zweite Alternative schützt **Fahrgemeinschaften**. Voraussetzung ist das gemeinsame 34 Benutzen eines Fahrzeuges für einen bestimmten Weg, nämlich den Weg nach und von der Dienststelle. Die gemeinsame Benutzung öffentlicher Verkehrsmittel stellt keinen Fall einer Fahrgemeinschaft dar.[57] Der **Personenkreis** der möglichen Mitfahrer ist dabei nach dem Gesetzeswortlaut weit, aber nicht grenzenlos: erfasst sind andere Dienstleistende, Berufstätige oder in der gesetzlichen Unfallversicherung versicherte Personen, soweit diese in der jeweiligen Funktion an der Fahrgemeinschaft teilnehmen. Berufstätig ist jede Person, die (ggf. auch nur vorübergehend) einer dem Erwerb von Einkommen dienenden Tätigkeit nachgeht – egal ob abhängig beschäftigt,[58] selbstständig oder als Beamtin oder Beamter. Zu den in der gesetzlichen Unfallversicherung versicherten Personen gehören die kraft Gesetzes, die kraft Satzung und die freiwillig versicherten Personen (§§ 2, 3 und 6 SGB VII). Nach Wortlaut sowie Sinn und Zweck der Regelung ist nicht erforderlich, dass es sich bei den Mitgliedern der Fahrgemeinschaft um Kollegen handelt oder dass sie sich vorher gekannt und in einem Gemeinschaftsverhältnis zueinander gestanden haben. Danach ist auch nicht erforderlich, dass die Fahrgemeinschaft entgeltlich erfolgt oder auf Dauer angelegt ist; sie kann einmalig oder gelegentlich stattfinden und spontan entstanden sein. Gesetzeszweck ist, das Sparen von Treibstoff anzuregen und zu fördern.[59]

Nach der Rspr. des BSG[60] gelten für den **Mitfahrer** keine strengeren Maßstäbe hin- 35 sichtlich des Verlustes des Wegeschutzes als für Fahrer: Für die Beurteilung zB der Frage, ob ein **Umweg** vorliegt, ist zunächst zu beachten, dass die Wahl des Weges grundsätzlich frei ist. Für den Mitfahrer einer Fahrgemeinschaft kommt hinzu, dass es nicht seiner Bestimmung unterliegt, welche Fahrtroute der Fahrer nimmt.[61] Ähnliche Überlegungen sind bei zeitlichen oder qualitativen Abweichungen vom Weg durchzuführen; dabei wird auch wertend anhand der Gesamtumstände zu entscheiden sein, ob und inwieweit dem Mitfahrer das Verhalten des Fahrers nachteilig zugerechnet werden kann.

3. Familienheimfahrt (Abs. 2 Nr. 4). § 23 Abs. 2 Nr. 4 SGB XIV bezweckt eine Erwei- 36 terung des Schutzes auf den Weg zwischen Dienstort und **Familienwohnung**. Nach dem Gesetzeswortlaut soll die Vergünstigung denjenigen zugute kommen, die wegen der Entfernung der Familienwohnung zum Dienstort oder wegen der Pflicht zum Wohnen in einer dienstlichen Unterkunft am Dienstort oder in der Nähe eine Unterkunft besitzen. Nach den Motiven des Gesetzgebers findet damit der Umstand Beachtung, dass Zivildienstleistende den Zivildienst uU in einiger Entfernung vom Ort der Familienwohnung ableisten und daher zu Fahrten zur Familienwohnung gezwungen sind. Anknüpfungspunkt für den Versorgungsschutz ist allein die **Trennung von der Familie**, nicht die Trennung vom Freundeskreis; etwas anderes kann nur dann gelten, wenn Zivildienstleistende ihren ständigen Lebensmittelpunkt an einem anderen Ort

57 BSG Urt. v. 20.4.1983 – 9a RV 30/82, USK 8350 mwN.
58 Als solcher ist er regelmäßig zugleich in der gesetzlichen Unfallversicherung versichert (§ 2 Abs. 1 Nr. 1 SGB VII) und erfüllt daher beide Alternativen.
59 BSG Urt. v. 8.10.1987 – 9a RV 51/86, BSGE 62, 207.
60 BSG Urt. v. 30.6.1977 – 9 RV 80/76, SozR 3200 § 81 Nr. 10 mwN.
61 BSG Urt. v. 24.4.1980 – 9 RV 82/78, VersorgB 1980, 107 mwN.

als ihre Familie haben. Dabei ist – anders als bei § 23 Abs. 2 Nr. 1 und 2 SGB XIV – der Hin- wie auch der Rückweg von vornherein sowohl nach seinem **Anfangs- als auch** nach seinem **Endpunkt vorherbestimmt.**[62]

37 Beide Regelungen betreffen verschiedene, teils engere, teils weitere Tatbestände. Während für den Tatbestand des Weges nach und von der Dienststelle ein innerer Zusammenhang mit dem Dienst iSe örtlichen, zeitlichen und funktionalen Zusammenhangs erforderlich ist, steht eine Familienheimfahrt **unabhängig von** diesem **zeitlichen Zusammenhang** unter Versorgungsschutz. Der Zwang, Fahrten zur Familienwohnung anzutreten, besteht unabhängig von dem Beginn und der Beendigung des Dienstes. Unschädlich ist daher sowohl, wenn die Hinreise später als auch, wenn die Rückreise von der Familienwohnung aus privaten Gründen früher als erforderlich oder üblich angetreten wird. Der Zusammenhang mit dem Zivildienst bleibt jedenfalls immer dann gewahrt, wenn die Unterbrechung an der Unterkunft zeitliche Grenzen einhält, die den allgemeinen Gepflogenheiten des Zivildienst- und Arbeitslebens bei denjenigen entspricht, die wegen der Entfernung der Familienwohnung vom Dienst- oder Arbeitsort an diesem oder in dessen Nähe eine solche Unterkunft haben. Hierzu gehören Anreisen zur Unterkunft am Vortag vor der Dienst- oder Arbeitsaufnahme ebenso wie Abreisen von der Unterkunft zur Familienwohnung am Tage nach der Beendigung des Dienstes oder der Arbeit.[63]

38 Die Lockerung der zeitlichen Anforderungen rechtfertigt sich aus der **räumlich engeren Eingrenzung,** die den notwendigen engen Zusammenhang zwischen Weg und Zivildienst wahrt und die Abgrenzung zum privaten Bereich bewirkt. Die Regelung schützt nur das Zurücklegen des direkten Weges von und nach der vom Dienstort räumlich entfernten Familienwohnung; die für Abweichungen (Umwege, Abwege, Unterbrechungen) geltenden Grundsätze finden auch hier Anwendung (→ Rn. 30).[64]

39 Unter welchen Voraussetzungen eine Wohnung **Familienwohnung** ist, ist danach zu bewerten, wo die Zivildienstleistenden für längere Zeit ihren **Lebensmittelpunkt** haben. Hierbei sind die **bestehenden familienrechtlichen Beziehungen** zu berücksichtigen; sie sind jedoch nicht allein entscheidend. Die Familienwohnung ist die Wohnung, wo Zivildienstleistende zu Hause ist. Wie sich aus dem Gesetzeswortlaut („ständig") ergibt, ist das Merkmal der Familienwohnung durch **Dauerhaftigkeit und Beständigkeit** gekennzeichnet.[65]

40 Familienwohnung eines **Verheirateten** ist demnach in der Regel die gemeinsame **Ehewohnung** mit dem Ehegatten, dh der Ort des Wohnsitzes oder ständigen Aufenthaltes seiner Familie. Haben frisch Verheiratete eine gemeinsame Wohnung noch nicht bezogen, kommt es auf den Mittelpunkt der Lebensverhältnisse der Zivildienstleistenden an. Eine **alleinstehende Person** hat ihre Familienwohnung an dem Ort, an den sie durch dauernde Niederlassung, ihren Beruf und ihre sonstigen Lebensverhältnisse gebunden ist. Häufig wird dies, insbes. bei jungen Zivildienstleistenden, die **Wohnung**

62 Insg. vgl. BSG Urt. v. 7.5.1986 – 9a RV 23/85, SozR 3200 § 81 Nr. 25 mwN; BSG Urt. v. 16.3.1982 – 9a/9 RV 40/81, BSGE 53, 173 mwN; etwas anders wohl noch: BSG Urt. v. 17.3.1970 – 9 RV 100/68, SozR Nr. 7 zu § 4 BVG mwN.

63 Insg. vgl. BSG Urt. v. 19.3.1986 – 9a RV 7/84, SozR 3200 § 81 Nr. 23 mwN; BSG Urt. v. 5.3.1980 – 9 RV 40/78, VersorgB 1980, 95 mwN; BSG Urt. v. 17.3.1970 – 9 RV 100/68, SozR Nr. 7 zu § 4 BVG mwN.

64 Vgl. BSG Urt. v. 7.5.1986 – 9a RV 23/85, SozR 3200 § 81 Nr. 25 mwN, wo das BSG zudem entschieden hat, dass sich der Grundsatz, wonach der Versorgungsschutz wieder beginnt, sobald die Strecke zwischen Wohnung und Dienststelle wieder erreicht ist, auf Familienheimfahrten nicht übertragen lasse; BSG Urt. v. 19.3.1986 – 9a RV 7/84, SozR 3200 § 81 Nr. 23 mwN; BSG Urt. v. 5.3.1980 – 9 RV 40/78, VersorgB 1980, 95 mwN; BSG Urt. v. 17.3.1970 – 9 RV 100/68, SozR Nr. 7 zu § 4 BVG mwN.

65 Vgl. BSG Urt. v. 24.11.1977 – 9 RV 78/76, SozR 3200 § 81 Nr. 12 mwN; BSG Urt. v. 17.3.1970 – 9 RV 100/68, SozR Nr. 7 zu § 4 BVG mwN.

der Eltern sein, wenn ersichtlich der Wohnsitz dort nicht aufgegeben wurde.[66] Davon, dass der Lebensmittelpunkt bei den Eltern aufgegeben und ständig, dh dauernd, in eine andere Wohnung verlegt wurde, kann nur ausgegangen werden, wenn sich die tatsächlichen Verhältnisse[67] entsprechend verändert haben. Häufige Besuche genügen nicht;[68] dies gilt auch für häufige Besuche während der Phase der Anbahnung einer dauerhaften Beziehung (insbes. Ehe, Lebenspartnerschaft, eheähnliche Gemeinschaft).[69] UU ist während der allmählichen Verlagerung der Familienwohnung zB vom Wohnsitz der Eltern in eine gemeinsame Familienwohnung mit dem Partner das Merkmal der ständigen Familienwohnung für ein Übergangsstadium nicht erfüllt.[70]

Hält sich die Familie vorübergehend (zB während des Urlaubs) an einem dritten Ort 41
auf, so wird dieser dritte Ort dadurch nicht zur Familienwohnung. Die gesetzliche Regelung ist durch eine **strenge örtliche Fixierung** geprägt. Dies schließt zwar nicht aus, dass ein häuslicher Wirkungskreis in mehrere Teilbereiche aufgespalten sein kann. Der Wunsch nach einem Zusammentreffen mit Familienmitgliedern bzw. die Pflege familiärer Beziehungen findet für sich allein im Gesetz jedoch keine Berücksichtigung.[71]

Eine **bestimmte Aufenthaltsdauer am Zielpunkt der Familienheimfahrt** ist durch das 42
Gesetz grds. **nicht vorgeschrieben**. Auch ist weder die **Anzahl** noch die **zeitliche Lage** und Verteilung der Familienheimfahrten eingeschränkt. Allerdings hat das BSG angedeutet, dass es Grenzen des vertretbaren Umfanges des Versorgungsschutzes geben könnte.[72]

4. Alkohol. Alkoholgenuss (→ Rn. 19 f.) kann dazu führen, dass dieser und nicht 43
mehr die allgemeine Verkehrsgefahr des geschützten Weges wesentliche Ursache für den Unfall ist. Eine Zivildienstschädigung wäre dann zu verneinen. Dies setzt nach der Rechtsprechung des BSG aber nicht lediglich voraus, dass absolute Fahruntüchtigkeit[73] besteht, sondern dass die Steuerungs- und Einsichtsfähigkeit der geschädigten Person aufgehoben ist[74] oder zumindest bei Nachweis weiterer Beweisanzeichen in Form von alkoholtypischen Ausfallerscheinungen davon ausgegangen werden kann, dass der Alkoholgenuss wesentliche Unfallursache war.[75]

IV. Schädigung im Zusammenhang mit Behandlungen und Leistungen (Abs. 3)

§ 23 Abs. 3 SGB XIV regelt die Berücksichtigung von **Schädigungen im Zusammen-** 44
hang mit der Behandlung oder dem Bezug von Leistungen für eine Zivildienstschädigung und knüpft an die Regelungen des § 47 Abs. 3 Nr. 2 ZDG und des § 47b Abs. 1 ZDG (der einen besonderen Unfallschutz für bestimmte Personenkreise gewährt, die ihren Leistungsanspruch von der geschädigten Person ableiten) in der bis 31.12.2023 geltenden Fassung an.[76] Anders als die genannten Vorschriften des ZDG benennt § 23 Abs. 3 SGB XIV jedoch keinen Katalog bestimmter Maßnahmen und Leistungen.

66 Vgl. insg. BSG Urt. v. 5.3.1980 – 9 RV 40/78, VersorgB 1980, 95 mwN; BSG Urt. v. 17.3.1970 – 9 RV 100/68, SozR Nr. 7 zu § 4 BVG mwN.
67 Insbes. Unterbringung der privaten Habe, Aufenthaltsgewohnheiten und Reinigen der Wäsche.
68 BSG Urt. v. 7.5.1986 – 9a RV 23/85, SozR 3200 § 81 Nr. 25 mwN.
69 Vgl. BSG Urt. v. 17.3.1970 – 9 RV 100/68, SozR Nr. 7 zu § 4 BVG mwN zum Verlöbnis und häufigen Besuchen in der Wohnung der Braut bzw. ihrer Eltern.
70 BSG Urt. v. 2.2.1977 – 9 RV 202/75, Breith. 1977, 732.
71 BSG Urt. v. 24.11.1977 – 9 RV 78/76, SozR 3200 § 81 Nr. 12 mwN.
72 BSG Urt. v. 24.4.1980 – 9 RV 82/78, VersorgB 1980, 107.
73 Blutalkoholkonzentration von 1,1 Promille und höher.
74 Vgl. BSG Urt. v. 13.11.2012 – B 2 U 19/11 R, BSGE 112, 177 = juris Rn. 26.
75 Vgl. BSG Urt. v. 30.1.2007 – B 2 U 23/05 R, BSGE 98, 79.
76 BT-Drs. 19/13824, 181.

Zudem weist § 23 Abs. 3 SGB XIV einen engeren Anwendungsbereich auf und erfasst nur die Zivildienstgeschädigten selbst. Weitere Sachverhalte werden von der allgemeinen Regelung in § 4 Abs. 2 SGB XIV abgedeckt (zB der notwendige Hin- und Rückweg, um Leistungen in Anspruch zu nehmen, oder Unfälle von Begleitpersonen, → § 4 Rn. 17 f.). Vor diesem Hintergrund dürfte die Zuordnung bestimmter schädigender Ereignisse zur Ableistung des Zivildienstes in § 23 Abs. 3 SGB XIV vor allem verfahrensrechtliche Konsequenzen im Hinblick auf die örtliche Zuständigkeit (§ 113 Abs. 4 SGB XIV) und die Kostentragung (§ 134 Abs. 2 SGB XIV) haben.

V. Beginn der Leistungen der Sozialen Entschädigung

45 Anspruch auf Leistungen der Sozialen Entschädigung besteht für Zivildienstleistende bei Vorliegen der Voraussetzungen nach § 23 SGB XIV erst **nach Beendigung des Dienstverhältnisses.** Während des Dienstverhältnisses erhalten sie Leistungen des Kapitels 4 Abschnitt 3 (Traumaambulanz) und Kapitels 9 Abschnitt 1 (Entschädigungszahlungen an Geschädigte) des SGB XIV (§ 103 SGB XIV).

VI. Wegfall spezifischer Regelungen des ZDG

46 Das ZDG enthält bis 31.12.2023 einige Sonderregelungen, die spezifischen Situationen und Bedarfslagen Rechnung tragen, die aus dem Zivildienst erwachsen können, die sich jedoch so nicht im SGB XIV wiederfinden. So ist eine Regelung, die der Vorschrift des bis 31.12.2023 geltenden **§ 47a ZDG** entsprechen würde (Versorgung in besonderen Fällen bei einer gesundheitlichen Schädigung im Zusammenhang mit einer Beurlaubung des Zivildienstleistenden, die öffentlichen Belangen oder dienstlichen Interessen dient), **im SGB XIV nicht enthalten.** Ggf. könnte ein Ausgleich in Härtefällen nach § 100 geprüft werden. Nicht übernommen wurde auch die Regelung des **§ 48 ZDG** zu Heilbehandlungen in besonderen Fällen. Grund hierfür dürfte sein, dass der Anspruch rechtssystematisch außerhalb der eigentlichen Versorgung steht (vgl. § 48 Abs. 2 S. 2 ZDG). Denn § 48 ZDG sieht unter bestimmten Voraussetzungen einen (nach § 48 Abs. 2 S. 1 ZDG auf die Dauer von drei Jahren nach Beendigung des Zivildienstverhältnisses befristeten) Anspruch auf Heilbehandlung für alle Gesundheitsstörungen vor, die bei Beendigung des Zivildienstverhältnisses heilbehandlungsbedürftig sind, unabhängig davon, ob es sich um eine Zivildienstbeschädigung handelt oder nicht. Sowohl § 47a als auch § 48 ZDG spielen derzeit faktisch keine Rolle, da die letzten Zivildienstverhältnisse am 31.12.2011 geendet haben (→ Rn. 2). Die Frage eines Bestandsschutzes stellt sich daher nicht.

47 In das SGB XIV übernommen wurden demgegenüber grundsätzlich die Sonderregelungen zum **Versorgungskrankengeld** in besonderen Fällen nach § 49 ZDG, wenn Zivildienstgeschädigte nach Beendigung des Zivildienstverhältnisses infolge einer Zivildienstschädigung arbeitsunfähig sind (vgl. ab 1.1.2024 § 104 SGB XIV). Sie trägt dem Umstand Rechnung, dass Zivildienstleistende vor Beginn des Zivildienstes regelmäßig noch keine Erwerbstätigkeit ausgeübt haben.

D. Anhang

48 §§ 47 bis 48 und § 51 ZDG in der aktuell (vsl. bis 31.12.2023) geltenden Fassung:

§ 47 ZDG Versorgung

(1) [1]Ein Dienstpflichtiger, der eine Zivildienstbeschädigung erlitten hat, erhält nach Beendigung des Dienstverhältnisses wegen der gesundheitlichen und wirtschaftlichen Folgen der Schädigung auf Antrag Versorgung in entsprechender Anwendung der Vorschriften des Bundesversorgungsgesetzes, soweit in diesem Gesetz nichts Abweichendes bestimmt ist. [2]In gleicher Weise erhalten die Hinterbliebenen eines Beschädigten auf Antrag Versorgung. [3]Partner einer eheähnlichen Gemeinschaft erhalten Leistungen in entsprechender Anwendung der §§ 40, 40a und 41 des Bundesversorgungsgesetzes, sofern ein Partner an den Schädigungsfolgen verstorben ist und der andere unter Verzicht auf eine

Erwerbstätigkeit die Betreuung eines gemeinschaftlichen Kindes ausübt; dieser Anspruch ist auf die ersten drei Lebensjahre des Kindes beschränkt. [4]Satz 4 gilt entsprechend, wenn ein Partner in der Zeit zwischen dem 1. November 1994 und dem 23. Juni 2006 an den Schädigungsfolgen verstorben ist.

(2) Zivildienstbeschädigung ist eine gesundheitliche Schädigung, die durch eine Dienstverrichtung, durch einen während der Ausübung des Zivildienstes erlittenen Unfall oder durch die dem Zivildienst eigentümlichen Verhältnisse herbeigeführt worden ist.

(3) Eine Zivildienstbeschädigung ist auch eine gesundheitliche Schädigung, die herbeigeführt worden ist durch

1. einen Angriff auf den Dienstleistenden wegen
   a) seines pflichtgemäßen dienstlichen Verhaltens oder
   b) seiner Zugehörigkeit zum Zivildienst,
2. einen Unfall, den der Dienstleistende oder ehemalige Dienstleistende
   a) auf einem Hin- oder Rückweg erleidet, der notwendig ist, um eine Maßnahme der Heilbehandlung, eine Badekur, Versehrtenleibesübungen als Gruppenbehandlung oder berufsfördernde Maßnahmen zur Rehabilitation nach § 26 des Bundesversorgungsgesetzes durchzuführen oder um auf Verlangen einer zuständigen Behörde oder eines Gerichts wegen der Beschädigtenversorgung persönlich zu erscheinen oder
   b) bei der Durchführung einer der in Buchstabe a aufgeführten Maßnahmen erleidet.

(4) Zum Zivildienst im Sinne dieser Vorschrift gehören auch

1. die mit dem Zivildienst zusammenhängenden Dienstreisen, Dienstgänge und die dienstliche Tätigkeit am Bestimmungsort,
2. die Teilnahme eines Dienstleistenden an dienstlichen Veranstaltungen.

(5) [1]Als Zivildienst gilt auch

1. das Erscheinen eines Dienstpflichtigen auf Anordnung einer für die Durchführung des Zivildienstes zuständigen Stelle,
2. das Zurücklegen des Weges bei Antritt und des Rückweges bei Beendigung des Zivildienstes,
3. das Zurücklegen des mit dem Zivildienst zusammenhängenden Weges nach und von der Dienststelle.

[2]Der Zusammenhang mit dem Zivildienst gilt als nicht unterbrochen, wenn der Dienstleistende vor dem unmittelbaren Weg zwischen der Wohnung und der Dienststelle abweicht, weil

a) sein Kind, das mit ihm in einem Haushalt lebt, wegen des Zivildienstes oder wegen der beruflichen Tätigkeit seiner Ehegattin oder seines eingetragenen Lebenspartners fremder Obhut anvertraut wird,
b) er mit anderen Dienstleistenden oder mit Berufstätigen oder in der gesetzlichen Unfallversicherung versicherten Personen gemeinsam ein Fahrzeug für den Weg nach und von der Dienststelle benutzt.

[3]Hat der Dienstleistende wegen der Entfernung seiner ständigen Familienwohnung vom Dienstort oder wegen der Pflicht zum Wohnen in einer dienstlichen Unterkunft am Dienstort oder in dessen Nähe eine Unterkunft, so gelten Satz 1 Nr. 3 und Satz 2 auch für den Weg von und nach der Familienwohnung.

(6) Einer gesundheitlichen Schädigung im Sinne des Absatzes 2 steht die Beschädigung eines am Körper getragenen Hilfsmittels, einer Brille, von Kontaktlinsen oder von Zahnersatz gleich.

(7) [1]Zur Anerkennung einer Gesundheitsstörung als Folge einer Schädigung genügt die Wahrscheinlichkeit des ursächlichen Zusammenhanges. [2]Wenn die zur Anerkennung einer Gesundheitsstörung als Folge einer Schädigung erforderliche Wahrscheinlichkeit nur deshalb nicht gegeben ist, weil über die Ursache des festgestellten Leidens in der medizinischen Wissenschaft Ungewissheit besteht, kann mit Zustimmung des Bundesministeriums für Gesundheit die Gesundheitsstörung als Folge einer Schädigung anerkannt werden; die Zustimmung kann allgemein erteilt werden. [3]Eine vom Beschädigten absichtlich herbeigeführte Schädigung gilt nicht als Zivildienstbeschädigung.

(8) [1]§ 60 des Bundesversorgungsgesetzes findet mit der Maßgabe Anwendung, dass die Versorgung nicht vor dem Tag beginnt, der auf den Tag der Beendigung des Zivildienstverhältnisses folgt, § 60 Abs. 1 des Bundesversorgungsgesetzes auch mit der Maßgabe, dass die Versorgung mit dem auf den Tag der Beendigung des Dienstverhältnisses folgenden Tage beginnt, wenn der Erstantrag innerhalb eines Jahres nach Beendigung des Zivildienstverhältnisses gestellt wird. [2]Ist ein anerkannter Kriegsdienstverweigerer, dessen Hinterbliebenen Versorgung nach Absatz 1 zustehen würde, verschollen, so beginnt die Hinterbliebenenversorgung abweichend von § 61 des Bundesversorgungsgesetzes frühestens mit dem ersten Tag des Monats, der auf den Monat folgt, in dem die Zahlung von Bezügen aufgrund der Dienstleistung endet.

(9) Treffen Ansprüche aus einer Zivildienstbeschädigung mit Ansprüchen aus § 1 des Bundesversorgungsgesetzes oder aus anderen Gesetzen zusammen, die eine entsprechende Anwendung des Bundesversorgungsgesetzes vorsehen, ist unter Berücksichtigung des durch die gesamten Schädigungsfolgen bedingten Grades der Schädigungsfolgen eine einheitliche Rente festzusetzen.

(10) § 36 des Bundesversorgungsgesetzes findet keine Anwendung auf den anerkannten Kriegsdienstverweigerer, der während des Zivildienstes verstorben ist, wenn das Bundesamt die Bestattung und Überführung besorgt hat.

(11) § 55 des Bundesversorgungsgesetzes ist auch beim Zusammentreffen mit Ansprüchen nach Absatz 1 anzuwenden.

§ 47a Versorgung in besonderen Fällen

[1]Ist ein Dienstleistender zur Wahrnehmung einer Tätigkeit, die öffentlichen Belangen oder dienstlichen Interessen dient, beurlaubt worden, so kann ihm oder seinen Hinterbliebenen mit Zustimmung des Bundesministeriums für Arbeit und Soziales für die Folgen einer gesundheitlichen Schädigung, die der Dienstleistende durch diese Tätigkeit oder durch einen Unfall während der Ausübung dieser Tätigkeit erlitten hat, Versorgung in gleicher Weise wie für die Folgen einer Zivildienstbeschädigung gewährt werden. [2]Die Zustimmung kann allgemein erteilt werden.

§ 47b Unfallschutz in besonderen Fällen

(1) [1]Erleidet ein nach § 47 Abs. 1 in Verbindung mit § 10 Abs. 4 oder 5 des Bundesversorgungsgesetzes Berechtigter oder Leistungsempfänger eine gesundheitliche Schädigung durch einen Unfall bei der Durchführung einer stationären Maßnahme nach § 47 Abs. 1 in Verbindung mit § 12 Abs. 1 oder 4 oder § 26 des Bundesversorgungsgesetzes oder auf dem notwendigen Hin- oder Rückweg, so erhält er wegen der gesundheitlichen und wirtschaftlichen Folgen der Schädigung auf Antrag Versorgung in entsprechender Anwendung der Vorschriften des Bundesversorgungsgesetzes. [2]Dies gilt entsprechend, wenn der Berechtigte oder Leistungsempfänger dem Verlangen eines zuständigen Leistungsträgers oder eines Gerichts, wegen der Versorgung persönlich zu erscheinen, folgt und dabei einen Unfall erleidet.

(2) Absatz 1 gilt entsprechend, wenn eine Pflegeperson bei einer Badekur nach § 47 Abs. 1 in Verbindung mit § 12 Abs. 3 des Bundesversorgungsgesetzes einen Unfall erleidet.

(3) [1]Erleidet eine nicht nach § 2 Abs. 1 Nr. 1 oder 9 des Siebten Buches Sozialgesetzbuch versicherte Begleitperson eine gesundheitliche Schädigung durch einen Unfall bei einer wegen der Folgen der Schädigung notwendigen Begleitung des Beschädigten auf einem Weg im Sinne des § 47 Abs. 3 Nr. 2 Buchstabe a oder bei der notwendigen Begleitung während der Durchführung einer dort aufgeführten Maßnahme, gilt Absatz 1 Satz 1 entsprechend. [2]Satz 1 gilt nicht, wenn die gesundheitliche Schädigung der Begleitperson zugleich eine Zivildienstbeschädigung im Sinne des § 47 Abs. 2 ist.

(4) § 47 Abs. 6 gilt entsprechend.

§ 48 Heilbehandlung in besonderen Fällen

(1) [1]Wer Zivildienst geleistet hat, erhält wegen einer Gesundheitsstörung, die bei Beendigung des Zivildienstverhältnisses heilbehandlungsbedürftig ist, Leistungen in entsprechender Anwendung des § 10 Abs. 1 und 3, der §§ 11 und 11a sowie der §§ 13 bis 24a des Bundesversorgungsgesetzes. [2]Bei Anwendung der in Satz 1 genannten Vorschriften ist die festgestellte Gesundheitsstörung wie eine anerkannte Schädigungsfolge zu behandeln.

(2) [1]Die Leistungen nach Absatz 1 werden bis zur Dauer von drei Jahren nach Beendigung des Zivildienstverhältnisses gewährt. [2]Wird vor Ablauf dieses Zeitraumes ein Anspruch nach § 47 anerkannt, so werden sie nur bis zum Zeitpunkt dieser Anerkennung gewährt. [3]Sie können in besonderen Fällen im Benehmen mit dem Bundesministerium für Arbeit und Soziales über den Zeitraum von drei Jahren hinaus gewährt werden. [4]Sie werden auf Ansprüche nach § 47 angerechnet.

(3) Ein Anspruch auf die in Absatz 1 genannten Leistungen besteht nicht,

a) wenn und soweit ein Versicherungsträger (§ 29 Abs. 1 des Vierten Buches Sozialgesetzbuch) zu entsprechenden Leistungen verpflichtet ist oder Leistungen aus einem anderen Gesetz – mit Ausnahme entsprechender Leistungen nach dem Zweiten Buch Sozialgesetzbuch oder dem Zwölften Buch Sozialgesetzbuch – zu gewähren sind,
b) wenn und soweit ein entsprechender Anspruch aus einem Vertrag, ausgenommen Ansprüche aus einer privaten Krankenversicherung oder Unfallversicherung, besteht,
c) wenn der Berechtigte ein Einkommen hat, das die Jahresarbeitsentgeltgrenze der gesetzlichen Krankenversicherung übersteigt, oder
d) wenn die Gesundheitsstörung auf eigenen Vorsatz zurückzuführen ist.

§ 51 Durchführung der Versorgung

(1) Die Versorgung nach den §§ 47 bis 49 wird von den zur Durchführung des Bundesversorgungsgesetzes zuständigen Behörden im Auftrag des Bundes durchgeführt.

(2) [1]In Angelegenheiten des § 35 Abs. 5 und 8 und des § 50 sind das Gesetz über das Verwaltungsverfahren der Kriegsopferversorgung, die §§ 60 bis 62 sowie 65 bis 67 des Ersten Buches Sozialgesetzbuch und das Zehnte Buch Sozialgesetzbuch entsprechend anzuwenden. [2]In Angelegenheiten des Absatzes 1, soweit die Beschädigtenversorgung nicht in der Gewährung von Leistungen der Kriegsopferfürsorge nach den §§ 25 bis 27i des Bundesversorgungsgesetzes besteht, sind das Gesetz über das Verwaltungsverfahren der Kriegsopferversorgung, das Erste und Zehnte Buch Sozialgesetzbuch und die Vorschriften des Sozialgerichtsgesetzes über das Vorverfahren entsprechend anzuwenden.

(3) [1]Bei Streitigkeiten in Angelegenheiten des Absatzes 1, soweit die Beschädigtenversorgung nicht in der Gewährung von Leistungen der Kriegsopferfürsorge nach den §§ 25 bis 27i des Bundesversorgungsgesetzes besteht, des § 35 Abs. 5 und 8 und des § 50 ist der Rechtsweg vor den Gerichten der Sozialgerichtsbarkeit gegeben. [2]Die Vorschriften des Sozialgerichtsgesetzes finden mit folgenden Maßgaben entsprechende Anwendung:

1. Hat ein Gericht der Sozialgerichtsbarkeit in Angelegenheiten des § 35 Abs. 5 und 8 und des § 50 über die Frage einer Zivildienstbeschädigung oder gesundheitlichen Schädigung im Sinne des § 47a und den ursächlichen Zusammenhang einer Gesundheitsstörung mit einem Tatbestand des § 47 Abs. 2 bis 7 oder des § 47a oder über das Vorliegen einer Gesundheitsstörung im Sinne des § 47 Abs. 7 Satz 2 rechtskräftig entschieden, so ist die Entscheidung insoweit auch für eine auf derselben Ursache beruhende Rechtsstreitigkeit über einen Anspruch nach § 47 Abs. 1 verbindlich; in Angelegenheiten des Absatzes 1 ist Halbsatz 1 entsprechend anzuwenden.
2. Ist für Angelegenheiten der Kriegsopferversorgung das Land als Beteiligter am Verfahren bezeichnet, so tritt an seine Stelle die Bundesrepublik Deutschland.
3. [1]Die Bundesrepublik Deutschland wird durch das Bundesministerium für Familie, Senioren, Frauen und Jugend vertreten. [2]Dieses kann die Vertretung durch allgemeine Anordnung[77] anderen Behörden übertragen; die Anordnung ist im Bundesgesetzblatt zu veröffentlichen.

[3]Die Nummern 2 und 3 gelten nur in Angelegenheiten des § 35 Abs. 5 und 8 und des § 50.

(4) [1]Die Aufwendungen für die Versorgungsleistungen trägt der Bund. [2]Die Ausgaben sind für Rechnung des Bundes zu leisten. [3]Die damit zusammenhängenden Einnahmen sind an den Bund abzuführen.

(5) [1]Auf die für Rechnung des Bundes geleisteten Ausgaben und die mit ihnen zusammenhängenden Einnahmen ist das Haushaltsrecht des Bundes anzuwenden. [2]Die für die Durchführung des Haushalts verantwortlichen Bundesbehörden können ihre Befugnisse auf die zuständigen obersten Landesbehörden übertragen. [3]In diesem Fall können sie zulassen, dass auf die für Rechnung des Bundes zu leistenden Ausgaben und auf die mit ihnen zusammenhängenden Einnahmen die landesrechtlichen Vorschriften über die Kassen- und Buchführung der zuständigen Landesbehörden angewendet werden.

Unterabschnitt 4 Schutzimpfungen oder andere Maßnahmen der spezifischen Prophylaxe

§ 24 Geschädigte durch Schutzimpfungen oder andere Maßnahmen der spezifischen Prophylaxe

[1]Wer durch eine Schutzimpfung nach § 2 Nummer 9 des Infektionsschutzgesetzes oder durch eine andere Maßnahme der spezifischen Prophylaxe nach § 2 Nummer 10 des Infektionsschutzgesetzes,

1. **die von einer zuständigen Landesbehörde nach § 20 Absatz 3 des Infektionsschutzgesetzes öffentlich empfohlen und in ihrem Bereich vorgenommen wurde,**
2. **die auf Grundlage eines Anspruchs nach einer Rechtsverordnung nach § 20i Absatz 3 des Fünften Buches vorgenommen wurde,**

77 Siehe die Allg. AO über die Vertretung der Bundesrepublik Deutschland vor den Gerichten der Sozialgerichtsbarkeit im Bereich des Zivildienstes.

3. die von Gesundheitsämtern nach § 20 Absatz 5 des Infektionsschutzgesetzes unentgeltlich durchgeführt wurde oder

4. die auf Grund einer Rechtsverordnung nach § 20 Absatz 6 oder 7 des Infektionsschutzgesetzes angeordnet wurde oder sonst auf Grund eines Gesetzes vorgeschrieben war,

eine gesundheitliche Schädigung erlitten hat, die über das übliche Ausmaß einer Reaktion auf eine Schutzimpfung oder andere Maßnahme der spezifischen Prophylaxe hinausgeht, erhält bei Vorliegen der Voraussetzungen nach § 4 Absatz 1 Leistungen der Sozialen Entschädigung. [2]Dies gilt auch, wenn die Schutzimpfung mit vermehrungsfähigen Erregern durchgeführt und eine andere als die geimpfte Person geschädigt wurde.

A. Entstehungsgeschichte

I. Entwicklung des Impfschadensrechts

§ 24 SGB XIV tritt mit Wirkung vom 1.1.2024 in Kraft und stellt dann die (einzige) Norm[1] zur **Kodifizierung eines Ausgleichsanspruchs im „Impfschadensrecht"**[2] dar. Sie ist eine besondere Ausgestaltung des allgemeinen Aufopferungsgedankens,[3] wie er in § 5 SGB I normiert ist. Der Staat verlangt den Impflingen (oder Teilnehmerinnen und Teilnehmern an einer Maßnahme der spezifischen Prophylaxe) die Duldung eines für die Gesundheit nicht ganz risikofreien Eingriffs als **Sonderopfer** ab. Die jeweilige Maßnahme soll nämlich nicht allein die Geimpften (oder anderweitig prophylaktisch Behandelten) persönlich schützen, sondern darüber hinaus im Interesse der Allgemeinheit eine Krankheit eindämmen, die durch Ansteckung verbreitet wird. 1

Erstmals wurde ein Aufopferungsanspruch nach einem Impfschaden durch die **Rechtsprechung des BGH** anerkannt. Obwohl eine Impfpflicht, insbesondere für Pockenschutzimpfungen, bereits durch das Impfgesetz vom 8.4.1874[4] eingeführt worden war, hatte das Reichsgericht eine Entschädigung Impfgeschädigter durch die öffentliche Hand noch abgelehnt. Der BGH gab diese Rechtsprechung auf und erkannte im Urteil vom 19.2.1953[5] einen Entschädigungsanspruch als Aufopferungsanspruch nach einem Impfschaden in Anlehnung an § 75 Einleitung zum allgemeinen Preußischen Landrecht an. 2

Durch das „Gesetz zur Verhütung und Bekämpfung übertragbarer Krankheiten beim Menschen – Bundes-Seuchengesetz (**BSeuchG**)" **vom 18.7.1961**[6] wurde ein solcher Anspruch erstmals kodifiziert: Zum 1.1.1962 wurde in den §§ 51 ff. BSeuchG eine gesetzliche Entschädigungspflicht bei Impfschäden eingeführt. Allerdings traten schon früh Schwierigkeiten und Mängel bei der Anwendung der Impfentschädigungsbestimmungen zutage. Insbesondere hatten diese Regelungen für die betroffenen Impfgeschädigten den Nachteil, dass sie ihnen die volle Beweislast für den ursächlichen Zusammenhang zwischen der Impfung und dem Gesundheitsschaden auferlegten. Die Regelungen enthielten zudem keinen einheitlichen Maßstab für die Höhe der Entschädigung. 3

Daher lehnte der Gesetzgeber durch das **2. Änderungsgesetz zum BSeuchG vom 25.8.1971**[7] (2. ÄndG-BSeuchG) den impfschadensrechtlichen Entschädigungsanspruch an die Leistungen nach dem BVG an. Der Umfang des Entschädigungsanspruchs bestimmte sich seither nach dem Leistungskatalog des BVG (§§ 9 ff. BVG). Durch § 55 Abs. 1 BSeuchG wurde der Gesetzesvollzug den für die Durchführung des BVG zuständigen Behörden übertragen, und es wurden die verfahrensrechtlichen Vorschriften zum BVG einschließlich des Rechtswegs zu den Sozialgerichten für anwendbar erklärt. Damit war erstmals die Gleichbehandlung aller Impfgeschädigten und deren angemessene Versorgung gewährleistet.[8] Art. 2 des 2. ÄndG-BSeuchG enthielt 4

---

1 Das bisherige Regelwerk der §§ 60 ff. IfSG gilt dann nur noch übergangsweise gem. § 141 SGB XIV, vgl. → Rn. 25 ff. und die Kommentierung dort.

2 Der Begriff des Impfschadensrechts ist seit Erweiterung der Anspruchsgrundlage um Maßnahmen der spezifischen Prophylaxe nicht mehr hinreichend genau. Da er sich jedoch nach wie vor im allgemeinen Sprachgebrauch zur Bezeichnung des Rechtsgebiets über die Entschädigung nach dem IfSG wiederfindet, wird er hier der Einfachheit halber ebenfalls noch verwandt, dabei jedoch umfassend, also die weiteren Prophylaxemaßnahmen einbeziehend, verstanden.

3 Vgl. dazu auch die Kommentierung zu § 1 SGB XIV.

4 RGBl. S. 31.

5 BGHZ 9, 83.

6 BGBl. I 1012, berichtigt S. 1300.

7 BGBl. I 1401.

8 Ebenso Wilke/Sailer, Soziales Entschädigungsrecht, 1992, BSeuchG § 51 Rn. 2.

Überleitungsvorschriften. So erkannte der Gesetzgeber in Art. 2 Abs. 1 des 2. ÄndG-BSeuchG Impfschäden nach früherem Recht als solche des nunmehr geltenden Rechts an; zudem eröffnete er in Art. 2 Abs. 3 des 2. ÄndG-BSeuchG die Möglichkeit einer erneuten Antragstellung für jene Impfgeschädigte, die abschlägig allein aufgrund fehlenden Kausalitätsnachweises beschieden worden waren, soweit der ursächliche Zusammenhang auf Grundlage der nunmehr gültigen Kausalitätstheorie der wesentlichen Bedingung bejaht werden konnte.

5 Durch Art. 8 iVm Anlage I Kapitel X Sachgebiet D Abschnitt III Nr. 3 Buchst. C S. 1 des **Einigungsvertrags** erlangten die versorgungsrechtlichen Bestimmungen des BSeuchG (§§ 51 bis 55 und 59 bis 61 BSeuchG iVm dem BVG und den zu seiner Durchführung erlassenen Vorschriften) zum **1.1.1991** auch in den neuen Bundesländern Wirksamkeit. Nach Nr. 3c Satz 2 dieser Regelung sind die nach bisherigem DDR-Recht geleisteten Impf-Entschädigungszahlungen so lange weiter zu gewähren, bis Leistungen nach dem BSeuchG iVm dem BVG erbracht werden.

6 Ende der 1990er Jahre beschloss der Gesetzgeber, ein **neues Infektionsschutzgesetz** zu schaffen. Das im Wesentlichen aus den 60er Jahren stammende Seuchenrecht wurde nicht mehr als ausreichende Grundlage für die als dringend notwendig empfundene Verbesserung der Erkennung, Verhütung und Bekämpfung übertragbarer Krankheiten angesehen.[9] Zudem waren EG-rechtliche Bestimmungen über die epidemiologische Überwachung und Kontrolle übertragbarer Krankheiten in der Gemeinschaft[10] umzusetzen. Am 15.10.1999 übersandte die Bundesregierung dem Bundesrat den Entwurf eines Gesetzes zur Neuregelung seuchenrechtlicher Vorschriften.[11] Art. 1 dieses Gesetzesentwurfs enthielt das „Gesetz zur Verhütung und Bekämpfung von Infektionskrankheiten beim Menschen (Infektionsschutzgesetz – **IfSG**)".

7 Das IfSG trat – nach befürwortender Stellungnahme insbesondere des Ausschusses für Gesundheit[12] – **zum 20.7.2000 in Kraft.**[13] Die §§ 51 ff. BSeuchG wurden darin durch die §§ 60 bis 68 IfSG ersetzt. Gravierende Änderungen inhaltlicher Art gegenüber den Vorgängervorschriften erfolgten dadurch allerdings nicht – die meisten Abweichungen sind redaktioneller oder aufbautechnischer Art.[14]

8 Die tatbestandlichen Voraussetzungen blieben bis auf wenige Änderungen die gleichen; **§ 60 IfSG** etwa fasste die §§ 51 und 52 BSeuchG weitgehend unverändert zusammen; allerdings wurden beim vorbeugenden Infektionsschutz neben durchgeführten Impfungen sog. Maßnahmen der spezifischen Prophylaxe als Veranlassungstatbestand aufgenommen (dazu iE noch → Rn. 40 ff.). Auch der Umfang des Entschädigungsanspruchs bestimmt sich weiterhin nach dem Leistungskatalog des BVG (§§ 9 ff. BVG); und die für die Umsetzung des IfSG zuständigen Behörden sind dieselben wie die auch für die Umsetzung des BVG zuständigen.

9 Im Nachgang zur Einführung des IfSG erfuhr das Impfschadensrecht über einen langen Zeitraum nur noch kleinere Änderungen. Diese betrafen die Entschädigung von Hinterbliebenen durch Einfügung von § 60 Abs. 4 Satz 2 und 3 IfSG mit Wirkung ab 23.6.2006[15] sowie die Zuständigkeiten bei Anspruchskonkurrenzen durch entspre-

---

9 So die Gesetzesbegründung, vgl. BT-Drs. 14/2530, 1 ff.
10 Entscheidung Nr. 2119/98 EG des Europäischen Parlaments und des Rates vom 24.9.1998.
11 BT-Drs. 14/2530 = BR-Drs. 566/99.
12 BT-Drs. 14/3194.
13 BGBl. I 1045 ff.
14 Ebenso Spallek VersorgVerw 1999, 84 f.
15 Eingefügt durch das Gesetz zur Änderung von Vorschriften des Sozialen Entschädigungsrechts und des Gesetzes über einen Ausgleich für Dienstbeschädigungen im Beitrittsgebiet vom 19.6.2006, BGBl. I 1305.

chende Anpassung von § 63 Abs. 5 S. 1 IfSG mit Wirkung ab 8.11.2006.[16] Das Gesetz zur Änderung des Bundesversorgungsgesetzes und anderer Vorschriften des SER vom 13.12.2007[17] hob § 61 Abs. 1 S. 4 IfSG auf. Durch das Gesetz zur Änderung des Bundesversorgungsgesetzes und anderer Vorschriften vom 20.6.2011[18] hat das IfSG in § 63 Abs. 6 eine Änderung erfahren, die allerdings eine reine Folgeänderung zur Änderung des § 20 BVG darstellt.[19]

Nun ist mit dem **G-SER** eine Neuregelung auch des Impfschadensrechts erfolgt. Die §§ 60 ff. IfSG werden zum 1.1.2024 durch das SGB XIV und hier durch **§ 24 SGB XIV** abgelöst (vgl. zur Entstehungsgeschichte des SGB XIV ausführlich → Vor § 1 Rn. 1 ff.). § 24 SGB XIV ist fortan die einzige spezielle Norm zur Regelung eines Impfschadensanspruchs. Für das, was dort nicht im Einzelnen geregelt ist, gelten zukünftig die allgemeinen Vorschriften des SGB XIV. 10

Das G-SER normiert mit **Art. 46** konsequenterweise eine Aufhebung der §§ 60 bis 64 IfSG und für die §§ 66 bis 68 eine Aufhebung der jeweils das Impfschadensrecht betreffenden Absätze 2 und 3.[20] Die §§ 60 ff. IfSG haben noch bis einschließlich zum 31.12.2023 Gültigkeit. **§ 141 SGB XIV** enthält eine **Übergangsregelung** (→ Rn. 25 ff. und die Kommentierung zu § 141 SGB XIV). 11

Die ursprünglich verabschiedete Fassung des § 24 SGB XIV entspricht im Wesentlichen dem **Referentenentwurf** (vgl. § 26 SGB XIII-E, S. 22 f., 156 f.). Der Regierungsentwurf geht darüber nur insoweit hinaus, als die Impfung mit vermehrungsfähigen Erregern einbezogen wurde (vgl. § 24 S. 2 SGB XIV).[21] 12

Allerdings hat § 24 SGB XIV schon vor seinem Inkrafttreten zum 1.1.2024 eine Änderung erfahren. Infolge der Corona-Pandemie ist § 24 Abs. 1 **Nr. 2** SGB XIV durch das **Zweite Gesetz zur Änderung des Infektionsschutzgesetzes und weiterer Gesetze vom 28.5.2021**[22] neu gefasst worden. Ziel war klarzustellen, dass alle Konstellationen einer Schutzimpfung gegen COVID-19 auf der Grundlage der Corona-ImpfV von der Impfschadensregelung erfasst sind.[23] Der Gesetzgeber ging davon aus, dass dies nach der bestehenden Regelung nicht immer der Fall sei. Er hat daher mit Wirkung schon vom 27.12.2020 (vgl. Art. 4 Abs. 2 des Gesetzes) durch Einführung einer neuen Nr. 1a in § 60 Abs. 1 S. 1 Nr. 1a IfSG eine entsprechende klarstellende Regelung in das aktuelle Recht eingeführt und führt diese Regelung in einem geänderten § 24 Abs. 1 Nr. 2 SGB XIV auch in der Zukunft fort. Die ursprünglich in § 24 Abs. 1 Nr. 2 SGB XIV konzipierte Regelung ist anstelle dessen entfallen (dazu im Einzelnen noch → Rn. 72 ff.). 13

II. Änderungen im SGB XIV gegenüber den §§ 60 ff. IfSG

Das Herauslösen des Impfschadensrechts aus dem IfSG hat den erheblichen Vorteil, dass es an den entschädigungsrechtlichen Grundsätzen, die das SGB XIV aufstellt, ohne Verweise in andere Normengefüge teilnimmt. Es birgt aber natürlich zugleich den Nachteil, dass der entschädigungsrechtliche Aufhänger, nämlich die Schutzimpfung oder Prophylaxemaßnahme, zukünftig weiterhin im IfSG und folglich an anderer Stelle geregelt ist. Der Infektionsschutz bleibt der Anlass für eine Entschädigung, denn die Impfung oder Prophylaxemaßnahme geht zurück auf Ziele des Infektionsschutzge- 14

16 Geändert durch die Neunte Zuständigkeitsanpassungsverordnung vom 31.10.2006, BGBl. I 2407 ff.
17 BGBl. 2007 I 2904 ff., in Kraft getreten am 21.12.2007.
18 BGBl. 2011 I 1114, in Kraft getreten zum 1.7.2011.
19 So ausdrücklich auch der Gesetzgeber in BT-Drs. 17/5311, 26.
20 § 65 IfSG betrifft nicht das Impfschadensrecht und bleibt daher bestehen.
21 BR-Drs. 351/19, 22, 206 f.; BT-Drs. 19/13824, 28, 181 f.
22 BGBl. I 1174; vgl. zur Entstehungsgeschichte BT-Drs. 19/29287.
23 BT-Drs. 19/29287, 13.

setzes. Das SGB XIV nimmt daher in § 24 auf das IfSG weiterhin im Wege dynamischer Verweisungen Bezug. Während der Corona-Pandemie wurde das IfSG mehrfach – zuletzt auch hinsichtlich der impfschadensrechtlichen Regelungen – geändert. Es bleibt abzuwarten, inwieweit sich hier zukünftig Verwerfungen im Gleichlauf von IfSG und § 24 SGB XIV ergeben können.

15 Mit Überführung des Impfschadensrechts in das SGB XIV werden viele Vorschriften zum impfschadensrechtlichen Entschädigungsanspruch überflüssig und sind daher gestrichen worden (Art. 46 SER-G, vgl. dazu auch → Rn. 11). Geblieben ist mit **§ 24 SGB XIV** allein die Normierung der Anspruchsvoraussetzungen eines Impfschadens oder eines Schadens aus einer Maßnahme der spezifischen Prophylaxe. Die Norm **ersetzt** daher den bisherigen **§ 60 IfSG**. Die darüber hinausgehenden Regelungen (Konkurrenzregelungen, verfahrensrechtliche Regelungen, Regelungen zum Maßstab der Erwiesenheit ua) sind im SGB XIV „aufgegangen".

16 So entfällt die Regelung zum Wahrscheinlichkeitsmaßstab für den Nachweis der Kausalität zwischen Impfung und Primärschaden sowie Primärschaden und Schädigungsfolge (**§ 61 Satz 1 IfSG**). Anstelle dessen gilt der für alle Entschädigungsansprüche maßgebliche § 4 Abs. 4 SGB XIV (→ Rn. 101 ff.). Ebenso wird die Regelung zur Kann-Entschädigung (**§ 61 S. 2 und 3 IfSG**) durch § 4 Abs. 6 SGB XIV ersetzt (→ Rn. 118 ff.).

17 **§ 62 IfSG** entfällt ersatzlos. Er erweitert für den Impfschadensanspruch nach § 60 IfSG das Angebotsspektrum eines möglichen Anspruchs auf Heilbehandlung gegenüber dem grundsätzlich nach dem BVG geltenden Leistungsspektrum der Heil- und Krankenbehandlung. Danach sind der impf- bzw. prophylaxegeschädigten Person im Rahmen der Heilbehandlung neben den in § 11 BVG aufgeführten Leistungen auch heilpädagogische Behandlung, heilgymnastische und bewegungstherapeutische Übungen zu gewähren. Die Bedeutung der Regelung ist allerdings nicht groß, weil schon die Ansprüche nach dem BVG die Versorgung mit Heilmitteln einschließlich Krankengymnastik, Bewegungstherapie, Sprachtherapie und Beschäftigungstherapie gewährleistet.[24] Ein erweitertes Leistungsspektrum sieht das SGB XIV für Impf- und Prophylaxegeschädigte nicht mehr vor. Die Ansprüche auf Leistungen der Krankenbehandlung sind für alle Entschädigungsberechtigten nach dem SGB XIV einheitlich in Kapitel 5 (§§ 41 ff. SGB XIV) geregelt.

18 Dies kann im Einzelfall zu einer Verringerung des Leistungsspektrums führen. Daher enthält **§ 143 SGB XIV** eine Sonderregelung zu den **Besitzständen** für den Bereich der Heil- und Krankenbehandlung. Unter den Voraussetzungen von § 143 Abs. 2 S. 1 SGB XIV werden einzelne Leistungen der Heilbehandlung in dem bewilligten Umfang auf der Grundlage des bisherigen Rechts erbracht. So kann beispielsweise eine unter Geltung des BVG bestandskräftig bewilligte Badekur auch noch nach Außerkrafttreten des BVG angetreten oder (weiter) durchgeführt werden. Damit der Besitzstandsschutz nicht von der Dauer des Verwaltungsverfahrens abhängt, gilt nach S. 2 Gleiches für Ansprüche auf Leistungen der Heilbehandlung, die unter Geltung des bisherigen Rechts beantragt wurden.[25] Etwaige Ansprüche auf im Kapitel 5 nicht mehr vorgesehene Leistungen werden pauschal nach **§ 144 Abs. 1 Satz 3 SGB XIV** abgegolten. Zudem haben Geschädigte nach **§ 151 SGB XIV** Vertrauensschutz für die Absicherung gegen Krankheit. Vgl. im Übrigen zu Übergangsvorschriften und Besitzständen noch → Rn. 25 ff. und die Kommentierung der dortigen Vorschriften im Einzelnen

19 Die **Konkurrenz von Ansprüchen** nach dem IfSG und anderen Ansprüchen ist derzeit in **§ 63 IfSG** geregelt. Auch diese Vorschrift entfällt mit Wirkung vom 1.1.2024. Kon-

---

24 Vgl. dazu im Einzelnen Meßling in HK-SozEntschR IfSG § 62.
25 Vgl. BT-Drs. 19/13824, 228.

kurrenzregelungen finden sich nunmehr für alle Entschädigungsansprüche einheitlich in **§ 8 SGB XIV**.

In **§ 64 Abs. 2 und 3 IfSG** sind Regelungen zu den anzuwendenden Vorschriften zum Verwaltungsverfahren enthalten. Es gelten die Vorschriften des KOVVfG und ergänzend des SGB X. Für das Impfschadensrecht Bedeutung hat insbesondere die Anwendung von § 15 KOVVfG. Nach dieser Regelung können schon allein die Angaben einer Versorgung beanspruchenden Person, die sich auf die mit der Schädigung im Zusammenhang stehenden Tatsachen beziehen, in den Fällen, in denen Unterlagen nicht mehr vorhanden oder nicht mehr zu beschaffen oder ohne Verschulden dieser Person oder ihrer Hinterbliebenen verloren gegangen sind, der Entscheidung zugrunde gelegt werden, soweit sie nach den Umständen des Falles glaubhaft erscheinen. Die Bedingungen, bei denen ausnahmsweise für die Tatsachenfeststellung die Glaubhaftmachung oder die eidesstattliche Versicherung ausreicht, sind mit Wirkung vom 1.1.2024 in **§ 117 SGB XIV** geregelt. Dieser ersetzt § 15 KOVVfG. 20

§ 64 Abs. 1, § 66 Abs. 2 und 3 IfSG haben bislang die **Zuständigkeit für den Entschädigungsanspruch** für die nach § 60 IfSG zu gewährenden Leistungen und die Kostenträgerschaft geregelt. Auch sie sind ersatzlos gestrichen worden. Anstelle dessen gelten die allgemeinen Zuständigkeitsregelungen des SGB XIV. Nach **§ 111 SGB XIV** sind Träger der SE die Länder. **§ 113 Abs. 5 SGB XIV** bestimmt das örtlich zuständige Land. Nach Satz 1 ist dasjenige Land zuständig, in dem die ursächliche Schutzimpfung oder andere Maßnahme der spezifischen Prophylaxe vorgenommen wurde. Satz 2 hat durch das Zweite Gesetz zur Änderung des Infektionsschutzgesetzes und anderer Gesetze vom 28.5.2021 eine Änderung erfahren (dazu auch → Rn. 72 ff.): Wurde die ursächliche Schutzimpfung oder andere Maßnahme der spezifischen Prophylaxe aufgrund einer Rechtsverordnung nach § 20i Abs. 3 SGB V im Ausland vorgenommen, ist dasjenige Land zuständig, in dem die Antragstellerin oder der Antragsteller zum Zeitpunkt der Antragstellung ihren oder seinen Wohnsitz, bei Fehlen eines Wohnsitzes ihren oder seinen gewöhnlichen Aufenthalt hat. 21

§ 135 SGB XIV enthält die Regelung zur Kostentragung (**zuvor § 66 IfSG**). Sie folgt nach **§ 135 Abs. 2 SGB XIV** der Regelung des § 113 Abs. 5 SGB XIV. 22

§ 67 IfSG ist ebenfalls entfallen. Die darin enthaltene Regelung zur Pfändung von Ansprüchen beruhte schon zuvor auf einem gesetzgeberischen Versehen und ging ihrem Regelungsgehalt nach ins Leere. Anwendbar waren daher für die Pfändung von Ansprüchen ohnehin schon die Vorschriften der **§§ 53 bis 55 SGB I.**[26] Dies gilt auch nach Einführung eines neuen SGB XIV. Als Sonderregelung bestimmt nun **§ 144 SGB XIV** allerdings, dass Ansprüche auf Entschädigungszahlungen nach Kapitel 9 und die Geldleistung nicht gepfändet werden können (vgl. im Einzelnen die Kommentierung dort). 23

Auch die Regelung des **§ 68 IfSG**, die in Abs. 2 für Entschädigungsansprüche eine Rechtswegzuweisung in die Sozialgerichtsbarkeit enthielt, ist mit Überführung des Impfschadensrechts in das SGB XIV obsolet geworden. Die Rechtswegzuständigkeit ergibt sich jetzt aus § 51 Abs. 1 Nr. 6 SGG. 24

III. Übergangsregelungen und Besitzstände

Grundsätzlich gilt nach **§ 137 SGB XIV**, dass für Anträge, die ab dem 1.1.2024 gestellt werden, die im SGB XIV enthaltenen Regelungen zur Anwendung kommen. **§ 141 SGB XIV** regelt davon abweichend einen „besonderen zeitlichen Geltungsbereich für Geschädigte durch Schutzimpfungen oder eine anderen Maßnahme der spezifischen Prophylaxe“. Nach ihr erhalten Personen, die vor dem Inkrafttreten des 25

26 Vgl. ausführlich dazu HK-SozEntschR/Meßling IfSG § 67.

SGB XIV geschädigt worden sind, aber Antrag erst nach dem 1.1.2024 gestellt haben, Leistungen nach dem SGB XIV, wenn die Voraussetzungen nach § 60 IfSG in der bis zum 31.12.2023 geltenden Fassung erfüllt waren (§ 141 Satz 1 SGB XIV). Dies ist maßgeblich zB mit Blick auf die weggefallenen Tatbestände des § 60 Abs. 2 IfSG (Ansprüche bei Auslandsimpfungen). Satz 2 betrifft Hinterbliebene von Personen, die während der Geltung des § 60 IfSG geschädigt worden sind. Vgl. im Übrigen zur Übergangsregelung die Kommentierung zu § 141 SGB XIV.

26 Die Vorschriften des Kapitels 23 „zu den **Besitzständen**" stellen Grundsätze für Ansprüche auf, die bei Außerkrafttreten des BVG am 31.12.2023 bereits bestandskräftig festgestellt oder bis dahin beantragt worden sind. Nach § 142 Abs. 1 SGB XIV gilt, dass bereits festgestellte Leistungen auch weiterhin gewährt werden. Dies ist maßgeblich insbesondere mit Blick auf die weggefallenen Tatbestände des § 60 Abs. 2 IfSG (Ansprüche bei Auslandsimpfungen). Leistungen nach dieser Vorschrift können weiterbezogen werden, auch wenn sich nach § 24 SGB XIV ein Anspruch darauf nicht mehr ergibt. Nach **§ 142 Abs. 2 SGB XIV** gilt Gleiches auch für vor dem 1.1.2024 gestellte Anträge, die aber zum 1.1.2024 noch nicht beschieden sind. Auch hier gilt der Besitzstandsschutz: Denn über einen bis zum 31.12.2023 gestellten und noch nicht beschiedenen Antrag auf Leistungen nach §§ 60 ff. IfSG iVm den Regelungen des BVG „ist nach dem im Zeitpunkt der Antragstellung geltenden Recht zu entscheiden". Der Besitzstandsschutz soll nicht von der Dauer des Verwaltungsverfahrens abhängen, die die Antragsteller nicht weiter beeinflussen können.[27] Nach § 142 **Abs. 3** SGB XIV iVm **§ 152 SGB XIV** besteht aber ein **Wahlrecht**. Personen, die dem Besitzstandsschutz unterfallen, können sich an Stelle der bislang bezogenen auch für die neuen Leistungen nach § 24 SGB XIV entscheiden.

B. Normsystematik

I. Allgemeiner Regelungsgehalt

27 § 24 SGB XIV ist ab 1.1.2024 einzige spezielle Norm für die staatliche Entschädigung von Impf- und Prophylaxeschäden. Satz 1 regelt in seinem 2. Halbsatz, welche Qualität die Schädigung erreicht haben muss. In seinem 1. Halbsatz macht er dezidierte Vorgaben dazu, wann eine Schutzimpfung oder spezifische Prophylaxe als auslösendes Ereignis in Betracht kommt. Er listet vier alternative Eingrenzungstatbestände auf, nämlich eine Empfehlung der Impfung durch Landesbehörden, das Bestehen eines Anspruchs auf die Impfung nach einer Rechtsverordnung gem. § 20i Abs. 3 SGB V, die erfolgte Durchführung der Maßnahme durch die Gesundheitsämter oder die Anordnung der Impfung/Prophylaxe durch Verordnung oder Gesetz. Satz 2 erweitert den Anspruch unter bestimmten Voraussetzungen auch auf Drittgeschädigte.

28 Die gesetzliche Regelung über die Versorgung einer Person wegen gesundheitlicher und wirtschaftlicher Folgen von Impfschäden ist seit dem 2. ÄndG-BSeuchG (ab 1.1.2024 also nach Maßgabe des § 24 SGB XIV) bundeseinheitlich **abschließend**. Für Ansprüche nach allgemeinen Aufopferungsgrundsätzen neben oder anstelle dieser Vorschrift ist kein Raum.[28] Für die Zeit vor dem Inkrafttreten des BSeuchG am 1.1.1962 kommt eine Versorgung nur in Betracht, wenn die Voraussetzungen des Aufopferungsanspruchs, wie sie von der Rechtsprechung des BGH formuliert worden sind, vorliegen.[29]

27 Vgl. BT-Drs. 19/13824, 227.
28 Ebenso Spallek VersorgVerw 1999, 84; Dutta NJW 2022, 653.
29 Ebenso Gelhausen Soziales EntschädigungsR, 2. Aufl. 1998, Rn. 934.

II. Rechtssystematik innerhalb des SGB XIV

Das Impfschadensrecht ist mit Wirkung vom 1.1.2024 nunmehr Bestandteil des Gesamtregelwerks zum SER. In § **1 Abs. 2 Nr. 4 SGB XIV** werden daher auch Schutzimpfungen und Maßnahmen der spezifischen Prophylaxe ausdrücklich als schädigende Ereignisse im Sinne des SGB XIV aufgeführt. 29

Ein Entschädigungsanspruch nach dem SGB XIV setzt voraus, dass sich eine Person im Geltungsbereich des SGB XIV einer schädigenden Einwirkung (im Impfschadensrecht also einer geschützten Impfung oder Prophylaxe) unterzogen hat, dadurch eine gesundheitliche Schädigung in Form einer unüblichen Impfreaktion verursacht worden ist (gesundheitlicher Primärschaden, sog. haftungsbegründende Kausalität), die wiederum eine Schädigungsfolge (ein Dauerleiden) verursacht hat (gesundheitlicher Sekundärschaden, haftungsausfüllende Kausalität). Die schädigende Einwirkung (also Impfung oder Maßnahme der spezifischen Prophylaxe) muss die gesundheitliche Schädigung und diese die Schädigungsfolge kausal bedingt haben (**dreigliedrige Kette mit zweifach ursächlichem Zusammenhang**).[30] 30

§ 24 SGB XIV selbst enthält nur noch die bereichsspezifischen Anspruchsvoraussetzungen. Geregelt ist dort, was ein schädigendes Ereignis (Impfung oder Maßnahme der spezifischen Prophylaxe) im Sinne des Impfschadensrechts ist (§ 24 S. 1 Nr. 1 bis 4 SGB XIV). Geregelt ist weiter, welche Voraussetzungen ein Primärschaden erfüllen muss („unübliche gesundheitliche Schädigung“, § 24 S. 1 2. Hs. SGB XIV). Alle übrigen Voraussetzungen sind den allgemeinen Regelungen des SGB XIV zu entnehmen. 31

Wer **Berechtigte oder Berechtigter der SE** ist, wird nun durch **§ 2 SGB XIV** vorgegeben. Es gibt auch keine eigenständige Regelung für die Anforderungen an einen Sekundärschaden mehr. Auch der **Maßstab für das Vorliegen eines Kausalzusammenhangs** zwischen schädigendem Ereignis und Schädigungsfolge (bislang § 61 Satz 1 IfSG) wird nicht mehr gesondert im Impfschadenstatbestand vorgegeben. Anstelle dessen verweist § 24 Satz 1 SGB XIV ausdrücklich auf **§ 4 Abs. 1 SGB XIV** und die dort generell geregelten Kausalitätsmaßstäbe. § 4 Abs. 1 SGB XIV wird dabei konkretisiert durch § 4 Abs. 4 SGB XIV, der den Maßstab für den ursächlichen Zusammenhang vorgibt: Es genügt entschädigungsrechtlich die (einfache) Wahrscheinlichkeit, die gegeben ist, wenn nach dem aktuellen Stand der medizinischen Wissenschaft mehr für als gegen einen ursächlichen Zusammenhang spricht. **§ 4 Abs. 6 SGB XIV** regelt für das gesamte Entschädigungsrecht die sog. Kann-Versorgung in Fällen, in denen die Wahrscheinlichkeit (nur) aufgrund des wissenschaftlichen Erkenntnisstandes nicht bejaht werden kann. Für die Entschädigungsleistungen gelten jetzt § 3 SGB XIV und die Leistungen nach den Kapiteln, auf die in § 3 SGB XIV verwiesen wird. 32

Für Entschädigungsleistungen aufgrund Impfschadens gibt es **Übergangsvorschriften und Regelungen zur Besitzstandswahrung.** § 24 SGB XIV steht daher in systematischem Zusammenhang mit den §§ 137 ff. SGB XIV (dazu → Rn. 25 ff.). 33

§ 127 Abs. 1 Nr. 4c) SGB XIV ermächtigt die Bundesstelle für Soziale Entschädigung zur Erhebung von (anonymisierten) Daten zur erfolgten Schutzimpfung.

III. Schutzimpfung und Arbeitsunfall

Die Durchführung von Schutzimpfungen kann auch ein Arbeitsunfall nach § 8 Abs. 1 SGB VII sein und zu Ansprüchen gegen die gesetzliche Unfallversicherung führen. Dies kommt vor allem dann in Betracht, wenn Beschäftigte die Impfung aufgrund einer objektiv bestehenden arbeitsvertraglichen Pflicht durchgeführt haben.[31] Die Tatsache, 34

30 Vgl. beispielhaft für eine Prüfung BayLSG Urt. v. 2.7.2019 – L 15 VJ 4/16.
31 Vgl. zum Zusammenhang zwischen Unfallversicherung und Impfschaden Hahn NZA 2022, 369; Plagemann/Baumann CoVuR 2021, 514.

dass die den Impfschaden auslösende Impfung zu diesem Zeitpunkt allein deshalb erfolgte, weil die betroffene Person im Gesundheitswesen tätig ist, reicht für den betrieblichen Zusammenhang nicht aus. Schutzimpfungen sind grundsätzlich eigenwirtschaftliche Tätigkeiten.[32]

C. Einzelkommentierung

35 § 24 SGB XIV legt wie die anderen entschädigungsrelevanten Tatbestände des SGB XIV zugrunde, dass zwischen dem **schädigenden Ereignis** (nämlich der Impfung oder der Verabreichung einer Maßnahme der spezifischen Prophylaxe), dem sogenannten **Primärschaden** (also einer unüblichen Impfreaktion in hinreichendem zeitlichen Zusammenhang mit der Impfung) sowie der sogenannten **Schädigungsfolge** zu unterscheiden ist. Diese drei Anspruchsvoraussetzungen, für die der Nachweis erforderlich ist, lassen sich im Impfschadensrecht im Regelfall gut differenzieren. An die Impfung oder sonstige Prophylaxemaßnahme muss sich in nahem zeitlichen Zusammenhang eine über das normale Maß hinausgehende Impfreaktion anschließen (zB in Form eines epileptischen Anfalls), die dann wiederum eine dauerhafte Schädigung (Behinderung, Pflegebedürftigkeit oÄ, aber auch wirtschaftliche Schäden) auslöst.

I. Versorgungsberechtigter Personenkreis, § 2 und § 24 S. 2 SGB XIV

36 § 24 SGB XIV betrifft generell alle Personen, die Schutzimpfungen oder Maßnahmen der spezifischen Prophylaxe im Geltungsbereich des SGB XIV nach Maßgabe von § 24 Abs. 1 Nr. 1 bis 4 SGB XIV erhalten haben (zur Frage, ob auch Auslandsimpfungen in Betracht kommen, → Rn. 80 f., 93). Es gilt in diesem Rahmen der **nach § 2 SGB XIV berechtigte Personenkreis,** also insbesondere können auch Hinterbliebene Ansprüche geltend machen. Geschützt sind durch diesen Tatbestand nicht nur Deutsche, sondern auch Ausländer, die sich dauernd oder vorübergehend in Deutschland aufhalten, vgl. § 7 SGB XIV. § 24 SGB XIV spricht dementsprechend allumfassend von „*wer* (…) eine gesundheitliche Schädigung erlitten hat (…)“. Leistungen für Hinterbliebene sind allerdings in stärkerem Maße begrenzt als bisher durch den Verweis auf das BVG, s. § 6 und §§ 85 ff., § 42 Abs. 4 SGB XIV. Für diese gilt mit § 141 Abs. 2 SGB XIV aber eine gesonderte Übergangsregelung.

37 Wie schon zuvor § 52 Abs. 1 Satz 2 BSeuchG und dann § 60 IfSG iVm **§ 2 Nr. 11 Hs. 2 IfSG** bezieht auch **§ 24 Satz 2 SGB XIV** unter bestimmten Bedingungen wieder **dritte Personen** (im Gegensatz zu Nahestehenden, Angehörigen oder Sekundäropfern) als Geschädigte in den Entschädigungstatbestand des § 60 IfSG ein und schafft dadurch eine Anspruchsgrundlage für bestimmte mittelbare Impfschäden. Nach dieser Regelung liegt ein Impfschaden auch vor, wenn mit vermehrungsfähigen Erregern geimpft und eine andere als die geimpfte Person geschädigt wurde. Mit ihr werden also auch diejenigen in den geschützten Personenkreis einbezogen, die von der geimpften Person angesteckt worden sind. Hierunter fallen zwei unterschiedliche Fallkonstellationen: Zum einen können Personen Entschädigung verlangen, die sich bei der Pflege einer geimpften Person (typischerweise: eines Kindes) mit diesen Erregern infizieren. Zum anderen fallen hierunter Kinder, die durch eine Impfung der Mutter vor der Geburt im Mutterleib geschädigt worden sind, so etwa wenn durch die Rötelimpfung einer Schwangeren das ungeborene Kind geschädigt wird.[33] Dabei ist es ohne

32 Vgl. BSG Urt. v. 7.9.2004 – B 2 U 35/03 R.
33 Vgl. BT-Drs. 8/2468, 31.

rechtliche Bedeutung, dass die Leibesfrucht noch nicht rechtsfähig ist.[34] Für Corona-Impfungen kommt eine Entschädigung Dritter durch mittelbare Infektion nicht in Betracht. Corona-Impfungen erfolgen – jedenfalls derzeit – in Deutschland nicht mit Impfstoffen auf Basis vermehrungsfähiger Erreger, sondern vielmehr durch sog. Vektorimpfstoffe (AstraZeneca, Johnson&Johnson), mRNA-Impfstoffe (BionTech und Moderna) sowie Proteinimpfstoffe (Novavax).

II. Schädigendes Ereignis: Schutzimpfungen/Maßnahmen der spezifischen Prophylaxe

1. Begriffsdefinitionen. Der Aufopferungsanspruch setzt in seinem ersten Glied der dreigliedrigen Kette eine nach Maßgabe von § 24 S. 1 Nr. 1 bis 4 SGB XIV geschützte Impfung oder Maßnahme der spezifischen Prophylaxe voraus. 38

§ 24 SGB XIV knüpft ausdrücklich an den Begriff der **Schutzimpfung** nach **§ 2 Nr. 9 IfSG** an, der auch schon nach bisherigem Recht maßgeblich war. Schutzimpfung ist danach die Gabe eines Impfstoffs mit dem Ziel, vor einer übertragbaren Krankheit zu schützen. Der Begriff weicht von seinem herkömmlichen (medizinischen) Verständnis ab. Im herkömmlichen Sprachverständnis umfasst er sowohl den technischen Vorgang des Einbringens des Impfstoffes in den Körper als auch den Zweck dieser Maßnahme, nämlich die Immunisierung gegen Infektionen.[35] Schon früh hat das BSG aber entschieden, dass der Begriff auf den technischen Vorgang des Einbringens des Impfstoffes in den Körper beschränkt bleiben muss. Eine immunologische Auseinandersetzung des Körpers mit dem eingebrachten Impfstoff gehört nicht zum gesetzlichen Begriff der Impfung. Dieses Verständnis hat in § 2 Nr. 9 IfSG Eingang gefunden. Es wird nur auf die Zielvorstellung, nicht das tatsächliche Stattfinden einer Immunisierung abgestellt. Der Schutz des § 24 SGB XIV erstreckt sich daher auch auf diejenigen Personen, die ohne Erfolg geimpft worden sind. Impffolgen, seien es der Erfolg (Immunisierung), das Fehlschlagen oder andere physische Reaktionen nach Impfung, sind erst im Rahmen der Wahrscheinlichkeit des Impfschadens, nicht aber am Begriff der Impfung selbst zu erörtern.[36] 39

Schutzimpfungen können Erst- genauso wie Auffrischungsimpfungen sein. Nicht aber sind sie „Schein-Impfungen" zB mit Kochsalzlösung als Placebopräparat.[37]

Über die frühere Regelung des § 51 Abs. 1 BSeuchG hinausgehend hatte der Gesetzgeber schon in § 60 IfSG die Anwendbarkeit des Aufopferungsanspruchs auch auf **Maßnahmen der spezifischen Prophylaxe** ausgedehnt. Er hat dies auch in § 24 SGB XIV wieder zur Voraussetzung gemacht. Darunter ist nach der Legaldefinition des **§ 2 Nr. 10 IfSG** die Gabe von Antikörpern (passive Immunprophylaxe) oder die Gabe von Medikamenten (Chemoprophylaxe) zum Schutz vor Weiterverbreitung bestimmter übertragbarer Krankheiten zu verstehen. Ins Auge gefasst hatte der Gesetzgeber insbesondere die Gabe von Immunglobulinen oder von Antibiotika.[38] Zur Begründung der Einbeziehung auch solcher Maßnahmen in den Entschädigungstatbestand führt er an, auch diese Medikamente könnten in seltenen Fällen zu Gesundheitsschäden führen. 40

34 Vgl. BSG 24.10.1962 – 10 RV 583/59, BSGE 18, 55; vgl. zum im Mutterleib geschädigten Kind BSG 15.10.1963 – 11 RV 1292/61, BSGE 20, 41; BSG 16.4.2002 – B 9 VG 1/01 R, BSGE 89, 199; BSG 15.7.2004 – B 9 VG 6/03, BSGE 93, 131; BVerfG 22.6.1977 – 1 BvL 2/74, BVerfGE 45, 376; BVerfG 20.5.1997 – 1 BvR 762/85, BVerfGE 75, 348; BayLSG 2.7.2019 – L 15 VJ 8/17.

35 So das BSG in seiner Entscheidung vom 26.6.1985 – 9a RVi 3/83, SozR 3850 § 51 Nr. 8, unter Verweis auf Pschyrembel, Klinisches Wörterbuch, Berlin-New York, damals 252. Aufl., Stichwort „Schutzimpfung".

36 Vgl. das BSG 26.6.1985 – 9a RVi 3/83, SozR 3850 § 51 Nr. 8.

37 Plagemann/Baumann CoVuR 2021, 514.

38 Vgl. BT-Drs. 14/2530, 88.

Maßnahmen der spezifischen Prophylaxe kommen wegen ihrer schnellen Wirksamkeit zB im Rahmen von nach § 16 Abs. 1 IfSG[39] zu ergreifenden Maßnahmen in Betracht. Bislang ist die praktische Bedeutung dieser Tatbestandsvariante allerdings gering.[40] Soweit ersichtlich, hat die Durchführung einer solchen Maßnahme bislang die Sozialgerichte nicht beschäftigt.[41] Einzig bekannte Maßnahme der spezifischen Prophylaxe war die im Beitrittsgebiet gesetzlich vorgeschriebenen **Anti-D-Immunprophylaxe** in den Jahren 1978 und 1979, durch die Frauen aufgrund bestimmter, abschließend benannter Chargen dieses Präparates schuldhaft mit dem Hepatitis-C-Virus infiziert worden sind. Eine Entschädigung ist in diesem spezifischen Fall allerdings durch das AntiDHG erfolgt.

41 **2. Relevante Impfungen/Maßnahmen, § 24 S. 1 Nr. 1 bis 4 SGB XIV.** Schutzimpfungen bzw. Prophylaxemaßnahmen im oben beschriebenen Sinne sind nur dann anspruchsbegründend, wenn sie eine der Tatbestandsalternativen des **§ 24 S. 1 Nr. 1 bis 4 SGB XIV** erfüllen.

42 **a) Öffentliche Empfehlung, § 24 S. 1 Nr. 1 SGB XIV. aa) Bedeutung.** Nach § 24 S. 1 Nr. 1 SGB XIV kommt insbesondere eine Impfung oder sonstige Prophylaxe in Betracht, die von einer zuständigen Landesbehörde nach § 20 Abs. 3 IfSG öffentlich empfohlen und in ihrem Bereich auch tatsächlich vorgenommen wurde. Diese Regelung entspricht vollumfänglich dem bisherigen § 60 Abs. 1 S. 1 Nr. 1 IfSG, was durch den Gesetzgeber auch ausdrücklich so beabsichtigt ist.[42] Die zur Vorgängervorschrift ergangene Rechtsprechung ist daher auf § 24 S. 1 Nr. 1 SGB XIV übertragbar.

43 Der Aufopferungsanspruch nach öffentlicher Empfehlung ist der bei Weitem wichtigste im Impfschadensrecht. Dies gilt insbesondere (wieder) nach der Änderung des § 24 S. 1 Nr. 2 SGB XIV durch das Zweite Gesetz zur Änderung des Infektionsschutzgesetzes und weiterer Gesetze vom 28.5.2021. Während § 24 S. 1 Nr. 2 SGB XIV in der ursprünglichen Fassung auf alle Schutzimpfungen nach § 20i SGB V verwies, um einen bundesweit einheitlichen Standard zu gewährleisten, verweist Nr. 2 in der neuen Fassung nur noch auf Schutzimpfungen nach § 20i Abs. 3 SGB V. Der Gesetzgeber hat im Zuge dieser Änderung explizit darauf hingewiesen, dass alle anderen Schutzimpfungen im Wesentlichen ohnehin durch den Empfehlungstatbestand nach Nr. 1 abgedeckt seien (dazu → 72 ff.), und hat diesem dadurch wieder größere Bedeutung beigemessen.

44 **bb) Zweck. Impfempfehlungen** im Sinne dieser Vorschrift verfolgen den **Zweck,** eine Förderung der Impfbeteiligung zu bewirken.[43] Sie sollen durch Erreichen hoher Durchimpfungsraten einzelne Krankheitserreger jedenfalls regional eliminieren, mög-

---

39 Die Vorschrift über „Allgemeine Maßnahmen der zuständigen Behörde" lautet in ihrem Abs. 1 wie folgt: „Werden Tatsachen festgestellt, die zum Auftreten einer übertragbaren Krankheit führen können, oder ist anzunehmen, dass solche Tatsachen vorliegen, so trifft die zuständige Behörde die notwendigen Maßnahmen zur Abwendung der dem Einzelnen oder der Allgemeinheit hierdurch drohenden Gefahren. Die bei diesen Maßnahmen erhobenen personenbezogenen Daten dürfen nur für Zwecke dieses Gesetzes verarbeitet und genutzt werden."

40 Maßnahmen der spezifischen Prophylaxe werden durch die STIKO aber in bestimmten Situationen empfohlen, vgl. Empfehlungen der STIKO beim RKI 2019/2020, Postexpositionelle Impfungen bzw. andere Maßnahmen der spezifischen Prophylaxe übertragbarer Krankheiten, Epidemiologisches Bulletin Nr. 34, S. 313, 341 ff.

41 Eine Empfehlung der spezifischen Prophylaxe ist zB die postexpositionelle Hepatitis-B-Prophylaxe bei Neugeborenen von HBsAg-positiven Müttern bzw. von Müttern mit unbekanntem HBsAg-Status; vgl. Epidemiolog. Bulletin des RKI 30/2009 P.

42 Vgl. BT-Drs. 19/13824, 181.

43 BSG 20.7.2005 – B 9a/9 VJ 2/04 R, BSGE 95, 66; vgl. aus neuerer Zeit LSG Bln-Bbg 8.7.2015 – L 13 VJ 16/12, juris Rn. 15 ff.

lichst aber weltweit ausrotten.[44] Der Einzelne soll sich aufgefordert fühlen, sich impfen zu lassen.

In der Bundesrepublik Deutschland besteht – mit Ausnahme der neu eingeführten – mittelbaren – Masernpflichtimpfung (dazu → Rn. 89 ff.) und der sog. einrichtungsbezogenen Corona-Impfpflicht (dazu → Rn. 91) – zwar keine allgemeine Impfpflicht. Eine allgemeine Corona-Impfpflicht hat (bislang) im Bundestag keine Mehrheit gefunden.[45] Eine öffentliche Empfehlung hat nicht den gleichen Zwangscharakter wie eine gesetzliche Impfverpflichtung. Doch legt auch sie den Bürgern, die sie angeht, bzw. bei Kinderimpfungen den Erziehungsberechtigten, mit einer gewissen staatlichen Autorität nahe, sich dem Eingriff zugleich zum Schutz der Allgemeinheit zu unterziehen.[46] Entsprechendes gilt für den Ausspruch von **Empfehlungen für Maßnahmen der spezifischen Prophylaxe.**

cc) **Zeitpunkt der Empfehlung.** Es ergibt sich daher zwangsläufig, dass der Anspruch auf Entschädigung erst aufgrund einer **schon vorhandenen** öffentlichen Empfehlung entsteht. Erst dann kommt der Autoritätsgedanke zum Tragen. Für die Erfüllung des Tatbestandes des § 24 S. 1 Nr. 1 SGB XIV kommt es daher stets darauf an, ob eine öffentliche Empfehlung gerade **zum Zeitpunkt der Impfung oder Prophylaxe-Maßnahme** vorlag.[47] Selbst eine nur kurz vor Ausspruch einer Empfehlung vorgenommene Maßnahme erfüllt daher die Entschädigungsvoraussetzungen nicht. Dies gilt zB für die Schädigung als Proband in der klinischen Testphase eines noch nicht zugelassenen Impfstoffs[48] (s. hierzu aber auch die Härtefallklausel des § 100 SGB XIV). Bedeutung kann dies aber auch am Beispiel der Corona-Impfungen erlangen, für die infolge neuer Erkenntnisse zuvor ausgesprochene Empfehlungen kurzfristig geändert wurden (so zB zu Erkenntnissen über auftretende Hirnvenenthrombosen nach der Impfung mit dem AstraZeneca-Impfstoff[49]). 45

dd) **Inhalt einer Empfehlung.** Welche **Anforderungen an eine öffentliche Empfehlung** im Sinne des § 24 S. 1 Nr. 1 SGB XIV zu stellen sind, wird durch **§ 20 Abs. 2 und 3 IfSG** (Nachfolgeregelung zu seinerzeit § 14 BSeuchG) bestimmt. Soweit die vorgenommene Maßnahme noch unter Geltung des BSeuchG durchgeführt wurde, ist die ausgesprochene Empfehlung allerdings noch an § 14 Abs. 3 BSeuchG zu messen.[50] 46

Nach § 20 Abs. 3 IfSG *sollen* die obersten Landesgesundheitsbehörden öffentliche Empfehlungen für Schutzimpfungen oder andere Maßnahmen der spezifischen Prophylaxe **auf der Grundlage der jeweiligen Empfehlungen der Ständigen Impfkommission** aussprechen. Ausgestaltung und Zuständigkeit der Ständigen Impfkommission (im Folgenden: **STIKO**) wird in § 20 Abs. 2 IfSG konkretisiert: Sie wird beim Robert Koch-Institut (RKI) eingerichtet (Satz 1), gibt Empfehlungen zur Durchführung von Schutzimpfungen und zur Durchführung anderer Maßnahmen der spezifischen Prophylaxe übertragbarer Krankheiten ab (Satz 3) und entwickelt Kriterien zur Abgrenzung einer üblichen Impfreaktion und einer über das übliche Ausmaß einer Impfreak- 47

44 Vgl. Impfempfehlung der STIKO März 1997, Bundesgesundheitsblatt 1997, 296.
45 Am 7.4.2022 sind verschiedene Gesetzesinitiativen zum Thema Corona-Impfpflicht (BT-Drs. 20/899, BT-Drs. 20/954, BT-Drs. 20/680, BT-Drs. 20/978, BT-Drs. 20/516) durchgefallen, vgl. https://www.bundestag.de/dokumente/textarchiv/2022/kw14-de-impfpflicht-886566.
46 BSG 29.5.1980 – 9 RVi 3/79, BSGE 50, 136, 140 f.; BSG 17.11.1981 – 9 RVi 1/81, SozR 3850 § 54 Nr. 1; BSG 28.1.1981 – 9 RVi 3/80.
47 BSG 20.7.2005 – B 9a/9 VJ 2/04 R, BSGE 95, 66; so auch ausdrücklich Gelhausen, Soziales Entschädigungsrecht, 2. Aufl. 1998, Rn. 927, 931.
48 Vgl. BSG 23.4.2009 – B 9 VJ 1/08 R: noch nicht zugelassener Impfstoff gegen Meningokokkeninfektion; vgl. dazu auch Roos, Der Impfschadensprozess, Risiken und Nebenwirkungen, ZFSH SGB 4, 2020, 210, 212.
49 Vgl. Epidemiologisches Bulletin 16/2021, S. 7 f.
50 Vgl. BSG 20.7.2005 – B 9a/9 VJ 2/04 R, BSGE 95, 66 (67).

tion hinausgehenden gesundheitlichen Schädigung. Die Mitglieder der Kommission werden vom BMG im Benehmen mit den obersten Landesgesundheitsbehörden berufen (Satz 4). Die Empfehlungen der Kommission werden vom Robert Koch-Institut den obersten Landesgesundheitsbehörden übermittelt und anschließend veröffentlicht (Satz 7).

48 Anders als ursprünglich durch § 51 Abs. 1 BSeuchG geregelt, kommt die Empfehlung einer Bundesbehörde nicht in Betracht. Für § 24 S. 1 Nr. 1 SGB XIV relevante Empfehlungen können nur die **obersten Landesbehörden** und folglich die jeweils zuständigen Landesministerien aussprechen. Indem allerdings die obersten Landesbehörden die Empfehlungen der STIKO zugrunde legen sollen, werden gleichwohl in hohem Maße bundeseinheitliche Empfehlungen erreicht. Zwangsläufig identisch sind die Länderempfehlungen allerdings nicht.[51] § 20 Abs. 3 IfSG verlangt nicht die Umsetzung der STIKO-Impfempfehlungen in vollständiger Übernahme derselben, sondern nur den Ausspruch einer Impfempfehlung *auf deren Grundlage*. Das BSG qualifiziert daher die Bekanntmachungen der STIKO als (bloße) Entscheidungshilfen für die Bekanntmachungen der obersten Landesbehörden nach § 20 Abs. 3 IfSG.[52] Den Landesbehörden soll es möglich sein, regionale Besonderheiten zu berücksichtigen.[53] Dies ist zB hinsichtlich der Impfungen zur Abwehr der Frühsommermenengitis (FSME) als Folge von Zeckenbissen erfolgt. Bundeseinheitliche Maßstäbe können im Übrigen über § 24 Satz 1 Nr. 2 und 4 SGB XIV erreicht werden.

49 Jede zuständige oberste Landesbehörde hat also letztendlich eigenverantwortlich eine Empfehlung auszusprechen. Dies erfolgt im Regelfall in Form von öffentlichen ministeriellen Bekanntmachungen. So empfiehlt die STIKO zB grundsätzlich (zu den Einschränkungen → Rn. 53 ff.) die Impfung zum Schutz vor COVID-19; die zuständigen Landesbehörden verweisen zumeist vollumfänglich auf die jeweils gültigen Impfempfehlungen der STIKO.[54]

50 Konsequenz der landesrechtlichen Regelung ist auch, dass für die Frage danach, ob eine bestimmte Maßnahme im Sinne des § 24 Satz 1 Nr. 1 SGB XIV öffentlich empfohlen ist, immer **Landesrecht auszulegen** ist. Damit obliegt es den Instanzgerichten, die erforderlichen Feststellungen nicht nur zum Sachverhalt der konkreten Impfung, sondern auch zum Inhalt des Landesrechts zu treffen. Das BSG hat in einem Verfahren zum Impfschadensrecht die Vorinstanz (im wiedereröffneten Berufungsverfahren) auch zur Nachholung von Feststellungen über die Frage verpflichtet gesehen, wie der Begriff der „Kombinationsimpfung" in der landesrechtlichen Bekanntmachung einer Impfempfehlung nach Landesrecht richtig auszulegen ist.[55]

51 Impfempfehlungen gegen bestimmte Krankheiten können nur ausgesprochen werden, wenn ein bereits **durch das Paul-Ehrlich-Institut (PEI) zugelassener Impfstoff** vorhanden ist.[56] Das bedeutet etwa, dass in der Anfangszeit der Corona-Impfungen eine Entschädigung für die Impfung von **Kindern unter zwölf Jahren** nicht zur Entschädigung nach dieser Vorschrift führen kann, weil für diese Personengruppe Impfstoffe noch nicht zugelassen waren (vgl. zum Off-Labe-Use des Impfstoffs auch → Rn. 76). Kon-

51 Kritisch daher Walus DÖV 2010, 127 ff.
52 BSG 20.7.2005 – B 9a/9 VJ 2/04 R, BSGE 95, 66 (68); vgl. entsprechend auch die einschlägige Kommentarliteratur, zB Kießling/Gebhard, 1. Aufl. 2020, IfSG § 20 Rn. 17.
53 So ausdrücklich auch der Gesetzgeber, vgl. BT-Drs.14/2530, 72; Schaade/Widders/Stange/Höhl, Impfempfehlungen der Ständigen Impfkommission beim Robert-Koch-Institut, Bundesgesundheitsblatt 2009, 1006 (1009).
54 Vgl. zB für Hessen: Hess. StAnz. 46/2012, 1404: Es werden „die Schutzimpfungen der jeweils gültigen Impfempfehlungen der Ständigen Impfkommission (STIKO) am Robert-Koch-Institut" empfohlen.
55 BSG 23.4.2009 – B 9 VJ 1/08 R, MedR 2010, 580.
56 Schaade ua BGesBl 2009, 1006 (1007); Kießling/Gebhard, 1. Aufl. 2020, IfSG § 20 Rn. 11.

sequenz dessen ist auch, dass **noch in der Zulassungsphase befindliche Arzneimittel** (vgl. dazu die §§ 21 ff. AMG) nicht den Tatbestand des § 60 Abs. 1 S. 1 Nr. 1 IfSG erfüllen.[57] Nimmt ein Patient also etwa an einer Impfstudie teil, indem er sich anstelle eines ausdrücklich zugelassenen Impfstoffs einen noch in der Prüfphase befindlichen Stoff injizieren lässt, so verwirklicht sich hier nicht das einen Aufopferungsanspruch rechtfertigende Risiko mit entsprechender Einstandspflicht des Staates, sondern ein Risiko, das mit der Aufopferung des Patienten für den medizinischen Fortschritt in Zusammenhang steht.[58] In beiden Fällen ist zwar die Volksgesundheit im weitesten Sinne berührt, gleichwohl handelt es sich um unterschiedliche Risikobereiche, denen der Gesetzgeber jeweils spezielle Haftungsregelungen für den Fall der Verwirklichung des Risikos zugeordnet hat. Die Haftung für Arzneimittelschäden im Rahmen der Teilnahme an einer Studie in der Phase der Arzneimittelzulassung erfolgt grundsätzlich anhand einer besonderen Produkthaftung (§ 84 AMG). Nur die Aufopferung einer Person für die Eindämmung von Infektionskrankheiten begründet demgegenüber einen Anspruch nach § 24 S. 1 Nr. 1 SGB XIV. Allerdings kann sich in Fällen, in denen die (Impf- oder Prophylaxe-)Maßnahme mit einem nicht zugelassenen Wirkstoff durchgeführt wurde, ein Anspruch nach Rechtsscheingesichtspunkten ergeben (dazu ausführlich → Rn. 62 ff.).

Ihrem **Inhalt** nach hat sich die **öffentliche Empfehlung** nicht nur auf das **Ob einer Impfung** zu beziehen; sie kann vielmehr auch das **Wie der Impfung** vorgeben.[59] Die 52
Empfehlung braucht sich also nicht nur auf die Benennung der Erkrankungen zu beschränken, die durch die Schutzimpfung oder Maßnahme der spezifischen Prophylaxe verhütet werden sollen, sondern kann auch die näheren Bedingungen zur Durchführung der jeweiligen Maßnahme festlegen.[60] Bemerkenswert ist insoweit, dass das BSG in diesem Punkt eine Verengung des gesetzlichen Maßstabs vorgenommen hat, ohne dies iE zu begründen. In seiner Entscheidung vom 20.7.2005[61] ging es noch von der *Zulässigkeit* der Bestimmung auch des Wie der Impfung aus; in der Entscheidung vom 2.10.2008[62] wird dann ohne Weiteres von der *Verpflichtung* zur Bestimmung auch der Art der Darreichung gesprochen: Selbstverständlich sei auch die Art und Weise in die Empfehlung einzubeziehen, denn der Vorgang der Immunisierung gegen eine bestimmte Infektionskrankheit könne denknotwendig nicht von dem Mittel abgekoppelt werden, das die Immunisierung erzeugen solle. Allerdings ist eine Immunisierung anhand verschiedener Mittel denkbar, soweit solche arzneimittelrechtlich zugelassen sind und zur Verfügung stehen. Woraus also eine *Verpflichtung* abgeleitet werden soll, ist nicht ersichtlich. Es dürfte daher vielmehr letztlich der zuständigen Behörde überlassen bleiben, wie stark sie ihre Empfehlung einschränken will und inwieweit nicht. Aus der Tatsache etwa, dass eine Polio-Impfung ganz generell (ohne weitere Konkretisierung der Art der Impfung) empfohlen wird, kann nicht geschlossen werden, dass die Empfehlung unwirksam ist. Richtiger dürfte sein, wie noch in der Entscheidung des BSG vom 20.7.2005, von einer *Befugnis* der zuständigen Behörde zur Einschränkung der Empfehlung zu sprechen.

In die Empfehlung einbezogen werden kann insbesondere die **Art des zu verwendenden Impfstoffes**. Dies bedeutet einerseits, dass die Empfehlung sich auf eine bestimmte 53
Darreichungsform (oral oder vakzinal) festlegen kann.[63] Das BSG hat hierzu ent-

---

57 Erstmals BSG 20.7.2005 – B 9a/9 VJ 2/04 R, BSGE 95, 66; bestätigt durch BSG 23.4.2009 – B 9 VJ 1/08 R, MedR 2010, 580.
58 Vgl. BSG 20.7.2005 – B 9a/9 VJ 2/04 R, BSGE 95, 66; bestätigt durch BSG 23.4.2009 – B 9 VJ 1/08 R, MedR 2010, 580.
59 Kießling/Gebhardt, 1. Aufl. 2020, IfSG § 20 Rn. 16.
60 BSG 2.10.2008 – B 9/9a VJ 1/07 R, SozR 4-3851 § 20 Nr. 2.
61 BSG 20.7.2005 – B 9a/9 VJ 2/04 R, BSGE 95, 66, Rn. 35.
62 BSG 2.10.2008 – B 9/9a VJ 1/07 R, SozR 4-3851 § 20 Nr. 2.
63 BSG 2.10.2008 – B 9/9a VJ 1/07 R, SozR 4-3851 § 20 Nr. 2.

schieden, dass die früher empfohlene Polio-Schluckimpfung mit Lebendwirkstoff seit Umstellung der Empfehlung auf eine inaktivierte Polio-Vakzine mittels Injektion keine der öffentlichen Empfehlung entsprechende Impfung mehr darstellt.[64]

54 Die Empfehlung darf weiter auch auf Impfungen mit **bestimmten zugelassenen Impfstoffen** begrenzt werden. Dies hat das BSG in seiner Entscheidung vom 20.7.2005 zunächst ausdrücklich für eine noch auf der Grundlage von **§ 14 Abs. 3 BSeuchG** ausgesprochene Empfehlung entschieden und zur Begründung ausgeführt, dieses Ergebnis folge aus Wortlaut, Sinn und Zweck, dem systematischen Zusammenhang, in dem § 14 Abs. 3 BSeuchG stehe, sowie dem in den Gesetzesmaterialien zum Ausdruck gebrachten gesetzgeberischen Willen.[65] Der entschädigungspflichtige Staat müsse im Interesse der Minimierung seiner Entschädigungspflicht und damit auch des dadurch der Gesamtheit der steuerzahlenden Bevölkerung entstehenden Schadens die Bedingungen der Impfung, die er empfehle, festlegen können.[66] Dies erscheint heute selbstverständlich. Die öffentliche Debatte zum Corona-Impfstoff bezieht sich nicht mehr auf die Frage, ob überhaupt eine Eingrenzung auf einen bestimmten zugelassenen Impfstoff erfolgen darf. Vielmehr wird nur diskutiert, welcher zugelassene Impfstoff auf welche Personengruppe anzuwenden sein soll. Im Frühjahr 2021 etwa bezog sich die Impfempfehlung der STIKO und dem folgend auch der Länder auf insgesamt vier konkret benannte Impfstoffe (Comirnaty von BioNTech/Pfizer, COVID-19 Vaccine von Moderna, COVID-19 Vaccine AstraZeneca und der COVID-19 Vaccine Janssen);[67] mittlerweile ist auch der Impfstoff Novavax empfohlen.

55 Die **Empfehlung** darf auch **auf eine bestimmte Bevölkerungsgruppe begrenzt** werden, wie das etwa für die Grippeimpfung auf mindestens Sechzigjährige oder Personengruppen mit erhöhtem Expositionsrisiko (zB Lehrer) regelmäßig der Fall war.[68] Eine entsprechende Begrenzung der Impfempfehlungen ist auch für die **Corona-Impfstoffe** erfolgt: Der Corona-Impfstoff von BionTech ist in Europa zwar seit dem 25.11.2021 mit einer reduzierten Impfstoffdosis für die Impfung gegen COVID-19 von Kindern im Alter von 5 – 11 Jahren durch die EMA zugelassen. „Nach abschließender Risiko-Nutzen-Abwägung“ hat die STIKO aber (Stand April 2022) nur eine Indikationsimpfempfehlung und keine allgemeine COVID-19-Impfempfehlung für 5- bis 11-Jährige ausgesprochen.[69] Eine Empfehlung besteht daher nur für Kinder und Jugendliche mit bestimmten Vorerkrankungen, im Umfeld von gefährdeten Personen, die sich selbst nicht schützen können und für solche mit arbeitsbedingt erhöhtem Expositionsrisiko. Unter dieses Expositionsrisiko werden allerdings Schulen nicht gefasst, so dass für den Großteil der 5- bis 11jährigen keine Impfempfehlung existiert. Entsprechende Einschränkungen gab es zunächst auch für Impfungen an 12- bis 17jährigen;[70] davon ist die STIKO später abgerückt und hat eine allgemeine Empfehlung ausgesprochen.[71] Auch für Erwachsene finden sich Empfehlungseinschränkungen der STIKO:

64 BSG 2.10.2008 – B 9/9a VJ 1/07 R, SozR 4-3851 § 20 Nr. 2.

65 BSG 20.7.2005 – B 9a/9 VJ 2/04 R, BSGE 95, 66; das BSG hatte hier darüber zu entscheiden, ob die oberste Landesbehörde folgende Einschränkung in ihre Empfehlung aufnehmen durfte: „Für die Schutzimpfungen dürfen nur Impfstoffe verwendet werden, die vom Bundesamt für Sera und Impfstoffe (Paul-Ehrlich-Institut) zugelassen und deren Chargen von dieser Behörde freigegeben worden sind.“

66 BSG 20.7.2005 – B 9/9a VJ 1/07 R, SozR 4-3851 § 60 Nr. 2; vgl. dazu auch LSG Bln-Bbg 8.7.2015 – L 13 VJ 16/12.

67 Vgl. Epidemiologisches Bulletin Nr. 23/2021 vom 10.6.2021.

68 Vgl. dazu STIKO, Impfstatus der Kinder und Jugendlichen in Deutschland, Influenzaimpfungen in der COVID-19-Pandemie, Epidemiologisches Bulletin Nr. 32/33, 2020.

69 Epidemiologisches Bulletin 1/2022.

70 Vgl. das „Infoblatt für Kinder- und Jugendärzt:innen und Eltern“ vom 24.6.21, abrufbar unter https://www.rki.de/DE/Content/Infekt/Impfen/ImpfungenAZ/COVID-19/Infoblatt_Impfung_Kinder_und_Jugendliche.html.

71 Epidemiologisches Bulletin 33/2021.

Zunächst ist bei Einführung des **AstraZeneca-Impfstoffs** gegen das Coronavirus die **Empfehlung nur für Unter-65-Jährige** ausgesprochen worden, später aber wegen neuer Erkenntnisse über seltene Nebenwirkungen bei jüngeren Personen umgekehrt nur für **Personen über 60.**[72] Allerdings waren hier die Empfehlungen der STIKO nicht immer ganz eindeutig. In der Fassung der Impfempfehlungen zur Corona-Impfung vom 24.6.2021[73] etwa ist ausgeführt, dass „auf Basis der derzeit verfügbaren, allerdings noch begrenzten Evidenz und unter Berücksichtigung der gegenwärtigen pandemischen Lage die STIKO empfiehlt, die beiden Vektor-basierten Impfstoffe (Vaxzevria und COVID-19 Vaccine Janssen) für Personen im Alter ≥ 60 Jahren zu verwenden". Es wird dann aber weiter ausgeführt: „Der Einsatz von Vaxzevria für eine 1. oder 2. Impfstoffdosis und der COVID-19 Vaccine Janssen als einmalige Impfung unterhalb dieser Altersgrenze ist jedoch nach ärztlicher Aufklärung und bei individueller Risikoakzeptanz durch die impfwillige Person möglich." Soweit die Länder diese Empfehlungen nicht zusätzlich konkretisieren, sondern nur auf sie verweisen, könnte der Eindruck entstehen, dass nach Einholung ärztlichen Rats letztlich doch die Impfung mit AstraZeneca auch bei Unter-60-Jährigen empfohlen wird. Gemeint ist dies vermutlich nicht, weil die „Empfehlung" ausdrücklich nur für den begrenzten Personenkreis ausgesprochen wird, anderenfalls nur von der „Möglichkeit" gesprochen wird.

Zu den Corona-Impfungen sind die Empfehlungen des RKI in sehr kurzen Zeitabständen angepasst worden. Es ist daher immer besonderes Augenmerk auf den jeweiligen Stand der Empfehlung zum konkreten Zeitpunkt der Impfung zu richten, denn an ihnen richten sich auch die Landesempfehlungen aus.[74] Wo die Empfehlungen zu Corona-Impfungen nur eingeschränkt erteilt worden sind, kann die **Regelung des § 24 S. 1 Nr. 2 SGB V** zum Tragen kommen. Denn danach ist nur maßgeblich, ob auf die Impfung ein Anspruch nach Maßgabe der Corona-ImpfV bestand. Eine Beschränkung auf bestimmte Impfstoffe für bestimmte Personen ist darin nicht formuliert (im Einzelnen zu § 24 S. 1 Nr. 2 SGB XIV → Rn. 72 ff.). Im Übrigen könnte im Einzelfall zu überprüfen sein, ob nicht wenigstens unter Rechtsscheingesichtspunkten (dazu → 62 ff.) eine Entschädigung nach Nr. 1 in Betracht kommt. 56

Die Empfehlung kann sich schließlich auch auf die **Reihenfolge durchzuführender Impfungen** beziehen. Für Kinder etwa hat die STIKO einen genauen Impfkalender erstellt, zu welchem Zeitpunkt welche Impfung empfohlen wird. Auch auf diese nehmen die Bundesländer regelmäßig Bezug. 57

ee) **Mehrfach-/Kombinationsimpfungen.** Schwierig sind die Fälle, in denen sog. **Mehrfach- bzw. Kombinations-Impfungen** vorgenommen werden, bei denen gegen mehrere Krankheiten zugleich geimpft werden soll – die bei Kindern mittlerweile übliche Impfmethode. Auch insoweit kann eine Begrenzung des „Wie" der Impfung erfolgen. So kann vorgegeben werden, dass eine Mehrfach- oder Kombinationsimpfung gegen mehrere Krankheiten nur dann öffentlich empfohlen ist, wenn auch alle Einzelkomponenten öffentlich empfohlen sind. Allerdings sind insoweit insbesondere frühere Impfempfehlungen nicht immer ganz einfach auszulegen. Der Inhalt der Begriffe der Mehrfach- oder Kombinationsimpfung ist nicht ohne Weiteres klar. Ist die öffentliche Empfehlung etwa in dem Sinne beschränkt, dass Kombinationsimpfungen gegen mehrere Krankheiten nur öffentlich empfohlen sind, wenn auch alle Einzelkomponen- 58

72 Vgl. zB Hohmann-Jeddi, Neue STIKO-Empfehlungen zu Covid-19, Astra-Zeneca-Vakzine nur für Jüngere Pharmazeutische Zeitung vom 28.1.2021.

73 Epidemiologisches Bulletin Nr. 25/2021 vom 24.6.2021, S. 3.

74 Vgl. zum jeweiligen Stand der Impfung die Internetseite des RKI: https://www.rki.de/DE/Content/Infekt/Impfen/ImpfungenAZ/COVID-19/Impfempfehlung-Zusfassung.html.

ten öffentlich empfohlen sind, ist diese Einschränkung möglicherweise mehrdeutig.[75] Sie kann so verstanden werden, dass der Begriff der Kombinationsimpfung nur Impfungen mit einem **einheitlichen Impfstoff** gegen mehrere Krankheiten meint; dann wäre nämlich eine Impfung mit diesem Mehrfach-Impfstoff auch dann öffentlich empfohlen, wenn zeitgleich in derselben Impfsitzung noch eine zweite Injektion gegen eine Krankheit verabreicht wird, für die keine Impfempfehlung besteht.[76] Ist der Begriff der Kombinationsimpfung demgegenüber so auszulegen, dass **alle in einem Impftermin** – sei es in einer oder mehreren Spritzen – **verabreichten Wirkstoffe** gemeint sind, dann liegt eine öffentliche Empfehlung hinsichtlich einer der verabreichten Einzelinjektionen selbst dann nicht vor, wenn diese – für sich gesehen – öffentlich empfohlen wäre.[77] Es ist daher für die Frage der Befolgung einer Impfempfehlung stets zunächst die konkrete Impfempfehlung nach landesrechtlicher Bekanntgabe festzustellen und auszulegen (vgl. dazu schon zuvor). Bei der Formulierung einer Impfempfehlung zu Kombinations- oder Mehrfachimpfungen sollte eine entsprechende Auslegungsschwierigkeit möglichst vermieden werden.

59 Es bleiben damit die Fälle zu klären, in denen **keine Angaben für die Handhabung von Mehrfach- bzw. Kombinationsimpfungen in der Impfempfehlung** enthalten sind. In der Praxis werden diese Fälle kaum noch eine Rolle spielen, da mittlerweile weitgehend gebräuchlich ist, die öffentliche Empfehlung auch insoweit zu konkretisieren. Aus der Rechtsprechung des BSG folgt im Übrigen, dass jeweils alle Einzelkomponenten des Impfstoffs empfohlen sein müssen. In einem Fall, in welchem die Empfehlung keinerlei Angaben zur Handhabung von Mehrfach- oder Kombinationsimpfungen enthielt, hat die betroffene Person eine einheitliche Injektion gegen mehrere, insoweit aber nur zT in der Empfehlung genannte Einzelkrankheiten erhalten. Das BSG hat dort lediglich die Frage nach dem Bestehen eines Härteanspruchs (damals nach § 54 Abs. 3 BSeuchG iVm § 89 BVG) geprüft, einen Anspruch unmittelbar nach Maßgabe der §§ 51 ff. BSeuchG demgegenüber nicht in Erwägung gezogen. Das BSG geht daher offenbar davon aus, dass jedenfalls dann, wenn nur *ein* Impfstoff im Rahmen *einer* Spritze verabreicht wird, eine öffentliche Empfehlung ohne konkrete Angaben in der Bekanntmachung nur dann vorliegt, wenn auch alle Einzelkomponenten des Impfstoffs empfohlen sind.[78] Entsprechendes ist im Übrigen auch in der Entscheidung vom 23.4.2009 wieder angedeutet – allerdings waren dort die Feststellungen des LSG zum Inhalt der Impfempfehlung nicht ganz klar gewesen.[79] Anders kann dies in Fällen sein, in denen mehrere Impfungen innerhalb einer Impfsitzung verabreicht werden, ohne dass diese konkret als Kombinationsimpfungen in der Impfempfehlung qualifiziert werden. Allein ein enger zeitlicher Zusammenhang zwischen einer oral und einer anderen vakzinal durchgeführten Impfung führt nicht zu einer Kombinationsimpfung.[80] Daher vermag sehr wohl die eine Verabreichung eines bestimmten Wirkstoffs

75 Damit hatte sich das BSG in seiner Entscheidung vom 23.4.2009 – B 9 VJ 1/08 R, MedR 2010, 580, auseinanderzusetzen.

76 So das BSG 23.4.2009 – B 9 VJ 1/08 R, MedR 2010, 580; mit einem entsprechenden Verständnis auch das BSG 2.10.2008 – B 9/9a VJ 1/07 R, SozR 4-3851 § 60 Nr. 2.

77 So ebenfalls BSG 23.4.2009 – B 9 VJ 1/08 R, MedR 2010, 580.

78 Anders offenbar Wilke/Sailer, Soziales Entschädigungsrecht, 7. Aufl. 1992, BSeuchG § 51 Rn. 14, der – unter Verweis gerade auf diese Entscheidung des BSG – die Auffassung vertreten hat, dass dann, wenn mindestens eine der Teil-Schutzimpfungen, die bei Anwendung eines Mehrfach-Impfstoffs vorgenommen werde, öffentlich empfohlen sei, die gesamte Maßnahme einschließlich des Schutzes gegen die nicht von der Empfehlung umfasste Krankheit „nicht mehr allein dem privaten Risikobereich zugerechnet werden könne". Das BSG hatte jedoch in der zitierten Entscheidung gerade nicht darüber zu befinden, ob die Mehrfach-Impfung öffentlich empfohlen war, sondern vielmehr, ob eine Teil-Empfehlung nicht möglicherweise die Voraussetzungen eines Härtefalls erfüllt.

79 BSG 23.4.2009 – B 9 VJ 1/08 R, SozR 4-3851 § 60 Nr. 3.

80 BSG 2.10.2008 – B 9/9a VJ 1/07 R, SozR 4-3851 § 60 Nr. 2.

innerhalb einer Impfsitzung den Tatbestand der öffentlichen Impfempfehlung zu erfüllen, die andere dagegen nicht. Schwierig ist dann allerdings die Frage nach der Kausalität zu beantworten.

In jedem Falle ist auch bei Mehrfach- bzw. Kombinations-Impfungen die öffentliche Empfehlung auf zugelassene Impf-Chargen beschränkt. Daher ist sowohl zu überprüfen, ob für alle Infektionskrankheiten eine Empfehlung besteht, als auch, ob die Immunisierung mit einem zugelassenen Mehrfach-Wirkstoff erfolgt ist. 60

Die **bloße Freigabe eines Impfstoffs/Prophylaxemittels** durch das Bundesgesundheitsamt gegenüber Hersteller, Apotheken und Medizinalpersonen nach Durchführung des arzneimittelrechtlichen Zulassungsverfahrens ist einer öffentlichen Impfempfehlung nicht gleichzusetzen.[81] Vielmehr muss die freigegebene Charge ausdrücklich auch von einer Empfehlung umfasst sein. 61

ff) Rechtsscheinhaftung. Das BSG hat eine Entschädigung für Impfschäden nach § 61 Abs. 1 S. 1 Nr. 1 IfSG auch auf der Grundlage einer **Rechtsscheinhaftung** bejaht.[82] Dem Tatbestand einer öffentlichen Empfehlung der Impfung ist der Rechtsschein einer solchen Empfehlung unter bestimmten Voraussetzungen gleichzusetzen.[83] Liegen die Voraussetzungen für eine solche „Rechtsscheinhaftung" vor, sind die hier relevanten Impfungen rechtlich *entsprechend* § 60 Abs. 1 IfSG so zu behandeln, als ob sich die öffentliche Empfehlung auf den konkreten Fall erstreckt hätte. Grundsätzlich ist jeder mögliche Bestandteil einer öffentlichen Empfehlung auch einer Rechtsscheinhaftung zugänglich. 62

Ein solcher Entschädigungsanspruch kraft Rechtsscheins beurteilt sich nach den zivilrechtlichen Grundsätzen zur Duldungs- und Anscheinsvollmacht.[84] Diese beruhen auf dem allgemeinen Rechtsgedanken, denjenigen, der den Rechtsschein einer Vollmacht gesetzt hat, daran festzuhalten, wenn ein Dritter darauf berechtigterweise vertraut hat.[85] 63

Für **§ 24 Abs. 1 S. 1 Nr. 1 SGB XIV** ist davon auszugehen, dass diese **Rechtsprechung Fortbestand** hat.[86] Der Gesetzgeber hat sich mit der Frage einer Rechtsscheinhaftung bei Erlass des SGB XIV nicht ausdrücklich befasst; er hat weder einen Ausschlusstatbestand noch positiv eine Haftung ausdrücklich geregelt. Er hat jedoch darauf verwiesen, dass „wie bisher nach § 60 Absatz 1 S. 1 Nr. 1 IfSG" von einer zuständigen Landesbehörde nach § 20 Abs. 3 IfSG empfohlene Schutzimpfungen und andere Maßnahmen der spezifischen Prophylaxe erfasst sein sollen.[87] Dies zeigt den gesetzgeberischen Willen auf, Kontinuität gegenüber der bisherigen Rechtslage schaffen zu wollen. Vor allem aber sind die Rechtsgrundsätze der Duldungs- und Anscheinsvollmacht Rechtsgrundsätze allgemeiner Natur, die unabhängig von einer konkreten normativen Ausformung einzelner Haftungstatbestände Relevanz gewinnen können. Wer Anlass für Vertrauen gegeben hat, muss sich daran festhalten lassen. Dies gilt auch für eine Empfehlung unter Geltung des SGB XIV. 64

Eine Rechtsscheinhaftung im Zusammenhang mit einer öffentlichen Impfempfehlung kommt danach bei Vorliegen dreier Voraussetzungen in Betracht: 65

---

81 BSG 24.8.1982 – 9a/9 RVi 3/81, Breithaupt 1983, 438 ff.; vgl. dazu auch Marburger/Dahm, Gesundheitsschäden durch Dritte, 2008, S. 52.
82 BSG 29.5.1980 – RVi 3/79, BSGE 50, 136, 139.
83 S. zuletzt BSG 23.4.2009 – B 9 VJ 1/08 R, SozR 4-3851 § 60 Nr. 3; BSG 2.10.2008 – B 9/9a VJ 1/07 R, SozR 4-3851 § 60 Nr. 2; s. auch BSG 20.7.2005 – B 9a/9 VJ 2/04 R, BSGE 95, 66 Rn. 29.
84 Vgl. BSG 29.5.1980 – 9 RVi 3/79, BSGE 50, 136 (139).
85 Vgl. grundlegend BGH 12.2.1952 – I ZR 96/51, BGHZ 5, 111 (116) und BGH 26.2.1962 – VIII ZR 187/60, NJW 1962, 1003.
86 So auch Schmidt SGB XIV/Karl § 24 Rn. 31.
87 BT-Drs. 19/13824, 181.

1. es liegt eine Belehrung der betroffenen Personen vor, die den irrigen Schluss erlaubt, eine Impfung sei öffentlich empfohlen (Rechtsschein einer öffentlichen Impfempfehlung),
2. eine Impfung ist gerade deshalb aufgrund des Irrtums veranlasst worden, dass ein behördliches Anraten bestehe (für die Impfung kausal gewordener Vertrauenstatbestand), und
3. es liegt ein pflichtwidriges Unterlassen der staatlichen Gesundheitsverwaltung vor, einen für sie zumindest erkennbaren Rechtsschein gegenüber den betroffenen Personen rechtzeitig zu verhindern (Zurechenbarkeit).[88]

66 Hinsichtlich der Voraussetzung des **Rechtsscheins einer öffentlichen Impfempfehlung** hatte das BSG in seiner Entscheidung vom 29.5.1980[89] das **Verhalten** einer sog. Medizinalperson (konkret: einer Säuglingsschwester) für grundsätzlich geeignet erachtet, einen Rechtsscheintatbestand auszulösen. Aber nicht nur im Impfwesen beschäftigte Personen können einen Rechtsschein erzeugen. Vielmehr kann er auch von einer zum Ausspruch von Impfempfehlungen nicht befugten dritten Person gesetzt werden.[90] Erforderlich ist nur, dass der Rechtsschein einer öffentlich, also nicht lediglich privat empfohlenen Impfung erzeugt wurde. In dem konkreten Fall hat das BSG daher entschieden, dass auch eine Pharmafirma, die eine Impfstudie zur Zulassung eines neuen Impfstoffs durchführt – und zwar insbesondere im Rahmen der dort auszuhändigen Patienteninformation – den Rechtsschein einer öffentlich empfohlenen Impfung erzeugen kann.[91]

67 Der Rechtsschein kann im Übrigen all jene Einzelheiten betreffen, die auch Bestandteil der Empfehlung sein können. Er kann sich sowohl auf eine bestimmte Infektionskrankheit, als auch auf die Art und Weise der Impfung – also die Darreichungsform[92] wie auch den Impfstoff beziehen; auch für einen noch nicht zugelassenen Impfstoff kann also der Eindruck einer öffentlichen Empfehlung entstehen.[93]

68 Die **Zurechenbarkeit des Rechtsscheins** ist abhängig davon, ob der für den Ausspruch einer Impfempfehlung zuständigen Behörde eine schuldhafte Vernachlässigung bestehender **Informations- und Kontrollpflichten** vorgeworfen werden kann.[94] Im Hinblick auf die Besonderheiten von **Impfstudien** (§§ 40 ff. AMG) gilt Folgendes: Die für das Impfwesen zuständigen Behörden trifft die Pflicht dafür Sorge zu tragen, dass die dabei zur Verbreitung vorgesehene Patienteninformation durch eine geeignete staatliche Stelle vorab auf einen irreführenden Inhalt hin überprüft wird.[95]

69 **Zuständige Behörde** zur Durchführung der Kontroll- und Überwachungspflichten ist nicht nur das jeweilige Landesministerium; vielmehr kommt je nach landesrechtlicher Gegebenheit auch der Fehler einer nachgeordneten Behörde in Betracht. Es kommt jeweils darauf an, welche Behörde an dem Rechtsschein verursachenden Geschehen „am nächsten dran" ist. Dies kann im Rahmen von Impfstudien auch die Ethik-Kommission eines Landes sein, da diese nach Standesrecht und AMG auch mit der Überwachung einer richtigen Belehrungspraxis bei Impfstudien befasst ist.[96] Die Ethik-Kommission hat die von der Herstellerfirma herausgegebene Patienteninformation einzusehen und diese entsprechend zu prüfen. Ob eine Verletzung dieser Pflich-

88 So schon BSG 29.5.1980 – 9 RVi 3/79, BSGE 50, 136.
89 BSG 29.5.1980 – 9 RVi 3/79, BSGE 50, 136.
90 BSG 23.4.2009 – B 9 VJ 1/08 R, SozR 4-3851 § 60 Nr. 3.
91 Vgl. zustimmend Deutsch MedR 2010, 584 f.; vgl. auch Koyuncu GesR 2010, 49 ff.; Sonnhoff jurisPR-SozR 5/2010 Anm. 4.
92 BSG 2.10.2008 – B 9 VJ 1/07 R, SozR 4-3851 § 60 Nr. 2.
93 BSG 23.4.2009 – B 9 VJ 1/08 R, SozR 4-3851 § 60 Nr. 3.
94 BSG Urt. v. 29.5.1980 – 9 RVi 3/79, BSGE 50, 136.
95 BSG 23.4.2009 – B 9 VJ 1/08 R, SozR 4-3851 § 60 Nr. 3.
96 BSG 23.4.2009 – B 9 VJ 1/08 R, SozR 4-3851 § 60 Nr. 3.

ten der für Impfempfehlungen zuständigen obersten Landesbehörde auch tatsächlich zuzurechnen ist, hängt dann jeweils von den landesrechtlichen Gegebenheiten, und zwar insbesondere davon ab, ob das jeweils zuständige Ministerium aufsichtsrechtliche Möglichkeiten hatte, um die Erfüllung der Kontroll- und Überwachungspflichten durch die Ethik-Kommission sicherzustellen. Das ist jeweils durch die Instanzgerichte abzuklären.[97]

Eine fehlerhafte Aufklärung eines Patienten über eine Impfempfehlung durch einen Arzt kann den Gesundheitsbehörden aber allenfalls dann zugerechnet werden, wenn es aufgrund der besonderen Umstände erforderlich war, neben der amtlichen Veröffentlichung einer Impfempfehlung auch die Ärzte unmittelbar zu informieren. Dies ist nicht gegeben, wenn in einer öffentlich bekannt gemachten Impfempfehlung diese Empfehlung nur für eine bestimmte Personengruppe erfolgte und eine solche eingeschränkte Empfehlung bereits in den Vorjahren jeweils in gleicher Weise vorgenommen wurde.[98] Die Impfempfehlungen zur Coronaimpfung sind mehrfach geändert worden. Dabei sind die Empfehlungen der STIKO zur Frage, ob Unter-60-Jährige den Impfstoff im Rahmen einer Empfehlung erhalten oder aber ob diese von der Empfehlung ausdrücklich ausgeschlossen sind, nicht eindeutig gewesen (vgl. dazu → Rn. 57). Ob impfende Ärzte hier stets den genauen Inhalt der Empfehlung kennen konnten, wäre im Einzelnen aufzuklären. Allerdings kommt in diesen Fällen ohnehin ein Anspruch nach § 24 S. 1 Nr. 2 SGB XIV in Betracht. 70

Die Rechtsprechung zur Rechtsscheinhaftung geht auf Fälle mit Impfmaßnahmen zurück. Sie ist jedoch entsprechend anzuwenden, soweit **Maßnahmen der spezifischen Prophylaxe** in Frage stehen. 71

b) **Impfung aufgrund gesetzlichen Anspruchs nach dem SGB V, § 24 S. 1 Nr. 2 SGB XIV.** In § 24 Abs. 1 S. 1 Nr. 2 SGB XIV hat der Gesetzgeber einen gänzlich neuen Tatbestand relevanter Schutzimpfungen bzw. Maßnahmen der spezifischen Prophylaxe formuliert, diesen jedoch noch vor seinem Inkrafttreten wieder eingeschränkt. Nach der **zunächst mit Einführung des SGB XIV verabschiedeten Fassung** sollten entschädigungsrelevant auch „Schutzimpfungen bzw. Maßnahmen sein, die im Inland vorgenommen wurden und auf die Versicherte nach § 20i SGB V einen gesetzlichen Anspruch haben". Ausweislich der Gesetzesbegründung sollte durch diese Regelung trotz unterschiedlicher Empfehlungen in den Ländern nach § 20 Abs. 3 IfSG künftig eine bundesweit einheitliche soziale Entschädigung in Impfschadensfällen sichergestellt werden.[99] Denn die Maßstäbe für einen Anspruch auf der Grundlage von § 20i SGB V werden bundesweit festgelegt. 72

In der nunmehr durch das **Zweite Änderungsgesetz zum Infektionsschutzgesetz und weiterer Gesetze vom 28.5.2021**[100] geänderten Fassung kommt ein Entschädigungsanspruch nur in Betracht, wenn die Impfung „auf Grundlage eines Anspruchs nach einer Rechtsverordnung nach § 20i Absatz 3 des Fünften Buches vorgenommen wurde". Der Verweis ist jetzt eindeutig auf § 20i **Abs. 3** SGB V begrenzt. Die Neuregelung steht im Zusammenhang mit einer entsprechenden Ergänzung des (bis 31.12.2023 noch gültigen) **§ 60 Abs. 1 IfSG um eine Tatbestandsvariante Nr. 1a,** die im selben Änderungsgesetz erlassen worden ist. Der Gesetzgeber hat dort mit (Rück-)wirkung schon vom 27.12.2020[101] eine entsprechende Regelung in das aktuelle Recht eingeführt, durch die möglichst alle Corona-Impfungen, die auf der Grundlage der Rechtsverordnung nach § 20i Abs. 3 S. 2 SGB V erfolgen, ggf. zu einem Entschädigungsanspruch 73

97 BSG 23.4.2009 – B 9 VJ 1/08 R, SozR 4-3851 § 60 Nr. 3.
98 LSG Bln-Bbg 12.6.2014 – L 11 VJ 27/08.
99 BT-Drs. 19/13824, 181.
100 BGBl. I 1174.
101 Vgl. Art. 4 Abs. 2 des Gesetzes.

berechtigen.[102] Diese Regelung in § 60 Abs. 1 Nr. 1a IfGS soll durch § 24 Abs. 1 Nr. 2 SGB XIV fortgeführt werden (vgl. zu den Abweichungen des § 24 Abs. 1 Nr. 2 SGB XIV gegenüber § 60 Abs. 1 Nr. 1a IfSG noch sogleich → Rn. 75).

74 Nicht (mehr) vom Entschädigungstatbestand umfasst sind danach nunmehr Impfungen, auf die Versicherte nach § 20i **Abs. 1** S. 1 SGB V Anspruch haben. Gemäß § 20i Abs. 1 S. 3 SGB V bestimmt der Gemeinsame Bundesausschuss (GBA) in Richtlinien nach § 92 SGB V Einzelheiten zu Voraussetzungen, Art und Umfang der Leistungen für Schutzimpfungen auf der Grundlage der Empfehlungen der Ständigen Impfkommission beim RKI gemäß § 20 Abs. 2 IfSG unter besonderer Berücksichtigung der Bedeutung der Schutzimpfungen für die öffentliche Gesundheit. Der GBA hat auf Grundlage von § 20i Abs. 1 S. 3 SGB V die Richtlinie über Schutzimpfungen nach § 20i Abs. 1 SGB V (**Schutzimpfungs-Richtlinie/SI-RL**),[103] zuletzt geändert am 21.10.2021,[104] erlassen.[105] Es handelt sich um eine bundesweit gültige Richtlinie[106] zu Schutzimpfungen, die für gesetzlich Versicherte eine Basisversorgung mit Schutzimpfungen gewährleistet. Dass der Gesetzgeber Schutzimpfungen auf der Grundlage dieser Regelungen aus dem Entschädigungstatbestand wieder herausgenommen hat, ist erstaunlich. Erklärtermaßen wollte er doch ausdrücklich einen bundesweit einheitlichen Entschädigungsstandard schaffen.[107] Dabei handelt es sich aber *nicht* um ein gesetzgeberisches Versehen. Der Gesetzgeber formuliert vielmehr sogar eine Begründung dafür: Die bisher in § 24 Satz 1 Nr. 2 vorgesehene zukünftige Regelung könne entfallen, weil durch die anderen Nummern in § 24 weiterhin alle relevanten Konstellationen erfasst würden.[108] Für die Eingrenzung des Tatbestands mag auch gesprochen haben, dass der rückwirkend unbegrenzt formulierte Verweis auf sämtliche Konstellationen einer Schutzimpfung nach § 20i SGB V zu Unklarheiten über Entschädigungsansprüche auch in der Vergangenheit geführt hätte.

75 § 24 Abs. 1 Nr. 2 SGB XIV betrifft daher nur noch diejenigen Impfungen, die auf Grundlage eines Anspruchs nach einer **Rechtsverordnung nach § 20i Abs. 3 SGB V** erfolgt sind. Auf diese nimmt das Gesetz nun ganz dezidiert Bezug, um klarzustellen, dass der Anspruch auf Versorgung bei Impfschäden auch bei gesundheitlichen Schädigungen durch Schutzimpfungen gegen das Coronavirus gilt.[109] Anders als der neu eingeführte § 60 Abs. 1 Nr. 1a IfSG, der Wirksamkeit noch bis zum 31.12.2023 hat (→ Rn. 73; vgl. zur Abgrenzung der Anwendungsbereiche beider Normen die Übergangsregelung des § 141 SGB XIV), ist der Verweis auch nicht nur auf Rechtsverordnungen auf der Grundlage von Abs. 3 S. 2 beschränkt, sondern vielmehr auf Abs. 3 insgesamt.

Nach **§ 20i Abs. 3 S. 1 SGB V** wird das BMG ermächtigt, nach Anhörung der Ständigen Impfkommission und des Spitzenverbandes Bund der Krankenkassen durch Rechtsverordnung ohne Zustimmung des Bundesrates zu bestimmen, dass Versicherte Anspruch auf weitere bestimmte Schutzimpfungen oder auf bestimmte andere Maßnahmen der spezifischen Prophylaxe haben.

---

102 BT-Drs. 19/29287, 13.
103 Richtlinie in der Fassung vom 21.6.2007/18.10.2007, veröffentlicht im Bundesanzeiger 2007, Nr. 224, S. 8 154.
104 Veröffentlicht im BAnz AT 14.12.2021 B1, in Kraft getreten am 15.12.2021.
105 Abrufbar unter https://www.g-ba.de/richtlinien/60/.
106 Zur Rechtsnormqualität der Richtlinien vgl. aus der Rechtsprechung BSG 16.9.1997 – 1 RK 32/95, BSGE 81, 73 und BSG 20.3.1996 – 6 RKa 62/94, BSGE 78, 70; vgl. dazu insbesondere jurisPK-SGB V/Schütze, 4. Aufl. 2020, § 20i Rn. 31.
107 BT-Drs. 19/13824, 181.
108 Vgl. BT-Drs. 19/29287, 13.
109 So die Gesetzesbegründung, BT-Drs. 19/29287, 9, ohne allerdings zu begründen, inwieweit die unklar gewesen sein soll.

Vor allem aber war durch das Dritte Gesetz zum Schutz der Bevölkerung bei einer epidemischen Lage von nationaler Tragweite vom 18.11.2020[110] in **§ 20i Abs. 3 S. 2 SGB V die Ermächtigungsgrundlage für eine „Corona-Impfverordnung"** unter genauer Angabe von Impfpriorisierungen geschaffen worden. Das BMG wurde danach, **sofern der Deutsche Bundestag nach § 5 Abs. 1 S. 1 IfSG eine epidemische Lage von nationaler Tragweite festgestellt hat**, ermächtigt, durch Rechtsverordnung ohne Zustimmung des Bundesrates zu bestimmen, dass Versicherte Anspruch auf bestimmte Schutzimpfungen oder auf bestimmte andere Maßnahmen der spezifischen Prophylaxe haben, im Fall einer Schutzimpfung gegen das Coronavirus SARS-CoV-2 insbesondere dann, wenn sie aufgrund ihres Alters oder Gesundheitszustandes ein signifikant erhöhtes Risiko für einen schweren oder tödlichen Krankheitsverlauf haben, wenn sie solche Personen behandeln, betreuen oder pflegen oder wenn sie in zentralen Bereichen der Daseinsvorsorge und für die Aufrechterhaltung zentraler staatlicher Funktionen eine Schlüsselstellung besitzen. Das BMG hat auf dieser gesetzlichen Grundlage, die selbst mehrfach geändert worden ist, die Verordnung zum Anspruch auf Schutzimpfung gegen das Coronavirus SARS-CoV-2 (Coronavirus-Impfverordnung, **CoronaImpfV**) vom 18.12.2020[111] erlassen und mehrfach neu gefasst (vgl. mit einem Überblick über bislang erlassene Fassungen → Rn. 121). Dort wird in § 1 CoronaImpfV ein Anspruch auf die Schutzimpfung geregelt. Allerdings setzt diese Regelung die Feststellung der **epidemischen Lage von nationaler Tragweite** durch den Bundestag voraus, die **seit dem 25.11.2021 entfallen** ist. Folglich steht auch ein Anspruch auf die Corona-Impfung auf der Grundlage dieses Normgeflechts nur noch in zeitlich begrenztem Umfang zu; vgl. dazu noch sogleich → Rn. 77.

Nach dem Wortlaut des § 24 Abs. 1 Nr. 2 SGB XIV müssen Versicherte auf die Schutz- 76
impfung einen **Anspruch** aufgrund der Rechtsverordnung haben. In dieser Formulierung kommt die **eigenständige Bedeutung des Tatbestands in Nr. 2** gegenüber dem Empfehlungstatbestand der Nr. 1 zum Tragen. Der Tatbestand knüpft an die Anspruchsnorm im Leistungsrecht der gesetzlichen Krankenversicherung zu Corona-Schutzimpfungen an. Die CoronaImpfV definiert den Anspruch auf eine Corona-Impfung, ohne diesen verbindlich an die bestehenden Impfempfehlungen zu koppeln.[112] Daher können ggf. auch **Unter-60-Jährige Personen, die mit dem Impfstoff von AstraZeneca** geimpft worden sind (soweit nicht über § 141 f SGB XIV der Maßstab des § 60 Abs. 1 Nr. 1a IfSG gilt, vgl. die Kommentierung dort), nach dieser Norm eine Entschädigung beanspruchen, wenn dies ärztlicherseits veranlasst worden ist – und zwar obwohl diese Impfung nicht der Empfehlung durch das RKI entspricht (dazu → Rn. 54). Entsprechendes gilt für die **Impfung von Kindern und Jugendlichen, soweit sie nur begrenzt (also für bestimmte Risikogruppen) empfohlen ist** (dazu → Rn. 55). Wird dennoch ein Kind dieser Altersgruppe mit BionTech geimpft, so fällt auch diese Konstellation unter den neuen Entschädigungstatbestand des § 24 Abs. 1 Nr. 2 SGB XIV. Ziel des Gesetzgebers war es, die Impfbereitschaft der Bevölkerung zur Impfung mit Corona-Impfstoffen entschädigungsrechtlich möglichst weitgehend abzusichern und nunmehr wirklich alle Konstellationen einer Corona-Impfung mit einem zugelassenen Impfstoff entschädigungsrechtlich zu erfassen.[113] Durch den unmittelbaren und eindeutigen Verweis auf die jeweils erlassene Rechtsverordnung nach § 20i

110 BGBl. 2020 I 2397.
111 BAnz AT 21.12.2020 V3.
112 Vgl. etwa § 1 Abs. 2 CoronaImpfV vom 1.4.2021, der für die Priorisierung auf die Empfehlungen des RKI abstellt, nicht aber für die Frage, ob ein Anspruch überhaupt besteht.
113 BT-Drs. 19/29287, 13; vgl. dazu Schlegel/Meßling/Bockholdt, Corona-Gesetzgebung, § 14 Testung und Impfung Rn. 172.

Abs. 3 SGB V wirken sich Fragen zur hinreichenden Bestimmtheit der Ermächtigungsgrundlage (Art. 80 Abs. 2 GG)[114] auf das SER nicht aus.

Voraussetzung ist allerdings auch insoweit, dass der **Impfstoff für die geimpfte Person auch tatsächlich zugelassen** war. Anhand der Konzeption der CoronaImpfV (Impfung im Rahmen „verfügbarer Impfstoffe“) wird deutlich, dass sich der Verordnungsgeber innerhalb ausgesprochener Zulassungen bewegen will. Ein **Off-Label-Use für Kinder unter 12 Jahren** (durch eigenständiges Verdünnen eines für Erwachsene zugelassenen Impfstoffs) kann daher von einem Entschädigungsanspruch nicht erfasst sein.[115] Hier realisiert sich nicht das Risiko eines „Sonderopfers“, sondern das jedem Off-Label-Use immanente Risiko bestehender Arzneimittelunsicherheit, die im Einzelfall infolge einer spezifischen Erkrankung bewusst in Kauf genommen wird.

77 Problematisch ist allerdings, dass der Fortbestand der **epidemiologischen Lage von nationaler Tragweite am 25.11.2021 abgelaufen** ist. Der CoronaImpfV nach § 20i Abs. 3 S. 2 SGB V kann danach Geltung nur noch zukommen, soweit hierfür die mit dem Zweiten Gesetz zur Änderung des Infektionsschutzgesetzes und weiterer Gesetze vom 28.5.2021 begründete **Übergangsregelung in § 20i Abs. 3 S. 16 und 17 SGB V** in Anspruch genommen werden kann. Hiernach tritt eine aufgrund von § 20i Abs. 3 S. 2 SGB V erlassene Rechtsverordnung „spätestens ein Jahr nach der Aufhebung der Feststellung der epidemischen Lage von nationaler Tragweite“ – also spätestens am 25.11.2022 – außer Kraft.[116] Derzeit ist die Gültigkeit der CoronaImpfV bis zum 31.5.2022 angeordnet.[117] Bis dahin wird – im Sinne von § 60 Abs. 1 Nr. 1a IfSG und entsprechend auch von § 24 Abs. 1 Nr. 2 SGB XIV – eine Corona-Impfung „aufgrund eines Anspruchs nach einer Rechtsverordnung“ nach § 20i Abs. 3 S. 2 SGB V vorgenommen. Wird nicht in § 20i Abs. 3 SGB V eine neue Rechtsgrundlage für eine CoronaImpfV ohne Koppelung an eine epidemische Lage nationaler Tragweite erlassen oder die VO zukünftig auf § 20i Abs. 3 S. 1 SGB V gestützt, entfaltet die CoronaImpfV für § 24 Abs. 1 Nr. 2 SGB XIV wohl keine rechtliche Bedeutung mehr. Sie behält nur über §§ 141, 142 SGB XIV impfschadensrechtliche Relevanz. Ggf. käme noch über Rechtscheinsgesichtspunkte (→ Rn. 62 ff.) eine über die Impfempfehlungen hinausgehende Berücksichtigung von Impfungen für Entschädigungsansprüche in Betracht.

78 Fraglich ist, ob die **Priorisierungsregelungen** der CoronaImpfV – soweit sie bestanden, anspruchseingrenzend waren. Die CoronaImpfV in ihren ersten Fassungen verband einen Anspruch mit einer genauen Regelung zur Priorisierung zu impfender Gruppen – also welche Gruppe zuerst, welche im Anschluss usw eine Impfung beanspruchen konnte. Unklar bleibt danach, ob ein Entschädigungsanspruch entfällt, wenn eine frühe Impfung – auf die nach der CoronaImpfV seinerzeit noch kein Anspruch bestand – „erschlichen“ wurde. Der strenge Wortlaut spräche dafür. Allerdings wird sich rein tatsächlich im Nachgang kaum erweisen lassen, wie eine verfrühte Impfung zustande kam. Dies gilt insbesondere auch für übrig gebliebene Impfstoffe, die zT wahllos an bereite Personen verimpft wurden. Nach Sinn und Zweck der Regelung ist davon auszugehen, dass es hier nur darum gehen kann, Impfungen im Rahmen der Impfkampagne gegen Corona einheitlich einzubeziehen.[118] Der Einzelne soll entschädigungsrechtlich geschützt sein, wenn er sich zu einer Impfung im Interesse der

114 Vgl. dazu etwa jurisPK-SGB V/Schütze § 20i Rn. 57 ff.
115 Rahn ZGMR 2021, 352.
116 Vgl. zum Bestand einer ordnungsgemäß erlassenen Rechtsverordnung auch über die Aufhebung der ihr zugrundeliegenden Verordnungsermächtigung hinaus und der hier bestehenden Besonderheit einer Relevanz des Erfordernisses einer Entscheidung durch den Bundestag jurisPK-SGB V/Schütze § 20i Rn. 48.2.
117 Vgl. Änderungsverordnung vom 16.12.2021, BAnz AT 17.12.2021 V1.
118 Ebenso Plagemann/Baumann CoVuR 2021, 514.

Gesamtbevölkerung bereit erklärt. Ob der Zeitpunkt der Impfung nach Maßgabe der CoronaImpfVO der richtige war, ist danach entschädigungsrechtlich nicht entscheidend. Ohnehin dürfte in den meisten Fällen aber auch eine Empfehlung (Nr. 1) für die Impfung vorgelegen haben.

§ 24 S. 1 Nr. 2 SGB V in seiner ersten Fassung knüpfte nicht an eine **Versicherteneigenschaft** an. Er sollte seinem Wortlaut nach unabhängig davon eingreifen, ob die geschädigte Person tatsächlich gesetzlich krankenversichert war. Die geänderte Fassung sieht das nicht mehr ausdrücklich vor. Vermutlich hat der Gesetzgeber dies nicht für erforderlich erachtet, weil die Ermächtigungsgrundlage für den Erlass der CoronaImpfV (§ 20i Abs. 3 S. 2 SGB V) in seiner Nr. 2 ausdrücklich auch zur Einbeziehung von Personen ermächtigt, die nicht gesetzlich krankenversichert sind. Allerdings ist eine solche Ermächtigung für Rechtsverordnungen nach § 20i Abs. 3 S. 1 SGB V nicht vorgesehen. Sollte sich hier entschädigungsrechtlich je eine Lücke zulasten von nicht gesetzlich krankenversicherten Personen auftun (vermutlich wird das mit Blick auf den Tatbestand in § 24 S. 1 Nr. 1 SGB XIV kaum der Fall sein), wäre dies mit **Art. 3 Abs. 1 GG** nicht vereinbar. 79

Maßgeblich ist schließlich in der neuen Fassung der Regelung auch nicht mehr, dass die **Impfung im Inland** vorgenommen wurde. Der Gesetzgeber des SGB XIV hatte ursprünglich ausdrücklich formuliert, dass eine Entschädigung nur noch in Betracht kommen soll, wenn der im Inland geltende Impfstandard auch eingehalten werden kann. Dies entsprach auch der Entscheidung des Gesetzgebers, einen „Auslandsimpfungstatbestand", wie er noch in § 60 Abs. 2 IfSG enthalten war, in § 24 SGB XIV nicht mehr vorzusehen. Die Corona-Pandemie hat diese Vorstellung jedoch überholt. § 1 Abs. 1 Nr. 4 CoronaImpfV etwa in der Fassung vom 8.2.2021[119] gewährt einen Impfanspruch auch an bestimmte **Personen, die im Ausland** tätig sind, und ihren mitausgereisten Familienangehörigen. Das Interesse an einer schnellen Impfung ggf. auch im Ausland hat der Gesetzgeber hier höher gewichtet als das Interesse an der Gewährleistung eines einheitlich hohen Impfstandards im Inland. Entsprechend ist auch in der Zuständigkeitsregelung des **§ 113 Abs. 5 SGB XIV** ausdrücklich der Fall aufgegriffen worden, dass die ursächliche Schutzimpfung oder andere Maßnahme der spezifischen Prophylaxe aufgrund einer Rechtsverordnung nach § 20i Abs. 3 SGB V im Ausland vorgenommen wurde. 80

Fraglich ist allerdings, inwieweit die **Regelungen zur „Leistungserbringung"** in der CoronaImpfV in diesem Zusammenhang den Entschädigungsanspruch einschränken.[120] Ursprünglich etwa durften niedergelassene Ärzte nicht auf der Grundlage der CoronaImpfV impfen. Ob jede deutsche Botschaft im Ausland ein bundeseigenes Impfzentrum zur Verfügung hatte, mag bezweifelt werden. Nach Sinn und Zweck der Regelung dürfte auch hier aber der Entschädigungsanspruch nicht entfallen, wenn die Impfung etwa mithilfe niedergelassener Ärzte im Ausland erfolgt ist. Auch hier gilt, dass wesentlich auf den Anspruch – also § 1 der Impfverordnungen – abzustellen ist. Die sich daran anschließende Frage, ob im Ausland **auch Impfungen mit in Deutschland bzw. der EU nicht zugelassenen Impfstoffen** zu einem Entschädigungsanspruch führen können, ist allerdings zu verneinen. Die CoronaImpfV spricht insoweit zwar nur von „verfügbaren Impfstoffen" – und das konnten im Ausland etwa auch russische (Sputnik) oder chinesische Präparate (zB Sinuvac) sein. Nach Sinn und Zweck der Entschädigungsregelung, eine Impfung, für die der Staat – im weitesten Sinne – verantwortlich zeichnet, entschädigungsrechtlich abzusichern, kommt eine Impfung mit Wirkstoffen, die durch das PEI nicht geprüft wurden oder werden konnten, aber nicht in Betracht. Ein Anspruch besteht nur bei Impfung mit in Deutschland zugelas- 81

119 BAnz AT 8.2.2021 V1, S. 1.
120 Vgl. etwa § 6 Abs. 1 S. 2 CoronaImpfV vom 8.2.2021.

senen Impfstoffen.[121] Versorgt allerdings zB eine deutsche Botschaft ihre Mitarbeiterinnen und Mitarbeiter zB mit einem chinesischen Impfstoff, weil dieser allein im Ausland verfügbar war, kommt eine Entschädigung nach Rechtscheinsgesichtspunkten (→ Rn. 62 ff.) in Betracht.

82 c) **Unentgeltliche Durchführung durch die Gesundheitsämter, § 24 Abs. 1 S. 1 Nr. 3 SGB XIV.** Entschädigungsrelevant können auch solche Maßnahmen sein, die von Gesundheitsämtern nach § 20 Abs. 5 IfSG unentgeltlich durchgeführt wurden. Es handelt sich dabei um eine **dynamische Verweisung auf § 20 Abs. 5 S. 1 IfSG** in der jeweils geltenden Fassung. Danach können die obersten Landesgesundheitsbehörden bestimmen, dass die Gesundheitsämter unentgeltlich Schutzimpfungen oder andere Maßnahmen der spezifischen Prophylaxe gegen bestimmte übertragbare Krankheiten durchführen. Die Regelung stammt noch aus dem BSeuchG. Sie hatte zuletzt nur noch eine nachgeordnete Bedeutung, weil seit 2007 Schutzimpfungen in der Regel auch empfohlene Impfungen sind.[122] Es ist daher kaum ein über § 24 Abs. 1 Nr. 1 SGB XIV verbleibender Anwendungsbereich denkbar. Der Gesetzgeber hat die Vorschrift lediglich der Vollständigkeit halber in § 24 SGB XIV aufgegriffen. Es sei folgerichtig, diese Fälle nicht anders zu behandeln als die von der zuständigen Landesbehörde empfohlenen Schutzimpfungen oder anderen Maßnahmen der spezifischen Prophylaxe.[123]

83 § 20 Abs. 5 Satz 2 IfSG in der Fassung des Gesetzes für schnellere Termine und bessere Versorgung vom 6.5.2019[124] sieht erstmals vor, dass die Impfung auch durch Dritte Personen erfolgen kann, soweit dies auf Anordnung der Gesundheitsämter erfolgt. Unmittelbar handelnde Stelle ist daher nicht mehr unbedingt eine staatliche.[125] In Betracht kommen etwa niedergelassene Ärzte, aber auch private Impfzentren, die in der Corona-Pandemie eingerichtet worden sind. Der Gesetzgeber hat sich zu dieser – während des Gesetzgebungsverfahrens zum SGB XIV erfolgten – Änderung des § 20 Abs. 5 IfSG nicht ausdrücklich verhalten. Angesichts des uneingeschränkten Verweises in § 24 Abs. 1 Nr. 3 IfSG ist jedoch davon auszugehen, dass ein Entschädigungsanspruch auch dann greift, wenn durch Dritte geimpft worden ist. Voraussetzung ist nach § 20 Abs. 5 S. 2 IfSG nämlich, dass die Impfung durch Dritte durch die Gesundheitsämter beauftragt worden ist. Der hoheitliche Bezug ist damit hergestellt. Ohnehin allerdings ist die Impfung durch Dritte (insbesondere niedergelassene Ärzte) durch die Regelung nach Nr. 1 gedeckt. Soweit sich Mängel in der Beauftragung ergeben, kommt eine Haftung nach Rechtscheingesichtspunkten in Betracht.

84 d) **„Impfpflicht": Aufgrund Rechtsverordnung oder Gesetzes angeordnet, § 24 S. 1 Nr. 4 SGB XIV.** Nach § 24 S. 1 Nr. 4 SGB XIV können auch Schutzimpfungen oder Prophylaxemaßnahmen zu einem Entschädigungsanspruch berechtigen, die aufgrund einer Rechtsverordnung nach § 20 Abs. 6 oder 7 IfSG angeordnet wurden (1. Alt.) oder sonst aufgrund eines Gesetzes vorgeschrieben waren (2. Alt.). Der Gesetzgeber will durch diesen Tatbestand die bisher in § 60 Abs. 1 S. 1 Nr. 2 bis 4 IfSG geregelten Tatbestände ersetzen.[126]

85 Nach den **Ermächtigungen zur Anordnung von Schutzimpfungen und anderen Maßnahmen der spezifischen Prophylaxe in § 20 Abs. 6 und 7 IfSG** (§ 24 S. 1 Nr. 4 **Alt. 1** SGB XIV) kann das Bundesgesundheitsministerium mit Zustimmung des Bundesrats Anordnungen für bedrohte Teile der Bevölkerung durch Rechtsverordnungen treffen, wenn eine übertragbare Krankheit mit klinisch schweren Verlaufsformen auftritt und mit ihrer epidemischen Verbreitung zu rechnen ist (Abs. 6 Satz 1). Durch die beiden

121 Ebenso Plagemann/Baumann CoVuR 2021, 514.
122 Aligbe in BeckOK InfSchR, 3. Ed. 1.1.2021, IfSG § 20 Rn. 50, 51.
123 Vgl. BT-Drs. 19/13824, 181.
124 Terminservice- und Versorgungsgesetz (TSVG), BGBl. I 646.
125 Vgl. dazu Kießling/Gebhard IfSG § 20 Rn. 22: vorwiegend niedergelassene Ärzte.
126 BT-Drs. 19/13824, 181.

Faktoren müssen Teile der Bevölkerung bedroht sein. Die Regelungen ermächtigen zum Erlass einer Impfpflicht. Als ultima ratio kann die Impfpflicht mit Mitteln des Verwaltungszwangs durchgesetzt werden.[127]

Die Voraussetzungen für eine solche Anordnung sind eng.[128] Eine zwangsweise durchzusetzende Impfpflicht greift in das Grundrecht der körperlichen Unversehrtheit (Art. 2 Abs. 2 Satz 1 GG) und des Allgemeinen Persönlichkeitsrechts (Art. 2 Abs. 1 GG iVm Art. 1 Abs. 1 GG) ein und bedarf einer verfassungsrechtlichen Rechtfertigung.[129] Nach Maßgabe dieser Tatbestandsalternative wäre sie zudem nicht auf der Grundlage eines Gesetzes, sondern einer Anordnung durch das BMG erlassen – also nicht einmal parlamentarisch verankert. Dies kommt verfassungsrechtlich zulässig wohl nur im Rahmen besonderer Gefahrensituationen in Betracht. Im Rahmen der Angemessenheit wäre zu prüfen, ob die mit der Maßnahme einhergehenden Nachteile in einem angemessenen Verhältnis zu dem mit der Maßnahme verfolgten Zielen stehen. Solange das BMG die Ermächtigung nicht ausschöpft, dürfen die Landesregierungen entsprechende Anordnungen treffen; sie können die Ermächtigung auf die obersten Landesgesundheitsbehörden (also im Regelfall das zuständige Ministerium) übertragen (Abs. 7). Soweit ersichtlich, haben bislang weder der Bund noch ein Land von dieser Ermächtigungsgrundlage Gebrauch gemacht. 86

Eine **gesetzlich vorgeschriebene Schutzimpfung oder Prophylaxemaßnahme** (§ 24 S. 1 Nr. 4 **Alt. 2** SGB XIV) gab es lange Zeit in der Bundesrepublik Deutschland nicht mehr. In der Vergangenheit waren nach dem Reichsimpfgesetz vom 8.4.1874[130] **Pockenschutzimpfungen** für Kleinkinder und die Wiederimpfung Zwölfjähriger gesetzlich vorgeschrieben. Durch das Gesetz über die Pockenschutzimpfung vom 18.5.1976[131] ist das Reichsimpfgesetz abgelöst worden. Nur noch wiederzuimpfende Kinder und Personen mit möglichem beruflichem Kontakt zu Viren der Pox-Gruppe waren von da an einer Impfpflicht unterstellt. Mit dem Gesetz zur Aufhebung des Gesetzes über die Pockenschutzimpfung vom 24.11.1982[132] sind auch diese letzten Impfpflichten im Bereich des Pockenschutzes aufgehoben worden. In der Begründung zum Gesetz heißt es, dass eine Pockenschutzimpfung keinen sinnvollen Zweck mehr erfülle, da nach Feststellung der Weltgesundheitsorganisation Pocken weltweit beseitigt seien.[133] Seither gibt es nicht einmal mehr eine Impfempfehlung für den Pockenschutz. 87

Das Außerkrafttreten des Reichsimpfgesetzes bzw. des Nachfolgegesetzes schließt die Geltendmachung von Impfschadensansprüchen aufgrund von Pockenschutzimpfungen, die bis zum Außerkrafttreten der jeweiligen gesetzlichen Anordnung (also bis zum 22.5.1976 bzw. bis zum 30.6.1983) vorgenommen wurden, nicht aus.[134] Dies folgt nicht zuletzt aus der gesetzlichen Formulierung, wonach es darauf ankommt, ob die Maßnahme „gesetzlich vorgeschrieben worden *war*". Aufgrund des langen 88

---

127 Kießling/Gebhard, 1. Aufl. 2020, IfSG § 20 Rn. 24; Erdle, 7. Aufl. 2020, IfSG § 20, S. 84.

128 Kritisch dazu Walus DÖV 2010, 127 ff.

129 Diskutiert wurde die Anordnung einer solchen Impfpflicht zB für Beschäftigte im Gesundheitswesen zur Durchführung einer Grippeimpfung; vgl. Wicker/Rabenau/Marckmann/Sträter/Pollandt/Gottschalk, Argumente für eine verpflichtende Influenzaimpfung, DMW 2009, 1650 ff., mit Blick auf die fehlende Möglichkeit der Anordnung außerhalb von Krisensituation jedoch iE derzeit abgelehnt.

130 RGBl. S. 31.

131 BGBl. I 1216.

132 BGBl. I 1529.

133 BT-Drs. 9/524.

134 Vgl. dazu Wilke/Sailer, Soziales Entschädigungsrecht, 7. Aufl. 1992, BSeuchG § 51 Rn. 10; vgl. auch → Rn. 4.

Zwischenzeitraums dürften Fälle, in denen erst jetzt ein Antrag auf Entschädigung gestellt wird, allerdings kaum noch auftreten.

89 Mit Gesetz für den Schutz vor Masern und zur Stärkung der Impfprävention (**Masernschutzgesetz**) vom 10.2.2020[135] ist seit Außerkrafttreten des Reichsimpfgesetzes mit Wirkung vom 1.3.2020 erstmals in § 20 Abs. 8 bis 13 IfSG wieder eine Impfpflicht formuliert worden. Allerdings ist diese Impfpflicht nicht direkt durchsetzbar, sondern nur eine mittelbare. Sie knüpft die Teilhabe oder Beschäftigung in bestimmten Einrichtungen an den Nachweis einer Impfung. Alle, die in den in § 23 Abs. 3 S. 1 IfSG genannten Bereichen sowie ua in Gemeinschaftseinrichtungen nach § 33 Nr. 1 bis 4 IfSG (zB Kindertageseinrichtungen, Heime und Schulen) und Asylunterkünften nach § 36 Abs. 1 Nr. 4 IfSG tätig sind, müssen ihrem Arbeitgeber entweder einen Masernimpfschutz oder Immunität nachweisen können. Gleiches gilt für die beschulten oder betreuten Kinder und sonstigen Personen. Anders als auf der Grundlage von § 20 Abs. 6 und 7 IfSG ist diese (einrichtungsbezogene) Masernimpfpflicht nicht mithilfe unmittelbaren Zwangs durchsetzbar.[136] Dennoch erfüllt sie die Voraussetzungen von § 24 S. 1 Nr. 4 SGB XIV.

90 Die Verfassungsmäßigkeit der Masernimpfpflicht ist mit Blick auf die epidemiologischen Unterschiede der Masern gegenüber den Pocken im Hinblick auf Gefährlichkeit, Risiken der Impfung sowie ihre Verbreitung streitig.[137] Das BVerfG hat allerdings im Mai 2020 die gegen die Masernimpfpflicht gerichteten Eilanträge abgelehnt.[138] In der Literatur wird als besonders problematisch die Pflicht zur Verwendung von Kombinationsimpfstoffen angesehen. Nach § 20 Abs. 8 S. 3 IfSG gilt die Impfpflicht auch, wenn zur Erlangung von Impfschutz gegen Masern ausschließlich Kombinationsimpfstoffe zur Verfügung stehen, die auch Impfstoffkomponenten gegen andere Krankheiten enthalten. Da derzeit Mono-Impfstoffe gegen Masern nicht vermarktet werden, besteht als „Beifang"[139] mindestens die faktische Verpflichtung, sich zusätzlich auch gegen Mumps und Röteln impfen zu lassen. Impfschadensrechtlich ist dies im Ergebnis nicht relevant. Zwar werden dann auch die beiden anderen Krankheiten nicht nur von § 24 S. 1 Nr. 1 bzw. 2 SGB XIV erfasst. Vielmehr ist für die zwangsweise mitgeimpften Erkrankungen ebenfalls § 24 S. 1 Nr. 4 SGB XIV einschlägig. Da alle vier Tatbestände des § 24 S. 1 SGB XIV jedoch im Wege der Alternativität nebeneinander anwendbar sind, wirkt sich das für den Entschädigungsanspruch im Ergebnis nicht aus. Denn für Mumps und Röteln bestehen in jedem Falle Impfempfehlungen bzw. Ansprüche auf Schutzimpfungen nach § 20i Abs. 1 SGB V. Da die Kann-Versorgung (§ 4 Abs. 6 SGB XIV, bislang § 61 Abs. 2 und 3 IfSG) keine Ermessensregelung, sondern nur eine Regelung zur Beweiserleichterung darstellt, spielen die unterschiedlichen Entschädigungstatbestände auch insoweit keine Rolle.

91 Im Zuge der vierten Welle der **Corona-Pandemie** wurde mit dem Gesetz zur Stärkung der Impfprävention gegen COVID-19 und zur Änderung weiterer Vorschriften im Zusammenhang mit der COVID-19-Pandemie[140] in **§ 20a IfSG** eine (weitere) **einrichtungsbezogene Impfpflicht** eingeführt. Personen, die in bestimmten Gesundheits-, Pflege- und Betreuungseinrichtungen oder -unternehmen tätig sind oder tätig werden sollen, müssen ab dem 16.3.2022 einen Impf- oder Genesenennachweis vorlegen oder ein ärztliches Zeugnis darüber, dass sie nicht geimpft werden können. Wird ein ent-

---

135 BGBl. 2020 I 148.
136 Vgl. BT-Drs. 19/13452, 2, 27.
137 Vgl. nur Komp/Thrun JA 2020, 195 ff.; Rixen NJW 2020, 647 ff.; Schaks MedR 2020, 201 ff.
138 BVerfG 11.5.2020 – 1 BvR 469/20 und 470/20; befürwortend Gebhard, JuWissblog vom 26.5.2020, https://www.juwiss.de/76-2020/.
139 Gv. mit diesem Ausdruck der Bundesrat, BR-Drs. 358/1/19, 32.
140 Gesetz v. 10.12.2021, BGBl. 2021 I 5162; s. dazu BT-Drs. 20/188.

sprechender Nachweis nicht vorgelegt, hat die Leitung der Einrichtung oder des Unternehmens unverzüglich das Gesundheitsamt zu informieren, das der Person das Betreten und die weitere Tätigkeit in der Einrichtung untersagen kann (§ 20a Abs. 5 S. 3 IfSG). Die Aufnahme einer Tätigkeit in der Einrichtung oder dem Unternehmen ist ohne einen entsprechenden Nachweis nicht möglich (§ 20a Abs. 3 S. 4 und 5 IfSG). Das BVerfG hat auch für diese – mittelbare – Impfpflicht die Folgen der einstweiligen Aussetzung der Regelung für gravierender gehalten als das Interesse Einzelner, sich nicht impfen zu lassen, und einen Eilantrag von betroffenen Personenkreisen abgelehnt.[141] Auch diese Regelung ist in der Literatur streitig diskutiert und insbesondere von Einrichtungsträgern (sowie durch einzelne Bundesländer wegen der Einbeziehung der Gesundheitsämter in ihre Umsetzung) stark kritisiert worden.[142] Unabhängig davon ist § 20a IfSG eine Regelung, die wie die Masernimpfpflicht für die betroffenen Personenkreise zur Anwendung des Entschädigungstatbestands nach § 24 S. 1 Nr. 4 2. Alt. SGB XIV (bzw. bis 31.12.2023: § 60 Abs. 1 Nr. 4 IfSG) führt.[143] Sie ist vorerst nur bis zum Ende des Jahres 2022 in Kraft. Nicht dagegen hat bislang der Gesetzgeber eine allgemeine Corona-Impfpflicht normiert.[144]

e) **Internationale Gesundheitsvorschriften.** Nicht mehr in die Regelung des § 24 S. 1 92
SGB XIV Eingang gefunden haben die **Impf- bzw. Prophylaxe-Maßnahmen aufgrund von internationalen Gesundheitsvorschriften,** bislang § 60 Abs. 1 S. 1 Nr. 4 iVm S. 2 und 3 IfSG. Die ersten Internationalen Gesundheitsvorschriften (IGV) waren 1951 von der 4. Weltgesundheitsversammlung verabschiedet worden. Diesen früheren IGV war die BRD durch das Gesetz vom 1.7.1971 beigetreten, welches in Art. 2 eine Ermächtigung zum Erlass von Verordnungen zu den IGV enthielt. Auf der Grundlage dieser Ermächtigungsgrundlage ergingen drei Umsetzungsverordnungen, die im Rahmen des IfSG Bedeutung erlangten. Es handelte sich dabei um die Verordnung zur Durchführung der Internationalen Gesundheitsvorschriften im Landverkehr (**Landverkehrs-VO**), gültig ab 25.11.1976;[145] die Verordnung zur Durchführung der Internationalen Gesundheitsvorschriften vom 25. Juli 1969 in Häfen und auf dem Nord-Ostsee-Kanal („**Wasserverkehrs-VO**“) vom 11.11.1971,[146] geändert zuletzt zum 25.11.1976;[147] und die Verordnung zur Durchführung der Internationalen Gesundheitsvorschriften vom 25.7.1969 im Luftverkehr (**Luftverkehrs-VO**) vom 11.11.1971,[148] zuletzt geändert durch die Änderungsverordnung vom 20.7.1979.[149] In den Verordnungsregelungen waren auch Pocken-Impfpflichten vorgesehen. Ohnehin schon hatten diese Regelungen keine Relevanz mehr.[150] Nach **Art. 5 Abs. 2 des Gesetzes zur Durchführung der IGV und zur Änderung weiterer Gesetze vom 21.3.2012**[151] sind diese Regelungen jedoch ohnehin außer Kraft getreten. Die Umsetzung der IGV erfolgt nicht mehr durch Rechtsverordnungen, sondern nur noch durch dieses Durchführungsgesetz. Dort wird eine Impfpflicht nicht mehr ausgesprochen. In

141 Beschl. v. 10.2.2022 – 1 BvR 2649/21; vgl. zudem die nach Redaktionsschluss erlassene Hauptsacheentscheidung des BVerfG über die Verfassungsmäßigkeit der Impfpflicht Beschl. v. 27.4.2022 – 1 BvR 2649/21.
142 Vgl. zB Scheuer BB 2022, Heft 12, I; Osterloh DÄ 2022, A 159; Lorenzen SchlHA 2022, 41.
143 Zweifelnd aber wohl zB Steinigen ZTR 2022, 131: Der Begriff der Impfpflicht sei „überzogen“.
144 Vgl. zur verfassungsrechtlichen Zulässigkeit Lidchi Recht u Politik 2022, 1; Schlegel/Meßling/Bockholdt, Corona-Gesetzgebung, § 14 Testung und Impfung Rn. 98 ff.
145 BGBl. I 3193.
146 BGBl. I 1811.
147 Geändert durch ÄnderungsVO vom 11.11.1976, BGBl. I 3191.
148 In Kraft seit dem 21.11.1971, BGBl. I 1809.
149 In Kraft seit dem 27.7.1979, BGBl. I 1121.
150 Dazu ausführlich HK-SozEntschR IfSG § 60 Rn. 52 ff.
151 BGBl. 2013 I 566.

§ 7 des Gesetzes finden sich lediglich Vorgaben für die Sicherung der Qualität einer Gelbfieberimpfung. Entsprechend hat der Gesetzgeber auch im SGB XIV keinen eigenen Entschädigungstatbestand mehr normiert. Sollte eine Impfpflicht in das Durchführungsgesetz aufgenommen werden, unterfiele eine solche Regelung im Übrigen § 24 S. 1 Nr. 4 SGB XIV.

93 f) **Schädigungsereignisse außerhalb Deutschlands. § 60 Abs. 2 und 3 IfSG** enthalten Ausnahmefälle vom Grundsatz der direkten Gebiets- und Sachgebundenheit des Impfgeschehens. Geschützt sind unter den jeweiligen Voraussetzungen auch Pockenimpfungen, die außerhalb des Geltungsbereichs des IfSG an Deutschen vorgenommen wurden. Einen solchen Tatbestand hat der Gesetzgeber in § 24 SGB XIV nicht mehr übernommen. Nur Inlandsimpfungen sollten nach § 24 SGB XIV in seiner ersten Fassung als Entschädigungsereignisse noch in Betracht kommen. Infolge der Corona-Pandemie hat der Gesetzgeber diesen Grundsatz allerdings wieder leicht eingeschränkt, vgl. dazu → Rn. 72 ff.

III. Gesundheitliche Schädigung – übliche und unübliche Impfreaktionen

94 Durch die Impfung oder spezifische Maßnahme der Prophylaxe muss eine gesundheitliche Schädigung in Form einer unüblichen Impf-/Prophylaxereaktion verursacht worden sein. § 24 S. 1 Hs. 2 SGB XIV fordert insoweit, dass eine gesundheitliche Schädigung vorliegt, die „über das übliche Ausmaß einer Reaktion auf eine Schutzimpfung oder andere Maßnahme der spezifischen Prophylaxe hinausgeht". Mit dieser Formulierung knüpft § 24 SGB XIV wörtlich an die Definition in § 2 Nr. 11 IfSG an. Da § 60 IfSG ganz ausdrücklich auf § 2 Nr. 11 IfSG verwies, hat sich gegenüber der früheren Regelung insoweit nichts geändert. Die Rechtsprechung zur Frage des Vorliegens eines Primärschadens kann daher auch weiterhin herangezogen werden.

95 Die gesundheitliche Schädigung meint den sogenannten Primärschaden (s. auch § 1 Abs. 1, § 4 Abs. 1 S. 1 SGB XIV), also denjenigen Schaden, der sich als direkte Folge aus der Impfung oder Maßnahme der spezifischen Prophylaxe ergibt. Er kann zB im Auftreten eines epileptischen Anfalls in engem zeitlichen Zusammenhang mit einer Impfung bestehen.[152]

96 § 24 S. 1 Hs. 2 SGB XIV stellt aber klar, dass nicht jede das Wohlbefinden beeinträchtigende Reaktion auf eine Impfung oder Prophylaxe-Maßnahme in den Schutzbereich des Versorgungsrechts einbezogen ist, sondern nur **über das übliche Ausmaß einer Folgereaktion hinausgehende Schäden** berücksichtigt werden.[153] Damit steht § 24 S. 1 Hs. 2 SGB XIV im Zusammenhang mit der Regelung des § 20 Abs. 3 S. 2 IfSG, die die STIKO ua dazu verpflichtet, Kriterien zur Abgrenzung einer üblichen Impfreaktion und einer über das übliche Ausmaß einer Impfreaktion hinausgehenden gesundheitlichen Schädigung zu entwickeln.

97 Die Abgrenzung kann im Einzelfall schwierig sein. Nach den Kriterien, die die STIKO für das RKI gem. § 20 Abs. 2 S. 3 IfSG entwickelt hat,[154] sind übliche und damit nicht meldepflichtige Impfreaktionen „das übliche Ausmaß nicht überschreitende, vorübergehende Lokal- und Allgemeinreaktionen, die als Ausdruck der Auseinandersetzung des Organismus mit dem Impfstoff anzusehen sind". Dies gilt für folgende Impfreaktionen:

---

152 Vgl. etwa das LSG Saarl 27.5.2008 – L 5 VJ 10/04, s. hierzu auch Dau, Kausalitätsbeurteilung im Impfschadensrecht, jurisPR-SozR 25/2008 Anm. 4.

153 Vgl. hierzu schon BSG 26.6.1985 – 9a RVi 3/83, SozR 3850 § 51 Nr. 8; vgl. hierzu auch SRH/Hase, 4. Aufl. 2008, § 26 Rn. 7; Gelhausen, Soziales Entschädigungsrecht, 2. Aufl. 1998, Rn. 954; Marburger/Dahm, Gesundheitsschäden durch Dritte, 2008, S. 50; Gabriel in BeckOK InfSchR, 3. Ed. 1.1.2021, IfSG § 2 Rn. 56.

154 Vgl. die Empfehlungen der STIKO beim RKI 2020/2021, 4.9 Impfkomplikationen und deren Meldung, Epidemiologisches Bulletin 34/2020, S. 33 f.

- für die Dauer von 1 – 3 Tagen (gelegentlich länger) anhaltende Rötung, Schwellung oder Schmerzhaftigkeit an der Injektionsstelle;
- für die Dauer von 1 – 3 Tagen Fieber < 39,5° C (bei rektaler Messung), Kopf- und Gliederschmerzen, Mattigkeit, Unwohlsein, Übelkeit, Unruhe, Schwellung der regionären Lymphknoten;
- im gleichen Sinne zu deutende Symptome einer „Impfkrankheit" 1–3 Wochen nach der Verabreichung von attentuierten Lebendimpfstoffen: zB eine leichte Parotisschwellung, kurzzeitige Arthralgien oder ein flüchtiges Exanthem nach der Masern-, Mumps-, Röteln- oder Varizellen-Impfung oder milde gastrointestinale Beschwerden, zB nach der oralen Rotavirus- oder Typhus-Impfung.

Darüber hinausgehende Impfreaktionen sind unverzüglich dem Gesundheitsamt zu melden. Für die bundesweit einheitliche Meldung eines Verdachtsfalls ist vom Paul-Ehrlich-Institut in Absprache mit der STIKO und dem BMG ein Berichtsformblatt „Bericht über Verdachtsfälle einer über das übliche Ausmaß einer Impfreaktion hinausgehenden gesundheitlichen Schädigung" entwickelt worden, das online verfügbar ist[155] oder vom Gesundheitsamt angefordert werden kann. 98

Der von § 24 S. 1 Hs. 2 SGB XIV vorausgesetzte Primärschaden kann etwa ein Verschluss von Arterien, eine postvakzinale Enzephalitis/Enzephalopathie oder Neuritis/Neuropathie sein.[156] Im Zuge der Corona-Pandemie sind nach Impfungen mit dem AstraZeneca-Präparat in seltenen Fällen über das übliche Ausmaß hinausgehende Impfreaktionen in Form von Thrombosen der tiefen Hirnvenen und nach Impfungen mit dem BionTech-Präparat Herzmuskelentzündungen beobachtet worden.[157] Auch diese kommen ggf. als Primärschaden in Betracht. 99

Die **gesundheitliche Schädigung** (**Impffolge** bzw. Maßnahme der spezifischen Prophylaxe) **muss mit an Sicherheit grenzender Wahrscheinlichkeit nachgewiesen** sein (sog. Vollbeweis). Auf die Feststellung einer entsprechenden Komplikation kann nicht verzichtet werden. Für die ursächliche Verknüpfung zwischen Impfung und Schädigung genügt dagegen das Vorliegen von Wahrscheinlichkeit (dazu → Rn. 107 ff.). 100

IV. Schädigungsfolge

Durch die gesundheitliche Schädigung muss eine Schädigungsfolge verursacht worden sein. Ein Entschädigungsanspruch setzt daher einen durch den Primärschaden **dauerhaft verbliebenen Schaden** voraus. § 24 SGB XIV enthält insoweit keine eigene Regelung, vielmehr gilt § 4 Abs. 1 SGB XIV.[158] Danach kann die Schädigungsfolge (wie schon zuvor nach § 2 Nr. 1 IfSG) gesundheitlicher oder wirtschaftlicher Art sein. Dauerhafte gesundheitliche Folgen können sich etwa in langfristigen Entwicklungsstörungen, Retardierung uÄ äußern (vgl. im Einzelnen zu den bestehenden Maßstäben → § 1 Rn. 14 ff.). 101

Auch die **Folgen eines Wegeunfalls** können eine Schädigungsfolge begründen. Die Regelung des § 60 Abs. 5 Satz 1 IfSG ist in § 4 Abs. 2 SGB XIV aufgegangen, der Ent- 102

155 www.pei.de/SharedDocs/Downloads/DE/arzneimittelsicherheit/pharmakovigilanz/ifsg-meldebogen-verdacht-impfkomplikation.pdf.
156 Kießling/Kümper, 2020, IfSG § 60 Rn. 17.
157 Vgl. dazu zB den Sicherheitsbericht des Paul-Ehrlich-Instituts unter https://www.pei.de/SharedDocs/Downloads/DE/newsroom/dossiers/sicherheitsberichte/sicherheitsbericht-27-12-bis-30-04-21.pdf?__blob=publicationFile&v=5; insgesamt sind die Zahlen nachgewiesener Primärschäden bei Coronaimpfungen niedrig (vgl. ARD-brisant aus Januar 2022: bei 162 Millionen Corona-Impfungen in Deutschland nur 1.200 Anträge (Erfolg noch nicht bekannt) auf staatliche Entschädigung, https://www.mdr.de/brisant/coronaimpfung-impfschaeden-102.html, abgerufen 02/2022).
158 AA Huster/Kingreen InfektionsschutzR-HdB/Becker Kap. 9 Rn. 81; wie hier Schmidt SGB XIV/Karl § 24 Rn. 74.

sprechendes regelt. Danach ist ein **Unfall auf dem Weg zu oder im Zusammenhang mit einer Impfung** nicht geschützt. Der Impfschaden muss vielmehr bereits eingetreten sein und der Unfall sich auf dem Weg zu einer wegen dieses Schadens erforderlichen Heilbehandlung, Badekur, Versehrtenleibesübung als Gruppenbehandlung oder Leistungen zur Teilhabe am Arbeitsleben ereignet haben.[159] Nur solche Wegeunfälle stehen mit einem Impfschaden in ursächlichem Zusammenhang und wären ohne ihn nicht eingetreten.[160] Als Impfschaden gelten schließlich auch Unfälle, die die beschädigte Person bei der Durchführung der vorstehend genannten Behandlungsmaßnahmen erleidet.[161] § 60 Abs. 5 Satz 2 IfSG ist in § 4 Abs. 3 SGB XIV aufgegangen. Auch weiterhin steht also einem Impfschaden (und – nach richtiger Lesart – auch einem Schaden nach Maßnahmen der spezifischen Prophylaxe) die Beschädigung eines am Körper getragenen Hilfsmittels, einer Brille, von Kontaktlinsen oder von Zahnersatz infolge eines Impfschadens (bzw. Schadens nach Prophylaxemaßnahme) gleich.

103 Auch die anhaltende Gesundheitsstörung muss **voll bewiesen** sein. Für die Kausalität der gesundheitlichen Schädigung für die Schädigungsfolge genügt jedoch das Vorliegen von Wahrscheinlichkeit (dazu → Rn. 107 ff.).

V. Vollbeweis, Wahrscheinlichkeit und Kann-Leistungen

104 **1. Nachweis der Impfung, gesundheitlichen Schädigung und Schädigungsfolge.** Impfung bzw. Maßnahme der spezifischen Prophylaxe, gesundheitliche Schädigung sowie Schädigungsfolge müssen **nach allgemeinen Rechtsgrundsätzen nachgewiesen** und nicht nur wahrscheinlich sein (→ § 1 Rn. 30 ff.).[162]

105 Der **Vollbeweis** ist nach den allgemeinen Beweisgrundsätzen zu führen. Vom Erwiesensein der Impfung bzw. Maßnahme der spezifischen Prophylaxe kann im Allgemeinen ausgegangen werden, wenn der **äußere Vorgang** einer kunstgerecht durchgeführten Impfung bzw. Maßnahme der spezifischen Prophylaxe festgestellt wird und keine Zweifel dahin gehend bestehen, dass die die Entschädigung geltend machende Person etwa beim Impftermin übersehen wurde und der Impfpass deshalb auf falschen Tatsachen beruhen könnte. Für die Frage des Vorliegens von gesundheitlicher Schädigung und Schädigungsfolge bedarf es der Tatsachenfeststellungen anhand medizinischer Unterlagen und Erkenntnisse sowie entwicklungsgeschichtlicher Ereignisse in der Person des Geimpften. Daher sind – insbesondere für die Frage des Vorliegens einer gesundheitlichen Schädigung – auch die Eltern bzw. andere Personen aus der Umgebung der betroffenen Person zu hören; ihrer Aussage hinsichtlich Entstehung, Art und Folgen des Gesundheitsschadens kann demnach besondere Bedeutung zukommen, soweit sie nach allgemeinen Grundsätzen der Beweiswürdigung glaubwürdig sind und Überzeugungskraft besitzen, ihre Aussage also glaubhaft ist. Es ist jedenfalls nicht zulässig, die Aussagen von Eltern wegen deren angeblicher Voreingenommenheit unberücksichtigt zu lassen.[163]

---

159 Marburger/Dahm, Schäden bei misslungenen Impfungen, in Gesundheitsschäden durch Dritte, 2008, S. 54 f.; s. auch HK-SozEntschR BVG § 1 Rn. 52 und BVG § 8a.

160 So zutreffend Wilke/Sailer, Soziales Entschädigungsrecht, 7. Aufl. 1992, BSeuchG § 52 Rn. 4.

161 Ebenso Marburger/Dahm, Schäden bei misslungenen Impfungen, in Gesundheitsschäden durch Dritte, 2008, S. 54 f. mit einzelnen Beispielen; s. auch HK-SozEntschR BVG § 1 Rn. 53 und BVG § 8a.

162 Vgl. etwa BSG 29.1.2018 – B 9 V 39/17 B; BSG 18.6.2018 – B 9 V 1/18 B; BSG 15.12.1999 – B 9 VS 2/98 R; BayLSG 2.7.2019 – L 15 VJ 8/17, Rn. 72 f. unter ausdrücklichem Hinweis auf die Aufgabe seiner früher anders lautenden Rspr.; HessLSG 26.6.2014 – L 1 VE 12/09; vgl. dazu auch die Kommentierung zu § 4 SGB XIV.

163 Vgl. aber LSG BW 6.4.2017 – L 6 VJ 1281/15: keine Zeugenvernehmung der Mutter als Betreuerin; keine Parteivernehmung im Prozess; allerdings war die Mutter im Vorprozess bereits umfassend angehört worden.

§ 117 SGB XIV enthält eine Beweiserleichterung für Fälle, in denen Beweismittel nicht vorhanden oder nicht zu beschaffen oder ohne Verschulden der antragstellenden Person oder ihrer Hinterbliebenen verlorengegangen sind. Dann sind die Angaben der antragstellenden Person, die sich auf die mit der Schädigung im Zusammenhang stehenden Tatsachen beziehen, der Entscheidung zu Grunde zu legen, soweit sie nach den Umständen des Falles glaubhaft erscheinen (vgl. iE die Kommentierung zu § 117 SGB XIV). 106

2. Wahrscheinlichkeit der Kausalität. Für die erforderliche Kausalität zwischen Impfung bzw. Prophylaxe und Impfreaktion einerseits (sog. haftungsbegründende Kausalität) sowie zwischen Impfreaktion und dauernder Schädigung andererseits (sog. haftungsausfüllende Kausalität) ist dagegen ein Vollbeweis nicht erforderlich. Hier genügt vielmehr die **Wahrscheinlichkeit**. 107

Dies ist bis zum 31.12.2023 spezifisch in **§ 61 IfSG iVm § 2 Nr. 11 IfSG** geregelt. Mit Aufnahme des Impfschadensrechts in das SGB XIV treten aber auch diese Regelungen zum 1.1.2024 außer Kraft (vgl. Art. 46 Nr. 1 und 2 des G-SER) und gehen inhaltlich in **§ 4 Abs. 1 iVm § 4 Abs. 4 SGB XIV** auf. Dort sind für alle schädigenden Ereignisse des SER Maßstäbe für die Schädigungsfolge einheitlich geregelt (vgl. daher für insoweit geltende allgemeine Maßstäbe → § 4 Rn. 26 ff.). 108

Spezifisch für das Impfschadensrecht ist die bisherige Rechtsprechung des BSG unverändert anwendbar, weil sich die gesetzlichen Maßstäbe nicht verändert haben; § 4 Abs. 4 SGB XIV entspricht insoweit der bisherigen Regelung im § 61 IfSG. Wahrscheinlich sind die Ursachenzusammenhänge zwischen den genannten Kettengliedern nach der ständigen Rechtsprechung des BSG zum Impfschadensrecht, wenn unter Berücksichtigung der **herrschenden wissenschaftlichen Lehrmeinung** mehr dafür als dagegen spricht, wenn also die für den Zusammenhang sprechenden Umstände mindestens deutlich überwiegen.[164] Ein Nachweis fehlender konkurrierender Ursachen genügt nicht.[165] Maßgeblich für die Wahrscheinlichkeit eines Zusammenhangs ist der **im Entscheidungszeitpunkt aktuelle Erkenntnisstand** der medizinischen Wissenschaft. Ein bestimmter Vorgang, der unter Umständen vor Jahrzehnten stattgefunden hat, ist daher nach dem heutigen Stand der medizinischen Wissenschaft zu beurteilen.[166] Auf die wissenschaftlichen Erkenntnisse im Zeitpunkt der Impfung kommt es dagegen nicht an.[167] So kann auch die vor Jahrzehnten bejahte Kausalität aufgrund neuerer wissenschaftlicher Erkenntnisse und Methoden als fehlend erkannt werden, mit der Folge, dass Anerkennungen unter Umständen zurückzunehmen oder nur aus Gründen des Vertrauensschutzes (§ 45 SGB X) zu belassen sind.[168] 109

Allerdings ist stets genau zu prüfen, ob die medizinischen Erkenntnisse zu einer Impfung sich auch auf die früheren Bedingungen der Impfung beziehen. Da andere Ursachen jeweils andere Folgen nach sich ziehen können, gilt dies insbesondere für die Beurteilung von Kausalzusammenhängen. Dementsprechend muss im Impfschadensrecht sichergestellt werden, dass die nach dem aktuellen Stand der medizinischen Erkenntnisse in Betracht zu ziehenden Impfkomplikationen gerade auch die Impfstoffe betreffen, die im konkreten Fall Verwendung gefunden haben.[169] Dies ist durch 110

164 StRspr.; vgl. etwa BSG 19.3.1986 – 9a RVi 2/84, SozR 3850 § 51 Nr. 9; vgl. zuletzt aus der instanzgerichtlichen Rspr. etwa LSG Bln-Bbg 29.1.2009 – L 11 VJ 36/08; LSG NRW – L 6 (7) VJ 15/07.
165 HessLSG 2.11.2017 – L 1 VE 29/13.
166 BSG 7.4.2011 – B 9 VJ 1/10 R.
167 BSG 7.4.2011 – B 9 VJ 1/10 R, SozR 4-3851 § 60 Nr. 4.
168 Urt. v. 7.4.2011 – B 9 VJ 1/10 R.
169 BSG 7.4.2011 – B 9 VJ 1/10 R, SozR 4-3851 § 60 Nr. 4; vgl. dazu auch Roos ZFSH SGB 2020, 210 (214); Schmidt SGB XIV/Karl § 24 Rn. 71.

die Instanzgerichte zu ermitteln und festzustellen. Dafür sind im Zweifelsfall das PEI und das RKI die richtigen Adressaten.[170]

111 Für die **Ermittlung der wissenschaftlichen Lehrmeinung zu Kausalitätsfragen** kam lange Zeit den Anhaltspunkten für die ärztliche Gutachtertätigkeit (**AHP**) maßgebliche Bedeutung zu. Bei ihnen handelte es sich um antizipierte Sachverständigengutachten, die nicht nur hinsichtlich der GdB-Bewertung, sondern auch hinsichtlich der Kausalitätsbeurteilung im Versorgungsrecht normähnliche Wirkungen hatten.[171] Für das Impfschadensrecht enthielten die **AHP aus dem Jahr 2004** noch dezidierte Aussagen darüber, unter welchen Voraussetzungen ein Ursachenzusammenhang zwischen Impfung und ungewöhnlicher Impfreaktion sowie aufgetretener Schädigungsfolge als wahrscheinlich anzusehen war (vgl. Nr. 57 AHP 2004). Hier waren zu den jeweils empfohlenen Impfungen übliche Impfreaktionen, davon abzugrenzende Impfschäden, Kausalitätskriterien zur Beurteilung der Ursächlichkeit der Impfung für die unübliche Reaktion, und daraus resultierende mögliche Dauerschäden sowie die wiederum hierfür erforderlichen Kausalitätskriterien aufgelistet. Nach den zuletzt aufgelegten **AHP 2008** erfolgte aber schon ein Verweis auf die – im Epidemiologischen Bulletin veröffentlichten – Arbeitsergebnisse der STIKO.[172]

112 Zum 1.1.2009 sind die AHP durch Inkrafttreten der „Verordnung zur Durchführung des § 1 Abs. 1 und 3, des § 30 Abs. 1 und § 35 Abs. 1 des Bundesversorgungsgesetzes (Versorgungsmedizin-Verordnung – **VersMedV**)" vom 10.12.2008[173] abgelöst worden. Die bislang in den AHP aufgestellten Maßstäbe sollten einer Verrechtlichung zugeführt werden (§ 5 SGB XIV). Dabei wurden jedoch die in den Nrn. 53 bis 143 der AHP enthaltenen Grundsätze, und folglich auch eine Nr. 57 AHP 2004 entsprechende Regelung, gar nicht mehr in die VersMedV aufgenommen. In den Beratungen des Bundesrates war eine entsprechende Aufnahme zwar ausdrücklich empfohlen worden.[174] Dies ist jedoch mit der Begründung unterblieben, dass der Inhalt der Nrn. 53 bis 143 der AHP „auch nach Inkrafttreten der VersMedV als antizipierte Sachverständigengutachten gültig" bleibe.[175] Zu aktuelleren Erkenntnissen vermögen die mittlerweile viele Jahre alten Kausalitätsbeurteilungen aber möglicherweise nicht viel auszusagen. Es gibt keine an aktuellen Erkenntnissen ausgerichtete normativen Vorgaben zur Kausalitätsbeurteilung im Impfschadensrecht.[176]

113 Der aktuelle Stand der medizinisch-wissenschaftlichen Lehrmeinung zur Kausalitätsbeurteilung ist daher schon seit 2006 und fortgeltend für jede durchgeführte Impfung oder Prophylaxe-Maßnahme im Einzelfall zu ermitteln. Wo es neuere Erkenntnisse nicht gibt, möglicherweise auch, weil frühere Impfstoffe nicht mehr zugelassen und durch andere ersetzt wurden, mögen die AHP noch als antizipierte Sachverständigengutachten herangezogen werden.[177]

114 Im Übrigen aber sind aktuelle wissenschaftliche Erkenntnisse vor allem den einschlägigen **Mitteilungen der STIKO**, wie sie im Epidemiologischen Bulletin fortlaufend

---

170 Darauf weist auch Roos ZFSH SGB 2020, 210 (215) hin.
171 So die damals stRspr; vgl. BSG 16.12.2003 – B 9 VG 1/02 R, BSGE 91, 107.
172 Vgl. dazu Dau jurisPR-SozR 25/2008 Anm. 4.
173 BGBl. 2008 I 2412.
174 Vgl. die Empfehlungen der beiden beratenden Ausschüsse in BR-Drs. 767/1/08, 4.
175 BR-Drs. 767/08, 4.
176 Zur Begründung der Streichung der Kausalitätsgrundsätze durch die Verordnung zur Durchführung des § 1 Abs. 1 und 3, des § 30 Abs. 1 und des § 35 Abs. 1 des Bundesversorgungsgesetzes (Versorgungsmedizin-Verordnung – VersMedV), BR-Drs. 767/08, 4.
177 Vgl. entsprechend auch LSG Bln-Bbg 10.12.2020 – L 11 VJ 26/17 im Falle einer Polio-Impfung; so auch Roos ZFSH SGB 2020, 210 (215).

veröffentlicht werden, zu entnehmen.[178] In der Corona-Pandemie etwa hat die STIKO ihre neuen Erkenntnisse zu möglichen Kausalverläufen durch Impfung mit Corona-Impfstoffen fast monatlich veröffentlicht. Allerdings ist stets im Einzelnen zu überprüfen, ob sich anhand der Mitteilungen der STIKO alle relevanten entschädigungsrechtlichen Aussagen ergeben. Häufig richten sich die Mitteilungen an die impfenden Ärzte und haben schon im Aussagegehalt keinen versorgungsrechtlichen Bezug. Auch im Übrigen wird zu ermitteln sein, ob und welche weiteren besonderen Voraussetzungen erfüllt sein müssen, bevor die allgemeine Aussage über die Kausalität zur Grundlage einer Entscheidung über Entschädigung im Einzelfall gemacht werden kann.[179] Es kommt dann insbesondere die Einholung eines Sachverständigengutachtens in Betracht, das sich mit dem aktuellen Forschungsstand auseinandersetzt.[180] Anhand der Rechtsprechung wird deutlich, dass die Wahrscheinlichkeit die größte Hürde im Verfahren um einen Entschädigungsanspruch nach Impfungen ist.[181]

Bei **psychischen Gesundheitsstörungen** gilt mWv 1.1.2024 nach § 4 Abs. 5 SGB XIV ein herabgesetzter Wahrscheinlichkeitsmaßstab. Hier wird die Wahrscheinlichkeit des ursächlichen Zusammenhangs im Einzelfall unter bestimmten Voraussetzungen (widerlegbar) vermutet. Für andere Gesundheitsstörungen gilt dies nicht. Die im Referentenentwurf[182] hier noch vorgesehene weitergehende Gesetzesfassung hat nicht in die verabschiedete Regelung Eingang gefunden. Vgl. genauer die Kommentierung zu § 4 Abs. 5 SGB XIV (→ § 4 Rn. 28 ff.). 115

Weitere Beweiserleichterungen bestehen nicht. Sie folgen auch nicht aus der **Rechtsprechung des EuGH zur Produkthaftung** eines Pharmaherstellers, der wegen einer Impfschädigung verklagt worden ist. Der EuGH hatte mit Urteil vom 21.6.2017[183] auf der Grundlage der Produkthaftungsrichtlinie[184] entschieden, dass „(…) das Tatsachengericht, wenn es wegen des behaupteten Fehlers eines Impfstoffs mit einer Haftungsklage gegen dessen Hersteller befasst ist, in Ausübung seiner Befugnis zur Beweiswürdigung annehmen kann, dass trotz der Feststellung, dass ein Zusammenhang zwischen der Verabreichung des betreffenden Impfstoffs und dem Auftreten der Krankheit, an der der Geschädigte leidet, in der medizinischen Forschung weder nachgewiesen noch widerlegt ist, bestimmte vom Kläger geltend gemachte Tatsachen ernsthafte, klare und übereinstimmende Indizien darstellen, die den Schluss auf das Vorliegen eines Fehlers des Impfstoffs sowie auf einen ursächlichen Zusammenhang zwischen diesem Fehler und der Krankheit zulassen." Mit diesem Maßstab entspricht der EuGH nicht dem Maßstab aktueller medizinischer Erkenntnisse. Für das Impfschadensrecht ist diese Entscheidung aber rechtlich bedeutungslos. Der Anspruch auf Entschädigungsleistungen ist kein Anspruch gegen den Hersteller des Impfstoffs, 116

178 So auch BSG 7.4.2011 – B 9 VJ 1/10 R, auch unter Heranziehung der AHP; vgl. auch LSG BW 17.11.2016 – L 6 VJ 4009/15.

179 Vgl. Dau jurisPR-SozR 25/2008 Anm. 4.

180 Vgl. in diesem Sinne etwa das LSG Nds-Brem 5.11.2020 – L 10 VE 46/17, mit Anmerkung Lund NZS 2021, 320; LSG NRW 1.2.2011 – L 6(7) VJ 42/03.

181 Verneinend etwa LSG Nds-Brem 5.11.2020 – L 10 VE 46/17 für die Auslösung von Multipler Sklerose durch Impfung mit Havrix 1440; LSG NRW 21.8.2020 – L 13 VE 40/19 für die Auslösung von chronisch-inflammatorischer demyelinisierender Polyneuropathie (CIDP) durch Influenza-Impfung; BayLSG 2.7.2019 – L 15 VJ 4/16 für die Auslösung von Gehörlosigkeit durch eine FSME-Impfung HessLSG 2.11.2017 – L 1 VE 29/13 für die Auslösung von neurologischen Entwicklungsstörungen durch thiomersalhaltigen Impfstoff; LSG Bln-Bbg 8.7.2015 – L 13 VJ 16/12 für die Auslösung von diabetes mellitus Typ 1 durch Infarix hexa; vgl. mit einem guten Überblick der in den vergangenen Jahren hierzu ergangenen Entscheidungen Roos, Der Impfschadensprozess – Risiken und Nebenwirkungen, ZFSH SGB 2020, 210 ff.

182 BMAS Referentenentwurf eines G-SER vom 20.11.2018, S. 146.

183 C-621/15, ABl EU 2017, Nr. C 277, 8 f.

184 Richtlinie 85/374/EWG.

sondern gegen den Staat. Er wird bereits aus diesem Grund nicht von der Produkthaftungsrichtlinie erfasst.[185]

117 Die objektive **Beweislast** für die Wahrscheinlichkeit liegt beim Geschädigten. Die vom BGH für den Arzthaftpflichtprozess entwickelten Grundsätze über die Beweislastumkehr bei streitigem ursächlichem Zusammenhang zwischen grobschuldhaftem Behandlungsfehler und eingetretenem Gesundheitsschaden sind im Impfschadensrecht nicht analog anwendbar.[186]

118 **3. Kann-Leistungen.** Ist die Wahrscheinlichkeit des ursächlichen Zusammenhangs zwischen einer über das übliche Ausmaß hinausgehenden gesundheitlichen Schädigung und einem dauerhaften Gesundheitsschaden nur deshalb nicht gegeben, weil über die Ursache des festgestellten Leidens in der medizinischen Wissenschaft Ungewissheit besteht, kann die Gesundheitsstörung als Schädigungsfolge anerkannt werden (→ § 4 Rn. 30 ff.). Derzeit ist dies in § 61 S. 2 und 3 IfSG ausdrücklich geregelt. Mit Inkrafttreten des § 24 SGB XIV entfällt eine entsprechende impfschadensrechtliche Regelung. Anstelle dessen gilt die **Kann-Regelung des § 4 Abs. 6 SGB XIV** als einheitlicher Maßstab für alle Entschädigungsansprüche. Voraussetzung ist die Zustimmung der zuständigen obersten Landesbehörde (§ 4 Abs. 6 S. 2 SGB XIV).

119 Für den **Kausalitätsmaßstab** im Impfschadensrecht hat das BSG stets betont, dass die Kann-Bestimmung nicht die Feststellung der rechtserheblichen Schädigung ersetzt. Dies gilt auch weiterhin. Die Frage nach der Kausalität stellt sich für die Kann-Versorgung ebenso wie für einen Rechtsanspruch. Zwischen beiden bestehen bezüglich der Kausalität lediglich graduelle Unterschiede.[187] Es genügt nicht die Möglichkeit des Ursachenzusammenhangs, vielmehr müssen nach einer nachvollziehbaren wissenschaftlichen Lehrmeinung Erkenntnisse vorliegen, die für einen generellen, in der Regel durch statistische Erhebungen untermauerten Zusammenhang sprechen.[188] Es darf nicht nur die theoretische Möglichkeit des Zusammenhangs bestehen, sondern vielmehr eine „gute Möglichkeit", die sich in der wissenschaftlichen Medizin nur noch nicht so zur allgemeinen Lehrmeinung verdichtet hat, dass von gesicherten Erkenntnissen gesprochen werden kann.[189] Darüber hinaus müssen alle Umstände gegeben sein, die sonst einen Versorgungsanspruch begründen.[190] Das folgt nach der Rechtsprechung aus Sinn und Zweck der Regelung. Sie findet Anwendung, wenn die Wahrscheinlichkeitsbeurteilung deswegen scheitert, weil über die Leidensursache allgemein Unkenntnis herrscht.[191] Dann lässt das Gesetz wegen dieser allgemeinen Unsicherheit einen geringeren Überzeugungsgrad als die Wahrscheinlichkeit genügen. Das führt zu einer gegenüber der Wahrscheinlichkeit **weniger gesicherten Kausalitätserkenntnis**. Da jedoch die Ermessensleistung wie der Rechtsanspruch von der Kausalitätsbeurteilung abhängig ist, kann nicht auf die **konkrete Feststellung des Verursachungsfaktors** verzichtet werden. Es genügt nicht die Ungewissheit darüber, welche Umstände konkret und im Einzelnen für die Krankheit kausal waren. Sonst würde es an der Bestimmung der haftungsausfüllenden Kausalität und somit an der Grundvoraussetzung für den Versorgungsanspruch selbst fehlen.[192] Ebenso wenig besteht ein

---

185 Vgl. Roos ZFSH SGB 2018, 146 ff.; Schmidt SGB XIV/Karl § 24 Rn. 70.
186 BSG 21.11.1983 – 9a BVi 7/83, Breith 1984, 605.
187 BSG 19.8.1981 – 9 RVi 5/80, ZfS 1982, 145.
188 Verneint durch LSG NRW 18.7.2019 – L 13 VJ 55/17 nach Impfung mit HPV-Impfstoff und Auslösung von Colitis ulcerosa.
189 BSG 12.12.1995 – 9 RV 17/04; verneint durch LSG Bln-Bbg 10.12.2020 – L 11 VJ 26/17; bejaht für den Zusammenhang von der sog. Schweinegrippenimpfung und dem Guillain-Barre-Syndrom LSG LSA 30.8.2017 – L 7 VE 7/14.
190 Vgl. BayLSG 11.7.2017 – L 15 VJ 6/14.
191 BSG 9.2.1978 – 9 RV 41/77, SozR 3100 § 1 Nr. 19 S. 39.
192 HessLSG 27.6.2007 – L 4 VJ 3/04.

Anspruch auf Versorgung als Kann-Leistung, wenn der Impfschaden im Sinne einer übermäßigen Impfreaktion nicht innerhalb der Inkubationszeit aufgetreten ist.[193]

Vgl. im Übrigen für die Maßstäbe der Kann-Versorgung die Kommentierung zu § 4 Abs. 6 SGB XIV (→ § 4 Rn. 30 ff.). 120

VI. Leistungsinhalte

Sind die Voraussetzungen eines Anspruchs auf Entschädigungsleistungen nach § 24 iVm § 4 SGB XIV erfüllt, besteht Anspruch auf alle Leistungen der SE nach § 3 SGB XIV.[194] 121

In besonders gelagerten Einzelfällen kommt eine Entschädigung nach der **Härtefallregelung** des § 100 SGB XIV in Betracht.[195]

Die Leistungen werden grundsätzlich nur auf Antrag erbracht, vgl. § 10 SGB XIV und die dort geregelten Ausnahmen.

D. Verordnung zum Anspruch auf Schutzimpfung gegen das Coronavirus SARS-CoV-2 – Coronavirus-Impfverordnung (CoronaImpfV)

Die CoronaImpfV wurde erstmals erlassen in der 122

- Fassung vom 18.12.2020, BAnz AT 21.12.2020 V3.

In der Folge hat sie fortlaufend Änderungen erfahren, um auf neue faktische Bedürfnisse zu reagieren (insbesondere Neupriorisierung, Zulassung auch der Vertragsärzte zur Impfversorgung, Zulassung auch der Betriebsärzte zur Impfversorgung; Aufhebung der Priorisierung usw). Die CoronaImpfV existiert in folgenden weiteren (Neu-)Fassungen:[196]

- Fassung vom 8.2.2021, BAnz AT 8.2.2021 V1
- Fassung vom 24.2.2021, BAnz AT 24.2.2021 V1
- Fassung vom 10.3.2021, BAnz AT 11.3.2021 V1
- Fassung vom 31.3.2021, BAnz AT 1.4.2021 V1
- Fassung vom 29.4.2021, BAnz AT 30.4.2021 V5
- Fassung vom 1.6.2021, BAnz AT 2.6.2021 V2
- Fassung vom 6.7.2021, BAnz AT 7.7.2021 V1
- Fassung vom 13.7.2021, BAnz AT 14.07.2021 V1
- Fassung vom 30.8.2021, BAnz AT 31.08.2021 V1
- Fassung vom 30.9.2021, BAnz AT 01.10.2021 V1
- Fassung vom 15.11.2021, BAnz AT 15.11.2021 V1
- Fassung vom 16.12.2021, BAnz AT 17.12.2021 V1
- Fassung vom 29.12.2021, BAnz AT 30.12.2021 V4
- Fassung vom 7.1.2022, BAnz AT 10.01.2022 V1
- Fassung vom 21.2.2022, BAnz AT 22.02.2022 V1

Kapitel 3 Leistungsgrundsätze

§ 25 Voraussetzungen

Leistungen der Sozialen Entschädigung werden für schädigungsbedingte Bedarfe erbracht.

---

193 BSG 19.3.1986 – 9a RVi 2/84, BSGE 60, 58.
194 Vgl. dazu auch Plagemann/Baumann CoVuR 2021, 514; Stähler SGb 2021, 622.
195 Schmidt SGB XIV/Karl § 24 Rn. 58.
196 Vgl. mit einem guten Überblick zu den einzelnen Fassungen und den jeweils wesentlichen Änderungen jurisPK-SGB V/Schütze § 20i Rn. 12 ff.

A. Gesetzesgeschichte

I. Geltendes und neues Recht – Kap. 3

1 Die Normen des 3. Kap. des SGB XIV[1] treten nach Art. 60 Abs. 7 G-SER[2] zum **1.1.2024 in Kraft.** Bis dahin sind die Vorschriften des BVG und der Gesetze, die auf das BVG verweisen anzuwenden. Es verbleibt mithin zunächst bei den nur vereinzelten Regelungen der zukünftigen Inhalte der §§ 25–28 SGB XIV insbesondere im BVG (s. iE → Rn. 3).

2 Inhaltlich ist das 3. Kap. iSd Entwurfs des SGB XIV in der BT-Drs. 19/13824 durch die Beratungen im **Ausschuss für Arbeit und Soziales** (11. Ausschuss) nur sehr wenig **geändert** worden. Lediglich in § 28 Abs. 1 SGB XIV sind nach dem Wort „vor" die Wörter „, die sich gegen andere richten, insbesondere gegen Träger anderer Sozialleistungen" gestrichen worden.[3]

II. Änderungen im SGB XIV gegenüber dem BVG und Parallelität

3 Die **Leistungsgrundsätze** – sie bilden im SGB XIV zukünftig ein eigenes Kapitel (Kap. 3) – umfassen die **Leistungsvoraussetzungen** (§ 25 SGB XIV), die **Leistungsformen** (§ 26 SGB XIV), den Grundsatz des **Vorrangs** der Leistungen zur **Teilhabe** (§ 27 SGB XIV) und das **Verhältnis zu anderen Trägern** (§ 28 SGB XIV). Derartige Leistungsgrundsätze – „vor die Klammer gezogen", den in den weiteren Kap. folgenden Leistungsarten – finden sich im BVG, als dem Leitgesetz der SE (vgl. iE → Vor § 1 Rn. 18), nicht. Lediglich Fragmente einzelner Regelungen des SGB XIV haben ein Pendant im BVG oder OEG. Soweit es die Leistungsformen betrifft werden sie im aktuellen Recht zumeist für die einzelnen Leistungsarten angeordnet.[4] So bestimmen zB § 25b Abs. 2 und 4 BVG für die **Kriegsopferfürsorge** – zukünftig im SGB XIV vergleichbar den BLiE (§§ 92 ff. SGB XIV, Kap. 11) – die Erbringung als persönliche Hilfe, Sach- und Geldleistungen. Vergleichbares gilt für **Heilbehandlung, Versehrtenleibesübungen** und **Krankenbehandlung** (zukünftig Kap. 5 und zT Kap. 6 SGB XIV) in § 18 Abs. 1 BVG, der die grundsätzliche Erbringung als Sachleistungen vorsieht. Der Vorrang der Teilhabe findet sich im BVG in § 29, bezogen auf das „Besondere berufliche Betroffensein" nach § 30 Abs. 2 BVG, den **BSA** nach § 30 Abs. 3 ff. BVG und die **Ausgleichsrente** nach §§ 32 ff. BVG. § 27 S. 1 SGB XIV regelt zukünftig allein das Verhältnis zum BSA, denn die beiden erstgenannten Leistungen des § 29 BVG entfallen mit dem neuen SER. Das Verhältnis zu Leistungen anderer Träger nach § 28 SGB XIV findet sich bisher vielfach in den Leistungsgesetzen, die für diese anderen Träger zur Anwendung kommen, zB betreffend das Verhältnis von Grundrente zum Alg II in § 11a Abs. 1 Nr. 2 SGB II.

B. Normsystematik

I. Allgemeiner Regelungsgehalt

4 Im **Kap. 3** sollen die **allgemeinen Grundlagen** der **Leistungserbringung**, wie sie für die einzelnen Leistungsarten der SE in den Kap. 4–14 und 23 des SGB XIV vorgesehen ist, zusammengefasst werden. Die dort normierten Grundsätze gelten für **alle Leistungsarten**, soweit in den einzelnen Kap. nichts Abweichendes geregelt ist. Insoweit kommt insbesondere § 25 SGB XIV Bedeutung als alle Leistungen überspannende Vorschrift zu. Die §§ 26, 27 und 28 SGB XIV treffen zwar auch allgemeine Anordnungen, sie werden jedoch bereits im Kap. 3 wieder eingeschränkt oder auf bestimmte Leistungs-

1 IdF des Art. 1 G-SER v. 12.12.2019, BGBl. 2019 I 2652, 2660–2661.
2 BGBl. 2019 I 2652, 2724.
3 Vgl. BT-Drs. 19/14870, 7.
4 So wohl auch Schmidt SGB XIV/Bienert § 26 Rn. 2.

arten bezogen, wie etwa § 26 Abs. 2 und 3 SGB XIV, § 27 SGB XIV und § 28 Abs. 2 SGB XIV.

§ 25 SGB XIV greift eine in § 1 Abs. 1 SGB XIV (→ § 1 Rn. 11 ff.) bereits als Grundvoraussetzung aller Leistungen der SE normierte Regelung nochmals auf, die Leistungserbringung allein für Bedarfe, die schädigungsbedingt sind. Der darin zum Ausdruck kommende Kausalitätsgrundsatz wird in § 4 SGB XIV (→ § 4 Rn. 5 ff.) differenziert geregelt. 5

II. Systematische Einordnung und Normzweck

Zur Systematik, die Leistungsgrundsätze in einem eigenen Kap. 3 und nicht bei den **„Allgemeinen Voraussetzungen"** anzusiedeln, findet sich in der Entwurfsbegründung keine Aussage. Allein der Bezug zu den ab dem Kap. 4 folgenden Leistungen der SE vermag den Standort nach den Allgemeinen Voraussetzungen und den **schädigenden Ereignissen** zu erklären. Allerdings führt diese Anordnung zu unvermeidlichen Doppelungen, etwa betreffend die Grundaussage des § 25 SGB XIV, dass Leistungen der SE für schädigungsbedingte Bedarfe erbracht werden. Dies folgt bereits aus § 1 SGB XIV – eingeordnet bei den **„Allgemeinen Vorschriften"** – und § 4 SGB XIV – eingeordnet bei den „Allgemeinen Voraussetzungen". Eine zumindest teilweise **Doppelung** gilt auch für das „Verhältnis zu Leistungen anderer Träger" nach § 28 SGB XIV gegenüber § 8 SGB XIV aus dem Bereich der „Allgemeinen Voraussetzungen". § 27 SGB XIV normiert wiederum einen „Leistungsgrundsatz", der sich speziell auf die Leistungen zur med. Rehabilitation und Teilhabe am Arbeitsleben bezieht – deren Vorrang vor dem BSA des Kap. 10. Bei der Prüfung der Leistungsansprüche nach dem SGB XIV sind mithin nicht nur die speziellen Voraussetzungen der einzelnen Leistungsarten, sondern auch die „Allgemeinen Voraussetzungen" und die „Leistungsgrundsätze" im Blick zu behalten. Unabhängig von der Standortfrage bringt die Zuführung der „Grundvoraussetzungen" des Leistungsanspruchs nach der SE in den Kap. 1, 2 Abschn. 1 und Kap. 3 eine deutliche **Systematisierung** gegenüber dem bisherigen Recht mit sich (s. zum geltenden Recht → Rn. 1). 6

Dass eine Regelung zur **Kausalität** als **Grundvoraussetzung** aller Leistungserbringung nach dem SGB XIV, die bereits in den „Allgemeinen Vorschriften" des Kap. 1 und den „Allgemeinen Voraussetzungen" des Kap. 2 Absch. 1 sehr differenziert geregelt worden ist, im Kap. 3 „Leistungsvoraussetzungen" nochmals prominent formuliert wird (→ Rn. 5), lässt sich nur damit erklären, dass das Vorliegen eines Ursachenzusammenhangs zwischen dem schädigenden Ereignis iSd § 1 Abs. 2 und 3 SGB XIV iVm denen des Kap. 2 Abschn. 2, dem Primärschaden sowie der Schädigungsfolge iSd § 1 Abs. 1 und § 4 Abs. 1 SGB XIV vom Gesetzgeber als unverzichtbare Voraussetzung und Legitimation des SER (→ Vor § 1 Rn. 16 ff.; → § 1 Rn. 22) angesehen wird. Dies schimmert durch in der Entwurfsbegründung zu § 25 SGB XIV in der es heißt, nach § 1 Absatz 1 sei der Entschädigungsanspruch von dem Vorliegen von Kausalzusammenhängen abhängig. Zum einen seien Leistungen der Sozialen Entschädigung nur demjenigen zu erbringen, der durch einen der in § 1 Absatz 2 enumerierten Tatbestände eine gesundheitliche Schädigung erlitten habe und zum anderen, wenn diese gesundheitliche Schädigung gesundheitliche und wirtschaftliche Folgen zeige (mehrgliedrige Kausalkette – haftungsbegründende und haftungsausfüllende, → § 1 Rn. 24 ff.).[5] 7

§ 25 SGB XIV kommt die Funktion als **Auslegungshilfe** im Hinblick auf die Erbringung der einzelnen Leistungen des SER zu.[6] Der Inhalt dieser Auslegungshilfe ergibt sich allerdings bereits und deutlich differenzierter aus §§ 1 Abs. 1 und 4 SGB XIV. 8

5 Zur Kritik hieran s. Hökendorf/Wersig RP Reha 3/2009, 53 ff.
6 So wohl auch Schmidt SGB XIV/Bienert § 25 Rn. 6.

Ansprüche können aus § 25 SGB XIV nicht abgeleitet werden.[7] Dazu bedarf es immer der Erfüllung der weiteren Leistungsvoraussetzungen in den besonderen Teilen sowie der „Allgemeinen Voraussetzungen". Ein eigener Regelungsgehalt kommt der Norm insoweit nicht zu.

C. Einzelkommentierung

I. Leistungen der Sozialen Entschädigung

9 Die Leistungen der SE sind geregelt in den Kap. 4–14 und 23 SGB XIV, wie sich aus § 3 SGB XIV ergibt (zu den Einzelheiten → § 3 Rn. 1). Zur Leistungsstruktur und deren Änderung gegenüber der des BVG/OEG → Vor § 1 Rn. 7 ff. Zum vorzeitigen Inkrafttreten, dh vor dem 1.1.2024, → Vor § 1 Rn. 15.

II. Schädigungsbedingte Bedarfe

10 Leistungen nach dem SGV XIV werden (fast) nur erbracht, wenn der **Bedarf**, der durch eine Leistung der SE gedeckt werden soll, etwa der Bedarf nach Krankenbehandlung, medizinischer Rehabilitation oder Unterstützung bei Pflegebedürftigkeit, durch eine gesundheitliche Schädigung und zumeist Schädigungsfolge **bedingt**, also hervorgerufen worden ist.

11 **1. Bedarfe.** Bedarfe der **Leistungsberechtigten** der SE iSv § 2 SGB XIV werden bestimmt durch die Vorschriften über die Leistungen zur Deckung von Bedarfen im SGB XIV. Dies bedeutet, zum einen werden nur für die im Gesetz **ausdrücklich benannten Bedarfe** Leistungen der SE erbracht. Zum zweiten erfolgt die Bedarfsdeckung – je nach dem Kreis der Leistungsberechtigten – in **unterschiedlichem Umfang** (hierzu → § 4 Rn. 4 und → § 6 Rn. 5) und ggf. zu **unterschiedlichen Zeitpunkten**. So wird zB Psychotherapeutische Frühintervention nach § 32 SGB XIV Geschädigten erbracht, innerhalb von 12 Monaten nach dem schädigenden Ereignis oder nach Kenntnisnahme hiervon. Für Angehörige, Hinterbliebene und Nahestehende, innerhalb von 12 Monaten nach Kenntnis vom schädigenden Ereignis.

12 **2. Schädigungsbedingt. Schädigungsbedingte Bedarfe** sind diejenigen, die durch eine Schädigungsfolge oder ggf. eine schädigungsbedingte Primärgesundheitsstörung (die zB Krankenbehandlung erfordert) verursacht sind. Zu den Grundsätzen der **Kausalität**, zur mittelbaren Schädigungsfolge, zum Folgeschaden, Nachschaden und zur Verschlimmerung → § 4 Rn. 5, 26 f.; → § 1 Rn. 16–20; → § 1 Rn. 23 ff. Die Fassung des § 25 SGB XIV ist, sollte sie so zu verstehen sein, dass Leistungen „nur" für schädigungsbedingte Bedarfe erbracht werden, ungenau. Etwa § 42 Abs. 3 SGB XIV stellt es in das Ermessen des TdSE, Leistungen der Krankenbehandlung, für Angehörige nach § 2 Abs. 3 SGB XIV und Nahestehende nach § 2 Abs. 5 SGB mit einem GdB von 50 oder höher zu erbringen, wenn sie keine anderweitige Absicherung im Krankheitsfall haben oder diese aufgrund der Schädigungsfolgen nicht mehr unterhalten können und das Versagen von Leistungen eine unbillige Härte bedeuten würde. Ein Kausalzusammenhang zwischen dem den Geschädigten treffenden schädigenden Ereignis und dem Bedarf für Krankenbehandlung des Angehörigen muss mithin nicht gegeben sein[8] bzw. ist allenfalls ein **mittelbar schädigungsbedingter**, indem er vom Geschädigten abgeleitet ist. Angesichts dessen ist § 25 SGB XIV so zu verstehen, dass lediglich für die im SGB XIV **als deckungsfähig festgelegten Bedarfe** Leistungen der SE erbracht werden. Dies ist die Unterstützungshandlung der staatlichen Gemeinschaft iSd § 1 Abs. 1 SGB XIV – Ausdruck der von ihr übernommenen Verantwortung für die durch eine gesundheitliche Schädigung und der dadurch entstandenen Folgen.

---

7 S. auch Schmidt SGB XIV/Bienert § 25 Rn. 6.
8 Vgl. Schmidt SGB XIV/Feddern § 42 Rn. 10 ff.

III. Leistungserbringung

Leistungserbringung iSd § 25 SGB XIV ist als „**Leistungsgewährung**" zu verstehen. 13
Die Formulierung sagt weder etwas darüber aus, wer die Leistungen erbringt (gewährt), in welcher Form und ob ein **Rechtsanspruch** auf die Leistung besteht oder ihre Erbringung im **Ermessen** steht. Dies ist für die jeweilige Leistungsart gesondert bestimmt. So muss Leistungserbringer nicht zwangsläufig der TdSE sein. Krankenbehandlung etwa **führt** der TdSE **durch** (§ 57 SGB XIV), sie wird jedoch – je nach Art der Leistung – von den Krankenkassen, den Unfallkassen der Länder oder den TdSE erbracht.[9] Auch können sich die TdSE **Kooperationspartnern** bedienen, wie etwa beim Fallmanagement des § 30 iVm § 39 SGB XIV.

§ 26 Leistungsformen

(1) Leistungen der Sozialen Entschädigung werden erbracht in Form von Dienstleistungen, Sachleistungen und Geldleistungen.

(2) Geldleistungen werden erbracht als Einmalzahlung oder als laufende Zahlungen.

(3) Auf Antrag werden bei Vorliegen der Voraussetzungen nach § 29 des Neunten Buches durch ein Persönliches Budget folgende Leistungen erbracht:

1. Krankenbehandlung der Sozialen Entschädigung nach Kapitel 5,
2. Leistungen zur Teilhabe nach Kapitel 6,
3. Leistungen bei Pflegebedürftigkeit nach Kapitel 7 sowie
4. Leistungen zur Weiterführung des Haushalts nach § 95.

A. Gesetzesgeschichte

I. Geltendes und neues Recht – Kap. 3

Siehe → § 25 Rn. 1 f. 1

II. Änderungen im SGB XIV gegenüber dem BVG und Parallelität

Die drei **Leistungsformen,** die in § 26 Abs. 1 und 2 SGB XIV benannt sind, finden sich 2
auch bisher schon als solche im BVG. Dort mangelt es allerdings an einer vergleichbar grundsätzlichen Vorschrift hierzu. Soweit es die Leistungsformen betrifft werden sie im aktuellen Recht zumeist für die einzelnen Leistungsarten angeordnet.[1] So bestimmen zB § 25b Abs. 2, 3 und 4 BVG für die **Kriegsopferfürsorge** – zukünftig vergleich-

9 Knickrehm/Mushoff/Schmidt Neues SozEntschR Rn. 192.
1 So wohl auch Schmidt SGB XIV/Bienert § 26 Rn. 2.

bar im SGB XIV die BLiE (§§ 92 ff. SGB XIV, Kap. 11) – deren Erbringung als **Dienst-, Sach- und Geldleistungen**. Vergleichbares gilt für **Heilbehandlung, Versehrtenleibesübungen** und **Krankenbehandlung** (zukünftig Kap. 5 und zT Kap. 6 SGB XIV) in § 18 Abs. 1 BVG, der die grundsätzliche Erbringung als **Sachleistungen** vorsieht. § 26 Abs. 3 BVG eröffnet ausdrücklich die Möglichkeit der Erbringung von Leistungen zur **Teilhabe am Arbeitsleben** idG von Hilfen zur Gründung und Erhaltung einer selbstständigen Existenz als **Geldleistung**. Ansonsten kennt das BVG eine ganze Reihe von Geldleistungen, ohne dass diese explizit als solche bezeichnet werden, wie zB die Grundrente, den BSA oder das Versorgungskrankengeld. Dies setzt sich im SGB XIV fort, ebenso wie die Möglichkeit der Erstattung von Aufwendungen für selbstbeschaffte Sachleistungen der Krankenbehandlung in Geld (§ 50 SGB XIV) oder reine Geldleistungen, wie Entschädigungszahlungen nach dem Kap. 9, §§ 83 ff. SGB XIV.

3 Auch die nach § 26 Abs. 2 SGB XIV vorgesehene Erbringung der **Geldleistungen** als **Einmalzahlung** oder als **laufende Zahlung** stellt keine Änderung gegenüber dem BVG dem Grunde nach dar. Gerade im Hinblick auf die Geldleistungen haben die Leistungen des SGB XIV zwar eine inhaltliche Neuausrichtung gegenüber dem BVG erfahren. Dies betrifft vor allem die pauschalierte **Leistungshöhe** (§§ 83, 85 SGB XIV) und die Zahlung von das Leistungsverhältnis (für 5 Jahre bei Geschädigten und dauerhaft bei Hinterbliebenen) beendenden (zumindest zeitweilig beendenden; s. zB § 84 Abs. 2, 3 SGB XIV) **Abfindungen** (§§ 84, 86 SGB XIV), soweit es die Schädigungsfolgen betrifft, für die die Geldleistung erbracht worden ist. Das BVG kennt zB vergleichbar die kapitalisierte Rentenleistung (Kapitalabfindung) nach § 74 BVG, zu erbringen als Einmalzahlung, und die Grundrente (§ 30 BVG), vergleichbar der Entschädigungszahlung nach § 83 SGB XIV, als laufende Zahlung.

4 § 9 Abs. 2 BVG[2] sieht eine weitere Form der Leistungsgewährung vor, indem auf Antrag Leistungen der SE durch ein **Persönliches Budget** nach **§ 29 SGB IX** erbracht werden. Eine vergleichbare Regelung findet sich in § 26 Abs. 3 SGB XIV. Sie nimmt Bezug auf § 29 Abs. 1 S. 5 SGB IX idF des Art. 37 Nr. 5 Buchst. a G-SER.[3] Danach sind budgetfähig neben den Leistungen nach Satz 1 – Teilhabeleistungen – ... Leistungen der Träger der Sozialen Entschädigung zur Krankenbehandlung, bei Pflegebedürftigkeit und zur Weiterführung des Haushalts ... Der Gesetzgeber des SGB XIV vollzieht mit § 26 Abs. 3 SGB XIV ab dem 1.1.2024 – heruntergebrochen auf das SER – des persönlichen Budgets gem. § 29 SGB IX, als eine Leistungsform iSd Kap. 6 des SGB IX in der SE nach. „Eigene Regelungen zum Persönlichen Budget sieht das SER nicht vor – dies ist auch nicht zwingend erforderlich, denn die Regelungen des Kap. 6 des SGB IX gehen den Leistungsgesetzen der jeweiligen Träger vor, wenn sich aus diesen nichts Abweichendes ergibt (§ 7 Abs. 1 S. 1 SGB IX).

B. Normsystematik

I. Allgemeiner Regelungsgehalt

5 § 26 SGB XIV bestimmt die **Leistungsformen** als allgemeine Regel vor den in den Kap. 4 bis 14 festgelegten Leistungsvoraussetzungen iE. Dies ist zwar systematisch folgerichtig, hat aber nur in wenigen Fällen Auswirkungen bei der konkreten Leistungserbringung. Denn diese allgemeine Regel wird erst durch die jeweils **zu erbringende**

---

2 IdF des Art. 14 Nr. 1 Gesetz zur Stärkung der Teilhabe und Selbstbestimmung von Menschen mit Behinderungen (Bundesteilhabegesetz – BTHG) v. 23.12.2016, BGBl. 2016 I 3234 mWv 1.1.2018.

3 BGBl. 2019 I 2652 mWv 1.1.2024; weitere Änderung des § 29 SGB IX durch das G-SEG v. 20.8.2021, BGBl. 2021 I 3932 mWv 1.1.2025 unter Einbeziehung der Träger der Soldatenentschädigung.

Leistungsart ausgefüllt. Insoweit kann in den einzelnen Leistungsvorschriften eine „Sonderregelung" gegenüber § 26 SGB XIV – im Rahmen der Vorgaben des § 26 SGB XIV – getroffen werden und auch die Bestimmung der Erbringung als Sach-, Dienst- oder Geldleistung festgelegt werden. Für die Entschädigungszahlungen gilt zB, dass sie als Geldleistung zu erbringen sind. Ob es sich dabei um eine Einmalzahlung oder eine laufende Zahlung iSd § 26 Abs. 2 SGB XIV handelt, ist wiederum davon abhängig, welche Art der Entschädigungsleistung zu erbringen ist. Die Leistungen nach § 83 SGB XIV sind laufende Zahlungen – „monatliche Entschädigungszahlungen" – und die Abfindung nach § 84 SGB XIV eine „Einmalzahlung". Wird die Behandlung in einer Traumaambulanz erbracht, so handelt es sich eindeutig um eine Sachleistung, unabhängig davon, ob nach § 26 Abs. 1 SGB XIV die Leistungen des SGB XIV auch als Dienst- oder Geldleistung erbracht werden können.

Würde allerdings zB die Leistung des **Fallmanagements** durch einen vom TdSE ausgestellten **Gutschein** für eine Beratungsstelle erbracht (s. §§ 39, 40 SGB XIV), müsste geklärt werden, ob diese Form der Leistungserbringung ein **Surrogat** für die **Sach- oder Dienstleistung** „Fallmanagement" sein kann. Bei dem vergleichbaren Aktivierungs- und Vermittlungsgutscheins nach § 45 SGB III wird die Frage, welcher Leistungsart ein derartiger Gutschein zuzuordnen ist, nicht weiter thematisiert.[4] § 29 SGB II sieht hingegen ausdrücklich bei den Bildungs- und Teilhabegutscheinen vor, dass diese die Gewährung von Sach- oder Dienstleistungen des § 28 Abs. 2 und Abs. 5 bis Abs. 7 SGB II ausführen.[5] Das BVerfG sieht in der Gewährung von Gutscheinen im Rahmen der Leistungen zur Bildung und Teilhabe eine Form der **Sachleistungserbringung.**[6] 6

Einzig § 26 Abs. 3 SGB XIV kommt eine das Leistungsverhältnis aus sich heraus gestaltende Rolle zu. Durch § 26 Abs. 3 SGB XIV wird festgelegt, welche Leistungen der SE in ein **Persönliches Budget** iSd § 29 SGB IX einfließen können, worauf sich also die Planung der Beteiligten beziehen kann. Allerdings weist Bienert zu Recht darauf hin, dass ein Verweis auf § 29 Abs. 1 S. 1 und 5 SGB IX insoweit genügt hätte (s. iE → Rn. 16 ff.).[7] 7

II. Systematische Einordnung und Normzweck

Siehe → § 25 Rn. 6 ff. 8

C. Einzelkommentierung

I. Erbringung in Form von Dienst-, Sach- und Geldleistungen – Abs. 1

1. Leistungserbringung. Siehe → § 25 Rn. 13. § 26 Abs. 3 SGB XIV sieht eine besondere Form der Leistungserbringung vor – die durch ein „Persönliches Budget" (iE → Rn. 15 ff.).[8] 9

2. Dienstleistungen. Der Begriff der Dienstleistungen wird im Sozialrecht im Wesentlichen in Abgrenzung zu dem der Sachleistungen definiert, etwa wenn Ross Dienstleistungen als alle im SGB vorgesehenen persönlichen Hilfen und Betreuungsleistungen, die keine Geld- oder Sachleistungen sind, beschreibt.[9] Umgekehrt sind Dienstleistungen mithin alle Formen der persönlichen Hilfe und Betreuung, die besonders auf die individuelle Bedarfslage des Leistungsempfängers auszurichten sind.[10] Die Leistungen 10

---

4 Gagel/Bieback SGB III § 45 Rn. 312; Hauck/Noftz/Rademacker SGB III § 45 Rn. 111.
5 Hauck/Noftz/Voelzke SGB II § 29 Rn. 30.
6 BVerfG 23.7.2013 – 1 BvL 10/12, Rn. 134.
7 Schmidt SGB XIV/Bienert § 26 Rn. 5.
8 Vgl. SWK-BehindertenR/Welti 125 Rn. 1.
9 Hauck/Noftz/Ross SGB I § 11 Rn. 16.
10 jurisPK-SGB I/Öndül § 11 Rn. 41.

bestehen im Wesentlichen aus Informations- und Beratungstätigkeit (vgl. etwa §§ 14, 15 SGB I).[11] Auch wenn die Abgrenzung zwischen Dienst- und Sachleistungen im Einzelfall ggf. schwierig ist – fraglich ist, ob dem Empfänger Sachen oder soziale Dienste zur Verfügung gestellt werden –, ist eine genaue Abgrenzung nicht zwingend erforderlich, weil § 26 SGB XIV beide Leistungsformen als solche der SE zulässt. Siehe zu den unterschiedlichen rechtlichen Verknüpfungen von Sach- und Dienstleistungen im Gegensatz zu Geldleistungen → Rn. 14. Im SGB XIV sind Dienstleistungen insbesondere die des Fallmanagements nach § 30 SGB XIV, aber auch denkbar im Rahmen der Erbringung von Leistungen bei Pflegebedürftigkeit[12] oder Krankenbehandlung; ggf. in Traumaambulanzen. Nach § 54 Abs. 1 SGB I können Ansprüche auf Dienstleistungen nicht gepfändet werden.

11 **3. Sachleistungen.** In der Literatur werden Sachleistungen als das **„Zurverfügungstellen“** von Sachen – idR durch Übergabe – mit Ausnahme von Geld umschrieben.[13] Zu den rechtlichen und praktischen Abgrenzungsmöglichkeiten/-schwierigkeiten und der Notwendigkeit der Abgrenzung zwischen Sach- und Dienstleistungen → Rn. 10. Zu den unterschiedlichen rechtlichen Verknüpfungen von Sach- und Dienstleistungen im Gegensatz zu Geldleistungen → Rn. 15. Im Rahmen des sog. Sachleistungsprinzips erfolgt die Leistungsgewährung idR im sog. sozialrechtlichen Dreiecksverhältnis. Dem Leistungsberechtigten steht ein Rechtsanspruch auf unentgeltliche Inanspruchnahme von Sach- oder Dienstleistungen oder den häufig anzutreffenden Kombinationsleistungen zu, für deren bedarfsgerechte Vorhaltung die Leistungsträger verantwortlich sind. Der Sozialleistungsträger hat die Leistungserbringung zu planen und berechtigte Leistungserbringer (Dritte, ggf. auch Private) zuzulassen sowie die durch sie erbrachten Leistungen zu finanzieren. Öndül folgerte daraus, das Sachleistungsprinzip umfasse das Bereitstellen von Dienst- und Sachleistungen und sei daher besser als Naturalleistungsprinzip zu bezeichnen.[14]

12 Die **Abgrenzung zu Geldleistungen** ist insbesondere im Bereich der Leistungen der Krankenbehandlung der SE ausdrücklich gesetzlich geregelt. Prominent ordnet § 44 SGB XIV an, dass die Leistungen der Krankenbehandlung der SE als Sachleistungen erbracht werden, soweit sich aus dem SGB XIV, dem SGB V oder dem SGB IX nichts Abweichendes ergibt. Die Vorschrift findet sich unter der amtlichen Überschrift: „Sachleistungsprinzip“. Sachleistungsprinzip als Leistungserfüllungsmodell ist das Gegenmodell zum Kostenerstattungsprinzip. Das BSG hat zu dieser Unterscheidung im Bereich der GKV ausgeführt, die Krankenkasse sei durch das Sachleistungsprinzip verpflichtet, die Dienste und Güter, deren der Versicherte bedürfe und die ihm das Gesetz zubillige, zu beschaffen; sie dürfe ihre Tätigkeit nicht darauf beschränken, dem Versicherten nachträglich die Kosten zu erstatten. Nur in ausdrücklich im Gesetz aufgeführten Fällen erbringe die Krankenkasse ausnahmsweise Leistungen in Form von Geldzahlungen an den Versicherten.[15] So ist es auch in der SE. Das SGB XIV sieht Kostenerstattung unter den Voraussetzungen der §§ 50, 51 SGB XIV vor. Dann handelt es sich nicht mehr um eine Sachleistung, sondern eine Geldleistung. Denn Gutzler formuliert zutreffend, es komme auf den Ersatz und nicht das zu Ersetzende an.[16] Eine besondere Form der Leistungserbringung ist dabei die des Persönlichen Budgets. Denn die idR als Sach- oder Dienstleitungen zu erbringenden Teilhabeleistungen (anders Geldleistungen nach § 64 SGB XIV) werden durch eine andere Leistung als

11 Lilge/Gutzler/Gutzer SGB I § 11 Rn. 16.
12 Vgl. Lilge/Gutzler/Gutzler SGB I § 11 Rn. 19 ff.
13 Lilge/Gutzler/Gutzler SGB I § 11 Rn. 20.
14 jurisPK-SGB I/Öndül § 11 Rn. 42.
15 BSG 20.7.1976 – 3 RK 18/76, BSGE 42, 117 = juris Rn. 11 f.
16 Lilge/Gutzler/Gutzler SGB I § 11 Rn. 18; so wohl auch jurisPK-SGB I/Öndül § 11 Rn. 40.

individuell bedarfsgerecht bemessener Geldbetrag erbracht (als Geldleistung nach § 29 Abs. 2 S. 1 SGB IX), von dem sich die Leistungsberechtigten die benötigten Dienstleistungen und Waren in eigener Verantwortung beschaffen können.[17] Das Persönliche Budget ist eine eigenständige Form der Leistungserbringung. Es ist daher, auch wenn es als Geldleistung erbracht wird, von den Leistungen, die zur Deckung des Lebensunterhalts vorgesehen sind – nicht nur Fürsorgeleistungen, sondern auch andere Geldleistungen –, abzugrenzen und zu unterscheiden.[18]

4. Geldleistungen. Geldleistungen sind in der Regel Leistungen in Geld, die als Zuschuss (vielfach als Beihilfe bezeichnet) oder als Darlehen an den Leistungsberechtigten erbracht werden (→ Rn. 13). Die Geldleistung unterscheidet sich von der Sach- oder Dienstleitung bereits dadurch, dass nur sie eine Erbringung in Form von Vorschüssen (§ 42 SGB I) ermöglicht, Zinsen bei Säumnis anfallen können (§ 44 SGB I), der Erfüllungsweg vorgegeben ist (§ 47 SGB I), eine Leistung auch an andere erfolgen kann (§§ 48–50 SGB I) sowie die Aufrechnung und die Verrechnung gesetzlich erlaubt sind (§§ 51–52 SGB I).[19] § 119 SGB XIV trifft eine ausdrücklich eigenständige Regelung zur vorzeitigen Erbringung von Leistungen der Krankenbehandlung sowie zur Teilhabe (Sachleistungen → Rn. 11 f.) – im Ermessen stehend. Grundsätzlich handelt es sich bei den Geldleistungen um in Geld bezifferte Leistungen, die durch Zahlung an den Berechtigten oder – soweit gesetzlich gestattet – an einen Dritten erfolgen. Bei den Geldleistungen kommt es weder auf den Auszahlungsmodus (einmalig oder dauernd, → Rn. 14 ff. – Einmalzahlung) noch darauf an, ob es sich um rückzahlbare oder nichtrückzahlbare Zuwendungen handelt. Grundsätzlich ist für die Einordnung auch nicht relevant, welcher Leistungszweck mit der Zahlung verfolgt wird, sodass auch das Surrogat für eine selbst beschaffte Sach- oder Dienstleistung in der Regel Geldleistung[20] iSd § 11 SGB I ist (→ Rn. 12).[21] Die Geldleistungen der SE nach dem SGB XIV sind ua Entschädigungszahlungen (§§ 83–91 SGB XIV), BLiE (§§ 92 ff. SGB XIV) und Krankengeld der SE (§ 44 SGB XIV, § 47 SGB XIV). Siehe in Abgrenzung dazu zum Persönlichen Budget, das nach § 29 Abs. 2 S. 1 SGB IX idR als Geldleistung ausgeführt wird, → Rn. 12 und → Rn. 17, jedoch eine Leistungsform eigener Art ist. 13

II. Erbringung von Geldleistungen – Abs. 2

Zu Geldleistungen in Abgrenzung zu Sach- und Dienstleistungen → Rn. 11 f. und → Rn. 15. § 26 Abs. 2 SGB XIV umschreibt die Geldleistungen als **Einmalzahlungen** oder **laufende Zahlungen**. Zumeist handelt es sich in der SE um laufende Zahlungen, zB Entschädigungszahlungen (§ 83 SGB XIV) oder Krankengeld der SE (§ 47 SGB XIV). Einmalzahlungen sind Abfindungen (§ 84 SGB XIV und § 86 SGB XIV) und Entschädigungszahlungen an Geschädigte bei Gewalttaten im Ausland nach § 102 Abs. 4 SGB XIV. Gegebenenfalls sind auch Leistungen in besonderen Lebenslagen nach § 96 SGB XIV in Abhängigkeit vom zu deckenden Bedarf als Einmalzahlung zu erbringen. Anders als Sach- oder Dienstleistungen können Geldleistungen nicht nur als **Zuschuss**, also zum dauerhaften Verbleib beim Leistungsberechtigten erbracht werden, sondern auch als **Darlehen**, zB BLiE nach § 92 Abs. 5 SGB XIV (s. bisher § 25b Abs. 4 BVG). Dabei ist die Erbringung dieser Leistung als Darlehen nicht zwingend, denn sie steht nach dem Wortlaut des § 92 Abs. 5 SGB XIV im Ermessen des Leis- 14

17 Vgl. SWK-BehindertenR/Welti 125 Rn. 1.
18 Insoweit handelt es sich, da dies auch Konsequenzen etwa im Hinblick auf verfahrensrechtliche Regelungen mit sich bringt (zur Vererblichkeit von Geld- im Gegensatz zu Sach- oder Dienstleistungen nach § 59 SGB I → Rn. 15), nicht nur um ein akademisches Problem, so aber Schmidt SGB XIV/Bienert § 26 Rn. 12.
19 Hauck/Noftz/Ross SGB I § 11 Rn. 18.
20 jurisPK-SGB I/Öndül § 11 Rn. 40.
21 jurisPK-SGB I/Öndül § 11 Rn. 40.

tungsträgers. Die Regel in der SE ist die Form der Erbringung der Geldleistung durch eine Zuschussleistung[22] – die Darlehensgewährung ist die Ausnahme. Es finden sich im SGB XIV – wie schon im BVG[23] (s. dort nur § 9 Abs. 2 KfzHV, der ein unverzinsliches Darlehen zur Beschaffung eines Kfz in Härtefällen und Tilgung innerhalb von 5 Jahren vorsieht) – auch keine Regelungen zur **Tilgung** des Darlehens, anders als etwa in § 42a SGB II oder § 37 Abs. 4 SGB XII. Offen ist daher insoweit, ob die Aufrechnung mit der ansonsten erbrachten Leistung durch Verwaltungsakt oder die Tilgung an sich durch Verwaltungsakt (den bewilligenden[24] oder einen weiteren), einen öffentlich-rechtlichen (§§ 53 Abs. 2, 55 Abs. 1, 56 SGB X – es handelt sich bei den Leistungen nach § 92 Abs. 5 SGB XIV um Ermessensleistungen) oder privatrechtlichen Vertrag[25] vereinbart werden kann.

15 Anders als Sach- oder Dienstleistungen können **„Geldleistungen“** als **Vorschuss** erbracht werden (§ 42 SGB I), **Zinsen** nach Ablauf des Kalendermonats nach dem Eintritt der Fälligkeit bis zum Ablauf des Kalendermonats vor der Zahlung anfallen (§ 44 Abs. 1 SGB I); ist der Erfüllungsweg vorgegeben (§ 47 SGB I), können die **Leistungen** auch **an andere** erfolgen (§§ 48–50 SGB I) und sind **Aufrechnung** wie die **Verrechnung** (§§ 51–52 SGB I)[26] und die **Übertragung, Verpfändung** sowie **Pfändung** (§§ 53, 54 SGB I) möglich. Nur laufende Geldleistungen unterfallen der **Sonderrechtsnachfolge** (§ 56 SGB I, s. aber Schutz nach § 9 SGB XIV) und fällige Ansprüche auf Geldleistungen können **vererbt** werden (§ 58 SGB I). Anders als Ansprüche auf Dienst- und Sachleistungen, die mit dem Tod des Berechtigten **erlöschen**, ist dies bei Ansprüchen auf Geldleistungen nur der Fall, wenn sie im Zeitpunkt des Todes des Berechtigten weder festgestellt sind noch ein Verwaltungsverfahren über sie anhängig ist (§ 59 SGB I).

III. Persönliches Budget – Abs. 3

16 Drei Voraussetzungen für die Erbringung von Leistungen durch ein Persönliches Budget müssen erfüllt sein: Es muss ein Antrag hierauf vorliegen, die Voraussetzungen des § 29 SGB IX müssen gegeben sein und es müssen Ansprüche auf die in § 26 Abs. 3 SGB XIV benannten Leistungen bestehen.

17 **1. Persönliches Budget.** Seinen Standort innerhalb des SGB XIV hat das Persönliche Budget zu Recht unter der Überschrift: „Leistungsformen“ in dessen Abs. 3. Denn es handelt sich dabei um eine besondere Form der Leistungserbringung – nicht um eine eigene Leistung[27] (→ Rn. 13). Die idR als Sach- oder Dienstleistungen zB zu erbringende Teilhabeleistungen (anders Geldleistungen nach § 64 SGB XIV) werden durch eine andere Leistung, das Persönliche Budget, als individuell bedarfsgerecht zu bemessener Geldbetrag (als Geldleistung nach § 29 Abs. 2 S. 1 SGB IX) erbracht, von dem sich die Leistungsberechtigten die benötigten Dienstleistungen und Waren in eigener Verantwortung beschaffen können (→ Rn. 15).[28] Ziel der Erbringung der Leistungen durch ein Persönliches Budget ist, den Leistungsberechtigten ein möglichst selbstbestimmtes Leben in eigener Verantwortung zu gewährleisten.[29] Das Persönliche Budget kann von einem Träger (§ 29 Abs. 1 S. 4 SGB IX) – hier dem TdSE – oder von mehreren Trägern als sog. Komplexleistung erbracht werden (§ 29 Abs. 1 S. 3 SGB IX), mit

22 So wohl im Ergebnis auch Schmidt SGB XIV/Bienert § 26 Rn. 10.
23 Kritisch wohl BSG 31.1.1973 – 9 RV 286/72, BSGE 35, 173 = juris Rn. 14.
24 Vgl. OVG NRW 6.9.2000 – 16 B 941/00, juris Rn. 10 f.
25 Vgl. OVG NRW 6.9.2000 – 16 B 941/00, juris Rn. 6 f.
26 Vgl. Hauck/Noftz/Ross SGB I § 11 Rn. 20.
27 SWK-BehindertenR/Welti 125 Rn. 1; s. auch LSG RhPf 13.12.2018 – L 1 SO 120/18 B ER; LSG BW 8.11.2018 – L 7 SO 1419/1, SRa 2019, 161 (164) mit Anm. von Stähler.
28 Vgl. LPK-SGB IX/Joussen § 29 Rn. 2; SWK-BehindertenR/Welti 125 Rn. 1.
29 jurisPK-SGB IX/O'Sullivan § 29 Rn. 20.

dem Ziel, den Leistungsbedarf der Leistungsberechtigten möglichst vollständig zu decken (s. auch → Rn. 12).

18 § 26 Abs. 3 SGB XIV nimmt Bezug auf § 29 SGB IX. Das SGB XIV trifft keine eigenständige Regelung zu den Voraussetzungen des Persönlichen Budgets. Es besteht allerdings ein **Rechtsanspruch** auf die Leistungserbringung durch ein Persönliches Budget. Dabei müssen die **Voraussetzungen des § 29 SGB IX** (→ Rn. 23) und die jeweiligen **Anspruchsvoraussetzungen** für die in § 26 Nr. 1 bis 4 SGB XIV **abschließend aufgeführten Leistungen** erfüllt sein.[30] Die durch das Persönliche Budget zu erbringenden Leistungen müssen **„budgetfähig"** sein (→ Rn. 23).

19 § 29 Abs. 4 SGB IX sieht den Abschluss einer **Zielvereinbarung** zur **Umsetzung** des Persönlichen Budgets vor. Diese Zielvereinbarung wird von einem Teil der Rechtsprechung und Literatur als ein **öffentlich-rechtlicher Vertrag** gewertet.[31] Die Bewilligung des Budgets an sich erfolgt allerdings durch **Verwaltungsakt.**[32] Der 8. Senat des BSG weist – ohne eine abschließende rechtliche Qualifizierung der Zielvereinbarung vorzunehmen – darauf hin, dass die Zielvereinbarung ein **Steuerungselement**[33] sei. Ob daraus geschlossen werden kann, sie sei (lediglich) eine formale Voraussetzung für den anschließenden Erlass eines Verwaltungsakts über das Persönliche Budget, wie Luthe es formuliert, bleibt nach dieser Entscheidung allerdings offen.[34] Das BSG hat insoweit nur befunden, dass die Zielvereinbarung die Beteiligten nicht materiell im Hinblick auf den individuellen Leistungsbedarf, der dem Persönlichen Budget wegen der notwendigen Ausgestaltung und der Höhe zugrunde liege, binde.[35] Dies angenommen, verlangt § 29 Abs. 4 SGB IX gleichwohl – zur Sicherung der Ergebnisqualität – eine Zielvereinbarung.[36] Deren Abschluss ist nach den Vorstellungen des BR, als Teil des zur Zustimmung der VO nunmehr nach § 30 SGB IX berufenen Beteiligten – dort noch zu § 17 Abs. 2 bis 4 SGB IX, BudgetVO[37] –, vorgeschrieben.[38] Hieraus kann gefolgert werden, dass die Bewilligungsbescheidung rechtswidrig ist, wenn es an einer Zielvereinbarung mangelt – sie nicht zustande kommt. Gerichtlich erzwingen lässt sich der Abschluss einer Zielvereinbarung allerdings wohl kaum, denn selbst wenn man annehmen wollte, es handele sich bei der Zielvereinbarung um einen öffentlich-rechtlichen Vertrag, der **Rechtsschutz** durch eine allgemeine Leistungsklage ermögliche, stünde deren Erfolg zumeist entgegen, dass das Gericht nicht die Vereinbarung (den Vertrag) ersetzen kann.[39] Bienert hält dies für nicht rechtsschutzrelevant, da –

30 Hauck/Noftz/Voelzke SGB XII § 57 aF Rn. 14, 16, 24; so ist wohl auch O'Sullivan zu verstehen in jurisPK-SGB IX § 29 Rn. 28; auch BSG 11.5.2011 – B 5 R 54/10 R, BSGE 108, 158.
31 Siehe nur LPK-SGB IX/Joussen § 29 Rn. 23; jurisPK-SGB IX/O'Sullivan § 29 Rn. 42; SWK-BehindertenR/Welti 125 Rn. 23; LSG LSA 8.1.2013 – L 8 SO 17/12 B ER; SG Magdeburg 12.6.2018 – S 7 SO 171/17 ER, juris Rn. 43; offengelassen, wenn auch kritisch abgewogen BSG 28.1.2021 – B 8 SO 9/19 R, juris Rn. 27 ff., vgl. insoweit auch Luthe in jurisPR-SozR 16/2021, Anm. 4, der die Auffassung vertritt, die Zielvereinbarung sei eine Vorbereitungshandlung für den Erlass eines abschließenden Verwaltungsakts, aus dem sich erst der Umfang des bewilligten Budgets mit bindender Wirkung ergebe.
32 Vgl. SWK-BehindertenR/Welti 125 Rn. 23 mwN; Zielvereinbarung als Nebenbestimmung des bewilligenden Verwaltungsakts, SWK-BehindertenR/Welti 125 Rn. 23 unter Hinweis auf Fahlbusch, NDV 2006, 227; verneinend BSG 28.1.2021 – B 8 SO 9/19 R, juris Rn. 29.
33 BR-Drs. 262/04, 7.
34 Auch Luthe in jurisPR-SozR 16/2021, Anm. 4.
35 BSG 28.1.2021 – B 8 SO 9/19 R, juris Rn. 29.
36 BR-Drs. 206/04, 7.
37 Ohne inhaltliche Änderung, so jurisPK-SGB IX/O'Sullivan § 30 Rn. 2.
38 BR-Drs. 206/04, 4.
39 So Schmidt SGB XIV/Bienert § 26 Rn. 21.

wohl nicht nur im Eilverfahren und zumindest, wenn die Leistungen der einzelnen Leistungsträger/des Leistungsträgers erbracht worden sind – die Leistungserbringung durch ein Persönliches Budget immer nur zukunftsgerichtet sei. Zu prüfen ist jedoch ein Anspruch auf **Kostenerstattung,** wenn Leistungsberechtigte die Aufwendungen ohne Zielvereinbarung verauslagt haben, unter den entsprechenden Voraussetzungen der jeweiligen leistungsrechtlichen Regelungen.

20 **Zuständig** für den Abschluss der **Zielvereinbarung** nach § 29 Abs. 4 SGB IX ist der jeweils zuständige Leistungsträger iSd § 29 Abs. 3 SGB IX – im Falle der Leistungen der SE nach dem SGB XIV – der jeweilige TdSE. Auf die Sonderregelungen zur alleinigen Zuständigkeit der Pflegekasse in § 29 Abs. 4 S. 3 SGB XIV kommt es insoweit nicht an. Denn selbst wenn „nur Pflegeleistungen" nach § 26 Nr. 3 SGB XIV beansprucht werden können, die durch die Pflegekasse durchgeführt werden, bleibt die rechtliche Verantwortung bei den **TdSE.**[40]

21 Die Zielvereinbarung wird in der Regel für **6 Monate** abgeschlossen, kann jedoch mit sofortiger Wirkung aus **wichtigem Grund gekündigt** werden (§ 29 Abs. 4 S. 4 bis 8 SGB IX). Auch hier stehen Zielvereinbarung und leistungsbewilligender Verwaltungsakt in einem engen Verhältnis. Ausgehend davon, dass die Zielvereinbarung Voraussetzung für die Rechtmäßigkeit des das **Budget bewilligenden Verwaltungsakts** oder zumindest dieser ohne eine gültige Zielvereinbarung keinen Bestand haben kann, ist der Verwaltungsakt mit der Kündigung der Zielvereinbarung aufzuheben (§ 29 Abs. 4 S. 7 SGB XIV).

22 **2. Antrag.** Die in § 26 Abs. 3 SGB XIV als erstes bezeichnete **Antragsstellung** bezieht sich auf die Erbringung der Leistung durch die Leistungsform **„Persönliches Budget"** (→ Rn. 17). Sie ist in dieser Leistungsform nur auf Antrag zu erbringen. Ob die in das Persönliche Budget einfließenden Leistungen antragsabhängig sind, ist nach dem Leistungsrecht des jeweiligen Teilhabeträgers zu beurteilen. Für Leistungen nach dem SGB XIV gilt insoweit § 10 SGB XIV. Die **Zuständigkeit** für die Durchführung des Verfahrens wegen des Persönlichen Budgets ergibt sich nach den Regeln der §§ 14 f. SGB IX. Der TdSE kann alleine zuständig sein – im Falle der Zuständigkeit mehrerer Träger gelten die Regeln der §§ 19 ff. SGB IX.

23 **3. Voraussetzungen des § 29 SGB IX.** Voraussetzung der Anwendbarkeit des § 29 SGB IX ist, dass die im Rahmen des Persönlichen Budgets begehrten Leistungen **„budgetfähig"** sind (→ Rn. 18). § 29 Abs. 1 S. 5 SGB XIV regelt insoweit, budgetfähig sind Leistungen nach § 29 Abs. 1 S. 1 SGB IX für ein selbstbestimmtes Leben. Daneben können ins Budget einbezogen werden die erforderlichen Leistungen der Krankenkassen und der Pflegekassen, der Träger der Unfallversicherung bei Pflegebedürftigkeit sowie Hilfe zur Pflege der Sozialhilfe, die sich auf **alltägliche** und **regelmäßig wiederkehrende Bedarfe** beziehen und als **Geldleistungen** oder durch **Gutscheine** erbracht werden können. Dies gilt auch für Leistungen der Teilhabe,[41] insbesondere zur Mobilität, zum Leben in der Gemeinschaft, zur häuslichen Krankenpflege und Pflege, für Hilfsmittel und Fahrtkosten.[42] Welche Leistungen der SE grundsätzlich budgetfähig sind, ist in § 26 Abs. 3 SGB XIV abschließend geregelt. Es sind **Krankenbehandlung** der Sozialen Entschädigung nach Kap. 5, Leistungen zur **Teilhabe** nach Kap. 6, Leistungen bei **Pflegebedürftigkeit** nach Kap. 7 sowie Leistungen zur **Weiterführung des Haushalts** nach § 95 SGB XIV. Nicht budgetfähig wären Leistungen zur Teilhabe dann, wenn sie spezialgesetzlich ausgeschlossen wären. Insoweit kommt es auf die Bestimmung in den jeweiligen Leistungsgesetzen an. Das SGB XIV sieht hier keinen

40 Knickrehm/Mushoff/Schmidt Neues SozEntschR Rn. 256 iVm Rn. 192.
41 So auch Schmidt SGB XIV/Bienert § 26 Rn. 18.
42 Vgl. BT-Drs. 15/1514, 72 zu Art. 8 Nr. 3 Abs. 2 S. 4.

Ausschluss vor. Die Leistungsträger selbst dürfen die Budgetfähigkeit nicht ausschließen.[43]

Durch Art. 37 Nr. 5 Buchst. a G-SER wird § 29 Abs. 1 SGB IX zum 1.1.2024 entsprechend geändert und klargestellt, dass neben Rehabilitationsleistungen auch Leistungen der **Krankenbehandlung**, Leistungen bei **Pflege**bedürftigkeit und Leistungen zur **Weiterführung des Haushalts** als Persönliches Budget erbracht werden können. Nach der Entwurfsbegründung zum G-SER entspricht damit § 29 Abs. 1 SGB IX der Regelung in § 26 Abs. 3 SGB XIV. Mit § 26 Abs. 3 SGB XIV werde für das SER die bislang in § 9 Abs. 2 BVG geregelte Rechtslage fortgeführt.[44] 24

4. Ansprüche auf Leistungen der SE. Budgetfähige Ansprüche werden in § 26 Abs. 3 SGB XIV im Einzelnen benannt. Budgetfähig sind danach grundsätzlich alle Leistungen der **Krankenbehandlung**, der **Teilhabe**, der **Pflegebedürftigkeit** und zur **Weiterführung des Haushalts** iSd § 95 SGB XIV – ohne Einschränkungen, es sei denn sie beziehen sich nicht auf **alltägliche und regelmäßig wiederkehrende Bedarfe** und sind nicht als **Geldleistungen** oder durch **Gutscheine** erbringbar, wie zB eine Behandlung einer Erkrankung aufgrund eines akuten medizinischen Behandlungsbedarfs in einem Krankenhaus, die als **Sachleistung** zu erbringen ist. Die Geldleistungen, wie zB das Krankengeld der SE nach § 47 SGB XIV, sind ebenfalls nicht budgetfähig. Es müssen im Übrigen die jeweiligen Anspruchsvoraussetzungen des SGB XIV für die begehrte Leistung innerhalb des Persönlichen Budgets vorliegen, also insbesondere auch die Kausalitätsvoraussetzungen. So setzt der Anspruch auf Krankenbehandlung nach § 41 SGB XIV voraus, dass die Behandlung sich auf anerkannte Schädigungsfolgen der SE bezieht. Eine Schädigungsfolge ist jedoch nur dann anzuerkennen, wenn sie ursächlich auf einer durch ein schädigendes Ereignis hervorgerufener Gesundheitsstörung (Primärschädigung) beruht (iE → § 1 Rn. 23 ff.). 25

D. Anhang

§ 9 BVG [Umfang der Versorgung] 26

(1) …

(2) Auf Antrag werden folgende Leistungen nach diesem Gesetz durch ein Persönliches Budget nach § 29 des Neunten Buches Sozialgesetzbuch erbracht:

1. Leistungen der Heil- und Krankenbehandlung,
2. Leistungen zur Teilhabe am Arbeitsleben nach den §§ 26 und 26a,
3. Leistungen zur Teilhabe nach § 27d Absatz 1 Nummer 3 ,
4. Leistungen der Hilfe zur Pflege nach § 26c einschließlich der Hilfe zur Weiterführung des Haushalts nach § 26d und
5. die Pflegezulage nach § 35.

§ 27 Vorrang von Leistungen zur Teilhabe

[1]Leistungen zur medizinischen Rehabilitation und zur Teilhabe am Arbeitsleben, die erfolgversprechend und zumutbar sind, haben Vorrang vor dem Berufsschadensausgleich nach Kapitel 10. [2]Im Übrigen gelten die Regelungen des § 9 des Neunten Buches.

43 Vgl. SWK-BehindertenR/Welti 125 Rn. 5.
44 BT-Drs. 19/13824, 262.

A. Gesetzesgeschichte

I. Geltendes und neues Recht – Kap. 3

1 § 27 SGB XIV tritt nach Art. 60 Abs. 7 G-SER zum 1.1.2024 in Kraft.[1] Sowohl geltendes (BVG) als auch zukünftiges Recht (SGB XIV) kennen eine **Vorrang**regelung für Rehabilitationsleistungen vor Entschädigungsleistungen in Form der (dauerhaften) **Geldleistungen** (zu Geldleistungen s. § 26 Abs. 1 SGB XIV). § 29 BVG sieht den Vorrang von Leistungen zur **medizinischen Rehabilitation** oder zur **Teilhabe am Arbeitsleben** vor einem Anspruch auf Höherbewertung des GdS nach § 30 Abs. 2 BVG (**besonderes berufliches Betroffensein**), **BSA** sowie **Ausgleichsrente** vor; frühestens in dem Monat, in dem diese Maßnahmen abgeschlossen sind entsteht der benannte Anspruch. Voraussetzung ist, dass die Maßnahme **erfolg**versprechend und **zumutbar** ist. Das SGB XIV wird zukünftig – jedenfalls dem Wortlaut nach (→ Rn. 6) – insoweit nur noch den BSA in den Blick nehmen (s. auch § 89 Abs. 1 Nr. 2 SGB XIV). Dies ist konsequent, als Ausgleichsrente und besonderes berufliches Betroffensein als GdS-Erhöhung keine Leistungsbestandteile der Geldleistungen/Entschädigungsleistungen nach dem SGB XIV mehr sein werden. Bei den Voraussetzungen des Erfolgs und der Zumutbarkeit der Rehabilitations- oder Teilhabeleistung soll es verbleiben. Zugleich verweist § 27 SGB XIV auf **§ 9 SGB IX**, der im Übrigen gelten soll. Auch dies ist keine Veränderung gegenüber dem bisherigen Recht, denn § 9 SGB IX gilt auch derzeit bereits für die Leistungserbringung in der SE, ohne dass es einer ausdrücklichen Normierung im BVG bedurfte. Denn nach § 7 Abs. 2 SGB IX gehen die Vorschriften des Kap. 2 des SGB IX den für die jeweiligen Rehabilitationsträger geltenden Leistungsgesetzen vor. Die grundsätzliche Abweichungsmöglichkeit nach § 7 Abs. 1 SGB IX in den Leistungsgesetzen der jeweiligen Rehabilitationsträger gilt für sie mithin nicht. So liegt der Fall bei § 9 SGB IX. Die Regelung findet sich als Einleitungsvorschrift im Kap. 2 des SGB IX.

II. Änderungen im SGB XIV gegenüber dem BVG und Parallelität

2 Abgesehen von den unter → Rn. 1 benannten Änderungen durch das SGB XIV im Hinblick auf die Bezeichnung der Leistung, gegenüber der die Rehabilitationsleistungen vorrangig sind, hat sich auch der **Wortlaut** des § 27 SGB XIV im Verhältnis zu § 29 BVG geändert. In § 27 S. 1 SGB XIV ist ausschließlich die Rede vom **„Vorrang"**. § 29 BVG formuliert stattdessen, dass der Anspruch auf die benannten Geldleistungen

1 BGBl. 2019 I 2652, 2724.

frühestens in dem Monat entsteht, in dem die erfolgversprechende und zumutbare Rehabilitationsmaßnahme abgeschlossen ist. § 29 BVG beinhaltet damit eine **materiellrechtliche Leistungsvoraussetzung** für den BSA, die Höherbewertung nach § 30 Abs. 2 BVG und die Ausgleichsrente; zumindest schiebt die Regelung die Entstehung des Anspruchs auf die Geldleistungen hinaus.[2] Dies kommt in § 27 S. SGB IX nicht zum Ausdruck. Allerdings muss die Regelung in Zusammenhang mit **§ 89 Abs. 1 Nr. 2 SGB XIV** gelesen werden, der eben diese Tatbestandsvoraussetzung für den Anspruch auf den **BSA** formuliert (→ Rn. 6 und § 89 SGB XIV). Die für § 29 BVG entwickelten Grundsätze können daher bei der Auslegung der Vorschriften sinngemäß herangezogen werden.[3]

B. Normsystematik

I. Allgemeiner Regelungsgehalt

§ 27 S. 1 SGB XIV regelt den **Vorrang** von Rehabilitationsleistungen (medizinische und Teilhabe am Arbeitsleben) vor der Geldleistung „BSA". In der Entwurfsbegründung zum G-SER wird formuliert, die Vorschrift sei eine Fortentwicklung des dem bisherigen § 29 BVG zugrundeliegenden Gedankens **„Reha vor Rente"**.[4] „Reha vor Rente" knüpft an das in § 1 Abs. 1 SGB XIV formulierte Ziel der Unterstützung von Menschen, die durch ein schädigendes Ereignis eine gesundheitliche Schädigung erlitten haben, bei der Bewältigung deren Folgen an. Leistungsberechtigte sollen mit den Leistungen des SGB XIV vorrangig Angebote und Chancen für Entwicklungsprozesse erhalten, die ihnen die Überwindung der Schädigungsfolgen ermöglichen. Nach der Entwurfsbegründung soll es dabei in erster Linie um eine Besserung von Gesundheitsstörungen und die Sicherung von Teilhabe am Arbeitsleben gehen.[5] Eine **„Fortentwicklung"** des Gedankens „Reha vor Rente" kommt in § 27 SGB XIV allerdings nicht zum Ausdruck. Sowohl dessen S. 1 als auch S. 2, der auf die Geltung des § 9 SGB IX verweist, bringen insoweit keine Veränderungen gegenüber dem bisherigen Recht mit sich (→ Rn. 1 f.). Jedoch könnte die Formulierung der „Fortentwicklung" sich auch auf das **Spektrum** und die **Leistungsvoraussetzungen** der anzubietenden Maßnahmen der **medizinischen Rehabilitation** und der **Teilhabe am Arbeitsleben** beziehen. Hier werden durch das SGB XIV durchaus Änderungen zugunsten verbesserter Teilhabemöglichkeiten erfolgen, zB durch die Einbeziehung psychotherapeutischer Maßnahmen nach § 43 Abs. 2 Nr. 1 Buchst. a SGB XIV, die auch im Rahmen einer Maßnahme der medizinischen Rehabilitation erbracht werden können (s. § 62 S. 2 SGB XIV). Bei den Leistungen zur Teilhabe am Arbeitsleben wird sich der Kreis der Leistungsberechtigten schon dadurch erweitern, weil sie im SGB XIV nicht mehr als Fürsorgeleistungen ausgestaltet sind.[6] Einschränkend ist insoweit allerdings darauf hinzuweisen, dass schon nach § 26 Abs. 5 S. 5 BVG, anders als im Grundsatz gem. § 25c Abs. 1 Hs. 1 BVG, bei den Leistungen zur Teilhabe am Arbeitsleben – trotz ihres Standortes in der Fürsorge – Einkommen und Vermögen nicht zu berücksichtigen sind. 3

Neben dem formulierten Grundsatz „Reha vor Rente" bezogen auf den BSA nach Kapitel 10 wird in § 27 S. 2 SGB XIV auf die Geltung der Regelungen des § 9 SGB IX hingewiesen (hierzu → Rn. 1, 6). 4

---

2 Siehe HK-SozEntschR/Dau BVG § 29 Rn. 2.
3 Siehe auch Schmidt SGB XIV/Bienert § 27 Rn. 9, 10, 11; Knickrehm/Mushoff/Schmidt Neues SozEntschR Rn. 89.
4 BT-Drs. 19/13824, 182.
5 BT-Drs. 19/13824, 182.
6 Vgl. Knickrehm/Mushoff/Schmidt Neues SozEntschR Rn. 201; vgl. zur Bedeutung von Teilhabeleistungen im SER unter dem Regime des SGB XIV Tabbara NZS 2020, 210 (215).

II. Systematische Einordnung und Normzweck

5 Ob § 27 SGB XIV eine **eigenständige leistungsrechtliche Bedeutung** im Normgefüge des SGB XIV zukommt, ist in zweierlei Hinsicht fraglich. So regelt § 27 SGB XIV keine Folgen des „Vorrangs". Eine **materiellrechtliche Leistungsvoraussetzung** des „Vorrangs" von Leistungen der medizinischen Rehabilitation und solchen zur Teilhabe am Arbeitsleben lässt sich der Vorschrift nicht entnehmen. Sie postuliert allein den Vorrang. Insoweit kommt ihr Wirkung erst im Verbund mit § 89 Abs. 1 Nr. 2 SGB XIV zu. Da sich die Regelung des § 27 S. 1 SGB XIV zudem ausschließlich auf den BSA bezieht, hätte es der Regelung im Kap. unter den „Leistungsgrundsätzen" – vor die Klammer gezogen – nicht bedurft. Ähnliches gilt für § 27 S. 2 SGB XIV. Der in **§ 9 SGB IX** normierte Vorrang von Teilhabeleistungen gilt auch ohne den Hinweis in § 27 S. 2 SGB XIV (→ Rn. 1), denn nach § 7 Abs. 2 SGB IX kann von dieser Vorschrift in den einzelnen Leistungsgesetzen **nicht abgewichen** werden. Bienert stellt deshalb zu Recht in den Raum, ob § 27 SGB XIV nur die Stellung eines Programmsatzes ohne leistungsrechtliche Auswirkungen zukomme.[7] Auch wenn er dies wohl schlussendlich verneint,[8] bleibt die Frage berechtigt. Denn er gelangt nur vor dem Hintergrund, dass die zu § 29 BVG entwickelten Grundsätze sinngemäß weiter anzuwenden seien dazu, § 27 S. 1 SGB XIV eine materiellrechtliche Wirkung zuzuordnen (s. iE → Rn. 8). Insoweit ist jedoch zu beachten, dass die Formulierung des § 29 BVG eine andere ist. Nach dieser Vorschrift entsteht der Anspruch frühestens in dem Monat, in dem die erfolgversprechende und zumutbare Maßnahme der medizinischen Rehabilitation und Teilhabe am Arbeitsleben abgeschlossen wird. Eine solche Verknüpfung zwischen der Entstehung des Anspruchs und der Teilnahme an Rehabilitationsmaßnahmen findet sich aber erst in § 89 Abs. 1 Nr. 2 SGB XIV. Ähnliches gilt für § 27 S. 2 SGB XIV. Nur wenn man § 9 SGB IX die Bedeutung eines materiellrechtlichen Grundsatzes zubilligt, sind rechtliche Folgen hieran zu knüpfen (→ Rn. 6).[9]

6 Grundsätzlich verknüpft § 9 SGB IX den Vorrang von Rehabilitations- und Teilhabeleistungen nicht mit den Anspruchsvoraussetzungen für den Sozialleistungsanspruch wegen oder unter Berücksichtigung einer (drohenden) Behinderung. § 9 Abs. 1 S. 1 SGB IX sieht insoweit zunächst einmal eine an den Rehabilitationsträger iSd § 6 SGB IX (hier § 6 Abs. 1 Nr. 5 SGB IX) gerichtete Prüfpflicht im Hinblick auf die Rehabilitations- und/oder Teilhabeleistungen vor. Erst § 9 Abs. 2 SGB IX normiert dann den Vorrang von Leistungen zur Teilhabe vor Rentenleistungen, die bei erfolgreicher Leistung zur Teilhabe nicht oder erst zu einem späteren Zeitpunkt zu erbringen wären. Der **Vorrang** von Teilhabeleistungen ist jedoch nach allgemeiner Auffassung ein **materiellrechtlicher Grundsatz** und nicht nur ein **Verfahrensprinzip**. Daraus wird gefolgert: Rentenleistungen dürfen nicht erbracht werden, solange die Prüfungen nach § 9 Abs. 1 SGB IX und das Verfahren der zu gewährenden Teilhabeleistungen noch nicht abgeschlossen sind.[10] Da § 9 Abs. 2 SGB IX jedoch ausdrücklich nur **„Rentenleistungen"** im Blick hat, gilt er nicht für andere Leistungen, insbesondere solche der SE. Hieran ändert es nichts, wenn § 27 S. 2 SGB XIV die Geltung des § 9 SGB IX im Übrigen anordnet. Zum einen ist „im Übrigen" hier angesichts der vorangegangenen Ausführungen so zu verstehen, dass gerade nicht die in § 27 S. 1 SGB XIV behandelte „Vorrangregel" des § 9 Abs. 2 SGB IX gemeint ist, sondern insbesondere die des § 9 Abs. 1 SGB IX mit der Verpflichtung des Leistungsträgers. Zum zweiten kennt das SGB XIV auch keine Geldleistungen idG von Rentenleistungen mehr. BSA und Entschädigungszahlungen einschließlich Abfindungen sind – abgesehen von den speziellen

7 Schmidt SGB XIV/Bienert § 27 Rn. 12.
8 Schmidt SGB XIV/Bienert § 27 Rn. 11.
9 Siehe jurisPK-SGB IX/Luthe § 9 Rn. 17.
10 So jurisPK-SGB IX/Luthe § 9 Rn. 17; s. auch LPK-SGB IX/Joussen/Zinsmeister § 9 Rn. 10; Schmidt SGB XIV/Weber § 89 Rn. 9.

Zwecken dienenden BLiE und zB Krankengeld der SE oder Übergangsgeld nach § 64 SGB XIV – die allgemeinen Geldleistungen der SE nach dem SGB XIV. So wird der Begriff „Rentenleistungen" in § 9 Abs. 2 S. 1 SGB XIV auch ausdrücklich nur als die so bezeichneten Sozialleistungen (der GRV oder GUV) verstanden.[11] Insoweit ist es konsequent, wenn der Gesetzgeber des SGB XIV den gewünschten Gleichlauf mit der Regel des § 9 Abs. 2 SGB IX in der Formulierung des § 89 Abs. 1 Nr. 2 SGB XIV explizit zum Ausdruck bringt. Durch die systematische Verknüpfung des § 27 S. 1 mit § 89 Abs. 1 Nr. 2 SGB XIV kommt § 27 S. 1 SGB XIV dann auch eine – wenn auch nicht eigenständige – leistungsrechtliche Bedeutung zu (zu den weiteren Folgen des Vorrangs, insbesondere zur Leistungsversagung bei mangelnder Mitwirkung → Rn. 16, 18).

In der Entwurfsbegründung wird im Hinblick auf den **Zweck** des § 27 SGB XIV formuliert, anknüpfend an die Ziele des SER seien bei Vorliegen einer gesundheitlichen Schädigung alle Angebote und Chancen zu positiven Entwicklungsprozessen aktiv durch **Inanspruchnahme** von Leistungen zur **medizinischen Rehabilitation** und von Leistungen zur **Teilhabe** zu nutzen. Es gehe in erster Linie darum, die Gesundheitsstörung zu bessern sowie die Teilhabe am Arbeitsleben zu ermöglichen oder sichern.[12] Insoweit richtet sich § 27 SGB XIV sowohl an die **TdSE**, als auch die Leistungsberechtigten. So sind die TdSE unter Berücksichtigung von § 9 Abs. 1 SGB IX angehalten, ihrer **Verpflichtung** nachzukommen, dem zuvor formulierten Ziel im Interesse der Leistungsberechtigten gerecht zu werden. Für die **Leistungsberechtigten** bedeutet der Grundsatz „Reha vor Rente", dass sie **vor** der **Inanspruchnahme von Geldleistungen** – hier BSA – das Angebot erhalten sollen, durch Maßnahmen der medizinischen Rehabilitation und Teilhabe zum Arbeitsleben die Schädigungsfolgen zu überwinden. Inwieweit es mit leistungsrechtlichen Folgen verbunden ist, wenn sie nicht in diesem Sinne mitwirken, s. → Rn. 16, 18. 7

C. Einzelkommentierung

I. § 27 Satz 1 SGB XIV

1. Leistungen zur medizinischen Rehabilitation. Leistungen zur medizinischen Rehabilitation als Vorrangleistung (→ Rn. 3, 7) sind Bestandteil der Leistungen zur **Teilhabe** gem. § 62 S. 1 Nr. 4 SGB XIV. Allerdings werden sie nach § 62 S. 2 SGB XIV einschließlich der unterhaltssichernden und anderen ergänzenden Leistungen (§ 64 SGB XIV) im Rahmen der Leistungen der **Krankenbehandlung** nach dem Kap. 5 erbracht. Dies bedeutet, dass das Wunsch- und Wahlrecht des § 69 SGB XIV und die Besonderheiten der Leistungsbemessung nach § 70 SGB XIV auch im Rahmen der Leistungserbringung nach dem Kap. 5 zu beachten sind. Umgekehrt gelten die Ansprüche, die das Kap. 5 für die Krankenbehandlung vorsieht, auch für die Leistungen zur medizinischen Rehabilitation als Krankenbehandlung iSd § 42 SGB XIV, der insoweit mit § 43 SGB IX korrespondiert. Hieraus folgt, dass ergänzende Leistungen der Krankenbehandlung, etwa psychotherapeutische Leistungen nach § 43 Abs. 2 Nr. 1 Buchst. a SGB XIV, Krankengeld der SE nach § 47 SGB XIV[13] oder Versorgung mit Hilfsmitteln iSd § 46 SGB XIV, im Rahmen der medizinischen Rehabilitation erbracht werden. Für die Leistungen der medizinischen Rehabilitation gilt nach § 7 Abs. 1 S. 1 SGB IX, dass das SGB XIV Abweichungen vom Kap. 9 des SGB IX (§§ 42–28 SGB IX) regeln kann, die den Vorschriften des SGB IX vorgehen. Dies gilt nach § 7 8

11 LPK-SGB IX/Joussen/Zinsmeister § 9 Rn. 11; so auch Hauck/Noftz/Völzke SGB XII zu dem zum 31.12.2019 außer Kraft getretenen § 14 Abs. 1 SGB XII Rn. 5.
12 BT-Drs. 19/13824, 182.
13 Vgl. Schmidt SGB XIV/Schmidt § 62 Rn. 10.

Abs. 2 SGB IX allerdings nicht für § 9 SGB IX, der die vorrangige Prüfung von Leistungen zur Teilhabe normiert (zu den Einzelheiten → Rn. 5 f.).

9 **2. Leistungen zur Teilhabe am Arbeitsleben.** Die Leistungen zur **Teilhabe am Arbeitsleben** werden im Einzelnen in § 63 SGB XIV aufgeführt. Insoweit nimmt § 63 Abs. 1 SGB XIV zu einem wesentlichen Teil Bezug auf das Kap. 10 des **SGB IX,** wenn auch nicht alle dort aufgeführten Leistungen als solche in das SGB XIV überführt worden sind. Zu einer solchen Selektion war der Gesetzgeber nach § 7 Abs. 2 SGB IX allerdings berechtigt. Gesondert wird in § 63 Abs. 2 die **Kfz-Hilfe** als Teilhabehabeleistung benannt mit den über die durch § 63 Abs. 1 Nr. 1 SGB XIV unter Bezug genommene Leistung nach § 49 SGB IX (s. hierzu § 49 Abs. 8 S. 1 Nr. 1 SGB IX) hinausgehenden Leistungen zum Betrieb, Unterhalt, Unterstellen und Abstellen des Kfz. Ferner trifft § 63 Abs. 3 SGB XIV eine zeitlich begrenzte Teilhabeberechtigung auch für **Hinterbliebene,** die das BVG nach § 26 Abs. 5 nur in dem „Ausnahmefall" vorsieht, dass Witwen, Witwer oder hinterbliebene Lebenspartner zur Erhaltung einer angemessenen Lebensstellung erwerbstätig sein wollen. Auch für die Teilhabeleistungen am Arbeitsleben nach § 63 SGB XIV gilt, dass die Leistungen nach § 64 SGB XIV sie ergänzen, also auch Geldleistungen erbracht werden, wie zB Übergangsgeld. Für weitere Leistungen zur Teilhabe gilt die Vorrangregelung des § 27 SGB XIV nicht. Das betrifft die Leistungen zur **Teilhabe an Bildung** nach § 65 SGB XIV und zur **Sozialen Teilhabe** nach § 66 SGB XIV.

10 **3. Erfolg.** Als Bedingung des Vorrangs gegenüber der Leistungen des BSA setzt § 27 S. 1 SGB XIV voraus, dass die medizinische Rehabilitation oder die Teilhabe am Arbeitsleben **erfolgversprechend** sein müssen. Dies entspricht der bisherigen Rechtsauffassung zu § 29 BVG. So hat das BSG befunden, wer erfolgreich umgeschult werden könne, sei beruflich nicht besonders betroffen und habe deshalb keinen Anspruch auf Erhöhung seiner „medizinischen" MdE.[14] Der Erfolg einer Maßnahme ist aufgrund einer **Prognoseentscheidung** zu bestimmen unter Berücksichtigung der Umstände des Einzelfalls. Insoweit kommt es auf die individuellen Voraussetzungen an, die der jeweilige Leistungsberechtigte in seiner Person in das Rehabilitations-/Teilhabeverfahren mitbringt, seien sie medizinischer Natur oder bezogen auf die Kenntnisse und Fähigkeiten, die geistige Verfassung und seelische Konstitution. Bei einer Prognoseentscheidung sind aufgrund feststehender Umstände oder festgestellter Tatsachen Schlussfolgerungen für eine künftige, ungewisse Entwicklung zu ziehen. Immaterielle Faktoren entziehen sich einer exakten Messbarkeit und sind nur anhand objektivierbarer Anhaltspunkte näherungsweise bestimmbar.[15] Die Prognose ist begriffsnotwendig **zukunftsbezogen.**[16] Dabei besteht das Wesen einer Prognoseentscheidung darin, dass zu einem bestimmten Zeitpunkt (**Prognosezeitpunkt**) für die Zukunft ein bestimmter Sachverhalt vorhergesagt (prognostiziert) wird.[17] Prognosezeitpunkt ist der der Entscheidung des TdSE über die Rehabilitations- oder Teilhabemaßnahme, es sei denn, der Sachverhalt hat sich bis zum Beginn der Maßnahme wesentlich verändert, und Endzeitpunkt ist der der Beendigung der Maßnahme.

11 Die Prognoseentscheidung ist mithin vom Prognosezeitpunkt aus zu treffen; die Entscheidung ist nicht vom späteren Ergebnis, dem Erfolg oder Misserfolg der Maßnahme abhängig. Weder bedarf es für die Umsetzung des Grundsatzes „Rehabilitation vor Rente" dieses **sicheren Ergebnisses,** noch genügt die **Vermutung** nicht näher abgeklärte Rehabilitationsmaßnahmen seien erfolgversprechend.[18] Der Vorrang kann, so führt Luthe zu Recht aus, nicht gelten, wenn ein Leistungserfolg im Einzelfall nicht

14 BSG 18.10.995 – 9 RV 18/94, SozR 3-3100 § 30 Nr. 14, SozR 3-3100 § 31 Nr. 2.
15 BSG 14.12.2011 – B 6 KA 39/10 R, BSGE 110, 34 = juris Rn. 29.
16 BSG 28.3.2019 – B 10 LW 1/17 R, SozR 4-5868 § 3 Nr. 4 Rn. 20.
17 BSG 6.9.2007 – B 14/7b AS 60/06 R, juris Rn. 12.
18 Vgl. HK-SozEntschR/Dau BVG § 29 Rn. 2.

wirklich in Aussicht gestellt werden kann. Unabhängig von der Verpflichtung des Leistungsempfängers zu aktiver Mitwirkung und sofern die Voraussetzungen des jeweiligen Leistungsgesetzes dies zuließen, solle hierbei auch dessen Motivation besonders gewürdigt werden, um eine Vergeudung von Mitteln für Personen, die eigentlich nur eine Rente anstrebten, zu vermeiden.[19] Insoweit gilt nach § 69 SGB IX iVm § 8 SGB IX das Wunsch- und Wahlrecht der Leistungsberechtigten, bei dem zwar nicht zwangsläufig dem Wunsch nach einer Geld- anstatt Rehabilitations- oder Teilhabeleistung die überragende Bedeutung zukommt. Jedoch sind die berechtigten Wünsche, die Art und Schwere der Schädigung(sfolgen), der Gesundheitszustand und das Lebensalter besonders zu berücksichtigen.

Erfolg iSd § 29 BVG bezieht sich immer auf die Überwindung oder Besserung der Schädigungsfolgen, also auch eine Minderung des GdS, etwa unter die 30 %-Grenze des § 89 Abs. 1 Nr. 1 SGB XIV. Deshalb ist die Regelung des § 27 SGB XIV allerdings aus Sicht der Leistungsberechtigten, die eine Leistung der SE begehren, gegenüber der des § 29 BVG entschärft. Denn § 27 Abs. 1 SGB XIV bezieht sich ausschließlich auf die Vermeidung der Erbringung der Leistung **BSA**. Insoweit gilt, kann prognostisch keine Senkung des **GdS** unter 30 durch eine Maßnahme der **medizinischen Rehabilitation** oder **Teilhabe am Arbeitsleben** bewirkt werden, verbleibt es beim Anspruch auf BSA unabhängig von Rehabilitations- oder Teilhabemaßnahmen. Der Begriff des „Erfolgversprechens" iSd § 27 S. 1 SGB XIV kann mit Blick auf das Ziel **„Rehabilitation vor Rente"** nur bedeuten, dass dann, wenn sich die Leistung „BSA" durch die Maßnahme nicht vermeiden lässt, weil der GdS nicht unter 30 sinken kann, die Geldleistung zu erbringen ist. Dies bedeutet keine Entlastung des TdSE von der Verpflichtung, Rehabilitations- oder Teilhabeleistungen zu prüfen[20] sowie anzubieten und sich um deren Durchführung iSd § 9 Abs. 1 SGB IX zu bemühen. Aber der Leistungsberechtigte muss nicht mit einer Versagung der Geldleistung rechnen. Umgekehrt sind medizinische Rehabilitations- oder Teilhabemaßnahmen erfolgversprechend iSd § 27 SGB XIV, wenn prognostiziert werden kann (→ Rn. 11), der GdS werde durch die Maßnahme unter 30 sinken. 12

Die **Prognose**, ob eine Maßnahme erfolgversprechend ist, hängt wesentlich von der **Sachverhaltsaufklärung** durch den TdSE (→ Rn. 10), seiner **Beratung** gegenüber den Leistungsberechtigten und der **Mitwirkung** der Leistungsberechtigten (s. auch → Rn. 18) ab. Im Hinblick auf die **Beratungspflicht** des TdSE gilt § 14 SGB I. Etwaige Fehler insoweit können einen **sozial-rechtlichen Herstellungsanspruch** begründen. Danach muss eine dem zuständigen Sozialleistungsträger zuzurechnende Pflichtverletzung vorliegen, dem Berechtigten dadurch ein sozialrechtlicher Nachteil oder Schaden entstanden sein, und durch die Vornahme einer Amtshandlung des Trägers muss – auf der Rechtsfolgenseite – ein Zustand hergestellt werden können, der bestehen würde, wenn die Pflichtverletzung nicht erfolgt wäre.[21] Der sozialrechtliche Nachteil auf Seiten des Leistungsberechtigten kann hier in der ausgelassenen Chance bestehen, die Schädigungsfolge zu mildern, den sie bezeichnenden GdS zu senken, ohne dass dies zwangsläufig eine Vermeidung der Leistung „BSA" zur Folge haben muss. 13

4. Zumutbarkeit. Dem **unbestimmten Rechtsbegriff** der **„Zumutbarkeit"** wohnt ein stärker subjektives Element inne als dem des prognostischen Erfolgs der Maßnahme. Zwar muss bei der Prognose des Erfolgs auch die individuelle Konstitution des Leistungsberechtigten im weitesten Sinne Berücksichtigung finden (→ Rn. 11). Gleichwohl stellt sie in stärkerem Maße als die Zumutbarkeit auf objektive Faktoren ab. So sind es neben dem gesundheitlichen Zustand und den geistigen Fähigkeiten der Leistungsberechtigten insbesondere deren **Lebensumstände**, die bei der Beurteilung der Zumut- 14

19 jurisPK-SGB IX/Luthe § 9 Rn. 17.
20 Vgl. jurisPK-SGB I/Luthe § 9 Rn. 15.
21 BSG 10.12.2003 – B 9 VJ 2/02 R, BSGE 92, 34 = juris Rn. 29 mwN.

barkeit einer angebotenen Maßnahme zu berücksichtigen sind. Maßgeblich sind in dieser Hinsicht die **schützenswerten Interessen in der persönlichen Sphäre** der Leistungsberechtigten oder Antragsteller.[22]

15 Der Wortlaut von **§ 27 S. 1 SGB XIV** stimmt insoweit nicht mit **§ 89 Abs. 1 Nr. 2 SGB XIV** überein, als nach § 27 SGB XIV Rehabilitations- und Teilhabeleistungen dann Vorrang haben, wenn sie erfolgversprechend und – **kumulativ** – zumutbar sind. Abgesehen von der Negation in § 89 Abs. 1 Nr. 2 SGB XIV – nicht (mehr) erfolgversprechend und nicht (mehr) zugemutet – genügt es dort, dass entweder der Erfolg oder **alternativ** die Zumutbarkeit der Maßnahme nicht mehr gegeben ist. Zwar wird es wohl selten zu praktischen Problemen diesbezüglich kommen – Dau formuliert zu § 29 BVG, der ebenfalls die Kumulation vorsieht, stets unzumutbar seien Maßnahmen, die nicht erfolgversprechend seien.[23] Auch Bienert bezieht sich hierauf und ergänzt, die Grenzen zwischen fehlender Erfolgsaussicht und Unzumutbarkeit seien fließend.[24] Es ist jedoch nicht undenkbar, dass eine Maßnahme zwar Erfolg verspricht – etwa weil die/der Leistungsberechtigte alle Fähigkeiten und Kenntnisse für die Durchführung der Teilhabeleistung mitbringt, ihre/seine Lebenssituation es ihr/ihm jedoch unmöglich macht, die Maßnahme durchzuführen. Sie könnte mithin ihr/ihm nicht zumutbar sein.[25] Abgesehen davon, dass in einer solchen Situation den TdSE die Verpflichtung iSd § 9 Abs. 1 SGB IX träfe, ggf. eine andere geeignete Maßnahme zu suchen, wäre, wenn sich keine fände, die Voraussetzung des § 89 Abs. 1 Nr. 2 SGB XIV für die Geldleistung BSA zu bejahen. Dies gilt aber auch für § 27 S. 1 SGB XIV, denn der Vorrang ist dort von dem kumulativen Vorliegen beider Voraussetzungen abhängig. Fehlt es an einer der Voraussetzungen, so greift der Vorrang nicht durch.

16 Bienert schlägt vor, zur Auslegung dessen, was unter **„Zumutbarkeit"** zu verstehen ist, auf § 65 Abs. 1 Nr. 2 SGB I zurückzugreifen.[26] Auch dort wird das Wort „zugemutet" im Zusammenhang mit der Erfüllung von **Mitwirkungspflicht**en verwandt. Dessen Verwendung wird in § 65 Abs. 1 Nr. 2 SGB I allerdings gekoppelt mit dem Vorliegen eines **wichtigen Grundes**, der die Mitwirkungshandlung unzumutbar macht. Bei § 27 SGB XIV genügt hingegen die Unzumutbarkeit, ohne dass den Leistungsberechtigten ein wichtiger Grund zur Seite stehen muss. Jedoch ist Dau zuzustimmen, dass nicht nur die erfolglose Maßnahme nicht zugemutet werden kann, sondern auch die, für deren Nichtdurchführung den Leistungsberechtigten ein wichtiger Grund zur Seite steht.[27] Dazwischen mag es aber Gründe iSd unter → Rn. 14 benannten Art geben, die ebenfalls zur Unzumutbarkeit führen – es kommt insoweit stets auf weitere Umstände und **Besonderheiten des Einzelfalls** an. Zumindest genügt es nicht, allein unter Betrachtung der gesundheitlichen Voraussetzungen die Teilnahme an einer Maßnahme als zumutbar zu bewerten.[28] Im Übrigen gilt im Hinblick auf die Heranziehung des § 65 Abs. 1 Nr. 2 SGB I zur Auslegung des Begriffs der „Zumutbarkeit", dass dieses Vorgehen das Risiko der Vermischung der Ebenen **„Tatbestandsvoraussetzung"** und **„Rechtsfolge"** in sich birgt. Denn das BSG hat befunden: „Der Anspruch auf einkommensabhängige Leistungen wird nur dann im Sinne von § 29 BVG aufgeschoben, wenn der Beschädigte vorab über die leistungsrechtlichen Folgen fehlender Mitwir-

22 Hauck/Noftz/Sichert SGB I § 65 Rn. 18.
23 HK-SozEntschR/Dau BVG § 29 Rn. 3.
24 Schmidt SGB XIV/Bienert § 27 Rn. 8.
25 Anders wohl SchlHLSG 29.1.2013 – L 2 VK 56/11, juris Rn. 43.
26 Schmidt SGB XIV/Bienert § 27 Rn. 8; s. insoweit auch Dau, der allerdings nicht auf § 65 Abs. 1 Nr. 2 SGB I abstellt, sondern § 64 SGB I heranzieht, HK-SozEntschR/Dau BVG § 29 Rn. 3.
27 HK-SozEntschR/Dau BVG § 29 Rn. 3.
28 So wohl aber SchlHLSG 29.1.2013 – L 2 VK 56/11, juris Rn. 43 unter Hinweis auf BSG 18.12.1985 – 9a RV 18/84, juris Rn. 43.

kung an erfolgversprechenden und zumutbaren Rehabilitationsmaßnahmen belehrt worden ist."[29] Insoweit gilt § 66 SGB I (dazu iE beim Vorrang unter → Rn. 17 f.).

5. Vorrang. Vorrang bedeutet im Zusammenhang des § 27 SGB XIV, dass zunächst Leistungen zur Rehabilitation und Teilhabe erbracht werden sollen – zur Behebung oder Minderung der Schädigungsfolgen –, ehe die Geldleistung gewährt wird, die die gesundheitlichen Schädigungsfolgen selbst nicht verändern kann, sondern „nur" eine wirtschaftliche Absicherung trotz der bestehenden Schädigungsfolgen schafft. Auch bezieht sich der Vorrang nach § 27 S. 1 SGB XIV allein auf den **BSA als Geldleistung**. § 27 S. 1 SGB XIV regelt jedoch nicht, welche **Rechtsfolgen** sich aus dem Vorrang ergeben sollen.[30] Hieran ändert der Verweis auf § 9 SGB IX in § 27 S. 2 SGB XIV nichts. Selbst wenn § 9 Abs. 2 SGB IX als materiellrechtliche Voraussetzung für die Rentengewährung anzusehen sein sollte,[31] kommt dem für die SE keine Bedeutung zu, die Regelung findet dort keine Anwendung. Die materiellrechtliche Bedeutung erfährt die Vorschrift erst in der systematischen Zusammenschau mit § 89 Abs. 1 Nr. 2 SGB IX (s. iE → Rn. 6). Insoweit gilt Ähnliches wie nach § 29 BVG, der das Entstehen eines Anspruchs auf ua BSA erst in dem Monat vorsieht, in dem die erfolgversprechende und zumutbare Maßnahme abgeschlossen ist (**Anspruchsaufschub**). Bienert weist zu Recht darauf hin, dass § 89 Abs. 1 Nr. 2 SGB XIV den **Maßnahmeabschluss** nicht mehr ausdrücklich benennt, er gleichwohl auch nach § 89 SGB XIV relevant sei.[32] Dies folgt bereits aus dem Prognosezeitraum im Hinblick auf die Beurteilung, ob die Maßnahme Erfolg verspricht (→ Rn. 10). Ansonsten entsteht nach dem Wortlaut des § 89 Abs. 1 Nr. 2 SGB XIV der Anspruch nicht erst nach Abschluss der Maßnahme, sondern wird BSA nur erbracht, wenn eine Maßnahme der medizinischen Rehabilitation oder Teilhabe am Arbeitsleben nicht erfolgversprechend ist oder zugemutet werden kann. 17

Die **Rechtsfolge** der Versagung der Leistung „BSA" setzt jedoch wie auch bei § 29 BVG voraus, dass eine Belehrung iSd § 66 SGB I über die Folgen der **mangelnden Mitwirkung** erfolgt ist. Die Leistungsberechtigten sind vom TdSE darüber zu informieren, dass nach seinen Ermittlungen und seiner Beurteilung eine bestimmte geplante Maßnahme[33] – die Aussicht auf eine Maßnahme genügt nicht[34] – erfolgversprechend und/oder zumutbar sei sowie welche Erkenntnisse dem zugrunde liegen. Die Leistungsberechtigten sind sodann zur **Mitwirkung** aufzufordern und es ist darzulegen, welche Folgen sich aus einer mangelnden Mitwirkung – bis zu einer bestimmten Frist – ergeben. Zu § 29 BVG hat das BSG insoweit befunden: „Geschieht das nicht, so endet der Anspruchsaufschub nach § 29 BVG auch dann, wenn die Rehabilitationsbemühungen sich verzögern oder scheitern, weil der Beschädigte nicht mitgewirkt hat." Zur Begründung führt es aus, grundsätzlich gelte zwar, dass nicht mit „Rente" (angelehnt an den Grundsatz „Rehabilitation vor Rente" und nicht verstanden iSv § 9 Abs. 2 SGB IX) abgefunden werden solle, wem zB durch Umschulung geholfen werden könne.[35] § 29 BVG ziele aber nicht darauf ab, rehabilitationsunwillige Kriegs- und Wehrdienstopfer durch Vorenthalten einkommensabhängiger Leistungen zu **bestrafen** und auf diese Weise Haushaltsmittel einzusparen. Denn es solle sichergestellt werden, dass der zur Schadensminderung verpflichtete Beschädigte zu seinem eigenen Besten an einer von Amts wegen durchzuführenden beruflichen Rehabilitation mitwirke und 18

29 BSG 17.7.2008 – B 9/9a VS 1/06 R, SozR 4-3100 § 29 Nr. 1 Rn. 16 mwN.
30 So auch Schmidt SGB XIV/Bienert § 27 Rn. 9.
31 LPK-SGB IX/Joussen/Zinsmeister § 9 Rn. 10.
32 Schmidt SGB XIV/Bienert § 27 Rn. 9.
33 Offengelassen in BSG 17.7.2008 – B 9/9a VS 1/06 R, juris Rn. 16 mwN.
34 So auch Schmidt SGB XIV/Weber § 89 Rn. 10 unter Hinweis auf BSG 17.7.2008 – B 9/9a VS 1/06 R, SozR 4-3100 § 29 Nr. 1.
35 Vgl. BSG SozR Nr. 22 zu § 30 BVG.

so den Grundsatz „Rehabilitation vor Rente" verwirkliche.[36] Die dazu angedrohte Sanktion (Beginn der in § 29 BVG genannten Leistungen erst nach Abschluss von Rehabilitationsmaßnahmen – nach § 89 Abs. 1 SGB XIV Erbringung des BSA) könne das Verhalten des Beschädigten (Mitwirkung an den Rehabilitationsbemühungen des Trägers) nur dann dem Normzweck entsprechend steuern, wenn er von dem drohenden Nachteil wisse. Nur so verstanden füge sich die Vorschrift in die im Sozialrecht allgemein geltenden Regeln über die **Folgen fehlender Mitwirkung** (hier: § 66 SGB I) ein.[37] Dies gilt auch für § 27 iVm § 89 Abs. 1 Nr. 2 SGB XIV, wenn auch nicht für den Anspruchsaufschub, sondern die Leistungserbringung. Denn Leistungen zur Teilhabe bedürfen nach § 8 Abs. 4 SGB IX der Zustimmung der Leistungsberechtigten. Luthe folgert hieraus sowie aus den Verfahrensregeln des SGB I, dass der mangelnden Zustimmung und Mitwirkung der Leistungsberechtigten kein anspruchsversagender Charakter zukomme. Die Folgen mangelnder Mitwirkung ergäben sich – dies entspricht hM – allein aus § 66 Abs. 2 SGB I.[38] Hieran ändert auch ein materiellrechtliches Verständnis des Vorrangs nichts, denn allein die Tatsache, dass die benannten Maßnahmen prognostisch erfolgreich und/oder persönlich zumutbar sind, bedeutet nicht, dass die Schädigungsfolge tatsächlich positiv beeinflusst wird. Dazu bedarf es der Durchführung der Maßnahme, um nach deren Abschluss feststellen zu können, ob die Voraussetzungen des § 89 Abs. 1 Nr. 1 SGB XIV noch gegeben sind. Die Durchführung der Maßnahme ist jedoch von der Mitwirkung der Leistungsberechtigten abhängig und wirken sie nicht mit, gelten die allgemeinen Regeln des SGB I.

19 **6. Anspruch auf Berufsschadensausgleich.** § 27 S. 1 SGB XIV hat im Hinblick auf den **Vorrang** der Leistungen zur **medizinischen Rehabilitation** und **Teilhabe am Arbeitsleben** allein den der Geldleistung **BSA** im Blick. Deswegen ist die Vorschrift systematisch in Verbindung mit den Regelungen zum BSA in Kap. 10 unter den §§ 89 bis 91 SGB XIV zu lesen und anzuwenden. § 89 Abs. 1 Nr. 2 SGB XIV sieht als materiellrechtliche Leistungsvoraussetzung vor, dass die benannten Maßnahmen nicht mehr **erfolgversprechend** (→ Rn. 10 ff.) sind oder **zugemutet** (→ Rn. 14 ff.) werden können. Zu den Einzelheiten der Leistungsvoraussetzungen s. § 89 SGB XIV.

II. § 27 Satz 2 SGB XIV

20 **1. Geltung der Regelungen des § 9 SGB IX. a) Regelungsgehalt des § 9 SGB IX.** Der in § 27 S. 2 SGB XIV unter Bezug genommene § 9 SGB IX trifft in seinen vier Absätzen unterschiedliche Regelungen unter der Überschrift: „Vorrangige Prüfung von Leistungen zur Teilhabe". Abs. 1 des § 9 SGB IX begründet eine **Prüfungspflicht** des Rehabilitationsträgers – hier des TdSE nach § 6 Abs. 1 Nr. 5 SGB I[39] – hinsichtlich möglicher Leistungen zur Teilhabe, wenn er im Zusammenhang mit einer (drohenden) Behinderung Sozialleistungen gewährt. Diese Prüfpflicht umfasst auch die ggf. erforderliche Einbeziehung weiterer Rehabilitationsträger und das Hinwirken auf die Antragstellung, soweit die Erbringung der Teilhabeleistungen von einem Antrag abhängig ist. § 9 Abs. 2 SGB XIV regelt den in den vorhergehenden Ausführungen ausführlich erörterten **Vorrang** von Teilhabeleistungen gegenüber Rentenleistungen (im Falle des § 27 SGB XIV – BSA nach § 89 SGB XIV; → Rn. 17). Die in Abs. 1 des § 9 SGB IX normierte Prüfpflicht wird in dessen Abs. 3 für den Fall des Leistungsfalls

---

36 BSG 18.12.1996 – 9 RV 18/95, BSGE 80, 20 unter Hinweis auf BT-Drs. 7/4653, 8.
37 BSG 17.7.2008 – B 9/9a VS 1/06 R, juris Rn. 17; so auch Schmidt SGB XIV/Weber § 89 Rn. 10 unter Geltung des SGB XIV.
38 jurisPK-SGB IX/Luthe § 9 Rn. 18.
39 1.1.2018 bis 31.12.2021: „... die Träger der Kriegsopferversorgung und die Träger der Kriegsopferfürsorge im Rahmen des Rechts der sozialen Entschädigung bei Gesundheitsschäden für Leistungen nach § 5 Nummer 1 bis 5 SGB I".

Pflegebedürftigkeit gesondert behandelt und § 9 Abs. 4 SGB IX regelt, dass die Vorrangprüfung und Hinwirkenspflicht auch für die **Jobcenter** gelten.[40]

b) **Allgemeine Geltung des § 9 SGB IX im SGB XIV.** Grundsätzlich gilt nach § 7 Abs. 1 S. 1 SGB IX, dass die Vorschriften im Teil 1 des SGB IX – Regelungen für Menschen mit Behinderungen und von Behinderung bedrohte Menschen – für die Leistungen zur Teilhabe gelten, soweit sich aus den für den jeweiligen Rehabilitationsträger geltenden Leistungsgesetzen nichts Abweichendes ergibt. Nach § 7 Abs. 2 S. 1 SGB IX gehen jedoch abweichend von Abs. 1 die Vorschriften der Kap. 2 bis 4 den für die jeweiligen Rehabilitationsträger geltenden Leistungsgesetzen vor. Die Regelung des § 9 SGB IX findet sich im Kap. 2 des SGB IX. Hieraus folgt, auch ohne die ausdrückliche Erwähnung in § 27 S. 2 SGB XIV, dass die Vorschrift des § 9 SGB IX bei der Anwendung des SER nach dem SGB XIV zu beachten ist. 21

c) **Geltung des § 9 SGB IX im SGB XIV „im Übrigen".** Fraglich ist unter Berücksichtigung von → Rn. 21, welche Bedeutung den Worten **„Im Übrigen"** in § 27 S. 2 SGB XIV zukommt. In der Entwurfsbegründung finden sich insoweit keine Hinweise. Das Verständnis erschließt sich nur aus dem Zusammenhang mit § 27 S. 1 SGB XIV. Dort wird die in § 9 Abs. 2 SGB IX ausdrücklich nur für „Rentenleistungen" getroffene Regelung „Rehabilitation vor Rente" auf die Leistung „BSA" angewandt. Rentenleistungen kennt das SGB XIV nicht, jedenfalls nicht solche iSd § 9 SGB IX (→ Rn. 6),[41] sodass die „Erweiterung" durch § 27 S. 1 SGB XIV erforderlich war und die Worte „im Übrigen" die Geltung des § 9 SGB IX im SGB XIV postulieren sollen, soweit für dieses Leistungssystem relevant. 22

2. Einzelfragen. a) **Geltung der Regelungen des § 9 Abs. 2 S. 2 SGB IX im laufenden Leistungsbezug.** Mit den Ausführungen unter → Rn. 21 verknüpft sich sogleich die auch von Bienert aufgeworfene Frage, inwieweit – so denn § 9 Abs. 2 SGB IX in Ermangelung von „Rentenleistungen" in dessen Sinne nicht im SER gilt – § 9 Abs. 2 S. 2 SGB IX Geltung im SGB XIV findet. Er sieht vor, dass der Grundsatz „Rehabilitation vor Rente" entsprechend während des **Bezugs einer Rente** gilt. Zwar könnte unter Berücksichtigung der Regelung des § 27 S. 1 SGB XIV, mit der Übertragung des für „Rentenleistungen" in § 9 Abs. 2 S. 1 SGB IX vorgesehenen Vorrangs von Rehabilitations- und Teilhabeleistungen, der Gedanke naheliegen, dass auch die Regelung des § 9 Abs. 2 S. 2 SGB IX für den Bezug des BSA gelten müsse. Dies ist jedoch zu verneinen. Da § 9 Abs. 2 SGB IX keine Anwendung im SGB XIV findet, hätte es einer ausdrücklichen Regelung insoweit, vergleichbar der des § 27 S. 1 SGB XIV, bedurft. Eine solche auch für den laufenden Bezug des BSA hineinzulesen, überschreitet den Wortlaut und die Systematik der Regelung.[42] 23

b) **Geltung der Regelungen des § 9 Abs. 3 SGB IX bei Pflegebedürftigkeit.** § 9 Abs. 3 SGB IX verweist auf die Anwendung des § 9 Abs. 1 SGB IX auch bei Pflegebedürftigkeit, also auf die Anwendung der unter → Rn. 20 beschriebenen Prüfpflicht auch in diesem Leistungsfall. Die Prüfpflicht entfaltet, anders als die Regelung des § 9 Abs. 2 SGB IX, auch im SGB XIV Geltung. Da das SGB XIV zudem im Kap. 7 Leistungen bei Pflegebedürftigkeit kennt und insoweit auf die Regelungen des SGB XI verweist, spricht nichts dagegen, auch für diese Leistungen die besonderen Prüfpflichten des § 9 Abs. 1 SGB IX den TdSE im SGB XIV aufzuerlegen. 24

40 Vgl. iE jurisPK-SGB I/Luthe § 9 Rn. 9.
41 In diesem Sinne LPK-SGB IX/Joussen/Zinsmeister § 9 Rn. 11; s. auch jurisPK-SGB I/Luthe § 9 Rn. 19, der darauf hinweist, Rentenleistungen seien Geldleistungen für den Lebensunterhalt, die wegen Erwerbsminderung, des Todes des Unterhaltsverpflichteten oder wegen Alters von einem Sozialleistungsträger gewährt würden; so auch Schmidt SGB XIV/Bienert § 27 Rn. 17.
42 So auch wohl Schmidt SGB XIV/Bienert § 27 Rn. 17.

D. Anhang

25 **§ 29 BVG [Erfolg versprechende Leistungen zur Rehabilitation]**

Sind Leistungen zur medizinischen Rehabilitation oder zur Teilhabe am Arbeitsleben erfolgversprechend und zumutbar, so entsteht ein Anspruch auf Höherbewertung des Grades der Schädigungsfolgen nach § 30 Abs. 2, auf Berufsschadensausgleich sowie auf Ausgleichsrente frühestens in dem Monat, in dem diese Maßnahmen abgeschlossen werden.

§ 28 Verhältnis zu Leistungen anderer Träger

(1) Die Leistungen nach diesem Buch wegen eines schädigenden Ereignisses nach § 1 Absatz 2 gehen Leistungen anderer Träger, insbesondere anderer Sozialleistungsträger vor.

(2) Entschädigungszahlungen nach Kapitel 9 und die Einmalzahlungen nach § 102 Absatz 4 und 5 werden nicht als Einkommen oder Vermögen auf andere Sozialleistungen oder auf Leistungen nach dem Asylbewerberleistungsgesetz angerechnet.

(3) Leistungsansprüche aus privaten Sicherungs- oder Versorgungssystemen sind auf Leistungen nach diesem Buch nicht anzurechnen.

(4) Die Absätze 1 bis 3 gelten, soweit dieses Buch nichts Abweichendes bestimmt.

A. Gesetzesgeschichte

I. Geltendes und neues Recht – Kap. 3

1 Eine § 28 SGB XIV vergleichbare Norm, die eine grundlegende und **übergreifende Anordnung des Verhältnisses der Leistungen der SE zu Leistungen anderer Träger** – insbesondere zum **Vorrang** der Leistungen der SE – trifft, findet sich im geltenden Recht nicht. Insoweit werden im BVG und in den auf dieses verweisenden Gesetzen, insbesondere im OEG, nur vereinzelte, ausschnittsweise Regelungen getroffen. Der Blick auf § 28 SGB XIV muss zugleich auf **§ 8 SGB XIV** (und in Bezug auf Leistungen

bei Gewalttaten im Ausland § 102 Abs. 7 und 8 SGB XIV) gerichtet werden, der die **Konkurrenz von Ansprüchen** normiert (→ § 8 Rn. 11). Aus dieser Gesamtbetrachtung heraus können als bisherige Normen, die den Regelungskontext des § 28 SGB XIV im geltenden Recht streifen, benannt werden: § 3 OEG (Zusammentreffen von Ansprüchen; iE → § 8 Rn. 5), §§ 54, 65 und 81 BVG (zu den beschränkten Regelungsinhalten → § 8 Rn. 2 ff.), § 63 IfSG (→ § 8 Rn. 6), § 47 ZDG (→ § 8 Rn. 7), § 23 StrRehaG und § 5 VwRehaG sowie § 6 HHG (s. Hinweise → Rn. 29 ff.). Zu erwähnen sind in diesem Zusammenhang auch die Vorschriften des BVG aus dem Bereich der Kriegsopferfürsorge (§§ 25d ff. BVG), die Regelungen zur Einkommensberücksichtigung treffen, auch bezüglich der Leistungen nach dem BVG, die keine Grundlage im Fürsorgerecht haben. Parallel dazu werden sich zukünftig Regelungen in §§ 105, 106, 108 SGB XIV finden – Berücksichtigung von Leistungen der SE als Einkommen oder Vermögen insbes. bei der Berechnung der BLiE. § 28 SGB XIV tritt zum 1.1.2024 in Kraft.[1]

II. Änderungen im SGB XIV gegenüber dem BVG und Parallelität

Die **grundlegende Regelung** des § 28 SGB XIV iVm § 8 SGB XIV (und § 102 Abs. 7 2
und 8 SGB XIV) macht es überflüssig, wie im bisherigen Recht, zu einzelnen Leistungen bestimmter Träger (öffentlich-rechtlich oder privatrechtlich) und bestimmten Lebenszusammenhängen gesonderte Anordnungen zum **Vorrang-/Nachrangverhältnis** (hierzu auch → Rn. 4 ff. und → Rn. 13) zu treffen. Zu den bisher geltenden Regelungen s. unter → Rn. 1. § 28 SGB XIV gilt zukünftig für alle Schädigungsfolgen aufgrund von schädigenden Ereignissen der SE und der für diese zu erbringenden Leistungen. Soweit Abweichungen von dem grundsätzlichen Vorrang-/Nachrangverhältnis gesetzgeberisch gewollt sind, müssen diese ausdrücklich geregelt sein. Dies folgt aus § 28 Abs. 4 SGB XIV. Ausdrückliche Abweichungen finden sich innerhalb des SGB XIV in § 8 SGB XIV und § 102 Abs. 7 und 8 SGB XIV sowie §§ 106, 108 SGB XIV. Abweichungen in anderen Gesetzen bleiben bestehen, nur ausgerichtet auf die Leistungen der SE, zB beim Alg – s. Ruhen des Alg bei Anspruch auf andere Sozialleistungen, insbesondere nach § 156 Abs. 1 S. 1 Nr. 2 SGB III wegen des Bezugs von Versorgungskrankengeld oder zukünftig Krankengeld der SE.

B. Normsystematik

I. Allgemeiner Regelungsgehalt

§ 28 Abs. 1 SGB XIV regelt den grundsätzlichen **Vorrang** der Leistungen der SE vor 3
Leistungen anderer – insbesondere anderer **Sozialleistungsträger**. Ziel ist es nach den Ausführungen in der Entwurfsbegründung zum G-SER, Doppelleistungen sowie aufwändige Anrechnungen zu vermeiden.[2] Siehe aber auch → Rn. 13. Die Berücksichtigung von Leistungen der SE bei der Berechnung von Leistungen, die bedarfsabhängig sind, bei denen also **Einkommen** und **Vermögen** der Leistungsberechtigten angerechnet werden, wird zusammenfassend zukünftig im SGB XIV geregelt (§ 28 Abs. 2 SGB XIV). Damit entfallen in den einzelnen Leistungsgesetzen aus dem Bereich der **Fürsorgeleistungen**, wie zB SGB II, SGB XII und AsylbLG, gesonderte Regelungen zur Berücksichtigung der Leistungen der SE als Einkommen oder Vermögen (zur Systematik → Rn. 4). Als Grund für die Freistellung wird in der Entwurfsbegründung ausgeführt, die Leistungen der SE würden für das von den Leistungsberechtigten der SE geleistete **„Sonderopfer"** erbracht (zur Rechtsnatur des Versorgungsanspruchs → Vor § 1 Rn. 24 ff.).[3] Abs. 3 soll Ausdruck des Gedankens sein, dass sich die auf eigene

1 Art. 60 Abs. 7 G-SER v. 19.12.2019, BGBl. 2019 I 2652, 2724.
2 BT-Drs. 19/13824, 182.
3 BT-Drs. 19/13824, 182.

Kosten erfolgte **private Absicherung** im Rahmen der SE nicht zum Nachteil des Betroffenen auswirken möge. Bienert weist in diesem Zusammenhang zutreffend darauf hin, dass die „Absicherung auf eigene Kosten" keine Gründung im Gesetzestext findet. Dort wird nur auf Leistungen aus privaten Sicherungs- und Versorgungssystemen Bezug genommen, die nicht auf Leistungen der SE anzurechnen seien. Das heißt die private Absicherung für die nach dem SER leistungsberechtigte Person kann auch durch Dritte erfolgt sein.[4] Unabhängig davon, wer die entsprechenden Leistungen mithin vorfinanziert hat, werden sie auf die nach dem SGB XIV erbrachten Leistungen nicht angerechnet. Nach Abs. 4 gelten die Grundsätze zum Vorrang der Leistungen der SE allerdings nur, soweit im SGB XIV nichts **Abweichendes** geregelt ist. Abweichende Regelungen enthält zB § 8 Abs. 3 SGB XIV im Hinblick auf Ansprüche nach dem SGB VII, dem SVG oder nach der beamtenrechtlichen Unfallfürsorge. Siehe zu weiteren Ausnahmen auch → Rn. 1 und 2.

II. Systematische Einordnung und Normzweck

4 § 28 SGB XIV gehört zu den **„allgemeinen" Vorschriften**, zugeordnet dem Kap. 3 und damit gültig für alle Leistungen der SE, soweit es das Verhältnis von Leistungen der SE zu den **Leistungen anderer Träger** betrifft. Die Regelung soll zukünftig auch für die Leistungen gelten, die nach Gesetzen der SE erbracht werden, die derzeit auf das BVG und ab dem 1.1.2024 auf das SGB XIV verweisen. Beachte als Ausnahme Leistungen nach dem SEG ab dem 1.1.2025. Die Soldatenentschädigung wird einem eigenen Regelungsgefüge folgen.[5] Die Vorrangregelung für die Leistungen der SE nach **§ 28 Abs. 1 SGB XIV** ist aufgrund von **§ 28 Abs. 4 SGB XIV** im Verbund mit **§ 8 Abs. 1 und 3 SGB XIV** zu verstehen, der im Kap. 2 – Allgemeine Voraussetzungen – die **Konkurrenz von Ansprüchen** regelt (zu den Einzelheiten → § 8 Rn. 18 ff.). Dies betrifft vor allem den Vorrang der Leistungen der beamtenrechtlichen Unfallfürsorge, Ansprüche nach dem SGB VII und dem SVG (bis 1.1.2025 – s. oben). Ebenfalls die Leistungen anderer Träger betreffen die Regelungen des **§ 102 Abs. 7 und 8 SGB XIV** in den Fällen der Versorgung von Schädigungsfolgen bei Gewalttaten im Ausland. Nicht von § 28 SGB XIV betroffen ist die Regelung des § 8 Abs. 2 SGB XIV. Sie trifft eine **„interne" Berücksichtigung** von Leistungen der SE. § 8 Abs. 2 SGB XIV normiert das Zusammentreffen von Ansprüchen aus mehreren schädigenden Ereignissen der SE, wenn sie auf denen des Kap. 2 Abschn. 2 SGB XIV oder auf denen anderer Gesetze, die die entsprechende Anwendung des SGB XIV vorsehen, gründen. Dies gilt auch für § 106 SGB XIV mit der dort vorgesehenen Anrechnung des Krankengeldes der SE und des BSA als Einkommen bei den BLiE, weil beide dem Einkommensersatz dienen.[6] Auch in den „internen" Zusammenhang gehört § 108 SGB XIV, der die Berücksichtigung von Ansparungen aus Leistungen nach dem SGB XIV als Vermögen vorsieht.

5 § 28 Abs. 2 SGB XIV ändert die bis zum 31.12.2023 geltende Regelungstechnik ab. Bisher wird in den einzelnen Sozialleistungsgesetzen bestimmt, welche und in welchem Umfang Leistungen der SE bei der Berechnung der Sozialleistung zu berücksichtigen sind. Ab dem 1.1.2024 wird gelten, dass **Entschädigungszahlungen** nach dem Kap. 9 (monatliche Entschädigungszahlung, Abfindung und Entschädigungszahlungen an Hinterbliebene nach den §§ 83 bis 88 SGB XIV) und Leistungen auf Grundlage von § 102 Abs. 4 und 5 SGB XIV (**Einmalzahlungen nach einer Gewalttat im Ausland**) nicht als **Einkommen** und **Vermögen** auf andere Sozialleistungen angerechnet werden.

---

4 Schmidt SGB XIV/Bienert § 28 Rn. 17.

5 BT-Drs. 19/27523, 1, an die Ausschüsse überwiesen BT-Plenarprot. 19/218, 27516D – 27521D; Beschlussempfehlung BT-Drs. 19729846; verabschiedet am 20.8.2021 als Art. 1 des Gesetzes über die Entschädigung der Soldatinnen und Soldaten und zur Neuordnung des Soldatenversorgungsrechts – SEG mWv 1.1.2025, BGBl. 2021 I 3932.

6 BT-Drs. 19/13824, 217.

Dies soll auch für das AsylbLG gelten. Die Vorschrift greift damit in andere Leistungsgesetze ein, wie etwa die **Grundsicherung für Arbeitsuchende** nach dem SGB II – § 11a Abs. 1 Nr. 2 SGB II. In der Entwurfsbegründung wird dazu ausgeführt, die bisherigen einzelgesetzlichen Regelungen zur Nichtanrechnung der Leistungen der SE seien daher nicht länger notwendig.[7] Diese Aussage trifft allerdings nur für die in § 28 Abs. 2 SGB XIV ausdrücklich benannten Leistungen zu. **Krankengeld der SE** etwa wird auch idF des G-SER ab dem 1.1.2024 in der **Arbeitsförderung** nach § 345 Nr. 5 SGB III als beitragspflichtige Einnahme aufgeführt.[8] Ebenso ordnet zudem § 156 Abs. 1 S. 1 Nr. 2 SGB III idF des Art. 30 Nr. 4 G-SER[9] weiterhin das Ruhen des Alg für die Zeit der Zuerkennung eines Anspruchs auf Krankengeld der SE an.[10]

Ausdrückliche Erwähnung findet die „Nichtanrechnung" von **Entschädigungszahlungen** und der Leistungen nach **§ 102 Abs. 4 und 5 SGB XIV** auf Leistungen nach dem **AsylbLG** in § 28 Abs. 2 SGB XIV. Zur Begründung wird dargelegt, die Leistungen nach dem AsylbLG seien nicht vom Begriff der **Sozialleistungen nach § 11 S. 1 SGB I** erfasst.[11] Dies ist die **formale** Seite, denn die Vorschrift nimmt mit dem Hinweis auf die sozialen Rechte Bezug, ua auf die Aufzählung der sozialen Rechte in § 2 iVm §§ 3–10 SGB I. Dort wird das AsylbLG nicht erwähnt, sodass fraglich sein könnte, ob Leistungen nach dem AsylbLG zu individuellen Ansprüchen iSd SGB I führen können, da diese nur durch die Rechtsgrundlagen in den einschlägigen Sachgesetzen aus den in den §§ 3 bis 10 SGB I benannten Bereichen begründet werden können. Diese Frage beantwortet sich aus dem **Zweck** der Regelungen des AsylbLG. So formuliert der 7. Senat des BSG zu § 1a AsylbLG unter Hinweis auf die BT-Drs. 13/11172,[12] dass sein Ziel in erster Linie die Verhinderung eines rechtsmissbräuchlichen Leistungsbezugs im Einzelfall sei. Das AsylbLG sei von Beginn an „im Kern" als „Regelung des Aufenthalts- und Niederlassungsrechts von Ausländern nach dem Asylverfahrensgesetz" verstanden und konzipiert worden.[13] Seine Ansprüche seien unmittelbar an den aufenthaltsrechtlichen Status eines Ausländers geknüpft.[14] Da das AsylbLG mithin sowohl formal als auch inhaltlich nicht dem Sozialrecht zuzuordnen ist[15] und damit keine anderen Sozialleistungen aus diesem generiert werden können, bedurfte es dessen ausdrücklicher Erwähnung in § 28 Abs. 2 SGB XIV, mit der Regelung, dass Entschädigungszahlungen der SE und einmalige Leistungen nach § 102 Abs. 4 oder Abs. 5 SGB XIV nicht als Einkommen und Vermögen auf Leistungen nach dem AsylbLG anzurechnen sind. 6

Systematische Relevanz kommt § 28 SGB XIV im „**Erstattungs**fall" im weitesten Sinne zu. Aufgrund der Regelung des § 28 Abs. 1 SGB XIV und soweit dort der Vorrang der Leistungen des SER angeordnet wird, statuiert die Vorschrift ein **Rangverhältnis** iSd § 104 SGB X.[16] Dies gilt auch für Leistungen aufgrund eines schädigenden Ereignisses iS eines Gesetzes, das die entsprechende Anwendung des SGB XIV vorsieht. Die Rangfolge der Leistungsverpflichtung wird festgelegt im Verhältnis der Leistungen der SE zu Leistungen anderer Träger, insbes. anderer Sozialleistungsträger. Zumeist sind die TdSE daher aufgrund von § 28 Abs. 1 SGB XIV vorrangig zur Leistungserbringung verpflichtet und damit die anderen Träger „nachrangig" iSd **§ 104 SGB X**. Mit Bienert 7

7 BT-Drs. 19/13824, 182.
8 Art. 30 Nr. 7 G-SER v. 12.12.2019, BGBl. 2019 I 2652.
9 Vom 12.12.2019, BGBl. 2019 I 2652 mWv 1.1.2024.
10 Siehe auch § 332 Abs. 1 S. 1 Nr. 2 SGB III – Erstattungsanspruch bei BSA nach Art. 30 Nr. 5 G-SER v. 12.12.2019, BGBl. 2019 I 2652.
11 BT-Drs. 19/13824, 182.
12 BT-Drs. 13/11172, 7.
13 Vgl. BT-Drs. 12/4451, 5.
14 BSG 12.5.17 – B 7 AY 1/16 R, BSGE 123, 157.
15 Vgl. auch Siefert/Siefert AsylbLG § 1 Rn. 38.
16 Siehe dazu LPK-SGB X/Böttiger § 104 Rn. 9.

kann unter Berufung auf Böttiger insoweit von einer weitgehenden **Systemsubsidiarität** ausgegangen werden; die **Nachrangigkeit/Vorrangigkeit** bezieht sich dabei auf ein ganzes Leistungssystem.[17] Dies verkennt bei der konkreten Anwendung des § 104 SGB X nicht, dass die Nachrangigkeit einer Leistungsverpflichtung nur in **konkreter fallbezogener Bewertung** festgestellt werden kann. Systemsubsidiarität bedeutet keinen Automatismus des Vor- oder Nachrangs einer erbrachten Leistung. Es besteht eine nachrangige Verpflichtung des leistenden Trägers iSd § 104 SGB X nur, soweit er bei rechtzeitiger Erfüllung der Leistungsverpflichtung des anderen Leistungsträgers nicht verpflichtet gewesen wäre.[18] Dass dies auch im Falle des SGB XIV gilt, folgt bereits aus der einschränkenden Regelung des § 28 Abs. 4 SGB XIV, der die Anwendbarkeit der Vorrangregel davon abhängig macht, dass im SGB XIV nichts Abweichendes geregelt ist. Dies ist nach § 8 Abs. 1 und 2 SGB XIV sowie § 102 Abs. 7 und 8 SGB XIV jedoch der Fall.

8 Nicht berührt werden die Leistungsansprüche der Leistungsberechtigten der SE aus privaten Sicherungs- und Versorgungssystemen durch den **Anspruchsübergang** iSd **§ 120 SGB XIV** iVm § 116 SGB X oder umgekehrt, sind Schadensersatzansprüche aus privaten Versicherungen aufgrund des Anspruchsübergangs wie nach § 116 SGB X nicht privilegiert. Zwar ist der Wortlaut des § 28 Abs. 3 SGB XIV insoweit nicht eindeutig (→ Rn. 3). Die Ausführungen der Entwurfsbegründung, von der Berücksichtigung als Einkommen oder Vermögen seien nur Ansprüche von Leistungsberechtigten aus privaten Systemen (insbes. Versicherungen) ausgenommen, die speziell für ihre individuelle Absicherung einstehen sollten, von ihnen selbst finanziert seien,[19] finden im Wortlaut des § 28 Abs. 3 SGB XIV keine eindeutige Stütze. Diesbezüglich ist jedoch § 28 Abs. 4 SGB XIV in den Blick zu nehmen, wonach Abs. 3 des § 28 SGB XIV nur dann gilt, wenn im Gesetz nichts Abweichendes geregelt ist. § 120 SGB XIV trifft jedoch eine derartige abweichende Regelung. Der dortige Anspruchsübergang setzt einen **Schadensersatz**anspruch gegen den Schädiger oder dessen Versicherung voraus, also die Abgeltung der Schuld des Schädigers etwa durch eine von diesem abgeschlossene Versicherung. Ein solcher Schadensersatzanspruch gegen einen Dritten ist – wenn er von einer privaten Versicherung abgegolten wird – nicht von der Freistellung des § 28 Abs. 3 SGB XIV erfasst. § 120 SGB XIV regelt im Gegensatz zu der grundsätzlichen Privilegierung von Leistungen aus privaten Sicherungs- und Versorgungssystemen nach § 28 Abs. 3 SGB XIV eine Ausnahme hiervon iSd § 28 Abs. 4 SGB XIV. Umgekehrt gilt für Leistungsansprüche aus privaten Sicherungs- oder Versorgungssystemen, dass der Anspruchsübergang nach § 120 SGB XIV für sie nicht greift.

9 Systematisch muss **§ 28 Abs. 4 SGB XIV** bei der Auslegung der Abs. 1 und 3 SGB XIV (zu Abs. 3 → Rn. 7) mitbedacht werden. Denn deren **Grundregel** des **Vorrangs** gilt nur, wenn sich aus dem SGB XIV keine **abweichende Regelung** ergibt. Abweichende Regelungen enthalten § 8 Abs. 1 und 3 SGB XIV und § 102 Abs. 7 und 8 SGB XIV.

C. Einzelkommentierung

I. Vorrang von Leistungen der SE – Abs. 1

10 **1. Leistungen nach dem SGB XIV. Leistungen** nach dem SGB XIV sind diejenigen, die in § 3 SGB XIV enumerativ aufgezählt sind (vgl. § 3 SGB XIV). Die Aufzählung ist abschließend. § 28 Abs. 1 SGB XIV macht vom Wortlaut her bezüglich des „Vorrangs" der Leistungen der SE keine Ausnahme für eine bestimmte Leistungsart.

17 Schmidt SGB XIV/Bienert § 28 Rn. 9; LPK-SGB X/Böttiger § 104 Rn. 10.
18 So KassKomm/Kater SGB X § 104 Rn. 10, mit insoweit kritischer Einordnung des Begriffs der „Systemsubsidiarität".
19 BT-Drs. 19/13824, 182.

2. Schädigende Ereignisse. Schädigende Ereignisse sind solche, die in § 1 Abs. 2 und 3 SGB XIV aufgeführt sind. Sie betreffen Entschädigungstatbestände iSd Kap. 2 Abschn. 2 Unterabschn. 1 bis 4, also **Gewalttaten, Kriegsauswirkungen beider Weltkriege,** Ereignisse im Zusammenhang mit dem **Zivildienst** und Schädigungsfolgen durch **Schutzimpfungen** oder andere Maßnahmen der **spezifischen Prophylaxe.** Leistungen nach dem SGB XIV werden erbracht für Schädigungsfolgen, die durch die benannten schädigenden Ereignisse iSd § 4 SGB XIV hervorgerufen worden sind (zweifache Kausalitätskette, → § 1 Rn. 23 ff.). Die Regelung des § 28 Abs. 1 SGB XIV gilt allerdings auch für schädigende Ereignisse, die in **Gesetzen** bestimmt werden, die eine **entsprechende Anwendung** – zukünftig – des **SGB XIV** anordnen werden. Eine Anwendung des Vorrangs der Leistungen nach § 28 Abs. 1 SGB XIV scheidet nur dann aus, wenn er ausdrücklich in einem der Gesetze, die auf eine entsprechende Anwendung des SGB XIV verweisen, ausgeschlossen worden sein sollte. 11

3. Leistungen anderer Träger. Wer **andere Träger** außer anderen Sozialleistungsträgern sind, wird in der Entwurfsbegründung nicht dargelegt. Im Zusammenhang mit der Regelung des § 28 Abs. 2 SGB XIV zur Berücksichtigung von Entschädigungszahlungen und einmaligen Leistungen nach Gewalttaten im Ausland als Einkommen und Vermögen ist insoweit an die Träger der Leistungen nach dem **AsylbLG** zu denken (→ Rn. 5). Es handelt sich dort um einen anderen Träger, weil er in § 12 SGB I bzw. in den Verweisen auf §§ 18 bis 20 SGB I nicht benannt wird. Auch kommen die Träger der Systeme nach Abs. 3 des § 28 SGB XI in Betracht (private Sicherungs- und Versorgungssysteme), → Rn. 23, 27. 12

4. Leistungen anderer Sozialleistungsträger. Wer andere Sozialleistungsträger sind ergibt sich aus **§ 12 iVm §§ 18 bis 29 SGB I.** Gegenüber deren Leistungen sind die des SGB XIV vorrangig. 13

5. Vorrang. Zum **Vorrang-/Nachrangverhältnis** im Einzelnen → Rn. 4 ff. Auch die Regelungen der Abs. 2 und 3, die die **Einkommensanrechnung** bestimmter Leistungen nach dem SGB XIV auf bedarfsabhängige Sozialleistungen und im Hinblick auf alle Leistungen der SE deren Anrechnung auf Leistungen aus privaten Sicherungs- oder Versorgungssystemen ausschließen, sind Ausdruck des Vorrangs des § 28 Abs. 1 SGB XIV. Dies basiert auf dem Gedanken der besonderen **Verantwortung der Gesellschaft** für die Folgen der definierten schädigenden Ereignisse. Die aus dieser Verantwortung geleistete **Unterstützung** in Gestalt von Rechtsansprüchen auf Leistungen nach dem SGB XIV (→ § 1 Rn. 8 ff.) soll nicht andere Sozialleistungsträger entlasten, indem sie weniger als nach ihren gesetzlichen Vorschriften vorgesehen leisten müssen und in diesem Sinne auch nicht private Sicherungs- und Versorgungsträger zulasten der Berechtigten der SE und der Allgemeinheit begünstigen. Anders als die Einkommensberücksichtigung in den Abs. 2 und 3, die bewirkt, dass – sofern eine Einkommensanrechnung vorzunehmen wäre – bereits der Anspruch auf die begehrte Sozialleistung oder private Leistung nicht entstünde, hat die Vorrangregelung des Abs. 1 selbst idR nur Bedeutung im Verhältnis zu anderen Trägern, zB im Rahmen der Erstattungsregelungen. 14

II. Anrechnung auf öffentlich-rechtliche Leistungen – Abs. 2

1. Entschädigungszahlungen nach Kap. 9. Die Ausnahme von der Einkommensberücksichtigung wird in § 28 Abs. 2 SGB XIV beschränkt, ua auf Entschädigungszahlungen nach dem Kap. 9. Die Entschädigungszahlungen nach dem Kap. 9 sind die monatlichen **Entschädigungszahlungen** nach **§ 83 SGB XIV,** die die Grundrente nach § 31 BVG ersetzen. Die Entschädigungszahlung stellt eine Anerkennung der durch die erlittene gesundheitliche Schädigung verlorenen gesundheitlichen Integrität dar. Sie 15 hat demnach einen stark **immateriellen Charakter.**[20] Zudem soll sie die Mehrbelastungen durch das schädigende Ereignis ausgleichen, die ein gesunder Mensch nicht hat.[21] Ihre Funktion gleicht damit der der **Grundrente** nach § 31 BVG, die Genugtuung für verlorene Integrität und deswegen entgangene Lebensfreude verschafft und ebenfalls die Mehraufwendungen kompensieren soll.[22] Zu den Entschädigungszahlungen des Kap. 9 gehören außerdem die **Abfindungen** an Geschädigte nach § 84 SGB XIV. Vergleichbare Regelungen finden sich in §§ 72 ff. BVG, wenn sich auch die Einzelregelungen deutlich unterscheiden (vgl. § 84 SGB XIV). Ebenfalls von den Leistungen des Kap. 9 umfasst sind die Entschädigungsleistungen an **Hinterbliebene** der §§ 85–88 SGB XIV, die sich grundlegend von denen des BVG (§§ 38 ff. BVG) unterscheiden. Auch für diese Leistungen gilt, dass sie eine **immaterielle Anerkennung** für das erbrachte Opfer darstellen, das – so die Entwurfsbegründung zu § 85 SGB XIV – oftmals auch die Familie von Geschädigten treffe. Zudem sollten sie einen Beitrag dazu leisten, dass Hinterbliebene sich nach dem Tod des Ehepartners auf die neue Lebenssituation einstellen könnten.[23] Dieser immaterielle Anteil an den Leistungen der SE soll den Leistungsberechtigten erhalten bleiben, auch wenn sie andere – einkommensabhängige Sozialleistungen – beziehen (hierzu → Rn. 17).

16 **2. Einmalzahlungen nach § 102 Abs. 4 und 5 SGB XIV.** Den **Einmalzahlungen** nach § 102 Abs. 4 und 5 SGB XIV kommt dieselbe Funktion wie den Entschädigungszahlungen zu (→ Rn. 14), nur in der besonderen Situation bei einer im **Ausland** verübten **Gewalttat** und ausschließlich als einmalige Abgeltung. Hintergrund ist, dass die staatliche Gemeinschaft für Opfer von Gewalttaten im Ausland eine geringere Verantwortung als für Opfer von Gewalttaten in Deutschland zu übernehmen hat – ein Versagen des Gewaltmonopols in Ermangelung der territorialen Zuständigkeit der deutschen Sicherheitsorgane scheidet aus. Soweit Geschädigte einen rechtmäßigen Aufenthalt in Deutschland und sich nur für einen vorübergehenden Zeitraum im Ausland aufgehalten haben, wird gleichwohl von einer engen Verbindung mit Deutschland ausgegangen, die Leistungen aus **fürsorgerischen Gesichtspunkten** – so die Entwurfsbegründung – rechtfertigt.[24] Auch diese Leistungen sollen den Leistungsberechtigten iSd § 102 SGB XIV verbleiben, wenn sie andere „fürsorgerische" Leistungen beziehen, die die Erbringung vom Bedarf, also dem Vorhandensein von Einkommen und Vermögen, abhängig machen (→ Rn. 17).

17 **3. Einkommen und Vermögen.** Was **Einkommen** und **Vermögen** ist bestimmt sich grundsätzlich nach den Festlegungen in den Gesetzen, nach denen andere Sozialleistungen iSd § 28 Abs. 2 SGB XIV zu erbringen sind. Bei diesen Gesetzen handelt es sich um solche, die die Leistungsbemessung (bis hin zur Ablehnung der Leistungserbringung) vom Bedarf der Antragsteller abhängig machen (→ Rn. 17). Der Bedarf bemisst sich nach den wirtschaftlichen Verhältnissen der Antragsteller bzw. der Personengruppe, mit denen sie zusammenleben (Bedarfsgemeinschaft nach dem SGB II oder Einsatzgemeinschaft nach dem SGB XII). Einkommen ist in der **Grundsicherung für Arbeitsuchende** alles das, was die Leistungsberechtigten nach der Antragstellung wertmäßig dazu erhalten und Vermögen, was bei Antragstellung bereits vorhanden war (modifizierte **Zuflusstheorie**).[25] Wenn allerdings wie hier ausdrücklich angeordnet wird, dass ein Zufluss an Leistungen nicht als Einkommen zu berücksichtigen ist und bereits vorhandene Ansparungen aus diesen Leistungen kein anzurechnendes Vermö-

---

20 Zum immateriellen Aspekt vgl. auch HK-SozEntschR/Knickrehm BVG Vor § 1 Rn. 8.
21 BT-Drs. 19/13824, 207.
22 Vgl. zu § 31 BVG HK-SozEntschR/Dau BVG § 31 Rn. 1.
23 BT-Drs. 19/13824, 207.
24 BT-Drs. 19/13824, 215.
25 Vgl. nur Eicher/Luik/Schmidt SGB II § 11 Rn. 15 mN aus der Rspr.; s. auch Gagel/Schwabe SGB II § 11 Rn. 20.

gen sind, wird die benannte Regel durchbrochen. Insoweit gilt im SGB II anders als für Nachzahlungen aus einem früheren Arbeitsverhältnis[26], Steuererstattungen[27] oder Beitragsrückerstattungen der privaten Krankenversicherung[28], dass auch **Nachzahlungen** aus Leistungen der SE iSd § 28 Abs. 2 SGB XIV kein Einkommen und Vermögen nach dem SGB II sind. Dies wird auch für eine Verzinsung der Nachzahlung anzunehmen sein,[29] wie das SG Düsseldorf zutreffend ausführt; die Verzinsung nach § 44 SGB I stehe nicht für sich alleine, sondern sei im Zusammenhang mit der verzinsten Geldleistung zu betrachten. Zinsen gemäß § 44 SGB I seien akzessorisch zur Hauptleistung. Sei die Hauptleistung privilegiert, müsse dies auch für die **Zinsen** gelten.[30] Ebenfalls für die Sozialhilfe des SGB XII gilt die zuvor für die Grundsicherung für Arbeitsuchende umschriebene modifizierte Zuflusstheorie.[31]

4. Anrechnung auf andere Leistungen. Mit § 28 Abs. 2 SGB XIV werden Sonderregelungen in den einzelnen Sozialleistungsgesetzen zur **Anrechnung der Entschädigungszahlungen** nach dem Kap. 9 sowie der **Einmalzahlungen** nach § 102 Abs. 4 und 5 SGB XIV überflüssig. Art. 29 Buchst. a und b G-SER v. 12.12.2019[32] werden mithin entsprechende **Änderungen im SGB II** (§ 11a Abs. 1 Nr. 2 und 3 SGB II) bewirken. Nach Art. 40 Nr. 3 G-SER gilt für § 82 Abs. 1 S. 1 **SGB XII** ab dem 1.1.2024: „Zum Einkommen gehören Einkünfte in Geld oder Geldeswert mit Ausnahme der Leistungen nach dem SGB XII und der Renten oder Beihilfen, die nach dem Bundesentschädigungsgesetz für Schaden an Leben sowie an Körper oder Gesundheit erbracht werden, *bis zur Höhe der vergleichbaren Entschädigungszahlungen nach Kapitel 9 des SGB XIV*". Offensichtlich übersehen worden ist, dass im Hinblick auf die Leistungen der SE iSd § 28 Abs. 2 SGB XIV zudem eine Änderung des § 82 Abs. 1 S. 1 Nr. 2 SGB XII erforderlich gewesen wäre. Denn dessen Wortlaut geht bis zum 31.12.2024 – also noch nach dem Inkrafttreten des SGB XIV – und auch ab dem 1.1.2025 (Inkrafttreten des SEG)[33] dahin, dass die **Grundrente nach dem BVG** nicht zum Einkommen gehört. Nach dem 1.1.2024 wird die Grundrente jedoch nur noch im Rahmen der **Besitzstandsleistungen** nach den Kap. 22 und 23 SGB XIV als Berechnungsfaktor der Geldleistung iSd § 144 SGB XIV von Bedeutung sein. Angesichts des offensichtlichen gesetzgeberischen Versehens ist davon auszugehen, dass zukünftig die in § 28 Abs. 2 SGB XIV benannten Leistungen von der Einkommensanrechnung auch im SGB XII ausgenommen sind. § 28 Abs. 2 SGB XIV trifft im Hinblick auf die Ausnahme von der Einkommens- und Vermögensanrechnung eine generelle Regelung. Es ist nicht erkennbar, dass Leistungen der Sozialhilfe hiervon ausgenommen sein sollten, zumal die dortige Regelung in § 82 SGB XII für Leistungen nach dem BVG bereits eine Ausnahme insoweit vorsieht. Bis zum 1.1.2024 wird vom Gesetzgeber allerdings zu bedenken sein, welche Regelungen für „Besitzstandsleistungen" iSd SGB XIV, insbesondere unter Berücksichtigung des § 144 SGB XIV im Hinblick auf die Einkommens- und Vermögensanrechnung, gelten sollen. Insoweit ist zwar daran zu denken, die Grundsätze des **„intertemporalen Rechts"** anzuwenden. Danach ist ein Rechtssatz nur auf solche Sachverhalte anwendbar, die nach seinem Inkrafttreten verwirklicht werden. Spätere Änderungen eines Rechtssatzes sind für die Beurteilung von vor seinem Inkrafttreten entstandenen Lebensverhältnissen unerheblich, es sei denn, dass das Gesetz seine zeitliche Geltung auf solche Verhältnisse erstreckt. Dementsprechend geht 18

26 BSG 24.4.2015 – B 4 AS 32/14 R, SozR 4-4200 § 11 Nr. 72, Rn. 14.
27 BSG 30.9.2008 – B 4 AS 29/07 R, BSGE 101, 291; BSG 16.12.2008 – B 4 AS 48/07 R, juris Rn. 10 f.
28 BSG 20.2.2020 – B 14 AS 52/18 R, SozR 4-4200 § 12 Nr. 32, Rn. 17.
29 So auch Schmidt SGB XIV/Bienert § 28 Rn. 12.
30 SG Düsseldorf 9.9.2016 – S 29 AS 4295/13, juris Rn. 42.
31 LPK-SGB XII/Geiger § 82 Rn. 5.
32 BGBl. 2019 I 2652.
33 BGBl. 2021 I 3932.

das BSG in ständiger Rechtsprechung davon aus, dass sich die Entstehung und der Fortbestand sozialrechtlicher Ansprüche bzw. Rechtsverhältnisse grundsätzlich nach dem Recht beurteilen, das zur Zeit der anspruchsbegründenden Ereignisse oder Umstände gegolten hat.[34] Problematisch ist hier allerdings, dass die Grundrente zukünftig nur noch ein **Berechnungsfaktor** der nach § 144 SGB XIV zu erbringenden **Geldleistung** sein wird. Dies schließt zwar nicht aus, sie herauszurechnen. Angesichts der Erhöhungsregelung des § 144 Abs. 1 S. 2 SGB XIV und des Anpassungsmechanismus des § 150 SGB XIV dürfte dies aber mit erheblichen Schwierigkeiten verbunden sein. Gesetzgeberische Lösungen könnten entweder in einer Ergänzung des § 28 Abs. 2 SGB XIV oder einer § 21 Abs. 4 Nr. 1 BAföG (iE s. → Rn. 18) entlehnten Gesetzesänderung im SGB II und SGB XII bestehen.

19 Ebenfalls nicht angerechnet werden auf andere Leistungen zB sämtliche einkommensunabhängigen Leistungen des BVG und zukünftig des SGB XIV bei der Einkommensermittlung nach dem **WoGG** (§ 14 Abs. 2 Nr. 2 WoGG). Das WoGG verweist zur Bestimmung des anrechenbaren Einkommens insoweit auf das **EStG** (§ 3 Nr. 6 EStG). Auch § 21 Abs. 4 **BAföG** sieht eine zukünftige (Ausnahme-)Regelung vor. Danach gelten nicht als Einkommen Entschädigungszahlungen nach Kap. 9 SGB XIV, Einmalzahlungen nach § 102 Abs. 4 und 5 SGB XIV sowie Geldleistungen nach § 144 iVm § 149 SGB XIV (dazu auch → Rn. 17). Siehe zu weiteren Ausnahmen nach dem BAföG → Rn. 19.

20 Neben der unter → Rn. 19 benannten Ausnahme im Hinblick auf die Berücksichtigung der Leistungen iSd § 28 Abs. 2 SGB XIV regelt § 21 Abs. 4 Nr. 1 BAföG, dass ein der monatlichen **Entschädigungszahlung** nach Kap. 9 SGB XIV entsprechender Betrag, soweit der Anspruch auf Leistung nach § 8 Abs. 3 SGB XIV ruht, ebenfalls von der **Einkommensanrechnung** ausgenommen ist. Damit wird bewirkt, dass wegen des in § 8 Abs. 3 SGB XIV angeordneten Ruhens von Leistungen nach dem SGB XIV beim Zusammentreffen mit Ansprüchen nach dem **SGB VII**, dem **SVG** oder nach der **beamtenrechtlichen Unfallfürsorge**, wenn sie auf **derselben Ursache** beruhen, die Privilegierung der Leistungen der SE nicht umgangen wird (zu den Einzelheiten → § 8 Rn. 17 ff.). Bienert führt zur **Ruhens**regelung des § 8 Abs. 3 SGB XIV aus, diese führe grundsätzlich dazu, dass die Verletztenrente des SGB VII anrechnungsfrei bleiben könne.[35] Allerdings gilt, dass auch die weiteren in § 8 Abs. 3 SGB XIV benannten Leistungen in diesen Fallkonstellationen die Entschädigungszahlung nach dem SGB XIV ersetzen und daher – wie schon zur Regelung nach dem BAföG dargelegt – von der Berücksichtigung als Einkommen freigestellt werden.

21 **5. Anrechnung auf Leistungen nach dem AsylbLG.** Zum Hintergrund der Sonderregelung für Leistungen nach dem **AsylbLG** → Rn. 5 und im Übrigen → Rn. 14 ff.

III. Anrechnung auf private Leistungen – Abs. 3

22 **1. Anrechnung von Leistungsansprüchen.** Anders als § 28 Abs. 2 SGB XIV trifft Abs. 3 dieser Vorschrift keine Regelung zur Anrechnung von Leistungsansprüchen der SE auf andere Sozialleistungen oder solche nach dem AsylbLG, sondern umgekehrt zur Anrechnung von Leistungsansprüchen aus anderen (nur privaten) Sicherungssystemen bei der Berechnung der Leistungen der SE. Die Leistungen der SE nach dem SGB XIV sind allerdings weitgehend **bedarfsunabhängig** ausgestaltet, sodass § 28 Abs. 3 SGB XIV nur in einigen wenigen Fällen überhaupt einen Anwendungsraum hat.[36] Zu nennen sind hier zuvörderst die **BLiE**, die nach § 92 Abs. 1 SGB XIV nur

34 Vgl. BSG 27.6.2019 – B 10 EG 2/18 R, BSGE 128, 243 unter Verweis auf BSG 4.9.2013 – B 10 EG 6/12 R, SozR 4-7837 § 2 Nr. 24 Rn. 37 mwN.
35 Schmidt SGB XIV/Bienert § 28 Rn. 12.
36 So wohl auch Schmidt SGB XIV/Bienert § 28 Rn. 14.

soweit und solange erbracht wird, als Leistungsberechtigte nicht oder nicht ausreichend in der Lage sind, den jeweiligen Bedarf aus ihrem Einkommen und Vermögen zu decken, und dieses Unvermögen durch die Schädigungsfolgen entstanden ist. Was einzusetzendes Einkommen und Vermögen iSd § 92 SGB XIV sind regeln §§ 105 bis 108 SGB XIV. Jedenfalls kann nicht zu berücksichtigendes Einkommen oder Vermögen auch aus einem privaten Sicherungs- oder Versorgungssystem stammen. Ferner kann es Fallkonstellationen geben, in denen insbesondere Leistungen aus Versorgungssystemen, etwa eine Betriebsrente, grundsätzlich Teil des bei der Berechnung des **BSA** zugrunde zu legenden Einkommens aus derzeitiger oder früherer Erwerbstätigkeit ist. § 28 Abs. 3 SGB XIV schließt deren Anrechnung jedoch aus.[37] § 102 Abs. 7 SGB XIV sieht für den Fall der **im Ausland begangenen Gewalttat** entgegen § 28 Abs. 3 SGB XIV ausdrücklich eine Anrechnung von Leistungen aus anderen **privaten Sicherungs- und Versorgungssystemen** vor. Der Konflikt der widerstreitenden Regelungen löst sich über § 28 Abs. 4 SGB XIV, der die Möglichkeit einer abweichenden Regelung von § 28 Abs. 3 SGB XIV im SGB XIV vorsieht. Die Regelung des § 28 Abs. 4 SGB XIV verlangt aber eine ausdrückliche gesetzliche Regelung innerhalb des SGB XIV. Zutreffend weist Bienert daher darauf hin, dass eine entsprechende Rückausnahme zur Regelung des § 28 Abs. 3 SGB XIV nicht durch eine Verordnung auf Grundlage des § 91 SGB XIV (Ersatz für die BSchAV) erfolgen könne,[38] soweit die Ermächtigungsgrundlage des § 91 SGB XIV – anders als derzeit nach § 30 Abs. 14 Buchst. d BVG iVm § 8 BSchAV – überhaupt eine Bestimmung durch eine Verordnung dazu zulässt, was als Nettoeinkommen aus gegenwärtiger oder früherer Erwerbstätigkeit anzusehen ist (allenfalls nach § 91 Nr. 4 Hs. 2 SGB XIV, wenn ihm außerhalb von § 89 Abs. 8 SGB XIV – Nachschaden – eine selbstständige Bedeutung zu kommt). Siehe in diesem Zusammenhang auch zu § 120 SGB XIV → Rn. 7.

2. Private Sicherungssysteme. Private Sicherungssysteme sind in erster Linie **Versicherungen**. Einkommen bzw. Vermögen insoweit besteht aus den Leistungen dieser Versicherungen, sei es **laufend, angespart** als Vermögen oder **kapitalisiert** ausgezahlt.[39] 23

Dem Wortlaut der Vorschrift lässt sich nicht entnehmen gegen den Eintritt welchen Risikos die Sicherung erfolgt sein muss. Unter Berücksichtigung des in der Entwurfsbegründung umschriebenen Zwecks der Vorschrift, dass sich eine private Absicherung – besser Vorsorge – im Rahmen der SE nicht zum Nachteil der Betroffenen auswirken solle[40], kommt es mithin für die Freistellung von der Einkommens- und Vermögensberücksichtigung bei der Berechnung von Leistungen nach dem SGB XIV nicht auf das **versicherte Risiko** an. § 28 Abs. 3 SGB XIV verlangt mithin nicht die Absicherung gegen den Eintritt eines **gesundheitlichen Risikos,** wie etwa durch eine private Unfall- oder Berufsunfähigkeitsversicherung.[41] Die Formulierung des § 28 Abs. 3 SGB XIV schließt als freigestellte Leistung aus einem privaten Sicherungssystems auch zufließende Zinsen nicht aus. Die Leistung kann zudem aus einer **Lebensversicherung** stammen, zur Aufstockung des Alterseinkommens oder einer solchen, die „nur" als Kapitalanlage abgeschlossen worden ist. 24

37 Siehe zur aktuellen Rechtslage bei einer vom Ehemann der Geschädigten und Bezieherin eines BSA finanzierten privaten Unfallversicherungsrente als Einkommen unter Berücksichtigung von § 8 BSchAV BSG 10.6.2021 – B 9 V 1/20 R, juris Rn. 22.

38 Schmidt SGB XIV/Bienert § 28 Rn. 20.

39 Siehe zur „Vermögensberücksichtigung" bei der Witwenausgleichsrente (§ 33 BVG), wenn die Leistung aus privaten Versicherungsverträgen nicht nur in einer Geldrente besteht, sondern in einer einmalig gezahlten Versicherungssumme, BSG 24.5.1973 – 10 RV 237/72, SozR Nr. 1 zu § 1 DVO zu § 33 BVG, Rn. 14.

40 BT-Drs. 19/13824, 182.

41 Missverständlich insoweit Schmidt SGB XIV/Bienert § 28 Rn. 18; s. zur Berücksichtigung der Erträge aus einer privaten Unfallversicherung bei der Berechnung des BSA nach dem BVG, BSG 10.6.2021 – B 9 V 1/20 R, juris Rn. 22 ff.

25 Anders als in der Entwurfsbegründung angedeutet, muss die Leistung nicht aus einer auf **eigene Kosten** erfolgten privaten Absicherung stammen.[42] Hierfür gibt es im Wortlaut der Vorschrift keinen Anhaltspunkt und auch unter systematischen Gesichtspunkten keine Rechtfertigung. Die „Versicherungsleistung" kann mithin auch **von einem Dritten finanziert** worden sein, etwa den Eltern für die Sicherung des Kindes oder vom Ehe- oder Lebenspartner,[43] einem Freund oder Verwandten. Entscheidend ist allein, dass die Sicherungsleistung der oder dem Leistungsberechtigten zugutekommt, denn betroffen sind ihre/seine Leistungen.

26 § 28 Abs. 3 SGB XIV macht zwar keine Vorgaben zu der **Art des Sicherungssystems**. Die Leistung, die von der Anrechnung als Einkommen bei den Leistungen der SE freigestellt wird, muss allerdings aus einem **„System"** stammen. Der Wortlaut des § 28 Abs. 3 SGB XIV spricht von Sicherungs„systemen". Dies wirft die Frage auf, ob auch etwa aus einem Depot mit **Aktienfonds** gezahlte Erträge, die zB einem Selbständigen die finanzielle Absicherung im Alter als Ersatz für die aus der gesetzlichen Rentenversicherung gewährleisten soll, nach § 28 Abs. 3 SGB XIV privilegiert sind. Dies wird zu verneinen sein, denn um eine Leistung aus einem „System" handelt es sich bei diesen Erträgen nicht. Unter einem System ist nach „Wikipedia" ein „aus mehreren Einzelteilen zusammengesetztes Ganzes" zu verstehen. Es werde im Allgemeinen als ein abgrenzbares, natürliches oder künstliches „Gebilde" bezeichnet, das aus verschiedenen Komponenten mit unterschiedlichen Eigenschaften bestehe, die aufgrund bestimmter geordneter Beziehungen untereinander als gemeinsames Ganzes betrachtet werden könnten. Insoweit ist sicherlich immer auf den jeweiligen Zusammenhang zu schauen, in dem der Begriff des „Systems" verwandt wird. Vorliegend muss es sich um ein Gebilde handeln, das ähnlich eines Sozialleistungsträgers eine gewisse Struktur hat, die die Erbringung von Leistungen an eine größere Gruppe bei ihm im System zusammengeschlossener Personen ermöglicht. Nicht zwingend ist nach dem Wortlaut des § 28 Abs. 3 SGB XIV, dass es sich um eine **Versicherung** handelt, also einem Zusammenschluss, dem Grundprinzip der kollektiven Risikoübernahme (Versicherungsprinzip oder Äquivalenzprinzip) folgend, bei dem viele einen Geldbetrag (= Versicherungsprämie) in die Kapitalsammelstelle Versicherer einzahlen, um beim Eintreten eines entsprechenden Schadens, dem Versicherungsfall, aus dieser Kapitalsammelstelle einen Schadenausgleich zu erhalten.

27 **3. Private Versorgungssysteme.** Als **private Versorgungssysteme** kommen insbesondere in Betracht solche der **betrieblichen Altersversorgung nach dem Betriebsrentengesetz.**[44] Die aus diesen gezahlten Betriebsrenten sind zumindest teilweise durch die berechtigten Arbeitnehmer „mitfinanziert", zB bei den aufgrund von Entgeltumwandlung abgeführten Beiträgen an eine Pensionskasse. Ihre Berücksichtigung als **Einkommen** bei den BLiE folgt allerdings unter Berücksichtigung von § 28 Abs. 4 SGB XIV der Regelung des § 105 SGB XIV, dessen Abs. 2 ua auf § 82 **SGB XII** Bezug nimmt. Entscheidend für die Privilegierung ist dort, dass der freiwillig erbrachte Beitrag für eine Altersvorsorge die gesetzlichen Pflicht-Sicherungssysteme ergänzt bzw. Vorsorgesysteme entlastet.[45]

IV. Abweichende Regelungen

28 Abs. 4 des § 28 SGB XIV legt fest, unter welchen Voraussetzungen Abweichungen von den Abs. 1 und 3 des § 28 SGB XIV zulässig sind. Aus der Regelung folgt, soweit

42 BT-Drs. 19/13824, 182.
43 Vgl. zur Finanzierung einer privaten Unfallversicherung durch die Prämienzahlung des Ehemannes der Geschädigten im BVG, BSG 10.6.2021 – B 9 V 1/20 R, juris Rn. 22 ff.
44 Zuletzt geändert durch Art. 23 des Gesetzes zur Fortentwicklung des Sanierungs- und Insolvenzrechts v. 22.12.2020, BGBl. 2020 I 3256.
45 LPK-SGB XII/Geiger § 82 Rn. 102.

Abweichungen von dem grundsätzlichen Vorrang-/Nachrangverhältnis gesetzgeberisch gewollt sind, dass diese einer ausdrücklichen Regelung bedürfen (s. auch → Rn. 2). Zu den Abweichungen im Einzelnen s. § 8 Abs. 3 SGB XIV (Vorrang der Ansprüche aus der GUV, dem SVG und der beamtenrechtlichen Unfallfürsorge, soweit sie auf derselben Ursache beruhen) und § 102 Abs. 7 und 8 SGB XIV.

D. Anhang

I. BVG

§ 54 BVG [Zusammentreffen mit Ansprüchen aus Unfallversicherung] 29
(abgedruckt bei → § 8 Rn. 21)

§ 65 BVG [Ruhen des Anspruchs auf Versorgung]
(abgedruckt bei → § 8 Rn. 21)

§ 81 BVG [Ansprüche gegen den Bund]
(abgedruckt bei → § 8 Rn. 21)

II. OEG

§ 3 OEG Zusammentreffen von Ansprüchen 30
(abgedruckt bei → § 8 Rn. 22)

III. ZDG

§ 47 ZDG Versorgung 31
…
(9) (abgedruckt bei → § 8 Rn. 23 und → § 23 Rn. 48)
…

IV. IfSG

§ 63 IfSG Konkurrenz von Ansprüchen, Anwendung der Vorschriften nach dem Bundesversorgungsgesetz, Übergangsregelungen zum Erstattungsverfahren an die Krankenkassen 32
(abgedruckt bei → § 8 Rn. 24)

V. StrRehaG

§ 23 StrRehaG Zusammentreffen von Ansprüchen 33
(s. die Kommentierung zu der ab dem 1.1.2024 geltenden Fassung des StrRehaG einschl. des Abdrucks der bis zum 31.12.2013 geltenden Fassung bei → StrRehaG § 23 Rn. 7)

VI. VwRehaG

§ 5 VwRehaG Zusammentreffen von Ansprüchen 34
(abgedruckt vor der Kommentierung zum VwRehaG)

VII. HHG

§ 6 HHG Zusammentreffen von Ansprüchen 35
(s. die Kommentierung zu der ab dem 1.1.2024 geltenden Fassung des § 6 HHG einschl. des Abdrucks der bis zum 31.12.2013 geltenden Fassung bei → HHG § 6 Rn. 8)

Kapitel 4 Schnelle Hilfen

Abschnitt 1 Leistungen der Schnellen Hilfen

§ 29 Leistungen und Leistungsart

(1) Die Leistungen der Schnellen Hilfen umfassen Leistungen des Fallmanagements und Leistungen in einer Traumaambulanz.

(2) Die Leistungen der Schnellen Hilfen stellen eine Leistung eigener Art dar.

A. Gesetzesgeschichte

1 Die Vorschrift ist durch Art. 1 G-SER vom 12.12.2019[1] eingeführt worden und tritt gemäß Art. 60 Abs. 7 G-SER am 1.1.2024 in Kraft. Sie hat **keinen gesetzlichen Vorläufer.** Durch die nunmehr im Kap. 4 des SGB XIV geregelten Schnellen Hilfen werden die Leistungen in Traumaambulanzen, die es bereits in vielen Bundesländern gibt,[2] und das bei den Landschaftsverbänden in Nordrhein-Westfalen schon praktizierte Fallmanagement[3] erstmals gesetzlich verankert.[4] Die gesetzlichen Regelungen über die Leistungen in einer Traumaambulanz nach den §§ 31 bis 37 SGB XIV sind gem. Art. 60 Abs. 5 G-SER bereits am 1.1.2021 in Kraft getreten, bei denjenigen des Fallmanagements nach § 30 SGB XIV ist dies hingegen gem. Art. 60 Abs. 7 G-SER erst zum 1.1.2024 der Fall.

B. Normsystematik

I. Allgemeiner Regelungsgehalt

2 **§ 29 Abs. 1 SGB XIV** gibt einen **Überblick über das Leistungsspektrum** der Schnellen Hilfen. Hierbei handelt es sich um die Leistungen des im Abschn. 2 des Kap. 4 SGB XIV (§ 30 SGB XIV) geregelten Fallmanagements und um die im Abschn. 3 des Kap. 4 SGB XIV normierten Leistungen in einer Traumaambulanz (§§ 31–38 SGB XIV). **§ 29 Abs. 2 SGB XIV** hebt den **eigenständigen Charakter** der Leistungen der Schnellen Hilfen hervor.

II. Systematische Einordnung und Normzweck

3 **1. Systematik.** Die Vorschrift leitet das **Kap. 4 des SGB XIV** über die Schnellen Hilfen des SER ein. Dieses Kap. 4 ist in vier Abschn. untergliedert. Abschn. 1 gibt mit § 29 SGB XIV einen Überblick. Der nur aus § 30 SGB XIV bestehende Abschn. 2 behandelt das Fallmanagement. Abschn. 3 enthält die Vorschriften (§§ 31–38 SGB XIV) über die

1 BGBl. 2019 I 2652.
2 Vgl. hierzu: Borrée/Friedrich/Wüsten SozSich 2014, 69 (73); Frommberger in Lieb/Hohagen/Riemann, Psychiatrie und Psychotherapie 2.0, 1. Aufl. 2016, S. 50; Schürmann, Projektbericht „Evaluation der Traumaambulanzen in NRW", Mai 2010; Zentrum Bayern Familie und Soziales, Leitfaden Traumaambulanzen, April 2010; s. aus dem Bereich der GUV Tegenthoff/Frettlöh BG 2007, 227.
3 Vgl. Schmachtenberg SRa Sonderheft 2017, 18 (21); Weber RP Reha 2019, 26 (30).
4 BT-Drs. 19/13824, 144.

Leistungen in einer Traumaambulanz und Abschn. 4 (§§ 39, 40 SGB XIV) regelt Einzelheiten zu den Kooperationsvereinbarungen.

Die Schnellen Hilfen sind ein **Herzstück** der Weiterentwicklung des Leistungskatalogs des SER.[5] Der Gesetzgeber reagiert mit ihnen auf die bereits seit längerem bestehende Kritik, dass vor allem die Leistungen nach dem OEG die Betroffenen selbst bei optimalen Abläufen in der Verwaltung (zu) spät erreichen.[6] Die Notwendigkeit der Schnellen Hilfen wird zudem durch die wissenschaftliche Erkenntnis unterstrichen, dass durch frühe Interventionen vor allem der Eintritt psychischer Gesundheitsstörungen bzw. zumindest deren Chronifizierung abgewendet werden kann.[7] Die Schaffung von Leistungen der Sofort- und Akuthilfen, die insbesondere Opfern von schweren Gewalttaten einschließlich der Opfer von Terrorangriffen schnell, niedrigschwellig und unbürokratisch zugänglich sind, ist eines der zentralen Vorhaben zur Modernisierung des SER und wurde im Koalitionsvertrag für die 19. Legislaturperiode ausdrücklich erwähnt.[8] Der Gesetzgeber möchte das SER mit den Schnellen Hilfen **wirkungsmächtiger** machen und erreichen, dass mehr Betroffene deren Leistungen in Anspruch nehmen.[9] Die Regelungen des Kap. 4 werden durch verschiedene das Normprogramm der Schnellen Hilfen ergänzende Sondervorschriften abgerundet (→ Rn. 13). 4

2. Normzweck. § 29 SGB XIV hat **Orientierungs- und Systematisierungsfunktion.** Eine entsprechende Einweisungsvorschrift entspricht dem gesetzgeberischen Ziel, das SER stärker als bisher zu strukturieren, zu vereinfachen und transparenter und anwendungsfreundlicher zu machen.[10] § 29 Abs. 1 SGB XIV gibt einen **Überblick** über das Leistungsspektrum der Schnellen Hilfen, die in den Abschn. 2 und 3 des Kap. 4 SGB XIV geregelt sind. § 29 Abs. 2 SGB XIV hat **Klarstellungsfunktion** und hebt hervor, dass die Schnellen Hilfen einen eigenständigen Charakter haben.[11] 5

C. Einzelkommentierung

I. Leistungsspektrum (Abs. 1)

§ 29 Abs. 1 SGB XIV definiert, welche Leistungen Gegenstand der Schnellen Hilfen sein können. Es handelt sich hierbei um die Leistungen des Fallmanagements (§ 30 SGB XIV) und um die Leistungen in einer Traumaambulanz (§§ 31–38 SGB XIV). Die Aufzählung ist **abschließend.**[12] Die im Abschn. 4 des Kap. 4 SGB XIV behandelten Kooperationsvereinbarungen (§§ 39, 40 SGB XIV) sind hingegen keine eigenständigen Leistungen der Schnellen Hilfen. Es ist jedoch möglich zu vereinbaren, dass die Leistungen, die Gegenstand der **Kooperationsvereinbarungen** sind, ebenfalls zügig und niedrigschwellig erbracht werden und zwar noch vor einer Entscheidung über einen Antrag (§ 10 SGB XIV) auf Leistungen nach dem SGB XIV.[13] Damit ist gemeint, dass 6

5 Vgl. BT-Drs. 19/13824, 144.

6 Vgl. Schmachtenberg in WEISSER RING eV, Moderne Opferentschädigung, S. 148; Hartkotte in WEISSER RING eV, Opferentschädigungsgesetz – Intention und Praxis opfergerecht?, S. 114. S. zur Dauer der Bearbeitung von OEG-Anträgen etwa die Studie von Grundel/Blättner, Entschädigung von Opfern interpersoneller Gewalt im Raum Fulda, pg-papers 2/2011, S. 14, 25.

7 Vgl. Rassenhofer ua, Psychotherapeut 2016, 197 ff.; Rassenhofer ua, Sexueller Missbrauch, S. 37.

8 Koalitionsvertrag zwischen CDU, CSU und SPD für die 19. Legislaturperiode „Ein neuer Aufbruch für Europa. Eine neue Dynamik für Deutschland. Ein neuer Zusammenhalt für unser Land", S. 95.

9 BT-Drs. 19/13824, 1.

10 BT-Drs. 19/13824, 2.

11 BT-Drs. 19/13824, 182.

12 Vgl. BT-Drs. 19/13824, 182.

13 BT-Drs. 19/13824, 182.

Organisationen, die mit einem TdSE eine Kooperationsvereinbarung iSd § 39 SGB XIV geschlossen haben, Fallmanagementaufgaben wahrnehmen können.[14]

7 Die **Zuständigkeit** für die Entscheidung über die Bewilligung der Schnellen Hilfen folgt aus den allgemeinen Regelungen des Kap. 18 SGB XIV. TdSE sind die Länder (§ 111 SGB XIV). Die sachliche und örtliche Zuständigkeit richten sich gemäß §§ 112, 113 SGB XIV nach Landesrecht.

II. Leistungen eigener Art (Abs. 2)

8 **1. Eigenständigkeit.** Die Leistungen der Schnellen Hilfen stellen, wie § 29 Abs. 2 SGB XIV hervorhebt, **Leistungen eigener Art** dar. Auch sie lassen sich den Leistungsformen des § 26 Abs. 1 SGB XIV zuordnen, sind jedoch von den anderen von den zuständigen Behörden der TdSE zu erbringenden Leistungen zu unterscheiden. Das **Fallmanagement** ist eine eigenständige Dienstleistung im Sinne des § 11 SGB I[15] und nicht identisch mit der von den TdSE nach den §§ 13 bis 15 SGB I zu erbringenden Aufklärung, Beratung und Auskunft.[16] Die **Leistungen in einer Traumaambulanz** sind von den Leistungen der Krankenbehandlung der SE iSd Kap. 5 SGB XIV und den Leistungen zur Teilhabe nach Kap. 6 SGB XIV zu unterscheiden.[17]

9 Die Schnellen Hilfen sind eine **Ergänzung des Leistungsspektrums des SER**, um auf die besonderen Bedarfslagen der Berechtigten der SE (§ 2 SGB XIV), denen das bisherige SER nur unzureichend Rechnung getragen hatte, schnell und unbürokratisch reagieren zu können.

10 Die Schnellen Hilfen und die anderen in Betracht kommenden Sozialleistungen des SER nach den Kap. 5 bis 15 SGB XIV schließen einander dementsprechend nicht wechselseitig aus, soweit ungedeckte Bedarfe bestehen, sondern ergänzen einander. Der **Ergänzungsfunktion** der Schnellen Hilfen entspricht es, dass ihre Leistungen neben- und nacheinander in Anspruch genommen werden können. Sie sollen nach der Vorstellung des Gesetzgebers bedarfsgerecht ineinandergreifen, um die Leistungsberechtigten – soweit erforderlich – umfassend zu unterstützen. Diese **Konzeption** kommt in § 116 Abs. 1 SGB XIV zum Ausdruck, wonach nach der Entscheidung über Schnelle Hilfen im Erleichterten Verfahren (§ 115 SGB XIV) geprüft wird, ob (weitere) Ansprüche auf Leistungen der SE bestehen, es sei denn, die antragstellende Person hat den Antrag ausdrücklich auf Schnelle Hilfen beschränkt. Weiterhin anwendbar sind auch die allgemeinen Auskunfts- und Beratungspflichten nach den §§ 13 bis 15 SGB I, die durch das System der Schnellen Hilfen jedoch mit Abschn. 2 des Kap. 4 SGB XIV eine **Vertiefung** erfahren.

11 So hat der Gesetzgeber die **Leistungen des Fallmanagements** geschaffen, um die allgemeinen Auskunfts- und Beratungspflichten der TdSE zu ergänzen. Es gehört auch nach der Einführung des § 30 SGB XIV weiterhin zu den Aufgaben der TdSE, über das SER aufzuklären (§ 13 SGB I), die Berechtigten über die Voraussetzungen in Betracht kommender Leistungen der SE, ihre Ziele und über das Leistungsspektrum zu beraten (§ 14 SGB I) und zögernde Anspruchsberechtigte zu ermuntern, die ihnen zustehenden Leistungen in Anspruch zu nehmen.[18] Schließlich haben sie Auskünfte

---

14 Vgl. Drohsel NZS 2019, 613 (617); Knickrehm/Mushoff/Schmidt Neues SozEntschR Rn. 94; B. Schmidt SRa Sonderheft 2017, 51 (52).

15 Laut BT-Drs. 19/13824, 182 soll es sich um eine „Sachleistung“ handeln, s. zur Abgrenzung BT-Drs. 7/868, 24; BeckOK SozR/Niedermeyer SGB I § 11 Rn. 15 f.

16 BT-Drs. 19/13824, 182; zustimmend Knickrehm/Mushoff/Schmidt Neues SozEntR Rn. 95; Tabbara NZS 2020, 210 (214); krit. hingegen Müller-Piepenkötter SRa Sonderheft 2017, 16; Nielsson SGb 2017, 378 (382).

17 BT-Drs. 19/13824, 182.

18 S. zu dieser Funktion der gesetzlichen Beratungspflichten BSG Urt. v. 24.7.2003 – B 4 RA 13/03 R, juris Rn. 20; SWK-BehindertenR/Palsherm Beratung Rn. 5.

(§ 15 SGB I) zu erteilen. Die **Bedarfslagen vieler Berechtigter** des SER werden durch die allgemeinen Auskunfts- und Beratungspflichten jedoch nur unvollständig abgedeckt. Sie fühlen sich durch die komplizierten Regelungen des (bisherigen) SER[19] überfordert und durch die für sie undurchsichtigen und langwierigen Verfahren belastet. Daher soll das Fallmanagement die Berechtigten aktivierend und koordinierend durch das Antrags- und Leistungsverfahren **begleiten** (§ 30 Abs. 1 SGB XIV) und ua dafür sorgen, dass diese **zügige** und **aufeinander abgestimmte Leistungen** erhalten. Es trägt der geschilderten Komplexität des SER und der Ausnahmesituation,[20] in der sich viele Berechtigte des SER befinden, Rechnung und stellt diesen mit einer Fallmanagerin oder einem Fallmanager eine feste Ansprechperson zur Seite.[21]

Eine entsprechende **Lückenschließungsfunktion**[22] erfüllen auch die **Leistungen der Traumaambulanz**, die bereits zu einem Zeitpunkt eingreifen sollen, zu dem den Berechtigten regelmäßig noch keine anderen geeigneten psychotherapeutischen Behandlungsangebote zur Verfügung stehen. Besteht bei Personen, die die Betreuung in der Traumaambulanz in Anspruch nehmen, auch nach dieser Betreuung weiterer psychotherapeutischer Behandlungsbedarf, so verweist der TdSE sie gem. § 35 Abs. 1 SGB XIV auf weitere psychotherapeutische Angebote und dabei vor allem auf die der Krankenbehandlung der SE nach Kap. 5 SGB XIV (→ § 35 Rn. 9). 12

2. Flankierende Sonderregelungen. Dem **eigenständigen Charakter** der Schnellen Hilfen entspricht es, dass der Zugang zu ihnen durch flankierende Sonderregelungen erleichtert wird, die auf ihre Zielsetzungen eigens zugeschnitten sind. 13

Dem erklärten Ziel, mit den Schnellen Hilfen mehr Betroffene zu erreichen als bisher,[23] trägt der Gesetzgeber bei der Festlegung des **Kreises der Berechtigten** Rechnung. Einen **Anspruch auf Schnelle Hilfen** haben neben den Geschädigten (§ 4 Abs. 1 SGB XIV) gem. § 6 Abs. 1 SGB XIV auch Angehörige, Hinterbliebene und Nahestehende nach Maßgabe der Vorschriften des Kap. 4 SGB XIV (→ § 6 Rn. 6). 14

Besonderheiten bestehen auch in Bezug auf die **Antragstellung**. Auch die Leistungen der Schnellen Hilfen werden nur auf Antrag erbracht (§ 10 Abs. 1 SGB XIV). Hierbei genügt es jedoch gemäß § 10 Abs. 5 SGB XIV, wenn dieser unverzüglich nach der zweiten Sitzung in der Traumaambulanz bzw. nach der Kontaktaufnahme des Fallmanagements gestellt wird (→ § 10 Rn. 21 ff.). § 11 Abs. 4 S. 2 SGB XIV enthält insoweit eine Sonderregelung für den **Leistungsbeginn**. Grundsätzlich werden gem. § 11 Abs. 4 S. 1 SGB XIV auch Leistungen der Schnellen Hilfen für Zeiträume vor der Antragstellung nicht erbracht. Dies gilt jedoch gem. § 11 Abs. 4 S. 2 SGB XIV nicht für die Inanspruchnahme der ersten beiden Sitzungen in der Traumaambulanz sowie für die Kontaktaufnahme des Fallmanagements mit möglicherweise berechtigten Personen (→ § 11 Rn. 25 ff.). 15

Damit Berechtigte nicht aus Furcht vor Erstattungsansprüchen von der Inanspruchnahme Schneller Hilfen abgehalten werden, werden die **Kosten** der ersten beiden Sitzungen in der Traumaambulanz sowie der ersten Kontaktaufnahme durch das Fallmanagement gemäß § 11 Abs. 5 SGB XIV vom Leistungsträger auch dann getragen, wenn sich im Nachhinein herausstellen sollte, dass ein Anspruch nach dem SGB XIV nicht besteht und zwar noch nicht einmal unter den herabgesetzten Anforderungen an die Darlegung eines einen Anspruch begründenden Sachverhalts im Erleichterten Verfahren nach § 115 SGB XIV (→ § 11 Rn. 28). Bei Verzögerungen der Behördenentscheidung können Leistungen der Traumaambulanz sogar darüber hinausgehend nach 16

19 Vgl. Becker Soziales Entschädigungsrecht S. 175.
20 Schmachtenberg SRa Sonderheft 2017, 18 (21).
21 BT-Drs. 19/14870, 31.
22 Welti SRa Sonderheft 2020, 175 (179).
23 BT-Drs. 19/13824, 1.

Maßgabe des § 34 Abs. 2 S. 2 SGB XIV erbracht werden (→ § 34 Rn. 21). Weiterhin sieht § 36 SGB XIV eine **Übernahme von Fahr- und Betreuungskosten** bei der Inanspruchnahme von Leistungen in einer Traumaambulanz vor (→ § 36 Rn. 2).

17 Die Leistungen der Schnellen Hilfen werden gem. § 101 Abs. 2 S. 1 SGB XIV zudem **nur im Inland** erbracht. Ein Leistungsexport bei Berechtigten mit **Wohnsitz im Ausland** ist nicht möglich, da deutsche Behörden im Ausland keine Strukturen zum Fallmanagement vorhalten können und dort auch keine Traumaambulanzen iSd SGB XIV existieren. Berechtigte haben jedoch die Möglichkeit, zur Inanspruchnahme der Leistungen einer Traumaambulanz nach dem SER aus dem Ausland anzureisen.[24] Erforderliche Fahrkosten zur nächstgelegenen Traumaambulanz werden in angemessenem Umfang erstattet (§ 101 Abs. 2 S. 2 SGB XIV). Warum eine entsprechende Kostenübernahme hinsichtlich des Fallmanagements gesetzlich nicht vorgesehen ist, ist nicht nachvollziehbar.[25] Auch bei **Gewalttaten im Ausland** werden Leistungen der Schnellen Hilfen an die Geschädigten gem. § 102 Abs. 2 S. 1 SGB XIV sowie an Angehörige und Hinterbliebene gem. § 102 Abs. 6 SGB XIV ausschließlich im Inland erbracht (→ § 102 Rn. 17).

18 Damit die Schnellen Hilfen den Berechtigten rasch und unbürokratisch zur Verfügung stehen, hat der Gesetzgeber für diese **eigenständige Verfahrensvorschriften** erlassen. Schnelle Hilfen werden gem. § 115 Abs. 1 SGB XIV in der Regel im **Erleichterten Verfahren** erbracht, in dem es nach § 115 Abs. 2 S. 1 SGB XIV genügt, wenn eine **summarische Prüfung** ergibt, dass die antragstellende Person nach dem SER anspruchsberechtigt sein kann. Nur in einfach gelagerten, eindeutigen **Ausnahmefällen**, in denen ohne zeitliche Verzögerung insgesamt über die in Frage kommenden Ansprüche der SE entschieden werden kann, kann im regulären Verfahren auch über die Leistungen der Schnellen Hilfen entschieden werden.[26] Im Erleichterten Verfahren ist der von der Antragstellerin oder dem Antragsteller im Antrag dargelegte Sachverhalt gemäß § 115 Abs. 2 S. 2 SGB XIV als wahr zu unterstellen, wenn nicht dessen Unrichtigkeit offensichtlich ist (→ § 115 Rn. 9). Eine **offensichtliche Unrichtigkeit** liegt nur in besonderen Ausnahmefällen vor. Bei der Bejahung einer solchen ist besondere Zurückhaltung geboten.[27] Die Entscheidung über die Bewilligung von Schnellen Hilfen im Erleichterten Verfahren erfolgt, wie sich aus § 116 Abs. 2 S. 2 SGB XIV ergibt, **per Verwaltungsakt** (§ 31 SGB X). § 115 Abs. 3 SGB XIV stellt klar, dass im Erleichterten Verfahren weder über die Richtigkeit oder Unrichtigkeit des von der antragstellenden Person vorgetragenen Sachverhalts noch über das Bestehen oder Nichtbestehen weiterer, über die Schnellen Hilfen hinausgehender Ansprüche eine Entscheidung getroffen wird. Eine solche ist dem **Weiteren Verfahren** nach § 116 SGB XIV vorbehalten (→ § 116 Rn. 4).

19 Nach der **Übergangsvorschrift** des § 138 Abs. 7 SGB XIV sollen für Taten im Zeitraum vom 1.1.2021 bis zum 31.12.2023 für Geschädigte, Angehörige, Hinterbliebene und Nahestehende iSd § 2 SGB XIV die **Leistungen in einer Traumaambulanz** nach den §§ 31 bis 36 SGB XIV erbracht werden, wenn die Voraussetzungen nach dem OEG in der zum Tatzeitpunkt geltenden Fassung erfüllt sind (→ § 138 Rn. 40).

---

24 BT-Drs. 19/13824, 213.
25 Knickrehm/Mushoff/Schmidt, Neues SozEntschR, Rn. 343.
26 BT-Drs. 19/13824, 219 f.
27 Knickrehm/Mushoff/Schmidt Neues SozEntschR Rn. 185; Schaumberg ASR 2021, 104 (107).

Abschnitt 2 Fallmanagement

§ 30 Leistungen des Fallmanagements

(1) Beim Fallmanagement werden die Berechtigten von einer Fallmanagerin oder einem Fallmanager aktivierend und koordinierend durch das Antragsverfahren und Leistungsverfahren begleitet.

(2) [1]Leistungen des Fallmanagements werden mit Einwilligung der Berechtigten erbracht, die auch die erforderlichen Datenerhebungen erfasst. [2]Die Einwilligung ist schriftlich zu dokumentieren.

(3) Berechtigte können ein Fallmanagement erhalten.

(4) Geschädigte sollen ein Fallmanagement erhalten, wenn

1. das schädigende Ereignis eine Straftat gegen das Leben oder gegen die sexuelle Selbstbestimmung war oder
2. sie bei Eintritt des schädigenden Ereignisses minderjährig waren.

(5) Das Fallmanagement umfasst insbesondere:

1. die Ermittlung des möglichen Hilfebedarfs, der durch das schädigende Ereignis unter Berücksichtigung der besonderen Umstände des Einzelfalls entstanden ist,
2. den Hinweis auf die in Betracht kommenden Sozialleistungen,
3. die Begleitung der Berechtigten mit dem Ziel des Erhalts zügiger und aufeinander abgestimmter Leistungen, soweit Berechtigte Ansprüche gegen andere Träger von Sozialleistungen nach den Kapiteln 5, 6, 7 und 11 haben oder haben könnten,
4. die Unterstützung bei der Antragstellung, die Aufklärung über die Einleitung und den Ablauf des Verfahrens in der Sozialen Entschädigung sowie
5. die Begleitung des Verfahrens in der Sozialen Entschädigung.

(6) Das Fallmanagement kann die Kontaktaufnahme mit möglicherweise berechtigten Personen umfassen.

(7) Soweit eine Bedarfsermittlung und ein Teilhabeplanverfahren nach den Kapiteln 2 bis 4 des Neunten Buches durchzuführen sind, werden Leistungen des Fallmanagements ergänzend erbracht.

A. Gesetzesgeschichte

1 Die Vorschrift ist durch Art. 1 G-SER vom 12.12.2019[1] eingeführt worden und tritt gemäß Art. 60 Abs. 7 G-SER am 1.1.2024 in Kraft. Sie hat **keinen gesetzlichen Vorläufer**. Durch sie wird das in **Bayern** und **Nordrhein-Westfalen** schon praktizierte Fallmanagement im SER[2] nun erstmalig gesetzlich verankert.[3] Fallmanagement wird in anderen Bereichen des Sozialrechts und darüber hinaus zum Teil bereits seit Jahrzehnten praktiziert.[4] An diese vielfältigen Erfahrungen konnte der Gesetzgeber im Rahmen der Neuregelung anknüpfen. Er setzt damit Forderungen des Abschlussberichts des **Runden Tisches Sexueller Kindesmissbrauch** um, in dem gefordert wurde, den Betroffenen einen „Lotsen" als zentrale Anlaufstelle zur Seite zu stellen.[5]

2 Auf Empfehlung des **Ausschusses für Arbeit und Soziales** ist § 30 Abs. 1 SGB XIV im Gesetzgebungsverfahren neu gefasst worden, um klarzustellen, dass Berechtigte mit einer Fallmanagerin oder einem Fallmanager eine feste Ansprechperson erhalten sollen.[6]

3 Der **Bundesrat** hatte im Rahmen seiner 980. Sitzung am 20.9.2019 zudem gefordert, § 30 Abs. 6 SGB XIV, wonach das Fallmanagement von sich aus Kontakt mit möglicherweise berechtigten Personen aufnehmen kann, um einen zweiten Satz dahin gehend zu ergänzen, dass die polizeilichen Ermittlungsbehörden die erforderlichen personenbezogenen Daten der entsprechenden Personen an das Fallmanagement übermitteln können.[7] Dieser Vorschlag hat sich jedoch nicht durchgesetzt. Es bestanden vor allem Bedenken gegen eine Kompetenz des Bundes zur Regelung der Erhebung und Übermittlung personenbezogener Daten durch die Landespolizeibehörden.[8]

B. Normsystematik

I. Allgemeiner Regelungsgehalt

4 § 30 SGB XIV behandelt mit dem Fallmanagement eine der Leistungen der **Schnellen Hilfen** des SER. **§ 30 Abs. 1 SGB XIV** erläutert im Sinne einer Generalklausel Gegenstand und Aufgaben des Fallmanagements. **§ 30 Abs. 2 SGB XIV** hebt hervor, dass ein Fallmanagement nur mit schriftlicher Einwilligung der Berechtigten erbracht werden darf. Aus **§ 30 Abs. 3 SGB XIV** ist zu entnehmen, dass das Fallmanagement eine grundsätzlich bei allen Berechtigten iSd § 2 SGB XIV in Betracht kommende Ermessensleistung ist. **§ 30 Abs. 4 SGB XIV** nennt Fallkonstellationen, in denen das Fallmanagement grundsätzlich erbracht werden soll. **§ 30 Abs. 5 SGB XIV** gibt einen bei-

1 BGBl. 2019 I 2652.
2 Vgl. Schmachtenberg SRa Sonderheft 2017, 18 (21); Schmachtenberg in Deutscher Sozialgerichtstag eV, Sozialstaat und Europa, S. 211; Weber RP Reha 2019, 26 (30).
3 BT-Drs. 19/13824, 144.
4 Vgl. exemplarisch für den Bereich der Grundsicherung für Arbeitsuchende BSG Urt. v. 23.6.2016 – B 14 AS 42/15 R, juris Rn. 14; zur Pflegeberatung nach § 7a SGB XI Krahmer SRa 2020, 234 (241); zum Rehabilitationsrecht Seel SRa Sonderheft 2020, 217 ff.; Welti in Masuch/Spellbrink/Becker/Leibfried, Grundlagen und Herausforderungen des Sozialstaats, Bd. 2, 2015, S. 637 f.; Gesamtüberblick bei Wendt, Case Management im Sozial- und Gesundheitswesen, 7. Aufl. 2018.
5 BMJ/BMFSFJ/BMBF, Abschluss Runder Tisch Sexueller Kindesmissbrauch, Mai 2012, S. 27.
6 BT-Drs. 19/14870, 31.
7 Vgl. BT-Drs. 19/13824, 288.
8 S. hierzu die Gegenäußerung der Bundesregierung BT-Drs. 19/13824, 314.

spielhaften Überblick über die im Rahmen des Fallmanagements denkbaren Hilfestellungen. § 30 **Abs. 6 SGB XIV** stellt klar, dass das Fallmanagement von sich aus mit möglicherweise berechtigten Personen Kontakt aufnehmen kann. § 30 **Abs. 7 SGB XIV** statuiert den Vorrang einer Bedarfsermittlung und eines Teilhabeplanverfahrens nach den Kap. 2 bis 4 des Teils 1 SGB IX und hebt hervor, dass Leistungen des Fallmanagements im Falle von deren Durchführung ggf. ergänzend erbracht werden können.

II. Systematische Einordnung und Normzweck

1. Systematik. Es handelt sich bei dem in der Norm geregelten Fallmanagement um eine der **Leistungen der Schnellen Hilfen** (§ **29 Abs. 1 SGB XIV**), die der Gesetzgeber im **Kap. 4 des SGB XIV** zusammengefasst hat. Der Gesetzgeber reagiert mit den Schnellen Hilfen auf die bereits seit längerem bestehende Kritik, dass vor allem die Leistungen nach dem OEG die Betroffenen selbst bei optimalen Abläufen in der Verwaltung (zu) spät erreichen.[9] Die Schaffung von Leistungen der Sofort- und Akuthilfen, die insbesondere Opfern von schweren Gewalttaten einschließlich der Opfer von Terrorangriffen schnell, niedrigschwellig und unbürokratisch zugänglich sind, ist eines der zentralen Vorhaben zur Modernisierung des SER und wurde im **Koalitionsvertrag für die 19. Legislaturperiode** ausdrücklich erwähnt.[10] 5

Das die Schnellen Hilfen zusammenfassende **Kap. 4** des SGB XIV ist in vier Abschn. untergliedert. **Abschn. 1** gibt mit § 29 SGB XIV einen Überblick. Der nur aus dem vorliegenden § 30 SGB XIV bestehende **Abschn. 2** behandelt das Fallmanagement. **Abschn. 3** enthält die Vorschriften (§§ 31–38 SGB XIV) über die Leistungen in einer Traumaambulanz und **Abschn. 4** (§§ 39, 40 SGB XIV) regelt Einzelheiten zu den Kooperationsvereinbarungen. Die Regelungen werden durch verschiedene das Normprogramm der Schnellen Hilfen ergänzende **Sondervorschriften** abgerundet (→ § 29 Rn. 13). 6

2. Normzweck. Das in der Vorschrift normierte Fallmanagement soll den Kreis der Berechtigten des § 2 SGB XIV durch das Antrags- und Leistungsverfahren nach dem SER **begleiten** (§ 30 Abs. 1 SGB XIV) und bei der Beantragung anderer Sozialleistungen unterstützen. Der Gesetzgeber berücksichtigt mit dieser nun gesetzlich geregelten Leistung, dass sich insbesondere Menschen, die Opfer einer Gewalttat geworden sind, aber auch deren Angehörige, Hinterbliebene und ihnen Nahestehende in einer schwierigen **Sondersituation** befinden und daher einen **besonderen Unterstützungsbedarf** bei der Inanspruchnahme der ihnen zustehenden Leistungen haben.[11] Nicht nur rechtlich unerfahrene Antragstellerinnen und Antragsteller fühlen sich durch die hochkomplexen Regelungen des SER überfordert und durch die für sie undurchsichtigen und langwierigen Verfahren belastet. Ihr Bedürfnis nach Unterstützung kann mit den gesetzlichen Regelungen über die allgemeinen Auskunfts- und Beratungspflichten (§§ 13 bis 15 SGB I) nur unvollständig abgedeckt werden. Diese erhalten über das Fallmanagement eine vertiefende **Ergänzung** (→ § 29 Rn. 10 f.). Durch die Bereitstellung kompetenter **Ansprechpartnerinnen** bzw. **Ansprechpartner**, die auf den Erhalt zügiger und aufeinander abgestimmter Leistungen hinwirken, sollen **Schnittstellenprobleme** 7

9 Vgl. Schmachtenberg in WEISSER RING eV, Moderne Opferentschädigung, S. 148; Hartkotte in WEISSER RING eV, Opferentschädigungsgesetz – Intention und Praxis opfergerecht?, S. 114. S. zur Dauer der Bearbeitung von OEG-Anträgen etwa die Studie von Grundel/Blättner, Entschädigung von Opfern interpersoneller Gewalt im Raum Fulda, pg-papers 2/2011, S. 14, 25.

10 Koalitionsvertrag zwischen CDU, CSU und SPD für die 19. Legislaturperiode „Ein neuer Aufbruch für Europa. Eine neue Dynamik für Deutschland. Ein neuer Zusammenhalt für unser Land, S. 95.

11 Vgl. Schmachtenberg SRa Sonderheft 2017, 18 (21).

vermieden[12] und damit die Verfahren nach dem SER **effizienter als bisher** und **beschleunigt** werden.[13]

C. Einzelkommentierung

I. Gegenstand und Zielsetzung des Fallmanagements (Abs. 1)

8 **1. Definition.** Das Fallmanagement ist gem. § 29 Abs. 2 SGB XIV eine **Leistung eigener Art** und insbesondere nicht mit der von den Sozialleistungsträgern nach den §§ 13 bis 15 SGB I zu erbringenden Aufklärung, Beratung und Auskunft identisch.[14] In den Gesetzesmaterialien wird es als „Sachleistung" bezeichnet.[15] Zutreffend dürfte es jedoch sein, dieses als **Dienstleistung** iSd § 11 SGB I (→ § 26 Rn. 10) einzuordnen.[16]

9 § 30 Abs. 1 SGB XIV nähert sich über eine **Tätigkeitsbeschreibung** der genaueren Bestimmung des Begriffs und Gegenstands des Fallmanagements im Bereich des SER. Die Berechtigten werden danach von einer Fallmanagerin oder einem Fallmanager aktivierend und koordinierend durch das Antrags- und Leistungsverfahren begleitet. Es handelt sich beim Fallmanagement um eine Leistung des SER, die in enger Kommunikation mit den Leistungsberechtigten erbracht wird. Fallmanagerinnen und Fallmanager sind **persönliche Ansprechpartner**, die den Berechtigen für alle Fragen des SER und sogar noch darüber hinausgehend zur Verfügung stehen und sie aktiv ansprechen, beraten und begleiten und über aktuelle Entwicklungen ihres Verfahrens informieren.[17]

10 **Abstrakter**, jedoch in der Sache damit übereinstimmend, ist Fallmanagement zu definieren als ein anspruchsvoller beraterischer Ansatz, der die besondere Lage der Berechtigten in einem kooperativ strukturierten Prozess feststellen und durch Hilfestellungen einschließlich der Hilfe zur Selbsthilfe verändern will.[18]

11 **2. Aktivierende und koordinierende Begleitung der Berechtigten.** Nach der **Generalklausel** des § 30 Abs. 1 SGB XIV besteht die Aufgabe des Fallmanagements darin, die Berechtigten aktivierend und koordinierend durch das Antrags- und Leistungsverfahren zu begleiten.

12 **Aktivierend** meint in diesem Zusammenhang zunächst einmal, dass es zu den Aufgaben des Fallmanagements gehören kann, die Bereitschaft Berechtigter zu wecken, ein entsprechendes Verfahren überhaupt erst durch einen Antrag (§ 10 SGB XIV) in Gang zu bringen. Hierzu kann das Fallmanagement nach § 30 Abs. 6 SGB XIV von sich aus, dh vor der Stellung eines Antrags auf Unterstützung durch eine Fallmanagerin oder einen Fallmanager (§ 11 Abs. 4 S. 2 SGB XIV), mit den Berechtigten Kontakt aufnehmen, diese über die Ziele und Leistungen der SE sowie über das Antragsverfahren aufklären und bei der Stellung des Antrags behilflich sein. Auch nach der Stellung eines Antrags kann es zu den Aufgaben des Fallmanagements gehören, das Verfahren besonders bei solchen Berechtigten aktiv zu fördern, die hierzu selbst nicht in der Lage sind. Dazu kann es geboten sein, bei der Vereinbarung von Untersuchungsterminen oder bei der Kontaktaufnahme mit der Traumaambulanz behilflich zu sein. Auch die Unterstützung, einfachen Zugang zu anderen Sozialleistungen zu erhalten, die den

12 BT-Drs. 19/13824, 184.
13 Tabbara NZS 2020, 210 (214).
14 BT-Drs. 19/13824, 182; zustimmend Knickrehm/Mushoff/Schmidt Neues SozEntR Rn. 95; Tabbara NZS 2020, 210 (214); krit. hingegen Müller-Piepenkötter SRa Sonderheft 2017, 16; Nielsson SGb 2017, 378 (382).
15 BT-Drs. 19/13824, 183.
16 S. zur Abgrenzung BT-Drs. 7/868, 24; BeckOK SozR/Niedermeyer SGB I § 11 Rn. 15 f.; LPK-SGB I/Reinhard § 11 Rn. 10.
17 Vgl. BT-Drs. 19/13824, 182 ff.
18 Vgl. BSG Urt. v. 22.9.2009 – B 4 AS 13/09 R, juris Rn. 26; Knickrehm/Kreikebohm/Waltermann/Hahn SGB II § 14 Rn. 3.

Zielen der Selbstbestimmung und gleichwertigen Teilhabe am Leben in der Gesellschaft dienen, ist hiervon erfasst.[19]

Die **koordinierende Aufgabe** des Fallmanagements besteht darin, dafür zu sorgen, dass der notwendige Gesamtüberblick in dem jeweiligen Leistungsfall angesichts der vielfältigen in Betracht kommenden Sozialleistungen des gegliederten Leistungssystems und der Komplexität des Antrags- und Leistungsverfahrens nicht verloren geht, die Abläufe reibungslos funktionieren und die unterschiedlichen beteiligten Stellen die für sie erforderlichen Informationen erhalten, damit die Berechtigten, wie von § 30 Abs. 5 Nr. 3 SGB XIV gefordert, zügige und aufeinander abgestimmte Leistungen erhalten (→ Rn. 35). 13

Schließlich soll die jeweilige Fallmanagerin bzw. der jeweilige Fallmanager der oder dem Berechtigten nicht nur punktuell zur Verfügung stehen, sondern diese **während des Antrags- und Leistungsverfahrens begleiten.** Damit wird zum Ausdruck gebracht, dass die Berechtigten eine **feste Ansprechperson** erhalten sollen. Das Fallmanagement kann im Einzelfall, je nach Art und Umfang der Schädigungsfolgen ausgesprochen langfristig angelegt sein. Es ist zu erbringen, so lange ein Bedarf besteht[20] und die Berechtigten von ihm Gebrauch machen wollen. Nicht selten werden verschiedene oder sich verändernde Bedarfe mehrere Leistungsverfahren nach sich ziehen. In entsprechenden Konstellationen werden Reibungsverluste vermieden, wenn der Fall **idealtypisch** nur von einer mit dem Sachverhalt von Anfang an betrauten Ansprechperson begleitet wird. Dies schließt es jedoch nicht aus, dass sich die entsprechende Person aus organisatorischen Gründen ändert.[21] Ein einklagbarer Anspruch auf eine konkrete Fallmanagerin oder einen konkreten Fallmanager besteht nicht.[22] 14

Aus der Formulierung, dass das Fallmanagement die Berechtigten im Antrags- und Leistungsverfahren begleitet, ist abzuleiten, dass dieses **keine anwaltlichen Aufgaben,** dh insbesondere keine Rechtsberatung im Rahmen von Widerspruchs- und Klageverfahren, übernimmt.[23] Dies bedeutet jedoch nicht, dass es einer oder einem Berechtigten während der Zeit eines Widerspruchs- oder Klageverfahrens überhaupt nicht mehr als Ansprechpartner zur Verfügung steht. Entsprechende Beziehungsabbrüche wären mit dem gesetzgeberischen Ziel, den Berechtigten, die Hilfe wünschen, eine feste Bezugsperson zur Verfügung zu stellen, nicht zu vereinbaren. 15

Der eigenständige Charakter des Fallmanagements wird bei einem **Vergleich mit den allgemeinen Aufklärungs- und Beratungspflichten** nach den §§ 13 bis 15 SGB I deutlich. Zwar gibt es insoweit durchaus **Überschneidungen,**[24] jedoch auch deutliche **Unterschiede.** Im Unterschied zum Fallmanagement wird eine Beratungspflicht nach § 14 SGB I in der Regel erst durch ein entsprechendes Begehren des Berechtigten ausgelöst. Unabhängig davon ist der Leistungsträger zur sog. Spontanberatung nur dann gehalten, wenn sich beim Vorliegen eines konkreten Anlasses klar zu Tage tretende Gestaltungsmöglichkeiten zeigen, die sich offensichtlich als zweckmäßig aufdrängen.[25] Auch wird die Beratungspflicht – anders als nach § 30 Abs. 5 Nr. 2 SGB XIV (→ Rn. 32) – grundsätzlich durch den Zuständigkeitsbereich des Leistungsträgers begrenzt (§ 14 S. 2 SGB I).[26] Mit ihrer vollständigen und korrekten Durchführung ist 16

19 BT-Drs. 10/13824, 183.
20 Vgl. BT-Drs. 19/13824, 183.
21 Schmidt SGB XIV/Bienert § 30 Rn. 11.
22 BSG Urt. v. 22.9.2009 – B 4 AS 13/09 R, juris Rn. 26.
23 BT-Drs. 19/13824, 184.
24 Vgl. Seel SRa 2020, 217 (218); Schmidt SGB XIV/Bienert § 30 Rn. 5.
25 BSG Urt. v. 16.3.2016 – B 9 V 6/15 R, SozR 4-3100 § 60 Nr. 7, Rn. 29; BSG Urt. v. 19.12.2013 – B 2 U 14/12 R, juris Rn. 28; s. dazu eingehend von Koch, Auskunfts- und Beratungspflichten im Sozialrecht, Rn. 38 ff.
26 Vgl. BSG Urt. v. 26.4.2005 – B 5 RJ 6/04 R, juris Rn. 24.

die Beratungspflicht erfüllt,[27] wohingegen das Fallmanagement auf eine kontinuierliche Begleitung während des gesamten Antrags- und Leistungsverfahrens zugeschnitten ist.

17 **3. Zur Person der Fallmanagerin und des Fallmanagers. Vorgaben** zur Person der Fallmanagerin oder des Fallmanagers sind aus § 30 SGB XIV nicht zu entnehmen. Das Fallmanagement kann, wie die Gesetzesmaterialien klarstellen, von derselben Behörde durchgeführt werden, die auch die Anträge bearbeitet. Dies wird auch regelmäßig der Fall sein. Das Fallmanagement wird als das „Gesicht" der Behörde bezeichnet.[28] Um dem bloßen Anschein von **Rollenkonflikten** bereits vorzubeugen, sollten die Leistungsentscheidungen und das Fallmanagement jedoch nicht von identischen Personen durchgeführt werden.[29] Daneben hat der Gesetzgeber mit den Kooperationsvereinbarungen (§§ 39, 40 SGB XIV) ein Instrument geschaffen, um das Fallmanagement für externe Stellen zu öffnen (→ § 39 Rn. 4). Diese Möglichkeit werden die TdSE vor allem bei auftretenden Konflikten in Betracht zu ziehen haben.

18 **Fachliche Anforderungen** an das im Fallmanagement eingesetzte Personal gehen aus der Vorschrift selbst nicht ausdrücklich hervor; jedoch muss dieses die für eine kompetente Aufgabenwahrnehmung notwendige Qualifikation haben.[30] Dazu gehört zunächst fundiertes Wissen über das Sozialleistungssystem.[31] Das juristische Fachwissen muss über das SER hinausgehend das gesamte Spektrum der in Betracht kommenden Sozialleistungen (§ 11 SGB I) einschließlich ihrer tatbestandlichen Voraussetzungen umfassen.[32] Die Fallmanagerin bzw. der Fallmanager muss zudem über die für die Bedarfsfeststellung erforderlichen Kenntnisse anderer Fachdisziplinen verfügen und im Umgang mit traumatisierten Menschen besonders geschult sein.[33]

19 In **persönlicher Hinsicht** benötigen Fallmanagerinnen und Fallmanager den für die Übernahme von Koordinationsaufgaben erforderlichen Überblick und die Fähigkeit zur Vermittlung von Problemlösungskompetenzen. Daneben erfordert die Tätigkeit **Empathie**, jedoch auch das **kommunikative Geschick**, sich gegenüber deutlich überzogenen Erwartungen in einer Weise abzugrenzen, dass das für die Tätigkeit notwendige Vertrauensverhältnis gewahrt bleibt.[34] Die betreffende Person muss über die Fähigkeit verfügen, sich aus Gründen der **Selbstfürsorge** gedanklich hinreichend von den geschilderten Sachverhalten distanzieren zu können.[35]

20 Vorgaben zu einem bestimmten **Personalschlüssel** gehen aus dem Gesetz ebenfalls nicht hervor. Die Anzahl der Fallmanagerinnen und Fallmanager ist jedoch so zu bemessen, dass diese ihre gesetzlichen Aufgaben im Interesse der Berechtigten **zeitnah** und **umfassend** wahrnehmen können.[36] Da die entsprechende Arbeit zeitintensiv ist,

---

27 Vgl. von Koch, Auskunfts- und Beratungspflichten im Sozialrecht, S. 24; jurisPK-SGB I/Öndül § 15 Rn. 50.
28 BT-Drs. 19/13824, 184.
29 Vgl. Schmachtenberg in: WEISSER RING, Moderne Opferentschädigung, S. 149. S. hierzu für den Bereich der Pflegeberatung NK-GesundhR/Berchtold SGB XI § 7a Rn. 21.
30 Vgl. BSG Urt. v. 22.9.2009 – B 4 AS 13/09 R, BSGE 104, 185 = SozR 4-4200 § 15 Nr. 1, Rn. 26.
31 S. hierzu: Knickrehm, Schriftliche Stellungnahme vom 1.11.2019 anlässlich der öffentlichen Sachverständigenanhörung im Bundestagsausschuss für Arbeit und Soziales am 4.11.2019, Ausschuss-Drs. 19(11)505, 69.
32 Vgl. Niellson SGb 2017, 378 (382 f.).
33 S. hierzu: Knickrehm, Schriftliche Stellungnahme vom 1.11.2019 anlässlich der öffentlichen Sachverständigenanhörung im Bundestagsausschuss für Arbeit und Soziales am 4.11.2019, Ausschuss-Drs. 19(11)505, 69.
34 S. dazu aus psychiatrischer Sicht Böwering-Möllenkamp SRa-SH 2017, 55 (56).
35 Vgl. Maercker in Maercker, Traumafolgestörungen, S. 541 ff.
36 S. § 7a Abs. 3 S. 1 SGB XI für die Bestimmung der Anzahl der Pflegeberaterinnen und Pflegeberater.

werden die Behörden für die Arbeit geeignetes Personal aufstocken müssen[37] oder von dem Instrument der Kooperationsvereinbarungen Gebrauch zu machen haben.

Soweit eine Kommunikation zwischen den Berechtigten und dem Fallmanagement aufgrund von Verständnisproblemen nicht hinreichend gewährleistet ist, haben die TdSE für den Einsatz von professionellen **Dolmetscherinnen** und **Dolmetschern** zu sorgen. 21

4. Antragserfordernis. Die Leistungen der SE und damit auch das Fallmanagement (§ 3 Nr. 1 SGB XIV) werden gem. § 10 Abs. 1 SGB XIV nur auf Antrag erbracht. Allerdings genügt es gem. § 10 Abs. 5 S. 2 SGB XIV im Falle der **Kontaktaufnahme des Fallmanagements** mit möglicherweise berechtigten Personen nach § 30 Abs. 6 SGB XIV, wenn ein Antrag nach der Kontaktaufnahme gestellt wird (→ § 10 Rn. 21 ff.). Die Vorschrift wird hinsichtlich des **Leistungsbeginns** durch § 11 Abs. 4 S. 2 SGB XIV flankiert, wonach abweichend vom Leistungsbeginn der Antragstellung (§ 11 Abs. 4 S. 1 SGB XIV) eine Kontaktaufnahme des Fallmanagements mit möglicherweise berechtigten Personen bereits vor der Antragstellung möglich ist (→ § 11 Rn. 25 ff.). Damit Berechtigte nicht aus Furcht vor Erstattungsansprüchen von der Inanspruchnahme Schneller Hilfen abgehalten werden,[38] werden die **Kosten** der ersten Kontaktaufnahme durch das Fallmanagement gemäß § 11 Abs. 5 SGB XIV vom Leistungsträger auch dann getragen, wenn sich im Nachhinein herausstellen sollte, dass ein Anspruch nach dem SGB XIV nicht besteht und zwar noch nicht einmal unter den herabgesetzten Anforderungen an die Darlegung eines einen Anspruch begründenden Sachverhalts im Erleichterten Verfahren nach § 115 SGB XIV.[39] 22

II. Einwilligung (Abs. 2)

Die Inanspruchnahme der Leistungen des Fallmanagements ist **freiwillig**. Alle Schritte, die das Fallmanagement unternimmt, sind mit den Berechtigten abzustimmen. Diese haben die Möglichkeit, das Fallmanagement nur für einen bestimmten Verfahrensabschnitt oder im Hinblick auf eine bestimmte Sozialleistung in Anspruch zu nehmen. Die Entscheidung eines Berechtigten, kein Fallmanagement in Anspruch nehmen zu wollen, ist nicht als **fehlende Mitwirkung** im Sinne der §§ 60 ff. SGB I anzusehen.[40] Die nach diesen Vorschriften bestehende **Obliegenheit,**[41] an der Aufklärung des Sachverhalts mitzuwirken, also insbesondere die für die Entscheidungsfindung erforderlichen Tatsachen anzugeben (§ 60 Abs. 1 SGB I) und an zumutbaren Untersuchungen (§ 62 SGB I) mitzuwirken, ist hiervon unberührt. 23

Wenn die Berechtigten von einem Fallmanagement Gebrauch machen wollen, haben sie hierzu ihre **Einwilligung**, dh ihre vorherige Zustimmung (§ 183 S. 1 BGB), zu erteilen, die auch die erforderlichen **Datenerhebungen** erfasst (§ 30 Abs. 2 S. 1 SGB XIV). Für ein umfassendes und individuell zugeschnittenes Fallmanagement ist es unumgänglich, dass die Fallmanagerin oder der Fallmanager einen vertieften Einblick in die individuellen Lebensverhältnisse der Berechtigten nimmt und in diesem Zusammenhang auch mit zahlreichen persönlichen Daten in Berührung gelangt und diese Informationen festhält.[42] Ohne die Einwilligungserklärung kann das Fallmanagement nicht sachgerecht durchgeführt werden. Die Einwilligung ist grundsätzlich von den Berechtigten selbst zu erklären, bei Minderjährigen, die noch nicht das 15. Lebensjahr voll- 24

37 Reinhard ZRP 2019, 221 (223); s. auch Verspohl Sozialrecht + Praxis 2019, 71 (80).
38 BT-Drs. 19/13824, 174.
39 Knickrehm/Mushoff/Schmidt Neues SozEntschR Rn. 93.
40 BT-Drs. 19/13824, 183.
41 Vgl. BSG Urt. v. 26.11.2020 – B 14 AS 13/19 R, juris Rn. 14; jurisPK-SGB I/Voelzke § 60 Rn. 27; Mushoff SRa Sonderheft 2018, 42 (46 f.).
42 LPK-SGB XI/Eisfeld/Krahmer § 7a Rn. 45 zur Pflegeberatung.

endet haben und daher nicht handlungsfähig sind (vgl. § 36 Abs. 1 S. 1 SGB I), ist diese von den gesetzlichen Vertretern zu erteilen.

25 Die Einwilligung ist **schriftlich** zu dokumentieren (§ 30 Abs. 2 S. 2 SGB XIV). Diese muss daher die Voraussetzungen des § 126 Abs. 1 BGB erfüllen. Das Schriftformerfordernis dient der Rechtssicherheit und hat eine Warnfunktion gegenüber den Berechtigten, die Klarheit über die Funktion und Durchführung des Fallmanagements erhalten.[43] Die Berechtigten bzw. ihre gesetzlichen Vertreter sind dementsprechend vor der Erteilung ihrer Einwilligung über die Zielsetzungen und konkret einzuleitenden Schritte des Fallmanagements und die im Falle ihrer Teilnahme erforderlichen Datenerhebungen aufzuklären. Damit während eines eingeleiteten Fallmanagements keine Konflikte auftreten, sollte in die **Dokumentation** der Einwilligung ebenfalls aufgenommen werden, dass die oder der Berechtigte über die Ziele des Fallmanagements, vereinbarte Schritte sowie über die erforderlichen Datenerhebungen aufgeklärt wurde. Auch dies sollte sich das Fallmanagement von den Berechtigten durch Unterschrift bestätigen lassen. Im Interesse der vertrauensvollen Zusammenarbeit ist den Berechtigten eine Kopie ihrer Einwilligungserklärung nebst Erläuterungen zu den Zielen des Fallmanagements und der notwendigen Datenerhebung zu überreichen.

III. Berechtigte (Abs. 3, 4)

26 Zum Kreis derjenigen, die ein Fallmanagement erhalten „können" (→ Rn. 54), gehören nach § 30 Abs. 3 SGB XIV **alle Berechtigten** im Sinne des § 2 SGB XIV und damit neben den Geschädigten (§ 2 Abs. 2 SGB XIV), deren Angehörige (§ 2 Abs. 3 SGB XIV), Hinterbliebene (§ 2 Abs. 4 SGB XIV) und ihnen Nahestehende (§ 2 Abs. 5 SGB XIV) (→ § 6 Rn. 6 ff.).

27 **Geschädigte**, bei denen das schädigende Ereignis eine Straftat gegen das Leben (§§ 211 ff. StGB) oder die sexuelle Selbstbestimmung (§§ 174 ff. StGB) war oder die bei Eintritt des schädigenden Ereignisses minderjährig waren (vgl. § 2 BGB), „sollen" gemäß § 30 Abs. 4 SGB XIV ein Fallmanagement erhalten (→ Rn. 56).

IV. Leistungsspektrum (Abs. 5)

28 Welche Leistungen im Rahmen des Fallmanagements in Betracht kommen, kann dem Katalog des § 30 Abs. 5 SGB XIV **beispielhaft** entnommen werden. Die Aufzählung ist nicht abschließend („insbesondere").[44] Damit trägt der Gesetzgeber dem Umstand Rechnung, dass die Bedarfe der Berechtigten sehr unterschiedlich sein können, und gibt dem Fallmanagement die Möglichkeit, auf die besondere Situation der Berechtigten adäquat eingehen zu können. Nicht alle der im Katalog aufgeführten Leistungen werden in jedem Einzelfall erforderlich sein;[45] bei komplexen Fällen wird dies jedoch häufig vorkommen.

29 **1. Hilfebedarfsermittlung (Nr. 1).** Zu **Beginn** eines jeden Fallmanagements hat die Feststellung des möglichen Hilfebedarfs zu stehen, der durch das schädigende Ereignis unter Berücksichtigung der besonderen Umstände des Einzelfalls entstanden ist. Es muss darum gehen, die individuelle Lebenssituation der Berechtigten, ihre Bedarfe und Wünsche im Rahmen eines oder mehrerer Gespräche möglichst genau zu erfassen. Eventuell sind mit Einwilligung der Berechtigten weitere Personen, zB die behandelnden Ärzte oder Psychotherapeuten, Vertrauenspersonen und bei Minderjährigen die gesetzlichen Vertreter, einzubeziehen, um einen möglichst guten Überblick zu erlangen. Im Interesse einer nachhaltigen Lösung der Probleme der oder des jeweiligen Berechtigten ist der Blickwinkel des Fallmanagements umfassend auf sämtliche

43 BT-Drs. 19/13824, 183.
44 BT-Drs. 19/13824, 183.
45 BT-Drs. 19/13824, 183.

Bedarfe zu richten, die durch das schädigende Ereignis in **Wechselwirkung** mit den konkreten anderen Umständen des Einzelfalls iS der **Theorie der wesentlich mitwirkenden Bedingung**[46] entstanden oder verstärkt worden sind. Entsprechende Unterstützungsbedarfe können verschiedene Teilhabebereiche – zB die Wiederherstellung der Gesundheit, den Erhalt oder die Wiedererlangung eines Arbeitsplatzes, das Wohnen etc – betreffen. Die Bedarfsermittlung hat – jeweils abhängig von den Umständen des Einzelfalls – die Expertise **verschiedener Disziplinen**, etwa der Sozialmedizin einschließlich der Psychiatrie, der Pflegewissenschaften, der Sozialen Arbeit, der Psychologie und aus dem Bereich der Arbeitswissenschaft, einzubeziehen.[47]

Darauf aufbauend wird ein **individuelles Angebot** unter aktiver Mitarbeit der oder 30 des Berechtigten geplant und gesteuert.[48] Die Bedarfsermittlung ist jeweils zeitnah **an die aktuellen Verhältnisse anzupassen**. Da diese die Grundlage für die Planung und weiteren Schritte des Fallmanagements in Kooperation mit der oder dem Berechtigten, dem TdSE und eventuell weiteren Akteuren ist, sind auch **prognostische Überlegungen** einzubeziehen.[49]

Damit die Ergebnisse der Bedarfsfeststellung nicht verloren gehen, nachvollzogen und 31 ggf. angepasst werden können, hat das Fallmanagement von der Bedarfsermittlung und Bedarfsplanung eine fortlaufend zu aktualisierende **Dokumentation** anzufertigen, die es den Berechtigten zur Verfügung zu stellen hat.[50]

2. Hinweis auf in Betracht kommende Sozialleistungen (Nr. 2). Zu den weiteren Auf- 32 gaben des Fallmanagements gehört nach § 30 Abs. 5 Nr. 2 SGB XIV der Hinweis auf die in Betracht kommenden Sozialleistungen. Die Hinweispflicht geht über das Leistungsspektrum des SGB XIV hinaus.[51] **Sozialleistungen** sind solche im Sinne des § 11 S. 1 SGB I. Die Hinweispflicht erstreckt sich auch auf **Leistungen des Asylbewerberleistungsgesetzes**, bei denen es sich zwar um keine Sozialleistungen iSd § 11 S. 1 SGB I handelt,[52] die aber in § 28 Abs. 2 SGB XIV ausdrücklich angesprochen werden, so dass erwartet werden kann, dass das Fallmanagement diese existenzsichernden Leistungen ebenfalls berücksichtigt. **Andere Leistungen**, etwa solche der Beamtenversorgung oder berufsständischer Versorgungseinrichtungen, fallen hingegen nicht hierunter. Wenn die Berechtigten allerdings bei der Inanspruchnahme entsprechender Leistungen erheblich überfordert sind und um Hilfe bitten, kann es zu den im Katalog des § 30 Abs. 5 SGB XIV nicht ausdrücklich geregelten weiteren Aufgaben des Fallmanagements gehören, die Berechtigten bei der Beratung durch entsprechende Stellen als Vertrauensperson zu begleiten.

Hinzuweisen ist auf die im konkreten Einzelfall **in Betracht** kommenden Leistungen. 33 Dies setzt voraus, dass die tatbestandlichen Voraussetzungen dieser Leistungen nicht erkennbar von vornherein ausgeschlossen sind. Welche Leistungen dies sind, hängt von den konkreten Umständen des Einzelfalls ab. Dass sich ein Berechtigter bereits mit anderen Leistungsträgern ins Benehmen gesetzt hat, entbindet das Fallmanagement grundsätzlich nicht von seiner Aufgabe, den Überblick über das gesamte in Betracht kommende Sozialleistungsspektrum zu behalten und die Berechtigten so zu informieren, dass diese passgenaue Leistungen in Anspruch nehmen können.

46 Vgl. BSG Urt. v. 12.9.2019 – B 9 V 2/18 R, juris Rn. 21 mAnm Mushoff NZS 2020, 505; Knickrehm/Mushoff/Schmidt Neues SozEntschR Rn. 42.
47 Vgl. LPK-SGB IX/Zinsmeister § 13 Rn. 9.
48 Vgl. in diesem Sinne in Bezug auf das Fallmanagement bei der Grundsicherung für Arbeitsuchende BT-Drs. 15/1516, 44.
49 Vgl. SWK-BehindertenR/Welti Bedarfsfeststellung Rn. 14.
50 S. zum Rehabilitationsrecht § 13 Abs. 2 SGB IX.
51 BT-Drs. 19/13824, 183.
52 Vgl. BSG Urt. v. 25.10.2018 – B 7 AY 2/18 R, juris Rn. 12.

34 Aus der in § 30 Abs. 5 Nr. 2 SGB XIV aufgeführten Hinweispflicht resultieren keine weitergehenden Pflichten zur Rechtsberatung. Insbesondere übernimmt das Fallmanagement **keine anwaltlichen Aufgaben** während eines Widerspruchs- oder Klageverfahrens.[53]

35 **3. Begleitung zum Erhalt zügiger und aufeinander abgestimmter Leistungen (Nr. 3).** Das Fallmanagement umfasst gemäß § 30 Abs. 5 Nr. 3 SGB XIV die Begleitung der Berechtigten mit dem Ziel des Erhalts zügiger und aufeinander abgestimmter Leistungen, soweit Berechtigte Ansprüche gegen andere Träger von Sozialleistungen nach den Kap. 5 (Krankenbehandlung der SE), Kap. 6 (Leistungen zur Teilhabe), Kap. 7 (Leistungen bei Pflegebedürftigkeit) und Kap. 11 (BLiE) des SGB XIV haben oder haben können. Das Fallmanagement hat besonders hier darauf hinzuwirken, dass **keine Schnittstellenprobleme** entstehen.[54]

36 **Wie** das Fallmanagement dafür sorgt, dass die Berechtigten zügige und aufeinander abgestimmte Leistungen erhalten, hängt von den konkreten Umständen des Einzelfalls ab. Es hat vor allem maßgeblichen **Einfluss darauf zu nehmen**, dass die **erforderlichen Informationen** zwischen den unterschiedlichen Ansprechpartnern **fließen**, damit alle mit dem konkreten Fall befassten Träger über das Leistungsgeschehen voll im Bilde sind. Es soll sich auch an **Koordinationsaktivitäten** beteiligten, die im Rahmen anderer Sozialgesetzbücher vorgesehen sind, zB bei Mechanismen der einheitlichen Bedarfsfeststellung, bei der Erstellung von Hilfe- und Teilhabeplänen und trägerübergreifenden persönlichen Budgets.[55] Dadurch werden unnötige Arbeit und Kosten bei den Trägern vermieden. Die Verfahren werden beschleunigt und es kann passgenauer auf die Bedarfe der Berechtigten reagiert werden.

37 Soweit Leistungen des SER durch andere Sozialleistungsträger, zB in der Krankenbehandlung oder zur Teilhabe am Arbeitsleben, erbracht werden, unterstützt das Fallmanagement zum einen die **Berechtigten** bei der **Stellung von Anträgen** und **kommuniziert** mit den Sozialleistungsträgern, um zügige und abgestimmte Leistungen zu erreichen. Zum anderen wird das Fallmanagement auch für **Hinterbliebene, Angehörige und Nahestehende** erbracht, die nicht Anspruch auf das volle Leistungsspektrum des SER haben, die aber im Zusammenhang mit dem schädigenden Ereignis Sozialleistungen benötigen (vgl. etwa für den Bereich der Krankenbehandlung § 43 Abs. 4 SGB XIV). Es unterstützt auch diese Personen beim Stellen von Anträgen und wirkt bei den anderen Trägern auf eine bedarfsgerechte Erbringung von Leistungen hin.[56]

38 Das Fallmanagement hat während des Leistungsverfahrens als Ansprechpartner zur Verfügung zu stehen und fortlaufend zu **kontrollieren,** ob geplante Maßnahmen auch tatsächlich zeitnah umgesetzt werden und nachzuhaken, wenn das Verfahren stockt, sowie bei sonstigen auftretenden Problemen das Gespräch zu suchen und ggf. Einfluss zu nehmen.

39 **4. Unterstützung bei Antragstellung und Aufklärung (Nr. 4).** Das Fallmanagement umfasst gemäß § 30 Abs. 5 Nr. 4 SGB XIV die Unterstützung bei der Antragstellung (§ 10 SGB XIV) sowie die Aufklärung über die Einleitung und den Ablauf des Verfahrens in der SE. Es muss darum gehen, die **Gefahr weiterer Viktimisierungen** durch das Verfahren so gering wie möglich zu halten.[57]

40 Die Unterstützung bei der **Antragstellung** kann etwa darin liegen, dass das Fallmanagement die Berechtigten anspricht, ggf. auch zu Hause aufsucht und zur Stellung

53 BT-Drs. 19/13824, 183.
54 BT-Drs. 19/13824, 184; s. zu Schnittstellen insbesondere zur Krankenversicherung bereits B. Schmidt SRa Sonderheft 2017, 51 ff.
55 Vgl. SWK-BehindertenR/Welti Persönliches Budget Rn. 17 ff.
56 BT-Drs. 19/13824, 184.
57 Schmachtenberg in WEISSER RING, Moderne Opferentschädigung, 2012, S. 149.

eines Antrags ermutigt.[58] Das Fallmanagement hat darauf hinzuwirken, dass Berechtigte Leistungsanträge **zeitnah**, ggf. zunächst nur fristwahrend, stellen, da die Leistungen nach dem SER grundsätzlich erst ab dem Zeitpunkt der Antragstellung gewährt werden (§ 11 Abs. 1 SGB XIV). Weiterhin kann es den Berechtigten bei der **Ausfüllung der Antragsformulare** behilflich sein. Es hat darauf zu achten, dass Fragen von den Berechtigten verstanden und umfassend beantwortet werden. Durch behutsames Nachfragen können scheinbare Widersprüche in den Angaben der Antragstellerinnen und Antragsteller zügig ausgeräumt werden, die anderenfalls das Verfahren belasten können. Das Fallmanagement hat frühzeitig in Erfahrung zu bringen, ob die vom TdSE benötigten Informationen bereits bei anderen Stellen (zB Polizei, Straf- oder Familiengericht) vorliegen, damit die Berechtigten vor allem in eindeutigen Fällen nicht gezwungen sind, über das gesamte Tatgeschehen bei der Antragstellung unnötig erneut zu berichten, was bei schweren Gewalttaten und hierbei insbesondere Gewalttaten gegen die sexuelle Selbstbestimmung zu vermeiden ist.[59]

Zu den weiteren frühzeitigen Aufgaben des Fallmanagements gehört es, die Berechtigten über die Einleitung und den Ablauf des Verfahrens in der SE, etwa über die **Funktion von Begutachtungen**, aufzuklären, um ihnen Ängste zu nehmen und ihnen zu zeigen, dass sie nicht Objekt eines Verwaltungsverfahrens sind, sondern dieses – soweit nicht die Vorgaben des Amtsermittlungsgrundsatzes (§ 20 SGB X) dem entgegenstehen – zu einem gewissen Teil mitgestalten können.[60] Hierdurch kann die Bereitschaft der Antragsteller gestärkt werden, am Verfahren konstruktiv mitzuwirken. Antragsteller, die sich unterrichtet, einbezogen und wertgeschätzt fühlen, sind eher bereit, auch solche Entscheidungen der TdSE anzuerkennen, die hinter ihren Vorstellungen zurückbleiben. 41

5. Begleitung des Verfahrens in der Sozialen Entschädigung (Nr. 5). Zu den weiteren Aufgaben des Fallmanagements gehört gemäß § 30 Abs. 5 Nr. 5 SGB XIV die Begleitung des Verfahrens in der SE. Die jeweiligen Fallmanagerinnen und Fallmanager, die die Berechtigten bereits bei der Antragstellung unterstützt haben (§ 30 Abs. 5 Nr. 4 SGB XIV), sollen nach Möglichkeit auch in der Folgezeit als feste Ansprechpartner zur Verfügung stehen. Reibungsverluste durch Neueinarbeitungen werden vermieden und das nötige **Vertrauen** kann am besten bei langfristiger Zusammenarbeit entstehen. 42

Wie **eng** und **langfristig** eine solche Anbindung an das Fallmanagement ist, hängt von den besonderen Umständen des Einzelfalls ab, namentlich von den Wünschen der Berechtigten und deren Bedarf. Ggf. können sich auch erst nach Erlass eines Grundlagenbescheids komplexe Folgeprobleme ergeben, zB bei der Feststellung eines Berufsschadens oder im Bereich der Leistungen zur Teilhabe, die Leistungen des Fallmanagements erforderlich machen. 43

6. Weitere Leistungsbereiche. Zu den weiteren denkbaren Bereichen, in denen das Fallmanagement den Berechtigten koordinierend zur Seite stehen kann, gehört die **Abstimmung mit der Traumaambulanz**, insbesondere wenn erkennbar wird, dass eine langfristige Psychotherapie erforderlich ist.[61] Das Fallmanagement kann den Berechtigten bei der Suche nach kompetenten Therapeutinnen und Therapeuten behilflich sein, um möglichst eine nahtlose Behandlung im Anschluss an die Leistungen in einer Traumaambulanz zu gewährleisten. 44

Das Fallmanagement soll sich unabhängig vom Fall einer oder eines konkreten Berechtigten mit den Traumaambulanzen und **anderen Akteuren**, wie der Polizei und 45

58 Borrée/Friedrich/Wüsten SozSich 2014, 69 (75).
59 Vgl. Harkotte in WEISSER RING, Opferentschädigungsgesetz – Intention und Praxis opfergerecht?, S. 109.
60 Vgl. Borrée/Friedrich/Wüsten SozSich 2014, 69 (73).
61 BT-Drs. 19/13824, 183 f.

Organisationen der Opferhilfe, austauschen.[62] Entsprechende Kontakte können dazu beitragen, die Leistungen des SER für Gewaltopfer stärker ins Bewusstsein zu rufen, um dafür zu sorgen, dass bei der polizeilichen Anzeigeaufnahme standardmäßig auf diese Leistungen hingewiesen wird, damit mehr Berechtigte diese in Anspruch nehmen.[63] Durch regelmäßige persönliche Kontakte können die Abläufe bei der Zusammenarbeit zudem professionalisiert und beschleunigt werden. Zu diesem Zweck wirkt das Fallmanagement auch mit bei örtlichen und überörtlichen Koordinationsgremien wie zB dem Runden Tisch gegen Gewalt, ggf. mit Vertretern der Traumaambulanzen.[64]

V. Kontaktaufnahme (Abs. 6)

46 Das Fallmanagement kann, wie § 30 Abs. 6 SGB XIV klarstellt, die Kontaktaufnahme mit möglicherweise berechtigten Personen umfassen, die selbst noch keinen Kontakt mit dem TdSE aufgenommen haben. **Möglicherweise berechtigte Personen** können auch solche sein, bei denen sich nach der Kontaktaufnahme herausstellt, dass diese auch unter den herabgesetzten Voraussetzungen des Erleichterten Verfahrens keinen Anspruch haben. Dies nimmt der Gesetzgeber bewusst in Kauf, um möglichst viele Personen mit dem Fallmanagement zu erreichen. Das Fallmanagement wird von dieser Möglichkeit Gebrauch zu machen haben, wenn den ausführenden Behörden relevante Ereignisse, wie zB Fälle sexuellen Missbrauchs, andere schwere Gewalttaten oder Terroranschläge, bekannt werden.[65] Das Fallmanagement ist gehalten, hierzu die **Presse** auszuwerten. Bei bekannt gewordenen Fällen schwerer Gewalttaten bietet es sich an, die Kontaktdaten der potenziell Berechtigten über die Polizei zu ermitteln.[66] Eine entsprechende Praxis der TdSE wird dadurch nun auf eine gesetzliche Grundlage gestellt.

47 Bei Minderjährigen, die das 15. Lebensjahr noch nicht vollendet haben, hat das Fallmanagement den Kontakt grundsätzlich mit den **gesetzlichen Vertretern** aufzunehmen. Ist die oder der Minderjährige handlungsfähig (§ 36 Abs. 1 S. 1 SGB I), ist diese bzw. dieser selbst zu kontaktieren und die gesetzlichen Vertreter sind hiervon in Kenntnis zu setzen (vgl. § 36 Abs. 1 S. 2 SGB I). Wird das Kind vom Jugendamt vertreten,[67] hat sich der TdSE an dieses zu wenden.

48 Der Umstand, dass potenziell Berechtigte – zB von der Polizei – auf die Möglichkeit, Leistungen nach dem SER zu beantragen, hingewiesen wurden, hiervon aber (noch) keinen Gebrauch gemacht haben, schließt eine Kontaktaufnahme durch das Fallmanagement nicht aus, da es zu dessen Aufgaben gehören kann, die Berechtigten zu einer Antragstellung zu aktivieren (§ 30 Abs. 1 SGB XIV).

VI. Bedarfsermittlung und Teilhabeplanverfahren (Abs. 7)

49 § 30 Abs. 7 SGB XIV regelt das **Verhältnis** des Fallmanagements zur Bedarfsermittlung und zum Teilhabeplanverfahren nach dem SGB IX. Diese Leistungsbereiche bestehen unabhängig voneinander, da es sich beim Fallmanagement gem. § 29 Abs. 2 SGB XIV um eine Leistung eigener Art handelt. Andererseits können die Inhalte beider Bereiche zum Teil identisch sein.[68] Soweit eine entsprechende Bedarfsermittlung oder ein Teilhabeplanverfahren nach den Kap. 2 bis 4 des Teils 1 SGB IX durchzuführen ist, werden die Leistungen des Fallmanagements gem. § 30 Abs. 7 SGB XIV daher nur ergänzend erbracht. Eine **Entsprechung** findet die Vorschrift in **§ 7 Abs. 2 S. 1 SGB IX,**

---

62 BT-Drs. 19/13824, 184.
63 Vgl. Schmachtenberg in WEISSER RING, Moderne Opferentschädigung, S. 148.
64 BT-Drs. 19/13824, 184.
65 BT-Drs. 19/13824, 184.
66 Vgl. Rühle in: WEISSER RING, Opferentschädigungsgesetz – Intention und Praxis opfergerecht?, S. 133.
67 Vgl. hierzu BSG Urt. v. 11.12.2008 – B 9/9a VG 1/07 R, SozR 4-3100 § 60 Nr. 5.
68 BT-Drs. 19/19824, 184.

wonach die Vorschriften der Kap. 2 bis 4 des Teils 1 SGB IX den für die jeweiligen Rehabilitationsträger geltenden Leistungsgesetzen vorgehen. Dadurch soll sichergestellt werden, dass die Rehabilitationsträger koordiniert zusammenarbeiten.[69]

Kap. 3 des Teil 1 SGB IX behandelt mit den §§ 12, 13 SGB IX die Maßnahmen zur Erkennung und Ermittlung des Rehabilitationsbedarfs. **Kap. 4 des Teils 1 SGB IX** enthält die Regelungen zur Koordinierung der Leistungen bei mehreren in Betracht kommenden Rehabilitationsträgern. Die Vorgaben zum Teilhabeplanverfahren sind insbesondere in den **§§ 19 ff. SGB IX** geregelt. Soweit Leistungen verschiedener Leistungsgruppen oder mehrerer Rehabilitationsträger erforderlich sind, ist der leistende Rehabilitationsträger (§ 14 SGB IX) gem. § 19 Abs. 1 S. 1 SGB IX dafür verantwortlich, dass er und die nach § 15 SGB IX zu beteiligenden anderen Rehabilitationsträger im Benehmen miteinander und in Abstimmung mit den Leistungsberechtigten die nach dem individuellen Bedarf voraussichtlich erforderlichen Leistungen hinsichtlich Ziel, Art und Umfang funktionsbezogen feststellen und schriftlich oder elektronisch so zusammenstellen, dass sie nahtlos ineinandergreifen. Zur gemeinsamen Beratung der Feststellungen zum Rehabilitationsbedarf sieht § 20 SGB IX die Einberufung einer **Teilhabeplankonferenz** vor.[70] 50

Wohl um entsprechend der Zielsetzung des § 7 Abs. 2 SGB IX ein koordiniertes Vorgehen zu gewährleisten, soll der **Vorrang des Teilhabeplanverfahrens** auch bezüglich des Fallmanagements gelten. Dieses schließt das Fallmanagement andererseits nicht prinzipiell aus. Wird ein Teilhabeplanverfahren durchgeführt, kommt das Fallmanagement ergänzend bezüglich derjenigen Leistungen in Betracht, die nicht bereits Gegenstand des Teilhabeplanverfahrens sind.[71] 51

VII. Verfahrensrecht

Die Entscheidung über die Zurverfügungstellung einer Fallmanagerin oder eines Fallmanagers erfolgt in der Regel in dem für die Schnellen Hilfen geschaffenen **Erleichterten Verfahren**, in dem es genügt, wenn eine summarische Prüfung ergibt, dass die antragstellende Person nach dem SER anspruchsberechtigt sein kann (§ 115 Abs. 2 S. 1 SGB XIV). Dabei ist der im Antrag dargelegte Sachverhalt gemäß § 115 Abs. 2 S. 2 SGB XIV als wahr zu unterstellen, wenn nicht dessen Unrichtigkeit offensichtlich ist (→ § 115 Rn. 9). 52

VIII. Rechtsfolgen

1. Entscheidung über die Bewilligung eines Fallmanagements. Der TdSE entscheidet, wie sich aus § 116 Abs. 2 S. 2 SGB XIV ergibt, **im Wege eines Verwaltungsakts iSd § 31 SGB X** über die Bewilligung eines Fallmanagements. 53

Gem. § 30 **Abs. 3** SGB XIV „können" Berechtigte ein Fallmanagement erhalten. Damit ist gemeint, dass der TdSE nach **pflichtgemäßem Ermessen** zu entscheiden haben, ob den Berechtigten ein Fallmanagement zu bewilligen ist. Er hat dieses **Entschließungsermessen** entsprechend dem Zweck des § 30 SGB XIV auszuüben und die **gesetzlichen Grenzen** des Ermessens einzuhalten (§ 39 Abs. 1 S. 1 SGB I). 54

Die Bewilligung eines Fallmanagements hat bei Personen in der Regel zu erfolgen, die erkennbar **unterstützungsbedürftig** sind.[72] Nicht erforderlich ist, dass der Unterstützungsbedarf im Zusammenhang mit dem geltend gemachten Entschädigungstatbestand steht. Kommunikative Probleme aufgrund einer Behinderung oder wegen sprachlicher Hindernisse können ebenfalls einen entsprechenden Unterstützungsbe- 55

69 BT-Drs. 18/9522, 229.
70 S. vertiefend Busse SRa Sonderheft 2019, 53 ff.
71 BT-Drs. 19/13824, 184.
72 BT-Drs. 19/13824, 183.

darf begründen. Ein solcher kann sich auch aus der Komplexität des Falls ergeben, zB wenn wegen zu erwartender schwerer Schädigungsfolgen voraussichtlich umfassende Leistungen aus verschiedenen Bereichen erforderlich sein werden.[73]

56 Nach **§ 30 Abs. 4** SGB XIV „sollen" Geschädigte ein Fallmanagement erhalten, wenn 1. das schädigende Ereignis eine Straftat gegen das Leben (§§ 211 ff. StGB) oder gegen die sexuelle Selbstbestimmung (§§ 174 ff. StGB) war oder 2. sie bei Eintritt des schädigenden Ereignisses minderjährig (§ 2 BGB) waren. Bei einer entsprechenden **Soll-Vorschrift** ist von der zuständigen Behörde des TdSE **grundsätzlich kein Ermessen** auszuüben.[74] § 30 Abs. 4 SGB XIV bringt zum Ausdruck, dass in den genannten Fallkonstellationen regelmäßig ein Unterstützungsbedarf besteht, der durch ein Fallmanagement zu decken ist.[75] Anders kann dies hingegen in **atypischen Fallkonstellationen** sein. Dann räumt das Gesetz den zuständigen Behörden des TdSE **volles Ermessen** ein.[76] Ob ein solcher atypischer Fall vorliegt, ist stets nach den besonderen Umständen des Einzelfalls zu beurteilen.[77] Die Beurteilung des Vorliegens eines atypischen Falls steht nicht seinerseits im Ermessen des Leistungsträgers, sondern ist gerichtlich voll überprüfbar.[78] Ein solcher atypischer Fall liegt zB vor, wenn ein nicht schwerwiegendes schädigendes Ereignis zulasten eines zum Tatzeitpunkt Minderjährigen (§ 30 Abs. 4 Nr. 2 SGB XIV) bereits viele Jahre zurückliegt und die noch vorhandenen Schädigungsfolgen gering sind.[79] Demgegenüber kann ein atypischer Fall nicht bereits deshalb unterstellt werden, weil eine Minderjährige oder ein Minderjähriger nach Gewalttaten vom **Jugendamt** betreut wird. Jugendämter sind grundsätzlich weder mit der Vorbereitung noch der Stellung von Anträgen nach dem SER befasst. Da ihnen zB im Rahmen der Hilfeplanung nach § 36 SGB VIII keine Pflicht obliegt, über sämtliche rechtlichen Vorteile und Möglichkeiten im Zuständigkeitsbereich anderer Behörden aufzuklären[80] und vertiefte Kenntnisse des SER nicht unterstellt werden können, darf der TdSE nicht davon ausgehen, dass die Aufgaben eines Fallmanagements von den Mitarbeiterinnen und Mitarbeitern des Jugendamtes mit erledigt werden.

57 Im Rahmen seines **Auswahlermessens** kann der TdSE zB darüber entscheiden, ob das Fallmanagement von einem externen Kooperationspartner (→ Rn. 17) durchgeführt wird.

58 **2. Sozialrechtlicher Herstellungsanspruch.** Die **Verletzung von Pflichten**, die dem Sozialleistungsträger gegenüber den Berechtigten aus dem Sozialrechtsverhältnis obliegen, kann nach ständiger Rspr. für die oder den Berechtigen einen sozialrechtlichen Herstellungsanspruch begründen. Es besteht insbesondere eine **Hinweis- und Beratungspflicht**, wenn anlässlich einer konkreten Sachbearbeitung in einem Sozialrechtsverhältnis eine **naheliegende Gestaltungsmöglichkeit** ersichtlich ist, die verständige Leistungsberechtigte wahrnehmen würden, wenn sie ihnen bekannt wäre.[81] An die Auskunft- und Beratungspflichten des Fallmanagement sind tendenziell weitergehende Anforderungen zu stellen, da es zu seinen zentralen Aufgaben gehört, in einem besonderen Maße auf Hilfe angewiesene Personen während des Antrags- und Leistungsverfahrens zu begleiten, bei der Bedarfsermittlung mitzuwirken und diese auf

73 BT-Drs. 19/13824, 183.
74 Vgl. BSG Urt. v. 27.5.2014 – L 8 SO 1/13 R, juris Rn. 18; LSG Nds-Brem Urt. v. 25.9.2019 – L 15 AS 14/17, juris Rn. 22.
75 BT-Drs. 19/13824, 183.
76 Vgl. BSG Urt. v. 6.5.2014 – B 4 AS 37/13 R, juris Rn. 19; jurisPK-SGB I/Groth § 39 Rn. 21 ff.; Maurer/Waldhoff AllgVerwR, 20. Aufl. 2020, § 7 Rn. 11.
77 Vgl. BSG Urt. v. 25.5.2018 – B 13 R 3/17 R, juris Rn. 20.
78 BSG Urt. v. 14.11.2013 – B 9 V 5/12 R, juris Rn. 63; jurisPK-SGB I/Groth § 39 Rn. 22.
79 Vgl. Schmidt SGB XIV/Bienert § 30 Rn. 29.
80 BSG Urt. v. 16.3.2016 – B 9 V 6/15 R, juris Rn. 31; BSG Urt. v. 27.7.2004 – B 7 SF 1/03 R, juris Rn. 19 mAnm Luthe jurisPR-SozR 42/2004 Anm. 4.
81 BSG Urt. v. 24.4.2015 – B 4 AS 22/15 R, juris Rn. 27.

die in Betracht kommenden Sozialleistungen, einschließlich der Leistungen anderer Sozialleistungsträger, hinzuweisen.[82] Es hat darauf zu achten, dass die Berechtigten Informationen verstanden haben. Das Fallmanagement tut gut daran, zu dokumentieren, welche Informationen und Empfehlungen es den Berechtigten gegeben hat.[83]

3. Konflikte. Das Fallmanagement kann seine gesetzliche Funktion nur erfüllen, wenn die oder der Berechtigte und die Fallmanagerin bzw. der Fallmanager zusammenarbeiten. Grundvoraussetzung ist **wechselseitiges Vertrauen**. Zeigt es sich, dass eine Arbeitsbeziehung nach einem Konflikt nicht (wieder) hergestellt werden kann, sollte der TdSE einen Wechsel der Fallmanagerin bzw. des Fallmanagers in Betracht ziehen.[84] 59

Liegt ein Grund vor, der geeignet ist, Misstrauen gegen eine unparteiische Amtsausübung der Fallmanagerin bzw. des Fallmanagers zu rechtfertigen, hat diese bzw. dieser sich nach Maßgabe des § 17 Abs. 1 S. 1 SGB X der weiteren Mitwirkung im Verwaltungsverfahren zu enthalten. § 17 Abs. 1 S. 1 SGB X ist nicht mit einem subjektiven Ablehnungsrecht des die **Besorgnis der Befangenheit** Äußernden verbunden.[85] Jedoch ist ein unter Mitwirkung einer befangenen Mitarbeiterin bzw. eines befangenen Mitarbeiters zustande gekommener Verwaltungsakt unter Umständen verfahrensfehlerhaft und damit rechtswidrig.[86] 60

Abschnitt 3 Traumaambulanz

§ 31 Leistungen in einer Traumaambulanz

(1) In einer Traumaambulanz wird psychotherapeutische Intervention erbracht, um den Eintritt einer psychischen Gesundheitsstörung oder deren Chronifizierung zu verhindern.

(2) Psychotherapeutische Intervention wird nur in Traumaambulanzen erbracht, mit denen die Träger der Sozialen Entschädigung eine Vereinbarung nach § 37 geschlossen haben.

82 Vgl. in Bezug auf den persönlichen Ansprechpartner (§ 14 SGB II) BSG Urt. v. 31.10.2007 – B 14/11b AS 63/06 R, juris Rn. 14 f.; BSG Urt. v. 27.7.2004 – B 7 SF 1/03 R, juris Rn. 19.
83 Vgl. zur Beweislastverteilung beim sozialrechtlichen Herstellungsanspruch BSG Urt. v. 26.7.2007 – B 13 R 4/06 R, juris Rn. 21 ff.; LSG BW Urt. v. 26.6.2012 – L 11 KR 572/11, juris Rn. 24.
84 Vgl. Gagel/Kohte SGB II § 14 Rn. 41.
85 BSG Urt. v. 22.9.2009 – B 4 AS 13/09 R, juris Rn. 27.
86 LSG NRW Beschl. v. 23.4.2010 – L 6 B 93/09 AS, juris Rn. 12.

A. Gesetzesgeschichte

1 Die Vorschrift ist durch Art. 1 G-SER vom 12.12.2019[1] eingeführt worden und gemäß Art. 60 Abs. 5 G-SER am **1.1.2021** in Kraft getreten. Sie hat **keinen gesetzlichen Vorläufer**. Traumaambulanzen gibt es zwar bereits seit einigen Jahren in einzelnen Bundesländern,[2] ihre Tätigkeit wird jedoch mit dem G-SER erstmalig gesetzlich geregelt. Sie sollen nun **flächendeckend im gesamten Bundesgebiet** eingeführt werden. Ein besonderer Handlungsbedarf besteht vor allem in Bezug auf spezifische Angebote für Kinder und Jugendliche.[3]

2 Der Gesetzgeber sieht sich in seinem Vorhaben zur Schaffung bundesweit flächendeckender Leistungen der psychotherapeutischen Intervention in Traumaambulanzen durch die Ergebnisse der bis Ende 2014 im Auftrag des BMAS durchgeführten **Studie des Universitätsklinikums Ulm** „Verbesserter Zugang zu Traumaambulanzen durch aktiven Einbezug der Versorgungsbehörden sowie primärer Anlaufstellen und Evaluation von Sofortinterventionen" (TRAVESI) bestätigt.[4] Diese hat die Effekte von Interventionen in Traumaambulanzen evaluiert und ist zur Einschätzung gelangt, dass bei den Patientinnen und Patienten, die Leistungen der psychotherapeutischen Frühinterventionen absolviert hatten, eine hochsignifikante und klinisch bedeutsame **Besserung der Traumabelastung** habe festgestellt werden können. Die **depressive Symptomatik** habe sich ebenfalls signifikant gebessert. Eine vergleichbare Besserung der Beschwerdesymptomatik habe es in der Kontrollgruppe nicht gegeben, obwohl die Mehrheit der Betroffenen sich dort ebenfalls in Behandlung begeben habe, jedoch im Rahmen der Regelversorgung. Diese sei oft mit den üblichen Wartezeiten verbunden und die dort tätigen Therapeutinnen und Therapeuten hätten (nur) über die üblicherweise vorhandene Traumaexpertise verfügt. Auch im Bereich der **subjektiv empfundenen Sicherheit** habe sich nach der Inanspruchnahme der Traumaambulanz eine positive Tendenz feststellen lassen, während die diesbezüglichen Werte in den Kontrollgruppen gleichgeblieben seien. Die Studie belege, dass die schnelle und niedrigschwellige Intervention durch traumatologisch spezialisierte Mitarbeiterinnen und Mitarbeiter einer Traumaambulanz der Behandlung im Rahmen der Regelversorgung überlegen sei.[5]

3 Die Schaffung von entsprechenden Leistungen der Sofort- bzw. Akuthilfen, die besonders Opfern von schweren Gewalttaten einschließlich der Opfer von Terrorangriffen schnell, niedrigschwellig und unbürokratisch zugänglich sind, ist eines der zentralen Vorhaben bei der Modernisierung des SER und wurde im **Koalitionsvertrag für die 19. Legislaturperiode** ausdrücklich erwähnt.[6]

4 Zuvor hatte bereits der **Abschlussbericht des Runden Tisches „Sexueller Kindesmissbrauch"** die Forderung aufgestellt, allen Betroffenen zeitnah Zugang zu Therapeutinnen und Therapeuten zu ermöglichen, die besonders kompetent und erfahren in der Behandlung traumatisierter Patientinnen und Patienten sind.[7]

---

1 BGBl. 2019 I 2652.

2 Vgl. hierzu: Borrée/Friedrich/Wüsten SozSich 2014, 69 (73); Frommberger in Lieb/Hohagen/Riemann, Psychiatrie und Psychotherapie 2.0, S. 50; Schürmann, Projektbericht „Evaluation der Traumaambulanzen in NRW", Mai 2010; Zentrum Bayern Familie und Soziales, Leitfaden Traumaambulanzen, April 2010.

3 BT-Drs. 19/13824, 185.

4 S. dazu ausführlich: Rassenhofer ua Psychotherapeut 2016, 197 ff.; Rassenhofer, Sexueller Missbrauch, S. 37; s. auch Bengel/Becker-Nehring/Hillebrecht in Maercker, Traumafolgestörungen, S. 190 ff.

5 BT-Drs. 19/13824, 185.

6 Koalitionsvertrag zwischen CDU, CSU und SPD für die 19. Legislaturperiode „Ein neuer Aufbruch für Europa. Eine neue Dynamik für Deutschland. Ein neuer Zusammenhalt für unser Land", S. 95.

7 BMJ/BMFSFJ/BMBF, Abschluss Runder Tisch Sexueller Kindesmissbrauch, Mai 2012, S. 28.

B. Normsystematik

I. Allgemeiner Regelungsgehalt

§ 31 Abs. 1 SGB XIV gibt einen **Überblick** über die im Kap. 4 Abschn. 3 SGB XIV geregelten **Leistungen** in einer Traumaambulanz und deren **Zielsetzung.** § 31 Abs. 2 SGB XIV **stellt klar**, dass eine Traumaambulanz im Sinne des SGB XIV nur eine solche ist, mit der die nach Landesrecht zuständigen Behörden des TdSE eine Vereinbarung nach Maßgabe des § 37 SGB XIV geschlossen haben. 5

II. Systematische Einordnung und Normzweck

1. Systematik. Die Leistungen in einer Traumaambulanz gehören gem. § 29 Abs. 1 SGB XIV zu den **Leistungen der Schnellen Hilfen** (→ § 29 Rn. 6). Es handelt sich bei ihnen gem. § 29 Abs. 2 um Leistungen eigener Art (→ § 29 Rn. 8). Der Gesetzgeber hat diese Schnellen Hilfen im Kap. 4 des SGB XIV zusammengefasst. Dieses **Kap. 4 SGB XIV** ist in vier Abschnitte untergliedert. **Abschn. 1** gibt mit § 29 SGB XIV einen Überblick über die Leistungen der Schnellen Hilfen und betont ihren eigenständigen Charakter. **Abschn. 2** (§ 30 SGB XIV) behandelt das Fallmanagement. **Abschn. 3** enthält die Vorschriften (§§ 31–38 SGB XIV) über die Leistungen in einer Traumaambulanz und **Abschn. 4** (§§ 39, 40 SGB XIV) regelt Einzelheiten zu den Kooperationsvereinbarungen. 6

Der die Leistungen in einer Traumaambulanz behandelnde **Abschn. 3 des Kap. 4 SGB XIV** wird durch den vorliegenden **§ 31 SGB XIV** eingeleitet, der einen Überblick über die Leistungen der psychotherapeutischen Intervention gibt und hervorhebt, dass diese Leistungen nach dem SGB XIV nur in solchen Traumaambulanzen erbracht werden, die mit den nach Landesrecht zuständigen Behörden des TdSE eine Vereinbarung nach § 37 SGB XIV geschlossen haben. **§ 32 SGB XIV** regelt die Leistungen der psychotherapeutischen Frühintervention und **§ 33 SGB XIV** die Leistungen der psychotherapeutischen Intervention in anderen Fällen. Beide Vorschriften legen zudem fest, an welche Berechtigten (§ 2 SGB XIV) diese Leistungen erbracht werden können. Der Umfang der Leistungen richtet sich nach **§ 34 SGB XIV**. Vorgaben zum weiteren Vorgehen im Falle eines nach der Betreuung in einer Traumaambulanz weiterhin bestehenden Behandlungsbedarfs sind in **§ 35 SGB XIV** normiert. Damit Betroffene nicht aus wirtschaftlichen Gründen, wegen Schwierigkeiten bei der Kinderbetreuung oder der Pflege von Familienangehörigen von der Inanspruchnahme der Leistungen in einer Traumaambulanz absehen, sieht **§ 36 SGB XIV** die Übernahme von Fahr- und Betreuungskosten vor. **§ 37 SGB XIV** regelt Einzelheiten zu den zwischen den nach Landesrecht zuständigen Behörden des TdSE und den in Betracht kommenden Traumaambulanzen zu schließenden Vereinbarungen. **§ 38 SGB XIV** enthält eine Verordnungsermächtigung, aufgrund derer weitere Einzelheiten der Vereinbarungen nach § 37 SGB XIV zu regeln sind. 7

Die Regelungen zu den Leistungen in einer Traumaambulanz werden durch verschiedene ergänzende **Sondervorschriften** abgerundet, die eigens auf das Normprogramm der Schnellen Hilfen zugeschnitten sind. 8

Besonderheiten gelten bereits bei der **Antragstellung.** Die Leistungen der SE und damit auch diejenigen in einer Traumaambulanz (§ 3 Nr. 1 SGB XIV) werden gem. § 10 Abs. 1 SGB XIV nur auf Antrag erbracht. Allerdings genügt es nach § 10 Abs. 5 **S. 1** SGB XIV, wenn dieser unverzüglich nach der zweiten Sitzung in der Traumaambulanz gestellt wird (→ § 10 Rn. 21 ff.). Die Vorschrift wird hinsichtlich des **Leistungsbeginns** durch § 11 Abs. 4 S. 2 SGB XIV flankiert, wonach abweichend vom Leistungsbeginn der Antragstellung (§ 11 Abs. 4 S. 1 SGB XIV) eine Inanspruchnahme der ersten beiden Sitzungen in der Traumaambulanz auch vor der Antragstellung möglich ist (→ § 11 Rn. 25 ff.). Damit Berechtigte nicht aus Furcht vor Erstattungsan- 9 sprüchen von der Inanspruchnahme abgehalten werden, werden die **Kosten** der ersten beiden Sitzungen in der Traumaambulanz gemäß § 11 Abs. 5 SGB XIV vom Leistungsträger auch dann getragen, wenn sich im Nachhinein herausstellen sollte, dass ein Anspruch nach dem SGB XIV nicht besteht und zwar noch nicht einmal unter den herabgesetzten Anforderungen an die Darlegung eines einen Anspruch begründenden Sachverhalts im Erleichterten Verfahren nach § 115 SGB XIV (→ § 11 Rn. 28).

10 Die Leistungen der Schnellen Hilfen werden gem. § 101 Abs. 2 S. 1 SGB XIV zudem **nur im Inland** erbracht. Ein Leistungsexport bei Berechtigten mit **Wohnsitz im Ausland** ist nicht möglich, da dort keine Traumaambulanzen iSd SGB XIV existieren (→ § 101 Rn. 26). Berechtigte haben jedoch die Möglichkeit, zur Inanspruchnahme der Leistungen einer Traumaambulanz nach dem SER aus dem Ausland anzureisen.[8] Erforderliche **Fahrkosten** zur nächstgelegenen Traumaambulanz werden gem. § 101 Abs. 2 S. 2 SGB XIV in angemessenem Umfang erstattet (→ § 101 Rn. 27). Auch bei **Gewalttaten im Ausland** werden Leistungen der Schnellen Hilfen an die Geschädigten gem. § 102 Abs. 2 S. 1 SGB XIV sowie an Angehörige und Hinterbliebene gem. § 102 Abs. 6 S. 2 SGB XIV ausschließlich im Inland erbracht (→ § 102 Rn. 17).

11 Damit die Leistungen in einer Traumaambulanz den Berechtigten rasch und unbürokratisch zur Verfügung stehen, hat der Gesetzgeber für diese **eigenständige Verfahrensvorschriften** erlassen. Die Entscheidung über die Bewilligung von Leistungen in einer Traumaambulanz erfolgt in der Regel in dem für die Schnellen Hilfen geschaffenen **Erleichterten Verfahren,** in dem es genügt, wenn eine summarische Prüfung ergibt, dass die antragstellende Person nach dem SER anspruchsberechtigt sein kann (§ 115 Abs. 2 S. 1 SGB XIV). Dabei ist der im Antrag dargelegte Sachverhalt gemäß § 115 Abs. 2 S. 2 SGB XIV als wahr zu unterstellen, wenn nicht dessen Unrichtigkeit offensichtlich ist (→ § 115 Rn. 9).

12 Nach der **Übergangsvorschrift** des § 138 Abs. 7 SGB XIV sollen für Taten im Zeitraum vom 1.1.2021 bis zum 31.12.2023 für Geschädigte, Angehörige, Hinterbliebene und Nahestehende iSd § 2 SGB XIV die **Leistungen in einer Traumaambulanz** nach den §§ 31 bis 36 SGB XIV erbracht werden, wenn die **Voraussetzungen nach dem OEG** in der zum Tatzeitpunkt geltenden Fassung erfüllt sind (→ § 138 Rn. 40).

13 **2. Normzweck.** Mit den Leistungen in einer Traumaambulanz soll Betroffenen, die unter den psychischen Folgen eines schädigenden Ereignisses (§ 1 Abs. 2 SGB XIV), vor allem einer Gewalttat (§§ 13–15, 18 SGB XIV), leiden, **schnell und unbürokratisch geholfen** werden. Der Gesetzgeber reagiert mit ihnen auf die bereits seit längerem bestehende Kritik, dass vor allem die Leistungen nach dem OEG die Betroffenen selbst bei optimalen Abläufen in der Verwaltung (zu) spät erreichen.[9] § 31 Abs. 1 SGB XIV dient der Systematisierung. Die Vorschrift gibt iS einer **Eingangsnorm** einen Überblick über das Instrumentarium und die Zielsetzung der Leistungen in einer Traumaambulanz des Abschn. 3 des Kap. 4 SGB XIV. § 31 Abs. 2 SGB XIV dient der **Klarstellung** dahin gehend, dass Leistungen in einer Traumaambulanz nach dem SGB XIV nur in solchen ambulanten Einrichtungen erbracht werden, mit denen die nach Landesrecht zuständigen Behörden des TdSE eine Vereinbarung nach § 37 SGB XIV geschlossen haben.

---

8 BT-Drs. 19/13824, 213.

9 Vgl. Schmachtenberg in WEISSER Ring eV, Moderne Opferentschädigung, S. 148; Harkotte in WEISSER RING eV, Opferentschädigungsgesetz – Intention und Praxis opfergerecht?, S. 114. S. zur Dauer der Bearbeitung von OEG-Anträgen etwa die Studie von Grundel/Blättner, Entschädigung von Opfern interpersoneller Gewalt im Raum Fulda, S. 14, 25.

C. Einzelkommentierung

I. Leistungen in einer Traumaambulanz und ihre Ziele (Abs. 1)

1. Traumaambulanz. Der **Begriff** der Traumaambulanz wird im SGB XIV selbst nicht definiert. Traumaambulanzen lassen sich allgemein umschreiben als Anlaufstellen für die psychotherapeutische Akutversorgung von Opfern traumatisierender Ereignisse.[10] 14

Die Überlegungen des Gesetzgebers zu den **organisatorischen Anforderungen an Traumaambulanzen** dürften den bestehenden Versorgungsstrukturen in einzelnen Bundesländern entsprechen, an denen sich der Gesetzgeber bei der Schaffung der gesetzlichen Regelungen orientiert hatte.[11] Eine Übersicht über die bereits existierenden Traumaambulanzen befindet sich auf dem Internetauftritt des BMJ.[12] In der Regel sind diese an psychiatrische oder psychosomatische Kliniken sowie an kinder- und jugendpsychiatrische Kliniken angegliedert. Es ist zu erwarten, dass es sich auch in Zukunft nach Inkrafttreten einer auf der Grundlage des § 38 SGB XIV zu erlassenden Traumaambulanzverordnung weiterhin im Regelfall um **klinische Ambulanzen** handeln wird, da diese eher als andere Anbieter in der Lage sind, die notwendige ständige (telefonische) Erreichbarkeit (§ 38 S. 2 Nr. 3 SGB XIV) zu gewährleisten und über das Personal verfügen, Sitzungen kurzfristig und zeitlich hinreichend flexibel anzubieten (→ § 38 Rn. 18). Da allerdings vor allem in der Anfangszeit, bis flächendeckend ausreichende Versorgungsstrukturen geschaffen wurden, die örtlichen Gegebenheiten zu berücksichtigen sind (§ 38 S. 2 Nr. 3 SGB XIV), wird es Konstellationen geben, in denen auch andere Stellen, die den Qualitätsanforderungen genügen (zB größere Facharztpraxen), Traumaambulanzen iS der Vorschrift gründen können. 15

2. Psychotherapeutische Intervention. Bei den in den Traumaambulanzen erbrachten Leistungen der psychotherapeutischen Intervention im Sinne des § 31 Abs. 1 SGB XIV handelt es sich um einen **Oberbegriff** für die nach § 32 SGB XIV erbrachten Leistungen der psychotherapeutischen Frühintervention sowie für die psychotherapeutische Intervention in anderen Fällen nach § 33 SGB XIV.[13] Der Begriff der **Intervention** ist weit auszulegen.[14] Es handelt sich hierbei um geplante und gezielt eingesetzte Maßnahmen, um (psychischen) Störungen vorzubeugen, sie zu beheben oder deren negative Folgen einzudämmen.[15] Unter psychotherapeutischer Intervention ist dementsprechend die gezielte Einflussnahme auf psychische Vorgänge unter Anwendung psychotherapeutischer Verfahren zu verstehen.[16] 16

Mit **psychotherapeutischen Frühinterventionen** sind die ersten therapeutischen Maßnahmen zur Betreuung und Versorgung von Menschen nach einem traumatischen Ereignis gemeint.[17] § 32 Abs. 1 SGB XIV sieht in Bezug auf Geschädigte (§ 2 Abs. 2 SGB XIV) vor, dass diese psychotherapeutische Frühintervention in einer Traumaambulanz erhalten sollen, wenn die erste Sitzung innerhalb von zwölf Monaten nach dem schädigenden Ereignis iSd § 1 Abs. 2 SGB XIV oder nach Kenntnisnahme hiervon 17

---

10 Tabbara NZS 2020, 210 (214 Fn. 27).

11 Gelhausen/Weiner/Düser SGB XIV § 31 Rn. 7.

12 https://www.bmj.de/SharedDocs/Downloads/DE/Themen/OpferhilfeUndGewaltpraevention/Opferbeauftragter/Uebersicht_Traumaambulanzen.html (7.5.2022).

13 BeckOK SozR/Baumeister SGB XIV § 31 Rn. 14; jurisPK-SGB XIV/Schaumberg § 31 Rn. 27.

14 Schmidt SGB XIV/Bienert § 31 Rn. 6.

15 Artikel „Intervention" in: Lexikon der Psychologie, https://www.spektrum.de/lexikon/psychologie/intervention/7396 (abgerufen: 18.6.2021).

16 Vgl. § 4 Abs. 1–3 der Richtlinie des Gemeinsamen Bundesausschusses über die Durchführung der Psychotherapie (Psychotherapie-Richtlinie) in der Fassung vom 19.2.2009 zuletzt geändert am 20.11.2020 (BAnz AT 17.2.2021 B1) in Kraft getreten am 18.2.2021; Fengler Report Psychologie 2003, 446 (447).

17 Bengel/Becker-Nehring/Hillebrecht in Maercker, Traumafolgestörungen, S. 190.

erfolgt (→ § 32 Rn. 14). Angehörige, Hinterbliebene und Nahestehende sollen gem. § 32 Abs. 2 SGB XIV psychotherapeutische Frühintervention in einer Traumaambulanz erhalten, wenn die erste Sitzung innerhalb von zwölf Monaten erfolgt, nachdem sie von dem schädigenden Ereignis Kenntnis erlangt haben (→ § 32 Rn. 26).

18 In Abgrenzung zur psychotherapeutischen Frühintervention soll die **psychotherapeutische Intervention in anderen Fällen** nach § 33 SGB XIV erfolgen, wenn ein mehr als zwölf Monate zurückliegendes schädigendes Ereignis (§ 1 Abs. 2 SGB XIV) zu einer akuten psychischen Belastung geführt hat und die erste Sitzung innerhalb von zwölf Monaten nach dem Auftreten der akuten Belastung erfolgt (→ § 33 Rn. 2). Die Vorschrift zielt auf Personen ab, die das schädigende Ereignis zunächst – oft für Jahre oder gar Jahrzehnte – verdrängt haben, aber eine aktuelle psychische Belastung erleben. Diese Konstellation kann zum Beispiel bei Personen auftreten, die in ihrer Kindheit sexuell missbraucht worden sind.[18]

19 Ausdrückliche Vorgaben zu den **Instrumenten** und **Inhalten psychotherapeutischer Intervention** gehen aus der Vorschrift nicht hervor. Die Ausübung von psychotherapeutischer Intervention hat allerdings zwingend auf der Grundlage wissenschaftlich geprüfter und anerkannter Verfahren zu erfolgen.[19] Diese Verfahren müssen dem jeweiligen **aktuellen wissenschaftlichen Erkenntnisstand** entsprechen, der regelmäßig in den aktuellen **Leitlinien der Wissenschaftlichen Fachgesellschaften** festgehalten ist.[20] Insoweit kann exemplarisch auf die Leitlinie der Arbeitsgemeinschaft der Wissenschaftlichen Medizinischen Fachgesellschaften (AWMF) zur **„Diagnostik und Behandlung von akuten Folgen psychischer Traumatisierung"** verwiesen werden, die federführend von der Deutschen Gesellschaft für Psychotraumatologie eV entwickelt wurde.[21] Es ist auch besonderes Augenmerk auf die Notwendigkeit **spezifischer Angebote der Traumaintervention für Kinder und Jugendliche** zu legen. Von der wissenschaftlichen Anerkennung eines psychotherapeutischen Verfahrens zur Behandlung Erwachsener lässt sich nicht ohne Weiteres auf die Wirksamkeit dieses Verfahrens zur Behandlung von Kindern und Jugendlichen schließen.[22] Neuere Untersuchungen belegen vielmehr, dass sich die therapeutische Arbeit mit traumatisierten Kindern und Jugendlichen deutlich von derjenigen mit Erwachsenen unterscheidet.[23] So ist etwa bei Fällen sexuellen Missbrauchs eine aktive Beteiligung einer nicht missbrauchenden, die Missbrauchsbewältigung unterstützenden erwachsenen Bezugsperson zu empfehlen.[24] Die aktuelle **AWMF-Leitlinie „Posttraumatische Belastungsstörung"**, die ua unter Beteiligung der Deutschen Gesellschaft für Kinder- und Jugendmedizin eV und der Deutschen Gesellschaft für Kinder- und Jugendpsychiatrie, Psychosomatik und Psychotherapie eV entwickelt wurde, enthält einen eigenständigen Teil zur Behandlung der PTBS bei Kindern und Jugendlichen.[25]

20 Die nach Landesrecht zuständigen Behörden des TdSE haben mit den **Vereinbarungen nach § 37 SGB XIV** ein Instrument, um auf die Qualität der Arbeit in den Traumaambulanzen Einfluss zu nehmen (→ § 37 Rn. 6). Das Nähere zu den Vereinbarungen ist

18 BT-Drs. 19/13824, 185; Igney/Ehmke Trauma 4/2016, 64 (69 f.); s. zu einer entsprechenden Konstellation etwa: SächsLSG Urt. v. 4.9.2018 – L 9 VE 16/15, mit Anm. von Hansen jurisPR-SozR 4/2019 Anm. 5.
19 § 1 Abs. 2 S. 1 PsychThG.
20 BVerwG Urt. v. 30.4.2009 – 3 C 4/08, juris Rn. 18 mAnm Pawlita SGb 2009, 731.
21 AWMF-Leitlinie, Diagnostik und Behandlung von akuten Folgen psychischer Traumatisierung, Stand Juli 2019; s. auch Bengel/Becker-Nehring/Hillebrecht in Maercker, Traumafolgestörungen, S. 189 ff.
22 BVerwG Urt. v. 30.4.2009 – 3 C 4/08.
23 S. hierzu: Fegert/Clemens/Rassenhofer RP Reha 2019, 44 (46 ff.); Steil/Rosner in Maercker, Traumafolgestörungen, S. 411 ff., 425 ff.
24 Goldbeck/Allroggen/Münzer/Rassenhofer/Fegert, Sexueller Missbrauch, S. 64.
25 AWMF-Leitlinie, Posttraumatische Belastungsstörung, Stand 19.12.2019.

in der auf der Grundlage der Verordnungsermächtigung des § 38 SGB XIV zu erlassenden Rechtsverordnung zu regeln (→ § 38 Rn. 9).

3. Verhinderung einer psychischen Gesundheitsstörung oder deren Chronifizierung. 21
a) Psychische Gesundheitsstörung. Unter einer **Gesundheitsstörung** im Sinne des SER, deren Eintritt im Sinne der ersten Alternative des § 31 Abs. 1 SGB XIV durch psychotherapeutische Intervention verhindert werden soll, wird ein behandlungsbedürftiger und einer Behandlung zugänglicher Körper- oder Geisteszustand verstanden.[26] Der Begriff der Gesundheitsstörung ähnelt dem im Bereich der gesetzlichen Krankenversicherung (§ 27 Abs. 1 SGB V) verwendeten Begriff der Krankheit.[27] § 2 Abs. 1 der Psychotherapie-RL des G-BA definiert eine **seelische bzw. psychische Krankheit** als krankhafte Störung der Wahrnehmung, des Verhaltens, der Erlebniswahrnehmung, der sozialen Beziehungen und der Körperfunktionen. Es gehört zum Wesen dieser Störungen, dass sie der willentlichen Steuerung nicht mehr oder nur zum Teil zugänglich sind.[28]

Weitere Voraussetzung ist, dass die psychische Gesundheitsstörung, deren Eintritt droht, auf das schädigende Ereignis (§ 1 Abs. 2 SGB XIV) **ursächlich** zurückzuführen ist.[29] Ausreichend ist nach den allgemeinen Grundsätzen ein **wahrscheinlicher Zusammenhang.**[30] Ein solcher Zusammenhang ist zu bejahen, wenn nach dem aktuellen Stand der medizinischen Wissenschaft mehr für als gegen den Ursachenzusammenhang spricht (§ 4 Abs. 4 S. 2 SGB XIV). Die **Vermutungsregelung des § 4 Abs. 5 SGB XIV** ist anzuwenden (→ § 4 Rn. 28 f.). Hierbei ist zu berücksichtigen, dass die Entscheidung über die Bewilligung von Leistungen in einer Traumaambulanz in der Regel gem. § 115 Abs. 1 SGB XIV im **Erleichterten Verfahren** im Rahmen einer summarischen Prüfung auf der Grundlage der Angaben des Berechtigten erfolgt (§ 115 Abs. 2 S. 1 SGB XIV). Eine Verneinung des Ursachenzusammenhangs dürfte vor Aufnahme der Behandlung in der Traumaambulanz und regelmäßig auch noch während der Durchführung der probatorischen Sitzungen des § 34 Abs. 2 SGB XIV nur in Ausnahmefällen in Betracht kommen.[31] Eine solche Ausnahme liegt nur dann vor, wenn **offensichtlich** (§ 115 Abs. 2 S. 2 SGB XIV) ist, das ein Ursachenzusammenhang zwischen dem geltend gemachten schädigenden Ereignis und den psychischen Auffälligkeiten nicht besteht. 22

b) Chronifizierung einer psychischen Gesundheitsstörung. Durch die Leistungen in der Traumaambulanz soll nach der zweiten Alternative weiterhin eine **Chronifizierung** einer durch das schädigende Ereignis nach dem Vorbringen der oder des Berechtigten zumindest mit hervorgerufenen und bereits eingetretenen, psychischen Gesundheitsstörung verhindert werden. Die psychotherapeutische Intervention in der Traumaambulanz soll also dafür sorgen, dass aus einer akuten Gesundheitsstörung keine chronische Erkrankung wird. Eine gesetzliche **Definition des Begriffs der chronischen Erkrankung** findet sich weder im SGB XIV noch im SGB V. In Anlehnung an den allgemeinen Sprachgebrauch liegt eine chronische Erkrankung vor, wenn die Betroffenen unter dieser über einen langen, zumeist unabsehbaren Zeitraum leiden.[32] 23

26 Wilke/Fehl BVG § 10 Rn. 3.
27 Vgl. HK-SozEntschR/Vogl BVG § 10 Rn. 13, 15.
28 Richtlinie des Gemeinsamen Bundesausschusses über die Durchführung der Psychotherapie (Psychotherapie-Richtlinie) in der Fassung vom 19.2.2009 zuletzt geändert am 20.11.2020 (BAnz AT 17.2.2021 B1) in Kraft getreten am 18.2.2021.
29 jurisPK-SGB XIV/Schaumberg § 31 Rn. 31 f.
30 Schmidt SGB XIV/Bienert § 31 Rn. 9.
31 Vgl. Schmidt SGB XIV/Bienert § 31 Rn. 11.
32 Vgl. Becker/Kingreen/Welti SGB V § 2a Rn. 17; SWK-BehindertenR/Brockmann Chronische Krankheit Rn. 1; Krauskopf/Vossen SGB V § 2a Rn. 7.

24 Zum Teil wird im wissenschaftlichen Schrifttum zur Annäherung an den Begriff der chronischen Erkrankung eine ergänzende Heranziehung der Definition des § 2 Abs. 2 der **Chroniker-RL** des G-BA[33] empfohlen.[34] Ein entsprechender Rückgriff **überzeugt** jedoch **nicht**. Die zur Umsetzung der Regelungen in § 62 SGB V geschaffene Richtlinie wird in einem anderen Kontext verwendet. Sie behandelt Einzelheiten zur Definition von schwerwiegenden chronischen Krankheiten im Zusammenhang mit der notwendigen **Bestimmung von Belastungsgrenzen** bei Zuzahlungen für chronisch Kranke.[35] Auch sind die Leistungen in einer Traumaambulanz – wie die Zielsetzung der ersten Alternative, die Verhinderung des Eintritts einer psychischen Gesundheitsstörung zeigt – nicht nur Berechtigten vorbehalten, bei denen eine Chronifizierung einer „schwerwiegenden" psychischen Gesundheitsstörung abgewandt werden soll.[36]

25 c) **Verhinderungsziel.** Das **Ziel** der Leistungen der psychotherapeutischen Intervention besteht gem. § 31 Abs. 1 SGB XIV darin, den Eintritt einer psychischen Gesundheitsstörung und die Chronifizierung einer solchen zu verhindern. Nach der gesetzlichen Zielrichtung sollen sich Berechtigte, die nach dem schädigenden Ereignis (§ 1 Abs. 2 SGB XIV) unter einer akuten psychischen Belastung leiden, somit bereits zu einem Zeitpunkt in der Traumaambulanz vorstellen können, zu dem es noch nicht zum Eintritt einer Gesundheitsstörung gekommen ist.[37] Die Leistungen in der Traumaambulanz haben somit eine **präventive Funktion** und unterscheiden sich insoweit von psychotherapeutischen Leistungen der Krankenbehandlung.[38]

26 Es stellt sich die Frage, wie mit Konstellationen umzugehen ist, in denen es deutliche **Anhaltspunkte** dafür gibt, dass eine **chronische psychische Gesundheitsstörung bereits vorliegt**. Zum Teil werden im wissenschaftlichen Schrifttum als zusätzliche **ungeschriebene Tatbestandsvoraussetzungen** gefordert, dass die psychotherapeutische Intervention voraussichtlich **geeignet** und als Akutbehandlung **erforderlich** ist, die vom Gesetz genannten Ziele zu erreichen.[39]

27 Dieser **Auffassung** ist **nicht zu folgen**. Der Gesetzgeber hat vielmehr sowohl bei den Leistungen der psychotherapeutischen Frühintervention in § 32 Abs. 1 und Abs. 2 SGB XIV als auch bei der psychotherapeutischen Intervention in anderen Fällen nach § 33 SGB XIV einen **Zwölfmonatszeitraum** gewählt, innerhalb dessen mit den Sitzungen in einer Traumaambulanz zu beginnen ist. Nach Ablauf dieses Zeitraums scheiden Leistungen der Schnellen Hilfen in einer Traumaambulanz aus. Der Zeitraum wurde bewusst gewählt, weil es aus Sicht der Wissenschaft wichtig ist, Betroffene möglichst frühzeitig nach dem schädigenden Ereignis oder der Kenntnisnahme hiervon bzw. dem Auftreten einer akuten psychischen Belastung zu behandeln.[40] Der Gesetzgeber sieht die **grundsätzliche Eignung psychotherapeutischer Interventionen** innerhalb des gesetzlichen Zwölfmonatszeitraums als gegeben an und bejaht auch prinzipiell die **Erforderlichkeit** schneller Hilfe im Hinblick auf die bei psychotherapeutischen Angeboten der Regelversorgung häufig anzutreffenden langen Wartezeiten. Hinzu kommt, dass die Erkenntnismöglichkeiten im Erleichterten Verfahren grundsätzlich nicht ausreichen dürften, die Eignung der Instrumente der psychotherapeutischen Intervention von vornherein zu verneinen. Dies dürfte allenfalls bei Opfern von langjährigen schweren Gewalttaten denkbar sein, bei denen der Eintritt einer hochgradig chronifizierten psy-

33 Richtlinie des Gemeinsamen Bundesausschusses zur Umsetzung der Regelungen in § 62 SGB V für schwerwiegend chronisch Erkrankte („Chroniker-Richtlinie") idF v. 22.1.2004, zuletzt geändert am 17.11.2017, BAnz AT v. 5.3.2018.
34 jurisPK-SGB XIV/Schaumberg § 31 Rn. 36.
35 Vgl. anschaulich BSG Beschl. v. 17.2.2016 – B 6 KA 63/15 B.
36 Ebenso BeckOK SozR/Baumeister SGB XIV § 31 Rn. 20.
37 BeckOK SozR/Baumeister SGB XIV § 31 Rn. 23.
38 B. Schmidt SRa Sonderheft 2017, 51 (52).
39 BeckOK SozR/Baumeister SGB XIV § 31 Rn. 21, 23.
40 BT-Drs. 19/13824, 185.

chischen Erkrankung naheliegt. Diesen Personenkreis von Leistungen der Traumaambulanz auszuschließen, würde jedoch den Zielsetzungen des G-SER, Opfern schnell und unbürokratisch zu helfen, diametral widersprechen. Neuere **Metaanalysen** belegen im Übrigen die prinzipielle Wirksamkeit von psychotherapeutischen Ansätzen selbst in Fällen des sexuellen Missbrauchs von Kindern und Jugendlichen.[41] Auf der anderen Seite sind **Prognosen bei psychischen Erkrankungen** immer mit erheblichen Unsicherheiten verbunden; es kann bei der Behandlung psychischer Traumata etwa zu nicht vorhersehbaren Therapiekomplikationen kommen.[42] Dem trägt der Gesetzgeber mit der Möglichkeit, gegebenenfalls bis zu zehn weitere Sitzungen in der Traumaambulanz zu bewilligen (§ 34 Abs. 3 SGB XIV), Rechnung. Einzelne Betroffene im Erleichterten Verfahren auf **spärlichen Informationsgrundlagen** wegen einer angenommenen fehlenden Besserungsaussicht von Leistungen der Traumaambulanz auszuschließen, ist nicht vertretbar.

Grundsätzlich ist es zudem Aufgabe der ersten fünf bzw. bei Kindern und Jugendlichen der ersten acht (probatorischen) Sitzungen nach § 34 Abs. 2 SGB XIV, die **Behandlungsbedürftigkeit** und damit die **Erforderlichkeit** psychotherapeutischer Intervention zu klären. Es erscheint daher grundsätzlich nicht sachgerecht, in den § 31 Abs. 1 SGB XIV als zusätzliche Tatbestandsvoraussetzung die Erforderlichkeit der Leistungen hineinzulesen. Zu berücksichtigen ist zudem, dass die zuständigen Behörden im Falle des **Vorliegens atypischer Fallkonstellationen**, bei denen Leistungen in einer Traumaambulanz nicht für erforderlich gehalten werden, die Möglichkeit haben, sich im Rahmen des ihnen nach § 32 Abs. 1, Abs. 2 SGB XIV und § 33 SGB XIV dann eingeräumten Ermessens gegen eine Bewilligung von Leistungen der psychotherapeutischen Intervention zu entscheiden (→ § 32 Rn. 29). 28

II. Erfordernis einer Vereinbarung nach § 37 (Abs. 2)

Psychotherapeutische Intervention nach Maßgabe des Kap. 4 Abschn. 3 SGB XIV (§§ 31–38 SGB XIV) wird gemäß § 31 Abs. 2 SGB XIV nur in solchen Traumaambulanzen erbracht, mit denen die nach Landesrecht zuständigen Behörden des TdSE eine Vereinbarung nach § 37 SGB XIV geschlossen haben. Die Vorschrift hat **Klarstellungsfunktion**. Andere Einrichtungen kommen als Leistungserbringer nach dem SER selbst dann nicht in Betracht, wenn sie ebenfalls die Bezeichnung Traumaambulanz führen.[43] Wenn solche anderen psychiatrischen oder psychotherapeutischen Ambulanzen Leistungen der psychotherapeutischen Intervention erbringen, können sie diese gegenüber dem TdSE **nicht abrechnen**.[44] 29

Die gesetzliche Beschränkung der Leistungserbringer nach dem SER auf nur diejenigen, die mit den nach Landesrecht zuständigen Behörden eine Vereinbarung nach § 37 SGB XIV geschlossen haben, ist ein Instrument, um auf die Strukturen und die Arbeit der Traumaambulanzen Einfluss zu nehmen. Mit der Schaffung des SGB XIV soll nicht nur eine flächendeckende Verfügbarkeit von Leistungen in einer Traumaambulanz sichergestellt werden, sondern die Leistungen müssen auch vorgegebenen **Qualitätsstandards** genügen.[45] Der Gesetzgeber hat dementsprechend in § 37 Abs. 2 SGB XIV zum Zwecke der Sicherstellung von Versorgungsstrukturen, die den rechtlichen und fachlichen Anforderungen genügen, **Mindestinhalte der Vereinbarungen** festgelegt.[46] Weitere Vorgaben zu den Vereinbarungen nach § 37 SGB XIV, durch die bun- 30

41 Vgl. Goldbeck/Allroggen/Münzer/Rassenhofer/Fegert, Sexueller Missbrauch, S. 20.
42 Vgl. Krahl in Freytag/Krahl/Krahl/Thomann, Psychotraumatologische Begutachtung, S. 202 f.
43 BT-Drs. 19/13824, 185.
44 jurisPK-SGB XIV/Schaumberg § 31 Rn. 40; Schmidt SGB XIV/Bienert § 31 Rn. 15.
45 Vgl. BT-Drs. 19/13824, 187.
46 Knickrehm/Mushoff/Schmidt Neues SozEntschR Rn. 117.

deseinheitliche Qualitätsstandards sichergestellt werden sollen, sind in der auf der Grundlage des § 38 SGB XIV zu erlassenden **Rechtsverordnung** zu regeln (→ § 38 Rn. 9).

31 § 37 Abs. 1 S. 2 SGB XIV enthält allerdings eine **Altfallregelung**. Am 1.1.2021 bereits bestehende Vereinbarungen bleiben danach für die Dauer ihrer Laufzeit von den Vorgaben des § 37 Abs. 1 S. 1 SGB XIV bis zum Abschluss von Vereinbarungen, die die Voraussetzungen nach diesem Abschnitt erfüllen, unberührt (→ § 37 Rn. 14).

§ 32 Psychotherapeutische Frühintervention

(1) Geschädigte sollen psychotherapeutische Frühintervention in einer Traumaambulanz erhalten, wenn die erste Sitzung innerhalb von zwölf Monaten nach dem schädigenden Ereignis oder nach Kenntnisnahme hiervon erfolgt.

(2) Angehörige, Hinterbliebene und Nahestehende sollen psychotherapeutische Frühintervention in einer Traumaambulanz erhalten, wenn die erste Sitzung innerhalb von zwölf Monaten erfolgt, nachdem sie von dem schädigenden Ereignis Kenntnis erlangt haben.

A. Gesetzesgeschichte

1 Die Vorschrift ist durch Art. 1 G-SER vom 12.12.2019[1] eingeführt worden und gemäß Art. 60 Abs. 5 G-SER am **1.1.2021** in Kraft getreten. Sie hat keinen **gesetzlichen Vorläufer**. Traumaambulanzen gibt es zwar bereits seit einigen Jahren in einzelnen Bundesländern, ihre Tätigkeit wird jedoch mit dem G-SER erstmalig bundeseinheitlich gesetzlich geregelt. Sie sollen nun flächendeckend im gesamten Bundesgebiet geschaffen werden (vertiefend → § 31 Rn. 1 ff.).

B. Normsystematik

I. Allgemeiner Regelungsgehalt

2 § 32 SGB XIV legt fest, welchem **Personenkreis** und unter welchen **Voraussetzungen** die zu den Leistungen der psychotherapeutischen Intervention (§ 31 Abs. 1 SGB XIV) gehörende psychotherapeutische Frühintervention bewilligt werden soll. § 32 Abs. 1 SGB XIV regelt, dass Geschädigte iSd § 2 Abs. 2 SGB XIV, also Personen, die durch

1 BGBl. 2019 I 2652.

ein schädigendes Ereignis (§ 1 Abs. 2 SGB XIV) unmittelbar eine gesundheitliche Schädigung erlitten haben, psychotherapeutische Frühintervention in einer Traumaambulanz erhalten sollen, wenn die erste Sitzung innerhalb von zwölf Monaten nach dem schädigenden Ereignis oder nach Kenntnisnahme hiervon erfolgt. Auch Angehörige (§ 2 Abs. 3 SGB XIV), Hinterbliebene (§ 2 Abs. 4 SGB XIV) und Nahestehende (§ 2 Abs. 5 SGB XIV) sollen nach § 32 Abs. 2 SGB XIV psychotherapeutische Frühintervention in einer Traumaambulanz erhalten, wenn die erste Sitzung innerhalb von zwölf Monaten erfolgt, nachdem sie von dem schädigenden Ereignis (§ 1 Abs. 2 SGB XIV) Kenntnis erlangt haben.

II. Systematische Einordnung und Normzweck

1. Systematik. Die in der Norm geregelten Leistungen der psychotherapeutischen Frühintervention gehören zu den **Leistungen in einer Traumaambulanz** nach Abschn. 3 Kap. 4 SGB XIV. Diese wiederum sind gem. § 29 Abs. 1 SGB XIV den **Leistungen der Schnellen Hilfen** zuzuordnen (→ § 29 Rn. 6). Es handelt sich bei ihnen gem. § 29 Abs. 2 um Leistungen eigener Art (→ § 29 Rn. 8). Der Gesetzgeber hat diese Schnellen Hilfen im **Kap. 4 SGB XIV** zusammengefasst. Es ist in vier Abschn. untergliedert. Abschn. 1 gibt mit § 29 SGB XIV einen Überblick über die Leistungen der Schnellen Hilfen und betont ihren eigenständigen Charakter. Abschn. 2 (§ 30 SGB XIV) behandelt das Fallmanagement. Abschn. 3 enthält die Vorschriften (§§ 31–38 SGB XIV) über die Leistungen in einer Traumaambulanz und Abschn. 4 (§§ 39, 40 SGB XIV) regelt Einzelheiten zu den Kooperationsvereinbarungen. 3

Der die Leistungen in einer Traumaambulanz behandelnde **Abschn. 3 des Kap. 4 SGB XIV** wird durch **§ 31 SGB XIV** eingeleitet, der einen Überblick über die Leistungen der psychotherapeutischen Intervention gibt und hervorhebt, dass diese Leistungen nach dem SGB XIV nur in solchen Traumaambulanzen erbracht werden, die mit den nach Landesrecht zuständigen Behörden des TdSE eine Vereinbarung nach § 37 SGB XIV geschlossen haben. Der vorliegende **§ 32 SGB XIV** regelt die Leistungen der psychotherapeutischen Frühintervention und **§ 33 SGB XIV** die Leistungen der psychotherapeutischen Intervention in anderen Fällen. Beide Vorschriften legen zudem fest, an welche Berechtigten (§ 2 SGB XIV) diese Leistungen erbracht werden können. **§ 34 SGB XIV** regelt den Umfang der von den Traumaambulanzen erbrachten Leistungen. Vorgaben zum Vorgehen im Falle eines nach Betreuung in einer Traumaambulanz weiterhin bestehenden Behandlungsbedarfs sind in **§ 35 SGB XIV** normiert. Damit Betroffene nicht aus wirtschaftlichen Gründen, wegen Schwierigkeiten bei der Kinderbetreuung oder der Pflege von Familienangehörigen von der Inanspruchnahme der Leistungen in einer Traumaambulanz absehen, sieht **§ 36 SGB XIV** die Übernahme von Fahr- und Betreuungskosten vor. **§ 37 SGB XIV** regelt Einzelheiten zu den zwischen den TdSE und den in Betracht kommenden Traumaambulanzen zu schließenden Vereinbarungen. **§ 38 SGB XIV** enthält eine Verordnungsermächtigung, aufgrund derer weitere Einzelheiten zu den Vereinbarungen nach § 37 SGB XIV in einer Rechtsverordnung zu regeln sind. 4

Das Normprogramm der Leistungen in einer Traumaambulanz wird durch verschiedene **Sonderregelungen** flankiert, die eigens auf die Ziele der Schnellen Hilfen zugeschnitten sind (→ § 31 Rn. 8). 5

Nach der **Übergangsvorschrift des § 138 Abs. 7 SGB XIV** sollen für Taten im Zeitraum vom 1.1.2021 bis 31.12.2023 für Geschädigte, Angehörige, Hinterbliebene und Nahestehende iSd § 2 Abs. 2 bis 5 SGB XIV die Leistungen der psychotherapeutischen Frühintervention nach § 32 SGB XIV erbracht werden, wenn die Voraussetzungen nach dem OEG in der zum Tatzeitpunkt geltenden Fassung erfüllt sind. Unter Taten im Sinne des § 138 Abs. 7 SGB XIV sind entweder der vorsätzliche, rechtswidrige tät- 6 liche Angriff iSd § 1 Abs. 1 OEG oder ein diesem gleichgestelltes schädigendes Ereignis nach § 1 Abs. 2 OEG zu verstehen (→ § 138 Rn. 40).

7 **2. Normzweck.** Mit den Leistungen in einer Traumaambulanz soll Betroffenen, die unter den psychischen Folgen eines schädigenden Ereignisses (§ 1 Abs. 2 SGB XIV), vor allem einer Gewalttat (§§ 13–15, 18 SGB XIV), leiden, **schnell und unbürokratisch geholfen** werden. Der Gesetzgeber reagiert mit ihnen auf die bereits seit längerem bestehende Kritik, dass vor allem die Leistungen nach dem OEG die Betroffenen selbst bei optimalen Abläufen in der Verwaltung (zu) spät erreichen.[2] Die als Schnelle Hilfen konzipierten Leistungen der psychotherapeutischen Frühintervention des § 32 SGB XIV sollen Geschädigte sowie Angehörige, Hinterbliebene und Nahestehende von Geschädigten **innerhalb von 12 Monaten** nach dem schädigenden Ereignis oder nach Kenntnisnahme hiervon in Anspruch nehmen, um den **Eintritt einer psychischen Gesundheitsstörung** oder **deren Chronifizierung** zu verhindern (§ 31 Abs. 1 SGB XIV).

C. Einzelkommentierung

I. Gegenstand psychotherapeutischer Frühintervention

8 Der **Begriff der psychotherapeutischen Frühintervention** wird gesetzlich nicht definiert. Die Vorstellungen des Gesetzgebers orientieren sich erkennbar an den Konzepten, die in den vor Inkrafttreten des G-SER bereits vorhandenen Traumaambulanzen erfolgreich praktiziert wurden (→ § 31 Rn. 2).

9 **Interventionen** lassen sich allgemein definieren als geplante und gezielt eingesetzte Maßnahmen, um Störungen vorzubeugen, sie zu beheben oder deren negative Folgen einzudämmen.[3] Mit **psychotherapeutischer Intervention** ist dementsprechend die gezielte Einflussnahme auf psychische Vorgänge unter Anwendung psychotherapeutischer Verfahren gemeint.[4] Das besondere Kennzeichen der **psychotherapeutischen Frühintervention** besteht darin, dass diese **zeitnah** nach dem schädigenden Ereignis oder der Kenntnisnahme hiervon einsetzen soll, um den Eintritt psychischer Gesundheitsstörungen oder eine Verfestigung der psychischen Folgen eines schädigenden Ereignisses möglichst zu unterbinden.[5] Bei deutlich verzögerter Ausbildung von Belastungssymptomen nach einem schädigenden Ereignis kommt unter den Voraussetzungen des § 33 SGB XIV eine psychotherapeutische Intervention in anderen Fällen in Betracht (→ § 33 Rn. 9).

10 Ausdrückliche Vorgaben zu den **Instrumenten** und **Inhalten psychotherapeutischer Frühintervention** gehen aus der Vorschrift nicht hervor. Die Ausübung von psychotherapeutischer Intervention hat allerdings zwingend auf der Grundlage wissenschaftlich geprüfter und anerkannter Verfahren zu erfolgen, die dem **aktuellen wissenschaftlichen Erkenntnisstand** entsprechen (→ § 31 Rn. 19). Die Leitlinie der Arbeitsgemeinschaft der Wissenschaftlichen Medizinischen Fachgesellschaften (AWMF) zur **„Diagnostik und Behandlung von akuten Folgen psychischer Traumatisierung“** enthält Empfehlungen zu den Instrumenten der psychologischen Frühintervention unter

---

2 Vgl. Schmachtenberg in WEISSER RING eV, Moderne Opferentschädigung, S. 148; Harkotte in WEISSER RING eV, Opferentschädigungsgesetz – Intention und Praxis opfergerecht?, 1996, S. 114. S. zur Dauer der Bearbeitung von OEG-Anträgen etwa die Studie von Grundel/Blättner, Entschädigung von Opfern interpersoneller Gewalt im Raum Fulda, pg-papers 2/2011, S. 14, 25.

3 Artikel „Intervention“ in Lexikon der Psychologie, https://www.spektrum.de/lexikon/psychologie/intervention/7396 (abgerufen: 18.6.2021).

4 Vgl. § 4 Abs. 1 – 3 der Richtlinie des Gemeinsamen Bundesausschusses über die Durchführung der Psychotherapie (Psychotherapie-Richtlinie) in der Fassung vom 19.2.2009, zuletzt geändert am 20.11.2020 (BAnz AT 17.2.2021 B1), in Kraft getreten am 18.2.2021.

5 Vgl. Bengel/Becker-Nehring/Hillebrecht in Maercker, Traumafolgestörungen, S. 190.

Berücksichtigung auch der Besonderheiten des Kindes- und Jugendalters.[6] Die in der Leitlinie festgehaltenen Erkenntnisse geben einen aktuellen Überblick über die Bedingungen, die bei der Behandlung akuter Traumata gewährleistet sein müssen, und über die wissenschaftlich anerkannter Behandlungsmethoden und sind bei der Behandlung von Berechtigten in Traumaambulanzen zu berücksichtigen.[7] Die Leitlinie ist allerdings auf die Versorgung nach einem kritischen oder traumatischen Ereignis innerhalb eines nachfolgenden Zeitraums von bis zu drei Monaten zugeschnitten,[8] so dass die Einsatzbereiche der Empfehlungen der Leitlinie und die gesetzlichen Vorgaben, unter denen psychotherapeutische Frühintervention nach § 32 SGB XIV erfolgen kann, nicht vollständig deckungsgleich sind.

Leistungen der psychotherapeutischen Intervention iSd Vorschrift werden gem. § 31 Abs. 2 SGB XIV nur in solchen **Traumaambulanzen** erbracht, mit denen die TdSE eine **Vereinbarung nach § 37 SGB XIV** geschlossen haben oder die sich auf die **Altfallregelung** des § 37 Abs. 1 S. 2 SGB XIV berufen können (→ § 31 Rn. 29 ff.). 11

II. Psychotherapeutische Frühintervention für Geschädigte (Abs. 1)

1. Berechtigter Personenkreis. Geschädigte sind gemäß § 2 Abs. 2 SGB XIV Personen, die durch ein schädigendes Ereignis iSd § 1 Abs. 2 SGB XIV unmittelbar eine gesundheitliche Schädigung erlitten haben (→ 2 Rn. 11 ff.). Die Leistungen der psychotherapeutischen Frühintervention sind vor allem auf Personen zugeschnitten, die unter den **psychischen Folgen einer Gewalttat (§§ 13–15, 18 SGB XIV)** leiden. Die Maßnahmen der psychotherapeutischen Frühintervention sind auf solche psychischen Auffälligkeiten zu richten, die nach den herabgesetzten Maßstäben des Erleichterten Verfahrens **ursächlich** auf das geltend gemachte schädigende Ereignis zurückzuführen sein können (→ § 31 Rn. 22). Es gilt die **Vermutungsregelung** des § 4 Abs. 5 SGB XIV. 12

Ob die Geschädigten **mit den Instrumenten der Traumaambulanz erreichbar** sind, psychotherapeutische Frühintervention also im konkreten Fall voraussichtlich **geeignet** sein wird, den Eintritt einer psychischen Gesundheitsstörung oder deren Chronifizierung zu verhindern (§ 31 Abs. 1 SGB XIV), ist vom Rechtsanwender – noch dazu im Erleichterten Verfahren – nicht zu prüfen, sondern wird vom Gesetzgeber als gegeben unterstellt (→ § 31 Rn. 26 f.). 13

2. Einhaltung der Zwölfmonatsfrist. Leistungen der psychotherapeutischen Frühintervention an Geschädigte setzen voraus, dass die **erste Sitzung innerhalb von zwölf Monaten** nach dem schädigenden Ereignis iSd 1 Abs. 2 SGB XIV oder nach Kenntnisnahme hiervon erfolgt. 14

a) Zeitpunkt oder Kenntnisnahme des schädigenden Ereignisses. Die Bestimmung des **Zeitpunkts des schädigenden Ereignisses** iSd § 1 Abs. 2 SGB XIV bereitet in den Fällen, in denen die oder der Geschädigte nach den herabgesetzten Maßstäben des Erleichterten Verfahrens von einem Vorfall berichtet und sich an diesen Zeitpunkt noch erinnern kann, in der Regel keine größeren Schwierigkeiten. Problematisch sind hingegen Konstellationen, in denen die oder der Geschädigte mehreren oder sogar einer Vielzahl tätlicher Übergriffe (zum Beispiel Fälle wiederholend stattfindender häuslicher Gewalt oder sexuellen Missbrauchs) ausgesetzt gewesen ist. Hier erscheint es sachgerecht, auf den Zeitpunkt der letzten Tat abzustellen, soweit diese nach dem Vorbringen der oder des Geschädigten im Verhältnis zu den anderen schädigenden Ereignissen nicht von deutlich untergeordneter Bedeutung gewesen ist. Bei **Dauerde-** 15

6 AWMF-Leitlinie, Diagnostik und Behandlung von akuten Folgen psychischer Traumatisierung, Stand Juli 2019, S. 21 ff.
7 BeckOK SozR/Baumeister SGB XIV § 32 SGB Rn. 8.
8 AWMF-Leitlinie, Diagnostik und Behandlung von akuten Folgen psychischer Traumatisierung, Stand Juli 2019, S. 6.

likten, etwa Fällen des Menschenhandels (§§ 232 bis 233a StGB), der Nachstellung (§ 238 Abs. 2 und 3 StGB) oder der Geiselnahme (§ 239b StGB) ist auf den Tag der Beendigung des schädigenden Dauerzustands abzustellen.

16 Unter der **Kenntnisnahme** ist nach den Maßstäben des Erleichterten Verfahrens der Zeitpunkt zu verstehen, zu dem die oder der Geschädigte **mehr oder weniger sicheres Wissen** über ein schädigendes Ereignis erlangt hat, auf welches sie oder er einen Bedarf an psychotherapeutischer Frühintervention in einer Traumaambulanz zurückführt.

17 Regelmäßig werden der Zeitpunkt des schädigenden Ereignisses (§ 1 Abs. 2 SGB XIV) und die Kenntnisnahme hiervon zusammenfallen. Auf das Tatbestandsmerkmal der **Kenntniserlangung** der Geschädigten ist nach der Begründung des Gesetzentwurfs etwa abzustellen, wenn diese durch die Tat in einen **komatösen Zustand** verfallen sind.[9] Dies ist etwa bei Eintritt eines Schädel-Hirn-Traumas mit längerer Bewusstlosigkeit der Fall.[10] Bei Gewalttaten gegen die sexuelle Selbstbestimmung kann der Einsatz von sog. KO-Tropfen einen entsprechenden Zustand verursachen.[11] Denkbar sind ferner Konstellationen, in denen das Opfer von Gewalttaten iSd § 14 Abs. 1 Nr. 6 SGB XIV (Herstellung, Verbreitung und öffentliche Zugänglichmachung von Kinderpornographie nach § 184b Abs. 1 Nr. 1, 3 und 4 StGB) erst **zeitlich versetzt erfährt** und deshalb akuter psychotherapeutischer Behandlungsbedarf besteht.[12]

18 b) **Erste Sitzung.** Erforderlich ist, dass die erste Sitzung innerhalb der Zwölfmonatsfrist erfolgt. Unter einer **Sitzung** ist eine Zusammenkunft zwischen der oder dem Geschädigten und einer Therapeutin oder einem Therapeuten der Traumaambulanz zu verstehen, die zur Bearbeitung der akuten Folgen des schädigenden Ereignisses, namentlich zum Zwecke der Verhinderung des Eintritts einer psychischen Gesundheitsstörung oder deren Chronifizierung (§ 31 Abs. 1 SGB XIV), anberaumt wird. Gespräche, bei denen die oder der Berechtigte von einer Ansprechpartnerin oder einem Ansprechpartner der Ambulanz zunächst einmal nur allgemeine Informationen über die Aufgaben und Instrumente der Traumaambulanz, zu Fragen der Antragstellung oder der Kostentragung erhält, gehören noch nicht zur Sitzung.

19 c) **Frist.** Die Frist von 12 Monaten, innerhalb derer die erste Sitzung zu erfolgen hat, ist eine materiellrechtliche **Ausschlussfrist**. Ihre Einhaltung ist Anspruchsvoraussetzung und steht nicht zur Disposition der Verwaltung oder der Gerichte.[13] Sie kann vom TdSE also **nicht verlängert** werden. Auch Zeiträume, in denen die Berechtigten sich wegen körperlicher Schädigungsfolgen in Behandlung befunden haben, verlängern die Frist nicht.[14] Eine **Wiedereinsetzung in den vorherigen Stand** (§ 27 SGB X) ist nach dem Sinn und Zweck der Fristenregelung[15] nicht möglich (§ 27 Abs. 5 SGB X). Die Zwölfmonatsfrist wurde vom Gesetzgeber gewählt, da eine möglichst **frühzeitige Inanspruchnahme** der Traumaambulanz am ehesten geeignet ist, den Eintritt psychischer Gesundheitsstörungen oder deren Chronifizierung zu verhindern. Warten die Betroffenen zu lange ab, kann der mit ihr verfolgte Zweck meist nicht mehr erreicht

---

9 BT-Drs. 19/13824, 185.
10 Vgl. Wallesch/Schmidt in Widder/Gaidzik, Neurowissenschaftliche Begutachtung, 3. Aufl. 2018, Kap. 37.
11 Vgl. BGH Urt. v. 31.7.2019 – 2 StR 132/19, juris Rn. 4.
12 Knickrehm/Mushoff/Schmidt Neues SozEntschR Rn. 105.
13 Vgl. BVerwG Urt. v. 18.4.1997 – 8 C 38/95.
14 Schmidt SGB XIV/Bienert § 32 Rn. 7.
15 S. dazu BVerwG Urt. v. 26.6.2020 – 5 C 1/20 juris Rn. 14; BSG Urt. v. 7.9.2018 – B 10 ÜG 1/17 R, SozR 4-1710 Art. 23 Nr. 5 Rn. 29; BSG Urt. v. 25.10.1988 – 12 RK 22/87, juris Rn. 25; Schütze/Siefert SGB X § 27 Rn. 45.

werden. Die Betroffenen benötigen dann grundsätzlich keine Schnellen Hilfen mehr, vielmehr erhalten sie dann reguläre psychotherapeutische Leistungen.[16]

Bauen sich die psychischen Folgen eines schädigenden Ereignisses jedoch erst **zeitlich verzögert** auf und stellt die oder der Geschädigte sich erst kurz vor Ablauf der Zwölfmonatsfrist bei einer Traumaambulanz vor, kann es vorkommen, dass Leistungen psychotherapeutischer Frühintervention ausscheiden, weil ein Sitzungstermin nicht mehr vor Fristablauf anberaumt werden kann.[17] In einem solchen Fall ist jedoch wohlwollend zu prüfen, ob die gesetzlichen Voraussetzungen für eine psychotherapeutische Intervention in anderen Fällen nach § 33 SGB XIV vorliegen (→ § 33 Rn. 9). 20

Unbillig wäre es, wenn eine erste Sitzung aus Gründen, die die Berechtigten nicht zu vertreten haben, zB aus organisatorischen Gründen, nicht mehr innerhalb der Zwölfmonatsfrist anberaumt werden könnte und Leistungen der psychotherapeutischen Frühintervention daher ausscheiden würden.[18] Ob entsprechende Konstellationen aber eine nennenswerte **praktische Relevanz** haben, erscheint fraglich. Die zuständigen Behörden der TdSE sind gehalten, nur mit solchen Traumaambulanzen Vereinbarungen nach § 37 SGB XIV zu schließen, die so **leistungsfähig** sind, dass sie Sitzungstermine innerhalb eines in der Rechtsverordnung zu den Traumaambulanzen festzulegenden Zeitraums (§ 38 S. 2 Nr. 3 SGB XIV) von voraussichtlich wenigen Tagen anbieten können. Auch ist die Zwölfmonatsfrist grundsätzlich ausreichend lang, um den Berechtigten genügend Zeit zu geben, sich für die Inanspruchnahme von Leistungen der psychotherapeutischen Frühintervention zu entscheiden. Sollte es in besonderen Ausnahmekonstellationen dennoch dazu kommen, dass Berechtigte nicht mehr innerhalb der Zwölfmonatsfrist versorgt werden können, können Härten durch die **Leistungen der Krankenbehandlung der SE** abgemildert werden, die in § 43 Abs. 2 Nr. 1 SGB XIV zudem über die Leistungen der GKV (noch) hinausgehende ergänzende psychotherapeutische Leistungen vorsehen.[19] 21

Zur Fristberechnung gelten über § 26 Abs. 1 SGB X die §§ 187, 188 und 193 BGB entsprechend. 22

III. Psychotherapeutische Frühintervention für andere Berechtigte (Abs. 2)

1. Berechtigter Personenkreis. Neben den Geschädigten sollen unter den Voraussetzungen des § 32 Abs. 2 SGB XIV auch Angehörige, Hinterbliebene und Nahestehende der oder des Geschädigten Leistungen der psychotherapeutischen Frühintervention erhalten. **Angehörige** sind gem. § 2 Abs. 3 S. 1 SGB XIV die Ehegatten sowie Kinder und Eltern von Geschädigten. Als Kinder gelten gemäß § 2 Abs. 3 S. 2 SGB XIV auch in den Haushalt Geschädigter aufgenommene Stiefkinder sowie Pflegekinder iSd § 2 Abs. 1 S. 1 Nr. 2 BKKG. **Hinterbliebene** sind gemäß § 2 Abs. 4 S. 1 Nr. 1 bis 3 SGB XIV die Witwen, Witwer und Waisen, Eltern sowie Betreuungsunterhaltsberechtigte einer an den Folgen einer Schädigung verstorbenen Person. Als Waisen gelten auch die in den Haushalt der an den Folgen einer Schädigung verstorbenen Person aufgenommenen Stiefkinder sowie Pflegekinder iSd § 2 Abs. 1 S. 1 Nr. 2 BKKG. **Nahestehende** sind gemäß § 2 Abs. 5 SGB XIV Geschwister sowie Personen, die mit Geschädigten eine Lebensgemeinschaft führen, die der Ehe ähnlich ist. 23

Die Maßnahmen der psychotherapeutischen Frühintervention sind auf solche psychischen Auffälligkeiten zu richten, die nach den herabgesetzten Maßstäben des Erleichterten Verfahrens **ursächlich** auf das geltend gemachte schädigende Ereignis zurückzu- 24

16 BT-Drs. 19/13824, 185.
17 S. auch jurisPK-SGB XIV/Schaumberg § 32 Rn. 32.
18 Schmidt SGB XIV/Bienert § 32 Rn. 8.
19 Vgl. Knickrehm/Mushoff/Schmidt Neues SozEntschR Rn. 135 ff.

führen sein können (→ § 31 Rn. 22). Es gilt die **Vermutungsregelung** des § 4 Abs. 5 SGB XIV.

25 Ob die Berechtigten **mit den Instrumenten der Traumaambulanz erreichbar** sind, die Leistungen der psychotherapeutischen Frühintervention im konkreten Fall also voraussichtlich **geeignet** sein werden, den Eintritt einer psychischen Gesundheitsstörung oder deren Chronifizierung zu verhindern, ist vom Rechtsanwender hingegen – wie auch nach § 32 Abs. 1 SGB XIV – nicht zu prüfen, sondern wird vom Gesetzgeber unterstellt (→ § 31 Rn. 26 f.).

26 **2. Einhaltung der Zwölfmonatsfrist.** Psychotherapeutische Frühintervention soll gegenüber dem Kreis der Berechtigten des § 32 Abs. 2 SGB XIV bewilligt werden, wenn die erste Sitzung innerhalb von zwölf Monaten erfolgt, nachdem der jeweilige Berechtigte von dem schädigenden Ereignis (§ 1 Abs. 2 SGB XIV) **Kenntnis** erlangt hat. Anders als bei der psychotherapeutischen Frühintervention für Geschädigte stellt das Gesetz nicht auch auf den Zeitpunkt des schädigenden Ereignisses ab, da die sonstigen Berechtigten beim schädigenden Ereignis nicht notwendig anwesend gewesen sein müssen. Hier können die Tat und die Information hierüber **zeitlich erheblich auseinanderfallen,** etwa wenn bei einer verschollenen Person erst lange nach ihrer Tötung Gewissheit über ihr Ableben besteht oder deren Hinterbliebene erst viel später ausfindig gemacht werden können.[20]

27 Eine Inanspruchnahme von Leistungen der psychotherapeutischen Frühintervention ist auch im Rahmen des § 32 Abs. 2 SGB XIV von der Einhaltung der materiellrechtlichen **Ausschlussfrist** (→ Rn. 19) von zwölf Monaten abhängig. Liegt die **Kenntnisnahme** des schädigenden Ereignisses bereits mehr als zwölf Monate zurück, bevor eine **erste Sitzung** (→ Rn. 18) anberaumt werden kann, kommt die Bewilligung psychotherapeutischer Frühintervention – wie auch bei der Gruppe der Geschädigten – nicht mehr in Betracht (→ Rn. 19). Nach Fristablauf ist zu prüfen, ob die Voraussetzungen für **Leistungen der psychotherapeutischen Intervention in anderen Fällen** in einer Traumaambulanz nach § 33 SGB XIV vorliegen oder die Berechtigten psychotherapeutische Leistungen der **Krankenbehandlung der SE** (Kap. 5 des SGB XIV) in Anspruch nehmen können.

IV. Verfahrensrecht

28 Damit die Leistungen in einer Traumaambulanz den Berechtigten rasch und unbürokratisch zur Verfügung stehen, hat der Gesetzgeber für diese **eigenständige Verfahrensvorschriften** erlassen. Die Entscheidung über die Bewilligung von Leistungen in einer Traumaambulanz erfolgt in der Regel in dem für die Schnellen Hilfen geschaffenen **Erleichterten Verfahren,** in dem es genügt, wenn eine summarische Prüfung ergibt, dass die antragstellende Person nach dem SER anspruchsberechtigt sein kann (§ 115 Abs. 2 S. 1 SGB XIV). Dabei ist der im Antrag dargelegte Sachverhalt gemäß § 115 Abs. 2 S. 2 SGB XIV als wahr zu unterstellen, wenn nicht dessen Unrichtigkeit offensichtlich ist (→ § 115 Rn. 9).

V. Rechtsfolgen

29 Liegen die tatbestandlichen Voraussetzungen des § 32 Abs. 1 bzw. Abs. 2 SGB XIV vor, „sollen" die genannten Berechtigten psychotherapeutische Frühintervention erhalten. Bei einer entsprechenden **Soll-Vorschrift** ist von den zuständigen Behörden des TdSE **grundsätzlich kein Ermessen** auszuüben.[21] Der Gesetzgeber geht von einem **regelmäßigen Unterstützungsbedarf** durch die Leistungen der psychotherapeutischen

20 BT-Drs. 19/13824, 185.
21 Vgl. BSG Urt. v. 27.5.2014 – L 8 SO 1/13 R, juris Rn. 18; LSG Nds-Brem Urt. v. 25.9.2019 – L 15 AS 14/17, juris Rn. 22.

Frühintervention aus.[22] Anders kann dies hingegen in **atypischen Fallkonstellationen** sein. Dann räumt das Gesetz den zuständigen Behörden des TdSE volles Ermessen ein.[23] Ob ein solcher atypischer Fall vorliegt, ist stets nach den besonderen Umständen des Einzelfalls zu beurteilen.[24] Die Beurteilung des Vorliegens eines atypischen Falls steht nicht seinerseits im Ermessen des Leistungsträgers, sondern ist gerichtlich voll überprüfbar.[25]

Ein atypischer Ausnahmefall kann etwa vorliegen, wenn das schädigende Ereignis erkennbar nur **bagatellhaften Charakter** hatte (zB leichte Körperverletzung) und psychotherapeutische Intervention in einer Traumaambulanz evident nicht erforderlich ist, so dass noch nicht einmal die Durchführung probatorischer Sitzungen nach § 34 Abs. 2 SGB XIV, die eigentlich der Abklärung der Behandlungsbedürftigkeit und der Erforderlichkeit psychotherapeutischer Intervention dienen, geboten erscheint. Eine Rolle kann auch spielen, ob die Berechtigten zum Zeitpunkt der Antragstellung bereits bei Therapeutinnen oder Therapeuten in Behandlung sind, die über die Fachkompetenz zur Behandlung von Traumata verfügen, und dementsprechend bereits **ausreichend anderweitig versorgt** sind.[26] 30

Die Entscheidung über den **Leistungsumfang** richtet sich nach **§ 34 SGB XIV**. Werden Leistungen der psychotherapeutischen Frühintervention dem Grunde nach bewilligt, haben Geschädigte sowie Angehörige, Hinterbliebene und Nahestehende gem. § 34 Abs. 1 S. 1 SGB XIV Anspruch auf insgesamt bis zu 15 Sitzungen. Nach § 34 Abs. 1 S. 2 SGB XIV beträgt der Höchstanspruch bei Kindern und Jugendlichen 18 Sitzungen (→ § 34 Rn. 14). 31

§ 33 Psychotherapeutische Intervention in anderen Fällen

Geschädigte sowie Angehörige, Hinterbliebene und Nahestehende sollen psychotherapeutische Intervention in einer Traumaambulanz erhalten, wenn ein mehr als zwölf Monate zurückliegendes schädigendes Ereignis zu einer akuten psychischen Belastung geführt hat und die erste Sitzung innerhalb von zwölf Monaten nach Auftreten der akuten Belastung erfolgt.

22 BT-Drs. 19/13824, 185.
23 Vgl. BSG Urt. v. 6.5.2014 – B 4 AS 37/13 R, juris Rn. 19; jurisPK-SGB I/Groth § 39 Rn. 21 ff.; Maurer/Waldhoff AllgVerwR, 20. Aufl. 2020, § 7 Rn. 11.
24 Vgl. BSG Urt. v. 25.5.2018 – B 13 R 3/17 R, juris Rn. 20.
25 BSG Urt. v. 14.11.2013 – B 9 V 5/12 R, juris Rn. 63; jurisPK-SGB I/Groth § 39 Rn. 22.
26 Schmidt SGB XIV/Bienert § 32 Rn. 11.

A. Gesetzesgeschichte

1 Die Vorschrift ist durch Art. 1 G-SER vom 12.12.2019[1] eingeführt worden und gemäß Art. 60 Abs. 5 G-SER am **1.1.2021** in Kraft getreten. Sie hat **keinen gesetzlichen Vorläufer.** Traumaambulanzen gibt es zwar bereits seit einigen Jahren in einzelnen Bundesländern, ihre Tätigkeit wird jedoch mit dem G-SER erstmalig bundeseinheitlich gesetzlich geregelt. Sie sollen nun flächendeckend im gesamten Bundesgebiet geschaffen werden (vertiefend → § 31 Rn. 1 ff.).

B. Normsystematik

I. Allgemeiner Regelungsgehalt

2 § 33 SGB XIV regelt, welchem Personenkreis und unter welchen Voraussetzungen die zu den Leistungen in einer Traumaambulanz (§ 31 Abs. 1 SGB XIV) gehörende psychotherapeutische Intervention in anderen als den von § 32 SGB XIV erfassten Fällen bewilligt werden kann. Während die psychotherapeutische Frühintervention nach § 32 SGB XIV voraussetzt, dass die erste Sitzung in der Traumaambulanz innerhalb von zwölf Monaten nach dem schädigenden Ereignis oder nach Kenntnisnahme hiervon erfolgt, kommt eine Bewilligung von Leistungen der psychotherapeutischen Intervention in anderen Fällen nach § 33 SGB XIV **in Ergänzung zur psychotherapeutischen Frühintervention nach § 32 SGB XIV** bei länger als zwölf Monate zurückliegenden schädigenden Ereignissen in Betracht, wenn dieses Ereignis bei dem in der Vorschrift genannten Kreis der Berechtigten zu einer **akuten psychischen Belastung** geführt hat und die erste Sitzung innerhalb von zwölf Monaten nach Auftreten der akuten Belastung erfolgt.

II. Systematische Einordnung und Normzweck

3 **1. Systematik.** Die psychotherapeutische Intervention in anderen Fällen iSd § 33 SGB XIV gehört zu den **Leistungen in einer Traumaambulanz** nach Abschn. 3 Kap. 4 SGB XIV. Diese wiederum sind gem. § 29 Abs. 1 SGB XIV den **Leistungen der Schnellen Hilfen** zuzurechnen (→ § 29 Rn. 6). Es handelt sich bei ihnen gem. § 29 Abs. 2 SGB XIV um Leistungen eigener Art (→ § 29 Rn. 8). Der Gesetzgeber hat diese Schnellen Hilfen im **Kap. 4 des SGB XIV** zusammengefasst. Es ist in vier Abschn. untergliedert. Abschn. 1 gibt mit § 29 SGB XIV einen Überblick über die Leistungen der Schnellen Hilfen und betont ihren eigenständigen Charakter. Abschn. 2 (§ 30 SGB XIV) behandelt das Fallmanagement. Abschn. 3 enthält die Vorschriften (§§ 31–38 SGB XIV) über die Leistungen in einer Traumaambulanz und Abschn. 4 (§§ 39, 40 SGB XIV) regelt Einzelheiten zu den Kooperationsvereinbarungen.

4 Der die Leistungen in einer Traumaambulanz behandelnde **Abschn. 3 des Kap. 4 SGB XIV** wird durch **§ 31 SGB XIV** eingeleitet, der einen Überblick über die Leistungen der psychotherapeutischen Intervention gibt und hervorhebt, dass diese Leistungen nach dem SGB XIV nur in solchen Traumaambulanzen erbracht werden, mit denen die nach Landesrecht zuständigen Behörden des TdSE eine Vereinbarung geschlossen haben. **§ 32 SGB XIV** behandelt die Leistungen der psychotherapeutischen Frühintervention und der vorliegende **§ 33 SGB XIV** diejenigen der psychotherapeutischen Intervention in anderen Fällen. Beide Vorschriften legen zudem fest, an welche Berechtigten (§ 2 SGB XIV) diese Leistungen erbracht werden können. **§ 34 SGB XIV** regelt den Umfang der von den Traumaambulanzen erbrachten Leistungen. Vorgaben zum Vorgehen im Falle eines nach Betreuung in einer Traumaambulanz weiterhin bestehenden Behandlungsbedarfs sind in **§ 35 SGB XIV** normiert. Damit Betroffene nicht aus wirtschaftlichen Gründen, wegen Schwierigkeiten bei der Kinder-

---

1 BGBl. 2019 I 2652.

betreuung oder der Pflege von Familienangehörigen von der Inanspruchnahme der Leistungen in einer Traumaambulanz absehen, sieht **§ 36 SGB XIV** die Übernahme von Fahr- und Betreuungskosten vor. **§ 37 SGB XIV** regelt Einzelheiten zu den zwischen den TdSE und in Betracht kommenden Traumaambulanzen zu schließenden Vereinbarungen. **§ 38 SGB XIV** enthält eine Verordnungsermächtigung, aufgrund derer weitere Einzelheiten zu den Vereinbarungen nach § 37 SGB XIV in einer Rechtsverordnung zu regeln sind.

Das Normprogramm der Leistungen in einer Traumaambulanz wird durch verschiedene **Sonderregelungen** flankiert, die eigens auf die Ziele der Schnellen Hilfen zugeschnitten sind (→ § 31 Rn. 8). 5

Nach der **Übergangsvorschrift des § 138 Abs. 7 SGB XIV** sollen für Taten im Zeitraum vom 1.1.2021 bis 31.12.2023 für Geschädigte, Angehörige, Hinterbliebene und Nahestehende iSd § 2 Abs. 2 bis 5 SGB XIV die Leistungen der psychotherapeutischen Intervention in anderen Fällen nach § 33 SGB XIV erbracht werden, wenn die Voraussetzungen nach dem OEG in der zum Tatzeitpunkt geltenden Fassung erfüllt sind. Unter Taten im Sinne des § 138 Abs. 7 SGB XIV sind entweder der vorsätzliche, rechtswidrige tätliche Angriff iSd § 1 Abs. 1 OEG oder ein diesem gleichgestelltes schädigendes Ereignis nach § 1 Abs. 2 OEG zu verstehen (→ § 138 Rn. 40). 6

2. Normzweck. Mit den Leistungen in einer Traumaambulanz soll Betroffenen, die unter den psychischen Folgen eines schädigenden Ereignisses (§ 1 Abs. 2 SGB XIV), vor allem einer Gewalttat (§§ 13–15, 18 SGB XIV), leiden, **schnell und unbürokratisch geholfen** werden, um den Eintritt einer psychischen Gesundheitsstörung oder deren Chronifizierung zu verhindern (§ 31 Abs. 1 SGB XIV). Der Gesetzgeber reagiert mit ihnen auf die bereits seit längerem bestehende Kritik, dass vor allem die Leistungen nach dem OEG die Betroffenen selbst bei optimalen Abläufen in der Verwaltung (zu) spät erreichen.[2] Die in § 33 SGB XIV geregelten Leistungen der psychotherapeutischen Intervention in anderen Fällen sollen Berechtigte iSd Vorschrift in **Abgrenzung zur psychotherapeutischen Frühintervention iSd § 32 SGB XIV** erhalten, wenn ein mehr als zwölf Monate zurückliegendes Ereignis zu einer **akuten psychischen Belastung** geführt hat. Die Vorschrift zielt insbesondere auf solche Personen ab, die das schädigende Ereignis zunächst – oft für Jahre oder gar Jahrzehnte – verdrängt haben, jedoch eine aktuelle psychische Belastung erleben. Diese Konstellation kann zB bei Personen auftreten, die in ihrer Kindheit sexuell missbraucht worden sind.[3] 7

C. Einzelkommentierung

I. Gegenstand psychotherapeutischer Intervention in anderen Fällen

Der **Begriff** der psychotherapeutischen Intervention in anderen Fällen wird gesetzlich nicht definiert. Die Vorstellungen des Gesetzgebers orientieren sich erkennbar an den Konzepten, die in den vor Inkrafttreten des G-SER bereits vorhandenen Traumaambulanzen erfolgreich praktiziert wurden (→ § 31 Rn. 2). 8

Interventionen lassen sich allgemein definieren als geplante und gezielt eingesetzte Maßnahmen, um Störungen vorzubeugen, sie zu beheben oder deren negative Folgen 9

2 Vgl. Schmachtenberg in WEISSER RING eV, Moderne Opferentschädigung, S. 148; Harkotte in WEISSER RING eV, Opferentschädigungsgesetz – Intention und Praxis opfergerecht?, 1996, S. 114. S. zur Dauer der Bearbeitung von OEG-Anträgen etwa die Studie von Grundel/Blättner, Entschädigung von Opfern interpersoneller Gewalt im Raum Fulda, pg-papers 2/2011, S. 14, 25.

3 BT-Drs. 19/13824, 185; Igney/Ehmke Trauma 4/2016, 64 (69 f.); s. zu einer entsprechenden Konstellation etwa: SächsLSG Urt. v. 4.9.2018 – L 9 VE 16/15, mit Anm. von Hansen jurisPR-SozR 4/2019 Anm. 5.

einzudämmen.[4] Mit **psychotherapeutischer Intervention** ist dementsprechend die gezielte Einflussnahme auf psychische Vorgänge unter Anwendung psychotherapeutischer Verfahren gemeint.[5] Entsprechende Interventionen in Traumaambulanzen sollen als Schnelle Hilfen möglichst frühzeitig zum Einsatz kommen, um den Eintritt einer psychischen Gesundheitsstörung oder deren Chronifizierung zu verhindern (§ 31 Abs. 1 SGB XIV). Die **psychotherapeutische Intervention in anderen Fällen** nach § 33 SGB XIV grenzt sich von der psychotherapeutischen Frühintervention nach § 32 SGB XIV durch die unterschiedlichen Adressatenkreise ab. Während die psychotherapeutische Frühintervention auf Berechtigte zugeschnitten ist, bei denen sich ein entsprechender Interventionsbedarf zeitnah, namentlich 12 Monate, nach dem schädigenden Ereignis oder der Kenntnisnahme hiervon zeigt, hat der Gesetzgeber mit der psychotherapeutischen Intervention in anderen Fällen solche Berechtigte im Blick, bei denen ein mehr als 12 Monate zurückliegendes schädigendes Ereignis zu einer akuten psychischen Belastung geführt hat. Entsprechende Verläufe der Ausbildung von Traumafolgesymptomen werden im wissenschaftlichen Schrifttum in seltenen Fällen (ca. 7 %) bei **posttraumischen Belastungsstörungen** (PTBS) beschrieben. Verzögerte Formen einer PTBS können noch nach symptomfreien Monaten, Jahren oder sogar Jahrzehnten auftreten. Auch eine Verstärkung einer vorhandenen Symptomatik nach kritischen Lebensereignissen oder Rollenwechseln in der Biographie der Berechtigten wird in Studien beschrieben.[6] Psychotherapeutische Interventionen in anderen Fällen sind dementsprechend psychotherapeutische Maßnahmen, die auf Berechtigte mit deutlich verzögert auftretenden psychischen Folgesymptomen eines schädigenden Ereignisses zugeschnitten sind.

10 Ausdrückliche Vorgaben zu den **Instrumenten** und **Inhalten psychotherapeutischer Intervention in anderen Fällen** gehen aus der Vorschrift nicht hervor. Die Ausübung von psychotherapeutischer Intervention hat allerdings zwingend auf der Grundlage wissenschaftlich geprüfter und anerkannter Verfahren zu erfolgen, die dem **aktuellen wissenschaftlichen Erkenntnisstand** entsprechen (→ § 31 Rn. 19) und etwaigen Besonderheiten bei der Bearbeitung verzögerter Traumafolgesymptome Rechnung tragen.

11 Leistungen der psychotherapeutischen Intervention iSd Vorschrift werden gem. § 31 Abs. 2 SGB XIV nur in solchen **Traumaambulanzen** erbracht, mit denen die TdSE eine **Vereinbarung nach § 37 SGB XIV** geschlossen haben oder die sich auf die **Altfallregelung** des § 37 Abs. 1 S. 2 SGB XIV berufen können (→ § 31 Rn. 29).

II. Berechtigter Personenkreis

12 **Anspruchsberechtigt** iSd Vorschrift sind Geschädigte sowie Angehörige, Hinterbliebene und Nahestehende eines Geschädigten iSd § 2 Abs. 2 bis 5 SGB XIV (→ § 2 Rn. 11 ff.).

13 Ob die jeweiligen Berechtigten mit den Instrumenten der Traumaambulanz **erreichbar** sind, psychotherapeutische Intervention iSd § 33 SGB XIV also im konkreten Fall voraussichtlich **geeignet** sein wird, den Eintritt einer psychischen Gesundheitsstörung oder deren Chronifizierung zu verhindern (§ 31 Abs. 1 SGB XIV), ist vom Rechtsanwender – noch dazu im Erleichterten Verfahren – nicht zu prüfen, sondern wird vom Gesetzgeber als gegeben unterstellt (→ § 31 Rn. 26 f.).

---

4 Artikel „Intervention" in: Lexikon der Psychologie, https://www.spektrum.de/lexikon/psychologie/intervention/7396 (abgerufen: 18.6.2021).

5 Vgl. § 4 Abs. 1–3 der Richtlinie des Gemeinsamen Bundesausschusses über die Durchführung der Psychotherapie (Psychotherapie-Richtlinie) in der Fassung vom 19.2.2009, zuletzt geändert am 20.11.2020 (BAnz AT 17.2.2021 B1), in Kraft getreten am 18.2.2021.

6 Maercker/Augsburger in Maercker, Traumafolgestörungen, 5. Aufl. 2019, S. 26 f.

III. Akute psychische Belastung durch ein schädigendes Ereignis

Schädigende Ereignisse sind solche iSd § 1 Abs. 2 SGB XIV. Die Leistungen der Traumaambulanz sind vor allem auf die psychischen Folgen von Gewalttaten (§§ 13–15, 18 SGB XIV) zugeschnitten. In Abgrenzung zu den Leistungen der psychotherapeutischen Frühintervention muss das schädigende Ereignis bereits mehr als **zwölf Monate zurückliegen.** Wann die oder der Berechtigte von dem bereits mehr als zwölf Monate zurückliegenden schädigenden Ereignis **Kenntnis** erlangt hat, spielt nach dem Wortlaut der Vorschrift keine Rolle. Liegen jedoch zugleich die Voraussetzungen des § 32 Abs. 1 oder 2 SGB XIV vor, weil die oder der Berechtigte erst nach mehr als zwölf Monaten von dem schädigenden Ereignis Kenntnis erlangt und die erste Sitzung innerhalb von 12 Monaten nach Kenntnisnahme erfolgt, ist von einem **Vorrang der psychotherapeutischen Frühintervention** auszugehen, da § 33 SGB XIV nach seiner amtlichen Überschrift nur „in anderen Fällen" zur Anwendung gelangt.[7] Für das Behandlungssetting ist die Unterscheidung in entsprechenden Fällen ohne Bedeutung.[8] 14

Der **Begriff der akuten psychischen Belastung** ist gesetzlich nicht definiert. Er ist nicht mit der medizinischen Diagnose einer akuten Belastungsreaktion zu verwechseln.[9] Die ICD-10 versteht hierunter eine nur vorübergehende Reaktion auf eine psychische oder körperliche Belastung, die (bereits) innerhalb von Stunden und Tagen abklingt (F 43.0). Der Begriff ist auch nicht vollständig mit dem Wort „aktuell" identisch, da bei einem solchen Verständnis Leistungen der psychotherapeutischen Intervention immer dann wiederholt bewilligt werden müssten, wenn sich eine erneute psychische Belastung einstellt.[10] Die Leistungen der Schnellen Hilfen in einer Traumaambulanz sind jedoch nicht auf die Behandlung von – ggf. seit Jahren vorhandenen – chronischen psychischen Erkrankungen zugeschnitten, sondern sollen möglichst früh einsetzen, um den Eintritt einer psychischen Gesundheitsstörung oder deren Chronifizierung zu verhindern (§ 31 Abs. 1 SGB XIV). Seine Bedeutung lässt sich vielmehr aus dem mit der Vorschrift **adressierten Personenkreis** erschließen. Eine akute psychische Belastung iSd § 33 SGB XIV liegt vor, wenn Berechtigte ein schädigendes Ereignis lange Zeit mehr oder weniger erfolgreich verdrängt haben und nunmehr eine manifeste psychische Belastungssymptomatik entweder zeitlich verzögert **aufbricht** oder sich so **stark verschlechtert,** dass nun **erstmalig ein umgehender psychotherapeutischer Hilfebedarf** besteht. 15

Erforderlich ist nach dem im SER geltenden **Kausalitätsprinzip,** dass die akute Belastung auf das schädigende Ereignis **ursächlich** zurückzuführen ist. Dabei genügt die Wahrscheinlichkeit eines Ursachenzusammenhangs, die zu bejahen ist, wenn im konkreten Einzelfall unter Berücksichtigung der herabgesetzten Ermittlungen des Erleichterten Verfahrens nach dem Stand der medizinischen Wissenschaft mehr für als gegen den Ursachenzusammenhang spricht (→ § 31 Rn. 22; vertiefend → Vor § 1 Rn. 12; → § 1 Rn. 1 Rn. 23 ff.). 16

IV. Einhaltung der Zwölfmonatsfrist

1. Erste Sitzung. Erforderlich ist, dass die erste Sitzung innerhalb von zwölf Monaten nach Auftreten der akuten Belastung erfolgt. Bei der **Feststellung des Zeitpunkts der akuten Belastung** sind die zuständigen Behörden auf die Angaben der oder des Berechtigten angewiesen, die sie im Erleichterten Verfahren ggf. mit vorhandenen medizinischen Unterlagen abgleichen können. 17

7 I.E. ebenso BeckOK SozR/Baumeister SGB XIV § 33 Rn. 8.
8 Schmidt SGB XIV/Bienert § 33 Rn. 7.
9 jurisPK-SGB XIV/Schaumberg § 33 Rn. 38.
10 So aber BeckOK SozR/Baumeister SGB XIV § 33 Rn. 8.

18 Unter einer **Sitzung** ist eine Zusammenkunft zwischen der oder dem Berechtigten und einer Therapeutin oder einem Therapeuten der Traumaambulanz zu verstehen, die zur Bearbeitung der akuten Folgen des schädigenden Ereignisses, namentlich zum Zwecke der Verhinderung des Eintritts einer psychischen Gesundheitsstörung oder deren Chronifizierung (§ 31 Abs. 1 SGB XIV), anberaumt wird. Gespräche, bei denen die oder der Berechtigte von einer Ansprechpartnerin oder einem Ansprechpartner der Ambulanz zunächst einmal nur allgemeine Informationen über die Aufgaben und Instrumente der Traumaambulanz, zu Fragen der Antragstellung oder der Kostentragung erhält, gehören noch nicht zur Sitzung.

19 **2. Frist.** Die Frist von 12 Monaten, innerhalb derer die erste Sitzung zu erfolgen hat, ist eine materiellrechtliche **Ausschlussfrist.** Ihre Einhaltung ist Anspruchsvoraussetzung und steht nicht zur Disposition der Verwaltung oder der Gerichte.[11] Sie kann vom TdSE also **nicht verlängert** werden. Auch Zeiträume, in denen die Berechtigten sich wegen körperlicher Schädigungsfolgen in Behandlung befunden haben, verlängern die Frist nicht.[12] Eine **Wiedereinsetzung in den vorherigen Stand** (§ 27 SGB X) ist nach dem Sinn und Zweck der Fristenregelung[13] nicht möglich (§ 27 Abs. 5 SGB X). Die Zwölfmonatsfrist wurde vom Gesetzgeber gewählt, da eine möglichst **frühzeitige Inanspruchnahme** der Traumaambulanz am ehesten geeignet ist, den Eintritt psychischer Gesundheitsstörungen oder deren Chronifizierung zu verhindern. Warten die Betroffenen zu lange ab, kann der mit ihr verfolgte Zweck meist nicht mehr erreicht werden. Die Betroffenen benötigen dann grundsätzlich keine Schnellen Hilfen mehr, vielmehr erhalten sie dann reguläre psychotherapeutische Leistungen.[14]

20 **Unbillig** wäre es, wenn eine erste Sitzung aus Gründen, die die Berechtigten nicht zu vertreten haben, zB aus organisatorischen Gründen, nicht mehr innerhalb der Zwölfmonatsfrist anberaumt werden könnte und Leistungen der psychotherapeutischen Intervention in anderen Fällen daher ausscheiden würden. Es ist allerdings nicht zu erwarten, dass entsprechende Konstellationen in nennenswertem Umfang auftreten werden. Die zuständigen Behörden der TdSE sind gehalten, nur mit solchen Traumaambulanzen Vereinbarungen nach § 37 SGB XIV zu schließen, die so **leistungsfähig** sind, dass sie Sitzungstermine innerhalb eines in der Rechtsverordnung zu den Traumaambulanzen festzulegenden Zeitraums (§ 38 S. 2 Nr. 3 SGB XIV) von voraussichtlich wenigen Tagen anbieten können. Auch ist die Zwölftmonatsfrist grundsätzlich ausreichend lang, um den Berechtigten genügend Zeit zu geben, sich für die Inanspruchnahme von Leistungen der psychotherapeutischen Intervention in anderen Fällen zu entscheiden. Sollte es in besonderen Ausnahmekonstellationen dennoch dazu kommen, dass Berechtigte nicht mehr innerhalb der Zwölfmonatsfrist versorgt werden können, können Härten durch die **Leistungen der Krankenbehandlung der SE** abgemildert werden, die in § 43 Abs. 2 Nr. 1 SGB XIV zudem über die Leistungen der GKV (noch) hinausgehende ergänzende psychotherapeutische Leistungen vorsehen.[15]

21 Zur **Fristberechnung** gelten über § 26 Abs. 1 SGB X die §§ 187, 188 und 193 BGB entsprechend.

V. Verfahrensrecht

22 Damit die Leistungen in einer Traumaambulanz den Berechtigten rasch und unbürokratisch zur Verfügung stehen, hat der Gesetzgeber für diese **eigenständige Verfahrens-**

11 Vgl. BVerwG Urt. v. 18.4.1997 – 8 C 38/95.
12 Schmidt SGB XIV/Bienert§ 32 Rn. 7.
13 S. dazu BVerwG Urt. v. 26.6.2020 – 5 C 1/20, juris Rn. 14; BSG Urt. v. 7.9.2018 – B 10 ÜG 1/17 R, SozR 4-1710 Art. 23 Nr. 5 Rn. 29; BSG Urt. v. 25.10.1988 – 12 RK 22/87, juris Rn. 25; Schütze/Siefert SGB X § 27 Rn. 45.
14 BT-Drs. 19/13824, 185.
15 Vgl. Knickrehm/Mushoff/Schmidt Neues SozEntschR Rn. 135 ff.

vorschriften erlassen. Die Entscheidung über die Bewilligung von Leistungen in einer Traumaambulanz erfolgt in der Regel in dem für die Schnellen Hilfen geschaffenen **Erleichterten Verfahren**, in dem es genügt, wenn eine summarische Prüfung ergibt, dass die antragstellende Person nach dem SER anspruchsberechtigt sein kann (§ 115 Abs. 2 S. 1 SGB XIV). Dabei ist der im Antrag dargelegte Sachverhalt gemäß § 115 Abs. 2 S. 2 SGB XIV als wahr zu unterstellen, wenn nicht dessen Unrichtigkeit offensichtlich ist (→ § 115 Rn. 9).

VI. Rechtsfolgen

Liegen die tatbestandlichen Voraussetzungen des § 33 SGB XIV vor, „sollen" die genannten Berechtigten psychotherapeutische Intervention in anderen Fällen erhalten. Bei einer entsprechenden **Soll-Vorschrift** ist von den zuständigen Behörden des TdSE **im Regelfall** kein Ermessen auszuüben.[16] Der Gesetzgeber geht im Falle des Auftretens einer akuten Belastung aufgrund des schädigenden Ereignisses von einem regelmäßigen Unterstützungsbedarf durch die Leistungen der psychotherapeutischen Intervention in anderen Fällen aus. Anders kann dies hingegen in **atypischen Fallkonstellationen** sein. Dann räumt das Gesetz den zuständigen Behörden des TdSE volles Ermessen ein.[17] Ob ein solcher atypischer Fall vorliegt, ist stets nach den besonderen Umständen des Einzelfalls zu beurteilen.[18] Die Beurteilung des Vorliegens eines atypischen Falls steht nicht seinerseits im Ermessen des Leistungsträgers, sondern ist gerichtlich voll überprüfbar.[19] 23

Wann von einem atypischen Ausnahmefall ausgegangen werden muss, ist nicht leicht zu beantworten, da eine **akute psychische Belastung einen Behandlungsbedarf indiziert**. Soweit ein vorausgehendes schädigendes Ereignis nur bagatellhaften Charakter hatte, dürfte es in der Regel auszuschließen sein, dass erst nach einem Zeitraum von mehr als 12 Monaten eine akute psychische Belastung eintritt, die noch auf das schädigende Ereignis zurückzuführen ist. Eine Rolle kann etwa spielen, ob die Berechtigten zum Zeitpunkt der Antragstellung bereits bei Therapeutinnen oder Therapeuten in Behandlung sind, die über die Fachkompetenz zur Behandlung von Traumata verfügen, und sie dementsprechend bereits **ausreichend anderweitig versorgt** sind. 24

Die Entscheidung über den **Leistungsumfang** richtet sich nach § 34 SGB XIV. Werden Leistungen der psychotherapeutischen Intervention in anderen Fällen dem Grunde nach bewilligt, haben Geschädigte sowie Angehörige, Hinterbliebene und Nahestehende gem. § 34 Abs. 1 S. 1 SGB XIV Anspruch auf insgesamt bis zu 15 Sitzungen. Nach § 34 Abs. 1 S. 2 SGB XIV beträgt der Höchstanspruch bei Kindern und Jugendlichen 18 Sitzungen (→ § 34 Rn. 14). 25

§ 34 Leistungsvoraussetzungen und Leistungsumfang

(1) [1]Geschädigte sowie Angehörige, Hinterbliebene und Nahestehende haben Anspruch auf insgesamt bis zu 15 Sitzungen in der Traumaambulanz nach Maßgabe der folgenden Absätze, sofern die Voraussetzungen nach § 32 oder § 33 vorliegen. [2]Bei Kindern und Jugendlichen beträgt der Höchstanspruch 18 Sitzungen.

(2) [1]Die ersten fünf beziehungsweise bei Kindern und Jugendlichen die ersten acht Sitzungen dienen insbesondere der Abklärung der psychotherapeutischen Behandlungs-

16 Vgl. BSG Urt. v. 27.5.2014 – L 8 SO 1/13 R, juris Rn. 18; LSG Nds-Brem Urt. v. 25.9.2019 – L 15 AS 14/17, juris Rn. 22.
17 Vgl. BSG Urt. v. 6.5.2014 – B 4 AS 37/13 R, juris Rn. 19; jurisPK-SGB I/Groth § 39 Rn. 21 ff.; Maurer/Waldhoff AllgVerwR § 7 Rn. 11.
18 Vgl. BSG Urt. v. 25.5.2018 – B 13 R 3/17 R, juris Rn. 20.
19 BSG Urt. v. 14.11.2013 – B 9 V 5/12 R, juris Rn. 63; jurisPK-SGB I/Groth § 39 Rn. 22.

bedürftigkeit, der Durchführung der Diagnostik und der erforderlichen Akutmaßnahmen. [2]Sie können in Anspruch genommen werden, auch wenn noch keine Entscheidung im Erleichterten Verfahren nach § 115 ergangen ist.

(3) [1]Geschädigte sowie Angehörige, Hinterbliebene und Nahestehende haben Anspruch auf bis zu zehn weitere Sitzungen, wenn diese erforderlich sind und ein Anspruch auf Leistungen der Traumaambulanz festgestellt wurde. [2]Der Anspruch auf bis zu zehn weitere Sitzungen besteht auch dann, wenn die zuständige Behörde zwei Wochen nach Vorliegen des Antrags keine Entscheidung getroffen hat und die Traumaambulanz die dringende Behandlungsbedürftigkeit sowie die geplante Durchführung der weiteren Sitzungen vorab angezeigt hat.

A. Gesetzesgeschichte

1 Die Vorschrift ist durch Art. 1 G-SER vom 12.12.2019[1] eingeführt worden und gemäß Art. 60 Abs. 5 G-SER am **1.1.2021** in Kraft getreten. Sie hat **keinen gesetzlichen Vorläufer.** Traumaambulanzen gibt es zwar bereits seit einigen Jahren in einzelnen Bundesländern, ihre Tätigkeit wird jedoch mit dem G-SER erstmalig bundeseinheitlich gesetzlich geregelt. Sie sollen nun flächendeckend im gesamten Bundesgebiet geschaffen werden (vertiefend → § 31 Rn. 1 ff.).

2 Der heutige § 34 SGB XIV geht auf die **Beschlussempfehlung des Ausschusses für Arbeit und Soziales vom 6.11.2019** zurück. Die ursprüngliche Fassung des § 34 Abs. 1 SGB XIV ist um S. 2 ergänzt worden, wonach bei Kindern und Jugendlichen der Höchstanspruch 18 Sitzungen beträgt. Weiterhin sind in § 34 Abs. 2 S. 1 SGB XIV nach den Wörtern die „ersten fünf Sitzungen" die Wörter „beziehungsweise bei Kindern und Jugendlichen die ersten acht Sitzungen" eingefügt worden. Entsprechende Änderungen hatte zuvor bereits der Bundesrat angeregt.[2] Hintergrund der Änderungen ist, dass die ersten fünf probatorischen Sitzungen in einer Traumaambulanz bei Kindern und Jugendlichen nicht immer ausreichend seien. Hier könne aufgrund der notwendigen Abstimmung der Traumaambulanz mit den Eltern oder anderen Erziehungsberechtigten sowie weiteren Beteiligten, etwa der Schule, im Einzelfall ein höherer Bedarf bestehen, weshalb es sachgerecht erscheine, bei Kindern und Jugendlichen den Umfang der möglichen probatorischen Sitzungen auf acht anzuheben und ihnen die Möglichkeit einzuräumen, insgesamt bis zu 18 Sitzungen in der Traumaambulanz in Anspruch zu nehmen.[3] Schließlich ist die ursprüngliche Regelung des § 34 Abs. 3

1 BGBl. 2019 I 2652.
2 Vgl. BT-Drs. 19/13824, 288.
3 BT-Drs. 19/14870, 31.

S. 2 SGB XIV, nach der Berechtigte weitere Sitzungen in einer Traumaambulanz auch erhalten können, wenn die zuständige Behörde keine Entscheidung getroffen hat, obwohl ihr der Antrag vorlag und die Traumaambulanz die dringende Behandlungsbedürftigkeit sowie die geplante Durchführung der weiteren Sitzungen vorab angezeigt hatte, durch die Einführung einer Frist von zwei Wochen entschärft worden, um der Behörde Zeit zu geben, die Sachlage, insbesondere die Erforderlichkeit der weiteren Sitzungen, prüfen zu können, bevor die Genehmigungsfiktion eintrete.[4]

B. Normsystematik

I. Allgemeiner Regelungsgehalt

3 Die Vorschrift **ergänzt die Leistungsvoraussetzungen** der psychotherapeutischen Intervention in einer Traumaambulanz nach den §§ 32, 33 SGB XIV und regelt vor allem den **Umfang** dieser Leistungen. **§ 34 Abs. 1 S. 1 SGB XIV** stellt zunächst klar, dass Geschädigte, Angehörige, Hinterbliebene und Nahestehende einen **einheitlichen Höchstanspruch** an Sitzungen in einer Traumaambulanz nach Maßgabe der weiteren Absätze der Vorschrift haben, sofern die Voraussetzungen nach § 32 SGB XIV oder § 33 SGB XIV vorliegen. Dieser Höchstanspruch beläuft sich bei Erwachsenen auf 15 Sitzungen und bei Kindern und Jugendlichen gemäß **§ 34 Abs. 1 S. 2 SGB XIV** auf 18 Sitzungen. In Weiterentwicklung des in einigen Bundesländern bereits praktizierten sogenannten **„5 + 10"-Modells"** legt **§ 34 Abs. 2 S. 1 SGB XIV** fest, dass die ersten fünf bzw. bei Kindern und Jugendlichen die ersten acht Sitzungen insbesondere der Abklärung der psychotherapeutischen Behandlungsbedürftigkeit, der Durchführung der Diagnostik und der erforderlichen Akutmaßnahmen dienen. Diese ersten **probatorischen Sitzungen** können gemäß **§ 34 Abs. 2 S. 2 SGB XIV** auch dann in Anspruch genommen werden, wenn noch keine Entscheidung in dem für die Schnellen Hilfen geschaffenen Erleichterten Verfahren nach § 115 SGB XIV (→ Rn. 42) ergangen ist. Unter den Voraussetzungen des **§ 34 Abs. 3 SGB XIV** können die Berechtigten im Anschluss an die probatorischen Sitzungen weitere Sitzungen in der Traumaambulanz erhalten. **§ 34 Abs. 3 S. 1 SGB XIV** regelt dabei den **gesetzlichen Normalfall,** dass zum Zeitpunkt der Inanspruchnahme der erforderlichen bis zu zehn weiteren Sitzungen ein Anspruch auf Leistungen der Traumaambulanz (behördlich) festgestellt ist. Nach **§ 34 Abs. 3 S. 2 SGB XIV** besteht ein Anspruch auf bis zu zehn weitere Sitzungen jedoch auch dann, wenn die zuständige Behörde des TdSE **zwei Wochen nach Vorliegen des Antrags keine Entscheidung getroffen hat** und die Traumaambulanz die **dringende Behandlungsbedürftigkeit** der oder des Berechtigten sowie die **geplante Durchführung der weiteren Sitzungen vorab angezeigt** hat.

II. Systematische Einordnung und Normzweck

4 **1. Systematik.** Die Vorschrift ist Bestandteil der Regelungen über die Leistungen in einer Traumaambulanz. Diese wiederum sind gem. § 29 Abs. 1 SGB XIV den **Leistungen der Schnellen Hilfen** zuzuordnen (→ § 29 Rn. 6). Es handelt sich bei ihnen gem. § 29 Abs. 2 SGB XIV um Leistungen eigener Art (→ § 29 Rn. 8). Der Gesetzgeber hat diese Schnellen Hilfen im **Kap. 4 SGB XIV** zusammengefasst, welches in vier Abschn. untergliedert ist. Abschn. 1 gibt mit § 29 SGB XIV einen Überblick über die Leistungen der Schnellen Hilfen und betont ihren eigenständigen Charakter. Abschn. 2 (§ 30 SGB XIV) behandelt das Fallmanagement. Abschn. 3 enthält die Vorschriften (§§ 31–38 SGB XIV) über die Leistungen in einer Traumaambulanz und Abschn. 4 (§§ 39, 40 SGB XIV) regelt Einzelheiten zu den Kooperationsvereinbarungen.

5 Der die Leistungen in einer Traumaambulanz behandelnde **Abschn. 3 des Kap. 4 SGB XIV** wird durch **§ 31 SGB XIV** eingeleitet, der die Ziele der Leistungen der psy-

4 BT-Drs. 19/14870, 31.

chotherapeutischen Intervention in einer Traumaambulanz erläutert und hervorhebt, dass diese Leistungen nach dem SGB XIV nur in solchen Traumaambulanzen erbracht werden, die mit den nach Landesrecht zuständigen Behörden des TdSE eine Vereinbarung nach § 37 SGB XIV geschlossen haben. **§ 32 SGB XIV** regelt die Leistungen der psychotherapeutischen Frühintervention und **§ 33 SGB XIV** die Leistungen der psychotherapeutischen Intervention in anderen Fällen. Beide Vorschriften legen zudem fest, an welche Berechtigten (§ 2 SGB XIV) diese Leistungen erbracht werden können. Der vorliegende **§ 34 SGB XIV** regelt weitere Leistungsvoraussetzungen und den Umfang der von den Traumaambulanzen erbrachten Leistungen. Vorgaben zum Vorgehen im Falle eines nach Betreuung in einer Traumaambulanz weiterhin bestehenden Behandlungsbedarfs sind in **§ 35 SGB XIV** normiert. Damit Betroffene nicht aus wirtschaftlichen Gründen, wegen Schwierigkeiten bei der Kinderbetreuung oder der Pflege von Familienangehörigen von der Inanspruchnahme der Leistungen in einer Traumaambulanz absehen, sieht **§ 36 SGB XIV** die Übernahme von Fahr- und Betreuungskosten vor. **§ 37 SGB XIV** regelt Einzelheiten zu den zwischen den TdSE und den in Betracht kommenden Traumaambulanzen zu schließenden Vereinbarungen. **§ 38 SGB XIV** enthält eine Verordnungsermächtigung, aufgrund derer weitere Einzelheiten zu den Vereinbarungen nach § 37 SGB XIV in einer Rechtsverordnung zu regeln sind.

6 Das Normprogramm der Leistungen in einer Traumaambulanz wird durch verschiedene **Sonderregelungen** flankiert, die eigens auf die Ziele der Schnellen Hilfen zugeschnitten sind (→ § 31 Rn. 8 ff.).

7 Nach der **Übergangsvorschrift des § 138 Abs. 7 SGB XIV** sollen für Taten im Zeitraum vom 1.1.2021 bis 31.12.2023 für Geschädigte, Angehörige, Hinterbliebene und Nahestehende iSd § 2 Abs. 2 bis 5 SGB XIV die Leistungen der psychotherapeutischen Intervention in einer Traumaambulanz nach §§ 32, 33 SGB XIV in dem von § 34 SGB XIV vorgegebenen Umfang erbracht werden, wenn die Voraussetzungen nach dem OEG in der zum Tatzeitpunkt geltenden Fassung erfüllt sind. Unter Taten im Sinne des § 138 Abs. 7 SGB XIV sind entweder der vorsätzliche, rechtswidrige tätliche Angriff iSd § 1 Abs. 1 OEG oder ein diesem gleichgestelltes schädigendes Ereignis nach § 1 Abs. 2 OEG zu verstehen (→ § 138 Rn. 40).

8 **2. Normzweck.** Der Zweck der Vorschrift besteht darin, einerseits in Ergänzung zu den §§ 32, 33 SGB XIV die **Voraussetzungen zur Inanspruchnahme von Sitzungen in einer Traumaambulanz** und anderseits den **Umfang der Leistungen** festzulegen. **§ 34 Abs. 1 SGB XIV** stellt klar, dass sämtliche Berechtigte im Sinne des § 2 SGB XIV einen **einheitlichen Höchstanspruch** auf Leistungen in einer Traumaambulanz haben, der sich sowohl bei der psychotherapeutischen Frühintervention nach § 32 SGB XIV als auch bei der psychotherapeutischen Intervention in anderen Fällen nach § 33 SGB XIV bei Erwachsenen auf insgesamt 15 Sitzungen und bei Kindern und Jugendlichen auf insgesamt 18 Sitzungen beläuft. Den ersten fünf bzw. acht Sitzungen kommt dabei gem. **§ 34 Abs. 2 S. 1 SGB XIV** die Funktion zu, die psychotherapeutische Behandlungsbedürftigkeit zu klären, ggf. eine Diagnose zu stellen und erforderliche Akutmaßnahmen zu treffen. **§ 34 Abs. 2 S. 2 SGB XIV** soll Berechtigten einen **schnellen Zugang zu den Traumaambulanzen** ermöglichen. Indem die ersten Sitzungen bereits in Anspruch genommen werden können, wenn noch keine Entscheidung der zuständigen Behörden selbst in dem auf die Schnellen Hilfen zugeschnittenen Erleichterten Verfahren (→ Rn. 42) ergangen ist, soll vermieden werden, dass Verzögerungen bei der Entscheidung zulasten der berechtigten Person gehen.[5] **§ 34 Abs. 3 S. 1 SGB XIV** ermöglicht eine Inanspruchnahme von bis zu zehn weiteren erforderlichen Sitzungen. **§ 34 Abs. 3 S. 2 SGB XIV** dient dabei der **Beschleunigung der Behördenabläufe** und der **Gewährleistung nahtloser Versorgung**, wenn nach den probatorischen

5 BT-Drs. 19/13824, 186.

Sitzungen weitere Sitzungen dringend erforderlich sind und die zuständige Behörde innerhalb von zwei Wochen nach Eingang des Antrags keine Entscheidung getroffen hat, obwohl die Traumaambulanz die dringende Behandlungsbedürftigkeit sowie die geplante Durchführung der weiteren Sitzungen vorab angezeigt hat.[6]

C. Einzelkommentierung

I. Höchstanspruch an Sitzungen (Abs. 1)

1. Berechtigte. Anspruchsberechtigt sind gem. § 34 Abs. 1 S. 1 SGB XIV Geschädigte, Angehörige, Hinterbliebene und Nahestehende iSd § 2 SGB XIV. Dass diese zum Kreis der Anspruchsberechtigten der Leistungen in einer Traumaambulanz gehören, folgt bereits aus §§ 32, 33 SGB XIV. Die Aufzählung des § 34 Abs. 1 S. 1 SGB XIV stellt jedoch klar, dass sämtliche Berechtigte der SE einen **einheitlichen Höchstanspruch** auf Leistungen in einer Traumaambulanz haben. Dieser Höchstanspruch richtet sich bei **Erwachsenen** nach § 34 Abs. 1 S. 1 SGB XIV und bei **Kindern und Jugendlichen** nach § 34 Abs. 1 S. 2 SGB XIV. Ob die Berechtigten Leistungen der psychotherapeutischen Frühintervention nach § 32 SGB XIV oder der psychotherapeutischen Intervention in anderen Fällen nach § 33 SGB XIV in Anspruch nehmen, spielt für den Umfang des Anspruchs keine Rolle. 9

2. Vorliegen der Voraussetzungen der §§ 32, 33 SGB XIV. Erforderlich ist weiterhin, dass die Voraussetzungen der §§ 32, 33 SGB XIV vorliegen. Die Berechtigten müssen die **tatbestandlichen Voraussetzungen** für Leistungen der psychotherapeutischen Frühintervention nach § 32 SGB XIV (→ § 32 Rn. 8 ff.) oder der psychotherapeutischen Intervention in anderen Fällen nach § 33 SGB XIV (→ § 33 Rn. 8 ff.) erfüllen.[7] Grundsätzlich „sollen" die Berechtigten psychotherapeutische Frühintervention nach § 32 SGB XIV oder psychotherapeutische Intervention in anderen Fällen nach § 33 SGB XIV dann erhalten. Bei entsprechenden **Soll-Vorschriften** ist von den zuständigen Behörden des TdSE **grundsätzlich kein Ermessen** auszuüben. Der Gesetzgeber geht von einem **regelmäßigen Unterstützungsbedarf** der Berechtigten aus. Anders kann dies hingegen in **atypischen Fallkonstellationen** sein. Dann räumt das Gesetz den zuständigen Behörden des TdSE volles Ermessen ein (→ § 32 Rn. 29). Eine Inanspruchnahme von Leistungen der psychotherapeutischen Intervention im Umfang des Höchstanspruchs setzt in einem atypischen Fall voraus, dass die zuständige Behörde ihr Ermessen dahin gehend ausgeübt hat, dass der Zugang zur Traumaambulanz eröffnet ist.[8] 10

3. Höchstanspruch. a) Erwachsene. Der gesetzliche Höchstanspruch des § 34 Abs. 1 S. 1 SGB XIV ist, wie sich aus § 34 Abs. 1 S. 2 SGB XIV ergibt, auf Erwachsene zugeschnitten und beläuft sich auf **15 Sitzungen**. Er setzt sich aus den **ersten Sitzungen nach § 34 Abs. 2 SGB XIV** und den **bis zu zehn weiteren Sitzungen nach § 34 Abs. 3 SGB XIV** zusammen.[9] 11

Unter einer **Sitzung** ist eine Zusammenkunft zwischen der oder dem Berechtigten und einer Therapeutin oder einem Therapeut der Traumaambulanz zu verstehen, die zur Bearbeitung der akuten Folgen des schädigenden Ereignisses, namentlich zum Zwecke der Verhinderung des Eintritts einer psychischen Gesundheitsstörung oder deren Chronifizierung (§ 31 Abs. 1 SGB XIV), anberaumt wird (→ § 32 Rn. 18). Die Anforderungen an die **Dauer der jeweiligen Sitzung** gehören gem. § 38 S. 2 Nr. 2 SGB XIV zu den Mindestinhalten, die in der Rechtsverordnung zu den Vereinbarungen nach § 37 SGB XIV zu behandeln sind (→ § 38 Rn. 14). 12

6 BeckOK SozR/Baumeister SGB XIV § 34 Rn. 36; Knickrehm/Mushoff/Schmidt Neues SozEntschR Rn. 111.
7 BT-Drs. 19/13824, 186.
8 BT-Drs. 19/13824, 186.
9 jurisPK-SGB XIV/Schaumberg § 34 Rn. 17.

13 **Erwachsen** ist, wer das 18. Lebensjahr vollendet hat. Nicht ausdrücklich geregelt ist, auf welchen **Zeitpunkt** bei der Beurteilung abzustellen ist, ob die oder der Berechtigte erwachsen ist. Da der Gesetzgeber den umfangreicheren Höchstanspruch bei Kindern und Jugendlichen nach § 34 Abs. 1 S. 2 SGB XIV damit begründet, dass bei diesen im Einzelfall ein höherer Bedarf an probatorischen Sitzungen erforderlich ist, weil Abstimmungen mit den Eltern oder anderen Erziehungsberechtigten sowie weiteren Beteiligten, etwa der Schule, erforderlich sein können (→ Rn. 2), wird deutlich, dass bei der Beurteilung, nicht auf das Alter zum Zeitpunkt des schädigenden Ereignisses, sondern auf dasjenige bei der **Inanspruchnahme der Leistungen** in der Traumaambulanz abzustellen ist. War eine berechtigte Person zum Zeitpunkt des schädigenden Ereignisses minderjährig, nimmt diese Leistungen der Traumaambulanz jedoch erst nach Vollendung des 18. Lebensjahres in Anspruch, beläuft sich der Höchstanspruch somit auf 15 Sitzungen. Mangels anderweitiger gesetzlicher Anhaltspunkte ist auf die **erste Sitzung in der Traumaambulanz** abzustellen. Vollenden Berechtigte nach der ersten Sitzung in der Traumaambulanz das 18. Lebensjahr, beurteilt sich der Höchstanspruch weiterhin nach § 34 Abs. 1 S. 2 SGB XIV.[10]

14 b) **Kinder und Jugendliche.** Bei berechtigten Kindern und Jugendlichen beläuft sich der Höchstanspruch gem. § 34 Abs. 1 S. 2 SGB XIV auf **18 Sitzungen. Hintergrund** des umfangreicheren Höchstanspruchs ist, dass der Gesetzgeber bei ihnen im Einzelfall einen höheren Bedarf an probatorischen Sitzungen iSd § 34 Abs. 2 SGB XIV angenommen hat (→ Rn. 13).

15 Die Begriffe „Kinder" und „Jugendliche" sind im SGB XIV selbst nicht geregelt. Es bietet sich ein Rückgriff auf das Kinder- und Jugendhilferecht an.[11] **Kind** ist gem. § 7 Abs. 1 Nr. 1 SGB VIII, wer noch nicht 14 Jahre alt ist und **Jugendlicher** ist gemäß § 7 Abs. 1 Nr. 2 SGB VIII, wer 14, aber noch nicht 18 Jahre alt ist. Die ausdrückliche Nennung von Jugendlichen hat Klarstellungsfunktion. Für die Abgrenzung des Höchstanspruchs nach § 34 Abs. 1 S. 1 und S. 2 SGB XIV kommt es ausschließlich darauf an, ob die oder der Berechtigte zum **Zeitpunkt der ersten Sitzung** (→ Rn. 13) noch minderjährig ist oder nicht.[12]

16 Nach der Gesetzesbegründung soll es den TdSE freistehen, über die genannten Leistungen hinaus die Erbringung **weiterer Leistungen** durch die Traumaambulanz zu vereinbaren.[13] Ob der Gesetzgeber insoweit bestimmte Fallkonstellationen vor Augen hatte, in denen eine Ausweitung der Leistungen der Traumaambulanz sinnvoll sein dürfte, ist unklar. Jedenfalls muss im Interesse der Berechtigten eine **gleichmäßige Rechtsanwendung** gewährleistet sein. Es hätte sich angeboten, die Verordnungsermächtigung des § 38 SGB XIV um eine entsprechende Regelung zu ergänzen.[14]

II. Probatorische Sitzungen (Abs. 2)

17 **1. Regelfall (S. 1).** Nach § 34 Abs. 2 S. 1 SGB XIV dienen die ersten fünf bzw. bei Kindern und Jugendlichen die ersten acht Sitzungen insbesondere der **Abklärung der psychotherapeutischen Behandlungsbedürftigkeit**, der **Durchführung der Diagnostik** und der **erforderlichen Akutversorgung**. Den Umstand, dass bei **Kindern und Jugendlichen** im Einzelfall eine Abstimmung der Traumaambulanz mit den Eltern oder anderen Erziehungsberechtigten sowie weiteren Beteiligten notwendig sein kann, berücksichtigt das Gesetz bei ihnen mit der höheren Zahl von Sitzungen (→ Rn. 2).

---

10 Schmidt SGB XIV/Bienert § 34 Rn. 9.
11 BeckOK SozR/Baumeister SGB XIV § 34 Rn. 19.
12 Schmidt SGB XIV/Bienert § 34 Rn. 8.
13 BT-Drs. 19/13824, 186.
14 Krit. auch Schmidt SGB XIV/Bienert § 34 Rn. 6.

Der Gesetzgeber umschreibt das Behandlungssetting nach § 34 Abs. 2 SGB XIV mit dem **Begriff der probatorischen Sitzungen.**[15] Die von § 34 Abs. 2 S. 1 SGB XIV umschriebenen Aufgaben und Inhalte der ersten Sitzungen in der Traumaambulanz und von probatorischen Sitzungen iSd § 12 der Psychotherapie-Richtlinie des G-BA[16] sind dabei nicht vollständig deckungsgleich, da die Sitzungen nach § 34 Abs. 2 SGB XIV neben probatorischen Inhalten iSd § 12 der Psychotherapie-Richtlinie auch Maßnahmen der Akutversorgung umfassen.[17] 18

Die Aufzählung des § 34 Abs. 2 S. 1 SGB XIV ist **nicht abschließend** („insbesondere"). 19 Hierdurch wird dem therapeutischen Personal die Möglichkeit gegeben, auf die **Besonderheiten des jeweiligen Einzelfalls** zu reagieren. So kann es Fälle geben, in denen die Stellung einer Diagnose und die Klärung der Behandlungsbedürftigkeit nicht mehr erforderlich sind, weil diese Fragen bereits geklärt sind, so dass bereits zu einem frühen Zeitpunkt mit der psychotherapeutischen Intervention begonnen werden kann. Zum Teil wird im wissenschaftlichen Schrifttum die Auffassung vertreten, ein **weiterer Zweck** der ersten Sitzungen könne in der **Beurteilung** liegen, **ob eine vorhandene psychische Gesundheitsstörung** wahrscheinlich **auf dem schädigenden Ereignis beruht.**[18] Dies **überzeugt nicht.** Das behandelnde Personal der Traumaambulanz unterliegt – wie sich aus § 38 S. 2 Nr. 6 SGB XIV ergibt – auch gegenüber dem TdSE der Schweigepflicht (→ § 38 Rn. 22), was dagegen spricht, dass es zu den originären Aufgaben der probatorischen Sitzungen gehört, den Ursachenzusammenhang zwischen dem geltend gemachten schädigenden Ereignis und vorhandenen psychischen Beschwerden zu klären. Im Übrigen würde die therapeutische Beziehung zum jeweiligen Berechtigten durch **Rollenkonflikte** belastet, wenn das therapeutische Personal der Traumaambulanz gutachterliche Fragen für den TdSE beantworten sollte.[19]

Die Inanspruchnahme von Leistungen nach § 34 Abs. 2 S. 1 SGB XIV setzt in Abgrenzung zu § 34 Abs. 2 S. 2 SGB XIV gemäß § 10 Abs. 1 SGB XIV einen **vorherigen Antrag** voraus, über den die zuständige Behörde des TdSE im Erleichterten Verfahren (→ Rn. 42), wie sich aus § 116 Abs. 2 S. 2 SGB XIV ergibt, **per Verwaltungsakt** (§ 31 SGB X) eine **Entscheidung getroffen** hat. Hierbei wird sie grundsätzlich zunächst nur über die ersten fünf bzw. acht Sitzungen entscheiden und über die Bewilligung weiterer Sitzungen nach § 34 Abs. 3 SGB XIV einen gesonderten Verwaltungsakt zu treffen haben. 20

2. Inanspruchnahme vor Behördenentscheidung (S. 2). Die ersten fünf bzw. acht probatorischen Sitzungen können gemäß § 34 Abs. 2 S. 2 SGB XIV – als **Ausnahme zu § 34 Abs. 2 S. 1 SGB XIV** – auch dann in Anspruch genommen werden, wenn noch keine Entscheidung im Erleichterten Verfahren nach § 115 SGB XIV ergangen ist. 21

Die Berechtigten haben zur Inanspruchnahme der Leistungen grundsätzlich einen entsprechenden **Antrag** zu stellen (§ 10 Abs. 1 SGB XIV), müssen die **Entscheidung** der zuständigen Behörde jedoch **nicht abwarten.** Nach dem erst zum 1.1.2024 in Kraft tretenden § 10 Abs. 5 S. 1 SGB XIV genügt es, wenn der Antrag **unmittelbar nach der zweiten Sitzung** in der Traumaambulanz gestellt wird (→ § 10 Rn. 21 ff.). Von weiteren Voraussetzungen ist eine entsprechende Inanspruchnahme der ersten fünf bzw. acht Sitzungen noch vor Erlass einer Behördenentscheidung nicht abhängig. Das Gesetz macht die Inanspruchnahme der Leistungen insbesondere – anders als in § 34 22

15 Vgl. BT-Drs. 19/14870, 31; BT-Drs. 19/13824, 288.
16 § 12 der Richtlinie des Gemeinsamen Bundesausschusses über die Durchführung der Psychotherapie – Psychotherapie-Richtlinie – idF v. 19.4.2009, zuletzt geändert am 20.11.2019, in Kraft getreten am 18.2.2021.
17 BeckOK SozR/Baumeister SGB XIV § 34 Rn. 23.
18 Schmidt SGB XIV/Bienert § 34 Rn. 10.
19 S. zur Frage von Rollenkonflikten bei der Begutachtung allgemein Widder in Widder/Gaidzik, Neurowissenschaftliche Begutachtung, S. 90 f.

Abs. 3 S. 2 SGB XIV – nicht davon abhängig, dass eine zeitnahe Aufnahme der Behandlung so dringend ist, dass der oder dem Berechtigten ein Abwarten der Behördenentscheidung nicht zugemutet werden kann.

23 Verzögerungen bei der Entscheidung der zuständigen Behörden sollen nicht zulasten der Berechtigten gehen.[20] Stellt sich im Nachhinein heraus, dass Leistungen in einer Traumaambulanz auch unter den herabgesetzten Voraussetzungen des Erleichterten Verfahrens (→ Rn. 42) nicht hätten erbracht werden dürfen, führt dies mangels gesetzlicher Grundlage nicht dazu, dass die **Kosten** von den Antragstellern getragen werden müssen.[21] Hierdurch soll – wie auch im Rahmen des § 11 Abs. 5 SGB XIV – vermieden werden, dass Antragsteller aus Furcht vor Erstattungsansprüchen von der Inanspruchnahme der Leistungen der Traumaambulanz absehen.[22]

24 Zum Teil wird im wissenschaftlichen Schrifttum eine **einschränkende Auslegung des § 34 Abs. 2 S. 2 SGB XIV** befürwortet, da die Betroffenen nicht besser gestellt werden sollten, als wenn die Behörde zügig gearbeitet hätte. Daraus wird abgeleitet, dass die Antragsteller Geschädigte, Angehörige, Hinterbliebene oder Nahestehende sein müssten, bei denen die Leistungszwecke des § 31 Abs. 1 SGB XIV erreichbar seien. Die Leistungen dürften nur von Traumaambulanzen iSd § 31 Abs. 2 SGB XIV erbracht werden und schließlich müssten die in den §§ 32, 33 SGB XIV geregelten zeitlichen Grenzen gewahrt sein.[23] Wenn ein atypischer Fall vorliege, sei die zuständige Behörde berechtigt, Leistungen im Nachhinein im Rahmen der dann gebotenen Ermessensentscheidung abzulehnen. Im Gegensatz zu § 11 Abs. 5 SGB XIV schaffe die Regelung keine materielle Leistungsberechtigung, so dass ein **(Kosten-)Erstattungsanspruch gemäß § 50 Abs. 2 SGB X** denkbar sei, wenn die bereits durchgeführten Sitzungen später selbst im Erleichterten Verfahren (→ Rn. 42) nicht bewilligt würden.[24]

25 Diese Auffassung **überzeugt nicht**. Sie bürdet den Betroffenen ein für sie **nicht kalkulierbares Kostenrisiko** auf und ist daher geeignet, Berechtigte davon abzuhalten, von dem ihnen aus § 34 Abs. 2 S. 2 SGB XIV eingeräumten Recht Gebrauch zu machen. Dies widerspricht der Zielsetzung der Schnellen Hilfen und ist vom Gesetzgeber nicht gewünscht gewesen. Die zuständigen Behörden haben es selbst in der Hand, durch eine zügige Bearbeitung von Anträgen unberechtigte Leistungsbegehren zeitnah abzulehnen. Im Übrigen haben auch die Traumaambulanzen darauf zu achten, wie aus § 37 Abs. 2 S. 3 Nr. 1 SGB XIV abzuleiten ist, dass sie die Leistungen der psychotherapeutischen Intervention nicht an Personen erbringen, bei denen offensichtlich ist, dass sie nicht zum berechtigten Personenkreis gehören. Bei den weniger eindeutigen Fällen nimmt der Gesetzgeber hingegen mit den Regelungen sowohl des § 11 Abs. 5 SGB XIV als auch des § 34 Abs. 2 S. 2 SGB XIV bewusst in Kauf, dass auch Personen Leistungen der Schnellen Hilfen in der Traumaambulanz in Anspruch nehmen, bei denen sich bei näherer Prüfung im Nachhinein herausstellt, dass die Voraussetzungen für die Bewilligung von Leistungen auch im Erleichterten Verfahren nicht vorliegen.[25]

26 Die zuständigen Behörden sind daher gehalten, eingehende **Anträge** auf Leistungen der psychotherapeutischen Intervention nach den §§ 32, 33 SGB XIV **zügig zu bearbeiten**. Eine nachträgliche Bewilligung hat klarstellende Funktion. Trifft die zuständige Behörde des TdSE hingegen eine **negative Entscheidung** bevor fünf bzw. acht Sitzungen absolviert wurden, endet der Anspruch mit **Ex-nunc-Wirkung**.[26] Dies ist auch dann der Fall, wenn gegen den ablehnenden Verwaltungsakt Widerspruch eingelegt

20 BT-Drs. 19/13824, 186.
21 Knickrehm/Mushoff/Schmidt Neues SozEntschR Rn. 93, 111.
22 S. BT-Drs. 19/13824, 174.
23 Schmidt SGB XIV/Bienert § 34 Rn. 14 ff., 18.
24 Schmidt SGB XIV/Bienert § 115 Rn. 11.
25 So wohl auch BeckOK SozR/Baumeister SGB XIV § 34 Rn. 25.
26 jurisPK-SGB XIV/Schaumberg § 34 Rn. 35.

wird. Die zuständige Behörde hat die Traumaambulanz über die Ablehnung des Antrags zu informieren.[27]

III. Weitere Sitzungen (Abs. 3)

27 **1. Regelfall (S. 1). Geschädigte, Angehörige, Hinterbliebene und Nahestehende** haben gemäß § 34 Abs. 3 S. 1 SGB XIV **nach Absolvierung der probatorischen Sitzungen** nach § 34 Abs. 2 SGB XIV Anspruch auf **bis zu zehn weitere Sitzungen** in der Traumaambulanz, wenn diese **erforderlich sind** und ein **Anspruch auf Leistungen der Traumaambulanz,** also auf Leistungen der psychotherapeutischen Frühintervention nach § 32 SGB XIV oder der psychotherapeutischen Intervention in anderen Fällen nach § 33 SGB XIV, **dem Grunde nach festgestellt** ist.

28 Die Berechtigten haben hinsichtlich der weiteren Sitzungen in der Traumaambulanz einen **Weiterbewilligungsantrag** (§ 10 Abs. 1 SGB XIV) zu stellen.[28] Hierbei kann ihnen das Personal der Traumaambulanz oder das Fallmanagement behilflich zu sein.

29 Die **Erforderlichkeit** von weiteren Sitzungen ist zu bejahen, **soweit** die ersten fünf bzw. bei Kindern und Jugendlichen die ersten acht Sitzungen iSd § 34 Abs. 2 SGB XIV nicht ausreichend (gewesen) sind, um die mit der Behandlung in der Traumaambulanz verfolgten Ziele nach § 31 Abs. 1 SGB XIV zu erreichen, also den Eintritt einer psychischen Gesundheitsstörung oder deren Chronifizierung zu verhindern. Ausreichend ist es dabei, dass der Eintritt einer psychischen Gesundheitsstörung droht.[29] Zeichnet sich zum Zeitpunkt der Behördenentscheidung ab, dass voraussichtlich eine geringere Anzahl als der Höchstanspruch von zehn weiteren Sitzungen ausreichend sein wird, ist die Bewilligung auf den erforderlichen Umfang zu beschränken. Zeigt sich dann, dass doch noch weitere Sitzungen erforderlich sind, kommt eine nochmalige Bewilligung bis zum Höchstanspruch von insgesamt 10 Sitzungen in Betracht. Von der Möglichkeit, auf einmal weniger als 10 weitere Sitzungen zu bewilligen, sollte die zuständige Behörde nur dann Gebrauch machen, wenn nach Einschätzung der behandelnden Therapeutinnen oder Therapeuten hinreichend verlässlich absehbar ist, dass eine Ausschöpfung des Höchstanspruchs von bis zu 15 bzw. 18 Sitzungen nicht geboten ist. Die Berechtigten benötigen Planungssicherheit.

30 Der Anspruch auf weitere Sitzungen in der Traumaambulanz setzt voraus, dass die Voraussetzungen der §§ 32, 33 SGB XIV vorliegen, also insbesondere die erste Sitzung in der Traumaambulanz innerhalb der **Zwölfmonatsfrist** erfolgt ist und, soweit von der zuständigen Behörde in einem atypischen Fall **Ermessen** auszuüben ist (→ § 32 Rn. 29), ein Anspruch auf Leistungen in der Traumaambulanz dem Grunde nach nicht verneint wurde. Die zuständige Behörde ist berechtigt, bei der Prüfung auch **neu bekannt gewordene Tatsachen** zu berücksichtigen, die einem Anspruch selbst unter den herabgesetzten Anforderungen des Erleichterten Verfahrens nach Maßgabe des § 115 Abs. 2 S. 2 SGB XIV (→ § 115 Rn. 9) entgegenstehen.

31 Die Feststellung des Anspruchs auf weitere Sitzungen erfolgt im Wege eines **bewilligenden Verwaltungsakts** iSd § 31 SGB X, der gem. § 115 Abs. 1 SGB XIV in der Regel im Erleichterten Verfahren ergeht.[30] In diesen ist der Umfang der bewilligten weiteren Sitzungen aufzunehmen.

32 Die Erforderlichkeit weiterer Sitzungen ist vom TdSE auch nach der Bewilligungsentscheidung im Auge zu behalten. Bessern sich die Gesundheitsstörungen der oder des Berechtigten, bevor die bereits bewilligten weiteren zehn Sitzungen absolviert wurden, so grundlegend, dass eine weitere Behandlung in der Traumaambulanz nicht erforder-

27 BeckOK SozR/Baumeister SGB XIV § 34 Rn. 26, 28.
28 BT-Drs. 19/14870, 31.
29 Schmidt SGB XIV/Bienert § 34 Rn. 20.
30 Schmidt SGB XIV/Bienert § 34 Rn. 23.

lich ist, kommt eine Aufhebung der Bewilligungsentscheidung mangels abweichender Verfahrensregelungen in den §§ 115, 116 SGB XIV nach § 48 Abs. 1 S. 1 SGB X mit Wirkung für die Zukunft in Betracht. Die Voraussetzung, dass zehn weitere Sitzungen in der Traumaambulanz nach § 34 Abs. 3 S. 1 SGB XIV ursprünglich als erforderlich angesehen werden durften, jedoch vorzeitig eine **wesentliche Besserung der Symptomatik** eingetreten ist, die so stabil ist, dass eine weitere Behandlung eindeutig nicht mehr erforderlich ist, wird nur in seltenen Fällen bejaht werden können.[31]

33 Ergibt die weitere Prüfung, dass zB die Voraussetzungen der §§ 32, 33 SGB XIV **von vornherein** nicht vorlagen, ist die Behördenentscheidung gemäß § 116 Abs. 2 S. 2 SGB XIV mit **Wirkung für die Zukunft zu widerrufen** (→ § 116 Rn. 11). Eine Rückabwicklung der im Erleichterten Verfahren erbrachten Leistungen der Traumaambulanz dergestalt, dass für die empfangenen Leistungen Kosten an den TdSE zu erstatten sind, sieht das Gesetz nicht vor.[32] Jedenfalls soweit die Voraussetzungen für eine Bewilligung im Erleichterten Verfahren vorlagen, ist ein Rückgriff auf § 45 SGB X nicht möglich.

34 **2. Weitere Sitzungen bei fehlender Behördenentscheidung (S. 2).** Der Anspruch auf bis zu zehn weitere Sitzungen besteht nach dem zum Zwecke der **Beschleunigung der Behördenabläufe** und der **Gewährleistung nahtloser Versorgung** geschaffenen § 34 Abs. 3 S. 2 SGB XIV auch dann, wenn die zuständige Behörde des TdSE zwei Wochen nach Vorliegen des Antrags keine Entscheidung getroffen hat und die Traumaambulanz die dringende Behandlungsbedürftigkeit sowie die geplante Durchführung der weiteren Sitzungen vorab angezeigt hat.

35 Die Vorschrift setzt zunächst voraus, dass **im Anschluss an die probatorischen Sitzungen** nach § 34 Abs. 2 S. 1 oder S. 2 SGB XIV eine dringende Behandlungsbedürftigkeit der oder des Berechtigten besteht. Die **Behandlungsbedürftigkeit** ist zu bejahen, wenn eine weitere Behandlung der oder des Berechtigten erforderlich ist, um die in § 31 Abs. 1 SGB XIV formulierten Ziele der psychotherapeutischen Intervention zu erreichen. Sie ist **dringend**, wenn die weitere Behandlung der oder des Berechtigten so eilig ist, dass sie ein weiteres Zuwarten bis zur Behördenentscheidung über die Frist von zwei Wochen nach Vorliegen des Antrags hinaus nicht zulässt. Eine solche Eilbedürftigkeit kann insbesondere aus der **objektiven Schwere der festgestellten psychischen Auffälligkeiten** und dem **erkennbaren Leidensdruck** der oder des Berechtigten resultieren. Eine weitere Rolle kann auch spielen, ob im Falle eines weiteren Zuwartens mit einer großen Wahrscheinlichkeit zu erwarten ist, dass die bisherigen **Behandlungserfolge verloren gehen** und mit dem **Eintritt einer chronifizierten psychischen Erkrankung** zu rechnen ist, die sich dann wesentlich schwerer beheben lässt.

36 Die oder der Berechtigte muss weiterhin – wie auch im Rahmen des § 34 Abs. 3 S. 1 SGB XIV – einen **Weiterbehandlungsantrag** gestellt haben, über den die zuständige Behörde des TdSE noch **keine Entscheidung** getroffen hat, obwohl die Traumaambulanz die dringende Behandlungsbedürftigkeit sowie die geplante Durchführung weiterer Sitzungen **vorab angezeigt** hat. In der Anzeige des weiteren Behandlungsbedarfs hat die Traumaambulanz **auf die Dringlichkeit** der Weiterbehandlung und **den Umfang** des weiteren Behandlungsbedarfs **unmissverständlich hinzuweisen**. Die bloße Anzeige, dass weitere Sitzungen für erforderlich gehalten werden, genügt nicht.[33] Zur **Vermeidung von Missverständnissen** ist die Traumaambulanz gehalten, darauf hinzuweisen, dass aus ihrer Sicht ein Fall des § 34 Abs. 3 S. 2 SGB XIV vorliegt und beabsichtigt ist, mit der oder dem Berechtigten nach Ablauf der Zweiwochenfrist weitere Sitzungen durchzuführen.

31 Ähnlich Schmidt SGB XIV/Bienert § 34 Rn. 26 „nur theoretisch denkbar".
32 Knickrehm/Mushoff/Schmidt Das neue SozEntschR Rn. 401.
33 Schmidt SGB XIV/Bienert § 34 Rn. 31.

Die oder der Berechtigte und die Traumaambulanz haben weiterhin die Einhaltung der **Frist von zwei Wochen** abzuwarten. Durch die Frist soll der zuständigen Behörde die Zeit gegeben werden, die Sachlage, insbesondere die Erforderlichkeit weiterer Sitzungen, zu prüfen.[34] 37

Umstritten ist, durch welches Ereignis der **Lauf der Frist** ausgelöst wird. Zum Teil wird im wissenschaftlichen Schrifttum vertreten, dass es für den Beginn der Frist ausschließlich auf den Antrag ankomme und es genüge, wenn die Anzeige der Traumaambulanz noch vor Fristablauf bei der zuständigen Behörde eingehe.[35] Dies überzeugt jedoch nicht. Da die zuständigen Behörden ihre Entscheidung innerhalb der zwei Wochen den Berechtigten **bekannt zu geben (§§ 37, 39 Abs. 1 SGB X)** haben,[36] könnten diese auf kurz vor Fristablauf eingehende Anzeigen der Traumaambulanz iS der Vorschrift im Hinblick auf die Postlaufzeiten nicht mehr rechtzeitig reagieren. Sie wären gehalten, über sämtliche Weiterbewilligungsanträge ohne Differenzierung nach der Eilbedürftigkeit der Angelegenheit innerhalb der Zweiwochenfrist zu entscheiden. Dies würde der zusätzlichen Tatbestandsvoraussetzung der Anzeige einer dringenden Behandlungsbedürftigkeit sowie der geplanten Durchführung der weiteren Sitzungen eine eigenständige Bedeutung nehmen. Die Frist beginnt daher erst, wenn der Antrag und die Anzeige der Traumaambulanz bei der zuständigen Behörde vorliegen.[37] Die Berechtigten und die Traumaambulanz haben es in Fällen eines absehbaren dringenden Weiterbehandlungsbedarfs in der Hand, eine nahtlose Versorgung durch **frühzeitiges Handeln** zu gewährleisten. Ist eine hinreichend valide Prognose möglich, kann die Traumaambulanz noch **vor Ausschöpfung der ersten fünf bzw. acht Sitzungen** auf die Stellung eines Weiterbewilligungsantrags hinwirken und die erforderliche Anzeige iSd § 34 Abs. 3 S. 2 SGB XIV vornehmen. 38

Zur **Fristberechnung** gelten über § 26 Abs. 1 SGB X die §§ 187, 188 und 193 BGB entsprechend. 39

Rechtsfolge des § 34 Abs. 3 S. 2 SGB XIV ist, dass nach fruchtlosem Fristablauf **ein Anspruch** auf bis zu zehn weitere Sitzungen **besteht**. Der Bundesrat und der Ausschuss für Arbeit und Soziales bezeichnen dies als **„Genehmigungsfiktion"**.[38] Eine Genehmigungsfiktion begründet nach der neuen Rspr. des BSG zum Recht der GKV jedoch keinen eigenständigen Naturalleistungsanspruch, sondern vermittelt den Versicherten nur eine Rechtsposition, die es ihnen erlaubt, sich die Leistung selbst zu beschaffen, und es der Krankenkasse nach erfolgter Selbstbeschaffung verbietet, eine beantragte Kostenerstattung mit der Begründung abzulehnen, nach dem Recht der GKV bestehe kein Anspruch auf die Leistung.[39] Auch fällt auf, dass sich der Wortlaut des § 34 Abs. 3 S. 2 SGB XIV deutlich von den Regelungen in § 13 Abs. 3a S. 6 SGB V sowie in § 18 Abs. 3 SGB IX unterscheidet, die im Recht der GKV und im Rehabilitationsrecht eine Genehmigungsfiktion behandeln. Sie legen jeweils ausdrücklich fest, dass die Leistung nach dem fruchtlosen Fristablauf als genehmigt gilt. Hätte der Gesetzgeber auch in § 34 Abs. 3 S. 2 SGB XIV eine entsprechende Genehmigungsfiktion schaffen wollen, hätte es nahegelegen, auch hier eine entsprechende Formulierung zu wählen.[40] Es ist daher davon auszugehen, dass die Vorschrift den Berechtigten einen **eigenständi-** 40

---

34 BT-Drs. 19/14870, 31.
35 jurisPK-SGB XIV/Schaumberg § 34 Rn. 47.
36 Vgl. BSG Urt. v. 11.7.2017 – B 1 KR 26/16 R, juris Rn. 29.
37 Schmidt SGB XIV/Bienert § 34 Rn. 32.
38 Vgl. BT-Drs. 19/13824, 288; BT-Drs. 19/14870, 31.
39 BSG Urt. v. 26.5.2020 – B 1 KR 9/18 R; BSG Urt. v. 17.6.2021 – B 3 KR 12/19 R.
40 Vgl. jurisPK-SGB XIV/Schaumberg § 34 Rn. 47; Schmidt SGB XIV/Bienert § 34 Rn. 35.

gen Naturalleistungsanspruch auf weitere Sitzungen in der Traumaambulanz vermittelt.[41]

41 Der **Umfang des Anspruchs** richtet sich danach, wie viele Sitzungen die Traumaambulanz in ihrer Anzeige für erforderlich gehalten hat und wird durch die in § 34 Abs. 3 S. 2 SGB XIV genannte Zahl von 10 Sitzungen gedeckelt.[42]

IV. Verfahrensrecht

42 Die Entscheidung über die Leistungsvoraussetzungen und den Umfang der Leistungen in der Traumaambulanz nach § 34 SGB XIV wird – wie bereits erwähnt wurde – von den zuständigen Behörden des TdSE in der Regel in dem für die Schnellen Hilfen geschaffenen **Erleichterten Verfahren** getroffen (§ 115 Abs. 1 SGB XIV), in dem es genügt, wenn eine summarische Prüfung ergibt, dass die antragstellende Person nach dem SER anspruchsberechtigt sein kann (§ 115 Abs. 2 S. 1 SGB XIV). Dabei ist der im Antrag dargelegte Sachverhalt gemäß § 115 Abs. 2 S. 2 SGB XIV als wahr zu unterstellen, wenn nicht dessen Unrichtigkeit offensichtlich ist (→ § 115 Rn. 9).

§ 35 Weiterer Bedarf nach Betreuung in der Traumaambulanz

(1) Besteht bei Personen, die die Betreuung in der Traumaambulanz in Anspruch nehmen, auch nach dieser Betreuung weiterer psychotherapeutischer Behandlungsbedarf, so verweist der Träger der Sozialen Entschädigung sie auf weitere psychotherapeutische Angebote.

(2) [1]Die Traumaambulanz ist verpflichtet, der zuständigen Behörde den weiteren Bedarf so frühzeitig wie möglich mitzuteilen. [2]Die nach Landesrecht zuständigen Behörden legen in den nach § 39 zu schließenden Vereinbarungen die Konsequenzen eines Verstoßes gegen die Informationspflicht aus Satz 1 fest.

A. Gesetzesgeschichte

1 Die Vorschrift ist durch Art. 1 G-SER vom 12.12.2019[1] eingeführt worden und gemäß Art. 60 Abs. 5 G-SER am **1.1.2021** in Kraft getreten. Sie hat **keinen gesetzli-**

41 jurisPK-SGB XIV/Schaumberg § 34 Rn. 48; Schmidt SGB XIV/Bienert § 34 Rn. 35; anders hingegen Schmidt SGB XIV/Schmidt § 115 Rn. 11, der zudem auch einen Erstattungsanspruch des TdSE für denkbar hält, wenn die bereits durchgeführten Sitzungen später selbst im Erleichterten Verfahren nicht bewilligt werden.
42 Schmidt SGB XIV/Bienert § 34 Rn. 38.
1 BGBl. 2019 I 2652.

chen Vorläufer. Traumaambulanzen gibt es zwar bereits seit einigen Jahren in einzelnen Bundesländern, ihre Tätigkeit wird jedoch mit dem G-SER erstmalig bundeseinheitlich gesetzlich geregelt. Sie sollen nun flächendeckend im gesamten Bundesgebiet geschaffen werden (vertiefend → § 31 Rn. 1 ff.).

Im Gesetzgebungsverfahren hatte der **Bunderrat** vorgeschlagen, die Vorschrift dahin gehend zu ändern, dass im Falle eines weiteren psychotherapeutischen Behandlungsbedarfs über den gesetzlichen Höchstanspruch an Sitzungen hinaus der TdSE die Berechtigten hinsichtlich der Möglichkeit der Fortsetzung der psychotherapeutischen Behandlung (nur) berate und sie dabei im Rahmen des Fallmanagements unterstütze.[2] Die Bundesregierung stimmte dem Vorschlag nicht zu, da für die Betroffenen, die auch nach der Betreuung in der Traumaambulanz einen weiteren psychotherapeutischen Behandlungsbedarf haben, die Möglichkeit einer zeitnahen Weiterbehandlung von großer Bedeutung sei. Es müsse daher alles getan werden, um lange Wartezeiten zu vermeiden. Hierzu zähle zumindest der im Gesetz vorgesehene Verweis auf weitere Angebote. Zu berücksichtigen sei, dass den Ländern noch bis Dezember 2023 Zeit bleibe, um die erforderlichen Verbindungen zu anderen psychotherapeutischen Angeboten herzustellen.[3] Auf der anderen Seite konnten sich **Sozialverbände** mit ihrer über den Gesetzentwurf hinausgehenden Forderung, die Behandlung in der Traumaambulanz solange fortzusetzen, bis eine notwendige psychotherapeutische Weiterbehandlung gesichert sei,[4] ebenfalls nicht durchsetzen. 2

Die jetzige Fassung des § 35 SGB XIV geht auf die **Beschlussempfehlung des Ausschusses für Arbeit und Soziales vom 6.11.2019** zurück. Mit der nochmaligen Überarbeitung von § 35 Abs. 1 SGB XIV wird klargestellt, dass dieselbe Person, die die Leistung der Traumaambulanz erbracht hat, auch die weitere psychotherapeutische Behandlung übernehmen kann. Die in § 35 Abs. 2 S. 1 SGB XIV getroffene Festlegung des Zeitpunkts, ab dem die Traumaambulanzen die zuständigen Behörden über einen weiteren Behandlungsbedarf zu informieren haben („so frühzeitig wie möglich"), trägt dem Umstand Rechnung, dass nicht immer bereits nach einer bestimmten Sitzungsanzahl beurteilt werden kann, ob ein über die Behandlung in der Traumaambulanz hinausgehender (weiterer) Behandlungsbedarf besteht.[5] 3

B. Normsystematik

I. Allgemeiner Regelungsgehalt

Die Vorschrift legt die Pflichten der TdSE und Traumaambulanzen fest, wenn nach einer Betreuung einer oder eines Berechtigten in einer Traumaambulanz ein weiterer psychotherapeutischer Behandlungsbedarf besteht. In einem solchen Fall hat der TdSE die oder den Berechtigten nach **§ 35 Abs. 1 SGB XIV** auf weitere psychotherapeutische Angebote, vor allem der Krankenbehandlung der SE nach Kap. 5 SGB XIV, zu verweisen. Mit dieser Verweisungspflicht korrespondiert eine Informationspflicht der behandelnden Traumaambulanz. Diese ist gem. **§ 35 Abs. 2 S. 1 SGB XIV** verpflichtet, der zuständigen Behörde den weiteren Behandlungsbedarf so frühzeitig wie möglich anzuzeigen. **§ 35 Abs. 2 S. 2 SGB XIV** verpflichtet die nach Landesrecht zuständigen Behörden der TdSE, in den Vereinbarungen mit den Traumaambulanzen die Konse- 4

2 BT-Drs. 19/13824, 289.
3 BT-Drs. 19/13824, 314.
4 So etwa anlässlich der öffentlichen Sachverständigenanhörung im Bundestagsausschuss für Arbeit und Soziales am 4.11.2019: Sozialverband Deutschland eV, Schriftliche Stellungnahme v. 30.10.2019, Ausschuss-Drs. 19(11)505, 12, 20; Sozialverband VdK Deutschland eV, Schriftliche Stellungnahme vom 1.11.2019, Ausschuss-Drs. 19(11)505, 45, 49.
5 S. dazu BT-Drs. 19/14870, 7 f., 31 f.

quenzen eines Verstoßes gegen die Informationspflicht aus § 35 Abs. 2 S. 1 SGB XIV festzulegen.

II. Systematische Einordnung und Normzweck

5 **1. Systematik.** Die Vorschrift ist Teil der im Abschn. 3 des Kap. 4 zusammengefassten **Regelungen zur Traumaambulanz**. Die Leistungen in einer Traumaambulanz sind gem. § 29 Abs. 1 SGB XIV den **Leistungen der Schnellen Hilfen** zuzuordnen (→ § 29 Rn. 6). Es handelt sich bei ihnen gem. § 29 Abs. 2 SGB XIV um Leistungen eigener Art (→ § 29 Rn. 8). Die in **§ 35 Abs. 1 SGB XIV** normierte Verweisungspflicht ist eine den TdSE gegenüber den Berechtigten treffende **Nebenleistungspflicht**,[6] die ebenfalls zu den Leistungen der Schnellen Hilfen gehört.[7] **§ 35 Abs. 2 S. 1 SGB XIV** behandelt eine **Nebenpflicht** der Traumaambulanz gegenüber den zuständigen Behörden der TdSE. **§ 35 Abs. 2 S. 2 SGB XIV** ergänzt die **Mindestinhalte der Vereinbarungen** nach § 37 SGB XIV (→ § 37 Rn. 22).

6 Der die Leistungen in einer Traumaambulanz behandelnde **Abschn. 3 des Kap. 4 SGB XIV** wird durch **§ 31 SGB XIV** eingeleitet, der einen Überblick über die Leistungen der psychotherapeutischen Intervention gibt und hervorhebt, dass diese Leistungen nach dem SGB XIV nur in solchen Traumaambulanzen erbracht werden, mit denen die nach Landesrecht zuständigen Behörden des TdSE eine Vereinbarung geschlossen haben. **§ 32 SGB XIV** behandelt die Leistungen der psychotherapeutischen Frühintervention und **§ 33 SGB XIV** diejenigen der psychotherapeutischen Intervention in anderen Fällen. Beide Vorschriften legen zudem fest, an welche Berechtigten (§ 2 SGB XIV) diese Leistungen erbracht werden können. **§ 34 SGB XIV** regelt den Umfang der von den Traumaambulanzen erbrachten Leistungen. Vorgaben zum Vorgehen im Falle eines nach Betreuung in einer Traumaambulanz weiterhin bestehenden Behandlungsbedarfs und damit zum Übergang von den Leistungen der Schnellen Hilfen in einer Traumaambulanz zur Krankenbehandlung der SE nach Kap. 5 SGB XIV sind im vorliegenden **§ 35 SGB XIV** normiert. Damit Betroffene nicht aus wirtschaftlichen Gründen, wegen Schwierigkeiten bei der Kinderbetreuung oder der Pflege von Familienangehörigen von der Inanspruchnahme der Leistungen in einer Traumaambulanz absehen, regelt **§ 36 SGB XIV** die Übernahme von Fahr- und Betreuungskosten. **§ 37 SGB XIV** regelt Einzelheiten zu den zwischen den TdSE und den in Betracht kommenden Traumaambulanzen zu schließenden Vereinbarungen. **§ 38 SGB XIV** enthält eine Verordnungsermächtigung, aufgrund derer weitere Einzelheiten zu den Vereinbarungen nach § 37 SGB XIV in einer Rechtsverordnung zu regeln sind.

7 Das Normprogramm der Leistungen in einer Traumaambulanz wird durch verschiedene **Sonderregelungen** flankiert, die eigens auf die Ziele der Schnellen Hilfen zugeschnitten sind (→ § 31 Rn. 8 ff.).

8 Nach der **Übergangsvorschrift des § 138 Abs. 7 SGB XIV** sollen für Taten im Zeitraum vom 1.1.2021 bis 31.12.2023 für Geschädigte, Angehörige, Hinterbliebene und Nahestehende iSd § 2 Abs. 2 bis 5 SGB XIV die Leistungen nach den §§ 31 bis 36 SGB XIV und damit auch die **Nebenleistungspflicht der TdSE aus § 35 Abs. 1 SGB XIV** erbracht werden, wenn die Voraussetzungen nach dem OEG in der zum Tatzeitpunkt geltenden Fassung erfüllt sind. Unter Taten im Sinne des § 138 Abs. 7 SGB XIV sind entweder vorsätzliche, rechtswidrige tätliche Angriffe iSd § 1 Abs. 1 OEG oder diesen gleichgestellte schädigende Ereignisse nach § 1 Abs. 2 OEG zu verstehen (→ § 138 Rn. 40).

---

6 Ähnlich wohl jurisPK-SGB XIV/Schaumberg § 35 Rn. 22; aA Schmidt SGB XIV/Bienert § 35 Rn. 9, der aus § 35 Abs. 1 SGB XIV resultierende eigene Ansprüche verneint.

7 AA jurisPK-SGB XIV/Schaumberg § 35 Rn. 6.

2. Normzweck. Mit den Leistungen der psychotherapeutischen Intervention in einer Traumaambulanz nach den §§ 32, 33 SGB XIV soll Berechtigten, die unter den psychischen Folgen eines schädigenden Ereignisses (§ 1 Abs. 2 SGB XIV), vor allem wegen einer Gewalttat (§§ 13–15, 18 SGB XIV), leiden, **schnell und unbürokratisch geholfen** werden, um den Eintritt einer psychischen Gesundheitsstörung oder deren Chronifizierung zu verhindern (§ 31 Abs. 1 SGB XIV). Der Gesetzgeber reagiert mit ihnen auf die bereits seit längerem bestehende Kritik, dass vor allem die Leistungen nach dem OEG die Betroffenen selbst bei optimalen Abläufen in der Verwaltung (zu) spät erreichen.[8] Die **Leistungen der psychotherapeutischen Intervention in einer Traumaambulanz** sind gem. § 34 Abs. 1 SGB XIV auf einen Höchstanspruch von 15 bzw. bei Kindern und Jugendlichen von 18 Sitzungen gedeckelt. Die Erfahrung zeigt jedoch, dass nicht wenige Berechtigte einen **langfristigen Behandlungsbedarf** haben, der mit den Leistungen der Schnellen Hilfen in einer Traumaambulanz allein nicht gedeckt werden kann, sondern die anschließende Absolvierung von **Psychotherapie im Rahmen der Krankenbehandlung der SE** nach Kap. 5 SGB XIV erfordert. § 35 SGB XIV dient der **Verzahnung beider Leistungsarten**, damit Berechtigte mit einem längerfristigen Behandlungsbedarf eine insgesamt effektive und zügige Behandlung erhalten. Die **Verweisungspflicht des TdSE aus § 35 Abs. 1 SGB XIV** soll sicherstellen, dass die Berechtigten im Idealfall **unmittelbar im Anschluss** an die Behandlungen in der Traumaambulanz eine Therapeutin bzw. einen Therapeuten zur Weiterbehandlung haben, Behandlungsabbrüche oder lange Wartezeiten also vermieden werden, zumal anderenfalls die Gefahr besteht, dass in der Traumaambulanz erzielte Erfolge verloren gehen.[9] Damit die zuständigen Behörden ihrer Verpflichtung aus § 35 Abs. 1 SGB XIV nachkommen können, sind sie auf die Rückmeldung der Traumaambulanzen angewiesen, bei welchen Personen voraussichtlich ein weiterer psychotherapeutischer Behandlungsbedarf besteht.[10] Die in **§ 35 Abs. 2 S. 1 SGB XIV** geregelte **Informationspflicht der Traumaambulanz** dient der **Sicherstellung der notwendigen Informationsflüsse.** Durch die nach **§ 35 Abs. 2 S. 2 SGB XIV** vorgeschriebene **Festlegung von Konsequenzen** eines Verstoßes gegen die gesetzliche Pflicht zur Informationsweitergabe in den Vereinbarungen nach § 37 SGB XIV soll die **Einhaltung der Informationspflicht abgesichert** werden. 9

C. Einzelkommentierung

I. Verweisungspflicht des Trägers der Sozialen Entschädigung (Abs. 1)

1. Berechtigter Personenkreis. Die Vorschrift richtet sich an **Berechtigte iSd § 2 SGB XIV**, die aufgrund der geltend gemachten psychischen Folgen eines schädigenden Ereignisses (§ 1 Abs. 2 SGB XIV) Leistungen der psychotherapeutischen Intervention in einer Traumaambulanz nach den §§ 32, 33 SGB XIV in Anspruch nehmen. 10

2. Weiterer psychotherapeutischer Behandlungsbedarf. Die Berechtigten müssen einen **weiteren psychotherapeutischen Behandlungsbedarf** haben. Ein solcher Bedarf muss über die Leistungen der psychotherapeutischen Intervention in der Traumaambulanz hinausgehen, also auch nach **Ausschöpfung des gesetzlichen Höchstanspruchs** von 15 Sitzungen bei Erwachsenen und 18 Sitzungen bei Kindern und Jugendlichen (§ 34 Abs. 1 SGB XIV) noch bestehen.[11] Er ist zu bejahen, wenn die gesetzlichen Ziele der 11

8 Vgl. Schmachtenberg in WEISSER RING eV, Moderne Opferentschädigung, S. 148; Harkotte in WEISSER RING eV, Opferentschädigungsgesetz – Intention und Praxis opfergerecht?, S. 114. S. zur Dauer der Bearbeitung von OEG-Anträgen etwa die Studie von Grundel/Blättner, Entschädigung von Opfern interpersoneller Gewalt im Raum Fulda, S. 14, 25.
9 BT-Drs. 19/13824, 186; B. Schmidt SRa Sonderheft 2017, 51 (52 f.).
10 BT-Drs. 19/14870, 32.
11 jurisPK-SGB XIV/Schaumberg § 35 Rn. 16.

Leistungen der psychotherapeutischen Intervention, den Eintritt einer durch das schädigende Ereignis hervorgerufenen psychischen Gesundheitsstörung oder deren Chronifizierung zu verhindern (§ 31 Abs. 1 SGB XIV), nicht erreicht werden konnten, so dass sich zur Behebung oder Linderung bestehender psychischer Gesundheitsstörungen die psychotherapeutischen **Leistungen der Krankenbehandlung nach Kap. 5 SGB XIV anzuschließen haben.**

12 Erforderlich ist ferner, dass der weitere psychotherapeutische Behandlungsbedarf auf das schädigende Ereignis (§ 1 Abs. 2 SGB XIV) **kausal** zurückzuführen ist.[12] Steht nach Durchführung der Leistungen der psychotherapeutischen Intervention fest, dass ein weiterer Behandlungsbedarf nicht in einem ursächlichen Zusammenhang mit dem schädigenden Ereignis steht, gehört es jedoch zu den Aufgaben des TdSE die oder den Berechtigten zu beraten (§ 14 SGB I) sowie nach § 30 Abs. 5 Nr. 2 SGB XIV eines ggf. eingeschalteten Fallmanagements, auf die in Betracht kommenden Sozialleistungen anderer Leistungsträger hinzuweisen.

13 **3. Verweis auf weitere psychotherapeutische Angebote.** Liegen die vorgenannten Voraussetzungen eines weiteren psychotherapeutischen Behandlungsbedarfs vor, verweist der TdSE, also gem. § 111 SGB XIV das jeweilige **Land** vertreten durch seine zuständigen Behörden (§§ 111, 112 SGB XIV), die Berechtigten (zwingend) auf weitere psychotherapeutische Angebote. Eine Befugnis, hiervon im Einzelfall abzusehen, sieht das Gesetz nicht vor.

14 Durch den Begriff des **Verweisens auf weitere psychotherapeutische Angebote** wird nicht ganz eindeutig zum Ausdruck gebracht, welche Leistungen die Berechtigten von den zuständigen Behörden des TdSE erwarten dürfen. In der Begründung des Gesetzentwurfs der Bundesregierung ist davon die Rede, dass die TdSE die Berechtigten dabei **„unterstützen"**, möglichst zügig Leistungen nach Kap. 5 SGB XIV zu erhalten.[13] Der Vorschlag des Bundesrats, den Begriff des Verweisens durch eine bloße Verpflichtung zur Beratung zu ersetzen, hat sich nicht durchgesetzt, da nach Auffassung der Bundesregierung alles getan werden müsse, um nach Beendigung der Behandlung in der Traumaambulanz lange Wartezeiten zu vermeiden.[14] Eine Verpflichtung zur Beschaffung eines sofort verfügbaren und gut erreichbaren Therapieplatzes bei fachlich geeigneten Therapeutinnen oder Therapeuten ist angesichts des allgemein gehaltenen Wortlauts der Vorschrift aber vom Gesetzgeber nicht gewollt gewesen.[15] Zu den Unterstützungsleistungen kann es gehören, die Berechtigten über die in Betracht kommenden weiteren psychotherapeutischen Leistungen aufzuklären und sie über **institutionalisierte Angebote der Therapieplatzvermittlung** zu informieren.[16] Auch gehört es zu den Aufgaben der TdSE, **Verbindungen zu Anbietern psychotherapeutischer Angebote** außerhalb der Traumaambulanzen herzustellen,[17] um ggf. selbst Kontakte zu in Betracht kommenden Therapeutinnen und Therapeuten vermitteln zu können. Sollten Berechtigte einen weitergehenden Unterstützungsbedarf bei der Suche nach einem Therapieplatz haben, kann ihnen ggf. das Fallmanagement ergänzend behilflich sein.

15 Bei den in Betracht kommenden **weiteren psychotherapeutischen Angeboten** handelt es sich nicht mehr um psychotherapeutische Intervention nach den Vorgaben des Kap. 4 Abschn. 3 SGB XIV, sondern um **Leistungen außerhalb der Traumaambu-**

12 Schmidt SGB XIV/Bienert § 35 Rn. 8.
13 BT-Drs. 19/13824, 186.
14 Vgl. Gegenäußerung der Bundesregierung zur Stellungnahme des Bundesrates zum Gesetzentwurf, BT-Drs. 19/13824, 289, 314.
15 jurisPK-SGB XIV/Schaumberg § 35 Rn. 19; Knickrehm/Mushoff/Schmidt Neues SozEntschR Rn. 112.
16 S. hierzu etwa die Informationen der Psychotherapeutenkammer NRW: https://www.ptk-nrw.de/patientenschaft/terminservicestellen (7.10.2021).
17 Vgl. BT-Drs. 19/13824, 314.

lanz.[18] In erster Linie gemeint sind **psychotherapeutische Leistungen** einschließlich der **besonderen psychotherapeutischen Leistungen** (§ 43 Abs. 2 Nr. 1, Abs. 4 SGB XIV) der **Krankenbehandlung der SE nach Kap. 5 SGB XIV**. Die entsprechenden Behandlungen können durch dieselbe Person erbracht werden, die die Leistungen der psychotherapeutischen Intervention in der Traumaambulanz durchgeführt hat.[19]

Die Berechtigten haben die sich anschließenden Leistungen nach der in der Gesetzesbegründung zum Ausdruck kommenden Vorstellung des Gesetzesgebers **„möglichst zügig"** zu erhalten. Idealtypisch sollen unmittelbar im Anschluss an die Leistungen der psychotherapeutischen Intervention entsprechende Angebote außerhalb der Traumaambulanz zur Verfügung stehen.[20] Ein Anspruch hierauf kann aus dem Wortlaut des § 35 Abs. 1 SGB XIV allerdings nicht abgeleitet werden.[21] Ob dieses Ziel in jedem Fall erreicht werden kann, erscheint auch fraglich, da es an einer ausreichenden Zahl verfügbarer Therapieplätze mangelt. Eine Untersuchung der **Bundespsychotherapeutenkammer** aus dem Jahr 2018 ergab, dass im Durchschnitt fünf Monate vergehen, ehe erwachsene Patientinnen oder Patienten nach der ersten Anfrage eine Richtlinienpsychotherapie beginnen können.[22] Neuere Zahlen deuten darauf hin, dass sich das Problem der langen Wartezeiten während der Corona Pandemie weiter verschärft hat.[23] Die TdSE sind vor diesem Hintergrund jedenfalls gehalten, auf die nach § 35 Abs. 2 S. 1 SGB XIV vorgeschriebenen „so frühzeitig wie möglich" zu erfolgenden Mitteilungen der behandelnden Traumaambulanzen über einen bestehenden weiteren psychotherapeutischen Bedarf zeitnah und nicht erst nach Abschluss der psychotherapeutischen Intervention zu reagieren. 16

II. Informationspflicht der Traumaambulanz (Abs. 2)

1. Pflicht zur frühzeitigen Mitteilung eines weiteren Bedarfs (Abs. 2 S. 1). Die Traumaambulanz, bei der eine Berechtigte oder ein Berechtigter Leistungen der psychotherapeutischen Intervention nach den §§ 32, 33 SGB XIV in Anspruch nimmt, ist gem. § 35 Abs. 2 S. 1 SGB XIV zwingend verpflichtet, den zuständigen Behörden einen nach Beendigung der Leistungen noch bestehenden weiteren psychotherapeutischen Behandlungsbedarf iSd § 35 Abs. 1 SGB XIV mitzuteilen. Sie ist auf der Grundlage der therapeutischen Arbeit mit der oder dem Berechtigten und der besonderen Sachkunde des behandelnden Personals am ehesten in der Lage, zeitnah nach Aufnahme der Behandlung die erforderliche **Prognose** zu treffen, ob nach Ausschöpfung des gesetzlichen Höchstanspruchs von 15 bzw. 18 Sitzungen (§ 34 Abs. 1 SGB XIV) voraussichtlich ein weiterer Behandlungsbedarf außerhalb der Traumaambulanz bestehen wird oder nicht. 17

Diese Mitteilung hat **„so frühzeitig wie möglich"** zu erfolgen. Wann dies der Fall ist, hängt von den besonderen Umständen des Einzelfalls ab und kann daher nicht allgemeinverbindlich nach einer bestimmten Anzahl absolvierter Sitzungen beantwortet werden. So kann für die Beurteilung des Zeitpunkts, ab dem eine hinreichend valide Prognose getroffen werden kann, neben der Art und Schwere der psychischen Auffälligkeiten eine Rolle spielen, wie schnell die oder der jeweilige Berechtigte in der Lage 18

18 BT-Drs. 19/14870, 31.
19 BT-Drs. 19/14870, 31.
20 BT-Drs. 19/13824, 186.
21 Schmidt SGB XIV/Bienert § 35 Rn. 10.
22 https://www.bptk.de/wp-content/uploads/2019/01/20180411_bptk_studie_wartezeiten_2018.pdf, S. 14 (7.10.2021).
23 Vgl. Pressemitteilung der Deutschen Psychotherapeutenvereinigung v. 12.2.2021, https://www.deutschepsychotherapeutenvereinigung.de/gesundheitspolitik/aktuelle-meldungen/news-bund/news/40-prozent-mehr-patientenanfragen-corona-kommt-in-praxen-an/ (7.10.2021).

ist, sich gegenüber der Therapeutin oder dem Therapeuten zu öffnen. Der Gesetzgeber hat daher die ursprüngliche Idee einer Mitteilung „spätestens nach der fünften Sitzung" auf Empfehlung des Ausschusses für Arbeit und Soziales verworfen.[24] So „frühzeitig wie möglich" bedeutet, dass eine Mitteilung dann zu erfolgen hat, wenn im konkreten Einzelfall einigermaßen verlässlich absehbar ist, dass die Leistungen der psychotherapeutischen Intervention in der Traumaambulanz auch nach Ausschöpfung des gesetzlichen Höchstanspruchs von 15 bzw. 18 Sitzungen (§ 34 Abs. 1 SGB XIV) nicht ausreichen werden, um die in § 31 Abs. 1 SGB XIV formulierten Interventionsziele der Verhinderung des Eintritts einer psychischen Gesundheitsstörung oder deren Chronifizierung zu erreichen, so dass psychotherapeutische Leistungen im Rahmen der Krankenbehandlung der SE nach Kap. 5 SGB XIV erforderlich sein werden.

19 **2. Konsequenzen eines Verstoßes gegen die Informationspflicht (Abs. 2 S. 2).** Die nach Landesrecht zuständigen Behörden des TdSE legen gem. § 35 Abs. 2 S. 2 SGB XIV in den Vereinbarungen mit den Traumaambulanzen **zwingend** die Konsequenzen eines Verstoßes gegen die Informations- bzw. Mitteilungspflicht aus § 35 Abs. 2 S. 1 SGB XIV fest.

20 **Vereinbarungen** sind solche iSd § 37 SGB XIV. Die Regelung ergänzt die in die Vereinbarungen aufzunehmenden Mindestinhalte nach § 37 Abs. 2 S. 2 SGB XIV (→ § 37 Rn. 21). Es handelt sich bei der Verweisung in § 35 Abs. 2 S. 2 SGB XIV auf § 39 SGB XIV um ein **redaktionelles Versehen** des Gesetzgebers.[25]

21 Ein **Verstoß gegen die Informationspflicht** liegt bei vollständig unterlassenen oder verspäteten Mitteilungen vor.[26]

22 Die Regelung der Konsequenzen eines solchen Verstoßes in den Vereinbarungen nach § 37 SGB XIV gewährleistet, dass auf die jeweiligen Vertragspartner und die Schwere des Verstoßes angepasste Regelungen getroffen werden können.[27] Im Falle erstmaliger oder seltener geringfügiger Verstöße gegen die Informationspflicht werden **Ermahnungen** der Traumaambulanz ausreichend sein. Für den Fall häufig oder deutlich verspäteter oder sogar ganz unterlassener Mitteilungen kommt die Vereinbarung von **Honorarkürzungen** in Betracht.[28] Sollten der Umfang oder die Schwere der Verstöße gravierend und Bemühungen der Traumaambulanzen, entsprechende Versäumnisse in Zukunft abzustellen, trotz wiederholter Ermahnungen nicht erkennbar sein, wird eine weitere Zusammenarbeit dem TdSE regelmäßig nicht mehr zumutbar sein und die zuständigen Behörden haben die Vereinbarung zu **kündigen**. Eine solche sich bereits aus § 59 Abs. 1 S. 2 SGB X ergebende Konsequenz sollte aus Klarstellungsgründen in die Vereinbarungen aufgenommen werden (→ § 37 Rn. 26).

23 Nicht vom Anwendungsbereich der Vorschrift umfasst ist das **Verhältnis zwischen den Berechtigten und der Traumaambulanz** und hierbei namentlich die Frage, inwieweit die Berechtigten bei Verstößen gegen die Informationspflicht (zivilrechtliche) Ansprüche gegen die Traumaambulanz geltend machen können.[29]

§ 36 Fahrkosten

(1) [1]Übernommen werden die erforderlichen Fahrkosten zur nächstgelegenen Traumaambulanz. [2]Gleiches gilt für die erforderlichen Fahrkosten einer notwendigen Begleitperson sowie für Kinder, deren Mitnahme erforderlich ist, weil ihre Betreuung

24 Vgl. BT-Drs. 19/14870, 32.
25 Knickrehm/Mushoff/Schmidt Neues SozEntschR Rn. 113.
26 jurisPK-SGB XIV/Schaumberg § 35 Rn. 32.
27 BT-Drs. 19/13824, 186.
28 Ebenso Schmidt SGB XIV/Bienert § 35 Rn. 18.
29 Vgl. hierzu jurisPK-SGB XIV/Schaumberg § 35 Rn. 34.

nicht sichergestellt ist. [3]Übernommen werden auch die notwendigen Betreuungskosten für zu pflegende oder zu betreuende Familienangehörige sowohl für die Berechtigten als auch für die notwendigen Begleitpersonen für Kinder und Jugendliche.

(2) [1]Die Fahrkosten werden in Höhe des Betrages zu Grunde gelegt, der bei der Beförderung in der niedrigsten Klasse des zweckmäßigsten öffentlichen Verkehrsmittels zu zahlen ist. [2]Bei der Beförderung in einem anderen Verkehrsmittel wird ein Betrag in Höhe der Wegstreckenentschädigung nach § 5 Absatz 1 Satz 2 des Bundesreisekostengesetzes zu Grunde gelegt.

A. Gesetzesgeschichte

Die Vorschrift ist durch Art. 1 G-SER vom 12.12.2019[1] eingeführt worden und gemäß Art. 60 Abs. 5 G-SER am **1.1.2021** in Kraft getreten. Sie hat **keinen gesetzlichen Vorläufer**. Traumaambulanzen gibt es zwar bereits seit einigen Jahren in einzelnen Bundesländern, ihre Tätigkeit wird jedoch mit dem G-SER erstmalig bundeseinheitlich gesetzlich geregelt. Sie sollen nun flächendeckend im gesamten Bundesgebiet geschaffen werden (vertiefend → § 31 Rn. 1 ff.). 1

B. Normsystematik

I. Allgemeiner Regelungsgehalt

§ 36 SGB XIV gewährleistet die Übernahme bestimmter **Nebenkosten**, die bei Berechtigten im Falle der Inanspruchnahme von Leistungen in einer Traumaambulanz nach dem Abschn. 3 des Kap. 4 SGB XIV (§§ 31–38 SGB XIV) typischerweise anfallen. Übernommen werden gem. § 36 Abs. 1 S. 1 SGB XIV die **erforderlichen Fahrkosten** zur nächstgelegenen Traumaambulanz sowie nach § 36 Abs. 1 S. 2 SGB XIV die erforderlichen Fahrkosten einer **notwendigen Begleitperson** sowie für **Kinder**, deren Mitnahme erforderlich ist, weil ihre Betreuung nicht sichergestellt ist. Weiterhin übernommen werden gem. § 36 Abs. 1 S. 3 SGB XIV – insoweit ist die amtliche Überschrift unvollständig[2] – **notwendige Betreuungskosten** für zu pflegende oder zu betreuende Familienangehörige sowohl für die Berechtigten als auch für die notwendigen Begleitpersonen für Kinder und Jugendliche. § 36 Abs. 2 SGB XIV regelt, in welchem **Umfang** Fahrkosten übernommen werden. 2

1 BGBl. 2019 I 2652.
2 Krit. Schmidt SGB XIV/Bienert § 36 Rn. 1; anders hingegen Schaumberg ASR 2021, 104 (107), wonach § 36 Abs. 1 SGB XIV festlege, dass sich die Fahrkosten in solche ieS und die Betreuungskosten aufteilten.

II. Systematische Einordnung und Normzweck

3 **1. Systematik.** Die Vorschrift ist Teil der **Regelungen zur Traumaambulanz**. Die Leistungen in einer Traumaambulanz sind gem. § 29 Abs. 1 SGB XIV den **Leistungen der Schnellen Hilfen** zuzuordnen (→ § 29 Rn. 6). Sie stellen gem. § 29 Abs. 2 SGB XIV Leistungen eigener Art dar (→ § 29 Rn. 8). Der Gesetzgeber hat diese Schnellen Hilfen im Kap. 4 des SGB XIV zusammengefasst. Dieses **Kap. 4 SGB XIV** ist in vier Abschn. untergliedert. **Abschn. 1** gibt mit § 29 SGB XIV einen Überblick über die Leistungen der Schnellen Hilfen und betont ihren eigenständigen Charakter. **Abschn. 2** (§ 30 SGB XIV) behandelt das Fallmanagement. **Abschn. 3** enthält die Vorschriften (§§ 31–38 SGB XIV) über die Leistungen in einer Traumaambulanz und **Abschn. 4** (§§ 39, 40 SGB XIV) regelt Einzelheiten zu den Kooperationsvereinbarungen.

4 In Traumaambulanzen wird gem. § 31 Abs. 1 SGB XIV **psychotherapeutische Intervention** erbracht. Hierbei ist zwischen der psychotherapeutischen Frühintervention iSd § 32 SGB XIV und der psychotherapeutischen Intervention in anderen Fällen iSd § 33 SGB XIV zu unterscheiden. Diese **Hauptleistungen der Traumaambulanz** werden durch die in § 36 SGB XIV normierten ergänzenden Leistungen flankiert. Es handelt sich um **akzessorische Nebenleistungen**, die dazu beitragen, dass die Hauptleistung gewährt werden kann. Ihre Inanspruchnahme setzt mithin die Erbringung einer der genannten Hauptleistungen voraus.[3]

5 Die in § 36 SGB XIV normierten Regelungen sind im Hinblick auf den eigenständigen Charakter der Schnellen Hilfen (§ 29 Abs. 2 SGB XIV) grundsätzlich **abschließend**. Die Vorschriften zur **Übernahme von Reisekosten** im Rahmen der Krankenbehandlung der SE nach § 53 SGB XIV und von Reise- und Kinderbetreuungskosten des Rehabilitationsrechts nach §§ 73, 74 SGB IX finden im Falle der Inanspruchnahme von Leistungen der Traumaambulanz keine Anwendung.[4] **Berechtigte im Ausland** haben die Möglichkeit, zur Behandlung in einer Traumaambulanz in das Inland anzureisen. Leistungen der Schnellen Hilfen werden nur im Inland erbracht (§ 101 Abs. 2 S. 1 SGB XIV). Ihnen werden die im Zusammenhang mit der Inanspruchnahme der nächstgelegenen Traumaambulanz erforderlichen Fahrkosten gem. § 101 Abs. 2 S. 2 SGB XIV in angemessenem Umfang erstattet (→ § 101 Rn. 27). Bei **Gewalttaten im Ausland** werden gem. § 102 Abs. 2 S. 2 SGB XIV Fahrkosten zu Traumaambulanzen nur im Inland und nach Maßgabe des § 101 Abs. 2 S. 2 SGB XIV übernommen (§ 102 Abs. 2 S. 3 SGB XIV).

6 Die Leistungen der SE und damit auch diejenigen in einer Traumaambulanz (§ 3 Nr. 1 SGB XIV) einschließlich der in § 36 SGB XIV geregelten Nebenleistungen werden gem. § 10 Abs. 1 SGB XIV nur auf **Antrag** erbracht. Allerdings genügt es nach § 10 Abs. 5 S. 1 SGB XIV, wenn dieser unverzüglich nach der zweiten Sitzung in der Traumaambulanz gestellt wird (→ § 10 Rn. 21 ff.). Die Vorschrift wird hinsichtlich des **Leistungsbeginns** durch § 11 Abs. 4 S. 2 SGB XIV flankiert, wonach abweichend vom Leistungsbeginn der Antragstellung (§ 11 Abs. 4 S. 1 SGB XIV) eine Inanspruchnahme der ersten beiden Sitzungen in der Traumaambulanz und damit auch der hierfür notwendigen Nebenleistungen des § 36 SGB XIV bereits vor der Antragstellung möglich ist (→ § 11 Rn. 25 ff.).

7 **2. Normzweck.** Die Leistungen der Schnellen Hilfen sind ein **Herzstück** der Weiterentwicklung des Leistungskatalogs des SER.[5] Durch diese soll Opfern von schweren Gewalttaten einschließlich der Opfer von Terrorangriffen schnell, niedrigschwellig

3 Vgl. BSG Urt. v. 22.4.2008 – B 1 KR 22/07 R, juris Rn. 31; LSG BW Urt. v. 24.4.2020 – L 4 KR 3890/17, juris Rn. 70; LSG NRW Urt. v. 13.2.2012 – L 1 KR 605/10, juris Rn. 27.

4 Schmidt SGB XIV/Bienert § 36 Rn. 5.

5 Vgl. BT-Drs. 19/13824, 144.

und unbürokratisch Hilfe zur Verfügung gestellt werden. Mit den gesetzlichen Grundlagen der Traumaambulanzen und einem flankierenden niedrigschwelligen Verfahren (→ Rn. 35) soll erreicht werden, dass mehr Betroffene die Leistungen der SE in Anspruch nehmen.[6] Dieser **Zielsetzung** dienen auch die in § 36 SGB XIV geregelten Nebenleistungen. Berechtigte sollen nicht durch die für sie und eine notwendige Begleitperson anfallenden Fahrkosten faktisch gehindert werden, die Leistungen der Traumaambulanz in Anspruch zu nehmen. Gleiches gilt im Hinblick auf Betreuungskosten, die wegen des Besuchs der Traumaambulanz entstehen.[7]

C. Einzelkommentierung

I. Übernahme von Fahr- und Betreuungskosten (Abs. 1)

1. Erforderliche Fahrkosten von Berechtigten (Abs. 1 S. 1). Erhalten **Berechtigte der SE iSd § 2 SGB XIV** Leistungen der psychotherapeutischen Intervention in einer Traumaambulanz, räumt § 36 Abs. 1 S. 1 SGB XIV ihnen einen **Anspruch** auf Übernahme ihrer tatsächlich entstehenden Fahrkosten zur nächstgelegenen Traumaambulanz ein, soweit diese erforderlich sind. 8

Fahrkosten sind Kosten, die wegen der Wahrnehmung von Sitzungen in der Traumaambulanz bei der An- und Abfahrt zum oder vom Reiseziel durch die Benutzung eines beliebigen Beförderungsmittels entstehen.[8] Erfasst sind nur die reinen Beförderungskosten,[9] also etwa die Kosten der Fahrscheine einschließlich etwaiger Zuschläge (zB Kosten der Sitzplatzreservierung) oder PKW-Kosten. Der Begriff ist enger als derjenige der Reisekosten des § 53 SGB XIV, der neben den Fahrkosten auch Nebenkosten und Kosten für Unterkunft und Verpflegung umfasst.[10] 9

Die **nächstgelegene Traumaambulanz** ist diejenige Ambulanz iSd § 31 Abs. 2 SGB XIV, die für die jeweils betroffene Person das altersspezifische Behandlungsangebot anbietet. Verfügt diese über keine freien Kapazitäten, werden die erforderlichen Kosten zur nächstgelegenen Traumaambulanz mit freien Kapazitäten übernommen.[11] 10

Eine Übernahme der Fahrkosten erfolgt nur im Falle von deren **Erforderlichkeit.** Erforderlich sind diese, wenn der oder dem Berechtigten unter Berücksichtigung von Art und Schwere einer vorliegenden Erkrankung, der Notwendigkeit einer Begleitperson oder der Mitnahme von Kindern keine kostengünstigere Alternative zuzumuten ist.[12] So wird eine Übernahme der Kosten eines Taxis regelmäßig nur in Betracht kommen, wenn zumutbare öffentliche Verkehrsmittel nicht zur Verfügung stehen. Hat die oder der Berechtigte einen Anspruch, gem. § 228 SGB IX von Unternehmen des öffentlichen Personennahverkehrs befördert zu werden und ist die nächstgelegene Traumaambulanz für die betreffende Person mit öffentlichen Verkehrsmitteln auch zeitlich und gesundheitlich zumutbar erreichbar, wird eine Übernahme von PKW-Kosten in der Regel ausscheiden. 11

Es gilt das **Sachleistungsprinzip,** so dass die TdSE anfallende Kosten grundsätzlich mit dem Transportunternehmen abzurechnen haben.[13] Bei Fahrten mit dem **eigenen PKW** ist der Anspruch auf Erstattung der entstandenen Aufwendungen gerichtet.[14] Eine ent- 12

6 BT-Drs. 19/13824, 1.
7 BT-Drs. 19/13824, 186.
8 Schmidt SGB XIV/Bienert § 36 Rn. 8.
9 jurisPK-SGB V/Waßer § 60 Rn. 30.
10 BT-Drs. 19/13824, 194 zu § 53.
11 BT-Drs. 19/13824, 186.
12 LPK-SGB IX/Asmalsky § 73 Rn. 5.
13 jurisPK-SGB XIV/Schaumberg § 36 Rn. 20; zum Recht der GKV jurisPK-SGB V/Waßer § 60 Rn. 27.
14 Vgl. dazu ausführlich: BSG Urt. v. 18.11.2014 – B 1 KR 8/13 R, SozR 4-2500 § 60 Nr. 7, Rn. 9.

sprechende Erstattungslösung sieht § 101 Abs. 2 S. 2 SGB XIV bei Berechtigten mit **Wohnsitz im Ausland** generell vor (→ § 101 Rn. 27).

13 Die Übernahme erforderlicher Fahrkosten ist eine **gebundene Entscheidung**, bei welcher dem TdSE auch dann kein Ermessen eingeräumt ist, wenn bei der Entscheidung über die Bewilligung der Hauptleistung nach den §§ 32, 33 SGB XIV (ausnahmsweise) Ermessen auszuüben ist (→ § 32 Rn. 29).

14 **2. Erforderliche Fahrkosten einer Begleitperson sowie von Kindern (Abs. 1 S. 2).** Damit die Berechtigten nicht von der Inanspruchnahme der Leistungen in einer Traumaambulanz nach den §§ 32, 33 SGB XIV aus Kostengründen absehen, sieht § 36 Abs. 1 S. 2 SGB XIV die Übernahme der erforderlichen Fahrkosten auch für eine notwendige **Begleitperson** sowie für **Kinder** vor, deren Mitnahme erforderlich ist, weil ihre Betreuung nicht sichergestellt ist. **Anspruchsberechtigt** sind Berechtigte, zu deren Gunsten die Fahrkosten für die Begleitperson und Kinder zu übernehmen sind, nicht also die Begleitperson oder das mitfahrende Kind selbst. Der Kreis der Berechtigten der SE ist in § 2 SGB XIV abschließend geregelt.[15] Es handelt sich – wie im Rahmen des § 36 Abs. 1 S. 1 SGB XIV (→ Rn. 13) – um eine **gebundene Entscheidung.**

15 a) **Begleitperson. Begleitpersonen** sind Personen, die mit der oder dem Berechtigten gemeinsam zur Traumaambulanz fahren und diesen Hilfe gebend beiseitestehen. Übernahmefähig sind nur die Kosten für eine (einzige) Begleitperson.[16]

16 Bei **Erwachsenen** ist eine Begleitung **notwendig**, wenn die oder der Berechtigte den Weg von der Wohnung zur Traumaambulanz und zurück aus gesundheitlichen Gründen nicht allein zurücklegen kann oder wenn sich diese so stark auswirken, dass ohne eine Begleitung der Erfolg der Leistungen in der Traumaambulanz gefährdet ist.[17] Ob dies der Fall ist, hängt von den konkreten Umständen des Einzelfalls ab. Es spielen insbesondere die Art und Schwere der psychischen Erkrankung, aber auch eventuelle körperliche oder geistige Beeinträchtigungen sowie die Entfernung der nächstgelegenen Traumaambulanz eine wesentliche Rolle. Nicht erforderlich ist, dass die Notwendigkeit einer Begleitung kausal auf das schädigende Ereignis zurückzuführen ist. Die Notwendigkeit einer Begleitung ist ohne Weiteres zu bejahen bei Berechtigten, bei denen die Voraussetzungen einer **außergewöhnlichen Gehbehinderung** (Merkzeichen „aG"), von **Hilflosigkeit** (Merkzeichen „H") oder von **Blindheit** (Merkzeichen „Bl.") sowie die **Berechtigung zur Mitnahme einer Begleitperson** (Merkzeichen „B") behördlich festgestellt sind.[18]

17 Bei **Kindern** und **Jugendlichen** können daneben auch das Alter und die Reifeentwicklung für die Beurteilung der Notwendigkeit einer Begleitperson von Bedeutung sein.[19] Generell wird die Erforderlichkeit der Übernahme der Fahrkosten einer Begleitperson bei erkennbar traumatisierten Kindern und Jugendlichen nur in seltenen Ausnahmefällen zu verneinen sein.[20]

18 Ein entsprechender Begleitungsbedarf kann während der Inanspruchnahme der Leistungen in einer Traumaambulanz erst entstehen oder aber auch entfallen.[21] So ist es denkbar, dass die oder der Berechtigte nach einer gewissen **Gewöhnung** an die Fahrt oder eines **Rückgangs der Beschwerdesymptomatik** auf eine Begleitperson nicht

---

15 Schmidt SGB XIV/Bienert § 36 Rn. 12.

16 S. zur vergleichbaren Formulierung des § 73 Abs. 1 S. 2 SGB IX jurisPK-SGB IX/Schlette § 73 Rn. 27.

17 Vgl. BT-Drs. 19/13824, 194 zu § 53.

18 jurisPK-SGB XIV/Schaumberg § 36 Rn. 27.

19 Schmidt SGB XIV/Bienert § 36 Rn. 10.

20 Knickrehm/Mushoff/Schmidt Neues SozEntschR Rn. 114; jurisPK-SGB XIV/Schaumberg § 36 Rn. 24.

21 Schmidt SGB XIV/Bienert § 36 Rn. 10.

mehr angewiesen ist oder aber aufgrund hinzutretender oder sich verschlimmernder Gesundheitsprobleme nun erst ein solchen Bedarf entsteht.

19 Im Unterschied zur Regelung über die Erstattung der Reisekosten bei der Krankenbehandlung der SE nach § 53 Abs. 3 SGB XIV sieht § 36 SGB XIV **keine Erstattung des Verdienstausfalls der Begleitperson** vor. Dies erscheint im Hinblick auf die Dauer der einzelnen Sitzungen in einer Traumaambulanz auch vertretbar.

20 b) **Kinder.** Übernommen werden gemäß § 36 Abs. 1 S. 2 SGB XIV weiterhin die notwendigen Fahrkosten für Kinder, die jedenfalls in der konkreten Situation in der Traumaambulanz selbst nicht behandelt werden sollen, deren Mitnahme aber erforderlich ist, weil ihre Betreuung nicht sichergestellt ist. Auf diese Weise soll vermieden werden, dass die Inanspruchnahme von Leistungen in einer Traumaambulanz an der fehlenden **Sicherstellung der Kinderbetreuung** scheitert.

21 **Kinder** iS der Vorschrift sind leibliche Kinder, Pflege- (§ 56 Abs. 2 Nr. 2 SGB I) und Stiefkinder (§ 56 Abs. 2 Nr. 1 SGB I). In der Regel wird es sich um Kinder der oder des Berechtigten handeln. Nach dem Wortlaut der Vorschrift ist dies aber nicht zwingend. Es kann sich auch um die Kinder einer notwendigen Begleitperson handeln, die die Berechtigte oder den Berechtigten anderenfalls nicht zur Traumaambulanz begleiten kann. Denkbar ist dies beispielsweise bei minderjährigen Geschädigten, die von einem Elternteil und einem Geschwisterkind zur Traumaambulanz begleitet werden. Erforderlich ist, dass die oder der Berechtigte oder die Begleitperson für die Sicherstellung der Betreuung der Kinder verantwortlich ist. In der Regel werden die Kinder zumindest teilweise im Haushalt der oder des Berechtigten und/oder der Begleitperson leben.[22]

22 Umstritten ist, ob eine Übernahme der Fahrkosten ab einem bestimmten **Lebensalter** des Kindes, das jedenfalls in der konkreten Situation nicht behandelt wird, ausscheidet. Zum Teil wird im wissenschaftlichen Schrifttum vertreten, Kinder iS der Vorschrift seien nur solche iSd § 7 Abs. 1 Nr. 1 SGB VIII, die also das 14. Lebensjahr noch nicht vollendet haben. Begründet wird diese Auffassung – zunächst einmal durchaus nachvollziehbar – damit, dass das Gesetz in § 36 Abs. 1 S. 3 SGB XIV, nicht aber in S. 2 Jugendliche ausdrücklich anspricht. Im Einzelfall komme eine entsprechende Anwendung der Regelung im Wege der Analogie in Betracht, wenn etwa Jugendliche den Entwicklungsstand eines Kindes aufweisen oder eine Betreuung wegen einer Behinderung der Jugendlichen notwendig sei.[23] Zweifelhaft ist allerdings, ob der Gesetzgeber die Fahrkostenübernahme auf mitfahrende Kinder unter 14 Jahren beschränken wollte. Es erscheint unlogisch, dass eine Übernahme von Fahrkosten ausscheiden soll, die Kosten für eine – tendenziell teurere – notwendige professionelle Betreuung über Vierzehnjähriger jedoch übernahmefähig sein sollen. Aus der Entscheidung des Gesetzgebers, dass die notwendigen Betreuungskosten für zu pflegende oder zu betreuende Familienangehörige für die notwendigen Begleitpersonen für Kinder und Jugendliche übernommen werden, folgt nicht zwangsläufig, dass eine Übernahme der Fahrkosten der über vierzehnjährigen Kinder der oder des Berechtigten ausscheidet; vielmehr dürfte es sich bei der Aufnahme der Jugendlichen in S. 3 um eine gesetzliche Klarstellung handeln. Vor allem würde es den Zielen der Neuregelung, Berechtigte vom Konflikt der angemessenen Betreuung der Kinder während der Behandlung in der Traumaambulanz zu befreien, zuwiderlaufen, wenn eine Übernahme der Fahrkosten bei über vierzehnjährigen Kindern ausgeschlossen wäre, die sich ein Alleinbleiben in der Wohnung der oder des Berechtigten nicht zutrauen. Dies

---

22 Strenger hingegen Schmidt SGB XIV/Bienert § 36 Rn. 12; jurisPK-SGB XIV/Schaumberg § 36 Rn. 28, die fordern, dass die Kinder im Haushalt der oder des Berechtigten leben.

23 Schmidt SGB XIV/Bienert § 36 Rn. 11.

ist insbesondere bei Jugendlichen, die ebenfalls unter dem schädigenden Ereignis psychisch leiden, nicht hinnehmbar. Daher sind die notwendigen Fahrkosten für die im Haushalt lebenden Kinder der oder des Berechtigten unabhängig von ihrem Lebensalter zu übernehmen, wenn deren Mitnahme erforderlich ist, weil ihre Betreuung nicht sichergestellt ist. Eine Begrenzung des Anspruchs erfolgt über das **Kriterium der Erforderlichkeit.** Spätestens mit der Volljährigkeit wird eine Erforderlichkeit der Mitnahme des Kindes nur noch anzunehmen sein, wenn dieses wegen einer gravierenden körperlichen, geistigen oder psychischen Behinderung nicht allein im Haushalt der oder des Berechtigten bleiben kann.[24]

23 Die Erforderlichkeit einer **Mitnahme von Kindern** ist zu bejahen, wenn ihre **anderweitige Betreuung nicht sichergestellt** ist. Dies ist der Fall, wenn die Leistungen in einer Traumaambulanz zu einem Zeitpunkt in Anspruch genommen werden, während dessen sich die Kinder weder in einer Kindertageseinrichtung bzw. Schule aufhalten noch eine zuverlässige Betreuung durch den anderen Elternteil oder eine andere Betreuungsperson gewährleistet ist. Diese Voraussetzungen werden vor allem bei Alleinerziehenden vorliegen, jedoch auch dann, wenn der andere Elternteil (zB berufs- oder krankheitsbedingt) zur Kinderbetreuung außerstande ist.[25]

24 Da es sich bei den Leistungen in einer Traumaambulanz um **schnell zur Verfügung stehende Hilfen** handeln soll, kann von Berechtigten in der Regel nicht erwartet werden, dass sie Behandlungstermine auf einen späteren Zeitpunkt verschieben, an dem eine Kinderbetreuung gewährleistet ist.

25 **3. Notwendige Betreuungskosten (Abs. 1 S. 3).** Gem. § 36 Abs. 1 S. 3 SGB XIV werden auch die notwendigen Betreuungskosten für zu pflegende oder zu betreuende Familienangehörige sowohl für die Berechtigten als auch für die notwendigen Begleitpersonen für Kinder und Jugendliche in der Zeit übernommen, in welcher diese während der Fahrt zur Traumaambulanz und zurück sowie während der Inanspruchnahme von deren Leistungen als Betreuungsperson nicht zur Verfügung stehen. Die Regelung steht in Bezug auf die Übernahme von Betreuungskosten für Kinder in einem **Alternativverhältnis zur Fahrkostenerstattung nach § 36 Abs. 1 S. 2 SGB XIV.** Die oder der Berechtigte hat ein **Wahlrecht,** ob das Kind mit zur Traumaambulanz fahren oder aber betreut werden soll. Unterschiedlich hohe Kosten rechtfertigen grundsätzlich keine Einschränkung des Wahlrechts, wenn die oder der Berechtigte nachvollziehbare Gründe für die getroffene Entscheidung anführen kann.[26]

26 **Anspruchsberechtigt** ist die oder der Berechtigte iSd § 2 SGB XIV, zu deren bzw. dessen Gunsten die Kosten einer notwendigen Betreuung für die eigenen Familienangehörigen oder bei Kindern und Jugendlichen die Familienangehörigen einer notwendigen Begleitperson vom TdSE übernommen werden.

27 Unter den **Begriff der Betreuungskosten** fallen die mit der Beaufsichtigung und Pflege einer betreuungs- oder pflegebedürftigen Person einhergehenden Aufwendungen. Darunter fällt insbesondere die Vergütung der in Anspruch genommenen Betreuungsperson. Entsprechende Kosten müssen tatsächlich entstehen; wird die Betreuung etwa von einem Verwandten unentgeltlich übernommen, besteht kein Anspruch.[27]

28 Die Betreuungskosten müssen **notwendig** sein. Dies ist der Fall, wenn der oder die Berechtigte ohne die entsprechende Betreuung oder Pflege die Leistung in der Traumaambulanz nicht in Anspruch nehmen könnte, weil eine andere (kostenlose) Betreuungsperson nicht zur Verfügung steht.[28]

---

24 jurisPK-SGB XIV/Schaumberg § 36 Rn. 28.
25 S. hierzu HK-SozEntschR/Vogl BVG § 24 Rn. 13.
26 Schmidt SGB XIV/Bienert § 36 Rn. 21.
27 Schmidt SGB XIV/Bienert § 36 Rn. 20.
28 Vgl. jurisPK-SGB XIV/Schaumberg § 36 Rn. 32.

Eine Übernahme notwendiger Betreuungskosten setzt des Weiteren voraus, dass es sich bei den zu betreuenden Personen entweder um Familienangehörige der oder des Berechtigten oder bei berechtigten Kindern und Jugendlichen um Familienangehörige einer notwendigen Begleitperson handelt. Durch die gesonderte Erwähnung von Jugendlichen hat der Gesetzgeber klargestellt, dass für die Betreuung der Familienangehörigen einer notwendigen **Begleitperson eines Erwachsenen** eine Kostenübernahme nicht in Betracht kommt. 29

Der **Begriff des Familienangehörigen** ist gesetzlich nicht definiert.[29] Der Inhalt des auch in anderen Rechtsbereichen verwendeten Begriffs ist aus dem Sinn und Zweck der jeweiligen gesetzlichen Regelung abzuleiten.[30] Kontextunabhängig gehören zu den Familienangehörigen jedenfalls alle Personen, die miteinander verwandt, verschwägert oder verheiratet sind, ohne dass es auf den Grad der Verwandtschaft ankommt.[31] Auch Verlobte, Adoptiv- und Pflegekinder[32] und die Partner einer nichtehelichen Lebensgemeinschaft[33] sind erfasst. Entsprechend **weit** ist der Begriff auch im Rahmen des § 36 Abs. 1 S. 3 SGB XIV zu verstehen, um der besonderen Situation der Berechtigten der SE hinreichend Rechnung zu tragen. 30

Die Übernahme von Betreuungskosten **dem Grunde nach** ist eine **gebundene Entscheidung**. Die **Höhe** der übernahmefähigen Betreuungskosten ist gesetzlich nicht vorgegeben. Maßgeblich sind die konkreten Umstände des Einzelfalls. Eine Rolle spielen hierbei zB die Dauer und die Anforderungen an die von der Betreuungsperson zu erfüllenden Aufgaben (zB Durchführung von pflegerischen Verrichtungen). Der TdSE wird sich an den ortsüblichen Sätzen der benötigten Betreuungsleistung zu orientieren haben. 31

II. Höhe der übernahmefähigen Fahrkosten (Abs. 2)

§ 36 Abs. 2 SGB XIV regelt die Höhe der dem Grunde nach übernahmefähigen Fahrkosten zur nächstgelegenen Traumaambulanz. Während § 36 Abs. 2 S. 1 SGB XIV im Falle der Beförderung mit öffentlichen Verkehrsmitteln eingreift, ist § 36 Abs. 2 S. 2 SGB XIV einschlägig bei der Beförderung mit anderen Verkehrsmitteln. Vorgaben, ob die oder der Berechtigte zur Traumaambulanz mit öffentlichen oder anderen Verkehrsmitteln fährt, gehen aus § 36 Abs. 2 SGB XIV nicht hervor. Dies kann aber im Rahmen des § 36 Abs. 1 S. 1 SGB XIV bei der Frage der **Erforderlichkeit** der konkreten Fahrkosten eine Rolle spielen. 32

Bei der **Benutzung öffentlicher Verkehrsmittel**, also zB von Straßenbahnen, Omnibussen und Zügen, wird gem. § 36 Abs. 2 S. 1 SGB XIV der Betrag zugrunde gelegt, der bei der Beförderung in der niedrigsten Klasse des zweckmäßigsten öffentlichen Verkehrsmittels zu zahlen ist. Die Beurteilung der **Zweckmäßigkeit** eines öffentlichen Verkehrsmittels erfolgt im Wege eines Vergleichs des konkreten Verkehrsmittels mit den in Betracht zu ziehenden Alternativen.[34] Dabei können Faktoren wie die eigentliche Fahrzeit, die Notwendigkeit des mehrfachen Umsteigens, etwaige Wartezeiten und erforderliche Fußwege und auch die Kosten eine Rolle spielen. Das zweckmäßigste öffentliche Verkehrsmittel ist nicht immer das Günstigste.[35] Möglichkeiten zur Erlangung von **Fahrpreisermäßigungen** sind in Anspruch zu nehmen.[36] Im Einzelfall können die Kosten einer **Bahncard** für die Benutzung der Deutschen Bahn als Bedarf 33

29 Knickrehm/Kreikebohm/Waltermann/Waltermann SGB X § 116 Rn. 77.
30 BGH Beschl. v. 13.1.1993 – VIII AZR 6/92, BGHZ 121, 116 (119); BGH Urt. v. 1.12.1987 – VI RZ 50/87, BGHZ 102, 257 (259).
31 KassKomm/Kater SGB X § 116 Rn. 245.
32 BGH Beschl. v. 13.1.1993 – VIII AZR 6/92, BGHZ 121, 116 (119).
33 BGH Urt. v. 5.2.2013 – VI ZR 274/12, juris Rn. 8.
34 jurisPK-SGB XIV/Schaumberg § 36 Rn. 38; jurisPK-SGB IX/Schlette § 73 Rn. 20.
35 Knickrehm/Mushoff/Schmidt Neues SozEntschR Rn. 115.
36 Wilke/Fehl BVG § 24 Rn. 8.

berücksichtigt werden, wenn dadurch die Fahrkosten insgesamt niedriger sind.[37] Erhöht sich während der Inanspruchnahme von Leistungen in einer Traumaambulanz der Fahrpreis, ist der höhere Preis ab diesem Zeitpunkt zu übernehmen. Eine § 73 Abs. 4 S. 2 SGB IX entsprechende Anpassungsregelung, die eine Übernahme der höheren Fahrkosten von der Erfüllung bestimmter, ua zeitlicher, Voraussetzungen abhängig macht, existiert nicht.

34 Bei der Beförderung in einem **anderen Verkehrsmittel** gemäß § 36 Abs. 2 S. 2 SGB XIV wird ein Betrag in Höhe der Wegstreckenentschädigung nach § 5 Abs. 1 S. 2 BRKG zugrunde gelegt. Die Wegstreckenentschädigung beträgt danach bei der Benutzung eines Kraftfahrzeugs oder eines anderen motorbetriebenen Fahrzeuges 20 Cent je Kilometer zurückgelegte Strecke, höchstes jedoch 130 Euro. **Kraftfahrzeuge** sind solche im Sinne des § 1 Abs. 2 StVG, also insbesondere PKW[38] sowie Motorräder, Mopeds und Mofas.[39] Unter die **anderen motorbetriebenen Fahrzeuge** fallen etwa selbstgesteuerte Boote.[40] Die Bewilligung einer Kilometerpauschale für zu Fuß oder mit dem Fahrrad zurückgelegte Wegstrecken scheidet hingegen aus.[41] Zu erstatten sind nicht nur die Kosten für die einfache Wegstrecke, sondern diejenigen für die **Hin- und Rückfahrt.**[42]

III. Verfahrensrecht

35 Die Entscheidung über die Übernahme von Fahr- und Betreuungskosten erfolgt im Regelfall im **Erleichterten Verfahren** nach § 115 Abs. 1 SGB XIV (→ § 115 Rn. 21), da es sich bei diesen ebenfalls um Leistungen der Schnellen Hilfen handelt.[43]

§ 37 Vereinbarungen mit Traumaambulanzen

(1) [1]Die nach Landesrecht zuständigen Behörden schließen Vereinbarungen mit Traumaambulanzen, die die Voraussetzungen nach diesem Abschnitt erfüllen. [2]Am 1. Januar 2021 bestehende Vereinbarungen bleiben hiervon für die Dauer ihrer Laufzeit unberührt.

(2) [1]Die Vereinbarung muss die wesentlichen Anforderungen an die Traumaambulanz sowie die wesentlichen Leistungsmerkmale festlegen. [2]In der Vereinbarung muss sich die Traumaambulanz verpflichten, nach § 32 und § 33 berechtigte Personen im Rahmen des vereinbarten Leistungsangebotes psychotherapeutisch zu betreuen. [3]Darüber hinaus enthält die Vereinbarung als Mindestinhalt Regelungen über

1. **den psychotherapeutisch zu betreuenden Personenkreis,**
2. **Art und Ziel der Leistung,**
3. **die Anforderungen an die personelle Ausstattung und an die Qualifikation des Personals,**
4. **die im Zusammenhang mit der Leistungserbringung bestehenden Pflichten der Traumaambulanz,**
5. **den Datenschutz sowie**
6. **die Vergütung der von der Traumaambulanz erbrachten Leistungen.**

37 Gagel/Brecht-Heitzmann SGB III § 63 Rn. 29.
38 Vgl. LAG Bln-Bbg Beschl. v. 30.9.2020 – 24 TaBV 817/19, juris Rn. 42.
39 Pause-Münch in jurisPK-Straßenverkehrsrecht StVG § 1 Rn. 24.
40 BFH Urt. v. 11.2.2021 – VI R 50/18, juris Rn. 35.
41 Schmidt SGB XIV/Bienert § 36 Rn. 24.
42 BSG Urt. v. 18.11.2014 – B 1 KR 8/13 R, juris Rn. 15; BSG Urt. v. 6.4.2011 – B 4 AS 117/10 R, juris Rn. 20.
43 Ebenso Schmidt SGB XIV/Schmidt § 115 Rn. 7; aA jurisPK-SGB XIV/Schaumberg § 115 Rn. 16.

A. Gesetzesgeschichte

1 § 37 SGB XIV ist durch Art. 1 G-SER vom 12.12.2019[1] eingeführt worden und gemäß Art. 60 Abs. 5 G-SER am **1.1.2021** in Kraft getreten. Die Vorschrift hat **keinen gesetzlichen Vorläufer**. Traumaambulanzen gibt es zwar bereits seit einigen Jahren in einzelnen Bundesländern, ihre Tätigkeit wird jedoch mit dem G-SER erstmalig bundeseinheitlich gesetzlich geregelt. Sie sollen nun flächendeckend im gesamten Bundesgebiet geschaffen werden (vertiefend → § Rn. 1 ff.).

2 Im Gesetzgebungsverfahren hatte der **Bunderrat** im Rahmen seiner 980. Sitzung am 20.9.2019 gefordert, die Regelung des § 37 Abs. 2 S. 3 SGB XIV zu (weiteren) Mindestinhalten der Vereinbarungen zu streichen. Er begründete diese Forderung damit, dass durch die Vorschrift eine Überregulierung erfolge, die aus Sicht der Länder weder erforderlich noch zweckmäßig sei. Auch stünden die in dieser Regelung normierten detaillierten Verfahrens-, Qualitäts- und Qualifikationsvorgaben zum einen der Durchführungsverantwortung und zum anderen der Organisations- und Personalhoheit der Länder entgegen. Unabhängig davon bestehe die Gefahr, dass die TdSE aufgrund der gesetzlichen Vorgaben keine geeigneten Einrichtungen finden könnten, die bereit seien, unter diesen Bedingungen eine entsprechende Vereinbarung freiwillig abzuschließen.[2] Die Bundesregierung stellte eine Prüfung der Forderung in Aussicht, bei der abgewogen werden müsse, ob bundeseinheitliche Mindest- und/oder Qualitätsstandards bei der flächendeckenden Einrichtung von Traumaambulanzen geboten seien.[3] Letztlich hat sich der Bundesrat mit seiner Maximalforderung nach Streichung der Regelung zu Recht nicht durchgesetzt. Der Vorwurf der Überregulierung ist unberechtigt.[4] Jedoch wurde § 38 SGB XIV zu den Mindestinhalten der Rechtsverordnung zur Regelung des Näheren zu den Vereinbarungen in S. 2 Nr. 3 dahin gehend ergänzt, dass Bestimmungen in der Rechtsverordnung zur Erreichbarkeit der Traumaambulanz und zum Zeitpunkt, in welchem die Betroffenen einen Termin dort erhalten müssten, unter Berücksichtigung der örtlichen Gegebenheiten zu treffen seien. Durch diese Änderung sollte den Ländern genügend Zeit gegeben werden, sich auf die unterschiedliche Versorgung mit Traumaambulanzen sowohl innerhalb der Länder als auch zwischen den Ländern kreativ und flexibel einzustellen.[5]

1 BGBl. 2019 I 2652.
2 BT-Drs. 19/13824, 289 f.
3 Vgl. Gegenäußerung der Bundesregierung zur Stellungnahme des Bundesrates, BT-Drs. 19/13824, 314.
4 Ebenso Schmidt SGB XIV/Bienert § 37 Rn. 3.
5 BT-Drs. 19/14870, 32.

B. Normsystematik

I. Allgemeiner Regelungsgehalt

3 **§ 37 Abs. 1 S. 1 SGB XIV** schreibt vor, dass die nach Landesrecht zuständigen Behörden der TdSE mit solchen Traumaambulanzen, die die Voraussetzungen des Abschn. 3 des Kap. 4 SGB XIV erfüllen, Vereinbarungen zu schließen haben. **§ 37 Abs. 1 S. 2 SGB XIV** stellt klar, dass zum Zeitpunkt des Inkrafttretens der Regelungen über die Traumaambulanz nach den §§ 31 ff. SGB XIV noch laufende Vereinbarungen mit Traumaambulanzen hiervon für die Dauer ihrer Laufzeit unberührt bleiben, die zuständigen TdSE also nicht verpflichtet sind, vorzeitig zum 1.1.2021 neue Vereinbarungen zu schließen. **§ 37 Abs. 2 SGB XIV** legt Mindestinhalte der Vereinbarungen fest. Die Generalklausel des **§ 37 Abs. 2 S. 1 SGB XIV** gibt vor, dass die Vereinbarung die wesentlichen Anforderungen an die Traumaambulanz sowie die wesentlichen Leistungsmerkmale festzulegen hat. Nach **§ 37 Abs. 2 S. 2 SGB XIV** muss zum Zwecke der Klarstellung in die Vereinbarung aufgenommen werden, dass sich die Traumaambulanz verpflichtet, nach § 32 SGB XIV und § 33 SGB XIV berechtigte Personen im Rahmen des vereinbarten Leistungsangebots psychotherapeutisch zu betreuen. **§ 37 Abs. 2 S. 3 SGB XIV** enthält einen Katalog von weiteren Mindestinhalten, die in die Vereinbarungen aufzunehmen sind.

II. Systematische Einordnung und Normzweck

4 **1. Systematik.** Die Vorschrift ist Teil der **Regelungen zur Traumaambulanz**. Die Leistungen in einer Traumaambulanz sind gem. § 29 Abs. 1 SGB XIV den **Leistungen der Schnellen Hilfen** zuzuordnen (→ § 29 Rn. 6 SGB XIV). Sie stellen gem. § 29 Abs. 2 SGB XIV Leistungen eigener Art dar (→ § 29 Rn. 8). Der Gesetzgeber hat diese Schnellen Hilfen im Kap. 4 des SGB XIV zusammengefasst. Dieses **Kap. 4 SGB XIV** ist in vier Abschn. untergliedert. **Abschn. 1** gibt mit § 29 SGB XIV einen Überblick über die Leistungen der Schnellen Hilfen und betont ihren eigenständigen Charakter. **Abschn. 2** (§ 30 SGB XIV) behandelt das Fallmanagement. **Abschn. 3** enthält die Vorschriften (§§ 31–38 SGB XIV) über die Leistungen in einer Traumaambulanz und **Abschn. 4** (§§ 39, 40) regelt Einzelheiten zu den Kooperationsvereinbarungen.

5 In Traumaambulanzen wird **psychotherapeutische Intervention** erbracht, um bei Berechtigten iSd § 2 SGB XIV nach einem schädigenden Ereignis (§ 1 Abs. 2 SGB XIV) den Eintritt einer psychischen Gesundheitsstörung oder deren Chronifizierung zu verhindern (§ 31 Abs. 1 SGB XIV). Es handelt sich hierbei um psychotherapeutische Frühintervention iSd § 32 SGB XIV und um psychotherapeutische Intervention in anderen Fällen nach § 33 SGB XIV. **§ 31 Abs. 2 SGB XIV** stellt klar, dass eine Traumaambulanz im Sinne des SGB XIV nur eine solche ist, die mit dem TdSE eine Vereinbarung nach Maßgabe des § 37 SGB XIV geschlossen hat. **Andere Einrichtungen** kommen als Leistungserbringer nach dem SER nicht in Betracht und können die von ihnen durchgeführten Behandlungen nicht gegenüber dem TdSE abrechnen (→ § 31 Rn. 29). Das Nähere zu den Vereinbarungen regelt gem. § 38 S. 1 SGB XIV eine vom BMAS mit Zustimmung des Bundesrates auf der Grundlage dieser Verordnungsermächtigung zu erlassende **Rechtsverordnung**, die jedoch erst zum 1.1.2024 in Kraft tritt. Der Ausschuss für Arbeit und Soziales hatte einen Erlass der Rechtsverordnung noch im Jahr 2020 empfohlen, damit den Ländern genügend Zeit verbleibe, sich auf die noch zu erlassenden Regelungen einzustellen und die erforderlichen Vorkehrungen zu treffen.[6] Wann jedoch mit einem Erlass gerechnet werden kann, scheint noch nicht endgültig festzustehen. Ein Referentenentwurf einer Traumaambulanz-Verordnung liegt inzwi-

6 BT-Drs. 19/14870, 32.

schen vor.[7] Mit der **Bundesstelle für Soziale Entschädigung** steht dem BMAS ein Kompetenzzentrum für SE zur Verfügung (§ 124 SGB XIV), welches dieses bei der Erarbeitung der Rechtsverordnung unterstützen kann. Da die Leistungen der Schnellen Hilfen gem. § 29 Abs. 2 SGB XIV eine Leistung eigener Art darstellen, sind die Regelungen des Abschn. 3 des Kap. 4 grundsätzlich **abschließend**; insbesondere können die detaillierteren Regelungen des Vertragsrechts des Kap. 8 des Teil 2 SGB IX nicht angewandt werden.[8] Der Abschluss einer Vereinbarung nach § 37 SGB XIV fällt **nicht unter das Vergaberecht**. Es fehlt an der Erteilung eines öffentlichen Auftrags.[9]

2. Normzweck. Die Vorschrift soll dazu beitragen, dass die TdSE die gesetzlichen Ansprüche der Berechtigten auf Leistungen in einer Traumaambulanz nach den §§ 31 ff. SGB XIV erfüllen können. Die TdSE haben mit den Vereinbarungen nach § 37 SGB XIV ein Instrument, um auf die Arbeit in den Traumaambulanzen **Einfluss** zu nehmen. **§ 37 Abs. 1 S. 1 SGB XIV** schreibt vor, dass die nach Landesrecht zuständigen Behörden der TdSE über ihre Zusammenarbeit mit Traumaambulanzen eine Vereinbarung zu treffen haben und stellt klar, dass eine solche Vereinbarung nur mit Traumaambulanzen geschlossen werden darf, die die gesetzlichen Voraussetzungen nach dem Abschn. 3 des Kap. 4 SGB XIV erfüllen.[10] **§ 37 Abs. 1 S. 2 SGB XIV** sorgt für **Rechtssicherheit** für die TdSE und die mit ihnen auf der Grundlage einer Vereinbarung bereits zusammenarbeitenden Traumaambulanzen. Indem klargestellt wird, dass bestehende Vereinbarungen durch die Verpflichtung nach § 37 Abs. 1 S. 1 SGB XIV unberührt bleiben, wird sichergestellt, dass bereits vor Inkrafttreten des SGB XIV Leistungen der Traumaambulanzen angeboten werden durften und dabei auch Vertragslaufzeiten über den Tag des Inkrafttretens hinaus vereinbart werden konnten, ohne dem Risiko ausgesetzt zu sein, laufende Verträge fristlos kündigen zu müssen und möglicherweise schadensersatzpflichtig zu werden.[11] **§ 37 Abs. 2 SGB XIV** beschreibt zum Zwecke der Sicherstellung von Versorgungsstrukturen, die den rechtlichen und fachlichen Anforderungen genügen, Mindestinhalte der Vereinbarungen. Durch die Aufstellung nur von Mindestinhalten räumt der Gesetzgeber den zuständigen Behörden der TdSE die Befugnis ein, über den zwingenden Inhalt hinaus weitere Einzelheiten nach eigenem Ermessen in die Vereinbarung aufzunehmen. Hiervon verspricht er sich eine Erleichterung der Gewinnung geeigneter Traumaambulanzen.[12] 6

C. Einzelkommentierung

I. Abschluss von Vereinbarungen (Abs. 1)

1. Ab dem 1.1.2021 abzuschließende Vereinbarungen (Abs. 1 S. 1). a) Rechtsnatur der Vereinbarungen. Vereinbarungen zwischen den nach Landesrecht zuständigen Behörden und Traumaambulanzen nach § 37 SGB XIV sind als **öffentlich-rechtliche Verträge iSd § 53 Abs. 1 SGB X** anzusehen.[13] Die zuständigen Behörden der TdSE schließen die entsprechenden Vereinbarungen in Erfüllung einer Verpflichtung ab, die ihnen aufgrund öffentlich-rechtlicher Vorschriften (§§ 31 ff. SGB XIV) gegenüber den 7

7 Referentenentwurf des BMAS, Verordnung über die von den Traumaambulanzen in der Sozialen Entschädigung zu erfüllenden Qualitätskriterien und die Pflichten der Traumaambulanz, Bearbeitungsstand 19.5.2022, https://www.bmas.de/SharedDocs/Downloads/DE/Gesetze/Referentenentwuerfe/ref-traumaambulanz-verordnung-tav-2.pdf;jsessionid=90FAE0C62A94461C9D842BE6D8DB474A.delivery1-replication?__blob=publicationFile&v=2.
8 Schmidt SGB XIV/Bienert § 37 Rn. 5.
9 Vgl. BT-Drs. 18/9522, 290 f.; Grube/Wahrendorf/Flint/Streichsbier SGB XII § 75 Rn. 18 ff.; Jaritz SRa 2012, 105 (113 f.); Sen SRa 2017, 90 (93 f.).
10 BT-Drs. 19/13824, 186.
11 BT-Drs. 19/13824, 186.
12 BT-Drs. 19/13824, 187.
13 jurisPK-SGB XIV/Schaumberg § 37 Rn. 23.

Leistungsberechtigten obliegt.[14] Dementsprechend sind die §§ 53 ff. SGB X und über § 60 S. 2 SGB X die Vorschriften des BGB entsprechend anwendbar.

8 b) **Zuständigkeit.** Die Vereinbarungen schließen die nach Landesrecht zuständigen Behörden mit Traumaambulanzen, die die Voraussetzungen des Abschn. 3 Kap. 4 SGB XIV erfüllen. Die Organisation und Durchführung des SER beurteilt sich nach dem Abschn. 1 des Kap. 18 SGB XIV. **TdSE** sind gem. § 111 SGB XIV die Länder. **Sachlich zuständig** sind gem. § 112 S. 1 SGB XIV die nach Landesrecht bestimmten Behörden. Die **örtliche Zuständigkeit** beurteilt sich nach Maßgabe des § 113 SGB XIV.

9 **Vertragspartner** der zuständigen Behörden sind nach dem Wortlaut des § 37 Abs. 1 S. 1 SGB XIV nur solche Traumaambulanzen, die die Voraussetzungen des Abschn. 3 des Kap. 4 SGB XIV erfüllen. Die Formulierung wird im wissenschaftlichen Schrifttum mit einer gewissen Berechtigung als unglücklich kritisiert, da in den Regelungen des Abschn. 3 des Kap. 4 selbst keine (ausdrücklichen) Voraussetzungen niedergelegt seien, die von den Traumaambulanzen zu erfüllen sind.[15] **Voraussetzungen,** zB hinsichtlich des zu gewährleistenden organisatorischen Rahmens oder der Qualifikation des therapeutischen Personals, ergeben sich jedoch aus den von den Traumaambulanzen für die TdSE gesetzlich zu erledigenden Aufgaben und zudem aus der auf der Grundlage des § 38 SGB XIV (noch) zu erlassenden Rechtsverordnung. Zudem stellt sich die Frage, ob die jeweiligen Leistungserbringer psychotherapeutische Intervention iS der §§ 32, 33 SGB XIV bereits tatsächlich anbieten müssen, um als Vertragspartner in Betracht zu kommen.[16] Eine derartige Beschränkung, insbesondere auf Anbieter, die bereits psychotherapeutische Intervention bei Traumata im engeren Sinne nicht nur gelegentlich durchführen, dürfte jedoch das Spektrum der in Betracht kommenden Vertragspartner zu stark einschränken. Es ist daher davon auszugehen, dass als Vertragspartner alle diejenigen in Betracht kommen, die im Vereinbarungszeitraum voraussichtlich willens und in der Lage sein werden, psychotherapeutische Frühintervention iSd § 32 SGB XIV und psychotherapeutische Intervention in anderen Fällen iSd § 33 SGB XIV verlässlich durchzuführen.[17]

10 c) **Form.** Anders als bei den Vereinbarungen im Vertragsrecht der Eingliederungshilfe (§ 125 SGB IX) enthält § 37 SGB XIV selbst keine Vorgaben zur Form, jedoch findet § 56 SGB X Anwendung. Die Vereinbarung ist dementsprechend **schriftlich** zu schließen.[18] Über § 61 S. 2 SGB X sind hinsichtlich der Anforderungen an das Schriftformerfordernis die Regelungen des BGB, namentlich § 126 BGB, entsprechend heranzuziehen.[19] Die Vereinbarung ist von den Vertragspartnern **eigenhändig durch Namensunterschrift** oder **mittels notariell beglaubigtem Handzeichen** zu unterzeichnen (§ 126 Abs. 1 BGB). Nicht notwendig ist, dass sich die beiderseitigen Erklärungen auf derselben Urkunde befinden (§ 126 Abs. 2 BGB). Eine derartige Urkundeneinheit – also die Unterschrift der Vertragspartner auf nur einer Urkunde – ist bei Verträgen zwischen Leistungsträgern und Leistungserbringern nicht erforderlich.[20]

11 d) **Rechtsfolgen.** Die TdSE haben die **Pflicht,** mit den Traumaambulanzen, welche die gesetzlichen Anforderungen der §§ 31 ff. SGB XIV erfüllen und mit denen eine Zusammenarbeit gewünscht ist, entsprechende Vereinbarungen zu schließen. Eine **andere Handlungsform** der Zusammenarbeitet ist ihnen nicht gestattet, wie § 31

14 Vgl. zum Sozialhilferecht BVerwG Urt. v. 30.9.1993 – 5 C 41/19, BVerwGE 94, 202 (204); Jaritz SRa 2012, 105 (106); zum Recht der Eingliederungshilfe jurisPK-SGB IX/ Busse § 123 Rn. 20.
15 jurisPK-SGB XIV/Schaumberg § 37 Rn. 20; Schmidt SGB XIV/Bienert § 37 Rn. 7.
16 So offenbar jurisPK-SGB XIV/Schaumberg § 37 Rn. 21.
17 Ebenso Schmidt SGB XIV/Bienert § 37 Rn. 7.
18 Schmidt SGB XIV/Bienert § 37 Rn. 6.
19 BSG Urt. v. 26.5.2021 – B 6 KA 7/20 R, juris Rn. 22 ff.
20 BSG Urt. v. 22.11.2012 – B 3 KR 10/11 R, SozR-4–2500 § 132a Nr. 6, Rn. 19.

Abs. 2 SGB XIV ausdrücklich klarstellt. Nur durch den Abschluss einer Vereinbarung nach § 37 SGB XIV erhält die jeweilige Traumaambulanz somit die Möglichkeit, Leistungsberechtigte mit Leistungen in einer Traumaambulanz zu versorgen und die entsprechenden Leistungen gegenüber den TdSE abzurechnen (→ § 31 Rn. 29).

Aus den §§ 31 ff. SGB XIV und hierbei besonders aus § 38 S. 2 Nr. 3 SGB XIV folgt zudem die Verpflichtung der TdSE, für zeit- und wohnortsnah erreichbare Leistungen in einer Traumaambulanz zu sorgen (→ § 38 Rn. 15). Die nach Landesrecht zuständigen Behörden der TdSE sind daher gehalten, mit voraussichtlich fachlich geeigneten Leistungserbringern zum Zwecke des Abschlusses entsprechender Vereinbarungen **aktiv Kontakt aufzunehmen,** solange noch keine ausreichenden Versorgungsstrukturen vorhanden sind, die eine zeit- und wohnortnahe Behandlung von Berechtigten sicherstellen. Die **Initiative** zum Abschluss einer Vereinbarung nach § 37 SGB XIV kann jedoch auch von der Traumaambulanz ausgehen.[21] 12

Der Abschluss einer Vereinbarung mit einer leistungsbereiten Traumaambulanz steht im pflichtgemäßen **Ermessen** der zuständigen Behörden.[22] Die Traumaambulanz hat einen Rechtsanspruch auf eine ermessensfehlerfreie Entscheidung der zuständigen Behörden.[23] Bei der Entscheidungsfindung haben die Behörden auch die allgemeinen Grundsätze der **Wirtschaftlichkeit und Sparsamkeit** (**§ 7 BHO**) zu berücksichtigen. Der **Gesichtspunkt der Bedarfsplanung** ist bei der Entscheidung hingegen nicht zu berücksichtigen.[24] Erfüllt eine Traumaambulanz die gesetzlichen Voraussetzungen der §§ 31 ff. SGB XIV und bestehen auch unter den Gesichtspunkten der Wirtschaftlichkeit und Sparsamkeit keine Bedenken, wird sich der Anspruch auf ermessensfehlerfreie Entscheidung regelmäßig zu einem **Anspruch auf Abschluss der Vereinbarung** verdichten.[25] Mit dem Abschluss der Vereinbarung entsteht jedoch keine Pflicht der zuständigen Behörden, die entsprechende Traumaambulanz in Anspruch zu nehmen oder für ihre Auslastung zu sorgen.[26] 13

Lehnt die zuständige Behörde den Abschluss einer entsprechenden Vereinbarung ab, steht der Traumaambulanz nach § 51 Abs. 1 Nr. 6 SGG der **Rechtsweg** zu den Gerichten der Sozialgerichtsbarkeit offen.[27] Die Klage ist als allgemeine Leistungsklage (§ 54 Abs. 5 SGG) statthaft.[28] 14

2. Bestehende Vereinbarungen (Abs. 1 S. 2). Am 1.1.2021 bereits bestehende Vereinbarungen bleiben gem. § 37 Abs. 1 S. 2 SGB XIV für die Dauer ihrer Laufzeit von den Vorgaben des § 37 Abs. 1 S. 1 SGB XIV unberührt. Die Regelung hat – wie dargelegt wurde – Klarstellungsfunktion und dient vor allem der Rechtssicherheit (→ Rn. 6). § 37 Abs. 1 S. 2 SGB XIV stellt zunächst für den **Interimszeitraum** von der Verkündung des G-SER im Bundesgesetzblatt am 19.12.2019 bis zum Inkrafttreten der gesetzlichen Regelungen über die Leistungen in einer Traumaambulanz nach den §§ 31 ff. SGB XIV zum 1.1.2021 klar, dass auch weiterhin Leistungen in Traumaambulanzen erbracht werden durften.[29] Weiterhin ist damit im Interesse der TdSE und der Traumaambulanzen der Fortbestand bereits bestehender Vereinbarungen über den 15

21 Schmidt SGB XIV/Bienert § 37 Rn. 10.
22 Vgl. LSG NRW Beschl. v. 11.9.2018 – L 9 SO 344/18 B ER.
23 Vgl. SG Lüneburg Urt. v. 19.10.2016 – S 22 SO 98/14, juris Rn. 40; LPK-SGB XII/von Boetticher § 75 Rn. 30; Grube/Wahrendorf/Flint/Streichsbier SGB IX § 123 Rn. 13.
24 Vgl. BSG Urt. 7.10.2015 – B 8 SO 19/14 R, SozR 4-3500 § 75 Nr. 8.
25 Vgl. LSG Bln-Bbg Beschl. v. 2.9.2011 – L 23 SO 147/11 B ER, juris Rn. 104; jurisPK-SGB XIV/Schaumberg § 37 Rn. 22; Schmidt SGB XIV/Bienert § 37 Rn. 15.
26 Vgl. zur vergleichbaren Rechtslage nach den §§ 75 ff. SGB XII jurisPK-SGB IX/Luik § 57 Rn. 58.
27 jurisPK-SGG/Flint § 51 Rn. 239.
28 Vgl. SG Lünberg Urt. v. 19.10.2016 – S 22 SO 98/14, juris Rn. 34; Schmidt SGB XIV/Bienert § 37 Rn. 18.
29 BT-Drs. 19/13824, 187.

1.1.2021 hinaus geklärt und schließlich steht fest, dass die TdSE im Zeitraum zwischen der Gesetzesverkündung und dem Inkrafttreten der Neuregelungen befugt gewesen sind, im Bedarfsfall neue Vereinbarungen mit über den 1.1.2021 hinausgehenden Laufzeiten zu treffen. Die Vertragsparteien haben nicht zu befürchten, laufende Verträge fristlos kündigen zu müssen und möglicherweise schadensersatzpflichtig zu werden.[30]

16 Die Weitergeltung bestehender Vereinbarungen ist gesetzlich **unabhängig von ihrem Inhalt** vorgesehen, dh also auch, wenn diese nicht den nunmehr nach § 37 Abs. 2 SGB XIV vorgegebenen Mindestinhalten entsprechen.[31] Sollten bestehende Vereinbarungen jedoch hinter den Mindestinhalten des § 37 Abs. 2 SGB XIV derart weit zurückbleiben, dass ein Festhalten an der Vereinbarung in ihrer ursprünglichen Form nicht mehr zumutbar erscheint, wird man den zuständigen Behörden der TdSE ein Recht aus **§ 59 Abs. 1 SGB X** einzuräumen haben, eine **Anpassung der Vereinbarung** an die wesentlich geänderte Rechtslage zu verlangen.[32]

II. Mindestinhalte der Vereinbarungen (Abs. 2)

17 **1. Generalklausel (Abs. 2 S. 1).** Die Vereinbarung muss nach der Generalklausel des § 37 Abs. 2 S. 1 SGB XIV die **wesentlichen Anforderungen** an die Traumaambulanz sowie die **wesentlichen Leistungsmerkmale** festlegen. Was unter wesentlichen Anforderungen an die Traumaambulanz sowie den wesentlichen Leistungsmerkmalen zu verstehen ist, ist weder gesetzlich definiert noch kann dies der Gesetzesbegründung entnommen werden. Die Begriffe sind mithilfe des gesetzlichen Normenprogramms des Abschn. 3 des Kap. 4 SGB XIV mit Inhalt zu füllen. Zudem hat der Begriff der wesentlichen Leistungsmerkmale Eingang in § 125 Abs. 2 SGB IX und § 76 Abs. 2 SGB XII gefunden. Während die wesentlichen Anforderungen an die Traumaambulanz eher an die **Rahmenbedingungen** anknüpfen, die von den Anbietern zu erfüllen sind, beziehen sich die wesentlichen Leistungsmerkmale auf die **Behandlungen** selbst. Eine trennscharfe Abgrenzung beider Begriffe fällt nicht immer leicht, ist aber auch nicht erforderlich.

18 **Wesentliche Anforderungen an die Traumaambulanzen** ergeben sich aus der gesetzlichen Zielsetzung, Berechtigten iSd § 2 SGB XIV mit psychotherapeutischem Interventionsbedarf schnell Hilfe anzubieten, um den Eintritt einer psychischen Gesundheitsstörung oder deren Chronifizierung zu verhindern (§ 31 Abs. 1 SGB IX). Mit den Traumaambulanzen sollen zudem mehr Betroffene Leistungen der SE in Anspruch nehmen als bisher.[33] Grundvoraussetzung ist daher die **Erreichbarkeit** der entsprechenden Einrichtungen. Diese setzt zunächst voraus, dass Berechtigte sich darüber informieren können, wo es in ihrer Nähe eine entsprechende Einrichtung gibt. Erforderlich ist, dass diese über einen entsprechenden Internetauftritt verfügen und potenziell Berechtigte sich auch telefonisch an sie wenden können. Sie müssen so gelegen sein, dass sie auch mit **öffentlichen Verkehrsmitten** zumutbar erreicht werden können. Vor allem müssen sie über hinreichende **Kapazitäten** verfügen, um im Falle einer gewünschten Inanspruchnahme zeitnah mit den Leistungen der psychotherapeutischen Intervention beginnen zu können und dabei auch Sitzungstermine zeitlich so **flexibel** anbieten, dass auch Berechtigte, die berufstätig sind oder sich um die Betreuung von Kindern oder Familienangehörigen kümmern, von den Leistungen nicht faktisch ausgeschlossen sind.

---

30 BT-Drs. 19/13824, 187.
31 Schmidt SGB XIV/Bienert § 37 Rn. 9.
32 Vgl. BSG Urt. v. 22.3.1984 – 6 RKa 23/83, juris Rn. 16; LSG NRW Urt. v. 15.8.2017 – L 2 AS 1822/12, juris Rn. 25; BeckOK SozR/Heße SGB X § 59 Rn. 4; Schütze/Engelmann SGB X § 59 Rn. 12.
33 BT-Drs. 19/13824, 1.

Zu den **wesentlichen Leistungsmerkmalen** gehören etwa in Anlehnung an den Katalog des § 76 Abs. 2 SGB XII insbesondere Festlegungen zum zu **betreuenden Personenkreis**, namentlich insbesondere unter Berücksichtigung altersspezifischer Angebote, der **Art** (Einzelbehandlung oder Gruppentherapie) und des **Ziels** und der **Qualität der Leistungen**. 19

2. Verdeutlichung (Abs. 2 S. 2). In die Vereinbarung ist weiterhin eine Klausel aufzunehmen, wonach sich die Traumaambulanz verpflichtet, zur Inanspruchnahme von Leistungen der psychotherapeutischen Frühintervention (§ 32 SGB XIV) und der psychotherapeutischen Intervention in anderen Fällen (§ 33 SGB XIV) berechtigte Personen im Rahmen des vereinbarten Leistungsangebots psychotherapeutisch zu betreuen. Eigentlich handelt es sich hierbei um eine **Selbstverständlichkeit**. Der Gesetzgeber erachtet eine entsprechende Regelung allerdings offenbar zu **Klarstellungs- und Verdeutlichungszwecken** für derart wichtig, dass diese zwingend in jede Vereinbarung aufzunehmen ist. 20

3. Katalog von Mindestinhalten (Abs. 2 S. 3). Über die durch § 37 Abs. 2 S. 1 und 2 SGB XIV vorgegebenen Inhalte hinaus enthält § 37 Abs. 2 S. 3 SGB XIV einen Katalog von **weiteren Mindestinhalten**, die ebenfalls zwingend in jede neue Vereinbarung nach § 37 Abs. 1 S. 1 SGB XIV aufzunehmen sind. Dementsprechend müssen in der Vereinbarung zwingend Regelungen über den psychotherapeutisch zu betreuenden Personenkreis (Nr. 1), Art und Ziel der Leistungen (Nr. 2), die Anforderungen an die personelle Ausstattung und die Qualifikation des Personals (Nr. 3), die im Zusammenhang mit der Leistungserbringung bestehenden Pflichten der Traumaambulanz (Nr. 4), den Datenschutz (Nr. 5) sowie die Vergütung der von der Traumaambulanz erbrachten Leistungen (Nr. 6) getroffen werden. 21

Dieser Katalog findet seine **Ergänzung durch § 35 Abs. 2 S. 2 SGB XIV**. Danach sind in die Vereinbarungen die **Konsequenzen eines Verstoßes gegen die Pflicht der Traumaambulanz aus § 35 Abs. 2 S. 1 SGB XIV** aufzunehmen, der zuständigen Behörde einen weiteren psychotherapeutischen Behandlungsbedarf nach Betreuung in der Traumaambulanz so frühzeitig wie möglich mitzuteilen (→ § 35 Rn. 19). Es handelt sich bei dem in dieser Vorschrift genannten Verweis auf § 39 SGB XIV um ein redaktionelles Versehen.[34] 22

Ergänzungen und Konkretisierungen der Vorgaben der § 37 Abs. 2 S. 1 und S. 3 SGB XIV zum Mindestinhalt der Vereinbarungen folgen aus der Verordnungsermächtigung des **§ 38 SGB XIV** in Verbindung mit der auf dieser Grundlage bis zum 1.1.2024 in Kraft tretenden Rechtsverordnung, mit welcher der Gesetzgeber **bundeseinheitliche Qualitätsstandards** bei den Leistungen der Traumaambulanzen festlegen möchte.[35] Die Verordnungsermächtigung legt zur Bestimmung der näheren Einzelheiten zu den Vereinbarungen nach § 37 SGB XIV (§ 38 S. 1 SGB XIV) in S. 2 Mindestinhalte der Verordnung fest, die als Mindestinhalte auch Eingang in die Vereinbarungen nach § 37 SGB XIV finden müssen.[36] Dazu gehören Bestimmungen zur Qualifikation des Personals der Traumaambulanz, das die Sitzungen durchführt (Nr. 1), zur Dauer der einzelnen Sitzung (Nr. 2), zur Erreichbarkeit der Traumaambulanz und zum Zeitraum, in welchem die Betroffenen einen Termin dort erhalten müssen, unter Berücksichtigung der örtlichen Gegebenheiten (Nr. 3), zu den Dokumentationspflichten (Nr. 4), zum Abrechnungsverfahren einschließlich der sich daraus ergebenden Datenübermittlungswege (Nr. 5), zur Schweigepflichtentbindung (Nr. 6) und zur Vertraulichkeit (Nr. 6). 23

34 Knickrehm/Mushoff/Schmidt Neues SozEntschR Rn. 113.
35 BT-Drs. 19/13824, 187.
36 Schmidt SGB XIV/Bienert § 37 Rn. 11.

24 Die zuständigen Träger haben die Möglichkeit, gemeinsam mit den Traumaambulanzen **zusätzliche Regelungsinhalte** in die Vereinbarungen aufzunehmen. Eine Pflicht hierzu besteht jedoch nicht. Hierdurch soll nach der Vorstellung des Gesetzgebers die Gewinnung geeigneter Traumaambulanzen erleichtert werden.[37] Diese Regelung dürfte dahin gehend zu verstehen sein, dass dem TdSE durch die Vorgabe (nur) von Mindestinhalten genug Raum gegeben werden soll, bei den Vereinbarungen die tatsächlichen Versorgungsstrukturen vor Ort[38] zu berücksichtigen. Derzeit besteht in ländlichen Regionen vor allem hinsichtlich der Schaffung spezifischer Angebote für Kinder und Jugendliche ein erheblicher Handlungsbedarf.[39] Nach einer Übergangsphase bis zur Schaffung ausreichender flächendeckender Versorgungsstrukturen können die Anforderungen an die Qualität der Arbeit der Traumaambulanzen im Rahmen der Vereinbarungen im Interesse der Berechtigten erhöht werden.

25 Zwingend in die Vereinbarungen aufzunehmen sein dürfte eine Regelung, wie die Traumaambulanz die **Betreuung von Kindern,** deren Mitnahme erforderlich ist, weil ihre Betreuung nicht sichergestellt ist,[40] in der Traumaambulanz während der Sitzungen gewährleistet.[41] Da Gespräche über das schädigende Ereignis mit einer Therapeutin oder einem Therapeuten grundsätzlich nicht in Anwesenheit – vor allem minderjähriger – Kinder der oder des Berechtigten stattfinden sollten, muss bei solchen Berechtigten, die ohne eine weitere Begleitperson zur Traumaambulanz anreisen, gewährleistet sein, dass die Kinder außerhalb des Behandlungsraums gut betreut sind. Anderenfalls besteht die Gefahr, dass sich die Berechtigten faktisch gehindert sehen, die Leistungen der Traumaambulanz in Anspruch zu nehmen.

26 Aus Klarstellungsgründen sollte in jede Vereinbarung ein Hinweis auf die Möglichkeit aufgenommen werden, die **Vereinbarung nach Maßgabe des § 59 SGB X zu kündigen,** insbesondere wenn ein Vertragspartner gegen den Inhalt der Vereinbarung wiederholt verstößt und diese Verstöße so schwerwiegend sind, dass ein Festhalten an der Vereinbarung nicht zumutbar erscheint (→ § 35 Rn. 22).

§ 38 Verordnungsermächtigung

[1]Das Nähere zu den Vereinbarungen nach § 37 regelt eine vom Bundesministerium für Arbeit und Soziales mit Zustimmung des Bundesrates zu erlassende Rechtsverordnung, die zum 1. Januar 2024 in Kraft tritt. [2]Mindestinhalt der Verordnung sind Bestimmungen

1. **zur Qualifikation des Personals der Traumaambulanz, das die Sitzungen durchführt,**
2. **zur Dauer der einzelnen Sitzung,**
3. **zur Erreichbarkeit der Traumaambulanz und zum Zeitraum, in welchem die Betroffenen einen Termin dort erhalten müssen, unter Berücksichtigung der örtlichen Gegebenheiten,**
4. **zu den Dokumentationspflichten,**
5. **zum Abrechnungsverfahren einschließlich der sich daraus ergebenden Datenübermittlungswege,**
6. **zur Schweigepflichtentbindung und**
7. **zur Vertraulichkeit.**

---

37 BT-Drs. 19/13824, 187.
38 S. auch § 38 S. 2 Nr. 3 SGB XIV, dazu BT-Drs. 19/14870, 32.
39 BT-Drs. 19/13824, 185.
40 Vgl. § 36 Abs. 1 S. 2 SGB XIV.
41 Schmidt SGB XIV/Bienert § 37 Rn. 13.

A. Gesetzesgeschichte

1 Die Vorschrift ist durch Art. 1 G-SER vom 12.12.2019[1] eingeführt worden und gemäß Art. 60 Abs. 3 Nr. 1 G-SER am **20.12.2019** in Kraft getreten. Sie hat **keinen gesetzlichen Vorläufer**. Traumaambulanzen gibt es zwar bereits seit einigen Jahren in einzelnen Bundesländern, ihre Tätigkeit wird jedoch mit dem G-SER erstmalig bundeseinheitlich gesetzlich geregelt (→ § 31 Rn. 1 ff.).

2 Im Gesetzgebungsverfahren hatte der **Bunderrat** im Rahmen seiner 980. Sitzung am 20.9.2019 gefordert, § 38 SGB XIV ganz zu streichen. Durch die Regelung erfolge eine Überregulierung, die aus Sicht der Länder weder erforderlich noch zweckmäßig sei. Die vorgesehenen starren Festlegungen seien insbesondere im Hinblick auf die unterschiedlichen regionalen Gegebenheiten nicht zielführend. Es bestehe die Gefahr, dass die TdSE keine geeigneten Einrichtungen finden würden, die bereit seien, unter diesen Voraussetzungen eine Vereinbarung zur Vorhaltung einer Traumaambulanz abzuschließen.[2] Die entsprechende Traumamabulanz-Verordnung ist noch nicht erlassen. Ein Referentenentwurf einer Traumaambulanz-Verordnung liegt inzwischen vor.[3] Die Bundesregierung stellte eine Prüfung der Forderung in Aussicht, bei der abgewogen werden müsse, ob bundeseinheitliche Mindest- und/oder Qualitätsstandards bei der flächendeckenden Einrichtung von Traumaambulanzen geboten seien.[4] Letztlich konnte sich der Bundesrat mit seiner Maximalforderung nicht durchsetzen. Aufgrund der **Beschlussempfehlung des Ausschusses für Arbeit und Soziales vom 6.11.2019** wurde § 38 SGB XIV in zweifacher Hinsicht im Sinne eines Kompromisses geändert. § 38 S. 1 SGB XIV wurde um den Nebensatz ergänzt, dass die Verordnung (**erst**) **zum 1.1.2024** in Kraft tritt. Ein Erlass der Rechtsverordnung bereits im Jahr 2020 werde empfohlen, damit den Ländern genügend Zeit verbleibe, sich auf die zu erlassenden Bestimmungen einzustellen und die erforderlichen Vorkehrungen zu treffen.[5] Weiterhin wurde § 38 S. 2 Nr. 3 SGB XIV dahin gehend ergänzt, dass Bestimmungen in der Rechtsverordnung zur Erreichbarkeit der Traumaambulanz und zum Zeitpunkt, in welchem die Betroffenen einen Termin dort erhalten müssten, unter **Berücksichtigung der örtlichen Gegebenheiten** zu treffen seien. Durch die Änderung solle den Ländern

1 BGBl. 2019 I 2652.
2 BT-Drs. 19/13824, 290.
3 Referentenentwurf des BMAS, Verordnung über die von den Traumaambulanzen in der Sozialen Entschädigung zu erfüllenden Qualitätskriterien und die Pflichten der Traumaambulanz, Bearbeitungsstand 19.5.2022, https://www.bmas.de/SharedDocs/Downloads/DE/Gesetze/Referentenentwuerfe/ref-traumaambulanz-verordnung-tav-2.pdf;jsessionid=90FAE0C62A94461C9D842BE6D8DB474A.delivery1-replication?__blob=publicationFile&v=2.
4 Vgl. Gegenäußerung der Bundesregierung zur Stellungnahme des Bundesrates, BT-Drs. 19/13824, 315.
5 BT-Drs. 19/14870, 32.

genügend Zeit gegeben werden, sich auf die unterschiedliche Situation sowohl innerhalb der Länder als auch zwischen den Ländern kreativ und flexibel einzustellen.[6]

B. Normsystematik

I. Allgemeiner Regelungsgehalt

3 **§ 38 S. 1 SGB XIV** ist eine Verordnungsermächtigung. Sie ermächtigt das BMAS mit Zustimmung des Bundesrates, das Nähere zu den Vereinbarungen zwischen den nach Landesrecht zuständigen Behörden der TdSE und Traumaambulanzen nach § 37 SGB XIV in einer Rechtsverordnung zu regeln, die zum 1.1.2024 in Kraft tritt. **§ 38 S. 2 SGB XIV** enthält einen Katalog von Mindestinhalten, zu denen Bestimmungen in die Rechtsverordnung aufzunehmen sind.

II. Systematische Einordnung und Normzweck

4 **1. Systematik.** Die Leistungen in einer Traumaambulanz nach den §§ 31–38 SGB XIV gehören gem. § 29 Abs. 1 SGB XIV zu den Leistungen der **Schnellen Hilfen,** die der Gesetzgeber im Kap. 4 des SGB XIV zusammengefasst hat. In Traumaambulanzen wird **psychotherapeutische Intervention** erbracht, um bei Berechtigten iSd § 2 SGB XIV nach einem schädigenden Ereignis (§ 1 Abs. 2 SGB XIV) den Eintritt einer psychischen Gesundheitsstörung oder deren Chronifizierung zu verhindern (§ 31 Abs. 1 SGB XIV). § 31 Abs. 2 SGB XIV stellt klar, dass eine Traumaambulanz im Sinne des SGB XIV nur eine solche ist, mit der die TdSE eine Vereinbarung nach Maßgabe des § 37 SGB XIV geschlossen haben. Das Nähere zu den **Vereinbarungen nach § 37 SGB XIV** regelt die auf der Grundlage der Verordnungsermächtigung des § 38 S. 1 SGB XIV zu erlassende Rechtsverordnung. § 38 S. 1 SGB XIV ist Ausfluss der Vorgaben des **Art. 80 Abs. 1 GG.** Der Erlass von Rechtsverordnungen soll vor allem das Rechtsetzungsverfahren vereinfachen und den Gesetzgeber entlasten.[7] Aus Art. 80 Abs. 1 S. 2 GG folgt jedoch die Verpflichtung des Gesetzgebers, die wesentlichen Entscheidungen selbst zu treffen (→ Rn. 7).

5 **2. Normzweck.** Durch die erstmalige gesetzliche Normierung sollen die bereits in einigen Bundesländern verfügbaren Leistungen in einer Traumaambulanz flächendeckend eingeführt werden. Es geht dem Gesetzgeber bei der gesetzlichen Verankerung jedoch nicht nur um die Sicherstellung der **flächendeckenden Verfügbarkeit** dieser Leistungen, sondern auch um die Festlegung **bundeseinheitlicher Qualitätsstandards.** Diese Qualitätskriterien sowie die zu beachtenden datenschutzrechtlichen Regelungen werden in der auf der Grundlage des § 38 SGB XIV zu erlassenden Rechtsverordnung festgelegt.[8] Die nach Art. 80 Abs. 1 GG **erforderliche Verordnungsermächtigung** befindet sich in § 38 S. 1 SGB XIV. **Mindestinhalte der Rechtsverordnung** werden in § 38 S. 2 SGB XIV vorgegeben.

C. Einzelkommentierung

I. Verordnungsermächtigung (S. 1)

6 § 38 S. 1 SGB XIV gibt dem BMAS die nach Art. 80 Abs. 1 GG notwendige Ermächtigung, das Nähere zu den Vereinbarungen nach § 37 SGB XIV, die die nach Landesrecht zuständigen Behörden (§§ 112, 113 SGB XIV) des TdSE (§ 111 SGB XIV) mit Traumaambulanzen schließen, per Rechtsverordnung zu regeln. Die entsprechende Rechtsverordnung bedarf der **Zustimmung des Bundesrates.** Verfassungsrechtlicher Hintergrund ist, dass die Länder das SER als eigene Angelegenheiten gemäß Art. 84

6 BT-Drs. 19/14870, 32.
7 Wolff/Bachof/Stober/Kluth VerwR I/Stober § 25 Rn. 40.
8 BT-Drs. 19/13824, 187.

GG ausführen.[9] Es handelt sich bei dem G-SER um ein nach Art. 104a Abs. 4 GG zustimmungsbedürftiges Gesetz, was zur Folge hat, dass die nach § 38 S. 1 SGB XIV zu erlassende Rechtsverordnung gem. Art. 80 Abs. 2 GG ihrerseits ebenfalls der Zustimmung des Bundesrats bedarf.

Aufgabe der Rechtsverordnung ist es, gem. § 38 S. 1 SGB XIV **das Nähere** zu den Vereinbarungen nach § 37 SGB XIV zu regeln. Im wissenschaftlichen Schrifttum werden Bedenken geäußert, ob diese Vorgabe dem **Bestimmtheitsgebot** genügt.[10] Dem ist jedoch nicht zu folgen. Nach Art. 80 Abs. 1 S. 2 GG müssen Gesetze, die zum Erlass von Rechtsverordnungen ermächtigen, Inhalt, Zweck und Ausmaß der erteilten Ermächtigung bestimmen. Danach soll sich das Parlament seiner Verantwortung als gesetzgebende Körperschaft nicht dadurch entäußern können, dass es einen Teil der Gesetzgebungsmacht der Exekutive überträgt, ohne die Grenzen dieser Kompetenz bedacht und diese nach Tendenz und Programm genau umrissen zu haben.[11] Wesentliche Rechtsentscheidungen hat das Parlament selbst zu treffen.[12] Jedoch muss die Ermächtigungsnorm in ihrem Wortlaut nicht so genau wie irgend möglich gefasst sein, sie hat nur hinreichend bestimmt zu sein. Dazu genügt es, wenn sich die geforderte Bestimmtheit durch **Auslegung nach den allgemeinen Auslegungsmethoden** ermitteln lässt.[13] Legt man zugrunde, dass sich das Nähere zu den Vereinbarungen aus der gesetzlichen Zielsetzung der Leistungen in einer Traumaambulanz, dem Normprogramm der §§ 31 ff. SGB XIV sowie besonders aus den Vorgaben des § 37 SGB XIV und den Mindestinhalten des § 38 S. 2 SGB XIV ableiten lässt, dürften die Anforderungen des Art. 80 Abs. 1 S. 2 GG, die zudem nicht zu überspannen sind,[14] eingehalten worden sein. 7

Grundsätzlich ist es Sache des Verordnungsgebers nach pflichtgemäßem Ermessen zu entscheiden, ob er von der gesetzlichen Ermächtigung Gebrauch machen will oder nicht.[15] Allerdings kann im Einzelfall auch eine **Pflicht** hierzu bestehen. Dies ist der Fall, wenn dem Verordnungsgeber nicht nur eine Ermächtigung, sondern ein **Regelungsauftrag** erteilt wurde.[16] Ein solcher kann entweder im Wortlaut der Verordnungsermächtigung zum Ausdruck kommen oder folgt daraus, dass die von parlamentarischer Seite geschaffene Regelung einer Rechtsverordnung bedarf, um anwendbar oder praktikabel zu sein.[17] Der Wortlaut des § 38 S. 1 SGB XIV und die Festlegung von Mindestinhalten in § 38 S. 2 SGB XIV, ohne welche die Arbeit der Traumaambulanzen nur äußerst unvollständig geregelt wäre, zeigen, dass das BMAS die **Pflicht** hat, von der Ermächtigung Gebrauch zu machen.[18] Die Rechtsverordnung tritt erst zum 1.1.2024 in Kraft. Im Hinblick auf das Zusammenspiel von § 38 SGB XIV mit dem bereits zum 1.1.2021 in Kraft getretenen § 37 SGB XIV erscheint dieser späte Zeitpunkt des Inkrafttretens fragwürdig.[19] Hintergrund ist der politische Kompromiss im Gesetzgebungsverfahren, um den Ländern genügend Zeit zu geben, sich auf die mit der Rechtsverordnung zu erlassenden Bestimmungen einzustellen (→ Rn. 2). 8

---

9 Vgl. BT-Drs. 19/13824, 290; s. auch → § 123 Rn. 4.
10 Schmidt SGB XIV/Bienert § 38 Rn. 8.
11 BVerfG Beschl. v. 11.3.2020 – 2 BvL 5/17, juris Rn. 100; BVerfG Beschl. v. 8.6.1988 – 2 BvL 9/85 u. 3/86, BVerfGE 78, 249 (272).
12 Wolff/Bachof/Stober/Kluth VerwR I/Stober § 25 Rn. 43.
13 BVerfG Beschl. v. 18.7.2005 – 2 BvF 2/01, juris Rn. 276; BSG Urt. v. 27.4.2003 – B 7 AL 104/02 R, juris Rn. 22.
14 BVerfG 19.7.1972 – 2 BvL 22/68, BVerfGE 33, 358 (366 f.).
15 Maurer/Waldhoff AllgVerwR § 13 Rn. 15.
16 Grundlegend BVerfG Beschl. v. 30.11.1988 – 1 BvR 1301/84, BVerfGE 79, 174 (194).
17 Sachs/Mann GG Art. 80 Rn. 5.
18 Anders offenbar Schmidt SGB XIV/Bienert § 38 Rn. 9.
19 Schmidt SGB XIV/Bienert § 38 Rn. 2.

II. Mindestinhalte der Verordnung zu den Vereinbarungen nach § 37 (S. 2)

9 § 38 S. 2 SGB XIV enthält einen **Katalog von Mindestinhalten**, zu denen in die Rechtsverordnung Bestimmungen aufzunehmen sind. Da es sich um zwingend aufzunehmende Inhalte handelt, können aus der **Reihenfolge der Aufzählung** keine Rückschlüsse auf die Bedeutung der Mindestinhalte im Verhältnis zueinander abgeleitet werden.[20] Im Hinblick darauf, dass die Regelung nur (wenige) Mindestinhalte vorgibt, ist es nicht ausgeschlossen und dürfte zum Zwecke der bundeseinheitlichen Qualitätssicherung auch wünschenswert sein, **weitere Vorgaben** in die Rechtsverordnung aufzunehmen.

10 **1. Qualifikation des Personals der Traumaambulanz (Nr. 1).** Zu den Mindestinhalten der Rechtsverordnung gehören nach § 38 S. 2 Nr. 1 SGB XIV zunächst Bestimmungen zur Qualifikation des Personals, das die Sitzungen durchführt. Die Qualifikation der Therapeutinnen und Therapeuten ist für die Qualität der Leistungen der Traumaambulanz von **herausragender Bedeutung.**[21]

11 Das einzusetzende Personal muss auf die Behandlung psychischer Erkrankungen und hierbei besonders von Traumata spezialisiert sein. Die in der Traumaambulanz tätigen Ärztinnen und Ärzte sollten dementsprechend über eine spezifische **Facharztausbildung** verfügen. Dazu gehören entsprechend der (Muster-)Weiterbildungsordnung der Bundesärztekammer[22] insbesondere die Ausbildung zur Fachärztin oder zum Facharzt für Psychiatrie und Psychotherapie, für Psychosomatische Medizin und Psychotherapie sowie für Kinder- und Jugendpsychiatrie und -psychotherapie. Weiterhin kommen **psychologische Psychotherapeutinnen und Psychotherapeuten** sowie **Kinder- und Jugendlichenpsychotherapeutinnen und -therapeuten** iSd § 1 Abs. 1 PsychThG in Betracht.

12 Bei der Festlegung der Qualifikation des therapeutischen Personals sind die Besonderheiten bei der Gruppe der **Kinder und Jugendlichen** zu berücksichtigen.[23] Der Gesetzgeber geht zu Recht davon aus, dass für Kinder und Jugendliche besondere altersspezifische Behandlungsangebote zu schaffen sind,[24] da sich die therapeutische Arbeit mit traumatisierten Kindern und Jugendlichen deutlich von derjenigen mit traumatisierten Erwachsenen unterscheidet.[25] Ihre spezifischen Bedarfe müssen bei der Konzeptionierung der Behandlung ausreichend Berücksichtigung finden. So spielt etwa die Beteiligung von nicht als Täterinnen oder Tätern in das traumatische Ereignis involvierten **Bezugspersonen** bei der Bewältigung eines Traumas eine große Rolle.[26] Zudem erfordert die therapeutische Arbeit mit Kindern und Jugendlichen die Kenntnis entwicklungspsychologischer und entwicklungspsychopathologischer Aspekte sowie deren Anwendung bei der Diagnostik, der Durchführung der therapeutischen Intervention sowie generell die Beziehungsgestaltung mit den jungen Berechtigten und ihren Bezugspersonen.[27] Diese Gesichtspunkte sprechen dafür, die Anforderungen an die Qualifikation des therapeutischen Personals von Traumaambulanzen, die spezifische Angebote für die Behandlung von Kindern und Jugendlichen anbieten, gesondert zu regeln und festzulegen. Die therapeutische Arbeit mit Kindern und Jugendlichen

---

20 Schmidt SGB XIV/Bienert § 38 Rn. 10.
21 BT-Drs. 19/13824, 187.
22 Bundesärztekammer (Muster-)Weiterbildungsordnung 2018 idF v. 26.6.2021, https://www.bundesaerztekammer.de/fileadmin/user_upload/downloads/pdf-Ordner/Weiterbildung/20210630_MWBO_2018.pdf (1.9.2021).
23 BT-Drs. 19/13824, 187.
24 Vgl. BT-Drs. 19/13824, 186 zu § 36.
25 Fegert/Clemens/Rassenhofer PR Reha 3/2019, 44 (47).
26 Goldbeck/Allroggen/Münzer/Rassenhofer/Fegert, Sexueller Missbrauch, S. 64 ff.
27 Fegert/Clemens/Rassenhofer PR Reha 3/2019, 44 (47).

sollte Fachärztinnen und Fachärzten für Kinder- und Jugendpsychiatrie und Kinder- und Jugendlichenpsychotherapeutinnen und -therapeuten vorbehalten sein.

Es erscheint weiterhin geboten, in der Rechtsverordnung eine auf die Behandlung von Traumata fokussierte regelmäßige **Fortbildungspflicht**[28] vorzuschreiben. 13

2. Sitzungsdauer (Nr. 2). Von ebenfalls erheblicher Bedeutung ist es, dass das therapeutische Personal über **hinreichend Zeit** verfügt. Gerade bei Leistungsberechtigten, die ein oder mehrere traumatische Ereignisse zu bewältigen haben, kann es längere Zeit in Anspruch nehmen, bis diese sich in der Lage sehen, über das ihnen Widerfahrene zu sprechen und Vertrauen zum therapeutischen Personal aufzubauen.[29] § 38 S. 2 Nr. 2 SGB XIV legt daher zu Recht fest, dass in die Verordnung Bestimmungen zur Dauer der einzelnen Sitzungen aufzunehmen sind. Sachgerecht dürfte es sein, eine **Regeldauer** festzuschreiben, von welcher bei Besonderheiten abgewichen werden kann. Solche Besonderheiten können sich etwa ergeben, wenn in die Sitzung wegen eines **verminderten Konzentrationsvermögens** kurze Unterbrechungen einfließen müssen oder eine **Dolmetscherin** oder ein **Dolmetscher** hinzuzuziehen ist, so dass die Kommunikation zwischen der oder dem Berechtigten und der Behandlungsperson länger dauert. 14

3. Erreichbarkeit (Nr. 3). Damit die Leistungen in einer Traumaambulanz ihrer **Zielsetzung** gerecht werden, möglichst von allen Betroffenen[30] zu einem Zeitpunkt in Anspruch genommen zu werden, zu dem der Eintritt einer psychischen Gesundheitsstörung oder deren Chronifizierung verhindert werden kann (§ 31 Abs. 1 SGB XIV), müssen diese für den mit ihnen adressierten Personenkreis **niederschwellig** und **zeitnah** erreichbar sein. In die Verordnung sind dementsprechend gem. § 38 S. 2 Nr. 3 SGB XIV Bestimmungen zur Erreichbarkeit der Traumaambulanz und zum Zeitraum aufzunehmen, in welchem die Berechtigten einen Termin dort erhalten müssen, wobei auf Empfehlung des **Ausschusses für Arbeit und Soziales** die Maßgabe in das Gesetz aufgenommen wurde, dass die örtlichen Gegebenheiten berücksichtigt werden müssten.[31] 15

Die **Erreichbarkeit** der Traumaambulanzen setzt zunächst voraus, dass Berechtigte sich darüber informieren können, wo es in ihrer Nähe eine entsprechende Einrichtung gibt. Dies erfordert, dass die Traumaambulanzen über einen entsprechenden **Internetauftritt** verfügen und potenziell Berechtigte sich Rund um die Uhr auch **telefonisch** an sie wenden können. Die zuständigen Behörden haben für ein flächendeckendes Netz an Traumaambulanzen zu sorgen, damit lange **Anfahrtswege** vermieden werden. Welche Fahrstrecken oder -zeiten im Einzelfall noch zumutbar sind, hängt von den örtlichen Gegebenheiten ab. Angebote der Traumaambulanzen sind sowohl innerhalb der Länder als auch zwischen einzelnen Ländern in unterschiedlicher Anzahl und Dichte vorhanden. Während zB in den Stadtstaaten die Erreichbarkeit von Traumaambulanzen in kürzester Zeit sichergestellt werden kann, sind die Wege im ländlichen Raum deutlich länger. Auf entsprechende Besonderheiten ist – vor allem in der Übergangszeit bis zur Installation einer bundesweit flächendeckenden Versorgung – kreativ und flexibel zu reagieren.[32] Die Einrichtungen müssen so gelegen sein, dass sie grundsätzlich auch mit **öffentlichen Verkehrsmitteln** zumutbar erreicht werden können. 16

Es ist für **Barrierefreiheit** (§ 4 BGG) zu sorgen.[33] Bei der Einrichtung von Räumlichkeiten ist darauf zu achten, dass auch Rollstuhlfahrerinnen und Rollstuhlfahrer 17

28 Vgl. zum Recht der GKV § 95d SGB V; hierzu BSG Urt. v. 11.2.2015 – B 6 KA 19/14 R, SozR 4-2500 § 95d Nr. 1.
29 Vgl. Maercker in Maercker, Traumafolgestörungen, S. 536 f.
30 S. BT Drs. 19/13824, 1.
31 BT-Drs. 19/14870, 8, 32.
32 BT-Drs. 19/14870, 32.
33 Vgl. ausführlich SWK-BehindertenR/Theben Barrierefreiheit.

sowohl in die Behandlungsräume als auch zu den Toiletten gelangen können. Die Traumaambulanz muss in der Lage sein, die Kommunikation mit Berechtigten, bei denen eine Hör- oder Sprachbehinderung besteht, über Gebärdensprache (§ 6 Abs. 1 BGG) zu gewährleisten. Informationen sind auch in verständlicher und Leichter Sprache (§ 11 BGG) zugänglich zu machen.[34]

18 Erreichbarkeit setzt zudem voraus, dass Sitzungstermine zeitlich so **flexibel** angeboten werden können, dass auch Berechtigte, die berufstätig sind oder sich um die Betreuung von Kindern oder Familienangehörigen kümmern, von den Leistungen nicht faktisch ausgeschlossen sind.

19 Schließlich ist in die Rechtsverordnung der **Zeitraum** aufzunehmen, in welchem die Betroffenen nach der ersten Kontaktaufnahme einen Termin dort erhalten müssen. Es fällt in diesem Zusammenhang auf, dass der Gesetzgeber in § 38 S. 2 SGB XIV einerseits in Nr. 1 und 2 den Begriff der Sitzung und in Nr. 3 den Begriff des Termins verwendet. Eine Differenzierung scheint jedoch nicht gewünscht zu sein, da Termine zur (ersten) Abklärung der psychotherapeutischen Behandlungsbedürftigkeit, der Durchführung der Diagnostik und der erforderlichen Akutmaßnahmen in § 34 Abs. 2 SGB XIV ebenfalls als Sitzungen bezeichnet werden und damit nicht ersichtlich ist, um welche andere Form von Terminen es sich anderenfalls handeln könnte.

20 **4. Dokumentationspflichten (Nr. 4).** Die Rechtsverordnung muss weiterhin Bestimmungen zu den Dokumentationspflichten des therapeutisch tätigen Personals enthalten. Die sorgfältige Dokumentation der **anamnestischen Angaben** der Berechtigten, verfügbarer **Informationen über Vorbehandlungen**, der **Eingangsdiagnostik**, über die Aufklärung der Berechtigten, des Behandlungsplans und -verlaufs gehört zu den Aspekten, die nach den Empfehlungen der Bundespsychotherapeutenkammer für die Dokumentation psychotherapeutischer Behandlungen zu erfassen sind.[35] Entsprechende Informationen dürften auch bei der Inanspruchnahme von Leistungen in einer Traumaambulanz nach Maßgabe der §§ 31 ff. SGB XIV zu erfassen sein.

21 **5. Abrechnungsverfahren (Nr. 5).** In die Rechtsverordnung aufzunehmen sind weiterhin Regelungen, wie die Leistungen von der Traumaambulanz gegenüber den nach Landesrecht zuständigen Behörden (§§ 112, 113 SGB XIV) abgerechnet werden können. Weiterhin zu regeln sind die erforderlichen **Datenübermittlungswege.**

22 **6. Schweigepflichtentbindung (Nr. 6).** Der Aufbau einer **therapeutischen Beziehung** zur behandelnden Therapeutin bzw. zum Therapeut setzt voraus, dass gegebene Informationen vertraulich behandelt werden und daher der **Schweigepflicht** unterliegen. In Fällen, in denen Berechtigte allerdings nach der Inanspruchnahme von Leistungen in einer Traumaambulanz weitergehende Leistungen nach dem SER, etwa Entschädigungszahlungen nach den §§ 83 ff. SGB XIV, in Anspruch nehmen wollen, kann es sich anbieten, dass diese das therapeutische Personal von der Schweigepflicht entbinden. Sie können hierdurch ggf. vermeiden, dass sie sich erneut den psychischen Belastungen aussetzen müssen, die mit der ausführlichen Schilderung des Tatgeschehens und dessen Folgen verbunden sind. Wichtig in diesem Zusammenhang ist **Transparenz.** Die Berechtigten müssen ausführlich darüber aufgeklärt werden, welche Stellen nach der erteilten Entbindung von der Schweigepflicht Informationen erhalten.

---

34 S. eingehend Welti, FS für Gerhard Igl, 1. Aufl. 2017, S. 497 ff.

35 Bundespsychotherapeutenkammer, Empfehlungen der BPtK für die Dokumentation psychotherapeutischer Behandlungen in der psychotherapeutischen Versorgung idF des Beschluss des 37. Deutschen Psychotherapeutentages in Berlin am 14.11.2020, https://www.bptk.de/wp-content/uploads/2020/11/Empfehlungen-der-BPtK-fuer-die-Dokumentation-psychotherapeutischer-Behandlungen-in-der-psychotherapeutischen-Versorgung.pdf (2.9.2021).

7. Vertraulichkeit (Nr. 7). Gedanklich der in § 38 S. 2 Nr. 6 SGB XIV geregelten Entbindung von der Schweigepflicht vorgeschaltet ist, dass **überhaupt die Inanspruchnahme** von Leistungen in einer Traumaambulanz und vor allem die **Inhalte der Sitzungen** vertraulich zu behandeln sind. Nur dann ist eine vertrauensvolle therapeutische Zusammenarbeit möglich. Die Vertraulichkeit muss ab einem bestimmten Reifegrad bei Minderjährigen im Grundsatz auch **gegenüber den Eltern beachtet** werden. Insoweit besteht ein Spannungsverhältnis zwischen informationeller Selbstbestimmung (Art. 2 Abs. 1, 1 Abs. 1 GG) und dem elterlichen Erziehungsrecht (Art. 6 Abs. 2 GG).[36] Anspruchsvolle rechtliche Fragestellungen, die im Interesse der **Klarheit** ausdrücklich geregelt werden sollten, können sich etwa ergeben, wenn minderjährige Berechtigte die Hilfe einer Traumaambulanz ohne Wissen der Eltern in Anspruch nehmen wollen, etwa weil sie Opfer einer Gewalttat im häuslichen Nahbereich geworden sind. 23

Abschnitt 4 Kooperationsvereinbarungen

§ 39 Kooperationsvereinbarungen für Beratungs- und Begleitangebote

[1]Die Träger der Sozialen Entschädigung können Kooperationsvereinbarungen mit Organisationen schließen, die eine umfassende qualitätsgesicherte Beratung und Begleitung der Berechtigten sicherstellen. [2]Dabei berücksichtigen sie Angebote, die sich an Angehörige besonders schutzbedürftiger Personengruppen richten. [3]Sie können diesen Organisationen Sach- und Geldmittel zur Verfügung stellen.

A. Gesetzesgeschichte

Die Vorschrift ist durch Art. 1 G-SER vom 12.12.2019[1] eingeführt worden und tritt gemäß Art. 60 Abs. 7 G-SER am 1.1.2024 in Kraft. Sie hat **keinen gesetzlichen Vorläufer**. Kooperationsvereinbarungen zwischen den TdSE und Beratungsstellen und Einrichtungen im Bereich der Opferhilfe gibt es bereits in verschiedenen Bundesländern. Exemplarisch zu nennen sind Kooperationsvereinbarungen der Länder Baden-Württemberg,[2] Nordrhein-Westfalen[3] und Rheinland-Pfalz[4] mit dem WEISSEN RING 1

---

36 S. ausführlich Ludyga NZFam 2017, 1121 ff.

1 BGBl. 2019 I 2652.

2 Kooperationsvereinbarung zwischen dem Innenministerium des Landes Baden-Württemberg und dem WEISSEN RING eV Landesverband Baden-Württemberg v. 2.11.2015.

3 Kooperationsvereinbarung zwischen dem Justizministerium des Landes Nordrhein-Westfalen und dem WEISSEN RING eV Landesverbände NRW/Rheinland und NRW/Westfalen-Lippe v. 17.6.2013.

4 Kooperationsvereinbarung zwischen dem Ministerium des Inneren und für Sport und dem WEISSEN RING eV Landesverband Rheinland-Pfalz v. 8.8.2018.

eV. Entsprechende Vereinbarungen haben durch § 39 SGB XIV eine gesetzliche Grundlage erhalten.[5]

2 Im Gesetzgebungsverfahren hatte der **Bundesrat** im Rahmen seiner 980. Sitzung am 20.9.2019 vergeblich gefordert, § 39 SGB XIV ganz zu streichen, da die Länder schon jetzt Opferhilfeverbände förderten. Oftmals seien andere oberste Landesbehörden als die für die SE verantwortlichen dafür zuständig. Daher müsse nicht zwingend eine Förderung über die zuständige oberste Landesbehörde im SER erfolgen. Es handele sich um eine Überregulierung. § 39 S. 3 SGB XIV wecke Begehrlichkeiten und außerdem seien keine Haushaltsmittel des Bundes hierfür vorgesehen. Der Bund greife in die Organisation und die Haushalte der Länder ein. Auch die Verordnungsermächtigung zu den Kooperationsvereinbarungen nach § 40 SGB XIV sei vollständig zu streichen. Wenn die Länder schon eigene Haushaltsmittel einsetzen sollten, müsse ihnen zugestanden werden, die Voraussetzungen für die Förderung selbst zu regeln. Es sei ferner fraglich, ob eine Gesetzgebungskompetenz des Bundes bestehe. Die Regelung der Zusammenarbeit zwischen den TdSE und Dritten sei nicht mehr vom Begriff der öffentlichen Fürsorge iSd Art. 74 Abs. 1 Nr. 7 GG gedeckt. Schließlich bestünden auch systematische Bedenken gegen die Neuregelung. Diese stelle eine Durchbrechung der Konzeption des bisherigen OEG dar, welches ausschließlich Leistungen unmittelbar gegenüber dem Opfer vorsehe.[6] Die **Bundesregierung** hat insbesondere dem Einwand, es bestehe kein praktisches Bedürfnis für eine entsprechende Regelung, zu Recht entgegengehalten, dass es durchaus Menschen gibt, die den Gang zu Behörden scheuen und für die deshalb die Möglichkeit wichtig ist, sich auch an nichtstaatliche Stellen wenden zu können, die eine Kooperationsvereinbarung mit dem TdSE abgeschlossen haben. § 39 S. 3 SGB XIV schafft zudem die Möglichkeit, den kooperierenden Organisationen Geld- und Sachleistungen zur Verfügung zu stellen.[7] Letztlich greift auch der Einwand der fehlenden Gesetzgebungskompetenz, zu dem die Bundesregierung in ihrer Gegenäußerung nicht einmal Stellung genommen hat, nicht durch, da der Begriff der öffentlichen Fürsorge weit auszulegen und nicht auf die „klassische Fürsorge" beschränkt ist.[8] Im Einzelfall können beispielweise auch organisationsrechtliche Vorschriften durchaus von Art. 74 Abs. 1 Nr. 7 GG umfasst sein.[9] Insbesondere da die Organisationen der Opferhilfe, mit denen die TdSE Kooperationsvereinbarungen geschlossen haben, für die zuständigen Behörden zum Teil auch **Fallmanagementaufgaben** nach § 30 SGB XIV wahrnehmen sollen (→ § 30 Rn. 17), erscheint der Vorwurf der fehlenden Gesetzgebungskompetenz nicht plausibel.

B. Normsystematik

I. Allgemeiner Regelungsgehalt

3 **§ 39 S. 1 SGB XIV** schafft die notwendige Rechtsgrundlage dafür, dass die TdSE (§ 111 SGB XIV) mit solchen Organisationen Kooperationsvereinbarungen schließen können, die eine umfassende qualitätsgesicherte Beratung und Begleitung von Berechtigten der SE (§ 2 SGB XIV) sicherstellen. Die TdSE haben dabei, wie **§ 39 S. 2 SGB XIV** klarstellt, Angebote zu berücksichtigen, die sich an Angehörige besonders schutzbedürftiger Personengruppen richten. Sie können Organisationen, mit denen sie eine entsprechende Kooperationsvereinbarung geschlossen haben, gemäß **§ 39 S. 3 SGB XIV** Sach- und Geldmittel zur Verfügung stellen.

---

5 BT-Drs. 19/13824, 187.
6 BT-Drs. 19/13824, 291.
7 BT-Drs. 19/13824, 315.
8 BVerfG Beschl. v. 17.7.2003 – 2 BvL 1, 4, 6, 16, 18/99, 1/01, BVerfGE 108, 186 (214).
9 BVerfG Urt. v. 24.10.2002 – 2 BvF 1/01, BVerfGE 106, 62 (133); Sachs/Degenhardt GG Art. 74 Rn. 36.

II. Systematische Einordnung und Normzweck

1. Systematik. Die Vorschrift befindet sich im **Abschn. 4 des Kap. 4 SGB XIV** über die Schnellen Hilfen. Aus § 29 Abs. 1 SGB XIV kann jedoch geschlossen werden, dass es sich bei den Kooperationsvereinbarungen selbst um **keine Schnellen Hilfen** handelt (→ § 29 Rn. 6). Es ist jedoch möglich, dass Leistungen, die Gegenstand von Kooperationsvereinbarungen sind, ebenfalls zügig und niederschwellig erbracht werden, noch bevor über den Antrag auf Leistungen nach dem SGB XIV entschieden worden ist.[10] Damit ist gemeint, dass Organisationen, die mit einem TdSE eine Kooperationsvereinbarung iSd § 39 SGB XIV geschlossen haben, **Fallmanagementaufgaben** wahrnehmen können.[11] § 39 SGB XIV wird durch die **Verordnungsermächtigung des § 40 SGB XIV** ergänzt, durch welche das BMAS ermächtigt wird, durch Rechtsverordnung, die der Zustimmung des Bundesrates bedarf, die qualitativen Anforderungen an Kooperationsvereinbarungen zu regeln. 4

2. Normzweck. § 39 S. 1 SGB XIV schafft die notwendige **gesetzliche Grundlage,** damit die TdSE Kooperationsvereinbarungen mit solchen Organisationen schließen können, die in den für das SER relevanten Bereichen tätig sind. In vielen Städten und Regionen bestehen bereits heute Beratungsstellen und Einrichtungen, die im Rahmen der Opferentschädigung, aber auch in weiteren Bereichen der Opferhilfe tätig sind. Dabei sind ihre jeweilige Rechtsform (zB Verein, Stiftung) und Organisationsform (bundesweit, regional, lokal) ebenso unterschiedlich wie die Art ihres Tätigwerdens (ehrenamtlich oder hauptamtlich) und ihr jeweiliges Betätigungsfeld (umfassende Opferhilfe, spezialisierte Fachberatungsstellen zB für Opfer sexueller oder häuslicher Gewalt, psychosoziale Prozessbegleitung). Oft wird dabei ein ganzheitlicher Ansatz verfolgt, um den Betroffenen Hilfe in allen Situationen und bei allen Lebensentscheidungen anzubieten. Die Tätigkeit solcher Beratungsstellen kann eine **wertvolle Ergänzung** zur Arbeit der für die SE zuständigen Behörden darstellen.[12] Dies auch, weil es Menschen gibt, die den Gang zu Behörden aufgrund schlechter Erfahrungen scheuen und für die deshalb die Möglichkeit wichtig ist, sich auch an eine nichtstaatliche Stelle wenden zu können, die eine Kooperationsvereinbarung mit dem TdSE abgeschlossen hat.[13] Im Interesse der Berechtigten ist daher eine Zusammenarbeit staatlicher Stellen mit entsprechenden beratenden und unterstützenden Organisationen sinnvoll.[14] Zur **Sicherstellung bundeseinheitlicher Qualitätsstandards** werden in der auf der Grundlage des § 40 SGB XIV zu erlassenden Rechtsverordnung Mindestanforderungen geregelt.[15] **§ 39 S. 2 SGB XIV** hat **Klarstellungsfunktion.** Die Regelung hebt hervor, dass eine Zusammenarbeit auf der Grundlage von Kooperationsvereinbarungen nicht nur mit solchen Organisationen in Betracht kommt, die sich nur bzw. in erster Linie an die Geschädigten wenden. Vielmehr sind auch Angebote zu berücksichtigen, die sich an **Angehörige besonders schutzbedürftiger Personengruppen** richten. **§ 39 S. 3 SGB XIV** schafft die erforderliche **Rechtsgrundlage** dafür, dass die TdSE mit diesen Organisationen nicht nur im regelmäßigen Austausch stehen, sondern ihnen auch **Sach- und Geldmittel** zur Verfügung stellen können.[16] 5

10 BT-Drs. 19/13824, 182.
11 Vgl. Drohsel NZS 2019, 613 (617); Knickrehm/Mushoff/Schmidt Neues SozEntschR Rn. 94; B. Schmidt SRa-SH 2017, 51 (52).
12 BT-Drs. 19/13824, 182.
13 BT-Drs. 19/13824, 315.
14 BT-Drs. 19/13824, 187.
15 Vgl. BT-Drs. 19/13824, 315.
16 BT-Drs. 19/13824, 315.

C. Einzelkommentierung

I. Rechtsgrundlage zum Abschluss von Kooperationsvereinbarungen (S. 1)

6 **1. Rechtsnatur.** Kooperationsvereinbarungen sind **öffentlich-rechtliche Verträge** iSd § 53 Abs. 1 SGB X. Die TdSE schließen die entsprechenden Vereinbarungen in Erfüllung ihrer öffentlich-rechtlichen Verpflichtung ab, die Berechtigten der SE (§ 2 SGB XIV) zu beraten und zu begleiten. Dementsprechend sind die §§ 53 ff. SGB X und über § 60 S. 2 SGB X die Vorschriften des BGB entsprechend anwendbar. Die Vereinbarungen unterliegen dem **Schriftformerfordernis des § 56 SGB X** (→ § 37 Rn. 10).

7 **2. Vertragspartner.** Vertragspartner der Vereinbarungen sind einerseits die TdSE und damit gemäß § 111 SGB XIV die **Länder**. Diese schließen die Kooperationsvereinbarungen mit solchen **Organisationen**, die eine umfassende qualitätsgesicherte Beratung und Begleitung der Berechtigten sicherstellen. Der **Begriff der Organisationen** ist weit auszulegen. Er wird vom Gesetzgeber bewusst offen gehalten.[17] Prinzipiell soll keine Stelle ausgeschlossen werden, soweit diese willens und in der Lage ist, die vom Gesetz geforderten qualitativen Anforderungen an Beratung und Begleitung sicherzustellen. In Betracht kommen beispielsweise Beratungsstellen und Einrichtungen, die im Bereich der Opferentschädigung, aber auch im weiteren Bereich der Opferhilfe tätig sind.[18] Dazu gehören etwa der **WEISSE RING eV**, die im Bundesverband der Frauenberatungsstellen und Frauennotrufe zusammengeschlossenen rund 200 **Frauennotrufe und Frauenberatungsstellen** oder der **Deutsche Kinderschutzbund** mit seinem Bundeverband, 16 Landesverbänden und bundesweit 400 Ortsverbänden. **Keine Organisation** und damit keine in Betracht kommenden Vertragspartner sind hingegen Einzelpersonen.

8 **3. Regelungsgegenstände.** Gegenstand der Kooperationsvereinbarungen sind **umfassende Beratungs- und Begleitungsangebote**, die von den kooperierenden Organisationen für Berechtigte der SE iSd § 2 SGB XIV sicherzustellen sind. Insoweit decken sich die zu erfüllenden Aufgaben zum Teil mit denjenigen des **Fallmanagements** nach § 30 Abs. 1 und 5 SGB XIV. Weiterhin kommt ein Abschluss mit Organisationen in Betracht, die spezielle Angebote bereitstellen, die sich an **Angehörige besonders schutzbedürftiger Personengruppen** richten. Da der Gesetzgeber mit § 39 SGB XIV erkennbar die bisherige Praxis der Kooperationsvereinbarungen fortsetzen möchte, können zur Veranschaulichung denkbarer Regelungsinhalte die Inhalte der geschlossenen Kooperationsvereinbarungen der Länder Nordrhein-Westfalen und Rheinland-Pfalz jeweils mit dem WEISSEN RING eV vom 17.6.2013[19] bzw. vom 8.8.2018[20] herangezogen werden.[21] In diesen Vereinbarungen verpflichtet sich der WEISSE RING eV ua dazu

- mit seinem flächendeckenden Netz an Außenstellen Hilfesuchenden als **Ansprechpartner** zur Verfügung zu stehen und dabei eine ständige Erreichbarkeit zu gewährleisten,
- **Hilfe für Opfer vorsätzlicher Straftaten** ohne Voraussetzung einer Mitgliedschaft anzubieten,
- **Zeugenbetreuungsstellen** bei den Gerichten zu unterstützen,

---

17 Schmidt SGB XIV/Bienert § 39 Rn. 7.
18 BT-Drs. 19/13824, 187.
19 Kooperationsvereinbarung zwischen dem Justizministerium des Landes Nordrhein-Westfalen und dem WEISSEN RING eV Landesverbände NRW/Rheinland und NRW/Westfalen-Lippe v. 17.6.2013.
20 Kooperationsvereinbarung zwischen dem Ministerium des Inneren und für Sport und dem WEISSEN RING eV Landesverband Rheinland-Pfalz v. 8.8.2018.
21 I.E. ebenso Schmidt SGB XIV/Bienert § 39 Rn. 8.

- **bei Aus- und Fortbildungen** im Hinblick auf die Opferhilfe **zu unterstützen** und
- zu einem **Austausch** bei Aktionen der Öffentlichkeitsarbeit, Schulungen und Tagungen.

Qualitative Anforderungen an die Kooperationsvereinbarungen sind in der auf der Grundlage der Verordnungsermächtigung des § 40 S. 1 SGB XIV zu erlassenden Rechtsverordnung festzulegen. § 40 S. 2 SGB XIV nennt als **Mindestinhalte** die Anforderungen an die **Qualifikation der Organisationen** und die Anforderungen an die **Qualifikation der Mitarbeiterinnen und Mitarbeiter der Organisationen**. Entsprechende Vorgaben aus der Verordnung müssen bei der Entscheidung, ob eine Kooperationsvereinbarung mit der jeweiligen Organisation abgeschlossen werden kann, beachtet werden bzw. in diese Eingang finden. 9

Grundvoraussetzung jeder in Betracht kommenden Organisation ist, dass sie willens ist, Beratungs- und/oder Begleitangebote für Berechtigte der SE nach § 2 SGB XIV anzubieten. Die **Qualifikation der Organisation** zeichnet sich durch Kriterien wie etwa die **Professionalität und Leistungsfähigkeit ihrer Strukturen** und die **Stimmigkeit ihrer Konzeption** aus (→ § 40 Rn. 14). Hinsichtlich der **Qualifikation der Mitarbeiterinnen und Mitarbeiter** ist zu fordern, dass sowohl die haupt- als auch ehrenamtlich für die jeweilige Organisation Tätigen über das **hinreichende Fachwissen** als auch über die **persönliche Eignung** verfügen, den Personenkreis der Berechtigten der SE zu beraten und zu begleiten (→ § 40 Rn. 19 f.). 10

4. Rechtsfolgen. Das Wort „können" in § 39 S. 1 SGB XIV wird im wissenschaftlichen Schrifttum zum Teil im Sinne eines **Kompetenz-Kann** interpretiert.[22] Dies hätte allerdings zur Folge, dass den TdSE kein **Ermessen** eingeräumt ist, ob sie mit solchen Organisationen, die eine umfassende qualitätsgesicherte Beratung und Begleitung der Berechtigten sicherstellen, eine Kooperationsvereinbarung schließen, sondern sie dazu verpflichtet sind, bei Vorliegen der tatbestandlichen Voraussetzungen des § 39 S. 1 SGB XIV iVm den Vorgaben des § 40 SGB XIV und der auf dessen Grundlage zu erlassenden Rechtsverordnung eine solche Vereinbarung treffen müssten.[23] Die Gesetzesmaterialien sprechen jedoch dafür, dass es sich um eine **Ermessensentscheidung** handelt, bei der die TdSE einen entsprechenden Gestaltungsspielraum[24] haben. Nach der Vorstellung des Gesetzgebers ist die Entscheidung, ob Kooperationsvereinbarungen geschlossen werden und wie diese ausgestaltet sind, jeweils von den **örtlichen Gegebenheiten** abhängig.[25] Für diese Auffassung spricht auch, dass die Frage des Abschlusses eines öffentlich-rechtlichen Vertrags nach § 53 Abs. 1 SGB X eine Ermessensentscheidung ist.[26] 11

Es gilt prinzipiell der **Grundsatz der Vertragsfreiheit**.[27] Einschränkungen können sich jedoch aus den **Grenzen des Ermessens** ergeben, zu denen der allgemeine Gleichheitssatz des Art. 3 Abs. 1 GG gehört.[28] Die TdSE dürfen nicht einzelne Anbieter gegenüber anderen gleichheitswidrig benachteiligen.[29] 12

Bereits **bestehende Kooperationsvereinbarungen** werden durch die ausdrückliche gesetzliche Regelung legalisiert.[30] Sollten bestehende Vereinbarungen jedoch hinter 13

22 So Schmidt SGB XIV/Bienert § 39 Rn. 11.
23 Vgl. BVerwG Urt. v. 7.2.1974 – III C 115.71, BVerwGE 44, 339 (342); Maurer/Waldhoff AllgVerwR § 7 Rn. 9.
24 Vgl. jurisPK-SGB I/Groth § 39 Rn. 14; Knickrehm/Kreikebohm/Waltermann/Hänlein SGB I § 39 Rn. 2.
25 BT-Drs. 19/13824, 187.
26 jurisPK-SGB X/Nielsson § 53 Rn. 78.
27 Vgl. LSG BW Urt. v. 8.7.2016 – L 4 KR 4669/15, juris Rn. 29.
28 BeckOK SozR/Gutzler SGB I § 39 Rn. 5.
29 Hauck/Noftz/Becker SGB X § 53 Rn. 72; Schmidt SGB XIV/Bienert § 39 Rn. 11.
30 Vgl. BT-Drs. 19/13824, 187.

den qualitativen Anforderungen der noch zu erlassenden Rechtsverordnung nach § 40 SGB XIV derart weit zurückbleiben, dass ein Festhalten an der Vereinbarung in ihrer ursprünglichen Form nicht mehr zumutbar erscheint, wird man dem jeweiligen TdSE ein Recht aus **§ 59 Abs. 1 SGB X** einzuräumen haben, eine **Anpassung der Vereinbarung** an die wesentlich geänderte Rechtslage zu verlangen.[31]

14 Es stellt sich die Frage, ob die TdSE nach dem 1.1.2024 noch berechtigt sind, mit Organisationen Vereinbarungen über **Kooperationen außerhalb des § 39 SGB XIV** zu schließen.[32] Dagegen spricht zunächst der Wille des Gesetzgebers, die Praxis der Kooperationsvereinbarungen nun auf eine gesetzliche Grundlage zu stellen. Es erscheint überlegenswert, ob daraus nicht im Umkehrschluss zu folgern ist, dass anderweitige Vereinbarungen jedenfalls dann ausgeschlossen sein sollen, wenn diese wie Kooperationsvereinbarungen auf eine weitreichende Zusammenarbeit angelegt sind. Für diese Sichtweise spricht ferner, dass es zu den wesentlichen Zielen der gesetzlichen Normierung gehört, beim Abschluss von Kooperationsvereinbarungen **qualitative Anforderungen** festzulegen. Diesbezüglich sieht § 40 S. 2 SGB XIV ausdrücklich Mindestinhalte vor, die durch den Abschluss anderweitiger Vereinbarungen nicht umgangen werden dürfen. Wenn für entsprechende Vereinbarungen Haushaltsmittel größeren Umfangs eingesetzt werden, spricht zusätzlich das **Gebot einer wirtschaftlichen Mittelverwendung**[33] gegen eine Befugnis der TdSE, Kooperationen unter Außerachtlassung der qualitativen Vorgaben der noch zu erlassenden Rechtsverordnung zu § 40 SGB XIV zu schließen.

II. Berücksichtigung von Angeboten für Angehörige (S. 2)

15 § 39 S. 2 SGB XIV stellt klar, dass die TdSE (auch) Angebote berücksichtigen, die sich an Angehörige besonders schutzbedürftiger Personengruppen richten. Im **Entwurf des G-SER** sind zu dieser Regelung keine Erläuterungen enthalten.[34] Es ist davon auszugehen, dass der Gesetzgeber auch diese Regelung **bewusst offen gestaltet** hat, um bestimmte Angebote für den in der Vorschrift genannten Personenkreis nicht von vornherein auszuschließen.

16 **Angehörige** sind dabei mangels anderweitiger Hinweise in den Gesetzesmaterialien solche iSd § 2 Abs. 3 SGB XIV, also Ehegatten, Kinder und Eltern von Geschädigten.

17 Der Begriff der **besonders schutzbedürftigen Personengruppen** ist gesetzlich nicht definiert. Hiervon dürften beispielsweise **Kinder und Jugendliche** sowie Erwachsene erfasst sein, bei denen die **Voraussetzungen des Merkzeichens „H“** vorliegen. Nicht erforderlich ist in diesem Zusammenhang, dass die Schutzbedürftigkeit ursächlich auf das schädigende Ereignis zurückzuführen ist.

18 Hervorzuheben ist, dass sich die Angebote nach S. 2 **an die Angehörigen selbst richten**. Nicht gemeint ist somit der Fall, dass Geschädigte bei der Inanspruchnahme von Beratungs- und Begleitangeboten auf die Unterstützung ihrer Angehörigen angewiesen sind. Konstellationen, in denen Angehörige der Unterstützung bedürfen, können beispielsweise bei Gewalttaten (§ 13 Abs. 1, 2 SGB XIV) in der Familie durch einen Elternteil vorliegen. In einem solchen Fall kann es erforderlich werden, dass sich der andere Elternteil umfassend beraten lassen kann und bei einer beabsichtigten Trennung Unterstützung erfährt.

---

31 Vgl. BSG Urt. v. 22.3.1984 – 6 RKa 23/83, juris Rn. 16; LSG NRW Urt. v. 15.8.2017 – L 2 AS 1822/12, juris Rn. 25; BeckOK SozR/Heße SGB X § 59 Rn. 4; Schütze/Engelmann SGB X § 59 Rn. 12.

32 Dafür Schmidt SGB XIV/Bienert § 39 Rn. 12.

33 Vgl. HessLSG Urt. v. 30.1.2019 – L 6 AS 507/14 KL, juris Rn. 35; jurisPK-SGB X/Nielsson § 53 Rn. 71.

34 Krit. Schmidt SGB XIV/Bienert § 39 Rn. 13.

III. Zurverfügungstellung von Sach- und Geldmitteln (S. 3)

Die TdSE können diesen Organisationen nach § 39 S. 3 SGB XIV Sach- und Geldmittel zur Verfügung stellen. Unter **diesen Organisationen** sind nur solche zu verstehen, die mit den TdSE eine Kooperationsvereinbarung geschlossen haben.[35] 19

Sachmittel sind die zur Erfüllung der Aufgabe erforderlichen Gegenstände und Materialien.[36] Regelmäßig werden die Organisationen über die zu ihrer Aufgabenerfüllung erforderlichen Sachmittel selbst verfügen, so dass die Zurverfügungstellung von Sachmitteln die Ausnahme sein dürfte. Denkbar ist zB der Fall, dass die zuständige Behörde des TdSE der Sachbearbeiterin oder dem Sachbearbeiter einer Organisation zum Zwecke der Aktenvervielfältigung ihren Kopierer zur Verfügung zu stellen hat. Relevanter dürfte die Zurverfügungstellung von **Geldmitteln** sein. Daneben ist es durchaus denkbar, dass die TdSE die mit ihnen kooperierenden Organisationen auch auf andere Weise unterstützen, indem sie ihnen etwa für eine größere Veranstaltung **Räume** oder für eine Fortbildung **Referentinnen oder Referenten** zur Verfügung stellen. 20

Nicht erforderlich ist, dass über die Zurverfügungstellung von Sach- oder Geldmitteln eine **Regelung** in die Kooperationsvereinbarung aufgenommen wurde.[37] Ein entsprechendes Erfordernis wäre nicht praktikabel. § 39 S. 3 SGB XIV ist jedoch die **abschließende Grundlage,** um Organisationen jedenfalls nicht nur punktuell Sach- und Geldmittel zur Verfügung zu stellen, so dass die (regelmäßige) Zurverfügungstellung von Sach- oder Geldmitteln an Organisationen, mit denen noch keine Kooperationsvereinbarung geschlossen wurde oder gar Verhandlungen über den Abschluss einer solchen Vereinbarung gescheitert sind, grundsätzlich nicht möglich ist. 21

Mit dem Wort **„können"** bringt der Gesetzgeber – wie in § 39 S. 1 SGB XIV – zum Ausdruck, dass dem TdSE bei seiner Entscheidung über die Zurverfügungstellung von Sach- oder Geldleistungen ein **Entschließungs-** und **Auswahlermessen** eingeräumt ist. Nach anderer Auffassung soll durch das Wort ein „Kompetenz-Kann" zum Ausdruck gebracht werden.[38] Dies überzeugt jedoch nicht, da es sich bei der Entscheidung über die Zurverfügungstellung öffentlicher Mittel um einen typischen Fall handelt, bei dem die öffentliche Stelle ein Ermessen hat. 22

Relevante Ermessensgesichtspunkte sind dabei beispielsweise, in welchem Umfang die jeweilige Organisation Berechtigte iSd § 2 SGB XIV betreut und die zuständigen Behörden des TdSE hierdurch bei den Aufgaben des Fallmanagements entlastet oder im Hinblick auf das Gleichbehandlungsgebot inwieweit vergleichbare Organisationen vom TdSE bereits unterstützt wurden. 23

§ 40 Verordnungsermächtigung

[1]Das Bundesministerium für Arbeit und Soziales wird ermächtigt, durch Rechtsverordnung, die der Zustimmung des Bundesrates bedarf, die qualitativen Anforderungen an Kooperationsvereinbarungen zu regeln. [2]Mindestinhalte der Verordnung sind:

1. **die Anforderungen an die Qualifikation der Organisationen, mit denen Kooperationsvereinbarungen geschlossen werden können, sowie**
2. **die Anforderungen an die Qualifikation der Mitarbeiterinnen und Mitarbeiter der Organisation nach Nummer 1.**

35 Vgl. BT-Drs. 19/13824, 315.
36 Vgl. BAG Beschl. v. 18.7.2012 – 7 ABR 23/11, juris Rn. 20.
37 Schmidt SGB XIV/Bienert § 39 Rn. 18.
38 Schmidt SGB XIV/Bienert § 39 Rn. 18.

A. Gesetzesgeschichte

1 Die Vorschrift ist durch Art. 1 G-SER vom 12.12.2019[1] eingeführt worden und gemäß Art. 60 Abs. 3 Nr. 1 G-SER am **20.12.2019** in Kraft getreten. Sie hat **keinen gesetzlichen Vorläufer.** Kooperationsvereinbarungen zwischen den TdSE und Beratungsstellen sowie Einrichtungen im Bereich der Opferhilfe gibt es zwar seit längerer Zeit in verschiedenen Bundesländern, entsprechende Vereinbarungen haben jedoch erst durch § 39 SGB XIV eine gesetzliche Grundlage erhalten (→ § 39 Rn. 1). Im Zuge der gesetzlichen Regelung hat der Gesetzgeber mit § 40 SGB XIV zudem eine Ermächtigung geschaffen, um über den Erlass einer Rechtsverordnung qualitative **Anforderungen an Kooperationsvereinbarungen** festzulegen.

2 Der **Bunderrat** hatte im Rahmen seiner 980. Sitzung am 20.9.2019 vergeblich angeregt, § 39 SGB XIV und § 40 SGB XIV ganz zu streichen, konnte sich mit dieser Forderung jedoch zu Recht nicht durchsetzen (→ § 39 Rn. 2).

B. Normsystematik

I. Allgemeiner Regelungsgehalt

3 **§ 40 S. 1 SGB XIV** ist eine Verordnungsermächtigung. Sie ermächtigt das BMAS mit Zustimmung des Bundesrates, durch Rechtsverordnung die qualitativen Anforderungen an Kooperationsvereinbarungen iSd § 39 SGB XIV zu regeln. **§ 40 S. 2 SGB XIV** enthält Mindestinhalte, zu denen Regelungen in die Rechtsverordnung aufzunehmen sind.

II. Systematische Einordnung und Normzweck

4 **1. Systematik.** Die Vorschrift befindet sich im Abschn. 4 des Kap. 4 SGB XIV über die **Schnellen Hilfen** des SER und flankiert **§ 39 SGB XIV**, der die bisherige Praxis des Abschlusses von Kooperationsvereinbarungen auf eine gesetzliche Grundlage stellt. Aus § 29 Abs. 1 SGB XIV kann geschlossen werden, dass es sich bei den Kooperationsvereinbarungen selbst um **keine Schnellen Hilfen** handelt (→ § 29 Rn. 6). Es ist jedoch möglich, dass Leistungen, die Gegenstand von Kooperationsvereinbarungen sind, ebenfalls zügig und niederschwellig erbracht werden, noch bevor über den Antrag auf Leistungen nach dem SGB XIV entschieden worden ist. Dies ist dahin gehend zu verstehen, dass kooperierende Organisationen für die TdSE Fallmanagementaufgaben übernehmen können (→ § 39 Rn. 4).

5 Die mit § 40 S. 1 SGB XIV geschaffene **Verordnungsermächtigung** ist Ausfluss der Vorgaben des **Art. 80 Abs. 1 GG.** Der Erlass von Rechtsverordnungen hat auf der Grundlage eines Gesetzes zu erfolgen (Art. 80 Abs. 1 S. 1 GG). Er soll vor allem das Rechtsetzungsverfahren vereinfachen und den Gesetzgeber entlasten.[2] Aus Art. 80 Abs. 1 S. 2 GG folgt jedoch die Verpflichtung des Gesetzgebers, die wesentlichen Ent-

1 BGBl. 2019 I 2652.
2 Wolff/Bachof/Stober/Kluth VerwR I/Stober § 25 Rn. 40.

scheidungen selbst zu treffen. § 124 Abs. 4 Nr. 1 SGB XIV sieht vor, dass die Bundesstelle für Soziale Entschädigung das BMAS bei der Umsetzung und Fortschreibung der Rechtsverordnung begleitet.

2. Normzweck. Es gehört zu den erklärten Zielen des Gesetzgebers die bisherige Praxis der Kooperationsvereinbarungen fortzuführen, diese jedoch nun auf eine gesetzliche Grundlage zu stellen. Im Interesse der Berechtigten haben die Kooperationsvereinbarungen nach § 39 SGB XIV nun **bundeseinheitlichen Qualitätsstandards zu genügen.** Hierzu sollen **per Rechtsverordnung** die **Mindestanforderungen an Kooperationsvereinbarungen** geregelt werden.[3] § 40 S. 1 SGB XIV schafft die notwendige **Verordnungsermächtigung** und § 40 S. 2 SGB XIV nennt **Mindestinhalte,** welche nach Auffassung des Gesetzgebers zwingend in die zu erlassende Rechtsverordnung aufzunehmen sind. 6

C. Einzelkommentierung

I. Verordnungsermächtigung (S. 1)

§ 40 S. 1 SGB XIV gibt dem BMAS die nach Art. 80 Abs. 1 S. 1 GG **notwendige Ermächtigung,** durch Rechtsverordnung die qualitativen Anforderungen an Kooperationsvereinbarungen zu regeln. Die **Bundesstelle für Soziale Entschädigung** begleitet gemäß § 124 Abs. 4 Nr. 1 SGB XIV als Kompetenzzentrum für SE das BMAS bei der Umsetzung und Fortschreibung der Rechtsverordnung. Die entsprechende Rechtsverordnung bedarf der **Zustimmung des Bundesrates.** Verfassungsrechtlicher Hintergrund ist, dass die Länder das SER als eigene Angelegenheiten gemäß Art. 84 GG ausführen.[4] Es handelt sich bei dem G-SER um ein nach Art. 104a Abs. 4 GG zustimmungsbedürftiges Gesetz, was zur Folge hat, dass die nach § 40 S. 1 SGB XIV zu erlassende Rechtsverordnung gem. Art. 80 Abs. 2 GG ihrerseits ebenfalls der Zustimmung des Bundesrats bedarf. 7

Kooperationsvereinbarungen iSd § 40 S. 1 SGB XIV sind nur solche nach § 39 SGB XIV. Auf **bestehende Kooperationsvereinbarungen,** die vor Inkrafttreten des § 39 SGB XIV zum 1.1.2024 (→ § 39 Rn. 1) geschlossen wurden, finden die Regelungen der zu erlassenden Rechtsverordnung keine Anwendung. Sollten bestehende Vereinbarungen jedoch hinter den qualitativen Anforderungen der noch zu erlassenden Rechtsnachverordnung nach § 40 SGB XIV derart weit zurückbleiben, dass ein Festhalten an der Vereinbarung in ihrer ursprünglichen Form nicht mehr zumutbar erscheint, wird man dem TdSE ein Recht aus § 59 Abs. 1 SGB X einzuräumen haben, eine Anpassung der Vereinbarung zu verlangen (→ § 39 Rn. 13). Eine Befugnis der TdSE, Kooperationsvereinbarungen außerhalb des § 39 SGB XIV zu schließen und damit auch die Mindestanforderungen des § 40 SGB XIV zu umgehen, entfällt mit Inkrafttreten des § 39 SGB XIV (→ § 39 Rn. 14). 8

Unter den **qualitativen Anforderungen** an Kooperationsvereinbarungen versteht der Gesetzgeber, die Anforderungen, die gewahrt sein müssen, damit eine umfassende qualitätsgesicherte Beratung und Begleitung der Berechtigten der SE iSd § 39 S. 1 SGB XIV sichergestellt ist. Zu den unabdingbaren Regelungen, die in der Rechtsverordnung Berücksichtigung finden müssen, gehören die Mindestinhalte des § 40 S. 2 SGB XIV zu den Anforderungen an die Qualifikation der Organisationen und an die Qualifikation von deren Mitarbeiterinnen und Mitarbeitern. 9

Grundsätzlich ist es Sache des Verordnungsgebers, nach pflichtgemäßem Ermessen zu entscheiden, ob er von der gesetzlichen Ermächtigung Gebrauch machen will oder nicht.[5] Allerdings kann im Einzelfall auch eine Pflicht hierzu bestehen. Dies ist der 10

3 BT-Drs. 19/13824, 315.
4 Vgl. BT-Drs. 19/13824, 290.
5 Maurer/Waldhoff AllgVerwR, 20. Aufl. 2020, § 13 Rn. 15.

Fall, wenn dem Verordnungsgeber nicht nur eine Ermächtigung, sondern ein **Regelungsauftrag** erteilt wurde.[6] Ein solcher kann entweder im Wortlaut der Verordnungsermächtigung zum Ausdruck kommen oder folgt daraus, dass die von parlamentarischer Seite geschaffene Regelung einer Rechtsverordnung bedarf, um anwendbar oder praktikabel zu sein.[7] Da es zu den zentralen Zielen der gesetzlichen Verankerung der Kooperationsvereinbarungen gehört, im Interesse der Berechtigten der SE (§ 2 SGB XIV) bundeseinheitliche Qualitätsstandards festzulegen und die gesetzlichen Regelungen der §§ 39, 40 SGB XIV nur wenige Vorgaben an den Inhalt von Kooperationsvereinbarungen enthalten, ist davon auszugehen, dass das BMAS die **Pflicht** hat, von der Ermächtigung Gebrauch zu machen.[8]

11 Anders als § 38 S. 1 SGB XIV enthält § 40 S. 1 SGB VI keine ausdrücklichen Vorgaben zum **Zeitpunkt des Inkrafttretens** der entsprechenden Verordnung. Da die Verordnungsermächtigung allerdings nur auf Kooperationsvereinbarungen nach § 39 SGB XIV Anwendung findet und die entsprechende Vorschrift gem. Art. 60 Abs. 7 G-SER erst am 1.1.2024 in Kraft tritt, ist derzeit kein Bedürfnis erkennbar, die Verordnung wesentlich früher zu erlassen.

II. Mindestinhalte der Verordnung (S. 2)

12 Mindestinhalte der Verordnung gem. § 40 S. 2 SGB XIV sind Regelungen zu den Anforderungen an die Qualifikation der Organisationen, mit denen Kooperationsvereinbarungen geschlossen werden können (Nr. 1), sowie zu den Anforderungen an die Qualifikation der Mitarbeiterinnen und Mitarbeiter der Organisationen nach Nr. 1 (Nr. 2). Die **Aufzählung von Mindestinhalten** schließt es nicht aus, **weitere Inhalte** (zB hinsichtlich der Zurverfügungstellung von Sach- und Geldmitteln) in die Rechtsverordnung aufzunehmen.[9]

13 **1. Anforderungen an die Qualifikation der Organisationen.** Zu den Mindestinhalten der Rechtsverordnung gehören nach § 40 S. 2 Nr. 1 SGB XIV Regelungen zu den Anforderungen an die Qualifikation der Organisationen, mit denen Kooperationsvereinbarungen geschlossen werden können. Dies bedeutet im **Umkehrschluss**, dass eine Kooperationsvereinbarung mit Organisationen, welche diese Anforderungen nicht erfüllen, rechtlich nicht zulässig ist.

14 Die Qualifikation der Organisation zeichnet sich durch Kriterien wie etwa die **Leistungsfähigkeit** und **Professionalität ihrer Strukturen** sowie die **Stimmigkeit der Angebote** aus.

15 Die in Betracht kommenden Organisationen müssen **willens und in der Lage** sein, Beratungs- und/oder Begleitangebote für Berechtigte der SE nach § 2 SGB XIV **zuverlässig** anzubieten. Dazu gehört es, dass diese für die Berechtigten telefonisch und per E-Mail **erreichbar** sind und auch über **Räumlichkeiten** verfügen, in denen eine ungestörte Beratung möglich ist. Sie müssen **Öffnungszeiten** anbieten, die auch für berufstätige Berechtigte und solche, die sich zum Beispiel um Kinder kümmern, offen stehen. **Personell** müssen sie so ausgestattet sein, dass eine zeitnahe und bei besonderen Anlässen auch kurzfristige Beratung möglich ist. Die Kapazitäten müssen so auslegt sein, dass traumatisierte Menschen, deren Beratung und Begleitung zeitaufwendig sein kann, sich gut aufgehoben fühlen.

16 Zur **Professionalität** gehört beispielsweise, dass die Organisationen über Strukturen verfügen, bei denen eine **vertrauliche Behandlung** der zum Teil hoch sensiblen Infor-

6 Grundlegend BVerfG Beschl. v. 30.11.1988 – 1 BvR 1301/84, BVerfGE 79, 174 (194).
7 Sachs/Mann GG Art. 80 Rn. 5.
8 Anders hingegen jurisPK-SGB XIV/Tielmann-Hörl § 40 Rn. 9; Schmidt SGB XIV/Bienert § 40 Rn. 8.
9 Schmidt SGB XIV/Bienert § 40 Rn. 13.

mationen gewährleistet ist, die den Mitarbeiterinnen und Mitarbeitern im Rahmen der Beratung und Begleitung von Berechtigten der SE anvertraut werden. Die Organisationen haben dafür zu sorgen, dass Verständigungsprobleme durch den **Einsatz von Dolmetscherinnen und Dolmetschern** überwunden werden. Sie bilden das bei ihnen tätige Personal regelmäßig im Rahmen von **Schulungen** im Umgang mit traumatisierten Menschen und zu rechtlichen Fragen des Sozialleistungssystems fort.[10]

Unter der **Stimmigkeit der Angebote** ist zu verstehen, dass die Konzepte der Organisationen zur Situation und den Bedürfnissen der von § 39 SGB XIV erfassten Personen passen, die sich hilfesuchend an diese wenden. 17

2. Anforderungen an die Qualifikation der Mitarbeiterinnen und Mitarbeiter. Die Verordnung hat weiterhin festzulegen, welche Anforderungen an die Qualifikation der Mitarbeiterinnen und Mitarbeiter zu stellen sind, die bei Organisationen iSd § 39 SGB XIV tätig sind. Da der Gesetzgeber davon ausgeht, dass Kooperationsvereinbarungen durchaus mit Organisationen geschlossen werden können, die **ehrenamtlich tätige Personen** einsetzen,[11] geht es bei der Qualifikation des eingesetzten Personals grundsätzlich weniger um einen bestimmten formellen Bildungsabschluss, sondern darum, ob dieses in der Lage ist, die Hilfesuchenden **adäquat zu beraten** und **zu begleiten.** 18

Erforderlich ist, dass die Mitarbeiterinnen und Mitarbeiter über **Fachwissen** im Umgang mit traumatisierten Menschen und fundierte Kenntnisse des Sozialleistungssystems verfügen. Qualifiziertes Personal zeichnet sich zudem dadurch aus, dass in Situationen, in denen die eigene Fachkompetenz überschritten wird, der Kontakt zu den in Betracht kommenden speziellen Hilfsangeboten hergestellt wird. 19

Weiterhin müssen die Mitarbeiterinnen und Mitarbeiter auch über die **persönliche Eignung und Neigung** für eine entsprechende Tätigkeit verfügen. Dazu gehören **Empathie** und **Kommunikationsfähigkeit**, aber auch die Fähigkeit, sich angesichts belastender Schilderungen traumatischer Ereignisse aus Gründen der **Selbstfürsorge** gedanklich hinreichend von den geschilderten Sachverhalten distanzieren zu können.[12] 20

Kapitel 5 Krankenbehandlung der Sozialen Entschädigung

Abschnitt 1 Leistungen und Nachweispflicht

§ 41 Anspruch auf Leistungen der Krankenbehandlung der Sozialen Entschädigung

(1) Geschädigte haben für anerkannte Schädigungsfolgen Anspruch auf Leistungen der Krankenbehandlung der Sozialen Entschädigung nach den Vorschriften dieses Kapitels.

(2) [1]Ist eine Gesundheitsstörung im Sinne einer Verschlimmerung als Folge einer Schädigung anerkannt, besteht abweichend von Absatz 1 Anspruch auf Leistungen der Krankenbehandlung der Sozialen Entschädigung für die gesamte Gesundheitsstörung. [2]Dies gilt nicht, wenn die als Folge einer Schädigung anerkannte Gesundheitsstörung auf den Zustand, der Leistungen der Krankenbehandlung erfordert, ohne Einfluss ist.

10 Schmidt SGB XIV/Bienert § 39 Rn. 9.
11 Vgl. BT-Drs. 19/13824, 187.
12 Vgl. Maercker in Maercker, Traumafolgestörungen, S. 541 ff.

A. Gesetzesgeschichte

I. Geltendes und neues Recht

1 Der Anspruch von Geschädigten auf Leistungen der Krankenbehandlung der Sozialen Entschädigung für anerkannte Schädigungsfolgen ist bis zum 31.12.2023 in § 10 BVG[1] geregelt. § 41 tritt mWz 1.1.2024 in Kraft. Die Norm geht zurück auf den Gesetzentwurf der Bundesregierung vom 9.10.2019.[2]

II. Änderungen im SGB XIV gegenüber dem BVG und Parallelität

2 § 41 entspricht seinem Regelungsgehalt nach § 10 BVG, wobei – ohne wesentliche inhaltliche Änderung[3] – der Begriff der **Heilbehandlung** (§ 10 Abs. 1 BVG) durch den Begriff der **Krankenbehandlung** abgelöst wird; damit fällt die begriffliche Differenzierung des geltenden Rechtes zwischen Heilbehandlung, die Geschädigten für sich selbst gewährt wird, und Krankenbehandlung, die für Ehegatten, Kinder und weitere Personen gewährt wird, weg.

B. Normsystematik

I. Allgemeiner Regelungsgehalt

3 Abs. 1 regelt den **Grundsatz,** dass Geschädigte für **anerkannte Schädigungsfolgen** Anspruch auf Krankenbehandlung der Sozialen Entschädigung haben. Abs. 2 erweitert diesen Grundsatz durch Einbeziehung auch des Teiles der Gesundheitsstörung, der keine anerkannte Schädigungsfolge ist. Die nach § 10 Abs. 2 BVG gewährte Heilbehandlung, die auch für Gesundheitsstörungen geleistet wird, die **nicht anerkannte Schädigungsfolgen** sind, ist für Schwerbeschädigte nunmehr in § 42 Abs. 2 geregelt.

II. Systematische Einordnung und Normzweck

4 § 41 regelt als Grundsatznorm die **allgemeinen Voraussetzungen für den Krankenbehandlungsanspruch Geschädigter.** Die Rechtsfolgen, also Art und Umfang der Leistungen, sind dagegen in den folgenden Vorschriften des 1. Abschnittes des 5. Kapitels des SGB XIV geregelt und umfassen **Leistungen der Krankenbehandlung** (→ § 42 Rn. 7 ff.) bzw. ergänzende Leistungen der Krankenbehandlung (→ § 43 Rn. 9 ff.), Hilfsmittelversorgung (→ § 46 Rn. 13 ff.), Pauschbetrag für außergewöhnlichen Verschleiß von Kleidung und Wäsche (→ § 46 Rn. 18ff) sowie Zuschüsse bei Zahnersatz (→ § 49 Rn. 1ff). Unter bestimmten Voraussetzungen umfasst der Leistungsanspruch auch die Erstattung von Kosten bei selbst beschaffter Krankenbehandlung (→ § 50 Rn. 9 ff.) und bei vorübergehendem Auslandsaufenthalt (→ § 51 Rn. 3 ff.). Die Leistungen erfassen weiterhin die im Zusammenhang mit einer Leistung der Krankenbehandlung entstehenden Reisekosten (→ § 53 Rn. 7 ff.).

---

1 IdF d. BVGÄndG v. 13.12.2007, BGBl. 2007 I 2904.
2 BT-Drs. 19/13824, 187 f.
3 Knickrehm/Mushoff/Schmidt Neues SozEntschR Rn. 122.

Das ebenfalls im 1. Abschnitt geregelte **Krankengeld** (§ 47) einschließlich der Zahlung der Beiträge zur Arbeitsförderung, gesetzlichen Rentenversicherung oder zur Alterssicherung (§ 52) sowie die in § 48 geregelte Beihilfe stellen trotz ihrer Stellung im 5. Kapitel („Krankenbehandlung der Sozialen Entschädigung") keine Leistungen der Krankenbehandlung dar, sondern **Geldleistungen** zum Ersatz von Arbeitsentgelt oder sonstigem Erwerbseinkommen bzw. bei erheblicher Beeinträchtigung der Erwerbsgrundlage. 5

Der 1. Abschnitt des 5. Kapitels normiert somit die leistungsrechtlichen Vorschriften der Krankenbehandlung der SE, während in Abschnitt 2 (§§ 54–56) die **Vergütung der Leistungserbringer**, in Abschnitt 3 (§§ 57–59) die **Zuständigkeit und Datenübermittlung** und in Abschnitt 4 (§§ 60, 61) die **Erstattung von Aufwendungen und Verwaltungskosten** geregelt sind. 6

Die Besitzstands- und Vertrauensschutzregelungen nach § 143 und § 151 sind zu beachten. 7

§ 41 dient als Teil des 1. Abschnittes des 5. Kapitels des SGB XIV der – gegenüber den geltenden Vorschriften des BVG – stärkeren Strukturierung des Regelungssystems der Krankenbehandlung der Sozialen Entschädigung, bei dem hinsichtlich der Leistungen weitgehend auf die Vorschriften des SGB V verwiesen wird, was im Verhältnis zum geltenden Recht eine Vereinfachung darstellen soll. Lediglich die Hilfsmittelversorgung richtet sich nach unfallversicherungsrechtlichen Vorschriften (→ § 46 Rn. 3). Hierdurch wird das Leistungsrecht übersichtlicher. Bei verschiedenen Regelungen des SGB V, die für die Versicherten der GKV eine Leistungsdeckelung vorsehen, weichen die Neuregelungen zugunsten der Leistungsberechtigten des SGB XIV ab; dies gilt insbesondere für psychotherapeutische Leistungen (§ 43 Abs. 2 Nr. 1, → § 43 Rn. 14 ff.).[4] 8

C. Einzelkommentierung

I. Voraussetzungen

§ 41 Abs. 1 und 2 regeln die Voraussetzungen der **Krankenbehandlung**, die nur für Gesundheitsstörungen gewährt wird, die als Schädigungsfolgen eines schädigenden Ereignisses anerkannt sind. Die nach § 10 Abs. 2 BVG gewährte Heilbehandlung, die auch für Gesundheitsstörungen geleistet wird, die nicht anerkannte Schädigungsfolgen sind, ist für Schwerbeschädigte nunmehr in § 42 Abs. 2 (→ § 42 Rn. 20) geregelt. 9

1. Anspruchsberechtigter Personenkreis. Anspruchsberechtigt nach § 41 sind Geschädigte iSv § 2 Abs. 2, also Personen, die durch ein schädigendes Ereignis nach dem SGB XIV unmittelbar eine gesundheitliche Schädigung erlitten haben. Diese haben nach § 4 Abs. 1 Anspruch auf Leistungen der Sozialen Entschädigung wegen der anerkannten (hier:) gesundheitlichen und der wirtschaftlichen Folgen einer gesundheitlichen Schädigung, die ursächlich auf ein schädigendes Ereignis zurückzuführen ist. Zu den Leistungen der Sozialen Entschädigung gehört nach § 3 Nr. 2 auch die Krankenbehandlung der Sozialen Entschädigung nach dem 5. Kapitel. 10

2. Anerkannte Schädigungsfolgen, Abs. 1. Der Anspruch auf Krankenbehandlung setzt voraus, dass Gesundheitsstörungen vorliegen, die als Schädigungsfolgen eines schädigenden Ereignisses iSv § 1 Abs. 2 anerkannt sind und der medizinischen Behandlung bedürfen. Soweit die Gesundheitsstörung im Anerkennungsbescheid nicht hinreichend eindeutig bezeichnet ist, geht dies zulasten der Versorgungsverwaltung.[5] Wie nach bisherigem Recht ist nicht erforderlich, dass die anerkannte Gesundheitsstö- 11

4 BT-Drs. 19/13824, 3, 145; Knickrehm/Mushoff/Schmidt Neues SozEntschR Rn. 121.
5 BSG 8.11.2007 – B 9/9a V 1/06 R.

rung mit einem GdS bewertet ist; bei einem nicht messbaren GdS besteht gleichwohl der Anspruch auf die Heilbehandlung.[6]

12 Bereits nach bisherigem Recht war der Begriff der **„Gesundheitsstörung"** an den im Recht der gesetzlichen Krankenversicherung (§ 27 Abs. 1 SGB V) verwendeten Begriff der **„Krankheit"** angelehnt, die als regelwidriger, von der Norm abweichender Körper- oder Geisteszustand definiert wird, der die Notwendigkeit einer ärztlichen Heilbehandlung oder – zugleich oder allein – die Arbeitsunfähigkeit zur Folge hat;[7] diese sind jedoch nicht vollständig deckungsgleich. Die Gesundheitsstörung iSv § 41 kann aber trotz der mit dem SGB XIV erfolgten weitgehenden Anlehnung an das Leistungsrecht des SGB V wie im geltenden Recht weiter reichen und neben eigentlichen Krankheiten auch Dauerschäden ohne akuten Krankheitswert mitumfassen,[8] was damit korrespondiert, dass Leistungen der medizinischen Rehabilitation als Teilhabeleistungen iSv § 62 S. 1 Nr. 4 nach § 62 S. 2 im Rahmen der Leistungen der Krankenbehandlung nach dem 5. Kapitel erbracht werden.

13 Ebenso wie im Recht der gesetzlichen Krankenversicherung ist erforderlich, dass die **Gesundheitsstörung** bzw. die Krankheit einen **behandlungsbedürftigen,** aber auch einer Behandlung zugänglichen Zustand hervorruft. Kann die Gesundheitsstörung durch die Heilbehandlung nicht (positiv) beeinflusst werden, dh der Leidenszustand nicht mit Aussicht auf Erfolg behoben, gebessert oder vor Verschlimmerung bewahrt werden, liegt keine Behandlungsbedürftigkeit vor und es besteht kein Anspruch auf die Krankenbehandlung.[9]

14 Zwischen den anerkannten Schädigungsfolgen und der behandlungsbedürftigen Gesundheitsstörung muss ein **ursächlicher Zusammenhang** im Sinne einer **wesentlichen Bedingung bestehen** (→ § 1 Rn. 23). Kommen mehrere Ursachen für die behandlungsbedürftige Gesundheitsstörung in Betracht, muss der behandlungsbedürftige Gesamtzustand erforderlichenfalls nach Einzelleiden gegliedert werden, für die je die erforderliche Behandlungsmaßnahme festzustellen ist; sodann kann entschieden werden, ob die Krankenbehandlung wegen der anerkannten Schädigungsfolgen notwendig ist, weil diese die wesentliche Bedingung für die Gesundheitsstörung ist.[10]

15 **3. Gesundheitsstörung iS einer Verschlimmerung, Abs. 2.** Nach Abs. 2 S. 1 besteht – abweichend von Abs. 1 – ein Krankenbehandlungsanspruch für die gesamte Gesundheitsstörung, wenn eine Gesundheitsstörung im Sinne einer Verschlimmerung als Folge einer Schädigung anerkannt ist. § 41 Abs. 2 ist § 10 Abs. 1 S. 2 BVG nachgebildet, so dass die hierzu entwickelten Grundsätze weiter gelten.[11]

16 Der anerkannte Verschlimmerungsanteil übt einen Einfluss auf den behandlungsbedürftigen Zustand aus, wenn er wenigstens eine, wenn auch nicht wesentliche Bedingung für die Behandlungsbedürftigkeit des Gesamtleidens ist; ausreichend ist, wenn der Verschlimmerungsanteil Bedingung im naturwissenschaftlichen Sinne ist. Die **Kausalitätstheorie der wesentlichen Bedingung** kommt insoweit hier **nicht** zur Anwendung.[12] Unter **Gesamtleiden** ist die Gesamtheit der Gesundheitsstörung zu verstehen,

6 HK-SozEntschR/Vogl BVG § 10 Rn. 13, 15.

7 StRspr. BSG 28.4.1967 – 3 RK 12/65, BSGE 26, 240; BSG 20.10.1972 – 3 RK 93/71, BSGE 35, 10; BSG 12.11.1985 – 3 RK 48/83, BSGE 59, 119; vgl. zur Begriffsbestimmung nach dem SGB V auch ausführlich LPK-SGB V/Kraftberger § 27 Rn. 9 ff.

8 HK-SozEntschR/Vogl BVG § 10 Rn. 15.

9 LPK-SGB V/Kraftberger § 27 Rn. 19; vgl. BSG Urt. v. 20.10.1972 – 3 RK 93/71, BSGE 35, 10.

10 Zum Einfluss eines schädigungsunabhängigen Verlaufes einer Erkrankung auf die Behandlungsbedürftigkeit s. BSG Urt. v. 25.3.1999 – B 9 V 11/98 R, SozR 3-3100 § 10 Nr. 6; BSG Urt. v. 11.11.1966 – 10 RV 415/63, BSGE 25, 257.

11 Knickrehm/Mushoff/Schmidt Neues SozEntschR Rn. 123.

12 BT-Drs. 19/13824, 188.

die sich aus dem schädigungsunabhängigen Grundleiden und der durch eine Schädigung iSv § 1 verursachten Verschlimmerung des Grundleidens zusammensetzt.[13]

17 Nach Abs. 2 S. 2 besteht der Krankenbehandlungsanspruch für das Gesamtleiden nicht, wenn die als Folge einer Schädigung anerkannte Gesundheitsstörung auf den Zustand, der eine Heilbehandlung im Sinne der in Satz 1 genannten Zwecke erfordert, ohne Einfluss ist. Dies ist dann der Fall, wenn auch ohne den Verschlimmerungsanteil der jeweilige Behandlungsbedarf in gleichem Umfang bestehen würde, also der anerkannte Verschlimmerungsanteil hinweg gedacht werden kann, ohne dass sich am Behandlungsbedarf etwas ändert.[14]

18 **4. Antrag.** Leistungen der Krankenbehandlung nach § 41 werden gemäß § 10 Abs. 1 grundsätzlich auf Antrag erbracht, wobei der Antrag bzw. das vorgebrachte Begehren der betroffenen Person nach dem Meistbegünstigungsgrundsatz auszulegen ist.[15] Sie können jedoch nach § 10 Abs. 3 Nr. 1 auch von Amts wegen geleistet werden (→ § 10 Rn. 15); in diesem Fall steht die Leistungserbringung im pflichtgemäßen Interesse der Verwaltung.[16]

II. Rechtsfolge

19 Als Rechtsfolge besteht der Anspruch auf Krankenbehandlung nach dem 5. Kapitel des SGB XIV, also insbesondere auf die in §§ 42, 43 genannten Leistungen. Dabei ist der Umfang der Heilbehandlung gemäß § 41 Abs. 1 mit dem Umfang der Heilbehandlung nach Abs. 2 identisch.

D. Anhang

I. BVG

20 Bis zum 31.12.2023 ist § 10 BVG in Kraft, die Vorschrift hat folgenden Normtext:

§ 10 BVG [Voraussetzungen und Zweck der Heil- oder Krankenbehandlung]

(1) [1]Heilbehandlung wird Beschädigten für Gesundheitsstörungen, die als Folge einer Schädigung anerkannt oder durch eine anerkannte Schädigungsfolge verursacht worden sind, gewährt, um die Gesundheitsstörungen oder die durch sie bewirkte Beeinträchtigung der Berufs- oder Erwerbsfähigkeit zu beseitigen oder zu bessern, eine Zunahme des Leidens zu verhüten, Pflegebedürftigkeit zu vermeiden, zu überwinden, zu mindern oder ihre Verschlimmerung zu verhüten, körperliche Beschwerden zu beheben, die Folgen der Schädigung zu erleichtern oder um den Beschädigten entsprechend den in § 4 Abs. 1 des Neunten Buches Sozialgesetzbuch genannten Zielen eine möglichst umfassende Teilhabe am Leben in der Gesellschaft zu ermöglichen. [2]Ist eine Gesundheitsstörung nur im Sinne der Verschlimmerung als Folge einer Schädigung anerkannt, wird abweichend von Satz 1 Heilbehandlung für die gesamte Gesundheitsstörung gewährt, es sei denn, daß die als Folge einer Schädigung anerkannte Gesundheitsstörung auf den Zustand, der Heilbehandlung erfordert, ohne Einfluß ist.

(2) Heilbehandlung wird Schwerbeschädigten auch für Gesundheitsstörungen gewährt, die nicht als Folge einer Schädigung anerkannt sind.

(3) Versehrtenleibesübungen werden Beschädigten zur Wiedergewinnung und Erhaltung der körperlichen Leistungsfähigkeit gewährt.

(4) [1]Krankenbehandlung wird

a) dem Schwerbeschädigten für den Ehegatten oder Lebenspartner und für die Kinder (§ 33b Abs. 1 bis 4) sowie für sonstige Angehörige, die mit ihm in häuslicher Gemeinschaft leben und von ihm überwiegend unterhalten werden,

---

13 HK-SozEntschR/Vogl BVG § 10 Rn. 22 mwN.
14 BSG Urt. v. 25.3.1999 – B 9 V 11/98 R, SozR 3-3100 § 10 Nr. 6; Knickrehm/Mushoff/Schmidt Neues SozEntschR Rn. 123.
15 Knickrehm/Mushoff/Schmidt Neues SozEntschR Rn. 54; zum Meistbegünstigungsgrundsatz vgl. BSG Urt. v. 2.7.2009 – B 14 AS 75/08 R, SozR 4-4200 § 7 Nr. 13 Rn. 11 mwN; BSG Urt. v. 7.11.2006 – B 7b AS 8/06 R, BSGE 97, 217 Rn. 11.
16 Knickrehm/Mushoff/Schmidt Neues SozEntschR Rn. 55.

b) dem Empfänger einer Pflegezulage für Personen, die seine unentgeltliche Wartung und Pflege nicht nur vorübergehend übernommen haben,
c) den Witwen und hinterbliebenen Lebenspartnern (§§ 38, 42 bis 44 und 48), Waisen (§§ 45 und 48) und versorgungsberechtigten Eltern (§§ 49 bis 51)

gewährt, um Gesundheitsstörungen oder die durch sie bewirkte Beeinträchtigung der Berufs- oder Erwerbsfähigkeit zu beseitigen oder zu bessern, eine Zunahme des Leidens zu verhüten, Pflegebedürftigkeit zu vermeiden, zu überwinden, zu mindern oder ihre Verschlimmerung zu verhüten, körperliche Beschwerden zu beheben oder die Folgen der Behinderung zu erleichtern. [2]Die unter Buchstabe c genannten Berechtigten erhalten Krankenbehandlung auch zu dem Zweck, ihnen entsprechend den in § 4 Abs 1 des Neunten Buches Sozialgesetzbuch genannten Zielen eine möglichst umfassende Teilhabe am Leben in der Gesellschaft zu ermöglichen. [3]Bisherige Leistungsempfänger (Satz 1 Buchstaben a und b), die nach dem Tode des Schwerbeschädigten nicht zu dem Personenkreis des Satzes 1 Buchstabe c gehören, können weiter Krankenbehandlung erhalten, wenn sie einen wirksamen Krankenversicherungsschutz unter zumutbaren Bedingungen nicht erreichen können.

(5) [1]Krankenbehandlung wird ferner gewährt,

a) Beschädigten mit einem Grad der Schädigungsfolgen von weniger als 50 für sich und für die in Absatz 4 Buchstabe a genannten Angehörigen,
b) Witwen und hinterbliebenen Lebenspartnern (§§ 38, 42 bis 44 und 48) für die in Absatz 4 Buchstabe a genannten Angehörigen,

sofern der Berechtigte an einer Leistung zur Teilhabe am Arbeitsleben teilnimmt. [2]Das Gleiche gilt bei einer vorübergehenden Unterbrechung der Teilnahme aus gesundheitlichen oder sonstigen von dem Berechtigten nicht zu vertretenden Gründen.

(6) [1]Berechtigten, die die Voraussetzungen der Absätze 2, 4 oder 5 erfüllen, werden für sich und die Leistungsempfänger Leistungen und zur Verhütung und Früherkennung von Krankheiten sowie Leistungen bei Schwangerschaft und Mutterschaft gewährt. [2]Außerdem sollen Leistungen zur Gesundheitsförderung, Prävention und Selbsthilfe nach Maßgabe des Fünften Buches Sozialgesetzbuch erbracht werden. [3]Für diese Leistungen gelten die Vorschriften über die Heil- und die Krankenbehandlung mit Ausnahme des Absatzes 1 entsprechend; für Kurleistungen gelten § 11 Abs. 2 und § 12 Abs. 3 und 4.

(7) [1]Die Ansprüche nach den Absätzen 2, 4, 5 und 6 sind ausgeschlossen,

a) wenn der Berechtigte ein Einkommen hat, das die Jahresarbeitsentgeltgrenze der gesetzlichen Krankenversicherung übersteigt, es sei denn, daß der Berechtigte Anspruch auf Pflegezulage hat oder die Heilbehandlung wegen der als Folge einer Schädigung anerkannten Gesundheitsstörung nicht durch eine Krankenversicherung sicherstellen kann, oder
b) wenn der Berechtigte oder derjenige, für den Krankenbehandlung begehrt wird (Leistungsempfänger), nach dem 31. Dezember 1982 von der Versicherungspflicht in der gesetzlichen Krankenversicherung auf Antrag befreit worden ist oder
c) wenn der Leistungsempfänger ein Einkommen hat, das die Jahresarbeitsentgeltgrenze der gesetzlichen Krankenversicherung übersteigt, es sei denn, daß der Berechtigte Anspruch auf Pflegezulage hat, oder
d) wenn ein Sozialversicherungsträger zu einer entsprechenden Leistung verpflichtet ist oder
e) wenn Anspruch auf entsprechende Leistungen aus einem Vertrag, ausgenommen Ansprüche aus einer privaten Kranken- oder Unfallversicherung, besteht oder
f) wenn und soweit die Heil- oder Krankenbehandlung durch ein anderes Gesetz sichergestellt ist.

[2]Entsprechende Leistungen im Sinne dieses Absatzes sind Leistungen, die nach ihrer Zweckbestimmung und der Art der Leistungserbringung übereinstimmen. [3]Sachleistungen anderer Träger, die dem gleichen Zweck dienen wie Kostenübernahmen, Geldleistungen oder Zuschüsse nach diesem Gesetz, gelten im Verhältnis zu diesen Leistungen als entsprechende Leistungen. [4]Die Ansprüche, die ein Berechtigter nach den Absätzen 2, 4, 5 und 6 für sich hat, werden nicht dadurch ausgeschlossen, daß er nach § 10 des Fünften Buches Sozialgesetzbuch versichert ist.

(8) Heil- oder Krankenbehandlung kann auch vor der Anerkennung eines Versorgungsanspruchs gewährt werden.

II. BVGVwV

Es existieren die folgenden Allgemeinen Verwaltungsvorschriften zum Bundesversorgungsgesetz[17] (BVGVwV) zu § 10 BVG: 21

1. Nach § 10 Abs. 1 Satz 1 ist Heilbehandlung auch dann zu gewähren, wenn die Gesundheitsstörung, die eine bestimmte Behandlungsmaßnahme erforderlich macht, zwar nicht als Folge einer Schädigung anerkannt, wohl aber durch anerkannte Schädigungsfolgen verursacht ist. Handelt es sich dabei um eine Gesundheitsstörung, die auch als selbständiges Leiden auftreten kann, oder um eine mittelbare Schädigungsfolge, so hat die Krankenkasse (§ 18c Abs. 1 Satz 3) vor Durchführung der Heilbehandlung eine Entscheidung der Verwaltungsbehörde einzuholen. Die Entscheidung ist entbehrlich, wenn der Beschädigte auch nach § 10 Abs. 2 Anspruch auf Heilbehandlung hat. Wird Heilbehandlung für eine in Satz 2 bezeichnete Gesundheitsstörung gewährt, so prüft die Verwaltungsbehörde, ob die Gesundheitsstörung als Folge einer Schädigung anzuerkennen ist, und veranlaßt, falls es erforderlich ist, den Beschädigten zur Antragstellung.
2. Der anerkannte Verschlimmerungsanteil übt einen Einfluß auf den behandlungsbedürftigen Zustand aus (§ 10 Abs. 1 Satz 2), wenn er wenigstens eine, wenn auch nicht wesentliche Bedingung für die Behandlungsbedürftigkeit des Gesamtleidens ist; der Verschlimmerungsanteil ist dann nicht Bedingung für die Behandlungsbedürftigkeit, wenn auch ohne ihn der jeweilige Behandlungsbedarf in gleichem Umfang bestehen würde.
3. Die nach § 10 Abs. 1 Satz 2 für die gesamte Gesundheitsstörung zu gewährende Heilbehandlung umfaßt die in § 11 Abs. 1 genannten Leistungen; daneben kommen auf Grund der besonderen Bestimmungen Leistungen nach § 11 Abs. 2, 3 und 4 und den §§ 16 bis 16f, 17 und 18 in Betracht. Soweit in diesen Vorschriften oder in den Vorschriften der Verordnung zur Durchführung des § 11 Abs. 3 und des § 13 des Bundesversorgungsgesetzes auf Schädigungsfolgen Bezug genommen wird, tritt bei der Gewährung der Leistungen die gesamte Gesundheitsstörung an deren Stelle.
4. Kann der Zweck der Heilbehandlung (§ 10 Abs. 1 Satz 1) ohne die Mitbehandlung einer Gesundheitsstörung, die weder als Folge einer Schädigung anerkannt noch durch eine anerkannte Schädigungsfolge verursacht ist, nicht erreicht werden, so ist Heilbehandlung auch für diese Gesundheitsstörung zu gewähren. Leistungen kommen jedoch nur insoweit in Betracht, als keine Ausschließungsgründe nach § 10 Abs. 7 Buchstaben b und d bis g vorliegen. Vor Durchführung der Heilbehandlung hat die Krankenkasse eine Entscheidung der Verwaltungsbehörde einzuholen.
5. Der Anspruch beschädigter Heimkehrer auf Heilbehandlung nach § 10 Abs. 1 geht dem Anspruch auf Krankenhilfe nach § 23 Abs. 1 des Heimkehrergesetzes vor.
6. Die Voraussetzungen der häuslichen Gemeinschaft und des überwiegenden Unterhalts gelten nicht für den Ehegatten und die Kinder im Sinne des § 33b Abs. 1 bis 4.
7. Als Mutterschaftshilfe werden die in § 195 RVO aufgeführten Leistungen erbracht. Mutterschaftsgeld ist dabei in der in § 200b RVO vorgesehenen Höhe zu gewähren. Die Maßnahmen zur Früherkennung von Krankheiten entsprechen nach Inhalt und Umfang denen der gesetzlichen Krankenversicherung (§§ 181 und 181a RVO).
8. Die Ansprüche nach § 10 Abs. 2 und 4 Buchstabe c, der Anspruch des Beschädigten nach § 10 Abs. 5 Buchstabe a erste Alternative und die Ansprüche nach § 10 Abs. 6 in Verbindung mit § 10 Abs. 2, 4 Buchstabe c und Abs. 5 Buchstabe a erste Alternative werden nicht dadurch ausgeschlossen, daß ein krankenversicherter Angehöriger des Berechtigten für diesen einen Anspruch auf Leistungen nach § 205 oder nach § 205a RVO hat.
9. Das Einkommen der Berechtigten und Leistungsempfänger ist nach den Grundsätzen für die Feststellung des der Berechnung der Ausgleichsrente zugrunde zu legenden Bruttoeinkommens zu ermitteln. Dabei sind §§ 1, 3, 6 bis 12, 14 Abs. 1 und 2, § 15 Abs. 1 und § 16 der Verordnung zur Durchführung des § 33 des Bundesversorgungsgesetzes sinngemäß anzuwenden. Die in § 2 Abs. 1 Nr. 2, 3, 6, 7, 8, 12, 13, 14, 16 bis 21, 24 und 26 bis 35 der Verordnung zur Durchführung des § 33 des Bundesversorgungsgesetzes aufgeführten Einnahmen sowie Grundrenten und Schwerstbeschädigtenzulagen nach dem Bundesversorgungsgesetz und nach Gesetzen, die das Bundesversorgungsgesetz für anwendbar erklären, sind nicht als Einkommen zu berücksichtigen. Das gilt auch für Renten nach dem Bundesentschädigungsgesetz für Schaden an Körper oder Gesundheit bis zur Höhe des Betrages, der in der Kriegsopferversorgung bei gleicher Minderung der Erwerbsfähigkeit als Grundrente und Schwerstbeschädigtenzulage gewährt werden würde, sowie für vergleichbare Renten nach Landesrecht bis zu der diesem Betrag entsprechenden Höhe.

---

17 Vom 26.6.1969, Beilage Nr. 15/69 zum BAnz. Nr. 119, geändert durch Allgemeine Verwaltungsvorschrift vom 25.4.1974, BAnz. Nr. 83, und Zweite Allgemeine Verwaltungsvorschrift vom 27.8.1986, BAnz. Nr. 161, 12297.

10. Sicherstellung durch ein anderes Gesetz kommt zB in Betracht nach dem Gesetz zur Bekämpfung von Geschlechtskrankheiten, dem Wehrsoldgesetz, Bundesbesoldungsgesetz, Zivildienstgesetz, Heimkehrergesetz, Häftlingshilfegesetz, Bundesentschädigungsgesetz und den Vorschriften für Polizeivollzugsbeamte der Länder.
11. Heilbehandlung, Krankenbehandlung, Mutterschaftshilfe und Maßnahmen zur Früherkennung von Krankheiten können nach § 10 Abs. 8 gewährt werden, wenn der Antrag wahrscheinlich zu einer entsprechenden Anerkennung führen wird und Ausschließungsgründe nicht vorliegen. Das gilt auch, wenn zu erwarten ist, daß der Antrag nur deshalb nicht zu einer Anerkennung führen wird, weil nach Abschluß der Behandlung keine Gesundheitsstörung zurückbleibt. In den Fällen der Sätze 1 und 2 führt die Krankenkasse die Maßnahmen nur aufgrund einer Entscheidung der Verwaltungsbehörde durch.

§ 42 Krankenbehandlung

(1) [1]Geschädigte erhalten für anerkannte Schädigungsfolgen

1. Leistungen der Krankenbehandlung entsprechend dem Dritten Kapitel, Fünfter Abschnitt Erster Titel und Siebter Abschnitt des Fünften Buches und
2. weitere Leistungen der Krankenbehandlung in den Leistungsbereichen nach Nummer 1 entsprechend der jeweiligen Satzung der nach § 57 Absatz 2 oder Absatz 3 zuständigen Krankenkasse.

[2]Dabei gelten die Grundsätze der Leistungserbringung des Rechts der gesetzlichen Krankenversicherung.

(2) Geschädigte mit einem Grad der Schädigungsfolgen von 50 oder höher können für Nichtschädigungsfolgen Leistungen entsprechend dem Dritten Kapitel des Fünften Buches erhalten, wenn sie keine anderweitige Absicherung im Krankheitsfall haben oder diese auf Grund der Schädigungsfolgen nicht mehr unterhalten können und das Versagen von Leistungen eine unbillige Härte bedeuten würde.

(3) Angehörige nach § 2 Absatz 3 und Nahestehende nach § 2 Absatz 5 von Geschädigten, die einen Grad der Schädigungsfolgen von 50 oder höher haben, können Leistungen entsprechend dem Dritten Kapitel des Fünften Buches erhalten, wenn sie keine anderweitige Absicherung im Krankheitsfall haben oder diese auf Grund der Schädigungsfolgen nicht mehr unterhalten können und das Versagen von Leistungen eine unbillige Härte bedeuten würde.

(4) Hinterbliebene nach § 2 Absatz 4 können Leistungen entsprechend dem Dritten Kapitel des Fünften Buches erhalten, wenn sie keine anderweitige Absicherung im Krankheitsfall haben oder diese auf Grund der Schädigungsfolgen nicht mehr unterhalten können und das Versagen von Leistungen eine unbillige Härte bedeuten würde.

(5) Absatz 1 gilt, soweit dieses Buch nichts Abweichendes bestimmt.

A. Gesetzesgeschichte

I. Geltendes und neues Recht

Die Heil- und Krankenbehandlung Geschädigter, ihrer Angehörigen und Hinterbliebenen werden bis 31.12.2013 nach Maßgabe von §§ 10, 11 BVG[1] gewährt. 1

§ 42 tritt mWv 1.1.2024 in Kraft[2] und regelt die Krankenbehandlung als Leistung des SER nach den Grundsätzen des Rechtes der gesetzlichen Krankenversicherung. Der bis 31.12.2023 im BVG verwendete Begriff der Heilbehandlung wird – ohne wesentliche Änderungen – durch den Begriff der Krankenbehandlung ersetzt.[3] 2

Die geltende Fassung geht auf die Beschlussempfehlung und den Bericht des Ausschusses für Arbeit und Soziales[4] zurück, mit dem der Gesetzentwurf der Bundesregierung[5] allerdings lediglich geringfügig geändert wurde. 3

II. Änderungen im SGB XIV gegenüber dem BVG und Parallelität

Von § 42 erfasst werden die Leistungen nach § 10 Abs. 4 S. 1 Nr. 1 Buchst. a iVm Abs. 7 und Abs. 4 S. 1 Buchst. c BVG. Durch die Neustrukturierung des Rechtes der Krankenbehandlung der SE findet sich der Regelungsgehalt von § 11 BVG darüber hinaus in § 43 (→ § 43 Rn. 1) zu den ergänzenden Leistungen zur Krankenbehandlung bzw. in § 46 (→ § 46 Rn. 1) bzgl. der Hilfsmittelversorgung wieder. Badekuren nach § 11 Abs. 2 BVG und Versehrtenleibesübungen nach § 11a BVG fallen in ihrer jetzigen Form mWv 1.1.2024 weg.[6] 4

Der Leistungskatalog entspricht im Wesentlichen den bisherigen Regelungen, da § 11 Abs. 1 S. 2 BVG bis 31.12.2013 ebenfalls auf das Leistungsrecht der GKV verweist.[7] 5

Wie bisher nach § 10 BVG sind nach § 42 Abs. 2 als subsidiäre „Auffanghilfe" Leistungen der Krankenbehandlung wegen Nichtschädigungsfolgen sowie an Angehörige und nahestehende Personen (§ 42 Abs. 3) bzw. Hinterbliebene (§ 42 Abs. 4) vorgesehen. Nach § 10 Abs. 2 iVm § 11 Abs. 2 S. 1 Nr. 8, S. 2 BVG erfolgt bis 31.12.2023 im Rahmen der Heilbehandlung Schwerbeschädigter die Hilfsmittelversorgung auch für Nichtschädigungsfolgen nach Maßgabe von § 13 BVG. Demgegenüber fehlt im SGB XIV hierzu, ebenso wie für die Hilfsmittelversorgung von berechtigten Angehörigen, Nahestehenden und Hinterbliebenen, eine ausdrückliche Regelung. Da § 46 eine abschließende Regelung für die Hilfsmittelversorgung im SER darstellt,[8] bestimmt sich der Leistungsanspruch diesbezüglich gem. § 42 Abs. 2 bis 4 nach dem Leistungsrecht des SGB V auf dem insoweit niedrigerem Leistungsniveau des § 33 SGB V.[9] 6

---

1 IdF d. BVGÄndG v. 13.12.2007, BGBl. 2007 I 2904.
2 Art. 60 Abs. 7 G-SER v. 12.12.2019, BGBl. 2019 I 2652.
3 Knickrehm/Mushoff/Schmidt Neues SozEntschR Rn. 122; Schmidt SGB XIV/Feddern § 42 Rn. 2.
4 BT-Drs. 19/14870, 8.
5 BT-Drs. 19/13824, 188.
6 Knickrehm/Mushoff/Schmidt Neues SozEntschR Rn. 121.
7 Schmidt SGB XIV/Feddern § 42 Rn. 6; BT-Drs. 19/13824, 227.
8 BT-Drs. 19/13824, 188.
9 Knickrehm/Mushoff/Schmidt Neues SozEntschR Rn. 151.

B. Normsystematik

I. Allgemeiner Regelungsgehalt

7 § 42 Abs. 1 S. 1 regelt **Art und Umfang** der **Krankenbehandlung** Geschädigter. Das Leistungsspektrum bestimmt sich – unabhängig davon, ob die Geschädigten gesetzlich krankenversichert sind oder nicht – nach den Vorschriften des 3. Kapitels, 5. Abschnitt, 1. Titel und 7. Abschnitt SGB V, also den §§ 27–43c, 55–59 SGB V und den in Bezug genommenen Satzungsbestimmungen der nach § 57 Abs. 2 oder Abs. 3 zuständigen Krankenkasse (→ § 57 Rn. 7 f.). § 42 Abs. 1 S. 2 bestimmt, dass die Grundsätze der Leistungserbringung der gesetzlichen Krankenversicherung auch bei der Krankenbehandlung Geschädigter gelten. § 42 Abs. 2 bis 4 normieren einen subsidiären Anspruch auf Krankenbehandlung für den Fall, dass Geschädigte mit einem Grad der Schädigungsfolgen von 50 oder höher, ihre Angehörigen oder Nahestehenden sowie Hinterbliebenen keine anderweitige Absicherung im Krankheitsfall haben. Die Leistungsgewährung erfolgt entsprechend dem 3. Kapitel des SGB V. Abs. 5 bestimmt, dass Abs. 1 nur gilt, wenn im SGB XIV keine abweichenden Bestimmungen normiert.

II. Systematische Einordnung und Normzweck

8 Die Besitzstands- und Vertrauensschutzregelungen nach § 143 und § 151 sind zu beachten.

C. Einzelkommentierung

I. Krankenbehandlung für anerkannte Schädigungsfolgen, Abs. 1, 5

9 Abs. 1 normiert Art und Umfang des sich aus § 41 ergebenden Anspruches auf Krankenbehandlung für anerkannte Schädigungsfolgen.

10 Voraussetzung für die Krankenbehandlung nach Abs. 1 ist, dass Gesundheitsstörungen vorliegen, die **als Folge einer Schädigung** iSd § 1 Abs. 2 **anerkannt** (→ § 1 Rn. 15) oder durch eine **anerkannte Schädigungsfolge** im Sinne der Entstehung verursacht worden sind (→ § 41 Rn. 14). Soweit die Gesundheitsstörung im Anerkennungsbescheid nicht hinreichend eindeutig bezeichnet ist, geht dies zulasten der Versorgungsverwaltung.[10] Auch für Gesundheitsstörungen, die als mittelbare Schädigungsfolgen anerkannt sind, besteht Anspruch auf Heilbehandlung, ebenso für Spätschäden.[11]

11 Wie nach dem bis 31.12.2023 geltenden Recht ist nicht erforderlich, dass die anerkannte Gesundheitsstörung mit einem GdS bewertet ist, bei einem nicht messbaren GdS besteht gleichwohl der Anspruch auf die Heilbehandlung.[12]

12 **1. Anspruchsberechtigte.** Anspruchsberechtigt nach Abs. 1 S. 1 sind Geschädigte. Der Anspruch ist unabhängig vom krankenversicherungsrechtlichen Status, also insbesondere unabhängig vom Bestehen eines Versicherungsverhältnisses iSd SGB V,[13] und des GdS.

13 **2. Leistungen der Krankenbehandlung entsprechend SGB V, Abs. 1 S. 1 Nr. 1.** Art und Umfang der Leistungen ergeben sich aus den Vorschriften des 5. Abschnittes des 3. Kapitels, 5. Abschnitt, 1. Titel und 7. Abschnitt SGB V, erfasst sind also sowohl Leistungen der Krankenbehandlung nach §§ 27 – 43c SGB V, als auch Zahnersatz nach §§ 55 – 59 SGB V. Umfasst sind auch Leistungen zur medizinischen Rehabilitation nach § 11 Abs. 2 SGB V in Verbindung mit §§ 40 ff. SGB V.[14] Diese Leistungen sind

10 BSG 8.11.2007 – B 9/9a V 1/06 R.
11 HK-SozEntschR/Vogl BVG § 10 Rn. 13, 15.
12 HK-SozEntschR/Vogl BVG § 10 Rn. 13 mwN.
13 BT-Drs. 19/13824, 188.
14 BT-Drs. 19/13824, 188.

nach § 62 S. 1 Nr. 4 Teil der Leistungen zur Teilhabe des 6. Kapitels, werden jedoch nach § 62 S. 2 im Rahmen der Leistungen der Krankenbehandlung nach dem 5. Kapitel erbracht und zwar einschließlich unterhaltssichernder und anderer ergänzender Leistungen.[15]

3. Leistungen der Krankenbehandlung nach Satzungsrecht, Abs. 1 S. 1 Nr. 2. Über die 14
in Abs. 1 S. 1 Nr. 1 genannten Leistungen nach dem SGB V hinaus besteht Anspruch auf Krankenbehandlung für Geschädigte nach Abs. 1 S. 1 Nr. 2 auch nach der dem Satzungsrecht zuständigen Krankenkasse, also der Krankenkasse, bei der die Geschädigten Mitglied sind (§ 57 Abs. 2) oder – falls sie nicht gesetzlich krankenversichert sind – die sie nach § 57 Abs. 3 gewählt haben.

Zu den Leistungen kraft Satzung nach Abs. 1 S. 1 Nr. 2 gehören aus dem Katalog des 15
§ 11 Abs. 6 SGB V Leistungen im Bereich der medizinischen Rehabilitation, der künstlichen Befruchtung, der zahnärztlichen Behandlung ohne die Versorgung mit Zahnersatz, die Versorgung mit nicht verschreibungspflichtigen apothekenpflichtigen Arzneimitteln, mit Heilmitteln, im Bereich der häuslichen Krankenpflege und der Haushaltshilfe sowie Leistungen von nicht zugelassenen Leistungserbringern.[16]

Maßgeblich für den Leistungsanspruch der Geschädigten ist damit, ob und welche 16
Leistungen die Krankenkasse in welchem Umfang in ihrer jeweiligen Satzung geregelt hat. § 11 Abs. 6 S. 1 SGB V sieht hierzu vor, dass die Krankenkasse in ihrer Satzung in bestimmten Bereichen zusätzliche, vom G-BA nicht ausgeschlossene Leistungen bei der Versorgung vorsehen kann. Die Satzung bestimmt dabei insbesondere die Art, die Dauer und den Umfang der Leistung. Das Wirtschaftlichkeitsgebot nach § 12 SGB V ist von den Krankenkassen auch bei diesen Satzungsleistungen zu beachten.[17]

4. Grundsätze der Leistungserbringung, Abs. 1 S. 2. Nach Abs. 1 S. 2 gelten für die 17
Leistungen der Krankenbehandlung die Grundsätze der Leistungserbringung der gesetzlichen Krankenversicherung. Hierzu zählen zB die Leistungserbringung grundsätzlich nur durch zugelassene Leistungserbringer (§§ 95 ff. SGB V), das Wirtschaftlichkeitsgebot (§ 12 SGB V), die freie Arztwahl (§ 76 SGB V) und die Beachtung der Richtlinien des Gemeinsamen Bundesausschusses (§ 92 Abs. 1 SGB V).[18]

5. Keine abweichende Bestimmung, Abs. 5. Gemäß Abs. 5 gilt Abs. 1 nur, soweit die- 18
ses Buch keine Sonderregelungen trifft. Um Sonderregelungen in diesem Sinne handelt es sich ua bei der Hilfsmittelversorgung, die für Schädigungsfolgen vollständig im Rahmen der Versorgung nach § 46 sichergestellt wird, so dass eine Leistungserbringung durch die Krankenkasse in Anwendung des § 33 SGB V sowie diesbezüglicher Satzungsregelungen nach § 11 Abs. 6 SGB V nicht in Frage kommt, und bei der Regelung des § 44 Abs. 2, wonach Geschädigte Sachleistungen ohne Beteiligung an den Kosten erhalten, so dass die Regelung des § 43c SGB V keine Anwendung findet.

Eine abweichende Bestimmung stellt auch § 43 dar, nach dem Geschädigte für aner- 19
kannte Schädigungsfolgen ergänzende Leistungen der Krankenbehandlung über § 42 hinaus erhalten (→ § 43 Rn. 9, 13). Insbesondere ist in § 43 Abs. 1 Nr. 1 ein gegenüber den Leistungen des SGB V erweitertes Angebot für psychotherapeutische Leistungen normiert. Auch das Wahlrecht nach § 49, anstelle der Sachleistungen einen angemessenen Zuschuss zum Zahnersatz zu erhalten (→ § 49 Rn. 3), stellt eine Sonderregelung dar.

15 Knickrehm/Mushoff/Schmidt Neues SozEntschR Rn. 124.
16 BT-Drs. 19/13824, 188.
17 LPK-SGB V/Schuler/Hellkötter-Backes § 11 Rn. 9.
18 BT-Drs. 19/13824, 188.

II. Krankenbehandlung für Nichtschädigungsfolgen, Abs. 2

20 Unter den Voraussetzungen von Abs. 2 können Schwergeschädigte Leistungen der Krankenbehandlung auch für Nichtschädigungsfolgen erhalten. Das entspricht der bis 31.12.2023 nach § 10 Abs. 2 BVG normierten Rechtslage.

21 Art und Umfang der Leistungen ergeben sich entsprechend dem Recht der gesetzlichen Krankenversicherung. Im Unterschied zu den Leistungen der Krankenbehandlung für anerkannte Schädigungsfolgen ergibt sich der Leistungsinhalt allerdings lediglich entsprechend dem 3. Kapitel des SGB V, satzungsrechtliche Leistungen sind nicht erfasst.

22 **1. Anspruchsberechtigung.** Anspruchsberechtigt sind nach Abs. 2 S. 1 Schwergeschädigte, also Personen mit einem GdS von 50 oder höher.

23 **2. Nichtschädigungsfolgen.** Die Leistungsgewährung erfolgt für Nichtschädigungsfolgen. Voraussetzung ist damit das Vorliegen einer Gesundheitsstörung (→ § 41 Rn. 12), die nicht als Schädigungsfolge eines schädigenden Ereignisses iSv § 1 Abs. 2 anerkannt ist und der medizinischen Behandlung bedarf.

III. Leistungen für Angehörige und Nahestehende von Schwerbeschädigten, Abs. 3

24 Leistungen der Krankenbehandlung können nach Abs. 3 auch Angehörigen und Nahestehenden von Schwerbeschädigten gewährt werden. Die Vorschrift ist § 10 Abs. 4 S. 1 Nr. 1 Buchst. a, Abs. 7 BVG nachgebildet. Die Einbeziehung dieses Personenkreises in den Kreis der Versorgungsleistungsberechtigten entspringt dem Fürsorgegedanken.[19] Angehörige sind nach der Legaldefinition von § 2 Abs. 3 Ehegatten sowie Kinder, einschließlich der in den Haushalt Geschädigter aufgenommene Stiefkinder sowie Pflegekinder iSd § 2 Abs. 1 S. 1 Nr. 2 BKK und Eltern von Geschädigten. Nahestehende sind gemäß § 2 Abs. 5 Geschwister sowie Personen, die mit Geschädigten eine Lebensgemeinschaft führen, die der Ehe ähnlich ist.

25 Art und Umfang der Leistungen ergeben sich wie bei Abs. 2 entsprechend dem Recht der gesetzlichen Krankenversicherung. Im Unterschied zu den Leistungen der Krankenbehandlung für anerkannte Schädigungsfolgen ergibt sich der Leistungsinhalt allerdings lediglich entsprechend dem 3. Kapitel des SGB V, satzungsrechtliche Leistungen sind nicht erfasst.

IV. Leistungen für Hinterbliebene, Abs. 4

26 Ebenfalls aus Gründen der Fürsorge können Hinterbliebenen nach Abs. 4 Leistungen der Krankenbehandlung gewährt werden. Die Vorschrift ist § 10 Abs. 4 S. 1 Nr. 1 Buchst. c, Abs. 7 BVG nachgebildet. Die Einbeziehung dieses Personenkreises in den Kreis der Versorgungsleistungsberechtigten entspringt dem Fürsorgegedanken.[20] Die Leistungsgewährung setzt nicht voraus, dass der verstorbene Geschädigte einen GdS von 50 oder höher hatte. Hinterbliebene sind nach der Legaldefinition von § 2 Abs. 4 Witwen, Witwer und Waisen, einschließlich der in den Haushalt der an den Folgen einer Schädigung verstorbenen Person aufgenommenen Stiefkindern sowie Pflegekindern iSd § 2 Abs. 1 S. 1 Nr. 2 BKK, Eltern sowie Betreuungsunterhaltsberechtigte einer an den Folgen einer Schädigung verstorbenen Person.

27 Art und Umfang der Leistungen ergeben sich wie bei Abs. 2 entsprechend dem Recht der gesetzlichen Krankenversicherung. Im Unterschied zu den Leistungen der Krankenbehandlung für anerkannte Schädigungsfolgen ergibt sich der Leistungsinhalt allerdings lediglich entsprechend dem 3. Kapitel des SGB V, satzungsrechtliche Leistungen sind nicht erfasst.

19 Knickrehm/Mushoff/Schmidt Neues SozEntschR Rn. 127.
20 Knickrehm/Mushoff/Schmidt Neues SozEntschR Rn. 127.

V. Auffangbeihilfe

Die Leistungen nach Abs. 2 bis 4 werden als sog. **Auffangbeihilfe** nur subsidiär gewährt[21] und setzen voraus, dass die Leistungsberechtigten keine anderweitige Absicherung im Krankheitsfall haben oder diese aufgrund der Schädigungsfolgen nicht mehr unterhalten können. Eine solche anderweitige Absicherung im Krankheitsfall ist insbesondere ein bestehendes Versicherungsverhältnis in der gesetzlichen oder privaten Krankenversicherung. Die Verpflichtung zur Versicherung nach § 5 Abs. 1 Nr. 13 SGB V oder nach § 193 Abs. 3 VVG stellt dagegen keine anderweitige Absicherung im Krankheitsfall dar.[22] Die Berechtigten werden so gestellt, als wären sie nach den Vorschriften des SGB V als gesetzlich Krankenversicherte leistungsberechtigt. 28

VI. Unbillige Härte

Leistungen nach Abs. 2 bis 4 setzen voraus, dass das Versagen von Leistungen eine **unbillige Härte** darstellen würde. Bei der Beurteilung, ob eine unbillige Härte vorliegt, sind ua das Einkommen der Geschädigten bzw. der Leistungsempfänger zu berücksichtigen.[23] Die Möglichkeit des Bezuges von Sozialleistungen schließt eine unbillige Härte nicht grundsätzlich aus.[24] Zu beachten ist auch, dass der Gesetzgeber aus Fürsorgegründen von dem Grundsatz, dass Leistungen der Sozialen Entschädigung grundsätzlich nur für anerkannte Schädigungsfolgen erbracht werden, abgewichen ist.[25] Der Fürsorgeaspekt dürfte bei der Härtefallbeurteilung daher gegen Kriterien wie etwa Mitverschulden abzuwägen sein. Nach den Gesetzesmaterialien handelt es sich bei der Versorgung nach Abs. 2 bis 4 allerdings um Regelungen für den Ausnahmefall[26], so dass der Begriff der „unbilligen Härte" eng auszulegen ist. 29

Anders als die Gesetzesbegründung suggeriert („Die Ermessensentscheidung im Einzelfall, ob eine unbillige Härte vorliegt, obliegt der zuständigen Verwaltungsbehörde")[27], ist hiervon nicht die Rechtsfolgen-, sondern die Tatbestandsseite von § 42 betroffen. Der Begriff der unbilligen Härte ist als unbestimmter Rechtsbegriff voll gerichtlich überprüfbar. 30

VII. Ermessen

Das **„Ob"** der Gewährung von Leistungen der Krankenbehandlung der SE nach Abs. 2 bis 4 steht im **Ermessen** („können") der zuständigen Verwaltungsbehörde. **Art und Umfang** ergeben sich dagegen aus dem 3. Kapitel des SGB V. Bei der Abwägung sind zum Beispiel Gesichtspunkte wie das Einkommen des Geschädigten bzw. der Leistungsempfänger zu berücksichtigen. Der Leistungsanspruch nach den Abs. 2 bis 4 kann zeitlich begrenzt werden,[28] zB bei schwankenden Einkommensverhältnissen.[29] 31

Die Ermessensentscheidung im Einzelfall obliegt der zuständigen Verwaltungsbehörde, die alle für die Beurteilung relevanten Aspekte zu ermitteln hat. 32

Die Ermessensentscheidung ist gerichtlich nur eingeschränkt – nämlich auf Ermessensfehler – zu überprüfen. Richtige Klageart gegen einen ablehnenden Verwaltungsakt 33

21 BSG 24.1.1979 – 9 RV 50/77, SozR 3100 § 10 Nr. 13; BSG 28.1.1981 – 9 RV 40/80, SozR 3100 § 10 Nr. 18.
22 BT-Drs. 19/13824, 188.
23 BT-Drs. 19/13824, 188.
24 BT-Drs. 19/13824, 188.
25 BT-Drs. 19/13824, 188.
26 BT-Drs. 19/13824, 188; ähnlich: Knickrehm/Mushoff/Schmidt Neues SozEntschR Rn. 128; Schmidt SGB XIV/Feddern § 42 Rn. 15.
27 BT-Drs. 19/13824, 188.
28 BT-Drs. 19/13824, 188.
29 Knickrehm/Mushoff/Schmidt Neues SozEntschR Rn. 127.

ist die kombinierte Anfechtungs- und Verpflichtungsbescheidungsklage; nur bei einer Ermessensreduzierung auf Null kommt eine kombinierte Anfechtungs- und Leistungsklage in Betracht.

D. Anhang

I. BVG

34 Bis 31.12.2023 ist § 10 BVG in Kraft, die Vorschrift ist in der Kommentierung zu → § 41 Rn. 20 abgedruckt.

35 Bis 31.12.2023 gilt ferner § 11 BVG, die Vorschrift hat folgenden Normtext:

§ 11 BVG [Umfang der Heilbehandlung]

(1) [1]Die Heilbehandlung umfaßt

1. ambulante ärztliche und zahnärztliche Behandlung,
2. Versorgung mit Arznei- und Verbandmitteln,
3. Versorgung mit Heilmitteln einschließlich Krankengymnastik, Bewegungstherapie, Sprachtherapie und Beschäftigungstherapie sowie mit Brillengläsern und Kontaktlinsen,
4. Versorgung mit Zahnersatz,
5. Behandlung in einem Krankenhaus (Krankenhausbehandlung),
6. Behandlung in einer Rehabilitationseinrichtung,
7. häusliche Krankenpflege,
8. Versorgung mit Hilfsmitteln,
9. Belastungserprobung und Arbeitstherapie,
10. nichtärztliche sozialpädiatrische Leistungen,
11. Psychotherapie als ärztliche und psychotherapeutische Behandlung und Soziotherapie.

[2]Die Vorschriften für die Leistungen, zu denen die Krankenkasse (§ 18c Abs. 2 Satz 1) ihren Mitgliedern verpflichtet ist, gelten für die Leistungen nach Satz 1 entsprechend, soweit dieses Gesetz nichts anderes bestimmt.

(2) [1]Stationäre Behandlung in einer Kureinrichtung (Badekur) kann Beschädigten unter den Voraussetzungen des § 10 Abs. 1, 2, 7 und 8 gewährt werden, wenn sie notwendig ist, um den Heilerfolg zu sichern oder um einer in absehbarer Zeit zu erwartenden Verschlechterung des Gesundheitszustands, einer Pflegebedürftigkeit oder einer Arbeitsunfähigkeit vorzubeugen. [2]Die Leistung wird abweichend von § 10 Abs. 7 Buchstabe d nicht dadurch ausgeschlossen, daß eine Krankenkasse zu einer entsprechenden Leistung verpflichtet ist. [3]Eine Badekur soll nicht vor Ablauf von drei Jahren nach Durchführung einer solchen Maßnahme oder einer Kurmaßnahme, deren Kosten auf Grund öffentlich-rechtlicher Vorschriften getragen oder bezuschußt worden sind, gewährt werden, es sei denn, daß eine vorzeitige Gewährung aus dringenden gesundheitlichen Gründen erforderlich ist. [4]Wird die Badekur unter den Voraussetzungen des § 10 Abs. 1 gewährt, so sollen Gesundheitsstörungen, die den Erfolg der Badekur beeinträchtigen können, mitbehandelt werden.

(3)[30] [1]Zur Ergänzung der Versorgung mit Hilfsmitteln können Beschädigte unter den Voraussetzungen des § 10 Abs. 1, 2, 7 und 8 als Ersatzleistung Zuschüsse erhalten

1. zur Beschaffung, Instandhaltung und Änderung von Motorfahrzeugen oder Fahrrädern anstelle bestimmter Hilfsmittel und deren Instandsetzung,
2. für Abstellmöglichkeiten für Rollstühle und für Motorfahrzeuge, zu deren Beschaffung der Beschädigte einen Zuschuß erhalten hat oder hätte erhalten können,
3. zur Unterbringung von Blindenführhunden,
4. zur Beschaffung und Änderung bestimmter Geräte sowie
5. zu den Kosten bestimmter Dienst- und Werkleistungen.

[2]Bei einzelnen Leistungen können auch die vollen Kosten übernommen werden. [3]Empfänger einer Pflegezulage mindestens nach Stufe III können einen Zuschuß nach Satz 1 Nr. 1 auch erhalten, wenn er nicht anstelle eines Hilfsmittels beantragt wird.

(4) Beschädigte erhalten unter den Voraussetzungen des § 10 Abs. 1, 2, 7 und 8 Haushaltshilfe sowie einen Zuschuss zu stationärer oder teilstationärer Versorgung in Hospizen in entsprechender Anwendung der Vorschriften, die für die Krankenkasse (§ 18c Abs. 2 Satz 1) gelten.

30 Siehe hierzu die OrthopädieVO.

(5) Die Heilbehandlung umfaßt auch ergänzende Leistungen zur Rehabilitation, die nicht zu den Leistungen nach den §§ 11a, 26 und 27d gehören; für diese ergänzenden Leistungen gelten die Vorschriften für die entsprechenden Leistungen der Krankenkasse (§ 18c Abs. 2 Satz 1).

(6) [1]Die Heil- und Krankenbehandlung umfasst die Versorgung mit Brillengläsern und Kontaktlinsen; in Fällen des § 10 Abs. 2, 4 und 5 jedoch nur, wenn kein Versicherungsverhältnis zu einer gesetzlichen Krankenversicherung besteht. [2]Der Anspruch auf Brillengläser umfasst auch die Ausstattung mit dem notwendigen Brillengestell, wenn die Brille zur Behandlung einer Gesundheitsstörung nach § 10 Abs. 1 oder wenn bei nichtschädigungsbedingt notwendigen Brillen wegen anerkannter Schädigungsfolgen eine aufwändigere Versorgung erforderlich ist.

II. BVGVwV

Die Allgemeinen Verwaltungsvorschriften zum Bundesversorgungsgesetz[31] (BVGVwV) zu § 10 BVG sind bei → § 41 Rn. 21 abgedruckt. 36

Es existieren die folgenden Allgemeinen Verwaltungsvorschriften zum Bundesversorgungsgesetz (BVGVwV) zu § 11: 37

1. Erholungs- und Landaufenthalte werden im Rahmen der Heilbehandlung nicht gewährt.
2. Einweisungen in Krankeneinrichtungen außerhalb des Geltungsbereichs des Bundesversorgungsgesetzes erfolgen durch die Verwaltungsbehörden im Benehmen mit dem Bundesminister für Arbeit und Sozialordnung.
3. Vor dem Abschluß und vor der Änderung von Belegungsverträgen mit Kureinrichtungen ist das Benehmen mit dem Bundesminister für Arbeit und Sozialordnung herzustellen. Dies gilt nicht bei der Änderung der Pflegesätze. Zur zweckmäßigen Verteilung der Kuren auf die zur Verfügung stehenden Kureinrichtungen führt der Bundesminister für Arbeit und Sozialordnung einen Ausgleich durch.
4. Eine Mitbehandlung von Gesundheitsstörungen als Kurmaßnahme nach § 11 Abs. 2 Satz 3 kommt nur in Betracht, wenn sie in der Kureinrichtung durchgeführt werden kann.

§ 43 Ergänzende Leistungen der Krankenbehandlung

(1) [1]Geschädigte erhalten für anerkannte Schädigungsfolgen auf Antrag über die Leistungen der Krankenbehandlung nach § 42 hinaus ergänzende Leistungen, wenn diese unter Berücksichtigung der Art und Schwere des Einzelfalls und der besonderen Bedarfe der oder des Geschädigten notwendig sind. [2]Die Krankenkassen sollen der zuständigen Verwaltungsbehörde Fälle mitteilen, in denen die Erbringung einer ergänzenden Leistung der Krankenbehandlung durch die zuständige Verwaltungsbehörde angezeigt ist.

(2) Ergänzende Leistungen sind insbesondere

1. besondere psychotherapeutische Leistungen, die
   a) über die nach dem Leistungskatalog des Fünften Buches anerkannten Behandlungsverfahren hinausgehen,
   b) die zulässigen Höchstgrenzen der maximalen Stundenzahl für das jeweilige Verfahren und die Behandlungsfrequenz je Woche überschreiten oder
   c) von psychotherapeutisch tätigen Ärztinnen und Ärzten oder Psychotherapeutinnen und Psychotherapeuten, die nicht an der vertragsärztlichen Versorgung teilnehmen, oder von Heilpraktikerinnen und Heilpraktikern, die eine Qualifizierung im Bereich der Psychotherapie nachweisen, erbracht werden,

2. besondere zahnärztliche, implantologische, kieferchirurgische und kieferorthopädische Leistungen sowie Mehrleistungen für Zahnersatz,

3. besondere heilpädagogische Leistungen nach Vollendung des 18. Lebensjahres,

31 Vom 26.6.1969, Beilage Nr. 15/69 zum BAnz. Nr. 119, geändert durch Allgemeine Verwaltungsvorschrift vom 25.4.1974, BAnz. Nr. 83, und Zweite Allgemeine Verwaltungsvorschrift vom 27.8.1986, BAnz. Nr. 161, 12297.

4. besondere verschreibungspflichtige Arzneimittel oder besondere nicht verschreibungspflichtige apothekenpflichtige Arzneimittel,
5. besondere über die allgemeinen Krankenhausleistungen hinausgehende ärztliche und nichtärztliche Leistungen im Rahmen einer stationären Behandlung.

(3) Kosten für in Absatz 2 Nummer 2 genannte Leistungen, die in Umfang, Material oder Ausführung über das schädigungsbedingt Notwendige hinausgehen, sind von den Geschädigten selbst zu tragen.

(4) Angehörige, Hinterbliebene und Nahestehende erhalten auf Antrag besondere psychotherapeutische Leistungen nach Absatz 2 Nummer 1, wenn diese Leistungen
1. zum Ausgleich von psychischen Beeinträchtigungen erforderlich sind, die mittelbar auf das schädigende Ereignis zurückzuführen sind,
2. im Rahmen der individuellen Absicherung im Krankheitsfall nicht oder nicht in ausreichendem Maße erbracht werden und
3. zur Erreichung oder Sicherung des Behandlungserfolges notwendig sind.

A. Gesetzesgeschichte

I. Geltendes und neues Recht

1 Ergänzende Leistungen der Heil- und Krankenbehandlung, also solche, die nach Art und Umfang über die Leistungen der gesetzlichen Krankenversicherung nach dem SGB V hinaus gehen, sind im bis 31.12.2023 geltenden Recht – je nach Zuständigkeit von Verwaltungsbehörde oder Krankenkasse (vgl. § 18c BVG) – in unterschiedlichen Normen geregelt; und zwar die ergänzende Versorgung mit Hilfsmitteln in § 11 Abs. 3 BVG sowie die Versorgung mit Zahnersatz gem. § 11 Abs. 1 S. 1 Nr. 4 BVG, für die § 12 Abs. 2 BVG eine eigenständige Regelung trifft, das SGB V ist insoweit nicht anwendbar.[1] Auch nach § 18 Abs. 7 BVG werden ergänzende Leistungen bei stationärer Krankenhausbehandlung gewährt.

1 HK-SozEntschR/Vogl BVG § 12 Rn. 5, 16 f.

Soweit in § 11 Abs. 5 BVG ergänzende Leistungen zur Rehabilitation normiert sind, handelt es sich um Leistungen, die nicht zu den im BVG geregelten Leistungen der Rehabilitation gehören; kraft ausdrücklicher Regelung (§ 11 Abs. 5 Hs. 2 BVG) finden hierauf jedoch gerade die Vorschriften für die entsprechenden Leistungen der Krankenkassen Anwendung.[2] Gleiches gilt für die ergänzenden Leistungen nach § 12 Abs. 1 S. 2 BVG, welche in entsprechender Anwendung des SGB V geleistet werden.[3] 2

§ 43 geht zurück auf den Gesetzentwurf der Bundesregierung vom 9.10.2019, BT-Drs. 19/13824, 188 ff. und tritt mWz 1.1.2024 in Kraft.[4] 3

II. Änderungen im SGB XIV gegenüber dem BVG und Parallelität

Wie im bisherigen Recht geht das Leistungsniveau des SER im Bereich der Krankenbehandlung über das Leistungsniveau der GKV hinaus. Das ist Ausfluss des Entschädigungsgedankens.[5] Im Unterschied zu den Regelungen des BVG fasst § 43 die ergänzenden Leistungen zusammen und trägt dabei zur verbesserten Übersichtlichkeit der Leistungen bei. Da im SGB XIV die Hilfsmittelversorgung neu geregelt wurde und im Unterschied zum BVG nunmehr gem. § 46 nach den Grundsätzen der Leistungserbringung im SGB VII (→ § 46 Rn. 4) erfolgt, fehlen in § 43 hierzu Regelungen. 4

Einen Schwerpunkt im neuen Recht bilden die besonderen psychotherapeutischen Leistungen (→ Rn. 14), die die Geschädigten, ebenso wie nach Abs. 4 auch ihre Angehörigen, Hinterbliebenen und Nahestehenden in Anspruch nehmen können. Der Gesetzgeber hat mit der Einführung des SGB XIV dem zahlenmäßigen Rückgang der Kriegsgeschädigten einerseits und der erwarteten, künftig steigenden Anzahl von Gewaltopfern, einschließlich der Opfer von Terrortaten – letzteres offenkundig unter dem Eindruck der Auswirkungen des verheerenden Terroranschlages vom 19.12.2016 auf dem Breitscheidplatz in Berlin[6] -, sowie heutige Bedarfe der Betroffenen berücksichtigen wollen.[7] Folge hiervon ist ua eine Erweiterung des entschädigungsrechtlichen Begriffes der Gewalttat um psychische Gewalttaten, § 13 Abs. 1 Nr. 2 (→ § 13 Rn. 66), einerseits und eine verbesserte Versorgung psychischer Schädigungsfolgen. Letzteres zeigt sich in der Einführung von verbesserten Instrumenten zur Traumabewältigung, zu denen neben den sog. Schnellen Hilfen des 4. Kapitels mit psychotherapeutischer (Früh-)Intervention in der Traumaambulanz (§§ 31 ff.) vor allem auch die besonderen psychotherapeutischen Leistungen nach § 43 Abs. 2 Nr. 1 gehören, auf die im Rahmen der Betreuung in der Traumaambulanz auch verwiesen werden soll, vgl. § 35 Abs. 1. 5

Um alle Möglichkeiten auszuschöpfen, die seelische Verfassung der Betroffenen mit der Vielfalt der zur Verfügung stehenden Behandlungsmethoden zu verbessern,[8] werden aufgrund von § 43 Abs. 2 Nr. 1 psychotherapeutische Leistungen gewährt, die sowohl hinsichtlich Art und Umfang als auch hinsichtlich der Leistungserbringer über die Leistungen nach dem SGB V hinausgehen (→ Rn. 15, 16), wohingegen nach § 11 Abs. 1 S. 1 Nr. 11, S. 2 BVG bis 31.12.2023 Leistungen der Psychotherapie lediglich auf dem Niveau des SGB V erbracht werden. 6

2 HK-SozEntschR/Vogl BVG § 11 Rn. 41.
3 HK-SozEntschR/Vogl BVG § 12 Rn. 10 f.
4 Art. 60 Abs. 7 G-SER v. 12.12.2019, BGBl. 2019 I 2652.
5 Knickrehm/Mushoff/Schmidt Neues SozEntschR Rn. 131.
6 BT-Drs. 19/13824, 1.
7 BT-Drs. 19/13824, 1.
8 BT-Drs. 19/13824, 3; vgl. Tabbara NZS 2020, 210 (214).

B. Normsystematik

I. Allgemeiner Regelungsgehalt

7 § 43 regelt – abweichend von § 42 Abs. 1 bis 4 – Ansprüche auf Leistungen, die nicht oder nicht nach Art und Höhe im Leistungskatalog der gesetzlichen Krankenversicherung enthalten sind. Die Leistungen werden daher als „ergänzende" bzw. „besondere" Leistungen bezeichnet.

II. Systematische Einordnung und Normzweck

8 § 43 dient – wie auch §§ 40, 41 – der Neustrukturierung der Krankenbehandlung im SER. Die Vorschrift stellt die ergänzenden Leistungen in Abs. 2 exemplarisch und übersichtlich dar.[9]

§ 43 verkörpert eine abweichende Regelung iSv § 42 Abs. 5 (→ § 42 Rn. 18). Als Ausnahme von dem Grundsatz, dass nur Geschädigte Anspruch auf Krankenbehandlung haben können, regelt Abs. 4 einen Anspruch auf besondere psychotherapeutische Leistungen für Angehörige, Nahestehende und Hinterbliebene von Geschädigten, die Leistungen der Krankenbehandlung der SE im Übrigen nur nach § 42 Abs. 3 und 4 im Rahmen der subsidiären Auffanghilfe erhalten können (→ § 42 Rn. 28).

C. Einzelkommentierung

I. Ergänzende Leistungen für Geschädigte, Abs. 1

9 **1. Schädigungsbedingte Bedarfe.** Für die Krankenbehandlung richten sich die Leistungen gem. § 42 Abs. 1 (→ § 42 Rn. 12) in Art und Umfang nach dem SGB V. Bei darüber hinausgehenden schädigungsbedingten Bedarfen werden den Berechtigten weitergehende Leistungen zur Verfügung gestellt.[10] Erforderlich ist, dass der besondere Behandlungsbedarf im Sinne des **Kausalitätsprinzips** auf die anerkannten Schädigungsfolgen zurückzuführen ist. Zwischen den Schädigungsfolgen und dem besonderen Behandlungsbedarf muss ein **ursächlicher Zusammenhang** im Sinne einer **wesentlichen Bedingung** bestehen (→ § 1 Rn. 23; → § 41 Rn. 14).[11]

10 Der Anspruch auf ergänzende Leistungen setzt weiter voraus, dass die Leistung zur Deckung des Bedarfes nach **Art und Umfang des Einzelfalles notwendig** ist. Zu berücksichtigen sind daher die Art der schädigungsbedingten Gesundheitsstörung, ihre Ausprägung und der hieraus folgende Leidensdruck der Geschädigten.[12] Dabei werden die persönlichen Bedarfe der Berechtigten und die sonstigen sich aus dem Umfeld ergebenden besonderen Umstände berücksichtigt.[13] Notwendig sind die besonderen Leistungen indessen nur, wenn der Behandlungsbedarf nicht bereits durch die Leistungsbewilligung nach § 42 gedeckt ist. Vorauszusetzen ist ferner, dass die medizinische/therapeutische Wirksamkeit der Behandlung gegeben ist, was jedenfalls dann der Fall ist, wenn sie sich nach dem gesicherten Stand der wissenschaftlichen Erkenntnisse ergibt.[14] Die ergänzenden Leistungen müssen zur Behandlung der Schädigungsfolgen wenigstens potenziell **geeignet** sein.[15] Der Gesetzgeber sieht indessen auch den Zugang zu alternativen Therapieformen vor, wie § 42 Abs. 2 Nr. 1 Buchst. a für die besonderen psychotherapeutischen Leistungen zeigt. Für solche alternativen Behandlungsmethoden muss zur Erfüllung des Tatbestandsmerkmals „notwendig"

---

9 Schmidt SGB XIV/Feddern § 42 Rn. 15.
10 BT-Drs. 19/14870, 3.
11 Knickrehm/Mushoff/Schmidt Neues SozEntschR Rn. 132.
12 Knickrehm/Mushoff/Schmidt Neues SozEntschR Rn. 132.
13 BT-Drs. 19/13824, 188.
14 BayLSG 7.5.2014 – L 15 VS 17/13, Rn. 67.
15 Knickrehm/Mushoff/Schmidt Neues SozEntschR Rn. 132; Schmidt SGB XIV/Feddern § 43 Rn. 7.

verlangt werden, dass sie **medizinisch zumindest vertretbar** sind.[16] Im Spannungsverhältnis mit dem auch im SER geltenden Wirtschaftlichkeitsgebotes[17] müssen die Mehrleistungen auch vom Umfang her geboten sein, allerdings dienen die ergänzenden Leistungen der Vermeidung von Versorgungsdefiziten,[18] was für einen großzügigen Maßstab spricht.[19]

2. Leistungen auf Antrag. Ergänzende Leistungen der Krankenbehandlung erhalten Geschädigte gem. Abs. 1 S. 1 auf Antrag. Der Hinweis auf das Antragserfordernis dient der Klarstellung.[20] 11

3. Mitteilungen der Krankenkassen. Nach Abs. 1 S. 2 sollen die Krankenkassen der zuständigen Verwaltungsbehörde die Fälle mitteilen, in denen die Erbringung einer ergänzenden Leistung der Krankenbehandlung **angezeigt** ist. Dies soll dazu beitragen, dass Geschädigte alle schädigungsbedingt erforderlichen Leistungen erhalten und keine Versorgungsdefizite verbleiben.[21] 12

II. Katalog ergänzender Leistungen, Abs. 2

Abs. 2 führt mit den Nrn.1 bis 5 einen Katalog der in Betracht kommenden ergänzenden Leistungen der Krankenbehandlung auf. Es handelt sich um die Leistungen, die unter Geltung des BVG bei den Verwaltungsbehörden der Länder häufig nachgefragt wurden und Gegenstand von Härteausgleichen waren.[22] Die in Betracht kommenden Leistungen, die über den Leistungskatalog nach dem SGB V hinausgehen, können zB andere Behandlungsverfahren, nicht zur Versorgung nach dem SGB V zugelassene Leistungserbringer betreffen oder hinsichtlich des Umfanges der Leistungserbringung über das nach dem SGB V vorgesehene Maß hinausgehen. 13

Wie an dem Wort „insbesondere" deutlich wird, ist der Katalog der ergänzenden Leistungen nicht abschließend,[23] was im Gesetzgebungsverfahren den Betroffenenverbänden besonders wichtig war.[24]

1. Ergänzende psychotherapeutische Leistungen, Abs. 2 Nr. 1. Zu den ergänzenden Leistungen gehören nach Nr. 1 besondere psychotherapeutische Leistungen, die einen Schwerpunkt der Mehrleistungen bilden, um alle Möglichkeiten auszuschöpfen, die seelische Verfassung der Betroffenen mit der Vielfalt der zur Verfügung stehenden Behandlungsmethoden zu verbessern.[25] 14

a) **Alternative Behandlungsverfahren.** Nach Nr. 1 Buchst. a umfassen die ergänzenden psychotherapeutischen Leistungen solche Therapieverfahren, die nicht zu den nach dem Leistungskatalog des SGB V anerkannten Behandlungsverfahren gehören. Anerkannt für die psychotherapeutische Behandlung iSv § 27a Abs. 1 S. 1 Nr. 1 SGB V sind die in § 15 der Richtlinie des Gemeinsamen Bundesausschusses über die Durchführung der Psychotherapie (Psychotherapie-Richtlinie)[26] nach § 92 Abs. 1 S. 2 Nr. 1, Abs. 6a SGB V genannten Verfahren, nämlich psychoanalytisch begründete Verfahren, Verhaltenstherapie und Systemische Therapie. Über diese sog. „Richtlinien-Verfah- 15

16 BSG 27.4.1989 – 9 RV 9/88, BSGE 65, 56.
17 Schmidt SGB XIV/Feddern § 43 Rn. 7.
18 BT-Drs. 19/13824, 188.
19 Ebenso: Knickrehm/Mushoff/Schmidt Neues SozEntschR Rn. 132; Schmidt SGB XIV/Feddern § 43 Rn. 7.
20 BT-Drs. 19/13824, 188.
21 BT-Drs. 19/13824, 188.
22 BT-Drs. 19/13824, 188.
23 BT-Drs. 19/13824, 190.
24 Tabbara NZS 2020, 210 (214).
25 BT-Drs. 19/14870, 3.
26 Vom 19.2.2009, BAnz. AT 17.4.2009, zuletzt geändert am 20.11.2020, BAnz. AT 17.2.2021 B1.

ren" hinaus können andere Therapieverfahren unter den Voraussetzungen von § 20 Psychotherapie-Richtlinie ebenfalls anerkannt werden.

16 Mit der Ausweitung des Behandlungsangebotes in Nr. 1 Buchst. a über die nach der Psychotherapie-Richtlinie anerkannten Verfahren hinaus erhalten Geschädigten einen Zugang zu alternativen Therapieformen, um alle Möglichkeiten auszuschöpfen, die psychische Befindlichkeit mit der Vielfalt der zur Verfügung stehenden Behandlungsmaßnahmen zu bessern. In der Gesetzesbegründung werden beispielhaft genannt die Gestalttherapie, die Musiktherapie und das Psychodrama,[27] weitere Behandlungsverfahren sind aber ebenso möglich.

17 Nach dem Gesetzentwurf ist Voraussetzung für die Erbringung dieser Leistung weiter, dass durch das angestrebte Behandlungsverfahren eine **spürbar positive Einwirkung** auf den Zustand der geschädigten Person zu erwarten ist. In halbjährlichen Abständen soll überprüft werden, ob sich diese einstellt oder absehen lässt. Von einer positiven Einwirkung kann im Einzelfall auch ausgegangen werden, wenn sich die psychische Beeinträchtigung des Geschädigten nicht weiter verschlechtert hat.[28]

Diese weiteren Voraussetzungen an die alternativen Behandlungsverfahren haben keinen Eingang in den Normtext von Nr. 1 Buchst. a gefunden. Gleichwohl sind diese Anforderungen an die Behandlungsverfahren für die Beurteilung, ob die ergänzende psychotherapeutische Leistung notwendig iSv Abs. 1 S. 1 ist, zu berücksichtigen. Jedenfalls ist zu erwarten, dass die Verwaltung die Überprüfung der Wirksamkeit des gewählten Behandlungsverfahrens vornimmt, allerdings in der Praxis wohl eher im Rahmen des Verfahrens über einen Folgeantrag auf eine entsprechende psychotherapeutische Leistung.[29]

18 **b) Überschreitung von Höchstgrenzen.** Nr. 1 Buchst. b sieht eine Ausweitung der Therapie über die Vorgaben der Psychotherapie-Richtlinie hinsichtlich der Anzahl der Therapiestunden und der Behandlungsfrequenz vor. Nach § 23 Psychotherapie-Richtlinie ist die Behandlung auf maximal drei Behandlungsstunden in der Woche beschränkt, wobei nach § 30 Psychotherapie-Richtlinie folgende Höchstgrenzen in folgenden Bewilligungsschritten vorgesehen sind:

Therapieart	Bewilligungsschritte		Höchstgrenze	
	Stunden bei Einzeltherapie	Doppelstunden bei Gruppentherapie	Stunden bei Einzeltherapie	Doppelstunden bei Gruppentherapie
Analytische Psychotherapie bei Erwachsenen	160	80	300	150
Tiefenpsychologisch fundierte Psychotherapie bei Erwachsenen	60	60	100	80
Verhaltenstherapie bei Erwachsenen	60 einschl. Gruppentherapie in Doppelstunden		80 einschl. Gruppentherapie in Doppelstunden	
Systemische Therapie bei Erwachsenen	36 einschl. Gruppentherapie in Doppelstunden		48 einschl. Gruppentherapie in Doppelstunden	

27 BT-Drs. 19/13824, 189.
28 BT-Drs. 19/13824, 189.
29 Knickrehm/Mushoff/Schmidt Neues SozEntschR Rn. 135.

Therapieart	Bewilligungsschritte		Höchstgrenze	
	Stunden bei Einzeltherapie	Doppelstunden bei Gruppentherapie	Stunden bei Einzeltherapie	Doppelstunden bei Gruppentherapie
Psychotherapie von Kindern bei analytischer und tiefenpsychologisch fundierter Psychotherapie	70	60	150	90
Verhaltenstherapie von Kindern	60 einschl. Gruppentherapie in Doppelstunden		80 einschl. Gruppentherapie in Doppelstunden	
Psychotherapie von Jugendlichen bei analytischer und tiefenpsychologisch fundierter Psychotherapie	90	60	180	90
Verhaltenstherapie bei Jugendlichen	60 einschl. Gruppentherapie in Doppelstunden		80 einschl. Gruppentherapie in Doppelstunden	

Von diesen Vorgaben ist im Einzelfall – nämlich nach den Voraussetzungen von Abs. 1 S. 1 – abzuweichen.[30]

19 c) **Nicht zugelassene Leistungserbringer.** Nach Nr. 1 Buchst. c ist auch eine Behandlung durch Personen möglich, die nicht an der vertragsärztlichen Versorgung teilnehmen, aber zur Ausübung von Psychotherapie berechtigt sind. Hierzu gehören zum einen psychotherapeutisch tätige Ärztinnen und Ärzte oder Psychotherapeutinnen und Psychotherapeuten ohne Kassenzulassung; zum anderen aber auch Personen mit einer Heilpraktikererlaubnis, die eine Qualifizierung im Bereich der Psychotherapie nachweisen. Die Aufzählung der zur Behandlung Berechtigten ist nach dem Wortlaut der Vorschrift abschließend.

20 Mit dieser Öffnung steigt die Anzahl der potenziellen Leistungserbringer, was vor dem Hintergrund der im vertragsärztlichen System sehr langen Wartezeiten auf einen psychotherapeutischen Behandlungsplatz[31] als ein geeigneter Ansatz bewertet werden kann, die Versorgungssituation der Geschädigten mit psychischen Beeinträchtigungen zu verbessern. Allerdings steht die Zulassung von Personen, die lediglich über eine Heilpraktikererlaubnis mit Qualifizierung im Bereich der Psychotherapie verfügen, wegen der im Vergleich kurzen Zusatzausbildung in der Kritik, da die Geschädigten häufig an schweren Traumata leiden, die die Hilfe von Spezialisten erfordern.[32]

21 Die Überprüfung der für die psychotherapeutische Behandlung erforderlichen Qualifikation obliegt der zuständigen Verwaltungsbehörde.[33] Erforderlich ist die jeweilige Approbation nach § 3 BÄO iVm ÄApprO bzw. § 1 Abs. 1 PsychthG iVm PsychThApprO oder die Heilpraktikererlaubnis nach § 1 Abs. 1 HeilprG iVm § 2 Abs. 1 HeilprG iVm § 2 Abs. 1 der 1. DVO-HeilprG, letztere kann auch auf die Ausübung von Psychotherapie beschränkt sein.[34] Bei Ärzten dürfte ferner der Nachweis einer Facharztausbildung auf psychotherapeutischem Gebiet oder das Führen einer entsprechenden

30 BT-Drs. 19/13824, 189.
31 Vgl. hierzu die Studie der Bundespsychotherapeutenkammer unter https://www.bptk.de/wp-content/uploads/2019/01/20180411_bptk_studie_wartezeiten_2018.pdf.
32 Siehe hierzu Knickrehm/Mushoff/Schmidt Neues SozEntschR Rn. 135 mwN.
33 BT-Drs. 19/13824, 189.
34 BVerwG 21.1.1993 – 3 C 34/90, BVerwGE 91, 356.

Zusatzbezeichnung vorauszusetzen sein, damit das Tatbestandsmerkmal „psychotherapeutisch tätig“ als erfüllt angesehen werden kann. Soweit für Heilpraktiker gefordert wird, dass Ausbildungsmodule zur Traumatherapie, insbesondere zu den nach § 20 Psychotherapie-Richtlinie anerkannten Verfahren nachgewiesen werden,[35] ist dies zweifelhaft, weil solche zusätzlichen Anforderungen als Berufsausübungsregelung iSv Art. 12 Abs. 1 GG einer gesetzlichen Grundlage bedürfen.

22 **2. Ergänzende zahnmedizinische Leistungen, Abs. 2 Nr. 2; Mehrkosten bei besonderen zahnmedizinischen Leistungen, Abs. 3.** Zu den ergänzenden Leistungen gehören nach Abs. 2 Nr. 2 besondere zahnärztliche, implantologische, kieferchirurgische und kieferorthopädische Leistungen sowie Mehrleistungen für Zahnersatz.

23 Zur zahnärztlichen Behandlung nach Vollendung des 18. Lebensjahres zählen nach § 28 Abs. 2 S. 6 bis 9 SGB V in der Regel nicht funktionsanalytische und funktionstherapeutische Maßnahmen sowie implantologische, kieferchirurgische und kieferorthopädische Leistungen. Funktionsanalytische und funktionstherapeutische Maßnahmen werden in Zusammenhang mit einer Zahnbehandlung oder Zahnersatzmaßnahme zur exakten Bewertung der individuellen Mund- und Kiefersituation durchgeführt und dienen insbesondere der Diagnose von Störungen im Zusammenspiel von Zähnen, Gelenken und Muskulatur sowie dem langfristigen Erhalt von Zahnersatz. Abs. 2 Nr. 2 stellt ua sicher, dass Geschädigte auch nach Vollendung des 18. Lebensjahres einen Anspruch auf kieferchirurgische und kieferorthopädische Behandlung haben, wenn die Schädigungsfolge das Kauen, Beißen, Sprechen oder Atmen erheblich beeinträchtigt oder zu beeinträchtigen droht.[36]

24 Die Versorgung mit Zahnersatz erstreckt sich auf festsitzenden Zahnersatz wie Zahnkronen, Brücken und Suprakonstruktionen sowie auf herausnehmbaren Zahnersatz wie Teil- und Vollprothesen. Für diese Leistungen werden nach § 55 SGB V Festzuschüsse zur Regelversorgung gezahlt, deren Höhe vom jeweiligen zahnmedizinischen Befund und von der regelmäßigen Inanspruchnahme zahnärztlicher Vorsorgeuntersuchungen abhängig ist.[37] Die über die Festzuschüsse hinausgehenden Kosten werden als **Mehrleistungen** nach Abs. 2 Nr. 2 übernommen.

25 Abs. 3 stellt klar, dass **Mehrkosten** für besondere zahnärztliche, implantologische, kieferchirurgische und kieferorthopädische Leistungen sowie Mehrleistungen für Zahnersatz, die medizinisch nicht begründet sind, nicht erstattungsfähig sind.[38] Wird die Versorgung auf den Ersatz von nicht schädigungsbedingt verlorenen Zähnen erweitert, können Geschädigte unter den Voraussetzungen von § 49 statt der Sachleistung einen Zuschuss erhalten.

26 **3. Ergänzende heilpädagogische Leistungen, Abs. 2 Nr. 3.** Nach Abs. 2 Nr. 3 werden heilpädagogische Leistungen auch nach Vollendung des 18. Lebensjahres erbracht. Dies stellt eine Besonderheit gegenüber den Leistungen nach dem SGB V dar, da § 43a SGB V heilpädagogische Leistungen nur für Kinder vorsieht. Da das geltende Recht mit § 11 Abs. 1 S. 1 Nr. 10 iVm S. 2 BVG die entsprechende Anwendung von § 43a SGB V vorsieht,[39] gilt diese Einschränkung bis zum 31.12.2023 auch im SER.

Heilpädagogische Leistungen umfassen insbesondere Maßnahmen zur Entwicklung, Erziehung, Bildung und Förderung. Eine ärztliche Stellungnahme über die Notwendigkeit und die Eignung der heilpädagogischen Maßnahme sollte vorliegen. Um sicherzustellen, dass die heilpädagogischen Leistungserbringer über ein hinreichendes

35 Schmidt SGB XIV/Feddern § 43 Rn. 14.
36 BT-Drs. 19/13824, 189.
37 BT-Drs. 19/13824, 189.
38 BT-Drs. 19/13824, 190.
39 HK-SozEntschR/Vogl BVG § 11 Rn. 28.

Qualitätsniveau verfügen, sollten diese in der Regel eine Ausbildung zur staatlich anerkannten Heilpädagogin/zum staatlich anerkannten Heilpädagogen aufweisen.[40]

4. Besondere Arzneimittel, Abs. 2 Nr. 4. Besondere Arzneimittel nach Abs. 2 Nr. 4 sind zB verschreibungspflichtige Arzneimittel mit einem Preis oberhalb des Festbetrages nach §§ 31 Abs. 2, 35 SGB V. Da gemäß § 34 Abs. 1 S. 6 SGB V nach der Vollendung des 18. Lebensjahres auch verschreibungspflichtige Arzneimittel zur Anwendung bei Erkältungskrankheiten und grippalen Infekten einschließlich der bei diesen Krankheiten anzuwendenden Schnupfenmittel, Schmerzmittel, hustendämpfenden und hustenlösenden Mittel, Mund- und Rachentherapeutika, ausgenommen bei Pilzinfektionen, Abführmittel und Arzneimittel gegen Reisekrankheit nicht verordnungsfähig sind, kommen diese ebenfalls als besondere Arzneimittel iSv Abs. 2 Nr. 4 in Betracht. 27

Auch nichtverschreibungspflichtige Arzneimittel, die gem. § 34 Abs. 1 S. 1 SGB V von der Arzneimittelversorgung ausgeschlossen sind bzw. nur unter den engen Voraussetzungen von § 34 Abs. 1 S. 2 SGB V iVm den Arzneimittel-Richtlinien nach § 92 Abs. 1 S. 2 Nr. 6SGB V bei der Behandlung schwerwiegender Erkrankungen als Therapiestandard gelten und daher nur ausnahmsweise auf Kosten der Krankenkassen verordnungsfähig sind, gehören zu den besonderen Arzneimitteln. 28

Arzneimittel, bei deren Anwendung eine Erhöhung der Lebensqualität oder eine Verbesserung der körperlichen Leistungsfähigkeit im Vordergrund stehen, sind nach § 34 Abs. 1 S. 7 SGB V ebenfalls nicht verordnungsfähig und gehören daher zu den Arzneimitteln iSv Abs. 2 Nr. 4.[41] Hierzu dürften auch die nach § 37 Abs. 1 S. 8 SGB V ausgeschlossenen Arzneimittel, die überwiegend zur Behandlung der erektilen Dysfunktion, der Anreizung sowie Steigerung der sexuellen Potenz, zur Raucherentwöhnung, zur Abmagerung oder zur Zügelung des Appetites, zur Regulierung des Körpergewichtes oder zur Verbesserung des Haarwuchses dienen, gehören. Aus dem Tatbestandsmerkmal „notwendig" nach Abs. 1 S. 1 (→ Rn. 10) lässt sich schließen, dass ein **Nutzen** im jeweiligen Anwendungsgebiet – wie auch vom Gesetzgeber gefordert[42] – zu erwarten sein muss. Welchen Anforderungen die Nutzenbewertung entsprechen muss, ist nicht geregelt. Da die Versorgung mit besonderen Arzneimitteln nach Abs. 2 Nr. 4 gerade der Ergänzung der Krankenbehandlung über das Niveau des SGB V hinaus dient, liegt nahe, nicht die strengen Anforderungen der Nutzenbewertung nach § 35a SGB V anzulegen.[43] 29

Für die nicht verschreibungspflichtigen Arzneimittel wird Apothekenpflicht, die für verschreibungspflichtige Medikamente ohnehin besteht, verlangt. Grund hierfür ist die Sicherstellung einer fachkundigen Beratung.[44] 30

5. Besondere Leistungen bei stationärer Behandlung, Abs. 2 Nr. 5. Nach Abs. 2 Nr. 5 werden besondere Leistungen bei stationärer Behandlung erbracht. Hierzu zählen Wahlleistungen im Bereich der Unterkunft sowie ärztliche und weitere medizinische Wahlleistungen (zB durch Physiotherapeuten), sofern sie nicht bereits als allgemeine Krankenhausleistungen erbracht werden. Zu diesen besonderen Leistungen gehören insbesondere die Unterbringung in einem Einbettzimmer, die Mitaufnahme einer oder eines Angehörigen, die Chefarztbehandlung sowie besondere medizinische Behandlungsmaßnahmen während des stationären Aufenthaltes wie zB Massagen oder homöopathische Verfahren.[45] 31

40 BT-Drs. 19/13824, 189.
41 BT-Drs. 19/13824, 189.
42 BT-Drs. 19/13824, 189.
43 Andere Ansicht wohl Knickrehm/Mushoff/Schmidt Neues SozEntschR Rn. 141.
44 BT-Drs. 19/13824, 189.
45 BT-Drs. 19/13824, 189.

32 Die Übernahme dieser Kosten erfolgt bis 31.12.2023 nach § 18 Abs. 7 BVG, wenn es nach den Umständen des Einzelfalles, insbesondere im Hinblick auf die anerkannten Schädigungsfolgen – aber nicht nur deretwegen – erforderlich ist. Dies ist nach geltendem Recht der Fall, wenn der Gesundheitszustand des Beschädigten oder die Eigenart der Erkrankung besondere Pflege erfordern.[46] Auch künftig prüft die Verwaltungsbehörde nach Abs. 1 S. 1, ob die Wahlleistungen in Anbetracht der Art und Schwere der Erkrankung gerechtfertigt sind, was nach Abwägung aller Umstände des Einzelfalles zu beurteilen ist.[47] Nach der Rechtsprechung zu § 18 Abs. 7 BVG können berufliche, wirtschaftliche oder private Gründe aber keinen Anspruch auf Übernahme der Mehrkosten begründen; maßgebend sind insoweit ausschließlich medizinische Gründe.[48] Diese Grundsätze dürften sich auf die Beurteilung der Notwendigkeit der besonderen stationären Leistungen übertragen lassen, da gerade auf Art und Schwere der Krankheit abgestellt werden soll.[49]

33 Abweichend von den Regelungen der gesetzlichen Krankenversicherung, nach denen Chefarztbehandlung und „Ein- oder Zweibettzimmer" Gegenstand sog. Kooperationsverträge der Krankenkassen mit privaten Versicherungsunternehmen sein können (vgl. § 194 Abs. 1a SGB V)[50], haben Geschädigte für Wahlleistungen nicht in Vorleistung zu treten. Diese werden von den zuständigen Verwaltungsbehörden direkt mit dem Leistungserbringer abgerechnet.[51]

III. Ergänzende Leistungen für Angehörige, Hinterbliebene und Nahestehende, Abs. 4

34 Auch Angehörige, Hinterbliebene und Nahestehende haben gem. Abs. 4 auf Antrag Anspruch auf besondere psychotherapeutische Leistungen nach Abs. 2 Nr. 1, denn eine schwere Schädigung kann nicht nur die psychische Gesundheit und Lebensführung der Geschädigten selbst, sondern auch die der Angehörigen, Hinterbliebenen und Nahestehenden beeinträchtigen (→ § 6 Rn. 6). Es handelt sich um eine Ausnahme von dem Grundsatz, dass nur Geschädigte Anspruch auf Krankenbehandlung haben können.

35 Voraussetzung für den Anspruch ist, dass die psychotherapeutische Behandlung zum Ausgleich von psychischen Beeinträchtigungen erforderlich ist, die **mittelbar** auf das schädigende Ereignis zurückzuführen sind, vgl. Abs. 4 Nr. 1. Es gilt hinsichtlich der Kausalbeziehung die Theorie der wesentlichen Bedingung. Abzugrenzen ist diese Bedarfslage von dem Erleiden einer unmittelbaren gesundheitlichen Schädigung von sog. Schockschadensopfern (§ 14 Abs. 2), welche selbst Geschädigte sind und deren Ansprüche auf ergänzende Leistungen sich daher nach Abs. 1 beurteilen.

36 Nach Abs. 4 Nr. 2 ist weiter zu fordern, dass die Leistungen nicht oder nicht ausreichend im Rahmen der individuellen Absicherung im Krankheitsfall erbracht werden. Der Anspruch von Berechtigten nach Abs. 4 ergänzt damit deren bestehende individuelle Absicherung im Krankheitsfall und geht somit deutlich über die Leistungen der Krankenbehandlung nach § 42 Abs. 3 und 4 hinaus, die als subsidiäre Auffanghilfe

---

46 HK-SozEntschR/Vogl BVG § 18 Rn. 21.

47 Knickrehm/Mushoff/Schmidt Neues SozEntschR Rn. 142; Schmidt SGB XIV/Feddern § 43 Rn. 25.

48 BSG 1.4.1981 – 9 RV 31/80; BSG 2.3.1983 – 9a RV 19/82, jeweils zu § 18c Abs. 3 S. 5 BVG, der Vorgängervorschrift zu § 18 Abs. 7 BVG; LSG NRW 30.10.2002 – L 7 V 5/02; HK-SozEntschR/Vogl BVG § 18 Rn. 21.

49 Andere Ansicht wohl Knickrehm/Mushoff/Schmidt Neues SozEntschR Rn. 142, die bei § 18 Abs. 7 BVG von einer restriktiveren Handhabung ausgehen.

50 jurisPK-SGB V/Dreher § 53 Rn. 83; zur Zulässigkeit von Wahlleistungen aufgrund satzungsrechtlicher Regelung vgl. BSG 30.7.2019 – B 1 KR 34/18 R, BSGE 129, 10.

51 BT-Drs. 19/13824, 189 f.

ausgestaltet sind (→ § 42 Rn. 28). Dabei kann es sich bei der individuellen Absicherung sowohl um eine gesetzliche als auch eine private Absicherung handeln.[52] Fehlt die individuelle Absicherung für den Krankheitsfall, werden die Leistungen nach Abs. 4 erst recht erbracht.

Die psychotherapeutische Behandlung muss nach Abs. 4 Nr. 3 zur Erreichung oder Sicherung des Behandlungserfolges notwendig sein. 37

D. Anhang

I. BVG

Bis 31.12.2023 sind § 11, 12 und 18 BVG in Kraft, § 11 BVG ist in der Kommentierung zu → § 41 Rn. 21 abgedruckt. §§ 12 und 18 BVG haben folgenden Normtext: 38

§ 12 BVG [Umfang der Krankenbehandlung]

(1) [1]Für die Krankenbehandlung gilt § 11 Abs. 1 mit Ausnahme von Satz 1 Nr. 4 entsprechend. [2]Die Krankenbehandlung umfaßt auch Leistungen zur medizinischen Rehabilitation und ergänzende Leistungen; für diese Leistungen gelten die Vorschriften für die entsprechenden Leistungen der Krankenkasse (§ 18c Abs. 2 Satz 1).

(2) [1]Zuschüsse zu den Kosten der Beschaffung von Zahnersatz können den Berechtigten unter den Voraussetzungen des § 10 Abs. 4, 5, 7 und 8 bis zur Höhe von 80 vom Hundert der notwendigen Kosten gewährt werden. [2]§ 10 Abs. 7 ist mit der Maßgabe anzuwenden, daß Leistungen der gesetzlichen Krankenversicherung zur Versorgung mit Zahnersatz die Leistung nach Satz 1 ausschließen; sofern solche Leistungen freiwillig Versicherten gewährt werden, die mehr als die Hälfte der Beiträge aus eigenen Mitteln tragen, sind diese Leistungen mit ihrem Wert oder Betrag auf die Gesamtaufwendungen anzurechnen.

(3) [1]Ehegatten oder Lebenspartnern und Eltern von Pflegezulageempfängern sowie Personen, die die unentgeltliche Wartung und Pflege eines Pflegezulageempfängers übernommen haben, kann eine Badekur gewährt werden, wenn sie den Beschädigten mindestens seit zwei Jahren dauernd pflegen und die Badekur zur Erhaltung ihrer Fähigkeit, den Beschädigten zu pflegen, erforderlich ist. [2]Diesen Personen kann auch während eines Zeitraums von fünf Jahren nach der Beendigung der Pflegetätigkeit eine Badekur gewährt werden, wenn sie notwendig ist, um den Heilerfolg zu sichern oder um einer in absehbarer Zeit zu erwartenden Verschlechterung des Gesundheitszustands, einer Pflegebedürftigkeit oder einer Arbeitsunfähigkeit vorzubeugen. [3]Badekuren können bis zehn Jahre nach Beendigung der Pflegetätigkeit gewährt werden, wenn die Pflegetätigkeit länger als zehn Jahre gedauert hat. [4]§ 10 Abs. 7 und § 11 Abs. 2 Satz 2 und 3 gelten entsprechend. [5]Berechtigte nach Satz 1 und 2 erhalten Haushaltshilfe entsprechend § 11 Abs. 4.

(4) Berechtigte und Leistungsempfänger erhalten unter den Voraussetzungen des § 10 Abs. 4, 5, 7 und 8 Leistungen zur Gesundheitsvorsorge in Form einer Kur in entsprechender Anwendung der Vorschriften, die für die Krankenkasse (§ 18c Abs. 2 Satz 1) gelten.

(5) § 11 Abs. 4 gilt für Berechtigte oder Leistungsempfänger im Sinne des § 10 Abs. 4 und 5 entsprechend.

§ 18 BVG [Kostenersatz bei selbst durchgeführter Heil- oder Krankenbehandlung]

(1) [1]Die Leistungen nach den §§ 10 bis 24a werden als Sachleistungen erbracht, soweit sich aus diesem Gesetz oder dem Neunten Buch Sozialgesetzbuch nichts anderes ergibt. [2]Sachleistungen sind Berechtigten und Leistungsempfängern ohne Beteiligung an den Kosten zu gewähren. [3]Dasselbe gilt für den Ersatz der Fahrkosten im Rahmen der Heil- und Krankenbehandlung durch die Krankenkassen.

(2) [1]Bei der Versorgung mit Zahnersatz (§ 11 Abs. 1 Satz 1 Nr. 4) oder mit Hilfsmitteln (§ 11 Abs. 1 Satz 1 Nr. 8, § 12 Abs. 1 Satz 1) dürfen Sachleistungen auf Antrag in Umfang, Material oder Ausführung über das Maß des Notwendigen hinaus erbracht werden, wenn auch dadurch der Versorgungszweck erreicht wird und der Berechtigte oder Leistungsempfänger die Mehrkosten übernimmt. [2]Das Gleiche gilt für Zahnfüllungen. [3]Führt eine Mehrleistung nach Satz 1 oder 2 bei Folgeleistungen zu Mehrkosten, hat diese der Berechtigte oder Leistungsempfänger zu übernehmen.

52 BT-Drs. 19/13824, 190; Tabbara NZS 2020, 210 (214).

(3) [1]Hat der Berechtigte eine Heilbehandlung, Krankenbehandlung oder Badekur vor der Anerkennung selbst durchgeführt, so sind die Kosten für die notwendige Behandlung in angemessenem Umfang zu erstatten. [2]Dies gilt auch, wenn eine Anerkennung nicht möglich ist, weil nach Abschluß der Heilbehandlung keine Gesundheitsstörung zurückgeblieben ist, oder wenn ein Beschädigter die Heilbehandlung vor der Anmeldung des Versorgungsanspruchs in dem Zeitraum durchgeführt hat, für den ihm Beschädigtenversorgung gewährt werden kann oder wenn ein Beschädigter durch Umstände, die außerhalb seines Willens lagen, an der Anmeldung vor Beginn der Behandlung gehindert war.

(4) [1]Hat der Berechtigte eine Heil- oder Krankenbehandlung nach der Anerkennung selbst durchgeführt, so sind die Kosten in angemessenem Umfang zu erstatten, wenn unvermeidbare Umstände die Inanspruchnahme der Krankenkasse (§ 18c Abs. 2 Satz 1) oder der Verwaltungsbehörde (§ 18c Abs. 1 Satz 2) unmöglich machten. [2]Das gilt für Versorgungsberechtigte, die Mitglied einer Krankenkasse sind, jedoch nur, wenn die Kasse nicht zur Leistung verpflichtet ist, sowie hinsichtlich der Leistungen, die nach § 18c Abs. 1 Satz 2 von der Verwaltungsbehörde zu gewähren sind. [3]Hat der Berechtigte oder Leistungsempfänger nach Wegfall des Anspruchs auf Heil- oder Krankenbehandlung eine Krankenversicherung abgeschlossen oder ist er einer Krankenkasse beigetreten, so werden ihm die Aufwendungen für die Versicherung in angemessenem Umfang ersetzt, wenn der Anspruch auf Heil- oder Krankenbehandlung im Vorverfahren oder im gerichtlichen Verfahren rechtsverbindlich rückwirkend wieder zuerkannt wird. [4]Kosten für eine selbst durchgeführte Badekur werden nicht erstattet.

(5) Wird dem Berechtigten Kostenersatz nach Absatz 3 oder 4 gewährt, besteht auch Anspruch auf Versorgungskrankengeld.

(6) [1]Anstelle der Leistung nach § 11 Abs. 1 Satz 1 Nr. 4 kann dem Beschädigten für die Beschaffung eines Zahnersatzes wegen Schädigungsfolgen ein Zuschuß in angemessener Höhe gewährt werden, wenn er wegen des Verlustes weiterer Zähne, für den kein Anspruch auf Heilbehandlung nach diesem Gesetz besteht, einen erweiterten Zahnersatz anfertigen läßt. [2]Die Verwaltungsbehörde kann den Zuschuß unmittelbar an den Zahnarzt zahlen.

(7) In besonderen Fällen können bei der stationären Behandlung eines Beschädigten auch die Kosten für Leistungen übernommen werden, die über die allgemeinen Krankenhausleistungen hinausgehen, wenn es nach den Umständen, insbesondere im Hinblick auf die anerkannten Schädigungsfolgen erforderlich erscheint.

(8) Stirbt der Berechtigte, so können den Erben die Kosten der letzten Krankheit in angemessenem Umfang erstattet werden.

II. BVGVwV

39 Es existieren die folgenden Allgemeinen Verwaltungsvorschriften zum Bundesversorgungsgesetz[53] (BVGVwV) zu § 12 (Auszug):

1. Die Nummern 1 bis 3 zu § 11 gelten entsprechend.
2. Die Notwendigkeit des Zahnersatzes und der Kosten ist nach den gleichen Grundsätzen wie bei der Gewährung von Zahnersatz als Sachleistung zu beurteilen. Der Zuschuß zu den Kosten der Beschaffung von Zahnersatz darf zusammen mit den Leistungen einer privaten Krankenversicherung, deren Beiträge überwiegend aus öffentlichen Mitteln bestritten werden, die Gesamtaufwendungen nicht übersteigen.

Es existieren die folgenden Allgemeinen Verwaltungsvorschriften zum Bundesversorgungsgesetz[54] (BVGVwV) zu § 18 (Auszug):

7. Über die allgemeinen Krankenhausleistungen hinausgehende Mehrleistungen können gewährt werden, wenn insbesondere im Hinblick auf die anerkannten Schädigungsfolgen der Gesundheitszustand des Beschädigten oder die Eigenart seiner Erkrankung besondere ärztliche Maßnahmen oder besondere Pflege erfordern.

---

53 Vom 26.6.1969, Beilage Nr. 15/69 zum BAnz. Nr. 119, geändert durch Allgemeine Verwaltungsvorschrift vom 25.4.1974, BAnz. Nr. 83, und Zweite Allgemeine Verwaltungsvorschrift vom 27.8.1986, BAnz. Nr. 161, 12297.

54 Vom 26.6.1969, Beilage Nr. 15/69 zum BAnz. Nr. 119, geändert durch Allgemeine Verwaltungsvorschrift vom 25.4.1974, BAnz. Nr. 83, und Zweite Allgemeine Verwaltungsvorschrift vom 27.8.1986, BAnz. Nr. 161, 12297.

§ 44 Sachleistungsprinzip, Kostenbeteiligung

(1) Leistungen der Krankenbehandlung werden als Sachleistungen erbracht, soweit sich aus diesem Buch, dem Fünften Buch oder dem Neunten Buch nichts Abweichendes ergibt.

(2) Geschädigte erhalten Sachleistungen ohne Beteiligung an den Kosten.

A. Gesetzesgeschichte

I. Geltendes und neues Recht

1 Das in § 44 Abs. 1 normierte Sachleistungsprinzip ist bis 31.12.2013 in § 18 Abs. 1 S. 1 BVG[1] geregelt. In § 44 Abs. 2 ist die **Kostenfreiheit** der Sachleistungsgewährung für Geschädigte festgelegt. Bis 31.12.2013 gilt insoweit § 18 Abs. 1 S. 2 BVG.

2 § 44 geht zurück auf den Gesetzentwurf der Bundesregierung vom 9.10.2019, BT-Drs. 19/13824, 187 f. und tritt mWv 1.1.2024 in Kraft.[2]

II. Änderungen im SGB XIV gegenüber dem BVG und Parallelität

3 § 44 behält gegenüber der Vorläufervorschrift für die Krankenbehandlung das Sachleistungsprinzip als Strukturprinzip der Versorgung ebenso bei wie die Kostenfreiheit der Sachleistungsgewährung; letztere gilt nach § 44 Abs. 2 jedoch lediglich für Geschädigte, während § 18 Abs. 1 S. 2 BVG noch Berechtigte und Leistungsempfänger, also auch Hinterbliebene und Angehörige, von Zuzahlungen freistellt.

4 Eine ausdrückliche Kostenfreiheit für die Übernahme der Fahrkosten im Rahmen der Krankenbehandlung ist anders als in § 18 Abs. 1 S. 3 BVG bis zum 31.12.2023 nicht mehr normiert; eine Regelung ist aber nicht erforderlich, da die speziellere Anspruchsnorm des § 53 eine Kostenbeteiligung an den Fahrkosten nicht vorsieht. Überdies ist der Anspruch auf die Übernahme von Reisekosten auch weiterhin als Sachleistung ausgestaltet,[3] so dass sich die Kostenfreiheit für Geschädigte bereits aus § 44 Abs. 2 ergibt. Der Grundsatz der kostenfreien Sachleistung nach § 18 Abs. 1 S. 2 BVG gilt für die Leistungen der Heil- und Krankenbehandlung im engeren Sinne nur für die Leistungen nach § 11 Abs. 1 und 2 sowie § 12 Abs. 1 und 3 BVG, jedoch nicht für solche Leistungen, die dort nicht genannt sind, also nicht für Leistungen der Haushaltshilfe (§ 11 Abs. 4, § 12 Abs. 5 BVG), ergänzende Leistungen zur Rehabilitation (§ 11 Abs. 5, § 12 Abs. 1 Satz 2 BVG), ambulante und stationäre Leistungen der Rehabilitation als Krankenbehandlung (§ 12 Abs. 1 Satz 2 BVG) sowie ambulante und stationäre Maßnahmen zur Gesundheitsvorsorge (§ 12 Abs. 4 BVG).[4] Eine solche Einschränkung der Freistellung von Kosten ist dem SGB XIV jedoch nicht zu entnehmen.

1 IdF d. BVGÄndG v. 13.12.2007, BGBl. 2007 I 2904.
2 Art. 60 Abs. 7 G-SER v. 12.12.2019, BGBl. 2019 I 2652.
3 Vgl. zur bisherigen Rechtslage: HK-SozEntschR/Vogl BVG § 24 Rn. 9.
4 HK-SozEntschR/Vogl BVG § 18 Rn. 5 mwN.

B. Normsystematik

I. Allgemeiner Regelungsgehalt

5 Abs. 1 legt als Grundsatz der Krankenbehandlung der SE das Sachleistungsprinzip fest (→ § 26 Rn. 11 ff.).

Abs. 2 regelt, dass Geschädigte abweichend vom Recht der gesetzlichen Krankenversicherung Sachleistungen ohne Beteiligung an den Kosten erhalten.

II. Systematische Einordnung und Normzweck

6 § 44 regelt die Prinzipien der Leistungserbringung für die Krankenbehandlung im Sinne von § 41 als **Grundsatznorm**.

7 Das in § 44 Abs. 1 normierte Sachleistungsprinzip, welches sich bereits aus der bis 31.12.2023 gültigen Vorgängervorschrift des § 18 Abs. 1 S. 1 BVG ergibt, findet sich auch im Recht der gesetzlichen Krankenversicherung (§ 2 Abs. 2 SGB V), und stellt, ebenso wie dort, eines der **Strukturprinzipien** der Versorgung dar, das jedoch durchbrochen werden kann; hier ist insbesondere auf § 50 und § 51 hinzuweisen.

8 Die in § 44 Abs. 2 normierte Kostenfreiheit der Krankenbehandlung für Geschädigte stellt eine von § 42 Abs. 1 abweichende Regelung iSv § 42 Abs. 5 dar, da im Recht der gesetzlichen Krankenversicherung nach dem SGB V für eine Vielzahl von Leistungen Zuzahlungen und Eigenbeteiligungen vorgesehen sind. Geschädigte sollen nicht mit schädigungsbedingten Kosten der Krankenbehandlung wirtschaftlich belastet werden.[5]

C. Einzelkommentierung

I. Sachleistungsprinzip, Abs. 1

9 § 44 Abs. 1 regelt als **Grundsatz der Leistungsgewährung** nach §§ 41 bis 53, dass Leistungen der Krankenbehandlung der Sozialen Entschädigung als Sachleistungen erbracht werden, soweit sich aus dem SGB XIV, dem SGB V oder dem SGB IX nichts anderes ergibt.

10 Grundsätzlich gilt also das **Sachleistungsprinzip**, bei dem **Naturalleistungen**, keine Geldleistungen erbracht werden: Geschädigte, Angehörige nach § 2 Abs. 3, Nahestehende nach § 2 Abs. 5 und Hinterbliebene nach § 2 Abs. 4, die nach § 42 oder § 43 Anspruch auf Leistungen der Krankenbehandlung haben, nehmen die Leistungen der Krankenbehandlung als Sachleistung vom Leistungserbringer entgegen, ohne hierfür Kosten vorschießen zu müssen. Der Leistungserbringer rechnet sodann direkt mit der Krankenkasse, der Versorgungsverwaltung oder der Unfallkasse nach den Vorschriften des 2. Abschnittes des 5. Kapitels ab.

11 **Ausnahmen** vom Sachleistungsprinzip ergeben sich im SGB XIV aus § 49, wonach anstelle der Versorgung mit Zahnersatz Anspruch auf einen Zuschuss für die Beschaffung von Zahnersatz besteht (→ § 49 Rn. 6), und vor allem aus § 50, der die Erstattung von Kosten bei selbst beschaffter Krankenbehandlung regelt (→ § 50 Rn. 9). Auch die Erstattung von Kosten für Krankenbehandlung bei vorübergehendem Auslandsaufenthalt nach § 51 (→ § 50 Rn. 5) durchbricht den in § 44 Abs. 1 normierten Grundsatz.

12 Vom Sachleistungsprinzip abweichende Regelungen bestehen auch in § 18 Abs. 6 und 7 SGB IX[6], allerdings geht für den Anspruch auf Erstattung von Kosten für die selbst beschafften Leistungen der medizinischen Rehabilitation der Verweis auf § 18 SGB IX in § 50 Abs. 4 als speziellere Norm dem Verweis in § 44 Abs. 1 vor. Die Leis-

---

5 BT-Drs. 19/13824, 190.
6 jurisPK-SGB IX/Ulrich § 18 Rn. 4.

tungsbewilligung als Persönliches Budget (§ 29 SGB IX) stellt ebenso eine Abweichung vom Sachleistungsprinzip dar.[7]

Abweichungen vom Sachleistungsprinzip sind schließlich auch im SGB V zu finden, hier etwa in §§ 13, 14 SGB V, die aber hinter die speziellen Kostenerstattungsregelungen des § 50 für die Krankenbehandlung im SER zurücktreten. Hierfür spricht, dass der Gesetzgeber mit § 50 eine abschließende Kostenerstattungsregelung treffen wollte.[8] 13

II. Kostenfreiheit, Abs. 2

Als weiteres Grundprinzip gilt gemäß § 44 Abs. 2, dass die Sachleistungen der Krankenbehandlung für Geschädigte **ohne Beteiligung an den Kosten** zu gewähren sind, dh anders als im Recht der gesetzlichen Krankenversicherung nach dem SGB V sind **keine Zuzahlungen** oder **Eigenbeteiligungen** zu verlangen. § 44 Abs. 2 stellt daher eine von § 42 Abs. 1 abweichende Regelung iSv § 42 Abs. 5 dar. 14

Geschädigte haben daher keine Zuzahlungen für Arznei- und Verbandmittel nach § 31 Abs. 3 S. 1 und 3 SGB V, für Heilmittel gem. § 32 Abs. 2 SGB V, für Haushaltshilfen nach § 38 Abs. 5 SGB V einschließlich selbstbeschaffter Haushaltshilfen (§ 38 Abs. 4 SGB V) und für stationäre Krankenhausbehandlungen nach § 39 Abs. 4 SGB V zu leisten. Auch Kosten für Maßnahmen der künstlichen Befruchtung nach § 27a SGB V werden vollständig übernommen; entgegen § 27a Abs. 3 S. 3 SGB V hat der Geschädigte keinen Eigenanteil zu tragen.[9] Mehrkosten, die durch Leistungen verursacht werden, die über das medizinisch Notwendige hinausgehen, hat der Geschädigte – wie nach bisherigem Recht – selbst zu tragen.[10] 15

Soweit Schwergeschädigte nach Maßgabe von § 42 Abs. 2 einen subsidiären Anspruch auf Krankenbehandlung für Nichtschädigungsfolgen (→ § 42 Rn. 22) haben, liegt es nahe, für die Frage der Kostenbeteiligung die vom BSG zum BVG entwickelten Grundsätze weiterhin anzuwenden:[11] Danach scheidet eine Freistellung von einer Kostenbeteiligung aus, wenn die Schwergeschädigten Mitglied der GKV sind und keinen Anspruch auf Krankenbehandlung gegen den TdSE haben – es besteht also auch kein Anspruch nach § 42 Abs. 2. Haben Schwergeschädigte aber Anspruch nach § 42 Abs. 2, weil sie über keine anderweitige Absicherung im Krankheitsfall verfügen und das Versagen der Leistung eine unbillige Härte bedeuten würde, kommt auch eine Kostenbeteiligung nicht in Betracht.[12] 16

Die Freistellung von einer Kostenbeteiligung gilt nach dem Wortlaut von Abs. 2 lediglich für Geschädigte, während § 18 Abs. 1 S. 2 BVG noch Berechtigte und Leistungsempfänger von Zuzahlungen und Eigenbeteiligungen freistellt. Da Angehörige nach § 2 Abs. 3 und Nahestehende nach § 2 Abs. 5 sowie Hinterbliebene nach § 2 Abs. 4 nach Maßgabe von § 42 Abs. 2 bis 4 Leistungen der Krankenbehandlung nur bei Vorliegen einer unbilligen Härte erhalten, ist in Betracht zu ziehen unter Berücksichtigung der erwähnten Grundsätze des BSG zur Kostenbeteiligung Schwerbeschädigter bei Leistungen für Nichtschädigungsfolgen eine Beteiligung an den Kosten der Sachleistungen ebenfalls zu verneinen. Hiergegen spricht die allerdings der gegenüber § 18 Abs. 2 S. 2 BVG geregelte Einschränkung auf Geschädigte. Da Art und Umfang der Leistungen nach § 42 Abs. 2 bis 4 sich „entsprechend" dem 3. Kapitel des SGB V 17

7 jurisPK-SGB IX/O'Sullivan § 29 Rn. 22.
8 BT-Drs. 19/13824, 193.
9 BT-Drs. 19/13824, 193.
10 BayLSG Urt. v. 25.9.2014 – L 15 VK 6/13 Rn. 40; BayLSG Beschl. v. 26.2.2021 – L 20 VU 2/19, Rn. 62.
11 So auch Knickrehm/Mushoff/Schmidt Neues SozEntschR Rn. 146.
12 BSG Urt. v. 11.10.1994 – 1 RK 34/93, BSGE 75, 167.

bestimmen, also auch die Regelungen des SGB V zu den Zuzahlungen und der Eigenbeteiligung nicht unmittelbar anzuwenden sind, dürfte aber jedenfalls im Rahmen der Härtefallregelung zu prüfen sein, ob die Kostenbeteiligung eine unbillige Härte darstellt. Demgegenüber kommt eine Freistellung von einer Kostenbeteiligung bei ergänzenden Leistungen nach § 43 Abs. 4 nicht in Betracht.

D. Anhang

I. BVG

18 Bis 31.12.2023 ist zum Regelungskontext des § 44 der § 18 BVG in Kraft, die Vorschrift ist bei → § 43 Rn. 39 abgedruckt.

II. BVGVwV

19 Es existieren die folgenden Allgemeinen Verwaltungsvorschriften zum Bundesversorgungsgesetz[13] (BVGVwV) zu § 18:

1. Kostenerstattung nach § 18 Abs. 1 wird grundsätzlich bis zur Höhe der Kosten geleistet, die bei Anwendung des § 10 Abs. 8 entstanden wären. Sofern und soweit den Antragsteller jedoch kein Verschulden daran trifft, daß Heilbehandlung, Krankenbehandlung oder Badekur nach dem Bundesversorgungsgesetz nicht gewährt worden sind, wird Kostenerstattung bis zur Höhe der tatsächlich entstandenen Aufwendungen geleistet. Leistungen auf Grund öffentlich-rechtlicher Vorschriften sind von den Gesamtaufwendungen abzusetzen, wenn bei ihrer Festsetzung Leistungen nach dem Bundesversorgungsgesetz unberücksichtigt bleiben. Das gilt auch für Leistungen einer privaten Krankenversicherung, wenn die Beiträge überwiegend aus öffentlichen Mitteln bestritten werden. Die Erstattung nach § 18 Abs. 1 Satz 2 umfaßt auch die Aufwendungen für eine selbst durchgeführte Badekur.
2. Unvermeidbare Umstände im Sinne des § 18 Abs. 2 Satz 1 liegen vor, wenn von dem Berechtigten bei Berücksichtigung der im Rechtsverkehr erforderlichen Sorgfalt nach seinen persönlichen Fähigkeiten und Verhältnissen nicht erwartet werden konnte, die Krankenkasse oder Verwaltungsbehörde vor oder rechtzeitig nach Einleitung der Behandlungsmaßnahmen in Anspruch zu nehmen. Hierbei können insbesondere das Alter und eine daraus etwa resultierende Geschäftsungewandtheit berücksichtigt werden. Unvermeidbare Umstände im Sinne des § 18 Abs. 2 Satz 1 können auch dann angenommen werden, wenn der Berechtigte bisher noch keine Leistungen der Heil- und Krankenbehandlung erhalten hat.
3. Eine Inanspruchnahme der Krankenkasse oder Verwaltungsbehörde war auch dann nicht möglich, wenn der Berechtigte bei diesen Stellen zwar einen Antrag gestellt, die zustehenden Leistungen jedoch nicht oder nicht in vollem Umfang erhalten hat.
4. Kostenerstattung nach § 18 Abs. 2 wird grundsätzlich bis zur Höhe der Kosten geleistet, die bei Inanspruchnahme der Krankenkasse oder der Verwaltungsbehörde entstanden wären. Sofern und solange der Beschädigte jedoch den Zusammenhang der Erkrankung mit anerkannten Schädigungsfolgen nicht erkennen konnte oder dem Berechtigten oder dem Leistungsempfänger die Durchführung der Behandlung nach den Grundsätzen des Bundesversorgungsgesetzes über die Heil- und Krankenbehandlung aus Gründen, die er nicht zu vertreten hat, unmöglich war, wird Kostenerstattung bis zur Höhe der tatsächlich entstandenen Aufwendungen geleistet. Leistungen auf Grund öffentlich-rechtlicher Vorschriften sind von den Gesamtaufwendungen abzusetzen, wenn bei ihrer Festsetzung Leistungen nach dem Bundesversorgungsgesetz unberücksichtigt bleiben. Das gilt auch für Leistungen einer privaten Krankenversicherung, wenn die Beiträge überwiegend aus öffentlichen Mitteln bestritten werden.
5. Erfordert ein schädigungsbedingter Zahnverlust eine zahnprothetische Versorgung, kann der Zahnersatz aber wegen eines weiteren, schädigungsunabhängigen Zahnverlustes nur einheitlich hergestellt werden, so sind die notwendigen Kosten anteilig im Verhältnis der Zahl der schädigungsbedingt zu ersetzenden zu der Zahl der insgesamt zu ersetzenden Zähne zu übernehmen. Ist dagegen der schädigungsbedingte Zahnverlust so unbedeutend, daß er, für sich genommen, keinen Zahnersatz notwendig macht, ist als Zuschuß der Betrag zu gewähren, um den sich die

13 Vom 26.6.1969, Beilage Nr. 15/69 zum BAnz. Nr. 119, geändert durch Allgemeine Verwaltungsvorschrift vom 25.4.1974, BAnz. Nr. 83, und Zweite Allgemeine Verwaltungsvorschrift vom 27.8.1986, BAnz. Nr. 161, S. 12297.

notwendigen Kosten des Zahnersatzes durch den Ausgleich des schädigungsbedingten Zahnverlustes verteuern.

6. Der Zuschuß nach § 18 Abs. 5 tritt an die Stelle der Sachleistung. Der Zuschuß kommt nicht in Betracht, wenn der Anspruch auf die Sachleistung nach § 10 Abs. 7 ausgeschlossen ist. Der Zuschuß wird bis zur Höhe des allgemeinen Pflegesatzes gewährt. Er darf zusammen mit Leistungen auf Grund öffentlich- rechtlicher Vorschriften, bei deren Festsetzung Leistungen nach dem Bundesversorgungsgesetz unberücksichtigt bleiben, die Gesamtkosten nicht überschreiten. Das gilt auch für Leistungen einer privaten Krankenversicherung, wenn die Beiträge überwiegend aus öffentlichen Mitteln bestritten werden.
7. Über die allgemeinen Krankenhausleistungen hinausgehende Mehrleistungen können gewährt werden, wenn insbesondere im Hinblick auf die anerkannten Schädigungsfolgen der Gesundheitszustand des Beschädigten oder die Eigenart seiner Erkrankung besondere ärztliche Maßnahmen oder besondere Pflege erfordern.
8. Eine Erstattung nach § 18 Abs. 8 kommt bei einer vom Berechtigten zu seinen Lebzeiten selbst durchgeführten Heil- oder Krankenbehandlung in Betracht, wenn ein Anspruch auf Kostenerstattung nach § 18 Abs. 2 nicht auf die Erben übergegangen ist. Sie hängt nicht davon ab, daß die Voraussetzungen des § 18 Abs. 2 vorliegen. Für die Beurteilung des angemessenen Umfangs gilt Nummer 4 entsprechend. Einnahmen aus dem Nachlaß und Sterbegelder bleiben unberücksichtigt.

§ 45 Nachweispflicht

[1]Berechtigte haben gegenüber Ärzten und anderen Leistungserbringern nachzuweisen, dass sie berechtigt sind, Leistungen der Krankenbehandlung der Sozialen Entschädigung in Anspruch zu nehmen. [2]Für die Nachweispflicht gilt § 15 Absatz 2 bis 6 des Fünften Buches entsprechend. [3]Berechtigte, die über keine elektronische Gesundheitskarte nach § 291 des Fünften Buches verfügen, erhalten von der nach § 57 Absatz 3 oder 4 zuständigen Krankenkasse eine mit der elektronischen Gesundheitskarte technisch kompatible Karte.

A. Gesetzesgeschichte

I. Geltendes und neues Recht

Bis zum 31.12.2023 ist die Pflicht, sich gegenüber Leistungserbringern als zur Inanspruchnahme von Leistungen der Krankenbehandlung der SE berechtigt auszuweisen, in § 18b BVG[1] geregelt. 1

§ 45 geht zurück auf den Gesetzentwurf der Bundesregierung vom 9.10.2019, BT-Drs. 19/13824, 190 und tritt mWv 1.1.2024 in Kraft.[2] 2

II. Änderungen im SGB XIV gegenüber dem BVG und Parallelität

Ebenso wie im bisherigen Recht[3] haben Berechtigte ihre Anspruchsberechtigung gegenüber Ärzten und sonstigen Leistungserbringern nachzuweisen; § 45 regelt gleichermaßen wie § 18b BVG die entsprechende Anwendung von § 15 SGB V, stellt aber gegenüber der BVG-Regelung im Hinblick auf die Nutzung der elektronischen Gesundheitskarte bzw. einer vergleichbaren Karte eine Weiterentwicklung[4] dar, die die Telematikinfrastruktur des Gesundheitswesens berücksichtigt.[5] Aufgrund der Beibehaltung der bislang in § 20 BVG geregelten Pauschalabgeltung der Kosten für die Durchführung der Krankenbehandlung auch über den 31.12.2013 hinaus nach § 60 3

---

1 IdF d. Zweiten Gesetzes zur Änderung des Gesetzes über die Entschädigung für Opfer von Gewalttaten v. 21.7.1993, BGBl. I 1262.
2 Art. 60 Abs. 7 G-SER v. 12.12.2019, BGBl. 2019 I 2652.
3 Siehe hierzu HK-SozEntschR/Vogl BVG § 18b Rn. 2 ff.
4 So auch Knickrehm/Mushoff/Schmidt Neues SozEntschR Rn. 148.
5 Vgl. BT-Drs. 19/13824, 190.

Abs. 3 (→ § 60 Rn. 10) ist eine Nachweisberechtigung durch Behandlungsscheine weiterhin grundsätzlich nicht erforderlich.[6]

B. Normsystematik

I. Allgemeiner Regelungsgehalt

4 § 45 Satz 1 regelt die **Nachweispflicht** für Berechtigte gegenüber Ärzten und anderen Leistungserbringern, so dass die bezeichneten Personen berechtigt sind, Leistungen der Krankenbehandlung nach dem SE in Anspruch zu nehmen. Nach Satz 2 gelten hierfür die Regelungen zum Nachweis der Berechtigung mittels der **elektronischen Gesundheitskarte** nach § 15 Abs. 2 bis 6 SGB V entsprechend. Berechtigte, die über keine elektronische Gesundheitskarte nach § 291 SGB V verfügen, erhalten nach Satz 3 von der zuständigen Krankenkasse (§ 57 Abs. 3, 4) eine mit der elektronischen Gesundheitskarte kompatible Karte.

II. Systematische Einordnung und Normzweck

5 Das Erfordernis einer Nachweispflicht der Berechtigung zur Inanspruchnahme von Krankenbehandlungsleistungen des SE ist Ausfluss aus des in § 44 Abs. 1 geregelten Sachleistungsprinzips,[7] nach dem den Berechtigten Krankenbehandlung ohne Vorschusspflicht als Sachleistung durch Ärzte und sonstige Leistungserbringer erbracht werden, die direkt mit den Krankenkassen (→ § 54 Rn. 10), der Versorgungsverwaltung (→ § 55 Rn. 7) bzw. hinsichtlich der Hilfsmittelversorgung mit der zuständigen Unfallkasse des Landes (→ § 56 Rn. 8) abrechnen.

C. Einzelkommentierung

I. Nachweispflicht, Satz 1

6 Wie bis zum 31.12.2023 nach § 18b Satz 1 BVG haben Berechtigte nach § 45 Satz 1 gegenüber Ärzten und anderen Leistungserbringern bei Inanspruchnahme von Leistungen der Krankenbehandlung der SE ihre Berechtigung zur Inanspruchnahme dieser Versorgungsleistungen nachzuweisen. In der Vorlage des Nachweises – idR der elektronischen Gesundheitskarte (vgl. Satz 2 iVm § 15 Abs. 2 SGB V) – liegt die schlüssige Erklärung der Berechtigten, Leistungen in Anspruch nehmen zu wollen.

II. Nachweis durch elektronische Gesundheitskarte oder technisch kompatible Karte

7 **1. Nachweis mit elektronischer Gesundheitskarte, Satz 2.** Nach Satz 2 gelten § 15 Abs. 2 bis 6 SGB V für die Nachweispflicht entsprechend. Danach ist die **elektronische Gesundheitskarte** (§ 291 SGB V) zum Nachweis der Berechtigung zur Inanspruchnahme von Leistungen grundsätzlich vor Beginn der Behandlung auszuhändigen (§ 15 Abs. 2 S. 1 SGB V). Ab dem 1.1.2024 kann der Nachweis der Berechtigung aber auch durch eine digitale Identität nach § 291 Abs. 8 SGB V erbracht werden (§ 15 Abs. 2 S. 1 SGB V). Für die Inanspruchnahme anderer als ärztlicher, zahnärztlicher oder psychotherapeutischer Leistungen ist der Nachweis auch durch **Berechtigungsscheine** möglich (§ 15 Abs. 3 SGB V), die die Angaben nach § 291a Abs. 2 Nummer 1 bis 9 und 11 SGG V und bei befristeter Gültigkeit das Datum des Fristablaufs zu enthalten haben (§ 15 Abs. 4 SGB V). In dringenden Fällen kann die elektronische Gesundheitskarte oder der Berechtigungsschein nachgereicht werden (§ 15 Abs. 5 SGB V).

6 Vgl. zur Pauschalabgeltung nach § 20 BVG HK-SozEntschR/Vogl BVG § 20 Rn. 5.
7 BT-Drs. 19/13824, 190.

Berechtigte, die Mitglied einer gesetzlichen Krankenkasse sind, erhalten nach Maßgabe von § 15 Abs. 6 SGB V die elektronische Gesundheitskarte bei der erstmaligen Ausgabe und bei Beginn der Versicherung bei einer Krankenkasse sowie bei jeder weiteren, nicht vom Versicherten verschuldeten erneuten Ausgabe gebührenfrei. 8

2. Nachweis mit technisch kompatibler Karte, Satz 3. Damit auch Berechtigte, die über keine elektronische Gesundheitskarte nach § 291 SGB V verfügen, ihrer Nachweispflicht entsprechend § 15 SGB V nachkommen können, erhalten sie gemäß Satz 3 eine technisch kompatible Karte, so dass die technischen Schnittstellen der bereits vorhandenen Telematikinfrastruktur vollständig genutzt werden können.[8] 9

3. Technische Anforderungen. Nach den Gesetzesmaterialen sind über die Telematikinfrastruktur unter Nutzung dieser Karten als Authentisierungs- und Autorisierungsmittel Dienste anzubieten, die eine Differenzierung zwischen schädigungsbedingt und nicht schädigungsbedingt erforderlichen Behandlungen zulassen. Ohne eine solche Differenzierung wären die Erstattungsansprüche der Krankenkassen nach § 60 nicht bezifferbar.[9] 10

D. Anhang

I. BVG

Bis 31.12.2023 ist § 18b BVG in Kraft, die Vorschrift hat folgenden Normtext: 11

§ 18b BVG [Ausweispflicht für Berechtigte und Leistungsempfänger]

[1]Berechtigte und Leistungsempfänger, die Leistungen nur auf Grund dieses Gesetzes erhalten, sowie die Berechtigten, die nach § 10 des Fünften Buches Sozialgesetzbuch versichert sind, haben sich bei Ärzten und anderen Leistungserbringern auszuweisen. [2]§ 15 des Fünften Buches Sozialgesetzbuch gilt entsprechend.

II. BVGVwV

Es existieren die folgenden Allgemeinen Verwaltungsvorschriften zum Bundesversorgungsgesetz[10] (**BVGVwV**) zu § 18b: 12

Berechtigungsscheine für die Gewährung von kieferorthopädischen Maßnahmen, von Mutterschaftshilfe und von Maßnahmen zur Früherkennung von Krankheiten sind als Bundesbehandlungsscheine im Sinne des § 18b anzusehen.

§ 46 Versorgung mit Hilfsmitteln, Pauschbetrag für außergewöhnlichen Verschleiß von Kleidung und Wäsche

(1) [1]Geschädigte erhalten für anerkannte Schädigungsfolgen

1. die in § 31 Absatz 1 des Siebten Buches genannten Hilfsmittel sowie

2. einen Pauschbetrag für außergewöhnlichen Verschleiß von Kleidung und Wäsche.

[2]Zahnersatz gilt nicht als Hilfsmittel.

8 BT-Drs. 19/13824, 190.
9 BT-Drs. 19/13824, 190.
10 Vom 26.6.1969, Beilage Nr. 15/69 zum BAnz. Nr. 119, geändert durch Allgemeine Verwaltungsvorschrift vom 25.4.1974, BAnz. Nr. 83, und Zweite Allgemeine Verwaltungsvorschrift vom 27.8.1986, BAnz. Nr. 161, S. 12297.

(2) [1]Art und Umfang der Hilfsmittel sowie der Pauschbetrag richten sich nach
1. der Rechtsverordnung nach § 31 Absatz 2 des Siebten Buches in der jeweils geltenden Fassung und
2. den gemeinsamen Richtlinien der Verbände der Unfallversicherungsträger über die Hilfsmittelversorgung im Bereich der gesetzlichen Unfallversicherung nach § 31 Absatz 2 Satz 2 des Siebten Buches.

[2]Dabei gelten die Grundsätze der Leistungserbringung des Rechts der gesetzlichen Unfallversicherung.

A. Gesetzesgeschichte

I. Geltendes und neues Recht

1 Die Hilfsmittelversorgung ist im geltenden Recht in §§ 11 Abs. 1 Nr. 8, Abs. 3, 13, 18c Abs. 1 BVG geregelt, wobei Art, Umfang und besondere Voraussetzungen in der nach § 24a BVG von der Bundesregierung mit Zustimmung des Bundesrates erlassenen Verordnung über die Versorgung mit Hilfsmitteln und über Ersatzleistungen nach dem Bundesversorgungsgesetz (Orthopädieverordnung – OrthV)[1] näher ausgestaltet werden. Ein Pauschbetrag für Kleider- und Wäscheverschleiß wird nach § 15 BVG gezahlt.

2 § 46 geht zurück auf den Gesetzentwurf der Bundesregierung vom 9.10.2019, BT-Drs. 19/13824, 190 und wurde durch die Beschlussempfehlung und den Bericht des Ausschusses für Arbeit und Soziales vom 6.11.2019, BT-Drs. 19/14870, 32 redaktionell und klarstellend geändert; die Vorschrift tritt mWv 1.1.2024 in Kraft.[2]

II. Änderungen im SGB XIV gegenüber dem BVG und Parallelität

3 Gegenüber den Regelungen im BVG hat der Bereich der Hilfsmittelversorgung insofern an Bedeutung verloren, als ihr rein zahlenmäßig bei der künftig im SER im Vordergrund stehenden Opferentschädigung weniger Raum zukommen wird als bei der bislang im Fokus stehenden Kriegsopferversorgung. Daher werden eigenständige Regelungen im SGB XIV weitgehend aufgegeben.[3] Die Hilfsmittelversorgung erfolgt ab 1.1.2024 nach dem Recht der GUV, die Leistungsgrundsätze des SGB VII gelten nach Abs. 2 S. 2. Hierdurch soll weiterhin eine hohe, über dem Leistungsniveau des SGB V liegende Versorgung sichergestellt werden.[4]

4 Ebenso wie bisher gilt für die Versorgung mit Hilfsmitteln weiterhin das Sachleistungsprinzip. Zuständig sind aber nicht mehr die Verwaltungsbehörden (vgl. § 18c Abs. 1 S. 2 BVG), sondern ist die zuständige Unfallkasse des Landes im Auftrag für die

1 V. 4.10.1989, BGBl. 1989 I 1834, zuletzt geändert durch BVGÄndG v. 13.12.2007, BGBl. 2007 I 2904.
2 Art. 60 Abs. 7 G-SER v. 12.12.2019, BGBl. 2019 I 2652.
3 Tabbara NZS 2020, 210 (214 f.).
4 Tabbara NZS 2020, 210 (215).

TdSE (→ § 57 Rn. 17). Art und Umfang der Hilfsmittelversorgung werden – wie bisher – in untergesetzlichem Recht näher ausgestaltet, es gelten die Verordnung über die orthopädische Versorgung Unfallverletzter (OrthVersorgUVV)[5] (→ Rn. 26) und die gemeinsamen Richtlinien der Verbände der Unfallversicherungsträger.[6] Diese Richtlinien nehmen in ihrer aktuellen Fassung noch Bezug auf Regelungen des BVG, so dass eine Überarbeitung bis zum Inkrafttreten von § 46 zu erwarten ist.

Die Beihilfe für den Unterhalt eines Führhundes bzw. zu den Aufwendungen einer fremden Führung nach § 14 BVG wird nach neuem Recht gem. § 46 iVm § 2 Abs. 2 OrthVersorgUVV als Zuschuss gewährt. 5

Nach § 10 Abs. 2 iVm § 11 Abs. 2 S. 1 Nr. 8, S. 2 BVG erfolgt bis 31.12.2023 im Rahmen der Heilbehandlung Schwerbeschädigter die Hilfsmittelversorgung auch für Nichtschädigungsfolgen nach Maßgabe von § 13 BVG. Demgegenüber fehlt im SGB XIV hierzu, ebenso wie für die Hilfsmittelversorgung von berechtigten Angehörigen, Nahestehenden und Hinterbliebenen, eine ausdrückliche Regelung. Da § 46 eine abschließende Regelung für die Hilfsmittelversorgung im SER darstellt,[7] bestimmt sich der Leistungsanspruch insoweit gem. § 42 Abs. 2 bis 4 (→ § 42 Rn. 20) nach dem Leistungsrecht des SGB V auf dem insoweit niedrigeren Leistungsniveau des § 33 SGB V.[8] 6

B. Normsystematik

I. Allgemeiner Regelungsgehalt

Abs. 1 S. 1 normiert für die **Hilfsmittelversorgung** die Geltung von § 31 Abs. 1 SGB VII und regelt darüber hinaus den Anspruch auf den **Pauschbetrag für außergewöhnlichen Verschleiß** von Kleidung und Wäsche, der gesonderte Erwähnung findet, weil es sich dabei begrifflich nicht um Hilfsmittel handelt.[9] Abs. 1 S. 2 stellt klar, dass es sich bei Zahnersatz nicht um Hilfsmittel handelt. Abs. 2 S. 1 benennt die Rechtsquellen im Bereich der gesetzlichen Unfallversicherung, nach denen sich Art und Umfang der Hilfsmittel auch für den Bereich der Sozialen Entschädigung bestimmen.[10] Abs. 2 S. 2 ordnet die Geltung der Grundsätze der Leistungserbringung des Rechtes der GUV an. 7

II. Systematische Einordnung und Normzweck

Die Hilfsmittelversorgung im SER ist nach der systematischen Stellung von § 46 im 5. Kapitel des SGB XIV Teil der Krankenbehandlung der SE. Um eine hohe, wie bisher über dem Leistungsniveau des SGB V liegende Versorgung sicherzustellen,[11] die dem Entschädigungsgedanken gerecht wird, erfolgt die Leistungsgewährung nach den leistungsrechtlichen Grundsätzen in der GUV und unter Anwendung von § 31 SGB VII. 8

Um den Sachzusammenhang zwischen zahnärztlichen Leistungen und Zahnersatz nicht zu durchbrechen und ein Auseinanderfallen der Leistungsträger zu verhindern, 9

---

5 V. 18.7.1973, BGBl. 1973 I 871, geändert durch Art. 23 G. v. 7.8.1996, BGBl. 1996 I 1254, zuletzt geändert durch Art. 53 G-SER v. 12.12.2019, BGBl. 2019 I 2652.
6 DGUV/Spitzenverband der landwirtschaftlichen Sozialversicherung, Gemeinsame Richtlinien der Verbände der Unfallversicherungsträger über die Hilfsmittelversorgung im Bereich der gesetzlichen Unfallversicherung (§ 31 Abs. 2 S. 2 SGB VII), Stand: 1.7.2011, https://www.dguv.de/medien/inhalt/reha_leistung/richtlinien_uvt/hilfsm_vo.pdf (15.8.2021).
7 BT-Drs. 19/13824, 188.
8 Knickrehm/Mushoff/Schmidt Neues SozEntschR Rn. 151; Schmidt SGB XIV/Feddern § 46 Rn. 3.
9 BT-Drs. 19/14870, 32.
10 BT-Drs. 19/13824, 190.
11 Tabbara NZS 2020, 210 (215).

gilt Zahnersatz nach Abs. 1 S. 2 nicht als Hilfsmittel. Zahnersatz wird ebenso wie die zahnärztliche und kieferorthopädische Behandlung entsprechend den Vorschriften des SGB V und ergänzend nach § 43 Abs. 2 Nr. 2 erbracht.[12]

C. Einzelkommentierung

I. Leistungsgrundsatz, Abs. 1 S. 1 Nr. 1

10 Die **Hilfsmittelversorgung** erfolgt in entsprechender Anwendung der Regelungen des SGB VII. Durch den Verweis des Abs. 1 S. 1 auf § 31 Abs. 1 SGB VII wird die Definition für Hilfsmittel übernommen.[13] Danach sind Hilfsmittel alle ärztlich verordneten Sachen, die den Erfolg der Heilbehandlung sichern oder die Folgen von Gesundheitsschäden mildern oder ausgleichen. Dazu gehören insbesondere Körperersatzstücke, orthopädische und andere Hilfsmittel einschließlich der notwendigen Änderung, Instandsetzung und Ersatzbeschaffung sowie der Ausbildung im Gebrauch der Hilfsmittel (§ 31 Abs. 1 S. 2 SGB VII).

11 Zu den für die Hilfsmittelversorgung maßgeblichen **Grundsätzen der Leistungserbringung** des Rechtes der Gesetzlichen Unfallversicherung nach Abs. 2 S. 2 gehört u.a. der in § 26 SGB VII verankerte Grundsatz, dass „mit allen geeigneten Mitteln" die Folgen der gesundheitlichen Schädigung ausgeglichen werden sollen. Die Hilfsmittelversorgung nach diesem Maßstab stellt eine angemessene Versorgung dar, um Geschädigten die notwendigen Verrichtungen des täglichen Lebens zu erleichtern und ihnen die selbstbestimmte Soziale Teilhabe und die Teilhabe am Arbeitsleben zu ermöglichen.[14] Bei mehreren in Betracht kommenden gleich geeigneten Hilfsmitteln sind zudem die Grundsätze der **Wirtschaftlichkeit und Sparsamkeit** zu berücksichtigen.[15]

12 Ferner ist nach Abs. 2 S. 2 iVm § 31 Abs. 1 S. 1 SGB VII eine **ärztliche Verordnung** des Hilfsmittels erforderlich. Nach Ziff. 2 der Richtlinien der Verbände der Unfallversicherungsträger nach § 31 Abs. 2 S. 2 SGB VII erfolgt die Versorgung mit den Hilfsmitteln, die wegen des Gesundheitsschadens erforderlich sind. Diese sollen eine drohende Behinderung abwenden, ausgefallene Körperfunktionen ersetzen, beeinträchtigte ausgleichen und die Auswirkungen im medizinischen, beruflichen, schulischen und sozialen Bereich erleichtern.[16]

II. Art und Umfang der Hilfsmittelversorgung, Abs. 2

13 **Art und Umfang** der Hilfsmittel werden gem. Abs. 2 S. 1 durch die OrthVersorgUVV und die gemeinsamen Richtlinien der Verbände der Unfallversicherträger konkretisiert.

14 Zu den Hilfsmitteln gehören nach § 2 Abs. 1 OrthVersorgUVV Kunstglieder, Kunstaugen, Zahnersatz und andere künstliche Körperteile, Stützapparate, orthopädisches Schuhwerk, Stockstützen und andere Gehhilfen, Krankenfahrzeuge, Hilfsmittel und Geräte zur Unterstützung oder zum Ersatz von Körperfunktionen, Perücken, Gebrauchsgegenstände des täglichen Lebens, die der Überwindung der Verletzungsfolgen dienen, Zubehör, das dem Zweck des Hilfsmittels dient und ohne das das Hilfsmittel nicht sachgerecht benutzt werden kann, sowie Blindenführhunde.

15 Nach Ziff. 2 der Richtlinien werden **technische Arbeitshilfen** und sonstige Hilfen zur Anpassung an den Arbeitsplatz und des Arbeitsplatzes selbst bewilligt, wenn sie wegen der Schädigung erforderlich sind, um die Ausübung einer beruflichen Tätigkeit

12 BT-Drs. 19/13824, 190.
13 BT-Drs. 19/13824, 190.
14 BT-Drs. 19/13824, 190.
15 Knickrehm/Mushoff/Schmidt Neues SozEntschR Rn. 150 unter Hinweis auf jurisPK-SGB VII/Stähler § 26 Rn. 28.
16 jurisPK-SGB VII/Stähler § 26 Rn. 12.

zu ermöglichen oder zu erleichtern oder den Umgang mit Arbeitsmitteln sicherer zu machen. Als **Hilfsmittel zur sozialen Rehabilitation** in Ziff. 4.18 der Richtlinien werden vor allem solche bezeichnet, die besonders für behinderte Menschen entwickelt worden sind. Genannt werden auch Gebrauchsgegenstände des täglichen Lebens in Normalausstattung oder in Sonderausführung für behinderte Menschen; diese werden Leistungsberechtigten, die auf ihren Gebrauch angewiesen sind, bewilligt, wenn sie geeignet sind, nichtberufliche Verpflichtungen des täglichen Lebens zu erleichtern, zB auch Kommunikations- und Orientierungshilfen, etwa Sprachausgabegeräte (Talker) und mobile Notrufsysteme, für schwer körperlich, sinnes- oder sprachgeschädigte Leistungsberechtigte. Bei Vorliegen einer erheblichen Behinderung kann zudem aber auch die Bewilligung eines Zuschusses zur Beschaffung eines Kraftfahrzeuges in Betracht kommen. Die Kosten der besonderen Ausrüstung oder des Umbaues eines Kraftfahrzeuges hat der Träger der Unfallversicherung nach § 6 Abs. 5 OrthVersorgUVV zu übernehmen, soweit diese Einrichtungen wegen der Verletzungsfolgen erforderlich sind. Zu notwendigen größeren Reparaturen kann der Träger der Unfallversicherung einen Zuschuss oder ein Darlehen gewähren (§ 6 Abs. 6 S. 2 OrthVersorgUVV).[17]

Erforderliche behinderungsbedingte Hilfsmittel werden in der Regel leihweise zur Verfügung gestellt. Gerade an wertvollen Hilfsmitteln kann sich der Unfallversicherungsträger das Eigentum vorbehalten. Ferner kann die Lieferung des Hilfsmittels davon abhängig gemacht werden, dass sich die Leistungsberechtigten, um mit dem Gebrauch vertraut zu werden, auf Kosten des Unfallversicherungsträgers einer erforderlichen Ausbildung unterziehen (§§ 4, 5 OrthVersorgUVV). 16

Kann das Rehabilitationsziel mit Hilfsmitteln erreicht werden, für die nach § 36 SGB V Festbeträge gelten, ist nach § 31 Abs. 1 S. 3 SGB VII die Festbetragsregelung des SGB V im Recht der GUV entsprechend anzuwenden. Ob dies für die Hilfsmittelversorgung im SER entsprechend gilt,[18] ist vor dem Hintergrund der gegenüber der Hilfsmittelversorgung nach dem SGB V offenkundig vom Gesetzgeber gewollten günstigeren Versorgung im SER zweifelhaft und mit dem Entschädigungsgedanken jedenfalls dann nicht vereinbar, wenn eine geeignete, ausreichende und zweckmäßige Versorgung nicht mit Festbetragshilfsmitteln erreicht werden kann. Vor dem Hintergrund der Grundsätze der Wirtschaftlichkeit und Sparsamkeit ist eine Versorgung zu Festbeträgen geboten, wenn das Hilfsmittel gleich geeignet ist. 17

III. Pauschbetrag für Kleider- und Wäscheverschleiß, Abs. 1 Nr. 2

Nach Abs. 1 S. 1 Nr. 2 erhalten Geschädigte für anerkannte Schädigungsfolgen – wie bisher nach § 15 BVG – einen monatlichen **Pauschbetrag für außergewöhnlichen Verschleiß von Kleidern und Wäsche.** 18

Voraussetzung ist, dass nach der im Entschädigungsrecht geltenden Kausalitätsnorm die anerkannten Schädigungsfolgen die wesentliche Bedingung für den Eintritt des abzugeltenden wirtschaftlichen Nachteiles sind.[19] Dies kann der Fall sein etwa bei schädigungsbedingt rollstuhlpflichtigen Geschädigten, die aufgrund der Rollstuhlnutzung einen vermehrten Kleider- und Wäscheverschleiß haben können. Ebenso kann ein erhöhter Kleider- und Wäscheverschleiß bei Geschädigten auftreten, die schädigungsbedingt auf Prothesen angewiesen sind. 19

17 jurisPK-SGB VII/Stähler § 26 Rn. 21.
18 So aber Schmidt SGB XIV/Feddern § 46 Rn. 15.
19 BSG 25.6.1986 – 9a RV 14/84, SozR 3625 § 1 Nr. 2; BSG 12.12.1972 – 8 RV 298/72, SozR Nr. 2 zu § 15 BVG; die Absenkung der Kleiderverschleißpauschale aufgrund des EinigVtr Anlage I Kap. VIII K III Nr. 1 Buchst. a verstößt nicht gegen Art. 3 Abs. 1 GG, weil sie rein materiellrechtlich ausgerichtet ist, BVerfG 14.3.2000 – 1 BvR 284/96, 1 BvR 1659/96, BVerfGE 102, 41.

20 Die Höhe des Pauschbetrages richtet sich gem. Abs. 2 nach der OrthVersorgUVV, dessen Höhe durch die auf Grundlage von § 31 Abs. 2 S. 2 SGB VII zu erlassenden gemeinsamen Richtlinien der Verbände der Unfallversicherungsträger festzulegen ist,[20] die derzeit noch auf die Beträge nach § 15 BVG verweisen. Da dieser Verweis ab dem 1.1.2024 ins Leere geht, bedarf es für die Festlegung der Pauschbeträge einer neuen Regelung.[21]

21 Nach bisherigem Recht soll nicht der Gesamtverschleiß bei einem Beschädigten (einschließlich des durch Nichtschädigungsleiden hervorgerufenen Verschleißes) als einheitliche wirtschaftliche Belastung von einer bestimmten Qualität oder Quantität ab entschädigt werden, sondern stattdessen jeweils der Kleider- oder Wäscheverschleiß, den die einzelne Schädigungsfolge verursacht. Dementsprechend bestimmt § 1 BVG § 15DVO einzelne **Verschleißtatbestände**. Jeder Verschleißtatbestand kann nur dann als anspruchsbegründend wirken, wenn er durch eine anerkannte Schädigungsfolge verursacht wird.[22] Da § 7 Abs. 1 OrthVersorgUVV auf den Verschleiß infolge „eines Versicherungsfalls" abstellt und der Kleider- und Wäscheverschleiß in der GUV nach § 31 Abs. 2 SGB VII bislang nach den Vorgaben von § 15 BVG entschädigt wird,[23] ist – vorbehaltlich weiterer Rechtsänderungen – davon auszugehen, dass auch zukünftig nicht auf den Gesamtverschleiß abgestellt wird.

22 Wie § 15 S. 4 BVG sieht auch Abs. 2 iVm § 7 Abs. 2 OrthVersorgUVV vor, dass die tatsächlichen Aufwendungen erstattungsfähig sind, wenn sie den höchsten Pauschbetrag übersteigen. Im Unterschied zu § 15 S. 4 BVG ist der Erstattungsanspruch in § 7 Abs. 2 OrthVersorgUVV aber auf „besondere Fälle" beschränkt.

D. Anhang

I. BVG

23 § 13 BVG in der bis 31.12.2023 geltenden Fassung hat folgenden Wortlaut:

§ 13 BVG[24] [Orthopädische Versorgung]

(1) Die Versorgung mit Hilfsmitteln umfaßt die Ausstattung mit Körperersatzstücken, orthopädischen und anderen Hilfsmitteln, Blindenführhunden und mit dem Zubehör der Hilfsmittel, die Instandhaltung und den Ersatz der Hilfsmittel und des Zubehörs sowie die Ausbildung im Gebrauch von Hilfsmitteln.

(2) [1]Die Hilfsmittel sind in erforderlicher Zahl auf Grund fachärztlicher Verordnung in technisch-wissenschaftlich anerkannter, dauerhafter Ausführung und Ausstattung zu gewähren; sie müssen den persönlichen und beruflichen Bedürfnissen des Berechtigten oder Leistungsempfängers angepaßt sein und dem allgemein anerkannten Stand der medizinischen Erkenntnisse und der technischen Entwicklung entsprechen. [2]Hilfsmittel, deren Neuwert 300 Euro übersteigt, sind in der Regel nicht zu übereignen.

(3) [1]Die Bewilligung der Hilfsmittel kann davon abhängig gemacht werden, daß der Berechtigte oder Leistungsempfänger sie sich anpassen läßt oder sich, um mit ihrem Gebrauch vertraut zu werden, einer Ausbildung unterzieht. [2]Der Ersatz eines unbrauchbar gewordenen Hilfsmittels kann abgelehnt werden, wenn es nicht zurückgegeben wird.

(4) Der Berechtigte hat Anspruch auf Instandsetzung und Ersatz der Hilfsmittel, wenn ihre Unbrauchbarkeit oder ihr Verlust nicht auf Mißbrauch, Vorsatz oder grobe Fahrlässigkeit des Berechtigten oder Leistungsempfängers zurückzuführen ist.

(5) Zur Versorgung mit Körperersatzstücken kann das Bundesministerium für Arbeit und Soziales mit Leistungserbringern oder deren Verbänden Vereinbarungen abschließen, in denen die zu zahlenden Vergütungen und besondere Voraussetzungen der Versorgung geregelt werden.

---

20 BT-Drs. 19/13824, 191.
21 Schmidt SGB XIV/Feddern § 46 Rn. 17.
22 BSG 25.6.1986 – 9a RV 14/84, SozR 3625 § 1 Nr. 2.
23 jurisPK-SGB VII/Stähler § 31 Rn. 30.
24 Siehe hierzu die OrthopädieVO.

§ 15 BVG in der bis 31.12.2023 geltenden Fassung hat folgenden Wortlaut: 24

§ 15 BVG[25] [Kleider- und Wäscheverschleiß]

[1]Verursachen die anerkannten Folgen der Schädigung außergewöhnlichen Verschleiß an Kleidung oder Wäsche, so sind die dadurch entstehenden Kosten mit einem monatlichen Pauschbetrag von 24 bis 159 Euro zu ersetzen. [2]Der Pauschbetrag ergibt sich aus der Multiplikation von 2,441 Euro mit der auf Grund einer Rechtsverordnung nach § 24a Buchstabe d für den jeweiligen Verschleißtatbestand festgesetzten Bewertungszahl. [3]Die sich ergebenden Beträge sind bis 0,49 Euro auf volle Euro abzurunden und von 0,50 Euro an auf volle Euro aufzurunden. [4]Übersteigen in besonderen Fällen die tatsächlichen Aufwendungen die höchste Stufe des Pauschbetrags, so sind sie erstattungsfähig.

II. Untergesetzliches Recht

Verordnung über die orthopädische Versorgung Unfallverletzter (OrthVersorgUVV) 25
Vom 18. Juli 1973 (BGBl. I S. 871)
FNA 8231-25
zuletzt geändert durch Art. 53 G-SER vom 12.12.2019 (BGBl. I S. 2652)[26]

Eingangsformel

Aufgrund des § 564 der Reichsversicherungsordnung verordnet die Bundesregierung mit Zustimmung des Bundesrates:

§ 1 [Umfang der orthopädischen Versorgung]

(1) Die orthopädische Versorgung der Unfallverletzten umfaßt die Ausstattung mit Körperersatzstücken, orthopädischen und anderen Hilfsmitteln, die geeignet sind, den Erfolg der Heilbehandlung zu sichern, die Folgen der Verletzung zu erleichtern oder die durch den Versicherungsfall geschaffene Lage des Verletzten zu verbessern.

(2) Bei der Versorgung sind Art und Schwere der Verletzungsfolgen sowie die beruflichen und persönlichen Verhältnisse des Verletzten zu berücksichtigen.

§ 2 [Körperersatzstücke und Hilfsmittel]

(1) Körperersatzstücke und Hilfsmittel sind insbesondere

Kunstglieder, Kunstaugen, Zahnersatz und andere künstliche Körperteile,

Stützapparate,

orthopädisches Schuhwerk,

Stockstützen und andere Gehhilfen,

Krankenfahrzeuge,

Hilfsmittel und Geräte zur Unterstützung oder zum Ersatz von Körperfunktionen,

Perücken,

Gebrauchsgegenstände des täglichen Lebens, die der Überwindung der Verletzungsfolgen dienen,

Zubehör, das dem Zweck des Hilfsmittels dient und ohne das das Hilfsmittel nicht sachgerecht benutzt werden kann,

Blindenführhunde.

(2) Versicherte, die infolge eines Versicherungsfalls erblindet sind, erhalten zum Unterhalt eines Blindenführhundes oder zu den Aufwendungen für fremde Führung einen monatlichen Zuschuß.

§ 3 [Ausstattung, Instandsetzung und Ersatz]

(1) [1]Die Körperersatzstücke und Hilfsmittel sollen dem allgemeinen Stand der technischen Entwicklung entsprechen. [2]Sie sind in der erforderlichen Zahl, Kunstbeine, Kunstaugen und orthopädische Schuhe bei der Erstausstattung in der Regel in doppelter Zahl zu liefern.

(2) [1]Einseitig Beinamputierte erhalten bei der Erstausstattung zu jedem Kunstbein kostenfrei je ein Paar Schuhe. [2]Auf Antrag kann für den erhaltenen Fuß je ein weiterer Schuh geliefert werden (Dreierausstattung).

(3) [1]Prothesenschuhe werden kostenfrei ersetzt. [2]Schuhe für den erhaltenen Fuß werden mitgeliefert.

---

25 Siehe hierzu die BVG-PauschbetragsVO.
26 MWz 1.1.2024.

(4) Die Absätze 2 und 3 gelten entsprechend für die Ausstattung mit orthopädischen Schuhen und mit Handschuhen.

(5) [1]Körperersatzstücke und Hilfsmittel sind bei Bedarf instand zu setzen oder zu ersetzen. [2]Bei orthopädischen Schuhen und Prothesenschuhen werden die Kosten der infolge gewöhnlicher Abnutzung erforderlichen Besohlung nicht ersetzt. [3]Der Träger der Unfallversicherung kann die Instandsetzung oder den Ersatz verweigern, wenn der Verletzte die Unbrauchbarkeit oder den Verlust des Körperersatzstücks oder Hilfsmittels durch Mißbrauch vorsätzlich oder grob fahrlässig herbeigeführt hat.

(6) Wünscht der Verletzte eine besonders kostspielige Ausführung oder Ausstattung des Körperersatzstücks oder Hilfsmittels, die durch die Bedürfnisse seines Berufs nicht gerechtfertigt ist, so hat er die Mehrkosten selbst zu tragen.

§ 4 [Eigentumsvorbehalt]

Der Träger der Unfallversicherung kann sich an wertvollen Hilfsmitteln das Eigentum vorbehalten.

§ 5 [Ausbildung für den Gebrauch]

Die Lieferung des Körperersatzstücks oder Hilfsmittels kann davon abhängig gemacht werden, daß der Verletzte sich, um mit dem Gebrauch vertraut zu werden, auf Kosten des Trägers der Unfallversicherung einer dazu erforderlichen Ausbildung unterzieht.

§ 6 [Krankenfahrzeuge]

(1) Krankenfahrzeuge sind zu gewähren, wenn die Gehfähigkeit des Verletzten durch Unfallfolgen erheblich beeinträchtigt ist und die Behinderung durch Körperersatzstücke oder orthopädische Hilfsmittel nicht genügend behoben werden kann.

(2) Anstelle eines Krankenfahrzeugs soll der Träger der Unfallversicherung einem erheblich gehbehinderten Verletzten auf Antrag einen Zuschuß zur Beschaffung eines Kraftfahrzeugs gewähren, wenn der Verletzte in der Lage ist, ein Kraftfahrzeug zu führen oder wenn ihm ein geeigneter Fahrer zur Verfügung steht.

(3) Der Träger der Unfallversicherung kann einem Verletzten auf Antrag einen Zuschuß zur Beschaffung eines Kraftfahrzeugs gewähren, wenn seine Wiedereingliederung dadurch gefördert wird.

(4) Neben einem Zuschuß kann der Träger der Unfallversicherung dem Verletzten ein Darlehen gewähren.

(5) Die Kosten der besonderen Ausrüstung oder des Umbaus eines Kraftfahrzeugs hat der Träger der Unfallversicherung zu übernehmen, soweit diese Einrichtungen wegen der Verletzungsfolgen erforderlich sind.

(6) [1]Die Kosten der Haltung des Kraftfahrzeugs sowie die Kosten von Reparaturen hat der Verletzte in der Regel selbst zu tragen. [2]Zu notwendigen größeren Reparaturen kann der Träger der Unfallversicherung einen Zuschuß oder ein Darlehen gewähren.

(7) Bei der Gewährung von Zuschüssen und der Übernahme von Kosten ist von den in der Kraftfahrzeughilfe-Verordnung festgesetzten Beträgen auszugehen.

(8) § 4 gilt entsprechend.

§ 7 [Kleider- und Wäscheverschleiß]

(1) Versicherte, denen infolge eines Versicherungsfalls außergewöhnlicher Verschleiß an Kleidung oder Wäsche entsteht, erhalten für die dadurch entstehenden Kosten einen monatlichen Pauschbetrag.

(2) Übersteigen die tatsächlichen Aufwendungen den höchsten Pauschbetrag, so sind sie in besonderen Fällen erstattungsfähig.

§ 8 [Richtlinien der Träger der Unfallversicherung]

Um eine gleichmäßige Versorgung der Unfallverletzten zu sichern, sollen die Träger der Unfallversicherung gemeinsame Richtlinien über Einzelheiten der Gewährung, des Gebrauchs und des Ersatzes von Körperersatzstücken und Hilfsmitteln vereinbaren.

§ 9 Übergangsregelung aus Anlass des Gesetzes zur Regelung des Sozialen Entschädigungsrechts

Für Personen, die Leistungen nach dem Soldatenversorgungsgesetz in der Fassung der Bekanntmachung vom 16. September 2009 (BGBl. I S. 3054), das zuletzt durch Artikel 19 des Gesetzes vom 4. August 2019 (BGBl. I S. 1147) geändert worden ist, in Verbindung mit dem Bundesversorgungsgesetz in der Fassung der Bekanntmachung vom 22. Januar 1982 (BGBl. I S. 21), das zuletzt durch Artikel 1 der Verordnung vom 13. Juni 2019 (BGBl. I S. 793) geändert worden ist, erhalten, gelten die Vorschriften des § 2 Absatz 2, des § 3 Absatz 3 Satz 2, des § 6 Absatz 7 und des § 7 in der am 31. Dezember 2023 geltenden Fassung weiter.

§ 10 [Inkrafttreten]

(1) Diese Verordnung tritt am ersten Tag des auf die Verkündung folgenden Kalendermonats in Kraft.

(2) (Aufhebungsvorschrift)

§ 47 Krankengeld der Sozialen Entschädigung

(1) Geschädigte erhalten bei einer durch eine anerkannte Schädigungsfolge verursachten Arbeitsunfähigkeit oder bei einer wegen einer anerkannten Schädigungsfolge erforderlichen stationären Behandlung Krankengeld der Sozialen Entschädigung entsprechend den Regelungen zum Krankengeld des Fünften Buches nach Maßgabe der Absätze 2 bis 9.

(2) Krankengeld der Sozialen Entschädigung erhalten auch

1. hauptberuflich selbständige Erwerbstätige, die keine Wahlerklärung nach § 44 Absatz 2 Satz 1 Nummer 2 des Fünften Buches abgegeben haben,
2. Beschäftigte, die keine Wahlerklärung nach § 44 Absatz 2 Satz 1 Nummer 3 Satz 1 des Fünften Buches abgegeben haben und
3. geringfügig Beschäftigte, deren Beschäftigung keine Versicherungspflicht nach § 5 Absatz 1 des Fünften Buches begründet sowie Familienversicherte nach § 10 des Fünften Buches.

(3) Als arbeitsunfähig im Sinne des § 44 Absatz 1 des Fünften Buches sind auch Geschädigte anzusehen, die ohne arbeitsunfähig zu sein, wegen einer Maßnahme der Krankenbehandlung der Sozialen Entschädigung keine ganztägige Erwerbstätigkeit ausüben können.

(4) [1]Das Krankengeld der Sozialen Entschädigung beträgt 80 Prozent des Regelentgelts, darf jedoch das entgangene regelmäßige Nettoarbeitsentgelt nicht übersteigen. [2]Das Regelentgelt wird bis zur Höhe der jeweils geltenden Leistungsbemessungsgrenze berücksichtigt. [3]Leistungsbemessungsgrenze ist der 360. Teil der jährlichen Beitragsbemessungsgrenze der allgemeinen Rentenversicherung.

(5) [1]Für die nach dem Künstlersozialversicherungsgesetz Versicherten sowie für Versicherte, die eine Wahlerklärung nach § 44 Absatz 2 Satz 1 Nummer 2 des Fünften Buches abgegeben haben, entsteht der Anspruch auf Krankengeld der Sozialen Entschädigung zu den in § 46 Satz 1 des Fünften Buches geregelten Zeiten. [2]§ 46 Satz 2 bis 4 des Fünften Buches findet keine Anwendung.

(6) Für Versicherte, die eine Wahlerklärung nach § 44 Absatz 2 Satz 1 Nummer 3 des Fünften Buches abgegeben haben, ruht der Anspruch auf Krankengeld der Sozialen Entschädigung abweichend von § 49 Absatz 1 Nummer 7 des Fünften Buches in den ersten sechs Wochen der Arbeitsunfähigkeit nicht.

(7) Das Krankengeld der Sozialen Entschädigung endet nicht vor dem Ende einer stationären Behandlung.

(8) [1]Das Krankengeld der Sozialen Entschädigung ist bis zum Beginn von Leistungen zur Teilhabe am Arbeitsleben oder einer weiteren medizinischen Maßnahme weiter zu zahlen, wenn die Leistungen zur Teilhabe am Arbeitsleben oder eine weitere medizinische Maßnahme

1. nach Abschluss der Krankenbehandlung erforderlich sind und
2. aus Gründen, die die Geschädigten nicht zu vertreten haben, nicht unmittelbar anschließend durchgeführt werden können.

[2]Satz 1 gilt nur, wenn Geschädigte arbeitsunfähig sind und ihnen kein Anspruch auf Krankengeld nach dem Fünften Buch zusteht oder ihnen nach Wiedererlangung der Arbeitsfähigkeit keine zumutbare Beschäftigung vermittelt werden kann.

(9) [1]Ein wegen anerkannter Schädigungsfolgen erkranktes Kind, das dadurch bedingt der Beaufsichtigung, Betreuung oder Pflege bedarf, hat für den betreuenden Elternteil Anspruch auf Krankengeld der Sozialen Entschädigung. [2]Es gilt § 45 des Fünften Buches entsprechend mit der Maßgabe, dass das Krankengeld der Sozialen Entschädigung

1. **abweichend von § 45 Absatz 2 Satz 3 des Fünften Buches 100 Prozent des ausgefallenen Nettoarbeitsentgeltes des betreuenden Elternteils beträgt, aber den 360. Teil der jährlichen Beitragsbemessungsgrenze der allgemeinen Rentenversicherung nicht übersteigen darf,**
2. **abweichend von § 45 Absatz 2 Satz 4 des Fünften Buches 80 Prozent des erzielten regelmäßigen Arbeitseinkommens des betreuenden Elternteils bis zum 360. Teil der jährlichen Beitragsbemessungsgrenze der allgemeinen Rentenversicherung beträgt und**
3. **sich in Fällen des § 45 Absatz 4 des Fünften Buches nach Absatz 4 berechnet.**

A. Gesetzesgeschichte

I. Geltendes und neues Recht

1 Bis zum 31.12.2023 wird Versorgungskrankengeld nach §§ 16 bis 16h BVG geleistet.

2 § 47 geht zurück auf den Gesetzentwurf der Bundesregierung vom 9.10.2019, BT-Drs. 19/13824, 190 ff.; die Vorschrift tritt mWv 1.1.2024 in Kraft[1] und fasst die Regelungen über das Krankengeld der SE zusammen.

II. Änderungen im SGB XIV gegenüber dem BVG und Parallelität

3 Wie das Versorgungskrankengeld hat das Krankengeld der SE Entgelt- bzw. Einkommensersatzfunktion. Es wird ausschließlich Geschädigten für schädigungsbedingte Arbeitsunfähigkeit oder stationäre Behandlung geleistet, während § 16 Abs. 1 Buchst. c BVG auch einen Anspruch für Hinterbliebene vorsieht. Auch weiterhin besteht ein Anspruch auf Krankengeld wegen der Beaufsichtigung, Betreuung und Pflege eines schädigungsbedingt erkrankten Kindes (vgl. § 16 Abs. 3 S. 2 BVG).

4 Im Unterschied zu § 18a Abs. 7 BVG, wonach im Falle des Fortbestehens der schädigungsbedingten Arbeitsunfähigkeit Versorgungskrankengeld zeitlich unbegrenzt bis zum Eintritt des Dauerzustandes gewährt wird, gilt wegen der entsprechenden Anwendung des SGB V auch grundsätzlich § 48 Abs. 1 SGB V, wonach die Dauer des

1 Art. 60 Abs. 7 G-SER v. 12.12.2019, BGBl. 2019 I 2652.

Krankengeldes grundsätzlich auf längstens 78 Wochen wegen derselben Krankheit innerhalb der Rahmenfrist von 3 Jahren beschränkt ist. Allerdings endet das Krankengeld hiervon abweichend nach Abs. 7 nicht vor dem Ende einer stationären Behandlung, so dass in diesem Fall Krankengeld länger als 78 Wochen bezogen werden kann.

Das Niveau des Versorgungskrankengeldes von 80 % des Regelentgeltes (§ 16a Abs. 1 5
S. 1 BVG) wird im SGB XIV beibehalten. Nachdem § 16a BVG größtenteils den vergleichbaren Regelungen zur Berechnung von Entgeltersatzleistungen im SGB V entspricht,[2] erfährt die Berechnung der Höhe des Krankengeldes der SE für abhängig Beschäftigte durch die Neuregelungen im SGB XIV keine wesentlichen Änderungen. Anders als § 16b BVG trifft § 47 keine ausdrückliche Regelung zur Berechnung der Höhe des Krankengeldes für selbstständige Geschädigte, es gelten die zu § 47 SGB V entwickelten Grundsätze zur Berechnung in Abhängigkeit vom Arbeitseinkommen.[3] § 16d BVG, der eine modifizierte Berechnung des Regelentgeltes im Fall des vorherigen Bezuges von Entgeltersatzleistungen vorsieht,[4] wird in dieser Form nicht in das SGB XIV überführt, vielmehr gilt § 47b SGB V entsprechend.

§ 16e BVG zur Weitergewährung des Versorgungskrankengeldes wird in Abs. 8 fortge- 6
führt. Der Regelungsgehalt von § 16f BVG entfällt in dieser Form, allerdings sehen die Vorschriften des SGB V zum Krankengeld eigene Normen über das Ruhen (§ 49 SGB V), den Ausschluss und die Kürzung (§ 50 SGB V) von Krankengeld vor, die – modifiziert durch Abs. 6 – entsprechend zur Anwendung kommen.

Der Regelungsgehalt von §§ 16g und 16h BVG ist nicht ins Recht des Krankengeldes 7
der SE überführt worden.

B. Normsystematik

I. Allgemeiner Regelungsgehalt

Das Krankengeld der SE dient wie das Krankengeld der gesetzlichen Krankenversi- 8
cherung dem Ersatz von Arbeitsentgelt oder sonstigem Erwerbseinkommen. Durch die Leistung soll ein Ausgleich für eine Minderung der Erwerbseinkünfte geschaffen werden, die auf eine **schädigungsbedingt verursachte Arbeitsunfähigkeit** oder eine schädigungsbedingt erforderliche stationäre Behandlung in einem Krankenhaus oder einer Rehabilitationseinrichtung zurückzuführen ist. Auch wenn nur eine Verschlimmerung einer Gesundheitsstörung als Schädigungsfolge anerkannt ist, findet dennoch die gesamte Gesundheitsstörung Berücksichtigung. Dies gilt nicht, wenn die als Schädigungsfolge anerkannte Gesundheitsstörung auf die Arbeitsunfähigkeit oder die erforderliche stationäre Behandlung keinen Einfluss hat. Ein Anspruch auf Krankengeld der Sozialen Entschädigung steht auch Geschädigten zu, die nicht gesetzlich krankenversichert sind.[5]

Nach § 47 sind die Regelungen des Krankengeldes nach SGB V entsprechend anwend- 9
bar, Abs. 2 bis 9 sehen aber einige begünstigende Sonderregelungen vor. Damit kommt die staatliche Gemeinschaft ihrer besonderen Verantwortung gegenüber Geschädigten nach.[6]

II. Systematische Einordnung und Normzweck

Ebenso wie das bisherige Versorgungskrankengeld und das Krankengeld der GKV hat 10
das Krankengeld der SE Entgeltersatzfunktion bzw. ersetzt bei selbstständig Erwerbs-

2 HK-SozEntschR/Vogl BVG § 16a Rn. 4.
3 Siehe hierzu LPK-SGB V/Legde § 47 Rn. 18.
4 HK-SozEntschR/Vogl BVG § 16d Rn. 8.
5 BT-Drs. 19/13824, 190 f.
6 BT-Drs. 19/13824, 190 f.

tätigen Erwerbseinkommen. Abs. 1 verweist – genauso wie § 42 bei der Krankenbehandlung – dynamisch auf die Regelungen zum Krankengeld im SGB V; die spezialgesetzlichen Regelungen in Abs. 2 bis 9 gehen der Verweisung aber vor.

11 Soweit § 47a SGB V die Beitragszahlung der Krankenkassen an berufsständische Versorgungseinrichtungen bei Bezug von Krankengeld regelt, ist § 52 zur Entrichtung von Beiträgen zur Arbeitsförderung, zur gesetzlichen Rentenversicherung und zur Alterssicherung die spezialgesetzliche Regelung vor Abs. 1 iVm § 47a SGB V (→ § 52 Rn. 4).

Für das Krankengeld der SE für Zivildienstgeschädigte wird § 47 durch § 104 modifiziert (→ § 104 Rn. 3).

C. Einzelkommentierung

I. Anspruch auf Krankengeld, Abs. 1

12 **1. Entsprechende Anwendung des SGB V.** Anspruch auf Krankengeld der SE besteht nach Abs. 1 in entsprechender Anwendung der Regelungen des SGB V zum Krankengeld, also der Vorschriften des 2. Titels des SGB V. Diese bestimmen den Anspruch auf Krankengeld (§ 44 SGB V), auf Krankengeld bei Spende von Organen, Geweben oder Blut zur Separation von Blutstammzellen oder anderen Blutbestandteilen (§ 44a SGB V), auf Krankengeld bei Erkrankung des Kindes (§ 45 SGB V); weiterhin das Entstehen (§ 46 SGB V), die Höhe und die Berechnung (§ 47 SGB V), die Dauer (§ 48 SGB V), das Ruhen (§ 49 SGB V), den Ausschluss, die Kürzung (§ 50 SGB V) und den Wegfall (§ 51 SGB V) des Krankengeldes ebenso wie die Höhe und Berechnung des Krankengeldes bei Beziehern von Arbeitslosengeld, Unterhaltsgeld oder Kurzarbeitergeld (§ 47b SGB V). Die Normen des SGB V finden nach Maßgabe von Abs. 2 bis 9 entsprechende Anwendung auf das Krankengeld der SE.

13 **2. Anspruchsberechtigte, Abs. 1 und 2.** Anspruch auf Krankengeld haben nach Abs. 1 zunächst **Geschädigte**. Abs. 2 erweitert den Kreis der Anspruchsberechtigten um geschädigte Personen, die nach dem SGB V keinen Anspruch auf Krankengeld haben aus Gründen, die im SER nicht zum Tragen kommen können.[7]

14 Nach Abs. 2 **Nr. 1** erhalten daher **hauptberuflich selbstständig Geschädigte, die keine Wahlerklärung nach § 44 Abs. 2 S. 1 Nr. 2 SGB V** abgeben können, Krankengeld. Hauptberuflich Selbständige sind gemäß § 5 Abs. 5 SGB V von der Versicherungspflicht nicht erfasst und daher typischerweise unter den Voraussetzungen von § 9 SGB V freiwillig versicherte Mitglieder der GKV. Nach § 44 Abs. 2 S. 3 SGB V können sie eine Wahlerklärung abgeben, ob sie mit oder ohne Anspruch auf Krankengeld versichert sein wollen, bei einem Anspruch sind freilich auch höhere Beiträge zur GKV zu entrichten.[8] § 44 Abs. 2 Nr. 2 SGB V schließt hauptberuflich selbstständig Erwerbstätige von dem Krankengeldanspruch aus, wenn sie die Wahlerklärung nach § 44 Abs. 2 S. 3 SGB V für eine Versicherung mit Krankengeld nicht abgeben; ein solcher Fall ist auch gegeben, wenn der Krankenkasse die Wahlerklärung erst zum Zeitpunkt einer bestehenden Arbeitsunfähigkeit zugeht; dann wirkt nach § 44 Abs. 2 S. 4 SGB V die Wahlerklärung erst zu dem Tag, der auf das Ende dieser Arbeitsunfähigkeit folgt, für die aktuelle Arbeitsunfähigkeit besteht daher kein Krankengeldanspruch. Für schädigungsbedingt eingetretene Arbeitsunfähigkeit will Abs. 2 Nr. 1 solche Folgen verhindern, da ein Ausschluss von Krankengeld mit dem Entschädigungsgedanken nicht vereinbar wäre.

15 Nach Abs. 2 **Nr. 2** haben Anspruch auf Krankengeld auch Beschäftigte, die **keine Wahlerklärung nach § 44 Abs. 2 S. 1 Nr. 3 S. 1 SGB V** abgegeben haben. Krankenversicherungsrechtlich haben Versicherte nach § 5 Abs. 1 Nr. 1 SGB V, die bei Arbeitsun-

7 BT-Drs. 19/13824, 190 f.
8 Vgl. hierzu jurisPK-SGB V/Dreher § 53 Rn. 90 ff.; jurisPK-SGB V/Propp § 243 Rn. 11 ff.

fähigkeit nicht mindestens sechs Wochen Anspruch auf Fortzahlung des Arbeitsentgelts aufgrund des Entgeltfortzahlungsgesetzes, eines Tarifvertrags, einer Betriebsvereinbarung oder anderer vertraglicher Zusagen oder auf Zahlung einer die Versicherungspflicht begründenden Sozialleistung haben, keinen Anspruch auf Krankengeld, es sei denn, das Mitglied gibt eine Wahlerklärung ab, dass die Mitgliedschaft den Anspruch auf Krankengeld umfassen soll. Hierbei handelt es sich in der Regel um **unständig oder kurzzeitig Beschäftigte**, dh Personen in einer Beschäftigung, die auf weniger als eine Woche der Natur der Sache nach beschränkt zu sein pflegt oder im Voraus durch Arbeitsvertrag beschränkt ist (§ 232 Abs. 3 SGB V und § 27 Abs. 3 Nr. 1 SGB III). Diese können aufgrund der kurzen Befristung der einzelnen Beschäftigungsverhältnisse den Anspruch auf Entgeltfortzahlung nicht voll ausschöpfen, da dieser Anspruch erst nach einer vierwöchigen Wartezeit entsteht, vgl. § 3 Abs. 3 EntgFG.[9] Derartige Beschäftigungsverhältnisse finden sich zB bei Hafenarbeitern, in der Medienbranche oder in der Gastronomie. Auch diesen Personengruppen wird krankenversicherungsrechtlich die Möglichkeit eingeräumt, gegen Zahlung des allgemeinen Beitragssatzes eine Versicherung mit Anspruch auf Krankengeldzahlung ab Beginn der 7. Woche (vgl. § 46 S. 1 und § 49 Abs. 1 Nr. 7 SGB V) der Arbeitsunfähigkeit zu wählen. Wird die Wahlerklärung nicht abgegeben, regelt Abs. 2 Nr. 2, dass für schädigungsbedingte Arbeitsunfähigkeit gleichwohl Krankengeld gezahlt wird.

Nach Abs. 2 **Nr. 3** erhalten auch **geringfügig Beschäftigte** (vgl. §§ 8, 8a SGB IV) Kran- 16
kengeld, deren Beschäftigung keine Versicherungspflicht nach § 5 Abs. 1 SGB V begründet und die daher nach § 44 Abs. 2 Nr. 1 SGB V keinen Anspruch auf Krankengeld in der GKV haben. Schließlich haben Anspruch auf Krankengeld gemäß Abs. 2 Nr. 3 Familienversicherte nach § 10 SGB V. Sie können nach § 44 Abs. 2 Nr. 1 SGB V aus der Familienversicherung ebenfalls keinen Krankengeldanspruch ableiten. Auch diese Personen haben dem Grunde nach Anspruch auf Krankengeld der SE.

3. Schädigungsbedingte Arbeitsunfähigkeit oder stationäre Behandlung, Abs. 1 und 3. 17
Der Anspruch auf Krankengeld besteht nach Abs. 1 zunächst bei einer durch eine **anerkannte Schädigungsfolge verursachten Arbeitsunfähigkeit**. Maßgeblich ist aufgrund der Bezugnahme in Abs. 1 – wie nach bisherigem Recht – der Begriff der Arbeitsunfähigkeit iSd § 44 SGB V. Danach liegt Arbeitsunfähigkeit vor, wenn der Versicherte wegen Krankheit nicht oder nur mit der Gefahr, einen Zustand zu verschlimmern, fähig ist, seine bisherige oder eine ähnlich geartete Erwerbstätigkeit auszuüben.[10] Maßstab und Bezugspunkt für die Beurteilung der Arbeitsunfähigkeit ist grundsätzlich die letzte (versicherte) **Erwerbstätigkeit vor Eintritt** der Arbeitsunfähigkeit. Diese ist danach zu beurteilen, welche Bedingungen das bisherige Beschäftigungsverhältnis im Wesentlichen geprägt haben und welche der bisherigen Erwerbstätigkeit gleich geartete Tätigkeit in Betracht kommt.[11] Dabei ist sodann zu differenzieren, ob das zuvor ausgeübte Arbeitsverhältnis noch fortbesteht oder bereits beendet ist.

Solange das Arbeitsverhältnis fortbesteht, ist die bisherige Tätigkeit ausschlaggebend; 18
eine **Verweisbarkeit** auf eine Tätigkeit bei einem anderen Arbeitgeber kommt nicht in Betracht.[12] Allerdings darf der Arbeitgeber unter zulässiger Ausübung seines Direktionsrechtes dem Versicherten einen neuen, leidensgerechten Arbeitsplatz anbieten, was zur Beendigung der Arbeitsunfähigkeit führt.[13] Gibt der Versicherte nach Eintritt der Arbeitsunfähigkeit die zuletzt inne gehabte Arbeitsstelle auf, ändert sich der rechtliche Maßstab insofern, als für die Beurteilung der Arbeitsfähigkeit nicht mehr die **konkre-**

9 jurisPK-SGB V/Sonnhoff § 44 Rn. 61.
10 BSG 16.12.1981 – GS 3/78, 4/78, BSGE 53, 22; vgl. zum Arbeitsunfähigkeitsbegriff nach dem SGB V auch LPK-SGB V/Legde § 44 Rn. 8 ff.
11 BSG 15.11.1984 – 3 RK 21/83, BSGE 57, 227.
12 BSG 7.8.1991 – 1/3 RK 28/89, BSGE 69, 180.
13 LPK-SGB V/Legde § 44 Rn. 9.

ten Verhältnisse an diesem Arbeitsplatz maßgebend sind, sondern nunmehr **abstrakt** auf die Art der zuletzt ausgeübten Beschäftigung abzustellen ist. Der Versicherte darf dann auf gleich oder ähnlich geartete Tätigkeiten verwiesen werden, wobei aber der Kreis möglicher Verweisungstätigkeiten entsprechend der Funktion des Krankengeldes eng zu ziehen ist. Handelt es sich bei der zuletzt ausgeübten Tätigkeit daher um einen anerkannten Ausbildungsberuf, so scheidet eine Verweisung auf eine außerhalb dieses Berufes liegende Beschäftigung aus.[14]

19 Anders ist der Maßstab für die Arbeitsunfähigkeit bei Versicherten, die zum Zeitpunkt des Eintrittes der Arbeitsunfähigkeit **arbeitslos** sind. Jedenfalls nach mehr als sechsmonatigem Bezug von Leistungen der Arbeitslosenversicherung bestimmt sich der Berufsschutz im Sinne einer auf bestimmte Tätigkeiten beschränkten Prüfung der Einsatzfähigkeiten im Arbeitsleben nach dem Versicherungsschutz nach § 5 Abs. 1 Nr. 2 SGB V in der sogenannten **„Krankenversicherung der Arbeitslosen"** (KVdA). Der Versicherte kann nicht als arbeitsunfähig beurteilt werden, wenn die Krankheit ihn von der Vermittlung eines leistungsgerechten Arbeitsplatzes nicht ausschließt. Denn nach den Vorschriften über den Krankengeldanspruch in der KVdA darf er seine Verfügbarkeit nicht weiter einschränken, als dies durch seinen Gesundheitszustand gerechtfertigt ist.[15] Maßgeblich ist nach höchstrichterlicher Rechtsprechung ab dem siebten Monat des Leistungsbezuges in der Arbeitslosenversicherung, ob der Versicherte nach seiner gesundheitlichen Leistungsfähigkeit noch in der Lage ist, eine ihm gesundheitlich zumutbare, leichte vollschichtige Tätigkeit bzw. eine Tätigkeit in dem zeitlichen Umfang, für den er sich zuvor zwecks Erlangung des Arbeitslosengeldanspruches **zur Verfügung** gestellt hat, auszuüben; ein Berufsschutz ist nicht mehr gegeben.[16] Dabei darf die Krankenkasse im Regelfall davon ausgehen, dass sich der Arbeitslose auch für leichte Arbeiten der Arbeitsverwaltung zur Verfügung gestellt hat. Lediglich in begründeten Ausnahmefällen muss die Krankenkasse prüfen, mit welchem gesundheitlichen Leistungsvermögen (und/oder ggf. mit welchem zeitlichen Umfang) sich der Arbeitslose der Arbeitsvermittlung zur Verfügung gestellt hat. Für den Anspruch auf Versorgungskrankengeld kann zwar – in Ermangelung eines Versicherungsverhältnisses – nicht direkt auf den Umfang des Versicherungsschutzes in der KVdA abgestellt werden, allerdings sind im Hinblick auf den auch im Versorgungsrecht anzuwendenden krankenversicherungsrechtlichen Arbeitsunfähigkeitsbegriff die Zumutbarkeitskriterien, unter denen zur Abwendung von Arbeitsunfähigkeit auf eine andere Tätigkeit verwiesen werden kann, entsprechend heranzuziehen. Dies entspricht bei arbeitslosen Beschädigten dem Entgeltersatzcharakter des Krankengeldes der SE.

20 Erforderlich ist nach Abs. 1 weiter, dass die Arbeitsunfähigkeit schädigungsbedingt eintritt. Die anerkannte Schädigungsfolge muss wesentlich kausal für die Arbeitsunfähigkeit sein; es gilt die Theorie der wesentlichen Bedingung. Auch wenn nur eine Verschlimmerung einer Gesundheitsstörung als Schädigungsfolge anerkannt ist, findet dennoch die gesamte Gesundheitsstörung Berücksichtigung. Dies gilt nicht, wenn die als Schädigungsfolge anerkannte Gesundheitsstörung auf die Arbeitsunfähigkeit oder die erforderliche stationäre Behandlung keinen Einfluss hat.[17]

21 Ebenso wie nach § 44 SGB V besteht nach Abs. 1 **Anspruch auf Krankengeld der SE bei stationärer Behandlung.** Die Regelung ist an § 16 Abs. 2 Buchst. a BVG angelehnt, wobei die Rechtslage bis zum 31.12.2023 den Krankengeldanspruch zusätzlich daran knüpft, dass wegen der stationären Behandlung eine ganztägige Erwerbstätigkeit nicht mehr ausgeübt werden kann. Voraussetzung ist, dass die stationäre Behandlung wegen einer anerkannten Schädigungsfolge erforderlich ist, wobei die Behandlung in einem

---

14 Vgl. BSG 14.2.2001 – B 1/KR 30/00 R, SozR 3-2500 § 44 Nr. 9.
15 BSG 19.9.2002 – B 1 KR 11/02 R, BSGE 90, 72.
16 BSG 19.9.2002 – B 1 KR 11/02 R, BSGE 90, 72.
17 BT-Drs. 19/13824, 191.

Krankenhaus oder einer Rehabilitationseinrichtung durchgeführt werden kann.[18] Arbeitsunfähigkeit muss hier nicht festgestellt werden, sondern wird unwiderleglich vermutet.[19]

Bei rechtzeitiger **Antragstellung** (§§ 10, 11 Abs. 1, 2) entsteht der Anspruch auf Kran- 22
kengeld nach Abs. 1 iVm § 46 S. 1 SGB V somit mit dem Beginn der stationären Behandlung (§ 46 S. 1 Nr. 1 SGB V) bzw. vom Tag der ärztlichen Feststellung der Arbeitsunfähigkeit an (§ 46 S. 1 Nr. 2 SGB V). Besteht ein Anspruch auf Entgeltfortzahlung, ruht das Krankengeld jedoch entsprechend § 49 Abs. 1 Nr. 1 SGB V soweit und solange Arbeitsentgelt oder Arbeitseinkommen erzielt wird.

Abs. 3 schafft die Grundlage dafür, dass Geschädigte, die **nicht arbeitsunfähig** im 23
Sinne des § 44 SGB V sind, aber wegen einer Maßnahme der Krankenbehandlung der SE **keiner ganztägigen Erwerbstätigkeit** nachgehen können, zum Ausgleich entgangenen Arbeitsentgeltes Krankengeld der SE erhalten können.[20] Die Regelung ist § 16 Abs. 2 Buchst. b BVG nachgebildet, die hierfür entwickelten Grundsätze können daher herangezogen werden.[21] Grund für die Regelung ist, dass den Berechtigten, die nicht arbeitsunfähig im Sinne von Abs. 1 sind, wegen der Durchführung der Maßnahmen Arbeitsentgelt entgeht, das ihnen durch die Gewährung von Krankengeld der SE ausgeglichen werden soll. Entscheidend ist, dass keine ganztägige Erwerbstätigkeit ausgeübt werden kann; eine Teilzeittätigkeit steht dem Anspruch auf Versorgungskrankengeld nicht entgegen. Soweit nach bis 31.12.2013 geltendem Recht eine Anrechnung von zeitgleich erzieltem Arbeitsentgelt oder anderer Einkünfte nach Maßgabe von § 16f BVG vorgesehen ist, findet sich eine solche Regelung ab 1.1.2024 nicht mehr. Allerdings sieht § 49 Abs. 1 Nr. 1 SGB V das Ruhen des Krankengeldanspruches vor, soweit und solange Arbeitsentgelt oder Arbeitseinkommen erzielt wird, so dass zwar keine Anrechnung von Arbeitsentgelt auf das Krankengeld der SE mehr erfolgt, aber der Krankengeldanspruch nach Abs. 3 in Höhe („soweit") des erzielten Arbeitsentgeltes zum Ruhen kommen dürfte. Für selbstständige Geschädigte dürfte wegen des Charakters des Krankengeldes der SE als Ersatz von Erwerbseinkommen wegen der entsprechenden Anwendung der Regelungen des SGB V (Abs. 1) ein Ruhen des Krankengeldes ebenfalls in Betracht zu ziehen sein, da andernfalls selbstständig erwerbstätige Geschädigte besser gestellt würden als abhängig beschäftige Geschädigte.

Soweit bis 31.12.2023 nach § 24 Abs. 2 S. 1 Buchst. a BVG dem Geschädigten entgan- 24
genes Arbeitsentgelt in angemessenen Umfang bei Anpassung und Instandsetzung von Hilfsmitteln ersetzt wird, kommen Entgeltersatzleistungen nur noch als Krankengeld unter den Voraussetzungen von § 47 in Betracht.

II. Höhe des Krankengeldes, Abs. 4

Das Krankengeld der SE beträgt **80 % des Regelentgeltes**, darf jedoch das entgangene 25
Nettoarbeitsentgelt nicht übersteigen, vgl. Abs. 3 S. 1. Nach S. 2 wird das Regelentgelt bis zur Höhe der jeweils geltenden Leistungsbemessungsgrenze berücksichtigt. Dies ist nach Abs. 4 S. 3 der 360. Teil der jährlichen Beitragsbemessungsgrenze der allgemeinen Rentenversicherung; insoweit ist § 159 SGB VI iVm der jeweiligen Sozialversicherungs-Rechengröße maßgeblich.[22] Die Norm sieht damit Berechnungsgrundlagen vor, die dazu führen, dass das Krankengeld der SE im Vergleich zum Krankengeld nach SGB V höher ausfällt, denn § 47 Abs. 1 S. 1 SGB V sieht vor, dass das Krankengeld lediglich 70 % des Regelentgeltes beträgt, soweit es der Beitragsbemessung nach dem

18 BT-Drs. 19/13824, 191.
19 Schmidt SGB XIV/Feddern § 47 Rn. 9.
20 BT-Drs. 19/13824, 191.
21 Knickrehm/Mushoff/Schmidt Neues SozEntschR Rn. 155.
22 Knickrehm/Mushoff/Schmidt Neues SozEntschR Rn. 156.

SGB V unterliegt. Der kalendertäglichen Zahlung des Krankgengeldes (§ 47 Abs. 1 S. 6 SGB V) entspricht es, auf den 360. Teil der jährlichen Beitragsbemessungsgrenze abzustellen.

26 Bei **geringfügig Beschäftigten** entspricht das der Berechnung des Krankengeldes der SE zugrunde zu legende Regelentgelt dem Nettoentgelt. Bei Geschädigten, die nicht gesetzlich krankenversichert sind, wird das Krankengeld der SE auf Grundlage der Einnahmen berechnet, die beitragspflichtig wären, wenn die Person gesetzlich krankenversichert wäre. Die Höhe der tatsächlichen Einnahmen haben nicht gesetzlich krankenversicherte Geschädigte gegenüber der Krankenkasse nachzuweisen.[23]

27 Für die Berechnung des Krankengeldes gilt im Weiteren nach Abs. 1 der § 47 SGB V entsprechend. Dies gilt vor allem für § 47 Abs. 1 S. 6 SGB V, wonach das **Krankengeld für Kalendertage** gezahlt wird, und § 47 Abs. 1 S. 7 SGB V, wonach, wenn für einen ganzen Kalendermonat zu zahlen ist, dieser mit dreißig Tagen anzusetzen ist. Für die Berechnung des Regelentgeltes ist § 47 Abs. 2 SGB V heranzuziehen, wonach für die Berechnung des Regelentgeltes das von dem Versicherten im letzten vor Beginn der Arbeitsunfähigkeit abgerechneten Entgeltabrechnungszeitraumes, mindestens das während der letzten abgerechneten vier Wochen (**Bemessungszeitraum**) erzielte und um einmalig gezahltes Arbeitsentgelt verminderte Arbeitsentgelt durch die Zahl der Stunden zu teilen ist, für die es gezahlt wurde; als regelmäßige wöchentliche Arbeitszeit gilt die Arbeitszeit, die dem gezahlten Arbeitsentgelt entspricht. Das Ergebnis ist mit der Zahl der sich aus dem Inhalt des Arbeitsverhältnisses ergebenden regelmäßigen wöchentlichen Arbeitsstunden zu vervielfachen und durch sieben zu teilen. Ist das Arbeitsentgelt nach Monaten bemessen oder ist eine Berechnung des Regelentgeltes nach den Sätzen 1 und 2 nicht möglich, gilt der dreißigste Teil des im letzten vor Beginn der Arbeitsunfähigkeit abgerechneten Kalendermonates erzielten und um einmalig gezahltes Arbeitsentgelt verminderten Arbeitsentgeltes als Regelentgelt.

III. Anspruch auf Krankengeld in Sonderfällen

28 **Abs. 5** sieht vor, dass **nach dem KSVG Versicherte** und **Versicherte, die eine Wahlerklärung nach § 44 Abs. 2 S. 1 Nr. 2 SGB V** zugunsten einer Versicherung mit Krankengeld abgegeben haben, Anspruch auf Krankengeld der SE zu den in § 46 S. 1 SGB V geregelten Zeiten haben, also bei Krankengeldanspruch wegen einer schädigungsbedingt erforderlichen **stationären Behandlung von ihrem Beginn** an (§ 46 S. 1 Nr. 1 SGB V) bzw. im Übrigen **vom Tag der ärztlichen Feststellung der Arbeitsunfähigkeit an** (§ 46 S. 1 Nr. 2 SGB V). § 46 S. 7 und 8 SGB V, wonach der Krankengeldanspruch für diesen Personenkreis erst ab der siebten Woche der Arbeitsunfähigkeit entsteht, finden damit im Krankengeld der SE keine Anwendung. Die Regelung des SGB V wird als nicht interessengerecht für Geschädigte angesehen. Wegen des fehlenden Entgeltfortzahlungsanspruches soll der Anspruch auf Krankengeld der SE ohne Karenzzeit entstehen.[24]

29 **Abs. 6** sieht zugunsten der Versicherten, die eine Wahlerklärung nach § 44 Abs. 2 S. 1 Nr. 3 SGB V abgegeben haben, von einem **sechswöchigen Ruhen** des Anspruches ab, wie es in § 47 Abs. 1 Nr. 7 SGB V vorgesehen ist. Auch hier wird der besonderen Situation Geschädigter Rechnung getragen.[25]

23 BT-Drs. 19/13824, 190 f.
24 BT-Drs. 19/13824, 190 f.
25 BT-Drs. 19/13824, 191.

IV. Weiterzahlung von Krankengeld

30 Abweichend von § 48 Abs. 1 S. 1 SGB V endet das Krankgengeld der SE nach **Abs. 7** nicht für Geschädigte, die sich in stationärer Behandlung befinden, wenn die Arbeitsunfähigkeit wegen derselben Krankheit bereits **länger als 78 Wochen** andauert.[26]

31 Nach Abs. 8 S. 1 wird **Krankengeld in den Zeiträumen zwischen dem Abschluss einer Krankenbehandlung (Nr. 1)** und dem Beginn von danach noch erforderlichen Leistungen zur **Teilhabe am Arbeitsleben** oder **weiteren medizinischen Maßnahmen** weitergezahlt, auch dann, wenn solche Maßnahmen aus **Gründen, die der Geschädigte nicht zu vertreten hat, nicht unmittelbar im Anschluss durchgeführt** werden können (Nr. 2). Mit dieser Regelung wird vermieden, dass Geschädigte während der genannten Zwischenzeiträume finanziell unversorgt bleiben und mit Nachteilen beim Übergangsgeld zu rechnen haben.[27] Die **Erforderlichkeit einer weiteren rehabilitativen Maßnahme** nach S. 1 Nr. 1 muss bereits bei Abschluss der ersten Maßnahme feststehen, da dann ein innerer Zusammenhang zwischen beiden Maßnahmen gewahrt ist. Geschädigte haben nach S. 1 Nr. 2 die Verzögerung **nicht zu vertreten**, wenn die Ursachen hierfür **außerhalb ihrer Sphäre** liegen oder sie ihnen **nicht vorwerfbar** sind. Zu vertreten haben sie eine Verzögerung insbesondere dann, wenn sie die Durchführung einer Folgemaßnahme bewusst verhindert oder die Teilnahme verweigert haben,[28] auch wenn die Gründe berechtigten Interessen dienen und daher nicht missbräuchlich sind[29] oder die Geschädigten vorwerfbar ihren Mitwirkungspflichten (vgl. §§ 60 ff. SGB I) nicht nachgekommen sind.

32 Die Weiterzahlung nach Abs. 8 S. 1 setzt nach S. 2 weiter voraus, dass Geschädigte arbeitsunfähig sind und **keinen Anspruch auf Krankengeld nach dem SGB V** haben oder ihnen nach der Wiedererlangung der Arbeitsfähigkeit keine zumutbare Beschäftigung vermittelt werden kann. Die Zumutbarkeit einer Beschäftigung nach S. 2 beurteilt sich nach § 140 SGB III.[30] Grundsätzlich zumutbar sind damit alle der Arbeitsfähigkeit entsprechenden Beschäftigungen einer arbeitslosen Person.[31]

V. Krankengeld bei geschädigten Kindern, Abs. 9

33 Nach § 45 SGB V wird Krankengeld bei Erkrankung des eigenen Kindes gezahlt, wenn es nach ärztlichem Zeugnis erforderlich ist, dass sie zur Beaufsichtigung, Betreuung oder Pflege ihres erkrankten und versicherten Kindes der Arbeit fernbleiben, eine andere in ihrem Haushalt lebende Person das Kind nicht beaufsichtigen, betreuen oder pflegen kann und das Kind das zwölfte Lebensjahr noch nicht vollendet hat oder behindert und auf Hilfe angewiesen ist (§ 45 Abs. 1 S. 1 SGB V). Abs. 9 sieht – ebenso wie bis zum 31.12.2023 § 16 Abs. 4 S. 2 BVG – einen Anspruch auf sog. Kinderkrankengeld vor und modifiziert diese Regelung für den Bereich der SE dahin gehend, dass das **wegen anerkannter Schädigungsfolgen erkrankte** Kind für den betreuenden Elternteil **Anspruch auf Krankengeld** der SE hat. Anders als nach § 45 SGB V handelt es sich daher nicht um einen Anspruch des betreuenden Elternteils.

34 Voraussetzung nach Abs. 9 S. 1 ist, dass das geschädigte Kind wegen anerkannter Schädigungsfolgen erkrankt ist und **dadurch bedingt** der Beaufsichtigung, Betreuung oder Pflege bedarf. Es gilt jeweils die Theorie der wesentlichen Bedingung. Nach Abs. 9 S. 2 gelten die Voraussetzungen von § 45 SGB V; Anwendung finden zB der

---

26 BT-Drs. 19/13824, 191.
27 BT-Drs. 19/13824, 191.
28 BT-Drs. 19/13824, 191.
29 Schmidt SGB XIV/Feddern § 47 Rn. 24.
30 BT-Drs. 19/13824, 191.
31 Schmidt SGB XIV/Feddern § 47 Rn. 26.

erweiterte Begriff des Kindes nach § 10 Abs. 4 SGB V und die Altersgrenzen sowie die Beschränkungen der Anspruchsdauer.[32]

35 Bei der Berechnung des Krankengeldes der SE regeln die Nrn. 1 bis 3 zugunsten der Berechtigten Abweichungen: Abweichend von § 45 Abs. 2 S. 3 SGB V beträgt das Krankengeld der SE nach Abs. 9 S. 2 Nr. 1 nicht lediglich 90 %, sondern **100 % des ausgefallenen Nettoarbeitsentgeltes,** wobei es den 360. Teil der jährlichen Beitragsbemessungsgrenze der allgemeinen Rentenversicherung nicht übersteigen darf. Nach Abs. 9 S. 2 Nr. 2 beträgt es abweichend von § 45 Abs. 2 S. 4 SGB V bei der Berechnung vom Arbeitseinkommen nicht lediglich 70 %, sondern **80 % des regelmäßigen Arbeitseinkommens** bis zum 360. Teil der jährlichen Beitragsbemessungsgrenze der allgemeinen Rentenversicherung.

36 In den Fällen des § 45 Abs. 4 SGB V, wenn Eltern zur Beaufsichtigung, Betreuung oder Pflege ihres Kindes der Arbeit fernbleiben, sofern das Kind das **zwölfte Lebensjahr noch nicht vollendet** hat oder behindert und auf Hilfe angewiesen ist und nach ärztlichem Zeugnis an einer Erkrankung leidet, die progredient verläuft und bereits ein weit fortgeschrittenes Stadium erreicht hat, bei der eine Heilung ausgeschlossen und eine palliativmedizinische Behandlung notwendig oder von einem Elternteil erwünscht ist und die lediglich eine begrenzte Lebenserwartung von Wochen oder wenigen Monaten erwarten lässt, wird das Krankengeld der SE nach Abs. 4 gezahlt und beträgt damit **80 % des Regelentgeltes.**

37 Der Anspruch auf Krankengeld der Sozialen Entschädigung ist aufgrund der nur entsprechenden Anwendung des § 45 SGB V nicht daran geknüpft, dass das Kind und der betreuende Elternteil gesetzlich krankenversichert sind. Insofern bleibt auch kein Raum für die Anwendung des § 44 Abs. 2 SGB V.[33]

D. Anhang

I. BVG

38 Bis zum 31.12.2023 finden sich im BVG folgende Normen zum Versorgungskrankengeld:

§ 16 BVG [Versorgungskrankengeld]

(1) Versorgungskrankengeld nach Maßgabe der folgenden Vorschriften wird gewährt

a) Beschädigten, wenn sie wegen einer Gesundheitsstörung, die als Folge einer Schädigung anerkannt ist oder durch eine anerkannte Schädigungsfolge verursacht ist, arbeitsunfähig im Sinne der Vorschriften der gesetzlichen Krankenversicherung werden; bei Gesundheitsstörungen, die nur im Sinne der Verschlimmerung als Folge einer Schädigung anerkannt sind, tritt an deren Stelle die gesamte Gesundheitsstörung, es sei denn, daß die als Folge einer Schädigung anerkannte Gesundheitsstörung auf die Arbeitsunfähigkeit ohne Einfluß ist,

b) Beschädigten, wenn sie wegen anderer Gesundheitsstörungen arbeitsunfähig werden, sofern ihnen wegen dieser Gesundheitsstörungen Heil- oder Krankenbehandlung zu gewähren ist (§ 10 Abs. 2, 5 Buchstabe a und Absatz 7),

c) Witwen und hinterbliebenen Lebenspartnern (§§ 38, 42 bis 44 und 48), Waisen (§§ 45 und 48) und versorgungsberechtigten Eltern (§§ 49 bis 51), wenn sie arbeitsunfähig werden, sofern ihnen Krankenbehandlung zu gewähren ist (§ 10 Abs. 4 Buchstabe c und Absatz 7).

(2) Als arbeitsunfähig im Sinne der §§ 16 bis 16f ist auch der Berechtigte anzusehen, der

a) wegen der Durchführung einer stationären Behandlungsmaßnahme der Heil- oder Krankenbehandlung, einer Badekur oder

b) ohne arbeitsunfähig zu sein, wegen einer anderen Behandlungsmaßnahme der Heil- oder Krankenbehandlung, ausgenommen die Anpassung und die Instandsetzung von Hilfsmitteln

keine ganztägige Erwerbstätigkeit ausüben kann.

---

32 BT-Drs. 19/13824, 191 f.
33 BT-Drs. 19/13824, 191.

(3) [1]Anspruch auf Versorgungskrankengeld besteht auch dann, wenn Heil- oder Krankenbehandlung vor Anerkennung des Versorgungsanspruchs nach § 10 Abs. 8 gewährt oder eine Badekur durchgeführt wird. [2]Einem versorgungsberechtigten Kind steht im Falle einer schädigungsbedingten Erkrankung und dadurch erforderlichen Beaufsichtigung, Betreuung oder Pflege für den betreuenden Elternteil ein Anspruch auf Versorgungskrankengeld in entsprechender Anwendung des § 45 des Fünften Buches Sozialgesetzbuch zu.

(4) [1]Der Anspruch auf Versorgungskrankengeld ruht, solange der Berechtigte Arbeitslosengeld, Unterhaltsgeld, Mutterschaftsgeld oder Kurzarbeitergeld bezieht. [2]Das gilt nicht für die Dauer einer stationären Behandlungsmaßnahme der Heil- oder Krankenbehandlung oder einer Badekur. [3]Es besteht kein Anspruch auf Versorgungskrankengeld, wenn unmittelbar vor der Arbeitsunfähigkeit Arbeitslosengeld II bezogen wurde.

(5) [1]Der Anspruch auf Versorgungskrankengeld ruht während der Elternzeit nach dem Bundeselterngeld- und Elternzeitgesetz. [2]Dies gilt nicht, wenn die Arbeitsunfähigkeit vor Beginn der Elternzeit eingetreten ist oder das Versorgungskrankengeld aus dem Arbeitsentgelt zu berechnen ist, das durch Erwerbstätigkeit während der Elternzeit erzielt wurde.

§ 16a BVG [Höhe des Versorgungskrankengeldes]

(1) [1]Das Versorgungskrankengeld beträgt 80 vom Hundert des erzielten regelmäßigen Entgelts (Regelentgelt) und darf das entgangene regelmäßige Nettoarbeitsentgelt nicht übersteigen. [2]Das Regelentgelt wird nach den Absätzen 2 und 3 berechnet. [3]Das Versorgungskrankengeld wird für Kalendertage gezahlt. [4]Ist es für einen ganzen Kalendermonat zu zahlen, so ist dieser mit 30 Tagen anzusetzen.

(2) [1]Für die Berechnung des Regelentgelts ist bei Berechtigten, die bis zum Beginn der Arbeitsunfähigkeit gegen Entgelt beschäftigt waren, das von dem Berechtigten im letzten vor Beginn der Arbeitsunfähigkeit abgerechneten Entgeltabrechnungszeitraum, mindestens während der letzten abgerechneten vier Wochen (Bemessungszeitraum) erzielte und um einmalig gezahltes Arbeitsentgelt verminderte Entgelt durch die Zahl der Stunden zu teilen, für die es gezahlt wurde. [2]Das Ergebnis ist mit der Zahl der sich aus dem Inhalt des Arbeitsverhältnisses ergebenden regelmäßigen wöchentlichen Arbeitsstunden zu vervielfachen und durch sieben zu teilen. [3]Ist das Entgelt nach Monaten bemessen oder ist eine Berechnung des Regelentgelts nach den Sätzen 1 und 2 nicht möglich, so gilt der 30. Teil des in dem letzten vor Beginn der Maßnahme abgerechneten Kalendermonat erzielten und um einmalig gezahltes Arbeitsentgelt verminderten Entgelts als Regelentgelt. [4]Wenn mit einer Arbeitsleistung Arbeitsentgelt erzielt wird, das für Zeiten einer Freistellung vor oder nach dieser Arbeitsleistung fällig wird (Wertguthaben nach § 7b des Vierten Buches Sozialgesetzbuch), ist für die Berechnung des Regelentgelts das im Bemessungszeitraum der Beitragsberechnung zugrundeliegende und um einmalig gezahltes Arbeitsentgelt verminderte Arbeitsentgelt maßgebend; Wertguthaben, die nicht gemäß einer Vereinbarung über flexible Arbeitszeitregelungen verwendet werden (§ 23b Abs. 2 des Vierten Buches Sozialgesetzbuch), bleiben außer Betracht. [5]Bei der Anwendung des Satzes 1 gilt als regelmäßige wöchentliche Arbeitszeit die Arbeitszeit, die dem gezahlten Arbeitsentgelt entspricht.

(3) [1]Das Regelentgelt wird bis zur Höhe der jeweils geltenden Leistungsbemessungsgrenze berücksichtigt. [2]Leistungsbemessungsgrenze ist der 360. Teil der Beitragsbemessungsgrenze der allgemeinen Rentenversicherung für Jahresbezüge.

(4) Bei der Berechnung des Regelentgelts und des Nettoarbeitsentgelts sind die Besonderheiten des Übergangsbereichs nach § 20 Abs. 2 des Vierten Buches Sozialgesetzbuch nicht zu berücksichtigen.

(5) Bei der Berechnung des Regelentgelts ist für die im Jahr 2011 liegenden Entgeltabrechnungszeiträume § 9a Satz 1 Nummer 1 Buchstabe a des Einkommensteuergesetzes in der am 5. November 2011 geltenden Fassung anzuwenden.

§ 16b BVG [Berechnung des Versorgungskrankengeldes]

(1) Hat der Berechtigte unmittelbar vor Eintritt der Arbeitsunfähigkeit Einkünfte aus Land- und Forstwirtschaft (§§ 13 bis 14 des Einkommensteuergesetzes), aus Gewerbebetrieb (§§ 15 bis 17 des Einkommensteuergesetzes) oder aus selbständiger Arbeit (§ 18 des Einkommensteuergesetzes) erzielt, ist § 16a entsprechend anzuwenden.

(2) [1]Bemessungszeitraum ist das letzte Kalenderjahr, für das ein Einkommensteuerbescheid vorliegt. [2]Das Versorgungskrankengeld ist für Kalendertage zu zahlen. [3]Als Regelentgelt gelten die Gewinne, die der Veranlagung zur Einkommensteuer zugrunde gelegt worden sind. [4]Ein Verlustausgleich zwischen einzelnen Einkunftsarten ist nicht vorzunehmen. [5]Den Gewinnen sind erhöhte Absetzungen nach den §§ 7b bis 7d und 7h bis 7k des Einkommensteuergesetzes, nach den §§ 82a, 82g und 82i der Einkommensteuer-Durchführungsverordnung, nach den §§ 14 bis 15 des Berlinförderungsgesetzes und nach den §§ 7 und 12 des Schutzbaugesetzes hinzuzurechnen, soweit sie die nach § 7 Abs. 1

oder 4 des Einkommensteuergesetzes zulässigen Absetzungen für Abnutzung übersteigen. [6]Ferner sind Sonderabschreibungen nach den §§ 7f und 7g des Einkommensteuergesetzes sowie nach den §§ 81 und 82f der Einkommensteuer-Durchführungsverordnung hinzuzurechnen. [7]Freibeträge für Veräußerungsgewinne nach den §§ 14, 14a, 16 Abs. 4, § 17 Abs. 3 und § 18 Abs. 3 des Einkommensteuergesetzes und Freibeträge nach § 13 Abs. 3 des Einkommensteuergesetzes sind nicht zu berücksichtigen.

(3) Findet eine Veranlagung zur Einkommensteuer nicht statt, ist Bemessungszeitraum das letzte vor Beginn der Arbeitsunfähigkeit abgelaufene Kalenderjahr, für das der Berechtigte die Gewinne nachweisen kann; die nachgewiesenen Gewinne gelten als Regelentgelt.

(4) Kann ein Regelentgelt nach Absatz 2 oder 3 nicht festgestellt werden oder ergibt ein nach Absatz 2 oder 3 festgestelltes Regelentgelt wegen wesentlicher Änderungen nach Ende des Bemessungszeitraumes oder aus anderen Gründen keinen angemessenen Maßstab für den Einkommensverlust, so ist das Regelentgelt unter Berücksichtigung der Gesamtverhältnisse festzusetzen.

(5) Als Regelentgelt im Sinne des § 16a Abs. 1 gelten auch

a) bei Berechtigten, die die Voraussetzungen des § 30 Abs. 12 erfüllen, ein Betrag in Höhe von zehn Achtel der durch die Arbeitsunfähigkeit notwendigen Mehraufwendungen für die Haushaltsführung,
b) bei nicht erwerbstätigen Berechtigten, die durch Arbeitsunfähigkeit gehindert sind, eine bestimmte Erwerbstätigkeit aufzunehmen, das Bruttoeinkommen, das ihnen durchschnittlich entgeht, oder, sofern dieses Einkommen nicht ermittelt werden kann, das Durchschnittseinkommen der Berufs- oder Wirtschaftsgruppe, der der Berechtigte ohne die Arbeitsunfähigkeit angehörte,
c) bei Empfängern von Arbeitslosengeld oder Unterhaltsgeld ein Betrag in Höhe von zehn Achtel dieser Leistungen, sofern die Voraussetzungen von Buchstabe b nicht vorliegen.

(6) Ist Versorgungskrankengeld nach § 16a und nach den Absätzen 1 bis 5 zu berechnen, so ist ein einheitliches kalendertägliches Versorgungskrankengeld festzusetzen.

§ 16d BVG [Berücksichtigung anderer Kostenträger]

Hat der Berechtigte von einem anderen Rehabilitationsträger Krankengeld, Verletztengeld oder Übergangsgeld bezogen und ist ihm im Anschluß daran Versorgungskrankengeld nach den §§ 16 bis 16f zu gewähren, so ist bei der Berechnung des Versorgungskrankengelds von dem bisher zugrunde gelegten Entgelt auszugehen.

§ 16e BVG [Weitergewährung des Versorgungskrankengeldes]

Sind nach Abschluß der Heil- oder Krankenbehandlung oder einer Badekur Leistungen zur Teilhabe am Arbeitsleben erforderlich und können diese aus Gründen, die der Berechtigte nicht zu vertreten hat, nicht unmittelbar anschließend durchgeführt werden, so ist das Versorgungskrankengeld für diese Zeit weiterzugewähren, wenn der Berechtigte arbeitsunfähig ist und ihm ein Anspruch auf Krankengeld nicht zusteht oder wenn ihm eine zumutbare Beschäftigung nicht vermittelt werden kann.

§ 16f BVG [Kürzung des Versorgungskrankengeldes]

(1) [1]Erhält der Berechtigte während des Bezuges von Versorgungskrankengeld Arbeitsentgelt, so ist das Versorgungskrankengeld um das um die gesetzlichen Abzüge verminderte Arbeitsentgelt zu kürzen; einmalig gezahltes Arbeitsentgelt sowie Leistungen des Arbeitgebers zum Versorgungskrankengeld, soweit sie zusammen mit dem Versorgungskrankengeld das vor der Arbeitsunfähigkeit erzielte, um die gesetzlichen Abzüge verminderte Arbeitsentgelt nicht übersteigen, bleiben außer Ansatz. [2]Erzielt der Berechtigte während des Bezuges von Versorgungskrankengeld Einkünfte aus Land- und Forstwirtschaft, aus Gewerbebetrieb oder aus selbständiger Arbeit, so ist das Versorgungskrankengeld um 80 vom Hundert der als Regelentgelt geltenden Beträge zu kürzen.

(2) Erhält der Berechtigte durch eine Tätigkeit während des Bezuges von Versorgungskrankengeld Arbeitseinkommen, so ist das Versorgungskrankengeld um 80 vom Hundert des erzielten Arbeitseinkommens zu kürzen.

(3) Das Versorgungskrankengeld ist ferner zu kürzen um den um gesetzliche Abzüge verminderten Betrag von

1. Geldleistungen, die eine öffentlich-rechtliche Stelle im Zusammenhang mit der Heil- und Krankenbehandlung oder Badekur gewährt,
2. Renten, wenn dem Versorgungskrankengeld ein vor Beginn der Rentengewährung erzieltes Arbeitsentgelt oder Arbeitseinkommen zugrunde liegt,
3. Renten, die aus demselben Anlaß wie die Maßnahmen zur Rehabilitation gewährt werden, wenn durch die Anrechnung eine unbillige Doppelleistung vermieden wird.

(4) Macht der Berechtigte Ansprüche auf Leistungen einer öffentlich-rechtlichen Stelle nicht geltend, so ist der ihm dadurch entgehende Betrag anzurechnen; das gilt nicht, soweit die Ansprüche nicht zu verwirklichen sind oder aus Unkenntnis oder aus einem verständigen Grund nicht geltend gemacht worden sind oder geltend gemacht werden.

(5) § 71b findet entsprechende Anwendung.

II. BVGVwV

Es existieren die folgenden Allgemeinen Verwaltungsvorschriften zum Bundesversorgungsgesetz[34] (**BVGVwV**) zu § 16: 39

1. Nach § 16 Abs. 1 Buchstabe a ist Versorgungskrankengeld auch dann zu gewähren, wenn die Gesundheitsstörung zwar nicht als Folge einer Schädigung anerkannt, wohl aber durch anerkannte Schädigungsfolgen verursacht ist. Handelt es sich dabei jedoch um eine Gesundheitsstörung, die auch als selbständiges Leiden auftreten kann, oder um eine mittelbare Schädigungsfolge, so hat die Krankenkasse vor der Zahlung des Versorgungskrankengeldes eine Entscheidung der Verwaltungsbehörde einzuholen.
2. Die Nummer 2 zu § 10 gilt entsprechend.
3. § 16 Abs. 2 enthält einen selbständigen Anspruchstatbestand. Versorgungskrankengeld ist ggf. auch dann zu gewähren, wenn der Berechtigte vor Beginn der Rehabilitationsmaßnahme infolge einer schädigungsunabhängigen Erkrankung bereits arbeitsunfähig war.

Es existieren die folgenden Allgemeinen Verwaltungsvorschriften zum Bundesversorgungsgesetz (**BVGVwV**) zu § 16a:

1. Bei Ermittlung des Regellohns sind insbesondere zu berücksichtigen
   a) Grundbezüge, wie Stunden-, Schicht- und Akkordlohn, auch wenn sie für Urlaub oder Feiertage gewährt werden, sowie Mehrarbeitsvergütungen und Zuschläge für Sonn- und Feiertagsarbeit, soweit sie regelmäßig gezahlt werden,
   b) laufende Lohnzulagen, die auf besonderen Bedingungen des Arbeitsverhältnisses beruhen, wie Erschwernis-, Schmutz-, Gefahren- und Nachtarbeitszulagen,
   c) Sachleistungen (Deputate) mit den nach § 3 der Verordnung zur Durchführung des § 33 des Bundesversorgungsgesetzes ermittelten Werten,
   d) Kinder- und Familienzuschläge sowie Wohnungs- und Ortszulagen,
   e) Prämien oder Leistungszulagen, die regelmäßig als zusätzliche Vergütung für quantitativ oder qualitativ besonders gute Arbeitsleistungen gezahlt werden,
   f) vermögenswirksame Leistungen nach § 2 des Vierten Vermögensbildungsgesetzes,
   g) die Leistungen des Auftraggebers oder Zwischenmeisters nach § 8 des Lohnfortzahlungsgesetzes.
2. Bei Ermittlung des Regellohns sind insbesondere nicht zu berücksichtigen
   a) laufende Vergütungen, die zur Abgeltung von besonderen Aufwendungen aus dem Arbeitsverhältnis gewährt werden, zB Reisekosten, Tage- und Übernachtungsgelder, Trennungsentschädigungen, Fahrradentschädigungen, Ersatz für Benutzung eigener Werkzeuge, Ersatz für Arbeitskleidung,
   b) betriebliche Vergünstigungen (zB Freimilch, Freitabak, Freibier, unentgeltliche oder verbilligte Mahlzeiten im Betrieb, Essensmarken), soweit sie lohnsteuerfrei bleiben,
   c) einmalig gezahltes Arbeitsentgelt (zB Weihnachtsgeld, Urlaubsgeld, Tantiemen, Provisionen, Gratifikationen, zusätzliche Gehälter, Jubiläumszuwendungen),
   d) die Arbeitnehmer-Sparzulage nach § 12 Abs. 1 des Vierten Vermögensbildungsgesetzes,
   e) das Kindergeld auf Grund des Bundeskindergeldgesetzes,
   f) Trinkgelder bis zu 600 Deutsche Mark jährlich, wenn sie ohne rechtliche Verpflichtung von Dritten gezahlt werden.
3. Nettoarbeitsentgelt im Sinne des § 16a Abs. 1 Satz 1 ist das um die gesetzlichen Abzüge verminderte Bruttoarbeitsentgelt; es wird in entsprechender Anwendung der Vorschriften über die Berechnung des Regellohns berechnet. Dabei ist das im Bemessungszeitraum erzielte Bruttoarbeitsentgelt auch insoweit, als es die Leistungsbemessungsgrenze übersteigt, der Berechnung

34 Vom 26.6.1969, Beilage Nr. 15/69 zum BAnz. Nr. 119, geändert durch Allgemeine Verwaltungsvorschrift vom 25.4.1974, BAnz. Nr. 83, und Zweite Allgemeine Verwaltungsvorschrift vom 27.8.1986, BAnz. Nr. 161, 12297.

zugrunde zu legen. Ist in dem Bruttoarbeitsentgelt einmalig gezahltes Arbeitsentgelt enthalten, so sind die gesetzlichen Lohnabzüge fiktiv zu ermitteln.

4. Lohnabrechnungszeitraum ist der Zeitraum, für den im Betrieb üblicherweise der Lohn abgerechnet wird. Ist dieser Zeitraum kürzer als vier Wochen, so sind so viele Lohnabrechnungszeiträume zusammenzuziehen, wie nötig sind, um einen Zeitraum von vier Wochen einzuschließen. Hat der Berechtigte erst während der im Betrieb abgerechneten letzten vier Wochen die Arbeit aufgenommen oder ist er erneut erkrankt, bevor ein Abrechnungszeitraum von mindestens vier Wochen vorliegt, so ist der Regellohn aus dem Entgelt des kürzeren Zeitraums zu berechnen.

Es existieren die folgenden Allgemeinen Verwaltungsvorschriften zum Bundesversorgungsgesetz (**BVGVwV**) zu § 16b:

1. Bemessungszeitraum im Sinne des Absatzes 1 ist das letzte Kalenderjahr, für das bei Beginn der Arbeitsunfähigkeit ein unanfechtbarer Einkommensteuerbescheid vorliegt.
2. Bei der Berechnung des Regellohns nach § 16b Abs. 1 sind die maßgeblichen Gewinne durch 360 zu teilen. Diese Zahl ist um die Zahl der Tage zu mindern, an denen der Berechtigte ohne Beruf oder nichtselbständig tätig oder infolge Krankheit an der Ausübung der Berufstätigkeit gehindert war.
3. Treffen die maßgeblichen Gewinne mit nicht zu berücksichtigenden Einkünften zusammen oder findet bei der Veranlagung zur Einkommensteuer ein Verlustausgleich statt, ist das Nettoeinkommen fiktiv zu ermitteln.
4. Treffen Einkünfte im Sinne des § 16a Abs. 1 mit Einkünften im Sinne des § 16b Abs. 1 zusammen, ist die Berechnung des Versorgungskrankengeldes für jede Einkunftsart getrennt vorzunehmen und ein einheitliches Versorgungskrankengeld zu bilden.
5. § 16b Abs. 1 Satz 9 bis 11 ist entsprechend anzuwenden, wenn eine Veranlagung zwar zu erwarten ist, ein nach § 16 b Abs. 1 Satz 2 maßgebender Einkommensteuerbescheid jedoch noch nicht vorliegt. Ist der Berechtigte nicht in der Lage, die Gewinne nachzuweisen (§ 16b Abs. 1 Satz 10), so sind diese im Benehmen mit dem Finanzamt, gegebenenfalls unter Beteiligung der berufsständischen Organisation, zu schätzen. Ergeben sich keine ausreichenden Anhaltspunkte für eine Schätzung, so kann das nach § 5 der Berufsschadensausgleichsverordnung maßgebende Vergleichseinkommen zugrunde gelegt werden.
6. Notwendige Mehraufwendungen für die Haushaltsführung sind nur die den Berufsschadensausgleich für eine Hausfrau und die Haushaltshilfe übersteigenden Aufwendungen. Sind für die Haushaltsführung Mehraufwendungen entstanden, die der Höhe nach nicht festgestellt werden können, so sind diese bei stationärer Behandlung mit 20 Deutsche Mark, bei ambulanter Behandlung und Schonungszeit mit 10 Deutsche Mark täglich anzusetzen; Satz 1 ist anzuwenden.
7. Der Berechtigte ist nur dann im Sinne des § 16b Abs. 2 Buchstabe b gehindert, eine bestimmte Erwerbstätigkeit aufzunehmen, wenn er ohne die Arbeitsunfähigkeit oder die Heilbehandlungsmaßnahme nachweislich eine Erwerbstätigkeit ausübte, die nach Arbeitgeber und Art der Tätigkeit genau bestimmt werden kann.

Es existieren die folgenden Allgemeinen Verwaltungsvorschriften zum Bundesversorgungsgesetz (**BVGVwV**) zu § 16f:

1. Sofern das Versorgungskrankengeld nach § 16c Abs. 1 anzupassen ist, ist diese Anpassung vor der Kürzung nach § 16 f. vorzunehmen.
2. Als Regellohn geltende Beträge im Sinne von § 16f Abs. 1 Satz 2 sind grundsätzlich die Gewinne, die der Berechtigte aus den in dieser Bestimmung genannten Einkunftsarten während der Arbeitsunfähigkeit erzielt. Diesen Gewinnen sind erhöhte Absetzungen, Sonderabschreibungen und Rücklagen im Sinne von § 16b Abs. 1 Sätze 6 und 7 hinzuzurechnen; in Anspruch genommene Freibeträge im Sinne von § 16b Abs. 1 Satz 8 sind nicht zu berücksichtigen.
3. Betriebsrenten, Zusatzrenten und freiwillige Leistungen des Arbeitgebers, die jeweils unabhängig von dem Arbeitsentgelt oder -einkommen gezahlt werden, nach dem das Versorgungskrankengeld zu bemessen ist, sind nicht Renten im Sinne von Absatz 3 Nr. 2 und 3. Das gleiche gilt für Renten aus privaten Lebensversicherungen, die Grundlage für eine Befreiung von der gesetzlichen Rentenversicherungspflicht waren. Das Versorgungskrankengeld ist ebenfalls nicht zu kürzen um Rentenanteile, die auf Beiträgen einer Höherversicherung (§ 1234 RVO, § 11 AVG) beruhen.

§ 48 Beihilfe bei erheblicher Beeinträchtigung der Erwerbsgrundlage

(1) Führt eine notwendige ambulante oder stationäre Behandlung einer anerkannten Schädigungsfolge zu einer erheblichen Beeinträchtigung der Erwerbsgrundlage der oder des Geschädigten, so kann ihr oder ihm eine Beihilfe gezahlt werden.

(2) [1]Eine Beihilfe kann einer oder einem Geschädigten auch gezahlt werden, wenn infolge bestehender, unabwendbarer finanzieller Verpflichtungen die Einkünfte einschließlich des Krankengeldes der Sozialen Entschädigung nicht ausreichen, den notwendigen Lebensunterhalt zu bestreiten. [2]Sie ist ausgeschlossen, wenn die finanziellen Belastungen auf einer Verpflichtung beruhen, durch die die Grundsätze wirtschaftlicher Lebensführung verletzt worden sind.

(3) [1]Die Beihilfe ist in angemessener Höhe zu zahlen. [2]Sie soll pro Tag den 720. Teil der jährlichen Bezugsgröße nach § 18 Absatz 1 des Vierten Buches nicht übersteigen.

(4) [1]Die Beihilfe endet spätestens mit dem Wegfall des Krankengeldes der Sozialen Entschädigung. [2]Wird kein Krankengeld der Sozialen Entschädigung geleistet, weil Geschädigte kein Einkommen erzielt haben, so endet die Beihilfe spätestens mit dem Zeitpunkt, zu dem, sofern Einkommen erzielt worden wäre, das Krankengeld der Sozialen Entschädigung weggefallen wäre.

A. Gesetzesgeschichte

I. Geltendes und neues Recht

Bis 31.12.2023 kann eine Beihilfe bei erheblicher Beeinträchtigung der Erwerbsgrundlage des Geschädigten, der sich einer schädigungsbedingt notwendigen Heilbehandlung unterzieht, nach § 17 BVG geleistet werden. 1

§ 48 geht zurück auf den Gesetzentwurf der Bundesregierung vom 9.10.2019, BT-Drs. 19/13824, 192 und tritt mWv 1.1.2024 in Kraft.[1] 2

II. Änderungen im SGB XIV gegenüber dem BVG und Parallelität

§ 48 ist § 17 BVG erkennbar nachgebildet; die Leistungen der Beihilfe setzen nach aktuellem wie nach zukünftigem Recht eine notwendige Behandlung einer anerkannten Schädigungsfolge sowie hierdurch verursachte wirtschaftliche Einbußen voraus und sind nach beiden Vorschriften in das **pflichtgemäße Ermessen** der Verwaltung gestellt.[2] Maßgeblicher Unterschied ist, dass § 17 BVG eine allgemeine **betragsmäßige** 3

1 Art. 60 Abs. 7 G-SER v. 12.12.2019, BGBl. 2019 I 2652.
2 Knickrehm/Mushoff/Schmidt Neues SozEntschR Rn. 163; vgl. HK-SozEntschR/Vogl BVG § 17 Rn. 4.

Grenze der täglichen Beihilfe normiert, während § 48 Abs. 3 von einer **angemessene Beihilfe** spricht, die durch eine **dynamische Verweisung auf die Bezugsgröße** nach § 18 SGB IV begrenzt wird.

B. Normsystematik

I. Allgemeiner Regelungsgehalt

4 Die Beihilfe nach § 48 Abs. 1 kann gezahlt werden, wenn eine notwendige Behandlung einer anerkannten Schädigungsfolge zu einer erheblichen Beeinträchtigung der Erwerbsgrundlage der Geschädigten führt. Abs. 2 sieht die Zahlung einer Beihilfe vor, wenn infolge bestehender, unabwendbarer finanzieller Verpflichtungen die Einkünfte nicht ausreichen, den notwendigen Lebensunterhalt zu bestreiten. Abs. 2 S. 2 legt einen Versagungsgrundfest: Die Beihilfe ist ausgeschlossen, wenn die finanziellen Belastungen auf einer Verpflichtung beruhen, durch die die Grundsätze der wirtschaftlichen Lebensführung verletzt worden sind. Abs. 3 regelt die Höhe der Beihilfe, Abs. 4 ihre Bezugsdauer.

II. Systematische Einordnung und Normzweck

5 Beihilfe kann neben dem Krankengeld der SE nach § 47 gezahlt werden.[3]

C. Einzelkommentierung

I. Anspruch auf Beihilfe

6 Der Anspruch auf Beihilfe setzt voraus, dass Geschädigte während einer ambulanten Behandlung **wegen der Folgen einer Schädigung** arbeitsunfähig sind oder sich in stationärer Behandlung befinden. Anspruchsberechtigt sind sowohl selbstständig als auch nicht selbstständig tätige Geschädigte.[4]

7 **1. Beihilfe bei erheblicher Beeinträchtigung der Erwerbsgrundlage, Abs. 1.** Die Beihilfe nach Abs. 1 setzt voraus, dass es **durch die Behandlung** zu einer **erheblichen Beeinträchtigung der Erwerbsgrundlage** kommt. Beihilfe nach Abs. 1 kommt für selbstständig Erwerbstätige in Betracht.[5]

8 Der Begriff der Erwerbsgrundlage betrifft die **auf die Zukunft** gerichtete Einnahmequelle.[6] Eine erhebliche Beeinträchtigung der Erwerbsgrundlage mit Auswirkungen in der Zukunft geht über den zeitweiligen bloßen Einkommensverlust, der durch das Krankengeld der SE nach § 47 auszugleichen ist,[7] bei unverändert anfallenden Betriebskosten hinaus.[8] Erforderlich ist, dass die berufliche Existenz des Geschädigten infolge fehlender Geschäftseinnahmen gefährdet ist.[9] Dies betrifft vor allem den Fall, dass der Betrieb nicht fortgeführt werden kann, unabwendbare Zahlungsverpflichtungen jedoch fortbestehen und zu erfüllen sind. Ob eine erhebliche Beeinträchtigung vorliegt, beurteilt sich nach den **Gesamtumständen des Einzelfalles.**[10] Zu berücksichtigen sind zB die gesamtwirtschaftliche Lage des Geschädigten, die Dauer der Arbeitsunfähigkeit, die Höhe des entgangenen Gewinnes und andere Leistungen zum Ausgleich von Einkommensverlusten.

---

3 BT-Drs. 19/13824, 192.
4 Knickrehm/Mushoff/Schmidt Neues SozEntschR Rn. 165.
5 Schmidt SGB XIV/Feddern § 48 Rn. 6.
6 Knickrehm/Mushoff/Schmidt Neues SozEntschR Rn. 164.
7 HK-SozEntschR/Vogl BVG § 17 Rn. 5.
8 Vgl. BSG 20.5.1970 – 8 RV 583/69.
9 BT-Drs. 19/13824, 192.
10 BT-Drs. 19/13824, 192.

Bei Behandlungsmaßnahmen von kurzer Dauer wird in der Regel eine erhebliche Beeinträchtigung der Erwerbsgrundlage nicht anzunehmen sein.[11] 9

2. Beihilfe bei Gefährdung des notwendigen Lebensunterhaltes, Abs. 2. Beihilfe nach Abs. 2 kommt sowohl für **selbstständig Erwerbstätige** als auch für Personen, die Einkünfte aus **nichtselbständiger** Tätigkeit beziehen, in Betracht. Vorausgesetzt wird, dass **wegen der schädigungsbedingt notwendigen** ambulanten oder stationären **Behandlung** alle dem Geschädigten zufließenden Einkünfte – einschließlich des Krankengeldes der SE, wenn es gezahlt wird – nicht ausreichen, um den notwendigen Lebensunterhalt zu bestreiten. 10

Der in Abs. 2 S. 1 geregelte Tatbestand stellt entscheidend auf das Verhältnis zwischen Einkünften und Bedarf ab. Für den Begriff des **notwendigen Lebensunterhaltes** ist die Begriffsbestimmung in § 27a SGB XII maßgebend.[12] Danach umfasst der für die Gewährleistung des Existenzminimums notwendige Lebensunterhalt insbesondere Ernährung, Kleidung, Körperpflege, Hausrat, Haushaltsenergie ohne die auf Heizung und Erzeugung von Warmwasser entfallenden Anteile, persönliche Bedürfnisse des täglichen Lebens sowie Unterkunft und Heizung. Zu den persönlichen Bedürfnissen des täglichen Lebens gehört in vertretbarem Umfang eine Teilhabe am sozialen und kulturellen Leben in der Gemeinschaft; dies gilt in besonderem Maß für Kinder und Jugendliche. Für Schülerinnen und Schüler umfasst der notwendige Lebensunterhalt auch die erforderlichen Hilfen für den Schulbesuch (vgl. § 27a Abs. 1 SGB XII). Sozialhilferechtlich wird der notwendige Lebensunterhalt in Regelbedarfsstufen pauschaliert zusammengefasst;[13] zusätzlich werden die tatsächlichen Kosten der Unterkunft und Heizung, soweit sie angemessen sind, berücksichtigt, vgl. § 35 SGB XII. 11

Die **unabwendbaren finanziellen Verpflichtungen** müssen bereits **vor Beginn** der Behandlungsmaßnahmen begründet worden sein. 12

Nach dem **Versagungsgrund** des Abs. 2 S. 2 sind die Grundsätze der wirtschaftlichen Lebensführung verletzt, wenn bereits bei Eingehung der finanziellen Verpflichtungen damit zu rechnen war, dass die Einkünfte unter Berücksichtigung der bestehenden und der vorhersehbaren Verpflichtungen auch ohne die Arbeitsunfähigkeit nicht ausreichen würden, den notwendigen Lebensunterhalt zu bestreiten.[14] Dies ist unter Berücksichtigung aller Umstände des Einzelfalles zu beurteilen.[15] 13

II. Höhe der Beihilfe, Abs. 3

Die Beihilfe ist nach Abs. 3 S. 1 in **angemessener Höhe** zu zahlen. Die Angemessenheit bestimmt sich nach der Höhe der Einkommensverluste der Geschädigten[16] und ist als **unbestimmter Rechtsbegriff** voll gerichtlich überprüfbar.[17] 14

Nach Abs. 3 S. 2 ist eine Beihilfe pro Tag bis zur Höhe des 720. Teiles der jährlichen Bezugsgröße nach § 18 Abs. 1 SGB IV angemessen. Die Bezugsgröße definiert sich nach § 18 Abs. 1 SGB IV als das Durchschnittsentgelt der gesetzlichen Rentenversicherung im vorvergangenen Kalenderjahr, aufgerundet auf den nächsthöheren, durch 420 teilbaren Betrag. Sie wird durch das Bundesministerium für Arbeit und Soziales nach § 17 Abs. 2 S. 1 SGB IV durch Rechtsverordnung im Voraus für jedes Kalenderjahr 15

11 BT-Drs. 19/13824, 192.
12 BT-Drs. 19/13824, 192; HK-SozEntschR/Vogl BVG § 17 Rn. 7.
13 Zu den Einzelheiten vgl. jurisPK-SGB XII/Gutzler § 27a Rn. 13 ff.
14 BT-Drs. 19/13824, 192; vgl. auch Nr. 4 BVGVwV zu § 17 BVG.
15 Knickrehm/Mushoff/Schmidt Neues SozEntschR Rn. 165.
16 Knickrehm/Mushoff/Schmidt Neues SozEntschR Rn. 166.
17 HK-SozEntschR/Vogl BVG § 17 Rn. 11; aA wohl Schmidt SGB XIV/Feddern § 48 Rn. 14, wonach auch die Höhe der Beihilfe nach pflichtgemäßem Ermessen zu bestimmen sei.

mit Zustimmung des Bundesrates bestimmt (Sozialversicherungs-Rechengrößenverordnung).

16 Mit der jährlichen Änderung der Bezugsgröße erfolgt automatisch eine Anpassung des Höchstbetrages der Beihilfe.[18]

III. Ende der Beihilfezahlung, Abs. 4

17 Abs. 4 begrenzt die **Bezugsdauer** der Beihilfe. Nach Abs. 4 S. 1 endet sie spätestens mit dem Wegfall des Krankengeldes der SE. In Fallkonstellationen, in denen kein Krankengeld der SE bezogen wird, weil Geschädigte kein Einkommen erzielt haben, endet die Beihilfe nach Abs. 4 S. 2 spätestens mit dem Zeitpunkt, zu dem das Krankengeld der SE weggefallen wäre, sofern Einkommen erzielt worden wäre.

D. Anhang

I. BVG

18 Bis zum 31.12.2023 gilt § 17 BVG mit folgendem Wortlaut:

§ 17 BVG [Beihilfe bei Heilbehandlung]

[1]Führt eine notwendige Maßnahme der Behandlung einer anerkannten Schädigungsfolge (§ 10 Abs. 1, § 11 Abs. 1 und 2) zu einer erheblichen Beeinträchtigung der Erwerbsgrundlage des Beschädigten, so kann eine Beihilfe in angemessener Höhe gewährt werden; sie soll im allgemeinen 36 Euro täglich nicht übersteigen. [2]Die Beihilfe kann auch gewährt werden, wenn die Einkünfte einschließlich des Versorgungskrankengelds infolge bestehender, unabwendbarer finanzieller Verpflichtungen nicht ausreichen, den notwendigen Lebensunterhalt zu bestreiten. [3]Die Beihilfe ist jedoch nicht zu gewähren, soweit die finanziellen Belastungen auf einer Verpflichtung beruhen, durch die die Grundsätze wirtschaftlicher Lebensführung verletzt worden sind.

II. BVGVwV

19 Es existieren die folgenden Allgemeinen Verwaltungsvorschriften zum Bundesversorgungsgesetz[19] (**BVGVwV**) zu § 17:

1. Die Beihilfe nach § 17 kann grundsätzlich neben dem Versorgungskrankengeld gewährt werden. Sie setzt voraus, dass der Beschädigte während einer ambulanten Behandlung arbeitsunfähig wegen der Folgen einer Schädigung ist oder daß er sich in stationärer Behandlung wegen der Schädigungsfolgen befindet oder daß ihm eine Schonungszeit zugebilligt worden ist.
2. Die Beihilfe kommt für Land- und Forstwirte, Gewerbetreibende und selbständig Tätige in Betracht, die durch eine der in Nummer 1 genannten Behandlungsmaßnahmen einen Verlust im Sinne der Vorschriften des Einkommensteuerrechts erleiden. Verlust ist der Betrag, um den die Betriebsausgaben die Betriebseinnahmen übersteigen. Beihilfe kommt daher in erster Linie in Betracht, wenn der Betrieb nicht fortgeführt wird, jedoch fortlaufende, unabwendbare Zahlungsverpflichtungen zu erfüllen sind.
3. Ob durch einen Verlust eine erhebliche Beeinträchtigung der Erwerbsgrundlage eintritt, ist nach den gesamten Umständen des einzelnen Falles zu beurteilen. Bei dieser Beurteilung sind die wirtschaftliche Lage des Beschädigten, die Dauer der Heilbehandlungsmaßnahme, die Höhe des entgangenen Gewinns und die Leistungen anderer Stellen zum Ausgleich von Einkommensverlusten zu berücksichtigen. Bei Heilbehandlungsmaßnahmen von kurzer Dauer wird im allgemeinen eine erhebliche Beeinträchtigung der Erwerbsgrundlage nicht anzunehmen sein.
4. Nach § 17 Satz 2 kann die Beihilfe auch an Beschädigte mit Einkünften aus nichtselbständiger Arbeit gewährt werden. Sie kommt insbesondere in Betracht, wenn der Regellohn die Leistungsbemessungsgrenze nach § 16a Abs. 3 erheblich übersteigt. Die Grundsätze wirtschaftlicher Lebensführung sind verletzt, wenn bereits bei Eingehung finanzieller Verpflichtungen damit zu rechnen war, daß die Einkünfte unter Berücksichtigung der bestehenden und der vorhersehbaren Verpflichtungen auch ohne die Arbeitsunfähigkeit nicht ausreichten, den notwendigen Lebensunterhalt zu bestreiten.

---

18 BT-Drs. 19/13824, 192.

19 Vom 26.6.1969, Beilage Nr. 15/69 zum BAnz. Nr. 119, geändert durch Allgemeine Verwaltungsvorschrift vom 25.4.1974, BAnz. Nr. 83, und Zweite Allgemeine Verwaltungsvorschrift vom 27.8.1986, BAnz. Nr. 161, S. 12297.

§ 49 Zuschüsse bei Zahnersatz

Anstelle der Versorgung mit Zahnersatz können Geschädigte für die Beschaffung eines Zahnersatzes wegen anerkannter Schädigungsfolgen einen Zuschuss in angemessener Höhe erhalten, wenn

1. **sie wegen eines nicht schädigungsbedingten weiteren Zahnverlustes einen erweiterten Zahnersatz anfertigen lassen und**
2. **es sich bei dem erweiterten Zahnersatz um eine nicht teilbare Leistung handelt.**

A. Gesetzesgeschichte

I. Geltendes und neues Recht

Zuschüsse bei Zahnersatz werden bis zum 31.12.2023 nach § 18 Abs. 6 BVG geleistet. § 49 geht zurück auf den Gesetzentwurf der Bundesregierung vom 9.10.2019, BT-Drs. 19/13824, 192; die Vorschrift tritt mWz 1.1.2024 in Kraft.[1] 1

II. Änderungen im SGB XIV gegenüber dem BVG und Parallelität

Der Regelungsgehalt von § 49 ist an § 18 Abs. 6 BVG angelehnt. 2

B. Normsystematik

I. Allgemeiner Regelungsgehalt

§ 49 regelt die Voraussetzungen, unter denen Geschädigte anstelle einer Versorgung mit Zahnersatz für die Beschaffung eines Zahnersatzes wegen Schädigungsfolgen einen Zuschuss in angemessener Höhe erhalten können.[2] 3

II. Systematische Einordnung und Normzweck

Die Vorschrift stellt eine **Abweichung vom Sachleistungsprinzip** nach § 44 Abs. 1 dar (→ § 44 Rn. 9). Von dem nach § 49 gewährten Zuschuss zu erweitertem Zahnersatz ist die Mehrkostenregelung nach § 43 Abs. 3 (→ § 43 Rn. 22) zu unterscheiden. Erstere betrifft Zahnersatz für weitere Zähne, für deren Ersatz kein Versorgungsanspruch besteht, letztere betrifft eine höherwertige Ausstattung des Zahnersatzes für den Verlust von Zähnen, für die Heilbehandlungsansprüche bestehen. Mit diesem Zuschuss ist eine abschließende Versorgung mit Zahnersatz möglich.[3] Von dem Zuschuss für erweiterten Zahnersatz ebenfalls zu unterscheiden ist der Anspruch auf eine höherwertige Versorgung als ergänzende Leistung nach § 43 Abs. 2 Nr. 2 (→ § 43 Rn. 22). 4

C. Einzelkommentierung

I. Anspruchsberechtigung

Anspruchsberechtigte nach § 49 sind nur Geschädigte iSv § 2 Abs. 2. 5

II. Voraussetzungen

Der Anspruch auf Zuschuss setzt voraus, dass die Geschädigten Anspruch auf **Zahnersatz wegen anerkannten Schädigungsfolgen** als Sachleistung nach §§ 42, 43 haben. 6

Nach Nr. 1 ist erforderlich, dass die Geschädigten wegen eines nicht schädigungsbedingten – **weiteren** – **Zahnverlustes**, für den kein Versorgungsanspruch besteht, „**erweiterten**" Zahnersatz beschaffen. 7

---

1 Art. 60 Abs. 7 G-SER v. 12.12.2019, BGBl. 2019 I 2652.
2 BT-Drs. 19/13824, 192.
3 Schmidt SGB XIV/Feddern § 49 Rn. 5.

8 Kumulative Voraussetzung („und") ist nach Nr. 2, dass es sich bei dem erweiterten Zahnersatz um eine **nicht teilbare Leistung** handelt. Dies ist dann der Fall, wenn eine sachliche oder rechnerische Abgrenzung nicht möglich ist.[4]

III. Angemessener Zuschuss

9 Der Zuschuss wird in **angemessener Höhe** geleistet, seine Berechnung hat sich grundsätzlich an den Kosten der Sachleistung nach §§ 42, 43 Abs. 3 Nr. 2 zu orientieren, da er an deren Stelle tritt;[5] er wird also für die Erstellung von Zahnersatz hinsichtlich des schädigungsbedingten Zahnverlustes gezahlt. Angemessen sind die Kosten der Leistungen nach §§ 55 – 57 SGB V;[6] liegen jedoch die Voraussetzungen einer besonderen Versorgung mit Zahnersatz im Einzelfall wegen Art und Schwere der Beeinträchtigung nach § 43 Abs. 1 iVm Abs. 3 Nr. 2 vor (→ § 43 Rn. 22), sind auch diese Kosten angemessen, weil die Geschädigten bei Inanspruchnahme des Zuschusses nach § 49 nicht schlechter gestellt werden dürfen als bei Erhalt der Sachleistung. Allerdings sind Mehrkosten iSv § 43 Abs. 3, die über das schädigungsbedingt Notwendige hinausgehen, nicht mehr angemessen.

D. Anhang

I. BVG

10 Bis 31.12.2023 ist § 18 BVG in Kraft, die Vorschrift ist in der Kommentierung zu → § 43 Rn. 38 abgedruckt.

II. BVGVwV

11 Es existieren die folgenden Allgemeinen Verwaltungsvorschriften zum Bundesversorgungsgesetz[7] (**BVGVwV**) zu § 18 (Auszug):

5. Erfordert ein schädigungsbedingter Zahnverlust eine zahnprothetische Versorgung, kann der Zahnersatz aber wegen eines weiteren, schädigungsunabhängigen Zahnverlustes nur einheitlich hergestellt werden, so sind die notwendigen Kosten anteilig im Verhältnis der Zahl der schädigungsbedingt zu ersetzenden zu der Zahl der insgesamt zu ersetzenden Zähne zu übernehmen. Ist dagegen der schädigungsbedingte Zahnverlust so unbedeutend, daß er, für sich genommen, keinen Zahnersatz notwendig macht, ist als Zuschuß der Betrag zu gewähren, um den sich die notwendigen Kosten des Zahnersatzes durch den Ausgleich des schädigungsbedingten Zahnverlustes verteuern.
6. Der Zuschuß nach § 18 Abs. 5 tritt an die Stelle der Sachleistung. Der Zuschuß kommt nicht in Betracht, wenn der Anspruch auf die Sachleistung nach § 10 Abs. 7 ausgeschlossen ist. Der Zuschuß wird bis zur Höhe des allgemeinen Pflegesatzes gewährt. Er darf zusammen mit Leistungen auf Grund öffentlich- rechtlicher Vorschriften, bei deren Festsetzung Leistungen nach dem Bundesversorgungsgesetz unberücksichtigt bleiben, die Gesamtkosten nicht überschreiten. Das gilt auch für Leistungen einer privaten Krankenversicherung, wenn die Beiträge überwiegend aus öffentlichen Mitteln bestritten werden.

§ 50 Erstattung von Kosten bei selbst beschaffter Krankenbehandlung

(1) [1]Entstehen Geschädigten Kosten für eine selbst beschaffte notwendige Behandlung von Schädigungsfolgen, bevor ihr Anspruch auf Leistungen der Sozialen Entschädigung anerkannt worden ist, so werden ihnen diese Kosten in angemessenem Umfang

---

4 BT-Drs. 19/13824, 192.
5 Wilke/Fehl, § 18 Rn. 21; HK-SozEntschR/Vogl BVG § 18 Rn. 19.
6 Schmidt SGB XIV/Feddern § 49 Rn. 7.
7 Vom 26.6.1969, Beilage Nr. 15/69 zum BAnz. Nr. 119, geändert durch Allgemeine Verwaltungsvorschrift vom 25.4.1974, BAnz. Nr. 83, und Zweite Allgemeine Verwaltungsvorschrift vom 27.8.1986, BAnz. Nr. 161, S. 12297.

erstattet. [2]Dies gilt auch, wenn nach Abschluss der Krankenbehandlung keine Gesundheitsstörung mehr vorliegt. [3]Als angemessen gelten die Kosten, die bei der Inanspruchnahme der Sachleistung angefallen wären.

(2) [1]Entstehen Geschädigten Kosten für die selbst beschaffte notwendige Behandlung von Schädigungsfolgen in dem Zeitraum, für den sie nach § 11 Absatz 2 Leistungen erhalten können, bevor sie ihren Anspruch auf Leistungen der Sozialen Entschädigung geltend gemacht haben, so werden ihnen diese Kosten in der entstandenen Höhe erstattet. [2]Dies gilt auch, wenn die Geschädigten durch Umstände, die außerhalb ihres Willens lagen, daran gehindert waren, diesen Anspruch vor Beginn der Behandlung geltend zu machen.

(3) Entstehen Geschädigten Kosten für eine selbst beschaffte notwendige Behandlung von Schädigungsfolgen, nachdem ihr Anspruch auf Leistungen der Sozialen Entschädigung anerkannt worden ist, so werden ihnen diese Kosten in der entstandenen Höhe erstattet, wenn

1. **die Leistung unaufschiebbar war und nicht rechtzeitig von der zuständigen Krankenkasse, der zuständigen Unfallkasse des Landes oder der zuständigen Verwaltungsbehörde erbracht werden konnte oder**
2. **die zuständige Krankenkasse, die zuständige Unfallkasse des Landes oder die zuständige Verwaltungsbehörde die Leistung zu Unrecht abgelehnt hat.**

(4) Die Kosten für selbst beschaffte Leistungen zur medizinischen Rehabilitation nach dem Neunten Buch werden nach § 18 des Neunten Buches erstattet.

(5) Werden Geschädigten die Kosten nach Absatz 1, 2, 3 oder 4 erstattet, so haben sie unter den Voraussetzungen des § 47 Anspruch auf Krankengeld der Sozialen Entschädigung.

A. Gesetzesgeschichte

I. Geltendes und neues Recht

Bis 31.12.2023 ist der Kostenerstattungsanspruch für selbstbeschaffte Leistungen in § 18 Abs. 3 und 4 BVG[1] geregelt. § 18 Abs. 5 BVG normiert iVm §§ 16 ff. BVG bis 31.12.2023 den Anspruch auf Versorgungskrankengeld bei Kostenerstattung. 1

1 IdF d. BVGÄndG v. 13.12.2007, BGBl. 2007 I 2904.

2 § 50 geht zurück auf den Gesetzentwurf der Bundesregierung vom 9.10.2019, BT-Drs. 19/13824, 192 f. und ist hinsichtlich Abs. 3 Nr. 1 durch die Beschlussempfehlung und den Bericht des Ausschusses für Arbeit und Soziales vom 6.11.2019, BT-Drs. 19/14870, 8, 32 redaktionell geändert worden. Die Vorschrift tritt mWv 1.1.2024 in Kraft.[2]

II. Änderungen im SGB XIV gegenüber dem BVG und Parallelität

3 Auch im bisherigen Recht wird das Sachleistungsprinzip durch Kostenerstattungsansprüche für selbstbeschaffte Leistungen durchbrochen. § 50 Abs. 1 bis 3 stellen sich dabei als Weiterentwicklung[3] von § 18 Abs. 3 und 4 BVG dar. Es werden Sachverhaltskonstellationen geregelt, in denen ausnahmsweise die Leistung im Wege der Kostenerstattung erbracht wird, weil sich Betroffene die Sachleistung selbst beschafft und vorfinanziert haben. Bereits nach bisherigem Recht wird danach differenziert, ob die Leistung der Krankenbehandlung nach der Antragstellung, aber vor der Anerkennung der Gesundheitsstörung als Schädigungsfolge (§ 18 Abs. 3 S. 1 BVG), schon vor der Anmeldung des Versorgungsanspruches (§ 18 Abs. 3 S. 2 BVG) oder nach der Anerkennung (§ 18 Abs. 4 BVG) selbst beschafft worden ist.[4]

4 Ebenso wie § 50 Abs. 5 wird nach § 18 Abs. 5 BVG in den Fällen der Kostenerstattung Versorgungskrankengeld nach § 16 ff. BVG gewährt.

5 § 50 Abs. 4 verweist allerdings hinsichtlich des Erstattungsanspruches für selbstbeschaffte Leistungen der medizinischen Rehabilitation auf den – spezielleren – Kostenerstattungsanspruch nach § 18 SGB IX.

6 Die Regelungen in § 50 sind ebenso wie nach bisherigem Recht für die Kostenerstattung selbst beschaffter Leistungen abschließend.[5] Anspruch auf Kostenerstattung haben ab 1.1.2024 nur Geschädigte.

B. Normsystematik

I. Allgemeiner Regelungsgehalt

7 § 50 regelt abschließend Sachverhalte, in denen die Kosten für selbst beschaffte Leistungen erstattet werden.[6] Erforderlich ist jeweils, dass die selbst beschaffte Behandlung von Schädigungsfolgen notwendig war. Abs. 1 normiert den Kostenerstattungsanspruch bei Selbstbeschaffung von Leistungen vor der Anerkennung des Anspruches auf Leistungen der SE, Abs. 2 für Zeiträume vor der Antragstellung. Abs. 3 regelt die Erstattung von selbstbeschafften Leistungen nach der Anerkennung des Anspruches auf Leistungen der SE, wenn die unaufschiebbaren Leistungen nicht rechtzeitig erbracht (Abs. 3 Nr. 1) oder zu Unrecht abgelehnt (Abs. 3 Nr. 2) wurden. Hinsichtlich selbstbeschaffter Leistungen der medizinischen Rehabilitation verweist Abs. 4 auf § 18 SGB IX. Abs. 5 stellt klar, dass im Fall der Kostenerstattung nach den Abs. 1 bis 4 ein Anspruch auf Krankengeld der SE nach § 47 besteht.

II. Systematische Einordnung und Normzweck

8 Der Kostenerstattungsanspruch nach § 50 durchbricht das im SE vorherrschende Sachleistungsprinzip (→ § 44 Rn. 9). Abs. 1 und 2 dienen offenkundig dazu, Lücken in der Leistungserbringung zu schließen, die dadurch entstehen würden, dass Leistungen der SE grundsätzlich davon abhängen, dass Schädigungsfolgen durch die TdSE

---

2 Art. 60 Abs. 7 G-SER v. 12.12.2019, BGBl. 2019 I 2652.
3 Knickrehm/Mushoff/Schmidt Neues SozEntschR Rn. 169.
4 Zu den Einzelheiten vgl. HK-SozEntschR/Vogl BVG § 18 Rn. 8 ff.
5 BT-Drs. 19/13824, 192.
6 BT-Drs. 19/13824, 192.

förmlich anerkannt (→ § 1 Rn. 15) werden müssen. Geschädigte, deren schädigungsbedingte Gesundheitsstörungen behandlungsbedürftig sind, sollen bis zu der Anerkennung der Schädigungsfolgen Leistungen auch auf Kosten der TdSE erhalten können; Abs. 3 greift demgegenüber ein allgemeines sozialrechtliches Prinzip auf[7] und normiert den Kostenerstattungsanspruch für die Fälle des sog. Systemversagens.

C. Einzelkommentierung

I. Kostenerstattungsanspruch für selbstbeschaffte Leistungen

Abs. 1 und 3 setzen voraus, dass Geschädigte sich eine notwendige Behandlung von Schädigungsfolgen **selbst beschafft** haben. 9

Die Notwendigkeit der Behandlung ist gleichbedeutend mit dem „Maß des Notwendigen" im Sinne des § 12 Abs. 1 SGB V, dh die Behandlung muss zur Erreichung der Ziele der Krankenbehandlung erforderlich, ausreichend, zweckmäßig und wirtschaftlich sein.[8] Das Merkmal der „Notwendigkeit" stellt auf den sachlichen Umfang der Behandlung ab, gleichgültig von welchem Arzt und zu welchem Preis sie erbracht wird.[9] 10

Ein Anspruch auf Kostenerstattung setzt – wie schon nach § 18 Abs. 3 und 4 BVG – ferner voraus, dass die Höhe der Kosten, für die Erstattung begehrt wird, bezogen auf bestimmte medizinische Leistungen konkretisiert wird.[10] Dies ist erforderlich, weil die Kostenerstattung an Stelle der Sachleistung tritt und grundsätzlich nur unter den gleichen Bedingungen wie die entsprechende Sachleistung erfolgen kann, deren Voraussetzungen also geprüft werden müssen. Die Kosten müssen den Geschädigten auch angefallen sein, dh sie müssen zur Geltendmachung des Anspruches auch der Höhe nach **nachweisbar** sein. 11

II. Selbstbeschaffung vor Anerkennung des Anspruches auf Leistungen der SE, Abs. 1

Nach Abs. 1 S. 1 besteht ein Anspruch auf Kostenerstattung, wenn Geschädigte die notwendige Krankenbehandlung von Schädigungsfolgen nach Antragstellung und vor Anerkennung des Anspruches nach § 4 Abs. 1 selbst beschafft haben. Der Anspruch auf Krankenbehandlung nach dem SE nach §§ 41 ff. setzt voraus, dass die **behandlungsbedürftige Gesundheitsstörung** als **Folge einer Schädigung anerkannt** oder durch eine **anerkannte Schädigungsfolge** verursacht wurde (→ § 41 Rn. 11). Fehlt eine solche Anerkennung, ist nur der Sachleistungsanspruch nicht möglich. Wie schon nach dem bis 31.12.2023 geltenden § 18 Abs. 3 S. 1 BVG ist aber der Kostenerstattungsanspruch gegeben.[11] 12

Gemäß Abs. 1 S. 2 besteht der Kostenerstattungsanspruch auch – wie schon nach § 18 Abs. 3 Satz 2 1. Var. BVG –, wenn die notwendige Behandlung nach Antragstellung und vor Anerkennung durchgeführt wurde, aber nach Abschluss der Behandlung keine Gesundheitsstörung zurückgeblieben ist, so dass eine Anerkennung **objektiv unmöglich geworden** ist. 13

Der Anspruch erfasst die Erstattung der – nach den Maßstäben der Sachleistung – notwendigen durch Behandlung **entstandenen Kosten**, die nach Abs. 1 S. 1 in **angemessenem Umfang** zu erstatten sind. Nach Abs. 1 S. 3 gelten als angemessen die Kosten, die entstanden wären, wenn Geschädigte die Sachleistung in Anspruch genommen 14

7 HK-SozEntschR/Vogl BVG § 18 Rn. 15.
8 BT-Drs. 19/13824, 192.
9 BSG 28.6.2000 – B 9 VG 4/99 R, BSGE 86, 253.
10 LSG BW 13.5.2005 – L 8 VG 1018/04.
11 HK-SozEntschR/Vogl BVG § 18 Rn. 12.

hätten.[12] Die Angemessenheit der Kosten wird in diesem Fall gesetzlich fingiert, so dass entstandene Kosten in dieser Höhe jedenfalls als angemessen zu erstatten sind.

15 Angemessen können aber auch Kosten der Krankenbehandlung – jedenfalls im ambulanten Bereich – **bis zur Höhe der tatsächlich entstandenen Kosten** sein, denn der Beschädigte, der noch keinen Zugang zur Sachleistung hat, oder der sie im Einzelfall aufgrund besonderer Umstände nicht in Anspruch nehmen kann, wird sich die Behandlung selbst kaum zu den – niedrigeren – Kosten beschaffen können, die dem TdSE für die Sachleistung entstanden wären. Eine Kostenerstattung nur in Höhe eines fiktiven Betrages, mit dem Geschädigte die selbstbeschaffte Heilbehandlung nicht finanzieren können, wäre unangemessen.[13]

III. Selbstbeschaffung vor Geltendmachung des Anspruches auf Leistungen der SE, Abs. 2

16 Nach Abs. 2 S. 1 besteht ein Anspruch auf Erstattung der Kosten, wenn die notwendige Krankenbehandlung **vor Geltendmachung des Anspruches** nach § 4 Abs. 1 von Geschädigten selbst beschafft wurde. Der Erstattungsanspruch betrifft Kosten für die Behandlung in dem Zeitraum, für den Geschädigte nach § 11 Abs. 2 (rückwirkend) Leistungen erhalten können.

17 Abs. 2 S. 2 stellt klar, dass der Kostenerstattungsanspruch auch besteht, wenn Geschädigte durch Umstände, die außerhalb ihres Willens lagen, den Leistungsanspruch vor Beginn der Behandlung geltend machen. Solche Umstände liegen zB vor, wenn Geschädigte wegen einer Erkrankung den Ursachenzusammenhang zwischen Gesundheitsstörung und Schädigung nicht erkennen konnten (zB wegen unklarer Kausalität bei Impfschäden[14]) oder wegen der Art und Schwere der Erkrankung nicht fähig waren, Willenserklärungen abzugeben oder hiermit einen Dritten zu beauftragen,[15] zB bei Schädigungen durch schwere Schädel-Hirn-Traumata mit einhergehenden amnestischen Störungen.[16]

18 Beide Konstellationen werden bis 31.12.2023 von § 18 Abs. 3 S. 2 BVG erfasst. Nach Abs. 2 werden die Kosten in Höhe der tatsächlich entstandenen Aufwendungen erstattet. Dies stellt gegenüber dem bisherigen Recht keine Besserstellung, sondern lediglich eine Klarstellung dar, da auch nach bisherigem Recht eine Erstattung der tatsächlich entstandenen Kosten – soweit sie notwendig waren – erfolgt ist.[17]

IV. Selbstbeschaffung nach Anerkennung des Anspruches auf Leistungen der SE, Abs. 3

19 Nach Abs. 3 besteht ein Anspruch auf Kostenerstattung für die Selbstbeschaffung der notwendigen Krankenbehandlung **nach Anerkennung** des Anspruches nach § 4 Abs. 1. Der Anspruch setzt voraus, dass entweder eine **unaufschiebbare Leistung nicht rechtzeitig** erbracht werden konnte (Nr. 1) oder die **Leistung zu Unrecht abgelehnt** wurde (Nr. 2). Beide Fallgruppen des Systemversagens sind bis 31.12.2023 schon in § 18 Abs. 4 BVG berücksichtigt. Die Anforderungen an die Selbstbeschaffung sind hier streng, da grundsätzlich der **Beschaffungsweg** über die Sachleistungsgewährung einzuhalten ist.[18]

---

12 BT-Drs. 19/13824, 193.
13 BSG 28.6.2000 – B 9 VG 4/99 R, BSGE 86, 253.
14 Knickrehm/Mushoff/Schmidt Neues SozEntschR Rn. 171.
15 BT-Drs. 19/13824, 193.
16 Schmidt SGB XIV/Feddern § 50 Rn. 14.
17 BVGVwW zu § 18 Nr. 4.
18 Knickrehm/Mushoff/Schmidt Neues SozEntschR Rn. 172.

1. Unaufschiebbare Leistungen nicht rechtzeitig erbracht, Nr. 1. Eine Leistung im Sinne von Abs. 3 S. 1 Nr. 1 ist **unaufschiebbar,** wenn sie im Zeitpunkt ihrer tatsächlichen Durchführung so dringlich war, dass aus medizinischer Sicht eine unverzügliche Behandlung erfolgen musste und keine Möglichkeit eines nennenswerten zeitlichen Aufschubes bestand. 20

Voraussetzung ist weiter, dass die Krankenkasse, die Unfallkasse des Landes oder die zuständige Verwaltungsbehörde nicht in der Lage war, die unaufschiebbare Maßnahme rechtzeitig zu erbringen. Der Verwaltungsbehörde ist grundsätzlich die Möglichkeit zur Überprüfung des Leistungsbegehrens einzuräumen, bevor Geschädigte sich die benötigte Leistung abweichend vom Sachleistungsprinzip selbst beschaffen können,[19] dh, die Geschädigten müssen grundsätzlich zuvor einen entsprechenden Leistungsantrag gestellt haben. 21

Fingiert werden kann die Unfähigkeit zur rechtzeitigen Leistungserbringung, wenn eine vorherige Einschaltung der Kassen oder der zuständigen Verwaltungsbehörde nach den Umständen des Falles nicht verlangt werden kann, zB aus Zeitgründen oder weil der Gesundheitszustand des Geschädigten dies nicht zulässt.[20] 22

2. Leistungen zu Unrecht abgelehnt, Nr. 2. Abs. 3 S. 1 Nr. 2 setzt voraus, dass die zuständige Krankenkasse, die zuständige Unfallkasse des Landes oder die zuständige Verwaltungsbehörde eine von den Geschädigten beantragte und ihnen rechtlich zustehende Leistung **objektiv rechtswidrig verweigert.**[21] 23

Wie die entsprechende Regelung bis 31.12.2023 in § 18 Abs. 4 S. 1 BVG, beruht auch Nr. 2 auf einem allgemeinen sozialrechtlichen Prinzip, welches sich zB im Recht der Krankenversicherung in § 13 Abs. 3 SGB V wiederfindet,[22] aber auch im Teilhaberecht in § 18 Abs. 6 SGB IX. Auch in dieser Fallgruppe ist der Verwaltung grundsätzlich die Möglichkeit einzuräumen, über das Leistungsbegehren zu entscheiden.[23] 24

Der rechtswidrigen Ablehnung steht gleich, wenn von vornherein feststand, dass die Sachleistung zu Unrecht abgelehnt werden soll.[24] 25

3. Rechtsfolge. In der Rechtsfolge sind den Geschädigten die Kosten in der entstandenen Höhe zu erstatten. 26

V. Leistungen zur medizinischen Rehabilitation, Abs. 4

Ein Kostenerstattungsanspruch besteht auch bei der Selbstbeschaffung von Leistungen der medizinischen Rehabilitation. Abs. 4 verweist hierfür auf das SGB IX. Für diese Leistungen gilt § 18 SGB IX gemäß § 7 Abs. 2 S. 1 SGB IX als spezielle Erstattungsvorschrift Abs. 4 vor.[25] Es handelt sich um eine Rechtsgrundverweisung. 27

VI. Anspruch auf Krankengeld der SE, Abs. 5

Abs. 5 stellt klar, dass auch bei Kostenerstattung nach Abs. 1 bis 4 bei Vorliegen der Voraussetzungen ein Anspruch auf Krankengeld der SE nach § 47 besteht.[26] 28

---

19 BT-Drs. 19/13824, 193.
20 BT-Drs. 19/13824, 193.
21 BT-Drs. 19/13824, 193; BSG 10.12.2003 – B 9 VS 1/01 R, SozR 4-3100 § 18 Nr. 1; BSG 10.12.2003 – B 9 V 12/02 R.
22 SchlHLSG 18.11.1996 – L 2 V 36/96, Breith 1997, 263.
23 Knickrehm/Mushoff/Schmidt Neues SozEntschR Rn. 171.
24 BSG 11.11.2004 – B 9 V 3/03 R, SozR 4-3100 § 18 Nr. 2.
25 BT-Drs. 19/13824, 193.
26 BT-Drs. 19/13824, 193.

D. Anhang

I. BVG

29 Bis zum 31.12.2023 gilt für die Kostenerstattung selbstbeschaffter Leistungen § 18 Abs. BVG; der Normtext ist in der Kommentierung zu → § 43 Rn. 38 abgedruckt.

II. BVGVwV

30 Die Allgemeinen Verwaltungsvorschriften zum Bundesversorgungsgesetz[27] (BVGVwV) zu § 18 sind in der Kommentierung zu → § 44 Rn. 19 abgedruckt.

§ 51 Erstattung von Kosten für Krankenbehandlung bei vorübergehendem Auslandsaufenthalt

(1) [1]Geschädigten werden bei einem vorübergehenden Aufenthalt im Ausland die Kosten der notwendigen Krankenbehandlung anerkannter Schädigungsfolgen erstattet. [2]Der Anspruch auf Erstattung besteht bis zur Höhe der Vergütung, die die Krankenkassen bei Erbringung als Sachleistung im Inland zu tragen hätten.

(2) Abweichend von Absatz 1 können die Kosten bis zur Höhe der tatsächlich entstandenen Kosten erstattet werden, wenn

1. eine dem allgemein anerkannten Stand der medizinischen Erkenntnisse entsprechende Behandlung nicht im Inland möglich ist oder

2. ein unaufschiebbarer Behandlungsbedarf bestand.

(3) Bei einer Erstattung der Kosten nach Absatz 1 oder 2 können auch weitere im Zusammenhang mit der Krankenbehandlung anfallende notwendige Kosten für Geschädigte und für eine erforderliche Begleitperson ganz oder teilweise erstattet werden.

(4) Werden Geschädigten Kosten nach Absatz 1 oder 2 erstattet, so haben sie bei Vorliegen der Voraussetzungen des § 47 Anspruch auf Krankengeld der Sozialen Entschädigung.

(5) [1]Geschädigte können stationäre Krankenhausleistungen im Ausland in Anspruch nehmen, wenn zuvor die zuständige Verwaltungsbehörde zugestimmt hat. [2]Die Zustimmung darf nur versagt werden, wenn die gleiche Behandlung oder eine Behandlung, die für Geschädigte ebenso wirksam ist und dem allgemein anerkannten Stand der medizinischen Erkenntnisse entspricht, rechtzeitig bei einem Vertragspartner der zuständigen Krankenkasse im Inland erlangt werden kann. [3]War die stationäre Krankenhausbehandlung im Ausland unaufschiebbar, so darf den Geschädigten das Fehlen der vorherigen Zustimmung nicht entgegengehalten werden, soweit und solange sie daran gehindert waren, die Zustimmung einzuholen.

27 Vom 26.6.1969, Beilage Nr. 15/69 zum BAnz. Nr. 119, geändert durch Allgemeine Verwaltungsvorschrift vom 25.4.1974, BAnz. Nr. 83, und Zweite Allgemeine Verwaltungsvorschrift vom 27.8.1986, BAnz. Nr. 161, S. 12297.

A. Gesetzesgeschichte

I. Geltendes und neues Recht

§ 51 regelt ab 1.1.2024[1] die Erstattung von Kosten der Krankenbehandlung bei vorübergehendem Auslandsaufenthalt. Eine vergleichbare eigenständige Erstattungsvorschrift existiert im BVG nicht.[2] § 51 geht zurück auf den Gesetzentwurf der Bundesregierung vom 9.10.2019, BT-Drs. 19/13824, 194. 1

II. Änderungen im SGB XIV gegenüber dem BVG und Parallelität

Der **Kostenerstattungsanspruch bei vorübergehendem Auslandsaufenthalt** ist mit dem SGB XIV neu gesetzlich geregelt. Bislang ist die Erstattung von Kosten selbstbeschaffter Leistungen nur bei dauerhaftem Auslandsaufenthalt unter den Voraussetzungen von § 64a BVG zulässig. Bei nur vorübergehendem Auslandsaufenthalt gilt bisher ausschließlich das Sachleistungsprinzip.[3] 2

B. Normsystematik

I. Allgemeiner Regelungsgehalt

Abs. 1 und 2 regeln die Voraussetzungen, unter denen die Kosten einer ambulanten Krankenbehandlung bei vorübergehendem Auslandsaufenthalt vom TdSE erstattet werden. Abs. 3 betrifft die Erstattung weiterer Kosten, die im Zusammenhang mit dieser Behandlung stehen; Abs. 4 stellt klar, dass in diesen Fällen – bei Vorliegen der Voraussetzungen des § 47 – auch ein Krankengeldanspruch besteht. Abs. 5 regelt – abschließend – die Voraussetzungen für die Übernahme bzw. Erstattung stationärer Krankenhausleistungen im Ausland. Anspruchsberechtigt sind Geschädigte (→ § 2 Rn. 11). 3

II. Systematische Einordnung und Normzweck

Die Vorschrift ergänzt § 15 (Anspruch auf Leistungen bei Gewalttaten im Ausland), § 101 (Leistungen bei Wohnsitz oder gewöhnlichem Aufenthalt im Ausland) und § 102 (Leistungen bei Gewalttaten im Ausland); der bisher in § 64a BVG geregelte Anspruch auf Kostenerstattung bei selbstbeschafften Leistungen für Geschädigte mit Wohnsitz oder gewöhnlichem Aufenthalt im Ausland ist ab 1.1.2024 in § 101 Abs. 3 normiert. 4

Es handelt sich bei § 51 ebenso wie bei §§ 49 und 50 um eine **Ausnahme vom Sachleistungsprinzip** (→ § 44 Rn. 9).[4]

C. Einzelkommentierung

I. Erstattung von Kosten der Krankenbehandlung, Abs. 1

Der Kostenerstattungsanspruch nach Abs. 1 setzt zunächst – wie bei § 50 – die **notwendige Krankenbehandlung anerkannter Schädigungsfolgen** voraus (→ § 50 Rn. 12). 5

1 Art. 60 Abs. 7 G-SER v. 12.12.2019, BGBl. 2019 I 2652.
2 Knickrehm/Mushoff/Schmidt Neues SozEntschR Rn. 175, vgl. auch HK-SozEntschR/Reinhard BVG § 64a Rn. 5; BSG 6.3.1996 – 9 RV 11/95, BSGE 78, 59.
3 HK-SozEntschR/Reinhard BVG § 64a Rn. 5.
4 BT-Drs. 19/13824, 193.

Der Anspruch auf Krankenbehandlung der SE als Sachleistung nach §§ 41 ff. verlangt, dass die behandlungsbedürftige Gesundheitsstörung als Folge einer Schädigung anerkannt oder durch eine anerkannte Schädigungsfolge verursacht wurde, so dass auch der Anspruch auf Kostenerstattung hiervon abhängt.

6 Die **Notwendigkeit** der Behandlung ist gleichbedeutend mit dem „Maß des Notwendigen" im Sinne des § 12 Abs. 1 SGB V,[5] dh die Behandlung muss zur Erreichung der Ziele der Krankenbehandlung erforderlich, ausreichend, zweckmäßig und wirtschaftlich sein.[6] Das Merkmal der „Notwendigkeit" stellt auf den sachlichen Umfang der Behandlung ab, gleichgültig von welchem Arzt und zu welchem Preis sie erbracht wird.[7]

7 Für den Begriff des **vorübergehenden Aufenthalts** in Abs. 1 S. 1 werden die **Bestimmungen des § 30 Abs. 3 SGB I** zum Wohnsitz und gewöhnlichen Aufenthalt herangezogen,[8] von denen der nur vorübergehende Aufenthalt negativ abzugrenzen ist.

8 Einen Wohnsitz hat jemand dort, wo er eine Wohnung unter Umständen innehat, die darauf schließen lassen, dass er die Wohnung beibehalten und benutzen wird (§ 30 Abs. 1 S. 1 SGB I). Den **gewöhnlichen Aufenthalt** hat jemand dort, wo er sich unter Umständen aufhält, die erkennen lassen, dass er an diesem Ort oder in diesem Gebiet nicht nur vorübergehend verweilt (§ 30 Abs. 1 S. 2 SGB I). Der Aufenthalt orientiert sich überwiegend an tatsächlichen Merkmalen. Die Begründung eines gewöhnlichen Aufenthalts setzt voraus, dass sich eine Person tatsächlich an dem betreffenden Ort aufhält, objektive Umstände darauf schließen lassen, dass sie längere Zeit dort verweilen will und der Aufenthalt nicht von vornherein auf Beendigung angelegt, also zukunftsoffen ist. Für die wenigstens kurzzeitige tatsächliche Aufenthaltnahme ist eine gewisse Eingliederung in die soziale Umwelt notwendig. Eine Abwesenheit von längerer Dauer hebt den gewöhnlichen Aufenthalt nicht auf, wenn die Absicht oder Wahrscheinlichkeit besteht, an den früheren Aufenthaltsort zurückzukehren und gefestigte Beziehungen dorthin aufrechterhalten bleiben. Ein Domizilwille, der mit den tatsächlichen Umständen nicht übereinstimmt, ist unbeachtlich. Die Beurteilung hat dabei in einer Vorausschau zu erfolgen, wobei ein bisheriger längerer Aufenthalt ein Indiz für einen gewöhnlichen Aufenthalt sein kann, auf der anderen Seite ein längerer Aufenthalt aber auch für die Begründung des gewöhnlichen Aufenthalts nicht erforderlich ist; es genügt ein Aufenthalt „bis auf Weiteres" im Sinne eines zukunftsoffenen Verbleibs mit der Bildung des Mittelpunktes der Lebensbeziehung. Auch wenn es sich bei dem subjektiven Element zur Begründung des gewöhnlichen Aufenthalts um einen tatsächlichen Willen und nicht um einen rechtlichen Willen handelt und davon auszugehen ist, dass auch ein psychisch Kranker einen Willen zur Begründung eines gewöhnlichen Aufenthalts haben kann, kann die massive seelische Behinderung den von der leistungsberechtigten Person geäußerten Willen überlagern und nachhaltige Hinderungsgründe an der Begründung eines gewöhnlichen Aufenthalts ergeben. Ein **Minderjähriger** hat seinen gewöhnlichen Aufenthalt in der Regel an dem Ort, an dem er seine Erziehung erhält (von dem sorgeberechtigten Elternteil bzw. den Eltern), wobei es darauf ankommt, ob sie nur vorübergehend oder auf Dauer erfolgen soll. Personen, die in Rehabilitationskliniken oder geschlossenen stationären Einrichtungen untergebracht sind sowie Heimbewohner und Strafgefangene können in der jeweiligen Einrichtung bzw. Anstalt ihren gewöhnlichen Aufenthalt begründen, weil hierzu die Freiwilligkeit des Aufenthalts nicht erforderlich ist. Vom Wohnsitz unterscheidet sich der gewöhnliche Aufenthalt dadurch, dass jener auf Dauer angelegt ist und den Mittel-

---

5 BT-Drs. 19/13824, 193.
6 BT-Drs. 19/13824, 192.
7 BSG 28.6.2000 – B 9 VG 4/99 R, BSGE 86, 253.
8 BT-Drs. 19/13824, 193.

punkt der Lebensverhältnisse bildet, während der gewöhnliche Aufenthalt mehr zukunftsoffen ist und den örtlichen Schwerpunkt der Lebensverhältnisse angibt.[9]

Maßgeblich für die Abgrenzung des vorübergehenden zum gewöhnlichen Aufenthalt bzw. Wohnsitz ist die **beabsichtigte Dauer des Aufenthaltes vor Antritt des Auslandsaufenthaltes.**[10] Erforderlich ist ein zeitlich von vornherein begrenzter Auslandsaufenthalt, zB eine Urlaubsreise, ein Verwandtenbesuch[11] oder auch eine Geschäfts- oder Dienstreise. Eine klare Grenzziehung, wann genau von einer längeren Dauer mit der Folge eines Wohnsitz-/Aufenthaltswechsels auszugehen ist, nimmt auch § 30 Abs. 3 SGB I nicht vor. Eine feste Grenze lässt sich auch nicht zwingend mit der Definition der Begriffe vereinbaren. Bei einem Auslandaufenthalt von unter einem Jahr wird regelmäßig noch von einem vorübergehenden Aufenthalt auszugehen sein; zwei Jahre und länger ununterbrochene Auslandaufenthalte hingegen werden grundsätzlich für die Begründung eines gewöhnlichen Aufenthaltes ausreichen,[12] weil regelmäßig die sich aus den tatsächlichen Begebenheiten ergebenden Umstände keinen anderen Rückschluss auf einen unterschiedlichen Willen mehr zulassen dürften. In der Rechtsprechung wird allerdings auch bei einem kürzeren Aufenthalt („einige Monate") ein gewöhnlicher Aufenthalt iSd § 30 Abs. 3 S. 2 SGB I für den Fall bejaht, dass keine dauerhafte Beziehung zu einem anderen Ort aufrechterhalten wird, an den eine Rückkehr beabsichtigt ist.[13] 9

Abs. 1 S. 2 begrenzt den **Umfang des Erstattungsanspruches** auf die Höhe der Vergütung, die die Krankenkassen bei der Erbringung als Sachleistung im Inland zu tragen hätten. 10

II. Anspruch auf Erstattung bis zur Höhe der tatsächlich entstandenen Kosten, Abs. 2

Abs. 2 stellt eine Ausnahmeregelung zu Abs. 1 dar, die dortigen Voraussetzungen (vorübergehender Auslandsaufenthalt, Selbstbeschaffung einer notwendigen Krankenbehandlung anerkannter Schädigungsfolgen, Entstehung von Kosten) müssen erfüllt sein. Darüber hinaus wird das Vorliegen **besonderer Umstände** vorausetzt, nämlich nach Nr. 1, dass eine dem **allgemeinen Stand der medizinischen Erkenntnisse entsprechende Behandlung im Inland nicht möglich** ist oder nach Nr. 2 ein unaufschiebbarer Behandlungsbedarf vorlag. 11

Unaufschiebbar (Abs. 2 Nr. 2) ist der Behandlungsbedarf – wie bei § 50 (→ § 50 Rn. 20), wenn die Behandlung im Zeitpunkt ihrer tatsächlichen Durchführung so dringlich war, dass aus medizinischer Sicht eine unverzügliche Behandlung erfolgen musste und keine Möglichkeit eines nennenswerten zeitlichen Aufschubes bestand, eine vorherige Einschaltung der Kassen oder der zuständigen Verwaltungsbehörde nach den Umständen des Falles also nicht verlangt werden konnte, zB aus Zeitgründen oder weil der Gesundheitszustand des Geschädigten dies nicht zulässt.[14] Dies kann bei zB bei einer akuten Verschlimmerung der schädigungsbedingten Gesundheitsstörungen der Fall sein, die so dringend behandelt werden muss, dass Geschädigten ein Zuwarten bis zur Rückkehr ins Inland nicht zugemutet werden kann oder die Rückreise aus gesundheitlichen Gründen nicht möglich ist.[15] 12

9 LPK-SGB I/Meißner/Timme § 30 Rn. 8.
10 BT-Drs. 19/13824, 193.
11 Knickrehm/Mushoff/Schmidt Neues SozEntschR Rn. 176.
12 LPK-SGB I/Meißner/Timme § 30 Rn. 9.
13 LSG Nds-Brem, 28.7.2011 – L 8 SO 29/09, nachgehend BSG 23.8.2013 – B 8 SO 14/12 R, SozR 4-5910 § 97 Nr. 1.
14 BT-Drs. 19/13824, 193.
15 Knickrehm/Mushoff/Schmidt Neues SozEntschR Rn. 177.

13 Da besondere Umstände vorliegen, können die Kosten der Auslandsbehandlung **bis zur vollen Höhe der tatsächlich entstandenen Aufwendungen** erstattet werden.[16] Die Kostenerstattung steht im **pflichtgemäßen Ermessen** („können") der Verwaltung; die Geschädigten haben lediglich einen Anspruch auf ordnungsgemäße Ermessensausübung.

III. Erstattung weiterer Kosten, Abs. 3

14 Liegen die Voraussetzungen für die Erstattung der Kosten der Auslandsbehandlung nach Abs. 1 oder 2 vor, kommt nach Abs. 3 die **Erstattung weiterer Kosten** der Auslandsbehandlung in Betracht. Voraussetzung ist, dass diese Kosten im **Zusammenhang mit der Krankenbehandlung** entstehen. Hierunter können Reise-, Unterbringungs- und Telefonkosten der oder des Geschädigten fallen. Entsprechende Kosten einer Begleitperson können übernommen werden, wenn diese für den Behandlungserfolg medizinisch erforderlich sind. Krankentransportkosten sollen bei medizinischer Notwendigkeit nur im Ausnahmefall erstattungsfähig sein.[17]

15 Auch die Kostenerstattung nach Abs. 3 steht im **Ermessen** der zuständigen Verwaltungsbehörde; die Geschädigten haben einen Anspruch auf ordnungsgemäße Ermessenausübung.

IV. Anspruch auf Krankengeld der SE, Abs. 4

16 Abs. 4 stellt klar, dass bei der Erstattung von Kosten einer Auslandsbehandlung nach Abs. 1 oder 2 bei Vorliegen der Voraussetzungen des § 47 Anspruch auf **Krankengeld der SE** (→ § 47 Rn. 12) besteht.[18]

V. Kostenerstattung bei Krankenhausbehandlung im Ausland mit Zustimmung der Verwaltungsbehörde, Abs. 5

17 Anspruch auf die Erstattung der Kosten für eine **stationäre Krankenhausbehandlung im Ausland** besteht nach Abs. 5 nur bei Zustimmung der zuständigen Verwaltungsbehörde (→ § 57 Rn. 6). Erforderlich ist grundsätzlich die **vorherige Zustimmung,** Abs. 5 S. 1. Diese darf nach Abs. 5 S. 2 nur versagt werden, wenn die gleiche Behandlung oder eine Behandlung, die für Geschädigte ebenso wirksam ist und dem allgemein anerkannten Stand der medizinischen Erkenntnisse entspricht, rechtzeitig bei einem Vertragspartner der zuständigen Krankenkasse im Inland erlangt werden kann. Unter „rechtzeitig" ist dabei ein medizinisch vertretbarer Zeitraum zu verstehen.[19]

18 Die erforderliche Zustimmung kann in den Fällen einer *unaufschiebbaren* Behandlung gem. Abs. 5 S. 3 **nachträglich** eingeholt und erklärt werden.[20] Dies ist indessen nicht unbefristet möglich, sondern nur soweit und solange Geschädigte daran gehindert waren, die Zustimmung einzuholen. Hinsichtlich der Unaufschiebbarkeit gelten die Maßstäbe des Abs. 2 S. 1 Nr. 1 (→ Rn. 11).

19 Die Zustimmung der Verwaltungsbehörde erfolgt dem Grunde nach. Die Höhe des Kostenerstattungsanspruches richtet sich nach den Regelungen der Abs. 1 S. 2 und Abs. 2.[21]

16 BT-Drs. 19/13824, 193.
17 BT-Drs. 19/13824, 194.
18 BT-Drs. 19/13824, 194.
19 BT-Drs. 19/13824, 194.
20 BT-Drs. 19/13824, 194.
21 BT-Drs. 19/13824, 194.

§ 52 Beiträge zur Arbeitsförderung, zur gesetzlichen Rentenversicherung und zur Alterssicherung

(1) Für Geschädigte werden für die Zeit, in der sie Krankengeld der Sozialen Entschädigung erhalten, folgende Beiträge entrichtet:

1. Beiträge zur Arbeitsförderung und
2. Beiträge zur gesetzlichen Rentenversicherung.

(2) [1]Geschädigten, die nicht rentenversicherungspflichtig sind oder von der Rentenversicherungspflicht befreit sind, werden auf Antrag für die Zeit, in der sie Krankengeld der Sozialen Entschädigung erhalten, die Aufwendungen für die Alterssicherung erstattet. [2]Aufwendungen für die Alterssicherung sind insbesondere

1. freiwillige Beiträge zur gesetzlichen Rentenversicherung,
2. Beiträge zu öffentlich-rechtlichen berufsständischen Versicherungs- und Versorgungseinrichtungen sowie
3. Beiträge zu öffentlichen oder privaten Versicherungsunternehmen auf Grund von Lebensversicherungsverträgen, die der Alterssicherung dienen.

[3]Die Erstattung erfolgt bis zur Höhe der Beiträge, die zur gesetzlichen Rentenversicherung für die Zeit des Bezugs von Krankengeld der Sozialen Entschädigung zu entrichten wären, wenn die Geschädigten rentenversicherungspflichtig wären.

(3) In Fällen des § 47 Absatz 9 werden

1. abweichend von Absatz 1 die Beiträge für den Elternteil entrichtet, für den das geschädigte Kind Anspruch auf Krankengeld der Sozialen Entschädigung hat oder
2. abweichend von Absatz 2 dem nicht rentenversicherungspflichtigen oder von der Rentenversicherungspflicht befreiten Elternteil, für den das geschädigte Kind Anspruch auf Krankengeld der Sozialen Entschädigung hat, die Aufwendungen für die Alterssicherung erstattet.

A. Gesetzesgeschichte

I. Geltendes und neues Recht

Bis 31.12.2023 werden Beiträge zur gesetzlichen Rentenversicherung für Zeiten des Bezuges von Versorgungskrankengeld, Beiträge zur Arbeitsförderung und der Ersatz für Aufwendungen für die Alterssicherung nach § 18c Abs. 1 S. 3 BVG[1] entrichtet. 1

§ 52 geht zurück auf den Gesetzentwurf der Bundesregierung vom 9.10.2019, BT-Drs. 19/13824, 194 und tritt mWv 1.1.2024 in Kraft.[2] 2

II. Änderungen im SGB XIV gegenüber dem BVG und Parallelität

Nach heutiger Rechtslage werden gem. § 18c Abs. 1 S. 3 BVG Beiträge zur Arbeitsförderung und zur gesetzlichen Rentenversicherung für Zeiten des Bezugs von Krankengeld der SE gezahlt, vgl. § 52 Abs. 1. Ebenso wie nach geltendem Recht sieht auch § 52 Abs. 2 den Ersatz von Aufwendungen für die Alterssicherung vor, wenn Geschädigte nicht gesetzlich rentenversichert sind. Erst ab 1.1.2024 normiert § 52 Abs. 3 für die Zeiten des Bezuges von Krankengeld für geschädigte Kinder (→ § 47 Rn. 33) auch die Beitragsentrichtung/den Aufwendungsersatz für die betreuenden Eltern. 3

1 IdF d. BVGÄndG 2011, BGBl. 2011 I 114.
2 Art. 60 Abs. 7 G-SER v. 12.12.2019, BGBl. 2019 I 2652.

B. Normsystematik

I. Allgemeiner Regelungsgehalt

4 Abs. 1 normiert die Entrichtung von Beiträgen zur Arbeitsförderung (Nr. 1) und zur gesetzlichen Rentenversicherung (Nr. 2) für Geschädigte in Zeiten des Bezuges von Krankengeld der SE. Abs. 2 regelt die Erstattung von Aufwendungen der Alterssicherung für Geschädigte, die nicht rentenversicherungspflichtig sind. Abs. 3 bestimmt die Erstattung der entsprechenden Beiträge/Aufwendungen bei dem Bezug von Krankengeld bei geschädigten Kindern.

II. Systematische Einordnung und Normzweck

5 Mit § 52 werden Nachteile in der Altersvorsorge aufgrund des Bezuges von Krankengeld der SE vermieden und die Absicherung gegen das Risiko der Arbeitslosigkeit wird aufrechterhalten.[3]

6 Soweit § 47a SGB V die Beitragszahlung der Krankenkassen an berufsständische Versorgungseinrichtungen bei Bezug von Krankengeld regelt, geht § 52 zur Entrichtung von Beiträgen zur Arbeitsförderung, zur gesetzlichen Rentenversicherung und zur Alterssicherung als spezialgesetzliche Regelung § 47 Abs. 1 iVm § 47a SGB V vor.

7 Die während des Bezuges von Krankengeld der SE anfallenden Beiträge an die gesetzliche Krankenversicherung und soziale Pflegeversicherung werden nach § 251 Abs. 1 SGB V und § 59 Abs. 1 und Abs. 4 Satz 2 SGB XI getragen.[4] Eine Regelung im SGB XIV hierzu ist nicht erforderlich.[5]

C. Einzelkommentierung

I. Beiträge zur Arbeitsförderung und gesetzlichen Rentenversicherung, Abs. 1

8 Geschädigte, die Krankengeld der SE (§ 47) beziehen, sind nach § 3 S. 1 Nr. 3 SGB VI in der gesetzlichen Rentenversicherung und gem. § 26 Abs. 2 Nr. 1 SGB III in der Arbeitslosenversicherung versicherungspflichtig; Letzteres, wenn sie unmittelbar vor Beginn der Krankengeldzahlung versicherungspflichtig waren oder Anspruch auf eine laufende Entgeltersatzleistung nach dem SGB III hatten. Da die Krankengeldzahlung nach § 47 schädigungsbedingt erfolgt, werden nach Abs. 1 Nr. 1 für Geschädigte die Beiträge zur Arbeitsförderung und nach Abs. 1 Nr. 2 die Beiträge zur gesetzlichen Rentenversicherung für die Zeiten des Bezuges von Krankengeld der SE entrichtet.[6]

II. Aufwendungen zur Alterssicherung, Abs. 2

9 Für Geschädigte, die nicht rentenversicherungspflichtig sind oder die von der Rentenversicherungspflicht befreit sind (§ 6 SGB VI), besteht keine Beitragspflicht in der gesetzlichen Rentenversicherung. Diesem Personenkreis werden nach Abs. 2 die nachgewiesenen Aufwendungen ihrer **anderweitigen Altersvorsorge** bis zur Höhe der Beiträge, die nach Abs. 1 Nr. 2 zu entrichten wären, erstattet.[7] Die Erstattung der Aufwendungen erfolgt auf Antrag und für die Zeit des Bezuges von Krankengeld der SE.

10 Aufwendungen für die Alterssicherung sind nach Abs. 2 S. 3 insbesondere freiwillige Beiträge zur gesetzlichen Rentenversicherung (Nr. 1), Beiträge zu öffentlich-rechtlichen berufsständischen Versicherungs- und Versorgungseinrichtungen (Nr. 2) sowie Bei-

3 BT-Drs. 19/13824, 194.
4 BT-Drs. 19/13824, 194.
5 Schmidt SGB XIV/Feddern § 52 Rn. 6.
6 BT-Drs. 19/13824, 194.
7 BT-Drs. 19/13824, 194.

träge zu öffentlichen oder privaten Versicherungsunternehmen aufgrund von Lebensversicherungsverträgen, die der Alterssicherung dienen (Nr. 3).[8] Nr. 1 erfasst Personen, die nicht versicherungspflichtig in der gesetzlichen Rentenversicherung sind, aber nach § 7 SGB VI freiwillig versichert sind. Nr. 2 betrifft vor allem Angehörige freier Berufe, die unter den Voraussetzungen von § 6 Abs. 1 Nr. 1 SGB VI von der Rentenversicherungspflicht befreit sind und Beiträge zu einer berufsständischen Versorgungseinrichtung zu entrichten haben.[9] Die Aufzählung ist **nicht abschließend** („insbesondere").

Nach Abs. 2 S. 3 erfolgt die Erstattung bis zur Höhe der Beiträge, die zur gesetzlichen Rentenversicherung für die Zeit des Bezuges von Krankengeld der SE zu entrichten wären, wenn die Geschädigten rentenversicherungspflichtig wären. Diese **Beschränkung des Anspruchsumfanges** stellt die Gleichbehandlung versicherungspflichtiger und nicht rentenversicherungspflichtiger Geschädigter her, kann aber – je nach Höhe der Aufwendungen – ggf. zu Lücken in der Finanzierung der anderweitigen Alterssicherung führen. 11

III. Beiträge bei Bezug von Krankengeld für geschädigte Kinder, Abs. 3

Die Regelung in Abs. 3 trägt der besonderen Situation Rechnung, dass nach § 47 Abs. 9 das Krankengeld der SE dem geschädigten Kind für den betreuenden Elternteil zusteht.[10] Da das geschädigte Kind selbst regelmäßig keine Alterssicherung betreibt, sieht Abs. 3 Nr. 1 abweichend von Abs. 1 die Entrichtung der Beiträge zur Arbeitsförderung und gesetzlichen Rentenversicherung für den Elternteil vor, für den das geschädigte Kind Anspruch auf Krankengeld der SE hat. Ist dieses Elternteil nicht rentenversicherungspflichtig oder von der Rentenversicherungspflicht befreit, normiert Abs. 3 Nr. 1 abweichend von Abs. 2 die Erstattung der Aufwendungen für die Alterssicherung für dieses Elternteil. 12

D. Anhang

Bis zum 31.12.2023 gilt § 18c Abs. 1 S. 3 BVG mit folgendem Wortlaut: 13

§ 18c BVG [Zuständigkeit der Verwaltungsbehörde oder der Krankenkasse]

(1) [1]Die §§ 10 bis 24a werden von der Verwaltungsbehörde durchgeführt. [2]Im Rahmen dieser Zuständigkeit erbringen die Verwaltungsbehörden Zahnersatz, Versorgung mit Hilfsmitteln, Bewegungstherapie, Sprachtherapie, Beschäftigungstherapie, Belastungserprobung, Arbeitstherapie, Badekuren nach § 11 Abs. 2 und § 12 Abs. 3, Ersatzleistungen, Versehrtenleibesübungen, Zuschüsse zur Beschaffung von Zahnersatz, Führhundzulage, Beihilfe zu den Aufwendungen für fremde Führung, Pauschbetrag als Ersatz für Kleider- und Wäscheverschleiß, Erstattungen nach § 16g, Beihilfe nach § 17, Leistungen nach § 18 Abs. 3 bis 8 und § 24, soweit die Verwaltungsbehörde für die Erbringung der Hauptleistung zuständig ist, Kostenerstattungen an Krankenkassen, Beiträge zur gesetzlichen Rentenversicherung für Zeiten des Bezugs von Versorgungskrankengeld, Ersatz der Aufwendungen für die Alterssicherung sowie Beiträge zur Arbeitsförderung. [3]Die übrigen Leistungen werden von den Krankenkassen für die Verwaltungsbehörde erbracht. [4]Insoweit sind die Berechtigten und Leistungsempfänger der Krankenordnung unterworfen.

§ 53 Reisekosten

(1) [1]Berechtigte haben Anspruch auf Übernahme von Fahrkosten und anderen Reisekosten, die im Zusammenhang mit einer Leistung der Krankenbehandlung entstehen. [2]Den Berechtigten werden für sich, eine notwendige Begleitung sowie für Kinder, deren Mitnahme erforderlich ist, weil ihre anderweitige Betreuung nicht sichergestellt

8 BT-Drs. 19/13824, 194.
9 Schmidt SGB XIV/Feddern § 52 Rn. 9.
10 BT-Drs. 19/13824, 194.

ist, die notwendigen Reisekosten einschließlich des Gepäcktransports sowie der Kosten für Verpflegung und Unterkunft in angemessenem Umfang ersetzt. [3]Maßstab für die Angemessenheit ist das Bundesreisekostengesetz. [4]Kein Anspruch auf Ersatz der Reisekosten besteht, wenn eine stationäre Behandlung ohne zwingenden Grund abgebrochen wird.

(2) Dauert eine Maßnahme länger als acht Wochen, so können auch die notwendigen Reisekosten für im Regelfall monatlich zwei Familienheimfahrten oder monatlich zwei Fahrten eines Familienangehörigen zum Aufenthaltsort des Berechtigten übernommen werden.

(3) Bei notwendiger Begleitung wird Ersatz für entgangenen Arbeitsverdienst in angemessenem Umfang geleistet, wenn der Berechtigte der Begleitperson zur Erstattung verpflichtet ist.

A. Gesetzesgeschichte

I. Geltendes und neues Recht

1 Bis zum 31.12.2023 ist der Anspruch auf Übernahme von Reisekosten in § 24 Abs. 1 BVG[1] geregelt. Der Ersatz für entgangenen Arbeitsverdienst bei notwendiger Begleitung ist aktuell in § 24 Abs. 2 S. 1 Buchst. a BVG normiert.

2 § 53 geht zurück auf den Gesetzentwurf der Bundesregierung vom 9.10.2019, BT-Drs. 19/13824, 194 f. und tritt mWv 1.1.2024 in Kraft.[2]

II. Änderungen im SGB XIV gegenüber dem BVG und Parallelität

3 Abs. 1 und 2 übernehmen im Wesentlichen den Regelungsgehalt von § 24 Abs. 1 BVG. Abs. 3 stimmt mit der Regelung in § 24 Abs. 2 S. 1 Buchst. a BVG überein.

4 Der Ausfall von Arbeitsverdienst, der bei der oder dem Berechtigen selbst aufgrund der Inanspruchnahme von Leistungen der Krankenbehandlung entsteht, ist bis 31.12.2023 in § 24 Abs. 2 BVG berücksichtigt und wird ab 1.1.2024 unter den Voraussetzungen des § 47 durch das Krankengeld der Sozialen Entschädigung als Entgeltersatzleistung ausgeglichen.[3]

B. Normsystematik

I. Allgemeiner Regelungsgehalt

5 Abs. 1 regelt den Anspruch auf Reisekosten im Zusammenhang mit einer Leistung der Krankenbehandlung der SE. Nach Abs. 2 können die Kosten von Familienheimfahrten

1 IdF d. BVGÄndG 2007 v. 13.12.2007, BGBl. 2007 I 2904.
2 Art. 60 Abs. 7 G-SER v. 12.12.2019, BGBl. 2019 I 2652.
3 BT-Drs. 19/13824, 194 f.

und Besuchsfahrten übernommen werden. Abs. 3 normiert den Anspruch auf Ersatz für entgangenen Arbeitsgewinn bei notwendiger Begleitung. Die Regelung gilt für alle Berechtigten iSv § 2 Abs. 1.[4]

II. Systematische Einordnung und Normzweck

Reisekosten nach Abs. 1 stellen eine **akzessorische Nebenleistung** zu den Leistungen der Krankenbehandlung nach §§ 42, 43 dar.[5] Dem besonderen Charakter des SER entspricht es, dass die Übernahme der Reisekosten nicht auf den Umfang der Regelungen über die Übernahme von Fahrkosten nach § 60 Abs. 2 bis 4 SGB V beschränkt werden.[6] 6

C. Einzelkommentierung

I. Anspruch auf Übernahme von Reisekosten, Abs. 1

Der Regelungsgehalt von Abs. 1 stimmt im Wesentlichen mit § 24 Abs. 1 BVG überein,[7] die hierfür geltenden Grundsätze können daher herangezogen werden. Es gilt das **Sachleistungsprinzip**, die TdSE haben daher anfallende Kosten grundsätzlich mit dem Transportunternehmen abzurechnen.[8] 7

1. Voraussetzungen. Der Kostenübernahmeanspruch nach Abs. 1 S. 1 setzt voraus, dass Reisekosten im Zusammenhang mit einer Leistung der Krankenbehandlung des SER nach §§ 42, 43 entstehen. Unerheblich ist, ob es sich um eine ambulante oder stationäre Maßnahme der Krankenbehandlung handelt.[9] Die Krankenbehandlung stellt die Hauptleistung dar, von deren Erbringung die Übernahme der Reisekosten als akzessorische Nebenleistung abhängt; die Krankenbehandlung muss also kausal für die Entstehung der Reisekosten sein.[10] 8

Ersetzt werden nach Abs. 1 S. 2 die notwendigen Kosten für die Berechtigten selbst, aber auch die Kosten für eine notwendige Begleitung. Erfasst werden die Kosten, die erforderlich sind, um die Reise zum Ort der Krankenbehandlung und von dort wieder zurück, idR an den Wohnort, zurückzulegen.[11] Die Notwendigkeit von Reisekosten beurteilt sich nach den Verhältnissen des konkreten Einzelfalles.[12] Hiervon abhängig ist, ob die Benutzung eines PKWs oder Taxis statt öffentlicher Verkehrsmittel notwendig ist. Notwendig sind jedenfalls die Kosten, die bei Benutzung eines regelmäßig verkehrenden öffentlichen Verkehrsmittels der niedrigsten Klasse unter Berücksichtigung der günstigsten Verkehrsverbindung entstehen.[13] 9

Eine Begleitung ist notwendig, wenn Geschädigte den Weg von der Wohnung zum Behandlungsort und zurück aus gesundheitlichen – auch schädigungsunabhängigen – Gründen nicht allein zurücklegen können oder wenn sich ihre – auch schädigungsunabhängige – Behinderung so stark auswirkt, dass ohne eine Begleitung der Erfolg der Behandlungsmaßnahme gefährdet ist.[14] Das kann insbesondere bei schwerer Gehbehinderung (Merkzeichen „aG"), Hilflosigkeit (Merkzeichen „H") oder bei Blind- 10

4 Schmidt SGB XIV/Feddern § 53 Rn. 3.
5 Knickrehm/Mushoff/Schmidt Neues SozEntschR Rn. 183.
6 BT-Drs. 19/13824, 194; HK-SozEntschR/Vogl BVG § 24 Rn. 2.
7 BT-Drs. 19/13824, 194.
8 Knickrehm/Mushoff/Schmidt Neues SozEntschR Rn. 182; aA Schmidt SGB XIV/Feddern § 53 Rn. 4, wonach auch Aufwendungsersatz in Betracht kommt.
9 BT-Drs. 19/13824, 194 f.
10 HK-SozEntschR/Vogl BVG § 24 Rn. 8; LPK-SGB V/Hellkötter-Backes/Murawski § 60 Rn. 1 zum Recht der GKV; vgl. jurisPK-SGB IX/Schlette § 73 Rn. 11.
11 HK-SozEntschR/Vogl BVG § 24 Rn. 8.
12 BT-Drs. 19/13824, 194 f.
13 HK-SozEntschR/Vogl BVG § 24 Rn. 10 mwN.
14 BT-Drs. 19/13824, 194 f.

heit, aber auch bei psychischen Erkrankungen der Fall sein.[15] Die Notwendigkeit der Begleitperson kann auch erst am Maßnahmeort entstehen, etwa wegen einer plötzlichen Erkrankung oder Verschlimmerung einer Erkrankung.[16] Unerheblich ist dagegen, ob sich die Notwendigkeit der Begleitung als Schädigungsfolge darstellt.

11 Die Kosten für die **Mitnahme von Kindern** werden ebenfalls nach Abs. 1 S. 2 ersetzt, wenn ihre Mitnahme an den Maßnahmeort erforderlich ist, weil ihre anderweitige Betreuung nicht sichergestellt ist. Dies kann vor allem bei Alleinerziehenden gegeben sein, aber auch dann, wenn im Einzelfall das andere Elternteil zur Kinderbetreuung außerstande ist.

12 **2. Erstattungsfähige Kosten.** Übernahmefähig sind nach Abs. 1 die Reisekosten. Hierzu gehören zunächst die Fahrkosten (Abs. 1 S. 1) für die Geschädigten, die mitzunehmenden Kinder und notwendige Begleitpersonen. Die Reisekosten schließen ferner die Kosten des Gepäcktransportes, für Unterkunft und Verpflegung ein. Letztere sind Reisekosten nur insoweit sie nicht bereits Teil der Hauptleistung sind, wie dies etwa bei stationärer Behandlung im Krankenhaus oder in Rehabilitationseinrichtungen der Fall ist. Darüber hinaus sind Unterkunftskosten nur notwendig, wenn die Hauptleistung und unter Berücksichtigung von Art und Schwere der Behinderung nicht ohne Übernachtung bewältigt werden kann.[17]

13 Die Reisekosten werden im angemessenen Umfang getragen (Abs. 1 S. 2), wobei nach der ausdrücklichen Regelung von S. 3 Maßstab für die Angemessenheit das Bundesreisekostenrecht ist. Damit hat der Gesetzgeber die Bestimmungen der BVGVwV zu § 24 Nr. 1 übernommen. Da es sich bei dem Begriff der „Angemessenheit" aber um einen unbestimmten Rechtsbegriff handelt, ist über die nach gesetzgeberischer Wertung jedenfalls als angemessen anzusehenden Kosten in Höhe des Bundesreisekostenrechtes hinaus unter Berücksichtigung der Gesamtumstände nicht ausgeschlossen, dass im Einzelfall höhere Kosten als angemessen zu erachten sind. Nachdem der Gesetzgeber aber in Abs. 1 im Unterschied zu dem bis 31.12.2023 geltenden Recht eine ausdrückliche Wertung normiert hat,[18] kommt die Übernahme höherer Kosten nur ausnahmsweise in Betracht.

14 **3. Ausschluss des Anspruches.** Der Anspruch auf Übernahme der Reisekosten ist nach S. 4 ausgeschlossen, wenn eine stationäre Behandlung ohne zwingenden Grund abgebrochen wird. Es muss sich um Gründe handeln, die eine Fortsetzung der Behandlungsmaßnahme nicht mehr zumutbar erscheinen lassen.[19] Ein zwingender Grund iSv S. 4 liegt beispielweise bei einer akuten schweren Erkrankung eines Familienangehörigen vor.[20] Der Anspruchsausschluss greift ein, wenn das Verhalten der Geschädigten für den Behandlungsabbruch ursächlich gewesen ist; nicht erforderlich ist, dass die Geschädigten selbst die Maßnahme abgebrochen haben. Ausreichend ist daher, wenn die Behandlung durch die Einrichtung zB wegen des Verhaltens der berechtigten Person abgebrochen wird, für das er keinen wichtigen Grund benennen kann.[21]

II. Familienheimfahrten und Besuchsreisen, Abs. 2

15 Unter den Voraussetzungen von Abs. 2 können auch die notwendigen Reisekosten für Familienheimfahrten und Besuchsreisen, also Fahrten eines Familienangehörigen zum Aufenthaltsort der berechtigten Person, übernommen werden.

15 HK-SozEntschR/Vogl BVG § 24 Rn. 13 mwN.
16 Hierzu BSG 28.1.1981 – 9 RV 26/80, SozR 3100 § 24 Nr. 2.
17 HK-SozEntschR/Vogl BVG § 24 Rn. 11.
18 Vgl. HK-SozEntschR/Vogl BVG § 24 Rn. 12.
19 Knickrehm/Mushoff/Schmidt Neues SozEntschR Rn. 182.
20 BT-Drs. 19/13824, 194 f.
21 Knickrehm/Mushoff/Schmidt Neues SozEntschR Rn. 185.

1. Voraussetzungen. Voraussetzung ist, dass die Maßnahme der Krankenbehandlung länger als acht Wochen dauert; dies bezieht sich auf die **Gesamtdauer** der Hauptleistung. Steht von vornherein fest, dass die Behandlungsmaßnahme länger als 8 Wochen dauern wird, können die Kosten für die Familienheimfahrt oder Besuchsreise bereits im ersten Monat übernommen werden. 16

2. Rechtsfolge. Im Unterschied zu den Leistungen nach Abs. 1 handelt es sich bei der Übernahme von Reisekosten für Familienheimfahrten oder Besuchsreisen von Familienangehörigen nach Abs. 2 um **Ermessensleistungen.**[22] Die Ermessensentscheidung betrifft das „Ob" und „Wie" der Kostenübernahme und erfolgt anhand der konkreten Umstände des Einzelfalles. Die familiäre Situation und Zumutbarkeitsgesichtspunkte finden dabei besondere Berücksichtigung.[23] Insoweit wird an die bisherige Rechtspraxis angeknüpft.[24] In der Regel werden die notwendigen Reisekosten für monatlich zwei Familienheimfahrten oder zwei Besuchsfahrten übernommen. Die Fahrten sind alternativ („oder"), nicht kumulativ möglich. 17

Reisekosten für Besuchsreisen von Familienangehörigen sollen nach der Gesetzesbegründung nur für einen angemessenen Zeitraum übernommen werden können, die Grenze soll je nach Dauer der Anreise bei maximal drei bis vier Tagen liegen.[25] 18

III. Ausgleich von Verdienstausfall der Begleitperson, Abs. 3

Führt die notwendige Begleitung nach Abs. 1 S. 2 einer oder eines Berechtigten bei der Begleitperson zu einem Verdienstausfall, wird nach Abs. 3 der oder dem Berechtigen Ersatz geleistet. Voraussetzung ist, dass die berechtigte Person der Begleitperson zur Erstattung verpflichtet ist. Die Berechtigten haben die Erstattungspflicht gegenüber der Begleitperson der zuständigen Stelle nachzuweisen. 19

Die Regelung betrifft – wie schon nach geltendem Recht – nur den Ersatz von Verdienstausfällen unentgeltlich tätiger Begleitpersonen, die beispielsweise unbezahlten Urlaub nehmen, um eine Begleitung zu ermöglichen. Nicht erstattet wird daher der Arbeitsverdienst **berufsmäßiger** Begleitpersonen. Keine Begleitperson iSd § Abs. 3 ist somit eine bezahlte Pflegekraft. 20

Der Ausgleich des entgangenen Arbeitsverdienstes erfolgt in angemessenem Umfang, er wird bei abhängig Beschäftigten in der Regel in Höhe des Nettoarbeitsentgeltes ersetzt.[26] Möglich ist ausnahmsweise auch die Erstattung von Beiträgen zur Sozialversicherung.[27] Bei Begleitpersonen, die selbstständig erwerbstätig sind, wird auf den tatsächlichen Ausfall an Arbeitsverdienst abgestellt. Der Berechnung ist grundsätzlich das durch den Einkommensteuerbescheid nachgewiesene Jahreseinkommen zugrunde zu legen.[28] Anspruchsinhaber ist die berechtigte Person, nicht die Begleitperson. 21

D. Anhang

I. BVG

Bis 31.12.2023 ist § 24 BVG in Kraft, die Vorschrift hat folgenden Normtext: 22

§ 24 BVG [Ersatz persönlicher Unkosten]

(1) [1]Berechtigte haben Anspruch auf Übernahme der Reisekosten, die im Zusammenhang mit einer Leistung der Heil- oder Krankenbehandlung sowie bei einer Badekur entstehen. [2]Den Berechtigten

22 BT-Drs. 19/13824, 194 f.
23 BT-Drs. 19/13824, 194 f.
24 Vgl. HK-SozEntschR/Vogl BVG § 24 Rn. 15.
25 BT-Drs. 19/13824, 194 f.
26 BT-Drs. 19/13824, 194 f.
27 HK-SozEntschR/Vogl BVG § 24 Rn. 18.
28 BT-Drs. 19/13824, 194 f.

werden für sich, eine notwendige Begleitung sowie für Kinder, deren Mitnahme an den Rehabilitationsort erforderlich ist, weil ihre anderweitige Betreuung nicht sichergestellt ist, die notwendigen Reisekosten einschließlich des erforderlichen Gepäcktransports sowie der Kosten für Verpflegung und Unterkunft in angemessenem Umfang ersetzt. [3]Dauert die Maßnahme länger als acht Wochen, so können auch die notwendigen Reisekosten für Familienheimfahrten oder für Fahrten eines Familienangehörigen zum Aufenthaltsort des Berechtigten oder Leistungsempfängers übernommen werden. [4]Wird eine stationäre Behandlung ohne zwingenden Grund abgebrochen, besteht kein Anspruch auf Ersatz der Reisekosten.

(2) [1]Ersatz für entgangenen Arbeitsverdienst wird in angemessenem Umfang gewährt

a) bei der Anpassung und der Instandsetzung von Hilfsmitteln,
b) bei notwendiger Begleitung, wenn der Berechtigte der Begleitperson zur Erstattung verpflichtet ist.

[2]Satz 1 Buchstabe b gilt auch im Zusammenhang mit Leistungen, die die Krankenkasse zur Behandlung von Schädigungsfolgen erbringt.

(3) Ist ohne behördliche Zustimmung ein Hilfsmittel (§ 13 Abs. 1) angepaßt, geändert oder ausgebessert worden, so werden Ersatz der baren Auslagen und Entschädigung für entgangenen Arbeitsverdienst in angemessenem Umfang gewährt, wenn die Notwendigkeit der Maßnahme anerkannt wird.

II. BVGVwV

23 Es existieren die folgenden Allgemeinen Verwaltungsvorschriften zum Bundesversorgungsgesetz[29] (BVGVwV) zu § 24:

1. Als notwendige Reisekosten (§ 24 Abs. 1) gelten Fahrkosten, Nebenkosten und Kosten für Unterkunft und Verpflegung. Diese Kosten sind nach den Bestimmungen des Reisekostenrechts für Bundesbeamte in Höhe der Reisekostenstufe A zu ersetzen. Werden freie Unterkunft und Verpflegung gewährt, so besteht kein Anspruch auf Tage- und Übernachtungsgeld. Bei Familienheimfahrten werden Reisekosten nur für die Tage der Hin- und Rückfahrt gewährt.
2. Sofern die Voraussetzungen des § 24 Abs. 1 Satz 2 erfüllt sind, können die Reisekosten für im Regelfall monatlich eine Familienheimfahrt oder Besuchsreise übernommen werden. Besuchsreisen sind für einen angemessenen Zeitraum unter Berücksichtigung der Dauer der An- und Abreise zuzulassen. Dieser Zeitraum darf drei Tage, bei einer Dauer der An- und Abreise von jeweils mehr als zehn Stunden vier Tage einschließlich der Reisetage nicht überschreiten.
3. Entgangener Arbeitsverdienst (§ 24 Abs. 2) wird in der Regel in Höhe des Nettoarbeitsverdienstes ersetzt.
4. Auf den Nachweis, daß der Berechtigte der Begleitperson zur Erstattung verpflichtet ist (§ 24 Abs. 2), kann verzichtet werden, wenn es sich bei der Begleitperson um einen Familienangehörigen handelt, dessen eigener Arbeitsverdienst regelmäßig auch dem Berechtigten zugute kommt.

Abschnitt 2 Vergütung der Leistungserbringer

§ 54 Vergütung für Leistungen der Krankenbehandlung

(1) Die Leistungserbringer der Krankenbehandlung nach § 42 haben Anspruch auf die Vergütung, die für die Krankenbehandlung der Versicherten der gesetzlichen Krankenkassen zu zahlen ist.

(2) Der Anspruch ist bei der nach § 57 Absatz 2 und Absatz 3 zuständigen Krankenkasse geltend zu machen.

A. Gesetzesgeschichte

I. Geltendes und neues Recht

1 Die Vergütung der Erbringer von Leistungen der Heil- und Krankenbehandlung ist bis 31.12.2023 in § 18c Abs. 4 BVG[1] geregelt.

29 Vom 26.6.1969, Beilage Nr. 15/69 zum BAnz. Nr. 119, geändert durch Allgemeine Verwaltungsvorschrift vom 25.4.1974, BAnz. Nr. 83, und Zweite Allgemeine Verwaltungsvorschrift vom 27.8.1986, BAnz. Nr. 161, S. 12297.

1 IdF d. BVGÄndG 2011, BGBl. 2011 I 1114.

§ 54 geht zurück auf den Gesetzentwurf der Bundesregierung vom 9.10.2019, BT-Drs. 19/13824, 195 und tritt mWz 1.1.2024 in Kraft.[2] 2

II. Änderungen im SGB XIV gegenüber dem BVG und Parallelität

Ebenso wie § 18c Abs. 4 BVG begrenzt § 54 den Vergütungsanspruch der Leistungserbringer auf die Vergütung, die für Versicherte der GKV zu zahlen ist.[3] Anders als § 18c Abs. 4 BVG gilt § 54 nicht für die Vergütung von Hilfsmittelerbringern. Da ab 1.1.2024 die Versorgung mit Hilfsmitteln entsprechend dem Recht der gesetzlichen Unfallversicherung nach dem SGB VII erfolgt (§ 46), hat der Gesetzgeber konsequenterweise die Leistungsvergütung auch hieran ausgerichtet und – gesondert – in § 56 geregelt. 3

B. Normsystematik

I. Allgemeiner Regelungsgehalt

Die Vorschrift bestimmt den Umfang des Vergütungsanspruches von Leistungserbringern für Leistungen der Krankenbehandlung nach § 42.[4] Abs. 2 regelt klarstellend, dass für die Leistungsabrechnung die Krankenkasse zuständig ist.[5] 4

II. Systematische Einordnung und Normzweck

Die Vergütung der Leistungserbringer der Krankenbehandlung der SE (§§ 41 ff.) nach dem 5. Kapitel ist im 2. Abschnitt „Vergütung der Leistungserbringer" geregelt. Der Gesetzgeber differenziert danach, wer für die Leistungserbringung zuständig ist: die Krankenkassen (§ 54), die TdSE (§ 55) oder die Unfallkassen der Länder (§ 56). Die Höhe der Vergütung richtet sich dabei regelmäßig nach dem Regime des Leistungssystems, dem die für die Vergütung zuständige Behörde angehört. Die Vorschriften des 2. Abschnittes über das Leistungserbringerrecht werden ergänzt durch die Bestimmungen des 3. Abschnittes „Zuständigkeit und Datenübermittlung", in denen die Zuständigkeit für die Durchführung und Erbringung der Leistungen des 5. Kapitels geregelt werden (§ 57) und die Rechtsgrundlagen für die Übermittlung der (Abrechnungs-)Daten von Leistungserbringer zu Krankenkasse, TdSE bzw. Unfallkassen der Länder (§ 58) normiert sind. Im 4. Abschnitt ist schließlich die Erstattung der Aufwendungen der Krankenkassen bzw. Unfallkassen der Länder für die Leistungserbringung und der Verwaltungskosten (§§ 60, 61) durch die TdSE geregelt. 5

Die Norm ist Ausfluss des nach § 44 Abs. 1 geltenden Sachleistungsprinzips:[6] Da die Leistungsberechtigten von den Leistungserbringern nicht direkt in Anspruch genommen werden können, können sie ihre Leistungen bei der zuständigen Krankenkasse vergütet verlangen (→ § 44 Rn. 9). 6

Die Vergütung für die Versorgung mit Hilfsmitteln ist in § 56 geregelt, der strukturell § 54 entspricht.

C. Einzelkommentierung

I. Vergütungsanspruch für Leistungserbringer, Abs. 1

Abs. 1 normiert den **Vergütungsanspruch** für **Leistungserbringer der Krankenbehandlung** der SE nach § 42. Inhaber des Vergütungsanspruches können damit je nach Art der Leistung vor allem ärztliche und psychotherapeutische Leistungserbringer sowie 7

---

2 Art. 60 Abs. 7 G-SER v. 12.12.2019, BGBl. 2019 I 2652.
3 Vgl. zum geltenden Recht HK-SozEntschR/Vogl BVG § 18c Rn. 10.
4 BT-Drs. 19/13824, 195.
5 BT-Drs. 19/13824, 195.
6 Schmidt SGB XIV/Feddern § 54 Rn. 1.

nichtärztliche Leistungserbringer wie etwa Physiotherapeuten, Krankenhäuser und Apotheken sein. Ihr Vergütungsanspruch ist begrenzt – wie schon nach § 18c Abs. 4 BVG bis zum 31.12.2023 – auf die für Versicherte der gesetzlichen Krankenkassen zu zahlende Vergütung.

8 Die einschlägigen Vergütungsverträge und Vergütungsbestimmungen für die Leistungserbringung nach SGB V sind somit maßgeblich.[7] Hierzu gehören vor allem die Vergütungsbestimmung des 4. Kapitels des SGB V (§§ 69 – 140h SGB V) und die aufgrund dieses Kapitels von den Krankenkassen und ihren Verbänden abgeschlossenen Verträge mit den Leistungserbringern, insbesondere die **Gesamtverträge** nach § 85 SGB V[8], die **Bundesmantelverträge** und der **einheitliche Bewertungsmaßstab** (EBM) nach § 87 SGB V[9] für die ärztliche bzw. zahnärztliche Leistungserbringung, das Bundesleistungsverzeichnis und Vergütungsvereinbarungen auf Landesebene nach § 88 SGB V für die zahntechnischen Leistungen.[10] Hinsichtlich der nichtärztlichen Leistungserbringer sind insbesondere die nach § 125 SGB V für den Heilmittelbereich[11] abgeschlossenen Verträge, die Verträge nach § 127 SGB V einschließlich des Hilfsmittelverzeichnisses nach § 139 SGB V für die Hilfsmittelversorgung[12] und hinsichtlich der Arzneimittelversorgung der Rahmenvertrag nach § 129 SGB V[13] heranzuziehen, sowie für die sonstigen Leistungserbringer die Vorschriften des 8. Abschnittes des 4. Kapitels des SGB V einschließlich der auf dieser Grundlage abgeschlossenen Verträge. Für den Bereich der stationären Versorgung sind § 109 SGB V, die hiernach abgeschlossenen Verträge der Landesverbände der Krankenkassen, der Ersatzkassen und der Krankenhausträger, die Versorgungsverträge[14] und vor allem die Vorschriften des KHEntG maßgeblich.

II. Geltendmachung, Abs. 2

9 Abs. 1 normiert den Vergütungsanspruch für Leistungserbringer der Krankenbehandlung der SE nach § 42. Inhaber des Vergütungsanspruches können damit je nach Art der Leistung vor allem ärztliche und psychotherapeutische Leistungserbringer sowie nichtärztliche Leistungserbringer wie etwa Physiotherapeuten, Krankenhäuser und Apotheken sein. Ihr Vergütungsanspruch ist begrenzt – wie schon nach § 18c Abs. 4 BVG bis zum 31.12.2023 – auf die für Versicherte der gesetzlichen Krankenkassen zu zahlende Vergütung. Die einschlägigen Vergütungsverträge und Vergütungsbestimmungen für die Leistungserbringung nach SGB V sind somit maßgeblich.[15]

10 Den Vergütungsanspruch nach Abs. 1 müssen die Leistungserbringer nach Abs. 2 bei der nach § 57 Abs. 2 (für Geschädigte, die Mitglied einer Krankenkasse oder nach § 10 SGB V familienversichert sind) und § 57 Abs. 3 (für Geschädigte, die mangels Mitgliedschaft oder Familienversicherung in einer Krankenkasse ein Wahlrecht nach § 173 SG V ausgeübt haben) zuständigen Krankenkasse geltend machen, die ihrerseits ihre hierfür entstandenen Aufwendungen nach § 60 von der als TdSE zuständigen Verwaltungsbehörde erstattet erhält.

7 BT-Drs. 19/13824, 195.
8 Vgl. LPK-SGB V/Engelhardt-Au § 85.
9 Siehe zu den Einzelheiten LPK-SGB V/Vogl/Engelhart-Au § 87.
10 Vgl. LPK-SGB V/Schuler § 88.
11 Einzelheiten s. LPK-SGB V/Hänlein § 125.
12 Vgl. LPK-SGB V/Legde/Murawski § 127.
13 Hierzu LPK-SGB V/Legde/Murwaski § 129.
14 Siehe hierzu LPK-SGB V/Hänlein §§ 108–109.
15 BT-Drs. 19/13824, 195.

D. Anhang

Bis 31.12.2023 ist § 18c Abs. 4 BVG in Kraft, die Vorschrift hat hinsichtlich der Vergütung für die Leistungen der Heil- und Krankenbehandlung folgenden Normtext: 11

§ 18c BVG [Zuständigkeit der Verwaltungsbehörde oder der Krankenkasse]

(4) [1]Auch wenn die Heil- und Krankenbehandlung nur auf Grund dieses Gesetzes gewährt werden, haben Ärzte, Zahnärzte, Apotheker und andere der Heil- und Krankenbehandlung dienende Personen sowie Krankenanstalten und Einrichtungen nur auf die für Mitglieder der Krankenkasse zu zahlende Vergütung Anspruch. [2]Bei der Beschaffung von Hilfsmitteln im Sinne des § 13 darf die von der Ortskrankenkasse für ihre Mitglieder am Sitz des Lieferers zu zahlende Vergütung nicht überschritten werden. [3]Soweit zur Versorgung mit einem Körperersatzstück eine Vereinbarung im Sinne des § 13 Absatz 5 geschlossen worden ist, darf abweichend von Satz 2 die in dieser Vereinbarung vorgesehene Vergütung nicht überschritten werden. [4]Ausnahmen von diesen Vorschriften können zugelassen werden.

§ 55 Vergütung für ergänzende Leistungen

(1) [1]Die Erbringer der in § 43 Absatz 1 genannten ergänzenden Leistungen haben Anspruch auf Vergütung. [2]Der Anspruch ist bei der zuständigen Verwaltungsbehörde geltend zu machen.

(2) Die Höhe der Vergütung für besondere psychotherapeutische Leistungen nach § 43 Absatz 2 Nummer 1 richtet sich

1. nach § 21 Psychotherapeutenausbildungsreformgesetz (PsychThGAusbRefG) und
2. nach der Gebührenordnung für Ärzte in der jeweils geltenden Fassung. § 11 der Gebührenordnung für Ärzte findet keine Anwendung.

(3) Die Höhe der Vergütung für besondere zahnärztliche, implantologische, kieferchirurgische und kieferorthopädische Leistungen sowie für Mehrleistungen für Zahnersatz nach § 43 Absatz 2 Nummer 2 richtet sich

1. nach der Gebührenordnung für Zahnärzte in der jeweils geltenden Fassung und
2. nach der Bundeseinheitlichen Benennungsliste für zahntechnische Leistungen (BEB).

(4) [1]Ist eine Leistung nicht von einer in den Absätzen 2 und 3 genannten Gebührenordnung erfasst, so erfolgt eine angemessene Vergütung in Anlehnung an die genannten Gebührenordnungen. [2]Dabei sind die Besonderheiten des Einzelfalls sowie Art und Umfang der erbrachten Leistungen zu berücksichtigen.

(5) Für besondere heilpädagogische Leistungen nach § 43 Absatz 2 Nummer 3 erhalten die Leistungserbringer eine angemessene Vergütung.

(6) [1]Die Höhe der Vergütung für besondere verschreibungspflichtige Arzneimittel nach § 43 Absatz 2 Nummer 4 richtet sich nach der Arzneimittelpreisverordnung in der jeweils geltenden Fassung. [2]Kosten für besondere nicht verschreibungspflichtige Arzneimittel und Arzneimittel, bei denen der Festbetrag überschritten wird, werden in voller Höhe übernommen.

(7) Die Höhe der Vergütung für besondere über die allgemeinen Krankenhausleistungen hinausgehende ärztliche und nichtärztliche Leistungen im Rahmen einer stationären Behandlung nach § 43 Absatz 2 Nummer 5 richtet sich nach § 17 des Gesetzes über die Entgelte für vollstationäre und teilstationäre Krankenhausleistungen in der jeweils geltenden Fassung.

A. Gesetzesgeschichte

I. Geltendes und neues Recht

1 Die Vergütung der Erbringer von Leistungen der Heil- und Krankenbehandlung ist bis 31.12.2023 in § 18c Abs. 4 BVG[1] geregelt.

2 § 55 geht zurück auf den Gesetzentwurf der Bundesregierung vom 9.10.2019, BT-Drs. 19/13824, 195 und tritt mWz 1.1.2024 in Kraft.[2]

II. Änderungen im SGB XIV gegenüber dem BVG und Parallelität

3 Nach § 18c Abs. 4 BVG werden grundsätzlich alle Leistungen der Heil- und Krankenbehandlung nach den für das SGB V geltenden Vergütungssätzen gezahlt, bis zum 31.12.2023 sind die ergänzenden Leistungen der Heil- und Krankenbehandlung im BVG spezialgesetzlich in unterschiedlichen Normen geregelt (→ § 43 Rn. 1 ff.). Der Neustrukturierung des Rechtes der Krankenbehandlung der SE durch das SGB XIV entspricht es, die ergänzenden Leistungen nach § 43, die nach Art und Umfang über das Leistungsniveau des SGB V hinausgehen, auch hinsichtlich ihrer Vergütung speziell zu regeln.

B. Normsystematik

I. Allgemeiner Regelungsgehalt

4 Den nach Abs. 1 S. 2 bestehenden Anspruch auf Vergütung der ergänzenden Leistungen der Krankenbehandlung der SE nach § 43 haben die Leistungserbringer nach Abs. 1 S. 2 bei der zuständigen Verwaltungsbehörde geltend zu machen. Die Abs. 2 bis 7 regeln Art und Umfang der Vergütung von Erbringern ergänzender Leistungen der Krankenbehandlung nach § 43. Es wird auf bestehende Regelungen und Verordnungen verwiesen.[3]

II. Systematische Einordnung und Normzweck

5 Die Vergütung der Leistungserbringer der Krankenbehandlung der SE (§§ 41 ff.) nach dem 5. Kapitel ist im 2. Abschnitt „Vergütung der Leistungserbringer" geregelt. Der Gesetzgeber differenziert danach, wer für die Leistungserbringung zuständig ist: die Krankenkassen (§ 54), die TdSE (§ 55) oder die Unfallkassen der Lander (§ 56). Die Höhe der Vergütung richtet sich dabei regelmäßig nach dem Regime des Leistungssystems, dem die für die Vergütung zuständige Behörde angehört. Die Vorschriften des 2. Abschnittes über das Leistungserbringerrecht werden ergänzt durch die Bestimmungen des 3. Abschnittes „Zuständigkeit und Datenübermittlung", in denen die Zustän-

1 IdF d. BVGÄndG 2011, BGBl. 2011 I 1114.
2 Art. 60 Abs. 7 G-SER v. 12.12.2019, BGBl. 2019 I 2652.
3 BT-Drs. 19/13824, 195.

digkeit für die Durchführung und Erbringung der Leistungen des 5. Kapitels geregelt werden (§ 57) und die Rechtsgrundlagen für die Übermittlung der (Abrechnungs-)Daten von Leistungserbringer zu Krankenkasse, TdSE bzw. Unfallkassen der Länder (§ 58) normiert sind. Im 4. Abschnitt ist schließlich die Erstattung der Aufwendungen der Krankenkassen bzw. Unfallkassen der Länder für die Leistungserbringung und der Verwaltungskosten (§§ 60, 61) durch die TdSE geregelt.

§ 55 ist Ausfluss des nach § 44 Abs. 1 geltenden Sachleistungsprinzips (→ § 44 Rn. 9). 6
Die Regelung korrespondiert mit den Vergütungsregelungen in §§ 54, 56 für die Krankenbehandlung der SE nach § 42 bzw. für Hilfsmittel nach § 46. Da gegenüber den Geschädigten der TdSE für die Leistungserbringung nach § 57 Abs. 6 zuständig ist, ist es konsequent, dass auch der Vergütungsanspruch der Leistungserbringer gegen die zuständige Verwaltungsbehörde zu richten ist (Abs. 1 S. 2).

C. Einzelkommentierung

I. Vergütung für ergänzende Leistungen, Abs. 1

Abs. 1 S. 1 normiert einen Vergütungsanspruch für die Erbringer der **ergänzenden** 7
Leistungen der Krankenbehandlung der SE nach § 43. Anspruchsgegner ist die zuständige Verwaltungsbehörde, bei der nach S. 2 der Vergütungsanspruch geltend zu machen ist. Dies korrespondiert mit der Regelung des § 57 Abs. 6, nach der die Verwaltungsbehörde gegenüber den Geschädigten auch für die Leistungserbringung zuständig ist (→ § 57 Rn. 20).

II. Vergütung besonderer psychotherapeutischer Leistungen, Abs. 2

Die Vergütung der **psychotherapeutischen Leistungen** nach § 43 Abs. 2 Nr. 1 erfolgt 8
gem. Abs. 2 Nr. 1 für Psychotherapeutinnen und Psychotherapeuten nach § 21 PsychThGAusbRefG.[4] Danach werden die Entgelte für psychotherapeutische Tätigkeiten von Psychotherapeutinnen und Psychotherapeuten bei Privatbehandlung durch eine **Rechtsverordnung** geregelt, die das BMG mit Zustimmung des Bundesrates erlässt. In der Verordnung sind Mindest- und Höchstsätze für die Leistung festzusetzen; dabei sind auf die berechtigten Interessen sowohl der leistungserbringenden Person als auch der zur Zahlung Verpflichteten zu achten. Abs. 2 Nr. 2 erklärt die **GOÄ** in ihrer jeweiligen Fassung, mit Ausnahme von § 11 GOÄ, der eine Regelung für die Vergütung von Leistungen trifft, wenn ein öffentlich-rechtlicher Kostenträger vorhanden ist, für anwendbar. Nach § 11 GOÄ ist die Bemessung der Gebühren nach § 5 GOÄ ausgeschlossen.[5]

Die besonderen psychotherapeutischen Leistungen werden somit nach Gebührenord- 9
nungen vergütet, die für die Abrechnung mit Privatpatienten gelten. Dies ist vor dem Hintergrund, dass es sich um Leistungen handelt, die über die psychotherapeutischen Leistungen nach dem SGB V in Art und Umfang hinausgehen (→ § 43 Rn. 14 ff.), nur konsequent. Die Höhe der Gebühr bemisst sich in Abhängigkeit vom Schwierigkeitsgrad und Zeitaufwand der einzelnen Leistung.[6]

III. Vergütung besonderer zahnmedizinischer Leistungen, Abs. 3

Die Vergütung besonderer zahnmedizinischer, also besonderer zahnärztlicher, implan- 10
tologischer, kieferchirurgischer und kieferorthopädischer Leistungen und die Mehrleistungen für Zahnersatz iSv § 43 Abs. 2 Nr. 2 ist in Abs. 3 geregelt und erfolgt eben-

4 V. 15.11.2019, BGBl. 2019 I 1604.
5 Schmidt SGB XIV/Feddern § 55 Rn. 9.
6 BT-Drs. 19/13824, 195.

falls nach Gebührenordnungen, die für die Abrechnung mit Privatpatienten gelten.[7] Dies ist die **Gebührenordnung für Zahnärzte** (GOZ)[8], die nach Abs. 3 Nr. 1 in der jeweils geltenden Fassung anzuwenden ist.

11 Da die Gebührenordnung für Zahnärzte keine Preisregelung für zahntechnische Leistungen enthält, wird zu deren Vergütung auf die **Bundeseinheitliche Benennungsliste für zahntechnische Leistungen** (BEB) verwiesen.[9]

12 Die Höhe der Gebühr bemisst sich in Abhängigkeit vom Schwierigkeitsgrad und Zeitaufwand der einzelnen Leistung.[10]

IV. Vergütung für nicht in der Gebührenordnung erfasste Leistungen, Abs. 4

13 Ärztliche und nichtärztliche Leistungen, die in den in Abs. 2 oder 3 genannten Gebührenordnungen nicht erfasst sind, werden nach Abs. 4 S. 1 entsprechend einer nach Art, **Kosten- und Zeitaufwand** gleichwertigen Leistung in Anlehnung an bestehende Gebührenordnungen berechnet.[11] Besonderheiten des Einzelfalles und Art und Umfang der erbrachten Leistungen sind nach Abs. 4 S. 2 zu berücksichtigen.

V. Vergütung besonderer heilpädagogischer Leistungen, Abs. 5

14 Nach Abs. 3 erfolgt die Vergütung für heilpädagogische Leistungen nach Vollendung des 18. Lebensjahres nach § 43 Abs. 2 Nr. 3 in angemessener Höhe. Das ist der Fall, wenn sie den **ortsüblichen Maßstäben** für nach Art, Inhalt und Umfang vergleichbaren Leistungen entspricht.[12]

VI. Vergütung besonderer verschreibungspflichtiger Arzneimittel, Abs. 6

15 Nach § 43 Abs. 2 Nr. 4 erfassen die ergänzenden Leistungen auch **besondere verschreibungspflichtige Arzneimittel**. Deren Abgabe erfolgt bundesweit nach einem einheitlichen Apothekenverkaufspreis (§ 31 Abs. 2 SGB V), der sich nach der **Arzneimittelpreisverordnung** nach § 78 AMG richtet.[13] Für die Verordnung dieser Arzneimittel wird nach Abs. 6 S. 1 die Vergütung in Höhe der Arzneimittelpreisverordnung in der jeweiligen Fassung gewährt.

16 **Nicht verschreibungspflichtige Arzneimittel** sind von der Arzneimittelpreisverordnung nicht erfasst und unterliegen nicht der Preisbindung.[14] Die Vergütung für besondere nicht verschreibungspflichtige Arzneimittel und Arzneimittel, bei denen der Festbetrag überschritten wird, erfolgt nach Abs. 6 S. 2 in Höhe der tatsächlich entstandenen Kosten.[15]

VII. Vergütung für besondere Krankenhausleistungen, Abs. 7

17 Für die Vergütung für **Wahlleistungen**, die Gegenstand der Versorgung nach § 42 Abs. 2 Nr. 5 sind, gilt § 17 des Gesetzes über die Entgelte für voll- und teilstationäre Krankenhausleistungen (KHEntG). Es handelt sich um eine dynamische Verweisung, § 17 KEntG ist in der jeweils geltenden Fassung maßgeblich.

---

7 BT-Drs. 19/13824, 195.
8 V. 22.10.1987, BGBl. 1987 I 2316, geändert durch Art. 1 der VO v. 5.12.2011, BGBl. 2011 I 2661.
9 BT-Drs. 19/13824, 195.
10 BT-Drs. 19/13824, 195.
11 BT-Drs. 19/13824, 195.
12 BT-Drs. 19/13824, 195.
13 BT-Drs. 19/13824, 195.
14 BT-Drs. 19/13824, 195.
15 BT-Drs. 19/13824, 195.

D. Anhang

Bis 31.12.2023 gilt hinsichtlich der Vergütung für die Leistungen der Heil- und Krankenbehandlung § 18c Abs. 4 BVG. Der Normtext der Vorschrift ist in der Kommentierung zu → § 54 Rn. 10 abgedruckt. 18

§ 56 Vergütung für die Versorgung mit Hilfsmitteln

(1) Leistungserbringer der Versorgung mit Hilfsmitteln nach § 46 haben Anspruch auf die Vergütung, die für die Versorgung Versicherter der gesetzlichen Unfallversicherung zu zahlen ist.

(2) Der Anspruch ist bei der zuständigen Unfallkasse des Landes geltend zu machen.

A. Gesetzesgeschichte

I. Geltendes und neues Recht

Die Vergütung der Erbringer der Versorgung mit Hilfsmitteln ist bis 31.12.2023 in § 18c Abs. 4 iVm § 13 Abs. 5 BVG[1] geregelt. 1

§ 56 geht zurück auf den Gesetzentwurf der Bundesregierung vom 9.10.2019, BT-Drs. 19/13824, 196 und tritt mWz 1.1.2024 in Kraft.[2] 2

II. Änderungen im SGB XIV gegenüber dem BVG und Parallelität

§ 18c Abs. 4 BVG verweist für den Vergütungsanspruch der Leistungserbringer auf die Vergütung, die für Versicherte der GKV zu zahlen ist.[3] Dabei darf nach § 18 Abs. 4 S. 2 BVG die von der Ortskrankenkasse für ihre Mitglieder am Sitz des Lieferanten zu zahlende Vergütung nicht überschritten werden. Nach § 18c Abs. 4 S. 3 BVG bilden bei der Beschaffung von Hilfsmitteln die in einer nach § 13 Abs. 5 BVG zwischen dem BMAS und den Hilfsmittelerbringern oder ihren Verbänden geschlossenen Vereinbarung festgelegten Vergütungen[4] Obergrenzen.[5] Da ab 1.1.2024 die Versorgung mit Hilfsmitteln entsprechend dem Recht der gesetzlichen Unfallversicherung nach dem SGB VII erfolgt (vgl. § 46), hat der Gesetzgeber konsequenterweise die Leistungsvergütung auch hieran ausgerichtet und nicht mehr am Recht der GKV. 3

Anders als § 18c Abs. 4 BVG gilt § 56 nicht für die Vergütung der Leistungserbringer der Krankenbehandlung; diese ist in § 54 geregelt. 4

B. Normsystematik

I. Allgemeiner Regelungsgehalt

Die Vorschrift regelt den Umfang des Vergütungsanspruches von Leistungserbringern für die Versorgung mit Hilfsmitteln nach § 46.[6] Abs. 2 legt klarstellend fest, dass für die Leistungsabrechnung die Unfallkasse des Landes zuständig ist.[7] 5

II. Systematische Einordnung und Normzweck

Die Vergütung der **Leistungserbringer der Krankenbehandlung der SE** (§§ 41 ff.) nach dem 5. Kapitel ist im 2. Abschnitt „Vergütung der Leistungserbringer" geregelt. Der 6

1 IdF d. BVGÄndG 2011, BGBl. 2011 I 1114.
2 Art. 60 Abs. 7 G-SER v. 12.12.2019, BGBl. 2019 I 2652.
3 Vgl. zum geltenden Recht HK-SozEntschR/Vogl BVG § 18c Rn. 10.
4 HK-SozEntschR/Vogl BVG § 13 Rn. 23.
5 HK-SozEntschR/Vogl BVG § 18c Rn. 12.
6 BT-Drs. 19/13824, 196.
7 BT-Drs. 19/13824, 196.

Gesetzgeber differenziert danach, wer für die Leistungserbringung zuständig ist: die Krankenkassen (§ 54), die TdSE (§ 55) oder die Unfallkassen der Länder (§ 56). Die Höhe der Vergütung richtet sich dabei regelmäßig nach dem Regime des Leistungssystems, dem die für die Vergütung zuständige Behörde angehört. Die Vorschriften des 2. Abschnittes über das Leistungserbringerrecht werden ergänzt durch die Bestimmungen des 3. Abschnittes „Zuständigkeit und Datenübermittlung", in denen die Zuständigkeit für die Durchführung und Erbringung der Leistungen des 5. Kapitels geregelt werden (§ 57) und die Rechtsgrundlagen für die Übermittlung der (Abrechnungs-)Daten von Leistungserbringer zu Krankenkasse, TdSE bzw. Unfallkassen der Länder (§ 58) normiert sind. Im 4. Abschnitt ist schließlich die Erstattung der Aufwendungen der Krankenkassen bzw. Unfallkassen der Länder für die Leistungserbringung und der Verwaltungskosten (§§ 60, 61) durch die TdSE geregelt.

7 Die Norm ist Ausfluss des nach § 44 Abs. 1 geltenden Sachleistungsprinzips:[8] Da die Leistungsberechtigten von den Leistungserbringern nicht direkt in Anspruch genommen werden können, können sie ihre Leistungen bei der zuständigen Krankenkasse vergütet verlangen.

Die Vergütung für die Leistungen der Krankenbehandlung der SE nach § 42 ist in § 54 geregelt, der strukturell § 56 entspricht.

C. Einzelkommentierung

I. Vergütungsanspruch für Hilfsmittelerbringer, Abs. 1

8 Abs. 1 normiert den **Vergütungsanspruch** für Leistungserbringer für die **Versorgung mit Hilfsmitteln** nach § 46. Ihr Vergütungsanspruch ist begrenzt auf die für Versicherte der gesetzlichen Unfallversicherung zu zahlende Vergütung. Die einschlägigen Vergütungsverträge und Vergütungsbestimmungen für die Leistungserbringung nach SGB VII sind somit maßgeblich.[9] Soweit das Versorgungsziel erreicht wird, können nach § 31 Abs. 1 S. 3 SGB VII iVm § 36 SGB V **Festbeträge** für die Hilfsmittel festgesetzt werden, auf die der Vergütungsanspruch beschränkt ist.[10] Soweit für Hilfsmittel keine Festbeträge gelten, sind die in den **Verträgen mit den Leistungserbringern** vereinbarten Konditionen zugrunde zu legen. Dazu können die Verbände der Unfallversicherungsträger gern **Rahmenvereinbarungen** mit Leistungserbringern oder mit Zusammenschlüssen schließen, denen die Unfallversicherungsträger beitreten können. Bestehen keine vertraglichen Beziehungen und gesetzlichen Einschränkungen, gelten die ortsüblichen Preise.[11]

II. Geltendmachung des Vergütungsanspruches, Abs. 2

9 Den Vergütungsanspruch nach Abs. 1 müssen die Leistungserbringer nach Abs. 2 bei der zuständigen **Unfallkasse des Landes** geltend machen; die Unfallkasse des Landes ist nach § 57 Abs. 5 für die Hilfsmittelversorgung zuständig (→ § 57 Rn. 17). Zu den Leistungserbringern nach SGB VII zählen insbesondere die am Durchgangsarztverfahren nach § 34 SGB VII Beteiligten;,[12] die Gesetzesbegründung nennt insoweit Vertragsärztinnen und -ärzte, Durchgangsärztinnen und -ärzte sowie Krankenhausärztin-

---

8 Schmidt SGB XIV/Feddern § 56 Rn. 1.
9 BT-Drs. 19/13824, 196.
10 LSG RhPf 29.8.2006 – L 3 U 73/06.
11 DGVU/Spitzenverband der landwirtschaftlichen Sozialversicherung, Gemeinsame Richtlinien der Verbände der Unfallversicherungsträger über die Hilfsmittelversorgung im Bereich der gesetzlichen Unfallversicherung (§ 31 Abs. 2 S. 2 SGB VII), Stand: 1.7.2011, https://www.dguv.de/medien/inhalt/reha_leistung/richtlinien_uvt/hilfsm_vo.pdf (15.8.2021).
12 Schmidt SGB XIV/Feddern § 56 Rn. 7.

nen und -ärzte.[13] Die zuständige Unfallkasse des Landes hat ihrerseits für die ihr für die Hilfsmittelversorgung der Berechtigten nach dem SER entstandenen Aufwendungen nach § 61 einen Erstattungsanspruch gegen die als TdSE zuständige Verwaltungsbehörde (→ § 61 Rn. 7).

D. Anhang

Bis 31.12.2023 gelten hinsichtlich der Vergütung für die Hilfsmittelversorgung §§ 13 Abs. 5, 18c Abs. 4 BVG. § 13 Abs. 5 BVG hat folgenden Normtext: 10

§ 13 BVG [Orthopädische Versorgung]

(5) Zur Versorgung mit Körperersatzstücken kann das Bundesministerium für Arbeit und Soziales mit Leistungserbringern oder deren Verbänden Vereinbarungen abschließen, in denen die zu zahlenden Vergütungen und besondere Voraussetzungen der Versorgung geregelt werden.

Der Normtext von 18c Abs. 4 BVG ist in der Kommentierung zu → § 54 Rn. 10 abgedruckt.

Abschnitt 3 Zuständigkeit und Datenübermittlung

§ 57 Zuständigkeit

(1) Die Krankenbehandlung der Sozialen Entschädigung wird von der zuständigen Verwaltungsbehörde durchgeführt.

(2) Für Geschädigte, die Mitglied einer Krankenkasse oder nach § 10 des Fünften Buches familienversichert sind, erbringt ihre Krankenkasse für die zuständige Verwaltungsbehörde

1. die Krankenbehandlung nach § 42,
2. das Krankengeld der Sozialen Entschädigung nach § 47 und
3. die Leistungen nach § 53, die mit der Inanspruchnahme einer Hauptleistung nach § 42 in Zusammenhang stehen.

(3) [1]Geschädigte, die weder Mitglied einer Krankenkasse noch nach § 10 des Fünften Buches familienversichert sind, wählen eine nach § 173 des Fünften Buches wählbare Krankenkasse, die für die zuständige Verwaltungsbehörde

1. die Krankenbehandlung nach § 42,
2. das Krankengeld der Sozialen Entschädigung nach § 47 und
3. die Leistungen nach § 53, die mit der Inanspruchnahme einer Hauptleistung nach § 42 in Zusammenhang stehen,

erbringt. [2]Die Wahl der Krankenkasse nach Satz 1 ist innerhalb von zwei Wochen nach Bekanntgabe der Entscheidung über den Anspruch auf Leistungen der Sozialen Entschädigung auszuüben. [3]Wird sie nicht fristgerecht ausgeübt, gilt das Verfahren nach § 175 Absatz 3 Satz 2 des Fünften Buches entsprechend. [4]§ 175 Absatz 4 Satz 1 bis 5 des Fünften Buches gilt entsprechend. [5]Kein Recht auf Wahl der Krankenkasse besteht für Geschädigte, für die bereits eine Krankenkasse nach § 264 Absatz 1 Satz 2 oder Absatz 3 des Fünften Buches zuständig ist. [6]Diese Krankenkasse ist verpflichtet, die Leistungen nach Satz 1 zu erbringen.

(4) Das Wahlrecht nach Absatz 3 gilt entsprechend für Angehörige, Hinterbliebene und Nahestehende, die Leistungen nach § 42 Absatz 3 oder Absatz 4 erhalten.

(5) [1]Die Versorgung mit Hilfsmitteln nach § 46 erbringt die zuständige Unfallkasse des Landes für die zuständige Verwaltungsbehörde. [2]Sie erbringt auch die Leistungen

13 BT-Drs. 19/13824, 196.

nach § 53, die mit der Inanspruchnahme einer Hauptleistung nach § 46 in Zusammenhang stehen.

(6) [1]Alle weiteren Leistungen erbringt die zuständige Verwaltungsbehörde. [2]§ 18 Absatz 6 Satz 2 und 3 des Neunten Buches bleiben unberührt.

A. Gesetzesgeschichte

I. Geltendes und neues Recht

1 Die Zuständigkeit für die Heil- und Krankenbehandlung ist bis 31.12.2023 in § 18c Abs. 1 bis 3 BVG[1] geregelt.

2 § 57 tritt mWz 1.1.2024 in Kraft.[2] Die Norm wurde aufgrund des Berichtes und der Beschlussempfehlung des Ausschusses für Arbeit und Soziales (11. Ausschuss) hinsichtlich Abs. 3 S. 4 geändert.[3] Ursprünglich war lediglich die Anordnung der entsprechenden Anwendung von § 175 Abs. 4 S. 1 und 2 SGB V vorgesehen, während nunmehr auf § 175 Abs. 4 S. 1 bis 5 SGB V verwiesen wird. Die Änderung soll sicherstellen, dass Geschädigte, die nicht Mitglied einer Krankenkasse sind und auch nicht der Familienversicherung im SGB V unterliegen, nicht ohne eine neue zuständige Krankenkasse bleiben und berücksichtigt die zum 1.1.2020 in Kraft getretene Änderung des § 175 Abs. 4 SGB V durch das Gesetz für bessere und unabhängigere Prüfungen (MDK-Reformgesetz).[4]

II. Änderungen im SGB XIV gegenüber dem BVG und Parallelität

3 § 57 differenziert wie schon § 18c BVG zwischen der Durchführung und der Erbringung von Leistungen der (Heil- und) Krankenbehandlung. Für die Durchführung der Leistungen ist nach § 18c Abs. 1 S. 1 BVG ebenso wie nach § 57 Abs. 1 die zuständige Verwaltungsbehörde des TdSE zuständig.[5] Auch die Zuständigkeit für die Leistungserbringung für Mitglieder der GKV ist in § 57 Abs. 2 wie in § 18c Abs. 2 S. 1 BVG geregelt. Anders als noch nach § 18c Abs. 2 S. 1 BVG sind nach § 57 Abs. 3 und 4 nicht mehr die allgemeinen Ortskrankenkassen für die Leistungserbringung in Bezug auf Anspruchsberechtigte zuständig, die nicht Mitglied einer Krankenkasse sind. Hier normieren Abs. 3 und 4 ein Wahlrecht, das an das Kassenwahlrecht des SGB V angelehnt ist. Die Zuständigkeit für die Hilfsmittelversorgung liegt nach Abs. 5 nunmehr – entsprechend der leistungsrechtlichen Regelungen in § 46 – bei den Unfallkassen der Län-

1 IdF d. BVGÄndG 2011, BGBl. 2011 I 1114.
2 Art. 60 Abs. 7 G-SER v. 12.12.2019, BGBl. 2019 I 2652.
3 BT-Drs. 19/14870, 32.
4 BT-Drs. 19/14870, 32.
5 HK-SozEntschR/Vogl BVG § 18c Rn. 4.

der. Abs. 6 normiert eine Auffangzuständigkeit für alle anderen Leistungen, die weder den Krankenkassen noch den Unfallkassen der Länder zugeordnet sind. Anders als noch nach § 18c Abs. 3 S. 1 BVG kann das gesetzlich vorgesehene Auftragsverhältnis zur Leistungserbringung nicht durch die Verwaltungsbehörde durchbrochen werden.[6]

B. Normsystematik

I. Allgemeiner Regelungsgehalt

§ 57 differenziert zwischen der **Durchführung** und der **Erbringung** von Leistungen der Krankenbehandlung. Die Durchführung betrifft die rechtliche Verantwortlichkeit und die Erbringung der tatsächlichen Bereitstellung der Leistung.[7] Die Erbringung der Leistungen obliegt, abhängig von der Art der Leistung, den Krankenkassen (Abs. 2 u. 3), den Unfallkassen der Länder (Abs. 5) oder den Verwaltungsbehörden (Abs. 6).[8] Soweit Krankenkassen und Unfallkassen der Länder tätig werden, erbringen sie die Leistungen „für die zuständige Verwaltungsbehörde" **kraft gesetzlichen Auftrages**. Hierbei handelt es sich um einen gesetzlichen Auftrag iSv § 93 SGB X.[9] 4

II. Systematische Einordnung und Normzweck

Die Vorschrift korrespondiert mit den leistungsrechtlichen Normen das 1. Abschnittes des 4. Kapitels. Abs. 6 S. 2 steht im Zusammenhang mit § 50 Abs. 4.[10] Ferner besteht für die Krankenkassen und Unfallkassen der Länder aufgrund des gesetzlichen Auftrages (vgl. § 93 SGB X) ein Anspruch auf Erstattung ihrer Aufwendungen und Verwaltungskosten nach dem 4. Abschnitt des 1. Kapitels (§§ 60, 61). 5

C. Einzelkommentierung

I. Durchführung der Krankenbehandlung, Abs. 1

Nach Abs. 1 liegt die **Zuständigkeit** für die Durchführung bei der zuständigen **Verwaltungsbehörde**. Die Durchführung betrifft die rechtliche Verantwortlichkeit und die Erbringung der tatsächliche Bereitstellung der Leistung.[11] Die zuständige Verwaltungsbehörde trifft die Entscheidung über die Leistungsgewährung dem Grunde nach.[12] 6

II. Leistungserbringung durch die Krankenkasse, Abs. 2

Die **Zuständigkeit** für **die Bereitstellung** der Leistungen der Krankenbehandlung nach § 42 (Abs. 2 Nr. 1), des Krankengeldes der SE nach § 47 (Abs. 2 Nr. 2) und der Übernahme der Reisekosten nach § 53 als akzessorische Nebenleistungen (Abs. 2 Nr. 3) liegt bei den **Krankenkassen**. Diese erbringen nach Abs. 2 die genannten Leistungen für Geschädigte, die Mitglieder der Krankenkassen oder nach § 10 SGB V bei den Krankenkassen familienversichert sind. Zuständig ist immer diejenige Krankenkasse, bei der die geschädigte Person Mitglied oder familienversichert ist. Sie erbringt die Leistungen „für die zuständige Verwaltungsbehörde" kraft gesetzlichen Auftrages iSv § 93 SGB X.[13] 7

---

6 Vgl. zur Durchbrechung der Zuständigkeit HK-SozEntschR/Vogl BVG § 18c Rn. 8.
7 BT-Drs. 19/13824, 196.
8 BT-Drs. 19/13824, 196.
9 Vgl. allgemein LPK-SGB X/Breitkreuz § 93.
10 BT-Drs. 19/13824, 196.
11 BT-Drs. 19/13824, 196.
12 BT-Drs. 19/13824, 196, Knickrehm/Mushoff/Schmidt Neues SozEntschR Rn. 192.
13 Vgl. Schmidt SGB XIV/Feddern § 57 Rn. 8; allgemein LPK-SGB X/Breitkreuz § 93.

III. Wahlrecht der Geschädigten, Abs. 3

8 Den Krankenkassen obliegt auch nach Abs. 3 die Bereitstellung der Leistungen nach § 42 (Abs. 3 Nr. 1) und sie übernehmen als akzessorische Nebenleistung die Reisekosten nach § 53 (Abs. 3 Nr. 3). Sie erbringen auch das Krankengeld der Sozialen Entschädigung nach § 47 (Abs. 3 Nr. 2), da von einigen Besonderheiten abgesehen hier die Regelungen des Krankengeldes nach SGB V entsprechend gelten.[14] Sie führen die Leistungen „für die zuständige Verwaltungsbehörde" kraft gesetzlichen Auftrages aus.

9 Für Geschädigte, die nicht gesetzlich krankenversichert sind, normiert Abs. 3 S. 1 das Recht, die für die Bereitstellung der genannten Leistungen zuständige Krankenkasse zu **wählen**. Die Regelung ist erforderlich, damit die differenzierte Ausgestaltung der Leistungserbringung für alle Anspruchsberechtigten umgesetzt werden kann.[15]

10 S. 2 bis 4 betreffen das **Verfahren der Kassenwahl**: Um eine zügige Krankenbehandlung sicherzustellen, ist nach Abs. 3 S. 2 das Wahlrecht innerhalb einer **Zweiwochenfrist** auszuüben. Die Frist beginnt mit der Bekanntgabe der Entscheidung über den Anspruch auf Leistungen der SE an den Geschädigten.

11 Wird die Kassenwahl nicht fristgerecht ausgeübt, gilt nach Abs. 3 S. 3 das Verfahren nach § 175 Abs. 3 Satz 2 SGB V entsprechend. Die zur **Meldung** verpflichtete Stelle ist in diesem Falle die zuständige Verwaltungsbehörde.[16] Haben die Geschädigten daher der zuständigen Verwaltungsbehörde nicht spätestens zwei Wochen nach Bekanntgabe der Entscheidung über ihren Anspruch auf Leistungen der SE Angaben über die gewählte Krankenkasse gemacht, hat die zuständige Verwaltungsbehörde sie bei der Krankenkasse anzumelden, bei der zuletzt eine Versicherung bestand; bestand zuvor keine Versicherung, hat die Anmeldung bei einer nach § 173 SGB V wählbaren Krankenkasse zu erfolgen. Die zuständige Verwaltungsbehörde hat die Geschädigten in diesen Fällen unverzüglich über die gewählte Krankenkasse in Textform zu unterrichten.[17]

12 Nach Abs. 3 S. 4 gilt § 175 Abs. 4 S. 1 bis 5 SGB V entsprechend, wonach eine **Bindung an die Wahlrechtserklärung** und damit an die gewählte Krankenkasse für eine Dauer von mindestens 12 Monaten besteht (§ 175 Abs. 4 S. 1 SGB V). Nach § 175 Abs. 4 S. 2 SGB V bedarf es bei Ausübung des Wahlrechtes weder einer Kündigung noch der Einhaltung des Mindestzeitraumes, wenn die Versicherungspflicht oder -berechtigung kraft Gesetzes endet. Für das Rechtsverhältnis der Geschädigten zu der nach Abs. 3 S. 2 gewählten Krankenkasse bedeutet dies, dass die Bindung entfällt, wenn die Voraussetzungen von Abs. 3 S. 1 wegfallen, insbesondere also, wenn die Geschädigten Mitglied einer Krankenkasse werden oder eine Familienversicherung nach § 10 SGB V eintritt. In diesen Fällen bestimmt sich die Zuständigkeit für die Bereitstellung der Leistungen der SE nach Abs. 2.

13 Entsprechend § 175 Abs. 4 S. 3 ist zum oder nach Ablauf der Mindestbindungsfrist von 12 Monaten eine **Kündigung** zum Ablauf des übernächsten Kalendermonats möglich, gerechnet von dem Monat, in dem die Kündigung erklärt wird; eine erneute Ausübung des Wahlrechtes des Geschädigten ist dann möglich. Bei einem Wechsel in eine andere Krankenkasse ersetzt die Meldung der neuen Krankenkasse über die Ausübung des Wahlrechtes die Kündigungserklärung (§ 175 Abs. 4 S. 5 SGB V), dh eine Kündigungserklärung ist in diesen Fällen nicht mehr erforderlich, es reicht die Anmeldung bei der neuen Krankenkasse.

14 S. 5 schließt Geschädigte von dem Wahlrecht nach S. 1 aus, für die bereits eine Krankenkasse nach § 264 Abs. 1 S. 2 oder Abs. 3 SGB V zuständig ist. Betroffen sind hier-

14 BT-Drs. 19/13824, 196.
15 Schmidt SGB XIV/Feddern § 57 Rn. 11.
16 BT-Drs. 19/13824, 196.
17 Schmidt SGB XIV/Feddern § 57 Rn. 13.

von zunächst **Empfänger von Gesundheitsleistungen nach den §§ 4 und 6 AsylbLG;** für diese Personen verpflichtet § 264 Abs. 1 S. 2 die Krankenkasse zur Übernahme der Krankenbehandlung, wenn die Krankenkasse durch die Landesregierung oder die von der Landesregierung beauftragte oberste Landesbehörde dazu aufgefordert und mit ihr eine entsprechende Vereinbarung mindestens auf Ebene der Landkreise oder kreisfreien Städte geschlossen wird. Für die aufgeforderte Krankenkasse besteht insoweit eine Abschlussverpflichtung.[18] Kein Wahlrecht nach S. 1 besteht auch für **Geschädigte, für die nach § 264 Abs. 3 SGB V eine Krankenkasse** zuständig ist. Danach wählen Arbeits- und Erwerbslose, die nicht gesetzlich gegen Krankheit versichert sind, andere Hilfeempfänger als auch die vom Bundesministerium für Gesundheit bezeichneten Personenkreise, für die die Krankenkassen die Krankenbehandlung im Rahmen des gesetzlichen Auftrages gegen Aufwendungsersatz übernehmen (§ 264 Abs. 1 S. 1 SGB V), unverzüglich eine Krankenkasse im Bereich des für die Hilfe zuständigen Trägers der Sozialhilfe oder der öffentlichen Jugendhilfe, die ihre Krankenbehandlung übernimmt. Für die von S. 5 betroffenen Geschädigten ist also bereits nach den Vorschriften des SGB V eine Krankenkasse zuständig, ohne dass ein Versicherungsverhältnis bestünde. Die Regelung verhindert, dass für eine Person verschiedene Krankenkassen zuständig werden.[19]

Die nach Abs. 3 S. 1 gewählten oder nach Abs. 5 S. 3 zuständigen Krankenkassen sind 15
nach Abs. 3 S. 6 verpflichtet, die in S. 1 genannten Leistungen des SER zu erbringen. Es handelt sich dabei um ein gesetzliches Auftragsverhältnis iSv § 93 SGB X.[20]

IV. Wahlrecht für Angehörige, Hinterbliebene und Nahestehende, Abs. 4

Für Geschädigte, die nicht gesetzlich krankenversichert sind, normiert Abs. 3 das 16
Recht, die für sie für die Bereitstellung der genannten Leistungen zuständige Krankenkasse zu **wählen**. Nach Abs. 4 gilt dies entsprechend auch für Angehörige, Hinterbliebene und Nahestehende, die Leistungen nach § 42 Abs. 3 oder 4 erhalten.[21]

V. Leistungserbringung durch die Unfallkasse, Abs. 5

Die Zuständigkeit für die **Hilfsmittelversorgung** nach § 46 (S. 1) und die Übernahme 17
der Reisekosten nach § 53 als akzessorische Nebenleistungen im Zusammenhang mit der Hilfsmittelversorgung (S. 2) liegt bei der zuständigen Unfallkasse des Landes (S. 1). Sie erbringt die Leistungen „für die zuständige Verwaltungsbehörde" kraft gesetzlichen Auftrages iSv § 93 SGB X.[22]

Unfallkassen der Länger sind die Unfallversicherungsträger im Landesbereich iSv 18
§ 128 Abs. 1 SGB VII.[23] Für Stadtstaaten ist überdies § 128 Abs. 5 SGB VII zu beachten.[24]

§ 128 Abs. 5 SGB VII betrifft die Stadtstaaten, in denen das Land auch die Gemeinde- 19
verwaltung wahrnimmt und ist somit für Hamburg und Berlin relevant. In Bezug auf Hamburg ist die Unfallkasse Nord und hinsichtlich Berlin ist die Unfallkasse Berlin analog § 129 Abs. 1 SGB VII zuständig.

18 jurisPK-SGB V/Baierl § 264 Rn. 75.
19 BT-Drs. 19/13824, 196.
20 Vgl. Schmidt SGB XIV/Feddern § 57 Rn. 15; allgemein LPK-SGB X/Breitkreuz § 93 Rn. 1.
21 BT-Drs. 19/13824, 196.
22 BT-Drs. 19/13824, 196; vgl. Schmidt SGB XIV/Feddern § 57 Rn. 16; allgemein LPK-SGB X/Breitkreuz § 93 Rn. 1.
23 Schmidt SGB XIV/Feddern § 57 Rn. 18.
24 LPK-SGB VII/Spanknebel § 128 Rn. 17.

VI. Leistungserbringung durch die Verwaltungsbehörde, Abs. 6

20 Für alle weiteren Leistungen der Krankenbehandlung, die in Abs. 2 bis 5 nicht genannt werden, erfolgt die **Bereitstellung durch die zuständige Verwaltungsbehörde** als TdSE selbst (Abs. 6 S. 1). Dies sind die ergänzenden Leistungen nach § 43, die Beihilfe bei erheblicher Beeinträchtigung der Erwerbsgrundlage nach § 48, die Zuschüsse bei Zahnersatz nach § 49, die Erstattung von Kosten bei selbst beschaffter Krankenbehandlung nach § 50, die Erstattung von Kosten für Krankenbehandlung bei vorübergehendem Auslandsaufenthalt nach § 51, die Zahlung von Beiträgen zur Arbeitsförderung, zur gesetzlichen Rentenversicherung und zur Alterssicherung nach § 52, die Übernahme von Reisekosten nach § 53, sofern die Verwaltungsbehörde für die Hauptleistung zuständig ist.

21 Der TdSE ist auch zuständig für die Erstattung der Aufwendungen und Verwaltungskosten an die Krankenkassen nach § 60 Abs. 1 und 2 und an die Unfallkassen der Länder nach § 61 Abs. 1 und 2.

22 Abs. 6 S. 2 stellt klar, dass die Zuständigkeiten nach § 18 Abs. 6 S. 2 und 3 SGB IX unberührt bleiben; diese Zuständigkeitsregelungen für den Erstattungsanspruch gem. § 18 SGB IX gehen nach § 7 Abs. 2 SGB IX als speziellere Regelungen vor.[25] Die Vorschrift steht im Zusammenhang mit § 50 Abs. 4 (→ § 50 Rn. 27).[26]

D. Anhang

23 Bis 31.12.2023 gilt hinsichtlich der Zuständigkeit für die Leistungen der Heil- und Krankenbehandlung § 18c Abs. 1 bis 3 BVG, der Normtext von § 18c Abs. 1 BVG ist in der Kommentierung zu → § 52 Rn. 14 abgedruckt. § 18c Abs. 2 und 3 BVG haben folgenden Normtext:

§ 18c BVG [Zuständigkeit der Verwaltungsbehörde oder der Krankenkasse]

(2) [1]Sind die Krankenkassen nach Absatz 1 Satz 3 zur Erbringung der Leistungen verpflichtet, so obliegt diese Verpflichtung bei Berechtigten, die Mitglied einer Krankenkasse sind, und bei Berechtigten und Leistungsempfängern, die Familienangehörige eines Kassenmitglieds sind, dieser Krankenkasse, bei der Heilbehandlung der übrigen Beschädigten und der Krankenbehandlung der Berechtigten und der übrigen Leistungsempfänger der Allgemeinen Ortskrankenkasse des Wohnorts. [2]Über Widersprüche gegen Verwaltungsakte, die im Rahmen der Leistungserbringung von Krankenkassen erlassen werden, entscheidet die für die Verwaltungsbehörde zuständige Widerspruchsbehörde.

(3) [1]Anstelle der Krankenkasse kann die Verwaltungsbehörde die Leistungen erbringen. [2]Die Krankenkassen sollen der Verwaltungsbehörde Fälle mitteilen, in denen die Erbringung der Leistungen durch die Verwaltungsbehörde angezeigt erscheint.

§ 58 Zuständigkeit zur Entscheidung über Widersprüche

Über Widersprüche gegen Verwaltungsakte, die im Rahmen der Leistungserbringung von Krankenkassen nach § 57 Absatz 2, 3 und 4 und von Unfallkassen der Länder nach § 57 Absatz 5 erlassen werden, entscheidet die für die zuständige Verwaltungsbehörde zuständige Widerspruchsbehörde.

A. Gesetzesgeschichte

I. Geltendes und neues Recht

1 Bestimmungen zur Zuständigkeit zur Entscheidung über Widersprüche finden sich bis 31.12.2023 in § 18c Abs. 2 S. 2 BVG.[1]

25 BT-Drs. 19/13824, 196; Knickrehm/Mushoff/Schmidt Neues SozEntschR Rn. 194.
26 BT-Drs. 19/13824, 196; Schmidt SGB XIV/Feddern § 57 Rn. 22.
1 IdF d. BVGÄndG 2011, BGBl. 2011 I 1114.

§ 58 geht zurück auf den Gesetzentwurf der Bundesregierung vom 9.10.2019, BT-Drs. 19/13824, 195 und ist durch die Beschlussempfehlung und den Bericht des Ausschusses für Arbeit und Soziales (11. Ausschuss) redaktionell geändert worden, BT-Drs. 19/14780, 8, 32. Die Vorschrift tritt mWz 1.1.2024 in Kraft.[2] 2

II. Änderungen im SGB XIV gegenüber dem BVG und Parallelität

Wie in § 18c Abs. 2 S. 2 BVG bis 31.12.2023 geregelt ist, entscheidet auch nach § 58 über Widersprüche gegen Verwaltungsakte von Krankenkassen im Rahmen der Leistungserbringung die für die zuständige Verwaltungsbehörde der Länder zuständige Widerspruchsbehörde. Gegenüber dem geltenden Recht neu ist in § 58 – entsprechend der Zuständigkeit über die Leistungserbringung nach § 57 – für Verwaltungsakte der Unfallkassen der Länder geregelt, dass auch insoweit die für die Widersprüche gegen Verwaltungsakte der Verwaltungsbehörde zuständige Behörde Widerspruchsstelle ist. 3

B. Normsystematik

I. Allgemeiner Regelungsgehalt

§ 58 weist die Entscheidungskompetenz über Widersprüche gegen Verwaltungsakte der nach § 57 für die Erbringung der Leistungen der Krankenbehandlung der SE zuständigen Behörden der Widerspruchsbehörde zu, die über die Widersprüche gegen Verwaltungsakte der TdSE entscheidet. 4

II. Systematische Einordnung und Normzweck

§ 58 stellt gegenüber § 85 Abs. 2 SGG, wonach grundsätzlich die nächsthöhere Behörde den Widerspruchsbescheid erlässt (§ 85 Abs. 2 S. 1 Nr. 1 SGG), eine **spezialgesetzliche Regelung** dar. Die Regelung ist notwendig, weil nach § 85 Abs. 2 SGG die Widerspruchsstellen der Krankenkassen und der Unfallkassen der Länder nur in Angelegenheiten der Sozialversicherung, nicht aber in Angelegenheiten der SE, die kraft gesetzlichen Auftrages wahrgenommen werden, entscheiden können.[3] 5

C. Einzelkommentierung

Im Rahmen der Leistungserbringung erlassen die Krankenkassen nach § 57 Abs. 2, 3 und 4 und die Unfallkassen der Länder bei der Hilfsmittelversorgung nach § 57 Abs. 5 Verwaltungsakte, mit denen sie über die Leistungsansprüche der Geschädigten und Angehörigen, Nahestehenden sowie Hinterbliebenen entscheiden. § 58 bestimmt, dass die für den zuständigen TdSE zuständige **Widerspruchsbehörde** auch über Widersprüche gegen diese Verwaltungsakte entscheidet. 6

Werden die Krankenkassen bzw. Unfallkassen der Länder in Angelegenheiten der Sozialversicherung tätig, erlässt nach § 85 Abs. 2 S. 1 Nr. 2 SGG die von der Vertreterversammlung des jeweiligen Sozialversicherungsträgers (§§ 31, 33, 43 ff. SGB IV) bestimmte Stelle den Widerspruchsbescheid. Diese Widerspruchsstelle muss eine Stelle sein, die dem Versicherungsträger angegliedert ist und darf keine Stelle außerhalb des Versicherungsträgers und auch keine gemeinsame Stelle mehrerer Versicherungsträger sein.[4] Angelegenheiten der Sozialversicherung sind Angelegenheiten der gesetzlichen Kranken-, Unfall- und Rentenversicherung, der sozialen Pflegeversicherung und der Arbeitslosenversicherung (s. § 1 Abs. 1 S. 1 SGB IV), nicht jedoch Angelegenheiten des SER. Im Rahmen ihrer Zuständigkeit nach § 57 werden die Krankenkassen und 7

2 Art. 60 Abs. 7 G-SER v. 12.12.2019, BGBl. 2019 I 2652.
3 BT-Drs. 19/13824, 196.
4 BeckOGK/Becker SGG § 85 Rn. 16.

Unfallkassen der Länder aber in Angelegenheiten des SER tätig. § 85 Abs. 2 S. 1 Nr. 2 SGG ist daher nicht anwendbar.

8 § 58 trifft keine Bestimmung über die für die Entscheidung über Widersprüche gegen Verwaltungsakte der TdSE zuständige Behörde in den Fallkonstellationen, in denen der TdSE selbst die Erbringung der Leistungen der Krankenbehandlung des SE nach § 57 Abs. 6 S. 1 obliegt, denn in diesen Fällen bestimmt sich die Widerspruchsbehörde nach der allgemeinen Regelung in § 85 Abs. 2 S. 1 Nr. 1 SGG, es entscheidet nächsthöhere Behörde, was sich nach Landesrecht bestimmt.[5] Durch § 58 wird damit eine einheitliche Zuständigkeit der Widerspruchsbehörde erreicht.[6]

D. Anhang

9 Bis 31.12.2023 gilt hinsichtlich der Bestimmung der Widerspruchsbehörde § 18c Abs. 2 BVG, dessen Normtext in der Kommentierung zu → § 57 Rn. 23 abgedruckt ist.

§ 59 Datenübermittlung

(1) Die Leistungserbringer der Krankenbehandlung sind verpflichtet, der zuständigen Krankenkasse oder der zuständigen Verwaltungsbehörde die in den §§ 294, 294a, 295, 295a Absatz 3, §§ 298, 300, 301, 302 und 303 des Fünften Buches genannten Daten zu übermitteln, soweit dies für die Erfüllung der Aufgaben der zuständigen Krankenkasse oder der zuständigen Verwaltungsbehörde erforderlich ist.

(2) Die Leistungserbringer der Krankenbehandlung sind verpflichtet, der zuständigen Unfallkasse des Landes die in den §§ 201 und 203 des Siebten Buches genannten Daten zu übermitteln, soweit dies für die Erfüllung der Aufgaben der zuständigen Unfallkasse des Landes erforderlich ist.

A. Gesetzesgeschichte

I. Geltendes und neues Recht

1 Die Übermittlung der zur Aufgabenerfüllung erforderlichen Daten durch die Leistungserbringer ist bis 31.12.2023 in § 18c Abs. 6 BVG[1] geregelt.

2 § 57nnn geht zurück auf den Gesetzentwurf der Bundesregierung vom 9.10.2019, BT-Drs. 19/13824, 197 und tritt mWz 1.1.2024 in Kraft.[2]

II. Änderungen im SGB XIV gegenüber dem BVG und Parallelität

3 Bereits § 18c Abs. 6 BVG verweist hinsichtlich der Datenübermittlung – wie ab 1.1.2024 § 57nnn Abs. 1 – auf die im SGB V bezeichneten Daten.[3] Anders als § 18c Abs. 6 BVG nimmt Abs. 2 allerdings Bezug auf §§ 201, 203 SGB VII. Da die Hilfsmittelversorgung und die damit in Zusammenhang stehenden Leistungen nach den Vorschriften des SGB VII (→ § 46 Rn. 3) von den Unfallkassen der Länder erbracht werden, ist diese Bezugnahme nur konsequent, sichert sie doch eine einheitliche Datenübermittlung in dem jeweiligen Leistungserbringungsregime.

---

5 Schmidt SGB XIV/Feddern § 58 Rn. 1.
6 Schmidt SGB XIV/Feddern § 58 Rn. 1.
1 IdF d. BVGÄndG 2011, BGBl. 2011 I 1114.
2 Art. 60 Abs. 7 G-SER v. 12.12.2019, BGBl. 2019 I 2652.
3 HK-SozEntschR/Vogl BVG § 18c Rn. 18.

B. Normsystematik

I. Allgemeiner Regelungsgehalt

Abs. 1 verpflichtet die Leistungserbringer der Krankenbehandlung der zuständigen Krankenkasse oder der zuständigen Verwaltungsbehörde die für die Aufgaben erforderlichen Daten zu übermitteln. Abs. 2 normiert eine entsprechende Verpflichtung der Leistungserbringer der Krankenbehandlung zur Übermittlung der in §§ 201 und 203 SGB VII genannten Daten. Die Datenübermittlung ist beschränkt auf die zur Erfüllung der jeweiligen Aufgaben erforderlichen Daten.[4] 4

II. Systematische Einordnung und Normzweck

§ 59 steht im Zusammenhang mit den Vergütungsansprüchen der Leistungserbringer nach dem 2. Abschnitt des 4. Kapitels (§§ 54–56). Die Vorschrift ist notwendig, da eine Einschränkung des Rechtes der Geschädigten auf informationelle Selbstbestimmung einer gesetzlichen Grundlage bedarf.[5] 5

C. Einzelkommentierung

I. Datenübermittlung an die Krankenkassen oder Verwaltungsbehörde, Abs. 1

Abs. 1 verpflichtet die **Leistungserbringer der Krankenbehandlung** der zuständigen Krankenkasse – in den Fällen der Leistungserbringung nach § 54 – oder der zuständigen Verwaltungsbehörde – in den Fällen der Leistungserbringung nach § 43 – die bezeichneten Daten zu übermitteln, soweit die Informationen für deren jeweilige Aufgabenerfüllung erforderlich sind.[6] Die Befugnis des jeweiligen Leistungserbringers zur **Übermittlung von Daten** an die zuständige Krankenkasse bzw. die zuständige Verwaltungsbehörde im Einzelfall ergibt sich aus den in Bezug genommenen Vorschriften des SGB V. Die Datenübermittlung ist beispielsweise zu Zwecken der Abrechnung erforderlich; dazu gehören auch die Weiterleitung von Befunden oder die Mitteilung über Art und Datum der jeweiligen Behandlung.[7] 6

Die Übermittlung der Daten betrifft zunächst notwendigen Angaben, die aus der Erbringung, der Verordnung sowie der Abgabe von Leistungen entstehen (§ 294 SGB V). Weiterhin sind Krankheitsursachen und drittverursachte Gesundheitsschäden mitzuteilen (§ 294a SGB V), was insbesondere auch für die Feststellung der Leistungspflicht nach dem SGB XIV erforderlich ist. Weiterzuleiten sind ferner die festgestellten Arbeitsunfähigkeitsdaten (§ 195 Abs. 1 S. 1 Nr. 1 SGB V) und die für die Abrechnung der Leistungen erforderlichen Daten (§ 195 Abs. 1 S. 1 Nr. 2 und 3) einschließlich der Daten für die Abrechnungsprüfung. Zu übermitteln sind bei im Krankenhaus notfallmäßig erbrachten ambulanten ärztlichen Leistungen die erforderlichen personenbezogenen Daten (§ 295 Abs. 3 SGB V) bzw. die versichertenbezogenen Daten (§ 298 SGB V) auch zu Prüfzwecken, weiterhin die für die Arzneimittelversorgung erforderlichen Daten von Apotheken (§ 300 SGB V). Für die Datenübermittlung bei stationärer Behandlung ist § 301 SGB V heranzuziehen, für Heil- und Hilfsmittel sowie der digitalen Gesundheitsanwendungen § 302 SGB V. 7

Der Vorbehalt der **Erforderlichkeit** folgt aus dem **Grundsatz der Datensparsamkeit**, vgl. Art. 5 Abs. 1c DSVGO.[8] Notwendig ist die Datenübermittlung etwa zu Abrechnungszwecken, dazu gehört auch die Weiterleitung von Befunden oder die Art und 8

4 Knickrehm/Mushoff/Schmidt Neues SozEntschR Rn. 197.
5 BT-Drs. 19/13824, 197.
6 BT-Drs. 19/13824, 197.
7 BT-Drs. 19/13824, 197.
8 Schmidt SGB XIV/Feddern § 59 Rn. 6.

das Datum der jeweiligen Behandlung,[9] aber auch zur Prüfung der Wirtschaftlichkeit und Qualität der Leistungserbringung.

9 Die Übermittlung hat an die nach § 57 Abs. 2 bis 4 zuständige Krankenkasse oder die nach § 57 Abs. 6 zuständige Verwaltungsbehörde zu erfolgen.

II. Datenübermittlung an die Unfallkassen, Abs. 2

10 Abs. 2 regelt eine Abs. 1 entsprechende Verpflichtung der Leistungserbringer der Krankenbehandlung zur Übermittlung von bezeichneten Daten an die zuständige Unfallkasse des Landes,[10] soweit diese nach § 57 Abs. 5 für die Bereitstellung von Hilfsmitteln (§ 47) zuständig ist.[11]

11 Nach Abs. 2 zu übermitteln sind die Daten über die Behandlung und den Zustand des Versicherten sowie andere personenbezogene Daten, soweit dies für Zwecke der Heilbehandlung und die Erbringung sonstiger Leistungen einschließlich Überprüfung der Leistungsvoraussetzungen und Abrechnung der Leistungen erforderlich ist (§ 207 SGB VII); außerdem Daten über die Behandlung, den Zustand sowie über Erkrankungen und frühere Erkrankungen des Anspruchsberechtigten, soweit dies für die Heilbehandlung und die Erbringung sonstiger Leistungen erforderlich ist (§ 203 SGB VII).

D. Anhang

12 Bis 31.12.2023 gilt hinsichtlich der Datenübermittlung § 18c Abs. 6 BVG, die Vorschrift hat folgenden Normtext:

§ 18c BVG [Zuständigkeit der Verwaltungsbehörde oder der Krankenkasse]

(6) Ärzte, Krankenhäuser und sonstige Leistungserbringer sind verpflichtet, der Verwaltungsbehörde und der Krankenkasse (Absatz 2 Satz 1) die in den §§ 294, 295, 298 und 301 bis 303 des Fünften Buches Sozialgesetzbuch bezeichneten Daten zu übermitteln, soweit dies zur Aufgabenerfüllung der Verwaltungsbehörde oder der Krankenkasse erforderlich ist.

Abschnitt 4 Erstattungen von Aufwendungen und Verwaltungskosten

§ 60 Erstattung an Krankenkassen

(1) Den Krankenkassen werden von der zuständigen Verwaltungsbehörde halbjährlich die Aufwendungen erstattet, die ihnen nach § 57 Absatz 2, 3 und 4 entstehen.

(2) Den Krankenkassen werden von der zuständigen Verwaltungsbehörde halbjährlich Verwaltungskosten in Höhe von 5 Prozent des Erstattungsbetrages nach Absatz 1 erstattet.

(3) [1]Ab dem 1. Januar des dritten auf das Inkrafttreten dieses Gesetzes nach Artikel 60 Absatz 7 des Gesetzes zur Regelung des Sozialen Entschädigungsrechts folgenden Kalenderjahres werden die Erstattungsansprüche der Krankenkassen nach Absatz 1 pauschal abgegolten. [2]Ab diesem Zeitpunkt werden den Krankenkassen Verwaltungskosten in Höhe von 5 Prozent des Pauschalbetrages nach Satz 1 erstattet. [3]Näheres zur Pauschalabgeltung regelt eine Verwaltungsvereinbarung, die die Bundesstelle für Soziale Entschädigung mit dem Spitzenverband Bund der Krankenkassen abschließt. [4]Die Verwaltungsvereinbarung kann auch eine vorläufige Regelung treffen. [5]Die Vereinbarung bedarf der Zustimmung des Bundesministeriums für Arbeit und Soziales, des Bundesministeriums für Gesundheit und der Länder.

9 Schmidt SGB XIV/Feddern § 59 Rn. 4.
10 BT-Drs. 19/13824, 197.
11 Schmidt SGB XIV/Feddern § 59 Rn. 7.

(4) [1]Können sich die Bundesstelle für Soziale Entschädigung und der Spitzenverband Bund der Krankenkassen bis zu dem in Absatz 3 Satz 1 genannten Zeitpunkt nicht auf eine Verwaltungsvereinbarung einigen, entscheidet eine Schiedsstelle über die Einzelheiten der Pauschalabgeltung. [2]Die Entscheidung der Schiedsstelle bedarf der Zustimmung des Bundesministeriums für Arbeit und Soziales, des Bundesministeriums für Gesundheit und der Länder. [3]Die Schiedsstelle besteht aus einem oder einer unparteiischen Vorsitzenden, zwei weiteren unparteiischen Mitgliedern sowie je zwei Vertretern und Vertreterinnen der Bundesstelle für Soziale Entschädigung und des Spitzenverbandes Bund der Krankenkassen. [4]Der oder die Vorsitzende und die unparteiischen Mitglieder werden von der Bundesstelle für Soziale Entschädigung und dem Spitzenverband Bund der Krankenkassen gemeinsam bestellt. [5]Können sich die Bundesstelle für Soziale Entschädigung und der Spitzenverband Bund der Krankenkassen nicht auf einzelne oder alle unparteiischen Mitglieder einigen, werden diese vom Bundesministerium für Arbeit und Soziales im Einvernehmen mit dem Bundesministerium für Gesundheit bestellt.

(5) [1]Die Mitglieder der Schiedsstelle führen ihr Amt als Ehrenamt. [2]Auslagen werden ihnen in entsprechender Anwendung des Bundesreisekostengesetzes erstattet. [3]Die Mitglieder der Schiedsstelle sind an Weisungen nicht gebunden. [4]Jedes Mitglied hat eine Stimme. [5]Die Entscheidungen werden von der Mehrheit der Mitglieder getroffen. [6]Ergibt sich keine Mehrheit, gibt die Stimme des oder der Vorsitzenden den Ausschlag. [7]Die Rechtsaufsicht über die Schiedsstelle führt das Bundesministerium für Arbeit und Soziales.

(6) Bis zur Entscheidung der Schiedsstelle gelten die Absätze 1 und 2.

A. Gesetzesgeschichte

I. Geltendes und neues Recht

Der Ersatzanspruch für Aufwendungen der Krankenkassen ist bis 31.12.2023 in §§ 19 bis 21 BVG geregelt, wobei § 19 BVG den Erstattungsanspruch dem Grunde nach regelt, § 20 die Höhe des Erstattungsanspruches und § 21 BVG die Durchführung der Erstattung. 1

§ 60 geht zurück auf den Gesetzentwurf der Bundesregierung vom 9.10.2019, BT-Drs. 19/13824, 197. Der Normtext wurde aufgrund der Beschlussempfehlung und des Berichtes des Ausschusses für Arbeit und Soziales (11. Ausschuss), BT-Drs. 19/14870, 8, 32, redaktionell in § 60 Abs. 3 S. 1 geändert. Abs. 3 S. 5 und Abs. 4 S. 2 wurden auch um die Zustimmung der Länder ergänzt; damit soll den berechtigten Interessen 2 der 22 Länder als Kostenträger Rechnung getragen werden.[1] Die Vorschrift tritt mWz 1.1.2024 in Kraft.[2]

II. Änderungen im SGB XIV gegenüber dem BVG und Parallelität

3 Die Erstattungsansprüche der Krankenkassen werden in § 60 im Unterschied zu den drei Vorläuferregelungen des BVG zusammengefasst. Dabei entspricht § 19 BVG seinem Regelungsgehalt nach weitgehend § 60 Abs. 1, der Anspruch auf Erstattung der Verwaltungskosten ist bis 31.12.2023 in § 20 Abs. 3 geregelt und sieht eine niedrigerer Verwaltungskostenquote, nämlich nur von 3,25 %, vor. Ebenso wie § 60 Abs. 3 legt § 20 BVG eine Pauschalabgeltung der Erstattungsansprüche fest, bis 31.12.2023 sind die Berechnungsgrundlagen ausdrücklich im Gesetz geregelt,[3] ebenso das Zahlungsverfahren.[4] Ab 1.1.2024 bestimmt das Gesetz zunächst eine Spitzabrechnung (§ 60 Abs. 1) der Aufwendungen und eine Pauschalabgeltung der Verwaltungskosten sowie eine nunmehr halbjährliche, statt zuvor vierteljährliche Zahlung. Die ab 1.1.2027 nach § 60 Abs. 3 vorgesehen Pauschalabgeltung auch der Aufwendungen ist im Gesetz nur hinsichtlich der Verwaltungskostenquote geregelt, die Einzelheiten – sowohl hinsichtlich der Berechnung des Erstattungsbetrages als auch des Zahlungsverfahrens – sollen in einer Verwaltungsvereinbarung geregelt werden. Hinsichtlich dieser Verwaltungsvereinbarung ist gänzlich neu vorgesehen die Durchführung eines Schiedsstellenverfahrens, falls eine Vereinbarung nicht zustande kommt.

B. Normsystematik

I. Allgemeiner Regelungsgehalt

4 Abs. 1 normiert den Aufwendungsersatzanspruch der Krankenkassen gegen den TdSE als Spitzabrechnung. Nach Abs. 2 besteht auch ein Anspruch auf Erstattung der Verwaltungskosten, die pauschal abgegolten werden. Abs. 3 führt insgesamt eine Pauschalabgeltung der zu erstattenden Aufwendungen ein, hierzu soll eine Verwaltungsvereinbarung getroffen werden. Abs. 4 enthält einen Konfliktlösungsmechanismus für den Fall, dass keine Verwaltungsvereinbarung zustande kommt; hier ist eine Schiedsstellenentscheidung vorgesehen. Abs. 5 regelt Einzelheiten zur Stellung der Mitglieder der Schiedsstelle und zu dem Schiedsstellenverfahren. Nach Abs. 6 erfolgt bis zur Entscheidung der Schiedsstelle eine Spitzabrechnung der Erstattungsbeträge.

II. Systematische Einordnung und Normzweck

5 Der Staat kommt mit der SE einer gesamtgesellschaftlichen Verantwortung nach. Daher dürfen Aufwendungen und Verwaltungskosten der Krankenkassen im Bereich der Krankenbehandlung der SE nicht zulasten der Beitragszahler der gesetzlichen Krankenversicherung gehen.[5] Die Vorschriften des 4. Abschnittes des 6. Kapitels (§§ 60, 61) dienen dem Ausgleich der Aufwendungen der Krankenkassen der im Auftrag der TdSE erbrachten Leistungen.

C. Einzelkommentierung

I. Erstattung von Aufwendungen, Abs. 1

6 Abs. 1 normiert einen **Anspruch auf Erstattung der Aufwendungen** für Leistungen, die den **Krankenkassen** aufgrund des gesetzlichen Auftragsverhältnisses nach § 57 Abs. 2,

---

1 BT-Drs. 14870, 32.
2 Art. 60 Abs. 7 G-SER v. 12.12.2019, BGBl. 2019 I 2652.
3 HK-SozEntschR/Vogl BVG § 20 Rn. 6 ff.
4 HK-SozEntschR/Vogl BVG § 20 Rn. 9 f.
5 BT-Drs. 19/13824, 197.

3 und 4 (→ § 57 Rn. 4) für die Leistungen der Krankenbehandlung (§ 42) einschl. Reisekosten (§ 53) und Krankengeld (§ 47) entstehen. Der Anspruch ist gegen die zuständige Verwaltungsbehörde des TdSE zu richten. Die Abrechnung erfolgt halbjährlich, um den Verwaltungsaufwand bei den Krankenkassen und den Verwaltungsbehörden in Grenzen zu halten.[6]

Die Zahlung angemessener Vorschüsse, dh von **Abschlagszahlungen,** für Erstattungsansprüche nach Abs. 1 ist über § 91 Abs. 3 SGB X, wonach ein entsprechender Anspruch auf einen angemessenen Vorschuss normiert ist,[7] hinaus auch auf Verlangen der Verwaltungsbehörde möglich.[8] 7

II. Erstattung von Verwaltungskosten, Abs. 2

Abs. 2 begründet einen Anspruch auf die Erstattung der im Zusammenhang mit der Erbringung von Leistungen der Krankenbehandlung der SE durch die Krankenkassen diesen entstehenden **Verwaltungskosten**. Die Vorschrift sieht einen halbjährlichen Erstattungsmodus vor und begrenzt den Anspruch auf eine **Pauschale** in Höhe von 5 % des halbjährlichen Erstattungsbetrages für Aufwendungen nach Abs. 1. Durch die halbjährliche Abrechnung soll der Verwaltungsaufwand reduziert werden.[9] 8

Die Zahlung angemessener Vorschüsse, dh von **Abschlagszahlungen** für Erstattungsansprüche nach Absätzen 1 und 2, ist über § 91 Abs. 3 SGB X, wonach ein entsprechender Anspruch auf einen angemessenen Vorschuss geregelt ist,[10] hinaus auch auf Verlangen der Verwaltungsbehörde möglich.[11] 9

III. Pauschalabgeltung, Abs. 3 S. 1 und 2

Nach Abs. 3 S. 1 werden den Krankenkassen ab dem 1. Januar des 3. auf das Inkrafttreten des Gesetzes nach Art. 60 Absatz 7 G-SER folgenden Kalenderjahres, also ab dem 1.1.2027, die Aufwendungen **pauschal** erstattet. Dies dient der Verwaltungsvereinfachung.[12] Der Gesetzgeber geht davon aus, dass ab diesem Zeitpunkt eine hinreichend valide Datenbasis für eine Pauschalierung vorliegt.[13] 10

Nach Abs. 3 S. 2 richtet sich die Höhe der an die Krankenkassen zu erstattenden Verwaltungskosten ab diesem Zeitpunkt nach dem pauschalen Erstattungsbetrag nach S. 1. Wie bei der Spitzabrechnung nach Abs. 1 werden 5 % des Erstattungsbetrages als angemessen angesehen.[14] 11

IV. Verwaltungsvereinbarung, Abs. 3 S. 3 bis 5

Nach Abs. 3 S. 3 ist Näheres zur Pauschalabgeltung in einer **Verwaltungsvereinbarung** zu regeln, die die Bundesstelle für SE mit dem Spitzenverband Bund der Krankenkassen (§ 217a SGB V) trifft. Hierin sind Einzelheiten betreffend u.a. die Grundlagen der Bemessung des pauschalen Erstattungsbetrages für Aufwendungen der Krankenbehandlung sowie Verfahrensregelungen, etwa zu den Zeitabständen, in denen die Grundlagen der Pauschalabgeltung von den Vereinbarungspartnern regelmäßig überprüft werden, zu regeln. Die Bundesstelle für SE und der Spitzenverband Bund der 12

6 BT-Drs. 19/13824, 197; Knickrehm/Mushoff/Schmidt Neues SozEntschR Rn. 199.
7 Vgl. für Einzelheiten LPK-SGB X/Breitkreuz § 91 Rn. 13 f.
8 BT-Drs. 19/13824, 197.
9 Knickrehm/Mushoff/Schmidt Neues SozEntschR Rn. 199.
10 Vgl. für Einzelheiten LPK-SGB X/Breitkreuz § 91 Rn. 13 f.
11 BT-Drs. 19/13824, 197.
12 Knickrehm/Mushoff/Schmidt Neues SozEntschR Rn. 199; Schmidt/Feddern SGB XIV § 60 Rn. 9.
13 BT-Drs. 19/13824, 197.
14 BT-Drs. 19/13824, 197.

Krankenkassen können in der Verwaltungsvereinbarung gem. Abs. 3 S. 4 auch eine vorläufige Regelung treffen, etwa für den Fall, dass wider Erwarten für eine abschließende Regelung noch keine ausreichende Datenbasis vorliegt.[15]

13 Aufgrund der nicht unerheblichen finanziellen Auswirkungen bedarf nach Abs. 3 S. 5 die Verwaltungsvereinbarung der **Zustimmung** des BMAS und des BMG. Dies gilt auch für spätere Änderungen.[16]

V. Schiedsstelle, Abs. 4 und 5

14 Abs. 4 enthält einen Konfliktlösungsmechanismus für den Fall, dass keine Verwaltungsvereinbarung bis zum 1.1.2027 zustande kommt. In diesem Fall entscheidet nach Abs. 4 S. 1 eine **Schiedsstelle.**[17]

15 Die Entscheidung der Schiedsstelle bedarf nach Abs. 4 S. 2 der **Zustimmung** des BMAS, des BMG und der Länder, also derjenigen Stellen, die auch der Verwaltungsvereinbarung nach Abs. 3 zustimmen müssen, wenn die Bundesstelle für SE und der Spitzenverband Bund der Krankenkassen selbst die Verwaltungsvereinbarung schließen.

16 Die Schiedsstelle nach Abs. 4 S. 3 ist aus insgesamt **sieben Mitgliedern** zusammengesetzt, nämlich aus je zwei Personen in Vertretung der Bundesstelle für SE und des Spitzenverbandes Bund der Krankenkassen, zwei unparteiischen Mitgliedern und einem ebenfalls unparteiischen Vorsitzenden oder einer unparteiischen Vorsitzenden. Die unparteiischen Mitglieder und der/die unparteiische Vorsitzende werden von der Bundesstelle für SE und dem Spitzenverband Bund der Krankenkassen **gemeinsam bestellt,** Abs. 4 S. 4. Können sie sich nicht auf die zu bestellenden Personen einigen, werden die unparteiischen Mitglieder vom BMAS bestellt (Abs. 4 S. 5). Das BMAS hat dabei das Einvernehmen mit dem BMG herzustellen (Abs. 4 S. 5).

17 Die Mitglieder der Schiedsstelle sind nach Abs. 5 S. 3 **nicht an Weisungen** gebunden, sie sind unabhängig.[18] Dies gilt auch für die Vertreter der Bundesstelle für SE und des Spitzenverbandes Bund. Jedes der sieben Mitglieder hat eine Stimme (Abs. 5 S. 4). Die **Entscheidungen der Schiedsstelle** werden von der Mehrheit der Mitglieder getroffen (Abs. 5 S. 5), in Ermangelung weiterer Regelungen reicht eine einfache Mehrheit aus.[19] Ergibt sich keine Mehrheit – was bei der ungeraden Anzahl stimmberechtigter Mitglieder von sieben nicht wahrscheinlich ist – gibt die Stimme des oder der Vorsitzenden den Ausschlag (Abs. 5 S. 6).

18 Die Mitglieder der Schiedsstelle – sowohl die Vertreter der Bundesstelle für SE und des Spitzenverbandes Bund als auch die drei unparteiischen Mitglieder – sind nach Abs. 5 S. 1 in dem Amt **ehrenamtlich** tätig. Ihnen steht nach Abs. 5 S. 2 lediglich ein **Auslagenersatz** in entsprechender Anwendung des BRKG zu.

19 Die Schiedsstelle unterliegt nach Abs. 5 S. 7 der **Rechtsaufsicht des BMAS.**

VI. Spitzabrechnung bis zur Schiedsstellenentscheidung, Abs. 6

20 Abs. 6 sieht vor, dass bis zur Entscheidung der Schiedsstelle weiterhin Spitzabrechnungen nach Maßgabe von Abs. 1 und 2, also sowohl hinsichtlich des Ersatzes der Aufwendungen und der Verwaltungskosten, erfolgen.[20]

---

15 BT-Drs. 19/13824, 197.
16 BT-Drs. 19/13824, 197.
17 BT-Drs. 19/13824, 197.
18 Schmidt SGB XIV/Feddern § 60 Rn. 15.
19 Schmidt SGB XIV/Feddern § 60 Rn. 16.
20 BT-Drs. 19/13824, 197.

D. Anhang

I. BVG

Bis 31.12.2023 ist die Erstattung von Aufwendungen und Verwaltungskosten in folgenden Vorschriften des BVG geregelt: 21

§ 19 BVG [Erstattungsansprüche der Krankenkassen]

[1]Den Krankenkassen werden Aufwendungen für Leistungen erstattet, die sie nach § 18c erbracht haben. [2]Aufwendungen für ihre Mitglieder werden ihnen nur erstattet, soweit diese Aufwendungen durch Behandlung anerkannter Schädigungsfolgen entstanden sind.

§ 20 BVG [Pauschale Abgeltung der Erstattungsansprüche; Berechnungsgrundlagen]

(1) [1]Die Erstattungsansprüche der Krankenkassen nach § 19 werden pauschal abgegolten. [2]Grundlage für die Festsetzung des Pauschalbetrages eines Kalenderjahres ist die Erstattung des Vorjahres. [3]Sie wird um den Vom-Hundert-Satz verändert, um den sich die Zahl der rentenberechtigten Beschädigten und Hinterbliebenen am 1. Juli des Jahres im Vergleich zum 1. Juli des Vorjahres verändert hat. [4]Dieses Ergebnis wird dann um den Vom-Hundert-Satz verändert, um den sich die Ausgaben der Krankenkassen je Mitglied und Rentner einschließlich Familienangehörige für ärztliche und zahnärztliche Behandlung (ohne Zahnersatz und ohne kieferorthopädische Behandlung), für Arznei- und Verbandmittel, für Heilmittel, für Krankenhausbehandlung und für Fahrkosten jeweils im ersten Halbjahr gegenüber dem ersten Halbjahr des Vorjahres verändert haben. [5]Mit der Zahlung dieses Pauschalbetrages sind die in § 19 genannten Aufwendungen der Krankenkassen abgegolten.

(2) [1]Das Bundesministerium für Arbeit und Soziales zahlt die Pauschalbeträge an den AOK-Bundesverband, der sie für die Krankenkassen in Empfang nimmt. [2]Zum Ende jeden Kalendervierteljahres werden Teilbeträge gezahlt. [3]Für die Berechnung der Teilbeträge wird der Pauschalbetrag des Vorjahres um 10 vom Hundert vermindert. [4]Solange die in Absatz 1 genannten Vergleichsdaten nicht vorliegen, werden Abschlagszahlungen in Höhe des Pauschalbetrags des Vorjahres vermindert um 10 vom Hundert erbracht. [5]Der AOK-Bundesverband verteilt die Beträge auf die Spitzenverbände der Krankenkassen mit deren Einvernehmen; die Verteilung soll sich nach dem Verhältnis der Anteile der einzelnen Krankenkassenarten an den Erstattungen nach den §§ 19 und 20 in der bis zum 31. Dezember 1993 geltenden Fassung zum Erstattungsvolumen aller Krankenkassen des Haushaltsjahres 1993 richten.

(3) [1]Den Krankenkassen werden für die Erbringung von Leistungen nach § 18c Verwaltungskosten in Höhe von 3,25 vom Hundert des Pauschalbetrages nach Absatz 1 erstattet. [2]Die Aufteilung dieses Betrages auf die einzelnen Länder richtet sich nach der Zahl der rentenberechtigten Beschädigten und Hinterbliebenen jeweils am 1. Juli des Jahres. [3]Das Bundesministerium für Arbeit und Soziales gibt die von den Ländern zu zahlenden Anteile bekannt. [4]Absatz 2 gilt entsprechend.

(4) Für von den Ländern zu tragende Aufwendungen nach Gesetzen, die eine entsprechende Anwendung dieses Gesetzes vorsehen, gelten die Absätze 1, 2 und 3 nur, soweit dies ausdrücklich vorgesehen ist.

§ 21 BVG [Durchführung der Erstattung]

[1]Für die Erstattung nach § 18c Abs. 5 gelten die §§ 107 bis 114 des Zehnten Buches Sozialgesetzbuch. [2]Die Verjährung beginnt mit Ablauf des Jahres, in dem die Heil- oder Krankenbehandlung durchgeführt worden ist, frühestens jedoch mit der Anerkennung des Versorgungsanspruchs.

II. BVGVwV

Es existieren die folgenden Allgemeinen Verwaltungsvorschriften zum Bundesversorgungsgesetz[21] (**BVGVwV**) zu § 19: 22

1. Der Erstattungsanspruch der Krankenkassen bestimmt sich nach dem sogenannten Verursacherprinzip.
2. Zu den Aufwendungen für Krankenhauspflege gehören die Beträge, welche die Krankenkassen den Krankenhäusern für eine stationäre Behandlung zu zahlen haben, die Arztkosten, soweit sie

21 Vom 26.6.1969, Beilage Nr. 15/69 zum BAnz. Nr. 119, geändert durch Allgemeine Verwaltungsvorschrift vom 25.4.1974, BAnz. Nr. 83, und Zweite Allgemeine Verwaltungsvorschrift vom 27.8.1986, BAnz. Nr. 161, 12297.

nicht im Pflegesatz enthalten und gesondert aufgewendet worden sind, sowie sonstige mit der stationären Behandlung in Zusammenhang stehende Kosten.

3. Die Krankenkassen haben mit der zuständigen Verwaltungsbehörde nach Einzelfällen abzurechnen.
4. Die Krankenkassen haben die Kostenerstattung vierteljährlich, spätestens drei Monate nach Ablauf des Kalendervierteljahres, in dem die Behandlung gewährt worden ist, bei der Verwaltungsbehörde anzufordern. Dies gilt auch für Behandlungsfälle, die sich über mehrere Vierteljahre erstrecken. In Ausnahmefällen ist die Verwaltungsbehörde zur Verlängerung der Frist berechtigt. Die Verwaltungsbehörde kann den Krankenkassen Abschlagszahlungen auf die Kostenerstattung nach Absatz 1 Satz 1 und Absatz 2 in Höhe von 70 vom Hundert der angeforderten Beträge leisten, wenn die Kostennachweise innerhalb der bestimmten Frist vorgelegt worden sind und der Verwaltungsbehörde eine Abrechnung während der folgenden drei Monate nicht möglich sein wird.
5. Der Kostennachweis ist der Verwaltungsbehörde in doppelter Ausfertigung zu übersenden. Für jeden Beschädigten ist ein Hauptbeleg zu fertigen und dem Kostennachweis beizufügen. Dem Hauptbeleg sind die für die Prüfung erforderlichen Beweisstücke grundsätzlich in Urschrift anzuschließen. Kann die Krankenkasse die Urschriften nicht beifügen, weil sie diese früheren Kostennachweisen in demselben Behandlungsfall angeschlossen hat, so ist in dem Hauptbeleg darauf hinzuweisen. Im allgemeinen kommen als Beweisstücke in Betracht:
   a) bei stationärer Krankenhausbehandlung:
      aa) die Verordnung von Krankenhauspflege,
      bb) die Aufnahmeanzeige des Krankenhauses mit der Einweisungsdiagnose,
      cc) der Verlängerungsantrag,
      dd) der Entlassungsschein des Krankenhauses mit der Schlußdiagnose,
      ee) in Zweifelsfällen ein Krankenhausbericht (Bericht finden behandelnden Arzt),
      ff) die Rechnung des Krankenhauses,
      gg) die Rechnung über Krankentransportkosten mit der Bescheinigung über die Notwendigkeit des Transportes;
   b) bei der Gewährung von Krankengeld und Versorgungskrankengeld:
      aa) die Arbeitsunfähigkeitsbescheinigung,
      bb) die Aufnahme- und die Entlassungsbescheinigung der Kureinrichtung,
      cc) die Bescheinigung des Arbeitgebers über Arbeitsentgelt, Arbeitszeit und Zeitraum der Lohn- oder Gehaltsfortzahlung,
      dd) die Bescheinigung der Krankenkasse über etwaige Vorerkrankungszeiten mit der jeweiligen Diagnose,
      ee) der Nachweis des Nettoarbeitsentgelts,
      ff) der Nachweis der nach § 16b als Regellohn geltenden Beträge,
      gg) die Berechnung des Krankengeldes,
      hh) der Antrag auf Gewährung von Versorgungskrankengeld,
      ii) die Berechnung des Versorgungskrankengeldes,
      jj) die vertrauensärztlichen Gutachten,
      kk) die vorläufige Anmeldung des Ersatzanspruchs nach § 21 Abs. 1, 11, die Auszahlungsscheine mit der Diagnose des behandelnden Arztes und dem Nachweis der Auszahlung an den Berechtigten;
   c) bei der Gewährung von Heilmitteln:
      aa) die Verordnung des Arztes,
      bb) die Rechnung der Lieferanten sowie die vereinbarte Patientenquittung.

Es existieren die folgenden Allgemeinen Verwaltungsvorschriften zum Bundesversorgungsgesetz (**BVGVwV**) zu § 20:

1. Zu den Kosten der von der Krankenkasse nur nach den Vorschriften des Bundesversorgungsgesetzes zu erbringenden Leistungen gehören die Ausgaben für ärztliche und zahnärztliche Behandlung, Arznei- und Verbandmittel, Heilmittel einschließlich Krankengymnastik, Brillen, Krankenhausbehandlung, häusliche Krankenpflege, Haushaltshilfe, Mutterschaftshilfe, Maßnahmen zur Früherkennung von Krankheiten und Versorgungskrankengeld sowie die nach den Vorschriften der gesetzlichen Krankenversicherung gezahlten Reisekosten.
2. Stellt der in Anspruch genommene Arzt bei der ersten Untersuchung fest, daß die Krankheit mit der als Folge einer Schädigung anerkannten Gesundheitsstörung nicht zusammenhängt oder daß keine Behandlung erforderlich ist, sind gleichwohl die Kosten dieser Inanspruchnahme zu ersetzen.

3. Für die Abrechnung nach Einzelfällen, den Abrechnungszeitraum sowie die Frist für die Vorlage der Kostennachweise gelten die Nummern 3 und 4 zu § 19.
4. Der Kostennachweis ist in doppelter Ausfertigung aufzustellen. Soweit Kostenerstattung nach § 20 für versicherte Beschädigte beansprucht wird, sind die Aufwendungen mit dem Kostennachweis nach § 19 abzurechnen.
5. Für jeden Berechtigten ist ein dem Kostennachweis beizufügender Hauptbeleg zu fertigen, dem als Unterbelege die für die Prüfung erforderlichen Beweisstücke grundsätzlich in Urschrift anzuschließen sind.
6. Erstreckt sich eine Behandlung über mehrere Vierteljahre, ist in den weiteren Kostennachweisen auf die früheren Kostennachweisen beigefügten Belege hinzuweisen, die für die Dauer des Behandlungsfalles gültig bleiben.
7. Den von Apotheken gemäß § 18 c Abs. 4 in demselben Umfang wie für Versicherte zu gewährenden Rabatt haben die Krankenkassen von den Erstattungsbeträgen am Schluß der Kostennachweise in einer Summe abzusetzen. Dasselbe gilt für Rabatte, die den Krankenkassen von anderen Lieferanten, zB Drogerien, Bade- oder Lichtinstituten, gewährt werden. Bei der See-Krankenkasse gilt für die Abrechnung der Rabattsatz der jeweils beauftragten Kasse.
8. Der Betrag von acht vom Hundert des Wertes der erbrachten Leistungen ist von den Krankenkassen vierteljährlich mit den Kostennachweisen anzufordern. Er ist ihnen mit der Abrechnung der Leistungen zu erstatten.
9. Ergeben sich bei Prüfung der Kostennachweise durch die Verwaltungsbehörde streitige Beträge, sind diese unter Entnahme der zugehörigen Haupt- und Unterbelege von den Kostennachweisen abzusetzen und nach Klärung mit dem Kostennachweis für eines der folgenden Vierteljahre anzuweisen.
10. Die Verwaltungsbehörde kann den Krankenkassen zur Bestreitung der nach dieser Vorschrift zu leistenden Ausgaben (einschließlich Verwaltungskostenanteil) auf Antrag Abschlagszahlungen in einer den durchschnittlichen Aufwendungen angemessenen Höhe, höchstens bis zur Höhe eines Vierteljahresbedarfs, anweisen. Werden Abschlagszahlungen in Höhe eines Vierteljahresbedarfs gewährt, sind sie zum 15. des zweiten Monats des Kalendervierteljahres, für das sie bestimmt sind, zu leisten.
11. Krankenkassen, die trotz wiederholter Aufforderung ohne triftigen Grund ihre Kostennachweise nicht rechtzeitig vorlegen, können Abschlagszahlungen nicht erhalten.

Es existieren die folgenden Allgemeinen Verwaltungsvorschriften zum Bundesversorgungsgesetz (**BVGVwV**) zu § 21:

1. Die Krankenkassen haben in der vorläufigen Anmeldung des Erstattungsanspruchs den Tag der Antragstellung auf Gewährung von Versorgungskrankengeld und den Zeitraum der letzten Arbeitsunfähigkeit anzugeben, soweit dieser Zeitraum innerhalb der letzten 3 Jahre vor Beginn der Arbeitsunfähigkeit liegt.
2. Die Vorschrift des § 113 des Zehnten Buches Sozialgesetzbuch gilt.

§ 61 Erstattung an Unfallkassen der Länder

(1) Den Unfallkassen der Länder werden von der zuständigen Verwaltungsbehörde halbjährlich die Aufwendungen erstattet, die ihnen nach § 57 Absatz 5 entstehen.

(2) Den Unfallkassen der Länder werden von der zuständigen Verwaltungsbehörde halbjährlich Verwaltungskosten in Höhe von 5 Prozent des Erstattungsbetrages nach Absatz 1 erstattet.

(3) [1]Die Länder können mit den Unfallkassen Vereinbarungen zur Durchführung des Verfahrens nach den Absätzen 1 und 2 treffen. [2]Haben die Vereinbarungen finanzielle Auswirkungen für den Bund, bedürfen sie der Zustimmung des Bundesministeriums für Arbeit und Soziales.

A. Gesetzesgeschichte

I. Geltendes und neues Recht

Der Ersatzanspruch für Aufwendungen der Krankenkassen ist bis 31.12.2023 in § 19 bis 21 BVG geregelt, wobei § 19 BVG den Erstattungsanspruch dem Grunde nach 1 festlegt, § 20 die Höhe des Erstattungsanspruches und § 21 BVG die Durchführung der Erstattung.

2 § 61 Abs. 1 und 2 gehen zurück auf den Gesetzentwurf der Bundesregierung vom 9.10.2019, BT-Drs. 19/13824, 197. Abs. 3 wurde aufgrund der Beschlussempfehlung und des Berichtes des Ausschusses für Arbeit und Soziales (11. Ausschuss) eingefügt, BT-Drs. 19/14870, 9, 33. Die Vorschrift tritt mWz 1.1.2024 in Kraft.[1]

II. Änderungen im SGB XIV gegenüber dem BVG und Parallelität

3 Im BVG sind keine Erstattungsansprüche der Unfallkassen der Länder vorgesehen, weil die Verwaltungsbehörden der TdSE die Hilfsmittelversorgung bis 31.12.2023 selbst ausführt. Erst das gesetzliche Auftragsverhältnis mit den Unfallkassen der Länder, das ab 1.1.2024 vorgesehen ist, macht eine Regelung zum Aufwendungsersatz erforderlich.

4 Dabei entspricht § 19 BVG seinem Regelungsgehalt nach weitgehend § 61 Abs. 1; der Anspruch auf Erstattung der Verwaltungskosten ist bis 31.12.2023 in § 20 Abs. 3 geregelt und sieht eine niedrigere Verwaltungskostenquote, nämlich nur von 3,25 %, vor. Eine Pauschalabgeltung wie in § 20 BVG ist für den Erstattungsanspruch der Unfallkassen der Länder nicht vorgesehen.

B. Normsystematik

I. Allgemeiner Regelungsgehalt

5 Abs. 1 normiert den Aufwendungsersatzanspruch der Unfallkassen der Länder gegen den TdSE als **Spitzabrechnung**. Nach Abs. 2 besteht auch ein Anspruch auf Erstattung der Verwaltungskosten, die pauschal abgegolten werden. Abs. 3 ermächtigt zum Abschluss einer Verwaltungsvereinbarung zur Durchführung des Verfahrens hinsichtlich des Ersatzanspruches der Unfallkassen der Länder.

II. Systematische Einordnung und Normzweck

6 Die Vorschrift über die Erstattung an die Unfallkassen der Länder findet hinsichtlich der Krankenkassen ihre Entsprechung in § 60.[2] Die Vorschriften des 4. Abschnitts des 6. Kapitels (§§ 60, 61) dienen dem Ausgleich der Aufwendungen der Krankenkassen der im Auftrag der TdSE erbrachten Leistungen. Anders als bei der Erstattung von Aufwendungen der Krankenkassen ist bei der Erstattung von Aufwendungen der Unfallkassen keine Umstellung auf eine Pauschalabgeltung nach drei Jahren vorgesehen.[3]

C. Einzelkommentierung

I. Erstattung von Aufwendungen, Abs. 1

7 Abs. 1 normiert einen **Anspruch auf Erstattung der Aufwendungen** für Leistungen, die den Unfallkassen der Länder aufgrund des gesetzlichen Auftragsverhältnisses nach § 57 Abs. 5 (→ § 57 Rn. 17) für die Leistungen der Hilfsmittelversorgung (§ 46) einschl. Reisekosten (§ 53) entstehen. Der Anspruch ist gegen die zuständige Verwaltungsbehörde des TdSE zu richten. Die Abrechnung erfolgt halbjährlich, um den Verwaltungsaufwand bei den Krankenkassen und den Verwaltungsbehörden in Grenzen zu halten.[4] Durch die halbjährliche Abrechnung soll der Verwaltungsaufwand redu-

1 Art. 60 Abs. 7 G-SER v. 12.12.2019, BGBl. 2019 I 2652.
2 Schmidt SGB XIV/Feddern § 61 Rn. 6.
3 BT-Drs. 19/14870, 33.
4 BT-Drs. 19/13824, 198.

ziert werden. Anders als für die Erstattungsansprüche der Krankenkassen nach § 60 Abs. 3 ist für den Aufwendungsersatz der Unfallkassen der Länder keine Pauschalabgeltung vorgesehen.[5]

Die Zahlung angemessener Vorschüsse, dh von **Abschlagszahlungen** für Erstattungsansprüche nach Abs. 1, ist über § 91 Abs. 3 SGB X, wonach ein entsprechender Anspruch auf einen angemessenen Vorschuss normiert ist,[6] hinaus auch auf Verlangen der Verwaltungsbehörde möglich.[7] 8

II. Erstattung von Verwaltungskosten, Abs. 2

Abs. 2 begründet einen Anspruch auf die Erstattung der im Zusammenhang mit der Erbringung von Leistungen der Hilfsmittelversorgung durch die Unfallkassen der Länder diesen entstehenden **Verwaltungskosten**. Die Vorschrift sieht einen halbjährlichen Erstattungsmodus vor und begrenzt den Anspruch auf eine **Pauschale** in Höhe von 5 % des halbjährlichen Erstattungsbetrages für Aufwendungen nach Abs. 1. Durch die halbjährliche Abrechnung soll der Verwaltungsaufwand reduziert werden. 9

Die Zahlung angemessener Vorschüsse, dh von **Abschlagszahlungen** für Erstattungsansprüche nach Abs. 1 und 2, ist über § 91 Abs. 3 SGB X, wonach ein entsprechender Anspruch auf einen angemessenen Vorschuss normiert ist,[8] hinaus auch auf Verlangen der Verwaltungsbehörde möglich.[9] 10

III. Vereinbarung zur Durchführung des Erstattungsverfahrens, Abs. 3

Abs. 3 S. 1 ermächtigt die Länder, zur **Verfahrensvereinfachung** zur Durchführung des Erstattungsverfahrens **individuelle Vereinbarungen mit den Unfallkassen** zu treffen.[10] Haben die Vereinbarungen finanzielle Auswirkungen auf den Bund, ist für ihre Wirksamkeit die **Zustimmung** des BMAS erforderlich. Das Zustimmungserfordernis berücksichtigt die berechtigen Interessen des Bundes als Kostenträger, denn der Bund trägt zum Beispiel die Aufwendungen für Leistungen für Personen, die Opfer einer Gewalttat im Ausland, auf einem deutschen Schiff oder einem deutschen Luftfahrzeug geworden sind.[11] 11

Die Vereinbarung, deren Abschluss nicht zwingend ist, betrifft nur das Erstattungsverfahren und nicht die Berechnung des Erstattungsbetrages, was konsequent ist, nachdem eine Pauschalabgeltung nicht vorgesehen ist. Weiterhin ist anders als für die Verwaltungsvereinbarung nach § 60 kein Schiedsstellenverfahren vorgesehen. 12

D. Anhang

I. BVG

Bis 31.12.2023 ist die Erstattung von Aufwendungen und Verwaltungskosten in §§ 19 bis 21 BVG geregelt. Der Normtext der Vorschriften ist in der Kommentierung zu → § 60 Rn. 21 abgedruckt. 13

5 Schmidt SGB XIV/Feddern § 61 Rn. 3.
6 Vgl. für Einzelheiten LPK-SGB X/Breitkreuz § 91 Rn. 13 f.
7 BT-Drs. 19/13824, 198.
8 Vgl. für Einzelheiten LPK-SGB X/Breitkreuz § 91 Rn. 13 f.
9 BT-Drs. 19/13824, 198.
10 BT-Drs. 19/14870,33.
11 BT-Drs. 19/14870, 33.

II. BVGVwV

14 Es existieren zu §§ 19 bis 21 Allgemeine Verwaltungsvorschriften zum Bundesversorgungsgesetz[12] (BVGVwV), die in der Kommentierung zu → § 60 Rn. 22 abgedruckt sind.

Kapitel 6 Leistungen zur Teilhabe

§ 62 Leistungsumfang

[1]Leistungen zur Teilhabe sind

1. **Leistungen zur Teilhabe am Arbeitsleben sowie unterhaltssichernde und andere ergänzende Leistungen,**
2. **Leistungen zur Teilhabe an Bildung,**
3. **Leistungen zur Sozialen Teilhabe und**
4. **Leistungen zur medizinischen Rehabilitation.**

[2]Die Leistungen nach Nummer 4 einschließlich der erforderlichen unterhaltssichernden und anderen ergänzenden Leistungen werden im Rahmen der Leistungen der Krankenbehandlung nach Kapitel 5 erbracht.

12 Vom 26.6.1969, Beilage Nr. 15/69 zum BAnz. Nr. 119, geändert durch Allgemeine Verwaltungsvorschrift vom 25.4.1974, BAnz. Nr. 83, und Zweite Allgemeine Verwaltungsvorschrift vom 27.8.1986, BAnz. Nr. 161, S. 12297.

A. Gesetzesgeschichte

I. Geltendes und neues Recht

§ 62 SGB XIV tritt, wie sämtliche Vorschriften des 6. Kapitels, mit einem Großteil der übrigen Vorschriften des SGB XIV erst zum 1.1.2024 in Kraft.[1] Da es im bisher geltenden BVG kein eigenes Kapitel für Teilhabeleistungen gibt, findet sich im BVG auch keine § 62 entsprechende Einweisungsnorm. Wenn überhaupt nach Entsprechungen im noch geltenden BVG zu suchen ist, dann sind dies die jeweiligen Einzelnormen, die die verschiedenen Teilhabe- bzw. Rehabilitationsleistungen regeln. Damit lässt sich sagen, § 62 entspricht im Wesentlichen den unter → Rn. 41 abgedruckten verschiedenen Einzelregelungen des BVG[2], die noch bis 31.12.2023 gelten. 1

§ 12 Abs. 1 Satz 1, § 26b Abs. 1 Satz 1 Nr. 1, § 26 Abs. 1 und § 27d Abs. 1 Nr. 3 BVG (abgedruckt bei → Rn. 41 und → § 64 Rn. 25) zeigen, dass schon nach dem BVG Leistungen zur Teilhabe gewährt werden, wobei die Voraussetzungen angesichts der unübersichtlichen Struktur nicht einfach zu ersehen sind. Einigermaßen deutlich geregelt sind die Leistungen zur Teilhabe am Arbeitsleben in den §§ 26, 26a BVG. Weniger einfach zu finden sind die Leistungen zur medizinischen Rehabilitation, zu erbringen im Rahmen der Heilbehandlung (vgl. §§ 11 Abs. 1 Nr. 6, 12 Abs. 1 S. 2, 11 Abs. 5 BVG). Ziemlich versteckt als „Hilfe in besonderen Lebenslagen" kommt Eingliederungshilfe gem. § 27d Abs. 1 Nr. 3 BVG in Betracht. Damit fehlt es **im bisherigen Recht** an einer systematisch eigenständigen Verortung von Teilhabeleistungen. Das irritiert vor allem deshalb, weil gerade die den Leistungsanspruch auslösenden schädigenden Ereignisse, wie zB unmittelbare Kriegseinwirkung, doch bei vielen Opfern zu schädigungsbedingten Teilhabebedarfen geführt haben und die historischen Wurzeln des Rechts für Menschen mit Behinderungen vor allem auf die Fürsorgeregeln zugunsten von Kriegsversehrten zurückgehen.[3] 2

Zu begrüßen ist daher, dass der Gesetzgeber mit der Reform des SER zugleich auch den **Stellenwert von Teilhabeleistungen** verdeutlicht hat.[4] Geschädigten soll es ermöglicht werden, schnell wieder am gesellschaftlichen und beruflichen Leben teilzunehmen. Für die Teilhabeleistungen wurde ein eigenes Kapitel (Kapitel 6) geschaffen (§§ 62–70 SGB XIV), was den Teilhabegedanken deutlich stärkt. Die Teilhabeansprüche des SGB XIV sollen insgesamt anwendungsfreundlicher gestaltet werden; der Zugang zu den Teilhabeleistungen soll vereinfacht werden.[5] Die aufgewertete Stellung der Teilhabeleistungen zeigt sich ua daran, dass der in § 62 aufgelistete Leistungskatalog sämtliche Leistungsgruppen iSd § 5 SGB IX umfasst und damit die Träger des SER als Rehabilitationsträger iSd § 6 SGB IX für alle Leistungsgruppen des Teilhabe- und Rehabilitationsrechts für zuständig erklärt. Die Aufwertung der Teilhabeleistungen folgt zudem daraus, dass diese, mit Ausnahme der flankierenden unterhaltssichernden und anderen ergänzenden Leistungen, künftig[6] ohne den Einsatz von Einkommen und Vermögen erbracht werden.[7] Wie schon die Reform durch das BTHG mit ihren daraus folgenden Änderungen für das SGB IX zielt das reformierte SER darauf, dass geschädigte Menschen ebenso wie Menschen mit (drohender) Behinderung nicht 3

1 BT-Drs. 19/13824, 2.
2 § 25b Abs. 5 S. 2 BVG ist in § 69 SGB XIV aufgegangen, anders wohl Schmidt SGB XIV/Schmidt § 70 Rn. 2.
3 Welti Rehabilitation 2002, 268–273; Welti KJ 2012, 366–378; Jung RdA 1974, 161 (163); Feldes/Kohte/Stevens-Bartol SGB IX/Kohte, 4. Aufl., Einl. Rn. 10.
4 Knickrehm/Mushoff/Schmidt Neues SozEntschR Rn. 201.
5 BT-Drs. 19/13824, 2.
6 Leistungen zur Teilhabe am Arbeitsleben wurden auch nach dem bisherigen SER schon ohne Berücksichtigung von Einkommen und Vermögen erbracht, vgl. § 26 Abs. 5 S. 2 BVG.
7 Tabbara NZS 2020, 210 (215).

Objekt der staatlichen Fürsorge sondern gleichberechtigte Partner sein sollen.[8] Unvollkommen sind die Regelungen zur Teilhabesicherung allerdings insoweit, dass sich der Gesetzgeber zur Frage der Leistungserbringung für Teilhabeleistungen im Rahmen des SGB XIV nicht geäußert hat. Während sich für andere Leistungskapitel konkrete Verweise auf das Leistungserbringungsrecht anderer Teilbereiche des Sozialrechts finden,[9] bleibt die leistungserbringungsrechtliche Seite für die Teilhabeleistungen intransparent. Systematisch besteht letztlich wegen § 7 SGB IX auch insoweit keine Regelungslücke, denn es gelten auch für die TdSE die Regeln des **Leistungserbringungsrechts des SGB IX**, vor allem die §§ 36–38 SGB IX. Doch selbst in der Kommentarliteratur zum rehabilitationsspezifischen Leistungserbringungsrecht spielt das SER kaum eine nennenswerte Rolle. Angesichts der besonderen Relevanz des SER und zurecht neuerdings auch der Teilhabeleistungen zur Überwindung der Schädigungsfolgen, vgl. § 27, müssen die TdSE ihre eigenständige Verantwortung für die Versorgungsstruktur und -qualität insbesondere mit Blick auf die besonderen Belange von Geschädigten ausfüllen.

II. Rechtssystematischer Vergleich zwischen BVG und SGB XIV hinsichtlich der Teilhabeleistungen

4 Das Verständnis für die Regelungen im 6. Kapitel setzt einen **systematischen Rückblick** voraus. Das SER mit seinem bisherigen „Herzstück", dem BVG, unterscheidet zwischen der ***Kriegsopferversorgung*** und der ***Kriegsopferfürsorge***. Über die sogenannten „Anwendungsgesetze", die das BVG auch für andere Personengruppen bei erlittenen Gesundheitsschäden für anwendbar erklären,[10] gilt diese Trennung zwischen „Opfer*versorgung*" und „Opfer*fürsorge*" auch für die anderen Bereichen des SER, so dass es neben der *Kriegsopfer*fürsorge genau genommen auch die *Sonderopfer*fürsorge gibt,[11] wie zB die Gewaltopferfürsorge, die Impfopferfürsorge usw. Sichtbar wird diese Trennung zwischen „Versorgung" und „Fürsorge" im BVG anhand von § 9 BVG. Gem. § 9 Abs. 1 Nr. 2 BVG sind die Leistungen der Kriegsopferfürsorge in den §§ 25–27i BVG ein Teil der Versorgungsleistungen insgesamt.[12] Für die Leistungen der Kriegsopferfürsorge sind die Verwaltungsgerichte zuständig, für die Kriegsopferversorgung hingegen die Sozialgerichte.[13]

5 Aus Sicht des Teilhaberechts verkompliziert sich diese Trennung, denn die Leistungen zur **medizinischen Rehabilitation** werden bereits vom versorgungsrechtlichen Heilbehandlungsanspruch gem. § 10 BVG umfasst und wiederum nicht den davon zu unterscheidenden Leistungen nach §§ 25 ff. BVG zugerechnet.[14] Damit sind die Leistungen der medizinischen Rehabilitation nach bisherigem Recht Teil der Kriegsopferversorgung und alle übrigen Teilhabeleistungen nach dem BVG Teil der Kriegsopferfürsorge. Dies erklärt, warum beide, die Kriegsopferversorgung und die Kriegsopferfürsorge,

8 Bundesministerium der Verteidigung, Referentenentwurf eines Gesetzes über die Entschädigung der Soldatinnen und Soldaten und zur Neuordnung des Soldatenversorgungsrechts, Bearbeitungsstand: 28.8.2020, S. 211.
9 Vgl. nur §§ 42 Abs. 1 S. 2, 46 Abs. 2 S. 2, 57 Abs. 2, 77 Abs. 2 SGB XIV.
10 Anti-D-Hilfegesetz – vgl. § 2 AntiDHG;
Opferentschädigungsgesetz – vgl. § 1 OEG;
Infektionsschutzgesetz – vgl. § 60 IfSG;
Häftlingshilfegesetz – vgl. § 4 HHG;
Strafrechtliches Rehabilitierungsgesetz – vgl. §§ 21–25a StrRehaG;
Verwaltungsrechtliches Rehabilitierungsgesetz – vgl. §§ 3–6 VwRehaG;
Zivildienstgesetz – vgl. § 47 ZDG;
Soldatenversorgungsgesetz – vgl. §§ 80–84 SVG.
11 SWK-BehindertenR/Ritz Kriegsopferversorgung Rn. 17.
12 Ausführlich dazu HK-SozEntschR/Grube BVG Vor § 1 Rn. 20 ff.
13 Dazu schon HK-SozEntschR/Grube BVG Vor § 25 Rn. 9.
14 HK-SozEntschR/Vogl BVG § 10 Rn. 3.

jeweils Rehabilitationsträger sind, vgl. § 6 Abs. 1 Nr. 5 SGB IX. Die Kriegsopferversorgung ist Rehabilitationsträger für medizinische Rehabilitation (§ 5 Nr. 1 SGB IX) und die Kriegsopferfürsorge ist Rehabilitationsträger für die übrigen Leistungsgruppen (§ 5 Nr. 2 bis 5 SGB IX).

Die bisherige Unterscheidung zwischen der Kriegs- bzw. Sonderopfer*versorgung* und der Kriegs- bzw. Sonderopfer*fürsorge* zeigt sich nicht nur hinsichtlich der Leistungsinhalte (vgl. § 9 BVG), sondern vor allem hinsichtlich der ihnen jeweils zugrunde liegenden Prinzipien, der jeweiligen Zuständigkeiten und der Finanzierung. Die folgende Übersicht fasst die wichtigsten Aspekte dieser **Differenzierung für die bisherige Systematik nach BVG** zusammen: 6

	Kriegs-/Sonderopferversorgung	**Kriegs-/Sonderopferfürsorge**
Zuständigkeit	Versorgungsverwaltung der Länder (Versorgungsämter)	Hauptfürsorgestellen der Länder
Finanzierung	Bund	Länder
Prinzip	Soziale Entschädigung	Fürsorge / besondere Hilfe im Einzelfall / „gehobene Sozialhilfe"[15]
Leistungsgrundlagen	§§ 10 ff. BVG, evtl. iVm Verweisungsnormen (vgl. Fn. 7) – außer §§ 25–27 BVG	§§ 25–27 BVG, evtl. iVm Verweisungsnormen (vgl. Fn. 10)
Rehabilitationsträger	Ja, vgl. § 6 Abs. 1 Nr. 5 SGB IX	Ja, vgl. § 6 Abs. 1 Nr. 5 SGB IX
Zuständig für Leistungsgruppen iSv § 5 SGB IX	Nur für medizinische Rehabilitation	▪ Leistungen zur Teilhabe am Arbeitsleben, ▪ unterhaltssichernde und andere ergänzende Leistungen, ▪ Leistungen zur Teilhabe an Bildung und ▪ Leistungen zur sozialen Teilhabe

Infolge der Reform des SER und der **einheitlichen Verankerung** der Teilhabeleistungen im 6. Kapitel ist diese Trennung im neuen SGB XIV obsolet. Der Gesetzgeber hat die Leistungen zur Teilhabe aus dem bisherigen System der fürsorgerischen Leistungen (Kriegsopferfürsorge und Sonderfürsorge, von den Ländern finanziert und von den Hauptfürsorgestellen durchgeführt) herausgelöst. Für diese Teilhabeleistungen sind künftig wie auch für die Teilhabeleistungen zur medizinischen Rehabilitation die **Träger der Sozialen Entschädigung insgesamt zuständig.** Teilhabeleistungen werden künftig[16] grundsätzlich ohne Anrechnung von Einkommen und Vermögen erbracht. Nunmehr sind die **Sozialgerichte** auch für die Teilhabeleistungen im Rahmen des SER nach dem SGB XIV zuständig, vgl. Neufassung von § 51 Abs. 1 Nr. 6 SGG.[17] 7

Für Bezieher von Leistungen nach dem BVG bzw. für diejenigen, die einen Antrag vor dem 31.12.2023 gestellt haben, wird Besitzstand gewährt.[18] 8

15 SWK-BehindertenR/Ritz, 2. Aufl. 2018, Kriegsopferfürsorge Rn. 10.
16 LTA wurden auch nach dem bisherigen SER schon ohne Berücksichtigung von Einkommen und Vermögen erbracht, vgl. § 26 Abs. 5 S. 2 BVG.
17 Dazu Knickrehm/Mushoff/Schmidt Neues SozEntschR Rn. 454–456.
18 BT-Drs. 19/13824, 2.

B. Normsystematik

I. Teilhabeleistungen

9 § 62 eröffnet als Eingangsnorm das 6. Kapitel des SGB XIV. Die Leistungen zur Teilhabe an Geschädigte und Hinterbliebene haben damit erstmals auch im SER ein eigenständiges Leistungskapitel. Mit § 62 werden die Leistungen allgemein benannt. Die näheren Konkretisierungen finden sich in den §§ 63–70. Da es sich im 6. Kapitel um Teilhabeleistungen iSd SGB IX handelt, ist Teil 1 des SGB IX auch im Bereich des SER maßgeblich (→ Rn. 10 ff.). Wie schon bisher nach dem BVG die Träger der Kriegsopferversorgung und der Kriegsopferfürsorge (→ Rn. 4 ff.) sind künftig auch die Träger der Sozialen Entschädigung (→ § 111 Rn. 1 ff.) Rehabilitationsträger gem. § 6 Abs. 1 Nr. 5 SGB IX,[19] die für sämtliche Leistungsgruppen iSd § 5 SGB IX zuständig sein können.

Die bisherigen Leistungen zur Teilhabe nach §§ 26, 26a BVG sowie § 27d Abs. 1 Nr. 3, Abs. 3 S. 1 BVG iVm Teil 2 Kapitel 1–7 des SGB IX sind künftig in einem eigenen Kapitel 6 normiert.[20] Die Teilhabeansprüche des SGB XIV sollen dadurch sowohl für Bürgerinnen und Bürger als auch für die zuständigen Verwaltungsbehörden anwendungsfreundlicher gestaltet werden.[21] Damit soll ein einfacherer Zugang zu den Teilhabeleistungen ermöglicht werden.[22] In Übereinstimmung mit der Reform des SGB IX durch das BTHG soll auch im Rahmen der Reform des SER gesichert werden, dass geschädigte Menschen ebenso wie behinderte oder von Behinderung bedrohte Menschen nicht Objekt staatlicher Fürsorge sondern gleichberechtigte Partner sein sollen.[23]

II. Das Sozialgesetzbuch Neuntes Buch (SGB IX) im Rahmen des SER

10 **1. Koordinierte Erbringung von Teilhabeleistungen trotz gegliedertem System.** Im deutschen Sozialrecht gibt es keinen einheitlichen Sozialleistungsträger für Rehabilitations- bzw. Teilhabeleistungen. Vielmehr sind Teilhabeleistungen je nach Spektrum des jeweiligen Leistungskatalogs in alle Bereiche des **gegliederten Systems** der sozialen Sicherung eingebettet. Den infolge geteilter Zuständigkeiten entspringenden Nachteilen für die Leistungsberechtigten versucht der Gesetzgeber seit Jahrzehnten durch verschiedene Reformen und normierte **Koordinierungspflichten** zwischen den Trägern zu begegnen,[24] zuletzt im Wege des Bundesteilhabegesetzes,[25] mit dem ua das SGB IX maßgeblich reformiert worden ist. Hinsichtlich der erhofften Wirkungen besteht zwar angesichts der weiter angewachsenen Komplexität eine gewisse Skepsis. Die diffizilen Zuständigkeitsfragen erschweren Menschen mit Behinderung bis heute häufig den Leistungsbezug. Die Rechtsprechung hat durch zahlreiche Judikate die wichtigen Koordinierungsbestimmungen des SGB IX schon in der Fassung vor der BTHG-Reform, dh die §§ 4 ff. SGB IX aF, insbesondere schon die §§ 10, 14 und 15 SGB IX

---

19 Siehe Art. 37 Nr. 1 des G-SER vom 12.12.2019, BGBl. I 2652, 2712.

20 BT-Drs. 19/13824, 198.

21 BT-Drs. 19/13824, 2.

22 BT-Drs. 19/13824, 2.

23 Bundesministerium der Verteidigung, Referentenentwurf eines Gesetzes über die Entschädigung der Soldatinnen und Soldaten und zur Neuordnung des Soldatenversorgungsrechts, Bearbeitungsstand: 28.8.2020, S. 211.

24 Vgl. schon BT-Drs. 14/5074, 93; Überblick bei Feldes/Kohte/Stevens-Bartol SGB IX/Kohte, 4. Aufl., Einl. Rn. 7 ff.

25 BTHG vom 23.12.2016, BGBl. I Nr. 66 vom 29.12.2016, S. 3234 ff.; dazu Gesetzesbegründung in BT-Drs. 18/9522. Dazu Überblick bei Siefert jurisPR-SozR 6/2017 Anm. 1; Siefert jurisPR-SozR 7/2017 Anm. 1; Luik RP-Reha 2017, Nr. 2, 5–13.

aF effektiviert.[26] Unklarheiten in der Zuständigkeit durften theoretisch danach schon nicht mehr zulasten der Menschen mit Behinderungen gehen. Allerdings musste der Gesetzgeber konstatieren, dass die **Reform des Teilhaberechts** ua auch notwendig war, um die schon bei Einführung des SGB IX im Jahr 2001 erhoffte, aber in der Verwaltungspraxis häufig ausgebliebene Koordinierung zu erreichen.[27] Zumindest ist zu erwarten, dass die Bündelung der Leistungen zur Teilhabe im neuen SGB XIV insoweit auch zu mehr **Transparenz** für die Menschen mit Behinderungen führt.

In jedem Fall sind, wenn es um Leistungen zur Teilhabe geht, die Vorgaben des SGB IX für eine **koordinierte Bedarfsfeststellung und Leistungsgewährung** von allen Rehabilitationsträgern zu beachten. Das ergibt sich aus **§ 7 SGB IX**, vgl. dessen Wortlaut: 11

§ 7 SGB IX Vorbehalt abweichender Regelungen

(1) [1]Die Vorschriften im Teil 1 gelten für die Leistungen zur Teilhabe, soweit sich aus den für den jeweiligen Rehabilitationsträger geltenden Leistungsgesetzen nichts Abweichendes ergibt. [2]Die Zuständigkeit und die Voraussetzungen für die Leistungen zur Teilhabe richten sich nach den für den jeweiligen Rehabilitationsträger geltenden Leistungsgesetzen. [3]Das Recht der Eingliederungshilfe im Teil 2 ist ein Leistungsgesetz im Sinne der Sätze 1 und 2.

(2) [1]Abweichend von Absatz 1 gehen die Vorschriften der Kapitel 2 bis 4 den für die jeweiligen Rehabilitationsträger geltenden Leistungsgesetzen vor. [2]Von den Vorschriften in Kapitel 4 kann durch Landesrecht nicht abgewichen werden.

Die Vorschriften des ersten Teils des SGB IX sind vom Grundsatz her für alle in § 6 SGB IX genannten Rehabilitationsträger, also auch für die Träger der Sozialen Entschädigung, **unmittelbar geltendes Recht**. Es ergibt sich aus § 7 Abs. 1 SGB IX allerdings ein Vorbehalt abweichender Regelungen: Nach § 7 Abs. 1 S. 1 SGB IX gelten die Vorschriften des 1. Teils des SGB IX für die Leistungen zur Teilhabe, soweit sich aus den für die jeweiligen Rehabilitationsträger geltenden Leistungsgesetzen nichts Abweichendes ergibt. Für die Zuständigkeit und die Voraussetzungen für die Leistungen zur Teilhabe bestimmt § 7 Abs. 1 S. 2 SGB IX, dass sich diese nach dem für den jeweiligen Leistungsträger geltenden Leistungsgesetzen richten. Soweit also das SGB XIV die Zuständigkeit und die Voraussetzungen für die Teilhabeleistungen gem. §§ 62 ff. SGB XIV regelt, gehen diese Bestimmungen den Vorgaben des 1. Teils des SGB IX vor.

Dies soll allerdings nicht dazu führen, dass über die Leistungsgesetze der einzelnen Rehabilitationsträger die wichtigen Koordinierungsbestimmungen wieder aufgeweicht werden. Deshalb findet sich vom Vorbehalt zugunsten des trägerspezifischen Rechts wiederum eine wichtige Rückausnahme in § 7 Abs. 2 SGB XIV. Danach sind die Kapitel 2 bis 4 des 1. Teils des SGB IX, mithin die §§ 9–24 SGB IX „abweichungsfest". Besonders „abweichungsfest" hat der Bundesgesetzgeber dabei die §§ 14–24 SGB IX, dh die Vorgaben zur „Koordinierung der Leistungen" im 4. Kapitel des SGB IX ausgestaltet, denn von diesen kann selbst durch Landesrecht nicht abgewichen werden.

Für die Leistungen zur Teilhabe, wie sie in den §§ 62–70 SGB XIV, geregelt sind, gelten daher in jedem Fall auch die **Bestimmungen im Teil 1 des SGB IX**, sowohl hinsichtlich des Verfahrens zur Prüfung und Gewährung von Teilhabeleistungen als auch hinsichtlich der Leistungsvoraussetzungen und des Leistungsumfangs. Teil 1 des SGB IX ist für alle Rehabilitationsträger verbindlich, auch hinsichtlich der materiellrechtlichen Regelungen zum Inhalt der Teilhabeleistungen. Allerdings sind speziellere Regelungen zur Zuständigkeit der Träger der Sozialen Entschädigung für Teilhabeleistungen (§§ 111 ff.) sowie zu den Voraussetzungen der Teilhabeleistungen vorrangig. Kommen Teilhabeleistungen auf der Grundlage des SGB XIV in Betracht, dann sind 12

26 Exemplarisch BSG 24.1.2013 – B 3 KR 5/12 R SGb 2014, 27 mit Anm. Waldenburger DVfR A26/2013; grundlegend dazu schon Ulrich SGb 2008, 452.

27 BT-Drs. 18/9522, 192.

die **Koordinierungsregelungen gem. §§ 14–24 SGB IX zwingend** von den Trägern der Sozialen Entschädigung zu beachten.

13 **2. Koordinierungsverantwortung im Detail.** Die Koordinierung zu erbringender Sozialleistungen kann zwischen verschiedenen Trägern aus mehreren Gründen notwendig werden. Selbst wenn ein Träger für sämtliche Teilhabebedarfe auch Teilhabeleistungen erbringen darf, wie bspw. die Träger der Sozialen Entschädigung für alle Leistungsgruppen gem. § 5 SGB IX zuständig sind, ist nicht in jedem Einzelfall von Beginn an die Zuständigkeit der Träger der Sozialen Entschädigung zweifelsfrei geklärt. Es kann also für jede der in § 5 SGB IX genannten Leistungsgruppen auch ein anderer Rehabilitationsträger zuständig sein, wenn nämlich die Voraussetzungen für Teilhabeleistungen nach dem SGB XIV (→ Rn. 33 ff.) nicht eindeutig geklärt sind, wobei allerdings auch dann Erleichterungen im Verfahren greifen können, wie zB durch vorzeitige Leistungen und vorläufige Entscheidungen (→ § 119 Rn. 5). Daneben können sich Teilhabebedarfe mit Bedarfen aus anderem Leistungsgrund überschneiden und auch insoweit eine Zuständigkeit eines anderen Sozialleistungsträgers gegeben sein. Schon vor diesem Hintergrund spielt die koordinierte Leistungsgewährung im Sinne der Leistungsberechtigten eine zentrale Rolle.

14 Im SGB IX finden sich daher grundlegende Vorgaben für die koordinierte Leistungsgewährung. Zunächst gilt die Prämisse, Koordinierung über Trägerzuständigkeiten hinweg durch **einheitliche Trägerschaft** zu vermeiden, das heißt, dass jeder Träger möglichst umfassend leistet. So besagt § 4 Abs. 2 S. 2 SGB IX, dass die Leistungsträger die Leistungen im Rahmen der für sie geltenden Rechtsvorschriften nach Lage des Einzelfalls so vollständig, umfassend und in gleicher Qualität erbringen, dass Leistungen eines anderen Trägers möglichst nicht erforderlich werden.

Zudem sollen Rehabilitationsträger gem. § 9 Abs. 1 SGB IX schon dann, wenn bei ihnen ein Leistungsantrag wegen oder unter Berücksichtigung einer Behinderung gestellt wird, prüfen, inwieweit Teilhabeleistungen in Betracht kommen und andere Rehabilitationsträger zur Erreichung des Ziels der vollen und gleichberechtigten Teilhabe in der Gesellschaft für eine koordinierte Leistungserbringung einzubeziehen sind. Das Ziel, notwendige **Teilhabeleistungen so früh wie möglich zu aktivieren,** wird vor allem auch in Bezug auf die Sicherung der Erwerbsfähigkeit verfolgt. § 10 SGB IX hebt die Bedeutung der Leistungen zur Teilhabe am Arbeitsleben hervor. Wenn also Leistungen zur medizinischen Rehabilitation beantragt oder erbracht werden, dann ist vom Träger, auch wenn er nicht für Leistungen zur Teilhabe am Erwerbsleben zuständig ist, die Klärung eines Leistungsbedarfs hinsichtlich der Sicherung der Erwerbsfähigkeit anzustoßen. Für den Träger der Sozialen Entschädigung, der für sämtliche Leistungsgruppen zuständig ist, ist dies ein wichtiger Appell an sein eigenes Prüfprogramm. Für die noch bis Ende 2023 geltende geteilte Zuständigkeit zwischen Kriegsopferversorgung und Kriegsopferfürsorge (→ Rn. 4) spielt der § 10 SGB IX umso mehr eine bedeutsame Rolle. Der Vorrang von Teilhabeleistungen vor Leistungen zum Berufsschadensausgleich ist in § 27 explizit niedergelegt (→ § 27 Rn. 1 ff.).

15 Als Rehabilitationsträger müssen die Träger der Sozialen Entschädigung durch **frühzeitige und barrierefreie Informationen** sicherstellen, dass ein Rehabilitationsbedarf frühzeitig erkannt wird und, bei erforderlichem Antrag, (vgl. § 10), auf die Antragstellung hinwirken, § 12 SGB IX. Menschen mit (drohenden) Behinderung haben meist einen umfassenden Beratungsbedarf. Schon aus dem SGB I, insbesondere aus §§ 14, 15 und 16 SGB I, ergeben sich weitreichende Aufklärungs-, Beratungs- und Hinwirkungspflichten. Werden diese verletzt, kann das zur Kompensation im Wege des sozialrechtlichen Herstellungsanspruchs[28] oder Schadenersatzansprüchen führen, wobei

28 BSG 17.6.2021 – B 3 P 5/19 R; zust. Spellbrink jurisPR-SozR 25/2021 Anm. 4; LSG Bln-Bbg 23.9.2010 – L 27 P 5/09; zust. Nebe/Kurazova DVfR Forum A – 12/2012.

sich die Beratung auch auf Normen erstrecken kann, die außerhalb der eigenen Leistungszuständigkeit liegt, soweit ein insoweit bestehender Beratungsbedarf eindeutig erkennbar ist.[29]

Die Träger der Sozialen Entschädigung trifft, wie alle anderen Rehabilitationsträger auch, die Pflicht, **Ansprechstellen** zu benennen, § 12 Abs. 1 S. 3 SGB IX.

Im Rahmen des SER spielt eine **frühe Aktivierung** vor allem dort eine besondere Rolle, wo Opfer durch Gewalttaten und damit verbundene schwere psychische Traumatisierung kaum in der Lage sind, sich selbstständig die nötigen Hilfen zu suchen. Das SER bietet die Leistungen der Schnellen Hilfe daher als Leistungen eigener Art, vgl. § 29 Abs. 2. Das darin eingeschlossene Fallmanagement gem. § 30 dient der Aktivierung und Koordinierung und erfüllt insoweit vergleichbare Aufgaben wie das Teilhabeplanverfahren. Dass sich beides nicht gegenseitig ausschließt oder gar verdrängt, zeigt § 30 Abs. 7.[30] 16

Für eine koordinierte Leistungsgewährung spielen die Verfahren zur Bedarfsfeststellung eine zentrale Rolle, vor allem auch zur Verfahrensbeschleunigung und zum Schutz der Persönlichkeit der Menschen mit Behinderungen. Die Vorgaben in § 13 SGB IX zu den **Instrumenten für eine individuelle und funktionsbezogene Bedarfsermittlung**[31] gelten auch für die Träger der Sozialen Entschädigung in ihrer Rolle als Rehabilitationsträger. Für die Instrumente der Bedarfsermittlung spielen dabei insbesondere die Gemeinsamen Empfehlungen der Bundesarbeitsgemeinschaft für Rehabilitation (BAR eV) eine wichtige Rolle, vgl. §§ 13 Abs. 1 S. 2, 26 Abs. 2 Nr. 7 SGB IX. In der **Gemeinsamen Empfehlung „Reha Prozess"** haben die Rehabilitationsträger in Kapitel 3, Abschnitt 3 (§§ 35–46) ihre vereinbarten Grundsätze über die Instrumente der Bedarfsermittlung festgelegt.[32] Auch wenn es sich bei den Gemeinsamen Empfehlungen nicht um Rechtsnormen handelt, haben sie als selbstbindende Verwaltungsempfehlungen für ein rechtsförmiges Verwaltungsverfahren gleichwohl eine wesentliche Rolle.[33] 17

Für die Ermittlung des Rehabilitationsbedarfs ist das **ICF-Modell** (die Internationale Klassifikation von Funktionsfähigkeit, Behinderung und Gesundheit) der WHO zu Grunde zu legen, welche einem **bio-psycho-sozialen Verständnis** von Behinderung folgt.[34] 18

Wenn Zuständigkeiten unklar bzw. unübersichtlich sind und dies nicht zum Nachteil der leistungsberechtigten Menschen gehen soll, dann muss zumindest im Verhältnis zwischen diesen und der Leistungsverwaltung rasch die Zuständigkeit geklärt werden. Zu diesem Zweck sind die §§ 14 ff. im SGB IX im Zuge des BTHG weiter ausgebaut worden. Der **erstangegangene Träger**, also der Träger, an den ein Reha-Antrag gestellt worden ist, wird im Außenverhältnis auch für diejenigen Teilhabeleistungen zuständig, die nach dem für ihn geltenden Leistungsgesetz nicht, aber in der konkreten Bedarfssituation auf anderer Rechtsgrundlage in Betracht kommen, sogenannte 19

29 BGH 2.8.2018 – III ZR 466/16, Sozialrecht aktuell 2018, 233 mit Anm. Nellissen jurisPR-SozR 21/2018 Anm. 1.

30 Dazu Kohte RP Reha 2019, Heft 3, S. 59, 60.

31 Dazu Wagener, Bundesteilhabegesetz und ärztliche Begutachtung; Beitrag C5–2018, www.reha-recht.de.

32 GE Reha-Prozess, https://www.bar-frankfurt.de/fileadmin/dateiliste/_publikationen/reha_vereinbarungen/pdfs/GEReha-Prozess.BF01.pdf.

33 Lachwitz/Schellhorn/Welti/Welti § 13 Rn. 5–8; Fuchs/Ritz/Rosenow/Fuchs, 7. Aufl. 2021, § 26 Rn. 9; jurisPK-SGB IX/Reyels, 3. Aufl., § 26 (Stand: 10.8.2018) Rn. 28 ff.

34 Ausführlich Fuchs/Ritz/Rosenow/Fuchs, 7. Aufl. 2021, § 13 Rn. 22 ff.; DVfR, Stellungnahme, https://www.dvfr.de/fileadmin/user_upload/DVfR/Downloads/Stellungnahmen/DVfR-Stellungnahme_ICF-Nutzung_im_BTHG_bf.pdf.

umfassende aufgedrängte Zuständigkeit im Außenverhältnis.[35] Die notwendige Kompensation im Innenverhältnis wird für den leistenden Rehabilitationsträger sowie zum Überforderungsschutz des eigentlich zuständigen Trägers über die Erstattungsregelung gem. § 16 SGB IX erreicht.[36] Die umfassende Zuständigkeit im Außenverhältnis verliert der erstangegangene Träger nur bei fristgerechter Weiterleitung an den aus seiner Sicht zuständigen Rehabilitationsträger, den sogenannten zweitangegangenen Leistungsträger, § 14 Abs. 1 S. 2 SGB IX. Eine nochmalige Weiterleitung ist seit der Reform durch das BTHG nur unter den engen Voraussetzungen des § 14 Abs. 3 SGB IX zulässig.[37] Sie wird als „Turbo-Klärung" bezeichnet.[38] Daneben sieht das SGB IX in § 15 auch Möglichkeiten vor, über einen Antrag gesplittet zu entscheiden. Das steht in einem gewissen Widerspruch zu den wesentlichen Prinzipien der Leistungsgewährung „wie aus einer Hand", weshalb umso mehr der erstangegangene Leistungsträger seine Koordinierungsverantwortung wahrnehmen muss.[39]

20 Die Bestimmungen über die fristgerechte Zuständigkeitsklärung und etwaige Weiterleitung gehen vom Regelfall der **antragsabhängigen** Teilhabeleistungen aus. Für die von Amts wegen zu erbringenden Teilhabeleistungen kommen die Vorschriften entsprechend zur Anwendung, vgl. § 14 Abs. 4 SGB IX, wobei die Kenntnis des Rehabilitationsträgers vom Reha-Bedarf an die Stelle des Antragsdatums tritt.

Da Leistungen nach dem SGB XIV grundsätzlich auf Antrag erbracht werden, § 10 Abs. 1 SGB XIV, kommt es auf die Fiktion gem. § 14 Abs. 4 SGB IX für die Fristberechnung nicht an. Lediglich dort, wo es sich um „Fürsorgeleistungen" handelt, die typischerweise von Amtswegen zu erbringen sind, bedarf es der Fiktion gem. § 14 Abs. 4 SGB IX. Das betrifft nach dem bisherigen BVG die Teilhabeleistungen als Teil der Kriegsopferfürsorge (abgesehen von der medizinischen Rehabilitation) und künftig, mit der Herauslösung der Teilhabeleistungen im Recht der Sozialen Entschädigung aus der Fürsorge, nur noch die Leistungen des 11. Kapitels des SGB XIV.

21 Eng verknüpft mit der beschleunigten Zuständigkeitsklärung ist **die Kostenerstattungsregelung in § 18 SGB IX.** Sie fingiert gem. § 18 Abs. 3 SGB IX zugunsten der Leistungsberechtigten bei unbegründeter Verzögerung die Genehmigung der beantragen Leistung und nach Selbstbeschaffung einen Kostenerstattungsanspruch. Hinsichtlich der Leistungen wegen Sozialer Entschädigung ist allerdings der **Ausschluss** dieser Genehmigungsfiktion gem. § 18 Abs. 7 SGB IX für die Kriegsopferfürsorge und ab 1.1.2024 auch für die Leistungen der Sozialen Entschädigung gem. § 62 Abs. 1 Nr. 1–3 SGB XIV zu beachten.

Der Kostenerstattungsanspruch gem. § 18 Abs. 6 SGB IX (bei unaufschiebbaren Leistungen oder nicht rechtmäßiger Ablehnung) ist vom Ausschluss durch Abs. 7 hingegen nicht erfasst und kann daher auch für Teilhabeleistungen nach BVG bzw. SGB XIV in Betracht kommen.

22 Für eine koordinierte Feststellung und Gewährung von Teilhabeleistungen spielen der **Teilhabeplan** (§ 19 SGB IX) und die Teilhabeplankonferenz (§ 20 SGB IX) eine ganz besondere Rolle.[40] Auch im reformierten Recht der Sozialen Entschädigung sollen den Berechtigten die Leistungen schnell, niedrigschwellig und unbürokratisch zur Verfügung stehen. Besonderer Ausdruck dessen sind die sogenannten **„Schnellen Hilfen"** in §§ 29 ff., die den Berechtigten als Leistungen eigener Art in Form von Leistungen des Fallmanagements (§ 30) und als Leistungen in einer Traumaambulanz (§ 31) zur Verfügung stehen. Um hier insbesondere im Hinblick auf Teilhabeleistungen unnötige

35 BSG 26.10.2004 – B 7 AL 16/04 R, RdLH 2005, 117.
36 Grundlegend BSG 26.6.2007 – B 1 KR 34/06 R, SGb 2008, 734.
37 BT-Drs. 18/9522, 234.
38 Vgl. § 24 GE „Reha-Prozess".
39 Dazu im Details Fuchs/Ritz/Rosenow/Fuchs, 7. Aufl. 2021, § 15 Rn. 11 ff.
40 Luik Sozialrecht aktuell Sonderheft 2014, 11–17.

Schnittstellenprobleme zu vermeiden, sieht § 30 Abs. 7 SGB XIV vor, dass **Leistungen des Fallmanagements ergänzend** zu erbringen sind, soweit eine Bedarfsermittlung und ein Teilhabeplanverfahren nach §§ 9–24 SGB IX durchzuführen sind. Beides schließt einander also gerade nicht aus.[41]

Für eine koordinierte Bedarfsfeststellung spielen gemeinsame Instrumente der Rehabilitations- und sonstigen Sozialleistungsträger eine wichtige Rolle, vgl. § 13 SGB IX. Bedarf es zur Feststellung des Rehabilitationsbedarfes eines fachlichen, zB sozialmedizinischen Gutachtens, macht das Teilhaberecht in § 17 SGB IX auch insoweit vereinheitlichende Vorgaben, nicht nur zur Vereinfachung des Verfahrens, sondern auch zur Verbesserung der Qualität der Gutachten sowie zum Schutz der Leistungsberechtigten vor unnötigen Mehrfachbegutachtungen. Die **Gemeinsame Empfehlung „Begutachtung"** enthält konkretisierende Vorgaben für die Rehabilitationsträger.[42] Daneben sind im Bereich des Sozialen Entschädigungsrechts für die Begutachtung die **Versorgungsmedizinischen Grundsätze nach der VersMedV**[43] zu beachten. Die VersMedV[44] regelt ua die Grundsätze für die medizinische Bewertung von Schädigungsfolgen und die Feststellung des Grades der Schädigungsfolgen (GdS) iSd § 30 Abs. 1 BVG und ist im Zuge der Reform des Sozialen Entschädigungsrechts angepasst worden.[45] Zum Verhältnis zwischen der Begutachtung iSd § 13 SGB IX zur Feststellung eines Teilhabebedarfs und der Begutachtung iSd VersMedV zur Anerkennung einer Gesundheitsstörung und der Auswirkung der Schädigungsfolgen wird künftig sicher noch intensiver zu diskutieren sein. 23

III. Stellenwert der UN-Behindertenrechtskonvention für die Auslegung des SGB XIV

Soweit leistungsberechtigte Personen nach dem BVG bzw. nach dem SGB XIV von einer Behinderung im Sinne des § 2 Abs. 1 SGB IX bedroht oder betroffen sind, ist bei der Auslegung des nationalen Rechts der Sozialen Entschädigung zudem das **internationale und europäische Recht zum Schutz von Menschen mit (drohenden) Behinderungen** zu berücksichtigen, dh vor allem die UN-Behindertenrechtskonvention und das EU-Recht.[46] Nach hM sind sämtliche unbestimmte Rechtsbegriffe aller in Betracht kommenden Vorschriften, unabhängig ob materieller und verfahrensrechtlicher Art, im Lichte der Vorgaben der UN-BRK, sonstiger verbindlicher Völkerrechtsquellen (zB EMRK oder ESC) sowie des Unions- und Verfassungsrechts auszulegen.[47] Auch für die UN-BRK gelten die vom BVerfG bestätigten Pflichten,[48] wonach die nationalen Gerichte aufgrund der Völker- und Menschenrechtsfreundlichkeit der deutschen Rechtsordnung der konventionsmäßigen Auslegung immer dann den Vorrang 24

41 BT-Drs. 19/13824, 184; vertiefend Schmidt SRa Sonderheft 2017, 51 ff.

42 Ausführlich dazu Schian, Gemeinsame Empfehlung Begutachtung, Fachbeitrag C1-2020 unter www.reha-recht.de; Grotkamp Sozialrecht aktuell Sonderheft 2020, 209.

43 Verordnung zur Durchführung der §§ 1 Abs. 1 und 3, 30 Abs. 1 und 35 Abs. 1 des BVG vom 10.12.2008 (Versorgungsmedizin-Verordnung – VersMedV), fortbestehend auf Grundlage der Verordnungsermächtigung in § 5 Abs. 2 SGB XIV.

44 Zu den offenen, rechtspolitisch stark umstrittenen Änderungsvorschlägen Düwell jurisPR-ArbR 19/2019 Anm. 1.

45 Zu den Folgeänderungen durch Art. 26 und Art. 27 G-SER Knickrehm/Mushoff/Schmidt Neues SozEntschR Rn. 457 ff.

46 Ausführlich dazu auch Gagel/Nebe SGB III Vor § § 112 Rn. 1b ff.

47 Welti, Potenzial und Grenzen der menschenrechtskonformen Auslegung des Sozialrechts am Beispiel der UN-BRK, in FS für Kohte, 2016, S. 635–658; Uerpmann-Wittzack, Völker- und verfassungsrechtliche Vorgaben für die Gleichstellung und Teilhabe von Menschen mit Behinderungen, in SDSRV Bd. 66 (2016), S. 29 ff.

48 BVerfG 14.10.2004 – 2 BvR 1481/04, BVerfGE 111, 307.

geben müssen, wenn dies im Rahmen geltender methodischer Standards möglich ist.[49] Angesichts anhaltend hoher Exklusionsrisiken von Menschen mit Behinderungen[50] müssen in jedem Einzelfall die teilhabegewährenden Leistungsgesetze effektiv im Sinne einer personenzentrierten Inklusion gegen rein wirtschaftliche Kostenerwägungen zur Anwendung gebracht werden.[51] Da der Gesetzgeber mit der Reform des Rechts der Sozialen Entschädigung gerade auch die Leistungen zur Teilhabe materiell aufwerten wollte, ist es konsistent, hier auch die wichtigen Impulse aus der Ratifikation der UN-BRK durch Deutschland und die EU im Bereich des Sozialen Entschädigungsrechts wirken zu lassen.

C. Einzelkommentierungen

I. Einweisungsnorm für schädigungsbedingte Teilhabeleistungen

25 § 62 stellt eine Einweisungsnorm zum Leistungsumfang für die in Kapitel 6 normierten „Leistungen zur Teilhabe" dar. § 62 besagt inhaltlich wenig Konkretes. Mit der Verankerung eines eigenen Kapitels und der vorangestellten umfassenden Einweisungsnorm, die auf alle Leistungsgruppen der Teilhabe iSd SGB IX verweist, wird die **deutlich Aufwertung** der Teilhabeleistungen im Gesamtleistungsangebot des SER (vgl. § 3) sichtbar. Die starke Rolle der Teilhabeleistungen drückt auch § 27 aus, wonach Leistungen zur Teilhabe am Arbeitsleben (Nr. 1) und zur medizinischen Rehabilitation (Nr. 4) vorrangig vor dem Berufsschadensausgleich nach Kapitel 10 zu erbringen sind.

Während das SER grundsätzlich an die sozialen Rechte gem. § 5 SGB I bei Gesundheitsschäden anknüpft, lassen sich die Leistungen zur Teilhabe zugleich auch auf § 10 SGB I zurückführen. Darin ist als **soziales Recht** (vgl. § 2 SGB I) für Menschen mit (drohenden) Behinderungen ein Recht auf Hilfen unabhängig von der Ursache der Behinderung zur Förderung ihrer Selbstbestimmung und gleichberechtigten Teilhabe verankert. § 10 SGB I selbst ist keine Anspruchsgrundlage. Die Leistungsvoraussetzungen richten sich nach dem spezifischen Leistungsrecht, vgl. § 2 Abs. 1 S. 1 SGB I (dazu → Rn. 33 ff.).

II. Leistungsgruppen

26 In Satz 1 werden alle Leistungsgruppen aufgeführt, die auch als Leistungen zur Teilhabe im 1. Teil des SGB IX in dessen § 5 aufgeführt sind.

§ 5 SGB IX Leistungsgruppen

Zur Teilhabe am Leben in der Gesellschaft werden erbracht:

1. Leistungen zur medizinischen Rehabilitation,
2. Leistungen zur Teilhabe am Arbeitsleben,
3. Unterhaltssichernde und andere ergänzende Leistungen,
4. Leistungen zur Teilhabe an Bildung und
5. Leistungen zur sozialen Teilhabe.

---

49 BVerfG 30.1.2020 – 2 BvR 1005/18, NJW 2020, 1282, Rn. 40.

50 Vgl. Sachverhaltsfeststellungen in SG Chemnitz 8.8.2013 – S 26 AS 4054/11, juris Rn. 38.

51 Anschaulich für den Bereich der Leistungen zur Teilhabe am Arbeitsleben SG Chemnitz 8.8.2013 – S 26 AS 4054/11: gegen den Einwand unverhältnismäßig hoher Kosten für die Umschulung einer sehbehinderten Bürokauffrau zur medizinischen Tasterin; ebenso VG Frankfurt 10.11.2010 – 7 K 983/10.F: zur Fortbildung eines Physiotherapeuten zum Osteopathen zur langfristigen Steigerung von Vermittlungschancen; instruktiv auch VG Schwerin 18.4.2018 – 6 A 2151/16 SN: zur befürworteten Kostenübernahme für Arbeitsassistenz bei blindem Rechtsanwalt nach Erreichen der rentenversicherungsrechtlichen Regelaltersgrenze.

Im Vergleich beider Normen fällt auf, dass § 62 die unterhaltssichernden und andere ergänzende Leistungen nicht wie in § 5 SGB IX als eigenständige Leistungsgruppe aufführt, sondern jeweils nur im Kontext mit den Leistungen zur Teilhabe am Arbeitsleben. 27

Aber auch im Rahmen der Leistungen zur medizinischen Rehabilitation kommen unterhaltssichernde und andere ergänzende Leistungen in Betracht. Das ergibt sich aus § 62 S. 2, wo hinsichtlich des Umfangs der Teilhabeleistungen zur medizinischen Rehabilitation auf die Leistungen der Krankenbehandlung nach Kapitel 5 (§§ 41–53) verwiesen wird.

1. Leistungen zur Teilhabe am Arbeitsleben sowie unterhaltssichernde und andere ergänzende Leistungen (Nr. 1). Die Ansprüche der Geschädigten auf Leistungen zur Teilhabe am Arbeitsleben (LTA) sowie unterhaltssichernde und andere ergänzende Leistungen im Falle der Inanspruchnahme von LTA sind in den beiden folgenden §§ spezifiziert, siehe Kommentierung zu § 63 (→ § 63 Rn. 1 ff.). 28

2. Leistungen zur Teilhabe an Bildung (Nr. 2). Die Leistungen zur Teilhabe an Bildung sind in § 65 näher spezifiziert (→ § 65 Rn. 1 ff.). 29

3. Leistungen zur Sozialen Teilhabe (Nr. 3). Die Leistungen zur Sozialen Teilhabe sind in § 66 näher spezifiziert (→ § 66 Rn. 1 ff.). 30

4. Leistungen zur medizinischen Rehabilitation sowie unterhaltssichernde und andere ergänzende Leistungen (Nr. 4 und S. 2). § 62 S. 1 Nr. 4 stellt klar, dass die Leistungen zur medizinischen Rehabilitation zu den Leistungen zur Teilhabe im Sinne des 6. Kapitels zählen. Der SER-Träger ist damit auch insoweit unzweifelhaft Rehabilitationsträger (→ Rn. 5). § 62 zeigt zugleich, dass die eigentliche Leistungsgrundlage für die Leistungen zur medizinischen Rehabilitation außerhalb des 6. Kapitels zu finden ist. Denn die Leistungen der medizinischen Rehabilitation einschließlich der erforderlichen unterhaltssichernden und anderen ergänzenden Leistungen werden, so § 62 S. 2, im Rahmen der Leistungen der Krankenbehandlungen nach Kapitel 5 erbracht (→ § 42 Rn. 13). Diese Zuordnung zu den Leistungen der Krankenbehandlung ist historisch bedingt (→ Rn. 5). Die Leistungen der medizinischen Rehabilitation werden von den Leistungsansprüchen gem. §§ 41 ff., insbesondere von § 42 erfasst. Das SER verweist insoweit weitgehend auf das Recht der GKV, auch hinsichtlich der Leistungserbringung, durch § 42 Abs. 1 vor allem auf die Krankenbehandlung (§§ 27 bis 43c SGB V) sowie auf Zahnersatz (§§ 55–59 SGB V). In der Systematik des SGB V sind die Leistungen der medizinischen Rehabilitation dem Leistungstitel „Krankenbehandlung" zugeordnet, vgl. § 27 Abs. 1 S. 2 Nr. 6 SGB V. 31

Der Verweis des § 62 S. 2 auf die Leistungen der Krankenbehandlung nach Kapitel 5 schließt für die medizinische Rehabilitation die **unterhaltssichernden und anderen ergänzenden Leistungen** ein. Damit gelten auch hinsichtlich dieser Leistungsgruppe, vgl. § 5 Nr. 3 SGB IX, die Regeln der §§ 41–61, ergänzt um die §§ 64–74 SGB IX, soweit sich für die im SGB IX normierten Leistungen eine Anspruchsgrundlage im 5. Kapitel des SGB XIV findet. Das ist zB der Fall für das Krankengeld der Sozialen Entschädigung gem. § 47 als Leistung zum Lebensunterhalt iSd § 65 Abs. 1 Nr. 4 SGB IX oder für die Reisekosten gem. § 53 als Reisekosten iSd § 73 SGB IX. 32

Nochmals zu unterstreichen ist, dass sich die unterhaltssichernden und anderen ergänzenden Leistungen im Falle einer medizinischen Rehabilitationsmaßnahme eines Geschädigten nicht nach § 64 bemessen, sondern, wie eben ausgeführt, nach den §§ 41 ff. Die Leistungen gem. § 64 betreffen nur diejenigen Leistungsberechtigten, die Leistungen zur Teilhabe am Arbeitsleben nach § 63 erhalten.

Die Leistungen zur medizinischen Rehabilitation sind im Rahmen gesundheitsspezifischer Versorgung nicht immer einfach von anderen gesundheitsbezogenen Leistungen sowie von anderen Teilhabeleistungen abzugrenzen. Viel diskutiert worden ist dies am 33

Beispiel der **Hilfsmittel** (zB Hörgeräte für den Alltagsgebrauch oder Hörgerät für eine besondere berufliche Anforderung); insoweit eröffnen sich zugleich schwierige Abgrenzungen zwischen verschiedenen Leistungsgruppen. Diese können systemgerecht nur unter im Lichte des SGB IX vorgenommen werden, kommt es doch in den meisten Fällen jeweils auf die Verwirklichung von Teilhabe iSd § 1 SGB IX und nur äußerst selten auf eine reine Hilfsmittelversorgung zur Behandlungssicherung iSd § 33 Abs. 1 S. 1 Alt. 1 SGB V an.[52]

34 **5. Abgrenzung zu Schnellen Hilfen.** Die Schnellen Hilfen nach dem 4. Kapitel umfassen Leistungen des Fallmanagements und Leistungen in einer Traumaambulanz, vgl. § 29. Die Leistungen in einer Traumaambulanz sind vorzeitig in Kraft getreten (zum 1.1.2021), vgl. dazu § 138 Abs. 7.[53] Die Leistungen des Kapitels 4 sind vom Gesetzgeber als „Leistungen eigener Art" qualifiziert worden (vgl. § 29 Abs. 2). Sie stehen gleichwohl in einem engen inhaltlichen Zusammenhang zu den Teilhabeleistungen, wie sich schon anhand des Ziels der Leistungen in einer Traumaambulanz gem. § 31 Abs. 1 ergibt. Danach soll die psychotherapeutische Intervention in einer Traumaambulanz den Eintritt einer psychischen Gesundheitsstörung oder deren Chronifizierung verhindern. Mit der psychotherapeutischen Frühintervention zur Verhinderung von Langzeitfolgen zielen die Leistungen gem. § 31 auch darauf, dem Eintritt einer Behinderung vorzubeugen (→ § 31 Rn. 23 f.).[54]

III. Allgemeine Leistungsvoraussetzungen

35 **1. Schädigungsbedingter Teilhabebedarf.** Die Anspruchsvoraussetzungen sind in §§ 4 und 25 geregelt. Danach werden Leistungen der Sozialen Entschädigung nur für schädigungsbedingte Bedarfe erbracht. Dh auch Leistungen zur Teilhabe werden für Geschädigte nur erbracht, wenn der Bedarf schädigungsbedingt ist. Damit gilt für die Teilhabeleistungen nach dem SGB XIV, dass sie von der schädigungsbedingten Ursache der Behinderung abhängig sind und der Bedarf schädigungsbedingt, das heißt kausal auf die Schädigung zurückzuführen sein muss.[55]

36 **2. Sonstige Leistungsberechtigte.** Wer nach dem SER allgemein leistungsberechtigt ist, regelt § 2. Danach sind über die Geschädigten hinaus auch deren Angehörige, Hinterbliebene und Nahestehende grundsätzlich leistungsberechtigt. Diese verschiedenen Leistungsberechtigten sind im Einzelnen in § 2 definiert (→ § 2 Rn. 15 ff.).

Angehörige, Hinterbliebene und Nahestehende erhalten allerdings nicht das volle Leistungsspektrum des SGB XIV, sondern nur die in § 6 aufgeführten Leistungen, dh Schnelle Hilfen nach Kapitel 4 sowie aus Kapitel 5 die besonderen psychotherapeutischen Leistungen gem. § 43 Abs. 2 Nr. 1 iVm § 43 Abs. 4. Aus dem Katalog der Teilhabeleistungen des 6. Kapitels erhalten **nur Hinterbliebene** Leistungen zur Teilhabe am Arbeitsleben und zwar gem. § 63 Abs. 3 nur innerhalb einer Antragsfrist von 5 Jahren nach dem Tod des Geschädigten, vgl. § 6 Abs. 2 (→ § 63 Rn. 49). Weitere, in § 6 Abs. 2 genannte Einzelleistungen sind keine des 6. Kapitels. Damit spielen die Teilhabeleistungen des SGB XIV für andere Leistungsberechtigte grundsätzlich keine weitere Rolle.

---

52 Vgl. aus der reichhaltigen Rechtsprechung und Kommentarliteratur BSG 10.9.2020 – B 3 KR 15/19 R, SGb 2021, 434, mit Anm. Nellissen DVfR Forum A, A24–2020; jurisPK-SGB V/Waßer, 4. Aufl., § 40 (Stand: 15.6.2020) Rn. 25 ff.

53 Gem. Art. 60 Abs. 5 des Gesetzes vom 12.12.2019, BGBl. I 2652.

54 Vgl. zu den besonderen Risiken von Teilhabestörungen bei Kindern und Jugendlichen Fegert/Clemens/Rassenhofer, Sexueller Missbrauch an Kindern erschüttert die Republik, doch die Reform des sozialen Entschädigungsrechts regelt frühe Hilfen für betroffene Kinder nicht spezifisch RP Reha, Heft 3, 2019, S. 44–52.

55 Schmidt SGB XIV/Schmidt § 62 Rn. 3.

3. Einkommensunabhängiger Leistungsanspruch. Im Gegensatz zu den Fürsorgeleistungen des BVG werden die Leistungen zur Teilhabe des SGB XIV nunmehr grundsätzlich ohne den Einsatz von Einkommen und Vermögen erbracht.[56] Damit soll der Teilhabgedanke deutlich gestärkt werden.[57] Eine Ausnahme von der Einkommensunabhängigkeit der Teilhabeleistungen macht § 64 Abs. 3 (→ § 64 Rn. 14 f.). 37

4. Eigenständigkeit der Teilhabeleistungen. Die Teilhabeleistungen sind keine Annexleistungen, sondern **eigenständige Leistungen** der Sozialen Entschädigung, vgl. schon § 3 Nr. 3. Sie sind, anders als nach dem BVG, nicht von dem Bezug von Entschädigungszahlungen abhängig. Vielmehr reicht es für den Bezug von Teilhabeleistungen, dass deren Anspruchsvoraussetzungen vorliegen. Dies ist eine deutliche Verbesserung im Vergleich zum jetzigen Recht, in dem der Bezug einer Grundrente oder ein Anspruch auf Heilbehandlung vorausgesetzt wird (vgl. § 25 Abs. 3 Nr. 1 BVG).[58] 38

5. Weitgehende Rückausnahme vom Antragserfordernis für Teilhabeleistungen. Leistungen der Sozialen Entschädigung werden grundsätzlich auf Antrag erbracht, § 10 Abs. 1, wobei abweichende Regelungen im SGB XIV selbst getroffen worden sind, vgl. nur § 10 Abs. 2–5. In § 10 Abs. 3 sind die Teilhabeleistungen aufgeführt, die von Amts wegen erbracht werden können. Das sind gemäß 39

- Nr. 1: Leistungen der Krankenbehandlung nach Kapitel 5 und damit auch die Leistungen zur medizinischen Rehabilitation,
- Nr. 2: Leistungen zur Teilhabe am Arbeitsleben nach § 63 (→ § 63 Rn. 16 ff.),
- Nr. 3: Leistungen zur Teilhabe an Bildung nach § 65 (→ § 65 Rn. 16 ff.) und
- Nr. 4: Leistungen zur Sozialen Teilhabe nach § 66.

Damit können bis auf unterhaltssichernde und andere ergänzende Leistungen, § 64, alle Leistungen zur Teilhabe auch von Amts wegen erbracht werden.

IV. Leistungsformen

Teilhabeleistungen werden in den gesetzlich geregelten Leistungsformen, dh als Dienst-, Sach- oder Geldleistung erbracht (§ 26). Auf Antrag und bei Vorliegen der Voraussetzungen des § 29 SGB IX werden die Teilhabeleistungen nach Kapitel 6 abweichend vom Sachleistungsprinzip durch ein Persönliches Budget erbracht (§ 26).[59] 40

D. Anhang

§ 12 BVG [Umfang der Krankenbehandlung] 41

(1) [1]Für die Krankenbehandlung gilt § 11 Abs. 1 mit Ausnahme von Satz 1 Nr. 4 entsprechend. [2]Die Krankenbehandlung umfaßt auch Leistungen zur medizinischen Rehabilitation und ergänzende Leistungen; für diese Leistungen gelten die Vorschriften für die entsprechenden Leistungen der Krankenkasse (§ 18c Abs. 2 Satz 1).

...

§ 25b BVG [Leistungen]

(1) [1]Leistungen der Kriegsopferfürsorge sind

1. Leistungen zur Teilhabe am Arbeitsleben und ergänzende Leistungen (§§ 26 und 26a),

...

56 BT-Drs. 19/13824, 198; zu den bisher schon ohne Rücksicht auf Einkommen und Vermögen zu erbringenden LTA vgl. § 26 Abs. 5 S. 2 BVG.
57 BT-Drs. 19/13824, 2.
58 Knickrehm/Mushoff/Schmidt Neues SozEntschR Rn. 201.
59 Zu den besonderen Herausforderungen der Leistungsform des PB in der Praxis vgl. die Beiträge von Thielicke, Lewandrowski und Rietz in RP Reha, Heft 4, 2021.

§ 27d BVG [Hilfe in besonderen Lebenslagen]

(1) Als Hilfen in besonderen Lebenslagen erhalten Beschädigte und Hinterbliebene

...

3. Eingliederungshilfe für Menschen mit Behinderungen,

...

§ 63 Leistungen zur Teilhabe am Arbeitsleben

(1) Geschädigte erhalten als Leistungen zur Teilhabe am Arbeitsleben

1. Leistungen nach den §§ 49 bis 55 des Neunten Buches,

2. Leistungen im Eingangsverfahren und im Berufsbildungsbereich einer anerkannten Werkstatt für behinderte Menschen nach § 57 des Neunten Buches,

3. Leistungen im Arbeitsbereich einer anerkannten Werkstatt für behinderte Menschen nach § 58 des Neunten Buches einschließlich des Arbeitsförderungsgeldes nach § 59 des Neunten Buches,

4. Leistungen bei anderen Leistungsanbietern nach § 60 des Neunten Buches und

5. ein Budget für Arbeit nach § 61 des Neunten Buches.

(2) Die Leistungen zur Teilhabe am Arbeitsleben umfassen zudem Leistungen zum Betrieb, Unterhalt, Unterstellen und Abstellen eines Kraftfahrzeuges.

(3) Hinterbliebene erhalten Leistungen zur Teilhabe am Arbeitsleben, soweit der Antrag innerhalb eines Zeitraums von fünf Jahren nach dem Tod des oder der Geschädigten gestellt wird.

A. Gesetzesgeschichte

I. Geltendes und neues Recht

1 § 63 tritt mit einem Großteil der übrigen Vorschriften erst zum 1.1.2024 in Kraft.[1] Im Wesentlichen entspricht § 63 Teilen des bisherigen § 26 BVG (→ Rn. 48) und zwar dessen Absätzen 1, 5 und 6 BVG. § 26 BVG gilt noch bis 31.12.2023.

2 Die Teilhabeleistungen und deren Anspruchsvoraussetzungen sind bisher in der **Verordnung zur Kriegsopferfürsorge** (KFürsV) konkretisiert worden.[2] Die KFürsV gilt noch bis 31.12.2023 und tritt zum 1.1.2024 ersatzlos außer Kraft.[3] Der bisherige Regelungsgehalt des Abschnitts 1 KFürsV wird durch §§ 63 f. und die Verweisung auf die §§ 49–55 SGB IX gedeckt.[4] Für die LTA sind besonders maßgeblich die §§ 1 und 10 KFürsV (abgedruckt bei → § 109 Rn. 11).

3 Die LTA im Rahmen des SER umfassen auch Leistungen zur Kraftfahrzeughilfe. Diese sind in der Verordnung über Kraftfahrzeughilfe zur beruflichen Rehabilitation (**Kraftfahrzeughilfe-Verordnung, KfzHV**[5]) konkretisiert. Die KfzHV ist in ihrer Geltung unabhängig von der Reform des SER und gilt daher über den 31.12.2023 hinaus fort. Allerdings hat die KfzHV aktuell eine wichtige Änderung mit der Anhebung des Bemessungsbetrages für die Anschaffung eines Kfz (von 9.500 auf 22.000 EUR, vgl. § 5 Abs. 1 KfzHV aF und nF) erfahren.[6]

II. Änderungen im SGB XIV gegenüber dem BVG und Parallelität

4 Die LTA sind inhaltlich durch die SER-Reform im Vergleich zum BVG nichts nennenswert geändert worden. Gleichwohl sind die Träger des SER von der **weitreichenden Reform des Teilhaberechts**[7] betroffen (→ § 62 Rn. 10 ff.). Die Reform des Teilhaberechts wirkt sich materiell wegen der Rechtsgrundverweisung aus dem 6. Kapitel in das SGB IX auf das Entschädigungsrecht aus, ohne dass im materiellen Entschädigungsrecht selbst mit dem Wechsel vom BVG auf das SGB XIV die Terminologie geändert worden ist.

5 Die Leistungen zur Teilhabe am Arbeitsleben (LTA) nach § 63 Abs. 1 Nr. 1, 2 und 4 entsprechen im Wesentlichen dem bisherigen § 26 Abs. 1 BVG. Wie bisher soll auf die Bandbreite der möglichen LTA des SGB IX verwiesen werden. Der Katalog der LTA und die jeweilige Ausgestaltung sind stark an die bisherigen Leistungen zur berufli-

1 BT-Drs. 19/13824, 2.
2 HK-SozEntschR/Grube BVG §§ 26, 26a Rn. 1 ff.
3 KFürsV, in Kraft seit 1.1.1981, BGBl. 1979 I 80; zuletzt geändert durch Art. 9 G v. 30.11.2019, BGBl. 2019 I 1948; aufgeh. durch Art. 58 Nr. 5 G v. 12.12.2019, BGBl. 2019 I 2652, mWv 1.1.2024.
4 BT-Drs. 19/13824, 198.
5 Die KfzHV vom 28.9.1987, auf der Grundlage von § 9 Abs. 2 Reha-Angleichungsgesetz, zum 1.10.1987 in Kraft getreten BGBl. 1987 I 2251; zuletzt geändert durch Art. 51 G. v. 20.8.2021, BGBl. 2021 I 3932.
6 § 5 Abs. 1 KfzHV geändert durch Art. 13d des Teilhabestärkungsgesetzes v. 2.6.2021, BGBl. 2021 I 1387 mWv 10.6.2021.
7 Nebe, Gleichberechtigte Teilhabe am Arbeitsleben – Impulse durch das Bundesteilhabegesetz, Soziales Recht 2019, Heft 2, S. 61 ff.

chen Rehabilitation des 1. Abschnitts der KFürsV angelehnt.[8] Die KfürsV tritt zum 1.1.2024 mit dem BVG gemeinsam außer Kraft (→ Rn. 2). Inhaltliche Änderungen sollen sich daraus für die Leistungsberechtigten beim Bezug von LTA nicht ergeben. Insoweit wird der Wegfall der KfürsV durch den **Verweis auf das SGB IX** kompensiert. Damit kann einerseits zur Auslegung und Anwendung der §§ 63 f. auch die bisherige Rechtsprechung und Literatur zu § 26 BVG und der KfürsV herangezogen werden. Zugleich müssen die bisherigen Erkenntnisse allerdings im Lichte der Reform des Teilhaberechts durch das BTHG und durch die UN-Behindertenrechtskonvention kritisch reflektiert werden (→ § 62 Rn. 24 ff.).

6 Die Leistungen im Arbeitsbereich einer anerkannten Werkstatt für behinderte Menschen, welche bisher im Rahmen der Eingliederungshilfe nach § 27d Abs. 1 Nr. 3, Abs. 3 Nr. 1 BVG iVm Teil 2 Kapitel 4 SGB IX erbracht wurden, sind zusätzlich in den Katalog der LTA aufgenommen. Diese neue Verortung entspricht der Systematik der §§ 49 ff. SGB IX.[9]

Die Einführung des Budgets für Ausbildung in § 61a SGB IX hat schon zu einer entsprechenden Erweiterung des § 26 Abs. 1 BVG geführt. Bei Verabschiedung des § 63 Abs. 1 wurde diese jüngste Änderung im SGB IX dann offensichtlich übersehen. Diese ungewollte Lücke ist im Wege der teleologischen Erweiterung des § 63 Abs. 1 zu schließen (→ Rn. 35 ff.).

7 Unverändert bleibt es beim Kausalitätsprinzip, dh auch LTA werden im SER für Geschädigte nur erbracht, wenn der Bedarf schädigungsbedingt ist (vgl. §§ 4 Abs. 1, 25 → § 62 Rn. 33). Eine wesentliche Neuregelung besteht darin, dass die Teilhabeleistungen nicht vom Bezug von Entschädigungszahlungen abhängig sind (→ § 62 Rn. 36).[10]

B. Normsystematik

I. Allgemeiner Regelungsgehalt

8 § 63 ist die **anspruchsbegründende Leistungsnorm** für LTA durch den Träger des SER. § 63 regelt selbst, abgesehen von der spezifischen Antragsfrist in Abs. 3, keine Voraussetzungen, sondern regelt in erster Linie den Umfang der LTA und dies vor allem durch einen weitreichenden Verweis auf das SGB IX. Der praktisch weitreichendste Verweis findet sich in Abs. 1, wo in Nr. 1 auf **alle Leistungen gem. §§ 49–55 SGB IX** verwiesen wird. Für weitere konkrete LTA finden sich in den Nr. 2–5 in Abs. 1 weitere Verweise auf einschlägige Bestimmungen für die LTA im SGB IX. Dort, in den Normen des SGB IX, sind jeweils die **Ziele** der Leistungen und der **Umfang der LTA** detailliert geregelt. Da der 1. Teil des SGB IX auch für die Träger des SER gem. § 7 SGB IX verbindlich ist, bedurfte es keiner spezifischeren Normierungen für die LTA im SGB XIV selbst. Auch in den Leistungsgesetzen anderer Träger wird in dieser Form der Verweisung verfahren, vgl. nur für die Träger der GUV durch § 35 SGB VII und für die Träger der GRV durch § 16 SGB VI.

Als Ersatz für die zum 31.12.2023 auslaufende Regelung in § 10 Abs. 2 S. 1 KFürsV sieht Abs. 2 im Rahmen der LTA auch Leistungen zur **Kraftfahrzeughilfe** vor, die über die Leistungen nach § 49 Abs. 8 Nr. 1 SGB IX hinausgehen.

Abs. 3 nimmt unter den Bestimmungen im 6. Kapitel eine Sonderstellung ein, denn er begründet als einzige Norm einen Anspruch auf Teilhabeleistungen für **Hinterbliebene**, vgl. auch § 6 Abs. 2 1. Alt., soweit sie nicht selbst Geschädigte sind, allerdings

8 BT-Drs. 19/13824, 198; HK-SozEntschR/Grube BVG §§ 26, 26a Rn. 1 ff.
9 BT-Drs. 19/13824, 199.
10 BT-Drs. 19/13824, 198.

auch nur auf LTA und nur soweit der Antrag innerhalb eines Zeitraums von fünf Jahren nach dem Tod des oder der Geschädigten gestellt wird.

II. Systematische Einordnung und Normzweck

Die **umfassende Verweisung** durch § 63 Abs. 1 auf die LTA nach SGB IX dient der Rechtsvereinfachung[11] und zugleich der Rechtsvereinheitlichung für das von zahlreichen Trägern auszuführende Rehabilitations- und Teilhaberecht. Solange allerdings die verschiedenen Rehabilitationsträger (vgl. § 6 SGB IX, dazu → § 62 Rn. 11) ihre Bindung an die Vorgaben des SGB IX nicht beachten, kann sich aus dem bloßen Verweis auf das SGB IX ein Risiko der Intransparenz und damit verbunden eine **Anwendungs- und Vollzugsschwäche** ergeben. Erst der Blick in die §§ 49 ff. SGB IX und die Kenntnis über diesen weitreichenden, offenen Katalog an denkbaren Leistungen eröffnet die Gestaltungsperspektiven für Leistungsberechtigte und Träger für eine personenzentrierte Teilhabeplanung.[12] 9

Für die Implementierung des reformierten Teilhaberechts auch im Leistungsbereich des SER kommt daher den verschiedenen Beratungsstellen eine wichtige **Informationsaufgabe** zu, damit die beabsichtigte Aufwertung der Teilhabeleistung zur besseren Teilhabeverwirklichung von Geschädigten auch nachgefragt und vor allem von den Trägern auch gewährt wird. Die transparente Beratung über sämtliche Leistungen, auch soweit sie außerhalb des SGB XIV normiert sind, ist für die Verwirklichung des Ziels der SE essentiell. Auch die verschiedenen Akteure, die zur Beratung über Teilhabebedarfe und Teilhabeleistungen gem. §§ 32 bis 35 SGB IX[13] verpflichtet sind, tragen Verantwortung für die Ziele des SGB XIV, soweit diese im Wege von LTA und anderer Teilhabeleistungen erreicht werden können. Die Opferverbände können ihre Rolle zur Unterstützung mittels des **Verbandsklagerechts** gem. § 85 SGB IX stärken. Die von den Opferverbänden vertretenen Menschen sind meist Menschen mit Behinderungen iSd § 2 SGB IX. Wenn die Opferverbände ihre Satzungen den Anforderungen des § 85 SGB IX entsprechend gestalten, können sie das Klagerecht der Verbände von Menschen mit Behinderungen, wie es § 85 SGB IX vorsieht, nutzen und damit zur Stärkung der Teilhabe durch das SGB XIV beitragen. 10

Der Gesetzgeber sieht § 63 Abs. 1 als **Rechtsfolgenverweis** auf die LTA nach dem SGB IX an und betont insoweit, dass es für den Leistungsanspruch nicht darauf ankomme, dass die Geschädigten die Voraussetzungen für den Behinderungsbegriff gem. § 2 Abs. 1 SGB IX erfüllen.[14] Richtig ist, dass sich die Anspruchsvoraussetzungen aus den §§ 4, 25 ergeben. Ob in § 63 Abs. 1 allerdings schon deshalb nur auf die Rechtsfolgen der §§ 49 ff. SGB IX verwiesen wird, weil der Behinderungsbegriff des § 2 Abs. 1 SGB IX für die dort verankerten Leistungen nicht erfüllt sein muss, ist allerdings fraglich. Denn in § 49 Abs. 1 SGB IX sind auch die Ziele der zu gewährenden LTA ausdrücklich normiert und diese sind zugleich anspruchsbegründende Voraussetzung für LTA gem. § 49 SGB IX. 11

Bisher waren die Ziele der LTA nicht im BVG selbst, sondern in § 1 KFürsV, vergleichbar § 49 Abs. 1 SGB IX, normiert.[15] Im SGB XIV sind die Ziele der LTA iSd § 63 nirgends speziell genannt. Andererseits ist nirgends ersichtlich, dass der Gesetzgeber nach Außerkrafttreten der KFürsV von deren bisheriger Zielbestimmung für die LTA abweichen wollte. Im Gegenteil heißt es in der Gesetzesbegründung, allerdings ohne 12

11 Vgl. zu den Anforderungen an eine bessere Rechtssetzung Nationaler Normenkontrollrat, Zukunftsfester Staat, Jahresbericht 2021, S. 45.
12 Nebe, Leistungen zur Teilhabe am Arbeitsleben, Soziales Recht aktuell, Sonderheft 2014, S. 1 ff.
13 Dazu Feldes/Kohte/Stevens-Bartol SGB IX/Nebe, 4. Aufl. 2018, §§ 32 ff.
14 BT-Drs. 19/13824.
15 HK-SozEntschR/Grube BVG §§ 26, 26a Rn. 2.

normativen Bezug: „*Die Leistungen zur Teilhabe am Arbeitsleben sind im Sozialen Entschädigungsrecht darauf auszurichten, durch Hilfen zur Erhaltung oder Erlangung einer der Eignung, Neigung und bisherigen Tätigkeit des Geschädigten entsprechenden beruflichen Tätigkeit die Folgen der Schädigung angemessen auszugleichen oder zu mildern.*“[16] Das deckt sich mit den Zielen gem. § 49 Abs. 1 SGB IX, wie auch schon gem. § 1 KFürsV. Es handelt sich insoweit also um eine Leistungsvoraussetzung, die sich erst durch Verweisung auf § 49 SGB IX ergibt. Zumindest insoweit handelt es sich also bei § 63 um eine **Rechtgrundverweisung**, wenn auch nicht um eine umfassende. Denn statt der Behinderung iSd § 2 Abs. 1 SGB IX kommt es für die persönlichen Voraussetzungen nach dem SER auf die Merkmale der Schädigung iSd § 4 Abs. 1 an. Dass es sich bei den Geschädigten iSd § 4 Abs. 1 regelmäßig um Menschen zumindest mit auch drohender Behinderung handeln wird, dürfte evident sein.

13 Die LTA spielen auch im Verantwortungsbereich der Träger des SER eine besonders herausragende Rolle, was sich normativ schon an § 27 zeigt. Der Gesetzgeber hat zudem in seiner Begründung hervorgehoben, dass gerade sowohl der Individualisierungsgrundsatz des § 70 als auch das Wunsch- und Wahlrecht nach § 69 hier besonders zu beachten sind. Der im Zusammenspiel beider Vorschriften eröffnete weite Beurteilungsspielraum ist im Interesse der Sicherung der beruflichen (Wieder-)Eingliederung weitestgehend auszuschöpfen[17] (→ § 69 Rn. 12 ff.).

14 Der Anspruch auf LTA im Falle eines schädigenden Ereignisses sichert den Geschädigten und Hinterbliebenen die materielle Absicherung der (Wieder)Eingliederung in den Arbeitsmarkt. Die Norm setzt damit die Vorgaben speziell aus Art. 26 und 27 **UN-BRK** um.[18] Mit der umfassenden sozialen Absicherung sämtlicher Bedarfe für den Fall einer (Wieder-)Eingliederung werden zugleich Unternehmen von den finanziellen Kosten entlastet, die für die behinderungsgerechte (Um-)Gestaltung des Arbeitsplatzes bzw. der Arbeitsumwelt entstehen können. Damit erfüllen die Sozialleistungsansprüche die wichtige Funktion, mögliche Kosteneinwände (potenzieller) Arbeitgeber gegen eine Einstellung eines geschädigten Menschen zu entkräften. Auf unzumutbare Aufwendungen zur Begründung einer Ablehnung wird sich ein Arbeitgeber dann regelmäßig nicht berufen und die (insoweit behinderungsbedingte) Benachteiligung eines geschädigten Menschen damit nicht sachlich rechtfertigen können. Die Sozialleistungsansprüche der Menschen mit (drohender) Behinderung sichern mittelbar die Pflicht der Arbeitgeber, zur behinderungsgerechten Beschäftigung **angemessene Vorkehrungen** zu ergreifen.[19] Arbeitgeber, die angemessene Vorkehrungen unterlassen, diskriminieren, so dass die Konsequenzen des AGG drohen. Steht die geschädigte Person bereits in einem Beschäftigungsverhältnis, müssen Arbeitgeber sozialrechtliche Leistungsansprüche in ihre Prüfpflicht im Rahmen des Betrieblichen Eingliederungsmanagements einbeziehen (vgl. § 167 SGB IX),[20] andernfalls sie auch gegen diese Organisationspflicht verstoßen und ihnen Sanktionen drohen. Im Rahmen von Bewerbungs- und Einstellungsverfahren flankieren die Leistungsansprüche die Verfahrenspflichten der Arbeitgeber iSd §§ 163, 164 SGB IX, so dass die betrieblichen Interessenvertretungen, vor allem die Schwerbehindertenvertretung, Menschen mit Schwerbehinderung oder einer Gleichstellung iSd § 2 Abs. 3 SGB IX bei der Eingliederung in den Arbeitsmarkt unterstützen können (vgl. § 178 SGB IX).[21]

16 BT-Drs. 19/13824, 198.
17 BT-Drs. 19/13824, 198.
18 Dazu Brose, Das Recht auf Arbeit behinderter Menschen nach Art. 27 UN-BRK, in Sozialrecht und Sozialpolitik in Europa Band 34, hrsg. von Bieback/Bögemann, 2016.
19 Dazu Brose, Die Arbeitgeberpflichten bei der Beschäftigung von Menschen mit Behinderung nach Art. 5 Richtlinie 2000/78/EG EuZA 2020, 157–176.
20 Dazu Knickrehm/Kreikebohm/Waltermann/Kohte, 7. Aufl. 2021, SGB IX § 167 Rn. 21.
21 Dazu Knickrehm/Kreikebohm/Waltermann/Kohte SGB IX §§ 164, 165 Rn. 7.

C. Einzelkommentierungen

I. § 63 Abs. 1, Eingangssatz

Anspruchsberechtigt gem. § 63 Abs. 1 sind nur Geschädigte (§ 2 Abs. 2). Der Eingangssatz formuliert keinen unselbständigen Anspruch „auf LTA“, sondern spezifiziert den bei Vorliegen der allgemeinen Leistungsvoraussetzungen bestehenden Anspruch auf Teilhabeleistungen durch die konkrete Benennung bestimmter LTA nach Vorgabe des SGB IX. Der detaillierte Blick auf die gelisteten LTA zeigt allerdings, dass sämtliche LTA, die nach dem SGB IX vorgesehen sind, auch vom Träger des SER zu erbringen sind, einschließlich des in der Aufzählung nicht genannten Budgets für Ausbildung gem. § 61a SGB IX (→ Rn. 35 ff.) und einschließlich der Modifikation durch das Wahlrecht im hier ebenfalls nicht genannten § 62 SGB IX (→ Rn. 32). 15

II. Leitbildwechsel bei Gewährung der LTA: Von der institutionenzentrierten zur personenzentrierten Bedarfsdeckung

Die Aufzählung der denkbaren LTA in § 63 folgt der aufsteigenden Nummerierung im 10. Kapitel des SGB IX. Dieser rein schematische Überblick verstellt die hinter den einzelnen Leistungen stehenden Wertungen bzw. den mit der Reform im SGB IX durch das BTHG beabsichtigten weitreichenden **Leitbildwechsel**. Das SGB IX basiert insgesamt auf dem tragenden Grundsatz der Selbstbestimmung der Menschen mit Behinderung, vgl. § 1 SGB IX. Dabei ist Selbstbestimmung nicht nur als Ziel für die Gewährung der Teilhabeleistungen vorgegeben, sondern dem **obersten Prinzip der Selbstbestimmung** von der Bedarfsermittlung an über die Bedarfsfeststellung und auch während der Leistungsausführung hin zu entsprechen. Der Weg in eine inklusive Gesellschaft hängt auch davon ab, dass Menschen mit Behinderungen die nötigen Bedarfe und Rehabilitationsleistungen nach ihren persönlichen Vorstellungen und Bedürfnissen decken können und sie nicht in ein Korsett durch geschlossene Sonderwelten in Gestalt von Einrichtungen für Menschen mit Behinderung gezwungen werden. Mit der Reform des Teilhaberechts durch das BTHG sollen die Leistungen für Menschen mit Behinderungen und insbesondere auch die LTA künftig **personenzentriert** und nicht institutionszentriert bereit stehen. Der Gesetzgeber hat dazu in den Leistungskatalog des 10. Kapitels im SGB IX neue Leistungen wie das Budget für Arbeit, § 61 SGB IX, und inzwischen auch das Budget für Ausbildung, § 61a SGB IX, aufgenommen. Zudem sind „Andere Leistungsanbieter“ gem. § 60 SGB IX als zur Erbringung von typischen Leistungen der WfbM anerkannt und durch ein Wahlrecht gem. § 62 SGB IX Kombinationsmöglichkeiten zur beruflichen Rehabilitation eröffnet. Es sind genau diese neuen Leistungen, mit denen der BTHG-Reformgesetzgeber die Umgestaltung der Arbeitswelt zu einer **inklusiven Arbeitswelt** erreichen und die mit der UN-BRK eingegangenen Verpflichtungen zugunsten von Menschen mit Behinderungen erfüllen will.[22] Damit dieses Ziel erreicht wird, muss der Leitbildwechsel von sämtlichen Trägern von LTA auch bewusst mitgestaltet werden. Auch die Träger des SER sind als Rehabilitationsträger verpflichtet, trägerübergreifend an der personenzentrierten Gestaltung der Rehabilitation und der LTA mitzuwirken, vgl. § 39 Abs. 1 SGB IX. Die Rechtsanwendung der §§ 62, 63 durch die SER-Leistungsträger muss daher im Lichte der BTHG-Reform und daher in Kenntnis des Stellenwertes der verschiedenen Teilhabeleistungen erfolgen. Würden die im SGB IX verankerten LTA nicht rein der dortigen Nummerierung folgend abgebildet, sondern nach ihrem Gehalt zur Verwirklichung personenzentrierter statt institutionenzentrierter Leistungsgewährung dargestellt, ergäbe sich eine deutlich andere Struktur, die sich grafisch wie folgt abbilden lässt: 16

22 BT-Drs. 18/9522, 193 f., 253.

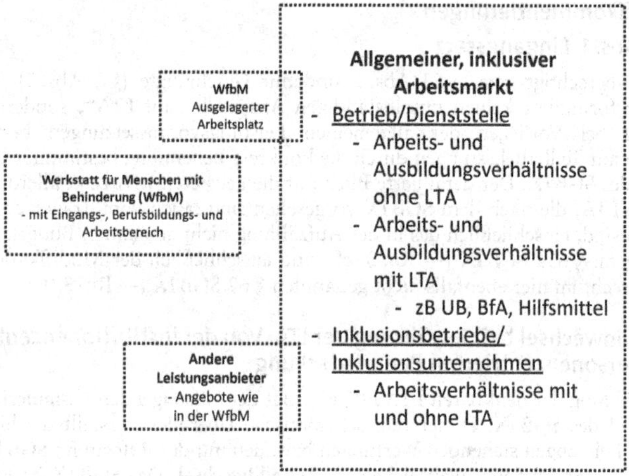

17 Die Kommentierung folgt nicht einer solchen „Logik der Teilhabeleistungen",[23] sondern greift die mit der Aufzählung in § 63 vorgegebene Struktur auf. Von der Bündelung der verschiedenen LTA in einer den oben abgebildeten Grundsätzen des SGB IX entsprechenden Weise sind die SER-Träger damit jedoch nicht entbunden. Denn, so auch die Begründung des BTHG, *„Jeder Mensch mit Behinderung soll entsprechend seinem individuellen Leistungsvermögen durch* ***passgenaue Leistungen*** *und Förderung die für ihn größtmögliche Teilhabe am Arbeitsleben erreichen"*.[24] Das im Folgenden kommentierte materielle Leistungsrecht kann rechtskonform nur durch gleichzeitige Berücksichtigung der Verfahrensvorgaben im 1. Teil des SGB IX angewandt werden. Untergesetzlich konkretisiert werden die gesetzlichen Vorgaben durch die Gemeinsamen Empfehlungen[25] und andere Arbeitshilfen der **Bundesarbeitsgemeinschaft für Rehabilitation**,[26] an deren Erarbeitung auch die SER-Träger aktiv beteiligt sind.[27] Werden die im 1. Teil des SGB IX normierten und durch Gemeinsame Empfehlungen der BAR konkretisierten Verfahrensvorgaben zur Bedarfsermittlung nicht berücksichtigt, stellt dies typischerweise einen Ermessensfehler und damit einen Verfahrensfehler dar, der auch gerichtlich zu überprüfen ist.[28]

---

23 Vgl. instruktiv LPK-SGB IX/Deusch § 49 Rn. 15.
24 BT-Drs. 18/9522, 193.
25 Exemplarisch die GE Reha-Prozess, dazu Schian DVfR Forum A, A5–2021.
26 Zur gestärkten Rolle der BAR durch das BTHG Seel ASUMed 2019, 416–421; Sonderheft 50 Jahre BAR, RP-Reha, 2020, Nr. 1.
27 Abrufbar unter www.bar-frankfurt.de, zB.
- GE Reha-Prozess, 2019;
- GE Unterstützte Beschäftigung, 2021;
- Verwaltungsvereinbarung „Begleitende Hilfe – Leistungen zur Teilhabe am Arbeitsleben", 2020;
- Bedarfsermittlung nach dem SGB IX, Bundesteilhabegesetz Kompakt, 2021.

28 Dazu ausführlich Luik, Der Teilhabeplan – die „Roadmap" zum Reha-Erfolg, Plädoyer für eine gesetzliche Klarstellung, Sozialrecht aktuell, Sonderheft 2014, 11 ff.; Luik, Rechtliche Grundlagen und Bedeutung der Teilhabeplanung, Beitrag D21/2014 auf www.reha-recht.de; Welti, Teilhabebedarfe im Sozialrecht, RP-Reha 2015, Nr. 1, 40 ff.; Gagel/Nebe SGB III Vor § 112 Rn. 25.

III. § 63 Abs. 1 Nr. 1: Leistungen nach den §§ 49 bis 55 SGB IX

§ 63 Abs. 1 Nr. 1 verweist auf die Leistungen nach §§ 49 bis 55 SGB IX. Der Leistungskatalog des § 49 SGB IX ist nicht abschließend, so dass neben den dort aufgeführten Leistungen auch weitere Leistungen zu erbringen sind, wenn diese unter Berücksichtigung der Art und Schwere der Schädigung erforderlich sind. Die bisherige Regelung des § 26 Abs. 4 Nr. 4 BVG geht in diesem Verweis auf.[29] Die LTA sind im SER darauf auszurichten, durch Hilfen zur Erhaltung oder Erlangung einer der Eignung, Neigung und bisherigen Tätigkeit des Geschädigten entsprechenden beruflichen Tätigkeit die Folgen der Schädigung angemessen auszugleichen oder zu mildern. Die am Schadensausgleich orientierte (Wieder-)Eingliederung in den Arbeitsmarkt findet ihren **besonderen Ausdruck** zusätzlich im Individualisierungsgrundsatz, § 70 (→ § 70 Rn. 4 ff.). Hieraus und unter Einbezug des Wunsch- und Wahlrechtes in § 69 ergibt sich ein Beurteilungsspielraum, der im Interesse der Sicherung der beruflichen Eingliederung **weitestgehend auszuschöpfen** ist.[30] Diese Bandbreite an Leistungen und die anzulegenden Maßstäbe decken die bisherigen Regelungen des Abschnitt 1 der KFürsV ab. So soll die berufliche Ausbildung den Geschädigten die notwendigen Fertigkeiten und Kenntnisse für die Ausübung einer ihren Kräften und Fähigkeiten angemessenen qualifizierten beruflichen Tätigkeit vermitteln. Die berufliche Weiterbildung soll Geschädigten mit abgeschlossener Berufsausbildung oder angemessener Berufserfahrung dazu verhelfen, berufliche Kenntnisse und Fertigkeiten festzustellen, zu erhalten oder zu erweitern. Auch erhalten Geschädigte weiterhin Leistungen zur beruflichen Weiterbildung, wenn und solange sie infolge der Schädigung in der Ausübung des erlernten oder ausgeübten Berufs so beeinträchtigt sind, dass sie sich am Arbeitsplatz und im Wettbewerb mit Nichtgeschädigten nicht behaupten können.[31] 18

1. § 49 Abs. 1 und Abs. 4 SGB IX – Ziel und Auswahl der Teilhabeleistungen. Gem. § 49 Abs. 1 SGB IX werden LTA erbracht, um die Erwerbsfähigkeit von Menschen mit Behinderungen oder von Behinderung bedrohter Menschen entsprechend ihrer Leistungsfähigkeit zu erhalten, zu verbessern, herzustellen oder wiederherzustellen und ihre Teilhabe am Arbeitsleben möglichst auf Dauer zu sichern. Im SGB XIV und auch im BVG findet sich keine vergleichbare **Zielbestimmung**. An verschiedenen Stellen der KFürsV, v.a. in deren § 1, sind vergleichbare Ziele für die LTA normiert.[32] Der Gesetzgeber geht ebenfalls davon aus, dass Geschädigten durch die LTA des SER auch weiterhin Hilfen zuteilwerden, um ihre berufliche Tätigkeit zu erhalten oder eine solche zu erlangen und so die Schädigungsfolgen angemessen auszugleichen.[33] Ob eine Behinderung iSd § 2 Abs. 1 SGB IX vorliegt, ist für den Leistungsanspruch irrelevant. Im SER kommt es auf die schädigungsbedingten Bedarfe an, §§ 4 Abs. 1, 25 (→ Rn. 12). Soweit in § 49 SGB IX mit dem Ziel möglichst dauerhafter „Teilhabe am Arbeitsleben" und im SER mit der (Wieder-)Erlangung der „beruflichen Tätigkeit" keine wortgleichen Formulierungen hinsichtlich des Leistungsziels vorzufinden sind, steht das dennoch für dasselbe Ziel – die Ausübung der Berufsfreiheit und des Zugangs zu einem für alle Menschen, auch für Geschädigte, inklusiven Arbeitsmarkt. In welcher konkreten Form mittels LTA dann die Teilhabe am Arbeitsleben realisiert werden kann, hängt vor allem auch von der individuellen Leistungsfähigkeit ab. Damit haben auch sehr unterschiedliche LTA-„Bausteine" (→ Rn. 16 Grafik) ihre Legitimation, wenn sie dem jeweils individuellen Bedarf entsprechend selbstbestimmte 19

29 BT-Drs. 19/13824, 199.
30 BT-Drs. 19/13824, 198.
31 BT-Drs. 19/13824, 198.
32 So auch HK-SozEntschR/Grube BVG §§ 26, 26a Rn. 2.
33 BT-Drs. 19/13824, 198.

Teilhabe an einem inklusiven Arbeitsmarkt ermöglichen bzw. zu diesem Brücken bauen.[34]

20 § 49 Abs. 4 SGB IX macht wichtige **Vorgaben zur Auswahl** zwischen verschiedenen in Betracht kommenden LTA. Danach sind Eignung, Neigung, bisherige Tätigkeit sowie Lage und Entwicklung am Arbeitsmarkt zu berücksichtigen. Die Begriffe Eignung und Neigung dürfen nicht eng, sondern müssen im Lichte des verfassungsrechtlichen Schutzes durch Art. 12 Abs. 1 GG und unter Berücksichtigung des jüngst auch vom Bundesverfassungsgericht noch einmal unterstrichenen Paradigmenwechsels[35] **weit ausgelegt** werden.[36] Ebenso müssen schon bei der Bewertung der von Geschädigten geäußerten Wünsche und Vorstellungen sämtliche Pflichten der Arbeitgeber und anderer für den Abbau von Barrieren und die universelle Öffnung der Arbeitswelt einbezogen werden. Jede denkbare Schranke muss auf ihre Überwindbarkeit hin beleuchtet werden, vgl. nur die Pflicht zum behinderungsspezifischen Arbeitsschutz gem. § 4 Nr. 6 ArbSchG oder die Pflicht zur Barrierefreiheit von Arbeitsstätten gem. § 3a ArbStättV.[37] Als Argument gegen die individuelle Eignung für die vom geschädigten Menschen benannte Tätigkeits- bzw. Berufswahl kommen berufliche Anforderungen erst in Betracht, wenn sie nicht mit angemessenen Mitteln überwunden werden können. Hier gilt schon bei Auswahl der konkreten LTA der Maßstab des Antidiskriminierungsrechts, vgl. § 8 AGG.[38] Der Anspruch auf LTA besteht auch, wenn infolge der Schädigung eine solche Beeinträchtigung vorliegt, dass eine Ausübung des erlernten oder ausgeübten Berufs am Arbeitsplatz und im Wettbewerb mit Nichtgeschädigten nicht möglich ist.[39] Die berufliche Ausbildung soll den Geschädigten die entsprechenden Fertigkeiten und das Fachwissen vermitteln, welche für die Ausübung einer ihren Kräften und Fähigkeiten angemessenen qualifizierenden beruflichen Tätigkeit notwendig sind.[40] Geschädigten mit abgeschlossener Berufsausbildung oder angemessener Berufserfahrung soll die Feststellung, Erhaltung oder Erweiterung ihrer beruflichen Kenntnisse und Fertigkeiten durch eine berufliche Weiterbildung unterstützt werden.[41]

21 **2. § 49 Abs. 2 SGB IX – Chancengleichheit für Frauen.** In der Arbeitswelt sind verschiedene Lücken zwischen Männern und Frauen zu beklagen. Entgegen Art. 3 Abs. 2 S. 2 GG haben Männer und Frauen noch bei Weitem nicht dieselben Verwirklichungschancen. Die geschlechtsspezifische Segregation des Arbeitsmarktes trifft auch Frauen mit Behinderungen.[42] Umso wichtiger ist es, dass die Rehabilitationsträger ihre Verantwortung für das **Gender-Mainstreaming** als Querschnittsaufgabe wahrnehmen.

22 **3. § 49 Abs. 3 SGB IX – offener Katalog der LTA.** In § 49 Abs. 3 SGB IX ist ein **offener** (vgl. „insbesondere) **Katalog** konkreter Leistungen zur Teilhabe am Arbeitsleben (LTA) normiert, wobei Erwerbsarbeit in abhängiger wie auch in selbstständiger Tätigkeit gefördert werden kann.[43] Die Aufzählung umfasst

---

34 Instruktiv LPK-SGB IX/Deusch § 49 Rn. 6–17.

35 Vom tradiert sozialstaatlich-rehabilitativen Umgang mit behinderten Menschen durch Fürsorge, mit dem Risiko der Entmündigung und Bevormundung, hin zum Anspruch auf Schutz vor Diskriminierung BVerfG 30.1.2020 – 2 BvR 1005/18, NJW 2020, 1282, Rn. 36, 42; zust. Masuch RdLH 2020, 97–99.

36 Dazu ausführlich Gagel/Nebe § 112 Rn. 25-30; Kohte Festgabe für Gagel, S. 157 f.

37 Vgl. auch Nebe Beitrag B3-2015 unter www.reha-recht.de zur kritischen Verkürzung der Pflicht auf bestehende Beschäftigungsverhältnisse.

38 Dazu Gagel/Nebe SGB III § 112 Rn. 16b, 16c; Nebe, Leistungen zur Teilhabe am Arbeitsleben, Soziales Recht aktuell, Sonderheft 2014, S. 1 ff.

39 BT-Drs. 19/13824, 198.

40 BT-Drs. 19/13824, 198.

41 BT-Drs. 19/13824, 198.

42 Vgl. BMAS, Dritter Teilhabebericht der Bundesregierung, ab S. 215 ff., 240, 270 die verschiedenen Daten zur Erwerbsteilhabe.

43 So nochmals vom Gesetzgeber ausdrücklich hervorgehoben, BT-Drs. 19/13824, 199.

1. Hilfen zur Erhaltung oder Erlangung eines Arbeitsplatzes einschließlich Leistungen zur Aktivierung und beruflichen Eingliederung,
2. eine Berufsvorbereitung einschließlich einer wegen der Behinderung erforderlichen Grundausbildung,
3. die individuelle betriebliche Qualifizierung im Rahmen Unterstützter Beschäftigung,
4. die berufliche Anpassung und Weiterbildung, auch soweit die Leistungen einen zur Teilnahme erforderlichen schulischen Abschluss einschließen,
5. die berufliche Ausbildung, auch soweit die Leistungen in einem zeitlich nicht überwiegenden Abschnitt schulisch durchgeführt werden,
6. die Förderung der Aufnahme einer selbstständigen Tätigkeit durch die Rehabilitationsträger nach § 6 Abs. 1 Nr. 2 bis 5 **und**
7. **sonstige Hilfen** zur Förderung der Teilhabe am Arbeitsleben, um Menschen mit Behinderungen eine angemessene und geeignete Beschäftigung oder eine selbstständige Tätigkeit zu ermöglichen und zu erhalten.

Den sonstigen Hilfen (Nr. 7) kommt mit ihrer **Auffangfunktion** eine ganz besonders wichtige Rolle zu, denn der Katalog ist kein abschließender, so dass tatsächlich mit allen denkbaren Unterstützungen die Verwirklichung der Teilhabe am Arbeitsleben geleistet werden kann.[44]

4. Konkretisierung der Nr. 1 und 7 durch Abs. 8. Weitere **Konkretisierungen** zu den Leistungen, wie sie in § 49 Abs. 3 Nr. 1 und 7 SGB IX exemplarisch aufgeführt sind, liefert § 49 Abs. 8 SGB IX. Hier sind jetzt aufgezählt: 23

1. die Kraftfahrzeughilfe nach der Kraftfahrzeughilfe-Verordnung (→ Rn. 3 und wegen der Ergänzung durch Abs. 2 → Rn. 36),
2. den Ausgleich für unvermeidbare **Verdienstausfälle** des Leistungsberechtigten oder einer erforderlichen Begleitperson **wegen Fahrten** der An- und Abreise zu einer Bildungsmaßnahme und zur Vorstellung bei einem Arbeitgeber, bei einem Träger oder einer Einrichtung für Menschen mit Behinderungen, durch die Rehabilitationsträger nach § 6 Abs. 1 Nr. 2 bis 5,
3. die Kosten einer notwendigen **Arbeitsassistenz**[45] für schwerbehinderte Menschen als Hilfe zur Erlangung eines Arbeitsplatzes,
4. die Kosten für **Hilfsmittel**, die wegen Art oder Schwere der Behinderung erforderlich sind
   a) zur Berufsausübung,
   b) zur Teilhabe an einer Leistung zur Teilhabe am Arbeitsleben oder zur Erhöhung der Sicherheit auf dem Weg vom und zum Arbeitsplatz und am Arbeitsplatz selbst, es sei denn, dass eine Verpflichtung des Arbeitgebers besteht oder solche Leistungen als medizinische Leistung erbracht werden können,
5. die Kosten **technischer Arbeitshilfen**, die wegen Art oder Schwere der Behinderung zur Berufsausübung erforderlich sind und
6. die Kosten der Beschaffung, der Ausstattung und der Erhaltung einer **behinderungsgerechten Wohnung** in angemessenem Umfang.[46]

5. § 49 Abs. 6 SGB IX – Annexleistungen. Praktisch häufig unterschätzt wird der Stellenwert der sogenannten Annex-Leistungen, wie sie in § 49 Abs. 6 SGB IX aufgeführt 24

---

44 Vgl. BSG 4.6.2013 – B 11 AL 8/12 R, SGb 2014, 221 sowie BVerwG 10.1.2013 – 5 C 24/11, Sozialrecht aktuell 2013, 127; zur Intransparenz der entsprechenden Leistungsbestimmung im SGB III NK-SGB III/Kador, 5. Aufl. 2013, § 118 Rn. 4 sowie Gagel/Nebe SGB III § 118 Rn. 3.

45 Siehe auch die Begrenzungen und weiteren verfahrensrechtlichen Ausführungen in § 49 Abs. 8 S. 2–4 SGB IX.

46 Ausführlich dazu Feldes/Kohte/Stevens-Bartol SGB IX/Busch, 4. Aufl. 2018, § 49 Rn. 61–75.

sind. Danach umfassen die LTA nach § 49 Abs. 1 SGB IX auch **medizinische, psychologische und pädagogische Hilfen.** Der in Abs. 6 aufgeführte Katalog dieser Annexleistungen ist wiederum offen (vgl. „insbesondere") und umfasst:

1. Hilfen zur Unterstützung bei der Krankheits- und Behinderungsverarbeitung,
2. Hilfen zur Aktivierung von Selbsthilfepotentialen,
3. die Information und Beratung von Partnern und Angehörigen sowie von Vorgesetzten und Kollegen, wenn die Leistungsberechtigten dem zustimmen,
4. die Vermittlung von Kontakten zu örtlichen Selbsthilfe- und Beratungsmöglichkeiten,
5. Hilfen zur seelischen Stabilisierung und zur Förderung der sozialen Kompetenz, unter anderem durch Training sozialer und kommunikativer Fähigkeiten und im Umgang mit Krisensituationen,
6. das Training lebenspraktischer Fähigkeiten,
7. das Training motorischer Fähigkeiten,
8. die Anleitung und Motivation zur Inanspruchnahme von Leistungen zur Teilhabe am Arbeitsleben und
9. die Beteiligung von Integrationsfachdiensten im Rahmen ihrer Aufgabenstellung (vgl. § 193 SGB IX).

25 Eine vergleichbare Aufzählung zu erbringender Annexleistungen findet sich für die medizinische Rehabilitation in § 42 Abs. 3 SGB IX. Da die SER-Träger für beide Leistungsgruppen zuständig sind (vgl. § 62 S. 1 Nr. 1 und Nr. 4), dürften insoweit nur ausnahmsweise, denkbar beim Auftreten mehrfacher Ursachen einer Gesundheitsschädigung, Abgrenzungsfragen hinsichtlich der Trägerzuständigkeit bestehen. Angesichts der mit den schädigenden Ereignissen (vgl. § 1 Abs. 2) typischerweise einhergehenden psychischen Belastungen müssen die Träger des SER bei der Bedarfsermittlung und Leistungsfeststellung ganz besonders aufmerksam im Hinblick auf diese Leistungen sein. Für Geschädigte dürfte wegen ihrer besonderen seelischen Situation auch die Unterstützung durch einen **Integrationsfachdienst** wichtig sein, vgl. § 193 SGB IX. Dabei kann dieser für anerkannt schwerbehinderte oder gleichstellte Menschen iSd § 2 Abs. 2, 3 SGB IX regelmäßig und für Menschen mit seelischen Behinderungen, die nicht zugleich schwerbehindert oder gleichgestellt sind, ausnahmsweise unterstützend tätig werden, vgl. § 192 Abs. 4 SGB IX.

26 **6. Sonstige – § 49 Abs. 5, 7 SGB IX.** In den Abs. 5 und 7 des § 49 SGB IX finden sich klarstellende Detailregelungen betreffend die Ausführung von LTA, so zur fortlaufenden Leistungserbringung bei notwendigen Praktika (Abs. 5) und zur Übernahme unmittelbar mit der Leistungsausführung entstehender weiterer Kosten, wie für Unterkunft und Verpflegung (Abs. 7 Nr. 1) oder für verschiedene Bildungskosten (Abs. 7 Nr. 2).[47] Ist für die Ausführung einer Leistung eine Unterbringung außerhalb des eigenen oder des elterlichen Haushalts wegen Art oder Schwere der Schädigung oder zur Sicherung des Erfolges der Teilhabe am Arbeitsleben notwendig, sind die erforderlichen Kosten für die Unterkunft und Verpflegung ebenso als LTA zu übernehmen, vgl. § 49 Abs. 7 Nr. 1 SGB IX. Diese Kostenübernahme ist unabhängig davon, ob eine Unterbringung in einer Einrichtung zur beruflichen Rehabilitation oder anderweitig außerhalb des eigenen oder elterlichen Haushalts erfolgt. Der Leistungsumfang übersteigt damit den bisherigen Umfang des § 26 Abs. 2 BVG.[48]

27 **7. § 50 SGB IX – Leistungen an Arbeitgeber.** Leistungen zur Teilhabe am Arbeitsleben können ebenfalls an die Arbeitgeber erbracht werden. Nach § 60 Abs. 1 Nr. 1 SGB XIV iVm § 50 Abs. 1 SGB IX können insbesondere Ausbildungszuschüsse zur

47 Ausführlich dazu Feldes/Kohte/Stevens-Bartol SGB IX/Busch, 4. Aufl. 2018, § 49 Rn. 54, 58 ff.; LPK-SGB IX/Deusch § 49 Rn. 42, 48 ff.

48 BT-Drs. 19/13824, 199.

betrieblichen Ausführung von Bildungsleistungen, Eingliederungszuschüsse, Zuschüsse für Arbeitshilfen im Betrieb und teilweise oder volle Kostenerstattung für eine befristete Probebeschäftigung als solche Leistungen erbracht werden. Der Leistungskatalog des § 50 Abs. 1 SGB IX ist nicht abschließend. Solche Leistungen, insbesondere Zuschüsse an Arbeitgeber, sind grundsätzlich vorrangig vor einer Beschäftigung im Arbeitsbereich einer WfbM oder einer Budgetleistung gem. §§ 61 oder 61a SGB IX.[49]

8. § 51 SGB IX – Einrichtungen der beruflichen Rehabilitation. Wenn Art und 28
Schwere der Schädigung der Leistungsberechtigten oder die Sicherung des Erfolges die besonderen Hilfen durch Berufsbildungswerke, Berufsförderungswerke und vergleichbare Einrichtungen der beruflichen Rehabilitation erforderlich machen, werden die entsprechenden Leistungen zur beruflichen Teilhabe durch diese Einrichtungen erbracht. Damit konkretisiert § 61 Abs. 1 Nr. 1 SGB XIV iVm § 51 SGB IX den Vorrang der betrieblichen Teilhabeleistungen vor Leistungen in Einrichtungen der beruflichen Rehabilitation.[50]

9. § 52 SGB IX – Rechtsstellung der Teilnehmenden. Gemäß § 63 Abs. 1 Nr. 1 29
SGB XIV iVm § 52 S. 1 SGB IX werden die Leistungsempfänger in den Einrichtungen zur beruflichen Rehabilitation nicht in den Betrieb der Einrichtungen eingegliedert. Folglich sind sie keine Arbeitnehmer iSd BetrVG. Zu ihrer Mitwirkung wählen sie deshalb besondere Vertreter (§ 63 Abs. 1 Nr. 1 SGB XIV iVm § 52 S. 2 SGB IX).[51] Weiterhin regelt § 52 S. 3 SGB IX, dass die arbeitsrechtlichen Grundsätze über den Persönlichkeitsschutz, die Haftungsbeschränkung sowie die gesetzlichen Vorschriften über den Arbeitsschutz, den Schutz vor Diskriminierungen in Beschäftigung und Beruf, den Erholungsurlaub und die Gleichberechtigung von Männern und Frauen entsprechend angewendet werden.[52] Die Norm verdeutlicht, dass mit der Förderung in Einrichtungen der beruflichen Rehabilitation das Ziel der dauerhaften Eingliederung in einen inklusiven Arbeitsmarkt noch nicht erreicht ist. Einrichtungen der beruflichen Rehabilitation stellen jedoch eine typische Form der Teilhabe am Arbeitsleben dar und übernehmen eine wichtige qualifizierungsvorbereitende Funktion.[53]

10. § 53 SGB IX – Dauer der Leistungserbringung. Über § 61 Abs. 1 Nr. 1 ist auch 30
§ 53 SGB IX einbezogen. Dieser regelt die Dauer der Leistungserbringung. Gem. dessen Abs. 1 S. 1 werden die LTA für die Zeit erbracht, die vorgeschrieben oder allgemein üblich ist, um das angestrebte Teilhabeziel zu erreichen (§ 53 Abs. 1 S. 1 SGB IX). § 53 Abs. 1 S. 2 SGB IX sieht vor, dass im Einzelfall die Förderung darüber hinaus erfolgen kann, wenn besondere Umstände dies rechtfertigen (§ 53 Abs. 1 S. 2 SGB IX). Insoweit ist allerdings schon die Vorgabe des § 70 zu beachten (→ Rn. 18), wonach die Bemessung der Dauer der Leistungen immer den Erfordernissen des Einzelfalls anzupassen ist (→ § 70 Rn. 16 ff.).

Der über § 61 Abs. 1 Nr. 1 ebenfalls einbezogene § 53 Abs. 2 SGB IX konkretisiert die Dauer von Leistungen zur **beruflichen Weiterbildung**. Die Vorschrift findet damit keine Anwendung auf Leistungen zur Berufsausbildung.[54] Die Leistungen zur beruflichen Weiterbildung sollen regelmäßig bei ganztägigem Unterricht nicht länger als zwei

49 Vgl. Feldes/Kohte/Stevens-Bartol SGB IX/Nebe, 4. Aufl. 2018, § 61 Rn. 23 ff.; Schaumberg, Beitrag A8–2018 unter www.reha-recht.de.
50 Vertiefend Kalina, Betriebliche Realisierung beruflicher Ausbildung behinderter Menschen, 2019.
51 Vertiefend Schachler/Nachtschatt/Schreiner, Beitrag B5–2019, www.reha-recht.de; Schachler RP Reha 2022, Heft 1, S. 15–21.
52 Feldes/Kohte/Stevens-Bartol SGB IX/Busch § 52 Rn. 9 ff.
53 Dazu Feldes/Kohte/Stevens-Bartol SGB IX/Busch § 52 Rn. 1.
54 Feldes/Kohte/Stevens-Bartol SGB IX/Busch § 53 Rn. 6; SächsLSG Urt. v. 19.4.2011 – L 5 R 6/10, juris Rn. 19.

Jahre dauern. Diese Regelung kommt allerdings nicht zur Anwendung, wenn das Teilhabeziel nur über eine länger andauernde Leistung erreicht werden kann oder die Eingliederungsaussichten nur durch eine länger andauernde Leistung wesentlich verbessert werden (§ 53 Abs. 2 S. 1 2. Hs. SGB IX).[55] Ebenso sollen Leistungen zur beruflichen Weiterbildung, welche zu einem Abschluss in einem allgemein anerkannten Ausbildungsberuf führen und deren allgemeine Ausbildungsdauer mehr als zwei Jahre beträgt, nicht länger als zwei Drittel der jeweils üblichen Ausbildungszeit dauern (§ 53 Abs. 2 S. 2 SGB IX). In den genannten Spezialfällen kann damit auf dieser Grundlage von der grundsätzlichen Vorschrift der maximalen Dauer der Leistung von zwei Jahren abgewichen werden. Im Übrigen ist mit dem im SER verankerten **Individualisierungsgrundsatz** (→ § 70 Rn. 16 ff.) ein gesetzlicher Spielraum für die TdSE eröffnet, die LTA länger als üblich zu gewähren, wenn ansonsten das Teilhabeziel nicht erreicht werden kann (→ Rn. 18). Das ist vor allem bei psychischen Beeinträchtigungen oder bei chronischen Erkrankungen sicher ein häufiger Fall.

31 **11. § 54 SGB IX – Beteiligung der Bundesagentur für Arbeit.** Über den Verweis in § 63 Abs. 1 Nr. 1 auf § 54 SGB IX kann der TdSE die Bundesagentur für Arbeit einbeziehen, um den Bedarf an LTA zu ermitteln. Danach kann der TdSE bei der Bundesagentur eine gutachterliche Stellungnahme anfordern zur Notwendigkeit, Art und Umfang von Leistungen unter Berücksichtigung arbeitsmarktlicher Zweckmäßigkeit. Gem. § 54 S. 2 SGB IX gilt dies auch, wenn sich die Leistungsberechtigten in einem Krankenhaus oder einer Einrichtung der medizinischen oder medizinisch-beruflichen Rehabilitation aufhalten.[56] Diese Stellungnahme muss in das Bedarfsfeststellungsverfahren gem. §§ 9 ff. SGB IX eingebunden werden (→ § 62 Rn. 13 ff.).

32 **12. Unterstützte Beschäftigung, § 55 SGB IX.** Über den Verweis in § 63 Abs. 1 Nr. 1 auf § 55 SGB IX ist der Anspruch auf Unterstützte Beschäftigung begründet. Das sozialpolitische Konzept Unterstützte Beschäftigung (UB) ist ursprünglich ein innovativer, wertegeleiteter und methodischer Ansatz im Bereich der beruflichen Rehabilitation und Integration.[57] Die UB zielt auf sozialversicherungspflichtige Arbeit in Betrieben des allgemeinen Arbeitsmarktes und besteht aus zwei Phasen, der individuelle betriebliche Qualifizierung, InbeQ (§ 55 Abs. 2 SGB IX), und die Berufsbegleitung (§ 55 Abs. 3 SGB IX), nach dem Prinzip „First place than train". Das Konzept umfasst alle Hilfen, die für Menschen mit Schädigung erforderlich sind, um erfolgreich in einem Betrieb des allgemeinen Arbeitsmarktes arbeiten zu können. Kerninhalte der UB sind die persönliche Berufs- bzw. Zukunftsplanung, die Erarbeitung eines individuellen Fähigkeitsprofils, die Arbeitsplatzakquisition, die Arbeitsplatzanalyse und Anpassung des Arbeitsplatzes, die Qualifizierung im Betrieb sowie die Sicherung des Arbeitsverhältnisses durch die kontinuierliche Unterstützung der Arbeitgeber und der Leistungsberechtigten bei auftretenden Fragen oder Problemen im weiteren Verlauf der Beschäftigung. Ziel der UB ist es, Leistungsberechtigen mit besonderem Unterstützungsbedarf eine angemessene, geeignete und sozialversicherungspflichtige Beschäftigung zu ermöglichen und zu erhalten (§ 55 Abs. 1 S. 1 SGB IX). Die Unterstützung ist so lange wie erforderlich zu gewährleisten.[58] Im Übrigen regelt § 55 SGB IX die Durchführung und Zuständigkeiten der Unterstützten Beschäftigung.

---

55 Vgl. dazu auch Gagel/Nebe SGB III § 116 Rn. 13 ff.

56 Ausführlich dazu: Feldes/Kohte/Stevens-Bartol SGB IX/Busch § 54.

57 Dazu beispielsweise Basener, Hamburger Arbeitsassistenz, Das Original der Unterstützten Beschäftigung, 2009.

58 Ausführlich Waldenburger, Unterstützte Beschäftigung nach § 55 SGB IX -Teil I bis IV, Beitrag A21, A22, A23 und A24–2018, www.reha-recht.de; Waldenburger, Unterstützte Beschäftigung nach § 55 SGB IX, 2019.

IV. § 63 Abs. 1 Nr. 2: WfbM – Eingangsverfahren und Berufsbildungsbereich (§ 57 SGB IX)

Der TdSE kann über den Verweis in § 63 Abs. 1 Nr. 2 SGB auf § 57 SGB IX auch Leistungen im Eingangsverfahren und im Berufsbildungsbereich einer anerkannten Werkstatt für behinderte Menschen (WfbM) erbringen. Die Leistungsarten in anerkannten WfbM sind geteilt.[59] 33

Das **Eingangsverfahren** dient zur Feststellung, ob die Werkstatt die geeignete Einrichtung für die Teilhabe am Arbeitsleben ist sowie welche Bereiche der Werkstatt und welche Leistungen zur Teilhabe am Arbeitsleben für die Menschen mit Schädigung in Betracht kommen. Die Leistungen im Eingangsverfahren werden für drei Monate erbracht. Die Leistungsdauer kann auf bis zu vier Wochen verkürzt werden, wenn im Einzelfall eine kürzere Dauer ausreichend ist (§ 57 Abs. 2 SGB IX).

Leistungen im **Berufsbildungsbereich** einer anerkannten WfbM werden erbracht, um 34 die Leistungs- oder Erwerbsfähigkeit des Menschen mit Schädigung so weit wie möglich zu entwickeln, zu verbessern oder wiederherzustellen und erwartet werden kann, dass der Mensch mit Schädigung nach Teilnahme an diesen Leistungen in der Lage ist, wenigstens ein Mindestmaß wirtschaftlich verwertbarer Arbeitsleistung[60] im Sinne des § 219 SGB IX zu erbringen (§ 57 Abs. 1 Nr. 2 SGB IX). Die Leistungen im Berufsbildungsbereich werden für zwei Jahre erbracht, jedoch regelmäßig zunächst für ein Jahr bewilligt (§ 57 Abs. 3 S. 1 und 2 SGB IX). Eine Bewilligung für ein weiteres Jahr erfolgt, wenn aufgrund einer fachlichen Stellungnahme, die rechtzeitig vor Ablauf des erstmaligen Förderzeitraums abzugeben ist, angenommen wird, dass die Leistungsfähigkeit des Menschen mit Behinderungen weiterentwickelt oder wiedergewonnen werden kann (§ 57 Abs. 3 S. 3 SGB IX).

V. § 63 Abs. 1 Nr. 3: WfbM – Arbeitsbereich und Arbeitsförderungsgeld (§§ 58, 59 SGB IX)

Leistungen im **Arbeitsbereich** einer anerkannten WfbM erhalten Geschädigte gem. 35 §§ 63 Abs. 1 Nr. 1 iVm § 58 Abs. 1 SGB IX, bei denen wegen Art oder Schwere der Schädigung eine Beschäftigung auf dem allgemeinen Arbeitsmarkt einschließlich einem Inklusionsbetrieb oder eine Berufsvorbereitung, eine individuelle betriebliche Qualifizierung im Rahmen unterstützter Beschäftigung (→ Rn. 30), eine berufliche Anpassung und Weiterbildung oder eine berufliche Ausbildung nicht, oder noch nicht oder noch nicht wieder in Betracht kommt und die in der Lage sind, wenigstens ein Mindestmaß wirtschaftlich verwertbarer Arbeitsleistung[61] zu erbringen. Es reicht grundsätzlich nicht aus, wenn einem Geschädigten oder Hinterbliebenen eine Beschäftigung auf dem allgemeinen Arbeitsmarkt möglich ist, trotzdem jedoch keine Beschäftigungsmöglichkeit gefunden wird; trennscharf abgrenzen lässt sich das jedoch kaum.[62] Unter denselben und noch weiteren Voraussetzungen erhalten Leistungsberechtigte auch ein Budget für Arbeit, das seit der BTHG-Reform als ein wichtiger Baustein für eine inklusivere Arbeitswelt erachtet wird (→ Rn. 16; → Rn. 39 ff.).

Die Leistungen im Arbeitsbereich schließen sich regelmäßig an die Leistungen im 36 Berufsbildungsbereich (§ 63 Abs. 1 Nr. 2 iVm § 57 SGB IX) oder an entsprechende Leistungen bei einem anderen Leistungsanbieter (→ Rn. 36) an. Vom vorherigen

59 LSG Bln-Bbg 14.9.2017 – L 27 R 240/17, Rn. 18.
60 Zur menschenrechtskonformen Diskussion hinsichtlich dieses Erfordernisses Wendt DVfR Forum B, B7–2015 mit zust. Anm. zu LSG LSA 27.11.2014 – L 2 AL 41/14 B ER.
61 Wendt DVfR Forum B, B7–2015 mit zust. Anm. zu LSG LSA 27.11.2014 – L 2 AL 41/14 B ER.
62 Vgl. Feldes/Kohte/Stevens-Bartol SGB IX/Ritz/Busch § 58 Rn. 8.

Durchlaufen des Berufsbildungsbereichs kann gem. § 58 Abs. 1 S. 2 SGB IX abgewichen werden, wenn die leistungsberechtigte Person bereits über die für die in Aussicht genommene Beschäftigung erforderliche Leistungsfähigkeit verfügt, welche durch eine Beschäftigung auf dem allgemeinen Arbeitsmarkt erworben wurde. Die Leistungen sollen in der Regel längstens bis zum Ablauf des Monats erbracht werden, in dem das für die Regelaltersrente iSd SGB VI erforderliche Lebensalter erreicht wird (§ 63 Abs. 1 Nr. 2 SGB XIV iVm § 58 Abs. 1 S. 3 SGB IX).

37 Die WfbM erhalten vom zuständigen Rehabilitationsträger, sprich vom TdSE, zur Auszahlung an die im Arbeitsbereich beschäftigten Geschädigten ein **Arbeitsförderungsgeld** (§ 63 Abs. 1 Nr. 3 SGB XIV iVm § 59 Abs. 1 SGB IX) und zwar zusätzlich zu den Vergütungen nach § 58 Abs. 3 SGB IX. Dieses Arbeitsförderungsgeld beträgt gem. § 59 Abs. 1 S. 2 SGB IX monatlich 52 Euro für jeden im Arbeitsbereich beschäftigten Geschädigten, dessen Arbeitsentgelt zusammen mit dem Arbeitsförderungsgeld den Betrag von 351 Euro nicht übersteigt. Ist das Arbeitsentgelt höher als 299 Euro, beträgt das Arbeitsförderungsgeld monatlich den Differenzbetrag zwischen dem Arbeitsentgelt und 351 Euro, § 59 Abs. 1 S. 3 SGB IX. Das Arbeitsförderungsentgelt ist bei Inanspruchnahme anderer Sozialleistungen nicht als Einkommen anzurechnen, vgl. § 59 Abs. 2 SGB IX.

VI. § 63 Abs. 1 Nr. 4: Leistungen sog. Anderer Leistungsanbieter (§ 60 SGB IX)

38 Geschädigte können LTA ebenso bei den sognannten **anderen Leistungsanbietern** in Anspruch nehmen. Es wird folglich ein Wahlrecht formuliert. Damit soll den Geschädigten eine Alternative zu den Leistungen der WfbM, dh zu den LTA nach § 63 Abs. 1 Nr. 2 und 3 SGB XIV eröffnet werden. In Verbindung mit dem Wahlrecht gem. § 62 SGB IX (→ Rn. 40) wird eine Palette an Kombinationsmöglichkeiten der verschiedenen Leistungen gem. §§ 57 und 58 SGB IX eröffnet (→ Rn. 16).

39 Nachhaltige Teilhabe hängt von qualitativ guten (Re-)Habilitationsangeboten ab. § 60 Abs. 2 SGB IX statuiert deshalb Qualitätsanforderungen an die anderen Leistungsanbieter. Dabei gilt der Grundsatz, dass für andere Leistungsanbieter dieselben Vorschriften gelten wie für die WfbM.[63]

40 Die Zuständigkeit für die Leistungen durch andere Leistungsanbieter ergibt sich gem. § 63 Abs. 3 SGB IX. Danach sind die TdSE wie bisher auch die Träger der Kriegsopferfürsorge für die Leistungen der anderen Leistungsanbieter zur beruflichen Bildung ebenso wie für die Leistungen zur Beschäftigung, dh für die Leistungen im Arbeitsbereich der WfbM, zuständig.

VII. § 63 Abs. 1 Nr. 5: Budget für Arbeit (§ 61 SGB IX)

41 Mit dem Budget für Arbeit nach § 61 SGB IX (BfA) soll die Integration in den allgemeinen Arbeitsmarkt verbessert und die Beschäftigung am allgemeinen Arbeitsmarkt nachhaltig gesichert werden. Das moderne Instrument des BfA soll mehr Selbstbestimmung ermöglichen (→ Rn. 16). Die darin vorgesehenen Leistungen sind allerdings sehr übersichtlich; sie bestehen aus einem Lohnkostenzuschuss und Aufwendungsersatz für die behinderungsbedingte Anleitung und Begleitung am Arbeitsplatz. § 61 SGB IX besagt zwar nichts dazu, ob sich der Zuschuss nach dem Arbeitnehmerbrutto oder nach dem sog. Arbeitgeberbrutto richtet, ob sich der Zuschuss also auch auf den Arbeitgeberanteil am Gesamtsozialversicherungsbeitrag (vgl. dazu § 28d SGB IV) bezieht. Unter Rückgriff auf die konkrete Einbeziehung des Gesamtsozialversicherungsbeitrages in die Zuschussberechnung in § 50 Abs. 4 S. 5 SGB IX sollte zur Har-

---

63 Ausführlich Feldes/Kohte/Stevens-Bartol SGB IX/Nebe § 60 Rn. 5 ff.; kritisch zu den Zulassungsschwellen Becker, „Andere Leistungsanbieter“ statt Werkstatt, PR Reha 2019, Heft 1, S. 36.

monisierung der verschiedenen Zuschussleistungen hier ebenfalls der Zuschuss anhand des Arbeitgeberbruttos geleistet werden.[64] Dauer und Umfang der Leistungen bestimmen sich nach den Umständen des Einzelfalles und sind bei Bedarf auch unbefristet zu erbringen.[65] Das BfA schließt andere/weitere Teilhabeleistungen nicht aus. Die Erfahrungen aus den vorangegangenen Modellprojekten der Länder[66] haben vielmehr gezeigt, dass erst ein bunter Strauß an individuell passgenauen Leistungen, gebündelt in einem „BfA", einen nachhaltigen Übergang auf den allgemeinen Arbeitsmarkt ermöglicht hat.[67]

In der Verweisungsliste des § 63 Abs. 1 ist der **§ 62 SGB IX** nicht aufgeführt. Dieser ist 42
stärkt über das allgemeine Wunsch- und Wahlrecht hinaus (vgl. § 8 SGB IX) das Selbstbestimmungsrecht im Bereich der LTA, indem er wahlweise Alternativen zu den verschiedenen Bereichen der WfbM eröffnet. § 62 SGB IX bildet im Bereich der LTA eine konkrete Ausprägung des Wechsels von einer institutionellen zu einer personenzentrierten Versorgung.[68] Mit § 62 wird den behinderten Menschen ein **weitreichendes Wahlrecht** eröffnet, unter den sich nun etablierenden anderen Leistungsanbietern frei zu wählen.[69] Das ist insoweit beachtlich, dass es hinsichtlich der Beschäftigung in der WfbM grundsätzlich keine Auswahlmöglichkeit, sondern nur einen Aufnahmeanspruch in die eine WfbM im Einzugsbereich gibt (vgl. § 220 Abs. 1 S. 1). Dieses Wahlrecht wird gestärkt, indem die behinderten Menschen auch verschiedene Teilleistungen von der WfbM und einem bzw. mehreren anderen Leistungsanbietern in Anspruch nehmen können.[70] Da sich aus dem SGB XIV ein Ausschluss der Geltung des § 62 SGB IX für die LTA im Rahmen des SER nicht entnehmen lässt, ergibt sich die Geltung dieses Wahlrechts auch für die gem. § 63 Abs. 1 beanspruchten LTA schon wegen des Vorrangs des SGB IX, vgl. § 7 Abs. 1 S. 1 SGB IX (→ § 62 Rn. 11). Die Geltung des § 62 SGB IX lässt sich zudem als den neuen personenzentrierten LTA als Annexregelung angehörende Ausgestaltung derselben durch den Verweis auf diese Leistungen in § 63 Abs. 1 Nr. 4 und 5 mit erfasst ansehen.

VIII. Budget für Ausbildung, § 61a SGB IX – Schließung der unbewussten Regelungslücke

Das Budget für Arbeit war bereits mit dem BTHG als § 61 in den Leistungskatalog 43
des SGB IX eingefügt worden. Später, im Zuge des Angehörigen-Entlastungsgesetzes, wurde damit vergleichbar das Budget für Ausbildung mWz 1.1.2020 (§ 61a SGB IX) eingeführt.[71] Im Sinne der personenzentrierten Leistungserbringung bietet das **Budget für Ausbildung** Menschen mit Behinderungen alternativ zur WfbM (Eingangsverfahren und Berufsbildungsbereich) bzw. alternativ zu LTA bei Anderen Leistungsanbietern (§ 60 SGB IX) die Möglichkeit einer geförderten Ausbildung auf dem allgemeinen Arbeitsmarkt.[72] In dieser ursprünglichen Normierung war ein Budget für Ausbildung dann ausgeschlossen, wenn sich Menschen mit Behinderungen bereits im Arbeitsbereich einer WfbM befanden oder eine LTA durch einen Anderen Leistungsanbieter nutzten. Um auch diese Personen mit dem Budget für Ausbildung fördern zu kön-

64 Vgl. schon zur Erweiterung im Ausbildungsförderungsrecht in § 73 Abs. 2 Satz 1 SGB III BT-Drs. 17/6277, 100.
65 Siehe auch die Empfehlungen des CRPD-Ausschusses in der Rechtssache Gröninger, dazu Nebe/Giese RP-Reha 2015, Heft 1, S. 55 ff.
66 Überblick bei Wuschech/Bruère/Beyer br 2016, 10 ff.
67 Ausführlich Nebe/Waldenburger, Budget für Arbeit, 2014.
68 BT-Drs. 18/9522, 2, 192.
69 Ausführlich dazu Feldes/Kohte/Stevens-Bartol SGB IX/Nebe § 62 Rn. 4 ff.
70 BT-Drs. 18/9522, 256 f.
71 Eingef. durch Art. 2 Nr. 4 G. v. 10.12.2019, BGBl. I 2135 mWv 1.1.2020.
72 Vgl. Gesetzesbegründung, BT-Drs. 19/13399, 23, 36 ff.

nen,[73] wurde der Anwendungsbereich des § 61a SGB IX durch das Teilhabestärkungsgesetz entsprechend und mWz 1.1.2022 erweitert.[74]

44 Problematisch ist nun, dass § 63 Abs. 1 in seiner Liste an Verweisungen auf das SGB IX den § 61a SGB IX nicht enthält. Im Ergebnis der Sichtung der Gesetzgebungsmaterialien kann dies nur als **redaktionelles Versehen des Gesetzgebers** verstanden werden. Sollte eine Nachbesserung nicht bis zum Inkrafttreten bis zum 1.1.2024 erfolgen, dann muss die Einbeziehung des § 61a SGB IX in den Leistungskatalog des SER methodisch im Wege der teleologischen Erweiterung gewährt werden. Es lässt sich ein durchgehender Wille des Gesetzgebers dafür nachweisen, dass auch die künftigen Träger des SER wie bisher auch für die neuen personenzentrierten LTA zuständig sein sollen. Die Gesetzgebungschronologie zeigt dies. Schon bei der ursprünglichen Einführung des § 61a SGB IX durch das Angehörigenentlastungsgesetz fehlte im Regierungsentwurf die entsprechende Folgeänderung im BVG; erst durch die Beschlussempfehlung des Ausschusses für Arbeit und Soziales[75] wurde in § 26 Abs. 1 BVG der Verweis auf das Budget für Ausbildung vorgesehen und entsprechend im BGBl. dann auch umgesetzt.[76] Nach derzeit geltender Rechtslage sind also die Träger der Kriegsopferfürsorge auch zuständig für das Budget für Ausbildung. Davon will der Gesetzgeber mit der Reform des SER nicht wieder abrücken, sondern vielmehr den Bestand der LTA insgesamt abgebildet im Kapitel 6 zum Katalog der Teilhabeleistungen der Träger des SER auch unter dem Dach des SGB XIV machen. Gleichzeitig wollte der Gesetzgeber das Budget für Ausbildung einhellig in seiner Anwendung stärken.[77]

45 Es lässt sich wohl nur mit der zeitlichen Parallelität der Änderungen im Teilhaberecht (durch das Angehörigenentlastungsgesetz) und der Erarbeitung des Entwurfs zum SGB XIV erklären, dass in den Regierungsentwurf für das SGB XIV die Änderungen des § 26 Abs. 1 BVG nicht mehr hineingeflossen sind. Und auch die notwendigen Folgeänderungen in § 26 Abs. 1 BVG durch die Änderungen im SGB IX sind erst in der Ausschussberatung im Rahmen des Angehörigenentlastungsgesetzes, aber dann schon nicht mehr im Rahmen des Teilhabestärkungsgesetzes beachtet worden. Die in Folge des gesetzgeberischen Versäumnisses unbewusst verursachte Regelungslücke lässt sich hier im Wege der teleologischen Erweiterung schließen, indem, wie in § 26 Abs. 1 BVG nun auch in § 63 Abs. 1 der Verweis auf § 61a SGB IX hineingelesen wird, bis der Gesetzgeber sein Versäumnis erkannt und nachgebessert hat.

IX. Persönliches Budget, § 29 SGB IX

46 LTA können wie andere Teilhabeleistungen auch im Bereich des SER durch ein Persönliches Budget erbracht werden, wenn die Voraussetzungen des § 29 SGB IX erfüllt sind, vgl. § 26 Abs. 3 Nr. 2. In der Praxis stellen sich allerdings insoweit ganz besondere Herausforderungen, die die niedrigen Zahlen von Persönlichen Budgets erklären können.[78]

X. § 63 Abs. 2: Kraftfahrzeughilfe

47 Zusätzlich zu Abs. 1 werden Leistungen auf Kfz-Hilfe auch durch Abs. 2 gewährt. Dabei handelt es sich nicht um eine Doppelung, sondern um eine Erweiterung der Leistungen. Über den Verweis in § 63 Abs. 1 Nr. 1 auf § 49 SGB IX und dort konkret

73 Vgl. Begründung des Gesetzgebers, BT-Drs. 19/27400, 3, 34 f.
74 Teilhabestärkungsgesetz v. 2.6.2021, BGBl. 2021 I 1387, 1394.
75 BT-Drs. 19/14868, 12 und 24 zu Änderungsnummer 3, lit. a).
76 Vgl. Art. 6 Nr. 1 im G. v. 10.12.2019, BGBl. I 2135, 2138.
77 Vgl. nur Beschlussempfehlung und Bericht des Ausschusses für Arbeit und Soziales zum Teilhabestärkungsgesetz, BT-Drs. 19/28834.
78 Vgl. dazu Thielicke RP Reha, Heft 4, 2021, 13–17.

auf § 49 Abs. 8 S. 1 Nr. 1 SGB IX werden die Leistungen der **Kraftfahrzeughilfe nach der KfzHV** erfasst. Der Anspruch aus der KfzHV deckt gem. dessen § 2 Abs. 2 Leistungen zur Beschaffung eines Kfz, für dessen behinderungsbedingte Zusatzausstattung und zur Erlangung einer Fahrerlaubnis. Mit der Regelung in § 63 Abs. 2 wird der Anspruch Geschädigter über die KfzHV hinaus erweitert, denn gem. Abs. 2 werden Kosten für den Betrieb, die Unterhaltung, das Unter- und Abstellen eines Kfz übernommen. Der Anspruch nach Abs. 2 ist angelehnt an § 10 Abs. 2 S. 1 KFürsV, der allerdings zum 31.12.2023 außer Kraft tritt. Dies begründet die gesonderte Regelung in Abs. 2. Diese Leistungen im Zusammenhang mit dem Betrieb eines Kraftfahrzeuges müssen infolge der Schädigung für die Teilhabe am Arbeitsleben erforderlich sein.[79] Gem. § 15 KfürsV können die Kosten gem. § 49 Abs. 7 SGB IX auch durch Pauschalen abgegolten werden.[80] Das BMAS veröffentlicht dazu regelmäßig Rundschreiben.[81]

Die Kosten für die Instandhaltung eines Kfz sind solche des Betriebs bzw. der Unterhaltung. Sie sind daher vom Anspruch gem. § 63 Abs. 2 umfasst.[82]

XI. § 63 Abs. 3: LTA für Hinterbliebene

48 § 63 Abs. 3 SGB XIV gewährt Hinterbliebenen iSd § 2 Abs. 4 einen Anspruch auf LTA. Schon bisher ist im BVG (§ 26 Abs. 6 BVG) und konkretisierend in der KFürsV (dort § 17) ein Anspruch für Hinterbliebene auf LTA geregelt. Dieser Anspruch knüpft nicht an eine eigene Behinderung an, sondern an den Verlust des Geschädigten und den damit verbundenen Einschnitt in der Lebensstellung der Hinterbliebenen.[83] Anspruchsvoraussetzung ist daher nur, dass der Teilhabebedarf für die Eingliederung in das Arbeitsleben durch die Schädigungsfolgen des Verstorbenen bzw. dessen Tod entstanden ist.[84]

49 Eine deutliche Veränderung gegenüber dem bisherigen SER stellt die gem. § 63 Abs. 3 vorgesehene **Antragsfrist** dar. Nur für innerhalb von 5 Jahren nach dem Tod der geschädigten Person gestellte Anträge kommen die LTA in Betracht. Der damit begrenzte Zeitraum wird vom Gesetzgeber trotz Kritik[85] als angemessen für die Hinterbliebenen angesehen, sich wieder in den Arbeitsmarkt zu integrieren.[86] Es reicht aber wiederum auch, wenn der Antrag innerhalb der 5-Jahresfrist gestellt worden ist; der Anspruch auf LTA bleibt bei fristgerechter Beantragung bis zum Ende der LTA-Dauer bestehen.[87] Insoweit besteht dann keine zeitliche Grenze mehr.[88] Kommen Leistungsträger ihrer Aufklärungs- und Hinweispflicht gem. §§ 14 f. SGB I gegenüber den Hinterbliebenen nicht nach und versäumen Hinterbliebene dadurch die Antragsfrist, dann kann sich dennoch ein Anspruch im Wege des sozialrechtlichen Herstellungsanspruches ergeben.[89]

79 BT-Drs. 19/13824, 199.
80 Dazu auch Schmidt SGB XIV/Schmidt § 63 Rn. 30.
81 Vgl. zB https://www.bmas.de/DE/Soziales/Soziale-Entschaedigung/Rundschreiben/rundschreiben-soziale-entschaedigung-IVc-1-47280-2-2.html.
82 AA Schmidt SGB XIV/Schmidt § 63 Rn. 31.
83 Knickrehm/Mushoff/Schmidt Neues SozEntschR Rn. 217.
84 Schmidt SGB XIV/Schmidt § 63 Rn. 33.
85 Vgl. Ausschuss-Drs. 19(11)505, 9 und 50.
86 BT-Drs. 19/13824, 199.
87 BT-Drs. 19/13824, 199.
88 Schmidt SGB XIV/Schmidt § 63 Rn. 33.
89 Vgl. BSG 17.6.2021 – B 3 P 5/19 R, mit Anm. Spellbrink jurisPR-SozR 25/2021, Anm. 4.

D. Anhang

50 **§ 26 BVG [Leistungen zur Teilhabe am Arbeitsleben]**
(abgedruckt bei → § 64 Rn. 25)

§ 1 KFürsV Allgemeine Bestimmungen
(abgedruckt bei → § 109 Rn. 11)

§ 10 KFürsV Sonstige Leistungen zur Teilhabe am Arbeitsleben
(abgedruckt bei → § 109 Rn. 11)

§ 64 Unterhaltssichernde und andere ergänzende Leistungen

(1) Geschädigte und Hinterbliebene, die Leistungen zur Teilhabe am Arbeitsleben nach § 63 erhalten, erhalten auch die folgenden unterhaltssichernden und anderen ergänzenden Leistungen:

1. **Übergangsgeld nach § 65 Absatz 3, 4 und 7 des Neunten Buches sowie nach den §§ 66 bis 72 des Neunten Buches oder Unterhaltsbeihilfe unter den Voraussetzungen des Absatzes 3,**
2. **Reisekosten nach § 73 des Neunten Buches und**
3. **Haushalts- oder Betriebshilfe und Kinderbetreuungskosten nach § 74 des Neunten Buches.**

(2) Für die Berechnung des Übergangsgeldes während der Teilnahme an Leistungen zur Teilhabe am Arbeitsleben ist Leistungsbemessungsgrenze im Sinne des § 67 Absatz 4 des Neunten Buches der 360. Teil der jährlichen Beitragsbemessungsgrenze der allgemeinen Rentenversicherung.

(3) [1]Geschädigte und Hinterbliebene, die vor Beginn der Leistung zur Teilhabe am Arbeitsleben nicht erwerbstätig gewesen sind, erhalten anstelle des Übergangsgeldes Unterhaltsbeihilfe. [2]§ 71 Absatz 3 und Absatz 4 Satz 1 des Neunten Buches ist anzuwenden. [3]Für die Bemessung der Unterhaltsbeihilfe ist § 93 entsprechend anzuwenden.

(4) [1]Geschädigten und Hinterbliebenen, die nicht rentenversicherungspflichtig oder von der Rentenversicherungspflicht befreit sind, werden für die Zeit, in der sie Übergangsgeld erhalten, die Aufwendungen für die Alterssicherung erstattet. [2]Die Erstattung erfolgt bis zur Höhe der Beiträge, die für die Zeit, in der die Geschädigten und Hinterbliebenen Übergangsgeld beziehen, zur gesetzlichen Rentenversicherung zu entrichten wären, wenn die Geschädigten und Hinterbliebenen rentenversicherungspflichtig wären. [3]Aufwendungen für die Alterssicherung sind insbesondere

1. **freiwillige Beiträge zur gesetzlichen Rentenversicherung,**
2. **Beiträge zu öffentlich-rechtlichen berufsständischen Versicherungs- und Versorgungseinrichtungen sowie**
3. **Beiträge zu öffentlichen oder privaten Versicherungsunternehmen auf Grund von Lebensversicherungsverträgen, die der Alterssicherung dienen.**

(5) § 64 Absatz 2 Satz 1 des Neunten Buches gilt für Geschädigte und Hinterbliebene entsprechend.

A. Gesetzesgeschichte

I. Geltendes und neues Recht

§ 64 tritt mit einem Großteil der übrigen Vorschriften erst zum 1.1.2024 in Kraft.[1] 1
Die Norm entspricht für Geschädigte im Wesentlichen dem Katalog von § 26 Abs. 4 BVG. Für Hinterbliebene knüpft sie an § 26 Abs. 6 BVG an.

II. Änderungen im SGB XIV gegenüber dem BVG und Parallelität

Im Wesentlichen übernimmt § 64 den Leistungskatalog des § 26 Abs. 4 BVG.[2] Dazu 2
wird weitreichend auf die Ansprüche des SGB IX verwiesen. Mit der sprachlichen Straffung der Norm ist **keine inhaltliche Reduzierung** des Leistungskataloges bezweckt.[3] Nicht ausdrücklich übernommen sind die bisherigen Leistungen des § 26 Abs. 4 Nr. 4 BVG. Diese sind bereits von § 63 Abs. 1 Nr. 1 SGB XIV iVm § 49 Abs. 3 Nr. 7 SGB IX umfasst.[4] Für Hinterbliebene werden die unterhaltssichernden und anderen ergänzenden Leistungen anders als bisher gem. § 26 Abs. 6 BVG nicht lediglich in begründeten Fällen, sondern immer erbracht, wenn Hinterbliebene LTA erhalten.

B. Normsystematik

Die Teilhabeleistungen sind ein Eckpfeiler des neuen SER.[5] Und die Leistungen zur 3
Teilhabe am Arbeitsleben (LTA) nehmen mit ihrer in § 27 geregelten Vorrangstellung im Vergleich zu den beiden anderen Teilhabeleistungen, den Leistungen zur Teilhabe an Bildung und den zur Sozialen Teilhabe, wiederum einen besonderen Stellenwert ein. Erwerbsteilhabe und damit erzielbares eigenes Einkommen dienen in hohem Maße der Selbstbestimmung. Dieser starken Stellung der LTA im SER entspricht es, Zeiten einer LTA durch unterhaltssichernde und andere ergänzende Leistungen zu flankieren. Der Zugang zum Arbeitsmarkt hängt von der Qualität und damit auch von der Dauer der LTA ab und diese können Menschen nur in Anspruch nehmen, wenn währenddessen auch ihr Lebensunterhalt und sonstige Bedarfe gesichert werden, die durch die Nichtverfügbarkeit des Rehabilitanden entstehen, wie zB Versorgungslücken wegen Ausfalls einer Person im Haushalt oder zur Betreuung von Kindern. Das Gesetz stellt daher die unterhaltssichernden und anderen ergänzenden Leistungen nach § 64 neben den LTA nach § 63 bereit. Leistungsvoraussetzung für § 64 ist daher grundsätzlich ein Anspruch auf LTA nach § 63 (sogenannte Akzessorietät).

Die Leistungen des § 64 erhalten sowohl Geschädigte als auch Hinterbliebene. Damit 4
wird Hinterbliebenen der Zugang zu den unterhaltssichernden und anderen ergänzen-

1 BT-Drs. 19/13824, 2.
2 BT-Drs. 19/23824, 199.
3 BT-Drs. 19/23824, 199.
4 BT-Drs. 19/13824, 199, 200.
5 Knickrehm/Mushoff/Schmidt Neues SozEntschR Rn. 201.

den Leistungen erleichtert, denn ihnen wurden die Ansprüche nach § 26 Abs. 6 BVG bisher nur in begründeten Fällen erbracht.[6]

C. Einzelkommentierung

I. Katalog der ergänzenden Leistungen (Abs. 1)

5 Der Leistungskatalog des § 64 Abs. 1 ergänzt die LTA nach § 63 um **Übergangsgeld** oder **Unterhaltsbeihilfe** (Nr. 1), **Reisekosten** (Nr. 2), **Haushaltshilfe** (Nr. 3), **Betriebshilfe** (Nr. 3) und **Kinderbetreuungskosten** (Nr. 3). Für Voraussetzungen und Umfang der jeweiligen Leistungen wird weitreichend auf die Regelungen im SGB IX verwiesen, dh für:

Leistung	Rechtsgrundverweisung auf
Übergangsgeld	§ 65 Abs. 3, 4 und 7 SGB IX sowie §§ 66–72 SGB IX
Reisekosten	§ 73 SGB IX
Haushalts- oder Betriebshilfe und Kinderbetreuungskosten	§ 74 SGB IX
Unterhaltsbeihilfe	Voraussetzungen direkt in § 64 Abs. 3

6 Unterhaltsbeihilfe stellt eine Besonderheit im SER dar, weshalb deren Voraussetzungen direkt in § 64 Abs. 3 geregelt sind.

7 Die konkrete Ausgestaltung dieser ergänzenden Leistungen richtet sich nach den jeweils einschlägigen **Normen des SGB IX, dh §§ 64 ff. SGB IX**, wie sie in den Verweisungen in § 64 SGB XIV im Einzelnen genannt sind. Daneben sind auch hinsichtlich der ergänzenden Leistungen die sonstigen Regelungen des Teils 1 des SGB IX zu beachten (→ § 62 Rn. 10 ff.).

8 § 65 Abs. 3 SGB IX stellt klar, dass ein Anspruch auf Übergangsgeld ebenso für den Zeitraum besteht, in dem die **berufliche Eignung** abgeklärt oder eine **Arbeitserprobung** durchgeführt wird und wegen der Teilnahme an diesen vorbereitenden Maßnahmen für eine nachfolgende Leistungserbringung zur Teilhabe am Arbeitsleben kein oder ein geringeres Arbeitsentgelt oder Arbeitseinkommen erzielt wird.

II. Übergangsgeld (Abs. 1 und Abs. 2)

9 Der Anspruch auf Übergangsgeld ergibt sich aus § 64 Abs. 1. In Abs. 2 ist nur eine spezifische Detailregelung hinsichtlich der Höhe normiert (→ Rn. 11).

10 Für das Übergangsgeld als wichtige Absicherung während einer LTA gelten die Regelungen des SGB IX. Das Übergangsgeld hat **Entgeltersatzfunktion** und dient der Existenzsicherung für Zeiten der Teilnahme an einer Bildungs- bzw. Rehabilitationsmaßnahme.[7] Der Begriff des Übergangsgeldes wurde schon mit dem RehaAnglG vom 7.8.1974[8] für die von allen Rehabilitationsträgern iSd RehaAnglG während der Durchführung von berufsfördernden Rehabilitationsmaßnahmen gewährten, den Lebensunterhalt sichernden Geldleistungen eingeführt. Seit Ablösung des RehaAnglG durch das SGB IX sind für alle Rehabilitationsträger iSd § 6 SGB IX einheitliche Regelungen für die Leistungen zum Lebensunterhalt, die im Zusammenhang mit Rehabilitationsleistungen erbracht werden, zu finden.[9]

6 BT-Drs. 19/13824, 200.
7 BVerfG 15.7.1987 – 1 BvR 488/86 ua, NZA 1988, 373-376, Rn. 57.
8 BGBl. I 1881.
9 Dazu näher Gagel/Nebe SGB III § 119 Rn. 3.

11 Die Höhe des Übergangsgeldes ergibt sich anhand der detaillierten Regelungen im SGB IX. Für alle Reha-Träger gilt gem. § 66 Abs. 1 S. 1 SGB IX, dass der Bemessung des Übergangsgeldes ein **Regelentgelt** zugrunde gelegt wird. Dessen genaue Berechnung bestimmt sich nach § 67 SGB IX. Die Höhe des Übergangsgeldes differiert je nach zuständigem Rehabilitationsträger. Gem. § 66 Abs. 1 S. 4 SGB IX beträgt das vom TdSE zu leistende **Übergangsgeld 80 % bzw.** 70 % der Berechnungsgrundlage, je nachdem ob eine der Voraussetzungen des § 66 Abs. 1 S. 3 Nr. 1 SGB IX erfüllt ist oder nicht (Unterhaltsverpflichtungen). Die anderen Rehabilitationsträger leisten Übergangsgeld nur iHv 75 bzw. 68 % der Berechnungsgrundlage.

12 Wie für Arbeitsentgelt, vgl. § 3 EFZG, finden sich für Übergangsgeld im SGB IX Regelungen zu dessen Weiterzahlung, vgl. § 71 SGB IX, die hier mit dem Verweis in § 64 Abs. 1 Nr. 1 vollständig in Bezug genommen worden sind.[10] Damit ist Übergangsgeld zB auch weiterzuzahlen bei gesundheitsbedingter Unterbrechung einer LTA oder nach Abschluss einer LTA bei Arbeitslosigkeit. Insoweit wird auf die Ausführungen zur Weiterzahlung von Unterhaltsbeihilfe verwiesen, gesundheitsbedingt (→ Rn. 16) und bei anschließender Arbeitslosigkeit (→ 17).

13 Abs. 2 enthält dann eine spezielle Regelung, die sich auf § 67 Abs. 4 SGB IX bezieht. Für die Berechnung des Übergangsgeldes während einer LTA-Maßnahme ist Leistungsbemessungsgrenze iSd § 67 Abs. 4 SGB IX der 360. Teil der jährlichen Beitragsbemessungsgrenze der allgemeinen Rentenversicherung.

III. Unterhaltsbeihilfe (Abs. 3)

14 **1. Anspruch gem. § 64 Abs. 3 S. 1.** Eine Besonderheit zur **Unterhaltssicherung** stellt die Unterhaltsbeihilfe dar.[11] Mit Unterhaltsbeihilfe gem. § 64 Abs. 3 erhalten Geschädigte und Hinterbliebene auch dann eine Absicherung des Lebensunterhalts, wenn sie vor Beginn der LTA-Maßnahme noch nicht erwerbstätig gewesen sind. Anstelle des Übergangsgeldes wird dann Unterhaltsbeihilfe gezahlt. Für die Ausgestaltung der Unterhaltsbeihilfe wird auf § 71 Abs. 3 und Abs. 4 S. 1 SGB IX verwiesen. Für die Bemessung gilt, so Satz 3, § 93 entsprechend. Die Unterhaltsbeihilfe ist vergleichbar mit dem Ausbildungsgeld, das von der Bundesagentur für Arbeit zu leisten ist, vgl. § 65 Abs. 5 Nr. 1 SGB IX und §§ 122–126 SGB III.

15 **2. Fortzahlung der Unterhaltsbeihilfe gem. § 64 Abs. 3 S. 2.** Unterhaltssichernde Leistungen, und so auch Übergangsgeld und Unterhaltsbeihilfe, werden regelmäßig für die Zeit erbracht, während der die Leistungsberechtigten die LTA tatsächlich in Anspruch nehmen. Das gilt auch für die Unterhaltsbeihilfe. Im SGB IX finden sich verschiedene Regelungen, die abweichend von diesem Grundsatz gleichzeitiger Dauer von LTA und Lebensunterhaltssicherung (**Akzessorietät**) **Ausnahmen** machen und eine Fortzahlung ohne Teilnahme der LTA vorsehen, vgl. nur § 71 SGB IX. Während für das Übergangsgeld der gesamte § 71 SGB IX durch § 64 Abs. 1 Nr. 1 in Bezug genommen worden ist, wird eine zeitliche Anspruchserweiterung für die Unterhaltsbeihilfe mit der Regelung in § 64 Abs. 3 S. 2 in zwei Fallgestaltungen erreicht.

16 **a) Gesundheitsbedingte LTA-Unterbrechung – Verweise auf § 71 Abs. 3 SGB IX.** Gem. § 71 Abs. 3 SGB IX ist die Unterhaltsbeihilfe fortzuzahlen, wenn die LTA vorübergehend **gesundheitsbedingt** nicht mehr, aber voraussichtlich künftig wieder in Anspruch genommen werden kann. Dann besteht trotz Nichtteilnahme an der LTA der Anspruch auf Unterhaltsbeihilfe bis zum vorgesehenen Ende dieser LTA fort. Dieser Weiterzahlungsanspruch ist begrenzt auf höchstens sechs Wochen. Das ist vergleichbar mit dem Entgeltfortzahlungsanspruch von Beschäftigten bei krankheitsbe-

10 Vgl. dazu im Detail Feldes/Kohte/Stevens-Bartol SGB IX/Kopp-Schönherr § 71 Rn. 1 ff.
11 BT-Drs. 19/13824, 200.

dingter Arbeitsunfähigkeit gem. § 3 EFZG.[12] Dort allerdings entsteht der Anspruch auf Fortzahlung mit jedem neuen Fall krankheitsbedingter Arbeitsunterbrechung neu und wird nur bei ein und derselben Krankheit begrenzt, vgl. § 3 Abs. 1 S. 2 EFZG. In Anlehnung hieran ist die Begrenzung der Höchstdauer in § 71 Abs. 3 SGB IX so zu verstehen, dass in jedem Einzelfall einer gesundheitsbedingten Unterbrechung einer LTA-Maßnahme die Unterhaltsbeihilfe weiter zu gewähren ist, jeweils bis max. 6 Wochen.[13] Bei mehr als sechswöchiger Arbeitsunfähigkeit entsteht unter den Voraussetzungen von §§ 44 ff. SGB V ein Anspruch auf Krankengeld. Bislang nicht hinreichend diskutiert wird Unterbrechung der LTA und Fortzahlung des Übergangsgeldes/der Unterhaltsbeihilfe bei **Inanspruchnahme von Urlaub.** Gesetzlicher Mindesturlaub ist auch während einer LTA zu gewähren, vgl. § 52 SGB IX. Teilnehmende an beruflichen Rehabilitationsmaßnahmen genießen, wie zB arbeitnehmerähnliche Personen, Gesundheitsschutz nach dem ArbSchG und dem BUrlG, vgl. § 2 Abs. 2 ArbSchG und § 2 S. 2 BUrlG.[14] Sie haben daher auch Anspruch auf den gesetzlichen Mindesturlaub.[15] Wird dieser im Einklang mit den Grundsätzen gem. § 7 BUrlG während einer Ferienmaßnahme gewährt, dürfte die Fortzahlung des Übergangsgeldes unproblematisch sein. Außerhalb regulärer Unterbrechungen kommt auch zur Urlaubsgewährung die Fortzahlung gem. § 71 Abs. 3 SGB IX in Betracht, denn Urlaubsgewährung dient dem Gesundheitsschutz.[16]

17 **b) Arbeitslosigkeit nach Abschluss der LTA – Verweisung auf § 71 Abs. 4 S. 1 SGB IX.** § 71 Abs. 4 S. 1 SGB IX: Weiterhin besteht ein Anspruch auf Unterhaltsbeihilfe, wenn Anspruchsberechtigte im Anschluss an eine abgeschlossene LTA arbeitslos werden (sogenanntes **Anschlussübergangsgeld**).[17] Dann wird die Unterhaltsbeihilfe während der Arbeitslosigkeit bis zu drei Monate weitergezahlt. Vorausgesetzt ist gem. § 71 Abs. 4 S. 1 SGB IX die Meldung der Arbeitslosigkeit bei der Agentur für Arbeit. Auf das Meldeerfordernis muss der TdSE den Leistungsberechtigten hinweisen. Verletzt dieser seine Hinweispflicht, dann kommen Amtshaftung[18] oder ein sozialrechtlicher Herstellungsanspruch in Betracht.[19] Der Anspruch soll etwaige Zeiten einer Arbeitslosigkeit nach der LTA absichern, sofern nicht eine Absicherung durch einen Anspruch auf Arbeitslosengeld auch in dieser Phase möglich ist.[20] Damit begründet sich die zweite Anspruchsvoraussetzung, dass die Leistungsberechtigten keinen Anspruch auf Arbeitslosengeld von mindestens drei Monaten geltend machen können. Aus demselben Grund vermindert sich der Anspruch auf Unterhaltsbeihilfe um die Anzahl von Tagen, an denen im Anschluss an eine abgeschlossene LTA ein Anspruch auf Arbeitslosengeld geltend machen kann. Die Maßnahme muss auch nicht zwingend erfolgreich abgeschlossen worden sein, um den Anspruch gem. § 71 Abs. 4 SGB IX zu begründen.[21]

18 Die Bemessung der Unterhaltsbeihilfe richtet sich nach § 93 (→ § 93 Rn. 7).

---

12 Feldes/Kohte/Stevens-Bartol SGB IX/Kopp-Schönherr § 71 Rn. 4; LPK-SGB IX/Liebig/Asmalsky § 71 Rn. 16.
13 jurisPK-SGB IX/Schlette, 3. Aufl., § 71 (Stand: 15.1.2018), mwN.
14 Vgl. HK-ArbSchR/Schulze-Doll § 2 Rn. 18 ff., 21, 26.
15 Unzutreffend die untergesetzlichen Konkretisierungen durch die DRV, dazu Prohaska, Übergangsgeld, Studientext Nr. 13, Stand 2021, S. 29: wonach Rehabilitand:innen während einer StW keinen Anspruch auf Urlaub haben; vgl. dazu Feldes/Kohte/Stevens-Bartol SGB IX § 44 Rn. 24.
16 Vgl. nur EuGH 30.6.2016 – C-178/15, NZA 2016, 877, Rn. 23; HK-ArbSchR/Hinrichs Urlaub und Gesundheitsschutz Rn. 3.
17 Vgl. dazu ausführlich Gagel/Nebe SGB III § 119 Rn. 32 ff.
18 BGH 2.8.2018 – III ZR 466/16, NJW 2019, 68.
19 BSG 17.6.2021 – B 3 P 5/19 R, ZFSH/SGB 2022, 28-32.
20 Feldes/Kohte/Stevens-Bartol SGB IX/Kopp-Schönherr § 71 Rn. 5.
21 Vgl. zur Diskussion um die Reichweite der Zuständigkeiten des bisherigen Rehabilitationsträgers Gagel/Nebe SGB III § 119 Rn. 29, 33.

IV. Aufwendungserstattung zur Alterssicherung (Abs. 4)

In § 64 Abs. 4 wie auch Abs. 5 finden sich Regelungen zur sozialen Absicherung während einer LTA. In Abs. 4 geht es um die Absicherung im Alter und bei Erwerbsminderung. 19

Geschädigte und Hinterbliebene sind beim Bezug von Übergangsgeld grundsätzlich gem. § 3 S. 1 Nr. 3 SGB VI in der gesetzlichen Rentenversicherung versichert. Der TdSE übernimmt die Beiträge nach § 170 Abs. 1 Nr. 2b SGB VI. Dies allerdings nur, wenn die Leistungsberechtigten im letzten Jahr vor Beginn der LTA zuletzt versicherungspflichtig nach dem SGB VI waren. Dieser Zeitraum von einem Jahr verlängert sich um Anrechnungszeiten (vgl. § 58 Abs. 1 S. 1 SGB VI) wegen des Bezugs von Arbeitslosengeld II.[22] 20

Sind LTA-Teilnehmende nicht rentenversicherungspflichtig oder von der Rentenversicherungspflicht befreit, dann besteht auch keine Beitragspflicht während der LTA und sie bedürfen anderweitiger Absicherung.[23] Gem. § 64 Abs. 4 erhalten sie die Aufwendungen für die Alterssicherung auf Antrag erstattet. Der erstattungsfähige Betrag ist auf die Höhe der Beiträge, welche der gesetzlichen Rentenversicherung in dieser Zeit geleistet worden wären, wenn eine Versicherungspflicht bestanden hätte, gedeckelt. Weiterhin muss ein Nachweis über die Aufwendungen erbracht werden.[24] § 64 Abs. 4 S. 3 nennt exemplarische Aufwendungen für die Alterssicherung. Der Wortlaut der Norm („insbesondere") impliziert jedoch, dass dies keine abschließende Aufzählung darstellt. 21

V. Ergänzende Leistungen (Abs. 5)

§ 64 Abs. 5 verweist auf die Leistungen des § 64 Abs. 2 S. 1 SGB IX. Ist folglich der Schutz von Geschädigten und Hinterbliebenen bei Krankheit oder Pflege während der Teilnahme an LTA nicht anderweitig sichergestellt, können die Beiträge für eine freiwillige Krankenversicherung ohne Anspruch auf Krankengeld und zur Pflegeversicherung bei einem Träger der gesetzlichen Kranken- oder Pflegeversicherung oder, wenn dort im Einzelfall ein Schutz nicht gewährleistet ist, die Beiträge zu einem privaten Krankenversicherungsunternehmen erbracht werden. Es handelt sich um eine Ermessensleistung.[25] 22

Weitere gesonderte Regelungen zur Versicherungs- und Beitragspflicht Geschädigter und Hinterbliebener sind entbehrlich. Nach § 5 Abs. 1 Nr. 6 SGB V sind Teilnehmer an LTA sowie an Abklärungen der beruflichen Eignung oder Arbeitserprobung krankenversicherungspflichtig. Weiterhin besteht nach § 20 Abs. 1 S. 1 Nr. 6 SGB XI eine Versicherungspflicht in der sozialen Pflegeversicherung. Die Beiträge zur Krankenversicherung übernimmt nach § 251 Abs. 1 SGB V der Träger der Sozialen Entschädigung. Diese Regelung wird gemäß § 59 Abs. 1 S. 1 SGB XI auf die Beiträge der Pflegeversicherung entsprechend angewendet. Der Unfallschutz Geschädigter und Hinterbliebener in Bezug auf die LTA wird durch § 4 Abs. 2 Nr. 1a und b gesichert (→ § 4 Rn. 14 f.). 23

Einer Regelung der Tragung der Beiträge der Arbeitsförderung bedarf es nicht, da ein Bezug von Übergangsgeld oder Unterhaltsbeihilfe nach § 64 Abs. 1 Nr. 1 kein Versicherungsverhältnis begründet.[26] Damit geht allerdings auch einher, dass Leistungsberechtigte vor dem allgemeinen Risiko einer Nichtdurchführbarkeit der LTA-Maß- 24

22 Schmidt SGB XIV/Schmidt § 64 Rn. 44.
23 BT-Drs. 19/13824, 200.
24 BT-Drs. 19/13824, 200.
25 BT-Drs. 19/13824, 200.
26 BT-Drs. 19/13824, 201; BT-Drs. 13/4941, 251.

nahme nicht geschützt sind, wenn sich allgemeine Beschäftigungsrisiken am Arbeitsmarkt verwirklichen.[27]

D. Anhang

25 **§ 26 BVG [Leistungen zur Teilhabe am Arbeitsleben]**

(1) Beschädigte erhalten Leistungen zur Teilhabe am Arbeitsleben nach den §§ 49 bis 55 des Neunten Buches Sozialgesetzbuch sowie Leistungen im Eingangsverfahren und im Berufsbildungsbereich der Werkstätten für behinderte Menschen nach § 57 des Neunten Buches Sozialgesetzbuch und entsprechende Leistungen bei anderen Leistungsanbietern nach § 60 des Neunten Buches Sozialgesetzbuch sowie als Budget für Ausbildung nach § 61a des Neunten Buches Sozialgesetzbuch.

(2) Bei Unterbringung von Beschädigten in einer Einrichtung der beruflichen Rehabilitation werden dort entstehende Aufwendungen vom Träger der Kriegsopferfürsorge als Sachleistungen getragen.

(3) Zu den Leistungen zur Teilhabe am Arbeitsleben gehören auch Hilfen zur Gründung und Erhaltung einer selbständigen Existenz; Geldleistungen hierfür sollen in der Regel als Darlehen erbracht werden.

(4) Die Leistungen nach Absatz 1 werden ergänzt durch:

1. Übergangsgeld und Unterhaltsbeihilfe nach Maßgabe des § 26a,
2. Entrichtung von Beiträgen zur gesetzlichen Rentenversicherung für Zeiten des Bezuges von Übergangsgeld unter Beachtung des § 70des Neunten Buches Sozialgesetzbuch, Erstattung der Aufwendungen zur Alterssicherung von nicht rentenversicherungspflichtigen Beschädigten für freiwillige Beiträge zur gesetzlichen Rentenversicherung, für Beiträge zu öffentlich-rechtlichen berufsständischen Versicherungs- und Versorgungseinrichtungen und zu öffentlichen oder privaten Versicherungsunternehmen auf Grund von Lebensversicherungsverträgen bis zur Höhe der Beiträge, die zur gesetzlichen Rentenversicherung für Zeiten des Bezuges von Übergangsgeld zu entrichten wären,
3. Haushaltshilfe nach § 74 des Neunten Buches Sozialgesetzbuch,
4. sonstige Leistungen, die unter Berücksichtigung von Art und Schwere der Schädigung erforderlich sind, um das Ziel der Rehabilitation zu erreichen oder zu sichern,
5. Reisekosten nach § 73 des Neunten Buches Sozialgesetzbuch.

(5) [1]Soweit nach Absatz 1 oder Absatz 4 Nr. 4 Leistungen zum Erreichen des Arbeitsplatzes oder des Ortes einer Leistung zur Teilhabe am Arbeitsleben, insbesondere Hilfen zur Beschaffung und Unterhaltung eines Kraftfahrzeugs in Betracht kommen, kann zur Angleichung dieser Leistungen im Rahmen einer Rechtsverordnung nach § 27f der Einsatz von Einkommen abweichend von § 25e Abs. 1 und 2 sowie § 27d Abs. 5 bestimmt und von Einsatz und Verwertung von Vermögen ganz oder teilweise abgesehen werden. [2]Im Übrigen ist bei den Leistungen zur Teilhabe am Arbeitsleben und den sie ergänzenden Leistungen mit Ausnahme der sonstigen Hilfen nach Absatz 4 Nr. 4 Einkommen und Vermögen nicht zu berücksichtigen; § 26a bleibt unberührt.

(6) Witwen, Witwer oder hinterbliebene Lebenspartner, die zur Erhaltung einer angemessenen Lebensstellung erwerbstätig sein wollen, sind in begründeten Fällen Leistungen in sinngemäßer Anwendung der Absätze 1 bis 5 mit Ausnahme des Absatzes 4 Nr. 4 zu erbringen.

§ 26a BVG [Übergangsgeld bei Leistungen zur Teilhabe am Arbeitsleben]

(1) Der Anspruch auf Übergangsgeld sowie die Höhe und Berechnung bestimmen sich nach Teil 1 Kapitel 11 des Neunten Buches Sozialgesetzbuch; im Übrigen gelten für die Berechnung des Übergangsgelds die §§ 16a, 16b und 16f entsprechend.

(2) [1]Hat der Beschädigte Einkünfte im Sinne von § 16b Abs. 1 erzielt und unmittelbar vor Beginn der Leistung zur Teilhabe am Arbeitsleben kein Versorgungskrankengeld, Krankengeld, Verletztengeld oder Übergangsgeld bezogen, so gilt für die Berechnung des Übergangsgelds § 16b Abs. 2 bis 4 und Abs. 6 entsprechend. [2]Bei Beschädigten, die Versorgung auf Grund einer Wehrdienstbeschädigung oder einer Zivildienstbeschädigung erhalten, sind der Berechnung des Regelentgelts die vor der Beendigung des Wehrdienstes bezogenen Einkünfte (Geld- und Sachbezüge) als Soldat, für Soldaten, die Wehrsold bezogen haben, und für Zivildienstleistende, zehn Achtel der vor der Beendigung des Wehrdienstes oder Zivildienstes bezogenen Einkünfte (Geld- und Sachbezüge) als Soldat oder Zivildienstleistender zugrunde zu legen, wenn

27 Kritisch Jahn Beitrag D17–2020 unter www.reha-recht.de.

a) der Beschädigte vor Beginn des Wehrdienstes oder Zivildienstes kein Arbeitseinkommen erzielt hat oder
b) das nach § 66 Absatz 1 Satz 1 oder § 67 Absatz 1 des Neunten Buches Sozialgesetzbuch oder nach Absatz 2 Satz 1 zu berücksichtigende Entgelt niedriger ist.

(3) [1]Beschädigte, die vor Beginn der Leistung zur Teilhabe am Arbeitsleben beruflich nicht tätig gewesen sind, erhalten anstelle des Übergangsgelds eine Unterhaltsbeihilfe; das gilt nicht für Beschädigte im Sinne des Absatzes 2 Satz 2. [2]Für die Bemessung der Unterhaltsbeihilfe sind die Vorschriften über Leistungen für den Lebensunterhalt bei Gewährung von Erziehungsbeihilfe entsprechend anzuwenden; § 25d Abs. 2 gilt nicht bei volljährigen Beschädigten. [3]Bei Unterbringung von Beschädigten in einer Rehabilitationseinrichtung ist der Berechnung der Unterhaltsbeihilfe lediglich ein angemessener Betrag zur Abgeltung zusätzlicher weiterer Bedürfnisse und Aufwendungen aus weiterlaufenden unabweislichen Verpflichtungen zugrunde zu legen.

(4) Kommen neben Leistungen nach § 26 weitere Hilfen der Kriegsopferfürsorge in Betracht, gelten Übergangsgeld und Unterhaltsbeihilfe als Einkommen.

§ 65 Leistungen zur Teilhabe an Bildung

Geschädigte, die auf Grund der Schädigungsfolgen zum leistungsberechtigten Personenkreis im Sinne von § 99 des Neunten Buches gehören, erhalten Leistungen zur Teilhabe an Bildung entsprechend Teil 2 Kapitel 5 des Neunten Buches.

A. Gesetzesgeschichte

1 § 65 tritt mit einem Großteil der übrigen Vorschriften erst zum 1.1.2024 in Kraft.[1]

2 Bisher waren in § 27d BVG diverse Leistungen als Hilfen in besonderen Lebenslagen normiert. Die Leistungen zur Teilhabe an Bildung wurden unter die Eingliederungshilfen nach § 27d Abs. 1 Nr. 3 BVG subsumiert. Die Vorschrift des § 65 normiert die Leistungen zur Teilhabe an Bildung nun eigenständig.

B. Normsystematik

3 Die eigenständige Vorschrift der Teilhabeleistungen an Bildung soll den Teilhabegedanken des SER unterstreichen.[2] Durch die Anknüpfung an den leistungsberechtigten

1 BT-Drs. 19/13824, 2.
2 BT-Drs. 19/13824, 201.

Personenkreis des § 99 SGB IX (→ Rn. 22) bleibt der bisherige Charakter als Leistung der Eingliederungshilfe für Menschen mit Behinderung insofern gewahrt, als dass eine auf einer Schädigung beruhende Behinderung oder drohende Behinderung im Ausmaß der Zugangsvoraussetzungen für Leistungen der Eingliederungshilfe Anspruchsvoraussetzung bleibt.[3] Die weiteren Regelungen des Eingliederungshilferechts kommen jedoch nicht zur Anwendung.[4] § 112 SGB IX (→ Rn. 25) steht im Zusammenhang zu Art. 24 UN-BRK. Darin werden die Vertragsstaaten aufgefordert, den Zugang zu Bildungsangeboten durch angemessene Vorkehrungen sicherzustellen und das Recht auf Bildung anzuerkennen (→ § 62 Rn. 24). Verfassungsrechtlich besteht ein Zusammenhang zu Art. 12 GG, dem Grundrecht der Berufsfreiheit. Auch wenn es sich dem Grunde nach um ein Abwehrgrundrecht handelt, so ist der Grundgedanke bei der Konkretisierung von Ermessenregelungen und unbestimmten Rechtsbegriffen jedoch heranzuziehen.[5]

C. Einzelkommentierung

I. Allgemeiner Regelungsgehalt

4 § 65 verweist direkt auf das Leistungsrecht der **Eingliederungshilfe,** dh sowohl hinsichtlich der Voraussetzungen, dazu auf § 99 SGB IX, und auf die Leistungen zur Teilhabe an Bildung des Eingliederungshilferechts des SGB IX, also auf die Leistungen gem. § 112 SGB IX. Nicht verwiesen wird auf § 75 SGB IX, als Norm im 1. Teil des SGB IX. Gleichwohl ist infolge der Systematik des SGB IX auch § 75 SGB IX heranzuziehen, soweit sich aus dem Leistungsrecht der Eingliederungshilfe keine Besonderheiten ergeben,[6] vgl. § 7 SGB IX (→ § 62 Rn. 11 ff.).

II. Leistungsvoraussetzung – Leistungsberechtigung gem. § 99 SGB IX

5 **1. Verweis auf das Eingliederungshilferecht.** Wenn Geschädigte aufgrund ihrer Schädigungsfolgen zum leistungsberechtigten Personenkreis der Eingliederungshilfe gem. § 99 SGB IX zählen (→ Rn. 22), haben sie Anspruch auf Leistungen zur Teilhabe an Bildung.[7] Im Übrigen kommen die Regelungen des Eingliederungshilferechts nicht zur Anwendung.[8]

6 **2. Wesentliche Behinderung – Historie.** Der Verweis auf die Leistungsberechtigung der Eingliederungshilfe birgt eine gewisse Komplexität, denn die Norm des § 99 SGB IX selbst hat seit der Reform durch das BTHG (→ § 62 Rn. 9 f.) eine wechselvolle Geschichte. Der Ausgangspunkt zur Bestimmung des leistungsberechtigten Personenkreises für die Eingliederungshilfe liegt im BSHG. Schon § 39 BSHG idF v. 30.6.1961[9] verlangte für einen Anspruch eine wesentliche Behinderung. Auch später sollte sich diese Voraussetzung für Ansprüche auf Leistungen der sozialrechtlichen Eingliederungshilfe nicht grundsätzlich ändern, weder mit dem Erlass des SGB IX im Jahr 2001, noch mit der Überführung des BSHG in das SGB XII im Jahr 2005. Für einen Rechtsanspruch wurde das Merkmal einer wesentlichen Behinderung („Wesentlichkeit") als Zugangsvoraussetzung fortgeschrieben.[10] Im Zuge der Reform des Teilhaberechts durch das BTHG ist intensiv und bis zuletzt nicht abschließend über die Definition des leistungsberechtigten Personenkreises für die Eingliederungshilfeleistun-

3 BT-Drs. 19/13824, 201.
4 BT-Drs. 19/13824, 201.
5 Feldes/Kohte/Stevens-Bartol SGB IX/Beetz § 112 Rn. 6 f.
6 Schmidt SGB XIV/Schmidt § 65 Rn. 1.
7 Knickrehm/Mushoff/Schmidt Neues SozEntschR Rn. 223.
8 BT-Drs. 19/13824, 201.
9 BGBl. 1961 I 815, 821.
10 BT-Drs. 18/9522, 275.

gen gestritten worden.[11] Die Geltung der zunächst vorgesehenen Neufassung des § 99 SGB IX idF des Art. 25a BTHG (→ Rn. 24), die sich an den Kriterien der ICF (→ § 62 Rn. 18) orientiert,[12] wurde zunächst aufgeschoben. Es sollte noch untersucht werden, ob mit der neuen Begriffsbestimmung bisher Leistungsberechtigte tatsächlich nicht ausgeschlossen werden. Daher trat mit der zweiten Reformstufe durch das BTHG der im SGB IX neu eingefügte Leistungsteil der Eingliederungshilfe, Teil 2 mit den §§ 90–150 SGB IX, zunächst mit einer Fassung des § 99 SGB IX in Kraft, die noch auf die vorherigen Regelungen im Eingliederungshilferecht des SGB XII verwies (→ Rn. 23).[13]

Die wissenschaftliche Untersuchung zur Wirkung des § 99 SGB IX idF des Art. 25a BTHG (→ Rn. 24) hat zu dem Ergebnis geführt, dass das gesetzgeberische Konzept zur Neudefinition des leistungsberechtigten Personenkreises in der Eingliederungshilfe mit der vorgesehenen Neuregelung nicht vereinbar ist.[14] Der Gesetzgeber sieht seine ursprüngliche und vorläufig bis 1.1.2023 aufgeschobene Regelung inzwischen als hinfällig.[15] Mit dem Teilhabestärkungsgesetz[16] wurde dann eine Neufassung des § 99 SGB IX verabschiedet, die nach einem vom BMAS initiierten Beteiligungsprozess entwickelt worden ist.[17] Die nun seit 1.7.2021 geltende Fassung des § 99 SGB stellt einen Kompromiss dar, der vom Gesetzgeber als UN-BRK-konform und an der ICF (→ § 62 Rn. 18) orientiert bewertet wird.[18] Der Gesetzgeber geht zudem davon aus, dass die Neufassung der gesetzlichen Definition der Leistungsberechtigung in der Eingliederungshilfe in § 99 SGB IX für die Träger der Eingliederungshilfe, die Länder und Kommunen, kostenneutral ist, da es mit der Änderung der Begrifflichkeiten in § 99 SGB IX zu keiner Änderung des leistungsberechtigten Personenkreises komme. In diesem Konzept ist – wie im alten Recht der Eingliederungshilfe – neben einer gesetzlichen Regelung eine diese Regelung konkretisierende Rechtsverordnung vorgesehen.[19] Mit dem Verordnungsverfahren für die Neufassung der Eingliederungshilfe-VO wird nicht vor Abschluss eines weiteren wissenschaftlichen Evaluationsverfahrens zu rechnen sein.[20] In der Literatur werden fundierte Zweifel an der Ernsthaftigkeit des Reformwillens geäußert.[21] 7

3. (Drohende) wesentliche Behinderung als Leistungsvoraussetzung – § 99 Abs. 1 SGB IX. Nach § 99 SGB IX in der nun seit 1.7.2021 geltenden Fassung (→ Rn. 22) haben Menschen Anspruch auf Leistungen der Eingliederungshilfe, wenn 8

(1) sie Menschen mit Behinderungen iSv § 2 Abs. 1 S. 1 und 2 SGB IX sind und
(2) wesentlich in der gleichberechtigten Teilhabe an der Gesellschaft eingeschränkt (wesentliche Behinderung) oder von einer solchen wesentlichen Behinderung bedroht sind und
(3) wenn und solange nach der Besonderheit des Einzelfalles Aussicht besteht, dass die Aufgabe der Eingliederungshilfe nach § 90 SGB IX erfüllt werden kann.

Mit dieser Normierung der Leistungsvoraussetzungen auf Teilhabeleistungen im Eingliederungshilferecht sieht der Gesetzgeber die vorherigen Kriterien des § 99 Abs. 1

11 Dazu Ausschuss für Arbeit und Soziales, BT-Drs. 18/10523, 3.
12 BT-Drs. 18/9522, 276.
13 Dazu Fuchs/Ritz/Rosenow/Rosenow § 99 Rn. 1 ff.
14 BT-Drs. 19/4500.
15 BT-Drs. 19/27400, 2.
16 Art. 7 Nr. 15 d. G. zur Stärkung der Teilhabe von Menschen mit Behinderungen sowie zur landesrechtlichen Bestimmung der Träger von Leistungen für Bildung und Teilhabe in der Sozialhilfe (Teilhabestärkungsgesetz), BGBl. 2021 I 1387, 1394.
17 Ausführlich dazu auch Schmidt SGB XIV/Schmidt § 65 Rn. 9 ff.
18 BT-Drs. 19/27400, 6.
19 BT-Drs. 19/27400, 7, 34, 42.
20 BT-Drs. 19/27400, 47.
21 Ua Banafsche SGb 2020, 661 (667); Schmidt SGB XIV/Schmidt § 65 Rn. 11.

SGB IX aF, der auf § 53 Abs. 1 SGB XII aF verwies, an das der UN-BRK und der ICF entsprechende Verständnis von Behinderung angepasst.[22]

9 Die Neuregelung in § 99 Abs. 1 SGB IX soll, wie bisher auch, einen Rechtsanspruch auf Leistungen der Eingliederungshilfe auch künftig noch nicht begründen, wenn nur eine (drohende) Behinderung iSv § 2 Abs. 1 SGB IX vorliegt. Für einen Anspruch auf Leistungen der Eingliederungshilfe muss wie bisher auch eine (drohende) „wesentliche" Behinderung vorliegen. Die Definition der „wesentlichen Behinderung" in § 99 Abs. 1 SGB IX soll zur Rechtsklarheit beitragen.

10 Zu den Leistungsvoraussetzungen gem. § 99 Abs. 1 SGB IX zählt zudem, dass nach der Besonderheit des Einzelfalles die Aussicht besteht, dass die Aufgabe der Eingliederungshilfe erfüllt werden kann. Art und Schwere der Behinderung werden im Rahmen der Prüfung dieser Voraussetzung berücksichtigt.[23] Mit diesem Verweis auf § 90 SGB IX soll klargestellt werden, dass die „Aufgabe der Eingliederungshilfe" mit dem BTHG abschließend in § 90 SGB IX normiert wurde.[24] Inwieweit der Verweis auf die Ziele in § 90 SGB IX für die Bestimmung der Leistungsberechtigung der Geschädigten gem. § 65 überhaupt von Belang ist, bleibt abzuwarten. Wenn, dann sind relevant ohnehin nur die Zielbestimmungen in § 90 Abs. 1 und Abs. 4 SGB IX, da über § 65 nur die Leistungen zur Teilhabe an Bildung reguliert sind. Eine Begrenzung der Leistungsberechtigung kann sich zudem durch die Zielbestimmungen des § 90 SGB IX für die nach SGB XIV leistungsberechtigten Geschädigten nicht ergeben, denn, wie auch der Gesetzgeber zutreffend sieht, sind die in § 4 SGB IX aufgeführten allgemeinen Ziele der Leistungen zur Teilhabe bei der Auslegung der Vorschriften im gesamten Eingliederungshilferecht zu berücksichtigen.[25] Für die Zielbestimmung der Teilhabeleistungen zugunsten einer anspruchsberechtigten Person nach dem SGB XIV kommt es daher vor allem auf die Ziele des SER an, vgl. § 1.

11 **4. Legaldefinition der drohenden wesentlichen Behinderung – § 99 Abs. 2 SGB IX.** In § 99 Abs. 2 SGB IX ist definiert, wann eine wesentliche Behinderung droht. Diese Regelung knüpft an § 2 Abs. 1 S. 3 SGB IX an und entspricht weitestgehend dem bis zum 31.12.2019 geltenden § 53 Abs. 2 S. 1 SGB XII, auf den § 99 SGB IX in der bis 30.6.2021 geltenden Fassung (→ Rn. 23) auch verwiesen hat. Der Einschluss der Leistungsberechtigung bei einer nur drohenden wesentlichen Behinderung bringt den wichtigen Grundsatz „Prävention vor Rehabilitation" zum Ausdruck, vgl. § 4 SGB IX.

12 **5. „Leistungsberechtigung" auch bei Ermessensleistung bei nicht wesentlicher Behinderung – § 99 Abs. 3 SGB IX.** Die intensive Diskussion um die Leistungsberechtigung gem. § 99 SGB IX wird entschieden am Begriff der „Wesentlichkeit" der Behinderung. Wie schon bei Erlass des BSHG im Jahr 1961 gilt auch nach dem Teilhabestärkungsgesetz, dass ein Anspruch auf Leistungen der Eingliederungshilfe nach § 99 Abs. 1 SGB IX nicht besteht, wenn die „Wesentlichkeit der Behinderung" verneint wird. Ungeachtet der Diskussion um die Grenzziehung in der Eingliederungshilfe an sich und deren Bestimmung im Einzelfall darf allerdings nicht übersehen werden, dass Personen mit einer nicht wesentlichen (drohenden) geistigen, seelischen, körperlichen oder Sinnesbeeinträchtigung Leistungen der Eingliederungshilfe beziehen können, so auch weiterhin ausdrücklich gem. § 99 Abs. 3 SGB IX, dann allerdings „nur" als Ermessensleistung.

Für das Eingliederungshilferecht will der Gesetzgeber damit im Anwendungsbereich des materiellen Eingliederungshilferechts keine Änderungen bewirken. Die sprachli-

22 BT-Drs. 19/27400, 64.
23 BT-Drs. 19/27400, 64 f.
24 BT-Drs. 19/27400, 65.
25 BT-Drs. 19/27400, 65.

chen Änderungen sind redaktioneller Art. Bei nicht wesentlicher (drohender) Behinderung können die Träger der Eingliederungshilfe leisten, müssen aber nicht.[26]

13 Zu diskutieren wäre gleichwohl, ob bzw. wie sich diese Differenzierung im Eingliederungshilferecht auf die Leistungsgewährung im SER auswirkt. § 65 verweist hinsichtlich der Leistungsberechtigung auf § 99 SGB IX, ohne nach dessen Absätzen zu differenzieren. Leistungsberechtigt sind Personen unabhängig davon, ob es eine Anspruchs- oder eine Ermessensleistung ist, vgl. § 39, 40 SGB I. Nach § 99 Abs. 3 SGB IX sind auch Menschen mit Behinderung iSd § 2 Abs. 1 SGB IX leistungsberechtigt, ohne den Grad der „wesentlichen Behinderung" iSd § 99 Abs. 1 SGB IX erfüllen zu müssen. Auch der Gesetzgeber schließt in den Begriff „leistungsberechtigter Personenkreis in der Eingliederungshilfe" alle Menschen mit Behinderungen ein, nicht nur die anspruchsberechtigten, sondern auch die, denen die Leistung als Ermessensleistung zu teil werden kann.[27]

14 Ob damit für die Leistungen zur Teilhabe an Bildung auf das Merkmal „wesentlicher Behinderung" gänzlich verzichtet werden kann, weil auch andere Menschen mit Behinderung durch § 99 Abs. 3 SGB IX (→ Rn. 22) leistungsberechtigt sind, darf nicht vorschnell verneint werden. Der Gesetzgeber will am bisherigen Charakter der Leistungen zur Teilhabe an Bildung als Leistungen der Eingliederungshilfe festhalten und versteht dies dahin, als dass auch weiterhin Voraussetzung für den Bezug dieser Leistungen ist, dass eine Behinderung im Ausmaß der Zugangsvoraussetzungen für Leistungen der Eingliederungshilfe nach Teil 2 des SGB IX vorliegen oder drohen muss.[28] Das kann für eine Differenzierung in der Leistungsgewährung je nach Schwelle der Teilhabebeeinträchtigung (wesentliche oder noch nicht wesentliche Behinderung) sprechen. Dann wäre aber immerhin zu berücksichtigen, dass die Leistungen zur Teilhabe an Bildung bei nicht erreichter Wesentlichkeit der Behinderung zumindest als Ermessensleistungen in Betracht kommen, § 65 SGB XIV iVm § 99 Abs. 3 SGB IX. Es ließe sich aber ebenso argumentieren, dass § 65 eindeutig auf § 99 SGB IX insgesamt verweist und die Verweisung aus der Anspruchsleistung, vgl. § 4, auf Leistung zur Teilhabe an Bildung keine Ermessensleistung macht und der Anspruch gem. § 65 nicht nur bei Vorliegen der wesentlichen Behinderung, sondern auch bei einer diese Schwelle nicht erreichenden Behinderung gem. § 99 Abs. 3 SGB IX besteht.

15 **6. Kontinuität: Konkretisierung der Leistungsvoraussetzungen durch Verordnungsermächtigung – § 99 Abs. 4 SGB IX.** Bis 31.12.2019 war in § 60 SGB XII eine Verordnungsermächtigung enthalten, um die Leistungsberechtigung in der Eingliederungshilfe zu konkretisieren. Eine solche findet sich nun seit der Neufassung des § 99 SGB IX in dessen Abs. 4 wieder (→ Rn. 22). Bis zum Erlass finden die Regelungen der Eingliederungshilfe-Verordnung idF v. 31.12.2019 zur Konkretisierung der Leistungsberechtigung nach § 99 SGB IX entsprechend Anwendung.

III. Leistungsumfang

16 Liegen die Anspruchsvoraussetzungen nach dem SGB XIV einschließlich der Leistungsberechtigung gem. § 99 SGB IX vor, sind die in Teil 2 Kapitel 5 SGB IX genannten Leistungen zu erbringen. Leistungen zur Teilhabe an Bildung umfassen gem. § 112 Abs. 1 SGB IX folgende Hilfen:

- Hilfen zu einer Schulbildung, insbesondere im Rahmen der allgemeinen Schulpflicht und zum Besuch weiterführender Schulen einschließlich der Vorbereitung hierzu (Nr. 1), und

26 BT-Drs. 19/27400, 65.
27 Vgl. BT-Drs. 19/27400, 64.
28 BT-Drs. 19/13824, 201.

- Hilfen zur schulischen oder hochschulischen Ausbildung oder Weiterbildung für einen Beruf (Nr. 2). Die Hilfen zur schulischen oder hochschulischen Ausbildung oder Weiterbildung für einen Beruf (Nr. 2) werden in den Abs. 3 und 4 des § 112 SGB IX weiter konkretisiert.

Eingeschlossen in die Hilfen nach S. 1 Nr. 1 sind

- Leistungen zur Unterstützung schulischer Ganztagsangebote in der offenen Form gem. den weiteren Bedingungen des § 112 Abs. 1 S. 2 SGB IX und
- heilpädagogische und sonstige Maßnahmen, wenn die Maßnahmen erforderlich und geeignet sind, der leistungsberechtigten Person den Schulbesuch zu ermöglichen oder zu erleichtern.

Mit den Hilfen wird nicht die eigentliche Bildung vermittelt. Die Hilfen sollen in erster Linie den Schulbesuch ermöglichen oder erleichtern.[29]

17 Eine der wichtigsten nach § 112 Abs. 1 S. 1 Nr. 1 SGB IX in Betracht kommenden Leistungen ist die Schulbegleitung[30] oder Schulassistenz.[31] Viel und intensiv diskutierte Abgrenzungsfragen zwischen pädagogischer Kernaufgabe, für die der jeweilige Schulträger zuständig ist, und außerhalb dessen liegende Verantwortlichkeiten der Eingliederungshilfe,[32] dürfen nicht zulasten der Schülerinnen und Schüler gehen. Zu den Hilfen zählt auch die Pflicht zur Übernahme der Kosten für einen Gebärdensprachdolmetscher und zwar auch dann, wenn der Schulträger schulrechtlich zur behinderungsgerechten Beschulung verpflichtet ist, dieser Pflicht allerdings nicht entspricht.[33] Umfasst sein können auch Fahrten zur Schule,[34] Schulessen in einer Schule für Kinder mit Sprachbehinderung bei Ganztagsunterricht[35] sowie verschiedene Therapien, die erforderlich sind, um Lerninhalte aufzunehmen oder zu verarbeiten, wie zB unterstützende, persönlichkeitsfördernde Maßnahmen außerhalb der Schule wie die Montessori-Therapie.[36]

18 Hilfen zu einer schulischen oder hochschulischen Ausbildung für einen Beruf können erneut erbracht werden, wenn dies aus behinderungsbedingten Gründen erforderlich ist, § 112 Abs. 1 S. 3 SGB IX.

19 § 112 Abs. 1 S. 4–7 SGB IX schließt einen Anspruch auf Hilfsmittel in die Teilhabe an Bildung ein. Danach umfassen Hilfen gem. § 112 Abs. 1 S. 1 SGB IX auch Gegenstände und Hilfsmittel, die wegen der gesundheitlichen Beeinträchtigung zur Teilhabe an Bildung erforderlich sind (§ 112 Abs. 1 S. 5 SGB IX).[37] Voraussetzung für eine Hilfsmittelversorgung ist, dass die leistungsberechtigte Person das Hilfsmittel bedienen kann. Die Versorgung mit Hilfsmitteln schließt eine notwendige Unterweisung im Gebrauch und eine notwendige Instandhaltung oder Änderung ein. Die Ersatzbeschaffung des Hilfsmittels erfolgt, wenn sie infolge der körperlichen Entwicklung der leistungsberechtigten Person notwendig ist oder wenn das Hilfsmittel aus anderen Gründen ungeeignet oder unbrauchbar geworden ist.

---

29 Knickrehm/Mushoff/Schmidt Neues SozEntschR Rn. 223.
30 So auch im sog. „Homeschooling" während coronabedingten Schulschließungen, instruktiv SächsLSG 27.3.2018 – L 8 SO 123/17 B ER, ZFSH/SGB 2018, 541–544, Rn. 38.
31 Fuchs/Ritz/Rosenow/Rosenow § 112 Rn. 17.
32 Grundlegend BSG 9.12.2016 – B 8 SO 8/15 R, BSGE 122, 154–162.
33 SächsLSG 3.12.2019 – L 8 SO 94/19 B ER, NJ 2020, 177.
34 LSG NRW 12.8.2021 – L 9 SO 116/20.
35 BSG 25.6.2008 – B 11b AS 19/07 R, Behindertenrecht 2009, 82–86.
36 BSG 22.3.2012 – B 8 SO 30/10, BSGE 110, 301.
37 Zur immer wieder diskutierten Abgrenzung der Zuständigkeiten von GKV und Eingliederungshilfe vgl. LSG Bln-Bbg 7.2.2019 – L 15 SO 183/15, ZFSH/SGB 2019, 210–217.

IV. Abgrenzung

Leistungen zur Teilhabe an Bildung sind von den übrigen Leistungen zur Teilhabe abzugrenzen. Das ist allerdings im Bereich des SER weniger bedeutsam, da der TdSE für sämtliche Leistungsgruppen zuständig ist. Die Abgrenzung ist für die Leistungsberechtigten nach dem SER allerdings dann doch von Belang, wenn über das Merkmal der wesentlichen Behinderung der Zugang zu Leistungen zur Teilhabe an Bildung begrenzt wird, dieser aber zB für Leistungen zur Teilhabe am Arbeitsleben nicht in dieser Weise begrenzt ist.[38] Von daher ist auch im Bereich des SER regelmäßig sorgsam zu prüfen, ob es sich bei der begehrten Teilhabeleistung tatsächlich um eine gem. § 63 oder gem. § 65 handelt. Das ist zB erforderlich, wenn Hilfen zum Studium und zur Promotion auch als sonstige Leistungen zur Teilhabe am Arbeitsleben gewährt werden können, so zB nach §§ 112, 113 Abs. 1 Nr. 2 iVm §§ 117 Abs. 1 Satz 1 Nr. 2, 118 Satz 1 Nr. 3 SGB III.[39] 20

D. Anhang

§ 27d BVG [Hilfe in besonderen Lebenslagen] 21

(abgedruckt bei → § 66 Rn. 20)

§ 99 SGB XI, gültig seit 1.7.2021: 22

§ 99 SGB IX Leistungsberechtigung, Verordnungsermächtigung[40]

(1) Leistungen der Eingliederungshilfe erhalten Menschen mit Behinderungen im Sinne von § 2 Absatz 1 Satz 1 und 2, die wesentlich in der gleichberechtigten Teilhabe an der Gesellschaft eingeschränkt sind (wesentliche Behinderung) oder von einer solchen wesentlichen Behinderung bedroht sind, wenn und solange nach der Besonderheit des Einzelfalles Aussicht besteht, dass die Aufgabe der Eingliederungshilfe nach § 90 erfüllt werden kann.

(2) Von einer wesentlichen Behinderung bedroht sind Menschen, bei denen der Eintritt einer wesentlichen Behinderung nach fachlicher Erkenntnis mit hoher Wahrscheinlichkeit zu erwarten ist.

(3) Menschen mit anderen geistigen, seelischen, körperlichen oder Sinnesbeeinträchtigungen, durch die sie in Wechselwirkung mit einstellungs- und umweltbedingten Barrieren in der gleichberechtigten Teilhabe an der Gesellschaft eingeschränkt sind, können Leistungen der Eingliederungshilfe erhalten.

(4) [1]Die Bundesregierung kann durch Rechtsverordnung mit Zustimmung des Bundesrates Bestimmungen über die Konkretisierung der Leistungsberechtigung in der Eingliederungshilfe erlassen. [2]Bis zum Inkrafttreten einer nach Satz 1 erlassenen Rechtsverordnung gelten die §§ 1 bis 3 der Eingliederungshilfe-Verordnung in der am 31. Dezember 2019 geltenden Fassung entsprechend.

§ 99 SGB XI, vom 1.1.2020 bis 30.6.2021 geltende Fassung: 23

§ 99 SGB IX Leistungsberechtigter Personenkreis[41]

Leistungen der Eingliederungshilfe erhalten Personen nach § 53 Absatz 1 und 2 des Zwölften Buches und den §§ 1 bis 3 der Eingliederungshilfe-Verordnung in der am 31. Dezember 2019 geltenden Fassung.

Durch das BTHG zunächst vorgesehen, vielfach in Erwartung einer etwaigen Geltung abgedruckt, aber nach wissenschaftlicher Evaluation vom Gesetzgeber wieder verworfen, **ohne je in Kraft getreten zu sein:** 24

38 So auch Schmidt SGB XIV/Schmidt § 65 Rn. 19.
39 So BSG 24.2.2016 – B 8 SO 18/14 R und BSG 20.4.2016 – B 8 SO 20/14 R, vgl. hierzu Nebe/Schimank RP-Reha 2017, 16; vergleiche hierzu auch SWK-BehindertenR/Golla Hochschule Rn. 24 sowie Feldes/Kohte/Stevens-Bartol SGB IX/Beetz § 112 Rn. 8.
40 IdF d. Art. 7 Nr. 15 G. v. 2.6.2021, BGBl. 2021 I 1387, mWv 1.7.2021 (Teilhabestärkungsgesetz).
41 IdF Art. 1 des BTHG, vom 23.12.2016, BGBl. 2016 I 3234, mWv 1.1.2020 bis 30.6.2021, abgelöst durch die Fassungsänderung infolge des Teilhabestärkungsgesetzes (Fn. 40).

§ 99 SGB IX Leistungsberechtigter Personenkreis[42]

(1) Eingliederungshilfe ist Personen nach § 2 Absatz 1 Satz 1 und 2 zu leisten, deren Beeinträchtigungen die Folge einer Schädigung der Körperfunktion und -struktur einschließlich der geistigen und seelischen Funktionen sind und die dadurch in Wechselwirkung mit den Barrieren in erheblichem Maße in ihrer Fähigkeit zur Teilhabe an der Gesellschaft eingeschränkt sind. Eine Einschränkung der Fähigkeit zur Teilhabe an der Gesellschaft in erheblichem Maße liegt vor, wenn die Ausführung von Aktivitäten in einer größeren Anzahl der Lebensbereiche nach Absatz 4 nicht ohne personelle oder technische Unterstützung möglich oder in einer geringeren Anzahl der Lebensbereiche auch mit personeller oder technischer Unterstützung nicht möglich ist. Mit steigender Anzahl der Lebensbereiche nach Absatz 4 ist ein geringeres Ausmaß der jeweiligen Einschränkung für die Leistungsberechtigung ausreichend.

(2) Leistungsberechtigt nach diesem Teil sind auch Personen, denen nach fachlicher Kenntnis eine erhebliche Einschränkung im Sinne von Absatz 1 Satz 2 mit hoher Wahrscheinlichkeit droht. 2Ist bei Personen nach § 2 Absatz 1 Satz 1 und 2 die Ausführung von Aktivitäten in weniger als den nach Absatz 1 Satz 2 bestimmten Lebensbereichen nicht ohne personelle oder technische Unterstützung möglich oder in weniger als den nach Absatz 1 Satz 2 bestimmten Lebensbereichen auch mit personeller oder technischer Unterstützung nicht möglich, ist aber im Einzelfall in ähnlichem Ausmaß personelle oder technische Unterstützung zur Ausführung von Aktivitäten notwendig, können Leistungen der Eingliederungshilfe gewährt werden.

(3) Bei der Feststellung des erheblichen Maßes der Einschränkung nach Absatz 1 Satz 2 ist die für die Art der Behinderung typisierende notwendige Unterstützung in Lebensbereichen nach Absatz 4 maßgebend.

(4) Lebensbereiche im Sinne von Absatz 1 Satz 2 sind

1. Lernen und Wissensanwendung,
2. allgemeine Aufgaben und Anforderungen,
3. Kommunikation,
4. Mobilität,
5. Selbstversorgung,
6. häusliches Leben,
7. interpersonelle Interaktionen und Beziehungen,
8. bedeutende Lebensbereiche sowie
9. Gemeinschafts-, soziales und staatsbürgerliches Leben.

(5) Personelle Unterstützung im Sinne von Absatz 1 Satz 2 ist die regelmäßig wiederkehrende und über einen längeren Zeitraum andauernde Unterstützung durch eine anwesende Person. Bei Kindern und Jugendlichen bis zur Vollendung des 18. Lebensjahres bleibt die Notwendigkeit von Unterstützung auf Grund der altersgemäßen Entwicklung unberücksichtigt.

(6) Leistungen zur Teilhabe am Arbeitsleben nach Kapitel 4 erhalten Personen, die die Voraussetzungen nach § 58 Absatz 1 Satz 1 erfüllen.

(7) Das Nähere über

1. die größere und geringere Anzahl nach Absatz 1 Satz 2,
2. das Verhältnis von der Anzahl der Lebensbereiche zum Ausmaß der jeweiligen Einschränkung nach Absatz 1 Satz 3 und
3. die Inhalte der Lebensbereiche nach Absatz 4

bestimmt ein Bundesgesetz.[43]

25 **§ 112 SGB IX Leistungen zur Teilhabe an Bildung**

(1) [1]Leistungen zur Teilhabe an Bildung umfassen

1. Hilfen zu einer Schulbildung, insbesondere im Rahmen der allgemeinen Schulpflicht und zum Besuch weiterführender Schulen einschließlich der Vorbereitung hierzu; die Bestimmungen über

---

42 IdF d. Art. 25a G. v. 23.12.2016, BGBl. 2016 I 3234 mWv 1.1.2023, allerdings schon seinerzeit mit der Maßgabe d. Art. 26 Abs. 5, dass bis zu diesem Zeitpunkt das Bundesgesetz nach § 99 Abs. 7 verkündet wurde. Inzwischen ist diese Version allerdings überholt durch die Rechtsänderungen infolge des Teilhabestärkungsgesetzes (Fn. 40), vgl. BT-Drs. 19/27400, 64. Zur früheren Skepsis gegenüber dem Inkrafttreten zum 1.1.2023 schon Fuchs/Ritz/Rosenow/Rosenow § 99 Rn. 5.

43 Vgl. Art. 26 Abs. 5 BTHG, BGBl. 2016 I 3340.

die Ermöglichung der Schulbildung im Rahmen der allgemeinen Schulpflicht bleiben unberührt, und

2. Hilfen zur schulischen oder hochschulischen Ausbildung oder Weiterbildung für einen Beruf.

[2]Die Hilfen nach Satz 1 Nummer 1 schließen Leistungen zur Unterstützung schulischer Ganztagsangebote in der offenen Form ein, die im Einklang mit dem Bildungs- und Erziehungsauftrag der Schule stehen und unter deren Aufsicht und Verantwortung ausgeführt werden, an den stundenplanmäßigen Unterricht anknüpfen und in der Regel in den Räumlichkeiten der Schule oder in deren Umfeld durchgeführt werden. [3]Hilfen nach Satz 1 Nummer 1 umfassen auch heilpädagogische und sonstige Maßnahmen, wenn die Maßnahmen erforderlich und geeignet sind, der leistungsberechtigten Person den Schulbesuch zu ermöglichen oder zu erleichtern. [4]Hilfen zu einer schulischen oder hochschulischen Ausbildung nach Satz 1 Nummer 2 können erneut erbracht werden, wenn dies aus behinderungsbedingten Gründen erforderlich ist. [5]Hilfen nach Satz 1 umfassen auch Gegenstände und Hilfsmittel, die wegen der gesundheitlichen Beeinträchtigung zur Teilhabe an Bildung erforderlich sind. [6]Voraussetzung für eine Hilfsmittelversorgung ist, dass die leistungsberechtigte Person das Hilfsmittel bedienen kann. [7]Die Versorgung mit Hilfsmitteln schließt eine notwendige Unterweisung im Gebrauch und eine notwendige Instandhaltung oder Änderung ein. [8]Die Ersatzbeschaffung des Hilfsmittels erfolgt, wenn sie infolge der körperlichen Entwicklung der leistungsberechtigten Person notwendig ist oder wenn das Hilfsmittel aus anderen Gründen ungeeignet oder unbrauchbar geworden ist.

(2) [1]Hilfen nach Absatz 1 Satz 1 Nummer 2 werden erbracht für eine schulische oder hochschulische berufliche Weiterbildung, die

1. in einem zeitlichen Zusammenhang an eine duale, schulische oder hochschulische Berufsausbildung anschließt,
2. in dieselbe fachliche Richtung weiterführt und
3. es dem Leistungsberechtigten ermöglicht, das von ihm angestrebte Berufsziel zu erreichen.

[2]Hilfen für ein Masterstudium werden abweichend von Satz 1 Nummer 2 auch erbracht, wenn das Masterstudium auf ein zuvor abgeschlossenes Bachelorstudium aufbaut und dieses interdisziplinär ergänzt, ohne in dieselbe Fachrichtung weiterzuführen. [3]Aus behinderungsbedingten oder aus anderen, nicht von der leistungsberechtigten Person beeinflussbaren gewichtigen Gründen kann von Satz 1 Nummer 1 abgewichen werden.

(3) Hilfen nach Absatz 1 Satz 1 Nummer 2 schließen folgende Hilfen ein:

1. Hilfen zur Teilnahme an Fernunterricht,
2. Hilfen zur Ableistung eines Praktikums, das für den Schul- oder Hochschulbesuch oder für die Berufszulassung erforderlich ist, und
3. Hilfen zur Teilnahme an Maßnahmen zur Vorbereitung auf die schulische oder hochschulische Ausbildung oder Weiterbildung für einen Beruf.

(4) [1]Die in der Schule oder Hochschule wegen der Behinderung erforderliche Anleitung und Begleitung können an mehrere Leistungsberechtigte gemeinsam erbracht werden, soweit dies nach § 104 für die Leistungsberechtigten zumutbar ist und mit Leistungserbringern entsprechende Vereinbarungen bestehen. [2]Die Leistungen nach Satz 1 sind auf Wunsch der Leistungsberechtigten gemeinsam zu erbringen.

§ 66 Leistungen zur Sozialen Teilhabe

(1) Geschädigte, die auf Grund der Schädigungsfolgen zum leistungsberechtigten Personenkreis im Sinne von § 99 des Neunten Buches gehören, erhalten Leistungen zur Sozialen Teilhabe entsprechend Teil 2 Kapitel 6 des Neunten Buches.

(2) [1]Abweichend von Absatz 1 werden Leistungen zur Mobilität nach § 83 des Neunten Buches erbracht. [2]Sie umfassen zudem Leistungen zum Betrieb, Unterhalt, Unterstellen und Abstellen eines Kraftfahrzeuges.

A. Gesetzesgeschichte

1 § 66 tritt mit einem Großteil der übrigen Normen zum 1.1.2024 in Kraft.[1]

2 Die Leistungen zur Sozialen Teilhabe waren bisher als Eingliederungsleistungen in besonderen Lebenslagen in § 27d Abs. 1 Nr. 3 BVG geregelt (→ Rn. 19). Die Leistungen zur Sozialen Teilhabe entsprechen Teil 2 Kapitel 6 SGB IX. Die bisherigen Leistungen der Wohnungshilfe nach § 27c BVG gehen in den Leistungen für Wohnraum gemäß § 113 Abs. 2 Nr. 1, Abs. 5 SGB IX auf.

B. Normsystematik

3 Die eigenständige Normierung der Leistungen zur Sozialen Teilhabe soll den Teilhabegedanken unterstreichen.[2] Mit dem Erfordernis einer vorliegenden oder drohenden Behinderung im Sinne des § 99 SGB IX wird der bisherige Charakter der Leistungen zur Sozialen Teilhabe als Leistungen der Eingliederungshilfe für Menschen mit Behinderungen gewahrt.[3] Eine solche vorliegende oder drohende Behinderung muss auf einer Schädigung beruhen. Liegen die Anspruchsvoraussetzungen des SGB XIV vor, sind die Leistungen des 2. Teils Kapitel 6 SGB IX zu erbringen. Weitere Regelungen des Eingliederungshilferechts kommen nicht zur Anwendung.[4]

C. Einzelkommentierung

I. Allgemeiner Regelungsgehalt

4 § 66 verweist direkt auf das Leistungsrecht der **Eingliederungshilfe**, dh sowohl hinsichtlich der Voraussetzungen, dazu auf § 99 SGB IX, und auf die Leistungen zur Sozialen Teilhabe des Eingliederungshilferechts des SGB IX, also auf die Leistungen gem. §§ 113–116 SGB IX. Nicht erwiesen wird auf § 76–84 SGB IX, als die Normen

1 BT-Drs. 19/13824, 2.
2 BT-Drs. 19/13824, 201.
3 BT-Drs. 19/13824, 201.
4 BT-Drs. 19/13824, 201.

über Leistungen zur Sozialen Teilhabe im 1. Teil des SGB IX. Gleichwohl sind infolge der Systematik des SGB IX auch §§ 76–84 SGB IX heranzuziehen, soweit sich aus dem Leistungsrecht der Eingliederungshilfe keine Besonderheiten ergeben,[5] vgl. § 7 SGB IX (→ § 62 Rn. 11 ff.; → § 65 Rn. 8). Eine Besonderheit ergibt sich allerdings infolge § 66 Abs. 2, denn darin ist direkt bestimmt, dass sich die Leistungen zur Mobilität nicht nach Teil 2 Kapitel 6 SGB IX, also nicht nach § 114 SGB IX richten, sondern entsprechend § 83 SGB IX zu erbringen sind, ergänzt um Leistungen zum Betrieb, Unterhalt, Unterstellen und Abstellen eines Kraftfahrzeuges.

II. Leistungsvoraussetzung – Leistungsberechtigte gem. § 99 SGB IX

1. Verweis auf das Eingliederungshilferecht. Wenn Geschädigte aufgrund ihrer Schädigungsfolgen zum leistungsberechtigten Personenkreis der Eingliederungshilfe gem. § 99 SGB IX zählen, können sie Leistungen zur Sozialen Teilhabe erhalten. Im Übrigen kommen die Regelungen des Eingliederungshilferechts nicht zur Anwendung.[6] 5

2. Wesentliche Behinderung – Historie. Der Verweis auf die Leistungsberechtigung der Eingliederungshilfe birgt eine gewisse Komplexität, denn die Norm des **§ 99 SGB IX** selbst hat seit der Reform durch das BTHG (→ § 62 Rn. 9 f.) eine **wechselvolle Geschichte** (→ § 65 Rn. 6 f.). 6

3. (Drohende) wesentliche Behinderung als Leistungsvoraussetzung – § 99 Abs. 1 SGB IX. Nach § 99 SGB IX in der nun seit 1.7.2021 geltenden Fassung haben Menschen Anspruch auf Leistungen der Eingliederungshilfe, wenn 7

(1) sie Menschen mit Behinderungen iSv § 2 Abs. 1 S. 1 und 2 SGB IX sind und
(2) wesentlich in der gleichberechtigten Teilhabe an der Gesellschaft eingeschränkt (wesentliche Behinderung) oder von einer solchen wesentlichen Behinderung bedroht sind und
(3) wenn und solange nach der Besonderheit des Einzelfalles Aussicht besteht, dass die Aufgabe der Eingliederungshilfe nach § 90 SGB IX erfüllt werden kann (→ § 65 Rn. 8–10).

4. Legaldefinition der drohenden wesentlichen Behinderung – § 99 Abs. 2 SGB IX. Zur Legaldefinition → § 65 Rn. 11. 8

5. „Leistungsberechtigung" auch bei Ermessensleistung bei nicht wesentlicher Behinderung – § 99 Abs. 3 SGB IX. Zur Leistungsberechtigung iSd § 66 Abs. 1 wegen Ermessensleistung gem. § 99 Abs. 3 SGB IX bei nicht wesentlicher Behinderung → § 65 Rn. 12–14. 9

6. Kontinuität: Konkretisierung der Leistungsvoraussetzungen durch Verordnungsermächtigung – § 99 Abs. 4 SGB IX. Zur Konkretisierung der Leistungsberechtigung in der Eingliederungshilfe durch Verordnungsermächtigung → § 65 Rn. 15. 10

III. Leistungen zur Sozialen Teilhabe – Allgemeines (§ 113 Abs. 1 SGB IX)

1. Ziel der Leistungen zur Sozialen Teilhabe (§ 113 Abs. 1 Satz 1 SGB IX). Gem. § 113 Abs. 1 SGB IX werden Leistungen zur Sozialen Teilhabe erbracht, um eine gleichberechtigte Teilhabe am **Leben in der Gemeinschaft** zu ermöglichen oder zu erleichtern. Das weitreichende Leistungsziel steht in engem Zusammenhang mit den Vorgaben der UN-BRK, zB mit Art. 19 (Unabhängige Lebensführung und Einbeziehung in die Gemeinschaft) und Art. 26 (Habilitation und Rehabilitation), zugleich aber auch mit Art. 1 UN-BRK; dabei ist der Maßstab der gleichberechtigten Teilhabe dynamisch, dh auch, dass gesellschaftliche Entwicklungen unmittelbar für die eingliederungshilferechtlichen Bedarfe mitgedacht werden müssen; die **Digitalisierung** der 11

5 Schmidt SGB XIV/Schmidt § 65 Rn. 1.
6 BT-Drs. 19/13824, 201.

Kommunikation veranschaulicht das besonders gut.[7] Damit rücken wiederum Verpflichtungen zur Barrierefreiheit (Art. 9 UN-BRK), zum universellen Design (Art. 2 UN-BRK) und zur Bewusstseinsbildung (Art. 8 UN-BRK) auch für die Sozialleistungsträger in den Vordergrund, denn die Gestaltungsverantwortung der Sozialleistungsträger setzt nicht nur bei den individuellen Faktoren, sondern gleichermaßen bei den **Umweltfaktoren** an, wenn es um ein gleichberechtigtes Leben in der Gemeinschaft durch inklusive Sozialraumstrukturen geht. Die TdSE sind damit wie alle anderen Rehabilitationsträger auch durch Kooperation zur aktiven Mitwirkung an einer inklusiven Sozialraumgestaltung verpflichtet, vgl. auch § 1 Abs. 2 SGB I.

12 **2. Nachranggrundsatz innerhalb der Teilhabeleistungen in der Eingliederungshilfe (§ 113 Abs. 1 Satz 1 SGB IX).** § 113 Abs. 1 S. 1, 2. Hs. SGB IX besagt außerdem, dass Leistungen zur Sozialen Teilhabe nur erbracht werden, wenn sie nicht nach den Kapiteln 3 bis 5 SGB IX, 2. Teil erbracht werden. Die Leistungen zur Sozialen Teilhabe sind damit innerhalb der Leistungen der Eingliederungshilfe **nachrangig** gegenüber den Leistungen zur medizinischen Rehabilitation (Kapitel 3 im 2. Teil des SGB IX – §§ 109, 110 SGB IX), zur Teilhabe am Arbeitsleben (Kapitel 4 im 2. Teil des SGB IX – § 111 SGB IX) und Leistungen zur Teilhabe an Bildung (Kapitel 5 im 2. Teil des SGB IX – § 112 SGB IX). Dieser Nachranggrundsatz innerhalb der Teilhabeleistungen im 2. Buch ist nicht zu verwechseln mit dem **allgemeinen Nachranggrundsatz der Eingliederungshilfe,** geregelt in § 91. Auf diesen allgemeinen Nachranggrundsatz ist durch § 66 Abs. 1 nicht verwiesen. Er kommt damit im Rahmen des SER nicht zur Anwendung, denn weitere Regelungen des Eingliederungshilferechts wollte der Gesetzgeber gerade nicht in Bezug nehmen.[8] Der **spezielle Nachranggrundsatz** gem. § 113 Abs. 1 S. 1 SGB IX innerhalb der Teilhabeleistungen spielt allerdings auch für die Leistungen zur Sozialen Teilhabe im Verhältnis zu den Leistungen zur Bildung eine Rolle, denn diese werden durch Verweisung in § 65 auf Kapitel 5 im 2. Teil des SGB IX bestimmt und Kapitel 5 geht Kapitel 6 vor. Da wiederum der TdSE für beide Leistungsgruppen zuständig ist, dürften sich Fragen der Zuordnung letztlich nicht zum Nachteil der Leistungsberechtigten erweisen, da am Ende entweder die begehrte Leistung über den offenen Katalog[9] der Leistungen der Sozialen Teilhabe zu erbringen ist oder schlussendlich etwaige Versorgungslücken zur Erzielung gleichberechtigter Teilhabe am Leben in der Gemeinschaft über § 70 geschlossen werden können (→ § 70 Rn. 10, 16).

13 **3. Ziel: Unabhängige Lebensführung – Personenzentrierung (§ 113 Abs. 1 Satz 2 SGB IX).** § 113 Abs. 1 S. 2 SGB IX hebt den eigenen Wohnraum und dessen Bedeutung für ein selbstbestimmtes Leben hervor. Mit den Leistungen zur Sozialen Teilhabe werden Leistungsberechtigte zu einer möglichst selbstbestimmten und eigenverantwortlichen Lebensführung im eigenen Wohnraum sowie in ihrem Sozialraum befähigt oder hierbei unterstützt. Damit bringt der Gesetzgeber neben den individuellen Leistungsansprüchen die Bedeutung des **Sozialraums und der infrastrukturellen Leistungen** für die Verwirklichung gleichberechtigter Teilhabe zum Ausdruck.[10]

14 **4. Kein Verweis auf Satz 3.** Der Verweis in § 66 Abs. 1 erstreckt sich nicht auf § 113 Abs. 1 S. 3 SGB IX. In Satz 3 wird auf das Gesamtplanverfahren nach Kapitel 7 verwiesen. Kapitel 7 ist aber vom Verweis in § 66 nicht umfasst. Das Verfahren zur

7 Fuchs/Ritz/Rosenow/Rosenow § 113 Rn. 5, 29; zum Mehrwert durch Digitale Technologien vgl. auch die Begründungen des Gesetzgebers für Digitale-Versorgung-Gesetz (DVG), BT-Drs. 19/13438 sowie Digitale-Versorgung-und-Pflege-Modernisierungs-Gesetz (DVPMG), BT-Drs. 19/27652 und Teilhabestärkungsgesetz, BT-Drs. 19/27400, 62.
8 BT-Drs. 19/13824, 201.
9 Fuchs/Ritz/Rosenow/Rosenow § 113 Rn. 14.
10 Fuchs/Ritz/Rosenow/Rosenow § 113 Rn. 33.

Bedarfsermittlung richtet sich vielmehr nach dem SGB XIV sowie dem 1. Teil des SGB IX und hier insbesondere den §§ 9–24 SGB IX, vgl. § 7 Abs. 2 SGB IX (→ § 62 Rn. 11 ff.).

IV. Offener Leistungskatalog (§ 113 Abs. 2 SGB IX)

Liegen die Anspruchsvoraussetzungen nach dem SGB XIV vor, sind die in Teil 2 Kapitel 6 SGB IX genannten Leistungen zu erbringen. Leistungen zur Sozialen Teilhabe umfassen nach § 113 Abs. 2 SGB IX **insbesondere** 15

- Leistungen für Wohnraum, § 77 SGB IX,
- Assistenzleistungen, § 116 Abs. 1 SGB IX und § 78 SGB IX,
- heilpädagogische Leistungen, § 79 SGB IX,
- Leistungen zur Betreuung in einer Pflegefamilie, § 80 SGB IX,
- Leistungen zum Erwerb und Erhalt praktische Kenntnisse und Fähigkeiten, § 81 SGB IX,
- Leistungen zur Förderung der Verständigung, § 116 Abs. 1 SGB IX und § 82 SGB IX,
- Leistungen zur Mobilität, § 83 SGB IX und § 66 Abs. 2 SGB XIV,
- Hilfsmittel, § 84 SGB IX, und
- Besuchsbeihilfen, § 115 SGB IX.

Dieser Leistungskatalog ist nicht abschließend, vgl. „insbesondere" im Eingang von § 113 Abs. 2 SGB IX. Im Übrigen kommt bei Versorgungslücken zur Schließung von Teilhabebedarfen § 70 zum Tragen, so dass sich Leistungen zur Teilhabe nach der Besonderheit des Einzelfalls sowie der Art des Bedarfs richten.[11] Dabei sind insbesondere die **besonderen Teilhaberisiken** infolge von Mehrfachdiskriminierungen zum Nachteil von **Frauen und Kindern** mit Beeinträchtigungen sowie von Menschen mit (drohenden) **seelischen Behinderungen** zu berücksichtigen, vgl. § 1 S. 2 SGB IX und deshalb sämtliche unbestimmte Rechtsbegriffe und Beurteilungsspielräume im Sinne einer umfassenden Gewährung, vgl. § 2 Abs. 2 SGB I, bedarfsgerechte und lebensverlaufsorientierter[12] Teilhabeleistungen auszulegen.

Nach § 113 Abs. 5 SGB IX werden Aufwendungen für Wohnraum oberhalb der Angemessenheitsgrenze nach § 42a Abs. 6 SGB XII übernommen, sofern dies wegen der besonderen Bedürfnisse erforderlich ist. Das kann der Fall sein, wenn wegen des Umfangs von Assistenzleistungen ein gesteigerter Wohnraumbedarf besteht.[13] 16

Geschädigte müssen allerdings kein eigenes Einkommen und Vermögen einsetzen.[14] Deshalb umfasst der Teilhabeanspruch des § 66 Abs. 1 SGB XIV ebenso Aufwendungen Geschädigter, die in der Wohnform des §§ 42a Abs. 2 S. 1 Nr. 2 und S. 3 SGB XII leben und deren tatsächliche Aufwendungen die Bemessungsgrenze des § 42a Abs. 5 S. 4 SGB XII übersteigen. Leistungen für die Beschaffung, den Umbau, die Ausstattung und die Erhaltung der Wohnung sind davon ebenso umfasst. Letztgenannte Leistungen entsprechen den Leistungen der Wohnungshilfe in § 27c BVG. Als Folge dieser Neustrukturierung müssen Geschädigte für diese Leistungen kein Einkommen und Vermögen einsetzen.[15] 17

Für eine selbstbestimmte Lebensführung nehmen vor allem auch Assistenzleistungen einen zunehmenden Raum ein. Dabei kann es um Assistenz zur Alltagsbewältigung, 18

11 Schmidt SGB XIV/Schmidt § 66 Rn. 10.
12 Dazu Nebe, Neue Herausforderungen für die BAR und die Lebensverlaufsperspektive im Rehabilitationsprozess, in: BAR (Hrsg.), Teilhabe braucht Rehabilitation, Peter Lang, Berlin 2019 = RP-Reha 2020, Nr. 1, 48–49.
13 BT-Drs. 19/13824, 201.
14 BT-Drs. 19/13824, 202.
15 BT-Drs. 19/13824, 201.

aber auch um Assistenz zur Freizeit- oder Urlaubsgestaltung gehen.[16] Aktuell intensiv diskutiert werden Bedarfe nach Sexualassistenz,[17] deren Deckung durch Sozialhilferecht gegenwärtig von der Rechtsprechung verneint,[18] und dies zutreffend mit Blick auf die UN-BRK in der Literatur kritisiert wird.[19]

V. Leistungen zur Mobilität (Abs. 2)

19 Geschädigte können Leistungen zur Mobilität nach § 83 SGB IX erhalten, wenn dies infolge der Schädigung für die Soziale Teilhabe erforderlich ist. Diese Leistungen zur Mobilität stehen in einem engen Zusammenhang mit Art. 20 UN-BRK. Danach treffen die Vertragsstaaten wirksame Maßnahmen, um für Menschen mit Behinderungen persönliche Mobilität mit **größtmöglicher Unabhängigkeit** sicherzustellen. Erfasst werden nach § 83 Abs. 1 SGB IX sowohl Leistungen zur Beförderung, insbesondere durch einen Beförderungsdienst (§ 83 Abs. 1 Nr. 1 SGB IX), als auch Leistungen für ein Kraftfahrzeug (§ 83 Abs. 1 Nr. 2 SGB IX). Die Leistungen für ein Kfz umfassen Leistungen zur Beschaffung eines Kraftfahrzeugs, für die erforderliche Zusatzausstattung, zur Erlangung der Fahrererlaubnis, zur Instandhaltung und für die mit dem Betrieb des Kraftfahrzeugs verbundenen Kosten (§ 83 Abs. 3 S. 1 SGB IX). Die Bemessung der Leistungen orientiert sich gemäß § 83 Abs. 3 S. 2 SGB IX an der KfzHV (→ 63 Rn. 3). Die Leistungen des § 83 SGB IX werden durch § 66 Abs. 2 S. 2 um Leistungen zum Betrieb, Unterhalt, Unterstellen und Abstellen eines Kraftfahrzeuges erweitert. Nicht anzuwenden sind die Begrenzungen durch § 114 SGB IX.

D. Anhang

I. BVG

20 **§ 27c BVG [Wohnungshilfe]**

[1]Wohnungshilfe erhalten Beschädigte und Hinterbliebene. [2]Die Wohnungshilfe besteht in der Beratung in Wohnungs- und Siedlungsangelegenheiten sowie in der Mitwirkung bei der Beschaffung und Erhaltung ausreichenden und gesunden Wohnraums. [3]Geldleistungen werden nur erbracht, wenn die Wohnung eines Schwerbeschädigten mit Rücksicht auf Art und Schwere der Schädigung besonderer Ausgestaltung oder baulicher Veränderung bedarf oder wenn Schwerbeschädigte, Witwen, Witwer oder hinterbliebene Lebenspartner innerhalb von fünf Jahren nach ihrem erstmaligen Eintreffen im Geltungsbereich dieses Gesetzes Wohnungshilfe beantragen und eine Geldleistung durch die Besonderheit des Einzelfalls gerechtfertigt ist.

§ 27d BVG [Hilfe in besonderen Lebenslagen]

(1) Als Hilfen in besonderen Lebenslagen erhalten Beschädigte und Hinterbliebene

1. Hilfe zum Aufbau oder zur Sicherung der Lebensgrundlage,
2. Hilfen zur Gesundheit,
3. Eingliederungshilfe für Menschen mit Behinderungen,
4. Blindenhilfe,
5. Hilfe zur Überwindung besonderer sozialer Schwierigkeiten.

(2) Leistungen können auch in anderen besonderen Lebenslagen erbracht werden, wenn sie den Einsatz öffentlicher Mittel unter Berücksichtigung des Zweckes der Kriegsopferfürsorge rechtfertigen.

(3) [1]Für die Eingliederungshilfe für Menschen mit Behinderungen nach Absatz 1 Nummer 3 gilt Teil 2 Kapitel 1 bis 7 des Neunten Buches Sozialgesetzbuch entsprechend, soweit dieses Gesetz nichts

16 Schmidt SGB XIV/Schmidt § 66 Rn. 16 f.

17 Paulsen/Schanz, Sexualassistenz – professioneller Umgang mit der Sexualität von alten und pflegebedürftigen Menschen, RDG 2016, 116; Baab, Sexuelle Selbstbestimmung in der Behindertenhilfe, Sozial Extra 6, 2018, 6–10.

18 Dagegen BayLSG 6.2.2020 – L 8 SO 163/17ZFSH/SGB 2020, 278–283; BayVGH 10.5.2006 – 12 BV 06.320, ZFSH/SGB 2006, 529–532, Rn. 21.

19 Bittner NZS 2020, 317; Axmann RdLH 2020, 130–131; Fuchs/Ritz/Rosenow/Rosenow § 113 Rn. 54.

Abweichendes bestimmt. [2]Für die übrigen Hilfen in besonderen Lebenslagen nach Absatz 1 gelten die §§ 47, 49 bis 52, das Achte Kapitel und die §§ 72, 74 und 88 Absatz 2 des Zwölften Buches Sozialgesetzbuch entsprechend. [3]Die Leistungen nach Absatz 1 sind unter Berücksichtigung der Lage der Beschädigten oder Hinterbliebenen zu erbringen. [4]Die §§ 10 bis 24a bleiben unberührt. [5]Blindenhilfe kommt nur in Betracht, soweit nicht eine Pflegezulage nach § 35 wegen schädigungsbedingter Blindheit erbracht wird. [6]Erhalten blinde Menschen eine Pflegezulage nach § 35 aus anderen Gründen, wird sie bis zu dem in § 72 Abs. 1 Satz 2 des Zwölften Buches Sozialgesetzbuch genannten Umfang auf die Blindenhilfe angerechnet. [7]Leistungen nach § 43a des Elften Buches Sozialgesetzbuch sowie gleichartige Leistungen nach anderen Vorschriften gehen den Leistungen der Kriegsopferfürsorge vor.

(4) Die Absätze 1 bis 3 gelten auch für Hinterbliebene, die wegen Behinderung der Hilfe bedürfen.

(5) [1]Für den Einsatz von Einkommen und Vermögen bei der Erbringung der Leistungen der Eingliederungshilfe für Menschen mit Behinderungen gelten anstelle des § 25c Absatz 1 und 2 sowie der §§ 25d bis 25f die Bestimmungen von Teil 2 Kapitel 9 des Neunten Buches Sozialgesetzbuch. [2]Abweichend von § 136 Absatz 2 des Neunten Buches Sozialgesetzbuch ist ein Beitrag zu den Aufwendungen aufzubringen, wenn das Einkommen nach § 135 des Neunten Buches Sozialgesetzbuch überwiegend

1. aus einer sozialversicherungspflichtigen Beschäftigung oder aus einer selbständigen Tätigkeit erzielt wird und 100 Prozent der jährlichen Bezugsgröße nach § 18 Absatz 1 des Vierten Buches Sozialgesetzbuch übersteigt,
2. aus einer nicht sozialversicherungspflichtigen Beschäftigung erzielt wird und 90 Prozent der jährlichen Bezugsgröße nach § 18 Absatz 1 des Vierten Buches Sozialgesetzbuch übersteigt oder
3. aus Renteneinkünften erzielt wird und 75 Prozent der jährlichen Bezugsgröße nach § 18 Absatz 1 des Vierten Buches Sozialgesetzbuch übersteigt.

[3]Für den Einsatz von Vermögen gilt § 25c Absatz 3 entsprechend.

(6) [1]Bei der Festsetzung der Einkommensgrenze tritt bei der Blindenhilfe nach § 72 des Zwölften Buches Sozialgesetzbuch an die Stelle des Grundbetrages nach § 25e Absatz 1 Nummer 1 ein Grundbetrag in Höhe von 8,5 Prozent des Bemessungsbetrages. [2]Der Familienzuschlag beträgt 40 Prozent des Grundbetrages nach § 25e Absatz 1 Nummer 1. [3]Für den nicht getrennt lebenden Ehegatten oder Lebenspartner beträgt der Familienzuschlag 2,13 Prozent des Bemessungsbetrages, wenn beide Ehegatten oder Lebenspartner blind sind oder die Voraussetzungen des § 72 Absatz 5 des Zwölften Buches Sozialgesetzbuch erfüllen oder so schwer behindert sind, dass sie als Beschädigte die Pflegezulage nach den Stufen III bis VI nach § 35 Absatz 1 Satz 4 erhielten.

(7) Für den Einsatz von Einkommen bei der Erbringung der Leistungen der Eingliederungshilfe für Menschen mit Behinderungen gilt § 150 des Neunten Buches Sozialgesetzbuch entsprechend.

II. SGB IX

§ 113 SGB IX Leistungen zur Sozialen Teilhabe 21

(1) [1]Leistungen zur Sozialen Teilhabe werden erbracht, um eine gleichberechtigte Teilhabe am Leben in der Gemeinschaft zu ermöglichen oder zu erleichtern, soweit sie nicht nach den Kapiteln 3 bis 5 erbracht werden. [2]Hierzu gehört, Leistungsberechtigte zu einer möglichst selbstbestimmten und eigenverantwortlichen Lebensführung im eigenen Wohnraum sowie in ihrem Sozialraum zu befähigen oder sie hierbei zu unterstützen. [3]Maßgeblich sind die Ermittlungen und Feststellungen nach Kapitel 7.

(2) Leistungen zur Sozialen Teilhabe sind insbesondere

1. Leistungen für Wohnraum,
2. Assistenzleistungen,
3. heilpädagogische Leistungen,
4. Leistungen zur Betreuung in einer Pflegefamilie,
5. Leistungen zum Erwerb und Erhalt praktischer Kenntnisse und Fähigkeiten,
6. Leistungen zur Förderung der Verständigung,
7. Leistungen zur Mobilität,
8. Hilfsmittel,
9. Besuchsbeihilfen.

(3) Die Leistungen nach Absatz 2 Nummer 1 bis 8 bestimmen sich nach den §§ 77 bis 84, soweit sich aus diesem Teil nichts Abweichendes ergibt.

(4) Zur Ermöglichung der gemeinschaftlichen Mittagsverpflegung in der Verantwortung einer Werkstatt für behinderte Menschen, einem anderen Leistungsanbieter oder dem Leistungserbringer vergleichbarer anderer tagesstrukturierender Maßnahmen werden die erforderliche sächliche Ausstattung, die personelle Ausstattung und die erforderlichen betriebsnotwendigen Anlagen des Leistungserbringers übernommen.

(5) [1]In besonderen Wohnformen des § 42a Absatz 2 Satz 1 Nummer 2 und Satz 3 des Zwölften Buches werden Aufwendungen für Wohnraum oberhalb der Angemessenheitsgrenze nach § 42a Absatz 6 des Zwölften Buches übernommen, sofern dies wegen der besonderen Bedürfnisse des Menschen mit Behinderungen erforderlich ist. [2]Kapitel 8 ist anzuwenden.

§ 114 SGB IX Leistungen zur Mobilität

Bei den Leistungen zur Mobilität nach § 113 Absatz 2 Nummer 7 gilt § 83 mit der Maßgabe, dass

1. die Leistungsberechtigten zusätzlich zu den in § 83 Absatz 2 genannten Voraussetzungen zur Teilhabe am Leben in der Gemeinschaft ständig auf die Nutzung eines Kraftfahrzeugs angewiesen sind und
2. abweichend von § 83 Absatz 3 Satz 2 die Vorschriften der §§ 6 und 8 der Kraftfahrzeughilfe-Verordnung nicht maßgeblich sind.

§ 115 SGB IX Besuchsbeihilfen

Werden Leistungen bei einem oder mehreren Anbietern über Tag und Nacht erbracht, können den Leistungsberechtigten oder ihren Angehörigen zum gegenseitigen Besuch Beihilfen geleistet werden, soweit es im Einzelfall erforderlich ist.

§ 116 SGB IX Pauschale Geldleistung, gemeinsame Inanspruchnahme

(1) [1]Die Leistungen

1. zur Assistenz zur Übernahme von Handlungen zur Alltagsbewältigung sowie Begleitung der Leistungsberechtigten (§ 113 Absatz 2 Nummer 2 in Verbindung mit § 78 Absatz 2 Nummer 1 und Absatz 5),
2. zur Förderung der Verständigung (§ 113 Absatz 2 Nummer 6) und
3. zur Beförderung im Rahmen der Leistungen zur Mobilität (§ 113 Absatz 2 Nummer 7 in Verbindung mit § 83 Absatz 1 Nummer 1)

können mit Zustimmung der Leistungsberechtigten als pauschale Geldleistungen nach § 105 Absatz 3 erbracht werden. [2]Die zuständigen Träger der Eingliederungshilfe regeln das Nähere zur Höhe und Ausgestaltung der pauschalen Geldleistungen sowie zur Leistungserbringung.

(2) [1]Die Leistungen

1. zur Assistenz (§ 113 Absatz 2 Nummer 2),
2. zur Heilpädagogik (§ 113 Absatz 2 Nummer 3),
3. zum Erwerb und Erhalt praktischer Fähigkeiten und Kenntnisse (§ 113 Absatz 2 Nummer 5),
4. zur Förderung der Verständigung (§ 113 Absatz 2 Nummer 6),
5. zur Beförderung im Rahmen der Leistungen zur Mobilität (§ 113 Absatz 2 Nummer 7 in Verbindung mit § 83 Absatz 1 Nummer 1) und
6. zur Erreichbarkeit einer Ansprechperson unabhängig von einer konkreten Inanspruchnahme (§ 113 Absatz 2 Nummer 2 in Verbindung mit § 78 Absatz 6)

können an mehrere Leistungsberechtigte gemeinsam erbracht werden, soweit dies nach § 104 für die Leistungsberechtigten zumutbar ist und mit Leistungserbringern entsprechende Vereinbarungen bestehen. [2]Maßgeblich sind die Ermittlungen und Feststellungen im Rahmen der Gesamtplanung nach Kapitel 7.

(3) Die Leistungen nach Absatz 2 sind auf Wunsch der Leistungsberechtigten gemeinsam zu erbringen, soweit die Teilhabeziele erreicht werden können.

§ 67 Zusammentreffen von Teilhabeleistungen mit Pflegeleistungen in Einrichtungen oder Räumlichkeiten im Sinne des § 43a des Elften Buches in Verbindung mit § 71 Absatz 4 des Elften Buches

[1]Werden Leistungen zur Teilhabe nach § 62 Satz 1 Nummer 1 bis 3 in Einrichtungen oder Räumlichkeiten im Sinne des § 43a des Elften Buches in Verbindung mit § 71 Absatz 4 des Elften Buches erbracht, so umfasst die Leistung auch die Pflegeleistung in diesen Einrichtungen oder Räumlichkeiten. [2]Satz 1 gilt auch für nicht schädigungsbedingte Pflegebedarfe. [3]In den Fällen der Sätze 1 und 2 gilt § 75 Absatz 3. [4]Stellt der Leistungserbringer fest, dass Berechtigte so pflegebedürftig sind, dass die Pflege in diesen Einrichtungen oder Räumlichkeiten nicht sichergestellt werden kann, vereinbaren

der Träger der Sozialen Entschädigung und die zuständige Pflegekasse mit dem Leistungserbringer, dass die Leistung bei einem anderen Leistungserbringer erbracht wird. [5]Dabei ist den berechtigten Wünschen der Berechtigten Rechnung zu tragen.

A. Gesetzesgeschichte

I. Geltendes und neues Recht

§ 67 tritt mit einem Großteil der übrigen Vorschriften erst zum 1.1.2024 in Kraft.[1] 1 Die Regelung ist angelehnt an § 103 Abs. 1 SGB IX.[2] Eine direkte oder entsprechende Vorgängerregelung fand sich bisher im BVG nicht. Durch § 67 wird angeordnet, dass in den Fällen, in denen die Teilhabeleistungen nach § 62 S. 1 Nr. 1–3 in einer vollstationären Einrichtung iSd § 43a SGB XI erbracht werden, die Teilhabeleistungen auch die in der Einrichtung erbrachten Pflegeleistungen umfassen.

Ausgangspunkt für die Sonderregelung des § 67 ist also § 43a SGB XI. Letzterer wird zutreffend als mit dem Grundgesetz und der UN-BRK für unvereinbar befunden.[3] Allerdings finden sich für den Bereich des SGB XIV und damit für den Bereich des SER Kompensationen, die Nachteile aus dem Regelungskontext rund um § 43a SGB XI ausgleichen können und damit die Kritik ggf. entschärfen können; dazu zählt vor allem, dass der pauschale Anspruch auf Aufwendungsersatz nicht gedeckelt ist (→ Rn. 23).

II. Änderungen im SGB XIV gegenüber dem BVG

§ 67 ist Folge der expliziten Regelung von Teilhabeleistungen im Katalog des 2 SGB XIV. Da auch im SGB XIV systematisch zwischen Teilhabe- und Pflegeleistungen getrennt wird und die Pflegeleistungen nach Kap. 7 wiederum weitgehend der Struk-

1 BT-Drs. 19/13824, 2.
2 BT-Drs. 19/13824, 202; instruktiv zu Historie Fuchs/Ritz/Rosenow/Rosenow § 103 Rn. 1 ff.
3 So Welti, Sonderregelung für pflegebedürftige behinderte Menschen in Behinderteneinrichtungen § 43a SGB XI verstößt gegen Grundgesetz und UN-BRK, Beitrag D36–2016 unter www.reha-recht.de mit Zugriff auf ausführliches Gutachten; vgl. auch Fuchs/Ritz/Rosenow/Rosenow § 103 Rn. 6; aA BSG Urt. v. 26.4.2001 – B 3 P 11/00 R, NZS 2002, 89–91.

tur des SGB XI und dort der Trennung zwischen ambulanter und stationärer Pflege folgen, ist es zumindest insoweit konsequent, dass der Gesetzgeber nun auch im SGB XIV, im Kap. 6 das Verhältnis zwischen Teilhabe- und Pflegeleistungen übereinstimmend mit dem sonstigen Teilhaberecht (vgl. § 103 SGB IX) geregelt hat. Diese Regulierungsstringenz heißt aber keinesfalls, dass damit die Gründe für die deutliche und **berechtigte Kritik** an § 43a SGB XI (→ Rn. 3 f.) und allen damit verbundenen Folgeregelungen[4] beseitigt wären.[5] Gleichwohl fallen die aus § 43a SGB XI resultierenden Nachteile für die Menschen mit Behinderungen im Bereich des SER nicht so stark aus, denn im SER, auch durch die Sonderregelungen der §§ 67, 68, sind einige der kritisierten Einschränkungen abgemildert worden (→ Rn. 23). Aber schon allein die Unübersichtlichkeit der schwer erschließbaren Sonderregelungen in §§ 67 und 68 durch die Trennung des Leistungsumfangs je nach ambulanter oder stationärer Versorgung belegt, dass der Gesetzgeber den proklamierten Paradigmenwechsel von der institutionenorientierten zur personenzentrierten Leistungsgewährung, vgl. §§ 39 Abs. 1, 95 SGB IX, nicht konsequent verfolgt.[6]

3 Da bisher im BVG eine mit § 67 vergleichbare Regelung fehlt, stellt sich die Frage, ob es vor Inkrafttreten der Neuregelung keinen etwaigen **Regelungsbedarf** gab oder gibt. Ein Blick in die bisherige Debatte spricht eher dafür, dass Beschädigte auch schon bisher von Fällen wie in der neuen Norm geregelt, betroffen waren, dh von einem tatsächlichen Zusammentreffen von Teilhabe- mit Pflegeleistungen in Rehabilitationseinrichtungen oder Einrichtungen der Behindertenhilfe.

Der Anwendungsfall ergibt sich für Menschen mit Behinderung im Grunde seit Einführung von Pflegeleistungen als Versicherungsleistungen durch das SGB XI. Seitdem ist das Zusammentreffen von Teilhabe- (bzw. Eingliederungsleistungen) mit Pflegeleistungen ein hoch umstrittenes Problem. Menschen mit Behinderungen können für ihre Pflege in stationären Behinderteneinrichtungen keine Leistungen nach § 43 SGB XI und auch keine ambulanten Pflegeleistungen, §§ 36 ff. SGB XI, in Anspruch nehmen; es gilt im SGB XI immer noch eine deutliche Sektorentrennung und zudem sind die Wohneinrichtungen für behinderte Menschen und andere Einrichtungen der Rehabilitation bis heute keine Pflegeeinrichtungen iSd SGB XI. Das wurde früh klargestellt durch das Erste SGB-XI-Änderungsgesetz und den schon 1996 neu eingefügten § 71 Abs. 4 SGB XI; zugleich wurde seinerzeit der Anspruch auf „Pauschalleistung für die Pflege von Menschen mit Behinderungen“ (vgl. § 28 Abs. 1 Nr. 9 SGB XI) in § 43a SGB XI geschaffen, um pflegebedürftigen Menschen mit Behinderungen, die in einer Behinderteneinrichtung leben, den stationären Pflegeversorgungsanspruch nicht gänzlich zu versagen.[7] Um zudem sicherzustellen, dass Menschen mit Behinderung auch bei zunehmendem Pflegebedarf in ihrer Umgebung, sprich in der Einrichtung der Behindertenhilfe bleiben konnten, wurde mit Einführung des SGB IX zugleich im Sozialhilferecht § 40a BSHG verankert.[8] Damit sollte klargestellt werden, dass die Eingliederungshilfe in einer Einrichtung der Behindertenhilfe **die notwendige Pflege mit umfasst,** um auch pflegebedürftige Menschen mit Behinderung von dort nicht zu verdrängen. Der Auszug aus der Behinderteneinrichtung wegen dort nicht mehr sicher zu stellender Pflege sollte die Ausnahme sein.[9] Die später inhaltsgleiche Regelung des

4 Überblick bei Landtag Rheinland-Pfalz, Wissenschaftlicher Dienst, Gutachten, Az. 52–1714, 13.5.2020, S. 5, https://www.landtag.rlp.de/fileadmin/Landtag/Medien/Gutachten_WD/17._Wahlperiode/2020-05-13_-_SPD-FDP-B90-GRUENE_-_Vereinbarkeit____43a_Saetze_1-3_SGB_XI-Grundgesetz-UN-Behindertenrechtskonvention.pdf.

5 Deutlich auch Fuchs/Ritz/Rosenow/Rosenow § 103 Rn. 7.

6 Instruktiv Welti (Fn. 3) Beitrag D36–2016 unter www.reha-recht.de mit Zugriff auf ausführliches Gutachten; vgl. auch Fuchs/Ritz/Rosenow/Rosenow § 103 Rn. 6.

7 Eingefügt durch Art. 1 Nr. 20 G. v. 14.6.1996, BGBl. 1996 I 830 mWv 25.6.1996.

8 BGBl. 2001 I 1046, 1111.

9 BT-Drs. 14/5074, 124.

§ 55 SGB XII ist dann mit der Verschiebung der Eingliederungshilfe aus dem SGB XII in den 2. Teil des SGB IX im Zuge des BTHG mit hinübergewandert und findet sich **heute in § 103 Abs. 1 SGB IX.**[10] Auch wenn der historische Blick zeigt, dass die Rechtsfragen für das Verhältnis zwischen Eingliederungshilfe und Pflegeversicherung[11] soweit ersichtlich aber bisher nicht für das Verhältnis von Teilhabe und Pflege zugunsten von Beschädigten im Rahmen des SER diskutiert worden sind, ist der Regelungsbedarf dennoch auch für Beschädigte eher zu vermuten als auszuschließen. Damit bleibt die Frage nach der Anwendbarkeit des § 67 für die Zeit vor dem 1.1.2024 bestehen.

Eine unmittelbare Anwendung des § 67 kommt vor deren Inkrafttreten nicht in Betracht. Damit allein lässt sich allerdings die Frage noch nicht beantworten, wie der Regelungszweck des § 67 vorab sichergestellt werden kann. Methodisch zu klären wäre, wie sich auf der Basis des BVG bis 31.12.2023 die Leistungen zur Teilhabe und zur Pflege wie aus einer Hand (→ Rn. 3) sicherstellen ließen. Denkbar wäre ein Rückgriff auf § 26 Abs. 2 BVG, wonach bei Unterbringung von Beschädigten in einer Einrichtung der beruflichen Rehabilitation die dort entstehenden Aufwendungen vom Träger der Kriegsopferfürsorge als Sachleistungen getragen werden. Denkbar wäre bei einer unerkannten Regelungslücke und mit Blick auf die Kritik an § 43a SGB XI und seinen Folgewirkungen, sämtliche Sonderregelungen für Menschen mit Behinderungen streng anhand des Maßstabs von Art. 11 GG und Art. 19 UN-BRK zu überprüfen.[12] Dann dürfte sich im Grunde ein Anwendungsfall des § 67 vor dessen Geltungsdauer gar nicht stellen, denn schon nach dem BVG galt der besondere Begünstigungsgrundsatz (→ § 69 Rn. 17). 4

B. Normsystematik

I. Allgemeiner Regelungsgehalt

Die §§ 67 und 68 enthalten **Sonderregelungen** für das Zusammentreffen von Teilhabeleistungen und Pflegeleistungen. Diese lassen sich nur vor dem Hintergrund des gegliederten Systems und dem vom Gesetzgeber eingeläuteten, zum Teil aber auch sehr inkonsequent umgesetzten Wandel vom institutionen- zum personenzentrierten Teilhaberecht[13] verstehen (→ Rn. 7). 5

§ 67 greift konkret für den Fall, dass **gleichzeitig Teilhabe- und Pflegeleistungen** in Einrichtungen erbracht werden, die keine Pflegeheime iSd SGB XI sind, weil sie zB als Rehabilitationseinrichtungen oder Einrichtungen der Behindertenhilfe vorrangig auf die Teilhabesicherung und nicht auf die Pflege der Menschen ausgerichtet sind (→ Rn. 14 f.). Besteht im Einzelfall in einer solchen Einrichtung neben dem Teilhabe- gleichzeitig ein Pflegebedarf, dann umfassen gem. § 67 S. 1 die Teilhabeleistungen auch die Pflegeleistungen (→ Rn. 18). Abweichend vom Grundsatz des SER, dass Leistungen nur für schädigungsbedingte Bedarfe erbracht werden, kommt es für den Einschluss der Pflegeleistung in die Gewährung der Teilhabeleistung gem. Satz 2 auf die Ursache der Pflegebedürftigkeit nicht an[14] (→ Rn. 19). Durch den in Satz 3 normierten Verweis auf § 75 Abs. 3 ist geregelt, dass die Pflegeleistungen pauschal mit 15 % der Vergütung abgedeckt werden (→ Rn. 21 f.), was wegen der sonstigen Deckelung

10 Vgl. zur weitzurückreichenden Historie des Regelungsgedankens Fuchs/Ritz/Rosenow/Rosenow § 103 Rn. 1 ff.
11 Vgl. aktuell BSG 11.11.2021 – B 3 P 2/20 R, mit tlw. kritischer Anmerkung Eicher jurisPR-SozR 11/2022 Anm. 5; vgl. auch Parallelentscheidungen – B 3 P 3/20 R, B 3 P 4/20 R, B 3 P 5/20 R.
12 Welti (Fn. 3) Beitrag D36–2016 unter www.reha-recht.de.
13 BT-Drs. 18/9522, 193, 194.
14 BT-Drs. 19/13824, 202.

durch § 43a SGB XI auf 266 EUR[15] einen Vorteil von Geschädigten und Hinterbliebenen im Vergleich zu sonstigen Menschen mit Behinderungen bedeutet.[16] Die Sätze 4 und 5 sollen der Sicherstellung der Pflege dienen, wenn dies in der konkreten Rehabilitations- oder Behinderteneinrichtung nicht gewährt werden kann (→ Rn. 25 ff.).

II. Verhältnis von Teilhabe- und Pflegeleistungen

6 Warum im 6. Kapitel das Zusammentreffen von Teilhabe- und Pflegeleistungen geregelt ist, lässt sich nur im Lichte aktueller Rechtsentwicklungen im Sozialrecht und vor dem Hintergrund des häufig zusammentreffenden Bedarfs von Pflege- und Teilhabeleistungen nachvollziehen. Das geltende Sozialrecht und auch das SER unterscheiden grundsätzlich zwischen Pflege und Teilhabe und dies in mehrfacher Hinsicht. Das SGB trennt zwischen den Leistungsfällen **„Pflegebedürftigkeit"** (§ 14 SGB XI) und **„Behinderung/Teilhabestörung"** (§ 2 SGB IX), den Leistungsansprüchen bei Pflegebedürftigkeit (§ 28 SGB XI) und zur Teilhabesicherung (§ 4 SGB IX) und vor allem hinsichtlich der Leistungszuständigkeiten, denn die Pflegekassen sind ausdrücklich keine Rehabilitationsträger (vgl. § 6 SGB IX). Und auch im SGB XIV wird zwischen Leistungen zur Teilhabe und Leistungen bei Pflegebedürftigkeit mit den Kapiteln 6 und 7, vgl. § 3 Nr. 3 und 4, unterschieden. Diese systematische Trennung führt bei sich überschneidenden oder zusammentreffenden Leistungsinhalten zu schwierigen Abgrenzungsfragen hinsichtlich der Verantwortlichkeiten für die Leistungen wie auch für die Versorgungsstrukturen im Rahmen des kooperativen Leistungserbringungsrechts, vgl. § 17 SGB I.[17] Und so stellen sich angesichts des gegliederten Systems für Menschen mit beschränkter Fähigkeit zur Selbstversorgung und daraus häufig resultierendem gleichzeitigem Pflege- und Teilhabebedarf im Lebensverlauf ganz unterschiedliche Bedürfnisse hinsichtlich der Orte, an denen sie ihre Bedarfe befriedigen können.[18] Für erwachsene Menschen mit früh erworbenen Beeinträchtigungen stehen die Angebote der Behindertenhilfe (zuständig dafür die Eingliederungshilfe, vgl. §§ 90 ff. SGB IX) und der beruflichen Rehabilitation (zuständig dafür unterschiedliche Träger, vgl. §§ 51 und 6 SGB IX) zur Verfügung. Alten- und Pflegeheime, die typischerweise von deutlich älteren Menschen am Ende ihres Lebens bewohnt werden, sind meist nicht der Lebensort, an dem jüngere Menschen mit Beeinträchtigung leben wollen oder vorübergehend leben müssen, zB zum Zwecke einer beruflichen Ausbildung (zB wegen Internatsunterbringung). Zudem sind Pflegeheime ihrem gesetzlichen Auftrag entsprechend nicht auf rehabilitative Leistungen spezialisiert (vgl. § 71 Abs. 2 SGB IX). Je nach dem individuellen Aufenthaltsort stehen vor allem bei stationärer Versorgung daher entweder die Pflegeleistungen oder die Teilhabeleistungen im Vordergrund des von der Einrichtung vorgehaltenen Leistungsangebots.

7 Die Trennung zwischen Teilhabe und Pflege führt zudem im aktuellen und sehr weitreichenden Reformprozess zu weiteren nachteiligen Koordinierungsschwierigkeiten für die Menschen mit Behinderungen, die zugleich pflegebedürftig sind. Während im Bereich des Teilhaberechts mit der Reform durch das BTHG der Paradigmenwechsel von einer institutionsorientierten hin zu einer personenzentrierten Versorgung bewerkstelligt werden soll,[19] hat der Gesetzgeber im Zuge der Reform des Pflegeversi-

15 Zur verfassungsrechtlichen Kritik an § 43a SGB XI Welti (Fn. 3) Beitrag D36–2016 unter www.reha-recht.de.
16 BT-Drs. 19/13824, 202.
17 Vgl. dazu schon Lachwitz, Das Verhältnis der Pflegeversicherung zu den Leistungen nach dem BSHG, Deutsches Anwaltsinstitut, Brennpunkte des Sozialrechts 1996, S. 35 ff.
18 Vgl. anschaulich auch die Diskussion um die Leistungspflicht für med. Behandlungspflege in einer ambulant betreuten Wohngruppe BSG 26.3.2021 – B 3 KR 14/19 R, zust. Udsching jurisPR-SozR 19/2021 Anm. 2.
19 Vgl. dazu die Vorgaben in §§ 39 Abs. 1, 95 SGB IX sowie BT-Drs. 18/9522, 193 f.

cherungsrechts trotz kritischer Debatte die Weichen mit dem PSG III nicht konsequent gestellt und stattdessen den Ausschluss des § 43a SGB XI noch erweitert.[20]

Für Geschädigte mit gleichzeitigem Bedarf an Pflege- und Teilhabeleistungen ergeben sich daher verschieden denkbare, aber meist nur schwer durchschaubare Gestaltungsmöglichkeiten. Im Rahmen der individuellen Lebensplanung sind dazu ua[21] folgende gesetzliche Vor- und Nachrangregelungen zu beachten. 8

- Bei **schädigungsbedingter Pflegebedürftigkeit** iSd § 71 (→ § 71 Rn. 12) besteht Anspruch auf die Leistungen des Kapitels 7, wobei die bei pflegeversicherten Geschädigten sich dann gleichzeitig ergebenden Leistungsansprüche aus dem SGB XI gegen die Pflegeversicherung gem. § 28 Abs. 1 SGB XIV und § 13 Abs. 1 Nr. 1 SGB XI nF zurücktreten.[22] Die Ansprüche des SER umfassen die Übernahme des gesamten schädigungsbedingten Bedarfs an Pflege[23] und reichen damit deutlich weiter als die nach dem Teilkaskoprinzip (vgl. § 4 Abs. 2 SGB XI)[24] begrenzten Ansprüche der Pflegeversicherung (→ § 75 Rn. 4). Bei der Erfüllung der schädigungsbedingten Pflegeleistungen bedienen sich die TdSE der Einrichtungen der Pflegeversicherung, vgl. § 77 Abs. 2 und 3 (→ § 77 Rn. 10). Faktisch ist daher die Erbringung der nach dem 7. Kap. zu leistenden Pflege durch eine nach § 72 SGB XI zugelassene Pflegeeinrichtung denkbar.
- Für **nicht schädigungsbedingte Pflegebedarfe** kommen die Leistungen des SGB XI bzw. Leistungen der privaten Pflege-Pflichtversicherung und, soweit diese den Bedarf nicht decken, ergänzend Leistungen nach dem 7. Kapitel SGB XII als Hilfe zur Pflege (§§ 62 ff. SGB XII) in Betracht (→ Vor § 71 Rn. 7).[25]

Haben Geschädigte wegen der **schädigungsbedingten Teilhabestörung** neben ihrem (egal ob schädigungs- oder nicht schädigungsbedingten) Pflegebedarf zugleich Teilhabeansprüche nach § 62 S. 1 Nr. 1–3, dann wird die Reichweite der Teilhabe- bzw. Pflegeleistungen durch §§ 67 und 68 beeinflusst.[26] Zur Verdeutlichung sind die grundlegend in Betracht kommenden Zuständigkeiten hier nochmals tabellarisch abgebildet.

Zunächst das grundlegende Verhältnis hinsichtlich der **Pflegeleistungen zwischen SGB XIV, SGB XI und SGB XII:** 9

Gesetz	Pflegeleistungen	Vor- und Nachrangregelungen
SGB XIV/ SER	▪ nach Kap. 7, dh §§ 71–81 ▪ schädigungsbedingt ▪ bedarfsdeckend ▪ unabhängig von Bedürftigkeit	§ 28 Abs. 1 SGB XIV und § 13 Abs. 1 Nr. 1 SGB XI nF sowie § 2 SGB XII ▪ Vorrang vor Pflegeversicherung und Sozialhilfe
SGB XI/ Pflegeversicherung	▪ nach 4. Kap., dh §§ 28–45f ▪ ursachenunabhängig ▪ nicht bedarfsdeckend ▪ unabhängig von Bedürftigkeit	§ 28 Abs. 1 SGB XIV und § 13 Abs. 1 Nr. 1 und Abs. 3 SGB XI nF sowie § 2 SGB XII

20 Fuchs/Ritz/Rosenow/Rosenow § 103 Rn. 6 f.
21 Die darüber hinausgehende Abstimmung mit den Leistungen der GKV wegen Krankheit bleibt hier unbesprochen, vgl. dazu nur jüngst BSG 26.3.2021 – B 3 KR 14/19 R, zust. Udsching jurisPR-SozR 19/2021 Anm. 2.
22 Schmidt SGB XIV/Schmidt § 74 Rn. 4.
23 Knickrehm/Mushoff/Schmidt Neues SozEntschR Rn. 236, 242 ff.
24 Dazu Udsching SGb 2014, 354 ff.
25 BT-Drs. 19/13824, 202.
26 BT-Drs. 19/13824, 202.

Gesetz	Pflegeleistungen	Vor- und Nachrangregelungen
		■ Nachrang gegenüber SER und Vorrang gegenüber Sozialhilfe
SGB XII/ Sozialhilfe	■ nach 7. Kap. (Hilfe zur Pflege), dh §§ 61–66a ■ ursachenunabhängig ■ bedarfsdeckend ■ bedürftigkeitsabhängig	§ 2 Abs. 1 SGB XII ■ Nachrang gegenüber SER und Pflegeversicherung

10 Durch die §§ 67, 68 kann sich für den TdSE über das 7. Kap. hinaus eine **erweiterte Verantwortlichkeit für Pflegebedarfe** des Geschädigten ergeben, was von der Inanspruchnahme von Teilhabeleistungen und vom Leistungsort abhängt und in der folgenden Abbildung zusammengefasst ist. Beim Zusammentreffen von Teilhabe- und Pflegeleistungen gilt:

Leistungsort	Spezialregelungen und Besonderheiten
stationär o. vergleichbar, aber keine Pflegeeinrichtung (dh in stationären Einrichtungen und Räumlichkeiten iSd § 43a iVm § 71 Abs. 4 SGB XI (→ Rn. 14 ff.)	**§ 67** ■ Teilhabeleistungen des TdSE umfassen auch die zu erbringenden Pflegeleistungen ■ schließt nicht schädigungsbedingte Pflegebedarfe ein ■ Leistungsumfang iHv 15 % der Pflegevergütung, dh keine absolute betragsmäßige Deckelung wie in § 43a SGB XI **Problem**: Verkürzung von Leistungen (vgl. § 43a SGB XI) und Wahlmöglichkeiten
ambulant/häuslich oder vergleichbar (dh außerhalb von stationären Einrichtungen und Räumlichkeiten iSd § 43a iVm § 71 Abs. 4 SGB XI)	**§ 68 Abs. 1**: durch Verweis auf § 13 Abs. 4 S. 1–3 und Abs. 4a SGB XI ■ **Vereinbarung über koordinierte Leistungserbringung** zwischen TdSE und zuständiger Pflegekasse mit Zustimmung des Leistungsberechtigten
	§ 68 Abs. 2: nach S. 1 und 2 umfassen die Teilhabeleistungen des TdSE auch die Leistungen der häuslichen Pflege nach SGB XII ■ bewirken, dass die **Pflegeleistungen nach Kap. 7 SGB XII bedürftigkeitsunabhängig** erbracht werden (dh auch Besserstellung gegenüber Regelungen der Eingliederungshilfe)

11 Trotz der berechtigten Kritik an den Ursachen für die Spezialregelung (→ Rn. 1 f.; → Rn. 12) verfolgt der Gesetzgeber eine verbesserte und den individuellen Bedarfen der Geschädigten angepasste Leistungsgewährung, wenn Pflege- und Teilhabebedarfe zusammentreffen. Dabei sollen zum einen strukturelle Bedingungen (keine Reha-Trägerstellung für die Pflegekassen und häufige Aufstockung von Pflegeversicherungsleistungen durch Sozialhilfe) kompensiert werden und außerdem die Bedingungen für eine personenzentrierte Leistungsgewährung verbessert werden. Die Folgen für das

Zusammentreffen von Pflege- und Teilhabeleistungen müssen daher auch von den verschiedenen Beratungsstellen berücksichtigt werden.

C. Einzelkommentierung

Die Vorschrift ist angelehnt an die Regelung des § 103 Abs. 1 SGB IX.[27] Sie ordnet in bestimmten Fällen die notwendigen Pflegeleistungen den zu erbringenden Teilhabeleistungen zu. Dies wird mit dem Ziel begründet, dass Teilhabeleistungen und Pflegeleistungen aus einer Hand erbracht werden sollen.[28] „Leistungen wie aus einer Hand" ist im gegliederten System ein wichtiges Prinzip der koordinierten Leistungsgewährung, vgl. schon § 2 Abs. 2 Hs. 2 SGB I und für das Teilhaberecht speziell § 4 Abs. 2 S. 2 SGB IX. Die unreflektierte Berufung hierauf verwässert allerdings bei genauem Hinsehen den eigentlichen Regelungshintergrund. Dieser liegt in einer **kritikwürdigen Konzeption des Pflegeversicherungsrechts**, die wiederum vom SER inkorporiert worden ist, vgl. §§ 74 Nr. 1, 77 Abs. 2 und 3 (→ Rn. 6). Wären Menschen mit Behinderungen, die in Einrichtungen der Behindertenhilfe oder vergleichbaren Wohnformen leben, nicht auf die Abgeltungspauschale für ihre erforderlichen pflegerischen Aufwendungen beschränkt und dem Risiko eines unfreiwilligen Wechsels der Wohneinrichtung ausgesetzt (→ Rn. 25), dann wären die Sätze 1 und 2 für sich benommen auch nicht zu kritisieren. Sie können allerdings nicht losgelöst von dem Gesamtregelungskontext und damit nicht einseitig positiv gesehen werden. 12

I. Teilhabeleistungen erstrecken sich auf Pflegeleistungen (S. 1)

1. Erbringung von Teilhabeleistungen gem. § 62 S. 1 Nr. 1–3. Die Vorschrift ist für die **Leistungen zur Teilhabe** nach § 62 in Anlehnung an die Regelung des § 103 Abs. 1 SGB IX formuliert.[29] Die Sonderregelung des § 67 greift nur für Geschädigte und ggf. Hinterbliebene, die Teilhabeleistungen nach § 62 S. 1 Nr. 1–3 erhalten, dh Leistungen zur Teilhabe am Arbeitsleben sowie unterhaltssichernde und andere ergänzende Leistungen, Leistungen zur Teilhabe an Bildung oder Leistungen zur Sozialen Teilhabe. Die Sonderregelung greift nicht für Teilhabeleistungen gem. § 62 S. 1 Nr. 4, dh nicht für Leistungen der medizinischen Rehabilitation. Dies stimmt mit der pauschalen Abgeltungsregelung des § 43a SGB XI überein. Pflegeleistungen in medizinischen Rehabilitationseinrichtungen werden durch § 43a SGB XI nicht abgegolten, obwohl auch medizinische Rehabilitationseinrichtungen keine zugelassenen Pflegeeinrichtungen sein können, vgl. § 71 Abs. 4 Nr. 1 SGB XI. 13

2. In Einrichtungen oder Räumlichkeiten iSv § 43a SGB XI iVm § 71 Abs. 4 SGB XI. § 67 setzt voraus, dass die genannten Teilhabeleistungen in Einrichtungen oder Räumlichkeiten iSd § 43a SGB XI iVm § 71 Abs. 4 SGB XI erbracht werden. 14

a) **Vollstationäre Einrichtung iSd § 71 Abs. 4 Nr. 1 SGB XI.** In § 43a SGB XI werden genannt die „vollstationären Einrichtung[en] iSd § 71 Abs. 4 Nr. 1 SGB XI, in der die Teilhabe am Arbeitsleben, an Bildung oder die soziale Teilhabe, die schulische Ausbildung oder die Erziehung von Menschen mit Behinderungen im Vordergrund des Einrichtungszwecks stehen." Dazu werden gezählt Rehabilitationseinrichtungen, Kindergärten, Schulen und Internate, Werkstätten und Wohnheime für behinderte Menschen.[30] Damit sind vor allem die Wohnheime der Behindertenhilfe und die in § 51 SGB IX aufgeführten Einrichtungen der beruflichen Rehabilitation, dh die Berufsbildungswerke, die Berufsförderungswerke und vergleichbare Einrichtungen genannt. Zu Letzteren zählen ua die Werkstätten für behinderte Menschen (§§ 56 ff., 219 ff. 15

27 BT-Drs. 19/13824, 202.
28 BT-Drs. 19/13824, 202.
29 BT-Drs. 19/13824, 202.
30 jurisPK-SGB XI/Wiegand, 3. Aufl., § 36 (Stand: 1.10.2021) Rn. 29.

SGB IX), Einrichtungen der medizinisch-beruflichen Rehabilitation oder Berufliche Trainingszentren.[31] Aber auch andere, eher selten besprochene Wohnformen, wie zB gemeinsame Wohnformen für Mütter/Väter und Kinder gem. § 19 SGB VIII, zählen zu den Einrichtungen, in denen nicht die Pflege iSd SGB XI im Vordergrund steht und die deshalb zu den Einrichtungen iSd § 43a SGB XI zu zählen sind.[32]

16 Diese weitreichende Aufzählung folgt aus der Auslegung des § 67 S. 1 nach Wortlaut, Systematik, Telos und Historie. Sie führt ohne eine Korrektur anhand von verfassungs- und völkerrechtlichen Maßstäben oder durch den Gesetzgeber (→ Rn. 1) dazu, dass Menschen, die dieser Versorgungsformen bedürfen, hinsichtlich ihres gleichzeitigen Pflegebedarfs nur auf die geringe, pauschale Abgeltung gem. § 43a SGB XI verwiesen sind.

17 **b) Räumlichkeiten.** Der Tatbestand „Räumlichkeit" lässt sich nur entstehungsgeschichtlich fassen. Er dient allein dem Zweck, den Status quo der §§ 43a, 71 Abs. 4 SGB XI vor der Reform des SGB IX durch das BTHG und damit die historisch festgelegte Verteilung der Lasten zwischen Pflege und Eingliederungshilfe (→ Rn. 3), trotz scharfer Kritik, abzusichern.[33] Die Erweiterung des Ortes der Teilhabeleistungen auf „Räumlichkeiten" in der Sonderregelung des § 43a SGB XI und aller darauf aufbauender Normen (wie §§ 103 SGB IX und hier § 67) ist eine **reine Zweckregelung**. Der Gesetzgeber wollte damit trotz der grundlegenden strukturellen Änderungen im SGB IX sicherstellen, dass es hinsichtlich der Verteilung zwischen Eingliederungshilfe und Pflegeversicherung zu keiner Lastenverschiebung kommt und vielmehr die gleichen Rechtswirkungen wie bisher gesichert werden.[34] Mit der Reform des Rehabilitations- und Teilhaberechts und dem damit beabsichtigten Wechsel von der Institutionen- zur Personenzentrierung[35] ist die Leistungsgewährung in der Eingliederungshilfe seit 1.1.2020 nicht mehr an einer bestimmten Wohnform ausgerichtet; die Abgrenzung zwischen stationärer und ambulanter Wohnform soll überwunden werden. Im Zuge des PSG III ist § 71 Abs. 4 SGB XI zum 1.1.2020 neu gefasst worden. Da aber im SGB XI entgegen dem Reformziel durch das BTHG an der relativ strikten Trennung zwischen ambulanter und stationärer Versorgung festgehalten worden ist, führt die Ergänzung des § 71 Abs. 4 Nr. 3 SGB XI zu dem Dilemma, dass dann doch maßgeblich wiederum darauf abgestellt wird, ob in einer Wohnform die Gesamtversorgung der Bewohner tatsächlich regelmäßig einen Umfang erreicht, der typischerweise ähnlich in einer vollstationären Einrichtung anzutreffen ist.[36] Zur Konkretisierung des für stationäre Wohnformen typischen Versorgungsniveaus hat der **Spitzenverband Bund der Pflegekassen** von seinem gem. § 71 Abs. 5 SGB XI erteilten Regelungsauftrag Gebrauch gemacht.[37]

Räumlichkeiten iSd § 71 Abs. 4 Nr. 3 SGB XI sind nach Vorstellung des Gesetzgebers dadurch geprägt, dass die Bewohnerinnen und Bewohner die Überlassung des Wohnraums sowie die Erbringung von Leistungen der Eingliederungshilfe und ggf. darüber hinaus erforderliche Leistungen zur Pflege oder Betreuung in einer Weise erhalten, die

---

31 Fuchs/Ritz/Rosenow/Conrad-Giese § 51 Rn. 10; Feldes/Kohte/Stevens-Bartol SGB IX/Busch § 51 Rn. 11, 11c.

32 Vgl. Fuchs/Ritz/Rosenow/Rosenow § 113 Rn. 51.

33 Richtlinie des GKV-Spitzenverbandes nach § 71 Abs. 5 Satz 1 SGB XI zur näheren Abgrenzung der in § 71 Abs. 4 Nr. 3 Buchstabe c SGB XI genannten Merkmale, S. 2.

34 BT-Drs. 18/9518, 72.

35 BT-Drs. 18/9522, 2, 4; dazu Fuchs/Ritz/Rosenow/Rosenow § 95 Rn. 21 ff.

36 Zur Widersprüchlichkeit zwischen BTHG-Reform und PSG III Landtag Rheinland-Pfalz, Wissenschaftlicher Dienst, Gutachten, Az. 52–1714, 13.5.2020, S. 6; Fuchs/Ritz/Rosenow/Rosenow § 103 Rn. 46 ff.

37 https://www.gkv-spitzenverband.de/media/dokumente/pflegeversicherung/richtlinien__vereinbarungen__formulare/rahmenvertraege__richlinien_und_bundesempfehlungen/2019_12_18_Richtlinien_71_Abs._5_Genehmigung.pdf.

bewirkt, dass im Rahmen einer Gesamtbetrachtung die Versorgung durch die Anbieter umfassend organisiert wird. Die in § 71 Abs. 4 Nr. 3 SGB XI in den Buchstaben a bis c aufgeführten Kriterien müssen kumulativ vorliegen; ansonsten handelt es sich nicht um eine Räumlichkeit iSd § 71 Abs. 4 Nr. 3 SGB XI.[38] Ambulant betreute Wohnformen zählen grundsätzlich nicht zu den Räumlichkeiten.[39]

Besonders anspruchsvoll ist die Bewertung bei einer **Versorgung sowohl in Räumlichkeiten iSd § 71 Abs. 4 Nr. 3 Buchst. a und b SGB XI** als auch in Einrichtungen iSd § 71 Abs. 4 Nr. 1 SGB XI. Das wird zunehmen, je häufiger Menschen mit Behinderungen verschiedene Leistungsangebote nutzen und dabei sowohl in Räumlichkeiten iSd § 71 Abs. 4 Nr. 3 lit. a und b SGB XI als auch in Einrichtungen iSd § 71 Abs. 4 Satz 1 Nr. 1 SGB XI ihre Teilhabebedarfe sicherstellen. Zur Bestimmung, ob in diesen Fällen § 43a SGB XI iVm § 71 Abs. 4 SGB XI erfüllt ist, ist eine Gesamtbetrachtung iSd § 71 Abs. 4 Nr. 3 lit. c) SGB XI anzustellen, ob der Umfang der Versorgung durch sämtliche Leistungserbringer weitgehend der Versorgung in einer vollstationären Einrichtung entspricht. Dazu kommt es auf eine **organisatorische Verbindung** zwischen den verschiedenen Leistungen an; fehlt es an einer solchen, dann kommt der zusammengestellte Bedarf nicht der Deckung durch eine stationäre Einrichtung gleich.[40]

3. Rechtsfolge: Teilhabeleistungen umfassen in diesem Fall die Pflegeleistungen. 18
Durch die Sätze 1 und 2 werden die Pflegeleistungen **Bestandteil der Teilhabeleistungen** und damit als solche vom TdSE als Rehabilitationsträger erbracht.[41] Was unter den erfassten Pflegeleistungen zu verstehen ist, ergibt sich aus dem Verweis in § 43a S. 1 SGB XI auf § 43 Abs. 2 SGB XI. Danach deckt der Leistungsanspruch die *pflegebedingten Aufwendungen einschließlich der Aufwendungen für Betreuung und die Aufwendungen für Leistungen der medizinischen Behandlungspflege* ab (→ § 75 Rn. 32). So wie der Träger der Eingliederungshilfe umfassend für die Pflegeleistung im Rahmen des SGB IX zuständig wird, vgl. § 103 Abs. 1 SGB IX,[42] ist durch § 67 S. 1 der TdSE in seiner Rolle als Rehabilitationsträger auch hinsichtlich des Pflegebedarfs umfassend leistungspflichtig. Damit ändert sich durch § 67 S. 1 die Rechtslage dann doch je nach Ort der Leistungserbringung. Denn beim Zusammentreffen iSd § 67 S. 1 ist der TdSE einschließlich der erforderlichen Pflegeleistungen verantwortlicher Träger iSd 1. Teils des SGB IX.[43] Greift der Sonderfall des § 67 S. 1 nicht, dann bleibt der TdSE für den schädigungsbedingten Pflegebedarf im Rahmen des 7. Kapitels und insoweit aber nicht als Rehabilitationsträger zuständig.

---

38 Richtlinie des GKV-Spitzenverbandes nach § 71 Abs. 5 Satz 1 SGB XI zur näheren Abgrenzung der in § 71 Abs. 4 Nr. 3 Buchstabe c SGB XI genannten Merkmale, S. 4.

39 Richtlinie des GKV-Spitzenverbandes nach § 71 Abs. 5 Satz 1 SGB XI zur näheren Abgrenzung der in § 71 Abs. 4 Nr. 3 Buchstabe c SGB XI genannten Merkmale, S. 2; vgl. auch BSG 26.3.2021 – B 3 KR 14/19 R, zust. Udsching jurisPR-SozR 19/2021 Anm. 2.

40 Richtlinie des GKV-Spitzenverbandes nach § 71 Abs. 5 Satz 1 SGB XI zur näheren Abgrenzung der in § 71 Abs. 4 Nr. 3 Buchstabe c SGB XI genannten Merkmale, S. 7 f.

41 Schmidt SGB XIV/Schmidt § 67 Rn. 4; vgl. zur Systematik hinsichtlich § 103 SGB IX aktuell BSG, Vgl. aktuell BSG 11.11.2021 – B 3 P 2/20 R, mit tlw. kritischer Anmerkung Eicher jurisPR-SozR 11/2022 Anm. 5; vgl. auch Parallelentscheidungen – B 3 P 3/20 R, B 3 P 4/20 R, B 3 P 5/20 R, dazu PM v. 3 und 12.11.2021.

42 Vgl. BSG 11.11.2021 – B 3 P 2/20 R.

43 Vgl. auch BSG 11.11.2021 – B 3 P 2/20 R, Rn. 19 am Ende: „Insoweit entsprechen § 55 SGB XII und nunmehr § 103 Abs. 1 SGB IX anderen Regelungsmodellen beim Zusammentreffen von Leistungszuständigkeiten unterschiedlicher Träger wie etwa bei § 14 SGB IX.“

II. Einschlusswirkung auch für nicht schädigungsbedingte Pflegebedarfe (S. 2)

19 § 67 erweitert mit seinem S. 2 die Leistungsverantwortung des TdSE für den Pflegebedarf. Denn dadurch gilt die von S. 1 angeordnete Einschlusswirkung unabhängig von der Ursache des Pflegebedarfs. Sobald also die Voraussetzungen des § 67 S. 1 erfüllt sind, wird der TdSE für den gesamten Pflegebedarf, egal ob schädigungsbedingt oder nicht, leistungspflichtig. Begründet wird dies abermals damit, Geschädigten und ggf. Hinterbliebenen Leistungen zur Teilhabe und Pflege aus einer Hand erbringen zu lassen. Für diese Konzentrationswirkung weicht der Gesetzgeber hier dann auch vom Grundsatz des § 25 SGB XIV ab, wonach Leistungen nach dem SGB XIV nur für schädigungsbedingte Bedarfe erbracht werden.[44]

20 Was vordergründig positiv klingt, bedarf kritischer Reflexion. Denn auch hier gilt wiederum, dass mit der Zielrichtung **erhebliche Nachteile** zulasten der Geschädigten verbunden sein können, denn der Wert der so erreichten einheitlichen Leistungserbringung hängt auch für die Geschädigten letztlich davon ab, ob und in welcher Höhe sich die Pflegekasse an den Aufwendungen für die Pflege beteiligen muss, die nun in erster Linie vom TdSE sichergestellt werden muss. Es kann durchaus sein, dass wegen einer schon vor dem schädigenden Ereignis bestandenen Pflegebedürftigkeit von der Pflegekasse Ansprüche zu erfüllen waren, die selbst über die höhere Kostenpauschale, wie sie in § 75 Abs. 3 im Gegensatz zu § 43a SGB XI vorgesehen ist, hinausgehen. Hier muss also auch trotz der sicher geringeren Zahl an Personen, die bereits vor einem schädigenden Ereignis pflegebedürftig waren, genau geschaut werden, ob die erweiterte Einbeziehung eines nicht schädigungsbedingten Pflegebedarfs in die Leistungspflicht des TdSE nicht mittelbar zu einer Entwertung der materiellen Versorgung nach dem SER führt.

III. Pauschalleistung für die Pflege gem. § 75 Abs. 3 (S. 3)

21 Satz 3 bestimmt eine **Kostenausgleichsregelung**. Dazu verweist S. 3 in Fällen des Satzes 1 und 2 auf § 75 Abs. 3. Im Kapitel 7 über die Pflegeleistungen begründet § 75 Abs. 3 eine ergänzende Leistung zu § 74 Nr. 1 wie folgt: Nach § 43a SGB XI schuldet die Pflegekasse dem Versicherten bzw. der Einrichtung, die die Pflege leistet, 15 % der nach Teil 2 Kapitel 8 des SGB IX vereinbarten Vergütung, maximal 266 EUR/Monat. Damit beteiligt sich die Pflegekasse an den vom Rehabilitations- bzw. Eingliederungshilfeträger getragenen Pflegekosten. Soweit Pflegeleistungen schädigungsbedingt zu erbringen sind, erfolgt die 15 %-anteilige Übernahme der Vergütung ohne die betragsmäßige Begrenzung auf 266 EUR (→ § 75 Rn. 36). Damit wird die Position der Pflegebedürftigen im SER gegenüber dem Pflegeversicherungsrecht verbessert. Der Regelung nach trägt der TdSE damit tatsächlich 15 % der nach § 125 Abs. 1 Nr. 2 SGB IX vereinbarten Vergütung.[45]

22 Während § 43a SGB XI zur Bemessung der pauschalen Abgeltung der Pflegekosten durch die Pflegekasse allein auf die Vergütungsvereinbarung mit dem Eingliederungshilfeträger verweist, spricht § 75 Abs. 3 hingegen von „15 % *der Vergütung*" ohne Bezug zum Eingliederungshilferecht. Damit ist auf die Vergütung abzustellen, die der jeweilige Einrichtungsträger, der die Teilhabeleistung gem. § 62 S. 1 Nr. 1–3 für den TdSE einschließlich der Pflege erbringt, vereinbart hat. Das erfasst dann auch andere als nach dem Leistungserbringungsrecht der Eingliederungshilfe zustande gekommene Vergütungsvereinbarungen.

23 Einer der Hauptkritikpunkte an der Regelung des § 43a SGB XI ist die Deckelung auf die im Vergleich zu den sonstigen Pauschalen (vgl. § 43 Abs. 2 SGB XI) sehr niedrigen

44 BT-Drs. 19/13824, 202.
45 Schmidt SGB XIV/Schmidt § 75 Rn. 10.

266 EUR/Monat. Inwieweit sich dieser Kritikpunkt durch § 75 Abs. 3 und die damit entfallende Deckelung entkräften lässt, hängt von mehreren weiteren Aspekten ab, so zB von der Frage, wie starr überhaupt an der Trennung zwischen ambulanter und stationärer Versorgung im SGB XI und damit am Ausschluss von Sach- und Dienstleistungen der häuslichen Pflege in stationären Wohnformen, vgl. § 36 Abs. 4 S. 1 Hs. 2 SGB XI, festgehalten wird. Zudem muss beobachtet werden, wie mit der vom individuellen Pflegeaufwand unabhängigen 15 %igen Pauschalabgeltung die erforderliche Pflege in der individuell vom Geschädigten bewohnten Teilhabeeinrichtung tatsächlich sichergestellt werden kann.

Deckt schon im Einzelfall die 15 %-Pauschale den tatsächlichen Bedarf nicht, dann muss mit allen Mitteln des SER sichergestellt werden, dass dem hohen Stellenwert der Teilhabeleistungen entsprochen werden kann und die in einer Teilhabeeinrichtung erforderliche Pflege auch über die 15 %-Pauschale hinaus finanziell vom TdSE sichergestellt wird. Im Zweifel kann hier auf § 70 zurückgegriffen werden (→ § 70 Rn. 16 ff.). 24

IV. Unvermögen der Sicherstellung und Vereinbarung über anderweitige Leistungserbringung (S. 4)

Die Kehrseite der Rechtsfolgenanordnung in den Sätzen 1 und 2 findet sich in Satz 4. 25 Sollte der Leistungserbringer feststellen, dass der/die Geschädigte wegen seiner Pflegebedürftigkeit von ihm nicht mehr versorgt werden kann, dann sollen sich gem. Satz 4 der TdSE, die Pflegekasse und der Leistungserbringer darüber verständigen, dass der/die Geschädigte die Leistungen von einem anderen Leistungserbringer erhält. Die leistungsberechtigte Person ist nicht einmal als Teil dieser Vereinbarung vorgesehen, sondern wird mit einem Hinweis auf ihr Wunsch- und Wahlrecht in Satz 5 (→ Rn. 27) in eine passive Rolle gedrängt. In der Gesetzesbegründung heißt es dazu nur knapp „Die Sätze 3 bis 4 [richtigerweise gemeint sind 4 und 5] regeln das Verfahren, wenn die Pflege in der vollstationären Einrichtung im Sinne des § 43a SGB XI nicht sichergestellt werden kann."[46] Dass es sich bei den Vorgaben in den Sätzen 4 und 5 um alles andere als ein rechtssicheres Verfahren zur Sicherstellung der Rechte der pflegebedürftigen Person handelt, ist offensichtlich.[47] Was, wenn der Leistungserbringer nicht erkennen will und die Bedarfe einfach unterversorgt lässt? Was, wenn die nicht sichergestellte Pflege einer Verletzung vertraglicher Pflichten des Leistungserbringers gleichkommt? Was, wenn einer der Beteiligten die Vereinbarung blockiert? Was, wenn sich die Teilhabeziele in einer anderen Einrichtung nicht in der Weise verwirklichen lassen, wie sie von der geschädigten Person gem. §§ 13 ff. SGB IX rechtmäßig verfolgt und ggf. durch ein Teilhabeplanverfahren auch schon ermittelt worden sind? In der vergleichbaren Norm in der Eingliederungshilfe, in § 103 Abs. 1 SGB IX, finden sich mit dem dort geregelten Satz 3 „Die Entscheidung zur Vorbereitung der Vereinbarung nach Satz 2 erfolgt nach den Regelungen zur **Gesamtplanung** nach Kapitel 7." zumindest eine **klare Vorgabe**, nach welchem differenzierten und klar geregelten Verfahren sich die Verantwortlichen richten müssen, wenn die Leistungserbringung nicht bedarfsgerecht ermöglicht werden kann.

In Orientierung hieran kann S. 4 daher nur mit folgenden Flankierungen angewandt werden: 26

- Der TdSE muss als zuständiger Rehabilitationsträger im Falle nicht mehr sichergestellter Pflege die Bedarfsfeststellung aktualisieren und den Teilhabeplan gem. § 19 Abs. 3 SGB IX anpassen.[48]

46 BT-Drs. 19/13824, 202.
47 Fuchs/Ritz/Rosenow/Rosenow § 103 Rn. 48 ff.
48 Vgl. dazu detailliert §§ 62, 63 GE Reha-Prozess.

- Solange der Wechsel der Einrichtung nicht dem ausdrücklichen Wunsch der geschädigten Person entspricht, muss ein solcher Wechsel letztes Mittel bleiben.[49] Der pflegerische Sicherstellungsauftrag muss mit allen denkbaren und notwendigen und angemessenen Kosten, vgl. § 75 Abs. 1 S. 1 (→ § 75 Rn. 4) erfüllt werden, wenn ansonsten ein berechtigtes Teilhabeziel nicht erfüllt werden kann. Geschädigte müssen ihre legitimen Teilhabeziele nicht aus reinen Kostengründen bzw. aus trägerspezifischen Verteilungsinteressen aufgeben. Wie im Bereich des Krankenbehandlungsanspruchs gem. §§ 41 ff. Geschädigte weitgehend von den wirtschaftlichen Folgen der Schädigung freigestellt werden sollen, vgl. §§ 43 Abs. 1 S. 1, 44 Abs. 2,[50] muss dies vor allem dort gelten, wo mithilfe von Teilhabeleistungen der Bezug dauerhafter Sozialleistungen, wie zB Berufsschadensausgleich, verhindert werden kann, vgl. § 27 SGB XIV sowie § 9 SGB IX.

V. Wunsch- und Wahlrecht der Berechtigten (S. 5)

27 § 67 S. 5 unterstreicht ausdrücklich das Wunsch- und Wahlrecht der Berechtigten (→ § 69 Rn. 13). In dem Fall, dass sich die Lebenslage für den geschädigten Menschen ändert, weil der Leistungserbringer zur bedarfsgerechten Versorgung nicht mehr in der Lage ist, kommt dem Wunsch- und Wahlrecht eine besondere Bedeutung zu. Nimmt bspw. ein Geschädigter eine mehrjährige Leistung zur Teilhabe am Arbeitsleben in einem Berufsförderungswerk wahr und steigt im Laufe der Dauer der Maßnahme der Pflegebedarf, dann muss **mit allen Mitteln** der Abschluss der Maßnahme ermöglicht werden. Ein Abbruch und späterer Neubeginn in einer anderen Einrichtung kann von dem Geschädigten nicht verlangt werden.

§ 68 Zusammentreffen von Teilhabeleistungen mit Pflegeleistungen außerhalb von Einrichtungen oder Räumlichkeiten im Sinne des § 43a des Elften Buches in Verbindung mit § 71 Absatz 4 des Elften Buches

(1) Treffen außerhalb von Einrichtungen oder Räumlichkeiten im Sinne des § 43a des Elften Buches in Verbindung mit § 71 Absatz 4 des Elften Buches Leistungen zur Teilhabe nach § 62 Satz 1 Nummer 1 bis 3 und Leistungen der sozialen Pflegeversicherung zusammen, so gilt § 13 Absatz 4 Satz 1 bis 3 und Absatz 4a des Elften Buches für den zuständigen Träger der Sozialen Entschädigung und für die zuständige Pflegekasse entsprechend.

(2) [1]Werden Leistungen zur Teilhabe nach § 62 Satz 1 Nummer 1 bis 3 außerhalb von Einrichtungen oder Räumlichkeiten im Sinne des Absatzes 1 erbracht und besteht darüber hinaus ein Anspruch auf Leistungen der häuslichen Pflege nach den §§ 64a bis 64f, 64i und 66 des Zwölften Buches, so umfassen die Leistungen zur Teilhabe nach § 63 Satz 1 Nummer 1 bis 3 diese Leistungen der häuslichen Pflege nach dem Zwölften Buch, solange die Teilhabeziele erreicht werden können. [2]Satz 1 gilt entsprechend in den Fällen, in denen Berechtigte vorübergehend Leistungen nach den §§ 64g und 64h des Zwölften Buches in Anspruch nehmen. [3]Die Sätze 1 und 2 gelten nicht, wenn Berechtigte vor Vollendung des für die Regelaltersgrenze im Sinne des Sechsten Buches erforderlichen Lebensjahres keine Leistungen zur Teilhabe nach § 62 Satz 1 Nummer 1 bis 3 erhalten haben, es sei denn, es handelt sich um einen Teilhabebedarf,

49 So schon der Gesetzgeber bei Einführung der Abgrenzungsregelung in § 40a BSHG, BT-Drs. 14/5074, 124.
50 BT-Drs. 19/13824, 190.

der durch ein schädigendes Ereignis verursacht worden ist, welches erst nach Vollendung des für die Regelaltersgrenze im Sinne des Sechsten Buches erforderlichen Lebensjahres eingetreten ist.

A. Gesetzesgeschichte

1 § 68 tritt mit einem Großteil der übrigen Vorschriften erst zum 1.1.2024 in Kraft.[1] Abs. 1 verweist auf die Regelungen in § 13 Abs. 4 und 4a SGB XI zum Verhältnis von Eingliederungshilfe und Pflegeversicherung. Die Regelung in § 68 Abs. 2 ist angelehnt an § 103 Abs. 2 SGB IX und betrifft das Verhältnis der Teilhabeleistungen zur Hilfe zur Pflege in der Sozialhilfe.[2] Eine direkte oder entsprechende Vorgängerregelung fand sich bisher im BVG nicht.

2 § 68 trifft neben § 67 eine Sonderregelung für den Fall gleichzeitiger Gewährung von Teilhabe- und Pflegeleistungen, hier nun (umgekehrt als in § 67) **bei ambulanter/teilstationärer Versorgung.**[3]

B. Normsystematik

3 Die Vorschrift regelt das Zusammentreffen von Teilhabeleistungen und Pflegeleistungen außerhalb von stationären Einrichtungen oder Räumlichkeiten iSd § 43a SGB XI iVm § 71 Abs. 4 SGB XI. Die Einfügung ist erforderlich, da bisher keine Regelung bezüglich des Zusammentreffens von Teilhabeleistungen nach dem SER und Leistun-

1 BT-Drs. 19/13824, 2.
2 BT-Drs. 19/13824, 203.
3 Zur schwierigen Abgrenzung Richtlinie des GKV-Spitzenverbandes nach § 71 Abs. 5 Satz 1 SGB XI zur näheren Abgrenzung der in § 71 Abs. 4 Nr. 3 Buchstabe c SGB XI genannten Merkmale; zur Historie Welti, Beitrag D36–2016 unter www.reha-recht.de; Fuchs/Ritz/Rosenow/Rosenow § 103 Rn. 46.

gen der Pflegeversicherung und Hilfe zur Pflege existieren,[4] vgl. aber auch die ohne § 68 geltenden Koordinierungspflichten nach Teil 1 des SGB IX (→ Rn. 11 f.).

Zum Verhältnis zwischen den Regelungen in den Kapiteln 6 und 7 und den beiden Sonderregelungen der §§ 67 und 68 → § 67 Rn. 5 ff.

C. Einzelkommentierung

I. Koordinierung analog § 13 Abs. 4 SGB XI beim Zusammentreffen von Teilhabe- und Pflegeleistungen in ambulanter/teilstationärer Versorgung (Abs. 1)

4 § 68 Abs. 1 zielt auf die koordinierte Erbringung von Teilhabe- und Pflegeleistungen bei unterschiedlicher Leistungsträgerschaft. Dazu ordnet Abs. 1 die entsprechende Anwendung von § 13 Abs. 4 S. 1–3, Abs. 4a SGB XI an, wenn Teilhabeleistungen nach § 62 S. 1 Nr. 1–3 und Leistungen der sozialen Pflegeversicherung außerhalb von vollstationären Einrichtungen oder Räumlichkeiten iSd § 43a iVm § 71 Abs. 4 SGB XI zusammentreffen.

5 **1. Erbringung von Teilhabeleistungen gem. § 62 S. 1 Nr. 1–3.** § 68 greift, wie auch § 67, nur für Geschädigte und ggf. Hinterbliebene, die Teilhabeleistungen nach § 62 S. 1 Nr. 1–3 erhalten, dh Leistungen zur Teilhabe am Arbeitsleben sowie unterhaltssichernde und andere ergänzende Leistungen, Leistungen zur Teilhabe an Bildung oder Leistungen zur Sozialen Teilhabe. Die Regelung greift nicht für Teilhabeleistungen gem. § 62 S. 1 Nr. 4, dh nicht für Leistungen der medizinischen Rehabilitation.

6 **2. Außerhalb von vollstationären Einrichtungen oder Räumlichkeiten iSv § 43a SGB XI iVm § 71 Abs. 4 SGB XI.** § 68 setzt voraus, dass die genannten Teilhabeleistungen außerhalb von vollstationären Einrichtungen oder Räumlichkeiten iSd § 43a SGB XI iVm § 71 Abs. 4 SGB XI erbracht werden. Es geht damit um die Fälle, in denen Menschen ihren Teilhabedarf nicht vollstationär oder damit vergleichbar befriedigen, sondern ambulant, zB in der eigenen Häuslichkeit oder in ambulant betreuten Wohnformen, oder teilstationär versorgt werden. Auch wenn im Bereich der Eingliederungshilfe wie auch im gesamten Teilhaberecht mit dem Wechsel von der Institutionenzentrierung zur Personenzentrierung bei der Leistungsgewährung (→ § 67 Rn. 17) nicht mehr nach dem Ort der Versorgung differenziert werden soll, so ist für die Geltung des § 68 doch weiterhin hinsichtlich des Ortes der Inanspruchnahme der Leistungen zu unterscheiden.[5] Zu den Hintergründen und der Kritik daran (→ § 67 Rn. 1 ff.). § 68 Abs. 1 ist daher im Umkehrschluss zu § 67 immer dann erfüllt, wenn die Teilhabe- und Pflegeleistungen nicht an einem Ort zusammentreffen, der zu den von § 43a SGB XI iVm § 71 Abs. 4 SGB XI genannten stationären Einrichtungen oder Räumlichkeiten zu zählen ist (→ § 67 Rn. 14 ff.).

7 **3. Leistungen der sozialen Pflegeversicherung.** § 68 greift nur, wenn Teilhabeleistungen des TdSE und Leistungen der sozialen Pflegeversicherung, also nach dem SGB XI zusammentreffen. § 68 betrifft nicht die Fallkonstellation, dass der TdSE wegen einer Schädigung selbst sowohl für den schädigungsbedingten Teilhabebedarf und den schädigungsbedingten Pflegebedarf zuständig ist. Denn auch dann, wenn der TdSE die von ihm nach dem 7. Kapitel zu leistenden Pflegeleistungen gem. § 77 Abs. 2 und 3 von einer Pflegekasse erbringen lässt, bleibt doch der TdSE für beide Leistungen (nach Kap. 6 und 7) der zuständige Träger, vgl. § 77. Die Erstattung für die Inanspruchnahme der Pflegekasse im Wege des § 77 Abs. 2 und 3 ist direkt in § 80 geregelt. Dazu bedarf es keiner Regelung wie der in § 13 Abs. 4 und Abs. 4a SGB XI. Die dort getroffene Regelung betrifft den Fall der **unterschiedlichen Trägerzuständigkeiten** für den

4 BT-Drs. 19/13824, 203.
5 Skeptisch hinsichtlich der Stringenz der bisherigen Differenzierungslinien auch Udsching jurisPR-SozR 19/2021 Anm. 2 zu BSG 26.3.2021 – B 3 KR 14/19 R.

Teilhabebedarf und den Pflegebedarf. Nur für diesen Fall ist daher § 68 erforderlich. Es geht also allein um Fälle, in denen **neben dem schädigungsbedingten Teilhabebedarf ein nicht schädigungsbedingter Pflegebedarf** besteht. Denkbar ist, dass eine bereits pflegebedürftige und nach SGB XI leistungsberechtigte Person durch ein schädigendes Ereignis nach § 1 Abs. 2 geschädigt und dadurch leistungsberechtigt gem. §§ 62 ff. wird. Denkbar ist auch, dass eine gem. §§ 62 ff. leistungsberechtigte Person zB im hohen Alter unabhängig von der Schädigung pflegebedürftig wird. Das heißt umgekehrt aber auch nicht, dass die Schädigung nicht auch einen Pflegebedarf und damit die Zuständigkeit des TdSE für die Pflege neben der Zuständigkeit der sozialen Pflegeversicherung begründen kann; zur Multikausalität § 71 Abs. 2 (→ § 71 Rn. 3 ff.).

4. Koordinierung durch entsprechende Anwendung von § 13 Abs. 4 S. 1–3, Abs. 4a SGB XI. § 68 Abs. 1 ordnet die entsprechende Anwendung von § 13 Abs. 4 S. 1–3, Abs. 4a SGB XI an. 8

§ 13 SGB XI [Verhältnis der Leistungen der Pflegeversicherung zu anderen Sozialleistungen][6]

...

(4) [1]Treffen Leistungen der Pflegeversicherung und Leistungen der Eingliederungshilfe zusammen, vereinbaren mit Zustimmung des Leistungsberechtigten die zuständige Pflegekasse und der für die Eingliederungshilfe zuständige Träger,

1. dass im Verhältnis zum Pflegebedürftigen der für die Eingliederungshilfe zuständige Träger die Leistungen der Pflegeversicherung auf der Grundlage des von der Pflegekasse erlassenen Leistungsbescheids zu übernehmen hat,
2. dass die zuständige Pflegekasse dem für die Eingliederungshilfe zuständigen Träger die Kosten der von ihr zu tragenden Leistungen zu erstatten hat sowie
3. die Modalitäten der Übernahme und der Durchführung der Leistungen sowie der Erstattung.

[2]Die bestehenden Wunsch- und Wahlrechte der Leistungsberechtigten bleiben unberührt und sind zu beachten. [3]Die Ausführung der Leistungen erfolgt nach den für den zuständigen Leistungsträger geltenden Rechtsvorschriften. [...]

(4a) Bestehen im Einzelfall Anhaltspunkte für ein Zusammentreffen von Leistungen der Pflegeversicherung und Leistungen der Eingliederungshilfe, bezieht der für die Durchführung eines Teilhabeplanverfahrens oder Gesamtplanverfahrens verantwortliche Träger mit Zustimmung des Leistungsberechtigten die zuständige Pflegekasse in das Verfahren beratend mit ein, um die Vereinbarung nach Absatz 4 gemeinsam vorzubereiten.

...

§ 13 Abs. 4 SGB XI dient bei direkter Anwendung dazu, die beiden zuständigen Leistungsträger (Soziale Pflegeversicherung und Eingliederungshilfe) zur **abgestimmten Leistungserbringung** zu verpflichten, wenn Pflegebedürftige neben Leistungen nach dem SGB XI zugleich auch Leistungen der Eingliederungshilfe beziehen. Da die Pflegekassen keine Rehabilitationsträger sind, hat der Gesetzgeber das Anliegen, den Leistungsberechtigten die Leistungen wie aus einer Hand zukommen zu lassen, mit der Regelung in § 13 Abs. 4 SGB XI normiert. Durch Verweisung des § 68 Abs. 1 auf Teile des § 13 Abs. 4 SGB XI **gelten diese entsprechend** für die zuständige Pflegekasse und den zuständigen TdSE. Danach vereinbaren beide Träger mit Zustimmung des Geschädigten, 9

- die alleinige Zuständigkeit des TdSE für beide Leistungen im Außenverhältnis,
- im Innenverhältnis die Pflicht der Pflegekasse zur Kostenerstattung an den TdSE und

6 In der Fassung d. Art. 39 Nr. 1 Buchst. a des Gesetzes v. 12.12.2019, BGBl. 2019 I 2652, gültig ab 1.1.2024.

- die Modalitäten der Übernahme und der Durchführung der Leistungen sowie der Erstattung, dh Ort und Zeit, Beginn und Ende, Inhalte, wodurch im Idealfall Kostenerstattungsverfahren zwischen den Trägern vermieden werden.[7]

10 Mit der gem. § 13 Abs. 4 S. 1 SGB XI seit 1.1.2017 erforderlichen **Zustimmung** der leistungsberechtigten Person zu einer solchen koordinierenden Vereinbarung ist deren Position hier deutlich stärker ausgestaltet als in der von § 67 geregelten Konstellation, wenn beide Leistungen innerhalb stationärer Einrichtungen oder vergleichbarer Orte zusammentreffen. Verweigert der Leistungsberechtigte die Zustimmung, darf die Vereinbarung nicht abgeschlossen werden. Es bleibt dann bei der jeweils getrennten Leistungserbringung.[8]

§ 13 Abs. 4 S. 2 SGB XI stellt zudem ausdrücklich klar, dass die bestehenden Wunsch- und Wahlrechte des Geschädigten (§ 2 Abs. 2 SGB XI, § 8 SGB IX, § 69 SGB XIV) unberührt bleiben und zu beachten sind. Gem. § 13 Abs. 4 S. 3 SGB XI richtet sich die Ausführung der Leistungen nach den Vorgaben, die für die Leistung des jeweiligen Trägers gelten.

11 § 68 Abs. 1 nimmt zudem auch § 13 Abs. 4a SGB XI in Bezug. Danach ist ein Rehabilitationsträger im Falle der **Durchführung eines Teilhabe- oder Gesamtplanverfahrens** (§ 19 oder § 117 SGB IX) verpflichtet, mit Zustimmung des Leistungsberechtigten, die zuständige Pflegekasse in das Planverfahren beratend einzubeziehen, wenn sich das Zusammentreffen von Pflege- und Eingliederungsleistungen andeutet. Diese Verpflichtung dient dazu, die Vereinbarung nach § 13 Abs. 4 S. 1 SGB XI vorzubereiten. Übertragen auf die beiden von § 68 Abs. 1 adressierten Träger heißt das wiederum, dass der TdSE frühzeitig auf die zuständige Pflegekasse zugeht und diese in das Teilhabe- bzw. Gesamtplanverfahren einbezieht, um die og Vereinbarung abzuschließen. In den meisten Fällen dürfte sich die Verpflichtung zur Einbeziehung der Pflegekasse schon direkt aus den vergleichbaren Verpflichtungen des verantwortlichen Rehabilitationsträgers gem. §§ 22 Abs. 2 bzw. 117 Abs. 3 SGB IX ergeben, denn selbst wenn neben dem TdSE kein weiterer Rehabilitationsträger zuständig ist, so werden regelmäßig zumindest Leistungen verschiedener Leistungsgruppen einschlägig sein und deshalb die Pflicht zum Planverfahren auslösen, vgl. § 19 Abs. 1 SGB IX, oder der Leistungsberechtigte die Erstellung wünschen, vgl. § 19 Abs. 2 S. 3 SGB IX.

12 Ein planvolles Verfahren ist sowohl bei Teilhabebedarfen als auch bei Pflegebedarfen essentiell. Die TdSE und die Pflegekassen sollten nicht nur über den wenig transparenten Weg gem. § 68 Abs. 1 und § 13 Abs. 4a SGB XI zu §§ 19 ff. SGB IX und damit zu einem frühzeitigen und planvoll abgestimmten Vorgehen finden. Beide müssen im Grunde in den meisten Fällen auch **auf direktem Weg zur planvollen Koordinierung** finden, die TdSE als Rehabilitationsträger angesichts der Verpflichtungen gem. §§ 12 ff. SGB IX und die Pflegekassen wegen der Verpflichtung zur Koordinierung gem. § 12 Abs. 2 SGB XI. Für den Ablauf des Reha-Verfahrens sind die Gemeinsame Empfehlung „Reha-Prozess" der Bundesarbeitsgemeinschaft Rehabilitation zu berücksichtigen (→ § 62 Rn. 17 ff.).

II. Erstreckung der Teilhabeleistungen auf Leistungen der Sozialhilfe, Hilfe zur Pflege (Abs. 2)

13 Abs. 2 ist angelehnt an § 103 Abs. 2 SGB IX.[9] § 68 Abs. 2 regelt das Verhältnis der Teilhabeleistungen nach dem SER zu den Leistungen der Hilfe zur Pflege nach dem SGB XII.

7 Vgl. jurisPK-SGB XI/Luik, 3. Aufl. (Stand: 1.10.2021), § 13 Rn. 127.
8 BT-Drs. 18/10510, 106; jurisPK-SGB XI/Luik, 3. Aufl. (Stand: 1.10.2021), § 13 Rn. 127.
9 BT-Drs. 19/13824, 203.

1. Erbringung von Teilhabeleistungen gem. § 62 S. 1 Nr. 1–3. Auch Abs. 2 greift nur für Geschädigte und ggf. Hinterbliebene, die Teilhabeleistungen nach § 62 S. 1 Nr. 1–3 erhalten (→ Rn. 5). 14

2. Außerhalb von vollstationären Einrichtungen oder Räumlichkeiten iSv § 43a SGB XI iVm § 71 Abs. 4 SGB XI. Und ebenso setzt Abs. 2 voraus, dass die genannten Teilhabeleistungen außerhalb von vollstationären Einrichtungen oder Räumlichkeiten iSv § 43a SGB XI iVm § 71 Abs. 4 SGB XI erbracht werden (→ Rn. 6). 15

3. Bestehender Anspruch auf Leistungen gem. §§ 64a–64i und 66 SGB XII (S. 1 und 2). Die Rechtsfolge des § 68 Abs. 2 S. 1, dh die Erstreckung der Teilhabeleistungen auf die benannten Hilfen zur Pflege nach dem SGB XII, setzt voraus, dass der Geschädigte einen Anspruch auf diese konkreten Leistungen der Sozialhilfe (§§ 64a-f, 64i und 66 SGB XII) hat, die in § 68 Abs. 2 S. 1 genannt sind. Es muss also im Einzelfall ein Anspruch bestehen auf: 16

- Pflegegeld gem. § 64a SGB XII,
- Häusliche Pflegehilfe gem. § 64b SGB XII,
- Verhinderungspflege gem. § 64c SGB XII,
- Pflegehilfsmittel gem. § 64d SGB XII,
- Maßnahmen zur Verbesserung des Wohnumfeldes gem. § 64e SGB XII,
- Andere Leistungen gem. § 64f SGB XII,
- Entlastungsbetrag bei den Pflegegraden 2, 3, 4 oder 5 gem. § 64i SGB XII oder
- Entlastungsbetrag bei Pflegegrad 1 gem. § 66 SGB XII.

Gesondert werden in § 68 Abs. 2 S. 2 zwei weitere Leistungen der sozialrechtlichen Hilfe zur Pflege genannt, Leistungen 17

- nach § 64g SGB XII (teilstationäre Pflege) und
- § 64h SGB XII (Kurzzeitpflege).

Nach Satz 2 soll die Rechtsfolge des Satzes 1 entsprechend gelten, wenn diese Leistungen *vorübergehend* in Anspruch genommen werden. Die gesonderte Regelung in S. 2 resultiert aus dem Inhalt der Leistungen, die nicht unmittelbar der häuslichen/nicht stationären Pflege zuzurechnen sind. Werden sie nur vorübergehend beansprucht, dann wirkt die Erstreckung gem. S. 1 auch insoweit. Für Kurzzeitpflege trifft das immer zu, denn sie ist schon ihrem Umfang nach nur „vorübergehend" und mit ihrer **familienentlastenden Wirkung** ein unverzichtbarer Bestandteil der **gendergerechten ambulanten/häuslichen Pflege.**[10] Wird teilstationäre Pflege längerfristig in Anspruch genommen, dann muss im Wege der entsprechenden Anwendung des S. 1 das Merkmal „vorübergehend" im Lichte des SER ausgelegt werden. Es widerspräche der personenzentrierten Ausrichtung der Teilhabeleistungen, sollte eine längerfristige Inanspruchnahme von Tages- oder Nachtpflege der Einschlusswirkung des Satzes 1 generell entgegenstehen.[11]

4. Rechtsfolge: Teilhabeleistungen umfassen die Pflegeleistungen. Soweit die oben genannten Ansprüche (→ Rn. 16, 17) nach dem SGB XII bestehen, werden diese Leistungen von den Leistungen zur Teilhabe nach § 62 S. 1 Nr. 1–3 umfasst. Mit der Rechtsfolge von S. 1 werden die Leistungen der sozialhilferechtlichen Hilfe zur Pflege **Bestandteil der Leistungen zur Teilhabe,** mit denselben Konsequenzen wie bei § 67 S. 1 (→ § 67 Rn. 18). 18

10 Vgl. Nebe djbZ 2011, 47; Nebe, FS für Pfarr, hrsg. v. Hohmann-Dennhardt/Körner, 2010, 416.

11 Vgl. zur Problematik im Bereich des § 103 Abs. 2 SGB IX Fuchs/Ritz/Rosenow/Rosenow § 103 Rn. 80 ff.

19 Im BGBl., wie schon im Gesetzentwurf, heißt es im Wortlaut des § 68 Abs. 2 in Satz 1 am Ende bei der Wiederholung der Teilhabeleistungen „umfassen die Leistungen zur Teilhabe nach § 63 Satz 1 Nummer 1 bis 3 diese Leistungen". Dass es sich dabei um ein **redaktionelles Versehen** handelt, zeigt sich schon daran, dass § 63 nach Absätzen gegliedert ist, jeder der drei Absätze aber nur einen Satz und keine Nummern enthält. „§ 63 S. 1 Nr. 1–3" wäre also ein untauglicher Verweis. Zudem ergibt die Gesetzesbegründung zu § 68 eindeutig, dass jede der Teilhabeleistungen nach § 62 S. 1 Nr. 1–3 gemeint ist.[12]

20 Durch Satz 1 und 2 wird bewirkt, dass die genannten Leistungen nach dem Siebten Kapitel des SGB XII ohne Einsatz von Einkommen und Vermögen erbracht werden. Damit werden Berechtigte nach dem SGB XIV gegenüber Beziehern von Eingliederungshilfe nach Teil 2 des SGB IX bessergestellt. Ohne diese Sonderregelung würde demgegenüber eine Schlechterstellung der nach dem SGB XIV Berechtigten gegenüber Beziehern von Eingliederungshilfe nach Teil 2 des SGB IX eintreten, weil sich für letztgenannten Personenkreis der Einsatz von Einkommen und Vermögen hinsichtlich der Leistungen der häuslichen Pflege nicht nach dem SGB XII richtet, sondern nach den für Betroffene günstigeren Vorschriften des Teils 2 des SGB IX.[13]

21 **5. Erreichung des Ziels der Teilhabe.** Die durch Satz 1 angeordnete Erstreckung der Teilhabeleistungen auf die Pflegeleistungen gilt nur, solange die Teilhabeziele erreicht werden können. Eine weitergehende Begründung liefert der Gesetzgeber zum SGB XIV nicht. Auch in der Gesetzesbegründung zur Parallelvorschrift im SGB IX, dh zu § 103 Abs. 2 SGB IX, findet sich zu der dort gleichlautenden Regelung keine spezielle Begründung.[14]

Problematisch ist, wie zu verfahren ist, wenn sich die pflegerische Situation so verändert, dass ein zunächst verfolgtes Teilhabeziel nicht mehr erreicht werden kann. Richtig ist, dass dann im gesetzlich vorgesehenen Rahmen die **Teilhabeleistungen inhaltlich angepasst** werden müssen (→ § 67 Rn. 26).[15] Die Beendigung einer konkreten Teilhabeleistung kommt nur ausnahmsweise in Betracht, wenn mit keiner zur Verfügung stehenden Leistung das zunächst bestimmte Leistungsziel erreicht werden kann, vgl. § 4 Abs. 2 S. 2 SGB IX. Dann ist das Teilhabeziel anzupassen und dementsprechend die Teilhabeleistung neu zu bestimmen. Eine gänzliche Versagung von Teilhabeleistungen wegen scheinbar kaum vorstellbarer Teilhabemöglichkeit ist mit dem verfassungsrechtlich verankerten Schutz der **Menschenwürde** unvereinbar. Für den Bereich der Hilfsmittelversorgung hat der Gesetzgeber dies durch Änderung des Leistungsanspruchs in § 33 SGB V nach menschenunwürdigen Entscheidungen klargestellt.[16]

22 **6. Ausschluss der Erstreckung für Personen nach Regelaltersgrenze (S. 3).** Satz 3 regelt einen Ausschluss von Satz 1 und 2, wenn die Berechtigten erst nach Vollendung des Lebensjahres für die Regelaltersgrenze erstmals Teilhabeleistungen in Anspruch nehmen. Dies entspricht § 103 Abs. 2 S. 1 2. Hs. SGB IX. Um Nachteile für Personen zu

12 Eindeutig BT-Drs. 19/13824, 203.
13 BT-Drs. 19/13824, 203.
14 BT-Drs. 18/9522, 278 f.
15 Schmidt SGB XIV/Schmidt § 68 Rn. 10.
16 Korrektur der Rechtsprechung im Bereich der Hilfsmittelversorgung durch die Neufassung des § 33 SGB V im Zuge des GKV-WSG, BGBl. 2007 I 382, nach versagten Hilfsmittelansprüchen durch BSG 22.7.2004 – B 3 KR 5/03 R oder SG Dresden 11.10.2005 – 18 KR 540/05 ER; vgl. BT-Drs. 16/3100, 102. In der genannten BSG-Entscheidung heißt es in Rn. 19: „Entscheidend ist vielmehr, dass der Klägerin eine verantwortungsbewusste Bestimmung über das eigene Schicksal nicht mehr möglich ist, sie also wegen des Fehlens eigengesteuerter Bestimmungsmöglichkeiten quasi zum „Objekt der Pflege" geworden ist (vgl. Hauck/Noftz/Götze SGB IX – Band 1, Stand: April 2003, § 1 Rn. 14 mwN). Eine Rehabilitation ist dann mangels Erfolgsaussichten nicht mehr möglich, der Ist-Zustand der Behinderung nicht mehr behebbar."

vermeiden, bei denen das schädigende Ereignis allerdings erst nach Vollendung des Lebensjahres für das Erreichen der Regelaltersgrenze eingetreten ist, wird im Bereich des SER eine Rückausnahme gemacht. Dann wird, anders als im Fall der Eingliederungshilfe, vom Ausschluss wiederum abgewichen mit der Folge, dass die genannten Leistungen der häuslichen Pflege doch auch als Leistungen zur Teilhabe erbracht werden.

§ 69 Wunsch- und Wahlrecht

[1]Bei der Entscheidung über die Leistungen zur Teilhabe und bei der Ausführung dieser Leistungen wird den berechtigten Wünschen der Berechtigten entsprochen. [2]Dabei sind Art und Schwere der Schädigung, Gesundheitszustand und Lebensalter besonders zu berücksichtigen. [3]Im Übrigen gilt § 8 des Neunten Buches.

A. Gesetzesgeschichte

I. Geltendes und neues Recht

§ 69 tritt mit einem Großteil der übrigen Vorschriften erst zum 1.1.2024 in Kraft.[1] Im Wesentlichen entspricht § 69 der bisherigen Regelung des § 25b Abs. 5 S. 2 und 3 BVG,[2] der noch bis 31.12.2023 gilt. 1

II. Änderungen im SGB XIV gegenüber dem BVG und Parallelität

Im bisherigen Recht sind in § 25b Abs. 5 BVG sowohl der **Individualisierungsgrundsatz** als auch das **Wunsch- und Wahlrecht** verankert. Im Zuge der Reform des SER wurden das Wunsch- und Wahlrecht und der Individualisierungsgrundsatz jeweils **in getrennten Normen** verankert und das Wunsch- und Wahlrecht mit § 69 noch vor dem Individualisierungsgrundsatz (§ 70) platziert. Das deckt sich mit dem Vorhaben des Gesetzgebers, den Teilhabegedanken und die **Förderung der Selbstbestimmung** im SGB XIV deutlich zu stärken und transparent herauszustellen sowie die Selbstbestimmung zu fördern.[3] 2

Aus der Gesetzesbegründung zum SGB XIV lässt sich nicht entnehmen, dass mit der Aufteilung der bisherigen Regelung des § 25b Abs. 5 BVG zur Individualisierung der Leistungsbemessung auf die Vorschriften in §§ 69 und 70 Einschränkungen hinsichtlich der zu berücksichtigenden Kriterien verbunden werden sollten.[4] Im Gegenteil spricht das Anliegen des Gesetzgebers, die Teilhabe und die Selbstbestimmung zu stär- 3

1 BT-Drs. 19/13824, 2.
2 § 25b Abs. 5 S. 2 BVG ist in § 69 SGB XIV aufgegangen, anders wohl Schmidt SGB XIV/Schmidt § 70 Rn. 2.
3 BT-Drs. 19/13824, 145, 147.
4 BT-Drs. 19/13824, 203.

ken dafür, die Änderungen auch dahin zu interpretieren, dh dem Wunsch- und Wahlrecht eine **besondere Stellung** zuzuschreiben (→ § 63 Rn. 13).

B. Normsystematik

I. Allgemeiner Regelungsgehalt

4 § 69 steht am Ende der Vorschriften über die Teilhabeleistungen. Er gilt damit für sämtliche Leistungen des 6. Kapitels, wie sie in den §§ 62 ff. normiert sind. Damit wird das **Wunsch- und Wahlrecht** direkt auch im neuen SER ausdrücklich verankert.

II. Systematische Einordnung und Normzweck

5 Das **Wunsch- und Wahlrecht** des § 69 steht systematisch im engen Zusammenhang mit verschiedenen anderen Vorschriften des (Sozial-)rechts. Das lässt sich in einer Übersicht veranschaulichen (→ § 70 Rn. 4).

6 Das **Wunsch- und Wahlrecht** lässt sich in der bundesrepublikanischen Sozialrechtsgesetzgebung weit zurückführen. Schon das Bundessozialhilfegesetz enthielt 1961 bei seiner Einführung mit dem damaligen § 3 BSHG[5] eine mit dem heutigen § 69 vergleichbare Regelung.

7 Für alle Leistungen nach dem SGB (einschließlich der Teilhabeleistungen des SER) besagt seit Einführung des SGB I zum 1.1.1976 der darin geregelte **§ 33 S. 2 SGB I**, dass dann, wenn Leistungsinhalte nach Art oder Umfang nicht im Einzelnen bestimmt sind, bei deren Ausgestaltung den Wünschen des Berechtigten oder Verpflichteten entsprochen werden soll, soweit sie angemessen sind. Diese Regelung hat **besonderes Gewicht**, denn wie § 37 S. 2 SGB I zeigt, darf von § 33 SGB I in den übrigen Teilen des SGB nicht abgewichen werden.[6] Das Wunsch- und Wahlrecht soll nicht nur **Menschenwürde** und Wahrung der Freiheit des einzelnen Menschen sichern, sondern **auch der Effizienz** dienen,[7] denn unter mehreren objektiv gleichwertigen Maßnahmen wissen Berechtigte im Zweifel besser, was ihren Bedürfnissen am ehesten gerecht wird.[8]

8 Das Wunsch- und Wahlrecht steht im engen Zusammenhang mit dem Individualisierungsgrundsatz für Teilhabeleistungen im Rahmen des SER, jetzt § 70, zuvor in § 25b Abs. 5 S. 1 und 2 BVG.[9] Auch für die Fürsorgeleistungen (Kapitel 11, §§ 92–98, Besondere Leistungen im Einzelfall) ist das Wunsch- und Wahlrecht verankert (§ 97). Das steht dort im 11. Kapitel dann auch im engen systematischen Zusammenhang mit dem speziell im 11. Kapitel normierten Individualisierungsgrundsatz (§ 98).

9 Für das **Wunsch- und Wahlrecht** wird ergänzend auf **§ 8 SGB IX** verwiesen. Das ist konsequent, denn gem. § 7 Abs. 1 S. 1 SGB IX gilt der § 8 SGB IX ohnehin für die Träger des SER, soweit sie Teilhabeleistungen im Sinne des SGB IX erbringen und sich

---

5 **§ 3 BSHG Sozialhilfe nach der Besonderheit des Einzelfalles**
(1) Art, Form und Maß der Sozialhilfe richten sich nach der Besonderheit des Einzelfalles, vor allem nach der Person des Hilfeempfängers, der Art seines Bedarfs und den örtlichen Verhältnissen.
(2) Wünschen des Hilfeempfängers, die sich auf die Gestaltung der Hilfe richten, soll entsprochen werden, soweit sie angemessen sind und keine unvertretbaren Mehrkosten erfordern.
(3) Auf seinen Wunsch soll der Hilfeempfänger in einer solchen Einrichtung untergebracht werden, in der er durch Geistliche seines Bekenntnisses betreut werden kann.
IdF des BSHG vom 30.6.1961, BGBl. 1961 I 816.

6 Das zu Recht hervorgehoben Fuchs/Ritz/Rosenow/von Fuchs § 8 Rn. 4c.

7 So Begründung zum SGB I, BT-Drs. 7/868, 27.

8 Fuchs/Ritz/Rosenow/Fuchs § 8 Rn. 4 unter Verweis auf BSG 3.11.1999 – B 3 KR 16/99 R, juris Rn. 21.

9 Schmidt SGB XIV/Schmidt § 69 Rn. 5.

aus ihrem speziellen Leistungsgesetz, sprich aus dem SGB XIV, nichts Abweichendes zum Wunsch- und Wahlrecht ergibt.

Das Wunsch- und Wahlrecht kann nicht losgelöst von den allgemeinen Vorgaben zur **Wirtschaftlichkeit und Sparsamkeit** (vgl. § 69 SGB IV oder § 12 SGB V) und deren verschiedenen (unter)gesetzlichen Konkretisierungen verstanden werden. Im Einzelfall müssen die verschiedenen Schutzinteressen miteinander in Einklang gebracht werden. 10

Für Menschen mit Behinderung und von Behinderung bedrohte Menschen sind bei der Anwendung des SER zudem die Vorgaben des **Unionsrechts** und des **Völkerrechts** zum Schutz von Menschen mit Behinderungen zu berücksichtigen (→ § 70 Rn. 10). Das Wunsch- und Wahlrecht ermöglicht insoweit Auslegungs- und damit Entscheidungsspielräume. 11

Das Wunsch- und Wahlrecht begründet keine Leistungsansprüche, sondern ermöglicht vielmehr eine Konkretisierung der Teilhabeleistung durch die Ausübung des Wunsch- und Wahlrechts. 12

C. Einzelkommentierung

I. Gegenstand des Wunsch- und Wahlrechts, Satz 1

Das Wunsch- und Wahlrecht gilt sowohl bei der Entscheidung über die Teilhabeleistungen (→ § 62 Rn. 1 ff.) als auch bei der Ausführung dieser Leistungen. Die Vorschrift regelt, dass bei der Entscheidung über die Leistungen zur Teilhabe sowie bei der Ausführung dieser Leistungen den berechtigten Wünschen der Berechtigten entsprochen wird. Durch das Wunsch- und Wahlrecht soll den Berechtigten eine eigenverantwortliche Gestaltung der Lebensumstände und Selbstbestimmtheit ermöglicht werden. 13

Berechtigt und damit im Wege des Wunsch- und Wahlrechts in die Entscheidungsfindung einzubeziehen sind die Wünsche dann, wenn sich die Wünsche der Berechtigten innerhalb der gesetzlichen Vorgaben bewegen. Das sind die Regelungen des gesetzlichen Leistungsrechts, aber auch des Leistungserbringungsrechts und ebenso den Vorgaben des Wirtschaftlichkeitsgebotes. Über die unbestimmten Rechtsbegriffe sämtlicher Vorgaben und die Ermessensspielräume müssen darüber hinaus die höherrangigen Vorgaben berücksichtigt werden, dh verfassungs-, unionsrechts- und völkerrechtsfreundliche Auslegung (→ § 62 Rn. 24). 14

II. Der besondere Begünstigungsgrundsatz, Satz 2

- Art und Schwere der Schädigung 15
- Gesundheitszustand und
- Lebensalter

sind im Rahmen des Wunsch- und Wahlrechts besonders zu berücksichtigen. Das entspricht der Rechtsprechung zu § 25b Abs. 5 BVG. Danach sind „[…] insbesondere die Art und Schwere der Schädigung, Alter und Gesundheitszustand der geschädigten Person, sowie deren Lebensstellung vor Eintritt des schädigenden Ereignisses als auch die Auswirkung dessen Folgen zu berücksichtigen."[10] Der **besondere Begünstigungsgrundsatz** findet sich gleich in mehreren Vorschriften des BVG (§§ 25b Abs. 5, 25c Abs. 3, 27a, 27d Abs. 3 BVG). Diese Ergänzung ist durch die Reform des SER nun direkt beim Wunsch- und Wahlrecht verortet worden. Das spricht dafür, diese besondere Begünstigung nun beim Wunsch- und Wahlrecht, aber weiterhin auch im Rahmen des Individualisierungsgrundsatz des § 70 zu berücksichtigen (→ § 70 Rn. 17).

10 BayVGH Beschl. v. 26.2.2016 – 12 B 15.2255, Rn. 28.

III. Satz 3: Verweis auf § 8 SGB IX

16 Der Verweis in § 69 S. 3 auf § 8 SGB IX ist deklaratorisch, denn für die Teilhabeleistungen gilt die Norm ohnehin (→ § 62 Rn. 10 ff.). Es dient gleichwohl der Transparenz, den Stellenwert des Wunsch- und Wahlrechts auch im SER hier durch Verweis auf § 8 SGB IX noch einmal herauszustellen. Denn die Berücksichtigung der Vorstellungen der Einzelnen ist unverzichtbar, hängt doch der Erfolg einer Rehabilitationsmaßnahme entscheidend von der Akzeptanz der Leistung ab.[11] § 8 SGB IX verlangt daher vom Rehabilitationsträger und damit auch vom TdSE **pflichtgemäßes Ermessen** hinsichtlich der Wünsche bei der Auswahl der Leistungen. Damit haben die Leistungsberechtigten auch nach § 8 Abs. 1 SGB IX einen Anspruch auf Berücksichtigung ihrer berechtigten Wünsche sowohl bei der Entscheidung über die Leistungen zur Teilhabe als auch bei deren Ausführung. Bewegen sich die geltend gemachten Wünsche im Rahmen der gesetzlichen Leistungspflicht des Trägers und der damit verfolgten Zielsetzung, so ist den Wünschen grundsätzlich zu entsprechen. Das allgemeine Rehabilitationsrecht verpflichtet dabei die TdSE bei ihrer Prüfung über § 69 S. 2 hinaus zur Rücksicht auf die persönlichen Lebensumstände, das Geschlecht, die Familie, die religiösen und weltanschaulichen Bedürfnisse des Leistungsberechtigten sowie auf die besonderen Bedürfnisse behinderter Mütter und Väter bei der Erfüllung des Erziehungsauftrags und die besonderen Bedürfnisse behinderter Kinder (§ 8 Abs. 1 SGB IX).

17 Es besteht die Pflicht des Rehabilitationsträgers und damit auch des TdSE, durch Bescheid die **Gründe dafür darzulegen**, wenn er den Wünschen des Leistungsberechtigten im Einzelfall nicht entspricht (§ 8 Abs. 2 S. 3 SGB IX).[12]

D. Anhang

I. BVG

18 **§ 25b BVG [Leistungen]**

(5) [1]Art, Ausmaß und Dauer der Leistungen der Kriegsopferfürsorge richten sich nach der Besonderheit des Einzelfalls, der Art des Bedarfs und den örtlichen Verhältnissen. [2]Dabei sind Art und Schwere der Schädigung, Gesundheitszustand und Lebensalter sowie die Lebensstellung vor Eintritt der Schädigung oder vor Auswirkung der Folgen der Schädigung oder vor dem Verlust des Ehegatten oder Lebenspartners, Elternteils, Kindes oder Enkelkinds besonders zu berücksichtigen. [3]Wünschen der Leistungsberechtigten, die sich auf die Gestaltung der Leistung richten, soll entsprochen werden, soweit sie angemessen sind und keine unvertretbaren Mehrkosten erfordern.

II. § 8 SGB IX

19 **§ 8 SGB IX [Wunsch- und Wahlrecht der Leistungsberechtigten]**

(1) Bei der Entscheidung über die Leistungen und bei der Ausführung der Leistungen zur Teilhabe wird berechtigten Wünschen der Leistungsberechtigten entsprochen. Dabei wird auch auf die persönliche Lebenssituation, das Alter, das Geschlecht, die Familie sowie die religiösen und weltanschaulichen Bedürfnisse der Leistungsberechtigten Rücksicht genommen; im Übrigen gilt § 33 des Ersten Buches. Den besonderen Bedürfnissen von Müttern und Vätern mit Behinderungen bei der Erfüllung ihres Erziehungsauftrages sowie den besonderen Bedürfnissen von Kindern mit Behinderungen wird Rechnung getragen.

(2) Sachleistungen zur Teilhabe, die nicht in Rehabilitationseinrichtungen auszuführen sind, können auf Antrag der Leistungsberechtigten als Geldleistungen erbracht werden, wenn die Leistungen hierdurch voraussichtlich bei gleicher Wirksamkeit wirtschaftlich zumindest gleichwertig ausgeführt werden können. Für die Beurteilung der Wirksamkeit stellen die Leistungsberechtigten dem Rehabilitationsträger geeignete Unterlagen zur Verfügung. Der Rehabilitationsträger begründet durch Bescheid, wenn er den Wünschen des Leistungsberechtigten nach den Absätzen 1 und 2 nicht entspricht.

---

11 Vgl. nur BMAS, Implementationsstudie 1 zur Evaluierung von Leistungen zur Teilhabe behinderter Menschen am Arbeitsleben, S. 64, 78, in: BMAS, Berufliche Rehabilitation, 2012

12 Dazu Gagel/Nebe SGB III Vor § 112 Rn. 16.

(3) Leistungen, Dienste und Einrichtungen lassen den Leistungsberechtigten möglichst viel Raum zu eigenverantwortlicher Gestaltung ihrer Lebensumstände und fördern ihre Selbstbestimmung.

(4) Die Leistungen zur Teilhabe bedürfen der Zustimmung der Leistungsberechtigten.

§ 70 Besonderheiten der Leistungsbemessung

Art, Ausmaß und Dauer der Leistungen zur Teilhabe richten sich nach der Besonderheit des Einzelfalls sowie der Art des Bedarfes.

A. Gesetzesgeschichte

I. Geltendes und neues Recht

§ 70 tritt mit einem Großteil der übrigen Vorschriften erst zum 1.1.2024 in Kraft.[1] Im Wesentlichen entspricht § 70 der bisherigen Regelung des § 25b Abs. 5 S. 1 BVG (zum Text des § 25b Abs. 5 BVG → § 69 Rn. 18),[2] der noch bis 31.12.2023 gilt. 1

II. Änderungen im SGB XIV gegenüber dem BVG und Parallelität

Im bisherigen Recht ist in § 25b Abs. 1 S. 1 BVG vorgegeben, bei der Leistungsbemessung auch die *örtlichen Verhältnisse* zu berücksichtigen. Diese Konkretisierung des Individualisierungsgrundsatzes findet sich im künftig geltenden § 70 nicht mehr. Daraus ist nicht zu folgern, im SER seien die örtlichen Verhältnisse bei der Leistungsbemessung nicht mehr zu berücksichtigen.[3] Aus der Gesetzesbegründung zum SGB XIV lässt sich nicht entnehmen, dass mit der Aufteilung der bisherigen Regelung des § 25b Abs. 5 BVG zur Individualisierung der Leistungsbemessung auf die Vorschriften in §§ 69 und 70 Einschränkung hinsichtlich der zu berücksichtigenden Kriterien verbunden werden sollten.[4] Im Gegenteil, die bisherige und auch die künftige Systematik sprechen für eine weitreichende Berücksichtigung der individuellen Bedürfnisse, einschließlich der **örtlichen Verhältnisse** (→ Rn. 5). 2

B. Normsystematik

I. Allgemeiner Regelungsgehalt

§ 70 steht am Ende der Vorschriften über die Teilhabeleistungen. Er gilt damit für sämtliche Leistungen des 6. Kapitels, wie sie in den §§ 62 ff. normiert sind. Damit wird der **Individualisierungsgrundsatz** direkt auch im neuen SER ausdrücklich verankert. Dh, dass die Teilhabeleistungen den Anforderungen des jeweiligen Einzelfalls anzupassen sind.[5] Angesichts des schon in § 33 SGB I niedergelegten Individualisie- 3

1 BT-Drs. 19/13824, 2.
2 § 25b Abs. 5 S. 2 BVG ist in § 69 SGB XIV aufgegangen, anders wohl Schmidt/Schmidt SGB XIV § 70 Rn. 2.
3 Unklar insoweit Schmidt SGB XIV/Schmidt § 70 Rn. 4 f.
4 BT-Drs. 19/13824, 203.
5 BT-Drs. 19/13824, 203.

rungsgrundsatzes unterstreicht diese besondere Normierung für die Teilhabeleistungen im SER auch den besonderen Stellenwert der Norm. Sollte sie über § 33 SGB I nicht hinausgehen, hätte es ihrer Normierung nicht bedurft.

II. Systematische Einordnung und Normzweck

4 Der **Individualisierungsgrundsatz** des § 70 steht systematisch im engen Zusammenhang mit verschiedenen anderen Vorschriften des (Sozial-)rechts. Das lässt sich in einer Übersicht veranschaulichen:

Teil des SGB	Norm	Regelungsgehalt	Anmerkung
SGB I	§ 33 S. 1	Ausgestaltung von Sozialleistungen anhand der persönlichen Verhältnisse, vorbehaltlich entgegenstehender gesetzlicher Regelungen	allgemeine Maxime im Sozialleistungsrecht
SGB IX	§ 8	Wunsch- und Wahlrecht der Leistungsberechtigten zur Berücksichtigung der persönlichen Lebenssituation	allgemeine Maxime im gesamten Teilhaberecht
	§ 7	regelt Verhältnis zwischen SGB IX und sonstigen Leistungsgesetzen der verschiedenen Rehabilitationsträger	Grundsätzlich ist § 8 SGB IX vorrangig auch im Bereich der Teilhabeleistungen im SER, soweit nicht im SGB XIV von § 8 SGB IX Abweichendes geregelt ist.
	§ 1	Selbstbestimmung als eine der wichtigsten Zielbestimmungen des Teilhaberechts iSd SGB IX	Ziel der Selbstbestimmung durch Teilhabeleistungen maßgeblich auch für §§ 62–69 SGB XIV
SER	§ 1 Abs. 1 KFürsV	Bestimmt untergesetzlich, dass die Teilhabeleistungen die Schädigungsfolgen angemessen ausgleichen oder mildern sollen, wobei die Hilfen zur beruflichen Tätigkeit Eignung und Neigung berücksichtigen sollen.	Hierbei handelt es sich um eine Konkretisierung des Individualisierungsgrundsatzes für den Bereich der Leistungen zur Teilhabe am Arbeitsleben.
	§ 69 SGB XIV	Besonderes Wunsch- und Wahlrecht bei Entscheidung und Ausführung über Teilhabeleistungen	Ausdrückliches Wunsch- und Wahlrecht für Kap. 6; im Übrigen Verweis auf § 8 SGB IX
	§ 98 SGB XIV	Individualisierungsgrundsatz speziell für die Leistungen nach Kap. 11, dh für Besondere Leistungen im Einzelfall	Über die Leistungen des Kap. 6 hinaus zu erbringende Besondere Leistungen, allerdings unter Einsatz von Einkommen und Vermögen
	§ 97 SGB XIV	Besonderes Wunsch- und Wahlrecht bei Entscheidung und Ausführung über Besondere Leistungen im Einzelfall	Ausdrückliches Wunsch- und Wahlrecht für Leistungen nach Kap. 11; im Übrigen Verweis auf § 8 SGB IX
Allgemeine Regeln zur	§ 69 SGB IV	Die Leistungsträger sind den Grundsätzen der Wirtschaft-	Macht Abwägung unterschiedlicher Rechtsgüter erforderlich.

Teil des SGB	Norm	Regelungsgehalt	Anmerkung
Begrenzung der Leistungen		lichkeit und Sparsamkeit verpflichtet.	
	§ 12 SGB V	Wirtschaftlichkeitsgebot im Bereich der GKV	Macht Abwägung unterschiedlicher Rechtsgüter erforderlich. Meist aber durch Regelungen des G-BA bereits konkret ausgestaltet, vgl. § 92 Abs. 1 S. 1 SGB V.
Einzelne Leistungsgesetze mit Grenzen individueller Berücksichtigungen	zB § 49 Abs. 8 S. 2 Nr. 3 SGB IX iVm § 63 Abs. 1 Nr. 1 SGB XIV	Danach sind Kosten einer Arbeitsassistenz auf die Dauer von 3 Jahren begrenzt.	Diese konkrete Begrenzung der Dauer der Leistung im Leistungsgesetz steht in einem Spannungsverhältnis zum Grundsatz der individualisierten Leistungsbemessung. Hieraus resultieren notwendige systematische Diskussionen.
	zB § 53 SGB IX iVm § 63 Abs. 1 Nr. 1 SGB XIV	Danach sind Grenzen für die Dauer von Teilhabeleistungen, speziell von Leistungen zur beruflichen Weiterbildung geregelt.	Eine zeitliche Begrenzung im Regelfall, wie in § 53 SGB IX geregelt, stellt eine systematische Abweichung von der Prämisse dar, dass sich die Dauer nach der Besonderheit des Einzelfalls richtet. Hieraus resultieren notwendige systematische Diskussionen.

5 Das **Individualisierungsprinzip** lässt sich in der bundesrepublikanischen Sozialrechtsgesetzgebung weit zurückführen. Schon das Bundessozialhilfegesetz enthielt 1961 bei seiner Einführung mit dem damaligen § 3 BSHG[6] eine mit den heutigen §§ 69 und 70 SGB XIV vergleichbare Regelung.

Für alle Leistungen nach dem SGB (einschließlich der Teilhabeleistungen des SER) besagt seit Einführung des SGB I zum 1.1.1976 der darin geregelte **§ 33 S. 1 SGB I**, dass dann, wenn Leistungsinhalte nach Art oder Umfang nicht im Einzelnen bestimmt sind, bei deren Ausgestaltung die persönlichen Verhältnisse des Berechtigten, sein Bedarf und seine Leistungsfähigkeit sowie die örtlichen Verhältnisse zu berücksichtigen sind, soweit Rechtsvorschriften nicht entgegenstehen. Diese Regelung hat **besonderes Gewicht**, denn wie § 37 S. 2 SGB I zeigt, darf von § 33 SGB I in den übrigen Teilen des SGB nicht abgewichen werden.[7] Das Individualisierungsprinzip soll nicht nur **Menschenwürde** und Wahrung der Freiheit des einzelnen Menschen sichern, sondern **auch der Effizienz** dienen,[8] denn unter mehreren objektiv gleichwertigen Maßnahmen wissen Berechtigte im Zweifel besser, was ihren Bedürfnissen am ehesten gerecht wird.[9]

6 Der Individualisierungsgrundsatz steht im engen Zusammenhang mit dem **Wunsch- und Wahlrecht** für Teilhabeleistungen im Rahmen des SER, jetzt § 69, zuvor in § 25b

6 § 3 BSHG Sozialhilfe nach der Besonderheit des Einzelfalles, abgedruckt in Fn. 5 zu § 69.
7 Das zu Recht hervorgehoben Fuchs/Ritz/Rosenow/von Fuchs § 8 Rn. 4c.
8 So Begründung zum SGB I, BT-Drs. 7/868, 27.
9 Fuchs/Ritz/Rosenow/Fuchs § 8 Rn. 4 unter Verweis auf BSG 3.11.1999 – B 3 KR 16/99 R, juris Rn. 21.

Abs. 5 S. 2 und 3 BVG.[10] Die Kriegsopferfürsorge-Verordnung (**KFürsV**)[11] spricht in ihrem § 1 Abs. 1 davon, durch die Leistungen zur Teilhabe am Arbeitsleben die Folgen der Schädigung angemessen auszugleichen oder zu mildern und bei den Hilfen die **Eignung und Neigung** für die berufliche Tätigkeit zu berücksichtigen.[12] Auch für die Fürsorgeleistungen (Kapitel 11, §§ 92–98, Besondere Leistungen im Einzelfall) ist der Individualisierungsgrundsatz verankert (§ 98). Der steht dort im 11. Kapitel dann auch im engen systematischen Zusammenhang mit dem speziell im 11. Kapitel normierten Wunsch- und Wahlrecht (§ 97).

7 Für die og verschiedenen **Wunsch- und Wahlrechte** wird jeweils ergänzend auf **§ 8 SGB IX** verwiesen. Das ist konsequent, denn gem. § 7 Abs. 1 S. 1 SGB IX gilt der § 8 SGB IX ohnehin für die Träger des SER, soweit sie Teilhabeleistungen im Sinne des SGB IX erbringen und sich aus ihrem speziellen Leistungsgesetz, sprich aus dem SGB XIV nichts Abweichendes zum Wunsch- und Wahlrecht ergibt.

Damit erschließt sich auch die enge Wechselwirkung des § 70 mit sämtlichen Bestimmungen des 1. Teils des SGB IX (→ § 62 Rn. 9 ff.). § 70 ist daher auch als eine Ausprägung der Zielbestimmung des gesamten Teilhaberechts, des § 1 SGB IX, anzusehen, wonach die Menschen mit Behinderungen Teilhabeleistungen erhalten, um ihre Selbstbestimmung zu fördern.

8 Das Individualisierungsprinzip gilt sowohl für die Feststellung der Leistungen und dabei hinsichtlich des „ob" und des „wie" und ebenso die Ausführung der Leistungen.

9 Das Individualisierungsprinzip kann nicht losgelöst von den allgemeinen Vorgaben zur **Wirtschaftlichkeit und Sparsamkeit** (vgl. § 69 SGB IV oder § 12 SGB V) und deren verschiedenen (unter)gesetzlichen Konkretisierungen verstanden werden. Im Einzelfall müssen die verschiedenen Schutzinteressen miteinander in Einklang gebracht werden.

10 Soweit leistungsberechtigte Personen nach dem BVG bzw. nach dem SGB XIV von einer Behinderung iSd § 2 Abs. 1 SGB IX bedroht oder betroffen sind, ist bei der Auslegung des nationalen SER zudem das internationale und europäische Recht zum Schutz von Menschen mit (drohenden) Behinderungen zu berücksichtigen, dh vor allem die UN-Behindertenrechtskonvention und das EU-Recht[13] (→ § 62 Rn. 24). Das ist vor allem dort von Bedeutung, wo unbestimmte Rechtsbegriffe oder Generalklauseln wie die des § 70, Auslegungsspielraum in methodisch gesicherter Form ermöglichen. Sollte ein Rechtssatz einem Anspruch auf Teilhabeleistung im Einzelfall entgegenstehen, dann ließe sich dessen limitierende Wirkung dadurch überwinden, dass wiederum der Grundsatz der Individualisierung im Lichte der UN-BRK und der Verfassung besonders gestärkt wird und in der Abwägung der Leistungsbewilligung im Einzelfall der Vorrang gewährt wird (→ Rn. 16 f.).

11 Aus dem systematischen Überblick zur Einordnung des Individualisierungsgrundsatzes lässt sich eine Prüfungsfolge hinsichtlich denkbarer Leistungen ableiten:

- Anspruchsprüfung anhand der Leistungsnorm gem. §§ 62 ff. iVm §§ 1–84 SGB IX
- Ausfüllung unbestimmter Rechtsbegriffe und Entscheidungsspielräume unter Einbeziehung von § 70
- Ausübung des Ermessens anhand § 70

10 Schmidt SGB XIV/Schmidt § 69 Rn. 5.
11 Die Verordnung zur Kriegsopferfürsorge v. 16.1.1979 (BGBl. I 80), basierend auf der Verordnungsermächtigung in § 27f BVG, wurde zuletzt geändert d. Art. 9 d. Gesetzes vom 30.11.2019 (BGBl. I 1948), aufgehoben d. Art. 58 Nr. 5 des Gesetzes v. 12.12.2019 (BGBl. I 2652) mWv 1.1.2024.
12 Darauf verweisend Knickrehm/Mushoff/Schmidt Neues SozEntschR Rn. 233, Fn. 360.
13 Ausführlich dazu auch Gagel/Nebe SGB III Vor § 112 Rn. 1b ff.

- Soweit Anspruchsnorm selbst bereits limitierend, prüfen, inwieweit ausnahmsweise Überwindung der Begrenzung unter Anwendung des § 70,
  - ggf. in völkerrechtsfreundlicher Anwendung des § 70
  - Grundsatz der weitreichenden Schadenskompensation durch SER, Vermeidung eines Rückgriffs auf Fürsorgeleistungen zur Schließung von Versorgungslücken.
- Wenn Begründung des Leistungsbegehrens nach §§ 62 ff. methodisch nicht leistbar, dann
  - Prüfung eines Rückgriffs auf Teilhabeleistungen eines anderen Rehabilitationsträgers, zB Eingliederungshilfe (§§ 90 ff. SGB IX),
  - vor allem aber Prüfung von Besonderen Leistungen im Einzelfall gem. §§ 92 ff.

C. Einzelkommentierung

I. Gegenstand der Individualisierung

Der Überschrift nach geht es um die **Leistungsbemessung.** Der Normwortlaut konkretisiert dies und spricht von Art, Ausmaß und Dauer der Leistungen zur Teilhabe. 12

Für die Leistungen zur Teilhabe gilt § 62 (→ § 62 Rn. 1 ff.). Zu den drei Kriterien ist im Einzelnen Folgendes zu sagen:

Für die **Art der Leistung zur Teilhabe** gilt zunächst § 11 SGB I, wonach gegenständlich unter dem Begriff Leistungsarten „zwischen Dienst-, Sach- und Geldleistungen" zu differenzieren ist (§ 11 S. 1 SGB I). In § 11 S. 2 SGB I ist zudem klargestellt, dass persönliche und erzieherische Hilfen zu den Dienstleistungen gehören. Mitunter werden auch die in § 5 SGB IX genannten **Leistungsgruppen** als „Arten" der Rehabilitation bzw. der Teilhabeleistungen bezeichnet; das steht zumindest begrifflich nicht im Einklang mit der Gesetzessystematik laut § 11 SGB I. Gleichwohl sollte auch gesehen werden, dass das Sozialrecht selbst den Begriff der Leistungsart nicht allein auf die drei in § 11 SGB I genannten Termini beschränkt, sondern zB auch hinsichtlich der leistungsspezifischen Ausgestaltungen in der Pflegeversicherung von Leistungsarten spricht (vgl. § 28 SGB XI). Auch der Gesetzgeber verwendet den Begriff Leistungsart weitergehend[14] und erfasst darunter auch Differenzierungen in materieller Hinsicht, zB bei der Abgrenzung zwischen Fachleistungen der Eingliederungshilfe einerseits und Leistungen für die Hilfe zur Überwindung besonderer sozialer Schwierigkeiten andererseits.[15] Für ein weites Verständnis des Begriffs der Art der Leistung zur Teilhabe spricht zudem § 144 SGB IX, der hinsichtlich der statistischen Erhebungsmerkmale in Abs. 2 unter Art der Leistung ganz weitreichend auflistet. 13

Zum Merkmal **„Ausmaß der Leistungen zur Teilhabe"** lässt sich an eine Vielzahl von Normen im allgemeinen Sozialrecht und vor allem im Teilhaberecht anknüpfen. Hervorgehoben seien hier vor allem die § 17 SGB I sowie §§ 4, 10, 13 und 19 SGB IX. Allein der Satz 2 in § 4 Abs. 2 SGB IX hat mit dem Leistungsprinzip der „einheitliche[n] Trägerschaft" eine weitreichende Bedeutung für die Verwirklichung des Prinzips der Individualisierung (→ § 62 Rn. 14).[16] 14

Die **„Dauer der Leistungen zur Teilhabe"** bemisst sich in erster Linie nach den Zielen der jeweiligen Teilhabeleistungen, vgl. dazu allgemein § 4 SGB IX sowie zu den jeweiligen Leistungen die jeweiligen Vorgaben des SGB IX (→ § 62 Rn. 10 ff.). Immer dort, 15

---

14 Vgl. nur an verschiedenen Stellen zur Begründung zum BTHG in BT-Drs. 18/9522, 199, 245, 267, 271, 272.
15 BT-Drs. 18/9522, 272.
16 Vgl. nur BSG 29.1.2008 – B 5a/5 R 26/07 R, juris Rn. 26; dazu Nellissen DVfR Forum A, A7–2015, www.reha-recht.de.

wo die einzelnen Leistungsgesetze zeitliche Limitierungen vorsehen, ist daher angesichts der vorbehaltlosen Regelung des Individualisierungsgrundsatzes in § 70 eine besonders kritische Überprüfung der Begrenzung geboten.

II. Maßstäbe für die Individualisierung – Einzelfall und Art des Bedarfs

16 Art, Ausmaß und Dauer der Leistungen zur Teilhabe müssen sich nach den **individuellen Besonderheiten und Bedarfen des Einzelfalls** richten. Ob das (nur) grundsätzlich oder stets[17] zu gelten hat, ist durch Auslegung zu ermitteln. Angesichts der vorbehaltlosen Formulierung des § 70 darf grundsätzlich von einer Leistungsgewährung ausgegangen werden, die sich in jeder Hinsicht an der **Erreichung der Teilhabeziele** messen lassen muss.[18] Dabei sind vor allem die besonderen Diskriminierungsrisiken von Menschen mit Behinderungen zu berücksichtigen, so zB hinsichtlich einer deutlich häufigeren Beschäftigung unter der persönlichen Qualifizierung bzw. den individuellen Fähigkeiten.

17 Nach der Rechtsprechung zu § 25b Abs. 5 BVG hieß es weiter, dass „dabei […] insbesondere die Art und Schwere der Schädigung, Alter und Gesundheitszustand der geschädigten Person, sowie deren Lebensstellung vor Eintritt des schädigenden Ereignisses als auch die Auswirkung dessen Folgen zu berücksichtigen [sind]".[19] Diese Ergänzung ist durch die Reform des SER nun direkt beim Wunsch- und Wahlrecht verortet worden (→ § 69 Rn. 15). Das kann einerseits für eine besondere Reichweite des § 70 sprechen, aber auch dafür, die genannten Kriterien und die Rechtsprechung dazu auch über den 31.12.2023 hinaus im Rahmen des Individualisierungsgrundsatz des § 70 zu berücksichtigen. Für Letzteres spricht die Relevanz der bisherigen Regelung in § 25b Abs. 5 BVG. Das Individualisierungsgebot ist von der Rechtsprechung zurecht als **besonders relevant** für die Leistungen speziell der Kriegsopferfürsorge erachtet worden.[20] „Maßstab für die Gewährung von Kriegsopferfürsorgeleistungen ist dabei nicht das für das Leben Notwendige, sondern das im Vergleich zur wirtschaftlichen Situation der Bevölkerung Angemessene unter besonderer Berücksichtigung der Auswirkungen der Schädigung (vgl. Empfehlungen zur Kriegsopferfürsorge Ziffer 5.1.2.2). Insbesondere Leistungen zur Teilhabe am Arbeitsleben sind demnach primär darauf auszurichten, die Folgen der Schädigung angemessen auszugleichen, § 1 Abs. 1 KFürsV."[21].

III. Kein unmittelbarer Vorbehalt in der Norm

18 Meist ist das Ziel der Teilhabeleistungen gesetzlich beschrieben und der im Gesetz kodifizierte Katalog möglicher Leistungsinhalte offen gestaltet. Das lässt sich gut illustrieren anhand des offenen Katalogs an Leistungen zur Teilhabe am Arbeitsleben durch die Formulierung in § 49 Abs. 3 Eingangssatz SGB IX „insbesondere".[22] Gleichwohl wird nach dem allgemeinen Grundsatz der Wirtschaftlichkeit der Leistungen

17 So Knickrehm/Mushoff/Schmidt Neues SozEntschR Rn. 233.
18 Vgl. auch BayVGH Beschl. v. 26.2.2016 – 12 B 15.2255, Rn. 41 ff.
19 BayVGH Beschl. v. 26.2.2016 – 12 B 15.2255, Rn. 28.
20 BayVGH Beschl. v. 26.2.2016 – 12 B 15.2255, Rn. 41.
21 BayVGH Beschl. v. 26.2.2016 – 12 B 15.2255, Rn. 41.
22 Insoweit lässt sich aber auch gut veranschaulichen, wie schnell intransparente Regelungen zu erheblicher Leistungsbegrenzung in der Verwaltungspraxis führen, vgl. dazu das nicht offen formulierte Leistungsrecht der Arbeitsförderung in § 118 SGB III (mit einem scheinbar abgeschlossenen Leistungskatalog und ohne Verweis auf §§ 49 ff. SGB IX). Dass insoweit dennoch auch in die §§ 112 ff. SGB III ein offener Katalog wie in § 49 Abs. 3 SGB IX hineinzulesen ist, dazu BSG 4.6.2013 – B 11 AL 8/12 R, SGb 2014, 221 sowie BVerwG 10.1.2013 – 5 C 24/11, Sozialrecht aktuell 2013, 127; NK-SGB III/Kador, 5. Aufl. 2013, § 118 Rn. 4 sowie Gagel/Nebe SGB III § 118 Rn. 1.

eine Begrenzung von Teilhabeleistungen hinsichtlich Art, Ausmaß und Dauer befürwortet, denn das Gebot wirtschaftlicher Leistungserbringung, wie es in §§ 69 SGB IV und § 12 SGB V ausdrücklich niedergelegt ist, gilt auch im Bereich von Teilhabeleistungen.[23] Das bedeutet nun aber nicht den Vorrang der Wirtschaftlichkeit vor der Menschenwürde und Selbstbestimmung.

Eine allgemeine und ohne Vorbehalt formulierte Individualisierung von Teilhabeleistungen, wie in § 70, kann daher in der Abwägung zu einer weitreichenderen Bewilligung von Leistungen je nach individuellem Bedarf führen, auch dort, wo Leistungen zur Teilhabe konkret hinsichtlich Art, Ausmaß oder Dauer beziffert oder limitiert sind. Die **vorbehaltlose Verankerung des Individualisierungsprinzips** verdeutlicht den besonderen Stellenwert des Leistungsgrundes – den Ausgleich eines im gesamtgesellschaftlichen Interesse getragenen Sonderopfers.

Kapitel 7 Leistungen bei Pflegebedürftigkeit

Vorbemerkung zu den §§ 71 ff. SGB XIV

A. Gesetzesgeschichte

I. Geltendes Recht nach dem BVG

Den **Leistungen bei Pflegebedürftigkeit** widmet das SGB XIV ein eigenes Kapitel. Im Bundesversorgungsgesetz sind sie in §§ 26c, 35 BVG geregelt, das zudem einen Pflegeausgleich für Witwer enthält (§ 40b BVG). 1

1. § 35 Abs. 1 BVG. Nach § 35 Abs. 1 BVG erhalten Beschädigte eine der Höhe nach für sechs Stufen festgelegte monatliche Pflegezulage (zuletzt zwischen 342 Euro in der Stufe I und 1706 Euro in der Stufe VI), solange sie infolge der Schädigung **hilflos** sind. Nach der in § 35 Abs. 1 S. 2 BVG enthaltenen Definition sind Beschädigte hilflos, wenn sie für eine Reihe von häufig und regelmäßig wiederkehrenden Verrichtungen zur Sicherung ihrer persönlichen Existenz im Ablauf eines jeden Tages fremder Hilfe dauernd bedürfen. Zwar zeigt diese Definition – ebenso wie das Aufgreifen der Hilfe in Form von Überwachung und Anleitung (§ 35 Abs. 1 S. 3 BVG) – eine deutliche Nähe zum früheren Begriff der **Pflegebedürftigkeit** nach dem SGB XI in der bis zum 2

23 Dazu SWK-BehindertenR/Theben/Hlava Wunsch- und Wahlrecht Rn. 20.

31.12.2016 geltenden Fassung.[1] Allerdings handelt es sich bei der Hilflosigkeit nach § 35 Abs. 1 BVG um einen eigenständigen und nicht mit § 14 SGB XI aF völlig wortidentisch definierten Begriff. Zudem ist die völlige Neugestaltung der Definition der Pflegebedürftigkeit im SGB XI zum 1.1.2017 nicht ins BVG übertragen worden.

3 Für die Ermittlung der **Hilflosigkeit** und der **Stufen der Pflegezulage** nach dem BVG gelten die eigens hierfür in der Verordnung zu § 30 Abs. 15 BVG aufgestellten Grundsätze. Es gilt deshalb ein unter dem Selbstverständnis des Versorgungsrechts definierter **Begriff der Hilflosigkeit,** der sich nur tendenziell an den Verrichtungsdefiziten des SGB XI in seiner alten Fassung orientiert.[2]

4 Die pauschale Pflegezulage wird nach § 35 Abs. 2 BVG um die diese übersteigenden, angemessenen Kosten für die Hilfe von einem Dritten aufgrund eines **Arbeitsvertrags** erhöht. Eine Erhöhung wird außerdem (ggf. auch zusätzlich) gewährt, wenn Hilfeleistungen durch einen in häuslicher Gemeinschaft lebenden Ehegatten, Lebenspartner oder Elternteil erbracht werden. Die Kosten einer nicht nur vorübergehenden Heimpflege werden nach § 35 Abs. 6 BVG unter Anrechnung auf die Versorgungsbezüge übernommen.

5 **2. § 26c Abs. 1 BVG.** Subsidiär erhalten Beschädigte und Hinterbliebene nach § 26c Abs. 1 BVG Hilfe zur Pflege in entsprechender Anwendung von § 13 SGB XII sowie des 7. Kapitels des SGB XII, allerdings gelten andere Einkommensgrenzen (§ 26c Abs. 5 BVG).

II. Neues Recht und Änderungen im SGB XIV gegenüber dem BVG

6 Mit dem SGB XIV intendiert der Gesetzgeber eine deutlich **stärkere Anbindung an das SGB XI.** Für den **Begriff der Pflegebedürftigkeit** und das Verfahren zur Ermittlung des Pflegegrades gelten nunmehr allein die Vorschriften des SGB XI (§ 72 Abs. 1 SGB XIV). Dies führt zu deutlichen **Vereinfachungen** sowohl des materiellen **Leistungsrechts** als auch **des Verwaltungsverfahrens.** Doppelte Feststellungen des Pflegegrades und damit auch voneinander abweichende Entscheidungen zur Pflegebedürftigkeit werden vermieden. Eine Entscheidung der Pflegekasse über den Pflegegrad ist für die zuständige Verwaltungsbehörde bindend (§ 72 Abs. 2 S. 1 SGB XIV). Diese hat zudem – außer wenn ein Anspruch nach dem SGB XI nicht in Betracht kommt (§ 72 Abs. 3 SGB XIV) – auf eine unverzügliche Entscheidung der Pflegekasse hinzuwirken (§ 72 Abs. 2 S. 2 SGB XIV).[3]

7 Auch beim **Umfang des Leistungsanspruchs** dienen die Leistungen nach dem SGB XI als Ausgangspunkt (§ 74 Nr. 1 SGB XIV). Allerdings sind die Leistungsansprüche nach dem SGB XI gedeckelt. Ohne Anspruch gegen einen anderen Sozialleistungsträger sind darüber hinausgehende Bedarfe von den Pflegebedürftigen selbst und – bei finanzieller Unzumutbarkeit nach dem 11. Kapitel des SGB XII – vom Sozialhilfeträger über die Hilfe zur Pflege nach dem 7. Kapitel des SGB XII zu decken.

8 Demgegenüber gilt im SGB XIV der Grundsatz der umfassenden Übernahme des **gesamten schädigungsbedingten Bedarfs.** Reicht der an den Leistungen der Pflegeversicherung orientierte Leistungsumfang zur vollständigen Deckung der schädigungsbe-

1 Der Begriff der Pflegebedürftigkeit wurde durch das Zweite Gesetz zur Stärkung der pflegerischen Versorgung und zur Änderung weiterer Vorschriften (Zweites Pflegestärkungsgesetz – PSG II) vom 21.12.2015 mit Wirkung zum 1.1.2017 grundlegend neu gestaltet, BGBl. 2015 I 2424 (§ 14 SGB XI nF). Bis dahin galt der seit Einführung der Pflegeversicherung mit Gesetz vom 26.5.1994 unverändert gebliebene Begriff der Pflegebedürftigkeit (§ 14 SGB XI aF).

2 Vgl. Knickrehm/Mushoff/Schmidt Neues SozEntschR Rn. 235.

3 Zu den damit verbundenen Problemen → § 72 Rn. 14 ff.

dingten Bedarfe nicht aus, werden deshalb nach §§ 75, 76 SGB XIV auch die darüber hinausgehenden, notwendigen und angemessenen Kosten übernommen.

Der nach Stufen bemessene **pauschale Aufwendungsersatz** der Pflegezulage nach § 35 Abs. 1 BVG wird ebenfalls um angemessene Kosten der Pflege erhöht: bei häuslicher Pflege nach § 35 Abs. 2 BVG, bei Pflege in (vollstationären) Pflegeeinrichtungen nach § 35 Abs. 6 BVG unter Anrechnung auf die Versorgungsbezüge. Daneben und subsidiär wird der Zuschlag ergänzt durch die Hilfe zur Pflege nach § 26c Abs. 1 BVG, die entsprechend der Hilfe zur Pflege nach dem SGB XII gestaltet ist. 9

Der an den tatsächlichen Kosten bemessene einheitliche Anspruch nach dem SGB XIV ist **weniger kompliziert**. Auf eine Einkommensanrechnung wird ebenso verzichtet wie auf die Anrechnung von Versorgungsbezügen; ausreichend ist die vorgesehene Angemessenheitsprüfung. 10

B. Normensystematik

I. Systematische Einordnung

Die Leistungen bei Pflegebedürftigkeit sind nicht nur in einem eigenen Kapitel (Kap. 7) des SGB XIV geregelt, es handelt sich dabei – wie schon nach dem BVG (§ 9 Nr. 3 iVm § 35 BVG) – um **eigenständige Versorgungsleistungen**. Die in § 3 SGB XIV aufgeführten Leistungen der Sozialen Entschädigung umfassen nach dessen Nr. 4 auch die Leistungen bei Pflegebedürftigkeit nach Kapitel 7. 11

Die **Vorrangigkeit** der Leistungen, die wegen eines schädigenden Ereignisses nach § 1 Abs. 2 SGB XIV zu erbringen sind, gegenüber den Leistungen anderer Sozialversicherungsträger ergibt sich aus § 28 Abs. 1 SGB XIV. Parallel dazu ist das Vorrangverhältnis ausdrücklich bezüglich der Leistungen der Pflegeversicherung in § 13 Abs. 1 Nr. 1 SGB XI geregelt. Die bisherige **Ruhensanordnung** der Leistungsansprüche gegen die Pflegeversicherung nach § 34 Abs. 1 Nr. 2 SGB XI, soweit Versicherte Entschädigungsleistungen wegen Pflegebedürftigkeit erhalten,[4] wird mit dem G-SER gestrichen.[5] 12

Darüber hinaus enthält § 8 SGB XIV eine Regelung zur **Konkurrenz von Ansprüchen**. Zunächst **beschränkt** § 8 Abs. 1 SGB XIV die Ansprüche Berechtigter gegen den Bund oder die Länder aufgrund eines schädigenden Ereignisses **auf die Leistungen nach dem SGB XIV**. Danach sind zwar über diese Leistungen hinausgehende Ansprüche, beispielsweise Amtshaftungsansprüche, grundsätzlich ausgeschlossen; eine **Ausnahme** gilt allerdings für Ansprüche nach den Vorschriften der **beamtenrechtlichen Unfallfürsorge**. Diese Ansprüche stehen neben dem Anspruch auf Leistungen des SER. Hierzu sowie zu Ansprüchen nach dem SGB VII und dem SVG regelt § 8 Abs. 3 SGB XIV den **Nachrang und das Ruhen** von Leistungen nach dem SGB XIV bei einem Zusammentreffen mit Ansprüchen aus anderen Versorgungssystemen.[6] 13

II. Antragsprinzip und weitere allgemeine Voraussetzungen

1. Antrag. Bei den Leistungen bei Pflegebedürftigkeit nach dem SGB XIV handelt es sich um **Antragsleistungen** (§ 10 Abs. 1 SGB XIV). Ein Ausnahmetatbestand oder sonstige Besonderheiten nach § 10 Abs. 2 bis 5 SGB XIV sind nicht gegeben. Der Antrag kann nach § 10 Abs. 6 SGB XIV auch über eine Unterstützungsbehörde eines anderen Mitgliedstaates der EU gestellt werden. Der **Beginn der Leistungen** ist nach § 11 Abs. 1 SGB XIV in der Regel der Monat der Antragstellung; unter den Voraussetzungen 14

4 Zur Verfassungsmäßigkeit der vollen Beitragspflicht trotz Ruhensanordnung der Leistungsansprüche: BSG Urt. v. 29.4.1999 – B 3 P 15/98 R, SozR 3-3300 § 34 Nr. 1.
5 BT-Drs. 19/13824, 125, Art. 39 Nr. 5.
6 BT-Drs. 19/13824, 173.

zungen des § 11 Abs. 2 SGB XIV sind Leistungen auch schon für vorhergehende Zeiträume zu erbringen.

15 **2. Entschädigungstatbestand.** Darüber hinaus muss ein **Entschädigungstatbestand** im Sinne des Kapitel 2 Abschnitt 2 (§§ 13 bis 24 SGB XIV) vorliegen. Bei den Opfern von Gewalttaten sind die **Ausschluss- und Versagungsgründe** (§§ 16 bis 20 SGB XIV) zu berücksichtigen. Die Leistungen werden für **schädigungsbedingte Bedarfe** erbracht (§ 25 SGB XIV).

III. Rechtsfolgen

16 **1. Leistungsformen.** Neben Dienst-, Sach- und Geldleistungen (§ 26 Abs. 1 SGB XIV) werden die Leistungen bei Pflegebedürftigkeit nach § 26 Abs. 3 SGB XIV auf Antrag auch durch ein **Persönliches Budget** erbracht. Im Pflegeversicherungsrecht ist dies nach § 35a SGB XI nur eingeschränkt möglich.

17 **2. Leistungsumfang.** Der **Umfang** der Leistungen bei Pflegebedürftigkeit ergibt sich aus **§§ 74 ff. SGB XIV.** Daneben sieht das Gesetz noch **weitere Rechtsfolgen** vor.

18 **3. Kausalitätsvermutung nach § 92 Abs. 3 S. 2 SGB XIV.** Nach § 92 Abs. 3 S. 2 SGB XIV tritt als **Folge der Zuerkennung von Leistungen bei Pflegebedürftigkeit** nach dem 7. Kapitel des SGB XIV eine gesetzliche **Kausalitätsvermutung** für einen Anspruch auf **Besondere Leistungen im Einzelfall** nach dem 11. Kapitel (§§ 92 ff. SGB XIV) ein. Nach § 92 Abs. 1 SGB XIV erhalten Geschädigte, die nicht (ausreichend) in der Lage sind, den jeweiligen Bedarf aus ihrem Einkommen oder Vermögen zu decken, und dieses Unvermögen durch die Schädigungsfolgen entstanden ist, Besondere Leistungen im Einzelfall. Der erforderliche Zusammenhang zwischen den Schädigungsfolgen und dem Unvermögen ist bei Geschädigten, die Leistungen bei Pflegebedürftigkeit nach dem 7. Kapitel erhalten, stets anzunehmen (§ 92 Abs. 3 SGB XIV).

19 **4. Auslandsaufenthalt.** Für Geschädigte, die ihren **Wohnsitz oder gewöhnlichen Aufenthalt im Ausland** haben, kann bei Pflegebedürftigkeit im Sinne des § 71 Abs. 1 SGB XIV nach § 101 Abs. 4 SGB XIV ein Pflegegeld in Höhe der Leistungen nach § 37 SGB XI erbracht werden. Kosten für ergänzende Leistungen nach § 75 Abs. 2 SGB XIV werden nur dann erstattet, wenn entsprechende Sachleistungen auch im Wohnsitzstaat vorgesehen sind.

IV. Übergangsregelungen zur Besitzstandswahrung

20 **1. § 142 SGB XIV.** Als **Übergangsregelung** bestimmt § 142 Abs. 1 SGB XIV, dass bestandskräftig festgestellte **Ansprüche nach dem BVG** oder nach einem Gesetz, das das BVG ganz oder teilweise für anwendbar erklärt, grundsätzlich weiter bestehen bleiben. Nicht beschiedene Anträge sind nach dem im Zeitpunkt der Antragstellung geltenden Recht zu entscheiden (§ 142 Abs. 2 SGB XIV). Den Geschädigten steht insoweit ein **Wahlrecht** nach Maßgabe der §§ 142 Abs. 3, 152 SGB XIV zu.

21 **2. §§ 144, 146 SGB XIV.** Zu den nach § 142 Abs. 1 SGB XIV weiter zu gewährenden Geldleistungen gehört auch die **Pflegezulage nach § 35 Abs. 1 BVG** (§ 144 Abs. 1 S. 2 Nr. 10 SGB XIV). Der Betrag ist nach § 144 Abs. 1 S. 3 SGB XIV um **25 % zu erhöhen.** Leistungen nach § 35 Abs. 2 BVG (erhöhte Leistungen, wenn Hilfe aufgrund eines Arbeitsvertrags geleistet wird) und § 35 Abs. 6 BVG (Heimpflege) werden demgegenüber nicht weitergewährt, sondern durch die Leistungen nach dem 7. Kapitel des SGB XIV **ersetzt** (§ 146 Abs. 1 SGB XIV).

22 **3. § 145 SGB XIV.** Befristete oder auf Zeit erbrachte Leistungen nach dem BVG – zu denen die **Hilfe zur Pflege nach § 26c BVG** gehört – können grundsätzlich – längstens bis zum 31.12.2031 – nach Maßgabe des § 145 Abs. 3, 4 SGB XIV weiter bezogen werden (§ 145 Abs. 1, 2 SGB XIV).

4. § 147 SGB XIV. Zudem erhalten Witwen und Witwer, die ihren schädigungsbedingt pflegebedürftigen Ehepartner bereits vor Inkrafttreten des SGB XIV gepflegt haben und die Pflegezeit insgesamt mehr als zehn Jahre betragen hat, nach § 147 SGB XIV einen monatlichen **Pflegeausgleich bei langjähriger schädigungsbedingter Pflege** in Höhe von 20 Euro für jedes Jahr der über zehn Jahre hinausgehenden Pflegezeit. 23

Abschnitt 1 Anspruch und Pflegebedürftigkeit

§ 71 Anspruch auf Leistungen bei Pflegebedürftigkeit

(1) Geschädigte haben Anspruch auf Leistungen bei Pflegebedürftigkeit, wenn sie auf Grund der anerkannten Schädigungsfolgen pflegebedürftig sind.

(2) Anspruch auf Leistungen bei Pflegebedürftigkeit besteht auch, wenn

1. **Gesundheitsstörungen, die keine Schädigungsfolge sind, im Zusammenwirken mit anerkannten Schädigungsfolgen Pflegebedürftigkeit verursachen und**
2. **die Auswirkungen der Schädigungsfolgen für die Beurteilung der Pflegebedürftigkeit den anderen Gesundheitsstörungen annähernd gleichwertig sind.**

A. Gesetzesgeschichte

Die nach dem BVG vorgesehene Trennung der Pflegezulage nach § 35 BVG von der Hilfe zur Pflege nach § 26c BVG, die den entsprechenden Regelungen im Sozialhilferecht nachgebildet ist und damit – bis auf die Höhe des einzusetzenden Einkommens – im Wesentlichen übereinstimmt, findet in den Regelungen der §§ 71 ff. SGB XIV keine Entsprechung mehr. Vielmehr ist der Leistungsumfang abschließend in §§ 74 bis 76 SGB XIV geregelt. Neben Leistungen entsprechend dem Vierten Kapitel des SGB XI sind danach ergänzende Leistungen nach § 75 SGB XIV sowie Leistungen bei Pflegebedürftigkeit im Arbeitgebermodell nach § 76 SGB XIV vorgesehen. 1

Zur Gesetzesgeschichte, insbesondere zum geltenden BVG und den Änderungen im SGB XIV → Vor § 71 Rn. 1 ff. 2

B. Normsystematik

I. Allgemeiner Regelungsgehalt

§ 71 SGB XIV enthält die **Anspruchsgrundlage** für Leistungen bei Pflegebedürftigkeit und normiert im Wesentlichen das **Kausalitätserfordernis** im Rahmen der haftungsausfüllenden Kausalität. § 71 Abs. 1 SGB XIV bestimmt das grundsätzliche Erfordernis eines Ursachenzusammenhangs zwischen der Pflegebedürftigkeit und den aner- 3 kannten Schädigungsfolgen; § 71 Abs. 2 SGB XIV bestimmt die Ursächlichkeit im Rechtssinn, wenn auch schädigungsunabhängige Gesundheitsstörungen die Pflegebedürftigkeit mitbedingen (**Mitursächlichkeit**). Mit der Formulierung der **annähernden Gleichwertigkeit** zu anderen Gesundheitsstörungen knüpft § 71 Abs. 2 SGB XIV erkennbar an die bereits zu § 35 BVG existierenden **Allgemeinen Verwaltungsvorschriften**[1] an. Danach sind bei Zusammenwirken schädigungsunabhängiger Gesundheitsstörungen mit Schädigungsfolgen letztere für einen Zustand der Hilflosigkeit ursächlich im Rechtssinn, wenn sie in ihrer Bedeutung und Tragweite für den jeweiligen Zustand der Hilflosigkeit den schädigungsunabhängigen Gesundheitsstörungen annähernd gleichwertig sind.

4 Diese Formulierung ist wiederum zurückzuführen auf die von der Rechtsprechung entwickelte Kausalitäts-Theorie der **wesentlichen Bedingung**. Während ursächlich im naturwissenschaftlichen Sinne schon jede Bedingung ist, die nicht hinweggedacht werden kann, ohne dass der Erfolg entfiele (conditio sine qua non), wird ein Entschädigungsanspruch nur durch eine wesentliche Bedingung ausgelöst. Entscheidend sind die Bedeutung und die Tragweite der Ursache für den Erfolgseintritt insbesondere im Vergleich zu anderen Ursachen. Erforderlich ist also eine wertende Betrachtung.[2] Im Unfallversicherungsrecht wird dabei ein Ursachenzusammenhang erst dann abgelehnt, wenn einem anderen Umstand eine überragende Bedeutung zukommt[3]; im SER sind die anerkannten Schädigungsfolgen wesentliche Bedingung der Pflegebedürftigkeit, wenn sie im Vergleich zu anderen Gesundheitsstörungen eine „annähernde Gleichwertigkeit" aufweisen.[4]

II. Systematische Einordnung und Normzweck

5 Schon die Pflegezulage nach § 35 BVG stellt eine **eigenständige Versorgungsleistung** im Sinne von § 9 Nr. 3 BVG dar. Das SGB XIV widmet den Leistungen bei Pflegebedürftigkeit ein eigenes Kapitel 7. Es handelt sich weiterhin um eigenständige Leistungen der Sozialen Entschädigung, die als solche in § 3 Nr. 4 SGB XIV aufgeführt sind.

6 Eingebettet ist diese Anspruchsgrundlage in die **allgemeinen Leistungsvoraussetzungen** der Sozialen Entschädigung sowie die Voraussetzungen der Pflegebedürftigkeit und die Regelungen zum Leistungsumfang nach §§ 72 ff. SGB XIV (→ Vor § 71 Rn. 14 ff.).

C. Einzelkommentierung

I. Allgemeine Leistungsvoraussetzungen

7 Neben den Kausalitätsanforderungen des § 71 SGB XIV selbst sind die **allgemeinen Leistungsvoraussetzungen** der Sozialen Entschädigung sowie die §§ 72 ff. SGB XIV zu berücksichtigen, die neben dem Begriff der Pflegebedürftigkeit vor allem die Leistungen selbst regeln. Daraus ergeben sich folgende von § 71 SGB XIV unabhängige Voraussetzungen:

8 **1. Antrag.** Als eigenständiger Leistungsanspruch erfordert der Anspruch auf Leistungen bei Pflegebedürftigkeit einen entsprechenden **Antrag** (§ 10 Abs. 1 SGB XIV). Allerdings sind Anträge grundsätzlich weit auszulegen, so dass ein unbestimmt bleibender Antrag auf Versorgungsleistungen in der Regel so auszulegen sein wird, dass alle in

1 Vom 26.6.1969, Beilage Nr. 15/69 zum BAnz. Nr. 119, geändert durch Allgemeine Verwaltungsvorschriften vom 25.4.1974, BAnz. Nr. 83 und Zweite Allgemeine Verwaltungsvorschrift vom 27.8.1986, BAnz. Nr. 161, S. 12297; → Rn. 26.
2 Vgl. BSG Urt. v. 12.6.2001 – B 9 V 5/00 R, BSGE 88, 153.
3 Vgl. zB zum Unfallversicherungsrecht BSG Urt. v. 9.5.2006 – B 2 U 1/05 R, BSGE 96, 196.
4 Zu den Unterschieden zwischen dem Unfallversicherungsrecht und dem SER → § 1 Rn. 22.

Betracht kommenden Leistungen beantragt werden sollen. Ist der Antrag aber ausdrücklich auf bestimmte andere Leistungen beschränkt und wurde der Berechtigte nicht auf Leistungen bei Pflegebedürftigkeit hingewiesen, obwohl ein Anspruch in Betracht zu ziehen war, können die Voraussetzungen eines sozialrechtlichen Herstellungsanspruchs vorliegen.[5]

2. (Leistungs-) Berechtigte Person. Antragsteller müssen (Leistungs-) **berechtigte Personen** im Sinne von § 2 Abs. 1 SGB XIV sein. Allerdings stehen die Leistungen bei Pflegebedürftigkeit nach §§ 71 ff. SGB XIV grundsätzlich nur den **Geschädigten** selbst zu. Von den sonst als Berechtigte in § 2 Abs. 1 SGB XIV aufgeführten Personen kann für Witwen und Witwern lediglich (übergangsweise) ein Anspruch auf Pflegeausgleich bei langjähriger schädigungsbedingter Pflege nach § 147 SGB XIV in Betracht kommen. 9

3. Schädigendes Ereignis. Erforderlich ist zudem das Vorliegen eines **schädigenden Ereignisses** nach § 1 Abs. 2 iVm einem **Entschädigungstatbestand** im Sinne des Kapitel 2 Abschnitt 2 (§§ 13 bis 24 SGB XIV). Bei den Opfern von Gewalttaten darf **kein Ausschluss- oder Versagungsgrund** (§§ 16 bis 20 SGB XIV) vorliegen; bei Kriegsopfern kein Versagungs- oder Entziehungsgrund nach § 22 SGB XIV, die Möglichkeit der Minderung der Leistung ist zu berücksichtigen. 10

II. Absatz 1

1. Pflegebedürftigkeit. Der/die Geschädigte muss **pflegebedürftig** sein. Für den **Begriff der Pflegebedürftigkeit** verweist § 72 Abs. 1 SGB XIV auf das (zweite Kapitel des) SGB XI. Liegt Pflegebedürftigkeit nur deshalb nicht vor, weil die Einschränkungen der Selbständigkeit und Fähigkeiten voraussichtlich nur weniger als sechs Monate vorliegen, kann eine Kostenübernahme nach § 73 SGB XIV erfolgen. 11

2. Kausalität. **§ 71 SGB XIV** normiert das **Kausalitätserfordernis.**[6] Die Pflegebedürftigkeit muss auf den anerkannten Schädigungsfolgen beruhen. 12

a) **Kausalkette.** **§ 4 Abs. 1 SGB XIV** erfordert für einen Anspruch auf Leistungen der Sozialen Entschädigung grundsätzlich einen **Ursachenzusammenhang** zwischen dem schädigenden Ereignis und den anerkannten gesundheitlichen und/oder wirtschaftlichen Folgen. Dazu gehört zunächst die **haftungsbegründende Kausalität** des schädigenden Ereignisses für den gesundheitlichen Primärschaden.[7] Leistungen zur Sozialen Entschädigung werden allerdings nicht als Entschädigung für den Primärschaden geleistet (wie etwa Schmerzensgeld), sondern nur wegen anerkannter gesundheitlicher und wirtschaftlicher Folgen (§ 4 Abs. 1 S. 1 SGB XIV) und schädigungsbedingter Bedarfe (§ 25 SGB XIV). Voraussetzung ist daher das Vorliegen einer **mehrgliedrigen Kausalkette** zwischen dem schädigenden Ereignis und dem gesundheitlichen Primärschaden als haftungsbegründende Kausalität und zwischen diesem und den (weiteren) gesundheitlichen und/oder wirtschaftlichen Folgen und schädigungsbedingten Bedarfen im Sinne einer **haftungsausfüllenden Kausalität.**[8] 13

b) **Beweismaß.** Zur Anerkennung einer Gesundheitsstörung als Schädigungsfolge genügt nach § 4 Abs. 4 SGB XIV die **Wahrscheinlichkeit** des ursächlichen Zusammenhangs; dh es muss nach aktuellem Stand der medizinischen Wissenschaft mehr für als gegen einen ursächlichen Zusammenhang sprechen. Den besonderen Schwierigkeiten, Kausalzusammenhänge bei psychischen Gesundheitsstörungen auch nur mit Wahr- 14

5 Vgl. hierzu insbes. BSG Urt. v. 17.6.2021 – B 3 P 5/19 R (derzeit liegt diesbzgl. nur der Terminbericht Nr. 23/21 vor).
6 Zur Herleitung aus der Rspr. und den Allgemeinen Verwaltungsvorschriften zu § 35 BVG → Rn. 3 f.
7 BSG Urt. v. 18.5.2006 – B 9 a V 2/05 R, SozR 4-300 § 1 Nr. 3.
8 Vgl. HK-SozEntschR/Knickrehm BVG § 1 Rn. 26 ff.

scheinlichkeit wissenschaftlich nachzuweisen, begegnet § 4 Abs. 5 SGB XIV mit einer gesetzlichen Vermutungsregelung für das Vorliegen der Wahrscheinlichkeit des ursächlichen Zusammenhangs unter bestimmten Voraussetzungen. Die **Herabsetzung des Beweisgrades** vom Vollbeweis auf den Maßstab der Wahrscheinlichkeit gilt für jedes Glied der Kausalitätskette, so dass es hierfür auf die schwierige und umstrittene Abgrenzung zwischen haftungsbegründender und haftungsausfüllender Kausalität nicht ankommt.[9] Eine Änderung ist diesbezüglich durch § 4 Abs. 4 SGB XIV nicht intendiert.[10]

15 **c) Haftungsausfüllende Kausalität, Abs. 1.** In diesem durch die allgemeinen Vorschriften vorgegebenen Rahmen normiert **§ 71 Abs. 1 SGB XIV das Kausalitätserfordernis** einer haftungsausfüllenden Kausalität zwischen dem auf dem schädigenden Ereignis beruhenden gesundheitlichen **Primärschaden** und der eingetretenen **Pflegebedürftigkeit.** Die Pflegebedürftigkeit muss auf den anerkannten Schädigungsfolgen beruhen. Trotz des auch hierfür geltenden herabgesetzten Beweisgrades auf den Maßstab der **Wahrscheinlichkeit** bleibt eine wissenschaftlich begründete Kausalitätsfeststellung häufig schwierig. Oft ist schon eine eindeutige Zuordnung von Gesundheitsstörungen in solche, die schädigungsbedingt und solche, die anlage- und/oder altersbedingt sind, kaum möglich, besonders wenn medizinische Unterlagen aus der Zeit vor dem schädigenden Ereignis fehlen. Hinzu kommt, dass Pflegebedürftigkeit nicht selten erst Jahre nach dem schädigenden Ereignis eintritt. Hierbei wird es sich in vielen Fällen nicht lediglich um **Verschlimmerungen** der schädigungsbedingten Gesundheitsstörungen handeln, sondern die Pflegebedürftigkeit kann daneben auch durch schädigungsunabhängige Gesundheitsstörungen mitbedingt sein. Dann lässt sich regelmäßig wissenschaftlich kaum begründen, ob und inwieweit die eingetretene Pflegebedürftigkeit auf den schädigungsbedingten Gesundheitsstörungen beruht oder ob und inwieweit sie auch ohne diese Gesundheitsstörungen allein durch den Alterungsprozess eingetreten wäre. Denn der Einfluss der schädigungsbedingten Gesundheitsstörungen auf vorzeitige Alterungs- oder Abnutzungsprozesse darf als **mittelbare Schädigungsfolge** nicht unberücksichtigt bleiben. Die sich insbesondere durch Zeitablauf verstärkenden Probleme der Feststellung von Ursachenzusammenhängen sind aus dem Unfallversicherungsrecht bekannt.

III. Absatz 2

16 § 71 Abs. 2 SGB XIV regelt das Kausalitätserfordernis, wenn auch schädigungsunabhängige Gesundheitsstörungen die Pflegebedürftigkeit mitbedingen (**Mitursächlichkeit**). Es handelt sich also lediglich um eine Konkretisierung des Kausalitätserfordernisses, während die übrigen Voraussetzungen weiter vorliegen müssen.

17 **1. Haftungsausfüllende Kausalität, Abs. 2.** Für einen Anspruch auf Leistungen bei Pflegebedürftigkeit als Soziale Entschädigungsleistung muss die Pflegebedürftigkeit nicht allein und auch nicht überwiegend auf schädigungsbedingte Gesundheitsstörungen zurückzuführen sein. Nach **§ 71 Abs. 2 SGB XIV** ist die **Ursächlichkeit** der schädigungsbedingten Gesundheitsstörung **im Rechtssinn** auch dann noch anspruchsbegründend, wenn daneben auch schädigungsunabhängige Gesundheitsstörungen zur Pflegebedürftigkeit beitragen. Ausreichend, aber auch erforderlich ist die **Mitursächlichkeit** des auf dem schädigenden Ereignis beruhenden Gesundheitsschadens im Zusammenwirken mit anderen Gesundheitsstörungen, die nicht auf das schädigende Ereignis zurückzuführen sind (§ 71 Abs. 2 Nr. 1 SGB XIV).

---

9 BSG Urt. v. 30.4.1985 – 2 RU 24/84, BSGE 58, 76; BSG Urt. v. 20.1.1987 – 2 RU 27/86, BSGE 61, 127.

10 Vgl. hierzu Knickrehm/Mushoff/Schmidt Neues SozEntschR Rn. 42.

Schädigungsbedingte und schädigungsunabhängige Ursachen der Pflegebedürftigkeit dürfen dabei **annähernd gleichwertig** sein (§ 71 Abs. 2 Nr. 2 SGB XIV). Mit anderen Worten: Die Auswirkungen der Schädigungsfolgen müssen zur Verursachung der Pflegebedürftigkeit **nicht in gleichem Maße** beitragen wie andere Gesundheitsstörungen, sondern nur annähernd gleichwertig. Die dabei im Einzelfall erforderliche wertende Betrachtung[11] steht vor dem Hintergrund der aus dem Unfallversicherungsrecht stammenden **Theorie der wesentlichen Bedingung**, nach der ein ursächlicher Zusammenhang zur Schädigungsfolge nur abgelehnt werden kann, wenn einem anderen Umstand eine überragende Bedeutung zukommt.[12] 18

Im SER wird allerdings diese Theorie nach der (nicht ohne Kritik gebliebenen[13]) Rechtsprechung des BSG[14] durch etwas höhere Anforderungen an die Stärke der Mitwirkung leicht modifiziert.[15] Die **Allgemeinen Verwaltungsvorschriften zu § 35 BVG** enthielten unter 2. bereits die Formulierung der annähernd gleichwertigen Bedeutung und Tragweite von Schädigungsfolgen im Zusammenwirken mit einer schädigungsunabhängigen Gesundheitsstörung bei der Begründung des Zustands der Hilflosigkeit.[16] Insoweit hat der Gesetzgeber in § 71 Abs. 2 SGB XIV auf die bereits gebräuchlichen Begriffe der „annähernden Gleichwertigkeit" zurückgegriffen und deshalb auch inhaltlich keine Änderung beabsichtigt. 19

Führen die Schädigungsfolgen schon allein zur Pflegebedürftigkeit, darf ein Anspruch auf Leistungen bei Pflegebedürftigkeit nach dem SGB XIV nicht völlig versagt werden, nur weil schädigungsunabhängige Gesundheitsstörungen einen besonders hohen Pflegegrad bewirken und deshalb die vorliegende Pflegebedürftigkeit überwiegend auf schädigungsunabhängige Gesundheitsstörungen zurückzuführen ist. Das ergibt sich schon aus § 71 Abs. 1 SGB XIV. Es zeigt aber zugleich, dass die Beurteilung der „annähernden Gleichwertigkeit" von Schädigungsfolgen und anderen Gesundheitsstörungen weiterhin eine wertende Betrachtung erfordert, bei der zu berücksichtigen ist, ob die Schädigungsfolgen eine wesentliche Ursache der Pflegebedürftigkeit sind. 20

2. Veränderung des Pflegegrades. Für Änderungen des Ausmaßes der Hilflosigkeit iSv § 35 BVG stellt ein zweiter Satz der Allgemeinen Verwaltungsvorschriften zu § 35 BVG (→ Rn. 26) klar, dass eine Neufeststellung der Pflegezulage nicht zwingend zugleich eine Änderung im Ausmaß der Schädigungsfolgen voraussetzt. Vielmehr reicht entweder eine Verringerung der Hilflosigkeit oder eine Steigerung bei weiterhin bestehender Ursächlichkeit (auch) der Schädigungsfolgen im Rechtssinn. Deshalb ist die Pflegezulage auch dann neu festzustellen, wenn die schädigungsbedingten Gesundheitsstörungen und der festgestellte GdS unverändert bleiben, die Schädigung aber im Zusammenwirken mit veränderten schädigungsunabhängigen Umständen noch annähernd gleichwertig die gesteigerte Hilflosigkeit verursachen.[17] 21

§ 71 Abs. 2 SGB XIV enthält eine solche Regelung nicht. Dies beruht auf der Systematik der §§ 71 ff. SGB XIV, nach denen die Pflegebedürftigkeit und der Grad der Pflegebedürftigkeit allein nach den Vorschriften des Zweiten Kapitels des SGB XI und daher **unabhängig vom Gewicht des ursächlichen Beitrags der Schädigungsfolgen** festgestellt werden. Dies gilt auch für Veränderungen. Solange Pflegebedürftigkeit vorliegt und 22

---

11 Vgl. BSG Urt. v. 12.6.2001 – B 9 V 5/00 R, BSGE 88, 153.
12 Vgl. zB zum Unfallversicherungsrecht BSG Urt. v. 9.5.2006 – B 2 U 1/05 R, BSGE 96, 196; BSG Urt. v. 30.3.2017 – B 2 U 6/15 R, SozR 4-5671 Anl. 1 Nr. 1103 Nr. 1 Rn. 23 mwN.
13 Vgl. zB Keller SGb 2016, 232 (238 f.).
14 BSG Urt. v. 16.12.2014 – B 9 V 6/13 R, SozR 4-7945 § 3 Nr. 1 Rn. 16 ff.
15 Ausführlich hierzu → § 1 Rn. 22; vgl. auch Knickrehm SGb 2010, 381 (383 f.); Knickrehm/Mushoff/Schmidt Neues SozEntschR Rn. 42.
16 Zum Wortlaut der Allgemeinen Verwaltungsvorschriften zu § 35 BVG → Rn. 26.
17 BSG Urt. v. 10.12.1975 – 9 RV 162/75, BSGE 41, 80.

die Auswirkungen der Schädigungsfolgen für die Beurteilung der Pflegebedürftigkeit noch den anderen Gesundheitsstörungen „annähernd gleichwertig" sind, besteht ein Anspruch auf Leistungen bei Pflegebedürftigkeit. Das BSG hat sogar Ansprüche dem Grunde nach auch dann zuerkannt, wenn der Gesundheitszustand im Laufe der Zeit überwiegend von schädigungsunabhängigen Gesundheitsstörungen geprägt war; es hat dann lediglich die Höhe der Ansprüche auf die infolge der Schädigung notwendigen Kosten begrenzt.[18]

IV. Einheitliche Beurteilung

23 Diese Systematik zeigt, dass Pflegebedürftigkeit grundsätzlich **einheitlich zu bewerten** ist: Sie ist entweder als Ganzes eine Schädigungsfolge oder insgesamt nicht schädigungsbedingt. Eine Aufteilung der Pflegebedürftigkeit in schädigungsbedingte und schädigungsunabhängige Teile oder eine Herausrechnung eines schädigungsbedingten Pflegegrades und eines schädigungsunabhängigen Pflegegrades ist gesetzlich nicht vorgesehen. Das wird auch daran deutlich, dass die grundsätzlich ohne Berücksichtigung bestimmter Schadensereignisse erfolgte Entscheidung der Pflegekasse über den Grad der Pflegebedürftigkeit für die zuständige Verwaltungsbehörde bindend ist (§ 72 SGB XIV).

V. Rechtsfolge

24 Sind diese Voraussetzungen gegeben, bestimmt sich der **Leistungsumfang** nach den §§ 74 ff. SGB XIV. Grundsätzlich erfordert **§ 25 SGB XIV** einen Zusammenhang zum schädigungsbedingten Bedarf. Ist die Pflegebedürftigkeit nach den oben genannten Voraussetzungen eine Schädigungsfolge, erhalten Geschädigte allerdings **ohne weitere Kausalitätsprüfung** Leistungen entsprechend dem Vierten Kapitel des SGB XI (§ 74 Nr. 1 SGB XIV). Insoweit erfordert der Leistungsanspruch keine Abgrenzung schädigungsbedingter von schädigungsunabhängigen Pflegebedarfen.

25 Dies dürfte auch für die ergänzenden Leistungen bei Pflegebedürftigkeit nach §§ 74 Nr. 2, 75 Abs. 1 SGB XIV gelten, obwohl dem Wortlaut nach Voraussetzung ist, dass **schädigungsbedingte Bedarfe** nach § 74 Nr. 1 SGB XIV nur teilweise gedeckt werden. Wird schädigungsbedingte Pflegebedürftigkeit festgestellt, sind grundsätzlich auch alle (angemessenen und notwendigen) Pflegebedarfe zu entschädigen. Für eine nochmalige Kausalitätsprüfung, die ggf. zu einer Unterscheidung zwischen schädigungsbedingten und schädigungsunabhängigen Pflegebedarfen führt, bietet das Gesetz keine Grundlage. Das zeigt sich außerdem daran, dass auch in § 76 SGB XIV eine solche Unterscheidung nicht vorgesehen ist. Das gilt jedenfalls für die Leistungen dem Grunde nach. Zum Anspruchsumfang → § 75 Rn. 12 ff. mit Bezug auf Rechtsprechung des BSG.[19]

D. Anhang

26 **BVGVwV zu § 35 BVG**[20]

2. Wird durch eine schädigungsunabhängige Gesundheitsstörung im Zusammenwirken mit Schädigungsfolgen ein Zustand der Hilflosigkeit begründet oder dessen Ausmaß verändert, so sind hierfür die Schädigungsfolgen ursächlich im Rechtssinn, wenn sie in ihrer Bedeutung und Tragweite für den jeweiligen Zustand der Hilflosigkeit annähernd gleichwertig sind. Eine Neufeststellung der Pflegezulage kommt nur in Betracht, wenn sich die Hilflosigkeit verringert hat oder wenn die Schädigungsfol-

---

18 Vgl. BSG Urt. v. 10.12.2003 – B 9 V 7/03 R, BSGE 92, 42 (45 f.).
19 BSG Urt. v. 10.12.2003 – B 9 V 7/03 R, BSGE 92, 42.
20 Vom 26.6.1969, Beilage Nr. 15/69 zum BAnz. Nr. 119, geändert durch Allgemeine Verwaltungsvorschriften vom 25.4.1974, BAnz. Nr. 83 und Zweite Allgemeine Verwaltungsvorschrift vom 27.8.1986, BAnz. Nr. 161, S. 12297.

gen allein oder im Zusammenwirken mit schädigungsunabhängigen Gesundheitsstörungen ursächlich für eine gesteigerte Hilflosigkeit sind.

§ 72 Pflegebedürftigkeit und Pflegegrad

(1) Für den Begriff der Pflegebedürftigkeit, für das Verfahren zur Ermittlung des Pflegegrades und für die Einordnung in die Pflegegrade gilt das Zweite Kapitel des Elften Buches.

(2) [1]Liegt eine Entscheidung der Pflegekasse über den Pflegegrad vor, so ist sie für die zuständige Verwaltungsbehörde bindend. [2]Liegt eine Entscheidung nicht vor, so wirkt die zuständige Verwaltungsbehörde auf eine unverzügliche Entscheidung der Pflegekasse hin.

(3) [1]Kommt ein Anspruch nach dem Elften Buch nicht in Betracht, so ermittelt die zuständige Verwaltungsbehörde den Pflegegrad in eigener Verantwortung. [2]Sie kann sich dabei sachverständiger Dritter bedienen.

A. Gesetzesgeschichte

I. Geltendes und neues Recht

Für die nach § 35 Abs. 1 BVG zu gewährende Pflegezulage (einschließlich etwaiger Erhöhungen nach § 35 Abs. 2 und 6 BVG) gilt ein unter dem Selbstverständnis des Versorgungsrechts definierter **Begriff der Hilflosigkeit.** Dieser ist nur tendenziell an dem durch die gesetzlich aufgeführten Verrichtungsdefizite geprägten Pflegebedürftigkeitsbegriff des § 14 SGB XI in seiner alten Fassung[1] orientiert.[2] Nach der in § 35 Abs. 1 S. 2 BVG enthaltenen Definition sind Beschädigte hilflos, wenn sie für eine Reihe von häufig und regelmäßig wiederkehrenden Verrichtungen zur Sicherung ihrer persönlichen Existenz im Ablauf eines jeden Tages fremder Hilfe dauernd bedürfen. Hierfür sowie für die Ermittlung der Stufen der Pflegezulage nach § 35 Abs. 1 S. 4 BVG sind die in der Verordnung zu § 30 Abs. 17 BVG aufgestellten Grundsätze maßgebend (§ 35 Abs. 1 S. 5 BVG). Es handelt sich mithin bei der Pflegebedürftigkeit nach dem SGB XI und der Hilflosigkeit nach dem BVG um jeweils eigenständige Begriffe 1

1 Der Begriff der Pflegebedürftigkeit wurde durch das Zweite Gesetz zur Stärkung der pflegerischen Versorgung und zur Änderung weiterer Vorschriften (Zweites Pflegestärkungsgesetz – PSG II) vom 21.12.2015 (BGBl. I 2424) mit Wirkung zum 1.1.2017 grundlegend geändert.
2 Vgl. hierzu Knickrehm/Mushoff/Schmidt Neues SozEntschR Rn. 235.

mit durchaus unterschiedlichen Begriffsdefinitionen, auch wenn eine deutliche Nähe zum früheren Begriff der Pflegebedürftigkeit nach dem SGB XI in der bis zum 31.12.2016 geltenden Fassung[3] erkennbar ist. Diese zeigt sich auch am Aufgreifen der Hilfe in Form von Überwachung und Anleitung in § 35 Abs. 1 S. 3 BVG. Die grundlegende Änderung des Pflegebedürftigkeitsbegriffs im SGB XI zum 1.1.2017[4] findet jedoch in § 35 BVG keine Beachtung.

2 § 26c BVG enthält eine deutlich stärkere Anbindung an den Pflegebedürftigkeitsbegriff im SGB XI einschließlich der zum 1.1.2017[5] eingeführten Änderungen. § 26c BVG gewährt subsidiär ergänzende Leistungen als Hilfe zur Pflege. Dabei nimmt die Vorschrift zwar lediglich auf das SGB XII Bezug, nicht auf das SGB XI. Allerdings entsprechen die in Bezug genommenen Vorschriften des SGB XII – mit wenigen Ausnahmen – dem (neu) definierten Begriff der Pflegebedürftigkeit sowie der Ermittlung des Pflegegrades nach §§ 14 und 15 SGB XI in der seit 1.1.2017 geltenden Fassung (inhaltlich vor allem mit Ausnahme der Dauerhaftigkeit des Hilfebedarfs).

II. Änderungen im SGB XIV gegenüber dem BVG

3 § 72 SGB XIV knüpft demgegenüber ausdrücklich an den Begriff der Pflegebedürftigkeit nach dem SGB XI an. Die mit dem SGB XIV verfolgte Intention der **Anbindung an das SGB XI** wird noch verstärkt durch die direkte Nutzung der Fachkompetenz und Personalressourcen der Pflegekassen (§ 71 Abs. 2 SGB XIV) und durch die Übertragung eines Teils der Leistungserbringung auf die Pflegekassen (§ 77 Abs. 2 und 3 SGB XIV). Das führt zur **Vereinheitlichung** und **Vereinfachung des Verwaltungsverfahrens** unter Vermeidung doppelter Feststellungen des Pflegegrades und abweichender Entscheidungen.

B. Normsystematik

4 Die Vorschrift ist in drei Absätze gegliedert. Der erste Absatz enthält für den Pflegebedürftigkeitsbegriff einschließlich der Pflegegrade und das Verfahren zur Ermittlung des Pflegegrades eine Verweisung auf das Zweite Kapitel des SGB XI; die Absätze 2 und 3 ordnen die Bindungswirkung einer Entscheidung der Pflegekasse über den Pflegegrad gegenüber der zuständigen Verwaltungsbehörde an und lassen eine eigene Entscheidung der Verwaltungsbehörde nur in Ausnahmefällen zu, in denen ein Anspruch nach dem SGB XI nicht in Betracht kommt. Zu den damit verbundenen Schwierigkeiten → Rn. 15 ff., 21 ff.

C. Einzelkommentierung

I. Absatz 1

5 § 72 Abs. 1 SGB XIV verweist auf das zweite Kapitel des SGB XI. Dieses umfasst die §§ 14 bis 19 SGB XI.

6 **1. Der Pflegebedürftigkeitsbegriff nach § 14 SGB XI.** Durch § 72 Abs. 1 SGB XIV wird der eigenständige versorgungsrechtliche Begriff der Hilflosigkeit aufgegeben.

3 Der Begriff der Pflegebedürftigkeit wurde durch das Zweite Gesetz zur Stärkung der pflegerischen Versorgung und zur Änderung weiterer Vorschriften (Zweites Pflegestärkungsgesetz – PSG II) vom 21.12.2015 (BGBl. I 2424) mit Wirkung zum 1.1.2017 grundlegend geändert.

4 Durch das Zweite Gesetz zur Stärkung der pflegerischen Versorgung und zur Änderung weiterer Vorschriften (Zweites Pflegestärkungsgesetz – PSG II) vom 21.12.2015, BGBl. I 2424.

5 Durch das Zweite Gesetz zur Stärkung der pflegerischen Versorgung und zur Änderung weiterer Vorschriften (Zweites Pflegestärkungsgesetz – PSG II) vom 21.12.2015, BGBl. I 2424.

Versorgungsrechtlich gibt es zukünftig nur einen **einheitlichen Begriff der Pflegebedürftigkeit**, dessen Definition sich ausschließlich aus dem SGB XI ergibt. Es handelt sich mithin um eine **dynamische Verweisung** auf den jeweils nach dem SGB XI geltenden Pflegebedürftigkeitsbegriff.

Der **Begriff der Pflegebedürftigkeit** ist in **§ 14 SGB XI** normiert. Danach sind Personen pflegebedürftig, die gesundheitlich bedingte Beeinträchtigungen der Selbstständigkeit oder Fähigkeiten aufweisen und deshalb der Hilfe durch andere bedürfen. Es muss sich um Personen handeln, die körperliche, kognitive oder psychische Beeinträchtigungen oder gesundheitlich bedingte Belastungen oder Anforderungen nicht selbstständig kompensieren oder bewältigen können. Die Pflegebedürftigkeit muss auf Dauer, voraussichtlich für mindestens sechs Monate, und mit mindestens der in § 15 SGB XI festgelegten Schwere bestehen (§ 14 Abs. 1 SGB XI). **§ 14 Abs. 2 SGB XI** beschreibt die in sechs Bereiche gegliederten pflegefachlichen Kriterien, die für das Vorliegen von gesundheitlich bedingten Beeinträchtigungen der Selbstständigkeit und der Fähigkeiten maßgeblich sind: 7

1. Mobilität: Positionswechsel im Bett, Halten einer stabilen Sitzposition, Umsetzen, Fortbewegen innerhalb des Wohnbereichs, Treppensteigen;
2. kognitive und kommunikative Fähigkeiten: Erkennen von Personen aus dem näheren Umfeld, örtliche Orientierung, zeitliche Orientierung, Erinnern an wesentliche Ereignisse oder Beobachtungen, Steuern von mehrschrittigen Alltagshandlungen, Treffen von Entscheidungen im Alltagsleben, Verstehen von Sachverhalten und Informationen, Erkennen von Risiken und Gefahren, Mitteilen von elementaren Bedürfnissen, Verstehen von Aufforderungen, Beteiligen an einem Gespräch;
3. Verhaltensweisen und psychische Problemlagen: motorisch geprägte Verhaltensauffälligkeiten, nächtliche Unruhe, selbstschädigendes und autoaggressives Verhalten, Beschädigen von Gegenständen, physisch aggressives Verhalten gegenüber anderen Personen, verbale Aggression, andere pflegerelevante vokale Auffälligkeiten, Abwehr pflegerischer und anderer unterstützender Maßnahmen, Wahnvorstellungen, Ängste, Antriebslosigkeit bei depressiver Stimmungslage, sozial inadäquate Verhaltensweisen, sonstige pflegerelevante inadäquate Handlungen;
4. Selbstversorgung: Waschen des vorderen Oberkörpers, Körperpflege im Bereich des Kopfes, Waschen des Intimbereichs, Duschen und Baden einschließlich Waschen der Haare, An- und Auskleiden des Oberkörpers, An- und Auskleiden des Unterkörpers, mundgerechtes Zubereiten der Nahrung und Eingießen von Getränken, Essen, Trinken, Benutzen einer Toilette oder eines Toilettenstuhls, Bewältigen der Folgen einer Harninkontinenz und Umgang mit Dauerkatheter und Urostoma, Bewältigen der Folgen einer Stuhlinkontinenz und Umgang mit Stoma, Ernährung parenteral oder über Sonde, Bestehen gravierender Probleme bei der Nahrungsaufnahme bei Kindern bis zu 18 Monaten, die einen außergewöhnlich pflegeintensiven Hilfebedarf auslösen;
5. Bewältigung von und selbständiger Umgang mit krankheits- oder therapiebedingten Anforderungen und Belastungen:
   a) in Bezug auf Medikation, Injektionen, Versorgung intravenöser Zugänge, Absaugen und Sauerstoffgabe, Einreibungen sowie Kälte- und Wärmeanwendungen, Messung und Deutung von Körperzuständen, körpernahe Hilfsmittel,
   b) in Bezug auf Verbandswechsel und Wundversorgung, Versorgung mit Stoma, regelmäßige Einmalkatheterisierung und Nutzung von Abführmethoden, Therapiemaßnahmen in häuslicher Umgebung,
   c) in Bezug auf zeit- und technikintensive Maßnahmen in häuslicher Umgebung, Arztbesuche, Besuche anderer medizinischer oder therapeutischer Einrichtun-

gen, zeitlich ausgedehnte Besuche medizinischer oder therapeutischer Einrichtungen, Besuch von Einrichtungen zur Frühförderung bei Kindern sowie
d) in Bezug auf das Einhalten einer Diät oder anderer krankheits- oder therapiebedingter Verhaltensvorschriften;
6. Gestaltung des Alltagslebens und sozialer Kontakte: Gestaltung des Tagesablaufs und Anpassung an Veränderungen, Ruhen und Schlafen, Sichbeschäftigen, Vornehmen von in die Zukunft gerichteten Planungen, Interaktion mit Personen im direkten Kontakt, Kontaktpflege zu Personen außerhalb des direkten Umfelds.

Beeinträchtigungen der Selbständigkeit oder der Fähigkeiten, die dazu führen, dass die Haushaltsführung nicht mehr ohne Hilfe bewältigt werden kann, werden bei den Kriterien der in Abs. 2 genannten Bereiche berücksichtigt (§ 14 Abs. 3 SGB XI).

8 Da die Pflegebedürftigkeit nach § 14 Abs. 1 S. 3 SGB XI auf Dauer, voraussichtlich **für mindestens sechs Monate**, und mit mindestens der in § 15 SGB XI festgelegten Schwere bestehen muss, regelt § 73 SGB XIV gesondert die Kostenübernahme für Geschädigte, bei denen aufgrund eines schädigenden Ereignisses voraussichtlich nur weniger als sechs Monate eine Einschränkung der Selbständigkeiten oder der Fähigkeiten vorliegt und daher eine Pflegebedürftigkeit im Sinne des SGB XI nicht gegeben ist.

9 **2. Pflegegrade und Verfahren nach dem SGB XI.** Die **Einordnung in die Pflegegrade** ist in **§ 15 SGB XI** normiert. Sie orientiert sich an der Schwere der Beeinträchtigungen der Selbständigkeit oder der Fähigkeiten (§ 15 Abs. 1 S. 1 SGB XI). Zur Ermittlung des Pflegegrades beschreibt § 15 Abs. 2 SGB XI ein entsprechend den sechs Bereichen in § 14 Abs. 2 SGB I in sechs Module gegliedertes Begutachtungsinstrument. Vielfach wird auch von einem **„neuen Begutachtungsassessment (NBA)"** gesprochen.[6] Dieses besteht zum einen aus konkreten Angaben für die erforderliche Schwere von Einschränkungen im Sinne von § 14 SGB XI und gibt darüber hinaus einen **komplexen Berechnungsmodus** vor, anhand dessen die festgestellten Einschränkungen in die Ermittlung von Pflegegraden einfließen. Die Normdichte verdeutlicht die Komplexität der Ermittlung des Pflegegrades mit besonderen Maßstäben für Pflegebedürftige mit besonderen Bedarfskonstellationen (§ 15 Abs. 4 SGB XI) sowie für **pflegebedürftige Kinder** (§ 15 Abs. 6 und 7 SGB XI). Auch die in **§§ 18–18c SGB XI** geregelten Anforderungen an das **Verfahren zur Feststellung der Pflegebedürftigkeit** zeichnen sich durch ihre besondere Komplexität aus. Flankiert werden diese Vorschriften durch eine **Verordnungsermächtigung** gemäß § 16 SGB XI zugunsten des Bundesministeriums für Gesundheit nach § 16 SGB XI zur pflegefachlichen Konkretisierung sowohl der Inhalte des Begutachtungsinstruments nach § 15 SGB XI als auch zum Verfahren zur Feststellung der Pflegebedürftigkeit nach § 18 SGB XI. Daneben gibt es **Richtlinien des Medizinischen Dienstes Bund** gemäß § 17 Abs. 1 SGB XI ebenfalls zur pflegefachlichen Konkretisierung sowohl der Inhalte des Begutachtungsinstruments nach § 15 SGB XI, als auch zum Verfahren zur Feststellung der Pflegebedürftigkeit nach § 18 SGB XI sowie **Richtlinien des Spitzenverbands Bund der Pflegekassen** nach § 17 Abs. 1a SGB XI zur Pflegeberatung. Zusätzlich erlässt der Medizinische Dienst Bund Richtlinien zur Stärkung der Dienstleistungsorientierung für die Versicherten im Begutachtungsverfahren (§ 18b SGB XI).

10 Mit der eingehenden Verweisung auf das zweite Kapitel des SGB XI ist eine umfassende inhaltliche Übereinstimmung beabsichtigt. Bei der Ermittlung der Pflegebedürftigkeit und der Feststellung des Pflegegrades soll es **keine versorgungsrechtlichen Besonderheiten** geben. Aus diesem Grund sind nicht nur die §§ 14 bis 19 SGB XI umfassend heranzuziehen, sondern auch die genannte Verordnung und die Richtli-

6 Vgl. zB BT-Drs. 18/5926, 112.

nien. Insgesamt kann deshalb ausführlich auf die entsprechenden Kommentierungen zum SGB XI verwiesen werden.

II. Absatz 2

1. Hintergrund und Normzweck. Mit dem Neuen Begutachtungsassessement (NBA) im Pflegeversicherungsrecht soll gewährleistet werden, dass der Pflegegrad nach modernen, den pflegefachlichen Standards entsprechenden Bewertungsmaßstäben festgestellt wird. Die ausführlichen normativen Vorgaben zeigen die **Komplexität der pflegefachlichen Begutachtung**. Deshalb sind mehrteilige Konkretisierungsschritte durch die Verordnung sowie verschiedene Richtlinien vorgesehen, um die einheitliche Anwendung der Bewertungsmaßstäbe sicherzustellen. Die Umstellung des Verfahrens zur Feststellung der Pflegebedürftigkeit im SGB XI war ein aufwendiger, fachlich und wissenschaftlich begleiteter Vorgang (vgl. § 18c SGB XI); die Gutachter/innen des MDK erhalten umfangreiche Schulungen. 11

Vor diesem Hintergrund ist es sinnvoll, dieses hochkomplexe Verfahren in der Hand der darauf **spezialisierten Pflegekassen** zu konzentrieren. Nur so kann sichergestellt werden, dass die gesetzlichen Vorgaben einheitlich ausgelegt und umgesetzt werden und sich keine Differenzen herausbilden. Durch § 72 Abs. 2 SGB XIV wird die zuständige Verwaltungsbehörde weitgehend davon entbunden, selbst eine Entscheidung über die Pflegebedürftigkeit und den Pflegegrad zu treffen. Liegt hierzu bereits eine Entscheidung der Pflegekasse vor, wird diese für die zuständige Verwaltungsbehörde bindend; sofern eine solche nicht vorliegt, hat die Verwaltungsbehörde auf eine unverzügliche Entscheidung der Pflegekasse hinzuwirken. 12

Nach der Gesetzesbegründung ermittelt die zuständige Verwaltungsbehörde den Grad der Pflegebedürftigkeit nach § 72 Abs. 3 SGB XIV selbst, wenn keine Versicherung bei der sozialen oder privaten Pflegeversicherung besteht.[7] Den **Regelfall** bildet danach eine Entscheidung der **Pflegekasse** nach § 72 Abs. 2 SGB XIV, während eine Entscheidung der zuständigen Verwaltungsbehörde in eigener Verantwortung nach § 72 Abs. 3 SGB XIV einen **Ausnahmefall** darstellt. Dies ist mit Rücksicht auf den oben dargestellten **Normzweck** zu begrüßen; die Einzelheiten werfen allerdings noch erhebliche Probleme auf. 13

2. Subsidiäre Zuständigkeit der Pflegekasse. Im Rahmen ihrer eigenen Zuständigkeit hat die Pflegekasse aufgrund der **Subsidiarität der Leistungen nach dem SGB XI** gegenüber denen nach dem SGB XIV grundsätzlich keine Veranlassung, über den Pflegegrad Geschädigter zu entscheiden. Nach § 13 Abs. 1 Nr. 1 SGB XI gehen die Entschädigungsleistungen wegen Pflegebedürftigkeit nach dem BVG und nach den Gesetzen, die eine entsprechende Anwendung des BVG vorsehen, den Leistungen der Pflegeversicherung vor. Mit Inkrafttreten des G-SER wird eine entsprechende **Vorrangregelung in § 13 Abs. 1 Nr. 1 SGB XI** bezüglich der Entschädigungsleistungen nach dem SGB XIV und nach den Gesetzen, die eine entsprechende Anwendung des SGB XIV vorsehen, wirksam (vgl. Art. 39 Nr. 1 G-SER). Damit übereinstimmend regelt auch § 28 Abs. 1 SGB XIV ein Vorrangverhältnis von Leistungen nach dem SGB XIV. Der Leistungsumfang beinhaltet bei schädigungsbedingter Pflegebedürftigkeit nach § 74 Nr. 1 SGB XIV alle Leistungen entsprechend dem Vierten Kapitel des SGB XI. Da deshalb für (eigene) Leistungen der Pflegeversicherung kein Raum mehr bleibt,[8] wird unter Geltung des G-SER auch die bis dahin für Leistungsansprüche nach dem SGB XI geltende Ruhensvorschrift nach § 34 Abs. 1 Nr. 2 SGB XI bei Bezug von Ent- 14

7 BT-Drs. 19/13824, 204.

8 Zur Verfassungsmäßigkeit der vollen Beitragspflicht zur Pflegeversicherung trotz Ruhensanordnung der Leistungsansprüche: BSG Urt. v. 29.4.1999 – B 3 P 15/98 R, SozR 3-3300 § 34 Nr. 1 = SozR 3-3300 § 13 Nr. 1 = SozR 3-3300 § 28 Nr. 3.

schädigungsleistungen wegen Pflegebedürftigkeit nach § 35 BVG ersatzlos gestrichen.[9] Die Pflegekasse muss aber in eigener Zuständigkeit auch nicht über den Pflegegrad entscheiden, wenn **Leistungsansprüche nach dem SGB XI** für Geschädigte unabhängig von ihrer Pflegebedürftigkeit **grundsätzlich nicht in Betracht kommen.**

15 **3. Entscheidung der Pflegekasse: eigene Zuständigkeit oder Auftragsverwaltung?** Soll die Vorschrift nach § 72 Abs. 2 SGB XIV vor dem Hintergrund der Ausführungen unter 2. nicht weitgehend leerlaufen, könnte die Entscheidung der Pflegekasse über den Pflegegrad iSv § 72 Abs. 2 SGB XIV als **Bestandteil der Leistungserbringung** durch die Pflegekasse nach §§ 74 Nr. 1, 77 Abs. 2 bzw. Abs. 3 SGB XIV im Auftrag der zuständigen Verwaltungsbehörde verstanden werden. § 77 Abs. 2 und Abs. 3 SGB XIV übertragen die **Leistungserbringung nach § 74 Nr. 1 SGB XIV** im Wege der **Auftragsverwaltung** auf die Pflegekassen (→ § 77 Rn. 10 ff.). In diesem Rahmen ist auch eine Entscheidung über den Pflegegrad erforderlich. Nach der **Gesetzesbegründung** wird offenbar davon ausgegangen, dass die bisherige Regelung über das Ruhen der Leistungen nach dem SGB XI deshalb gestrichen werden kann, weil die Pflegekassen für Geschädigte „Leistungen bei Pflegebedürftigkeit nach dem SGB XI" erbringen.[10]

16 Dem kann allerdings nicht gefolgt werden. Denn die Pflegekassen erbringen die Leistungen nach § 74 Nr. 1 SGB XIV nur „entsprechend" dem vierten Kapitel des SGB XI und lediglich „für die zuständige Verwaltungsbehörde" (§ 77 Abs. 2 und Abs. 3 SGB XIV) und damit gerade nicht in eigener Zuständigkeit nach dem SGB XI. Sie erhalten daher für die Leistungserbringung eine Erstattung (§ 80 SGB XIV). Es handelt sich mithin lediglich um mit dem SGB XI nach Leistungsarten und -umfang identische Leistungen, nicht aber um Leistungen der Pflegeversicherung nach dem SGB XI. Die Ruhensanordnung der Leistungen nach dem SGB XI kann trotzdem ersatzlos entfallen, weil ein Anspruch nach dem SGB XI für Geschädigte bereits wegen des Vorrangs der (mindestens in gleichem Umfang zu gewährenden) Leistungen nach dem SGB XIV (§ 13 Abs. 1 Nr. 1 SGB XI, § 28 Abs. 1 SGB XIV) nicht in Betracht kommt.

17 Obwohl aufgrund der Vorrangigkeit der Leistungen nach dem SGB XIV für Geschädigte Leistungen nach dem SGB XI nicht in Betracht kommen, geht der Gesetzgeber nach der dargestellten **Gesetzesbegründung** sowie nach **Wortlaut und Regelungsinhalt** des § 72 Abs. 2 SGB XIV offenbar von einer Entscheidung der Pflegekasse **in eigener Zuständigkeit** aus. Dieses Verständnis liegt wohl auch § 72 Abs. 3 SGB XIV zugrunde, der – in Abgrenzung zu § 72 Abs. 2 SGB XIV – die Ermittlung des Pflegegrades in **„eigener Verantwortung"** der zuständigen Verwaltungsbehörde (nur) anordnet, wenn ein Anspruch nach dem SGB XI nicht in Betracht kommt. Der grundsätzliche Ausschluss der Leistungsansprüche nach dem SGB XI muss in diesem Zusammenhang unberücksichtigt bleiben, soll die Vorschrift nicht von vorneherein leerlaufen.

18 Die **Verantwortung der zuständigen Verwaltungsbehörde** wird durch die für sie bindende Entscheidung der Pflegekasse nach § 72 Abs. 2 SGB XIV **verdrängt.** Die Pflegekasse entscheidet demnach über den Pflegegrad iSv § 72 Abs. 2 SGB XIV in **eigener Zuständigkeit** und hat deshalb **auch über Widersprüche** zu entscheiden und ist im Klageverfahren **Beklagte** (hierzu ausführlich → Rn. 21 ff.). Bei schädigungsbedingter Pflegebedürftigkeit erfolgt die daran anknüpfende **Leistungserbringung** dann aber ausschließlich **nach § 74 Nr. 1 SGB XIV** im Wege der **Auftragsverwaltung.** Dadurch entsteht ein **eigenartiges Mischsystem** zwischen einem Verwaltungshandeln in eigener Zuständigkeit und Auftragsverwaltung. Unklar bleibt dabei, mit welchen Mitteln die zuständige Verwaltungsbehörde nach § 72 Abs. 2 S. 2 SGB XIV darauf hinwirken kann, dass die Pflegekasse unverzüglich eine Entscheidung trifft. Unterschiedliche

9 BT-Drs. 19/13824, 266 zur Begründung sowie Art. 39 Nr. 5.
10 BT-Drs. 19/13824, 266.

Zuständigkeiten für die Entscheidung über den Pflegegrad und die Leistungserbringung im Widerspruchs- und Klageverfahren scheinen wenig sinnvoll (hierzu → Rn. 21 ff.).

4. Bindungswirkung und Rechtsschutzmöglichkeiten. Aufgrund der Bindung der zuständigen Verwaltungsbehörde an die Entscheidung der Pflegekasse über den Pflegegrad steht der Verwaltungsbehörde **keine Rechtsschutzmöglichkeit** gegen die Entscheidung der Pflegekasse zu. Eine Verletzung von Art. 19 Abs. 4 GG kommt nicht Betracht, weil die Verwaltungsbehörde nicht Trägerin von Grundrechten ist. 19

Die Rechtsschutzmöglichkeiten der **Pflegebedürftigen bzw. Antragsteller** werden demgegenüber **nicht eingeschränkt**. Dies wäre auch nicht mit Art. 19 Abs. 4 GG vereinbar. 20

5. Zuständigkeit für Entscheidung über Widerspruch und Beteiligung am Klageverfahren. Steht die Entscheidung der Pflegekasse über den Pflegegrad iSv § 72 Abs. 2 SGB XIV im Rahmen des oben beschriebenen Mischsystems in Verbindung mit der Leistungserbringung der Pflegekassen als Auftragsverwaltung, bereitet der Umgang mit § 78 SGB XIV zur **Zuständigkeit für die Widerspruchsentscheidung** Probleme. § 78 SGB XIV ordnet – entsprechend einem in der Auftragsverwaltung allgemein geltenden Grundsatz (§ 90 Satz 2 SGB X) – für Entscheidungen über Widersprüche die Zuständigkeit der für die Verwaltungsbehörde zuständigen Widerspruchsstelle an. Selbst wenn sich der Wortlaut des § 78 SGB XIV auf **alle Verwaltungsakte** (Plural) bezieht, die im Rahmen der Leistungserbringung von den Pflegekassen erlassen werden und mithin auch die Entscheidung der Pflegekasse über den Pflegegrad dazu gehören könnte, steht die angeordnete Zuständigkeit der für die Verwaltungsbehörde zuständigen Widerspruchsstelle für Entscheidungen über Widersprüche der durch § 72 Abs. 2 SGB XIV angeordneten **Bindungswirkung** der Entscheidung der Pflegekasse über den Pflegegrad **entgegen**. 21

Die Entscheidung der Pflegekasse über den Pflegegrad ist nur „für die zuständige Verwaltungsbehörde bindend“, während den **Geschädigten** – schon mit Rücksicht auf die Rechtsschutzgarantie nach Art. 19 Abs. 4 GG – alle **Rechtsschutzmöglichkeiten** zur Verfügung stehen. Bleibt deshalb die Pflegekasse auch für die Entscheidung über Widersprüche zuständig und ist im Klageverfahren als Beklagte zu beteiligen, so führt die Regelung des § 78 SGB XIV zu einer wenig sinnvollen **Aufteilung von Widersprüchen in zwei getrennte Verfahren** – eines gegen den Pflegegrad und ein zweites gegen die Leistungsentscheidung – mit jeweils unterschiedlichen Zuständigkeiten. 22

Um dies zu vermeiden, könnte die Bindungswirkung als einseitige Bindung nur mit Wirkung für die zuständige Verwaltungsbehörde so zu verstehen sein, dass diese im Rahmen eines Widerspruchs- bzw. Klageverfahrens (nur) zugunsten des Geschädigten hiervon abweichen darf. 23

6. Pflegekasse. Pflegekassen sind die bei jeder gesetzlichen Krankenkasse (§ 4 Abs. 2 SGB V) als rechtsfähige Körperschaft des öffentlichen Rechts mit Selbstverwaltung errichteten Pflegekassen (§ 46 Abs. 1 S. 1, Abs. 2 S. 1 SGB XI) sowie die Deutsche Rentenversicherung Knappschaft-Bahn-See als Träger der Krankenversicherung (§ 46 Abs. 1 S. 2 SGB XI). Trotz der in § 23 SGB XI normierten und nach Art und Umfang der Leistungen gleichwertigen Versicherungspflicht auch für privat krankenversicherte Personen, gehören **private Krankenversicherungsunternehmen**, bei denen die Pflegeversicherung durchgeführt wird, nicht zu den Pflegekassen im Sinne von § 46 SGB XI. Die Bezeichnung „Pflegekasse“ wird im SGB XI durchgehend nur für die Pflegekassen nach § 46 SGB XI verwendet. Soweit private Versicherungsunternehmen (mit-)gemeint sind, werden sie durchgehend gesondert aufgeführt und als solche bezeichnet (vgl. zB §§ 23, 27, 110, 111 SGB XI). 24

Nach der **Gesetzesbegründung** zu § 72 SGB XIV ermittelt die zuständige Verwaltungsbehörde den Grad der Pflegebedürftigkeit nach § 72 Abs. 3 SGB XIV (nur dann) 25 selbst, wenn keine Versicherung bei der sozialen oder **privaten Pflegeversicherung** besteht.[11] Zur Lösung dieses Problems könnte eine analoge Anwendung der Vorschrift auf private Krankenversicherungsunternehmen erwogen werden, welche die soziale Pflegeversicherung durchführen.[12] Da auch Leistungen der privaten Pflegepflichtversicherung wegen ihrer Subsidiarität gegenüber den Leistungen nach dem SGB XIV (§ 28 Abs. 1 SGB XIV, § 13 Abs. 1 Nr. 1 SGB XI) bei Vorliegen schädigungsbedingter Pflegebedürftigkeit nicht in Betracht kommen, erscheint eine gesetzliche Inpflichtnahme privater Krankenversicherungsunternehmen durch das Hinwirken der zuständigen Verwaltungsbehörde auf eine unverzügliche Entscheidung der Pflegekasse nach § 72 Abs. 2 S. 2 SGB XIV noch problematischer.

26 Scheidet allerdings wegen der Vorschriften zur Vorrangigkeit der Leistungen nach dem SGB XIV eine eigene Zuständigkeit gesetzlicher Pflegekassen und privater Krankenversicherungsunternehmen aus und wird die Entscheidung der Pflegekasse über den Pflegegrad nach § 72 Abs. 2 SGB XIV im Rahmen eines **Mischsystems** auch als **Bestandteil der Auftragsverwaltung** „für die zuständige Verwaltungsbehörde" nach §§ 77 Abs. 2 und 3, 74 Nr. 1 SGB XIV betrachtet (→ Rn. 15 ff.), dann richtet sich die zuständige Pflegekasse für privat Pflegeversicherte nach § 77 Abs. 3 SGB XIV. Danach wählen Geschädigte, die weder nach dem SGB XI versichert sind noch nach beamtenrechtlichen Vorschriften einen Anspruch auf Leistungen bei Pflegebedürftigkeit haben, gemäß § 57 Abs. 3 SGB XIV eine Krankenkasse. Die bei dieser Krankenkasse errichtete Pflegekasse ist dann für die Leistungserbringung nach § 74 Nr. 1 SGB XIV zuständig (§ 77 Abs. 3 SGB XIV) und könnte in diesem Rahmen auch über den Grad der Pflegebedürftigkeit entscheiden (hierzu → Rn. 15). Finden die Zuständigkeitsregelungen der § 77 Abs. 2 und 3 SGB XIV auch auf die Entscheidung über den Pflegegrad Anwendung, läuft allerdings § 72 Abs. 3 SGB XIV weitgehend leer, was im Hinblick auf seinen Ausnahmecharakter und den Gesetzeszweck allerdings unproblematisch ist.

III. Absatz 3

27 Die zuständige Verwaltungsbehörde ermittelt den Pflegegrad **nach § 72 Abs. 3 S. 1 SGB XIV** (nur dann) in eigener Verantwortung, wenn ein Anspruch nach dem SGB XI nicht in Betracht kommt. Wegen des Sachbezugs zu § 72 Abs. 2 SGB XIV wird auf die obige Kommentierung verwiesen.

28 **1. Anspruch nach dem SGB XI.** Nach der **Gesetzesbegründung** „ermittelt die zuständige Verwaltungsbehörde den Grad der Pflegebedürftigkeit, wenn **keine Versicherung bei der sozialen oder privaten Pflegeversicherung** besteht".[13] Dem kann nicht gefolgt werden. Wegen des sachlichen Zusammenhangs zu § 71 Abs. 2 SGB XIV dürfte insoweit eine einheitliche Auslegung geboten sein. Danach besteht jedoch nur eine Bindung an die Entscheidung von **Pflegekassen** nach § 46 Abs. 1 S. 1, Abs. 2 S. 1 SGB XI, nicht von privaten Versicherungsunternehmen (→ Rn. 21). Die zuständige Verwaltungsbehörde hat auch keine rechtliche Möglichkeit, auf eine unverzügliche Entscheidung eines privaten Versicherungsunternehmens hinzuwirken (§ 72 Abs. 2 S. 2 SGB XIV).

29 Darüber hinaus ergeben sich die **Ansprüche** von Pflegebedürftigen, die privat pflegeversichert sind, grundsätzlich nicht aus dem SGB XI, sondern **aus dem Versicherungsvertrag**. Die Vertragsleistungen des privaten Krankenversicherungsunternehmens, bei dem die Pflegeversicherung durchgeführt wird, müssen allerdings gemäß § 23 SGB XI nach Art und Umfang den Leistungen des Vierten Kapitels des SGB XI gleichwertig sein. Zur Umsetzung dieses **umfassenden Gleichwertigkeitsgebots** fallen Streitigkeiten

11 BT-Drs. 19/13824, 204.
12 So Schmidt SGB XIV/Schmidt § 72 Rn. 12.
13 BT-Drs. 19/13824, 204.

in Angelegenheiten der privaten Pflegeversicherung nach § 51 Abs. 1 Nr. 2 SGG in die Zuständigkeit der Sozialgerichtsbarkeit. Inhaltlich folgt aus dem Gleichwertigkeitsgebot, dass die **Leistungsvorschriften** des Vierten Kapitels des SGB XI (§§ 28 ff. SGB XI) **mittelbar** auch für die private Pflegeversicherung gelten und bereits bei der inhaltlichen Gestaltung der Versicherungsverträge berücksichtigt werden müssen.[14] **„Ein Anspruch nach dem SGB XI"** besteht allerdings für privat Pflegeversicherte grundsätzlich nicht.

2. Sachverständige Dritte – § 72 Abs. 3 S. 2 SGB XIV. Ermittelt die zuständige Verwaltungsbehörde den Pflegegrad in eigener Verantwortung, kann sie sich dabei **sachverständiger Dritter** bedienen. Nach der Gesetzesbegründung bedient sich die zuständige Verwaltungsbehörde in der Regel des Medizinischen Dienstes der Krankenversicherung (MDK).[15] 30

Im Hinblick auf die hohe Komplexität der Ermittlung des Pflegegrades nach dem SGB XI wird eine den pflegefachlichen Anforderungen entsprechende Begutachtung unter Anwendung des komplexen Begutachtungsinstruments (NBA) nur durch entsprechend geschulte Sachverständige möglich sein. Hierbei sollte nach Möglichkeit auf Gutachter/innen zurückgegriffen werden, die auch für Pflegekassen bzw. private Pflegeversicherungsunternehmen tätig werden, darunter auch die des MDK. 31

§ 73 Kostenübernahme vor Pflegebedürftigkeit im Sinne des Elften Buches

[1]Für Geschädigte, bei denen auf Grund eines schädigenden Ereignisses voraussichtlich nur weniger als sechs Monate eine Einschränkung der Selbständigkeiten oder der Fähigkeiten vorliegt und daher eine Pflegebedürftigkeit im Sinne des Elften Buches nicht gegeben ist, können Kosten im Umfang der Leistungen nach dem Siebten Kapitel des Zwölften Buches übernommen werden. [2]Dies gilt nicht, wenn die Pflege durch ein Arbeitgebermodell nach § 76 sichergestellt wird.

A. Gesetzesgeschichte

I. Geltendes Recht

1 Maßgeblich für die nach § 35 Abs. 1 BVG zu gewährende Pflegezulage (einschließlich etwaiger Erhöhungen nach § 35 Abs. 2 und 6 BVG) ist das Vorliegen von **Hilflosigkeit.** Der Begriff der Hilflosigkeit ist zwar an den in § 14 SGB XI in seiner alten Fas-

14 Vgl. jurisPK-SGB XI/Klein § 23 (Stand: 11.6.2021) Rn. 26.
15 BT-Drs. 19/13824, 204.

sung[1] aufgeführten Verrichtungsdefiziten orientiert,[2] es handelt sich aber um einen unter dem Selbstverständnis des Versorgungsrechts definierten eigenständigen Begriff. Nach § 35 Abs. 1 S. 2 BVG setzt Hilflosigkeit einen **„dauernden" Hilfebedarf** voraus. Dauerhaftigkeit wird nach der Versorgungsmedizinverordnung[3] nach dem SGB IX und dem EStG als „nicht nur vorübergehend" definiert, womit ein Zustand gemeint ist, der mit hoher Wahrscheinlichkeit **länger als sechs Monate** andauert (§ 2 Abs. 1 S. 1 SGB IX).

II. Neues Recht mit den Änderungen gegenüber dem BVG

2 Die Vorschrift ist Folge des Paradigmenwechsels, nach dem mit dem SER nicht nur grundsätzlich alle schädigungsbedingten Bedarfe umfassend abgedeckt werden sollen, sondern zugleich auch auf einen eigenständigen Pflegebedürftigkeitsbegriff zugunsten einer uneingeschränkten Bezugnahme auf den Pflegebedürftigkeitsbegriff des SGB XI verzichtet wird. Nach der für den Begriff der **Pflegebedürftigkeit** geltenden Verweisung in § 72 Abs. 1 SGB XIV auf das Zweite Kapitel des SGB XI muss Pflegebedürftigkeit nach § 14 Abs. 1 S. 3 SGB XI **auf Dauer, voraussichtlich für mindestens sechs Monate**, und mit mindestens der in § 15 festgelegten Schwere bestehen. Zur umfassenden Abdeckung aller schädigungsbedingten Bedarfe musste für den Fall, dass aufgrund eines schädigenden Ereignisses eine Einschränkung der Selbständigkeiten oder der Fähigkeiten für voraussichtlich nur weniger als sechs Monate vorlag und daher eine Pflegebedürftigkeit im Sinne des SGB XI nicht gegeben war, eine gesonderte Regelung geschaffen werden. Während das SGB XI die Kosten von voraussichtlich nur weniger als sechs Monate andauernder Einschränkungen der Selbständigkeit oder der Fähigkeiten vom Versicherungsumfang ausnimmt und der Eigenverantwortung zuweist, muss ein grundsätzlich alle schädigungsbedingten Bedarfe umfassender Entschädigungsanspruch auch die darüber hinausgehendenden Kosten zeitlich begrenzter Einschränkungen umfassen.[4] Dies ist auch gegenüber der Rechtslage nach dem BVG eine echte Anspruchserweiterung.

3 In der Gesetzesbegründung ist dazu ausgeführt:

„Die Vorschrift gilt für Geschädigte, bei denen schädigungsbedingt ein Bedarf an pflegerischen Leistungen vorliegt, jedoch wegen geringer Dauer des Bedarfs eine Pflegebedürftigkeit im Sinne des SGB XI nicht gegeben ist. Dem Grundgedanken der Sozialen Entschädigung folgend, können für diese Geschädigten die schädigungsbedingten Mehraufwendungen erstattet werden. Ebenso wie bei den Leistungen der häuslichen Pflege werden auch hier Kosten der Beschäftigung von Ehegatten sowie Eltern nicht erstattet."

B. Normsystematik

4 Es handelt sich um eine eigenständige Anspruchsgrundlage für den Fall, dass die Einschränkung der Selbständigkeiten oder der Fähigkeiten voraussichtlich nur weniger als sechs Monate andauert. Die Ansprüche bei Pflegebedürftigkeit nach §§ 74 ff. SGB XIV sind in diesen Fällen nicht gegeben.

---

1 Der Begriff der Pflegebedürftigkeit wurde durch das Zweite Gesetz zur Stärkung der pflegerischen Versorgung und zur Änderung weiterer Vorschriften (Zweites Pflegestärkungsgesetz – PSG II) vom 21.12.2015 (BGBl. I 2424) mit Wirkung zum 1.1.2017 grundlegend geändert.
2 Vgl. hierzu Knickrehm/Mushoff/Schmidt Neues SozEntschR Rn. 235.
3 Anlage zu § 2 der Versorgungsmedizin-Verordnung (VersMedV), Stand 1.1.2020, Teil A 4. b, S. 19.
4 Das SGB XIV wurde mit dem Anspruch eingeführt, die notwendigen und angemessenen Kosten auch für schädigungsbedingte Bedarfe zu übernehmen, die über die Leistungen nach dem SGB XI hinausgehen, vgl. BT-Drs. 19/13824, 3.

C. Einzelkommentierung

I. Voraussetzungen

Treten schädigungsbedingt gesundheitliche, nicht selbstständig kompensierbare Beeinträchtigungen der Selbständigkeit oder Fähigkeiten mit der Folge des Hilfebedarfs durch andere ein, die aber voraussichtlich nicht für mindestens sechs Monate bestehen werden, liegt nach § 14 Abs. 1 S. 3 SGB XI keine Pflegebedürftigkeit vor. § 73 regelt einen (begrenzten) Ausgleich auch für **zeitlich begrenzte schädigungsbedingte Pflegebedarfe.** 5

1. Einschränkungen der Selbständigkeiten oder Fähigkeiten. Bei den Einschränkungen der Selbständigkeiten oder Fähigkeiten muss es sich um solche handeln, die bei voraussichtlicher Dauerhaftigkeit Pflegebedürftigkeit begründen würden. Die Voraussetzungen richten sich daher nach § 14 SGB XI unter Ausschluss der Voraussetzung der Dauerhaftigkeit nach § 14 Abs. 1 S. 3 SGB XI. Die Einschränkungen müssen also in ihrer Schwere das für **Pflegebedürftigkeit** nach dem SGB XI erforderlich **Maß** erreichen. Für schädigungsbedingte Pflegebedarfe, die dieses Ausmaß nicht erreichen, sieht das SGB XIV keinen Schadensausgleich vor. Hier ist schon auf der Voraussetzungsseite eine **Parallelität** zu den Vorschriften des Siebten Kapitels des **SGB XII** erkennbar. Auch dort gibt es Stimmen, die bezweifeln, ob mit den Regelungen tatsächlich alle pflegerischen Bedarfe umfassend gedeckt werden können.[5] 6

2. Kausalität. Die Einschränkungen müssen **aufgrund** eines schädigenden Ereignisses vorliegen. Das **Kausalitätserfordernis** ist bei Pflegebedürftigkeit in § 71 SGB XIV geregelt. Auf die Kommentierung zu § 71 SGB XIV kann auch für die Kostenübernahme aufgrund von Einschränkungen iSv § 73 SGB XIV verwiesen werden. Da die schädigungsbedingte Gesundheitsstörung auch dann noch für die Einschränkungen der Selbständigkeiten oder Fähigkeiten ursächlich ist, wenn daneben auch schädigungsunabhängige Gesundheitsstörungen zu einem Hilfebedarf an pflegerischen Maßnahmen beitragen, kann uneingeschränkt auch der Kausalitätsbegriff des § 71 Abs. 2 SGB XIV herangezogen werden. Ausreichend, aber auch erforderlich ist die **Mitursächlichkeit** des auf dem schädigenden Ereignis beruhenden Gesundheitsschadens im Zusammenwirken mit anderen Gesundheitsstörungen, die nicht auf das schädigende Ereignis zurückzuführen sind (§ 71 Abs. 2 Nr. 1 SGB XIV). Schädigungsbedingte und schädigungsunabhängige Ursachen der Hilfebedürftigkeit dürfen dabei **annähernd gleichwertig** sein (§ 71 Abs. 2 Nr. 2 SGB XIV). Die Regelungen des § 71 SGB XIV gehen auf die aus dem Unfallversicherungsrecht stammende **Theorie der wesentlichen Bedingung** zurück, nach der ein ursächlicher Zusammenhang zur Schädigungsfolge nur abgelehnt werden kann, wenn einem anderen Umstand eine überragende Bedeutung zukommt. Diese Grundsätze sind im Rahmen einer im Einzelfall erforderlichen wertenden Betrachtung auch ohne ausdrückliche gesetzliche Anordnung heranzuziehen. 7

II. Rechtsfolge

Soll der gesamte schädigungsbedingte Bedarf an Pflege durch das SGB XIV erfasst werden, muss es auch in dieser Bedarfslage einen Entschädigungsanspruch geben. Der Anspruch, den § 73 SGB XIV für diese Bedarfe regelt, ist allerdings in mehrfacher Hinsicht begrenzt: Er ist als **Ermessenleistung** ausgestaltet und im **Umfang begrenzt** einerseits auf Leistungen nach dem Siebten Kapitel des SGB XII und darüber hinaus durch den Ausschluss der Kostenübernahme für die durch ein Arbeitgebermodell nach § 76 SGB XIV sichergestellte Pflege (§ 73 Satz 2 SGB XIV). 8

1. (Entschließungs-)Ermessen. Die Ausgestaltung als **Ermessensleistung** passt nicht in ein System zum umfassenden Schadensausgleich. Selbst die Hilfe zur Pflege nach dem 9

5 Vgl. jurisPK-SGB XII/Meßling, 3. Aufl., § 63 (Stand: 1.2.2020) Rn. 18.

Siebten Kapitel des SGB XII steht nicht im Ermessen der Behörde, sondern ist bei Vorliegen der Voraussetzungen zu gewähren. Soweit es um angemessene Kosten für Pflegemaßnahmen zum Ausgleich von Auswirkungen anerkannter Schädigungsfolgen geht, dürfte daher eine **Ermessensreduzierung auf Null** in Betracht zu ziehen sein. Sind die als Schädigungsfolge anerkannten Gesundheitsstörungen die alleinige Ursache für den kurzzeitigen Pflegebedarf, kann der dafür zu leistende Ausgleich kaum hinter dem zurückbleiben, was allgemein als notwendig angesehen wird.

10 Leistungen zur Weiterführung des Haushalts nach § 95 SGB XIV kompensieren nicht zB erforderliche Hilfeleistungen bei der Selbstversorgung und Mobilität oder in sonstigen Bereichen im Sinne von § 14 Abs. 2 SGB XI.

11 In die **Ermessenserwägungen** können allerdings **Kausalitätsbewertungen** einfließen, wenn zB nur eine sehr geringe **Mitursächlichkeit** des auf dem schädigenden Ereignis beruhenden Gesundheitsschadens besteht, während anderen, nicht auf das schädigende Ereignis zurückzuführenden Gesundheitsstörungen eine ganz überwiegende Bedeutung zukommt (§ 71 Abs. 2 Nr. 1 SGB XIV). Nur dann kommt ein gegenüber den Leistungen nach dem Siebten Kapitel des SGB XII reduzierter Leistungsumfang (oder gar kein Schadensausgleich) in Betracht.

12 **2. Begrenzung auf Leistungen nach dem Siebten Kapitel SGB XII. a) Ermessen beim Leistungsumfang.** Das Ermessen erstreckt sich nicht nur auf die **Entschließung** zur Kostenübernahme, sondern auch auf den **Umfang der Leistungen**. Die Leistungen nach dem SGB XII bilden lediglich die **Obergrenze**, weil der Gesetzgeber davon ausgeht, dass diese Leistungen zur Bedarfsdeckung bei Pflegebedürftigkeit grundsätzlich ausreichen.[6] Auch dem Umfang nach wird sich aber – soweit es um die Übernahme von Kosten zum Ausgleich anerkannter Schädigungsfolgen geht – regelmäßig eine **Ermessensreduzierung** auf die im SGB XII vorgesehenen Leistungen ergeben. Denn das SGB XII gewährt Leistungen grundsätzlich nur, soweit sie zur Existenzsicherung notwendig sind.

13 Allerdings wird im Ermessenswege auch die im SGB XII angelegte Unterscheidung der Leistungen nach dem **Pflegegrad** bei dem nach § 73 SGB XIV zu gewährenden Leistungsumfang zu berücksichtigen sein. Obwohl es sich bei der Verweisung in § 73 Satz 1 SGB XIV auf den Umfang der Leistungen nach dem Siebten Kapitel des SGB XII um eine **Rechtsfolgenverweisung** handelt, kann im Rahmen des **Ermessens** berücksichtigt werden, dass die Leistungen nach § 61 Abs. 1 iVm §§ 64a bis 65 SGB XII nur Pflegebedürftigen der Pflegegrade 2 bis 5 zustehen und Pflegebedürftige mit dem Pflegegrad 1 nur die Leistungen nach § 61 Abs. 2 iVm §§ 64d, 64e und 66 SGB XII beanspruchen können.

14 **b) Leistungen nach dem Siebten Kapitel des SGB XII.** Die **Leistungen nach** dem Siebten Kapitel des **SGB XII** entsprechen einerseits den Leistungen nach dem **SGB XI** und decken darüber hinaus den **sog. Ergänzungs- oder Aufstockungsbedarf**. Ein solcher kann sich insbesondere ergeben, wenn die der Höhe nach gedeckelten Leistungen nach dem SGB XI im Einzelfall zur Deckung des vollen Pflegebedarfs eines Pflegebedürftigen nicht ausreichen und deshalb ergänzt werden müssen. Parallel zum Siebten Kapitel des SGB XIV ist auch im SGB XII der Pflegebedürftigkeitsbegriff – abgesehen von der Voraussetzung einer dauerhaften Beeinträchtigung von voraussichtlich mindestens sechs Monaten – exakt am Pflegebedürftigkeitsbegriff des SGB XI orientiert. Deshalb gewährt das SGB XII keine aufstockenden Leistungen, solange die Einschränkungen nicht das für Pflegebedürftigkeit nach dem SGB XI erforderliche Maß erreichen. Dies gilt auch im Rahmen von § 73 SGB XIV.

15 Eine Auflistung der Leistungen enthält § 63 SGB XII. Da § 73 SGB XIV nur auf den **Umfang der Leistungen nach dem SGB XII** verweist, handelt es sich um eine reine

6 Kritisch hierzu jurisPK-SGB XII/Meßling, 3. Aufl., § 63 (Stand: 1.2.2020) Rn. 18.

Rechtsfolgenverweisung. Deshalb ist es grundsätzlich unerheblich, dass die Leistungen nach § 61 Abs. 1 SGB XII nur Pflegebedürftigen der Pflegegrade 2 bis 5 zustehen und Pflegebedürftigen mit dem Pflegegrad 1 nur die Leistungen nach § 61 Abs. 2 SGB XII. Im Rahmen des **Ermessens** kann diese Unterscheidung allerdings berücksichtigt werden.

Die Leistungen umfassen: 16

1. häusliche Pflege in Form von
   a) Pflegegeld (§ 64a SGB XII),
   b) häuslicher Pflegehilfe (§ 64b SGB XII),
   c) Verhinderungspflege (§ 64c SGB XII),
   d) Pflegehilfsmitteln (§ 64d SGB XII),
   e) Maßnahmen zur Verbesserung des Wohnumfeldes (§ 64e SGB XII),
   f) anderen Leistungen (§ 64f SGB XII),
2. teilstationäre Pflege (§ 64g SGB XII),
3. Kurzzeitpflege (§ 64h SGB XII),
4. einen Entlastungsbetrag (§ 64i SGB XII) und
5. stationäre Pflege (§ 65 SGB XII).

Außerdem schließen sie Sterbebegleitung mit ein und umfassen auch einen Entlastungsbetrag nach § 66 SGB XII. Sie werden auf Antrag auch als Teil eines Persönlichen Budgets ausgeführt.

III. Satz 2: Ausschluss der Kostenübernahme bei Arbeitgebermodell

§ 73 Satz 2 SGB XIV schließt die Übernahme von Kosten der Pflege durch ein **Arbeitgebermodell nach § 76 SGB XIV** aus. Das bedeutet, dass die durch eine Pflegeperson zu erbringende häusliche Pflege **vorrangig** durch das **Pflegegeld** nach § 64a SGB XII, § 37 Abs. 1 SGB XI einschließlich der Verhinderungspflege nach § 64c SGB XII sicherzustellen ist. **Nachrangig** sowie nötigenfalls ergänzend wird häusliche Pflegehilfe als **Pflegesachleistung** nach § 64b SGB XII gewährt. Soweit die Geschädigten die häusliche Pflege selbst in geeigneter Weise sicherstellen können, also keinen Anspruch auf Pflegesachleistungen haben, müssen sie sich demnach mit dem Pflegegeld einschließlich der Verhinderungspflege begnügen. Das Pflegegeld ist schon seiner Konzeption nach nicht an den im Pflegebereich üblichen Löhnen orientiert. Es „soll kein Entgelt für die von der Pflegeperson oder den Pflegepersonen erbrachten Pflegeleistungen darstellen“, sondern die Pflegebedürftigen in den Stand setzen, „Angehörigen und sonstigen Pflegepersonen eine materielle Anerkennung für die mit **großem Einsatz und Opferbereitschaft** im häuslichen Bereich sichergestellte Pflege zukommen zu lassen. Das Pflegegeld bietet somit einen Anreiz zur Erhaltung der Pflegebereitschaft der Angehörigen, Freunde und Nachbarn.“[7] 17

Dieser Ansatz ist für eine angemessene Soziale Entschädigung verfehlt. Bei Vorliegen von Pflegebedürftigkeit gehen die Leistungen deshalb auch deutlich darüber hinaus, indem nach § 76 SGB XIV auch die erforderlichen und angemessenen Kosten für die Pflege durch Angehörige oder sonstige Personen erstattet werden. Außerdem gewährt § 147 SGB XIV Witwen und Witwern einen monatlichen Pflegeausgleich, wenn sie die/den schädigungsbedingt Pflegebedürftige/n insgesamt langjährig und (mindestens zeitweise) bereits vor Inkrafttreten des SGB XIV gepflegt haben. Damit hat der Gesetzgeber die unzureichenden Leistungen für nicht professionelle Pflegepersonen in der häuslichen Pflege anerkannt. Zwar zielt § 73 SGB XIV nur auf einen kurzfristigen pflegerischen Bedarf (voraussichtlich nicht mindestens sechs Monate), allerdings muss das Ausmaß der gesundheitlichen Beeinträchtigungen ansonsten mindestens dem für 18

7 BT-Drs. 12/5262, 112.

Pflegebedürftigkeit nach dem SGB XI erforderlichen Maß entsprechen. Auch schwerste Pflegebedürftigkeit mit einem besonders hohen Maß an Hilfebedarf kann unter Umständen voraussichtlich nicht länger als sechs Monate dauern (beispielsweise wenn die verbleibende Lebenserwartung keine sechs Monate mehr erreicht). Hier fragt sich, ob ein sozialer Ausgleich auf dem Niveau des Sozialhilferechts angemessen sein kann und die Geschädigten im Übrigen auf die – immerhin bis zu voraussichtlich sechs Monate dauernde – Einsatz- und Opferbereitschaft von Angehörigen verwiesen werden sollten.

Abschnitt 2 Umfang der Leistungen bei Pflegebedürftigkeit

§ 74 Leistungen bei Pflegebedürftigkeit

Geschädigte erhalten bei schädigungsbedingter Pflegebedürftigkeit im Sinne des Abschnitts 1

1. **Leistungen bei Pflegebedürftigkeit entsprechend dem Vierten Kapitel des Elften Buches,**
2. **ergänzende Leistungen bei Pflegebedürftigkeit nach § 75,**
3. **Leistungen bei Pflegebedürftigkeit im Arbeitgebermodell nach § 76.**

A. Gesetzesgeschichte

I. Geltendes Recht

1 Nach § 35 Abs. 1 BVG erhalten Beschädigte bei Vorliegen von Hilflosigkeit eine monatliche Pflegezulage, die der Höhe nach für sechs Stufen festgelegt ist (zuletzt zwischen 342 Euro in der Stufe I und 1706 Euro in der Stufe VI). Für die Ermittlung der **Stufen der Pflegezulage** (und auch der Hilflosigkeit) nach dem BVG gelten die eigens hierfür in der Verordnung zu § 30 Abs. 15 BVG aufgestellten Grundsätze. Es handelt sich mithin um eine **pauschale Entschädigung**, die allerdings erhöht wird, soweit die angemessenen Kosten für die Hilfe von einem Dritten aufgrund eines **Arbeitsvertrags** die Pflegezulage übersteigen. Eine Erhöhung wird auch (ggf. auch zusätzlich) gewährt, wenn Hilfeleistungen durch einen in häuslicher Gemeinschaft lebenden Ehegatten, Lebenspartner oder Elternteil erbracht werden. Die Kosten einer nicht nur vorübergehenden Heimpflege werden nach § 35 Abs. 6 BVG unter Anrechnung auf die Versorgungsbezüge übernommen. Subsidiär erhalten Beschädigte und Hinterbliebene nach § 26c Abs. 1 BVG Hilfe zur Pflege in entsprechender Anwendung von § 13 SGB XII sowie des Siebten Kapitels des SGB XII, allerdings gelten andere Einkommensgrenzen (§ 26c Abs. 5 BVG).

II. Änderungen im SGB XIV gegenüber dem BVG und Parallelität

Auch beim Umfang der Leistungen bei Pflegebedürftigkeit zeigen sich deutliche Paradigmenwechsel gegenüber dem BVG: Es sollen einerseits grundsätzlich alle schädigungsbedingten Bedarfe abgedeckt werden, andererseits wird die schon auf der Voraussetzungsseite deutlich werdende Orientierung am SGB XI auch auf den Leistungsumfang erstreckt. Dazu erfolgt eine Abkehr von der pauschalen Entschädigung nach dem BVG und es werden zunächst die Leistungen entsprechend dem SGB XI gewährt und daneben ergänzende Leistungen sowie eine Kostenerstattung für angemessene Aufwendungen im Arbeitgebermodell. 2

Die Pflegeversicherung ist nur eine **„Teilkaskoversicherung“** mit nach oben gedeckelten Leistungen, die dadurch nur einen Teil der für eine angemessene Pflege erforderlichen Leistungen erbringt. Erhebliche Teile erforderlicher Leistungen bleiben dem Bereich der Eigenverantwortung zugewiesen. Ein umfassender sozialer Schadensausgleich für ein Ereignis, für das die staatliche Gemeinschaft eine besondere Verantwortung trägt (§ 1 Abs. 1 SGB XIV), muss daher darüber hinausgehende Leistungen vorsehen. 3

Leistungen bei Pflegebedürftigkeit der Sozialen Entschädigung sind (wie die frühere Pflegezulage nach § 35 BVG) **unabhängig von Einkommen und Vermögen** zu erbringen.[1] 4

B. Normsystematik

§ 74 SGB XIV gibt einen **Überblick** über die vorgesehenen Leistungen bei Pflegebedürftigkeit und enthält eine umfassende Bezugnahme auf die Leistungen bei Pflegebedürftigkeit nach dem Vierten Kapitel des SGB XI. Daneben werden die ergänzenden Leistungen nach § 75 SGB XIV und Leistungen im Arbeitgebermodell nach § 76 SGB XIV aufgeführt. 5

§ 74 SGB XIV dient der Übersichtlichkeit und Leistungsbegrenzung. Die Leistungen bei Pflegebedürftigkeit sind **abschließend** aufgezählt. Geschädigte, die durch ein schädigendes Ereignis pflegebedürftig werden, sollen Anspruch auf **bedarfsdeckende** Leistungen haben. Dabei werden die Kosten übernommen, soweit Leistungen der sozialen Pflegeversicherung nicht ausreichen. Kosten für Pflegebedarfe, die die Pflegeversicherung nicht abdeckt, werden übernommen. Zusätzlich gibt es die Möglichkeit, Pflege im Rahmen eines Arbeitsvertrages mit der pflegebedürftigen geschädigten Person zu organisieren (Arbeitgebermodell).[2] 6

Die Aufzählung in § 74 SGB XIV macht deutlich, dass nicht nur für die Leistungsvoraussetzungen der Pflegebedürftigkeit und das Verfahren zur Ermittlung des Pflegegrades das SGB XI gilt (§ 72 Abs. 1 SGB XIV); auch die **Leistungsseite** ist deutlich **am SGB XI orientiert.** Insoweit gelten allerdings die Vorschriften des Vierten Kapitels des SGB XI lediglich **entsprechend** und werden durch ergänzende Leistungen bei Pflegebedürftigkeit nach § 75 SGB XIV sowie Kostenerstattung für eine Organisation der häuslichen Pflege im Arbeitgebermodell nach § 76 SGB XIV erweitert. Dabei enthält § 75 Abs. 1 S. 2 SGB XIV eine **Aufzählung der Leistungsarten nach dem SGB XI**, für die ergänzende Leistungen übernommen werden. Die pflegerischen Maßnahmen, für welche die ergänzenden Kosten übernommen werden, stehen damit ihrer Art nach – unter Bezugnahme auf das SGB XI – abschließend fest, so dass nur noch die Notwendigkeit und Angemessenheit der zu übernehmenden Kosten zu prüfen ist. 7

1 BT-Drs. 19/13824, 204.
2 BT-Drs. 19/13824, 146.

C. Einzelkommentierung

I. Nr. 1: Leistungen entsprechend dem Vierten Kapitel des SGB XI

8 § 74 Nr. 1 SGB XIV verweist zunächst auf die Leistungen des Vierten Kapitels des SGB XI (§§ 28–45f SGB XI). **„Entsprechende"** Leistungen sind bei schädigungsbedingter Pflegebedürftigkeit zu gewähren.

9 Der **Erste Abschnitt** des Vierten Kapitels (§§ 28, 28a SGB XI) enthält eine Übersicht über die Leistungen. Die dort aufgeführten Leistungen, die dann im Dritten bis Sechsten Abschnitt des Vierten Kapitels (§§ 36 bis 45f SGB XI) im Einzelnen normiert sind, sind grundsätzlich ohne Einschränkungen nach Art und Umfang auch bei schädigungsbedingter Pflegebedürftigkeit nach § 74 Nr. 1 SGB XIV zu gewähren. Insoweit ist eine **uneingeschränkte Leistungsgewährung** vom Gesetzgeber ausdrücklich beabsichtigt, denn nach der Gesetzesbegründung erhalten Berechtigte sowohl die nach dem SGB XI vorgesehenen Leistungen als auch die in den Nrn. 2 und 3 aufgeführten besonderen Leistungen der Sozialen Entschädigung.[3] Damit ist bezüglich der in § 28 SGB XI aufgeführten Leistungsarten und der hierzu in den §§ 36 ff. SGB XI normierten Voraussetzungen von einer **dynamischen Rechtsgrundverweisung** unter Berücksichtigung der **Besonderheiten** des SER auszugehen.[4]

10 Da allerdings die in Bezug genommenen Vorschriften (§§ 28 ff. SGB XI) nach dem Wortlaut von § 74 Nr. 1 SGB XIV nicht unmittelbar, sondern lediglich **„entsprechend"** gelten, ist grundsätzlich für jede Leistung die Prüfung erforderlich, ob und inwieweit die dafür jeweils vorgesehenen Vorschriften des Vierten Kapitels des SGB XI im Rahmen des SGB XIV anzuwenden sind. Dabei sind die **Besonderheiten im Rahmen des SER** zu berücksichtigen. Regelmäßig dürften der Anwendbarkeit der in § 28 SGB XI aufgeführten Leistungsarten und der hierzu in den §§ 36 ff. SGB XI normierten Voraussetzungen nach Leistungsgrund und -umfang keine Besonderheiten entgegenstehen. Dies kann aber insbesondere bei der Heranziehung der **„Gemeinsamen Vorschriften"** des Zweiten Abschnitts des Vierten Kapitels (§§ 29 bis 35a SGB XI) anders aussehen, wie folgende Überlegungen verdeutlichen.

11 **1. Vorschriften des SGB XI mit versicherungs- oder mitgliedschaftsrechtlichem Bezug.** Die Leistungen des SER sind – anders als die Leistungen nach dem Vierten Kapitel des SGB XI – **keine Versicherungsleistungen,** sondern staatliche Leistungen für Menschen, die eine gesundheitliche Schädigung durch ein Ereignis erlitten haben, für das die staatliche Gemeinschaft eine besondere Verantwortung trägt (§ 1 Abs. 1 SGB XIV). Die Vorschriften des Vierten Kapitels des SGB XI sind deshalb grundsätzlich dann **nicht** für Leistungen bei Pflegebedürftigkeit nach dem SGB XIV **anwendbar,** wenn und soweit sie sich auf das **versicherungsrechtliche Mitgliedschaftsverhältnis** beziehen, wie die erforderliche Vorversicherungszeit nach § 33 Abs. 2, 3 SGB XI oder das Erlöschen des Anspruchs bei Ende der Mitgliedschaft nach § 35 SGB XI.

12 **2. Speziellere Vorschriften im SGB XIV.** Nicht anwendbar sind die Regelungen des SGB XI zudem für Inhalte, bezüglich derer das **SGB XIV eigene Vorschriften** enthält, die dann vorrangig Anwendung finden. Dies betrifft manche der „Gemeinsamen Vorschriften" im Zweiten Abschnitt des Vierten Kapitels des SGB XI. So ist zB das Antragserfordernis in § 10 SGB XIV geregelt.

13 **3. Besonderheiten des SER und von Pflegeleistungen.** Beim Fehlen **allgemeiner Regelungen** im SGB XIV ist zu prüfen, ob der Gesetzgeber bewusst darauf verzichtet hat. So gehört es beispielsweise zu den zu berücksichtigenden Besonderheiten des SER, dass Geschädigte grundsätzlich auch bei gewöhnlichem Aufenthalt im Ausland Leistungsansprüche nach dem SGB XIV haben (vgl. § 12 Abs. 2 SGB XIV). Deshalb kann

3 BT-Drs. 19/13824, 204.
4 So auch Schmidt SGB XIV/Schmidt § 74 Rn. 4.

die Ruhensanordnung wegen Aufenthalts im Ausland (§ 34 Abs. 1 Nr. 1 SGB XI) nicht ohne Weiteres entsprechend anwendbar sein. Dies gilt jedenfalls bezüglich der problemlos exportierbaren Geldleistungen. Ein Ausschluss kann aber in Betracht kommen, soweit ein Export aufgrund der **Eigenart der (Pflegesach-)Leistung** nicht oder nur eingeschränkt möglich ist, weil zB im Ausland die Infrastruktur zur Erbringung von Pflegesachleistungen fehlt. Die Vorschriften des Vierten Kapitels des SGB XI sind deshalb insbesondere dann entsprechend anwendbar, wenn sie auf dem **Wesen der Pflegeleistungen** beruhen oder durch die **Besonderheiten** von Pflegeleistungen bedingt sind, während Besonderheiten des SER ihre Anwendbarkeit ausschließen oder einschränken können.

4. **Art, Umfang und Ausführung von Pflegeleistungen. Entsprechend anwendbar** auf die Leistungserbringung nach dem SGB XIV sind insbesondere die Vorschriften, die **Umfang, Art und Ausführung** der Pflegeleistung selbst regeln. Das trifft zB auf die Regelungen zur Befristung nach § 33 Abs. 1 S. 4 bis 8 SGB XI zu, sowie im Wesentlichen auf die Regelungen zu den Leistungen (§§ 36 ff. SGB XI mit der Unterteilung in Leistungen bei häuslicher Pflege, teilstationärer Pflege und Kurzzeitpflege, vollstationärer Pflege, Pausschalleistungen für die Pflege von Menschen mit Behinderungen, zusätzliche Betreuung und Aktivierung in stationären Pflegeeinrichtungen). Auf Leistungen bei Pflegebedürftigkeit besteht deshalb nach § 74 Nr. 1 SGB XIV nur Anspruch, wenn auch der für die konkrete Leistung erforderliche Pflegegrad sowie die **übrigen Anspruchsvoraussetzungen** vorliegen. Insoweit handelt es sich um eine Rechtsgrundverweisung. 14

II. Nrn. 2 und 3: Ergänzende Leistungen und Arbeitgebermodell

Die ergänzenden Leistungen bei Pflegebedürftigkeit nach § 75 SGB XIV und die Leistungen bei Pflegebedürftigkeit im Arbeitgebermodell nach § 76 SGB XIV werden in § 74 SGB XIV aufgeführt, um einen **abschließenden Leistungskatalog** abzubilden. Die inhaltliche Ausgestaltung dieser beiden Leistungen erfolgt ausschließlich durch §§ 75, 76 SGB XIV. 15

III. Zuständigkeit für die Leistungserbringung

Die **Zuständigkeit für die Leistungserbringung** ist in § 77 SGB XIV gesondert geregelt. Die Leistungen bei Pflegebedürftigkeit nach § 74 Nr. 1 SGB XIV werden nach § 77 Abs. 2 und 3 SGB XIV grundsätzlich von einer Pflegekasse für die zuständige Verwaltungsbehörde erbracht. Dies bewirkt eine **dauerhafte Parallelität der Ansprüche** auch in ihrer praktischen Umsetzung. Die Aufwendungen werden den Pflegekassen nach § 80 SGB XIV erstattet. 16

Die zuständige Verwaltungsbehörde erbringt nach § 77 Abs. 5 SGB XIV nur die ergänzenden Leistungen nach § 75 SGB XIV und die Kostenerstattung bei häuslicher Pflege im Arbeitgebermodell nach § 76 SGB XIV mit Ausnahme der ergänzenden Leistungen für Pflegehilfsmittel und wohnumfeldverbessernden Maßnahmen nach § 75 Abs. 1 S. 2 Nr. 3 SGB XIV, die – gegen Aufwandserstattung (§ 81 SGB XIV) – von der **Unfallkasse** des Landes für die zuständige Verwaltungsbehörde erbracht werden (§ 77 Abs. 4 SGB XIV). 17

§ 75 Ergänzende Leistungen bei Pflegebedürftigkeit

(1) [1]Werden schädigungsbedingte Bedarfe nach § 74 Nummer 1 nur teilweise gedeckt, werden die über die Leistungen des Vierten Kapitels des Elften Buches hinausgehenden, notwendigen und angemessenen Kosten übernommen. [2]Dies gilt bei folgenden Leistungsarten:

1. Pflegesachleistung nach § 36 des Elften Buches,
2. Häusliche Pflege bei Verhinderung der Pflegeperson nach § 39 des Elften Buches,
3. Pflegehilfsmittel und wohnumfeldverbessernde Maßnahmen nach § 40 des Elften Buches,
4. Tagespflege und Nachtpflege nach § 41 des Elften Buches,
5. Kurzzeitpflege nach § 42 des Elften Buches,
6. Vollstationäre Pflege nach § 43 des Elften Buches.

(2) Bei Kombination von Geldleistung und Sachleistung nach § 38 des Elften Buches wird der prozentuale Anteil übernommen, der auf die Sachleistung entfällt.

(3) Bei Pflege in Einrichtungen oder Räumlichkeiten im Sinne des § 43a des Elften Buches in Verbindung mit § 71 Absatz 4 des Elften Buches werden 15 Prozent der Vergütung übernommen.

(4) Für Geschädigte, die einen Anspruch nach § 4 Absatz 1 haben, trägt die zuständige Verwaltungsbehörde die Beiträge zur sozialen Pflegeversicherung, so lange sie nach § 21 des Elften Buches pflegeversichert sind.

(5) [1]Geschädigte, die weder nach dem Elften Buch versichert sind noch nach beamtenrechtlichen Vorschriften einen Anspruch auf Leistungen bei Pflegebedürftigkeit haben, erhalten die Leistungen des Vierten Kapitels des Elften Buches sowie die Leistungen nach Absatz 1. [2]Absatz 2 bis 4 gilt entsprechend.

A. Gesetzesgeschichte

I. Geltendes und neues Recht

1 § 35 Abs. 1 BVG sieht eine nach der Schwere der Gesundheitsstörung in sechs Stufen gestaffelte **pauschale Pflegezulage** in Höhe von 342 Euro (Stufe I) bis zu 1706 Euro (Stufe VI) vor. Diese wird nach § 35 Abs. 2 BVG erhöht, wenn fremde Hilfe von Dritten aufgrund eines Arbeitsvertrags geleistet wird oder der/die Beschädigte in häuslicher Gemeinschaft mit seinem/ihrem Ehegatten, Lebenspartner oder einem Elternteil lebt, außer diese erbringen nicht nur vorübergehend keine Pflegeleistungen. Ist Heim-

pflege notwendig, werden die Kosten unter Anrechnung auf die Versorgungsbezüge übernommen (§ 35 Abs. 6 BVG). Lediglich subsidiär und unter bestimmten weiteren Voraussetzungen – insbesondere wenn und soweit die Beschädigten infolge der Schädigung nicht in der Lage sind, den anzuerkennenden Bedarf aus den vorrangigen Leistungen und dem sonstigen Einkommen und Vermögen zu decken (§ 25a BVG) – erhalten sie **Hilfe zur Pflege** nach § 26c BVG. In dieser Vorschrift wird im Wesentlichen auf die Vorschriften der Hilfe zur Pflege nach dem SGB XII Bezug genommen.

Das SGB XIV enthält demgegenüber einen Ausgleich aller **tatsächlich entstehenden** notwendigen und angemessenen **Kosten ohne Anrechnung von Einkommen und Vermögen**. 2

II. Änderungen im SGB XIV gegenüber dem BVG und Parallelität

Die ergänzenden Leistungen bei Pflegebedürftigkeit nach § 75 SGB XIV sind ein wesentliches Element des mit dem SGB XIV beabsichtigten **Paradigmenwechsels** in mehrfacher Hinsicht. Dieser zeigt sich nicht nur in der Abkehr von der pauschalen Entschädigung zugunsten eines Ausgleichs aller tatsächlich als Schädigungsfolge entstehenden Kosten, soweit sie angemessen sind, sondern auch in der stärkeren Anbindung an die Leistungen bei Pflegebedürftigkeit nach dem SGB XI. Auf dieser Anbindung an das SGB XI beruhen auch die ergänzenden Leistungen nach § 75 SGB XIV. 3

B. Normsystematik

I. Allgemeiner Regelungsgehalt

Reichen die Leistungen des SGB XI nicht aus, um die schädigungsbedingten Bedarfe vollständig zu decken, werden nach §§ 74, 75 SGB XIV ergänzende Leistungen bei Pflegebedürftigkeit erbracht. Dafür knüpft § 75 Abs. 1 S. 2 SGB XIV an die Pflegeleistungen nach dem SGB XI an, für die ergänzende Leistungen in Betracht kommen. Die Aufzählung ist **abschließend.**[1] 4

Keine ergänzenden Leistungen werden danach für das **Pflegegeld** für selbstbeschaffte Pflegehilfen bei häuslicher Pflege nach § 37 SGB XI erbracht. Zwar ist auch diese Leistung nach dem jeweiligen Pflegegrad auf einen **Höchstbetrag** gedeckelt; soweit die Pflege allerdings unentgeltlich (von Angehörigen oder Freunden) erbracht wird, entstehen dem Pflegebedürftigen keine ungedeckten Kosten. Daneben können geschädigte Pflegebedürftige ihre häusliche Pflege aber auch durch von ihnen beschäftigte (nichtprofessionelle) Pflegekräfte auf der Grundlage eines Arbeitsvertrages sicherstellen – auch durch **Arbeitsverträge mit Angehörigen**, soweit dadurch eine fachgerechte Pflege gewährleistet ist – und haben dann nach §§ 74 Nr. 3, 76 SGB XIV Anspruch auf Erstattung angemessener Kosten unter Anrechnung des Pflegegeldes. Insofern gewährt **§ 76 SGB XIV** im Ergebnis ergänzende Leistungen für das Pflegegeld. 5

Durch die Ansprüche nach §§ 75, 76 SGB XIV werden bei Pflegebedürftigkeit die Leistungen der Pflegeversicherung insgesamt **umfassend so ergänzt**, dass grundsätzlich der **gesamte schädigungsbedingte Pflegebedarf** ausgeglichen wird. Die **Leistungserbringung** erfolgt grundsätzlich nur bezüglich dieses ergänzenden Bedarfs durch die zuständige Verwaltungsbehörde selbst (§ 77 Abs. 5 SGB XIV), während die Leistungen bei Pflegebedürftigkeit nach § 74 Nr. 1 SGB XIV durch die Pflegekassen „für die zuständige Verwaltungsbehörde" erbracht werden (§ 77 Abs. 2 und 3 SGB XIV). Ausnahmen bilden die Versorgung mit Pflegehilfsmitteln und wohnumfeldverbessernden Maßnahmen nach § 75 Abs. 1 S. 2 Nr. 3 SGB XIV, die durch die zuständige Unfallkasse des Landes „für die zuständige Verwaltungsbehörde" erbracht werden (§ 77 Abs. 4 SGB XIV). 6

1 BT-Drs. 19/13824, 204.

7 § 75 Abs. 2 SGB XIV regelt, wie bei der **Kombination von Sachleistung und Pflegegeld** zu verfahren ist.[2]

8 Gemäß § 75 Abs. 3 SGB XIV ist in den Fällen des § 43a SGB XI (Pflege in Einrichtungen oder Räumlichkeiten im Sinne des § 43a SGB XI in Verbindung mit § 71 Abs. 4 SGB XI) die Kostenübernahme nicht auf einen Höchstbetrag gedeckelt, wenn der Pflegebedarf schädigungsbedingt ist, dh der Träger der Sozialen Entschädigung übernimmt 15 % der vereinbarten Vergütung.[3]

9 § 75 Abs. 4 SGB XIV regelt die Übernahme der Beiträge zur Pflegeversicherung durch den Träger der Sozialen Entschädigung.[4]

10 § 75 Abs. 5 SGB XIV trifft eine Regelung für den Fall, dass Geschädigte nicht in der sozialen Pflegeversicherung versichert sind. Es gilt auch hier der Grundsatz, dass nur für schädigungsbedingte Pflegebedarfe geleistet und die Leistung ohne Einsatz von Einkommen und Vermögen erbracht wird.[5]

II. Systematische Einordnung und Normzweck

11 Die Vorschrift bildet die **Anspruchsgrundlage** für Leistungen, mit denen die Leistungen der Pflegeversicherung **ergänzt** werden. Die Leistungen der Pflegeversicherung sind grundsätzlich unabhängig von den tatsächlichen Kosten der Pflegeleistung auf eine bestimmte Höhe begrenzt (**gedeckelt**). Regelmäßig kann damit nicht der gesamte notwendige Pflegebedarf gedeckt werden.[6] Die Leistungen einer privaten Pflegeversicherung müssen den Leistungen nach dem SGB XI nach Art und Umfang gleichwertig sein (§ 23 SGB XI). Im SER werden für schädigungsbedingte Bedarfe auch die über diesen Leistungsumfang hinausgehenden angemessenen Kosten übernommen.

C. Einzelkommentierung

I. Absatz 1

12 **1. Schädigungsbedingte Bedarfe.** Voraussetzung für ergänzende Leistungen bei Pflegebedürftigkeit nach § 75 Abs. 1 SGB XIV ist, dass schädigungsbedingte Bedarfe nach § 74 Nr. 1 SGB XIV nur teilweise gedeckt werden. Wird **schädigungsbedingte Pflegebedürftigkeit** festgestellt, sind grundsätzlich auch alle (angemessenen und notwendigen) Pflegebedarfe schädigungsbedingt. Für eine **weitere Kausalitätsprüfung**, die ggf. zu einer Unterscheidung zwischen schädigungsbedingten und schädigungsunabhängigen Pflegebedarfen führen könnte, bietet das Gesetz keine Grundlage. Das zeigt sich vor allem daran, dass das Gesetz weder für Leistungen nach § 74 Nr. 1 SGB XIV noch für solche nach § 76 SGB XIV eine weitere Kausalitätsprüfung vorsieht und Pflegebedarfe nicht unterschiedlich bewertet.

13 Dennoch scheint fraglich, ob die Rechtsprechung, nach der die Versorgungsverwaltung bei einem überwiegend von schädigungsunabhängigen Gesundheitsstörungen geprägten Gesamtzustand der Hilflosigkeit die Kosten einer Heimpflege nur in Höhe des Satzes zu tragen hat, den das Heim aufgrund der bestehenden Hilfebedürftigkeit nach § 35 Abs. 1 BVG erhoben hätte, unter Geltung des SGB XIV obsolet ist.[7] Denn das BSG knüpft die Einschränkung daran, dass nach § 35 Abs. 6 S. 1 BVG nur die Kosten für Unterkunft, Verpflegung und Betreuung einschließlich (**infolge der Schädigung) „notwendiger" Pflege** zu übernehmen sind. Die Voraussetzung „notwendiger" Kosten enthält auch § 75 Abs. 1 S. 1 SGB XIV, so dass die Frage zu beantworten sein

2 BT-Drs. 19/13824, 204.
3 BT-Drs. 19/13824, 204.
4 BT-Drs. 19/13824, 204.
5 BT-Drs. 19/13824, 204.
6 Vgl. BT-Drs. 19/13824, 148.
7 Vgl. BSG Urt. v. 10.12.2003 – B 9 V 7/03 R, BSGE 92, 42 (46) = juris Rn. 23.

wird, ob dies die Auslegung „infolge der Schädigung notwendig" rechtfertigt, → Rn. 19 ff.

2. Abschließende Aufzählung. § 75 Abs. 1 S. 1 SGB XIV enthält den Grundsatz, dass für **alle schädigungsbedingten Bedarfe** die notwendigen und angemessenen Kosten übernommen werden, soweit sie durch die Leistungen des Vierten Kapitels des SGB XI nur teilweise gedeckt werden. Allerdings wird dieser Grundsatz sogleich durch den folgenden Satz 2 eingeschränkt auf die dort aufgezählten Leistungsarten. Die **Aufzählung in Satz 2** ist – trotz des weitergehenden Wortlauts in Satz 1 – nach der Gesetzesbegründung **abschließend.**[8] Daraus ergeben sich jedoch keine wesentlichen Einschränkungen des grundsächlich vollständigen Schadensausgleichs, weil unter Berücksichtigung der weiteren Regelungen in den Absätzen 2 und 3 sowie in § 76 SGB XI grundsätzlich **alle Leistungen bei Pflegebedürftigkeit** nach dem Vierten Kapitel des SGB XI bis zur Höhe notwendiger und angemessener Kosten ergänzt werden, mit einer Einschränkung allenfalls bezüglich des Wohngruppenzuschlags nach § 38a SGB XI, → Rn. 15 ff.; 17. 14

3. Nicht aufgeführte Leistungen. Nicht in der Aufzählung in § 75 Abs. 1 S. 2 SGB XIV genannte und auch nicht durch § 75 Abs. 2 und Abs. 3 SGB XIV erfasste Leistungen des Vierten Kapitels des SGB XI für Pflegebedürftige sind das Pflegegeld (§ 37 SGB XI), der Wohngruppenzuschlag (§ 38a SGB XI) sowie zusätzliche Betreuungs- und Aktivierungsleistungen in stationären Pflegeeinrichtungen (§ 43b SGB XI). 15

a) **Pflegegeld und Arbeitgebermodell.** Reicht das **Pflegegeld nach § 37 SGB XI** nicht zum Ausgleich der Kosten bei häuslicher Pflege, die durch pflegende Angehörige oder sonstige nicht erwerbsmäßig tätige Pflegepersonen selbst sichergestellt wird, werden erforderliche und angemessene Kosten für häusliche Pflege auf der Grundlage eines Arbeitsvertrags nach § 76 SGB XIV (vollständig) erstattet. Im Ergebnis gewährt daher § 76 SGB XIV ergänzende Leistungen für das Pflegegeld. 16

b) **Wohngruppenzuschlag nach § 38a SGB XI.** Mit dem **Wohngruppenzuschlag nach § 38a SGB XI** soll den besonderen Aufwendungen Rechnung getragen werden, die in ambulant betreuten Wohngruppen entstehen.[9] Soweit Aufwendungen die hierfür nach § 38a SGB XI gewährten Leistungen tatsächlich übersteigen, werden diese durch § 75 SGB XIV grundsätzlich nicht ergänzt, selbst wenn sie notwendig und angemessen sind. Insoweit könnte der Ergänzungsanspruch nach § 75 SGB XIV tatsächlich **lückenhaft** sein. Allerdings dürften sich besondere Aufwendungen einer Wohngruppe hauptsächlich daraus ergeben, dass die Mitglieder der Wohngruppe eine Person gemeinschaftlich beauftragen, unabhängig von der individuellen pflegerischen Versorgung allgemeine organisatorische, verwaltende, betreuende oder das Gemeinschaftsleben fördernde Tätigkeiten zu verrichten oder hauswirtschaftliche Unterstützung zu leisten (§ 38a Abs. 1 S. 1 Nr. 3 SGB XI). Soweit solche Kosten von einem Geschädigten mit Anspruch auf Leistungen bei Pflegebedürftigkeit nach dem SGB XIV aufzuwenden sind und sie durch den nach § 74 Nr. 1 SGB XIV iVm § 38a SGB XI zu gewährenden Wohngruppenzuschlag nur teilweise gedeckt werden, kommt im Rahmen des Angemessenen eine **Erstattung nach § 76 SGB XIV** in Betracht. 17

c) **Zusätzliche Betreuungs- und Aktivierungsleistungen.** Bezüglich der Leistungen in stationären Einrichtungen bedarf es im SGB XIV keiner gesonderten Ergänzung durch einen Anspruch auf **zusätzliche Betreuungs- und Aktivierungsleistungen** im Sinne von § 43b SGB XI. Denn die Leistungen der vollstationären Pflege nach § 43 SGB XI werden bereits nach § 75 Abs. 1 S. 2 Nr. 6 SGB XIV durch die Übernahme aller notwendigen und angemessenen Kosten ergänzt. Dazu gehören auch Kosten für zusätzliche Betreuungs- und Aktivierungsleistungen im Sinne von § 43b SGB XI. 18

---

8 BT-Drs. 19/13824, 204.

9 Vgl. Wiegand in jurisPK-SGB XI § 38a (Stand: 4.7.2019) Rn. 16 mwN.

19 **4. Notwendigkeit der Kosten.** Zu dem Tatbestandsmerkmal der Notwendigkeit der Kosten stellt sich die Frage, ob die Rechtsprechung zu § 35 Abs. 1 und Abs. 6 BVG auf § 75 SGB XIV übertragbar ist. Danach hat die Versorgungsverwaltung bei einem **überwiegend von schädigungsunabhängigen Gesundheitsstörungen** geprägten Gesamtzustand der Hilflosigkeit die Kosten einer Heimpflege nur in Höhe des Satzes zu tragen, den das Heim aufgrund der bestehenden Hilfebedürftigkeit nach § 35 Abs. 1 BVG erhoben hätte.[10] Zu diesem Ergebnis gelangt das BSG, obwohl es ausdrücklich ausführt, § 35 Abs. 6 BVG fordere **keine zusätzliche Kausalitätsprüfung** und hierzu zwinge auch nicht der ungeschriebene Grundsatz, nach dem alle versorgungsrechtlichen Ansprüche davon abhingen, dass die Schädigungsfolgen wesentliche Ursache für einen auszugleichenden Mehraufwand seien. Auf diesem Weg begründet es allerdings lediglich den Anspruch auf Heimpflege **dem Grunde nach,** während es den Anspruch **der Höhe nach** auf die **„infolge der Schädigung notwendigen"** Kosten begrenzt. Allerdings sind nach dieser Rechtsprechung grundsätzlich die vollen Heimkosten zu erstatten, wenn der Gesamtzustand der Hilflosigkeit – auch unter Berücksichtigung sog. Nachschäden – **annähernd gleichwertig** auf die schädigungsbedingten Gesundheitsstörungen zurückzuführen ist.

20 Eine Leistungsbeschränkung der Höhe nach kommt danach nur in Betracht, wenn der Gesamtzustand **überwiegend von schädigungsunabhängigen** Gesundheitsstörungen geprägt ist. Dies ist auch im Rahmen von § 75 SGB XIV in Betracht zu ziehen, da dessen Abs. 1 S. 1 eine Beschränkung auf „schädigungsbedingte Bedarfe" enthält und nur die (hierfür) „notwendigen" Kosten übernommen werden.

21 **5. Angemessenheit der Kosten.** Der **Sinn der Aufzählung** der einzelnen Leistungen des SGB XIV liegt – wie die Ausführungen unter 2. zeigen – nicht in einer Begrenzung des Leistungsumfangs. Das ergibt sich außerdem deutlich schon aus dem in § 75 Abs. 1 S. 1 SGB XIV statuierten **Grundsatz des Ausgleichs aller schädigungsbedingter Bedarfe** im Rahmen des Notwendigen und Angemessenen. Die Aufzählung bietet aber eine deutliche **Orientierungshilfe** für die Beurteilung der **Notwendigkeit und Angemessenheit** der zu übernehmenden Kosten.

22 Es handelt sich bei der Notwendigkeit und Angemessenheit um gerichtlich **voll überprüfbare Rechtsbegriffe.** Bei deren Auslegung ist die gesetzlich normierte enge Anbindung an die Leistungen nach dem SGB XI zu berücksichtigen. Sind anfallende Kosten notwendig und angemessen, handelt es sich um **Pflichtleistungen** der zuständigen Behörde, nicht um Ermessensleistungen. Das ergibt sich aus § 75 Abs. 1 S. 1 SGB XIV.

23 Die nach dem SGB XI zu gewährenden Leistungen sind **ihrer Art nach** grundsätzlich angemessen und umgekehrt dürfte wohl auch gelten, dass nicht im SGB XI genannte Leistungen – von besonderen Ausnahmefällen abgesehen – grundsätzlich auch nicht angemessen sind. Ein Kostenaufwand ist zur Sicherstellung angemessener Pflege **dem Umfang nach** angemessen und erforderlich, soweit sich aus der Pflegebegutachtung ein dem Umfang der in Anspruch genommenen Pflegeleistungen entsprechender Hilfebedarf ergibt. Kosten sind **ihrer Höhe nach** angemessen, soweit sie durch zugelassene (ambulante oder stationäre) Pflegeeinrichtungen im Sinne von §§ 71, 72 SGB XI auf der Basis geltender Versorgungsverträge erhoben werden.

24 **6. Entscheidung der zuständigen Verwaltungsbehörde.** Die **zuständige Verwaltungsbehörde** erbringt selbst grundsätzlich nur die Leistungen nach §§ 75, 76 SGB XIV (§ 77 Abs. 5 SGB XIV), mit Ausnahme der Versorgung mit Pflegehilfsmitteln und wohnumfeldverbessernden Maßnahmen nach § 75 Abs. 1 S. 2 Nr. 3 SGB XIV (§ 77 Abs. 4 SGB XIV). Das bedeutet, dass die zuständige Verwaltungsbehörde nur insoweit auf entsprechende Anträge entscheidet und Kosten übernimmt (§ 75 SGB XIV) bzw.

10 Vgl. BSG Urt. v. 10.12.2003 – B 9 V 7/03 R, BSGE 92, 42 (45 f.) = SozR 4-3100 § 35 Nr. 3 Rn. 18 ff. = juris Rn. 20 ff.

erstattet (§ 76 SGB XIV). Die Leistungen bei Pflegebedürftigkeit nach § 74 Nr. 1 SGB XIV werden grundsätzlich durch die **Pflegekassen** „für die zuständige Verwaltungsbehörde" erbracht (§ 77 Abs. 2 und 3 SGB XIV). Damit treffen die Pflegekassen bei entsprechendem Antrag die Ausgangsentscheidung über die grundlegenden Leistungen bei Pflegebedürftigkeit. Die zuständige Verwaltungsbehörde hat nur noch die Erforderlichkeit und Angemessenheit der diese ergänzenden Leistungen zu prüfen (mit Ausnahme der Pflegehilfsmittel und wohnumfeldverbessernden Maßnahmen nach § 75 Abs. 1 S. 2 Nr. 3 SGB XIV, die durch die zuständige **Unfallkasse** des Landes „für die zuständige Verwaltungsbehörde" erbracht werden – § 77 Abs. 4 SGB XIV). Dabei bieten die Leistungen der Pflegeversicherung eine nützliche **Orientierungshilfe**. Sind die Kosten notwendig, besteht ein **Anspruch** der Geschädigten auf Übernahme im Rahmen des Angemessenen; **Ermessen** steht der zuständigen Verwaltungsbehörde nach § 65 Abs. 1 S. 1 SGB XIV **nicht** zu.

II. Absatz 2

§ 75 Abs. 2 regelt die **Ergänzung der Pflegesachleistung**, wenn der Geschädigte eine **Kombination von Geld- und Sachleistung** nach **§ 38 SGB XI** in Anspruch nimmt. Die Regelung bestätigt den Grundsatz, dass ergänzende Leistungen nach § 75 Abs. 1 S. 2 Nr. 1 SGB XIV nur bezüglich der Pflegesachleistung in Betracht kommen, während eine Ergänzung im Falle des Bezugs von Pflegegeld ausschließlich über § 76 SGB XIV erfolgt. Das bleibt auch im Falle der Kombination von Geld- und Sachleistung nach § 38 SGB XI so. 25

Wird eine Kombinationsleistung nach § 38 SGB XI in Anspruch genommen, muss der Pflegebedürftige entscheiden, in welchem **Verhältnis er Geld- und Sachleistung** in Anspruch nehmen möchte. An diese Entscheidung ist er für die Dauer von sechs Monaten gebunden (§ 38 Satz 3 SGB XI). § 75 Abs. 2 SGB XIV knüpft an diese **prozentuale Aufteilung** des Anspruchs an. Nur der danach **auf die Sachleistung entfallende Anteil** wird nach § 75 Abs. 1 S. 2 Nr. 1, Abs. 2 SGB XIV ergänzt. 26

Zwar fehlt es im Rahmen der Ergänzung des **Pflegegeldes über § 76 SGB XIV** an einer entsprechenden Regelung; allerdings sind auch insoweit nur erforderliche und angemessene Kosten erstattungsfähig. Inwieweit Hilfeleistungen durch besondere Pflegekräfte auf der Grundlage eines Arbeitsvertrages erforderlich sind, richtet sich dabei unmittelbar nach dem – neben der in Anspruch genommenen Pflegesachleistung – noch verbleibenden prozentualen Anteil an der Pflege, die durch eine solche Pflegekraft sichergestellt wird. 27

Da auch im Rahmen von § 75 Abs. 1 SGB XIV nur notwendige und angemessene Kosten übernommen werden, enthält § 75 Abs. 2 SGB XIV lediglich eine Klarstellung. 28

III. Absatz 3

§ 75 Abs. 3 SGB XIV enthält eine **Sonderregelung** für die **Pflege in Einrichtungen** oder Räumlichkeiten im Sinne des § 43a SGB XI iVm § 71 Abs. 4 SGB XI. 29

1. Einrichtungen im Sinne von §§ 43a iVm 71 Abs. 4 SGB XI. Die in Bezug genommenen Einrichtungen sind **keine Pflegeeinrichtungen.** Vielmehr nimmt § 43a Satz 1 SGB XI auf Einrichtungen der Hilfe für behinderte Menschen im Sinne von § 71 Abs. 4 Nr. 1 SGB XI Bezug, soweit es sich dabei um **vollstationäre Einrichtungen** handelt, in denen die **Teilhabe am Arbeitsleben**, an **Bildung** oder die **soziale Teilhabe**, die **schulische Ausbildung** oder die **Erziehung** von **Menschen mit Behinderungen** im Vordergrund des Einrichtungszwecks stehen. 30

Zudem nimmt § 43a Satz 3 SGB XI auf Pflegebedürftige in Räumlichkeiten iSv § 71 Abs. 4 Nr. 3 SGB XI Bezug, die Leistungen der **Eingliederungshilfe** für **Menschen mit Behinderungen** nach Teil 2 des SGB IX erhalten. 31

32 In der Zeit, in der sich Pflegebedürftige in einer stationären Einrichtung iSd § 43a SGB XI aufhalten, kommen andere Leistungen des SGB XI grundsätzlich nicht in Betracht. Vielmehr erbringen die Sozialhilfeträger „aus einer Hand" auch Pflegeleistungen.[11] Die Pflegekasse übernimmt als **Kompensation** einen Anteil des Heimentgelts zur **Abgeltung der in § 43 Abs. 2 SGB XI genannten Aufwendungen für Pflegeleistungen.** Dazu gehören alle pflegebedingten Aufwendungen einschließlich der Aufwendungen für Betreuung und medizinische Behandlungspflege, die in vollstationären Einrichtungen der Hilfe für behinderte Menschen erbracht werden.[12]

33 **Nicht** von § 75 Abs. 3 SGB XIV **umfasst** sind Einrichtungen zur medizinischen Vorsorge und zur **medizinischen Rehabilitation** nach § 71 Abs. 4 Nr. 1 SGB XI sowie **Krankenhäuser**. Hier wird eine Abgeltung der von den Einrichtungen zu erbringenden Pflegeleistungen durch die Pflegeversicherung nicht für erforderlich gehalten.

34 **2. Vollstationäre Leistungen.** Bei den in Bezug genommenen Einrichtungen handelt es sich ausschließlich um vollstationäre Einrichtungen, die für die dort untergebrachten Menschen alle in der Zeit ihres Aufenthaltes erforderlichen Leistungen erbringen. **Vollstationäre Leistungen** umfassen auch die erforderlichen **Pflegeleistungen.** Deshalb haben die **Pflegekassen keine Pflegeleistungen** mehr zu erbringen und müssen sich stattdessen an den Kosten der Einrichtung beteiligen.

35 **3. Anteilige Vergütungsübernahme.** Nach § 43a SGB XI übernimmt die Pflegekasse für Pflegebedürftige der Pflegegrade 2 bis 4 in einer der genannten vollstationären Einrichtungen bzw. Räumlichkeiten **15 %** der nach Teil 2 Kapitel 8 SGB IX vereinbarten Vergütung, allerdings nur bis zu einem **Höchstbetrag von 266 Euro** je Kalendermonat. Die Übernahme von 15 % der Vergütungsleistung, höchstens 266 Euro, dient der Kompensation dafür, dass die Pflegeleistungen durch die Kostenträger der Einrichtungen und nicht durch die Pflegekasse erbracht werden. Es handelt sich damit lediglich um eine pauschale **Verschiebung der Vergütungsverpflichtung** zwischen dem Kostenträger für die Leistungen der Einrichtung und der Pflegkasse.

36 Hieran anschließend sieht auch § 75 Abs. 3 SGB XIV bei schädigungsbedingter Pflegebedürftigkeit nur eine anteilige Übernahme der **Vergütung der Einrichtung** in Höhe von 15 % vor. Die Ergänzung iSv § 75 SGB XIV gegenüber den Leistungen nach dem SGB XI liegt darin, dass die **Höchstbetragsgrenze von 266 Euro** pro Monat ersatzlos **entfällt.**

37 Die Übernahme nur eines Teils der Kosten (15 %) ist nachvollziehbar, wenn die nach dem **Hauptzweck der Einrichtung** zur erbringende **Eingliederungsleistung** dem Geschädigten nicht ebenfalls als Entschädigungsleistung nach dem SGB XIV (§§ 62 ff. SGB XIV) zusteht. Deshalb enthalten §§ 67, 68 SGB XIV **Sonderregelungen** für den Fall des **Zusammentreffens von Teilhabeleistungen mit Pflegeleistungen** innerhalb und außerhalb von Einrichtungen und Räumlichkeiten im Sinne von § 43a SGB XI iVm § 71 Abs. 4 SGB XI.

IV. Absatz 4

38 Die Vorschrift regelt die Übernahme der **Beiträge zur Pflegeversicherung** durch den Träger der Sozialen Entschädigung.

39 **1. Voraussetzungen. a) Anspruch nach § 4 Abs. 1 SGB XIV.** Die zuständige Verwaltungsbehörde trägt die Beiträge zur sozialen Pflegeversicherung nach § 75 Abs. 4 SGB XIV für Geschädigte, die einen **Anspruch nach § 4 Abs. 1 SGB XIV** haben. Das Vorliegen von (schädigungsbedingter) Pflegebedürftigkeit ist danach nicht erforder-

11 jurisPK-SGB XI/Luik § 43a (Stand: 27.7.2020) Rn. 18.
12 jurisPK-SGB XI/Luik § 43a (Stand: 27.7.2020) Rn. 2.

lich. Systematisch passt die Vorschrift daher nicht in das Kapitel der Leistungen bei Pflegebedürftigkeit.

b) **Pflegeversicherungspflicht nach § 21 SGB XI. Voraussetzung** ist, dass der/die Geschädigte **nach § 21 SGB XI pflegeversichert** ist. **§ 21 SGB XI** ordnet die Versicherungspflicht in der sozialen Pflegeversicherung für bestimmte leistungsberechtigte Personen an, wenn sie gegen das Risiko der Krankheit weder in der gesetzlichen Krankenversicherung noch bei einem privaten Krankenversicherungsunternehmen versichert sind. 40

Soweit § 21 Nr. 1 SGB XI Versicherungspflicht in der sozialen Pflegeversicherung für Personen anordnet, die **nach dem BVG** oder nach Gesetzen, die eine entsprechende Anwendung des BVG vorsehen, einen **Anspruch auf Heilbehandlung** oder Krankenbehandlung haben, gilt diese Regelung nach Inkrafttreten des G-SER[13] nur noch für Personen, die bis zum Außerkrafttreten des BVG einen entsprechenden Anspruch auf Heilbehandlung oder Krankenbehandlung hatten. Es handelt sich mithin um **auslaufendes Recht**, das nur noch für eine **Übergangszeit** weiter gilt. 41

Soweit § 21 Nr. 3 SGB XI Pflegeversicherungspflicht für Personen vorsieht, die **ergänzende Hilfe zum Lebensunterhalt** im Rahmen der Kriegsopferfürsorge nach dem BVG oder nach Gesetzen beziehen, die eine entsprechende Anwendung des BVG vorsehen, gilt dies nach Inkrafttreten des G-SER[14] nur noch für den Weiterbezug dieser Leistungen aufgrund der **Übergangsvorschriften** zur Besitzstandswahrung (§ 145 Abs. 2 Nr. 4 SGB XIV). 42

Mit Inkrafttreten des G-SER[15] wird **Versicherungspflicht in der sozialen Pflegeversicherung** für Personen angeordnet, die **Leistungen zum Lebensunterhalt nach § 93 SGB XIV** beziehen. Das setzt grundsätzlich voraus, dass sie nicht oder nicht ausreichend in der Lage sind, den Bedarf zum Lebensunterhalt aus ihrem Einkommen und Vermögen zu decken, und dieses Unvermögen durch die Schädigungsfolgen entstanden ist (§ 92 Abs. 1 SGB XIV). Das Vorliegen von Pflegebedürftigkeit ist danach nicht erforderlich. 43

2. Rechtsfolgen. Für Geschädigte, die noch die genannten Übergangsleistungen beziehen sowie für solche, die nach § 21 SGB XI in der neuen Fassung iVm § 93 SGB XIV pflegepflichtversichert sind, trägt der Träger der Sozialen Entschädigung die Beiträge zur sozialen Pflegeversicherung. Die Erforderlichkeit der Betragsübernahme durch die zuständige Verwaltungsbehörde ergibt sich schon daraus, dass die Abdeckung des Risikos von Pflegebedürftigkeit zu den (notwendigen) Leistungen zum Lebensunterhalt gehört. Obwohl § 75 Abs. 4 SGB XIV systematisch den Leistungen bei **(schädigungsbedingter) Pflegebedürftigkeit** zugeordnet ist, werden die Beiträge zur Pflegeversicherung bei Vorliegen der genannten Voraussetzungen geleistet; das Vorliegen von Pflegebedürftigkeit des Geschädigten ist dazu nicht erforderlich. 44

V. Absatz 5

1. Allgemeines. Die Vorschrift trifft eine Regelung für den Fall, dass Geschädigte **nicht nach dem SGB XI pflegeversichert** sind und auch **keinen Anspruch auf Leistungen bei Pflegebedürftigkeit nach beamtenrechtlichen Vorschriften** haben. Es gilt auch hier der Grundsatz, dass nur für schädigungsbedingte Pflegebedarfe geleistet und die Leistung ohne Einsatz von Einkommen und Vermögen erbracht wird.[16] 45

Da eine Mitgliedschaft in der Pflegeversicherung oder ein Anspruch auf Leistungen bei Pflegebedürftigkeit nach beamtenrechtlichen Vorschriften nicht zu den Voraussetзungen 46

13 BT-Drs. 19/13824, 125 (Art. 39 Nr. 3 a).
14 BT-Drs. 19/13824, 125 (Art. 39 Nr. 3 b).
15 BT-Drs. 19/13824, 125 (Art. 39 Nr. 3 b).
16 BT-Drs. 19/13824, 204.

zungen für Leistungen bei Pflegebedürftigkeit nach dem SGB XIV gehört, dient die Regelung lediglich der **Klarstellung.** Ein eigenständiger Bedeutungsgehalt kommt ihr nicht zu. Es spielt daher auch keine Rolle, dass § 76 SGB XIV weder selbst eine entsprechende Regelung enthält noch auf § 75 Abs. 5 SGB XIV verweist.

47 Die Versicherungspflicht zur Abdeckung des Risikos der Pflegebedürftigkeit besteht auch für Personen, die bei einem **privaten Krankenversicherungsunternehmen** versichert sind (§ 23 SGB XI); da sich ihre Leistungsansprüche aber nicht direkt aus dem SGB XI, sondern aus dem Versicherungsvertrag ergeben, gehören sie zu dem von § 75 Abs. 5 SGB XIV erfassten Personenkreis.

48 Die Vorschrift steht im **systematischen Zusammenhang mit § 77 Abs. 3 SGB XIV.** Diese Vorschrift betrifft denselben Personenkreis (Geschädigte, die weder nach dem SGB XI versichert sind noch nach beamtenrechtlichen Vorschriften einen Anspruch auf Leistungen bei Pflegebedürftigkeit haben). Diese Personen wählen nach § 57 Abs. 3 SGB XIV eine Krankenkasse. Die bei dieser Krankenkasse errichtete Pflegekasse (vgl. §§ 46 Abs. 1 S. 2, 48 Abs. 1 SGB XI) ist nach § 77 Abs. 3 SGB XIV zuständig für die Erbringung der Leistungen nach § 74 Nr. 1 SGB XIV für die zuständige Verwaltungsbehörde.

49 **2. Anspruch nach beamtenrechtlichen Vorschriften.** Für Geschädigte, die einen **nach § 8 Abs. 1 S. 2 und Abs. 3 SGB XIV** gegenüber den Leistungsansprüchen des SGB XIV **vorrangigen** Anspruch auf Leistungen bei Pflegebedürftigkeit **nach beamtenrechtlichen Vorschriften** haben, kommen Ansprüche nach dem SGB XIV aufgrund ihrer Subsidiarität regelmäßig kaum noch in Betracht. Soweit nach § 8 Abs. 3 S. 2 SGB XIV der Anspruch auf Leistungen nach dem SGB XIV für diesen Personenkreis ruht, bedarf es daher weder einer Leistungsregelung noch einer Zuständigkeitsregelung, so dass auch keine Krankenkasse zur Leistungserbringung zu wählen ist (§ 77 Abs. 3 SGB XIV). Deshalb treffen § 75 Abs. 5 SGB XIV und § 77 Abs. 3 SGB XIV lediglich Regelungen für Geschädigte, die keinen Anspruch auf Leistungen bei Pflegebedürftigkeit nach beamtenrechtlichen Vorschriften haben. Eine Bezugnahme auf die Ruhensvorschrift des § 8 Abs. 3 SGB XIV wäre allerdings zur Klarstellung auch der damit verbunden Einschränkungen (soweit) sinnvoll.

§ 76 Häusliche Pflege im Arbeitgebermodell

(1) [1]Stellen Geschädigte die häusliche Pflege durch von ihnen beschäftigte besondere Pflegekräfte auf Grundlage eines Arbeitsvertrages sicher (Arbeitgebermodell), so werden ihnen die hierfür erforderlichen und angemessenen Kosten erstattet. [2]Bei der Erstattung ist das Pflegegeld nach § 37 des Elften Buches anzurechnen. [3]Kosten der Beschäftigung von Ehegatten sowie Eltern werden Berechtigten erstattet, wenn dadurch eine fachgerechte Pflege gewährleistet ist.

(2) [1]Während einer stationären Behandlung werden den Geschädigten die erforderlichen und angemessenen Kosten für die besondere Pflegekraft für einen Zeitraum von bis zu drei Monaten weiter erstattet. [2]Eine Erstattung über diesen Zeitraum hinaus kann unter Berücksichtigung der Umstände des Einzelfalls erfolgen.

(3) Die angemessenen Kosten umfassen auch die Arbeitgeber- und Arbeitnehmerbeiträge zur Sozialversicherung und zur Arbeitsförderung, die auf das Arbeitsentgelt der besonderen Pflegekraft entfallen.

(4) [1]Aufwendungen für die Erfüllung der Pflichten der Geschädigten als Arbeitgeber können in angemessener Höhe erstattet werden. [2]Als angemessen gilt in der Regel ein Betrag in Höhe von bis zu 35 Euro monatlich.

A. Gesetzesgeschichte

I. Geltendes und neues Recht

1 Auch nach dem BVG sind Leistungen für den Fall vorgesehen, dass fremde Hilfe von Dritten aufgrund eines Arbeitsvertrages geleistet wird. Die nach § 35 Abs. 1 BVG zu gewährende nach der Schwere der Gesundheitsstörung in sechs Stufen gestaffelte pauschale Pflegezulage in Höhe von 342 Euro (Stufe I) bis zu 1706 Euro (Stufe VI) wird nach § 35 Abs. 2 S. 1 BVG um die diesen Betrag übersteigenden angemessenen Kosten für ein solches Arbeitgebermodell erhöht. Erbringen daneben auch der Ehegatte, Lebenspartner oder ein Elternteil, die mit dem/der Geschädigten in häuslicher Gemeinschaft leben, Pflegeleistungen, muss den Geschädigten mindestens die Hälfte der pauschalen Pflegezulage verbleiben (§ 35 Abs. 2 Sätze 2–5 BVG). Daraus wird deutlich, dass eine Kostenübernahme für den Fall eines Arbeitsvertrages mit einer/einem der genannten Angehörigen (in häuslicher Gemeinschaft mit der/dem Geschädigten lebender Ehegatte, Lebenspartner oder Elternteil) nicht vorgesehen ist.[1]

2 Subsidiär und unter bestimmten weiteren Voraussetzungen – insbesondere unter Berücksichtigung von Einkommen und Vermögen (§ 25a BVG) – gewährt § 26c BVG eine an die Vorschriften des SGB XII angelehnte Hilfe zur Pflege.

II. Änderungen im SGB XIV gegenüber dem BVG und Parallelität

3 § 76 SGB XIV enthält in Abs. 1 S. 3 nunmehr die ausdrückliche Regelung, dass auch die Kosten der Beschäftigung von Ehegatten sowie Eltern erstattet werden, wenn dadurch eine fachgerechte Pflege gewährleistet ist. Das ist eine echte Anspruchsausweitung gegenüber dem BVG.

B. Normsystematik

I. Allgemeiner Regelungsgehalt

4 § 76 Abs. 1 S. 1, 3 SGB XIV gewährt einen Anspruch auf Erstattung der erforderlichen und angemessenen Kosten, wenn Pflegebedürftige ihre häusliche Pflege durch von ihnen beschäftigte Personen auf der Grundlage eines **Arbeitsvertrages** sicherstellen.

1 So auch der sozialhilferechtliche Begriff der "besonderen Pflegefachkraft", → Rn. 12.

Bestandteil eines Arbeitsvertrages ist die Vereinbarung einer **Arbeitsvergütung**. Das Pflegegeld wird hierauf angerechnet (§ 76 Abs. 1 S. 2 SGB IV). Damit führen die Regelungen des § 76 Abs. 1SGB XIV im Ergebnis auch bezüglich des Pflegegeldes zu einer **ergänzenden Leistung**. Unter Berücksichtigung der Ansprüche nach § 75 SGB XIV werden die Leistungen der Pflegeversicherung insgesamt umfassend so ergänzt, dass grundsätzlich der **gesamte schädigungsbedingte Pflegebedarf ausgeglichen** wird.

5 Absatz 2 enthält eine Regelung, die sicherstellt, dass die Kosten für angestellte besondere Pflegekräfte für einen vorübergehenden Zeitraum weiter erstattet werden, damit eine kontinuierliche Pflege auch nach einem stationären Aufenthalt gewährleistet werden kann. In Einzelfällen kann die Erstattung auch über den Zeitraum von drei Monaten hinausgehen.

6 Absatz 3 stellt klar, dass auch die auf das Arbeitsentgelt entfallenden Arbeitnehmer- und Arbeitgeberbeiträge zur Sozialversicherung und zur Arbeitsförderung (§ 1 Abs. 1 SGB IV) als angemessene Kosten im Sinne des Absatzes 4 erstattet werden.

7 Gemäß Absatz 4 werden regelmäßig Kosten in Höhe von bis zu 35 Euro monatlich für die Erfüllung von Arbeitgeberpflichten übernommen, zB für die Beauftragung von Dritten zur Lohnabrechnung und Versteuerung. Erstattungsfähig sind die Kosten auch dann, wenn die Pflege durch die vorgenannten Angehörigen unter Berücksichtigung der gesundheitlichen und familiären Situation des Geschädigten fachgerecht erbracht werden kann.

II. Systematische Einordnung und Normzweck

8 Der Anspruch gegen die Pflegekasse auf **Pflegegeld** setzt nach § 37 Abs. 1 S. 2 SGB XI voraus, dass der Pflegebedürftige mit dem Pflegegeld dessen Umfang entsprechend die erforderlichen körperbezogenen Pflegemaßnahmen und pflegerischen Betreuungsmaßnahmen sowie Hilfen bei der Haushaltsführung **in geeigneter Weise selbst sicherstellt**. Hierfür wird ihm – unabhängig von der Höhe seiner tatsächlichen Aufwendungen – ein nur nach den Pflegegraden 2 bis 5 gestaffeltes Pflegegeld zur Verfügung gestellt. Für den Anspruch auf Pflegegeld kommt es nicht darauf an, ob die Pflege aufgrund eines Arbeitsvertrages zwischen der pflegenden Person und dem Pflegebedürftigen sichergestellt wird. Dem Anspruch auf Pflegegeld lag vielmehr der Gedanke der **Förderung ehrenamtlicher oder unentgeltlicher Pflege** durch Familienangehörige, Nachbarn, Freunde u.a. zugrunde.[2] Bei unentgeltlicher Pflege entstehen dem Pflegebedürftigen allerdings keine ungedeckten Kosten. In diesem Fall sieht auch das SGB XIV keine das Pflegegeld ergänzende Leistung vor. Es bleibt bei dem nach § 37 SGB XI für den festgestellten Pflegegrad vorgesehenen, betragsmäßig festgelegten Pflegegeld.

9 In der **Gesetzesbegründung** ist ausgeführt:[3]

„In der Sozialen Entschädigung ist auch die Erstattung von Kosten für eine Pflegekraft oder mehrere Pflegekräfte möglich, die die geschädigte Person selbst als Arbeitgeber beschäftigt (Arbeitgebermodell). Da in diesem Fall keine Leistung des SGB XI unmittelbar greift, werden hier die angemessenen Kosten voll erstattet, das Pflegegeld nach dem SGB XI wird jedoch angerechnet. Die Ergebnisse der Pflegebegutachtung nach dem SGB XI sind auch hier zu beachten. Die Träger der Sozialen Entschädigung entscheiden nach pflichtgemäßem Ermessen über den Umfang der erforderlichen Pflege. Kosten eines Arbeitsvertrags mit Ehegatten oder Eltern sind dann erstattungsfähig, wenn in diesen Fällen die fachgerechte Pflege des oder der Geschädigten gewährleistet ist. Bei den besonderen Pflegekräften kann es sich um examinierte Pflegekräfte handeln, dies ist aber nicht Voraussetzung. Die Gestaltung des Arbeitsvertrages richtet sich nach den Bedarfen der geschädigten Person.“

2 BT-Drs. 12/5262, 101 zu § 17 E.
3 BT-Drs. 19/13824, 204 f.

C. Einzelkommentierung

I. Absatz 1 – Das Arbeitgebermodell

Voraussetzung für einen Kostenerstattungsanspruch nach § 76 Abs. 1 S. 1 SGB XIV ist ein **Arbeitsvertrag** zwischen dem geschädigten Pflegebedürftigen und einer von ihm beschäftigten **„besonderen Pflegekraft"**. 10

Bei dem sog. **„Arbeitgebermodell"** handelt sich um eine vor allem aus dem Sozialhilferecht bekannte Möglichkeit der Selbstbeschäftigung von Pflegekräften. Das Modell ist dort zur Verwirklichung eines möglichst weitgehenden selbstbestimmten Lebens der pflegebedürftigen Person über die Jahre gewachsen.[4] Dabei schließen die Pflegebedürftigen selbst Arbeitsverträge mit den pflegenden Personen ab („von ihnen beschäftigte" Pflegekräfte). 11

1. „Besondere Pflegekräfte". a) Sozialhilferechtliche Herleitung. Der Begriff der **„besonderen Pflegekraft"** ist vor allem aus der früheren Regelung des § 65 Abs. 1 S. 2 Alt. 1 SGB XII aF[5] bekannt. Danach waren die angemessenen Kosten zu übernehmen, wenn neben oder anstelle der Pflege durch Personen, die dem Pflegebedürftigen nahe stehen oder die als Nachbarschaftshilfe übernommen wurde (§ 63 Satz 1 SGB XII aF), die Heranziehung einer besonderen Pflegekraft erforderlich oder eine Beratung oder zeitweilige Entlastung der Pflegeperson geboten war. Damit knüpfte das **Sozialhilferecht** ersichtlich an den dem Anspruch auf Pflegegeld zugrundeliegenden Gedanken an, dass vorrangig nach Möglichkeit die **unentgeltliche Pflege** durch Familienangehörige, Nachbarn, Freunde u.a. in Anspruch genommen werden solle, die durch die Gewährung von Pflegegeld unterstützt wird.[6] Erst wenn solche Möglichkeiten fehlten oder unzureichend waren, kam sozialhilferechtlich die Übernahme von Kosten einer „besonderen Pflegekraft" in Betracht. Für den Begriff der „besonderen Pflegekraft" ergab sich daraus, dass diese zwar **keine Pflegefachkraft** sein musste, es durfte sich aber **nicht um eine Person aus dem privaten Umfeld** der Pflegebedürftigen handeln.[7] Mit diesem Verständnis wird der Begriff der „besonderen Pflegekraft" auch weiterhin im SGB XII verwendet.[8] 12

b) Satz 3 – Familienangehörige als „besondere Pflegekräfte". Nach § 76 Abs. 1 S. 3 SGB XIV werden demgegenüber ausdrücklich auch die Kosten der Beschäftigung von **Ehegatten sowie Eltern** erstattet, wenn dadurch eine fachgerechte Pflege gewährleistet wird. Das macht deutlich, dass im SER – anders als im Sozialhilferecht – **keine unentgeltliche Pflege** durch Familienangehörige, Freunde, Verwandte uÄ erwartet wird. Vielmehr erhalten nach § 147 SGB XIV Witwen und Witwer, die ihren schädigungsbedingt pflegebedürftigen Ehegatten während ihrer Ehe bereits vor Inkrafttreten des SGB XIV gepflegt haben und die Pflegezeit insgesamt mehr als zehn Jahre betragen hat, einen monatlichen Pflegeausgleich. Damit wird dem Gedanken Rechnung getragen, dass die staatliche Gemeinschaft eine besondere Verantwortung für das schädigende Ereignis trägt (§ 1 Abs. 1 SGB XIV) und deshalb **auch Familienangehörige** oder sonstige Personen aus dem sozialen Umfeld des Pflegebedürftigen eine **angemessene Vergütung für ihre Pflegeleistungen** erwarten können. 13

4 Zur verfassungsrechtlichen Bedeutung des selbstbestimmten Lebens im Arbeitgebermodell: BVerfG 14.3.2019 – 1 BvR 169/19; zu den Hintergründen der Einführung des Arbeitgebermodells: jurisPK-SGB XII/Meßling, 2. Aufl. 2014, § 66 SGB XII aF Rn. 46.

5 In der Fassung durch das Gesetz zur Einordnung des Sozialhilferechts in das Sozialgesetzbuch vom 27.12.2003, BGBl. I 3022.

6 Vgl. zum Pflegegeld BT-Drs. 12/5262, 101 zu § 17 E.

7 Vgl. jurisPK-SGB XII/Meßling, 3. Aufl., § 63b (Stand: 25.1.2021) Rn. 43.

8 ZB in § 63b Abs. 4 SGB XII und in § 64f Abs. 1 SGB XII; vgl. auch jurisPK-SGB XII/Meßling, 3. Aufl., § 63b (Stand: 25.1.2021) Rn. 44.

14 c) **Nichtprofessionelle Pflegekräfte.** Bei den „besonderen Pflegekräften“ kann es sich zwar um **examinierte Pflegekräfte** handeln, dies ist aber nicht Voraussetzung.[9] Ausreichend ist, dass eine **fachgerechte Pflege** gewährleistet ist (§ 76 Abs. 1 S. 3 SGB XIV). Eine fachgerechte Pflege kann nicht nur durch Pflegefachkräfte sichergestellt werden. Das SGB XI geht bei der Gewährung von Pflegegeld sogar grundsätzlich von **nichtprofessionellen Pflegepersonen** (§ 19 SGB XI) aus und ordnet zur Sicherstellung der Qualität der häuslichen Pflege regelmäßig abzurufende Beratungen durch anerkannte Beratungsstellen an (§ 37 Abs. 3 SGB XI). Ausreichend ist daher auch im Rahmen von § 76 Abs. 1 SGB XIV, dass die Pflege der/des Geschädigten mithilfe der pflegenden Person **„in geeigneter Weise sichergestellt“** (vgl. § 37 Abs. 1 S. 2 SGB XI) werden kann. Daher kann grundsätzlich jede/r „Pflegekraft“ im Sinne von § 76 Abs. 1 SGB XIV sein, durch die/den eine fachgerechte Pflege gewährleistet ist.

15 Das wird im SER auch dadurch deutlich, dass § 76 Abs. 1 S. 3 SGB XIV das Arbeitgebermodell ausdrücklich auch für eine Beschäftigung von Ehegatten oder Eltern zulässt, ohne für diesen Personenkreis besondere Pflegefachkenntnisse zu fordern. Darüber hinaus wird das Pflegegeld auf einen Erstattungsanspruch nach § 76 Abs. 1 S. 2 SGB XIV **angerechnet.** Das gibt dem Erstattungsanspruch im SER im Verhältnis zum Pflegegeld in erster Linie einen **substituierenden und ergänzenden Charakter.** Das Pflegegeld wird durch den Erstattungsanspruch im Wesentlichen entsprechend der tatsächlichen Kosten aufgestockt, soweit diese erforderlich und angemessen sind. Dazu bedarf es – im Verhältnis zum Pflegegeld – **keiner zusätzlichen Anforderungen** an die Pflegekraft.

16 Demgegenüber kann im Sozialhilferecht und nach § 35 Abs. 2 Sätze 2 bis 5 BVG neben den Ansprüchen, die sich aus einer häuslichen Pflege im Arbeitgebermodell ergeben, auch Pflegegeld bezogen werden. Das mögliche Nebeneinander der Ansprüche erfordert eine eindeutige Abgrenzung der Pflege im Arbeitgebermodell von der Pflege durch Personen aus dem persönlichen Umfeld.

17 d) **Examinierte Pflegekräfte.** Setzt der Geschädigte allerdings **examinierte Pflegekräfte** ein, sind auch dafür angemessene Kosten zu erstatten. Geschädigte können insoweit nicht auf die Pflegesachleistung (§ 74 Nrn. 1, 2, § 75 Abs. 1 S. 2 Nr. 1 SGB XIV) verwiesen werden. Der Unterschied wird insbesondere dann relevant, wenn der/die Geschädigte eine Pflegefachkraft einsetzen möchte, die weder in einer Pflegeeinrichtung mit einem Versorgungsvertrag (§ 71 SGB XI) tätig ist noch selbst einen Vertrag mit der Pflegekasse abgeschlossen hat (§ 77 SGB XI).

18 2. **Arbeitsvertrag.** An den für das Arbeitgebermodell **erforderlichen Arbeitsvertrag** dürfen im Hinblick auf das Ziel und den Charakter des Erstattungsanspruchs nach § 76 SGB XIV keine überzogenen Anforderungen gestellt werden. **Gegenstand** des Arbeitsvertrags zwischen dem/der Geschädigten und dem/der Pflegenden sind die Leistungen der häuslichen Pflege gegen eine (angemessene) Vergütung. **Arbeitsrechtliche Bestimmungen** – auch die Regelungen zum Mindestlohn – sind einzuhalten.[10] Der Einsatz einer Pflegekraft, die insoweit selbstständig tätig wird, genügt für einen Erstattungsanspruch nicht. Soweit das Arbeitgebermodell im Sozialhilferecht jedoch darüber hinaus ein umfassendes, konkretes Konzept zur Sicherstellung der Pflege erfordert,[11] dürfen im SER jedenfalls keine überzogenen Anforderungen gestellt werden. Es reicht aus, wenn die **Pflege sichergestellt** ist.

9 BT-Drs. 19/13824, 205.
10 Vgl. LSG BW 26.9.2019 – L 7 SO 4668/15, juris Rn. 60.
11 Vgl. LSG BW 15.9.2006 – L 7 SO 4051/06 ER-B, juris Rn. 5; jurisPK-SGB XII/Meßling, 3. Aufl., § 63b (Stand: 25.1.2021) Rn. 45.

Der Anspruch ist nicht auf **eine** Pflegekraft beschränkt, so dass – soweit erforderlich – auch der Abschluss **mehrerer Arbeitsverträge** möglich ist.[12] 19

Pflegebedürftige in **ambulant betreuten Wohngruppen** erhalten bei Vorliegen der weiteren Voraussetzungen nach § 38a SGB XI einen **Wohngruppenzuschlag**, wenn sie gemeinschaftlich mit den anderen Mitgliedern der Wohngruppe eine Person beauftragen, unabhängig von der individuellen pflegerischen Versorgung allgemeine organisatorische, verwaltende, betreuende oder das Gemeinschaftsleben fördernde Tätigkeiten zu verrichten oder die Wohngruppenmitglieder bei der Haushaltsführung zu unterstützen. Auch in dieser Beauftragung wird regelmäßig ein **Arbeitsvertrag** liegen, mit dem die häusliche Pflege sichergestellt wird. Allerdings ist der Wohngruppenzuschlag als solcher schon im Leistungsumfang nach § 74 Nr. 1 SGB XIV enthalten. Soweit dieser allerdings nicht den gesamten, auf den/die Geschädigte/n entfallenden Anteil der angemessenen Kosten abdeckt, ist auch dieser nach § 76 Abs. 1 SGB XIV zu erstatten. 20

3. Rechtsfolgen. a) Kostenerstattung. Wird häusliche Pflege im Arbeitgebermodell durchgeführt, werden die erforderlichen und angemessenen Kosten erstattet. Der/die Geschädigte muss also für die aus dem Arbeitsvertrag entstehenden Kosten zunächst in **Vorleistung** treten und erhält lediglich einen Erstattungsanspruch. Dadurch bleibt er/sie der/die alleinige Schuldner/in aus dem Arbeitsvertrag. Würde der zuständige Träger Schuldner des Arbeitsvertrages, läge wohl eine Pflegesachleistung vor. 21

Die Beurteilung der **Erforderlichkeit und Angemessenheit** der Kosten erfolgt durch die Träger der Sozialen Entschädigung (§ 77 Abs. 5 SGB XIV). 22

b) Erforderlichkeit. Zu dem Tatbestandsmerkmal der Erforderlichkeit der Kosten stellt sich – parallel zum Tatbestandsmerkmal der Notwendigkeit in → § 75 Rn. 19 f. – die Frage, ob die Rechtsprechung zu § 35 Abs. 1 und Abs. 6 BVG übertragbar ist. Danach hat die Versorgungsverwaltung bei einem **überwiegend von schädigungsunabhängigen Gesundheitsstörungen** geprägten Gesamtzustand der Hilflosigkeit die Kosten einer Heimpflege nur in Höhe des Satzes zu tragen, den das Heim aufgrund der bestehenden Hilfebedürftigkeit nach § 35 Abs. 1 BVG erhoben hätte.[13] Zu diesem Ergebnis gelangt das BSG, obwohl es ausdrücklich ausführt, § 35 Abs. 6 BVG fordere **keine zusätzliche Kausalitätsprüfung** und hierzu zwinge auch nicht der ungeschriebene Grundsatz, nach dem alle versorgungsrechtlichen Ansprüche davon abhingen, dass die Schädigungsfolgen wesentliche Ursache für einen auszugleichenden Mehraufwand seien. Auf diesem Weg begründet es allerdings lediglich den Anspruch auf Heimpflege **dem Grunde nach,** während es den Anspruch **der Höhe nach** auf die **„infolge der Schädigung notwendigen"** Kosten begrenzt. 23

§ 76 SGB XIV spricht nicht von „notwendigen", sondern von „erforderlichen" Kosten und beschränkt den Anspruch nicht ausdrücklich auf „schädigungsbedingte Bedarfe". Zudem ist nach der genannten Rechtsprechung zu berücksichtigen, dass grundsätzlich die vollen Kosten zu erstatten sind, wenn der Gesamtzustand – auch unter Berücksichtigung sog. Nachschäden – **annähernd gleichwertig** auf die schädigungsbedingten Gesundheitsstörungen zurückzuführen ist. Nur wenn der Gesamtzustand der Hilflosigkeit beim Wechsel ins Pflegeheim **überwiegend von schädigungsunabhängigen** Gesundheitsstörungen geprägt ist, erfolgt eine Beschränkung auf die schädigungsbedingten Kosten. 24

c) **Angemessenheit.** Angemessenheit der Kosten setzt voraus, dass sowohl die nach dem Arbeitsvertrag zu erbringenden **Leistungen ihrem Umfang** nach angemessen sind, als auch die Höhe der vereinbarten **Vergütung.** 25

---

12 Ebenso Knickrehm/Mushoff/Schmidt Neues SozEntschR Rn. 253.

13 Vgl. BSG Urt. v. 10.12.2003 – B 9 V 7/03 R, BSGE 92, 42 (45 f.) = SozR 4-3100 § 35 Nr. 3 Rn. 18 ff. = juris Rn. 20 ff.

26 **aa) Angemessenheit des Leistungsumfangs.** Die Angemessenheit des arbeitsvertraglich vereinbarten **Leistungsumfangs** ergibt sich aus dem Gutachten zur Feststellung von Pflegebedürftigkeit und Pflegegrad.[14] Darüber hinaus dürften auch **unmittelbare Folgekosten** nach § 76 Abs. 1 SGB XIV erstattungsfähig sein.[15] Für Pflegebedürftige in ambulant betreuten Wohngruppen kann ggf. zusätzlich die Beauftragung einer Person nach § 38a Abs. 1 Nr. 3 SGB XI angemessen sein, wenn der **Wohngruppenzuschlag** nach § 38a SGB XI nicht ausreicht. Wird nach § 38 SGB XI eine **Kombination aus Pflegegeld und Pflegesachleistung** in Anspruch genommen, ist nur noch der auf das Pflegegeld entfallende prozentuale Anteil der Pflege auf der Grundlage eines Arbeitsvertrages nach § 76 Abs. 1 SGB XIV sicherzustellen.[16] Die anteilige Sachleistung wird nach § 74 Nr. 1 SGB XIV iVm §§ 36, 38 SGB XI und § 75 Abs. 1 S. 2 Nr. 1, Abs. 2 SGB XIV vollständig übernommen.

27 **bb) Angemessenheit der Vergütungshöhe.** Im Hinblick auf die **Vergütungshöhe** dürften im Rahmen eines Anspruchs der Sozialen Entschädigung zumindest die Kosten erforderlich und angemessen sein, die im Sozialhilferecht nach § 64f Abs. 3 SGB XII zur Sicherstellung der häuslichen Pflege im Rahmen des Arbeitgebermodells übernommen werden. Dort orientiert sich die Angemessenheit der Kosten an der **ortsüblichen Entlohnung** der jeweiligen Pflegekraft im Verhältnis zum zeitlichen Umfang ihrer Pflegetätigkeit.[17]

28 **d) Kein Ermessen.** Bei der Erforderlichkeit und Angemessenheit handelt es sich um gerichtlich **voll überprüfbare Rechtsbegriffe.** Insoweit sind zur Beurteilung durch die Träger der Sozialen Entschädigung zwar die **Einzelfallumstände zu berücksichtigen und abzuwägen.** Die Träger sollten aber zu einer dem **Gleichbehandlungsgebot** gerecht werdenden einheitlichen Auslegung und Anwendung der Rechtsbegriffe gelangen. Entgegen der Ausführung in der Gesetzesbegründung, sie hätten „nach pflichtgemäßem Ermessen" über den Umfang der erforderlichen Pflege zu entscheiden, räumt die Vorschrift den Trägern allerdings **keinen Ermessensspielraum** im Rechtssinn ein.[18]

29 **e) Anrechnung des Pflegegeldes.** Der Erstattungsanspruch tritt durch die **Anrechnung des Pflegegeldes** (§ 76 Abs. 1 S. 2 SGB XIV) faktisch an die Stelle des Pflegegeldes und ersetzt dieses. Ein Nebeneinander von Pflegegeld und Erstattung für Kosten im Arbeitgebermodell – wie es nach § 35 Abs. 2 Sätze 2 bis 5 BVG oder im Sozialhilferecht möglich ist[19] – kommt daher bei einer strengen Wortlautauslegung von § 76 Abs. 1 S. 2 SGB XIV nur in Betracht, wenn das Pflegegeld höher ist, als die (erforderlichen und angemessenen) Aufwendungen aus dem Arbeitsvertrag. Mit der Öffnung des Arbeitgebermodells für Personen aus dem sozialen Umfeld des/der Geschädigten war die Anrechnung des Pflegegeldes im Sozialen Entschädigungsrecht nötig, um **Doppelleistungen zu verhindern.**

30 Die Möglichkeit, dass der/die Geschädigte die **Pflege durch verschiedene Personen** sicherstellt, von denen er/sie nur mit einer einen Arbeitsvertrag schließt, hat der Gesetzgeber zumindest nicht ausdrücklich geregelt. Es ist daher eine Frage der **Auslegung,** ob § 76 Abs. 1 S. 2 SGB XIV auch für einen solchen Fall die vollständige Anrechnung des Pflegegeldes vorsieht, oder ob hier – gegebenenfalls in Anlehnung an § 35 Abs. 2 Sätze 2 bis 5 BVG oder das Sozialhilferecht – das **Pflegegeld anteilig** daneben weiter gewährt werden kann. Für die Berechnung des anteiligen Pflegegeldes könnte auf § 38 Satz 2 SGB XI zurückgegriffen werden.

---

14 BT-Drs. 19/13824, 204.
15 Vgl. jurisPK-SGB XII/Meßling, 3. Aufl., § 64f (Stand: 1.2.2020) Rn. 40.
16 Vgl. hierzu entsprechend für die Pflegesachleistung § 75 Abs. 2 SGB XIV.
17 Vgl. BSG 11.12.2007 – B 8/9b SO 20/06 R; vgl. auch Schellhorn/Hohm/Scheider/Schellhorn SGB XII § 65 Rn. 11.
18 Ebenso Knickrehm/Mushoff/Schmidt Neues SozEntschR Rn. 253.
19 jurisPK-SGB XII/Meßling, 3. Aufl., § 63b (Stand: 25.1.2021) Rn. 46.

Alle **anderen Leistungen bei Pflegebedürftigkeit** nach §§ 74, 75 SGB XIV sind bei Vorliegen der Voraussetzungen uneingeschränkt neben dem Erstattungsanspruch nach § 76 SGB XIV zu gewähren. Das gilt auch für die **Kombinationsleistung** aus Pflegegeld und Pflegesachleistung nach § 74 Nr. 1 SGB XIV iVm § 38 SGB XI bzw. die dies ergänzende Leistung nach §§ 74 Abs. 2, 75 Abs. 2 SGB XIV. In diesem Fall wird bei häuslicher Pflege im Arbeitgebermodell das anteilige Pflegegeld nach § 76 Abs. 1 S. 2 SGB XIV angerechnet. 31

II. Absatz 2

1. Stationäre Behandlung. Die Regelung des § 76 Abs. 2 SGB XIV stellt sicher, dass die Kosten für angestellte besondere Pflegekräfte für einen **vorübergehenden Zeitraum** einer **stationären Behandlung** des/der Geschädigten weiter erstattet werden. Damit wird eine **kontinuierliche Pflege** auch nach dem stationären Aufenthalt gewährleistet.[20] Der/die Geschädigte soll insbesondere nicht aufgrund eines vorübergehenden Aufenthalts in einer stationären Einrichtung von bis zu drei Monaten gezwungen sein, sich eine andere Pflegekraft zu suchen. Außerdem werden die Pflegekräfte dadurch vor einem Verlust ihres Arbeitsplatzes auch dann geschützt, wenn vorübergehend ihre Pflegetätigkeit nicht benötigt wird. Der/Die Geschädigte wird vor ungedeckten Kosten aufgrund von **Kündigungsfristen** geschützt. 32

Vom Begriff der **stationären Behandlung** sind grundsätzlich alle voll- und teilstationären Behandlungen (einschließlich vor- und nachstationärer Behandlungen) umfasst, unabhängig davon, ob es sich bei der Einrichtung um ein Krankenhaus oder eine sonstige Einrichtung mit stationären Behandlungsleistungen handelt (zB stationäre Vorsorge-, Rehabilitationseinrichtungen). In Pflegeeinrichtungen dürfte es allerdings an einer stationären **Behandlung** fehlen, weil die (einfache) Pflege nicht zu den (medizinischen oder rehabilitativen) Behandlungen gehört. Stationäre Behandlungen sind regelmäßig nicht auf Dauer angelegt. 33

2. Analoge Anwendung. Lückenhaft ist die Vorschrift daher im Hinblick auf ungedeckte Kosten aufgrund von **Kündigungsfristen,** wenn ein dauerhafter Aufenthalt zB in einem Pflegeheim ansteht und eine Kündigung des Arbeitsvertrages mit der Pflegekraft nicht bereits zu einem früheren Zeitpunkt realisiert werden konnte. Sollte der Wortlaut für solche Fälle eine Weitergewährung der Erstattung nicht zulassen, ist eine analoge Anwendung der Vorschrift in Betracht zu ziehen. 34

3. Satz 2. In **Einzelfällen** kann die Erstattung auch über den Zeitraum von **drei Monaten hinausgehen** (§ 76 Abs. 2 S. 2 SGB XIV). Hierbei handelt es sich um eine **echte Ermessensleistung,** bei der auch die Frage, wie lange die Erstattung über die drei Monate hinausgeht, im Ermessen des zuständigen Trägers liegt. 35

III. Absatz 3

§ 76 Abs. 3 SGB XIV stellt klar, dass auch die auf das Arbeitsentgelt entfallenden **Arbeitnehmer- und Arbeitgeberbeiträge zur Sozialversicherung und zur Arbeitsförderung** (§ 1 Abs. 1 SGB IV) als angemessene Kosten im Sinne des Absatzes 4 erstattet werden. Dass die gesetzlich vorgesehenen Sozialversicherungsbeiträge auf das Arbeitsentgelt nicht als unangemessen angesehen werden können, versteht sich von selbst. Wird die häusliche Pflege im Arbeitgebermodell unter Anrechnung des Pflegegeldes durchgeführt, ist die besondere Pflegekraft regelmäßig Arbeitnehmer, das heißt sie übt die Pflegetätigkeit dann **erwerbsmäßig** aus. Erwerbsmäßige Pflegekräfte sind aber keine Pflegepersonen iSd §§ 19, 44 ff. SGB XI, so dass ihnen nicht die Leistungen für Pflegepersonen nach diesen Vorschriften zustehen. 36

20 BT-Drs. 19/13824, 205.

IV. Absatz 4

37 Nach § 76 Abs. 4 SGB XIV werden regelmäßig Kosten in Höhe von bis zu 35 Euro monatlich für die Erfüllung von Arbeitgeberpflichten übernommen, zB für die Beauftragung von Dritten zur Lohnabrechnung und Versteuerung. Erstattungsfähig sind die Kosten auch dann, wenn die Pflege durch die vorgenannten Angehörigen unter Berücksichtigung der gesundheitlichen und familiären Situation der Geschädigten fachgerecht erbracht werden kann.[21] Übersteigen die tatsächlichen Aufwendungen für die Arbeitgeberpflichten 35 Euro monatlich, sind sie nach dem Wortlaut von § 76 Abs. 4 S. 2 SGB XIV („bis zu 35 Euro") regelmäßig nicht mehr als angemessen anzusehen.

38 Besondere Aufwendungen für eine durch die Mitglieder einer Wohngruppe gemeinschaftlich beauftragten Person zur Verrichtung organisatorischer, verwaltender, betreuender oder das Gemeinschaftsleben fördernder Tätigkeiten oder zur Unterstützung der Haushaltsführung nach § 38a SGB XI sind nicht nach § 76 Abs. 4 SGB XIV, sondern nach § 76 Abs. 2 SGB XIV zu erstatten. Dies wird schon aus der geringen Höhe (35 Euro monatlich) im Gegensatz zu dem nach § 38a SGB XI zu gewährenden **Wohngruppenzuschlag** in Höhe von 214 Euro monatlich deutlich.

Abschnitt 3 Zuständigkeit und Erstattung

§ 77 Zuständigkeit

(1) Leistungen bei Pflegebedürftigkeit nach diesem Buch werden von der zuständigen Verwaltungsbehörde nach Maßgabe der folgenden Absätze erbracht.

(2) Für Geschädigte, die Mitglied einer Pflegekasse oder nach § 25 des Elften Buches familienversichert sind, erbringt ihre Pflegekasse für die zuständige Verwaltungsbehörde die Leistungen bei Pflegebedürftigkeit nach § 74 Nummer 1.

(3) [1]Für Geschädigte, die weder nach dem Elften Buch versichert sind noch nach beamtenrechtlichen Vorschriften einen Anspruch auf Leistungen bei Pflegebedürftigkeit haben, erbringt die Pflegekasse, die der Krankenkasse ihrer Wahl gemäß § 57 Absatz 3 entspricht, für die zuständige Verwaltungsbehörde Leistungen bei Pflegebedürftigkeit nach § 74 Nummer 1. [2]§ 57 Absatz 3 gilt entsprechend.

(4) Die Versorgung mit Pflegehilfsmitteln und wohnumfeldverbessernden Maßnahmen nach § 75 Absatz 1 Satz 2 Nummer 3 erbringt die zuständige Unfallkasse des Landes für die zuständige Verwaltungsbehörde.

(5) Die übrigen Leistungen nach § 75 und § 76 erbringt die zuständige Verwaltungsbehörde.

21 BT-Drs. 19/13824, 205.

A. Gesetzesgeschichte

1 § 77 SGB XIV hat keine Vorgängervorschrift im BVG. Für die Gewährung der Pflegezulage nach § 35 BVG sowie der Hilfe zur Pflege nach § 26c BVG ist allein die zuständige Verwaltungsbehörde zuständig.

B. Normsystematik

I. Allgemeiner Regelungsgehalt

2 § 77 SGB XIV regelt die **Zuständigkeit** für die Erbringung der Leistungen bei Pflegebedürftigkeit. Die im SGB XI vorgesehenen Leistungen werden von der **Pflegekasse,** in der Berechtigte Mitglied sind oder die bei der Krankenkasse besteht, die sie gemäß § 57 Abs. 3 SGB XIV gewählt haben, für die zuständige Verwaltungsbehörde erbracht. Die ergänzenden Leistungen nach § 75 SGB XIV sowie die Kostenerstattung für häusliche Pflege im Arbeitgebermodell nach § 76 SGB XIV erbringt die **zuständige Verwaltungsbehörde** selbst. Eine Ausnahme bilden die ergänzenden Leistungen bei Pflegehilfsmitteln und wohnumfeldverbessernden Maßnahmen nach § 75 Abs. 1 S. 2 Nr. 3 SGB XIV. Diese werden von der zuständigen **Landesunfallkasse** für die Verwaltungsbehörde erbracht.[1]

II. Systematische Einordnung und Normzweck

3 Träger der Sozialen Entschädigung sind die Länder (§ 111 SGB XIV). Sachlich zuständig sind die nach Landesrecht bestimmten Behörden (§ 112 Satz 1 SGB XIV). Die örtliche Zuständigkeit ist in § 113 SGB XIV geregelt. Daneben finden sich noch weitere Vorschriften zur Organisation, Durchführung und zum Verfahren im Kapitel 18 des SGB XIV. Danach ist die nach Landesrecht bestimmte Verwaltungsbehörde **Träger der Sozialen Entschädigungsleistungen** bei Pflegebedürftigkeit.

4 **1. Eingeschränkte Parallelität zu § 57 SGB XIV.** § 77 SGB XIV ist in seiner Systematik **parallel zu § 57 SGB XIV** aufgebaut. Allerdings wird die Krankenbehandlung im Rahmen der Sozialen Entschädigung nach § 57 SGB XIV von der zuständigen Verwaltungsbehörde „durchgeführt" und lediglich die Leistungserbringung teilweise auf die Krankenkassen (§ 57 Abs. 2 und 3 SGB XIV) bzw. die Unfallkassen (§ 57 Abs. 5 SGB XIV) verlagert. Deshalb soll nach der Gesetzesbegründung die zuständige Verwaltungsbehörde im Hinblick auf die Krankenbehandlung die **Entscheidung über die Leistungsgewährung** dem Grunde nach selbst treffen.[2]

5 § 77 SGB XIV differenziert demgegenüber nicht zwischen der Durchführung der Leistungen und deren Erbringung. Für Geschädigte, die bei einer Pflegekasse versichert sind, trifft die für die Leistungsansprüche grundlegende **Entscheidung über den Grad der Pflegebedürftigkeit** schon nach § 72 Abs. 2 SGB XIV die **Pflegekasse,** die für die zuständige Verwaltungsbehörde bindend ist. Zudem entscheidet die für die Verwaltungsbehörde zuständige Widerspruchsbehörde über Widersprüche gegen Verwaltungsakte nach § 77 Abs. 2 bis 4 SGB XIV (§ 78 SGB XIV). Dieser Vorschrift hätte es nicht bedurft, wenn die zuständige Verwaltungsbehörde selbst schon für die Entscheidung über die Leistungsgewährung dem Grunde nach zuständig wäre. § 77 Abs. 2

1 BT-Drs. 19/13824, 205.
2 BT-Drs. 19/13824, 197; vgl. auch Knickrehm/Mushoff/Schmidt Neues SozEntschR Rn. 192.

bis 4 SGB XIV regeln deshalb sowohl die **Zuständigkeit für die Entscheidung über die Leistungsgewährung** als auch die für deren Erbringung.

6 **2. Auftragsverwaltung iSv § 93 SGB X.** Soweit eine Pflegekasse nach § 77 Abs. 2 und Abs. 3 SGB XIV die Leistungen nach § 74 Nr. 1 SGB XIV, dh die Leistungen entsprechend dem Vierten Kapitel des SGB XI erbringt, handelt sie **im Auftrag** der zuständigen Verwaltungsbehörde. Das Gleiche gilt für die Entscheidung über ergänzende Leistungen bei einer Versorgung mit Pflegehilfsmitteln und wohnumfeldverbessernden Maßnahmen, die nach § 77 Abs. 4 SGB XIV die zuständige Unfallkasse des Landes „für die zuständige Verwaltungsbehörde" erbringt.

7 Es handelt sich jeweils um einen **gesetzlichen Auftrag iSv § 93 SGB X**, so dass die Vorschriften der §§ 89 Abs. 3 und Abs. 5, 91 Abs. 1 und Abs. 3 SGB X entsprechend gelten, soweit die Vorschriften des SGB XIV keine Sonderregelungen enthalten, die als speziellere Vorschriften denen des SGB X vorgehen. Zur Begründung eines gesetzlichen Auftragsverhältnisses muss dieses nicht ausdrücklich als „Auftrag" bezeichnet werden; es genügt, wenn die Aufgabe bei fortbestehender Verpflichtung des ursprünglichen Trägers durch Gesetz einem anderen Träger übertragen wird.[3] Die fortbestehende Verpflichtung der zuständigen Verwaltungsbehörde ergibt sich aus der Formulierung „für die zuständige Verwaltungsbehörde", aber auch aus dem in § 77 Abs. 1 SGB XIV statuierten Grundsatz ihrer Zuständigkeit sowie aus ihrer Zuständigkeit zur Entscheidung über Widersprüche (§ 78 SGB XIV) und aus ihrer Pflicht, den Pflegekassen bzw. den Unfallkassen der Länder nach §§ 80, 81 SGB XIV die Aufwendungen zu erstatten.[4]

8 Selbst erbringt die **zuständige Verwaltungsbehörde** daher nur die ergänzenden Leistungen bei Pflegebedürftigkeit nach § 75 SGB XIV mit Ausnahme der Pflegehilfsmittel und wohnumfeldverbessernden Maßnahmen (§ 75 Abs. 1 S. 2 Nr. 3 SGB XIV) sowie die Kostenerstattung bei häuslicher Pflege im Arbeitgebermodell nach § 76 SGB XIV.

C. Einzelkommentierung

I. Absatz 1

9 **§ 77 Abs. 1 SGB XIV** statuiert den **Grundsatz der Zuständigkeit** der zuständigen Verwaltungsbehörde für die Leistungen bei Pflegebedürftigkeit nach dem SGB XIV **nach Maßgabe der Abs. 2 bis 5.**

II. Absätze 2 und 3

10 **1. Auftragsverwaltung.** Die Leistungen bei Pflegebedürftigkeit nach § 74 Nr. 1 SGB XIV, das sind die **Leistungen** entsprechend dem Vierten Kapitel **des SGB XI**, werden grundsätzlich im Rahmen eines gesetzlichen Auftragsverhältnisses[5] **von einer Pflegekasse** erbracht. Damit wird der Gleichklang zum SGB XI nicht nur durch dieselben gesetzlichen Voraussetzungen zum Pflegebedürftigkeitsbegriff, der Festlegung der Pflegegrade und der Leistungsvoraussetzungen gesetzlich fixiert; die **Leistungserbringung durch die Pflegekassen** sorgt auch für eine einheitliche Auslegung und Anwendung der Vorschriften.

---

3 BSG Urt. v. 17.6.2008 – B 1 KR 30/07 R, BSGE 101, 42 = SozR 4-2500 § 264 Nr. 1, Rn. 10 ff.; BSG Urt. v. 12.11.2013 – B 1 KR 56/12 R, SozR 4-2500 § 264 Nr. 4 Rn. 10.

4 Im Rahmen der Krankenbehandlung zur Sozialen Entschädigung erbringt nach § 57 Abs. 2 SGB XIV die Krankenkasse für ihre Mitglieder bestimmte Leistungen für die zuständige Verwaltungsbehörde. Insoweit wird in der Gesetzesbegründung ausdrücklich von gesetzlicher Auftragsverwaltung ausgegangen (BT-Drs. 19/13824, 196). Die Parallelität der Vorschrift lässt eine Übertragung auf § 77 Abs. 2 bis Abs. 4 SGB XIV zu.

5 Es handelt sich um einen gesetzlichen Auftrag iSv § 93 SGB X, → Rn. 6 ff.

2. Entscheidung der Pflegekasse. Die Leistungserbringung umfasst auch die **Zuständigkeit für die Entscheidung über die Leistungsgewährung** dem Grunde nach. Andernfalls bliebe unverständlich, welche Verwaltungsakte der Pflege- und Unfallkassen in § 78 SGB XIV gemeint sein könnten, über die erst im Falle eines Widerspruchs die für die Verwaltungsbehörde zuständige Widerspruchsbehörde entscheidet. 11

3. Entscheidung der Pflegekasse über Pflegegrad nach § 72 Abs. 2 SGB XIV. § 77 Abs. 2 und Abs. 3 SGB XIV gelten ihrem Wortlaut nach nur **für die Leistungserbringung nach § 74 Nr. 1 SGB XIV**. Aufgrund der Vorrangigkeit der Leistungen nach dem SGB XIV gegenüber denen nach dem SGB XI (§ 28 Abs. 1 SGB XIV, § 13 Abs. 1 SGB XI; → § 72 Rn. 14 ff.) haben die Pflegekassen regelmäßig für ihre Versicherten bei schädigungsbedingter Pflegebedürftigkeit keine eigenen Leistungen mehr zu erbringen und daher nur noch im Rahmen der Leistungserbringung nach § 74 Nr. 1 SGB XIV als Auftragsverwaltung über die Pflegebedürftigkeit und den Pflegegrad zu entscheiden. Obwohl § 77 Abs. 2 und Abs. 3 SGB XIV nicht ausdrücklich auf die **Entscheidung der Pflegekassen über die Pflegebedürftigkeit und den Pflegegrad nach § 72 Abs. 2 SGB XIV** Bezug nimmt, ergibt sich die Zuständigkeit der Pflegekassen auch für diese Entscheidung aus § 77 Abs. 2 und Abs. 3 SGB XIV. Denn andernfalls würde § 72 Abs. 2 SGB XIV weitgehend leerlaufen (→ § 72 Rn. 15 ff., 28 f.). 12

Die Leistungen nach § 74 Nr. 1 SGB XIV werden dadurch in jedem Fall durch eine Pflegekasse erbracht. Das umfasst grundsätzlich auch die Versorgung mit **Pflegehilfsmitteln** und **wohnumfeldverbessernden Maßnahmen**. Nur wenn dadurch der schädigungsbedingte Bedarf noch nicht vollständig gedeckt wird, erbringt insoweit die zuständige Unfallkasse des Landes ergänzende Leistungen nach §§ 75 Abs. 1 S. 2 Nr. 3, 77 Abs. 4 SGB XIV. 13

4. Pflegekasse. Welche Pflegekasse die Leistungen erbringt, ergibt sich aus § 77 Abs. 2 und Abs. 3 SGB XIV. Für Geschädigte, die Mitglied einer Pflegekasse oder nach § 25 SGB XI familienversichert sind, werden die Leistungen durch „ihre Pflegekasse“ erbracht (§ 77 Abs. 2 SGB XIV). 14

Pflegekassen sind die bei jeder gesetzlichen Krankenkasse (§ 4 Abs. 2 SGB V) als rechtsfähige Körperschaft des öffentlichen Rechts mit Selbstverwaltung errichteten Pflegekassen (§ 46 Abs. 1 S. 1, Abs. 2 S. 1 SGB XI) sowie die Deutsche Rentenversicherung Knappschaft-Bahn-See als Träger der Krankenversicherung (§ 46 Abs. 1 S. 2 SGB XI). Private Kranken- bzw. Pflegeversicherungsunternehmen werden durch § 77 Abs. 2 SGB XI nicht zur Leistungserbringung herangezogen. Eine gesetzliche Verpflichtung zur Leistungserbringung im Auftrag der zuständigen Verwaltungsbehörde sowie die im Gegenzug dazu vorgesehene lediglich pauschale Aufwandserstattung nach § 80 SGB XIV ließe sich für ein privates Unternehmen im Hinblick auf Art. 12, 14 GG auch nicht ohne Weiteres verfassungsgemäß begründen. 15

5. Wahl einer Krankenkasse. § 77 Abs. 3 SGB XIV sieht für Geschädigte, die weder nach dem SGB XI versichert sind noch nach beamtenrechtlichen Vorschriften einen Anspruch auf Leistungen bei Pflegebedürftigkeit haben, eine **entsprechende Anwendung des § 57 Abs. 3 SGB XIV** vor. Die genannten Geschädigten haben danach für die Leistungserbringung eine nach § 173 SGB V wählbare **Krankenkasse zu wählen**. Da bei jeder Krankenkasse eine Pflegekasse errichtet wird (§ 46 Abs. 1 S. 2 SGB XI), werden die Leistungen dann von der bei der gewählten Krankenkasse errichteten Pflegekasse erbracht. 16

a) Nicht nach dem SGB XI versichert. Personen, die bei einem **privaten Krankenversicherungsunternehmen** versichert sind, sind zwar nach § 23 SGB XI versicherungspflichtig; ihre Leistungsansprüche ergeben sich aber nicht direkt aus dem SGB XI, sondern aus dem Versicherungsvertrag. Sie sind daher nicht nach dem SGB XI, jedoch aufgrund eines privaten Versicherungsvertrags versichert (→ § 72 Rn. 24 ff., 28 f.). 17

18 **b) Kein Leistungsanspruch nach beamtenrechtlichen Vorschriften.** Soweit Geschädigte einen Anspruch auf Leistungen bei Pflegebedürftigkeit **nach beamtenrechtlichen Vorschriften** haben, der **nach § 8 Abs. 3 SGB XIV** gegenüber den Leistungsansprüchen des SGB XIV **vorrangig** ist, bedarf es weder einer Leistungsregelung noch einer Zuständigkeitsregelung. Deshalb treffen § 75 Abs. 5 SGB XIV und § 77 Abs. 3 SGB XIV lediglich Regelungen für Geschädigte, die keinen Anspruch auf Leistungen bei Pflegebedürftigkeit nach beamtenrechtlichen Vorschriften haben.

III. Absatz 4

19 Eine Sondervorschrift für die Versorgung mit **Pflegehilfsmitteln und wohnumfeldverbessernden Maßnahmen** nach § 75 Abs. 1 S. 2 Nr. 3 SGB XIV enthält **§ 77 Abs. 4 SGB XIV**. Diese erbringt die zuständige Unfallkasse des Landes für die zuständige Verwaltungsbehörde.

20 Insoweit besteht eine gewisse Parallelität zu § 57 Abs. 5 SGB XIV. Geschädigte erhalten nach § 46 Abs. 1 SGB XIV für anerkannte Schädigungsfolgen die in § 31 Abs. 1 SGB VII genannten Hilfsmittel durch die Unfallkassen.

21 Die Bezugnahme auf § 75 Abs. 1 S. 2 Nr. 3 SGB XIV stellt allerdings klar, dass nur **ergänzende Leistungen** bei der Versorgung mit Pflegehilfsmitteln und wohnumfeldverbessernden Maßnahmen von der zuständigen Unfallkasse erbracht werden. Die bezüglich Pflegehilfsmitteln und wohnumfeldverbessernden Maßnahmen von der Pflegeversicherung gedeckten Leistungen werden nach § 77 Abs. 2 und 3 SGB XIV iVm § 74 Nr. 1 SGB XIV iVm § 40 SGB XI durch eine Pflegekasse erbracht. Nur wenn dadurch der schädigungsbedingte Bedarf noch nicht vollständig gedeckt wird, erbringt insoweit die zuständige Unfallkasse des Landes ergänzende Leistungen nach §§ 75 Abs. 1 S. 2 Nr. 3, 77 Abs. 4 SGB XIV.

22 Als ergänzende Leistungen kommen zB die Kostenübernahme für **zum Verbrauch bestimmte Pflegehilfsmittel** in Betracht, soweit die tatsächlichen Kosten die von der Pflegekasse zu leistenden 40 Euro monatlich (§ 40 Abs. 2 SGB XI) übersteigen. Weiterhin werden die **Zuzahlungen** nach § 40 Abs. 3 Satz 4 SGB XI als ergänzende Leistungen zu übernehmen sein. Ggf. kann auch die Übernahme von **Mehrkosten** nach § 40 Abs. 1 S. 3 SGB XI im Rahmen des SER noch **angemessen** sein, wenn sich Pflegebedürftige für eine besondere Ausstattung des Pflegehilfsmittels entscheiden, die das Maß des Notwendigen übersteigt und daher nicht von der Pflegekasse zu tragen ist. Da auch nach § 75 Abs. 1 S. 1 SGB XIV nur **notwendige Kosten** übernommen werden, dürfte der Spielraum hierfür allerdings nur begrenzt sein. Ein besonders kostenintensiver Bereich sind die **wohnumfeldverbessernden Maßnahmen**. Hierfür leistet die Pflegekasse nur subsidiär und nach ihrem Ermessen Zuschüsse, die 4000 Euro je Maßnahme nicht übersteigen dürfen. Hier dürfte daher viel Raum für eine notwendige und angemessene Kostenübernahme als ergänzende Leistungen sein.

23 Wie die Pflegekassen handeln auch die Unfallkassen im Wege der **Auftragsverwaltung**. Die Leistungserbringung umfasst – wie bei den Pflegekassen – auch die **Zuständigkeit für die Entscheidung über die Leistungsgewährung** dem Grunde nach. § 78 SGB XIV setzt den Erlass eines Verwaltungsaktes voraus.

IV. Absatz 5

24 Die zuständige Verwaltungsbehörde erbringt selbst nur die **ergänzenden Leistungen** nach § 75 SGB XIV – mit Ausnahme der ergänzenden Leistungen bei der Versorgung mit Pflegehilfsmitteln und wohnumfeldverbessernden Maßnahmen nach § 75 Abs. 1 S. 2 Nr. 3 SGB XIV – und die Erstattung von Kosten der häuslichen Pflege im **Arbeitgebermodell** nach § 76 SGB XIV. Insoweit obliegt ihnen insbesondere die Entscheidung über die Notwendigkeit und Angemessenheit der vorgesehenen Leistungen.

§ 78 Widersprüche

Über Widersprüche gegen Verwaltungsakte, die im Rahmen der Leistungserbringung von Pflegekassen nach § 77 Absatz 2 und 3 und von Unfallkassen der Länder nach § 77 Absatz 4 erlassen werden, entscheidet die für die Verwaltungsbehörde zuständige Widerspruchsbehörde.

A. Gesetzesgeschichte

1 Für die Gewährung der Pflegezulage nach § 35 BVG sowie der Hilfe zur Pflege nach § 26c BVG ist allein die zuständige Verwaltungsbehörde verantwortlich. Deshalb bedarf es im Rahmen des BVG auch keiner Vorschrift, die die Zuständigkeit für Entscheidungen über Widersprüche regelt. Jedenfalls bezüglich Pflegeleistungen gibt es daher auch für § 78 SGB XIV keine Vorgängervorschrift im BVG.

B. Normsystematik

I. Allgemeiner Regelungsgehalt

2 Während § 77 Abs. 2 bis 4 SGB XIV die Zuständigkeit der Pflegekassen für die Erbringung der Leistungen nach § 74 Nr. 1 SGB XIV bzw. der zuständigen Unfallkasse des Landes für die Versorgung mit Pflegehilfsmitteln und wohnumfeldverbessernden Maßnahmen nach § 75 Abs. 1 S. 2 Nr. 3 SGB XIV regeln, stellt § 78 SGB XIV klar, dass es für die Widerspruchsentscheidungen auch insoweit bei der Zuständigkeit der zuständigen Widerspruchsbehörde der Verwaltungsbehörde bleibt. Dies entspricht im Rahmen der Auftragsverwaltung der Regel (§ 90 Satz 2 SGB X).

II. Systematische Einordnung und Normzweck

3 Eine parallele Vorschrift findet sich in § 58 SGB XIV zu den Leistungen, die im Rahmen der Sozialen Entschädigung zur Krankenbehandlung zu erbringen sind.

4 In der **Gesetzesbegründung**[1] heißt es:

„Über Widersprüche gegen Entscheidungen der Pflegekasse oder der Unfallkasse über Leistungen bei Pflegebedürftigkeit entscheidet, wie bereits bislang, die für die Verwaltungsbehörde zuständige Widerspruchsbehörde. Dies ist Folge sowohl der Finanzverantwortung als auch der Ausübung einer Steuerungsfunktion der Länder."

5 Bei der Leistungserbringung durch die Pflege- bzw. Unfallkassen nach § 77 Abs. 2 bis 4 SGB XIV handelt es sich um **gesetzliche Auftragsverwaltung iS von § 93 SGB X**. Es kann daher auf die Vorschriften der §§ 89 Abs. 3 und Abs. 5, 91 Abs. 1 und Abs. 3 SGB X zurückgegriffen werden, soweit die Vorschriften des SGB XIV keine Sonderregelungen enthalten.

6 Trotz unterschiedlicher Formulierung entspricht § 78 SGB XIV inhaltlich der allgemeinen Vorschrift des **§ 90 Satz 2 SGB X** und ist im Verhältnis dazu als lex specialis vorrangig anwendbar. Nach § 90 Satz 2 SGB X kann die beauftragte Ausgangsbehörde einem Widerspruch abhelfen, so dass die für den Auftraggeber zuständige Widerspruchsstelle bei Nichtabhilfe für den Erlass eines Widerspruchsbescheides zuständig wird. Dies entspricht dem Grundsatz aus § 85 SGG. Nach § 85 Abs. 1 SGG hat die **Ausgangsbehörde** grundsätzlich eine **Abhilfeentscheidung** zu treffen, wenn sie den Widerspruch für begründet erachtet und die Widerspruchsbehörde wird erst zuständig, wenn dem Widerspruch nicht abgeholfen wird.

1 BT-Drs. 19/13824, 205.

C. Einzelkommentierung

7 Nach § 85 **Abs. 1 SGG** startet das **Vorverfahren** nach Erhebung eines Widerspruchs grundsätzlich bei der Ausgangsbehörde, die zunächst zu prüfen hat, ob sie dem Widerspruch abhilft. Die Zuständigkeit der Widerspruchsbehörde wird nicht schon durch die Einlegung des Widerspruchs begründet, sondern erst durch die **Nichtabhilfeentscheidung der Ausgangsbehörde**. Dieser **allgemeine Grundsatz** dürfte auch im Sozialen Entschädigungsrecht für Widersprüche gegen Entscheidungen der Pflege- oder Unfallkasse nach § 77 Abs. 2 bis 4 SGB XIV gelten. Ein Widerspruch kann daher auch direkt bei der den Ausgangsbescheid erlassenden Pflege- bzw. Unfallkasse erhoben werden. Wird er bei der zuständigen Verwaltungsbehörde oder deren Widerspruchsbehörde eingelegt, hat sie die Ausgangsbehörde – bevor sie den Aktenvorgang von dort anfordert – über den Widerspruch zu informieren und nachzufragen, ob eine Abhilfeentscheidung in Betracht kommt.

8 Aus dem Wortlaut des § 78 SGB XIV ergibt sich, dass die Ausgangsentscheidungen über Leistungen bei Pflegebedürftigkeit in dem in § 77 Abs. 2 bis 4 SGB XIV genannten Umfang als **Verwaltungsakte** gegenüber den Geschädigten durch die Pflege- bzw. Unfallkassen ergehen. Die Pflege- bzw. Unfallkassen sind daher nicht nur für die reine Leistungserbringung, sondern auch für die **Entscheidung über die Leistungsgewährung** dem Grunde nach zuständig. Andernfalls wäre eine ausdrückliche Regelung zur Zuständigkeit der für die Verwaltungsbehörde zuständigen Widerspruchsbehörde (§ 78 SGB XIV) nicht erforderlich gewesen.[2]

9 Abzugrenzen ist die Vorschrift von § 72 Abs. 2 SGB XIV. Die dort aufgeführte **Entscheidung der Pflegekasse über den Pflegegrad** ist für die zuständige Verwaltungsbehörde bindend. Auch dem Wortlaut nach handelt es sich um eine eigene Entscheidung der Pflegekasse, die daher ferner selbst über Widersprüche entscheidet und gegebenenfalls im Klageverfahren Beklagte ist. Zu den Schwierigkeiten dadurch eventuell entstehender doppelter Widerspruchs- und Klageverfahren mit unterschiedlichen Zuständigkeiten → § 72 Rn. 14 ff., insbes. 18, 21 ff.

§ 79 Datenübermittlung

(1) Für die Erbringer von Leistungen bei Pflegebedürftigkeit gelten die §§ 104 bis 106 des Elften Buches in entsprechender Anwendung, soweit dies für die Erfüllung der Aufgaben der zuständigen Pflegekasse oder der zuständigen Verwaltungsbehörde erforderlich ist.

(2) Die Erbringer von Leistungen bei Pflegebedürftigkeit sind verpflichtet, der zuständigen Unfallkasse des Landes die in den §§ 201 und 203 des Siebten Buches genannten Daten zu übermitteln, soweit dies für die Erfüllung der Aufgaben der Unfallkasse des Landes erforderlich ist.

2 Das wird im Rahmen der Krankenbehandlung der Sozialen Entschädigung – trotz vielfacher Parallelen – anders gesehen; vgl. BT-Drs. 19/13824, 197; auch Knickrehm/Mushoff/Schmidt Neues SozEntschR Rn. 192.

A. Gesetzesgeschichte

Eine Vorgängervorschrift zu § 79 SGB XIV gibt es im BVG nicht. Die gesonderte datenschutzrechtliche Vorschrift ist wesentlich dem Umstand geschuldet, dass nicht nur die Pflegekassen im Rahmen der Auftragsverwaltung für die Leistungserbringung nach § 77 Abs. 2 und 3 SGB XIV auf ihre Leistungserbringer zurückgreifen, sondern auch die Unfallkassen und die zuständigen Verwaltungsbehörden, soweit sie Pflegesachleistungen erbringen. Denn die nach dem SGB XIV zu erbringenden Pflegesachleistungen sind direkt am SGB XI orientiert. Die Leistungserbringer sollen in diesem Zusammenhang im Wesentlichen die Datenübermittlungspflichten treffen, die sie auch im Rahmen der Leistungserbringung nach dem SGB XI haben. 1

B. Normsystematik

I. Allgemeiner Regelungsgehalt

Die Erbringer von Pflegesachleistungen sollen, wenn sie Leistungen nach dem SGB XIV erbringen, größtenteils die gleichen Datenübermittlungspflichten haben, die sie auch im Rahmen der Leistungserbringung nach dem SGB XI haben. 2

II. Systematische Einordnung und Normzweck

1. Parallelität zu § 59 SGB XIV. Die Vorschrift ist **parallel zu § 59 SGB XIV** formuliert, der zu den Vorschriften zur Krankenbehandlung im SER gehört. Weitergehend als § 79 SGB XIV verpflichtet § 59 SGB XIV die Leistungserbringer der Krankenbehandlung auch zur Übermittlung der in § 295a Abs. 3 SGB V (Abrechnung von im Notfall erbrachter Leistungen im Krankenhaus) und in § 300 SGB V (Abrechnung der Apotheken und weiterer Stellen) genannten Daten, die für Leistungen bei Pflegebedürftigkeit keine Relevanz haben. Ansonsten sind die in Bezug genommenen Vorschriften des SGB V identisch. 3

2. Normzweck und Gesetzesbegründung. Auch die **Gesetzesbegründung** zu beiden Vorschriften ist identisch, bis auf die Ersetzung der Worte „Krankenkasse" durch „Pflegekasse" und „Leistungserbringer der Krankenbehandlung" durch „Leistungserbringer bei Pflegebedürftigkeit". Danach ist die Vorschrift „notwendig, da eine Einschränkung des Rechts der Geschädigten auf informationelle Selbstbestimmung einer gesetzlichen Grundlage bedarf. Absatz 1 verpflichtet die Leistungserbringer bei Pflegebedürftigkeit, der zuständigen Pflegekasse oder der zuständigen Verwaltungsbehörde die bezeichneten Daten zu übermitteln, soweit die Informationen für deren jeweilige Aufgabenerfüllung erforderlich sind. Die Befugnis des jeweiligen Leistungserbringers zur Übermittlung von Daten an die zuständige Pflegekasse bzw. die zuständige Verwaltungsbehörde im Einzelfall ergibt sich aus den in Bezug genommenen Vorschriften des SGB V. Die Datenübermittlung ist beispielsweise zu Zwecken der Abrechnung erforderlich; dazu gehören auch die Weiterleitung von Befunden oder die Mitteilung über Art und Datum der jeweiligen Behandlung. Absatz 2 regelt eine entsprechende 4

Verpflichtung der Leistungserbringer bei Pflegebedürftigkeit zur Übermittlung von bezeichneten Daten an die zuständige Unfallkasse des Landes."[1]

5 **3. Datenschutzrechtliche Einordnung. a) Grundsätzliches Verbot mit Erlaubnisvorbehalt.** Vorschriften zum Datenschutz betreffen das Recht auf **informationelle Selbstbestimmung**. Im Sozialrecht wird überwiegend mit **Sozialdaten** iS von § 67 Abs. 2 SGB X gearbeitet. Der Sozialdatenschutz ist eingebettet in die grundlegende Norm zum **Sozialgeheimnis nach § 35 SGB I**. Danach hat jeder Anspruch darauf, dass die ihn betreffenden Sozialdaten (§ 67 Abs. 2 SGB X) von den Leistungsträgern nicht unbefugt verarbeitet werden und die Sozialleistungsträger haben sicherzustellen, dass die Sozialdaten nur Befugten zugänglich sind oder nur an diese weitergegeben werden (§ 35 Abs. 1 S. 1, 2 SGB I). Es handelt sich mithin um ein **Verbot mit Erlaubnisvorbehalt**: jede nicht ausdrücklich erlaubte Datenverwendung ist grundsätzlich verboten.[2] Für die Datenübermittlung zwischen Leistungserbringern im SER und der zuständigen Verwaltungsbehörde bzw. der zuständigen Pflege- oder Unfallkasse bedarf es daher der ausdrücklichen bereichsspezifischen gesetzlichen Grundlage in § 79 SGB XIV.

6 **b) Ergänzend geltende Datenschutzbestimmungen.** Ergänzend gelten daneben subsidiär, nach dem Grundsatz, dass die jeweils spezielleren Vorschriften die allgemeineren verdrängen, zunächst die **allgemeinen Vorschriften zum Schutz der Sozialdaten nach §§ 67 ff. SGB X**, die als speziellere Vorschriften der daneben ergänzend anwendbaren Verordnung (EU) 2016/679 des Europäischen Parlaments und des Rates vom 27.4.2016 zum Schutz natürlicher Personen bei der Verarbeitung personenbezogener Daten, zum freien Datenverkehr und zur Aufhebung der Richtlinie 95/46/EG (**Datenschutz-Grundverordnung – DS-GVO**)[3] vorgehen. Subsidiär gegenüber den sozialrechtlichen Datenschutzvorschriften gelten auch die Vorschriften des **BDSG** (§ 1 Abs. 2 S. 1, 2 BDSG).

7 **c) Datenschutzrechtliche Grundsätze.** Neben dem grundsätzlichen Verbot mit Erlaubnisvorbehalt ist das (Sozial-)Datenschutzrecht vor allem durch den **Grundsatz der Zweckbindung** geprägt (§ 67a Abs. 1 SGB X, § 67c Abs. 1 SGB X, §§ 69 ff. SGB X; Art. 5 Abs. 1 lit. b DS-GVO) sowie durch die **Grundsätze der Datensparsamkeit** („Datenminimierung", siehe Art. 5 Abs. 1 lit. c DS-GVO) und der **Datentransparenz** (Art. 5 Abs. 1 lit. a DS-GVO).

C. Einzelkommentierung

I. Absatz 1: Daten nach dem SGB V

8 Obwohl es um Leistungen bei Pflegebedürftigkeit geht, wird auf **Vorschriften des SGB V** verwiesen. Das hat seinen Grund darin, dass die Pflegekassen nach § 96 Abs. 1 S. 1 SGB XI auch die von der Krankenkasse erhobenen personenbezogenen Daten verarbeiten dürfen, soweit dies zur Erfüllung ihrer gesetzlichen Aufgaben erforderlich ist. Dies gilt allerdings nur im Hinblick auf die gesetzlichen Aufgaben nach dem SGB XI, so dass es für die den Pflegekassen als Auftragsverwaltung zugewiesene Leistungserbringung im Rahmen des SER einer gesonderten Rechtsgrundlage bedarf.

9 In Bezug genommen werden:

- **§ 294 SGB V**: Die Vorschrift verpflichtet die an der vertragsärztlichen Versorgung teilnehmenden Ärzte und die übrigen Leistungserbringer, die für die Erfüllung der Aufgaben der Krankenkassen sowie der Kassenärztlichen Vereinigung notwendigen Angaben, die aus der Erbringung, der Verordnung sowie der Abgabe von Ver-

1 BT-Drs. 19/13824, 205.
2 Vgl. zB Eichenhofer/v. Koppenfels/Spies/Wenner SGB I/Eichenhofer § 35 Rn. 10 ff.
3 ABl. L 119 vom 4.5.2016, 1; L 314 vom 22.11.2016, 72; L 127 vom 23.5.2018, 2.

sicherungsleistungen entstehen, aufzuzeichnen und bestimmten Stellen gemäß den nachstehenden Vorschriften mitzuteilen.

- § 294a SGB V: Die Vorschrift verpflichtet die an der vertragsärztlichen Versorgung teilnehmenden Ärzte, Einrichtungen und Krankenhäuser (§ 108 SGB V) ua, wenn Anhaltspunkte dafür vorliegen, dass eine Krankheit die Folge oder Spätfolge einer Schädigung im Sinne des SER ist, die erforderlichen Daten den Krankenkassen mitzuteilen.
- § 295 SGB V: Die Vorschrift verpflichtet die an der vertragsärztlichen Versorgung teilnehmenden Ärzte und Einrichtungen ua, festgestellte Arbeitsunfähigkeitszeiten und erbrachte Leistungen aufzuzeichnen und zu übermitteln.
- § 298 SGB V: Die Vorschrift erlaubt die Übermittlung versichertenbezogener Daten über ärztliche oder ärztlich verordnete Leistungen im Rahmen eines Prüfverfahrens zur Beurteilung der Wirtschaftlichkeit oder Qualität der ärztlichen Behandlungs- oder Verordnungsweise im Einzelfall.
- § 301 SGB V: Die Vorschrift verpflichtet nach § 108 SGB V zugelassene Krankenhäuser oder ihre Krankenhausträger zur Übermittlung bestimmter Daten bei Krankenhausbehandlung.
- § 302 SGB V: Die Vorschrift verpflichtet Leistungserbringer im Bereich der Heil- und Hilfsmittel sowie der digitalen Gesundheitsanwendungen und die weiteren Leistungserbringer gegenüber den Krankenkassen ua, die von ihnen erbrachten Leistungen nach Art, Menge und Preis zu bezeichnen.
- § 303 SGB V: Die Vorschrift ermöglicht den Landesverbänden der Krankenkassen und den Verbänden der Ersatzkassen mit den Leistungserbringern oder ihren Verbänden Vereinbarungen insbesondere zur Einschränkung des Umfangs der zu übermittelnden Abrechnungsbelege und -angaben zu vereinbaren.

Bei den in den aufgeführten Vorschriften **genannten Daten** handelt es mithin stets – wie bereits in der grundlegenden Vorschrift des § 294 SGB V ausgeführt – um „Angaben, die aus der Erbringung, der Verordnung sowie der Abgabe von Versicherungsleistungen entstehen", wobei es sich ausschließlich um Versicherungsleistungen nach dem SGB V handelt. Die Vorschriften richten sich deshalb auch allesamt an die an der vertragsärztlichen Versorgung teilnehmenden Ärzte und/oder die übrigen **Leistungserbringer nach dem SGB V.** 10

Demgegenüber werden nach § 79 SGB XIV ausschließlich die **Erbringer von Leistungen bei Pflegebedürftigkeit** verpflichtet. Diese dürften die meisten der in den aufgeführten Vorschriften genannten Daten jedenfalls nicht aufgrund der von ihnen erbrachten Leistungen aufzeichnen können, denn die genannten Daten entstehen nicht aus ihrer Leistungserbringung. Sie können diese Daten allenfalls weiterleiten, wenn sie für ihre eigene Leistungserbringung über diese Daten von den an der vertragsärztlichen Versorgung teilnehmenden Leistungserbringern nach dem SGB V verfügen. Die genannten Daten können zwar zur Beurteilung von Leistungsansprüchen bei Pflegebedürftigkeit benötigt werden, weshalb § 96 Abs. 1 S. 1 SGB XI insoweit den Pflegekassen deren Verarbeitung erlaubt. Aber auch für die Leistungserbringung bei Pflegebedürftigkeit im Rahmen des SER scheint eine Regelung sinnvoller, die nicht die Leistungserbringer bei Pflegebedürftigkeit zur Übermittlung (fremder) Daten verpflichtet, sondern die in den genannten Vorschriften aufgeführten Leistungserbringer nach dem SGB V (bei entsprechender Anforderung der zuständigen Verwaltungsbehörde oder Pflegekasse) direkt zur Übermittlung der entsprechenden Daten bestimmt. Denn die Leistungserbringer bei Pflegebedürftigkeit verfügen – schon wegen der stets zu beachtenden Grundsätze der Zweckbindung der Datenübermittlung sowie der Datensparsamkeit – in der Regel nur sehr begrenzt über die aufgeführten Daten. Die Leistungserbringer nach dem SGB V werden jedoch durch § 79 SGB XIV nicht zur Datenübermittlung verpflichtet. Das steht in einem gewissen **Spannungsverhältnis** zu dem **daten-** 11

schutzrechtlichen Grundsatz, dass Daten in der Regel dort zu erheben sind, wo sie entstehen, um Weiterleitungen möglichst zu vermeiden.

12 Bezüglich der Daten, die bei den Leistungserbringern bei Pflegebedürftigkeit aus der Erbringung pflegerischer Leistungen entstehen, enthält das SGB XI in den **§§ 104 ff. SGB XI** Vorschriften zur Übermittlung. Es bleibt unklar, aus welchem Grund diese Vorschriften nicht in Bezug genommen werden.

II. Absatz 2: Daten nach dem SGB VII

13 Bei den in § 201 SGB VII genannten Daten handelt es sich um „Daten über die Behandlung und den Zustand des Versicherten sowie andere personenbezogene Daten" von Leistungserbringern, die nach einem Versicherungsfall (nach dem SGB VII) an einer Heilbehandlung nach § 34 SGB VII beteiligt sind (Abs. 1 S. 1) sowie um „Daten, die für ihre Entscheidung, eine Heilbehandlung nach § 34 (SGB VII) durchzuführen, maßgeblich waren" (Abs. 1 S. 2). § 203 SGB VII betrifft die „Auskunft über die Behandlung, den Zustand sowie über Erkrankungen und frühere Erkrankungen".

14 Die Unfallkasse, der die Daten nach § 79 Abs. 2 SGB XIV zu übermitteln sind, ist nach § 77 Abs. 4 SGB XIV für die (ergänzende) Versorgung der geschädigten Pflegebedürftigen mit Pflegehilfsmitteln und wohnumfeldverbessernden Maßnahmen zuständig. § 79 Abs. 2 SGB XIV verpflichtet deshalb vor allem Leistungserbringer von Pflegehilfsmitteln und wohnumfeldverbessernden Maßnahmen. Soweit diese Leistungserbringer über die in den §§ 201 und 203 SGB VII genannten Daten verfügen, handelt es sich auch diesbezüglich um die Weiterleitung von Daten, die **bei anderen Leistungserbringern entstanden** sind. Unklar bleibt nicht nur, warum für die Versorgung geschädigter Pflegebedürftiger mit Pflegehilfsmitteln und wohnumfeldverbessernden Maßnahmen auf Vorschriften zurückgegriffen wird, die lediglich Leistungserbringer der Unfallkassen verpflichten. Denn bei einem schädigenden Ereignis nach dem SER handelt es sich regelmäßig nicht um einen Versicherungsfall der Unfallversicherung. Auch insoweit scheint eine Bezugnahme auf die Vorschriften zur Datenübermittlung der Leistungserbringer in der Pflegeversicherung nach den **§§ 104 ff. SGB XI** sachnäher (vgl. zB § 104 Abs. 1 Nr. 1 SGB XI). Erforderlichenfalls könnten daneben Leistungserbringer nach dem SGB V zur ergänzenden Übermittlung von Daten zu Diagnosen, Behandlungen uÄ herangezogen werden.

III. Zweckbindung

15 Der **Grundsatz der Zweckbindung** jeglicher Datenverarbeitung (der Begriff der Verarbeitung von Daten umfasst grundsätzlich deren Erhebung, Speicherung, Veränderung, Nutzung, Übermittlung, Einschränkung der Verarbeitung und Löschung) führt dazu, dass die Übermittlungspflicht in beiden Absätzen des § 79 SGB XIV auf die für die Aufgabenerfüllung erforderlichen Daten beschränkt ist.

Abschnitt 4 Erstattungen von Aufwendungen und Verwaltungskosten

§ 80 Erstattung an Pflegekassen

(1) Den Pflegekassen werden von der zuständigen Verwaltungsbehörde halbjährlich die Aufwendungen erstattet, die ihnen nach § 77 Absatz 2 und 3 entstehen.

(2) Den Pflegekassen werden von der zuständigen Verwaltungsbehörde halbjährlich Verwaltungskosten in Höhe von 5 Prozent des Erstattungsbetrages nach Absatz 1 erstattet.

(3) [1]Ab dem 1. Januar des dritten auf das Inkrafttreten dieses Gesetzes nach Artikel 60 Absatz 7 des Gesetzes zur Regelung des Sozialen Entschädigungsrechts folgenden Kalenderjahres werden die Erstattungsansprüche der Pflegekassen nach Absatz 1 pauschal abgegolten. [2]Ab diesem Zeitpunkt werden den Pflegekassen Verwaltungskosten in Höhe von 5 Prozent des Pauschalbetrages nach Satz 1 erstattet. [3]Näheres zur Pauschalabgeltung regelt eine Verwaltungsvereinbarung, die die Bundesstelle für Soziale Entschädigung mit dem Spitzenverband Bund der Krankenkassen als Spitzenverband Bund der Pflegekassen abschließt. [4]Die Verwaltungsvereinbarung kann auch eine vorläufige Regelung treffen. [5]Die Vereinbarung bedarf der Zustimmung des Bundesministeriums für Arbeit und Soziales, des Bundesministeriums für Gesundheit und der Länder.

(4) [1]Können sich die Bundesstelle für Soziale Entschädigung und der Spitzenverband Bund der Pflegekassen bis zu dem in Absatz 3 Satz 1 genannten Zeitpunkt nicht auf eine Verwaltungsvereinbarung einigen, entscheidet eine Schiedsstelle über die Einzelheiten der Pauschalabgeltung. [2]Die Entscheidung der Schiedsstelle bedarf der Zustimmung des Bundesministeriums für Arbeit und Soziales, des Bundesministeriums für Gesundheit und der Länder. [3]Die Schiedsstelle besteht aus einem oder einer unparteiischen Vorsitzenden, zwei weiteren unparteiischen Mitgliedern sowie je zwei Vertretern und Vertreterinnen der Bundesstelle für Soziale Entschädigung und des Spitzenverbandes Bund der Pflegekassen. [4]Der oder die Vorsitzende und die unparteiischen Mitglieder werden von der Bundesstelle für Soziale Entschädigung und dem Spitzenverband Bund der Pflegekassen gemeinsam bestellt. [5]Können sich die Bundesstelle für Soziale Entschädigung und der Spitzenverband Bund der Pflegekassen nicht auf einzelne oder alle unparteiischen Mitglieder einigen, werden sie vom Bundesministerium für Arbeit und Soziales im Einvernehmen mit dem Bundesministerium für Gesundheit bestellt.

(5) [1]Die Mitglieder der Schiedsstelle führen ihr Amt als Ehrenamt. [2]Auslagen werden ihnen in entsprechender Anwendung des Bundesreisekostengesetzes erstattet. [3]Die Mitglieder der Schiedsstelle sind an Weisungen nicht gebunden. [4]Jedes Mitglied hat eine Stimme. [5]Die Entscheidungen werden von der Mehrheit der Mitglieder getroffen. [6]Ergibt sich keine Mehrheit, gibt die Stimme des oder der Vorsitzenden den Ausschlag. [7]Die Rechtsaufsicht über die Schiedsstelle führt das Bundesministerium für Arbeit und Soziales.

(6) Bis zur Entscheidung der Schiedsstelle gelten die Absätze 1 und 2.

A. Gesetzesgeschichte

Die Vorschrift ist Folge der Auftragsverwaltung der Pflegekassen nach § 77 Abs. 2 1
und 3 SGB XIV, so dass es hierzu im BVG – wie auch schon zu § 77 SGB XIV – keine Vorgängervorschrift gibt.

B. Normsystematik

I. Allgemeiner Regelungsgehalt

2 § 80 SGB XIV regelt die **Erstattung von Aufwendungen und Verwaltungskosten** durch die zuständige Verwaltungsbehörde an die Pflegekassen. Eine Aufwandserstattung ist im Rahmen der Auftragsverwaltung die Regel (§ 91 SGB X). § 81 SGB XIV enthält eine Regelung zur Erstattung der Aufwendungen und Verwaltungskosten der Unfallkassen der Länder.

II. Systematische Einordnung und Normzweck

3 §§ 80 und 81 SGB XIV bilden den 4. Abschnitt des 7. Kapitels der Leistungen bei Pflegebedürftigkeit. Sie regeln die **Erstattung von Aufwendungen und Verwaltungskosten** durch die zuständige Verwaltungsbehörde an die Pflegekassen und Unfallkassen der Länder für deren Leistungserbringung nach § 77 Abs. 2 bis 4 SGB XIV. Dies ist notwendig, weil die Leistungserbringung nach § 77 Abs. 2 bis 4 SGB XIV jeweils „für die zuständige Verwaltungsbehörde" erfolgt. Es handelt sich insoweit um **gesetzliche Auftragsverwaltung**; die **Finanzierungsverantwortung** bleibt bei der zuständigen Verwaltungsbehörde. Es bleibt eine Leistung des Sozialen Entschädigungsrechts, die in der Verantwortung der staatlichen Gemeinschaft insgesamt liegt (§ 1 Abs. 1 SGB XIV). Daher dürfen Aufwendungen und Verwaltungskosten im Bereich der Leistungen bei Pflegebedürftigkeit im Rahmen der Sozialen Entschädigung nicht zulasten der Beitragszahler der Pflege- oder Unfallversicherung gehen.[1]

C. Einzelkommentierung

I. Absätze 1 und 2

4 Lediglich in den **ersten drei Kalenderjahren** seit Inkrafttreten des SGB XIV (und nach § 80 Abs. 5 SGB XIV gegebenenfalls noch bis zu einer Entscheidung der Schiedsstelle nach § 80 Abs. 4 SGB XIV) werden den Pflegekassen nach § 80 Abs. 1 SGB XIV die **tatsächlichen Aufwendungen** für die Leistungserbringung nach § 77 Abs. 2 und 3 SGB XIV erstattet und sie erhalten auf diesen Erstattungsbetrag nach § 80 Abs. 2 SGB XIV **5 % Verwaltungskosten.**

5 Diese Erstattungen erfolgen jeweils **halbjährlich.** Dadurch werden auch nur zweimal im Jahr entsprechende Abrechnungen erforderlich, was den Verwaltungsaufwand bei den Pflegekassen und den Verwaltungsbehörden begrenzt.[2]

6 Da es sich um **Auftragsverwaltung** iSv § 93 SGB X handelt, gelten § 89 Abs. 3 und 5 SGB X sowie § 91 Abs. 1 und 3 SGB X entsprechend. Mit der den Auftraggeber nach § 91 Abs. 1 SGB X treffenden Erstattungspflicht für vom Beauftragten erbrachte Sozialleistungen ist grundsätzlich die Erstattung der **tatsächlichen Aufwendungen** gemeint. Eine Pauschalabgeltung bedarf daher einer ausdrücklichen gesetzlichen Regelung und lässt sich mit diesem Grundsatz nur vereinbaren, wenn sie sich eng an tatsächlich entstandenen Aufwendungen orientiert.

7 Auf Verlangen des Beauftragten (hier also der Pflegekasse) hat der Auftraggeber (die zuständige Verwaltungsbehörde) nach § 91 Abs. 3 SGB X für die zur Ausführung des Auftrags erforderlichen Aufwendungen einen angemessenen **Vorschuss** zu zahlen. Das betrifft vor allem Abschlagszahlungen für die in den ersten drei Jahren zu zahlenden Aufwandserstattungen nach § 80 Abs. 1 und 2 SGB XIV. Die nach § 80 Abs. 3, 4 SGB XIV später regelmäßig zu zahlende Pauschalabgeltung ist von Anfang an so zu gestalten, dass eine Vorschussgewährung nicht erforderlich wird. Nach der Gesetzes-

1 Vgl. BT-Drs. 19/13824, 205.
2 Vgl. aus der Gesetzesbegründung zu § 81 SGB XIV: BT-Drs. 19/13824, 206.

begründung soll eine Abschlagszahlung auch auf Verlangen der Verwaltungsbehörde möglich sein.[3]

II. Absatz 3

8 Das SGB XIV tritt – mit wenigen, nicht die Leistungen bei Pflegebedürftigkeit betreffenden Ausnahmen – am 1.1.2024 in Kraft (Art. 59 Abs. 6 G-SER). Das darauffolgende dritte Kalenderjahr beginnt somit am 1.1.2027.

9 Ab diesem Zeitpunkt erfolgt lediglich eine **pauschale Abgeltung** der Aufwendung zzgl. 5 % des Pauschalbetrags für die Verwaltungskosten. Hierfür schließt die Bundesstelle für Soziale Entschädigung mit dem Spitzenverband Bund der Krankenkassen als Spitzenverband Bund der Pflegekassen mit Zustimmung des BMAS und des BMG eine **Verwaltungsvereinbarung**. Diese regelt das Nähere zur Pauschalabgeltung und kann auch vorläufige Regelungen treffen.

10 Aufgrund der nicht unerheblichen finanziellen Auswirkungen bedarf die Verwaltungsvereinbarung nach Abs. 3 Satz 5 der **Zustimmung des BMAS und des BMG**. Dies gilt auch für spätere Änderungen.

11 Einzelheiten der durch die Verwaltungsvereinbarung zu regelnden Pauschalerstattung betreffen u.a. die **Grundlagen der Bemessung** des pauschalen Erstattungsbetrags für Aufwendungen für Leistungen bei Pflegebedürftigkeit sowie **Verfahrensregelungen,** etwa zu den Zeitabständen, in denen die Grundlagen der Pauschalabgeltung von den Vereinbarungspartnern regelmäßig überprüft werden.[4]

Vorläufige Regelungen können in der Verwaltungsvereinbarung zB für den Fall getroffen werden, dass wider Erwarten für eine abschließende Regelung noch keine ausreichende Datenbasis vorliegt.[5] Vorschussregelungen (vgl. § 91 Abs. 3 SGB X) sind demgegenüber bei einer regelmäßig zu zahlenden Pauschalabgeltung nicht erforderlich, wenn angemessene Zeitabstände für die Zahlungen vereinbart werden.

12 In der Verwaltungsvereinbarung ist sicherzustellen, dass mit dem pauschalen Aufwendungserstattungsbetrag die tatsächlichen Aufwendungen der Pflegekasse (mindestens im Wesentlichen) erfasst werden. Denn es war das erklärte Ziel des Gesetzgebers, das SER als gesamtgesellschaftliche Aufgabe im Verantwortungsbereich der staatlichen Gemeinschaft auszugestalten (§ 1 Abs. 1 SGB XIV) und nicht die Beitragszahler der Sozialversicherung damit zu belasten.[6] Nur dies ist auch **verfassungsgemäß,** denn die **organisatorische und finanzielle Selbstständigkeit** der Sozialversicherungsträger ist verfassungsrechtlich garantiert (Art. 87 Abs. 2 GG). **Beitragsmittel** dürfen **nicht** ohne finanziellen Ausgleich **zur Finanzierung** versicherungsfremder **allgemeiner Staatsaufgaben** verwendet werden.

13 Die gesetzlich vorgesehene Abfolge, nach der zunächst drei Jahre in Folge die tatsächlichen Aufwendungen festzustellen sind, verdeutlicht, dass die Höhe der vereinbarten **Pauschalabgeltung an** diesen **tatsächlichen Aufwendungen** unter Berücksichtigung gegebenenfalls erwartbarer Entwicklungen **zu orientieren** ist. Nach der Gesetzesbegründung ist ab diesem Zeitpunkt davon auszugehen, dass eine hinreichend valide Datenbasis für eine Pauschalierung vorliegt.[7] Die Vereinbarung dient nicht der Minimierung erstattungsfähiger Kosten, sondern lediglich der **Verwaltungsvereinfachung.**[8] Denn die exakte Ermittlung der von den Pflegekassen erbrachten tatsächlichen Aufwendungen für die Leistungen bei Pflegebedürftigkeit nach § 74 Nr. 1 SGB XIV verur-

3 BT-Drs. 19/13824, 206.
4 Vgl. BT-Drs. 19/13824, 206.
5 BT-Drs. 19/13824, 206.
6 Vgl. auch BT-Drs. 19/13824, 205.
7 BT-Drs. 19/13824, 206.
8 BT-Drs. 19/13824, 206.

sacht selbst wiederum einen erheblichen Verwaltungsaufwand. Lediglich dieser soll minimiert werden.

III. Absatz 4

14 § 80 Abs. 4 SGB XIV enthält einen **Konfliktlösungsmechanismus**. Für den Fall, dass eine Verwaltungsvereinbarung nicht rechtzeitig zustande kommt, entscheidet über die Einzelheiten der Pauschalabgeltung eine **Schiedsstelle**. Diese ist neben drei unparteiischen Mitgliedern mit jeweils zwei Vertreter/innen der Bundesstelle für Soziale Entschädigung und dem Spitzenverband Bund der Pflegekassen besetzt. Auf die unparteiischen Mitglieder – einschließlich des/der Vorsitzenden – müssen sich die Bundesstelle für Soziale Entschädigung und der Spitzenverband Bund der Pflegekassen einigen; andernfalls werden sie vom BMAS im Einvernehmen mit dem BMG bestellt.

IV. Absatz 5

15 § 80 Abs. 5 SGB XIV regelt einen Anspruch auf Ersatz von Auslagen, die aufgrund der Ausübung des Ehrenamts anfallen, sowie die Unabhängigkeit der Mitglieder der Schiedsstelle, die Einzelheiten des Abstimmungsverfahrens und die Rechtsaufsicht. Auslagen, die den Mitgliedern der Schiedsstelle entstehen, werden in entsprechender Anwendung des Bundesreisekostengesetzes ersetzt.[9]

16 Ähnliche Schiedsstellenregelungen sind in zahlreichen Vorschriften zum Leistungserbringerrecht nach dem SGB V oder dem SGB XI enthalten, um den Abschluss von Versorgungs- und Vergütungsverträgen uÄ sicherzustellen (vgl. zB § 18a Abs. 3 KHG, § 89 SGB V, § 111b SGB V, § 76 SGB XI).

V. Absatz 6

17 Dieser Absatz enthält eine Übergangsregelung für den Fall, dass keine Verwaltungsvereinbarung zustande gekommen ist und auch eine Entscheidung der Schiedsstelle nicht rechtzeitig ab dem 1. Januar des dritten auf das Inkrafttreten des SGB XIV folgenden Kalenderjahres vorliegt. In diesem Fall haben weiterhin **„Spitzabrechnungen"** nach § 80 Abs. 1 und 2 SGB XIV zu erfolgen.

§ 81 Erstattung an Unfallkassen der Länder

(1) Den Unfallkassen der Länder werden von der zuständigen Verwaltungsbehörde halbjährlich die Aufwendungen erstattet, die ihnen nach § 77 Absatz 4 entstehen.

(2) Den Unfallkassen der Länder werden von der zuständigen Verwaltungsbehörde halbjährlich Verwaltungskosten in Höhe von 5 Prozent des Erstattungsbetrages nach Absatz 1 erstattet.

(3) [1]Die Länder können mit den Unfallkassen Vereinbarungen zur Durchführung des Verfahrens nach den Absätzen 1 und 2 treffen. [2]Haben die Vereinbarungen finanzielle Auswirkungen für den Bund, bedürfen sie der Zustimmung des Bundesministeriums für Arbeit und Soziales.

A. Gesetzesgeschichte

1 Die Vorschrift ist – ebenso wie § 80 SGB XIV – Folge der Auftragsverwaltung, hier der Unfallkassen der Länder nach § 77 Abs. 4 SGB XIV, so dass es hierzu im BVG – wie auch schon zu §§ 77, 80 SGB XIV – keine Vorgängervorschrift gibt.

9 BT-Drs. 19/13824, 206.

B. Normsystematik und -zweck

Die Vorschrift entspricht § 80 Abs. 1 und 2 SGB XIV. Anders als bei der Erstattung an die Pflegekassen ist allerdings für die Erstattung der Aufwendungen an die Unfallkassen **keine Pauschalabgeltung** (vgl. § 80 Abs. 3 bis 5 SGB XIV) vorgesehen. Da die Unfallkassen nach § 77 Abs. 4 SGB XIV nur ergänzende Leistungen für **Pflegehilfsmittel und wohnumfeldverbessernde Maßnahmen** nach § 75 Abs. 1 S. 2 Nr. 3 SGB XIV erbringen, lassen sich die hierfür tatsächlich aufgewandten finanziellen Mittel regelmäßig ohne großen Verwaltungsaufwand **eindeutig beziffern**. Insbesondere im Bereich der wohnumfeldverbessernden Maßnahmen fallen regelmäßig (größere) Einmalzahlungen an, die einfach weitergereicht werden können. Pauschalierungen tragen daher kaum zur Reduzierung des Verwaltungsaufwands bei und werden andererseits erheblich schwankenden größeren Einmalzahlungen nicht gerecht. 2

C. Einzelkommentierung

Auch hier erfolgen die **Abrechnungen halbjährlich**, um den Verwaltungsaufwand bei den Unfallkassen und den Verwaltungsbehörden in Grenzen zu halten. 3

Zur Deckung der **Verwaltungskosten** ist nach der Gesetzesbegründung[1] eine Erstattung in Höhe von **5 %** des halbjährlichen Erstattungsbetrages für Aufwendungen nach Absatz 1 angemessen. 4

Bei der Leistungserbringung nach § 77 Abs. 4 SGB XIV handelt es sich – ebenso wie bei der Leistungserbringung durch die Pflegekassen nach § 77 Abs. 2 und 3 SGB XIV – um **Auftragsverwaltung** iS von § 93 SGB X. Deshalb gelten § 89 Abs. 3 und 5 SGB X sowie § 91 Abs. 1 und 3 SGB X entsprechend. Auf Verlangen der beauftragten Landesunfallkasse hat die auftraggebende zuständige Verwaltungsbehörde nach § 91 Abs. 3 SGB X für die zur Ausführung des Auftrags erforderlichen Aufwendungen einen angemessenen **Vorschuss** zu zahlen. Es handelt sich dabei um Abschlagszahlungen für den tatsächlich entstehenden Aufwand. Nach der Gesetzesbegründung soll eine Abschlagszahlung über § 91 Abs. 3 SGB X hinaus auch auf Verlangen der Verwaltungsbehörde möglich sein.[2] 5

Kapitel 8 Leistungen bei hochgradiger Sehbehinderung, Blindheit und Taubblindheit

§ 82 Anspruch und Umfang

(1) Ist als Schädigungsfolge hochgradige Sehbehinderung nach Teil A Nummer 6 Buchstabe d der Versorgungsmedizin-Verordnung eingetreten, erhalten Geschädigte unabhängig vom Lebensalter die Hälfte des Betrags nach § 72 Absatz 2 des Zwölften Buches, der für blinde Menschen nach Vollendung des 18. Lebensjahres geleistet wird.

(2) [1]Ist als Schädigungsfolge Blindheit nach Teil A Nummer 6 Buchstabe a bis c der Versorgungsmedizin-Verordnung eingetreten, erhalten Geschädigte unabhängig vom Lebensalter den Betrag nach § 72 Absatz 2 des Zwölften Buches, der für blinde Menschen nach Vollendung des 18. Lebensjahres geleistet wird. [2]§ 72 Absatz 5 des Zwölften Buches gilt entsprechend.

(3) Ist als Schädigungsfolge Taubblindheit im Sinne von § 3 Absatz 1 Nummer 8 Schwerbehindertenausweisverordnung eingetreten, erhalten Geschädigte unabhängig vom Lebensalter den zweifachen Betrag nach § 72 Absatz 2 des Zwölften Buches, der für blinde Menschen nach Vollendung des 18. Lebensjahres geleistet wird.

1 BT-Drs. 19/13824, 206.
2 BT-Drs. 19/13824, 206.

(4) Die Leistungen nach den Absätzen 1 bis 3 sind vorrangig gegenüber landesrechtlichen Leistungen für blindheitsbedingte Mehraufwendungen.

A. Gesetzesgeschichte

1 Die Vorschrift wurde durch Art. 1 G-SER[1] eingeführt; nach dessen Art. 60 Abs. 7 tritt sie am 1.1.2024 in Kraft. Sie löst die Blindenhilfe des § 27d Abs. 1 Nr. 4, Abs. 3 S. 5, 6 und die Pflegezulage mindestens der Stufe III wegen schädigungsbedingter Blindheit nach § 35 Abs. 1 S. 6 BVG ab.

2 An die Stelle **kriegsopferfürsorgerechtlicher** Blindenhilfe als einer Form der Hilfe in besonderen Lebenslagen treten **eigenständige** Geldleistungen. Darin geht die „automatische" Pflegezulage[2] auf, die Blinden nach dem BVG unabhängig vom Grad tatsächlich bestehender Hilflosigkeit gewährt wurde.

B. Normsystematik

3 Geschädigte, die schädigungsbedingt hochgradig sehbehindert, erblindet oder taubblind sind, erhalten zusätzlich zu allen anderen Leistungen der sozialen Entschädigung eine **einkommensunabhängie Geldleistung.** Deren Höhe orientiert sich an den dynamisierten Sätzen des Blindengeldes nach § 72 SGB XII für Personen nach Vollendung des18. Lebensjahres. Sie beträgt bei hochgradiger Sehbehinderung die Hälfte dieses Betrages, entspricht ihm bei Erblindung und steigt bei Taubblindheit auf das Doppelte.

4 Mit den Leistungen nach § 82 SGB XIV behaupten **blinde Menschen** auch im sozialen Entschädigungsrecht ihre **privilegierte Sonderstellung** gegenüber allen anders Geschädigten. Bereits im RVG hatte der 1916 als erster Opferverband gegründete Bund der Kriegsblinden Deutschlands die Interessen seiner Mitglieder durchgesetzt. Im BVG haben blinde Kriegsbeschädigte ihre herausgehobene Stellung ausgebaut. Für „Zivil"- oder „Friedensblinde" wurden dann in der Nachkriegszeit mit der Blindenhilfe des BSHG/SGB XII **sozialhilferechtliche** und mit dem Blindengeld sämtlicher Bundesländer **einkommens- und vermögensunabhängige Sonderleistungen** für Blinde eingeführt.[3]

5 Die Leistungen nach § 82 SGB XIV dienen, auch ohne ausdrücklich genannte **Zweckbestimmung,**[4] dazu, einen **schädigungsbedingten Mehrbedarf** wegen hochgradiger Sehbehinderung, Blindheit oder Taubblindheit zu decken, worauf bereits Abs. 4 hinweist. Diese Funktion ergibt sich auch aus der Stellung des § 82 SGB XIV als gesondertes Kapitel 8 vor dem folgenden Kapitel 9 zu „Entschädigungszahlungen". Allein diese verfolgen aber, neben dem Ausgleich schädigungsbedingter Mehraufwendungen, mit der Anerkennung des Integritätsverlustes einen immateriellen Zweck (Genugtuungsfunktion). Die Leistungen des § 82 SGB XIV sind schließlich **nicht** Teil eines Programms zum umfassenden **Behinderungsausgleich** (Nachteilsausgleiche nach § 152 Abs. 4, Abs. 1 SGB IX), sie zielen auf die Erfüllung laufender **blindheitsspezifischer Bedürfnisse.**

---

1 BGBl. 2019 I 2652.
2 Wilke/Fehl, Soziales Entschädigungsrecht, 7. Aufl. 1992, BVG § 35 Rn. 24.
3 Dau jurisPR-SozR 10/2016 Anm. 5.
4 Anders noch § 83 Referentenentwurf-SGB XIV (Stand 20.11.2018), 43.

C. Einzelkommentierung

Die Tatbestände der Abs. 1 und 2 fordern jeweils festgestellte Schädigungsfolgen wegen Gesundheitsstörungen an einem **paarigen Organ**, den Augen. Abs. 3 fordert eine festgestellte Schädigungsfolge aufgrund kombinierter Gesundheitsstörungen an **zwei Funktionssystemen** (Augen und Gehör). Daraus folgen **Kausalitätsprobleme**. Wie zu verfahren ist, wenn Gesundheitsstörungen zwar zusammengenommen zu hochgradiger Sehbehinderung, Blindheit oder Taubblindheit führen, aber **zeitlich nacheinander** teils schädigungsbedingt, teils schädigungsunabhängig eintreten („**bereits bestehende**" und „**nachfolgende**" Gesundheitsstörung, früher „Vorschaden/Nachschaden"[5]) geben die VMG der Anlage zu § 2 VersMedV in Abschn. C 6 vor. 6

Verstärkt eine **vor** dem **schädigenden Ereignis** bereits bestehende schädigungsunabhängige Gesundheitsstörung die Auswirkungen der schädigungsbedingten, ist das zu **berücksichtigen** (VMG Abschn. C 6.2.4): Der schädigungsbedingte Verlust eines Auges führt mithin zu Blindheit, wenn zuvor das andere Auge bereits durch Krankheit zerstört war. Eine zeitlich **nach** der **Schädigungsfolge** eingetretene schädigungsunabhängige Gesundheitsstörung bleibt **unberücksichtigt** (VMG Abschn. C 6.4): Taubblindheit ist sonach nicht Schädigungsfolge, wenn das schädigungsbedingt ertaubte Gewaltopfer anschließend durch Augenkrankheit sein Sehvermögen einbüßt. 7

Das SGB XIV schwächt die **Härten** dieser Regelung auch bei nachfolgender Gesundheitsstörung des zweiten Auges nicht ab.[6] Anders noch das BVG: im Ergebnis bestand in diesen Fällen Anspruch auf Grundrente nach einem GdS von 50 statt (bei schädigungsbedingtem Verlust nur eines Auges) von 30.[7] 8

Anders als in der Blindenhilfe des § 72 SGB XII setzen Leistungen bereits bei Störungen des Sehvermögens unter der Schwelle von Blindheit oder gleich zu achtenden Störungen ein. Zu Letzteren zählt nach § 72 Abs. 5 SGB XII erst eine Herabsetzung der beidäugigen Sehschärfe auf nicht mehr als ein Fünfzigstel. **Hochgradig sehbehindert** iSd § 82 Abs. 1 SGB XIV ist dagegen nach Teil A Nr. 6 lit. d VersMedV bereits, wessen Sehschärfe nicht mehr als ein Zwanzigstel beträgt. Dieser **niedrigschwellige Zugang** zu **Leistungen** knüpft an die Position hochgradig Sehbehinderter bei der Pflegezulage des BVG an. Hochgradige Sehbehinderung erfüllte stets die Voraussetzung für Hilflosigkeit (VMG Abschn. A Nr. 4 lit. e) und löste deshalb nach § 35 Abs. 1 BVG den Anspruch auf Pflegezulage jedenfalls der Stufe I aus. 9

Die Leistung des **Abs. 1** wird in Höhe von 50 % des Betrages der Blindenhilfe nach § 72 Abs. 2 S. 1 SGB XII gezahlt. Sie ist – wie diese nach S. 2 der Vorschrift – in dem Umfang **dynamisiert**, in dem sich der aktuelle Rentenwert in der gesetzlichen Rentenversicherung verändert. Zur Zeit (Stand: Mai 2021) würden sich monatlich 383,37 Euro ergeben. Dabei handelt es sich im Gegensatz zur Referenznorm des § 72 Abs. 2 S. 1 SGB XII, wonach nur die halbe Leistung erhält, wer das 18. Lebensjahr noch nicht vollendet hat, um einen **altersunabhängigen Einheitsbetrag**. Der Gesetzgeber ist dem Argument[8] gefolgt, dass altersbezogen zwar unterschiedlicher, aber der Höhe nach vergleichbarer blindheitsbedingter Mehraufwand zu decken sei und das soziale Entschädigungsrecht in § 35 BVG bei der Pflegezulage Blinder nicht nach dem Lebensalter differenziert habe. 10

---

5 Das SGB XIV hält sich nicht an die neue Nomenklatur und spricht in § 89 Abs. 8 weiter von „Nachschaden".

6 Härteausgleich nach § 89 BVG, jetzt § 100 SGB XIV, ist in diesen Fällen nicht zu gewähren: BSG Urt. v. 8.7.1980 – 9 RV 60/79, juris Rn. 15.

7 Vgl. HK-SozEntschR/Dau BVG § 31 Rn. 7.

8 Ziff. 1.1.1 der Stellungnahme des DBSV zum Referentenentwurf eines Gesetzes zur Regelung des sozialen Entschädigungsrechts vom 30.11.2018 (SER); www.dbsv.org/stellungnahme/SER.html.

11 **Abs. 2** übernimmt den **versorgungsrechtlichen Blindheitsbegriff** aus „Teil A Nummer 6 lit. a bis c der VersMedV". Blind ist danach, wem das Augenlicht fehlt. Als blind anzusehen ist auch, wessen Sehschärfe auf keinem Auge und auch nicht beidäugig mehr als ein Fünfzigstel beträgt oder wenn andere Störungen des Sehvermögens von einem solchen Schweregrad vorliegen, dass sie dieser Beeinträchtigung der Sehschärfe gleichzustellen sind. Eine inhaltsgleiche Bestimmung trifft § 72 Abs. 5 SGB XII, dessen entsprechende Anwendung Abs. 2 Satz 2 anordnet.

12 Der **sozialrechtliche Blindheitsbegriff** hat sich über Jahrzehnte entwickelt und gewandelt.[9] Daran war die höchstrichterliche Rechtsprechung führend beteiligt. Nach deren letztem Stand[10] gibt es **keinen einheitlichen**, sondern einen **engeren**, im Schwerbehindertenrecht und im SER geltenden Begriff und einen **weiteren**, dem verschiedene Landesblindengesetze und das SGB XII in § 72 folgen.[11] Unter den engeren Begriff fallen nur **ophtalmologische** Störungn des Sehvermögens, der weitere schließt **gnostische – neuropsychologische** – Störungen des visuellen Erkennens ein. Der Unterschied beruht auf **unterschiedlichen Zielen**: Blindengeldgesetze beschränken sich darauf, laufende **blindheitsspezifische**, auch immaterielle **Bedürfnisse** blinder Menschen zu erfüllen. Zur Finanzierung daraus folgenden umfangreichen Mehraufwandes gewähren sie ein **pauschales Blindengeld**. Das Schwerbehindertenrecht dagegen will durch eine Vielzahl von Nachteilsausgleichen, ausgerichtet auf jeweils ein Organsystem, die volle, wirksame und **gleichberechtigte Teilhabe** von **Menschen mit Behinderung** fördern; bei organischen Störungen des Sehapparates durch die über das Merkzeichen „Bl." vermittelten **Nachteilsausgleiche**, bei gnostischen Störungen des visuellen Erkennens durch andere, passgenau darauf ausgerichtete. Somit gilt: landesrechtliche Blindengeldgesetze und § 72 SGB XII verfolgen bei **weitem** Blindheitsbegriff ein **spezifisches Ziel**, das Schwerbehindertenrecht hat einen **engen** Blindheitsbegriff im Rahmen **umfassender** Zielsetzung. Diesem Muster folgt § 82 Abs. 2 SGB XIV nicht. Obwohl es sich der Sache nach um eine Blindengeldleistung handelt, besteht darauf Anspruch nur bei ophtalmologisch begründeten Störungen des Sehvermögens. Gnostische Störungen des visuellen Erkennens fallen nicht unter den in S. 1 ausdrücklich in Bezug genommenen versorgungsmedizinischen Blindheitsbegriff nach „Teil A Nummer 6 lit. a bis c VersMedV".

13 Die **Höhe** der **Leistung** nach **Abs. 2** entspricht dem **vollen Betrag der Blindenhilfe** nach § 72 Abs. 2 SGB XII; zur Zeit (Stand: Mai 2021) wären das 765,43 Euro. Ebenso wie nach Abs. 1 handelt es sich um einen altersunabhängigen Einheitsbetrag, der wie die Blindenhilfe **dynamisiert**, aber anders als diese bei Berechtigten vor Vollendung des 18. Lebensjahres nicht halbiert wird.

14 Nach **Abs. 3** erhalten Menschen bei schädigungsbedingter **Taubblindheit** eine altersunabhängige dynamisierte Leistung in Höhe des **doppelten** nach § 72 Abs. 2 S. 1 SGB XII Erwachsenen zustehenden **Betrages**. Zur Zeit (Stand: Mai 2021) wären das 1.530,86 Euro. Da die VersMedV den Begriff Taubblindheit (noch) nicht kennt, wird die Leistung an die Definition in § 3 Abs. 1 Nr. 8 SchwbAwV (**Merkzeichen „TBl"**) geknüpft. Danach ist ein schwerbehinderter Mensch taubblind, wenn er wegen einer Störung der **Hörfunktion** einen **GdB** mindestens von **70** und **dazu** wegen einer Störung des **Sehvermögens** einen **GdB** von **100** hat. Bislang führte „TBl" lediglich zur Befreiung von der Rundfunkbeitragspflicht (§ 4 Abs. 1 Nr. 10 RdFunkBeitrStVtr).

9 Vgl. dazu jurisPK-SGB XII/Blüggel, Stand: 5.1.2021, § 72 Rn. 19 ff.; Dau jurisPR-SozR 24/2009 Anm. 4.

10 Zuletzt: BSG Urt. v. 24.10.2019 – B 9 SB 1/18 R, juris, mAnm Palsherm SGb 2020, 640; s. dazu auch Rohrschneider/Braun MedSach 2020, 252 (255 ff.) und Hansen jurisPR-SozR 14/2021 Anm. 5.

11 jurisPK-SGB XII/Blüggel, Stand: 5.1.2021, § 72 Rn. 21.1; Dau jurisPR-SozR 9/2019 Anm. 4.

Bundesrechtliche Nachteilsaugleiche gab es nicht,[12] weil der Gesetzgeber davon ausging, dass sich wegen äußerst heterogener Teilhabebeeinträchtigungen einheitliche konkrete Bedarfe nicht ermitteln ließen.[13] Im Gesetzgebungsverfahren zum SGB XIV hat er sich vom Gegenteil überzeugen lassen[14] und den Bedarf doppelt so hoch wie bei Blindheit eingeschätzt.[15] Damit soll der Kombination schwerster Schädigungsfolgen, die zudem in einer ungünstigen Wechselbeziehung zueinander stehen, ausreichend Rechnung getragen werden. Deshalb **scheidet** eine **Erhöhung** der monatlichen **Entschädigungszahlung** nach § 83 Abs. 3 SGB XIV **aus**, obwohl Taubblinde die Voraussetzungen dieser Vorschrift an sich erfüllen.[16]

Abs. 4 regelt, dass die Leistungen nach den Abs. 1 bis 3 vorrangig sind gegenüber landesrechtlichen Leistungen für Aufwendungen bei hochgradiger Sehbehinderung, Blindheit und Taubblindheit. Da die Sätze nach sämtlichen landesrechtlichen Bestimmungen, zum Teil deutlich, niedriger sind als die des § 72 SGB XII, lassen sie sich durch ergänzende Blindenhilfe auf deren Höhe „aufstocken".[17] Das entfällt bei Berechtigten nach § 83 SGB XIV, weil ihre Leistungen denen der Blindenhilfe nach § 72 SGB XII entsprechen. 15

Nach § 14 BVG erhalten schädigungsbedingt Blinde als Bestandteil ihrer Versorgungsbezüge eine monatliche **Geldleistung**[18] von 183 Euro (Stand: Mai 2021), entweder zum **Unterhalt** eines **Führ-hundes** oder als Beihilfe zu den **Aufwendungen** für **fremde Führung**. Diese Leistung führt das SGB XIV **nicht** fort. Es verweist in § 46 Abs. 2 wegen Art und Umfang der Versorgung mit Hilfsmitteln auf die Rechtsverordnung nach § 31 Abs. 2 SGB VII (OrthVersorgUVV) und die nach S. 2 dieser Vorschrift das Nähere regelnden gemeinsamen Richtlinien der Verbände der Unfallversicherungsträger. § 2 Abs. 2 OrthVersorgUVV sieht einen monatlichen Zuschuss für den Unterhalt eines Führhundes oder zu den Aufwendungen für fremde Führung in Höhe des in § 14 BVG jeweils festgesetzten Betrages vor. Diese Verweisung ginge mit Außerkrafttreten des BVG zum 31.12.2023 ins Leere. Die ab 1.1.2024 geltende Fassung des § 2 Abs. 2 OrthVersorgUVV[19] nennt deshalb keinen festen Betrag mehr.[20] Das bleibt den gemeinsamen Richtlinien der Verbände der Unfallversicherungsträger überlassen.[21] 16

12 Zu Landesleistungen für Taubblinde s. §§ 1 Abs. 7, 2 Abs. 1 S. 2 Thüringer Gesetz über das Sinnesbehindertengeld (GVBl. 2018, 69) und für Berlin §§ 1 Abs. 1, 2 Abs. 1 S. 2 Landespflegegesetz (GVBl. 2019, 602).

13 jurisPK-SGB IX/Goebel (Stand: 15.2.2019), § 152 Rn. 71.

14 Ziff. 1.1.3 der Stellungnahme des DBSV zum Referentenentwurf eines Gesetzes zur Regelung des sozialen Entschädigungsrechts vom 30.11.2018 (SER); www.dbsv.org/stellungnahme/SER.html.

15 In Thüringen beträgt der Zuschlag zum Leistungssatz bei Blindheit 100 Euro, in Berlin werden eigenständig 1189 Euro gewährt.

16 BT-Drs. 1913824, 207.

17 jurisPK-SGB XII/Blüggel, Stand: 5.1.2021, § 72 Rn. 53.

18 BSG Urt. v. 18.9.2003 – B 9 V 10/02 R, juris Rn. 40 ff.

19 Art. 53 Nr. 1 SER (BGBl. 2019 I 2652).

20 Entgegen der Anregung 172 EUR monatlich als jährlich anzupassenden Betrag zu nennen: Ziff. 2. der Stellungnahme des DBSV zum Referentenentwurf eines Gesetzes zur Regelung des sozialen Entschädigungsrechts vom 30.11.2018 (SER); https://www.dbsv.org/stellungnahme/SER.html (22.5.2021).

21 Gemeinsame Richtlinien der Verbände der Unfallversicherungsträger über die Hilfsmittelversorgung im Bereich der gesetzlichen Unfallversicherung (§ 31 Abs. 2 Satz 2 SGB VII), Stand: 1.7.2011; https://www.dguv.de/medien/inhalt/reha_leistung/richtlinien_uvt/hilfsm_vo.pdf (22.5.2021).

Kapitel 9 Entschädigungszahlungen

Abschnitt 1 Entschädigungszahlungen an Geschädigte

§ 83 Monatliche Entschädigungszahlung

(1) Geschädigte erhalten eine monatliche Entschädigungszahlung von
1. 400 Euro bei einem Grad der Schädigungsfolgen von 30 und 40,
2. 800 Euro bei einem Grad der Schädigungsfolgen von 50 und 60,
3. 1 200 Euro bei einem Grad der Schädigungsfolgen von 70 und 80,
4. 1 600 Euro bei einem Grad der Schädigungsfolgen von 90,
5. 2 000 Euro bei einem Grad der Schädigungsfolgen von 100.

(2) Die monatliche Entschädigungszahlung nach Absatz 1 Nummer 5 erhöht sich für Geschädigte mit schwersten Schädigungsfolgen um 20 Prozent.

(3) [1]Schwerste Schädigungsfolgen liegen vor bei blinden Ohnhändern oder Geschädigten mit Verlust beider Arme im Oberarm und beider Beine im Oberschenkel. [2]Von schwersten Schädigungsfolgen ist ebenfalls auszugehen, wenn bei
1. Querschnittsgelähmten mit Blasen- und Mastdarmlähmung,
2. Hirnbeschädigten mit schweren psychischen und physischen Störungen,
3. Ohnhändern mit Verlust beider Beine im Oberschenkel,
4. blinden Doppel-Oberschenkelamputierten oder
5. Blinden mit völligem Verlust einer oberen und einer unteren Gliedmaße

eine weitere wesentliche Schädigungsfolge vorliegt, so dass der Leidenszustand vergleichbar außergewöhnlich ist wie bei den Geschädigten nach Satz 1. [3]Schwerste Schädigungsfolgen können auch andere Geschädigte mit einem GdS von 100 haben, wenn deren außergewöhnlicher Leidenszustand vergleichbar ist mit den Geschädigten nach Satz 1.

A. Gesetzesgeschichte

1 Die Vorschrift ist durch Art. 1 G-SER vom 12.12.2019[1] eingeführt worden und tritt gemäß Art. 60 Abs. 7 G-SER am **1.1.2024** in Kraft.

2 **Vorläufer des § 83 Abs. 1 SGB XIV** sind die Regelungen über die **Grundrente nach § 31 Abs. 1 BVG**. Beschädigte erhalten Grundrente wegen eines Verlustes an körperlicher, geistiger und seelischer Gesundheit.[2] Die Höhe der Grundrente richtet sich nach dem Ausmaß der Schädigungsfolgen. Der Gesetzgeber hat den ursprünglich verwende-

1 BGBl. 2019 I 2652.
2 HK-SozEntschR/Dau BVG § 31 Rn. 1.

ten Begriff der MdE im Rahmen des BVG-ÄndG vom 13.12.2007[3] durch den auch in § 83 SGB XIV verwendeten GdS abgelöst.[4] Die **Leistungserhöhung des § 83 Abs. 2 SGB XIV** knüpft an die bisherige **Schwerstbeschädigtenzulage des § 31 Abs. 4 BVG** an, sieht jedoch eine **einheitliche Erhöhung** der Leistungen nach § 83 Abs. 1 Nr. 5 SGB XIV um 20 Prozent vor, wodurch es zu einer deutlichen Vereinfachung im Verhältnis zur bisherigen Rechtslage kommt, die bei der Schwerstbeschädigtenzulage zwischen sechs verschiedenen Stufen unterscheidet und zur Einordnung in die jeweilige Stufe ein kompliziertes Punktesystem enthält.[5] **§ 83 Abs. 3 SGB XIV** löst die Regelungen der auf der Grundlage der Verordnungsermächtigung des § 31 Abs. 4 S. 2 BVG geschaffenen **Verordnung zur Durchführung des § 31 Abs. 4 BVG**[6] ab, die den Personenkreis festlegt, der Schwerstbeschädigtenzulage erhält und seine Einordnung in die jeweiligen Stufen bestimmt.

Der **Bundesrat** hatte im Rahmen seiner 980. Sitzung am 20.9.2019 nach Beratung des Gesetzentwurfs der Bundesregierung eine Neufassung des § 83 Abs. 2 SGB XIV und eine Streichung des § 83 Abs. 3 SGB XIV gefordert. Die Erhöhung der monatlichen Entschädigungszahlung nach § 83 Abs. 1 Nr. 5 SGB XIV sei auf Geschädigte auszurichten, bei denen aufgrund der Schädigungsfolgen eine Pflegebedürftigkeit vorliege, die dem Pflegegrad 5 nach § 15 SGB XI entspreche. Die im bisherigen § 83 Abs. 3 SGB XIV genannten schwersten Schädigungsfolgen seien überwiegend typische Kriegsverletzungen und nicht mehr zeitgemäß. Die dort ebenfalls vorgesehene Regelung, dass auch vergleichbar schwere Leidenszustände zur Erhöhung der monatlichen Entschädigungszahlung führen könnten, sei zu unpräzise. Die Anknüpfung an einen schädigungsbedingten Pflegegrad 5 richte sich nach den ärztlichen Begutachtungsregeln des SGB XI und sei demgegenüber objektiv abgrenzbar.[7] Letztlich konnte sich der Bundesrat mit seiner Forderung nicht durchsetzen. Der Vorschlag überzeugte die Bundesregierung nicht, da die Begutachtung nach dem SGB XI nicht zwischen schädigungsbedingten und nicht schädigungsbedingten Folgen von Gesundheitsstörungen unterscheide und es zweifelhaft erscheine, einen schädigungsbedingten Pflegegrad festzustellen.[8] Im weiteren Gesetzgebungsverfahren ist aufgrund der **Beschlussempfehlung des Ausschusses für Arbeit und Soziales** in § 83 Abs. 3 S. 2 SGB XIV eine fehlerhafte Verweisung korrigiert worden.[9] 3

B. Normsystematik

I. Allgemeiner Regelungsgehalt

§ 83 SGB XIV regelt die Voraussetzungen und die Höhe der monatlichen Entschädigungszahlung an Geschädigte iSd § 2 Abs. 2 SGB XIV. Für diesen Personenkreis werden in **§ 83 Abs. 1 Nr. 1 bis 5 SGB XIV** monatliche Geldzahlungen in fünf Stufen festgelegt, die von der Höhe des GdS abhängig sind. **§ 83 Abs. 2 SGB XIV** sieht eine pauschale Erhöhung der monatlichen Entschädigungszahlung nach § 83 Abs. 1 Nr. 5 SGB XIV für Geschädigte mit einem GdS von 100 und schwersten Schädigungsfolgen 4

3 Gesetz zur Änderung des Bundesversorgungsgesetzes und anderer Vorschriften des Sozialen Entschädigungsrechts v. 13.12.2007, BGBl. 2007 I 2652.
4 S. hierzu Becker, Soziales Entschädigungsrecht, S. 175 f.; Dau SRa Sonderheft 2017, 1 (5); Vogl SGb 2008, 583 (584).
5 Vgl. BSG Urt. v. 2.10.2008 – B 9 VH 1/07 R, SozR 4-3100 § 60 Nr. 4, Rn. 50 ff.; HK-SozEntschR/Dau BVG § 31 Rn. 8 f.
6 Verordnung zur Durchführung des § 31 Abs. 4 BVG idF der Bekanntmachung vom 20.4.1970, BGBl. 1970 I 410, geändert durch Art. 16 G. v. 13.12.2007, BGBl. 2007 I 2904.
7 BT-Drs. 19/13824, 295.
8 Vgl. Gegenäußerung der Bundesregierung, BT-Drs. 19/13824, 317; ablehnend auch WEISSER RING eV, Ausschuss-Drs. 19(11)480, 6 (10).
9 BT-Drs. 19/14870, 9, 33.

um 20 Prozent vor. **§ 83 Abs. 3 SGB XIV** regelt, in welchen Fällen schwerste Schädigungsfolgen vorliegen.

II. Systematische Einordnung und Normzweck

5 **1. Systematik.** Die Vorschrift ist Teil der Regelungen über die Entschädigungszahlungen des SER, die der Gesetzgeber im **Kap. 9 SGB XIV** zusammengefasst hat. Dieses Kap. ist in die im **Abschn. 1** geregelten Entschädigungszahlungen an Geschädigte und die im **Abschn. 2** normierten Entschädigungszahlungen an Hinterbliebene untergliedert. Der Abschn. 1 behandelt mit dem vorliegenden **§ 83 SGB XIV** die monatliche Entschädigungszahlung und in **§ 84 SGB XIV** die Abfindung an Geschädigte. Abschn. 2 regelt in **§ 85 SGB XIV** die monatliche Entschädigungszahlung an Witwen und Witwer sowie an Partner einer eheähnlichen Gemeinschaft, in **§ 86 SGB XIV** die Abfindung für Witwen und Witwer und in **§ 87 SGB XIV** die monatliche Entschädigungszahlung an Waisen. Die monatliche Entschädigungszahlung an hinterbliebene Eltern ist in **§ 88 SGB XIV** normiert.

6 Die Entschädigungszahlungen des Kap. 9 SGB XIV unterliegen der **Dynamisierung.** Ihre Höhe wird gemäß § 110 Abs. 1 SGB XIV jeweils entsprechend dem Prozentsatz angepasst, um den sich der aktuelle Rentenwert in der gesetzlichen Rentenversicherung verändert (→ § 110 Rn. 7 ff.).

7 Anders als nach der bis zum 31.12.2023 geltenden Rechtslage (§§ 33, 41 Abs. 3 BVG) ist die Bewilligung sämtlicher Entschädigungszahlungen nach Kap. 9 SGB XIV dem Grunde und der Höhe nach **nicht einkommensabhängig,** wodurch komplizierte Einkommensprüfungen wegfallen.[10] Gemäß **§ 28 Abs. 2 SGB XIV** werden die Entschädigungszahlungen nach Kap. 9 SGB XIV nicht als Einkommen oder Vermögen auf andere Sozialleistungen oder auf Leistungen nach dem AsylbLG angerechnet (→ § 28 Rn. 15). Die bisher bei der Einkommensanrechnung etwa in der Grundsicherung für Arbeitsuchende gebotene **Differenzierung** zwischen Grundrente,[11] Ausgleichsrente[12] und Schwerstbeschädigtenzulage[13] ist damit obsolet. Ansprüche auf Entschädigungszahlungen nach Kap. 9 SGB XIV können gemäß § 9 SGB XIV auch **nicht gepfändet** werden.

8 Mit den Neuregelungen hat der Gesetzgeber dem Leistungsrecht des SER einen deutlichen **Modernisierungsschub** gegeben.[14] Er hat die Entschädigungszahlungen im Vergleich zu den bisherigen Grundrentenleistungen **deutlich angehoben** und damit auf die Ermahnung des **Bundesbeauftragten für die Opfer und Hinterbliebenen des Terroranschlags auf dem Breitscheidplatz** reagiert, der in seinem Abschlussbericht eine deutliche Anhebung der Leistungen gefordert hatte.[15] Die Anhebung ist so bemessen, dass die Nichtüberführung einiger Geldleistungen nach dem BVG ins SGB XIV (mehr als) kompensiert[16] und der gesellschaftlichen Verantwortung für die Berechtigten nach dem SER Rechnung getragen wird. Weiterhin hat der Gesetzgeber den **Umfang der**

---

10 Vgl. etwa zur Berücksichtigung von Einkünften aus Haus- und Grundbesitz nach § 12 AusglV Dau jurisPR 22/2009 Anm. 5.

11 S. § 11a Abs. 1 Nr. 2 SGB II, s. dazu BSG Urt. v. 5.9.2007 – B 11b AS 49/06 R, SozR 4-4200 § 11 Nr. 7.

12 Vgl. BSG Urt. v. 14.6.2018 – B 14 AS 13/17 R, SozR 4-4200 § 11 Nr. 83 mAnm Mushoff NZS 2018, 996.

13 Vgl. BSG Urt. v. 17.10.2013 – B 14 AS 58/12 R, juris Rn. 27 f. m. krit. Anm. Söhngen jurisPR-SozR 22/2014 Anm. 2.

14 Knickrehm/Mushoff/Schmidt Neues SozEntschR Rn. 264.

15 Abschlussbericht des Bundesbeauftragten für die Opfer und Hinterbliebenen des Terroranschlags auf dem Breitscheidplatz v. 9.11.2007, S. 30.

16 Vgl. etwa zustimmend zur Höhe der Geldleistungen die Stellungnahme des Sozialverbands VdK vom 1.11.2019, Ausschuss-Drs. 19(11)505, 45 (52).

Regelungen einschließlich der Zahl der unterschiedlichen Leistungen im Vergleich zur bisherigen Rechtslage[17] nach dem BVG deutlich verringert. Zu nennen sind hier zB die bisherige einkommensabhängige Ausgleichsrente (§§ 32, 41 BVG) und die Regelung über die Anhebung des GdS wegen einer besonderen beruflichen Betroffenheit (§ 30 Abs. 2 BVG).[18] Die **Übersichtlichkeit des Leistungsrechts** wird auch dadurch gefördert, dass die Bestimmungen über die Entschädigungszahlungen einschließlich der Möglichkeit der Zahlung einer Abfindung für Geschädigte und Hinterbliebene – anders als bisher – in einem gemeinsamen Kap. zusammengefasst sind.[19] Damit hat sich der Gesetzgeber die **Kritik aus der Wissenschaft** zu Herzen genommen, die sich an der Kompliziertheit der bisherigen Regelungen über die Geldleistungen nach dem BVG entzündet hatte.[20]

Die Entschädigungszahlungen des Kap. 9 SGB XIV werden durch den **Berufsschadensausgleich nach Kap. 10 SGB XIV** und die **Besonderen Leistungen im Einzelfall nach Kap. 11 SGB XIV** flankiert, die zu einem **angemessenen Lebensunterhalt** der Berechtigten und ihrer Familien beitragen sollen.[21] 9

Für bereits bestehende Leistungsfälle enthält das Kap. 23 SGB XIV in Bezug auf Geldleistungen iSd § 144 S. 2 SGB XIV **Besitzstandsregelungen** (→ § 144 Rn. 2). 10

Leistungen nach Kap. 9 SGB XIV werden gemäß § 10 Abs. 1 SGB XIV – wie bisher nach § 1 Abs. 1 BVG iVm § 6 KOVVfG[22] – nur **auf Antrag** erbracht (→ § 10 Rn. 8). Der Antrag hat nach Maßgabe des § 11 SGB XIV auch Bedeutung für den **Beginn der Leistungserbringung** (→ § 11 Rn. 7). 11

2. Normzweck. Der **Zweck des § 83 Abs. 1 SGB XIV** besteht darin, die Voraussetzungen und den Umfang der monatlichen Entschädigungszahlung für Geschädigte festzulegen. Diese neue Entschädigungszahlung orientiert sich an der bisherigen Grundrente (§ 31 BVG). Wie die Grundrente[23] dient die Entschädigungszahlung nicht der Sicherung des allgemeinen Lebensunterhalts, sondern verfolgt eine davon unabhängige **doppelte Funktion.**[24] Sie stellt einerseits eine Anerkennung der durch die erlittene gesundheitliche Schädigung verlorenen gesundheitlichen Integrität dar, dient der Genugtuung[25] und hat damit einen stark **immateriellen Charakter**. Anderseits soll sie **Mehrbelastungen** ausgleichen, die durch das schädigende Ereignis hervorgerufen wurden.[26] **§ 83 Abs. 2 SGB XIV** sieht in Weiterentwicklung der bisherigen Regelungen über die **Schwerstbeschädigtenzulage** eine pauschale Erhörung der monatlichen Entschädigungszahlung nach § 83 Abs. 1 Nr. 5 SGB XIV um 20 Prozent für Geschädigte mit schwersten Schädigungsfolgen vor. Die Schwerstbeschädigtenzulage ist mit der Grundrente **funktionsverwandt.**[27] Nichts anders gilt für die in der Neuregelung geschaffene Leistungserhöhung, da diese **in die monatliche Entschädigungszahlung einfließt** und auf Geschädigte zugeschnitten ist, bei denen ein **außergewöhnlicher Leidenszustand** vorliegt, der eine Erhöhung der Entschädigungszahlung gebietet.[28] 12

---

17 Krit. Gutzler WzS 2015, 10 (16).
18 Krit. HK-SozEntschR/Dau BVG § 30 Rn. 15.
19 Vgl. hierzu bereits Knickrehm Ausschuss-Drs. 19(11)503, 64 (69).
20 Becker, Soziales Entschädigungsrecht, S. 178.
21 BT-Drs. 19/13824, 152.
22 Zum Antragsprinzip ausführlich Knickrehm in HK-SozEntSchR BVG § 1 Rn. 2 ff.
23 S. BVerfG Urt. v. 14.3.2000 – 1 BvR 284/96, 1 BvR 1659/96, BVerfGE 102, 41 = SozR 3-3100 § 84a Nr. 3; BSG Urt. v. 12.12.1995 – 9 BV 113/95.
24 HK-SozEntschR/Dau BVG § 31 Rn. 1.
25 Vgl. BSG Urt. v. 14.6.2018 – B 14 AS 13/17 R, SozR 4-4200 § 11 Nr. 83, Rn. 23 mit Anm. Mushoff NZS 2018, 996.
26 BT-Drs. 19/13824, 207.
27 Grundlegend BSG Urt. v. 12.6.2003 – B 9 V 2/02 R, juris Rn. 29.
28 BT-Drs. 19/13824, 207.

C. Einzelkommentierung

I. Monatliche Entschädigungszahlung (Abs. 1)

13 **Geschädigte iSd § 2 Abs. 2 SGB XIV** erhalten gemäß § 83 Abs. 1 SGB XIV eine monatliche Entschädigungszahlung, deren Höhe sich **ausschließlich** nach dem GdS bemisst. Diese wird – wie die Grundrente – insbesondere nicht in Abhängigkeit von der Höhe des Einkommens der oder des Geschädigten geleistet. Während der bisherige § 31 Abs. 1 BVG acht Abstufungen vorsieht, hat der Gesetzgeber diese in § 83 Abs. 1 Nr. 1 bis 5 SGB XIV auf **fünf Stufen** verringert, indem er die Stufen Nr. 1 bis Nr. 3 mit einen GdS von 30 und 40, 50 und 60 sowie 70 und 80 zusammengefasst hat, wodurch die Zahl der Auseinandersetzungen über die Höhe des GdS verringert werden dürfte.

14 Die normativen Maßstäbe zur **Bewertung des GdS** sind in § 5 SGB XIV geregelt. Bislang richten diese sich nach § 30 Abs. 1 BVG. Der GdS ist gem. § 5 Abs. 1 S. 1 SGB XIV nach den allgemeinen Auswirkungen der körperlichen, seelischen, geistigen oder Sinnesbeeinträchtigungen, die durch die als Schädigungsfolge anerkannten Gesundheitsstörungen bedingt sind, in allen Lebensbereichen – also nicht allein und auch nicht vorrangig im Arbeitsleben[29] – zu beurteilen und nach Zehnergraden von 10 bis 100 zu bemessen (§ 5 Abs. 1 S. 2 SGB XIV). Wie bei der bisherigen Grundrente des § 31 Abs. 1 BVG werden Entschädigungszahlungen gemäß § 83 Abs. 1 Nr. 1 SGB XIV erst bei einem **Mindest-GdS** von 30 gewährt. Ein bis zu fünf Grad geringerer GdS wird gem. § 5 Abs. 1 S. 3 SGB XIV vom höheren Grad mit umfasst, so dass der Erhalt einer Entschädigungszahlung – wie bei der Grundrente – ab einem GdS von 25 möglich ist.[30]

15 Mit welchem GdS eine bestimmte Schädigungsfolge zu bewerten und wie der GdS bei mehreren Schädigungsfolgen zu bestimmen ist, ist im SGB XIV selbst nicht geregelt. § 5 Abs. 2 Nr. 1 SGB XIV ermächtigt das BMAS, mit Zustimmung des Bundesrates durch Rechtsverordnung die notwendigen Grundsätze aufzustellen, die für die Bewertung des GdS maßgebend sind. Die Verordnungsermächtigung findet sich bisher in § 30 Abs. 16 BVG.[31] Es handelt sich bei dieser Rechtsverordnung wie bisher um die **VersMedV**.[32] Eine gesamte oder teilweise Neuverkündung der Verordnung ist vom Gesetzgeber nicht für erforderlich befunden worden.[33] Sie enthält als Anlage zu § 2 die **Versorgungsmedizinischen Grundsätze (VMG)**, die seit dem 1.1.2009 die bisherigen „Anhaltspunkte für die ärztliche Gutachtertätigkeit im sozialen Entschädigungsrecht und nach dem Schwerbehindertenrecht (Teil 2 SGB IX)" (AHP) abgelöst und weiterentwickelt haben. Es handelt sich bei den VMG – wie zuvor bei den AHP – um **antizipierte Sachverständigengutachten**, die wegen ihrer normähnlichen Wirkungen wie untergesetzliche Normen anzuwenden sind.[34] Die VMG enthalten im Teil A **allgemeine Grundsätze** zu den Schädigungsfolgen, zum GdS und zum Gesamt-GdS und im Teil B **die GdS-Tabelle** sowie im Teil C Einzelheiten zur **Begutachtung im SER**.

16 Die monatliche Entschädigungszahlung wird **unbefristet** erbracht.[35] Anders als bei den Renten wegen Erwerbsminderung (§§ 43, 240 SGB VI) wird sie insbesondere

---

29 LSG BW Urt. v. 7.12.2017 – L 6 VG 4996/15, juris Rn. 70.
30 Vgl. BSG 28.5.1997 – 9 RV 25/95, juris Rn. 12; LSG Bln-Bbg Urt. v. 8.7.2010 – L 13 VG 25/07, juris Rn. 44.
31 S. dazu HK-SozEntschR/Dau BVG § 30 Rn. 13.
32 Versorgungsmedizin-Verordnung vom 10.12.2008 (BGBl. I 2412), zuletzt geändert durch Art. 18 des Gesetzes v. 17.7.2017 (BGBl. I 2514). S. dazu eingehend Dau jurisPR-SozR 4/2009 Anm. 4.
33 BT-Drs. 10/13824, 172.
34 BSG Urt. v. 11.8.2015 – B 9 SB 2/14 R, SozR 3-3250 § 69 Nr. 19 Rn. 12; Fuchs/Ritz/Rosenow/Bloeck SGB IX § 152 Rn. 3.
35 BT-Drs. 19/13824, 207.

nicht nur bis zum Erreichen der Regelaltersgrenze (§ 35 S. 2 SGB VI) geleistet. Wie die bisherige Grundrente sind die Leistungen jedoch vom **Fortbestand des festgestellten GdS** abhängig. Die zuständigen Behörden sind daher gehalten, in regelmäßigen Abständen **Nachuntersuchungen** vornehmen zu lassen, wenn je nach den konkreten Umständen des Einzelfalls mit einer Änderung des GdS zu rechnen ist. Die in § 59 Abs. 2 AE SGB XIII vorgesehene Gewährung der monatlichen Entschädigungszahlung für einen Zeitraum von zunächst fünf Jahren, ohne dass eine Nachprüfung stattfinden sollte,[36] ist nicht in das SGB XIV überführt worden.

Die **Höhe der monatlichen Entschädigungszahlung** steigt auf jeder der fünf Stufen mit 17
zunehmendem GdS von 400 Euro bei einem GdS von 30 und 40 nach § 83 Abs. 1 Nr. 1 SGB XIV **jeweils um 400 Euro** auf 2.000 Euro bei einem GdS von 100 nach § 83 Abs. 1 Nr. 5 SGB XIV. Durch die gleichmäßige Anhebung der Entschädigungszahlung von Stufe zu Stufe entfällt die bisherige Kritik an den bisherigen nahezu willkürlich gegriffenen Steigerungen der Grundrentenbeträge.[37] Rechtlich nicht geboten ist es, dass Geschädigte mit einem GdS von 40 eine monatliche Entschädigungszahlung erhalten, die exakt halb so hoch ist, wie diejenige, die an Geschädigte mit einem GdS von 80 gezahlt wird.[38] Der Gesetzgeber hat bei der Ausgestaltung der sozialstaatlichen Ordnung einen weiten sozialpolitischen Gestaltungsspielraum.[39]

II. Erhöhung bei schwersten Schädigungsfolgen (Abs. 2)

Die monatliche Entschädigungszahlung nach § 83 Abs. 1 Nr. 5 SGB XIV von 2.000 18
Euro erhöht sich gem. § 83 Abs. 2 SGB XIV für Geschädigte mit schwersten Schädigungsfolgen **pauschal um 20 Prozent** und damit um **monatlich weitere 400 Euro**. Anders als bei der bisherigen Schwerstbeschädigtenzulage des § 31 Abs. 4 BVG findet bei der Gruppe der Geschädigten mit schwersten Schädigungsfolgen im Interesse der Vereinfachung der Rechtsanwendung keine weitere Differenzierung statt.

Geschädigte mit schwersten Schädigungsfolgen sind diejenigen, bei denen ein GdS von 19
100 und weiterhin schwerste Schädigungsfolgen iSd § 83 Abs. 3 SGB XIV zu bejahen sind. Es handelt sich um Berechtigte, bei denen unter Berücksichtigung aller in Betracht kommenden Umstände ein **außergewöhnlicher Leidenszustand** vorliegt,[40] der allein mit einer Entschädigungszahlung auf der Grundlage eines nach oben gedeckelten GdS von 100 nur unzureichend berücksichtigt würde.[41]

III. Fälle schwerster Schädigungsfolgen (Abs. 3)

1. Gesetzlicher Ausgangspunkt (Abs. 3 S. 1). Ausgangspunkt der Prüfung, ob 20
schwerste Schädigungsfolgen zu bejahen sind, die bei Geschädigten mit einem GdS von 100 gemäß § 83 Abs. 2 SGB XIV zu einer Erhöhung der monatlichen Entschädigungszahlung um 20 Prozent führen, ist § 83 Abs. 3 S. 1 SGB XIV. Sie liegen danach vor bei **blinden Ohnhändern** oder **Geschädigten mit Verlust beider Arme im Oberarm und beider Beine im Oberschenkel**. Es handelt sich um Fallkonstellationen, bei denen die Geschädigten unter zumindest zwei schwersten körperlichen Schädigungsfolgen leiden, die bei isolierter Betrachtung, nach den VMG bereits zu einem GdS von 100 führen und welche die Teilhabe der Berechtigten am Leben in der Gesellschaft durch

---

36 Vgl. Nielsson SGb 2017, 378 (385); Schmachtenberg SRa Sonderheft 2017, 18 (21); Verspohl Sozialrecht + Praxis 2/2019, 71 (86).
37 HK-SozEntschR/Dau BVG § 31 Rn. 4.
38 Vgl. aber Wilke/Foerster BVG § 31 Rn. 8.
39 BSG Urt. v. 18.6.2020 – B 3 KR 14/18 R, juris Rn. 23; LSG NRW Urt. v. 26.5.2021 – L 8 LW 13/19, juris Rn. 63.
40 BT-Drs. 19/13824, 207.
41 Grundlegend BSG Urt. v. 12.6.2003 – B 9 V 2/02 R, juris Rn. 28; BSG Urt. v. 10.6.1976 – 10 RV 233/75, juris Rn. 12; HK-SozEntschR/Dau BVG § 31 Rn. 8.

ihre ungünstige Wechselwirkung in außergewöhnlichem Umfang beeinträchtigen. Bei ihnen liegen nach der Festlegung des Gesetzgebers schwerste Schädigungsfolgen iSd § 83 Abs. 2 SGB XIV **eindeutig** und **unwiderlegbar** immer vor.[42]

21 Die in § 83 Abs. 3 S. 1 SGB XIV genannten Fälle dienen dem Rechtsanwender im Rahmen des § 83 Abs. 3 S. 2 und S. 3 SGB XIV als **Orientierungshilfe**, da die Bejahung schwerster Schädigungsfolgen nur dann gerechtfertigt ist, wenn der jeweilige Leidenszustand mit demjenigen der Geschädigten nach § 83 Abs. 3 S. 1 SGB XIV **vergleichbar** ist.

22 **2. Regelbeispiele (Abs. 3 S. 2).** Sind die Schädigungsfolgen mit einem GdS von 100 nicht von § 83 Abs. 3 S. 1 SGB XIV erfasst, ist in einem zweiten Schritt zu prüfen, ob die Voraussetzungen des § 83 Abs. 3 S. 2 SGB XIV erfüllt sind. Danach ist von schwersten Schädigungsfolgen ebenfalls auszugehen, wenn **neben den in Nr. 1 bis 5 als Regelbeispiele ausdrücklich genannten Schädigungsfolgen** (Querschnittslähmung mit Blasen- und Mastdarmlähmung, Hirnschädigung mit schweren psychischen und physischen Störungen etc) eine **weitere wesentliche Schädigungsfolge** vorliegt, so dass der Leidenszustand **vergleichbar außergewöhnlich** ist wie bei den Geschädigten nach § 83 Abs. 3 S. 1 SGB XIV.

23 **Gemeinsames Kennzeichen der Regelbeispiele** ist zunächst, dass bei den Geschädigten **in zumindest zwei gesundheitlichen Funktionssystemen schwere Schädigungsfolgen** vorliegen.[43] Nicht erforderlich ist dabei, dass diese in allen Fällen – wie in § 83 Abs. 3 S. 2 Nr. 3 bis 5 SGB XIV – auch jeweils einen gesonderten GdS von bis zu 100 rechtfertigen. So ist bei den Querschnittsgelähmten mit Blasen- und Mastdarmlähmung (§ 83 Abs. 3 S. 2 Nr. 1 SGB XIV) und bei den Hirnbeschädigten mit schweren psychischen und physischen Gesundheitsstörungen (§ 83 Abs. 3 S. 2 Nr. 2 SGB XIV) nach den VMG (Teil B 3.9 bzw. 3.1.1) jeweils ein **einheitlicher GdS** von 100 bzw. bis zu 100 zu bestimmen. Insoweit ändert sich die Rechtslage nicht grundlegend. Auch bei der Schwerstbeschädigtenzulage nach § 31 Abs. 4 **BVG** kommen neben Beschädigten mit mehreren Schädigungsfolgen, die jede für sich bereits einen GdS von bis zu 100 rechtfertigen, unter bestimmten weiteren Voraussetzungen Beschädigte in Betracht, die unter (nur) einer, allerdings besonders schweren Gesundheitsstörung leiden.[44] Weiteres Kennzeichen der Regelbeispiele ist, dass die schweren Schädigungsfolgen zueinander in einem **ungünstigen Wechselverhältnis** stehen,[45] also zu besonders gravierenden Teilhabebeeinträchtigungen führen.

24 Die genannten Voraussetzungen erfüllen grundsätzlich auch (schädigungsbedingt) **Taubblinde** iSd § 3 Abs. 1 Nr. 8 SchwbAwV; deren besonderer Situation wird aber durch die Höhe der Leistung des § 82 Abs. 3 SGB XIV Rechnung getragen, so dass eine zusätzliche Erhöhung der monatlichen Entschädigungszahlung nicht in Betracht kommt.[46]

25 Weitere Voraussetzung ist, dass bei den mit den Regelbeispielen abgebildeten schweren Schädigungsfolgen eine **weitere wesentliche Schädigungsfolge** vorliegt. Ob aus dieser weiteren Schädigungsfolge **körperliche, seelische, geistige oder Sinnesbeeinträchtigungen** resultieren, spielt dabei keine Rolle. Der **Begriff der wesentlichen Schädigungsfolge** ist gesetzlich nicht definiert. Eine solche muss nicht zwingengend schwerwiegend iS der VMG sein. Erforderlich ist vielmehr, dass diese die Möglichkeiten der oder des Berechtigten zur Teilhabe am Leben in der Gesellschaft unter Berücksichtigung der vorhandenen Schädigungsfolgen noch einmal zusätzlich nicht nur geringgradig ein-

42 Schmidt SGB XIV/Weber § 83 Rn. 9.
43 Schmidt SGB XIV/Weber § 83 Rn. 12.
44 HK-SozEntschR/Dau BVG § 31 Rn. 9.
45 BT-Drs. 19/13824, 207.
46 BT-Drs. 19/13824, 207.

schränkt. Bei Gesundheitsstörungen, die einen GdS von 10 oder 20 bedingen, ist es nach den allgemeinen Grundsätzen der VMG bei der Bildung eines Gesamt-GdS vielfach nicht gerechtfertigt, auf eine wesentliche Zunahme des Ausmaßes einer Behinderung zu schließen.[47] Diese Überlegung lässt sich auch hier fruchtbar machen. Eine wesentliche Zunahme der Gesamtausmaßes der Teilhabebeeinträchtigungen ist bei leichten Gesundheitsstörungen prinzipiell zu verneinen, wenn bei der oder dem Berechtigten bereits (mehrere) schwerwiegende Schädigungsfolgen iS eines der Regelbeispiele des § 83 Abs. 3 S. 2 Nr. 1 bis 5 SGB XIV vorliegen. Eine weitere wesentliche Schädigungsfolge ist vielmehr erst dann zu bejahen, wenn die Schädigungsfolge zumindest mittelgradig ausgeprägt, also mit einem **GdS von wenigstens 30** verbunden, ist und ebenfalls zu den anderen schweren Schädigungsfolgen in einem **ungünstigen Wechselverhältnis** steht.[48]

26 Sodann ist zu prüfen, ob der Leidenszustand der oder des Geschädigten **vergleichbar außergewöhnlich** ist, wie bei den Geschädigten nach § 83 Abs. 3 S. 1 SGB XIV. Zunächst ist hierzu das aus den Schädigungsfolgen resultierende Gesamtausmaß der Teilhabebeeinträchtigungen festzustellen. Anschließend ist zu prüfen, ob diese Teilhabebeeinträchtigungen in ihrer Gesamtheit ein solches Ausmaß erreichen, dass eine Gleichbehandlung mit den Orientierungsfällen des § 83 Abs. 3 S. 1 SGB XIV gerechtfertigt ist. Dabei ist zu berücksichtigen, dass eine Anhebung der Entschädigungszahlung um den Erhöhungsbetrag nach § 83 Abs. 2 SGB XIV nur in engen Ausnahmenfällen in Betracht kommt. Es entspricht nicht der Vorstellung des Gesetzgebers, mit der Neuregelung den Kreis der Berechtigten, die nach heutiger Rechtslage Schwerstbeschädigtenzulage erhalten, auszuweiten.[49]

27 **3. Auffangtatbestand (Abs. 3 S. 3). § 83 Abs. 3 S. 3 SGB XIV** enthält einen Auffangtatbestand, der es dem Rechtsanwender erlaubt, schwerste Schädigungsfolgen iSd § 83 Abs. 2 SGB XIV auch dann zu bejahen, wenn die Voraussetzungen des § 83 Abs. 3 S. 1 SGB XIV und der Regelbeispiele des § 83 Abs. 3 S. 2 SGB XIV nicht erfüllt sind, bei den jeweiligen Geschädigten mit einem GdS von 100 jedoch ebenfalls ein **außergewöhnlicher Leidenszustand** vorliegt, der **vergleichbar** ist mit den Geschädigten iSd § 83 Abs. 3 S. 1 SGB XIV.

28 Auch insoweit ist eine **Kombination schwerster Schädigungsfolgen** erforderlich, die zudem in einem **ungünstigen Wechselverhältnis** zueinander stehen müssen.[50] Die **Anforderungen** des § 83 Abs. 3 S. 1 und 2 SGB XIV dürfen **nicht unterlaufen** werden. Es bietet sich daher auch in den Fällen des § 83 Abs. 3 S. 3 SGB XIV an, zunächst das aus den Schädigungsfolgen resultierende Gesamtausmaß der Teilhabebeeinträchtigungen festzustellen und anschließend zu prüfen, ob diese ein solches Ausmaß erreichen, dass eine Gleichbehandlung mit den Fällen des § 83 Abs. 3 S. 1 SGB XIV **gerechtfertigt** ist. Dies wird nur in seltenen Ausnahmefällen zu bejahen sein.

D. Anhang

I. BVG

29 **§ 31 BVG [Höhe der Beschädigten-Grundrente; Schwerstbeschädigtenzulage]**

(1) [1]Beschädigte erhalten eine monatliche Grundrente bei einem Grad der Schädigungsfolgen

von 30	in Höhe von 164 Euro,
von 40	in Höhe von 223 Euro,
von 50	in Höhe von 298 Euro,
von 60	in Höhe von 379 Euro,

47 Vgl. Teil A 3. lit. d ee VMG.
48 Schmidt SGB XIV/Weber § 83 Rn. 11.
49 BT-Drs. 19/13824, 317.
50 BT-Drs. 19/13824, 207.

von 70	in Höhe von 526 Euro,
von 80	in Höhe von 635 Euro,
von 90	in Höhe von 763 Euro,
von 100	in Höhe von 854 Euro.

[2]Die monatliche Grundrente erhöht sich für Schwerbeschädigte, die das 65. Lebensjahr vollendet haben, bei einem Grad der Schädigungsfolgen

von 50 und 60	um 34 Euro,
von 70 und 80	um 41 Euro,
von mindestens 90	um 51 Euro.

(2) Schwerbeschädigung liegt vor, wenn ein Grad der Schädigungsfolgen von mindestens 50 festgestellt ist.

(3) [1]Beschädigte, bei denen Blindheit als Folge einer Schädigung anerkannt ist, erhalten stets die Rente nach einem Grad der Schädigungsfolgen von 100. [2]Beschädigte mit Anspruch auf eine Pflegezulage gelten stets als Schwerbeschädigte. [3]Sie erhalten mindestens eine Versorgung nach einem Grad der Schädigungsfolgen von 50.

(4) [1]Beschädigte mit einem Grad der Schädigungsfolgen von 100, die durch die anerkannten Schädigungsfolgen gesundheitlich außergewöhnlich betroffen sind, erhalten eine monatliche Schwerstbeschädigtenzulage, die in folgenden Stufen gewährt wird:

Stufe I	99 Euro,
Stufe II	203 Euro,
Stufe III	303 Euro,
Stufe IV	406 Euro,
Stufe V	505 Euro,
Stufe VI	609 Euro.

[2]Die Bundesregierung wird ermächtigt, mit Zustimmung des Bundesrates durch Rechtsverordnung den Personenkreis, der durch seine Schädigungsfolgen außergewöhnlich betroffen ist, sowie seine Einordnung in die Stufen I bis VI näher zu bestimmen.

§ 32 BVG [Ausgleichsrente für Schwerbeschädigte]

(1) Schwerbeschädigte erhalten eine Ausgleichsrente, wenn sie infolge ihres Gesundheitszustands oder hohen Alters oder aus einem von ihnen nicht zu vertretenden sonstigen Grunde eine ihnen zumutbare Erwerbstätigkeit nicht oder nur in beschränktem Umfang oder nur mit überdurchschnittlichem Kräfteaufwand ausüben können.

(2) Die volle Ausgleichsrente beträgt monatlich bei einem Grad der Schädigungsfolgen

von 50 oder 60	526 Euro,
von 70 oder 80	635 Euro,
von 90	763 Euro,
von 100	854 Euro.

§ 33 BVG [Anrechnung von Einkommen auf die Ausgleichsrente]

(1) [1]Die volle Ausgleichsrente ist um das anzurechnende Einkommen zu mindern. [2]Dieses ist, ausgehend vom Bruttoeinkommen, nach der nach Absatz 6 zu erlassenden Rechtsverordnung stufenweise so zu ermitteln, daß

a) bei Einkünften aus gegenwärtiger Erwerbstätigkeit ein Betrag in Höhe von 1,5 vom Hundert sowie bei den übrigen Einkünften ein Betrag in Höhe von 0,65 vom Hundert des Bemessungsbetrags von 36 566 Euro, jeweils auf volle Euro aufgerundet, freibleibt (Freibetrag) und

b) dem Beschädigten mit einem Grad der Schädigungsfolgen von 100 Ausgleichsrente nur zusteht, wenn seine Einkünfte aus gegenwärtiger Erwerbstätigkeit niedriger sind als ein Betrag in Höhe von einem Zwölftel oder seine übrigen Einkünfte niedriger sind als ein Betrag in Höhe von einem Zwanzigstel des in Buchstabe a genannten Bemessungsbetrags, aufgerundet auf volle Euro (Einkommensgrenze); diese Einkommensgrenze schließt auch die Beträge des Bruttoeinkommens ein, die mit den genannten Beträgen die gleiche Stufe gemeinsam haben.

(2) [1]Einkünfte aus gegenwärtiger Erwerbstätigkeit im Sinne des Absatzes 1 sind Einkünfte aus

a) nichtselbständiger Arbeit im Sinne des § 19 Abs. 1 Nr. 1 des Einkommensteuergesetzes,
b) Land- und Forstwirtschaft,
c) Gewerbebetrieb,
d) selbständiger Tätigkeit sowie

Versorgungskrankengeld, Krankengeld und Verletztengeld, sofern diese Leistungen nicht nach einem zuvor bezogenen Arbeitslosengeld oder Unterhaltsgeld nach dem Dritten Buch Sozialgesetzbuch bemessen sind. [2]Bei Versorgungskrankengeld, Krankengeld und Verletztengeld gilt als Einkünfte aus gegenwärtiger Erwerbstätigkeit das Bruttoeinkommen, das der Berechnung dieser Leistung zugrunde liegt, gegebenenfalls vom Zeitpunkt einer Anpassung der Leistung an erhöht um den Vomhundertsatz, um den der Bemessungsbetrag zuletzt gemäß § 56 Abs. 1 Satz 2 angepaßt worden ist. [3]Zu den Einkünften aus gegenwärtiger Erwerbstätigkeit nach Absatz 1 zählt auch Elterngeld im Sinne des Bundeselterngeld- und Elternzeitgesetzes in Höhe des jeweils gezahlten Betrags, der den jeweils maßgeblichen Betrag nach § 10 des Bundeselterngeld- und Elternzeitgesetzes übersteigt. [4]Das für einen Lebensmonat zustehende und gezahlte Elterngeld ist in dem Kalendermonat vollständig anzurechnen, in dem der Beginn des Lebensmonats liegt.

(3) Läßt sich das Einkommen zahlenmäßig nicht ermitteln, so ist es unter Berücksichtigung der Gesamtverhältnisse festzusetzen.

(4) Empfänger einer Pflegezulage erhalten wenigstens die Hälfte der vollen Ausgleichsrente, Empfänger einer Pflegezulage von mindestens Stufe III die volle Ausgleichsrente, auch wenn die Pflegezulage nach § 35 Abs. 4 nicht gezahlt wird oder nach § 65 Abs. 1 ruht.

(5) Die Bundesregierung wird ermächtigt, mit Zustimmung des Bundesrates durch Rechtsverordnung näher zu bestimmen,

a) was als Einkommen gilt und welche Einkünfte bei Feststellung der Ausgleichsrente unberücksichtigt bleiben,
b) wie das Bruttoeinkommen zu ermitteln ist.

(6) [1]Das Bundesministerium für Arbeit und Soziales wird ermächtigt, mit Zustimmung des Bundesrates die Rechtsverordnung über das anzurechnende Einkommen nach Absatz 1 zu erlassen. [2]Die anzurechnenden Beträge sind in einer Tabelle anzugeben, die für Beschädigte mit einem Grad der Schädigungsfolgen von 100 in 200 Stufen gegliedert ist; die ermittelten Werte gelten auch für die übrigen Beschädigtengruppen. [3]Der jeweilige Betrag, bis zu dem die einzelne Stufe reicht, ist zu ermitteln, indem die Stufenzahl mit dem zweihundertsten Teil des um den Freibetrag (Absatz 1 Buchstabe a) verminderten Betrages nach Absatz 1 Buchstabe b multipliziert und dem auf volle Euro abgerundeten Produkt der Freibetrag hinzugerechnet wird. [4]Der jeder Stufe zugeordnete Betrag des anzurechnenden Einkommens ist zu ermitteln, indem die jeweilige Stufenzahl mit dem zweihundertsten Teil des Betrages der vollen Ausgleichsrente für Beschädigte mit einem Grad der Schädigungsfolgen von 100 multipliziert und das Produkt auf volle Euro abgerundet wird. [5]In der Rechtsverordnung kann ferner Näheres über die Anwendung der Tabelle bestimmt und können die jeweils zustehenden Beträge der Ausgleichsrente angegeben werden.

II. BVGVwV

BVGVwV zu § 31 BVG 30

Die Erhöhung der Grundrente wegen Vollendung des 65. Lebensjahres ist vom Geburtsmonat an zu gewähren.

BVGVwV zu § 32 BVG

1. Schwerbeschädigte, die eine Erwerbstätigkeit, die ihnen unter Berücksichtigung ihrer Kenntnisse und Fähigkeiten zuzumuten ist, uneingeschränkt ausüben und das volle Entgelt eines vergleichbaren Nichtbeschädigten beziehen, erhalten keine Ausgleichsrente. Das gilt jedoch nicht, wenn das erzielte Einkommen nicht die Höhe des Einkommens erreicht, das in dem früher ausgeübten, begonnenen oder angestrebten Beruf erreicht worden ist oder wäre, oder wenn unter Berücksichtigung des Alters des Schwerbeschädigten anzunehmen ist, dass durch die Art der Beschädigung ein mit höherem Einkommen verbundener beruflicher Aufstieg vereitelt worden ist, oder wenn die Tätigkeit aus einem der in den Nummern 2 bis 5 genannten Gründe nicht zugemutet oder wenn sie nur mit überdurchschnittlichem Kräfteaufwand voll ausgeübt werden kann.

2. Bei der Prüfung, ob der Beschädigte infolge seines Gesundheitszustandes außerstande ist, einer ihm zumutbaren Erwerbstätigkeit nachzugehen, ist nicht nur die anerkannte Gesundheitsstörung, sondern der Gesamtleidenszustand zu berücksichtigen. Die Voraussetzung gilt stets als erfüllt, wenn der Beschädigte wegen Erwerbs- oder Berufsunfähigkeit eine Rente aus der gesetzlichen Rentenversicherung oder ein vorzeitiges Altersgeld nach dem Gesetz über die Altershilfe für Landwirte erhält.

3. Die Voraussetzung, dass Beschädigte wegen hohen Alters nicht mehr fähig sind, eine Erwerbstätigkeit auszuüben, gilt stets als erfüllt, wenn sie das sechzigste Lebensjahr vollendet haben.

4. Die Frage, ob der Beschädigte ohne sein Verschulden gehindert ist, eine ihm zumutbare Erwerbstätigkeit auszuüben oder höhere Einkünfte zu erzielen, ist zu bejahen, wenn seine dahingehenden Bemühungen trotz bekundeten Arbeitswillens ohne Erfolg geblieben sind und berufsfördernde Maßnahmen zur Rehabilitation nach § 26 nicht in Betracht kommen oder zwar abgeschlossen aber noch nicht wirksam geworden sind. Der Arbeitswille ist im allgemeinen als bekundet anzusehen, wenn der Beschädigte zur Begründung eines entsprechenden Arbeitsverhältnisses ein Arbeitsgesuch bei einer Dienststelle der Bundesanstalt für Arbeit gestellt hat. Die Verwaltungsbehörden haben darüber zu wachen, dass die Möglichkeiten der berufsfördernden Maßnahmen und des Schwerbehindertengesetzes voll ausgeschöpft werden.

5. Ob eine Erwerbstätigkeit zumutbar ist, ist nach Lage des Einzelfalls unter Berücksichtigung aller in Betracht kommenden Umstände zu beurteilen. So können größere Entfernungen zwischen Wohnung und Arbeitsplatz bei ungünstigen Verkehrsverhältnissen in Verbindung mit Art und Schwere der Gesundheitsstörung ein Grund dafür sein, die Zumutbarkeit eines angebotenen Arbeitsplatzes zu verneinen.

6. Hat der Beschädigte seine Erwerbstätigkeit ohne triftigen Grund aufgegeben oder durch nachgewiesenes eigenes Verschulden verloren und sich anschließend nicht ernsthaft um eine neue Erwerbstätigkeit bemüht (Nummer 4), ist die Ausgleichsrente oder ihre Erhöhung zu versagen; lehnt er in diesem Fall eine ihm angebotene zumutbare Erwerbstätigkeit ab, ist die Ausgleichsrente zu entziehen.

§ 84 Abfindung

(1) [1]Geschädigte, die einen Anspruch auf eine monatliche Entschädigungszahlung nach § 83 Absatz 1 Nummer 1 bis 5 haben, erhalten auf Antrag eine Abfindung. [2]Der Antrag ist innerhalb eines Jahres nach Bewilligung der Entschädigungszahlung zu stellen.

(2) [1]Die Abfindung erfolgt jeweils für fünf Jahre und beträgt das 60-fache der monatlichen Entschädigungszahlung nach § 83 Absatz 1 Nummer 1 bis 5. [2]Auf die Abfindung sind bereits geleistete monatliche Entschädigungszahlungen anzurechnen.

(3) Mit Zahlung der Abfindung sind die Ansprüche auf die monatlichen Entschädigungszahlungen für die Dauer von fünf Jahren abgegolten.

A. Gesetzesgeschichte

1 Die Vorschrift ist durch Art. 1 G-SER vom 12.12.2019[1] eingeführt worden und tritt gemäß Art. 60 Abs. 7 G-SER am 1.1.2024 in Kraft.

2 **Vorläufer** der Vorschrift sind die §§ 72 ff. BVG. Diese machen die Zahlung einer Abfindung jedoch von der Erfüllung einer **Vielzahl einschränkender Voraussetzungen** abhängig. So ist die Zahlung bisher – anders als in Zukunft – von einer besonderen Zweckbestimmung (§ 72 BVG) und einem bestimmten Lebensalter (§ 73 Abs. 1 Nr. 1 BVG) abhängig. Insbesondere die bisherige Voraussetzung der Gewähr einer nützli-

1 BGBl. 2019 I 2652.

chen Verwendung des Geldes (§ 73 Abs. 1 Nr. 4 BVG) ist als nicht mehr zeitgemäß befunden worden.[2] Mit den Neuregelungen geht eine **deutliche Vereinfachung** einher. Die bisherigen Regelungen erschweren eine unbürokratische Rechtsanwendung.[3]

Im Entwurf der Bundesregierung war ursprünglich vorgesehen, die Gruppe der **Geschädigten mit einem GdS von 100** angesichts des Schädigungsausmaßes und auch aus Gründen der Fürsorge von der Möglichkeit der Zahlung einer Abfindung auszunehmen.[4] Dies hat sich jedoch zu Recht nicht durchgesetzt.[5] Die **Beschlussempfehlung des Ausschusses für Arbeit und Soziales vom 6.11.2019** hat die entsprechende Erstreckung des Anwendungsbereichs des § 84 SGB XIV auf Geschädigte, die Entschädigungszahlungen auf der Grundlage des § 83 Abs. 1 Nr. 5 SGB XIV erhalten, mit dem Hinweis begründet, dass den Berechtigten hierdurch eine umfassendere **Selbstbestimmung** ermöglicht werde.[6] 3

B. Normsystematik

I. Allgemeiner Regelungsgehalt

Die Abfindung ist eine besondere Form der Entschädigungszahlung. Abweichend vom **Regelfall der monatlichen Entschädigungszahlung**[7] erhalten die Berechtigten ihre Entschädigungszahlungen für den Abfindungszeitraum in einer Summe als Einmalzahlung iSd § 26 Abs. 2 SGB XIV.[8] § 84 SGB XIV behandelt dabei die **Voraussetzungen** und **Höhe der Zahlung einer Abfindung** an Geschädigte und bestimmt weiterhin, welche **Auswirkungen** diese **auf den Anspruch auf die monatliche Entschädigungszahlung nach § 83 SGB XIV** hat. **§ 84 Abs. 1 S. 1 SGB XIV** legt fest, dass Geschädigte, die einen Anspruch auf eine monatliche Entschädigungszahlung nach § 83 Abs. 1 Nr. 1 bis 5 SGB XIV haben, diese Leistung auf Antrag als Abfindung erhalten. Der Antrag ist innerhalb der Frist des **§ 84 Abs. 1 S. 2 SGB XIV** zu stellen. **§ 84 Abs. 2 SGB XIV** regelt den Abfindungszeitraum und die Höhe der Abfindung und stellt klar, dass bereits geleistete monatliche Entschädigungszahlungen anzurechnen sind. **§ 84 Abs. 3 SGB XIV** hebt ebenfalls klarstellend hervor, dass mit der Zahlung der Abfindung die Ansprüche auf monatliche Entschädigungszahlungen für die Dauer von fünf Jahren abgegolten sind. 4

II. Systematische Einordnung und Normzweck

1. Systematik. Die Vorschrift ist Teil der Regelungen über die Entschädigungszahlungen des SER, die der Gesetzgeber im **Kap. 9 SGB XIV** zusammengefasst hat. Dieses Kap. ist in die im **Abschn. 1** geregelten Entschädigungszahlungen an Geschädigte und die im **Abschn. 2** normierten Entschädigungszahlungen an Hinterbliebene untergliedert. Der Abschn. 1 behandelt mit **§ 83 SGB XIV** die monatliche Entschädigungszahlung und in dem vorliegenden **§ 84 SGB XIV** die Abfindung für Geschädigte. Abschn. 2 regelt in **§ 85 SGB XIV** die monatliche Entschädigungszahlung an Witwen und Witwer sowie an Partner einer eheähnlichen Gemeinschaft, in **§ 86 SGB XIV** die Abfindung für Witwen und Witwer und in **§ 87 SGB XIV** die monatliche Entschädigungszahlung an Waisen. Die monatliche Entschädigungszahlung an hinterbliebene Eltern ist in **§ 88 SGB XIV** normiert. Mit diesen Neuregelungen hat der Gesetzgeber 5

2 Knickrehm/Mushoff/Schmidt Neues SozEntschR Rn. 267.
3 Allein die VV zu den §§ 72–80 BVG enthalten 63 Ziffern, → Rn. 35.
4 BT-Drs. 19/13824, 207.
5 S. auch Stellungnahme des Sozialverbands *VdK* vom 1.11.2019, Ausschuss-Drs. 19(11)505, 45 (52).
6 BT-Drs. 19/14870, 33.
7 Schmidt SGB XIV/Weber § 84 Rn. 1.
8 BT-Drs. 19/13824, 182.

dem Leistungsrecht des SER einen deutlichen **Modernisierungsschub** gegeben (→ § 83 Rn. 8).

6 Die Entschädigungszahlungen des Kap. 9 unterliegen der **Dynamisierung**. Ihre Höhe wird gemäß § 110 Abs. 1 SGB XIV jeweils entsprechend dem Prozentsatz angepasst, um den sich der aktuelle Rentenwert in der gesetzlichen Rentenversicherung verändert (→ § 110 Rn. 7 ff.). Allerdings wirkt sich eine Anpassung gemäß § 110 Abs. 4 SGB XIV **nicht auf bereits gezahlte Leistungen** aus, insbesondere nicht auf die Abfindung nach den §§ 84 und 86 SGB XIV. Eine Neuberechnung von bereits ausgezahlten Leistungen wird hierdurch ausgeschlossen.[9]

7 Anders als nach der bis zum 31.12.2023 geltenden Rechtslage (§§ 33, 41 Abs. 3 BVG) ist die Bewilligung sämtlicher Entschädigungszahlungen nach Kap. 9 dem Grunde und der Höhe nach **nicht einkommensabhängig,** wodurch komplizierte Einkommensprüfungen wegfallen.[10] Gemäß **§ 28 Abs. 2 SGB XIV** werden die Entschädigungszahlungen nach Kap. 9 SGB XIV nicht als Einkommen oder Vermögen auf andere Sozialleistungen oder auf Leistungen nach dem AsylbLG angerechnet (→ § 28 Rn. 15). Die bisher bei der Einkommensanrechnung etwa in der Grundsicherung für Arbeitsuchende gebotene **Differenzierung** zwischen Grundrente,[11] Ausgleichsrente[12] und Schwerstbeschädigtenzulage[13] ist damit obsolet. Ansprüche auf Entschädigungszahlungen nach Kap. 9 können gemäß § 9 SGB XIV auch **nicht gepfändet** werden.

8 Die Entschädigungszahlungen des Kap. 9 SGB XIV werden durch den **Berufsschadensausgleich nach Kap. 10 SGB XIV** und die **Besonderen Leistungen im Einzelfall nach Kap. 11 SGB XIV** flankiert, die zu einem **angemessenen Lebensunterhalt** der Berechtigten und ihrer Familien beitragen sollen.[14]

9 Für bereits bestehende Leistungsfälle enthält das Kap. 23 SGB XIV in Bezug auf Geldleistungen iSd § 144 S. 2 SGB XIV **Besitzstandsregelungen** (→ § 144 Rn. 2).

10 Leistungen nach Kap. 9 SGB XIV werden gemäß § 10 Abs. 1 SGB XIV – wie bisher nach § 1 Abs. 1 BVG iVm § 6 KOVVfG[15] – nur **auf Antrag** erbracht (→ § 10 Rn. 8). Der Antrag hat nach Maßgabe des § 11 SGB XIV auch Bedeutung für den **Beginn der Leistungserbringung** (→ § 11 Rn. 7).

11 **2. Normzweck.** § 84 Abs. 1 SGB XIV schafft die notwendige **Rechtsgrundlage,** damit Geschädigte sich die monatlichen Entschädigungszahlungen nach § 83 SGB XIV im Abfindungszeitraum in einer Summe auszahlen lassen können.[16] Anders als bisher sollen sie frei darüber entscheiden, wofür sie die entsprechenden Mittel einsetzen. Aufgabe des **§ 84 Abs. 2 SGB XIV** ist es, den **Abfindungszeitraum** und die **Abfindungshöhe** festzulegen. **§ 84 Abs. 3 SGB XIV** hat **Klarstellungs- und Warnfunktion,** indem – was sich eigentlich bereits aus dem entsprechend anwendbaren § 362 BGB[17] ergibt – noch einmal ausdrücklich hervorgehoben wird, dass mit der Zahlung der Abfindung die Ansprüche auf die monatlichen Entschädigungszahlungen für den Abfindungszeitraum abgegolten sind.

9 BT-Drs. 19/14980, 34.
10 Vgl. etwa zur Berücksichtigung von Einkünften aus Haus- und Grundbesitz nach § 12 AusglV Dau jurisPR 22/2009 Anm. 5.
11 S. § 11a Abs. 1 Nr. 2 SGB II, s. dazu BSG Urt. v. 5.9.2007 – B 11b AS 49/06 R, SozR 4-4200 § 11 Nr. 7.
12 Vgl. BSG Urt. v. 14.6.2018 – B 14 AS 13/17 R, SozR 4-4200 § 11 Nr. 83 mAnm Mushoff NZS 2018, 996.
13 Vgl. BSG Urt. v. 17.10.2013 – B 14 AS 58/12 R, juris Rn. 27 f. m. krit. Anm. Söhngen jurisPR-SozR 22/2014 Anm. 2.
14 BT-Drs. 19/13824, 152.
15 Zum Antragsprinzip ausführlich Knickrehm in HK-SozEntSchR BVG § 1 Rn. 2 ff.
16 BT-Drs. 19/13824, 207.
17 Vgl. etwa BSG Urt. v. 19.6.2018 – B 2 U 1/17 R, juris Rn. 13.

C. Einzelkommentierung

I. Abfindungsanspruch (Abs. 1)

12 **1. Anspruch auf eine monatliche Entschädigungszahlung (S. 1). Anspruchsberechtigt** sind Geschädigte, also Personen iSd § 2 Abs. 2 SGB XIV (→ § 2 Rn. 11 ff.). Witwen und Witwer erhalten eine Abfindung unter den Voraussetzungen des § 86 SGB XIV.

13 Weitere Voraussetzung ist, dass die Geschädigten einen **Anspruch auf eine monatliche Entschädigungszahlung nach § 83 Abs. 1 Nr. 1 bis 5 SGB XIV** haben. Der entsprechende **Anspruch** wird, wenn er nicht im sozialgerichtlichen Verfahren erstritten wird, **per Verwaltungsakt** (**§ 31 SGB X**) festgestellt. Bevor vom TdSE eine entsprechende Entscheidung getroffen wurde, kommt die Zahlung einer Abfindung nicht in Betracht, da anderenfalls unklar wäre, wie hoch diese auszufallen hat. Auch nach bisheriger Rechtslage ist es gemäß § 73 Abs. 1 Nr. 2 BVG erforderlich, dass der Versorgungsanspruch anerkannt, dh durch bindenden Bescheid oder rechtskräftiges Urteil festgestellt ist.[18]

14 Anders als ursprünglich vorgesehen (→ Rn. 3) können auch Geschädigte mit einem Anspruch auf eine monatliche Entschädigungszahlung auf der Grundlage eines **GdS von 100** eine Abfindung beanspruchen. Es gehört gemäß Art. 3 lit. a UN-BRK zu den grundlegenden Rechten von Menschen mit Behinderungen, eigene Entscheidungen zu treffen. Dem widerspräche es, Geschädigten, die zu einer eigenständigen Willensbildung in der Lage sind, bei einem GdS von 100 „zum Schutze vor sich selbst" pauschal das Recht zu versagen, statt der monatlichen Entschädigungszahlungen eine Abfindung in Anspruch zu nehmen.

15 Die Beantragung einer Abfindung kommt – anders als bisher (§ 73 Abs. 1 Nr. 1 BVG) – nicht erst ab einem bestimmten **Lebensalter** in Betracht, so dass diese grundsätzlich auch auf Antrag der gesetzlichen Vertreter einer bzw. eines minderjährigen Geschädigten möglich ist. Auch auf einen bestimmten Reifegrad der oder des Geschädigten kommt es nicht an. Das Gesetz macht die Zahlung einer Abfindung insbesondere nicht mehr von einem bestimmen Zweck, namentlich einer vom Gesetzgeber als **sinnvoll befundenen Mittelverwendung** (§ 72 BVG) oder von der einschränkenden Voraussetzung (§ 73 Abs. 1 Nr. 4 BVG) abhängig, dass für eine **nützliche Verwendung des Geldes Gewähr besteht**. Der Antrag auf Zahlung der Abfindung muss daher auch nicht besonders begründet werden.[19] Nach der bis zum 31.12.2023 geltenden Rechtslage soll mit entsprechenden Einschränkungen vermieden werden, dass Berechtigte die Abfindung in kurzer Zeit verschwenden und dann mittellos dastehen.[20] Entsprechende Überlegungen sehen sich allerdings schnell dem **Vorwurf des Paternalismus** ausgesetzt und erscheinen nicht mehr zeitgemäß.[21] In deutlichem Kontrast hierzu hebt der Entwurf des G-SER daher hervor, dass die Entscheidung, ob eine Abfindung angesichts der persönlichen Situation der oder des Geschädigten angebracht und sinnvoll ist, allein in ihrer bzw. seiner **Verantwortung** liegt.[22]

16 Die Entscheidung, ob die Entschädigungszahlungen monatlich oder als Abfindung in Anspruch genommen werden, sollte allerdings **wohl überlebt** und **nicht ohne eine vorherige Beratung** erfolgen. Die zuständigen TdSE und ggf. das Fallmanagement (§ 30 SGB XIV) haben den Geschädigten bei ihrer Entscheidung im Bedarfsfall **beratend** zur Seite zu stehen.[23] Schriftliche Informationen des TdSE müssen auch in **Leichter Spra-**

18 HK-SozEntschR/Knörr BVG § 73 Rn. 3.
19 BT-Drs. 19/13824, 207.
20 Vgl. HK-SozEntschR/Knörr BVG § 73 Rn. 5.
21 S. dazu allgemein Graumann, Assistierte Freiheit, S. 277.
22 BT-Drs. 19/13824, 207.
23 BT-Drs. 19/13824, 207.

che (§ 11 BGG)[24] zur Verfügung stehen. Eine **Beratung** (**§ 14 SGB I**) durch die zuständigen Behörden des TdSE hat im Falle eines entsprechenden Beratungsbegehrens **umfassend** zu sein.[25] In diesem Rahmen hat die zuständige Behörde auf die **rechtlichen Konsequenzen** der Inanspruchnahme einer Abfindung hinzuweisen. Die Anspruchsberechtigten müssen wissen, dass sich im jeweiligen Abfindungszeitraum monatliche Entschädigungszahlungen und die Zahlung einer Abfindung wechselseitig ausschließen (§ 84 Abs. 2 S. 2, Abs. 3 SGB XIV) und dass sie im Falle der Inanspruchnahme der Entschädigungszahlung als Abfindung während des Abfindungszeitraums von fünf Jahren (§ 84 Abs. 2 S. 1 SGB XIV) nicht mehr in den Genuss einer nach Bewilligung der Abfindung erfolgenden Dynamisierung der Entschädigungszahlungen kommen können (→ Rn. 6). Zwingend zu erörtern sind auch **prognostische Aspekte.**[26] Die Inanspruchnahme der Entschädigungszahlungen als Abfindung sollte erwogen werden, wenn eine Besserung oder sogar ein Wegfall der Schädigungsfolgen während des Abfindungszeitraums möglich oder sogar wahrscheinlich erscheint. Die Geschädigten sind jedoch ebenfalls darauf hinzuweisen, dass ihre Ansprüche auf Entschädigungszahlung mit der Zahlung der Abfindung auch dann in vollem Umfang als abgegolten gelten, wenn sich die Schädigungsfolgen weiter verschlimmern. Eine dem § 76 Abs. 3 SGB VII entsprechende Regelung, die für den Bereich der gesetzlichen Unfallversicherung die Berücksichtigung einer wesentlichen Verschlimmerung der Folgen des Versicherungsfalls nach Zahlung einer Abfindung ermöglicht,[27] hat keinen Eingang in das SGB XIV gefunden.

17 Um Unklarheiten zu vermeiden und zukünftigen Rechtsstreiten über eine ordnungsgemäße Beratung[28] vorzubeugen, ist die zuständige Behörde des TdSE gehalten, über die Beratung ein **Beratungsprotokoll** anzufertigen. Der oder dem Geschädigten ist eine Ausfertigung des Protokolls auszuhändigen und die zuständige Behörde des TdSE sollte sich per Unterschrift die mit dem Inhalt des Protokolls übereinstimmende Beratung bestätigen lassen.

18 Die aus Sicht der oder des jeweiligen Geschädigten bei der Entscheidung über die Inanspruchnahme einer Abfindung bedeutsamen prognostischen Überlegungen, wie sich der **Gesundheitszustand** und hierbei **insbesondere die Schädigungsfolge voraussichtlich entwickeln wird,** spielen nach dem bisherigen **§ 73 Abs. 1 Nr. 3 BVG** auch bei der Frage eine Rolle, ob die Bewilligung einer Abfindung überhaupt möglich ist. Danach kann eine Kapitalabfindung nur gewährt werden, wenn nicht zu erwarten ist, dass innerhalb des Abfindungszeitraums die Rente wegfallen wird. Dementsprechend ist eine versorgungsärztliche Stellungnahme zur voraussichtlichen **Lebenserwartung** der oder des Geschädigten und zur **prognostischen Entwicklung der Schädigungsfolgen** zu treffen.[29] Die **Wahrscheinlichkeit der Besserung der Schädigungsfolgen** steht der Zahlung einer Abfindung (nur) entgegen, wenn sie ein Absinken des GdS auf unter 25 vor Ablauf des Abfindungszeitraums erwarten lässt.[30] Die Regelung wird in Bezug auf die Höhe der Abfindung durch § 74 Abs. 1 S. 2 BVG flankiert. Entsprechende Einschränkungen haben in § 84 SGB XIV keinen (ausdrücklichen) Eingang gefunden. Auf der anderen Seite entspricht es jedoch **dem Sinn und Zweck einer Abfindung,** an die Stelle eines anderenfalls bestehenden Anspruchs auf monatliche Entschädigungszahlungen nach § 83 Abs. 1 Nr. 1 bis 5 SGB XIV zu treten. Die **Mög-**

---

24 Vgl. Welti, FS für Igl, 2017, S. 497 ff.
25 Vgl. BSG Urt. v. 3.7.2020 – B 8 SO 2/19 R, juris Rn. 33.
26 Schmidt SGB XIV/Weber § 84 Rn. 7 „Risikoabwägung".
27 S. hierzu etwa Knickrehm/Kreikebohm/Waltermann/Holtstraeter SGB VII § 76 Rn. 12.
28 Vgl. BGH Urt. v. 2.8.2018 – III ZR 466/16, juris mAnm Voelzke jM 2019, 236 u. Frings SRa 2019, 96.
29 S. hierzu HK-SozEntschR/Knörr BVG § 73 Rn. 4.
30 Wilke/Sailer, 7. Aufl. 1992, BVG § 73 Rn. 5.

lichkeit, dass sich die gesundheitlichen Verhältnisse innerhalb des Fünfjahreszeitraums verändern oder eine Geschädigte bzw. ein Geschädigter verstirbt, ist der Zahlung einer Abfindung für einen Fünfjahreszeitraum allerdings **immanent** und steht deren Zahlung nicht entgegen.

Eine **rechtmäßig bewilligte Abfindung** kann daher nicht im Falle einer wesentlichen Änderung der Verhältnisse, die zu einer Minderung oder einem Wegfall des monatlichen Entschädigungsanspruchs führt, zurückgefordert werden.[31] Auch eine (anteilige) Rückforderung der Abfindung im Falle des Todes der oder des Geschädigten nach der Bewilligungsentscheidung, jedoch vor Ablauf des Abfindungszeitraums unter Rückgriff auf **§ 122 SGB XIV** dürfte nicht in Betracht kommen.[32] Es fehlt insoweit an der Tatbestandsvoraussetzung des § 118 Abs. 3 und Abs. 4 SGB VI, dass die entsprechenden (anteiligen) Geldleistungen „für die Zeit nach dem Tod" der oder des Geschädigten erbracht wurden. Die Abfindung ist eine Einmalzahlung iSd § 26 Abs. 2 SGB XIV.[33] Sie soll der oder dem Geschädigten mit der Auszahlung zur (sofortigen) freien Verfügung stehen und kann nicht gepfändet werden (→ Rn. 7). Im Gegensatz zur bisherigen Rechtslage (§§ 76, 77 BVG) hat der Gesetzgeber ganz bewusst auf Regelungen zur Rückzahlungspflicht im Falle des nicht bestimmungsgemäßen Gebrauchs verzichtet, was unterstreicht, dass spätere Veränderungen im Abfindungszeitraum keine rechtlichen Auswirkungen auf die Abfindung haben sollen. Für eine nachträgliche Aufspaltung der Abfindung nach Monaten vor und nach dem Tod der oder des Geschädigten enthält das Gesetz somit keine Grundlage. 19

Steht zum Zeitpunkt der Entscheidung über die Abfindung allerdings bereits **mit an Sicherheit grenzender Wahrscheinlichkeit** fest, dass der Anspruch auf die monatlichen Entschädigungszahlungen kurzfristig entfallen wird (zB wegen wesentlicher Besserung der Schädigungsfolgen), kommt die Zahlung einer auf einen Fünfjahreszeitraum zugeschnittenen Abfindung nicht in Betracht. Der oder dem Geschädigten stehen dann bis zum Änderungszeitpunkt anstelle der Abfindung monatliche Entschädigungszahlungen zu. 20

2. Antrag innerhalb der Antragsfrist (S. 2). Leistungen der SE werden gemäß § 10 Abs. 1 SGB XIV grundsätzlich nur auf Antrag erbracht (→ Rn. 10). Die Entschädigungszahlung in Form einer Abfindung setzt, wie sich bereits aus § 84 Abs. 1 S. 1 ergibt, einen entsprechenden **gesonderten Antrag** der oder des Geschädigten oder der gesetzlichen Vertreter (§ 1629 BGB) voraus. Ein Antrag ist eine einseitige empfangsbedürftige, öffentlich-rechtliche Willenserklärung. Soweit das Antragsbegehren unklar ist, ist der wirkliche Wille der Antragstellerin bzw. des Antragstellers im Wege der **Auslegung** zu ermitteln (§ 133 BGB). Die Auslegung hat nach dem **Grundsatz der Meistbegünstigung** zu erfolgen.[34] Im Zweifel ist davon auszugehen, dass eine Berechtigte bzw. ein Berechtigter ohne Rücksicht auf den Wortlaut des Antrags all diejenigen Leistungen begehrt, die ihr bzw. ihm den größten Nutzen bringen können.[35] Sollte eine entsprechende Auslegung bestehende Unklarheiten nicht beseitigen, ist nach Maßgabe des § 16 Abs. 3 SGB I darauf hinzuwirken, dass ein klarer Antrag gestellt wird.[36] Der Antrag ist an keine bestimmte **Form** gebunden. Er kann schriftlich, aber auch mündlich gestellt werden und ist insbesondere nicht davon abhängig, dass die Antragstellerin bzw. der Antragsteller vom TdSE vorgegebene Vordrucke verwendet.[37] 21

31 Weitergehend wohl Schmidt SGB XIV/Weber § 84 Rn. 7.
32 Anders Schmidt SGB XIV/Weber § 84 Rn. 7.
33 BT-Drs. 19/13824, 182.
34 BSG Urt. v. 2.4.2014 – B 4 AS 29/13 R, juris Rn. 16 mAnm Luik jurisPR-SozR 4/2015 Anm. 1.
35 BSG Urt. v. 10.5.2011 – B 4 KG 1/10 R, juris Rn. 26.
36 Vgl. BSG Urt. v. 23.10.1996 – 4 RLw 8/96, juris Rn. 23.
37 LPK-SGB I/Trenk-Hinterberger § 16 Rn. 13.

22 Erforderlich ist weiterhin, dass die oder der Berechtigte die **Antragsfrist des § 84 Abs. 1 S. 2 SGB XIV** einhält. Danach ist der Antrag **innerhalb eines Jahres** nach Bewilligung der Entschädigungszahlung zu stellen. Durch sie sollen wohl vor allem die **personellen Ressourcen der Verwaltung** geschont werden. Die Antragsfrist ist nicht unumstritten, da befürchtet wird, dass die Geschädigten sich hierdurch unnötig unter Druck gesetzt fühlen.[38] Für den Fristbeginn ist auf den Zeitpunkt der **Bekanntgabe (§§ 37, 39 SGB X)** des die monatliche Entschädigungszahlung bewilligenden Verwaltungsaktes abzustellen. Die oder der Berechtigte kann den Antrag auf Entschädigung nach dem Sinn und Zweck der Regelung auch bereits **vorzeitig** stellen, also bereits zum Zeitpunkt der Beantragung von Leistungen der SE (§ 10 SGB XIV) mitteilen, dass Entschädigungszahlungen als Abfindung beantragt werden.

23 Die Zahlung der Abfindung erfolgt gemäß § 84 Abs. 2 S. 1 SGB XIV jeweils für fünf Jahre und kann daher **wiederholt beantragt** werden. In einem solchen Fall ist hinsichtlich der Einhaltung der Antragsfrist naturgemäß nicht auf die erstmalige Bewilligung der Entschädigungszahlung abzustellen. Zum Teil wird im wissenschaftlichen Schrifttum daher vertreten, dass die Antragsfrist nur auf den **Erstantrag** zu beziehen sei. Begründet wird diese Auffassung auch mit dem Argument, dass es sich bei der Bewilligung der monatlichen Entschädigungszahlung regelmäßig um einen unbefristeten Dauerverwaltungsakt handele, der grundsätzlich nur nach § 48 Abs. 1 S. 1 SGB X abgeändert werden könne, wenn sich in den tatsächlichen oder rechtlichen Verhältnissen eine wesentliche Änderung ergeben habe.[39] Der Auffassung dürfte jedoch nicht zu folgen sein. Ist einer oder einem Geschädigten eine Abfindung zu bewilligen, hat der TdSE aus Klarstellungsgründen den vorausgehenden Verwaltungsakt über die Bewilligung einer monatlichen Entschädigungszahlung insoweit abzuändern. Stellt die oder der Geschädigte vor Ablauf des Abfindungszeitraums keinen erneuten Abfindungsantrag, ist die zuständige Behörde gehalten, über die Wiederaufnahme monatlicher Zahlungen eine erneute Bewilligungsentscheidung zu erlassen, die für die Einhaltung der Jahresfrist entscheidend ist. Auch bei einer wiederholten Abfindung kann die oder der Geschädigte den Antrag bereits **vorzeitig** stellen und muss nicht den Erlass einer Entscheidung über die erneute monatliche Bewilligung der Entschädigungszahlungen abwarten, so dass sich an den ersten unmittelbar der zweite Abfindungszeitraum anschließen kann.

24 Zur **Fristberechnung** gelten über § 26 Abs. 1 SGB X die §§ 187, 188 und 193 BGB entsprechend.

25 **3. Rechtsfolge.** Liegen die tatbestandlichen Voraussetzungen des § 84 Abs. 1 SGB XIV vor, so hat die bzw. der Geschädigte einen **Anspruch** auf Bewilligung der Entschädigungszahlung als Abfindung. Dem TdSE ist – anders als bisher[40] – **kein Ermessen** eingeräumt, ob er der oder dem Geschädigten die Entschädigungszahlung monatlich oder in einer Summe als Abfindung bewilligt.

II. Abfindungszeitraum und -höhe (Abs. 2)

26 Die Abfindung erfolgt gemäß § 84 Abs. 2 S. 1 SGB XIV jeweils für fünf Jahre. Die Regelung bringt durch die Verwendung des Worts **„jeweils"** zum Ausdruck, dass der Anspruch nach Ablauf des Abfindungszeitraums wieder auflebt. Eines erneuten Antrags auf Leistungen nach dem SGB XIV bedarf es somit nicht.[41] Die oder der

38 Vgl. Stellungnahme des Sozialverbands VdK Deutschland eV anlässlich der öffentlichen Anhörung von Sachverständen zum Gesetzentwurf der Bundesregierung am 1.11.2019, Ausschuss-Drs. 19(11)505, 45 (52).

39 Schmidt SGB XIV/Weber § 84 Rn. 5.

40 Vgl. BSG Urt. v. 14.3.1975 – 10 RV 263/74, SozR 3100 § 72 Nr. 1; HK-SozEntschR/Knörr BVG § 72 Rn. 5.

41 BSG Urt. v. 6.12.1989 – 9 RV 34/88.

Geschädigte hat die Möglichkeit, die Entschädigungszahlungen erneut im Wege einer Abfindung zu beantragen.

27 Die **Höhe der Abfindung** ist ausschließlich abhängig vom Anspruch, den die oder der Geschädigte im Abfindungszeitraum im Falle der monatlichen Entschädigungszahlung hätte, wobei spätere Dynamisierungen der Entschädigungszahlung unberücksichtigt bleiben (→ Rn. 6). Sie beträgt nach § 84 Abs. 2 S. 1 SGB XIV das 60-fache der monatlichen Entschädigungszahlung nach § 83 Abs. 1 Nr. 1 bis 5 SGB XIV. Diese wiederum ist abhängig vom Ausmaß der festgestellten **Schädigungsfolgen** (→ § 83 Rn. 12). Beispielsweise beläuft sich eine Abfindung auf der Grundlage eines festgestellten GdS von 30 oder 40 nach § 83 Abs. 1 Nr. 1 SGB XIV auf 24.000 Euro (60 x 400 Euro).

28 Umstritten ist, ob auch der **Erhöhungsbetrag des § 83 Abs. 2 SGB XIV** für **Geschädigte mit schlimmsten Schädigungsfolgen** in die Abfindung einfließt. Dies wird zum Teil unter Verweis auf den Wortlaut des § 84 Abs. 2 S. 1 SGB XIV verneint. Konsequenz dieser Auffassung wäre, dass an Geschädigte mit schwersten Schädigungsfolgen, die eine Abfindung erhalten, der Erhöhungsbetrag weiterhin monatlich ausgezahlt werden müsste.[42] Dieser Auffassung ist jedoch nicht zu folgen. Anders als die bisherige Schwerstbeschädigtenzulage, bei der es sich um eine mit der Grundrente zwar funktionsverwandte, aber selbstständige Leistung handelt, die nicht Bestandteil der Grundrente ist,[43] fließt der Erhöhungsbetrag gemäß § 83 Abs. 2 SGB XIV in die monatliche Entschädigungszahlung des § 83 Abs. 1 Nr. 5 SGB XIV ein. Die Entschädigungszahlung im Rahmen des § 84 Abs. 2 SGB XIV in unterschiedlich zu behandelnde Teile aufzuspalten, ist weder durch den Gesetzeswortlaut noch aus systematischen Gründen gerechtfertigt. In den Gesetzesmaterialien gib es keine Hinweise darauf, dass der Gesetzgeber den Erhöhungsbetrag nicht in den Anwendungsbereich des § 84 SGB XIV einbeziehen wollte. Auch der Sinn und Zweck der §§ 83, 84 SGB XIV gebietet es nicht, den in die Entschädigungszahlung einfließenden Erhöhungsbetrag bei der Ermittlung der Höhe der Abfindung unberücksichtigt zu lassen und weiterhin monatlich an die Geschädigten auszuzahlen.

29 Für **andere Geldleistungen** des SER und hierbei namentlich für den Berufsschadensausgleich des Kap. 10 SGB XIV ist die Zahlung einer Abfindung nicht vorgesehen. Sie sind daher auch bei der Ermittlung der Höhe der Abfindung nicht zu berücksichtigen.

30 **§ 84 Abs. 2 S. 2** SGB XIV stellt klar, dass im Abfindungszeitraum bereits geleistete monatliche Entschädigungszahlungen auf die Abfindung **anzurechnen** sind. Hintergrund der Regelung ist, dass die monatlichen Entschädigungszahlungen im Hinblick auf die Antragsfrist des § 84 Abs. 1 S. 2 SGB XIV an die Geschädigten zum Teil bereits ausgezahlt worden sein können, bevor diese von ihrem Antragsrecht Gebrauch gemacht haben.

III. Konsequenzen der Abfindung (Abs. 3)

31 Mit der Zahlung der Abfindung sind die Ansprüche auf die monatlichen Entschädigungszahlungen gemäß § 84 Abs. 3 SGB XIV für die Dauer von fünf Jahren abgegolten. Der TdSE hat seine gesetzliche Leistungspflicht erfüllt. Die Vorschrift hat **Klarstellungs- und Warnfunktion**. Sie soll den Geschädigten noch einmal ausdrücklich vor Augen führen, dass sich der Anspruch auf monatliche Entschädigungszahlungen nach § 83 SGB XIV und auf eine Abfindung nach § 84 SGB XIV in dem jeweils zu beurteilenden Zeitraum wechselseitig ausschließen.

32 Unter den **monatlichen Entschädigungszahlungen** sind diejenigen nach § 83 Abs. 1 Nr. 1 bis 5 SGB XIV zu verstehen. Zum Teil wird im wissenschaftlichen Schrifttum vertreten, die Vorschrift sei einschränkend dahin gehend auszulegen, dass vom

42 Schmidt SGB XIV/Weber § 84 Rn. 9.
43 BSG Urt. v. 12.6.2003 – B 9 V 2/02 R, juris Rn. 28.

Anwendungsbereich des § 84 Abs. 3 SGB XIV nicht auch der **Erhöhungsbetrag des § 83 Abs. 2 SGB XIV** erfasst sei.[44] Dem ist jedoch nicht zu folgen. Der Erhöhungsbetrag von zusätzlich 20 Prozent der Entschädigungszahlung nach § 83 Abs. 1 Nr. 5 SGB XIV, der auf der Grundlage des § 83 Abs. 2 SGB XIV an Geschädigte mit schwersten Schädigungsfolgen zu leisten ist, ist Bestandteil der monatlichen Entschädigungszahlung nach § 83 Abs. 1 Nr. 5 SGB XIV. Er ist dementsprechend bei der Bemessung der Abfindung zu berücksichtigen und mit der Zahlung der Abfindung ebenfalls abgegolten worden (→ Rn. 27).

33 **Andere Ansprüche nach dem SGB XIV**, also insbesondere die Leistungen der Schnellen Hilfen nach Kap. 4, der Krankenbehandlung der SE nach Kap. 5, Leistungen zur Teilhabe nach Kap. 6 oder bei Pflegebedürftigkeit nach Kap. 7 sowie hochgradiger Sehbehinderung, Blindheit und Taubblindheit nach Kap. 8 und insbesondere die Geldleistungen des Berufsschadensausgleichs nach Kap. 10 und schließlich die Besonderen Leistungen im Einzelfall nach Kap. 11, können nicht abgefunden werden. Sie werden durch die Zahlung einer Abfindung nicht berührt, bleiben also unverändert bestehen.[45]

D. Anhang

I. BVG

34 **§ 72 BVG [Voraussetzungen und Zweck der Kapitalabfindung]**

(1) Beschädigten, die eine Rente erhalten, kann zum Erwerb oder zur wirtschaftlichen Stärkung eigenen Grundbesitzes eine Kapitalabfindung gewährt werden.

(2) Eine Kapitalabfindung kann auch gewährt werden

1. zum Erwerb oder zur wirtschaftlichen Stärkung eines Wohnungseigentums nach dem Wohnungseigentumsgesetz,
2. zur Finanzierung von selbst genutztem Wohneigentum im Sinne des § 17 Abs. 2 des Wohnraumförderungsgesetzes, wenn die baldige Übertragung des Eigentums auf den Beschädigten sichergestellt wird,
3. zum Erwerb eines Dauerwohnrechts nach dem Wohnungseigentumsgesetz, wenn der Dauerwohnberechtigte wirtschaftlich einem Wohnungseigentümer gleichgestellt ist und das Fortbestehen des Dauerwohnrechts im Falle der Zwangsversteigerung nach § 39 des Wohnungseigentumsgesetzes vereinbart wird,
4. zur Finanzierung eines eigenen Bausparvertrags mit einer Bausparkasse oder dem Beamtenheimstättenwerk für die Zwecke des Absatzes 1 und der Nummern 1 bis 3.

(3) Dem Eigentum an einem Grundstück steht das Erbbaurecht, dem Wohnungseigentum das Wohnungserbbaurecht gleich.

§ 73 BVG [Voraussetzungen für die Gewährung]

(1) Eine Kapitalabfindung kann nur gewährt werden, wenn

1. der Beschädigte im Zeitpunkt der Antragstellung das 55. Lebensjahr noch nicht vollendet hat,
2. der Versorgungsanspruch anerkannt ist,
3. nicht zu erwarten ist, daß innerhalb des Abfindungszeitraums die Rente wegfallen wird,
4. für eine nützliche Verwendung des Geldes Gewähr besteht.

(2) Eine Kapitalabfindung kann ausnahmsweise nach dem 55. Lebensjahr gewährt werden, jedoch nicht, wenn der Antrag erst nach Vollendung des 65. Lebensjahrs gestellt wird.

§ 74 BVG [Höhe der Kapitalabfindung]

(1) [1]Die Kapitalabfindung kann einen Betrag bis zur Höhe der Grundrente (§ 31 Abs. 1 Satz 1) umfassen. [2]Ist eine Herabsetzung der Minderung der Erwerbsfähigkeit innerhalb des Abfindungszeitraums zu erwarten, so kann der Kapitalabfindung nur die Rente zugrunde gelegt werden, die dem zu erwartenden Grad der Schädigungsfolgen entspricht.

---

44 Schmidt SGB XIV/Weber § 84 Rn. 12.
45 Knickrehm/Mushoff/Schmidt Neues SozEntschR Rn. 268.

(2) [1]Die Abfindung ist auf die für einen Zeitraum von zehn Jahren zustehende Grundrente beschränkt. [2]Als Abfindungssumme wird das Neunfache des der Kapitalabfindung zugrunde liegenden Jahresbetrags gezahlt. [3]Der Anspruch auf die Bezüge, an deren Stelle die Abfindung tritt, erlischt für die Dauer von zehn Jahren mit Ablauf des Monats, der auf den Monat der Auszahlung folgt.

(3) [1]Abweichend von Absatz 2 ist die Abfindung auf die für einen Zeitraum von fünf Jahren zustehende Grundrente beschränkt, wenn der Antrag erst nach Vollendung des sechzigsten Lebensjahres gestellt wird. [2]Als Abfindungssumme wird das Siebenundfünfzigfache des der Kapitalabfindung zugrunde liegenden Monatsbetrages gezahlt. [3]Der Anspruch auf die Bezüge, an deren Stelle die Abfindung tritt, erlischt für die Dauer von fünf Jahren mit Ablauf des Monats, der auf den Monat der Auszahlung folgt.

§ 75 BVG [Sicherung des Verwendungszwecks]

(1) [1]Die bestimmungsgemäße Verwendung des Kapitals ist durch die Form der Auszahlung und in der Regel durch Maßnahmen zur Verhinderung alsbaldiger Veräußerung des Grundstücks, Erbbaurechts, Wohnungseigentums, Wohnungserbbaurechts oder Dauerwohnrechts zu sichern. [2]Zu diesem Zweck kann insbesondere angeordnet werden, daß die Veräußerung und Belastung des mit der Kapitalabfindung erworbenen oder wirtschaftlich gestärkten Grundstücks, Erbbaurechts, Wohnungseigentums oder Wohnungserbbaurechts innerhalb einer Frist bis zu fünf Jahren nur mit Genehmigung der zuständigen Verwaltungsbehörde zulässig sind. [3]Diese Anordnung wird mit der Eintragung in das Grundbuch wirksam. [4]Die Eintragung erfolgt auf Ersuchen der zuständigen Verwaltungsbehörde.

(2) Ferner kann die Abfindung davon abhängig gemacht werden, daß die Eintragung einer Sicherungshypothek zur Sicherung der Forderung auf die Rückzahlung der Kapitalabfindung nach den §§ 76 und 77 bewilligt wird.

§ 76 BVG [Rückzahlungspflicht]

(1) Die Abfindung ist auf Erfordern insoweit zurückzuzahlen, als sie nicht innerhalb einer von der zuständigen Verwaltungsbehörde bemessenen Frist bestimmungsgemäß verwendet worden ist.

(2) Die Abfindung kann zurückgefordert werden, wenn der Verwendungszweck innerhalb des Abfindungszeitraums vereitelt worden ist.

(3) Dem Abgefundenen können vor Ablauf des Abfindungszeitraums auf Antrag die durch die Kapitalabfindung erloschenen Bezüge gegen Rückzahlung der Abfindungssumme wieder bewilligt werden, wenn wichtige Gründe vorliegen.

§ 77 BVG [Beschränkung der Rückzahlung]

(1) [1]Die Pflicht zur Rückzahlung (§ 76) beschränkt sich im Falle der Abfindung nach § 74 Abs. 2 nach Ablauf des

- ersten Jahres auf
  91 vom Hundert der Abfindungssumme,
- zweiten Jahres auf
  82 vom Hundert der Abfindungssumme,
- dritten Jahres auf
  72 vom Hundert der Abfindungssumme,
- vierten Jahres auf
  62 vom Hundert der Abfindungssumme,
- fünften Jahres auf
  52 vom Hundert der Abfindungssumme,
- sechsten Jahres auf
  42 vom Hundert der Abfindungssumme,
- siebten Jahres auf
  32 vom Hundert der Abfindungssumme,
- achten Jahres auf
  22 vom Hundert der Abfindungssumme,
- neunten Jahres auf
  11 vom Hundert der Abfindungssumme.

[2]Die Pflicht zur Rückzahlung beschränkt sich im Falle der Abfindung nach § 74 Abs. 3 nach Ablauf des

- ersten Jahres auf
  81 vom Hundert der Abfindungssumme,
- zweiten Jahres auf
  62 vom Hundert der Abfindungssumme,

- dritten Jahres auf
  42 vom Hundert der Abfindungssumme,
- vierten Jahres auf
  21 vom Hundert der Abfindungssumme.

[3]Die Zeiten rechnen vom Ersten des auf die Auszahlung der Abfindungssumme folgenden zweiten Monats bis zum Ende des Monats, in dem die Abfindungssumme zurückgezahlt worden ist.

(2) [1]Wird die Abfindungssumme nicht zum Schluß eines Jahres zurückgezahlt, so sind neben den Vomhundertsätzen für volle Jahre noch die Vomhundertsätze zu berücksichtigen, die auf die bis zum Rückzahlungszeitpunkt verstrichenen Monate des angefangenen Jahres entfallen. [2]Entsprechendes gilt, wenn die Abfindungssumme vor Ablauf des ersten Jahres zurückgezahlt wird.

(3) Nach Rückzahlung der Abfindungssumme leben die der Abfindung zugrunde liegenden Bezüge mit dem Ersten des auf die Rückzahlung folgenden Monats wieder auf.

§ 78 BVG [Pfändungsverbot]

Innerhalb der in § 76 Abs. 1 vorgesehenen Frist ist ein der ausgezahlten Abfindungssumme gleichkommender Betrag an Geld, Wertpapieren und Forderungen der Pfändung nicht unterworfen.

§ 78a BVG [Kapitalabfindung für Hinterbliebene]

Abgedruckt unter → § 86 Rn. 26.

§ 79 BVG (weggefallen)

§ 80 BVG [Kapitalabfindungen bis zum 9.5.1945]

Kapitalabfindungen, die bis zum 9. Mai 1945 gewährt worden sind, bewirken keine Kürzung der nach diesem Gesetz festgestellten Renten.

II. BVGVwV

35 **BVGVwV zu §§ 72 bis 80 BVG**

Allgemeines

1. Die Kapitalabfindung soll es dem Berechtigten ermöglichen, sich Wohnraum zur Eigennutzung durch Erwerb oder wirtschaftliche Stärkung eigenen Grundbesitzes zu schaffen oder zu erhalten. Zu fördern ist deshalb mit der Kapitalabfindung vornehmlich der Erwerb oder Bau eines Eigenheimes, einer Kleinsiedlung oder einer Eigentumswohnung, sofern die alsbaldige Benutzung durch den Berechtigten gewährleistet ist; vom Erfordernis der alsbaldigen Eigennutzung kann abgesehen werden, wenn die vorgesehene Eigennutzung aus verständigem Grund vorerst unterbleibt. Dem Eigentum an einem Grundstück steht das Erbbaurecht gleich, das in der Regel auf mindestens 99 Jahre zu bestellen ist.

2. Mit Hilfe einer Kapitalabfindung kann ein Eigenheim im Sinne des § 9 Abs. 1 des Zweiten Wohnungsbaugesetzes nur dann gefördert werden, wenn zumindest eine der beiden Wohnungen zum Bewohnen durch den Eigentümer bestimmt ist. Eine Kleinsiedlung ist eine Siedlerstelle, die aus einem Wohngebäude mit angemessenem Wirtschaftsteil und angemessener Landzulage besteht und die nach Größe, Bodenbeschaffenheit und Einrichtung dazu bestimmt und geeignet ist, dem Kleinsiedler durch Selbstverwaltung aus vorwiegend gartenbaumäßiger Nutzung des Landes und Kleintierhaltung eine fühlbare Ergänzung seines sonstigen Einkommens zu bieten. Das Wohngebäude kann neben der für den Kleinsiedler bestimmten Wohnung eine Einliegerwohnung enthalten (§ 10 Abs 1 des Zweiten Wohnungsbaugesetzes).

3. Zur wirtschaftlichen Stärkung eigenen Grundbesitzes zählen vornehmlich Maßnahmen, die der Erhaltung oder Verbesserung des eigengenutzten oder des für eine Eigennutzung vorgesehenen Grundbesitzes dienen, wie

a) Entschuldung und Verbesserung der Belastungsverhältnisse des Grundstücks, sofern die Belastung mit dem Erwerb oder eine Wertsteigerung des Grundstücks zusammenhängt,
b) Ausbau, Erweiterung, Instandsetzung und Modernisierung von Wohngebäuden.

4. Eine Eigentumswohnung ist eine Wohnung, an der Wohnungseigentum nach den Vorschriften des Ersten Teiles des Wohnungseigentumsgesetzes vom 15. März 1951 (Bundesgesetzbl. I S. 175) begründet ist. Wohnungseigentum ist das Sondereigentum an einer Wohnung in Verbindung mit dem Miteigentumsanteil an dem gemeinschaftlichen Eigentum, zu dem es gehört. Dem Wohnungseigentum stehen andere Miteigentumsrechte an einem Grundstück gleich, mit denen das Recht zur Benutzung einer Wohnung verbunden ist (§ 1010 BGB, Miteigentumsrechte nach Wohneinheiten im Sinne des württembergisch-badischen Gesetzes Nr. 275 vom 12. Juni 1950 – Regierungsblatt der Regierung

Württemberg-Baden S. 57), entsprechende Beteiligung an einem Erbbaurecht sowie ein nach Landesrecht etwa bestehendes Stockwerkseigentum.

5. Ein Kaufeigenheim ist ein Grundstück mit einem Wohngebäude, das nicht mehr als zwei Wohnungen enthält und von einem Bauherrn mit der Bestimmung geschaffen worden ist, es einem Bewerber als Eigenheim zu übertragen (§ 9 Abs. 2 des Zweiten Wohnungsbaugesetzes). Eine Trägerkleinsiedlung ist eine Kleinsiedlung, die von einem Bauherrn mit der Bestimmung geschaffen worden ist, sie einem Bewerber zu Eigentum zu übertragen (§ 10 Abs. 3 des Zweiten Wohnungsbaugesetzes). Eine Kaufeigentumswohnung ist eine Wohnung, die von einem Bauherrn mit der Bestimmung geschaffen worden ist, sie einem Bewerber als eigengenutzte Eigentumswohnung zu übertragen (§ 12 Abs. 2 des Zweiten Wohnungsbaugesetzes). Kapitalabfindungen zur Finanzierung eines Kaufeigenheimes, einer Trägerkleinsiedlung oder einer Kaufeigentumswohnung sind im Allgemeinen davon abhängig zu machen, dass das Eigentum oder das Erbbaurecht spätestens drei Jahre nach Bezugsfertigkeit auf den Abgefundenen übertragen wird.

6. Ein Grundstück kann in der Weise belastet werden, dass derjenige, zu dessen Gunsten die Belastung erfolgt, berechtigt ist, unter Ausschluss des Eigentümers eine bestimmte Wohnung in einem auf dem Grundstück errichteten oder zu errichtenden Gebäude zu bewohnen oder in anderer Weise zu nutzen (Dauerwohnrecht). Das Dauerwohnrecht kann auf einen außerhalb des Gebäudes liegenden Teil des Grundstücks erstreckt werden, sofern die Wohnung wirtschaftlich die Hauptsache bleibt. Eine wirtschaftliche Gleichstellung eines Dauerwohnberechtigten mit einem Wohnungseigentümer ist anzunehmen, wenn ein Vertrag über die Bestellung eines eigentumsähnlichen Dauerwohnrechts nach dem vom Bundesministerium für Wohnungsbau entworfenen Mustervertrag (Bundesbaublatt 1956 S. 615) abgeschlossen wird, der insbesondere die Eintragung des Dauerwohnrechts für unbegrenzte Zeit in das Grundbuch verlangt. Als Inhalt des Dauerwohnrechts ist in der Regel gemäß § 39 Wohnungseigentumsgesetz zu vereinbaren, dass das Dauerwohnrecht im Fall der Zwangsversteigerung des Grundstücks abweichend von § 44 des Gesetzes über die Zwangsversteigerung und Zwangsverwaltung auch dann bestehen bleiben soll, wenn der Gläubiger einer dem Dauerwohnrecht im Rang vorgehenden oder gleichstehenden Hypothek, Grundschuld, Rentenschuld oder Reallast die Zwangsversteigerung des Grundstücks betreibt.

7. Als gemeinnütziges Wohnungs- und Siedlungsunternehmen im Sinne des § 72 gelten außer den im § 1 des Reichssiedlungsgesetzes vom 11. August 1919 (Reichsgesetzbl. I S. 1429) anerkannten Siedlungsgesellschaften nur Wohnungsunternehmen, die nach dem Wohnungsgemeinnützigkeitsgesetz vom 29. Februar 1940 (Reichsgesetzbl. I S. 438) als gemeinnützig anerkannt werden. Der Nachweis, dass ein Unternehmen als gemeinnützig anerkannt ist, ist auf Verlangen vom Antragsteller zu führen.

8. Die Gewährung einer Kapitalabfindung zur Finanzierung eines Bausparvertrags ist von einer Erklärung der Bausparkasse abhängig zu machen, nach der sich die Bausparkasse zur Überweisung der gezahlten Kapitalabfindung an das Landesversorgungsamt verpflichtet, wenn die Abfindung nicht für Zwecke des § 72 Abs. 1 und Abs. 2 Nr. 1 bis 3 verwendet werden soll oder wenn aus anderen Gründen ein Rückforderungsanspruch besteht.

9. Hat der Beschädigte für Zwecke des § 72 ein Darlehen aufgenommen, kann die Kapitalabfindung auch zur Rückzahlung dieses Darlehens gewährt werden. Eine dingliche Sicherung des Darlehens ist nicht erforderlich.

10. Die Kapitalabfindung ist nicht zu gewähren, wenn mit ihr vorwiegend Spekulations- oder Erwerbszwecke verfolgt werden sollen. Zum Bau und Erwerb von Miethäusern ist eine Kapitalabfindung nur zu bewilligen, wenn Hauptzweck die Beschaffung von Wohnraum zur Eigennutzung ist.

11. Der Umstand, dass ein Dritter, insbesondere die Ehefrau des Beschädigten, Miteigentümer des Grundstücks ist oder werden soll, steht der Bewilligung der Kapitalabfindung nicht entgegen, sofern der Beschädigte als Miteigentümer des Grundstücks in das Grundbuch eingetragen wird und sein Anteil, gemessen am Verkehrswert des Grundstücks, mindestens einen Wert in Höhe der Kapitalabfindung hat oder alsbald haben wird. Bei Feststellung des Wertes des Grundstücks sind die Belastungen abzuziehen; hiervon kann abgesehen werden, wenn Miteigentümer der Ehegatte oder Kinder des Antragstellers sind.

12. Eine Kapitalabfindung kann auch gewährt werden, wenn das Grundstück Bestandteil eines gemeinschaftlichen Vermögens zur gesamten Hand auf Grund eines bestimmten Rechtsverhältnisses (z.B. Miterbengemeinschaft, Gütergemeinschaft, Gesellschaft) ist. Die Kapitalabfindung darf in diesen Fällen darf in diesen Fällen den Teil des Verkehrswertes des Grundstücks nicht übersteigen, der dem Anteil des Beschädigten an dem gemeinschaftlichen Vermögen entspricht. Bei Feststellung des Wertes des Grundstücks sind die Belastungen abzuziehen; hiervon kann abgesehen werden, wenn Mitberechtigte der Ehegatte oder Kinder des Antragstellers sind.

13. Ausnahmsweise kann bei Vorliegen der sonstigen gesetzlichen Voraussetzungen eine Kapitalabfindung gewährt werden (§ 73 Abs. 2), wenn ein wichtiger Grund für die Inanspruchnahme einer Abfindung vorliegt.

14. Ein Wegfall der Rente innerhalb des Abfindungszeitraumes ist zu erwarten, wenn nach der Schwere und der Entwicklungstendenz des Leidens eine hohe Wahrscheinlichkeit für ein vorzeitiges Ableben besteht. Das ist im allgemeinen dann nicht der Fall, wenn mit dem Tode in naher Zeit nicht zu rechnen ist, d.h. das Ableben innerhalb eines Zeitraumes von etwa drei Jahren nicht wahrscheinlich ist (Nummer 9 Satz 1 zu § 1).

15. Werden einem Beschädigten mehrere Kapitalabfindungen gewährt, erlischt für jede Abfindung der Anspruch auf die ihr zugrunde liegende Grundrente für die Dauer des jeweiligen Abfindungszeitraums (§ 74 Abs. 2 und 3).

Sicherungsmaßnahmen

16. Das Landesversorgungsamt kann die Art der Sicherung der bestimmungsgemäßen Verwendung des Kapitals bestimmen. Es kann eine Veräußerungs- und Belastungsbeschränkung für die Dauer von fünf Jahren anordnen, sich aber auch mit einer geringeren als fünfjährigen Frist begnügen. Die Veräußerungs- und Belastungsbeschränkung wird auf Ersuchen des Landesversorgungsamts in das Grundbuch eingetragen. Die Veräußerungs- und Belastungsbeschränkung wirkt nicht gegenüber voreingetragenen Rechten.

17. Die Sperrfrist beginnt mit der Zahlung der Kapitalabfindung, frühestens jedoch mit der Eintragung des Berechtigten in das Grundbuch.

18. Die Genehmigung einer Veräußerung des Grundbesitzes ist in der Regel zu versagen, wenn ihr lediglich Gewinnabsichten zugrunde liegen.

19. Die Genehmigung einer weiteren Belastung des Grundstücks ist im allgemeinen nur zu erteilen, wenn der Abgefundene den sich aus der Belastung ergebenden Verpflichtungen nachkommen kann.

20. Nach Ablauf der Sperrfrist kann die Löschung der Verfügungsbeschränkung bewilligt werden.

21. Eine Sicherungshypothek wird in das Grundbuch aufgrund der Eintragungsbewilligung des Abgefundenen eingetragen. Als Berechtigter ist in das Grundbuch die Bundesrepublik Deutschland (Kriegsopferversorgung) einzutragen. Dem Grundbuchamt ist mitzuteilen, dass der Berechtigte durch das zuständige Landesversorgungsamt vertreten wird und alle Benachrichtigungen dieser Behörde zuzuleiten sind. Der Bewilligungsbescheid muss einen entsprechenden Hinweis enthalten.

22. Die Löschung der Sicherungshypothek ist auf Antrag zu bewilligen, wenn der Abgefundene die Kapitalabfindung zurückgezahlt hat oder wenn eine Rückforderung nicht mehr in Betracht kommt.

Rückforderung der Kapitalabfindung

23. Vor der Entscheidung über die Rückforderung (§ 76 Abs. 1 und 2) ist der Hauptfürsorgestelle oder der Fürsorgestelle Gelegenheit zur Äußerung zu geben, wenn dies nach den Umständen des Einzelfalles zweckmäßig erscheint.

24. Eine Vereitelung des Verwendungszwecks der Kapitalabfindung liegt vor, wenn innerhalb des Abfindungszeitraumes die Abfindungssumme nachträglich einer anderen als der sich aus § 72 ergebenden Bestimmung zugeführt wird; der Tod des Versorgungsberechtigten ist keine Vereitelung des Verwendungszwecks. Ist der Versorgungsberechtigte nach Bekanntgabe des Bewilligungsbescheides, jedoch vor Auszahlung der Kapitalabfindung gestorben, ist die Abfindungssumme an die Rechtsnachfolger für den im Bewilligungsbescheid genannten Zweck auszuzahlen.

25. Ist die Abfindungssumme zu einem Teil nicht innerhalb der gesetzten Frist bestimmungsgemäß verwendet oder der Verwendungszweck der Kapitalabfindung bezüglich eines Teils der Abfindungssumme vereitelt worden, so richtet sich der Umfang der Rückzahlungsverpflichtung hinsichtlich dieses Teilbetrages nach § 77. Der sich aus § 76 Abs. 1 und 2 ergebende Rückzahlungsanspruch kann auch noch nach dem Tod des Abgefundenen geltend gemacht werden; die Verpflichtung zur Rückzahlung geht auf die Erben über. Bei der Anwendung des § 76 Abs 3 ist kein strenger Maßstab anzulegen.

Kapitalabfindungen für Witwen und für Ehefrauen Verschollener

26. Bei Kapitalabfindungen für Witwen und für Ehefrauen Verschollener ist in dem Bewilligungsbescheid auf die Verpflichtung zur Rückzahlung der Abfindung im Falle der Wiederverheiratung oder der Rückkehr des Verschollenen hinzuweisen. Im Fall des § 78 a Abs. 2 Satz 3 ist zu prüfen, ob die Voraussetzungen des § 52 Abs. 1 Satz 2 vorliegen. Für Berechtigte, die Anspruch auf Witwenrente nach § 44 Abs. 2 haben, ist eine Kapitalabfindung nicht zu gewähren, wenn auf die Witwenrente Leistungen nach § 44 Abs. 5 anzurechnen sind oder eine Anrechnung solcher Leistungen im Laufe des Abfindungszeitraumes in Betracht kommen wird, es sei denn, dass die Anrechnung auf die zu kapitalisierende Grundrente oder eine Teilgrundrente keine Auswirkungen haben wird. Berechtigten, die Wit-

wenbeihilfe beziehen und bei denen entweder eine Kürzung in Betracht kommen kann (§ 48 Abs. 2 Satz 2) oder das Bedürfnis zu prüfen ist (§ 48 in der vor dem 1.1.1976 gültigen Fassung), kann eine Kapitalabfindung gewährt werden, wenn der Wegfall der Teilgrundrente im Laufe des Abfindungszeitraumes nicht zu erwarten ist.

27. Bei Ansprüchen nach § 76 Abs. 1 und 2 und § 78 a Abs. 2 gelten für Stundung, Niederschlagung und Erlass die Bundeshaushaltsordnung und die dazu gehörenden Verwaltungsvorschriften, für Vollstreckung § 66 des Zehnten Buches Sozialgesetzbuch.

Bis zum 9. Mai 1945 gewährte Kapitalabfindungen

28. Eine Rückforderung von Kapitalabfindungen, die bis zum 9. Mai 1945 gewährt worden sind (§ 80), kommt nicht mehr in Betracht. Für Sicherungshypotheken ist auf Antrag vom Landesversorgungsamt Löschungsbewilligung zu erteilen.

Antragstellung

29. Der Antrag auf Kapitalabfindung ist beim Versorgungsamt oder bei der Fürsorgestelle, in deren Bezirk der Beschädigte wohnt, schriftlich oder mündlich zu stellen. Bereits vorhandene Unterlagen sind vom Antragsteller entgegenzunehmen oder einzufordern. Zur Vermeidung unnötiger Kosten ist ihm die Beschaffung weiterer Unterlagen zunächst nicht aufzugeben.

30. Sowohl bei der mündlichen Verhandlung als auch bei schriftlichen Auskünften ist der Antragsteller ausdrücklich darauf hinzuweisen, dass über seinen Antrag auf Gewährung einer Kapitalabfindung erst nach Abschluss der Prüfung entschieden wird und dass er, solange ihm der Bewilligungsbescheid nicht zugestellt ist, bindende Verträge, die mit der Kapitalabfindung erfüllt werden sollen, nur auf eigenes Risiko abschließt. Bei mündlicher Verhandlung ist über diese Belehrung ein Vermerk zu den Akten zu nehmen.

31. Die Fürsorgestelle übersende den bei ihr gestellten Antrag unverzüglich dem Versorgungsamt. Dieses veranlasst, sofern nach Lage des Falles geboten, unverzüglich die ärztliche Untersuchung des Antragstellers zur Feststellung der Voraussetzungen des § 73 Abs. 1 Nr. 3 - bei mündlicher Antragstellung möglichst in unmittelbarem Anschluss hieran - und übersendet dann dem Landesversorgungsamt die Unterlagen mit dem ärztlichen Gutachten. Hat der Antragsteller das 55. Lebensjahr überschritten, ist der Antrag unverzüglich dem Landesversorgungsamt vorzulegen. Die ärztliche Untersuchung ist in diesem Falle erst nach Aufforderung durch das Landesversorgungsamt zu veranlassen.

32. Hält das Versorgungsamt den Antrag für aussichtslos, hat es unverzüglich die Entscheidung des Landesversorgungsamtes herbeizuführen. Die Fürsorgestelle verfährt entsprechend. In diesen Fällen hat eine ärztliche Untersuchung zunächst zu unterbleiben.

33. Die ärztliche Begutachtung muss auf alle erkennbaren Gesundheitsstörungen gerichtet sein, soweit sie für die schädigungsbedingte MdE und die Lebenserwartung von Bedeutung sein können.

34. Vor einer ärztlichen Untersuchung kann abgesehen werden, wenn die vorhandenen Unterlagen eine ärztliche Beurteilung zulassen. Im Allgemeinen wird ein früheres Untersuchungsergebnis zugrunde gelegt werden können, wenn es nicht länger als zwei Jahre zurückliegt und für eine Veränderung der Verhältnisse kein Anhalt gegeben ist.

Vorprüfung durch das Landesversorgungsamt

35. Das Landesversorgungsamt prüft, ob die Voraussetzungen des § 73 erfüllt sind. Die Prüfung ist auch dann vorzunehmen, wenn nur allgemeine Angaben über den Verwendungszweck gemacht sind.

36. Erachtet das Landesversorgungsamt die Voraussetzungen des § 73 nicht als gegeben, ist der Antrag abzulehnen. Eine Durchschrift oder Abschrift des Bescheides erhalten das Versorgungsamt und die beteiligte Fürsorgestelle.

37. Sieht das Landesversorgungsamt die Voraussetzungen des § 73 Abs. 1 Nr. 1 bis 3 als gegeben an, so prüft es, ob hinsichtlich des Verwendungszwecks § 72 erfüllt ist; soweit notwendig, ist dem Antragsteller aufzugeben, innerhalb einer angemessenen Frist bestimmte Angaben über den Verwendungszweck beizubringen.

Prüfung der Nützlichkeit der beabsichtigten Verwendung der Kapitalabfindung

38. Die Prüfung, ob für eine nützliche Verwendung des Geldes Gewähr besteht (§ 73 Abs. 1 Nr. 4), obliegt dem Landesversorgungsamt.

39. Das Landesversorgungsamt kann sich bei der Nützlichkeitsprüfung der Mitwirkung der Hauptfürsorgestelle oder Fürsorgestelle des Wohnortes bedienen. In diesem Fall übersendet das Landesversorgungsamt die Vorgänge unter Angabe des Höchstbetrages der Kapitalabfindung der Hauptfürsorgestelle oder Fürsorgestelle; diese können auch andere Dienststellen um die erforderlichen Auskünfte und um Aufklärung ersuchen. Liegt der Grundbesitz, für den die Kapitalabfindung beansprucht wird, außerhalb des Bereichs der für den bisherigen Wohnort zuständigen Fürsorgestelle, kann der

Fürsorgestelle des Ansiedlungsortes vor der Bewilligung der Kapitalabfindung unter Darlegung aller in Betracht kommenden Umstände Gelegenheit zur Äußerung gegeben werden.

40. Die Prüfung der Nützlichkeit hat sich insbesondere auf die Familien-, Einkommens- und Vermögensverhältnisse des Antragstellers, auf seine persönliche Eignung zu der beabsichtigten Verwendung der Abfindung, auf den zur Erreichung des Verwendungszwecks erforderlichen Geldbetrag sowie auf die Beschaffenheit, die Belastungsverhältnisse und den Preis des zu erwerbenden Grundstücks sowie die Kosten des beabsichtigten Baues zu erstrecken. Außer den dinglichen Belastungen (Hypotheken, Grundschulden, Dienstbarkeiten usw.) sind auch öffentliche Lasten, wie Aufwendungen für Anlage von Straßen, Kanalisation, Wasser- und Lichtzuleitung, zu berücksichtigen. Für eine nützliche Verwendung der Kapitalabfindung besteht unter anderem dann keine Gewähr, wenn dem Beschädigten und seiner Familie unter Berücksichtigung der voraussichtlichen Belastungen zur Bestreitung des Lebensunterhalts nur noch ein so geringes Einkommen zur Verfügung stünde, dass Leistungen der Kriegsopferfürsorge oder Sozialhilfe zum Lebensunterhalt erforderlich würden.

41. Von der Forderung vorheriger Festlegung des Kaufpreises ist abzusehen, wenn das Grundstück durch ein als gemeinnützig anerkanntes Wohnungs- und Siedlungsunternehmen oder durch andere Träger der Siedlung unter Vermittlung einer Kulturbehörde oder staatlichen Siedlungsbehörde beschafft wird.

42. Bei Prüfung der Nützlichkeit ist auch zu der Frage Stellung zu nehmen, an wen die Abfindung auszuzahlen und welche Frist für die Verwendung der Abfindungssumme zu gewähren ist. In der Regel ist die Überweisung der Abfindungssumme für Rechnung des Antragstellers an ein inländisches Kreditinstitut mit der Maßgabe zweckmäßig, dass der Antragsteller darüber nur mit Einwilligung der Fürsorgestelle verfügen darf.

43. Die für die Prüfung erforderlichen Unterlagen sind von Amts wegen zu beschaffen.

44. Soll das Grundstück durch eine der in Nummer 41 bezeichneten Stellen beschafft werden, genügt deren Anhörung. Wird von ihr die Nützlichkeit der Verwendung bescheinigt, ist sie als gewährleistet anzusehen, wenn nicht besondere Gründe dagegensprechen.

45. Es ist ferner zu prüfen, ob und welche Maßnahmen zur Sicherung des Zwecks der Abfindung erforderlich erscheinen, insbesondere ob und für welche Frist die Weiterveräußerung und Belastung des mit der Kapitalabfindung erworbenen Grundstücks zu beschränken sind (§ 75), sowie ob nach Lage des Falles die Eintragung einer Sicherungshypothek angezeigt erscheint (§ 75 Abs. 2).

46. Die Hauptfürsorgestelle oder Fürsorgestelle teilt das Ergebnis ihrer Prüfung unter Beifügung der erforderlichen Unterlagen dem Landesversorgungsamt mit. Sie bescheinigt, unter welchen Voraussetzungen und in welcher Höhe für eine nützliche Verwendung des Kapitals Gewähr besteht. Zugleich äußert sie sich darüber, an wen die Zahlung zu leisten ist.

47. Zur Vereinfachung und Beschleunigung des Verfahrens kann das Landesversorgungsamt mit Zustimmung der obersten Landesbehörde von dem in den Nummern 31 bis 63 geregelten Verfahren abweichen.

Entscheidungen des zuständigen Landesversorgungsamtes

48. Das Landesversorgungsamt trifft aufgrund seiner Vorprüfung und der Nützlichkeitsprüfung die endgültige Entscheidung über den Antrag.

49. Will das Landesversorgungsamt von der Auffassung der Hauptfürsorgestelle oder Fürsorgestelle über die Nützlichkeit der beabsichtigten Verwendung abweichen, ist der Hauptfürsorgestelle beziehungsweise der Fürsorgestelle vor der Entscheidung unter Darlegung der Gründe nochmals Gelegenheit zur Äußerung zu geben, wenn dies nach den Umständen des Einzelfalles zweckmäßig erscheint.

50. Im Falle der Bewilligung setzt das Landesversorgungsamt die Abfindungssumme fest.

51. Der Bescheid ist dem Antragsteller bekanntzugeben; eine Durchschrift oder Abschrift des Bescheides erhalten das Versorgungsamt, die in Nummer 41 bezeichneten Stellen sowie die am Verfahren beteiligte Hauptfürsorgestelle oder Fürsorgestelle.

52. In dem Bescheid sind der Verwendungszweck der Abfindungssumme und der Empfangsberechtigte zu bezeichnen sowie eine Frist für den Nachweis der bestimmungsgemäßen Verwendung zu setzen; auf das Rückforderungsrecht des Fiskus im Falle der nicht rechtzeitigen Verwendung oder Vereitelung des Verwendungszwecks (§ 76) ist hinzuweisen.

53. Das für den Wohnort des Antragstellers zuständige Landesversorgungsamt entscheidet auch dann, wenn die Verwendung der Abfindung in einem Gebiet vorgesehen ist, das zum Geschäftsbereich eines anderen Landesversorgungsamtes gehört.

54. Nach Erledigung des Antrages sind die Versorgungsakten an das zuständige Versorgungsamt zurückzugeben. Die Akten über die Kapitalabfindung verbleiben bei dem Landesversorgungsamt.

Auszahlung der Abfindungssumme

55. Das Landesversorgungsamt veranlasst nach Erfüllung der in dem Bescheid bezeichneten Bedingungen die Zahlung der Abfindung an den im Bescheid bezeichneten Empfangsberechtigten. In der Regel ist sie von der vorherigen Eintragung des Eigentumsübergangs und der etwa für erforderlich gehaltenen Sicherungshypothek abhängig zu machen.

56. Von der vorherigen Eintragung nach Nummer 55 kann abgesehen werden, wenn das Grundstück durch ein Betreuungsunternehmen im Sinne des § 37 Abs. 2 des Zweiten Wohnungsbaugesetzes beschafft wird. Ferner kann die Abfindungssumme vor der Eintragung des Eigentumsübergangs gezahlt werden, wenn es im Einzelfall notwendig erscheint und der Antragsteller den Nachweis erbracht hat, dass die Eigentumsübertragung grundbuchamtlich gesichert ist.

57. Ist die Übertragung des Eigentums erst zu einem späteren Zeitpunkt möglich, kann die Abfindung schon vor Eintragung ausgezahlt werden, wenn in den Fällen des § 72 Abs. 2 Nr. 2 der Bauherr sich verpflichtet, im Falle einer Nichtübertragung des Eigentums die erhaltene Kapitalabfindung zurückzuzahlen.

58. Für die Auszahlung der Abfindung gilt Nummer 53 entsprechend.

59. Zur Frage, an wen die Abfindung zu zahlen ist, vergleiche Nummer 42. Bei Zahlung an ein Geldinstitut ist die Abfindung zugunsten des Abgefundenen verzinslich anzulegen.

60. Die Abfindungssumme wird durch die Kasse ausgezahlt, die für die Zahlung der Versorgungsbezüge zuständig ist.

61. Als Tag der Zahlung gilt auch im Falle der Beschränkung der Verfügung über die Abfindung

a) bei Übergabe oder Übersendung von Zahlungsmitteln an den Empfänger der Tag der Übergabe oder Absendung,
b) bei Überweisung oder bei Auszahlung durch Postscheck, mit Zahlkarte oder Postanweisung der Tag der Hingabe des Auftrags an die Post oder das Geldinstitut. Der Tag der Zahlung ist in den Akten zu vermerken.

Ausführung der Entscheidung und Überwachung der Verwendung

62. Um Ausführung der Entscheidung nach Maßgabe der in dem Bescheid enthaltenen Auflagen und um Überwachung der weiteren nützlichen Verwendung kann die Hauptfürsorgestelle oder Fürsorgestelle des Wohnortes ersucht werden.

63. Die Hauptfürsorgestelle oder Fürsorgestelle teilt die Durchführung der bei der Bewilligung gemachten Auflagen unverzüglich dem Landesversorgungsamt mit.

Abschnitt 2 Entschädigungszahlungen an Hinterbliebene

§ 85 Monatliche Entschädigungszahlung an Witwen und Witwer sowie an Partner einer eheähnlichen Gemeinschaft

(1) [1]Eine monatliche Entschädigungszahlung in Höhe von 1 055 Euro erhält die Witwe oder der Witwer des oder der schädigungsbedingt verstorbenen Geschädigten. [2]Dieser Betrag erhöht sich um jeweils 50 Euro monatlich für jedes im Haushalt lebende minderjährige Kind, das eine monatliche Entschädigungszahlung für Waisen bezieht.

(2) [1]Die monatliche Entschädigungszahlung nach Absatz 1 erhalten auch Partner einer eheähnlichen Gemeinschaft, sofern ein Partner an den Schädigungsfolgen verstorben ist und der andere unter Verzicht auf eine Erwerbstätigkeit die Betreuung eines gemeinschaftlichen Kindes ausübt. [2]Dieser Anspruch besteht für die ersten drei Lebensjahre des Kindes.

(3) Der Anspruch auf die monatliche Entschädigungszahlung erlischt, wenn Witwen oder Witwer oder überlebende Partner einer eheähnlichen Gemeinschaft heiraten.

A. Gesetzesgeschichte

1 Die Vorschrift ist durch Art. 1 G-SER vom 12.12.2019[1] eingeführt worden und tritt gemäß Art. 60 Abs. 7 G-SER am 1.1.2024 in Kraft.

2 **Vorläufer** des § 85 **Abs. 1 SGB XIV** sind die Regelungen über die Hinterbliebenenrenten für Witwen und Witwer nach den §§ 38, 40–44 BVG, die zudem durch die Witwenbeihilfe nach § 48 BVG und die Übergangsvorschriften des § 48a BVG flankiert werden. Es handelt sich bei der Hinterbliebenenrente nicht um eine einheitliche Leistung. Vielmehr ist zwischen Witwengrundrente (§ 40 BVG), Schadensausgleich (§ 40a BVG), Pflegeausgleich (§ 40b BVG) und Ausgleichsrente (§ 41 BVG) zu unterscheiden.[2] Bei der einkommensabhängigen Ausgleichsrente sind zudem die Regelungen der AusglV[3] und über § 41 Abs. 3 BVG iVm § 33 Abs. 6 BVG der AnrV[4] anzuwenden. **§ 85 Abs. 2 SGB XIV** orientiert sich an § 1 Abs. 5 S. 2 OEG. Vorläufer des **§ 85 Abs. 3 SGB XIV** ist § 44 BVG. Diese Regelungen und die sie ergänzenden weiteren Vorschriften der Hinterbliebenenversorgung des bisherigen SER sehen sich bereits seit längerem der berechtigten Kritik der Unübersichtlichkeit und Fehleranfälligkeit ausgesetzt.[5] Es gehörte daher zu den erklärten Zielen des G-SER, das für die Bürgerinnen und Bürger zum Teil unverständliche und für die Verwaltung schwer durchführbare Leistungsrecht deutlich zu vereinfachen.[6] Im Vergleich zur bisherigen Rechtslage sind die gesetzlichen Regelungen deutlich **übersichtlicher** geworden, indem die Zahl der in Betracht kommenden Leistungen verringert und die Vorschriften vereinfacht wurden. Diese Änderungen sind grundsätzlich auf Zustimmung gestoßen, da die Höhe der verbliebenen Leistungen angemessen angehoben wurde.[7] Als problematisch angesehen wird jedoch, dass die bisherige Witwen- oder Witwerbeihilfe (§ 48 BVG), die eingreift, wenn die oder der Geschädigte nicht an den Schädigungsfolgen verstorben ist, nicht in das SGB XIV überführt worden ist.[8]

---

1 BGBl. 2019 I 2652.
2 Vgl. HK-SozEntschR/Dau BVG § 38 Rn. 1.
3 Verordnung über die Einkommensfeststellung nach dem BVG (Ausgleichrentenverordnung – AusglV) zuletzt geändert durch Art. 38 des Gesetzes v. 20.12.2011 (BGBl. 2011 I 2854), aufgehoben mWv 1.1.2024 durch Art. 58 Nr. 3 G-SER.
4 Zweiundfünfzigste Verordnung über das anzurechnende Einkommen nach dem Bundesversorgungsgesetz (52. Anrechnungsverordnung – 52. AnrV) v. 8.6.2020, BGBl. 2020 I 1224.
5 S. etwa HK-SozEntschR/Dau BVG Vor § 38 Rn. 1; zu den Geldleistungen des SER insgesamt Becker, Soziales Entschädigungsrecht, S. 174 f.
6 BT-Drs. 19/13824, 2.
7 Vgl. etwa Sozialverband Deutschland eV, Schriftliche Stellungnahme zum Gesetzentwurf der Bundesregierung anlässlich der öffentlichen Anhörung von Sachverständigen in Berlin vom 30.10.2019, Ausschuss-Drs. 19(11)481, 12 (23); Stellungnahme des Sozialverbands VdK eV anlässlich der öffentlichen Anhörung von Sachverständigen in Berlin vom 1.11.2019, Ausschuss-Drs. 19(11)505, 45 (53).
8 Verspohl Sozialrecht + Praxis 2/2019, 71 (87).

B. Normsystematik

I. Allgemeiner Regelungsgehalt

Witwen oder Witwer der oder des schädigungsbedingt verstorbenen Geschädigten haben gemäß **§ 85 Abs. 1 S. 1 SGB XIV** einen Anspruch auf eine monatliche Entschädigungszahlung in Höhe von 1055 Euro, die sich nach **§ 85 Abs. 1 S. 2 SGB XIV** um jeweils 50 Euro monatlich für jedes im Haushalt lebende Kind erhöht, das eine monatliche Entschädigungszahlung für Waisen nach § 87 SGB XIV bezieht. **§ 85 Abs. 2 S. 1 SGB XIV** räumt auch den Partnern einer eheähnlichen Gemeinschaft einen monatlichen Entschädigungsanspruch nach Maßgabe des § 85 Abs. 1 SGB XIV ein, sofern eine Partnerin bzw. ein Partner an den Schädigungsfolgen verstorben ist und die oder der andere unter Verzicht auf eine Erwerbstätigkeit die Betreuung eines gemeinschaftlichen Kindes ausübt. Abweichend von § 85 Abs. 1 SGB XIV ist der Anspruch gemäß **§ 85 Abs. 2 S. 2 SGB XIV** auf die ersten drei Lebensjahre des Kindes begrenzt. **§ 85 Abs. 3 SGB XIV** ordnet ein Erlöschen der Ansprüche auf Entschädigungszahlungen nach § 85 Abs. 1 und Abs. 2 SGB XIV an, wenn die jeweiligen Witwen bzw. Witwer oder überlebenden Partnerinnen oder Partner einer eheähnlichen Gemeinschaft heiraten. 3

II. Systematische Einordnung und Normzweck

1. Systematik. Die Vorschrift ist Teil der Regelungen über die Entschädigungszahlungen des SER, die der Gesetzgeber im **Kap. 9 SGB XIV** zusammengefasst hat. Dieses Kap. ist in die im **Abschn. 1** geregelten Entschädigungszahlungen an Geschädigte und die im **Abschn. 2** normierten Entschädigungszahlungen an Hinterbliebene untergliedert. Der Abschn. 1 behandelt mit **§ 83 SGB XIV** die monatliche Entschädigungszahlung und in **§ 84 SGB XIV** die Abfindung an Geschädigte. Abschn. 2 regelt in dem vorliegenden **§ 85 SGB XIV** die monatliche Entschädigungszahlung an Witwen und Witwer sowie an Partnerinnen und Partner einer eheähnlichen Gemeinschaft, in **§ 86 SGB XIV** die Abfindung für Witwen und Witwer und in **§ 87 SGB XIV** die monatliche Entschädigungszahlung an Waisen. Die monatliche Entschädigungszahlung an hinterbliebene Eltern ist in **§ 88 SGB XIV** normiert. Mit diesen Neuregelungen hat der Gesetzgeber dem Leistungsrecht des SER einen deutlichen **Modernisierungsschub** gegeben (→ § 83 Rn. 8). 4

Die Entschädigungszahlungen des Kap. 9 SGB XIV unterliegen der **Dynamisierung**. Ihre Höhe wird gemäß § 110 Abs. 1 SGB XIV jeweils entsprechend dem Prozentsatz angepasst, um den sich der aktuelle Rentenwert in der gesetzlichen Rentenversicherung verändert (→ § 110 Rn. 7 ff.). 5

Anders als nach der bis zum 31.12.2023 geltenden Rechtslage (§§ 33, 41 Abs. 3 BVG) ist die Bewilligung sämtlicher Entschädigungszahlungen nach Kap. 9 SGB XIV dem Grunde und der Höhe nach **nicht einkommensabhängig**, wodurch komplizierte Einkommensprüfungen wegfallen.[9] Gemäß **§ 28 Abs. 2 SGB XIV** werden die Entschädigungszahlungen nach Kap. 9 SGB XIV nicht als Einkommen oder Vermögen auf andere Sozialleistungen oder auf Leistungen nach dem AsylbLG angerechnet (→ § 28 Rn. 15). Die bisher bei der Einkommensanrechnung etwa in der Grundsicherung für Arbeitsuchende gebotene **Differenzierung** zwischen Grundrente,[10] Ausgleichsrente[11] 6

9 Vgl. etwa zur Berücksichtigung von Einkünften aus Haus- und Grundbesitz nach § 12 AusglV Dau jurisPR 22/2009 Anm. 5.
10 S. § 11a Abs. 1 Nr. 2 SGB II, s. dazu BSG Urt. v. 5.9.2007 – B 11b AS 49/06 R, SozR 4-4200 § 11 Nr. 7.
11 Vgl. BSG Urt. v. 14.6.2018 – B 14 AS 13/17 R, SozR 4-4200 § 11 Nr. 83 mAnm Mushoff NZS 2018, 996.

und Schwerstbeschädigtenzulage[12] ist damit obsolet. Ansprüche auf Entschädigungszahlungen nach Kap. 9 SGB XIV können gemäß § 9 SGB XIV auch **nicht gepfändet** werden.

7 Die Entschädigungszahlungen des Kap. 9 SGB XIV werden durch den **Berufsschadensausgleich nach Kap. 10 SGB XIV** und die **Besonderen Leistungen im Einzelfall nach Kap. 11 SGB XIV** flankiert, die zu einem **angemessenen Lebensunterhalt** der Berechtigten und ihrer Familien beitragen sollen.[13]

8 Für bereits bestehende Leistungsfälle enthält das Kap. 23 SGB XIV in Bezug auf Geldleistungen iSd § 144 S. 2 SGB XIV **Besitzstandsregelungen** (→ § 144 Rn. 2). Für Witwen und Witwer bei nicht schädigungsbedingtem Tod der oder des Geschädigten ist in § 148 SGB XIV eine Sonderregelung geschaffen worden, die sich an der Witwen-/Witwerbeihilfe nach § 48 BVG anlehnt (→ § 148 Rn. 1).

9 Leistungen nach Kap. 9 SGB XIV werden gemäß § 10 Abs. 1 SGB XIV – wie bisher nach § 1 Abs. 1 BVG iVm § 6 KOVVfG[14] – nur **auf Antrag** erbracht (→ § 10 Rn. 8). Der Antrag hat nach Maßgabe des § 11 SGB XIV auch Bedeutung für den **Beginn der Leistungserbringung** (→ § 11 Rn. 7).

10 **2. Normzweck.** Die Vorschrift schafft die notwendige Rechtsgrundlage für die monatliche Entschädigungszahlung an Witwen und Witwer sowie an Partner einer eheähnlichen Gemeinschaft, sofern ein Partner an den Schädigungsfolgen verstorben ist und der andere unter Verzicht auf eine Erwerbstätigkeit die Betreuung eines gemeinschaftlichen Kindes ausübt. Die **Einstandspflicht der staatlichen Gemeinschaft iSd § 5 SGB I** erfasst nicht nur die Geschädigten, sondern auch deren nahe Angehörige. Daher erhalten gemäß **§ 85 Abs. 1 SGB XIV** Witwen und Witwer ebenfalls eine monatliche Entschädigungszahlung. Es ist – wie bei der monatlichen Entschädigungszahlung für Geschädigte – von einer **doppelten Funktion der Entschädigungszahlung** auszugehen (→ § 83 Rn. 12). Sie soll eine **immaterielle Anerkennung für das erlittene Opfer** darstellen, das auch die Familie von Geschädigten trifft. Zudem soll sie einen Beitrag dazu leisten, dass Hinterbliebene sich nach dem Tod der Ehepartnerin bzw. des Ehepartners auf die **neue Lebenssituation** einstellen können.[15] Insoweit hat die monatliche Entschädigungszahlung an Hinterbliebene auch weiterhin eine **Unterhaltsersatzfunktion.**[16] **§ 85 Abs. 2 SGB XIV** ist Folge der Entscheidung des BVerfG vom 9.11.2004, in welcher das Gericht es für mit Art. 3 Abs. 1 iVm Art. 6 Abs. 1 GG unvereinbar erklärt hatte, dass das OEG keine Versorgungsleistungen für die Partnerin bzw. den Partner einer nichtehelichen Lebensgemeinschaft vorsieht, die bzw. der nach dem gewaltsamen Tod der anderen Partnerin bzw. des anderen Partners unter Verzicht auf eine Erwerbstätigkeit die Betreuung der gemeinsamen Kinder übernimmt.[17] **§ 85 Abs. 3 SGB XIV** legt für den Fall einer **(Wieder-)Heirat** ein Erlöschen der Ansprüche aus § 85 Abs. 1 und Abs. 2 SGB XIV fest, da dann die Einstandspflicht der staatlichen Gemeinschaft endet.[18]

---

12 Vgl. BSG Urt. v. 17.10.2013 – B 14 AS 58/12 R, juris Rn. 27 f. m. krit. Anm. Söhngen jurisPR-SozR 22/2014 Anm. 2.
13 BT-Drs. 19/13824, 152.
14 Zum Antragsprinzip ausführlich Knickrehm in HK-SozEntSchR BVG § 1 Rn. 2 ff.
15 BT-Drs. 19/13824, 207.
16 Vgl. BVerfG Beschl. v. 9.11.2004 – 1 BvR 684/98, BVerfGE 112, 50 (68) = SozR 4-3800 § 1 Nr. 7, Rn. 58; BSG Urt. v. 12.6.2003 – B 9 V 5/02 R, juris Rn. 17 f.; BSG Urt. v. 27.7.1999 – B 9 VG 5/98 R, juris Rn. 14.
17 BVerfG Beschl. v. 9.11.2004 – 1 BvR 684/98, BVerfGE 112, 50 = SozR 4-3800 § 1 Nr. 7.
18 BT-Drs. 19/13824, 208.

C. Einzelkommentierung

I. Entschädigungszahlung an Witwen und Witwer (Abs. 1)

1. Anspruchsberechtigte. Anspruchsberechtigt sind gemäß § 85 Abs. 1 S. 1 SGB XIV Witwen oder Witwer, deren Ehegatte bzw. dessen Ehegattin schädigungsbedingt verstorben ist. Familienrechtliche Begriffe haben im Bereich des SER idR denselben Inhalt wie im bürgerlichen Recht. **Witwe oder Witwer** ist, wer mit der oder dem Geschädigten bis zu deren bzw. dessen Tod verheiratet gewesen ist.[19] Dies setzt das Bestehen einer **wirksam geschlossenen Ehe** voraus.[20] Die Form einer Ehe, die im Inland geschlossen wurde, richtet sich ausschließlich nach deutschem Recht (Art. 13 Abs. 4 S. 1 EGBGB). Sie ist nach Maßgabe der §§ 1310 ff. BGB vor einer Standesbeamtin oder einem Standesbeamten zu schließen. Nicht erforderlich ist hingegen, dass die Eheleute zum Zeitpunkt des schädigungsbedingten Todes noch zusammengelebt haben. Die Witwe bzw. der Witwer hat selbst dann noch einen Anspruch auf die monatliche Entschädigungszahlung, wenn die Eheleute zum Zeitpunkt des Todes bereits viele Jahre getrennt gelebt haben und keine konkreten Unterhaltsansprüche gegeneinander hatten.[21] Die Rspr. lässt eine **abstrakte Unterhaltspflicht** genügen. Der Anspruch ist dementsprechend nicht davon abhängig, dass die Witwe oder der Witwer durch das schädigende Ereignis in eine wirtschaftliche Notlage geraten ist.[22] 11

Aus der Gleichstellung von Lebenspartnerschaften mit Ehen in § 21 LPartG folgt, dass die Regelungen für Witwen und Witwer entsprechend für hinterbliebene eingetragene **Lebenspartnerinnen** und **Lebenspartner** gelten.[23] 12

Hinterbliebene einer **eheähnlichen Lebensgemeinschaft** sind vom Anwendungsbereich des § 85 Abs. 1 SGB XIV hingegen nicht erfasst.[24] Sie erhalten monatliche Entschädigungszahlungen nur, wenn die Voraussetzungen des § 85 Abs. 2 SGB XIV erfüllt sind. Eine Überwindung der tatbestandlichen Voraussetzungen des § 85 Abs. 1 und Abs. 2 SGB XIV im Wege des **Härteausgleichs** (→ § 100 Rn. 3) kommt grundsätzlich nicht in Betracht.[25] 13

Es fällt auf, dass der Gesetzgeber eine Regelung zur sog. **Versorgungsehe** nicht in das SGB XIV überführt hat. Nach dem bisherigen **§ 38 Abs. 2 BVG** haben Witwen bzw. Witwer (iVm § 43 BVG) oder hinterbliebene Lebenspartnerinnen und Lebenspartner **keinen Anspruch**, wenn die Ehe oder die Lebenspartnerschaft erst nach der Schädigung geschlossen worden ist und nicht mindestens ein Jahr gedauert hat, es sei denn, dass nach den besonderen Umständen des Falles die Annahme nicht gerechtfertigt ist, dass es der alleinige oder überwiegende Zweck der Heirat oder der Begründung der Lebenspartnerschaft war, der Witwe bzw. dem Witwer oder dem hinterbliebenen Lebenspartner eine Versorgung zu verschaffen. Weshalb eine entsprechende Regelung, die es auch weiterhin in der gesetzlichen Renten- und Unfallversicherung (§ 46 Abs. 2a SGB VI bzw. § 65 Abs. 6 SGB VII) gibt,[26] keinen Eingang in das SGB XIV gefunden hat, ob es sich hierbei um ein redaktionelles Versehen oder eine bewusste Entscheidung des Gesetzgebers gehandelt hat, geht aus dem Entwurf des G-SER nicht hervor. Für einen bewussten Verzicht auf eine entsprechende Regelung spricht, dass die praktische Relevanz des § 38 Abs. 2 BVG im Vergleich zu den Parallelvorschriften in der 14

---

19 BSG Urt. v. 28.7.1999 – B 9 VG 5/98 R, juris Rn. 13.
20 BSG Urt. v. 7.12.1989 – 4 RA 70/88, juris Rn. 14.
21 BSG Urt. v. 18.4.2001 – B 9 VG 3/00 R, BSGE 88, 96 = SozR 3-3800 § 2 Nr. 10.
22 BSG Urt. v. 7.11.1979 – 9 RVg 2/78, juris Rn. 28.
23 BT-Drs. 19/13824, 170.
24 Vgl. BSG Urt. v. 28.7.1999 – B 9 VG 5/98 R, SozR 3-3100 § 38 Nr. 3.
25 Vgl. BVerfG Beschl. v. 30.7.2003 – 1 BvR 1587/99, juris Rn. 10; BSG Urt. v. 27.7.1999 – B 9 VG 5/98 R, juris Rn. 16 ff.
26 S. dazu BSG Urt. v. 5.5.2009 – B 13 R 55/08 R; Überblick bei Steiner in DGUV, 20 Jahre Hochschule der gesetzlichen Unfallversicherung, 1. Aufl. 2014, S. 239 ff.

gesetzlichen Renten- und Unfallversicherung ausgesprochen überschaubar ist. Die Streichung der Regelung entspricht dem gesetzlichen Ziel, das SER für den Rechtsanwender im Vergleich zur heutigen Rechtslage übersichtlicher zu machen. Da somit durchaus gewichtige Gründe gegen eine planwidrige Regelungslücke sprechen, kann die Vorschrift ab dem 1.1.2024 **nicht analog** angewandt werden.[27] Wegen des Vorbehalts des Gesetzes (§ 31 SGB I) kommt auch eine anspruchsausschließende Bejahung einer Versorgungsehe unter dem Gesichtspunkt des Rechtsmissbrauchs grundsätzlich nicht in Betracht.[28]

15 **2. Schädigungsbedingtes Ableben.** Wie bei der Hinterbliebenenrente setzt § 85 Abs. 1 SGB XIV voraus, dass das Ableben der oder des Geschädigten durch die Schädigungsfolgen **verursacht** ist. Die zu § 38 Abs. 1 BVG entwickelten Grundsätze sind weiterhin anzuwenden.[29] Die Anerkennung des Todes als Folge eines schädigenden Ereignisses (§ 1 Abs. 2 SGB XIV) setzt, wenn dieses nicht unmittelbar zum Tod geführt hat,[30] eine **mehrgliedrige Kausalkette** voraus. Erforderlich ist, dass ein schädigendes Ereignis zu einer primären Schädigung geführt hat, die wiederum die geltend gemachte Schädigungsfolge bedingt, die dann – ggf. über mittelbare Schädigungsfolgen – über das Todesleiden zum Tod geführt hat.[31] Sämtliche Glieder der Kausalkette müssen sich mit dem erforderlichen **Vollbeweis**, dh mit an Sicherheit grenzender Wahrscheinlichkeit, feststellen lassen, während für den ursächlichen Zusammenhang zwischen ihnen eine **hinreichende Wahrscheinlichkeit** ausreicht.[32] Eine solche Wahrscheinlichkeit ist gemäß § 4 Abs. 4 S. 2 SGB XIV zu bejahen, wenn nach der geltenden wissenschaftlichen Lehrmeinung mehr für als gegen den ursächlichen Zusammenhang spricht. Die bloße Möglichkeit eines ursächlichen Zusammenhangs genügt nicht.[33]

16 Kommen mehrere Umstände als Ursachen in Betracht, ist für die Beurteilung des Ursachenzusammenzusammenhangs die **Theorie der wesentlich mitwirkenden Bedingung** anzuwenden. Als Ursachen sind danach diejenigen Bedingungen anzusehen, die wegen ihrer besonderen Beziehung zum Erfolg zu dessen Eintritt wesentlich mitgewirkt haben. Das ist der Fall, wenn sie in ihrer Bedeutung und Tragweite für den Eintritt des Erfolges als annähernd gleichwertig anzusehen sind. Kommt einem der Umstände gegenüber anderen indessen eine überragende Bedeutung zu, so ist dieser Umstand alleinige Ursache im Rechtssinn.[34]

17 Zusätzlich ermächtigt § 5 Abs. 2 Nr. 2 SGB XIV das BMAS, mit Zustimmung des Bundesrates durch Rechtsverordnung die notwendigen Grundsätze aufzustellen, die für die Anerkennung einer Gesundheitsstörung als Schädigungsfolge nach § 4 Abs. 4 bis 6 SGB XIV maßgebend sind. Die Verordnungsermächtigung findet sich bisher in § 30 Abs. 16 BVG.[35] Es handelt sich bei dieser Rechtsverordnung – wie bisher – um die **VersMedV.**[36] Eine gesamte oder teilweise Neuverkündung der Verordnung ist vom

---

27 Schmidt SGB XIV/Weber § 85 Rn. 6.
28 Vgl. BSG Urt. v. 7.5.2019 – B 2 U 27/17 R, juris Rn. 25; BayLSG Urt. v. 5.6.2013 – L 12 EG 6/11; Mrozinski SGB I § 31 Rn. 2.
29 Schmidt SGB XIV/Weber § 85 Rn. 7.
30 BSG Urt. v. 5.5.1993 – 9/9a RV 1/92, juris Rn. 13.
31 BayLSG Urt. v. 10.2.2015 – L 15 VK 5/14, juris Rn. 42.
32 Vgl. BSG Urt. v. 12.9.2019 – B 9 V 2/18 R, juris Rn. 20; BSG Urt. v. 7.4.2011 – B 9 VJ 1/10 R, juris Rn. 38; BSG Urt. v. 5.5.1994 – 9/9a RV 1/92, SozR 3-3100 § 38 Nr. 2.
33 LSG Bln-Bbg Urt. v. 20.5.2021 – L 11 VS 47/16, juris Rn. 56; LSG NRW Urt. v. 21.8.2020 – L 13 VE 40/19, juris Rn. 23.
34 BSG Urt. v. 12.6.2001 – B 9 V 5/99 R, juris Rn. 32.
35 S. dazu HK-SozEntschR/Dau BVG § 30 Rn. 13.
36 Versorgungsmedizin-Verordnung vom 10.12.2008 (BGBl. I 2412), zuletzt geändert durch Art. 18 des Gesetzes v. 17.7.2017 (BGBl. I 2514). S. dazu eingehend Dau jurisPR-SozR 4/2009 Anm. 4.

Gesetzgeber nicht für erforderlich befunden worden.[37] Sie enthält als Anlage zu § 2 die **Versorgungsmedizinischen Grundsätze (VMG)**, die seit dem 1.1.2009 die bisherigen „Anhaltspunkte für die ärztliche Gutachtertätigkeit im sozialen Entschädigungsrecht und nach dem Schwerbehindertenrecht (Teil 2 SGB IX)" (AHP) abgelöst und weiterentwickelt haben. Es handelt sich bei den VMG – wie zuvor bei den AHP – um **antizipierte Sachverständigengutachten**, die wegen ihrer normähnlichen Wirkungen wie untergesetzliche Normen anzuwenden sind.[38] Die VMG enthalten im Teil C Maßstäbe zur **Begutachtung im SER** und hierbei im **Abschnitt 10** zur Beurteilung des ursächlichen Zusammenhangs zwischen Schädigungsfolge und Tod.

Hat eine als Schädigungsfolge anerkannte Gesundheitsstörung den Tod verursacht 18
und liegt zum Zeitpunkt des Todes eine **Anerkennung der Gesundheitsstörung** vor, gilt der Tod nach **Nr. 10.1 des Teils C der VMG** als Schädigungsfolge. Eine erneute Begutachtung der Wahrscheinlichkeit des ursächlichen Zusammenhangs ist nicht erforderlich, es sei denn, die bisherige Anerkennung ist aus heutiger Sicht zweifelsfrei unrichtig. Die Regelung lehnt sich an die **Rechtsvermutung** des bisherigen § 38 Abs. 1 S. 2 BVG an.[39]

Stirbt eine geschädigte Person an einer iSd **Verschlimmerung anerkannten Gesund-** 19
heitsstörung, so gilt der Tod gem. **Nr. 10.2 des Teils C der VMG** als Schädigungsfolge, wenn die **schädigungsbedingte Verschlimmerung** für den Tod ursächlich gewesen ist.

Haben mehrere Gesundheitsstörungen zum Tod beigetragen und sind nicht alle diese 20
Gesundheitsstörungen auch Schädigungsfolgen, ist nach **Nr. 10.3 des Teils C der VMG** zu prüfen, ob die Schädigungsfolgen eine mindestens gleichwertige Bedeutung für den Eintritt des Todes hatten. In diesem Fall gilt der Tod als Schädigungsfolge.

In Ausnahmefällen kann bei der Prüfung nach Nr. 10.2 des Teils C der VMG gemäß 21
Nr. 10.4 des Teils C der VMG auch der Zeitpunkt des Todes eine wichtige Rolle spielen, wenn neben den Schädigungsfolgen eine **schwere, schädigungsunabhängige Gesundheitsstörung** vorgelegen hat, die nach dem aktuellen Stand der medizinischen Wissenschaft ohne die Schädigungsfolgen noch nicht zu diesem Zeitpunkt, jedoch in absehbarer Zeit für sich allein zum Tode geführt hätte. In diesem Fall gilt der Tod als Schädigungsfolge, wenn die geschädigte Person ohne die Schädigungsfolgen wahrscheinlich noch mindestens ein Jahr länger gelebt hätte als mit den Schädigungsfolgen. Die Regelung setzt die Rspr. um, wonach eine gesundheitliche Schädigung auch dann als wesentlich anzusehen ist, wenn der Tod des Geschädigten durch die Schädigungsfolge erheblich – in der Regel um wenigstens ein Jahr – beschleunigt worden ist.[40]

3. Leistungsdauer und -höhe. Die monatlichen Entschädigungszahlungen für Witwen 22
und Witwer werden, anders als die Entschädigungszahlungen an die Partnerinnen und Partner einer eheähnlichen Lebensgemeinschaft iSd § 85 Abs. 2 SGB XIV, **zeitlich unbefristet** geleistet. Sie belaufen sich gemäß § 85 Abs. 1 S. 1 SGB XIV auf **1.055 Euro**.

Dieser Betrag erhöht sich gemäß **§ 85 Abs. 1 S. 2 SGB XIV** um **jeweils 50 Euro** monat- 23
lich für jedes im Haushalt lebende minderjährige Kind, das eine monatliche Entschädigungszahlung für Waisen nach § 87 SGB XIV bezieht. Durch diesen Erhöhungstatbestand soll dem Umstand Rechnung getragen werden, dass die Witwe oder der Witwer alleine für die Kinder verantwortlich ist. Dies gilt sowohl im Hinblick auf die

37 BT-Drs. 10/13824, 172.
38 BSG Urt. v. 11.8.2015 – B 9 SB 2/14 R, SozR 4-3250 § 69 Nr. 19 Rn. 12; LSG BW Urt. v. 3.8.2017 – L 6 VK 3713/16, juris Rn. 24.
39 Vgl. BSG Urt. v. 5.5.1993 – 9/9a RV 1/92, SozR 3-3100 § 38 Nr. 2, juris Rn. 12; BSG Urt. v. 24.11.1959 – 10 RV 507/57, juris Rn. 14 f.; HK-SozEntschR/Dau BVG § 38 Rn. 8; Wilke/Foester BVG § 38 Rn. 14 ff.
40 BSG Urt. v. 24.1.1979 – 9/10 RV 33/77, SozR 3100 § 1 Nr. 21; BSG Urt. v. 24.11.1959 – 10 RV 507/57; HK-SozEntschR/Dau BVG § 38 Rn. 5 mwN.

finanzielle Sorge als auch auf die Betreuung, wodurch die berufliche Erwerbstätigkeit der Witwe oder des Witwers eingeschränkt sein kann.[41]

24 **Kinder** iS der Vorschrift sind leibliche Kinder und Adoptivkinder (§ 1754 BGB) sowie gemäß § 2 Abs. 3 S. 2 SGB XIV Stief- und Pflegekinder. Diese müssen noch **minderjährig** sein, also in Abgrenzung zur Volljährigkeit (§ 2 BGB) noch nicht das 18. Lebensjahr vollendet haben. Des Weiteren müssen die Kinder gemeinsam mit der Witwe oder dem Witwer **in einem Haushalt leben**. Dies setzt ein auf Dauer angelegtes Zusammenleben voraus.[42] Dabei führen vorübergehende Unterbrechungen des Zusammenlebens, wie etwa während eines Kuraufenthalts, noch nicht zu einer Aufhebung des gemeinsamen Haushalts.

II. Entschädigungszahlung bei eheähnlicher Lebensgemeinschaft (Abs. 2)

25 Monatliche Entschädigungszahlungen nach § 85 Abs. 1 SGB XIV erhalten gemäß § 85 Abs. 2 S. 1 SGB XIV auch **Partner einer eheähnlichen Lebensgemeinschaft** (→ § 2 Rn. 33 ff., 40), sofern eine Partnerin bzw. ein Partner an den Schädigungsfolgen verstorben ist und die bzw. der andere unter Verzicht auf eine Erwerbstätigkeit die Betreuung des gemeinsamen Kindes übernimmt. Die Regelung ist Folge der Entscheidung des **BVerfG vom 9.11.2004**, in welcher das Gericht es für mit Art. 3 Abs. 1 GG iVm Art. 6 Abs. 1 GG unvereinbar erklärt hatte, dass das OEG keine Versorgungsleistungen für die Partnerin bzw. den Partner einer nichtehelichen Lebensgemeinschaft vorsah, die oder der nach dem gewaltsamen Tod der anderen Partnerin bzw. des anderen Partners unter Verzicht auf eine Erwerbstätigkeit die Betreuung der gemeinsamen Kinder übernimmt. Der **Unterhaltsanspruch von Müttern und Vätern nach § 1615l Abs. 2 S. 2 BGB** ist von dem ehelichen Unterhaltsanspruch nicht in einer Weise verschieden, die es rechtfertigt, ihn bei der Ausgestaltung des Opferentschädigungsrechts unberücksichtigt zu lassen.[43] § 85 Abs. 2 SGB XIV lehnt sich vor diesem Hintergrund an den Wertungen des § 1615l Abs. 2 BGB an.

26 Eine **eheähnliche Gemeinschaft** liegt vor, wenn die Verbindung zwischen den Partnern auf Dauer angelegt ist, daneben keine weitere Lebensgemeinschaft zulässt und sich durch innere Bindungen auszeichnet, die ein gegenseitiges Einstehen der Partner in den Not- und Wechselfällen des Lebens begründen. Erforderlich ist zudem das Zusammenleben in einer Wohnung.[44] Diese objektiven und subjektiven Voraussetzungen müssen **kumulativ** erfüllt sein.[45] Die Rspr. zum Grundsicherungsrecht kann sinngemäß herangezogen werden. Neben den bereits genannten Anforderungen setzt das **Bestehen einer Partnerschaft** die grundsätzlich rechtlich zulässige Möglichkeit einer Heirat bzw. Begründung einer Lebenspartnerschaft nach dem LPartG voraus.[46] Ein **Zusammenleben in einer Wohnung** ist mehr als ein bloßes Zusammenwohnen. Erforderlich ist das Bestehen einer Wohnungs- und Wirtschaftsgemeinschaft. Ihre Mitglieder müssen – anders als regelmäßig bei einer (bloßen) Wohngemeinschaft – auf Dauer angelegt zusammen in einer Wohnung leben und einen Haushalt in der Weise führen, dass sie **aus einem „Topf" wirtschaften.**[47] Ob neben den genannten objektiven Voraussetzungen zwischen den Partnern auch die erforderlichen **inneren Bindungen** beste-

41 BT-Drs. 19/13824, 207.
42 Vgl. BeckOK SozR/Mushoff SGB II § 7 Rn. 68; jurisPK-SGB II/Leopold § 7 Rn. 204.
43 BVerfG Beschl. v. 9.11.2004 – 1 BvR 684/98, BVerfGE 112, 50 = SozR 4-3800 § 1 Nr. 7.
44 BT-Drs. 19/13824, 207 f.
45 BSG Urt. v. 12.10.2016 – B 4 AS 60/15 R, juris Rn. 25; BSG Urt. v. 23.8.2012 – B 4 AS 34/12 R, BSGE 111, 250 = SozR 4-4200 § 7 Nr. 32; Knickrehm/Kreikebohm/Waltermann/Knickrehm SGB II § 7 Rn. 34; BeckOK SozR/Mushoff SGB II § 7 Rn. 81.
46 BSG Urt. v. 23.8.2012 – B 4 AS 34/12 R, juris Rn. 20.
47 BSG Urt. v. 12.10.2016 – B 4 AS 60/15 R, juris Rn. 25.

hen, ist anhand von Indizien zu überprüfen.[48] Ein deutliches Gewicht haben hierbei die Kriterien, die der Gesetzgeber im Rahmen der gesetzlichen Vermutung des § 7 Abs. 3a Nr. 1 bis 4 SGB II aufgestellt hat und die auch bei der Prüfung der Voraussetzungen des § 85 Abs. 2 SGB XIV herangezogen werden können.

Weitere Voraussetzung und zudem ein Indiz für eine eheähnliche Gemeinschaft ist, 27
dass die Partnerin oder der Partner der oder des an den Schädigungsfolgen Verstorbenen die **Betreuung des gemeinsamen Kindes** übernimmt. **Kinder** iS der Vorschrift sind leibliche Kinder sowie die von beiden Partnern angenommenen Adoptivkinder (→ § 2 Rn. 18 ff.). Weiterhin erfasst sind die Kinder der oder des Verstorbenen, welche die hinterbliebene Partnerin bzw. der hinterbliebene Partner nach Maßgabe des § 1766a BGB adoptiert hat.[49] § 1766a BGB ist als Reaktion auf die Entscheidung des BVerfG vom 26.3.2019, in welcher das Gericht den Ausschluss der Stiefkindadoption bei nichtehelichen Familien wegen eines Verstoßes gegen das allgemeine Gleichbehandlungsgebot (Art. 3 Abs. 1 GG) für verfassungswidrig erklärt hatte, mit Wirkung zum 31.3.2020 in das BGB eingefügt worden.[50] Unter der **Betreuung** des Kindes ist die Wahrnehmung der elterlichen Sorge iSd § 1626 BGB zu verstehen.

Schließlich setzt die Vorschrift einen **Verzicht auf eine Erwerbstätigkeit** voraus. Unter 28
einer **Erwerbstätigkeit** ist eine auf die Erzielung von Arbeitsentgelt oder Arbeitseinkommen gerichtete abhängige Beschäftigung oder selbstständige Tätigkeit zu verstehen. Rein ehrenamtliche Tätigkeiten, die Absolvierung einer Weiterbildung oder eines Studiums fallen nicht hierunter. Unter einem **Verzicht** ist zu verstehen, dass die oder der Berechtigte von einer Erwerbstätigkeit vollständig absieht. Eine Reduzierung der täglichen Arbeitszeit allein genügt somit nicht, um weiterhin zum Kreis der Anspruchsberechtigten zu gehören.[51] **Nicht erforderlich** ist ein **kausaler Zusammenhang** zwischen dem schädigungsbedingten Tod der Partnerin bzw. des Partners und dem Verzicht auf eine Erwerbstätigkeit. Maßgeblich ist, dass durch den schädigungsbedingten Tod ein potenzieller Unterhaltsanspruch der überlebenden Partnerin bzw. des überlebenden Partners weggefallen ist.[52] Einen Anspruch nach § 85 Abs. 2 SGB XIV haben daher auch hinterbliebene Partnerinnen und Partner einer eheähnlichen Lebensgemeinschaft, die vor der Geburt oder Adoption des Kindes keiner Erwerbstätigkeit nachgegangen sind oder die vor dem schädigungsbedingten Tod der Partnerin bzw. des Partners eine Erwerbstätigkeit zur Betreuung des Kindes unterbrochen haben.

Der Anspruch besteht für **die ersten drei Lebensjahre** des Kindes (§ 85 Abs. 2 S. 2 29
SGB XIV). Die Vorschrift lehnt sich insoweit an § 1615l Abs. 2 S. 3 BGB an. Mit dieser Regelung hat der Gesetzgeber dem betreuenden Elternteil die freie Entscheidung eingeräumt, ob sie oder er das Kind in dessen ersten drei Lebensjahren in vollem Umfang selbst betreuen oder andere Betreuungsmöglichkeiten in Anspruch nehmen will.[53] Eine **Erwerbsobliegenheit** besteht in diesem Zeitraum nicht.[54] Der betreuende Elternteil ist in diesem Zeitraum auch berechtigt, eine Berufstätigkeit aufzugeben und sich ganz der Erziehung des Kindes zu widmen.[55]

---

48 S. ausführlich jurisPK-SGB II/Leopold § 7 Rn. 239 ff.; Knickrehm/Kreikebohm/Waltermann/Knickrehm SGB II § 7 Rn. 35.
49 Schmidt SGB XIV/Weber § 85 Rn. 14.
50 Gesetz zur Umsetzung der Entscheidung des BVerfG vom 26.3.2019 zum Ausschluss der Stiefkindadoption in nichtehelichen Familien v. 19.3.2020, BGBl. 2020 I 541. BGBl. 2020 I 541.
51 Schmidt SGB XIV/Weber § 85 Rn. 15.
52 Vgl. BVerfG Urt. v. 9.11.2004 – 1 BvR 684/98, juris Rn. 58.
53 BGH Urt. v. 29.6.2011 – XII ZR 127/09, juris Rn. 20.
54 BGH Beschl. v. 7.5.2014 – XII ZB 258/13, juris Rn. 47.
55 BGH Urt. v. 15.12.2004 – XII RZ 121/03, juris Rn. 22.

30 Problematisch erscheint es, dass der Gesetzgeber davon abgesehen hat, auch den Regelungsgehalt des § 1615l Abs. 2 S. 4 BGB in das SER zu überführen.[56] Danach kann der **Zeitraum** der ersten drei Lebensjahre **verlängert** werden, solange und soweit dies der **Billigkeit** entspricht. Dabei sind gemäß § 1615l Abs. 2 S. 5 BGB insbesondere die Belange des Kindes und die bestehenden Möglichkeiten der Kindererziehung zu berücksichtigen. Solche **kinderbezogenen Gründe** hat die Rspr. beispielsweise anerkannt, wenn bei dem Kind eine Behinderung, dauerhafte Krankheit oder schwere Entwicklungsstörung vorliegt und es deshalb auf eine weitere Betreuung durch den Elternteil angewiesen und eine anderweitige geeignete Kinderbetreuung nicht sichergestellt ist.[57] In entsprechenden Konstellationen dürfte im Einzelfall ein **Härteausgleich nach § 100 SGB XIV** in Betracht zu ziehen sein.

III. Erlöschen des Anspruchs (Abs. 3)

31 Der Anspruch auf die monatliche Entschädigungszahlung erlischt gemäß § 85 Abs. 3 SGB XIV, wenn Witwen oder Witwer oder überlebende Partner einer eheähnlichen Gemeinschaft **heiraten**. In einem solchen Falle besteht nach Auffassung des Gesetzgebers kein Erfordernis mehr für weitere Entschädigungszahlungen und die **Einstandspflicht der staatlichen Gemeinschaft** endet.[58] Da die Leistungen monatlich gezahlt werden, endet der Anspruch mit Ablauf des Monats, in welchem die oder der berechtigte Hinterbliebene geheiratet hat.[59]

32 Eine **Heirat** iS der Vorschrift setzt eine nach deutschem Recht **formgültige Ehe** voraus. Die Form einer Ehe, die im Inland geschlossen wurde, richtet sich ausschließlich nach deutschem Recht (Art. 13 Abs. 4 S. 1 EGBGB). Sie ist nach Maßgabe der §§ 1310 ff. BGB vor einer Standesbeamtin oder einem Standesbeamten zu schließen (→ Rn. 10). Ein (bloßes) Verlöbnis oder ein eheähnliches Zusammenleben mit einer neuen Partnerin oder einem neuen Partner führen somit nicht zu einem Erlöschen des Anspruchs.

33 Anders als nach dem bisherigen § 44 Abs. 1 BVG sieht das SGB XIV weder in § 85 SGB XIV noch in § 86 SGB XIV anlässlich einer erneuten Heirat eine **Abfindung** vor. Die Berechtigten haben allerdings die Möglichkeit, **vor einer erneuten Eheschließung** nach Maßgabe des § 86 SGB XIV eine Abfindung zu beantragen. Die Abfindung beläuft sich auf den zehnfachen Jahresbetrag der Entschädigungszahlung nach § 85 SGB XIV. Eine besondere Begründung der Inanspruchnahme der Abfindung ist nicht erforderlich. Eine dem § 78a Abs. 2 BVG entsprechende Rückzahlungsverpflichtung bei Wiederheirat sieht das Gesetz nicht vor, so dass eine nachfolgende Eheschließung innerhalb des Kalkulationszeitraums von zehn Jahren nicht dazu führt, dass Teile der Abfindung zurückgezahlt werden müssten.

34 Ebenfalls nicht vorgesehen ist, dass der Anspruch auf die monatliche Entschädigungszahlung – wie in § 44 Abs. 2 BVG vorgesehen – **noch einmal auflebt**, wenn eine formwirksame **Ehe wieder aufgelöst** wird.[60] Mit der Regelung sollte in der Nachkriegszeit der großen Zahl jüngerer Kriegswitwen die Furcht genommen werden, im Falle des Scheiterns der neuen Ehe möglicherweise wirtschaftlich schlechter gestellt zu sein als ohne die erneute Heirat.[61] Mit der zunehmenden beruflichen und wirtschaftlichen Selbstständigkeit von Frauen, einem Wandel des Rollverständnisses der Frau in der

---

56 S. auch Schmidt SGB XIV/Weber § 85 Rn. 3.
57 BGH Beschl. v. 10.6.2015 – XII ZB 251/14, juris Rn. 17 mAnm Viefhues jurisPR-FamR 20/2015 Anm. 6.
58 BT-Drs. 19/13824, 207.
59 Vgl. BSG Urt. v. 9.4.1970 – 8 RV 587/68, juris Rn. 13.
60 Vgl. dazu etwa BSG Urt. v. 11.12.1992 – 9a Rv 7/92, SozR 3-3100 § 44 Nr. 3.
61 HK-SozEntschR/Dau BVG § 44 Rn. 2.

Gesellschaft,[62] aber auch der generell stärkeren Betonung der Eigenverantwortung der oder des Einzelnen[63] gelten entsprechende Überlegungen nicht mehr als zeitgemäß.[64]

D. Anhang

I. BVG

§ 38 BVG [Anspruch auf Hinterbliebenenrente] 35

(1) [1]Ist ein Beschädigter an den Folgen einer Schädigung gestorben, so haben die Witwe, der hinterbliebene Lebenspartner, die Waisen und die Verwandten der aufsteigenden Linie Anspruch auf Hinterbliebenenrente. [2]Der Tod gilt stets dann als Folge einer Schädigung, wenn ein Beschädigter an einem Leiden stirbt, das als Folge einer Schädigung rechtsverbindlich anerkannt und für das ihm im Zeitpunkt des Todes Rente zuerkannt war.

(2) Die Witwe oder der hinterbliebene Lebenspartner haben keinen Anspruch, wenn die Ehe oder die Lebenspartnerschaft erst nach der Schädigung geschlossen worden ist und nicht mindestens ein Jahr gedauert hat, es sei denn, dass nach den besonderen Umständen des Falles die Annahme nicht gerechtfertigt ist, dass es der alleinige oder überwiegende Zweck der Heirat oder der Begründung der Lebenspartnerschaft war, der Witwe oder dem hinterbliebenen Lebenspartner eine Versorgung zu verschaffen.

(3) Ein hinterbliebener Lebenspartner hat keinen Anspruch auf Versorgung, wenn eine Witwe, die im Zeitpunkt des Todes mit dem Beschädigten verheiratet war, Anspruch auf eine Witwenversorgung hat.

§ 39 BVG *[aufgehoben]*

§ 40 BVG [Witwen-Grundrente]

Die Witwe oder der hinterbliebene Lebenspartner erhält eine Grundrente von 514 Euro monatlich.

§ 41 BVG [Ausgleichsrente für Witwen]

(1) [1]Ausgleichsrente erhalten Witwen oder hinterbliebene Lebenspartner, die

a) durch Krankheit oder andere Gebrechen nicht nur vorübergehend wenigstens die Hälfte ihrer Erwerbsfähigkeit verloren haben oder
b) die Altersgrenze für die große Witwenrente oder Witwerrente nach dem Sechsten Buch Sozialgesetzbuch erreicht haben oder
c) für mindestens ein Kind des Verstorbenen im Sinne des § 33b Abs. 2 oder ein eigenes Kind sorgen, das eine Waisenrente nach diesem Gesetz oder nach Gesetzen, die eine entsprechende Anwendung dieses Gesetzes vorsehen, bezieht oder bis zur Erreichung der Altersgrenze oder bis zu seiner Verheiratung oder Begründung einer Lebenspartnerschaft Waisenrente nach einem dieser Gesetze oder nach bisherigen versorgungsrechtlichen Vorschriften bezogen hat.

[2]Ausgleichsrente kann auch gewährt werden, wenn einer Witwe oder einem hinterbliebenen Lebenspartner aus anderen zwingenden Gründen die Ausübung einer Erwerbstätigkeit nicht möglich ist. [3]Im Falle des Satzes 1 Buchstabe a gilt § 29 entsprechend.

(2) Die volle Ausgleichsrente der Witwe oder des hinterbliebenen Lebenspartners beträgt monatlich 567 Euro.

(3) [1]Die volle Ausgleichsrente ist um das anzurechnende Einkommen zu mindern. [2]Dieses ist, ausgehend vom Bruttoeinkommen, nach der nach Satz 4 in Verbindung mit § 33 Abs. 6 zu erlassenden Rechtsverordnung stufenweise so zu ermitteln, daß

1. bei Einkünften aus gegenwärtiger Erwerbstätigkeit ein Betrag in Höhe von 1,1583 vom Hundert sowie bei den übrigen Einkünften ein Betrag in Höhe von 0,4325 vom Hundert des Bemessungsbetrags (§ 33 Abs. 1 Buchstabe a), jeweils auf volle Euro aufgerundet, freibleibt (Freibetrag) und
2. bei Einkünften von der Stufe 10 an der Betrag, bis zu dem die einzelne Stufe reicht, und die Einzelabstände zwischen den Beträgen des anzurechnenden Einkommens mit den entsprechenden Werten der Rechtsverordnung nach § 33 Abs. 6 von Stufe 0 an übereinstimmen.

[3]Beim Zusammentreffen von Einkünften aus gegenwärtiger Erwerbstätigkeit mit übrigen Einkünften werden die beiden, für jede Einkommensgruppe getrennt ermittelten Stufenzahlen zusammengezählt

62 Weber in B. Schmidt SGB XIV § 85 Rn. 16.
63 Vgl. BSG Urt. v. 3.9.2020 – B 14 AS 43/19 R, juris Rn. 13; BSG Urt. v. 8.9.2015 – B 1 KR 22/14 R, juris Rn. 22; Ruland FS für Igl, 2017, S. 482 (483).
64 HK-SozEntschR/Dau BVG § 44 Rn. 2.

und die Summe vom 1. April 1990 bis 30. Juni 1990 um 8, vom 1. Juli 1990 bis 30. Juni 1991 um 6 und vom 1. Juli 1991 bis 30. Juni 1992 um 3, höchstens jedoch um die jeweils niedrigere der beiden Stufenzahlen, vermindert. [4]§ 33 Abs. 2, 3, 5 und 6 gilt entsprechend.

§ 42 BVG [Witwenrente bei Ehescheidung]

(1) [1]Im Falle der Scheidung, Aufhebung oder Nichtigerklärung der Ehe oder der Aufhebung der Lebenspartnerschaft steht der frühere Ehegatte oder Lebenspartner des Verstorbenen einer Witwe oder einem hinterbliebenen Lebenspartner gleich, wenn der Verstorbene zur Zeit seines Todes Unterhalt nach ehe- oder familienrechtlichen Vorschriften oder aus sonstigen Gründen zu leisten hatte oder im letzten Jahr vor seinem Tode geleistet hat. [2]Eine Versorgung ist nur so lange zu leisten, als der frühere Ehegatte oder Lebenspartner nach den ehe- oder familienrechtlichen Vorschriften unterhaltsberechtigt gewesen wäre oder sonst Unterhaltsleistungen erhalten hätte. [3]Hat eine Unterhaltspflicht aus kriegs- oder wehrdienstbedingten Gründen nicht bestanden, so bleibt dies unberücksichtigt. [4]Ist die Ehe im Zusammenhang mit einer Gesundheitsstörung des Verstorbenen, die Folge einer Schädigung im Sinne des § 1 war, geschieden, aufgehoben oder für nichtig erklärt oder die Lebenspartnerschaft aus dem gleichen Grunde aufgehoben worden, so steht der frühere Ehegatte oder Lebenspartner auch ohne die Voraussetzungen des Satzes 1 einer Witwe oder einem hinterbliebenen Lebenspartner gleich.

(2) Entsprechendes gilt, wenn beim Tode des Beschädigten die eheliche Gemeinschaft aufgehoben war.

§ 43 BVG [Witwerrente]

Der Witwer erhält Versorgung wie eine Witwe.

§ 44 BVG [Wiederverheiratung]

(1) [1]Im Falle der Wiederverheiratung oder Begründung einer Lebenspartnerschaft erhält die Witwe oder im Falle der Verheiratung oder Begründung einer neuen Lebenspartnerschaft erhält der hinterbliebene Lebenspartner anstelle des Anspruchs auf Rente eine Abfindung in Höhe des Fünfzigfachen der monatlichen Grundrente. [2]Die Abfindung ist auch zu zahlen, wenn im Zeitpunkt der Wiederverheiratung oder der Begründung der neuen Lebenspartnerschaft mangels Antrags kein Anspruch auf Rente bestand.

(2) Wird die neue Ehe aufgelöst oder für nichtig erklärt oder die neue Lebenspartnerschaft aufgehoben oder aufgelöst, so lebt der Anspruch auf Witwenversorgung wieder auf.

(3) Ist die Ehe innerhalb von 50 Monaten nach der Wiederverheiratung aufgelöst oder für nichtig erklärt worden oder die Lebenspartnerschaft in dieser Zeit aufgelöst oder aufgehoben worden, so ist bis zum Ablauf dieses Zeitraums für jeden Monat ein Fünfzigstel der Abfindung (Absatz 1) auf die Witwenrente anzurechnen.

(4) [1]Die Witwenversorgung beginnt mit dem Monat, in dem sie beantragt wird, frühestens jedoch mit dem auf den Tag der Auflösung oder Nichtigerklärung der Ehe oder Aufhebung oder Auflösung der Lebenspartnerschaft folgenden Monat. [2]Bei Scheidung, Aufhebung oder Nichtigerklärung der Ehe oder der Aufhebung der Lebenspartnerschaft ist dies der Tag, an dem das Urteil oder der Verwaltungsakt rechtskräftig geworden ist.

(5) [1]Versorgungs-, Renten- oder Unterhaltsansprüche, die sich aus der neuen Ehe oder Lebenspartnerschaft herleiten, sind auf die Witwenrente (Absatz 2) anzurechnen, soweit sie zu verwirklichen sind, nicht schon zur Kürzung anderer wiederaufgelebter öffentlich-rechtlicher Leistungen geführt haben und nicht auf den Kostenträger der Kriegsopferversorgung übergeleitet sind. [2]Die Anrechnung einer Versorgung nach diesem Gesetz auf eine wiederaufgelebte Leistung, die ebenfalls auf diesem Gesetz beruht, geht einer anderweitigen Anrechnung vor; das gilt auch, wenn die Versorgung oder die wiederaufgelebte Leistung auf einem Gesetz beruhen, das dieses Gesetz für entsprechend anwendbar erklärt. [3]Hat die Witwe oder der hinterbliebene Lebenspartner ohne verständigen Grund auf einen Anspruch im Sinne des Satzes 1 verzichtet, so ist der Betrag anzurechnen, den der frühere Ehegatte oder Lebenspartner ohne den Verzicht zu leisten hätte.

(6) Hat eine Witwe oder der hinterbliebene Lebenspartner keine Witwenrente nach diesem Gesetz bezogen und ist der frühere Ehegatte oder Lebenspartner an den Folgen einer Schädigung (§ 1) gestorben, so finden die Absätze 2, 4 und 5 entsprechend Anwendung, wenn sie ohne die Wiederverheiratung oder Begründung einer neuen Lebenspartnerschaft einen Anspruch auf Versorgung hätte.

§ 48 BVG [Witwen- und Waisenbeihilfe]

(1) [1]Ist ein rentenberechtigter Beschädigter nicht an den Folgen der Schädigung gestorben, so ist der Witwe, dem hinterbliebenen Lebenspartner und den Waisen (§ 45) eine Witwen- und Waisenbeihilfe zu zahlen, wenn der Beschädigte durch die Folgen der Schädigung gehindert war, eine entsprechende

Erwerbstätigkeit auszuüben, und dadurch die aus der Ehe mit dem Beschädigten hergeleitete Witwenversorgung insgesamt mindestens um den folgenden Vomhundertsatz gemindert ist:

Höhe der abgeleiteten Witwenversorgung insgesamt in v.H. eines Zwölftels des in § 33 Abs. 1 Buchstabe a genannten Bemessungsbetrags	Minderung um mindestens
36 und mehr	15 v.H.
34 bis unter 36	14 v.H.
32 bis unter 34	13 v.H.
30 bis unter 32	12 v.H.
28 bis unter 30	11 v.H.
unter 28	10 v.H.

[2]Die Höhe der Witwenversorgung und der Betrag der Minderung sind unter Berücksichtigung der rentenversicherungsrechtlichen Vorschriften über die Anrechnung eigenen Einkommens der Witwe oder des hinterbliebenen Lebenspartners festzustellen. [3]Der nach der Tabelle maßgebende Vomhundertsatz der Minderung ist auf die Witwenversorgung zu beziehen, die sich ohne die Minderung im Sinne des Satzes 1 und ohne die Anrechnung eigenen Einkommens der Witwe ergäbe. [4]Wird keine Witwenrente gezahlt, ist eine fiktive Witwenrente zu berechnen und danach das Ausmaß der Minderung festzustellen. [5]Die Voraussetzungen des Satzes 1 gelten als erfüllt, wenn der Beschädigte im Zeitpunkt seines Todes Anspruch auf die Grundrente eines Beschädigten mit einem Grad der Schädigungsfolgen von 100 oder wegen nicht nur vorübergehender Hilflosigkeit Anspruch auf eine Pflegezulage hatte; § 40a Abs. 3 Satz 3 gilt. [6]Die Voraussetzungen des Satzes 1 gelten auch als erfüllt, wenn der Beschädigte mindestens fünf Jahre Anspruch auf Berufsschadensausgleich wegen eines Einkommensverlustes im Sinne des § 30 Abs. 4 oder auf Berufsschadensausgleich nach § 30 Abs. 6 hatte.

(2) [1]Die Witwen- und Waisenbeihilfen werden in Höhe von zwei Dritteln, bei Witwen, hinterbliebenen Lebenspartnern und Waisen von Beschädigten mit Anspruch auf die Grundrente eines Beschädigten mit einem Grad der Schädigungsfolgen von 100 oder auf eine Pflegezulage in voller Höhe der entsprechenden Witwen- oder Waisenrente (§§ 40, 40a, 41, 46 und 47) gezahlt. [2]Übersteigt das monatliche Bruttoeinkommen der Hinterbliebenen von Beschädigten, die im Zeitpunkt des Todes einen Anspruch auf Rente nach einem Grad der Schädigungsfolgen von 30 bis 90 hatten,

bei der Witwe oder dem hinterbliebenen Lebenspartner	ein Zwölftel,
bei der Halbwaise	ein Vierundzwanzigstel,
bei der Vollwaise	ein Achtzehntel

des in § 33 Abs. 1 Buchstabe a genannten Bemessungsbetrages, ist die zu gewährende Beihilfe um den übersteigenden Betrag zu kürzen; errechnet sich kein Zahlbetrag, entfällt der Anspruch auf Versorgung.

(3) [1]Im Falle der Wiederverheiratung oder Begründung einer Lebenspartnerschaft der Witwe oder im Falle der Verheiratung oder Begründung einer neuen Lebenspartnerschaft des hinterbliebenen Lebenspartners gilt § 44 entsprechend. [2]Als Abfindung wird der fünfzigfache Monatsbetrag der Grundrente einer Witwe gewährt, wenn Witwenbeihilfe in Höhe der vollen Rente bezogen worden ist, sonst werden zwei Drittel dieses Betrages gewährt.

(4) Die Absätze 1 bis 3 finden auf Witwer Anwendung.

(5) Für den Wegfall der Waisenbeihilfe gelten die Vorschriften für die Waisenrente.

(6) Die Absätze 1 bis 5 gelten entsprechend, wenn der Beschädigte die Ansprüche nur deshalb nicht geltend machen konnte, weil er vor dem 1. Januar 1991 seinen Wohnsitz oder gewöhnlichen Aufenthalt in dem in Artikel 3 des Einigungsvertrages genannten Gebiet hatte.

§ 48a BVG [Übergangsvorschriften zu § 42 Abs. 1, § 43 und § 48 Abs. 4]

(1) § 42 Abs. 1, § 43 und § 48 Abs. 4 in der vom 1. Januar 1986 an geltenden Fassung gelten nur, wenn der Beschädigte nach dem 31. Dezember 1985 gestorben ist.

(2) § 42 Abs. 1, § 43 und § 48 Abs. 4 in der bis zum 31. Dezember 1985 geltenden Fassung gelten hinsichtlich der Anspruchsvoraussetzungen für die Hinterbliebenenversorgung weiter, wenn der Beschädigte vor dem 1. Januar 1986 gestorben ist.

II. BVGVwV

36 **BVGVwV zu § 38 BVG**

1. Der Tod ist die Folge einer Schädigung, wenn er durch sie verursacht worden ist; Nummer 2 zu § 1 ist anzuwenden. Der Tod ist auch dann als Folge einer Schädigung anzusehen, wenn der Beschädigte ohne die Schädigungsfolgen mindestens ein Jahr länger gelebt hätte; Nummer 9 Satz 1 zu § 1 ist anzuwenden.

2. Witwen und Waisen von ehemaligen nichtberufsmäßigen Soldaten, die vor dem 1. Januar 1921 nach einer Dienstzeit von mindestens zehn Jahren während der Zugehörigkeit zur Wehrmacht gestorben sind, kann, wenn der Tod nicht die Folge einer Schädigung im Sinne des § 1 ist, auf Antrag, frühestens jedoch vom 1. April 1951 an, Versorgung in Höhe der Versorgungsbezüge nach dem Bundesversorgungsgesetz im Wege des Härteausgleichs (§ 89 Abs. 1) gewährt werden.

BVGVwV zu § 41 BVG

1. Die Voraussetzungen des § 41 Abs. 1 Buchstabe a sind unter anderem erfüllt, wenn die Witwe aus der gesetzlichen Rentenversicherung eine Rente wegen Erwerbsunfähigkeit (§ 1247 RVO, § 24 AVG, § 47 RKG), wegen Erwerbsunfähigkeit eine Witwenrente nach § 1268 Abs. 2 Nr. 2 RVO, § 45 Abs. 2 Nr. 2 AVG oder § 69 Abs. 2 Nr. 2 RKG, ein vorzeitiges Altersgeld nach dem Gesetz über die Altershilfe für Landwirte oder eine Verletztenrente in Höhe von wenigstens 50 vom Hundert der Vollrente aus der gesetzlichen Unfallversicherung bezieht. Erhält die Witwe aus der gesetzlichen Rentenversicherung eine Rente wegen Berufsunfähigkeit (§ 1246 RVO, § 23 AVG, § 46 RKG) oder wegen Berufsunfähigkeit eine Witwenrente nach § 1268 Abs. 2 Nr. 2 RVO, § 45 Abs. 2 Nr. 2 AVG oder § 69 Abs. 2 Nr. 2 RKG, kann auf eine ärztliche Untersuchung verzichtet werden, wenn sich aus den Unterlagen des Trägers der gesetzlichen Rentenversicherung ergibt, dass die Voraussetzungen des § 41 Abs. 1 Buchstabe a vorliegen.

2. Als nicht nur vorübergehend im Sinne des § 41 Abs. 1 Buchstabe a ist ein Zeitraum von mehr als sechs Monaten anzusehen.

3. Bei Kindern des Verstorbenen ist es nicht erforderlich, dass Waisenrente bezogen wird oder bis zur Erreichung der Altersgrenze oder bis zur Verheiratung bezogen wurde.

4. Andere zwingende Gründe sind insbesondere die Versorgung eigener Kleinkinder und die Pflege hilfloser Familienangehöriger.

5. Für die Vollendung des fünfundvierzigsten Lebensjahres gilt die Verwaltungsvorschrift zu § 31 entsprechend.

6. Nummer 2 zu § 33a ist entsprechend anzuwenden. Hat die Witwe für ein Kind bis zur Vollendung des 18. Lebensjahres des Kindes oder bis zu dessen Verheiratung gesorgt, kann angenommen werden, dass sie auch über diesen Zeitpunkt hinaus für das Kind weiter sorgt.

BVGVwV zu § 42 BVG

1. Der Anspruch auf Rente nach § 42 wird nicht dadurch ausgeschlossen, dass infolge Wiederverheiratung des früheren Ehegatten ein Anspruch auf Rente nach § 38 entstanden ist.

2. § 42 Abs. 1 Satz 2 ist nach Artikel 2 des Neunten Anpassungsgesetzes-KOV vom 27. Juni 1977 (BGBl. I S. 1037) nur anzuwenden, wenn die Ehe nach dem 30. Juni 1977 geschieden, aufgehoben oder für nichtig erklärt worden ist.

3. Die Unterhaltspflicht des verstorbenen Ehegatten war gegeben, wenn zur Zeit seines Todes ein rechtskräftiger vollstreckbarer Titel über eine Unterhaltsverpflichtung vorlag, es sei denn, er hätte den Titel oder seine Vollstreckbarkeit beseitigen können.

4. Wurde die Ehe vor dem 1. Juli 1977 geschieden, ist eine Unterhaltspflicht des nunmehr verstorbenen Ehegatten auf Grund eherechtlicher Vorschriften im allgemeinen anzunehmen, wenn

a) er im rechtskräftigen Scheidungsurteil allein oder überwiegend für schuldig erklärt worden ist und die Einkünfte des früheren Ehegatten zu einem angemessenen Unterhalt nicht ausreichten (vgl §§ 58 und 59 des Ehegesetzes),
b) im Falle der Ehescheidung nach dem 31. Juli 1938 beide Ehegatten für schuldig erklärt worden sind, ohne dass einer die überwiegende Schuld trug, der frühere Ehegatte bedürftig war und die Leistungen eines Unterhaltsbeitrages mit Rücksicht auf die Bedürfnisse und Einkommensverhältnisse des anderen Ehegatten und der unterhaltspflichtigen Verwandten der Frau der Billigkeit entsprach (vgl § 60 des Ehegesetzes),

c) das Scheidungsurteil keinen Schuldausspruch enthält, der nunmehr verstorbene Ehegatte die Scheidung beantragt hatte und die weiteren Voraussetzungen des Buchstaben b vorliegen (vgl § 61 Abs. 2 des Ehegesetzes).

5. Wurde die Ehe nach dem 30. Juni 1977 geschieden, so sind für die Unterhaltspflicht des nunmehr verstorbenen Ehegatten die §§ 1569 bis 1586a BGB maßgebend. Nach diesen Vorschriften ist in der Regel eine Unterhaltspflicht anzunehmen, solange und soweit der frühere Ehegatte

a) wegen der Pflege oder Erziehung eines gemeinschaftlichen Kindes (§ 1570 BGB), wegen seines Alters (§ 1571 BGB), wegen seines Gesundheitszustands (§ 1572 BGB) oder wegen Ausbildung, Fortbildung oder Umschulung (§ 1575 BGB) nicht erwerbstätig sein kann,
b) seinen Unterhalt nicht oder nicht ausreichend sichern kann, weil er nach der Scheidung keine angemessene Erwerbstätigkeit zu finden vermag oder seine Einkünfte aus einer angemessenen Erwerbstätigkeit zum vollen Unterhalt (§ 1578 BGB) nicht ausreichen (§ 1573 Abs. 1 oder 2 BGB) oder
c) aus sonstigen schwerwiegenden Gründen nicht erwerbstätig sein kann und es grob unbillig wäre, ihm den Unterhalt zu versagen (§ 1576 BGB), es sei denn,
   - der frühere Ehegatte kann sich aus seinen Einkünften und seinem Vermögen selbst unterhalten (§ 1577 BGB),
   - der Unterhaltsanspruch bis zur Erlangung einer angemessenen Erwerbstätigkeit (§ 1573 Abs. 1 BGB), der Anspruch auf Aufstockungsunterhalt (§ 1573 Abs. 2) oder die Bemessung des Unterhalts nach den ehelichen Lebensverhältnissen (§ 1578 BGB) sind aus Gründen der Billigkeit zeitlich begrenzt (§§ 1573 Abs. 5, 1578 Abs. 1 Satz 2 BGB),
   - der Unterhaltsanspruch ist wegen grober Unbilligkeit ausgeschlossen (§ 1579 BGB), oder
   - er entfällt mangels Leistungsfähigkeit des früheren Ehegatten (§ 1581 BGB).

6. Die unterhaltsrechtlichen Folgen der Nichtigkeit oder der Aufhebbarkeit einer Ehe sind in § 26 Abs. 2, 3 und § 37 Abs. 2 des Ehegesetzes geregelt. Dabei hängen die Voraussetzungen eines Unterhaltsanspruchs davon ab, ob die Ehe bis zum 30. Juni 1977 oder danach aufgehoben oder für nichtig erklärt wurde.

7. Eine Unterhaltspflicht auf Grund eherechtlicher Vorschriften ist auch anzunehmen, wenn der hierzu verpflichtete nunmehr verstorbene Ehegatte es unterlassen hatte, einer ihm zuzumutenden und sich ihm bietenden Erwerbstätigkeit nachzugehen, und wenn er allein aus diesem Grunde kein Einkommen hatte, von dem er seinem früheren Ehegatten Unterhalt hätte leisten können.

8. Eine Unterhaltspflicht des früheren Ehegatten aus sonstigen Gründen ist insbesondere anzunehmen, wenn er aus Unterhaltsvereinbarungen oder Vereinbarungen anderer Art zur Unterhaltsleistung verpflichtet war.

9. Ein Unterhalt im Sinne des § 42 Abs. 1 Satz 1, den der Verstorbene zu leisten hatte oder geleistet hat, liegt dann nicht vor, wenn er wegen seiner Geringfügigkeit für die Lebensführung des früheren Ehegatten ohne nennenswerte wirtschaftliche Bedeutung war; das ist in der Regel der Fall, wenn der Unterhalt nicht wenigstens ein Viertel des zeitlichen und örtlichen Mindestbedarfs eines Unterhaltsberechtigten erreichte.

10. Unterhaltsleistung im letzten Jahr vor dem Tod ist auch anzunehmen, wenn

a) an Stelle einer laufenden Unterhaltsleistung entsprechende Zahlungen (einmalig oder unregelmäßig wiederkehrend) erbracht wurden,
b) der nunmehr verstorbene Ehegatte für einen kürzeren Zeitraum Unterhalt geleistet hat und seine erkennbare Absicht, dem früheren Ehegatten laufend Unterhalt zu gewähren, vor Ablauf eines Jahres durch Tod vereitelt wurde.

11. § 42 Abs. 1 Satz 3 ist insbesondere dann anzuwenden, wenn

a) der nunmehr verstorbene Ehegatte wegen einer militärischen oder militärähnlichen Dienstverrichtung oder wegen der Folgen einer Schädigung im Sinne des § 1 nicht unterhaltsfähig war oder
b) sein früherer Ehegatte durch kriegsbedingte Umstände, zB durch Dienstverpflichtung, nicht unterhaltsberechtigt war.

12. § 42 Abs. 2 betrifft die Fälle, in denen nach der vor dem Inkrafttreten des Ehegesetzes vom 6. Juli 1938 (RGBl. I S. 807) geltenden Vorschrift des § 1575 BGB statt auf Scheidung auf Aufhebung der ehelichen Gemeinschaft erkannt war.

13. Im Wege des Härteausgleichs (§ 89 Abs. 1) kann Witwenrente in entsprechender Anwendung des § 42 gewährt werden, wenn nach der bis zum 31. Mai 1960 geltenden Fassung dieser Vorschrift die Voraussetzungen für eine Rente vorgelegen haben und diese zuerkannt war oder der geschiedene Ehegatte schon bis zu diesem Zeitpunkt einen Härteausgleich erhalten hat.

BVGVwV zu § 48 BVG

1. Für die Witwen- und Waisenbeihilfe gelten die für die Witwen- und Waisenrente maßgebenden Vorschriften.

2. Als Schwerbeschädigte im Sinne des § 48 Abs. 1 gelten auch Beschädigte mit einer MdE um weniger als 50 v. H., die im Zeitpunkt des Todes Anspruch auf eine Pflegezulage hatten (§ 31 Abs. 4 Satz 2).

3. Die Nummern 2 und 4 zu § 40 a sind entsprechend anzuwenden.

4. Zur Hinterbliebenenversorgung zählen alle der Hinterbliebenensicherung dienenden, auf Dauer angelegten Leistungen. Soweit jedoch für eine vorübergehende Zeit nach dem Tod erhöhte Leistungen gezahlt werden (zB Sterbevierteljahresbezüge) bleibt der über die eigentliche Hinterbliebenenversorgung hinausgehende Betrag außer Betracht.

5. Maßgebender Bemessungsbetrag ist der Betrag, der nach § 33 Abs. 1 Satz 2 Buchstabe a für den auf den Sterbemonat folgenden Monat, d. h., für den ersten Monat eines möglichen Hinterbliebenenrentenbezuges (§ 61 Buchstabe a) gilt. Tritt später eine nachhaltige Änderung der Hinterbliebenenversorgung ein, ist zu prüfen, ob weiterhin ein Anspruch besteht. Hierbei ist der im Zeitpunkt der Änderung geltende Bemessungsbetrag maßgebend.

6. Die Voraussetzungen im Sinne des § 48 Abs. 1 Satz 2 sind auch erfüllt, wenn der Beschädigte für mehrere nichtzusammenhängende Zeiträume insgesamt fünf Jahre Anspruch auf einen Berufsschadensausgleich hatte; nicht erforderlich ist es, dass der Anspruch im Zeitpunkt des Todes noch bestand. Zu berücksichtigen sind auch Zeiträume, in denen eine Zahlung des Berufsschadensausgleichs infolge Anrechnung (nach § 30 Abs. 7 in der bis zum 30. Juni 1977 geltenden Fassung) oder Ruhens nach § 30 Abs. 8 entfiel.

7. Bei der Gewährung einer Witwenbeihilfe in Höhe von zwei Drittel sind zunächst ungekürzt die Grund- und Ausgleichsrente wie auch der Schadensausgleich zu errechnen; die errechneten Einzelleistungen sind auf zwei Drittel zu kürzen und jeweils auf volle Euro nach oben abzurunden.

8. Bei der Ermittlung des Bruttoeinkommens der Hinterbliebenen (§ 48 Abs. 2 Satz 2) ist die Verordnung zur Durchführung des § 33 des Bundesversorgungsgesetzes entsprechend anzuwenden. Der sich nach § 48 Abs. 2 Satz 2 ergebende Grenzbetrag ist auf volle Euro nach oben abzurunden. Das diesen Grenzbetrag übersteigende Bruttoeinkommen ist auf die Beihilfe anzurechnen, die sich nach Anwendung des § 48 Abs. 2 Satz 1 ergibt. Die Nummer 5 letzter Satz zu § 44 ist entsprechend anzuwenden.

9. War der Beschädigte im Zeitpunkt seines Todes schwerbeschädigt, erwerbsunfähig oder nicht nur vorübergehend hilflos, ohne dass dies zu einem Anspruch auf entsprechende Leistungen geführt hat, kann Witwen- und Waisenbeihilfe im Wege des Härteausgleichs gewährt und erhöht werden, wenn die Versorgung der Hinterbliebenen im Sinne des § 48 Abs. 1 Satz 1 gemindert ist. Satz 1 gilt ab 1. Januar 1987 mit der Maßgabe, dass die Gewährung oder Erhöhung der Witwen- und Waisenbeihilfe im Wege des Härteausgleichs auch dann möglich ist, wenn der Beschädigte im Zeitpunkt seines Todes rentenberechtigt war.

10. Für die Witwen und Waisen von vor dem 1. Januar 1976 verstorbenen Beschädigten, die eine Versorgung nach § 48 Abs. 1 in der Fassung der Bekanntmachung vom 16. Juni 1975 (BGBl. I S. 1365) beanspruchen, gelten die allgemeinen Verwaltungsvorschriften Nummern 1, 2, 4 und 6 zu § 48 idF vom 25. April 1975 (BAnz. Nr. 83 vom 6. Mai 1975) fort.

§ 86 Abfindung für Witwen und Witwer

(1) [1]Witwen und Witwer erhalten auf Antrag eine Abfindung anstelle der monatlichen Entschädigungszahlung. [2]Der Antrag ist innerhalb eines Jahres nach Bewilligung der Entschädigungszahlung zu stellen.

(2) [1]Die Abfindung beträgt 126 600 Euro. [2]Auf die Abfindung sind bereits geleistete monatliche Entschädigungszahlungen anzurechnen.

(3) Mit der Zahlung der Abfindung sind alle Ansprüche auf die monatlichen Entschädigungszahlungen abgegolten.

A. Gesetzesgeschichte

Die Vorschrift ist durch Art. 1 G-SER vom 12.12.2019[1] eingeführt worden und tritt gemäß Art. 60 Abs. 7 G-SER am 1.1.2024 in Kraft. 1

Vorläufer des § 86 SGB XIV ist § 78a BVG, in dessen Abs. 1 S. 2 eine ergänzende Anwendung der Regelungen über die Kapitalabfindung Beschädigter nach den §§ 72 bis 80 BVG angeordnet ist. Die §§ 72 ff. BVG machen die Zahlung einer Abfindung von der Erfüllung einer **Vielzahl einschränkender Voraussetzungen** abhängig, die nicht in das SGB XIV überführt worden sind. So ist die Zahlung bisher – anders als in Zukunft – von einer besonderen Zweckbestimmung (§ 72 BVG) und einem bestimmten Lebensalter (§ 73 Abs. 1 Nr. 1 BVG) abhängig. Insbesondere die bisherige Voraussetzung der Gewähr einer nützlichen Verwendung des Geldes (§ 73 Abs. 1 Nr. 4 BVG) ist als nicht mehr zeitgemäß befunden worden.[2] Mit den Neuregelungen geht eine **deutliche Vereinfachung** einher. Die bisherigen Vorschriften erschweren eine unbürokratische Rechtsanwendung.[3] 2

B. Normsystematik

I. Allgemeiner Regelungsgehalt

Die Abfindung ist eine besondere Form der Entschädigungszahlung. Abweichend vom **Regelfall der monatlichen Entschädigungszahlung** (→ § 84 Rn. 4) erhalten die Berechtigten ihre Entschädigungszahlungen in einer Summe als Einmalzahlung iSd § 26 Abs. 2 SGB XIV.[4] § 86 SGB XIV behandelt dabei die **Voraussetzungen** und **Höhe der Zahlung einer Abfindung** an Witwen und Witwer und bestimmt weiterhin, welche **Auswirkungen** diese **auf den Anspruch auf die monatliche Entschädigungszahlung nach § 85 SGB XIV** hat. **§ 86 Abs. 1 S. 1 SGB XIV** legt fest, dass Witwen und Witwer, die einen Anspruch auf eine monatliche Entschädigungszahlung nach § 85 Abs. 1 SGB XIV haben, diese Leistung auf Antrag als Abfindung erhalten. Der Antrag ist innerhalb der Frist des **§ 86 Abs. 1 S. 2 SGB XIV** zu stellen. Die Abfindung beträgt gemäß § 86 Abs. 2 S. 1 SGB XIV 126.600 Euro, was dem **zehnfachen Jahresbetrag** der Entschädigungszahlung nach § 85 Abs. 1 S. 1 SGB XIV entspricht. **§ 86 Abs. 2 S. 2 SGB XIV** stellt klar, dass bereits geleistete monatliche Entschädigungszahlungen anzurechnen sind. **§ 86 Abs. 3 SGB XIV** hebt ebenfalls klarstellend hervor, dass mit der Zahlung der Abfindung alle Ansprüche auf die monatlichen Entschädigungszahlungen, also nicht beschränkt auf einen bestimmten Abfindungszeitraum, abgegolten sind. 3

II. Systematische Einordnung und Normzweck

1. Systematik. Die Vorschrift ist Teil der Regelungen über die Entschädigungszahlungen des SER, die der Gesetzgeber im **Kap. 9 SGB XIV** zusammengefasst hat. Dieses 4

---

1 BGBl. 2019 I 2652.
2 Knickrehm/Mushoff/Schmidt Neues SozEntschR Rn. 267.
3 Allein die VV zu den §§ 72–80 BVG enthalten 63 Ziffern, abgedruckt unter → § 84 Rn. 35.
4 BT-Drs. 19/13824, 182.

Kap. ist in die im **Abschn. 1** geregelten Entschädigungszahlungen an Geschädigte und die im **Abschn. 2** normierten Entschädigungszahlungen an Hinterbliebene untergliedert. Der Abschn. 1 behandelt mit **§ 83 SGB XIV** die monatliche Entschädigungszahlung und mit **§ 84 SGB XIV** die Abfindung an Geschädigte. Abschn. 2 regelt in **§ 85 SGB XIV** die monatliche Entschädigungszahlung an Witwen und Witwer sowie an Partner einer eheähnlichen Gemeinschaft, in dem vorliegenden **§ 86 SGB XIV** die Abfindung für Witwen und Witwer und in **§ 87 SGB XIV** die monatliche Entschädigungszahlung an Waisen. Die monatliche Entschädigungszahlung an hinterbliebene Eltern ist in **§ 88 SGB XIV** normiert. Mit diesen Neuregelungen hat der Gesetzgeber dem Leistungsrecht des SER einen deutlichen **Modernisierungsschub** gegeben (→ § 83 Rn. 8).

5 Die Entschädigungszahlungen des Kap. 9 unterliegen der **Dynamisierung**. Ihre Höhe wird gemäß § 110 Abs. 1 SGB XIV jeweils entsprechend dem Prozentsatz angepasst, um den sich der aktuelle Rentenwert in der gesetzlichen Rentenversicherung verändert (→ § 110 Rn. 7 ff.). Allerdings wirkt sich eine Anpassung gemäß § 110 Abs. 4 SGB XIV **nicht auf bereits gezahlte Leistungen** aus, insbesondere nicht auf die Abfindung nach den §§ 84 und 86 SGB XIV. Eine Neuberechnung von bereits ausgezahlten Leistungen wird hierdurch ausgeschlossen.[5]

6 Anders als nach der bis zum 31.12.2023 geltenden Rechtslage (§§ 33, 41 Abs. 3 BVG) ist die Bewilligung sämtlicher Entschädigungszahlungen nach Kap. 9 dem Grunde und der Höhe nach **nicht einkommensabhängig,** wodurch komplizierte Einkommensprüfungen wegfallen.[6] Gemäß **§ 28 Abs. 2 SGB XIV** werden die Entschädigungszahlungen nach Kap. 9 SGB XIV nicht als Einkommen oder Vermögen auf andere Sozialleistungen oder auf Leistungen nach dem AsylbLG angerechnet (→ § 28 Rn. 15). Die bisher bei der Einkommensanrechnung etwa in der Grundsicherung für Arbeitsuchende gebotene **Differenzierung** zwischen Grundrente,[7] Ausgleichsrente[8] und Schwerstbeschädigtenzulage[9] ist damit obsolet. Ansprüche auf Entschädigungszahlungen nach Kap. 9 SGB XIV können gemäß § 9 SGB XIV auch **nicht gepfändet** werden.

7 Die Entschädigungszahlungen des Kap. 9 SGB XIV werden durch den **Berufsschadensausgleich nach Kap. 10 SGB XIV** und die **Besonderen Leistungen im Einzelfall nach Kap. 11 SGB XIV** flankiert, die zu einem **angemessenen Lebensunterhalt** der Berechtigten und ihrer Familien beitragen sollen.[10]

8 Für bereits bestehende Leistungsfälle enthält das Kap. 23 SGB XIV in Bezug auf Geldleistungen iSd § 144 S. 2 SGB XIV **Besitzstandsregelungen** (→ § 144 Rn. 2).

9 Leistungen nach Kap. 9 SGB XIV werden gemäß § 10 Abs. 1 SGB XIV – wie bisher nach § 1 Abs. 1 BVG iVm § 6 KOVVfG[11] – nur **auf Antrag** erbracht (→ § 10 Rn. 8). Der Antrag hat nach Maßgabe des § 11 SGB XIV auch Bedeutung für den **Beginn der Leistungserbringung** (→ § 11 Rn. 7).

10 **2. Normzweck.** § 86 Abs. 1 SGB XIV schafft die notwendige **Rechtsgrundlage,** damit Witwen und Witwer sich die monatliche Entschädigungszahlung nach § 85 SGB XIV als Abfindung auszahlen lassen können. Anders als bisher sollen sie frei darüber ent-

5 BT-Drs. 19/14980, 34.
6 Vgl. etwa zur Berücksichtigung von Einkünften aus Haus- und Grundbesitz nach § 12 AusglV Dau jurisPR 22/2009 Anm. 5.
7 S. § 11a Abs. 1 Nr. 2 SGB II, s. dazu BSG Urt. v. 5.9.2007 – B 11b AS 49/06 R, SozR 4-4200 § 11 Nr. 7.
8 Vgl. BSG Urt. v. 14.6.2018 – B 14 AS 13/17 R, SozR 4-4200 § 11 Nr. 83 mAnm Mushoff NZS 2018, 996.
9 Vgl. BSG Urt. v. 17.10.2013 – B 14 AS 58/12 R, juris Rn. 27 f. m. krit. Anm. Söhngen jurisPR-SozR 22/2014 Anm. 2.
10 BT-Drs. 19/13824, 152.
11 Zum Antragsprinzip ausführlich HK-SozEntschR/Knickrehm BVG § 1 Rn. 2 ff.

scheiden, wofür sie die entsprechenden Mittel einsetzen. Mit dieser Wahlmöglichkeit wird die Entscheidungsfreiheit der Witwen und Witwer erhöht.[12] Aufgabe des **§ 86 Abs. 2 S. 1 SGB XIV** ist es, die Abfindungshöhe festzulegen. Diese berücksichtigt, dass die Abfindung – anders als im Rahmen der Abfindung Geschädigter nach § 84 SGB XIV – nicht auf einen bestimmten Abfindungszeitraum zugeschnitten ist und somit nicht nach Ablauf eines solchen wiederauflebt. § **86 Abs. 2 S. 2 SGB XIV** hebt – was sich eigentlich bereits aus dem entsprechend anwendbaren § 362 BGB[13] ergibt – hervor, dass vor Stellung des Abfindungsantrags bereits geleistete monatliche Entschädigungszahlungen auf die Abfindung anzurechnen sind. § **86 Abs. 3 SGB XIV** hat **Klarstellungs- und Warnfunktion,** indem noch einmal ausdrücklich betont wird, dass mit der Zahlung der Abfindung alle Ansprüche auf die monatlichen Entschädigungszahlungen abgegolten sind.

C. Einzelkommentierung

I. Abfindungsanspruch (Abs. 1)

1. Anspruch auf eine monatliche Entschädigungszahlung (S. 1). Anspruchsberechtigt sind Witwen und Witwer. Familienrechtliche Begriffe haben im Bereich des SER idR denselben Inhalt wie im bürgerlichen Recht. **Witwe oder Witwer** ist, wer mit der oder dem Geschädigten bis zu deren bzw. dessen Tod verheiratet gewesen ist.[14] Dies setzt das Bestehen einer **wirksam geschlossenen Ehe** voraus (→ § 85 Rn. 11). Aus der Gleichstellung von Lebenspartnerschaften mit Ehen in § 21 LPartG folgt, dass die Regelungen für Witwen und Witwer entsprechend für hinterbliebene eingetragene **Lebenspartnerinnen** und **Lebenspartner** gelten.[15] 11

Nicht zum Kreis der Abfindungsberechtigten gehören hingegen **Partner einer eheähnlichen Lebensgemeinschaft,** die nach dem schädigungsbedingten Tod der jeweiligen anderen Partnerin bzw. des jeweiligen anderen Partners die Betreuung eines gemeinsamen Kindes ausüben und einen Anspruch auf die monatliche Entschädigungszahlung nach § 85 Abs. 2 SGB XIV haben. Eine Begründung für die unterschiedliche Behandlung von Witwen und Witwer einerseits und des mit der Vorschrift des § 85 Abs. 2 SGB XIV adressierten Personenkreises der Betreuungsunterhaltsberechtigten andererseits geht aus dem Entwurf des G-SER nicht hervor. Allerdings sind die monatlichen Entschädigungszahlungen bei Betreuungsunterhaltsberechtigten auch nur auf die ersten drei Lebensjahre des gemeinsamen Kindes beschränkt (§ 85 Abs. 2 S. 2 SGB XIV) und zudem davon abhängig, dass die oder der Berechtigte keiner Erwerbstätigkeit nachgeht und dementsprechend typischerweise auf die monatlichen Entschädigungszahlungen angewiesen ist. Die unterschiedliche Behandlung beider Personengruppen begegnet vor diesem Hintergrund und wegen des weiten Gestaltungsspielraums des Gesetzgebers im Bereich der gewährenden Staatstätigkeit[16] unter dem Blickwinkel des allgemeinen Gleichheitssatzes des Art. 3 Abs. 1 GG keinen verfassungsrechtlichen Bedenken.[17] 12

Weitere Voraussetzung ist, dass die Witwe bzw. der Witwer einen Anspruch auf monatliche Entschädigungszahlungen nach § 85 Abs. 1 SGB XIV hat (→ § 85 Rn. 11). Der entsprechende **Anspruch** wird, wenn er nicht im sozialgerichtlichen Verfahren erstritten wird, **per Verwaltungsakt** (§ **31 SGB X**) festgestellt. 13

---

12 BT-Drs. 19/13824, 208.
13 Vgl. etwa BSG Urt. v. 19.6.2018 – B 2 U 1/17 R, juris Rn. 13.
14 BSG Urt. v. 28.7.1999 – B 9 VG 5/98 R, juris Rn. 13.
15 BT-Drs. 19/13824, 170.
16 Vgl. BVerfG Beschl. v. 7.2.2012 – 1 BvL 14/07, juris Rn. 25; BVerfG Beschl. v. 6.7.2004 – 1 BvR 2515/95, juris Rn. 29.
17 Schmidt SGB XIV/Weber § 86 Rn. 3.

14 Die Inanspruchnahme einer Abfindung ist anders als bisher nicht mehr von einem bestimmen Zweck, namentlich einer vom Gesetzgeber als **sinnvoll befundenen Mittelverwendung** (§ 78a Abs. 1 S. 2 BVG iVm § 72 BVG) oder von der einschränkenden Voraussetzung (§ 78a Abs. 1 S. 2 BVG iVm § 73 Abs. 1 Nr. 4 BVG) abhängig, dass für eine **nützliche Verwendung des Geldes Gewähr besteht**. Der Antrag auf Zahlung der Abfindung muss daher auch nicht besonders begründet werden.[18] Nach der bis zum 31.12.2023 geltenden Rechtslage soll mit entsprechenden Einschränkungen vermieden werden, dass Berechtigte die Abfindung in kurzer Zeit verschwenden und dann mittellos dastehen.[19] Entsprechende Überlegungen sehen sich allerdings schnell dem **Vorwurf des Paternalismus** ausgesetzt und erscheinen nicht mehr zeitgemäß.[20] In deutlichem Kontrast hierzu hebt der Entwurf des G-SER daher hervor, dass die Entscheidung, ob eine Abfindung angesichts der persönlichen Situation der oder des Geschädigten angebracht und sinnvoll ist, allein in ihrer bzw. seiner **Verantwortung** liegt.[21]

15 Die Entscheidung, ob die Entschädigungszahlungen monatlich oder als Abfindung in Anspruch genommen werden, sollte allerdings im Hinblick auf ihre weitreichenden Konsequenzen **wohl überlegt** und **nicht ohne eine vorherige Beratung** erfolgen. Die zuständigen TdSE und ggf. das Fallmanagement (§ 30 SGB XIV) haben der Witwe bzw. dem Witwer bei der Entscheidung im Bedarfsfall **beratend** zur Seite zu stehen.[22] Schriftliche Informationen des TdSE müssen auch in **Leichter Sprache (§ 11 BGG)**[23] zur Verfügung stehen. Eine **Beratung (§ 14 SGB I)** durch die zuständigen Behörden des TdSE hat im Falle eines entsprechenden Beratungsbegehrens **umfassend** zu sein.[24] In diesem Rahmen hat die zuständige Behörde auf die **rechtlichen Konsequenzen** der Inanspruchnahme einer Abfindung hinzuweisen. Die Anspruchsberechtigten müssen wissen, dass sich monatliche Entschädigungszahlungen und die Zahlung einer Abfindung wechselseitig ausschließen und die monatlichen Entschädigungszahlungen nach Ablauf des Kalkulationszeitraums von zehn Jahren insbesondere nicht wiederaufleben (→ Rn. 21). Hingewiesen werden muss darauf, dass bei der Bemessung der Abfindung eine Erhöhung für im Haushalt lebende Kinder, wie diese bei der monatlichen Entschädigungszahlung nach § 85 Abs. 1 S. 2 SGB XIV vorgesehen ist, nicht stattfindet (→ Rn. 21) und die Berechtigten nicht mehr in den Genuss einer nach Bewilligung der Abfindung erfolgenden Dynamisierung der Entschädigungszahlungen kommen können (→ Rn. 5). Auch **prognostische Überlegungen**, zB ob die Witwe oder der Witwer eine die monatlichen Entschädigungszahlungen ausschließende Wiederheirat (§ 85 Abs. 3 SGB XIV) grundsätzlich in Betracht zieht, sind anzusprechen.

16 Um Unklarheiten zu vermeiden und zukünftigen Rechtsstreiten über eine ordnungsgemäße Beratung[25] vorzubeugen, ist die zuständige Behörde des TdSE gehalten, über die Beratung ein **Beratungsprotokoll** anzufertigen. Der Witwe bzw. dem Witwer ist eine Ausfertigung des Protokolls auszuhändigen und die zuständige Behörde des TdSE sollte sich per Unterschrift die mit dem Inhalt des Protokolls übereinstimmende Beratung bestätigen lassen.

17 **2. Antrag innerhalb der Antragsfrist (S. 2).** Leistungen der SE werden gemäß § 10 Abs. 1 SGB XIV grundsätzlich nur auf Antrag erbracht (→ Rn. 9). Die Leistung der Entschädigungszahlung in Form einer Abfindung setzt, wie sich bereits aus § 86

---

18 BT-Drs. 19/13824, 208.
19 Vgl. HK-SozEntschR/Knörr BVG § 73 Rn. 5.
20 S. dazu allgemein Graumann, Assistierte Freiheit, S. 277.
21 BT-Drs. 19/13824, 207.
22 BT-Drs. 19/13824, 207.
23 Vgl. Welti, FS für Igl, 2017, S. 497 ff.
24 Vgl. BSG Urt. v. 3.7.2020 – B 8 SO 2/19 R, juris Rn. 33.
25 Vgl. BGH Urt. v. 2.8.2018 – III ZR 466/16, juris mAnm Voelzke jM 2019, 236 u. Frings SRa 2019, 96.

Abs. 1 S. 1 SGB XIV ergibt, einen entsprechenden **gesonderten Antrag** der Witwe oder des Witwers voraus. Ein Antrag ist eine einseitige empfangsbedürftige, öffentlich-rechtliche Willenserklärung. Soweit das Antragsbegehren unklar ist, ist der wirkliche Wille der Antragstellerin bzw. des Antragstellers im Wege der **Auslegung** zu ermitteln (§ 133 BGB). Die Auslegung hat nach dem **Grundsatz der Meistbegünstigung** zu erfolgen.[26] Im Zweifel ist davon auszugehen, dass eine Berechtigte bzw. ein Berechtigter ohne Rücksicht auf den Wortlaut des Antrags all diejenigen Leistungen begehrt, die ihr bzw. ihm den größten Nutzen bringen können.[27] Sollte eine entsprechende Auslegung bestehende Unklarheiten nicht beseitigen, ist nach Maßgabe des § 16 Abs. 3 SGB I darauf hinzuwirken, dass ein klarer Antrag gestellt wird.[28] Der Antrag ist an keine bestimmte **Form** gebunden. Er kann schriftlich, aber auch mündlich gestellt werden und ist insbesondere nicht davon abhängig, dass die Antragstellerin bzw. der Antragsteller vom TdSE vorgegebene Vordrucke verwendet.[29]

Erforderlich ist weiterhin, dass die Witwe oder der Witwer die **Antragsfrist des § 86 Abs. 1 S. 2 SGB XIV** einhält. Danach ist der Antrag **innerhalb eines Jahres** nach Bewilligung der Entschädigungszahlung zu stellen. Durch sie sollen wohl vor allem die **personellen Ressourcen der Verwaltung** geschont werden. Die Antragsfrist ist nicht unumstritten, da befürchtet wird, dass die Witwen und Witwer sich hierdurch unnötig unter Druck gesetzt fühlen.[30] Für den Fristbeginn ist auf den Zeitpunkt der **Bekanntgabe (§§ 37, 39 SGB X)** des die monatliche Entschädigungszahlung bewilligenden Verwaltungsaktes abzustellen. Die oder der Berechtigte kann den Abfindungsantrag nach dem Sinn und Zweck der Regelung auch bereits **vorzeitig** stellen, also bereits zum Zeitpunkt der Beantragung von Leistungen der SE (§ 10 SGB XIV) mitteilen, dass Entschädigungszahlungen als Abfindung beantragt werden. 18

Zur **Fristberechnung** gelten über § 26 Abs. 1 SGB X die §§ 187, 188 und 193 BGB entsprechend. 19

3. Rechtsfolge. Liegen die tatbestandlichen Voraussetzungen des § 86 Abs. 1 SGB XIV vor, so hat die Witwe bzw. der Witwer einen **Anspruch** auf Bewilligung der Entschädigungszahlung als Abfindung. Dem TdSE ist – anders als bisher[31] – **kein Ermessen** eingeräumt, ob er der Witwe oder dem Witwer die Entschädigungsleistung monatlich oder in einer Summe als Abfindung bewilligt.[32] 20

II. Höhe des Anspruchs (Abs. 2)

Die Abfindung beträgt gemäß § 86 Abs. 2 S. 1 SGB XIV insgesamt 126.600 Euro, was dem **zehnfachen Jahresbetrag** der Entschädigungszahlung nach § 85 Abs. 1 S. 1 SGB XIV entspricht. Der Zeitraum von zehn Jahren ist eine **reine Kalkulationsgröße**. Anders als bei der Abfindung der Geschädigten, die ihre Abfindung „jeweils" für den gesetzlich vorgesehenen Abfindungszeitraum erhalten, leben die monatlichen Entschädigungszahlungen im Falle der Abfindung nach § 86 SGB XIV somit nicht wieder auf. Auch eine Erhöhung der Abfindung für im Haushalt lebende Kinder (vgl. § 85 Abs. 1 S. 2 SGB XIV) sieht das Gesetz nicht vor. Mit der Entscheidung für die Inanspruchnahme der Entschädigungszahlungen als Abfindung wird dieser **Erhöhungsbetrag** 21

26 BSG Urt. v. 2.4.2014 – B 4 AS 29/13 R, juris Rn. 16 mAnm Luik jurisPR-SozR 4/2015 Anm. 1.
27 BSG Urt. v. 10.5.2011 – B 4 KG 1/10 R, juris Rn. 26.
28 Vgl. BSG Urt. v. 23.10.1996 – 4 RLw 8/96, juris Rn. 23.
29 LPK-SGB I/Trenk-Hinterberger § 16 Rn. 13.
30 Vgl. Stellungnahme des Sozialverbands VdK Deutschland eV anlässlich der öffentlichen Anhörung von Sachverständen zum Gesetzentwurf der Bundesregierung am 1.11.2019, Ausschuss-Drs. 19(11)505, 45 (52).
31 Vgl. BSG Urt. v. 14.3.1975 – 10 RV 263/74, SozR 3100 § 72 Nr. 1.
32 Schmidt SGB XIV/Weber § 86 Rn. 6.

auch **nicht weitergezahlt**, da dieser Teil der monatlichen Entschädigungszahlung ist. Der Wortlaut des § 86 Abs. 3 SGB XIV, wonach „alle Ansprüche" auf die monatliche Entschädigungszahlung abgegolten sind, spricht ebenfalls dagegen.[33]

22 § 86 Abs. 2 S. 2 SGB XIV stellt klar, dass bereits geleistete monatliche Entschädigungszahlungen auf die Abfindung **anzurechnen** sind. Hintergrund der Regelung ist, dass die monatlichen Entschädigungszahlungen im Hinblick auf die Antragsfrist des § 86 Abs. 1 S. 2 SGB XIV an die Witwen bzw. Witwer zum Teil bereits ausgezahlt worden sein können, bevor diese von ihrem Antragsrecht Gebrauch gemacht haben.

III. Konsequenzen der Abfindung (Abs. 3)

23 Mit der Zahlung der Abfindung sind gemäß § 86 Abs. 3 SGB XIV alle Ansprüche auf die monatlichen Entschädigungszahlungen abgegolten. Der TdSE hat seine gesetzliche Leistungspflicht erfüllt. Anders als bei der Abfindung der Geschädigten (→ § 84 Rn. 26) lebt die Zahlung der Abfindung nach Ablauf des Kalkulationszeitraums von 10 Jahren somit nicht wieder auf. Die Vorschrift hat **Klarstellungs- und Warnfunktion.** Sie soll der Witwe bzw. dem Witwer noch einmal ausdrücklich vor Augen führen, dass mit der Zahlung der Abfindung die Inanspruchnahme monatlicher Entschädigungszahlungen **endgültig ausgeschlossen** ist.

24 Eine dem § 78a Abs. 2 BVG entsprechende Rückzahlungsverpflichtung bei Wiederheirat sieht das Gesetz nicht vor, so dass eine nachfolgende **erneute Eheschließung** innerhalb des Kalkulationszeitraums von zehn Jahren nicht dazu führt, dass Teile der Abfindung zurückgezahlt werden müssten.[34]

25 **Andere Ansprüche nach dem SGB XIV,** die auch an Witwen und Witwer geleistet werden können, also insbesondere die Leistungen der Schnellen Hilfen nach Kap. 4, der Krankenbehandlung der SE nach Kap. 5, Leistungen zur Teilhabe nach Kap. 6 oder die Besonderen Leistungen im Einzelfall nach Kap. 11, können nicht abgefunden werden. Sie werden durch die Zahlung einer Abfindung nicht berührt, bleiben also unverändert bestehen.

D. Anhang

I. BVG

26 **§ 78a BVG [Kapitalabfindung für Hinterbliebene]**

(1) [1]Eine Kapitalabfindung kann auch Witwen mit Anspruch auf Rente oder Witwenbeihilfe (§ 48) und Ehegatten verschollener (§ 52 Abs. 1) gewährt werden. [2]Die Vorschriften der §§ 72 bis 80 gelten entsprechend.

(2) [1]Schließt eine abgefundene Witwe erneut eine Ehe, so ist nach der Eheschließung die Abfindungssumme insoweit zurückzuzahlen, als sie die Gesamtsumme der bis zu ihrer Wiederverheiratung erloschen gewesenen Versorgungsbezüge übersteigt. [2]Auf den zurückzuzahlenden Betrag ist die Abfindung nach § 44 anzurechnen. [3]Stellt sich heraus, daß der Verschollene noch lebt, so ist die Abfindung insoweit zurückzuzahlen, als sie die Summe der erloschenen Versorgungsbezüge übersteigt, die bis zur Rückkehr des Verschollenen nach diesem Gesetz und dem Gesetz über die Unterhaltsbeihilfe für Angehörige von Kriegsgefangenen zu zahlen wären.

(3) Die Absätze 1 und 2 gelten für hinterbliebene Lebenspartner entsprechend.

II. BVGVwV

27 BVGVwV zu § 78a abgedruckt unter → § 84 Rn. 35.

33 Anders wohl Schmidt SGB XIV/Weber § 86 Rn. 7.
34 Knickrehm/Mushoff/Schmidt Neues SozEntschR Rn. 274.

§ 87 Monatliche Entschädigungszahlung an Waisen

(1) Waisen eines schädigungsbedingt verstorbenen Elternteils erhalten jeweils eine monatliche Entschädigungszahlung in Höhe von 390 Euro.

(2) Waisen schädigungsbedingt verstorbener Eltern erhalten jeweils eine monatliche Entschädigungszahlung in Höhe von 610 Euro.

(3) Die monatlichen Entschädigungszahlungen werden gezahlt, bis die Waise 18 Jahre alt wird.

(4) Ist die Waise 18 Jahre alt oder älter, so werden die monatlichen Entschädigungszahlungen gezahlt für die Dauer einer Ausbildung, längstens bis die Waise 27 Jahre alt wird, wenn diese

1. die Arbeitskraft der Waise überwiegend in Anspruch nimmt und
2. nicht mit der Zahlung von Dienstbezügen, Arbeitsentgelt oder sonstigen Zuwendungen in entsprechender Höhe verbunden ist oder
3. in den Fällen des § 2 Absatz 2 mit Ausnahme der Nummer 1 Buchstabe a sowie in den Fällen des § 2 Absatz 3 des Bundeskindergeldgesetzes in der jeweils gültigen Fassung mit der Maßgabe, dass an die Stelle der Vollendung des 25. Lebensjahres die Vollendung des 27. Lebensjahres tritt.

A. Gesetzesgeschichte

1 Die Vorschrift ist durch Art. 1 G-SER vom 12.12.2019[1] eingeführt worden und tritt gemäß Art. 60 Abs. 7 G-SER am 1.1.2024 in Kraft.

2 **Vorläufer** des § 87 SGB XIV sind die Regelungen über die Waisenrenten in den §§ 45 bis 47 BVG, die zudem durch die Waisenbeihilfe nach § 48 BVG und die Übergangsvorschriften des § 48a BVG flankiert werden. Der Anspruch auf Waisenrente (§ 45 BVG) ist in Grundrente (§ 46 BVG) und Ausgleichsrente (§ 47 BVG) gegliedert.[2] Zur Berechnung der Ausgleichsrente sind über § 47 Abs. 2 BVG die Regelungen des § 33 BVG und mit diesen der AusglV[3] und der 52. AnrV[4] anzuwenden. Die Vorschriften

1 BGBl. 2019 I 2652.
2 HK-SozEntschR/Dau BVG § 45 Rn. 1.
3 Verordnung über die Einkommensfeststellung nach dem BVG (Ausgleichsrentenverordnung – AusglV) zuletzt geändert durch Art. 38 des Gesetzes v. 20.12.2011 (BGBl. 2011 I 2854), aufgehoben mWv 1.1.2024 durch Art. 58 Nr. 3 G-SER.
4 Zweiundfünfzigste Verordnung über das anzurechnende Einkommen nach dem Bundesversorgungsgesetz (52. Anrechnungsverordnung – 52. AnrV) v. 8.6.2020, BGBl. 2020 I 1224.

zur Hinterbliebenenversorgung nach dem BVG sehen sich bereits seit längerem der berechtigten Kritik der Unübersichtlichkeit und Fehleranfälligkeit ausgesetzt.[5] Es gehörte daher zu den erklärten Zielen des G-SER, das für die Bürgerinnen und Bürger zum Teil unverständliche und für die Verwaltung schwer durchführbare Leistungsrecht deutlich zu vereinfachen.[6] Im Vergleich zur bisherigen Rechtslage sind die gesetzlichen Regelungen deutlich **übersichtlicher** geworden, indem die Zahl der in Betracht kommenden Leistungen verringert und die Vorschriften vereinfacht wurden. Die Änderungen sind auch in Bezug auf die Gruppe der Waisen grundsätzlich auf Zustimmung gestoßen, da die Höhe der verbliebenen Leistungen angemessen angehoben wurde.[7] Als problematisch angesehen wird jedoch, dass die bisherige Waisenbeihilfe (§ 48 BVG), die eingreift, wenn die oder der Geschädigte nicht an den Schädigungsfolgen verstorben ist, nicht in das SGB XIV überführt worden ist.[8]

3 Durch **Art. 2 Nr. 3 G-SER** hat der Gesetzgeber die Grundrente für Halb- und Vollweisen nach § 46 BVG rückwirkend zum 1.7.2018 (Art. 60 Abs. 2 G-SER) deutlich angehoben.[9] Eine erneute rückwirkende Anhebung der Leistungen ab dem 1.7.2019 und eine nochmalige Steigerung ab dem 1.7.2020 sind auf der Grundlage der Art. 1 Nr. 2 und Art. 2 Nr. 11 der **26. KOV-Anpassungsverordnung 2020** vorgenommen worden.[10] Durch ihren Art. 2 Nr. 12 wurde auch die Ausgleichsrente für Halb- und Vollwaisen nach § 47 Abs. 1 BVG zum 1.7.2020 angehoben. Zuletzt sind Steigerungen der Grund- und Ausgleichsrente für Waisen auf der Grundlage des Art. 1 Nr. 11 und Nr. 12 der **27. KOV-Anpassungsverordnung 2022** regulär zum 1.7.2022 (Art. 2) erfolgt.[11]

Aktuell beläuft sich die **Grundrente** für Halbwaisen auf 224 Euro und für Vollwaisen auf 393 Euro. Die volle Ausgleichsrente beträgt bei Halbwaisen 254 Euro und bei Vollwaisen 354 Euro.

B. Normsystematik

I. Allgemeiner Regelungsgehalt

4 Die Vorschrift regelt die **Voraussetzungen, Dauer und Höhe der monatlichen Entschädigungszahlung an Waisen**. Die Waisen eines schädigungsbedingt verstorbenen Elternteils haben gemäß **§ 87 Abs. 1 SGB XIV** einen Anspruch auf eine monatliche Entschädigungszahlung in Höhe von 390 Euro. Sind hingegen beide Elternteile schädigungsbedingt verstorben, erhalten die Waisen gemäß **§ 87 Abs. 2 SGB XIV** eine monatliche Entschädigungszahlung in Höhe von 610 Euro. Die Leistungen nach § 87 Abs. 1 oder Abs. 2 SGB XIV werden gemäß **§ 87 Abs. 3 SGB XIV** grundsätzlich gezahlt, bis die Waise 18 Jahre alt wird. In **§ 87 Abs. 4 SGB XIV** sind Konstellationen geregelt, in denen die monatlichen Entschädigungszahlungen über das 18. Lebensjahr hinaus, längstens bis die Waise 27 Jahre alt ist, weitergezahlt werden.

5 S. etwa HK-SozEntschR/Dau BVG Vor § 38 Rn. 1; zu den Geldleistungen des SER insgesamt Becker, Soziales Entschädigungsrecht, S. 174 f.

6 BT-Drs. 19/13824, 2.

7 Stellungnahme des Sozialverbands VdK eV anlässlich der öffentlichen Anhörung von Sachverständigen in Berlin vom 1.11.2019, Ausschuss-Drs. 19(11)505, 45 (53).

8 Vgl. etwa Sozialverband Deutschland eV, Schriftliche Stellungnahme zum Gesetzentwurf der Bundesregierung anlässlich der öffentlichen Anhörung von Sachverständigen in Berlin vom 30.10.2019, Ausschuss-Drs. 19(11)481, 12 (23).

9 BT-Drs. 19/13824, 233.

10 Sechsundzwanzigste Verordnung zur Anpassung des Bemessungsbetrages und von Geldleistungen nach dem BVG – 26. KOV-Anpassungsverordnung 2020 v. 8.6.2020, BGBl. 2020 I 1222.

11 Siebenundzwanzigste Verordnung zur Anpassung des Bemessungsbetrages und von Geldleistungen nach dem BVG – 27. KOV-Anpassungsverordnung 2022 v. 28.6.2022, BGBl. 2022 I 1012.

II. Systematische Einordnung und Normzweck

1. Systematik. Die Vorschrift ist Teil der Regelungen über die Entschädigungszahlungen des SER, die der Gesetzgeber im **Kap. 9 SGB XIV** zusammengefasst hat. Dieses Kap. ist in die im **Abschn. 1** geregelten Entschädigungszahlungen an Geschädigte und die im **Abschn. 2** normierten Entschädigungszahlungen an Hinterbliebene untergliedert. Der Abschn. 1 behandelt mit **§ 83 SGB XIV** die monatliche Entschädigungszahlung und mit **§ 84 SGB XIV** die Abfindung an Geschädigte. Abschn. 2 regelt in **§ 85 SGB XIV** die monatliche Entschädigungszahlung an Witwen und Witwer sowie an Partnerinnen und Partner einer eheähnlichen Gemeinschaft, in **§ 86 SGB XIV** die Abfindung an Witwen und Witwer und in dem vorliegenden **§ 87 SGB XIV** die monatliche Entschädigungszahlung an Waisen. Auf die Möglichkeit, die Entschädigungszahlungen als Abfindung in Anspruch zu nehmen, hat der Gesetzgeber bei Waisen aus Fürsorgegründen bewusst verzichtet.[12] Die monatliche Entschädigungszahlung an hinterbliebene Eltern ist in **§ 88 SGB XIV** normiert. Mit diesen Neuregelungen hat der Gesetzgeber dem Leistungsrecht des SER einen deutlichen **Modernisierungsschub** gegeben (→ § 83 Rn. 8). 5

Die Entschädigungszahlungen des Kap. 9 SGB XIV unterliegen der **Dynamisierung.** Ihre Höhe wird gemäß § 110 Abs. 1 SGB XIV jeweils entsprechend dem Prozentsatz angepasst, um den sich der aktuelle Rentenwert in der gesetzlichen Rentenversicherung verändert (→ § 110 Rn. 7 ff.). 6

Anders als nach der bis zum 31.12.2023 geltenden Rechtslage (§§ 33, 41 Abs. 3, 47 Abs. 2 BVG) ist die Bewilligung sämtlicher Entschädigungszahlungen nach Kap. 9 SGB XIV dem Grunde und der Höhe nach **nicht einkommensabhängig**, wodurch komplizierte Einkommensprüfungen wegfallen.[13] Gemäß **§ 28 Abs. 2 SGB XIV** werden die Entschädigungszahlungen nach Kap. 9 SGB XIV nicht als Einkommen oder Vermögen auf andere Sozialleistungen oder auf Leistungen nach dem AsylbLG angerechnet (→ § 28 Rn. 15). Die bisher bei der Einkommensanrechnung, etwa in der Grundsicherung für Arbeitsuchende, gebotene **Differenzierung** zwischen Grundrente,[14] Ausgleichsrente[15] und Schwerstbeschädigtenzulage[16] ist damit obsolet. Ansprüche auf Entschädigungszahlungen nach Kap. 9 SGB XIV können gemäß § 9 SGB XIV auch **nicht gepfändet** werden. 7

Die Entschädigungszahlungen des Kap. 9 SGB XIV werden durch den **Berufsschadensausgleich nach Kap. 10 SGB XIV** und die **Besonderen Leistungen im Einzelfall nach Kap. 11 SGB XIV** flankiert, die zu einem **angemessenen Lebensunterhalt** der Berechtigten und ihrer Familien beitragen sollen.[17] 8

Für bereits bestehende Leistungsfälle enthält das Kap. 23 SGB XIV in Bezug auf Geldleistungen iSd § 144 S. 2 SGB XIV **Besitzstandsregelungen** (→ § 144 Rn. 2). 9

Leistungen nach Kap. 9 SGB XIV werden gemäß § 10 Abs. 1 SGB XIV – wie bisher nach § 1 Abs. 1 BVG iVm § 6 KOVVfG[18] – nur **auf Antrag** erbracht (→ § 10 Rn. 8). Der Antrag hat nach Maßgabe des § 11 SGB XIV auch Bedeutung für den **Beginn der Leistungserbringung** (→ § 11 Rn. 7). 10

---

12 BT-Drs. 19/13824, 208.
13 Vgl. etwa zur Berücksichtigung von Einkünften aus Haus- und Grundbesitz nach § 12 AusglV Dau jurisPR-SozR 22/2009 Anm. 5.
14 S. § 11a Abs. 1 Nr. 2 SGB II, s. dazu BSG Urt. v. 5.9.2007 – B 11b AS 49/06 R, SozR 4-4200 § 11 Nr. 7.
15 Vgl. BSG Urt. v. 14.6.2018 – B 14 AS 13/17 R, SozR 4-4200 § 11 Nr. 83 mAnm Mushoff NZS 2018, 996.
16 Vgl. BSG Urt. v. 17.10.2013 – B 14 AS 58/12 R, juris Rn. 27 f. m. krit. Anm. Söhngen jurisPR-SozR 22/2014 Anm. 2.
17 BT-Drs. 19/13824, 152.
18 Zum Antragsprinzip ausführlich HK-SozEntschR/Knickrehm BVG § 1 Rn. 2 ff.

11 **2. Normzweck.** Die Vorschrift schafft die notwendige Rechtsgrundlage für die monatliche Entschädigungszahlung an Waisen der oder des Geschädigten. Die **Einstandspflicht der staatlichen Gemeinschaft iSd § 5 SGB I** erfasst nicht nur die Geschädigten, sondern auch deren nahe Angehörige. Daher erhalten Waisen nach Maßgabe des § 87 SGB XIV eine monatliche Entschädigungszahlung. Welche Funktion die derzeitigen Waisenrenten des SER haben, wurde in der Vergangenheit nicht immer einheitlich beantwortet. Zum Teil wurde der Waisengrundrente (nach dem OEG) ein ausschließlich unterhaltssichernder Charakter zugeschrieben.[19] Die Gegenauffassung sah hingegen den immateriellen Charakter als prägend an.[20] Jedenfalls in Bezug auf den neuen § 87 SGB XIV erscheint es vorzugwürdig, wie bei den monatlichen Entschädigungszahlungen für Geschädigte (→ § 83 Rn. 12) sowie an Witwen und Witwer (→ § 85 Rn. 10) von einer **doppelten Funktion** auszugehen.[21] Die Regelung des § 28 Abs. 2 SGB XIV macht deutlich, dass sämtliche Entschädigungszahlungen nach Kap. 9 SGB XIV einerseits einen **immateriellen Charakter** haben und damit der Genugtuung[22] dienen.[23] Andererseits wurden die monatlichen Entschädigungszahlungen zur Kompensation der Abschaffung der einkommensabhängigen Ausgleichsrente angehoben. Vor allem die Verlängerung der monatlichen Entschädigungszahlungen über das 18. Lebensjahr hinaus nach § 87 Abs. 4 SGB XIV bei Waisen, die sich in Ausbildung befinden, zeigt, dass die Leistungen auch eine **Unterhaltsersatzfunktion** verfolgen.[24] Die Anhebung der Leistungen nach § 87 Abs. 2 SGB XIV für Waisen, deren Eltern beide schädigungsbedingt verstorben sind, soll der besonderen Belastung der Betroffenen Rechnung tragen.[25]

C. Einzelkommentierung

I. Waisen eines schädigungsbedingt verstorbenen Elternteils (Abs. 1)

12 **1. Anspruchsberechtigter Personenkreis.** Anspruch auf eine monatliche Entschädigungszahlung nach § 87 Abs. 1 SGB XIV haben Waisen eines schädigungsbedingt verstorbenen Elternteils. Die zur Bestimmung des anspruchsberechtigten Personenkreises verwendeten familienrechtlichen Begriffe haben im Sozialleistungsrecht in der Regel denselben Inhalt wie im **bürgerlichen Recht.**[26]

13 **Waisen** sind die überlebenden Kinder der oder des Geschädigten. Hierunter fallen die leiblichen Kinder und über § 1754 BGB auch Adoptivkinder. Als Waisen gelten gemäß § 2 Abs. 4 S. 2 SGB XIV auch die in den Haushalt der an den Folgen einer Schädigung verstorbenen Person aufgenommenen **Stiefkinder**. Unter einem Stiefkind sind die leiblichen oder adoptierten Kinder oder Pflegekinder der Ehegattin bzw. des Ehegatten, einer Lebenspartnerin oder eines Lebenspartners zu verstehen.[27] Keine Stiefkinder sind hingegen die Kinder der Partnerin bzw. des Partners einer eheähnlichen Lebensgemeinschaft.[28] Die Nichteinbeziehung solcher „faktischen Stiefkinder" in die Waisen-

19 BSG Urt. v. 23.10.1985 – 9a RVg 4/83, BSGE 59, 40 = SozR 3800 § 6 Nr. 1; LSG BW Urt. v. 9.11.2006 – L 6 VG 2519/05, juris Rn. 28.
20 BayVGH Urt. v. 22.1.2013 – 12 BV 12.2351.
21 Vgl. schon BSG Urt. v. 10.3.1976 – 10 RV 193/75, juris Rn. 14.
22 Vgl. BSG Urt. v. 14.6.2018 – B 14 AS 13/17 R, SozR 4-4200 § 11 Nr. 83, Rn. 23 mit Anm. Mushoff NZS 2018, 996.
23 Anders Schmidt SGB XIV/Weber § 87 Rn. 2.
24 Vgl. (nicht nur) zum Sonderfall des § 45 Abs. 3 S. 1 lit. d BVG ausführlich BSG Urt. v. 16.3.2016 – B 9 V 8/15 R, juris Rn. 15 ff. mAnm Dahm jurisPR-SozR 23/2016 Anm. 4; LSG RhPf Urt. v. 23.8.2000 – L 4 V 15/00, juris Rn. 28.
25 Vgl. BSG Urt. v. 10.3.1976 – 10 RV 193/75, juris Rn. 14.
26 BSG Urt. v. 28.7.1999 – B 9 VG 5/98 R, juris Rn. 13.
27 BSG Urt. v. 5.12.2017 – B 12 P 1/16 R, juris Rn. 13; Hess LSG Urt. v. 28.8.2009 – L 5 R 168/09, juris Rn. 25.
28 BSG Urt. v. 21.10.1998 – B 9 VG 1/97 R, juris Rn. 11.

versorgung des SER ist verfassungsgemäß.[29] Des Weiteren gehören über § 2 Abs. 4 S. 2 SGB XIV **Pflegekinder** im Sinne des § 2 Abs. 1 S. 1 Nr. 2 BKKG zu den Anspruchsberechtigten. Mangels entsprechender Nennung sind vom Anwendungsbereich der Vorschrift hingegen Enkel und Geschwister, die gemäß § 48 Abs. 3 Nr. 2 SGB VI in der gesetzlichen Rentenversicherung als Kinder bei der Waisenrente berücksichtigt werden, nicht erfasst.[30]

Das **Kindschaftsverhältnis** zu der oder dem Verstorbenen muss zum Zeitpunkt des Todes noch **Bestand** haben. Hier spielt vor allem die **Adoption** eine Rolle. Mit der Annahme eines Kindes erlöschen gemäß § 1755 Abs. 1 S. 1 BGB das Verwandtschaftsverhältnis zu den bisherigen Verwandten und die sich aus ihm ergebenden Rechte. Allerdings werden Ansprüche des Kindes, die bis zur Annahme entstanden sind, gemäß § 1755 Abs. 1 S. 2 BGB nicht berührt.[31] Nach derzeitiger Rechtslage ergibt sich dies aus dem klarstellenden § 45 Abs. 4 BVG. Ein Kindschaftsverhältnis kann auch nach dem schädigungsbedingten Tod eines Elternteils begründet werden, wenn die später zur Welt gekommene Waise vor dem Tod gezeugt war.[32] 14

Ob die oder der Verstorbene vor dem Tod zur **Unterhaltszahlung** fähig war und auch tatsächlich Unterhalt für das Kind geleistet hat, spielt im Rahmen des § 87 SGB XIV keine Rolle.[33] 15

2. Schädigungsbedingtes Ableben eines Elternteils. Weitere Voraussetzung der monatlichen Entschädigungszahlung in Höhe von 390 Euro nach § 87 Abs. 1 SGB XIV ist, dass ein Elternteil des anspruchsberechtigten Kindes **schädigungsbedingt verstorben** ist. Sind beide Eltern schädigungsbedingt verstorben, richtet sich der Anspruch nach § 87 Abs. 2 SGB XIV und erhöht sich auf monatlich 610 Euro. 16

Die Anerkennung des Todes als Folge eines schädigenden Ereignisses (§ 1 Abs. 2 SGB XIV) setzt, wenn dieses nicht unmittelbar zum Tod geführt hat,[34] eine **mehrgliedrige Kausalkette** voraus. Erforderlich ist, dass ein schädigendes Ereignis zu einer primären Schädigung geführt hat, die wiederum die geltend gemachte Schädigungsfolge bedingt, die dann – ggf. über mittelbare Schädigungsfolgen – über das Todesleiden zum Tod geführt hat.[35] Sämtliche Glieder der Kausalkette müssen sich mit dem erforderlichen **Vollbeweis**, dh mit an Sicherheit grenzender Wahrscheinlichkeit, feststellen lassen, während für den ursächlichen Zusammenhang zwischen ihnen eine **hinreichende Wahrscheinlichkeit** ausreicht.[36] Eine solche Wahrscheinlichkeit ist gemäß § 4 Abs. 4 S. 2 SGB XIV zu bejahen, wenn nach der geltenden wissenschaftlichen Lehrmeinung mehr für als gegen den ursächlichen Zusammenhang spricht. Die bloße Möglichkeit eines ursächlichen Zusammenhangs genügt nicht.[37] 17

Kommen mehrere Umstände als Ursachen in Betracht, ist für die Beurteilung des Ursachenzusammenzusammenhangs die **Theorie der wesentlich mitwirkenden Bedingung** anzuwenden. Als Ursachen sind danach diejenigen Bedingungen anzusehen, die wegen ihrer besonderen Beziehung zum Erfolg zu dessen Eintritt wesentlich mitgewirkt haben. Das ist der Fall, wenn sie in ihrer Bedeutung und Tragweite für den 18

---

29 BVerfG Beschl. v. 10.12.2004 – 1 BvR 2320/98, juris Rn. 7 ff.
30 Schmidt SGB XIV/Weber § 87 Rn. 5.
31 Vgl. BSG Urt. v. 18.12.1986 – 4a J 73/85, BSGE 61, 108 = SozR 2200 § 1269 Nr. 3.
32 Vgl. BSG Urt. v. 25.9.1975 – 12 RJ 124/74, SozR 1290 Nr. 5; Kreikebohm/Roßbach SGB VI/Dankelmann § 48 Rn. 5.
33 Schmidt SGB XIV/Weber § 87 Rn. 6.
34 BSG Urt. v. 5.5.1993 – 9/9a RV 1/92, juris Rn. 13.
35 BayLSG Urt. v. 10.2.2015 – L 15 VK 5/14, juris Rn. 42.
36 Vgl. BSG Urt. v. 12.9.2019 – B 9 V 2/18 R, juris Rn. 20; BSG Urt. v. 7.4.2011 – B 9 VJ 1/10 R, juris Rn. 38; BSG Urt. v. 5.5.1994 – 9/9a RV 1/92, SozR 3-3100 § 38 Nr. 2.
37 LSG Bln-Bbg Urt. v. 20.5.2021 – L 11 VS 47/16, juris Rn. 56; LSG NRW Urt. v. 21.8.2020 – L 13 VE 40/19, juris Rn. 23.

Eintritt des Erfolges als annähernd gleichwertig anzusehen sind. Kommt einem der Umstände gegenüber anderen indessen eine überragende Bedeutung zu, so ist dieser Umstand alleinige Ursache im Rechtssinn.[38]

19 Zusätzlich ermächtigt § 5 Abs. 2 Nr. 2 SGB XIV das BMAS, mit Zustimmung des Bundesrates durch Rechtsverordnung die notwendigen Grundsätze aufzustellen, die für die Anerkennung einer Gesundheitsstörung als Schädigungsfolge nach § 4 Abs. 4 bis 6 SGB XIV maßgebend sind. Die Verordnungsermächtigung findet sich bisher in § 30 Abs. 16 BVG.[39] Es handelt sich bei dieser Rechtsverordnung – wie bisher – um die **VersMedV**.[40] Eine gesamte oder teilweise Neuverkündung der Verordnung ist vom Gesetzgeber nicht für erforderlich befunden worden.[41] Sie enthält als Anlage zu § 2 die **Versorgungsmedizinischen Grundsätze** (VMG), die seit dem 1.1.2009 die bisherigen „Anhaltspunkte für die ärztliche Gutachtertätigkeit im sozialen Entschädigungsrecht und nach dem Schwerbehindertenrecht (Teil 2 SGB IX)" (AHP) abgelöst und weiterentwickelt haben. Es handelt sich bei den VMG – wie zuvor bei den AHP – um **antizipierte Sachverständigengutachten**, die wegen ihrer normähnlichen Wirkungen wie untergesetzliche Normen anzuwenden sind.[42] Die VMG enthalten im Teil C Maßstäbe zur **Begutachtung im SER** und hierbei im **Abschnitt 10** zur Beurteilung des ursächlichen Zusammenhangs zwischen Schädigungsfolge und Tod (→ § 85 Rn. 17).

II. Waisen schädigungsbedingt verstorbener Eltern (Abs. 2)

20 Waisen, bei denen beide Elternteile schädigungsbedingt verstorben sind, erhalten eine monatliche Entschädigungszahlung nach § 87 Abs. 2 SGB XIV in Höhe von 610 Euro. Der Anspruch setzt zunächst voraus, dass das Kind die **Waise beider verstorbener Elternteile** ist (→ Rn. 12).

21 Weiterhin müssen **beide Elternteile schädigungsbedingt verstorben** sein (→ Rn. 16). Dies ist im Verhältnis zur bisherigen Rechtslage eine **Verschärfung**. Bei der Grund- und Ausgleichsrente für Waisen nach §§ 45, 47 BVG ist es nicht erforderlich, dass beide Elternteile schädigungsbedingt verstorben sind, um die höheren Rentenleistungen für Vollwaisen zu erhalten.[43] Nach der BVGVwV zu § 46 BVG gilt eine Waise auch dann als Vollwaise, wenn der eine Elternteil an den Folgen einer Schädigung gestorben und der andere Elternteil verschollen oder, sofern die Waise ein nichteheliches Kind ist, deren Vater unbekannt ist. Ob mit der Neuregelung eine entsprechende Gesetzesverschärfung beabsichtigt war, geht aus dem Entwurf des G-SER nicht hervor. Der **Wortlaut** lässt eine Anwendung des § 87 Abs. 2 SGB XIV bei Waisen, bei denen ein Elternteil schädigungsbedingt und der andere Elternteil nicht schädigungsbedingt verstorben oder unbekannt ist, jedenfalls nicht zu. Berücksichtigt man, dass auch im Bereich der gesetzlichen Unfallversicherung für einen Vollwaisenrentenanspruch nach § 67 Abs. 1 Nr. 2 SGB VII nicht erforderlich ist, dass beide Elternteile durch einen Versicherungsfall (§ 7 Abs. 1 VII) verstorben sind[44] und die Neuregelung bei Vollwaisen, bei denen „nur" ein Elternteil schädigungsbedingt verstorben ist, im Hinblick auf den Wegfall der Ausgleichsrente (§ 47 BVG) zu einer Verschlechterung der wirtschaftli-

38 BSG Urt. v. 12.6.2001 – B 9 V 5/99 R, juris Rn. 32.
39 S. dazu HK-SozEntschR/Dau BVG § 30 Rn. 13.
40 Versorgungsmedizin-Verordnung vom 10.12.2008 (BGBl. I 2412), zuletzt geändert durch Art. 18 des Gesetzes v. 17.7.2017 (BGBl. I 2514). S. dazu eingehend Dau jurisPR-SozR 4/2009 Anm. 4.
41 BT-Drs. 10/13824, 172.
42 BSG Urt. v. 11.8.2015 – B 9 SB 2/14 R, juris Rn. 12; LSG BW Urt. v. 3.8.2017 – L 6 VK 3713/16, juris Rn. 24.
43 Schmidt SGB XIV/Weber § 87 Rn. 12.
44 Vgl. BSG Urt. v. 9.12.1976 – 2 RU 123/75, SozR 2200 § 595 Nr. 2.

chen Situation führt, erscheint es überlegenswert, § 87 Abs. 2 SGB XIV noch einmal zu überarbeiten.[45]

Nicht erforderlich ist hingegen, dass das schädigungsbedingte Ableben beider Elternteile auf das gleiche schädigende Ereignis zurückzuführen ist. Es ist also grundsätzlich denkbar, dass eine Waise zunächst einen **Anspruch nach § 87 Abs. 1 SGB XIV** hat und sich der **Anspruch** nach dem schädigungsbedingten Versterben auch des anderen Elternteils in einen solchen **nach § 87 Abs. 2 SGB XIV wandelt**. 22

III. Anspruchsdauer (Abs. 3)

Die monatlichen Entschädigungszahlungen werden nach dem **Grundsatz**[46] des § 87 Abs. 3 SGB XIV gezahlt, bis die Waise **18 Jahre alt** wird. Die Regelung entspricht dem bisherigen § 45 Abs. 1 BVG und den sozialversicherungsrechtlichen Regelungen der gesetzlichen Renten- und Unfallversicherung (§ 48 Abs. 4 S. 1 Nr. 1 SGB VI; § 67 Abs. 3 S. 1 Nr. 1 SGB VII). 23

IV. Verlängerung der Anspruchsdauer (Abs. 4)

1. Überblick. Unter den Voraussetzungen des § 87 Abs. 4 SGB XIV sind die monatlichen Entschädigungszahlungen noch über das 18. Lebensjahr hinaus, längstens bis zur Vollendung des 27. Lebensjahres weiterzuzahlen. Die Regelungen des **§ 87 Abs. 4 Nr. 1 und Nr. 2 SGB XIV** lehnen sich dabei an den bisherigen **§ 45 Abs. 3 S. 1 lit. a BVG** an. Bei dem Verweis des **§ 87 Abs. 4 Nr. 3 SGB XIV** auf **§ 2 Abs. 2 BKGG mit Ausnahme der Nr. 1 lit. a** fällt auf, dass § 2 Abs. 2 BKGG eine entsprechende ausgenommene Regelung nicht enthält. Es liegt somit ein **redaktionelles Versehen** vor. Gemeint sein dürfte wohl, dass § 2 Abs. 2 S. 1 Nr. 2 BKGG mit Ausnahme des lit. a Anwendung findet.[47] Für dieses Verständnis dürfte sprechen, dass der Gesetzgeber die Voraussetzungen des § 87 Abs. 4 SGB XIV an diejenigen in anderen Bereichen des Sozialrechts angleichen wollte[48] und die Regelungen des § 2 Abs. 2 S. 1 Nr. 2 lit. b bis lit. d BKGG den Parallelvorschriften der gesetzlichen Renten- und Unfallversicherung weitgehend entsprechen (→ Rn. 34 ff.). Fragen wirft auch der weitere Verweis des § 87 Abs. 4 Nr. 3 SGB XIV auf **§ 2 Abs. 3 BKGG** auf. Bei den in § 2 Abs. 3 BKGG genannten Verlängerungstatbeständen[49] handelt es sich um Zeiten (zB Absolvierung des Wehr- oder Zivildienstes), bei denen der Ablauf der Bezugsdauer des Kindergeldes nach hinten verschoben wird und dieses deshalb in den Fällen des § 2 Abs. 2 S. 1 Nr. 1 oder Nr. 2 lit. a und lit. b BKGG und damit etwa während der Absolvierung einer Ausbildung für einen Beruf (§ 2 Abs. 2 S. 1 Nr. 2 lit. a BKGG) über das 25. Lebensjahr hinaus gezahlt wird. Der erste Satzteil des § 87 Abs. 4 SGB XIV beschränkt die Bezugsdauer der monatlichen Entschädigungszahlungen jedoch bereits auf das 27. Lebensjahr. Es wird daher vertreten, dass es sich bei dem Verweis auf § 2 Abs. 3 BKGG um ein **zweites redaktionelles Versehen** handele und vielmehr § 2 Abs. 2 S. 1 Nr. 3 BKGG gemeint sei.[50] Dem dürfte zu folgen sein, da der Tatbestand des § 2 Abs. 2 S. 1 Nr. 3 BKGG unter Zugrundelegung der gebotenen Korrektur des ersten redaktionellen Versehens von dem ersten Verweis des § 87 Abs. 4 Nr. 3 SGB XIV (nur auf § 2 Abs. 2 S. 1 Nr. 2 BKGG) nicht bereits mitumfasst ist und die Regelung ebenfalls auf den Personenkreis des bisherigen § 45 Abs. 3 S. 1 lit. d BVG zugeschnitten ist. 24

---

45 Ebenso Schmidt SGB XIV/Weber § 87 Rn. 12.

46 Vgl. BSG Urt. v. 16.3.2016 – B 9 V 8/15 R, juris Rn. 14; Wilke/Förster BVG § 45 Rn. 5 „Normalfall".

47 Schmidt SGB XIV/Weber § 87 Rn. 15.

48 BT-Drs. 19/13824, 208.

49 BFH Urt. v. 14.10.2002 – VIII R 68/01, juris Rn. 14; BSG Urt. v. 15.10.1998 – B 14 KG 14/97 R, juris Rn. 18.

50 Schmidt SGB XIV/Weber § 87 Rn. 15.

Danach wird ein Kind, das das 18. Lebensjahr vollendet hat, auch berücksichtigt, wenn es wegen körperlicher, geistiger oder seelischer Behinderung außerstande ist, sich selbst zu unterhalten. Anders als nach dem bisherigen § 45 Abs. 3 S. 1 lit. d BVG kommt die Zahlung von Hinterbliebenenleistungen an Waisen **über das 27. Lebensjahr hinaus nicht mehr** in Betracht. Mit der entsprechenden Änderung hat der Gesetzgeber die Neuregelung an die Rechtslage in anderen Bereichen des Sozialrechts (§ 48 Abs. 4 S. 1 Nr. 2 SGB VI; § 67 Abs. 3 S. 1 Nr. 2 SGB VII) angepasst.[51] Die Regelung dürfte im Hinblick auf die Entscheidung des BVerfG zur zeitlichen Begrenzung von Rente an Waisen mit Behinderung nach dem AVG[52] verfassungsgemäß sein.

25 **2. Weiterzahlung für die Dauer einer Ausbildung.** Die monatlichen Entschädigungszahlungen werden gemäß § 87 Abs. 4 SGB XIV für die Dauer einer Ausbildung gezahlt, längstens bis die Waise 27 Jahre alt ist, wenn diese die Arbeitskraft der Waise überwiegend in Anspruch nimmt (Nr. 1) und nicht mit der Zahlung von Dienstbezügen, Arbeitsentgelt oder sonstigen Zuwendungen in entsprechender Höhe verbunden ist (Nr. 2). Diese Voraussetzungen müssen **kumulativ** erfüllt sein.

26 Der **Begriff der Ausbildung** ist weit auszulegen. Es handelt sich um Bildungsmaßnahmen, bei denen Kenntnisse und Fähigkeiten vermittelt werden und die auf die Erlangung eines Abschlusses gerichtet sind. Er umfasst – wie nach dem bisherigen § 45 Abs. 3 S. 1 lit. a BVG – **schulische** und **berufliche Ausbildungen**.

27 Unter einer **Schulausbildung** ist der Besuch allgemeinbildender und weiterführender Schulen zu verstehen. Erforderlich ist, dass diese an allgemeinbildenden öffentlichen oder privaten Schulen erfolgt und der Unterricht nach staatlich genehmigten Lehrplänen erteilt wird.[53] **Allgemeinbildende Schulen** sind ua Grund-, Haupt- und Realschulen, Gymnasien sowie Förderschulen. Unter **weiterführenden Schulen** sind zB Fach- und Hochschulen zu verstehen.[54] Regelmäßig wird die Schulausbildung als Präsenzveranstaltung erfolgen. Grundsätzlich kann eine entsprechende Ausbildung jedoch auch im Rahmen von **Fernunterricht** absolviert werden.[55]

28 Was unter einer **beruflichen Ausbildung** im Einzelnen zu verstehen ist, richtet sich grundsätzlich nach dem BBiG.[56] Eine Berufsausbildung hat gemäß § 1 Abs. 3 S. 1 BBiG die für die Ausübung einer qualifizierten beruflichen Tätigkeit in einer sich wandelnden Arbeitswelt notwendigen beruflichen Fertigkeiten, Kenntnisse und Fähigkeiten (berufliche Handlungsfähigkeit) in einem geordneten Ausbildungsgang zu vermitteln und gemäß § 1 Abs. 3 S. 2 BBiG den Erwerb der erforderlichen Berufserfahrungen zu ermöglichen. Dabei steht einer Berufsausbildung eine **berufliche Umschulung** gleich, wenn die Umschulung für einen anerkannten Ausbildungsberuf erfolgt und nach den Vorschriften des BBiG betriebsgebunden durchgeführt wird.[57]

29 Erforderlich ist nach § 87 Abs. 4 Nr. 1 SGB XIV, dass die Ausbildung die **Arbeitskraft überwiegend in Anspruch** nimmt. Wann dies der Fall sein soll, ist in § 87 SGB XIV selbst nicht geregelt. Abzustellen ist auf den objektiv notwendigen Arbeitsaufwand, den eine durchschnittlich begabte Schülerin bzw. ein durchschnittlich begabter Schüler benötigt, um das Ausbildungsziel mit durchschnittlichem Erfolg zu erreichen.[58] Bei dem Zeitaufwand sind häusliche Vorbereitungszeiten und Schulwege mitzuberücksich-

51 BT-Drs. 19/13824, 208.
52 BVerfG Beschl. v. 18.6.1975 – 1 BvL 4/74, BVerfGE 40, 121 = SozR 2400 § 44 Nr. 1.
53 BSG Urt. v. 20.7.2011 – B 13 R 52/10 R, juris Rn. 18; BSG Urt. v. 26.1.2000 – B 13 RJ 53/99 R, juris Rn. 20; jurisPK-SGB VI/Bohlken § 48 Rn. 70.
54 BeckOK SozR/Kreikebohm/Jassat SGB VI § 48 Rn. 27 ff.
55 BSG Urt. v. 25.11.1976 – 11 RA 146/75, BSGE 43, 44 = SozR 2200 § 1262 Nr. 9.
56 BSG Urt. v. 12.10.2000 – B 12 KR 7/00 R, juris Rn. 15.
57 BSG Urt. v. 27.7.2011 – B 12 R 16/09 R, juris Rn. 19.
58 BSG Urt. v. 25.11.1976 – 11 RA 146/75, juris Rn. 19.

tigen.[59] Eine überwiegende Inanspruchnahme kann beim Besuch einer allgemeinbildenden Schule unterstellt werden.[60] Die Anschauungen darüber, bis zu welcher **Gesamtbelastungsgrenze** jungen Erwachsenen der Einsatz der Arbeitskraft regelmäßig zugemutet werden kann, haben sich verändert.[61] Legt man zugrunde, dass die werktägliche Arbeitszeit von Arbeitnehmern nach § 3 S. 1 ArbZG acht Stunden pro Tag grundsätzlich nicht überschreiten darf und von einer 6-Tage-Woche auszugehen ist, dann liegt die gesetzliche Höchstarbeitszeit bei 48 Stunden in der Woche.[62] Es darf jedoch nicht übersehen werden, dass eine wöchentliche Arbeitszeit im Umfang der gesetzlichen Höchstarbeitszeit nicht üblich ist.[63] Die Arbeitsbelastung einer Vollzeitstelle beläuft sich vielmehr typischerweise auf rund 40 Stunden pro Woche. Die überwiegende Inanspruchnahme einer oder eines Auszubildenden durch die Ausbildung wird von der Rechtsprechung dementsprechend bei einem wöchentlichen Gesamtaufwand von mehr als 20 Stunden in der Woche bejaht.[64] Hierbei handelt es sich um den zeitlichen Aufwand, der auch bei den Waisenrenten der gesetzlichen Rentenversicherung (§ 48 Abs. 4 S. 2 SGB VI) und nach dem Recht der gesetzlichen Unfallversicherung (§ 67 Abs. 3 S. 2 SGB VII) für die Verlängerung des Anspruchs bis zur Vollendung des 27. Lebensjahres erforderlich ist. Er ist daher auch im Rahmen des § 87 Abs. 4 Nr. 1 SGB XIV anzusetzen.[65]

Die monatlichen Zahlungen werden nur **für die Dauer der Ausbildung** erbracht. 30
Regelmäßige **Ferien** und **Erholungsurlaub** führen jedoch nicht zu einer Unterbrechung der Ausbildung. Der Anspruch bleibt auch bei einer aufgrund einer länger andauernden **Erkrankung** notwendigen Unterbrechung der Ausbildung bestehen, solange die Waise nicht die Absicht aufgegeben hat, die Ausbildung weiterzuführen und die Fortsetzung der Ausbildung auch nicht gesundheitsbedingt ausgeschlossen ist.[66]

Weitere Voraussetzung ist nach § 87 **Abs. 4 Nr. 2 SGB XIV**, dass die Ausbildung nicht 31
mit der Zahlung von Dienstbezügen, Arbeitsentgelt oder sonstigen Zuwendungen in entsprechender Höhe verbunden ist. Unter **Dienstbezügen** sind die finanziellen Zuwendungen des Staates an seine Beamtinnen und Beamten, Richterinnen und Richter sowie Soldatinnen und Soldaten zu verstehen. Sie setzen sich gem. § 1 Abs. 2 BBesG aus dem Grundgehalt und den in der Vorschrift genannten Zuschlägen und Zulagen zusammen. **Arbeitsentgelt** ist solches iSd § 14 SGB IV. **Sonstige Zuwendungen in entsprechender Höhe** sind Leistungen, die ein Äquivalent für die in der Ausbildung geleistete Arbeit darstellen.[67] Dies ist insbesondere bei der Zahlung einer **Ausbildungsvergütung** iSd § 17 BBiG nicht der Fall. Hier steht die Vergütungspflicht des Ausbildenden nicht in einem Gegenseitigkeitsverhältnis zur Tätigkeit des Auszubildenden.[68] Da der Ausbildungszweck im Vordergrund steht, muss die Ausbildungsvergütung aufgrund der Ausnahme des § 22 Abs. 3 MiLoG auch nicht in Höhe des allgemeinen gesetzlichen Mindestlohns geleistet werden.[69]

---

59 BSG Urt. v. 25.8.1987 – 11a RA 26/86, juris Rn. 8; HessLSG Beschl. v. 27.3.1997 – L 13 An 1498/96, juris Rn. 30.
60 BSG Urt. v. 25.11.1976 – 11 RA 146/75, juris Rn. 19.
61 Vgl. BSG Urt. v. 25.1.1996 – 7 RAr 30/94, juris Rn. 24 ff.; BSG Urt. v. 23.8.1989 – 10 RKg 5/86, juris Rn. 15 ff.
62 Vgl. BAG Beschl. v. 24.1.2006 – 1 ABR 6/05; BeckOK ArbR/Kock ArbZG § 3 Rn. 3; Roloff in ERfK ArbZG § 3 Rn. 2.
63 Vgl. BSG Urt. v. 23.8.1989 – 10 RKg 5/86, juris Rn. 21.
64 Vgl. LSG Hessen Beschl. v. 27.3.1997 – L 13 An 1498/96, juris Rn. 30.
65 Schmidt SGB XIV/Weber § 87 Rn. 19.
66 BSG Urt. v. 21.3.1967 – 9 RV 1048/64, BSGE 26, 186 = SozR Nr. 10 zu § 45 BVG.
67 BSG Urt. v. 19.9.1979 – 9 RV 14/78, juris Rn. 19.
68 BAG Urt. v. 10.2.1981 – 6 ABR 86/78, juris Rn. 31; BeckOK ArbR/Hagen BBiG § 17 Rn. 2.
69 ErfK/Franzen MiLoG § 22 Rn. 2.

32 **3. Verweis auf das BKGG.** Die monatlichen Entschädigungszahlungen werden gemäß **§ 87 Abs. 4 Nr. 3 SGB XIV** weitergezahlt in den Fällen des § 2 Abs. 2 BKGG mit Ausnahme der Nr. 1 lit. a sowie in den Fällen des § 2 Abs. 3 BKGG in der jeweils gültigen Fassung mit der Maßgabe, dass an die Stelle der Vollendung des 25. Lebensjahres die Vollendung des 27. Lebensjahres tritt. Nicht erforderlich ist, dass daneben zusätzlich das Tatbestandsmerkmal des Satzteils „für die Dauer einer Ausbildung" erfüllt ist, wie sich aus den Regelungen des BKGG ergibt, auf die § 87 Abs. 4 Nr. 3 SGB XIV verweist.[70]

33 Dargelegt wurde, dass sich bei dem **ersten Verweis auf § 2 Abs. 2 BKGG mit Ausnahme des Nr. 1 lit. a** ein redaktioneller Fehler eingeschlichen haben dürfte, da § 2 Abs. 2 S. 1 BKGG keine Nr. 1 lit. a enthält. Es ist vielmehr davon auszugehen, dass sich der Verweis auf die Tatbestände des § 2 Abs. 2 S. 1 Nr. 2 BKGG mit Ausnahme des Nr. 2 lit. a bezieht (→ Rn. 24).

34 Erfasst ist dementsprechend nach **§ 87 Abs. 4 Nr. 3 SGB XIV iVm § 2 Abs. 2 S. 1 Nr. 2 lit. b BKGG** eine **Übergangszeit von höchstens vier Monaten** zwischen zwei Ausbildungsabschnitten oder zwischen einem Ausbildungsabschnitt und der Ableistung eines der in der Vorschrift genannten Dienste. Die Regelung entspricht weitestgehend § 48 Abs. 4 S. 1 Nr. 2 lit. b SGB VI und § 67 Abs. 3 S. 1 Nr. 2 lit. b SGB VII und trägt dem Umstand Rechnung, dass **nicht immer gewährleistet** werden kann, dass sich zwei Ausbildungsabschnitte oder die Absolvierung einer Ausbildung und eines der genannten Dienste **nahtlos aneinander anschließen.**[71]

35 Die monatlichen Entschädigungszahlungen sind gemäß **§ 87 Abs. 4 Nr. 3 SGB XIV iVm § 2 Abs. 2 S. 1 Nr. 2 lit. c BKGG** ebenfalls für den Zeitraum weiter zu zahlen, wenn die Waise eine Berufsausbildung **mangels Ausbildungsplatz** nicht beginnen oder fortsetzen kann.

36 Des Weiteren ist eine Weiterzahlung der monatlichen Entschädigungszahlungen an Waisen gemäß **§ 87 Abs. 4 Nr. 3 SGB XIV iVm § 2 Abs. 2 S. 1 Nr. 2 lit. d BKGG** möglich, die einen der in der Vorschrift genannten **Freiwilligendienste** absolvieren. Die Regelung deckt sich weitgehend mit § 48 Abs. 4 S. 1 Nr. 2 lit. c SGB VI und § 67 Abs. 3 S. 1 Nr. 2 lit. c SGB VII.

37 Schließlich hat die Weiterzahlung der monatlichen Entschädigungszahlungen an Waisen unter den Voraussetzungen des § 87 **Abs. 4 Nr. 3 SGB XIV iVm § 2 Abs. 3 BKGG** längstens bis zur Vollendung des 27. Lebensjahres zu erfolgen. Es wurde bereits darauf hingewiesen, dass auch insoweit ein redaktionelles Versehen vorliegen und sich der Verweis auf die Regelung des § 2 Abs. 2 S. 1 Nr. 3 BKGG beziehen dürfte (→ Rn. 24). Danach sind die monatlichen Entschädigungszahlungen längstens bis zur Vollendung des 27. Lebensjahr zu leisten, wenn die Waise **wegen körperlicher, geistiger oder seelischer Behinderung außerstande ist, sich selbst zu unterhalten.** Die Vorschrift lehnt sich am § 45 Abs. 3 S. 1 lit. d BVG an. Eine Weiterzahlung der Entschädigungszahlungen über das 27. Lebensjahr hinaus, ist allerdings nicht mehr möglich (→ Rn. 23). Unter einer **Behinderung** ist eine solche iSd § 2 Abs. 1 SGB IX zu verstehen. Sie muss die wesentliche Ursache dafür sein, dass die Waise außerstande ist, sich selbst zu unterhalten.[72] **Zum Selbstunterhalt außerstande** iSd Vorschrift ist, wer nicht in der Lage ist, durch eigene Einkünfte oder eigenes Vermögen einen angemessenen Unterhalt im Sinne zivilrechtlicher Vorschriften einschließlich behinderungsbedingter Mehraufwendungen zu decken.[73]

---

70 Schmidt SGB XIV/Weber § 87 Rn. 21.
71 Vgl. BSG Urt. v. 27.2.1997 – 4 RA 21/96, juris Rn. 15.
72 LSG BW Urt. v. 21.6.2017 – L 2 R 3313/16, juris Rn. 33.
73 BSG Urt. v. 16.3.2016 – B 9 V 8/15 R, juris Rn. 14 mAnm Dahm jurisPR-SozR 23/2016 Anm. 4.

D. Anhang

I. BVG

§ 45 BVG [Anspruch auf Waisenrente] 38

(1) Waisenrente erhalten nach dem Tode des Beschädigten seine Kinder bis zur Vollendung des 18. Lebensjahres.

(2) Als Kinder gelten auch

1. Stiefkinder oder Kinder des Lebenspartners, die der Verstorbene in seinen Haushalt aufgenommen hatte,
2. Pflegekinder im Sinne des § 2 Abs. 1 Satz 1 Nr. 2 des Bundeskindergeldgesetzes *sowie*[74]

(3) [1]Die Waisenrente ist nach Vollendung des 18. Lebensjahres für eine Waise zu gewähren, die

a) sich in einer Schul- oder Berufsausbildung befindet, die ihre Arbeitskraft überwiegend in Anspruch nimmt und nicht mit der Zahlung von Dienstbezügen, Arbeitsentgelt oder sonstigen Zuwendungen in entsprechender Höhe verbunden ist, längstens bis zur Vollendung des 27. Lebensjahres,

b) sich in einer Übergangszeit von in der Regel höchstens sieben Kalendermonaten befindet, die zwischen zwei Ausbildungsabschnitten oder zwischen einem Ausbildungsabschnitt und der Ableistung des gesetzlichen Wehr- oder Zivildienstes, einem dem Wehr- oder Zivildienst gleichgestellten Dienst oder der Ableistung eines freiwilligen Dienstes im Sinne des Buchstaben c liegt, längstens bis zur Vollendung des 27. Lebensjahres,

c) einen freiwilligen Dienst im Sinne des § 32 Absatz 4 Satz 1 Nummer 2 Buchstabe d des Einkommensteuergesetzes leistet, längstens bis zur Vollendung des 27. Lebensjahres,

d) infolge körperlicher, geistiger oder seelischer Behinderung spätestens bei Vollendung des 27. Lebensjahres außerstande ist, sich selbst zu unterhalten, solange dieser Zustand dauert, über die Vollendung des 27. Lebensjahres hinaus jedoch nur, wenn ihr Ehegatte oder Lebenspartner außerstande ist, sie zu unterhalten.

[2]Der tatsächliche zeitliche Aufwand der Schulausbildung und Berufsausbildung ist ohne Bedeutung für Zeiten, in denen das Ausbildungsverhältnis trotz Erkrankung fortbesteht und damit gerechnet werden kann, dass die Ausbildung fortgesetzt wird. [3]Das gilt auch für die Dauer der Schutzfristen nach dem Mutterschutzgesetz. [4]Für den Anspruch auf Waisenrente ist es unschädlich, wenn eine Waise, welche die Voraussetzungen des § 1 des Bundeselterngeldgesetzes erfüllt, im zeitlichen Rahmen des § 15 des Bundeselterngeldgesetzes ein Kind betreut und erzieht, solange mit Rücksicht hierauf die Schul- oder Berufsausbildung unterbrochen wird. [5]Hatte eine Waise, die bei Vollendung des 27. Lebensjahres körperlich oder geistig gebrechlich war, nach diesem Zeitpunkt eine Erwerbstätigkeit ausgeübt, so ist die Waisenrente erneut zu erbringen, wenn und solange sie wegen derselben körperlichen, geistigen oder seelischen Behinderung erneut außerstande ist, sich selbst zu unterhalten. [6]Die Waisenrente wird ebenfalls erneut erbracht, wenn bei Waisen, deren Anspruch wegen des Einsatzes von Vermögen entfallen ist, dieses Vermögen bis auf einen Betrag in Höhe des Schonbetrages nach § 25f Abs. 2 aufgezehrt ist. [7]In Fällen des Satzes 1 Buchstabe a erhöht sich die maßgebende Altersgrenze bei Unterbrechung oder Verzögerung der Schulausbildung oder Berufsausbildung durch den gesetzlichen Wehrdienst, Zivildienst oder einen gleichgestellten Dienst um die Zeit dieser Dienstleistung, höchstens um einen der Dauer des gesetzlichen Grundwehrdienstes oder Zivildienstes entsprechenden Zeitraum. [8]Die Ableistung eines freiwilligen sozialen oder ökologischen Jahres oder eines Freiwilligendienstes im Sinne des Satzes 1 Buchstabe c ist kein gleichgestellter Dienst im Sinne des Satzes 7. [9]Verzögert sich die Schul- oder Berufsausbildung aus einem Grund, den die Waise nicht zu vertreten hat, so wird die Waisenrente entsprechend dem Zeitraum der nachgewiesenen Verzögerung länger gewährt.

(4) Durch die Annahme der Waise als Kind bleibt ein Anspruch auf Waisenrente, der bis zur Annahme entstanden ist, unberührt.

(5) Kommen für dieselbe Waise mehrere Waisenrenten nach diesem Gesetz oder Gesetzen, die eine entsprechende Anwendung dieses Gesetzes vorsehen, in Betracht, so wird nur eine Rente gewährt.

§ 46 BVG [Waisen-Grundrente]

Die Grundrente beträgt monatlich

bei Halbwaisen	224 Euro,
bei Vollwaisen	393 Euro.

74 Fehlende Zeichensetzung nach Aufhebung der Nr. 3 amtlich.

§ 47 BVG [Ausgleichsrente für Waisen]

(1) Die volle Ausgleichsrente beträgt monatlich

bei Halbwaisen	254 Euro,
bei Vollwaisen	354 Euro.

(2) § 33 gilt mit Ausnahme von Absatz 1 Satz 2 Buchstabe b und Absatz 4 entsprechend.

§ 48 BVG [Witwen- und Waisenbeihilfe]

Abgedruckt unter → § 85 Rn. 35.

II. BVGVwV

39 **BVGVwV zu § 45 BVG**

1. Für die Waisen gelten die Nr. 2 bis 15 zu § 33b entsprechend; Nr. 3 mit der Maßgabe, dass bei nichtehelichen Kindern die Vaterschaft auch in anderer Weise als durch Anerkennung oder gerichtliche Feststellung glaubhaft gemacht werden kann.

2. Pflegekinder sind Kinder, mit denen der Verstorbene durch ein familienähnliches, auf längere Dauer berechnetes Band verbunden war, sofern er sie in seinen Haushalt aufgenommen hatte.

BVGVwV zu § 46 BVG

Eine Waise gilt auch als Vollwaise, wenn der eine Elternteil an einer Schädigung gestorben und der anderen Elternteil verschollen oder, sofern die Waise ein nichteheliches Kind, der Vater unbekannt ist.

§ 88 Monatliche Entschädigungszahlung an hinterbliebene Eltern

(1) Ist die oder der Geschädigte an den Folgen einer Schädigung gestorben, so erhalten Eltern eine monatliche Entschädigungszahlung, wenn sie

1. voll erwerbsgemindert im Sinne des Sechsten Buches sind oder
2. aus anderen zwingenden Gründen eine zumutbare Erwerbstätigkeit nicht ausüben können oder
3. das 60. Lebensjahr vollendet haben,

frühestens jedoch von dem Monat an, in dem der oder die Geschädigte das 18. Lebensjahr vollendet hätte.

(2) Die monatliche Entschädigungszahlung an Eltern beträgt für jedes Kind, das an den Folgen der Schädigung gestorben ist,

1. für ein noch lebendes Elternteil 250 Euro,
2. für beide Elternteile je 150 Euro.

(3) Den Eltern werden gleichgestellt

1. Stiefeltern oder Pflegeeltern, wenn sie die Geschädigte oder den Geschädigten vor der Schädigung unentgeltlich unterhalten haben,
2. Großeltern, wenn die oder der Verstorbene ihnen Unterhalt geleistet hat oder hätte.

A. Gesetzesgeschichte

1 Die Vorschrift ist durch Art. 1 G-SER vom 12.12.2019[1] eingeführt worden und tritt gemäß Art. 60 Abs. 7 G-SER am 1.1.2024 in Kraft.

2 Die Regelungen des § 88 SGB XIV lehnen sich an der bisherigen Elternrente an. Die Zusammenfassung der bisherigen §§ 49 bis 51 BVG in einer Vorschrift und ein Verzicht auf die bisher zum Teil stark ausdifferenzierten Regelungen (vgl. etwa § 51 BVG) steigern die **Übersichtlichkeit** und vermindern die Fehleranfälligkeit des neuen Rechts. Die Änderungen tragen dem gesetzgeberischen Ziel Rechnung, das SER **anwendungsfreundlicher** auszugestalten und den Berechtigten einen **bürgernahen Zugang** zu dessen Leistungen zu eröffnen.[2]

B. Normsystematik

I. Allgemeiner Regelungsgehalt

3 Die Vorschrift behandelt die monatliche Entschädigungszahlung an Eltern von schädigungsbedingt verstorbenen Kindern und an die Eltern gleichgestellten Personen. **§ 88 Abs. 1 SGB XIV** regelt die tatbestandlichen Anspruchsvoraussetzungen der monatlichen Entschädigungszahlung an Eltern schädigungsbedingt verstorbener Kinder. **§ 88 Abs. 2 SGB XIV** legt die Höhe der monatlichen Entschädigungszahlung fest. Unter den Voraussetzungen des **§ 88 Abs. 3 SGB XIV** werden Stiefeltern, Pflegeeltern und Großeltern den Eltern gleichgestellt.

II. Systematische Einordnung und Normzweck

4 **1. Systematik.** Die Vorschrift ist Teil der Regelungen über die Entschädigungszahlungen des SER, die der Gesetzgeber im **Kap. 9 SGB XIV** zusammengefasst hat. Dieses Kap. ist in die im **Abschn. 1** geregelten Entschädigungszahlungen an Geschädigte und die im **Abschn. 2** normierten Entschädigungszahlungen an Hinterbliebene untergliedert. Der Abschn. 1 behandelt mit **§ 83 SGB XIV** die monatliche Entschädigungszahlung und mit **§ 84 SGB XIV** die Abfindung an Geschädigte. Abschn. 2 regelt in **§ 85 SGB XIV** die monatliche Entschädigungszahlung an Witwen und Witwer sowie an Partnerinnen bzw. Partner einer eheähnlichen Gemeinschaft, in **§ 86 SGB XIV** die Abfindung für Witwen und Witwer sowie in **§ 87 SGB XIV** die monatliche Entschädigungszahlung an Waisen. Die monatliche Entschädigungszahlung an hinterbliebene Eltern ist in dem vorliegenden **§ 88 SGB XIV** normiert. Mit diesen Neuregelungen hat der Gesetzgeber dem Leistungsrecht des SER einen deutlichen **Modernisierungsschub** gegeben (→ § 83 Rn. 8).

5 Die Entschädigungszahlungen des Kap. 9 unterliegen der **Dynamisierung**. Ihre Höhe wird gemäß § 110 Abs. 1 SGB XIV jeweils entsprechend dem Prozentsatz angepasst, um den sich der aktuelle Rentenwert in der gesetzlichen Rentenversicherung verändert (→ § 110 Rn. 7 ff.).

6 Anders als nach der bis zum 31.12.2023 geltenden Rechtslage (§§ 33, 41 Abs. 3, 51 Abs. 4 BVG) ist die Bewilligung sämtlicher Entschädigungszahlungen nach Kap. 9 dem Grunde und der Höhe nach **nicht einkommensabhängig,** wodurch komplizierte Einkommensprüfungen wegfallen.[3] Gemäß **§ 28 Abs. 2 SGB XIV** werden die Entschädigungszahlungen nach Kap. 9 SGB XIV nicht als Einkommen oder Vermögen auf andere Sozialleistungen oder auf Leistungen nach dem AsylbLG angerechnet (→ § 28 Rn. 15). Die bisher bei der Einkommensanrechnung, etwa in der Grundsicherung für

1 BGBl. 2019 I 2652.
2 Vgl. BT-Drs. 19/13824, 2.
3 Vgl. etwa zur Berücksichtigung von Einkünften aus Haus- und Grundbesitz nach § 12 AusglV Dau jurisPR 22/2009 Anm. 5.

Arbeitsuchende, gebotene **Differenzierung** zwischen Grundrente,[4] Ausgleichsrente[5] und Schwerstbeschädigtenzulage[6] ist damit obsolet. Ansprüche auf Entschädigungszahlungen nach Kap. 9 SGB XIV können gemäß § 9 SGB XIV auch **nicht gepfändet** werden.

7 Die Entschädigungszahlungen des Kap. 9 SGB XIV werden durch den **Berufsschadensausgleich nach Kap. 10 SGB XIV** und die **Besonderen Leistungen im Einzelfall nach Kap. 11 SGB XIV** flankiert, die zu einem **angemessenen Lebensunterhalt** der Berechtigten und ihrer Familien beitragen sollen.[7]

8 Für bereits bestehende Leistungsfälle enthält das Kap. 23 SGB XIV in Bezug auf Geldleistungen iSd § 144 S. 2 SGB XIV **Besitzstandsregelungen** (→ § 144 Rn. 2).

9 Leistungen nach Kap. 9 SGB XIV werden gemäß § 10 Abs. 1 SGB XIV – wie bisher nach § 1 Abs. 1 BVG iVm § 6 KOVVfG[8] – nur **auf Antrag** erbracht (→ § 10 Rn. 8). Der Antrag hat nach Maßgabe des § 11 SGB XIV auch Bedeutung für den **Beginn der Leistungserbringung** (→ § 11 Rn. 7).

10 **2. Normzweck.** Der **Zweck des § 88 SGB XIV** besteht darin, die Voraussetzungen und den Umfang der monatlichen Entschädigungszahlung für Eltern und diesen gleichgestellten Personen zu regeln. Die monatlichen Entschädigungszahlungen an Eltern haben – wie auch die übrigen Entschädigungszahlungen nach dem Kap. 9 SGB XIV – eine **doppelte Funktion** (→ § 83 Rn. 12). Sie haben einerseits **immateriellen Charakter.**[9] Daneben dienen sie – wie die Elternrente nach dem BVG – dem Ausgleich für schädigungsbedingt **entgangene Unterhaltsleistungen.**[10] Diese Unterhaltsersatzfunktion dürfte – entgegen der Ausführungen im Entwurf des G-SER – im Vordergrund stehen, da die monatlichen Entschädigungszahlungen erst ab dem Zeitpunkt gezahlt werden, ab dem die oder der Geschädigte das 18. Lebensjahr vollendet hätte, und weil die Leistungen nicht an alle Eltern zu zahlen sind, sondern Eltern und ihnen gleichgestellte Personen adressieren, die von der oder dem Geschädigten tatsächlich unterstützt wurden oder worden wären (§ 88 Abs. 3 SGB XIV) oder bei denen häufig ein gewisser Unterstützungsbedarf angenommen werden kann (§ 88 Abs. 1 SGB XIV).[11]

C. Einzelkommentierung

I. Anspruchsvoraussetzungen (Abs. 1)

11 Der Anspruch auf monatliche Entschädigungszahlungen setzt nach § 88 Abs. 1 SGB XIV **kumulativ** voraus, dass Eltern der oder des an den Folgen einer Schädigung gestorbenen Geschädigten, von einer der Fallgruppen der Nrn. 1 bis 3 erfasst sind und schließlich werden die Leistungen frühestens von dem Monat an gezahlt, in dem die oder der Geschädigte das 18. Lebensjahr vollendet hätte.

12 Zum Kreis der Anspruchsberechtigten gehören die **Eltern** der oder des Geschädigten. Wer die Eltern der oder des Geschädigten sind, beurteilt sich nach den bürgerlichrechtlichen Vorschriften.[12] Erfasst sind einerseits die **leiblichen Eltern**, von denen die

4 S. § 11a Abs. 1 Nr. 2 SGB II, s. dazu BSG Urt. v. 5.9.2007 – B 11b AS 49/06 R, SozR 4-4200 § 11 Nr. 7.
5 Vgl. BSG Urt. v. 14.6.2018 – B 14 AS 13/17 R, SozR 4-4200 § 11 Nr. 83 mAnm Mushoff NZS 2018, 996.
6 Vgl. BSG Urt. v. 17.10.2013 – B 14 AS 58/12 R, juris Rn. 27 f. m. krit. Anm. Söhngen jurisPR-SozR 22/2014 Anm. 2.
7 BT-Drs. 19/13824, 152.
8 Zum Antragsprinzip ausführlich HK-SozEntschR/Knickrehm BVG § 1 Rn. 2 ff.
9 BT-Drs. 19/13824, 208.
10 Vgl. LSG RhPf Urt. v. 23.8.2000 – L 4 V 15/00, juris Rn. 28; HK-SozEntschR/Dau BVG § 51 Rn. 1.
11 So wohl auch Schmidt SGB XIV/Weber § 88 Rn. 2.
12 Vgl. BSG Urt. v. 28.7.1999 – B 9 VG 5/98 R, juris Rn. 13.

oder der verstorbene Geschädigte abstammt (§§ 1591 ff. BGB). Eltern iSd Vorschrift sind weiterhin im Hinblick auf die Rechtswirkungen der Annahme eines Kindes nach § 1754 BGB die **Adoptiveltern**. Nicht unter den Anwendungsbereich des § 88 Abs. 1 SGB XIV fallen Stief- oder Pflegeeltern sowie Großeltern, die allerdings unter den weiteren Voraussetzungen des § 88 Abs. 3 SGB XIV ebenfalls monatliche Entschädigungszahlungen erhalten. Anders als bei den Personen, die nach § 88 Abs. 3 SGB XIV Eltern gleichgestellt werden, ist nicht erforderlich, dass diese die oder den Geschädigten unentgeltlich unterhalten haben oder die oder der Geschädigte den Eltern Unterhalt gezahlt hat oder hätte.

Weitere Voraussetzung ist, dass die oder der Geschädigte an den Folgen einer Schädigung verstorben ist. Die Anerkennung des Todes als Folge eines schädigenden Ereignisses (§ 1 Abs. 2 SGB XIV) setzt, wenn dieses nicht unmittelbar zum Tod geführt hat,[13] eine **mehrgliedrige Kausalkette** voraus. Erforderlich ist, dass ein schädigendes Ereignis zu einer primären Schädigung geführt hat, die wiederum die geltend gemachte Schädigungsfolge bedingt, die dann – ggf. über mittelbare Schädigungsfolgen – über das Todesleiden zum Tod geführt hat.[14] Sämtliche Glieder der Kausalkette müssen sich mit dem erforderlichen **Vollbeweis**, dh mit an Sicherheit grenzender Wahrscheinlichkeit, feststellen lassen, während für den ursächlichen Zusammenhang zwischen ihnen eine **hinreichende Wahrscheinlichkeit** ausreicht (→ § 85 Rn. 15 ff.). 13

Der Anspruch auf die monatlichen Entschädigungszahlungen ist Eltern vorbehalten, die ferner die Voraussetzungen der Nrn. 1 bis 3 erfüllen. Die Regelungen lehnen sich an **§ 50 BVG** an. 14

Zum Kreis der Berechtigten gehören gemäß **§ 88 Abs. 1 Nr. 1 SGB XIV** Eltern, die **voll erwerbsgemindert** iSd SGB VI sind. Voll erwerbsgemindert sind nach § 43 Abs. 2 S. 2 SGB VI Versicherte, die wegen Krankheit oder Behinderung auf nicht absehbare Zeit außerstande sind, unter den üblichen Bedingungen des allgemeinen Arbeitsmarktes mindestens drei Stunden täglich erwerbstätig zu sein. Bei der Beurteilung, ob ein Versicherter erwerbsgemindert ist, kommt es dementsprechend (vor allem) einerseits auf das **zeitliche (quantitative) Leistungsvermögen** und andererseits darauf an, ob die oder der Versicherte diese Leistungen noch **unter den üblichen Bedingungen des allgemeinen Arbeitsmarktes** abrufen kann.[15] Nach Nr. 1 der BVGVwV zu § 50 BVG, die noch nicht an die Neufassung des Rechts der Renten wegen Erwerbsminderung[16] angepasst wurde, ist als erwerbsunfähig stets anzusehen, wer aus der gesetzlichen Rentenversicherung ua eine entsprechende Rente wegen Erwerbsunfähigkeit bezieht. Regelmäßig wird auch in Zukunft ein Rentenbescheid zum Nachweis der Erwerbsminderung ausreichen.[17] § 88 Abs. 1 SGB XIV setzt allerdings **nicht voraus**, dass der Elternteil eine **Rente wegen Erwerbsminderung tatsächlich bezieht**. So kann einem Anspruch auf eine Rente wegen Erwerbsminderung entgegenstehen, dass der jeweilige Elternteil nicht die dafür erforderlichen **versicherungsrechtlichen Voraussetzungen** (insbes. § 43 Abs. 2 S. 1 Nrn. 2 und 3 SGB VI) erfüllt. In entsprechenden Konstellationen werden die zuständigen Behörden des TdSE selbst die medizinischen Ermittlungen (§§ 20, 21 SGB X) vorzunehmen haben, ob das Leistungsvermögen des Elternteils auf dem allgemeinen Arbeitsmarkt eine noch mehr als dreistündige Tätigkeit zulässt. 15

---

13 BSG Urt. v. 5.5.1993 – 9/9a RV 1/92, juris Rn. 13.
14 BayLSG Urt. v. 10.2.2015 – L 15 VK 5/14, juris Rn. 42.
15 BSG Urt. v. 11.12.2019 – B 13 R 7/18 R, BSGE 129, 274 = SozR 4-2600 § 43 Nr. 22, Rn. 14; s. ausführlich DRV Bund, Die Renten wegen verminderter Erwerbsfähigkeit, S. 57 ff.
16 Vgl. zur historischen Entwicklung jurisPK-SGB VI/Freudenberg § 43 Rn. 1 ff.; Köbl, FS für Ruland, S. 351 (352 ff.).
17 Vgl. Schmidt SGB XIV/Weber § 88 Rn. 8.

16 Anspruch auf monatliche Entschädigungszahlungen haben gemäß § 88 **Abs. 1 Nr. 2 SGB XIV** weiterhin Eltern, die aus anderen **zwingenden Gründen** eine zumutbare Erwerbstätigkeit nicht ausüben können. Andere zwingende Gründe iS der Vorschrift sind insbesondere die Versorgung eigener Kleinkinder oder die Pflege hilfloser Familienangehöriger.[18]

17 Schließlich gehören nach **§ 88 Abs. 1 Nr. 3 SGB XIV** Elternteile zum Kreis der Anspruchsberechtigten, die das 60. Lebensjahr vollendet haben.

18 Der Anspruch auf die monatlichen Entschädigungszahlungen beginnt **frühestens** von dem Monat an, in dem die oder der Geschädigte das **18. Lebensjahr** vollendet hätte. Die entsprechende Einschränkung ist Ausfluss der Unterhaltsersatzfunktion der monatlichen Entschädigungszahlungen an Eltern.[19]

II. Leistungshöhe (Abs. 2)

19 Die monatliche Entschädigungszahlung an Eltern beträgt gemäß § 88 Abs. 2 SGB XIV für jedes Kind, das an den Folgen der Schädigung gestorben ist, für **ein noch lebendes Elternteil 250 Euro** (Nr. 1) und für **beide Elterneile jeweils 150 Euro** (Nr. 2). Die in **§ 51 Abs. 3 BVG** enthaltene Erhöhung der Leistungen, ua wenn es sich bei der oder dem schädigungsbedingt verstorbenen Geschädigten um „das einzige oder das letzte Kind“ gehandelt hat, hat der Gesetzgeber zu Recht nicht in das SGB XIV überführt. Sie geht mit Differenzierungen einher,[20] die mit dem allgemeinen Gleichheitssatz des Art. 3 Abs. 1 GG kaum in Einklang zu bringen sind.

III. Gleichgestellte (Abs. 3)

20 Den leiblichen Eltern und Adoptiveltern werden gemäß § 88 **Abs. 3 Nr. 1 SGB XIV Stiefeltern** oder **Pflegeeltern** gleichgestellt, wenn sie die Geschädigte oder den Geschädigten vor der Schädigung unentgeltlich unterhalten haben. Die Regelung entspricht § 49 Abs. 2 Nr. 2 BVG. Ein **Stiefkindschaftsverhältnis** besteht zu den leiblichen oder adoptierten Kindern der Ehegattin bzw. des Ehegatten, einer Lebenspartnerin oder eines Lebenspartners, die nicht zugleich die eigenen Kinder sind (→ § 2 Rn. 21 ff.).[21] Keine Stiefkinder sind hingegen die Kinder der Partnerin bzw. des Partners einer eheähnlichen Lebensgemeinschaft.[22] Ein **Pflegekindschaftsverhältnis** erfordert eine familienähnliche, ideelle Dauerbindung von einer solchen Intensität, wie sie zwischen Kindern und ihren leiblichen Eltern üblich ist und muss auf Dauer angelegt (§ 56 Abs. 2 Nr. 2 SGB I) sein.[23] Eine Gleichstellung mit Eltern iSd § 88 Abs. 1 SGB XIV setzt zudem voraus, dass die Stief- bzw. Pflegeeltern die Verstorbenen bereits vor der Schädigung **unentgeltlich unterhalten** haben. Dies setzt einen vollen, unentgeltlichen Unterhalt des Kindes durch den Stief- bzw. Pflegeelternteil bereits vor dem schädigenden Ereignis voraus. Nur vorübergehende oder punktuelle Unterstützungsleistungen oder die Pflege nach dem schädigenden Ereignis sind zur Begründung des Anspruchs nicht ausreichend.[24] Erforderlich ist vielmehr – insbesondere im Kindesalter – eine auf Dauer angelegte Unterstützung. Nicht notwendig ist hingegen vor allem bei volljähri-

18 Knickrehm/Mushoff/Schmidt Neues SozEntschR Rn. 276.
19 Schmidt SGB XIV/Weber § 88 Rn. 2.
20 Vgl. LSG BW Entsch. v. 16.2.1966 – L 5b 1469/65.
21 Vgl. BSG Urt. v. 5.12.2017 – B 12 P 1/16 R, juris Rn. 13; HessLSG Urt. v. 28.8.2009 – L 5 R 168/09, juris Rn. 25; Wilke/Förster BVG § 49 Rn. 5.
22 BSG Urt. v. 21.10.1998 – B 9 VG 1/97 R, juris Rn. 11.
23 BSG Urt. v. 16.6.2016 – B 13 R 15/14 R, juris Rn. 16.
24 Vgl. BSG Urt. v. 8.7.1969 – 9 RV 237/68, juris Rn. 13; HK-SozEntschR/Dau BVG § 51 Rn. 2.

gen Geschädigten, dass der unentgeltliche Unterhalt noch unmittelbar vor dem schädigenden Ereignis geleistet wurde.[25]

21 Großeltern können unter den Voraussetzungen des **§ 88 Abs. 3 Nr. 2 SGB XIV** Eltern gleichgestellt werden. Die Regelung entspricht § 49 Abs. 2 Nr. 3 BVG. **Großeltern** sind die Eltern der Mutter oder des Vaters der oder des Geschädigten. Die oder der Geschädigte ist mit ihnen in gerader Linie verwandt (§ 1589 S. 1 BGB). Über eine Adoption werden die Eltern des Annehmenden nach § 1754 BGB zu den Großeltern des adoptierten Kindes.[26] Weitere Voraussetzungen ist, dass die oder der Verstorbene ihnen **Unterhalt geleistet hat oder hätte.** Im Falle der tatsächlichen Unterhaltszahlung muss es sich um **nicht nur punktuelle Zahlungen** handeln, die einen **nennenswerten wirtschaftlichen Umfang** haben.[27] Bei der zweiten Tatbestandsalternative ist darauf abzustellen, ob die oder der Geschädigte ohne die Schädigung (voraussichtlich) entsprechende Unterhaltszahlungen geleistet hätte.[28]

D. Anhang

I. BVG

22 **§ 49 BVG [Elternrente]**

(1) Ist der Beschädigte an den Folgen einer Schädigung gestorben, so erhalten die Eltern Elternrente, frühestens jedoch von dem Monat an, in dem der Beschädigte das 18. Lebensjahr vollendet hätte.

(2) Den Eltern werden gleichgestellt

1. Adoptiveltern, wenn sie den Verstorbenen vor der Schädigung als Kind angenommen haben,
2. Stief- und Pflegeeltern, wenn sie den Verstorbenen vor der Schädigung unentgeltlich unterhalten haben,
3. Großeltern, wenn der Verstorbene ihnen Unterhalt geleistet hat oder hätte.

§ 50 BVG [Voraussetzungen für Elternrente]

Elternrente erhält, wer voll erwerbsgemindert oder erwerbsunfähig im Sinne des Sechsten Buches Sozialgesetzbuch ist oder aus anderen zwingenden Gründen eine zumutbare Erwerbstätigkeit nicht ausüben kann oder das 60. Lebensjahr vollendet hat.

§ 51 BVG [Höhe der Elternrente]

(1) Die volle Elternrente beträgt monatlich

bei einem Elternpaar	695 Euro,
bei einem Elternteil	485 Euro.

(2) [1]Sind mehrere Kinder an den Folgen einer Schädigung gestorben, so erhöhen sich die in Absatz 1 genannten Beträge für jedes weitere Kind monatlich

bei einem Elternpaar um	127 Euro,
bei einem Elternteil um	96 Euro.

[2]Die Erhöhung wird auch gewährt für Kinder, die

a) infolge einer Schädigung im Sinne von Gesetzen, die eine entsprechende Anwendung dieses Gesetzes vorsehen, gestorben oder
b) infolge einer Schädigung im Sinne dieses Gesetzes oder von Gesetzen, die eine entsprechende Anwendung dieses Gesetzes vorsehen, verschollen sind.

(3) [1]Ist das einzige oder das letzte Kind oder sind alle oder mindestens drei Kinder an den Folgen einer Schädigung gestorben, so erhöhen sich, wenn es günstiger ist, die in Absatz 1 genannten Beträge monatlich

bei einem Elternpaar um	394 Euro,
bei einem Elternteil um	287 Euro.

[2]Absatz 2 Satz 2 gilt entsprechend.

---

25 Nr. 2 der BVGVwV zu § 49 BVG.
26 jurisPK-BGB/Heiderhoff § 1754 Rn. 3.
27 Rohr/Sträßer/Dahm BVG/Dahm § 49 Anm. 2.
28 HK-SozEntschR/Dau BVG § 51 Rn. 4.

(4) § 41 Abs. 3 gilt entsprechend mit der Maßgabe, daß das anzurechnende Einkommen stets so zu ermitteln ist, als ob das Einkommen nicht zu den Einkünften aus gegenwärtiger Erwerbstätigkeit (§ 33 Abs. 2) gehörte; es ist auf die Erhöhung nach Absatz 2 oder 3 nur insoweit anzurechnen, als es nicht bereits zum Wegfall der Elternrente geführt hat.

(5) Ist von einem Ehepaar oder einer Lebenspartnerschaft nur ein Partner anspruchsberechtigt, ist die Elternrente für ein Elternpaar um das anzurechnende Einkommen beider Partner zu mindern; die Rente darf jedoch die volle Rente für einen Elternteil einschließlich der Erhöhungen nach den Absätzen 2 und 3 nicht übersteigen.

(6) Ergeben sich Renten von weniger als 3 Euro monatlich, so werden sie auf diesen Betrag erhöht.

(7) [1]Als Kinder im Sinne der Absätze 2 und 3 gelten auch Stief- und Pflegekinder. [2]Ob das an den Folgen einer Schädigung gestorbene Kind das einzige oder das letzte Kind ist, richtet sich nach den Verhältnissen im Zeitpunkt des Verlustes des Kindes.

(8) Kommen für ein Elternpaar oder einen Elternteil mehrere Elternrenten nach diesem Gesetz oder Gesetzen, die eine entsprechende Anwendung dieses Gesetzes vorsehen, in Betracht, so wird nur die günstigere Rente gewährt.

(9) [1]Stirbt bei Empfängern von Elternrente für ein Elternpaar ein Ehegatte oder Lebenspartner, ist dem überlebenden Ehegatten oder Lebenspartner die für den Sterbemonat zustehende Elternrente für ein Elternpaar anstelle der Rente für einen Elternteil für die folgenden drei Monate weiterzuzahlen, wenn dies günstiger ist. [2]Minderungen der nach Satz 1 maßgebenden Rente für ein Elternpaar, die durch Sonderleistungen im Sinne des § 60a Abs. 4 bedingt sind, sowie Erhöhungen dieser Bezüge, die auf Einkommensminderungen infolge des Todes beruhen, bleiben unberücksichtigt.

II. BVGVwV

23 **BVGVwV zu § 49 BVG**

1. Die Verwaltungsvorschrift zu § 31, die Nummern 2 und 3 zu § 33 b und die Nummer 2 zu § 45 gelten entsprechend.

2. Unentgeltlicher Unterhalt liegt auch dann noch vor, wenn die Stief- und Pflegeeltern zur Bestreitung des Lebensunterhalts des Kindes geringe Mittel aus anderen Quellen verwendet haben. Es ist nicht erforderlich, dass der unentgeltliche Unterhalt durch die Stief- und Pflegeeltern noch unmittelbar vor der Schädigung gewährt worden ist, jedoch reicht nur vorübergehender unentgeltlicher Unterhalt zur Gewährung von Elternversorgung an Stief- oder Pflegeeltern nicht aus.

3. Nummer 8 zu § 42 ist für die Frage, ob eine Unterhaltsleistung im Sinne des § 49 Abs. 2 Nr. 3 anzunehmen ist, entsprechend anzuwenden.

BVGVwV zu § 50 BVG

1. Als erwerbsunfähig ist stets anzusehen, wer aus der gesetzlichen Rentenversicherung eine Rente wegen Erwerbsunfähigkeit (§ 1247 RVO, § 24 AVG, § 47 RKG), wegen Erwerbsunfähigkeit eine Witwenrente nach § 1268 Abs. 2 Nr. 2 RVO, § 45 Abs. 2Nr. 2 AVG oder § 69 Abs. 2 Nr. 2 RKG oder ein vorzeitiges Altersgeld nach dem Gesetz über die Altershilfe für Landwirte bezieht.

2. Nr. 4 zu § 41 gilt.

3. Für die Vollendung des sechzigsten Lebensjahres gilt die Verwaltungsvorschrift zu § 31 sinngemäß.

BVGVwV zu § 51 BVG

1. Ist die Ehe der Eltern geschieden, aufgehoben, für nichtig erklärt oder die eheliche Gemeinschaft durch gerichtliches Urteil aufgehoben oder leben die Eltern getrennt, ohne die eheliche Gemeinschaft wieder aufnehmen zu wollen, ist jeder Elternteil für sich zu behandeln. Haben beide Eltern Anspruch auf Elternrente, darf die Elternrente jedoch für einen Elternteil den Betrag der vollen Rente für einen Elternteil, für beide Elternteile zusammen den Betrag der vollen Rente für ein Elternpaar nicht übersteigen. Ergibt sich für beide Eltern zusammen ein höherer Betrag als die volle Rente für ein Elternpaar, ist

a) wenn nur ein Elternteil mehr als die Hälfte des Betrages der vollen Rente für ein Elternpaar erhielte, die Elternrente dieses Elternteils um den Mehrbetrag,
b) wenn beide Elternteile mehr als die Hälfte des Betrages der vollen Rente für ein Elternpaar erhielten, die Elternrente jedes Elternteils auf die Hälfte des Betrages der vollen Rente für ein Elternpaar zu kürzen. Erhöhungen nach § 51 Abs. 2 und 3 sind zu berücksichtigen. Diese Regelungen gelten entsprechend für leibliche Eltern von nichtehelichen Kindern.

2. Als Elternpaar im Sinne des § 51 ist ein Ehepaar nur dann anzusehen, wenn jeder Ehegatte zu dem infolge einer Schädigung im Sinne des § 1 verstorbenen Kind in einem Elternschaftsverhältnis

nach § 49 gestanden hat. Ist jeder Ehegatte nach einem Kind anspruchsberechtigt, ohne dass es sich um ein gemeinsames Kind im Sinne des § 49 handelt, steht jedem Ehegatten die Rente für einen Elternteil zu.

3. Für Kinder, die kriegsgefangen oder Kriegsgefangenen gleichgestellt sind (§ 2 Abs. 1 und 2 des Gesetzes über die Unterhaltsbeihilfe für Angehörige von Kriegsgefangenen) sowie, wenn Ausschließungsgründe nicht vorliegen, für Kinder, die aus politischen Gründen in Gebieten außerhalb der Bundesrepublik Deutschland und Berlins (West) in Gewahrsam gehalten werden (§§ 1, 2, 8 des Häftlingshilfegesetzes), kann die Erhöhung nach § 51 Abs. 2 und 3 für die Dauer der Festhaltung oder des Gewahrsams im Wege des Härteausgleichs (§ 89 Abs. 1) gewährt werden.

4. Zu den Kindern (§ 51 Abs. 7) gehören auch die nichtehelichen Kinder, nicht dagegen Enkelkinder. Im übrigen sind für die Auslegung der Begriffe Stief- und Pflegekinder die Nummer 2 zu § 33 b, die Nummer 2 zu § 45 und die Nummer 2 Satz 2 zu § 49 entsprechend anzuwenden.

5. Der Zeitpunkt des Verlustes ist bei Verschollenen der mutmaßliche Todestag; Nummer 1 zu § 52 ist anzuwenden.

Kapitel 10 Berufsschadensausgleich

§ 89 Voraussetzung und Höhe

(1) Hat eine Geschädigte oder ein Geschädigter infolge der gesundheitlichen Schädigung einen Einkommensverlust, so erhält sie oder er monatlich einen Berufsschadensausgleich, wenn

1. bei ihr oder ihm ein Grad der Schädigungsfolgen von mindestens 30 anerkannt worden ist und
2. Leistungen zur medizinischen Rehabilitation oder zur Teilhabe am Arbeitsleben
   a) bei ihr oder ihm nicht mehr erfolgversprechend sind oder
   b) ihr oder ihm nicht mehr zugemutet werden können.

(2) [1]Einkommensverlust ist der Unterschiedsbetrag zwischen dem derzeitigen Bruttoeinkommen aus gegenwärtiger oder früherer Tätigkeit (derzeitiges Einkommen) und dem höheren Vergleichseinkommen. [2]Ist die Rente aus der gesetzlichen Rentenversicherung gemindert, weil das Erwerbseinkommen in einem in der Vergangenheit liegenden Zeitraum, der nicht mehr als die Hälfte des Erwerbslebens umfasst, schädigungsbedingt gemindert war, so ist die Rentenminderung abweichend von Satz 1 der Einkommensverlust. [3]Das Ausmaß der Minderung wird ermittelt, indem der Rentenberechnung für Geschädigte Entgeltpunkte zugrunde gelegt werden, die sich ohne Berücksichtigung der Zeiten ergäben, in denen das Erwerbseinkommen der Geschädigten schädigungsbedingt gemindert ist.

(3) [1]Das Vergleichseinkommen errechnet sich nach den Sätzen 2 bis 5. [2]Zur Ermittlung des Durchschnittseinkommens sind die Grundgehälter der Besoldungsgruppen der Bundesbesoldungsordnung A aus den vorletzten drei der Anpassung vorangegangenen Kalenderjahren heranzuziehen. [3]Beträge des Durchschnittseinkommens bis 0,49 Euro sind auf volle Euro abzurunden und von 0,50 Euro an auf volle Euro aufzurunden. [4]Der Mittelwert aus den drei Jahren ist um den Prozentsatz anzupassen, der sich aus der Summe der für die Rentenanpassung des laufenden Jahres sowie des Vorjahres maßgebenden Veränderungsraten der Bruttolöhne und -gehälter je Arbeitnehmer (§ 68 Absatz 2 in Verbindung mit § 228b des Sechsten Buches) ergibt; die Veränderungsraten werden jeweils bestimmt, indem der Faktor für die Veränderung der Bruttolöhne und -gehälter je Arbeitnehmer um eins vermindert und durch Vervielfältigung mit 100 in einen Prozentsatz umgerechnet wird. [5]Das Vergleichseinkommen wird zum 1. Juli eines jeden Jahres neu festgesetzt; wenn das nach den Sätzen 1 bis 6 errechnete Vergleichseinkommen geringer ist, als das bisherige Vergleichseinkommen, bleibt es unverändert. [6]Es ist durch das Bundesministerium für Arbeit und Soziales zu

ermitteln und im Bundesanzeiger bekannt zu geben; die Beträge sind auf volle Euro aufzurunden.

(4) Berufsschadensausgleich nach Absatz 1 ist der Nettobetrag des Vergleichseinkommens (Absatz 5) abzüglich des Nettoeinkommens aus gegenwärtiger oder früherer Erwerbstätigkeit (Absatz 6).

(5) [1]Der Nettobetrag des Vergleichseinkommens wird für die Zeit bis zum Ablauf des Monats, in dem die oder der Geschädigte auch ohne die Schädigung aus dem Erwerbsleben ausgeschieden wäre, längstens jedoch bis zum Ablauf des Monats, in dem die oder der Geschädigte die Regelaltersgrenze nach dem Sechsten Buch erreicht, pauschal ermittelt, indem das Vergleichseinkommen

1. bei verheirateten Geschädigten um 18 vom Hundert, der 716 Euro übersteigende Teil um 36 vom Hundert und der 1 790 Euro übersteigende Teil um 40 vom Hundert,
2. bei nicht verheirateten Geschädigten um 18 vom Hundert, der 460 Euro übersteigende Teil um 40 vom Hundert und der 1 380 Euro übersteigende Teil um 49 vom Hundert

gemindert wird. [2]Im Übrigen gelten 50 vom Hundert des Vergleichseinkommens als dessen Nettobetrag.

(6) [1]Das Nettoeinkommen aus gegenwärtiger oder früherer Erwerbstätigkeit wird pauschal aus dem derzeitigen Bruttoeinkommen ermittelt, indem

1. das Bruttoeinkommen aus gegenwärtiger Erwerbstätigkeit um die in Absatz 5 Satz 1 Nummer 1 und 2 genannten Vomhundertsätze gemindert wird,
2. Renten aus der gesetzlichen Rentenversicherung sowie Renten wegen Alters, Renten wegen verminderter Erwerbsfähigkeit und Landabgaberenten nach dem Gesetz über die Alterssicherung der Landwirte um den Vomhundertsatz gemindert werden, der für die Bemessung des Beitrags der sozialen Pflegeversicherung (§ 55 des Elften Buches) gilt, und um die Hälfte des Vomhundertsatzes des allgemeinen Beitragssatzes der Krankenkassen (§ 241 des Fünften Buches); die zum 1. Januar festgestellten Beitragssätze gelten insoweit jeweils vom 1. Juli des laufenden Kalenderjahres bis zum 30. Juni des folgenden Kalenderjahres,
3. sonstige Geldleistungen von Leistungsträgern (§ 12 des Ersten Buches) mit dem Nettobetrag berücksichtigt werden und
4. das übrige Bruttoeinkommen um die in Nummer 2 genannten Vomhundertsätze und zusätzlich um 19 vom Hundert des 562 Euro übersteigenden Betrages gemindert wird; Nummer 2 letzter Halbsatz gilt entsprechend.

[2]In den Fällen des Absatzes 8 tritt an die Stelle des Nettoeinkommens im Sinne des Satzes 1 der nach Absatz 5 ermittelte Nettobetrag des Durchschnittseinkommens.

(7) Der Berufsschadensausgleich wird in den Fällen einer Rentenminderung im Sinne des Absatzes 2 Satz 2 nur gezahlt, wenn die Zeiten des Erwerbslebens, in denen das Erwerbseinkommen nicht schädigungsbedingt gemindert war, von einem gesetzlichen oder einem gleichwertigen Alterssicherungssystem erfasst sind.

(8) [1]Wird durch nachträgliche schädigungsunabhängige Einwirkungen oder Ereignisse, insbesondere durch das Hinzutreten einer schädigungsunabhängigen Gesundheitsstörung das Bruttoeinkommen aus gegenwärtiger Tätigkeit voraussichtlich auf Dauer gemindert (Nachschaden), gilt als Einkommen das Grundgehalt der Besoldungsgruppe der Bundesbesoldungsordnung A, der die oder der Geschädigte ohne den Nachschaden zugeordnet würde; Arbeitslosigkeit oder altersbedingtes Ausscheiden aus dem Erwerbsleben gilt grundsätzlich nicht als Nachschaden. [2]Tritt nach dem Nachschaden ein weiterer schädigungsbedingter Einkommensverlust ein, ist dieses Durchschnittseinkommen entsprechend zu mindern. [3]Scheidet dagegen die oder der

Geschädigte schädigungsbedingt aus dem Erwerbsleben aus, wird der Berufsschadensausgleich nach den Absätzen 1 bis 6 errechnet.

(9) Geschädigte nach Absatz 1, die einen gemeinsamen Haushalt mit ihrer Ehegattin oder ihrem Ehegatten, einem Verwandten oder einem Stief- oder Pflegekind führen oder ohne die Schädigung führen würden, erhalten als Berufsschadensausgleich einen Betrag in Höhe der Hälfte der wegen der Folgen der Schädigung notwendigen Mehraufwendungen bei der Führung des gemeinsamen Haushalts.

A. Gesetzesgeschichte

1 Die Vorschrift wurde durch Art. 1 G-SER[1] eingeführt; nach dessen Art. 60 Abs. 7 tritt sie am 1.1.2024 in Kraft. Ihre Vorläufer sind §§ 29, 30 Abs. 5 bis 12 BVG (§ 30 Abs. 7 BVG in der nach Art. 60 Abs. 2 rückwirkend zum 1.7.2018 in Kraft getretenen Fassung des Art. 2 Nr. 1 SGB XIV[2]).

2 Die Beschädigten des Zweiten Weltkrieges hatten sich zwar mehrheitlich trotz ihrer Schädigungsfolgen in die **Nachkriegswirtschaft integrieren** können, nicht zuletzt auch mithilfe von **Rehabilitationsmaßnahmen** nach dem BVG. Vielen war das wegen der Art und Schwere ihrer Schädigungsfolgen von vornherein nicht möglich oder es war ihnen nicht oder nur unzulänglich gelungen. Ihre wirtschaftlichen Einbußen galt es auszugleichen.[3] Für **Erwerbsunfähige** (MdE „um mehr als 90 vom Hundert") wurde deshalb **1960** der **BSA** eingeführt: Bei derart schwer Geschädigten ließ sich die (medizinische) MdE auf dem Wege des bbB nicht noch weiter erhöhen, so dass ein beruflicher Schaden (Erwerbsschaden) durch höhere Grundrente nicht ausreichend berücksichtigt werden konnte.[4] Der BSA setzte zunächst einen **Mindesteinkommensverlust** von **100 DM** monatlich voraus.**1964** wurde er auf **alle Schwerbeschädigten** ausgedehnt; der Mindesteinkommensverlust wurde auf von 75 DM monatlich gesenkt. **1966** fiel diese Untergrenze und **1979** wurden **alle** (ab einer MdE von 30) **rentenberechtigten Beschädigten** einbezogen. Durch zahlreiche weitere Gesetzesänderungen und eine differenzierende Rechtsprechung entwickelte sich der BSA zu einer **unübersichtlichen** und **höchst komplizierten** Materie,[5] die **2007** in einem **ersten Schritt** durch Beendigung des Nebeneinander von „Brutto-BSA" und „Netto-BSA" nebst ständiger Günstigkeitsprüfung vereinfacht wurde.[6] Dem folgte **2011** ein **zweiter Schritt**. Mit ihm wurde die Suche nach dem im Einzelfall zutreffenden **Vergleichseinkommen radikal** erleichtert. Maßgebend war zwar weiterhin das Einkommen aus der beruflichen Position, die der Beschädigte ohne die Schädigung wahrscheinlich erreicht hätte („Hätte"-Beruf). Sie war aber nicht länger nach einem gedachten individuellen Berufsweg in einer verästelten Arbeitswelt zu prognostizieren, was von Verwaltung und Rechtsprechung eine aufwändige Sachaufklärung mit häufig umstrittenem Ergebnis verlangte. Vergleichseinkommen wurde stattdessen das Grundgehalt der **Besoldungs-**

---

1 BGBl. 2019 I 2652.
2 Statt „das 65. Lebensjahr vollendet" heißt es seither „die Regelaltersgrenze nach dem Sechsten Buch Sozialgesetzbuch erreicht".
3 Hansen, Der Berufsschadensausgleich, 1996, 11.
4 BT-Drs. III/1239, 25 und III/1825/7.
5 Vgl. Voß ZfS 203, 161 (165).
6 Zu Einzelheiten BT-Drs. 16/6541, 36; Vogl SGb 2008, 583 (586 f.); HK-SozEntschR/Dau BVG § 30 Rn. 26.

gruppe aus der **Bundesbesoldungsordnung A**, der ein Beschädigter zuzuordnen ist. Das Grundgehalt welcher beamtenrechtlichen Laufbahn maßgeblich ist, entscheidet sich nach Berufsabschluss und Art der Ausbildung Beschädigter.[7]

B. Normsystematik

I. Allgemeiner Regelungsgehalt

3 Im Wesentlichen werden die Regelungen des § 30 BVG, soweit sie den **BSA** betreffen, übernommen, **ergänzt** um den **Vorrang** von **Rehabilitationsmaßnahmen** aus § 29 BVG. Begriff und Abstufung des GdS sind nunmehr in § 5 Abs. 1 SGB XIV verortet; in dessen Abs. 2 findet sich die Verordnungsermächtigung aus § 30 Abs. 16 BVG für die VersMedV. Die Grundrentenerhöhung über eine Anhebung des GdS wegen besonderen beruflichen Betroffenseins ist mit dem **Institut** des **bbB** ersatzlos weggefallen; die Regeln des (nur noch übergangsweise bedeutsamen[8]) Brutto-BSA gibt die Vorschrift nicht mehr wieder und die Ermächtigung für eine BSchAV ist in § 91 SGB XIV verselbstständigt.

II. Systematische Einordnung und Normzweck

4 Die Bezeichnung „Berufsschadens"ausgleich ist missverständlich. Ausgeglichen wird nicht ein **Schaden** im **Beruf**, etwa der schädigungsbedingte Verlust handwerklicher Geschicklichkeit, sondern eine durch Schädigungsfolgen bedingte **Einkommens-** oder **Renteneinbuße** Das war bei der Vor- und Nebenform des BSA, der **Erhöhung** der **„medizinischen" MdE** wegen **bbB** noch **anders**. Die damit verbundene höhere Grundrente sollte, deren Doppelfunktion[9] entsprechend, **Genugtuung** sein und dazu auch **andere** schädigungsbedingte berufliche **Nachteile** als ein gemindertes Erwerbseinkommen ausgleichen: den Ansehensverlust und die **soziale Rangeinbuße**, die mit dem von Schädigungsfolgen erzwungenen Wechsel in einen sozial nicht gleichwertigen Beruf oder mit dem Abstieg im trotz Schädigungsfolgen weiter ausgeübten Beruf verbunden waren. Durch das Institut des bbB wurden deshalb auch die außergewöhnlichen Anstrengungen Beschädigter gewürdigt, mit denen sie Einkommensminderungen oder ein Abgleiten in ihrem beibehaltenen und weiter ausgeübten Beruf verhinderten.[10] 1960 hat der Gesetzgeber das bbB mit dem Argument beibehalten, dass damit der zur Ausübung des Berufs erforderliche **Mehraufwand** an Kraft auch dann berücksichtigt werde, wenn gerade **kein Einkommensverlust** vorliege.[11]

5 Dagegen regelt § 89 SGB XIV ausschließlich den Anspruch auf **pauschalierten Ausgleich** eines durch Schädigungsfolgen bedingten **Verlustes** an **Erwerbs-** oder **Renteneinkommen**, abhängig von zuvor erschöpften Reha-Möglichkeiten (**„Rehabilitation vor Rente"**) und einem **Mindest-GdS** von 30. Der Einkommensverlust wird als **Differenz** zwischen **derzeitigem Einkommen** und dem **höheren Vergleichseinkommen** definiert, das ohne die Schädigung erzielt worden wäre. Dazu wird angegeben, wie diese Beträge sich errechnen. Besondere Regeln gelten bei der Minderung von Renteneinkommen und für Geschädigte, die als Nichterwerbstätige schädigungsbedingten Mehraufwand in der Haushaltsführung haben.

6 Der **BSA** ist neben den Entschädigungszahlungen an Geschädigte und Hinterbliebene die **zweite wesentliche Geldleistung** des **SER**. Anders als diese kennt er **keine festen,**

7 Einzelheiten bei Dau SGb 2012, 260 (262 f.) und HK-SozEntschR/Dau BVG § 30 Rn. 49 ff.
8 Siehe dazu HK-SozEntschR/Dau BVG § 87 Rn. 1, 4.
9 BSG Beschl. v. 12.12.1995 – 9 BV 113/95, juris Rn. 3; Wilke/Förster, Soziales Entschädigungsrecht, 7. Aufl. 1992, BVG § 31 Rn. 3; HK-SozEntschR/Dau BVG § 31 Rn. 1.
10 Siehe dazu HK-SozEntschR/Dau BVG § 30 Rn. 19.
11 BT-Drs. IV/1831, 6.

nach dem GdS gestuften **Leistungssätze,** sondern gleicht Verluste Geschädigter im jeweiligen Erwerbseinkommen aus. Als eigenständiges sozialrechtliches Institut[12] ohne Vorbild in anderen Gesetzen orientiert der BSA sich dazu aber nicht etwa an den Grundsätzen des bürgerlichen Rechts, wonach einer verletzten Person Nachteile für den Erwerb oder das Fortkommen zu ersetzen sind (§§ 842 ff. BGB). Der BSA zielt **nicht** vorwiegend auf **Restitution,** sondern auf Sicherung einer angemessenen Existenzgrundlage. Er muss deshalb **Verluste** im Erwerbseinkommen nicht möglichst realitätsgerecht und in voller Höhe, individuell und konkret berechnet ausgleichen, er tut das nach einem **generalisierenden** und **pauschalierenden** Maßstab.[13]

C. Einzelkommentierung

Der Anspruch auf BSA setzt einen, in Abs. 2 als Lücke zwischen derzeitigem und Vergleichseinkommen definierten, Einkommensverlust infolge der gesundheitlichen Schädigung voraus. Dafür ist ein **Kausalzusammenhang** nicht nur zwischen dem **schädigenden Ereignis,** der **gesundheitlichen Primärschädigung** und den daraus entstandenen **gesundheitlichen Folgen** notwendig. Diese dreigliedrige **Kausalkette** verlängert sich mit dem Einkommensverlust um ein **viertes Glied.**[14] Für die ursächliche Verknüpfung der Kettenglieder gilt die sozialrechtliche Theorie von der wesentlichen Bedingung. Danach sind die tatsächlich gegebenen Einzelfaktoren zu gewichten. Nur diejenige Bedingung, die im Verhältnis zu den übrigen Einzelbedingungen wegen ihrer besonderen Beziehung am Erfolgseintritt wesentlich mitgewirkt hat, ist nach dieser Anschauung ursächlich.[15] 7

Für den ursächlichen Zusammenhang zwischen Schädigungsfolgen und Einkommensverlust gelten nach der Rechtsprechung allerdings weitgehende **Beweiserleichterungen.** Es braucht weder nachgewiesen zu werden, dass ein tatsächlich eingetretener Minderverdienst schädigungsbedingt ist, noch dass die anerkannten Schädigungsfolgen für einen Berufswechsel ursächlich waren: Ist der Einkommensverlust auf einen **Berufswechsel** erheblich Geschädigter zurückzuführen, wird nach ständiger Verwaltungspraxis im Allgemeinen **nicht geprüft,** ob die **Schädigungsfolgen** dies erzwungen haben oder wenigstens der **Grund** waren. Bei **Berufsaufgabe** genügt eine entsprechende **Behauptung** Geschädigter, falls sie im Hinblick auf die Schädigungsfolgen **plausibel** ist. Dasselbe gilt, wenn der Beruf nicht gewechselt oder der angestrebte Beruf trotz der Schädigungsfolgen erreicht wird, obwohl die **Erforderlichkeit** eines **Berufswechsels** im Hinblick auf die Schädigungsfolgen **offensichtlich** ist. Die Beweiserleichterung knüpft dann anstelle vollzogenen Berufswechsels an dessen Erforderlichkeit an. Hätten Geschädigte nach Art und Ausprägung der Schädigungsfolgen und deren Auswirkungen auf die Berufsausübung hinreichend Anlass zu einem Berufswechsel gehabt, so ist mit dieser Feststellung die **Kausalitätsprüfung** zu ihren Gunsten **abgeschlossen.** Eine zusätzliche **„allgemeine"** Kausalitätsprüfung darauf, ob nicht andere Umstände, etwa in der Persönlichkeit Geschädigter, den Minderverdienst verursacht haben, findet nicht statt.[16] 8

Besondere **Beweiserleichterungen** gelten bei **vorzeitigem Ausscheiden** schwerbehinderter Geschädigter aus dem **Berufsleben.** Für das Ende des Berufslebens und für einen damit eintretenden Einkommensverlust sind in diesem Fall die Schädigungsfolgen im Allgemeinen schon dann als **wesentliche Ursache** anzusehen, wenn Geschädigte ihre auf Schädigungsfolgen beruhende **Schwerbehinderung** geltend machen müssen, 9

12 Hansen, Der Berufsschadensausgleich, 1996, 14 f.
13 Vgl. Wilke/Förster, Soziales Entschädigungsrecht, 7. Aufl. 1992, BVG § 30 Rn. 48.
14 Hansen, Der Berufsschadensausgleich, 1996, 27 f.
15 Näher: BSG Urt. 16.12.2014 – B 9 V 6/13 R, juris Rn. 16 ff.
16 BSG Urt. v. 12.12.1990 – 9a/9 RV 24/89, juris Rn. 16 ff.; BSG Urt. v. 19.6.1996 – 9 RV 22/94, juris Rn. 13 ff.

um bei vorzeitigem Ausscheiden aus dem Berufsleben eine Altersversorgung zu erlangen. Beim Zugang zum BSA werden sie damit **Arbeitnehmern** gleichgestellt, die als anerkannte **Schwerbehinderte** auf Antrag Anspruch auf **vorzeitige Altersrente** haben. Ebenso wenig wie diese müssen sie nachweisen, dass schädigungsbedingte, gesundheitliche Gründe für die Berufsaufgabe maßgebend waren.[17]

10 Die Nachschadensregelung des **Abs. 8** soll verhindern, dass weitere dauerhafte **Einkommensminderungen** aufgrund nachträglich eintretender, schädigungsunabhängiger Umstände, insbesondere **„nachfolgender Gesundheitsstörungen"**[18] (**Nachschäden**) einem bereits eingetretenen schädigungsbedingten Einkommensverlust hinzugerechnet und dann ebenfalls durch BSA ausgeglichen werden. An sich wäre die weitere Einkommensminderung zu berücksichtigen, solange nur der Gesamteinkommensverlust wesentlich durch Schädigungsfolgen bedingt bliebe. Das wird ausgeschlossen, indem an die Stelle des derzeitig **tatsächlich** noch erzielten – zusätzlich geminderten – Bruttoeinkommens ein **fiktives Durchschnittseinkommen** tritt, dessen Höhe dem Grundgehalt derjenigen Besoldungsgruppe der Bundesbesoldungsordnung A entnommen wird, der der Geschädigte ohne den Nachschaden zuzuordnen wäre. Die Einkommensminderung ergibt sich dann aus der **Differenz zweier fiktiver Beträge**. Von dieser Ausnahme von entschädigungsrechtlichen Kausalitätsgrundsätzen macht **Abs. 8 S. 1 Hs. 2** unter zusätzlicher beweisrechtlicher Privilegierung eine **Gegenausnahme: Arbeitslosigkeit** und **altersbedingtes Ausscheiden** aus dem Erwerbsleben gelten grundsätzlich **nicht** als **Nachschäden**. Unverschuldete[19] Arbeitslosigkeit wird aber nur dann unwiderleglich als schädigungsbedingt vermutet, wenn Geschädigte auch ohne sie Anspruch BSA hätten. Der Anspruch darauf kann durch schädigungsfremde Arbeitslosigkeit nur **erhöht** werden, den Anspruch **begründen** kann sie nicht.[20]

11 Nach **Abs. 1 Nr. 1** setzt der Anspruch auf BSA einen anerkannten **GdS** von **mindestens** 30 vor-aus. Das entspricht §§ 30 Abs. 3, 31 Abs. 1 S. 1 BVG. Grundrente wurde erst ab einem inzident festgestellten GdS von 30 gewährt und Zugang zum BSA haben nur rentenberechtigte Beschädigte. Die Untergrenze eines GdS von 30 gilt nach § 83 Abs. 1 Nr. 1 SGB XIV – wie für die Grundrente – auch für den Anspruch auf monatliche Entschädigungszahlung. Damit mutet der Gesetzgeber Geschädigten zu, weniger erhebliche Schädigungsfolgen unentschädigt hinzunehmen. In dieser Grundentscheidung liegt grundsätzlich keine Härte.[21]

12 Nach **Abs. 1 Nr. 2** entsteht ein Anspruch auf BSA erst, nachdem Maßnahmen zur medizinischen **Rehabilitation** oder zur Teilhabe am Arbeitsleben **abgeschlossen** wurden, keinen Erfolg (mehr) versprechen oder dem Geschädigten unzumutbar sind. Das entspricht dem im SER seit langem, zunächst in § 30 Abs. 6 BVG aF,[22] kodifizierten Grundsatz, dass **Geldleistungen** solange **nicht** erbracht werden sollen, solange noch nicht feststeht, dass der berufliche **Schaden** sich durch **Rehabilitation nicht ausgleichen** lässt.[23] Die Vorschrift soll zur Schadensminderung verpflichtete Geschädigte durch Aufschub monetärer Leistungen dazu anhalten, zu ihrem eigenen Besten an einer von Amts wegen durchzuführenden Rehabilitation mitzuwirken und so dem Grundsatz „Rehabilitation vor Rente" Geltung zu verschaffen.

---

17 BSG Urt. v. 10.5.1994 – 9 RV 14/93, juris Rn. 8 ff.
18 Vgl. zur neuen Begrifflichkeit VMG Abschn. C 6.4.
19 BSG Urt. v. 8.7.1980 – 9 RV 20/79, juris Rn. 20 ff.; Hansen, Der Berufsschadensausgleich, 1996, 93.
20 BSG Urt. v. 5.11.1997 – 9 RV 617/72, juris Rn. 23; BSG Urt. v. 20.7.2005 – B 9a V 1/05 R, juris Rn. 31.
21 BSG Urt. v. 18.10.1995 – 9 RV 18/94, juris Rn. 17.
22 Zur Geschichte der Vorschrift BSG Urt. v. 18.12.1996 – 9 RV 18/95, juris Rn. 11.
23 Vgl. bereits BSG Urt. v. 30.9.1966 – 9 RV 752/65, juris Rn. 10.

Besteht **Aussicht auf Rehabilitation** Geschädigter, wird ihnen **BSA** solange **vorenthalten**, bis die Rehabilitation erfolgreich abgeschlossen oder gescheitert ist. Aussicht besteht nicht erst, wenn eine bestimmte **Rehabilitationsmaßnahme** bereits **bewilligt** ist.[24] Es genügt aber auch nicht die vage Vermutung günstiger, noch nicht näher abgeklärter Rehabilitationsaussichten. Erforderlich dürfte ein **konkretes Angebot** sein, das nach Ziel, Zeit, Ort, Inhalt, Dauer und Veranstalter bestimmt ist und die begleitenden Leistungen nennt. Der **Leistungsaufschub endet**, wenn die Verwaltung nur zögerlich klärt, ob Aussicht auf Rehabilitation besteht und anschließend nicht zügig darüber entscheidet. Geschädigten ist in solchen Fällen BSA zu gewähren, obwohl möglicherweise noch Aussicht auf Rehabilitation besteht. In einen **endgültigen Anspruchsverlust** schlägt der Anspruchsaufschub erst um, wenn Geschädigte bei der Abklärung nicht mitwirken und dadurch jede realistische Rehabilitationsaussicht vertan wird.[25] 13

Geschädigte müssen nach **Abs. 1 Nr. 2** nur an **Maßnahmen mitwirken**, die ihnen **zumutbar** sind. Die eigens erwähnte Erfolgsaussicht ist Unterfall der Zumutbarkeit, denn nur erfolgversprechende Maßnahmen sind zumutbar. Maßnahmen, die **keinen Erfolg** versprechen, sind **stets unzumutbar**. Das ist der Fall, wenn die geistigen und körperlichen Fähigkeiten Geschädigter nicht erwarten lassen, dass sie eine geplante Maßnahme absolvieren und anschließend wieder regelmäßig beruflich tätig sein werden. Gegen ihre Mitwirkungspflicht verstoßen Geschädigte nicht, wenn sie die **Teilnahme** an Maßnahmen aus **wichtigem Grund ablehnen**, so etwa wenn eine Leistung zur Teilhabe am Arbeitsleben ohne Rücksicht auf die in § 49 Abs. 4 SGB IX genannten Kriterien (Eignung, Neigung, bisherige Tätigkeit sowie Lage und Entwicklung auf dem Arbeitsmarkt) ausgewählt worden ist.[26] 14

Der in **Abs. 1** als **Grundvoraussetzung** des BSA geforderte **Einkommensverlust** wird in **Abs. 2 S. 1** definiert als der **Unterschiedsbetrag** zwischen dem derzeitigen Bruttoeinkommen Geschädigter aus gegenwärtiger oder früherer Tätigkeit und einem höheren Vergleichseinkommen. Mit BSA auszugleichen ist aber nicht dieser Unterschiedsbetrag. Zunächst sind die **Bruttobeträge** des derzeitigen und des Vergleichseinkommens nach den Vorgaben der Abs. 5 und 6 in **Nettobeträge** umzurechnen. Durch **BSA** auszugleichen ist ein so errechneter **Differenzbetrag** zwischen dem höheren Vergleichseinkommen und dem Nettoeinkommen aus gegenwärtiger oder früherer Tätigkeit (**Abs. 4**). 15

Das Gesetz bestimmt nicht näher, welche **Einkünfte** bei der **Ermittlung** des **derzeitigen Einkommens** zu berücksichtigen sind. Das wird sich erst aus der nach **§ 91 SGB XIV** zu erlassenden **Rechtsverordnung** ergeben. Die auf § 30 Abs. 14 BVG gestützte BSchAV beantwortet diese Frage in ihren §§ 8 und 9 außerordentlich detailliert, teils unter Verweis auf die ihrerseits umfangreiche AusglV. Daran dürfte der Verordnungsgeber anknüpfen. 16

Zur **Ermittlung** eines (ohne die Schädigungsfolgen erzielten) fiktiven **Vergleichseinkommens** bestimmt das Gesetz in **Abs. 3 S. 2** lediglich, dass als Durchschnittseinkommen die Grundgehälter der Besoldungsgruppen der Bundesbesoldungsordnung A heranzuziehen sind. Bis auf die in den Sätzen 3 bis 6 geregelten Berechnungs-, Anpassungs- und Bekanntmachungsmodalitäten werden sich auch hier wesentliche Einzelheiten erst aus der nach **§ 91 SGB XIV** zu erlassenden **Rechtsverordnung** ergeben, die aber voraussichtlich nicht grundlegend von der auf § 30 Abs. 14 BVG gestützten BSchAV abweichen wird. 17

24 BSG Urt. v. 18.12.1996 – 9 RV 18/95, juris Rn. 14; aA Hansen, Der Berufsschadensausgleich, 1996, 77.
25 BSG Urt. v. 17.7.2008 – B 9/9a VS 1/06 R, juris Rn. 13.
26 Hansen, Der Berufsschadensausgleich, 1996, 76; LPK-SGB IX/Deusch, 5. Aufl. 2019, § 49 Rn. 37.

18 Nach der **BSchAV** ist **Vergleichseinkommen** aller Geschädigten (Frauen, Männer und Kinder,[27] selbstständig und unselbstständig Tätiger) das monatliche **Grundgehalt** einer Besoldungsgruppe der **Bundesbesoldungsordnung A**. Maßgebend ist die Besoldungsgruppe, der Geschädigte ohne die Schädigung zuzuordnen wären. Über die Zuordnung entscheiden der **Berufsabschluss** und die **Berufsausbildung** Geschädigter. Vorbild auch hierfür ist das **Laufbahnsystem** des **Beamtenrechts**, eingeteilt in einfachen, gehobenen, mittleren und höheren Dienst. **Entgegen** entschädigungsrechtlicher **Tradition** hängt das Vergleichseinkommen nicht von dem im Laufe der Jahre wahrscheinlichen Berufserfolg ab, der sich in einem Aufstieg in Beförderungsämter der jeweiligen Laufbahngruppe niederschlägt. Das **Vergleichseinkommen** ist prinzipiell **unveränderlich** und richtet sich **unabhängig** vom **Alter** bei **Schädigung** und ab da **lebenslang** nach derselben Besoldungsgruppe. Aufstiegschancen sind von vornherein mit Einordnung in ein Beförderungsamt (im höheren Dienst A 14) berücksichtigt und damit pauschal abgegolten. Das stufenweise Ansteigen der Grundgehälter bildet die BSchAV nicht ab. Von Beginn an gilt einheitlich die höchste Stufe 8.[28]

19 **Abs. 5 und 6** regeln die Umrechnung der **Brutto**beträge des derzeitigen Einkommens und des nach **Abs. 3** ermittelten Vergleichseinkommens in **Netto**beträge. Dazu werden von den Bruttobeträgen pauschale, mit der Einkommenshöhe steigende, bei Verheirateten und Unverheirateten unterschiedlich hohe Abzüge gemacht. Das geschieht beim Vergleichseinkommen aber nur bis zum Ablauf des Monats, in dem Geschädigte auch ohne die Schädigung aus dem Erwerbsleben ausgeschieden wären, längstens bis zum Erreichen der **Regelaltersgrenze**. Von da an wird noch **stärker pauschaliert**: Die **Hälfte** des Brutto- gilt als Nettovergleichseinkommen.

20 Einen Einkommensverlust erleidet auch, wer zwar vor seinem Ausscheiden aus dem Erwerbsleben ein höheres „derzeitiges Einkommen" als das Vergleichseinkommen erzielt und deshalb keinen Anspruch auf BSA hatte, bei wem aber in der **Vergangenheit** lediglich **vorübergehende** schädigungsbedingte **Einkommenseinbußen** über geringere Beiträge zu einer **Minderung** des **Renteneinkommens** aus der **gesetzlichen Rentenversicherung** geführt haben. In diesen Fällen bleibt es bei der generalisierenden und pauschalierenden Berechnungsweise des Abs. 2 S. 1 nur, wenn die Zeiten schädigungsbedingt geminderten Einkommens in der Vergangenheit **mehr** als die **Hälfte** des Erwerbslebens ausgemacht haben; liegt ihre Dauer darunter, so gilt nach **Abs. 2 Sätze 2 und 3** mit dem **Renten-BSA** eine Ausnahmeregelung: Einkommensverlust ist dann die Rentenminderung, also der im Einzelfall konkret ermittelte Unterschiedsbetrag zwischen einer fiktiven Rente, die sich ohne Berücksichtigung der Zeiten schädigungsbedingt geminderter Entgeltpunkte ergäbe und der tatsächlich erworbenen Rente. Mit dem Renten-BSA hat der Gesetzgeber **rentenrechtliche Kompensationen**, etwa von Arbeitsunfähigkeitszeiten durch Anrechnung von Ausfallzeiten, für solche Fälle ergänzt, in denen sie sich nach dem Maßstab des SER als **unzulänglich** erweisen.[29]

Nach **Abs. 7** wird **BSA** wegen schädigungsbedingter Rentenminderung **nur gezahlt**, wenn Zeiten des Erwerbslebens **ohne** schädigungsbedingtes **Mindereinkommen** von einem **gesetzlichen** oder einem gleichwertigen **Alterssicherungssystem** erfasst sind. Die Vorschrift soll verhindern, dass BSA auch solche **Lücken** in der Altersversorgung ausgleicht, die durch fehlende oder nur geringe Beiträge in Zeiten entstanden sind, in denen das Einkommen des Geschädigten **nicht schädigungsbedingt** gemindert war.[30]

27 Der Anspruch auf BSA ist – insbesondere für Kinder und Jugendliche – auf die Zeit nach vermutlichem Abschluss der Berufsausbildung hinausgeschoben.
28 Zu weiteren Einzelheiten und zur Kritik Dau SGb 2012, 260 (263 f.); HK-SozEntschR/Dau BVG § 30 Rn. 49 ff.
29 BSG Urt. v. 28.4.1999 – B 9 V 4/98 R, juris Rn. 15; BT-Drs. 9/801, 8.
30 BT-Drs. 11/5831, 13.

Eine weitere – und die älteste – Sonderform ist der **Haushaltsführungs-BSA** des Abs. 9, der bis 1990 nur Frauen zustand („Hausfrauen-BSA").[31] Dabei handelt es sich nicht um einen Ausgleich pauschalierter Einkommensverluste, sondern um einen **Aufwendungsersatzanspruch**. Auf ihn haben Geschädigte des Abs. 1 Anspruch, die einen gemeinsamen Haushalt mit ihren Ehegatten oder einer anderen der in Abs. 9 genannten Personen führen oder ohne die Schädigung führen würden. Die Leistung soll schädigungsbedingten **Mehraufwand** bei der **Haushaltsführung** ausgleichen. Die Leistung ist **pauschal** auf die **Hälfte** des Mehraufwandes begrenzt, weil die Haushaltsführung nur insoweit wie eine berufliche Tätigkeit gewertet wird, wie Geschädigte sie nicht für sich selbst, sondern für andere Angehörige des gemeinsamen Haushalts erbringen.[32] Die Leistung hängt von konkret nachgewiesenen, notwendigen und festgestellten Mehraufwendungen ab.[33] Obwohl die praktische Bedeutung des Haushaltsführungs-BSA denkbar gering scheint,[34] hat der Verordnungsgeber in § 2 Abs. 2 Nr. 3 der zum 1.1.2024 außer Kraft tretenden BSchAV eine mögliche Kollision mit dem Normal-BSA bedacht und dafür Regeln aufgestellt. § 91 Nr. 3 SGB XIV ermächtigt zu einer ebensolchen Bestimmung auch durch eine neue BSchAV. 21

D. Anhang

§ 29 BVG [Erfolg versprechende Leistungen zur Rehabilitation] 22

Sind Leistungen zur medizinischen Rehabilitation oder zur Teilhabe am Arbeitsleben erfolgversprechend und zumutbar, so entsteht ein Anspruch auf Höherbewertung des Grades der Schädigungsfolgen nach § 30 Abs. 2, auf Berufsschadensausgleich sowie auf Ausgleichsrente frühestens in dem Monat, in dem diese Maßnahmen abgeschlossen werden.

§ 30 BVG [Minderung der Erwerbsfähigkeit; Berufsschadensausgleich]

...

(2) [1]Der Grad der Schädigungsfolgen ist höher zu bewerten, wenn Beschädigte durch die Art der Schädigungsfolgen im vor der Schädigung ausgeübten oder begonnenen Beruf, im nachweisbar angestrebten oder in dem Beruf besonders betroffen sind, der nach Eintritt der Schädigung ausgeübt wurde oder noch ausgeübt wird. [2]Das ist insbesondere der Fall, wenn

1. auf Grund der Schädigung weder der bisher ausgeübte, begonnene oder nachweisbar angestrebte noch ein sozial gleichwertiger Beruf ausgeübt werden kann,
2. zwar der vor der Schädigung ausgeübte oder begonnene Beruf weiter ausgeübt wird oder der nachweisbar angestrebte Beruf erreicht wurde, Beschädigte jedoch in diesem Beruf durch die Art der Schädigungsfolgen in einem wesentlich höheren Ausmaß als im allgemeinen Erwerbsleben erwerbsgemindert sind, oder
3. die Schädigung nachweisbar den weiteren Aufstieg im Beruf gehindert hat.

(3) Rentenberechtigte Beschädigte, deren Einkommen aus gegenwärtiger oder früherer Tätigkeit durch die Schädigungsfolgen gemindert ist, erhalten nach Anwendung des Absatzes 2 einen Berufsschadensausgleich in Höhe von 42,5 vom Hundert des auf volle Euro aufgerundeten Einkommensverlustes (Absatz 4) oder, falls dies günstiger ist, einen Berufsschadensausgleich nach Absatz 6.

(4) [1]Einkommensverlust ist der Unterschiedsbetrag zwischen dem derzeitigen Bruttoeinkommen aus gegenwärtiger oder früherer Tätigkeit zuzüglich der Ausgleichsrente (derzeitiges Einkommen) und dem höheren Vergleichseinkommen. [2]Haben Beschädigte Anspruch auf eine in der Höhe vom Einkommen beeinflußte Rente wegen Todes nach den Vorschriften anderer Sozialleistungsbereiche, ist abweichend von Satz 1 der Berechnung des Einkommensverlustes die Ausgleichsrente zugrunde zu

31 Zur – späten – Abkehr vom Leitbild der Hausfrauenehe BT-Drs. 11/5831, 21; zur Geschichte und zum Inhalt der Vorschrift ausführlich Hansen, Der Berufsschadensausgleich, 1996, 125 ff.
32 BT-Drs. 11/6414, 22.
33 BT-Drs. 11/6414, 22; eingehend zu Problemen und Einzelheiten wiederum Hansen, Der Berufsschadensausgleich, 1996, 132 ff.
34 Hansen, Der Berufsschadensausgleich, 1996, 138, 175 zufolge wurden im Oktober 1992 im gesamten Bundesgebiet nur vier Fälle anerkannt; lediglich 4,2 % der BSA-Bezieher erhielten Haushaltsführungs-BSA.

legen, die sich ohne Berücksichtigung dieser Rente wegen Todes ergäbe. ³Ist die Rente aus der gesetzlichen Rentenversicherung gemindert, weil das Erwerbseinkommen in einem in der Vergangenheit liegenden Zeitraum, der nicht mehr als die Hälfte des Erwerbslebens umfaßt, schädigungsbedingt gemindert war, so ist die Rentenminderung abweichend von Satz 1 der Einkommensverlust. ⁴Das Ausmaß der Minderung wird ermittelt, indem der Rentenberechnung für Beschädigte Entgeltpunkte zugrunde gelegt werden, die sich ohne Berücksichtigung der Zeiten ergäben, in denen das Erwerbseinkommen der Beschädigten schädigungsbedingt gemindert ist.

(5)[35] ¹Das Vergleichseinkommen errechnet sich nach den Sätzen 2 bis 5. ²Zur Ermittlung des Durchschnittseinkommens sind die Grundgehälter der Besoldungsgruppen der Bundesbesoldungsordnung A aus den vorletzten drei der Anpassung vorangegangenen Kalenderjahren heranzuziehen. ³Beträge des Durchschnittseinkommens bis 0,49 Euro sind auf volle Euro abzurunden und von 0,50 Euro an auf volle Euro aufzurunden. ⁴Der Mittelwert aus den drei Jahren ist um den Prozentsatz anzupassen, der sich aus der Summe der für die Rentenanpassung des laufenden Jahres sowie des Vorjahres maßgebenden Veränderungsraten der Bruttolöhne und -gehälter je Arbeitnehmer (§ 68 Absatz 2 in Verbindung mit § 228b des Sechsten Buches Sozialgesetzbuch) ergibt; die Veränderungsraten werden jeweils bestimmt, indem der Faktor für die Veränderung der Bruttolöhne und -gehälter je Arbeitnehmer um eins vermindert und durch Vervielfältigung mit 100 in einen Prozentsatz umgerechnet wird. ⁵Das Vergleichseinkommen wird zum 1. Juli eines jeden Jahres neu festgesetzt; wenn das nach den Sätzen 1 bis 6 errechnete Vergleichseinkommen geringer ist, als das bisherige Vergleichseinkommen, bleibt es unverändert. ⁶Es ist durch das Bundesministerium für Arbeit und Soziales zu ermitteln und im Bundesanzeiger bekanntzugeben; die Beträge sind auf volle Euro aufzurunden. ⁷Abweichend von den Sätzen 1 bis 5 sind die Vergleichseinkommen der Tabellen 1 bis 4 der Bekanntmachung vom 14. Mai 1996 (BAnz. S. 6419) für die Zeit vom 1. Juli 1997 bis 30. Juni 1998 durch Anpassung der dort veröffentlichten Werte mit dem Vomhundertsatz zu ermitteln, der in § 56 Absatz 1 Satz 1 bestimmt ist; Satz 6 zweiter Halbsatz gilt entsprechend.

(6) ¹Berufsschadensausgleich nach Absatz 3 letzter Satzteil ist der Nettobetrag des Vergleicheinkommens (Absatz 7) abzüglich des Nettoeinkommens aus gegenwärtiger oder früherer Erwerbstätigkeit (Absatz 8), der Ausgleichsrente (§§ 32, 33) und des Ehegattenzuschlages (§ 33a). ²Absatz 4 Satz 2 gilt entsprechend.

(7) ¹Der Nettobetrag des Vergleichseinkommens wird bei Beschädigten, die nach dem 30. Juni 1927 geboren sind, für die Zeit bis zum Ablauf des Monats, in dem sie auch ohne die Schädigung aus dem Erwerbsleben ausgeschieden wären, längstens jedoch bis zum Ablauf des Monats, in dem der Beschädigte die Regelaltersgrenze nach dem Sechsten Buch Sozialgesetzbuch erreicht, pauschal ermittelt, indem das Vergleichseinkommen

1. bei Verheirateten Beschädigten um 18 vom Hundert, der 716 Euro übersteigende Teil um 36 vom Hundert und der 1 790 Euro übersteigende Teil um 40 vom Hundert,
2. bei nicht verheirateten Beschädigten um 18 vom Hundert, der 460 Euro übersteigende Teil um 40 vom Hundert und der 1 380 Euro übersteigende Teil um 49 vom Hundert

gemindert wird. ²Im übrigen gelten 50 vom Hundert des Vergleichseinkommens als dessen Nettobetrag.

(8) ¹Das Nettoeinkommen aus gegenwärtiger oder früherer Erwerbstätigkeit wird pauschal aus dem derzeitigen Bruttoeinkommen ermittelt, indem

1. das Bruttoeinkommen aus gegenwärtiger Erwerbstätigkeit um die in Absatz 7 Satz 1 Nr. 1 und 2 genannten Vomhundertsätze gemindert wird,
2. Renten aus der gesetzlichen Rentenversicherung sowie Renten wegen Alters, Renten wegen verminderter Erwerbsfähigkeit und Landabgaberenten nach dem Gesetz über die Alterssicherung der

---

35 Siehe hierzu die Bek. der Vergleichseinkommen für die Feststellung der Berufsschadens- und Schadensausgleiche nach dem Bundesversorgungsgesetz für die Zeit vom 1.7.2020 an:

Berufsausbildung	Vergleichseinkommen in Euro
ohne abgeschlossene Berufsausbildung	2 910
abgeschlossene Berufsausbildung	3 295
abgelegte Techniker- oder Meisterprüfung	3 838
Fachhochschulabschluss	4 759
Hochschulabschluss	6 275.

Landwirte um den Vomhundertsatz gemindert werden, der für die Bemessung des Beitrags der sozialen Pflegeversicherung (§ 55 des Elften Buches Sozialgesetzbuch) gilt, und um die Hälfte des Vomhundertsatzes des allgemeinen Beitragssatzes der Krankenkassen (§ 241 des Fünften Buches Sozialgesetzbuch); die zum 1. Januar festgestellten Beitragssätze gelten insoweit jeweils vom 1. Juli des laufenden Kalenderjahres bis zum 30. Juni des folgenden Kalenderjahres,
3. sonstige Geldleistungen von Leistungsträgern (§ 12 des Ersten Buches Sozialgesetzbuch) mit dem Nettobetrag berücksichtigt werden und
4. das übrige Bruttoeinkommen um die in Nummer 2 genannten Vomhundertsätze und zusätzlich um 19 vom Hundert des 562 Euro übersteigenden Betrages gemindert wird; Nummer 2 letzter Halbsatz gilt entsprechend.

[2]In den Fällen des Absatzes 11 tritt an die Stelle des Nettoeinkommens im Sinne des Satzes 1 der nach Absatz 7 ermittelte Nettobetrag des Durchschnittseinkommens.

(9) Berufsschadensausgleich nach Absatz 6 wird in den Fällen einer Rentenminderung im Sinne des Absatzes 4 Satz 3 nur gezahlt, wenn die Zeiten des Erwerbslebens, in denen das Erwerbseinkommen nicht schädigungsbedingt gemindert war, von einem gesetzlichen oder einem gleichwertigen Alterssicherungssystem erfaßt sind.

(10) [1]Der Berufsschadensausgleich wird ausschließlich nach Absatz 6 berechnet, wenn der Antrag erstmalig nach dem 21. Dezember 2007 gestellt wird. [2]Im Übrigen trifft die zuständige Behörde letztmalig zum Stichtag nach Satz 1 die Günstigkeitsfeststellung nach Absatz 3 und legt damit die für die Zukunft anzuwendende Berechnungsart fest.

(11) [1]Wird durch nachträgliche schädigungsunabhängige Einwirkungen oder Ereignisse, insbesondere durch das Hinzutreten einer schädigungsunabhängigen Gesundheitsstörung das Bruttoeinkommen aus gegenwärtiger Tätigkeit voraussichtlich auf Dauer gemindert (Nachschaden), gilt statt dessen als Einkommen das Grundgehalt der Besoldungsgruppe der Bundesbesoldungsordnung A, der der oder die Beschädigte ohne den Nachschaden zugeordnet würde; Arbeitslosigkeit oder altersbedingtes Ausscheiden aus dem Erwerbsleben gilt grundsätzlich nicht als Nachschaden. [2]Tritt nach dem Nachschaden ein weiterer schädigungsbedingter Einkommensverlust ein, ist dieses Durchschnittseinkommen entsprechend zu mindern. [3]Scheidet dagegen der oder die Beschädigte schädigungsbedingt aus dem Erwerbsleben aus, wird der Berufsschadensausgleich nach den Absätzen 3 bis 8 errechnet.

(12) Rentenberechtigte Beschädigte, die einen gemeinsamen Haushalt mit ihrem Ehegatten oder Lebenspartners, einem Verwandten oder einem Stief- oder Pflegekind führen oder ohne die Schädigung zu führen hätten, erhalten als Berufsschadensausgleich einen Betrag in Höhe der Hälfte der wegen der Folgen der Schädigung notwendigen Mehraufwendungen bei der Führung des gemeinsamen Haushalts.

(13) [1]Ist die Grundrente wegen besonderen beruflichen Betroffenseins erhöht worden, so ruht der Anspruch auf Berufsschadensausgleich in Höhe des durch die Erhöhung der Grundrente nach § 31 Abs. 1 Satz 1 erzielten Mehrbetrags. [2]Entsprechendes gilt, wenn die Grundrente nach § 31 Abs. 4 Satz 2 erhöht worden ist.

...

§ 90 Feststellung

(1) [1]Der Berufsschadensausgleich ist bei monatlich feststehendem Einkommen endgültig festzustellen. [2]Bei monatlich nicht feststehendem Einkommen ist der Berufsschadensausgleich entsprechend den im Zeitpunkt der Bescheiderteilung bekannten Einkommensverhältnissen vorläufig festzusetzen und jeweils nachträglich endgültig festzustellen. [3]Eine Neufeststellung erfolgt nur, wenn sich das Einkommen um mehr als fünf Euro verändert hat.

(2) Ein monatlich feststehendes Einkommen ist gegeben, wenn sich ein bestimmter Monatsbetrag aus Gesetz, Tarif-, Arbeits- oder sonstigem Vertrag ergibt.

(3) Sonderleistungen, wie Weihnachtsgratifikationen, zusätzliche Monatsgehälter und Erfolgsprämien, sind als Einkommen in den Monaten zu berücksichtigen, in denen sie gezahlt werden.

A. Gesetzesgeschichte

1 Die Vorschrift wurde durch Art. 1 G-SER[1] eingeführt; nach dessen Art. 60 Abs. 7 tritt sie am 1.1.2024 in Kraft.

2 § 90 SGB XIV übernimmt für den BSA die im Wesentlichen inhaltsgleichen Regelungen des § 60a BVG zur vorläufigen und endgültigen Feststellung laufender Leistungen, deren Höhe vom Einkommen Geschädigter abhängt und setzt aus verwaltungsökonomischen Gründen eine Bagatellgrenze für Neufeststellungen wegen geänderten Einkommens.[2]

B. Normsystematik

3 Die Vorschrift regelt die endgültige und die vorläufige Festsetzung von BSA. Sie soll vor allen Dingen die Verwaltung vereinfachen.

4 § 90 Abs. 1 S. 2 SGB XIV ermächtigt die Verwaltung zur Leistungsgewährung durch vorläufigen Verwaltungsakt[3] und geht wegen des in § 37 S. 1 SGB I geregelten Vorbehalts abweichender Regelungen § 42 SGB I über Vorschusszahlungen vor.

C. Einzelkommentierung

5 Nach **Abs. 1 S. 1** gilt der **Grundsatz,** dass BSA bei feststehendem Monatseinkommen **endgültig** zu gewähren ist. Nach der **Legaldefinition** des Abs. 2 **steht** das monatliche Einkommen **fest,** wenn sich aus Gesetz, Tarif-, Arbeits- oder sonstigem Vertrag ein **bestimmter Monatsbetrag** ergibt (zB Renten aus der gesetzlichen Rentenversicherung, beamtenrechtliche Dienst- und Versorgungsbezüge, Löhne, Gehälter und weitere Einkünfte die in der nach § 91 SGB XIV zu erlassenden Rechtsverordnung bestimmt werden können). Monatlich **feststehend** ist auch ein halbmonatlich, viertel-, halb- oder jährlich bezogenes Einkommen mit dem daraus zu **errechnenden Monatsbetrag.**

6 Nach **Abs. 1 S. 2** ist der BSA in allen übrigen Fällen, in denen das monatliche Einkommen noch **nicht feststeht** (vor allem bei monatlich schwankenden Einkünften als Freiberufler, aus Gewerbebetrieb oder sonstiger selbstständiger oder unselbstständiger Tätigkeit), **zunächst vorläufig** festzusetzen und jeweils **nachträglich festzustellen.** Dem Festsetzungsbescheid sind die zur Zeit seiner Erteilung der Verwaltung bekannten Einkommensverhältnisse zugrunde zu legen. „Bekannt" sein dürften auch noch nicht eingetretene **Verhältnisse,** die deshalb zwar noch nicht feststehen, die sich aber **vorhersehbar einstellen** werden.[4]

7 **Abs. 1 Satz 3** zieht eine **Bagatellgrenze** für Neufeststellungen des BSA. Haben sich die Einkommensverhältnisse um nicht mehr als fünf Euro geändert, bleibt es bei dem zuvor erteilten Bescheid. Das dürfte für **Änderungen** sowohl **zugunsten** als auch **zulasten** Beschädigter gelten; **anders** als bei **§ 60a Abs. 3 BVG,** der das Verhältnis von vorläufiger zu endgültiger Feststellung behandelt und nur Differenzbeträge von weniger als drei Euro zulasten Beschädigter als „nicht überzahlt" fingierte.

8 **Abs. 3** bestimmt, wann **Sonderleistungen** wie die beispielhaft aufgezählten Weihnachtsgratifikationen, zusätzlichen Monatsgehälter und Erfolgsprämien als Einkommen Beschädigter zu berücksichtigen sind. Entscheidend ist der Monat, **in** dem sie gezahlt werden, nicht **für** den die Zahlung erfolgt. Es gilt das strenge **Zuflussprinzip.**

9 Ein den BSA vorläufig festsetzender Bescheid **erledigt** sich nach § 39 SGB X mit Erlass der die Leistung **endgültig** feststellenden **Entscheidung.** Ist die endgültige Regelung für

---

1 BGBl. 2019 I 2652.
2 BT-Drs. 19/13824, 209.
3 Zur Zulässigkeit vorläufiger Verwaltungsakte vgl. Schütze/Engelmann, 9. Aufl. 2020, SGB X § 31 Rn. 48.
4 Vgl. die in der BVGVwV zu § 60a getroffene Regelung.

Beschädigte **ungünstiger**, sind sie nach § 24 SGB X zuvor **anzuhören**.[5] Für die **Rückforderung** überzahlter Leistungen gibt es keine § 42 Abs. 2 S. 2 SGB I ähnliche besondere Vorschrift. Die Erstattungsregelung des § 50 Abs. 2 SGB X gilt entsprechend.[6] Auf vorläufige Festsetzungen können Beschädigte allerdings nur begrenzte Zeit bis zum Erlass des endgültigen Bescheides vertrauen. Eine Vertrauensschutzprüfung wird sich deshalb regelmäßig erübrigen.[7]

§ 91 Verordnungsermächtigung

Das Bundesministerium für Arbeit und Soziales wird ermächtigt, im Einvernehmen mit dem Bundesministerium der Finanzen durch Rechtsverordnung, die der Zustimmung des Bundesrates bedarf, zu bestimmen:

1. **welche Vergleichsgrundlage und in welcher Weise diese zur Ermittlung des Einkommensverlustes heranzuziehen ist,**
2. **wie der Einkommensverlust bei einer vor Abschluss der Schulausbildung oder vor Beginn der Berufsausbildung erlittenen Schädigung zu ermitteln ist,**
3. **wie der Berufsschadensausgleich festzustellen ist, wenn die oder der Geschädigte ohne die Schädigung neben einer beruflichen Tätigkeit weitere berufliche Tätigkeiten ausgeübt oder einen gemeinsamen Haushalt im Sinne des § 89 Absatz 9 geführt hätte,**
4. **was als derzeitiges Bruttoeinkommen oder als Durchschnittseinkommen im Sinne des § 89 Absatz 8 berücksichtigt wird und welche Einkünfte bei der Ermittlung des Einkommensverlustes nicht berücksichtigt werden,**
5. **wie in besonderen Fällen das Nettoeinkommen abweichend von § 89 Absatz 6 Satz 1 Nummer 3 und 4 zu ermitteln ist.**

A. Kommentierung

Die Vorschrift wurde durch Art. 1 G-SER[1] eingeführt; nach dessen Art. 60 Abs. 3 Nr. 1 ist sie am 20.12.2019 in Kraft getreten. Sie ersetzt den wortgleichen § 30 Abs. 14 BVG. 1

Mit § 91 SGB XIV wird das BMAS ermächtigt, **umfangreiche** und **bedeutsame** Regelungen zum BSA zu treffen. Vermutlich wird die 2011 reformierte, zum 1.1.2024 außer Kraft tretende BSchAV in weiten Teilen übernommen werden.[2] Es bleibt abzuwarten, wieweit zwischenzeitliche Kritik sich auswirkt, etwa an der Ermittlung des Vergleichseinkommens im Kindesalter oder als Jugendliche vor Abschluss ihrer Berufsausbildung Geschädigter oder an der Einstufung von Kleinkindern, die als Schwerstimpfgeschädigte niemals eine Berufsausbildung haben beginnen können, in das Einstufungsgerüst beamtenrechtlicher Laufbahnen, Besoldungsgruppen und -stufen.[3] 2

---

5 BSG Urt. v. 19.9.2000 – B 9 SB 1/00 R, juris Rn. 13.
6 HK-SozEntschR/Knoerr KOVVfG § 22 Rn. 9.
7 HK-SozEntschR/Knoerr KOVVfG § 22 Rn. 9.
1 BGBl. 2019 I 2652.
2 Vgl. zum Inhalt HK-SozEntschR/Dau BVG § 30 Rn. 49 ff. und zur Kritik Dau SGb 2012, 261 (263 f.).
3 BT Ausschussdrucksache 19(11)505, 69 Schriftliche Stellungnahme der Sachverständigen Knickrehm; Dau SGb 2012, 260 (264).

B. Anhang

3 **Verordnung zur Durchführung des § 30 Absatz 3 bis 12 und des § 40a Absatz 1 und 5 des Bundesversorgungsgesetzes (Berufsschadensausgleichsverordnung – BSchAV)**[4]

Vom 28. Juni 2011 (BGBl. I 1273)
(FNA 830-2-20)
zuletzt geändert durch Art. 58 Nr. 8 G zur Regelung des Sozialen Entschädigungsrechts vom 12. Dezember 2019 (BGBl. I S. 2652)

Auf Grund des § 30 Absatz 14 des Bundesversorgungsgesetzes, der zuletzt durch Artikel 1 Nummer 20 Buchstabe g des Gesetzes vom 23. März 1990 (BGBl. I S. 582) geändert worden ist, verordnet die Bundesregierung:

Abschnitt 1 Berufsschadensausgleich

§ 1 Anwendungsbereich

Die Regelungen dieses Abschnitts gelten für die Feststellung des Einkommensverlustes nach § 30 Absatz 4 Satz 1 sowie für die Feststellung des Berufsschadensausgleichs nach § 30 Absatz 6 und 12 des Bundesversorgungsgesetzes.

§ 2 Vergleichseinkommen

(1) [1]Vergleichseinkommen ist das monatliche Durchschnittseinkommen des Grundgehalts der Besoldungsgruppe A der Bundesbesoldungsordnung, der Beschädigte ohne die Schädigung zugeordnet werden würden. [2]Das Durchschnittseinkommen wird nach § 3 ermittelt. [3]Ist die Schädigung vor Beginn der Berufsausbildung eingetreten, wird das Durchschnittseinkommen nach § 5 ermittelt.

(2) Hätten Beschädigte ohne die Schädigung

1. neben dem Hauptberuf eine oder mehrere nebenberufliche Tätigkeiten ausgeübt oder einen gemeinsamen Haushalt im Sinne des § 30 Absatz 12 des Bundesversorgungsgesetzes geführt, werden sie der dem Hauptberuf entsprechenden Besoldungsgruppe zugeordnet,
2. mehrere berufliche Tätigkeiten, von denen jede den gleichen Zeitaufwand an Arbeitskraft erfordert, ausgeübt oder in diesem Umfang sowohl berufliche Tätigkeiten ausgeübt als auch einen gemeinsamen Haushalt geführt, wobei diese Tätigkeiten zusammen die volle Arbeitskraft erforderten, wird ihnen die Besoldungsgruppe mit dem für die ausgeübten Tätigkeiten maßgebenden höchsten Vergleichseinkommen zugeordnet,
3. berufliche Tätigkeiten allein oder zusammen mit der Führung eines gemeinsamen Haushalts ausgeübt, ohne dass diese Tätigkeiten insgesamt die volle Arbeitskraft erforderten, ist ein dem Einsatz an Arbeitskraft für die berufliche Tätigkeit entsprechender Teil des Vergleichseinkommens maßgebend; trifft eine berufliche Tätigkeit mit der Führung eines gemeinsamen Haushalts zusammen, so sind jeweils der sich aus der beruflichen Tätigkeit und der sich aus den Mehraufwendungen für die Führung eines gemeinsamen Haushalts errechnende Berufsschadensausgleich festzustellen. Der zustehende Berufsschadensausgleich ist die Summe beider Beträge, höchstens jedoch der Berufsschadensausgleich, der sich ergibt, wenn das volle Vergleichseinkommen für die berufliche Tätigkeit zugrunde gelegt wird.

(3) [1]Die Absätze 1 und 2 gelten auch, wenn Beschädigte die nach diesen Vorschriften in Betracht kommende Tätigkeit ausüben. [2]Ein durch die Schädigung verhinderter Aufstieg im Beruf ist zu berücksichtigen.

§ 3 Durchschnittseinkommen

(1) [1]Durchschnittseinkommen ist bei Beschädigten ohne abgeschlossene Berufsausbildung das Grundgehalt der Stufe 8 der Besoldungsgruppe A 5 nach der Anlage IV zum Bundesbesoldungsgesetz, bei Beschädigten mit abgeschlossener Berufsausbildung das Grundgehalt der Stufe 8 der Besoldungsgruppe A 7 nach der Anlage IV zum Bundesbesoldungsgesetz, bei Beschädigten mit Techniker- oder Meisterprüfung das Grundgehalt der Stufe 8 der Besoldungsgruppe A 9 nach der Anlage IV zum Bundesbesoldungsgesetz, bei Beschädigten mit Fachhochschulabschluss das Grundgehalt der Stufe 8 der Besoldungsgruppe A 11 nach der Anlage IV zum Bundesbesoldungsgesetz und bei Beschädigten mit Hochschulabschluss das Grundgehalt der Stufe 8 der Besoldungsgruppe A 14 nach der Anlage IV zum Bundesbesoldungsgesetz. [2]Das ermittelte Grundgehalt ist um den Familienzuschlag der Stufe 1 nach der Anlage V zum Bundesbesoldungsgesetz zu erhöhen.

4 **Aufgehoben mit Ablauf des 31.12.2023** durch Art. 58 Nr. 8 G-SER v. 12.12.2019 (BGBl. I 2652).

(2) [1]Eine abgeschlossene Berufsausbildung, eine Techniker- oder Meisterprüfung oder eine abgeschlossene Fachhochschul- oder Hochschulausbildung ist nur zu berücksichtigen, wenn sie die Voraussetzung für die Ausübung des Berufs bildet, auf dessen Ausübung sich die Schädigung nachteilig auswirkt, oder wenn sie das Einkommen in diesem Beruf erheblich fördert. [2]Als Fachhochschulausbildung oder Hochschulausbildung gilt nur die Ausbildung an einer Fachhochschule oder Hochschule, deren Abschluss eine Voraussetzung für die Einstellung in den gehobenen oder höheren Dienst im Sinne des Beamtenrechts ist.

(3) Dem Abschluss einer Berufsausbildung steht eine zehnjährige Tätigkeit oder eine fünfjährige selbstständige Tätigkeit in dem Beruf gleich, auf dessen Ausübung sich die Schädigung nachteilig auswirkt, es sei denn, dass diese Tätigkeit nicht geeignet war, das Einkommen der Tätigkeit erheblich über das ohne Berufsausbildung erreichbare Maß zu fördern.

§ 4 Ermittlung des Durchschnittseinkommens in besonderen Fällen

(1) [1]Hatten Beschädigte nachweislich in dem Beruf, den sie vor dem Eintritt der Schädigung oder vor der Auswirkung der Folgen der Schädigung ausgeübt haben, eine Stellung erreicht, die durch die Vorschriften des § 3 nicht ausreichend berücksichtigt wird, ist als Durchschnittseinkommen das Grundgehalt der Stufe 8 einer dieser Stellung angemessenen Besoldungsgruppe der Bundesbesoldungsordnung A zuzüglich des Familienzuschlags der Stufe 1 nach der Anlage V zum Bundesbesoldungsgesetz zugrunde zu legen. [2]Zur Ermittlung der angemessenen Besoldungsgruppe sind die Einkünfte aus nichtselbstständiger Arbeit, die vor der Schädigung oder vor der Auswirkung der Folgen der Schädigung auf den Beruf erzielt worden sind, um 10 vom Hundert zu verringern und den Bezügen (Grundgehalt der Stufe 8 und Familienzuschlag der Stufe 1) gegenüberzustellen, die Bundesbeamte zu derselben Zeit erhalten hätten; Amtszulagen gelten nicht als Bestandteil des Grundgehalts. [3]Sind nach § 30 Absatz 5 Satz 6 des Bundesversorgungsgesetzes Vergleichseinkommen bekannt gemacht, sind diese anstelle der Bezüge nach Satz 2 den Einkünften gegenüberzustellen.

(2) [1]Absatz 1 gilt für selbstständig Tätige entsprechend, wenn zu dem nach Absatz 1 Satz 1 maßgeblichen Zeitpunkt die wirtschaftliche Bedeutung der ausgeübten selbstständigen Tätigkeit durch § 3 nicht ausreichend berücksichtigt wird. [2]Die wirtschaftliche Bedeutung wird nicht ausreichend berücksichtigt, wenn der nach den Sätzen 3 und 4 ermittelte Gewinn mindestens das Grundgehalt der Stufe 8 der nächsthöheren Besoldungsgruppe erreicht. [3]Der Ermittlung der angemessenen Besoldungsgruppe sind 80 vom Hundert des durchschnittlichen Gewinns aus Gewerbe oder aus selbstständiger Arbeit in den letzten drei Jahren vor dem Eintritt der Schädigung oder vor der Auswirkung der Folgen der Schädigung auf den Beruf zugrunde zu legen, jedoch nur insoweit, als er auf die eigene Arbeitsleistung von Beschädigten zurückzuführen ist. [4]Bei der Ermittlung des Wertes der eigenen Arbeitsleistung ist zum Vergleich das Grundgehalt der Stufe 8 der Besoldungsgruppe der Bundesbesoldungsordnung A heranzuziehen, das Beamten des Bundes in vergleichbarer Stellung zu zahlen gewesen wäre.

§ 5 Ermittlung des Durchschnittseinkommens bei einer vor Beginn der Berufsausbildung erlittenen Schädigung

[1]Sind Beschädigte infolge einer vor Beginn der Berufsausbildung erlittenen Schädigung in ihrem beruflichen Werdegang behindert, so ist das Durchschnittseinkommen orientiert an den Grundgehältern der Bundesbesoldungsordnung A zu ermitteln. [2]Die Eingruppierung ist nach Veranlagung und Fähigkeiten sowie sonstigen Lebensverhältnissen der Beschädigten vorzunehmen. [3]Durchschnittseinkommen ist mindestens das Grundgehalt der Stufe 8 der Besoldungsgruppe A 5, zuzüglich des Familienzuschlags der Stufe 1 nach der Anlage V zum Bundesbesoldungsgesetz; bei vermutlichem

1. Abschluss einer Berufsausbildung das in § 3 Absatz 1 für Beschädigte mit abgeschlossener Berufsausbildung bestimmte Durchschnittseinkommen,
2. Bestehen einer Techniker- oder Meisterprüfung das in § 3 Absatz 1 für Beschädigte mit abgelegter Techniker- oder Meisterprüfung bestimmte Durchschnittseinkommen,
3. Fachhochschulabschluss das in § 3 Absatz 1 für Beschädigte mit abgeschlossener Fachhochschulausbildung bestimmte Durchschnittseinkommen oder
4. Hochschulabschluss das in § 3 Absatz 1 für Beschädigte mit abgeschlossener Hochschulausbildung bestimmte Durchschnittseinkommen.

[4]Der Berufsschadensausgleich ist frühestens nach dem vermutlichen Abschluss der beruflichen Ausbildung zu gewähren.

§ 6 Durchschnittseinkommen im Sinne des § 30 Absatz 11 und des § 64c Absatz 2

(1) Als Durchschnittseinkommen im Sinne des § 30 Absatz 11 des Bundesversorgungsgesetzes gilt der nach § 30 Absatz 5 Satz 6 des Bundesversorgungsgesetzes vom Bundesministerium für Arbeit und Soziales als Vergleichseinkommen bekannt gemachte Betrag für die Besoldungsgruppe, der die Beschädigten ohne den Nachschaden zugeordnet würden.

(2) [1]Die Einstufung in die Besoldungsgruppe richtet sich nach § 3; § 2 Absatz 2 gilt entsprechend. [2]Ist das Einkommen, das die Beschädigten in dem vor dem Nachschaden ausgeübten Beruf im letzten Jahr erzielt haben, schädigungsbedingt niedriger als das Vergleichseinkommen, das dieser Besoldungsgruppe entspricht, gilt als Durchschnittseinkommen dieses Vergleichseinkommen, gemindert um den Vomhundertsatz, um den das vor dem Nachschaden erzielte Erwerbseinkommen hinter dem Vergleichseinkommen dieser Besoldungsgruppe zurückgeblieben ist. [3]Bei selbstständig Tätigen tritt an die Stelle des erzielten Erwerbseinkommens der Wert der eigenen Arbeitsleistung. [4]Den Abschlägen sind volle Vomhundertsätze zugrunde zu legen; Bruchteile von Vomhundertsätzen sind von 0,50 an aufzurunden, sonst abzurunden.

(3) Tritt nach dem Nachschaden ein weiterer schädigungsbedingter Einkommensverlust ein, ohne dass die oder der Beschädigte aus dem Erwerbsleben ausscheidet, gilt Absatz 2 mit der Maßgabe, dass die Besoldungsgruppe der Bundesbesoldungsordnung A zugrunde zu legen ist, der die Beschädigten auf Grund der Schädigungsfolgen ohne Berücksichtigung des Nachschadens zugeordnet würden.

(4) [1]Soweit das nach § 30 Absatz 11 des Bundesversorgungsgesetzes festgestellte Durchschnittseinkommen höher ist als das vorher erzielte Erwerbseinkommen, ist dieser Unterschiedsbetrag vom Durchschnittseinkommen abzuziehen. [2]Der Unterschiedsbetrag ist vom Zeitpunkt der folgenden Anpassungen nach § 56 des Bundesversorgungsgesetzes an jeweils um ein Viertel zu mindern.

(5) In den Fällen des § 64c Absatz 2 Satz 2 und 3 gelten die Absätze 1 bis 4 entsprechend.

§ 7 Kürzung des Vergleichseinkommens und des Durchschnittseinkommens

(1) [1]Als Vergleichseinkommen im Sinne des § 30 Absatz 5 des Bundesversorgungsgesetzes sowie als Durchschnittseinkommen im Sinne des § 30 Absatz 11 sowie des § 64c Absatz 2 Satz 2 und 3 des Bundesversorgungsgesetzes gelten 75 vom Hundert des nach § 30 Absatz 5 Satz 6 des Bundesversorgungsgesetzes bekannt gemachten oder des nach § 87 Absatz 1 des Bundesversorgungsgesetzes festgestellten und angepassten Betrags, mit Ablauf des Monats, in dem die Beschädigten

1. die Regelaltersgrenze nach dem Sechsten Buch Sozialgesetzbuch erreicht haben,
2. wegen Erreichens oder Inanspruchnahme einer gesetzlichen Altersgrenze aus dem Erwerbsleben ausscheiden oder ausscheiden müssten,
3. auf Grund eines Gesetzes, eines Tarifvertrags, einer Betriebsvereinbarung oder einer Vereinbarung mit dem Arbeitgeber von der Möglichkeit des vorzeitigen Übergangs in den Ruhestand unter Verzicht auf Erwerbseinkommen Gebrauch machen und deswegen ihre Erwerbstätigkeit aufgeben.

[2]Bei Berufssoldaten gilt als Zeitpunkt des Ausscheidens der Monat, in dem die allgemeine Altersgrenze nach § 45 Absatz 1 des Soldatengesetzes erreicht wird. [3]Satz 1 Nummer 2 und 3 gilt nicht, wenn die Beschädigten glaubhaft machen, dass sie ohne die Schädigung noch erwerbstätig wären.

(2) Bei der Feststellung des Berufsschadensausgleichs nach § 30 Absatz 6 des Bundesversorgungsgesetzes ist von dem sich aus Absatz 1 ergebenden Zeitpunkt an der Betrag nach § 30 Absatz 7 Satz 2 des Bundesversorgungsgesetzes das Vergleichs- oder das Durchschnittseinkommen.

§ 8 Derzeitiges Bruttoeinkommen

(1) [1]Als derzeitiges Bruttoeinkommen gelten, soweit in § 30 Absatz 11 Satz 1 und § 64c Absatz 2 Satz 2 und 3 des Bundesversorgungsgesetzes sowie in § 9 nichts anderes bestimmt ist,

1. alle Einnahmen in Geld oder Geldeswert aus einer früheren oder gegenwärtigen unselbstständigen Tätigkeit und
2. der Wert der eigenen Arbeitsleistung in einer gegenwärtigen selbstständigen Tätigkeit und Einnahmen aus einer früheren selbstständigen Tätigkeit.

[2]Als Wert der eigenen Arbeitsleistung ist das Grundgehalt der Stufe 8 der Besoldungsgruppe der Bundesbesoldungsordnung A zu berücksichtigen, das Beamten des Bundes in vergleichbarer Stellung zu zahlen wäre. [3]Die Bewertung von Einkünften, die nicht in Geld bestehen (Wohnung, Verpflegung, Heizung und sonstige Sachbezüge), richtet sich nach der Ausgleichsrentenverordnung.

(2) Zu den Einnahmen aus früherer unselbstständiger oder selbstständiger Tätigkeit gehören insbesondere

1. Wartegelder, Ruhegelder und andere Bezüge und Vorteile aus früheren Dienstleistungen,
2. Renten aus den gesetzlichen Rentenversicherungen mit Ausnahme der auf Kindererziehungszeiten beruhenden Rentenanteile sowie mit Ausnahme des Rentenanteils, der auf freiwilligen Beiträgen beruht, die Beschädigte nicht – auch nicht mittelbar – aus Einkünften aus einer Erwerbstätigkeit entrichtet haben,
3. Einnahmen aus Vermögen, das Beschädigte mit Einkünften aus einer Erwerbstätigkeit geschaffen haben, um sich nach dem Ausscheiden aus dem Erwerbsleben den Lebensunterhalt zu sichern,
4. laufende Leistungen aus einer berufsständischen Versorgungseinrichtung,

5. die Altersrente, die Rente wegen Erwerbsminderung und die Landabgaberente nach dem Gesetz über die Alterssicherung der Landwirte,
6. Renten aus der gesetzlichen Unfallversicherung und Renten auf Grund von Schadensersatzansprüchen wegen entgangenen Arbeitsverdienstes,
7. Renten nach dem Bundesentschädigungsgesetz wegen eines Schadens im beruflichen und wirtschaftlichen Fortkommen und
8. wiederkehrende Leistungen auf Grund des Gesetzes zur Regelung der Wiedergutmachung nationalsozialistischen Unrechts für Angehörige des öffentlichen Dienstes.

(3) [1]Einkommen aus früherer Tätigkeit, das infolge eines Versorgungsausgleichs in seiner Höhe verändert ist, ist stets mit dem Betrag anzurechnen, der sich ohne den Versorgungsausgleich ergäbe. [2]Satz 1 gilt entsprechend, wenn das Einkommen aus früherer Tätigkeit infolge des Hinzutretens eines Anspruchs auf Hinterbliebenenversorgung in seiner Höhe verändert ist.

(4) [1]Zu den Einnahmen aus gegenwärtiger Erwerbstätigkeit gehören auch Arbeitslosengeld, Teilarbeitslosengeld, Kurzarbeitergeld, Übergangsgeld und nicht darlehensweise gezahltes Unterhaltsgeld nach dem Dritten Buch Sozialgesetzbuch sowie Elterngeld im Sinne des Bundeselterngeld- und Elternzeitgesetzes in Höhe des jeweils gezahlten Betrags, der den jeweils maßgeblichen Betrag nach § 10 des Bundeselterngeld- und Elternzeitgesetzes übersteigt. [2]Bei Versorgungskrankengeld, Krankengeld und Verletztengeld gilt, sofern diese Leistungen nicht nach einem zuvor bezogenen Arbeitslosengeld, Teilarbeitslosengeld oder Unterhaltsgeld nach dem Dritten Buch Sozialgesetzbuch bemessen sind, als derzeitiges Bruttoeinkommen im Sinne des Absatzes 1 das Bruttoeinkommen, das der Berechnung dieser Leistungen zugrunde liegt, gegebenenfalls vom Zeitpunkt einer Anpassung der Leistung an erhöht um den Vomhundertsatz, um den der Bemessungsbetrag zuletzt gemäß § 56 Absatz 1 Satz 2 des Bundesversorgungsgesetzes erhöht worden ist. [3]Bei Konkursausfallgeld (Insolvenzgeld) nach dem Dritten Buch Sozialgesetzbuch gilt als Einkommen aus gegenwärtiger Erwerbstätigkeit das Bruttoeinkommen, das der Berechnung dieser Leistung zugrunde liegt. [4]Bei gewerkschaftlichen Unterstützungsleistungen aus Anlass von Arbeitskämpfen gilt als derzeitiges Bruttoeinkommen das bis unmittelbar vor Beginn der Streikmaßnahme erzielte Einkommen aus gegenwärtiger Tätigkeit.

(5) Wird anstelle der Leistungen im Sinne der Absätze 1 und 2 eine Kapitalentschädigung gewährt, so gilt als derzeitiges Bruttoeinkommen ein Betrag in Höhe des der Kapitalentschädigung zugrunde gelegten Rentenbetrages.

(6) Wird wegen eines Nachschadens statt einer schädigungsbedingt gezahlten Rente wegen teilweiser Erwerbsminderung oder Berufsunfähigkeit eine Rente wegen voller Erwerbsminderung oder Erwerbsunfähigkeit gezahlt, ist weiterhin der Betrag als Einkommen anzusetzen, der als Rente wegen teilweiser Erwerbsminderung oder Berufsunfähigkeit zu zahlen wäre.

(7) [1]Haben Beschädigte ohne verständigen Grund über Einkünfte aus gegenwärtiger oder früherer Erwerbstätigkeit in einer Weise verfügt, dass dadurch ihr bei der Feststellung des Einkommensverlustes zu berücksichtigendes Einkommen gemindert wird, ohne dass ein Nachschaden im Sinne des § 30 Absatz 11 oder ein Fall des § 64c Absatz 2 Satz 2 oder 3 des Bundesversorgungsgesetzes vorliegt, ist bei der Feststellung des Einkommensverlustes der Betrag als Einkommen anzusetzen, den Beschädigte ohne die einkommensmindernde Verfügung erzielen könnten. [2]Dies gilt auch, wenn Beschädigte Ansprüche auf Leistungen der in den Absätzen 1 bis 5 genannten Art nicht geltend machen oder gemacht haben. [3]Nehmen Beschädigte eine gesetzliche oder vertragliche Möglichkeit des gleitenden Übergangs in den Ruhestand wahr und setzen deswegen ihre Arbeitszeit unter Verzicht auf Erwerbseinkommen herab, gilt der Betrag als derzeitiges Bruttoeinkommen, den Beschädigte ohne ihr einkommensminderndes Handeln erzielen könnten, es sei denn, sie machen glaubhaft, dass sie ohne die Schädigung noch in bisherigem Umfang erwerbstätig wären. [4]Sind Maßnahmen der beruflichen Rehabilitation mit Erfolg durchgeführt worden und nehmen Beschädigte den hiernach möglichen Einkommenserwerb ohne verständigen Grund nicht ausreichend wahr, so ist als Bruttoeinkommen aus gegenwärtiger oder früherer Tätigkeit ein Durchschnittseinkommen in entsprechender Anwendung des § 30 Absatz 11 des Bundesversorgungsgesetzes anzurechnen.

(8) [1]Bleibt das derzeitige Bruttoeinkommen, das Beschädigten, die mindestens ein Viertel der Zeit ihrer Berufstätigkeit selbstständig tätig gewesen sind, zur Verfügung steht, nach ihrem Ausscheiden aus dem Erwerbsleben erheblich hinter einem Betrag zurück, der in einem angemessenen Verhältnis zu dem nach Absatz 1 Satz 1 letzter Halbsatz zu berücksichtigenden Einkommen steht, ist der Fehlbetrag dem derzeitigen Bruttoeinkommen hinzuzurechnen. [2]Der Fehlbetrag ist wie folgt zu schätzen: Das Grundgehalt der Stufe 8 der Besoldungsgruppe der Bundesbesoldungsordnung A, das einem nichtbeschädigten Beamten des Bundes in vergleichbarer Stellung zu zahlen wäre, ist um den Anteil zu mindern, um den im Durchschnitt des Erwerbslebens die gesundheitliche Fähigkeit der Beschädigten, ihre Berufstätigkeit auszuüben, eingeschränkt war. [3]Für jedes Jahr der Erwerbstätigkeit sind 1,67 vom Hundert dieses Ergebnisses, bezogen auf das aktuelle Einkommen, als Vergleichswert anzusetzen.

[4]Erreicht das derzeitige Bruttoeinkommen nicht drei Viertel des Vergleichswertes, ist dieser Betrag das derzeitige Bruttoeinkommen. [5]Der Betrag ist in entsprechender Anwendung des § 30 Absatz 10 Satz 4 des Bundesversorgungsgesetzes zu verändern. [6]Die Sätze 1 bis 5 gelten nicht, wenn der Berufsschadensausgleich für den Monat Juni 1990 bereits unter Anrechnung des tatsächlich erzielten derzeitigen Bruttoeinkommens festgestellt war.

§ 9 Nicht zu berücksichtigende Einkünfte

(1) [1]Zum derzeitigen Bruttoeinkommen im Sinne des § 30 Absatz 4 Satz 1 des Bundesversorgungsgesetzes gehören nicht die in § 2 Absatz 1 der Ausgleichsrentenverordnung genannten Einkünfte; abweichend hiervon bleiben sowohl die in Nummer 17 genannten Weihnachts- und Neujahrsgratifikationen, soweit sie als solche ausgewiesen sind, als auch zusätzlich zum Arbeitsentgelt gezahltes Urlaubsgeld jeweils bis zu einem Zwölftel des jährlichen Einkommens, mit dem diese Leistungen im Zusammenhang stehen, oder, falls dies günstiger ist, bis zur Höhe des Betrags, der dem Einkommen für den Monat der Berechnung der Leistung entspricht, unberücksichtigt. [2]Einkommen, die zur Kürzung des Versorgungskranken-, Kranken- oder Verletztengelds führen, bleiben mit dem der Anrechnung zugrunde liegenden Bruttobetrag unberücksichtigt.

(2) [1]Bei Anwendung des § 30 Absatz 11 des Bundesversorgungsgesetzes bleiben Einnahmen unberücksichtigt, die an die Stelle des vor Eintritt des Nachschadens erzielten Erwerbseinkommens treten, soweit sie allein oder zusammen mit Einnahmen aus gegenwärtiger Tätigkeit den Betrag des zu berücksichtigenden Durchschnittseinkommens nicht übersteigen. [2]Bei der Feststellung des Berufsschadensausgleichs nach § 30 Absatz 6 des Bundesversorgungsgesetzes gilt Satz 1 mit der Maßgabe, dass der Nettobetrag des derzeitigen Einkommens insgesamt mit dem Nettobetrag des Durchschnittseinkommens zu vergleichen ist.

Abschnitt 2 Schadensausgleich für Witwen, Witwer sowie hinterbliebene Lebenspartnerinnen und Lebenspartner

§ 10 Vergleichseinkommen

(1) [1]Für die Ermittlung des in § 40a Absatz 2 des Bundesversorgungsgesetzes bezeichneten Vergleichseinkommens sind die §§ 2 bis 5 und 7 Absatz 1 Satz 1 Nummer 1 entsprechend anzuwenden. [2]§ 7 ist jedoch nur insoweit anzuwenden, als hierdurch keine Minderung der Versorgungsbezüge eintritt, die der Witwe, dem Witwer sowie der hinterbliebenen Lebenspartnerin oder dem hinterbliebenen Lebenspartner vor der Kürzung des Vergleichseinkommens zustanden; Einkommenserhöhungen sind nur dann zu berücksichtigen, wenn die sich aus dem Bruttoeinkommen nach der Verordnung über das anzurechnende Einkommen nach dem Bundesversorgungsgesetz ergebende Stufenzahl um mindestens sechs Stufen über der liegt, die sich für das im Monat vor Anwendung des § 7 berücksichtigte Bruttoeinkommen errechnet.

(2) Für die Ermittlung des in § 40a Absatz 4 des Bundesversorgungsgesetzes bezeichneten Vergleichseinkommens sind die §§ 2 bis 5 entsprechend anzuwenden.

§ 11 Bruttoeinkommen

[1]Für die Ermittlung des Bruttoeinkommens im Sinne des § 40a Absatz 2 des Bundesversorgungsgesetzes gilt § 14 der Ausgleichsrentenverordnung entsprechend; abweichend hiervon bleiben sowohl die in § 2 Absatz 1 Nummer 17 dieser Verordnung genannten Weihnachts- und Neujahrsgratifikationen, soweit sie als solche ausgewiesen sind, als auch zusätzlich zum Arbeitsentgelt gezahltes Urlaubsgeld jeweils bis zu einem Zwölftel des jährlichen Einkommens, mit dem diese Leistungen im Zusammenhang stehen, oder, falls dies günstiger ist, bis zur Höhe des Betrags, der dem Einkommen für den Monat der Berechnung der Leistung entspricht, unberücksichtigt. [2]Bei Einkünften aus nichtselbstständiger Arbeit sind Werbungskosten nicht abzusetzen.

Abschnitt 3 Gemeinsame Vorschriften

§ 12 Rundungsvorschrift

Sind der Berechnung des Berufsschadens- oder Schadensausgleichs Teile des Vergleichs- oder Durchschnittseinkommens zugrunde zu legen, ist der Endbetrag von 0,50 Euro an aufzurunden, sonst abzurunden.

§ 13 Inkrafttreten, Außerkrafttreten

[1]Diese Verordnung tritt am 1. Juli 2011 in Kraft. [2]Gleichzeitig tritt die Berufsschadensausgleichsverordnung in der Fassung der Bekanntmachung vom 29. Juni 1984 (BGBl. I S. 861), die zuletzt durch Artikel 17 des Gesetzes vom 13. Dezember 2007 (BGBl. I S. 2904) geändert worden ist, außer Kraft.

Kapitel 11 Besondere Leistungen im Einzelfall

§ 92 Anspruch und Umfang

(1) Geschädigte erhalten Besondere Leistungen im Einzelfall, soweit und solange sie nicht oder nicht ausreichend in der Lage sind, den jeweiligen Bedarf aus ihrem Einkommen und Vermögen zu decken, und dieses Unvermögen durch die Schädigungsfolgen entstanden ist.

(2) Für den Einsatz von Einkommen und Vermögen gilt Kapitel 16.

(3) [1]Ein Zusammenhang zwischen den Schädigungsfolgen und dem Unvermögen, den jeweils anzuerkennenden Bedarf aus dem eigenen Einkommen und Vermögen zu decken, wird vermutet, sofern nicht das Gegenteil offenkundig oder nachgewiesen ist. [2]Der Zusammenhang ist stets anzunehmen bei minderjährigen Geschädigten sowie Geschädigten, die Entschädigungszahlungen bei einem Grad der Schädigungsfolgen von 100 und einen Berufsschadensausgleich nach Kapitel 10 oder die Leistungen bei Pflegebedürftigkeit nach Kapitel 7 erhalten.

(4) Besondere Leistungen im Einzelfall sind:

1. Leistungen zum Lebensunterhalt nach § 93,
2. die Leistung zur Förderung einer Ausbildung nach § 94,
3. Leistungen zur Weiterführung des Haushalts nach § 95 sowie
4. Leistungen in sonstigen Lebenslagen nach § 96.

(5) Besondere Leistungen im Einzelfall können als Darlehen erbracht werden, wenn dies unter Berücksichtigung der Ziele der Sozialen Entschädigung nach den Umständen des Einzelfalls zur Deckung des festgestellten Bedarfs geboten erscheint und die Voraussetzungen für eine Beihilfe nicht oder nicht in voller Höhe vorliegen.

(6) [1]Hinterbliebene erhalten Leistungen nach Absatz 4 Nummer 1 und 2, soweit und solange sie nicht oder nicht ausreichend in der Lage sind, den jeweiligen Bedarf aus ihrem Einkommen und Vermögen zu decken, und dieses Unvermögen durch den Tod der oder des Geschädigten entstanden ist. [2]Ein Zusammenhang zwischen dem Tod der oder des Geschädigten und diesem Unvermögen wird vermutet, sofern nicht das Gegenteil offenkundig oder nachgewiesen ist. [3]Der Zusammenhang ist stets anzunehmen bei Hinterbliebenen, die voll erwerbsgemindert im Sinne des Sechsten Buches sind.

A. Gesetzesgeschichte

I. Die fürsorgerischen Leistungen der Sozialen Entschädigung

1 **1. Allgemeines.** Die Besonderen Leistungen im Einzelfall (BLiE) sind die Nachfolgeregelungen zu den Leistungen der **Kriegsopferfürsorge** – KOF (§§ 25 bis 27l BVG). Sie werden im Kapitel 11 des SGB XIV neu strukturiert und ergänzen die übrigen Leistungen des SGB XIV. Sie setzen als fürsorgerische Leistungen finanzielle Hilfebedürftigkeit voraus, soweit der Bedarf nicht ausschließlich schädigungsbedingt ist. Die fürsorgerischen Leistungen sind ein **Teilbereich** des Sozialen Entschädigungsrechts (§ 5 SGB I, § 24 Abs. 1 Nr. 2 SGB I idF bis 31.12.2023 (aF) bzw. § 24 Abs. 1 Nr. 8 SGB XIV idF ab 1.1.2024 (nF)).[1]

Im BVG werden die fürsorgerischen Leistungen im Hinblick auf die weitaus größte Gruppe der Leistungsberechtigten – die Kriegsopfer – als Kriegsopferfürsorge bezeichnet. In § 24 Abs. 1 Nr. 2 SGB I aF findet sich für die fürsorgerischen Leistungen der Terminus „besondere Hilfen im Einzelfall einschließlich Leistungen zur Teilhabe am Arbeitsleben". § 24 Abs. 1 Nr. 8 SGB I nF und Kapitel 11 des SGB XIV greifen die Formulierung in § 24 Abs. 1 Nr. 2 SGB I aF (teilweise) auf und bezeichnen die fürsorgerischen Leistungen als **Besondere Leistungen im Einzelfall**. Die Leistungen zur Teilhabe am Arbeitsleben (§ 26 BVG) sind im SGB XIV nicht mehr Bestandteil der fürsorgerischen Leistungen, sondern wurden aus dem Fürsorgesystem herausgelöst und haben Eingang in Kapitel 6 – Leistungen zur Teilhabe – gefunden.

Die Leistungen der Kriegsopferfürsorge zählen gem. § 9 Nr. 2 BVG zu den Versorgungsleistungen, auch wenn sie im Übrigen andere Wesensmerkmale aufweisen.[2] Die BLiE sind gem. § 3 Nr. 8 SGB XIV Bestandteil der Leistungen der Sozialen Entschädigung. Die Unterscheidung zwischen Versorgung und Fürsorge im BVG mit Auswirkungen auf die Zuständigkeit (§ 24 Abs. 2 SGB I aF)[3] gibt es im SBG XIV nicht mehr.[4]

Die Regelungen des Kapitels 11 zu den BLiE **treten zum 1.1.2024 in Kraft.**[5]

2 **2. Grundsätze der fürsorgerischen Leistungen der Sozialen Entschädigung.** Die wesentlichen Grundsätze des Kriegsopferfürsorgerechts im BVG gelten auch für die BLiE des SGB XIV weiter.

a) Mit den fürsorgerischen Leistungen werden die Leistungen der Sozialen Entschädigung ergänzt, sofern die Leistungsberechtigten nicht in der Lage sind, die betreffenden Bedarfe aus ihrem Einkommen und Vermögen zu decken. Die fürsorgerischen Leistungen sind ein **bedarfsorientiertes,** gegenüber den eigenen Mitteln der Leistungsberechtigten **nachrangiges Sozialleistungssystem** und gehören damit zu den sozialen Hilfssys-

---

1 § 24 SGB I neugefasst durch Art. 28 Nr. 3 G. v. 12.12.2019, BGBl. 2019 I 2652.
2 HK-SozEntschR/Grube vor BVG §§ 25 ff. Rn. 1.
3 Danach sind für die besonderen Hilfen im Einzelfall die Kreise und kreisfreien Städte sowie die Hauptfürsorgestellen zuständig. Für die übrigen Versorgungsleistungen sind die Versorgungsämter, die Landesversorgungsämter und die orthopädischen Versorgungsstellen zuständig.
4 Gem. § 24 Abs. 2 S. 1 SGB I nF sind die nach Bundesrecht oder Landesrecht bestimmten Träger der Sozialen Entschädigung zuständig.
5 Art. 60 Abs. 7 G. v. 12.12.2019, BGBl. 2019 I 2652.

temen.[6] Auch wenn die fürsorgerischen Leistungen und die Sozialhilfe wegen der teilweise parallelen Leistungssystematik und der Verweisungen auf das SGB XII vielfache Berührungspunkte haben, bestehen doch erhebliche Unterschiede zwischen beiden Sozialleistungssystemen.[7] So setzt der Zugang zu den fürsorgerischen Leistungen des Sozialen Entschädigungsrechts im Gegensatz zur Sozialhilfe nicht nur Hilfebedürftigkeit voraus, sondern die Leistungsberechtigten müssen Geschädigte[8] oder Hinterbliebene im Sinne des Rechts der Sozialen Entschädigung sein. Der jeweilige **Bedarf** muss zudem **schädigungsbedingt** sein.[9]

b) Darüber hinaus muss ein Zusammenhang zwischen der Schädigung und der finanziellen Notlage bestehen. Das heißt das Unvermögen, den jeweiligen Bedarf aus dem Einkommen und Vermögen zu decken, muss durch die Schädigungsfolgen entstanden sein. Hinsichtlich der leistungsberechtigten Hinterbliebenen muss die Ursächlichkeit der finanziellen Notlage in dem Verlust eines Angehörigen bestehen. Diese sog. **wirtschaftliche Kausalität** ist im BVG in § 25a Abs. 1 geregelt und findet sich in § 92 Abs. 1 SGB XIV wieder. 3

c) Die fürsorgerischen Leistungen sind im Einzelfall unter Berücksichtigung der besonderen Situation der Anspruchsberechtigten der entschädigungsrechtlichen Zielsetzung entsprechend auszugestalten. Die Vorgabe, die Leistungen den individuellen Erfordernissen des Einzelfalls anzupassen, folgt dem **Individualisierungsgrundsatz.** Unter dem Aspekt der Individualisierung des Bedarfs (§ 25b Abs. 5 BVG) ist zu berücksichtigen, dass bei der Leistungsgewährung ein besonderes Wohlwollen angezeigt ist.[10] In der KOF gilt seit jeher ein besonderer **Begünstigungsgrundsatz,** der in mehreren Vorschriften (§§ 25b Abs. 5, 25c Abs. 3, 27a, 27d Abs. 3 BVG) so ausgedrückt ist, dass „die besondere Lage des Beschädigten zu berücksichtigen“ ist. Das BVerwG[11] hat dazu ausgeführt, dass der **Individualisierungsgrundsatz** im Rahmen der KOF besondere Beachtung habe. Die besonderen Verhältnisse des Einzelfalls seien – anders als bei der allgemeinen Fürsorge – nicht gleichsam Ausnahmetatbestand, sondern Ausgangspunkt der zu gewährenden Hilfe. Die besondere Lage der Beschädigten werde vielfach gerade durch Schwierigkeiten in der seelischen Verarbeitung der Beschädigung und ihrer Folgen gekennzeichnet. Dies erfordere es, bereits im Ausgangspunkt die besondere Lage des Beschädigten bei der Hilfegewährung durchschlagen zu lassen. Im SGB XIV gilt nichts Anderes. Dort ist der Individualisierungsgrundsatz explizit in § 98 SGB XIV geregelt.[12] Die besondere Berücksichtigung der **Lage der Beschädigten** wirkt sich nicht nur bei dem Umfang der Leistungstatbestände aus, der über das hinausgeht, was im Sozialhilferecht gilt. Vor allem ist der Nachrang der Leistungen gegenüber eigenem Einkommen und Vermögen in vielen Fällen abgeschwächt oder sogar ganz aufgehoben (→ § 105 Rn. 2). 4

6 HK-SozEntschR/Grube vor BVG §§ 25 ff. Rn. 3.
7 Empfehlungen zur Kriegsopferfürsorge, Stand 1.1.2020, Abschnitt 1.3, Unterabschnitt 1.3.3, S. 12.
8 Während im BVG von „Beschädigten“ gesprochen wird, ist der Terminus im SGB XIV in „Geschädigte“ geändert worden.
9 § 25 SGB XIV statuiert für sämtliche Leistungen der Sozialen Entschädigung, dass sie für schädigungsbedingte Bedarfe erbracht werden.
10 HK-SozEntschR/Grube vor BVG §§ 25 ff. Rn. 5.
11 BVerwG Urt. v. 13.1.1965 – V C 23/64, BVerwGE 20, 141 und BVerwG Urt. v. 27.8.1969 – V C 100/68, BVerwGE 32, 362. Aus § 25 Abs. 2 BVG hat das Bundesverwaltungsgericht eine „Wohlwollensklausel“ hergeleitet (BVerwG Urt. v. 29.9.1994 – 5 C 41/92, FEVS 45, 269).
12 Siehe auch § 93 Abs. 1 S. 2 SGB XIV, der die Berücksichtigung der besonderen Lage der Geschädigten und Hinterbliebenen bei der Gewährung der Leistungen zum Lebensunterhalt anordnet.

5 d) Eine weitere Besonderheit der fürsorgerischen Leistungen gegenüber der Sozialhilfe ist das den Anspruchsberechtigten eingeräumte **Wunsch- und Wahlrecht** bei der Gestaltung bzw. der Ausführung der Leistungen (§ 25b Abs. 5 S. 3 BVG, § 97 SGB XIV). Bei der Prüfung, ob die Wünsche angemessen bzw. berechtigt sind, sind die individuellen persönlichen Belange der Leistungsberechtigten und die wirtschaftliche Verwendung öffentlicher Mittel abzuwägen.[13]

6 e) Die fürsorgerischen Leistungen sind **von Amts wegen zu erbringen**. Für das BVG ergibt sich dies aus § 54 Abs. 2 S. 1 der Verordnung zur Kriegsopferfürsorge (KFürsV, abgedruckt → § 109 Rn. 11)[14] und für das SGB XIV aus § 10 Abs. 2, der als Ausnahme aber ausdrücklich die Leistung zur Förderung einer Ausbildung nach § 94 SGB XIV nennt.

II. Die wichtigsten Änderungen zwischen dem Recht der KOF des BVG und den BLiE des SGB XIV im Überblick

7 Anders als nach dem Recht des BVG (vgl. § 25 Abs. 3 S. 1 Nr. 1 BVG) sind die BLiE nicht von dem Bezug von Entschädigungszahlungen, also vom Vorliegen eines GdS von mindestens 30 vH, oder einem Anspruch auf Heilbehandlung abhängig. Nach der Gesetzesbegründung reicht es aus, dass ein **Grundbescheid** besteht, der die Schädigungsfolge und ggf. deren Grad feststellt.[15]

8 Der **Kreis der Berechtigten** für die fürsorgerischen Leistungen der Sozialen Entschädigung ist im SGB XIV auf die Geschädigten beschränkt mit Ausnahme der Leistungen zum Lebensunterhalt, die nach § 93 Abs. 1 S. 2 SGB XIV begrenzt auf 5 Jahre auch Hinterbliebenen zustehen, und der Leistung zur Förderung einer Ausbildung nach § 94 SGB XIV, die auch Waisen in Anspruch nehmen können. Es besteht mithin kein § 25 Abs. 3 S. 1 Nr. 2 BVG entsprechender umfassender Anspruch von Hinterbliebenen auf alle fürsorgerischen Leistungen. Den vom Beschädigten abgeleiteten Anspruch auf Leistungen der KOF für **Familienmitglieder** (§ 25 Abs. 4 BVG) gibt es im neuen Recht ebenso nicht mehr (→ § 93 Rn. 4).

9 Die **Anzahl der fürsorgerischen Leistungen der Sozialen Entschädigung** sind im SGB XIV erheblich reduziert worden. Weggefallen sind die Krankenhilfe (§ 26b BVG), die Hilfe zur Pflege (§ 26c BVG), die Altenhilfe (§ 26e BVG), die Erziehungsbeihilfe (§ 27 BVG), die Erholungshilfe (§ 27b BVG) und die Wohnungshilfe (§ 27c BVG). Teilweise gehen die Leistungen in anderen Leistungen des SGB XIV auf (→ Rn. 14 ff.).

10 Die **wirtschaftliche Kausalität**, also das Erfordernis, dass die Hilfebedürftigkeit auf den festgestellten Schädigungsfolgen beruht (→ Rn. 3, 28 ff.) ist und bleibt Voraussetzung für den Anspruch auf fürsorgerische Leistungen der Sozialen Entschädigung. Eine wichtige Neuregelung stellt die **Vermutungsregelung für minderjährige Geschädigte** dar, nach der bei ihnen die wirtschaftliche Kausalität stets vorliegt (§ 92 Abs. 3 S. 2 SGB XIV).

11 Streitigkeiten aus dem Bereich der KOF des BVG fallen in die Zuständigkeit der **Verwaltungsgerichte,** da § 51 Abs. 1 Nr. 6 SGG idF bis 31.12.2023 die Angelegenheiten des Sozialen Entschädigungsrechts mit Ausnahme der Streitigkeiten aus dem Bereich der Kriegsopferfürsorge den **Sozialgerichten** zuschreibt. Diese Beibehaltung der **unterschiedlichen Rechtswegzuweisung** für die fürsorgerischen Leistungen einerseits und die

---

13 Siehe hierzu ausführlich Empfehlungen zur Kriegsopferfürsorge, Stand 1.1.2020, Abschnitt 5.5, Teilabschnitt 5.5.1, S. 17.

14 KFürsV v. 16.1.1979 (BGBl. 1979 I 80), zuletzt geändert durch Art. 9 G. v. 30.11.2019 (BGBl. 2019 I 1948). Die Verordnungsermächtigung findet sich in § 27f BVG. Die KFürsV wird aufgehoben durch Art. 58 Nr. 5 G. v. 12.12.2019, BGBl. 2019 I 2652 mWv 1.1.2024.

15 Vgl. BT-Drs. 19/13824, 209.

übrigen Versorgungsleistungen andererseits auch nach der umfassenden Reform des Fürsorgerechts durch Erlass des SGB II und des SGB XII zum 1.1.2005 ist auf Kritik gestoßen.[16] Sie wird nun mit der Neufassung von § 51 Abs. 1 Nr. 6 SGG[17] mit Wirkung ab 1.1.2024 beseitigt und sämtliche Angelegenheiten des Sozialen Entschädigungsrechts den Sozialgerichten zugewiesen. Das ist eine konsequente Umsetzung der Aufgabe der Unterscheidung zwischen Fürsorge und Versorgung und ist unter dem Gesichtspunkt einer einheitlichen Behandlung aller Fälle der Sozialen Entschädigung zu begrüßen.

B. Normsystematik

I. Allgemeiner Regelungsgehalt

Die Vorschrift befasst sich mit dem Kreis der Leistungsberechtigten (Beschädigte und Hinterbliebene, Abs. 1 und 6), den allgemeinen Leistungsvoraussetzungen der wirtschaftlichen Bedürftigkeit (Abs. 1 und 2) und der wirtschaftlichen Kausalität (Abs. 1 und 3). Sie enthält darüber hinaus den Einzelleistungskatalog (Abs. 4) und in Abs. 5 die Option der Leistungsgewährung als Darlehen. Im BVG sind diese Regelungsbereiche auf drei Vorschriften verteilt (§§ 25 bis 25b BVG). 12

II. Systematische Einordnung

1. Allgemeines. Die BLiE ergänzen die übrigen Leistungen des SGB XIV. Sie sind in einem eigenen Kapitel geregelt und die einzigen einkommens- und vermögensabhängigen Leistungen des SGB XIV. Im Verhältnis zu den fürsorgerischen Leistungen des BVG sind sie neu strukturiert und abgebildet worden. Dies war notwendig, da es sich bei den Regelungen der §§ 25–27l BVG um ein **hochkomplexes, verschachteltes Recht** handelt, das insbesondere im Zusammenspiel mit der KFürsV[18] noch unübersichtlicher wird und für die Verwaltung in der Umsetzung schwer durchführbar ist. Letzteres ist auch der sehr weitreichenden Verordnungsermächtigung des § 27f BVG geschuldet, mit der die Bundesregierung ermächtigt wird, Art, Ausmaß und Dauer der Leistungen der KOF sowie das Verfahren zu bestimmen. Im SGB XIV hat der Gesetzgeber auf eine Verordnungsermächtigung im Kapitel 11 ganz verzichtet und im Kapitel 16, in dem der Einsatz von Einkommen und Vermögen für die BLiE geregelt ist, nur eine klar eingegrenzte Verordnungsermächtigung geschaffen (→ § 109 Rn. 2 ff.). Mit der **Neukonzeption** und **Neuausrichtung** der fürsorgerischen Leistungen der Sozialen Entschädigung erfüllt der Gesetzgeber den von ihm selbst formulierten Anspruch[19], das neue Recht **strukturiert, übersichtlich und anwenderfreundlich** zu gestalten. Klare Formulierungen und ein transparenter Leistungskatalog erleichtern die Inanspruchnahme von Leistungen der Sozialen Entschädigung.[20] 13

Auch der **Leistungskatalog** ist Ausdruck der Weiterentwicklung des Rechts der Sozialen Entschädigung und seine Anpassung an veränderte gesellschaftliche Entwicklungen und Erkenntnisse.[21] Insbesondere die Leistungen der KOF des BVG sind an den Bedürfnissen der Kriegsbeschädigten, ihrer Angehörigen und Hinterbliebenen 14

---

16 Vgl. HK-SozEntschR/Grube BVG Vor § 25 Rn. 9; Meyer-Ladewig/Keller/Leitherer/Schmidt/Keller, 13. Aufl. 2020, SGG § 51 Rn. 10.
17 § 51 Abs. 1 Nr. 6 SGG neugefasst durch Art. 28 Nr. 3 G. v. 12.12.2019, BGBl. 2019 I 2652.
18 KFürsV v. 16.1.1979 (BGBl. 1979 I 80), zuletzt geändert durch Art. 9 G. v. 30.11.2019 (BGBl. 2019 I 1948). Die Verordnungsermächtigung findet sich in § 27f. BVG. Die KFürsV wird aufgehoben durch Art. 58 Nr. 5 G. v. 12.12.2019, BGBl. 2019 I 2652 mWv 1.1.2024.
19 Vgl. hierzu: BT-Drs. 19/13824, 2.
20 BT-Drs. 19/13824, 152.
21 BT-Drs. 19/13824, 147.

ausgerichtet und gehen auf eine Zeit zurück, in der die Sozialversicherungs- und Sozialleistungssysteme viele Bedarfe nicht oder nur unzureichend abdeckten.[22] Das BVG beruhte auf dem Grundgedanken, dass die Kriegsbeschädigten und deren Familienmitglieder aufgrund der Schädigung in eine Versorgungslücke fielen, weil die Kriegsbeschädigten aufgrund ihrer gesundheitlichen Schädigung wirtschaftliche Folgen erlitten hatten und dadurch ihren Unterhaltspflichten gegenüber den Familienmitgliedern nicht nachkommen konnten. Die damit im Blick des Gesetzgebers stehenden Versorgungs- bzw. Sicherungslücken sind längst überholt, sie werden von den weiterentwickelten Sozialversicherungs- und Sozialleistungssystemen aufgefangen.

15 **2. Weggefallene und neu verortete Leistungen.** Der Leistungskatalog hat sich auch durch die gegenüber dem BVG geänderte Struktur des SGB XIV reduziert. Während § 25b BVG als Leistungen der Kriegsopferfürsorge noch vorsieht:

1. Leistungen zur Teilhabe am Arbeitsleben und ergänzende Leistungen (§§ 26 und 26a BVG),
2. Krankenhilfe (§ 26b BVG),
3. Hilfe zur Pflege (§ 26c BVG),
4. Hilfe zur Weiterführung des Haushalts (§ 26d BVG),
5. Altenhilfe (§ 26e BVG),
6. Erziehungsbeihilfe (§ 27 BVG),
7. ergänzende Hilfe zum Lebensunterhalt (§ 27a BVG),
8. Erholungshilfe (§ 27b BVG),
9. Wohnungshilfe (§ 27c BVG) und
10. Hilfen in besonderen Lebenslagen (§ 27d BVG),

sind in § 92 Abs. 4 SGB XIV nur noch vier Leistungstypen der BLiE aufgeführt. Es sind die Leistungen

1. zum Lebensunterhalt (§ 93 SGB XIV),
2. zur Förderung einer Ausbildung (§ 94 SGB XIV),
3. zur Weiterführung des Haushalts (§ 95 SGB XIV) und
4. in sonstigen Lebenslagen (§ 96 SGB XIV).

16 **Die Leistungen zur Teilhabe am Arbeitsleben und die ergänzenden Leistungen** (§§ 26 und 26a BVG) sind im SGB XIV nicht mehr Bestandteil der fürsorgerischen Leistungen; sie wurden aus dem Fürsorgesystem herausgelöst und haben Eingang in Kapitel 6 – Leistungen zur Teilhabe – gefunden. Durch die Regelung in einem eigenen Kapitel wird der Teilhabegedanke deutlich gestärkt und die Leistungen zur Teilhabe von den einkommensabhängigen fürsorgerischen Leistungen entkoppelt.

17 **Krankenhilfe** für Geschädigte und Hinterbliebene (§ 26b BVG) sowie Familienmitglieder (§ 26b iVm § 25 Abs. 4 BVG) ist als fürsorgerische Leistung der Sozialen Entschädigung im SGB XIV nicht mehr vorgesehen. Dies ist vor dem Hintergrund der Leistungen der Krankenbehandlung in Kapitel 5, insbesondere den ergänzenden Leistungen der Krankenbehandlung (§ 43 SGB XIV), nachvollziehbar. Gleiches gilt für die weggefallene **Hilfe zur Pflege** (§ 26c BVG) **für Geschädigte,** die wegen Kapitel 7 nicht mehr erforderlich ist. Nach § 74 SGB XIV werden Leistungen bei Pflegebedürftigkeit auf der Grundlage des SGB XI erbracht und bei – schädigungsbedingtem – weiteren Bedarf gem. § 75 SGB XIV bedarfsgerecht aufgestockt. **Hilfe zur Pflege für Hinterbliebene** (§ 26c BVG) **und Familienmitglieder** (§ 26c iVm § 25 Abs. 4 BVG) lässt sich mit dem Grundsatz des SGB XIV, dass nur schädigungsbedingte Bedarfe gedeckt werden sollen, nicht vereinbaren, weshalb auch diese Leistung – ebenso wie die Krankenhilfe für diesen Personenkreis – gestrichen wurde. Angehörige und Hinterbliebene von Geschädigten erhalten bei Bedarf Leistungen nach dem SGB XI und ggf. ergänzend Hilfe zur Pflege nach dem Siebten Kapitel des SGB XII.

22 Vgl. auch Ausschuss-Drs. 19(11)503, S. Knickrehm.

Altenhilfe (§ 26e BVG) ist keine spezifische Leistung der Sozialen Entschädigung und daher systemfremd. Die Streichung dieser Leistung im SGB XIV ist konsequent. Bei Bedarf kann die entsprechende Hilfe nach § 71 SGB XII geleistet werden. Die **Erholungshilfe** (§ 27b BVG) ist eine besondere Leistung der KOF, bei der das Ziel, sich um den Beschädigten oder seine Hinterbliebenen besonders zu kümmern, deutlich zu Tage tritt.[23] Im Sozialhilferecht ist eine solche Leistung nicht bekannt. Mit Blick auf die geänderten gesellschaftlichen Rahmenbedingungen mit ausgebautem Freizeitangebot im Vergleich zu den Nachkriegsverhältnissen, der Tatsache, dass Erholung ein allgemeines Bedürfnis jedes Menschen ist und nicht zuletzt vor dem Hintergrund der im SGB XIV ganz erheblich erhöhten monatlichen Geldleistungen, ist der Wegfall der Erholungshilfe richtig. In Härtefallen könnte diese Leistung ggf. als Leistung in besonderen Lebenslagen nach § 96 SGB XIV gewährt werden. Auch die **Wohnungshilfe** (§ 27c BVG) hat keinen Eingang in das SGB XIV gefunden. Ein entsprechendes Regelungsbedürfnis lässt sich auch nicht mehr erkennen. Die Leistungen für Wohnraum sind Bestandteil der Leistungen zur Sozialen Teilhabe in Teil 2 Kapitel 6 SGB IX, auf die § 66 SGB XIV verweist und die – im Gegensatz zum BVG – nicht einkommens- und vermögensabhängig sind. Leistungen bei der Beschaffung und zur Erhaltung einer Wohnung, die den Bedürfnissen des alten Menschen entsprechen, können auch im Rahmen der Altenhilfe nach § 71 SGB XII erbracht werden. Sind schädigungsbedingt Maßnahmen zur Verbesserung des individuellen Wohnumfeldes erforderlich, kann der Bedarf über die Leistungen bei Pflegebedürftigkeit gedeckt werden (§§ 74, 75 Abs. 1 Nr. 3 SGB XIV). 18

Die **Erziehungsbeihilfe** (§ 27 BVG) ist eine Leistung, die nur Beschädigte für ihre Kinder oder Waisen von Beschädigten höchstens bis zur Vollendung des 27. Lebensjahres für die Bedarfe Erziehung, Ausbildung und Lebensunterhalt erhalten können. Dieser Leistungsumfang ist mit der Neuausrichtung des SGB XIV nicht mehr vereinbar, weshalb die Leistung nicht in das SGB XIV überführt worden sein dürfte. Geschädigte Kinder und Jugendliche erhalten unter den Voraussetzungen des § 65 SGB XIV Leistungen zur Teilhabe an Bildung. Späterer Ausbildungsbedarf wird unter den Voraussetzungen des § 63 SGB XIV mit den Leistungen zur Teilhabe am Arbeitsleben gedeckt, wobei der Lebensunterhalt mit den unterhaltssichernden und anderen ergänzenden Leistungen des § 64 SGB XIV sichergestellt wird. Waisen haben die Ansprüche der §§ 63 und 64 SGB XIV, wenn der Antrag innerhalb von fünf Jahren nach dem Tod des oder der Geschädigten gestellt wird (§ 63 Abs. 3 SGB XIV). Wird BAföG schädigungsbedingt in Anspruch genommen, gibt es die neue Leistung der Hilfe zur Förderung einer Ausbildung nach § 94 SGB XIV. Für die Hilfe zur Erziehung ist nun originär der Träger des SGB VIII zuständig (§ 27 SGB VIII), der hierfür die erforderliche Expertise besitzt. Insbesondere in stationären Unterbringungsfällen wird aber stets zu prüfen sein, ob es sich ggf. um eine Eingliederungshilfeleistung handelt, für die – bei schädigungsbedingter Erforderlichkeit – ein **Kostenerstattungsanspruch** des Jugendhilfeträgers gegen den Träger der Sozialen Entschädigung nach § 104 SGB X besteht. 19

Die **Hilfe zum Aufbau oder zur Sicherung der Lebensgrundlage** (§ 27d Abs. 1 Nr. 1 BVG) hat kaum praktische Bedeutung, da die Sicherung des Lebensunterhalts durch Einsatz der eigenen Arbeitskraft im SGB II und SGB III geregelt ist.[24] Sie wurde nicht in das SGB XIV übernommen. Grund hierfür dürfte sein, dass die Leistungen zur Teilhabe am Arbeitsleben Hilfen zur Gründung und Erhaltung einer selbstständigen Existenz einschließen. Ebenso wenig praktische Bedeutung haben die nicht in das SGB XIV überführten **Hilfen zur Gesundheit** (§ 27d Abs. 1 Nr. 2 BVG) wegen der Absicherung fast aller in Deutschland lebender Menschen durch eine Krankenversicherung. Die **Eingliederungshilfe für Menschen mit Behinderungen** (§ 27d Abs. 1 Nr. 3 20

23 HK-SozEntschR/Grube BVG § 27b Rn. 1.
24 Vgl. HK-SozEntschR/Grube BVG § 27d Rn. 2.

BVG) wird aus den fürsorgerischen Leistungen der Sozialen Entschädigung herausgelöst und in das Kapitel 6 (Leistungen zur Teilhabe) überführt. Der Vorteil für die Berechtigten ist, dass die Leistungen zur Teilhabe ohne den Einsatz von Einkommen und Vermögen erbracht werden. Im Gegensatz zu § 27d Abs. 1 Nr. 3 iVm § 25 Abs. 4 BVG werden die Teilhabeleistungen nur für Geschädigte und nicht für Hinterbliebene und Familienmitglieder erbracht mit der Ausnahme, dass Leistungen zur Teilhabe am Arbeitsleben befristet für fünf Jahre auch an Hinterbliebene erbracht werden (§ 63 Abs. 3 SGB XIV).

21 Die **Blindenhilfe** (§ 27d Abs. 1 Nr. 4 BVG) ist im SGB XIV ebenfalls aus den fürsorgerischen Leistungen entkoppelt worden. Für Geschädigte wird die Leistung bei Blindheit nach § 82 Abs. 2 SGB XIV erbracht, sofern die Blindheit schädigungsbedingt ist. Es handelt sich um eine einkommensunabhängige eigenständige Geldleistung der Sozialen Entschädigung. Für nicht schädigungsbedingt erblindete Geschädigte sowie für Hinterbliebene und Familienmitglieder von Geschädigten ist die Leistung bei Blindheit nicht mehr vorgesehen, für sie greift die Sozialhilfe (§ 72 SGB XII). Für die **Hilfe zur Überwindung besonderer sozialer Schwierigkeiten** (§ 27d Abs. 1 Nr. 5, Abs. 2 S. 2 BVG iVm dem Achten Kapitel des SGB XII) hat der Gesetzgeber offensichtlich kein Regelungsbedürfnis mehr gesehen. Mit Blick auf den in § 68 SGB XII geregelten Umfang der Leistungen sind die Leistungen im Wesentlichen in anderen Vorschriften abgebildet: in den Leistungen zur Teilhabe (§§ 62 ff. SGB XIV) und den Leistungen des Fallmanagements (§ 30 SGB XIV – Begleitung und Beratung). Gegebenenfalls können etwaige Lücken für Geschädigte in atypischen Bedarfslagen über die Leistungen in sonstigen Bedarfslagen (§ 96 SGB XIV) geschlossen werden.

22 **3. Besitzstand.** Die Leistungen der KOF sind keine rentengleichen **Dauerleistungen**, auch wenn etwa bei der Erziehungsbeihilfe Leistungen für einen längeren Zeitraum bewilligt werden.[25] Soweit sie im SGB XIV nicht mehr vorgesehen sind, sind sie im Kapitel 23 – Vorschriften zu Besitzständen – von § 145 SGB XIV erfasst. Danach können Berechtigte, die zum Zeitpunkt des Außerkrafttretens des BVG entsprechende KOF-Leistungen bezogen haben, diese Leistungen bis längstens zum 31.12.2033 weiterhin erhalten, es sei denn, dass die Leistungen auch nach den Kapiteln 1 bis 22 des SGB XIV erbracht werden können und diese für die Berechtigten mindestens gleichwertig sind. Allerdings dürften nicht alle weggefallenen Leistungen der KOF von § 145 SGB XIV erfasst sein, da eine unmittelbare „Weiterbewilligung" von zB Altenhilfe und Erholungshilfe zweifelhaft ist. Der Wegfall dieser Leistungen soll nach dem Willen des Gesetzgebers offensichtlich im Bestandsschutz mit dem Zuschlag von 25 Prozent gem. § 144 Abs. 1 S. 3 SGB XIV abgegolten werden.[26]

23 **4. Leistungserbringung im Ausland.** Die BLiE werden nur teilweise bzw. eingeschränkt ins Ausland erbracht. Gem. § 101 Abs. 8 SGB XIV können Leistungen zum Lebensunterhalt nach § 93 SGB XIV ins Ausland erbracht werden, soweit Berechtigte keine anderweitigen Leistungen für denselben Leistungszweck, insbesondere aus sozialen Sicherungs- und Fürsorgesystemen des Aufenthaltsstaates, erhalten. Die Leistung zur Förderung einer Ausbildung nach § 94 SGB XIV wird gem. § 101 Abs. 9 SGB XIV wie im Inland erbracht. Voraussetzung ist aber, dass die Ausbildung im Ausland nach dem BAföG förderfähig ist und ein Darlehen nach dem BAföG tatsächlich gewährt wird. Leistungen zur Weiterführung des Haushalts nach § 95 SGB XIV und Leistungen in sonstigen Lebenslagen nach § 96 SGB XIV sind nicht ins Ausland exportierbar (iE → § 101 Rn. 54 ff.).

25 BVerwG Urt. v. 31.3.1977 – V C 42.75, BVerwGE 52, 201; BVerwG Beschl. v. 7.4.1988 – 5 B 141/87, Buchholz 436.7 § 25b BVG Nr. 1.

26 Vgl. BT-Drs. 19/13824, 228.

III. Normzweck

§ 92 SGB XIV regelt als Grundnorm die Leistungsberechtigung nach dem Kapitel 11. 24
Die Vorschrift befasst sich mit dem Kreis der Leistungsberechtigten (Beschädigte und Hinterbliebene, Abs. 1 und 6), den allgemeinen Leistungsvoraussetzungen der wirtschaftlichen Bedürftigkeit (Abs. 1 und 2) und der wirtschaftlichen Kausalität (Abs. 1, 3 und 6). Sie enthält darüber hinaus den Einzelleistungskatalog (Abs. 4) und in Abs. 5 die Option der Leistungsgewährung als Darlehen. Im BVG sind diese Regelungsbereiche auf drei Vorschriften verteilt (§§ 25–25b BVG).

C. Einzelkommentierung

I. Absatz 1 – Allgemeine Leistungsvoraussetzungen

In Abs. 1 werden die allgemeinen Voraussetzungen für den Rechtsanspruch auf die 25
BLiE festgelegt (keine Ermessensleistung, s. aber § 92 Abs. 5, → Rn. 34 ff.). Normiert wird der Anspruch für **Geschädigte**. Geschädigte sind Personen, die durch ein schädigendes Ereignis nach dem SGB XIV unmittelbar eine gesundheitliche Schädigung erlitten haben (§ 2 Abs. 2 SGB XIV). Die schädigenden Ereignisse sind in § 1 Abs. 2 SGB XIV abschließend aufgeführt. Die Bezeichnung BLiE knüpft an die Formulierung in § 24 Abs. 1 Nr. 8 SGB I in der Fassung ab 1.1.2024[27] an. Anders als nach dem Recht des BVG (vgl. § 25 Abs. 3 S. 1 Nr. 1 BVG) sind die BLiE nicht von dem Bezug von monatlichen Entschädigungszahlungen, also vom Vorliegen eines GdS von mindestens 30 vH, oder einem Anspruch auf Heilbehandlung abhängig. Nach der Gesetzesbegründung reicht es aus, dass ein **Grundbescheid** besteht, der die Schädigungsfolge und ggf. deren Grad feststellt.[28] Mit Blick auf § 119 Abs. 1 SGB XIV, der regelt, dass BLiE schon gewährt werden können (Ermessensentscheidung), bevor die Anspruchsvoraussetzungen des § 4 SGB XIV festgestellt sind, ist die Aussage in der Gesetzesbegründung zu relativieren.[29] Eine Ermessensausübung iSd Bejahung des Anspruchs nach § 119 Abs. 1 SGB XIV erfordert allerdings zumindest die Stellung eines Antrags auf Entschädigungsleistungen (→ § 10 Rn. 13 ff.). Unter Berücksichtigung der Allgemeinen Verwaltungsvorschrift Nr. 11 zu § 10 BVG (BVGVwV) – der mit seinem Abs. 8 als Vorlage für § 119 Abs. 1 SGB XIV diente (vgl. auch § 25 Abs. 5 BVG) – ist ferner vorauszusetzen, dass der Antrag wahrscheinlich zu einer Anerkennung nach dem SGB XIV führen wird und Ausschließungsgründe nicht vorliegen.[30] Im Kontext mit § 92 Abs. 1 SGB XIV muss dann auch eine vorläufige Entscheidung iSd § 119 Abs. 2 SGB XIV, der inhaltlich § 22 Abs. 4 KOVVfG entspricht, genügen.[31]

Es muss zunächst ein **Bedarf** bestehen, der von Kapitel 11 erfasst und im Leistungska- 26
talog des Abs. 4 aufgeführt ist, und dieser muss **schädigungsbedingt** sein.[32] Dabei gilt wie im gesamten Bereich des Sozialen Entschädigungsrechts seit jeher die **Kausalitätstheorie der wesentlichen Bedingung.**[33] Zudem legt Abs. 1 fest, dass Geschädigte – wie bei den bisherigen Leistungen der KOF – **finanziell hilfebedürftig** sein müssen (**Subsidiarität der BLiE**). Einkommen und Vermögen sind daher grundsätzlich einzusetzen.

27 § 24 SGB I neugefasst durch Art. 28 Nr. 3 des Gesetzes v. 12.12.2019, BGBl. 2019 I 2652.
28 BT-Drs. 19/13824, 209.
29 Vgl. Knickrehm/Mushoff/Schmidt Neues SozEntschR Rn. 292.
30 Vgl. Knickrehm/Mushoff/Schmidt Neues SozEntschR Rn. 292; BT-Drs. 19/13824, 221; BVGVwV v. 26.6.1969, Beilage Nr. 15/69 zum BAnz. Nr. 119, geändert durch Allgemeine Verwaltungsvorschrift v. 25.4.1974, BAnz. Nr. 83, und Zweite Allgemeine Verwaltungsvorschrift v. 27.8.1986, BAnz. Nr. 161, 12297.
31 So auch Knickrehm/Mushoff/Schmidt Neues SozEntschR Rn. 292.
32 § 25 SGB XIV statuiert für sämtliche Leistungen der Sozialen Entschädigung, dass sie für schädigungsbedingte Bedarfe erbracht werden.
33 Siehe hierzu ausführlich HK-SozEntschR/Knickrehm BVG § 1 Rn. 28 ff.

Dies gilt nach § 105 Abs. 3 SGB XIV nicht, wenn der Bedarf ausschließlich auf den Schädigungsfolgen beruht (→ § 105 Rn. 18 ff.).

Darüber hinaus muss ein Zusammenhang zwischen der Schädigung und der finanziellen Notlage bestehen. Die Hilfebedürftigkeit muss auf den Schädigungsfolgen beruhen. Voraussetzung für die BLiE ist damit ein wirtschaftlicher Schaden infolge der gesundheitlichen Schädigung.[34] Diese sog. **wirtschaftliche Kausalität** ist im BVG in § 25a geregelt und findet sich im SGB XIV in § 92 Abs. 1 SGB XIV wieder. Insofern unterscheiden sich die BLiE grundlegend vom Sozialhilferecht, bei dem es auf die Ursache der finanziellen Notlage nicht ankommt.[35] Einzelne Regelungen zur wirtschaftlichen Kausalität finden sich in Abs. 3 und für Hinterbliebene in Abs. 6.

II. Absatz 2 – Feststellung der Hilfebedürftigkeit

27 Abs. 2 verweist zur Feststellung der Hilfebedürftigkeit auf die Bestimmungen des Kapitels 16 (§§ 105 bis 109 SGB XII). § 105 SGB XIV bestimmt die Grundsätze für den Einsatz von Einkommen und Vermögen (→ § 105 Rn. 1 ff.). In § 106 SGB XIV sind die Einzelheiten zum Einsatz von Einkommen geregelt (→ § 106 Rn. 1 ff.). § 107 SGB XIV enthält Bestimmungen zur Einkommensgrenze (→ § 107 Rn. 1 ff.). Die Berücksichtigung von Vermögen ist in § 108 SGB XIV festgelegt (→ § 108 Rn. 1 ff.). In § 109 SGB XIV ist eine Verordnungsermächtigung normiert zur näheren Ausgestaltung des Einsatzes von Einkommen und Vermögen (→ § 109 Rn. 1 ff.).

III. Absatz 3

28 **1. Wirtschaftliche Kausalität bei Geschädigten.** Abs. 3 enthält Regelungen zur **wirtschaftlichen Kausalität bei Geschädigten**. Für Hinterbliebene ist sie separat in Abs. 6 bestimmt. Im BVG ist die wirtschaftliche Kausalität für beide Gruppen in einem Abs. festgelegt (s. § 25a Abs. 1 BVG). **S. 1** enthält zur Feststellung des Zusammenhangs zwischen den Schädigungsfolgen und dem Unvermögen, den jeweils anzuerkennenden Bedarf aus dem eigenen Einkommen und Vermögen zu decken, eine **Vermutungsregelung** und entspricht im Wesentlichen der Regelung des § 25a Abs. 2 S. 1 BVG. Die Vermutung kann **widerlegt** werden, wenn das Gegenteil offenkundig oder nachgewiesen ist. Die Geschädigten haben den Ursachenzusammenhang weder darzulegen noch zu beweisen; vielmehr hat der TdSE im Einzelfall die gesetzliche Vermutung zu widerlegen.[36]

Nach der Rspr. zum BVG wird angenommen, dass eine gesetzliche Vermutung nur durch den vollen Beweis des Gegenteils widerlegbar sei; im Gegensatz zum Anscheinsbeweis reiche es daher nicht aus, dass die Vermutung nur erschüttert werde, um zur vollen Beweislast der Anspruchsteller zu gelangen, sondern die Unwahrheit der vermuteten Tatsache müsse voll bewiesen werden.[37] An die Widerlegung hat die verwaltungsgerichtliche Rechtsprechung hohe Anforderungen gestellt.[38] Eine Widerlegung liegt danach nur vor, wenn sich der Träger der KOF aufgrund von Tatsachen oder allgemeinen Erfahrungswerten davon überzeugt hat, dass die Schädigung die Notwendigkeit der Leistung weder allein noch im Zusammenwirken mit anderen Umständen verursacht hat.[39] Auch hier gilt mithin die **Kausalitätstheorie der wesentlichen Bedingung.** Die Schädigungsfolgen müssen wesentliche Bedingung für das Unvermögen

34 Vgl. zu den Leistungen der KOF VG Augsburg Urt. v. 22.11.2005 – Au 3 K 05.204, juris Rn. 20.
35 Zur KOF vgl. HK-SozEntschR/Grube BVG § 25a Rn. 1.
36 Vgl. zur KOF Rohr/Sträßer/Dahm BVG, Loseblatt, Stand Januar 2009, § 25a Anm. 4.
37 Vgl. VG Augsburg Urt. v. 4.11.2011 – Au 2 K 10.952, juris Rn. 28; s. auch VG München Urt. v. 10.12.2009 – M 15 K 09.42, juris Rn. 24.
38 Vgl. BVerwG Urt. v. 11.5.1956 – V C 24.54, DVBl 1956, 832 = BVerwGE 3, 288–291.
39 BVerwG Urt. v. 11.5.1956 – V C 24.54, DVBl 1956, 832.

sein, den Bedarf zu decken, nicht aber die alleinige Ursache. Wenn andere Umstände für das Unvermögen mitverantwortlich sind, müssen die anerkannten Schädigungsfolgen aber zumindest annähernd gleichwertig gegenüber den anderen Ursachen sein. Wenn anderen Ursachen die überwiegende Bedeutung für das Unvermögen zukommt, ist die wirtschaftliche Kausalität zu verneinen.

2. Beispielsfälle. Bezieht der Geschädigte Berufsschadensausgleich nach Kapitel 10, dürfte sich die Vermutung der wirtschaftlichen Kausalität schwerlich widerlegen lassen.[40] Denkbare Fälle, in denen die Widerlegbarkeit zum Tragen kommt, sind insbesondere Geschädigte, bei denen die Schädigungsfolgen so gering sind, dass kein GdS festgestellt worden ist. Bei Geschädigten mit einem geringen GdS und/oder Schädigungsfolgen, die auf die Erwerbsbiografie und die Erwerbsfähigkeit keinen Einfluss haben, gilt dies ebenso. Auch wenn die oder der Geschädigte in einem solchen Fall zB aus betriebsbedingten Gründen ihren/seinen Arbeitsplatz verliert, ist der fehlende wirtschaftliche Kausalzusammenhang offenkundig. In der Regel offenkundig widerlegt ist die gesetzliche Vermutung auch bei Geschädigten, die bereits vor der Schädigung auf existenzsichernde Leistungen nach dem SGB II oder SGB XII angewiesen waren und nunmehr Leistungen zum Lebensunterhalt nach § 93 SGB XIV beantragen, wobei für andere Bedarfe nach Abs. 4 etwas anderes gelten kann. So ist nach der Rechtsprechung die Vermutung regelmäßig durch Nachweis des Gegenteils widerlegt, wenn Geschädigte bereits vor der Feststellung von Schädigungsfolgen gänzlich auf Sozialleistungen angewiesen waren.[41] 29

Eine **Einzelfallprüfung** hat in jedem Fall zu erfolgen, auch in den genannten Beispielsfällen. Die für die Widerlegung sprechenden Tatsachen müssen nachgewiesen oder offenkundig sein; im Zweifel wird der ursächliche Zusammenhang stets als gegeben anzusehen sein.[42]

3. Fiktion. S. 2 enthält eine **Fiktion**, indem er Fallgestaltungen regelt, in denen die wirtschaftliche Kausalität stets anzunehmen ist, also eine **unwiderlegbare gesetzliche Vermutung** vorliegt. Eine wichtige Neuregelung stellt die **Fiktionsregelung für minderjährige Geschädigte** dar, nach der bei ihnen die wirtschaftliche Kausalität stets vorliegt. Wenn die Schädigungsfolgen im Kindes- bzw. Jugendalter eintreten, wird bereits in der Praxis des BVG regelhaft davon ausgegangen, dass der wirtschaftliche Kausalzusammenhang vorliegt, und zwar unabhängig von Art und Grad der Schädigungsfolgen.[43] Diese Verwaltungspraxis war offensichtlich auch die Motivation des Gesetzgebers, wenn es in der Gesetzesbegründung heißt, dass die Fiktion gelte, weil bei Minderjährigen in der Regel keine konkreten Berufsaussichten bestehen oder bestanden haben und somit auch keine Prognose über den weiteren beruflichen Lebensweg gestellt werden kann.[44] 30

Keine Auswirkungen hat die Fiktionsregelung für minderjährige Geschädigte allerdings auf die stets zu prüfende Vorfrage, ob der geltend gemachte **Bedarf schädigungsbedingt** ist (→ Rn. 26). An dem Ursachenzusammenhang zwischen anerkannter Schädigungsfolge und Bedarf kann es zB fehlen, wenn Leistungen der Kinder- und Jugendhilfe nicht aufgrund einer Gewalttat erforderlich werden, sondern wegen einer erheblichen gesundheitlichen Vorschädigung des Opfers oder wegen vorangegangener schwerwiegender sozialer Belastungen. Insbesondere in Fällen, in denen Träger der öffentlichen Kinder- und Jugendhilfe bereits Leistungen an Berechtigte erbracht

40 Vgl. hierzu ausführlich Empfehlungen zur Kriegsopferfürsorge, Stand 1.1.2020, Abschnitt 3.1, Unterabschnitt 3.1.1., S. 4 ff.
41 Vgl. VG München Urt. v. 10.12.2009 – M 15 K 08.101, juris Leitsatz.
42 Rohr/Sträßer/Dahm BVG, Loseblatt, Stand Januar 2009, § 25a Anm. 4.
43 Siehe Empfehlungen zur Kriegsopferfürsorge, Stand 1.1.2020, Abschnitt 3.1, Unterabschnitt 3.1.3.2., S. 8.
44 Vgl. BT-Drs. 19/13824, 209.

haben, bevor diese Gewaltopfer geworden sind, ist der Kausalzusammenhang zwischen Schädigung und Bedarf zweifelhaft und genau zu prüfen. Ein **Kostenerstattungsanspruch** des nachrangig verpflichteten Trägers der Kinder- und Jugendhilfe gegen den TdSE als Träger der Eingliederungshilfe gem. § 104 SGB X kann deshalb ggf. ausgeschlossen sein.[45]

31 Stets anzunehmen ist die wirtschaftliche Kausalität nach S. 2 auch bei **Geschädigten**, die Entschädigungszahlungen nach einem **GdS von 100** und einen **Berufsschadensausgleich** nach Kapitel 10 erhalten, ebenso bei Geschädigten, die **Leistungen bei Pflegebedürftigkeit** nach Kapitel 7 beziehen. Dies entspricht im Wesentlichen § 25a Abs. 2 S. 3 Nr. 1 BVG. Dagegen gibt es die Fiktion für Schwerbeschädigte, die das 60. Lebensjahr vollendet haben (§ 25a Abs. 2 S. 3 Nr. 2 BVG), im SGB XIV nicht mehr. Allerdings kann diese Gruppe ggf. von der Vermutungsregelung des S. 1 profitieren.

32 Nach § 25a Abs. 2 S. 2 BVG kann auf das Vorliegen der Kausalität verzichtet werden, wenn dies durch besondere Gründe der Billigkeit gerechtfertigt ist. Diese **Billigkeitsregelung** wird im SGB XIV nicht in dem Zusammenhang der Vermutung, sondern in § 92 Abs. 5 SGB XIV bei den Voraussetzungen der darlehensweisen Leistungsgewährung wieder aufgenommen, indem dort die BLiE nach den Umständen des Einzelfalls zur Deckung des festgestellten Bedarfs geboten erscheinen müssen (→ Rn. 34 ff.).[46] Eine Zuschussgewährung (Beihilfe) bei fehlender wirtschaftlicher Kausalität aus Billigkeitsgründen gibt es im SGB XIV damit nicht mehr.

IV. Absatz 4

33 Abs. 4 enthält den **abschließenden Leistungskatalog** der BLiE und konkretisiert damit § 3 Nr. 8 SGB XIV. Der Leistungskatalog ist im Verhältnis zu dem Leistungskatalog des § 25b Abs. 1 BVG erheblich reduziert (→ Rn. 14 ff.). Die Leistung zur Förderung einer Ausbildung stellt sich systematisch als fremd in Kapitel 11 dar (→ § 94 Rn. 5).

V. Absatz 5

34 **1. Leistungserbringung als Darlehen.** Abs. 5 regelt, dass die BLiE auch als **Darlehen** erbracht werden können. Im Gegensatz zur Beihilfe (Zuschuss), auf die ein Rechtsanspruch besteht, ist die Leistungserbringung als Darlehen eine **Ermessensleistung**. Danach kann eine Leistungserbringung als Darlehen erfolgen, wenn dies unter Berücksichtigung der **Ziele der Sozialen Entschädigung** nach den **Umständen des Einzelfalls** zur Deckung des festgestellten Bedarfs **geboten** erscheint und die Voraussetzungen für eine Beihilfe, also einen Zuschuss, nicht oder nicht in voller Höhe vorliegen. Dazu, wann die Voraussetzungen für eine Beihilfe nicht oder nicht in voller Höhe vorliegen, enthält die Gesetzesbegründung wenig. Danach kann ein Darlehen beispielsweise in Betracht kommen, wenn eine Beihilfe aufgrund des einzusetzenden Einkommens und Vermögens nicht möglich oder der Höhe nach begrenzt ist oder wenn die Voraussetzungen für eine Beihilfe nicht vorliegen.[47] Fraglich ist insoweit, ob die Formulierung „Voraussetzungen für eine Beihilfe nicht ... vorliegen" auch bedeuten kann, dass die mangelnde wirtschaftliche Kausalität nicht per se **Ausschlusskriterium für eine Darlehensgewährung** ist, obwohl diese neben der wirtschaftlichen Bedürftigkeit für einen Anspruch auf BLiE nach Abs. 1 vorausgesetzt wird (→ Rn. 3, 28 ff.).[48] Für den „Billigkeitstatbestand" des § 25a Abs. 2 S. 2 BVG ergibt sich dies aus dem

---

45 Vgl. VG Münster Urt. v. 30.10.2007 – 5 K 2309/04, juris Rn. 35; zur Kostenerstattung zwischen Trägern der öffentlichen Jugendhilfe und der Kriegsopferfürsorge in Fällen nach dem OEG siehe auch Rundschreiben des BMAS vom 14.11.2007 – IVc 1–46651–8.
46 Knickrehm/Mushoff/Schmidt Neues SozEntschR Rn. 294.
47 Vgl. BT-Drs. 19/13824, 209.
48 Knickrehm/Mushoff/Schmidt Neues SozEntschR Rn. 296.

Wortlaut der Vorschrift. Danach können Leistungen der KOF (als Beihilfe/Zuschuss) auch erbracht werden, wenn ein Zusammenhang zwischen der Schädigung und der Notwendigkeit der Leistung nicht besteht. Dies ist insbesondere anzunehmen, wenn das wirtschaftliche Unvermögen auf schädigungsunabhängigen Gesundheitsstörungen beruht.[49] Mit Blick auf die engen Voraussetzungen des § 25a Abs. 2 S. 2 BVG und der teilweisen Anlehnung des Wortlauts von § 92 Abs. 5 SGB XIV an diese Vorschrift, sollte auch im SGB XIV bei fehlender wirtschaftlicher Kausalität die Möglichkeit der Darlehensgewährung bestehen.

2. Ermessensentscheidung. Liegen die Voraussetzungen für eine Beilhilfe nicht oder nicht in voller Höhe vor, ist mithin vom TdSE eine **Ermessenentscheidung** zu treffen, bei der zugleich sowohl die Zwecke des SER, als auch die Umstände des Einzelfalls zu berücksichtigen sind sowie eine **Wertung** vorzunehmen ist, ob die Darlehensgewährung geboten ist. Im Hinblick auf das **„Gebotensein"** dürfte sich der Gesetzgeber an § 25a Abs. 2 S. 2 BVG angelehnt haben, der eine Rechtfertigung für die Erbringung der Leistungen durch besondere Gründe der Billigkeit vorsieht, allerdings für eine Zuschussleistung. Nach der Rspr. zu § 25a Abs. 2 BVG ist zu prüfen, ob es eine Rechtfertigung für die Leistungsgewährung im Einzelfall unter Berücksichtigung der allgemeinen Aufgabe der Kriegsopferfürsorge sowie des spezifischen Zwecks der jeweiligen Hilfe gibt.[50] Insoweit wird auch die Art der begehrten Leistung berücksichtigt.[51] Der alleinige Hinweis, dass es unzumutbar ist, dass Berechtigte bei Nichtvorliegen der wirtschaftlichen Kausalität auf die Sozialleistungssysteme oder Jugendhilfe verwiesen werden, ist kein Grund, der die Billigkeit rechtfertigt.[52] Da es sich bei dem „Gebotensein" um einen **unbestimmten Rechtsbegriff** handelt, ist die Entscheidung der Verwaltungsbehörde uneingeschränkt gerichtlich überprüfbar. Bei der Ausübung des Ermessens sind insbesondere die Vorgaben des § 39 SGB I zu beachten. 35

Da die Regelung zur Darlehenserbringung insoweit keine weitere Einschränkung vorsieht, ist davon auszugehen, dass alle Leistungen, die in Abs. 4 enumerativ aufgeführt werden, auch als Darlehen erbracht werden können.[53] 36

Eine § 25b Abs. 4 S. 2 BVG entsprechende Regelung, wonach Darlehen gegeben werden können, wenn diese Art der Leistung zur Erreichung des Leistungszwecks ausreichend oder zweckmäßiger ist, wurde nicht in Kapitel 11 des SGB XIV übernommen. 37

Für die **Leistungen zum Lebensunterhalt** nach § 93 SGB XIV gilt wegen der dort normierten entsprechenden Anwendung der Vorschriften des Dritten und Vierten Kapitels des SGB XII zusätzlich der Fünfte Abschnitt des Dritten Kapitels, der die Gewährung von Darlehen regelt. Ist der sofortige Verbrauch oder die sofortige Verwertung von Vermögen nicht möglich oder bedeutet für den Betroffenen eine Härte, gilt über den Verweis in § 105 Abs. 2 SGB XIV die Vorschrift des § 91 SGB XII (Darlehen) für sämtliche BLiE mit Ausnahme der Leistung zur Förderung einer Ausbildung (§ 94 SGB XIV), für die Kapitel 16 nicht gilt (§ 105 Abs. 1 SGB XIV). 38

VI. Hinterbliebene

1. Allgemeines. Abs. 6 regelt den Anspruch von **Hinterbliebenen** auf BLiE. Während Geschädigte nach Abs. 1 vollumfänglich leistungsberechtigt sind im Hinblick auf den Leistungskatalog des Abs. 4, ist der Anspruch für Hinterbliebene auf die Leistungen zum Lebensunterhalt und die Leistung zur Förderung einer Ausbildung beschränkt, 39

49 Vgl. VG Augsburg Urt. v. 22.11.2005 – Au 3 K 05.204, juris Rn. 24.
50 Vgl. VG Augsburg Urt. v. 22.11.2005 – Au 3 K 05.204; VG München Urt. v. 10.12.2009 – M 15 K 08.101, juris Rn. 41.
51 Vgl. zB HessVGH Urt. v. 5.9.1974 – VII OE 22/74, dort zur Kfz-Hilfe.
52 Empfehlungen zur Kriegsopferfürsorge, Stand 1.1.2020, Abschnitt 3.2., S. 12.
53 Knickrehm/Mushoff/Schmidt Neues SozEntschR Rn. 296.

wobei letztere nur Waisen in Anspruch nehmen können. Es besteht mithin kein § 25 Abs. 3 S. 1 Nr. 2 BVG entsprechender umfassender Anspruch von Hinterbliebenen auf alle fürsorgerischen Leistungen. Ebenso gibt es den vom Beschädigten abgeleiteten Anspruch auf Leistungen der Kriegsopferfürsorge für **Familienmitglieder** (§ 25 Abs. 4 BVG) im neuen Recht nicht mehr. Damit sind **Angehörige** iSd § 2 Abs. 3 SGB XIV und **Nahestehende** iSd § 2 Abs. 5 SGB XIV als Leistungsberechtigte für die BLiE ausgeschlossen. Dies ist konsequent vor dem Hintergrund der **Neuausrichtung des SER** mit Fokussierung auf schädigungsbedingte Bedarfe und als Folge geänderter gesellschaftlicher Verhältnisse sowie weiterentwickelter und ausgebauter Sozialleistungssysteme (→ Rn. 13 ff.).

40 Nach **Abs. 6 S. 1** erhalten auch Hinterbliebene die Leistungen zum Lebensunterhalt nach Abs. 4 Nr. 1 iVm § 93 SGB XIV und die Leistung zur Förderung einer Ausbildung nach Abs. 4 Nr. 2 iVm § 94 SGB XIV, wobei letztere auf Waisen beschränkt ist, was sich aus dem Wortlaut von S. 1 nicht ergibt. **Hinterbliebene** sind nach § 3 Abs. 4 S. 1 SGB XIV Witwen, Witwer und Waisen, Eltern und Betreuungsunterhaltsberechtigte einer an den Folgen einer Schädigung verstorbenen Person. Nach § 3 Abs. 4 S. 2 SGB XIV gelten als Waisen auch in den Haushalt der an den Folgen einer Schädigung verstorbenen Person aufgenommene Stiefkinder sowie Pflegekinder iSd § 2 Abs. 1 S. 1 Nr. 2 BKGG. Die Aufnahme der **Eltern** in den Katalog der Hinterbliebenen beruht auf der Beschlussempfehlung des Bundestages.[54] Aus der Gleichstellung von eingetragenen Lebenspartnerschaften mit Ehen in § 21 LPartG folgt, dass die Regelung für Witwen und Witwer entsprechend für hinterbliebene eingetragene Lebenspartnerinnen und Lebenspartner gilt.

41 **2. Leistungsvoraussetzungen. a) Schädigungsbedingter Tod.** Die oder der Geschädigte muss **an den Folgen der Schädigung verstorben** sein. Nach § 99 Abs. 3 SGB XIV wird dies unwiderleglich vermutet, wenn Geschädigte an einer **anerkannten Schädigungsfolge** verstorben sind. § 99 Abs. 3 SGB XIV ist § 38 Abs. 1 S. 2 BVG nachgebildet, übernimmt aber nicht die weitere Voraussetzung, dass der oder dem Verstorbenen für diese anerkannte Schädigungsfolge im Zeitpunkt des Todes Rente zuerkannt war. Zu prüfen und zu entscheiden bleibt aber auch hier, ob die anerkannte Schädigungsfolge oder ein schädigungsfremdes Leiden zum Tod geführt hat. Insofern gilt die **Kausalitätstheorie der wesentlichen Bedingung** (→ Rn. 26). Die von der Rechtsprechung zum BVG entwickelte Figur der **„Lebenszeitverkürzung um ein Jahr“**[55] sollte auch im SGB XIV im Kontext der Prüfung eines schädigungsbedingten Todes Anwendung finden.

42 **b) Schädigungsbedingter Bedarf und wirtschaftliche Kausalität bei Hinterbliebenen.** Hinterbliebene erhalten die genannten Leistungen nur, soweit und solange sie nicht oder nicht ausreichend in der Lage sind, den jeweiligen Bedarf aus ihrem Einkommen und Vermögen zu decken, und dieses Unvermögen durch den Tod der Geschädigten entstanden ist. Ebenso wie bei Geschädigten nach Abs. 1 muss also zunächst ein **Bedarf** bestehen, der unter Abs. 4 Nr. 1 und 2 fällt, und dieser muss **schädigungsbedingt** sein. Leistungsvoraussetzung ist weiter, dass Hinterbliebene **finanziell hilfebedürftig** sind, also eine Unterdeckung des Bedarfs vorliegt. Hinsichtlich der **wirtschaftlichen Kausalität** muss ein Ursachenzusammenhang zwischen dem wirtschaftlichen Unvermögen, den Bedarf ganz oder teilweise zu decken, und dem Tod der Geschädigten bestehen.

54 BT-Drs. 19/14870, 30 (Beschlussempfehlung und Bericht).
55 Vgl. BSG Urt. v. 24.1.1979 – 9/10 RV 33/77, Breith 1980, 216; HK-SozEntschR/Dau BVG § 38 Rn. 5 mwN.

c) **Vermutung der wirtschaftlichen Kausalität.** Ebenso wie in Abs. 3 sind auch bei Hinterbliebenen im Hinblick auf die wirtschaftliche Kausalität ein **Vermutungs**- und ein **Fiktions**tatbestand normiert (s. Abs. 6 S. 2 und 3). 43

Nach **Abs. 6 S. 2** wird – ebenso wie in § 25a Abs. 2 S. 1 BVG – der Zusammenhang vermutet, sofern nicht das Gegenteil offenkundig oder nachgewiesen ist (→ Rn. 28). Eine **Widerlegung der Vermutung** liegt nur vor, wenn sich der Träger der KOF aufgrund von Tatsachen oder allgemeinen Erfahrungswerten davon überzeugt hat, dass der Tod der Geschädigten die Notwendigkeit der Leistung weder allein noch im Zusammenwirken mit anderen Umständen verursacht hat.[56] S. 2 stellt auf den Verlust des „Ernährers" ab, aufgrund dessen die Hinterbliebenen nicht in der Lage sind, ihren Bedarf trotz des eigenen Einkommens (einschließlich Versorgungsbezüge) zu decken.[57] Es kommt mithin darauf an, ob die oder der Verstorbene zuletzt zum **Unterhalt** der Hinterbliebenen beigetragen hat. Beim Verlust eines **Ehepartners** oder **Elternteils** dürfte die Vermutung in der Regel schwer zu widerlegen sein, da die Vermutung nicht schon dadurch widerlegt wird, dass der Tod der Geschädigten lediglich mitursächlich für den ungedeckten Bedarf ist (→ Rn. 28). Bei **Eltern** von verstorbenen Geschädigten dürfte sich die Vermutung hingegen vielfach widerlegen lassen, es sei denn die Fiktion des S. 3 greift ein.

d) **Fiktion der wirtschaftlichen Kausalität. S. 3** sieht – wie schon § 25a Abs. 2 S. 2 Nr. 3 BVG – einen **Fiktions**tatbestand für die wirtschaftliche Kausalität vor. Danach ist der Zusammenhang stets bei Hinterbliebenen anzunehmen, die **voll erwerbsgemindert** im Sinne des SGB VI (§ 43 Abs. 2 S. 1 Nr. 1 iVm S. 2 SGB VI) sind. Nach § 43 Abs. 2 S. 2 SGB VI ist voll erwerbsgemindert, wer wegen Krankheit oder Behinderung auf nicht absehbare Zeit außerstande ist, unter den üblichen Bedingungen des allgemeinen Arbeitsmarktes mindestens drei Stunden täglich erwerbstätig zu sein. Angesichts der Bezugnahme auf das SGB VI ist davon auszugehen, dass auch die in § 43 Abs. 2 S. 3 SGB VI „Gleichgestellten" von der Fiktion des § 92 Abs. 6 S. 3 SGB XIV profitieren können.[58] Dies sind insbesondere Personen, die wegen Art oder Schwere der Behinderung nicht auf dem allgemeinen Arbeitsmarkt tätig sein können. Wegen der ausschließlichen Anknüpfung an das Tatbestandsmerkmal der „vollen Erwerbsminderung" ist der Bezug einer Rente wegen voller Erwerbsminderung oder die Erfüllung der weiteren Voraussetzungen hierfür, wie zB der Wartezeit oder der 3/5-Beitragsbelegung, keine Voraussetzung für die Fiktion des Abs. 6 S. 3.[59] Über den unmittelbaren Gesetzeswortlaut des § 43 Abs. 2 S. 2 SGB VI hinaus ist voll erwerbsgemindert, wer zwar noch drei bis unter sechs Stunden unter den üblichen Bedingungen des allgemeinen Arbeitsmarktes tätig sein kann, aber nicht über einen entsprechenden leidensgerechten Arbeitsplatz verfügt (sog. **Arbeitsmarktrente**). Das ergibt sich aus der sog. „konkreten Betrachtungsweise".[60] Die Fiktion der wirtschaftlichen Kausalität für Hinterbliebene, die das 60. Lebensjahr vollendet haben (§ 25a Abs. 2 S. 3 Nr. 2 BVG), gibt es im SGB XIV nicht mehr. Allerdings kann diese Gruppe ggf. von der Vermutungsregel des S. 2 profitieren. 44

56 BVerwG Urt. v. 11.5.1956 – V C 24.54, BVerwGE 3, 288–291.
57 Vgl. zur KOF Empfehlungen zur Kriegsopferfürsorge, Stand 1.1.2020, Abschnitt 3.1, Unterabschnitt 3.1.3.4., S. 9.
58 Knickrehm/Mushoff/Schmidt Neues SozEntschR Rn. 303.
59 So auch Knickrehm/Mushoff/Schmidt Neues SozEntschR Rn. 303.
60 Zur vollen Erwerbsminderung aus Arbeitsmarktgründen wegen Verschlossenheit des Teilzeitarbeitsmarktes siehe zB jurisPK-SGB VI/Freudenberg, 2. Aufl., § 43 Rn. 221 ff. (Stand: 1.7.2013).

§ 93 Leistungen zum Lebensunterhalt

(1) [1]Geschädigte erhalten Leistungen zum Lebensunterhalt. [2]Hinterbliebene erhalten Leistungen nach Satz 1 für einen Zeitraum von bis zu fünf Jahren nach dem Tod der oder des Geschädigten. [3]Die Vorschriften des Dritten und Vierten Kapitels des Zwölften Buches gelten entsprechend unter Berücksichtigung der besonderen Lage der Geschädigten und Hinterbliebenen. [4]Leistungen zum Lebensunterhalt werden nur erbracht, soweit der Lebensunterhalt nicht aus den übrigen Leistungen nach diesem Gesetz bestritten werden kann.

(2) Sind für Geschädigte und Waisen Leistungen zum Lebensunterhalt während der Erbringung von Leistungen nach dem Achten Buch erforderlich, erbringt diese der Träger der Sozialen Entschädigung nach Maßgabe des Absatzes 1, soweit nicht der Träger der öffentlichen Jugendhilfe Leistungen nach § 39 des Achten Buches erbringt.

(3) [1]Ansprüche nach dem Bundesausbildungsförderungsgesetz gehen Ansprüchen nach diesem Buch vor. [2]Soweit für Geschädigte weitere Leistungen zum Lebensunterhalt während der Erbringung von Leistungen zur Ausbildungsförderung nach dem Bundesausbildungsförderungsgesetz erforderlich sind, erbringt diese der Träger der Sozialen Entschädigung nach Maßgabe des Absatzes 1.

A. Gesetzesgeschichte

1 § 93 SGB XIV ist die Nachfolgereglung zu § 27a BVG (ergänzende Hilfe zum Lebensunterhalt). § 27a BVG ist Bestandteil der insgesamt 10 fürsorgerischen Leistungen der Sozialen Entschädigung (→ § 92 Rn. 15). Deren Umfang hat sich im SGB XIV erheblich reduziert, was der **Neuausrichtung und Neustrukturierung** des neuen Sozialen Entschädigungsrechts geschuldet ist (→ 92 Rn. 13 ff.). Der wesentliche Unterschied zwischen § 27a BVG und § 93 SGB XIV besteht im Kreis der Leistungsberechtigten (→ Rn. 4). Außerdem ist für Hinterbliebene der Anspruch auf Leistungen zum Lebensunterhalt im Gegensatz zum Recht des BVG, das keine Differenzierung zwischen Geschädigten und Hinterbliebenen kennt, auf fünf Jahre begrenzt. § 93 SGB XIV tritt wie die Regelungen der BLiE des Kapitels 11 insgesamt zum 1.1.2024 in Kraft.[1]

1 Art. 60 Abs. 7 G. v. 12.12.2019, BGBl. 2019 I 2652.

B. Normsystematik

I. Allgemeiner Regelungsgehalt und Normzweck

Die Vorschrift befasst sich mit dem Anspruch auf Leistungen zum Lebensunterhalt als Besondere Leistung im Einzelfall (BLiE). Aufbauend auf § 92 Abs. 1 und 6 SGB XIV bestimmt Abs. 1 den Kreis der Leistungsberechtigten, dh Geschädigte (S. 1) und Hinterbliebene (S. 2), wobei für letztere die Anspruchsdauer auf fünf Jahre begrenzt ist. Abs. 1 S. 3 und Abs. 2 und 3 nehmen auf die Leistungen anderer **Sozialleistungssysteme** Bezug, nämlich das SGB XII, das SGB VIII und das BAföG bzw. verweisen auf sie. Die Berücksichtigung der besonderen Lage der Geschädigten und Hinterbliebenen bei der Leistungsgewährung (Abs. 1 S. 3) ist Ausdruck des im SER geltenden besonderen **Individualisierungs- und Begünstigungsgrundsatzes** (→ Rn. 12, § 92 Rn. 4). Abs. 1 S. 4 bestimmt, dass Leistungen zum Lebensunterhalt nur gewährt werden können, soweit der Lebensunterhalt nicht aus den übrigen Leistungen nach dem SGB XIV bestritten werden kann. Diese Regelung – ebenso wie die Bezugnahme auf das SGB XII und der Begünstigungsgrundsatz – orientiert sich an § 27a BVG. In § 93 Abs. 2 und 3 SGB XIV werden zusätzlich Sachverhalte mit Bezug von Leistungen nach dem SGB VIII und dem BAföG geregelt. 2

II. Systematische Einordnung

Im Kapitel 11 sind die BLiE geregelt, die an die Stelle der fürsorgerischen Leistungen – Kriegsopferfürsorge (KOF) – des BVG (§§ 25 bis 27l BVG) treten. Neben der Leistung zur Förderung einer Ausbildung (§ 94 SGB XIV), den Leistungen zur Weiterführung des Haushalts (§ 95 SGB XIV) und den Leistungen in sonstigen Lebenslagen (§ 96 SGB XIV) sind die Leistungen zum Lebensunterhalt nach § 93 SGB XIV Bestandteil des abschließenden Leistungskatalogs des § 92 Abs. 4 SGB XIV. Von den fürsorgerischen Leistungen des BVG sind einige wegen der **Neuausrichtung** und **Neustrukturierung** des SGB XIV ersatzlos weggefallen, weitere finden sich an anderer Stelle wieder (→ § 92 Rn. 13 ff.). Die BLiE ergänzen die übrigen Leistungen des SGB XIV und setzen finanzielle Hilfebedürftigkeit voraus (→ § 92 Rn. 2, 26). § 93 SGB XIV orientiert sich in Abs. 1 an § 27a BVG. Die allgemeinen, für die BLiE geltenden Leistungsvoraussetzungen sind in § 92 Abs. 1, 2, 3 und 6 SGB XIV normiert (→ § 92 Rn. 25 ff.; Ausnahme aber → § 94 Rn. 5). Die Leistungen zum Lebensunterhalt unterscheiden sich von den anderen besonderen Leistungen im Einzelfall, die qualifizierte Bedarfssituationen aufgreifen, und sind gegenüber diesen Bedarfstatbeständen nachrangig. Insofern ist immer zu prüfen, ob nicht Leistungen nach anderen Hilfeformen vorgehen, wie zB die Leistungen zur Weiterführung des Haushalts.[2] Für die Bemessung der **Unterhaltsbeihilfe** als lebensunterhaltssichernde Leistung während der Teilnahme an Leistungen zur Teilhabe am Arbeitsleben ist gem. § 64 Abs. 3 S. 3 SGB XIV die Vorschrift des § 93 SGB XIV entsprechend anzuwenden. 3

C. Einzelkommentierung

I. Absatz 1

1. Leistungsberechtigte. Abs. 1 S. 1 bestimmt, dass **Geschädigte** Anspruch auf Leistungen zum Lebensunterhalt haben. Geschädigte sind Personen, die durch ein schädigendes Ereignis unmittelbar eine gesundheitliche Schädigung erlitten haben (§ 2 Abs. 2 SGB XIV). Die schädigenden Ereignisse sind in § 1 Abs. 2 SGB XIV abschließend aufgeführt. Nach **S. 2** erhalten auch **Hinterbliebene** Leistungen zum Lebensunterhalt für einen Zeitraum von bis zu fünf Jahren nach dem Tod der Geschädigten. Hinterblie- 4

2 Zur KOF s. Empfehlungen zur Kriegsopferfürsorge, Stand 1.1.2020, Abschnitt 27a.1, S. 3.

bene sind nach § 3 Abs. 4 S. 1 SGB XIV Witwen, Witwer und Waisen, Eltern und Betreuungsunterhaltsberechtigte einer an den Folgen einer Schädigung verstorbenen Person. Nach § 3 Abs. 4 S. 2 SGB XIV gelten als Waisen auch in den Haushalt der an den Folgen einer Schädigung verstorbenen Person aufgenommene Stiefkinder sowie Pflegekinder iSd § 2 Abs. 1 S. 1 Nr. 2 BKGG. Die Aufnahme der **Eltern** in den Katalog der Hinterbliebenen beruht auf der Beschlussempfehlung des Bundestages.[3] Den vom Beschädigten abgeleiteten, umfassenden Anspruch auf Leistungen der KOF für **Familienmitglieder** (§ 25 Abs. 4 BVG) gibt es im neuen Recht nicht mehr, weshalb **Angehörige** iSd § 2 Abs. 3 SGB XIV und **Nahestehende** iSd § 2 Abs. 5 SGB XIV bei Hilfebedürftigkeit auf andere Systeme der Existenzsicherung zurückgreifen müssen. Dies ist vor dem Hintergrund der Neuausrichtung des SER mit der Fokussierung auf schädigungsbedingte Bedarfe konsequent. Die Bedarfslage der Lebensunterhaltssicherung ist bei Familienmitgliedern nicht durch die Schädigung entstanden, so dass es systemfremd wäre, wenn diese Bedarfe durch Leistungen des SER gedeckt würden.

5 **2. Allgemeine Leistungsvoraussetzungen.** Für die Berechtigten müssen jeweils die allgemeinen Leistungsvoraussetzungen erfüllt sein. Diese bestimmen sich bei Geschädigten nach § 93 Abs. 1, 2 und 3 SGB XIV und bei Hinterbliebenen nach § 93 Abs. 6 SGB XIV. Es muss für beide Personengruppen ein **Bedarf** an Leistungen zum Lebensunterhalt, also ein regelmäßiger Bedarf für das tägliche Leben bestehen und dieser Bedarf muss **schädigungsbedingt** sein (→ § 92 Rn. 26). Bei Geschädigten muss darüber hinaus ein ursächlicher Zusammenhang zwischen der Schädigung und der finanziellen Hilfebedürftigkeit, also dem Unvermögen, den Bedarf aus eigenem Einkommen und Vermögen zu decken, bestehen (**wirtschaftliche Kausalität** → § 92 Rn. 3, 28 ff.), wofür § 92 Abs. 3 SGB XIV eine Vermutungs- und eine Fiktionsregelung enthält. Bei Hinterbliebenen fordert die wirtschaftliche Kausalität, dass das Unvermögen, den Bedarf aus dem eigenen Einkommen und Vermögen zu decken, durch den Tod der Geschädigten entstanden ist. § 92 Abs. 6 S. 2 und 3 SGB XIV enthalten hierfür eine Vermutungs- und eine Fiktionsregelung (→ § 92 Rn. 42 ff.).

6 **3. Fünf-Jahres-Zeitraum für Hinterbliebene nach Abs. 1 S. 2.** Anders als in § 27a BVG werden die Leistungen zum Lebensunterhalt an Hinterbliebene für einen Zeitraum von bis zu fünf Jahren nach dem Tod der oder des Geschädigten gewährt. In der Gesetzesbegründung wird dazu ausgeführt, die zeitliche Begrenzung der Leistungen trage dem Gedanken Rechnung, dass Hinterbliebenen nach dem Tod der Geschädigten ein hinreichender Zeitraum eingeräumt werden müsse, um sich auf die veränderte (wirtschaftliche) Situation einzustellen und ihren Lebensunterhalt wieder selbst sichern zu können.[4] Definiert man letzteres als Ziel für Hinterbliebene, ist fraglich, ob für sie nach dem Ablauf der 5-Jahresfrist ggf. Leistungen in Darlehensform nach § 92 Abs. 5 SGB XIV in Betracht kommen können. Denkbar ist insoweit, dass das Ziel der selbstständigen Sicherung des Lebensunterhalts noch nicht vollständig erreicht werden konnte, zB weil die Ausbildung noch nicht abgeschlossen ist oder noch durch ein unbezahltes Praktikum ergänzt wird.[5]

7 **4. Verweis auf SGB XII. a) Umfang der Leistungen. Abs. 1 S. 3** bestimmt den **Umfang der Leistungen**. Er ordnet die entsprechende Anwendung der Vorschriften des Dritten Kapitels (Hilfe zum Lebensunterhalt) und Vierten Kapitels (Grundsicherung im Alter und bei Erwerbsminderung) des SGB XII an und ergänzt – in Abgrenzung zum SGB XII und in Anlehnung an § 27a S. 1 BVG – den Leistungsumfang unter „Berücksichtigung der besonderen Lage der Geschädigten und Hinterbliebenen" (→ Rn. 12). Der damit zum Ausdruck kommende Individualisierungsgrundsatz und die nur „entsprechende" Anwendung machen deutlich, dass die Voraussetzungen des Dritten und

3 BT-Drs. 19/14870, 30 (Beschlussempfehlung und Bericht).
4 BT-Drs. 19/13824, 209.
5 Vgl. Knickrehm/Mushoff/Schmidt Neues SozEntschR Rn. 305.

Vierten Kapitels des SGB XII nicht „1 zu 1" auf die Leistungen des § 93 SGB XIV zu übertragen sind.[6]

§ 93 Abs. 1 S. 3 SGB XIV verweist pauschal auf die Leistungen des Dritten und Vierten Kapitels des SGB XII, weshalb alle dort geregelten Leistungen erfasst sind.[7] Es handelt sich um folgende Leistungen für:

- notwendigen Lebensunterhalt (§ 27a SGB XII),
- notwendigen Lebensunterhalt in Einrichtungen (§ 27b SGB XII),
- notwendigen Lebensunterhalt für Personen, die nicht in einer Wohnung iSd § 42a Abs. 2 S. 1 Nr. 1 und S. 2 SGB XII leben (§ 27c SGB XII),
- Mehrbedarfe (§ 30 SGB XII),
- einmalige Bedarfe (§ 31 SGB XII),
- Bedarfe für eine Kranken- und Pflegeversicherung (§ 32 SGB XII),
- Bedarfe für Vorsorge (§ 33 SGB XII),
- Bedarfe für Bildung und Teilhabe (§ 34 SGB XII),
- Bedarfe für Unterkunft und Heizung (§ 35 SGB XII),
- sonstige Hilfen zur Sicherung der Unterkunft (§ 36 SGB XII),
- ergänzende Darlehen (§ 37 SGB XII),
- Darlehen bei am Monatsende fälligen Einkünften (§ 37a SGB XII) und
- Darlehen bei vorübergehender Notlage (§ 38 SGB XII).

b) **Ausschluss des SGB II.** Durch den Verweis auf das Dritte und Vierte Kapitel des 8
SGB XII behält der Gesetzgeber den schon in der KOF geltenden Grundsatz bei, dass das SGB II für Berechtigte nach dem BVG bzw. SGB XIV nicht zur Anwendung kommt, obwohl diese Personen erwerbsfähige Leistungsberechtigte iSd § 7 SGB II sein können.[8] In diesen Fällen bleibt der Träger der Sozialen Entschädigung (TdSE) für die Erbringung der den Lebensunterhalt sichernden Leistungen auf der Grundlage von § 93 SGB XIV iVm dem SGB XII zuständig; diese gehen den Leistungen nach §§ 19 ff. SGB II vor (§ 9 Abs. 1 SGB II). Die **Erwerbsfähigkeit** iSd § 8 SGB II ist insofern kein Differenzierungskriterium. Es können also auch an sich nach dem SGB II Leistungsberechtigte, wenn sie Geschädigte oder Hinterbliebene nach dem SGB XIV sind und die weiteren Anspruchsvoraussetzungen erfüllen, Leistungen zum Lebensunterhalt nach dem Dritten Kapitel des SGB XII beanspruchen, von denen sie ansonsten gem. § 5 Abs. 2 S. 1 SGB II und § 21 S. 1 SGB XII ausgeschlossen wären.[9] Anspruch auf Leistungen des SGB II haben erwerbsfähige hilfebedürftige Geschädigte und Hinterbliebene hingegen dann, wenn sie keinen Anspruch nach § 93 SGB XIV haben, zB wegen Nichtvorliegens der wirtschaftlichen Kausalität.

c) **Verweis auf das Dritte und Vierte Kapitel des SGB XII.** § 93 Abs. 1 S. 3 SGB XIV 9
verweist auf das Dritte und Vierte Kapitel des SGB XII. Im Bereich der KOF des BVG ist die existenzsichernde Leistung durch den ausschließlichen Verweis in § 27a BVG auf das Dritte Kapitel des SGB XII beschränkt. Ansprüche auf Grundsicherung im Alter und bei Erwerbsminderung nach dem Vierten Kapitel des SGB XII ergeben sich für den Personenkreis der KOF nicht; die Leistungen des § 27a BVG sind vorrangig zu erbringen.[10] Der Verweis in § 93 Abs. 1 S. 3 SGB XIV nunmehr auf das Dritte und Vierte Kapitel des SGB XII bedeutet eine geänderte Rechtslage mit Auswirkungen auf

---

6 Vgl. Knickrehm/Mushoff/Schmidt Neues SozEntschR Rn. 306.
7 So auch Knickrehm/Mushoff/Schmidt Neues SozEntschR Rn. 306.
8 Zur Kriegsopferfürsorge siehe Empfehlungen zur Kriegsopferfürsorge, Stand 1.1.2020, Abschnitt 27 a.1, S. 5.
9 Knickrehm/Mushoff/Schmidt Neues SozEntschR Rn. 307.
10 Empfehlungen zur Kriegsopferfürsorge, Stand 1.1.2020, Abschnitt 27 a.1, S. 4.

den Verwaltungsvollzug und den Erfüllungsaufwand.[11] Denn der TdSE muss nunmehr prüfen, ob die Geschädigten/Hinterbliebenen die **Altersgrenze** nach § 41 Abs. 2 SGB XII erreicht haben, **dauerhaft voll erwerbsgemindert** iSd § 41 Abs. 3 SGB XII sind oder die Voraussetzungen des § 41 Abs. 3a SGB XII[12] erfüllt sind, um dann bejahendenfalls die Leistungen entsprechend dem Vierten Kapitel, anderenfalls entsprechend dem Dritten Kapitel des SGB XII zu erbringen. Der TdSE hat das Vorliegen der Voraussetzungen des Dritten bzw. Vierten Kapitel des SGB XII in eigener Zuständigkeit zu prüfen und als eigene Leistung nach § 93 SGB XIV zu erbringen.[13] Für die Feststellung der dauerhaften vollen Erwerbsminderung unter Einbeziehung der Träger der gesetzlichen Rentenversicherung gilt § 45 SGB XII.

10 Bedarfe für **Unterkunft und Heizung** werden als Leistungen zum Lebensunterhalt bis zu einer Angemessenheitsgrenze anerkannt, die sich nach § 35 SGB XII sowie abhängig von der jeweiligen Wohnform, in der Geschädigte oder Hinterbliebene leben, nach § 42 Nr. 4 lit. b SGB XII und nach § 42a SGBXII richtet.

11 d) **Schnittstellen zum SGB IX.** Zu beachten sind die Schnittstellen zum SGB IX. Zu trennen sind die lebensunterhaltssichernden Leistungen von schädigungsbedingten Fachleistungen, die als Leistungen zur Sozialen Teilhabe nach § 66 SGB XIV und damit ohne Einsatz von Einkommen und Vermögen zu erbringen sind und den Leistungen des § 93 SGB XIV vorgehen. Die Abgrenzung zwischen lebensunterhaltssichernden Leistungen und schädigungsbedingten Fachleistungen ist im SER in gleicher Weise vorzunehmen wie die Abgrenzung zwischen lebensunterhaltssichernden Leistungen nach dem SGB XII und Eingliederungshilfeleistungen nach Teil 2 des SGB IX.[14] Leben Berechtigte in einer Wohnform nach § 42a Abs. 2 S. 1 Nr. 2 SGB XII, können Aufwendungen für Unterkunft und Heizung, die die Angemessenheitsgrenze nach § 42a Abs. 5 S. 4 SGB XII um mehr als 25 Prozent übersteigen, nur als Fachleistung erbracht werden.[15] Bei Geschädigten und Hinterbliebenen, die in einer Wohnung nach § 42a Abs. 2 S. 1 Nr. 1, S. 2 SGB XII leben, werden Aufwendungen für Flächen, die aufgrund des Umfangs schädigungsbedingt erforderlicher Assistenzleistungen benötigt werden, nicht als Bedarfe für Unterkunft und Heizung im Rahmen der Leistungen zum Lebensunterhalt, sondern als Bedarfe im Rahmen der Leistungen zur Sozialen Teilhabe nach § 66 SGB XIV anerkannt.[16]

12 e) **Berücksichtigung der besonderen Lage der Geschädigten und Hinterbliebenen.** Für die Leistungen zum Lebensunterhalt gelten die Leistungsvoraussetzungen des Dritten bzw. Vierten Kapitels des SGB XII entsprechend, dabei ist nach **Abs. 1 S. 3** jedoch stets die besondere Lage der Geschädigten und Hinterbliebenen zu berücksichtigen. Der damit zum Ausdruck kommende **Individualisierungsgrundsatz** (→ § 92 Rn. 4, → § 93 Rn. 12, → § 98 Rn. 1 ff.) folgt aus den Besonderheiten der entschädigungsrechtlichen Zweckverfolgung des SGB XIV und leitet sich aus der Rechtsnatur der BLiE als ergänzende besondere Einzelfallhilfe ab. § 27a BVG enthält eine entsprechende Bestimmung.[17] Der TdSE ist verpflichtet, nach den Besonderheiten des Einzelfalls – insbeson-

---

11 Missverständlich daher die Gesetzesbegründung, wonach durch den Verweis in S. 3 die Leistungen – „wie nach dem BVG" – im Wesentlichen am notwendigen Bedarf nach dem Dritten und Vierten Kapitel des SGB XII ausgerichtet sind (BT-Drs. 19/13824, 210).

12 Abs. 3a eingefügt mit Art. 1 des Gesetzes zur Entlastung unterhaltsverpflichteter Angehöriger in der Sozialhilfe und in der Eingliederungshilfe vom 10.12.2019 mWv 13.12.2019 (BGBl. 2019 I 2135).

13 Vgl. Knickrehm/Mushoff/Schmidt Neues SozEntschR Rn. 306.

14 BT-Drs. 19/13824, 210.

15 BT-Drs. 19/13824, 210.

16 BT-Drs. 19/13824, 210.

17 Zur Eigenständigkeit der Kriegsopferfürsorge des BVG gegenüber dem Recht der Sozialhilfe vgl. BVerwG Urt. v. 1.10.1992 – 5 C 14.89, BVerwGE 91, 101 ff.

dere nach der Person des Leistungsberechtigten, der Art des Bedarfs, den örtlichen Verhältnissen, der Art und Schwere der Schädigung, dem Gesundheitszustand, dem Lebensalter und der Lebensstellung – den Umfang der Leistungen auszurichten. Das Individualisierungsgebot kann aber keinen eigenständigen, von den Regelungen der Sozialhilfe völlig abgekoppelten Leistungskatalog begründen, da Inhalt und Ausgestaltung der Leistungen zum Lebensunterhalt eng mit dem Sozialhilferecht verknüpft sind.[18] § 98 SGB XIV statuiert das Individualisierungsgebot für alle Besonderen Leistungen im Einzelfall.

II. Verhältnis zu anderen Leistungen

Abs. 2 und 3 nehmen, der Systematik des SGB XIV entsprechend, auf die Leistungen anderer Sozialleistungssysteme – hier **SGB VIII** und **BAföG** – Bezug. Die Neuausrichtung des SGB XIV folgt der Idee, nicht mehr alle Leistungen im SER vorzuhalten, sondern auf bereits vorhandene Leistungssysteme zurückzugreifen.[19] 13

1. Mit **Abs. 2** wird gewährleistet, dass Geschädigte und Waisen, die **Hilfe zur Erziehung** nach dem SGB VIII erhalten, einen Anspruch auf Leistungen zum Lebensunterhalt unabhängig davon haben, ob sie sich während des Bezugs der Hilfe zur Erziehung außerhalb oder innerhalb des elterlichen Haushalts befinden. Während der Leistungserbringung nach dem SGB VIII hat der Träger der Kinder- und Jugendhilfe nach § 39 SGB VIII den notwendigen Unterhalt des Kindes oder Jugendlichen **außerhalb** des Elternhauses sicherzustellen. Dessen Leistungen zur Sicherung des Lebensunterhalts gehen denen für Geschädigte oder Waisen nach Abs. 1 vor. Verbleibt der oder die Geschädigte bzw. Waise während des Bezugs von Leistungen der Erziehung im elterlichen Haushalt, erbringt – bei Bedürftigkeit – der TdSE die Leistungen zum Lebensunterhalt nach Abs. 1. 14

2. **Abs. 3 S. 1** statuiert den generellen **Anwendungsvorrang des BAföG** für unterhaltssichernde Leistungen zur Förderung einer nach dem BAföG förderungsfähigen Ausbildung.[20] Sind neben der BAföG-Leistung weitere Leistungen zum Lebensunterhalt erforderlich, erbringt diese der TdSE nach Maßgabe des Abs. 1, falls hierfür ein schädigungsbedingter Mehrbedarf besteht. Insofern müssen die allgemeinen Leistungsvoraussetzungen der BLiE gemäß § 92 Abs. 1 bis 3 SGB XIV erfüllt sein. Über die BAföG-Leistung hinausgehende Leistungen können beispielsweise Mehrbedarfe nach § 30 SGB XII, einmalige Bedarfe nach § 31 SGB XII oder nicht voll gedeckte Bedarfe für Unterkunft und Heizung sein. Die Möglichkeit für ergänzende Leistungen zum Lebensunterhalt besteht nach dem Wortlaut des **Abs. 3 S. 2** nur für Geschädigte. Für Hinterbliebene gilt der Anwendungsvorrang des BAföG uneingeschränkt. 15

§ 94 Leistung zur Förderung einer Ausbildung

(1) Soweit bei Geschädigten und Waisen die Förderung einer Ausbildung nach dem Bundesausbildungsförderungsgesetz als Darlehen schädigungsbedingt erfolgt, übernimmt der Träger der Sozialen Entschädigung auf Antrag die Rückzahlung des Darlehens.

(2) [1]Bei Waisen wird unterstellt, dass der Bedarf schädigungsbedingt ist, wenn

1. **der Tod eines Elternteils während der Ausbildung eintritt oder**
2. **die Ausbildung innerhalb von fünf Jahren nach dem Tod eines Elternteils beginnt.**

---

18 Vgl. zur KOF Empfehlungen zur Kriegsopferfürsorge, Stand 1.1.2020, Abschnitt 27 a.1, Unterabschnitt 27 a 1.1., S. 8.

19 Vgl. Knickrehm/Mushoff/Schmidt Neues SozEntschR Rn. 290.

20 BT-Drs. 19/13824, 210.

[2]Im Fall des Satzes 1 Nummer 1 gelten die Darlehensleistungen ab dem Zeitpunkt des Todes als schädigungsbedingt.

(3) [1]Der Antrag ist für nach § 17 Absatz 2 oder 3 des Bundesausbildungsförderungsgesetzes geleistete Darlehen innerhalb von drei Monaten nach Bekanntgabe des Bescheides des Bundesverwaltungsamtes nach § 18 Absatz 9 des Bundesausbildungsförderungsgesetzes zu stellen. [2]Für nach § 17 Absatz 3 des Bundesausbildungsförderungsgesetzes in der bis zum 31. Juli 2019 anzuwendenden Fassung geleistete Darlehen ist der Antrag innerhalb von drei Monaten nach Zugang der Mitteilung der Kreditanstalt für Wiederaufbau nach § 18c Absatz 8 des Bundesausbildungsförderungsgesetzes zu stellen. [3]Dem Antrag ist der Bescheid nach Satz 1 beziehungsweise die Mitteilung nach Satz 2 beizufügen.

(4) [1]Nach Kenntnis von der Unanfechtbarkeit des Bescheides nach Absatz 3 Satz 1 zahlt der Träger der Sozialen Entschädigung die von ihm zu übernehmende Darlehensschuld binnen drei Monaten in einer Summe an das Bundesverwaltungsamt zurück. [2]§ 18 Absatz 10 des Bundesausbildungsförderungsgesetzes findet keine Anwendung. [3]Nach Kenntnis vom Zugang der Mitteilung nach Absatz 3 Satz 2 zahlt der Träger der Sozialen Entschädigung die von ihm zu übernehmende Darlehensschuld binnen drei Monaten in einer Summe an die Kreditanstalt für Wiederaufbau zurück.

A. Gesetzesgeschichte

1 Die Leistung zur Förderung einer Ausbildung ist eine neue Leistung und hat keine direkte Vorgängervorschrift im BVG. Sie deckt einen Teilbereich der Erziehungsbeihilfe des § 27 BVG ab. Die Erziehungsbeihilfe nach § 27 BVG iVm §§ 18 ff. KFürsV[1] ist eine Leistung, die nur Beschädigte für ihre Kinder oder Waisen von Beschädigten höchstens bis zur Vollendung des 27. Lebensjahres erhalten können für die Bedarfe Erziehung, Ausbildung und Lebensunterhalt. Die Erziehungsbeihilfe soll eine „angemessene“ allgemeine und berufliche Ausbildung sicherstellen.[2] Die Leistungen der Erziehungsbeihilfe gibt es im SGB XIV nicht mehr. Ihr Entfallen steht mit der **systematischen Neuausrichtung des SGB XIV** in Zusammenhang (→ § 92 Rn. 13 ff.). Sie folgt dem Grundsatz, nicht mehr alle Leistungen für Geschädigte im SER vorzuhalten, sondern auf bereits vorhandene Leistungssysteme zurückzugreifen – hier auf das BAföG.[3] Der Bedarf „Erziehung“ soll nun originär von den Trägern des SGB VIII gedeckt werden und der Bedarf an lebensunterhaltssichernden Leistungen über die Leistungen zum Lebensunterhalt nach §§ 93 oder 64 SGB XIV bzw. bei Waisen nach Ablauf von fünf Jahren nach dem SGB II oder SGB XII.

1 KFürsV v. 16.1.1979 (BGBl. 1979 I 80), zuletzt geändert durch Art. 9 des G. v. 30.11.2019 (BGBl. 2019 I 1948). Die Verordnungsermächtigung findet sich in § 27 f. BVG. Die KFürsV wird aufgehoben durch Art. 58 Nr. 5 G. v. 12.12.2019, BGBl. 2019 I 2652 mWv 1.1.2024.
2 HK-SozEntschR/Grube BVG § 27 Rn. 1.
3 Vgl. Knickrehm/Mushoff/Schmidt Neues SozEntschR Rn. 290.

Die Leistung zur Förderung einer Ausbildung hat im **parlamentarischen Verfahren** einige Änderungen erfahren, die allesamt im Zusammenhang mit dem am 16.7.2019 in Kraft getretenen 26. BAföG-Änderungsgesetz[4] stehen. Insofern waren Anpassungen erforderlich (→ Rn. 12 f.).[5]

§ 94 SGB XIV tritt wie die Regelungen der BLiE des 11. Kapitels insgesamt am 1.1.2024 in Kraft.[6] 2

B. Normsystematik

I. Allgemeiner Regelungsgehalt

Die Vorschrift des § 94 SGB XIV befasst sich mit dem Anspruch auf die Leistung zur Förderung einer Ausbildung als BLiE. Aufbauend auf § 92 Abs. 1 und 6 SGB XIV bestimmt Abs. 1 den Kreis der Leistungsberechtigten, nämlich zum einen die Geschädigten und zum anderen – aus dem Kreis der Hinterbliebenen – die Waisen. Abs. 1 regelt, dass in den Fällen, in denen Geschädigte oder Waisen schädigungsbedingt eine Förderung nach dem BAföG als Darlehen erhalten haben, dieses Darlehen vom TdSE an das Bundesverwaltungsamt zurückgezahlt wird. Abs. 2 enthält eine Fiktionsregelung für Waisen bzgl. der Leistungsvoraussetzung eines schädigungsbedingten Förderbedarfs. Abs. 3 legt Einzelheiten zur Antragstellung fest und Abs. 4 Einzelheiten zu den Modalitäten der Darlehensrückzahlung durch den TdSE. 3

II. Systematische Einordnung

1. Allgemeines. Im Kapitel 11 sind die BLiE geregelt, die an die Stelle der fürsorgerischen Leistungen der Kriegsopferfürsorge nach dem BVG (§§ 25 bis 27l BVG) treten. Neben den Leistungen zum Lebensunterhalt (§ 93 SGB XIV), den Leistungen zur Weiterführung des Haushalts (§ 95 SGB XIV) und den Leistungen in sonstigen Lebenslagen (§ 96 SGB XIV) ist die Leistung zur Förderung einer Ausbildung Bestandteil des abschließenden Leistungskatalogs des § 92 Abs. 4 SGB XIV. Von den fürsorgerischen Leistungen des BVG sind einige wegen der Neuausrichtung und Neustrukturierung des SGB XIV ersatzlos weggefallen, weitere finden sich an anderer Stelle wieder (→ § 92 Rn. 14 ff.). Die BLiE ergänzen die übrigen Leistungen des SGB XIV (→ § 92 Rn. 1). Die allgemeinen, für die BLiE geltenden Leistungsvoraussetzungen sind in § 92 Abs. 1, 2, 3 und 6 SGB XIV normiert (schädigungsbedingter Bedarf → § 92 Rn. 26, finanzielle Hilfebedürftigkeit → § 92 Rn. 2, 26 und wirtschaftliche Kausalität → § 92 Rn. 3, 28 ff.). 4

2. Wesentliche Unterschiede zu den anderen BLiE. Die Leistung zur Förderung einer Ausbildung unterscheidet sich von den anderen BLiE in mehrfacher Hinsicht. Zwar setzt diese Leistung wie sämtliche Leistungen des SER nach § 25 SGB XIV einen schädigungsbedingten Bedarf voraus. Sie wird aber **nur auf Antrag** erbracht (§ 10 Abs. 2 S. 2 iVm S. 1 SGB XIV) und für sie gelten nicht die Bestimmungen des Kapitels 16 zum Einsatz von Einkommen und Vermögen (§ 105 Abs. 1 SGB XIV). Damit entfällt auch die Voraussetzung der finanziellen Hilfebedürftigkeit im Sinne des Kapitels 11 iVm Kapitel 16. Die „Bedürftigkeitsprüfung“ bzw. die Prüfung des Förderungsbedarfs richtet sich vielmehr nach den einschlägigen Bestimmungen des BAföG und obliegt dem Träger nach dem BAföG (→ Rn. 7). Daraus folgt zugleich, dass die wirtschaftliche Kausalität keine Leistungsvoraussetzung für die Leistung zur Förderung einer Ausbildung sein kann und die entsprechenden Bestimmungen in § 92 Abs. 1, 3 und 6 SGB XIV nicht zur Anwendung kommen (→ Rn. 7). 5

---

4 26. BAföGÄndG v. 8.7.2019, BGBl. 2019 I 1048.
5 Vgl. BT-Drs. 19/14870, 9 f. (Beschlussempfehlung und Bericht).
6 Art. 60 Abs. 7 G. v. 12.12.2019, BGBl. 2019 I 2652.

Damit stellt sich die Leistung zur Förderung einer Ausbildung im Kapitel 11 eigentlich als systemwidrig dar. Möglicherweise hat der Gesetzgeber hier die ergänzende Funktion der neuen Leistung – ähnlich einer BLiE – und den gewissen Sachzusammenhang mit der bisherigen Erziehungsbeihilfe – fürsorgerische Leistung – als maßgebend für die systematische Zuordnung angesehen. Ein Herauslösen dieser Leistung aus Kapitel 11 und die Schaffung eines eigenen Kapitels für sie wäre dennoch systematisch sachgerechter gewesen, zumal ein Kapitel mit nur einer Vorschrift im SGB XIV keine Seltenheit ist (zB Kapitel 8 und 12).

C. Einzelkommentierung

I. Absatz 1

6 **Abs. 1** normiert den Anspruch von Geschädigten (→ § 92 Rn. 25) und – aus dem Kreis der Hinterbliebenen – von Waisen auf die Leistung zur Förderung einer Ausbildung als eine der in § 92 Abs. 4 SGB XIV abschließend aufgeführten BLiE. Die unterhaltssichernde Leistung zur Förderung einer schulischen Ausbildung bzw. einer Hochschulausbildung wird **vorrangig** durch die Träger nach dem **BAföG** erbracht.[7] Erfolgt die Förderung nach dem BAföG als Darlehen schädigungsbedingt, übernimmt der TdSE die Rückzahlung des **Darlehens.** Die Vorschrift formuliert damit explizit die für sämtliche Leistungen des SER geltende Leistungsvoraussetzung eines schädigungsbedingten Bedarfs (siehe § 25 SGB XIV) speziell für die Leistung zur Förderung einer Ausbildung.

7 **1. Schädigungsbedingter Förderungsbedarf.** Maßgeblich für die Übernahme der Rückzahlungsverpflichtung ist der **schädigungsbedingte Förderungsbedarf** nach BAföG.[8] Den Förderungsbedarf als solchen hat allein der Träger nach dem BAföG zu prüfen und zu bescheiden. Der TdSE hat später – nur auf Antrag – zu prüfen, ob der Förderungsbedarf schädigungsbedingt war. Auf den Bedarf für die Befriedigung der Rückzahlungsverpflichtung nach Abschluss der Förderung kommt es bei der Entscheidung des TdSE nicht an.[9] Daher kommt eine Übernahme der Rückzahlung des Darlehens durch den TdSE nicht in Betracht, wenn die Schädigung nach abgeschlossener BAföG-Förderung in der **Rückzahlungsphase** eintritt.[10] In unmittelbarem Zusammenhang damit steht die Entscheidung des Gesetzgebers, die Leistung zur Förderung einer Ausbildung als einzige BLiE nicht vom Einsatz von Einkommen und Vermögen abhängig zu machen (→ § 105 Rn. 11). Begründet wird dies damit, dass die Berechtigten schädigungsbedingt auf BAföG angewiesen waren und es daher auf die Einkommens- und Vermögensverhältnisse nach Ende des BAföG-Bezugs nicht ankommt.[11] Die „Bedürftigkeitsprüfung" bzw. die Prüfung des Förderungsbedarfs obliegt vielmehr dem BAföG-Träger nach den einschlägigen Bestimmungen des BAföG. Eine Prüfung der finanziellen Hilfebedürftigkeit nach den Bestimmungen des Kapitels 16 findet nicht statt. Daraus folgt zugleich, dass die **wirtschaftliche Kausalität** keine Leistungsvoraussetzung für die Leistung zur Förderung einer Ausbildung sein kann und die entsprechenden Bestimmungen in § 92 Abs. 1, 3 u. 6 SGB XIV nicht zur Anwendung kommen. Denn die wirtschaftliche Kausalität setzt voraus, dass die Hilfebedürftigkeit auf den Schädigungsfolgen beruht. Ist bei der Leistung zur Förderung einer Ausbildung keine Hilfebedürftigkeit iSd § 92 Abs. 2 SGB XIV iVm dem Kapitel 16 als Leistungsvoraussetzung festzustellen, kann es auf einen Zusammenhang zwischen den Schädigungsfolgen und dem Unvermögen der Bedarfsdeckung (= Hilfebedürftigkeit)

7 Zur systematischen Neuausrichtung des SGB XIV → § 92 Rn. 13 ff.
8 BT-Drs. 19/13824, 210.
9 Vgl. BT-Drs. 19/13824, 210.
10 BT-Drs. 19/13824, 211.
11 Vgl. BT-Drs. 19/13824, 216.

nicht ankommen. Es kommt mithin allein darauf an, ob der Förderungsbedarf nach BAföG schädigungsbedingt war.

Tritt die Schädigung während der BAföG-Förderung ein und verlängert sich dadurch die Ausbildung, ist der Förderungsbedarf nach BAföG für die Zeit der Verlängerung durch die Schädigungsfolgen entstanden.[12] Der TdSE hat die Rückzahlung des Darlehens in diesem Fall ab dem Zeitpunkt des schädigenden Ereignisses zu übernehmen.[13] 8

Für einen (erhöhten) Förderungsbedarf kann es unterschiedliche Ursachen geben. Dies ist zB der Fall, wenn es Geschädigten durch die gesundheitliche Schädigung nicht (mehr) möglich ist, für ihren Lebensunterhalt etwa durch eine Tätigkeit neben dem Studium selbst zu sorgen.[14] Als weitere denkbare Fallkonstellation für einen **schädigungsbedingt erhöhten Förderungsbedarf** nennt die Gesetzesbegründung Auszubildende, die aufgrund ihrer Schädigung nicht mehr bei ihren Eltern wohnen können; auch dann übernimmt der TdSE die Darlehensverpflichtungen, die nach dem schädigenden Ereignis entstanden sind, in voller Höhe.[15] Letzteres ist zB denkbar, wenn ein Elternteil oder beide Elternteile die Schädiger sind. Denkbare weitere Fallkonstellationen wird die Verwaltungspraxis und Rechtsprechung zeigen. Allerdings dürfte die Leistung zur Förderung einer Ausbildung für Geschädigte eher seltener in Betracht kommen als für Waisen. 9

2. Bedarfsdeckungsprinzip. Der Gesetzgeber weist in der Gesetzesbegründung[16] ausdrücklich darauf hin, dass das **Bedarfsdeckungsprinzip** gilt, was durch den Wortlaut in Abs. 1, der von „Übernahme" der Darlehensrückzahlung spricht, deutlich gemacht werde. Damit entfalle die Leistungserbringung, soweit der BAföG-Empfänger bereits selbst Raten zurückgezahlt habe. § 94 SGB XIV erfasse keine Erstattungen.[17] Ebenso entfällt auch die Grundlage für eine Leistungserbringung bei vollständiger Darlehensrückzahlung durch die Geschädigten oder die Waisen.[18] 10

II. Sonderregelungen für Waisen

Abs. 2 trifft für die Leistungsvoraussetzung des schädigungsbedingten Förderungsbedarfs eine **Sonderregelung für Waisen**, indem er für zwei Fallgestaltungen eine **Fiktion** schafft. Die Fiktion greift nach **S. 1 Nr. 1**, wenn der Tod eines Elternteils (oder beider Elternteile im Erst-recht-Schluss) während der Ausbildung eintritt. Die Darlehensleistungen des BAföG-Trägers gelten nach **S. 2** dann ab dem Zeitpunkt des Todes als schädigungsbedingt. Nach **S. 1 Nr. 2** wird der Ursachenzusammenhang zwischen Tod und Förderungsbedarf auch unterstellt, wenn die Ausbildung innerhalb von fünf Jahren nach dem Tod eines Elternteils oder beider Elternteile beginnt. Damit sind allerdings Fallgestaltungen nicht ausgeschlossen, in denen der Tod eines Elternteils oder beider Elternteile länger als fünf Jahre zurückliegt. Hier erfolgt eine Einzelfallprüfung durch den TdSE.[19] 11

III. 26. BAföGÄndG, Vorbemerkung zu Abs. 3 und 4

Mit dem **26. BAföGÄndG**[20] hat der Gesetzgeber ab dem 1.8.2019 die Förderung über ein verzinsliches gesondertes Bankdarlehen der Kreditanstalt für Wiederaufbau (KfW) nach § 17 Abs. 3 BAföG in der am 31.7.2019 geltenden Fassung zugunsten einer För- 12

12 BT-Drs. 19/13824, 211.
13 BT-Drs. 19/13824, 211.
14 Vgl. Knickrehm/Mushoff/Schmidt Neues SozEntschR Rn. 312.
15 Vgl. BT-Drs. 19/13824, 211.
16 Vgl. BT-Drs. 19/13824, 210.
17 Vgl. BT-Drs. 19/13824, 210.
18 So auch Knickrehm/Mushoff/Schmidt Neues SozEntschR Rn. 314.
19 BT-Drs. 19/13824, 211.
20 BAföGÄndG v. 8.7.2019, BGBl. 2019 I 1048.

derung ausschließlich durch **zinsfreies Staatsdarlehen (Volldarlehen)** abgeschafft. Dies gilt zum einen für die sogenannte Hilfe zum Studienabschluss nach Überschreiten der für die reguläre Förderung maßgeblichen Regelstudienzeit (§ 15 Abs. 3a BAföG) und zum anderen für Fälle nach § 7 Abs. 3 BAföG, in denen aus wichtigem Grund eine Ausbildung abgebrochen oder die Fachrichtung gewechselt wurde. Auch das neue staatliche Volldarlehen wird – wie bereits das hälftige Darlehen nach § 17 Abs. 2 BAföG – ausschließlich durch das Bundesverwaltungsamt eingezogen. Der Verzicht auf verzinsliche Darlehenselemente soll nach dem Willen des Gesetzgebers möglichen Verschuldensängsten Betroffener begegnen, die wegen schwer kalkulierbarer Zusatzbelastungen infolge der Verzinslichkeit auf eine Fortsetzung des Studiums nach Ablauf der vorherigen regulären Förderung mit hälftigem Zuschussanteil verzichten könnten.[21]

13 Die damit in Zusammenhang stehenden gesetzlichen Änderungen des BAföG wurden im parlamentarischen Verfahren durch Änderungen im SGB XIV (§ 94 Abs. 3 und 4 SGB XIV) nachvollzogen.[22] Insbesondere sollte sichergestellt sein, dass das ab dem 1.8.2019 geltende zinsfreie staatliche Volldarlehen nach § 17 Abs. 3 BAföG vom Anwendungsbereich des § 94 SGB XIV erfasst ist.[23] Darlehen nach § 17 Abs. 2 und 3 BAföG werden für den Besuch von Höheren Fachschulen, Akademien und Hochschulen sowie für die Teilnahme an einem Praktikum, das im Zusammenhang mit dem Besuch dieser Ausbildungsstätten steht, gewährt.

IV. Antragsverfahren

14 **Abs. 3 S. 1** regelt die Antragsfrist für Geschädigte auf die Leistung zur Förderung einer Ausbildung. Diese ist die einzige BLiE, die nicht von Amts wegen erbracht wird (vgl. § 10 Abs. 2 S. 2 iVm S. 1 SGB XIV). Zur Begründung des § 10 Abs. 2 S. 2 SGB XIV führt der Gesetzgeber aus, dass die in § 94 Abs. 3 SGB XIV geregelte Antragsfrist dem TdSE eine zeitnahe Prüfung der Anspruchsberechtigung ermöglichen soll.[24] Die **dreimonatige Antragsfrist** beginnt nach S. 1 bei nach § 17 Abs. 2 und 3 BAföG geleisteten Darlehen mit der Bekanntgabe des Bescheides des Bundesverwaltungsamts nach § 18 Abs. 9 BAföG idF des 26. BAföGÄndG. Nach S. 1 dieser Vorschrift erteilt das Bundesverwaltungsamt den Darlehensnehmenden nach dem Ende der Förderungshöchstdauer – unbeschadet der Fälligkeit nach § 18 Abs. 4 bis 6 BAföG – jeweils einen Bescheid, in dem die Höhe der Darlehensschuld und die Förderungshöchstdauer festgestellt werden. Nach Eintritt der Unanfechtbarkeit des Bescheides sind diese Feststellungen nicht mehr zu überprüfen; insbesondere gelten die Vorschriften des § 44 SGB X nicht (§ 18 Ab. 9 S. 2 BAföG).

15 Für nach § 17 Abs. 3 BAföG in der bis zum 31.7.2019 anzuwendenden Fassung[25] geleistete Bankdarlehen der KfW ist der Antrag nach **S. 2** innerhalb von 3 Monaten nach Zugang der Mitteilung der KfW gem. § 18c Abs. 8 BAföG zu stellen. Gem. § 18c Abs. 8 S. 1 BAföG teilt die KfW dem Darlehensnehmer vor Beginn der Rückzahlung – unbeschadet der Fälligkeit nach § 18c Abs. 6 BAföG – die Höhe der Darlehensschuld und der gestundeten Zinsen, die für ihn geltende Zinsregelung, die Höhe der monatlichen Zahlungsbeträge sowie den Rückzahlungszeitraum mit. Auch wenn ab dem 1.8.2019 keine neuen KfW-Darlehen mehr bewilligt werden, hat die Rückzahlung der bis dahin bewilligten Bankdarlehen jedoch weiterhin gegenüber der KfW zu erfolgen.

---

21 Vgl. BT-Drs. 19/8749, 4.
22 BT-Drs. 19/14870, 9 f. (Beschlussempfehlung und Bericht).
23 Vgl. BT-Drs. 19/14870, 33 (Beschlussempfehlung und Bericht).
24 Vgl. BT-Drs. 19/13824, 174.
25 In der Bekanntmachung v. 7.12.2010, BGBl. 2010 I 1952.

Geschädigte und Waisen müssen nach **S. 3** dem Antrag beim TdSE den Bescheid des Bundesverwaltungsamts nach S. 1 bzw. die Mitteilung der KfW nach S. 2 beifügen. Dies dient der **Beschleunigung des Verwaltungsverfahrens.**[26] 16

Wird die Antragsfrist überschritten, ist die Leistung insgesamt zu versagen, es sei denn, es liegen die Voraussetzungen der **Wiedereinsetzung in den vorigen Stand** nach § 27 SGB X vor.[27] 17

V. Darlehensrückzahlung durch den TdSE

Abs. 4 regelt die **Rückzahlung** des Darlehens seitens des TdSE. Besteht ein Anspruch auf Leistungen zur Förderung einer Ausbildung, knüpft die Rückzahlung ausweislich **S. 1** an die Kenntnis des TdSE von der Unanfechtbarkeit des Bescheides des Bundesverwaltungsamts nach § 18 Abs. 9 BAföG an. S. 1 bestimmt ferner, dass der TdSE die von ihm zu übernehmende Darlehensschuld binnen drei Monaten in einer Summe an das Bundesverwaltungsamt zurückzahlt. Nach **S. 2** findet § 18 Abs. 10 BAföG keine Anwendung. Damit wird klargestellt, dass der TdSE die zu übernehmende Darlehensschuld vollständig zurückzahlt **ohne Nachlassmöglichkeit**, die § 18 Abs. 10 BAföG bei Rückzahlung in einer Summe einräumt. Die Rückzahlung nach § 17 Abs. 3 BAföG in der bis zum 31.7.2019 anzuwendenden Fassung[28] geleisteter Bankdarlehen der KfW knüpft nach **S. 3** an die Kenntnis des TdSE vom Zugang der Mitteilung der KfW nach § 18c Abs. 8 BAföG an. Auch hier ist die vom TdSE zu übernehmende Darlehensschuld binnen drei Monaten in einer Summe an die KfW zurückzuzahlen. 18

§ 95 Leistungen zur Weiterführung des Haushalts

(1) [1]Geschädigte mit eigenem Haushalt erhalten Leistungen zur Weiterführung des Haushalts, wenn weder sie selbst noch, falls sie mit anderen Haushaltsangehörigen zusammenleben, die anderen Haushaltsangehörigen den Haushalt führen können und die Weiterführung des Haushalts geboten ist. [2]Die Leistungen sollen in der Regel nur vorübergehend erbracht werden. [3]Leistungen sind unbefristet zu erbringen, wenn

1. **durch die Leistungen die Unterbringung in einer stationären Einrichtung vermieden oder aufgeschoben werden kann oder**
2. **unwahrscheinlich ist, dass die fehlende Fähigkeit, den Haushalt zu führen, behoben werden kann.**

(2) Die Leistungen umfassen die persönliche Betreuung von Haushaltsangehörigen sowie die sonstige zur Weiterführung des Haushalts erforderliche Tätigkeit.

(3) [1]Geschädigten im Sinne des Absatzes 1 sind die angemessenen Aufwendungen für eine haushaltsführende Person zu erstatten. [2]Es können auch angemessene Beihilfen geleistet sowie Beiträge der haushaltsführenden Person für eine angemessene Alterssicherung übernommen werden, wenn diese nicht anderweitig sichergestellt ist. [3]Ist neben oder anstelle der Weiterführung des Haushalts die Heranziehung einer besonderen Person zur Haushaltsführung erforderlich oder eine Beratung oder zeitweilige Entlastung der haushaltsführenden Person geboten, sind die angemessenen Kosten zu übernehmen.

(4) Die Leistungen können auch durch Übernahme der angemessenen Kosten für eine vorübergehende anderweitige Unterbringung von Haushaltsangehörigen erbracht werden, wenn diese Unterbringung in besonderen Fällen neben oder statt der Weiterführung des Haushalts geboten ist.

26 Vgl. BT-Drs. 19/13824, 211.
27 Knickrehm/Mushoff/Schmidt Neues SozEntschR Rn. 314.
28 In der Bekanntmachung v. 7.12.2010, BGBl. 2010 I 1952.

A. Gesetzesgeschichte

1 § 95 SGB XIV ist die Nachfolgeregelung zu § 26d BVG[1] und sieht Leistungen zur Weiterführung des Haushalts vor. Leistungsberechtigt sind nur Geschädigte und nicht – wie in § 26d BVG – auch Hinterbliebene, was auf die Neuausrichtung des SER zurückzuführen ist (→ § 92 Rn. 13 ff.). Im Unterschied zu § 26d BVG (Soll-Vorschrift) besteht ein **gebundener Anspruch** auf die Leistungen zur Weiterführung des Haushalts. In letzterer Hinsicht unterscheidet sich § 95 SGB XIV auch von § 70 SGB XII[2], der die Leistungen zur Weiterführung des Haushalts im Rahmen der Sozialhilfe regelt. Ansonsten orientiert sich § 95 SGB XIV hinsichtlich der Leistungsberechtigung und des Umfangs an § 70 SGB XII. Abweichend von § 26d BVG und § 70 SGB XII wird allerdings die Leistungsdauer nach § 95 Abs. 1 S. 3 Nr. 1 SGB XIV, die grundsätzlich – im typischen Fall (Soll-Vorschrift) – eine **vorübergehende** ist, um einen weiteren Fall erweitert, in dem die Leistungen **unbefristet** zu erbringen sind (als gebundener Anspruch). Dies betrifft Geschädigte, bei denen unwahrscheinlich ist, dass die fehlende Fähigkeit, den Haushalt zu führen, behoben werden kann. Insoweit wird wiederrum der besonderen Entschädigungssituation mittels einer Erweiterung der Leistungen durch das SGB XIV Rechnung getragen.[3]

2 Nicht in § 95 Abs. 1 SGB XIV wurde § 26d Abs. 1 S. 2 BVG[4] übernommen, der bestimmt, dass der Träger der KOF darauf hinwirken soll, dass die Weiterführung des Haushalts durch Personen, die den Beschädigten (und Hinterbliebenen) nahestehen, oder im Wege der Nachbarschaftshilfe übernommen wird. Der Grund hierfür lässt sich der Gesetzesbegründung[5] nicht entnehmen. Zu vermuten ist, dass die Vorschrift in der Praxis kaum eine Rolle gespielt haben dürfte. Außerdem ergibt sich bereits aus Abs. 3 S. 2, dass der Gesetzgeber für die Weiterführung des Haushalts vorrangig nicht gewerbsmäßig handelnde Personen im Blick hatte, also Personen aus dem persönlichen Umfeld des oder der Geschädigten (→ Rn. 25).

3 § 95 SGB XIV tritt wie die Regelungen der BLiE des Kapitels 11 insgesamt am 1.1.2024 in Kraft.[6]

1 In der Fassung des Dritten Pflegestärkungsgesetzes v. 23.12.2016, BGBl. 2016 I 3191.
2 In der Fassung des Dritten Pflegestärkungsgesetzes v. 23.12.2016, BGBl. 2016 I 3191.
3 Knickrehm/Mushoff/Schmidt Neues SozEntschR Rn. 316.
4 S. 2 eingefügt durch Art. 12 Nr. 5 des Dritten Pflegestärkungsgesetzes v. 23.12.2016, BGBl. 2016 I 3191, mWv 1.1.2017. Die Regelung wurde bis dahin durch einen Verweis in § 26d Abs. 3 BVG auf den bisherigen § 26c Abs. 7 S. 1 BVG erreicht. Nach Neufassung zuletzt genannter Vorschrift war eine eigenständige Regelung in § 26d BVG erforderlich (BT-Drs. 18/9518, 102).
5 Vgl. BT-Drs. 19/13824, 211.
6 Art. 60 Abs. 7 G. v. 12.12.2019, BGBl. 2019 I 2652.

B. Normsystematik

I. Allgemeiner Regelungsgehalt

In **Abs. 1** werden die Voraussetzungen der Leistungen zur Weiterführung des Haushalts festgelegt. **Abs. 2** bestimmt den Umfang der Leistungen. **Abs. 3** regelt die Übernahme der angemessenen Aufwendungen einer Hilfsperson, die Leistung angemessener Beihilfen und die Beiträge für eine angemessene Alterssicherung der haushaltsführenden Person sowie die Übernahme der Kosten einer professionellen Hilfskraft und Beratung oder zeitweilige Entlastung der haushaltsführenden Person. Erweiternd legt **Abs. 4** fest, dass auch die Übernahme der Kosten für eine vorübergehende anderweitige Unterbringung von Haushaltsangehörigen möglich ist, wobei es sich gerade nicht um eine Weiterführung des bestehenden Haushalts handelt.[7] 4

II. Systematische Einordnung

Im Kapitel 11 sind die BLiE geregelt, die an die Stelle der fürsorgerischen Leistungen der Kriegsopferfürsorge (KOF) nach dem BVG (§§ 25 bis 27l BVG) treten. Neben den Leistungen zum Lebensunterhalt (§ 93 SGB XIV), der Leistung zur Förderung einer Ausbildung (§ 94 SGB XIV) und den Leistungen in sonstigen Lebenslagen (§ 96 SGB XIV) sind die Leistungen zur Weiterführung des Haushalts Bestandteil des abschließenden Leistungskatalogs des § 92 Abs. 4 SGB XIV. Die BLiE ergänzen die übrigen Leistungen des SGB XIV. Die allgemeinen, für die BLiE geltenden Leistungsvoraussetzungen sind in § 92 Abs. 1, 2, 3 und 6 SGB XIV normiert (schädigungsbedingter Bedarf → § 92 Rn. 26, finanzielle Hilfebedürftigkeit → § 92 Rn. 2, 26 und wirtschaftliche Kausalität → § 92 Rn. 3, 28 ff.). Die Leistungen zur Weiterführung des Haushalts werden nach § 26 Abs. 3 Nr. 4 SGB XIV auf Antrag durch ein **Persönliches Budget** erbracht. 5

III. Normzweck

Mit den Leistungen zur Weiterführung des Haushalts soll den Geschädigten die **Aufrechterhaltung ihres bestehenden Haushalts** als Lebensmittelpunkt gewährleistet werden, wenn weder sie selbst noch ein anderer Haushaltsangehöriger vorübergehend oder – in bestimmten Fällen – langfristig hierzu in der Lage sind. Ein wesentliches Ziel der Norm ist die **Betreuung haushaltsangehöriger Personen** und die Weiterführung des Haushalts für sie, wie Abs. 2 zeigt.[8] In diesem Fall besteht die Besonderheit, dass vordergründig keine Leistungen für die oder den Geschädigten selbst erbracht werden, weil nicht ein in ihrer Person bestehender Bedarf gedeckt werden soll, sondern der Bedarf anderer mit der oder dem Geschädigten zusammenlebender Personen, deren Bedarf die oder der Geschädigte bisher gedeckt hat.[9] In der Literatur wird die Vorschrift insofern als systemwidrig bezeichnet.[10] 6

Die Leistungen zur Weiterführung des Haushalts können auch **alleinstehenden Geschädigten** erbracht werden, wenn sie zur selbstständigen Haushaltsführung nicht in der Lage sind. Sie erhalten dann Leistungen für sonstige zur Weiterführung des Haushalts erforderliche Tätigkeiten iSd Abs. 2 Hs. 2. Für § 70 SGB XII in der bis zum 31.12.2016 geltenden Fassung ging das BSG davon aus, dass bei einem Ein-Personen-Haushalt Leistungen nach § 70 SGB XII grundsätzlich nicht in Betracht kamen.[11] Dies 7

---

7 Zum SGB XII vgl. jurisPK-SGB XII/Sehmsdorf, 3. Aufl. 2020 (Stand: 3.2.2020), § 70 Rn. 9.
8 Zum gleichlautenden § 70 SGB XII vgl. BSG Urt. v. 11.12.2007 – B 8/9b SO 12/06.
9 Knickrehm/Mushoff/Schmidt Neues SozEntschR Rn. 318.
10 Für das SGB XII vgl. jurisPK-SGB XII/Sehmsdorf, 3. Aufl. 2020 (Stand: 3.2.2020), § 70 Rn. 11.
11 Vgl. BSG Urt. v. 11.12.2007 – B 8/9b SO 12/06.

hat den Gesetzgeber zu einer Neufassung des § 70 SGB XII mit Wirkung vom 1.1.2017 veranlasst.[12] Mit der neu eingefügten Formulierung „...falls sie mit anderen Haushaltsangehörigen zusammenleben ...“ wurde klargestellt, dass Hilfe zur Weiterführung des Haushalts auch Personen mit eigenem Hausstand erhalten, die alleine leben. In § 95 Abs. 1 S. 1 SGB XIV ist die gleichlautende Formulierung übernommen worden.

8 Mit den Leistungen zur Weiterführung des Haushalts soll den Geschädigten ein Verbleiben im gewohnten Lebensumfeld gesichert bzw. die Weiterversorgung Haushaltsangehöriger in der eigenen Wohnung ermöglicht werden.

C. Einzelkommentierung

I. Absatz 1

9 Abs. 1 regelt die Anspruchsvoraussetzungen der Leistungen zur Weiterführung des Haushalts. Anspruchsberechtigt sind nur **Geschädigte** und keine weiteren Berechtigten im Sinne des § 2 SGB XIV, auch wenn es im Falle der Betreuung haushaltsangehöriger Personen um die Deckung von deren Bedarf geht.

10 **1. Allgemeine Leistungsvoraussetzungen.** Es müssen zunächst die **allgemeinen Leistungsvoraussetzungen** der BLiE (→ § 92 Rn. 25 ff.) erfüllt sein, wodurch sich diese Leistung von der entsprechenden Leistung in der Sozialhilfe (§ 70 SGB XII) unterscheidet. Der Bedarf an Leistungen zur Weiterführung des Haushalts muss in der Person des oder der Geschädigten schädigungsbedingt sein, was sich aus § 25 SGB XIV ergibt. Notwendig ist also ein **Kausalzusammenhang** zwischen den Folgen der gesundheitlichen Schädigung und der mangelnden Fähigkeit, den Haushalt selbst weiterführen zu können (→ Rn. 13). Diesen Bedarf kann der oder die Geschädigte nicht aus eigenem Einkommen und Vermögen decken (finanzielle Hilfebedürftigkeit → § 92 Rn. 2, 26). Ebenso müssen die Voraussetzungen der **wirtschaftlichen Kausalität** erfüllt sein (→ § 92 Rn. 3, 28 ff.). Das bedeutet, dass das Unvermögen, den Bedarf an Leistungen zur Weiterführung des Haushalts aus eigenen Mitteln zu decken, durch die Schädigungsfolgen entstanden sein muss.

11 **2. Tatbestandsvoraussetzungen. a) Eigener Haushalt.** Nach **S. 1** muss zunächst ein **eigener Haushalt** bestehen. Das BSG definiert Haushalt als eine wohnungsmäßige Lebens- und Wirtschaftsführung.[13] Eine abgeschlossene Wohnung ist für die Führung eines eigenen Haushalts nicht notwendig, auch in einer Wohngemeinschaft kann ein eigener Haushalt geführt werden.[14] Es kann sich um einen Einzelhaushalt oder einen Mehrpersonenhaushalt handeln. Dass Leistungen zur Weiterführung des Haushalts auch an **alleinstehende Geschädigte** erbracht werden können, ist dem Wortlaut des Abs. 1 S. 1 („... falls sie mit anderen Haushaltsangehörigen zusammenleben ...“) eindeutig zu entnehmen und beruht auf der Änderung der Parallelvorschrift des § 70 SGB XII mit dem PSG III (→ Rn. 7). Bei **Einpersonenhaushalten** handelt es sich aber nur dann um eine Leistung iSd § 95 SGB XIV, wenn diese Person im Haushalt verbleibt. So ist zB die Kurzunterbringung in einem Pflegeheim keine Leistung iSd § 95 SGB XIV, auch wenn in absehbarer Zeit die Rückkehr in den Haushalt in Aussicht steht.[15]

12 Leben Geschädigte mit anderen Haushaltsangehörigen zusammen und geht es um die Weiterführung des Haushalts für diese Personen, muss eine **Haushaltsgemein-**

---

12 Änderung des § 70 durch das Dritte Pflegestärkungsgesetz v. 23.12.2016, BGBl. 2016 I 3191; vgl. auch BT-Drs. 18/9518, 98.
13 Vgl. BSG Urt. v. 1.9.2005 – B 3 KR 19/04 R mwN.
14 Vgl. jurisPK-SGB XII/Sehmsdorf, 3. Aufl. 2020 (Stand: 3.2.2020), § 70 Rn. 14.
15 Vgl. zu § 26d BVG Empfehlungen zur Kriegsopferfürsorge, Stand 1.1.2020, Abschnitt 26d.3., S. 5.

schaft[16] in Form eines gemeinsamen Wohnens und Wirtschaftens bestehen, wobei eine verwandtschaftliche Beziehung nicht notwendig ist.[17] In eheähnlicher Lebensgemeinschaft lebende Partner sind damit auch erfasst.

b) Unfähigkeit zur Weiterführung des Haushalts. Weitere Leistungsvoraussetzung ist die **Unfähigkeit zur Weiterführung des Haushalts,** die in der Person der Geschädigten vorliegen muss und, wenn sie mit anderen Haushaltsangehörigen zusammenleben, auch in deren Person. Aus welchen Gründen die Unfähigkeit zur Haushaltsführung besteht, ist nach dem Wortlaut des Abs. 1 S. 1 nicht vorgegeben. Bei den Geschädigten selbst ergibt sich aber aus der allgemeinen Leistungsvoraussetzung des § 25 SGB XIV, dass der **Bedarf schädigungsbedingt** sein muss. Die fehlende Fähigkeit zur Haushaltsführung muss also durch die Schädigungsfolgen bedingt sein. Physische Schädigungsfolgen mit für die Haushaltsführung relevanten **Funktionsbeeinträchtigungen** dürften der Hauptanwendungsfall sein. Aber auch psychische Schädigungsfolgen sind denkbar, wenn sie mit willentlich nicht überwindbaren Hemmnissen einhergehen oder sich – wie zB bei schwereren depressiven Störungen möglich – auf die Fähigkeit zur persönlichen Betreuung von Haushaltsangehörigen besonders auswirken. 13

Bei der Frage, ob die Leistungen zur Weiterführung des Haushalts gemäß § 105 Abs. 3 SGB XIV **einkommens- und vermögensunabhängig** erbracht werden können, weil der Bedarf **ausschließlich** schädigungsbedingt ist, gilt die Besonderheit, dass dies grundsätzlich nur bei alleinstehenden Geschädigten in Betracht kommt (→ § 105 Rn. 20). 14

Fällt der haushaltsführende Haushaltsangehörige aus und können die Geschädigten aus schädigungsbedingten Gründen die Haushaltsführung nicht übernehmen, besteht – wenn keine anderen Haushaltsangehörigen in Betracht kommen – ein Anspruch auf die Leistungen des § 95 SGB XIV. Können die Geschädigten die Haushaltsführung aus anderen Gründen, insbesondere wegen eigener Erwerbstätigkeit nicht übernehmen, ist der Bedarf nicht schädigungsbedingt und es besteht kein Leistungsanspruch. Bei den Haushaltsangehörigen selbst ist es gleichgültig, aus welchem Grund die Unfähigkeit zur Haushaltsführung besteht. Hauptanwendungsfälle dürften aber auch bei ihnen – ebenso wie im Anwendungsbereich des gleichlautenden § 70 SGB XII – Krankheit oder Pflegebedürftigkeit sein.[18] 15

Für Geschädigte und Haushaltsangehörige gilt, dass die Unfähigkeit zur Haushaltsführung grundsätzlich **zwingend** sein muss.[19] Zu fragen ist bei Haushaltsangehörigen, ob die Haushaltsführung von der in Frage kommenden Person billigerweise erwartet werden kann.[20] Hierbei sind sowohl die objektiven Fähigkeiten der Person als auch die **Zumutbarkeit** der Haushaltsführung zu berücksichtigen.[21] Kindern ist eine Haushaltsführung kaum möglich und zumutbar, bei Jugendlichen kann es sich schon anders darstellen, wenn ihre Schul- oder Berufsausbildung nicht darunter leiden.[22] Wenn mehrere Haushaltsangehörige vorhanden sind und ein einzelner alleine zur vollständigen Haushaltsführung nicht in der Lage ist, ist auch ein **Zusammenwirken** zumutbar, wenn hierdurch die Haushaltsführung bewältigt werden kann.[23] Es wird dann bei der Prüfung der Zumutbarkeit auf das Ausmaß der zu übernehmenden Arbeiten im Haushalt ankommen. 16

---

16 Auf die Rechtsprechung und Literatur zur Haushaltsgemeinschaft iSd § 39 SGB XII kann zurückgegriffen werden.
17 Vgl. jurisPK-SGB XII/Sehmsdorf, 3. Aufl. 2020 (Stand: 3.2.2020), § 70 Rn. 16.
18 Vgl. jurisPK-SGB XII/Sehmsdorf, 3. Aufl. 2020 (Stand: 3.2.2020), § 70 Rn. 9.
19 Vgl. hierzu im Einzelnen Grube/Wahrendorf/Flint/Deckers SGB XII § 70 Rn. 9.
20 Vgl. jurisPK-SGB XII/Sehmsdorf, 3. Aufl. 2020 (Stand: 3.2.2020), § 70 Rn. 19.
21 Vgl. Grube/Wahrendorf/Flint/Deckers SGB XII § 70 Rn. 10.
22 Vgl. Grube/Wahrendorf/Flint/Deckers SGB XII § 70 Rn. 10.
23 SG Düsseldorf Urt. v. 15.12.2009 – S 42 (29, 44) SO 71/05.

17 Ein Anspruch auf Leistungen zur Weiterführung des Haushalts besteht nicht, wenn ein Haushaltsangehöriger unter Beachtung der eigenen Möglichkeiten und Fähigkeiten den Haushalt führen und ihm das auch zugemutet werden kann.[24] Wäre ein Haushaltsangehöriger zur Haushaltsführung in der Lage, **verweigert** dies jedoch, so ist nach dem eindeutigen Wortlaut die Hilfegewährung ausgeschlossen.[25]

18 Leistungen zur Weiterführung des Haushalts setzen einen Unterstützungsbedarf für die **wesentlichen Tätigkeiten der Haushaltsführung** voraus.[26] Nicht erforderlich ist also, dass die haushaltsführende Person gar keine Verrichtungen im Haushalt mehr leisten kann. Entscheidend ist, ob die Aufrechterhaltung des Haushalts gefährdet ist.[27]

19 **c) Gebotensein der Haushaltsweiterführung.** Als weitere Leistungsvoraussetzung muss die **Haushaltsweiterführung geboten** sein. Dies ist der Fall, wenn ansonsten die Auflösung des Haushalts droht. Leistungen zur Weiterführung des Haushalts sind immer geboten, wenn **minderjährige Kinder** im Haushalt leben[28] oder sich bei Alleinstehenden oder bei Ehepaaren durch die Leistung eine stationäre Unterbringung vermeiden oder verzögern lässt. Geboten kann eine Weiterführung des Haushalts aber auch dann sein, wenn ein anderer Haushaltsangehöriger die Haushaltsführung nur unter unzumutbaren Bedingungen wahrnehmen würde, zB der erwerbstätige Ehepartner seine Erwerbstätigkeit etwa aufgeben müsste, um die minderjährigen Kinder zu betreuen und die Familie dann ggf. auf Hilfe zum Lebensunterhalt angewiesen wäre.[29] Bei **pflegebedürftigen Haushaltsangehörigen** wäre die Haushaltsauflösung ebenfalls nicht vertretbar; zu prüfen ist in diesem Fall jedoch, ob die Haushaltsangehörigen nicht einen eigenen Anspruch – beispielsweise nach den Vorschriften des SGB XI oder über die Hilfe zur Pflege nach dem SGB XII – haben (→ Rn. 34).[30]

20 **d) Vorübergehende Verhinderung.** Nach **S. 2** sollen die Leistungen in der Regel nur vorübergehend erbracht werden. Die Vorschrift stellt – ebenso wie § 26d BVG und § 70 SGB XII – in erster Linie auf eine **vorübergehende Verhinderung** der haushaltsführenden Person ab im Sinne einer **Überbrückungshilfe.**[31] Es kommt mithin darauf an, ob ein Ende der Notlage absehbar ist.[32] Handelt es sich bei der Verhinderung der haushaltsführenden Person um einen Dauerzustand, so ist die Leistung grundsätzlich auch für einen vorübergehenden Zeitraum ausgeschlossen.[33] Etwas anderes gilt, wenn die Voraussetzungen des Abs. 1 S. 3 vorliegen.

21 **e) Unbefristete Leistungserbringung. S. 3** regelt zwei Fallgestaltungen, die – als gebundener Anspruch – eine **unbefristete Leistungserbringung** zulassen. Dies gilt nach **S. 3 Nr. 1** zunächst für den Fall, dass durch die Leistungen die Unterbringung in einer stationären Einrichtung vermieden oder aufgeschoben werden kann. In der Praxis dürfte diese Vorschrift vor allem bei alten Menschen eine Rolle spielen oder bei Geschädigten mit schweren Schädigungsfolgen und ausgeprägtem Unterstützungsbedarf. Auf die Abgrenzung von vorrangigen anderen Leistungen ist in diesen Fällen besonders zu achten (→ Rn. 33 ff.).

---

24 Vgl. zu § 26d BVG Empfehlungen zur Kriegsopferfürsorge, Stand 1.1.2020, Abschnitt 26d.3., S. 5.
25 BVerwG Urt. v. 5.6.1968 – V C 116.67; so auch jurisPK-SGB XII/Sehmsdorf, 3. Aufl. 2020 (Stand: 3.2.2020), § 70 Rn. 21; aA Grube/Wahrendorf/Flint/Deckers SGB XII § 70 Rn. 10.
26 Vgl. zu § 26d BVG Empfehlungen zur Kriegsopferfürsorge, Stand 1.1.2020, Abschnitt 26d.3., S. 3; vgl. auch LSG NRW Urt. v. 16.9.2005 – L 20 B 9/05 SO ER.
27 jurisPK-SGB XII/Sehmsdorf, 3. Aufl. 2020 (Stand: 3.2.2020), § 70 Rn. 18.
28 Vgl. BVerwG Urt. v. 5.6.1968 – V C 116.67.
29 Vgl. Grube/Wahrendorf/Flint/Deckers SGB XII § 70 Rn. 11.
30 Vgl. jurisPK-SGB XII/Sehmsdorf, 3. Aufl. 2020 (Stand: 3.2.2020), § 70 Rn. 22.
31 Vgl. auch BayVGH Beschl. v. 25.3.2003 – 12 ZB 02.2456.
32 Vgl. Grube/Wahrendorf/Flint/Deckers SGB XII § 70 Rn. 12 mwN.
33 Vgl. jurisPK-SGB XII/Sehmsdorf, 3. Aufl. 2020 (Stand: 3.2.2020), § 70 Rn. 22.

Abweichend von § 26d BVG und § 70 SGB XII ist in **S. 3 Nr. 2** ein weiterer Fall genannt, in dem die Leistungen unbefristet zu erbringen sind. Dies gilt dann, wenn **unwahrscheinlich** ist, dass die fehlende Fähigkeit, den Haushalt zu führen, behoben werden kann. Mit Blick auf den Berechtigtenkreis des SER macht diese Ergänzung bei Geschädigten Sinn, die – unabhängig vom Alter – gesundheitlich dauerhaft geschädigt sind und deren Funktionsbeeinträchtigungen für die Haushaltsführung relevant sind. Die vom Gesetzgeber gewählte Formulierung des S. 3 Nr. 2 erinnert an § 102 Abs. 2 S. 5 SGB VI. Danach werden Renten wegen verminderter Erwerbsfähigkeit, auf die ein Anspruch unabhängig von der jeweiligen Arbeitsmarktlage besteht, unbefristet geleistet, wenn unwahrscheinlich ist, dass die Minderung der Erwerbsfähigkeit behoben werden kann. „Unwahrscheinlich" im Sinne von § 102 Abs. 2 S. 5 SGB VI ist dahin gehend zu verstehen, dass schwerwiegende medizinische Gründe gegen eine – rentenrechtlich relevante – Besserungsaussicht sprechen müssen, also dann, wenn aus ärztlicher Sicht bei Betrachtung des bisherigen Verlaufs nach medizinischen Erkenntnissen – auch unter Berücksichtigung noch vorhandener therapeutischer Möglichkeiten – eine Besserung nicht anzunehmen ist, durch welche sich eine rentenrechtlich relevante Steigerung der Leistungsfähigkeit des Versicherten ergeben würde. Erheblich ist allein, dass alle therapeutischen Möglichkeiten in Betracht gezogen werden müssen, um ein qualitatives oder quantitatives Leistungshindernis zu beheben.[34] Die zahlreiche Rechtsprechung und Kommentarliteratur[35] zu dieser rentenrechtlichen Vorschrift kann auf § 95 Abs. 1 S. 3 Nr. 2 SGB XIV entsprechend übertragen werden. Für die zu treffende medizinisch fundierte **Prognoseeinschätzung** wird der TdSE in der Regel seinen ärztlichen Dienst hinzuzuziehen haben. 22

II. Leistungsumfang

Die Leistungen umfassen nach **Abs. 2** die **persönliche Betreuung von Haushaltsangehörigen** und die sonstige zur Weiterführung des Haushalts erforderliche Tätigkeit. Zu ersterem zählen insbesondere die Beaufsichtigung, Beschäftigung, Versorgung sowie Unterstützung bei Schulaufgaben von im Haushalt lebenden Kindern, bei anderen Haushaltsangehörigen die Anleitung, Überwachung und geringfügige Hilfestellung bei den Verrichtungen im Ablauf des täglichen Lebens, soweit sie nicht den Leistungen bei Pflegebedürftigkeit zuzuordnen sind.[36] Körperbezogene Pflegemaßnahmen und pflegerische Betreuungsmaßnahmen für pflegebedürftige Haushaltsangehörige werden von den Leistungen nach § 95 SGB XIV nicht umfasst, hier sind die Leistungen bei Pflegebedürftigkeit nach dem SGB XI und den §§ 61 ff. SGB XII vorrangig. Sonstige zur **Weiterführung des Haushalts** erforderliche Tätigkeiten sind Verrichtungen wie zB Wohnungsreinigung, Einkaufen, Zubereitung der Mahlzeiten, Reinigung der Wäsche und Pflege des Hausgrundstücks. Erfasst wird auch die Unterstützung bei den für die alltägliche Lebensführung notwendigen geschäftlichen Belangen.[37] 23

Zum **stundenmäßigen Umfang** der Hilfen trifft die Vorschrift keine Regelung. Eine Begrenzung ergibt sich aus dem unbestimmten Rechtsbegriff der **Erforderlichkeit**, der vom Bedarf im Einzelfall auszufüllen ist. Insofern hat der TdSE zu prüfen, welche konkreten Defizite mit den Leistungen auszugleichen sind. Zur Ermittlung von Art und Umfang der notwendigen Leistungen zur Weiterführung des Haushalts bietet sich – je nach Einzelfall – die Hinzuziehung von Stellungnahmen des Sozialdienstes, 24

34 BSG Urt. v. 29.3.2006 – B 13 RJ 31/05 R.
35 Vgl. zB jurisPK-SGB VI/Schmidt/Kador, 2. Aufl. (Stand 3.8.2020), § 102 Rn. 7f.
36 Vgl. zu § 26d BVG Empfehlungen zur Kriegsopferfürsorge, Stand 1.1.2020, Abschnitt 26d.4., S. 7.
37 Vgl. Begründung zum Zweiten Pflegestärkungsgesetz (PSG II) v. 21.12.2015, BT-Drs. 18/5926, 121.

des Sozialpsychiatrischen Dienstes[38], des ärztlichen Dienstes des TdSE, von etwaigen Gutachten des MDK, ärztlichen substantiierten Bescheinigungen etc an. Zu berücksichtigen ist aber auch, in welchem Umfang die anderen Haushaltsangehörigen bei der Haushaltsführung mitwirken können.[39] Nicht sämtliche Hausarbeiten müssen von fremden Kräften erledigt werden.[40] Dem erwerbstätigen Ehepartner kann es durchaus zumutbar sein, in den Abendstunden bestimmte Aufgaben bei der Haushaltsführung zu übernehmen.[41]

III. Art und Höhe der Leistungen

25 **Abs. 3** trifft Bestimmungen zu Art und Höhe der Leistungen. Nach **S. 1** sind Geschädigten die angemessenen Aufwendungen für eine haushaltsführende Person zu erstatten. Aus der Formulierung in S. 3, wonach eine „besondere Person" zur Haushaltsführung nur unter bestimmten Voraussetzungen herangezogen werden kann, ist zu schließen, dass der Gesetzgeber vorrangig **nicht gewerbsmäßig handelnde Personen** im Blick hatte, also Personen aus dem persönlichen Umfeld der oder des Geschädigten.[42] Es sollen vorrangig Leistungen für private Kräfte erbracht werden wie Angehörige, Nachbarn oder sonstige nahestehende Personen, wobei es sich nicht um eine der Haushaltsgemeinschaft zugehörige Person handeln darf. Wird der Haushalt von einer privaten Kraft weitergeführt, sind den Geschädigten nach S. 1 die **angemessenen Aufwendungen** für diese Person zu erstatten – wie zB Fahrtkosten, Beiträge zur privaten Unfallversicherung, Kosten der Trennung vom eigenen Haushalt, Kosten der Betreuung der eigenen Kinder der haushaltsführenden Person[43], Sachaufwendungen zB zur Beschaffung und Reinigung von zur Haushaltsführung notwendiger Kleidung.

26 Nach **S. 2** können daneben auch angemessene **Beihilfen** geleistet werden, beispielsweise ein angemessenes „Taschengeld". Nach der Rechtsprechung des BSG kommt auch die Übernahme eines angemessenen Entgelts im Rahmen einer Nachbarschaftshilfe in Betracht, wenn ansonsten die Hilfe durch Angehörige oder Nachbarn nicht realisiert werden kann, wobei allerdings das Entgelt unter dem einer besonderen – professionellen – Hilfskraft liegen muss.[44] Ebenso können **Beiträge für eine angemessene Alterssicherung** der haushaltsführenden Person übernommen werden, dies aber nur dann, wenn diese nicht anderweitig sichergestellt ist. Wenn die angemessene Alterssicherung bereits sichergestellt ist, also eine Altersversorgung besteht, welche die Inanspruchnahme von staatlichen existenzsichernden Leistungen überflüssig macht, scheidet eine Beitragsübernahme aus. In Betracht kommen dürfte eine Übernahme von Beiträgen für eine angemessene Alterssicherung nur bei einem länger dauernden oder unbefristeten Einsatz der Hilfsperson.

27 Die Leistungen nach S. 2 stehen im **Ermessen** des TdSE. Bei der Ausübung des Ermessens hat er den „fürsorgerischen" Charakter der Leistungen des Kapitels 11 und die besondere Situation der Geschädigten (§ 98 SGB XIV) sowie das Wunsch- und Wahlrecht (§ 97 SGB XIV) zu beachten.

28 **S. 3** regelt die Kosten für die Heranziehung einer **professionellen Haushaltshilfe**. Die angemessenen Kosten sind nur zu übernehmen, wenn deren Heranziehung neben oder anstelle der Weiterführung des Haushalts erforderlich ist. Dies ist der Fall, wenn nicht

38 Vgl. LSG NRW Urt. v. 23.3.2011 – L 12 SO 593/10.
39 Grube/Wahrendorf/Flint/Deckers SGB XII § 70 Rn. 15.
40 Grube/Wahrendorf/Flint/Deckers SGB XII § 70 Rn. 15.
41 Grube/Wahrendorf/Flint/Deckers SGB XII § 70 Rn. 15.
42 Vgl. zur gleichlautenden Vorschrift des § 70 SGB XII jurisPK-SGB XII/Sehmsdorf, 3. Aufl. 2020 (Stand: 3.2.2020), § 70 Rn. 30.
43 Vgl. jurisPK-SGB XII/Sehmsdorf, 3. Aufl. 2020 (Stand: 3.2.2020), § 70 Rn. 31.
44 Vgl. BSG Urt. v. 11.12.2007 – B 8/9b SO 12/06 R, juris Rn. 18 mit Hinweis auf abweichende Auffassungen in der Literatur.

gewerbsmäßig handelnde, nahestehende Personen, Nachbarn oder Angehörige nicht zur Verfügung stehen. Eine Kostenübernahme hat nach S. 3 auch zu erfolgen, wenn eine Beratung oder zeitweilige Entlastung der haushaltsführenden Person durch eine professionelle Haushaltshilfe geboten ist. Zu übernehmen sind nur die **angemessenen Kosten**. Hierbei handelt es sich um einen gerichtlich voll überprüfbaren unbestimmten Rechtsbegriff. Die Angemessenheit orientiert sich an der **ortsüblichen Entlohnung**.[45] Zu beachten ist, dass der zuständige Sozialleistungsträger nicht verpflichtet werden kann, Leistungen zum Ersatz von Entgelten zu erbringen, wenn diese nicht entsprechend den gesetzlichen Regelungen (Sozialversicherungsbeiträge, Steuern) gezahlt worden sind, bzw. wenn die Arbeitsleistungen selbst gegen gesetzliche Bestimmungen verstoßen.[46] Ebenso ist der Mindestlohn einzuhalten.

IV. Vorübergehende anderweitige Unterbringung von Haushaltsangehörigen

Nach **Abs. 4** können als **Ermessensleistung** auch neben oder statt der Weiterführung 29
des Haushalts Leistungen in Gestalt der Übernahme der angemessenen Kosten für eine **vorübergehende anderweitige Unterbringung** von Haushaltsangehörigen erbracht werden, wenn dies in besonderen Fällen geboten ist. Diese Regelung gehört an sich systematisch zu Abs. 2, da sie das Leistungsspektrum ergänzt. Die Tatbestandsmerkmale „angemessen" und „geboten" sind gerichtlich voll überprüfbare unbestimmte Rechtsbegriffe. Erst wenn diese ausgefüllt sind, hat der TdSE sein Ermessen pflichtgemäß auszuüben.[47]

Fallgestaltungen im Sinne des Abs. 4 sind denkbar, wenn Kinder oder ältere Haus- 30
haltsangehörige auch bei Einsatz einer Haushaltshilfe nachts nicht allein im Haushalt bleiben könnten, zB während eines schädigungsbedingt erforderlichen Krankenhausaufenthaltes der Geschädigten. Vorrangig ist die Unterbringung bei Verwandten, Bekannten oder Freunden; aber auch die Unterbringung in einem Heim oder einer Pflegefamilie ist grundsätzlich denkbar.[48] Hinsichtlich des Betreuungsbedarfs von Kindern ist jedoch in den zuletzt genannten kostenintensiveren Fällen einer stationären Unterbringung oder bei einer Pflegefamilie vorrangig an jugendhilferechtliche Bestimmungen zu denken, die entsprechende Leistungen vorsehen (§§ 27 ff. SGB VIII; zur Abgrenzung zu § 20 SGB VIII siehe aber → Rn. 35).

Zu den angemessenen Kosten der anderweitigen Unterbringung zählt auch der 31
Lebensunterhalt. Sind die Kosten nicht angemessen, kommt die Leistung angemessener Teilkosten in Betracht.[49]

Da in den Fällen, bei denen eine auswärtige Unterbringung notwendig ist, regelmäßig 32
Leistungen der Jugendhilfe, der Pflegeversicherung oder nach den §§ 61 ff. SGB XII zugunsten des Haushaltsangehörigen zu erbringen sind, ist der Anwendungsbereich von Abs. 4 gering.[50]

V. Subsidiarität und Verhältnis zu anderen Leistungen

Leistungen zur Weiterführung des Haushalts werden nur gewährt, soweit das 33
SGB XIV nicht andere gleichartige Leistungen vorsieht. Die Leistungen nach § 95 SGB XIV sind gegenüber der Haushaltshilfe der Krankenversicherung (§ 42 Abs. 1 S. 1

45 jurisPK-SGB XII/Sehmsdorf, 3. Aufl. 2020 (Stand: 3.2.2020), § 70 Rn. 35.
46 Vgl. BSG Urt. v. 11.12.2007 – B 8/9b SO 12/06 R, juris Rn. 12.
47 Knickrehm/Mushoff/Schmidt Neues SozEntschR Rn. 321.
48 Vgl. jurisPK-SGB XII/Sehmsdorf, 3. Aufl. 2020 (Stand: 3.2.2020), § 70 Rn. 38.
49 Grube/Wahrendorf/Flint/Deckers SGB XII, 7. Aufl. 2020, § 70 Rn. 22.
50 Vgl. zum SGB XII jurisPK-SGB XII/Sehmsdorf, 3. Aufl. 2020 (Stand: 3.2.2020), § 70 Rn. 39.

Nr. 1 SGB XIV iVm § 38 SGB V oder § 24h SGB V) und im Rahmen von Teilhabeleistungen (§ 64 Abs. 1 Nr. 3 SGB XIV iVm § 74 SGB IX) **nachrangig.**

34 Ist die oder der Geschädigte schädigungsbedingt pflegebedürftig, werden **Leistungen bei Pflegebedürftigkeit** nach Kapitel 7 des SGB XIV iVm den Bestimmungen des SGB XI erbracht, die auch Hilfen bei der Haushaltsführung umfassen und gegenüber § 95 SGB XIV vorrangig sind. Durch die bedarfsgerechte Aufstockung nach § 75 SGB XIV dürfte der Bedarf für die Haushaltsführung bei pflegebedürftigen alleinlebenden Geschädigten umfassend gedeckt sein. Dies gilt auch, wenn sie nur den Pflegegrad 1 haben.[51] Leben pflegebedürftige Geschädigte in einer Haushaltsgemeinschaft, ist zu berücksichtigen, dass Kapitel 7 des SGB XIV nur Leistungen für sie selbst vorsieht. Daher kommen Leistungen nach § 95 SGB XIV ergänzend in Betracht, wenn wegen Verhinderung anderer Haushaltsangehöriger – wie zB des Ehegatten wegen Erwerbstätigkeit – zusätzlicher Bedarf an Betreuungsleistungen insbesondere für haushaltsangehörige Kinder besteht. Für Haushaltsangehörige, die pflegebedürftig sind, sind die Leistungen des § 95 SGB XIV nicht einschlägig; sie müssen die Leistungen nach dem SGB XI und den §§ 61 ff. SGB XII in Anspruch nehmen (→ Rn. 23).

35 Im **Jugendhilferecht** ist in § 20 SGB VIII vorgesehen, dass bei Ausfall eines Elternteils der andere Elternteil Unterstützung bei der Betreuung und Versorgung des im Haushalt lebenden Kindes erhält. Die Hilfe nach **§ 20 SGB VIII** geht der Hilfe nach § 70 SGB XII vor (vgl. § 10 Abs. 4 SGB VIII). Ein entsprechender Vorrang des SGB VIII vor § 95 SGB XIV ist in § 10 Abs. 4 u. 5 SGB VIII in der Fassung ab 1.1.2024[52] nicht vorgesehen. Fallen also Geschädigte, die die überwiegende Betreuung des Kindes übernommen haben, schädigungsbedingt für die Wahrnehmung dieser Aufgabe aus, und kann der andere Elternteil die Betreuung nicht oder nur teilweise übernehmen, ist der vakante Betreuungsbedarf nach § 95 SGB XIV zu decken, der nach § 28 Abs. 1 SGB XIV vorrangig vor § 20 SGB VIII ist. Ein solcher Vorrang ist aber nur denkbar in den Fallkonstellationen des § 20 Abs. 1 Nr. 1 SGB VIII, wenn also der andere – haushaltsangehörige – Elternteil wegen berufsbedingter Abwesenheit nicht in der Lage ist, die Betreuung des Kindes wahrzunehmen. Denn die Unfähigkeit zur Haushaltsführung, die auch die Betreuung von haushaltsangehörigen Kindern umfasst, muss in der Person der Geschädigten und der übrigen Haushaltsangehörigen – hier also des anderen Elternteils – bestehen. Dies ist in den Konstellationen des § 20 Abs. 1 Nr. 2 und 3, Abs. 2 SGB VIII nicht der Fall.

36 Abzugrenzen ist § 95 SGB XIV von der sog. **kleinen Haushaltshilfe** nach § 27 Abs. 3 SGB XII. Nach dieser Vorschrift erhalten Personen, die ihren Lebensunterhalt aus eigenen Mitteln und Kräften bestreiten können, jedoch einzelne im Haushalt erforderliche Tätigkeiten nicht verrichten können, einen Zuschuss, wenn ihnen die Aufbringung der für die geleistete Hilfe und Unterstützung notwendigen Kosten nicht in voller Höhe zumutbar ist. Voraussetzung hierfür ist, dass keine Hilfebedürftigkeit iSd § 27 Abs. 1 SGB XII vorliegt und es nur um die **Unterstützung für einzelne Haushaltstätigkeiten** geht, der Haushalt im Übrigen aber allein weitergeführt werden kann.[53] Letzteres ist der Unterschied zu § 95 SGB XIV, der die Gesamtheit der Leistungen zur

---

51 Im Rahmen des § 70 SGB XII spielen Pflegebedürftige mit Pflegegrad 1 eine größere Rolle, da Leistungen der Hilfe zur Pflege nach dem Siebten Kapitel des SGB XII die hauswirtschaftliche Versorgung nur ab einem Pflegegrad 2 umfassen, vgl. hierzu jurisPK-SGB XII/Sehmsdorf, 3. Aufl. 2020 (Stand: 3.2.2020), § 70 Rn. 12; vgl. auch Grube/Wahrendorf/Flint/Deckers SGB XII § 70 Rn. 1.

52 § 10 Abs. 5 SGB VIII angefügt mWv 1.1.2024 durch Art. 36 Nr. 2 des Gesetzes v. 12.12.2019, BGBl. 2019 I 2652. Danach gehen Leistungen zum Lebensunterhalt nach § 39 SGB VIII den Leistungen zum Lebensunterhalt nach § 93 SGB XIV vor.

53 Vgl. HessLSG Beschl. v. 4.7.2006 – L 9 SO 24/06 ER.

Fortführung des Haushalts zum Ziel hat, wenngleich ein Unterstützungsbedarf für die wesentlichen Tätigkeiten der Haushaltsführung ausreicht (→ Rn. 18).

§ 96 Leistungen in sonstigen Lebenslagen

Geschädigte können Leistungen auch in sonstigen Lebenslagen erhalten, wenn diese den Einsatz öffentlicher Mittel unter Berücksichtigung der Ziele der Sozialen Entschädigung rechtfertigen.

A. Gesetzesgeschichte

1 § 96 SGB XIV ist **§ 27d Abs. 2 BVG** nachgebildet, der bestimmt, dass Leistungen auch in anderen besonderen Lebenslagen erbracht werden können, wenn sie den Einsatz öffentlicher Mittel unter Berücksichtigung des Zwecks der Kriegsopferfürsorge (KOF) rechtfertigen. Die Formulierung „Zweck der Kriegsopferfürsorge" ist in § 96 SGB XIV weiter gefasst worden und fordert eine Berücksichtigung der **„Ziele der Sozialen Entschädigung"**. In früheren Fassungen des SGB XIV-Entwurfs (damals noch SGB XIII-Entwurf) waren in § 2 die Ziele der Sozialen Entschädigung im Einzelnen aufgeführt. Diese Regelung fand aber keinen Eingang in das zum Gesetz gewordene SGB XIV, wofür rechtsförmliche Gründe maßgeblich gewesen sein dürften. Zurückzugreifen ist nunmehr auf die in § 1 Abs. 1 SGB XIV definierte **Aufgabe der Sozialen Entschädigung** (Schadensausgleich).

2 Die wenig übersichtlich gestaltete Vorschrift des § 27d BVG fasst Leistungstatbestände zusammen, die im Laufe der Zeit nicht durch eigenständige Vorschriften der KOF verselbständigt worden sind.[1] In § 27d Abs. 1 Nr. 1 bis 5 BVG sind die einzelnen Hilfen in besonderen Lebenslagen aufgeführt, für die nach Abs. 3 auf die entsprechenden Vorschriften im SGB XII verwiesen wird (zum Wegfall bzw. zur Neuverortung dieser Leistungen im SGB XIV → § 92 Rn. 14 ff.). § 27d Abs. 2 BVG bietet die Rechtsgrundlage dafür, Bedarfstatbestände anzuerkennen, die gesetzlich nicht ausdrücklich geregelt sind. Damit nimmt die Regelung auf **§ 73 SGB XII** Bezug, ohne dass diese Vorschrift in der umfangreichen Verweisnorm des § 27d Abs. 3 BVG aufgeführt wird. In der Begründung zu § 96 SGB XIV heißt es, dass die Vorschrift im Wesentlichen dem § 27d Abs. 2 BVG sowie dem § 73 S. 1 SGB XII entspricht.[2] § 73 SGB XII ist Bestandteil der Hilfen in anderen Lebenslagen des Neunten Kapitels des SGB XII.

3 § 96 tritt wie die Regelungen der BLiE des Kapitels 11 insgesamt am 1.1.2024 in Kraft.[3]

1 Vgl. HK-SozEntschR/Grube § 27d BVG Rn. 1.
2 Vgl. BT-Drs. 19/13824, 211.
3 Art. 60 Abs. 7 G. v. 12.12.2019, BGBl. 2019 I 2652.

B. Normsystematik

I. Allgemeiner Regelungsgehalt und Normzweck

4 § 96 SGB XIV ermächtigt den Träger der Sozialen Entschädigung (TdSE), auch dann Leistungen zur erbringen, wenn eine Bedarfslage vorliegt, die von anderen Leistungen des SGB XIV oder anderer Sozialleistungsgesetze nicht gedeckt werden kann und die dennoch die Bedarfsdeckung auf Kosten öffentlicher Mittel rechtfertigt. Es handelt sich um eine als Generalklausel formulierte **Auffangnorm**, die weitere **atypische Bedarfslagen** erfassen soll. Dem Zweck der Vorschrift entsprechend muss es sich insbesondere um eine Leistung außerhalb des Katalogs des § 92 Abs. 4 Nr. 1 bis 3 SGB XIV und des Dritten und Vierten Kapitels des SGB XII handeln, auf die § 93 Abs. 1 S. 2 SGB XIV verweist.

II. Systematische Einordnung

5 Im Kapitel 11 sind die Besonderen Leistungen im Einzelfall (BLiE) geregelt, die an die Stelle der fürsorgerischen Leistungen der Kriegsopferfürsorge nach dem BVG (§§ 25 bis 27l BVG) treten. Neben den Leistungen zum Lebensunterhalt (§ 93 SGB XIV), der Leistung zur Förderung einer Ausbildung (§ 94 SGB XIV) und den Leistungen zur Weiterführung des Haushalts (§ 95 SGB XIV) sind die Leistungen in sonstigen Lebenslagen (§ 96 SGB XIV) Bestandteil des abschließenden Leistungskatalogs des § 92 Abs. 4 SGB XIV. Die BLiE ergänzen die übrigen Leistungen des SGB XIV.

C. Einzelkommentierung

I. Allgemeine Leistungsvoraussetzungen

6 Es müssen zunächst die **allgemeinen Leistungsvoraussetzungen** der BLiE (→ § 92 Rn. 25 ff.) erfüllt sein, wodurch sich diese Leistung von der entsprechenden Leistung in der Sozialhilfe (§ 73 SGB XII) unterscheidet. Der Bedarf an Leistungen in sonstigen Lebenslagen muss in der Person der Geschädigten schädigungsbedingt sein, was sich aus § 25 SGB XIV ergibt. Notwendig ist also ein **Kausalzusammenhang** zwischen den Folgen der gesundheitlichen Schädigung und der „sonstigen Lebenslage", die den atypischen Bedarf auslöst. Diesen Bedarf müssen die Geschädigten nicht aus eigenem Einkommen und Vermögen decken können **(Hilfebedürftigkeit)**. Ebenso müssen die Voraussetzungen der **wirtschaftlichen Kausalität** erfüllt sein (→ § 92 Rn. 3, 28 ff.). Das bedeutet, dass das Unvermögen, den Bedarf aus eigenen Mitteln zu decken, durch die Schädigungsfolgen entstanden sein muss.

II. Berechtigte

7 **Anspruchsberechtigt** sind nur **Geschädigte** (→ § 92 Rn. 25) und nicht wie in § 27d Abs. 2 iVm Abs. 1 BVG auch **Hinterbliebene**. Auch **Angehörige** iSd § 2 Abs. 3 SGB XIV und **Nahestehende** iSd § 2 Abs. 5 SGB XIV sind nicht unmittelbar oder mittelbar anspruchsberechtigt, da es den von Geschädigten abgeleiteten, umfassenden Anspruch auf Leistungen der KOF für **Familienmitglieder** (§ 25 Abs. 4 BVG) im neuen Recht nicht mehr gibt, was vor dem Hintergrund der Neuausrichtung des SER mit der Fokussierung auf schädigungsbedingte Bedarfe konsequent ist (→ § 93 Rn. 4).

III. Subsidiarität

8 § 96 SGB XIV knüpft als Auffangtatbestand an eine **„sonstige Lebenslage"** im Sinne einer anderweitig nicht erfassten Bedarfslage an. Die Vorschrift sichert eine verfassungskonforme Deckung von Bedarfen, die sich aus neuen oder veränderten **atypischen Bedarfslagen** ergeben, die von den sonstigen Leistungsansprüchen der Geschädigten nach dem SGB XIV oder anderer Sozialleistungsgesetze nicht erfasst sind. Sie

ist aber keine Auffangklausel für anderweitig nicht hinreichend gedeckte Bedarfe.[4] Sie beseitigt nicht den Vorrang speziellerer Regelungen, der auch in abschließender, nicht ergänzungsfähiger Leistungsbegrenzung oder dem vollständigen Leistungsausschluss liegen kann.[5] Auch erlaubt die Vorschrift nicht, auf einzelne Tatbestandsmerkmale zu verzichten oder bereits vorhandene Leistungsansprüche aufzustocken oder sonst zu erweitern.[6] Eine Gewährung weiterer Leistungen nach § 96 SGB XIV kommt daher zB nicht in Betracht, wenn Bedarfslagen bereits von den Regelbedarfen des § 93 Abs. 1 S. 2 SGB XIV iVm § 27a Abs. 2 und 3 SGB XII erfasst sind; stellt sich im Einzelfall eine Unterdeckung dieser Bedarfe heraus, ist der individuelle Bedarf gemäß § 27a Abs. 4 SGB XII anzupassen.[7] Durch den Verweis in § 93 Abs. 1 S. 2 SGB XIV auf das Dritte und Vierte Kapitel des SGB XII sind sämtliche dort normierten Leistungsansprüche vorrangig, ohne dass eine Aufstockung über § 96 SGB XIV möglich ist.

IV. Tatbestandsvoraussetzungen

9 Es muss eine sonstige Lebenslage vorliegen, die einen Bedarf auslöst, der den Einsatz öffentlicher Mittel rechtfertigt, was im Lichte der Ziele der Sozialen Entschädigung zu prüfen ist. Eine **„sonstige Lebenslage"**, die den Einsatz öffentlicher Mittel rechtfertigt, kommt in Betracht sowohl bei neuen, dem Gesetzgeber so bisher noch nicht bekannten Lebens- und Bedarfslagen als auch in Situationen, in denen durch Veränderung sozialer Verhältnisse neue Probleme entstanden sind[8] oder sich die Problemwahrnehmung durch gesellschaftliche Entwicklungen verändert hat. Diese Offenheit der berücksichtigungsfähigen Lebenslagen wahrt die **notwendige Flexibilität.**[9] Wegen des Vorrangs spezieller Regelungen ist stets eine wertende, vergleichende Betrachtung mit bereits anderweitig geregelten Lebens-, Bedarfs- bzw. Notlagen erforderlich.[10] Die sonstige Lebenslage muss mit den im SGB XIV ausdrücklich berücksichtigten leistungsbegründenden Lebenslagen, insbesondere der BLiE, **vergleichbar** sein, damit ein **Einsatz öffentlicher Mittel** unter Berücksichtigung der Ziele der Sozialen Entschädigung grundsätzlich gerechtfertigt ist.[11] Der Einsatz öffentlicher Mittel ist **gerechtfertigt,** wenn die Leistungserbringung im Hinblick auf **Art, Dringlichkeit und Schwere des zu deckenden Bedarfs** einem Vergleich zu anderen ausdrücklich im SGB XIV geregelten Lebenslagen standhält.[12] Zumutbar ist in der Regel die eigenständige Deckung von geringen bzw. **Bagatellbedarfen** durch den Betroffenen selbst. Insoweit rechtfertigen Bedarfslagen, die hinzunehmende Bagatellbedürfnisse beinhalten, den Einsatz öffentlicher Mittel nicht.[13] Entscheidend ist, dass die besondere Bedarfslage den Einsatz öffentlicher Mittel rechtfertigt. Die Frage, welcher konkrete Leistungsbetrag zu übernehmen ist, ist vom TdSE dann im Rahmen einer Ermessensentscheidung unter Berücksichtigung der **erforderlichen und angemessenen Kosten** festzulegen.[14]

10 Die Rechtfertigung für den Einsatz öffentlicher Mittel ist unter **Berücksichtigung der Ziele der Sozialen Entschädigung** zu prüfen. Die Ziele der Sozialen Entschädigung sind im Gegensatz zu früheren Entwurfsfassungen nicht mehr im SGB XIV ausdrücklich normiert (→ Rn. 1). Zurückzugreifen ist auf die in § 1 Abs. 1 SGB XIV definierte

4 LPK-SGB XII/Berlit, 12. Aufl. 2020, § 73 Rn. 1.
5 LPK-SGB XII/Berlit, 12. Aufl. 2020, § 73 Rn. 4.
6 LPK-SGB XII/Berlit, 12. Aufl. 2020, § 73 Rn. 4 mit Rechtsprechungsnachweisen.
7 Vgl. jurisPK-SGB XII/Böttiger, 3. Aufl. (Stand: 30.4.2020), § 73 Rn. 7; SG Detmold Urt. v. 8.7.2014 – S 8 SO 200/13, juris Rn. 16.
8 BVerwG Urt. v. 27.3.1968 – V C 46.67, BVerwGE 29, 235.
9 LPK-SGB XII/Berlit, 12. Aufl. 2020, § 73 Rn. 5.
10 BSG Urt. v. 19.8.2010 – B 14 AS 13/10 R.
11 Vgl. zu § 73 SGB XII Hauck/Noftz/Schlette SGB XII (Stand: 04/20) § 73 Rn. 5.
12 Zu § 73 SGB XII vgl. LPK-SGB XII/Berlit, 12. Aufl. 2020, § 73 Rn. 40.
13 BSG Urt. v. 19.8.2010 – B 14 AS 13/10 R, juris Rn. 17.
14 Vgl. jurisPK-SGB XII/Böttiger, 3. Aufl. 2020 (Stand: 30.4.2020), § 73 Rn. 41.

Aufgabe der Sozialen Entschädigung. Nach der Gesetzesbegründung zu § 1 SGB XIV sind die Leistungen der Sozialen Entschädigung innerhalb des Systems der Sozialleistungen durch eine **Sonderstellung** gekennzeichnet.[15] Sie sind nicht primär auf die Behebung einer sozialen Notlage ausgerichtet, sondern dienen der Entschädigung, dem angemessenen Ausgleich und der Abgeltung auch der immateriellen Nachteile nach einem schädigenden Ereignis, für das die staatliche Gemeinschaft eine besondere Verantwortung trägt.[16] Personen, die eine gesundheitliche Schädigung erlitten haben, für die die staatliche Gemeinschaft einzutreten hat, sollen angemessene und ihren Bedürfnissen entsprechende Leistungen erhalten.[17] Die Leistungen der Sozialen Entschädigung sollen die Folgen des schädigenden Ereignisses, soweit dies möglich ist, beheben oder lindern.[18] Ziel der Leistungen des SER ist es, den Betroffenen bei der Bewältigung der durch das schädigende Ereignis entstandenen Folgen zu unterstützen. Mithin ist der **Entschädigungsgedanke der Leistungen** bei der Prüfung, ob der Einsatz öffentlicher Mittel gerechtfertigt ist, immer zu berücksichtigen. Gleiches gilt für das besondere Ziel der BLiE, die übrigen Leistungen des SGB XIV zu ergänzen. Stets muss die besondere „sonstige" Bedarfslage ihre Wurzeln im schädigenden Ereignis und dessen Folgen haben.

11 Bei den „sonstigen Lebenslagen", die den „Einsatz öffentlicher Mittel" unter Berücksichtigung der „Ziele der Sozialen Entschädigung" rechtfertigen, handelt es sich um **unbestimmte Rechtsbegriffe**, deren Auslegung und Anwendung **vollständiger gerichtlicher Kontrolle** unterliegen.[19]

V. Ermessen

12 Sind die Tatbestandsvoraussetzungen des § 96 SGB XIV erfüllt, besteht in der Rechtsfolge kein Leistungsanspruch. Vielmehr steht die Entscheidung, ob und welche Leistungen in welcher Form (Dienstleistung, Sachleistung, Geldleistung) und in welchem Umfang bzw. welcher Höhe erbracht werden, im Ermessen des TdSE (**Entschließungs- und Auswahlermessen**). Für die Ausübung des Ermessens ist entscheidend auf die **Besonderheiten des Einzelfalls** abzustellen, was sich aus dem Individualisierungsgrundsatz des § 98 SGB XIV ergibt. Den Geschädigten steht damit lediglich ein Anspruch auf eine pflichtgemäße Ausübung des Ermessens iSd § 39 Abs. 1 S. 2 SGB I zu.

13 Während § 73 S. 2 SGB XII bestimmt, dass Geldleistungen als Beihilfe oder als **Darlehen** erbracht werden können, enthält § 96 SGB XIV – ebenso wie § 27d Abs. 2 BVG – eine entsprechende Bestimmung nicht. Zu § 27d Abs. 2 BVG wird – ohne nähere Begründung – die Auffassung vertreten, dass eine Darlehensgewährung möglich ist.[20] Im Regelfall dürfte dies jedoch zu verneinen sein, da die Erbringung der Leistungen nach § 96 SGB XIV bereits von der Rechtfertigung des Einsatzes öffentlicher Mittel unter Berücksichtigung der besonderen Ziele des SER abhängig ist.[21] Insofern sollte eine Darlehensgewährung auf den engen Anwendungsbereich des § 92 Abs. 5 SGB XIV beschränkt und nicht Gegenstand der Ermessensausübung im Rahmen des § 96 SGB XIV sein.

---

15 BT-Drs. 19/13824, 169.
16 BT-Drs. 19/13824, 169.
17 BT-Drs. 19/13824, 170.
18 BT-Drs. 19/13824, 170.
19 Vgl. VG Würzburg Urt. v. 13.7.2010 – W 3 K 10.181, juris Rn. 36; vgl. zu § 73 SGB XII Hauck/Noftz/Schlette SGB XII (Stand: 04/20) § 73 Rn. 8; LPK-SGB XII/Berlit, 12. Aufl. 2020, § 73 Rn. 3.
20 Vgl. Empfehlungen zur Kriegsopferfürsorge, Stand 1.1.2020, Abschnitt 27d.2, Unterabschnitt 27d.2.5, S. 17.
21 Vgl. Knickrehm/Mushoff/Schmidt Neues SozEntschR Rn. 322.

VI. Beispiele

14 Zunächst kann auf die umfangreichen Beispiele für Leistungen in sonstigen Lebenslagen im Recht der Sozialhilfe (§ 73 SGB XII) in Rechtsprechung und Literatur verwiesen werden.[22] Nach der Gesetzesbegründung zu § 96 SGB XIV gehören zu den atypischen Bedarfen zB **Aufwendungen für einen Wohnungswechsel**, insbesondere Umzugskosten oder **Kosten für Einrichtungsgegenstände**, wenn aus der Situation der Geschädigten dieser Bedarf erforderlich ist.[23] Diese Beispiele sind vor dem Hintergrund der **Subsidiarität** der Leistungen in sonstigen Lebenslagen (→ Rn. 8) problematisch, wenn der oder die Geschädigte Leistungen zum Lebensunterhalt nach § 93 SGB XIV iVm dem Dritten und Vierten Kapitel des SGB XII bezieht. Denn für Aufwendungen im Zusammenhang mit einem Umzug (Wohnungsbeschaffungskosten, Mietkautionen und Umzugskosten) findet sich eine Anspruchsgrundlage in § 35 Abs. 2 S. 5 SGB XII, der gem. § 93 Abs. 1 S. 2 SGB XIV anwendbar ist. Das in § 35 Abs. 2 S. 6 SGB XII normierte Erfordernis der „Notwendigkeit" eines Umzugs dürfte insbesondere zB in Fällen **häuslicher Gewalt** als schädigendes Ereignis iSd § 1 Abs. 2 Nr. 1 SGB XIV und damit verbundener Trennung/Scheidung[24] oder dem Verlassen des gewaltgeprägten Elternhauses erfüllt sein. Für Kosten für Einrichtungsgegenstände gilt dasselbe. Der Bedarf kann bei Leistungen zum Lebensunterhalt beziehenden Geschädigten gem. § 93 Abs. 1 S. 2 SGB XIV iVm § 31 Abs. 1 Nr. 1 SGB XII gedeckt werden. Ein Anspruch auf Erstausstattung für die Wohnung einschließlich Haushaltsgeräten kann auch nach Trennung der (Ehe-)Partner gegeben sein.[25] Eine **Aufstockung** der Umzugskosten und Erstausstattung über die Auffangnorm des § 96 SGB XIV ist nicht möglich (→ Rn. 8).

Beziehen die Geschädigten keine Leistungen zum Lebensunterhalt, entsteht aber aufgrund der Schädigungsfolgen ein Bedarf für Aufwendungen für einen Wohnungswechsel und/oder Einrichtungsgegenstände, ist eine Deckung des Bedarfs über die Vorschrift des § 96 SGB XIV möglich, wenn Einkommen und Vermögen zur Bedarfsdeckung nicht ausreichen.

15 Für eine schädigungsbedingte **Unterbringung einer Geschädigten in einem Frauenhaus** oder anderen Zufluchtsstätten kommt eine Hilfegewährung nach § 96 SGB XIV ebenfalls in Betracht.[26] Die Gesetzesbegründung[27] nennt weitere Beispiele, die unter § 96 SGB XIV fallen können, nämlich Kosten für den **Besuch von Selbsthilfegruppen, präventive Sicherungsmaßnahmen** an Haustüren von weiterhin gefährdeten Geschädigten oder die **Kosten für Namensänderungen** nach einer Gewalttat. Einige OEG-spezifische Beispiele waren bereits unter Geltung des § 27d Abs. 2 BVG als sonstige (atypische) Leistungen anerkannt.[28]

§ 97 Wunsch- und Wahlrecht

[1]Bei der Entscheidung über die Besonderen Leistungen im Einzelfall und bei der Ausführung dieser Leistungen wird den berechtigten Wünschen der Berechtigten entsprochen. [2]Dabei sind Art und Schwere der Schädigung, Gesundheitszustand und Lebens-

22 Siehe – auch zu Negativbeispielen – zB Hauck/Noftz/Schlette SGB XII (Stand: 04/20) § 73 Rn. 9–42; jurisPK-SGB XII/Böttiger, 3. Aufl. 2020 (Stand: 30.4.2020), § 73 Rn. 68–151, jeweils mit div. Rechtsprechungsnachweisen.
23 Vgl. BT-Drs. 19/13824, 211.
24 Vgl. jurisPK-SGB XII/Löcken, 3. Aufl. 2020 (Stand: 1.2.2020), § 35 Rn. 185.
25 Vgl. jurisPK-SGB XII/Blüggel, 3. Aufl. 2020 (Stand: 1.2.2020), § 31 Rn. 28.
26 Vgl. zu § 73 SGB XII Hauck/Noftz/Schlette SGB XII (Stand: 04/20) § 73 Rn. 23; LPK-SGB XII/Berlit, 12. Aufl. 2020, § 73 Rn. 10.
27 BT-Drs. 19/13824, 211.
28 Vgl. Empfehlungen zur Kriegsopferfürsorge, Stand 1.1.2020, Abschnitt 27d.2, Unterabschnitt 27d.2.5, S. 21.

alter besonders zu berücksichtigen. ³Im Übrigen gilt § 8 des Neunten Buches entsprechend.

A. Gesetzesgeschichte

1 Die Vorschrift ist teilweise **§ 25b Abs. 5 S. 3 BVG** nachgebildet, der bestimmt, dass **Wünschen der Leistungsberechtigten**, die sich auf die Gestaltung der Leistung richten, entsprochen werden soll, soweit sie angemessen sind und keine unvertretbaren Mehrkosten erfordern. Der ebenfalls in § 25b Abs. 5 S. 1 u. 2 BVG normierte Individualisierungsgrundsatz, der die Berücksichtigung der Besonderheiten des Einzelfalls vorschreibt, ist im SGB XIV gesondert in einer eigenen Vorschrift verortet worden (§ 98 SGB XIV). Damit wird die Bedeutung des Wunsch- und Wahlrechts und des Individualisierungsgrundsatzes hervorgehoben. Andererseits hängen beide Prinzipien systematisch und inhaltlich eng zusammen und sind in anderen Sozialgesetzbüchern auch in einer Vorschrift zusammengefasst (zB § 33 SGB I, § 9 SGB XII, § 104 SGB IX).

2 Im BVG bezieht sich das **Wunsch- und Wahlrecht** auf insgesamt zehn fürsorgerische Leistungen der Sozialen Entschädigung. Deren Anzahl hat sich im SGB XIV erheblich reduziert, was der Neuausrichtung und Neustrukturierung des neuen Sozialen Entschädigungsrechts geschuldet ist (→ § 92 Rn. 14 ff.). § 97 SGB XIV bezieht sich auf die in § 92 Abs. 4 SGB XIV abschließend aufgeführten vier Besondere Leistungen im Einzelfall (BLiE).

3 Inhaltliche wesentliche Änderungen im Verhältnis zu § 25b Abs. 5 S. 3 BVG sind trotz teilweise abweichender Formulierungen mit § 97 SGB XIV nicht verbunden. Allerdings ordnet § 97 S. 3 SGB XIV eine entsprechende Anwendung des § 8 SGB IX an, der unmittelbar nur für Teilhabeleistungen iSd § 5 SGB IX gilt. Dies bedeutet, dass der Träger der Sozialen Entschädigung (TdSE) den dort vorgegebenen Maßstab für das Wunsch- und Wahlrecht bei der Erbringung der BLiE zusätzlich beachten muss. Während § 25b Abs. 5 S. 3 BVG von zu berücksichtigenden Wünschen spricht, wenn sie „angemessen" sind und „keine unvertretbaren Mehrkosten" erfordern, greift § 97 SGB XIV den Wortlaut von § 8 Abs. 1 S. 1 SGB IX auf und deklariert **„berechtigte Wünsche"** als berücksichtigungsfähig. Dies ist keine rechtlich relevante abweichende Formulierung, da auch bei der Prüfung der „Berechtigung der Wünsche" **Kostengesichtspunkte** zu beachten sind (→ Rn. 9). Während § 25b Abs. 5 S. 3 BVG als Soll-Vorschrift ausgestaltet ist, spricht § 97 SGB XIV eine Verpflichtung aus, den berechtigten Wünschen zu entsprechen. Da letzteres nur mit Einschränkungen zu verstehen ist (→ Rn. 7 ff.), ist auch hier eine wesentliche Rechtsänderung nicht gegeben.

§ 97 SGB XIV tritt wie die Regelungen der BLiE des Kapitels 11 insgesamt am 1.1.2024 in Kraft.[1]

B. Normsystematik

I. Allgemeiner Regelungsgehalt und Normzweck

4 In § 97 SGB XIV wird das Wunsch- und Wahlrecht **als allgemeines Prinzip des Sozialrechts** (§ 33 SGB I) ausdrücklich aufgegriffen unter besonderer Berücksichtigung der Belange des Personenkreises des SER. S. 1 hebt den Wunsch des Berechtigten aus der Unverbindlichkeit heraus zu einem (Teil-)Aspekt der Gesamtentscheidung über die Leistung. S. 2 führt die Kriterien auf, die im Einzelfall zu berücksichtigen sind, wenn es um die Prüfung der „Berechtigung" des Wunsches geht. Durch den Verweis in S. 3 auf § 8 SGB IX sind zusätzliche **individuelle Kriterien** wie zB religiöse und weltanschauliche Bedürfnisse zu berücksichtigen. Das Wunsch- und Wahlrecht soll dazu die-

1 Art. 60 Abs. 7 G. v. 12.12.2019, BGBl. 2019 I 2652.

nen, die sozialen Rechte der einzelnen Leistungsberechtigten möglichst weitgehend zu verwirklichen.

II. Systematische Einordnung

Das Wunsch- und Wahlrecht des § 97 SGB XIV gilt für die in § 92 Abs. 4 SGB XIV abschließend aufgeführten BLiE und gestaltet das in § 33 SGB I formulierte allgemeine Wunsch- und Wahlrecht aus. Für die fürsorgerischen Leistungen des BVG ist es in § 25b Abs. 5 S. 3 BVG geregelt. Während sich die zuletzt genannte Norm an § 9 Abs. 2 S. 1 u. 3 SGB XII anlehnt, übernimmt § 97 S. 1 SGB XIV den Wortlaut des für Leistungen zur Teilhabe geltenden § 8 Abs. 1 S. 1 SGB IX. Durch den Verweis in § 97 S. 3 SGB XIV auf § 8 SGB IX gilt letztere Vorschrift auch im Übrigen entsprechend. Für die Leistungen zur Teilhabe in Kapitel 6 ist in § 69 SGB XIV das Wunsch- und Wahlrecht gleichlautend wie in § 97 SGB XIV festgelegt. Während die Regelung des § 69 SGB XIV mit Verweis auf § 8 SGB IX systematisch konsequent ist, erscheint die Anlehnung auch des § 97 SGB XIV an das Recht der Teilhabe auf den ersten Blick systematisch nicht stimmig. Denn die BLiE nehmen im SGB XIV wegen ihres fürsorgerischen Charakters und dem grundsätzlichen Erfordernis des Einsatzes von Einkommen und Vermögen eine **Sonderstellung** ein. Sie orientieren sich stark am Recht der Sozialhilfe mit dem Verweis in § 93 SGB XIV auf das Dritte und Vierte Kapitel des SGB XII, der sehr ähnlichen Ausgestaltung der Leistungen zur Weiterführung des Haushalts in § 95 SGB XIV und § 70 SGB XII bzw. der Leistungen in sonstigen Lebenslagen in § 96 SGB XIV und § 73 SGB XII. Dass sich der Gesetzgeber dennoch nicht für einen Verweis auf § 9 SGB XII, sondern auf § 8 SGB IX entschieden hat, ergibt jedoch mit Blick auf den Berechtigtenkreis des SER einen Sinn. Denn es handelt sich um gesundheitlich Geschädigte und damit Menschen mit Behinderungen, die dem Adressatenkreis des Rehabilitations- und Teilhaberechts des SGB IX näherstehen. § 8 Abs. 1 SGB IX enthält dementsprechend auch besondere behinderungsbedingte Kriterien, denen im Rahmen des Wunsch- und Wahlrechts Rechnung zu tragen ist. 5

C. Einzelkommentierung

I. Satz 1

1. Keine eigenständige Anspruchsgrundlage. Nach **S. 1** gilt das Wunschrecht – wie nach § 8 Abs. 1 S. 1 SGB IX – nicht nur bei der Ausführung der BLiE, sondern auch bei der **Entscheidung über diese Leistungen.**[2] Die Formulierung „Entscheidung über die Leistungen" suggeriert ein „uferloses" Wunschrecht, was es so nicht gibt. Denn eine **eigenständige Anspruchsgrundlage** ist § 97 SGB XIV **nicht.** Die jeweiligen Anspruchsvoraussetzungen einer Leistung sind dem Wunschrecht nicht zugänglich, sie sind als reine Rechtsfrage nach den einzelnen Tatbestandsmerkmalen der BLiE zu klären. Auch können bestehende Anspruchsvoraussetzungen der einzelnen BLiE durch das Wunschrecht nicht erweitert werden.[3] Das Wunschrecht kommt nur „im Rahmen des Leistungsrechts" zum Zug. Es ist erst dann einer Prüfung zu unterziehen, wenn ein Anspruch dem Grunde nach besteht und mehrere **Handlungsalternativen** in Betracht zu ziehen sind.[4] 6

2. Reichweite des Wunsch- und Wahlrechts. Das Wunschrecht betrifft die **Gestaltung der Leistung** (Art und Weise, Umfang, Durchführung) und ist im Rahmen des **Ermessens** zu berücksichtigen. Es führt zu einer Verpflichtung des TdSE, den Wünschen und 7

---

2 § 25b Abs. 5 S. 3 BVG und § 9 Abs. 2 S. 1 SGB XII beschränken das Wunschrecht auf die Gestaltung der Leistung.

3 Zum gleichlautenden § 8 SGB IX vgl. jurisPK-SGB IX/Luthe, 3. Aufl. 2018 (Stand: 1.2.2020), § 8 Rn. 25.

4 Zu § 9 SGB XII vgl. Grube/Wahrendorf/Flint/Deckers SGB XII, 7. Aufl. 2020, § 9 Rn. 33.

Interessen der Leistungsberechtigten im Abwägungsprozess im Rahmen der gesetzlichen Grenzen unter Berücksichtigung der **Ziele der Sozialen Entschädigung** (→ § 96 Rn. 1) Rechnung zu tragen. Bei der **Auslegung unbestimmter Rechtsbegriffe** kann der Wunsch hingegen nicht beachtet werden, weil es sich bei der Auslegung um eine reine Rechtsfrage handelt, die nicht zur Disposition des Bürgers stehen kann.[5] Auch begründet § 97 SGB XIV keinen **einklagbaren Rechtsanspruch** auf Berücksichtigung jedweder Wünsche. Ein Recht darauf, dass den entsprechenden Wünschen stets und immer gefolgt wird, ist mit dieser Vorschrift nicht verbunden, sondern, dass das Eingehen auf die Wünsche regelmäßig in das pflichtgemäße Ermessen des Leistungsträgers gestellt ist.[6] Wird den Wünschen der Geschädigten im Einzelfall nicht entsprochen, folgt aus § 97 S. 3 SGB XIV iVm § 8 Abs. 2 S. 3 SGB IX lediglich, dass der TdSE in einem Bescheid diese Ablehnung zu begründen hat. Nur in diesen Grenzen ist die in S. 1 ausgesprochene **Verpflichtung** des TdSE, dass den Wünschen entsprochen wird, zu verstehen.

8 **3. Berechtigte Wünsche.** Nur **berechtigten Wünschen** ist – in den genannten Grenzen – zu entsprechen. Diese Formulierung entspricht der in § 8 Abs. 1 S. 1 SGB IX, während § 25d Abs. 5 S. 3 BVG und § 9 Abs. 2 SGB XII von **angemessenen Wünschen** sprechen. Der Unterschied zwischen den Begriffen ist jedoch minimal.[7] Ein berechtigter Wunsch wird regelmäßig auch angemessen sein und umgekehrt.[8] Berechtigt können nur Wünsche sein, wenn mit ihnen eine den jeweiligen gesetzlichen Zielen entsprechende **Bedarfsdeckung** erreicht werden kann, was sich nach den Leistungszielen, der Besonderheit des Einzelfalls (§ 97 S. 2 und § 98 SGB XIV) sowie der Aufgabe des SER (§ 1 Abs. 1 SGB XIV) beurteilt. Es müssen **gleich geeignete Alternativen** bestehen, auf die der Wunsch bzw. die Wahl sich beziehen kann.[9] Wünsche können geäußert werden etwa hinsichtlich der **Art und des Umfanges der Leistungserbringung**, bezüglich der die Leistung durchführenden **Einrichtung**, hinsichtlich des **Leistungsorts** oder auch bei der Auswahl zwischen **Geld-, Sach- und Dienstleistung**, wenn das Gesetz entsprechende Wahlmöglichkeiten eröffnet.[10]

9 Nach § 25b Abs. 5 S. 3 BVG und § 9 Abs. 2 S. 3 SGB XII ist Wünschen nur zu entsprechen, wenn sie „keine unvertretbaren Mehrkosten erfordern“ bzw. wenn sie „nicht mit unverhältnismäßigen Mehrkosten verbunden“ wären. § 97 S. 1 SGB XIV enthält ebenso wie § 8 Abs. 1 S. 1 SGB IX keinen entsprechenden ausdrücklichen **Mehrkostenvorbehalt**. Dennoch sind auch bei der Prüfung der „Berechtigung der Wünsche“ **Kostengesichtspunkte** zu beachten.[11] Der TdSE hat einen Kostenvergleich zwischen der gewünschten Leistung und anderen geeigneten und zumutbaren Hilfeangeboten vorzunehmen. Nicht mit unverhältnismäßigen Mehrkosten verbundenen, angemessenen Wünschen des Hilfeempfängers ist zu entsprechen. **Die Beweislast für Alternativen** liegt beim Hilfeträger.[12] Ein **Kostenvergleich** erübrigt sich, wenn die alternative Leistung unzumutbar ist, keine Leistungsalternativen bestehen oder von vornherein feststeht, dass Mehrkosten nicht entstehen.[13] Für die fürsorgerischen Leistungen des

5 jurisPK-SGB IX/Luthe, 3. Aufl. 2018 (Stand: 1.2.2020), § 8 Rn. 25.
6 Vgl. LSG Nds-Brem Urt. v. 30.10.2013 – L 7 AL 102/10.
7 jurisPK-SGB IX/Luthe, 3. Aufl. 2018 (Stand: 1.2.2020), § 8 Rn. 28.
8 jurisPK-SGB IX/Luthe, 3. Aufl. 2018 (Stand: 1.2.2020), § 8 Rn. 28.
9 Vgl. jurisPK-SGB IX/Luthe, 3. Aufl. 2018 (Stand: 1.2.2020), § 8 Rn. 29; BayLSG Urt. v. 26.11.2003 – L 16 RJ 263/03.
10 Vgl. zum gleichlautenden § 8 SGB IX jurisPK-SGB IX/Luthe, 3. Aufl. 2018 (Stand: 1.2.2020), § 8 Rn. 25.
11 Vgl. hierzu ausführlich jurisPK-SGB IX/Luthe, 3. Aufl. 2018 (Stand: 1.2.2020), § 8 Rn. 52 ff.
12 Grube/Wahrendorf/Flint/Deckers SGB XII, 7. Aufl. 2020, § 9 Rn. 33.
13 Vgl. Empfehlungen zur Kriegsopferfürsorge, Stand 1.1.2020, Abschnitt 5.5, Unterabschnitt 5.5.2, S. 18.

BVG hat das BVerwG entschieden, dass Wünsche der Leistungsberechtigten angemessen und kostenmäßig vertretbar sind, solange sie zur Deckung eines anzuerkennenden Bedarfs und zu keinem wirtschaftlich unangemessenen Ergebnis führen.[14]

II. Satz 2 – Zu berücksichtigende Kriterien

S. 2 führt die Kriterien auf, die im Einzelfall „besonders" zu berücksichtigen sind, wenn es um die Prüfung der „Berechtigung" des Wunsches geht. Die an erster Stelle aufgeführte besondere Berücksichtigung von **Art und Schwere der Schädigung** trägt der **Sonderstellung des SER**[15] in den Sozialleistungssystemen Rechnung. Im SER geht es um die Bewältigung von Folgen, die aus einer gesundheitlichen Schädigung entstanden sind, die auf einem schädigenden Ereignis beruht, für das die staatliche Gemeinschaft eine besondere Verantwortung trägt (vgl. § 1 Abs. 1 SGB XIV). Die Schädigung ist gleichsam Ausgangspunkt und Maßstab für Art und Umfang der Leistungen des SER. Sie ist die Ursache, die Leistungsansprüche überhaupt auslöst. Bei den BLiE muss der Bedarf kausal durch die Schädigung entstanden sein und das Unvermögen der Bedarfsdeckung ebenso (→ § 92 Rn. 26 ff.), während die Ursache des Bedarfs und der finanziellen Hilfebedürftigkeit im Sozialhilferecht keine Rolle spielen. Vor diesem Hintergrund kommt der Art und Schwere der Schädigung im Rahmen des Wunsch- und Wahlrechts eine **hervorragende Bedeutung** zu. Wünsche von Geschädigten, die in engem Zusammenhang mit den gesundheitlichen Schädigungsfolgen stehen, zB betreffend die **Wohnform** oder **Größe und Beschaffenheit der Wohnung** bei den Leistungen zum Lebensunterhalt oder die **Ausgestaltung der Leistungen zur Weiterführung des Haushalts**, sollten in der Gesamtabwägung sämtlicher Leistungskriterien ein besonderes Gewicht haben. 10

Als weitere Kriterien nennt S. 2 den **Gesundheitszustand** und das **Lebensalter**. Der Gesundheitszustand steht in engem Zusammenhang mit der Art und Schwere der Schädigung, ist aber weiter gefasst und schließt schädigungsunabhängige Erkrankungen bzw. Behinderungen mit ein. Das Lebensalter kann in Wechselwirkung zu Art und Schwere der Schädigung stehen, wenn sich zB die Schädigungsfolgen im Alter verstärkt auswirken. 11

III. Satz 3 – entsprechende Anwendung von § 8 SGB IX

Durch den Verweis in **S. 3** auf § 8 SGB IX sind zusätzliche **individuelle Kriterien** zu berücksichtigen, nämlich: 12

- die persönliche Lebenssituation,
- das Geschlecht,
- die Familie,
- religiöse und weltanschauliche Bedürfnisse,
- die besonderen Bedürfnisse von Müttern und Vätern mit Behinderungen bei der Erfüllung ihres Erziehungsauftrags und
- die besonderen Bedürfnisse von Kindern mit Behinderungen.[16]

IV. Praktische Bedeutung

Einen vergleichbar hohen **Stellenwert** und Anwendungsbereich, wie § 8 SGB IX für die Leistungen zur Teilhabe hat, deren Ausgestaltung (das „Wie") im Ermessen der Rehabilitationsträger steht, dürfte das Wunsch- und Wahlrecht des § 97 SGB XIV für die 13

14 BVerwG Urt. v. 15.6.1970 – V C 11/70, BVerwGE 35, 287.
15 Vgl. auch BT-Drs. 19/13824, 169.
16 Zu diesen Kriterien kann auf Rechtsprechung und Literatur zu § 8 SGB IX verwiesen werden.

BLiE allerdings nicht haben. Die **praktische Bedeutung** dürfte bei den Leistungen zum Lebensunterhalt nach § 93 SGB XIV wegen der überwiegend pauschalierten Leistungen eher gering sein (siehe aber → § 98 Rn. 9). Andererseits ordnet § 93 Abs. 1 S. 3 SGB XIV die „Berücksichtigung der besonderen Lage der Geschädigten und Hinterbliebenen" an. Der damit zum Ausdruck kommende **Individualisierungsgrundsatz** steht in engem Zusammenhang mit dem Wunsch- und Wahlrecht (→ § 93 Rn. 12). Bei der Leistung zur Förderung einer Ausbildung nach § 94 SGB XIV dürfte die praktische Bedeutung des § 97 SGB XIV gen Null gehen, da diese Leistung von der Höhe des tatsächlich nach dem BAföG erhaltenen Darlehens abhängt und damit keinen Raum für individuelle Wünsche der Berechtigten lässt. Die entscheidende Anspruchsvoraussetzung, dass die Förderung nach dem BAföG schädigungsbedingt erfolgt sein muss, ist dem Wunschrecht nicht zugänglich (→ § 94 Rn. 7). Bei den Leistungen zur Weiterführung des Haushalts nach § 95 SGB XIV und den Leistungen in sonstigen Lebenslagen nach § 96 SGB XIV findet sich durch (teilweise) eingeräumtes Ermessen hingegen Raum für die „Einspeisung" von Wünschen in den Abwägungs- und Entscheidungsprozess des TdSE.

§ 98 Besonderheiten der Leistungsbemessung

Art, Ausmaß und Dauer der Besonderen Leistungen im Einzelfall richten sich nach der Besonderheit des Einzelfalls sowie der Art des Bedarfes.

A. Gesetzesgeschichte

1 Die Vorschrift ist teilweise **§ 25b Abs. 5 S. 1 BVG** nachgebildet, der die Träger der Kriegsopferfürsorge (KOF) verpflichtet, Art, Ausmaß und Dauer der Leistungen der KOF nach der Besonderheit des Einzelfalls, der Art des Bedarfs und den örtlichen Verhältnissen auszurichten. Weitere Kriterien, die bei der Würdigung des Einzelfalls zu berücksichtigen sind, sind in § 25b Abs. 5 S. 2 BVG aufgeführt. Der so geregelte **Individualisierungsgrundsatz** ist seit jeher einer der **wesentlichen Grundsätze der fürsorgerischen Leistungen des BVG** (→ § 92 Rn. 4). Dieser Grundsatz wird mit § 98 SGB XIV in das neue SER überführt. § 98 SGB XIV ist im Verhältnis zu § 25b Abs. 5 S. 1 u. 2 BVG sehr verkürzt worden, womit der Gesetzgeber aber keine Rechtsänderung beabsichtigt haben dürfte (→ Rn. 11).

2 § 98 SGB XIV tritt wie die Regelungen der Besonderen Leistungen im Einzelfall (BLiE) des Kapitels 11 insgesamt am 1.1.2024 in Kraft.[1]

B. Normsystematik

I. Allgemeiner Regelungsgehalt und Normzweck

3 § 98 SGB XIV verpflichtet den TdSE, Art, Ausmaß und Dauer der BLiE nach der Besonderheit des Einzelfalls sowie der Art des Bedarfs auszurichten. Die Vorschrift enthält als **Leistungsmaßstab** den Individualisierungsgrundsatz unter besonderer Berücksichtigung der Belange des Personenkreises des SER. Dieser Grundsatz leitet sich aus der Rechtsnatur der BLiE als ergänzende besondere Einzelfallhilfe ab.[2] Er ist ein Instrument zur Umsetzung und Realisierung der Aufgaben der BLiE als Teil der Sozialen Entschädigung und dient der Ermittlung des individuellen Bedarfs.[3] Eine

1 Art. 60 Abs. 7 G. v. 12.12.2019, BGBl. 2019 I 2652.
2 Vgl. zur KOF Empfehlungen zur Kriegsopferfürsorge, Stand 1.1.2020, Abschnitt 5.2, S. 7.
3 Vgl. zum Individualisierungsgrundsatz in der Sozialhilfe jurisPK-SGB XII/Müller-Grune, 3. Aufl. 2020 (Stand: 1.2.2020), § 9 Rn. 11.

eigenständige Anspruchsgrundlage enthält § 98 SGB XIV aber **nicht**. Im Recht der Sozialhilfe ist die Tragweite des in § 9 SGB XII normierten Individualisierungsgrundsatzes umstritten.[4]

II. Systematische Einordnung

§ 98 SGB XIV ist die Nachfolgeregelung zu § 25b Abs. 5 S. 1 u. 2 BVG und stellt ein lex specialis zu § 33 SGB I dar, der den **Individualisierungsgrundsatz als Prinzip für das gesamte Sozialrecht** normiert. Das ebenfalls in § 25b Abs. 5 BVG geregelte Wunsch- und Wahlrecht, dort in S. 3, ist im SGB XIV gesondert in einer eigenen Vorschrift verortet worden (s. § 97 SGB XIV). Damit wird die Bedeutung des Wunsch- und Wahlrechts und des Individualisierungsgrundsatzes hervorgehoben. Andererseits hängen beide Prinzipien systematisch und inhaltlich eng zusammen und sind in anderen Sozialgesetzbüchern auch in einer Vorschrift zusammengefasst (zB § 33 SGB I, § 9 SGB XII, § 104 SGB IX). Für die Leistungen zur Teilhabe in Kapitel 6 ist in § 70 SGB XIV der Individualisierungsgrundsatz gleichlautend wie in § 98 SGB XIV geregelt. 4

Im BVG bezieht sich der **Individualisierungsgrundsatz** auf insgesamt zehn fürsorgerische Leistungen der Sozialen Entschädigung. Deren Anzahl hat sich im SGB XIV erheblich reduziert, was der Neuausrichtung und Neustrukturierung des neuen SER geschuldet ist (→ § 92 Rn. 14 ff.). § 98 SGB XIV bezieht sich auf die in § 92 Abs. 4 SGB XIV abschließend aufgeführten vier Besonderen Leistungen im Einzelfall (BLiE). 5

C. Einzelkommentierung

I. Allgemeines

Der Individualisierungsgrundsatz leitet sich aus der Rechtsnatur der BLiE als ergänzende **besondere Einzelfallhilfe** ab (→ 92 Rn. 1).[5] Bei den BLiE kommt der individuellen Leistung wesentlich mehr Bedeutung zu als in der Sozialhilfe; dies folgt bereits aus dem Entschädigungsgedanken des SGB XIV.[6] Unter dem Aspekt der Individualisierung des Bedarfs ist nach der Rechtsprechung und Literatur zur Kriegsopferfürsorge (KOF) (§ 25b Abs. 5 BVG) zu berücksichtigen, dass bei der Leistungsgewährung ein besonderes **Wohlwollen** angezeigt ist.[7] In der KOF gilt seit jeher ein besonderer **Begünstigungsgrundsatz**, der in mehreren Vorschriften (§§ 25b Abs. 5, 25c Abs. 3, 27a, 27d Abs. 3 BVG) so ausgedrückt ist, dass „die besondere Lage des Beschädigten zu berücksichtigen" ist. Das Bundesverwaltungsgericht[8] hat dazu ausgeführt, dass der Individualisierungsgrundsatz im Rahmen der KOF besondere Beachtung habe. Die besonderen Verhältnisse des Einzelfalls seien – anders als bei der allgemeinen Fürsorge – nicht gleichsam Ausnahmetatbestand, sondern **Ausgangspunkt der zu gewährenden Hilfe**. Die besondere Lage der Beschädigten werde vielfach gerade durch Schwierigkeiten in der seelischen Verarbeitung der Beschädigung und ihrer Folgen gekennzeichnet. Dies erfordere es, bereits im Ausgangspunkt die besondere Lage der Beschädigten bei der Hilfegewährung durchschlagen zu lassen. Im SGB XIV gilt nichts anderes. Dort ist der Individualisierungsgrundsatz explizit in § 98 SGB XIV geregelt. Die Berücksichtigung der besonderen Lage der Geschädigten und Hinterbliebenen bei der Gewährung der 6

4 Vgl. jurisPK-SGB XII/Müller-Grune, 3. Aufl. 2020 (Stand: 1.2.2020), § 9 Rn. 13.
5 Vgl. zur KOF Empfehlungen zur Kriegsopferfürsorge, Stand 1.1.2020, Abschnitt 5.2, S. 7.
6 Vgl. zur KOF Rohr/Sträßer/Dahm BVG, Loseblatt, Stand Januar 2010, § 25b Anm. 7.
7 Vgl. HK-SozEntschR/Grube BVG vor §§ 25 ff. Rn. 5.
8 BVerwG Urt. v. 13.1.1965 – V C 23/64, BVerwGE 20, 141 und BVerwG Urt. v. 27.8.1969 – V C 100/68, BVerwGE 32, 362. Aus § 25 Abs. 2 BVG hat das Bundesverwaltungsgericht eine „Wohlwollensklausel" hergeleitet (BVerwG Urt. v. 29.9.1994 – 5 C 41/92, FEVS 45, 269).

Leistungen zum Lebensunterhalt findet sich in § 93 Abs. 1 S. 2 SGB XIV zusätzlich wieder (→ § 93 Rn. 12).

II. Art, Ausmaß und Dauer der BLiE

7 Der Individualisierungsgrundsatz konkretisiert die sozialhilferechtliche Verpflichtung zur **Bedarfsdeckung**, indem er dessen Zielrichtung auf die Besonderheiten des Einzelnen lenkt.[9] Art, Ausmaß und Dauer der BLiE sind damit bedarfsbezogen. Das Tatbestandsmerkmal **„Art der BLiE"** korrespondiert mit der **„Art des Bedarfs"**. Es verweist auf die im Kapitel 11 vorgegebenen Leistungen, die in § 92 Abs. 4 SGB XIV aufgezählt sind. Zwischen diesen Hilfen ist individuell für den jeweiligen Leistungsberechtigten nach der individuell zu ermittelnden Art des Bedarfs eine Auswahl zu treffen.

8 Eine **eigenständige Anspruchsgrundlage** enthält § 98 SGB XIV aber **nicht**. Nur wenn die Leistungsvoraussetzungen der BLiE dem Grunde nach erfüllt sind, kann der Grundsatz der Individualisierung Berücksichtigung finden. Das Individualisierungsgebot kann auch keinen eigenständigen, von den Regelungen der Sozialhilfe völlig abgekoppelten Leistungskatalog begründen, da Inhalt und Ausgestaltung der Leistungen eng mit dem Sozialhilferecht verknüpft sind.[10]

9 Das **„Ausmaß der BLiE"** wird durch den individuellen Bedarf bestimmt. Eine umfassende **Pauschalierung von Leistungen** ohne Berücksichtigung individueller Bedürfnisse ist damit nicht möglich. Allerdings kann das Individualisierungsgebot nicht als generelle Schranke oder Verbot einer Pauschalierung von Leistungen ausgelegt werden.[11] Dabei stehen Pauschalierungen unter dem **Gesetzesvorbehalt** des Art. 20 Abs. 3 GG und des § 31 SGB I.[12] Die wichtigsten gesetzlich zugelassenen Pauschalierungen sind die **Regelbedarfe** des § 27a Abs. 2 SGB XII und die Mehrbedarfe nach § 30 SGB XII, die gem. § 93 Abs. 1 S. 3 SGB XIV auch für die Leistungen zum Lebensunterhalt als BLiE gelten. Die Bildung von Regelbedarfsstufen verstößt nach der Rechtsprechung des BVerfG nicht gegen den Individualisierungsgrundsatz.[13]

10 Die **„Dauer der BLiE"** ist ebenfalls den Besonderheiten und den individuellen Erfordernissen des Einzelfalls anzupassen.

III. Kriterien zur Einzelfallprüfung

11 § 98 SGB XIV verzichtet im Gegensatz zu § 25d Abs. 5 BVG, § 33 SGB I, § 9 Abs. 1 SGB XII und § 104 Abs. 1 SGB IX auf eine (beispielhafte) Aufzählung von bei der Ermittlung des individuellen Bedarfs zu berücksichtigenden Kriterien wie zB „örtliche Verhältnisse", „eigene Kräfte und Mittel" oder „Gesundheitszustand" und „Lebensalter" der Berechtigten. Lediglich die „Art des Bedarfs" wird in § 98 SGB XIV ausdrücklich benannt. Die in § 25d Abs. 5 S. 2 BVG aufgeführten Kriterien, von denen im SER „Art und Schwere der Schädigung" ein besonderes Gewicht beikommt, wurden nicht in § 98 SGB XIV übernommen, wofür die Gesetzesbegründung[14] keine Erklärung liefert. Mit der sehr verkürzten Fassung des Individualisierungsgrundsatzes in § 98 SGB XIV dürfte der Gesetzgeber aber **keine Rechtsänderung** beabsichtigt haben. Einige der in § 25d Abs. 5 S. 2 BVG aufgeführten Kriterien sind in der Regelung zum Wunsch- und Wahlrecht in § 97 S. 2 SGB XIV aufgenommen worden. Danach sind

---

9 Grube/Wahrendorf/Flint/Deckers SGB XII, 7. Aufl. 2020, § 9 Rn. 4.
10 Vgl. zur KOF Empfehlungen zur Kriegsopferfürsorge, Stand 1.1.2020, Abschnitt 27a.1, Unterabschnitt 27a 1.1., S. 8.
11 Vgl. zum Recht der Sozialhilfe jurisPK-SGB XII/Müller-Grune, 3. Aufl. 2020 (Stand: 1.2.2020), § 9 Rn. 14.
12 Vgl. Grube/Wahrendorf/Flint/Deckers SGB XII, 7. Aufl. 2020, § 9 Rn. 11.
13 Ua BVerfG Urt. v. 23.7.2014 – 1 BvL 10/12.
14 Vgl. BT-Drs. 19/13824, 212.

„Art und Schwere der Schädigung, Gesundheitszustand und Lebensalter" bei der Prüfung der Berechtigung von Wünschen der Geschädigten/ Hinterbliebenen besonders zu berücksichtigen. Diese Kriterien sind selbstverständlich auch in die Einzelfallbetrachtung nach § 98 SGB XIV einzubeziehen. Denn Wunsch- und Wahlrecht und Individualisierungsgrundsatz hängen systematisch und inhaltlich zusammen. Wünsche der Berechtigten stehen in der Regel im Zusammenhang mit ihrer individuellen Situation und ihren individuellen Bedürfnissen und bei der Eruierung der individuellen Erfordernisse des Einzelfalls ist berechtigten Wünschen der Geschädigten/ Hinterbliebenen zu entsprechen. Die individuelle Situation ist im SER wiederum von den Folgen der Schädigung geprägt, die einen Bedarf auslösen, so dass ein unmittelbarer Zusammenhang zwischen Art und Schwere der Schädigung und der Art des Bedarfs besteht (zum Kausalitätsgrundsatz → § 92 Rn. 26).

§ 98 iVm § 97 S. 2 SGB XIV enthält **keine abschließende Aufzählung**. Der offene 12
Rechtsbegriff der „Besonderheit des Einzelfalls" in § 98 SGB XIV ist als „Oberbegriff" zu verstehen, er schließt sämtliche Umstände ein, die bei der Hilfe für eine konkrete Person von Bedeutung sind. Dies sind auch die in § 25b Abs. 5 S. 1 und 2 BVG genannten, nicht in §§ 97 und 98 SGB XIV übernommenen Kriterien der jeweiligen **„örtlichen Verhältnisse"** und der **„Lebensstellung vor der Schädigung** oder vor Auswirkung der Folgen der Schädigung oder vor dem Verlust des Ehegatten, Lebenspartners oder Elternteils". Gleiches gilt für die in § 33 SGB I bzw. § 9 Abs. 1 SGB XII aufgeführten Kriterien der **„Leistungsfähigkeit"** bzw. der **„eigenen Kräfte und Mittel"** der berechtigten Person. Auch eignen sich die in § 8 Abs. 1 SGB IX normierten individuellen Kriterien (→ § 97 Rn. 3) zur Erfassung der Besonderheit des Einzelfalls.

Soweit § 98 SGB XIV neben der Besonderheit des Einzelfalls auf die **„Art des Bedarfs"** 13
abstellt, bezieht sich dies auf die im Kapitel 11 vorgegebenen Leistungen, die in § 92 Abs. 4 SGB XIV aufgeführt sind.

Kapitel 12 Überführung und Bestattung

§ 99 Leistungen bei Überführung und Bestattung

(1) [1]Stirbt eine Geschädigte oder ein Geschädigter an den Schädigungsfolgen, so hat diejenige Person, die die Überführung veranlasst hat, einen Anspruch auf Übernahme der Kosten der Überführung. [2]Der Anspruch auf Übernahme umfasst die tatsächlich entstandenen Kosten der Überführung an den Ort der Bestattung, soweit sie erforderlich und angemessen sind.

(2) [1]Stirbt eine Geschädigte oder ein Geschädigter an den Schädigungsfolgen, so hat diejenige Person, die die Bestattung veranlasst hat, einen Anspruch auf Übernahme der Kosten der Bestattung. [2]Der Anspruch auf Übernahme umfasst die Kosten der Bestattung bis zur Höhe eines Siebtels der im Zeitpunkt des Todes geltenden jährlichen Bezugsgröße nach § 18 Absatz 1 des Vierten Buches.

(3) Der Tod gilt stets als Schädigungsfolge, wenn eine Geschädigte oder ein Geschädigter an einer Gesundheitsstörung stirbt, die als Schädigungsfolge anerkannt ist.

(4) Auf den Betrag nach den Absätzen 1 und 2 werden einmalige Leistungen angerechnet, die anlässlich des Todes auf Grund öffentlich-rechtlicher Vorschriften zum Zweck der Übernahme der Kosten der Überführung und Bestattung erbracht werden.

(5) Die Kosten der Überführung und Bestattung werden nicht übernommen, wenn die Voraussetzungen des § 16 oder des § 17 Absatz 1 in der Person der oder des Geschädigten oder derjenigen Person, die die Überführung oder Bestattung veranlasst hat, vorliegen.

(6) Leistungen bei Überführung und Bestattung können ganz oder teilweise versagt werden, wenn die Voraussetzungen des § 17 Absatz 2 in der Person der oder des Geschädigten oder derjenigen Person, die die Kosten veranlasst hat, vorliegen.

A. Gesetzesgeschichte

I. Geltendes und neues Recht

1 Leistungen der Überführung und Bestattung sind bis 31.12.2023 in § 36 BVG[1] geregelt. Bereits vor dem Inkrafttreten der Gesamtreform des SER wurde § 36 BVG aF[2] durch das G-SER[3] rückwirkend zum 1.7.2018[4] geändert.[5]

2 § 99 geht zurück auf den Gesetzentwurf der Bundesregierung vom 9.10.2019, BT-Drs. 19/13824, 212; die Vorschrift tritt mWz 1.1.2024 in Kraft.[6]

II. Änderungen im SGB XIV gegenüber dem BVG und Parallelität

3 Gegenüber § 36 BVG aF[7] wurden mit der Neufassung von § 36 BVG aufgrund des G-SER bereits zum 1.7.2018, und nochmals zum 1.7.2022,[8] die **Leistungen für die Bestattungskosten** erhöht.[9] Die Überführungsleistungen wurden verbessert, indem statt der im Ermessen des TdSE stehenden Beihilfe nach § 36 Abs. 5 S. 2 BVG aF ein gebundener **Anspruch auf Kostenübernahme bei Überführung** von verstorbenen Geschädigten auch aus dem Ausland normiert wurde:[10] Der Anspruch auf Überführungskosten aus § 36 Abs. 1 BVG besteht unabhängig davon, ob der Tod während eines Aufenthaltes im Inland oder im Ausland eingetreten ist. Hintergrund der vorgezogenen Novellierung sind u.a. die Erkenntnisse und Forderungen aus dem Abschlussbericht des Beauftragten der Bundesregierung für die Opfer und Hinterbliebenen des Terroranschlages auf dem Breitscheidplatz.[11]

1 IdF d. Art. 1 Nr. 8 27. KOVAnpV v. 28.6.2022, BGBl. 2022 I 1012.
2 Bis zum 30.6.2018 geltende Fassung.
3 Art. 2 Nr. 2 G-SER V. 12.12.2019, BGBl. 2019 I 2652.
4 Art. 60 Abs. 2 G-SER v. 12.12.2019, BGBl. 2019 I 2652.
5 BT-Drs. 19/13824, 3.
6 Art. 60 Abs. 7 G-SER v. 12.12.2019, BGBl. 2019 I 2652.
7 Vgl. zur Rechtlage bis 30.6.2018 HK-SozEntschR/Vogl BVG § 36.
8 Aufgrund Art. 1 Nr. 8 27. KOVAnpV v. 28.6.2022, BGBl. 2022 I 1012.
9 BT-Drs. 19/13824, 1, 3.
10 Vgl. Knickrehm/Mushoff/Schmidt Neues SozEntschR Rn. 325.
11 Siehe https://www.bmjv.de/SharedDocs/Downloads/DE/News/Artikel/121317_Abschlussbericht_Opferbeauftragter.pdf;jsessionid=0A60543B1EA39A8BDF40C0B426D75C29.1_cid297?__blob=publicationFile&v=1 (abgerufen am 1.9.2021); Schmidt SGB XIV/Kerner § 99 Rn. 2; Knickrehm/Mushoff/Schmidt Neues SozEntschR Rn. 323.

Die **Überführungskosten** werden nach § 36 Abs. 1 BVG in der vollen Höhe übernommen, sofern sie erforderlich und angemessen sind.[12] Schon nach § 36 Abs. 5 S. 1 BVG aF wurden die erforderlichen Kosten übernommen. § 36 Abs. 2 BVG sieht einen Anspruch auf Überführungskosten – entsprechend der bisherigen Rechtslage des § 36 Abs. 6 BVG aF – für den Fall vor, dass eine Geschädigte oder ein Geschädigter zwar nicht an den Folgen der Schädigung, aber während einer nach den Vorschriften des BVG durchgeführten stationären Heilbehandlung stirbt. Anders als § 36 Abs. 6 BVG aF beschränkt demgegenüber § 99 den Anspruch auf Leistungen der Überführung und Bestattung auf Fälle, in denen der Tod schädigungsbedingt eingetreten ist. 4

Nach § 36 Abs. 3 BVG werden **Bestattungskosten** ab 1.7.2018 bis zur Höhe eines Siebtels der im Zeitpunkt des Todes geltenden Bezugsgröße nach § 18 Abs. 1 SGB IV übernommen, wenn der Tod Schädigungsfolge ist. Durch diese Regelungen werden Angehörige und Hinterbliebene, die oftmals nicht nur die emotionale Belastung durch die gewaltsame Tötung oder das Versterben eines nahestehenden Menschen an den Schädigungsfolgen tragen, sondern auch noch die Überführung und Bestattung organisieren müssen, finanziell entlastet.[13] Ab 1.1.2024 werden nach § 99 Abs. 2 die Kosten der Bestattung ebenfalls nur in dieser Höhe übernommen. 5

§ 36 Abs. 4 BVG entspricht der bisherigen Rechtslage des § 36 Abs. 1 und 2 BVG aF und gewährt **Bestattungsgeld** für den Fall, dass rentenberechtigte Beschädigte an den Schädigungsfolgen versterben.[14] Die Regelungen zur Verteilung des möglichen Überschusses bleiben bis zum Inkrafttreten des SGB XIV erhalten.[15] Die Fiktion in § 36 Abs. 5 BVG zugunsten der Betroffenen ist § 36 Abs. 1 S. 3 BVG aF nachgebildet.[16] § 36 Abs. 6 BVG entspricht der bisherigen Regelung in § 36 Abs. 1 BVG aF für den Fall, dass rentenberechtigte Beschädigte nicht an den Schädigungsfolgen versterben.[17] Die in § 36 Abs. 4 und 6 BVG genannten Beträge des Bestattungsgeldes sind zuletzt durch Art. 1 Nr. 8 der 27. KOVAnpV[18] zum 1.7.2022 angehoben worden. Ab 1.1.2024 wird auf die Zahlung des Bestattungsgeldes einschließlich der komplizierten Regelung über die Aufteilung des Überschusses, wenn die Kosten der Bestattung niedriger sind als das Bestattungsgeld, verzichtet; es werden die Kosten der Bestattung nach Maßgabe von § 99 Abs. 2 übernommen. 6

Der Anspruch auf Leistungen bei Überführung und Bestattung hängt nicht mehr davon ab, dass die Verstorbenen Rentenleistungen nach dem BVG bezogen haben;[19] ausreichend ist auch nach der Rechtslage ab 1.1.2024 der Kausalzusammenhang zwischen dem Tod und den anerkannten Schädigungsfolgen, vgl. § 99 Abs. 1 S. 1 und Abs. 2.[20] 7

§ 36 Abs. 7 BVG regelt wie bis 30.6.2018 § 36 Abs. 4 BVG aF die Anrechnung der Leistung aus anderen öffentlich-rechtlichen Ansprüchen.[21] Die Regelung ist in § 99 Abs. 4 über den 31.12.2023 hinaus beibehalten worden. 8

Mit der Einführung des SGB XIV ist Sterbegeld – bis 31.12.2023 in § 37 BVG geregelt – als eigenständige Versorgungsleistung entfallen.[22] 9

---

12 BT-Drs. 19/13824, 233.
13 BT-Drs. 19/13824, 233.
14 BT-Drs. 19/13824, 233.
15 Vgl. Knickrehm/Mushoff/Schmidt Neues SozEntschR Rn. 325.
16 Vgl. Knickrehm/Mushoff/Schmidt Neues SozEntschR Rn. 325.
17 BT-Drs. 19/13824, 233.
18 BGBl. 2022 I 1012.
19 HK-SozEntschR/Vogl BVG § 36.
20 Knickrehm/Mushoff/Schmidt Neues SozEntschR Rn. 323.
21 BT-Drs. 19/13824, 233.
22 Knickrehm/Mushoff/Schmidt Neues SozEntschR Rn. 324; vgl. zur Rechtslage bis 31.12.2023 HK-SozEntschR/Vogl BVG § 37.

B. Normsystematik

I. Allgemeiner Regelungsgehalt

10 Abs. 1 regelt einen Anspruch auf die Übernahme von Kosten der Überführung beim Versterben Geschädigter an Schädigungsfolgen. Abs. 2 normiert einen Anspruch auf Übernahme der Kosten für die Bestattung bei schädigungsbedingtem Versterben Geschädigter. Nach Abs. 3 wird gesetzlich vermutet, dass der Tod schädigungsbedingt eintritt, wenn Geschädigte an einer Gesundheitsstörung versterben, die als Schädigungsfolge anerkannt ist. Abs. 4 bestimmt die Anrechnung der Leistungen aus anderen öffentlich-rechtlichen Ansprüchen. Abs. 5 legt einen Leistungsausschluss bzw. eine Leistungsversagung bei Vorliegen der Voraussetzungen des § 16 oder § 17 Abs. 1 fest. Eine Versagung der Leistungen in den Fällen des § 17 Abs. 2 steht nach Abs. 6 im Ermessen der Verwaltungsbehörde.

II. Systematische Einordnung und Normzweck

11 § 99 stellt gegenüber § 102 Abs. 6, wonach die Kosten der Überführung und Bestattung von Berechtigten iSv § 15 erstattet werden, die im Ausland eine Gewalttat erleiden und an deren Folgen sterben (→ § 102 Rn. 36), die allgemeinere Vorschrift dar.

12 Die Norm dient der Umsetzung der im Abschlussbericht des Beauftragten der Bundesregierung für die Opfer und Hinterbliebenen des Terroranschlages auf dem Breitscheidplatz vom 12.12.2017[23] sowie in der Entschließung des Deutschen Bundestages vom 13.12.2017[24] geforderten Verbesserung der Leistungen bei Überführung und Bestattung.

C. Einzelkommentierung

I. Kosten der Überführung, Abs. 1

13 Die Vorschrift regelt in Abs. 1, dass der TdSE die **Kosten der Überführung** verstorbener Geschädigter zu übernehmen hat. Kosten der Überführung sind die Kosten, die durch den Transport des Leichnams vom Ort, an dem der Tod eingetreten ist, zum Ort der Bestattung entstehen.[25] Ggf. innerhalb eines Ortes entstehende Transportkosten (zB von einer Klinik zum Bestattungsinstitut) sind ebenfalls Kosten der Überführung;[26] soweit für die Überführungskosten nach dem Recht der GUV für § 64 SGB VII auf die Gemeindegrenzen abgestellt wird,[27] ist dies auf die Überführung iSv § 99 Abs. 1 nicht zu übertragen, da § 64 Abs. 2 SGB VII anders als Abs. 1 schon voraussetzt, dass die Versicherten nicht an dem Ort der ständigen Familienwohnung verstorben sind.

14 Erstattungsfähig sind alle **erforderlichen Auslagen** für den Leichentransport vom Sterbe- zum Bestattungsort, also die Kosten zB für einen Transportsarg, eine evtl. erforderliche Einbalsamierung,[28] den Leichenpass, den Transport selbst,[29] auch Kosten der Überführung aus dem Ausland,[30] bei Ausländern die Überführung ins Hei-

23 Siehe https://www.bmjv.de/SharedDocs/Downloads/DE/News/Artikel/121317_Abschlussbericht_Opferbeauftragter.pdf;jsessionid=0A60543B1EA39A8BDF40C0B426D75C29.1_cid297?__blob=publicationFile&v.=1 (abgerufen am 1.9.2021).
24 BT-Drs. 19/234.
25 BT-Drs. 19/13824, 212.
26 Vgl. Schmidt SGB XIV/Kerner § 99 Rn. 7, 10.
27 LPK-SGB VII/Ziegler § 64 Rn. 8.
28 LPK-SGB VII/Ziegler § 64 Rn. 8.
29 KassKomm/Ricke SGB VII § 64 Rn. 5.
30 Knickrehm/Mushoff/Schmidt Neues SozEntschR Rn. 326.

matland oder bei Personen mit Migrationshintergrund ggf. die Überführung ins Herkunftsland.[31]

1. Voraussetzungen. Voraussetzung für die Kostenübernahme ist nach Abs. 1, dass 15
der **Tod schädigungsbedingt** eingetreten ist. Zwischen der Schädigungsfolge und dem Tod muss ein rechtlich wesentlicher kausaler Zusammenhang bestehen. Die bloße abstrakte oder konkrete Möglichkeit eines Ursachenzusammenhanges ist dabei nicht ausreichend.[32] Nicht erforderlich ist, dass die Schädigungsfolge bereits anerkannt ist, so dass der Anspruch nach Abs. 1 auch und gerade dann gegeben ist, wenn der Tod sofort nach oder in unmittelbarem Zusammenhang mit dem schädigenden Ereignis eingetreten ist und eine Anerkennung von (dauerhaften) Schädigungsfolgen vor dem Versterben gar nicht möglich ist.

Der Tod muss feststehen und – etwa durch eine Sterbeurkunde – nachgewiesen sein.[33] 16
Die materielle **Beweislast** hierfür, ebenso wie für den erforderlichen Kausalzusammenhang, liegt bei der anspruchsberechtigten Person.[34]

Nach Abs. 3 wird der erforderliche Kausalzusammenhang zwischen Tod und Schädigung **unwiderleglich vermutet**, wenn Geschädigte an einer anerkannten Schädigungsfolge gestorben sind.[35]

2. Anspruchsberechtigte. Anspruchsberechtigt ist nach Abs. 1 S. 1 die Person, die die 17
Überführung veranlasst hat und die **Kosten der Überführung tatsächlich trägt**. Es ist nicht erforderlich, dass diese Person mit der oder dem Geschädigten in einem familiären oder verwandtschaftlichen Verhältnis stand. Die Anspruchsberechtigung ist gegenüber der Verwaltungsbehörde nachzuweisen, ggf. durch Vorlage der entsprechenden Belege über die Auslagen.[36]

Zu Recht wird problematisiert, dass der Anspruch auf Übernahme der Kosten nach 18
Abs. 1 grundsätzlich nur für Personen mit Wohnsitz oder gewöhnlichem Aufenthalt im Geltungsbereich des SGB besteht,[37] vgl. § 30 Abs. 1 SGB I. **Personen mit Wohnsitz oder gewöhnlichem Aufenthalt im Ausland** wären danach von einem Anspruch auf Kostenübernahme ausgeschlossen. Der Gesetzgeber ging indessen davon aus, dass Leistungen bei Überführung und Bestattung nach Kapitel 12 in § 101 nicht geregelt werden müssen, weil diese nicht nur an Berechtigte im Sinne von § 2 erbracht werden, sondern unabhängig vom Wohnort oder gewöhnlichen Aufenthalt an diejenige Person, die die Kosten tatsächlich getragen hat.[38] Eine analoge Anwendung von § 101 zur Schließung der offenbar vom Gesetzgeber nicht gewollten Regelungslücke dürfte sich angesichts dessen und des Charakters von § 101 als Ausnahmeregelung[39], die grundsätzlich eng auszulegen ist, verbieten. In Betracht zu ziehen sein dürfte eine Übernahme der Kosten nach der **Härtefallregelung** in § 100. Soweit eingewendet wird, dass dies fraglich erscheine, da der Gesetzgeber eine Regelung für den ausgeschlossenen Personenkreis hätte schaffen können und es sich nicht um eine Härte im Einzelfall handele, wenn generell alle im Ausland lebenden Betroffenen keinen Anspruch auf Leistungen nach § 99 haben, ist dem nicht zu folgen. Da der Ausschluss der Leistungen der Überführung über § 30 Abs. 1 SGB I vorwiegend dann eingreifen dürfte, wenn ausländische Geschädigte in ihre Heimat überführt werden und die Überführung durch die dort lebenden Angehörigen veranlasst wird, ist nicht auszuschließen, dass

31 Schmidt SGB XIV/Kerner § 99 Rn. 9.
32 Schmidt SGB XIV/Kerner § 99 Rn. 22.
33 Schmidt SGB XIV/Kerner § 99 Rn. 6.
34 HK-SozEntschR/Vogl BVG § 36 Rn. 13.
35 BT-Drs. 19/13824, 212.
36 Schmidt SGB XIV/Kerner § 99 Rn. 12.
37 Schmidt SGB XIV/Kerner § 99 Rn. 13.
38 BT-Drs. 19/13824, 213.
39 Schmidt SGB XIV/Kerner § 101 Rn. 4.

der Ausschluss der Leistungen im konkreten Fall dem Sinn und Zweck des SGB XIV vor dem Hintergrund widerspricht (§ 100 Abs. 2), dass der Gesetzgeber gerade die Gleichbehandlung inländischer und ausländischer Opfer einer Gewalttat zu den Kernpunkten der Reform des SER[40] erklärt hat.

19 **3. Höhe des Anspruches.** Übernommen werden nach Abs. 1 S. 2 die **tatsächlichen Überführungskosten,** soweit diese **erforderlich und angemessen** sind; der Maßstab ist mit dem nach § 36 BVG bis 31.12.2023 identisch. Nach § 36 Abs. 5 S. 1 BVG aF konnten nur die notwendigen Kosten übernommen werden, während seit 1.7.2018 mit „erforderlich" und „angemessen" zwei neue voll gerichtlich überprüfbare unbestimmte Rechtsbegriffe normiert werden, die in der Rechtsanwendung ausgefüllt werden müssen. In der Literatur wird hierzu vertreten, dass möglicherweise eine etwas großzügigere Bemessung als „notwendig" denkbar ist.[41] Die Angemessenheit hat sich an den **ortsüblichen Gegebenheiten** ebenso zu orientieren wie auch an dem **kulturellen und religiösen Hintergrund.**[42] Soweit hierbei auf die „Standesgemäßheit" iSd in den Kreisen der verstorbenen Person herrschenden Auffassungen und Gebräuche sowie die Herkunft, die Leistungsfähigkeit des Nachlasses und der Erben abgestellt wird,[43] ist dem insoweit zuzustimmen, als auf die Besonderheiten des Einzelfalles ebenso Rücksicht zu nehmen ist, wie insbesondere auf die persönlichen und örtlichen Verhältnissen unter Berücksichtigung nachvollziehbarer Wünsche (§ 39 SGB I).[44]

20 Abs. 4 regelt, dass bestimmte **einmalige Leistungen,** die **aufgrund öffentlich-rechtlicher Vorschriften** anlässlich des Todes erbracht werden, auf den übernahmefähigen Betrag nach Abs. 1 **angerechnet** werden. Hierzu zählen beispielsweise das in der GUV nach § 64 SGB VII zu erbringende Sterbegeld sowie das Sterbegeld nach § 18 Abs. 2 Nr. 2 BeamtenVG oder nach entsprechenden landesrechtlichen Vorschriften, soweit es die Kosten der Überführung ersetzen soll.[45] Voraussetzung für die Anrechnung ist – wie schon nach § 36 Abs. 4 BVG aF und § 36 Abs. 7 BVG bis zum 31.12.2023 – die **Zweckidentität** der Leistungen.[46] Hierdurch sollen öffentlich-rechtliche Doppelleistungen aus demselben Anlass vermieden werden. Dieser Grundsatz soll dort seine Grenze finden, wo für den Erwerb der zweckentsprechenden Leistungen überwiegend die private Eigenvorsorge maßgebend war.[47]

21 Leistungen aus privaten Versicherungen oder sonstiger Eigenvorsorge (zB Sparbuch des Verstorbenen) werden demgegenüber – wie nach bisheriger Rechtslage auch[48] – nach dem eindeutigen Wortlaut von Abs. 4 nicht angerechnet.

II. Bestattungskosten, Abs. 2

22 Abs. 2 regelt die Übernahme der **Kosten der Bestattung.** Bestattungskosten sind jedenfalls all die Kosten, die aus öffentlich-rechtlichen Vorschriften resultierend notwendigerweise entstehen, damit die Bestattung überhaupt durchgeführt werden kann oder darf, sowie die, die aus religiösen Gründen unerlässlicher Bestandteil der Bestattung sind, also final auf die Bestattung selbst ausgerichtete Aufwendungen und solche, die unmittelbar der Bestattung (unter Einschluss der ersten Grabherrichtung) dienen bzw.

---

40 BT-Drs. 19/13824, 3.
41 Knickrehm/Mushoff/Schmidt Neues SozEntschR Rn. 326.
42 Schmidt SGB XIV/Kerner § 99 Rn. 11.
43 Schmidt SGB XIV/Kerner § 99 Rn. 11.
44 Vgl. zur Angemessenheitsgrenze bei der Berücksichtigung von Bestattungsvorsorgeverträgen als Schonvermögen iSv § 90 SGB XII: LPK-SGB XII/Geiger § 90 Rn. 92.
45 BT-Drs. 19/13824, 212.
46 Knickrehm/Mushoff/Schmidt Neues SozEntschR Rn. 328; vgl. zur Rechtslage bis 30.6.2018 HK-SozEntschR/Vogl BVG § 36 Rn. 25.
47 BSG 25.8.1976 – 9 RV 206/75, SozR 3100 § 36 Nr. 1.
48 BSG 25.8.1976 – 9 RV 206/75, SozR 3100 § 36 Nr. 1.

mit der Durchführung der Bestattung untrennbar verbunden sind.[49] Hierzu gehören auch die Kosten für einen Grabstein oder ein Grabkreuz.[50]

Nach der Rechtsprechung des BSG zu § 74 SGB XII gehören zu den Bestattungskosten nicht Kosten für Maßnahmen, die nur anlässlich des Todes entstehen, also nicht final auf die Bestattung selbst ausgerichtet sind, etwa Todesanzeigen, Danksagungen, Leichenschmaus, Anreisekosten, Bekleidung oder Grabpflege.[51] 23

Zu den dem Grunde nach übernahmefähigen Kosten nach § 36 BVG gehören die Kosten der Leichenschau, der Leichenpflege, der Aufbewahrung, des Ankaufes der Grabstätte/des Reihengrabes, des Begräbnisses, einschließlich kirchlicher Handlungen, der einfachen Herrichtung der Grabstätte/des Reihengrabes,[52] nicht jedoch die Kosten für einen Grabstein, die Abhaltung von Seelengottesdiensten, für Trauerkleidung, für Todesanzeigen und Kondolenzkarten.[53] Auf diese auf BVGVwV zu § 36 Nr. 3 zurückgehende Einschränkung des Begriffes der Bestattungskosten in § 36 BVG aF kann zur Auslegung von Abs. 2 nicht zurückgegriffen werden, nachdem bereits zum ab 1.7.2018 geltenden Recht BVGVwV zu § 36 Nr. 3 durch das Rundschreiben des BMAS vom 4.8.2020[54] aufgehoben wurde, weil die „eher restriktive Definition der Bestattungskosten" in einem gewissen Widerspruch zur Neufassung des § 36 BVG mWv 1.7.2018 stehe. Durch diese Änderung sollten die Angehörigen und Hinterbliebenen des oder der Verstorbenen in einem deutlich höheren Maß als vorher von anfallenden Bestattungskosten entlastet werden. 24

Auch gegen die Heranziehung von Kriterien des § 74 SGB XII wird zu Recht die nach dem SER gegebene Verantwortung des Staates für ein erbrachtes Sonderopfer oder ein erlittenes Unrecht angeführt, weshalb richtigerweise gefordert wird, dass die Kostenverantwortung des Staates im SER deutlich über der des Sozialhilferechtes zu liegen hat.[55] Zu beachten ist dabei vor allem, dass der Anspruch auf die Übernahme der Bestattungskosten nach Abs. 2 – anders als bei Überführung nach Abs. 1 – nicht auf erforderliche oder angemessene Kosten begrenzt wird, so dass grundsätzlich **alle mit der Bestattung im unmittelbaren Zusammenhang stehenden Kosten** erstattungsfähig sind. Anders als im Recht der Sozialhilfe gehören dazu daher auch die Kosten für Todesanzeigen, Danksagungen und Leichenschmaus.[56] 25

1. Voraussetzungen. Voraussetzung für die Kostenübernahme ist nach Abs. 2, dass der **Tod schädigungsbedingt** eingetreten ist. Zwischen der Schädigungsfolge und dem Tod muss ein rechtlich wesentlicher kausaler Zusammenhang bestehen. Die bloße abstrakte oder konkrete Möglichkeit eines Ursachenzusammenhanges ist dabei nicht ausreichend.[57] Nicht erforderlich ist, dass die Schädigungsfolge bereits anerkannt ist, so dass der Anspruch nach Abs. 2 auch und gerade dann gegeben ist, wenn der Tod sofort nach oder in unmittelbarem Zusammenhang mit dem schädigenden Ereignis eingetreten ist und eine Anerkennung von (dauerhaften) Schädigungsfolgen vor dem Versterben gar nicht möglich ist. 26

49 BSG 25.8.2011 – B 8 SO 20/10 R, BSGE 109, 61; BSG 24.2.2016 – B 8 SO 103/15 B zu § 74 SGB XII.
50 LPK-SGB XII/Berlit § 74 Rn. 17.
51 BSG 24.2.2016 – B 8 SO 103/15 B zu § 74 SGB XII; kritisch hierzu LPK-SGB XII/Berlit § 74 Rn. 18.
52 HK-SozEntschR/Vogl BVG § 36 Rn. 17.
53 HK-SozEntschR/Vogl BVG § 36 Rn. 18.
54 Va 6 – 54003; siehe https://www.bmas.de/DE/Soziales/Soziale-Entschaedigung/Rundschreiben/rundschreiben-soziale-entschaedigung-va-6-54003.html; abgerufen am 1.9.2021.
55 Schmidt SGB XIV/Kerner § 99 Rn. 16.
56 Schmidt SGB XIV/Kerner § 99 Rn. 19.
57 Schmidt SGB XIV/Kerner § 99 Rn. 22.

27 Der Tod muss feststehen und – etwa durch eine Sterbeurkunde – nachgewiesen sein.[58] Die materielle Beweislast hierfür, ebenso wie für den erforderlichen Kausalzusammenhang, liegt bei der anspruchsberechtigten Person.[59]

28 Nach Abs. 3 wird der erforderliche Kausalzusammenhang zwischen Tod und Schädigung **unwiderleglich vermutet**, wenn Geschädigte an einer anerkannten Schädigungsfolge gestorben sind.[60]

29 **2. Anspruchsberechtigte.** Anspruchsberechtigt ist nach Abs. 2 S. 1 die **Person, die die Bestattung veranlasst** hat. Es ist nicht erforderlich, dass diese Person mit der oder dem Geschädigten in einem familiären oder verwandtschaftlichen Verhältnis stand. Die Anspruchsberechtigung ist gegenüber der Verwaltungsbehörde nachzuweisen, ggf. durch Vorlage der entsprechenden Belege über die Auslagen.[61]

30 Zur Problematik bei Anspruchsberechtigten mit Wohnsitz oder gewöhnlichem Aufenthalt im Ausland vgl. die Kommentierung zu Abs. 1 → Rn. 17.

31 **3. Höhe des Anspruches.** Nach Abs. 2 S. 2 werden Bestattungskosten übernommen bis zur Höhe eines Siebtels der im Zeitpunkt des Todes geltenden jährlichen **Bezugsgröße** nach § 18 Abs. 1 SGB IV. Die Bezugsgröße definiert sich nach § 18 Abs. 1 SGB IV als das Durchschnittsentgelt der gesetzlichen Rentenversicherung im vorvergangenen Kalenderjahr, aufgerundet auf den nächsthöheren, durch 420 teilbaren Betrag. Sie wird durch das Bundesministerium für Arbeit und Soziales nach § 17 Abs. 2 S. 1 SGB IV durch Rechtsverordnung im Voraus für jedes Kalenderjahr mit Zustimmung des Bundesrates bestimmt (Sozialversicherungs-Rechengrößenverordnung). Durch die **dynamische Verweisung** in S. 2 wird sichergestellt, dass der Höchstbetrag der übernahmefähigen Bestattungskosten regelmäßig angepasst wird, ohne dass eine gesetzliche Änderung erforderlich ist.[62]

32 Abs. 4 regelt, dass bestimmte **einmalige Leistungen**, die **aufgrund öffentlich-rechtlicher Vorschriften** anlässlich des Todes erbracht werden, auf den übernahmefähigen Betrag nach Abs. 2 **angerechnet** werden. Hierzu zählen beispielsweise das in der GUV nach § 64 SGB VII zu erbringende Sterbegeld sowie das Sterbegeld nach § 18 Abs. 2 Nr. 2 BeamtenVG oder nach entsprechenden landesrechtlichen Vorschriften, soweit sie die Kosten der Bestattung ersetzen sollen.[63] Voraussetzung für die Anrechnung ist – wie schon nach § 36 Abs. 4 BVG aF und § 36 Abs. 7 BVG bis zum 31.12.2023 – die Zweckidentität der Leistungen.[64] Hierdurch sollen öffentlich-rechtliche Doppelleistungen aus demselben Anlass vermieden werden. Dieser Grundsatz soll dort seine Grenze finden, wo für den Erwerb der zweckentsprechenden Leistungen überwiegend die private Eigenvorsorge maßgebend war.[65]

33 Leistungen aus privaten Versicherungen oder sonstiger Eigenvorsorge (zB Sparbuch des Verstorbenen) werden demgegenüber – wie nach bisheriger Rechtslage auch[66] – nach dem eindeutigen Wortlaut von Abs. 4 nicht angerechnet.[67]

58 Schmidt SGB XIV/Kerner § 99 Rn. 6.
59 HK-SozEntschR/Vogl BVG § 36 Rn. 13.
60 BT-Drs. 19/13824, 212.
61 Schmidt SGB XIV/Kerner § 99 Rn. 12.
62 BT-Drs. 19/13824, 212.
63 BT-Drs. 19/13824, 212.
64 Knickrehm/Mushoff/Schmidt Neues SozEntschR Rn. 328; vgl. zur Rechtslage bis 30.6.2018 HK-SozEntschR/Vogl BVG § 36 Rn. 25.
65 BSG 25.8.1976 – 9 RV 206/75, SozR 3100 § 36 Nr. 1.
66 BSG 25.8.1976 – 9 RV 206/75, SozR 3100 § 36 Nr. 1.
67 So auch Knickrehm/Mushoff/Schmidt Neues SozEntschR Rn. 328; Schmidt SGB XIV/Kerner § 99 Rn. 23.

III. Ausschluss- und Versagungsgründe, Abs. 5 und 6

Leistungen der Überführung und Bestattung werden gem. Abs. 5 nicht erbracht, wenn ein **Ausschlussgrund** nach § 16 oder ein **Versagungsgrund** nach § 17 Abs. 1 in der Person der oder des Getöteten oder derjenigen Person vorliegt, die die Übernahme geltend macht.[68] Ausgeschlossen von den Leistungen sind nach § 16 Abs. 1 Personen, die das schädigende Ereignis in vorwerfbarer Weise verursacht haben; ihnen sollen Leistungen des SER nach § 16 Abs. 2 nicht wirtschaftlich zugutekommen (→ § 16 Rn. 12). Leistungen sind nach § 17 Abs. 1 zu versagen, wenn es aus in dem eigenen Verhalten liegenden Gründen unbillig wäre, Leistungen der Sozialen Entschädigung zu erbringen (→ § 17 Rn. 9). 34

Durch Abs. 6 wird die Ermessensregelung des § 17 Abs. 2 auf die Fälle der Leistung bei Überführung und Bestattung erstreckt.[69] Danach können Leistungen bei Überführung und Bestattung **ganz oder teilweise** versagt werden, wenn Geschädigte oder die Person, die die Kosten der Überführung oder Bestattung veranlasst hat, es unterlassen haben, das ihnen Mögliche und Zumutbare zur Aufklärung des Sachverhaltes des schädigenden Ereignisses und zur Verfolgung der Täterin oder des Täters, die das schädigende Ereignis herbeigeführt haben, beizutragen. Das der Verwaltungsbehörde eingeräumte **Ermessen** ist nur eingeschränkt gerichtlich überprüfbar. 35

D. Anhang

I. BVG

Bis 31.12.2023 ist § 36 BVG[70] in Kraft, die Vorschrift hat folgenden Normtext: 36

§ 36 BVG [Bestattungsgeld]

(1) [1]Stirbt eine Beschädigte oder ein Beschädigter an den Schädigungsfolgen, so hat diejenige Person einen Anspruch auf Übernahme der Kosten der Überführung, die die Überführung veranlasst hat. [2]Der Anspruch auf Übernahme umfasst die erforderlichen und angemessenen Kosten der Überführung an den Ort der Bestattung.

(2) [1]Stirbt eine Beschädigte oder ein Beschädigter während einer nach den Vorschriften dieses Gesetzes durchgeführten stationären Heilbehandlung nicht an den Schädigungsfolgen, so hat diejenige Person einen Anspruch auf Übernahme der Kosten der Überführung, die die Überführung veranlasst hat. [2]Absatz 1 Satz 2 gilt entsprechend.

(3) [1]Stirbt eine Beschädigte oder ein Beschädigter an den Schädigungsfolgen, so werden die Kosten der Bestattung bis zur Höhe eines Siebtels der zum Zeitpunkt des Todes geltenden Bezugsgröße nach § 18 Absatz 1 des Vierten Buches Sozialgesetzbuch übernommen. [2]Den Anspruch auf Übernahme der Kosten der Bestattung hat diejenige Person, die die Bestattung veranlasst hat.

(4) [1]Stirbt eine rentenberechtigte Beschädigte oder ein rentenberechtigter Beschädigter an den Schädigungsfolgen, so wird ein Bestattungsgeld in Höhe von mindestens 2 063 Euro gezahlt. [2]Hiervon werden zunächst die Kosten der Bestattung bestritten. [3]Bleibt ein Überschuss, so sind nacheinander der Ehegatte, die eingetragene Lebenspartnerin oder der eingetragene Lebenspartner, die Kinder, die Eltern, die Stiefeltern, die Pflegeeltern, die Enkel, die Großeltern, die Geschwister und die Geschwisterkinder bezugsberechtigt, wenn sie mit der oder dem Verstorbenen zur Zeit des Todes in häuslicher Gemeinschaft gelebt haben. [4]Fehlen solche Berechtigte, so wird der Überschuss nicht ausgezahlt.

(5) Es wird unwiderlegbar vermutet, dass der Tod Schädigungsfolge ist, wenn eine Beschädigte oder ein Beschädigter an einer Gesundheitsstörung stirbt, die als Schädigungsfolge anerkannt ist.

(6) [1]Stirbt eine rentenberechtigte Beschädigte oder ein rentenberechtigter Beschädigter, ohne dass der Tod Schädigungsfolge ist, so hat diejenige Person, die die Bestattung veranlasst hat, einen Anspruch auf Übernahme der Kosten der Bestattung bis zur Höhe von 1 035 Euro. [2]Lagen die Bestattungskosten unter 1 035 Euro, so wird der Überschuss als Bestattungsgeld gezahlt. [3]Absatz 4 Satz 3 und 4 gilt entsprechend.

---

68 BT-Drs. 19/13824, 212.
69 BT-Drs. 19/13824, 212.
70 Art. 2 Nr. 2 G-SER v. 12.12.2019, BGBl. 2019 I 2652 mWv 1.7.2018, idF Art. 1 Nr. 8 27. KOVAnpV v. 28.6.2022, BGBl. 2022 I 1012 mWv 1.7.2022.

(7) Auf das Bestattungsgeld werden einmalige Leistungen angerechnet, die anlässlich des Todes auf Grund öffentlich-rechtlicher Vorschriften zum Zweck der Erstattung der Kosten der Bestattung erbracht werden.

II. BVGVwV

37 Es existieren die folgenden Allgemeinen Verwaltungsvorschriften zum Bundesversorgungsgesetz[71] (BVGVwV) zu § 36:

1. Bestattungsgeld wird beim Tode eines Beschädigten gewährt, wenn er für den Sterbemonat einen Anspruch auf Rente hatte. Es ist nicht notwendig, daß die Rente zu seinen Lebzeiten ausgezahlt worden ist. Das Ruhen der Rente nach § 65 oder das Erlöschen des Rentenanspruchs nach § 74 Abs. 2 und 3 steht dem Anspruch auf Bestattungsgeld nicht entgegen,
2. Bestattungsgeld wird auch gewährt, wenn der Rentenberechtigte für tot erklärt, nicht aber, wenn er nur verschollen ist. Als Zeitpunkt des Todes gilt der im Beschluß des Amtsgerichts über die Todeserklärung festgestellte Tag.
3. (aufgehoben)
4. Häusliche Gemeinschaft setzt im allgemeinen räumliches Zusammenleben voraus. Eine Trennung hebt die häusliche Gemeinschaft nicht auf, wenn ihre Wiederherstellung beabsichtigt war. Häusliche Gemeinschaft ist auch anzunehmen, wenn lediglich infolge außerhalb des Willens der Beteiligten liegender Verhältnisse ein räumliches Zusammenleben von Ehegatten nicht möglich ist.
5. Anzurechnende Leistungen im Sinne des § 36 Abs. 4 sind unter anderem
   a) das auf Grund einer Pflichtversicherung in der gesetzlichen Kranken- oder Unfallversicherung zu gewährende Sterbegeld,
   b) das auf Grund einer freiwilligen Mitgliedschaft in der gesetzlichen Krankenversicherung zu gewährende Sterbegeld, wenn der Rentenversicherungsträger einen Zuschuß nach § 1304e Abs. 1 Satz 2 RVO, § 83e AVG, § 96c Abs. 1 RKG oder der Arbeitgeber Beträge nach § 405 RVO gezahlt hat,
   c) das Sterbegeld nach § 18 Abs. 2 Nr. 2 des Beamtenversorgungsgesetzes oder entsprechenden landesrechtlichen Vorschriften, soweit es die Kosten der Bestattung ersetzen soll,
   d) die aus Anlaß des Todes nach beamtenrechtlichen Vorschriften gewährte Beihilfe, wenn auf sie das Bestattungsgeld nach dem Bundesversorgungsgesetz nicht angerechnet wird.

   Nicht anzurechnen ist das Sterbegeld, das
   a) aus einer freiwilligen Unfallversicherung,
   b) nach dem Lastenausgleichsgesetz oder
   c) nach § 18 Abs. 1 oder Abs. 2 Nr. 1 des Beamtenversorgungsgesetzes oder entsprechenden landesrechtlichen Vorschriften gezahlt wird.
6. Treffen Ansprüche auf Bestattungsgeld nach den §§ 36 und 53 zusammen, ist das Bestattungsgeld nach § 36 als eine für den gleichen Zweck zu gewährende Leistung auf das Bestattungsgeld nach § 53 anzurechnen.
7. Bezog der Verstorbene zur Zeit des Todes eine Rente im Wege des Härteausgleichs, kann Bestattungsgeld nach § 36 im Wege des Härteausgleichs (§ 89 Abs. 1) gewährt werden.
8. Zu den Kosten der Leichenüberführung gehören nicht die in Nummer 3 genannten Aufwendungen.
9. War der Verstorbene Soldat der Bundeswehr, ist § 84 Abs. 4 des Soldatenversorgutigsgesetzes1 zu beachten.
10. Zur stationären Heilbehandlung im Sinne des § 36 Abs. 6 gehört auch eine Badekur.

Kapitel 13 Härtefallregelung

§ 100 Ausgleich in Härtefällen

(1) Soweit sich im Einzelfall aus der Anwendung der Vorschriften dieses Buches eine besondere Härte ergibt, kann mit Zustimmung der zuständigen obersten Bundes-

71 Vom 26.6.1969, Beilage Nr. 15/69 zum BAnz. Nr. 119, geändert durch Allgemeine Verwaltungsvorschrift vom 25.4.1974, BAnz. Nr. 83, und Zweite Allgemeine Verwaltungsvorschrift vom 27.8.1986, BAnz. Nr. 161, 12297.

behörde oder der zuständigen obersten Landesbehörde ein angemessener Ausgleich erbracht werden.

(2) Eine besondere Härte ist gegeben, wenn der Ausschluss von Leistungen insgesamt oder der Ausschluss von einzelnen Leistungen dem Sinn und Zweck dieses Buches widerspricht.

(3) Die zuständige oberste Bundesbehörde oder die zuständige oberste Landesbehörde kann Härteausgleichen in vergleichbaren Fallgestaltungen allgemein zustimmen.

A. Gesetzesgeschichte

Die Vorschrift wurde durch Art. 1 G-SER[1] eingeführt; nach dessen Art. 60 Abs. 7 tritt sie am 1.1.2024 in Kraft. Im Wesentlichen ist sie inhaltsgleich mit § 89 BVG. 1

Die Zustimmung zur Leistung von Ausgleich wird nicht, wie nach § 89 Abs. 1 BVG, vom BMAS sondern von der jeweils zuständigen obersten Bundes- oder Landesbehörde erteilt. Nach § 100 Abs. 1 SGB XIV hat der Ausgleich nunmehr nur noch **„angemessen"** zu sein. Abs. 2 übernimmt aus Nr. 1 S. 1 der BVGVwW zu § 89 die Definition des Begriffs „besondere Härte". 2

B. Normsystematik

Härteausgleich ist ein **versorgungsrechtliches Traditionsinstitut**, das schon das RVG, das Kriegspersonenschädengesetz und das Wehrmachtsfürsorge- und Versorgungsgesetz kannten. Daran knüpfte der Gesetzgeber als dringend notwendig bereits mit § 89 BVG an,[2] ebenso wie jetzt mit § 100 SGB XIV, weil es sich bei Ausgleich in Härtefällen um ein **bewährtes**, von ihm jetzt in § 3 Nr. 10 SGB XIV eigens als Leistung der Sozialen Entschädigung aufgeführtes, **Instrument** handele.[3] Härteausgleich trug dem erfahrungsgemäß gerade im Versorgungsrecht ausgeprägten **Unvermögen des Gesetzgebers** Rechnung, alle denkbaren **Einzelfälle** in ihrer Vielgestaltigkeit zu überblicken und sie durch ausreichend differenzierte Normen **angemessen** und **gerecht** im Gesetz selbst zu regeln. Um **Lücken** im **Normengeflecht** zu schließen wird die Verwaltung befugt, Leistungen auch in den Fällen zu gewähren, die bei **strikter Anwendung** des Gesetzes **nicht entschädigt** werden **können**, aber vom Sinn und Zweck des SER entschädigt werden **müssen**, soll dessen **Ziel** nicht gründlich verfehlt werden. Diese Funktion beschreibt jetzt § 100 Abs. 2 SGB XIV mit den Worten der Nr. 1 S. 1 der BVGVwV zu § 89 BVG. Die Befugnis zum Härteausgleich durch Ermessensleistungen ist aber auf **krasse Ausnahmefälle** beschränkt, weil sonst **„Wesentliches"** nicht mehr von dem dafür allein kompetenten **Gesetzgeber**, sondern von Verwaltung und Rechtsprechung geregelt würde und damit die verfassungsmäßigen Grenzen zwischen Exekutive, Judikative und Legislative überschritten wären. 3

C. Einzelkommentierung

Härteausgleich ist **subsidiär**; er fängt dort an, wo die Auslegung endet. Erst wenn das Ergebnis **herkömmlicher Gesetzesanwendung**, auch bei rechtsfortbildender lückenschließender Interpretation innerhalb des Gesetzesplans und nach analoger Anwendung anderer Vorschriften, sich für Geschädigte **besonders hart** erweist, darf und muss geprüft werden, ob diese Konsequenz sich durch Härteausgleich vermeiden lässt. Damit ist nicht ausgeschlossen, dass die Verwaltung eine von ihr erkannte Gesetzeslü- 4

1 BGBl. 2019 I 2652.
2 BT-Drs. I/1333, 36, 71 (dort § 88 BVG).
3 BT-Drs. 19/13824, 212.

cke auch dann mit Härteausgleich füllt, wenn sie meint, eine weite Interpretation oder die analoge Anwendung anderer Vorschriften sei nicht vertretbar.[4]

5 Unbillige Härten, die **nicht** aus der **Anwendung** des **SGB XIV** („dieses Buches") **selbst**, sondern ausschließlich aus anderen Gesetzen oder aus entschädigungsrechtlich unerheblichen Verhältnissen und Tatbeständen folgen, bleiben außer Betracht; so etwa das Verhalten eines verstorbenen Ehemannes, der es versäumt hat, zu seinen Lebzeiten und rechtzeitig BSA zu beantragen, um damit und mit langjährigem Bezug der Leistung die Voraussetzung für Witwenbeihilfe nach dem BVG zu schaffen.[5]

6 Härteausgleich ist auf die **Abwendung** von **Härten** in **einzelnen** Fällen oder **Einzelfallgruppen** (wie zB „Brautversorgung"[6]) beschränkt, die der Gesetzgeber nicht **gezielt ausgeschlossen** und deren Besonderheiten er übersehen oder nicht hinreichend differenziert geregelt hat, so dass eine strikt auf den **gesetzlichen** Tatbestand **begrenzte** Anwendung von Vorschriften zu besonderen, dh unbilligen, dem **Sinn** und **Zweck** des SER **widersprechenden Härten** führte. Eine über **krasse Ausnahmefälle** hinausgehende Befugnis der Verwaltung zu Härteausgleich würde ihr einen nicht ausreichend bestimmten Freiraum eröffnen und damit die von der Verfassung gezogenen Grenzen überschreiten.

7 Die für Ausgleich **erforderliche** besondere **Härte** liegt grundsätzlich dann nicht vor, wenn **sämtliche** Voraussetzungen des geltend gemachten Anspruchs fehlen oder eine **fundamentale** Voraussetzung, so etwa der kausale Zusammenhang.[7] Fehlt mindestens eine Voraussetzung, so ist die Besonderheit der Härte an dem Tatbestand zu messen auf dem geltend gemachte Anspruch im Regelfall beruht[8]. Regelmäßig wird für Betroffene erst das vergleichsweise **knappe Scheitern** an nur **einer** von **mehreren** Voraussetzungen besonders hart sein, wenn deshalb ein **Missverhältnis** zu dem mit dem **SER** angestrebten **Ziel** besteht. Die Rechtsprechung hat das zum schädigungsunabhängigen Verlust eines Auges nach vorangegangenem schädigungsbedingtem Verlust des anderen Auges ebenso verneint,[9] wie beim Fehlen nur eines Monats am fünfjährigen Bezug von BSA als Voraussetzung für Witwenbeihilfe nach dem BVG[10] sowie bei der Begrenzung von Zuschüssen zu schädigungsbedingt notwendiger Maßkleidung auf Beschädigte mit Rumpfdeformation.[11]

8 „Besondere Härte" ist ein **unbestimmter Rechtsbegriff**, der als Voraussetzung einer Ermessensentscheidung der Verwaltung von den Gerichten in **vollem Umfang** zu **überprüfen** ist.[12] Hat die Verwaltung diese Voraussetzung zu Unrecht verneint, so sind die Gerichte an einer Entscheidung über Ausgleich nicht gehindert, auch wenn die in Abs. 1 genannten Behörden die **Zustimmung versagt** haben. Deren Zustimmung ist ein **verwaltungsinterner Vorgang**, der sich im sozialgerichtlichen Verfahren nicht angreifen lässt. Deshalb wird im Rahmen gerichtlicher Kontrolle zugleich die Versagung der Zustimmung, an die das beklagte Land gebunden ist, auf ihre **Rechtmäßigkeit** geprüft. Kommt das Gericht zu dem Ergebnis, die Ablehnung des begehrten Verwaltungsaktes und Versagung der Zustimmung seien rechtswidrig, so verurteilt es zur

---

4 BSG Urt. v. 25.7.1967 – 9 RV 310/66, juris. Rn. 12.
5 BSG Urt. v. 19.9.1979 – 9 RV 66/78, juris Rn. 15 ff.
6 Vgl. Wilke/Fehl, Soziales Entschädigungsrecht, 7. Aufl. 1992, BVG § 89 Rn. 7; BSG Urt. v. 1.2.1968 – 10 RV 333/66, juris Rn. 18.
7 BSG Urt. v. 10.5.1976 – 10 RV 177/75, juris Rn. 20.
8 BSG Urt. v. 3.2.1999 – B 1 VJ 1/97 R, Rn. 12.
9 BSG Urt. v. 8.7.1980 – 9 RV 60/79, juris Rn. 15.
10 BSG Urt. v. 19.9.1979 – 9 RV 66/78, juris Rn. 15 ff.
11 BSG Urt. v. 18.12.1996 – 9 RV 2/95, juris Rn. 13.
12 BSG Urt. v. 1.2.1968 – 10 RV 333/66, juris Rn. 15; BSG Urt. v. 18.12.1996 – 9 RV 2/95, juris Rn. 12.

Neubescheidung unter Beachtung seiner Rechtsauffassung oder – bei Ermessensschrumpfung auf Null – zum Erlass des beantragten Verwaltungsaktes.[13]

Liegt eine besondere Härte vor, so entscheidet die Verwaltung nach **pflichtgemäßem Ermessen, ob** Ausgleich zu erbringen ist, in welcher **Form** und in welcher **Höhe**. Ausgleich kann in vollem Umfang der gesetzlichen Leistung gewährt werden, kann aber auch dahinter zurückbleiben.[14] Abs. 1 gibt vor, dass der Ausgleich **lediglich angemessen** zu sein hat, während BVGVwV Nr. 1 S. 2 zu § 89 noch bestimmte dass er im Allgemeinen in Umfang und Höhe der gesetzlichen Leistung zu gewähren ist. 9

D. Anhang

I. BVG

§ 89 BVG [Härteausgleich] 10

(1) Sofern sich in einzelnen Fällen aus den Vorschriften dieses Gesetzes besondere Härten ergeben, kann mit Zustimmung des Bundesministeriums für Arbeit und Soziales ein Ausgleich gewährt werden.

(2) Das Bundesministerium für Arbeit und Soziales kann der Gewährung von Härteausgleichen allgemein zustimmen.

(3) Zahlungen für Zeiträume vor dem Monat, in dem die Entscheidung für die Verwaltungsbehörde bindend wird, kommen in der Regel nicht in Betracht, wenn sie überwiegend zur Erfüllung von Erstattungsansprüchen anderer Leistungsträger führten.

II. BVGVwV

Verwaltungsvorschrift zu § 89 11

1. Eine besondere Härte ist gegeben, wenn bei Würdigung des Gesamtinhalts des Gesetzes der Ausschluss von der Versorgung oder von einzelnen Versorgungsleistungen deren Sinn und Zweck widerspräche. Liegt eine besondere Härte vor, so ist der Ausgleich als Ermessensleistung im allgemeinen in Umfang und Höhe der gesetzlichen Leistungen zu gewähren.
2. Bei der Ermessensentscheidung nach Nummer 1 ist insbesondere zu prüfen, ob und inwieweit ein wirtschaftliches Bedürfnis für den Ausgleich besteht. Ein wirtschaftliches Bedürfnis ist stets anzunehmen, wenn und solange das Bruttoeinkommen des Berechtigten eine Versorgungsleistung zulässt, die nach der Anrechnungsverordnung (§ 33 Abs. 6) zu berechnen ist, oder wenn eine Erziehungsbeihilfe (§ 27) zu gewähren ist. Darüber hinaus ist ein wirtschaftliches Bedürfnis anzuerkennen, wenn und solange das Bruttoeinkommen des Berechtigten den Grenzbetrag der Stufe der Anrechnungsverordnung, die die Zahlung einer Ausgleichsrente ausschließt, zuzüglich der Grundrente nicht übersteigt; unter Beachtung von Satz 1 kann auch eine angemessene Teilversorgung bewilligt werden. Bei dieser Berechnung sind die Einkünfte aus gegenwärtiger Erwerbstätigkeit vor den übrigen Einkünften zu berücksichtigen. Von der Prüfung eines wirtschaftlichen Bedürfnisses ist abzusehen, wenn und soweit es dem besonderen Zweck des Ausgleichs und der Versorgungsleistung widerspricht, an deren Stelle der Ausgleich gewährt werden soll.
3. Bei der Feststellung des wirtschaftlichen Bedürfnisses bleiben einmalige Einkünfte, die die wirtschaftliche Situation des Antragstellers nicht nachhaltig verbessern, außer Betracht.
4. Soweit die Verwaltungsvorschriften einen Härteausgleich vorsehen, gilt die Zustimmung nach § 89 Abs. 2 als erteilt, und zwar
   a) ohne Prüfung eines wirtschaftlichen Bedürfnisses in den Fällen der
      Nummer 7 zu § 36a
      Nummer 2 zu § 37a
      Nummer 5 zu § 40a
      Nummer 9 zu § 48
      Nummer 3 zu § 51
      Verwaltungsvorschrift zu § 53
      Verwaltungsvorschrift zu § 55

13 BSG Urt. 10.5.1976 – 10 RV 177/75, juris. Rn. 22.
14 BT-Drs. 19/13824, 212.

b) bei Vorliegen eines wirtschaftlichen Bedürfnisses in den Fällen der
Nummer 6 zu § 5
Nummer 2 zu § 38
Nummer 12 zu § 42
Nummer 2 zu § 44

Kapitel 14 Regelungen bei Wohnsitz oder gewöhnlichem Aufenthalt im Ausland

§ 101 Leistungen bei Wohnsitz oder gewöhnlichem Aufenthalt im Ausland

(1) Geschädigte, ihre Angehörigen oder Hinterbliebenen sowie Nahestehende, die ihren Wohnsitz oder gewöhnlichen Aufenthalt im Ausland haben, erhalten Leistungen nach Maßgabe der Absätze 2 bis 9.

(2) [1]Leistungen der Schnellen Hilfen nach Kapitel 4 werden im Inland erbracht. [2]Die im Zusammenhang mit der Inanspruchnahme der nächstgelegenen Traumaambulanz erforderlichen Fahrkosten werden in angemessenem Umfang erstattet.

(3) [1]Die nachgewiesenen Kosten für medizinisch notwendige und angemessene Leistungen der Krankenbehandlung für Schädigungsfolgen im Umfang der §§ 42 und 43 werden bis zur Höhe des Zweifachen der Vergütung, die die Krankenkasse bei Erbringung als Sachleistung im Inland zu erbringen hätte, erstattet. [2]In besonders begründeten Fällen kann auch der darüber hinausgehende Betrag teilweise oder ganz erstattet werden. [3]Die Krankenbehandlung kann auch im Inland nach vorheriger Genehmigung durch die zuständige Verwaltungsbehörde durchgeführt werden, wenn medizinische Gründe oder Kostengründe dies erfordern. [4]Reisekosten können in diesem Fall in angemessenem Umfang erstattet werden. [5]Die Kosten für Arzneimittel und Verbandmittel sowie Heilmittel und Hilfsmittel können in voller Höhe erstattet werden. [6]Leistungen nach den Sätzen 1 bis 5 werden erbracht, soweit diese Bedarfe nicht durch bestehende gesetzliche oder private Versicherungen oder staatliche Leistungen des Wohnsitzstaates im Wohnsitzstaat gedeckt werden können. [7]§ 28 Absatz 3 findet keine Anwendung. [8]Ist im Staat des Wohnsitzes weder eine Leistung zweckentsprechend der Leistung des Krankengeldes der Sozialen Entschädigung oder der Beihilfe bei einer erheblichen Beeinträchtigung der Erwerbsgrundlage zu verwirklichen, noch können Geschädigte diesen Bedarf durch einen bestehenden privaten oder gesetzlich bestehenden Versicherungsschutz decken und entsteht ihnen hieraus ein Nachteil, wird den Geschädigten eine Leistung in Form der Zahlung eines Krankengeldes der Sozialen Entschädigung oder eine Beihilfe bei erheblicher Beeinträchtigung der Erwerbsgrundlage erbracht, wie sie ihm auch bei einem Wohnsitz oder gewöhnlichem Aufenthalt im Inland gezahlt worden wäre.

(4) [1]Bei Pflegebedürftigkeit im Sinne des § 71 Absatz 1 kann ein Pflegegeld in Höhe der Leistungen nach § 37 des Elften Buches erbracht werden. [2]Kosten für ergänzende Leistungen nach § 75 Absatz 2 werden nur dann erstattet, wenn entsprechende Sachleistungen auch im Wohnsitzstaat vorgesehen sind.

(5) Leistungen bei Blindheit nach § 82 werden erbracht.

(6) [1]Entschädigungszahlungen nach Kapitel 9 werden erbracht, soweit der Leistungszweck erreicht werden kann. [2]Der Leistungszweck wird insbesondere dann nicht erreicht, wenn der Aufenthaltsstaat Zahlungen nach diesem Buch auf eigene Sozialleistungen ganz oder teilweise anrechnet. [3]Die Sätze 1 und 2 gelten nicht, wenn ein ausländischer Staat subsidiäre Leistungen als Entschädigung wegen eines schädigenden Ereignisses erbringt, das in Deutschland stattgefunden hat.

(7) [1]Geschädigte, die ihren Wohnsitz oder gewöhnlichen Aufenthalt im Ausland haben, haben keinen Anspruch auf Berufsschadensausgleich nach Kapitel 10 dieses Buches. [2]Verlegen Geschädigte, für die bereits ein monatlicher Berufsschadensausgleich nach § 90 dieses Buches bewilligt wurde, ihren Wohnsitz oder gewöhnlichen Aufenthalt ins Ausland, so ist ihnen auf Antrag eine Abfindung in Höhe des 30-fachen des festgestellten monatlichen Berufsschadensausgleiches auszuzahlen. [3]Der Antrag auf Auszahlung der Abfindung ist bei dem Träger der Sozialen Entschädigung bis spätestens drei Monate nach Verlegung des Wohnsitzes oder gewöhnlichen Aufenthalts ins Ausland zu stellen. [4]Durch die Zahlung der Abfindung nach Satz 1 sind alle Ansprüche der Geschädigten auf Berufsschadensausgleich nach diesem Buch abgegolten.

(8) [1]Leistungen zum Lebensunterhalt nach § 93 können erbracht werden, soweit Berechtigte keine anderweitigen Leistungen für denselben Leistungszweck, insbesondere aus sozialen Sicherungs- und Fürsorgesystemen des Aufenthaltsstaates, erhalten. [2]Art, Form und Umfang der Leistung und der Einsatz von Einkommen und Vermögen richten sich nach den besonderen Verhältnissen des Aufenthaltsstaates unter Berücksichtigung der notwendigen Lebensbedürfnisse vor Ort.

(9) Die Leistung zur Förderung einer Ausbildung nach § 94 wird erbracht.

A. Gesetzesgeschichte

I. Neues und geltendes Recht

1 Die Vorschrift wurde durch das G-SER vom 12.12.2019[1] in die Ursprungsfassung des SGB XIV eingefügt. Änderungen an der Norm haben sich seitdem nicht ergeben. Trotz vorzeitiger Einführung von Schnellen Hilfen iSv §§ 29 ff. SGB XIV zum 1.1.2021 hat der Gesetzgeber nicht auch § 101 zu diesem Datum in Kraft gesetzt.

2 Bis zum Inkrafttreten der Vorschrift am 1.1.2024 (Art. 60 SER-G) gelten weiterhin die Bestimmungen der §§ 64 ff. BVG. Die Entwicklung dieser Vorschriften zeigt den Wan-

1 BGBl. 2019 I 2652.

del der Perspektive beim Transfer von Leistungen in das Ausland: Während das Gesetz ursprünglich ein Ruhen der Leistungen im Falle eines Auslandsaufenthalts vorsah und damit eine Leistungsgewährung de facto entweder gar nicht oder allenfalls im Wege einer Ermessensentscheidung stattfand, hat sich in den 1960er Jahren eine Entwicklung hin zu einer Beseitigung des Ruhens vollzogen.[2]

II. Änderungen im SGB XIV gegenüber dem BVG

3 § 101 SGB XIV löst die Regelungen der §§ 64 ff. BVG vollständig ab. Die Vorschrift sieht nunmehr, wenn auch zT immer noch gegenständlich begrenzt, den sog. Export von Leistungen in weit größerem Umfang vor.

B. Normsystematik

I. Allgemeiner Regelungsgehalt

4 Regelungsgegenstand des § 101 ist der **Export von (Geld-)Leistungen** an Personen mit Wohnsitz oder gewöhnlichem Aufenthalt im Ausland, dh die Zahlung von Leistungen an diese Orte. Binnensystematisch ist § 101 wie folgt aufgebaut: In **Abs. 1** der Vorschrift wird der von ihr erfasste Personenkreis näher bezeichnet. Zugleich wird ausgesprochen, dass dieser Personenkreis Leistungen lediglich nach Maßgabe der nachfolgenden Absätze 2 bis 9 erhalten kann. Aus ihnen ergibt sich im Wesentlichen, dass schnelle Hilfen nur im Inland erbracht werden (**Abs. 2**), die Kosten für Krankenbehandlung nach Maßgabe des **Abs. 3** übernommen werden, bei Pflegebedürftigkeit gem. **Abs. 4** ein Pflegegeld geleistet werden kann, nach **Abs. 5** Leistungen bei Blindheit erbracht werden, Entschädigungszahlungen nach Maßgabe des **Abs. 6** erfolgen, nach **Abs. 7** Berufsschadensausgleich bei Vorzug als Abfindung in Höhe der 30-fachen monatlichen Leistung ausgezahlt wird, nach **Abs. 8** Leistungen zum Lebensunterhalt erbracht werden und schließlich nach **Abs. 9** die Leistung zur Förderung einer Ausbildung exportiert werden kann.

II. Normzweck und systematische Einordnung

5 **1. Entterritorialisierung.** Bezweckt wird mit § 101 eine (teilweise) Entterritorialisierung des nationalen sozialen Entschädigungsrechts, indem Leistungen in das Ausland transferierbar gemacht werden. Dies erfolgt vor dem Hintergrund der Wirkungen unionsrechtlicher Vorgaben, insbes. aus der RL 2004/80/EG[3] und des allgemeinen Diskriminierungsverbots (Art. 18 AEUV). § 101 begrenzt aber auch die Möglichkeiten eines Leistungsexports und trägt damit dem Umstand Rechnung, dass nicht sämtliche Leistungen des SGB XIV im Ausland erbracht werden können bzw. sollen. Zugleich dient die Norm der Vermeidung von Doppelleistungen an Berechtigte.

6 **2. Systematik. a) Kontext des SGB XIV.** Zwar ist das soziale Entschädigungsrecht nach seiner jüngsten Reform primär am praktisch dominierenden Opferentschädigungsrecht ausgerichtet, hierauf aber nicht beschränkt. Dies zeigt sich auch an § 101. Die Norm betrifft mangels expliziter Eingrenzung Leistungen aufgrund **sämtlicher schädigender Ereignisse** iSv § 1 Abs. 2.

7 § 101 legt nicht selbst die Anspruchsberechtigung dem Grunde nach fest. Vielmehr enthält die Vorschrift eine **Rechtsgrundverweisung.** Daher sind stets die für den jeweiligen Entschädigungsanspruch maßgeblichen Leistungsvoraussetzungen zu prüfen.[4]

---

2 Schuler ISR der BRD, S. 740.
3 RL 2004/80/EG des Rates v. 29.4.2004 zur Entschädigung der Opfer von Straftaten, ABl.EU 2004 Nr. L 261, 15.
4 Schmidt SGB XIV/Schmidt § 101 Rn. 7.

Hieraus erklärt sich, dass § 101 keine direkte Aussage darüber trifft, an welchem Ort sich das zu Leistungen berechtigende schädigende Ereignis zugetragen haben muss. Dies hängt wesentlich von den tatbestandlichen Voraussetzungen der jeweiligen Norm ab, die das schädigende Ereignis umschreibt und den Anspruch begründet, insbes. von der dort gewählten Anknüpfung. Aus der Gesetzessystematik lässt sich aber immerhin indirekt ableiten, dass sich das schädigende Ereignis im Falle von Gewalttaten im Inland ereignet haben muss, denn anderenfalls richten sich das Leistungsspektrum und die Modalitäten ihres Exports in das Ausland nach §§ 15, 102. Für die Abgrenzung maßgeblich ist insoweit die Auslandsaufenthaltsperspektive zu Beginn des auswärtigen Aufenthalts. In den Fällen der §§ 15, 102 und damit einem beabsichtigten Auslandsaufenthalt von prinzipiell nicht länger als sechs Monaten bzw. einem Jahr besteht weiterhin eine Bindung an das Inland. In diesen Situationen ist auch mangels eines gewöhnlichen Aufenthaltes im Ausland § 101 nicht anzuwenden. Entscheidet sich die betroffene Person zu einem späteren Zeitpunkt, ihren gewöhnlichen Aufenthalt ins Ausland zu verlegen, schlagen die zu gewährenden Leistungen nicht in solche nach § 101 um, denn maßgebend bleibt die ursprüngliche Aufenthaltsprognose. Anderenfalls erhielte dieser Personenkreis „bessere" Leistungen für eine im Ausland erlittene Schädigung aufgrund einer dort begangenen Gewalttat. Dies ist aufgrund der begrenzten Verantwortung der Bundesrepublik Deutschland für solche schädigenden Ereignisse weder beabsichtigt noch aus Fürsorgegesichtspunkten geboten. 8

b) Leistungsexportprinzip. § 101 regelt in erster Linie den Transfer von Leistungen nach dem SGB XIV in das Ausland. Festgelegt wird, ob Leistungen zu exportieren sind, und ggf. in welchem Umfang. Es bedarf einer Abgrenzung: § 7 legt zwar fest, dass Ausländerinnen und Ausländer die gleichen Ansprüche haben. Dies bezieht sich aber lediglich auf die Anspruchsberechtigung dem Grunde und der Höhe nach. Nicht damit verbunden ist eine Aussage, ob Leistungen nach dem SGB XIV auch in das Ausland gezahlt werden. Eine vollwertige Gleichstellung iSd § 7 besteht nur im Falle eines Wohnsitzes oder gewöhnlichen Aufenthalts im Inland. § 101 regelt Leistungen an Berechtigte mit Wohnsitz bzw. gewöhnlichem Aufenthalt im Ausland, dh außerhalb des Geltungsbereichs des SGB XIV. 9

c) EU-Recht. Leistungsexportvorschriften und insbesondere Begrenzungen derselben müssen sich an höherrangigen Normen messen lassen. Als solche sind vorrangig Bestimmungen des überstaatlichen Rechts zu nennen. 10

aa) Koordinierungsrecht. Keine Kollision ergibt sich mit dem **Leistungsexportprinzip gem. Art. 7 EG-VO Nr. 883/2004,**[5] denn Leistungen des sozialen Entschädigungsrechts nach dem SGB XIV sind iErg gem. Art. 3 Abs. 5 EG-VO Nr. 883/2004 weitgehend vom sachlichen Anwendungsbereich des koordinierenden Sozialrechts der EU ausgeschlossen. Mit Blick auf den Gegenstand bestimmter Vorschriften des sozialen Entschädigungsrechts (zB betreffend die Krankenbehandlung) ließe sich zwar die Frage aufwerfen, ob es sich nicht auch oder vielleicht sogar in erster Linie um solche iSv Art. 3 Abs. 1 lit. a EG-VO Nr. 883/2004 (Leistungen bei Krankheit) handelt, da sie (auch) der Besserung eines Gesundheitszustandes dienen (vgl. § 5 S. 1 Nr. 1 SGB I), und deswegen der Koordinierung unterfallen müssten. Ebenso wirft der in § 28 SGB XIV normierte Vorrang der Entschädigungsleistungen[6] insoweit Fragen auf, da er den Anwendungsbereich des sozialen Entschädigungsrechts zulasten der allgemeinen Sozialversicherungssysteme (zB Krankenversicherung) erweitert und auf diese Weise tendenziell dem Anwendungsbereich des koordinierenden Sozialrechts der EU zu ent- 11

5 VO (EG) Nr. 883/2004 des Europäischen Parlaments und des Rates v. 29.4.2004 zur Koordinierung der Systeme der sozialen Sicherheit, ABl.EU 2004 L 166, 1; Art. 3 Abs. 5 dieser VO idF der VO (EG) Nr. 988/2009 v. 16.9.2009, ABl.EU 2004 L 284, 43.
6 Dazu Knickrehm/Mushoff/Schmidt Neues SozEntschR Rn. 90.

ziehen sucht, wenngleich dies den EU-Mitgliedstaaten entgegenzukommen scheint.[7] Maßgeblich ist der Charakter und der Zweck der einzelnen Leistungen des nationalen Rechts, wie er sich aus unionsrechtlicher Perspektive darstellt.[8] Es dürfte aber idR dennoch davon auszugehen sein, dass die Leistungen des SGB XIV einen vorwiegend entschädigenden Charakter aufweisen. Auch in der Literatur[9] wird mehrheitlich davon ausgegangen, dass der Ausschlusstatbestand des Art. 3 Abs. 5 EG-VO Nr. 883/2004 ein systemisch wirkender ist. Erfasst sein sollen sämtliche Leistungen, mit denen ein Staat die Haftung für ein bestimmtes Ereignis übernimmt und hierfür Entschädigung leistet.[10] Insoweit ist zwar zu differenzieren zwischen solchen Leistungen, die reinen Entschädigungscharakter haben und solchen, die (auch) ein Element anderer Leistungen iSv Art. 3 Abs. 1 EG-VO 883/2004 in sich tragen. Letztere unterfallen dem Leistungsexportgebot, in Deutschland zB Leistungen nach dem FRG,[11] dem WGSVG[12] oder dem ZRBG. Hingegen werden explizit nicht erfasst Leistungen für Opfer von Verbrechen und Attentaten. Auch Zahlungen an Kriegsopfer fallen unter den Ausschlusstatbestand.[13] Aus deutscher Perspektive vom Leistungsausschluss des Art. 3 Abs. 5 EG-VO Nr. 883/2004 umfasst sind die Entschädigungsleistungen nach dem OEG, dem IfSG, dem StrRehaG, dem HHG,[14] dem SVG und dem ZDG[15] – damit letztlich auch die Leistungen nach dem SGB XIV.

12 Aus dem **Assoziationsrecht** der EU mit Drittstaaten ergeben sich insoweit keine Abweichungen. Vielmehr ist dem Vorgenannten Entsprechendes im Kontext sämtlicher Bestimmungen anzunehmen, welche die EG-VO Nr. 883/2004 für anwendbar erklären, insbes. Art. 29 iVm Anh. VI EWR-Abk.[16] für die Staaten Island, Norwegen und Liechtenstein sowie Art. 8 iVm Anh. II des Freizügigkeitsabkommens mit der Schweizerischen Eidgenossenschaft.[17] Aus dem Abkommen der EU über Handel und Zusammenarbeit einschließlich des Protokolls über die Koordinierung der Systeme sozialer Sicherheit mit dem Vereinigten Königreich/Nordirland[18] folgt iErg nichts Abweichendes. Im Verhältnis zur Türkei ergibt sich weder aus dem Assoziationsabkommen[19] noch aus dem zur Durchführung erlassenen Assoziationsratsbeschluss (ARB) 3/80[20] ein anderes. Allgemeine Gleichstellungs- oder Leistungsexportklauseln in weiteren Assoziationsabkommen der EU mit Drittstaaten (zB Europa-Mittelmeer-Abkommen oder Stabilisierungs- und Assoziationsabkommen mit verschiedenen ost-

---

7 Vgl. NK-EuSozR/Fuchs VO 883/2004, Art. 3 Rn. 42.
8 Hauck/Noftz/Otting EU-Sozialrecht VO 883/2004, Art. 3 Rn. 53.
9 ZB in DRV-Schriften Bd. 71/Spiegel, S. 25 (34 f.).
10 Hauck/Noftz/Otting EU-Sozialrecht VO 883/2004, Art. 3 Rn. 54; vgl. DRV-Schriften Bd. 71/Spiegel, S. 25 (34 f.).
11 EuGH Urt. v. 18.12.2007 – C-396/05, C-419/05 und C-450/05, ECLI:EU:C:2007:810 – Habelt, Möser & Wachter mAnm Schuler ZESAR 2009, 40; Temming ZESAR 2011, 117; anders zuvor EuGH Urt. v. 31.3.1977 – 79/76, ECLI:EU:C:1977:59 – Fossi; EuGH Urt. v. 22.2.1979 – 144/78, ECLI:EU:C:1979:51 – Tinelli.
12 EuGH Urt. v. 27.1.1981 – 70/80, ECLI:EU:C:1981:19 – Vigier; KassKomm/Schreiber VO 883/2004, Art. 3 Rn. 54; Hauck/Noftz/Otting EU-Sozialrecht VO 883/2004, Art. 3 Rn. 57.
13 EuGH Urt. v. 6.7.1978 – 9/78, ECLI:EU:C:1978:152 – Gillard; EuGH Urt. v. 31.5.1979 – 207/78, ECLI:EU:C:1979:144 – Even; EuGH Urt. v. 16.9.2004 – C-386/02, ECLI:EU:C:2004:535 – Baldinger; Fuchs/Cornelissen EU Social Security Law/Fuchs Art. 3 Rn. 41.
14 Schuler ISR der BRD, S. 732 f.
15 KassKomm/Schreiber VO 883/2004, Art. 3 Rn. 53.
16 ABl.EG 1994 L 1, 3.
17 ABl.EG 2002 L 114, 6.
18 ABl.EU 2020 L 444, 14.
19 ABl. 1964 Nr. 217, 3687.
20 ABl. 1983 C 110, 60.

europäischen Staaten[21]) bzw. zu deren Durchführung ergangenen ARB führen nicht zu einer Ausdehnung des Leistungsexports, da sie keine sachlich weitergehende Koordination von Leistungen der sozialen Sicherheit vorsehen als die in der EU selbst geltenden Regelungen.

bb) Freizügigkeitsverordnung. Zwar handelt es sich bei Leistungen des sozialen Entschädigungsrechts um **soziale Vergünstigungen** iSv Art. 7 Abs. 2 EU-VO Nr. 492/2011[22].[23] Die sog. „Freizügigkeitsverordnung" und auch die sie ergänzende RL 2014/54/EU enthalten jedoch kein explizites Gebot, Leistungen ins Ausland zu exportieren.[24] Ihr Sinn und Zweck besteht vielmehr darin, Wanderarbeitnehmer und ihre Angehörigen durch ein Inländergleichbehandlungsgebot in den Zuzugsstaat und die dortige Gesellschaft zu integrieren.[25] Soweit der EuGH vereinzelt gegenteilig entschieden hat,[26] dürfte es sich um Ausnahmen handeln, die (noch) keiner Verallgemeinerung zugänglich sind. 13

cc) Entschädigungs-RL 2004/80/EG. Sonderrecht existiert für den Bereich der Opferentschädigung. Auf Grundlage des Art. 308 EG (heute: Art. 352 AEUV) hat die EU die RL 2004/80/EG erlassen, welche gem. ihrem Art. 12 für alle Mitgliedstaaten die Pflicht begründet, in ihren Rechtsordnungen ein System zur Entschädigung von Straftatopfern zu schaffen.[27] Durch diese RL wird zudem ein System der Zusammenarbeit eingeführt, damit Opfer von Straftaten in grenzüberschreitenden Situationen leichter Zugang zu einer Entschädigung nach Maßgabe der mitgliedstaatlichen Rechtsvorschriften erhalten. Geboten ist dies aber lediglich für Fälle einer vorsätzlichen Gewalttat, nicht schon bei fahrlässig begangenen Taten.[28] Zudem unterfallen der RL lediglich solche Straftaten, die in einem anderen Mitgliedstaat begangen wurden als dem, in welchem das Opfer seinen gewöhnlichen Aufenthalt hat.[29] Daraus folgt, dass reine Inlandsfälle ohne grenzüberschreitenden Charakter nicht erfasst sind.[30] Leistungspflichtig ist primär der Tatortstaat (Art. 2 RL 2004/80/EG). Zwar spricht die RL eine Pflicht zum Export von Leistungen der Opferentschädigung nicht ausdrücklich aus. Ohne eine solche würde der Sinn und Zweck der RL, den Zugang betroffener Personen zu den Systemen der Opferentschädigung zu erleichtern bzw. sogar erst zu ermöglichen, aber erheblich erschwert, wenn nicht sogar konterkariert. Hier ist derzeit Einiges im Fluss: Es bestehen neben einer Stärkung mitgliedstaatlicher Leistungssysteme 14

---

21 Dazu zB Dauses/Ludwigs EU-WirtschaftsR-HdB/Verny Abschn. K. IV.

22 VO (EU) Nr. 492/2011 des Europäischen Parlaments und des Rates v. 5.4.2011 über die Freizügigkeit der Arbeitnehmer innerhalb der Union, ABl.EU 2011 Nr. L 141, 1.

23 Schuler ISR der BRD, S. 735.

24 BeckOK SozR/Leopold VO 883/2004 Art. 1 Rn. 14a; Steinmeyer in NK-EUSozR VO 492/2011 Art. 7 Rn. 19.

25 Steinmeyer in NK-EUSozR VO 492/2011 Art. 7 Rn. 2.

26 ZB EuGH Urt. v. 27.11.1997 – C-57/96, ECLI:EU:C:1997:564 – Meints; ähnlich EuGH Urt. v. 18.7.2007 – C-212/05, ECLI:EU:C:2007:437 – Hartmann; vgl. Bokeloh ZESAR 2014, 168 (174 f.).

27 Vgl. zu Vertragsverletzungsverfahren gegen Griechenland EuGH Urt. v. 31.3.2011 – C-407/09, ECLI:EU:C:2011:196 – Kommission/Griechenland; gegen Italien EuGH Urt. v. 11.10.2016 – C-601/14, ECLI:EU:C:2016:759 – Kommission/Italien.

28 EuGH Urt. v. 12.7.2012 – C-79/11, ECLI:EU:C:2012:448 – Giovanardi.

29 EuGH Urt. v. 28.6.2007 – C-467/05, ECLI:EU:C:2007:395 – Dell'Orto; später EuGH Urt. v. 30.1.2014 – C-122/13, ECLI:EU:C:2014:59 – Paola C.

30 EuGH Urt. v. 16.7.2020 – C-129/19, ECLI:EU:C:2020:566 – BV; EuGH Urt. v. 30.1.2014 – C-122/13, ECLI:EU:C:2014:59 – Paola C.; vgl. auch EuGH Urt. v. 28.6.2007 – C-467/05, ECLI:EU:C:2007:395 – Dell'Orto; EuGH Urt. v. 12.7.2012 – C-79/11, ECLI:EU:C:2012:448 – Giovanardi; EuGH Urt. v. 11.10.2016 – C-601/14, ECLI:EU:C:2016:759 – Kommission/Italien.

ua Überlegungen dahin gehend, das Prinzip der Leistungspflicht des Tatortstaates zugunsten der des Wohnsitzstaates abzulösen.[31]

15 Die RL 2004/80/EG enthält zwar keine konkrete Festlegung betreffend die Höhe einer zu leistenden Entschädigung,[32] denn dies bleibt den nationalen Rechtsordnungen vorbehalten. Die RL fordert aber eine **„angemessene" Entschädigung**. Dies verlangt keine vollständige Wiedergutmachung, muss aber über eine bloß symbolische oder offensichtlich unzureichende Entschädigung hinausgehen.[33] Die Entschädigung muss geeignet sein, einen Beitrag zur Wiedergutmachung des erlittenen materiellen und immateriellen Schadens zu leisten. Kommen nach mitgliedstaatlichem Recht Tabellen o.ä. zur Anwendung, in denen pauschale Entschädigungsbeträge festgelegt sind, müssen sie zur Vermeidung zu geringer Entschädigungen hinreichend detailliert sein. Der EuGH[34] hat angedeutet, dass eine Leistung in Höhe von 4.800 EUR in Fällen sexueller Gewalt als zu gering bemessen anzusehen sein könnte. Dem dürfte zu entnehmen sein, dass sich der Gerichtshof iRd Auslegung des unionsrechtlichen Begriffs der Angemessenheit eine Evidenzkontrollbefugnis vorbehält.

16 Geringe Relevanz für das soziale Entschädigungsrecht ieS hat die **RL 2012/29/EU**,[35] da sie die Entschädigung von Straftatopfern durch die Täter selbst regelt und in Strafverfahren anzuwenden ist. Die cessio legis nach § 120 SGB XIV ändert hieran nichts.

17 **dd) Diskriminierungsverbote.** Leistungsexportregelungen und -beschränkungen müssen sich auch am übrigen Unionsrecht messen lassen. Von hervorzuhebender Bedeutung sind zum einen die speziellen Diskriminierungsverbote aus den **Grundfreiheiten**. Selbst ohne eine Berührung der wirtschaftlichen Grundfreiheiten erweist sich zum anderen das **allgemeine Diskriminierungsverbot** des Art. 18 AEUV als eine Art „Türöffner" zu Leistungen nach mitgliedstaatlichem Recht. Dieser Effekt stellt sich insbes. im Zusammenspiel mit den aus der Unionsbürgerschaft folgenden Rechten ein. Der sozialrechtliche Gehalt der Unionsbürgerschaft fußt auf einem die Vollintegration von Unionsbürgerinnen und Unionsbürgern anstrebenden Ansatz.[36] Art. 18 AEUV gebietet, dass Angehörige anderer Mitgliedstaaten nicht aufgrund ihrer Staatsangehörigkeit schlechter gestellt werden als Inländer, sei die Differenzierung unmittelbarer oder nur mittelbarer Art. Unter dieser Prämisse fordert die Vorschrift einen diskriminierungsfreien Zugang zu den Entschädigungsleistungen des nationalen Rechts,[37] soweit und sobald der Anwendungsbereich der Verträge eröffnet ist. Ausreichend hierfür ist die Wahrnehmung des allgemeinen Freizügigkeitsrechts der Unionsbürgerinnen und Unionsbürger aus Art. 20, 21 AEUV – iRd Beschränkungen und Bedingungen, wie sie in der RL 2004/38/EG (sog. „Unionsbürgerrichtlinie") niedergelegt sind. Voraussetzung dessen ist aber nach aktueller Rspr. des EuGH,[38] dass von der Freizügigkeit in rechtmäßiger, dh der Unionsbürgerrichtlinie entsprechender Art und Weise Gebrauch gemacht wird. Die Anwendung des allgemeinen Diskriminierungsverbots wird nicht durch die fehlende Koordination von Entschädigungsleistungen nach EU-Recht gesperrt.[39] Unter Berücksichtigung dieser Grundsätze hat der EuGH das Unionsrecht und insbes. Art. 18 AEUV mehrmals dergestalt ausgelegt, dass diese Bestimmungen

31 Vgl. zur Reform der Opferrechtestrategie der EU 2020–2025 Brodowski ZIS 2019, 527; EnzEuR XI/Hauck Kap. 11 Rn. 71.
32 HK-SozEntschR/Rademacker OEG § 3a Rn. 4.
33 EuGH Urt. v. 16.7.2020 – C-129/19, ECLI:EU:C:2020:566 – BV.
34 EuGH Urt. v. 16.7.2020 – C-129/19, ECLI:EU:C:2020:566 – BV.
35 ABl.EU 2012 Nr. L 315, 57.
36 Vgl. Davy ZESAR 2010, 307; Leopold/Semmelmann ZEuS 2008, 275 (276 f.); Borchardt NJW 2000, 2057 (2060).
37 KassKomm/Schreiber VO 883/2004 Art. 3 Rn. 57.
38 EuGH Urt. v. 11.11.2014 – C-333/13, ECLI:EU:C:2014:2358 – Dano.
39 Vgl. EuGH Urt. v. 16.7.2009 – C-208/07, ECLI:EU:C:2009:455 – v. Chamier-Glisczinski.

mitgliedstaatlichen Regelungen entgegenstehen, denen zufolge ein Export von Entschädigungsleistungen in andere Mitgliedstaaten der EU nicht in Betracht kommt, etwa aufgrund eines Wohnsitzerfordernisses. Wohnsitzerfordernisse im nationalen Recht stellen zwar keine unmittelbare Diskriminierung von Unionsbürgerinnen und Unionsbürgern aus anderen Mitgliedstaaten dar. Aus ihnen kann jedoch eine mittelbare Diskriminierung folgen, da das nationale Wohnsitzerfordernis von Angehörigen des die Leistungen gewährenden Staats bei Weitem leichter und deutlich häufiger erfüllt werden kann als von Angehörigen anderer Mitgliedstaaten. Vor diesem Hintergrund zu prüfen ist stets, ob ein im mitgliedstaatlichen Recht vorgesehenes Wohnsitzerfordernis gerechtfertigt sein kann. Einer Rechtfertigung zugänglich sind nur solche Begrenzungen der Freizügigkeit, die auf objektiven und von der Staatsangehörigkeit der betroffenen Personen unabhängigen Erwägungen beruhen und zudem in einem angemessen Verhältnis zu dem mit dem nationalen Recht legitimerweise verfolgten Zweck stehen. Es darf von den Mitgliedstaaten als Voraussetzung einer Leistungsgewährung ein gewisser Grad der Integration in die Gesellschaft des leistungsgewährenden Staates verlangt werden.[40] Regelmäßig hat der Gerichtshof die Verhältnismäßigkeit von Wohnsitzerfordernissen als (alleinigem) Anhaltspunkt für eine solche Integration abgelehnt. Auch im Kontext der Gewährung von Leistungen an zivile Opfer eines Krieges hat der EuGH[41] die Verhältnismäßigkeit von Wohnsitzerfordernissen als Voraussetzung für die Leistungsgewährung nach nationalem Recht vor dem Hintergrund des allgemeinen Diskriminierungsverbots im Zusammenspiel mit der Unionsbürgerfreizügigkeit – argumentativ ohne Umwege über die EG-VO Nr. 883/2004 – verneint. Rechtsfolge eines Verstoßes gegen Art. 18 AEUV ist die Unanwendbarkeit der diskriminierenden gesetzlichen Voraussetzung des mitgliedstaatlichen Rechts. Der Anspruch iÜ bleibt dagegen bestehen.[42] Daraus ergibt sich regelmäßig eine Pflicht zum Export nationaler sozialer Entschädigungsleistungen.

d) **Zwischenstaatliches Recht.** Exportbestimmungen ergeben sich partiell aus bilatera- 18
len **Entschädigungsabkommen** (→ G-SER Art. 8 Rn. 1). ZT werden die Leistungen gem. Abkommensrecht als Summe an einen anderen Staat gezahlt, der die Leistungen anschließend zweckentsprechend zu verwenden hat (so zB mit Belgien und Luxemburg).

Mit Österreich und Spanien ist eine teilweise Sachleistungsaushilfe vereinbart. Im 19
Übrigen findet das Prinzip der Kostenerstattung Anwendung.

Aus den von Deutschland mit anderen Staaten abgeschlossenen **Sozialversicherungs-** 20
abkommen folgen keine Ansprüche auf Export von Entschädigungsleistungen, da solche schon nicht vom sachlichen Anwendungsbereich dieser Staatsverträge umfasst sind.

C. Einzelkommentierung

I. Berechtigter Personenkreis (Abs. 1)

Eine allumfassende Gewährung von Leistungen nach dem SGB XIV setzt idR voraus, 21
dass sich der Wohnsitz bzw. gewöhnlicher Aufenthalt von Ausländerinnen und Ausländern im Geltungsbereich des SGB XIV und damit im Inland befindet. Liegt der gewöhnliche Aufenthaltsort bzw. der Wohnsitz eines Geschädigten dagegen im Aus-

40 ZB EuGH Urt. v. 15.3.2005 – C-209/03, ECLI:EU:C:169 – Bidar; dazu auch Devetzi EuR 2014, 638.

41 EuGH Urt. v. 26.10.2006 – C-192/05, ECLI:EU:C:2006:676 – Tas Hagen & Tas; EuGH Urt. v. 22.5.2008 – C-499/06, ECLI:EU:C:2008:300 – Nerkowska; EuGH Urt. v. 4.12.2008 – C-221/07, ECLI:EU:C:2008:681 – Zablocka-Weyhermüller.

42 Vgl. EuGH Urt. v. 22.6.2011 – C-399/09, ECLI:EU:C:2011:415 – Landtová; Sander DVBl. 2005, 1014 (1018); Borchardt NJW 2000, 2057 (2058).

land, sieht das Gesetz zT empfindliche Leistungseinschränkungen vor. Diese gelten gleichermaßen für deutsche Staatsangehörige wie für ausländische Staatsangehörige (vgl. § 7).

22 Umgekehrt betrachtet ermöglicht § 101 einen Leistungsexport. Dieser ist nicht auf Personen beschränkt, die bereits von Anfang an ihren Wohnsitz oder gewöhnlichen Aufenthalt im Ausland hatten. Vielmehr ist ein Leistungsexport auch dann geboten, wenn die betroffene Person ihren Wohnsitz bzw. gewöhnlichen Aufenthalt zunächst im Inland hatte, nach dem schädigenden Ereignis jedoch ins Ausland verzogen ist.[43] Die Einschränkungen gelten diesfalls aber frühestens ab dem Zeitpunkt des Umzugs.

23 Das Gesetz knüpft an einen Wohnsitz oder gewöhnlichen Aufenthalt im Ausland an. Ihren **Wohnsitz** hat eine Person dort, wo sie eine Wohnung uU innehat, die darauf schließen lassen, dass die Wohnung beibehalten und auch tatsächlich benutzt wird (§ 30 Abs. 3 Satz 1 SGB I).[44] Zur Begründung eines Wohnsitzes bedarf es keines rechtsgeschäftlichen Willens iSv § 7 BGB. Entscheidend sind in erster Linie die tatsächlichen und wirtschaftlichen Gegebenheiten.[45] Einen **gewöhnlichen Aufenthalt** hat eine Person dort, wo sie sich unter Umständen aufhält, die erkennen lassen, dass das Verweilen an diesem Ort oder in diesem Gebiet nicht nur vorübergehender Natur ist (§ 30 Abs. 3 Satz 2 SGB I). Dieser Ort muss den Lebensmittelpunkt der betreffenden Person darstellen. Maßgeblich sind auch hier die tatsächlichen Verhältnisse. Abzustellen ist auf objektive Momente, nicht allein auf den Willen der Person.[46] Kurzfristige Unterbrechungen des Aufenthaltes sind unschädlich, denn das Gesetz knüpft nicht an den tatsächlichen, sondern den gewöhnlichen Aufenthalt an.

24 Neben den primär geschädigten Personen sind leistungsberechtigt im Ausland lebende **Angehörige** iSv § 2 Abs. 3, **Hinterbliebene** iSd § 2 Abs. 4 sowie **Nahestehende** iSv § 2 Abs. 5 einer in Deutschland durch eine Schädigung iSd SGB XIV geschädigten oder verstorbenen Personen, soweit sie einen Leistungsanspruch nach § 6 haben.

25 Ein Export von Leistungen des sozialen Entschädigungsrechts erfolgt prinzipiell allein **nach Maßgabe von § 101 Abs. 2–9**. Dies führt teilweise zu einem Wegfall von Leistungen im Fall eines Auslandswohnsitzes bzw. -aufenthalts, denn exportiert werden nur die im Einzelnen positiv und abschließend aufgezählten Leistungen.[47] Leistungen, die nicht explizit erwähnt werden, können dagegen nicht transferiert werden. Dies betrifft etwa Leistungen der Teilhabe nach Kap. 6 des SGB XIV.[48] Zwei Ausnahmen dürften jedoch zu machen sein: **Leistungen bei Überführung und Bestattung** nach Kapitel 12 SGB XIV bedürfen keiner Regelung in § 101, weil sie nicht lediglich an Berechtigte iSv § 2 erbracht werden, sondern unabhängig vom Wohnort oder gewöhnlichem Aufenthalt an diejenige Person, welche die Kosten tatsächlich veranlasst hat.[49] Durch die Leistungsexportbeschränkungen gem. § 101 können für die betroffenen Personen **Härtefälle** eintreten. Zu deren Kompensation können Leistungen nach Kapitel 13 des SGB XIV (§ 100) beitragen. Diese Regelung ist § 64b Abs. 5 BVG nachgebildet.[50] Eine Härtefallentscheidung ist stets neben den explizit aufgeführten Leistungen möglich, der Export der daraus resultierenden Leistungen ebenso.[51]

---

43 Knickrehm/Mushoff/Schmidt Neues SozEntschR Rn. 340.
44 Näher zB Mrozynski SGB I § 30 Rn. 15 ff.; LPK-SGB I/Meißner/Timme § 30 Rn. 6 f.
45 ZB BSG Urt. v. 12.12.2017 – B 11 AL 21/16 R, BSGE 125, 38.
46 Vgl. BSG Urt. v. 16.6.2015 – B 13 R 36/13 R.
47 Schmidt SGB XIV/Schmidt § 101 Rn. 4; Knickrehm/Mushoff/Schmidt Neues SozEntschR Rn. 342.
48 IErg auch Schmidt SGB XIV/Schmidt § 101 Rn. 5.
49 BT-Drs. 19/13824, 213.
50 Knickrehm/Mushoff/Schmidt Neues SozEntschR Rn. 357.
51 BT-Drs. 19/13824, 213; so auch Schmidt SGB XIV/Schmidt § 101 Rn. 5.

II. Schnelle Hilfen (Abs. 2)

26 Beim Anspruch auf schnelle Hilfen handelt sich um einen Dienst- und Sachleistungsanspruch. Ein Leistungsexport findet insoweit nicht statt. Das Gesetz sieht auch keinen reinen Kostenerstattungsanspruch vor. Daher werden die schnellen Hilfen nicht im Ausland, sondern nur im Inland erbracht. In den Materialien wird hierzu ausgeführt, dass ein Leistungsexport deswegen nicht in Betracht käme, weil deutsche Behörden im Ausland keine Strukturen zum Fallmanagement vorhalten könnten und dort auch keine Traumaambulanzen iSd SGB XIV existierten, die den Anforderungen des SGB XIV entsprächen. Die Erbringung der Dienst- und Sachleistungen scheitert damit an der mangelnden Organisationsmacht Deutschlands im Ausland.[52] Deswegen und vor allem mangels entsprechender Vereinbarungen mit anderen Staaten dürfte auch eine Sachleistungsaushilfe ausscheiden. Weiter wird in den Materialien ausgeführt, dass die Einhaltung der Anforderungen von deutschen Behörden nicht überprüft werden könne.[53] In der Tat dürfte eine Qualitätskontrolle nach §§ 37, 38 im Ausland faktisch schwerfallen. Völkerrechtlich ist dies zwar prinzipiell nicht ausgeschlossen, scheitert jedoch regelmäßig am Souveränitätsverständnis anderer Staaten. Staatsvertragliche Vereinbarungen darüber, dass die ausländischen Behörden eine Qualitätskontrolle durchführten, existieren – soweit ersichtlich – nicht. Auch die in der EG-VO Nr. 987/2009 vorgesehenen Verfahren können hierfür nicht genutzt werden, weil das soziale Entschädigungsrecht vom sachlichen Anwendungsbereich des koordinierenden Sozialrechts der EU ausgenommen ist (→ Rn. 11). Zwar hat der EuGH[54] im Rahmen von Leistungen der Eingliederung einen Export von Dienst- und Sachleistungen (persönliche Assistenz für einen Menschen mit Behinderungen) vor dem Hintergrund der Art. 20, 21 AEUV offensichtlich für möglich und geboten erachtet. Zudem hat er den Einwand einer fehlenden Kontrollmöglichkeit im Ausland nicht gelten lassen. Allerdings ist mit Blick auf die schnellen Hilfen festzustellen, dass es sich bei diesen um solche handelt, die idR an Kliniken angebunden sind und damit wenigstens teilweise stationären Charakter aufweisen (vgl. die VO über Traumaambulanzen). Insoweit unterscheiden sich diese Dienst- und Sachleistungen in nicht vergleichbarer Art und Weise von denen, für die der EuGH einen Export befürwortet. Anspruchsberechtigten bleibt daher iErg nichts Anderes übrig, als sich in das Inland zu begeben, wenn sie schnelle Hilfen in Anspruch nehmen möchten.

27 Um dies nicht illusorisch erscheinen zu lassen, sieht das Gesetz in § 101 Abs. 2 S. 2 die Erstattung angemessener **Fahrkosten** zur nächstgelegenen Traumaambulanz vor. Zur Vermeidung von Nachteilen sollte zuvor feststehen, dass ein Anspruch auf schnelle Hilfen dem Grunde nach besteht und ebenso auf die Übernahme von Fahrkosten. Diese Entscheidung ist im Erleichterten Verfahren gem. § 115 Abs. 1 zu treffen. Unverständlich ist, aus welchen Gründen die Inanspruchnahme des Fallmanagements nicht auf die gleiche Art und Weise geregelt worden ist.[55] Zu gewähren dürfte insoweit allein eine Härtefallleistung sein.

28 Welche **Traumaambulanz** die **nächstgelegene** ist, wird gesetzlich nicht näher umschrieben. In Betracht käme hier, nicht allein die räumlich nächstliegende Traumaambulanz ansteuern zu dürfen, sondern auch die zeitlich nächstgelegene. Insofern kann eine Rolle spielen, welche Traumaambulanz mit öffentlichen Verkehrsmitteln leichter, günstiger oder schneller zu erreichen ist. Dabei sind auch gesundheitliche Einschränkungen der betroffenen Person zu berücksichtigen.

52 Vgl. Eichenhofer ISR Rn. 487.
53 BT-Drs. 19/13824, 214.
54 EuGH Urt. v. 25.7.2018 – C-679/16, ECLI:EU:C:2018:601 – A.
55 Knickrehm/Mushoff/Schmidt Neues SozEntschR Rn. 343.

29 Als begrenzenden Faktor enthält das Gesetz jedoch das Erfordernis lediglich **angemessener Fahrkosten**. Dies ist grds. in gleicher Weise auszulegen wie in § 36 Abs. 2.

III. Leistungen der Krankenbehandlung (Abs. 3)

30 **1. Kostenerstattung.** Im Falle notwendiger Krankenbehandlung im Ausland sieht § 101 Abs. 3 ein von Abs. 2 abweichendes Modell vor. Verfahren wird dabei allerdings nicht nach dem Prinzip der Sachleistungsaushilfe, wie dies im koordinierenden Sozialrecht der EU und idR auch internationalen Übereinkünften hinsichtlich Leistungen bei Krankheit vorgesehen ist, sondern nach dem der Kostenerstattung für im Ausland von der betroffenen Person selbst in Anspruch genommene Behandlungen.[56]

31 Einen Sonderfall stellt insoweit Art. 2 des **Dt.-Öst. Entschädigungsabkommens**[57] dar, denn dieses nutzt das Prinzip der Sachleistungsaushilfe.[58] Die Leistungsberechtigung richtet sich nach dem Grundstatut, Art und Umfang des Leistungsanspruchs nach dem Recht des Aufenthaltsstaates.[59] Anfallende Kosten sind unter den Trägern zu erstatten. Eine ähnliche Ausgestaltung findet sich im **Übereinkommen des Europarats** vom 17.12.1962.[60] Dagegen obliegt die Heilbehandlung nach dem Dt.-Span. Entschädigungsabkommen den örtlichen Trägern jeweils zu ihren Lasten.

32 Der Idee einer Rechtsgrundverweisung entsprechend, müssen die **Voraussetzungen für die Gewährung von Entschädigungsleistungen** dem Grunde nach erfüllt sein. Insbesondere muss es sich bei der Krankenbehandlung um die von anerkannten Schädigungsfolgen handeln.

33 § 101 Abs. 3 begrenzt den Anspruch auf Kostenerstattung der **Höhe** nach: Erstattet werden Leistungen der Krankenbehandlung für Schädigungsfolgen bis zur Höhe des Zweifachen der Vergütung, die die Krankenkasse – deren Nennung dürfte mit Blick auf §§ 54, 55 SGB XIV ein redaktionelles Versehen sein – bei Erbringung als Sachleistung im Inland zu erbringen hätte. Dabei handelt es sich um eine Obergrenze, die lediglich in Ausnahmefällen überschritten werden darf (zB allgemein höheres Kostenniveau für Krankenbehandlungen im Wohnsitz-/Aufenthaltsstaat). Bis zur Obergrenze ist der Verwaltung kein Ermessen eingeräumt. Hinsichtlich der Leistungen jenseits der gesetzlichen Obergrenze besteht jedoch ein Ermessensspielraum zugunsten der Verwaltung. Wird die Obergrenze überschritten, besteht deswegen keine Verpflichtung zur vollen Kostenübernahme. Möglich ist stattdessen auch eine teilweise Erstattung anfallender Kosten für Krankenbehandlung. Die Behörde hat die Ausübung ihres Ermessens zu begründen. Leitender Gedanke darf dabei die Notwendigkeit bzw. Vermeidbarkeit der Inanspruchnahme von Krankenbehandlungen bzw. der dafür erfolgten Aufwendungen sein.

34 Entstandene Kosten einer Krankenbehandlung müssen **nachgewiesen** werden. Dies kann etwa durch Vorlage von Rechnungen geschehen.[61]

35 Werden **Arzneimittel, Verbandmittel, Heilmittel und Hilfsmittel** in Anspruch genommen, besteht prinzipiell keine Kostenobergrenze. Vielmehr erlaubt das Gesetz eine Kostenübernahme in voller Höhe. Dies ist allerdings in das pflichtgemäß auszuübende Ermessen der Behörde gestellt (vgl. den Wortlaut des § 101 Abs. 3 S. 5: „können").[62]

36 Der Anspruch wird weiter begrenzt: Die im Ausland erbrachten Leistungen müssen denen nach Kapitel 5 SGB XIV vergleichbar sein. Die **Vergleichbarkeit** bezieht sich

---

56 Vgl. allg. Schuler ISR der BRD, S. 743; Eichenhofer ISR Rn. 487.
57 BGBl. 1964 II 221; BGBl. 1970 II 197.
58 Vgl. BSG Urt. v. 6.3.1996 – 9 RV 11/95, BSGE 78, 59.
59 Schuler ISR der BRD, S. 744.
60 BGBl. 1965 II 384.
61 Schmidt SGB XIV/Schmidt § 101 Rn. 11.
62 AA Schmidt SGB XIV/Schmidt § 101 Rn. 19: Kompetenz-Kann.

primär auf den Inhalt der Leistung, nicht unbedingt das rechtliche Umfeld, in welchem sie gewährt werden. Darüber hinaus fordert das Gesetz für eine Erstattung die **Notwendigkeit** und **Angemessenheit** der Leistungen. Beides folgt aus dem Verweis in § 101 Abs. 3 S. 1 auf §§ 42 und 43.[63] Das bloße Faktum eines Aufenthalts im Ausland bedingt nicht ohne Weiteres die Notwendigkeit einer dortigen Behandlung.[64]

2. Inlandsbehandlung. Wenn medizinische oder Kostengründe dies erfordern, kann – subsidiär – die Krankenbehandlung auch im Inland durchgeführt werden (§ 101 Abs. 3 S. 3). Dies kommt den Gesetzesmaterialien zufolge dann infrage, sofern im Aufenthaltsstaat eine aus medizinischen Gründen notwendige Behandlung nicht oder nicht rechtzeitig oder nicht in ausreichender Qualität erlangt werden könne.[65] In diesem Falle blieben wirtschaftliche Gründe außer Betracht. Die Inlandsbehandlung sei auch dann möglich, wenn die Behandlung im Aufenthaltsstaat teurer als im Inland wäre. Gem. § 101 Abs. 3 S. 4 können Reisekosten in den Fällen des § 101 Abs. 3 S. 3 in angemessenem Umfang erstattet werden. Laut den Gesetzesmaterialien[66] sind die Fahrkosten mit in die wirtschaftliche Betrachtung einzubeziehen. Im Gesetzeswortlaut spiegelt sich davon nichts wider. Begrenzender Faktor ist insoweit allein die Angemessenheit der Fahrkosten. 37

Eine Inlandsbehandlung steht aber unter dem Vorbehalt einer **vorherigen Genehmigung** der zuständigen Verwaltungsbehörde. Die Entscheidung ist in das – pflichtgemäß auszuübende – Ermessen der zuständigen Behörde gestellt. Dabei können Wirtschaftlichkeitserwägungen einfließen. Dies verdeutlicht die Nennung der Kostengründe im Gesetzeswortlaut. Die Rechtslage entspricht im Wesentlichen der vorherigen unter Geltung des § 64a Abs. 1 BVG.[67] 38

3. Vorrang der Leistungen des Wohnstaates. Leistungen der Krankenbehandlung werden – unabhängig von deren Inanspruchnahme im In- oder Ausland – nach § 101 Abs. 3 S. 6 unter einen weiteren Vorbehalt gestellt. Sie werden (nur) erbracht, soweit diese Bedarfe nicht durch bestehende gesetzliche oder private Versicherungen oder staatliche Leistungen des Wohnsitzstaates in demselben gedeckt werden können (**Subsidiarität**). Auffällig ist hieran, dass die Gesetzesformulierungen nicht auch den bloßen Aufenthaltsort in Bezug nimmt. Dort sind aber idR auch keine Leistungen zu erlangen. Die Fälle des § 15 und damit solche in der primären Verantwortung eines anderen Staates sind nicht erfasst, denn sie richten sich nach § 102. 39

Das Gesetz statuiert damit einen **Vorrang aller anderweitig bestehenden Ansprüche.** Dies fußt auf der Überlegung, dass im Falle eines dauerhaften Auslandsaufenthaltes die betroffene Person in das soziale Sicherungssystem des Aufenthaltsstaates integriert ist. Der Vorrang wird in § 101 Abs. 3 S. 7 dadurch verdeutlicht, dass die Regelung des § 28 Abs. 3 keine Anwendung findet. Anzurechnen sind deshalb auch Ansprüche aus privaten Sicherungs- oder Versorgungssystemen. Das Gesetz trägt den tatsächlichen Gegebenheiten aber insoweit Rechnung, als die Situation einer Nichtrealisierbarkeit von Ansprüchen im Wohnsitz- bzw. Aufenthaltsstaat zu berücksichtigen ist. Ausgeschlossen werden nur Leistungen für Bedarfe, die für die Geschädigten faktisch im Wohnstaat zu realisieren sind. 40

Abs. 3 S. 6 enthält zwar keine Entsprechensklausel betreffend die Leistungen. Dieses Erfordernis ergibt sich aber aus der Zusammenschau mit Satz 8. Es ist mithin ein **Vergleich** anzustellen, ob die ausländischen Leistungen hinsichtlich ihrer Funktion den deutschen entsprechen. Erforderlich ist damit eine Ermittlung ausländischer Rechts- 41

63 Knickrehm/Mushoff/Schmidt Neues SozEntschR Rn. 350.
64 BSG Urt. v. 6.3.1996 – 9 RV 11/95, BSGE 78, 59.
65 BT-Drs. 19/13824, 214.
66 BT-Drs. 19/13824, 214.
67 Vgl. HK-SozEntschR/Reinhard BVG § 64a Rn. 5.

sätze. Dies obliegt in erster Linie der Verwaltung. Für ein evtl. anschließend befasstes Gericht ergibt sich die Pflicht hierzu aus § 202 S. 1 SGG iVm § 293 ZPO.[68]

42 Der Gesetzgeber ist der Auffassung, dass die Geschädigten **Mitwirkungspflichten** entsprechend den §§ 60 ff. SGB I nachzukommen haben.[69] Sind Ansprüche im Ausland nicht realisierbar, sieht § 101 Abs. 3 S. 8 für bestimmte Fälle (Krankengeld der sozialen Entschädigung iSd § 47 und Beihilfe bei einer erheblichen Beeinträchtigung der Erwerbsgrundlagen iSv § 48) eine **ersatzweise Leistung** vor. Geschädigten wird nach § 101 Abs. 3 S. 8 eine nachrangige[70] Leistung in Form der Zahlung eines Krankengeldes der sozialen Entschädigung oder eine Beihilfe bei erheblicher Beeinträchtigung der Erwerbsgrundlage erbracht, wie sie ihnen auch bei einem Wohnsitz oder gewöhnlichen Aufenthalt im Inland gezahlt worden wäre. Die sprachliche Ungenauigkeit des Gesetzes („ihm“ – Singular statt Plural) dürfte insoweit keine Rolle spielen. Die Regelung führt zu einer Verbesserung der Situation betroffener Personen im Vergleich zu § 64a Abs. 2 BVG, wonach die Gewährung von Versorgungskrankengeld im Ausland ausgeschlossen war.[71] Kann eine betroffene Person Ansprüche im Wohnsitz-/Aufenthaltsstaat aus den dortigen Sicherungssystemen nicht realisieren, sind sämtliche Kosten der Behandlung wegen einer Schädigungsfolge vom Kostenerstattungsanspruch nach Abs. 3 umfasst.[72]

IV. Leistungen bei Pflegebedürftigkeit (Abs. 4)

43 Ein Export von Geldleistungen ist nach **§ 101 Abs. 4 S. 1** an berechtigte Personen bei Pflegebedürftigkeit iSv § 71 Abs. 1 vorgesehen. Leistungen zur Pflege werden in Höhe der Leistungen nach § 37 SGB XI erbracht. Die Leistung ist in das Ermessen des Trägers gestellt, wie sich aus dem Wortlaut („kann“) ergibt.[73] Entscheidet sich der Träger zur Gewährung des Pflegegeldes, wird die Leistung pauschaliert gewährt. Eine Umrechnung bzw. Bewertung der im Ausland anfallenden Pflegekosten wird nicht vorgenommen.[74]

44 Durch den alleinigen **Verweis auf § 71 Abs. 1** und nicht auch auf Abs. 2 ergibt sich eine deutliche Beschränkung der Leistungsfälle. Teilweise wird deswegen von einem redaktionellen Versehen des Gesetzgebers ausgegangen, auch, weil weder die Vorgängerregelung des § 64b Abs. 1 Satz 1 BVG eine entsprechende Einschränkung kannte noch ein sachlicher Grund für die Differenzierung erkennbar sei. Ob aber unter bloßer Bezugnahme auf die insoweit unklaren Gesetzesmaterialien und über den Wortlaut der Norm hinaus die Möglichkeit zu einer verfassungskonformen Auslegung besteht,[75] erscheint zumindest fragwürdig.

45 Die in **§ 101 Abs. 4 S. 2** normierte Kostenerstattung impliziert, dass ergänzende Pflegeleistungen grundsätzlich als Sachleistung im Ausland in Anspruch genommen werden können. Eine Kostenerstattung erfolgt jedoch lediglich dann, wenn diese Leistungen im Staat des Wohnsitzes bzw. Aufenthaltsortes ebenfalls vorgesehen sind. Betroffen hiervon sind nach dem Wortlaut der Bestimmung ergänzende Pflegeleistungen nach § 75 Abs. 2. Bezug genommen wird dort auf § 38 SGB XI. Diese Vorschrift enthält eine Wahlmöglichkeit zugunsten eines Pflegegeldes anstelle einer Pflegesachleistung in Gestalt einer Kombinationsleistung sowie die Modalitäten und Ausgestaltung

68 Dazu Leopold ISPR, Rn. 763 ff.
69 BT-Drs. 19/13824, 214.
70 Schmidt SGB XIV/Schmidt § 101 Rn. 18.
71 Knickrehm/Mushoff/Schmidt Neues SozEntschR Rn. 350; zur vorherigen Rechtslage auch Wilke/Fehl SozEntschR BVG § 64a Rn. 4.
72 So in BT-Drs. 19/13824, 214.
73 AA Schmidt SGB XIV/Schmidt § 101 Rn. 22.
74 Knickrehm/Mushoff/Schmidt Neues SozEntschR Rn. 352.
75 So etwa Schmidt SGB XIV/Schmidt § 101 Rn. 20.

bei Kombination der Pflegesachleistung (§ 36 SGB XI) und des Pflegegeldes (§ 37 SGB XI). Es dürfte ein redaktionelles Versehen vorliegen. Statt § 75 Abs. 2 dürfte § 75 Abs. 1 gemeint sein.[76]

V. Leistungen bei Blindheit (Abs. 5)

§ 101 Abs. 5 bekräftigt kurz und knapp, dass Leistungen bei Blindheit nach § 82 erbracht werden. Ein tiefergehender Gehalt dieses Satzes erschließt sich nur im Zusammenspiel mit Abs. 1 und der Kernaussage dieser Norm, dass Leistungen zu exportieren sind. Der Leistungsinhalt ist seinem Wortlaut nach jedoch in unverständlicher Art und Weise begrenzt: Möglich ist allein ein Export von Leistungen gem. § 82 Abs. 2. Ausgespart vom Leistungsexport sind aufgrund der expliziten Nennung nur von Leistungen bei Blindheit die ebenfalls im SGB XIV vorgesehenen Leistungen bei hochgradiger Sehbehinderung (§ 82 Abs. 1) und Taubblindheit (§ 82 Abs. 3). Dies überrascht insoweit, als der Leistungsumfang sich hinsichtlich sämtlicher dieser Leistungen nach § 72 SGB XII richtet. Der Grund für den limitierten Leistungsexport könnte in einer redaktionellen Ungenauigkeit bei der Entwurfsfassung des SGB XIV liegen, weil das BVG lediglich Leistungen bei Blindheit vorsah (§ 14 BVG) und dies so übernommen worden sein könnte.[77] Gleichwohl dürfte eine analoge Anwendung des § 101 Abs. 5 scheitern. Dies kann auch nicht durch die Bezugnahme auf die Gesetzesmaterialien überspielt werden, weil sie im Wortlaut der Norm keinen Anhaltspunkt finden. Die Systematik des Gesetzes führt insoweit zu keinem klaren Ergebnis: Zwar wird in den allgemeinen Aufzählungen des § 24 SGB I und § 3 SGB XIV ebenfalls der Begriff der Leistungen bei Blindheit verwendet.[78] Dort dient die Bezugnahme aber allein einer verkürzenden Beschreibung der Leistungen im Sinne eines System(ober)begriffs, der sich aufgrund der Bezugnahme auf das Kap. 8 und die dortige Überschrift näher erschließt. Ob aber dieser verkürzende Systembegriff im ansonsten bei Bezugnahme auf einzelne Vorschriften (zB in Abs. 8 und 9) fein differenzierenden § 101 im gleichen Sinn zu verstehen ist, erscheint höchst fraglich. Wäre ein Verweis auf sämtliche Leistungen des Kap. 8 beabsichtigt gewesen, hätte dies – ebenso wie in § 101 Abs. 2, 6 und 7 – klar zum Ausdruck gebracht werden sollen. 46

§ 101 Abs. 5 selbst dürfte in Einklang mit dem **Unionsrecht** stehen. Mit Blick auf den ausgeschlossenen Export der dort nicht genannten Leistungen nach § 82 Abs. 1 und Abs. 3 dürfte indes ein Verstoß gegen das Diskriminierungsverbot des Art. 18 AEUV vorliegen, da benachteiligt allein Personen mit Wohnsitz im Ausland sind oder Personen, die ins Ausland verziehen. Das damit indirekt bestehende Erfordernis eines inländischen Wohnsitzes für den Erhalt von Leistungen nach § 82 Abs. 1 und Abs. 3 ist von Staatsangehörigen Deutschlands in aller Regel deutlich leichter zu erfüllen als von ausländischen. Es sind keine nachvollziehbaren Gründe erkennbar, aus denen im Ausland aufhältige Personen von diesen Leistungen ausgenommen sein sollten bzw. einen Wohnsitz im Inland haben müssten. Zudem wirkt sich das Wohnsitz- bzw. Aufenthaltserfordernis als Hemmnis für die Wahrnehmung des Rechts auf Freizügigkeit (Art. 21 AEUV) aus. Die Vorschrift erscheint hinsichtlich der Leistungen bei Sehbehinderung und Taubblindheit aber zumindest in gewissen Grenzen einer unionsrechtskonformen Auslegung zugänglich. De lege ferenda sollte der Leistungsexport zugunsten der betroffenen Personen erweitert werden, wenigstens im Sinne einer Klarstellung, zB durch Streichung der Worte „bei Blindheit" oder durch einen Verweis auf Kap. 8. 47

76 Knickrehm/Mushoff/Schmidt Neues SozEntschR Rn. 352.
77 Knickrehm/Mushoff/Schmidt Neues SozEntschR Rn. 353.
78 Hierauf hinweisend Schmidt SGB XIV/Schmidt § 101 Rn. 23.

VI. Entschädigungszahlungen (Abs. 6)

48 Die Gewährung von Entschädigungszahlungen nach Kap. 9 SGB XIV (§§ 83–88) wird hinsichtlich des Umfangs an die **Erreichung des Leistungszwecks** geknüpft (§ 101 Abs. 6 S. 1). Mit dem Leistungszweck wird auf die in § 1 Abs. 1 bezeichnete Zielsetzung Bezug genommen. Bezweckt wird der Ausgleich eines Sonderopfers (§ 5 S. 1 SGB I) sowie die Betonung der besonderen Verantwortung der staatlichen Gemeinschaft für die in § 1 Abs. 2 genannten Schädigungsereignisse. Der betroffenen Person soll – dies ergibt sich aus **§ 101 Abs. 6 S. 2** – die staatliche Leistung als Ausgleich verbleiben. Dies ist jedoch dann nicht mehr der Fall, wenn der Aufenthaltsstaat Zahlungen nach dem SGB XIV ganz oder teilweise auf von ihm erbrachte Sozialleistungen anrechnet (so auch § 101 Abs. 6 S. 2). Der Gesetzgeber möchte ausschließen, dass der Aufenthaltsstaat von deutschen Entschädigungsleistungen profitiert, zB durch Anrechnung auf dort gewährte Alters- oder Erwerbsunfähigkeitsrenten.[79] Dies erscheint auf den ersten Blick nachvollziehbar, nimmt Berechtigten jedoch ihren Leistungsanspruch, wenn sie ihren Wohnsitz im Ausland haben oder dorthin verlegen. Für die Betroffenen stellte sich – monetär betrachtet – indes dasselbe Ergebnis ein, wenn der Anspruch zur Auszahlung gebracht würde, denn er ginge aufgrund der Anrechnung nach ausländischem Recht ins Leere.

49 Praktische Schwierigkeiten für Behörden und Gerichte dürfte die Regelung deswegen aufwerfen, weil sie den Leistungsexport nicht vollständig ausschließt, sondern dann gebietet, wenn der **Leistungszweck noch teilweise erreicht** werden kann (vgl. den Wortlaut: „soweit"). Behörden und Gerichte haben deswegen zu ermitteln, in welchem Umfang der Leistungszweck verfehlt bzw. erreicht wird. Dies verlangt eine Kenntnis der Rechtssätze und der Rechtsanwendung in dem Staat, in welchen die Leistungen zu transferieren wären. In erster Linie gefordert sind insoweit die Behörden bei der Vorbereitung der durch sie zu treffenden Entscheidung. Gerichte haben im Falle der Inanspruchnahme von Rechtsschutz durch betroffene Personen ebenso das ausländische Recht zu ermitteln (§ 202 S. 1 SGG iVm § 293 ZPO). In der abschließenden Entscheidung ist dies darzulegen.[80]

50 **§ 101 Abs. 6 S. 3** soll klarstellen, dass ein Leistungsexport nicht begrenzt wird, wenn ein ausländischer Staat subsidiäre Leistungen als Entschädigung wegen eines schädigenden Ereignisses erbringt, das in Deutschland stattgefunden hat. Betont wird damit zugleich die Verpflichtung aus Art. 2 RL 2004/80/EG bzw. Art. 3 des Europäischen Übereinkommens, wonach jeder Mitgliedstaat vorrangig für die Entschädigung von Gewalttaten in seinem Einflussbereich aufzukommen hat.[81] Es besteht damit weiterhin eine volle Leistungsverpflichtung in Fällen, in denen eine Person einem vorrangig nach deutschem Recht zu entschädigenden Ereignis ausgesetzt war und der Heimat-, Wohnort- oder Aufenthaltsstaat subsidiär ebenfalls Leistungen für solche schädigenden Ereignisse gewährt. Die Regelung unterscheidet nicht hinsichtlich EU-Ausländern und solchen aus Drittstaaten. Insgesamt stellt die Norm eine faire Lastenverteilung sowohl unter den Mitgliedstaaten der EU als auch im Verhältnis zu Drittstaaten her. Sie ist allerdings unglücklich formuliert: Die Anordnung einer Nichtgeltung von S. 1 und S. 2 würde zu einem fehlenden Leistungsexport führen, da ein solcher nach der Systematik des § 101 und insbes. mit Blick auf Abs. 1 an eine positive Regelung gebunden ist.

---

79 BT-Drs. 19/13824, 214; vgl. BSG Urt. v. 15.2.1989 – 9/4b RV 27/87, BSGE 64, 276.
80 Näher zum Verfahren Leopold ISPR, Rn. 763 ff.
81 BT-Drs. 19/13824, 214.

VII. Leistungen des Berufsschadensausgleichs (Abs. 7)

Nach § 101 Abs. 7 S. 1 entfällt der Anspruch auf **laufende Leistungen** des Berufsschadensausgleichs gem. Kap. 10 SGB XIV (§ 89) immer dann, wenn die betroffene Person ins Ausland verzieht. Laufende Leistungen werden dementsprechend nicht exportiert. Dies gilt auch, wenn die betroffene Person bereits zur Zeit des schädigenden Ereignisses ihren Wohnsitz oder gewöhnlichen Aufenthalt im Ausland hatte.[82] In den Materialien ziehen sich die Entwurfsverfasser zur Rechtfertigung der fehlenden Exportierbarkeit des Berufsschadensausgleich als laufende Leistung darauf zurück, dass den Trägern der sozialen Entschädigung Daten zur Berechnung des Berufsschadensausgleich nicht oder nur unter erschwerten Bedingungen zugänglich seien.[83] Gewiss ist die Ermittlung zutreffender Daten mit Schwierigkeiten verbunden. Wenigstens innerhalb der EU und hinsichtlich der Staaten, mit denen die Bundesrepublik Deutschland diplomatische Beziehungen unterhält, erscheint die gegebene Begründung indes unzureichend, da für diese Staaten belastbare Daten vorliegen müssten oder – wenn auch mit gewissem Aufwand[84] – in Erfahrung zu bringen sind. Zudem hat der Gesetzgeber zuvor in § 64c Abs. 2 BVG praktikable Maßstäbe festgelegt, deren Anwendung gegenüber dem nun in § 101 Abs. 7 beschrittenen Weg vorzugswürdig erscheint. Ein Missbrauch dürfte zudem unwahrscheinlich sein. Gleichwohl ist die gesetzgeberische Entscheidung anders ausgefallen. Dies ist zu akzeptieren. 51

Wurde ein Berufsschadensausgleich bewilligt, ist diese Bewilligung im Falle eines Wegzugs ins Ausland mit Wirkung für die Zukunft nach § 48 Abs. 1 S. 1 SGB X, für die Vergangenheit nach Maßgabe des § 48 Abs. 1 S. 2 SGB X aufzuheben. Ersatzweise zur laufenden Leistung und als Ausgleich für die durch eine Verlegung des Wohnsitzes oder gewöhnlichen Aufenthalts in das Ausland eintretende Einbuße[85] kann auf Antrag der berechtigten Person diesfalls eine endgültige **Leistungsabfindung** in Anspruch genommen werden (§ 101 Abs. 7 S. 2). Voraussetzung ist, dass bereits ein monatlicher Berufsschadensausgleich nach § 90 bewilligt wurde. Die Höhe der Abfindung beträgt das Dreißigfache des festgestellten monatlichen Berufsschadensausgleichs. Der Antrag auf Zahlung der einmaligen Abfindung ist spätestens – es handelt sich um eine Notfrist – drei Monate nach Verlegung des Wohnsitzes oder gewöhnlichen Aufenthalts ins Ausland zu stellen (§ 101 Abs. 7 S. 3). Mit der Zahlung dieser Abfindung sind alle weiteren, auch zukünftigen Ansprüche auf Berufsschadensausgleich nach Kap. 10 SGB XIV abgegolten. Dies gilt auch für den Fall, dass die betroffene Person später nach Deutschland zurückkehrt.[86] Betroffenen Personen ist anzuraten, Vor- und Nachteile einer Leistungsabfindung sorgfältig für sich abzuwägen, insbes. bei unsicherer Aufenthaltsperspektive im Ausland. 52

Im Gesetzgebungsverfahren ist der endgültige Wegfall des Berufsschadensausgleichs kritisiert worden.[87] Da das Entfallen zukünftiger Ansprüche an die tatsächliche Gewährung einer Abfindung gebunden ist, dürfte bei einer späteren Rückkehr nach Deutschland der Anspruch auf Berufsschadensausgleich nicht erloschen sein, wenn nicht zuvor eine Abfindung in Anspruch genommen wurde. Etwas Anderes ist lediglich dann denkbar, wenn auch ein nicht rechtzeitig gestellter Antrag zum Ausschluss sämtlicher Ansprüche auf Berufsschadensausgleich führen würde. Der Wortlaut der Vorschrift bezieht sich indes nur auf die Auszahlung der Abfindung.[88] 53

82 BT-Drs. 19/14870, 34.
83 BT-Drs. 19/13824, 214.
84 Dies anerkennend zB BSG Urt. v. 15.2.1989 – 9/4b RV 27/87, BSGE 64, 276.
85 Schmidt SGB XIV/Schmidt § 101 Rn. 27.
86 BT-Drs. 19/13824, 215.
87 Vgl. BT-Ausschuss-Drs. 19(11)502, 61.
88 Knickrehm/Mushoff/Schmidt Neues SozEntschR Rn. 356.

VIII. Besondere Leistungen im Einzelfall (Abs. 8)

54 Auch besondere Leistungen im Einzelfall gem. Kap. 11 SGB XIV (vgl. § 92 Abs. 4) werden nur in eingeschränktem Umfang exportiert. § 101 Abs. 8 S. 1 normiert lediglich den **Export** von **Leistungen zum Lebensunterhalt** nach § 93. Der Export soll zudem nur in dem Umfang erfolgen, als Berechtigte keine anderweitigen Leistungen für denselben Leistungszweck nach dem Recht des Aufenthaltsstaates erhalten. Hervorgehoben werden die dortigen Leistungen der sozialen Sicherungs- und Fürsorgesysteme. Bezüglich der systematischen Einordnung von Leistungen ist das ausländische Recht zu ermitteln. Dies hat bereits iRd Vorbereitung der Verwaltungsentscheidung zu geschehen. Einzuräumen ist, dass die Aufklärung mit größeren Schwierigkeiten verbunden sein kann als in reinen Inlandsfällen. Dies entbindet die Verwaltung indes nicht davon, den Sachverhalt mit allen zumutbaren Mitteln aufzuklären.[89] Unterbleibt dies, ist im gerichtlichen Verfahren über § 202 S. 1 SGG die Vorschrift des § 293 ZPO anzuwenden. In der Entscheidung ist dies darzulegen.[90]

55 In der Sache führt § 101 Abs. 8 zu einer **Subsidiarität des inländischen Leistungsanspruchs** gegenüber ausländischen. Fraglich ist, auf welche Weise zu verfahren ist, wenn der ausländische Staat, an dessen Leistungen angeknüpft wird, eine gleichartige Regelung vorsieht. Der deutsche Gesetzgeber nimmt insoweit einen negativen Rechtsanwendungskonflikt zulasten davon betroffener Personen offensichtlich in Kauf, soweit ein solcher nicht im Wege zwischenstaatlicher Regelungen, zB durch Eingliederung Betroffener in eine der konfligierenden Rechtsordnungen, aufgelöst wird (vgl. etwa Art. 1 Abs. 1, 3 Dt.-Öst. Entschädigungsabkommen).[91]

56 § 101 Abs. 8 S. 2 sieht eine **Indexierung der Leistungen** vor. Sowohl die Höhe als auch der Einsatz eigener Mittel richten sich nach den Verhältnissen des Aufenthaltsstaates unter Berücksichtigung der notwendigen Lebensbedürfnisse vor Ort. Überraschend ist insoweit, dass der Gesetzgeber Behörden und Gerichten im Inland in diesen Fällen zutraut, die entsprechenden Verhältnisse zu ermitteln, was er beim Berufsschadensausgleich offensichtlich nicht tut. Zu erfassen sind die Gesamteinkünfte der anspruchsberechtigten Person nach dem sog. Weltprinzip. Diese Vorgehensweise entspricht dem Grundsatz des internationalen Vorteilsausgleichs.[92] Ausländisches Einkommen und Vermögen ist entsprechend der Kaufkraft (Realwert) und nicht mit dem Nominalwert zu berücksichtigen.[93] Fraglich ist, ob die Berücksichtigung der ausländischen Verhältnisse in Einklang mit dem Unionsrecht steht. Angeführt wird, dass hierdurch Einbrüche in das Sozialgefüge fremder Staaten vermieden werden sollen.[94] Das BVerfG[95] hat dies 1981 akzeptiert. Ob unter Berücksichtigung heutiger Maßstäbe hieran festzuhalten ist, darf wenigstens bezweifelt werden.

57 **Kein Leistungsexport** findet statt hinsichtlich **Leistungen zur Weiterführung des Haushalts** nach § 95 und **Leistungen in sonstigen Lebenslagen** nach § 96. In den Materialien wird hierzu ausgeführt, dass zu deren Erbringung eine intensive Einzelfallprüfung unter Einbeziehung auch des jeweiligen Umfeldes erforderlich sei, für welche im Ausland nicht die erforderlichen Strukturen vorgehalten werden könnten und die vom Inland aus nicht zu leisten seien. Zudem entspreche dies dem in § 30 SGB I geregelten Territorialitätsprinzip.[96] Vor dem Hintergrund des allgemeinen Diskriminierungsver-

---

89 BSG Urt. v. 15.2.1989 – 9/4b RV 27/87, BSGE 64, 276.
90 Leopold ISPR, Rn. 763 ff.
91 Vgl. BVerfG Beschl. v. 8.1.1981 – 2 BvL 3/77 und 2 BvL 9/77, BVerfGE 56, 1.
92 Schuler ISR der BRD, S. 738.
93 Vgl. BSG Urt. v. 10.2.1972 – 8 RV 521/71, BSGE 34, 70; BSG Urt. v. 15.2.1989 – 9/4b RV 27/87, BSGE 64, 276; Eichenhofer ISR Rn. 487.
94 BSG Urt. v. 15.2.1989 – 9/4b RV 27/87, BSGE 64, 276.
95 BVerfG Beschl. v. 8.1.1981 – 2 BvL 3/77 und 2 BvL 9/77, BVerfGE 56, 1.
96 BT-Drs. 19/13824, 215.

bots (Art. 18 AEUV) sowie der Unionsbürgerfreizügigkeit (Art. 20, 21 AEUV) erscheint dies fragwürdig, denn es ist bei diesen Leistungen nicht recht erkennbar, welcher Einzelfallprüfung und Kontrolle es bedürfte, die nicht auch im Rahmen eines im Inland geführten Verfahrens erfolgen könnte.[97] Die Gesetzesmaterialien liefern keine stichhaltige Begründung hierfür.

IX. Auslandsausbildung (Abs. 9)

Ausbildungen im Ausland werden wie Ausbildungen im Inland nach Maßgabe von 58 § 94 gefördert. Eine weitere Aussage enthält § 101 Abs. 9 nicht. Zur Bestimmung des Inhalts der Leistung bedarf es jedoch eines weiteren Blicks in das Gesetz: Voraussetzung einer Ausbildungsförderung dürfte sein, dass die Ausbildung selbst überhaupt nach den Vorschriften des BAföG **förderungsfähig** ist und ein **Darlehen** nach dem BAföG gewährt wird.[98] Im Wesentlichen entspricht die Regelung des § 101 Abs. 9 den zuvor geltenden Bestimmungen des BVG (vgl. § 26 Abs. 1 BVG). Ein Leistungsexport ist auch seinerzeit nicht ausgeschlossen gewesen.

Einen Sonderfall stellt **Art. 8 Dt.-Öst. Entschädigungsabkommen** dar: Hilfen zur 59 beruflichen Ausbildung werden mit Ausnahme der Leistungen für den Lebensunterhalt durch den Träger des Aufenthaltsstaates nach den dort geltenden Rechtsvorschriften erbracht.[99] Diese Regelung ist gegenüber § 101 Abs. 9 speziell und vorrangig anzuwenden.

D. Anhang

§ 26 BVG [Leistungen zur Teilhabe am Arbeitsleben] 60
(abgedruckt bei → § 64 Rn. 25)

§ 64 BVG [Berechtigter Personenkreis]

[1]Berechtigte mit Wohnsitz oder gewöhnlichem Aufenthalt im Ausland erhalten Versorgung wie Berechtigte im Geltungsbereich dieses Gesetzes, soweit die §§ 64a bis 64f nichts Abweichendes bestimmen. [2]Die Leistungen können mit Zustimmung des Bundesministeriums für Arbeit und Soziales ganz oder teilweise versagt oder entzogen werden, wenn

1. der Leistungszweck nicht erreicht werden kann, insbesondere der fremde Staat Renten nach diesem Gesetz auf eigene Renten ganz oder teilweise anrechnet, oder
2. in der Person des Berechtigten ein von ihm zu vertretender wichtiger Grund, insbesondere eine gegen die Bundesrepublik Deutschland gerichtete Handlung des Berechtigten, vorliegt.

§ 64a BVG [Heilbehandlung]

(1) [1]Beschädigte führen die Heilbehandlung wegen der anerkannten Folgen einer Schädigung selbst durch, soweit sie nicht im Geltungsbereich dieses Gesetzes gewährt wird. [2]Sie erhalten die nachgewiesenen medizinisch notwendigen und angemessenen Kosten bis zur zweifachen Summe der Kosten einer entsprechenden Heilbehandlung im Geltungsbereich dieses Gesetzes erstattet; in besonders begründeten Fällen kann auch der darüber hinausgehende Betrag teilweise oder ganz erstattet werden. [3]Die Kosten für Arznei- und Verbandmittel sowie Heilmittel können in voller Höhe ersetzt werden. [4]Die Heilbehandlung wegen Schädigungsfolgen kann auch im Geltungsbereich dieses Gesetzes nach vorheriger Genehmigung durch die zuständige Verwaltungsbehörde durchgeführt werden, wenn medizinische oder Kostengründe dies erfordern.

(2) [1]Versorgungskrankengeld und Beihilfe nach § 17 sind ausgeschlossen. [2]Leistungen der Heil- und Krankenbehandlung nach § 10 Absatz 2, 4, 5 und 6 Satz 1 und § 11 Absatz 4werden in Höhe der im Wohnsitzstaat üblichen Leistungen erstattet; Absatz 6 bleibt unberührt. [3]Sollte eine Ermittlung der Heilbehandlungskosten im Wohnsitzstaat nicht möglich sein, kann eine Zuwendung bis zur einfachen Höhe der üblichen Leistungen erbracht werden, die der Versorgungsberechtigte im Inland erhalten würde.

97 Vgl. EuGH Urt. v. 25.7.2018 – C-679/16, ECLI:EU:C:2018:601 – A.
98 Knickrehm/Mushoff/Schmidt Neues SozEntschR Rn. 348.
99 Vgl. Schuler ISR der BRD, S. 752.

(3) [1]Für Kurmaßnahmen werden Kosten nur erstattet und Zuwendungen nur gegeben, wenn die zuständige Verwaltungsbehörde der Maßnahme vorher zugestimmt hat. [2]Leistungen für Versehrtenleibesübungen außerhalb des Geltungsbereiches dieses Gesetzes sind ausgeschlossen.

(4) Ansprüche, die der Berechtigte gegen Träger gesetzlicher oder privater Versicherungen oder ähnlicher Einrichtungen hat, werden auf die Leistungen der Heil- und Krankenbehandlung nach diesem Gesetz angerechnet, soweit sie zu verwirklichen sind.

(5) Für die Erstattung der Reisekosten und den Ersatz entgangenen Arbeitsverdienstes ist § 24 entsprechend anzuwenden.

(6) Die zuständige Verwaltungsbehörde kann anstelle von Leistungen nach den Absätzen 1 bis 3 auch Beiträge für eine Versicherung der Berechtigten im Wohnsitzstaat übernehmen, wenn eine besondere Härte vorliegt, oder Leistungen in Zusammenarbeit mit einer ausländischen Krankenversicherung, mit der sie einen Vertrag geschlossen hat, erbringen.

§ 64b BVG [Leistungen der Kriegsopferfürsorge]

(1) [1]Berechtigte nach § 64 erhalten bei Bedürftigkeit

1. Krankenhilfe nach § 26b,
2. Pflegegeld nach § 26c Absatz 1,
3. ergänzende Hilfe zum Lebensunterhalt nach § 27a.

[2]Dasselbe gilt für die mit Berechtigten nach Satz 1 in einem Haushalt lebenden Angehörigen, wenn Beschädigte den Lebensunterhalt des Familienmitglieds überwiegend bestreiten, sowie für Witwen, Witwer, hinterbliebene Lebenspartner, hinterbliebene Lebenspartnerinnen und Waisen.

(2) Leistungen werden nur insoweit erbracht, als Beschädigte oder Hinterbliebene keine anderweitigen Leistungen für denselben Leistungszweck erhalten.

(3) [1]Art, Form und Maß der Leistungen und der Einsatz von Einkommen und Vermögen richten sich nach den besonderen Verhältnissen des Aufenthaltsstaates unter Berücksichtigung der notwendigen Lebensbedürfnisse vor Ort. [2]Die Träger der Kriegsopferfürsorge entscheiden nach pflichtgemäßem Ermessen über die Leistungserbringung.

(4) [1]Bei der Entscheidung über eine Leistung der Krankenhilfe nach § 26b und bei der Feststellung des Pflegegrades, der für die Erbringung von Pflegegeld nach § 26c Absatz 1 erforderlich ist, kann das Zeugnis eines amtlich bestellten Arztes oder des Vertrauensarztes der zuständigen deutschen Auslandsvertretung hinzugezogen werden. [2]Stehen solche Ärzte nicht zur Verfügung, kann das Zeugnis anderer Ärzte vor Ort hinzugezogen werden.

(5) Sofern sich in einzelnen Fällen aus der Anwendung der Vorschrift des Absatzes 1 Satz 1 eine besondere Härte ergibt, können mit Zustimmung des zuständigen Bundesministeriums weitere in den §§ 26 bis 27d genannte Leistungen erbracht werden.

§ 64c BVG [Anrechnung von Einkünften; Berufsschadensausgleich; Kapitalabfindung]

(1) Bei der Festsetzung der Versorgungsbezüge werden ausländische Einkünfte wie vergleichbare inländische Einkünfte berücksichtigt.

(2) [1]Für die Festsetzung des Berufsschadensausgleichs gilt § 30 Absatz 3 bis 15. [2]Bezieht der Beschädigte überwiegend ausländisches Einkommen, tritt an die Stelle seines tatsächlichen Einkommens aus gegenwärtiger oder früherer Tätigkeit (§ 30 Abs. 4 Satz 1) das Durchschnittseinkommen des Grundgehalts der Besoldungsgruppen der Bundesbesoldungsordnung A, der der Beschädigte im Inland zugeordnet werden würde. [3]Ist die Voraussetzung des Satzes 2 nicht gegeben und hat der Beschädigte nach dem 30. Juni 1984 seinen Wohnsitz oder gewöhnlichen Aufenthalt ins Ausland verlegt, tritt an die Stelle seines bisher erzielten Erwerbseinkommens das Durchschnittseinkommen des Grundgehalts der Besoldungsgruppe der Bundesbesoldungsordnung A, der der Beschädigte vor der Übersiedlung zugeordnet worden wäre. [4]In den Fällen der Sätze 2 und 3 gilt § 30 Abs. 11 Satz 2 entsprechend.

(3) Für die Festsetzung des Schadensausgleichs gilt § 40a.

(4) [1]Die §§ 60 bis 62 und 66 gelten, soweit nicht Besonderheiten der Versorgung von Kriegsopfern außerhalb des Bundesgebiets eine Abweichung bedingen. [2]Eine Abweichung kann nur im Einvernehmen mit dem Bundesministerium für Arbeit und Soziales vorgenommen werden; es kann im Benehmen mit der zuständigen obersten Landesbehörde auch festlegen, wie die Versorgungsbezüge auszuzahlen sind.

(5) Kapitalabfindungen werden nicht gewährt.

(6) Bestattungsgeld wird beim Tod von Beschädigten bis zur Höhe des Betrags in § 36 Absatz 1 Satz 2 zweite Alternative, beim Tod von Hinterbliebenen bis zur Höhe des Betrags in § 53 Satz 2 zweite Alternative geleistet.

§ 64d BVG [Zahlung der Versorgungsbezüge]

(1) [1]Die Zahlung der Versorgungsbezüge richtet sich nach den devisenrechtlichen Vorschriften. [2]Bei Einkünften aus Staaten mit schwankendem Geldwert und damit verbundenen erheblichen Kursänderungen ist entsprechend der Regelung in § 60a Absatz 1 Satz 2 zu verfahren. [3]In diesen Fällen ist, sofern die Kursänderungen im Laufe des Kalenderjahres in einem gleichbleibenden Rahmen liegen, nach dem Ende des abgelaufenen Kalenderjahres bei der Feststellung der einkommensabhängigen Leistungen der durchschnittliche Kurs dieses Jahres zugrunde zu legen. [4]In Fällen, in denen die Kurse während des Kalenderjahres größeren Schwankungen unterliegen, kann der durchschnittliche Kurs jeweils für einen größeren Zeitabschnitt ermittelt werden.

(2) [1]Können dem Berechtigten die nach diesem Gesetz zustehenden Leistungen nicht zugeführt werden, so können mit Zustimmung des Bundesministeriums für Arbeit und Soziales Ersatzleistungen gewährt werden. [2]Ein Anspruch auf nachträgliche Gewährung des Unterschieds zur vollen Versorgung besteht nicht.

§ 64e BVG [aufgehoben]

Kapitel 15 Besonderheiten der Leistungserbringung für einzelne Entschädigungstatbestände

§ 102 Leistungen bei Gewalttaten im Ausland

(1) Berechtigte nach § 15 erhalten Leistungen nach Maßgabe der folgenden Absätze.

(2) [1]Geschädigte erhalten Leistungen der Schnellen Hilfen ausschließlich im Inland. [2]Fahrkosten zu Traumaambulanzen werden für Fahrten im Inland übernommen. [3]§ 101 Absatz 2 Satz 2 gilt entsprechend.

(3) [1]Geschädigte erhalten Leistungen der Krankenbehandlung der Sozialen Entschädigung grundsätzlich im Inland. [2]Besteht unmittelbar nach dem schädigenden Ereignis ein akuter Behandlungsbedarf im Ausland, so können Kosten, die anderweitig nicht gedeckt sind, nach § 51 übernommen werden.

(4) Geschädigte erhalten Einmalzahlungen in Höhe von

1. 2 600 Euro bei einem Grad der Schädigungsfolgen von mindestens 30, aber weniger als 50,
2. 7 800 Euro bei einem Grad der Schädigungsfolgen von 50 und 60,
3. 13 000 Euro bei einem Grad der Schädigungsfolgen von 70 und 80,
4. 20 800 Euro bei einem Grad der Schädigungsfolgen von 90,
5. 28 600 Euro bei einem Grad der Schädigungsfolgen von 100.

(5) [1]Ist eine Person, bei der die Voraussetzungen nach Absatz 1 vorliegen, an den Folgen der Schädigung gestorben, erhalten Hinterbliebene eine Einmalzahlung. [2]Die Einmalzahlung beträgt bei Halbwaisen 2 600 Euro, bei Vollwaisen 3 500 Euro und bei weiteren Hinterbliebenen 7 800 Euro.

(6) [1]Angehörige und Hinterbliebene haben Anspruch auf Leistungen der Schnellen Hilfen. [2]Diese werden im Inland erbracht. [3]Überführungs- und Bestattungskosten werden nach § 99 erstattet.

(7) [1]Leistungen aus anderen öffentlichen oder privaten Sicherungs- oder Versorgungssystemen sind auf die Leistungen nach den Absätzen 3 bis 6 anzurechnen. [2]Hierzu zählen auch Leistungen aus Sicherungs- oder Versorgungssystemen, insbesondere Systemen der Opferentschädigung des Staates, in dem sich die Gewalttat ereignet hat.

(8) [1]Leistungen nach den Absätzen 2 bis 6 sind zügig zu erbringen, auch wenn im Ausland noch Verfahren anhängig sind. [2]Sieht der ausländische Staat Leistungen für

Opfer von Gewalttaten vor und hat eine berechtigte Person einen Antrag auf solche Leistungen nicht gestellt, so können Leistungen nach den Absätzen 3 bis 5 in entsprechender Anwendung der §§ 66 und 67 des Ersten Buches ganz oder teilweise versagt werden.

A. Gesetzesgeschichte

I. Geltendes und neues Recht

1 Die Vorschrift wurde durch das G-SER vom 12.12.2019 in die Ursprungsfassung des SGB XIV[1] aufgenommen. Änderungen sind seither nicht erfolgt.

2 Bis zum Inkrafttreten der Norm am 1.1.2024 findet weiterhin das OEG und mit Blick auf die Leistungen für Gewalttaten im Ausland insbesondere § 3a Abs. 2–4 OEG Anwendung. Eine Erweiterung ergibt sich aus § 138 Abs. 7 SGB XIV.

II. Änderungen im SGB XIV gegenüber dem OEG

3 § 102 Abs. 2 und Abs. 8 SGB XIV sind aufgrund der neuen Leistungen ohne Vorläufer im OEG. Gegenüber § 3a OEG führt § 102 SGB XIV zu einer Verbesserung der Leistungen bei Gewalttaten im Ausland. Insbesondere sind die Tatbestände, die im Falle gesundheitlicher Folgen einer Gewalttat zu einer Entschädigung führen, gegenüber der Vorläuferregelung erweitert worden. Sie beziehen sich nunmehr auf sämtliche Gewalttaten iSv §§ 13, 14 SGB XIV. Des Weiteren sind Leistungen bei Gewalttaten im Ausland im Verwaltungsverfahren zu priorisieren (§ 102 Abs. 8 S. 1).

B. Normsystematik

I. Allgemeiner Regelungsgehalt

4 Gegenstand der Vorschrift sind besondere Regelungen betreffend die Entschädigung von Gewalttattaten im Ausland, die Berechtigten nach § 15 zustehen, sowie der (teilweise) Leistungsexport in das Ausland.

II. Systematische Einordnung und Normzweck

5 In dem im Vergleich zu reinen Inlandsfällen begrenzten Leistungsumfang[2] kommt zum Ausdruck, dass die staatliche Gemeinschaft für Opfer von Gewalttaten im Ausland eine geringere Verantwortung als für Opfer von Gewalttaten in Deutschland trägt,[3]

1 BGBl. 2019 I 2562.
2 Krit. bereits zur Vorgängerregelung Bock ZRP 2009, 148 (150); Dau SGb 2009, 695 (697); s. auch BT-Ausschuss-Drs. 19(11)505, 10.
3 BT-Drs. 19/13824, 215; idS schon BT-Drs. 16/12273, 5 f.

denn prinzipiell ist deren Entschädigung Aufgabe desjenigen Staates, in welchem die Gewalttat geschehen ist.[4] Dies entspricht den Vorgaben des über- und zwischenstaatlichen Rechts (→ § 15 Rn. 10). In der Vergangenheit wurde diese Verteilung von Verantwortlichkeit und Einstehenmüssen regelmäßig mit der besonderen Verantwortung des Staates für die im konkreten Fall nicht wirksame Prävention und somit das Versagen des staatlichen Gewaltmonopols (Polizei) begründet. Der deutsche Gesetzgeber hat im Entschädigungsrecht insoweit jedoch eine Kehrtwende vom reinen Aufopferungstatbestand zu einem allgemeinen Fürsorgetatbestand vollzogen.[5] Leistungsansprüche sind aber weiterhin begrenzt auf Konstellationen, in denen noch eine enge Verbindung zu Deutschland gegeben ist, die aus Fürsorgegesichtspunkten die Gewährung von Leistungen rechtfertigt.[6]

§ 102 behandelt die Leistungsseite der Entschädigung von Gewalttaten im Ausland. 6
Die Voraussetzungen der Leistungsberechtigung dem Grunde nach richten sich nach § 15. Zur Verdeutlichung dieses Zusammenhangs verweist **Abs. 1** klarstellend auf den nach § 15 berechtigten Personenkreis und die dort in Bezug genommenen Schädigungsereignisse. Zugleich werden die Leistungen auf die nach den folgenden Absätzen festgelegt und begrenzt. **Abs. 2** betrifft die Gewährung von Leistungen der schnellen Hilfen. Der Anspruch auf Leistungen der Krankenbehandlung ist Gegenstand von **Abs. 3**. Einmalzahlungen werden nach Maßgabe von **Abs. 4** geleistet. Die im Falle des Todes zu gewährenden Einmalzahlungen an Hinterbliebene regelt **Abs. 5**. Ansprüche Angehöriger und Hinterbliebener auf schnelle Hilfen sowie Überführungs- und Bestattungskosten sind Gegenstand von **Abs. 6**. **Abs. 7** sieht eine Anrechnung von Leistungen aus anderen öffentlichen oder privaten Sicherungs- oder Versorgungssystemen vor. In **Abs. 8** werden verfahrensrechtliche Bestimmungen getroffen.

Die Vorschrift betrifft lediglich einen Ausschnitt der schädigenden Ereignisse, für die 7
im SGB XIV Leistungen vorgesehen sind. Er bezieht sich allein auf **Gewalttaten**. Weitere schädigende Ereignisse iSd § 1 Abs. 2 werden nicht erfasst.

Die Entschädigungsleistungen für Gewalttaten im Ausland sind stets zu **beantragen** 8
(§ 15 S. 1). Gerade in Fällen, in denen ein Auslandsbezug besteht, kann der Weg zur zuständigen Behörde jedoch faktisch erschwert sein. Zwecks Erleichterung des Zugangs zu den Leistungen der sozialen Entschädigung kann ein Antrag gemäß § 10 Abs. 6 auch über eine Unterstützungsbehörde eines anderen Mitgliedstaates der EU iSd Art. 3 Abs. 1 RL 2004/80/EG gestellt werden. Aufgrund der Einordnung des SGB XIV in das Sozialgesetzbuch ist darüber hinaus die allgemeine Vorschrift des § 16 SGB I zu beachten.

Mangels Geltung des koordinierenden Sozialrechts der EU für den Bereich der Ent- 9
schädigung von Gewaltopfern (vgl. Art. 3 Abs. 5 EG-VO Nr. 883/2004; → § 101 Rn. 11 f.) findet die Vorschrift des Art. 81 EG-VO Nr. 883/2004 keine Anwendung. Anträge, Erklärungen und Rechtsbehelfe können daher nicht **fristwahrend** bei einer entsprechenden Stelle in einem anderen Mitgliedstaat der EU eingereicht werden. Es gelten allerdings für Widersprüche und Klagen die allgemeinen Vorschriften der §§ 84 Abs. 2, 91 SGG.[7]

Die Leistungsgewährung unterliegt den allgemeinen **Beschränkungen**. So sind insbes. 10
eine mangelnde Mitwirkung aufseiten Leistungsberechtigter einschließlich Hinterbliebener sowie eine Verursachung des schädigenden Ereignisses durch diese Personen von Relevanz (§§ 16 ff. SGB XIV). Zweifelhaft ist, ob angesichts der ausgebliebenen

---

4 Vgl. Tabbara NZS 2020, 210 (216).

5 Vgl. Bischofs SGb 2010, 693; Dau jurisPR-SozR 16/2009 Anm. 7; zuvor BSG Urt. v. 10.12.2002 – B 9 VG 7/01 R, BSGE 90, 190; ferner BT-Drs. 19/13824, 177; Knickrehm/Mushoff/Schmidt Neues SozEntschR Rn. 359.

6 BT-Drs. 19/13824, 215.

7 Ausf. Leopold ISPR, Rn. 467 ff.

Übernahme des § 3a Abs. 5 S. 1 OEG in das SGB XIV auch ein fehlender Versicherungsschutz zu einem Anspruchsausschluss[8] führen kann. Dafür müsste es sich zumindest um einen Fall des § 17 Abs. 1 SGB XIV handeln. Mit Blick auf die Gesetzgebungsmaterialien,[9] die nur § 2 Abs. 1 OEG ansprechen, erscheint dies als fraglich, ist aber nicht gänzlich auszuschließen.[10] Zumindest dürfte diskutabel sein, ob eine Einstandspflicht des Staates gerechtfertigt ist, wenn sich Personen über Reise- oder Sicherheitshinweise des Auswärtigen Amtes bewusst hinwegsetzen.[11]

11 Die Leistungs(export)vorschriften müssen sich ebenso wie die nach § 101 an den Vorgaben des **Unionsrechts** messen lassen. Aufgrund der differenzierten Regelung des berechtigten Personenkreises in § 15 und der geringeren Leistungsverantwortung Deutschlands ist auch vor dem Hintergrund der RL 2004/80/EG eher eine Konformität anzunehmen als nach § 101. Auf die dortigen Erläuterungen wird verwiesen.

12 Art. 3 des **Europäischen Übereinkommens** vom 24.11.1983 über die Entschädigung für Opfer von Gewalttaten[12] fordert nicht explizit einen Leistungsexport. Für Staatsangehörige eines Nichtvertragsstaates, die aber Staatsangehörige eines Mitgliedstaates des Europarates sind, fordert der Vertrag sogar explizit einen Inlandsaufenthalt. Auch Art. 30 des Übereinkommens des Europarats vom 11.5.2011 zur Verhütung und Bekämpfung von Gewalt gegen Frauen und häuslicher Gewalt (sog. **Istanbul-Konvention**)[13] sieht ebenso wenig einen Leistungsexport vor. Das Übereinkommen beschränkt sich auf die Verpflichtung der Vertragsstaaten, ein Entschädigungssystem zu schaffen. Dies ist mit dem OEG bereits geschehen[14] und wird mit dem SGB XIV fortgesetzt.

C. Einzelkommentierung

I. Berechtigter Personenkreis und Leistungsspektrum (Abs. 1)

13 Hinsichtlich der Entschädigungsleistungen bzgl. Gewalttaten im Ausland nimmt § 102 Abs. 1 Bezug auf den Personenkreis, der in § 15 als berechtigter bezeichnet wird. Genannt sind dort „Personen", ohne unter ihnen nach Alter oder Staatsangehörigkeit zu differenzieren oder die berechtigten Personen in sonstiger Weise einzugrenzen. Weitere Voraussetzung ist jedoch, dass sie ihren gewöhnlichen und rechtmäßigen Aufenthalt im Geltungsbereich des SGB XIV haben und sich zum Tatzeitpunkt für einen vorübergehenden Zeitraum von längstens sechs Monaten außerhalb des Geltungsbereichs des SGB XIV aufgehalten haben. Bei bestimmten Auslandsaufenthalten, wie zB dem Besuch einer Schule, einer Universität oder Ableistung eines Freiwilligendienstes, verlängert sich der Zeitraum auf ein Jahr (→ § 15 Rn. 11 ff., 18 ff.).

8 Dazu Leube ZfSH/SGB 2010, 333 (338 f.); Dau SGb 2009, 695 (698).
9 BT-Drs. 19/13824, 178.
10 IdS Dau SGb 2009, 695 (698) für „berüchtigte Gefahrengebiete".
11 Vgl. LSG BW Urt. v. 18.2.2021 – L 6 VG 2770/20; BT-Drs. 16/12273, 7; Dau SGb 2009, 695 (696).
12 BGBl. 1996 II 1120, 1121. Vertragsstaaten sind mit Stand 15.7.2021 Albanien (1.3.2005, BGBl. 2005 II 753), Aserbaidschan (1.7.2000, BGBl. 2000 II 1209), Belgien (1.7.2004), Bosnien und Herzegowina (1.8.2005, BGBl. 2007 II 925), Dänemark (1.2.1988), Deutschland (1.3.1997), Estland (1.5.2006), Finnland (1.3.1991), Frankreich (1.6.1990), Kroatien (1.11.2008, BGBl. 2009 II 543), Liechtenstein (1.4.2009), Luxemburg (1.2.1988), Malta (1.7.2015), Niederlande (1.2.1988), Norwegen (1.10.1992), Österreich (1.12.2006), Portugal (1.12.2001), Rumänien (1.6.2006), Schweden (1.1.1989), Schweiz (1.1.1993), Slowakei (1.7.2009), Spanien (1.2.2002), Tschechien (1.1.2001), Vereinigtes Königreich Großbritannien (1.6.1990) und Zypern (1.5.2001).
13 BGBl. 2017 II 1026, in Kraft getreten für Deutschland seit dem 1.2.2018, BGBl. 2018 II 142.
14 BT-Drs. 18/12037, 74.

Das **Leistungsspektrum** ist für Opfer von im Ausland erlittenen Gewalttaten begrenzt. Gewährt werden allein die in § 102 Abs. 2–6 positiv und abschließend genannten Leistungen,[15] wie dies bereits in § 15 S. 1 angedeutet wird. 14

II. Schnelle Hilfen für Geschädigte (Abs. 2)

§ 102 Abs. 2 ist ohne Vorläufer im OEG, da dort bisher keine schnellen Hilfen vorgesehen waren. Der Anspruch hierauf wird nur **unmittelbar geschädigten Personen** (§ 2 Abs. 2) eingeräumt, wohingegen sich evtl. Ansprüche Angehöriger und Hinterbliebener auf schnelle Hilfen nach Abs. 6 richten. 15

Hinsichtlich der Leistungsvoraussetzungen sind die §§ 29 ff. zu beachten; die Norm enthält eine Rechtsgrundverweisung. Für die Entscheidung gilt das Erleichterte Verfahren (§ 115). 16

Die Gewährung schneller Hilfen erfolgt gem. § 102 Abs. 2 S. 1 ausschließlich im Inland. Ein **Leistungsexport** ist damit explizit **ausgeschlossen**. Die Gründe hierfür dürften ebenso wie iRd § 101 sein, dass es sich vorwiegend um einen Dienst- bzw. Sachleistungsanspruch handelt, das Gesetz keine Sachleistungsaushilfe mit anschließender Kostenerstattung auf Ebene der Träger vorsieht und die für die Erbringung schneller Hilfen notwendigen Strukturen im Ausland mangels dortiger Organisationsmacht Deutschlands regelmäßig nicht vorhanden sein dürften, so dass auch eine reine Kostenerstattung nach Selbstbeschaffung der Leistungen durch die betroffene Person ausscheidet. 17

In den Gesetzesmaterialien[16] wird jedoch ergänzend ausgeführt, dass die zuständigen Versorgungsbehörden der Länder iRd weit gefassten Aufgaben des **Fallmanagements** aus dem Inland heraus Maßnahmen zur **Vermittlung von im Tatstaat ansässigen Therapeuten** ergreifen können. Hierzu können die Behörden über das Bundesministerium für Arbeit und Soziales (BMAS) und das Auswärtige Amt die Kooperation mit den jeweiligen deutschen **Auslandsvertretungen** (Botschaften, Konsulaten) suchen. Die Leistungen nach dem SGB XIV bleiben durch die Hilfe von Krisenstäben, etwa des Auswärtigen Amtes, unberührt.[17] 18

Ansprüche nach § 102 Abs. 2 sind auch darüber hinaus in mehrfacher Weise limitiert: Entscheidet sich die geschädigte Person zur Inanspruchnahme schneller Hilfen im Inland, werden ihr **Fahrkosten** zu **Traumaambulanzen** nur für im Inland zurückgelegte Wegstrecken erbracht. Im Umkehrschluss nicht erbracht werden dagegen Leistungen für im Ausland zurückgelegte Wegstrecken. Hierdurch dürfte sich der Anreiz zur Inanspruchnahme schneller Hilfen nach dem SGB XIV bei Gewalttaten im Ausland wesentlich reduzieren. § 102 Abs. 2 S. 3 verweist auf § 101 Abs. 2 S. 2 und sieht dessen entsprechende Anwendung vor. Dem dürfte zu entnehmen sein, dass Fahrkosten lediglich bei Inanspruchnahme der nächstgelegenen Traumaambulanz übernommen und auch nur in angemessenem Umfang erstattet werden. Insoweit gelten die Ausführungen zu § 36 Abs. 2 hier entsprechend. Diese Einschränkungen dürften allein auf fiskalischen Erwägungen beruhen. Es kann und darf zwar prinzipiell angenommen werden, dass sich berechtigte Personen nach einer Gewalttat im Ausland zurück in das Inland begeben, da sie dort ihren rechtmäßigen gewöhnlichen Aufenthalt haben. Zwingend ist diese Annahme indes nicht, insbes. mit Blick auf den in § 15 S. 2 genannten Personenkreis.[18] 19

15 Schmidt SGB XIV/Schmidt § 102 Rn. 4.
16 BT-Drs. 19/13824, 215.
17 BT-Drs. 19/13824, 215.
18 Schmidt SGB XIV/Schmidt § 102 Rn. 7.

III. Leistungen der Krankenbehandlung (Abs. 3)

20 Gegenstand der Vorschrift ist der Umfang der Krankenbehandlung für Geschädigte. Die Norm gewährt einen **Dienst- bzw Sachleistungsanspruch**. Vorwiegend aus diesem Grund findet insoweit prinzipiell **kein Leistungsexport** statt. Leistungen der Krankenbehandlung der sozialen Entschädigung werden nach § 102 Abs. 3 S. 1 grundsätzlich im Inland erbracht. Dem Gesetzgeber war offenbar aber bewusst, dass es bei akutem Behandlungsbedarf nicht sachgerecht erscheint, im Ausland aufhältige Geschädigte darauf zu verweisen, die Kosten für eine notwendige Behandlung selbst zu tragen.[19] Aus diesem Grund ermöglicht § 102 Abs. 3 S. 2 eine Kostenübernahme nach § 51.

21 Voraussetzung einer Kostenübernahme ist, dass der akute Behandlungsbedarf **unmittelbar nach dem schädigenden Ereignis** besteht. Aus der gesetzlichen Formulierung dürfte zu entnehmen sein, dass zwischen dem schädigenden Ereignis und dem Behandlungsbedarf ein enger zeitlicher Zusammenhang gegeben sein muss, der einen Aufschub der Behandlung nicht duldet. Nicht umfasst sein dürften solche Leistungen, deren Inanspruchnahme angesichts des nur vorübergehenden Aufenthalts im Ausland bis zur regulären Rückkehr in den Geltungsbereich des SGB XIV, dh das Bundesgebiet, abgewartet werden kann, ohne gesundheitliche Risiken für die betroffene Person hervorzurufen oder zu steigern.

22 Zu gewähren sind die notwendigen Maßnahmen der Heilbehandlung und der medizinischen Rehabilitation.[20] Zu erbringen sind lediglich Leistungen für Schädigungsfolgen. Der uneingeschränkte Verweis auf § 51 legt es nahe, dass neben der eigentlichen Krankenbehandlung **weitere** in ihrem Kontext anfallende **notwendige Kosten** (zB Fahrkosten – auch im Ausland – oder die Kosten einer erforderlichen Begleitperson) vom zuständigen Träger erstattet werden können. Nicht als Krankenbehandlung idS anzusehen ist jedoch der Rücktransport zur medizinischen Behandlung im Inland. In Härtefällen kann dafür jedoch eine Ausgleichleistung nach § 100 gewährt werden.[21] Hinsichtlich der Erbringung weiterer Leistungen ist dem zuständigen Träger ein Ermessensspielraum zugestanden.[22]

23 Der Anspruch auf Kostenübernahme ist generell dadurch begrenzt, dass nur die Kosten umfasst sind, die **nicht bereits anderweitig gedeckt** sind. Diesbezüglich ist jede Finanzierungsquelle zu berücksichtigen.

24 Ansprüche auf Leistungen der Krankenbehandlung sind zudem begrenzt durch das **Anrechnungsgebot** des Abs. 7. Dies betont den Nachrang der von deutschen Trägern zu gewährenden Leistungen.[23]

25 Für die Feststellung und Bildung des GdS[24] sowie die Leistungsgewährung iÜ gelten die allgemeinen Grundsätze. Anders als § 3a Abs. 2 S. 3 OEG enthält § 102 keine gesonderte Regelung zu Verlust von Gliedmaßen oder anderen schwersten Schädigungen. Insoweit gelten ebenfalls die allgemeinen Bestimmungen. Es besteht allerdings Anspruch auf eine **isolierte Feststellung von Gesundheitsschädigungen** als Schädigungsfolge.[25]

---

19 Vgl. BT-Drs. 19/13824, 215.
20 Gelhausen/Weiner/Weiner OEG § 3a Rn. 10.
21 Vgl. HK-SozEntschR/Rademacker OEG § 3a Rn. 19; Knickrehm/Mushoff/Schmidt Neues SozEntschR Rn. 364.
22 Knickrehm/Mushoff/Schmidt Neues SozEntschR Rn. 363.
23 Schmidt SGB XIV/Schmidt § 102 Rn. 8.
24 Gelhausen/Weiner/Weiner OEG § 3a Rn. 11.
25 HK-SozEntschR/Rademacker OEG § 3a Rn. 20.

IV. Entschädigungszahlungen (Abs. 4)

Abs. 4 findet seinen Vorläufer in § 3a Abs. 2 S. 2 OEG. Anders als bei reinen Inlandsfällen werden keine dauernden (Renten-)Leistungen gewährt. Im Falle einer Schädigung im Ausland erhalten die betroffenen Personen abweichend von §§ 83 ff. SGB XIV eine Entschädigung in Form einer **Einmalzahlung**. Die Höhe der Entschädigungszahlung richtet sich nach der Höhe der festgestellten Schädigungsfolgen. Unterschieden wird insoweit zwischen fünf Spannen eines GdS. Der Grad der Schädigung muss mindestens 30 betragen. Die Höhe der Einmalzahlungen orientiert sich an den Stufen der Entschädigungszahlungen im Inland.[26] Die Höhe der Beträge ist jedoch nicht an inländischen Rechtsvorschriften orientiert. Gegenüber § 3a OEG sind sie wesentlich erhöht worden.[27] Gemäß § 110 erfolgt zudem eine Anpassung für die Zeit ab dem 1.7.2024. 26

Maßgeblicher Zeitpunkt für die Festlegung des GdS ist der der letzten Verwaltungsentscheidung.[28] Mit Blick auf den Zweck der Leistungen – Gewährung einer Abfindung – haben spätere Änderungen des Gesundheitszustandes unberücksichtigt zu bleiben.[29] Der Verwaltung obliegt es allerdings, eine bestmögliche **Prognose** bzgl. in Zukunft eventuell auftretender Schäden bzw. Vertiefungen bereits vorhandener Schäden anzustellen. Prognosen sind stets mit dem Risiko behaftet, dass sie sich zu einem späteren Zeitpunkt als zutreffend erweisen oder eben nicht. Ergibt sich im Nachhinein, dass die Prognose unzutreffend war, ist dies als einer Prognose inhärente Unsicherheit grundsätzlich hinzunehmen. Dies gilt sowohl mit Blick auf mögliche Verschlechterungen als auch Verbesserungen des Gesundheitszustandes. Liegt aber im Einzelfall ein krasses Missverhältnis zwischen prognostisch festgestelltem GdS und der Realität vor, ist eine Anpassung im Wege des § 44 SGB X geboten.[30] Soweit nach aA[31] eine Heranziehung der Anpassungsnormen des bürgerlichen Rechts (§ 313 BGB) befürwortet wird, ist dem allenfalls für den Fall näherzutreten, dass die Verwaltung mit der betroffenen Person einen öffentlich-rechtlichen Vergleichsvertrag iSd § 54 SGB X geschlossen hat. IÜ hat eine Anpassung gem. der für Verwaltungsakte geltenden Normen und Grundsätze zu erfolgen. Fraglich bleibt jedoch, ab welchem Grad eines Missverhältnisses eine Anpassung vorgenommen werden darf. 27

Ansprüche auf Entschädigungsleistungen nach Abs. 4 werden limitiert durch das **Anrechnungsgebot** des Abs. 7. Dies betont den Nachrang der von deutschen Trägern zu gewährenden Leistungen. 28

Einmalzahlungen nach § 102 Abs. 4 werden **nicht** als **Einkommen** oder **Vermögen** auf andere Sozialleistungen oder auf Leistungen nach dem AsylbLG angerechnet (§ 28 Abs. 2). 29

V. Einmalzahlungen an Hinterbliebene (Abs. 5)

Ist die geschädigte Person an den Folgen der Gewalttat im Ausland verstorben – dies erfordert das Vorliegen einer Kausalbeziehung[32] –, wird gem. § 102 Abs. 5 S. 1 auch Hinterbliebenen keine laufende Leistung, sondern eine Einmalzahlung gewährt. Der Begriff der Hinterbliebenen ist in § 2 Abs. 4 legaldefiniert. Gegenüber der Vorläuferre- 30

26 BT-Drs. 19/13824, 215.
27 Knickrehm/Mushoff/Schmidt Neues SozEntschR Rn. 365; Reinhard ZRP 2019, 221 (223).
28 Gelhausen/Weiner/Weiner OEG § 3a Rn. 11; HK-SozEntschR/Rademacker OEG § 3a Rn. 24.
29 Dau SGb 2009, 695 (696).
30 HK-SozEntschR/Rademacker OEG § 3a Rn. 24.
31 Gelhausen/Weiner/Weiner OEG § 3a Rn. 11.
32 Vgl. BT-Drs. 17/5311, 25; HK-SozEntschR/Rademacker OEG § 3a Rn. 26; Gelhausen/Weiner/Weiner OEG § 3a Rn. 14.

gelung des § 3a Abs. 3 OEG ist eine Erweiterung des Kreises leistungsberechtigter Personen festzustellen, da das Gesetz nunmehr generell auch Verwandte in aufsteigender Linie erfasst.

31 Die **Höhe der Einmalzahlungen** wird betragsmäßig in § 102 Abs. 5 S. 2 festgelegt. Differenziert wird zwischen Halbwaisen, Vollwaisen und weiteren Hinterbliebenen (= alle übrigen der in § 2 Abs. 4 genannten Personengruppen), wobei der Leistungsbetrag bei ersteren am niedrigsten, bei letzteren am höchsten ist. Gemäß § 110 erfolgt eine Anpassung der Leistungsbeträge für die Zeit ab dem 1.7.2024.

32 Ansprüche auf Einmalzahlungen gemäß Abs. 5 werden wie Leistungen nach Abs. 3 begrenzt durch das **Anrechnungsgebot** des Abs. 7. Ebenso wie dort betont dies den Nachrang der von deutschen Trägern zu gewährenden Leistungen.

33 Einmalzahlungen nach § 102 Abs. 5 werden **nicht als Einkommen** oder **Vermögen** auf andere Sozialleistungen oder auf Leistungen nach dem AsylbLG angerechnet (§ 28 Abs. 2).

VI. Weitere Leistungen an Angehörige und Hinterbliebene (Abs. 6)

34 Neben den Einmalzahlungen nach § 102 Abs. 5 SGB XIV haben Hinterbliebene Zugang zu **Leistungen der schnellen Hilfen**. Diese Leistungen sind aber nicht nur auf Hinterbliebene iSv § 2 Abs. 4 als Berechtigten begrenzt, sondern werden auch Angehörigen iSd § 2 Abs. 3 gewährt.

35 Ebenso wie bei den Geschädigten werden diese Leistungen **nicht exportiert**, sondern stattdessen lediglich im Inland erbracht. Aus dem Fehlen einer Abs. 2 S. 2 und S. 3 entsprechenden Bestimmung ist nicht abzuleiten, dass Angehörigen und Hinterbliebenen keine Fahrkosten zur nächstgelegenen Traumaambulanz erstattet werden. Vielmehr ergibt sich der Inhalt des Anspruchs aus § 36. Der damit uU hohe Anteil an Kosten, der von den betroffenen Personen selbst zu tragen ist, dürfte den Anreiz zur Inanspruchnahme schneller Hilfen deutlich reduzieren.

36 Nach Abs. 6 S. 3 werden **Überführungs- und Bestattungskosten** erstattet. In den Gesetzesmaterialen[33] wird ausgeführt, dass die Kosten der Person erstattet werden, die diese getragen hat. Dies erscheint angesichts des Verweises auf § 99 im Gesetzeswortlaut unzutreffend, denn dort wird der Anspruch auf Übernahme der Kosten von Überführung oder Bestattung der Person zugeordnet, die diese Handlungen veranlasst hat. Davon dürfte auch iRd § 102 auszugehen sein. Darüber hinaus ist kein Grund ersichtlich, warum der Anspruch auf Angehörige und Hinterbliebene beschränkt sein sollte. Die systematische Einordnung in Abs. 6 erscheint daher fragwürdig.[34] Zwar enthält § 102 Abs. 6 selbst keine **Begrenzung des Leistungsumfangs** auf das Angemessene. Dies ergibt sich aber aus dem Verweis auf § 99. Dieser Verweis erfolgt uneingeschränkt, so dass auch die Begrenzung auf das Erforderliche und Angemessene dieser Norm zu entnehmen ist (§ 99).

37 Auch hinsichtlich der Leistungen nach Abs. 6 erfolgt eine **Begrenzung nach Abs. 7**. Dies ist Ausdruck des Nachrangs der Leistungen deutscher Träger.

VII. Vorrang anderer Leistungssysteme (Abs. 7)

38 Das Gesetz räumt – in Einklang mit Art. 9 des Europäischen Übereinkommens vom 24.11.1983 über die Entschädigung für Opfer von Gewalttaten – anderen Sicherungs- und Versorgungssystemen gegenüber den Leistungen nach § 102 Abs. 3–6 Vorrang ein. Er wird durch eine Anrechnung der aus diesen Systemen stammenden Leistungen verwirklicht. Der sich daraus umgekehrt ergebende **Nachrang der Leistungen des**

33 BT-Drs. 19/13824, 215.
34 So auch Schmidt SGB XIV/Schmidt § 102 Rn. 17.

sozialen Entschädigungsrechts betont deren Fürsorgecharakter.[35] Kein Nachrang besteht gegenüber Leistungen der schnellen Hilfen nach § 102 Abs. 2, da das Gesetz keinen Verweis auch auf Abs. 2 enthält.

39 Das Gesetz ordnet den Nachrang gegenüber **anderen öffentlichen oder privaten Sicherungs- oder Versorgungssystemen** an. Hinsichtlich privater Systeme stellt § 102 Abs. 7 eine abweichende Bestimmung iSv § 28 Abs. 4 dar. Es muss sich bei Leistungen nicht um solche handeln, deren Zweck allein oder vorwiegend auf die Entschädigung von Gewaltopfern gerichtet ist. Vielmehr kommen sämtliche Sicherungs- oder Versorgungsysteme in Betracht. Hierzu zählen insbes. Leistungen aus inländischen und ausländischen Kranken-, Unfall- oder Berufsunfähigkeitsversicherungen.[36] Darüber hinaus können auch die Leistungen privater Sicherungssysteme zu berücksichtigen sein, zB Leistungen aus Auslandsschutzbriefen der Kfz-Versicherungen oder Auslandskrankenversicherungen.[37] Durch den Vorrang dieser Leistungen ist der Krankenbehandlungsanspruch gem. Abs. 3 S. 1 weitgehend ohne praktische Relevanz, da idR Krankenversicherungsschutz bestehen wird.[38] Anders als nach § 3a Abs. 5 S. 1 OEG ist fehlender Versicherungsschutz indes kein einer Leistungsgewährung entgegenstehender Ausschlussgrund mehr, sofern man dies nicht als einen Fall des § 17 Abs. 1 ansieht. Aus dem Vorstehenden wird ersichtlich, dass Zweck des Abs. 7 nicht die Vermeidung einer Doppelversorgung ist,[39] sondern die Herstellung einer allgemeinen Subsidiarität.

40 Das Verhältnis der Leistungen nach § 102 zu denen des **SGB II**, des **SGB XII**, des **AsylbLG**, des **BAföG** oder sogar entsprechenden Sicherungssystemen nach ausländischem Recht ist nur partiell gesetzlich geregelt. § 28 Abs. 2 sieht vor, dass Einmalzahlungen nach § 102 Abs. 4 und Abs. 5 nicht als Einkommen und Vermögen angerechnet werden. Dies belässt den Empfängern den Leistungsbetrag der Grundsicherung. Darüber hinaus enthält das Gesetz indes keine besonderen Vorgaben zum Vor-/Nachrang der Leistungen nach § 102. Würde man den Grundsicherungsleistungen den Vorrang einräumen, verfehlte man deren beabsichtigte Funktion als solchen iS einer nachrangigen letzten Sicherung. Die Leistungen nach § 102 dürften deswegen Vorrang genießen.[40] Dies entspricht dem in § 28 Abs. 1 statuierten Grundsatz.

41 **Einkommen** und **Vermögen** betroffener Personen ist nicht auf die Leistungen nach dem SGB XIV anzurechnen. **Schadenersatzansprüche** werden ebenso wenig angerechnet, da diese nicht einem Sicherungs- oder Versorgungssystem iSd § 102 Abs. 6 zuzuordnen sind. Insoweit ist aber § 120 anzuwenden.[41] Ob derartige Ansprüche in der Praxis grenzüberschreitend durchgesetzt werden, steht auf einem anderen Blatt.

42 Vorrang haben dagegen gem. § 102 Abs. 7 S. 2 Leistungen aus Sicherungs- oder Versorgungssystemen, insbes. **Systemen der Opferentschädigung** des Staates, in dem sich die Gewalttat ereignet hat. Dies betont den Grundsatz der Verantwortung dieses Staates, wie er in Art. 2 RL 2004/80/EG, aber auch Art. 3 des Europäischen Übereinkommens zum Ausdruck kommt.[42]

43 Fehlt es an einer Kenntnis der maßgeblichen ausländischen Rechtssätze, um den Vor-/Nachrang beurteilen zu können, bedarf es einer **Ermittlung des ausländischen Rechts**. Die Pflicht hierzu besteht bereits auf Ebene der Verwaltung. Sofern und soweit die notwendigen Ermittlungen dort aber unterblieben sein sollten, wendet das Gericht

35 BT-Drs. 16/12273, 6; HK-SozEntschR/Rademacker OEG § 3a Rn. 28.
36 BT-Drs. 19/13824, 215.
37 HK-SozEntschR/Rademacker OEG § 3a Rn. 28; Dau SGb 2009, 695 (696).
38 Dau SGb 2009, 695 (697).
39 So aber Schmidt SGB XIV/Schmidt § 102 Rn. 19.
40 HK-SozEntschR/Rademacker OEG § 3a Rn. 29.
41 HK-SozEntschR/Rademacker OEG § 3a Rn. 31.
42 Dau SGb 2009, 695 (696).

§ 202 S. 1 SGG iVm § 293 ZPO an.[43] Zweifelhaft ist, ob eine Anwendung des § 131 Abs. 5 SGG in Betracht kommt, da es sich streng genommen nicht um eine Sachaufklärung iS einer Tatsachenermittlung, sondern eine Rechtsermittlung handelt. Anwendbar ist aber zumindest die Vorschrift des § 192 Abs. 4 SGG.

VIII. Verfahrensregeln (Abs. 8)

44 Kernaussage des Abs. 8 ist, dass inländische Leistungen gegenüber ausländischen Leistungen **priorisiert** werden. Kommt eine staatliche Entschädigungsleistung aus dem Tatland in Betracht, soll die Entscheidung der ausländischen Behörde über diese Leistung nicht abgewartet werden. Schnelle Hilfen sind nach den Regelungen des Erleichterten Verfahrens (§ 115) zu erbringen.[44] Dies entspricht dem Sinn der Überlegungen zu einer Reform der Opferrechtestrategie der EU 2020–2025[45].[46]

45 Dem Vorrang von Leistungen aus anderen Systemen wird durch die Verfahrensregelungen in Abs. 8 aber auch Nachdruck verlieren. Betroffene sollten in jeden Fall im Ausland einen Antrag stellen. Erfolgt dies nicht, können Leistungen nach den Absätzen 3 bis 5 in entsprechender Anwendung der §§ 66, 67 SGB I ganz oder teilweise versagt werden. Dies setzt jedoch eine entsprechende Belehrung über die Obliegenheit des Geschädigten voraus. Leistungen der schnellen Hilfen iSv Abs. 2 sind hiervon nicht betroffen, da der Gesetzgeber deren Nichtexistenz im Ausland unterstellt.[47] Eine Leistungsversagung dürfte jedoch nicht in Betracht kommen, wenn der Antrag im Ausland offensichtlich aussichtslos erscheint.[48]

D. Anhang

46 **§ 3a OEG Leistungen bei Gewalttaten im Ausland**

(1) (abgedruckt bei → § 15 Rn. 37)

(2) [1]Geschädigte erhalten die auf Grund der Schädigungsfolgen notwendigen Maßnahmen der Heilbehandlung und der medizinischen Rehabilitation einschließlich psychotherapeutischer Angebote. [2]Darüber hinaus erhalten Geschädigte

ab einem Grad der Schädigungsfolgen (GdS) von 10 bis zu einem GdS von 20	eine Einmalzahlung von 800 Euro,
bei einem GdS von 30 und 40	eine Einmalzahlung von 1 600 Euro,
bei einem GdS von 50 und 60	eine Einmalzahlung von 5 800 Euro,
bei einem GdS von 70 bis 90	eine Einmalzahlung von 10 200 Euro
und bei einem GdS von 100	eine Einmalzahlung von 16 500 Euro.

[3]Bei Verlust mehrerer Gliedmaßen, bei Verlust von Gliedmaßen in Kombination mit einer Schädigung von Sinnesorganen oder in Kombination mit einer Hirnschädigung oder bei schweren Verbrennungen beträgt die Einmalzahlung 28 500 Euro. [4]Ist die Gliedmaße noch vorhanden aber nicht funktionsfähig, ist dies nur dann wie ein Verlust der Gliedmaße zu bewerten, wenn sich ausschließlich aus der Funktionsunfähigkeit mindestens ein GdS ergibt, der auch bei Verlust der gleichen Gliedmaße bestehen würde.

(3) [1]Ist eine Person, bei der die Voraussetzungen nach Absatz 1 vorliegen, an den Folgen der Schädigung gestorben, erhalten Hinterbliebene im Sinne von § 38 des Bundesversorgungsgesetzes mit Ausnahme der Verwandten der aufsteigenden Linie sowie Betreuungsunterhaltsberechtigte eine Einmalzahlung. [2]Diese

43 Dazu Leopold ISPR, Rn. 763 ff.
44 BT-Drs. 19/13824, 216.
45 Ratsdokument 8629/19.
46 Vgl. EnzEuR XI/Hauck Kap. 11 Rn. 71.
47 Knickrehm/Mushoff/Schmidt Neues SozEntschR Rn. 367.
48 BT-Drs. 19/13824, 216.

beträgt bei Vollwaisen 2 600 Euro, bei Halbwaisen 1 400 Euro und ansonsten 5 000 Euro. [3]Darüber hinaus haben Hinterbliebene einschließlich der Eltern, deren minderjährige Kinder an den Folgen einer Gewalttat im Ausland verstorben sind, Anspruch auf die notwendigen psychotherapeutischen Maßnahmen. [4]Zu den Überführungs- und Beerdigungskosten wird ein Zuschuss bis zu 1 700 Euro gewährt, soweit nicht Dritte die Kosten übernehmen.

(4) [1]Leistungsansprüche aus anderen öffentlichen oder privaten Sicherungs- oder Versorgungssystemen sind auf die Leistungen nach den Absätzen 2 und 3 anzurechnen. [2]Hierzu können auch Leistungsansprüche aus Sicherungs- oder Versorgungssystemen des Staates zählen, in dem sich die Gewalttat ereignet hat. [3]Handelt es sich bei der anzurechnenden Leistung um eine laufende Rentenzahlung, so ist der Anrechnung ein Betrag zugrunde zu legen, der der Höhe des zum Zeitpunkt der Antragstellung nach § 1 erworbenen Anspruchs auf eine Kapitalabfindung entspricht.

(5) [1]Von Ansprüchen nach Absatz 2 sind Geschädigte ausgeschlossen, die es grob fahrlässig unterlassen haben, einen nach den Umständen des Einzelfalles gebotenen Versicherungsschutz zu begründen. [2]Ansprüche nach Absatz 2 sind außerdem ausgeschlossen, wenn bei der geschädigten Person ein Versagungsgrund nach § 2 Absatz 1 Satz 1 oder Absatz 2 vorliegt.

(6) Hinterbliebene sind von Ansprüchen nach Absatz 3 ausgeschlossen, wenn ein Ausschlussgrund nach Absatz 5 in ihrer Person oder bei der getöteten Person vorliegt.

§ 103 Leistungen für Zivildienstgeschädigte und Hinterbliebene

Zivildienstgeschädigte erhalten bei Vorliegen der Voraussetzungen nach § 23

1. **nach Beendigung des Dienstverhältnisses Leistungen der Sozialen Entschädigung,**
2. **während des Dienstverhältnisses Leistungen des Kapitels 4 Abschnitt 3 und des Kapitels 9 Abschnitt 1.**

A. Gesetzesgeschichte

Zur Geschichte der Versorgung nach §§ 47 ff. ZDG vgl. insgesamt Kommentierung bei § 23 SGB XIV. Durch Art. 1 des G-SER vom 12.12.2019[1] wird die Soziale Entschädigung Zivildienstgeschädigter (vgl. § 23 SGB XIV) **zum 1.1.2024** als SGB XIV in das Sozialgesetzbuch eingeordnet. Dabei werden in das SGB XIV auch Leistungen übernommen, die dem Anspruch auf Ausgleich für Zivildienstbeschädigungen entsprechen. Dieser Anspruch auf Ausgleich kommt bis zur Beendigung des Zivildienstverhältnisses zum Tragen und ist nach § 50 ZDG in der bis 31.12.2023 geltenden Fassung zu gewähren. Damit dürfte es sich ab 1.1.2024 um eine Leistung der Sozialen Entschädigung handelt. Den Anspruch auf Ausgleich hat das BSG bisher rechtssystematisch als eigenen dienstrechtlichen Anspruch eingeordnet.[2] 1

B. Normsystematik

Die Vorschrift regelt, ab welchem **Zeitpunkt** Zivildienstgeschädigte iSd § 23 SGB XIV (vollumfänglich) Leistungen der Sozialen Entschädigung erhalten (Nr. 1: nach Beendigung des Dienstverhältnisses) bzw. in welchem Zeitraum sie lediglich bestimmte Leistungen nach dem SGB XIV erhalten (Nr. 2: während des Dienstverhältnisses). Die Differenzierung entspricht der bis 31.12.2023 geltenden **Unterscheidung** zwischen dem Anspruch auf **Versorgung** (vgl. § 47 Abs. 1 S. 1 ZDG) und dem Anspruch auf **Ausgleich** (vgl. § 50 Abs. 1, Abs. 4 S. 3 ZDG).[3] 2

1 BGBl. 2019 I 2652.
2 Vgl. BSG Urt. v. 14.12.1988 – 9/4b RV 39/87, BSGE 64, 225 zur Parallelvorschrift des § 85 SVG; vgl. auch BT-Drs. 2/2504, 46 zu § 85.
3 Vgl. BT-Drs. 19/13824, 216 zu § 103.

C. Einzelkommentierung

I. Leistungen der Sozialen Entschädigung, Nr. 1

3 **Leistungen der Sozialen Entschädigung** erhalten Zivildienstgeschädigte **nach Beendigung des Dienstverhältnisses.** Ab diesem Zeitpunkt besteht – bei Vorliegen der jeweiligen weiteren Voraussetzungen – Anspruch auf (alle) Leistungen nach dem SGB XIV. Die Regelung entspricht der Formulierung in § 47 Abs. 1 S. 1 ZDG in der Fassung bis 31.12.2023, die sich auf den Anspruch auf **Versorgung** bezieht.

II. Leistungen des Kapitels 4 Abschnitt 3 und des Kapitels 9 Abschnitt 1 des SGB XIV, Nr. 2

4 **Bis 31.12.2023** haben anerkannte Kriegsdienstverweigerer wegen der Folgen einer Zivildienstbeschädigung nach § 50 Abs. 1 ZDG – bei Vorliegen der entsprechenden Voraussetzungen – einen Anspruch auf **Ausgleich** in Höhe der Grundrente und der Schwerstbeschädigtenzulage nach § 30 Abs. 1 und § 31 BVG. Dieser Anspruch gilt für die Zeit bis zur Beendigung des Zivildienstes (§ 50 Abs. 4 S 3 ZDG); so lange greift der Anspruch auf Versorgung noch nicht ein. Der Ausgleichsanspruch endet, ohne dass es eines besonderen Rechtssetzungsaktes bedarf. Für den Anspruch auf Ausgleich ist das Bundesamt für den Zivildienst **zuständig** (§ 2 Abs. 1 ZDG). Das **Verfahren** hinsichtlich des Anspruchs auf Ausgleich ist im Wesentlichen sozialrechtlich ausgestaltet (§ 51 Abs. 2 S. 1 ZDG; besondere Verfahrensvorschriften enthalten die §§ 71 ff. ZDG). Der Rechtsweg zu den Sozialgerichten ist mit bestimmten Maßgaben gegeben (§ 51 Abs. 3 ZDG).

5 Diese Regelung wird vom Gesetzgeber in das **SGB XIV** übertragen. **Ab 1.1.2024** erhalten Zivildienstgeschädigte **während des Dienstverhältnisses** – bei Vorliegen der jeweiligen weiteren Voraussetzungen – (lediglich) ganz bestimmte Leistungen nach dem SGB XIV. Konkret handelt es sich dabei um Leistungen nach §§ 31 bis 38 SGB XIV (Kapitel 4 Abschnitt 3: **Traumaambulanz**) sowie **Entschädigungszahlungen** an Geschädigte nach §§ 83 f. SGB XIV (Kapitel 9 Abschnitt 1: Monatliche Entschädigungszahlung und Abfindung). Die Entschädigungszahlungen an Geschädigte entsprechen der bisherigen Grundrente und Schwerstbeschädigtenzulage nach dem BVG. Bei den (neu geschaffenen) Leistungen in der Traumaambulanz handelt es sich um Leistungen der Schnellen Hilfen (vgl. § 29 SGB XIV), die möglichst frühzeitig gewährt werden sollen, um den Eintritt einer psychischen Gesundheitsstörung oder deren Chronifizierung zu verhindern (§ 31 Abs. 1 SGB XIV).

6 Die weiteren Regelungen in § 50 ZDG in der bis 31.12.2023 geltenden Fassung (zB zum Zusammentreffen von Ansprüchen, zur sog. Kann-Versorgung, zum Beginn der Leistungen sowie zu Abtretung und Pfändung) bedürfen keiner eigenständigen Regelung im SGB XIV; es gelten die allgemeinen Grundsätze.

D. Anhang

7 **§ 47 ZDG Versorgung**
(abgedruckt bei → § 23 Rn. 48)

§ 50 ZDG in der aktuell (vsl. bis 31.12.2023) geltenden Fassung:

§ 50 ZDG Ausgleich für Zivildienstbeschädigungen

(1) Anerkannte Kriegsdienstverweigerer erhalten wegen der Folgen einer Zivildienstbeschädigung einen Ausgleich in Höhe der Grundrente und der Schwerstbeschädigtenzulage nach § 30 Abs. 1 und § 31 des Bundesversorgungsgesetzes.

(2) [1]Trifft eine Zivildienstschädigung mit einer Schädigung im Sinne des § 1 des Bundesversorgungsgesetzes oder eines anderen Gesetzes zusammen, das eine entsprechende Anwendung des Bundesversorgungsgesetzes vorsieht, ist der durch die gesamten Schädigungsfolgen bedingte Grad der Schädigungs-

folgen festzustellen. [2]Von dem sich daraus ergebenden Betrag des Ausgleichs ist ein Betrag in Höhe der Grundrente abzuziehen, die auf den durch die Schädigung im Sinne des Bundesversorgungsgesetzes oder des anderen Gesetzes bedingten Grad der Schädigungsfolgen entfällt. [3]Der Restbetrag ist als Ausgleich zu gewähren.

(3) § 47 Abs. 7 Satz 2 und § 47a finden Anwendung.

(4) [1]Der Ausgleich beginnt mit dem Monat, in dem seine Voraussetzungen erfüllt sind. [2]§ 60 Abs. 4 Satz 1 und 2 und § 62 Abs. 2 und 3 des Bundesversorgungsgesetzes finden entsprechende Anwendung. [3]Der Anspruch auf Ausgleich besteht nur für die Zeit bis zur Beendigung des Zivildienstes. [4]Ist ein Dienstpflichtiger verschollen, so besteht der Anspruch auf Ausgleich nur für die Zeit bis zum Ende des Monats, in dem das Bundesamt feststellt, dass das Ableben des Verschollenen mit Wahrscheinlichkeit anzunehmen ist. [5]Kehrt der Verschollene zurück, so lebt sein Anspruch auf Ausgleich für die Zeit wieder auf, für die Bezüge aufgrund der Dienstleistung nachgezahlt werden.

(5) [1]Der Anspruch auf Ausgleich kann weder abgetreten noch verpfändet noch gepfändet werden. [2]Die Aufrechnung einer Forderung auf Rückerstattung zuviel gezahlten Ausgleichs ist zulässig.

§ 104 Krankengeld der Sozialen Entschädigung für Zivildienstgeschädigte

Zivildienstgeschädigte, die infolge einer Zivildienstschädigung arbeitsunfähig sind, erhalten nach Beendigung des Zivildienstverhältnisses Krankengeld der Sozialen Entschädigung nach § 47 mit folgenden Maßgaben:

1. **Zivildienstgeschädigte, die im Zeitpunkt der Beendigung des Zivildienstverhältnisses infolge einer Zivildienstbeschädigung keine Erwerbstätigkeit ausgeübt haben, gelten als arbeitsunfähig, wenn sie nicht oder nur mit der Gefahr, ihren Zustand zu verschlimmern, fähig sind, einer Erwerbstätigkeit oder Berufsausbildung nachzugehen. Als Zeitpunkt des Eintritts der Arbeitsunfähigkeit gilt der Zeitpunkt der Beendigung des Zivildienstverhältnisses.**
2. **Als vor Eintritt der Arbeitsunfähigkeit bezogenes Einkommen gelten zehn Achtel der vor der Beendigung des Zivildienstverhältnisses bezogenen Geld- und Sachbezüge als Dienstpflichtiger. Hatte der Dienstpflichtige im letzten Kalendermonat vor dem für den Diensteintritt festgesetzten Zeitpunkt Arbeitseinkommen bezogen, so ist dieses Einkommen maßgebend, sofern das für ihn günstiger ist.**

A. Gesetzesgeschichte

I. Geltendes und neues Recht

1 Bis zum 31.12.2023 ist das Versorgungskrankengeld für anerkannte Kriegsdienstverweigerer, die Zivildienst geleistet haben, für die Zeit nach Beendigung des Dienstverhältnisses in § 49 ZDG[1] geregelt.

2 § 104 geht zurück auf den Gesetzentwurf der Bundesregierung vom 9.10.2019, BT-Drs. 19/13824, 216; die Vorschrift tritt mWv 1.1.2024 in Kraft.[2]

1 IdF d. 2. DSAnpUG-EU vom 20.11.2019, BGBl. 2019 I 1626, mWv 26.11.2019.
2 Art. 60 Abs. 7 G-SER v. 12.12.2019, BGBl. 2019 I 2652.

II. Änderungen im SGB XIV gegenüber dem BVG und Parallelität

3 Die Vorschrift entspricht ihrem Regelungsgehalt nach im Wesentlichen dem geltenden Recht; ebenso wie § 49 ZDG auf die allgemeinen Regelungen zum Versorgungskrankengeld (§§ 16 bis 16f BVG) verweist, verweist § 104 wegen des Anspruchs auf Krankengeld der SE auf § 47. Beide Normen modifizieren die allgemeinen Vorschriften mit Maßgaben im Hinblick auf die Höhe der Leistung in Abhängigkeit von der Arbeitsunfähigkeit bezogen auf die Fähigkeit, einer Erwerbstätigkeit nachzugehen, und des vor dem Beginn der Arbeitsunfähigkeit bezogenen Einkommens.[3]

4 Terminologisch verwendet § 104 nicht mehr den Begriff des „anerkannten Kriegsdienstverweigerers, der Zivildienst geleistet hat", sondern spricht von „Zivildienstgeschädigten" bzw. (Zivil-) „Dienstpflichtigen".

5 Die Regelung in § 49 Nr. 2 ZDG, wonach das Einkommen, das der anerkannte Kriegsdienstverweigerer vor Eintritt der Arbeitsunfähigkeit bezogen hat, auch dann als durch die Arbeitsunfähigkeit gemindert gilt, wenn die Minderung infolge der Beendigung des Zivildienstverhältnisses wegen Ablaufes der dafür festgesetzten Zeit eingetreten ist, wurde nicht ins SGB XIV übernommen.

B. Normsystematik

I. Allgemeiner Regelungsgehalt

6 Die Vorschrift normiert Ansprüche auf Krankengeld der SE für Zivildienstgeschädigte nach der Beendigung des Zivildienstverhältnisses und ordnet die Anwendung von § 47 mit bestimmten Maßgaben an: Nr. 1 modifiziert den Begriff der Arbeitsunfähigkeit und fingiert den Zeitpunkt von deren Eintritt. Nr. 2 trifft besondere Regelungen zur Bestimmung der Berechnungsgrundlagen des Krankengeldes der SE für Zivildienstgeschädigte.

II. Systematische Einordnung und Normzweck

7 Zivildienstgeschädigte erhalten, wenn die Voraussetzungen von § 23 vorliegen, grundsätzlich Leistungen der SE und nicht mehr nach dem ZDG. Während ihres Dienstes erhalten sie Leistungen in der Traumaambulanz nach dem 3. Abschnitts des 4. Kapitels und Entschädigungszahlungen nach dem 11. Abschnitt des 9. Kapitels. Nach dem Ende des Dienstverhältnisses besteht ein Anspruch auf Leistungen der SE nach § 3.[4]

8 § 104 trifft Sonderregelungen zum Anspruch auf Krankengeld der SE nach § 47 für ehemalige Zivildienstleistende, wenn diese im Zeitpunkt der Beendigung des Dienstverhältnisses infolge einer Zivildienstbeschädigung arbeitsunfähig sind, um Nachteile aufgrund des Dienstverhältnisses zu verhindern.[5]

C. Einzelkommentierung

I. Anspruch auf Krankengeld

9 Nach § 104 haben Zivildienstgeschädigte – wie anerkannte Kriegsdienstverweigerer, die Zivildienst geleistet haben nach § 49 ZDG bis 31.12.2023 – nach der Beendigung des Zivildienstverhältnisses Anspruch auf **Krankengeld der SE**, wenn sie infolge einer Zivildienstschädigung arbeitsunfähig sind. Voraussetzung ist wie bei § 47 (→ § 47 Rn. 20), dass die Arbeitsunfähigkeit **kausal** auf die Zivildienstschädigung zurückzuführen ist; es gilt die Theorie der wesentlichen Bedingung.

3 Knickrehm/Mushoff/Schmidt Neues SozEntschR Rn. 368.
4 Knickrehm/Mushoff/Schmidt Neues SozEntschR Rn. 368.
5 Schmidt SGB XIV/Feddern § 104 Rn. 1.

Auch die weiteren Voraussetzungen und Rechtsfolgen richten sich nach § 47, auf dessen Anwendung die Vorschrift mit den Maßgaben nach Nr. 1 und Nr. 2 verweist; auf die Kommentierung zu § 47 kann daher verwiesen werden. 10

II. Begriff und Beginn der Arbeitsunfähigkeit, Nr. 1

Nr. 1 S. 1 modifiziert den Begriff der **Arbeitsunfähigkeit**. Für das Krankengeld der SE nach § 47 ist der Begriff der Arbeitsunfähigkeit iSd § 44 SGB V maßgeblich. Danach liegt Arbeitsunfähigkeit vor, wenn der Versicherte wegen Krankheit nicht oder nur mit der Gefahr, einen Zustand zu verschlimmern, fähig ist, seine bisherige oder eine ähnlich geartete Erwerbstätigkeit auszuüben.[6] Maßstab und Bezugspunkt für die Beurteilung der Arbeitsunfähigkeit ist dabei grundsätzlich die letzte (versicherte) **Erwerbstätigkeit vor Eintritt** der Arbeitsunfähigkeit (→ § 47 Rn. 17). Für Zivildienstleistende, die im Zeitpunkt der Beendigung des Dienstverhältnisses keine Erwerbstätigkeit ausgeübt haben, fehlt dieser Bezugspunkt mit der Folge, dass sie keinen Anspruch auf Krankengeld hätten. Für diesen Personenkreis erweitert die Norm den Arbeitsunfähigkeitsbegriff; sie gelten als arbeitsunfähig, wenn sie nicht oder nur mit der Gefahr, ihren Zustand zu verschlimmern, fähig sind, einer Erwerbstätigkeit oder Berufsausbildung nachzugehen. Die Regelung entspricht der Rechtslage bis 31.12.2023 (§ 49 Nr. 1 S. 1 ZDG) und schützt diejenigen Zivildienstleistenden, die zuvor noch keine Erwerbstätigkeit ausgeübt haben, vor Nachteilen aufgrund des Zivildienstes.[7] 11

Nr. 1 S. 2 fingiert für den Anspruchsbeginn den **Beginn der Arbeitsunfähigkeit** auf den Zeitpunkt der Beendigung des Zivildienstverhältnisses.[8] Die Norm entspricht § 49 Nr. 1 S. 2 ZDG. 12

III. Berechnungsgrundlagen des Krankengeldes, Nr. 2

Nr. 2 modifiziert das in § 47 iVm § 47 SGB V festgelegte Regelentgelt als **Berechnungsgrundlage** für das Krankengeld der SE (→ § 47 Rn. 27). Nr. 2 S. 1 bestimmt für die Höhe des vor Eintritt der Arbeitsunfähigkeit bezogenen **Einkommens**, dass dieses zehn Achtel – also 125 % – der vor der Beendigung des Zivildienstverhältnisses bezogenen Geld- und Sachbezüge als Dienstpflichtiger beträgt. Sachbezüge (zB Unterkunft und Verpflegung) sind dabei Geldbezügen gleichgestellt.[9] Dies entspricht der bis 31.12.2023 geltenden Regelung in § 49 Nr. 2 S. 1 ZVG. 13

Nr. 2 S. 2 ordnet wie § 49 Nr. 3 S. 2 ZVG bis 31.12.2023 eine **Günstigkeitsprüfung** an: Ist das **Arbeitseinkommen**, das der Dienstpflichtige im letzten Kalendermonat vor dem für den Diensteintritt festgesetzten Zeitpunkt bezogen hat, höher als zehn Achtel der Dienstbezüge, ist dieses Einkommen der Berechnung des Krankengeldes der SE für Zivildienstgeschädigte zugrunde zu legen. Nach der Rechtsprechung des BSG ist als Arbeitseinkommen dabei nicht nur der Gewinn aus einer selbstständigen Tätigkeit (§ 15 SGB IV), sondern auch Arbeitsentgelt aus einer abhängigen Beschäftigung zu berücksichtigen .[10] 14

Weiterhin wird durch Nr. 2 S. 2 kein zu § 47 abweichender Bemessungszeitraum festgelegt, sondern lediglich der notwendige enge zeitliche Zusammenhang zwischen der Erzielung von Arbeitseinkommen vor dem Zivildienst und dem Beginn des Zivil- 15

6 BSG 16.12.1981 – GS 3/78; 4/78, BSGE 53, 22; vgl. zum Arbeitsunfähigkeitsbegriff nach dem SGB V auch LPK-SGB V/Legde § 44 Rn. 8 ff.
7 HK-SozEntschR/Lilienfeld SVG § 49 Rn. 1.
8 Schmidt SGB XIV/Feddern § 104 Rn. 6.
9 HK-SozEntschR/Lilienfeld BVG § 83 Rn. 5; Schmidt SGB XIV/Feddern § 104 Rn. 8.
10 BSG 24.7.2002 – B 9 VS 4/01 R, SozR 3-3200 § 83 Nr. 1.

dienstverhältnisses hergestellt. Eine bestimmte Mindestdauer oder Durchgängigkeit der Vorbeschäftigung ist ebenfalls nicht erforderlich.[11]

D. Anhang

16 Bis 31.12.2023 ist § 49 ZDG[12] in Kraft, die Vorschrift hat folgenden Normtext:

§ 49 ZDG Versorgungskrankengeld in besonderen Fällen

Die §§ 16 bis 16f des Bundesversorgungsgesetzes finden auf einen anerkannten Kriegsdienstverweigerer, der Zivildienst geleistet hat und im Zeitpunkt der Beendigung des Zivildienstverhältnisses infolge einer Zivildienstbeschädigung arbeitsunfähig ist, mit folgenden Maßgaben Anwendung:

1. [1]Hatte der anerkannte Kriegsdienstverweigerer keine Erwerbstätigkeit ausgeübt, so gilt er als arbeitsunfähig, wenn er nicht oder doch nur mit der Gefahr, seinen Zustand zu verschlimmern, fähig ist, einer Erwerbstätigkeit oder Berufsausbildung nachzugehen. [2]Als Zeitpunkt des Eintritts der Arbeitsunfähigkeit gilt der Zeitpunkt der Beendigung des Zivildienstverhältnisses.
2. Das Einkommen, das der anerkannte Kriegsdienstverweigerer vor Eintritt der Arbeitsunfähigkeit bezogen hat, gilt auch dann als durch die Arbeitsunfähigkeit gemindert, wenn die Minderung infolge der Beendigung des Zivildienstverhältnisses wegen Ablaufes der dafür festgesetzten Zeit eingetreten ist.
3. [1]Als vor Eintritt der Arbeitsunfähigkeit bezogenes Einkommen gelten zehn Achtel der vor der Beendigung des Zivildienstverhältnisses bezogenen Geld- und Sachbezüge als Dienstpflichtiger. [2]Hatte der Dienstpflichtige im letzten Kalendermonat vor dem für den Diensteintritt festgesetzten Zeitpunkt Arbeitseinkommen bezogen, so ist dieses Einkommen maßgebend, sofern das für ihn günstiger ist.

Kapitel 16 Einsatz von Einkommen und Vermögen

§ 105 Grundsätze

(1) Die Vorschriften dieses Kapitels gelten für die Besonderen Leistungen im Einzelfall nach Kapitel 11 mit Ausnahme der Leistung zur Förderung einer Ausbildung nach § 94.

(2) Für den Begriff und den Einsatz von Einkommen und Vermögen sowie die Verpflichtungen anderer gelten das Elfte Kapitel des Zwölften Buches sowie die hierzu erlassenen Verordnungen entsprechend, soweit in den folgenden Vorschriften nichts Abweichendes geregelt ist.

(3) Einkommen und Vermögen sind nicht einzusetzen bei ausschließlich schädigungsbedingtem Bedarf.

(4) Leistungen der Sozialen Entschädigung dürfen nicht von dem Einsatz von Einkommen oder dem Einsatz oder der Verwertung von Vermögen abhängig gemacht werden, soweit dies im Einzelfall bei Berücksichtigung der besonderen Lage derjenigen Person, die Einkommen oder Vermögen einzusetzen oder zu verwerten hat, oder für ihre unterhaltsberechtigten Angehörigen unbillig wäre.

11 BSG 24.7.2002 – B 9 VS 4/01 R, SozR 3-3200 § 83 Nr. 1.
12 IdF d. 2. DSAnpUG-EU vom 20.11.2019, BGBl. 2019 I 1626, mWv 26.11.2019.

A. Gesetzesgeschichte

I. Einsatz von Einkommen und Vermögen bei den fürsorgerischen Leistungen der Sozialen Entschädigung des BVG

Mit den fürsorgerischen Leistungen (§§ 25 bis 27l BVG) werden die Leistungen der Sozialen Entschädigung ergänzt, sofern die Leistungsberechtigten nicht in der Lage sind, die betreffenden Bedarfe aus ihrem Einkommen und Vermögen zu decken. Die fürsorgerischen Leistungen sind ein **bedarfsorientiertes**, gegenüber den eigenen Mitteln der Leistungsberechtigten **nachrangiges Sozialleistungssystem** und gehören damit zu den sozialen Hilfssystemen.[1] Auch wenn die fürsorgerischen Leistungen und die Sozialhilfe wegen der teilweise parallelen Leistungssystematik und der Verweisungen auf das SGB XII vielfache Berührungspunkte haben, bestehen doch erhebliche Unterschiede zwischen beiden Sozialleistungssystemen (→ § 92 Rn. 2 ff.). Der in der Kriegsopferfürsorge (KOF) geltende besondere **Begünstigungsgrundsatz** (→ § 92 Rn. 4), nach dem die Lage der Beschädigten besonderer Berücksichtigung bedarf, wirkt sich nicht nur bei dem Umfang der Leistungstatbestände aus, der über das hinausgeht, was im Sozialhilferecht gilt. Vor allem ist der Nachrang der Leistungen gegenüber eigenem Einkommen und Vermögen in vielen Fällen abgeschwächt oder sogar ganz aufgehoben.[2] 1

Der **Einsatz von Einkommen und Vermögen** ist im Wesentlichen in §§ 25c Abs. 3, 25d, 25e und 25f BVG sowie ergänzend in Abschn. 8 u. 9 der Verordnung zur Kriegsopferfürsorge (KFürsV, abgedruckt → § 109 Rn. 11)[3] geregelt. § 25d BVG regelt, was in der KOF überhaupt als zu berücksichtigendes Einkommen zählt sowie Absetzbeträge vom Einkommen. Abschn. 8 der KFürsV (§§ 30 ff.) trifft Bestimmungen zu den verschiedenen Einkunftsarten und entspricht größtenteils der Verordnung zur Durchführung des § 82 SGB XII.[4] 2

§ 25e BVG bestimmt für einen Teil der fürsorgerischen Leistungen, wann Einkommen zur Deckung des Bedarfs einzusetzen ist (Einkommensgrenze). § 25f BVG regelt den Einsatz und die Verwertung von Vermögen. § 25c Abs. 3 S. 1 BVG enthält **Billigkeitsgesichtspunkte**, bei denen auf die besondere Lage der Berechtigten nach dem SER Bezug genommen wird und die zum – teilweisen – Ausschluss des Einsatzes von Einkommen führen. Für den Einsatz und die Verwertung von Vermögen gilt dies über den Verweis in § 25f Abs. 1 S. 6 BVG ebenso. Daneben trifft § 25f Abs. 1 S. 3 u. 4 BVG eine **Härteregelung** für Fallgestaltungen, in denen der Einsatz und die Verwertung von Vermögen für die Berechtigten eine Härte bedeuten würde. Die Billigkeitsregelung wird in Abschn. 9, UAbschn. 1 der KFürsV (§§ 41–48 KFürsV) aufgegriffen. Für den – teilweisen – Ausschluss des Einsatzes von Einkommen geschieht dies durch die Einräumung verschiedener **Freibeträge**, die es in anderen Fürsorgesystemen nicht gibt: Freibetrag wegen geminderter Lebensstellung (§ 42 KFürsV), wegen Art und Schwere der Schädigung (§ 43 KFürsV), zum Ausgleich der besonderen Tatkraft bei Erzielung von Erwerbseinkommen (§ 45 KFürsV), Absetzbeträge für wirtschaftlich besonders

1 HK-SozEntschR/Grube BVG Vor § 25 Rn. 3.
2 HK-SozEntschR/Grube BVG Vor § 25 Rn. 6.
3 KFürsV v. 16.1.1979 (BGBl. 1979 I 80), zuletzt geändert durch Art. 9 des G. v. 30.11.2019 (BGBl. 2019 I 1948). Die Verordnungsermächtigung findet sich in § 27f BVG. Die KFürsV wird aufgehoben durch Art. 58 Nr. 5 G. v. 12.12.2019, BGBl. 2019 I 2652 mWv 1.1.2024.
4 VO in der im BGBl. Teil III Gliederungsnr. 2170–1–4 veröffentlichten bereinigten Fassung, die zuletzt durch Art. 8 des Gesetzes vom 21.12.2015 (BGBl. 2015 I 2557) geändert worden ist.

belastende Aufwendungen (§ 46 KFürsV) und wegen längerer Dauer des Bedarfs (§ 47 KFürsV). Der – teilweise – Ausschluss des Einsatzes von Vermögen aus Billigkeitsgründen ist in § 44 KFürsV dergestalt geregelt, dass der gesetzliche Schonbetrag zu erhöhen ist.

3 Darüber hinaus enthalten zahlreiche Leistungstatbestände der KOF eigenständige Vorschriften über den Einsatz von Einkommen und Vermögen (zB §§ 27 Abs. 2 u. 3, 27d Abs. 5–7 BVG). Teilweise entsprechen die Regelungen Vorschriften zum Einsatz von Einkommen und Vermögen des Elften Kapitels des SGB XII (zB entspricht § 25d Abs. 4 BVG dem § 83 SGB XII und § 25d Abs. 5 BVG dem § 84 SGB XII). Teilweise wird aber auch auf Vorschriften des SGB XII verwiesen (zB § 25f Abs. 1 S. 6 BVG). Insgesamt sind die Vorschriften der KOF über den Einsatz von Einkommen und Vermögen **äußerst kompliziert und vielgestaltig.**[5] Sie befinden sich zum Teil als Sonderreglungen bei den einzelnen Leistungstatbeständen, zum Teil sind zusammenhängende Vorschriften vorhanden, auf die dann wiederum in zahlreichen Bestimmungen verwiesen wird. Insgesamt existiert eine große Zahl von Ausnahmeregelungen.

II. Neuaufstellung der Regelungen zum Einsatz von Einkommen und Vermögen im SGB XIV

4 Von diesem nahezu unüberschaubaren Geflecht von Regelungen (→ Rn. 3), das die Verwaltungspraxis vor große Herausforderungen stellt, hat sich der Gesetzgeber mit den Regelungen zum Einsatz von Einkommen und Vermögen im Kapitel 16 verabschiedet. Er hat mit Kapitel 16 eine vereinfachte, übersichtliche und **systematische Regelungstechnik** geschaffen. Im Grundsatz werden die Vorschriften des Elften Kapitels des SGB XII für den Begriff und den Einsatz von Einkommen und Vermögen sowie für die Verpflichtungen anderer für entsprechend anwendbar erklärt (§ 105 Abs. 2). Besonderheiten bzw. abweichende Regelungen der §§ 105 Abs. 3 u. 4, 106 bis 108 SGB XIV sowie der auf Grundlage von § 109 SGB XIV – noch nicht erlassenen – Rechtsverordnung sind zu berücksichtigen. Auf Doppelungen im Regelungstext zu Vorschriften des SGB XII wird ebenso verzichtet wie auf zusätzliche Regelungen bei den einzelnen Besonderen Leistungen im Einzelfall (BLiE) im Kapitel 11. In den genannten Regelungen wird im Hinblick auf den Einsatz von Einkommen und Vermögen ein „großzügigerer" Maßstab angelegt und damit der für die KOF geltende **Begünstigungsgrundsatz** (→ Rn. 1 ff.) fortgeführt. So gilt insbesondere eine höhere Einkommensgrenze nach § 107 SGB XIV gegenüber der Einkommensgrenze des § 85 SGB XII. Selbst oder zusammen mit Angehörigen genutztes Wohneigentum ist gem. § 108 Abs. 3 SGB XIV vor der Verwertung als Vermögen geschützt, ohne dass es – wie in § 90 Abs. 2 Nr. 8 SGB XII – auf die „Angemessenheit" ankommt.

5 Die **Verordnungsermächtigung** des § 109 SGB XIV ist klar eingegrenzt und sehr viel enger gefasst als die Ermächtigungsgrundlage des § 27f BVG. Sie erfüllt die verfassungsrechtlichen Anforderungen an die Bestimmtheit iSd Art. 80 Abs. 1 S. 2 GG. Es bleibt abzuwarten, ob und ggf. welche der **Freibeträge bzw. Absetzbeträge aus Billigkeitsgründen** (§ 25c Abs. 3 S. 1 BVG iVm §§ 41 ff. KFürsV, abgedruckt → § 109 Rn. 11) in die Verordnung nach § 109 SGB XIV aufgenommen und in welcher Höhe die Vermögensschonbeträge abweichend vom SGB XII festgelegt werden. Eine § 25c Abs. 3 S. 1 BVG entsprechende Rechtsgrundlage für den (teilweisen) Ausschluss des Einsatzes von Einkommen und Vermögen aus Billigkeitsgründen ist ins SGB XIV übernommen worden (vgl. § 105 Abs. 4 SGB XIV).

6 Verabschiedet hat sich der Gesetzgeber auch von dem **Bemessungsbetrag** nach § 33 Abs. 1 S. 2 lit. a BVG, der unmittelbar zur Ermittlung der Einkommensgrenze für die Ausgleichsrente nach § 32 BVG gilt, auf den als Referenz aber auch in verschiedenen

---

5 Vgl. HK-SozEntschR/Grube BVG Vor § 25 Rn. 16.

Vorschriften der KOF Bezug genommen wird (zB § 25e Abs. 1 BVG – Einkommensgrenze für die Leistungen der KOF – oder § 42 KFürsV – zusätzlicher Freibetrag wegen geminderter Lebensstellung). Bei dem Bemessungsbetrag handelt es sich um einen historisch aus der allgemeinen Bemessungsgrundlage in der gesetzlichen Rentenversicherung hervorgegangenen und seit langem nach der Lohn- und Gehaltsentwicklung fortgeschriebenen Wert.[6] In Kapitel 16 findet der Bemessungsbetrag keinen Eingang mehr. Die Einkommensgrenze des § 107 SGB XIV leitet sich nunmehr aus der Höhe des Betrages der Regelbedarfsstufe 1 ab, was in Anbetracht der mittlerweile grundsätzlichen Anwendbarkeit des Elften Kapitels des SGB XII (s. § 105 Abs. 2 SGB XIV) konsequent und darüber hinaus für die Rechtsanwender einfacher handhabbar ist.

Soweit Leistungen der KOF im **Besitzstand** erbracht werden, regelt § 145 Abs. 3 7
SGB XIV für den Einsatz von Einkommen und Vermögen, dass die Vorschriften des BVG und der KFürsV in der am 31.12.2023 geltenden Fassung grundsätzlich weiter gelten mit den in § 145 Abs. 3 Nr. 1 bis 5 SGB XIV geregelten Maßgaben.

Kapitel 16 hat im parlamentarischen Verfahren keine Änderungen erfahren. Die Vor- 8
schriften des Kapitels 16 treten – wie die Regelungen der BLiE im Kapitel 11 – am 1.1.2024 in Kraft.[7] Etwas anderes gilt nur für die Verordnungsermächtigung in § 109 SGB XIV, die am 20.12.2019 in Kraft getreten ist.[8]

B. Normsystematik

I. Allgemeiner Regelungsgehalt und Normzweck

§ 105 SGB XIV bestimmt – entsprechend seiner Überschrift – die **Grundsätze für den** 9
Einsatz von Einkommen und Vermögen. In Abs. 1 wird der Geltungsbereich des Kapitels 16 festgelegt. Kapitel 16 gilt für die BLiE nach Kapitel 11 mit Ausnahme der Leistung zur Förderung einer Ausbildung nach § 94 SGB XIV. Abs. 2 regelt das anwendbare Recht. Danach sind für den Begriff und den Einsatz von Einkommen und Vermögen sowie die Verpflichtungen anderer grundsätzlich die Bestimmungen des Elften Kapitels des SGB XII sowie der hierzu erlassenen Verordnungen entsprechend anzuwenden, es sei denn, §§ 105 bis 108 SGB XIV und die – noch nicht erlassene – Rechtsverordnung nach § 109 SGB XIV regeln Abweichungen. Die Abs. 3 und 4 bestimmen SER-spezifische Ausnahmen vom Einsatz von Einkommen und Vermögen.

II. Systematische Einordnung

Die im Kapitel 11 geregelten BLiE sind die Nachfolgeregelungen zu den fürsorgeri- 10
schen Leistungen nach dem BVG (§§ 25–27l BVG). Sie ergänzen die übrigen Leistungen des SGB XIV und setzen ua **finanzielle Hilfebedürftigkeit** voraus (vgl. § 92 Abs. 1 SGB XIV). § 92 Abs. 2 SGB XIV bestimmt, dass für den Einsatz von Einkommen und Vermögen Kapitel 16 gilt. Somit regeln die Vorschriften des Kapitel 16 den Einsatz von Einkommen und Vermögen, soweit BLiE nach Kapitel 11 vom Träger der Sozialen Entschädigung (TdSE) erbracht werden. Kapitel 16 gilt allerdings auch für eine Leistung außerhalb des Kapitel 11. Dies ist die **Unterhaltsbeihilfe** als lebensunterhaltssichernde Leistung während der Teilnahme an Leistungen zur Teilhabe am Arbeitsleben (s. § 64 Abs. 3 SGB XIV). Die Unterhaltsbeihilfe tritt an die Stelle des Übergangsgeldes für Berechtigte, die vor Beginn der Leistung zur Teilhabe am Arbeitsleben nicht erwerbstätig gewesen sind. Für die Bemessung der Unterhaltsbeihilfe ist gem. § 64 Abs. 3 S. 3 SGB XIV die Vorschrift des § 93 SGB XIV entsprechend anzuwenden. § 93

6 HK-SozEntschR/Dau BVG § 33 Rn. 2.
7 Art. 60 Abs. 7 G. v. 12.12.2019, BGBl. 2019 I 2652.
8 Art. 60 Abs. 3 Nr. 1 G. v. 12.12.2019, BGBl. 2019 I 2652.

SGB XIV ist eine BLiE und regelt den Anspruch auf Leistungen zum Lebensunterhalt. Durch diese Verweisung gilt das Kapitel 16 auch für die Unterhaltsbeihilfe.[9]

C. Einzelkommentierung

I. Geltungsbereich

11 **Abs. 1** legt den **Geltungsbereich** des Kapitel 16 fest. Nach dem Wortlaut sind Einkommen und Vermögen nur bei den BLiE nach Kapitel 11 einzusetzen. Durch den Verweis in § 64 Abs. 3 S. 3 SGB XIV auf die lebensunterhaltssichernde Leistung des § 93 SGB XIV ist Kapitel 16 jedoch auch auf die Bemessung der **Unterhaltsbeihilfe** anzuwenden (→ Rn. 10). Der zweite Halbsatz regelt eine **Ausnahme** von dem Grundsatz des ersten Halbsatzes. Danach ist die Leistung zur Förderung einer Ausbildung nach § 94 SGB XIV nicht einkommens- und vermögensabhängig. Der Grund hierfür sind die wesentlichen Unterschiede des § 94 SGB XIV zu den anderen BLiE (→ § 94 Rn. 5). Insbesondere setzt die Leistung zur Förderung einer Ausbildung keine finanzielle Hilfebedürftigkeit im Sinne des § 92 Abs. 1 SGB XIV voraus. Die „Bedürftigkeitsprüfung“ bzw. die Prüfung des Förderungsbedarfs nach dem BAföG richtet sich vielmehr nach den einschlägigen Bestimmungen des BAföG und obliegt dem Träger nach dem BAföG (→ § 94 Rn. 7). Voraussetzung für die Leistung nach § 94 SGB XIV, also die Rückzahlung des darlehensweise gewährten BAföG durch den TdSE, ist allein, dass die Berechtigten schädigungsbedingt auf die Förderung nach dem BAföG angewiesen waren. Auf die Einkommens- und Vermögensverhältnisse nach Ende des BAföG-Bezuges kommt es nicht an.[10] Die Regelungen des Kapitels 16 zum Einsatz von Einkommen und Vermögen gelten demnach für die Leistungen zum Lebensunterhalt nach § 93 SGB XIV, die Leistungen zur Weiterführung des Haushalts nach § 95 SGB XIV, die Leistungen in sonstigen Lebenslagen nach § 96 SGB XIV und die Unterhaltsbeihilfe nach § 64 Abs. 3 SGB XIV.

II. Entsprechende Anwendung Elftes Kapitel des SGB XII

12 **Abs. 2** regelt das **anwendbare Recht**. Danach sind für den Begriff und den Einsatz von Einkommen und Vermögen sowie die Verpflichtungen anderer grundsätzlich die Bestimmungen des Elften Kapitels des SGB XII sowie der hierzu erlassenen Verordnungen entsprechend anzuwenden, es sei denn, §§ 105 bis 108 SGB XIV und die – noch nicht erlassene – Rechtsverordnung nach § 109 SGB XIV regeln Abweichungen. Dies bedeutet eine **systematische Neuausrichtung** und eine Abkehr von den äußerst komplizierten und verschachtelten Regelungen zum Einsatz von Einkommen und Vermögen im BVG und der KFürsV (→ Rn. 3). Das Elfte Kapitel des SGB XII regelt den Einsatz von Einkommen und Vermögen für die Sozialhilfe. Nach der Gesetzesbegründung[11] bezieht sich die entsprechende Anwendbarkeit zum einen auf sämtliche Regelungen des Elften Kapitels des SGB XII einschließlich derjenigen zu dem Übergang von Ansprüchen nach §§ 93 und 94 SGB XII, und zum anderen auf die Regelungen der Verordnung zur Durchführung des § 82 SGB XII[12] sowie der Verordnung zur Durchführung des § 90 Abs. 2 Nr. 9 SGB XII.[13] Der Grund für **die entsprechende Anwendung der Regelungen des Sozialhilferechts** liegt nach der Gesetzesbegründung[14] darin,

---

9 Vgl. auch BT-Drs. 19/13824, 216.
10 BT-Drs. 19/13824, 216; vgl. auch BT-Drs. 19/13824, 210.
11 Vgl. BT-Drs. 19/13824, 216.
12 VO in der im BGBl. Teil III Gliederungsnr. 2170–1–4 veröffentlichten bereinigten Fassung, die zuletzt durch Art. 8 des Gesetzes vom 21.12.2015 (BGBl. 2015 I 2557) geändert worden ist.
13 VO v. 11.2.1988 (BGBl. 1988 I 150), zuletzt geändert durch Art. 1 der VO v. 22.3.2017 (BGBl. 2017 I 519).
14 Vgl. BT-Drs. 19/13824, 216.

dass die einkommens- und vermögensabhängigen Leistungen des Sozialen Entschädigungsrechts im Wesentlichen mit sozialhilferechtlichen Leistungen vergleichbar seien. Dies gelte für die lebensunterhaltssichernden Leistungen nach § 64 Abs. 3 SGB XIV und nach § 93 SGB XIV, für die Leistungen zur Weiterführung des Haushalts nach § 95 SGB XIV sowie für die Leistungen in sonstigen Lebenslagen nach § 96 SGB XIV.

Das Elfte Kapitel des SGB XII gliedert sich in 6 Abschnitte. Der **Erste Abschnitt** (§§ 82 bis 84 SGB XII) trifft Bestimmungen zum **Einkommen.** Abweichungen hierzu sind in § 106 SGB XIV (Berücksichtigung von Einkommen) normiert (→ § 106 Rn. 1 ff.). § 82 SGB XII (Begriff des Einkommens) ist in der ab dem 1.1.2024 geltenden Fassung anzuwenden.[15] Die Regelungen der § 83 SGB XII (nach Zweck und Inhalt bestimmte Leistungen) und § 84 SGB XII (Zuwendungen) entsprechen § 25d Abs. 4 u. 5 BVG und gelten nun über den Verweis in § 105 Abs. 2 SGB XIV entsprechend für alle BLiE (außer für die Leistung zur Förderung einer Ausbildung nach § 94, vgl. § 105 Abs. 1 2. Hs. SGB XIV). Entsprechend anwendbar ist auch der ab dem 1.1.2021 geltende § 82a SGB XII, der den Freibetrag für Personen mit Grundrentenzeiten oder entsprechenden Zeiten aus anderweitigen Alterssicherungssystemen bestimmt.[16] Der **Grundrentenfreibetrag** gilt auch für das BVG, wo er mWv 1.1.2021 im neuen Abs. 3c des § 25d BVG geregelt worden ist.[17] 13

Der **Zweite Abschnitt** (§§ 85 bis 89 SGB XII) trifft Bestimmungen für die – einen höheren Lebensstandard sichernden – **Einkommensgrenzen** für die Leistungen nach dem Fünften bis Neunten Kapitel des SGB XII. Abweichungen hierzu sind in § 107 SGB XIV (Einkommensgrenze) geregelt (→ § 107 Rn. 1 ff.). Die Vorschriften des Zweiten Abschnitts des Elften Kapitels des SGB XII sind nur auf die Leistungen zur Weiterführung des Haushalts nach § 95 SGB XIV und die Leistungen in sonstigen Lebenslagen nach § 96 SGB XIV entsprechend anzuwenden. Denn weitere Leistungen, die denen im Fünften bis Neunten Kapitel des SGB XII entsprechen, gibt es bei den BLiE des SGB XIV (vgl. § 92 Abs. 4 SGB XIV) nicht mehr (zu den weggefallenen fürsorgerischen Leistungen des BVG → § 92 Rn. 14 ff.). Auf die Leistung zur Förderung einer Ausbildung nach § 94 SGB XIV ist Kapitel 16 und damit auch das Elfte Kapitel des SGB XII nicht anwendbar (→ Rn. 11). Für die Leistungen zum Lebensunterhalt nach § 93 SGB XIV ist die Anwendung der Regelungen zur Einkommensgrenze – wie schon im BVG (§ 25e Abs. 3 BVG) – ausdrücklich ausgeschlossen (§ 107 Abs. 3 SGB XIV). 14

Der **Dritte Abschnitt** des Elften Kapitels regelt den Einsatz von **Vermögen** (§§ 90 u. 91 SGB XII). § 90 SGB XII ist auf alle BLiE (außer für die Leistung zur Förderung einer Ausbildung nach § 94 SGB XIV, vgl. § 105 Abs. 1 2. Hs. SGB XIV) entsprechend anzuwenden unter Berücksichtigung der Abweichungen nach § 108. Ebenfalls entsprechend anwendbar ist § 91 SGB XII, der die **darlehensweise Gewährung** von Sozialhilfe regelt, soweit eigentlich einzusetzendes Vermögen nicht sofort verbraucht oder verwertet werden kann oder der Einsatz des Vermögens eine Härte bedeuten würde. Die Möglichkeit, unter bestimmten Voraussetzungen BLiE als Darlehen zu gewähren, ist im SGB XIV in § 92 Abs. 5 geregelt. § 91 SGB XII ist neben § 92 Abs. 5 SGB XIV anwendbar. Für die Leistungen zum Lebensunterhalt nach § 93 SGB XIV gilt wegen der dort normierten entsprechenden Anwendung der Vorschriften des Dritten und Vierten Kapitels des SGB XII zusätzlich der Fünfte Abschnitt des Dritten Kapitels, der die Gewährung von Darlehen regelt. 15

15 § 82 SGB XII idF des Art. 40 Nr. 3 G. v. 12.12.2019, BGBl. 2019 I 2652.
16 § 82a SGB XII wurde durch Art. 3 Nr. 2 G. v. 12.8.2020 (BGBl. 2020 I 1879) mit Wirkung vom 1.1.2021 eingefügt (Grundrentengesetz).
17 Art. 4 G. v. 12.8.2020 (BGBl. 2020 I 1879) – Grundrentengesetz.

16 Für alle BLiE (außer für die Leistung zur Förderung einer Ausbildung nach § 94 SGB XIV, vgl. § 105 Abs. 1 2. Hs. SGB XIV) gilt die entsprechende Anwendung des **Vierten Abschnitts** des Elften Kapitels zur **Einschränkung der Anrechnung** (§ 92 SGB XII) und des **Fünften** Abschnitts des Elften Kapitels zur **Verpflichtung anderer** (§§ 93 bis 95 SGB XII). Abweichende Regelungen zu §§ 92 bis 95 SGB XII enthält Kapitel 16 des SGB XIV nicht.

17 Neben den in §§ 105 Abs. 3 u. 4, 106 bis 108 SGB XIV normierten Abweichungen bedeutet die „entsprechende" Anwendung der Regeln des Elften Kapitel des SGB XII auch, dass die Berücksichtigung von Einkommen und Vermögen immer zusätzlich mit Blick auf die besondere Situation der Geschädigten oder der Hinterbliebenen, in der sie sich aufgrund der Folgen der gesundheitlichen Schädigung befinden, erfolgen muss.[18] An diesen Grundgedanken anknüpfend sieht § 105 Abs. 4 SGB XIV eine **„Billigkeitsregel"** vor (→ Rn. 21 ff.).[19]

III. Ausschließlich schädigungsbedingter Bedarf

18 **Abs. 3** bestimmt, dass Einkommen und Vermögen nicht einzusetzen sind bei **ausschließlich schädigungsbedingtem Bedarf**, dh bei einem Bedarf, der ausschließlich auf der gesundheitlichen Schädigung bzw. den Schädigungsfolgen beruht. Damit wird einer der wesentlichen in der KOF geltenden Grundsätze in das SGB XIV überführt. Für das Einkommen ist der Grundsatz in § 25c Abs. 3 S. 2 BVG normiert und für das Vermögen in § 25f Abs. 1 S. 6 iVm § 25c Abs. 3 S. 2 BVG. Hintergrund ist, dass der Betroffene nicht noch dadurch belastet werden soll, dass er Einkommen/Vermögen für die Bedarfsdeckung einsetzen muss, wenn es um die unmittelbaren Folgen der Schädigung geht.[20] Nach der Gesetzesbegründung ist der Begriff „ausschließlich schädigungsbedingter Bedarf" in gleicher Weise wie in § 25c Abs. 3 S. 2 BVG auszulegen.[21] Ausgangspunkt der Prüfung sind die gesundheitlichen Folgen der Schädigung. Als gesundheitliche Schädigungsfolgen kommen nur solche in Betracht, die im Sinne des § 4 Abs. 1 u. 2 nach § 4 Abs. 4 bis 6 SGB XIV förmlich Anerkennung gefunden haben.[22] Das Tatbestandsmerkmal des ausschließlich schädigungsbedingten Bedarfs ist als **schädigungsfolgenbedingter Bedarf** zu verstehen.[23] Allgemeine Leistungsvoraussetzung für die BLiE ist – wie für alle anderen Leistungen des SGB XIV auch, vgl. § 25 SGB XIV –, dass der Bedarf schädigungsbedingt sein muss. Während hierfür die Kausalität der wesentlichen Bedingung ausreicht (→ § 92 Rn. 26), ist für die Prüfung des ausschließlich schädigungsbedingten Bedarfs eine **„strenge Kausalität"** zu fordern im Sinne eines besonders engen Zusammenhangs. Danach reicht es nicht aus, dass die Schädigungsfolgen nur annähernd gleichwertige Bedingungen oder nicht unerhebliche Mitbedingungen für das Entstehen des Bedarfs sind.[24] Ein Anspruch auf einkommensunabhängige Leistungen besteht nur dann, wenn die Notwendigkeit des konkreten Bedarfs allein auf die gesundheitlichen Folgen einer Schädigung zurückzuführen ist, andere gesundheitliche Faktoren als bedarfsbegründende Ursachen also fehlen oder doch von so geringem Gewicht sind, dass sie außer Betracht bleiben können.[25] Die

18 Knickrehm/Mushoff/Schmidt Neues SozEntschR Rn. 372.
19 Knickrehm/Mushoff/Schmidt Neues SozEntschR Rn. 373.
20 Vgl. für die KOF des BVG HK-SozEntschR/Grube BVG § 25c Rn. 5.
21 Vgl. BT-Drs. 19/13824, 217.
22 Vgl. für die KOF des BVG BVerwG Urt. v. 28.6.1995 – 5 C 15/93, BVerwGE 99, 45–53.
23 Vgl. für die KOF des BVG BVerwG Urt. v. 28.6.1995 – 5 C 15/93, BVerwGE 99, 45–53.
24 Vgl. für die KOF des BVG BVerwG Urt. v. 28.6.1995 – 5 C 15/93, BVerwGE 99, 45–53.
25 Vgl. für die KOF des BVG BVerwG Urt. v. 28.6.1995 – 5 C 15/93, BVerwGE 99, 45–53.

Gesetzesbegründung[26] stützt sich auf diese Rechtsprechung des BVerwG und ergänzt, dass andererseits ausschließlich schädigungsbedingt nicht nur der Bedarf sei, der ohne die bestehende Schädigungsfolge überhaupt nicht denkbar wäre. Hierzu gehöre vielmehr auch ein Bedarf, der bezogen auf die konkrete Situation des Betroffenen in besonderer Weise aufgrund der Schädigungsfolge bestehe.

Wenn **mehrere Ursachen** (auch solche nicht schädigungsbedingter Art) vorliegen, ist es für die Annahme eines ausschließlich schädigungsbedingten Bedarfs ausreichend, dass schon allein die Schädigungsfolgen den Bedarf begründen.[27] Ausschlaggebend für die Annahme eines besonders engen Zusammenhangs sind **Art und Schwere der Schädigung**, aber auch die **spezifischen Auswirkungen der Schädigung** in der jeweiligen Bedarfssituation.[28] Die Feststellung des „strengen" Kausalzusammenhangs zwischen Schädigung und Bedarf setzt eine Klärung darüber voraus, welches konkrete Defizit die begehrte Hilfe (im gegenständlichen Sinne) auszugleichen bestimmt ist.[29] Die Ausschließlichkeit wird nicht dadurch beseitigt, dass es sich auch um einen allgemeinen sozialtypischen Bedarf handelt. Die Möglichkeit eines (ausschließlichen) Kausalzusammenhangs kann nämlich nicht dadurch in Frage gestellt werden, dass ein vergleichbarer Bedarf auch bei Nichtbeschädigten besteht oder dass es sich um ein Bedürfnis handelt, das heutzutage praktisch jedermann hat.[30] 19

In den Empfehlungen zur Kriegsopferfürsorge werden zur KOF des BVG **Beispiele** für diverse Bedarfssituationen aufgeführt, die ausschließlich schädigungsbedingt sein können,[31] die aber wegen des Wegfalls mehrerer Leistungen der KOF (→ § 92 Rn. 14 ff.) nicht vollumfänglich auf die BLiE des SGB XIV übertragen werden können. Denn der Bedarf muss einer sein, der vom Leistungskatalog des Kapitel 11 erfasst ist. Dies zugrunde gelegt, lassen sich für das SGB XIV folgende Beispiele aufgreifen: Kosten für eine medizinisch-psychologische Eignungsuntersuchung, die wegen der Schädigungsfolge angeordnet wurde, als Leistung in sonstigen Lebenslagen nach § 96, soweit nicht vorrangig Leistungen nach Kapitel 5 oder Kapitel 6 greifen; Kosten für **schädigungsbedingten Heizungsmehrbedarf**[32] (§ 93 SGB XIV) und Inanspruchnahme psychosozialer Fachdienste als Leistung in sonstigen Lebenslagen nach § 96 SGB XIV, soweit nicht vorrangig Leistungen nach Kapitel 5 oder Kapitel 6 greifen. Bei den **Leistungen zur Weiterführung des Haushalts** nach § 95 SGB XIV ist zu beachten, dass diese einkommens- und vermögensunabhängig grundsätzlich nur an alleinstehende Geschädigte erbracht werden können. Denn diese Hilfe soll das Defizit ausgleichen, dass keiner der Haushaltsangehörigen den Haushalt führen kann. Sie stellt deshalb bei einem verheirateten Versorgungsberechtigten, dessen Ehefrau für die Haushaltsführung ausfällt, keinen ausschließlich schädigungsbedingten Bedarf dar.[33] Bei den **Leistungen in sonstigen Lebenslagen** nach § 96 SGB XIV kann zB bei psychischen Schädigungsfolgen nach 20

26 Vgl. BT-Drs. 19/13824, 216 f.
27 Empfehlungen zur Kriegsopferfürsorge, Stand 1.1.2020, Abschnitt 12, Unterabschnitt 12.2, S. 4.
28 Empfehlungen zur Kriegsopferfürsorge, Stand 1.1.2020, Abschnitt 12, Unterabschnitt 12.2, S. 4.
29 HmbOVG Urt. v. 12.7.1991 – Bf IV 40/90, FEVS 43, 45–51.
30 Vgl. zur – nicht in das SGB XIV überführten – Erholungshilfe BVerwG Urt. v. 28.6.1995 – 5 C 15/93, BVerwGE 99, 45–53.
31 Vgl. Empfehlungen zur Kriegsopferfürsorge, Stand 1.1.2020, Abschnitt 12, Unterabschnitt 12.2, S. 5–7.
32 Zu Heizungsbeihilfen bei ausschließlich schädigungsbedingtem Bedarf s. auch RdSchr. BMA v. 26.11.1990 – VI a 2 – 52602/5, BArbBl. 1991/1, 60.
33 HmbOVG Urt. v. 12.7.1991 – Bf IV 40/90, FEVS 43, 45–51; aA offensichtlich Empfehlungen zur Kriegsopferfürsorge, Stand 1.1.2020, Abschnitt 12, Unterabschnitt 12.2, S. 6 – 6/2.

einer Gewalttat der Besuch von Selbsthilfegruppen (→ § 96 Rn. 15) ausschließlich schädigungsbedingt erforderlich sein.

IV. Ausnahmen bei Unbilligkeit

21 **Abs.** 4 enthält eine Bestimmung, wonach Einkommen und Vermögen nicht einzusetzen bzw. zu verwerten sind, soweit dies im Einzelfall unbillig wäre. Abs. 4 ist der **„Billigkeitsvorschrift"** des § 25c Abs. 3 S. 1 BVG nachgebildet, die unmittelbar für den Einsatz von Einkommen gilt. Durch die Verweisung in § 25f Abs. 1 S. 6 BVG auf § 25c Abs. 3 BVG gilt die „Billigkeitsvorschrift" auch für den Einsatz und die Verwertung von Vermögen.[34] Damit ist es in der KOF – anders als in der Sozialhilfe – möglich, über die **Härtefallregelung** des § 25f Abs. 1 S. 3 u. 4 BVG hinaus vom Einsatz und der Verwertung von Vermögen aus entschädigungsrechtlichen Billigkeitserwägungen heraus im Einzelfall ganz oder teilweise abzusehen. In § 105 Abs. 4 SGB XIV werden die Billigkeitsregelungen zu Einkommen und Vermögen in einer Vorschrift zusammengefasst. Die Härtefallregelung des § 25f Abs. 1 S. 3 u. 4 BVG für Vermögen ist – der **systematischen Neuaufstellung** folgend (→ Rn. 4) – nicht in Kapitel 16 aufgenommen worden. Über § 105 Abs. 2 SGB XIV gilt insofern die Härtefallregelung des § 90 Abs. 3 SGB XII entsprechend.

22 Während § 25c Abs. 3 S. 1 BVG **Kriterien** aufzählt, die bei der Ausfüllung des **unbestimmten Rechtsbegriffs** der Unbilligkeit heranzuziehen sind, verzichtet § 105 Abs. 4 SGB XIV darauf und beschränkt sich auf die Berücksichtigung der besonderen Lage derjenigen Person, die Einkommen oder Vermögen einzusetzen oder zu verwerten hat. Insoweit ist die Formulierung in § 105 Abs. 4 SGB XIV weiter gefasst und lässt damit auch andere Gesichtspunkte zu, die je nach Lage des Einzelfalles berücksichtigt werden dürfen.[35] Die SER-spezifischen, in § 25c Abs. 3 S. 1 BVG – nicht abschließend – aufgeführten Kriterien eignen sich jedoch gut für die Ausfüllung des unbestimmten Rechtsbegriffs der Unbilligkeit und sollten für § 105 Abs. 4 SGB XIV herangezogen werden. Danach ist vom Einkommens- und Vermögenseinsatz aus Billigkeitsgründen ganz oder teilweise abzusehen, wenn

- Art und Schädigungsnähe des Bedarfs,
- Dauer und Höhe der erforderlichen Aufwendungen,
- besondere wirtschaftliche Belastungen der Leistungsberechtigten und ihrer unterhaltsberechtigten Angehörigen

dies nahelegen. Für die – nicht abschließende – Heranziehung dieser Kriterien spricht auch die Gesetzesbegründung, nach der mit § 105 Abs. 4 SGB XIV eine Änderung der Rechtslage nicht verbunden sein soll.[36]

Die Berücksichtigung der besonderen Lage der Geschädigten ist Ausdruck des in der KOF geltenden besonderen **Begünstigungsgrundsatzes** (→ § 92 Rn. 4) und des **Individualisierungsgrundsatzes** (→ § 92 Rn. 4, → § 93 Rn. 12, s. auch → § 98 Rn. 1 ff.), die in das SGB XIV überführt worden sind.

23 Die **Billigkeitsregelung in der KOF** wird in Abschn. 9, UAbschn. 1 der KFürsV[37] (§§ 41 bis 48, abgedruckt → § 109 Rn. 11) im Einzelnen aufgegriffen („Ausschluss des Einsatzes von Einkommen und Vermögen aus Billigkeitsgründen"). Für den – teil-

---

34 Empfehlungen zur Kriegsopferfürsorge, Stand 1.1.2020, Abschnitt 13, Unterabschnitt 13.8, S. 30/1.
35 Vgl. Knickrehm/Mushoff/Schmidt Neues SozEntschR Rn. 373.
36 Vgl. BT-Drs. 19/13824, 217.
37 KFürsV v. 16.1.1979 (BGBl. 1979 I 80), zuletzt geändert durch Art. 9 des G. v. 30.11.2019 (BGBl. 2019 I 1948). Die Verordnungsermächtigung findet sich in § 27f BVG. Die KFürsV wird aufgehoben durch Art. 58 Nr. 5 G. v. 12.12.2019, BGBl. 2019 I 2652 mWv 1.1.2024.

weisen – Ausschluss des Einsatzes von Einkommen geschieht dies durch die Einräumung verschiedener **Freibeträge** und **Absetzbeträge**, die es in anderen Fürsorgesystemen nicht gibt. Dies sind: Freibetrag wegen geminderter Lebensstellung (§ 42 KFürsV), wegen Art und Schwere der Schädigung (§ 43 KFürsV), zum Ausgleich der besonderen Tatkraft bei Erzielung von Erwerbseinkommen (§ 45 KFürsV) und Absetzbeträge für wirtschaftlich besonders belastende Aufwendungen (§ 46 KFürsV) sowie wegen längerer Dauer des Bedarfs (§ 47 KFürsV). Der – teilweise – Ausschluss des Einsatzes von Vermögen aus Billigkeitsgründen ist in § 44 KFürsV dergestalt geregelt, dass der gesetzliche Schonbetrag erhöht wird. Es handelt sich hierbei durchgehend um **schematische, „typisierte" Fallgruppenfestlegungen** und keine echten Einzelfallprüfungen. Anknüpfend an die Höhe des GdS, die Stufe der Pflegezulage, die Zugehörigkeit zum Personenkreis der Sonderfürsorgeberechtigten und den Bezug von zB Berufsschadensausgleich werden in den §§ 42 bis 47 KFürsV verschieden hohe, insgesamt „großzügige" Freibeträge und Absetzbeträge bzw. Erhöhungen des Vermögensschonbetrages im Einzelnen geregelt. Ob der Einzelfall eine derartige Begünstigung auch tatsächlich rechtfertigt, ist nicht zu prüfen. Andererseits stellt § 41 KFürsV klar, dass sich die Feststellung, ob und inwieweit Einkommen und Vermögen aus Billigkeitsgründen nicht einzusetzen sind, nach der Besonderheit des Einzelfalls richtet und hierbei vor allem die in den §§ 42 bis 47 KFürsV aufgeführten Billigkeitsgründe zu berücksichtigen sind. In der Verwaltungspraxis scheinen aber über §§ 42 bis 47 KFürsV hinausgehenden Billigkeitsgründe keine große Rolle zu spielen.[38]

Eine schematische, einzelfallunabhängige Übernahme dieser „typisierten" Billigkeits- 24
gesichtspunkte in die Billigkeitsprüfung des § 105 Abs. 4 SGB XIV sollte unabhängig davon, dass es einige Anknüpfungsmerkmale wie Sonderfürsorgeberechtigung oder Pflegezulage im SGB XIV nicht mehr gibt, schon wegen des Gesetzesvorbehaltes (Art. 20 Abs. 3 GG, § 31 SGB I) nicht erfolgen. Es bleibt abzuwarten, ob und ggf. welche der Freibeträge bzw. Absetzbeträge aus Billigkeitsgründen in die Verordnung nach § 109 SGB XIV aufgenommen werden.

Rechtsprechung zu § 25c Abs. 3 S. 1 BVG und § 25f Abs. 1 S. 6 iVm § 25c Abs. 3 S. 1 BVG gibt es kaum. Erwähnenswert ist das Urteil des VG Gelsenkirchen, wonach eine Befreiung vom Einkommenseinsatz aus Gründen der Billigkeit nur bei einzelfallbezogenen Härten gewährt werden kann, dh allgemeine Regelungen des Gesetzes dürfen nicht im Wege einer Billigkeitsmaßnahme korrigiert werden.[39] Dasselbe Gericht hat in die Billigkeitsprüfung auch Überlegungen einbezogen, die dem „Grundsatz familiengerechter Hilfe" entsprechen,[40] und in dem zu entscheidenden Einzelfall den Verweis der Beschädigten auf die vorrangige gerichtliche Geltendmachung eines Schenkungsrückforderungsanspruchs gegen ihre Tochter verneint.

Die Unbilligkeitsvorschrift des Abs. 4 gilt nicht nur für den Einkommenseinsatz der 25
Leistungsberechtigten, sondern darüber hinaus auch insoweit, als **Dritte** ausnahmsweise Einkommen neben den Leistungsberechtigten einzusetzen haben (vgl. diesbezüglich den Wortlaut des § 105 Abs. 4 SGB XIV: „... derjenigen Person, die Einkommen oder Vermögen einzusetzen oder zu verwerten hat."). Die Vorschrift findet mithin auch beim Einkommenseinsatz der in § 106 Abs. 3 und § 107 Abs. 2 SGB XIV genannten Personen Anwendung. Für die Leistungen der KOF des BVG soll dies aber nur für die zusätzliche Anwendung des § 46 KFürsV gelten, soweit die Dritten **eigene besondere wirtschaftliche Belastungen** nachweisen können.[41]

---

38 Vgl. Empfehlungen zur Kriegsopferfürsorge, Stand 1.1.2020, Abschnitt 12, Unterabschnitt 12.3, S. 8 ff.
39 Vgl. VG Gelsenkirchen Urt. v. 13.8.2007 – 11 K 4189/04, juris Rn. 46.
40 Vgl. VG Gelsenkirchen Urt. v. 18.11.2020 – 11 K 9430/17, juris Rn. 75.
41 Vgl. Empfehlungen zur Kriegsopferfürsorge, Stand 1.1.2020, Abschnitt 12, Unterabschnitt 12.1, S. 2.

§ 106 Berücksichtigung von Einkommen

(1) Nicht als Einkommen zu berücksichtigen sind

1. **Leistungen nach diesem Buch mit Ausnahme von Leistungen, die dem Ersatz von Einkommen dienen, und**
2. **das Hinterbliebenengeld nach § 844 Absatz 3 des Bürgerlichen Gesetzbuches.**

(2) Übergangsgeld und Unterhaltsbeihilfe gelten nur dann als Einkommen, wenn neben Leistungen nach § 62 Satz 1 Nummer 1 Besondere Leistungen im Einzelfall in Betracht kommen.

(3) [1]Als Einkommen gilt neben dem Einkommen der Berechtigten auch das Einkommen der nicht dauernd getrennt lebenden Ehegatten oder der Personen, die mit Berechtigten eine eheähnliche Lebensgemeinschaft führen, soweit es die für die Berechtigten maßgebliche Einkommensgrenze nach § 107 Absatz 1 übersteigt. [2]Bei minderjährigen unverheirateten Berechtigten ist zur Deckung des Bedarfs auch das Einkommen der Eltern oder eines Elternteils einzusetzen, bei denen die Berechtigten leben. [3]Abweichend von Satz 2 ist Einkommen der Eltern oder eines Elternteils nicht zu berücksichtigen, solange Berechtigte schwanger sind oder mindestens ein Kind bis zur Vollendung seines sechsten Lebensjahres betreuen. [4]Zahlungen auf Grund eines bürgerlich-rechtlichen Unterhaltsanspruches sind insoweit Einkommen der Berechtigten, als das Einkommen der Unterhaltspflichtigen die für sie nach § 107 Absatz 1 zu ermittelnde Einkommensgrenze übersteigt. [5]Ist ein Unterhaltsbetrag gerichtlich festgesetzt, sind die darauf beruhenden Zahlungen Einkommen der Berechtigten.

A. Gesetzesgeschichte

1 § 106 SGB XIV ist Bestandteil des Kapitels 16, in dem die Berücksichtigung von Einkommen und Vermögen für die Besonderen Leistungen im Einzelfall (BLiE) geregelt ist. Im BVG ist die Berücksichtigung von Einkommen in § 25d BVG und der auf der Grundlage von § 27f BVG erlassenen KFürsV,[1] dort Abschnitt 8 (§§ 30–40), geregelt. Abschnitt 8 der KFürsV (abgedruckt → § 109 Rn. 11) trifft Bestimmungen zu den verschiedenen Einkunftsarten und entspricht im Wesentlichen der Verordnung zur Durchführung des § 82 SGB XII.[2] § 106 SGB XIV enthält keine Definition des Einkommensbegriffs, vielmehr gilt über den Verweis in § 105 Abs. 2 SGB XIV der Erste Abschnitt des Elften Kapitels des SGB XII (§§ 82–84 SGB XII) sowie die Verordnung zur Durchführung des § 82 SGB XII entsprechend. Der Verzicht auf Doppelungen im Regelungstext und die Beschränkung auf Abweichungen zu §§ 82 bis 84 SGB XII sind Ausdruck der systematischen Neuaufstellung der Regelungen zu Einkommen und Vermögen im SGB XIV im Verhältnis zu dem komplizierten und verschachtelten Recht

---

1 KFürsV v. 16.1.1979 (BGBl. 1979 I 80), zuletzt geändert durch Art. 9 des G. v. 30.11.2019 (BGBl. 2019 I 1948). Die KFürsV wird aufgehoben durch Art. 58 Nr. 5 G. v. 12.12.2019, BGBl. 2019 I 2652 mWv 1.1.2024.

2 VO in der im BGBl. Teil III Gliederungsnr. 2170–1–4 veröffentlichten bereinigten Fassung, die zuletzt durch Art. 8 des Gesetzes vom 21.12.2015 (BGBl. I 2557) geändert worden ist.

des BVG iVm der KFürsV (→ § 105 Rn. 3). § 106 SGB XIV enthält nur wenige **Änderungen** gegenüber den genannten Vorschriften des BVG iVm der KFürsV. So wird nach § 106 Abs. 1 Nr. 2 SGB XIV ausdrücklich das Hinterbliebenengeld nach § 844 Abs. 3 BGB von der Berücksichtigung als Einkommen ausgenommen. Neu ist gem. § 106 Abs. 3 S. 1 SGB XIV, dass auch das Einkommen der Personen, die mit Berechtigten eine **eheähnliche Lebensgemeinschaft** führen, als Einkommen gilt; dies allerdings nur, soweit es die für die Berechtigten maßgebliche Einkommensgrenze nach § 107 Abs. 1 SGB XIV übersteigt.

§ 106 SGB XIV tritt – wie die übrigen Regelungen im Kapitel 16[3] und die Regelungen der BLiE im Kapitel 11 – am 1.1.2024 in Kraft.[4] 2

B. Normsystematik

I. Allgemeiner Regelungsgehalt und Normzweck

§ 106 SGB XIV regelt, welches Einkommen abweichend von den §§ 82 bis 84 SGB XII zu berücksichtigen bzw. nicht zu berücksichtigen ist. Abs. 1 zählt Einkommen auf, das nicht als solches zu berücksichtigen ist. Abs. 2 enthält eine Ausnahme vom Grundsatz des Abs. 1 Nr. 1, wonach Leistungen nach dem SGB XIV nicht als Einkommen zu berücksichtigen sind. Danach gelten Übergangsgeld und Unterhaltsbeihilfe unter bestimmten Voraussetzungen als Einkommen. Abs. 3 enthält Regelungen, die im Recht der Sozialhilfe als „Einsatzgemeinschaft" bezeichnet werden, betrifft also die Frage, ob und in welchem Umfang Einkommen einer anderen Person als Einkommen der Berechtigten zählt. 3

II. Systematische Einordnung

§ 106 SGB XIV ist Bestandteil des Kapitels 16, in dem die Berücksichtigung von Einkommen und Vermögen für die BLiE – mit Ausnahme der Leistung zur Förderung einer Ausbildung nach § 94 SGB XIV – geregelt ist. Die BLiE ergänzen die übrigen Leistungen des SGB XIV und setzen ua **finanzielle Hilfebedürftigkeit** voraus (vgl. § 92 Abs. 1 SGB XIV). § 92 Abs. 2 SGB XIV bestimmt für die BLiE, dass für den Einsatz von Einkommen und Vermögen Kapitel 16 gilt. Durch den Verweis in § 64 Abs. 3 S. 3 SGB XIV auf die lebensunterhaltssichernde Leistung des § 93 SGB XIV ist Kapitel 16 jedoch auch auf die Bemessung der **Unterhaltsbeihilfe** anzuwenden (→ § 105 Rn. 10). 4

C. Einzelkommentierung

I. Ausnahmen von der Berücksichtigung als Einkommen

Abs. 1 bestimmt, was – abweichend von §§ 82–84 SGB XII – als Einkommen zu berücksichtigen bzw. nicht zu berücksichtigen ist. Nach Nr. 1 sind dies die Leistungen des SGB XIV, mit Ausnahme der Leistungen, die dem Ersatz von Einkommen dienen. Diese Regelung ist stark vereinfacht im Verhältnis zu den Regelungen des § 25d Abs. 1 BVG und § 30 KFürsV (abgedruckt → § 109 Rn. 11), in denen die Leistungen im Einzelnen aufgeführt sind, die nicht als Einkommen gelten. Für die Sozialhilfe benennt § 82 Abs. 1 S. 1 SGB XII idF bis 31.12.2023 ausdrücklich die **Grundrente nach dem BVG** und nach den Gesetzen, die eine entsprechende Anwendung des BVG vorsehen, als nicht als Einkommen zu berücksichtigende Leistung. In § 82 SGB XII in der ab 1.1.2024 geltenden Fassung[5] wird die monatliche Entschädigungszahlung nach § 83 SGB XIV, die die Grundrente nach dem BVG ersetzt, nicht ausdrücklich als anrech- 5

3 Mit Ausnahme der Verordnungsermächtigung in § 109, die nach Art. 60 Abs. 3 Nr. 1 G. v. 12.12.2019 (BGBl. 2019 I 2652) am 20.12.2019 in Kraft getreten ist.
4 Art. 60 Abs. 7 G. v. 12.12.2019, BGBl. 2019 I 2652.
5 § 82 SGB XII idF des Art. 40 Nr. 3 G. v. 12.12.2019, BGBl. 2019 I 2652.

nungsfrei aufgeführt. Dies ist auch nicht mehr erforderlich, da **§ 28 Abs. 2 SGB XIV** abschließend regelt, dass Entschädigungszahlungen nach Kapitel 9 nicht auf bedürftigkeitsabhängige Sozialleistungen anzurechnen sind.[6] Soweit also Leistungen der Sozialhilfe von Berechtigten nach dem SGB XIV in Anspruch genommen werden, zB Hilfe zum Lebensunterhalt nach dem Dritten Kapitel des SGB XII, weil der Bedarf nicht schädigungsbedingt ist (womit eine der wesentlichen Voraussetzungen der BLiE nicht erfüllt ist, → § 92 Rn. 26), sind deren Entschädigungszahlungen nach § 28 Abs. 2 SGB XIV geschützt.

6 **1. Leistungen nach dem SGB XIV.** Nach **Abs. 1 Nr. 1** sind Leistungen „nach diesem Buch", also dem SGB XIV, grundsätzlich nicht als Einkommen zu berücksichtigen. Unter Einbeziehung des 2. Hs. der Nr. 1, der die Ausnahmen von diesem Grundsatz beschreibt, lassen sich die nicht zu berücksichtigenden Einkünfte so definieren, dass sie nicht dem Ersatz von Einkommen dienen. Die wichtigste Leistung, die nicht als Einkommen zu berücksichtigen ist, ist zunächst die **monatliche Entschädigungszahlung an Geschädigte** nach Kapitel 9 Abschnitt 1 (§ 83 SGB XIV). Die Entschädigungszahlung stellt eine Entschädigung für den durch die erlittene gesundheitliche Schädigung und die hierdurch verlorene gesundheitliche Integrität entstandenen immateriellen Schaden dar und hat somit eine stark **immaterielle Komponente.**[7] Zudem soll sie dazu dienen, kurzfristig die Mehrbelastungen durch das schädigende Ereignis, die ein gesunder Mensch nicht hat, auszugleichen.[8] Damit ist auch bei Geschädigten, die nach § 83 Abs. 1 Nr. 5 SGB XIV bei einem GdS von 100 eine monatliche Entschädigungszahlung von 2000 Euro erhalten, diese Leistung bei der Prüfung der Hilfebedürftigkeit als Einkommen nicht zu berücksichtigen.

7 Dazu, ob auch die weiteren monatlichen Entschädigungszahlungen in Kapitel 9 Abschnitt 2 von der Einkommensberücksichtigung ausgenommen sind, findet sich in der Gesetzesbegründung nichts. Es handelt sich dabei um die **monatliche Entschädigungszahlung an Witwen und Witwer sowie an Partner einer eheähnlichen Gemeinschaft** nach § 85 SGB XIV, die **monatliche Entschädigungszahlung an Waisen** nach § 87 SGB XIV und die **monatliche Entschädigungszahlung an hinterbliebene Eltern** nach § 88 SGB XIV. Dies ist – neben dem Wortlaut des Abs. 1 Nr. 1 – aus zwei Gründen zu bejahen. Zum einen haben auch die in Kapitel 9 Abschnitt 2 aufgeführten monatlichen Entschädigungszahlungen an Hinterbliebene eine immaterielle Komponente.[9] Zum anderen ergäbe sich sonst ein Wertungswiderspruch zu anderen Sozialleistungen und Leistungen nach dem AsylbLG, da § 28 Abs. 2 SGB XIV regelt, dass **Entschädigungszahlungen nach Kapitel 9** nicht auf bedürftigkeitsabhängige Sozialleistungen anzurechnen sind. Gleiches muss insofern für die bedürftigkeitsabhängigen BLiE gelten. Anderenfalls würden bei nichtschädigungsbedingtem Bedarf die monatlichen Entschädigungszahlungen an Hinterbliebene, zB bei der Hilfe zum Lebensunterhalt des SGB XII, als Einkommen unberücksichtigt bleiben; bei den BLiE aber, die nur bei schädigungsbedingtem Bedarf zu leisten sind, hingegen angerechnet werden.

8 Durch die umfassende Formulierung des Abs. 1 Nr. 1 („Leistungen nach diesem Buch") sind auch die **Abfindungen** an Geschädigte nach § 84 SGB XIV und an Witwen und Witwer nach § 86 SGB XIV nicht als Einkommen zu berücksichtigen. §§ 84 und 86 SGB XIV geben Geschädigten und Witwen und Witwern die Möglichkeit, sich die Entschädigungszahlung in einer Summe auszahlen zu lassen. Die Abfindung tritt an die Stelle der monatlichen Entschädigungszahlung. Allerdings ist die **Abfindung als**

---

6 Vgl. die Gesetzesbegründung zur Neufassung des § 82 Abs. 1 S. 1 SGB XII, BT-Drs. 19/13824, 267.
7 BT-Drs. 19/13824, 217.
8 BT-Drs. 19/13824, 217.
9 Vgl. die Gesetzesbegründungen zu den Leistungen nach Kapitel 9 Abschnitt 2, BT-Drs. 19/13824, 207 f.

Vermögen zu berücksichtigen (→ § 108 Rn. 17 ff.). Auch **Einmalzahlungen für Geschädigte** nach § 102 Abs. 4 SGB XIV und **Einmalzahlungen an Hinterbliebene** nach § 102 Abs. 5 SGB XIV als Leistungen bei Gewalttaten im Ausland sind nicht als Einkommen zu berücksichtigen. Gleiches gilt für die **BLiE** selbst, die **Leistungen bei hochgradiger Sehbehinderung, Blindheit und Taubblindheit** nach Kapitel 8 und grundsätzlich auch die **Leistungen zur Teilhabe** nach Kapitel 6 (siehe aber Abs. 2 → Rn. 11).

Leistungen nach dem SGB XIV sind nach **Abs. 1 Nr. 1 Hs. 2** aber dann als Einkommen zu berücksichtigen, wenn sie dem Ersatz von Einkommen dienen. Dies trifft auf das **Krankengeld der Sozialen Entschädigung** nach § 74 SGB XIV sowie den **Berufsschadensausgleich** nach Kapitel 10 zu. 9

2. Hinterbliebenengeld. Abs. 1 Nr. 2 bestimmt ausdrücklich, dass das **Hinterbliebenengeld** nach § 844 Abs. 3 BGB nicht als Einkommen zu berücksichtigen ist. Nach dieser Vorschrift sollen Hinterbliebene im Sinne einer Anerkennung ihres seelischen Leids wegen der Tötung eines ihnen besonders nahestehenden Menschen von dem hierfür Verantwortlichen eine Entschädigung verlangen können.[10] Insofern handelt es sich beim Hinterbliebenengeld ebenso wie beim **Schmerzensgeld** nach § 253 Abs. 2 BGB um eine Entschädigung wegen eines Schadens, der nicht Vermögensschaden ist. Für das Schmerzensgeld nach § 253 Abs. 2 BGB regelt § 83 Abs. 2 SGB XII ausdrücklich, dass es nicht als Einkommen zu berücksichtigen ist. Über den Generalverweis in § 105 Abs. 2 SGB XIV gilt § 83 Abs. 2 SGB XII auch für die BLiE. Da eine rechtliche Gleichbehandlung des Hinterbliebenengeldes mit dem Schmerzensgeld geboten ist, hat der Gesetzgeber dies in Abs. 1 Nr. 2 ausdrücklich geregelt.[11] Er betont dabei aber zu Recht, dass es sich nur um eine **deklaratorische Regelung** handelt.[12] Denn die Privilegierung des § 82 Abs. 2 SGB XII ist nicht auf die unmittelbaren Anwendungsfälle des § 253 Abs. 2 BGB beschränkt. Erfasst sind auch vergleichbare gesetzliche Ansprüche auf **immateriellen Schadensersatz.**[13] 10

II. Übergangsgeld und Unterhaltsbeihilfe

Abs. 2 ist § 26a Abs. 4 BVG nachgebildet und enthält eine weitere **Ausnahme** vom Grundsatz des Abs. 1 Nr. 1, wonach Leistungen nach dem SGB XIV nicht als Einkommen zu berücksichtigen sind. Dies betrifft das **Übergangsgeld und die Unterhaltsbeihilfe** als unterhaltssichernde Leistungen bei Inanspruchnahme von Leistungen zur Teilhabe am Arbeitsleben iSv §§ 62 Abs. 1 Nr. 1, 63 iVm § 64 Abs. 1 Nr. 1 und Abs. 3 SGB XIV. Übergangsgeld und Unterhaltsbeihilfe sind nur dann als Einkommen zu berücksichtigen, wenn neben diesen Leistungen BLiE in Betracht kommen. BLiE kommen in diesem Sinne in Betracht, wenn bei Berechtigten ein Bedarf besteht, zu dessen Deckung die Leistungen nach Kapitel 11 bestimmt sind.[14] Ob und in welcher Höhe Berechtigte im Einzelfall einen Anspruch auf BLiE haben, hängt davon ab, inwieweit ihr Bedarf durch einzusetzendes Einkommen und Vermögen gedeckt wird. Als Einkommen einzusetzen sind dabei auch Übergangsgeld und Unterhaltsbeihilfe.[15] 11

---

10 Vgl. BT-Drs. 18/11397, 1 – Entwurf eines Gesetzes zur Einführung eines Anspruchs auf Hinterbliebenengeld v. 7.3.2017 – BGBl. 2017 I 2421, in Kraft getreten am 22.7.2017.
11 Vgl. BT-Drs. 19/13824, 217.
12 Vgl. BT-Drs. 19/13824, 217.
13 Vgl. hierzu jurisPK-SGB XII/Schmidt, 3. Aufl. 2020 (Stand: 1.2.2020), § 83 Rn. 20.
14 BT-Drs. 19/13824, 217.
15 BT-Drs. 19/13824, 217.

III. Partner- und Elterneinkommen

12 **Abs. 3** trifft Bestimmungen zur Berücksichtigung von **Partner- und Elterneinkommen.** Damit liegt eine Regelung vor, die man im Sozialhilferecht als **Einsatzgemeinschaft** bezeichnet. **S. 1** entspricht § 25d Abs. 2 S. 1 BVG, soweit er bestimmt, dass als Einkommen der Berechtigten auch das Einkommen der nicht dauernd getrennt lebenden **Ehegatten** gilt. Aus der Gleichstellung von eingetragenen Lebenspartnerschaften mit Ehen in § 21 LPartG folgt, dass dies auch für eingetragene **Lebenspartnerinnen und Lebenspartner** gilt. Erweitert wird der Personenkreis in S. 1 um Personen, die mit Berechtigten eine **eheähnliche Lebensgemeinschaft** führen. Die Aufnahme dieses Personenkreises ist nach der Gesetzesbegründung erforderlich, weil es sachgerecht ist, ihn den Ehegatten gleichzustellen.[16] Dem ist insbesondere vor dem Hintergrund zuzustimmen, dass sich für die BLiE der Einsatz von Einkommen und Vermögen grundsätzlich nach den Bestimmungen des Elften Kapitels des SGB XII richtet (vgl. § 105 Abs. 2 SGB XIV). Der für alle Leistungen der Sozialhilfe geltende Grundsatz des § 20 SGB XII, wonach Personen, die in eheähnlicher oder lebenspartnerschaftsähnlicher Gemeinschaft leben, hinsichtlich der Voraussetzungen sowie des Umfangs der Sozialhilfe nicht bessergestellt werden dürfen als Ehegatten, muss auch für den Einsatz von Einkommen und Vermögen nach Kapitel 16 des SGB XIV gelten. Da § 20 SGB XII aber von dem Verweis in § 105 Abs. 2 SGB XIV auf das Elfte Kapitel des SGB XII nicht erfasst ist, war eine ausdrückliche Regelung erforderlich.

13 Definiert wird der Begriff der **eheähnlichen Lebensgemeinschaft** (→ § 2 Rn. 36) im Regelungstext nicht. Gleiches gilt für § 20 SGB XII. Nach der Rechtsprechung des BVerfG handelt es sich bei einer Lebensgemeinschaft zwischen einem Mann und einer Frau um eine solche, die auf Dauer angelegt ist, daneben keine weitere Lebensgemeinschaft gleicher Art zulässt und sich durch innere Bindungen auszeichnet, die ein gegenseitiges Einstehen der Partner füreinander begründen, also über die Beziehung in einer reinen Haushalts- und Wirtschaftsgemeinschaft hinausgeht.[17] Der Begriff sei im Sinne einer **„Verantwortungs- und Einstehensgemeinschaft"** auszulegen. Das BVerfG hält eine Gleichstellung von eheähnlichen Gemeinschaften und Ehen bei der Feststellung ihrer finanziellen Bedürftigkeit nur dann für gerechtfertigt, wenn die Bindungen der Partner so eng sind, dass von ihnen ein gegenseitiges Einstehen in den Not- und Wechselfällen des Lebens erwartet werden kann. Nur wenn sich die Partner so sehr füreinander verantwortlich fühlen, dass sie zunächst den gemeinsamen Lebensunterhalt sicherstellen, bevor sie ihr persönliches Einkommen zur Befriedigung eigener Bedürfnisse verwenden, ist ihre Lage mit derjenigen nicht dauernd getrennt lebender Ehegatten im Hinblick auf die verschärfte Bedürftigkeitsprüfung vergleichbar.[18] In jedem Fall kommt es maßgeblich auf die jeweiligen Besonderheiten des Einzelfalls an. Zurückgegriffen werden kann auch auf die Regelung des § 7 Abs. 3a SGB II. Die dort genannten Kriterien sind entscheidende Indizien für das Vorliegen einer eheähnlichen Gemeinschaft.[19] Insgesamt kann auf die umfangreiche Rechtsprechung und Literatur zur eheähnlichen Lebensgemeinschaft verwiesen werden.[20] Diese Grundsätze sind ohne Abweichungen auf die **lebenspartnerschaftsähnliche Gemeinschaft** übertragbar.[21]

14 Das Einkommen des nicht getrennt lebenden Ehegatten oder Partners einer eheähnlichen Lebensgemeinschaft wird dem Leistungsberechtigten unmittelbar wie eigenes

---

16 BT-Drs. 19/13824, 217.
17 BVerfG Urt. v. 17.11.1992 – 1 BvL 8/87, BVerfGE 87, 234 (264 ff.).
18 BVerfG Urt. v. 17.11.1992 – 1 BvL 8/87, BVerfGE 87, 234 (264 ff.).
19 BSG Urt. v. 12.10.2016 – B 4 AS 60/15 R.
20 Vgl. insbes. Grube/Wahrendorf/Flint/Deckers SGB XII, 7. Aufl. 2020, § 20 Rn. 9 ff. mwN; jurisPK-SGB XII/Voelzke, 3. Aufl. 2020 (Stand: 13.2.2020), § 20 Rn. 19 ff. mwN.
21 BSG Urt. v. 18.7.2019 – B 8 SO 6/18 R.

Einkommen zugerechnet. Dies gilt aber nur, soweit es die für die Berechtigten maßgebliche Einkommensgrenze nach § 107 Abs. 1 SGB XIV übersteigt. Für den Einsatz des Einkommens des nicht getrennt lebenden Ehegatten oder Partners einer eheähnlichen Lebensgemeinschaft gilt daher generell die **hohe Einkommensgrenze des § 107 Abs. 1 SGB XIV** mit allen dort aufgeführten Bestandteilen. Hierdurch soll der angemessene Eigenbedarf der Ehegatten bzw. eheähnlichen Partner sichergestellt werden.[22]

Diese Einkommensgrenze gilt für nicht getrennt lebende Ehegatten oder Partner einer eheähnlichen Lebensgemeinschaft auch, wenn es um **Leistungen zum Lebensunterhalt** nach § 93 SGB XIV für Berechtigte geht. Die Berechtigten selbst kommen bei Leistungen zum Lebensunterhalt nicht in den „Genuss" der hohen Einkommensgrenze des § 107 Abs. 1 SGB XIV (vgl. § 107 Abs. 3, → § 107 Rn. 22).

Satz 2 bestimmt, dass bei **minderjährigen unverheirateten Berechtigten** zur Deckung 15
des Bedarfs auch das Einkommen der Eltern oder eines Elternteils einzusetzen ist, bei denen die Berechtigten leben. Die Vorschrift entspricht im Wesentlichen § 25e Abs. 2 S. 1 BVG, der allerdings nicht darauf abstellt, dass die Berechtigten bei den Eltern oder einem Elternteil leben. Letztere Differenzierung sowie die Fallgestaltung, dass die Beschädigten bei keinem Elternteil leben, sind aber in § 25e Abs. 2 S. 2 u. 3 BVG dergestalt geregelt, dass die Einkommensgrenze unterschiedlich festgesetzt wird.

Dass für den Einkommenseinsatz der Eltern oder eines Elternteils die Einkommensgrenze des § 107 Abs. 1 SGB XIV iVm § 85 Abs. 2 SGB XII gilt, ergibt sich aus Satz 2 nicht. Hierzu findet sich eine Sonderregelung in § 107 Abs. 2 SGB XIV (→ § 107 Rn. 20).

Nach **S. 3** wird **Elterneinkommen** abweichend von S. 2 nicht berücksichtigt, solange 16
Berechtigte schwanger sind oder mindestens ein Kind bis zur Vollendung seines sechsten Lebensjahres betreuen. S. 3 übernimmt damit die in § 19 Abs. 4 SGB XII sowie in § 27 Abs. 2 S. 3 SGB XII iVm § 39 S. 3 Nr. 1 SGB XII genannte Regelung für das Soziale Entschädigungsrecht.[23] § 19 Abs. 4 SGB XII ist eine flankierende Vorschrift zum **Schutz des ungeborenen Lebens** und hebt den Nachrang der Hilfe in Bezug auf sämtliche Sozialhilfeleistungen in erheblichem Umfang auf.[24] Sinn der Vorschrift ist es, zu vermeiden, dass ein notwendig werdender Sozialhilfebezug ein Motiv für eine Abtreibung sein könnte; die Schwangere soll sicher sein, dass sie Sozialhilfeleistungen erhält, ohne dass ihre Eltern in Anspruch genommen werden.[25] § 19 Abs. 4 SGB XII gilt – wie sich aus seiner systematischen Stellung zu Abs. 3 ergibt – unmittelbar nur für minderjährige unverheiratete Kinder. Denselben Schutzzweck verfolgt § 27 Abs. 2 S. 3 iVm § 39 S. 3 Nr. 1 SGB XII: Elterneinkommen ist bei der Hilfe zum Lebensunterhalt für **minderjährige unverheiratete Kinder**, die im Haushalt ihrer Eltern leben, nicht zu berücksichtigen, wenn sie schwanger sind oder ihr leibliches Kind bis zur Vollendung seines sechsten Lebensjahres betreuen. Wird nun die Schwangere oder Mutter des Kindes bis zur Vollendung seines sechsten Lebensjahres volljährig, sind zwar § 19 Abs. 4 SGB XII und § 27 Abs. 2 S. 3 iVm § 39 S. 3 Nr. 1 SGB XII nicht mehr anzuwenden. Damit aber die von diesen Regelungen beabsichtigte Schutzwirkung nunmehr nicht im Rahmen der Zuwendungsvermutung des § 39 S. 1 SGB XII ins Leere läuft, gilt diese Vermutung nach § 39 S. 3 Nr. 1 SGB XII von vornherein nicht.[26] Für **volljährige oder verheiratete Kinder**, die im Haushalt ihrer Eltern leben, gilt im Sozialhilferecht also derselbe Schutz nach § 39 S. 3 Nr. 1 SGB XII.[27] Durch den Verweis in § 93

22 Vgl. zum BVG Empfehlungen zur Kriegsopferfürsorge, Stand 1.1.2020, Abschnitt 11, Unterabschnitt 11.9, S. 18.
23 BT-Drs. 19/13824, 217.
24 Grube/Wahrendorf/Flint/Deckers SGB XII, 7. Aufl. 2020, § 19 Rn. 16.
25 Vgl. Grube/Wahrendorf/Flint/Deckers SGB XII, 7. Aufl. 2020, § 19 Rn. 16.
26 Vgl. jurisPK-SGB XII/Becker, 3. Aufl. 2020 (Stand: 30.3.2020), § 39 Rn. 61.
27 Vgl. Grube/Wahrendorf/Flint/Deckers SGB XII, 7. Aufl. 2020, § 19 Rn. 16.

Abs. 1 S. 2 SGB XIV auf das Dritte und Vierte Kapitel des SGB XII greift dieser Schutz auch für die Leistungen zum Lebensunterhalt im SER.

Im Unterschied zu § 19 Abs. 4 SGB XII und § 39 S. 3 Nr. 1 SGB XII verlangt § 106 Abs. 3 S. 3 SGB XIV nicht, dass es sich um das **leibliche Kind** der Berechtigten handelt. Da die sozialhilferechtlichen Regelungen der § 19 Abs. 4 SGB XII und § 27 Abs. 2 S. 3 iVm § 39 S. 3 Nr. 1 SGB XII nach dem Willen des Gesetzgebers[28] für das SER übernommen werden sollten und diese Vorschriften nur „leibliche" Kinder einbeziehen, dürfte es sich allerdings um ein **redaktionelles Versehen des Gesetzgebers** handeln[29]. Dafür spricht auch die Gesetzesbegründung,[30] in der von der Betreuung des „leiblichen" Kindes die Rede ist.

17 S. 4 und 5 treffen besondere Regelungen zur Berücksichtigung von **Zahlungen aufgrund bürgerlich-rechtlicher Unterhaltsansprüche** als Einkommen und entsprechen § 25d Abs. 2 S. 2 BVG. Zahlungen aufgrund bürgerlich-rechtlicher Unterhaltsansprüche sind danach insoweit Einkommen der Berechtigten, als das Einkommen der Unterhaltspflichtigen die für sie nach § 107 Abs. 1 SGB XIV zu ermittelnde Einkommensgrenze übersteigt (S. 4). Es handelt sich demnach nur dann um Einkommen der Berechtigten, soweit das Einkommen der Unterhaltspflichtigen die Einkommensgrenze des § 107 Abs. 1 SGB XIV übersteigt. Ist ein Unterhaltsbetrag gerichtlich festgesetzt, sind die darauf beruhenden Zahlungen Einkommen der Berechtigten (S. 5). Ohne Einschränkungen werden Unterhaltsleistungen also nur dann als Einkommen des leistungsberechtigten Unterhaltsempfängers angesehen, wenn sie gerichtlich festgesetzt worden sind.

§ 107 Einkommensgrenze

(1) [1]Einkommen der Berechtigten ist nur einzusetzen, soweit es während der Dauer des Bedarfs im Monat eine Einkommensgrenze übersteigt. [2]Abweichend von den in § 85 Absatz 1 des Zwölften Buches genannten Beträgen sind hierbei zu berücksichtigen

1. **als Grundbetrag ein Betrag in Höhe des Dreifachen der Regelbedarfsstufe 1 nach der Anlage zu § 28 des Zwölften Buches,**
2. **die Aufwendungen für die Unterkunft sowie**
3. **als Familienzuschlag ein Betrag in Höhe von 90 Prozent der Regelbedarfsstufe 1 für nicht getrennt lebende Ehegatten und für jede Person, die von Berechtigten oder deren nicht getrennt lebenden Ehegatten überwiegend unterhalten wird.**

[3]Die Einkommensgrenze nach den Sätzen 1 und 2 beträgt höchstens das Achtfache der Regelbedarfsstufe 1 zuzüglich eines Betrags in Höhe von 75 Prozent des jeweiligen Familienzuschlags.

(2) [1]Ist bei minderjährigen unverheirateten Berechtigten zur Deckung des Bedarfs auch das Einkommen der Eltern oder eines Elternteils einzusetzen, so werden die Einkommen Berechtigter und ihrer Eltern oder eines Elternteils unabhängig voneinander betrachtet. [2]Dabei gilt für die Berechtigten die sich aus Absatz 1 ergebende Einkommensgrenze. [3]Für die Eltern oder den Elternteil gilt eine eigene Einkommensgrenze, bei deren Ermittlung die in Absatz 1 genannten Beträge zu berücksichtigen sind. [4]Werden beide Einkommensgrenzen überschritten, so ist vorrangig das Einkommen der Berechtigten einzusetzen.

(3) Die Absätze 1 und 2 gelten nicht bei Leistungen zum Lebensunterhalt.

28 Vgl. BT-Drs. 19/13824, 217.
29 So auch Knickrehm/Mushoff/Schmidt Neues SozEntschR Rn. 377.
30 Vgl. BT-Drs. 19/13824, 217.

A. Gesetzesgeschichte

§ 107 SGB XIV ist Bestandteil des Kapitels 16, in dem die Berücksichtigung von Einkommen und Vermögen für die Besonderen Leistungen im Einzelfall (BLiE) geregelt ist. Die Vorschrift legt die Einkommensgrenze fest, also ab wann Einkommen zur Deckung des Bedarfs einzusetzen ist und damit der Nachrang der BLiE greift. § 107 SGB XIV ist an § 25e BVG angelehnt. Im BVG ist der Einsatz von Einkommen bei den fürsorgerischen Leistungen unübersichtlich geregelt. Dort gibt es die allgemeine Einkommensgrenze des § 25e Abs. 1 BVG und – abhängig von der Art des Bedarfs bzw. der Leistung – verschiedene besondere Einkommensgrenzen (zB §§ 26c Abs. 5, 27d Abs. 6 und 27 Abs. 2 S. 3). Im SGB XIV gilt für die Einkommensgrenze gem. § 105 Abs. 2 SGB XIV der Zweite Abschnitt des Elften Kapitels des SGB XII entsprechend, soweit § 107 SGB XIV nichts Abweichendes regelt. Der Verzicht in § 107 SGB XIV auf Doppelungen im Regelungstext und die Beschränkung auf Abweichungen zu § 85 SGB XII sind Ausdruck der **systematischen Neuaufstellung der Regelungen zu Einkommen und Vermögen** im SGB XIV im Verhältnis zu dem komplizierten und verschachtelten Recht des BVG iVm der KFürsV (→ § 105 Rn. 3; KFürsV abgedruckt → § 109 Rn. 11). 1

§ 107 SGB XIV tritt – wie die übrigen Regelungen im Kapitel 16[1] und die Regelungen der BLiE im Kapitel 11 – am 1.1.2024 in Kraft.[2] 2

B. Normsystematik

I. Allgemeiner Regelungsgehalt

Abs. 1 legt die Einkommensgrenze fest, die abweichend von § 85 Abs. 1 SGB XII bei Einkommen der Berechtigten zu beachten ist. Abs. 2 regelt abweichend von § 85 Abs. 2 SGB XII den Einsatz von Einkommen minderjähriger unverheirateter Berechtigter und ihrer Eltern oder eines Elternteils. Abs. 3 bestimmt, dass die Einkommensgrenze wie im bisherigen Recht des BVG (§ 25e Abs. 3 BVG) und im Recht der Sozialhilfe bei Leistungen zum Lebensunterhalt nicht zu berücksichtigen ist. Die Einkommensgrenze gilt nur für die Leistungen zur Weiterführung des Haushalts nach § 95 SGB XIV und die Leistungen in sonstigen Lebenslagen nach § 96 SGB XIV (→ § 105 Rn. 14). 3

II. Normzweck

Zweck der Abs. 1 und 2 ist es, eine Einkommensgrenze festzulegen, bei deren Unterschreiten – von den Ausnahmen des § 105 Abs. 2 SGB XIV iVm § 88 SGB XII abgesehen – eine **Eigenbeteiligung** des Hilfebedürftigen bei der Inanspruchnahme von BLiE nach Kapitel 11 nicht erforderlich ist. Die Festlegung der Einkommensgrenze soll dem Leistungsberechtigten einen Lebensstandard oberhalb der Bedürftigkeit für Hilfe zum Lebensunterhalt sichern.[3] Die Einkommensgrenze entscheidet, ob ein Leistungsan- 4

1 Mit Ausnahme der Verordnungsermächtigung in § 109, die nach Art. 60 Abs. 3 Nr. 1 G. v. 12.12.2019 (BGBl. 2019 I 2652) am 20.12.2019 in Kraft getreten ist.
2 Art. 60 Abs. 7 G. v. 12.12.2019, BGBl. 2019 I 2652.
3 Vgl. BSG Urt. v. 30.4.2020 – B 8 SO 1/19 R, juris Rn. 19.

spruch besteht und legt somit die – besondere – Bedürftigkeitsgrenze fest, die mit einer **Zumutbarkeitsgrenze** gekoppelt ist; auf diese Weise soll die Vorschrift der **besonderen Bedarfssituation** Rechnung tragen und der Einstandsgemeinschaft ein angemessener Betrag für andere Lebensbedürfnisse bleiben.[4] Durch die Berücksichtigung einer Einkommensgrenze wird gewährleistet, dass den Berechtigten ausreichende finanzielle Mittel zur Sicherung des Lebensunterhalts verbleiben.[5]

Weil es sich bei der Bestimmung der Zumutbarkeitsgrenze nicht um das zum Leben Existenznotwendige handelt, kommt dem Gesetzgeber hierbei ein größerer Spielraum zu als bei der Hilfe zum Lebensunterhalt.[6] Erst bei Überschreiten von den in der Vorschrift geregelten Grenzen wird der Einkommenseinsatz der leistungsberechtigten Person sowie den darüber hinaus einstandspflichtigen Personen zugemutet.[7]

§ 107 SGB XIV legt nicht fest, in welchem Umfang Einkommen, das über der Einkommensgrenze liegt, zur Bedarfsdeckung einzusetzen ist. Für diesen Prüfungsschritt ist § 105 Abs. 2 SGB XIV iVm § 87 SGB XII heranzuziehen.

Die Einkommensgrenze des § 107 SGB XIV ist – wie bereits im BVG (§ 25e BVG) – höher als die Einkommensgrenze des § 85 SGB XII. Damit wird der in der Kriegsopferfürsorge (KOF) geltende **Begünstigungsgrundsatz** mit dem Anlegen eines „großzügigeren" Maßstabs fortgeführt (→ § 92 Rn. 4, → § 105 Rn. 1 ff.).

III. Systematische Einordnung und Anwendungsbereich

5 § 107 SGB XIV ist Bestandteil des Kapitels 16, in dem die Berücksichtigung von Einkommen und Vermögen für die BLiE – mit Ausnahme der Leistung zur Förderung einer Ausbildung nach § 94 SGB XIV – geregelt ist. Die BLiE ergänzen die übrigen Leistungen des SGB XIV und setzen ua **finanzielle Hilfebedürftigkeit** voraus (vgl. § 92 Abs. 1 SGB XIV). § 92 Abs. 2 SGB XIV bestimmt für die BLiE, dass für den Einsatz von Einkommen und Vermögen Kapitel 16 gilt. Durch den Verweis in § 64 Abs. 3 S. 3 SGB XIV auf die lebensunterhaltssichernde Leistung des § 93 SGB XIV ist Kapitel 16 jedoch auch auf die Bemessung der Unterhaltsbeihilfe anzuwenden (→ § 105 Rn. 10), für die aber die Einkommensgrenze des § 107 SGB XIV nicht gilt (→ Rn. 22). Die Einkommensgrenze spielt auch keine Rolle, wenn der Bedarf ausschließlich schädigungsbedingt ist (vgl. § 105 Abs. 3 SGB XIV). § 107 SGB XIV ist – wie § 85 SGB XII – die Grundnorm für den Einsatz von Einkommen bei der Gewährung bestimmter Hilfen. Im SGB XII sind dies die **besondere Bedarfe** deckenden Leistungen nach dem Fünften bis Neunten Kapitel. Das Sechste Kapitel des SGB XII existiert allerdings nicht mehr, es wurde mit dem BTHG[8] aufgehoben. Die entsprechenden Regelungen zur Eingliederungshilfe (§§ 90 ff. SGB IX) und die hierfür geltenden Einkommensgrenzen sind seitdem im SGB IX (§§ 90 ff. und 135 ff. SGB IX) verortet. Für die lebensunterhaltssichernden Leistungen des Dritten und Vierten Kapitels des SGB XII gilt die Einkommensgrenze nicht. Auch im SGB XIV gilt die Einkommensgrenze nur für besondere Bedarfe. § 107 SGB XIV iVm den Vorschriften des Zweiten Abschnitts des Elften Kapitels des SGB XII zur Einkommensgrenze (§§ 85–89 SGB XII) ist nur auf die Leistungen zur Weiterführung des Haushalts nach § 95 SGB XIV und die Leistungen in sonstigen Lebenslagen nach § 96 SGB XIV anzuwenden (→ § 105 Rn. 14). Für die **Leistungen zum Lebensunterhalt** nach § 93 SGB XIV gilt die Einkommensgrenze ausdrücklich nicht (§ 107 Abs. 3 SGB XIV). Gleiches muss wegen des Verweises in § 64

4 Vgl. Grube/Wahrendorf/Flint/Giere SGB XII, 7. Aufl. 2020, § 85 Rn. 1; vgl. auch BT-Drs. 19/13824, 218.
5 BT-Drs. 19/13824, 218.
6 Grube/Wahrendorf/Flint/Giere SGB XII, 7. Aufl. 2020, § 85 Rn. 1.
7 Grube/Wahrendorf/Flint/Giere SGB XII, 7. Aufl. 2020, § 85 Rn. 1.
8 Bundesteilhabegesetz v. 23.12.2016, BGBl. 2016 I 3234.

Abs. 3 S. 3 SGB XIV auf § 93 SGB XIV auch für die lebensunterhaltssichernde Leistung der **Unterhaltsbeihilfe** gelten.

C. Einzelkommentierung

I. Berechnung der Einkommensgrenze

Abs. 1 bestimmt – abweichend von § 85 Abs. 1 SGB XII – die Einkommensgrenze, die bei Einkommen der **Berechtigten** zu beachten ist. Da die Einkommensgrenze nur für die Leistungen zur Weiterführung des Haushalts nach § 95 SGB XIV und die Leistungen in sonstigen Lebenslagen nach § 96 SGB XIV gilt (→ § 105 Rn. 14) und Anspruch auf diese Leistungen nur **Geschädigte** haben (vgl. § 92 Abs. 1, 3 u. 6 SGB XIV), sind Berechtigte iSd § 107 SGB XIV Personen, die durch ein schädigendes Ereignis nach dem SGB XIV unmittelbar eine gesundheitliche Schädigung erlitten haben (vgl. die Legaldefinition der Geschädigten in § 2 Abs. 1 SGB XIV). Die Einkommensgrenze gilt aber gem. § 106 Abs. 3 S. 1 SGB XIV auch für Ehegatten und Partner einer eheähnlichen Lebensgemeinschaft (→ § 106 Rn. 12 ff.) sowie gem. § 106 Abs. 3 S. 4 SGB XIV auch für Unterhaltsverpflichtete, es sei denn, eine gerichtlich festgesetzte Unterhaltszahlung wird geleistet (→ § 106 Rn. 17). 6

1. Abs. 1 S. 1 bestimmt, dass das Einkommen der Berechtigten nur einzusetzen ist, soweit es während der Dauer des Bedarfs im Monat eine Einkommensgrenze übersteigt. S. 1 orientiert sich damit am Wortlaut des § 25e Abs. 1 S. 1 BVG und unterscheidet sich vom Wortlaut des § 85 Abs. 1 S. 1 SGB XII, wonach die Aufbringung der Mittel nicht zuzumuten ist, wenn während der Dauer des Bedarfs das monatliche Einkommen eine Einkommensgrenze nicht übersteigt. Dass die Einkommensgrenze eine **Zumutbarkeitsgrenze** ist (→ Rn. 4), findet sich damit bereits im Wortlaut des § 85 Abs. 1 S. 1 SGB XII, nicht hingegen im § 107 Abs. 1 S. 1 SGB XIV. Dadurch, dass § 87 SGB XII über den Verweis in § 105 Abs. 2 SGB XIV entsprechend gilt und § 107 SGB XIV nichts Abweichendes regelt, ist auch im SER der Einsatz des Einkommens über der Einkommensgrenze unter Zumutbarkeitsgesichtspunkte gestellt. Eine andere Rechtslage ist mit dem unterschiedlichen Wortlaut von § 107 Abs. 1 S. 1 SGB XIV und § 85 Abs. 1 S. 1 SGB XII demnach nicht verbunden: es wird nur unterschiedlich ausgedrückt, dass unter der Einkommensgrenze liegendes Einkommen unberücksichtigt zu lassen ist (zu den Ausnahmen siehe aber § 105 Abs. 2 SGB XIV iVm § 88 SGB XII). 7

Was als **Einkommen** zu berücksichtigen ist, ergibt sich aus § 105 Abs. 2 SGB XIV iVm dem Ersten Abschnitt des Elften Kapitels des SGB XII (§§ 82–84 SGB XII), soweit sich aus § 106 SGB XIV nichts Abweichendes ergibt. Als Einkommen gilt neben dem Einkommen der Berechtigten auch das Einkommen der nicht dauernd getrennt lebenden Ehegatten und Partner einer eheähnlichen Lebensgemeinschaft. Dies aber nur, soweit es die für die Berechtigten maßgebliche Einkommensgrenze nach 107 Abs. 1 SGB XIV übersteigt (s. § 106 Abs. 3 S. 1 SGB XIV). Die Einkommensgrenze ist im jeweiligen **Berechnungszeitraum** zu bestimmen, der sich grundsätzlich nach der Dauer des geltend gemachten Bedarfs richtet. Dabei ist regelmäßig für die Berechnung allein auf den jeweiligen Kalendermonat abzustellen, in dem ein zu deckender Bedarf besteht.[9] Von diesem **Monatsprinzip** und auch dem sogenannten **Aktualitätsprinzip** machen allerdings § 105 Abs. 2 SGB XIV iVm § 87 Abs. 2 u. 3 SGB XII eine Ausnahme.[10] 8

2. Abs. 1 S. 2 bestimmt – wie § 25e Abs. 1 BVG –, dass die Einkommensgrenze aus **drei Komponenten** gebildet wird. Im Verhältnis zu § 85 Abs. 1 SGB XII sind die drei Komponenten günstiger ausgestaltet, wodurch die Einkommensgrenze im SER wesentlich höher ist. Damit soll dem Sonderopfer der Bezieher von Leistungen des 9

9 Vgl. hierzu jurisPK-SGB XII/Gutzler, 3. Aufl. 2020 (Stand: 1.2.2020), § 85 Rn. 23–24.
10 Vgl. hierzu jurisPK-SGB XII/Gutzler, 3. Aufl. 2020 (Stand: 1.2.2020), § 87 Rn. 9, 10.

SER angemessen Rechnung getragen werden.[11] Der bereits in der KOF geltende **Begünstigungsgrundsatz** mit dem Anlegen eines „großzügigeren" Maßstabs wird somit auch bei der Einkommensgrenze fortgeführt (→ § 92 Rn. 4, → § 105 Rn. 1 ff.). Die Einkommensgrenze setzt sich aus einem Grundbetrag, den Kosten der Unterkunft und eventuell zu berücksichtigenden Familienzuschlägen zusammen.

10 Der **Grundbetrag** nach **S. 2 Nr. 1** beträgt das Dreifache der Regelbedarfsstufe 1 nach der Anlage zu § 28 SGB XII. Im Recht der Sozialhilfe hingegen errechnet sich der Grundbetrag aus dem Zweifachen der Regelbedarfsstufe 1 nach der Anlage zu § 28 SGB XII. Welche Regelbedarfsstufe in örtlicher Hinsicht maßgebend ist, bestimmt sich gem. § 105 Abs. 2 SGB XIV iVm § 85 Abs. 3 SGB XII. Nach § 105 Abs. 2 SGB XIV iVm § 86 SGB XII können die Länder und auch die Träger der Sozialhilfe für bestimmte Arten der Hilfe einen höheren Grundbetrag zugrunde legen.

11 Nach **S. 2 Nr. 2** sind die **Aufwendungen für die Unterkunft** für die Einkommensgrenze zu berücksichtigen. S. 2 Nr. 2 hat – anders als § 85 Abs. 1 Nr. 2 SGB XII – nicht zur Voraussetzung, dass die Unterkunftskosten „angemessen" sind. Diese Besserstellung im SER findet sich bereits in § 25e Abs. 1 Nr. 2 BVG. Zu den Aufwendungen für Unterkunft zählen die **Miete und Nebenkosten**, bei Finanzierung eines Eigenheimes auch die **Darlehenszinsen. Tilgungsleistungen** können ebenfalls als Aufwendungen für die Unterkunft berücksichtigt werden; Maßstab ist hier aber die Angemessenheit der Tilgungsleistungen.[12] Angemessen sind Tilgungsleistungen zu banküblichen Konditionen, jedoch keine Sondertilgungen.[13] An dieser für die KOF geltenden Auffassung sollte auch im SGB XIV festgehalten werden.[14] Kosten für **Schönheitsreparaturen** sind keine Aufwendungen für die Unterkunft.[15]

12 Die Frage, ob **Kosten der Heizung** zu den Aufwendungen für die Unterkunft zählen, wurde nach überwiegender Auffassung in der Literatur zu § 85 Abs. 1 Nr. 2 SGB XII aus gesetzessystematischen Gründen verneint, da § 85 Abs. 1 Nr. 2 SGB XII nur von den „Kosten der Unterkunft" sprach, während § 35 SGB XII (§ 29 SGB XII aF) zwischen „Aufwendungen für die Unterkunft" und „Bedarfen für Heizung" unterscheidet.[16] Damit, so wurde argumentiert, beziehe sich die Regelung des § 85 Abs. 1 Nr. 2 SGB XII allein auf die Kosten der Unterkunft, womit Heizungskosten ausgeschlossen seien. Hingegen sah das BSG die Heizungskosten miterfasst.[17] Dem ist der Gesetzgeber mit dem Gesetz zur Änderung des Zwölften Buches Sozialgesetzbuch und weiterer Vorschriften vom 21.12.2015[18] entgegengetreten. Durch die Änderung der Formulierung „Kosten der Unterkunft" zu „Aufwendungen für die Unterkunft" solle eine Angleichung an die im Dritten und Vierten Kapitel des SGB XII übliche Begrifflichkeit erfolgen und klargestellt werden, dass Heizkosten nicht inbegriffen seien.[19] Diese geringfügige Änderung des Wortlautes durch den Gesetzgeber hat das BSG nicht gel-

11 Vgl. BT-Drs. 19/13824, 218.
12 Vgl. zu § 25e BVG Empfehlungen zur Kriegsopferfürsorge, Stand 1.1.2020, Abschnitt 11, Unterabschnitt 11.4, S. 9 mwN.
13 Vgl. zu § 25e BVG Empfehlungen zur Kriegsopferfürsorge, Stand 1.1.2020, Abschnitt 11, Unterabschnitt 11.4, S. 9.
14 Im SGB XII hingegen gehören Tilgungsraten eines Immobiliendarlehens regelmäßig nicht bzw. in sehr engen Grenzen zu den Kosten der Unterkunft, vgl. Grube/Wahrendorf/Flint/Giere SGB XII, 7. Aufl. 2020, § 85 Rn. 23; jurisPK-SGB XII/Gutzler, 3. Aufl. 2020 (Stand: 1.2.2020), § 85 Rn. 33 mwN.
15 Grube/Wahrendorf/Flint/Giere SGB XII, 7. Aufl. 2020, § 85 Rn. 22.
16 Vgl. hierzu ausführlich Grube/Wahrendorf/Flint/Giere SGB XII, 7. Aufl. 2020, § 85 Rn. 21 mwN; jurisPK-SGB XII/Gutzler, 3. Aufl. 2020 (Stand: 1.2.2020), § 85 Rn. 37 mwN.
17 Vgl. BSG Urt. v. 25.4.2013 – B 8 SO 8/12 R, juris Rn. 25.
18 BGBl. 2015 I 2557.
19 BT-Drs. 18/6284, 32.

ten lassen, um von einer geänderten Rechtslage auszugehen. An dem Normzweck des § 85 Abs. 1 Nr. 2 SGB XII, dem Leistungsberechtigten einen Lebensstandard oberhalb der Bedürftigkeit für Hilfe zum Lebensunterhalt zu sichern, der auch angemessene Heizkosten umfasse, habe sich durch das Gesetz zur Änderung des Zwölften Buches Sozialgesetzbuch und weiterer Vorschriften vom 21.12.2015 nichts geändert.[20] Nach wie vor sei davon auszugehen, dass die Unterkunftskosten iSd § 85 Abs. 1 Nr. 2 SGB XII auch Heizkosten umfassen.[21] Die Auffassung des BSG ist überzeugend, trägt sie doch der herausgehobenen Stellung des Wohnens als wesentlichem Teil des physischen Existenzminimums Rechnung.[22] Für § 107 Abs. 1 S. 2 Nr. 2 SGB XIV kann nichts anderes gelten.[23]

In die Berechnung der Einkommensgrenze wird nicht nur der Anteil der Unterkunftskosten des Hilfe Nachfragenden, wie bei der Hilfe zum Lebensunterhalt üblich, eingestellt, sondern die **gesamten Unterkunftskosten**. Die Berücksichtigung von Unterkunftskosten bei der Ermittlung der Einkommensgrenze dient dem Zweck, Zumutbarkeitsgrenzen für denjenigen festzulegen, der mit seinem Ehe- oder Lebenspartner sozialhilferechtlich verpflichtet ist, die Kosten der Unterkunft zu tragen.[24] Einbezogen werden aber nur die Unterkunftskosten der Personen, die zur **Einsatzgemeinschaft** gehören und aller Personen, für die ein Familienzuschlag nach § 107 Abs. 1 S. 2 Nr. 3 SGB XIV berücksichtigt wird. Zur Einsatzgemeinschaft gehören gem. § 106 Abs. 3 S. 1 SGB XIV der nicht dauernd getrennt lebende Ehegatte und Partner einer eheähnlichen Lebensgemeinschaft. Deren Einkommen gilt nach § 106 Abs. 3 S. 1 SGB XIV als Einkommen des Berechtigten, soweit es die für die Berechtigten maßgebliche Einkommensgrenze nach § 107 Abs. 1 SGB XIV übersteigt. Insofern kommen die gesamten Unterkunftskosten doppelt zum Ansatz: bei der Berechnung der Einkommensgrenze für den nicht dauernd getrennt lebenden Ehegatten bzw. Partner einer eheähnlichen Lebensgemeinschaft und bei der Berechnung der Einkommensgrenze für den Berechtigten selbst.[25] Es erfolgt keine Kürzung der Unterkunftskosten um den Anteil des anderen Ehegatten oder Partners einer eheähnlichen Lebensgemeinschaft. 13

Wohnen weitere Personen in derselben Unterkunft (zB erwachsene Kinder mit eigenem Einkommen), ist ihr Anteil – berechnet nach Kopfteilen – von den Aufwendungen für die Unterkunft abzuziehen, auch wenn ihnen die Unterkunft kostenfrei oder zu einem geringeren Kostenbeitrag überlassen wurde.[26]

Die dritte Komponente zur Berechnung der Einkommensgrenze nach **S. 2 Nr. 3** ist der **Familienzuschlag** in Höhe von 90 Prozent der Regelbedarfsstufe 1 für den nicht getrennt lebenden Ehegatten und für jede Person, die von Berechtigten oder deren nicht getrennt lebenden Ehegatten überwiegend unterhalten wird. Durch die Ankoppelung an die Regelbedarfsstufen kann lediglich ein Lebensstandard auf sozialhilferechtlichem Niveau, nicht jedoch die Beibehaltung eines Lebensführungsniveaus, das vor dem Eintritt des Hilfefalles bestand, gesichert werden.[27] Die Vorschrift ist an § 85 Abs. 1 Nr. 3 SGB XII angelehnt, der aber nur – auf volle Euro aufgerundet – 70 Prozent der Regelbedarfsstufe 1 nach der Anlage zu § 28 SGB XII als Familienzuschlag 14

20 Vgl. BSG Urt. v. 30.4.2020 – B 8 SO 1/19 R, juris Rn. 20.
21 Vgl. BSG Urt. v. 30.4.2020 – B 8 SO 1/19 R, juris Rn. 20.
22 Dazu BVerfG Urt. v. 9.2.2010 – 1 BvL 1/09, BVerfGE 125, 175.
23 In den Empfehlungen zur Kriegsopferfürsorge, Stand 1.1.2020, Abschnitt 11, Unterabschnitt 11.4.1, S. 8 werden die Heizkosten allerdings ohne nähere Begründung als nicht berücksichtigungsfähig aufgeführt.
24 Vgl. Grube/Wahrendorf/Flint/Giere SGB XII, 7. Aufl. 2020, § 85 Rn. 19.
25 Vgl. auch Empfehlungen zur Kriegsopferfürsorge, Stand 1.1.2020, Abschnitt 11, Unterabschnitt 11.9.1, S. 18 u. Abschnitt 11, Unterabschnitt 11.4.2, S. 10.
26 Vgl. jurisPK-SGB XII/Gutzler, 3. Aufl. 2020 (Stand: 1.2.2020), § 85 Rn. 32. mwN.
27 Grube/Wahrendorf/Giere/Flint SGB XII, 7. Aufl. 2020, § 85 Rn. 19.

einräumt. Es handelt sich nach der Gesetzesbegründung[28] um eine bewusste Besserstellung des Personenkreises des SER; auch hier wird der bereits in der KOF geltende **Begünstigungsgrundsatz** fortgeführt (→ § 92 Rn. 4, → § 105 Rn. 1 ff.).

15 Den Familienzuschlag gibt es zunächst für **nicht getrennt lebende Ehegatten.** Bei diesen ist es unerheblich, ob sie vom Berechtigten überwiegend unterhalten wurden.[29] Nicht getrennt lebende Ehegatten sind im Sinne einer **Einsatzgemeinschaft** in den Grenzen des § 106 Abs. 3 S. 1 SGB XIV mit ihrem Einkommen heranzuziehen (→ § 106 Rn. 12). Ihre Privilegierung durch die fehlende Voraussetzung „überwiegend vom Berechtigten unterhalten" ist vor diesem Hintergrund sachgerecht. Partner einer eheähnlichen Lebensgemeinschaft sind aber in § 106 Abs. 3 S. 1 SGB XIV ausdrücklich den Ehegatten gleichgestellt. Auch ihr Einkommen wird wie das von Ehegatten in den Grenzen des § 106 Abs. 3 S. 1 SGB XIV als Einkommen herangezogen. Daher wäre es sachgerecht, auch im Rahmen des § 107 Abs. 1 S. 2 Nr. 3 SGB XIV Partner einer eheähnlichen Lebensgemeinschaft den Ehegatten gleichzustellen; dies jedenfalls dann, wenn sie tatsächlich Einkommen nach § 106 Abs. 3 S. 1 SGB XIV beisteuern müssen. Erfasst wird dieser Personenkreis nach dem derzeitigen Regelungstext nur, wenn er vom Berechtigten überwiegend unterhalten wird.

16 Auch für jede Person, die von Berechtigten oder deren nicht getrennt lebenden Ehegatten überwiegend unterhalten wird, wird der Familienzuschlag in Höhe von 90 Prozent der Regelbedarfsstufe 1 berücksichtigt. Dies ist unabhängig von einer Familienzugehörigkeit, weswegen der Begriff „Familienzuschlag" in der Literatur zu Recht als missverständlich kritisiert wird.[30] Denn Unterhalt kann auch an Verwandte im weiteren Sinne oder andere Personen gezahlt werden. Der Familienzuschlag ist eine starre Größe. Er ist einkommensunabhängig mit der Konsequenz, dass er für nicht getrennt lebende Ehegatten trotz ihres Einkommens und für jede sonstige Person, die von der nachfragenden Person oder ihren Partnern überwiegend unterhalten wird, in die Berechnung eingestellt wird.[31] Eine Person wird **überwiegend unterhalten**[32], wenn mehr als die Hälfte ihres Lebensunterhalts getragen wird.[33] Es kommt auf die **tatsächlich** geleisteten Unterhaltsleistungen an, unabhängig davon, ob sie aufgrund rechtlicher, sittlicher oder vertraglicher Regelungen gewährt worden sind.[34] Die erbrachten Unterhaltsleistungen und die Leistungen, die von der Person für sich selbst oder durch andere erbracht werden, müssen miteinander verglichen werden. Die erbrachten Unterhaltsleistungen müssen mehr als 50 Prozent des Bedarfs ausmachen.[35] Erfolgte die Deckung zu mehr als 50 Prozent aus Sozialhilfemitteln, liegt kein überwiegendes Unterhalten vor.

17 Die Person muss von den Berechtigten **oder** deren nicht getrennt lebenden Ehegatten überwiegend unterhalten werden. In die Berechnung der Einkommensgrenze wird also

28 Vgl. BT-Drs. 19/13824, 218.
29 Vgl. jurisPK-SGB XII/Gutzler, 3. Aufl. 2020 (Stand: 1.2.2020), § 85 Rn. 39; vgl. aber auch die insoweit abweichende Regelung in § 25e Abs. 1 Nr. 3 BVG, wonach der Ehegatte überwiegend vom Leistungsberechtigten unterhalten werden muss, es aber nicht darauf ankommt, ob die Eheleute zusammen oder getrennt leben.
30 Vgl. jurisPK-SGB XII/Gutzler, 3. Aufl. 2020 (Stand: 1.2.2020), § 85 Rn. 39 mwN; Grube/Wahrendorf/Flint/Giere SGB XII, 7. Aufl. 2020, § 85 Rn. 25 mwN.
31 Grube/Wahrendorf/Flint/Giere SGB XII, 7. Aufl. 2020, § 85 Rn. 26.
32 In § 49 KFürsV finden sich differenzierte Regelungen zum „Überwiegenden Unterhalt" (KFürsV v. 16.1.1979 (BGBl. 1979 I 80), zuletzt geändert durch Art. 9 des G. v. 30.11.2019 (BGBl. 2019 I 1948). Die Verordnungsermächtigung findet sich in § 27f BVG. Die KFürsV wird aufgehoben durch Art. 58 Nr. 5 G. v. 12.12.2019, BGBl. 2019 I 2652 mWv 1.1.2024). Abgedruckt → § 109 Rn. 11.
33 Vgl. jurisPK-SGB XII/Gutzler, 3. Aufl. 2020 (Stand: 1.2.2020), § 85 Rn. 40 mwN.
34 Vgl. zB Grube/Wahrendorf/Flint/Giere SGB XII, 7. Aufl. 2020, § 85 Rn. 29.
35 Vgl. hierzu Grube/Wahrendorf/Flint/Giere SGB XII, 7. Aufl. 2020, § 85 Rn. 33.

auch ein Familienzuschlag für eine Person eingestellt, die nur vom nicht getrennt lebenden Ehegatten überwiegend unterhalten wird. In der Praxis dürften insofern Kinder des nicht getrennt lebenden Ehegatten aus einer früheren Ehe oder Partnerschaft ein häufiger Anwendungsfall sein. Dies ist eine Abweichung von § 25e Abs. 1 Nr. 3 BVG, wonach die Person vom Leistungsberechtigten allein oder zusammen mit dem Ehegatten überwiegend unterhalten werden muss.

Nach § 85 Abs. 1 Nr. 3 SGB XII wird ein Familienzuschlag für jede Person gewährt, 18
die von der nachfragenden Person, ihrem nicht getrennt lebenden Ehegatten oder Lebenspartner **überwiegend unterhalten worden ist (Alt. 1)** oder für die sie nach der Entscheidung über die Erbringung der Sozialhilfe **unterhaltspflichtig werden (Alt. 2)**. Diese Unterscheidung von Zeitpunkten – betrachtet von der Entscheidung über die Leistung aus – wurde nicht in § 107 Abs. 1 S. 2 Nr. 3 SGB XIV übernommen. Die Vorschrift stellt in der Tempusform des Präsens darauf ab, dass die Person von der oder dem Berechtigten oder dem nicht getrennt lebenden Ehegatten überwiegend unterhalten **wird.** Dies ist an § 25e Abs. 1 Nr. 3 BVG angelehnt und mit Blick auf unterschiedliche Auslegungsfragen zu der Formulierung in § 85 Abs. 1 Nr. 3 SGB XII[36] eine Vereinfachung des Rechts. Demnach ist nicht erforderlich, dass Unterhalt regelmäßig schon vor dem Hilfefall geleistet worden ist. Da für die Berechnung der Einkommensgrenze nach Abs. 1 S. 1 allein auf den jeweiligen Kalendermonat abzustellen ist, in dem ein zu deckender Bedarf besteht (→ Rn. 8), sind Änderungen in den tatsächlichen Verhältnissen während des Leistungsbezugs (Wegfall oder Hinzutritt von Unterhaltsleistungen) der materiellen Rechtslage entsprechend nach § 48 SGB X anzupassen. Eine bloße Verpflichtung zum Unterhalt, die nach § 85 Abs. 1 Nr. 3 Alt. 2 SGB XII bereits einen Familienzuschlag auslöst,[37] reicht nach dem eindeutigen Wortlaut des § 107 Abs. 1 S. 2 Nr. 3 SGB XIV nicht aus.

3. Abs. 1 Satz 3 bestimmt – ebenso wie § 25e Abs. 1 2. Hs. BVG – einen **Höchstbetrag** 19
für die Einkommensgrenze. Danach beträgt die Einkommensgrenze nach den Sätzen 1 und 2 höchstens das Achtfache der Regelbedarfsstufe 1 zuzüglich eines Betrages in Höhe von 75 Prozent des jeweiligen Familienzuschlags.

II. Elterneinkommen

Abs. 2 regelt den Einsatz von Einkommen minderjähriger unverheirateter Berechtigter 20
und ihrer Eltern oder eines Elternteils (vgl. hierzu die Regelung in § 25e Abs. 2 BVG). § 106 Abs. 3 S. 2 SGB XIV bestimmt, dass bei **minderjährigen unverheirateten Berechtigten** zur Deckung des Bedarfs auch das Einkommen der **Eltern oder eines Elternteils** einzusetzen ist, bei denen die Berechtigten leben (→ § 106 Rn. 15 f.). Während § 85 Abs. 2 S. 1 SGB XII vorschreibt, dass das Einkommen der minderjährigen unverheirateten nachfragenden Person und das Einkommen der Eltern zusammenzurechnen und der Einkommensgrenze gegenüberzustellen sind, bestimmt **S. 1**, dass abweichend von § 85 Abs. 2 SGB XII diese Einkommen getrennt voneinander betrachtet werden. Nach **S. 2** gilt für das Einkommen der minderjährigen unverheirateten Berechtigten die Einkommensgrenze nach Abs. 1. Für die Eltern oder den Elternteil besteht eine eigene Einkommensgrenze, bei deren Ermittlung die in Abs. 1 genannten Beträge zu berücksichtigen sind (**S. 3**). Es stellt sich die Frage, warum in Satz 2 „auf die Einkommensgrenze nach Abs. 1" verwiesen wird, in Satz 3 aber nur auf „die in Abs. 1 genannten Beträge". Nach der Gesetzesbegründung bedeutet die abweichende Formulierung, dass für das Einkommen der Eltern oder eines Elternteils die Einkommensgrenze nach

36 Vgl. hierzu zB Grube/Wahrendorf/Flint/Giere SGB XII, 7. Aufl. 2020, § 85 Rn. 30 f. mwN; jurisPK-SGB XII/Gutzler, 3. Aufl. 2020 (Stand: 1.2.2020), § 85 Rn. 40, 43 f. mwN.

37 Streitig, vgl. jurisPK-SGB XII/Gutzler, 3. Aufl. 2020 (Stand: 1.2.2020), § 85 Rn. 44 mwN.

§ 85 Abs. 2 SGB XII unter Berücksichtigung der in § 107 Abs. 1 SGB XIV genannten Beträge gilt.[38] Insofern ist § 85 Abs. 2 SGB XII über § 105 Abs. 2 SGB XIV entsprechend anzuwenden. Lediglich der Grundbetrag nach § 85 Abs. 2 Nr. 1 SGB XII beträgt statt des Zweifachen der Regelbedarfsstufe 1 nach der Anlage zu § 28 SGB XII das Dreifache und der Familienzuschlag nach § 85 Abs. 2 Nr. 3 SGB XII beträgt nicht 70, sondern 90 Prozent der Regelbedarfsstufe 1. Der unterschiedliche Verweis in § 107 Abs. 2 S. 2 u. 3 SGB XIV hat auch zur Folge, dass den Eltern oder dem Elternteil ein Familienzuschlag für jede – weitere – Person gewährt wird, die von den Eltern oder den Berechtigten überwiegend unterhalten worden ist, oder für die sie nach der Entscheidung über die Erbringung der Sozialhilfe unterhaltspflichtig werden (vgl. § 85 Abs. 2 Nr. 3 SGB XII). Für die Einkommensgrenze des § 107 Abs. 1 SGB XIV gelten diese Alternativen nicht. Hier kommt es für die Gewährung des Familienzuschlags nur darauf an, dass in jedem Monat des Leistungsbezugs überwiegender Unterhalt gezahlt wird (→ Rn. 16).

21 Für die Fälle, in denen sowohl die Einkommensgrenze der Berechtigten als auch die Einkommensgrenze der Eltern oder des Elternteils überschritten sind, sieht **S. 4** ein Vorrang-Nachrang-Verhältnis zum Einkommenseinsatz vor. Vorrangig ist das Einkommen der Berechtigten einzusetzen, nachrangig das Einkommen der Eltern oder des Elternteils.[39]

III. Ausschluss der Einkommensgrenze

22 **Abs. 3** bestimmt, dass die Regelungen über die Einkommensgrenze in den Abs. 1 und 2 nicht bei **Leistungen zum Lebensunterhalt** (§ 93 SGB XIV) gelten. Gleiches muss wegen des Verweises in § 64 Abs. 3 S. 3 SGB XIV auf § 93 SGB XIV auch für die lebensunterhaltssichernde Leistung der **Unterhaltsbeihilfe** gelten. Auch in der KOF ist die Einkommensgrenze gem. § 25e Abs. 3 BVG nicht auf die ergänzende Hilfe zum Lebensunterhalt (§ 27a BVG) anzuwenden. Im SGB XII gilt dies ebenso: die Regelungen zur Einkommensgrenze im Zweiten Abschnitt des Elften Kapitels des SGB XII gelten nur für Leistungen nach dem Fünften bis Neunten Kapitel, nicht aber für die lebensunterhaltssichernden Leistungen des Dritten und Vierten Kapitels des SGB XII. Der Grund liegt darin, dass mit der Einkommensgrenze **besonderen Bedarfssituationen** Rechnung getragen werden und der Einstandsgemeinschaft ein angemessener Betrag für andere Lebensbedürfnisse bleiben soll.[40] Die Festlegung der Einkommensgrenze soll dem Leistungsberechtigten einen Lebensstandard oberhalb der Bedürftigkeit für Hilfe zum Lebensunterhalt sichern.[41]

IV. Überschreiten der Einkommensgrenze

23 Ein **Überschreiten der Einkommensgrenze** führt nicht automatisch zu der Verpflichtung, das Einkommen oberhalb der Einkommensgrenze auch tatsächlich einzusetzen. Dies ergibt sich aus § 87 **SGB XII**, der gem. § 105 Abs. 2 SGB XIV entsprechend anwendbar ist und der regelt, dass bei Überschreiten der Einkommensgrenze die Aufbringung der Mittel nur in **angemessenem Umfang** zumutbar ist. Eine mit § 87 SGB XII vergleichbare Vorschrift gibt es im BVG nicht. Stattdessen sind aber in § 25c Abs. 3 S. 1 iVm §§ 41 ff. KFürsV zahlreiche Regelungen über Freibeträge und Absetzbeträge vom Einkommen vorgesehen, die es im SGB XII nicht gibt (→ § 105 Rn. 2, 23). § 105 Abs. 2 SGB XIV iVm § 87 SGB XII regelt die Festsetzung des Eigenanteils

38 Vgl. BT-Drs. 19/13824, 218.
39 Vgl. BT-Drs. 19/13824, 218.
40 Vgl. Grube/Wahrendorf/Flint/Giere SGB XII, 7. Aufl. 2020, § 85 Rn. 1; vgl. auch Vgl. BT-Drs. 19/13824, 218.
41 Vgl. BSG Urt. v. 30.4.2020 – B 8 SO 1/19 R, juris Rn. 19.

bei den einkommensabhängigen Leistungen zur Weiterführung des Haushalts nach § 95 SGB XIV und den Leistungen in sonstigen Lebenslagen nach § 96 SGB XIV, für die die Einkommensgrenze ausschließlich gilt (→ § 105 Rn. 14). § 87 Abs. 1 SGB XII ist neben § 88 SGB XII eine **Schnittstelle im Entscheidungsprozess** über die Gewährung von Hilfen des Fünften bis Neunten Kapitels des SGB XII.[42] Hier wird darüber entschieden, ob trotz übersteigenden Einkommens die Gemeinschaft die Hilfe – teilweise – mitträgt. In der Vorschrift verwirklicht sich damit das **Zumutbarkeitsprinzip,** das schon die Einkommensgrenze des § 85 SGB XII mitbestimmt.[43] Die in § 87 Abs. 1 S. 2 SGB XII aufgeführten Kriterien für die Beurteilung der Zumutbarkeit sind gem. § 105 Abs. 2 SGB XIV entsprechend anzuwenden. Entsprechende Anwendung bedeutet auch, dass die Prüfung immer zusätzlich mit Blick auf die besondere Situation der Geschädigten oder der Hinterbliebenen, in der sie sich aufgrund der Folgen der gesundheitlichen Schädigung befinden, erfolgen muss.[44]

Den Einsatz von Einkommen **unter der Einkommensgrenze** regelt **§ 88 SGB XII,** der gem. § 105 Abs. 2 SGB XIV entsprechend anwendbar ist. Den Einsatz von Einkommen unter der Einkommensgrenze kennt auch die KOF (s. § 25e Abs. 4 BVG). Wenig praktische Bedeutung dürften die Regelungen des § 88 Abs. 1 S. 2, Abs. 2 SGB XII bei stationären Leistungen haben, da weder die Hilfe zur Pflege noch die Eingliederungshilfe Bestandteil der BLiE im Kapitel 11 des SGB XIV sind (→ § 92 Rn. 14 ff.). 24

In Fällen des **Mehrfachbedarfs** greift die Vorschrift des § 105 Abs. 2 SGB XIV iVm **§ 89 SGB XII.** Eine ähnliche **Kollisionsnorm** gibt es auch im BVG (§ 25e Abs. 5 BVG), wo sie wegen der Vielzahl der fürsorgerischen Leistungen praxisrelevant sein dürfte. Im SGB XIV hingegen kommt die Einkommensgrenze nur bei zwei der BLiE zum Tragen, nämlich den Leistungen zur Weiterführung des Haushalts nach § 95 SGB XIV und den Leistungen in sonstigen Lebenslagen nach § 96 SGB XIV (→ § 105 Rn. 14). 25

§ 108 Berücksichtigung von Vermögen

(1) Als Vermögen einzusetzen sind auch Ansparungen aus Leistungen nach diesem Buch.

(2) Vermögenswerte aus Nachzahlungen von Entschädigungszahlungen nach diesem Buch bleiben für einen Zeitraum von einem Jahr unberücksichtigt.

(3) Von Berechtigten selbst oder zusammen mit ihren Angehörigen genutztes Wohneigentum im Sinne des § 17 Absatz 2 des Wohnraumförderungsgesetzes ist nicht zu verwerten.

(4) [1]Bei minderjährigen unverheirateten Berechtigten ist zur Deckung des Bedarfs auch Vermögen der Eltern oder eines Elternteils einzusetzen oder zu verwerten. [2]Abweichend von Satz 1 ist Vermögen der Eltern oder eines Elternteils nicht einzusetzen oder zu verwerten, solange Berechtigte schwanger sind oder mindestens ein Kind bis zur Vollendung seines sechsten Lebensjahres betreuen.

42 Vgl. Grube/Wahrendorf/Flint/Giere SGB XII, 7. Aufl. 2020, § 87 Rn. 2.
43 Grube/Wahrendorf/Flint/Giere SGB XII, 7. Aufl. 2020, § 87 Rn. 2.
44 Vgl. Knickrehm/Mushoff/Schmidt Neues SozEntschR Rn. 372.

A. Gesetzesgeschichte

I. Berücksichtigung von Vermögen im BVG

1 Im BVG ist die Berücksichtigung von Vermögen in § 25f BVG und der auf der Grundlage von § 27f BVG erlassenen KFürsV,[1] dort in § 44 (KFürsV abgedruckt → § 109 Rn. 11), normiert. Diese Regelungen entsprechen teilweise Regelungen im SGB XII, so ist zB nach § 25 Abs. 1 S. 1 BVG das gesamte verwertbare Vermögen einzusetzen, wie es auch § 90 Abs. 1 SGB XII bestimmt. Des Weiteren entspricht die Härteregelung in § 25f Abs. 1 S. 3 u. 4 BVG im Wesentlichen der sozialhilferechtlichen Härteklausel des § 90 Abs. 3 SGB XII. In § 25f Abs. 1 S. 6 BVG werden Vorschriften des SGB XII für entsprechend anwendbar erklärt, nämlich § 90 Abs. 2 Nr. 1 bis 7 und 9 und § 91 SGB XII. Der **Vermögensschonbetrag** ist im BVG iVm der KFürsV ebenso differenziert wie kompliziert geregelt. So sieht § 25f Abs. 2 BVG zwei Fallgruppen vor, die nach Hilfeart (Erbringung von Pflegegeld, Blindenhilfe und Leistungen an Sonderfürsorgeberechtigte) bzw. nach persönlichen Eigenschaften des Leistungsberechtigten (Pflegebedürftige der Pflegegrade 4 oder 5, blinde Geschädigte und Sonderfürsorgeberechtigte iSd § 27e BVG) unterscheiden. Je nach Fallgruppe beträgt der kleinere Barbetrag 40 Prozent oder 20 Prozent des Bemessungsbetrages nach § 33 Abs. 1 S. 2 lit. A BVG. Das sind bei dem Bemessungsbetrag ab 1.7.2020 iHv 34.561 EUR[2] bei 40 Prozent 13.824 EUR und bei 20 Prozent 6.912 EUR. Bereits diese Beträge befinden sich deutlich über dem Vermögensschonbetrag nach § 1 der auf der Grundlage des § 96 Abs. 2 SGB XII erlassenen Verordnung zur Durchführung des § 90 Abs. 2 Nr. 9 SGB XII iHv 5000 EUR.[3] Gleiches gilt für die Erhöhungsbeträge für Ehegatten und Partner einer eheähnlichen Lebensgemeinschaft und überwiegend unterhaltene Personen nach § 25f Abs. 2 Hs. 2 BVG, die mit 6.912 EUR (20 Prozent des Bemessungsbetrages) bzw. 691 EUR (2 Prozent des Bemessungsbetrages) über den Beträgen nach § 1 der Verordnung zur Durchführung des § 90 Abs. 2 Nr. 9 SGB XII iHv 5000 EUR bzw. 500 EUR liegen.

2 Weitere **kumulativ zu berücksichtigende Erhöhungen der Vermögensschonbeträge** sind in § 44 KFürsV geregelt. Die Vorschrift befindet sich im Abschn. 9 Uabschn. 1 unter der Überschrift „Ausschluss des Einsatzes von Einkommen und Vermögen aus Billigkeitsgründen" und dient der Konkretisierung der allgemeinen Billigkeitsvorschrift des § 25c Abs. 3 BVG. Die erhöhten Beträge dienen dem „allgemeinen Ausgleich der geminderten Lebensstellung" und berücksichtigen „die Art und Schwere der Schädigung". § 44 Abs. 1 u. 2 KFürsV differenziert wiederum nach Hilfeart bzw. Eigenschaften der Leistungsberechtigten und erhöht die Vermögensschonbeträge nach § 25f Abs. 2 BVG zwischen 10 und 60 Prozent, wobei die Erhöhungsbeträge gem. § 44 Abs. 3 KFürsV nebeneinander zu berücksichtigen sind, was zu Erhöhungsbeträgen zwischen 25 und 110 Prozent führt. Dies sind unter Berücksichtigung der Rundungsvorschrift des § 52 Abs. 5 KFürsV Erhöhungsbeträge zwischen 1.750 EUR und 15.250 EUR, woraus sich in Addition zu den Beträgen nach § 25f Abs. 2 Nr. 1 u.

1 KFürsV v. 16.1.1979 (BGBl. 1979 I 80), zuletzt geändert durch Art. 9 des G. v. 30.11.2019 (BGBl. 2019 I 1948). Die KFürsV wird aufgehoben durch Art. 58 Nr. 5 G. v. 12.12.2019, BGBl. 2019 I 2652 mWv 1.1.2024.

2 Auch alle folgenden Beträge nach BVG/KFürsV sind nach dem Stand ab 1.7.2020 angegeben.

3 VO vom 11.2.1988 (BGBl. 1988 I 150), zuletzt geändert durch Art. 1 der VO v. 22.3.2017 (BGBl. 2017 I 519).

2 BVG (ohne die Erhöhungen zB für nicht getrennt lebende Ehegatten) Vermögensschonbeträge zwischen 8.662 EUR und 29.074 EUR ergeben.[4]

Damit ergeben sich gegenüber den Vermögensschonbeträgen in der Sozialhilfe erheblich **günstiger ausgestaltete Vermögensschonbeträge** im BVG, um dem Gedanken des Sonderopfers im SER angemessen Rechnung zu tragen.[5] Als mit Wirkung zum 1.4.2017[6] die Vermögensschonbeträge in der Sozialhilfe auf 5.000 EUR und 500 EUR zusätzlich für jede Person, die überwiegend unterhalten wird, erhöht wurden, zog der Gesetzgeber im BVG nach und hob die Vermögensschonbeträge in der KOF an.[7] Die Anhebung ist so bemessen, dass die Vermögensschonbeträge in der KOF gegenüber den Schonbeträgen der Sozialhilfe weiterhin großzügiger ausgestaltet sind, um der besonderen Lebenslage der Betroffenen und dem Charakter des SER angemessen Rechnung zu tragen.[8] Damit wurde der in der KOF geltende **Begünstigungsgrundsatz** (→ § 92 Rn. 4, → § 105 Rn. 1 ff.) perpetuiert. 3

Leistungen der KOF für den eigenen Bedarf der Berechtigten sind nicht vom Einsatz des **Vermögens der Ehegatten/Lebenspartner** abhängig.[9] Dies gilt aber nicht für die ergänzende Hilfe zum Lebensunterhalt nach § 27a BVG wegen des Verweises in § 27a S. 2 BVG auf das Dritte Kapitel des SGB XII, in dem § 27 Abs. 2 S. 2 SGB XII bestimmt, dass bei nicht getrennt lebenden Ehegatten oder Lebenspartnern auch deren Einkommen und Vermögen zu berücksichtigen sind.[10] **Eltern minderjähriger unverheirateter Beschädigter** haben zur Deckung des Bedarfs für Beschädigte ihr Vermögen grundsätzlich einzusetzen und zu verwerten (§ 25f Abs. 4 S. 1 BVG). Für sie gelten ebenfalls großzügige Vermögensschonbeträge (§ 25f Abs. 4 S. 2 BVG). 4

II. Berücksichtigung von Vermögen im SGB XIV

Für die Berücksichtigung von Vermögen gilt gem. § 105 Abs. 2 SGB XIV der Dritte Abschnitt des Elften Kapitels des SGB XII (§§ 90 bis 91 SGB XII) sowie die VO zur Durchführung des § 90 Abs. 2 Nr. 9 SGB XII[11] entsprechend. Der Verzicht auf Doppelungen im Regelungstext und die Beschränkung auf Abweichungen zu § 90 SGB XII sind Ausdruck der **systematischen Neuaufstellung der Regelungen zu Einkommen und Vermögen** im Verhältnis zu dem komplizierten und verschachtelten Recht des BVG iVm der KFürsV (→ § 105 Rn. 3). § 108 SGB XIV enthält keine eigene Definition des Vermögensbegriffs, sodass § 105 Abs. 2 SGB XIV iVm § 90 SGB XII heranzuziehen ist, der in Abs. 1 bestimmt, dass das gesamte verwertbare Vermögen einzusetzen ist und in Abs. 2 umgekehrt auflistet, was nicht als Vermögen eingesetzt oder verwertet werden muss. Hier ergeben sich hinsichtlich § 90 Abs. 1 Nr. 1 bis 7 SGB XII keine Änderungen gegenüber der Rechtslage des BVG (vgl. § 25f Abs. 1 S. 6 BVG iVm § 90 Abs. 2 Nr. 1 bis 7 SGB XII). Privilegiert bzw. geschützt wird in § 108 Abs. 3 SGB XIV 5

---

4 Quelle: Berechnungen BMAS mit Berechnungen der Beträge ab 1.7.2020, zu finden auf der Internetseite des BMAS unter: BMAS – Zahlen und Daten zur Sozialen Entschädigung.

5 Vgl. Rohr/Sträßer/Dahm BVG, Stand Februar 2018, § 25a Anm. 4.

6 Art. 1 der VO v. 22.3.2017 (BGBl. 2017 I 519).

7 Art. 1 des Gesetzes zur Änderung des BVG und anderer Vorschriften v. 17.7.2017 (BGBl. 2017 I 2541) mWv 25.7.2017. In der KFürsV wurden die erforderlichen Folgeänderungen vorgenommen.

8 BR-Drs. 258/17, 1.

9 Vgl. Empfehlungen zur Kriegsopferfürsorge, Stand 1.1.2020, Abschnitt 13 Unterabschnitt 13.5, S. 25. Anders verhält es sich für die Berücksichtigung des Einkommens (s. § 25d Abs. 2 S. 1 BVG).

10 Vgl. zum Verweis in § 27a BVG auf das BSHG VGH BW Urt. v. 23.10.1991 – 6 S 1031/89, juris Rn. 36.

11 VO v. 11.2.1988 (BGBl. 1988 I 150), zuletzt geändert durch Art. 1 der VO v. 22.3.2017 (BGBl. 2017 I 519).

ebenso wie in § 25f Abs. 3 BVG von Berechtigten selbst oder zusammen mit Angehörigen genutztes **Wohneigentum** iSd § 17 Abs. 2 Wohnraumförderungsgesetz, ohne dass es wie in § 90 Abs. 2 Nr. 8 SGB XII auf die „Angemessenheit“ ankommt (→ Rn. 23). Für die **Vermögensschonbeträge** gelten § 105 Abs. 2 SGB XIV iVm § 90 Abs. 1 Nr. 9 SGB XII und die auf der Grundlage des § 96 Abs. 2 SGB XII erlassene Verordnung zur Durchführung des § 90 Abs. 2 Nr. 9 SGB XII[12]. Mit Blick auf die wesentlich höheren Vermögensschonbeträge im BVG im Verhältnis zum SGB XII (→ Rn. 3) und den auch für die Besonderen Leistungen im Einzelfall (BliE, Kapitel 11) geltenden **Begünstigungsgrundsatz** (→ § 92 Rn. 4, → § 105 Rn. 1 ff.) kann davon ausgegangen werden, dass der Gesetzgeber in der noch nicht erlassenen Rechtsverordnung nach § 109 SGB XIV von der dortigen Nr. 3 Gebrauch macht und die Vermögensschonbeträge (deutlich) anhebt. Anderenfalls dürften die Sonderregelungen in § 108 Abs. 1 und 2 SGB XIV zu Ansparungen (→ Rn. 11 f.) und Nachzahlungen (→ Rn. 13 ff.) schwer zu begründen sein.

6 Für die Leistungen zum Lebensunterhalt nach § 93 SGB XIV ist neben dem Einkommen (§ 106 Abs. 3 S. 1 SGB XIV) auch das **Vermögen von nicht getrennt lebenden Ehegatten/Lebenspartnern** zu berücksichtigen. Dies ergibt sich aus § 93 Abs. 1 S. 2 SGB XIV iVm § 27 Abs. 2 S. 2 bzw. § 43 Abs. 1 S. 2 SGB XII. Anders verhält es sich bei den BLiE, für die die Einkommensgrenze gilt (Leistungen zur Weiterführung des Haushalts nach § 95 SGB XIV und Leistungen in sonstigen Lebenslagen nach § 96 SGB XIV). Hier gibt es keine Rechtsgrundlage für die Heranziehung von Vermögen von nicht getrennt lebenden Ehegatten/Lebenspartnern, weder im Kapitel 16 bzw. speziell in § 108 SGB XIV, noch in §§ 90 f. SGB XII. Der für Leistungen nach dem Fünften bis Neunten Kapitel des SGB XII geltende § 19 Abs. 3 SGB XII gilt nicht, da weder Kapitel 11 noch Kapitel 16 des SGB XIV auf diese Vorschrift verweisen. **Eltern minderjähriger unverheirateter Geschädigter** haben – wie im BVG (§ 25f Abs. 4 S. 1 BVG) – zur Deckung des Bedarfs für Geschädigte ihr Vermögen grundsätzlich einzusetzen und zu verwerten (§ 108 Abs. 4 S. 1 SGB XIV).

7 Der Einsatz von Vermögen ist nach § 105 Abs. 3 SGB XIV ausgeschlossen, wenn der **Bedarf ausschließlich schädigungsbedingt** ist (→ § 105 Rn. 18 ff.). Der Einsatz von Vermögen ist auch ausgeschlossen, wenn und soweit dessen Einsatz im Einzelfall **unbillig** wäre (vgl. § 105 Abs. 4, → § 105 Rn. 21 ff.). Daneben ist der Einsatz von Vermögen im Einzelfall durch die **Härtefallregelung** des § 105 Abs. 2 SGB XIV iVm § 90 Abs. 3 SGB XII beschränkt. Diese Besonderheit gilt bereits im BVG (→ § 105 Rn. 2).

8 § 108 SGB XIV tritt – wie die übrigen Regelungen im Kapitel 16[13] und die Regelungen der BLiE im Kapitel 11 – am 1.1.2024 in Kraft.[14]

Durch den aktuellen Referentenentwurf des Bürgergeld-Gesetzes vom 21.7.2022 ist eine Änderung des § 108 SGB XIV dahingehend vorgesehen, dass Entschädigungszahlungen nach Kapitel 9 und die Einmalzahlung nach § 102 Abs. 4 und 5 SGB XIV nicht als Vermögen einzusetzen sind. Die weitere Entwicklung hierzu bleibt abzuwarten.

---

12 VO vom 11.2.1988 (BGBl. 1988 I 150), zuletzt geändert durch Art. 1 der VO v. 22.3.2017 (BGBl. 2017 I 519).

13 Mit Ausnahme der Verordnungsermächtigung in § 109, die nach Art. 60 Abs. 3 Nr. 1 G. v. 12.12.2019 (BGBl. 2019 I 2652) am 20.12.2019 in Kraft getreten ist.

14 Art. 60 Abs. 7 G. v. 12.12.2019, BGBl. 2019 I 2652.

B. Normsystematik

I. Allgemeiner Regelungsgehalt und Normzweck

9 § 108 SGB XIV bestimmt, welches Vermögen abweichend von § 90 SGB XII einzusetzen und zu verwerten ist.[15] So bestimmt Abs. 1, dass auch Ansparungen aus Leistungen nach dem SGB XIV als Vermögen einzusetzen sind. Nach Abs. 2 bleiben Vermögenswerte aus Nachzahlungen von Entschädigungszahlungen nach dem SGB XIV für ein Jahr unberücksichtigt. Abs. 3 privilegiert selbst genutztes Wohneigentum von der Verwertung als Vermögen, ohne dass es – wie in § 90 Abs. 1 Nr. 8 SGB XII – auf die Angemessenheit der Immobilie ankommt. Abs. 4 füllt eine Regelungslücke für den Einsatz von Vermögen von Eltern minderjähriger unverheirateter Berechtigter (→ Rn. 27 ff.).

II. Systematische Einordnung

10 § 108 SGB XIV ist Bestandteil des Kapitels 16, in dem die Berücksichtigung von Einkommen und Vermögen für die BLiE geregelt ist. Die BLiE ergänzen die übrigen Leistungen des SGB XIV und setzen ua **finanzielle Hilfebedürftigkeit** voraus (vgl. § 92 Abs. 1 SGB XIV). § 92 Abs. 2 SGB XIV bestimmt für die BLiE, dass für den Einsatz von Einkommen und Vermögen Kapitel 16 gilt. Durch den Verweis in § 64 Abs. 3 S. 3 SGB XIV auf die lebensunterhaltssichernde Leistung des § 93 SGB XIV ist Kapitel 16 jedoch auch auf die Bemessung der **Unterhaltsbeihilfe** anzuwenden (→ § 105 Rn. 10). Einkommens- und vermögensunabhängig wird hingegen die Leistung zur Förderung einer Ausbildung nach § 94 SGB XIV erbracht (vgl. § 105 Abs. 1 Hs. 2 SGB XIV).

C. Einzelkommentierung

I. Ansparungen

11 **Abs. 1** bestimmt, dass auch **Ansparungen aus Leistungen nach dem SGB XIV** – oberhalb der Vermögensschongrenzen – als Vermögen einzusetzen sind. Dies entspricht dem bisherigen Recht (§ 25f Abs. 1 S. 2 BVG) und gilt nach der Gesetzesbegründung ausdrücklich auch für Ansparungen aus Entschädigungszahlungen (nach Kapitel 9) trotz ihres Charakters als immaterielle und schädigungsbedingte Mehrbelastungen ausgleichende Leistung.[16] Die Entschädigungszahlungen nach Kapitel 9 sind hingegen gem. § 106 Abs. 1 Nr. 1 SGB XIV nicht als Einkommen zu berücksichtigen. Auch im BVG ist die Grundrente nicht als Einkommen anzurechnen (s. § 25d Abs. 1 S. 2 BVG).[17] Dies stellt zunächst einen **Wertungswiderspruch** dar, da der gesetzgeberische Grund für die Nichtberücksichtigung einer laufenden Zahlung als Einkommen auch im Rahmen der Vermögensanrechnung durchgreift, weil das Vermögen den gleichen Zwecken zu dienen bestimmt ist wie die laufende Zahlung selbst.[18] Entsprechend hat das BVerwG auch **angesparte Beschädigtengrundrente** nach dem OEG iVm BVG in Anwendung der **Härteregelung** des § 88 Abs. 3 S. 1 BSHG[19] (jetzt § 90 Abs. 3

---

15 Vgl. BT-Drs. 19/13824, 218, wo allerdings von einer Abweichung auch von § 91 SGB XII die Rede ist, die in § 108 SGB XIV jedoch nicht geregelt ist.

16 Vgl. BT-Drs. 19/13824, 218.

17 Im Recht der Sozialhilfe ergibt sich die Nichtanrechnung als Einkommen aus § 82 Abs. 1 S. 1 SGB XII idF bis 31.12.2023 und ab 1.1.2024 aus § 28 Abs. 2 SGB XIV (→ § 106 Rn. 5).

18 Vgl. BSG Urt. v. 11.12.2007 – B 8/9b SO 20/06 R, SozR 4-3500 § 90 Nr. 1 zum Blindengeld; BVerwG Urt. v. 4.9.1997 – 5 C 8/97, BVerwGE 105, 199 zum Erziehungsgeld; BVerwG Urt. v. 28.3.1974 – V C 29.73, BVerwGE 45, 135 zur Grundrentennachzahlung.

19 Eine eigenständige Härteregelung gab es seinerzeit im BVG noch nicht, sondern den Verweis auf § 88 Abs. 3 S. 1 BSHG.

SGB XII) in der Kriegsopferfürsorge (KOF) als geschütztes Vermögen angesehen.[20] Danach verliert die zum Vermögen gewordene Beschädigtengrundrente durch eine Ansparung nicht ihre ursprüngliche Funktion.[21] Sie ist nämlich eine Sozialleistung, die zwar einerseits typisierend und pauschalierend einen besonderen schädigungs- oder behinderungsbedingten Mehrbedarf abdecken soll,[22] andererseits aber maßgeblich dadurch geprägt ist, dass sie als Entschädigung für die Beeinträchtigung der körperlichen Integrität immateriellen (ideellen) Zwecken, wie der Genugtuung für erlittenes Unrecht, dient. Die Grundrente hat insoweit sowohl eine immaterielle, als auch materielle Funktion, wobei beide Komponenten jedoch nicht voneinander zu trennen sind.[23]

12 Mit dem Gesetz zur Änderung des Bundesversorgungsgesetzes und anderer Vorschriften vom 20.6.2011[24] ist der Gesetzgeber dem Urteil des BVerwG[25] ausdrücklich entgegengetreten und hat in S. 2 des neu gefassten § 25f Abs. 1 BVG geregelt, dass **alle Ansparungen aus Leistungen nach dem BVG** bei nicht ausschließlich schädigungsbedingten Bedarfen als **verwertbares Vermögen** oberhalb der Vermögensschongrenzen gelten. Dies gelte auch für Ansparungen aus der Grundrente.[26] Die in der Urteilsbegründung vorgenommene Auslegung des BVerwG, dass Ansparungen aus Beschädigtengrundrenten in der KOF als Vermögen stets anrechnungsfrei bleiben sollen, weil dies für die Leistungsberechtigten eine Härte bedeuten würde, verkenne den Willen des Gesetzgebers. Die Grundrente solle Mehraufwendungen ersetzen, die ein gesunder Mensch nicht hätte.[27] Aus Sicht des Gesetzgebers sei davon auszugehen, dass die monatlich gezahlte Grundrente zu diesem Zweck genutzt wird und dem Berechtigten entsprechend zugutekommt.[28] Sie solle weder zur Bestreitung des Lebensunterhalts noch zur Begründung eines Sparvermögens verwendet werden.[29] Die KOF sei ein **einkommens- und vermögensabhängiges Fürsorgesystem**, das über den Ausgleich unmittelbarer Schädigungsfolgen hinaus auch der **Absicherung von allgemeinen Lebensrisiken** diene, die sonst über die Sozialhilfe aufgefangen werden müssten.[30] Besserstellungen gegenüber der Sozialhilfe, wie die erheblich höheren Einkommens- und Vermögensschongrenzen oder einkommens- und vermögensunabhängige Leistungen bei ausschließlich schädigungsbedingten Bedarfen, würden der besonderen Verantwortlichkeit des Staates gegenüber den Berechtigten Rechnung tragen.[31] Mit der Übernahme der Regelung des § 25f Abs. 1 S. 2 BVG in § 108 Abs. 1 SGB XIV hat der Gesetzgeber diesen Standpunkt bestätigt und betont, dass der besonderen Stellung der Betroffenen dadurch entsprochen werde, dass im SGB XIV im Vergleich zum SGB XII **höhere Vermögensschonbeträge** gelten.[32] Insofern kann davon ausgegangen werden, dass der Verordnungsgeber in der noch nicht erlassenen Rechtsverordnung nach § 109 SGB XIV von der dortigen Nr. 3 Gebrauch macht und die Vermögensschonbeträge

---

20 Vgl. BVerwG Urt. v. 27.5.2010 – 5 C 7/09, BVerwGE 137, 85, juris Rn. 23 ff.
21 BVerwG Urt. v. 27.5.2010 – 5 C 7/09, BVerwGE 137, 85, juris Rn. 23 ff.
22 BSG Urt. v. 28.7.1999 – B 9 VG 6/98 R, SozR 3-5910 § 76 Nr. 3.
23 BSG Urt. v. 30.4.2020 – B 8 SO 12/18 R, juris Rn. 18.
24 BGBl. 2011 I 1114.
25 BVerwG Urt. v. 27.5.2010 – 5 C 7/09, BVerwGE 137.
26 Vgl. BT-Drs. 17/5311, 17.
27 Vgl. BT-Drs. 17/5311, 17.
28 Vgl. BT-Drs. 17/5311, 17; vgl. auch BSG Urt. v. 30.4.2020 – B 8 SO 12/18 R, juris Rn. 20 mwN.
29 Vgl. BT-Drs. 17/5311, 17.
30 Vgl. BT-Drs. 17/5311, 17.
31 Vgl. BT-Drs. 17/5311, 17.
32 Vgl. BT-Drs. 19/13824, 218 (insofern wird in der Gesetzesbegründung bereits vorweggenommen, dass höhere Vermögensschonbeträge in der VO nach § 109 Nr. 3 SGB XIV beabsichtigt sind).

(deutlich) anhebt. Anderenfalls dürfte die Sonderregelung in § 108 Abs. 1 (und Abs. 2) SGB XIV schwer zu begründen sein.

Durch den aktuellen Referentenentwurf des Bürgergeld-Gesetzes vom 21.7.2022 ist eine Änderung des § 108 SGB XIV dahingehend vorgesehen, dass Entschädigungszahlungen nach Kapitel 9 und die Einmalzahlung nach § 102 Abs. 4 und 5 SGB XIV nicht als Vermögen einzusetzen sind. Die weitere Entwicklung hierzu bleibt abzuwarten.

II. Nachzahlungen

Abs. 2 bestimmt, dass Vermögenswerte aus **Nachzahlungen von Entschädigungszahlungen** für einen Zeitraum von einem Jahr unberücksichtigt bleiben, was umgekehrt bedeutet, dass sie anschließend als einzusetzendes Vermögen gelten. Dies entspricht der Rechtslage nach dem BVG. Nach § 25f Abs. 1 S. 5 BVG bleiben Vermögenswerte aus Nachzahlungen von Renten nach diesem Gesetz für einen Zeitraum von einem Jahr unberücksichtigt. Die Vorschrift war im Rahmen der Neufassung des § 25f Abs. 1 BVG mit dem Gesetz zur Änderung des Bundesversorgungsgesetzes und anderer Vorschriften vom 20.6.2011[33] eingefügt worden. Damit wurde die seit Jahren geltende Rechtsprechung[34] und Verwaltungspraxis ausdrücklich geregelt. Nach dieser wurde davon ausgegangen, dass Nachzahlungen von Renten nach dem BVG der **Befriedigung eines schädigungsbedingten Nachholbedarfs** dienen. Wurde ein Nachholbedarf nachgewiesen und anerkannt, erfolgte die Berücksichtigung von Vermögenswerten aus der Nachzahlung erst nach einer angemessenen Frist (längstens ein Jahr nach der Gutschrift der Nachzahlung).[35] Mit dem neuen § 25f Abs. 1 S. 5 BVG wurde der Zeitraum auf ein Jahr festgelegt. Der Nachweis des schädigungsbedingten Nachholbedarfs ist nicht mehr erforderlich.[36] Mit Abs. 2 hat der Gesetzgeber des SGB XIV – ebenso wie in Bezug auf Ansparungen – an diesen Grundsätzen festgehalten. In der Literatur wird dies zT kritisch gesehen.[37] 13

Das BSG hat die Regelungen des § 25f Abs. 1 S. 2 u. 5 BVG vor dem Hintergrund der großzügigen Vermögensschonbeträge in § 25f Abs. 2 u. 4 BVG nicht nur als gerechtfertigt beurteilt, sondern diese der Höhe nach sogar als geschützte Beträge in Anwendung der Härtefallregelung des § 90 Abs. 3 SGB XII zugrunde gelegt, wenn es um die **Anrechnung einer Grundrentennachzahlung auf Lebensunterhaltsleistungen nach dem SGB XII** geht.[38] Darüber hinaus sei die Grundrentennachzahlung – wie im BVG – für ein Jahr nach ihrem Zufluss nicht für die Sozialhilfe einzusetzen.[39] So werde auch in der Sozialhilfe berücksichtigt, dass bei Berechtigten nach dem BVG und den Gesetzen, die auf die Vorschriften über die Grundrente nach dem BVG verweisen, nicht nur die laufende Zahlung der Grundrente als Einkommen privilegiert bleibt, sondern der Charakter dieser Leistungen auch bei den Vermögensregelungen beachtlich ist.[40] 14

Während sich die Ansparungen nach § 108 Abs. 1 SGB XII auf alle Leistungen nach dem SGB XIV beziehen, bezieht sich der Schutz von Nachzahlungen (für ein Jahr) nur auf **Entschädigungszahlungen**. Diese sind in Kapitel 9 geregelt. Nachzahlungen können aber nur aus monatlichen Entschädigungszahlungen nach §§ 83, 85 und 88 15

33 BGBl. 2011 I 1114.
34 Vgl. zB BVerwG Urt. v. 28.3.1974 – V C 29.73, BVerwGE 45, 135–140.
35 Vgl. BT-Drs. 17/5311, 18.
36 Vgl. BT-Drs. 17/5311, 18.
37 Vgl. HK-SozEntschR/Grube BVG § 25f Rn. 5; jurisPK-SGB XII/Schmidt, 3. Aufl. 2020 (Stand: 1.2.2020), § 82 Rn. 43 sieht für das SGB XII die Privilegierung der Grundrente nach dem BVG nicht nur für die laufende Zahlung, sondern auch für Nachzahlungen; s. aber BSG Urt. v. 30.4.2020 – B 8 SO 12/18 R, juris Rn. 14.
38 Vgl. BSG Urt. v. 30.4.2020 – B 8 SO 12/18 R, juris Rn. 21.
39 Vgl. BSG Urt. v. 30.4.2020 – B 8 SO 12/18 R, juris Rn. 21.
40 Vgl. BSG Urt. v. 30.4.2020 – B 8 SO 12/18 R, juris Rn. 21.

SGB XIV resultieren. Abfindungen für Geschädigte und Witwen/Witwer können keine „Nachzahlungen" sein, da diese nach § 84 Abs. 1 S. 2 bzw. § 86 Abs. 1 S. 2 SGB XIV überhaupt erst innerhalb eines Jahres nach Bewilligung der Entschädigungszahlung beantragt werden können; dh abgefunden wird für die Zukunft. Nachzahlungen hingegen folgen regelmäßig aus der Zeit von Antragstellung bis zur Anerkennung als „SER-Fall" mit Bewilligung der Leistung, was sich ggf. mit Widerspruchs- und sozialgerichtlichem Verfahren über einen langen Zeitraum hinziehen kann.

16 Der **Jahreszeitraum** nach Abs. 1 beginnt mit dem Zufluss der Nachzahlung. Es kommt nicht auf den Zeitpunkt des Antrags auf eine BLiE nach Kapitel 11 an. Wird der Antrag zB vier Jahre nach Auszahlung der Nachzahlung gestellt, wird der verbliebene Nachzahlungsbetrag nicht etwa für ein Jahr ab Antragstellung als Vermögen geschützt.

17 Die Frage, ob **Abfindungen**[41] **für Geschädigte** nach § 84 SGB XIV als Vermögen zu berücksichtigen sind, ist nach der Gesetzeslage zu bejahen. Nach § 105 Abs. 2 SGB XIV iVm § 90 Abs. 1 SGB XII ist das gesamte verwertbare Vermögen einzusetzen. Die Abfindung unterfällt (per se) keinem der in § 90 Abs. 2 SGB XII genannten Ausnahmetatbestände, soweit sie den Vermögensschonbetrag nach § 90 Abs. 2 Nr. 9 SGB XII übersteigt. Denkbar ist allerdings eine Freilassung der Abfindung nach § 90 Abs. 2 Nr. 3 SGB XII. Die Vorschrift schützt Vermögensgegenstände, die zeitnah und nachweislich zur **Beschaffung oder Erhaltung eines angemessenen Hausgrundstücks** bestimmt sind, wenn und solange dies zur Befriedigung der Wohnbedürfnisse behinderter oder pflegebedürftiger Menschen dient oder zukünftig dienen soll und die Befriedigung dieser Wohnbedürfnisse ohne diese Vermögensgegenstände voraussichtlich nicht erreicht werden kann.[42]

18 § 108 SGB XIV enthält keine spezielle Ausnahmeregelung zur **Abfindung** als Vermögensgegenstand. Deren Berücksichtigung als Vermögen fügt sich insofern in die in Abs. 1 und 2 vorgenommene Wertung des Gesetzgebers ein, Ansparungen der monatlichen Entschädigungszahlung und Vermögenswerte aus deren Nachzahlung als verwertbares Vermögen trotz ihres auch immateriellen Entschädigungscharakters anzusehen (→ Rn. 11 ff.). Die Abfindung ist einerseits mit der Ansparung vergleichbar, da es sich um eine bewusste Entscheidung der Berechtigten handelt, anzusparen bzw. sich abfinden zu lassen. Andererseits besteht auch eine gewisse Vergleichbarkeit zu einer Nachzahlung, die zwar der Länge des Verwaltungsverfahrens geschuldet ist, aber die Entscheidung zulässt, ob und wie über eine größere Summe Geld verfügt wird. Die Abfindung nicht als verwertbares Vermögen zu behandeln wäre im Regelungsgefüge des § 108 SGB XIV insofern ein nicht zu rechtfertigender Wertungswiderspruch.

19 Problematisch ist allerdings der **Wertungswiderspruch zu § 28 Abs. 2 SGB XIV**, der bestimmt, dass (ua) Entschädigungszahlungen nach Kapitel 9 (wozu auch die Abfindungen gehören) nicht als Einkommen oder Vermögen auf andere Sozialleistungen

41 Die in Kapitel 9 geregelten Abfindungen sind eine Besonderheit des neuen SER. Während die Kapitalabfindung im BVG an Geschädigte nur unter bestimmten, engen Voraussetzungen gewährt werden kann (vgl. §§ 72 ff. BVG), ist die Abfindung für Geschädigte im SGB XIV einzig und allein davon abhängig, ob ein Anspruch auf eine monatliche Entschädigungszahlung besteht; abgefunden wird für einen Zeitraum von jeweils fünf Jahren (s. § 84 Abs. 2 SGB XIV). Der Höhe nach richtet sich die Abfindung nach der Höhe des GdS (vgl. § 84 Abs. 2 SGB XIV) und beträgt zwischen 24.000 EUR (bei GdS 30 und 40) und 120.000 EUR (bei GdS 100). Die Abfindung für Witwen und Witwer setzt (lediglich) den schädigungsbedingten Tod der oder des Geschädigten voraus; sie beträgt einmalig 126.000 EUR (s. § 86 Abs. 2 S. 1 SGB XIV).

42 Vgl. hierzu im Einzelnen jurisPK-SGB XII/Mecke, 3. Aufl. 2020 (Stand: 30.3.2020), § 90 Rn. 65.

oder auf Leistungen nach dem AsylbLG angerechnet werden.[43] Dies führt dazu, dass Abfindungen bei einem nichtschädigungsbedingten Bedarf zB an lebensunterhaltssichernden Leistungen des SGB II, SGB XII und AsylbLG als Vermögen unberücksichtigt bleiben, bei den Leistungen zum Lebensunterhalt nach § 93 SGB XIV als BLiE, die nur bei schädigungsbedingtem Bedarf zu leisten sind, hingegen als Vermögen berücksichtigt werden. Gelöst werden kann dieser Wertungswiderspruch nicht mit einer Änderung des § 108 SGB XIV dahin gehend, dass Abfindungen nicht als Vermögen zu berücksichtigen sind, denn der dann bestehende Wertungswiderspruch zu § 108 Abs. 1 und 2 SGB XIV würde schwerer wiegen, da er innerhalb desselben Leistungssystems bestünde. Es ließe sich nicht begründen, Ansparungen der monatlichen Entschädigungszahlung und Vermögenswerte aus deren Nachzahlung als einzusetzendes Vermögen zu behandeln, die Abfindung hingegen unberücksichtigt zu lassen. Vielmehr sollte die (vollständige) Nichtanrechnung von Vermögen aus § 28 Abs. 2 SGB XIV gestrichen werden, da sie in Anbetracht der Höhe der Abfindungen (bis 120.000 EUR) ohnehin nach hiesiger Auffassung die Sozialleistungssysteme sprengt und gegenüber anderen Leistungsbeziehern nach dem SGB II, SGB XII und AsylbLG eine zu große „Kluft" schafft. Dennoch sollte nicht unberücksichtigt bleiben, dass es sich auch bei dem Personenkreis, der unter § 28 Abs. 2 SGB XIV fällt, um Geschädigte handelt, die wegen des erbrachten „Sonderopfers" Leistungen mit auch immateriellem Charakter beziehen. Dies rechtfertigt, ihnen auch bei nichtschädigungsbedingten sozialhilferechtlichen Bedarfen die Vermögensschonbeträge für Entschädigungszahlungen einschließlich Abfindungen nach Kapitel 9 einzuräumen, die für Geschädigte gelten, die bei schädigungsbedingten Bedarfen anspruchsberechtigt auf BLiE sind. Auch ihrer besonderen Stellung sollte dadurch entsprochen werden, dass im Vergleich zum SGB XII die für die BLiE geltenden höheren Vermögensschonbeträge angesetzt werden, die als Rechtfertigung für die Berücksichtigung von Ansparungen und Nachzahlungen als Vermögen herangezogen werden.[44] Dies kann entweder über eine entsprechende **Änderung des § 28 Abs. 2 SGB XIV** erreicht werden oder – bei Streichung des Vermögens in dieser Regelung – über die Fortgeltung der Rechtsprechung des BSG,[45] wonach die höheren Vermögensschonbeträge des § 25f Abs. 2 u. 4 BVG als geschützte Beträge in Anwendung der **Härtefallregelung des § 90 Abs. 3 SGB XII** zugrunde zu legen sind, wenn es um die Anrechnung einer Grundrentennachzahlung auf Lebensunterhaltsleistungen nach dem SGB XII geht (→ Rn. 14).

Weiter erscheint es in diesem Zusammenhang sachgerecht, die Privilegierung der Nachzahlungen in § 108 Abs. 2 SGB XIV (keine Berücksichtigung als Vermögen für einen Zeitraum von einem Jahr) dann auch auf Abfindungen auszuweiten. Auch dies kann mit einer Gesetzesänderung in § 108 Abs. 2 SGB XIV erreicht werden (schlichte Ergänzung um Abfindungen) oder mit der Anwendung der Härteregelung des § 105 Abs. 2 SGB XIV iVm § 90 Abs. 3 SGB XII für Berechtigte auf BLiE bzw. für die Fallgestaltung des § 28 Abs. 2 SGB XIV, also bei nichtschädigungsbedingtem Bedarf, in unmittelbarer Anwendung des § 90 Abs. 3 SGB XII (→ Rn. 14). 20

Für die **Abfindung für Witwen und Witwer** nach § 86 SGB XIV und die **Einmalzahlungen nach § 102 Abs. 4 und 5 SGB XIV** gelten dieselben Grundsätze wie für Abfindungen an Geschädigte (→ Rn. 17 ff.). 21

---

43 Für die Berücksichtigung als Einkommen besteht dieser Widerspruch nicht, da Abfindungen weder auf die BLiE (→ § 106 Rn. 8) noch auf andere Sozialleistungen als Einkommen anzurechnen sind (vgl. § 28 Abs. 2 SGB XIV).

44 Vgl. BT-Drs. 19/13824, 218 (insofern wird in der Gesetzesbegründung bereits vorweggenommen, dass höhere Vermögensschonbeträge in der VO nach § 109 Nr. 3 SGB XIV beabsichtigt sind); vgl. auch die Begründung zu § 25f Abs. 1 S. 2 und 5 BT-Drs. 17/5311, 17.

45 Vgl. BSG Urt. v. 30.4.2020 – B 8 SO 12/18 R, juris Rn. 21.

Durch den aktuellen Referentenentwurf des Bürgergeld-Gesetzes vom 21.7.2022 ist eine Änderung des § 108 SGB XIV dahingehend vorgesehen, dass Entschädigungszahlungen nach Kapitel 9 und die Einmalzahlung nach § 102 Abs. 4 und 5 SGB XIV nicht als Vermögen einzusetzen sind. Die weitere Entwicklung hierzu bleibt abzuwarten.

22 Mit dem Gesetz zur Änderung des Bundesversorgungsgesetzes und anderer Vorschriften vom 20.6.2011[46] hat der Gesetzgeber im Rahmen der Neufassung des § 25f Abs. 1 BVG den Verweis auf die sozialhilferechtliche **Härteregelung** des § 90 Abs. 3 SGB XII gestrichen und in § 25f Abs. 1 S. 3 u. 4 BVG eine eigenständige Härteregelung geschaffen, die allerdings § 90 Abs. 3 SGB XII nachgebildet ist. Durch den Verweis in § 105 Abs. 2 SGB XIV ua auf § 90 SGB XII und eine fehlende abweichende Regelung in § 108 SGB XIV gilt im neuen Recht nun wieder die Härteregelung des § 90 Abs. 3 SGB XII entsprechend. In der Literatur wird die Auffassung vertreten, dass die Einfügung des § 25f Abs. 1 S. 2 (Ansparungen) und S. 5 (Nachzahlungen) als Reaktion auf ein Urteil des BVerwG[47] (→ Rn. 12) bedeute, dass damit auch die Anwendung der allgemeinen Härteregelung des § 25f Abs. 1 S. 3 u. 4. BVG ausgeschlossen werden sollte.[48] Dem ist nicht zuzustimmen, denn dies ergibt sich weder aus dem Wortlaut, noch aus der Begründung.[49] Der Gesetzgeber hatte sich mit der Neufassung des § 25f Abs. 1 BVG ausdrücklich nur dem Urteil des BVerwG entgegengestellt, soweit danach **regelhaft** der Einsatz von Ansparungen aus einer Beschädigtengrundrente als Vermögen aus Härtegesichtspunkten nicht verlangt werden kann.[50] Daher können auch grundsätzlich als Vermögen anzurechnende Ansparungen und Nachzahlungen aus Härtegesichtspunkten nach § 25 Abs. 1 S. 3. u. 4 BVG über den Vermögensschonbetrag hinaus (teilweise) weitergehend geschont werden.[51] Denn während die Vorschriften über das Schonvermögen **typische Lebenssachverhalte** regeln, bei denen es als unbillig erscheint, die Sozialhilfe vom Einsatz bestimmter Vermögensgegenstände abhängig zu machen, regelt § 90 Abs. 3 SGB XII **atypische Fallgestaltungen**, die mit den Regelbeispielen des § 90 Abs. 2 SGB XII vergleichbar sind und zu einem den Leitvorstellungen des § 90 Abs. 2 SGB XII entsprechenden Ergebnis führen.[52] Auf die allgemeine Härteregelung des § 25f Abs. 1 S. 3 u. 4 BVG ist dies erst recht übertragbar.

Für Ansparungen, Nachzahlungen und Abfindungen im SGB XIV kann nichts anderes gelten. Die allgemeine Härteregelung des § 105 Abs. 2 SGB XIV iVm § 90 Abs. 3 SGB XII ist auch hier anwendbar.

III. Schutz von Wohneigentum

23 **Abs. 3** trifft eine Sonderregelung zum **Schutz von Wohneigentum** der Berechtigten vor der Verwertung als Vermögen und knüpft an die Begünstigung des § 25f Abs. 3 BVG an. Im Unterschied zum SGB XII (§ 90 Abs. 2 Nr. 8 SGB XII) ist Wohnvermögen nicht nur geschützt, wenn es sich um ein angemessenes selbstbewohntes Hausgrundstück (oder eine Eigentumswohnung) handelt. Die einschränkenden Angemessenheitskriterien des § 90 Abs. 2 Nr. 8 S. 2 SGB XII gelten mithin nicht. Es muss sich um Wohneigentum iSd § 17 Abs. 2 Wohnraumförderungsgesetz handeln. Selbst genutztes Wohneigentum nach dieser Vorschrift ist Wohnraum im eigenen Haus oder in einer eigenen Eigentumswohnung, der zu **eigenen Wohnzwecken** genutzt wird. Es ist aber nur dann

46 BGBl. 2011 I 1114.
47 Vgl. BVerwG Urt. v. 27.5.2010 – 5 C 7/09, BVerwGE 137, 85, juris Rn. 23 ff.
48 Vgl. HK-SozEntschR/Grube BVG § 25f Rn. 3.
49 Vgl. BT-Drs. 17/5311, 17.
50 Vgl. BT-Drs. 17/5311, 17.
51 So ausdrücklich BSG Urt. v. 30.4.2020 – B 8 SO 12/18 R, juris Rn. 22 zu einer Nachzahlung einer Beschädigtengrundrente und deren Anrechnung als Vermögen auf Grundsicherung nach dem Vierten Kapitel des SGB XII.
52 BSG Urt. v. 30.4.2020 – B 8 SO 12/18 R, juris Rn. 16 mwN.

geschützt, wenn es von den Berechtigten selbst oder zusammen mit ihren Angehörigen bewohnt wird. Verlässt der Hilfesuchende das gemeinsam genutzte „Familienheim" und wird dieses nur noch von Angehörigen bewohnt, entfällt der Schutz des § 108 Abs. 3 SGB XIV in Bezug auf den Bedarf des Hilfesuchenden.[53] Gegenstand des Schutzes ist – ebenso wie in § 90 Abs. 2 Nr. 8 SGB XII – nicht die Immobilie als besondere Form der Vermögensanlage, sondern allein der Schutz der Wohnung zur Erfüllung des Grundbedürfnisses „Wohnen" und als **räumlicher Lebensmittelpunkt.**

Ferien-/Wochenendhäuser oder -wohnungen zählen daher nicht zum selbst genutzten Wohneigentum.

Unbeachtlich ist, ob Berechtigte in dem von ihnen selbst genutzten Wohneigentum alle vorhandenen Räume tatsächlich beanspruchen.[54] Abs. 3 stellt zwar im Gegensatz zu § 25f Abs. 3 BVG und § 90 Abs. 2 Nr. 8 SGB XII nicht ausdrücklich auf eine „ganz oder teilweise Bewohnung" ab. Die Übernahme dieses Tatbestandsmerkmals auch in den Kontext des im SER geschützten Wohneigentums ergibt sich aber aus der Bezugnahme auf § 17 Abs. 2 Wohnraumförderungsgesetz. Sind Berechtigte allerdings Eigentümer eines **Mehrfamilienhauses,** in dem sie nur eine Wohnung (ggf. mit Angehörigen) selbst bewohnen, ist das gesamte Haus nicht als Vermögen geschützt. Unerheblich ist, ob Berechtigte Alleineigentümer oder Miteigentümer des selbst genutzten Wohneigentums sind.[55] 24

Ebenfalls nicht übernommen worden ist die Voraussetzung des § 25f Abs. 3 BVG, dass Wohneigentum nur geschützt ist, wenn es allein oder zusammen mit Angehörigen bewohnt wird, **„denen es nach dem Tod des Leistungsberechtigten als Wohnung dienen soll"**. Eine entsprechende Regelung enthält auch § 90 Abs. 2 Nr. 8 SGB XII. Die Gesetzesbegründung zu § 108 SGB XIV[56] liefert keinen Hinweis auf den Grund des Verzichts auf dieses Tatbestandsmerkmal. Vergegenwärtigt man sich jedoch die Historie dieses Tatbestandsmerkmals im SGB XII, kann man zu der Ansicht kommen, dass es sich um einen zwischenzeitlich „funktionslosen Denkmalstatbestand" handelt, der den Schutz der Wohnung des Hilfebedürftigen ohne Angehörige, wie er auch durch die Parallelvorschrift des § 12 Abs. 3 S. 1 Nr. 4 SGB II gewährt wird, nicht auszuschließen vermag.[57] 25

Liegen die Voraussetzungen für den Schutz eines Wohneigentums nach Abs. 3 nicht vor, kann dennoch von dessen Verwertung abgesehen werden, wenn und soweit dessen Einsatz im Einzelfall **unbillig** wäre (vgl. § 105 Abs. 4 SGB XIV, → § 105 Rn. 21 ff.). Daneben ist der Einsatz von Vermögen im Einzelfall durch die **Härtefallregelung** des § 105 Abs. 2 SGB XIV iVm § 90 Abs. 3 SGB XII beschränkt. Diese Besonderheit gilt bereits im BVG (→ § 105 Rn. 2). Darüber hinaus ist nach § 105 Abs. 2 SGB XIV iVm § 91 SGB XII auch eine **darlehensweise Hilfegewährung** denkbar. 26

IV. Vermögenseinsatz der Eltern

Abs. 4 bestimmt in **S. 1** – in Anlehnung an § 25f Abs. 4 S. 1 BVG sowie §§ 19 Abs. 3 und 27 Abs. 2 S. 3 SGB XII –, dass bei Leistungen an **minderjährige unverheiratete Berechtigte** grundsätzlich auch Vermögen der **Eltern** oder eines **Elternteils** einzusetzen oder zu verwerten ist (für den Einsatz des Einkommens der Eltern bzw. eines Elternteils vgl. § 106 Abs. 3 S. 2 SGB XIV). Nach § 25f Abs. 4 S. 1 BVG, § 27 Abs. 2 S. 3 27

53 Vgl. zu § 25f Abs. 3 BVG BayVGH Urt. v. 7.3 2002 – 12 B 01.1802, juris Rn. 16.
54 Vgl. Empfehlungen zur Kriegsopferfürsorge, Stand 1.1.2020, Abschnitt 13 Unterabschnitt 13.2.3, S. 9.
55 Vgl. Empfehlungen zur Kriegsopferfürsorge, Stand 1.1.2020, Abschnitt 13 Unterabschnitt 13.2.3, S. 9.
56 Vgl. BT-Drs. 19/13824, 218.
57 Vgl. hierzu ausführlich und überzeugend jurisPK-SGB XII/Mecke, 3. Aufl. 2020 (Stand: 30.3.2020), § 90 Rn. 88 f.

SGB XII und § 106 Abs. 3 S. 2 SGB XIV muss das berechtigte Kind bei den Eltern leben bzw. dem Haushalt der Eltern oder eines Elternteils angehören. Diese Voraussetzung findet sich in Abs. 4 S. 1 nicht, wofür es weder in der Gesetzesbegründung noch nach Sinn und Zweck der Regelung eine Erklärung gibt. Insofern kann es sich um ein redaktionelles Versehen des Gesetzgebers handeln.

28 Nach **S. 2** ist Vermögen der Eltern oder eines Elternteils nicht einzusetzen oder zu verwerten, solange Berechtigte schwanger sind oder mindestens ein Kind bis zur Vollendung seines sechsten Lebensjahres betreuen (vgl. auch § 25f Abs. 4 S. 3 BVG). S. 2 übernimmt damit – wie § 106 Abs. 3 S. 3 SGB XIV für das Einkommen – die in § 19 Abs. 4 SGB XII sowie in § 27 Abs. 2 S. 3 SGB XII iVm § 39 Satz 3 Nr. 1 SGB XII genannte Regelung für das Soziale Entschädigungsrecht.[58] Es handelt sich um eine flankierende Vorschrift zum **Schutz des ungeborenen Lebens** (→ § 106 Rn. 16). Im Unterschied zu § 25f Abs. 4 S. 3 BVG und §§ 19 Abs. 4 und 39 S. 3 Nr. 1 SGB XII verlangt § 108 Abs. 4 S. 2 SGB XIV nicht, dass es sich um das **leibliche Kind** der Berechtigten handelt. Da die sozialhilferechtlichen Regelungen der § 19 Abs. 4 SGB XII und § 27 Abs. 2 S. 3 iVm § 39 S. 3 Nr. 1 SGB XII nach dem Willen des Gesetzgebers[59] für das SER übernommen werden sollten und diese Vorschriften nur „leibliche Kinder" einbeziehen, dürfte es sich allerdings um ein redaktionelles Versehen des Gesetzgebers handeln. Dafür spricht auch die Gesetzesbegründung, in der von einem „rechtlichen Eltern-Kind-Verhältnis" die Rede ist und ausdrücklich keine Änderung zum bisherigen Recht beabsichtigt ist.[60]

29 Ist Vermögen der Eltern oder eines Elternteils einzusetzen oder zu verwerten, gelten die **Vermögensschongrenzen** gem. § 105 Abs. 2 SGB XIV iVm § 90 Abs. 2 Nr. 9 SGB XII.[61]

§ 25f Abs. 4 S. 2 BVG gestaltet die Vermögensschongrenzen großzügiger als das SGB XII und entspricht dem in der KOF geltenden **Begünstigungsgrundsatz** (→ § 92 Rn. 4, → § 105 Rn. 1 ff.). Es kann davon ausgegangen werden, dass die Vermögensschongrenzen in der VO nach § 109 Nr. 3 SGB XIV ebenfalls angehoben werden.

§ 109 Verordnungsermächtigung

Das Bundesministerium für Arbeit und Soziales wird ermächtigt, im Einvernehmen mit dem Bundesministerium der Finanzen, durch Rechtsverordnung, die der Zustimmung des Bundesrates bedarf, zu bestimmen, welche weiteren

1. **Einkünfte nicht als Einkommen zu berücksichtigen sind und wie das Einkommen im Einzelnen zu berechnen ist,**
2. **Beträge von dem Einkommen abzusetzen sind sowie**
3. **Vermögensgegenstände als Schonbeträge zu berücksichtigen und in welcher Höhe kleinere Barbeträge oder sonstige Geldwerte nicht als Vermögen einzusetzen oder zu verwerten sind.**

A. Gesetzesgeschichte

I. Bisheriges Recht

1 Für die Kriegsopferfürsorge (KOF) ermächtigt § 27f BVG die Bundesregierung, mit Zustimmung des Bundesrates durch Rechtsverordnung Art, Ausmaß und Dauer der

58 Vgl. BT-Drs. 19/13824, 217.
59 Vgl. BT-Drs. 19/13824, 217.
60 Vgl. BT-Drs. 19/13824, 218.
61 IVm der VO vom 11.2.1988 (BGBl. 1988 I 150), zuletzt geändert durch Art. 1 der VO v. 22.3.2017 (BGBl. 2017 I 519).

Leistungen der KOF sowie das Verfahren zu bestimmen. Von dieser weit gefassten Ermächtigungsgrundlage hat der Verordnungsgeber mit der Verordnung zur Kriegsopferfürsorge (KFürsV, abgedruckt → Rn. 11)[1] Gebrauch gemacht. In Abschnitt 1 befinden sich diverse Regelungen zu den Leistungen zur Teilhabe am Arbeitsleben (LTA), die wegen des Verweises in § 26 BVG auf die Vorschriften des SGB IX, die im Laufe der Jahre immer ausdifferenzierter wurden, letztlich überflüssig geworden sind. In den Abschnitten 2 bis 7 sind Ergänzungen zu einzelnen Leistungen der KOF geregelt. Abschnitte 8 und 9 enthalten Bestimmungen zum Einkommen, der Einkommensberechnung, dem Einsatz von Einkommen und dem Einsatz und der Verwertung von Vermögen. Abschnitt 10 beinhaltet Regelungen zum Verfahren einschließlich der örtlichen Zuständigkeit der Träger der KOF und Abschnitt 11 Übergangs- und Schlussbestimmungen. Die KFürsV hat wesentlich zur **Verschachtelung und Unübersichtlichkeit der KOF** des BVG beigetragen (→ 92 Rn. 13, → § 105 Rn. 3).

II. Verordnungsermächtigung im SGB XIV

2 Die Verordnungsermächtigung (VO-Ermächtigung) des § 109 SGB XIV ist klar eingegrenzt und sehr viel enger gefasst als die Ermächtigungsgrundlage des § 27f BVG. Sie erfüllt die **verfassungsrechtlichen Anforderungen an die Bestimmtheit** iSd Art. 80 Abs. 1 S. 2 GG. Auch die Gesetzesbegründung weist ausdrücklich darauf hin, dass die VO-Ermächtigung im Hinblick auf die Anforderungen von Art. 80 GG – im Verhältnis zu § 27f BVG – konkretisiert worden ist.[2] Sie beschränkt sich auf den in Kapitel 16 geregelten Einsatz von Einkommen und Vermögen und benennt in Nr. 1 bis 3 Regelungsgegenstände der §§ 105 bis 108 SGB XIV iVm dem Elften Kapitel des SGB XII, die in der VO erweitert bzw. ausdifferenziert werden dürfen. Das BMAS hat im Rahmen der Verordnungsermächtigung das **Einvernehmen mit dem BMF** herzustellen. Nach der Gesetzesbegründung ist dies der finanziellen Tragweite geschuldet.[3]

3 Die VO-Ermächtigung des § 109 SGB XIV ist – wie die weiteren VO-Ermächtigungen des SGB XIV – am Tag nach der Verkündung, also am 20.12.2019, in Kraft getreten.[4] Die übrigen Vorschriften des Kapitels 16 treten am 1.1.2024 in Kraft.[5] Durch das zeitlich vorgelagerte **Inkrafttreten** der VO-Ermächtigungen können die entsprechenden Verordnungen vor dem Inkrafttreten des SGB XIV erlassen werden und sodann gleichzeitig mit dem SGB XIV in Kraft treten.[6] Erlassen ist die VO nach § 109 SGB XIV noch nicht.

B. Systematische Einordnung

4 § 109 SGB XIV ist Bestandteil des Kapitels 16, in dem die Berücksichtigung von Einkommen und Vermögen für die Besonderen Leistungen im Einzelfall (BLiE) geregelt ist. Die BLiE ergänzen die übrigen Leistungen des SGB XIV und setzen ua **finanzielle Hilfebedürftigkeit** voraus (vgl. § 92 Abs. 1 SGB XIV). § 92 Abs. 2 SGB XIV bestimmt für die BLiE, dass für den Einsatz von Einkommen und Vermögen Kapitel 16 gilt. Durch den Verweis in § 64 Abs. 3 S. 3 SGB XIV auf die lebensunterhaltssichernde Leistung des § 93 SGB XIV ist Kapitel 16 jedoch auch auf die Bemessung der **Unterhaltsbeihilfe** anzuwenden (→ § 105 Rn. 10). Einkommens- und vermögensunabhängig

1 KFürsV v. 16.1.1979 (BGBl. 1979 I 80), zuletzt geändert durch Art. 9 des G. v. 30.11.2019 (BGBl. 2019 I 1948). Die KFürsV wird aufgehoben durch Art. 58 Nr. 5 G. v. 12.12.2019, BGBl. 2019 I 2652 mWv 1.1.2024.
2 Vgl. BT-Drs. 19/13824, 218.
3 Vgl. BT-Drs. 19/13824, 219.
4 Art. 60 Abs. 3 Nr. 1 G. v. 12.12.2019, BGBl. 2019 I 2652.
5 Art. 60 Abs. 7 G. v. 12.12.2019, BGBl. 2019 I 2652.
6 Vgl. BT-Drs. 19/13824, 277.

wird hingegen die Leistung zur Förderung einer Ausbildung nach § 94 SGB XIV erbracht (§ 105 Abs. 1 Hs. 2 SGB XIV).

C. Einzelkommentierung

5 § 109 Nr. 1 bis 3 SGB XIV benennt Regelungsgegenstände zum Einsatz von Einkommen und Vermögen (§§ 105 bis 108 SGB XIV iVm dem Elften Kapitel des SGB XII), die in der VO erweitert bzw. ausdifferenziert werden dürfen. Das BMAS hat im Rahmen der Verordnungsermächtigung das **Einvernehmen mit dem BMF** herzustellen. Nach der Gesetzesbegründung ist dies der finanziellen Tragweite geschuldet.[7]

I. Einkommen

6 Nach **Nr. 1** darf der Verordnungsgeber bestimmen, welche weiteren Einkünfte nicht als Einkommen zu berücksichtigen sind und wie das Einkommen im Einzelnen zu berechnen ist. Ein § 25d BVG iVm §§ 30 bis 40 KFürsV[8] entsprechendes umfassendes Regelungsgefüge ist nach der Systematik des Kapitels 16 nicht (mehr) erforderlich, da § 105 Abs. 2 SGB XIV auf das Elfte Kapitel des SGB XII und die hierzu erlassenen Verordnungen verweist und in § 106 SGB XIV bereits Abweichungen diesbezüglich geregelt sind (zur **systematischen Neuaufstellung der Regelungen zu Einkommen und Vermögen** → § 105 Rn. 13; s. auch → § 106 Rn. 1). Insbesondere wird es wegen § 106 Abs. 1 Nr. 1 SGB XIV in der VO nicht erforderlich sein, weitere Leistungen des SGB XIV zu bestimmen, die nicht als Einkommen zu berücksichtigen sind.

II. Freibeträge/Absetzbeträge

7 In **Nr. 2** wird der Verordnungsgeber ermächtigt, zu bestimmen, welche weiteren Beträge von dem Einkommen abzusetzen sind. In der KOF des BVG spielen weitere **Freibeträge** eine große Rolle. Durch sie werden Berechtigte erheblich besser gestellt im Verhältnis zu Leistungsbeziehern anderer Fürsorgesysteme. Der allgemein umschriebene **Billigkeitstatbestand** des § 25c Abs. 3 S. 1 BVG wird in Abschn. 9, UAbschn. 1 der KFürsV (§§ 41 bis 48 KFürsV) ausdrücklich aufgegriffen. Für den – teilweisen – Ausschluss des Einsatzes von Einkommen geschieht dies durch die Einräumung verschiedener **Freibeträge/Absetzbeträge,** die es in anderen Fürsorgesystemen nicht gibt:

- Freibetrag wegen geminderter Lebensstellung (§ 42 KFürsV),
- Freibetrag wegen Art und Schwere der Schädigung (§ 43 KFürsV),
- Freibetrag zum Ausgleich der besonderen Tatkraft bei Erzielung von Erwerbseinkommen (§ 45 KFürsV; für die ergänzende Hilfe zum Lebensunterhalt nach § 27a BVG gilt hingegen § 24 KFürsV),
- Absetzbetrag für wirtschaftlich besonders belastende Aufwendungen (§ 46 KFürsV) und
- Absetzbetrag wegen längerer Dauer des Bedarfs (§ 47 KFürsV).

8 Der – teilweise – Ausschluss des Einsatzes von Vermögen aus Billigkeitsgründen ist in § 44 KFürsV dergestalt geregelt, dass der gesetzliche Schonbetrag erhöht wird. Weitere Einkommensfreilassungen wegen der Besonderheit des Einzelfalls auf der Grundlage von § 25c Abs. 3 S. 1 BVG sind möglich, die §§ 41 bis 48 KFürsV sind also nicht abschließend (vgl. insofern § 41 S. 2 KFürsV).

9 Mit § 105 Abs. 4 SGB XIV ist die **allgemeine Billigkeitsregel** des § 25c Abs. 3 S. 1 BVG in das SGB XIV überführt worden (→ § 105 Rn. 21 ff.). Es bleibt insofern abzuwar-

7 Vgl. BT-Drs. 19/13824, 219.
8 KFürsV v. 16.1.1979 (BGBl. 1979 I 80), zuletzt geändert durch Art. 9 des G. v. 30.11.2019 (BGBl. 2019 I 1948). Die KFürsV wird aufgehoben durch Art. 58 Nr. 5 G. v. 12.12.2019, BGBl. 2019 I 2652 mWv 1.1.2024.

ten, ob und welche Freibeträge bzw. Absetzbeträge aus Billigkeitsgründen der Verordnungsgeber in die VO nach § 109 Nr. 2 SGB XIV aufnimmt.

III. Vermögensschonbeträge

Auf der Grundlage von **Nr. 3** darf der Verordnungsgeber bestimmen, welche weiteren Vermögensgegenstände als Schonbeträge zu berücksichtigen und in welcher Höhe kleinere Barbeträge und sonstige Geldwerte nicht als Vermögen einzusetzen oder zu verwerten sind. Für die **Vermögensschonbeträge** gelten § 105 Abs. 2 SGB XIV iVm § 90 Abs. 1 Nr. 9 SGB XII und die auf der Grundlage des § 96 Abs. 2 SGB XII erlassene Verordnung zur Durchführung des § 90 Abs. 2 Nr. 9 SGB XII[9]. In der KOF des BVG sind die Vermögensschonbeträge in § 25f Abs. 2 u. 4 und § 44 KFürsV geregelt und erheblich günstiger ausgestaltet als im SGB XII, um dem Gedanken des Sonderopfers im SER angemessen Rechnung zu tragen (→ § 108 Rn. 3).[10] 10

Mit Blick auf die wesentlich höheren Vermögensschonbeträge im BVG im Verhältnis zum SGB XII und dem auch für die BLiE geltenden **Begünstigungsgrundsatz** (→ § 92 Rn. 4, → § 105 Rn. 1ff.) kann davon ausgegangen werden, dass der Verordnungsgeber von der Ermächtigung in Nr. 3 Gebrauch macht und die Vermögensschonbeträge (deutlich) anhebt. Anderenfalls sind die Sonderregelungen in § 108 Abs. 1 und 2 SGB XIV zu Ansparungen (→ Rn. 11 f.) und Nachzahlungen (→ Rn. 13 ff.) schwer zu begründen.

Dies gilt auch für Abfindungen (→ § 108 Rn. 17 ff.).

D. Anhang

Verordnung zur Kriegsopferfürsorge – KFürsV[11] 11

Vom 16. Januar 1979 (BGBl. I 80)

(FNA 830-2-14)

zuletzt geändert durch Art. 58 Nr. 5 G-SER vom 12. Dezember 2019 (BGBl. I 2652)

Auf Grund des § 27f des Bundesversorgungsgesetzes in der Fassung der Bekanntmachung vom 22. Juni 1976 (BGBl. I S. 1633), der durch Artikel 1 Nr. 18 und 19 des Gesetzes vom 10. August 1978 (BGBl. I S. 1217) geändert worden ist, verordnet die Bundesregierung mit Zustimmung des Bundesrates:

Abschnitt 1 Leistungen zur Teilhabe am Arbeitsleben

§ 1 Allgemeine Bestimmungen

(1) [1]Die Leistungen zur Teilhabe am Arbeitsleben nach § 26 des Bundesversorgungsgesetzes sind darauf auszurichten, durch Hilfen zur Erhaltung oder Erlangung einer der Eignung, Neigung und bisherigen Tätigkeit des Beschädigten entsprechenden beruflichen Tätigkeit die Folgen der Schädigung angemessen auszugleichen oder zu mildern. [2]Sie umfassen auch Maßnahmen zur Vorbereitung der Arbeits- und Berufsförderung sowie Maßnahmen zur Sicherung der Teilhabe am Arbeitsleben.

(2) Die Einleitung von Leistungen zur Teilhabe am Arbeitsleben setzt voraus, daß

1. das Leistungsvermögen des Beschädigten erwarten läßt, daß er das Ziel der Leistungen zur Teilhabe am Arbeitsleben erreichen wird,
2. die Leistungen zur Teilhabe am Arbeitsleben der Eignung, Neigung und Fähigkeit des Beschädigten entsprechen,
3. der beabsichtigte Ausbildungsweg zweckmäßig ist,
4. der Beruf oder die Tätigkeit voraussichtlich eine ausreichende Lebensgrundlage vermittelt oder wenigstens dazu beiträgt, die Folgen der Schädigung zu mildern, wenn der Beschädigte infolge Art oder Schwere der Schädigung eine ausreichende Lebensgrundlage nicht mehr erlangen kann.

---

9 VO vom 11.2.1988 (BGBl. 1988 I, 150), zuletzt geändert durch Art. 1 der VO v. 22.3.2017 (BGBl. 2017 I, 519).
10 Vgl. Rohr/Sträßer/Dahm BVG, Stand Februar 2018, § 25a Anm. 4.
11 **Aufgehoben mit Ablauf des 31.12.2023** durch Art. 58 Nr. 5 G v. 12.12.2019 (BGBl. I 2652).

(3) Von Maßnahmen nach § 6 Abs. 2 und § 8 soll abgesehen werden, wenn die Unterbringung im erlernten, ausgeübten oder in einem diesem verwandten und gleichwertigen Beruf, gegebenenfalls nach Beschaffung von Hilfsmitteln, Vorrichtungen an Maschinen oder anderen geeigneten Hilfen, noch möglich ist.

(4) Leistungen zur Teilhabe am Arbeitsleben können auch während einer stationären Behandlung begonnen oder fortgeführt werden; dem Beschädigten soll zumindest die Erhaltung seiner beruflichen Kenntnisse ermöglicht werden.

(5) [1]Leistungen zur Teilhabe am Arbeitsleben werden auch durchgeführt, wenn der Beschädigte schon nach § 26 des Bundesversorgungsgesetzes gefördert worden ist. [2]Die Einleitung neuer Maßnahmen hängt jedoch davon ab, daß der Beschädigte den Beruf, für den er bereits gefördert wurde, infolge der Schädigung nicht mehr ausüben kann oder daß frühere Maßnahmen aus Gründen, die der Beschädigte nicht zu vertreten hat, nicht zu einer ausreichenden Lebensgrundlage geführt haben.

(6) Kann eine Maßnahme zur Teilhabe am Arbeitsleben aus Gründen, die der Beschädigte nicht zu vertreten hat, nicht zu dem in Aussicht genommenen Ziel geführt werden, sind weitere Maßnahmen nicht ausgeschlossen.

(7) Wird eine Maßnahme zur Teilhabe am Arbeitsleben in Abschnitten durchgeführt, ist die Leistung für den jeweiligen Abschnitt festzustellen.

§ 2 Leistungen zur Erhaltung oder Erlangung eines Arbeitsplatzes und zur Förderung der Arbeitsaufnahme; Leistungen an Arbeitgeber

(1) [1]Hilfen zur Erhaltung oder Erlangung eines Arbeitsplatzes und zur Förderung der Arbeitsaufnahme sind insbesondere

1. Beratung, einschließlich der Beratung von Vorgesetzten und Kollegen mit Zustimmung der Beschädigten,
2. Übernahme der Kosten für Arbeitsausrüstung, wenn die Kosten hierfür sonst üblicherweise vom Arbeitnehmer zu tragen sind; Arbeitsausrüstung umfaßt Arbeitskleidung und Arbeitsgerät,
3. Übernahme der Kosten für technische Arbeitshilfen, die in das Eigentum der Beschädigten übergehen, soweit sie nicht nach § 164 Absatz 4 Satz 1 Nummer 5 des Neunten Buches Sozialgesetzbuch vom Arbeitgeber zu stellen sind,
4. Übernahme der Umzugskosten.

[2]Die Hilfen umfassen auch Leistungen an den Arbeitgeber.

(2) Erzielen Beschädigte nach Durchführung einer Maßnahme zur Teilhabe am Arbeitsleben im Sinne der §§ 6 bis 8 an ihrem Arbeitsplatz während einer Einarbeitungszeit nicht den vollen Arbeitsverdienst, erhalten sie als Ausgleich eine Beihilfe in Höhe des Unterschiedes zwischen dem Einkommen während der Einarbeitungszeit und dem voraussichtlichen Einkommen nach Ablauf der Einarbeitungszeit; die Dauer der Beihilfe soll sechs Monate nicht überschreiten.

(3) Leistungen an Arbeitgeber sind insbesondere

1. Ausbildungszuschüsse zur betrieblichen Ausführung von Bildungsleistungen unter Beachtung des § 50 Absatz 3 des Neunten Buches Sozialgesetzbuch,
2. Eingliederungszuschüsse, wenn der Arbeitgeber den Beschädigten die zum Erreichen der vollen Leistungsfähigkeit notwendigen beruflichen Kenntnisse und Fertigkeiten an einem Arbeitsplatz vermittelt oder den Beschädigten einen ihrem Leistungsvermögen angemessenen Dauerarbeitsplatz bietet. Der Eingliederungszuschuss soll in der Regel 60 vom Hundert des Arbeitsentgeltes nicht übersteigen und wird in der Regel nicht länger als zwei Jahre gezahlt. Im Übrigen gilt § 50 Absatz 4 Satz 5 bis 8 des Neunten Buches Sozialgesetzbuch entsprechend,
3. Zuschüsse für beschädigungsgerechte Arbeitshilfen im Betrieb, soweit nicht der Arbeitgeber hierzu nach § 164 Absatz 4 Satz 1 Nummer 4 des Neunten Buches Sozialgesetzbuch verpflichtet ist,
4. teilweise oder volle Kostenerstattung für eine befristete Probebeschäftigung, wenn dadurch die Möglichkeiten einer vollständigen und dauerhaften Teilhabe am Arbeitsleben verbessert werden oder nur dadurch eine vollständige und dauerhafte Teilhabe am Arbeitsleben zu erreichen ist.

§ 3 Klärung der beruflichen Eignung und Arbeitserprobung

Durch Maßnahmen zur Klärung der beruflichen Eignung und Arbeitserprobung ist Beschädigten die Möglichkeit zu geben, eine ihrer Leistungsfähigkeit entsprechende berufliche Tätigkeit zu finden.

§ 4 Berufsvorbereitung

(1) Durch Maßnahmen der Berufsvorbereitung ist Beschädigten der Zugang zur beruflichen Ausbildung oder Umschulung sowie zu einer beruflichen Tätigkeit zu ermöglichen oder zu erleichtern.

(2) Maßnahmen der Berufsvorbereitung sind insbesondere

1. Grundausbildungslehrgänge zur Vorbereitung auf bestimmte Berufsbereiche,
2. Förderungslehrgänge für noch nicht berufsreife Beschädigte, von denen zu erwarten ist, daß sie nach Abschluß des Lehrganges eine Ausbildung aufnehmen können,
3. Lehrgänge zur Verbesserung der Eingliederungsmöglichkeiten für Beschädigte, die den Anforderungen eines anerkannten Ausbildungsberufes nicht und der Arbeitsaufnahme oder einer Tätigkeit in einer Werkstatt für behinderte Menschen noch nicht gewachsen sind,
4. blindentechnische und vergleichbare spezielle Grundausbildungen.

§ 5 Berufliche Anpassung

Durch Maßnahmen der beruflichen Anpassung sind Beschädigten vor allem Fähigkeiten und Kenntnisse zu vermitteln, die notwendig sind, um die infolge der Schädigung eingetretenen Lücken im beruflichen Wissen zu schließen, berufliche Fertigkeiten wieder zu erlangen, Fähigkeiten und Fertigkeiten an die fortgeschrittene Entwicklung der Technik anzupassen oder einer anderen Tätigkeit im erlernten oder ausgeübten Beruf nachzugehen.

§ 6 Berufliche Weiterbildung

(1) Die berufliche Weiterbildung soll Beschädigten mit abgeschlossener Berufsausbildung oder angemessener Berufserfahrung dazu verhelfen, berufliche Kenntnisse und Fertigkeiten festzustellen, zu erhalten oder zu erweitern.

(2) Beschädigte erhalten Leistungen zur beruflichen Weiterbildung, wenn und solange sie infolge der Schädigung in der Ausübung des erlernten oder ausgeübten Berufes so beeinträchtigt sind, daß sie sich am Arbeitsplatz und im Wettbewerb mit Nichtbeschädigten nicht behaupten können.

(3) [1]Die Leistungen zur beruflichen Weiterbildung umfassen auch Leistungen zum Aufstieg im Beruf. [2]Leistungen sind zu erbringen, wenn den Beschädigten erst hierdurch die Erlangung einer angemessenen Lebensstellung ermöglicht wird. [3]Im übrigen können sie erbracht werden, wenn die Beschädigten in ihrem beruflichen Fortkommen infolge der Schädigung benachteiligt sind und ihre Fähigkeiten eine berufliche Weiterbildung rechtfertigen.

§ 7 Berufliche Ausbildung

(1) Die berufliche Ausbildung soll den Beschädigten die notwendigen Fertigkeiten und Kenntnisse für die Ausübung einer ihren Kräften und Fähigkeiten angemessenen qualifizierten beruflichen Tätigkeit vermitteln.

(2) [1]Beschädigte erhalten Leistungen zur beruflichen Ausbildung, wenn sie infolge der Schädigung eine Berufsausbildung nicht beginnen, fortsetzen oder beenden konnten oder das Ausbildungsziel ändern müssen und ihnen durch die Änderung Mehraufwendungen für die berufliche Ausbildung entstehen, die ohne die Schädigung nicht entstanden wären. [2]Leistungen zur beruflichen Ausbildung erhalten Beschädigte auch dann, wenn die angestrebte Ausbildung infolge der Schädigung nicht ohne besondere Maßnahmen durchgeführt werden kann.

§ 8 Berufliche Umschulung

[1]Die berufliche Umschulung soll Beschädigten, die infolge der Schädigung ihren erlernten oder ausgeübten Beruf nicht mehr nachgehen können, Fähigkeiten und Kenntnisse vermitteln, die den Übergang in eine andere berufliche Tätigkeit ermöglichen. [2]Der neue Beruf soll dem erlernten oder ausgeübten Beruf mindestens gleichwertig sein. [3]Die Umschulung soll mit einem qualifizierenden Abschluß enden.

§ 9 Schulausbildung

(1) Beschädigte erhalten Leistungen

1. zum Besuch einer mittleren oder höheren Schule, wenn der in Aussicht genommene Beruf dies erfordert,
2. zum Besuch einer sonstigen allgemein- oder berufsbildenden Schule, wenn und soweit infolge der Schädigung ein besonderer Aufwand entsteht.

(2) Leistungen zu sonstigen Maßnahmen zur Vermittlung schulischen Wissens erhalten Beschädigte, wenn ihnen wegen Art oder Schwere der Schädigung der Besuch einer allgemein- oder berufsbildenden Schule nicht möglich ist.

§ 10 Sonstige Leistungen zur Teilhabe am Arbeitsleben

(1) Sonstige Leistungen zur Teilhabe am Arbeitsleben sind alle Leistungen, die erforderlich sind, um die Teilhabe am Arbeitsleben zu erreichen oder zu sichern, soweit dies durch die Leistungen nach den §§ 2 bis 9 nicht oder nicht vollständig erreicht werden kann.

(2) [1]Zu den sonstigen Leistungen zur Teilhabe am Arbeitsleben gehören auch Hilfen zur Beschaffung, zur schädigungsbedingten Zusatzausstattung, zum Betrieb, zur Unterhaltung, zum Unterstellen und zum Abstellen eines Kraftfahrzeuges sowie zur Erlangung der Fahrerlaubnis, wenn der Beschädigte zur Erreichung seines Arbeitsplatzes infolge der Schädigung auf die Benutzung eines Kraftfahrzeuges angewiesen ist. [2]Die Hilfen zur Beschaffung eines Kraftfahrzeuges, zu einer schädigungsbedingten Zusatzausstattung und zur Erlangung der Fahrerlaubnis richten sich nach der Kraftfahrzeughilfe-Verordnung.

§ 11 Gründung und Erhaltung einer selbständigen Existenz

(1) Beschädigte erhalten Leistungen zur Gründung und Erhaltung einer selbständigen beruflichen Existenz, wenn sie

1. die erforderlichen persönlichen und fachlichen Voraussetzungen für die Ausübung der Tätigkeit erfüllen,
2. ihren Lebensunterhalt und den ihrer unterhaltsberechtigten Angehörigen durch die Tätigkeit voraussichtlich auf Dauer im wesentlichen sicherstellen können und
3. infolge der Schädigung eine ausreichende Lebensgrundlage zweckmäßiger durch eine selbständige berufliche Tätigkeit erlangen und die angestrebte selbständige berufliche Existenz ohne fremde Hilfe nicht gründen können oder bei der Ausübung einer selbständigen beruflichen Tätigkeit im Wettbewerb mit Nichtbeschädigten benachteiligt sind.

(2) [1]Zum Nachweis der Voraussetzungen nach Absatz 1 ist die Stellungnahme einer fachkundigen Stelle vorzulegen. [2]Fachkundige Stellen sind insbesondere die Industrie- und Handelskammern, Handwerkskammern, berufsständische Kammern, Fachverbände und Kreditinstitute. [3]Bestehen begründete Zweifel an den Kenntnissen und Fähigkeiten zur Ausübung der selbständigen Tätigkeit, kann die Teilnahme an Maßnahmen zur Eignungsfeststellung oder zur Vorbereitung der Existenzgründung verlangt werden; die Kosten für diese Maßnahmen werden als Beihilfe erstattet.

§ 12 Gegenstand der Förderung

Als Leistungen zur Teilhabe am Arbeitsleben kommen in Betracht

1. Ausbildung für Berufe, die einen bestimmten Ausbildungsgang voraussetzen,
2. Besuch öffentlicher, staatlich anerkannter oder genehmigter Ausbildungsstätten sowie von Hochschulen; private Ausbildungsstätten stehen öffentlichen gleich, wenn sie zu einer für den betreffenden Ausbildungsgang anerkannten Abschlußprüfung führen,
3. Besuch sonstiger Ausbildungsstätten sowie von Einrichtungen und Betrieben, wenn es im Einzelfall zweckmäßiger erscheint als der Besuch der unter Nummer 2 aufgeführten Ausbildungsstätten oder wenn das Ziel der Förderung auf andere Weise nicht erreicht werden kann,
4. Teilnahme am Fernunterricht, wenn dieser insbesondere wegen Art oder Schwere der Schädigung geeigneter als andere Maßnahmen ist, das Ziel der Fortbildung, Umschulung oder Ausbildung zu erreichen. Förderungsfähig ist die Teilnahme an Lehrgängen, die nach dem jeweils geltenden Fernunterrichtsschutzgesetz zugelassen sind oder von einer öffentlich-rechtlichen Stelle veranstaltet werden, ohne unter die Bestimmungen des Fernunterrichtsschutzgesetzes zu fallen. Als Schulausbildung sind Fernunterrichtslehrgänge nur förderungsfähig, wenn sie unter denselben Zugangsvoraussetzungen auf denselben Abschluß vorbereiten wie die in § 2 Abs. 1 und 3 des Bundesausbildungsförderungsgesetzes bestimmten Ausbildungsstätten,
5. Vorbereitung auf den Erwerb des Doktorgrades, wenn die Promotion üblicherweise die einzige Abschlußprüfung darstellt oder Voraussetzung für die Habilitation ist und die Erreichung dieses Zieles auf Grund einer besonderen Befähigung der Doktoranden zu wissenschaftlicher Arbeit erwartet werden kann, oder wenn Beschädigte ohne den Doktorgrad im Wettbewerb mit Nichtbeschädigten benachteiligt wären oder der Erwerb des Doktorgrades in einem bestimmten akademischen Beruf allgemein üblich ist.

§ 13 Dauer der Förderung

Die Dauer der Förderung soll die übliche oder vorgeschriebene Ausbildungszeit nicht überschreiten, sofern nicht infolge der Schädigung eine längere Ausbildung geboten ist.

§ 14 Leistungen zur Teilhabe am Arbeitsleben außerhalb des Geltungsbereichs des Bundesversorgungsgesetzes

Bei Beschädigten, die ihren gewöhnlichen Aufenthalt im Geltungsbereich des Bundesversorgungsgesetzes haben, können Leistungen zur Teilhabe am Arbeitsleben auch außerhalb des Geltungsbereichs des Bundesversorgungsgesetzes durchgeführt werden, wenn es der Erreichung des Zwecks der Maßnahme förderlich ist, dadurch die Dauer der Maßnahme nicht wesentlich verlängert wird und keine unvertretbaren Mehrkosten entstehen.

§ 15 Pauschalierte Abgeltung von Kosten

Die Kosten im Sinne des § 49 Absatz 7 des Neunten Buches Sozialgesetzbuch können durch Pauschbeträge abgegolten werden.

§ 16 Unterhaltsbeihilfe

(1) Der Höchstbetrag der Unterhaltsbeihilfe nach § 26a Abs. 3 des Bundesversorgungsgesetzes bemisst sich entsprechend dem Unterhaltsbedarf nach § 21 Abs. 1 Satz 1 Nr. 1 oder Nr. 3.

(2) Der Betrag zur Abgeltung zusätzlicher weiterer Bedürfnisse (§ 26a Abs. 3 Satz 3 des Bundesversorgungsgesetzes) soll den nach § 27b Absatz 2 des Zwölften Buches Sozialgesetzbuch von den zuständigen Landesbehörden festgesetzten Barbetrag nicht übersteigen.

§ 17 Förderungsmaßnahmen für Witwen, Witwer und hinterbliebene Lebenspartner

(1) Für Leistungen zur Teilhabe am Arbeitsleben für Witwen und Witwer gelten vorstehende Vorschriften entsprechend.

(2) Bei der Prüfung, welche Lebensstellung für die Witwe oder für den Witwer angemessen ist, soll neben der Lebensstellung des gestorbenen Ehegatten auch die Lebensstellung der Witwe oder des Witwers vor der Eheschließung berücksichtigt werden, wenn diese günstiger gewesen ist.

(3) Die Absätze 1 und 2 gelten für hinterbliebene Lebenspartner entsprechend.

Abschnitt 2 Erziehungsbeihilfe

§ 18 Gegenstand der Förderung

(1) Mit der Erziehungsbeihilfe nach § 27 des Bundesversorgungsgesetzes werden Maßnahmen der Erziehung sowie der Schul- und Berufsausbildung, in besonders begründeten Fällen auch Maßnahmen der beruflichen Weiterbildung im Sinne von § 6 Abs. 2 gefördert.

(2) [1]Zu fördern ist eine Schul- und Berufsausbildung, die den Auszubildenden dazu verhelfen soll, einen ihrer Eignung, Neigung und Fähigkeit angemessenen Beruf zu erlangen. [2]§ 12 Nr. 1 bis 3 gilt entsprechend. [3]Für die Förderung einer Teilnahme am Fernunterricht sind die §§ 3 und 15 Abs. 2 des Bundesausbildungsförderungsgesetzes entsprechend anzuwenden. [4]Bei Waisen sind auch sonstige Maßnahmen zur Vermittlung schulischen Wissens zu fördern, wenn ihnen der Besuch einer allgemein- oder berufsbildenden Schule wegen Behinderung nicht möglich ist.

(3) [1]Vor Beendigung der Vollzeitschulpflicht ist eine Schulausbildung an allgemeinbildenden Schulen nur insoweit zu fördern, als der Schulbesuch einen Aufwand erfordert, der den während des Besuchs der Grund- und Hauptschule üblicherweise entstehenden Aufwand übersteigt. [2]Entsprechendes gilt für notwendige vorschulische Erziehungsmaßnahmen.

(4) Mit der Erziehungsbeihilfe sind auch Maßnahmen, die zwischen der Schulentlassung und dem Beginn der Berufsausbildung überwiegend der Erziehung, Erwerbsbefähigung und der Hinführung zum Beruf dienen, sowie Hilfen zur Erziehung nach dem Achten Buch Sozialgesetzbuch zu fördern.

(5) Bei Auszubildenden, die ihren gewöhnlichen Aufenthalt im Geltungsbereich des Bundesversorgungsgesetzes haben, umfaßt die Erziehungsbeihilfe auch Ausbildungsmaßnahmen außerhalb des Geltungsbereichs des Bundesversorgungsgesetzes, wenn es der Erreichung des Ausbildungsziels förderlich ist, dadurch die Dauer der Förderung nicht wesentlich verlängert wird und keine unvertretbaren Mehrkosten entstehen.

§ 19 Dauer der Förderung

(1) [1]Die Dauer der Förderung soll die übliche oder vorgeschriebene Ausbildungszeit nicht überschreiten. [2]Wird die Ausbildung in Abschnitten durchgeführt, ist die Leistung für den jeweiligen Ausbildungsabschnitt festzustellen. [3]Erziehungsbeihilfe ist bis zum Erwerb des Doktorgrades zu zahlen, wenn die Promotion üblicherweise die einzige Abschlußprüfung darstellt oder Voraussetzung für die Habilitation ist und die Erreichung dieses Zieles auf Grund einer besonderen Befähigung der Doktoranden zu wissenschaftlicher Arbeit erwartet werden kann.

(2) Kann eine Ausbildungsmaßnahme aus Gründen, die Auszubildende nicht zu vertreten haben, nicht zu dem in Aussicht genommenen Ziel geführt werden, sind weitere Maßnahmen nicht ausgeschlossen.

§ 20 Erziehungs- und Ausbildungsbedarf

(1) Bei Maßnahmen der Erziehung ist als Bedarf der infolge der Schädigung oder des Verlustes eines Elternteils notwendige besondere Bedarf für die Erziehung anzuerkennen.

(2) [1]Der Bedarf für die Ausbildung umfaßt insbesondere

1. Kosten für notwendige Lernmittel,
2. Kosten für die übliche Arbeitsausrüstung und das übliche Arbeitsmaterial,

3. Ausbildungs- und Prüfungsgebühren einschließlich der üblichen Kosten für Prüfungsstücke,
4. notwendige Fahrtkosten einschließlich der Kosten für Familienheimfahrten in einem der Ausbildungsart und dem Alter der Auszubildenden angemessenen Umfang,
5. notwendige Kosten einer Versicherung gegen Krankheit,
6. Sonderbedarf für Studienfahrten,
7. kleinere mit der Ausbildung zusammenhängende Ausgaben

[2]Die Kosten nach Satz 1 Nr. 1, 2, 4 und 7 können durch Pauschbeträge abgegolten werden.

§ 21 Unterhaltsbedarf

(1) [1]Der Bedarf für den Lebensunterhalt Auszubildender während der Erziehung und Ausbildung umfaßt

1. bei Verbleib in der Familie einen Betrag in Höhe des Zweifachen der für die Auszubildenden jeweils maßgebenden Regelbedarfsstufe nach der Anlage zu § 28 des Zwölften Buches Sozialgesetzbuch,
2. bei Unterbringung in einer stationären Einrichtung oder einer Pflegestelle die Kosten der Unterbringung und Verpflegung, zusätzliche kleinere Ausgaben bis zur Höhe des nach § 27b Absatz 2 des Zwölften Buches Sozialgesetzbuch von den zuständigen Landesbehörden festgesetzten Barbetrages sowie Kosten aus der Erfüllung weiterlaufender unabweislicher Verpflichtungen,
3. bei sonstiger Unterbringung außerhalb der Familie einen Betrag in Höhe der Regelbedarfsstufe 1 nach der Anlage zu § 28 des Zwölften Buches Sozialgesetzbuch (Regelbedarfsstufe 1) zuzüglich der für einen den Auszubildenden jeweils gleichaltrigen Haushaltsangehörigen maßgebenden Regelbedarfsstufe sowie die Kosten der Unterkunft am Ausbildungsort; hierbei sind die jeweiligen höchsten Regelsätze des Landes zugrunde zu legen, in dem sich die Ausbildungsstätte befindet. Die Kosten der Unterkunft am Ausbildungsort können durch Pauschbeträge abgegolten werden.

[2]Ein etwaiger Sonderbedarf ist in die Bedarfsberechnung mit aufzunehmen.

(2) In den Fällen des § 18 Abs. 3 umfaßt der Bedarf nur den besonderen Aufwand; bei der Festsetzung der Einkommensgrenze des § 25e Abs. 1 des Bundesversorgungsgesetzes ist für das Kind oder die Waise ein Familienzuschlag anzusetzen.

§ 22 Leistungen für weitere Auszubildende

Bei der Entscheidung über die Leistung von Erziehungsbeihilfe für weitere Auszubildende ist die Erziehungsbeihilfe für alle Leistungsfälle neu zu berechnen; das gilt nicht für die Fälle des § 18 Abs. 3.

§ 23 Erhöhung des Einkommens

Wegen einer Erhöhung des Einkommens darf die Erziehungsbeihilfe während eines Ausbildungsabschnittes nicht entzogen oder gekürzt werden, wenn sich das monatliche Einkommen um nicht mehr als 26 Euro gegenüber dem nach § 25d des Bundesversorgungsgesetzes bei der Bewilligung berücksichtigten monatlichen Einkommen erhöht hat.

Abschnitt 3 Ergänzende Hilfe zum Lebensunterhalt

§ 24 Freibetrag für Erwerbstätigkeit

(1) [1]Bei der ergänzenden Hilfe zum Lebensunterhalt nach § 27a des Bundesversorgungsgesetzes ist für Erwerbstätige, vor allem wenn sie trotz beschränkten Leistungsvermögens einem Erwerb nachgehen, ein Freibetrag in angemessener Höhe anzuerkennen. [2]Satz 1 gilt auch bei einer Unterbrechung der Erwerbstätigkeit bis zu 6 Monaten, wenn das Arbeitsverhältnis fortbesteht und bis zur Unterbrechung der Erwerbstätigkeit ein Freibetrag anerkannt war.

(2) [1]Unterschreitet das Erwerbseinkommen von Leistungsberechtigten 40 vom Hundert der Regelbedarfsstufe 1, ist ein Freibetrag in Höhe des Erwerbseinkommens anzuerkennen. [2]Übersteigt das Erwerbseinkommen von Leistungsberechtigten 40 vom Hundert der Regelbedarfsstufe 1, ist ein Freibetrag in Höhe von 40 vom Hundert der Regelbedarfsstufe 1 zuzüglich des Betrags nach Absatz 3 anzuerkennen.

(3) In den Fällen des Absatzes 2 Satz 2 ist als zusätzlicher Freibetrag ein Betrag anzuerkennen, der folgende Vomhundertsätze des Betrags beträgt, der 40 vom Hundert der Regelbedarfsstufe 1 übersteigt:

1. 25 vom Hundert bei Empfängern einer Pflegezulage nach Stufe III bis VI,
2. 20 vom Hundert bei Empfängern einer Pflegezulage nach Stufe I oder II,
3. 15 vom Hundert bei Beschädigten mit einem Grad der Schädigungsfolgen von 80 bis 100,

4. 10 vom Hundert bei Beschädigten mit einem Grad der Schädigungsfolgen von 50 bis 70, bei Witwen, Witwern, hinterbliebenen Lebenspartnern, hinterbliebenen Lebenspartnerinnen, Vollwaisen und Elternpaaren, auch wenn nur ein Elternteil erwerbstätig ist, und
5. 5 vom Hundert bei Beschädigten mit einem Grad der Schädigungsfolgen von 30 oder 40, bei Halbwaisen und Elternteilen.

(4) Die Summe der Freibeträge nach den Absätzen 2 und 3 darf 50 vom Hundert der Regelbedarfsstufe 1 nicht unterschreiten.

(5) Ist bei Beschädigten das Leistungsvermögen durch nichtschädigungsbedingte Gesundheitsstörungen zusätzlich eingeschränkt oder gehen Hinterbliebene trotz beschränktem Leistungsvermögens einem Erwerb nach, kann der in den Fällen des Absatzes 3 anzuerkennende Freibetrag um 10 vom Hundert erhöht werden.

(6) Der in den Fällen des Absatzes 3 anzuerkennende Freibetrag soll bei Sonderfürsorgeberechtigten 175 vom Hundert, im übrigen 125 vom Hundert Regelbedarfsstufe 1 nicht übersteigen.

Abschnitt 4 Erholungshilfe

§ 25 Nachweis der Voraussetzungen

(1) [1]Die Notwendigkeit und Zweckmäßigkeit einer Erholungsmaßnahme nach § 27b des Bundesversorgungsgesetzes sind durch ärztliches Zeugnis nachzuweisen. [2]Bei Beschädigten mit einem Grad der Schädigungsfolgen von weniger als 50 muss der Zusammenhang zwischen Erholungsbedürftigkeit und anerkannten Schädigungsfolgen gesondert ärztlich begründet werden.

(2) Die Befugnis zur Mitnahme einer Begleitperson ist gesondert ärztlich zu begründen, es sei denn, die Berechtigung zur Mitnahme einer Begleitperson nach § 229 Absatz 2 des Neunten Buches Sozialgesetzbuch ist nachgewiesen durch

1. einen entsprechenden Bescheid der nach § 152 Absatz 4 des Neunten Buches Sozialgesetzbuch zuständigen Behörde oder
2. einen Ausweis nach § 152 Absatz 5 des Neunten Buches Sozialgesetzbuch mit einem Vermerk nach § 3 Absatz 2 der Schwerbehindertenausweisverordnung.

§ 26 Erholungsbedingte Aufwendungen

[1]Zusätzliche geringfügige Aufwendungen, die Erholungsuchenden durch die Erholungsmaßnahme entstehen, sind je Erholungstag mit einem Pauschbetrag in Höhe von 1,5 vom Hundert der Regelbedarfsstufe 1 abzugelten; der Gesamtbetrag der Pauschbeträge ist auf volle Euro aufzurunden. [2]Neben dem Pauschbetrag sind Kosten für Gepäckbeförderung und Kurtaxe als Bedarf zu berücksichtigen. [3]Sonstige Aufwendungen für Gegenstände, die üblicherweise für einen Gebrauch über den Zeitraum des Erholungsaufenthaltes hinaus bestimmt sind, gehören nicht zum Bedarf nach § 27b des Bundesversorgungsgesetzes, auch wenn die Gegenstände anläßlich der Erholungsmaßnahme beschafft werden.

Abschnitt 5 Wohnungshilfe

§ 27 Geldleistungen

[1]Geldleistungen der Wohnungshilfe nach § 27c des Bundesversorgungsgesetzes erhalten

1. Schwerbeschädigte zur besonderen Ausgestaltung oder baulichen Veränderung vorhandenen Wohnraums, wenn dies nach Art und Schwere der Schädigung notwendig ist,
2. Schwerbeschädigte beim Bau oder Erwerb eines Eigenheimes oder einer Eigentumswohnung, zur Finanzierung einer Mietwohnung, einer Mietvorauszahlung oder einer Kaution, wenn die Wohnung des Schwerbeschädigten mit Rücksicht auf Art und Schwere der Schädigung besonderer Ausgestaltung bedarf.
3. Schwerbeschädigte, Witwen, Witwer oder hinterbliebene Lebenspartner
   a) beim Bau oder Erwerb eines Eigenheimes oder einer Eigentumswohnung,
   b) zur Finanzierung einer Mietwohnung, einer Mietvorauszahlung oder einer Kaution,
   c) zur Erhaltung oder Verbesserung bestehenden Wohnraums,

   wenn sie die Hilfe innerhalb von fünf Jahren nach ihrem erstmaligen Eintreffen im Geltungsbereich des Bundesversorgungsgesetzes beantragen,

sofern eine Geldleistung durch die Besonderheit des Einzelfalles gerechtfertigt ist. [2]In den Fällen des Satzes 1 Nr. 3 Buchstaben a und b kommt eine Leistung vor allem in Betracht, wenn die Wohnraumbeschaffung zur Erlangung oder Erhaltung eines Arbeitsplatzes notwendig ist.

Abschnitt 6 Hilfen in besonderen Lebenslagen

§ 28 Eingliederungshilfe

(1) Beschädigte erhalten als Hilfen in besonderen Lebenslagen nach § 27d Abs. 1 Nr. 3 des Bundesversorgungsgesetzes auch

1. Hilfen zur Teilhabe am Leben in der Gemeinschaft, insbesondere am öffentlichen und kulturellen Geschehen, sofern ihnen ohne diese Hilfen eine Teilhabe infolge der Schädigung nicht möglich oder nicht zumutbar ist,
2. Hilfen zur Beschaffung, zum Betrieb, zur Unterhaltung, zum Unterstellen und zum Abstellen eines Kraftfahrzeuges sowie zur Erlangung der Fahrerlaubnis, sofern sie infolge der Schädigung zur Teilhabe am Leben in der Gemeinschaft insbesondere am öffentlichen und kulturellen Geschehen, auf die Benutzung eines Kraftfahrzeuges angewiesen sind.

(2) [1]Die gesundheitlichen Voraussetzungen für die Leistungen nach Absatz 1 Nr. 2 gelten bei Beschädigten als erfüllt, die zum Personenkreis des § 23 Abs. 1 der Orthopädieverordnung in der jeweils geltenden Fassung gehören. [2]Im Übrigen sind sie durch ärztliches Zeugnis nachzuweisen.

§ 28a Hilfe zum Aufbau oder zur Sicherung der Lebensgrundlage

(1) Leistungsberechtigte, bei denen die ausreichende wirtschaftliche Lebensgrundlage fehlt oder gefährdet ist, können Leistungen nach § 27d Abs. 1 Nr. 1 des Bundesversorgungsgesetzes zum Aufbau oder zur Sicherung einer Lebensgrundlage durch eigene Tätigkeit erhalten.

(2) Die Leistungen sollen in der Regel nur erbracht werden, wenn die Leistungsberechtigten sonst ergänzende Hilfe zum Lebensunterhalt erhalten müssten.

(3) Die Voraussetzungen nach § 11 gelten entsprechend.

Abschnitt 7 Sonderfürsorge

§ 29 Leistungen an Sonderfürsorgeberechtigte

(1) Die Leistungen der Kriegsopferfürsorge an Beschädigte, die zu dem Personenkreis des § 27e des Bundesversorgungsgesetzes gehören (Sonderfürsorgeberechtigte), sind der Schwere und Eigenart der Schädigung anzupassen und mit Rücksicht auf die jeweils erschwerte Lebensbedingungen Beschädigter und ihrer Familien in Ausmaß und Dauer besonders wirksam zu gestalten.

(2) Sofern sich die Zugehörigkeit Beschädigter zu dem Personenkreis der Sonderfürsorgeberechtigten aus dem Bescheid der nach Landesrecht zuständigen Stelle nicht ergibt, stellt diese ihnen auf ihren Antrag eine Bescheinigung zum Nachweis ihrer Zugehörigkeit zu den Sonderfürsorgeberechtigten aus.

Abschnitt 8 Einkommen; Einkommensberechnung

§ 30 Einkommen

(1) [1]Einkommen im Sinne des § 25d Abs. 1 des Bundesversorgungsgesetzes sind alle Einkünfte in Geld oder Geldeswert ohne Rücksicht auf ihre Quelle und Rechtsnatur, soweit nicht das Bundesversorgungsgesetz, diese Verordnung oder andere Rechtsvorschriften vorschreiben, daß bestimmte Einkünfte bei der Feststellung von Leistungen der Kriegsopferfürsorge nicht zum Einkommen gehören. [2]Dabei ist es unerheblich, ob sie zu den Einkünften des Einkommensteuergesetzes gehören und ob sie der Steuerpflicht unterliegen.

(2) Als Einkommen gelten nicht

1. ein der Grundrente und der Schwerstbeschädigtenzulage entsprechender Betrag, wenn anstelle von Grundrente oder Schwerstbeschädigtenzulage ein Ausgleich nach § 89 des Bundesversorgungsgesetzes gewährt wird; entsprechendes gilt in den übrigen Fällen des § 25d Abs. 1 Satz 2 des Bundesversorgungsgesetzes sowie in den Fällen des § 25d Abs. 1 Satz 3 des Bundesversorgungsgesetzes,

1a. ein der Grundrente und der Schwerstbeschädigtenzulage entsprechender Betrag, wenn die Versorgungsbezüge nach § 35 Abs. 6 des Bundesversorgungsgesetzes auf die Kosten der stationären Pflege angerechnet werden; der freizulassende Betrag darf denjenigen bei einer ausschließlichen Kostenübernahme nach § 35 Abs. 6 des Bundesversorgungsgesetzes nicht übersteigen,

2. Wohngeld, es sei denn, bei der Feststellung von Leistungen der Kriegsopferfürsorge sind Kosten der Unterkunft zu berücksichtigen,
3. das Sterbegeld nach § 37 des Bundesversorgungsgesetzes sowie beim Tode des Beschädigten gezahlte gleichartige Leistungen,
4. Weihnachts- und Neujahrsgratifikationen bis zu einem Betrag von 205 Euro,
5. ein freies Wohnrecht.

(3) Kindergeld oder Leistungen im Sinne des § 4 Abs. 1 Satz 1 Nr. 1 des Bundeskindergeldgesetzes sowie Kinderzuschlag und Zuschlag nach § 33b Abs. 1 und 6 des Bundesversorgungsgesetzes gelten als Einkommen desjenigen, in dessen Person der Anspruch auf diese Leistungen besteht; werden sie für Stiefkinder gezahlt, gelten sie als Einkommen des Stiefkindes.

§ 31 Bewertung von Sachbezügen

(1) Für die Bewertung von Sachbezügen gilt § 3 Abs. 1, 2 und 4 der Ausgleichsrentenverordnung.

(2) Absatz 1 gilt auch dann, wenn in einem Tarifvertrag, einer Tarifordnung, einer Betriebs- oder Dienstordnung, einer Betriebsvereinbarung, einem Arbeitsvertrag oder einem sonstigen Vertrag andere Werte festgesetzt worden sind.

(3) [1]Absatz 1 gilt nicht, soweit durch den Wert eines Sachgutes die Höhe einer Geldleistung festgelegt wird oder ein Sachbezug nach Art und Menge nicht zum Verbrauch durch den Berechtigten, sondern zur Erzielung eines Geldbetrages bestimmt ist. [2]Als Einkommen ist die Geldleistung oder der erzielte Geldbetrag anzusetzen.

§ 32 Einkünfte aus nichtselbständiger Arbeit

(1) Welche Einkünfte zu den Einkünften aus nichtselbständiger Arbeit gehören, bestimmt sich nach § 19 Abs. 1 Nr. 1 des Einkommensteuergesetzes.

(2) [1]Die auf Gewinn gerichtete Arbeit, die von einem Familienangehörigen land- und forstwirtschaftlicher oder gewerblicher Unternehmer oder Selbständiger geleistet wird, gilt als nichtselbständige Arbeit im Sinne des § 19 Abs. 1 Nr. 1 des Einkommensteuergesetzes. [2]Wird keine oder eine unverhältnismäßig geringe Vergütung gewährt, ist der Wert der Arbeitsleistung unter Berücksichtigung der Gesamtverhältnisse zu schätzen. [3]Dabei dient die einer gleichaltrigen Person für eine gleichartige Arbeit gleichen Umfangs in einem fremden Unternehmen ortsüblich gewährte Vergütung als Bewertungsmaßstab. [4]In angemessenem Umfang sind verwertbare Arbeitskraft der Einkommensbezieher und wirtschaftliche Leistungsfähigkeit des Unternehmens zu berücksichtigen. [5]Unternehmer im Sinne des Satzes 1 sind diejenigen, für deren Rechnung das Unternehmen geht.

(3) [1]Bei der Berechnung der Einkünfte ist von den monatlichen Bruttoeinnahmen auszugehen. [2]Einmalige Einnahmen und Einnahmen, die in größeren als monatlichen Zeitabständen erzielt werden, sind in dem Monat zu berücksichtigen, in dem sie gezahlt werden, soweit nicht im Einzelfall eine andere Regelung angezeigt ist.

(4) [1]Zu den mit der Erzielung der Einkünfte aus nichtselbständiger Arbeit verbundenen Ausgaben im Sinne des § 25d Abs. 3 Nr. 4 des Bundesversorgungsgesetzes gehören vor allem

1. notwendige Aufwendungen für Arbeitsmittel,
2. notwendige Aufwendungen für Fahrten zwischen Wohnung und Arbeitsstätte,
3. notwendige Beiträge für Berufsverbände,
4. notwendige Mehraufwendungen infolge Führung eines doppelten Haushalts nach näherer Bestimmung des Absatzes 7.

[2]Ausgaben im Sinne des Satzes 1 sind nur insoweit vom Einkommen abzusetzen, als sie von dem Bezieher des Einkommens selbst getragen werden.

(5) Als Aufwendungen für Arbeitsmittel kann ein monatlicher Pauschbetrag von 5,20 Euro abgesetzt werden, wenn nicht im Einzelfall höhere Aufwendungen nachgewiesen werden.

(6) [1]Wird für die Fahrt zwischen Wohnung und Arbeitsstätte ein eigenes Kraftfahrzeug benutzt und wäre sonst die Benutzung eines öffentlichen Verkehrsmittels notwendig, ist ein Betrag in Höhe der tariflich günstigsten Zeitkarte abzusetzen. [2]Ist ein öffentliches Verkehrsmittel nicht vorhanden oder die Benutzung eines öffentlichen Verkehrsmittels im Einzelfall nicht zumutbar und deshalb die Benutzung eines eigenen Kraftfahrzeuges notwendig, sind als monatliche Pauschbeträge

1. bei Benutzung eines Kraftwagens 5,20 Euro,
2. bei Benutzung eines Kleinkraftwagens (drei- oder vierrädriges Kraftfahrzeug, dessen Motor einen Hubraum von nicht mehr als 500 ccm hat) 3,70 Euro,
3. bei Benutzung eines Motorrades oder eines Motorrollers 2,30 Euro,
4. bei Benutzung eines Fahrrades mit Motor 1,30 Euro

für jeden vollen Kilometer, den die Wohnung von der Arbeitsstätte entfernt liegt, abzusetzen [3]Bei einer Beschäftigungsdauer von weniger als einem Monat sind die Beträge anteilmäßig zu kürzen.

(7) [1]Sind Einkommensbezieher außerhalb des Ortes beschäftigt, an dem sie einen eigenen Hausstand unterhalten, und können ihnen weder der Umzug noch die tägliche Rückkehr an den Ort des eigenen Hausstandes zugemutet werden, sind die durch Führung des doppelten Haushalts nachweislich entstehenden Mehraufwendungen sowie die unter Ausnutzung bestehender Tarifvergünstigungen entstehenden Aufwendungen für Fahrtkosten der zweiten Wagenklasse für eine Familienheimfahrt im

Kalendermonat abzusetzen. [2]Ein eigener Hausstand ist dann anzunehmen, wenn Einkommensbezieher eine Wohnung mit eigener oder selbstbeschaffter Möbelausstattung besitzen. [3]Eine doppelte Haushaltsführung kann auch dann anerkannt werden, wenn Einkommensbezieher nachweislich ganz oder überwiegend die Kosten für einen Haushalt tragen, den sie gemeinsam mit nächsten Angehörigen führen.

§ 33 Einkünfte aus Land- und Forstwirtschaft, Gewerbebetrieb und selbständiger Arbeit

(1) Welche Einkünfte zu den Einkünften aus Land- und Forstwirtschaft, Gewerbebetrieb und selbständiger Arbeit gehören, bestimmt sich nach § 13 Abs. 1 und 2, § 15 Abs. 1 und § 18 Abs. 1 des Einkommensteuergesetzes; der Nutzungswert der Wohnung im eigenen Haus bleibt unberücksichtigt.

(2) Die Einkünfte sind für das Jahr zu berechnen, in dem der Bedarfszeitraum liegt (Berechnungsjahr).

(3) [1]Für die Berechnung der Einkünfte im Berechnungsjahr ist von den Gewinnen auszugehen, die der letzten Veranlagung zur Einkommensteuer zugrunde gelegt worden sind. [2]Den Gewinnen sind erhöhte Absetzungen, Sonderabschreibungen und steuerfreie Rücklagen nach Maßgabe des § 8 Abs. 1 Satz 3 und 4 der Verordnung zur Durchführung des § 33 des Bundesversorgungsgesetzes in der jeweils geltenden Fassung hinzuzurechnen. [3]Der danach ermittelte Betrag ist um die Vomhundertsätze zu erhöhen, um die die laufenden Rentenleistungen nach § 56 des Bundesversorgungsgesetzes seit dem Ende des Jahres angepaßt worden sind, für das die letzte Veranlagung zur Einkommensteuer vorliegt.

(4) Machen Leistungsberechtigte glaubhaft oder werden dem Träger der Kriegsopferfürsorge Tatsachen bekannt, daß das Einkommen im Berechnungsjahr voraussichtlich von dem nach Absatz 3 errechneten Betrag wesentlich abweicht, ist ein Betrag anzusetzen, der auf der Grundlage der durch das Finanzamt festgestellten Gewinne aus der Gegenüberstellung der im Rahmen des Betriebes im Berechnungsjahr bereits erzielten Einnahmen und geleisteten Ausgaben sowie der im Rahmen des Betriebes im Berechnungsjahr noch zu erwartenden Einnahmen und Ausgaben zu errechnen ist.

(5) [1]Findet eine Veranlagung zur Einkommensteuer nicht statt, haben Leistungsberechtigte die Gewinne nachzuweisen. [2]Sind sie hierzu nicht in der Lage, sind die Gewinne im Benehmen mit dem Finanzamt zu schätzen.

§ 34 Einkünfte von Land- und Forstwirten, deren Gewinn nach Durchschnittsätzen ermittelt wird

Die Berechnung der Einkünfte von Land- und Forstwirten, deren Gewinn auf Grund von Vorschriften des Einkommensteuerrechts nach Durchschnittsätzen zu ermitteln ist, richtet sich nach § 9 der Verordnung zur Durchführung des § 33 des Bundesversorgungsgesetzes mit der Maßgabe, daß ein Nutzungswert der Wohnung im eigenen Haus nicht anzusetzen und § 9 Abs. 9 Satz 2 der vorgenannten Verordnung nicht anzuwenden ist.

§ 35 Einkünfte aus Kaptialvermögen

(1) Welche Einkünfte zu den Einkünften aus Kapitalvermögen gehören, bestimmt sich nach § 20 Abs. 1 bis 3 des Einkommensteuergesetzes.

(2) Als Einkünfte aus Kapitalvermögen sind die Jahreseinnahmen anzusetzen, vermindert um die Kapitalertragsteuer sowie um die mit der Erzielung der Einkünfte verbundenen notwendigen Ausgaben (§ 25d Abs. 3 Nr. 4 des Bundesversorgungsgesetzes).

(3) [1]Die Einkünfte sind auf der Grundlage der vor dem Berechnungsjahr erzielten Einkünfte unter Berücksichtigung der im Berechnungsjahr bereits eingetretenen und noch zu erwartenden Veränderungen zu errechnen. [2]Soweit im Einzelfall geboten, können hiervon abweichend die Einkünfte für das Berechnungsjahr auch nachträglich errechnet werden.

(4) Einkünfte im Sinne des Absatzes 2 bleiben unberücksichtigt, wenn sie insgesamt jährlich 50 Euro nicht übersteigen.

§ 36 Einkünfte aus Vermietung und Verpachtung

(1) Welche Einkünfte zu den Einkünften aus Vermietung und Verpachtung gehören, bestimmt sich nach § 21 Abs. 1 und 3 des Einkommensteuergesetzes.

(2) Als Einkünfte aus Vermietung und Verpachtung ist der Überschuß der Einnahmen über mit ihrer Erzielung verbundenen notwendigen Ausgaben (§ 25d Abs. 3 Nr. 4 des Bundesversorgungsgesetzes) anzusetzen; zu den Ausgaben gehören

1. Schuldzinsen und sonstige dauernde Lasten, soweit sie mit den Einnahmen aus Vermietung und Verpachtung in wirtschaftlichem Zusammenhang stehen,
2. Steuern vom Grundbesitz, sonstige öffentliche Abgaben und Versicherungsbeiträge, soweit solche Ausgaben sich auf Gebäude und Gegenstände beziehen, die zur Einnahmeerzielung dienen,
3. *[aufgehoben]*
4. der Erhaltungsaufwand,

5. sonstige Aufwendungen zur Bewirtschaftung des Haus- und Grundbesitzes, ohne besonderen Nachweis Aufwendungen in Höhe von 1 vom Hundert der Jahresroheinnahmen.

(3) Zu den Schuldzinsen im Sinne des Absatzes 2 Nr. 1 gehören bei gewährter Kapitalabfindung nach den §§ 72 bis 80 des Bundesversorgungsgesetzes oder bei einer Rentenkapitalisierung nach dem Rentenkapitalisierungsgesetz-KOV in den Fällen des § 74 Abs. 2 des Bundesversorgungsgesetzes ein Zehntel und des § 74 Abs. 3 des Bundesversorgungsgesetzes ein Zwanzigstel des der Kapitalabfindung zugrunde liegenden Jahresbetrages.

(4) Zum Erhaltungsaufwand im Sinne des Absatzes 2 Nr. 4 gehören die Ausgaben für Instandsetzung und Instandhaltung, nicht jedoch Ausgaben für Verbesserungen; ohne Nachweis können bei Wohngrundstücken, die vor dem 1. Januar 1925 bezugsfähig geworden sind, 15 vom Hundert, bei Wohngrundstücken, die nach dem 31. Dezember 1924 bezugsfähig geworden sind, 10 vom Hundert der Jahresroheinnahmen als Erhaltungsaufwand berücksichtigt werden.

(5) Die in Absatz 2 genannten Ausgaben sind von den Einnahmen insoweit nicht abzusetzen, als sie auf den von Vermietern oder Verpächtern selbst genutzten Teil des vermieteten oder verpachteten Gegenstandes entfallen.

(6) [1]Als Einkünfte aus der Vermietung von möblierten Wohnungen und von Zimmern sind anzusetzen

bei möblierten Wohnungen	80 vom Hundert,
bei möblierten Zimmern	70 vom Hundert,
bei Leerzimmern	90 vom Hundert

der Roheinnahmen. [2]Dies gilt nicht, wenn geringere Einkünfte nachgewiesen werden.

(7) [1]Die Einkünfte sind als Jahreseinkünfte, bei der Vermietung von möblierten Wohnungen und von Zimmern jedoch als Monatseinkünfte zu berechnen. [2]Sind sie als Jahreseinkünfte zu berechnen, gilt § 35 Abs. 3 entsprechend.

§ 37 Andere Einkünfte

(1) [1]Andere als die in den §§ 32 bis 36 genannten Einkünfte sind, wenn sie nicht monatlich oder wenn sie monatlich in unterschiedlicher Höhe erzielt werden, als Jahreseinkünfte zu berechnen. [2]Zu den anderen Einkünften im Sinne des Satzes 1 gehören auch die in § 19 Abs. 1 Nr. 2 des Einkommensteuergesetzes genannten Bezüge sowie Renten und sonstige wiederkehrende Bezüge.

(2) Einmalige Einnahmen sowie Sonderzuwendungen, Gratifikationen und gleichartige Bezüge und Vorteile, die in größeren als monatlichen Zeitabständen gewährt werden, sind nicht als Jahreseinkünfte zu berechnen; für sie gilt § 32 Abs. 3 Satz 2 entsprechend.

(3) Sind die Einkünfte als Jahreseinkünfte zu berechnen, gilt § 35 Abs. 3 entsprechend.

§ 38 Einkommensberechnung in besonderen Fällen

Ist der Bedarf einmalig oder nur von kurzer Dauer und duldet die Entscheidung über die Hilfe keinen Aufschub, kann der Träger der Kriegsopferfürsorge nach Anhörung der Einkommensbezieher die Einkünfte schätzen.

§ 39 Verlustausgleich

[1]Ein Verlustausgleich zwischen einzelnen Einkunftsarten ist nicht vorzunehmen. [2]In Härtefällen kann jedoch die jeweilige wirtschaftliche Lage der Einkommensbezieher berücksichtigt werden.

§ 40 Maßgebender Zeitraum

(1) Soweit die Einkünfte als Jahreseinkünfte berechnet werden, gilt der zwölfte Teil dieser Einkünfte zusammen mit den monatlich berechneten Einkünften als monatliches Einkommen.

(2) [1]Ist der Betrieb oder die sonstige Grundlage der als Jahreseinkünfte zu berechnenden Einkünfte nur während eines Teils des Jahres vorhanden oder zur Einkommenserzielung genutzt, sind die Einkünfte aus der betreffenden Einkunftsart nur für diesen Zeitraum zu berechnen; für ihn gilt als monatliches Einkommen derjenige Teil der Einkünfte, der der Anzahl der in den genannten Zeitraum fallenden Monate entspricht. [2]Satz 1 gilt nicht für Einkünfte aus Saisonbetrieben und andere ihrer Natur nach auf einen Teil des Jahres beschränkte Einkünfte, wenn die Einkünfte den Hauptbestandteil des Einkommens bilden.

Abschnitt 9 Einsatz von Einkommen; Einsatz und Verwertung von Vermögen

Unterabschnitt 1 Ausschluß des Einsatzes von Einkommen und Vermögen aus Billigkeitsgründen

§ 41 Einzelfallprüfung

[1]Die Feststellung, ob und inwieweit Einkommen und Vermögen aus Billigkeitsgründen im Sinne des § 25c Abs. 3 des Bundesversorgungsgesetzes nicht einzusetzen ist, richtet sich nach der Besonderheit

des Einzelfalls. [2]Hierbei sind vor allem die in den §§ 42 bis 47 aufgeführten Billigkeitsgründe zu berücksichtigen.

§ 42 Geminderte Lebensstellung

(1) Zum allgemeinen Ausgleich der durch die Schädigung geminderten Lebensstellung ist vom einzusetzenden Einkommen ein Freibetrag abzusetzen, der folgenden Anteil des Bemessungsbetrags nach § 33 Absatz 1 Satz 2 Buchstabe a des Bundesversorgungsgesetzes beträgt:

1. 0,8 vom Hundert bei Beschädigten mit Bezug von Berufsschadensausgleich oder Hinterbliebenen mit Bezug von Schadensausgleich,
2. 0,4 vom Hundert bei Schwerbeschädigten und Hinterbliebenen und
3. 0,2 vom Hundert bei sonstigen Beschädigten.

(2) Bei der ergänzenden Hilfe zum Lebensunterhalt nach § 27a des Bundesversorgungsgesetzes und bei den Hilfen in besonderen Lebenslagen nach § 27d des Bundesversorgungsgesetzes, die den Lebensunterhalt umfassen, beträgt der Freibetrag abweichend von Absatz 1 folgenden Anteil des Bemessungsbetrags:

1. 0,4 vom Hundert bei Beschädigten mit Bezug von Berufsschadensausgleich oder Hinterbliebenen mit Bezug von Schadensausgleich,
2. 0,2 vom Hundert bei Schwerbeschädigten und Hinterbliebenen und
3. 0,1 vom Hundert bei sonstigen Beschädigten.

(3) Trifft ein Freibetrag nach Absatz 1 mit einem Freibetrag für Erwerbstätige nach § 24 oder einem Freibetrag nach § 45 Abs. 1 zusammen, darf die Summe der Freibeträge einen Betrag in Höhe von 2,25 vom Hundert, bei Empfängern von Pflegezulage nach § 35 des Bundesversorgungsgesetzes mindestens der Stufe III von 3,2 vom Hundert und bei sonstigen Sonderfürsorgeberechtigten von 2,6 vom Hundert des Bemessungsbetrags nicht übersteigen.

(4) [1]Bei Eltern ist vom einzusetzenden Einkommen neben dem Freibetrag nach Absatz 1 für einen Elternteil ein Freibetrag bis zur Höhe von 0,33 vom Hundert des Bemessungsbetrags und für ein Elternpaar ein Freibetrag in Höhe des Zweifachen des Freibetrags für einen Elternteil abzusetzen. [2]Satz 1 findet keine Anwendung bei der ergänzenden Hilfe zum Lebensunterhalt, soweit ein Freibetrag für Erwerbstätige nach § 24 anzuerkennen ist.

§ 43 Art und Schwere der Schädigung

[1]Bei Beschädigten, die wegen Art oder Schwere der Folgen der Schädigung zu dem Personenkreis des § 27e des Bundesversorgungsgesetzes gehören (Sonderfürsorgeberechtigte), ist vom einzusetzenden Einkommen ein zusätzlicher Freibetrag in Höhe von 0,5 vom Hundert, bei Empfängern von Pflegezulage nach § 35 des Bundesversorgungsgesetzes mindestens der Stufe III in Höhe von 1 vom Hundert und bei sonstigen Pflegezulageempfängern in Höhe von 0,75 vom Hundert des Bemessungsbetrags abzusetzen. [2]§ 42 bleibt unberührt.

§ 44 Ausschluss des Einsatzes von Vermögen

(1) Bei Barvermögen und sonstigen Geldwerten ist zum allgemeinen Ausgleich der geminderten Lebensstellung der jeweilige gesetzliche Schonbetrag wie folgt zu erhöhen:

1. bei Empfängern von Berufsschadens- und Schadensausgleich um 60 vom Hundert,
2. bei sonstigen Schwerbeschädigten und Hinterbliebenen um 30 vom Hundert und
3. bei sonstigen Beschädigten um 15 vom Hundert.

(2) Bei Beschädigten, die wegen Art und Schwere der Schädigung zum Personenkreis der Sonderfürsorgeberechtigten gehören, beträgt der Erhöhungsbetrag 10 vom Hundert, jedoch bei

1. schwerbeschädigten Sonderfürsorgeberechtigten 20 vom Hundert,
2. Empfängern einer Pflegezulage der Stufe I oder II 30 vom Hundert,
3. Empfängern einer Pflegezulage der Stufe III oder IV 40 vom Hundert,
4. Empfängern einer Pflegezulage der Stufe V oder VI 50 vom Hundert

des entsprechenden gesetzlichen Schonbetrages.

(3) Die Erhöhungsbeträge nach Absatz 1 und 2 sind nebeneinander zu berücksichtigen.

§ 45 Besondere Tatkraft bei Erzielung von Erwerbseinkommen

(1) [1]Sind Beschädigte, Witwen, Witwer, hinterbliebene Lebenspartner oder Waisen erwerbstätig, ist zum Ausgleich der besonderen Tatkraft bei Erzielung von Erwerbseinkommen vom einzusetzenden Einkommen ein der Art oder Schwere der Folgen der Schädigung angemessener Freibetrag abzusetzen. [2]Satz 1 gilt auch bei einer Unterbrechung der Erwerbstätigkeit bis zu 6 Monaten, wenn das Arbeitsverhältnis fortbesteht und bis zur Unterbrechung der Erwerbstätigkeit ein Freibetrag abgesetzt war.

(2) Als Freibetrag im Sinne des Absatzes 1 ist abzusetzen

1. bei Empfängern einer Pflegezulage nach § 35 des Bundesversorgungsgesetzes mindestens der Stufe III ein Betrag bis zur Höhe des Erwerbseinkommens, wenn es 0,6 vom Hundert des Bemessungsbetrags nicht übersteigt, sonst 0,6 vom Hundert des Bemessungsbetrags zuzüglich bis zu 25 vom Hundert des diesen Betrag übersteigenden Erwerbseinkommens,
2. bei anderen Beschädigten sowie bei Witwen, Witwern, hinterbliebenen Lebenspartnern und Waisen ein Betrag bis zur Höhe des Erwerbseinkommens, wenn es 0,5 vom Hundert des Bemessungsbetrags nicht übersteigt, sonst 0,5 vom Hundert des Bemessungsbetrags zuzüglich
   a) bei Empfängern einer Pflegezulage der Stufe I oder II bis zu 20 vom Hundert,
   b) bei Beschädigten mit einem Grad der Schädigungsfolgen von 80 bis 100 bis zu 15 vom Hundert,
   c) bei Beschädigten mit einem Grad der Schädigungsfolgen von 50 bis 70 sowie für Witwen, Witwer, hinterbliebene Lebenspartner und Vollwaisen bis zu 10 vom Hundert,
   d) bei Beschädigten mit einem Grad der Schädigungsfolgen von 30 bis 40 für Halbwaisen bis zu 5 vom Hundert

des diesen Betrag übersteigenden Erwerbseinkommens.

(3) Ist bei Beschädigten das Leistungsvermögen durch schädigungsunabhängige Gesundheitsstörungen zusätzlich eingeschränkt oder sind Hinterbliebene trotz eingeschränkten Leistungsvermögens erwerbstätig, kann der Freibetrag nach Absatz 2 um 10 vom Hundert erhöht werden.

(4) Der Freibetrag nach Absatz 2 und 3 soll einen Höchstbetrag nicht übersteigen, der sich ergibt aus einem Betrag

1. bei Berechtigten im Sinne von Absatz 2 Nr. 1 in Höhe von 2,6 vom Hundert,
2. bei sonstigen Sonderfürsorgeberechtigten in Höhe von 2,2 vom Hundert,
3. bei Berechtigten im Sinne von Absatz 2 Nr. 2 in Höhe von 1,6 vom Hundert des Bemessungsbetrags.

(5) Ein Freibetrag nach Absatz 2 ist nicht abzusetzen vom einzusetzenden Einkommen, das Waisen und Kinder Beschädigter bei der Erziehungsbeihilfe nach § 27 des Bundesversorgungsgesetzes beziehen, sowie vom einzusetzenden Einkommen bei der ergänzenden Hilfe zum Lebensunterhalt nach § 27a des Bundesversorgungsgesetzes und bei den Hilfen in besonderen Lebenslagen nach § 27d des Bundesversorgungsgesetzes, die den Lebensunterhalt umfassen.

§ 46 Besondere wirtschaftliche Belastungen

Aufwendungen, die die Leistungsberechtigten wirtschaftlich besonders belasten und nicht durch Leistungen der Kriegsopferfürsorge oder durch Leistungen nach anderen Rechtsvorschriften gedeckt werden können, können vom einzusetzenden Einkommen der Leistungsberechtigten in angemessenem Umfang abgesetzt werden.

§ 47 Dauer des Bedarfs

[1]Bei Leistungen der Kriegsopferfürsorge für einen Zeitraum von mehr als 6 Monaten kann vom einzusetzenden Einkommen ein Betrag in Höhe von 0,6 vom Hundert des Bemessungsbetrags abgesetzt werden. [2]Das gilt nicht bei der Erziehungsbeihilfe nach § 27 des Bundesversorgungsgesetzes, bei der ergänzenden Hilfe zum Lebensunterhalt nach § 27a des Bundesversorgungsgesetzes und bei den Hilfen in besonderen Lebenslagen nach § 27d des Bundesversorgungsgesetzes, die den Lebensunterhalt umfassen.

§ 48 Besonderheiten bei Aufenthalt in Einrichtungen

Bei Aufenthalt in einer stationären oder teilstationären Einrichtung sind Freibeträge nach § 42 Abs. 1 und 2, § 43 und §§ 45 bis 47 sowie Erhöhungsbeträge nach § 44 nur in besonders begründeten Fällen zuzuerkennen.

Unterabschnitt 2 Sonstige Vorschriften

§ 49 Überwiegender Unterhalt

(1) [1]Ehegatten oder Lebenspartner werden von Leistungsberechtigten überwiegend unterhalten im Sinne des § 25e Abs. 1 Nr. 3 des Bundesversorgungsgesetzes, wenn die Leistungsberechtigten zu deren Lebensunterhalt mehr als die Hälfte beitragen. [2]Entsprechendes gilt für weitere Personen, wenn sie überwiegend unterhalten werden:

1. von Leistungsberechtigten allein oder zusammen mit den Ehegatten oder Lebenspartnern (§ 25e Absatz 1 Nummer 3 des Bundesversorgungsgesetzes),

2. von den Eltern oder den minderjährigen unverheirateten Beschädigten (§ 25e Absatz 2 Satz 2 des Bundesversorgungsgesetzes),
3. vom Leistungsberechtigten, seinem Ehegatten oder Lebenspartner oder dem Partner einer eheähnlichen oder lebenspartnerschaftsähnlichen Gemeinschaft (§ 25f Absatz 2 zweiter Halbsatz des Bundesversorgungsgesetzes) oder
4. von den Eltern oder einem Elternteil minderjähriger unverheirateter Beschädigter (§ 25f Absatz 4 Nummer 4 des Bundesversorgungsgesetzes).

(2) Personen, deren Einkommen einen Betrag in Höhe des Familienzuschlags nach § 25e Abs. 1 Nr. 3 des Bundesversorgungsgesetzes zuzüglich des auf sie entfallenden Anteils an den Kosten der Unterkunft nicht übersteigt, gelten als überwiegend unterhalten.

§ 50 Einkommens- und Vermögenseinsatz bei Leistungen für Familienmitglieder

(1) [1]Bei der Feststellung von Leistungen an Beschädigte für Familienmitglieder ist Einkommen des Familienmitglieds zur Deckung seines anzuerkennenden Bedarfs vorrangig einzusetzen. [2]Einkommen des Familienmitglieds ist nur insoweit einzusetzen, als es einen Betrag in Höhe des Familienzuschlags nach § 25e Abs. 1 Nr. 3 des Bundesversorgungsgesetzes zuzüglich des auf das Familienmitglied entfallenden Anteils an den Kosten der Unterkunft übersteigt; das gilt nicht bei Aufenthalt des Familienmitglieds in einer stationären Einrichtung, bei der Erziehungsbeihilfe nach § 27 des Bundesversorgungsgesetzes und bei der ergänzenden Hilfe zum Lebensunterhalt nach § 27a des Bundesversorgungsgesetzes.

(2) [1]Für den Einsatz des Einkommens des Familienmitglieds gilt § 25c Abs. 3 des Bundesversorgungsgesetzes entsprechend, soweit nicht diese Vorschrift aus demselben Grund bei der Bemessung des einzusetzenden Einkommens der Leistungsberechtigten anzuwenden ist. [2]Einkommen des Ehegatten oder Lebenspartners der Leistungsberechtigten gilt insoweit nicht als Einkommen der Leistungsberechtigten, als es zur Deckung des Bedarfs nach Absatz 1 einzusetzen ist.

(3) [1]Für den Einsatz und für die Verwertung von Vermögen des Familienmitglieds ist § 25f Abs. 1 und 2 des Bundesversorgungsgesetzes entsprechend anzuwenden mit der Maßgabe, daß kleinere Barbeträge oder sonstige Geldwerte nur einzusetzen sind, soweit sie zusammen mit den kleineren Barbeträgen und sonstigen Geldwerten der Beschädigten die in § 25f Abs. 2 des Bundesversorgungsgesetzes genannten Beträge übersteigen. [2]Steht das Wohneigentum den Leistungsberechtigten gemeinschaftlich mit Familienangehörigen zu, gilt § 25f Abs. 3 des Bundesversorgungsgesetzes auch für den Anteil des Familienmitglieds.

§ 51 Einschränkung der Leistung; Kürzung der Leistung

[1]Haben Leistungsberechtigte nach Eintritt der Geschäftsfähigkeit ihr Einkommen oder Vermögen in der Absicht vermindert, die Voraussetzungen für die Erbringung oder Erhöhung von Leistungen der Kriegsopferfürsorge herbeizuführen, können die Leistungen unter Berücksichtigung der besonderen Lage der Beschädigten oder Hinterbliebenen bis auf den zur Erreichung des Zwecks der Hilfe im Einzelfall unerläßlichen Umfang eingeschränkt werden. [2]Für die ergänzende Hilfe zum Lebensunterhalt nach § 27a des Bundesversorgungsgesetzes gelten § 26 Abs. 1 und § 39a des Zwölften Buches Sozialgesetzbuch und für die Hilfen in besonderen Lebenslagen nach § 27d des Bundesversorgungsgesetzes § 26 Abs. 4 des Zwölften Buches Sozialgesetzbuch unter Berücksichtigung der besonderen Lage der Beschädigten oder Hinterbliebenen entsprechend.

§ 52 Rundungsvorschriften

(1) [1]Bei der Feststellung der Einkommensgrenze sind die Beträge nach § 25e Abs. 1 Nr. 1 bis 3 des Bundesversorgungsgesetzes und § 27d Abs. 5 des Bundesversorgungsgesetzes jeweils auf volle Euro zu runden. [2]Entsprechendes gilt für die Feststellung des Höchstbetrags der Einkommensgrenze nach § 25e Abs. 1 des Bundesversorgungsgesetzes und der kleineren Barbeträge und sonstigen Geldwerte nach § 25f Abs. 2 und Absatz 4 des Bundesversorgungsgesetzes.

(2) [1]Die Freibeträge nach den Vorschriften des Unterabschnitts 1 sowie nach § 24 sind auf volle Euro zu runden. [2]Das gilt beim Zusammentreffen von Freibeträgen auch hinsichtlich der einzelnen Freibeträge.

(3) Bei der Rundung nach Absatz 1 und 2 sind Beträge bis zu 0,49 Euro abzurunden und von 0,50 Euro an aufzurunden.

(4) Häusliche Ersparnisse nach § 25e Abs. 4 und § 27b Abs. 3 des Bundesversorgungsgesetzes sind auf volle Euro abzurunden.

(5) Die Erhöhungsbeträge nach § 44 sind auf den nächst höheren durch 50 Euro teilbaren Betrag aufzurunden.

Abschnitt 10 Verfahren

§ 53 Örtliche Zuständigkeit

(1) [1]Für Leistungen der Kriegsopferfürsorge ist örtlich zuständig die für die Durchführung der Kriegsopferfürsorge sachlich zuständige Stelle, in deren Bereich Leistungsberechtigte ihren gewöhnlichen Aufenthalt haben. [2]Bei Aufnahme in eine stationäre Einrichtung gilt als gewöhnlicher Aufenthalt derjenige, den Leistungsberechtigte im Zeitpunkt der Aufnahme in die Einrichtung haben oder in den zwei Monaten vor der Aufnahme zuletzt gehabt hatten. [3]Treten Leistungsberechtigte aus einer stationären Einrichtung in eine andere Einrichtung oder von dort in weitere Einrichtungen über, gilt als gewöhnlicher Aufenthalt derjenige, der für die erste Einrichtung maßgebend ist. [4]Ist ein gewöhnlicher Aufenthalt nicht vorhanden, richtet sich die örtliche Zuständigkeit nach dem Ort des tatsächlichen Aufenthalts der Leistungsberechtigten im Geltungsbereich des Bundesversorgungsgesetzes.

(2) [1]Bei Erziehungsbeihilfen an Waisen ist örtlich zuständig die für die Durchführung der Kriegsopferfürsorge sachlich zuständige Stelle, in deren Bereich Unterhaltspflichtige, deren Haushalt die Waisen vor Beginn der Ausbildung angehört haben, ihren gewöhnlichen Aufenthalt haben. [2]Ist ein gewöhnlicher Aufenthalt nicht vorhanden oder haben die Waisen vor Beginn der Ausbildung nicht dem Haushalt Unterhaltspflichtiger angehört, richtet sich die örtliche Zuständigkeit nach dem gewöhnlichen Aufenthalt der Waisen im Geltungsbereich des Bundesversorgungsgesetzes.

(3) [1]Solange nicht feststeht, ob oder wo Leistungsberechtigte oder Unterhaltspflichtige im Sinne des Absatzes 2 einen gewöhnlichen Aufenthalt haben oder ob Waisen vor Beginn der Ausbildung dem Haushalt Unterhaltspflichtiger angehört haben, ist für Leistungen der Kriegsopferfürsorge örtlich zuständig die für die Durchführung der Kriegsopferfürsorge sachlich zuständige Stelle, in deren Bereich sich die Leistungsberechtigten tatsächlich aufhalten. [2]Sie kann von der Stelle, in deren Bereich Leistungsberechtigte oder Unterhaltspflichtige im Sinne des Absatzes 2 ihren gewöhnlichen Aufenthalt haben, Erstattung der aufgewendeten Kosten verlangen.

(4) [1]Haben Leistungsberechtigte ihren gewöhnlichen Aufenthalt außerhalb des Geltungsbereichs des Bundesversorgungsgesetzes, ist örtlich zuständig die Hauptfürsorgestelle, in deren Bereich sich die Versorgungsverwaltung befindet, die nach der Auslandszuständigkeitsverordnung in der jeweils gültigen Fassung für die Versorgung der Leistungsberechtigten zuständig ist. [2]Absatz 1 Satz 4 und Absatz 2 Satz 2 finden keine Anwendung. [3]Ziehen Leistungsberechtigte nach Satz 1 in den Geltungsbereich des Bundesversorgungsgesetzes, ist die für die Durchführung der Kriegsopferfürsorge sachlich zuständige Stelle örtlich zuständig, in deren Bereich sich die Leistungsberechtigten tatsächlich aufhalten.

§ 54 Dauer der Leistungen; Leistungen von Amts wegen

(1) § 60 Abs. 1, 2 und 4 und § 61 Buchstabe a des Bundesversorgungsgesetzes gelten für Leistungen der Kriegsopferfürsorge mit der Maßgabe, dass laufende Leistungen nur für die Zeiträume zu erbringen sind, in denen die Voraussetzungen für die Leistungen erfüllt sind.

(2) [1]Leistungen der Kriegsopferfürsorge sind von Amts wegen zu erbringen, wenn die anspruchsbegründenden Tatsachen dem Träger der Kriegsopferfürsorge bekannt sind und Beschädigte oder Hinterbliebene dem zustimmen. [2]Laufende Leistungen sind frühestens vom Ersten des Monats an zu zahlen, in dem die der Leistung zugrunde liegenden Tatsachen bekannt geworden sind. [3]Werden Tatsachen bekannt, die auf die Notwendigkeit von Maßnahmen der Kriegsopferfürsorge schließen lassen, hat der Träger der Kriegsopferfürsorge die Antragstellung anzuregen.

§ 55 Nachweispflicht der Leistungsberechtigten

Bei Leistungen zur Teilhabe am Arbeitsleben nach § 26 des Bundesversorgungsgesetzes und bei der Erziehungsbeihilfe nach § 27 des Bundesversorgungsgesetzes haben Leistungsberechtigte den Erfolg der Maßnahme, gegebenenfalls abschnittsweise, durch Leistungsnachweise zu belegen.

§ 56 Beteiligung der Ausbildungsstätte

Vor der Entscheidung über Maßnahmen zur Förderung der Schul- oder Berufsausbildung nach § 27 des Bundesversorgungsgesetzes ist die Schule oder Hochschule zu beteiligen, wenn Zweifel an der Eignung der Auszubildenden bestehen.

§ 57 [aufgehoben]

§ 58 Nachweis bestimmter Voraussetzungen bei Eltern

[1]Sofern sich bei Eltern, denen wegen der Höhe ihres Einkommens Elternrente nicht zusteht, aus dem Bescheid der nach Landesrecht zuständigen Stelle nicht ergibt, daß die Voraussetzungen der §§ 49 und 50 des Bundesversorgungsgesetzes erfüllt sind, stellt diese Stelle den Eltern auf deren Antrag eine Bescheinigung zum Nachweis dieser Voraussetzungen aus. [2]Das gilt nicht für den Nachweis der Vollendung des 60. Lebensjahres.

Abschnitt 11 Übergangs- und Schlußbestimmungen

§ 59 Übergangsregelung

(1) [1]Soweit auf Grund dieser Verordnung Leistungen, die bei Verkündung dieser Verordnung laufend gezahlt werden, neu festzustellen sind, ist die Neufeststellung von Amts wegen durchzuführen. [2]Die Zahlung der neuen Leistungen beginnt mit dem 1. Januar 1979, frühestens mit dem Monat, in dem die Voraussetzungen erfüllt sind.

(2) [1]Neue Ansprüche auf laufende Leistungen, die sich auf Grund dieser Verordnung ergeben, werden nur auf Antrag festgestellt. [2]Wird der Antrag binnen eines Jahres nach Verkündung dieser Verordnung gestellt, beginnt die Zahlung mit dem 1. Januar 1979, frühestens mit dem Monat, in dem die Voraussetzungen erfüllt sind.

(3) Sind bis zum Inkrafttreten dieser Verordnung laufende Leistungen der Kriegsopferfürsorge gezahlt worden, die höher sind, als sie nach dieser Verordnung zu erbringen wären, läuft die Zahlung der höheren Beträge bei Leistungen, die nach Bewilligungsabschnitten festgestellt werden, mit Beendigung des laufenden Bewilligungsabschnitts, andernfalls sechs Monate nach Verkündung dieser Verordnung aus.

§ 60 [aufgehoben]

§ 61 Inkrafttreten

Diese Verordnung tritt mit Wirkung vom 1. Januar 1979 in Kraft; mit ihrem Inkrafttreten tritt die Verordnung zur Kriegsopferfürsorge in der Fassung der Bekanntmachung vom 27. August 1965 (BGBl. I S. 1031) außer Kraft.

Kapitel 17 Anpassung

§ 110 Höhe und Zeitpunkt der Anpassung, Verordnungsermächtigung

(1) Die Höhe der Entschädigungszahlungen nach Kapitel 9, der Betrag nach § 89 Absatz 8 Satz 1 sowie die Höhe der Einmalzahlungen nach § 102 Absatz 4 und 5 werden jeweils entsprechend dem Prozentsatz angepasst, um den sich der aktuelle Rentenwert in der gesetzlichen Rentenversicherung verändert.

(2) Die sich durch die Anpassung ergebenden Beträge sind bis 0,49 Euro auf volle Euro abzurunden und ab 0,50 Euro auf volle Euro aufzurunden.

(3) Die Anpassung erfolgt durch Rechtsverordnung des Bundesministeriums für Arbeit und Soziales mit Zustimmung des Bundesrates jeweils zum gleichen Zeitpunkt, zu dem die Renten der gesetzlichen Rentenversicherung angepasst werden.

(4) Die Anpassung nach Absatz 1 wirkt sich nicht auf bereits ausgezahlte Leistungen aus, insbesondere nicht auf die Abfindung nach den §§ 84 und 86.

A. Gesetzesgeschichte

1 Die Vorschrift ist durch Art. 1 G-SER vom 12.12.2019[1] eingeführt worden und tritt gemäß Art. 60 Abs. 7 G-SER am 1.1.2024 in Kraft.

1 BGBl. 2019 I 2652.

Vorläufer der Vorschrift sind die Regelungen des § 56 BVG. Dieser enthält für die jährliche Anpassung der Versorgungsbezüge unterschiedliche Maßstäbe.[2] Nach **§ 56 Abs. 1 S. 1 BVG** werden die Versorgungsbezüge (zB die Grundrente) entsprechend der prozentualen Entwicklung der gesetzlichen Renten angepasst. Gleichzeitig wird gemäß **§ 56 Abs. 1 S. 2 BVG** der für die **Ausgleichsrente** maßgebliche Bemessungsbetrag (§ 33 Abs. 1 BVG) entsprechend dem Prozentsatz angepasst, um den sich die für die Rentenanpassung maßgebenden Bruttolöhne und -gehälter je Arbeitnehmer (§ 68 Abs. 2 SGB VI iVm § 228b SGB VI) verändern. Da eine der Ausgleichsrente vergleichbare Geldleistung nicht in das SGB XIV überführt wurde, erfolgt die Anpassung der in § 110 Abs. 1 SGB XIV genannten Geldleistungen nach dem SGB XIV (§ 26 Abs. 1 SGB XIV) in Zukunft nach einem **einheitlichen Anpassungsmechanismus**.[3] 2

Im **Gesetzgebungsverfahren** ist die Vorschrift um **§ 110 Abs. 4 SGB XIV** ergänzt worden. Der Ausschuss für Arbeit und Soziales hatte sich in seiner Beschlussempfehlung dem Vorschlag des Bundesrates[4] angeschlossen, durch die entsprechende Regelung klarzustellen, dass eine nachträgliche Neuberechnung von bereits ausgezahlten Leistungen nicht zu erfolgen hat.[5] 3

B. Normsystematik

I. Allgemeiner Regelungsgehalt

Die Vorschrift regelt die Anpassung von Geldleistungen der SE. Gemäß **§ 110 Abs. 1 SGB XIV** werden die Höhe der Entschädigungszahlungen nach Kap. 9 SGB XIV (§§ 83–88 SGB XIV), im Rahmen der Nachschadensproblematik beim Berufsschadensausgleich das Grundgehalt der Besoldungsgruppe der Bundesbesoldungsordnung A nach § 89 Abs. 8 S. 1 SGB XIV sowie die Höhe der Einmalzahlungen bei Gewalttaten im Ausland nach § 102 Abs. 4 und Abs. 5 SGB XIV jeweils entsprechend dem Prozentsatz angepasst, um den sich der aktuelle Rentenwert in der gesetzlichen Rentenversicherung verändert. Die Rundungsregelung des **§ 110 Abs. 2 SGB XIV** bestimmt, dass die sich durch die Anpassung ergebenden Beträge der in § 110 Abs. 1 SGB XIV der Dynamisierung unterliegenden Geldleistungen bis 0,49 Euro auf volle Euro abzurunden und ab 0,50 Euro auf volle Euro aufzurunden sind. **§ 110 Abs. 3 SGB XIV** ermächtigt das BMAS, die Anpassung durch Rechtsverordnung mit Zustimmung des Bundesrats vorzunehmen und **§ 110 Abs. 4 SGB XIV** stellt klar, dass sich die Anpassung nicht auf bereits ausgezahlte Leistungen auswirkt. 4

II. Systematische Einordung und Normzweck

1. Systematik. Der Gesetzgeber hat die Anpassungsregelungen des § 110 SGB XIV in einem eigenen **Kap. 17 SGB XIV** verortet. Die Regelungen der Vorschrift haben Bedeutung für die im Kap. 9 SGB XIV geregelten Entschädigungszahlungen (§§ 83 bis 88 SGB XIV), im Rahmen der Nachschadensproblematik beim Berufsschadensausgleich nach Maßgabe des § 89 Abs. 8 S. 1 SGB XIV und bei den in § 102 Abs. 4 und 5 SGB XIV geregelten Einmalzahlungen bei Gewalttaten im Ausland. Es handelt sich um **Geldleistungen** (§ 26 Abs. 1 SGB XIV), die als Einmalzahlungen oder als laufende Zahlungen iSd § 26 Abs. 2 SGB XIV erbracht werden. 5

2. Normzweck. Mit **§ 110 Abs. 1 SGB XIV** hat der Gesetzgeber die notwendige Rechtsgrundlage für eine **regelmäßige Dynamisierung** der in der Vorschrift genannten Geldleistungen (§ 26 Abs. 1 SGB XIV) geschaffen. Wie beim bisherigen § 56 Abs. 1 6

2 Vgl. HK-SozEntschR/Dau BVG § 56 Rn. 2; s. zur historischen Entwicklung Wulfhorst, Soziale Entschädigung – Politik und Gesellschaft, S. 97 ff.
3 Knickrehm/Mushoff/Schmidt Neues SozEntschR Rn. 385.
4 Vgl. BT-Drs. 19/13824, 296.
5 BT-Drs. 19/14870, 34.

BVG sollen über einen entsprechenden Anpassungsmechanismus die Berechtigten vor einem durch den allgemeinen Kaufkraftschwund eintretenden Wertverlust der Leistungen des SER geschützt werden und sie sollen an den Steigerungen der Kaufkraft partizipieren.[6] Anderenfalls würden die Geldleistungen des SER in ihrer Substanz ausgehöhlt[7] und könnten ihre materielle und immaterielle Funktion nicht mehr erfüllen.[8] Die Rundungsvorschrift des **§ 110 Abs. 2 SGB XIV** dient – wie vergleichbare Regelungen in anderen Bereichen des Sozialrechts (zB § 41 Abs. 2 SGB II) – der Vereinfachung der Berechnung der Leistungen.[9] Mit **§ 110 Abs. 3 SGB XIV** hat der Gesetzgeber die notwenige Ermächtigung des BMAS geschaffen, die Anpassung der in § 110 Abs. 1 SGB XIV genannten Leistungen durch Rechtsverordnung mit Zustimmung des Bundesrates vorzunehmen.[10] **§ 110 Abs. 4 SGB XIV** dient der Klarstellung, dass eine nachträgliche Neuberechnung bereits ausgezahlter Geldleistungen nicht erfolgt.[11]

C. Einzelkommentierung

I. Dynamisierung (Abs. 1)

7 Gemäß § 110 Abs. 1 SGB XIV unterliegen die in der Vorschrift genannten laufenden und einmaligen Geldleistungen (§ 26 Abs. 1 SGB XIV) der regelmäßigen Anpassung. Von ihr sind die im Kap. 9 SGB XIV geregelten Entschädigungszahlungen (§§ 83 bis 88 SGB XIV), die Berechnung des Grundgehalts der Besoldungsgruppe der Bundesbesoldungsordnung A im Rahmen der Nachschadensproblematik beim Berufsschadensausgleich des § 89 Abs. 8 S. 1 SGB XIV und die in § 102 Abs. 4 und 5 SGB XIV geregelten Einmalzahlungen bei Gewalttaten im Ausland erfasst. Die Aufzählung ist **abschließend**. Insbesondere unterliegt – wie auch der Aufzählung zeigt – der Berufsschadensausgleich nach § 89 SGB XIV nicht der Dynamisierung nach Maßgabe des § 110 Abs. 1 SGB XIV,[12] da sich dessen Höhe nach dem infolge der gesundheitlichen Schädigung zu bestimmenden Einkommensverlust richtet (→ § 89 Rn. 4).

8 Die Anpassung erfolgt dabei jeweils entsprechend dem Prozentsatz, um den sich der aktuelle Rentenwert in der gesetzlichen Rentenversicherung verändert. Durch diesen im SER seit Jahrzehnten bewährten **Anpassungsverbund** mit der gesetzlichen Rentenversicherung werden die Geldleistungen zum selben Zeitpunkt und entsprechend dem Prozentsatz angepasst, um den sich die Renten der gesetzlichen Rentenversicherung verändern.[13]

9 Der **aktuelle Rentenwert** ist gemäß § 68 Abs. 1 S. 1 SGB VI der Betrag, der einer monatlichen Rente wegen Alters der allgemeinen Rentenversicherung entspricht, wenn für ein Kalenderjahr Beiträge aufgrund des Durchschnittsentgelts gezahlt worden sind. Die Bundesregierung hat gemäß § 65 SGB VI iVm § 69 SGB VI durch Rechtsverordnung mit Zustimmung des Bundesrats den zum 1. Juli eines Jahres maßgebenden aktuellen Rentenwert zu bestimmen. Dadurch werden die Renten an die

---

6 BSG Urt. v. 2.12.2010 – B 9 V 1/19 R, juris Rn. 29.
7 HK-SozEntschR/Dau BVG § 56 Rn. 1.
8 Vgl. BSG Urt. v. 10.8.1993 – 9 RV 4/93, juris Rn. 24.
9 BSG Urt. v. 12.7.2012 – B 14 AS 35/12 R, juris Rn. 15, 20.
10 BT-Drs. 19/13824, 219.
11 BT-Drs. 19/14870, 34.
12 Knickrehm/Mushoff/Schmidt Neues SozEntschR Rn. 387.
13 Vgl. BT-Drs. 19/13824, 219.

Veränderungen der Löhne und Gehälter angepasst.[14] Bei dieser Verordnung handelt es sich um die **Rentenwertbestimmungsverordnung.**[15]

Die Anhebung der laufenden Geldleistungen im Wege der Anpassung ist eine wesentliche Änderung der rechtlichen Verhältnisse iSd § 48 Abs. 1 SGB X. Die Verwaltung hat einen **Anpassungsbescheid** zu erlassen.[16] Die Grundsätze über das Einfrieren von Leistungen nach § 48 Abs. 3 SGB X finden Anwendung.[17] Rechtswidrig zu hoch bewilligte Leistungen nehmen an Erhöhungen erst wieder teil, wenn die ausgelassenen Anpassungen die Lücken zum rechtmäßigen Niveau geschlossen haben.[18] 10

II. Rundung (Abs. 2)

Da durch die prozentuale Anpassung der Leistungen nach Maßgabe des aktuellen Rentenwertes Veränderungen bei der Höhe der Leistungen entstehen, mit denen sich nur schwer rechnen lässt, sieht § 110 Abs. 2 SGB XIV eine Rundungsregelung vor. Sie erleichtert den Berechtigten, die Leistungshöhe nachzuvollziehen. Die sich durch die Anpassung ergebenden Beträge werden bis 0,49 Euro auf **volle Euro** abgerundet und ab 0,50 Euro auf volle Euro aufgerundet. Die Regelung entspricht dem bisherigen § 56 Abs. 2 S. 3 BVG. 11

Einer Klage, mit der allein die Verletzung einer gesetzlichen Rundungsregelung geltend gemacht wird, fehlt es nach der Rspr. des BSG zu den existenzsichernden Leistungen der Grundsicherung für Arbeitsuchende am allgemeinen **Rechtsschutzbedürfnis.**[19] Die Entscheidung ist auf das SER übertragbar.[20] 12

III. Verordnungsermächtigung (Abs. 3)

§ 110 Abs. 3 SGB XIV ermächtigt das BMAS, die Anpassung durch Rechtsverordnung mit Zustimmung des Bundesrats jeweils zum gleichen Zeitpunkt vorzunehmen, zu dem die Renten der gesetzlichen Rentenversicherung angepasst werden. Diese Verordnungsermächtigung ist Ausfluss der Vorgaben des Art. 80 Abs. 1 S. 1 GG, wonach der Erlass von Rechtsverordnungen **auf der Grundlage eines Gesetzes** zu erfolgen hat. Sie entspricht dem bisherigen **§ 56 Abs. 2 S. 1 BVG.** 13

IV. Keine Dynamisierung bereits ausgezahlter Leistungen (Abs. 4)

Der geschilderte Anpassungsmechanismus wirkt sich nach § 110 Abs. 4 SGB XIV allerdings **nicht** auf **bereits ausgezahlte** Leistungen aus, insbesondere nicht auf die **Abfindungen** nach den §§ 84 und 86 SGB XIV. Damit wird verhindert, dass nachträglich Neuberechnungen bereits ausgezahlter Leistungen aufgrund der Anpassung der Zahlbeträge nach § 110 Abs. 1 SGB XIV vorzunehmen sind.[21] Werden die monatlichen Entschädigungszahlungen also innerhalb des Abfindungszeitraums des § 84 Abs. 2 S. 1 SGB XIV von fünf Jahren bei der Abfindung an Geschädigte bzw. des Kalkulationszeitraums von 10 Jahren bei der Abfindung für Witwen und Witwer (→ § 86 Rn. 21) nach Auszahlung der Abfindung angehoben, entsteht **kein Nachzahlungsan-** 14

14 Knickrehm/Mushoff/Schmidt Neues SozEntschR Rn. 386.
15 Verordnung zur Bestimmung der Rentenwerte in der gesetzlichen Rentenversicherung und in der Alterssicherung der Landwirte und zur Bestimmung weiterer Werte zum 1.7.2021 – Rentenwertbestimmungsverordnung 2021 – RWBestV 2021, BGBl. 2021 I 1254.
16 HK-SozEntschR/Dau BVG § 56 Rn. 3.
17 Vgl. BSG Urt. v. 2.12.2010 – B 9 V 1/10 R, SozR 4-3100 § 62 Nr. 2; BSG Urt. v. 15.9.1988 – 9/4b RV 15/87, SozR 1300 § 48 Nr. 51.
18 HK-SozEntschR/Dau BVG § 56 Rn. 3.
19 BSG Urt. v. 12.7.2012 – B 14 AS 35/12 R, BSGE 111, 234 = SozR 4-1500 § 54 Nr. 28.
20 Schmidt SGB XIV/Schmidt § 110 Rn. 7.
21 BT-Drs. 19/14870, 34.

spruch. Die Abfindungsberechtigten sind daher gehalten, die Inanspruchnahme einer Abfindung gut zu überdenken und sich ggf. auch vorher sorgfältig beraten zu lassen (→ § 84 Rn. 16).

15 Findet zwischen der Stellung des Antrags auf Zahlung einer Abfindung (→ § 84 Rn. 21) und dessen Bearbeitung eine Anpassung der Leistungen statt, ist diese bei der Bemessung der Abfindung zu berücksichtigen, da § 110 Abs. 4 SGB XIV nicht auf den Zeitpunkt der Antragstellung, sondern auf denjenigen der **Auszahlung der Leistungen** abstellt. Die Berechtigten haben die Möglichkeit, die **Höhe der Abfindung** zu beeinflussen, indem sie den gesonderten Abfindungsantrag erst nach dem auf die Bewilligung der monatlichen Entschädigungszahlungen folgenden 1. Juli stellen.[22]

D. Anhang

16 **§ 56 BVG [Anpassung der Versorgungsbezüge]**

(1) [1]Die Leistungen für Blinde (§ 14), der Pauschbetrag als Ersatz für Kleider- und Wäscheverschleiß (§ 15), die Grundrenten und die Schwerstbeschädigtenzulage (§ 31 Absatz 1 und 4, §§ 40 und 46), die Ausgleichs- und Elternrenten (§§ 32, 41, 47 und 51), der Ehegattenzuschlag (§ 33a), die Pflegezulage (§ 35) und das Bestattungsgeld (§§ 36, 53) werden jeweils entsprechend dem Vomhundertsatz angepaßt, um den sich die Renten der gesetzlichen Rentenversicherung verändern. [2]Gleichzeitig wird der Bemessungsbetrag (§ 33 Absatz 1) entsprechend dem Prozentsatz angepasst, um den sich die für die Rentenanpassung maßgebenden Bruttolöhne und -gehälter je Arbeitnehmer (§ 68 Absatz 2 in Verbindung mit § 228b des Sechsten Buches Sozialgesetzbuch) verändern.

(2) [1]Die Bundesregierung hat durch Rechtsverordnung mit Zustimmung des Bundesrates die in §§ 14, 15, 31 Absatz 1 und 4, 32, 33 Abs. 1, 33a, 35, 36, 40, 41, 46, 47, 51 und 53 bestimmten Beträge entsprechend Absatz 1 jeweils zum gleichen Zeitpunkt, zu dem die Renten der gesetzlichen Rentenversicherung angepasst werden, zu ändern. [2]Dabei sind in § 15 die dort genannten Pauschbeträge durch Multiplikation der niedrigsten und der höchsten Bewertungszahl mit dem Multiplikator zu ermitteln. [3]Die sich nach Satz 1 und 2 ergebenden Beträge sind bis 0,49 Euro auf volle Euro abzurunden und ab 0,50 Euro auf volle Euro aufzurunden. [4]Abweichend hiervon ist der Multiplikator in § 15 auf 3 Dezimalstellen nach dem Komma zu runden.

Kapitel 18 Organisation, Durchführung und Verfahren

Abschnitt 1 Organisation und Durchführung

§ 111 Träger der Sozialen Entschädigung

Träger der Sozialen Entschädigung sind die Länder.

A. Gesetzesgeschichte

1 Die Regelung des § 111 hat insbesondere einen **klarstellenden Charakter**. Sie normiert innerhalb des SGB XIV den allgemeinen Grundsatz des Art. 83 GG, wonach die Länder die Bundesgesetze in eigener Angelegenheit ausführen, soweit das Grundgesetz nichts anderes bestimmt oder zulässt. Insoweit ergeben sich zu den bisherigen Regelungsbereichen des SER keine Änderungen. In seiner knappen Gesetzesbegründung führt der Gesetzgeber hierzu lediglich aus, dass die TdSE wie bisher die Länder sind.[1] Dass die Länder auch bisher die TdSE sind, ergibt sich vor allem mittelbar aus dem Gesetz über die Errichtung der Verwaltungsbehörden der Kriegsopferversorgung (KOVVwG) sowie aus § 12 iVm § 24 Abs. 2 SGB I. Das KOVVwG wird durch Art. 58 Nr. 13 G-SER vom 12.12.2019 mit Wirkung vom 1.1.2024 aufgehoben.[2] Die in vielen Bundesländern nach § 1 KOVVwG noch bestehende besondere Verwaltungsstruktur

22 Schmidt SGB XIV/Schmidt § 110 Rn. 9.
1 BT-Drs. 19/13824, 219.
2 BGBl. 2019 I 2652, 2724.

der Versorgungsämter und Landesversorgungsämter ist mit der Einführung des SGB XIV und der umfassenden Neugestaltung des SER nicht mehr erforderlich. Vielmehr können nach dem jeweiligen Landesrecht auch andere Behörden bestimmt werden (→ § 112 Rn. 11). Die Regelung des **§ 24 Abs. 2 SGB I** wird durch **Art. 28 Nr. 3 G-SER** vom 12.12.2019 entsprechend geändert.[3]

Die Regelung ist nach **Art. 60 Abs. 5 G-SER** vom 12.12.2019 **bereits zum 1.1.2021** in Kraft getreten.[4] Ebenfalls sind in diesem Zusammenhang nach Art. 60 Abs. 5 ua auch **§ 112, §§ 115 und 116 sowie § 138 Abs. 7** in Kraft getreten. 2

B. Normsystematik

Den Bundesländern (Gebietskörperschaften) wird für das SER auch zukünftig die **Leistungsträgerschaft im Sinne des § 12 SGB I** übertragen.[5] Aus der Definition des § 12 SGB I allein lässt sich nicht ablesen, wer Leistungsträger ist, wie er rechtlich verfasst ist und wie seine Zuständigkeit abzugrenzen ist. Klargestellt wird im Grunde nur, **dass Leistungsträger Körperschaften, Anstalten und Behörden** sein können.[6] 3

Ein **vorzeitiges Inkrafttreten des § 111 war notwendig,** da zum 1.1.2021 auch die Regelungen zur Traumaambulanz im neuen Leistungsbereich der Schnellen Hilfen nach §§ 31 ff. in Kraft getreten sind (→ § 31 Rn. 1). In diesem Zusammenhang mussten die Länder zu den entsprechenden Leistungsträgern bestimmt werden, da im alten Regelungssystem des SER diese Leistungsart nicht normiert und vorgesehen war. Die Leistungen zur Traumabehandlung für Taten zwischen dem 1.1.2021 und dem 31.12.2023 obliegen nach § 138 Abs. 7 damit den zuständigen Bundesländern (→ § 138 Rn. 40). In diesem Zusammenhang kommen ebenfalls die Regelungen zum **Erleichterten Verfahren nach § 115** und **zum Weiteren Verfahren nach § 116** zur Anwendung. Eng verknüpft mit der Leistungsträgerschaft der Länder sind auch die Kostentragungsregelungen in Kapitel 21 zur Verteilung der Kostentragungslast zwischen dem Bund und den Ländern.[7] 4

C. Einzelkommentierung

Welche Leistungen von Leistungsträgern grundsätzlich im Rahmen des SER zu erbringen sind, ergibt sich aus **§ 24 SGB I.** Der Wortlaut des § 24 SGB I ist gegenwärtig noch an das Leistungssystem des BVG angepasst. Durch Art. 28 Nr. 3 G-SER vom 12.12.2019 wird § 24 SGB I an das Leistungssystem des SGB XIV angepasst.[8] Diese inhaltlichen Änderungen des § 24 SGB I treten nach Art. 60 Abs. 7 dieses Gesetzes aber erst am 1.1.2024 in Kraft.[9] Nach **§ 24 Abs. 2 SGB I nF** sind für das SER die nach Bundesrecht oder Landesrecht bestimmten TdSE zuständig. Welche Behörden für die Ausführung der Leistungen des SER in den einzelnen Bundesländern sachlich zuständig sein werden, wird in § 111 nicht geregelt. Hier wird die **Regelung durch § 112 ergänzt.** Mit der Aufhebung des KOVVwG zum 1.1.2024 (→ Rn. 1) können die Länder die sachliche Zuständigkeit der ausführenden Behörden umfassend neu strukturieren. 5

Als Leistungsträger des SER sind die Länder für eine ordnungsgemäße Wahrnehmung und Umsetzung der Regelungen des SGB XIV verantwortlich. Dies umfasst auch alle 6

3 BGBl. 2019 I 2652, 2706.
4 BGBl. 2019 I 2652, 2724.
5 Dazu auch Schmidt SGB XIV/Schmidt § 111 Rn. 3.
6 Mrozynski SGB I § 12 Rn. 1.
7 Knickrehm/Mushoff/Schmidt Neues SozEntschR Rn. 390.
8 BGBl. 2019 I 2652, 2706.
9 BGBl. 2019 I 2652, 2724.

Bereiche **des Sozialdatenschutzes** nach § 35 SGB I, §§ 67 ff. SGB X iVm DS-GVO.[10] Darüber hinaus gelten für die Länder als Leistungsträger alle wesentlichen Verfahrensregelungen des SGB X (ua §§ 87 ff. SGB X zur Zusammenarbeit und zur Erstattungspflicht nach §§ 102 ff. SGB X).[11]

7 Der Bundesgesetzgeber leitete regelmäßig seine Gesetzgebungskompetenz für das gesamte SER im Rahmen der konkurrierenden Gesetzgebung aus dem Begriff der **öffentlichen Fürsorge in Art. 74 Abs. 1 Nr. 7 GG** im Sinne einer Hilfe bei – insbes. wirtschaftlicher – Notlage ab.[12] Bereits die ursprüngliche Fassung des OEG hat der Gesetzgeber ua damit begründet, dass die Hilfe für Opfer von Gewalttaten der sozialen Fürsorge entspreche.[13] Gerade bei Opfern von Gewalttaten ergebe sich nicht selten eine unverschuldete existenzielle Not.[14] In der Gesetzesbegründung zum G-SER wird zur Gesetzgebungskompetenz ausgeführt, dass sich diese aus **Art. 73 Abs. 1 Nr. 13 bzw. Art. 74 Abs. 1 Nr. 7 GG** ergebe. Eine **bundeseinheitliche Regelung zur Wahrung der Rechtseinheit** sei notwendig.[15] Der Begriff der öffentlichen Fürsorge ist nicht eng auszulegen. Er setzt voraus, dass eine besondere Situation zumindest potenzieller Bedürftigkeit besteht, auf die der Gesetzgeber reagiert. Dabei genügt es, wenn eine Bedarfslage im Sinne einer mit besonderen Belastungen einhergehenden Lebenssituation besteht, auf deren Beseitigung oder Minderung das Gesetz abzielt. Eine solche Bedarfslage besteht für die Berechtigten nach dem SGB XIV. Sie haben durch ein schädigendes Ereignis unverschuldet eine gesundheitliche Schädigung erlitten, für die die staatliche Gemeinschaft eine besondere Verantwortung trägt, und befinden sich oft in einer Ausnahmesituation, in der sie eine stabilisierende Hilfe unmittelbar nach dem schädigenden Ereignis und eine mittel- bis langfristig angelegte weitere Unterstützung mit dem Ziel des Erlangens der gesellschaftlichen Teilhabe benötigen. Dem Bund steht nach **Art. 72 Abs. 2 GG** das Gesetzgebungsrecht zu, wenn und soweit die Herstellung gleichwertiger Lebensverhältnisse im Bundesgebiet oder die Wahrung der Rechts- und Wirtschaftseinheit im gesamtstaatlichen Interesse eine bundesgesetzliche Regelung erforderlich macht. Das SGB XIV soll eine möglichst einheitliche Leistungserbringung aller Träger der Sozialen Entschädigung für das gesamte Bundesgebiet gewährleisten, um Ungleichbehandlungen der Berechtigten zu vermeiden. Eine bundeseinheitliche Regelung ist auch zur Wahrung der Rechtseinheit im gesamtstaatlichen Interesse erforderlich, weil die besondere Verantwortung der staatlichen Gemeinschaft für die Berechtigten der Sozialen Entschädigung eine landesrechtliche Differenzierung nicht verträgt.[16]

D. Anhang

8 **Gesetz über die Errichtung der Verwaltungsbehörden der Kriegsopferversorgung (KOVVwG)**[17]

Vom 12. März 1951 (BGBl. I 169)

(BGBl. III/FNA 833-2)

zuletzt geändert durch Art. 58 Nr. 13 G-SER vom 12. Dezember 2019 (BGBl. I 2652)

---

10 Schmidt SGB XIV/Schmidt § 111 Rn. 4; BeckOK SozR/Niedermeyer SGB I § 12 Rn. 4.
11 Schmidt SGB XIV/Schmidt § 111 Rn. 5.
12 Zum OEG ua BSG Beschl. v. 23.3.2015 – B 9 V 48/14 B, BeckRS 2015, 69506; zum Fürsorgebegriff vgl. ua Jarass/Pieroth GG Art. 74 Rn. 17 f.
13 BT-Drs. 7/4614, 3; zum SGB XIV siehe BT-Drs. 19/13824, 151.
14 BT-Drs. 7/2506, 12.
15 BT-Drs. 19/13824, 151.
16 So ausdrücklich BT-Drs. 19/13824, 151.
17 **Aufgehoben mit Ablauf des 31.12.2023** durch Art. 58 Nr. 13 G v. 12.12.2019 (BGBl. I 2652).

§ 1 [Errichtung der Versorgungsämter und Landesversorgungsämter]

[1]Die Versorgung der Kriegsopfer wird von Versorgungsämtern und Landesversorgungsämtern durchgeführt. [2]Mehrere Länder können ein gemeinsames Landesversorgungsamt errichten.

§ 2 [Errichtung sonstiger Stellen der Versorgungsverwaltung]

Nach Maßgabe des Bedürfnisses und der Zweckmäßigkeit sind von den Ländern im Rahmen der Versorgungsverwaltung zu errichten:

1. orthopädische Versorgungsstellen und versorgungsärztliche Untersuchungsstellen;
2. zur Durchführung der Heilbehandlung Versorgungskuranstalten, Versorgungsheilstätten für Tuberkulöse und Versorgungskrankenhäuser;
3. Beschaffungsstellen für Heil- und Hilfsmittel sowie ein gemeinsames Prüfamt für Heil- und Hilfsmittel;
4. Krankenbuchlager bei einzelnen Versorgungsämtern.

§ 3 [Dienstaufsicht]

Die Versorgungsämter und die nach § 2 zu errichtenden Stellen unterstehen den Landesversorgungsämtern; diese unterstehen den für die Kriegsopferversorgung zuständigen Obersten Landesbehörden.

§ 4 [Eignung der Bediensteten der Versorgungsverwaltung]

Die Beamten und Angestellten der Versorgungsverwaltung sollen für ihre Aufgabe besonders geeignet sein.

§ 5 [Zeitpunkt der Errichtung der Verwaltungsbehörden – Erlaß von Verwaltungsvorschriften]

(1) …

(2) Die Bundesregierung erläßt mit Zustimmung des Bundesrates Verwaltungsvorschriften über die Errichtung und Einrichtung der Verwaltungsbehörden und der nach § 2 zu errichtenden Stellen.

§ 6 [Übernahme der bisherigen Bediensteten und Einrichtungen der Kriegsopferversorgung]

…

§ 7 [gegenstandslos]

§ 7a [Nichterrichtung eines Landesversorgungsamtes]

(1) Den Regierungen der Länder, in denen nur ein Versorgungsamt vorhanden ist, bleibt es überlassen, von der Errichtung von Landesversorgungsämtern als besonderen Verwaltungsbehörden abzusehen, wenn dadurch die Rechte des zu betreuenden Personenkreises und die Durchführung des Bundesversorgungsgesetzes nicht beeinträchtigt werden.

(2) Macht eine Landesregierung von der Möglichkeit, ein Landesversorgungsamt nicht zu errichten, Gebrauch, regelt sie durch Rechtsverordnung, welche Behörden die dem Landesversorgungsamt durch Bestimmungen des Bundes zugewiesenen Aufgaben wahrzunehmen haben; dabei kann sie auch die für die Kriegsopferversorgung zuständige oberste Landesbehörde mit diesen Aufgaben betrauen.

(3) …

§ 8 [Inkrafttreten]

Dieses Gesetz tritt am Tage nach seiner Verkündung[18] in Kraft.

§ 112 Sachliche Zuständigkeit

[1]Sachlich zuständig sind die nach Landesrecht bestimmten Behörden. [2]Die Zuständigkeit kann auf gemeinsame Behörden oder auf andere Träger übertragen werden.

A. Gesetzesgeschichte

Die grundsätzliche **Zuständigkeit der Bundesländer** als Leistungsträger des SER nach § 111 SGB XIV wird durch **§ 112 SGB XIV weiter konkretisiert** und ausgestaltet. Im 1

18 Verkündet am 14.3.1951.

Rahmen der Neugestaltung des SER haben die Bundesländer durch das SGB XIV einen umfassenden Gestaltungsspielraum bei der funktionalen Übertragung der Leistungsträgerschaft auf Verwaltungsbehörden bzw. auf die Ausgestaltung der Behördenstruktur. Der Gesetzgeber hat sich insoweit wohl am **Grundsatz des Art. 84 Abs. 1 GG** orientiert. Danach regeln die Länder die Einrichtung der Behörden und das Verwaltungsverfahren selbst, wenn sie Bundesgesetze als eigene Angelegenheit ausführen.[1] Die Kompetenzverteilung zwischen Bund und Ländern für die Ausführung der Bundesgesetze ist in Art. 83 ff. GG geregelt. Gemäß Art. 83 GG führen die Länder die Bundesgesetze als eigene Angelegenheit aus, soweit das GG nichts anderes bestimmt oder zulässt. Seine Gesetzgebungskompetenz leitet der Bund für die Neuregelung des Sozialen Entschädigungsrechts nach der allgemeinen Begründung des Gesetzentwurfs aus Artikel 73 Abs. 1 Nr. 13 beziehungsweise Artikel 74 Abs. 1 Nr. 7 des Grundgesetzes (GG) ab (dazu ausführlich → § 111 Rn. 6).[2]

2 Es ist bislang wohl nicht abschließend geklärt, ob der bisherige Kernbereich des Sozialen Entschädigungsrechts, die Kriegsopferversorgung (KOV) nach dem BVG sowie die hierauf bezugnehmenden Anhanggesetze (ua OEG und IfSG) der **Bundesauftragsverwaltung nach Art. 85 GG**[3] zuzurechnen sind oder ob die **Länder sie als eigene Angelegenheit im Sinne des Art. 84 GG**[4] ausführen. Diese Fragestellung bekam in den letzten Jahren erhebliche praktische Relevanz, da einzelne Bundesländer – insbesondere auch NRW – im Zuge von Kommunalisierungen und Behördenstrukturreformen die bisherige eigenständige „Versorgungsverwaltung" erheblich umorganisierten bzw. abschafften. Der Bundesgesetzgeber hat im Gesetz über die Errichtung der Verwaltungsbehörden der Kriegsopferversorgung aus dem Jahr 1951 (KOVVwG)[5] den Ländern grundsätzlich vorgegeben, dass eine besondere Verwaltungsstruktur in Form von Versorgungsämtern und Landesversorgungsämtern zur Ausführung vorgehalten werden muss. Fraglich ist, inwieweit die Länder bei der Ausführung des BVG und der Anhanggesetze von dieser Vorgabe abweichen dürfen. In diesem Zusammenhang wurde insbesondere die **Regelung des § 6 Abs. 1 OEG** diskutiert. Danach obliegt die Versorgung der Opfer nach dem OEG den für die Durchführung des BVG zuständigen Behörden. Durch die Rechtsprechung ist bislang nicht endgültig geklärt worden, ob es sich bei § 6 Abs. 1 OEG um eine statische Verweisung handelt und das OEG im Wege der Bundesauftragsverwaltung ausgeführt wird oder die Verweisung dynamisch ausgestaltet ist und die Länder das BVG als eigene Angelegenheit ausführen.[6]

3 **Nach verbreiteter Auffassung** vollziehen die Länder das BVG als eigene Angelegenheit nach Art. 84 GG und nicht im Auftrag des Bundes nach Art. 85 GG. Zwar habe der Bund die Kriegsfolgelasten gemäß Art. 120 Abs. 1 GG zu tragen, aber Art. 104a Abs. 3 S. 2 GG, der die Durchführung eines Gesetzes der Auftragsverwaltung zuweise, wenn der Bund mindestens die Hälfte der Ausgaben trage, komme hiernach nicht zur Anwendung. Zunächst sei Art. 120 Abs. 1 GG lex specialis. Die Vorschrift regele die Ausgabenverantwortung und nicht die Verwaltungskompetenz, die sich nach **Art. 83 ff. GG** richte. Darüber hinaus gründe sich die Kriegsopferversorgung **auf einem Aufopferungsanspruch**, der den Staat zur Leistungserbringung verpflichte, sodass der Gesetzgeber die Leistungen nach dem BVG nicht freiwillig bereitstelle und

1 Dazu auch Schmidt SGB XIV § 112 Rn. 1.
2 BT-Drs. 19/13824, 151.
3 So wohl die hM ua BSG Urt. v. 11.12.2008 – B 9 VS 1/08 R, BSGE 102, 149, 154; LSG NRW Urt. v. 11.3.2008 – L 6 V 28/07; Übersicht BVerfG Beschl. v. 17.4.2013 – 2 BvL 20/08; dazu auch Knickrehm/Mushoff/Schmidt Neues SozEntschR Rn. 392.
4 Ohne abschließende Klärung BVerfG Beschl. v. 17.4.2013 – 2 BvL 20/08; so aber wohl LSG NRW Vorlagebeschl. v. 3.9.2008 – L 10 VG 20/03.
5 BGBl. 1951 I 169.
6 BVerfG Beschl. v. 17.4.2013 – 2 BvL 20/08.

damit nicht im Sinne des Art. 104a Abs. 3 S. 1 GG gewähre.[7] Vor diesem Hintergrund wurden die abweichenden Zuständigkeitsregelungen ua in NRW bereits in der Vergangenheit als mit höherrangigem Recht vereinbar erklärt. Art. 84 Abs. 1 S. 2 GG eröffnet den Ländern die Möglichkeit, von Bundesgesetzen abweichende Regelungen über die Errichtung von Behörden und das Verwaltungsverfahren zu schaffen.[8]

Für die **Opfer von Gewalttaten im Sinne des OEG** (zukünftig §§ 13 ff. SGB XIV) gilt beispielhaft bislang für die sachliche Zuständigkeit **§ 6 Abs. 1 S. 1 OEG** (dazu auch → Rn. 2 f.). Danach obliegt die Versorgung der Opfer von Gewalttaten den für die Durchführung des Bundesversorgungsgesetzes (BVG) zuständigen Behörden. Nach § 2 Abs. 1 S. 1 KOVVfG sind grundsätzlich die Versorgungsämter in den Ländern für alle Versorgungsangelegenheiten zuständig. Die Länder sind bislang verpflichtet, für die Durchführung des SER eine besondere Verwaltungsstruktur in Form der Versorgungsverwaltung vorzuhalten. Dies ergibt sich aus dem Gesetz über die Errichtung der Verwaltungsbehörden der Kriegsopferversorgung (**KOVVwG**). Hier ist in § 1 Abs. 1 KOVVwG festgelegt, dass die Versorgung der Kriegsopfer von Versorgungsämtern und Landesversorgungsämtern durchgeführt wird. Hierzu können mehrere Länder auch ein gemeinsames Landesversorgungsamt errichten. Durch die demografiebedingt stark sinkenden Verfahrenszahlen im Bereich der Kriegsopferversorgung und Kriegsopferfürsorge[9] wurde die Struktur der Versorgungsverwaltung bereits in der Vergangenheit in einigen Bundesländern aufgeweicht (zu § 6 OEG ua → Rn. 2 f.).[10] Den Bedürfnissen der Länder, die sachliche Zuständigkeit der Behörden strukturell anders zu gestalten, kam der Gesetzgeber teilweise durch § 7a KOVVwG nach. Nach **§ 7a Abs. 1 KOVVwG** bleibt es den Regierungen der Länder, in denen nur ein Versorgungsamt vorhanden ist, überlassen, von der Errichtung von Landesversorgungsämtern als besondere Verwaltungsbehörden abzusehen, wenn dadurch die Rechte des zu betreuenden Personenkreises und die Durchführung des BVG nicht beeinträchtigt werden. 4

Das **KOVVwG wird zum 1.1.2024** nach Art. 58 Nr. 13 G-SER vom 12.12.2019 aufgehoben.[11] **§ 112 SGB XIV** ist nach Art. 60 Abs. 5 G-SER vom 12.12.2019 bereits am **1.1.2021** in Kraft getreten.[12] Dies hängt insbesondere mit der zum 1.1.2021 verpflichtenden Einführung der Leistungen der Traumaambulanzen als Teilbereich der Schnellen Hilfen zusammen (→ § 31 Rn. 1). Eine Übersicht über die gegenwärtig in den einzelnen Bundesländern zuständigen Verwaltungsbehörden findet sich auf der Homepage der Bundesarbeitsgemeinschaft der Integrationsämter und Hauptfürsorgestellen (BIH).[13] 5

B. Normsystematik

Die Vorschrift regelt die **sachliche Zuständigkeit**. Grundsätzlich regeln die Länder, welche Behörden auf ihrem Gebiet das SER ausführen. Eine Übertragung auf andere Träger ist möglich.[14] In seiner systematischen Ausgestaltung eröffnet die Norm den 6

7 BSG Urt. v. 11.12.2008 – B 9 VS 1/08 R, BSGE 102, 149, 154; LSG NRW Urt. v. 11.3.2008 – L 6 V 28/07; Übersicht BVerfG Beschl. v. 17.4.2013 – 2 BvL 20/08; ablehnend Kahnert SGb 2010, 115.

8 BSG Urt. v. 11.12.2008 – B 9 VS 1/08 R, BSGE 102, 149, 154.

9 Der Gesetzgeber geht davon aus, dass im Jahr 2024 wohl weniger als 36.000 Kriegsbeschädigte sowie deren Angehörige und Hinterbliebene Leistungen nach dem BVG beziehen werden – ua BT-Drs. 19/13824, 1; zu den Haushaltsausgaben ohne Erfüllungsaufwand siehe BT-Drs. 19/13824, 153 ff.

10 Mitunter wurde die Versorgungsverwaltung in größere „Bündelungsbehörden" integriert, zB in Sachsen-Anhalt oder Thüringen in die sog. „Landesverwaltungsämter".

11 BGBl. 2019 I 2652, 2724.

12 BGBl. 2019 I 2652, 2724.

13 Unter www.sozialeentschaedigung.de.

14 BT-Drs. 19/13824, 219.

ausführenden Ländern als TdSE größere Gestaltungsspielräume als im bisherigen SER.

7 Mit der **Aufhebung des KOVVfG sowie des KOVVwG** nach **Art. 58 Nr. 12 und Nr. 13 G-SER** zum 1.1.2024 entfällt die Notwendigkeit, in den Ländern die bislang bekannte „Versorgungsverwaltung" vorzuhalten. Vielmehr haben die Länder als TdSE die Möglichkeit, die Zuständigkeit vollumfänglich neu zu gestalten.

C. Einzelkommentierung

8 Nach **S. 1** sind für das SER die nach **Landesrecht bestimmten Behörden** zuständig. Dies kann jeweils die **bislang zuständige Versorgungsverwaltung** in den hergebrachten Strukturen unter einer möglicherweise **anderen Behördenbezeichnung** sein. Wie bisher ist es notwendig, dass den Behörden durch Landesrecht die Zuständigkeit für die Durchführung des SGB XIV bzw. des SER übertragen wird.[15] Soweit dies erkennbar ist, sind die Planungen in den einzelnen Bundesländern bezüglich der zukünftigen Behördenstrukturen noch nicht abgeschlossen, sodass abzuwarten bleibt, inwieweit es zu **Umstrukturierungen bzw. Zuständigkeitswechseln** in den Ländern kommen wird.

9 Die Regelung ist immer im **Zusammenhang mit § 111 SGB XIV** zu lesen und bezieht sich grundsätzlich nur auf die **sachliche Zuständigkeit** hinsichtlich der Trägerschaft des SER und damit der **Kostenträgerschaft im Außenverhältnis** für die verschiedenen Leistungen des SGB XIV.[16] Auch wenn die Überschrift des Kapitels etwas irreführend darauf verweist, dass allgemein die Durchführung des SGB XIV geregelt wird, so kann im System des SGB XIV die Durchführung der Leistung durchaus durch andere Sozialbehörden erfolgen;[17] zB erbringen die Krankenkassen nach § 57 Abs. 2 Nr. 1 SGB XIV für die zuständigen Verwaltungsbehörden ua die Krankenbehandlung nach § 42 SGB XIV und die zuständige Unfallkasse erbringt gemäß § 57 Abs. 5 S. 1 SGB XIV die Versorgung mit Hilfsmitteln nach § 46 SGB XIV.

10 **S. 2** eröffnet den Ländern weitere Möglichkeiten zur Gestaltung der **sachlichen Zuständigkeit**. Zunächst können die Länder nach **S. 2 Alt. 1** die Zuständigkeit auf gemeinsame Behörden übertragen. Diese Gestaltungsmöglichkeit stand den Ländern bereits nach § 1 S. 2 KOVVwG für die Einrichtung eines gemeinsamen Landesversorgungsamtes zu. Von dieser Alternative wurde in der Vergangenheit kein Gebrauch gemacht und es ist bislang auch nicht erkennbar, dass es in diesem Zusammenhang Kooperationen zwischen den Ländern als TdSE geben wird. Eine **allgemeine Kooperation der Behörden** in den Ländern erfolgt umfassend im Bereich des SER seit einigen Jahren über die Bundesarbeitsgemeinschaft der Integrationsämter und Hauptfürsorgestelle (**BIH**) mit dem Ziel, die Rechtsanwendung und Verfahrensbearbeitung möglichst einheitlich zu gestalten. Unter Umständen können durch die Errichtung einer gemeinsamen Behörde Verwaltungsstrukturen optimiert und mitunter Kosten für den Erfüllungsaufwand der Länder reduziert werden. Durch eine derartige Zentralisierung würde gerade in den „Flächenländern" die Erreichbarkeit für die Antragsteller und Leistungsberechtigten mitunter leiden.[18] Darüber hinaus ist die Hürde für die Umsetzung verhältnismäßig hoch, da hierfür eine einfache Verwaltungsvereinbarung zwischen den Ländern wohl nicht ausreichend wäre, sondern ein **entsprechender Staatsvertrag** geschlossen werden müsste.

---

15 Zum bisherigen Recht siehe ua Bayern: § 135 Verordnung zur Ausführung der Sozialgesetze (AVSG); NRW: § 3 ZustVO SER.

16 Wie die Kostenlast im Innenverhältnis zwischen dem Bund und den Ländern verteilt wird, ist gesondert in §§ 133 ff. SGB XIV geregelt.

17 Siehe ua Schaubild „Medizinische Versorgung SGB XIV" der DGUV, Ausschussdrucksache 19(11)505, 27; dazu auch übersichtlich zu den einzelnen Leistungsbereichen Schmidt SGB XIV § 112 Rn. 6 ff.

18 So auch Schmidt SGB XIV § 112 Rn. 19.

Nach **S. 2 Alt. 2** können die Länder durch eine entsprechende landesrechtliche Regelung die Zuständigkeit aber auch auf andere Leistungsträger übertragen. Die Gesetzesbegründung ist an dieser Stelle nicht hilfreich.[19] Im Rahmen des **Gesetzgebungsverfahrens** wurde in diesem Zusammenhang ausdrücklich auf die Möglichkeit hingewiesen, dass eine **Übertragung der Aufgaben auf die Unfallkasse des jeweiligen Landes** möglich sei.[20] Vor diesem Hintergrund bezieht sich die Alternative auf andere Leistungsträger im Sinne des § 12 SGB I.[21] Bereits in Bezug auf den Gesetzentwurf wurde mit beachtlichen Argumenten die Ansicht vertreten, dass eine allgemeine Übertragung der Zuständigkeiten nach dem SGB XIV auf die Unfallkassen sachgerecht wäre.[22] Tatsächlich bestehen **viele Parallelen des SER zur unechten Unfallversicherung.** Dieses ebenfalls bewährte Sicherungssystem des SGB VII, das die Unfallkassen ua für Lebensretter sowie ehrenamtlich tätige Personen vorhalten, könnte sinnvoll mit dem SGB XIV abgestimmt werden. Gerade bei den aus der Vergangenheit bekannten Amokläufen und Terroranschlägen, bei den im Rahmen ihrer Tätigkeiten auch Rettungskräfte und andere Hilfskräfte und Ersthelfer betroffen waren, hat sich gezeigt, dass die Unfallkassen effektiv und schnell die erforderlichen Leistungen erbringen konnten und die Versorgungsverwaltungen dieses Leistungssystem mit nutzen konnten. Hier könnten sich erhebliche Synergieeffekte bei einer Aufgabenübertragung ergeben. Die Leistungserbringung bei der Hilfsmittelversorgung erfolgt bereits grundsätzlich nach § 57 Abs. 5 SGB XIV durch die Unfallkassen für die zuständigen Verwaltungsbehörden. 11

D. Anhang

I. KOVVfG

§ 1 KOVVfG [Anwendungsbereich] 12

Das Gesetz findet Anwendung bei der Ausführung des Bundesversorgungsgesetzes und anderer Gesetze, die dieses Gesetz für anwendbar erklären, soweit die Leistungen von den im Gesetz über die Errichtung der Verwaltungsbehörden der Kriegsopferversorgung vom 12. März 1951 (Bundesgesetzblatt I S. 169), zuletzt geändert durch das Vierte Gesetz zur Anpassung der Leistungen des Bundesversorgungsgesetzes vom 24. Juli 1972 (Bundesgesetzblatt I S. 1284), genannten Verwaltungsbehörden und Stellen gewährt werden.

§ 2 KOVVfG [Sachliche Zuständigkeit]

[1]Die Versorgungsämter sind für alle Versorgungsangelegenheiten zuständig, soweit durch Gesetz nichts anderes bestimmt ist. [2]Das Bundesministerium für Arbeit und Soziales kann mit Zustimmung des Bundesrates durch Rechtsverordnung für bestimmte Versorgungsangelegenheiten die Zuständigkeit der Landesversorgungsämter oder der obersten Landesbehörden oder der in § 2 des Gesetzes über die Errichtung der Verwaltungsbehörden der Kriegsopferversorgung vom 12. März 1951 (Bundesgesetzbl. I S. 169), zuletzt geändert durch das Vierte Gesetz zur Anpassung der Leistungen des Bundesversorgungsgesetzes vom 24. Juli 1972 (Bundesgesetzbl. I S. 1284), genannten Stellen begründen. [3]Die für die Kriegsopferversorgung zuständigen obersten Landesbehörden können sich selbst oder den Landesversorgungsämtern die Zustimmung zu Entscheidungen über bestimmte Versorgungsangelegenheiten vorbehalten.

II. OEG

§ 6 OEG Zuständigkeit und Verfahren 13

(1) [1]Die Versorgung nach diesem Gesetz obliegt den für die Durchführung des Bundesversorgungsgesetzes zuständigen Behörden. [2]Ist der Bund Kostenträger, so sind zuständig

19 BT-Drs. 19/13824, 219.
20 BT-Drs. 19/14870, 29.
21 So auch Schmidt SGB XIV § 112 Rn. 20.
22 Ua Franke RP-Reha 3/2019, 3 (8); Eichenhofer RP-Reha 3/2019, 9 (12 f.).

1. wenn der Geschädigte seinen Wohnsitz oder gewöhnlichen Aufenthalt in einem Land hat, die Behörden dieses Landes; es finden die Übergangsregelungen gemäß § 4 Absatz 2 und 3 beschränkt auf die Zuständigkeit der Behörde entsprechend Anwendung, davon ausgenommen sind Versorgungen bei Schädigungen an einem Ort im Ausland,
2. wenn der Geschädigte seinen Wohnsitz oder gewöhnlichen Aufenthalt außerhalb des Geltungsbereiches dieses Gesetzes hat, die Behörden des Landes, das die Versorgung von Kriegsopfern in dem Wohnsitz- oder Aufenthaltsland durchführt.

[3]Abweichend von Satz 2 Nummer 2 sind, wenn die Schädigung auf einem deutschen Schiff oder Luftfahrzeug eingetreten ist, die Behörden des Landes zuständig, in dem das Schiff in das Schiffsregister eingetragen ist oder in dem der Halter des Luftfahrzeugs seinen Sitz oder Wohnsitz hat.

(2) Die örtliche Zuständigkeit der Behörden bestimmt die Landesregierung durch Rechtsverordnung.

(3) Das Gesetz über das Verwaltungsverfahren der Kriegsopferversorgung, mit Ausnahme der §§ 3 bis 5, sowie die Vorschriften des Sozialgerichtsgesetzes über das Vorverfahren sind anzuwenden.

(4) Absatz 3 gilt nicht, soweit die Versorgung in der Gewährung von Leistungen besteht, die den Leistungen der Kriegsopferfürsorge nach den §§ 25 bis 27h des Bundesversorgungsgesetzes entsprechen.

§ 113 Örtliche Zuständigkeit

(1) Die örtliche Zuständigkeit der Behörden nach § 112 bestimmen die Länder.

(2) Bei der Entschädigung von Opfern einer Gewalttat nach den §§ 13 bis 15, bei der Entschädigung von Berechtigten nach § 21 sowie den Leistungen an Angehörige, Hinterbliebene und Nahestehende dieser Personen ist dasjenige Land zuständig, in dem die berechtigte Person ihren Wohnsitz, bei Fehlen eines Wohnsitzes ihren gewöhnlichen Aufenthalt hat.

(3) Für die Festsetzung nach § 8 Absatz 2 ist das Land zuständig, das über die Ansprüche aus dem letzten schädigenden Ereignis entscheidet.

(4) Bei der Entschädigung von Berechtigten nach § 23 ist dasjenige Land zuständig, in dem die antragstellende Person zum Zeitpunkt des Dienstbeginns ihren Wohnsitz, bei Fehlen eines Wohnsitzes ihren gewöhnlichen Aufenthalt hat.

(5) [1]Bei der Entschädigung nach § 24 ist dasjenige Land zuständig, in dem die ursächliche Schutzimpfung oder andere Maßnahme der spezifischen Prophylaxe vorgenommen wurde. [2]Wurde die ursächliche Schutzimpfung oder andere Maßnahme der spezifischen Prophylaxe auf Grund einer Rechtsverordnung nach § 20i Absatz 3 des Fünften Buches im Ausland vorgenommen, ist dasjenige Land zuständig, in dem die Antragstellerin oder der Antragsteller zum Zeitpunkt der Antragstellung ihren oder seinen Wohnsitz oder gewöhnlichen Aufenthalt hat, oder, wenn im Zeitpunkt der Antragstellung ein Wohnsitz oder gewöhnlicher Aufenthalt im Geltungsbereich dieses Gesetzes nicht vorhanden ist, ist dasjenige Land zuständig, in dem die Antragstellerin oder der Antragsteller zuletzt ihren oder seinen Wohnsitz oder gewöhnlichen Aufenthalt gehabt hat oder in dem die Behörde oder die Einrichtung ihren Sitz hat, für die die Antragstellerin oder der Antragsteller oder deren oder dessen Angehörige oder deren oder dessen Angehöriger tätig ist oder war.

(6) Das Bundesministerium für Arbeit und Soziales wird ermächtigt, durch Rechtsverordnung, die der Zustimmung des Bundesrates bedarf, die örtliche Zuständigkeit der Behörden für Personen, die ihren Wohnsitz oder gewöhnlichen Aufenthalt im Ausland haben, zu bestimmen.

A. Gesetzesgeschichte

Hinsichtlich der **einzelnen geschützten Tatbestände des SER** (ua BVG, OEG, IfSG) ist die örtliche Zuständigkeit der Versorgungsverwaltung bislang sehr **unterschiedlich** und für die antragstellenden Leistungsberechtigten sowie Rechtsanwender **wenig übersichtlich ausgestaltet**. Die **örtliche Zuständigkeit** ist **gegenwärtig ua wie folgt geregelt:** 1

I. Örtliche Zuständigkeit für die Kriegsopferversorgung nach §§ 3, 4 Abs. 2 KOVVfG

§ 3 und § 4 Abs. 2 KOVVfG regeln die örtliche Zuständigkeit der Verwaltungsbe- 2
hörde, also den räumlichen Bereich, innerhalb dessen die Verwaltungsbehörden die ihnen zugewiesenen Aufgaben erfüllen dürfen und müssen.[1] Nach § 3 Abs. 1 KOVVfG ist grundsätzlich die Verwaltungsbehörde **örtlich zuständig**, in deren Bezirk der Antragsteller oder Berechtigte seinen **Wohnsitz oder gewöhnlichen Aufenthalt** hat.[2]

§ 3 Abs. 2 KOVVfG sieht – wie **§ 57 Abs. 2 SGG** – eine besondere Regelung bei der 3
örtlichen Zuständigkeit bei mehreren Hinterbliebenen (Witwe, hinterbliebener Lebenspartner, Waisen, Eltern, Großeltern; frühere Ehefrau und früherer Lebenspartner; Witwer) vor. Dadurch soll sichergestellt werden, dass die Frage, ob der Tod oder die Verschollenheit Folge einer Schädigung iSd § 1 BVG ist, einheitlich festgestellt wird.[3] Grundsätzlich ist nach **Satz 1** bei Anträgen Hinterbliebener auf **erstmalige Bewilligung von Versorgungsbezügen** für die örtliche Zuständigkeit der Wohnsitz oder gewöhnliche Aufenthalt der Witwe oder des Witwers maßgebend. Ist eine Witwe oder ein Witwer nicht vorhanden, tritt nach **Satz 2** an deren Stelle die jüngste Waise. Sind nur Eltern oder Großeltern vorhanden, ist nach **Satz 3 Hs. 1** deren Wohnsitz oder gewöhnlicher Aufenthalt entscheidend. Leben die Eltern oder Großeltern getrennt, so ist nach **Satz 3 Hs. 2** der Wohnsitz oder gewöhnliche Aufenthalt des anspruchsberechtigten Ehemanns maßgebend. Nach **Satz 4** stehen bezüglich der örtlichen Zuständigkeit die Angehörigen Verschollener den Hinterbliebenen gleich.

---

1 Rohr/Sträßer/Dahm BVG VfG-KOV § 3 Anm. 1; Vorberg/van Nuis, Das Recht der Kriegsbeschädigten und Kriegshinterbliebenen, VIII. Teil Das Verwaltungsverfahren in der Kriegsopferversorgung, B V, Stand November 1973.

2 Durch Art. 49 Nr. 1 SGB IX vom 19.6.2001 (BGBl. I 1046) ist das Abstellen auf den Zeitpunkt des Antrags weggefallen; zum damit verbundenen Wechsel der Behördenzuständigkeit und dem Beteiligtenwechsel im Gerichtsverfahren BSG Urt. v. 5.7.2007 – B 9/9a SB 2/07 R, BSGE 99,9 = SozR 4-3250 § 69 Nr. 6 = Breith 2008, 251; zu den Auswirkungen auf die örtliche Zuständigkeit des Sozialgerichts: BSG Beschl. v. 8.5.2007 – B 12 SF 3/07 S, SozR 4-1500 § 57 Nr. 2 = Breith 2007, 901.

3 KOVVfGVwV zu § 3 Nr. 4; vgl. auch Rohr/Sträßer/Dahm BVG, 7. Aufl., VfG-KOV § 3 Anm. 3.

4 Zur Vermeidung eines negativen Kompetenzkonflikts auf Kosten der Versorgungsberechtigten sieht **§ 3 Abs. 4 KOVVfG** in den Fällen vor, in denen sich die **örtliche Zuständigkeit** nicht aus Abs. 1 bis 3 ergibt, dass das Landesversorgungsamt bzw. bei Beteiligung verschiedener Länder das **Bundesministerium für Arbeit und Soziales** (BMAS) die örtlich zuständige Verwaltungsbehörde **bestimmt**.

5 Auf der Grundlage des **§ 3 Abs. 5 KOVVfG** hat der Bundesminister für Arbeit und Sozialordnung die Verordnung über die Zuständigkeit der Verwaltungsbehörden der Kriegsopferversorgung für Berechtigte im Ausland (**Auslandszuständigkeitsverordnung** – AuslZustV) vom 28.5.1991[4] erlassen. In dessen **§ 1 AuslZustV** sind im Einzelnen die grenznahen Auslandsversorgungsämter aufgeführt, die für die Berechtigten der jeweiligen Staaten örtlich zuständig sind. **§ 2 AuslZustV** regelt die örtliche Zuständigkeit für die Versorgung mit Hilfsmitteln durch die orthopädischen Versorgungsstellen. **§ 3 AuslZustV** bestimmt die örtliche Zuständigkeit bei Versorgungsberechtigten, die im Ausland keinen gewöhnlichen Aufenthalt oder einen mehrfachen Wohnsitz in verschiedenen Staaten haben. **§ 4 AuslZustV** ordnet für die örtliche Zuständigkeit bei Hinterbliebenen eine entsprechende Anwendung des **§ 3 Abs. 2 KOVVfG** an. **§ 5 AuslZustV** legt die örtliche Zuständigkeit für die Gewährung einer Heiratsabfindung nach **§ 44 BVG** an eine Hinterbliebene fest. **§ 6 AuslZustV** regelt, dass bei nur vorübergehendem Auslandsaufenthalt[5] das bisherige Versorgungsamt örtlich zuständig bleibt.

6 Nach **§ 4 Abs. 2 AuslZustV** entscheidet das nach der AuslZustV zuständige Auslandsversorgungsamt weiter in allen Angelegenheiten der Auslandsversorgung, auch wenn der Betroffene seinen Wohnsitz oder gewöhnlichen Aufenthalt **wieder in das Bundesgebiet verlegt** hat. Dazu gehören nicht nur die Entscheidungen über noch **offene Anträge** („Festsetzung von Art, Höhe, Beginn und Ende von Versorgungsleistungen“), sondern auch von Amts wegen zu treffende **Entscheidungen über die rückwirkende Aufhebung** bereits ergangener Bescheide über die Auslandsversorgung nach den **§§ 44 ff. SGB X** („Feststellung einer Überzahlung vor dem Wechsel des Wohnsitzes oder gewöhnlichen Aufenthalts“).

7 Anders als in gerichtlichen Verfahrensordnungen[6] ist für das Verwaltungsverfahren die Fortdauer einer einmal begründeten örtlichen Zuständigkeit (sog. perpetuatio fori) nicht festgelegt. Vielmehr gilt generell, dass mit der Änderung der tatsächlichen Umstände, die die Zuständigkeit begründet haben (Wohnort oder gewöhnlicher Aufenthalt), auch die **Zuständigkeit der Behörde wechselt.**[7] **§ 2 Abs. 2 SGB X** regelt, unter welchen Voraussetzungen die bisher zuständige Behörde – ua bei Verlegung des Wohnsitzes oder gewöhnlichen Aufenthalts – ein **noch nicht abgeschlossenes Verwaltungsverfahren fortführen** kann. Zunächst steht es im **Ermessen** („kann“) der **bisher zuständigen Behörde,** das Verwaltungsverfahren fortzuführen. Erforderlich ist die **Zustimmung** (vorherige Einwilligung oder nachträgliche Genehmigung) der **übernehmenden Behörde.** Außerdem muss das Verbleiben aus verfahrensökonomischen Gründen **zweckmäßig sein** und dem **Interesse der Berechtigten** entsprechen.[8]

---

4 BGBl. I 1204.

5 Zur Abgrenzung vom gewöhnlichen Auslandsaufenthalt § 30 Abs. 3 S. 2 SGB I.

6 Etwa § 202 SGG iVm § 17 Abs. 1 S. 1 GVG; § 57 Abs. 1 S. 1 SGG; § 98 Satz 1 SGG; hierzu auch BSG Beschl. v. 8.5.2007 – B 12 SF 3/07 S, SozR 4-1500 § 57 Nr. 2 Rn. 4 = Breith 2007, 901.

7 Vgl. Schütze/Roller SGB X § 2 Rn. 10 ff.

8 Vgl. zur Fortführung des Verwaltungsverfahrens nach Wohnortwechsel: BSG Urt. v. 4.2.1998 – B 9 V 6/96 R, SozR 3-3100 § 89 Nr. 4, 12 f. = VersorgVerw 1998, 76; BSG Urt. v. 5.7.2007 – B 9/9a SB 2/07 R, BSGE 99, 9 = SozR 4-3250 § 69 Nr. 6 = Breith 2008, 251.

II. Örtliche Zuständigkeit für Opfer von Gewalttaten nach § 4 OEG

Die Regelung des § 4 OEG wurde im Rahmen der Reform des SER ebenfalls intensiv umgestaltet. Ursprünglich galt für die örtliche Zuständigkeit im Rahmen des **§ 4 Abs. 1 OEG aF** grundsätzlich das sog. **„Tatortprinzip"**. Nach **§ 4 Abs. 1 S. 1 OEG aF** war demnach das Land zur Gewährung der Versorgung verpflichtet, in dem die Schädigung eingetreten ist.[9] 8

Durch **Art. 3 Nr. 3 G-SER** vom 12.12.2019 wurde **§ 4 Abs. 1 OEG neu gefasst.**[10] Es erfolgte eine **Umstellung vom bisher geltenden „Tatortprinzip"** auf das sog. **„Wohnortprinzip"**. Nach dem Wortlaut des **§ 4 Abs. 1 OEG** ist demnach zur Gewährung der Versorgung das Land verpflichtet, in dem die berechtigte Person ihren Wohnsitz, bei Fehlen eines Wohnsitzes ihren gewöhnlichen Aufenthalt hat. Die Änderung der örtlichen Zuständigkeit trat nach **Art. 60 Abs. 3 Nr. 3 G-SER** vom 12.12.2019 **bereits am Tag nach der Verkündung** des Gesetzes in Kraft (20.12.2019).[11] Durch diese Neuregelung des § 4 Abs. 1 OEG wurde die **Implementierung des „Wohnortprinzips" für die örtliche Zuständigkeit des TdSE nach § 113 Abs. 2 SGB XIV** zeitlich erheblich vorgezogen. Grundsätzlich ist diese vorzeitige Umstellung sinnvoll. Denn ein **wesentliches Ziel der Reform** des Sozialen Entschädigungsrechts ist die Ausrichtung an den Bedarfen der Betroffenen, insbesondere der Opfer von Gewalttaten. Dazu gehört, dass die Berechtigten nach **§ 2 Abs. 1 SGB XIV** ua bereits ab 1.1.2021 die **Leistungen der Schnellen Hilfen in Form von Traumaambulanzen nach §§ 31 ff. SGB XIV** an ihrem jeweiligen Wohnsitz in Anspruch nehmen können. Die Behörde am Wohnsitz des Berechtigten kennt die Besonderheiten vor Ort und kann auf Wunsch durch persönlichen Kontakt unterstützen. Diese kurzfristige Umstellung war aber **durch den Gesetzgeber nicht beabsichtigt** und wäre von den zuständigen Versorgungsverwaltungsbehörden der Länder auch nicht zu bewältigen gewesen.[12] 9

Grundlage für die vorgezogene Änderung war insbesondere die **Stellungnahme des Bundesrates vom 20.9.2019** zum Entwurf eines Gesetzes zur Regelung des Sozialen Entschädigungsrechts.[13] Der Bundesrat führte in seinem Beschluss nachvollziehbar aus, dass die Aufgabe des Tatortprinzips und die Bestimmung der örtlichen Zuständigkeit nach dem Wohnsitz der Berechtigten nicht erst mit Inkrafttreten des SGB XIV im Jahr 2024 Geltung erlangen sollte; die Umstellung wäre bereits zu einem früheren Zeitpunkt sinnvoll. In vielen Ländern gibt es bereits **Traumaambulanzen**, einige Länder haben bereits ein **Fallmanagement** eingeführt. Der Wechsel vom „Tatortprinzip" zum „Wohnortprinzip" soll deshalb in einem zweistufigen Verfahren stattfinden. Noch nicht rechtskräftig beschiedene Anträge sollen in einer ersten Stufe ab dem 1.7.2020 durch die Wohnsitzländer bearbeitet werden. In der zweiten Stufe sollen Berechtigte, die bereits Leistungen nach dem OEG beziehen, ab dem 1.1.2021 ihre Leistungen im Wohnsitzland erhalten. Damit besteht für die Versorgungsbehörden ausreichend Zeit, die Fälle zur Abgabe vorzubereiten, in denen Tatort und Wohnsitz sich in unterschiedlichen Bundesländern befinden.[14] In ihrer **Gegenäußerung vom 9.10.2019** hatte die **Bundesregierung** dieser Änderung zugestimmt. Versehentlich wurde im weiteren Gesetzgebungsverfahren zwar das frühere Inkrafttreten, **nicht aber das gestufte Vorgehen** in das G-SER aufgenommen.[15] 10

9 Dazu vertiefend HK-SozEntschR/Rademacker OEG § 4 Rn. 3 ff.; BSG Urt. v. 18.11.2015 – B 9 V 1/14 R, BSGE 120, 89; BSG Urt. v. 12.2.2003 – B 9 VG 2/02 R.
10 BGBl. 2019 I 2652, 2690 f.
11 BGBl. 2019 I 2652, 2724.
12 Dazu BT-Drs. 19/17818, 10.
13 BR-Drs. 351/19 (Beschluss), 20 f.
14 BR-Drs. 351/19 (Beschluss), 21.
15 BT-Drs. 19/14870; zum Ablauf auch BT-Drs. 19/17818, 10.

11 Durch **Art. 2a des Gesetzes zur Änderung des Gesetzes über Finanzhilfen des Bundes zum Ausbau der Tagesbetreuung für Kinder und des Kinderbetreuungsfinanzierungsgesetzes vom 15.4.2020**[16] wurde die ursprünglich vom Bundesrat vorgesehene **zweistufige Änderung der örtlichen Zuständigkeit in § 4 OEG** aufgenommen und das Versehen korrigiert.

12 Der **neugefasste § 4 Abs. 1 OEG** enthält die grundsätzliche Regelung zur Zuständigkeit. Danach ist für die Erbringung der Leistungen das Land zuständig, in dem anspruchsberechtigte Geschädigte oder Hinterbliebene ihren Wohnsitz oder gewöhnlichen Aufenthalt haben. Mit der Umstellung auf das **„Wohnortprinzip" entfallen auch rechtliche Problemstellungen,** die Ausfluss des „Tatortprinzips" waren und in der praktischen Umsetzung für die Behörden zu erheblichen Schwierigkeiten führten. Dies waren zunächst **mehraktige Geschehensabläufe** bei Gewalttaten, die in einem Bundesland begannen und dann in mindestens einem anderen Bundesland fortgesetzt wurden. Diese liegen zB vor, wenn mehrere im Wesentlichen gleichartige Handlungen von einem einheitlichen Entschluss getragen werden und aufgrund eines gewissen zeitlichen Zusammenhangs so miteinander verbunden sind, dass sich das gesamte Tätigwerden des Täters bei natürlicher Betrachtungsweise objektiv noch als einheitliches Geschehen darstellt. Hier **fehlte es an einer gesetzlichen Regelung**. Deshalb wurde **sinngemäß § 4 Abs. 1 S. 2 OEG aF angewandt** und es war allein das Land zuständig, in dem der letzte Teilakt der Gewalttat stattgefunden hatte. Hiervon abzugrenzen waren die **Mehrfachtaten**. Dies waren Verfahren, in denen, mitunter in einem erheblichen zeitlichen und örtlichen Abstand, **mehrere – auf neuen Tatentschlüssen beruhende – tätliche Angriffe** auf ein Opfer stattfanden und in der Zusammenwirkung zu einer gesundheitlichen Beeinträchtigung führten (zB psychische Beeinträchtigungen in Form einer Posttraumatischen Belastungsstörung). Wenn die unterschiedlichen tätlichen Angriffe in verschiedenen Bundesländern stattfanden, dann waren nach dem **„Tatortprinzip" des § 4 Abs. 1 S. 1 OEG aF** auch unterschiedliche Leistungsträger für die Versorgung der (Einzel-)Schädigung zuständig. Das **BSG hatte 2015** hierzu noch entschieden, dass bei unterschiedlichen Schädigungstatbeständen im Sinne des OEG in verschiedenen Bundesländern **nicht nur § 3 Abs. 1 OEG analog** anzuwenden ist, sondern auch die Regelung des **§ 4 Abs. 4 OEG aF** mit der entsprechenden Folge, dass die **Kosten von den jeweiligen Bundesländern anteilig** zu tragen sind.[17] Schwierigkeiten bereitete den Ländern hierbei die **Erstattung der Kosten untereinander** für den entsprechenden Anteil an der Gesamtschädigung des Opfers. Dadurch, dass der Bezugspunkt für die örtliche Zuständigkeit des TdSE nunmehr der gegenwärtige Wohnsitz bzw. der gewöhnliche Aufenthaltsort ist, ist dieser TdSE auch ausschließlich für die Entscheidung über alle Schädigungen aus Gewalttaten zuständig, unabhängig in welchem Bundesland diese stattgefunden haben.

13 Der **neu eingefügte § 4 Abs. 2 OEG** regelt Fallkonstellationen, in denen zum Zeitpunkt der Verkündung des G-SER am 19.12.2019 bereits ein Antrag auf Opferentschädigungsleistungen gestellt wurde, aber noch keine bestandskräftige Verwaltungsentscheidung vorlag. In diesen Fällen bleibt aus Gründen der Verwaltungsökonomie **abweichend von Absatz 1 bis zum 30.6.2020** das Land zuständig, in dem die Gewalttat begangen wurde. **Ab dem 1.7.2020** geht dann die Zuständigkeit – entsprechend der in Abs. 1 getroffenen grundsätzlichen Regelung – auf das Wohnsitzland der berechtigten Person über.[18]

14 Der ebenfalls **neu eingefügte § 4 Abs. 3 OEG** enthält eine Regelung für die Fälle, in denen zum Zeitpunkt der Verkündung des G-SER **am 19.12.2019 bereits Opferentschädigungsleistungen erbracht wurden**, entweder, weil **ein bestandskräftiger Bescheid**

---

16 BGBl. 2020 I 811, 812; dazu Knickrehm/Mushoff/Schmidt Neues SozEntschR Rn. 394.
17 BSG Urt. v. 18.11.2015 – B 9 V 1/14R, BSGE 120, 89; dazu Jörk Streit 2016, 129.
18 BT-Drs. 19/17818, 11.

vorliegt oder **Leistungen bereits vor einem bestandskräftigen Bescheid erbracht wurden** (zB Leistungen der Heil- und Krankenbehandlung). In diesen Fällen bleibt aus Gründen der Verwaltungsökonomie **abweichend von Absatz 1 bis zum 31.12.2020** das Land zuständig, in dem die Gewalttat begangen wurde. **Ab dem 1.1.2021** geht dann die Zuständigkeit – entsprechend der in Abs. 1 getroffenen grundsätzlichen Regelung – auf das Wohnsitzland der berechtigten Person über.[19]

Für unter **§ 4 Abs. 2 oder 3 OEG** fallende Konstellationen, in denen der Tatort nicht festgestellt werden kann, trifft der **neu eingefügte § 4 Abs. 4 OEG** die Regelung, dass das Wohnsitzland der berechtigten Person zum Zeitpunkt der Tat zuständig ist. 15

§ 4 Abs. 5 S. 1 OEG trifft eine Regelung für Fälle, in denen ein Geschädigter oder Hinterbliebener seinen Wohnsitz oder gewöhnlichen Aufenthalt im Ausland hat, aber im Inland geschädigt wurde. In diesen Fällen ist das Land zuständig, in dem der Tatort liegt. **§ 4 Abs. 5 S. 2** macht hiervon für die Fälle eine Ausnahme, in denen die berechtigte Person ihren Wohnsitz, bei Fehlen eines Wohnsitzes ihren gewöhnlichen Aufenthalt im Inland hat und nach der Schädigung ins Ausland verzieht. In diesen Konstellationen richtet sich aus Gründen der Verwaltungsökonomie die Zuständigkeit weiterhin nach Abs. 1 bis 4.

Die Regelungen des **§ 4 Abs. 1 bis 5 OEG** gelten auch dann, wenn Gewalttaten oder Teilakte einer Gewalttat in mehreren Ländern begangen wurden.[20]

III. Örtliche Zuständigkeit für Versorgung eines Impfschadens nach § 66 IfSG

§ 66 IfSG bestimmt die **Kostenträgerschaft** für die nach § 60 IfSG zu gewährenden Leistungen; aus dieser Regelung ergibt sich folglich auch die **örtliche Zuständigkeit**. Für das Impfschadensrecht sind nur § 66 Abs. 2 und 3 IfSG relevant; § 66 Abs. 1 IfSG bestimmt die Kostenträgerschaft nicht für impfschadensrechtliche Versorgungsleistungen, sondern andere „fachfremde" Entschädigungsleistungen nach dem IfSG. Nach der Grundregel des **§ 66 Abs. 2 S. 1 Nr. 1 IfSG** ist Kostenträger für die Versorgungsleistungen nach § 60 Abs. 1 IfSG das Land, in dem der Schaden verursacht wurde, wo also die Impfung oder Maßnahme der Prophylaxe erfolgt ist. 16

§ 66 Abs. 2 S. 1 Nr. 2 und Nr. 3 IfSG[21] enthält Sonderregelungen der Kostenträgerschaft für bestimmte Fälle mit Auslandsbezug: § 66 Abs. 2 Nr. 2 IfSG nimmt die Anspruchsgrundlage des **§ 60 Abs. 2 IfSG in Bezug,** § 66 Abs. 2 Nr. 3 IfSG demgegenüber **§ 60 Abs. 3 IfSG**. Maßgeblich sind daher nur die dort gemeinten **Pockenschutzimpfungen**. Die praktische Bedeutung von **§ 66 Abs. 2 S. 1 IfSG** ist daher gering. 17

Ist ein **Anspruch nach § 60 Abs. 2 IfSG** gegeben, ist nach **Nr. 2 Buchst. a**) zunächst zu prüfen, ob der Impfschaden im Geltungsbereich des IfSG eingetreten ist; dann ist Kostenträger das Bundesland des Schadenseintritts. Soweit dies nicht der Fall ist, wenn also der Schaden zu Zeiten auftritt, in der die geschädigte Person im Ausland lebt, ist nach **Nr. 2 Buchst. b**) das Land Kostenträger, in dem die geschädigte Person zuletzt ihren Wohnsitz oder gewöhnlichen Aufenthalt gehabt hat. Für Minderjährige, auf die weder a) noch b) zutrifft, weil sie nie im Geltungsbereich des IfSG gelebt haben, ist nach **Nr. 2 Buchst. c**) darauf abzustellen, in welchem Bundesland ihre Eltern oder Sorgeberechtigten leben oder gelebt haben.

Besteht Anspruch auf Versorgung nach § 60 Abs. 3 IfSG, ist nach **§ 66 Abs. 2 S. 1 Nr. 3 IfSG** maßgeblich auf das Land abzustellen, in dem der Geschädigte seinen

19 BT-Drs. 19/17818, 11.
20 BT-Drs. 19/17818, 11.
21 Dazu ausführlich HK-SozEntschR/Meßling IfSG § 66 Rn. 1 ff.

Wohnsitz oder gewöhnlichen Aufenthalt im Geltungsbereich dieses Gesetzes hat oder erstmalig nimmt.

§ 66 Abs. 2 S. 3 IfSG enthält eine Übergangsregel, die erstmals im IfSG enthalten ist. Nach ihr bleibt die Zuständigkeit für bereits anerkannte Fälle unberührt. Die geschädigte Person soll sich also auf den Fortbestand der Kostenträgerschaft verlassen können.

Für den Inhalt der in Nr. 2 und 3 verwandten Begriffe des Wohnsitzes und des gewöhnlichen Aufenthalts kann auf die entsprechend in **§ 7 BVG** verwandten Begriffe verwiesen werden.

18 Soweit ein **Fall des Zusammentreffens von Ansprüchen** nach § 60 IfSG mit anderen Ansprüchen im Sinne des **§ 63 Abs. 1 IfSG** gegeben ist, bestimmt **§ 66 Abs. 3 IfSG** trotz einheitlich festgesetzter Rente (vgl. § 63 Abs. 1 2. Hs. IfSG) eine getrennte Beurteilung der Kostenträgerschaft. Indem sie aber vorgibt, dass nur die durch das Hinzutreten weiterer Schäden verursachten Kosten vom anderen Leistungsträger zu übernehmen sind, dient die Regelung der Vereinfachung, da eine Aufteilung der Gesamtleistung entsprechend dem jeweiligen Schaden vermieden wird. § 66 Abs. 3 IfSG entspricht im Übrigen § 4 Abs. 8 OEG.

IV. Inkrafttreten und Änderungen des § 113 SGB XIV

19 Im Rahmen des § 113 SGB XIV greift der Gesetzgeber die oben aufgezeigten unterschiedlichen bisherigen Zuständigkeitsregelungen für die zukünftig vom SGB XIV geschützten Tatbestände des SER auf und fasst diese mit entsprechenden Änderungen zusammen. Grundsätzlich tritt die Norm (**Abs. 1 bis Abs. 5**) nach **Art. 60 Abs. 7 G-SER** vom 12.12.2019 am **1.1.2024** in Kraft.[22] Dies ist in Bezug auf die bereits seit dem 1.1.2021 zu erbringenden Schnellen Hilfen in Form der Traumaambulanzbehandlungen nicht ganz widerspruchsfrei. Nach § 138 Abs. 7 SGB XIV sollen für Taten im Zeitraum vom 1.1.2021 bis 31.12.2023 unter bestimmten Voraussetzungen bereits Leistungen nach §§ 31 bis 36 SGB XIV erbracht werden (→ § 138 Rn. 40 ff.). Für diese Leistungen ergibt sich bis zum 31.12.2023 die örtliche Zuständigkeit entsprechend aus dem OEG.[23] Hiervon ausgenommen ist die Verordnungsermächtigung für das BMAS nach **Abs. 6**. Diese ist auf der Grundlage des **Art. 60 Abs. 3 Nr. 1 G-SER** bereits am Tag nach der Verkündung in Kraft getreten (**20.12.2019**).[24] Wie auch bei anderen Verordnungsermächtigung (§§ 38, 40, 91 und 109 SGB XIV) ist diese nach dem Willen des Gesetzgebers vorgezogen in Kraft getreten, um die Verordnung möglichst vor dem umfassenden Inkrafttreten des SGB XIV bereits erlassen zu können.[25]

20 Durch das Zweite Gesetz zur Änderung des Infektionsschutzgesetzes und weiterer Gesetze vom **28.5.2021** wurde **§ 113 Abs. 5 S. 2 SGB XIV** geändert.[26] Die Norm wird hierdurch um die Konstellation erweitert, in denen Antragstellerinnen oder Antragsteller im Zeitpunkt der Antragstellung weder Wohnsitz noch gewöhnlichen Aufenthalt im Geltungsbereich dieses Gesetzes haben.[27]

B. Normsystematik

21 Die Regelung soll im Interesse der Berechtigten die Zuständigkeitsregelungen vereinfachen und anwenderfreundlicher gestalten.[28] Nach **Abs. 1** bestimmen die Länder die

---

22 BGBl. 2019 I 2652, 2724.
23 Dazu auch Schmidt SGB XIV/Schmidt § 113 Rn. 2.
24 BGBl. 2019 I 2652, 2724.
25 BT-Drs. 19/13824, 277.
26 BGBl. 2021 I 1174, 1179.
27 BT-Drs. 19/29287, 13.
28 BT-Drs. 19/13824, 219.

örtliche Zuständigkeit der Behörden im Sinne des § 112 SGB XIV. Für die Entschädigung von **Gewaltopfern** und die **Opfer von Schädigungen durch die Auswirkungen des Ersten und Zweiten Weltkriegs** sieht **Abs. 2** vor, dass das Land zuständig ist, in dem die antragstellende Person ihren Wohnsitz oder gewöhnlichen Aufenthalt hat.

Wenn **Ansprüche zusammentreffen**, die entweder auf unterschiedlichen schädigenden Ereignissen nach § 1 Abs. 3 SGB XIV oder auf anderen Gesetzen, die eine entsprechende Anwendung des SGB XIV vorsehen, beruhen, dann ist im Rahmen des **Abs. 3** für die Festsetzung des einheitlichen GdS (§ 8 Abs. 2 SGB XIV, → § 8 Rn. 15 f.) das Land zuständig, das über die Ansprüche aus dem letzten schädigenden Ereignis entscheidet.[29] 22

In **Abs. 4** wird die Zuständigkeit für Zivildienstgeschädigte geregelt. Danach ist das Land zuständig, in dem die antragstellende Person zum Zeitpunkt des Dienstbeginns ihren Wohnsitz oder gewöhnlichen Aufenthalt hat. 23

Die komplizierte Regelung des § 66 Abs. 2 IfSG wird durch **Abs. 5** ersetzt. Für Leistungen auf der Grundlage des § 24 SGB XIV ist das Land zuständig, in dem die ursächliche **Schutzimpfung** oder andere Maßnahme der spezifischen Prophylaxe als ursächliches Ereignis vorgenommen wurde. Wurde die ursächliche Schutzimpfung oder andere Maßnahme der spezifischen Prophylaxe im **Ausland** vorgenommen, ist das Land zuständig, in dem die Antragstellerin oder der Antragsteller zum Zeitpunkt der Antragstellung ihren oder seinen Wohnsitz, bei Fehlen eines Wohnsitzes ihren oder seinen gewöhnlichen Aufenthalt hat. 24

Abs. 6 sieht eine Ermächtigungsgrundlage für den Erlass einer Rechtsverordnung des BMAS vor, durch die die örtliche Zuständigkeit für Personen, die ihren Wohnsitz oder gewöhnlichen Aufenthalt im Ausland haben, geregelt wird. 25

C. Einzelkommentierung

I. Abs. 1 – Örtliche Zuständigkeit der Behörden

Nach **Abs. 1** bestimmen die Länder die **örtliche Zuständigkeit der Behörden nach § 112 SGB XIV**. Die Regelung hat grundsätzlich wohl **lediglich einen deklaratorischen Charakter**[30] und hätte demnach im Rahmen des Gesetzgebungsverfahrens gestrichen werden können. Die Aufnahme des **Abs. 1 in das SGB XIV ist aber unschädlich**, da von den Grundsätzen, die durch das Grundgesetz bei der Ausführung von Bundesgesetzen vorgegeben werden, nicht abgewichen wird. Wahrscheinlich erfolgte die Klarstellung, weil insbesondere **im bisherigen § 4 OEG** die Frage der Zuständigkeit eng verknüpft war mit der Kostenträgerschaft für die Leistungen.[31] Dabei ist es unerheblich, ob die Länder das SGB XIV nach **Art. 83, 84 GG** als eigene Angelegenheit ausführen oder es sich in Teilbereichen um eine Bundesauftragsverwaltung nach Art. 85 GG handeln mag (→ § 112 Rn. 1 ff.). Im Rahmen der Neugestaltung des SER haben die **Bundesländer** durch das SGB XIV einen **umfassenden Gestaltungsspielraum** bei der funktionalen Übertragung der Leistungsträgerschaft auf Verwaltungsbehörden bzw. bei der Ausgestaltung der Behördenstruktur. In den **Flächenländern** (zB Bayern, Baden-Württemberg, Nordrhein-Westfalen), in denen die Ausführung regional auf verschiedene Behörden oder Behördenniederlassungen oder die Ausführung mitunter auf Kommunalverbände übertragen wird, muss die örtliche Zuständigkeit im Innenverhältnis durch eine entsprechende landesrechtliche Regelung festgelegt werden. Wann ein Bundesland für ein SER-Verfahren örtlich zuständig ist, ergibt sich erst aus den folgenden Absätzen. 26

29 BT-Drs. 19/13824, 219.
30 So Schmidt SGB XIV/Schmidt § 113 Rn. 4.
31 Dazu anschaulich HK-SozEntschR/Rademacker OEG § 4 Rn. 2.

II. Abs. 2 – Zuständigkeit für Gewalt- und Kriegsopfer

27 Für die **Entschädigung von Gewaltopfern** nach den **§§ 13 bis 15 SGB XIV** sowie deren Angehörigen, Hinterbliebenen und Nahestehenden im Sinne des **§ 2 Abs. 3 bis Abs. 5 SGB XIV** ist das Land zuständig, in dem die berechtigte Person ihren Wohnsitz oder bei Fehlen eines Wohnsitzes ihren gewöhnlichen Aufenthalt hat. Dies gilt entsprechend für berechtigte Personen, die Leistungen im Rahmen des **§ 21 SGB XIV** wegen **Schädigungen durch Auswirkungen des Ersten und Zweiten Weltkriegs** beantragen.[32] Es kommt hier nicht auf den Zeitpunkt der Antragstellung bzw. den Zeitpunkt des schädigenden Ereignisses an oder wie ursprünglich in **§ 4 Abs. 1 OEG aF** auf den Tatort (**„Tatortprinzip"**).[33] Wenn sich der Wohnsitz oder der gewöhnliche Aufenthaltsort der berechtigten Person über eine Landesgrenze hinaus ändert, dann ändert sich auch die örtliche Zuständigkeit entsprechend.[34] Bei der Entschädigung von Gewaltopfern ändert sich in diesen Fällen auch regelmäßig die Kostenträgerschaft nach **§ 133 SGB XIV** (→ § 133 Rn. 19). Dieser enge Zusammenhang wird durch **§ 133 S. 4 SGB XIV** klargestellt. Denn soweit die Kostenträgerschaft bei den Ländern liegt, ist das nach **§ 113 SGB XIV** zuständige Land der jeweilige Kostenträger. Bei Kriegsopfern hat eine Änderung der örtlichen Zuständigkeit hingegen keine weiteren Auswirkungen auf die Kostenträgerschaft. Für diese Leistungen trägt der Bund nach **§ 136 Abs. 2 SGB XIV** die Kosten in voller Höhe. Insbesondere mit Blick auf eine effektive Ausgestaltung der Schnellen Hilfen ist die Implementierung des **„Wohnortprinzips"** sinnvoll. Diese Leistungen können nur in der Nähe des Wohnorts bzw. gewöhnlichen Aufenthaltsorts der berechtigten Person zweckentsprechend und zeitnah durch die TdSE erbracht werden. Ein erheblicher Mehraufwand für die Behörden ist damit nicht verbunden. Vielmehr führte das „Tatortprinzip" in der Vergangenheit mitunter zu erheblichen Amtshilfeleistungen der Versorgungsverwaltungen untereinander. Darüber hinaus sind durch die Umstellung auf das „Wohnortprinzip" auch die praktisch schwierigen Problemstellungen der sog. **Mehrfachtaten** entfallen (→ Rn. 12).[35]

28 Die **Begriffsbestimmungen** des Wohnsitzes und des gewöhnlichen Aufenthalts finden sich in **§ 30 Abs. 3 SGB I**.[36] Nach **Satz 1** dieser Vorschrift hat jemand einen **Wohnsitz** dort, „wo er eine Wohnung unter Umständen innehat, die darauf schließen lassen, dass er die Wohnung beibehalten und benutzen wird". Für die Begründung eines Wohnsitzes ist deshalb entscheidend, ob ein an den objektiven Verhältnissen zu messender realisierbarer Wille vorhanden ist, an einem bestimmten Ort zu wohnen, diesen also zum Mittelpunkt der Lebensbeziehungen zu machen. Die polizeiliche Meldung allein reicht nicht aus.[37] Bei einer Wohnung iS dieser Vorschrift muss es sich um Räumlichkeiten handeln, die tatsächlich und rechtlich zur dauernden Wohnnutzung geeignet und vom Verfügungsberechtigten dazu bestimmt sind.[38] Durch die Worte „beibehalten und benutzen" wird auch eine gewisse Dauer des Verbleibs gefordert,

32 Hierzu auch Knickrehm/Mushoff/Schmidt Neues SozEntschR Rn. 393.

33 Schmidt SGB XIV/Schmidt § 113 Rn. 7.

34 Soweit es innerhalb eines Bundeslandes unterschiedliche regionale Zuständigkeiten iSd § 113 Abs. 1 SGB XIV gibt, ändern sich auch insoweit die örtlichen Zuständigkeiten.

35 Dazu noch BSG Urt. v. 18.11.2015 – B 9 V 1/14R, BSGE 120, 89; Jörk Streit 2016, 129.

36 KOVVfGVwV zu § 3 Nr. 2, die eine entsprechende Anwendung der §§ 7 ff. BGB vorsieht, ist insoweit durch die Vorschriften des SGB I überholt.

37 Hierzu ua BSG Urt. v. 3.12.2009 – B 10 EG 6/08 R, BSGE 105, 70 = SozR 4-7833 § 1 Nr. 10; BSG Beschl. v. 10.3.2010 – B 12 SF 2/10 S; BSG Urt. v. 29.4.2010 – B 9 SB 2/09 R, Breith 2010, 1075; BSG Urt. v. 12.12.2017 – B 11 AL 21/16R, BSGE 125, 38.

38 Vgl. KassKomm/Seewald SGB I § 30 Rn. 17; Mrozynski SBG I § 30 Rn. 18.

die im Wege einer vorausschauenden Betrachtung (Prognose) zu beurteilen ist,[39] in die alle rechtlichen und tatsächlichen Gesichtspunkte einzubeziehen sind, die einen Einfluss auf den Verbleib haben können.[40] Der Wohnsitz wird aufgegeben, wenn die Wohnung aufgelöst oder nicht nur vorübergehend nicht mehr benutzt wird.[41]

Den **gewöhnlichen Aufenthalt** hat nach **§ 30 Abs. 3 S. 2 SGB I** jemand dort, „wo er sich unter Umständen aufhält, die erkennen lassen, dass er an diesem Ort oder in diesem Gebiet nicht nur vorübergehend verweilt". Auch insoweit sind allein die **tatsächlichen Gegebenheiten** maßgebend, die auf einen **Zustand längeren Verweilens** schließen lassen. Das Ende des Aufenthalts darf grundsätzlich noch nicht feststehen.[42] Demnach muss auch das Vorliegen eines gewöhnlichen Aufenthalts – insbesondere bei einem Ausländer – im Wege einer vorausschauenden Betrachtung (**Prognose**) beurteilt werden.[43] Das Vorhalten einer Wohnung wird insoweit nicht verlangt. Der gewöhnliche Aufenthalt kann schon am Tage des Zuzugs begründet werden.[44] 29

III. Abs. 3 – Festsetzung eines einheitlichen GdS bei mehreren Schädigungstatbeständen

In **Abs. 3** wird in Anlehnung an die bisherigen Regelungen des OEG festgelegt, welcher TdSE örtlich zuständig ist, wenn berechtigte Personen Ansprüche auf SER-Leistungen wegen **mehrerer unterschiedlicher schädigender Ereignisse** haben.[45] Danach ist unter Verweis auf **§ 8 Abs. 2 SGB XIV** das Land zuständig, das über die Ansprüche aus dem letzten schädigenden Ereignis entscheidet. Nach **§ 8 Abs. 2 SGB XIV** ist ein **einheitlicher Grad der Schädigungsfolgen (GdS) festzusetzen,** wenn Ansprüche aus mehreren schädigenden Ereignissen im Sinne des **§ 1 Abs. 3 SGB XIV** zusammentreffen. Die Regelung des § 8 Abs. 2 SGB XIV entspricht insoweit **dem bisherigen § 3 Abs. 1 OEG** (→ § 8 Rn. 15 f.).[46] Die Zuständigkeitsregelung gilt auch, wenn Ansprüche aus dem SGB XIV mit Ansprüchen aus anderen Gesetzen, die eine entsprechende Anwendung des SGB XIV vorsehen, zusammentreffen (ua StrRehaG, VwRehaG, AntiDHG).[47] Zunächst ist die zeitliche Reihenfolge der etwaigen Schädigungstatbestände zu ermitteln und festzustellen, ob für die einzelnen Tatbestände unterschiedliche TdSE örtlich zuständig wären. 30

Die Regelung kommt nur zur Anwendung, wenn unterschiedliche schädigende Ereignisse vorliegen, die verschiedenen geschützten Tatbeständen unterfallen (zB Gewalttaten nach §§ 13 ff. SGB XIV und eine Schädigung im Zusammenhang mit der Ableistung des Zivildienstes nach § 23 SGB XIV oder eine Schädigung nach § 21 StrRehaG). Auf den Abs. 3 kommt es ua nicht an, wenn die berechtigte Person **Opfer mehrerer Gewalttaten nach §§ 13 ff. SGB XIV** geworden ist (sog. **Mehrfachtaten**). Hier ergibt sich die Zuständigkeit des Bundeslandes **bereits aus Abs. 1** aufgrund des nunmehr gel- 31

39 Vgl. BSG Urt. v. 23.2.1988 – 10 RKg 17/87, BSGE 63, 47, 49 = SozR 5870 § 1 Nr. 14 = SGb 1989, 437; BSG Urt. v. 17.5.1989 – 10 RKg 19/88, BSGE 65, 84, 86 = SozR 1200 § 30 Nr. 17 = DVBl 1990, 212; hierzu auch Mrozynski SGB I § 30 Rn. 19.

40 Vgl. BSG Urt. v. 17.5.1989 – 10 RKg 19/88, BSGE 65, 84, 87 = SozR 1200 § 30 Nr. 17 = DVBl 1990, 212.

41 Vgl. BSG Beschl. v. 10.3.2010 – B 12 SF 2/10 S; hierzu auch KassKomm/Seewald SGB I § 30 Rn. 17.

42 Vertiefend KassKomm/Spellbrink SGB I § 30 Rn. 10 ff.

43 Hierzu ua BSG Urt. v. 3.12.2009 – B 10 EG 6/08 R, BSGE 105, 70 = SozR 4-7833 § 1 Nr. 10; BSG Urt. v. 29.4.2010 – B 9 SB 2/09 R, Breith 2010, 1075.

44 Vgl. BSG Urt. v. 29.4.2010 – B 9 SB 2/09 R, Breith 2010, 1075; hierzu auch Mrozynski SGB I § 30 Rn. 23.

45 BT-Drs. 19/13824, 219.

46 Dazu BT-Drs. 19/13824, 173.

47 BT-Drs. 19/13824, 173 und 219.

tenden **„Wohnsitzprinzips“** (→ Rn. 12, 26). Es muss aber dennoch in diesen Fällen ein einheitlicher Gesamt-GdS im Sinne des § 8 Abs. 2 SGB XIV festgestellt werden.

32 Nach dem **Wortlaut** bezieht sich die Regelung **nur auf die Feststellung eines einheitlichen Gesamt-GdS** und nicht auf die jeweilige Leistungserbringung. Hieraus könnte abgeleitet werden, dass im Außenverhältnis zum Leistungsberechtigten hinsichtlich der Leistungserbringung weiterhin eine geteilte Zuständigkeit besteht.[48] Dieses Ergebnis erscheint unter Berücksichtigung der Ziele des Gesetzgebers bei der SER-Reform, ua das Recht übersichtlicher, transparenter und anwenderfreundlicher zu gestalten, nicht überzeugend.[49] Vielmehr ist das **Ziel des Gesetzgebers** wohl, unter **Berücksichtigung der Interessen der Leistungsberechtigten** im Außenverhältnis, eine **einheitliche Leistungserbringung** zu gewährleisten. Dies ist auch aus verwaltungsökonomischen Gründen sinnvoll. In seiner **Begründung zu § 8 SGB XIV** führt der Gesetzgeber insoweit aus, dass ab einem Gesamt-GdS von mindestens 30 auch eine einheitliche monatliche Entschädigungszahlung durch den nach Abs. 3 zuständigen TdSE festzulegen ist.[50] Damit ist keine Regelung über die tatsächliche Kostenträgerschaft im Innenverhältnis zwischen unterschiedlichen zuständigen TdSE verbunden. Diesbezüglich hat der Gesetzgeber die **Regelung des § 136 S. 1 SGB XIV geschaffen**, der in Anlehnung an § 4 Abs. 4 OEG die Kostenteilung der betroffenen Leistungsträger regelt.[51] Danach sind in den Fällen des **§ 8 Abs. 2 SGB XIV** die Kosten, die durch das Hinzutreten einer weiteren Schädigung verursacht werden, von dem Land zu tragen, das für die Entscheidung über Ansprüche aus der weiteren Schädigung zuständig ist. Damit muss zwischen den **beteiligten Leistungsträgern im Innenverhältnis** eine anteilige Kostenerstattung erfolgen (→ § 136 Rn. 4 ff.). Praktische Relevanz hat dies insbesondere soweit die Kostenträgerschaft bei den Ländern und nicht beim Bund im Sinne der §§ 133 ff. SGB XIV besteht.

33 Für die **Bildung des Gesamt-GdS** gelten die **Maßstäbe nach Teil A Nummer 3 der Versorgungsmedizinischen Grundsätze in der Versorgungsmedizinverordnung** (VerMedV; → § 8 Rn. 15 f.). Wird ein Gesamt-GdS vom mindestens 30 erreicht, hat dies auch die Festsetzung einer einheitlichen monatlichen Entschädigungszahlung im Sinne des § 83 SGB XIV durch den nach Abs. 3 zuständigen TdSE zur Folge.[52]

IV. Abs. 4 – Zuständigkeit bei Schädigung durch Zivildienst

34 Bei Schädigungen im Zusammenhang mit der Ableistung des Zivildienstes im Sinne des § 23 SGB XIV regelt **Abs. 4**, dass das Land zuständig ist, in dem die antragstellende Person zum **Zeitpunkt des Dienstbeginns** ihren Wohnsitz oder andernfalls gewöhnlichen Aufenthaltsort hat. Anders als bei den Gewalttaten nach Abs. 2 knüpft der Gesetzgeber die örtliche Zuständigkeit nicht an den gegenwärtigen Wohnsitz oder gewöhnlichen Aufenthaltsort der antragstellenden bzw. leistungsberechtigten Person an, sondern an den des Dienstbeginns. Der **Beginn des Zivildienstverhältnisses** ist in **§ 25 ZDG** näher geregelt. Danach beginnt das Zivildienstverhältnis mit dem Zeitpunkt, der im Einberufungsbescheid für den Dienstantritt des Dienstpflichtigen oder im Umwandlungsbescheid für die Umwandlung nach § 19 Abs. 2 ZDG festgesetzt ist. Die Kosten für die Leistungen trägt nach § 134 Abs. 2 SGB XIV vollumfänglich der Bund (→ § 134 Rn. 10 f.).

---

48 So Schmidt SGB XIV/Schmidt § 113 Rn. 9; zur alten Rechtslage im OEG anschaulich BSG Urt. v. 18.11.2015 – B 9 V 1/14R, BSGE 120, 89.
49 Ua BT-Drs. 19/13824, 2.
50 BT-Drs. 19/13824, 173.
51 BT-Drs., 19/13824, 173, 219 und 225.
52 BT-Drs. 19/13825, 173.

V. Abs. 5 – Zuständigkeit bei Impfschäden

35 Die bisherige **stark ausdifferenzierte Regelung des § 66 Abs. 2 IfSG**[53] (→ Rn. 16 ff.) wird durch **Abs. 5 vereinfacht** und abgelöst.[54] Grundsätzlich ist nach **Abs. 5 S. 1** für die im Rahmen des § 24 SGB XIV geschützten Tatbestände das Land zuständig, in dem die ursächliche Schutzimpfung oder andere Maßnahme der spezifischen Prophylaxe vorgenommen wurde. Hier hat der Gesetzgeber, anders als bei den Gewalttaten nach Abs. 2 am Prinzip festgehalten, dass die Zuständigkeit an den **Ort der „Tathandlung"** geknüpft ist. Dies ist im Ergebnis folgerichtig. Die Schutzimpfungen bzw. Maßnahmen der spezifischen Prophylaxe knüpfen ua nach **§ 24 S. 1 Nr. 1 und Nr. 3 SGB XIV** vielfach an **landesrechtliche Regelungen und Vorgaben** an; zB wird in § 24 S. 1 Nr. 1 SGB XIV ausdrücklich auf § 20 Abs. 3 IfSG Bezug genommen. Danach sollen die obersten Landesbehörden öffentliche Empfehlungen für Schutzimpfungen oder andere Maßnahmen der spezifischen Prophylaxe auf der Grundlage der jeweiligen **Empfehlungen der Ständigen Impfkommission (STIKO)** aussprechen (ausführlich → § 24 Rn. 42 ff.). Da es vor diesem Hintergrund in den einzelnen Bundesländern unterschiedliche öffentliche Empfehlungen geben kann, ist eine Leistungsträgerschaft des betreffenden Bundeslandes nicht zu beanstanden. Darüber hinaus werden **Leistungen der Schnellen Hilfen nach §§ 29 ff. SGB XIV** regelmäßig nicht erbracht – obwohl die Berechtigten nach **§ 30 Abs. 3 SGB XIV ein Fallmanagement** grundsätzlich erhalten können –, so dass die Leistungserbringung durch die TdSE regelmäßig keine örtliche Nähe der Behörde erfordert.

36 Wenn die ursächliche **Schutzimpfung** oder andere Maßnahme der spezifischen Prophylaxe **im Ausland** vorgenommen wurde, ist nach **Abs. 5 S. 2** abweichend das Land zuständig, in dem die antragstellende Person **zum Zeitpunkt der Antragstellung** ihren Wohnsitz oder gewöhnlichen Aufenthalt hat. In diesen Fallkonstellationen koppelt der Gesetzgeber die örtliche Zuständigkeit nicht an den Ort der Tathandlung, sondern an den Wohnort bzw. gewöhnlichen Aufenthaltsort zum Zeitpunkt der Antragstellung, so dass ua ein späterer Wechsel des Wohnorts der antragstellenden Person keine Auswirkungen auf die örtliche Zuständigkeit hat. Mit dem Zweiten Gesetz zur Änderungen des Infektionsschutzgesetzes vom 28.5.2021[55] wurde Abs. 5 S. 2 um die Konstellation erweitert, in denen die Antragstellerin oder der Antragsteller im Zeitpunkt der Antragstellung weder Wohnsitz noch gewöhnlichen Aufenthalt im Geltungsbereich dieses Gesetzes haben. In diesem Fall ist das Land zuständig, in dem die Antragstellerin oder der Antragsteller zuletzt ihren oder seinen gewöhnlichen Aufenthalt gehabt hat oder in dem die Behörde oder Einrichtung ihren Sitz hat, für die die Antragstellerin oder der Antragsteller oder deren oder dessen Angehörige oder Angehöriger tätig ist oder war.[56] Die Regelung des **§ 66 Abs. 3 IfSG** wird durch die Regelung des **Abs. 3** obsolet. Deshalb wird der Absatz nach **Art. 46 Nr. 6 G-SER zum 1.1.2024 aufgehoben.**[57]

VI. Abs. 6 – Geschädigte mit Wohnsitz oder gewöhnlichem Aufenthalt im Ausland

37 Das **BMAS** wird nach **Abs. 6** ermächtigt, durch **Rechtsverordnung** mit Zustimmung des Bundesrates die örtliche Zuständigkeit für Personen, die ihren Wohnsitz oder gewöhnlichen Aufenthalt im Ausland haben, zu bestimmen. Eine solche Verordnungsermächtigung ist für das SER nicht neu. Im Bereich der Kriegsopferversorgung (KOV)

53 Vertiefend HK-SozEntschR/Meßling IfSG § 66 Rn. 1 ff.
54 Knickrehm/Mushoff/Schmidt Neues SozEntschR Rn. 393.
55 BGBl. 2021 I 1174, 1179.
56 BT-Drs. 19/29287, 13.
57 BGBl. 2019 I 2652, 2717.

gab es im Rahmen des § 3 Abs. 5 KOVVfG eine vergleichbare Verordnungsermächtigung für das BMAS. Auf dieser Grundlage wurde 1991 die Verordnung über die Zuständigkeit der Verwaltungsbehörden der Kriegsopferversorgung für Berechtigte im Ausland – **Auslandszuständigkeitsverordnung (AuslZustV)** erlassen.[58] In § 1 der AuslZustV ist geregelt, für welche Personen, die im Ausland leben, welche Versorgungsämter in den Bundesländern zuständig sind (sog. „Auslandsversorgungsämter"). Nach **Art. 58 Nr. 12 G-SER** vom 12.12.2019 wird das **KOVVfG zum 1.1.2024 aufgehoben.**[59] Es hatte sich in der Vergangenheit gezeigt, dass es arbeitsorganisatorisch und verwaltungsökonomisch sinnvoll ist, die Leistungsträgerschaft für bestimmte Länder oder Kontinente bei einzelnen Behörden von TdSE zu bündeln. Der „Leistungsexport" ist unabhängig von möglichen Sprachbarrieren regelmäßig mit besonderen Problemstellungen und Schwierigkeiten verbunden, so dass in den Behörden entsprechende besondere Kompetenzen vorgehalten werden können. Unabhängig von der Reform des SER ist eine Neuverteilung der Auslandszuständigkeit unter den Bundesländern durchaus diskussionsbedürftig. Nach der **bisherigen AuslZustV** waren die fünf „neuen" Bundesländer nicht in die „Auslandsversorgung" einbezogen worden. Die Behörden, die zukünftig für die Leistungen an Personen im Ausland zuständig sind, werden intensiv mit der **Bundesstelle für Soziale Entschädigung (BSfSE)** zusammenarbeiten. Die BSfSE nimmt ua nach **§ 124 Abs. 2 Nr. 2 SGB XIV** die **Aufgaben der zentralen Behörde** im Sinne des Art. 12 S. 2 des Europäischen Übereinkommens vom 24.11.1983 über die Entschädigung für Opfer von Gewalttaten[60] wahr. Darüber hinaus ist die BSfSE nach **§ 124 Abs. 2 Nr. 3 SGB XIV** zuständig für die Aufgaben als Unterstützungsbehörde im Sinne des Art. 3 Abs. 1 RL 2004/80/EG, so dass sie entsprechende Koordinierungsaufgaben wahrnimmt. Wie die Rechtsverordnung im Sinne des Abs. 6 ausgestaltet sein wird, ist derzeit noch nicht absehbar.

D. Anhang

I. KOVVfG

38 **§ 3 KOVVfG [Örtliche Zuständigkeit]**

(1) Örtlich zuständig ist die Verwaltungsbehörde, in deren Bezirk der Antragsteller oder Berechtigte seinen Wohnsitz oder gewöhnlichen Aufenthalt hat.

(2) [1]Bei Anträgen Hinterbliebener auf erstmalige Bewilligung von Versorgungsbezügen ist der Wohnsitz oder gewöhnliche Aufenthalt der Witwe oder des Witwers maßgebend. [2]Ist eine Witwe oder ein Witwer nicht vorhanden, so tritt an deren Stelle die jüngste Waise. [3]Sind nur Eltern oder Großeltern vorhanden, so gilt Absatz 1; leben sie getrennt, so ist der Wohnsitz oder gewöhnliche Aufenthalt des Ehemannes oder geschiedenen Ehemannes maßgebend, sofern auch dieser anspruchsberechtigt ist. [4]Die Angehörigen Verschollener stehen Hinterbliebenen gleich.

(3) Bedarf es eines Antrages nicht, so tritt an die Stelle des Zeitpunktes der Antragstellung der Zeitpunkt der Einleitung des Verfahrens.

(4) [1]Ist nach den Absätzen 1 bis 3 eine Zuständigkeit nicht begründet, so bestimmt das Landesversorgungsamt die zuständige Verwaltungsbehörde. [2]Sind die Verwaltungsbehörden verschiedener Länder beteiligt, so entscheidet das Bundesministerium für Arbeit und Soziales.

(5) Die Zuständigkeit der Verwaltungsbehörden für Personen, die ihren Wohnsitz oder gewöhnlichen Aufenthalt außerhalb des Geltungsbereiches des Grundgesetzes haben, regelt das Bundesministerium für Arbeit und Soziales durch Rechtsverordnung mit Zustimmung des Bundesrates.

§ 4 KOVVfG [Zuständigkeit bei Verlegung des Wohnsitzes]

(1) [aufgehoben]

(2) Wird der Wohnsitz oder gewöhnliche Aufenthalt von einem Ort außerhalb des Geltungsbereiches des Grundgesetzes in dessen Geltungsbereich verlegt, so bleibt für die Festsetzung von Art, Höhe,

---

58 BGBl. 1991 I 1204.
59 BGBl. 2019 I 2652, 2724.
60 BGBl. 1996 II 1120 f.

Beginn und Ende von Versorgungsleistungen sowie für die Feststellung einer Überzahlung für die Zeit vor dem Wechsel des Wohnsitzes oder gewöhnlichen Aufenthaltes die bisherige Zuständigkeit bestehen.

II. OEG

§ 4 OEG Kostenträger 39

(1) Zur Gewährung der Versorgung ist das Land verpflichtet, in dem die berechtigte Person ihren Wohnsitz, bei Fehlen eines Wohnsitzes ihren gewöhnlichen Aufenthalt hat, soweit die Absätze 2 bis 8 in Verbindung mit § 6 Absatz 1 nichts Abweichendes regeln.

(2) [1]Für die Entscheidung über einen bis einschließlich 19. Dezember 2019 gestellten und nicht bestandskräftig beschiedenen Antrag auf Leistungen nach § 1 ist bis zum 30. Juni 2020 dasjenige Land zuständig und zur Gewährung der Versorgung verpflichtet, in dem die Schädigung eingetreten ist. [2]Ab dem 1. Juli 2020 ist für die Entscheidung dasjenige Land zuständig und zur Gewährung der Versorgung verpflichtet, in dem die berechtigte Person ihren Wohnsitz, bei Fehlen eines Wohnsitzes ihren gewöhnlichen Aufenthalt hat.

(3) [1]Für eine berechtigte Person, die am 19. Dezember 2019 bereits Leistungen nach § 1 erhält, und in den Fällen nach Absatz 2 Satz 1, in denen Leistungen nach § 1 gewährt werden, ist bis zum 31. Dezember 2020 das Land zur Gewährung der Versorgung verpflichtet, in dem die Schädigung eingetreten ist; dies gilt auch, wenn Anträge auf zusätzliche Leistungen gestellt werden. [2]Ab dem 1. Januar 2021 ist dasjenige Land zur Gewährung der Versorgung verpflichtet, in dem die leistungsberechtigte Person im Sinne des Satzes 1 ihren Wohnsitz, bei Fehlen eines Wohnsitzes ihren gewöhnlichen Aufenthalt hat.

(4) Sind in den Fällen des Absatzes 2 Satz 1 und des Absatzes 3 Satz 1 Feststellungen zu dem Ort der Schädigung nicht möglich, so ist das Land zur Gewährung der Versorgung verpflichtet, in dem der Geschädigte zur Tatzeit seinen Wohnsitz oder gewöhnlichen Aufenthalt hatte.

(5) [1]Haben berechtigte Personen ihren Wohnsitz oder gewöhnlichen Aufenthalt außerhalb des Geltungsbereiches dieses Gesetzes, ist das Land zur Gewährung der Versorgung verpflichtet, in dem die Schädigung eingetreten ist. [2]Abweichend von Satz 1 bleibt das nach den Absätzen 1 bis 4 bestimmte Land zur Gewährung der Versorgung verpflichtet, wenn der Wohnsitz, bei Fehlen eines Wohnsitzes der gewöhnliche Aufenthalt nach der Schädigung ins Ausland verlegt wird.

(6) [1]Wenn der Geschädigte zur Tatzeit seinen Wohnsitz oder gewöhnlichen Aufenthalt nicht im Geltungsbereich dieses Gesetzes hatte und eine Feststellung, in welchem Land die Schädigung eingetreten ist, nicht möglich ist, trägt der Bund die Kosten der Versorgung. [2]Das Gleiche gilt, wenn die Schädigung auf einem deutschen Schiff, einem deutschen Luftfahrzeug oder an einem Ort im Ausland eingetreten ist.

(7) [1]Der Bund trägt vierzig vom Hundert der Ausgaben, die den Ländern durch Geldleistungen nach diesem Gesetz entstehen. [2]Zu den Geldleistungen gehören nicht solche Geldbeträge, die zur Abgeltung oder an Stelle einer Sachleistung gezahlt werden. [3]Zur Vereinfachung der Abrechnung erstattet der Bund den Ländern in einem pauschalierten Verfahren jeweils 22 Prozent der ihnen nach Absatz 1 entstandenen Ausgaben. [4]Der Bund überprüft in einem Abstand von fünf Jahren, erstmals im Jahr 2014, die Voraussetzungen für die in Satz 3 genannte Quote.

(8) In den Fällen des § 3 Abs. 1 sind die Kosten, die durch das Hinzutreten der weiteren Schädigung verursacht werden, von dem Leistungsträger zu übernehmen, der für die Versorgung wegen der weiteren Schädigung zuständig ist.

III. IfSG

§ 66 IfSG Zahlungsverpflichteter 40

(1) ...

(2) Versorgung wegen eines Impfschadens nach den §§ 60 bis 63 ist zu gewähren

1. in den Fällen des § 60 Absatz 1
   a) von dem Land, in dem der Schaden verursacht worden ist oder,
   b) wenn die Schutzimpfung oder andere Maßnahme der spezifischen Prophylaxe aufgrund einer Rechtsverordnung nach § 20i Absatz 3 Satz 2 Nummer 1 Buchstabe a, auch in Verbindung mit Nummer 2, des Fünften Buches Sozialgesetzbuch im Ausland vorgenommen wurde, von dem Land, in dem der Geschädigte zum Zeitpunkt der Antragstellung seinen Wohnsitz oder seinen gewöhnlichen Aufenthalt hat oder, wenn im Zeitpunkt der Antragstellung ein Wohnsitz oder

gewöhnlicher Aufenthalt im Geltungsbereich dieses Gesetzes nicht vorhanden ist, von dem Land, in dem der Geschädigte zuletzt seinen Wohnsitz oder gewöhnlichen Aufenthalt gehabt hat oder in dem die Behörde oder die Einrichtung ihren Sitz hat, für die der Geschädigte oder dessen Angehöriger tätig ist oder war,

2. in den Fällen des § 60 Abs. 2
   a) von dem Land, in dem der Geschädigte bei Eintritt des Impfschadens im Geltungsbereich dieses Gesetzes seinen Wohnsitz oder gewöhnlichen Aufenthalt hat,
   b) wenn bei Eintritt des Schadens ein Wohnsitz oder gewöhnlicher Aufenthalt im Geltungsbereich dieses Gesetzes nicht vorhanden ist, von dem Land, in dem der Geschädigte zuletzt seinen Wohnsitz oder gewöhnlichen Aufenthalt gehabt hat oder
   c) bei minderjährigen Geschädigten, wenn die Wohnsitzvoraussetzungen der Buchstaben a oder b nicht gegeben sind, von dem Land, in dem der Elternteil oder Sorgeberechtigte des Geschädigten, mit dem der Geschädigte in häuslicher Gemeinschaft lebt, seinen Wohnsitz oder gewöhnlichen Aufenthalt im Geltungsbereich dieses Gesetzes hat oder, falls ein solcher Wohnsitz oder gewöhnlicher Aufenthalt nicht gegeben ist, zuletzt seinen Wohnsitz oder gewöhnlichen Aufenthalt gehabt hat,
3. in den Fällen des § 60 Abs. 3 von dem Land, in dem der Geschädigte seinen Wohnsitz oder gewöhnlichen Aufenthalt im Geltungsbereich dieses Gesetzes hat oder erstmalig nimmt. Die Zuständigkeit für bereits anerkannte Fälle bleibt unberührt.

(3) In den Fällen des § 63 Abs. 1 sind die Kosten, die durch das Hinzutreten der weiteren Schädigung verursacht werden, von dem Leistungsträger zu übernehmen, der für die Versorgung wegen der weiteren Schädigung zuständig ist.

IV. AuslZustV

41 **Verordnung über die Zuständigkeit der Verwaltungsbehörden der Kriegsopferversorgung für Berechtigte im Ausland (Auslandszuständigkeitsverordnung – AuslZustV)**

Vom 28. Mai 1991 (BGBl. I S. 1204)
(FNA 833-5)

Aufgrund des § 3 Abs. 5 des Gesetzes über das Verwaltungsverfahren der Kriegsopferversorgung in der Fassung der Bekanntmachung vom 6. Mai 1976 (BGBl. I S. 1169) verordnet der Bundesminister für Arbeit und Sozialordnung:

§ 1 [Zuständigkeit der Versorgungsämter]

(1) Die Versorgung der Opfer des Krieges, die ihren Wohnsitz oder gewöhnlichen Aufenthalt im Ausland haben, wird durchgeführt für Personen

a) in Dänemark, Finnland, Island, Norwegen und Schweden vom Versorgungsamt Schleswig,
b) in Belgien und in den Niederlanden vom Versorgungsamt Aachen,
c) in Luxemburg vom Versorgungsamt Trier,
d) in Andorra, Frankreich und Monaco vom Versorgungsamt Saarland,
e) in Portugal und Spanien vom Versorgungsamt Karlsruhe,
f) in Liechtenstein und in der Schweiz vom Versorgungsamt Freiburg – Außenstelle Radolfzell –,
g) in Griechenland, Italien, Österreich, San Marino und im Vatikan vom Versorgungsamt München I,
h) in Albanien, Jugoslawien und der Tschechoslowakei vom Versorgungsamt Fulda,
i) in Rumänien vom Versorgungsamt Gelsenkirchen,
k) in Ungarn vom Versorgungsamt Münster,
l) in dem Teil Polens, der nach dem Stande vom 31. Dezember 1937 zum Staatsgebiet des Deutschen Reiches gehört hat,
   wenn es sich um Beschädigte handelt, vom Versorgungsamt Münster,
   wenn es sich um Witwen, Witwer oder Waisen handelt, vom Versorgungsamt Gelsenkirchen,
   wenn es sich um Eltern handelt, vom Versorgungsamt Hamburg,
m) in Kanada, den USA, Lateinamerika und der Karibik vom Versorgungsamt Bremen,
n) in Großbritannien, Irland, Malta, der Türkei und dem übrigen außereuropäischen Ausland vom Versorgungsamt Hamburg,
o) im übrigen europäischen Ausland vom Versorgungsamt Ravensburg.

(2) Für die Durchführung des Vertrages vom 29. Mai 1962 zwischen der Bundesrepublik Deutschland und dem Spanischen Staat über Kriegsopferversorgung (Gesetz vom 31. März 1965 – BGBl. 1965 II

S. 273) ist das Versorgungsamt Karlsruhe auch dann zuständig, wenn der Antragsteller oder Versorgungsberechtigte seinen Wohnsitz oder gewöhnlichen Aufenthalt nicht in Spanien hat.

§ 2 [Zuständigkeit der orthopädischen Versorgungsstellen]

Für die Versorgung mit Hilfsmitteln und die Erbringung von Ersatzleistungen sind die orthopädischen Versorgungsstellen zuständig, in deren Zuständigkeitsbereich sich die in § 1 genannten Versorgungsämter befinden, für Versorgungsberechtigte im Zuständigkeitsbereich des Versorgungsamtes Ravensburg jedoch die Orthopädische Versorgungsstelle beim Versorgungsamt Stuttgart.

§ 3 [Zuständigkeit für Versorgungsberechtigte ohne gewöhnlichen Aufenthalt oder mehrfachen Wohnsitz]

[1]Für Versorgungsberechtigte, die im Ausland keinen gewöhnlichen Aufenthalt oder einen mehrfachen Wohnsitz in verschiedenen Staaten haben, bleibt das Versorgungsamt zuständig, das zuerst Versorgung nach den §§ 64 bis 64f des Bundesversorgungsgesetzes erbracht hat. [2]Ist das Verfahren noch nicht abgeschlossen, bleibt von den in § 1 aufgeführten Versorgungsämtern das Versorgungsamt zuständig, bei dem der Antrag auf Versorgung eingegangen ist.

§ 4 [Zuständigkeit für Hinterbliebenenversorgung]

(1) Haben die Hinterbliebenen oder einzelne von ihnen ihren Wohnsitz oder gewöhnlichen Aufenthalt im Ausland, so findet für die Entscheidung über den ursächlichen Zusammenhang des Todes oder der Verschollenheit mit schädigenden Einwirkungen im Sinne des § 1 des Bundesversorgungsgesetzes § 3 Abs. 2 des Gesetzes über das Verwaltungsverfahren der Kriegsopferversorgung entsprechende Anwendung.

(2) Befindet sich eine versorgungsberechtigte Waise, die ihren Wohnsitz oder gewöhnlichen Aufenthalt im Ausland bei ihrer Mutter oder ihrem Vater hat, vorübergehend zur Schul- oder Berufsausbildung im Inland, so ist während dieser Zeit das Versorgungsamt zuständig, in dessen Bezirk sich die Waise aufhält.

§ 5 [Zuständigkeit bei Gewährung der Heiratsabfindung]

Hat eine Hinterbliebene ihren Wohnsitz zum Zwecke der Eheschließung im Ausland begründet, so wird für die Gewährung der Abfindung nach § 44 des Bundesversorgungsgesetzes eine Zuständigkeit nach § 1 nur begründet, wenn zugleich der Wohnsitz versorgungsberechtigter Waisen in den gleichen Staat verlegt worden ist.

§ 6 [Wie Inländer behandelte Personen]

Für Personen, deren Aufenthalt im Ausland nur als vorübergehend anzusehen ist, bleibt das bisherige Versorgungsamt zuständig.

§ 7 [Inkrafttreten/Außerkrafttreten]

[1]Diese Verordnung tritt am 1. Mai 1991 in Kraft. [2]Gleichzeitig tritt die Verordnung über die Zuständigkeit der Verwaltungsbehörden der Kriegsopferversorgung für Berechtigte außerhalb des Geltungsbereichs des Grundgesetzes vom 9. Juni 1964 (BGBl. I S. 349), geändert durch die Verordnung vom 22. Dezember 1966 (BGBl. I S. 772), außer Kraft.

V. KOVVfGVwV

KOVVfGVwV zu § 3 42

Zu Absatz 1

1. Antragsteller ist derjenige, zu dessen Gunsten der Antrag gestellt wir, nicht sein Vertreter.

2. Für den Wohnsitz gelten die Vorschriften der §§ 7 bis 11 des Bürgerlichen Gesetzbuches, § 88 des Soldatengesetzes ist zu beachten. Gewöhnlicher Aufenthalt besteht an dem Ort, der für nicht nur vorübergehende Zeit Mittelpunkt der Lebensbeziehungen einer Person ist, ohne dass es auf den Willen zur ständigen Niederlassung ankommt.

3. Die bisherige Zuständigkeit bleibt im Falle des Todes (der Verschollenheit) des Antragstellers und des Eintritts der Erben in das Verfahren bestehen. Über Anträge auf Bewilligung von Sterbegeld und von Bestattungsgeld entscheidet die Verwaltungsbehörde, die für den Verstorbenen zuständig ist.

Zu Absatz 2

4. Die Vorschrift soll sicherstellen, dass die Frage, ob der Tod oder die Verschollenheit Folge einer Schädigung ist, bei den Angehörigen desselben Verstorbenen oder Verschollenen einheitlich beurteilt wird; sie ist anzuwenden, wenn über den Antrag der betreffenden Hinterbliebenen erstmalig entschie-

den wird. Zu den Hinterbliebenen ist auch eine anspruchsberechtigte frühere Ehefrau (§ 42 des Bundesversorgungsgesetzes) zu rechnen. Wegen der Feststellung der Höhe der Rente ist, wenn notwendig, das Versorgungsamt des Wohnsitzes oder gewöhnlichen Aufenthaltes zur Ermittlung der wirtschaftlichen Verhältnisse des Antragstellers zu beteiligen.

5. Sind im Falle eines Antrages auf Elternrente mehrere versorgungsberechtigte Witwen verstorbener oder verschollener Söhne vorhanden, so richtet sich die Zuständigkeit nach der Witwe des jüngsten Sohnes. Ist neben Eltern oder Großeltern nur eine frühere Ehefrau (§ 42 des Bundesversorgungsgesetzes) vorhanden, so richtet sich die Zuständigkeit nach deren Wohnsitz. will das zuständige Versorgungsamt von der Entscheidung anderer Versorgungsämter über den ursächlichen Zusammenhang des Todes oder der Verschollenheit der anderen Söhne mit schädigenden Einwirkungen im Sinne des § 1 Bundesversorgungsgesetzes abweichen, so ist es gehalten, die Zustimmung des Landesversorgungsamtes einzuholen. Erfährt eine Verwaltungsbehörde, dass eine andere Verwaltungsbehörde nach demselben Verstorbenen oder Verschollenen Versorgungsbezüge an Hinterbliebene oder Angehörige zahlt, so haben sich die Verwaltungsbehörden über Beginn und Ende der Leistungsgewährung zu unterrichten.

6. Die Zuständigkeit des Versorgungsamtes richtet sich auch dann nach dem jeweiligen Wohnsitz der Witwe, wenn sie eine neue Ehe eingegangen ist.

7. Grundsätzlich sind die Akten nach Eintritt der Bindung des Bescheides an das gemäß § 3 Abs. 1 zuständige Versorgungsamt zurückzugeben, das dann die Zahlung zu überweisen hat. Wird gegen einen Widerspruchsbescheid Klage erhoben, so ist dem nach § 3 Abs. 1 zuständigen Versorgungsamt vor Abgabe der Akten an das Gericht zur Übernahme der Zahlung ein Auszug aus den Versorgungsakten und der Rechnung zu übersenden. Entsprechendes gilt im Falle des § 3 abs. 2 Satz 3 zweiter Halbsatz des Gesetzes. Ein Ehemann ist erst als anspruchsberechtigt anzusehen, wenn er ebenfalls einen Antrag gestellt hat.

8. Sind nach der erstmaligen Bewilligung mehrere Versorgungsämter, so haben sie sich vor jeder weiteren Bewilligung oder Neufeststellung von Versorgungsbezügen zu verständigen.

Zu Absatz 3

9. Im Sinne dieser Vorschrift ist ein Verfahren eingeleitet, sobald eine entsprechende schriftliche Anordnung oder Aktenverfügung getroffen worden ist.

KOVVfGVwV zu § 4
(überholt)

§ 114 Aufgaben des Bundesministeriums für Arbeit und Soziales

(1) Das Bundesministerium für Arbeit und Soziales wirkt auf die bundeseinheitliche Durchführung dieses Buches durch geeignete Maßnahmen hin.

(2) Das Bundesministerium für Arbeit und Soziales nimmt die Aufgaben der zentralen Kontaktstelle im Sinne des Artikels 16 der Richtlinie 2004/80/EG wahr.

A. Gesetzesgeschichte

1 Mit der Reform des Sozialen Entschädigungsrechts und der Einführung des SGB XIV kommen auf den Bund und die Länder als TdSE nach **§§ 111, 112** neue rechtliche, strukturelle und organisatorische Herausforderungen zu. Wie auch in anderen Rechtsbereichen ergibt sich nach der Ansicht des Gesetzgebers insbesondere in der ersten Zeit der Anwendung und Umsetzung des neuen Rechts die Notwendigkeit einer verstärkten Koordinierung zwischen dem Bund und den Ländern.[1] Die Aufgabe des BMAS, nach **Abs. 1** auf eine bundeseinheitliche Durchführung des SER durch geeignete Maßnahmen hinzuwirken, ist nicht neu, auch wenn im bisherigen SER keine entsprechende ausdrückliche Regelung zu finden ist. Der Regelungsinhalt des Abs. 1 hat eher einen deklaratorischen Charakter. Die Norm ist **eine Folge der Begründung der Gesetzgebungskompetenz** des Bundes. In der Gesetzesbegründung zum G-SER wird zur Gesetzgebungskompetenz ausgeführt, dass diese sich aus **Art. 73 Abs. 1 Nr. 13**

1 Ua BT-Drs. 19/13824, 223 zur Einführung der neuen BfSE.

bzw. Art. 74 Abs. 1 Nr. 7 GG ergebe. Eine bundeseinheitliche Regelung zur Wahrung der Rechtseinheit sei notwendig.[2] Das SGB XIV soll eine möglichst einheitliche Leistungserbringung aller Träger der Sozialen Entschädigung für das gesamte Bundesgebiet gewährleisten, um Ungleichbehandlungen der Berechtigten zu vermeiden (vertiefend → § 111 Rn. 2).[3] Konkret führt der Gesetzgeber aus, dass die Regelung im Interesse der Betroffenen geschaffen worden sei.[4] In der Vergangenheit hat das BMAS insbesondere durch den Erlass von Rundschreiben zu den verschiedenen Leistungsbereichen des SER steuernd auf eine weitgehend einheitliche Rechtsanwendung in den Ländern hingewirkt.[5] Da zum neuen Recht zunächst noch keine Rechtsprechung der zuständigen Instanzgerichte und insbesondere des BSG zu wichtigen Problemstellungen des SGB XIV vorliegt, die bei der Rechtsanwendung durch die TdSE eine hinreichende Orientierungs- und Auslegungshilfe bietet, kommt der Koordinierungsfunktion des BMAS wesentliche Bedeutung zu.

Darüber hinaus wird dem BMAS nach **Abs. 2** die Funktion als **zentrale Kontaktstelle** 2
im Sinne des Art. 16 RL 2004/80/EG übertragen.[6] Diese wichtige supranationale Funktion wurde dem BMAS schon in der Vergangenheit übertragen. Nach **§ 6a Abs. 2 OEG** ist das BMAS bereits als zentrale Kontaktstelle vorgesehen. Die Norm tritt nach Art. 60 Abs. 7 G-SER vom 12.12.2019 zum 1.1.2024 in Kraft.

B. Normsystematik

Der **Wortlaut des Abs. 1 und die systematische Stellung** der Regelung verdeutlichen, 3
dass das BMAS bei der Durchführung und Anwendung des SGB XIV insbesondere eine **koordinierende Funktion** hat. Eine unmittelbare fachliche Weisungsbefugnis des BMAS gegenüber den TdSE kann aus der Regelung nicht abgeleitet werden. Nach verbreiteter Auffassung vollziehen die Länder das SER als eigene Angelegenheit nach Art. 84 GG und nicht im Auftrag des Bundes nach Art. 85 GG (→ § 112 Rn. 3) und sind damit auch in der fachlichen Anwendung des Rechts eigenständig.[7] Wie das BMAS die koordinierende Funktion gegenüber den TdSE ausfüllt, ist nicht näher geregelt, sodass dem BMAS grundsätzlich ein umfassender Gestaltungsspielraum hinsichtlich der Art und Weise sowie der Intensität der Koordinierungsmaßnahmen offensteht. Der Gesetzgeber verweist das BMAS lediglich hinsichtlich der Handlungsabwägung auf **geeignete Maßnahmen**. Was regelmäßig unter geeigneten Maßnahmen zu verstehen ist, lässt sich der Gesetzesbegründung nicht entnehmen.[8] Wichtige Instrumente und damit geeignete Maßnahmen im Sinne des Abs. 1 sind die **Ermächtigungsgrundlagen**, aufgrund derer das BMAS in bestimmten Leistungsbereichen durch Rechtsverordnungen nähere Regelungen mit Zustimmung des Bundesrates erlassen kann (zB §§ 38, 40, 91, 109 und 113 Abs. 6 SGB XIV). Um eine effektive Umsetzung zu gewährleisten, sind die Ermächtigungsgrundlagen für den Erlass von Rechtsverordnungen nach Art. 60 Abs. 3 Nr. 1 G-SER bereits am Tag nach der Verkündung (20.12.2019) in Kraft getreten.[9] Damit kann das BMAS die vereinheitlichenden Anwendungsgrundsätze in Abstimmung mit den Ländern als TdSE bereits vor dem

2 BT-Drs. 19/13824, 151.
3 BT-Drs. 19/13824, 151.
4 BT-Drs. 19/13824, 220.
5 Übersicht über alle Rundschreiben des BMAS unter www.bmas.de/DE/Themen/Soziale-Sicherung/Soziale-Entschädigung/Rundschreiben/rundschreiben.html.
6 BT-Drs. 19/18324, 220.
7 So wohl die hM ua BSG Urt. v. 11.12.2008 – B 9 VS 1/08 R, BSGE 102, 149, 154; LSG NRW Urt. v. 11.3.2008 – L 6 V 28/07; Übersicht BVerfG Beschl. v. 17.4.2013 – 2 BvL 20/08; dazu auch Knickrehm/Mushoff/Schmidt Neues SozEntschR Rn. 392.
8 BT-Drs. 19/13824, 220.
9 BGBl. 2019 I 2652, 2724.

umfassenden Inkrafttreten des SGB XIV erlassen.[10] Darüber hinaus steht dem BMAS, wie bisher, die Möglichkeit offen, durch den **Erlass von Rundschreiben** auf die einheitliche Anwendung steuernd einzuwirken.

C. Einzelkommentierung

4 Die Regelung des Abs. 1 steht in einem engen Verhältnis zu den **§§ 123, 124.** Um die Aufgaben des Bundes auf dem Gebiet des SER hinreichend wahrnehmen zu können, erhält das BMAS **Unterstützung** durch eine neu einzurichtende **„Bundesstelle für Soziale Entschädigung“** (**BfSE**). Die konkreten Aufgaben der BfSE ergeben sich aus § 124 (näher → § 124 Rn. 9 ff.). Das BMAS hat nach § 123 S. 2 die Fachaufsicht[11] über die BfSE. Insbesondere die Unterstützung des BMAS durch die BfSE nach § 124 Abs. 4 als Kompetenzzentrum zur Qualitätssicherung und zur bundeseinheitlichen Durchführung des SER sind als weitere geeignete Maßnahmen in diesem Zusammenhang vorgesehen (→ § 124 Rn. 18).

5 Nach **Abs. 2** übernimmt das BMAS die wichtige Funktion der **zentralen Kontaktstelle** in Deutschland im Sinne des **Art. 16 RL 2004/80/EG**. Diese Funktion hat das BMAS bereits in der Vergangenheit nach **§ 6a Abs. 2 OEG** wahrgenommen. Aus den Erwägungsgründen 6 und 7 zur RL 2004/80/EG ergibt sich, dass Opfer von Straftaten in der EU unabhängig davon, an welchem Ort innerhalb der EU die Straftat begangen wurde, einen Anspruch auf eine gerechte und angemessene Entschädigung für die ihnen zugefügten Schädigungen haben sollen. Es soll ein System der Zusammenarbeit eingeführt werden, damit Opfer von Straftaten in grenzüberschreitenden Fällen leichter Zugang zur Entschädigung erhalten. Aus dem Erwägungsgrund 12 zur RL 2004/80/EG ergibt sich, dass das Entschädigungssystem dazu beitragen soll, dass die in grenzüberschreitenden Fällen auftretenden praktischen und sprachlichen Probleme leichter bewältigt werden können. In diesem Zusammenhang sind die Mitgliedstaaten verpflichtet, nach **Art. 3 Abs. 1 RL 2004/80/EG** u.a. mindestens eine **„Unterstützungsbehörde“** zu benennen. Nach § 6a Abs. 2 OEG sind auch die Aufgaben der Unterstützungsbehörde noch dem BMAS zugewiesen. Diese Funktion wird zukünftig nach § 123 iVm 124 Abs. 2 Nr. 3 die BfSE unter Fachaufsicht des BMAS übernehmen (→ § 124 Rn. 12). Da die administrativen Aufgaben der Unterstützungsbehörde nach der RL 2004/80/EG weitgehend keine originären ministeriellen Tätigkeiten umfassen, ist es nachvollziehbar, dass diese Aufgaben anders verteilt werden.[12] Nach Art. 16 RL 2004/80/EG sollen die Mitgliedstaaten aber auch eine zentrale Kontaktstelle benennen.

6 Eine Aufgabe der zentralen Kontaktstelle ist nach **Art. 16 S. 1 lit. a iVm Art. 13 Abs. 2 RL 2004/80/EG** die Mitwirkung bei der Übermittlung von aktuellen Informationen und Zuarbeiten für ein Handbuch an die Europäische Kommission. Die Europäische Kommission hat auf der Grundlage der Informationen und Zuarbeiten aus den einzelnen Mitgliedsländern zu den jeweils geltenden nationalen Entschädigungsregelungen und zur Antragstellung ein Handbuch im Internet veröffentlicht.[13] Dieses Handbuch muss regelmäßig aktualisiert und überarbeitet werden und das BMAS ist insoweit der zentrale Ansprechpartner für Deutschland. Im April 2006 hat die Europäische Kommission in diesem Zusammenhang einen Beschluss zur Einführung von Standardformularen für die Übermittlung von Anträgen und Entscheidungen gemäß der RL 2004/80/EG zur Entschädigung der Opfer von Straftaten gefasst.[14] Das BMAS

10 BT-Drs. 19/13824, 277.
11 Aufsicht über die Recht- und Zweckmäßigkeit des Verwaltungshandelns der BfSE.
12 Dazu BT-Drs. 19/13824, 223.
13 Siehe http://e-justice.europa.eu/content_if_my_claim_is_to_considered_in_this_country-491-de.do.
14 Beschluss der Kommission 2006/337/EG – Abl. L 125 v. 12.5.2006, 25 f.

muss als zentrale Kontaktstelle darüber hinaus in grenzüberschreitenden Fällen nach **Art. 16 S. 1 lit. b RL 2004/80/EG** eine enge Zusammenarbeit und den Informationsaustausch zwischen den Unterstützungsbehörden (Art. 3 Abs. 1 RL 2004/80/EG – zukünftig BfSE) und den Entscheidungsbehörden (Art. 3 Abs. 2 RL 2004/80/EG – die TdSE nach §§ 111–113) fördern. Bereits im April 2009 hatte die Europäische Kommission einen Bericht über die Anwendung der RL 2004/80/EG vorgelegt.[15] Hiervon sind insbesondere Aufsichtsfunktionen erfasst. Auch deshalb obliegt dem BMAS nach § 123 S. 2 die Fachaufsicht über die BfSE. Um einen stetigen Austausch zu gewährleisten und in diesem Zusammenhang Problemlagen und Schwierigkeiten bei grenzüberschreitenden Verfahren herauszufinden bzw. zu erkennen und entsprechend zu überwinden, sind nach **Art. 16 S. 2 RL 2004/80/EG** regelmäßig Zusammenkünfte von Vertretern der zentralen Kontaktstellen vorgesehen. Mit diesen Aufgaben eng verknüpft sind die Tätigkeiten nach **Art. 16 S. 1 lit. c RL 2004/80/EG,** wonach die zentrale Kontaktstelle die Lösung von Problemen bei der Anwendung der RL 2004/80/EG unterstützen bzw. Lösungen eigenständig erarbeiten soll. Hier ist eine enge und intensive Zusammenarbeit des BMAS als Fachaufsicht mit der BfSE erforderlich. Die BfSE muss als Unterstützungsbehörde einen Großteil der RL 2004/80/EG umsetzen (→ § 124 Rn. 13).[16] Ergänzt werden die Aufgaben durch die Vorgaben der **Richtlinie 2012/29/EU** über Mindeststandards für die Rechte, die Unterstützung und den Schutz von Opfern von Straftaten sowie zur Ersetzung des Rahmenbeschlusses 2001/220/JI.[17]

D. Anhang

I. OEG

§ 6a OEG Zuständigkeiten des Bundesministeriums für Arbeit und Soziales 7

(1) Das Bundesministerium für Arbeit und Soziales nimmt die Aufgaben der zentralen Behörde im Sinne des Artikels 12 Satz 2 des Europäischen Übereinkommens vom 24. November 1983 über die Entschädigung für Opfer von Gewalttaten (BGBl. 1996 II S. 1120) wahr.

(2) Das Bundesministerium für Arbeit und Soziales nimmt ferner die Aufgaben der Unterstützungsbehörde im Sinne des Artikels 3 Abs. 1 und der zentralen Kontaktstelle im Sinne des Artikels 16 der Richtlinie 2004/80/EG des Rates vom 29. April 2004 zur Entschädigung der Opfer von Straftaten (ABl. EU Nr. L 261 S. 15) wahr.

II. 2004/80/EG

Richtlinie 2004/80/EG des Rates vom 29.04.2004 zur Entschädigung der Opfer von Straftaten 8

Art. 16 Zentrale Kontaktstellen

Die Mitgliedstaaten benennen eine zentrale Kontaktstelle zum Zweck der

a) Unterstützung bei der Durchführung von Artikel 13 Absatz 2;
b) Förderung einer engen Zusammenarbeit und des Informationsaustauschs zwischen den Unterstützungs- und den Entscheidungsbehörden der Mitgliedstaaten und
c) Unterstützung und Erarbeitung von Lösungen für Probleme, die möglicherweise bei der Anwendung der Artikel 1 bis 10 auftreten.

Die Vertreter der Kontaktstellen kommen regelmäßig zusammen.

Abschnitt 2 Verfahren zur Prüfung des Leistungsanspruchs

§ 115 Erleichtertes Verfahren bei Leistungen der Schnellen Hilfen

(1) Leistungen der Schnellen Hilfen werden in der Regel im Erleichterten Verfahren erbracht.

---

15 COM(2009) 170; unter https://db.eurcrim.org/db/de/doc/1092.pdf.
16 Dazu BT-Drs. 19/13824, 223.
17 ABl. L 315 v. 14.11.2012, 57 ff.

(2) [1]Im Erleichterten Verfahren genügt es, wenn eine summarische Prüfung ergibt, dass die antragstellende Person nach dem Recht der Sozialen Entschädigung anspruchsberechtigt sein kann. [2]Dabei ist der im Antrag dargelegte Sachverhalt als wahr zu unterstellen, wenn nicht dessen Unrichtigkeit offensichtlich ist.

(3) Im Erleichterten Verfahren wird weder eine Feststellung über die Richtigkeit oder Unrichtigkeit des von der antragstellenden Person vorgetragenen Sachverhaltes noch über das Bestehen oder Nichtbestehen weiterer, über die Schnellen Hilfen hinausgehende Ansprüche getroffen.

A. Gesetzesgeschichte

1 Im **bisherigen SER** gibt es keine dem § 115 SGB XIV vergleichbare Regelung für ein erleichtertes Verfahren, um unter besonderer Berücksichtigung des Beschleunigungsgrundsatzes **schnell und unbürokratisch Leistungen der Schnellen Hilfen** erbringen zu können.[1] Besondere Verfahrensregelungen für das SER ergeben sich bisher aus dem Gesetz über das Verwaltungsverfahren der Kriegsopferversorgung (KOVVfG).[2] Das **KOVVfG** gilt nach **§ 68 Nr. 8 SGB I als besonderer Teil des Sozialgesetzbuches**. Auf der Grundlage des in **§ 37 S. 1 SGB I** enthaltenen Vorbehalts abweichender spezialgesetzlicher Regelungen werden die allgemeinen Verfahrensvorschriften **des SGB I und des SGB X** insoweit verdrängt.[3] Nach § 6 Abs. 3 OEG ist die entsprechende Anwendung des KOVVfG, mit Ausnahme der §§ 3–5 KOVVfG, auch für die Opfer von Gewalttaten vorgesehen. Durch Art. 58 Nr. 12 des Gesetzes zur Reform des Sozialen Entschädigungsrechts vom 12.12.2019 wird das KOVVfG zum 1.1.2024 aufgehoben.[4]

2 Die Regelung des § 115 SGB XIV bezieht sich ohne Ausnahme lediglich auf den neuen Leistungskomplex der Schnellen Hilfen nach §§ 29 ff. SGB XIV in Form des **Fallmanagements** (**§ 30 SGB XIV**) und der **Traumaambulanzen** (**§§ 31 ff. SGB XIV**). Vor dem teilweisen Inkrafttreten der Leistungen der Schnellen Hilfen in Form der **Traumaambulanzen zum 1.1.2021** (→ § 31 Rn. 1 ff.) gab es im SER auch keine vergleichbare Leistung, die durch die Versorgungsverwaltungen der Länder verpflichtend vorgehalten werden musste.[5] Deshalb bestand aus Sicht des Gesetzgebers wohl bislang auch keine Notwendigkeit für eine entsprechende Verfahrensregelung. Auf der Grundlage des **Art. 60 Abs. 5 G-SER** vom 12.12.2019 ist die Regelung des § 115 SGB XIV bereits zum **1.1.2021** in Kraft getreten.[6] Dies ist folgerichtig, da die **Schnellen Hilfen** als nied-

1 BT-Drs. 19/13824, 220.
2 Dazu vertiefend und weiterführend die Kommentierungen HK-SozEntschR/Knörr KOVVfG §§ 1 ff.
3 HK-SozEntschR/Knörr KOVVfG § 1 Rn. 3; KassKomm/Spellbrink SGB I § 37 Rn. 4; BSG Urt. v. 11.12.2008 – B 9 VS 1/08 R, BSGE 102, 149.
4 BGBl. 2019 I 2652, 2724.
5 In verschiedenen Ländern (ua NRW) gab es aber bereits Pilotprojekte in Bezug auf die Behandlungen in Traumaambulanzen bzw. der zusätzlichen Betreuung der Opfer von Gewalttaten durch Fallmanager.
6 BGBl. 2019 I 2652, 2724.

rigschwelliges Angebot den berechtigten Personen zur Verfügung gestellt werden sollen.[7] Dies betrifft aber nur den Leistungsbereich der Traumaambulanzen. Für Gewalttaten zwischen dem 1.1.2021 und dem 31.12.2023 erhalten die berechtigten Personen eine Traumabehandlung unter den Voraussetzungen des § 138 Abs. 7 SGB XIV iVm den Voraussetzungen des OEG (→ § 138 Rn. 40 ff.). **Leistungen des Fallmanagements** fallen erst ab dem 1.1.2024 in den Anwendungsbereich des § 115 SGB XIV (→ § 30 Rn. 1 ff.).

Die Erfahrungen aus den **Terroranschlägen** der vergangenen Jahre haben gezeigt, dass 3 die Leistungen des SER insbesondere nicht mehr hinreichend an den Bedarfen der Opfer von Gewalttaten orientiert sind. In seinem **Abschlussbericht zum Terroranschlag auf den Breitscheidplatz** in Berlin wies der Opferbeauftragte des Bundes ua darauf hin, dass der flächendeckende Ausbau der Traumaambulanzen als Regelangebot der Opferentschädigung und das Angebot weiterer Schneller Hilfen, insbesondere die Einführung eines Fallmanagements, sich positiv auswirken würden.[8] Es war bereits zu Beginn der Reformüberlegung des BMAS das Ziel, mit einer verpflichtenden gesetzlichen Grundlage für Traumaambulanzen und einem niedrigschwelligen Verfahren für die neuen Leistungen der Schnellen Hilfen zu erreichen, dass mehr Betroffene die Leistungen der Sozialen Entschädigung in Anspruch nehmen.[9] Im Referentenentwurf führte das BMAS aus, dass die Soforthilfen nur greifen könnten, wenn sie schnell zur Verfügung stünden und schnell in Anspruch genommen werden könnten. Deshalb sei für sie ein stark vereinfachtes und erleichtertes Antragsverfahren vorgesehen.[10] In § 113 des Ref-E SGB XIV war vor diesem Hintergrund bereits eine vergleichbare Regelung für ein vereinfachtes Verfahren vorgesehen.[11]

Ursprünglich war im **Regierungsentwurf noch ein Abs. 4** vorgesehen. Dieser enthielt 4 eine Regelung, wonach die Entscheidungen zur Erbringung von Schnellen Hilfen unter dem **Vorbehalt des Widerrufs** ergehen sollten.[12] Zur Begründung der Notwendigkeit des Widerrufsvorbehalts wurde ausgeführt, dass hierdurch den zuständigen Behörden ermöglicht werde, den im Erleichterten Verfahren erlassenen Verwaltungsakt zu widerrufen, wenn die reguläre, im Anschluss an das Erleichterte Verfahren erfolgende weitere Prüfung ergäbe, dass die antragstellende Person keinen Leistungsanspruch nach diesem Buch habe. Ab dem Zeitpunkt des Wirksamwerdens des Widerrufs bestehe für die Zukunft kein Anspruch mehr auf die Leistungen der Schnellen Hilfen.[13] In den Beschlussempfehlungen des Ausschusses für Arbeit und Soziales des Bundesrates wurde im Laufe des Gesetzgebungsverfahrens eine Streichung des Abs. 4 vorgeschlagen.[14] Zur Begründung wurde lediglich ausgeführt, dass die Vorschrift nicht erforderlich sei.[15] Bereits unter Berücksichtigung des **§ 116 Abs. 2 S. 2 SGB XIV** war der in Abs. 4 angeordnete **Widerrufsvorbehalt verzichtbar**. Denn wenn die weitere Prüfung nach § 116 SGB XIV ergibt, dass keine Leistungsansprüche des SER bestehen, dann wird der Antrag abgelehnt und der Verwaltungsakt, der zuvor im Erleichterten Verfahren ergangen ist, wird mit Wirkung für die Zukunft widerrufen (→ § 116 Rn. 10 f.). Wäre für eine Entscheidung im Rahmen des § 115 SGB XIV die notwendige Aufnahme eines Widerrufsvorbehalts als Nebenbestimmung – wie ursprünglich in

7 BT-Drs. 19/13824, 2.
8 Abschlussbericht des Bundesopferbeauftragten, November 2017, 21, abrufbar unter www.bmjv.de.
9 Zum Ersten Arbeitsentwurf des BMAS ua Röhl SozRaktuell Sonderheft 2017, 43, 46; zum Referentenentwurf des BMAS siehe www.bmas.de.
10 S. 117 des RefE des BMAS, unter www.bmas.de.
11 S. 55 des RefE des BMAS, unter www.bmas.de.
12 BT-Drs. 19/13824, 65.
13 BT-Drs. 19/13824, 220.
14 BT-Drs. 19/14870, 10.
15 BT-Drs. 19/14870, 34.

Abs. 4 des Regierungsentwurfs vorgesehen – vom Gesetzgeber übernommen worden, so hätten sich in der Anwendung durch die TdSE mitunter **unnötige Verzögerungen** ergeben. Grundsätzlich kann ein VA nach **§§ 9, 33 Abs. 2 S. 1 SGB X formfrei**, dh auch **mündlich oder in „anderer Weise" (zB durch konkludentes Handeln)** erlassen werden.[16] Durch die Nebenbestimmung eines Widerrufsvorbehalts wäre aufgrund der bestehenden Bestimmtheitsgebote regelmäßig der Erlass eines schriftlichen VA durch die TdSE erforderlich geworden. Insbesondere die Leistungen der Traumaambulanzen als „besondere und schnelle Leistung der Krankenbehandlung" stellt eine Sachleistung dar. Vor diesem Hintergrund ist eine Erstattung der Leistung, wenn sie in der Vergangenheit zu Unrecht erbracht worden wäre, nicht möglich.

5 **Außerhalb des SGB XIV** wird es zukünftig auch besondere Schutzgesetze des SER geben. So werden ua das Strafrechtliche Rehabilitierungsgesetz (**StrRehaG**) bzw. das Verwaltungsrechtliche Rehabilitierungsgesetz (**VwRehaG**) weiterhin Bestand haben. Diese Gesetze nehmen zukünftig Bezug auf das SGB XIV. So wird ua in **§ 25 Abs. 4 S. 2 StrRehaG** geregelt, dass sich das Verfahren für die Gewährung von Leistungen nach §§ 21 und 22 StrRehaG grundsätzlich nach dem SGB I und SGB X richtet und die §§ 115 bis 119 SGB XIV werden für entsprechend anwendbar erklärt.[17] Eine vergleichbare Bezugnahme findet sich zukünftig in **§ 12 Abs. 4 S. 3 VwRehaG.**[18] Diese Änderungen werden nach Art. 60 Abs. 7 G-SER am **1.1.2024** in Kraft treten.[19]

B. Normsystematik

6 Mit den **Leistungen der Schnellen Hilfen** im Sinne der §§ 29 ff. SGB XIV in Form von Fallmanagement und Traumaambulanzen sollen berechtigte Personen **unbürokratisch und erforderlichenfalls unmittelbar nach dem schädigenden Ereignis** Hilfe erhalten. Eine genaue Sachverhaltsermittlung und detaillierte Anspruchsprüfung seitens der zuständigen Behörde würde zu Verzögerungen führen, die die mit den Schnellen Hilfen verfolgten Ziele konterkarieren können. Daher soll die zügige Inanspruchnahme Schneller Hilfen durch ein Erleichtertes Verfahren ermöglicht werden.[20]

Nach den Ausführungen in der Gesetzesbegründung soll durch **Abs. 1** klargestellt werden, dass Leistungen der Schnellen Hilfen **im Regelfall** im Erleichterten Verfahren erbracht werden. Nur in einfach gelagerten, **eindeutigen Ausnahmefällen**, in denen ohne zeitliche Verzögerung insgesamt über die in Frage kommenden Ansprüche der Sozialen Entschädigung entschieden werden kann, soll im regulären Verfahren auch über die Leistungen der Schnellen Hilfen entschieden werden.[21]

7 Im Erleichterten Verfahren wird nach **Abs. 2** der vorgetragene Sachverhalt – sofern nicht offensichtlich unrichtig – als wahr unterstellt und das Bestehen von Ansprüchen nur **summarisch geprüft**. Ergibt die summarische Prüfung, dass die antragstellende Person **Leistungsansprüche** nach diesem Buch haben kann, hat sie einen Anspruch auf Leistungen der Schnellen Hilfen.

Abs. 3 dient nach den Ausführungen des Gesetzgebers ebenfalls der Klarstellung. Das Erleichterte Verfahren betrifft **ausschließlich den Anspruch auf Schnelle Hilfen,** es

16 Ua KassKomm/Mutschler SGB X § 33 Rn. 19 ff. mwN; Schütze/Engelmann SGB X § 33 Rn. 33 ff. mwN.
17 Siehe Art. 12 Nr. 5 a) bb) G-SER vom 12.12.2019 – BGBl. 2019 I 2652, 2696.
18 Siehe Art. 13 Nr. 5 b) G-SER vom 12.12.2019 – BGBl. 2019 I 2652, 2697.
19 BGBl. 2019 I 2652, 2724.
20 BT-Drs. 19/13824, 220.
21 BT-Drs. 19/13824, 220; dazu Knickrehm/Mushoff/Schmidt Neues SozEntschR Rn. 398.

werden keine darüber hinausgehenden Feststellungen zu anderen Leistungsansprüchen getroffen.[22]

C. Einzelkommentierung

I. Abs. 1 und Abs. 2 – Regelfall Erleichtertes Verfahren

Die Leistungen der **Schnellen Hilfen** im Sinne der §§ 29 ff. SGB XIV (Fallmanagement und Traumaambulanzen) sollen **in der Regel im Erleichterten Verfahren** erbracht werden. Die ebenfalls in Kapitel 4 geregelten **Kooperationsvereinbarungen** stellen hingegen **keine Leistung der Schnellen Hilfe** dar. Es wäre jedoch möglich, zu vereinbaren, dass die Leistungen, die Gegenstand der Kooperationsvereinbarungen sind, ebenfalls zügig und niedrigschwellig erbracht werden, noch vor einer Entscheidung über den Antrag auf Leistungen nach dem SGB XIV.[23] Welche Verfahrenserleichterungen für die antragstellenden Personen und welche Feststellungsbeschränkungen in diesem Zusammenhang vorgesehen sind, ergibt sich im Wesentlichen aus **Abs. 2 und Abs. 3**. Die Implementierung des Erleichterten Verfahrens für die Leistungen der Schnellen Hilfen ist eine nach **§ 37 S. 1 SGB I** zulässig Abweichung von den Verfahrensgrundsätzen des SGB I und des SGB X. Insbesondere wird der nach **§ 20 SGB X geltende Untersuchungsgrundsatz modifiziert**. Dieser verpflichtet die Behörde grundsätzlich, den Sachverhalt umfassend und unabhängig vom Vorbringen der Beteiligten zu ermitteln.[24] Die Pflicht, den Sachverhalt so weit wie notwendig und möglich zu ermitteln, geht grundsätzlich der einfachen Gestaltung des Verwaltungsverfahrens und dem Beschleunigungsgebot nach § 17 Abs. 1 Nr. 1 SGB I vor. Bestehen hinsichtlich Dauer oder Höhe einer Leistung noch Zweifel, kommen regelmäßig Vorschüsse im Sinne des § 42 SGB I oder vorläufige Leistungen nach § 43 SGB I in Betracht.[25] Da es sich bei den Leistungen der Schnellen Hilfen um Sachleistungen und nicht um Geldleistungen handelt, hat der Gesetzgeber abweichend hiervon einen anderen Weg zur Verfahrensbeschleunigung gewählt. 8

Nach Abs. 2 S. 1 genügt es, wenn eine **summarische Prüfung** ergibt, dass die antragstellende Person nach dem Recht der Sozialen Entschädigung **anspruchsberechtigt sein kann**. Dabei ist im Rahmen des **Abs. 2 S. 2** der im Antrag dargelegte **Sachverhalt als wahr zu unterstellen**, wenn nicht dessen **Unrichtigkeit offensichtlich** ist. Ergibt die summarische Prüfung auf der Grundlage des als wahr zu unterstellenden Sachverhalts, dass die antragstellende Person Leistungsansprüche nach dem SGB XIV haben kann, dann hat sie einen Anspruch auf Leistungen der Schnellen Hilfen.[26] Es genügt nicht, dass die Sachverhaltsdarstellung unrichtig ist, sondern diese muss offensichtlich falsch sein. Nur hierdurch kann die Entscheidung zur Gewährung der Leistungen im Erleichterten Verfahren ausgeschlossen werden.[27] Eine Beschränkung der Überprüfbarkeit auf offensichtliche Unrichtigkeiten ist im Sozialverfahrensrecht nicht völlig ungewöhnlich. Nach **§ 38 SGB X** ist die Behörde berechtigt, in einem Verwaltungsakt offenbare Unrichtigkeiten jederzeit zu berichtigen. An die dortigen Maßstäbe des **§ 38 SGB X** kann hier entsprechend angeknüpft werden. Danach sind offenbare Unrichtigkeiten wohl nach einem **objektiven Maßstab** zu bestimmen. Für die Offensichtlichkeit ist nicht auf die Erkenntnisfähigkeit des jeweiligen Empfängers (Sachbearbeiters) der Sachverhaltsdarstellung abzustellen. **Offenbar ist eine Unrichtigkeit**, wenn sie für den 9

---

22 BT-Drs. 19/13824, 220; dazu Knickrehm/Mushoff/Schmidt Neues SozEntschR Rn. 399.
23 So ausdrücklich BT-Drs. 19/13824, 182.
24 Schütze/Siefert SGB X § 20 Rn. 2 ff.
25 KassKomm/Mutschler SGB X § 20 Rn. 2.
26 BT-Drs. 19/13824, 220.
27 Zum Vertrauensschutz bei § 38 SGB X ua BSG Urt. v. 31. 5. 1990 – 8 RKn 22/88, BSGE 67, 70; Schütze/Engelmann SGB X § 38 Rn. 7.

verständigen objektiven Betrachter unschwer ersichtlich ist, und zwar aus der unschlüssigen Sachverhaltsdarstellung selbst oder aus sonstigen Umständen der Antragstellung.[28] Die Unrichtigkeit muss ohne Weiteres zutage treten („ins Auge springen").[29] Bei Annahme einer offensichtlichen Unrichtigkeit ist besondere Zurückhaltung geboten.[30] Ähnlich verhält es sich bei dem Erfordernis der Offensichtlichkeit bei der Annahme der Nichtigkeit eines Verwaltungsaktes nach § 40 Abs. 1 SGB X. Ein schwerwiegender Fehler des VA kann in diesem Zusammenhang nur dann offensichtlich sein, wenn jeder Verständige und Urteilsfähige den Fehler erkennen konnte, es also **keiner besonderen Sachkenntnis oder Heranziehung irgendwelcher Aufklärungsmittel** bedarf.[31]

10 Wenn die **Schlüssigkeitsprüfung** der Sachverhaltsdarstellung keine offensichtlichen Unrichtigkeiten ergibt, dann ist auf der Grundlage des als wahr zu unterstellenden Sachverhalts eine **summarische Prüfung** durchzuführen, ob die antragstellende Person nach dem Recht der Sozialen Entschädigung anspruchsberechtigt sein kann. In Abs. 3 wird diesbezüglich klargestellt, dass in diesem Zusammenhang keine abschließenden Feststellungen über das Bestehen oder Nichtbestehen weiterer, über die Schnellen Hilfen hinausgehender Ansprüche (zB Krankenbehandlung, Pflegeleistungen, Gewährung monatlicher Entschädigungszahlungen oder BSA) getroffen wird. Summarische Prüfungen kommen in allen Verfahrensordnungen, insbesondere im Bereich der Eilverfahren, zur Anwendung.[32]

11 Der **Begriff der summarischen Prüfung** soll wohl verdeutlichen, dass lediglich eine überschlägige bzw. vorläufige vorzunehmende Prüfung der Sach- und Rechtslage stattfindet.[33] Hinsichtlich der Rechtslage bedeutet es, dass insbesondere wegen des Zwecks der Schnellen Hilfen eine schnelle Zwischenregelung herbeigeführt werden soll, bei der nur ein herabgesetzter Grad der Rechtsüberzeugung gefordert wird.[34] Bezüglich der Möglichkeit der Anspruchsberechtigung im SER bezieht sich die summarische Prüfung auf die allgemeinen Anspruchsvoraussetzungen.[35] Dies sind allgemein nach § 4 SGB XIV das **schädigende Ereignis**, der **Gesundheitsschaden** (Primärschaden), die gesundheitlichen und wirtschaftlichen Folgen der Primärschädigung (**Schädigungsfolge**) sowie die **haftungsbegründende Kausalität** zwischen dem schädigenden Ereignis und dem Primärschaden und die **haftungsausfüllende Kausalität** zwischen dem Primärschaden und den Schädigungsfolgen. Gerade die versorgungsmedizinisch schwierigen sowie zeit- und prüfungsintensiven Fragestellungen des ursächlichen Zusammenhangs einer Gesundheitsstörung mit einem schädigenden Ereignis (**§ 4 Abs. 4 SGB XIV**) können für die Gewährung der Schnellen Hilfen nicht vollumfänglich durch die Versorgungsmediziner geprüft werden. Grundsätzlich sind die Versorgungmediziner für die Gewährung von Schnellen Hilfen nicht zu beteiligen (→ Rn. 19). Im Erleichterten Verfahren gelten vor diesem Hintergrund nochmals **abgesenkte Anforde-**

28 Vgl. zu § 38 SGB X – Schütze/Engelmann SGB X § 38 Rn. 7; KassKomm/Mutschler SGB X § 38 Rn. 6 f.; BSG Urt. v. 15. 6. 2016 – B 4 AS 41/15 R, SozR 4-4200 § 9; BSG Urt. v. 31. 5. 1990 – 8 RKn 22/88, BSGE 67, 70.

29 Schütze/Engelmann SGB X § 38 Rn. 7; VG Saarlouis Urt. v. 17. 11. 2010 – 11 K 2042/09. Zur Möglichkeit, von der Bestellung eines besonderen Prozessvertreters nach § 72 SGG bei „offensichtlich haltlosem Klagebegehren" abzusehen: BSG Urt. v. 21.9.2016 – B 8 SO 126/15 B.

30 Knickrehm/Mushoff/Schmidt Neues SozEntschR Rn. 399.

31 So ua Schütze/Roos/Blüggel SGB X § 40 Rn. 11; LSG BW Urt. v. 27. 10. 1999 – L 5 KA 2574/99; BSG Urt. v. 4. 9. 2013 – B 10 EG 7/12 R, BSGE 114, 180; BSG Urt. v. 7. 9. 2006 – B 4 RA 43/05 R, BSGE 97, 94.

32 Vertiefend zur summarischen Prüfung BeckOK SozR/Baumeister SGB XIV § 115 Rn. 34–41.

33 Zu § 86b SGG BeckOK SozR/Cantzler SGG § 86b Rn. 88.

34 S. BeckOK SozR/Cantzler SGG § 86b Rn. 88.

35 BeckOK SozR/Baumeister SGB XIV § 115 Rn. 38.

rungen an den Wahrscheinlichkeitsmaßstab.[36] Wenn die Antragstellung in einem unmittelbaren zeitlichen Zusammenhang mit dem schädigenden Ereignis gestellt wird (zB bei einem Terroranschlag), dann ist zwar uU eine Feststellung der Art und des Umfangs von etwaigen dauerhaften Gesundheitsschäden noch nicht möglich. Es ist aber absehbar, dass Leistungen der Krankenbehandlung zu erbringen sind.

Die Entscheidung im Erleichterten Verfahren ergeht durch VA. Dies ergibt sich im **Umkehrschluss insbesondere aus § 116 Abs. 2 S. 2 SGB XIV**, wonach der VA, der im Erleichterten Verfahren ergangen ist, mit Wirkung für die Zukunft zu widerrufen ist, wenn die weitere Prüfung ergibt, dass keine Leistungsansprüche im SER bestehen. Grundsätzlich kann ein VA nach **§§ 9, 33 Abs. 2 S. 1 SGB X formfrei**, dh auch **mündlich oder in „anderer Weise“ (zB durch konkludentes Handeln)** erlassen werden (→ Rn. 4).[37] Die Entscheidung stellt keine vorläufige Entscheidung im Sinne des § 119 Abs. 2 SGB XIV dar (→ § 119 Rn. 15 ff.).[38] Wenn die summarische Prüfung – was regelmäßig der Fall sein wird – ergibt, dass Leistungen der Schnellen Hilfen in Anspruch genommen werden können (**positive Entscheidung**), dann bietet es sich an, auf den Erlass eines schriftlichen VA zu verzichten. Es genügt insoweit die tatsächliche Leistungsgewährung, insbesondere in der Traumaambulanz durch die Durchführung der psychotherapeutischen Intervention. Der **VA ergeht dann durch konkludentes Handeln der Behörde**. Diese muss lediglich in den Verfahrensakten die Entscheidung hinreichend dokumentieren. Ein solches Handeln ist zweckmäßig und verfahrensökonomisch sinnvoll, da die leistungsberechtigte Person in ihren Rechten nicht beeinträchtigt wird. Ein Widerruf der Entscheidung käme nach § 116 Abs. 2 S. 2 SGB XIV nur mit Wirkung für die Zukunft in Betracht, so dass eine Rückabwicklung der erbrachten Leistungen nicht stattfindet.[39] Anders verhält es sich im Ausnahmefall mit ablehnenden Entscheidungen (**negative Entscheidung**). Dieser belastende VA sollte **schriftlich** durch die TdSE ergehen und ist mit einer entsprechenden **Rechtsbehelfsbelehrung** zu versehen. Die antragstellende Person hat dann die Möglichkeit, durch die Erhebung der bekannten **Rechtsbehelfe und Rechtsmittel** eine positive Entscheidung für sich zu erstreiten. Hinsichtlich der Kosten für die ersten Leistungen des Fallmanagements oder der Traumaambulanzen ist insbesondere § 11 Abs. 5 SGB XIV zu beachten (→ § 11 Rn. 28 ff.). 12

Soweit über die Leistungen von Schnellen Hilfen durch die TdSE zu entscheiden ist, ist das Erleichterte Verfahren dem **Weiteren Verfahren nach § 116 SGB XIV**, in dem über die etwaigen weitergehenden Leistungsansprüche zu entscheiden ist, vorgeschaltet. Das Weitere Verfahren nach § 116 SGB XIV schließt sich nur dann nicht an, wenn die antragstellende Person den Antrag nach § 116 Abs. 1 SGB XIV ausdrücklich auf Schnelle Hilfen beschränkt hat (→ § 116 Rn. 8 ff.). Im Weiteren Verfahren nach § 116 SGB XIV finden grundsätzlich die allgemeinen Verfahrensregelungen des SGB I und des SGB X Anwendung (→ § 116 Rn. 4 ff.). Hier hat eine weitergehende Sachverhaltsaufklärung im Sinne des § 20 SGB X zu erfolgen. Abweichende Verfahrensregelungen ergeben sich in diesem Zusammenhang aus §§ 10 bis 12 und §§ 117 bis 119 SGB XIV.[40] 13

1. Erleichtertes Verfahren und Fallmanagement nach § 30 SGB XIV. Die Leistungen des Fallmanagements nach § 30 SGB XIV sind erst ab 1.1.2024 durch die TdSE rechtlich verpflichtend vorzuhalten (→ Rn. 2). Beim Fallmanagement sollen die Berechtigten im Sinne des § 30 Abs. 1 SGB XIV aktivierend und koordinierend durch das 14

36 BeckOK SozR/Baumeister SGB XIV § 115 Rn. 39.
37 Ua KassKomm/Mutschler SGB X § 33 Rn. 19 ff. mwN; Schütze/Engelmann SGB X § 33 Rn. 33 ff. mwN.
38 Dazu auch Schmidt SGB XIV/Schmidt § 115 Rn. 10.
39 Schmidt SGB XIV/Schmidt § 115 Rn. 10.
40 BeckOK SozR/Baumeister SGB XIV § 115 Rn. 27.

Antrags- und Leistungsverfahren begleitet werden. Geschädigte haben nach § 4 Abs. 1 iVm § 3 Nr. 1 SGB XIV einen Anspruch auf Leistungen des Fallmanagements. Für Angehörige, Hinterbliebene und Nahestehende ergibt sich der Anspruch aus § 6 Abs. 1 SGB XIV. Nach **§ 30 Abs. 3 SGB XIV** entscheidet der TdSE im Rahmen des Erleichterten Verfahrens nach **pflichtgemäßem Ermessen,** welche Antragstellerin oder welcher Antragsteller ein Fallmanagement erhalten soll. Das wird in der Regel der Fall sein bei **Personen, die erkennbar unterstützungsbedürftig sind,** zB weil sie schwere traumatisierende Erlebnisse geltend machen oder weil sie aus persönlichen Gründen, ua wegen einer Behinderung oder wegen sprachlicher Hindernisse kommunikative Probleme haben. Ebenso kann dies der Fall sein, wenn zu erwarten ist, dass schwere Schädigungsfolgen eintreten und umfassende Leistungen aus verschiedenen Bereichen erforderlich sein werden.[41]

In den in § 30 Abs. 4 SGB XIV aufgeführten Fällen **soll** ein Fallmanagement erbracht werden. Bei den aufgeführten Fallgestaltungen wird somit regelmäßig angenommen, dass hierfür ein Bedarf besteht.[42]

15 Grundsätzlich werden Leistungen des SER nach **§ 10 Abs. 1 SGB XIV auf Antrag erbracht,** soweit nichts anderes geregelt ist.

Die Leistung des Fallmanagements wird nach **§ 30 Abs. 2 SGB XIV** nicht auf gesonderten Antrag des Berechtigten erbracht, sondern mit **Einwilligung, die schriftlich zu dokumentieren** ist (→ § 30 Rn. 23 ff.). Eine Einwilligung ist in Anlehnung an § 183 BGB als vorherige Zustimmung der leistungsberechtigten Person zu verstehen. Die Prüfung, ob den antragstellenden Personen eine Leistung des Fallmanagements zustehen kann, ist deshalb – anders als bei den Leistungen der Traumaambulanz – von den TdSE stets **von Amts wegen zu prüfen.**[43] Soweit in **§ 10 Abs. 5 S. 2 SGB XIV** darauf verwiesen wird, dass bei Kontaktaufnahme des Fallmanagements mit möglicherweise berechtigten Personen es genügt, wenn nach dieser Kontaktaufnahme ein Antrag gestellt wird, ist damit zumindest kein Antrag auf Leistungen des Fallmanagements gemeint. Vielmehr stellt der Gesetzgeber auf den „allgemeinen" Antrag auf Leistungen nach dem SGB XIV ab, der über die Schnellen Hilfen hinausgeht. Die Regelung des § 10 Abs. 5 S. 2 SGB XIV stellt auf die Möglichkeit der **aktivierenden Kontaktaufnahme der Fallmanager** im Sinne des **§ 30 Abs. 6 SGB XIV** mit den möglicherweise berechtigten Personen ab. Nach **§ 30 Abs. 6 SGB XIV** ist die Möglichkeit der Kontaktaufnahme mit möglicherweise berechtigten Personen eröffnet. Nach den Ausführungen in der Gesetzesbegründung bietet sich dies insbesondere dann an, wenn den ausführenden Behörden Ereignisse bekannt werden, die für die Soziale Entschädigung relevant sind, wie zB schwere Gewalttaten oder Terroranschläge.[44] Hier fehlt es zunächst an einem laufenden Verfahren im Rahmen des SGB XIV. Die Fallmanager sollen über die allgemeinen Aufklärungs- und Beratungspflichten der §§ 13 ff. SGB I hinaus auf die möglichen Leistungen des SGB XIV hinweisen und informieren (→ § 30 Rn. 16).[45] Der mögliche **Antrag,** auf den die Fallmanager nach § 10 Abs. 5 S. 2 SGB XIV im Rahmen der Kontaktaufnahme hinwirken sollen, kann dabei auch Leistungen der Schnellen Hilfen in Form von Traumaambulanzbehandlungen umfassen oder auf diese begrenzt sein. Insoweit steht § 10 Abs. 5 S. 2 SGB XIV nicht im Widerspruch zu § 30 Abs. 2 SGB XIV.

16 Um die Erbringung des Fallmanagements weiter zu beschleunigen, ist nach **§ 11 Abs. 5 SGB XIV** vorgesehen, dass die Kosten für die erste Kontaktaufnahme durch

41 BT-Drs. 19/13824, 183.
42 BT-Drs. 19/13824, 183.
43 Andere Ansicht BeckOK SozR/Baumeister SGB XIV § 115 Rn. 42 – dieser geht wohl von einer Antragspflicht auf der Grundlage des § 10 Abs. 5 S. 2 SGB XIV aus.
44 BT-Drs. 19/13824, 184; zum Datenschutz siehe ua BT-Drs. 19/13824, 288.
45 BT-Drs. 19/13824, 183.

das Fallmanagement auch dann von den TdSE getragen werden müssen, wenn nach der summarischen Prüfung im Erleichterten Verfahren keine Ansprüche nach dem SER bestehen. Diese Regelung soll sicherstellen, dass Berechtigte nicht aus Furcht vor Erstattungsansprüchen von der zügigen Inanspruchnahme Schneller Hilfen abgehalten werden. Dies würde der Konzeption der Schnellen Hilfen widersprechen.[46] Eine Anwendung des § 50 SGB X für diese Teilleistungen ist damit ausgeschlossen. Inwieweit darüber hinaus eine Anwendung des § 50 SGB X möglich ist, erscheint zumindest fraglich.[47]

2. Erleichtertes Verfahren und Traumaambulanzen nach §§ 31 ff. SGB XIV. Seit 1.1.2021 sind die Leistungen in einer Traumaambulanz als Teilbereich der Schnellen Hilfen von den TdSE vorzuhalten. Für **Geschädigte von Gewalttaten im Zeitraum vom 1.1.2021 bis zum 31.12.2023, deren Angehörige, Hinterbliebene und Nahestehende im Sinne des § 2 SGB XIV** ergibt sich ein Anspruch auf die Leistungen nach §§ 31 bis 36 SGB XIV unter den Voraussetzungen des OEG nach **§ 138 Abs. 7 SGB XIV** (→ § 138 Rn. 40 ff.). Soweit diese Personen durch eine **Gewalttat vor dem 1.1.2021** beeinträchtigt wurden, besteht **grundsätzlich kein Anspruch** auf eine psychotherapeutische Intervention in einer Traumaambulanz. Für diesen Personenkreis gelten regelmäßig die unterschiedlichen Vorgaben der einzelnen „Pilotprojekte" in den Ländern zu Traumaambulanzbehandlungen weiter. Die Leistungsvoraussetzungen und der Leistungsumfang ergeben sich aus § 34 SGB XIV (näher → § 34 Rn. 9 ff.). Um Berechtigten einen schnellen Zugang zu den Traumaambulanzen zu ermöglichen, ist für die Inanspruchnahme der **ersten fünf Sitzungen** bzw. bei Kindern und Jugendlichen für die Inanspruchnahme der **ersten acht Sitzungen** nach **§ 34 Abs. 2 S. 2 SGB XIV** keine positive Entscheidung der zuständigen Behörde im Erleichterten Verfahren nach § 115 SGB XIV erforderlich.[48] Die berechtigten Personen haben nach § 34 Abs. 3 S. 1 SGB XIV einen Anspruch auf zehn weitere Sitzungen, wenn diese erforderlich sind und ein Anspruch auf Leistungen der Traumaambulanzen festgestellt wurde. Dies gilt nach § 34 Abs. 3 S. 2 SGB XIV auch, wenn die zuständige Behörde **zwei Wochen** nach Vorliegen **des Antrags** keine Entscheidung getroffen hat und die Traumaambulanz die dringende Behandlungsbedürftigkeit sowie die geplante Durchführung der weiteren Sitzungen vorab angezeigt hat (→ § 34 Rn. 34 ff.). 17

Die **Leistungen der Traumaambulanz** werden entsprechend des **Grundsatzes des § 10 Abs. 1 SGB XIV nur auf Antrag erbracht** (anders beim Fallmanagement → Rn. 15). Auch die ersten fünf bzw. bei Kindern und Jugendlichen acht Sitzungen nach § 34 Abs. 2 SGB XIV setzen einen entsprechenden Antrag der berechtigten Personen voraus. Diese Sitzungen dienen nach § 34 Abs. 2 S. 1 SGB XIV insbesondere dazu, die Behandlungsbedürftigkeit abzuklären, eine Diagnose zu erstellen und die erforderlichen Akutmaßnahmen durchzuführen. Den Berechtigten soll hierdurch ein schneller und weitgehend unbürokratischer Zugang zu den Traumaambulanzen ermöglicht werden.[49] Es ist für die Inanspruchnahme nur keine **Entscheidung der Behörde nach § 115 SGB XIV über den Antrag** erforderlich. Regelmäßig werden die Anträge auf Leistungen der Traumaambulanz durch die berechtigten Personen unter Mitwirkung des behandelnden Personals in den Traumaambulanzen ausgefüllt und den TdSE übersandt. In vielen Vereinbarungen nach § 37 SGB XIV zwischen den Traumaambulanzen und den TdSE ist diese Mitwirkung an der Antragstellung als Nebenpflicht der Traumaambulanzen in den Verträgen enthalten (§ 37 Abs. 2 S. 1 iVm Abs. 2 S. 3 Nr. 4 SGB XIV). Für die Entscheidung über den Antrag ist grundsätzlich keine unmittelbare Frist durch den Gesetzgeber festgelegt worden. Mittelbar kann sich aber eine Leis- 18

46 BT-Drs. 19/13824, 174.
47 Bejahend wohl Schmidt SGB XIV/Schmidt § 115 Rn. 11.
48 BT-Drs. 19/13824, 186.
49 BT-Drs. 19/13824, 186.

tungspflicht der Behörde ergeben, wenn diese im Rahmen des § 34 Abs. 3 S. 2 SGB XIV nicht innerhalb von zwei Wochen nach Vorliegen des Antrags entscheidet.

19 Das sog. **„5+10“ bzw. „8+10“-Modell** erfordert **nur eine Entscheidung der TdSE** über die Leistungen der Traumaambulanz im Erleichterten Verfahren.[50] Im Rahmen des Erleichterten Verfahrens ist eine zeitintensive Beteiligung der Versorgungsmedizinischen Bereiche der TdSE nicht vorgesehen und mit dem Beschleunigungsgedanken nicht vereinbar. Deshalb entscheiden die Behörden im Rahmen des Erleichterten Verfahrens ohne nähere Prüfung der medizinischen Erforderlichkeit psychotherapeutischer Behandlungsbedürftigkeit nur einmal, ob überhaupt der antragstellenden Person **dem Grunde nach Leistungen der Traumambulanz** zustehen. Diese Entscheidung kann nach § 34 Abs. 2 S. 2 SGB XIV auch erst nach den ersten fünf bzw. acht Sitzungen ergehen. Nach dem Wortlaut des § 34 Abs. 3 S. 1 SGB XIV haben die berechtigten Personen einen Anspruch auf bis zu zehn weitere Sitzungen, wenn diese erforderlich sind und ein Anspruch auf Leistungen der Traumaambulanz festgestellt wurde. Durch die Verwendung der Vergangenheitsform: „festgestellt wurde“ verdeutlicht der Gesetzgeber, dass eine weitere behördliche Entscheidung nicht vorgesehen ist. Gegen diese Auslegung spricht zudem nicht die **Ausnahmeregelung des § 34 Abs. 3 S. 2 SGB XIV**, wonach ein Anspruch auf bis zu zehn weitere Sitzungen auch dann besteht, wenn die zuständige Behörde **zwei Wochen** nach Vorliegen des Antrags keine Entscheidung getroffen hat. Hier geht der Gesetzgeber ebenfalls nur von einer Entscheidung durch die Behörde aus. Vielmehr soll eine fehlende Entscheidung der Behörde nach dem Ablauf der ersten fünf Sitzungen nicht zulasten der berechtigten Person gehen.[51] Es ergibt sich unter Berücksichtigung des Wortlautes des § 34 Abs. 3 S. 2 SGB XIV, dass über die dringende Behandlungsbedürftigkeit und die Erforderlichkeit weiterer Sitzungen „nur“ die Traumaambulanz als Leistungserbringer entscheidet und dies der Behörde als Leistungsträger lediglich angezeigt werden muss. Dieses Ergebnis entspricht auch dem Sinn und Zweck der Leistungen der Traumaambulanzen. Die ersten fünf bzw. acht Sitzungen sollen ua der Abklärung der psychotherapeutischen Behandlungsbedürftigkeit dienen. Die Behörden verfügen im Rahmen des Erleichterten Verfahrens über keine psychotherapeutischen Fachkenntnisse, um diese fachmedizinischen Feststellungen entsprechend überprüfen zu können. Vielmehr müssen die Behörden auf die medizinischen Feststellungen vertrauen.

20 Sollte sich nach den maximal 15 Sitzungen bei Erwachsenen bzw. 18 Sitzungen bei Kindern und Jugendlichen ein **weiterer psychotherapeutischer Behandlungsbedarf** ergeben, so ist die Traumaambulanz nach **§ 35 Abs. 2 S. 1 SGB XIV** verpflichtet, diesen Bedarf der zuständigen Behörde so frühzeitig wie möglich anzuzeigen. Eine solche weitergehende psychotherapeutische Behandlung im Sinne des § 35 SGB XIV ist nicht mehr Gegenstand der Leistungen der Schnellen Hilfen, sondern wird von den Leistungen der Krankenbehandlung nach §§ 41 ff. SGB XIV erfasst. Damit sind diese weitergehenden Leistungen, auch wenn sie unmittelbar an die Traumaambulanzbehandlung anknüpfen, nicht Gegenstand des Erleichterten Verfahren nach § 115 SGB XIV.[52] Über die Leistungsberechtigung wird deshalb erst im Weiteren Verfahren nach **§ 116 SGB XIV** entschieden, was mitunter zu erheblichen zeitlichen Verzögerungen in der psychotherapeutischen Behandlung führen kann.[53] Diesbezüglich eröffnet aber der

50 Andere Ansicht BeckOK SozR/Baumeister SGB XIV § 115 Rn. 24, 25 – nach dieser Ansicht sind zwei Entscheidungen erforderlich. Zunächst eine Entscheidung über die ersten fünf bzw. acht Sitzungen und eine zweite Entscheidung über die weiteren zehn Sitzungen.

51 BT-Drs. 19/13824, 186.

52 So auch jurisPK-SGB XIV/Schaumberg § 115 Rn. 7, 16; trotz Kritik im Ergebnis auch BeckOK SozR/Baumeister SGB XIV § 115 Rn. 15 f.; dazu auch BT-Drs. 19/13824, 186 und 289.

53 Vertiefend zu dieser Problemstellung BeckOK SozR/Baumeister SGB XIV § 115 Rn. 16.

Gesetzgeber nach § **119 SGB XIV** die Möglichkeit, die **Leistung der Krankenbehandlung vorzeitig aufgrund einer vorläufigen Entscheidung zu erbringen.** Gerade in diesen Fallkonstellationen sollten die zuständigen Behörden diese vorläufigen Entscheidungsmöglichkeiten regelmäßig in Betracht ziehen, um die bis dahin in der Traumaambulanz erzielten Behandlungsergebnisse nicht durch erhebliche Entscheidungsverzögerungen zu gefährden. Für die Erbringung der Krankenbehandlung ist darüber hinaus die schwierige und zeitintensive Feststellung des Grades der Schädigungsfolgen (GdS) nicht erforderlich. Problematisch ist in diesem Zusammenhang vielmehr, dass die Krankenbehandlung nach § 57 Abs. 2 SGB XIV regelmäßig durch die Krankenkasse der berechtigten Person erbracht wird (→ § 57 Rn. 7). Die TdSE greifen somit auf das **Versorgungssystem der Krankenkassen (GKV) zurück** und verfügen über die Vereinbarungen mit den Traumaambulanzen nach § 37 SGB XIV hinaus über **kein eigenes medizinisches Versorgungssystem.** Deshalb können die grundsätzlich bestehenden Defizite bezüglich der psychiatrischen Behandlungskapazitäten in der GKV durch die TdSE nicht überwunden oder beseitigt werden, so dass sich hierdurch Schwierigkeiten hinsichtlich einer nahtlosen Anschlussbehandlung ergeben können.

Die Entscheidung bezüglich der Übernahme etwaiger Fahrt- und Betreuungskosten im 21
Rahmen des § **36 SGB XIV** ist hingegen **Bestandteil des Erleichterten Verfahrens.** Es handelt sich hierbei um Kosten, die **unmittelbar mit der Behandlung in der Traumaambulanz** als Leistung der Schnellen Hilfen **verbunden** sind.[54] Anders als die Übernahme der Dolmetscherkosten nach § 12 SGB XIV[55] ist die Kostenregelung des § 36 SGB XIV auch schon nach § 138 Abs. 7 SGB XIV seit dem 1.1.2021 anwendbar.[56]

II. Abs. 3 – Grenzen des Erleichterten Verfahrens

In Abs. 3 werden die Grenzen des Erleichterten Verfahrens festgelegt. Es wird verdeut- 22
licht, dass die Entscheidung im Erleichterten Verfahren keine Feststellung darüber enthält, ob der von der antragstellenden Person **vorgetragene Sachverhalt richtig oder unrichtig ist.** Diese weitergehende Tatsachenermittlung erfolgt im Rahmen des Weiteren Verfahrens nach § 116 SGB XIV auf Grundlage der allgemeinen Vorgaben des § 20 SGB X. Vor diesem Hintergrund findet auch keine Entscheidung über weitere Leistungsansprüche nach dem SGB XIV über die Schnellen Hilfen hinaus statt. Zwar können im Weiteren Verfahren ua im Bereich der Krankenbehandlung, der Leistungen zur Teilhabe und der Besonderen Leistungen im Einzelfall nach § **119 Abs. 1 SGB XIV** auch **vorzeitige Leistungen** erbracht werden. Für den wichtigen **Bereich der Entschädigungszahlungen nach §§ 83 ff. SGB XIV und des BSA nach §§ 89 ff. SGB XIV** kommt es aber auf die Feststellung eines GdS bei der geschädigten Person an. Diese Feststellungen auf der Grundlage des § 5 SGB XIV iVm den Versorgungsmedizinischen Grundsätzen der VersMedV sind mitunter zeitintensiv und langwierig. Teilweise sind schwierige versorgungsmedizinische Abgrenzungen von Schädigungsfolgen und Nichtschädigungsfolgen bzw. gesundheitlichen Vorschädigungen vorzunehmen. Eine Änderung des Teil C der Versorgungsmedizinischen Grundsätze in der Anlage zu § 2 der VersMedV erfolgte durch Art. 26 G-SER vom 12.12.2019[57] und ist nach Art. 60 Abs. 3 Nr. 4 am Tag nach der Verkündung (20.12.2019) in Kraft getreten.[58] Der hiermit verbundene Ermittlungsaufwand wäre mit dem Zweck des Erleichterten Verfahrens nicht vereinbar und eine entsprechende Feststellung durch die TdSE nicht ohne Weiteres leistbar.

54 Ebenfalls BeckOK SozR/Baumeister SGB XIV § 115 Rn. 19; BT-Drs. 19/13824, 186.
55 Zu den Schwierigkeiten des späteren Inkrafttretens des § 12 SGB XIV im Zusammenhang mit den Schnellen Hilfen Schmidt SGB XIV/Weber § 12 Rn. 15 f.
56 BeckOK SozR/Baumeister SGB XIV § 115 Rn. 19.
57 BGBl. 2019 I 2652, 2702 ff.
58 BGBl. 2019 I 2652, 2724.

§ 116 Weiteres Verfahren

(1) Nach der Entscheidung im Erleichterten Verfahren wird geprüft, ob Ansprüche auf Leistungen der Sozialen Entschädigung bestehen, es sei denn, die antragstellende Person hat den Antrag ausdrücklich auf Schnelle Hilfen beschränkt.

(2) [1]Ergibt die weitere Prüfung, dass keine Leistungsansprüche der Sozialen Entschädigung bestehen, wird der Antrag abgelehnt. [2]Zugleich wird der Verwaltungsakt, der zuvor im Erleichterten Verfahren ergangen ist, mit Wirkung für die Zukunft widerrufen.

(3) Ergibt die weitere Prüfung, dass Leistungsansprüche der Sozialen Entschädigung bestehen, erging im Erleichterten Verfahren aber ein nicht begünstigender Verwaltungsakt, wird der im Erleichterten Verfahren ergangene Verwaltungsakt widerrufen und über den Antrag neu entschieden.

A. Gesetzesgeschichte

1 Die Norm des § 116 war im **Verlauf des Gesetzgebungsverfahrens** nicht Gegenstand intensiver Diskussionen. Vielmehr war die Regelung **bereits im Referentenentwurf des BMAS** vom 20.11.2018 als § 114 Ref-E SGB XIV[1] und **im Regierungsentwurf als § 116**[2] mit identischem Wortlaut enthalten. Da die Schnellen Hilfen und das Erleichterte Verfahren nach § 115 mit dem Inkrafttreten des SGB XIV erstmals Eingang in das SER gefunden haben, gibt es im bisherigen SER **keine vergleichbare Vorgängerregelung.** Wie die übrigen Regelungen zur Traumaambulanz nach §§ 31 ff. SGB XIV und die besondere Verfahrensregelung des § 115 SGB XIV für das Erleichterte Verfahren ist auch diese Norm nach Art. 60 Abs. 5 G-SER vom 12.12.2019 bereits **zum 1.1.2021 vorgezogen in Kraft getreten.**[3] Auf der Grundlage der **Übergangsvorschrift des § 138 Abs. 7 SGB XIV** findet die Norm Anwendung auf berechtigte Personen im Sinne des § 2 SGB XIV bei **Gewalttaten,** die im Zeitraum vom **1.1.2021 bis zum 31.12.2023** begangen wurden (→ § 138 Rn. 40 ff.). Soweit die **Gewalttaten zu einem früheren Zeitpunkt** verübt wurden, kommt § 116 nicht zur Anwendung.

B. Normsystematik

2 Die Gesetzesbegründung zur systematischen Einordnung der Norm ist knapp ausgefallen. Danach soll **Abs. 1** klarstellen, dass ein **Antrag auf Leistungen nach dem SGB XIV** außerhalb des Erleichterten Verfahrens – somit hinsichtlich aller Leistungen, die über die Gewährung von Schnellen Hilfen nach §§ 29 ff. SGB XIV hinausgehen – umfassend zu prüfen ist.[4] Darüber hinaus wird verdeutlicht, dass die antragstellenden Personen ihren **Antrag** auf Leistungen nach dem SGB XIV insbesondere **auf die Leistungen der Schnellen Hilfen begrenzen** können und dass in diesen Fällen im Anschluss an das Erleichterte Verfahren keine weitere Prüfung des Antrags im Sinne des § 116 stattfindet (→ Rn. 8 f.).

Die **Abs. 2 und 3** regeln das weitere Verfahren, wenn die Prüfung entweder ergibt, dass keine Leistungsansprüche der Sozialen Entschädigung bestehen, im Erleichterten Verfahren jedoch ein begünstigender Verwaltungsakt ergangen ist (→ Rn. 10 f.) oder wenn Leistungsansprüche bestehen, im Erleichterten Verfahren aber ein nicht begünstigender Verwaltungsakt ergangen ist (→ Rn. 12).

3 In verschiedenen weiterhin bestehenden Sondergesetzen des SER, zB in **§ 25 Abs. 4 S. 2 StrRehaG** oder in **§ 12 Abs. 4 S. 3 VwRehaG,** ist zukünftig auch eine Anwendung

1 Siehe Referentenentwurf BMAS vom 20.11.2018, 55 unter www.bmas.de.
2 BT-Drs. 19/13824, 65.
3 BGBl. 2019 I 2652, 2724.
4 BT-Drs. 19/13824, 220.

des § 116 SGB XIV vorgesehen.[5] Diese Änderungen werden nach Art. 60 Abs. 7 G-SER am **1.1.2024** in Kraft treten.[6] Auch hier wäre für die Anwendung der Norm die vorherige Entscheidung in einem Erleichterten Verfahren nach § 115 erforderlich. Leider sind die Ausführungen in der Gesetzesbegründung diesbezüglich nicht ergiebig.[7] Da die geschützten Schädigungstatbestände des StrRehaG und VwRehaG nunmehr mehrere Jahrzehnte zurückliegen, kommt die Inanspruchnahme einer Behandlung in der Traumaambulanz für diesen Personenkreis regelmäßig nicht in Betracht. Der Zweck der Traumaambulanzbehandlung, der Chronifizierung und dauerhaften Manifestation psychischer Beeinträchtigungen entgegenzuwirken und dies möglichst zu verhindern, ist regelmäßig nicht zu erreichen. Anders verhält es sich mit den Leistungen des Fallmanagements nach § 30. Die vorgesehenen begleitenden, aktivierenden und koordinierenden Tätigkeiten der Fallmanager können für diesen Personenkreis ebenfalls hilfreich sein, insbesondere um auch bestehende Berührungsängste mit staatlichen Behörden zu überwinden.

C. Einzelkommentierung

I. Abs. 1 – Verfahrensgrundsätze

1. Anwendungsbereich. Aus **Abs. 1** ergibt sich, dass die Regelung des § 116 **systematisch unmittelbar an das Erleichterte Verfahren des § 115 SGB XIV anknüpft** und nur 4
zur Anwendung kommen kann, wenn der TdSE im Rahmen des Erleichterten Verfahrens eine Entscheidung über die Leistung von Schnellen Hilfen getroffen hat.[8] Die Norm nimmt dogmatisch Bezug auf die Entscheidung des TdSE. Damit ist der Anwendungsbereich zeitlich nach dem Abschluss des Erleichterten Verfahrens unabhängig von der inhaltlichen Ausgestaltung dieser Entscheidung eröffnet. Dies ist systematisch zutreffend, da die **Durchführung eines Erleichterten Verfahrens nicht unbedingt von einer Antragstellung abhängig** ist. Hinsichtlich des Leistungsbereichs der **Traumaambulanzen** ist die Durchführung des Erleichterten Verfahrens nach § 115 SGB XIV von einer Antragstellung abhängig (→ § 115 Rn. 18). Es genügt nach § 10 Abs. 5 SGB XIV, wenn dieser Antrag auch zu einem späteren Zeitpunkt gestellt wird. Darüber hinaus können nach § 34 Abs. 2 S. 2 die ersten Sitzungen auch in Anspruch genommen werden, wenn die TdSE noch keine Entscheidung im Erleichterten Verfahren getroffen haben. Anders verhält es sich bei der Prüfung, ob den berechtigten Personen ein **Fallmanagement nach § 30 Abs. 3 und 4 SGB XIV angeboten** wird. Diese Leistung wird nach § 30 Abs. 2 SGB XIV aufgrund einer schriftlichen Einwilligung der berechtigten Person erbracht. Eine Prüfung und damit die Durchführung eines Erleichterten Verfahrens erfolgt vor diesem Hintergrund **von Amts wegen** (→ § 115 Rn. 15 f.). Bezüglich des Fallmanagements findet ein Erleichtertes Verfahren nur dann nicht statt, wenn die berechtigte Person von vornherein ein Fallmanagement ablehnt bzw. generell die Inanspruchnahme von Schnellen Hilfen ausschließt und ihren Antrag nach dem SGB XIV auf bestimmte Leistungen beschränkt. Im Zweifel ist eine Äußerung einer berechtigten Person unter Berücksichtigung der allgemeinen Grundsätze zur Auslegung von Willenserklärungen nach den §§ 133, 157 BGB zu prüfen. Dabei ist die Äußerung so auszulegen, dass das Begehren des Geschädigten möglichst weitgehend erfasst wird (Meistbegünstigungsprinzip).[9] Die Behörde hat alle aufgrund des

5 Siehe Art. 13 Nr. 5 b G-SER vom 12.12.2019 – BGBl. 2019 I 2652, 2697.
6 BGBl. 2019 I 2652, 2724.
7 BT-Drs. 19/13824, 240 und 243.
8 Dazu auch Schmidt SGB XIV/Schmidt § 116 Rn. 1.
9 Zu § 10 Abs. 1 – Knickrehm/Mushoff/Schmidt Neues SozEntschR Rn. 54; KassKomm/Seewald SGB I § 16 Rn. 54 mwN.

Sachverhalts zugunsten des Geschädigten in Betracht kommenden rechtlichen Möglichkeiten zu erwägen und notfalls auf eine Klärung hinzuwirken.[10]

5 Wenn eine Entscheidung des TdSE im Erleichterten Verfahren ergangen ist und die antragstellende Person den **Antrag nicht ausdrücklich** auf die Leistungen der Schnellen Hilfen **beschränkt** hat (→ Rn. 8 f.), dann folgt im Rahmen des § 116 zur Prüfung des Sachverhalts und des Bestehens oder Nichtbestehens weitergehender Leistungsansprüche nach dem SGB XIV ein „normales" Verwaltungsverfahren auf der Grundlage der allgemeinen Regelungen des SGB I und des SGB X.[11] Zu berücksichtigen sind dabei die verfahrensrechtlichen Spezialregelungen der **§§ 117 bis 119 SGB XIV**; diese sind im SER aber auch außerhalb des Anwendungsbereichs des § 116 zu berücksichtigen.

6 **2. Untersuchungsgrundsatz und Mitwirkungspflichten.** Grundsätzlich gilt im Weiteren Verfahren der **Untersuchungsgrundsatz nach § 20 SGB X,** der sich als Ausfluss des **Rechtsstaatsprinzips** (Art. 20 Abs. 3 GG) darstellt.[12] Die TdSE sind grundsätzlich verpflichtet, alle für die anstehende Entscheidung erforderlichen Umstände von Amts wegen zu ermitteln, auch wenn diese nicht von der antragstellenden Person vorgetragen sind. Dabei sind die TdSE nach § **20 Abs. 1 S. 2 SGB X** nicht an das Vorbringen und die Beweisanträge der Beteiligten gebunden. Da das **Verfahren nach § 9 SGB X** grundsätzlich nichtförmlich ausgestaltet ist, können die TdSE die zulässigen Beweismittel frei wählen.[13] Unter den Voraussetzungen des § 118 SGB XIV kann der TdSE deshalb Unterlagen beiziehen und sich der in § 21 aufgeführten Beweismittel bedienen.[14] Nach **§ 21 SGB X** bedient sich die Behörde der Beweismittel, die sie nach pflichtgemäßem Ermessen zur Ermittlung des Sachverhalts für erforderlich hält. Der TdSE muss im Rahmen des pflichtgemäßen Ermessens darüber entscheiden, welche Tatsachen aufklärungsbedürftig sind und mit welcher Intensität die Aufklärung betrieben wird.[15] Zu einer **„Beweisausforschung"** sind die Behörden nicht verpflichtet.[16] Die Sozialleistungsträger sollen nach **§ 96 SGB X** in der Form zusammenarbeiten, dass **Doppeluntersuchungen der Antragsteller** möglichst unterbleiben, wenn auf Untersuchungsergebnisse anderer Leistungsträger zurückgegriffen werden kann. Der Untersuchungsgrundsatz steht darüber hinaus in einem Spannungsverhältnis zu dem in § 35 SGB I normierten Anspruch auf Wahrung des Sozialgeheimnisses, der für alle Sozialleistungsbereiche gilt und den Sozialdatenschutz nach § 37 S. 1, 3 SGB I vor die Amtsermittlung stellt.[17] Hinsichtlich des Sozialdatenschutzes gelten die **§§ 67 ff. SGB X iVm DS-GVO.**

7 Die antragstellenden Personen treffen nach **§§ 60 ff. SGB I umfassende Mitwirkungspflichten.** Bei den Leistungen des SGB XIV handelt es sich um entsprechende Sozialleistungen im Sinne des **§ 11 SGB I.** Die **Mitwirkungspflichten** sollen den TdSE die Erfüllung ihrer Aufgaben ermöglichen. Die Wahrnehmung dieser Mitwirkungspflichten liegt zugleich auch im eigenen Interesse der antragstellenden Person an einer **schnellen und interessengerechten Entscheidung** der Behörde.[18] **Die Grenzen der Mit-**

---

10 BSG Urt. v. 23.10.1996 – 4 RLw 8/96, Breith 1997, 711; KassKomm/Seewald SGB I § 16 Rn. 54.
11 Schmidt SGB XIV/Schmidt § 116 Rn. 4.
12 Knickrehm/Mushoff/Schmidt Neues SozEntschR Rn. 400.; zu den Verfahrensgrundsätzen nach § 152 SGB IX – Feldes/Kohte/Stevens-Bartol SGB IX/Weber § 152 Rn. 25 ff.; ausführlich zu § 20 SGB X siehe Schütze/Siefert SGB X § 20 Rn. 2 ff.
13 Ua Schütze/Siefert SGB X § 20 Rn. 11; BSG Urt. v. 3.3.1993 – 11 RAr 49/92, BSGE 72, 111.
14 Knickrehm/Mushoff/Schmidt Neues SozEntschR Rn. 400, 408.
15 Zu § 152 SGB IX siehe Feldes/Kohte/Stevens-Bartol SGB IX/Weber § 152 Rn. 25.
16 Ua BSG Urt. v. 14.5.1996 – 4 RA 60/94, BSGE 78, 207; Schütze/Siefert SGB X § 20 Rn. 15.
17 Schütze/Siefert SGB X § 20 Rn. 17; BSG 15.2.2005 – B 2 U 3/04 R, NZS 2006, 43.
18 KassKomm/Spellbrink SGB I § 60 Rn. 2.

wirkungspflicht ergeben sich aus **§ 65 SGB I.** Dies gilt auch für die Grenzen der Mitwirkung an einer medizinischen Untersuchung zur Ermittlung des **GdS im Sinne des § 5 SGB XIV**. Von der Duldungspflicht sind nur Untersuchungen von einem Arzt oder Psychologen erfasst, die sich an den Vorgaben des **§ 65 Abs. 2 SGB I** orientieren.[19] Ein **Wahlrecht des Gutachters** entsprechend **§ 17 Abs. 1 S. 2 SGB IX bzw. § 200 Abs. 2 SGB VII** besteht für die antragstellende Person im SER nicht. Die Kosten von Untersuchungsbegutachtungen sind von den TdSE als **Verfahrenskosten nach § 64 SGB X** zu tragen. Für Fahrtkosten und Verdienstausfall gilt § 65a SGB I; die **Sonderregelung des § 36 SGB XIV** für Traumaambulanzen findet insoweit keine Anwendung.

3. Beschränkung des Antrags auf Schnelle Hilfen. Aus **Abs. 1 letzter Teilsatz** ergibt 8
sich, dass der **Anwendungsbereich des § 116 nicht eröffnet** ist, wenn die antragstellende Person ihren Antrag **ausdrücklich** auf die Gewährung Schneller Hilfen beschränkt hat. Zunächst verdeutlicht die Regelung, dass im SER grundsätzlich eine Beschränkung des Antrags auf den gesonderten Leistungsbereich der Schnellen Hilfen möglich ist. Für die Leistungen der Traumaambulanzen ist dies dogmatisch verständlich und überzeugend. Soweit hiermit auch die Leistungen des Fallmanagements nach § 30 erfasst sein sollen, ist eine teleologische Reduktion des Wortlauts erforderlich. Die Leistungen des Fallmanagements werden nicht auf Antrag, sondern regelmäßig von Amts wegen mit Einwilligung der berechtigten Person erbracht (→ Rn. 4 und → § 115 Rn. 15 f.).

Verfahrensrechtlich von weitreichender Bedeutung ist, dass durch die **Beschränkung** 9
des Antrags auf die Schnellen Hilfen die antragstellende Person eine Überprüfung der Entscheidung im Rahmen des § 115 SGB XIV verhindern kann.[20] Eine Überprüfung nach den grundsätzlichen Darlegungs- und Beweismaßstäben des SER findet nicht mehr statt und ein Widerruf des VA aus dem Erleichterten Verfahren über § 116 Abs. 2 S. 2 ist dem TdSE nicht möglich. Aufgrund der umfassenden Verfahrenserleichterungen bei der summarischen Prüfung im Rahmen des § 115 kann es für bestimmte Personen durchaus sinnvoll sein, den Antrag auf die Schnellen Hilfen ausdrücklich zu beschränken. Nach § 6 können die Leistungen der Schnellen Hilfen auch **Angehörigen (§ 2 Abs. 3 SGB XIV) und Nahestehenden (§ 2 Abs. 5 SGB XIV)** zustehen. Da diese Personen regelmäßig keine weitergehenden Leistungsansprüche im SGB XIV haben, wäre es für diese Personen sinnvoll, ihre **Anträge ausdrücklich** auf diese Leistungen zu beschränken. Hierauf sollten die Berechtigten durch die TdSE auch im Rahmen der § 13 ff. SGB I hingewiesen werden. Die Aufklärung und Beratung kann aber auch durch die Fallmanager nach der Kontaktaufnahme gem. § 30 Abs. 6 SGB XIV erfolgen. Nach § 11 Abs. 4 SGB XIV genügt es, wenn nach der Kontaktaufnahme durch die Fallmanager die (beschränkte) Antragstellung durch die möglicherweise berechtigte Person erfolgt. Erstattungsansprüche für zu Unrecht erbrachte Leistungen der Schnellen Hilfen sind im SGB XIV nicht weiter vorgesehen.[21] Einen umfassenden Ausschluss von Erstattungen normiert dabei § 11 Abs. 5 SGB XIV sogar für die ersten beiden Sitzungen der Traumaambulanz sowie die Kontaktaufnahme durch das Fallmanagement, auch wenn schon im Erleichterten Verfahren nach § 115 SGB XIV keine Ansprüche bestehen. Anders verhält es sich bei den **Geschädigten** (hierzu gehören auch die Schockgeschädigten nach § 14 Abs. 2 SGB XIV) selbst oder den **Hinterbliebenen (§ 2 Abs. 4 SGB XIV)**. Diesen Personen stehen über die Schnellen Hilfen hinaus **regelmäßig weitere Leistungsansprüche** aus dem SGB XIV zu. Vor diesem Hintergrund

19 Mrozynski SGB I § 62 Rn. 5 ff.; Eichenhofer/v. Koppenfels-Spies/Wenner SGB I/Wenner-Jung § 62 Rn. 5 ff.; zu § 152 SGB IX – Feldes/Kohte/Stevens-Bartol SGB IX/Weber § 152 Rn. 28.
20 So auch Schmidt SGB XIV/Schmidt § 116 Rn. 5.
21 Schmidt SGB XIV/Schmidt § 116 Rn. 5; Knickrehm/Mushoff/Schmidt Neues SozEntschR Rn. 401.

wäre eine ausdrückliche Beschränkung des Antrags auf die Leistungen der Schnellen Hilfen zwar ebenfalls denkbar. Ein weitergehender Antrag könnte auch zu einem späteren Zeitpunkt gestellt werden. Aus verwaltungsökonomischen bzw. auch aus Gründen der Verfahrensbeschleunigung im Interesse der Betroffenen sind bei einem solchen Vorgehen aber keine Vorteile erkennbar.

II. Abs. 2 – keine Leistungsansprüche im SER und Widerruf des VA im Erleichterten Verfahren

10 Wenn die weitere Prüfung im Rahmen des § 116 ergibt, dass keine Leistungsansprüche im SER bestehen, dann wird nach **Abs. 2** der **Antrag abgelehnt** und der zuvor im Erleichterten Verfahren erlassene **VA wird für die Zukunft widerrufen**. Die Prüfung erfasst dabei sämtliche Leistungsarten des SER. Die Vorschrift bezieht sich allgemein auf „den Antrag", ohne weiter zu differenzieren. Grundsätzlich können **verschiedene Leistungsarten des SER** nach **§ 10 Abs. 2 und Abs. 3 SGB XIV** auch **von Amts wegen erbracht** werden, so dass diesbezüglich eine Antragstellung nicht zwingend erforderlich ist. Gleichzeitig gelten Anträge auf Krankenbehandlung für die Geschädigten, die in der GKV versichert sind, im Rahmen des **§ 10 Abs. 4 SGB XIV** auch als Anträge auf die Leistungen ihrer Krankenkasse (→ § 10 Rn. 18 ff.). Regelmäßig werden die Anträge der möglicherweise leistungsberechtigten Personen allgemein formuliert, so dass im Wege der Auslegung des Antrags sämtliche Leistungen des SER erfasst sein sollen. Im Zweifel ist eine Äußerung einer berechtigten Person unter Berücksichtigung der allgemeinen Grundsätze zur Auslegung von Willenserklärungen nach den §§ 133, 157 BGB zu prüfen. Dabei ist die Äußerung so auszulegen, dass das Begehren des Geschädigten möglichst weitgehend erfasst wird (Meistbegünstigungsprinzip).[22] Die Behörde hat alle aufgrund des Sachverhalts zugunsten des Geschädigten in Betracht kommenden rechtlichen Möglichkeiten zu erwägen und notfalls auf eine Klärung hinzuwirken (zur ausdrücklichen Beschränkung des Antrags auf Schnelle Hilfen → Rn. 5).[23] Eine Ablehnung des Antrags erfolgt nur, wenn keine Leistungsansprüche bestehen. Regelmäßig werden, unabhängig vom möglichen GdS nach § 5 SGB XIV, zumindest Ansprüche auf Krankenbehandlung nach Kapitel 5 gegeben sein. Gerade im Anschluss an die Behandlung in der Traumaambulanz kann sich die Notwendigkeit ergeben, die weitergehende psychiatrische Behandlung (§ 35 iVm §§ 41 ff. SGB XIV) auf der Grundlage einer vorläufigen Entscheidung nach § 119 SGB XIV zu erbringen.

11 Nur wenn im Ergebnis der Prüfung keine Leistungsansprüche des SER in Betracht kommen, ist eine durch VA im Erleichterten Verfahren nach § 115 SGB XIV **ergangene Leistungsbewilligung für die Zukunft zu widerrufen**. Den TdSE wird für den **„Widerruf" kein Ermessensspielraum** eröffnet. Der VA muss in diesen Fällen widerrufen werden. Eine inhaltliche Überprüfung des VA aus dem Erleichterten Verfahren findet nicht mehr statt. Es kommt demnach nicht auf dessen **Rechtmäßigkeit oder Rechtswidrigkeit** an.[24] Es kann insoweit auch dahinstehen, wie das rechtliche Verhältnis zu **§ 47 Abs. 1 SGB X** ist.[25] Die Auswirkungen des „Widerrufs" des VA werden regelmäßig gering sein, da die Entscheidung nach § 116 – aufgrund des umfassenden Prüfungsauftrags bezogen auf sämtliche Leistungsbereiche des SER – regelmäßig in einem erheblichen zeitlichen Abstand zum VA nach § 115 SGB XIV ergehen wird. Die

22 Zu § 10 Abs. 1 – Knickrehm/Mushoff/Schmidt Neues SozEntschR Rn. 54; KassKomm/Seewald SGB I § 16 Rn. 54 mwN.
23 BSG Urt. v. 23.10.1996 – 4 RLw 8/96, Breith 1997, 711; KassKomm/Seewald SGB I § 16 Rn. 54.
24 Schmidt SGB XIV/Schmidt § 116 Rn. 9.
25 Schmidt SGB XIV/Schmidt § 116 Rn. 9.

Leistungen der Schnellen Hilfen, insbesondere die Behandlungen in der Traumaambulanz, sind in diesen Fällen schon vielfach vollumfänglich erbracht worden.

III. Abs. 3 – Leistungsansprüche im SER und ablehnender VA im Erleichterten Verfahren

Soweit im Erleichterten Verfahren entschieden wurde, die Leistungen Schneller Hilfen abzulehnen und die Prüfung im Weiteren Verfahren ergibt, dass Leistungsansprüche im SER bestehen, dann ist nach **Abs. 3** der **nicht begünstigende VA** zu **widerrufen**[26] und über den Antrag erneut zu entscheiden. Unter Berücksichtigung der weitgehenden Verfahrenserleichterungen des § 115 SGB XIV erscheint der **Anwendungsbereich des Abs. 3** eng begrenzt zu sein. Es ist fraglich, ob in der Praxis überhaupt entsprechende Fallkonstellationen denkbar sind. Durch den **Widerruf des VA** aus dem Erleichterten Verfahren ist die Behörden verpflichtet, über die Leistungen der Schnellen Hilfen erneut zu entscheiden. Es handelt sich dabei nicht um eine erneute Entscheidung im Erleichterten Verfahren, sondern die Entscheidung erfolgt im „regulären" Prüfungsverfahren des § 116.[27] 12

§ 117 Beweiserleichterungen

(1) Die Angaben der antragstellenden Person, die sich auf die mit der Schädigung im Zusammenhang stehenden Tatsachen beziehen, sind, wenn Beweismittel nicht vorhanden oder nicht zu beschaffen oder ohne Verschulden der antragstellenden Person oder ihrer Hinterbliebenen verlorengegangen sind, der Entscheidung zu Grunde zu legen, soweit sie nach den Umständen des Falles glaubhaft erscheinen.

(2) Eine Tatsache erscheint glaubhaft, wenn bei mehreren ernstlich in Betracht zu ziehenden Möglichkeiten das Vorliegen einer davon relativ am wahrscheinlichsten ist, weil nach Gesamtwürdigung aller Umstände besonders viel für diese Möglichkeit spricht.

(3) Die Verwaltungsbehörde kann von der antragstellenden Person in besonderen Fällen die Abgabe einer eidesstattlichen Versicherung verlangen.

A. Gesetzesgeschichte

Die **Abs. 1 und Abs. 3** entsprechen nahezu wortgleich der bisherigen **Beweiserleichterungsregelung des § 15 KOVVfG**, so dass die bisherige Rechtsprechung und Literatur weiterhin zur Auslegung des § 117 herangezogen werden kann.[1] Eine Übernahme dieser zentralen Verfahrensregelung des SER war während des gesamten Reformprozesses des SER vorgesehen und zwischen den Beteiligten nicht umstritten.[2] Mit der Vor- 1

26 Zur möglicherweise vorzugswürdigen Terminologie der „Aufhebung" – Schmidt SGB XIV/Schmidt § 116 Rn. 11.
27 Schmidt SGB XIV/Schmidt § 116 Rn. 11.
1 Ausführlich hierzu HK-SozEntschR/Knörr KOVVfG § 18 Rn. 5 ff.; so auch Schmidt SGB XIV/Schmidt § 117 Rn. 4.
2 BT-Drs. 19/13824, 220 f.

gängervorschrift des § 15 KOVVfG sollte ursprünglich in der KOV der historischen Situation Rechnung getragen werden, dass Unterlagen, die das schädigende Ereignis sowie die Art und Folgen der mit der Schädigung zusammenhängenden Tatsachen belegen können, durch die kriegerischen Ereignisse und ihre Folgen untergegangen oder nicht mehr zu beschaffen waren.[3] Über die **Verweisung des § 6 Abs. 3 OEG** kommt die Beweiserleichterung nicht nur im originären Anwendungsbereich des BVG zum Tragen, sondern ist auch im OEG eine wichtige Verfahrenserleichterung für Opfer von Gewalttaten.[4] Nach § 1 KOVVfG gilt das Gesetz nicht für die Kriegsopferfürsorge. **§ 6 Abs. 4 OEG** stellt sicher, dass das KOVVfG auch nicht über die Verweisung nach § 6 Abs. 3 OEG für Leistungen der **Kriegsopferfürsorge** (KOF) an Opfer von Gewalttaten Anwendung findet. Besondere Regelungen zum Verwaltungsverfahren der Kriegsopferfürsorge sind in **Abschnitt 10 (§§ 53 ff. KFürsV) der Verordnung zur Kriegsopferfürsorge getroffen worden.**[5] Zukünftig gilt die Beweiserleichterung des § 117 SGB XIV hingegen auch für die Besonderen Leistungen im Einzelfall nach §§ 92 ff. SGB XIV.

2 Die Norm **tritt** nach **Art. 60 Abs. 7 G-SER** vom 12.12.2019 **am 1.1.2024 in Kraft.**[6] Gleichzeitig werden die bisher geltenden Regelungen des **§ 15 KOVVfG** und die **Verweisungsnorm des § 6 Abs. 3 OEG** nach **Art. 58 Nr. 12 und Nr. 15 aufgehoben.**[7] Die Beweiserleichterung des § 117 SGB XIV findet grundsätzlich in allen Verfahren des SER Anwendung. Eine Ausnahme bildet das Erleichterte Verfahren nach § 115 SGB XIV. Auch in den weiterhin geltenden SER-Spezialgesetzen, die nicht in das SGB XIV integriert wurden, ist die Beweiserleichterung anzuwenden. So wird ua in **§ 25 Abs. 4 S. 2 StrRehaG** geregelt, dass das Verfahren für die Gewährung von Leistungen nach §§ 21 und 22 StrRehaG sich nach dem SGB I und SGB X richtet und die §§ 115 bis 119 SGB XIV werden für entsprechend anwendbar erklärt.[8] Eine vergleichbare Bezugnahme findet sich zukünftig in **§ 12 Abs. 4 S. 3 VwRehaG**[9] oder in **§ 11 Abs. 2 AntiDHG** (hier wird nur auf die §§ 117, 118 und 119 Abs. 2 SGB XIV verwiesen).[10] Diese Änderungen werden nach Art. 60 Abs. 7 G-SER am **1.1.2024** in Kraft treten.[11]

B. Normsystematik

3 Nach der **Gesetzesbegründung** soll die bestehende Rechtslage mit geringfügigen Änderungen übernommen und fortgesetzt werden. Mit der Regelung des § 117 SGB XIV soll der **Beweisnot** in den Fällen Rechnung getragen werden, in denen das **schädigende Ereignis nicht mit Beweismitteln nachweisbar** ist, jedoch besonders viel für diese Möglichkeit der Tatsachendarstellung spricht.[12] Entgegen dem bisherigen **Wortlaut des § 15 KOVVfG** kommt es nicht allein auf das Fehlen von „Unterlagen" an, sondern – der bisherigen Auslegung der Norm entsprechend – auf das **Fehlen von Beweismitteln.**[13] Hierbei geht es meist um Fälle, in denen das schädigende Ereignis **ohne Zeugen** stattgefunden hat oder wenn Zeugen von einem **Zeugnisverweigerungsrecht** Gebrauch

3 So Knickrehm/Mushoff/Schmidt Neues SozEntschR Rn. 403.
4 Zu Beweiserleichterungen im OEG siehe HK-SozEntschR/Rademacker OEG § 1 Rn. 169 ff.
5 BGBl. 1979 I 80.
6 BGBl. 2019 I 2652, 2724.
7 BGBl. 2019 I 2652, 2724.
8 Siehe Art. 12 Nr. 5 a) bb) G-SER vom 12.12.2019 – BGBl. 2019 I 2652, 2696.
9 Siehe Art. 13 Nr. 5 b) G-SER vom 12.12.2019 – BGBl. 2019 I 2652, 2697.
10 Siehe Art. 48 Nr. 7 bG-SER vom 12.12.2019 – BGBl. 2019 I 2652, 2718.
11 BGBl. 2019 I 2652, 2724.
12 BSG Urt. v. 15.12.2016 – B 9 V 3/15 R.
13 BT-Drs. 19/13824, 220; zur Auslegung des § 15 KOVVfG ua BSG Urt. v. 15.12.2016 – B 9 V 3/15R, BSGE 122, 218; BSG Urt. v. 17.4.2013 – B 9 V 1/12R, BSGE 113, 205.

machen oder die Ladung des Täters für die geschädigte Person nicht zumutbar ist, etwa in **Missbrauchsfällen**. In diesen Konstellationen, in denen keine anderen Beweismittel als die Angaben der betroffenen Person zur Verfügung stehen, greift die Beweiserleichterung, wenn die betroffene Person oder ihre Hinterbliebenen den Beweisnotstand nicht selbst verschuldet haben und die Angaben glaubhaft erscheinen.[14]

Neu ist die **Legaldefinition des Abs. 2**. Diese war in der Vorgängerregelung des § 15 KOVVfG nicht enthalten. Eine Tatsache ist dann glaubhaft gemacht, wenn bei mehreren ernstlich in Betracht zu ziehenden Möglichkeiten das Vorliegen einer davon relativ am wahrscheinlichsten ist, weil nach Gesamtwürdigung aller Umstände besonders viel für diese Möglichkeit spricht. Der Gesetzgeber übernimmt für die Legaldefinition ohne weitere Änderungen die bisherige Rechtsprechung des BSG.[15] Glaubhaftmachung bedeutet danach das Dartun einer überwiegenden Wahrscheinlichkeit, dh der guten Möglichkeit, dass sich der Vorgang so zugetragen hat, wobei durchaus gewisse Zweifel bestehen bleiben können.[16] 4

Nach § 23 SGB X darf die Behörde bei Ermittlung des Sachverhalts eine Versicherung an Eides statt nur auf Grundlage einer entsprechenden Ermächtigungsnorm verlangen und abnehmen. **Abs. 3** stellt eine solche Ermächtigungsnorm gegenüber der antragstellenden Person dar. Eine Versicherung an Eides statt kann danach nicht in jedem Fall, sondern nur dann verlangt werden, wenn die Umstände des Einzelfalles sie als das gebotene Mittel erscheinen lassen.[17] 5

C. Einzelkommentierung

I. Abs. 1 und Abs. 2 – Beweismaßstab der Glaubhaftmachung

Die Tatbestände des SER bestehen regelmäßig aus drei Merkmalen, die durch einen Ursachenzusammenhang (Kausalität) miteinander verbunden sind. Das erste Tatbestandsmerkmal ist der **schädigende Vorgang** (zB eine Gewalttat nach §§ 13, 14 SGB XIV oder eine Schutzimpfung nach § 24 SGB XIV). Es muss zu einer **Schädigung** (2. Merkmal) gekommen sein und es bestehen (dauerhafte) **Schädigungsfolgen** (3. Merkmal). Grundsätzlich bedürfen die **drei Tatbestandsmerkmale des Vollbeweises**.[18] Für den Vollbeweis muss sich das Gericht bzw. der TdSE die volle Überzeugung vom Vorhandensein oder Nichtvorhandensein einer Tatsache verschaffen. Allerdings verlangt auch der Vollbeweis keine absolute Gewissheit, sondern lässt eine an Gewissheit grenzende Wahrscheinlichkeit ausreichen. Denn ein darüber hinausgehender Grad an Gewissheit ist so gut wie nie zu erlangen.[19] Das bedeutet, dass auch dem Vollbeweis gewisse Zweifel innewohnen können und verbleibende Restzweifel bei der Überzeugungsbildung unschädlich sind, solange sie sich nicht zu gewichtigen Zweifeln verdichten.[20] Eine Tatsache ist bewiesen, wenn sie in so hohem Grade wahrscheinlich ist, dass alle Umstände des Falles nach vernünftiger Abwägung des Gesamtergebnisses des 6

14 BT-Drs. 19/13824, 220.
15 In der Gesetzesbegründung BT-Drs. 19/13824, 220 wird ausdrücklich auf BSG Urt. v. 15.12.2016 – B 9 V 3/15 R, BSGE 122, 218 Bezug genommen.
16 So ua BSG Urt. v. 8.8.2001 – B 9 V 23/01 B, SozR 3-3900 § 15 Nr. 4.
17 BT-Drs. 19/13824, 221.
18 BSG Urt. v. 15.12.2016 – B 9 V 3/15 R, BSGE 122, 218.
19 BSG Urt. v. 15.12.2016 – B 9 V 3/15 R, BSGE 122, 218; Meyer-Ladewig/Keller/Leitherer/Schmidt/Keller SGG § 128 Rn. 3b; BeckOGK/Hübschmann SGG § 128 Rn. 20–24.
20 Ua BSG Urt. v. 17.4.2013 – B 9 V 1/12 R, BSGE 113, 205; BSG Urt. v. 24.11.2010 – B 11 AL 35/09 R.

Verfahrens und nach allgemeiner Lebenserfahrung geeignet sind, die volle richterliche (behördliche) Überzeugung zu begründen.[21]

7 Die Regeln **des Beweises des ersten Anscheins** finden auch im sozialgerichtlichen Verfahren Anwendung.[22] Diese Beweisregel setzt jedoch typische Geschehensabläufe voraus, auf die nach allgemeiner Erfahrung aus bestimmten Tatsachen geschlossen werden kann.[23] Wenn mehrere Geschehensabläufe oder Vorgänge möglich sind, ist eine solche Beweisregel ausgeschlossen. Gerade zur Feststellung willensgesteuerter Verhaltensweisen und damit auch des Vorsatzes eignet sich der Anscheinsbeweis deshalb häufig nicht.[24]

8 Diese allgemeinen Beweisanforderungen können für die antragstellenden Personen im Einzelfall zu hoch sein, da ihnen als grundsätzlich beweisbelasteter Partei eine solche Beweisführung nicht möglich ist und ihnen der Zugang zum SER verwehrt bleiben würde. Vor diesem Hintergrund bedarf es unter bestimmten Voraussetzungen einer modifizierenden Regelung. Das SGB XIV hat an verschiedenen Stellen solche verfahrensrechtlichen Erleichterungen für die antragstellenden Personen vorgesehen. Für die **Schnellen Hilfen im Sinne der §§ 29 ff. SGB XIV** ist das Erleichterte Verfahren nach § 115 SGB XIV in das SGB XIV neu aufgenommen worden (→ § 115 Rn. 1 ff.). Für den ursächlichen Zusammenhang zwischen einer psychischen Gesundheitsstörung und einem schädigenden Vorgang ist für den Einzelfall nunmehr in § 4 Abs. 5 SGB XIV eine „Beweislastumkehr" vorgesehen (→ § 4 Rn. 28 ff.). Die **Beweiserleichterung des § 117 SGB XIV** stellt eine **Spezialregelung** zu den allgemeinen Grundsätzen nach **§§ 20, 21 SGB X** dar und ist bei allen antragstellenden Personen hinsichtlich aller geschützten Tatbestände nach dem SGB XIV und auch bei spezialgesetzlichen Tatbeständen anwendbar (→ Rn. 2).[25] Unter den Voraussetzungen des § 117 SGB XIV werden die Anforderungen an die Beweiserhebung und Überzeugungsbildung der Behörde oder der Gerichte für bestimmte Tatbestandsmerkmale des SER abgesenkt.[26] Das Sozialrecht kennt grundsätzlich drei Beweismaßstäbe (Vollbeweis, Wahrscheinlichkeit und Glaubhaftmachung).

9 Nach dem Wortlaut des **Abs. 1** sind die Angaben der antragstellenden Person, die sich auf die mit der Schädigung im Zusammenhang stehenden Tatsachen beziehen, einer Entscheidung der TdSE oder der Gerichte zugrunde zu legen, wenn Beweismittel nicht vorhanden oder nicht zu beschaffen oder ohne Verschulden der antragstellenden Person oder ihrer Hinterbliebenen verloren gegangen sind, soweit sie nach den Umständen des Falles glaubhaft erscheinen. Bei strenger Auslegung des Wortlauts des Abs. 1 bezieht sich die Beweiserleichterung nur auf die *„Angaben, die sich auf die mit der* ***Schädigung*** *im Zusammenhang stehenden Tatsachen beziehen"*. Mit der Bezeichnung der Schädigung (2. Tatbestandsmerkmal → Rn. 6) ist regelmäßig der sog. „Primärschaden" gemeint, der unmittelbar auf den schädigenden Vorgang zurückzuführen ist.[27] Nach dem Willen des Gesetzgebers soll die Beweiserleichterung aber insbesondere hinsichtlich des Nachweises des **schädigenden Vorganges** (1. Tatbestandsmerkmal → Rn. 6) Anwendung finden. Der Gesetzgeber führt dazu aus, dass der Beweisnot in den Fällen Rechnung getragen werden soll, in denen das schädigende Ereignis nicht

---

21 BSG Urt. v. 15.12.2016 – B 9 V 3/15 R, BSGE 122, 218; BSG Urt. v. 8.8.2001 – B 9 V 23/01 R, SozR 3-3900 § 15 Nr. 4; Meyer-Ladewig/Keller/Leitherer/Schmidt/Keller SGG § 128 Rn. 3b; BeckOGK/Hübschmann SGG § 128 Rn. 20–24.
22 Meyer-Ladewig/Keller/Leitherer/Schmidt/Keller SGG § 129 Rn. 9 mwN; zum OEG siehe HK-SozEntschR/Rademacker OEG § 1 Rn. 170.
23 BSG Urt. v. 10.12.2003 – B 9 VG 3/02 R, SozR 4-3800 § 1 Nr. 5 mwN.
24 BSG Urt. v. 22.6.1988 – 9/9a BVg 4/87, SozR 1500 § 128 Nr. 35.
25 So auch Schmidt SGB XIV/Schmidt § 117 Rn. 5.
26 Schmidt SGB XIV/Schmidt § 117 Rn. 1.
27 Dazu auch Schmidt SGB XIV/Schmidt § 117 Rn. 6; außerdem mit einem anderen Ansatz Knickrehm/Mushoff/Schmidt Neues SozEntschR Rn. 404.

mit Beweismitteln nachweisbar ist.[28] Dieser weitergehende Anwendungsbereich der Norm entspricht auch dem Sinn und Zweck der Regelung und die bisherige Norm des § 15 KOVVfG wurde von der Rechtsprechung auch entsprechend angewandt.[29]

Anders als bei § 15 KOVVfG („Unterlagen")[30] stellt die Regelung des § 117 SGB XIV allgemein auf das **unverschuldete Fehlen von Beweismitteln** ab. Der nicht abschließende Katalog der Beweismittel für das Sozialverwaltungsverfahren ergibt sich aus **§ 21 Abs. 1 SGB X**. Für das Sozialgerichtsverfahren ergeben sich die „Strengbeweismittel" aus **§ 118 SGG iVm den Regelungen der ZPO**. Bereits bei § 15 KOVVfG war von der Rechtsprechung anerkannt, dass dies insbesondere das Fehlen von Zeugen für eine Gewalttat betrifft.[31] Gemeint sind damit Tatzeugen, die zu den zu beweisenden Tatsachen aus eigener Wahrnehmung Angaben machen können. Personen, die von ihrem **gesetzlichen Zeugnisverweigerungsrecht** (§§ 383 ff. ZPO) Gebrauch gemacht haben, sind dabei nicht als Zeugen anzusehen. Entsprechendes gilt für eine als Täter in Betracht kommende Person, die eine schädigende Handlung bestreitet. Denn die **Beweisnot des Opfers** ist in diesem Fall nicht geringer, als wenn der Täter unerkannt geblieben oder flüchtig ist. Die Beweiserleichterung gelangt damit auch zur Anwendung, wenn sich die **Aussagen des Opfers** und die **des vermeintlichen Täters gegenüberstehen** und Tatzeugen nicht vorhanden sind.[32] 10

Es können jedoch nicht von vornherein Beweiserleichterungen abgeleitet werden, wenn die antragstellende Person **keine Angaben zum Tatgeschehen aus eigenem Wissen** machen kann.[33] Der antragstellenden Person hilft die Beweiserleichterung in der Regel nicht, wenn sie sich zB an keine konkreten Missbrauchsereignisse erinnern kann, sondern nur bruchstückhafte mosaikartige Bildsegmente und damit verbundene emotionale Zustände vortragen kann. In einem solchen Fall können allein die Angaben der antragstellenden Person als glaubhaft angesehen werden, dass es zu derartigen **Flashback Ereignissen** gekommen ist.[34] Soweit die antragstellende Person konkrete Tatsachen zum schädigenden Ereignis aus eigener Erinnerung vortragen kann, ist im Einzelfall zu prüfen, ob diese Angaben glaubhaft sind. Dazu **genügt es nicht**, dass die antragstellende Person **subjektiv von der Richtigkeit** ihrer Angaben überzeugt ist, sondern es muss auch unter Berücksichtigung möglicher falscher Erinnerungen die überwiegende Wahrscheinlichkeit bzw. die gute Möglichkeit bestehen, dass sich der von der antragstellenden Person geschilderte schädigende Vorgang tatsächlich so ereignet hat.[35] 11

Um die **Glaubhaftigkeit von Aussagen** der antragstellenden Person überprüfen zu können, ist es im SER zulässig, nach Maßgabe der allgemeinen Grundsätze für die Einholung eines Sachverständigengutachtens ein entsprechendes **aussagepsychologisches** 12

28 BT-Drs. 19/13824, 220.

29 Vgl. ua BSG Urt. v. 15.12.2016 – B 9 V 3/15R, BSGE 122, 218; BSG Urt. v. 17.4.2013 – B 9 V 1/12R, BSGE 113, 205.

30 Dazu HK-SozEntschR/Knörr KOVVfG § 18 Rn. 5 ff.

31 BSG Urt. v. 15.12.2016 – B 9 V 3/15R, BSGE 122, 218; grundlegend BSG Urt. v. 31.5.1989 – 9 RVg 3/89, BSGE 65, 123; zum OEG HK-SozEntschR/Rademacker OEG § 1 Rn. 50 und 173.

32 Zu § 15 KOVVfG siehe BSG Urt. v. 15.12.2016 – B 9 V 3/15R, BSGE 122, 218, dazu Hansen jurisPR-SozR 17/2017 Anm. 5; BSG Urt. v. 28.7.1999 – B 9 VG 6/99 B.

33 BSG Urt. v. 28.6.2000 – B 9 VG 3/99 R, SozR 3-3900 § 15 Nr. 3; zum OEG siehe HK-SozEntschR/Rademacker OEG § 1 Rn. 50 und 173.

34 Vgl. ua SchlHLSG Urt. v. 8.11.2005 – L 2 VG 7/02; BayLSG Urt. v. 27.8.2009 – L 15 VG 22/07; zum OEG siehe HK-SozEntschR/Rademacker OEG § 1 Rn. 50.

35 HK-SozEntschR/Rademacker OEG § 1 Rn. 50; aA wohl LSG Bln-Bbg Urt. v. 8.7.2010 – L 13 VG 25/07.

Gutachten einzuholen und in die Beweiswürdigung einfließen zu lassen.[36] In seiner Entscheidung vom 17.4.2013 hatte das BSG noch ausgeführt, dass bei der Beauftragung eines Sachverständigen zur Erstellung eines aussagepsychologischen Gutachtens ein Hinweis auf den Beweismaßstab des § 15 KOVVfG notwendig sei.[37] An **diesem Erfordernis hat das BSG ausdrücklich nicht mehr festgehalten.**[38] Aussagepsychologische Gutachten können im Rahmen eines SER-Verfahrens von Bedeutung sein. Gegenstand eines solchen Gutachtens ist die Beurteilung, ob auf ein bestimmtes Geschehen bezogene Angaben zutreffen, dh einem tatsächlichen Erleben der untersuchten Person entsprechen.[39] Eine solche Aufgabe zählt an sich zu den ureigenen Aufgaben des Tatrichters (Sachbearbeiters des TdSE). Daher kommt die Einholung von Glaubhaftigkeitsgutachten nur ausnahmsweise in Betracht.[40] Der Richter selbst bzw. der TdSE hat bei der Beweiswürdigung Erfahrungsregeln zu beachten, die u.a. aus aussagepsychologischen Untersuchungen gewonnen werden.[41] Allerdings kann die **Hinzuziehung eines Sachverständigen** insbesondere dann **geboten** sein, wenn die betreffenden Angaben das einzige das fragliche Geschehen belegende Beweismittel sind und Anhaltspunkte dafür bestehen, dass sie durch eine **psychische Erkrankung der Auskunftsperson** (Zeuge, Beteiligter) und deren Behandlung beeinflusst werden können.[42]

13 Durch ein aussagepsychologisches Gutachten besteht lediglich die Möglichkeit herauszufinden, **ob sich Aussagen auf Erlebtes beziehen,** dh einen Erlebnishintergrund haben. Bestenfalls können hierdurch **Zweifel an der Erlebnisbasis und Zuverlässigkeit** einer konkreten Aussage zurückgewiesen werden. Der aussagepsychologische Sachverständige vermittelt durch sein Gutachten dem Gericht (dem TdSE) auf den Einzelfall bezogene wissenschaftliche Erkenntnisse und stellt diesem aufgrund von Befundtatsachen wissenschaftlich gestützte Schlussfolgerungen zur Verfügung.[43] Die **umfassende rechtliche Würdigung** dieser Feststellungen, Erkenntnisse und Schlussfolgerungen **obliegt dem Gericht** (bzw. TdSE).[44] Selbst wenn ein **Sachverständiger Vorschläge zur rechtlichen Bewertung** der von ihm sachkundig festgestellten Tatsachen macht, sind die Gerichte an diese nicht gebunden.[45]

14 Bei dem **„Glaubhafterscheinen"** nach **Abs. 1** und bei der Vorgängerregelung des **§ 15 KOVVfG** handelt es sich um den **dritten und mildesten Beweismaßstab des Sozialrechts.** Eine Tatsache erscheint nach der Legaldefinition des Abs. 2 glaubhaft, wenn bei mehreren ernstlich in Betracht zu ziehenden Möglichkeiten das Vorliegen einer davon relativ am wahrscheinlichsten ist, weil nach einer Gesamtwürdigung aller Umstände besonders viel für diese Möglichkeit spricht. Der Gesetzgeber übernimmt hierbei ohne Änderungen die Grundsätze, die durch die Rechtsprechung des BSG in der Vergangenheit festgestellt und umrissen wurden.[46] Nach der gefestigten Recht-

---

36 Grundlegend BSG Urt. v. 15.12.2016 – B 9 V 3/15R, BSGE 122, 218; BSG Urt. v. 17.4.2013 – B 9 V 1/12R, BSGE 113, 205; auch Aymans/Friedrich SGb 2016, 626 ff.

37 So BSG Urt. v. 17.4.2013 – B 9 V 1/12R, BSGE 113, 205.

38 BSG Urt. v. 15.12.2016 – B 9 V 3/15R, BSGE 122, 218, dazu Hansen jurisPR-SozR 17/2017 Anm. 5.

39 BSG Urt. v. 15.12.2016 – B 9 V 3/15R, BSGE 122, 218 unter Verweis auf BGH Urt. v. 30.7.1999 – 1 StR 618/98, BGHSt 45, 164 (167).

40 BSG Urt. v. 15.12.2016 – B 9 V 3/15R, BSGE 122, 218 mwN.

41 Dazu BVerfG Beschl. v. 30.4.2003 – 2 BvR 2045/02, NJW 2003, 2444.

42 Siehe BSG Urt. v. 15.12.2016 – B 9 V 3/15R, BSGE 122, 218 mwN; dazu Röhl SozRaktuell Sonderheft 2017, 43, 46 f.

43 BSG Urt. v. 15.12.2016 – B 9 V 3/15R, BSGE 122, 218; BSG Urt. v. 17.4.2013 – B 9 V 1/12R, BSGE 113, 205.

44 BSG Urt. v. 15.12.2016 – B 9 V 3/15R, BSGE 122, 218.

45 BSG Urt. v. 15.12.2016 – B 9 V 3/15R, BSGE 122, 218; BSG Urt. v. 21.3.2016 – B 9 SB 81/15 B.

46 BT-Drs. 19/13824, 221 unter ausdrücklichen Verweis auf BSG Urt. v. 15.12.2016 – B 9 V 3/15R, BSGE 122, 218; BSG Urt. v. 17.4.2013 – B 9 V 1/12R, BSGE 113, 205.

sprechung des BSG zu diesem Beweismaßstab bedeutet die Glaubhaftmachung das **Dartun einer überwiegenden Wahrscheinlichkeit,**[47] dh der guten Möglichkeit, dass sich der Vorgang so zugetragen hat, wobei durchaus gewisse Zweifel bestehen bleiben können.[48]

Der **Beweismaßstab der Glaubhaftmachung** ist gekennzeichnet durch seine **Relativität.** 15
Es muss nicht wie bei der Wahrscheinlichkeit des ursächlichen Zusammenhangs (→ Rn. 13 und → § 4 Rn. 26 f.) absolut mehr für als gegen die glaubhaft zu machende Tatsache sprechen. Es reicht die gute Möglichkeit aus, das heißt, es genügt, wenn bei mehreren ernstlich in Betracht zu ziehenden Möglichkeiten das Vorliegen einer davon relativ am wahrscheinlichsten ist, weil nach Gesamtwürdigung aller Umstände besonders viel für diese Möglichkeit spricht.[49] Von mehreren ernstlich in Betracht zu ziehenden **Sachverhaltsvarianten** muss einer den übrigen gegenüber ein **gewisses (kein deutliches) Übergewicht** zukommen. Wie bei den beiden anderen Beweismaßstäben reicht die bloße Möglichkeit einer Tatsache nicht aus, um die Beweisanforderungen zu erfüllen. Das Gericht ist allerdings im Einzelfall grundsätzlich darin frei, ob es die Beweisanforderungen im Rahmen des **§ 128 Abs. 1 S. 1 SGG** als erfüllt ansieht.[50]

Die Beweiserleichterung findet **keine Anwendung** auf die **Kausalitätsfragen** (haftungs- 16
begründende und haftungsausfüllende Kausalitäten) sowie auf die **Schädigungsfolgen** (3. Tatbestandsmerkmal → Rn. 6). Als Überzeugungsmaßstab für die Kausalität kommt der Beweismaßstab der Wahrscheinlichkeit zur Anwendung. Dies ergibt sich nunmehr grundsätzlich aus § 4 Abs. 4 SGB XIV (→ § 4 Rn. 26 f.). Eine **Wahrscheinlichkeit** ist nach **§ 4 Abs. 4 S. 2 SGB XIV** dann gegeben, wenn nach dem aktuellen Stand der medizinischen Wissenschaft mehr für als gegen einen ursächlichen Zusammenhang spricht.[51] Diese Definition ist der Fragestellung nach dem wesentlichen ursächlichen Zusammenhang angepasst, die nur entweder mit ja oder mit nein beantwortet werden kann. Es muss sich unter Würdigung des Beweisergebnisses ein solcher Grad von Wahrscheinlichkeit ergeben, dass ernste Zweifel hinsichtlich einer anderen Möglichkeit ausscheiden. Für die Wahrscheinlichkeit ist ein "deutliches" Übergewicht für eine der Möglichkeiten erforderlich. Sie entfällt, wenn eine andere Möglichkeit ebenfalls ernstlich in Betracht kommt.[52]

II. Abs. 3 – Abgabe einer eidesstattlichen Versicherung

Durch Abs. 3 wird die Verwaltungsbehörde ermächtigt, von der **antragstellenden Per-** 17
son in besonderen Fällen die **Abgabe einer eidesstattlichen Versicherung** zu verlangen. Die Norm entspricht weitgehend der bisherigen Regelung des § 15 S. 2 KOVVfG. Nach § 23 Abs. 1 und 2 SGB X darf eine Behörde bei der Ermittlung eines Sachverhalts eine eidesstattliche Versicherung grundsätzlich nur verlangen und abnehmen, wenn dies u.a. in dem betreffenden Verfahren durch Gesetz oder Rechtsverordnung

47 BSG Urt. v. 15.12.2016 – B 9 V 3/15R, BSGE 122, 218.
48 So ua BSG Urt. v. 8.8.2001 – B 9 V 23/01 B, SozR 3-3900 § 15 Nr. 4.
49 BSG Urt. v. 15.12.2016 – B 9 V 3/15R, BSGE 122, 218, dazu Hansen jurisPR-SozR 17/2017 Anm. 5; BSG Urt. v. 17.4.2013 – B 9 V 1/12R, BSGE 113, 205; vertiefend Löbner br 2019, 93; Bienert NZS 2017, 438; Friedrich SGb 2018, 122.
50 BSG Urt. v. 15.12.2016 – B 9 V 3/15R, BSGE 122, 218, dazu Hansen jurisPR-SozR 17/2017 Anm. 5; BSG Urt. v. 17.4.2013 – B 9 V 1/12R, BSGE 113, 205 mwN.
51 Dazu BT-Drs. 19/13824, 171.
52 BSG Urt. v. 15.12.2016 – B 9 V 3/15R, BSGE 122, 218; BSG Urt. v. 17.4.2013 – B 9 V 1/12R, BSGE 113, 205; BSG Urt. v. 17.4.2013 – B 9 V 3/12 R; BeckOGK/Hübschmann SGG § 128 Rn. 25; aA Meyer-Ladewig/Keller/Leitherer/Schmidt/Keller SGG § 128 Rn. 3c.

vorgesehen ist.[53] **Abs. 3** stellt nach dem ausdrücklichen Willen des Gesetzgebers **eine solche Ermächtigung** gegenüber der antragstellenden Person dar.[54]

18 Die eidesstattliche Versicherung darf durch die Verwaltungsbehörde **nur in besonderen Fällen** von der antragstellenden Person verlangt werden. Die Verwaltungsbehörde ist die vom TdSE bestimmte sachlich zuständige **Behörde im Sinne der §§ 111 und 112 SGB XIV**. Unklar bleibt, was der Gesetzgeber unter einem besonderen Fall versteht. In der Gesetzesbegründung wird hierzu lediglich ausgeführt, dass eine Versicherung nur dann verlangt werden soll, wenn die Umstände des Einzelfalles sie **als das gebotene Mittel erscheinen lassen**.[55]

19 **Anknüpfungspunkt für die eidesstattliche Versicherung sind zunächst die Abs. 1 und 2.** Nur wenn die Anwendung des Beweismaßstabs der Glaubhaftmachung in Betracht kommt, kann die Abnahme einer eidesstattlichen Versicherung durch die Behörde erfolgen. Dies ist systematisch auch aus dem sozialgerichtlichen Verfahrensrecht bekannt. Die **Möglichkeit der Glaubhaftmachung** durch eidesstattliche Versicherung nach **§ 86b Abs. 2 S. 4 iVm §§ 920 Abs. 2 u. 294 Abs. 1 ZPO** beinhaltet nur die **Zulassung eines weiteren Beweismittels.** An den Inhalt einer beigebrachten eidesstattlichen Versicherung ist das Gericht bei seiner Überzeugungsbildung jedoch nicht gebunden. Auch eidesstattliche Versicherungen sind inhaltlich zu würdigen.[56]

20 Der Gesetzgeber hat in **Abs. 3** der Behörde in zwei Bereichen eine Prüfungsverpflichtung auferlegt. Zunächst muss die Behörde beurteilen, ob ein besonders gelagerter Einzelfall vorliegt (Eröffnung eines Beurteilungsspielraumes). Darüber hinaus steht die Abnahme einer eidesstattlichen Versicherung aber auch im Ermessen der Behörde.[57] Als Maßstab für eine Abnahme einer eidesstattlichen Versicherung kann in Ermangelung einer speziellen Vorgabe im SGB XIV auf den allgemeinen Grundsatz des § 23 Abs. 2 S. 2 SGB X abgestellt werden. Danach soll eine Abnahme nur erfolgen, wenn andere Mittel zur Erforschung der Wahrheit nicht vorhanden sind, zu keinem Ergebnis geführt haben oder einen unverhältnismäßigen Aufwand erfordern würden.[58]

D. Anhang

I. OEG

21 **§ 6 OEG Zuständigkeit und Verfahren**

…

(3) Das Gesetz über das Verwaltungsverfahren der Kriegsopferversorgung, mit Ausnahme der §§ 3 bis 5, sowie die Vorschriften des Sozialgerichtsgesetzes über das Vorverfahren sind anzuwenden.

(4) Absatz 3 gilt nicht, soweit die Versorgung in der Gewährung von Leistungen besteht, die den Leistungen der Kriegsopferfürsorge nach den §§ 25 bis 27h des Bundesversorgungsgesetzes entsprechen.

II. KOVVfG

22 **§ 15 KOVVfG [Angaben des Antragstellers]**

[1]Die Angaben des Antragstellers, die sich auf die mit der Schädigung im Zusammenhang stehenden Tatsachen beziehen, sind, wenn Unterlagen nicht vorhanden oder nicht zu beschaffen oder ohne Verschulden des Antragstellers oder seiner Hinterbliebenen verlorengegangen sind, der Entscheidung zugrunde zu legen, soweit sie nach den Umständen des Falles glaubhaft erscheinen. [2]Die Verwaltungs-

53 Dazu auch Knickrehm/Mushoff/Schmidt Neues SozEntschR Rn. 407.
54 BT-Drs. 19/13824, 221.
55 BT-Drs. 19/13824, 221.
56 So BeckOGK/Hübschmann SGG § 128 Rn. 27.
57 Ebenso Knickrehm/Mushoff/Schmidt Neues SozEntschR Rn. 407; zu § 15 S. 2 KOVVfG siehe HK-SozEntschR/Knörr KOVVfG § 18 Rn. 9; aA Schmidt SGB XIV/Schmidt § 117 Rn. 15, hier wird nur ein „Kompetenz-Kann" angenommen.
58 So auch Knickrehm/Mushoff/Schmidt Neues SozEntschR Rn. 407.

behörde kann in besonderen Fällen von dem Antragsteller die eidesstattliche Versicherung verlangen, daß er bei seinen Angaben nach bestem Wissen die reine Wahrheit gesagt und nichts verschwiegen habe.

III. KOVVfGVwV

KOVVfGVwV zu § 15 23

1. Die Vorschrift bezieht sich auf alle mit Entstehung, Art und Folgen der Schädigung zusammenhängenden Tatsachen. Sie kann erst angewendet werden, wenn alle anderen Möglichkeiten, den Sachverhalt aufzuklären, erschöpft sind und zu keinem ausreichenden Ergebnis geführt haben. In diesen Fällen ist der Antragsteller zu einer eingehenden Schilderung der Tatsachen zu veranlassen. Bei der Prüfung seiner Angaben sind Auskünfte und Aussagen von Auskunftspersonen zu berücksichtigen. Ergeben sich hierbei Widersprüche über wesentliche Tatsachen, so muss die Verwaltungsbehörde um ihre Aufklärung bemüht sein. Erst wenn die Darstellung des Antragstellers nach sorgfältiger Abwägung aller Umstände glaubhaft erscheint, ist sie der Entscheidung zugrunde zu legen.

2. Um eine Entwertung dieses Mittels der Glaubhaftmachung zu verhindern, ist von der eidesstattlichen Versicherung nur im Ausnahmefall Gebrauch zu machen, wenn die sonstigen Ermittlungen zu keinem oder nur zu einem unzureichenden Ergebnis geführt haben. Keinesfalls darf sie dazu dienen, die Nachforschung nach anderen Beweismitteln zu ersetzen. Unter diesen Voraussetzungen ist die Abnahme einer eidesstattlichen Versicherung geboten, wenn sie bei Abwägung aller Umstände erforderlich und geeignet erscheint, wahrheitsgemäße Angaben herbeizuführen.

3. Nummer 1 und Nummer 2 zu § 13 gelten entsprechend.

§ 118 Beiziehung von Unterlagen und Anhörung

(1) [1]Mit Einwilligung der antragstellenden Person kann die zuständige Verwaltungsbehörde zur Aufklärung des Sachverhalts von öffentlichen, freien gemeinnützigen und privaten Krankenhäusern sowie Krankenhäusern öffentlich-rechtlicher Körperschaften und Trägern der Sozialversicherung Krankenpapiere, Aufzeichnungen, Krankengeschichten, Sektions- und Untersuchungsbefunde sowie Röntgenbilder im erforderlichen Maße zur Einsicht beiziehen. [2]Die Verwaltungsbehörde hat für die Wahrung des ärztlichen Berufsgeheimnisses Sorge zu tragen. [3]Unter denselben Voraussetzungen kann die Verwaltungsbehörde von privaten Ärztinnen und Ärzten und anderen Therapeutinnen und Therapeuten, die die antragstellende Person behandeln oder behandelt haben, Auskünfte einholen und Untersuchungsunterlagen zur Einsicht beziehen.

(2) [1]Die Verwaltungsbehörde ist befugt, von den Auskunftspersonen die eidesstattliche Versicherung zu verlangen, dass sie nach bestem Wissen die reine Wahrheit gesagt und nichts verschwiegen haben. [2]In gleicher Weise kann von den Sachverständigen die eidesstattliche Versicherung verlangt werden, dass sie das Gutachten unparteiisch und nach bestem Wissen erstattet haben.

(3) [1]Ist die Anhörung vor den zuständigen Verwaltungsbehörden mit Schwierigkeiten verbunden, namentlich wegen der Entfernung des Aufenthaltsorts der zu hörenden Personen vom Sitz der Verwaltungsbehörde, so kann eine andere Verwaltungsbehörde und, wenn die Anhörung vor dieser ebenfalls Schwierigkeiten unterläge, eine andere Behörde um die Erledigung ersucht werden. [2]Dasselbe gilt bei Gefahr im Verzug.

A. Gesetzesgeschichte

1 Die Norm übernimmt mit kleineren Änderungen die bisherigen Regelungen der §§ 12 und 13 KOVVfG. Der Regelungsgehalt des **Abs. 1** entspricht weitgehend der bisherigen Regelung des **§ 12 Abs. 2 KOVVfG**. Im Rahmen des **Abs. 2** wird die Regelung des **§ 13 Abs. 1 KOVVfG** weitgehend in das neue SER überführt und **Abs. 3** entspricht inhaltlich dem **§ 13 Abs. 2 KOVVfG**. Soweit in der **Gesetzesbegründung** ausgeführt wird, dass der Abs. 1 dem bisherigen § 12 Abs. 2 und 3 KOVVfG sowie dem bisherigen § 13 KOVVfG entspricht,[1] handelt es sich wohl um ein Versehen. Die Ausführungen des Gesetzgebers entsprechen nicht der gegenwärtigen Rechtslage des SER und sind für die Rechtsanwender irreführend.[2]

2 Inwieweit die Sonderregelungen **des Abs. 1** zur Beiziehung und Einsichtnahme in medizinische Unterlagen und Befunde unter Berücksichtigung der allgemeinen Regelungen des SGB X zur Amtsermittlung sowie zur **Erhebung von Sozialdaten nach §§ 67 ff. SGB X iVm der EU-DSGVO** bzw. hinsichtlich der **Regelungen zur Zusammenarbeit der Leistungsträger und zur Beiziehung Dritter nach §§ 86 ff. SGB X** erforderlich war, ist zumindest fraglich.[3] Im KOVVfG ist die Berechtigung zur Erhebung und Beiziehung von Sozialdaten spezialgesetzlich vorgesehen, da dieses bereits im Jahr 1955 geregelt wurde.[4] Mit der Einführung des SGB I und des SGB X ergaben sich für das Verwaltungsverfahren im SER wesentliche Änderungen.[5] Nach § 37 S. 1 SGB I sind im SER grundsätzlich die allgemeinen Vorschriften des SGB I und des SGB X anzuwenden. Die weiterhin gültigen Normen des KOVVfG sind nach § 68 Nr. 8 SGB I besondere Teile des SGB, die im Rahmen des § 37 S. 1 SGB I als spezialgesetzliche Normen die allgemeinen Vorschriften des SGB I und des SGB X verdrängen. Grundsätzlich ist das **Erheben von Sozialdaten** durch die in **§ 35 SGB I** genannten Stellen zu dem jeweils damit verbundenen Zweck zulässig.[6] Die **Auskunftspflicht von Ärzten und Angehörigen anderer Heilberufe gegenüber Leistungsträgern** ergibt sich grundsätzlich aus **§ 100 SGB X**. Unter den Anwendungsbereich des § 100 Abs. 1 S. 3 SGB X fallen grundsätzlich auch alle Krankenhäuser und weiteren Rehabilitationseinrichtungen, in denen medizinische Leistungen erbracht werden. Verpflichtet zur Auskunft sind die Personen, welche die Krankenhäuser und Einrichtungen verantwortlich nach außen vertreten.[7] **Abs. 1** stellt insoweit eine Spezialregelung für die TdSE im Verhältnis zu § 100 SGB X dar. Es ist nicht ohne Weiteres erkennbar, weshalb für die TdSE ein Rückgriff auf **§ 100 SGB X** nicht ausreichend gewesen wäre. Zumal sich vor dem Hintergrund dieser Spezialregelung möglicherweise weitere Problemstellungen in Abgrenzung zu den og Regelungen des SGB X ergeben können.[8]

3 Die **Regelung des § 118 war im Rahmen des Gesetzgebungsverfahrens** durchaus **Gegenstand verschiedener Diskussionen**. Insbesondere von den **Opferverbänden** wurde mitunter gefordert, in Bezug auf die **Qualifikationsanforderungen von Gutachtern bei Traumafolgestörungen** eine entsprechende Regelung in einem Abs. 4 in die Norm aufzunehmen. Neben einem **eigenen Vorschlagsrecht** für geschädigte antragstellende Personen wurde angeregt, im SER-Verfahren wie im Recht der gesetzlichen Unfallversicherung (§ 200 Abs. 2 SGB VII) **den Geschädigten drei Gutachter zur Aus-**

1 BT-Drs. 19/13824, 221.
2 Dazu Knickrehm/Mushoff/Schmidt Neues SozEntschR Rn. 408.
3 Allgemein die Notwendigkeit ablehnend Schmidt SGB XIV/Schmidt § 118 Rn. 1.
4 BGBl. 1955 I 202.
5 Vgl. HK-SozEntschR/Knörr KOVVfG § 1 Rn. 2 ff.
6 Vertiefend ua Schütze/Bieresborn SGB X § 67a Rn. 8 ff.
7 BSG Urt. v. 23.7.2002 – B 3 KR 64/01 R, BSGE 90, 1; Schütze/Roos SGB X § 100 Rn. 11 f.
8 Zu der durchaus wenig überzeugenden Gestaltung des Abs. 1 siehe Schmidt SGB XIV/Schmidt § 118 Rn. 4.

wahl zu benennen.[9] Diese durchaus bedenkenswerten Anregungen haben keinen Eingang in das SGB XIV gefunden. Es erfolgten durch den Gesetzgeber lediglich kleinere redaktionelle Änderungen.[10]

Die Norm **tritt** nach **Art. 60 Abs. 7 G-SER** vom 12.12.2019 **am 1.1.2024 in Kraft.**[11] 4
Gleichzeitig werden die bisher geltenden Regelungen der **§§ 12 und 13 KOVVfG** nach **Art. 58 Nr. 12 G-SER** aufgehoben.[12] Auch in den weiterhin geltenden **SER-Spezialgesetzen**, die nicht in das SGB XIV integriert wurden, ist die Regelung des § 118 anzuwenden. So wird ua in **§ 25 Abs. 4 S. 2 StrRehaG** geregelt, dass das Verfahren für die Gewährung von Leistungen nach §§ 21 und 22 StrRehaG sich nach dem SGB I und SGB X richtet und die §§ 115 bis 119 SGB XIV werden für entsprechend anwendbar erklärt.[13] Eine vergleichbare Bezugnahme findet sich zukünftig in **§ 12 Abs. 4 S. 3 VwRehaG**[14] oder in **§ 11 Abs. 2 AntiDHG** (hier wird nur auf die §§ 117, 118 und 119 Abs. 2 SGB XIV verwiesen)[15]. Diese Änderungen werden nach **Art. 60 Abs. 7 G-SER** am **1.1.2024** in Kraft treten.[16]

B. Normsystematik

Der **Abs. 1** ergänzt die **allgemein geltenden Vorschriften der §§ 20 und 21 SGB X** und 5
regelt die Beiziehung der ärztlichen Unterlagen der antragstellenden Person durch die zuständige Verwaltungsbehörde. Sie benennt dabei genau, **welche Unterlagen** von der zuständigen Behörde beigezogen werden können. Diese Beiziehung setzt die **Einwilligung der antragstellenden Person** voraus und darf nur in dem **zur Aufklärung des Sachverhalts erforderlichen Umfang** erfolgen. Zudem muss die Behörde für die **Wahrung des ärztlichen Berufsgeheimnisses** Sorge tragen.[17] Nach **§ 23 SGB X** darf die Behörde bei der Ermittlung des Sachverhalts eine **Versicherung an Eides statt** nur auf Grundlage einer entsprechenden **Ermächtigungsnorm** verlangen und abnehmen.

Abs. 2 stellt **eine solche Ermächtigungsnorm dar,** um von **Auskunftspersonen** und **Sachverständigen** die eidesstattliche Versicherung verlangen zu können.[18] Hier ergeben sich weitgehend Parallelen zu § 117 Abs. 3 SGB XIV (→ § 117 Rn. 17 ff.). Im Rahmen des **Abs. 3** wird der zuständigen Behörde im Wege der **Amtshilfe** die Möglichkeit eröffnet, andere Behörden um die Durchführung der Anhörung zu ersuchen, wenn dies für sie mit **Schwierigkeiten** verbunden wäre oder **Gefahr in Verzug** besteht.[19]

C. Einzelkommentierung

I. Abs. 1 – Beiziehung von medizinischen Unterlagen und Befunden

Grundsätzlich sind die Sozialbehörden nach **§§ 20, 21 SGB X** verpflichtet, alle für die 6
anstehende Entscheidung relevanten Umstände nach **pflichtgemäßem Ermessen von Amts wegen** zu ermitteln, auch wenn sie nicht von der antragstellenden Person vorgetragen sind.[20] Dabei sind die Behörden im Rahmen des § 20 Abs. 1 S. 2 SGB X **nicht**

9 Ausschussdrucksache 19(11)505, 11 und 39 f.
10 BT-Drs. 19/14870, 10, 34.
11 BGBl. 2019 I 2652, 2724.
12 BGBl. 2019 I 2652, 2724.
13 Siehe Art. 12 Nr. 5 a) bb) G-SER vom 12.12.2019 – BGBl. 2019 I 2652, 2696.
14 Siehe Art. 13 Nr. 5 b) G-SER vom 12.12.2019 – BGBl. 2019 I 2652, 2697.
15 Siehe Art. 48 Nr. 7 b) G-SER vom 12.12.2019 – BGBl. 2019 I 2652, 2718.
16 BGBl. 2019 I 2652, 2724.
17 BT-Drs. 19/13824, 221.
18 BT-Drs. 19/13824, 221.
19 BT-Drs. 19/13824, 221.
20 Siehe BSG Urt v. 26.2.1986 – 9a RVs 4/83, BSGE 60, 11, 14; KassKomm/Mutschler SGB X § 20 Rn. 6.

an das Vorbringen und die Beweisanträge der Beteiligten gebunden. Aufgrund der Nichtförmlichkeit des Verfahrens nach § 9 SGB X ist die Behörde innerhalb dieser Grenzen **grundsätzlich frei in der Wahl der zulässigen Beweismittel.**[21] Es müssen durch die Behörde insbesondere die für die **Beteiligten günstigen Tatsachen** ermittelt werden. Ein Absehen von Ermittlungen ist nur zulässig, wenn es auf eine ungeklärte Tatsache nicht ankommt, sie offenkundig ist oder als wahr unterstellt werden kann bzw. das Beweismittel unerreichbar ist.[22] Durch **Abs. 1** werden den Verwaltungsbehörden bei der **Beiziehung von medizinischen Unterlagen** entsprechende **Grenzen** gesetzt.

7 Die verfahrensrechtlichen Sonderregeln des **Abs. 1 S. 1 und S. 3** zur Beiziehung von medizinischen Unterlagen und Befunden sind – unabhängig von der Frage, ob diese Normierung im Anwendungsbereich des SGB X überhaupt erforderlich ist (→ Rn. 2) – problematisch. Zunächst wird festgelegt, dass die Beiziehung von medizinischen Unterlagen (Sozialdaten im Sinne der **§§ 67 ff. SGB X iVm DS-GVO**) durch die Verwaltungsbehörden nur mit **Einwilligung der antragstellenden Person** erfolgen darf. Diese Regelung ist im Vergleich zur Rechtslage nach dem SGB X lediglich deklaratorisch. Denn dieser Grundsatz ergibt sich bereits aus den allgemeinen Regelungen des SGB I und des SGB X zum Schutz von Sozialdaten. Der Untersuchungsgrundsatz nach §§ 20 ff. SGB X besteht nicht grenzenlos, sondern erfährt regelmäßig eine wichtige Begrenzung durch das Einverständnis der antragstellenden Person.[23] Für die Ermittlung der besonders geschützten Gesundheitsdaten gilt **§ 37 S. 3 SGB I**. Dieser ordnet den **Vorrang aller Sozialdatenschutzbestimmungen** vor dem Verfahrensrecht an.[24] Die (behandelnden) Ärzte der antragstellenden Person müssen von ihrer **Schweigepflicht** gegenüber der Verwaltungsbehörde **schriftlich entbunden** werden (§ 203 StGB). Bei den **gesundheitlichen Daten** der antragstellenden Person handelt es sich um **besonders sensible Daten im Sinne des § 67 Abs. 2 SGB X iVm Art. 4 Nr. 1 DS-GVO (Verordnung (EU) 2016/679)**. Eine Erhebung der Sozialdaten ist im Rahmen des **§ 67a Abs. 1 SGB X** durch die in **§ 35 SGB I** genannten Stellen zulässig, wenn ihre Kenntnis zur Erfüllung der Aufgabe nach diesem Gesetzbuch erforderlich ist. Durch die TdSE werden die medizinischen Unterlagen und Befunde in diesem Sinne zur Herbeiführung der Entscheidungsreife der SER-Verfahren erhoben. Da es um die Übermittlung der Daten an die Verwaltungsbehörde durch die in **Abs. 1 S. 1 und S. 3** genannten Personen und Institutionen geht, käme grundsätzlich auch **§ 69 Abs. 1 Nr. 1 SGB X** als **Ermächtigungsgrundlage** in Betracht. Hierdurch wird auch die Übermittlung der Daten an private Gutachter, die als Sachverständige einbezogen werden sollen, grundsätzlich ermöglicht.[25] Aufgrund der Sonderregelung des Abs. 1 S. 1 ist ein Rückgriff auf die Regelung des § 69 SGB X aber nur eingeschränkt möglich. Hierzu müsste das Verhältnis der Normen zueinander noch geklärt werden.

8 Ebenfalls schwierig gestaltet sich die Reichweite der Regelung des Abs. 1 S. 1. Der **Wortlaut und die Gesetzesbegründung** deuten darauf hin, dass eine abschließende Sonderregelung getroffen werden sollte, welche medizinischen Unterlagen und Befunde von den Verwaltungsbehörden einbezogen werden können.[26] In der **Gesetzesbegründung** wird ausgeführt, dass die **Norm dabei genau benennt, welche Unterlagen**

---

21 Ua Schütze/Siefert SGB X § 20 Rn. 11; KassKomm/Mutschler SGB X § 20 Rn. 6 ff.; BSG Urt v. 3.3.1993 – 11 RAr 49/92, BSGE 72, 111.
22 BSG Urt. v. 25.6.2015 – B 14 AS 30/14 R, NJW 2016, 974; KassKomm/Mutschler SGB X § 20 Rn. 6 mwN.
23 Zum Verfahren nach § 152 SGB IX – Feldes/Kohte/Stevens-Bartol SGB IX/Weber § 152 Rn. 27 f.
24 Ua BSG Urt. v. 15.2.2005 – B 2 U 3/04 R, NZS 2006, 43.
25 Dazu KassKomm/Martin SGB X § 69 Rn. 7.
26 Schmidt SGB XIV/Schmidt § 118 Rn. 4.

von der zuständigen Behörde beigezogen werden können.[27] Dies wäre äußerst bedenklich, da die Behörden zwar Röntgenbilder einbeziehen könnten, aber modernere Befundmethoden, wie zB **eine MRT- oder CT-Untersuchung**, nicht verwenden und von den Ärzten auch nicht übermittelt werden dürften.[28] Dieses Ergebnis wäre auch schwer mit dem Sinn und Zweck der Regelung vereinbar. Den Behörden soll durch den umfassenden Zugang zu medizinischen Unterlagen und Befunden eine schnellere Verfahrensbearbeitung durch eine sog. **Aktenlagebegutachtung** ermöglicht werden und für die antragstellenden Personen sollen Doppeluntersuchungen und – soweit diese nicht erforderlich sind – aufwendige Untersuchungsbegutachtungssituationen vermieden werden. Dieses Ziel ist aber nur erreichbar, wenn die Behörden alle medizinischen Unterlagen und Befunde einbeziehen dürfen. Dies betrifft die aktuelle gesundheitliche Situation und den Verlauf von gesundheitlichen Beeinträchtigungen. Es wäre durchaus angebracht, wenn der Gesetzgeber vor dem Hintergrund der fehlenden Erforderlichkeit für diese Sonderregelung noch vor dem Inkrafttreten eine Änderung bzw. Klarstellung herbeiführen würde.

Soweit von den Ärzten, Therapeuten bzw. Institutionen (zB Krankenhäuser) Unterla- 9
gen und Befunde durch die Verwaltungsbehörde abgefordert werden, können diese auf der Grundlage des **§ 21 Abs. 3 S. 4 iVm JVEG** eine entsprechende Entschädigung oder Vergütung erhalten. Die Höhe der Vergütung richtet sich nach **§ 9 bzw. § 10 JVEG** iVm den jeweiligen Anlagen. Für die Erstellung eines einfachen Befundscheins oder die Erteilung einer schriftlichen Auskunft ohne eine gutachtliche Äußerung ist in der **Anlage 2 zu § 10 Abs. 1 S. 1 JVEG nach der Nr. 200** eine Vergütung von **25,00 EUR** vorgesehen. Wenn der Befund außergewöhnlich umfangreich ist, dann kann nach der Nr. 201 die Vergütung bis zu 55,00 EUR betragen.

II. Abs. 2 – Eidesstattliche Versicherung von Auskunftspersonen und Sachverständigen

Nach Abs. 2 wird die Verwaltungsbehörde ermächtigt, von den **Auskunftspersonen** 10
(Abs. 2 S. 1) bzw. von **Sachverständigen (Abs. 2 S. 2)** eine **eidesstattliche Versicherung** zu verlangen. Es gelten die **gleichen Grundsätze wie bei § 117 Abs. 3 SGB XIV** für die Abgabe einer eidesstattlichen Versicherung durch die antragstellende Person (vgl. → § 117 Rn. 17 ff.). Hinsichtlich des **Inhalts der eidesstattlichen Versicherung** kann von der **Auskunftsperson** verlangt werden, dass sie erklärt, **nach bestem Wissen die reine Wahrheit gesagt und nichts verschwiegen zu haben**. Ähnliches gilt für Sachverständige. Von diesen kann verlangt werden, dass sie erklären, **das Gutachten unparteiisch und nach bestem Wissen** erstattet zu haben. Dies entspricht weitgehend der Regelung des § 410 ZPO.[29] **§ 118 Abs. 1 S. 1 SGG iVm § 410 Abs. 2 ZPO sieht eine Erleichterung vor,** die im **Abs. 2 S. 2** nicht enthalten ist. Ist der Sachverständige für die Erstattung von Gutachten der betreffenden Art im Allgemeinen beeidigt, so genügt die Berufung auf den geleisteten Eid. Aber die **eidesstattliche Versicherung nach Abs. 2 S. 2** kann wohl auch **in einem schriftlichen Gutachten** erklärt werden.[30] Grundsätzlich gelten darüber hinaus die allgemeinen Vorgaben des § 23 SGB X zur eidesstattlichen Versicherung. Eine falsche Versicherung an Eides statt der Auskunftsperson oder des Sachverständigen ist nach § 156 StGB strafbar.

Im **Abs. 2** wird die Regelung des bisherigen **§ 13 Abs. 1 KOVVfG** weitgehend in das 11
neue SER überführt. Deshalb können die bisherigen Anwendungsgrundsätze zur Abnahme einer eidesstattlichen Versicherung weiterhin herangezogen werden. In der

27 BT-Drs. 19/13824, 221.
28 So Schmidt SGB XIV/Schmidt § 118 Rn. 4.
29 Dazu ua Musielak/Voit/Huber ZPO § 410 Rn. 1 f.
30 Zu § 118 SGG siehe BeckOGK/Leopold SGG § 118 Rn. 162.

geltenden **VwV zu § 13 KOVVfG** ist ua vorgesehen, dass eine eidesstattliche Versicherung nur verlangt werden soll, wenn ihre Abgabe wegen der Bedeutung der Aussage oder zur Erzielung einer wahrheitsgemäßen Aussage geboten erscheint.

III. Abs. 3 – Anhörung im Wege der Amtshilfe durch andere Behörden

12 Wie auch bei Abs. 1 ist die **Erforderlichkeit der Regelung des Abs. 3** nicht ohne Weiteres erkennbar. Es wird durch den Gesetzgeber lediglich die **bisherige Regelung des § 13 Abs. 2 KOVVfG** ohne weitere inhaltliche Änderung übernommen. Die Gesetzesbegründung ist an dieser Stelle leider wenig ergiebig.[31] Bereits im **ersten Gesetzentwurf zum KOVVfG** war in § 13 Abs. 3 KOVVfG eine entsprechende nahezu wortgleiche Regelung enthalten. Leider lassen sich auch dieser Gesetzesbegründung keine konkreten Ausführungen zum weiteren Verständnis entnehmen.[32] Zu den **§§ 13 bis 15 KOVVfG** wird vom Gesetzgeber ausgeführt, dass die Vorschriften die einzelnen Maßnahmen behandeln, die die Versorgungsbehörde zur Vorbereitung einer sachgemäßen Entscheidung zu treffen hat.[33] Da es im Jahr 1955 noch kein umfassendes Verwaltungsverfahren für die Sozialbehörden gab, bestand auch ein hinreichender Regelungsbedarf für die damals neu zu errichtenden Versorgungsverwaltungen in den Ländern.

Es ist aber nicht nachvollziehbar, weshalb die **allgemeinen Regelungen der §§ 3 ff. SGB X** zur Inanspruchnahme und Gewährung von Amtshilfe zwischen den Sozialbehörden für den Bereich des SER nicht ausreichend sein sollten. Darüber hinaus ist die Regelung wenig anwenderfreundlich, da diese inhaltlich schwer verständlich ausgestaltet ist.[34]

13 Nach dem **Wortlaut des Abs. 3 S. 1** und der **amtlichen Normüberschrift** kommt eine Amtshilfe in Betracht, wenn **„die Anhörung"** vor der zuständigen Verwaltungsbehörde mit Schwierigkeiten verbunden ist. Es ist unklar, was unter diesem Begriff zu verstehen ist. Unter Berücksichtigung des Sinn und Zwecks des Abs. 3 ist der Anhörungsbegriff des Abs. 3 weiter zu verstehen als die Anhörung nach § 24 SGB X.[35] Eine Anhörung im Rahmen des § 24 SGB X ist zwar grundsätzlich formfrei (zB mündlich oder telefonisch) möglich, regelmäßig wird durch die Behörden eine Anhörung vor dem Erlass eines belastenden Verwaltungsakts aber schriftlich durchgeführt. Vor diesem Hintergrund besteht diesbezüglich keine Notwendigkeit, eine andere Behörde um Amtshilfe zu ersuchen. Der Begriff **Anhörung ist im weitesten Wortsinn** zu verstehen. Mit dem Begriff der Anhörung sollen wohl **sämtliche Äußerungen** und **Befragungen** von **antragstellenden Personen** oder **sonstigen Auskunftspersonen** (zB Zeugen, sachverständige Zeugen) zum Verfahrensgegenstand erfasst werden.[36] Da der Gesetzgeber ohne weitere Erläuterung und ohne wesentliche inhaltliche Änderung den **Wortlaut des § 13 Abs. 2 KOVVfG** übernommen hat, kommt es bei der Auslegung auf das ursprüngliche Verständnis der Regelung an. In der ersten **Gesetzesbegründung zu §§ 13 bis 15 KOVVfG** wird zusammenhängend vom Gesetzgeber ausgeführt, dass die Vorschriften die einzelnen Maßnahmen behandeln, die die Versorgungsbehörde zur Vorbereitung einer sachgemäßen Entscheidung zu treffen hat. Zu diesem Zweck ist ihr auch das Recht zur Entgegennahme eidesstattlicher Versicherungen eingeräumt. Durch die Verwaltungsvorschriften soll sichergestellt werden, dass hiervon, um eine Entwertung dieses Mittels der Glaubhaftmachung zu vermeiden, nur in Ausnahmefällen Gebrauch gemacht wird, wenn die sonstigen Ermittlungen zu keinem Ergebnis

31 BT-Drs. 19/13824, 221.
32 BT-Drs. 2/68, 4 und 12.
33 BT-Drs. 2/68, 12.
34 Dazu Schmidt SGB XIV/Schmidt § 118 Rn. 12.
35 So auch Schmidt SGB XIV/Schmidt § 118 Rn. 12.
36 Schmidt SGB XIV/Schmidt § 118 Rn. 12.

geführt haben; hierbei ist hauptsächlich an den nach diesem Krieg nicht seltenen Fall des § 15 KOVVfG gedacht, dass Krankenpapiere und sonstige Unterlagen vernichtet sind oder sich unerreichbar in der sowjetischen Besatzungszone oder in den unter polnischer Verwaltung stehenden Gebieten befinden.[37] Die hier im Jahr 1953 beschriebenen Problemstellungen bei der Ermittlung von Tatsachen durch die Behörden sind zwar auf die heutigen Verfahren nicht ohne Weiteres übertragbar, es verdeutlicht aber, dass der Anhörungsbegriff sich auf sämtliche mündlichen Berichte von Auskunftspersonen beziehen sollte, um Verfahrenshindernisse wegen kriegs- bzw. kriegsfolgebedingt vernichteten oder nicht erreichbaren Beweismitteln zu verringern. Ein Weiterführen dieser Regelung war aber nicht geboten. Es sollte vom Gesetzgeber kritisch geprüft werden, ob der Abs. 3 nicht noch entfallen kann.

Eine Amtshilfe kommt nach Abs. 3 S. 1 grundsätzlich nur in Betracht, wenn die **Entfernung des Aufenthaltsorts der zu hörenden Personen** von der **zuständigen Verwaltungsbehörde** so weit entfernt ist, dass entsprechende Schwierigkeiten bestehen. Die Inanspruchnahme von Amtshilfe durch eine andere Behörde ist gerade im Bereich der Gewaltdelikte nach §§ 13 ff. SGB XIV denkbar. Durch die Umstellung auf das sog. **„Wohnortprinzip" nach § 113 Abs. 2 SGB XIV** bei der örtlichen Zuständigkeit der TdSE kann es zu einem erheblichen Auseinanderfallen des Wohnorts mit dem Tatort kommen. Insbesondere die Terroranschläge (zB Breitscheidplatz in Berlin) und Großschadensereignisse (zB Absturz Germanwings-Flugzeug) der Vergangenheit haben dies verdeutlicht. Die gegenseitige Unterstützung der Behörden im Rahmen der Amtshilfe hatte gut funktioniert. 14

Wenn eine Verwaltungsbehörde Amtshilfe nach **Abs. 3** in Anspruch nehmen möchte, dann ist ein **abgestuftes Verfahren** vorgesehen. Zunächst muss die **zuständige Verwaltungsbehörde** eine andere Verwaltungsbehörde um Amtshilfe bitten. Unter **„Verwaltungsbehörde"** ist in diesem Zusammenhang eine andere **sachlich zuständige Behörde eines TdSE nach §§ 111, 112 SGB XIV** zu verstehen. Wenn eine Unterstützung durch eine andere (SER-)Verwaltungsbehörde wegen entsprechender Schwierigkeiten, die Anhörung durchzuführen, nicht möglich ist, dann können auch andere Behörden um Amtshilfe ersucht werden. In diesem Zusammenhang kommen insbesondere andere Sozialbehörden (ua Jugendämter, Träger der Sozialhilfe) in Betracht. Wenn es um die Vernehmung von Zeugen geht, dann könnte es sich – gerade im Bereich der Gewaltdelikte – im Einzelfall auch anbieten, Staatsanwaltschaften um Amtshilfe zu ersuchen. 15

Eine Amtshilfe kann von den zuständigen Verwaltungsbehörden nach **Abs. 3 S. 2** auch dann in Anspruch genommen werden, wenn **Gefahr im Verzug** ist. Die Bedeutung dieser Alternative ist in der Praxis als gering einzuschätzen. Es muss eine **konkrete Gefahr vorliegen**. Gefahr im Verzug ist grundsätzlich gegeben, wenn ohne unverzügliches Handeln der örtlich an sich unzuständigen Behörde ein Schaden an Rechtsgütern eintreten kann.[38] Es sind im SER kaum Fallkonstellationen denkbar, in denen eine solche Sachlage besteht. 16

D. Anhang

I. KOVVfG

§ 12 KOVVfG [Aufklärung, Einholen von Auskünften] 17

(1) [aufgehoben]

(2) [1]Mit Einverständnis oder auf Wunsch des Antragstellers oder Versorgungsberechtigten kann die Verwaltungsbehörde von öffentlichen, freien gemeinnützigen und privaten Krankenanstalten sowie Krankenanstalten öffentlich-rechtlicher Körperschaften und Trägern der Sozialversicherung Krankenpapiere, Aufzeichnungen, Krankengeschichten, Sektions- und Untersuchungsbefunde sowie Röntgen-

37 BT-Drs. 2/68, 12.

38 Ua KassKomm/Mutschler SGB X § 2 Rn. 15; Schmidt SGB XIV/Schmidt § 118 Rn. 13.

bilder zur Einsicht beiziehen. ²Die Verwaltungsbehörde hat für die Wahrung des ärztlichen Berufsgeheimnisses Sorge zu tragen. ³Unter denselben Voraussetzungen kann die Verwaltungsbehörde von privaten Ärzten, die den Antragsteller oder Versorgungsberechtigten behandeln oder behandelt haben, Auskünfte einholen und Untersuchungsunterlagen zur Einsicht beziehen.

§ 13 KOVVfG[Eidesstattliche Versicherung]

(1) ¹Die Verwaltungsbehörde ist befugt, von den Auskunftspersonen die eidesstattliche Versicherung zu verlangen, daß sie nach bestem Wissen die reine Wahrheit gesagt und nichts verschwiegen haben. ²In gleicher Weise kann von den Sachverständigen die eidesstattliche Versicherung verlangt werden, daß sie das Gutachten unparteiisch und nach bestem Wissen erstattet haben.

(2) ¹Ist die Anhörung vor den zuständigen Verwaltungsbehörden mit Schwierigkeiten verbunden, namentlich wegen der Entfernung des Aufenthaltsorts der zu hörenden Personen vom Sitz der Verwaltungsbehörde, so kann eine andere Verwaltungsbehörde und, wenn die Anhörung vor dieser ebenfalls Schwierigkeiten unterläge, eine andere Behörde um die Erledigung ersucht werden. ²Dasselbe gilt bei Gefahr im Verzuge.

II. KOVVfGVwV

18 **KOVVfGVwV zu § 12**

(Zu Abs. 1 Nr. 1 bis 7 überholt)

Zu Absatz 2

8. In dem Ersuchen um Überlassung der Krankheitsunterlagen oder Erteilung einer Auskunft ist auf die Vorschrift des Gesetzes und darauf hinzuweisen, dass der Antragsteller oder Versorgungsberechtigte der Überlassung oder der Auskunftserteilung zugestimmt hat. Ob die Krankenpapiere in Urschrift, in Fotokopie oder in Abschrift zur Verfügung gestellt werden, bleibt der Anstalt überlassen. Die Richtigkeit von Fotokopien und Abschriften soll bestätigt werden. Urschriften der Krankenpapiere sind möglichst bald zurückzugeben. Aus den Unterlagen sind Auszüge für die Versorgungsakten zu fertigen.

9. Dem ärztlichen Berufsgeheimnis unterliegen solche Tatsachen, die nur einem beschränkten Personenkreis bekannt sind, deren Geheimhaltung der davon berührte in seinem Interesse will und die dem Arzt bei Ausübung seines Berufes anvertraut oder zugänglich geworden sind. Zur Wahrung des ärztlichen Berufsgeheimnisses soll das Aufgabengebiet „Ärztlicher Dienst" die in Absatz 2 genannten Unterlagen und Auskünfte beiziehen. Es ist in geeigneter Weise dafür Sorge zu tragen, dass diese Unterlagen und Auskünfte außer dem Leiter der Verwaltungsbehörde und den zuständigen Dezernenten nur den Ärzten und besonders verpflichteten Bediensteten der Verwaltungsbehörde zur Kenntnis gelangen. Ob Krankenblätter und ärztliche Mitteilungen offen oder verschlossen zu den Akten zu nehmen sind, entscheidet auf Vorschlag des Gutachters der Leitende Arzt des Versorgungsamtes oder sein Beauftragter. Bis dahin werden diese Unterlagen verschlossen aufbewahrt. Über Unterlagen, die verschlossen zu den Akten genommen werden, sind Vermerke zu fertigen, die den notwendigen Inhalt so wiedergeben, dass das ärztliche Berufsgeheimnis gewahrt bleibt.

10. Die Kosten privat- oder amtsärztlicher Zeugnisse und Gutachten, die ein Beteiligter zum Zwecke der Aufklärung des Sachverhalts beigebracht hat, können erstattet werden, wenn sie wesentlich zur Klärung beigetragen haben und deswegen dem Antrag ganz oder teilweise stattgegeben worden ist. Im Allgemeinen können jedoch keine höheren Kosten erstattet werden, als entstanden wären, wenn die Verwaltungsbehörde das Zeugnis oder Gutachten unmittelbar eingeholt hätte. Die Kosten ärztlicher Zeugnisse und Gutachten, die lediglich zur Begründung der Voraussetzungen eines Anspruchs vorgelegt werden, können nicht erstattet werden, es sei denn, dass sie für die versorgungsärztliche Begutachtung und damit für die Entscheidung über den Anspruch von wesentlicher Bedeutung waren, insbesondere, wenn sich durch sie weitere Untersuchungsmaßnahmen und Erhebungen erübrigt haben.

11. Wegen der Erstattung von Auslagen an gemeinnützige und private Krankenanstalten und private Ärzte sowie der Vergütung für die Auskünfte der privaten Ärzte wird auf § 31 Abs. 2 und die Verwaltungsvorschriften hierzu verwiesen.

KOVVfGVwV zu § 13

1. Eine eidesstattliche Versicherung soll nur verlangt werden, wenn ihre Abgabe wegen der Bedeutung der Aussage oder zur Erzielung einer wahrheitsgemäßen Aussage geboten erscheint. Zur Aufforderung auf Abgabe einer eidesstattlichen Versicherung und zu ihrer Abnahme sind die Dezernenten befugt; eine Übertragung der Befugnis ist unzulässig.

2. In der mündlichen oder schriftlichen Aufforderung ist darauf hinzuweisen, dass die Versicherung an Stelle eines Eides steht und dass eine willentlich oder fahrlässig falsche Abgabe, zu der auch das Verschweigen von Tatsachen oder Umständen gehört, mit Freiheitsstrafe bestraft wird. Bei einer Abgabe zur Niederschrift ist in ihrem Eingang die Erklärung der Auskunftsperson aufzunehmen, dass sie auf die Bedeutung einer eidesstattlichen Versicherung und die Strafbarkeit einer wissentlich oder fahrlässig falschen Versicherung hingewiesen worden ist.

§ 119 Vorzeitige Leistungen und vorläufige Entscheidung

(1) Bevor die Anspruchsvoraussetzungen nach § 4 festgestellt sind, können Geschädigte Leistungen der Krankenbehandlung sowie Leistungen zur Teilhabe und Besondere Leistungen im Einzelfall erhalten.

(2) [1]Kann nach dem Ergebnis der Ermittlungen über den Anspruch oder dessen Umfang noch nicht endgültig entschieden werden, sind jedoch die Voraussetzungen für die Bewilligung einzelner Leistungen mit Wahrscheinlichkeit gegeben, kann über die Erbringung vorläufig entschieden werden. [2]Voraussetzung hierfür ist, dass ein Antrag auf vorläufige Entscheidung vorliegt und ein berechtigtes Interesse an der vorläufigen Entscheidung besteht. [3]Umfang und Grund der Vorläufigkeit sind in der Entscheidung anzugeben. [4]Nach Abschluss der Ermittlungen ist unverzüglich die endgültige Entscheidung zu treffen.

A. Gesetzesgeschichte

1 Die Regelung des **Abs. 1** ist von der Grundkonzeption angelehnt an den bisherigen **§ 10 Abs. 8 BVG** und erweitert die Möglichkeiten der vorgezogenen Leistungsgewährung auf den benannten Leistungskatalog.[1] **Nach § 10 Abs. 8 BVG iVm BVGVwV Nr. 11 zu § 10 BVG** können Leistungen der Heil- und Krankenbehandlung (§§ 11 und 12 BVG) bereits vor der Anerkennung eines Versorgungsanspruchs gewährt werden, wenn ein Antrag auf Versorgung gestellt ist, der wahrscheinlich zu einer Anerkennung führt, der Berechtigte dringend auf Heil- und Krankenbehandlung angewiesen ist und keine Ausschlussgründe nach § 10 Abs. 7 BVG gegeben sind.[2]

2 Der **Abs. 2** entspricht inhaltlich dem bisherigen **§ 22 Abs. 4 KOVVfG** (→ Rn. 15 ff.).[3] Der Behörde wird die Möglichkeit eröffnet, einen Vorbehaltsbescheid zu erlassen,[4] wenn noch nicht alle Sachverhaltsermittlungen abgeschlossen sind, aber die Voraussetzungen für die Gewährung bestimmter Leistungen mit Wahrscheinlichkeit vorliegen.

3 Die Norm war im Rahmen des Gesetzgebungsverfahrens durchaus Gegenstand verschiedener Änderungsvorschläge und Diskussionen. Es gab von den **Interessenverbän-**

1 BT-Drs. 19/13824, 221 f.
2 Dazu vertiefend HK-SozEntschR/Vogl BVG § 10 Rn. 45 f.; BSG Urt. v. 10.12.1987 – 9a RVi 3/85; BSG Urt. v. 27.1.1987 – 9a RV 11/85, BSGE 61, 149; Wilke/Fehl, 7. Aufl. 1992, BVG § 10 Rn. 36.
3 Vertiefend HK-SozEntschR/Knörr KOVVfG § 22 Rn. 7 ff.
4 Zu § 22 Abs. 4 KOVVfG ua BSG Urt. v. 16.6.1999 – B 9 V 4/99 R, BSGE 84, 108.

den ua Änderungsvorschläge, weil Geschädigte häufig die lange Verfahrensdauer im SER beklagen würden und eine Änderung der Regelungen über vorzeitige Leistungen und über vorläufige Entscheidungen zu einer zeitlichen Verkürzung der Verfahren führen könnten. Deshalb wurde vorgeschlagen, den **§ 119 Abs. 2 SGB XIV-E** von einer **„Kann"-Bestimmung in eine „Soll"-Bestimmung zu ändern.**[5] Darüber hinaus wurde angeregt, die Information und Beratung über die Möglichkeiten der vorläufigen Entscheidung in den Aufgabenkatalog der Fallmanager in § 30 Abs. 5 Nr. 4 SGB XIV-E aufzunehmen.[6] Teilweise wurde auch unter **Verweis auf § 41a SGB II** empfohlen , auf das **Antragserfordernis zu verzichten** und vorläufige Entscheidungen von Amts wegen zu ermöglichen.[7] Durch den **AOK-Bundesverband** wurde kritisiert, dass die Regelung nicht klar aufzeige, ob hinsichtlich der vorläufigen Entscheidung über Leistungen der Krankenbehandlung die Krankenkassen diese Feststellungen in eigener Zuständigkeit treffen oder ob diese durch die Verwaltungsbehörde erfolgen. Deshalb wurde darauf hingewiesen klarzustellen, dass die **Krankenkassen die vorläufige Leistung nur zubilligen können,** wenn die Verwaltungsbehörde die Grundentscheidung über die Feststellung des wahrscheinlichen Vorliegens der Anspruchsvoraussetzungen getroffen hat.[8] Sämtliche Änderungsvorschläge wurden durch den Gesetzgeber nicht aufgegriffen.

4 Die Regelung **tritt** nach **Art. 60 Abs. 7 G-SER** vom 12.12.2019 **am 1.1.2024 in Kraft.**[9] Gleichzeitig werden die bisher geltenden Regelungen der **§ 10 Abs. 8 BVG und § 22 Abs. 4 KOVVfG** nach **Art. 58 Nr. 2 und Nr. 12** aufgehoben.[10] Auch in den weiterhin geltenden **SER-Spezialgesetzen,** die nicht in das SGB XIV integriert wurden, ist die Regelung des **§ 119 SGB XIV** anzuwenden. So wird u.a. in **§ 25 Abs. 4 S. 2 StrRehaG** geregelt, dass das Verfahren für die Gewährung von Leistungen nach §§ 21 und 22 StrRehaG sich nach dem SGB I und SGB X richtet und die §§ 115 bis 119 SGB XIV werden für entsprechend anwendbar erklärt.[11] Eine vergleichbare Bezugnahme findet sich zukünftig in **§ 12 Abs. 4 S. 3 VwRehaG**[12] oder in **§ 11 Abs. 2 AntiDHG** (hier wird nur auf die §§ 117, 118 und 119 Abs. 2 SGB XIV verwiesen)[13]. Diese Änderungen werden nach **Art. 60 Abs. 7 G-SER** am **1.1.2024** in Kraft treten.[14]

B. Normsystematik

5 **§ 119 SGB XIV** erweitert grundsätzlich die Möglichkeit einer „Vorableistungsgewährung" und geht über die allgemeinen Regelungen der §§ 41, 42 SGB I hinaus.[15] In den Fällen des Abs. 1 und des Abs. 2 ist eine abschließende Entscheidung der Behörde noch nicht möglich, weil die Anspruchsvoraussetzungen zumindest noch nicht vollumfänglich festgestellt werden können.[16] **Abs. 1** ermöglicht den **TdSE** (§§ 111, 112 SGB XIV) bei **Geschädigten** (§ 2 Abs. 2 SGB XIV) **Leistungen der Krankenbehandlung** (§§ 41 ff. SGB XIV), **Leistungen zur Teilhabe** (§§ 62 ff. SGB XIV) **und Besondere Leistungen im Einzelfall** (§§ 92 ff. SGB XIV) zu gewähren, bevor die Anspruchsvoraussetzungen nach § 4 SGB XIV festgestellt sind. Die Norm orientiert sich an **§ 10 Abs. 8 BVG.**[17] Bei § 10 Abs. 8 BVG handelt es sich um eine **Ermessensvorschrift (Ent-**

5 Ausschussdrucksache 19(11)505, 10, 40 und 62 f.
6 Ausschussdrucksache 19(11)505, 10, 37 und 60.
7 Ausschussdrucksache 19(11)505, 47.
8 Ausschussdrucksache 19(11)505, 86.
9 BGBl. 2019 I 2652, 2724.
10 BGBl. 2019 I 2652, 2724.
11 Siehe Art. 12 Nr. 5 a) bb) G-SER vom 12.12.2019 – BGBl. 2019 I 2652, 2696.
12 Siehe Art. 13 Nr. 5 b) G-SER vom 12.12.2019 – BGBl. 2019 I 2652, 2697.
13 Siehe Art. 48 Nr. 7 b) G-SER vom 12.12.2019 – BGBl. 2019 I 2652, 2718.
14 BGBl. 2019 I 2652, 2724.
15 Knickrehm/Mushoff/Schmidt Neues SozEntschR Rn. 411.
16 Dazu Knickrehm/Mushoff/Schmidt Neues SozEntschR Rn. 411 ff.
17 BT-Drs. 19/13824, 221 f.

schließungsermessen), die im Hinblick auf ihren Ausnahmecharakter restriktiv angewendet wird. Das Ermessen erstreckt sich dabei nicht auf die Auswahl der zu gewährenden Leistungen der Heil- und Krankenbehandlung nach **§§ 11 und 12 BVG.**[18] Stellt sich in der weitergehenden Prüfung heraus, dass ein Anspruch auf Versorgung nicht besteht, dann kann die nach § 10 Abs. 8 BVG gewährte Leistung der Heil- und Krankenbehandlung nicht zurückgefordert werden. Das entsprechende Prognoserisiko trägt insoweit die Versorgungsverwaltung. Lediglich wenn die Leistungsgewährung auf falschen Angaben beruht oder in sonstiger Weise erschlichen wurde, kann der bewilligende Verwaltungsakt unter den Voraussetzungen des § 42 SGB I zurückgenommen werden, auf die engen Voraussetzungen des § 45 SGB X kommt es nicht an (→ Rn. 14).[19] § 10 Abs. 8 BVG gibt u.a. **keinen Erstattungsanspruch** bezüglich der zur **privaten Krankenversicherung** geleisteten Beiträge, da die Zahlung von derartigen Versicherungsbeiträgen nicht zu den in **§ 11 BVG** näher beschriebenen Maßnahmen der Heil- und Krankenbehandlung gehört.[20]

Abs. 2 – der inhaltlich weitgehend dem **§ 22 Abs. 4 KOVVfG** entspricht – ermöglicht 6
dem TdSE eine vorläufige Entscheidung über die Bewilligung einzelner Leistungen. Personen, die dringend auf bestimmte Leistungen des SER angewiesen sind, sollen sie vor Abschluss der Ermittlungen erhalten können, wenn die Voraussetzungen für deren Bewilligung wahrscheinlich gegeben sind. Das **erforderliche berechtigte Interesse** der betroffenen Person kann auch ein wirtschaftliches, etwa in Form von Bedürftigkeit, sein.[21]

C. Einzelkommentierung

I. Abs. 1 – Vorzeitige Leistungen

Geschädigte haben nach **§ 4 Abs. 1 S. 1 SGB XIV** (→ § 4 Rn. 5 f.) grundsätzlich einen 7
Anspruch auf Leistungen des SER wegen der anerkannten gesundheitlichen und wirtschaftlichen Folgen einer gesundheitlichen Schädigung, die ursächlich auf ein schädigendes Ereignis zurückzuführen ist. Die Verfahren im Rahmen des SER haben regelmäßig eine längere Verfahrensdauer, da die Feststellung der einzelnen Tatbestandsmerkmale mitunter aufwendig ist (dazu auch → § 117 Rn. 6 ff.). Ein wesentliches Ziel des Gesetzgebers bei der Reform des SER war es, dass Recht transparenter und anwenderfreundlicher auszugestalten sowie den Zugang zu den Leistungen des SGB XIV schneller und mehr an den Bedarfen der Geschädigten orientiert zu ermöglichen.[22] Für die **Leistungen der Schnellen Hilfen** im Rahmen der §§ 29 ff. SGB XIV (Fallmanagement und Traumaambulanzen) wurde vor diesem Hintergrund insbesondere das **Erleichterte Verfahren nach § 115 SGB XIV** in das SGB XIV aufgenommen (→ § 115 Rn. 1 ff.). Gerade im **Anschluss an die Behandlung in der Traumaambulanz** kann sich die Notwendigkeit ergeben, die weitergehende psychiatrische Behandlung (§ 35 iVm §§ 41 ff. SGB XIV) auf der Grundlage einer **vorläufigen Entscheidung nach § 119 SGB XIV** zu erbringen, um den bisherigen Behandlungserfolg nicht zu gefährden.

Die **vorzeitige Erbringung von Leistungen** der Krankenbehandlung, der Leistungen zur 8
Teilhabe und der Besonderen Leistungen im Einzelfall kann erfolgen, bevor die einzel-

18 HK-SozEntschR/Vogl BVG § 10 Rn. 46 mwN.
19 So auch Knickrehm/Mushoff/Schmidt Neues SozEntschR Rn. 413 unter zutreffendem Hinweis auf BSG Urt. v. 1.7.2010 – B 11 AL 19/09 R, BSGE 106, 244; anders zu § 10 Abs. 8 BVG noch HK-SozEntschR/Vogl BVG § 10 Rn. 46.
20 BayLSG Urt. v. 28.11.2012 – L 15 VK 9/09; zur Erstattung von Krankenversicherungsbeiträgen nach § 18 Abs. 4 S. 3 BVG u.a. BVerfG Beschl. v. 21.3.2007 – 1 BvR 164/07, SozR 4-3100 § 18 Nr. 3.
21 BT-Drs. 19/13824, 222.
22 Ua Koalitionsvertrag vom 7.2.2018, S. 94 f. unter www.bundesregierung.de.

nen Tatbestandsmerkmale (§ 4 Abs. 1 S. 1 SGB XIV) und der Kausalzusammenhang (§ 4 Abs. 4 SGB XIV) endgültig festgestellt werden können. Damit geht die Regelung u.a. **über § 42 SGB I hinaus.** Hier muss für die Leistung eines Vorschusses die Anspruchsberechtigung dem Grunde nach feststehen.[23] Eine vorzeitige Leistungserbringung ist nach dem Wortlaut des Abs. 1 **nur an „Geschädigte"** möglich. Dies sind nach **§ 2 Abs. 2 SGB XIV** Personen, die durch ein schädigendes Ereignis nach dem SGB XIV unmittelbar eine gesundheitliche Schädigung erlitten haben.[24] Zwar können auch **Angehörige, Hinterbliebene und Nahestehende** u.a. nach **§ 6 Abs. 1 SGB XIV** im Rahmen der **Krankenbehandlung besondere psychotherapeutische Leistungen** nach § 43 Abs. 2 Nr. 1 iVm § 43 Abs. 4 SGB XIV erhalten, für diesen Personenkreis **kommt eine vorzeitige Leistungserbringung nach Abs. 1 aber nicht in Betracht.** Dieser eingeschränkte personelle Anwendungsbereich ist unter Berücksichtigung des Sinn und Zwecks des Abs. 1 nicht ohne Weiteres nachvollziehbar, da kein überzeugender verfahrensrechtlicher Grund für diese Einschränkung erkennbar ist. Die Gesetzesbegründung liefert aber keine Anhaltspunkte dafür, dass der „Geschädigtenbegriff" über die Definition des § 2 Abs. 2 SGB XIV hinaus erweiternd ausgelegt werden kann.

9 **Grundsätzlich** werden **Leistungen im SER** nach § 4 Abs. 1 S. 2 SGB XIV und § 10 Abs. 1 SGB XIV **nur auf Antrag erbracht. § 4 Abs. 1 S. 2 SGB XIV** regelt, dass der **Grundbescheid**[25] über das Vorliegen der Voraussetzungen eines Anspruchs auf Leistungen des SER nur dann erlassen wird, wenn dies ausdrücklich beantragt wurde (→ § 4 Rn. 6).[26] Hieraus könnte geschlussfolgert werden, dass für eine vorzeitige Leistung nach Abs. 1 ein Antrag auf Leistungen nach dem SGB XIV gestellt sein muss.[27] Dies ist systematisch unter Berücksichtigung der **Ausnahmeregelungen des § 10 Abs. 2 und Abs. 3 SGB XIV** nicht überzeugend, sodass auch **von Amts wegen eine vorzeitige Leistung** in Betracht kommen kann. Der Grundbescheid im Sinne des § 4 Abs. 1 S. 2 SGB XIV ist eine Ausnahme und muss losgelöst von der Entscheidung über die Bewilligung einzelner Leistungen betrachtet werden.[28] Gerade die Besonderen Leistungen im Einzelfall werden im Rahmen des § 10 Abs. 2 S. 1 SGB XIV (mit Ausnahme des § 94 SGB XIV) grundsätzlich von Amts wegen erbracht. Auch die Leistungen der Krankenbehandlung sowie Leistungen zur Teilhabe können nach § 10 Abs. 3 SGB XIV durch die Behörden von Amts wegen erbracht werden. Der Gesetzgeber führt hierzu aus, dass die Besonderen Leistungen im Einzelfall nach § 10 Abs. 2 S. 1 SGB XIV von Amts wegen zu erbringen sind, um im Wesentlichen dem fürsorgerischen Gedanken dieser Leistungen Rechnung zu tragen (→ § 10 Rn. 13 f.). Darüber hinaus **entspreche die Regelung dem bisherigen § 54 KFürsV** (Verordnung zu Kriegsopferfürsorge).[29] Leistungen der Krankenbehandlung können nach dem Willen des Gesetzgebers nach **§ 10 Abs. 3 Nr. 1 SGB XIV** (→ § 10 Rn. 15 ff.) aus Gründen der Fürsorge von Amts wegen erbracht werden. Werden der zuständigen Verwaltungsbehörde unmittelbar oder durch Information einer Krankenkasse Umstände bekannt, die darauf schließen lassen, dass ein Anspruch auf Krankenbehandlung besteht, so soll sie im Hinblick auf die Möglichkeit Leistungen von Amts wegen zu erbringen, den Sachverhalt aufklären.[30] Dies ist im SER nicht neu, eine solche Möglichkeit war der Versorgungsverwal-

23 So auch Schmidt SGB XIV/Schmidt § 119 Rn. 4; KassKomm/Schieferdecker SGB I § 42 Rn. 19; dazu BSG Urt. v. 9.5.1996 – 7 RAr 36/95, NZS 1997, 91.
24 Andere Ansicht wohl Knickrehm/Mushoff/Schmidt Neues SozEntschR Rn. 412.
25 Zum „unrechtsanerkennenden Verwaltungsakt" ua BSG Urt. v. 16.12.2014 – B 9 V 1/13 R, BSGE 118, 63.
26 BT-Drs. 19/13824, 171.
27 So Knickrehm/Mushoff/Schmidt Neues SozEntschR Rn. 412.
28 So Schmidt SGB XIV/Karl § 4 Rn. 29; Knickrehm/Mushoff/Schmidt Neues SozEntschR Rn. 41.
29 BT-Drs. 19/13824, 174.
30 BT-Drs. 19/13824, 174.

tung bislang bereits nach **§ 18a Abs. 1 S. 1 iVm §§ 10 bis 24a BVG** eröffnet. Entsprechend ist auch **VwV Nr. 1 zu § 18a BVG formuliert**. Das BSG hat hierzu bereits im Jahr 1987 entschieden, dass „Heilbehandlungen" bereits von Amts wegen, ohne das Vorliegen eines Antrags, erbracht werden können.[31] Durch **§ 10 Abs. 3 Nr. 2 und 3 SGB XIV** (→ § 10 Rn. 17) können Leistungen zur Teilhabe von Amts wegen erbracht werden, um sicherzustellen, dass Bedarfe, die für eine Teilhabe erforderlich sind, unabhängig von einem Antrag erbracht werden können. Die Leistungserbringung erfolgt im Einvernehmen mit dem Berechtigten.[32] Es wäre darüber hinaus widersprüchlich, wenn eine abschließende Entscheidung über diese Leistungsbereiche von Amts wegen ergehen könnte, eine vorzeitige Leistung aber nur auf Antrag der jeweiligen Leistung möglich wäre. **Anders als bei Abs. 2** (→ Rn. 15) ist für eine vorzeitige Leistung **kein gesonderter Antrag** vorgesehen.

Nach dem Wortlaut des Abs. 1 ist die vorzeitige Leistung **tatbestandlich von keinen weiteren Voraussetzungen** abhängig. Aus der **Gesetzesbegründung** ergibt sich aber, dass **keine Ausschließungsgründe** vorliegen dürfen und **der Antrag wahrscheinlich zu einer entsprechenden Anerkennung** führen wird.[33] Dieser Widerspruch ist unglücklich. Der Gesetzgeber hat sich in seiner Begründung am Wortlaut der **VwV Nr. 11 zu § 10 BVG orientiert** und die hier zu **§ 10 Abs. 8 BVG formulierten Einschränkungen übernommen**. Im Rahmen des § 10 Abs. 8 BVG ist diese Einschränkung nachvollziehbar, da sich aus **§ 10 Abs. 7 BVG** entsprechende Ausschlussgründe für eine Heil- und Krankenbehandlung ergeben. Im Rahmen des SGB XIV ist nicht nachvollziehbar, auf welche Ausschlussgründe der Gesetzgeber abstellt oder welche er in Bezug nimmt. Bei Geschädigten durch Gewalttaten kommen unter Umständen noch die **Ausschlussgründe des § 16 SGB XIV** als Anknüpfungspunkt in Betracht. Ob der Geschädigte aber zB nach § 16 Abs. 1 SGB XIV das schädigende Ereignis in vorwerfbarer Weise verursacht hat, ist eine mitunter schwierige und zeitintensive Prüfung, sodass dieser allgemeine Ausschlussgrund wenig für eine sinnvolle Differenzierung geeignet erscheint. Darüber hinaus ist eine Antragstellung für die von Abs. 1 erfassten Leistungsbereiche gerade nicht erforderlich (→ Rn. 9). An dieser Stelle wäre eine weiterführende Klarstellung durch den Gesetzgeber durchaus wünschenswert. 10

Hinsichtlich der örtlichen und sachlichen Zuständigkeit für die Entscheidung über die vorzeitige Leistungserbringung nach Abs. 1 hat der Gesetzgeber keine weitere Regelung getroffen. Vielmehr geht er davon aus, dass die nach **§§ 112 und 113 SGB XIV zuständigen Verwaltungsbehörden** auch für die Entscheidung über eine vorzeitige Leistungserbringung zuständig sind.[34] 11

Der zuständigen Verwaltungsbehörde steht bezüglich der Gewährung von vorzeitigen Leistungen nach Abs. 1 ein **Entschließungsermessen** zu, das heißt, sie muss im Rahmen einer pflichtgemäßen Ermessensausübung nach § 39 Abs. 1 SGB I entscheiden, **ob** vorzeitige Leistungen an die Geschädigten erbracht werden sollen.[35] Hinsichtlich der **Auswahl** der möglichen vorzeitigen Leistungen und deren Umfang ist die Behörde an die gesetzlichen Regelungen gebunden, sodass diesbezüglich **kein weiteres Ermessen** eröffnet ist.[36] Eine vorzeitige Leistungserbringung kommt insbesondere im Bereich der Krankenbehandlung in Betracht, wenn im Anschluss an die Traumabehandlung im 12

31 Zu § 10 Abs. 8 BVG unter Verweis auf § 18a Abs. 1 BVG siehe BSG Urt. v. 10.12.1987 – 9a RVi 3/85.
32 BT-Drs. 19/13824, 174.
33 BT-Drs. 19/13824, 221.
34 Zu möglichen Problemen im Rahmen der Krankenbehandlung unter Hinweis auf § 57SGB XIV ua AOK-Bundesverband Ausschussdrucksache 19(11)505, 85.
35 Allgemein zum Rechtsinstitut des Ermessens KassKomm/Spellbrink SGB I § 39 Rn. 5 f.
36 So auch Knickrehm/Mushoff/Schmidt Neues SozEntschR Rn. 412; zu § 10 Abs. 8 BVG HK-SozEntschR/Vogl BVG § 10 Rn. 46; aA Schmidt SGB XIV/Schmidt § 119 Rn. 6.

Rahmen der Schnellen Hilfen weitere psychotherapeutische Behandlungen im Sinne des § 35 SGB XIV notwendig sind, um im Einzelfall den Behandlungserfolg nicht zu gefährden.

13 Soweit eine vorzeitige Leistung im Rahmen des Abs. 1 durch die zuständige Verwaltungsbehörde gewährt wird, ergeht die Entscheidung durch Verwaltungsakt nach §§ 31 ff. SGB X. Da der Gesetzgeber, **anders als bei Abs. 2**, keine weiteren Vorgaben hinsichtlich der Entscheidung durch die Verwaltungsbehörde in den Abs. 1 aufgenommen hat, kann ein VA nach **§§ 9, 33 Abs. 2 S. 1 SGB X formfrei**, dh auch **mündlich oder in „anderer Weise" (zB durch konkludentes Handeln)**, erlassen werden.[37] Wenn die Prüfung ergibt, dass eine vorzeitige Leistung erbracht werden soll, dann bietet es sich an, auf den **Erlass eines schriftlichen VA zu verzichten**. Es genügt insoweit die **tatsächliche Leistungsgewährung**. Der **VA ergeht dann durch konkludentes Handeln der Behörde**. Diese muss lediglich in den Verfahrensakten die Entscheidung hinreichend dokumentieren. Ein solches Handeln ist zweckmäßig und verfahrensökonomisch sinnvoll, da die leistungsberechtigte Person in ihren Rechten nicht beeinträchtigt wird (zum Erleichterten Verfahren → § 115 Rn. 12). Lediglich, wenn eine vorzeitige Leistung konkret beantragt wurde und eine solche durch die Verwaltungsbehörde abgelehnt wird, sollte ein schriftlicher Verwaltungsakt erlassen werden.[38]

14 Es findet sich im **Abs. 1**, anders als im Abs. 2, auch **keine Regelung** hinsichtlich einer etwaigen erforderlichen **abschließenden Entscheidung der Verwaltungsbehörde** über eine endgültige Leistungsgewährung.[39] Sollte sich im Nachgang herausstellen, dass entgegen der Entscheidung nach Abs. 1 keine Leistungen zu gewähren sind, dann können die vorzeitig gewährten Leistungen unter Umständen **von den Geschädigten zurückgefordert** werden. In diesem Zusammenhang kann auf die Regelung des **§ 42 SGB I zum Vorschuss** entsprechend abgestellt werden.[40] Geht der Leistungsträger bei der Bewilligung eines Vorschusses vom Bestehen eines Anspruchs dem Grunde nach aus und stellt sich nachträglich das Nichtbestehen des Anspruchs heraus, so hat der Empfänger den Vorschuss nach § 42 SGB I zu erstatten. **Einer Aufhebung der Bewilligung nach § 45 SGB X bedarf es nicht.**[41] Dem Geschädigten muss die Vorzeitigkeit der Leistung aber hinreichend erkennbar sein, damit deutlich wird, dass zwischen den Beteiligten nur Rechtssicherheit für einen begrenzten Zeitraum, bis zum endgültigen Abschluss des Verwaltungsverfahrens, besteht.[42] Soweit auf den Erlass eines schriftlichen Verwaltungsaktes verzichtet wird (→ Rn. 13), trägt die Verwaltungsbehörde deshalb das Risiko der fehlenden Erkennbarkeit für die Geschädigten.

II. Abs. 2 – Vorläufige Entscheidung

15 **Abs. 2** entspricht nahezu vollumfänglich dem bisherigen § 22 Abs. 4 KOVVfG.[43] Deshalb kann die bisherige Rechtsprechung ohne Weiteres herangezogen werden. Die Regelung des Abs. 2 gibt der Verwaltungsbehörde die Möglichkeit, einen Bescheid unter dem **Vorbehalt der endgültigen Entscheidung** zu erlassen (**sog. Vorbehaltsbescheid**), wenn noch **nicht alle Ermittlungen des Sachverhalts abgeschlossen** sind, aber

37 U.a. KassKomm/Mutschler SGB X § 33 Rn. 19 ff. mwN; Schütze/Engelmann SGB X § 33 Rn. 33 ff. mwN.
38 Dazu auch Schmidt SGB XIV/Schmidt § 119 Rn. 8.
39 Knickrehm/Mushoff/Schmidt Neues SozEntschR Rn. 413.
40 Dazu auch LSG Saarl Urt. v. 24.9.2002 – L 5 VS 18/01.
41 BSG Urt. v. 1.7.2010 – B 11 AL 19/09 R, BSGE 106, 244; dazu Ruppelt jurisPR-SozR 3/2011 Anm. 4; Rolfs/Dieckmann SGb 2011, 525.
42 Knickrehm/Mushoff/Schmidt Neues SozEntschR Rn. 413; dazu auch BSG Urt. v. 12.5.1992 – 2 RU 7/92, SozR 3-1200 § 42 Nr. 2; BSG Urt. v. 16.6.1999 – B 9 V 13/98 R, SozR 3-1200 § 42 Nr. 8.
43 Zu § 22 Abs. 4 KOVVfG siehe HK-SozEntschR/Knörr KOVVfG § 22 Rn. 7 ff.

die Voraussetzungen für die Gewährung bestimmter Leistungen **mit Wahrscheinlichkeit** vorliegen. Durch das Abstellen auf die Wahrscheinlichkeit des Vorliegens der Leistungsvoraussetzungen ergibt sich – wie auch in anderen Bereichen des SGB XIV (zB §§ 115 und 117 SGB XIV) – eine entsprechende Absenkung des Beweismaßstabes (dazu ua → § 117 Rn. 6 ff.). Voraussetzung für eine vorläufige Entscheidung ist zunächst **ein entsprechender Antrag** der etwaigen Leistungsberechtigten. Anders als bei Abs. 1 ist der **antragsberechtigte Personenkreis** nicht auf Geschädigte im Sinne des § 2 Abs. 2 SGB XIV beschränkt, sodass grundsätzlich alle Berechtigten nach § 2 SGB XIV einen Antrag auf vorläufige Entscheidung stellen können. Die Verwaltungsbehörden sind bereits im Rahmen ihrer allgemeinen Aufklärungs- und Beratungspflichten gehalten, die etwaigen Leistungsberechtigten über die Möglichkeit einer solchen Antragstellung zu informieren. Auch im Bereich des **Fallmanagements** ist nach **§ 30 Abs. 5 Nr. 4 SGB XIV** eine entsprechende Unterstützung bei der Antragstellung angezeigt.[44] Darüber hinaus ist ein **berechtigtes Interesse** an der alsbaldigen Erteilung erforderlich; dafür genügt auch ein **wirtschaftliches oder familiäres Interesse.**[45] Darunter fallen vor allem **Fallgestaltungen**, bei denen der **Antragsteller bedürftig** ist,[46] ein ungewöhnlich langwieriges Verwaltungsverfahren vorliegt, Teilaspekte hinreichend geklärt sind, weitere Teilaspekte aber noch der **Sachaufklärung bedürfen.**[47] Die Erteilung eines Vorbehaltsbescheides ist **unzulässig**, wenn der **Sachverhalt aufgeklärt** ist und demnach eine abschließende Entscheidung ergehen kann.[48]

Wie bei Abs. 1 steht der Verwaltungsbehörde im Hinblick auf den Erlass einer vorläufigen Entscheidung ein **Entschließungsermessen** zu, dass im Rahmen des § 39 SGB I pflichtgemäß ausgeübt werden muss (→ Rn. 12). Hinsichtlich der Art und des Umfangs der Leistung ist die Behörde grundsätzlich gebunden.[49] Etwas anderes gilt bei einkommensabhängigen Leistungen, bei denen das anzurechnende Einkommen noch nicht endgültig feststeht. Hier steht den Verwaltungsbehörden auch ein Auswahlermessen hinsichtlich der vorläufigen Leistungshöhe zu.[50] 16

Vorbehaltsbescheide nach **Abs. 2** schaffen als **vorläufige Verwaltungsakte** nur für einen begrenzten Zeitraum Rechtssicherheit und Rechtswirkungen zwischen den Beteiligten. Der Berechtigte kann auf ihre Regelung nur bis zum Erlass des abschließenden Bescheides vertrauen. Auch ihre Bindungswirkung (§ 77 SGG) ist von vornherein auf den Zeitraum bis zum Erlass des endgültigen Bescheides begrenzt. Das BSG hat zur bisherigen Regelung des § 22 Abs. 4 KOVVfG entschieden, dass ein Vorbehaltsbescheid und die ihm nachfolgenden Anpassungsbescheide mit dem **Erlass des endgültigen Bescheides** gegenstandslos werden.[51] Es gilt insoweit § 39 Abs. 2 SGB X. Wird ein Vorbehaltsbescheid durch eine **weniger günstige endgültige Regelung** ersetzt, ist der Betroffene vor Erlass des neuen Bescheides nach § 24 SGB X anzuhören.[52] Nach **Abs. 2 S. 3** sind Umfang und Grund der Vorläufigkeit in der Entscheidung anzugeben (vergleichbar § 328 Abs. 1 S. 2 SGB III). Für die Verlautbarung einer vorläufi- 17

44 So auch Schmidt SGB XIV/Schmidt § 119 Rn. 10.
45 Vgl. Vorberg/van Nuis, Das Recht der Kriegsbeschädigten und Kriegshinterbliebenen, VIII. Teil Das Verwaltungsverfahren in der Kriegsopferversorgung, G II 3, Stand November 1973.
46 BT-Drs. 19/13824, 222.
47 Ebenso Rohr/Sträßer/Dahm BVG KOVVfG § 22 Anm. 7.
48 KOVVfGVwV zu § 22 Nr. 12.
49 Knickrehm/Mushoff/Schmidt Neues SozEntschR Rn. 415.
50 Knickrehm/Mushoff/Schmidt Neues SozEntschR Rn. 415.
51 BSG Urt. v. 5.7.2017 – B 14 AS 36/16 R; dazu Schmidt NZS 2017, 919; BSG Urt. v. 16.6.1999 – B 9 V 4/99 R, BSGE 84, 108 mwN; dazu auch Knickrehm/Mushoff/Schmidt Neues SozEntschR Rn. 414; Schmidt SGB XIV/Schmidt § 119 Rn. 13.
52 BSG Urt. v. 19.9.2000 – B 9 SB 1/00 R, BSGE 87, 122, 123 f. = SozR 3-3900 § 22 Nr. 2, 10 f.

gen Entscheidung genügt es grundsätzlich, wenn sich aus dem **Verfügungssatz** ergibt, dass eine **„vorläufige" Regelung** getroffen wird.[53] Wenn eine vorläufige Entscheidung ergangen ist, dann ist die Verwaltungsbehörde nach **Abs. 2 S. 4** ausdrücklich gehalten, die Ermittlungen fortzuführen und nach Abschluss der Ermittlungen **unverzüglich** (§ 121 BGB „ohne schuldhaftes Zögern") **eine endgültige Entscheidung** zu treffen. Sollte die Verwaltungsbehörde nicht unverzüglich endgültig entscheiden, wäre im Einzelfall zu prüfen, inwieweit hierdurch bei den Berechtigten schützenswertes Vertrauen auf den Fortbestand der vorläufigen Entscheidung entstehen kann.

18 Auf die Rückforderung von Leistungen, die aufgrund eines Vorbehaltsbescheides nach **Abs. 2** erbracht worden sind, findet **§ 50 Abs. 2 SGB X entsprechende Anwendung.**[54] Eine Vertrauensschutzprüfung ist bei einem Vorbehaltsbescheid allerdings in der Regel nicht notwendig. Bei der Ermessensentscheidung hat sich die Verwaltungsbehörde am Gesetzeszweck zu orientieren und die gesetzlichen Grenzen des Ermessens zu beachten (§ 39 Abs. 2 SGB I). Bestehen ermessenslenkende Richtlinien, sind wesentliche Abweichungen vom darin genannten Regelfall bei der Ermessensabwägung zu berücksichtigen.[55]

19 Die Möglichkeit, Vorbehaltsbescheide nach **Abs. 2** zu erlassen, schließt **andere vorläufige Entscheidungen**, wie die Festsetzung von Vorschussleistungen nach § 42 SGB I, wohl nicht aus.

D. Anhang

I. BVG

20 **§ 10 BVG [Voraussetzungen und Zweck der Heil- oder Krankenbehandlung]**

...

(8) Heil- oder Krankenbehandlung kann auch vor der Anerkennung eines Versorgungsanspruchs gewährt werden.

II. KOVVfG

21 **§ 22 KOVVfG [Schriftlicher Bescheid]**

...

(4) [1]Kann nach dem Ergebnis der Ermittlungen über den Anspruch oder einen Teil des Anspruchs noch nicht endgültig entschieden werden, sind die Voraussetzungen für die Gewährung bestimmter Leistungen jedoch mit Wahrscheinlichkeit gegeben, so kann ein Bescheid unter dem ausdrücklichen Vorbehalt der endgültigen Entscheidung erlassen werden, wenn dies beantragt ist und der Antragsteller ein berechtigtes Interesse an der alsbaldigen Erteilung eines solchen vorläufigen Bescheides hat. [2]Aus dem Bescheid müssen sich Inhalt und Ausmaß des Vorbehalts ergeben. [3]Nach Abschluß der Ermittlungen hat die Behörde unverzüglich den endgültigen Bescheid zu erlassen. [4]Hierbei ist sie an den vorläufigen Bescheid nicht gebunden.

III. BVGVwV

22 **BVGVwV zu § 10 BVG**

...

11. Heilbehandlung, Krankenbehandlung, Mutterschaftshilfe und Maßnahmen zur Früherkennung von Krankheiten können nach § 10 Abs. 8 gewährt werden, wenn der Antrag wahrscheinlich zu einer entsprechenden Anerkennung führen wird und Ausschließungsgründe nicht vorliegen. Das gilt auch, wenn zu erwarten ist, daß der Antrag nur deshalb nicht zu einer Anerkennung führen wird, weil nach Abschluß der Behandlung keine Gesundheitsstörung zurückbleibt. In den Fällen der Sätze 1 und 2

53 Ua BSG Urt. v. 16.11.1995 – 4 RLw 4/94, SozR 3-1300 § 31 Nr. 10.
54 BSG Urt. v. 16.6.1999 – B 9 V 4/99 R, BSGE, 84, 108; krit. jurisPK-SGB X/Merten § 50 Rn. 40.
55 Vgl. zum Ganzen: BSG Urt. v. 16.6.1999 – B 9 V 4/99 R, BSGE 84, 108.

führt die Krankenkasse die Maßnahmen nur auf Grund einer Entscheidung der Verwaltungsbehörde durch.

Abschnitt 3 Weitere Regelungen

§ 120 Ansprüche gegen Schadensersatzpflichtige

(1) § 116 des Zehnten Buches gilt für den Übergang eines Anspruchs der oder des Berechtigten auf Ersatz eines Schadens auf den oder die jeweiligen Kostenträger der Sozialen Entschädigung entsprechend.

(2) [1]Ein Ersatzanspruch kann nicht zum Nachteil der oder des Berechtigten geltend gemacht werden. [2]Dies gilt insbesondere, wenn die Schadensersatzleistungen der Schädigerin oder des Schädigers oder eines Dritten nicht ausreichen, um den gesamten Schaden zu ersetzen. [3]In diesen Fällen sind die Schadensersatzansprüche der oder des Berechtigten vorrangig gegenüber den Ansprüchen des Kostenträgers.

(3) Von der Geltendmachung des Ersatzanspruchs kann abgesehen werden, wenn diese keinen Erfolg verspricht.

(4) [1]Die Krankenkassen haben der Verwaltungsbehörde die Tatsachen mitzuteilen, aus denen sich ergibt, dass ein Dritter den Schaden verursacht hat. [2]Auf Anfrage haben die Krankenkassen und die Unfallkassen der Länder der Verwaltungsbehörde Angaben darüber zu machen, in welcher Höhe ihnen Kosten für Leistungen der Krankenbehandlung entstanden sind. [3]Keine Angaben sind erforderlich für nichtstationäre ärztliche Behandlungen und die Versorgung mit Arzneimitteln und Verbandmitteln.

A. Gesetzesgeschichte

1 Die Regelung entspricht erheblich der bisherigen Rechtslage im SER zum Übergang von Forderungen geschädigter Personen gegen Dritte (Schädiger) nach **§ 81a BVG.**[1] Im Rahmen des Gesetzgebungsverfahrens war die Norm weitgehend unumstritten, so dass sie ohne weitere Änderungen aus dem Regierungsentwurf übernommen wurde.[2] Im Opferentschädigungsrecht wird durch **§ 5 OEG** auf die Regelung des § 81a BVG mit der Maßgabe Bezug genommen, dass der **Schadensersatzanspruch gegen Dritte** auf das leistungspflichtige Bundesland übergeht.[3] Eine vergleichbare Verweisung auf § 81a BVG findet sich auch in **§ 63 Abs. 4 IfSG.** Die Vorschrift regelt in Anlehnung an die hergebrachte Systematik des SER den gesetzlichen Übergang von zivilrechtlichen Schadensersatzansprüchen von Berechtigten gegen Schädiger auf den TdSE. Auf wen

1 Ausführlich zu § 81a BVG siehe HK-SozEntschR/Vogl BVG § 81a Rn. 1 ff.
2 BT-Drs. 19/13824, 222.
3 Ausführlich zu § 5 OEG siehe HK-SozEntschR/Rademacker OEG § 5 Rn. 1 ff.

der Anspruch übergeht, richtet sich danach, wer im Einzelfall die Kosten für die Leistungen trägt.[4]

2 Die **bisherige Regelung des § 81a BVG** weist erhebliche **Ähnlichkeiten mit dem § 116 SGB X** auf.[5] Nach seinem Wortlaut gilt der gesetzliche Forderungsübergang zugunsten des Bundes als Kostenträger der Kriegsopferversorgung.[6] Es werden Schadensersatzansprüche der Versorgungsberechtigten im Wege des gesetzlichen Forderungsübergangs auf den Bund übergeleitet, soweit dieser nach dem BVG Entschädigungsleistungen erbringt. Es kommt hierbei allein auf die Leistungserbringung und deren Umfang an. Unerheblich ist, ob dem Leistungsträger ein Schaden dadurch entsteht, dass er durch das Verschulden des Dritten zur Leistung verpflichtet wird.[7] Durch den Forderungsübergang soll verhindert werden, dass Versorgungsberechtigte wegen der erlittenen Schädigung doppelt entschädigt werden. Darüber hinaus sollen die durch das Drittverschulden entstehenden Aufwendungen nicht zulasten der Allgemeinheit gehen.[8]

3 Der bisherige **gesetzliche Forderungsübergang des § 5 OEG iVm § 81a BVG** bezieht sich auf die Leistungen, die mit dem Schadensersatzanspruch gegen den Schädiger sachlich und zeitlich deckungsgleich (kongruent) sind.[9] Der Forderungsübergang vollzieht sich dem Grunde nach bereits im Zeitpunkt der Schädigung und setzt nicht voraus, dass der Geschädigte einen Versorgungsantrag stellt. Der Übergang hat zur Folge, dass der Geschädigte über die übergegangenen Schadensersatzansprüche nicht mehr verfügen kann.[10] Dies kann im Zusammenspiel mit anderen Leistungsträgern problematisch sein. Der Schadensersatzanspruch eines Gewaltopfers gegen den Schädiger geht kraft Gesetzes in **doppelter Weise auf Sozialleistungsträger** über, die den Geschädigten aufgrund eines Schadensereignisses Leistungen erbringen. Zum einen auf die Krankenkassen nach § 116 Abs. 1 S. 1 SGB X und zum anderen nach § 5 OEG iVm § 81a BVG auf die Versorgungsträger.[11] Dadurch werden beide Sozialleistungsträger zu **Gesamtgläubigern nach § 428 BGB.**[12] Durch die Einführung der Informationspflicht nach § 81a Abs. 3 S. 1 BVG[13] wird deutlich, dass der Gesetzgeber davon ausgeht, dass der Schadensersatzanspruch bereits zum Zeitpunkt des schädigenden Ereignisses auf die Versorgungsverwaltung übergeht.[14] Da die Gesamtgläubigergemeinschaft durch das auf § 18c BVG beruhende gesetzliche Auftragsverhältnis zwischen Versorgungsverwaltung und Krankenkasse besonders geprägt ist, geht die Rspr. davon aus, dass eine Schadensregulierung zwischen der Krankenkasse und der Haftpflichtversicherung des Schädigers auf der Grundlage eines Teilungsabkommens auch die

4 BT-Drs. 19/13824, 222.
5 Rohr/Sträßer/Dahm BVG § 81a Anm. 1; HK-SozEntschR/Vogl BVG § 81a Rn. 8.
6 Dazu HK-SozEntschR/Vogl BVG § 81a Rn. 5.
7 HK-SozEntschR/Vogl BVG § 81a Rn. 3; Wilke, 7. Aufl. 1992, BVG § 81a Rn. 1; BGH Urt. v. 9.3.1971 – VI ZR 173/69, NJW 1971, 936; BGH Urt. v. 2.7.2002 – VI ZR 401/01, SGb 2002, 674.
8 HK-SozEntschR/Vogl BVG § 81a Rn. 4; dazu schon BGH Beschl. v. 30.3.1953 – GSZ 13/53, NJW 1953, 821.
9 HK-SozEntschR/Rademacker OEG § 5 Rn. 3; BGH Urt. v. 28.3.1995 – VI ZR 244/94, NJW 1995, 290.
10 BSG Urt. v. 16.2.2012 – B 9 VG 1/10 R, BSGE 110, 104; BGH Urt. v. 16.10.2007 – VI ZR 227/06, NJW 2008, 1162; HK-SozEntschR/Rademacker OEG § 5 Rn. 3.
11 Hierzu auch KassKomm/Kater SGB X § 116 Rn. 12.
12 BSG Urt. v. 16.2.2012 – B 9 VG 1/10R, BSGE 110, 104; BGH Urt. v. 12.4.2005 – VI ZR 50/04, VersR 2005, 1004.
13 BT-Drs. 13/1777, 7.
14 BSG Urt. v. 16.2.2012 – B 9 VG 1/10 R, BSGE 110, 104.

Versorgungsverwaltung bindet.[15] Damit kann die Krankenkasse auf diese Weise nachteilig auf die Rechtsposition der Versorgungsverwaltung einwirken.

4 Umstritten ist ua, ob das sog. **Familienprivileg (§ 116 Abs. 6 SGB X)**[16] auch für Anspruchsübergänge wegen Schädigungen im Rahmen des § 5 OEG zur Anwendung kommt.[17] Hierbei geht es grundsätzlich um einen Ausschluss des Forderungsübergangs von Schadensersatzansprüchen gegen einen Familienangehörigen, wenn die Schädigung fahrlässig herbeigeführt wurde.[18] Das Familienprivileg wird nach der Rspr. darauf gestützt, dass im Interesse des häuslichen Familienfriedens verhindert werden soll, dass Streitigkeiten über die Schadensersatzforderung gegen Familienangehörige ausgetragen werden. Der BGH hat 2011 überzeugend ausgeführt, dass der die Anwendung des Familienprivilegs ausschließende Vorsatz sich bei einem Anspruchsübergang nach § 5 OEG iVm § 81a BVG auf die Schadensfolge beziehen muss.[19] Der Zweck des **Ausschlusses des Familienprivilegs bei vorsätzlichem Handeln** besteht zunächst darin, dass der Gefahr einer Kollusion zwischen Schädiger und geschädigtem Familienmitglied vorgebeugt werden soll. Darüber hinaus wird das Erfordernis eines auf die Schädigung bezogenen Vorsatzes damit begründet, dass die Leistungspflicht des Sozialleistungsträgers, für die letztlich die Versichertengemeinschaft aufkommen muss, bei vorsätzlichem Handeln in besonders vorwerfbarer Weise herbeigeführt wurde, so dass eine unangemessene Besserstellung des Familienverbands des Schädigers vermieden und der Regress zugunsten der Versichertengemeinschaft ermöglicht werden sollen.[20]

5 Nach **Art. 60 Abs. 7 G-SER** tritt die Vorschrift am **1.1.2024** in Kraft.[21] Ein vorzeitiges Inkrafttreten der Norm ist nicht erforderlich. Zwar werden aufgrund der Übergangsregelung des **§ 138 Abs. 7 SGB XIV** bereits Leistungen der Schnellen Hilfen in Form von Traumaambulanzbehandlungen nach §§ 31 ff. SGB XIV für Taten zwischen dem 1.1.2021 und dem 31.12.2023 unter den Voraussetzungen des OEG durch die TdSE erbracht. Für diese Leistungen kommen aber **§ 5 OEG iVm § 81a BVG** zur Anwendung. Die Regelung des § 5 OEG wurde zuletzt durch das sog. „Teilhabestärkungsgesetz" vom 2.6.2021 geändert.[22] Die Erstattungsregelung des § 5 OEG enthält bislang keine dem Abs. 2 S. 1 entsprechende Regelung. Im Gesetzgebungsverfahren zum „Teilhabestärkungsgesetz" vom Bundesrat vorgetragene Änderungsvorschläge[23] wurden vom Gesetzgeber für die Zeit vor dem 1.1.2024 nicht aufgegriffen.[24]

B. Normsystematik

6 Nach **Abs. 1** wird die Regelung des § 116 SGB X für entsprechend anwendbar erklärt. Die Abs. 2 bis 4 enthalten weitergehende und ergänzende Sonderregelungen für das SER. So wird in **Abs. 2 S. 1** die bisherige Regelung des **§ 81a Abs. 1 S. 3 BVG** vollumfänglich übernommen (→ Rn. 17 ff.), wonach die Geltendmachung des Schadenser-

---

15 BSG Urt. v. 16.2.2012 – B 9 VG 1/10 R, BSGE 110, 104; BSG Urt. v. 6.10.1977 – 9 RV 24/76, SGb 1978, 436; BGH Urt. v. 27.3.1973 – VI ZR 5/72, NJW 1973, 1124.
16 BR-Drs. 526/80, 28; nach BVerfG Beschl. v. 12.10.2010 – 1 BvL 14/09, NJW 2011, 1793 ist das Familienprivileg nach § 116 Abs. 6 S. 1 SGB X mit dem Grundgesetz vereinbar; dazu ua Schütze/Bieresborn SGB X § 116 Rn. 51.
17 Ablehnend ua HK-SozEntschR/Vogl BVG § 81a Rn. 14 mwN; bejahend BGH Urt. v. 28.6.2011 – VI ZR 194/10, BGHZ 190, 131.
18 Dazu ausführlich Schütze/Bieresborn SGB X § 116 Rn. 50 ff.
19 BGH Urt. v. 28.6.2011 – VI ZR 194/10, BGHZ 190, 131.
20 BGH Urt. v. 28.6.2011 – VI ZR 194/10, BGHZ 190, 131 mwN.
21 BGBl. 2019 I 2652, 2724.
22 BGBl. 2021 I 1387, 1399.
23 BR-Drs. 129/21, 8.
24 BT-Drs. 19/28834, 59.

satzanspruchs nicht zu Nachteilen für die Berechtigten führen darf.[25] In **Abs. 2 S. 2 und S. 3** wird der Aspekt des fiskalischen Nachteils näher konkretisiert. Danach muss der TdSE mit der Realisierung seiner Ansprüche zurücktreten, solange und soweit Ersatzleistungen des Schädigers oder eintrittspflichtiger Dritter nicht ausreichen, um den gesamten Schaden zu ersetzen. Es sollen grundsätzlich zunächst die Geschädigten und erst im Anschluss die TdSE befriedigt werden.[26]

7 Die Regelung des **Abs. 3** entspricht der Verwaltungsvorschrift Nr. 8 S. 3 zum bisherigen § 81a BVG. Diese Regelung dient insbesondere der Entlastung der TdSE in Fällen, in denen Ersatzpflichtige erkennbar mittellos sind und der Ersatzanspruch wegen der persönlichen und wirtschaftlichen Verhältnisse der Ersatzpflichtigen auch in Zukunft mit **an Sicherheit grenzender Wahrscheinlichkeit** nicht realisiert werden kann.[27]

8 **Abs. 4** soll wie bisher **§ 81a Abs. 3 BVG** sicherstellen, dass der TdSE Schadensersatzansprüche gegen Dritte erfolgreich geltend machen kann. Dies ist nur möglich, wenn die Krankenkassen die Verwaltungsbehörden über Fälle, in denen ein **Drittverschulden zu vermuten** ist, informieren. Wenn die Verwaltungsbehörde hinsichtlich der Höhe der Kosten für Leistungen der Krankenbehandlung Informationen zur Geltendmachung des Schadensersatzanspruchs benötigt, kann sie diese Informationen bei den Krankenkassen und den Unfallkassen der Länder erfragen.[28]

C. Einzelkommentierung

I. Abs. 1 – Anwendbarkeit des § 116 SGB X

9 Auf der Grundlage des **Abs. 1** wird für den **gesetzlichen Forderungsübergang** (cessio legis) im Rahmen des SER die allgemeine Übergangsregelung des § 116 SGB X grundsätzlich für entsprechend anwendbar erklärt. In den **Abs. 2 bis 4** werden hiervon abweichende Sonderregelungen für das SER normiert. Bereits die Regelung des **§ 81a BVG** wies erhebliche Ähnlichkeiten in der Rechtsanwendung zu § 116 SGB X auf, so dass die nunmehr in Abs. 1 erfolgte Bezugnahme auf diese Norm sachgerecht ist. In § 116 SGB X wird der gesetzliche Übergang zivilrechtlicher Schadensersatzansprüche von Geschädigten auf einen Sozialversicherungsträger oder Sozialhilfeträger, der wegen einer Schädigung Sozialleistungen gewährt, geregelt.[29] Es sollen **Doppelleistungen** an Geschädigte oder Hinterbliebene vermieden werden.[30] Weiterhin soll der Schädiger nicht durch die gewährte Sozialleistung entlastet werden, wenn er ohne Sozialleistung einen entsprechenden Schadensersatz zu leisten hätte.[31]

10 Nach **§ 4 Abs. 1 SGB XIV** haben Geschädigte Anspruch auf Leistungen des SER wegen der anerkannten gesundheitlichen und der wirtschaftlichen Folgen einer gesundheitlichen Schädigung, die ursächlich auf ein schädigendes Ereignis zurückzuführen ist (→ § 4 Rn. 5 ff.). Soweit Berechtigte einen Schadensersatzanspruch gegen den Schädiger haben, geht dieser grundsätzlich auf den jeweiligen Kostenträger des SER über. Der Gesetzgeber verwendet in diesem Zusammenhang bewusst den Begriff **Berechtigte im Sinne des § 2 Abs. 1 SGB XIV**, da nicht nur Geschädigte einen Leistungsanspruch nach dem SER haben können (→ § 6 Rn. 6). Auch Angehörige, Hinterbliebene und Nahestehende können einen Schadensersatzanspruch gegen den Schädi-

25 BT-Drs. 19/13824, 222; Knickrehm/Mushoff/Schmidt Neues SozEntschR Rn. 419.
26 BT-Drs. 19/13824, 222; Knickrehm/Mushoff/Schmidt Neues SozEntschR Rn. 420.
27 BT-Drs. 19/13824, 222; Knickrehm/Mushoff/Schmidt Neues SozEntschR Rn. 421.
28 BT-Drs. 19/13824, 222.
29 Schütze/Bieresborn SGB X § 116 Rn. 2.
30 Ua BSG Urt. v. 28.9.2010 – B 1 KR 4/10 R, SozR 4-2500 § 264 Nr. 3; dazu Welti jurisPR-SozR 21/2011 Anm. 1; BGH Urt. v. 24.4.2012 – VI ZR 329/10, NJW 2012, 3639; Dahm jurisPR-SozR 13/2012 Anm. 6; Giesen NJW 2012, 3609.
31 BGH Urt. v. 20.11.1980 – III ZR 122/79, BGHZ 79, 26; vertiefend zum Normzweck des § 116 SGB X KassKomm/Kater SGB X § 116 Rn. 3 ff.

ger haben und ihnen können im Rahmen des SER zumindest Leistungen der Schnellen Hilfen nach §§ 29 ff. SGB XIV zustehen.

Für den Forderungsübergang kommt es grundsätzlich **nicht auf die jeweilige Rechtsgrundlage** an, aus der sich der gesetzliche Anspruch des Berechtigten gegen den Schädiger ergibt.[32] Zu § 81a BVG wurde teilweise noch die Auffassung vertreten, dass aufgrund des Wortlauts nur gesetzliche und keine vertraglichen Schadensersatzansprüche übergehen konnten.[33] Im Anwendungsbereich des § 116 Abs. 1 S. 1 SGB X sind auch Schadensersatzansprüche wegen Vertragsverletzungen insbesondere aufgrund von Fehlern bei medizinischen Behandlungen (§ 280 Abs. 1 BGB iVm §§ 630a ff. BGB) übergangsfähig.[34] Hauptanwendungsfälle des Forderungsübergangs sind aber insbesondere deliktische Ansprüche aus §§ 823 ff. BGB und den einschlägigen Haftpflichtregelungen. Mit dem Schadensersatzanspruch können auch **Nebenansprüche der Berechtigten** zB auf Einsicht in ärztliche Unterlagen (ua §§ 401, 412 BGB) übergehen.[35] Aufwendungsersatzansprüche ua aus der Geschäftsführung ohne Auftrag nach §§ 677, 683 BGB können nicht übergehen, da es sich aufgrund der Freiwilligkeit des Vermögensopfers nicht um Schadensersatzansprüche handelt.[36] Vergleichbar verhält es sich mit Ansprüchen aus privaten Versicherungsverträgen.[37] Die **Rechtsnatur der Schadensersatzansprüche** ändert sich durch den Forderungsübergang nicht, so dass die TdSE bei zivilrechtlichen Ansprüchen diese im Zweifel vor den **zuständigen ordentlichen Gerichten** entsprechend einklagen müssen.[38] Die Schaffung eines Vollstreckungstitels durch den Erlass eines Verwaltungsaktes kommt insoweit nicht in Betracht. 11

Wie auch im Rahmen des § 81a BVG gilt bei Abs. 1 iVm § 116 Abs. 1 SGB X für den Forderungsübergang das **Prinzip der kongruenten Deckung**. Das heißt der übergehende Anspruch des Berechtigten und die bestehende Leistungspflicht des TdSE müssen **zeitlich und sachlich** deckungsgleich sein. Eine sachliche Kongruenz besteht, wenn die Leistung des TdSE der Behebung eines artgleichen Schadens dient.[39] Bei der Leistung des TdSE kann es sich um eine **Dienst-, Sach- oder Geldleistung** handeln, die insbesondere der in **§ 5 SGB I** genannten sozialen Rechte dienen.[40] Keine sachliche Deckungsgleichheit besteht ua in Bezug auf **Schmerzensgeldansprüche** nach § 253 BGB.[41] Eine zeitliche Deckungsgleichheit besteht, wenn die Leistung des TdSE den 12

32 KassKomm/Kater SGB X § 116 Rn. 41 f.
33 So HK-SozEntschR/Vogl BVG § 81a Rn. 15; aA Rohr/Sträßer/Dahm BVG § 81a Anm. 3 unter Hinweis auf § 116 SGB X.
34 KassKomm/Kater SGB X § 116 Rn. 41.
35 Ua BGH Urt. v. 23.3.2010 – VI ZR 327/08, FamRZ 2010, 972; OLG München Urt. v. 9.10.2008 – 1 U 2500/08, FamRZ 2009, 1094; BayVerfGH Urt. v. 26.5.2011 – Vf. 45-VI-10, MedR 2012, 51; KassKomm/Kater SGB X § 116 Rn. 39.
36 Schütze/Bieresborn SGB X § 116 Rn. 15; ua OLG Karlsruhe Urt. v. 2.3.1988 – 7 U 157/87, NJW 1988, 2676.
37 Schütze/Bieresborn SGB X § 116 Rn. 15; KassKomm/Kater SGB X § 116 Rn. 40.
38 Schmidt SGB XIV/Schmidt § 120 Rn. 5; zu § 81a BVG siehe HK-SozEntschR/Vogl BVG § 81a Rn. 38.
39 BGH Urt. v. 24.2.1981 – VI ZR 154/79, NJW 1981, 1846; Diedrichsen VersR 2006, 293 (297); Schütze/Bieresborn SGB X § 116 Rn. 13.
40 Allgemein dazu ua BSG Urt. v. 28.10.2008 – B 8 SO 23/07 R, BSGE 102, 10; Schütze/Bieresborn SGB X § 116 Rn. 13.
41 BGH Urt. v. 3.12.2002 – VI ZR 304/01, NJW 2003, 1871; Schütze/Bieresborn SGB X § 116 Rn. 24; KassKomm/Kater SGB X § 116 Rn. 80; aA wohl Hauck/Noftz/Nehls SGB X § 116 Rn. 13 in Bezug auf Grundrenten im Rahmen des BVG – abweichend dazu Hauck/Noftz/Schlaeger/Bruno SGB X § 116 Rn. 151.

Schaden für denselben Zeitraum abdeckt, für den der Berechtigte einen Schadensersatzanspruch gegen den Schädiger hat.[42]

13 Der **Übergang der Forderung** findet – wie auch bei § 81a BVG[43] – grundsätzlich **zum Zeitpunkt des schädigenden Ereignisses dem Grunde nach** statt.[44] Durch den frühen Forderungsübergang soll vermieden werden, dass der Berechtigte über die Schadensersatzforderung zulasten des TdSE anderweitig verfügt.[45] Eine Anzeige des TdSE an den Schädiger bzgl. des Forderungsübergangs ist nicht erforderlich.[46] Der **Umfang des Anspruchsübergangs** ist erst berechenbar, wenn der Schadensersatzanspruch und die durch den TdSE erbrachte Sozialleistung der Höhe nach feststellbar sind.[47] Die übergangsfähigen Ansprüche gehen bis zur Höhe der jeweiligen Leistungen des TdSE auf diesen über. Der Übergang steht unter der auflösenden Bedingung im Sinne des § 158 BGB, dass der TdSE tatsächlich Leistungen erbringt. Wenn der TdSE keine Leistungen erbringt, dann tritt der Berechtigte wieder in seine Forderung ein, soweit kein Forderungsübergang nach § 116 Abs. 1 SGB X auf einen anderen Sozialleistungsträger (zB Krankenkasse für erfolgte Krankenbehandlung) gegeben ist.[48] Soweit Zahlungen des Schädigers an den Berechtigten erfolgen, besteht regelmäßig ein Gutglaubensschutz nach **§§ 412, 407 BGB**. Der TdSE muss die Leistung des Schädigers auf den Schadensersatzanspruch gegen sich gelten lassen, wenn der Schädiger bei der Vornahme der Zahlung keine Kenntnis vom Forderungsübergang hatte. Eine **Kenntnis vom Forderungsübergang** ist regelmäßig dann gegeben, wenn der Schädiger weiß, dass wenigstens die Möglichkeit besteht, dass der Anspruchsberechtigte zumindest die Möglichkeit hat, Leistungen des TdSE in Anspruch zu nehmen.[49] Durch die umfassende Verweisung auf § 116 SGB X findet auch das **„Familienprivileg"** (**§ 116 Abs. 6 SGB X**) grundsätzlich im SER Anwendung (→ Rn. 4).

14 Die Forderung geht nach Abs. 1 auf den **jeweiligen Kostenträger** der Sozialen Entschädigung entsprechend über. Grundsätzlich richtet sich die **Kostenträgerschaft nach §§ 133 ff. SGB XIV** (zur Kostenaufteilung zwischen Bund und Ländern nach § 133 → § 133 Rn. 1 ff.). Im Rahmen des Bestandsschutzes ergibt sich die jeweilige Kostenträgerschaft aus § 155 SGB XIV. Die Bezugnahme auf die Kostenträgerschaft ist in diesem Zusammenhang etwas unglücklich, da die Forderung, auch wenn der Bund Kostenträger ist, von den TdSE im Auftrag des Bundes geltend gemacht wird. Die Kompetenzverteilung zwischen Bund und Ländern für die Ausführung der Bundesgesetze ist in **Art. 83 ff. GG** geregelt. Gemäß Art. 83 GG **führen die Länder die Bundesgesetze als eigene Angelegenheit aus,** soweit das GG nichts anderes bestimmt oder zulässt (dazu → § 111 Rn. 2). Die Kostenträgerschaft im Innenverhältnis zwischen dem Bund und den Ländern hat keine Auswirkungen auf die einheitliche Durchsetzung des Regressanspruchs im Außenverhältnis gegenüber dem Schädiger. Die TdSE

42 BGH Urt. v. 13.3.1973 – VI ZR 129/71, SGb 1973, 376; Schütze/Bieresborn SGB X § 116 Rn. 29.
43 HK-SozEntschR/Vogl BVG § 81a Rn. 25 f.
44 BGH Urt. v. 27.6.2006 – VI ZR 337/04, NJW 2006, 3565; KassKomm/Kater SGB X § 116 Rn. 142, 145; Schütze/Bieresborn SGB X § 116 Rn. 3.
45 KassKomm/Kater SGB X § 116 Rn. 145.
46 KassKomm/Kater SGB X § 116 Rn. 141a.
47 KassKomm/Kater SGB X § 116 Rn. 142.
48 Ua BGH Urt. v. 2.12.2008 – VI ZR 312/07; KassKomm/Kater SGB X § 116 Rn. 143.
49 Zu § 81a BVG: BGH Urt. v. 4.10.1983 – VI ZR 44/82, VersR 1984, 35 sowie VwV zu § 81a BVG Nr. 3; zu § 116 SGB X: ua BGH Urt. v. 23.9.2014 – VI ZR 483/12, MDR 2015, 211, dazu Dahm jurisPR-SozR 6/2015 Anm. 5; BGH Urt. v. 15.3.2011 – VI ZR 162/10; KassKomm/Kater SGB X § 116 Rn. 145.

sind diesbezüglich auch aktiv legitimiert.[50] Die Länder sind lediglich im Innenverhältnis dem Bund gegenüber verpflichtet, anteilig die Einnahmen aus den Regressverfahren zu erstatten.

Die **Verjährung** der übergegangenen Schadensersatzansprüche bestimmt sich nach den Vorschriften des Gesetzes, aus dem sich die Ansprüche ergeben. Dies gilt sowohl für Beginn, Unterbrechung, Hemmung und die Dauer der Verjährungsfrist. Für die vielfach einschlägigen deliktischen Ansprüche gilt grundsätzlich die allgemeine Verjährungsfrist des § 195 BGB, so dass die Ansprüche innerhalb von drei Jahren verjähren und nicht mehr durchsetzbar sind (§ 214 Abs. 1 BGB). Für den Beginn der Verjährung gelten die §§ 199 ff. BGB. Für Schadensersatzansprüche, die auf der vorsätzlichen Verletzung des Lebens, des Körpers, der Gesundheit, der Freiheit oder der sexuellen Selbstbestimmung beruhen (ua §§ 823 ff. BGB), gilt nach § 197 Abs. 1 Nr. 1 BGB eine Verjährungsfrist von 30 Jahren. Die Verjährungsfrist beginnt in diesen Fällen nach § 199 Abs. 2 BGB ohne Rücksicht auf ihre Entstehung und die Kenntnis oder grob fahrlässige Unkenntnis von der den Schaden auslösenden Handlung oder des Ereignisses an zu laufen.[51] 15

Soweit es für den Verjährungsbeginn nach **§ 199 Abs. 1 Nr. 2 BGB** auf die **Kenntnis der den Anspruch begründenden Umstände** ankommt, hält die Rspr. den Zeitpunkt für maßgeblich, in dem der regressberechtigte Leistungsträger Kenntnis erlangt hat bzw. der verfügungsberechtigte Sozialleistungsträger.[52] Dem TdSE wird die Kenntnis der Beschäftigten grundsätzlich nach § 166 BGB zugerechnet. Wenn mehrere Bereiche des TdSE für die Bearbeitung der SER-Verfahren zuständig sind, kommt es für den Verjährungsbeginn grundsätzlich auf den **Kenntnisstand der für die Regressansprüche zuständigen Beschäftigten** an.[53] Es ist für den Beginn der Verjährung erforderlich, dass vom Eintritt des Schadens Kenntnis erlangt wurde. Wenn Ungewissheit über den Umfang bzw. die Höhe des Schadens besteht, wird der Beginn der Verjährung nicht gehindert.[54] 16

II. Abs. 2 – keine Geltendmachung zum Nachteil der Berechtigten

In **Abs. 2 S. 1** hat der Gesetzgeber ohne weitere Änderungen die bisherige Regelung des § 81a Abs. 1 S. 3 BVG übernommen. Es wird bestimmt, dass die Geltendmachung von übergegangenen Schadensersatzansprüchen durch den TdSE nicht zu Nachteilen für den Berechtigten führen darf. Hierbei orientiert sich der Gesetzgeber an einem **Rundschreiben des Bundesministeriums für Gesundheit und Soziale Sicherung aus dem Jahr 2002** zu § 81a BVG.[55] Danach können über rein fiskalische Aspekte hinaus auch Nachteile sonstiger Art zum Ausschluss des Rückgriffs auf den Schädiger führen. Dies kommt nach dem Willen des Gesetzgebers insbesondere in Fallgestaltungen zum Tragen, in denen zu befürchten ist, dass die gerichtliche Geltendmachung des 17

---

50 Zu § 81a BVG siehe BGH Urt. v. 4.6.1985 – VI ZR 17/84, VersR 1985, 990; HK-SozEntschR/Vogl BVG § 81a Rn. 33; der Bund kann sich aber wohl bei Zustimmung des Landes selbst aktiv legitimieren, so BGH Urt. v. 4.10.1983 – VI ZR 44/82, VersR 1984, 35.

51 KassKomm/Kater SGB X § 116 Rn. 183 ff.

52 Ua BGH Urt. v. 5.2.1985 – VI ZR 61/83, NJW 1985, 2023; BGH Urt. v. 17.4.2012 – VI ZR 108/11, NJW 2012, 2644; vertiefend KassKomm/Kater SGB X § 116 Rn. 184.

53 BGH Urt. v. 17.4.2012 – VI ZR 108/11, NJW 2012, 2644; BGH Urt. v. 9.3.2000 – III ZR 198/99, NJW 2000, 1411; KassKomm/Kater SGB X § 116 Rn. 185; Schütze/Bieresborn SGB X § 116 Rn. 28.

54 Ua BGH Urt. v. 1.7.2014 – VI ZR 391/13, VersR 2014, 1226; KassKomm/Kater SGB X § 116 Rn. 184a.

55 Rundschreiben vom 26.11.2002 – IV c 2 – 62039, zu finden unter www.bmas.de/DE/Soziales/Soziale-Entschaedigung/Rundschreiben/rundschreiben.html; BT-Drs. 19/13824, 222.

Anspruchs für ein kindliches Opfer zu schweren gesundheitlichen Schädigungen führen könnte.[56] Dies könnte uU bei gerichtlichen Befragungen des kindlichen Opfers und hiermit einhergehenden (Re-)Traumatisierungen der Fall sein. Bereits mit Rundschreiben des Bundesministeriums für Arbeit (BMA) aus dem Jahr 1999[57] wurde ausgeführt, dass in Fällen, in denen Kinder Opfer einer Gewalttat geworden sind und der jeweilige Täter zur Familie gehört, auf das Erfordernis des Vorliegens eines Strafantrags verzichtet werden kann (§ 2 Abs. 2 OEG), wenn eine Aussage des Kindes zu negativen Folgen für das Kind führen könnte. Dies gelte insbesondere dann, wenn vermieden werden soll, dass der Täter davon erfährt, dass das Kind sich offenbart hat.

18 Nach **Abs. 1 S. 2 und 3** sollen die Aspekte fiskalische Nachteile konkretisieren. Der **TdSE muss** nach dem Willen des Gesetzgebers mit der **Durchsetzung seiner Ansprüche als nachrangig zurücktreten,** wenn die Ersatzleistungen nicht ausreichen, den gesamten Schaden zu ersetzen. Dies gilt auch, wenn die Ersatzleistung gedeckelt ist und deswegen die zur Verfügung stehenden Mittel nicht ausreichen.[58] Diese Einschränkungen können insbesondere im Rahmen des § 18 SGB XIV zur Anwendung kommen. Danach sind nunmehr auch die Schädigungsfolgen aufgrund einer Gewalttat durch den **Gebrauch eines Kraftfahrzeugs oder eines Anhängers** vom SER erfasst. Diesbezüglich galt in § 1 Abs. 8 OEG aF noch eine Bereichsausnahme für das SER. Dies wurde durch Art. 11a des „Teilhabestärkungsgesetzes" im Juni 2021 geändert.[59] Die Änderung erfolgte auf Vorschlag des Bundesrates. Hierdurch wird sichergestellt, dass auch bei Gewalttaten mit vielen Opfern, wie zB beim Anschlag auf dem Breitscheidplatz, alle Opfer eine volle Entschädigung erhalten.[60] Wenn ein Kfz als Tatwerkzeug verwendet wird, dann kommen für die Berechtigten auch Leistungen aus dem Entschädigungsfonds für Schäden aus Kraftfahrzeugunfällen nach § 12 PflVG in Betracht (→ § 18 Rn. 5 ff.).[61] Bei dem Anschlag auf dem Berliner Breitscheidplatz im Jahr 2016, bei dem der Attentäter einen Lkw verwendete, hatte sich der Entschädigungsfonds mitunter als unzureichend erwiesen.[62] Bei Gewalttaten mit einem Kfz im Ausland im Sinne des § 3a OEG fand die Bereichsausnahme des § 1 Abs. 8 OEG aF keine Anwendung, da hier keine Leistungen nach § 12 PflVG in Betracht kamen.[63]

19 Die Regelungen ergänzen den **§ 116 Abs. 2 SGB X.** Dieser legt fest, dass im Fall einer gesetzlichen Schadensbegrenzung der Höhe nach, der Schadensersatzanspruch beim Berechtigten verbleibt und nicht auf den Leistungsträger übergeht, wenn dies zum Ausgleich des Schadens erforderlich ist. Der Leistungsträger kann im Rahmen eines **sog. „Quotenvorrechts"** des Berechtigten im Zweifel nur die verbleibende Restforderung geltend machen.[64] Dies gilt nicht, wenn der Schädiger auch nach anderen Rechtsgrundlagen haftet, die keine Haftungshöchstgrenze vorsehen.[65]

20 Wenn der Schaden durch ein **Mitverschulden** oder einer Mitverursachung des Geschädigten begrenzt ist, so kommt die **Sonderregelung des § 116 Abs. 3 SGB X** zur Anwen-

56 BT-Drs. 19/13824, 222.
57 Rundschreiben vom 15.11.1999 – VI a 2 – 52039, zu finden unter www.bmas.de/DE/Soziales/Soziale-Entschaedigung/Rundschreiben/rundschreiben.html.
58 BT-Drs. 19/23824, 222 unter ausdrücklichem Hinweis auf § 12 PflVG; Knickrehm/Mushoff/Schmidt Neues SozEntschR Rn. 419.
59 BGBl. 2021 I 1387, 1399.
60 BT-Drs. 19/28834, 59.
61 Dazu Knickrehm/Mushoff/Schmidt Neues SozEntschR Rn. 75.
62 Abschlussbericht des Opferbeauftragten des Bundes zum Terroranschlag auf dem Breitscheidplatz 2017, 33 f. unter www.bmjv.de.
63 Rundschreiben vom 12.12.2019 – SER 2 53130 unter www.bmas.de/DE/Soziales/Soziale-Entschaedigung/Rundschreiben/rundschreiben.html.
64 Siehe Schütze/Bieresborn SGB X § 116 Rn. 31 ff.; ua BGH Urt. v. 8.4.1997 – VI ZR 112/96, BGHZ 135, 170.
65 Schütze/Bieresborn SGB X § 116 Rn. 35.

dung.[66] Auch hier besteht ein „Quotenvorrecht". Es werden die zivilrechtlichen Schadensersatzansprüche im Verhältnis der Leistung des Leistungsträgers zu dem Teil des Schadens, der durch die Sozialleistung nicht gedeckt ist, aufgeteilt.[67] Nach **§ 116 Abs. 3 S. 3 SGB X** ist der Anspruchsübergang darüber hinaus ausgeschlossen, wenn der Geschädigte oder seine Hinterbliebenen hierdurch hilfebedürftig im Sinne des SGB XII werden würden. Eine weitere Sonderregelung ergibt sich aus § 116 Abs. 5 SGB X. Danach besteht ein „Quotenvorrecht" des Berechtigten, wenn dieser ua eine **Mitverantwortlichkeit zu vertreten** hat und der Leistungsträger keine höheren Leistungen als vor dem schädigenden Ereignis zu erbringen hat. Diese Regelung könnte für die TdSE relevant werden, wenn einzelne Personen mehrfach Opfer von Gewalttaten werden.

III. Abs. 3 – Erfolglosigkeit der Geltendmachung des Schadensersatzanspruchs

Die Regelung des **Abs. 3** entspricht der bisherigen **VwV Nr. 8 S. 3 zu § 81a BVG**. Hier 21
ist aus **Gründen der Verwaltungsökonomie** ua geregelt, dass der Ersatzpflichtige unverzüglich zur Zahlung oder Abgabe eines Schuldanerkenntnisses aufzufordern ist, wenn die Voraussetzungen des Schadensersatzanspruchs erfüllt sind. Kommt der Schuldner dieser Aufforderung nicht innerhalb einer angemessenen Frist nach, ist Klage zu erheben oder der Erlass eines Mahnbescheids zu beantragen. Hiervon kann dann abgesehen werden, wenn die gerichtliche Geltendmachung des Anspruchs keinen Erfolg verspricht. Die TdSE sollen durch die Regelung entlastet werden. In Fallgestaltungen, in denen der Schuldner erkennbar mittellos ist und der Ersatzanspruch wegen der persönlichen und wirtschaftlichen Verhältnisse auch in Zukunft mit an Sicherheit grenzender Wahrscheinlichkeit nicht realisiert werden kann, sind die TdSE berechtigt, von einer Geltendmachung des übergegangenen Schadensersatzanspruchs abzusehen.[68] Den TdSE wird insoweit ein **Ermessensspielraum** („... kann abgesehen werden, ...") **eingeräumt**. Da ein Absehen von der Geltendmachung des Schadensersatzanspruchs zulasten der Sozialgemeinschaft und des jeweiligen Kostenträgers geht, ist eine umfassende Abwägung der Erfolgsaussichten eines Klageverfahrens und etwaiger anschließender Vollstreckungsmaßnahmen erforderlich und durch den zuständigen Regressbereich zu dokumentieren. Von einem **Klageverfahren kann uU auch abgesehen** werden, wenn aufgrund einer zu erwartenden schwierigen und umfassenden Beweisaufnahme kaum hinreichende Erfolgsaussichten für die Klage bestehen.[69]

IV. Abs. 4 – Mitteilungs- und Mitwirkungspflichten anderer Leistungsträger

Der **Abs. 4** soll nach dem Willen des Gesetzgebers wie bisher § 81a Abs. 3 BVG sicher- 22
stellen, dass der TdSE Schadensersatzansprüche gegen Dritte erfolgreich geltend machen kann. Dies ist nur möglich, wenn die **Krankenkassen** die Verwaltungsbehörden über Fälle, in denen ein **Drittverschulden zu vermuten ist**, hinreichend **informieren**. Wenn die Verwaltungsbehörde hinsichtlich der Höhe der Kosten für Leistungen der Krankenbehandlung Informationen zur Geltendmachung des Schadensersatzanspruchs benötigt, kann sie diese Informationen bei den Krankenkassen und den Unfallkassen der Länder erfragen.[70]

Der Grund für diese Regelung ist insbesondere das Erstattungsverfahren zwischen den 23
Krankenkassen und den TdSE für die Leistungen der Krankenbehandlung nach §§ 60,

66 BGH Urt. v. 21.11.2000 – VI ZR 120/99, NJW 2001, 1214.
67 Schütze/Bieresborn SGB X § 116 Rn. 36; BGH Urt. v. 21.11.2000 – VI ZR 120/99, NJW 2001, 1214.
68 BT-Drs. 19/13824, 222; Knickrehm/Mushoff/Schmidt Neues SozEntschR Rn. 420.
69 So zu § 81a BVG HK-SozEntschR/Vogl BVG § 81 Rn. 33.
70 BT-Drs. 19/13824, 222.

61 SGB XIV.[71] Mit der Norm hat der Gesetzgeber gleichzeitig eine hinreichende sozialdatenschutzrechtliche Ermächtigungsgrundlage zur Übermittlung von Sozialdaten nach §§ 69 SGB X iVm EU-DSGVO geschaffen.[72] Die **Mitteilungspflicht nach Abs. 4 S. 1** besteht unabhängig von einer Antragstellung auf Leistungen nach dem SGB XIV durch die etwaigen leistungsberechtigten Personen.

24 Die **Regelungsinhalte des Abs. 4 S. 2 und S. 3** sind losgelöst von der Mitteilungspflicht des Abs. 4 S. 1 zu betrachten. **Nach Abs. 4 S. 2** müssen die Kranken- und Unfallkassen der Länder nur auf Anfrage der zuständigen Verwaltungsbehörde Angaben darüber machen, in welcher Höhe ihnen Kosten für Leistungen der Krankenbehandlung entstanden sind. Nicht ohne Weiteres nachvollziehbar ist, weshalb die Mitteilungs- und Mitwirkungspflichten sich nach dem Wortlaut nicht auf die Pflegekassen erstrecken. Diese erbringen nach §§ 71 ff. SGB XIV für die TdSE Leistungen bei Pflegebedürftigkeit. Auch hier ist ein entsprechendes Kostenerstattungsverfahren nach § 80 SGB XIV, wie bei den Krankenkassen für Leistungen der Krankenbehandlung nach § 60 SGB XIV, vorgesehen. Es ist fraglich, ob hier eine analoge Anwendung der Regelung des Abs. 4 S. 2 auf die Pflegekassen in Betracht kommt.[73] Aufgrund des Wortlauts und der Gesetzesbegründung erscheint die Annahme einer planwidrigen Regelungslücke schwer begründbar. Es wäre sinnvoll, wenn der Gesetzgeber an dieser Stelle eine klarstellende Änderung vornimmt.

25 Die in **Abs. 4 S. 3** vorgesehene **Bereichsausnahme** für nichtstationäre ärztliche Behandlungen und die Versorgung mit Arznei- und Verbandsmitteln orientiert sich an der Pauschalierungsregelung des **§ 116 Abs. 8 SGB X**. Danach ist je Schadensfall für die nicht stationäre ärztliche Behandlung und die Versorgung mit Arznei- und Verbandsmitteln grundsätzlich eine Pauschale in Höhe von 5 Prozent der monatlichen Bezugsgröße nach § 18 SGB IV zu ersetzen. Grundsätzlich sind deshalb keine Mitteilungen an die TdSE erforderlich. Dem Leistungsträger wird aber auch die Möglichkeit eröffnet, höhere Kosten nachzuweisen. Dies wird den TdSE ohne entsprechende Informationen nicht möglich sein. Die Ausübung des Wahlrechts nach § 116 Abs. 8 SGB X ist für den TdSE somit nahezu unmöglich. Diese Schlechterstellung gegenüber anderen Leistungsträgern ist nicht ohne Weiteres nachvollziehbar.

D. Anhang

I. BVG

26 **§ 81a BVG [Übergang von Ersatzansprüchen]**

(1) [1]Soweit den Versorgungsberechtigten ein gesetzlicher Anspruch auf Ersatz des ihnen durch die Schädigung verursachten Schadens gegen Dritte zusteht, geht dieser Anspruch im Umfang der durch dieses Gesetz begründeten Pflicht zur Erbringung von Leistungen auf den Bund über. [2]Das gilt nicht bei Ansprüchen, die aus Schwangerschaft und Niederkunft erwachsen sind. [3]Der Übergang des Anspruchs kann nicht zum Nachteil des Berechtigten geltend gemacht werden.

(2) Absatz 1 gilt entsprechend, soweit es sich um Ansprüche nach diesem Gesetz handelt, die nicht auf einer Schädigung beruhen.

(3) [1]Die Krankenkasse teilt der Verwaltungsbehörde Tatsachen mit, aus denen zu entnehmen ist, daß ein Dritter den Schaden verursacht hat. [2]Auf Anfrage macht sie der Verwaltungsbehörde Angaben darüber, in welcher Höhe sie Heil- oder Krankenbehandlung erbracht hat; dies gilt nicht für nichtstationäre ärztliche Behandlung und Versorgung mit Arznei- und Verbandmitteln.

(4) § 116 Abs. 8 des Zehnten Buches Sozialgesetzbuch gilt entsprechend.

---

71 Knickrehm/Mushoff/Schmidt Neues SozEntschR Rn. 421; zu § 81a Abs. 3 BVG und dem Erstattungsverfahren für die Leistungen nach § 18c BVG siehe HK-SozEntschR/Vogl BVG § 81a Rn. 37.

72 Siehe Schmidt SGB XIV/Schmidt § 120 Rn. 11.

73 So aber Schmidt SGB XIV/Schmidt § 120 Rn. 13.

II. BVGVwV

BVGVwV zu § 81a 27

1. Der Übergang findet in dem Umfang der auf Grund des Bundesversorgungsgesetzes begründeten Pflicht zur Gewährung von Leistungen auch insoweit statt, als diese durch nachträgliche gesetzliche Änderungen erhöht werden.

2. Dritte sind sowohl natürliche als auch juristische Personen, die mit dem Bund nicht personengleich sind. Bundesbahn und Bundespost sind nicht Dritte im Sinne des § 81 a.

3. Auf den Rechtsübergang finden die Vorschriften der §§ 398 ff. BGB entsprechende Anwendung (§ 412 BGB). Für die Anwendung der Schutzvorschrift des § 407 BGB ist davon auszugehen, daß jeder, der weiß, daß der Verletzte zu den nach dem Bundesversorgungsgesetz zu versorgenden Personen gehört, die Kenntnis vom Rechtsübergang im Sinne dieser Vorschrift hat, so daß Leistungen an den Geschädigten oder Rechtsgeschäfte mit diesem dem Bund nicht entgegengehalten werden können.

4. Nach § 81 a Abs. 1 letzter Satz soll im Falle der Zwangsvollstreckung auf Grund von Schadenersatzansprüchen gegen einen Dritten grundsätzlich zuerst der Geschädigte und dann erst der Bund hinsichtlich des auf ihn übergegangenen Anspruchs befriedigt werden. Das gleiche gilt auch für Fälle der freiwilligen Schadenregulierung.

5. Die Krankenkassen sind gehalten, den Verwaltungsbehörden unverzüglich und nicht erst mit der Abrechnung der Kostennachweise nach Quartalsende Tatsachen mitzuteilen, aus denen zu entnehmen ist, daß ein Dritter die Gesundheitsstörung verursacht hat. Sie haben ferner darauf hinzuwirken, daß die Erklärungen des Versorgungsberechtigten und die Bemerkungen des behandelnden Arztes (Zahnarztes) auf den Bundesbehandlungsscheinen darüber, ob die erforderliche Heilmaßnahme durch Handlung oder Unterlassung Dritter verursacht ist, sorgfältig ausgefüllt werden.

6. Die Verwaltungsbehörde hat den Sachverhalt unverzüglich und eingehend aufzuklären. Außer den Angaben des Geschädigten sind, soweit erforderlich, Zeugen festzustellen und Ermittlungsakten beizuziehen. Alle Ermittlungen sind, soweit möglich, gleichzeitig zu führen. Auf den Ablauf der Verjährungsfristen ist besonders zu achten; Klageerhebung des Geschädigten unterbricht die Verjährung des auf den Bund übergegangenen Anspruchs nicht.

7. Der Geschädigte und der Ersatzpflichtige sind unverzüglich davon in Kenntnis zu setzen, daß die gesetzlichen Schadenersatzansprüche oder ein Teil von ihnen auf den Bund übergegangen sind und sie sich daher jeder Verfügung, insbesondere des Abschlusses von Vergleichen, zu enthalten haben.

8. Liegen die Voraussetzungen eines Schadenersatzanspruchs vor, ist der Ersatzpflichtige unverzüglich zur Zahlung oder Abgabe eines Schuldanerkenntnisses aufzufordern. Kommt er dieser Aufforderung nicht innerhalb einer angemessenen Frist nach, ist Klage zu erheben oder der Erlaß eines Mahnbescheids zu beantragen. Hiervon kann nur abgesehen werden, wenn die gerichtliche Geltendmachung des Anspruchs keinen Erfolg verspricht.

Zinsen sind von der Rechtshängigkeit an geltend zu machen.

9. Für Stundung, Niederschlagung und Erlaß eines anerkannten oder gerichtlich festgestellten Schadensersatzanspruchs gelten die Vorschriften der Bundeshaushaltsordnung und die dazu gehörenden Verwaltungsvorschriften.

10. Zur Überwachung der Schadenersatzfälle sind besondere Nachweise zu führen, in die alle wesentlichen Merkmale des einzelnen Falles einzutragen sind. Auf den Bund übergegangene Schadenersatzansprüche, die anerkannt oder gerichtlich festgestellt sind und die nicht bis zum Ablauf des Rechnungsjahres durch Erfüllung oder Aufrechnung erloschen sind, sind in die Nachweisung der Forderungen des Bundes aus Versorgungsleistungen einzutragen. In den Nachweisen nach den Sätzen 1 und 2 sind gegenseitige Hinweise aufzunehmen.

III. OEG

§ 5 OEG Übergang gesetzlicher Schadensersatzansprüche 28

Ist ein Land Kostenträger (§ 4), so gilt § 81a des Bundesversorgungsgesetzes mit der Maßgabe, daß der gegen Dritte bestehende gesetzliche Schadensersatzanspruch auf das zur Gewährung der Leistungen nach diesem Gesetz verpflichtete Land übergeht und der Übergang des Anspruchs insbesondere dann nicht geltend gemacht werden kann, wenn die Schadensersatzleistungen der Schädigerin oder des Schädigers oder eines Dritten nicht ausreichen, um den gesamten Schaden zu ersetzen; in diesen Fällen sind die Schadensersatzansprüche der oder des Berechtigten vorrangig gegenüber den Ansprüchen des Kostenträgers.

§ 121 Erstattung von Leistungen durch öffentlich-rechtliche Stellen

[1]Hat ein Träger der Sozialen Entschädigung Leistungen erbracht und stellt sich nachträglich heraus, dass eine andere öffentlich-rechtliche Stelle, die nicht Leistungsträger nach § 12 des Ersten Buches ist, zur Leistung verpflichtet gewesen wäre, hat die zur Leistung verpflichtete Stelle die Aufwendungen zu erstatten. [2]Der Umfang der Erstattung richtet sich nach den Rechtsvorschriften, die für die verpflichtete Stelle gelten.

A. Gesetzesgeschichte und Normsystematik

1 Die Vorschrift ist die **Nachfolgeregelung des bisherigen § 81b BVG** und ist mit dieser nahezu identisch.[1] Der Regelungsgegenstand sind die Erstattungsansprüche des TdSE gegenüber anderen öffentlich-rechtlichen Leistungsträgern, die nicht Leistungsträger im Sinne des **§ 12 SGB I** sind. Dabei werden die §§ 102 ff. SGB X und § 16 SGB IX ergänzt.[2] Erfasst werden Erstattungsansprüche zwischen öffentlich-rechtlichen Leistungsträgern in den Fällen, in denen die TdSE aus Unkenntnis oder irrtümlich Leistungen gewährt haben, obwohl ein anderer Leistungsträger zuständig gewesen wäre oder in denen der TdSE als erst angegangener Leistungsträger entsprechend geleistet hat.[3]

2 Ursprünglich hatte **§ 81b BVG** bis **zur Neuregelung zum 1.7.1983** einen erheblich größeren Anwendungsbereich, da er gegenüber allen öffentlich-rechtlichen Stellen anwendbar war. Durch **Art. II § 9 Nr. 11 des Gesetzes SGB – Zusammenarbeit der Leistungsträger und ihrer Beziehungen zu Dritten – vom 4.11.1982**[4] wurde die Regelung geändert und weitgehend durch §§ 102 ff. SGB X abgelöst.[5] Insbesondere die **§§ 105, 111 SGB X** sind für entsprechende Erstattungsansprüche einschlägig. Vor diesem Hintergrund hatte § 81b BVG bereits im bisherigen SER **keine große praktische Bedeutung** mehr. Es ist deshalb zumindest fragwürdig, ob es erforderlich war, für § 81b BVG eine entsprechende gesonderte Nachfolgeregelung zu schaffen. Im Rahmen des Gesetzgebungsverfahrens war die Regelung nicht weiter umstritten, sodass sie unverändert aus dem Regierungsentwurf übernommen wurde.[6]

3 Die Norm tritt nach **Art. 60 Abs. 7 G-SER** vom 12.12.2019 **am 1.1.2024 in Kraft.**[7] Gleichzeitig wird die Regelung des § 81b BVG nach Art. 58 Nr. 2 iVm Art. 60 Abs. 7 dieses Gesetzes aufgehoben.[8]

B. Einzelkommentierung

4 Wie auch § 81b BVG findet **S. 1** nur Anwendung gegenüber **anderen öffentlich-rechtlichen Stellen**, die **nicht Leistungsträger im Sinne des § 12 SGB I** sind. Somit kann hierauf **kein Erstattungsanspruch gegenüber den in §§ 18 bis 29 SGB I aufgeführten Leistungsträgern** gestützt werden. Dies sind zB die Bundesagentur für Arbeit, Gesetzliche Krankenkassen und Pflegekassen, Behörden der Unfallversicherung, Rentenversicherungsträger oder Träger der Sozialhilfe. Der Erstattungsanspruch kommt deshalb auch **nicht gegen andere TdSE** im Sinne des **§ 24 SGB I** in Betracht. Wenn ein TdSE aufgrund einer örtlichen Unzuständigkeit fehlerhaft geleistet hat, dann ist lediglich die

---

1 BT-Drs. 19/13824, 222; zu § 81b BVG siehe HK-SozEntschR/Vogl BVG § 81b Rn. 1 ff.
2 BT-Drs. 19/13824, 222.
3 Zur alten Fassung des § 81b BVG ua BSG Urt. v. 9.12.1982 – 12 RK 82/80; HK-SozEntschR/Vogl BVG § 81b Rn. 3; zu § 121 siehe auch Knickrehm/Mushoff/Schmidt Neues SozEntschR Rn. 422.
4 BGBl. 1982 I 1450.
5 Dazu BSG Urt. v. 25.4.1989 – 4/11a RK 4/87, BSGE 65, 31.
6 BT-Drs. 19/13824, 67.
7 BGBl. 2019 I 2652, 2724.
8 BGBl. 2019 I 2652, 2724.

Anwendung des § 105 SGB X möglich. Diese gilt auch für die übrigen Leistungsträger im Sinne des § 12 SGB I. Gegen diese kommen **nur Ansprüche aus den §§ 102 ff. SGB X bzw. § 16 SGB IX zur Anwendung**. Als mögliche Anspruchsgegner der TdSE nach S. 1 benennt der Gesetzgeber in der Gesetzesbegründung beispielhaft die **Beihilfestellen der öffentlich-rechtlichen Arbeitgeber** sowie **öffentlich-rechtlich konstituierte berufsständische Versicherungen**.[9]

Voraussetzung für den Erstattungsanspruch nach S. 1 ist, dass sich **nachträglich** für den TdSE herausstellt, dass **die Leistungsgewährung fehlerhaft** war, weil eine andere öffentlich-rechtliche Stelle zur Leistung verpflichtet gewesen wäre und somit keine sachliche Zuständigkeit gegeben war. Dies kann ua bei einem offenen Kompetenzkonflikt gegeben sein, wenn zB langwierige Zuständigkeitsfragen zu klären sind. Diese sollen nicht zulasten der Berechtigten gehen. Die **§§ 14, 15 SGB IX finden auch im SER Anwendung** und sind hinreichend durch die TdSE zu berücksichtigen. Wenn dem TdSE zum Zeitpunkt der Leistungsgewährung bekannt war, dass eine andere öffentlich-rechtliche Stelle zur Leistungsgewährung verpflichtet ist, dann kommt ein Erstattungsanspruch nicht in Betracht. Bei einer **klaren Sach- und Rechtslage** sollen erbrachte Leistungen nicht abgewälzt werden können.[10] Der zuständige Leistungsträger soll sich nicht darauf berufen können, dass seine Leistungen nur auf Antrag gewährt werden können, dieser Antrag aber zum Zeitpunkt der Leistungsgewährung durch den TdSE noch nicht gestellt war. Die Norm geht davon aus, dass der zuständige Leistungsträger noch keine Kenntnis von seiner Leistungspflicht hatte.[11] 5

Wie bei § 105 SGB X müssen die erbrachten Leistungen **zeitlich kongruent und gleichartig** sein.[12] Erstattungsfähig sind grundsätzlich nur Aufwendungen für **gebundene Leistungen**, die durch die zuständige öffentlich-rechtliche Stelle hätten erbracht werden müssen. Soweit es sich um **Ermessensleistungen** handelt, kommt es darauf an, ob uU eine **Ermessensreduzierung auf Null** gegeben war.[13] 6

Nach dem **Wortlaut des S. 1** ist ein **Erstattungsanspruch nicht ausgeschlossen**, wenn der zuständige Leistungsträger bereits selbst geleistet hat, bevor dieser von der Leistung des TdSE Kenntnis erlangt hat. Anders verhält es sich bei § 105 Abs. 1 SGB X, hier ist in diesen Fallkonstellationen ein Erstattungsanspruch ausgeschlossen.[14] Dies entspricht auch den Regelungen der §§ 103 Abs. 1 und 104 Abs. 1 SGB X. Die Gesetzesbegründung ist an dieser Stelle nicht hilfreich. Der Gesetzgeber hat nicht ausgeführt, inwieweit er für den Erstattungsanspruch aus S. 1 eine abweichende Wertung vornehmen wollte.[15] Hier wäre unter Verweis auf die allgemeinen Regelungen der §§ 102 ff. SGB X eine **teleologische Reduktion des S. 1 angezeigt**.[16]

Wie auch bei § 105 SGB X **entsteht der Erstattungsanspruch** mit der Erbringung der Leistung durch den unzuständigen TdSE an den Leistungsempfänger.[17] Eine **Ausschlussfrist wie in § 111 SGB X** ist für den Erstattungsanspruch nach S. 1 **nicht vorge-** 7

9 BT-Drs. 19/13824, 222; so auch schon zu § 81b BVG BMA Rundschreiben v. 9.7.1986, BVBl. 1986, 21.
10 HK-SozEntschR/Vogl BVG § 81b Rn. 7 unter Hinweis auf BSG Urt. v. 15.11.1977 – 10 RV 99/76, SozR 3100 § 81b Nr. 9; BSG Urt. v. 31.10.1978 – 4 RJ 30/78, SozR 3100 § 81b Nr. 10; zu § 105 SGB X siehe Schütze/Bieresborn SGB X § 105 Rn. 11 mwN.
11 HK-SozEntschR/Vogl BVG § 81b Rn. 8; BSG Urt. v. 20.9.1977 – 8 RU 32/77, BSGE 44, 282.
12 Schütze/Bieresborn SGB X § 105 Rn. 12.
13 HK-SozEntschR/Vogl BVG § 81b Rn. 10; BSG Urt. v. 31.10.1978 – 4 RJ 30/78, SozR 3100 § 81b Nr. 10.
14 Dazu Schütze/Bieresborn SGB X § 105 Rn. 8 ff.
15 BT-Drs. 19/13284, 222.
16 So ausdrücklich Schmidt SGB XIV/Schmidt § 121 Rn. 7.
17 Schütze/Bieresborn SGB X § 105 Rn. 15; BSG Urt. v. 25.4.1989 – 4/11a RK 4 /87, BSGE 65, 31.

sehen. Für die Verjährung des Anspruchs gilt die allgemeine **Verjährungsfrist von vier Jahren nach § 45 Abs. 1 SGB I.**[18]

8 Der **Umfang des Erstattungsanspruchs** ergibt sich aus **S. 2**. Wie **bereits bei § 81b BVG** sind Bezugspunkt für die Berechnung des Erstattungsanspruchs die **Rechtsvorschriften, die für die verpflichtete Stelle gelten.** Der TdSE soll nicht durch den Erstattungsanspruch begünstigt und die zuständige öffentlich-rechtliche Stelle nicht schlechter gestellt werden.

C. Anhang

9 **§ 81b BVG [Erstattung von Leistungen durch verpflichteten Versicherungsträger]**
Hat eine Verwaltungsbehörde oder eine andere Einrichtung der Kriegsopferversorgung Leistungen gewährt und stellt sich nachträglich heraus, daß statt ihrer eine andere öffentlich-rechtliche Stelle, die kein Leistungsträger im Sinne von § 12 des Ersten Buches Sozialgesetzbuch ist, zur Leistung verpflichtet gewesen wäre, hat die zur Leistung verpflichtete Stelle die Aufwendungen in dem Umfang zu erstatten, wie sie ihr nach den für sie geltenden Rechtsvorschriften oblagen.

§ 122 Überzahlung von Geldleistungen nach dem Tod der oder des Berechtigten

Hat der Träger der Sozialen Entschädigung Geldleistungen für die Zeit nach dem Tod der oder des Berechtigten zu Unrecht erbracht, gilt § 118 Absatz 3 bis 4a des Sechsten Buches Sozialgesetzbuch entsprechend.

A. Gesetzesgeschichte und Normsystematik

1 Die Vorschrift ist die **Nachfolgeregelung zu § 66 Abs. 2 S. 4 BVG.**[1] Danach ist der § 118 Abs. 3 bis 4a SGB VI auf regelmäßig wiederkehrende Geldleistungen im SER entsprechend anwendbar.[2] Für überzahlte Geldleistungen im SER nach dem Tod der Berechtigten verweist § 122 SGB XIV nunmehr **ebenfalls auf § 118 Abs. 3 bis 4a SGB VI.** Diese Verweisungen auf die zentrale Rückforderungsnorm des § 118 SGB VI sind in den verschiedenen Leistungsgesetzen des Sozialrechts durchaus üblich (siehe ua § 17a Abs. 4 S. 4 StrRehaG; § 40 Abs. 5 S. 2 SGB II; § 37 Abs. 2 S. 4 SGB XI). Darüber hinaus gibt es für die Unfallversicherung in § 96 SGB VII eine vergleichbare Regelung. Wenn nach dem Tod der Berechtigten Geldleistungen zu Unrecht gezahlt wurden, weil zB die Zahlungseinstellung aus technischen Gründen nicht mehr möglich war oder der Tod erst verspätet angezeigt wird, dann ist nach der Regelung des § 118 Abs. 3 bis Abs. 4a SGB VI entsprechend zu verfahren.[3]

2 Die Norm des **§ 118 SGB VI ergänzt** ua die **allgemeine Regelung des § 50 SGB X** über die Rückforderung überzahlter Geldleistungen und stellt eine **entsprechende Spezialregelung** dar.[4] In **§ 118 Abs. 3 und Abs. 4 SGB VI** wird die Verpflichtung der Geldinstitute bzw. der Leistungsempfänger zur Rückzahlung von über den Tod der Berechtigten hinaus erbrachten Geldleistungen näher geregelt.[5] Hierbei besteht ein **Rangverhältnis zwischen § 118 Abs. 3 und Abs. 4 SGB VI.** Danach besteht vorrangig ein Erstattungsanspruch des Leistungsträgers gegen das kontoführende Geldinstitut. Demgegenüber sind die **Erstattungsansprüche nach § 118 Abs. 4 SGB VI materiell und**

18 Zu § 81b BVG siehe BSG Urt. v. 28.4.1976 – 2 RU 119/75, BSGE 41, 287.
1 BT-Drs. 19/13824, 222; dazu Knickrehm/Mushoff/Schmidt Neues SozEntschR Rn. 423.
2 HK-SozEntschR/Dau BVG § 66 Rn. 2.
3 BT-Drs. 19/13824, 222.
4 Kreikebohm/Roßbach SGB VI/Kühn § 118 Rn. 2.
5 Kreikebohm/Roßbach SGB VI/Kühn § 118 Rn. 3.

prozessual nachrangig.[6] Aus § 118 Abs. 4a SGB VI ergibt sich die Verjährung der Erstattungsansprüche nach § 118 Abs. 3 und Abs. 4 SGB VI.

Die Norm tritt nach **Art. 60 Abs. 7 G-SER** vom 12.12.2019 **am 1.1.2024 in Kraft.**[7] 3
Die Norm war im Gesetzgebungsverfahren nicht weiter umstritten, sodass sie ohne Änderungen aus dem Regierungsentwurf übernommen wurde. Bei den Leistungen der Schnellen Hilfen in Form der Traumaambulanzbehandlungen nach §§ 31 ff. SGB XIV, die nach **§ 138 Abs. 7 SGB XIV iVm Art. 60 Abs. 5 G-SER** bereits **zum 1.1.2021** in Kraft getreten sind,[8] handelt es nicht um Geldleistungen, sodass ein vorgezogenes Inkrafttreten der Norm nicht erforderlich war. Soweit es zu Überzahlungen von Versorgungsbezügen kommt, findet in der Zwischenzeit § 66 Abs. 2 S. 4 BVG weiterhin Anwendung.

B. Einzelkommentierung

I. Erstattungsanspruch gegen das kontoführende Geldinstitut nach § 118 Abs. 3 SGB VI

Durch die **entsprechende Anwendbarkeit des § 118 Abs. 3 SGB VI** wird ein eigenstän- 4
diger Rückforderungsanspruch des TdSE wegen zu Unrecht erbrachter Geldleistungen nach dem Tod der Berechtigten gegenüber dem kontoführenden Geldinstitut geschaffen. Der Grundgedanke des § 118 Abs. 3 SGB VI, einen **Interessenausgleich** zwischen der Versicherungsgemeinschaft (hier Sozialgemeinschaft) und dem Geldinstitut herzustellen, kann auch auf den Bereich des SER übertragen werden.[9] Anstelle eines meist nur mühsam durchsetzbaren Anspruchs gegen Erben oder andere durch die rechtswidrige Leistung wirtschaftlich Begünstigte wird dem kontoführenden Geldinstitut eine vorrangige Verpflichtung auferlegt, auf den rechtswidrig geleisteten Wert zuzugreifen, weil dieses dank der tatsächlichen Kontrolle über das Empfängerkonto dazu in der Lage ist, bevor die Geldleistung faktisch in das Vermögen des Rechtsnachfolgers oder eines anderen Empfängers übergeht.[10] Geldinstitute sollen aus einer ordnungsgemäßen Kontoführung keine wirtschaftlichen Nachteile tragen müssen, aus einer ungerechtfertigten Überweisung einer Sozialleistung aber auch keine wirtschaftlichen Vorteile ziehen können.[11] Daher mindern **„anderweitige Verfügungen"** (**§ 118 Abs. 3 S. 3 SGB VI**) den Erstattungsanspruch grundsätzlich nur dann, wenn das Geldinstitut zumindest dem äußeren Anschein nach zur Ausführung banküblicher Vorgänge ohne weitere Überprüfung berechtigt ist. Die Bank muss ein **redlicher bzw. gutgläubiger Zahlungsmittler** sein.[12]

Der Erstattungsanspruch erstreckt sich nach **§ 118 Abs. 3 S. 1 SGB VI** auf Gutschrif- 5
ten von Geldleistungen nach dem Tod der Berechtigten, die auf ein **Konto bei einem Geldinstitut** eingegangen sind, für das die **Verordnung (EU) Nr. 260/2012 gilt.**[13] Dies

6 Ua BSG Urt. v. 4.8.1999 – B 4 RA 72/97 R, NZS 1999, 346; BSG Urt. v. 13.12.2005 – B 4 RA 28/05; BSG Urt. v. 24.10.2013 – B 13 R 35/12 R; Kreikebohm/Roßbach SGB VI/Kühn § 118 Rn. 71; KassKomm/Körner SGB VI § 118 Rn. 25.
7 BGBl. 2019 I 2652, 2724.
8 BGBl. 2019 I 2652, 2724.
9 Dazu KassKomm/Körner SGB VI § 118 Rn. 19.
10 BSG Urt. v. 17.6.2020 – B 5 R 21/19 R, NZS 2021, 348, dazu Anm. Mushoff NZS 2021, 352; BSG Urt. v. 26.9.2019 – B 5 R 4/19 R, SozR 4-2600 § 118 Rn. 17; dazu Schmidt NZS 2020, 353; zur Verfassungsmäßigkeit des § 118 Abs. 3 SGB VI siehe ua BSG Urt. v. 20.12.2001 – B 4 RA 126/00 R; BSG Urt. v. 20.5.2020 – B 13 R 4/18 R, SozR 4-2600 § 118 Nr. 18.
11 Ua BSG Urt. v. 24.2.2016 – B 13 R 22/15 R, BSGE 121, 18, dazu krit. Escher-Weingart SGb 2017, 135; BSG Urt. v. 3.6.2009 – B 5 R 120/07 R, BSGE 103, 206.
12 BSG Urt. v. 24.2.2016 – B 13 R 22/15 R, BSGE 121, 18; BSG Urt. v. 5.2.2009 – B 13 R 87/08 R.
13 ABl. L 94 vom 30.3.2012, 22.

umfasst sämtliche Zahlungsdienstleister nach **Art. 2 Nr. 8 der Verordnung (EU) Nr. 260/2012** auf dem Gebiet der EU.[14]

6 Aus § 118 Abs. 3 S. 1 SGB VI ergibt sich, dass die Geldleistungen, die für die Zeit nach dem Tod der Berechtigten überwiesen wurden, als **unter Vorbehalt erbracht** gelten. Der Vorbehalt in diesem Sinne stellt eine **auflösende Bedingung** dar.[15] Er bewirkt kraft Gesetzes, dass eine ggf. noch vor dem Todeszeitpunkt des Berechtigten für den Folgemonat vorgenommene Gutschrift einer Geldleistung ihre materiellrechtliche Wirksamkeit wieder verliert bzw. eine erst nach dem Tod erfolgte Gutschrift von vornherein nicht wirksam wird.[16] Der Vorbehalt **wirkt gegenüber der Bank,** den **Erben** als neuen Kontoinhabern und **auch gegenüber Dritten.** Er entsteht unabhängig davon, ob diese von ihm **Kenntnis haben**, und schließt zugunsten des TdSE aus, dass ein **rechtlich schutzwürdiges Vertrauen** auf die Wirksamkeit von Verfügungen und Rechtshandlungen des Geldinstituts über die fehlgeschlagene Geldleistung entstehen kann, soweit das Überweisungskonto kein zur Erstattung ausreichendes Guthaben aufweist.[17]

7 Der öffentlich-rechtliche Erstattungsanspruch des **§ 118 Abs. 3 S. 2 SGB VI überlagert die zivilrechtlichen Beziehungen** zwischen den Kontoinhabern bzw. deren Erben und den jeweiligen Geldinstituten.[18] Der **Große Senat des BSG hat 2019** entschieden, dass der Anspruch aus § 118 Abs. 3 S. 2 SGB VI gegen das Geldinstitut **nicht durch die Auflösung des Kontos** des Geldleistungsempfängers erlischt. Die Geldinstitute haben nach § 675o Abs. 2 BGB das Recht, die Ausführung des Kontoauflösungsauftrags abzulehnen. Der Anspruch erlischt auch nicht, wenn das Geldinstitut das Konto auflöst, ohne von seinen Sicherungsmöglichkeiten Gebrauch zu machen. Das Geldinstitut trifft insoweit das wirtschaftliche Risiko, nach einer Rücküberweisung keinen Rückgriff bei den Begünstigten mehr nehmen zu können.[19] Wenn die Geldleistung aufgrund eines Pfändungs- und Überweisungsbeschlusses (§§ 829, 832 ZPO) auf das Konto eines Dritten überwiesen wurde, dann ist der Anspruch gegen dessen Geldinstitut zu richten.[20] Zu beachten ist aber, dass ua die **Ansprüche auf Entschädigungszahlungen** des Kapitel 9 SGB XIV nach **§ 9 SGB XIV nicht gepfändet** werden können.

8 Nach **§ 118 Abs. 3 S. 3 SGB VI** ist die Verpflichtung des Geldinstituts zur **Rücküberweisung des überzahlten Betrags ausgeschlossen,** wenn über den entsprechenden Betrag bei Eingang der Rückforderung **bereits anderweitig verfügt** wurde. Dies gilt nicht, wenn die Rücküberweisung aus einem Guthaben erfolgen kann. Nach der Rspr. des BSG ist unter einer „anderweitigen" Verfügung jedes abgeschlossene bankübliche Zahlungsgeschäft zulasten des Überweisungskontos zu verstehen, durch das sich eine kontoverfügungsberechtigte Person des Kontos zur Bewirkung einer Zahlung oder Auszahlung bedient. Dies sind in der Regel der verstorbene Berechtigte und Kontoin-

---

14 KassKomm/Körner SGB VI § 118 Rn. 19.

15 BSG Urt. v. 24.2.2016 – B 13 R 22/15 R, BSGE 121, 18; KassKomm/Körner SGB VI § 118 Rn. 20.

16 BSG Urt. v. 24.2.2016 – B 13 R 22/15 R, BSGE 121, 18; BSG Urt. v. 5.2.2009 – B 13 R 59/08 R; BSG Urt. v. 25.1.2001 – B 4 RA 64/99 R, SozR 3-1500 § 54 Nr. 45.

17 BSG Urt. v. 24.2.2016 – B 13 R 22/15 R, BSGE 121, 18; BSG Urt. v. 13.11.2008 – B 13 R 48/07 R, BSGE 103, 206.

18 BSG GS Beschl. v. 20.2.2019 – GS 1/18, BSGE 127, 233; nachgehend BSG Urt. v. 26.9.2019 – B 5 R 4/19 R, SozR 4-2600 § 118 Nr. 17; KassKomm/Körner SGB VI § 118 Rn. 21.

19 BSG GS Beschl. v. 20.2.2019 – GS 1/18, BSGE 127, 233; kritisch zur Haftung des Geldinstituts mit dem eigenen Vermögen Escher-Weingart SGb 2017, 135; KassKomm/Körner SGB VI § 118 Rn. 21b.

20 HessLSG Urt. v. 23.5.2006 – L 2 R 63/05; KassKomm/Körner SGB VI § 118 Rn. 21.

haber, seine (gesetzlichen oder bevollmächtigten) Vertreter oder seine Erben.[21] Hierauf kann sich das Geldinstitut auch bei einer nach dem Tod des Leistungsberechtigten getätigten Barabhebung an einem institutsfremden Geldautomaten durch eine unbekannte, nicht verfügungsberechtigte Person berufen.[22] Für die Anwendung des § 118 Abs. 3 S. 3 SGB VI **kommt es auf zwei Zeitpunkte an**. Zum einen auf die Gutschrift der überzahlten Geldleistung und auf den Zeitpunkt des Eingangs der Rückforderung des TdSE beim Geldinstitut.[23] Im Interesse einer einfachen und raschen Rückabwicklung der fehlerhaften Geldleistung kommt es **auf die zeitliche Reihenfolge** von Gutschriften auf dem Konto im Verhältnis zur rechtsgrundlosen Geldüberweisung durch den TdSE oder zu anderweitigen Verfügungen nicht an.[24] Die Kenntnis des Geldinstituts vom Tod des Kontoinhabers bei der Auszahlung des Kontoguthabens schließt den Einwand einer anderweitigen Verfügung gegenüber dem TdSE regelmäßig aus.[25] Wenn zum Zeitpunkt des Eingangs des Rücküberweisungsverlangens zwischenzeitlich ergangene Verfügungen das Kontoguthaben soweit gemindert haben, dass eine Rücküberweisung nicht mehr gedeckt ist, dann kann sich das Geldinstitut auf den Einwand des § 118 Abs. 3 S. 3 SGB VI berufen, wenn es keine eigenen Forderungen befriedigt hat (vgl. § 118 Abs. 3 S. 4 SGB VI).[26]

Der Anspruch auf Rücküberweisung gegenüber dem Geldinstitut kann, anders als bei 9
§ 118 Abs. 4 SGB VI, **nicht durch einen Verwaltungsakt** festgesetzt werden. Soweit zwischen dem TdSE und dem Geldinstitut keine Einigung über die Rückerstattung erzielt werden kann, ist eine **allgemeine Leistungsklage** nach **§ 54 Abs. 5 SGG** durch den TdSE zu erheben. Eine Beiladung von etwaigen nachrangigen Schuldnern (§ 118 Abs. 4 SGB VI) nach § 75 Abs. 2 SGG findet regelmäßig nicht statt.[27] Ein Geldinstitut, dass eine Rücküberweisung mit dem Hinweis abgelehnt hat, dass über den entsprechenden Betrag bereits anderweitig verfügt wurde, hat nach **§ 118 Abs. 4 S. 3 SGB VI** der überweisenden Stelle auf Verlangen Name und Anschrift des Empfängers oder Verfügenden und etwaiger neuer Kontoinhaber zu benennen. Die **Auskunftspflicht ermöglicht** die Feststellung der nach § 118 Abs. 4 SGB VI nachrangig erstattungspflichtigen Personen und erstreckt sich auch auf zwischenzeitlich erfolgte Rückbuchungen nach Rückgabe einer Lastschrift.[28]

II. Erstattungsanspruch gegen Empfänger, Verfügende und Erben nach § 118 Abs. 4 SGB VI

Die **Erstattungsansprüche nach § 118 Abs. 4 SGB VI** gegen **Empfänger und Verfü- 10
gende** ist gegenüber dem Anspruch aus § 118 Abs. 3 SGB VI nachrangig, sodass eine Inanspruchnahme dieser Personen durch den TdSE erst möglich ist, wenn eine Rück-

21 BSG Urt. v. 17.6.2020 – B 5 R 21/19 R, NZS 2021, 348, dazu Anm. Mushoff NZS 2021, 352; BSG Urt. v. 5.2.2009, B 13/4 R 91/06 R; vertiefend KassKomm/Körner SGB VI § 118 Rn. 22.
22 LSG Bln-Bbg Urt. v. 23.7.2020 – L 3 R 647/18; anhängig beim BSG unter B 13 R 17/20 R.
23 BSG Urt. v. 17.6.2020 – B 5 R 21/19 R, NZS 2021, 348, dazu Anm. Mushoff NZS 2021, 352; KassKomm/Körner SGB VI § 118 Rn. 22.
24 BSG Urt. v. 24.10.2013 – B 13 R 35/12 R, SozR 4-2600 § 118 Nr. 12; BSG Urt. v. 3.6.2009 – B 5 R 65/07 R.
25 BSG Urt. v. 26.9.2019 – B 5 R 4/19 R, SozR 4-2600 § 118 Nr. 17; aA LSG Nds-Brem Urt. v. 29.1.2020 – L 2 R 356/18.
26 KassKomm/Körner SGB VI § 118 Rn. 22b.
27 BSG Urt. v. 24.2.2016 – B 13 R 25/15 R; KassKomm/Körner SGB VI § 118 Rn. 21a.
28 BT-Drs. 13/2590, 25; BSG Urt. v. 17.6.2020 – B 5 R 21/19 R, NZS 2021, 348, dazu Anm. Mushoff NZS 2021, 352.

überweisung durch das kontoführende Geldinstitut nicht möglich ist.[29] Anders als bei Abs. 3 (→ Rn. 9) ist der TdSE nach **§ 118 Abs. 4 S. 2 SGB VI** gehalten, die Erstattungsansprüche **durch Verwaltungsakt** geltend zu machen.

11 Soweit kein vorrangiger Rückabwicklungsanspruch nach § 118 Abs. 3 S. 2 SGB VI gegen das Geldinstitut gegeben ist, bestehen die Erstattungsansprüche gegen **Empfänger und Verfügende** nach § 118 Abs. 4 S. 1 SGB VI sowie gegen die **Erben** nach § 118 Abs. 4 S. 4 SGB VI grundsätzlich **gleichrangig und eigenständig nebeneinander.**[30] Die Auswahl der in Anspruch genommenen Schuldner durch den TdSE kann nach der jeweiligen Zweckmäßigkeit erfolgen.[31] Zu den **Geldleistungsempfängern** iSd § 118 Abs. 4 S. 1 SGB VI **zählen auch Personen,** die die zu Unrecht gewährten Geldleistungen zwar nicht unmittelbar in Empfang genommen haben, an die der entsprechende Betrag jedoch durch Dauerauftrag, Lastschrifteinzug oder sonstiges bankübliches Zahlungsgeschäft auf ein Konto weitergeleitet worden ist.[32] **Verfügende** sind Personen, die als **Verfügungsberechtigte** über den entsprechenden Betrag ein bankübliches Zahlungsgeschäft zulasten des Kontos **vorgenommen oder zugelassen** haben. Dies setzt mehr als nur die Verfügungsberechtigung über das Konto voraus, sodass die bloße Stellung als Erbe nicht genügt.[33] Der **Verfügende** muss dem Geldinstitut gegenüber wirksam zulasten des Kontos Rechtsgeschäfte vorgenommen haben, die unmittelbar darauf gerichtet waren, auf ein bestehendes Recht einzuwirken, es zu verändern, zu übertragen oder aufzuheben. In Betracht kommen deshalb **berechtigte Dritte,** der **Berechtigte vor seinem Ableben** und **der Kontoinhaber,** der den Kontostand unter einen der überzahlten Geldleistung entsprechenden Betrag gesenkt hat, sodass im Zeitpunkt der Rückforderung kein ausreichendes Guthaben vorhanden war.[34] Der Erstattungsanspruch besteht unabhängig davon, ob der Empfänger oder der Verfügende bereichert ist.[35] Die **Inanspruchnahme von gutgläubigen Dritten** als Empfänger, bei denen der einzige tatsächliche Zusammenhang mit der Überzahlung darin besteht, dass die unbar empfangene Zahlung gerade vom Konto geflossen ist, auf das die Geldleistungen zu Unrecht überwiesen wurden, soll wohl nicht in Betracht kommen.[36]

12 Erstattungsansprüche nach **§ 118 Abs. 4 SGB VI** sind **nicht zu verzinsen.**[37] Die Höhe der Ansprüche ist durch den Wortlaut nicht begrenzt. Die Norm ist insbesondere, wenn mehrere Leistungsträger Ansprüche nach § 118 Abs. 4 SGB VI haben, auf den **Betrag zu begrenzen,** der den jeweiligen Schuldnern aus den zu Unrecht gezahlten Geldleistungen tatsächlich zugeflossen ist.[38] Anders verhält es sich bei der **Erbenhaftung nach § 118 Abs. 4 S. 4 SGB VI iVm § 50 SGB X.** Hier haften die **Miterben als**

29 Grundlegend dazu BSG Urt. v. 7.10.2004 – B 13 RJ 2/03 R; BSG Urt. v. 24.10.2013 – B 13 R 35/12 R, SozR 4-2600 § 118 Nr. 12; KassKomm/Körner SGB VI § 118 Rn. 25.

30 BSG Urt. v. 20.5.2020 – B 13 R 4/18 R, SozR 4-2600 § 118 Nr. 18; BSG Urt. v. 10.7.2012 – B 13 R 105/11 R, NZS 2013, 145.

31 BSG Urt. v. 10.7.2012 – B 13 R 105/11 R, NZS 2013, 145; Schmidt SGB XIV/Schmidt § 122 Rn. 19.

32 U.a. BSG Urt. v. 20.5.2020 – B 13 R 4/18 R, SozR 4-2600 § 118 Nr. 18.

33 BSG Urt. v. 10.7.2012 – B 13 R 105/11 R, NZS 2013, 145; LSG Bln-Bbg Urt. v. 15.11.2018 – L 3 R 716/17.

34 BSG Urt. v. 10.7.2012 – B 13 R 105/11 R, NZS 2013, 145; KassKomm/Körner SGB VI § 118 Rn. 28 f.

35 Zur Verfassungsmäßigkeit BSG Urt. v. 20.5.2020 – B 13 R /4/18 R, SozR 4-2600 § 118 Nr. 18; BVerfG Beschl. v. 21.2.2018 – 1 BvR 606/14; KassKomm/Körner SGB VI § 118 Rn. 28a.

36 LSG Nds-Brem Urt. v. 18.12.2019 – L 2 R 116/19.

37 BSG Urt. v. 11.12.2002 – B 5 RJ 42/01 R; KassKomm/Körner SGB VI § 118 Rn. 28a.

38 HessLSG Urt. v. 23.6.2020 – L 2 R 163/15; dazu auch Schmidt SGB XIV/Schmidt § 122 Rn. 22.

Gesamtschuldner, wobei die Auswahl des in Anspruch genommenen Gesamtschuldners als Ermessensentscheidung im Bescheid begründet werden muss.[39]

III. Verjährung der Erstattungsansprüche nach § 118 Abs. 4a SGB VI

Für die Erstattungsansprüche aus § 118 Abs. 3 und Abs. 4 SGB VI gilt nach § 118 Abs. 4a SGB VI eine **Verjährungsfrist von vier Jahren** nach Ablauf des Kalenderjahres, in dem der TdSE Kenntnis von der Überzahlung (Abs. 3) oder von der Person des Erstattungspflichtigen (Abs. 4) erlangt hat. Hierbei ist die positive Kenntnis des TdSE erforderlich.[40] Für die Hemmung der Verjährung gelten die §§ 203 ff. BGB entsprechend. 13

C. Anhang

§ 66 Abs. 2 S. 4 BVG [Monatszahlung; Zahlungsweise] 14

(1) ...

(2) ... [4]§ 118 Abs. 3 bis 4a des Sechsten Buches Sozialgesetzbuch gilt entsprechend.

Kapitel 19 Bundesstelle für Soziale Entschädigung

§ 123 Bundesstelle für Soziale Entschädigung

[1]Unter der Bezeichnung „Bundesstelle für Soziale Entschädigung" führt das Bundesamt für Soziale Sicherung die Aufgaben nach § 124 aus. [2]Dabei unterliegt es der Fachaufsicht des Bundesministeriums für Arbeit und Soziales.

§ 123 SGB XIV ist die Einleitungsnorm des Kap. 19 des SGB XIV, das sich mit der Funktion und den Aufgaben sowie der Organisation der **Bundesstelle für Soziale Entschädigung** – BfSE – befasst. 1

Die „**Bundesstelle für Soziale Entschädigung**" ist eine Stelle des **Bundesamtes für Soziale Sicherung.** Sie ist damit keine eigenständige Behörde oder Dienststelle im personalvertretungsrechtlichen Sinne, sondern „Behörden"teil des Bundesamtes für Soziale Sicherung.[1] 2

Das **Bundesamt für Soziale Sicherung** ist die „Nachfolgebehörde" des **Bundesversicherungsamtes,** errichtet 1956 durch das Bundesversicherungsamtsgesetz.[2] Die Umbenennung in Bundesamt für Soziale Sicherung ist durch das G-SER bereits zum 1.1.2020 erfolgt (Art. 60 Abs. 4 G-SER).[3] Die neue Namensgebung hatte Änderungen in zahlreichen Gesetzen zur Folge, die Regelungen zur Zuständigkeit und den Aufgaben des Bundesamtes für Soziale Sicherung bzw. zuvor Bundesversicherungsamt in den konkreten Bereichen der sozialen Sicherung, insbesondere der Sozialversicherung treffen.[4] Für das BfSE waren diese Änderungen zudem mit einem Aufgabenzuwachs gegenüber denen des Bundesversicherungsamtes verbunden. Ein derartiger Aufgabenzuwachs 3

39 LSG NRW Urt. v. 9.12.2015 – L 8 R 935/11; KassKomm/Körner SGB VI § 118 Rn. 31.
40 LSG Nds-Brem Urt. v. 30.3.2017 – L 16/3 U 58/14; Schmidt SGB XIV/Schmidt § 122 Rn. 25.
1 BT-Drs. 19/13824, 223.
2 V. 19.5.1956, BGBl. 1956 I 415.
3 BGBl. 2019 I 2652.
4 Art. 16 Nr. 7 (in § 29 Abs. 3 Nr. 1 SGG), Art. 23 Nr. 4 lit. b (im 2. G über die Krankenversicherung der Landwirte), Art. 30 Nr. 6 und Nr. 9 (in § 335 Nr. 5 und § 349 Abs. 4a S. 3 SGB III), Art. 31 Nr. 1 lit. a (in § 94 SGB IV), Nr. 4 und 6 (weitere Vorschriften des SGB IV) und Art. 32 Nr. 10 lit. b, 14 und 15 (im SGB V), Art. 34 Nr. 17 (im SGB VI), Art. 35 Nr. 7 bis 9 (im SGB VII), Art. 38 Nr. 4 (im SGB X), Art. 39 Nr. 10 und 11 (im SGB XI) sowie Art. 57 (in zahlreichen anderen Gesetzen).

besteht auch in der nach § 123 SGB XIV vorgesehenen Einrichtung und den in § 124 SGB XIV bestimmten Aufgaben der BfSE. Sie wird jedoch, wie aus der Regelung zum Inkrafttreten nach **Art. 60 Abs. 7 G-SER** folgt, erst zum **1.1.2024** errichtet.[5] Aus diesem Grund drückt sich die Errichtung der BfSE derzeit auch noch nicht im Organigramm des Bundesamtes für Soziale Sicherheit aus.[6]

4 Die Schaffung einer derartigen Stelle hat im Wesentlichen vier Gründe. Zum einen erfordert die Ausführung des SGB XIV eine umfassende **Koordinierung** zwischen dem Bund und den Ländern.[7] Zum zweiten gibt das neue Leistungssystem der SE nach dem SGB XIV übergreifende administrative Aufgaben vor. So erfolgt die Leistungsdurchführung etwa im Bereich der Krankenbehandlung durch die TdSE, während die tatsächliche Erbringung der Leistungen überwiegend den Krankenkassen oder im Falle der Hilfsmittelversorgung den Unfallkassen der Länder obliegt.[8] Diese Zusammenarbeit gilt es durch **Verwaltungsvereinbarungen** zu regeln, die zB nach § 60 Abs. 3 S. 3 SGB XIV die Bundesstelle für Soziale Entschädigung mit dem Spitzenverband Bund der Krankenkassen abschließt. An einer Stelle, die solche Aufgaben auf Bundesebene verbindlich für alle Länderverwaltungen abschließen kann, fehlt es im bisherigen SER. Der dritte Grund liegt im Europäischen Kontext der Gewaltopferentschädigung. Die EGRL 2004/80[9] verlangt nach deren Art. 3 Abs. 1 **EGRL 2004/80** die Bestimmung einer Unterstützungsbehörde, deren Aufgabe bisher das BMAS übernommen hat, obwohl es sich nicht um eine ministerielle Aufgabe handelt. Sie soll zukünftig, so die Entwurfsbegründung zum SGB XIV von einer qualifizierten Verwaltung – sprich der Bundessstelle für Soziale Entschädigung – ausgeführt werden. Die Aufgabe der Zentralen Kontaktstelle nach EGRL 2004/80 Art. 16 verbleibt nach § 114 Abs. 2 SGB XIV beim BMAS (→ § 114 Rn. 5). Zudem soll die BfSE die Aufgabe als zentrale Behörde im Rahmen des Europäischen **Übereinkommens über die Entschädigung von Opfern von Gewalttaten** v. 24.11.1983 – **EuOEÜbk** – iSd Ausführungsgesetzes vom 17.7.1996[10] (**EuOEÜbkG**) übernehmen. Art. 2 des Ausführungsgesetzes regelt, dass die Aufgabe der zentralen Behörde iSd Art. 12 S. 2 des Übereinkommens das BMAS wahrnimmt. Nicht nur insoweit, sondern auch generell war es daher erforderlich, wie § 123 S. 1 SGB XIV es regelt, dass die **Fachaufsicht beim BMAS** verbleibt. Zugleich hat die BfSE – dies dockt an den ersten Grund an – die Funktion eines **Kompetenzzentrums für Soziale Entschädigung** für das Bundesministerium für Arbeit und Soziales im Hinblick auf die Qualitätssicherung und die bundeseinheitliche Durchführung der Sozialen Entschädigung.

5 Die **Aufgaben** der BfSE bestimmt § 124 SGB XIV (→ § 124 Rn. 1) und § 125 SGB XIV (→ § 125 Rn. 4) sieht die Einrichtung eines **„Fachbeirats Soziale Entschädigung"** vor.

§ 124 Aufgaben der Bundesstelle für Soziale Entschädigung

(1) Die Bundesstelle für Soziale Entschädigung nimmt Aufgaben des Bundes auf dem Gebiet der Sozialen Entschädigung nach Maßgabe der folgenden Absätze wahr.

---

5 BGBl. 2019 I 2652, 2724.
6 Abrufbar unter: https://www.bundesamtsozialesicherung.de/de/bundesamt-fuer-soziale-sicherung/leitung-und-organisation/leitung-und-organisation/.
7 BT-Drs. 19/13824, 223.
8 Vgl. Knickrehm/Mushoff/Schmidt Neues SozEntschR Rn. 192.
9 RL des Rates zur Entschädigung von Opfern von Straftaten v. 29.4.2004, AmtsBl der EU v. 6.8.2004, L 261/15.
10 Gesetz zu dem Europäischen Übereinkommen vom 24.11.1983 über die Entschädigung für Opfer von Gewalttaten, BGBl. 1996 II 1120.

(2) Die Bundesstelle für Soziale Entschädigung ist zuständig für die

1. Aufgaben nach § 60 Absatz 3 Satz 3 und § 80 Absatz 3 Satz 3,
2. Aufgaben der zentralen Behörde im Sinne des Artikels 12 Satz 2 des Europäischen Übereinkommens vom 24. November 1983 über die Entschädigung für Opfer von Gewalttaten (BGBl. 1996 II S. 1120, 1121) und
3. Aufgaben als Unterstützungsbehörde im Sinne des Artikels 3 Absatz 1 der Richtlinie 2004/80/EG.

(3) Die Bundesstelle für Soziale Entschädigung unterstützt die Länder zur Wahrung der bundeseinheitlichen Gesetzesanwendung bei der Aus- und Fortbildung im Bereich der Sozialen Entschädigung.

(4) Die Bundesstelle für Soziale Entschädigung unterstützt als Kompetenzzentrum für Soziale Entschädigung das Bundesministerium für Arbeit und Soziales bei Aufgaben der Qualitätssicherung und bei der bundeseinheitlichen Durchführung der Sozialen Entschädigung insbesondere durch

1. die Begleitung der Umsetzung und Fortschreibung der Rechtsverordnung nach § 40,
2. die Organisation von Veranstaltungen des Bundesministeriums für Arbeit und Soziales für Mitarbeiterinnen und Mitarbeiter der Behörden und der Personen, die Leistungen der Schnellen Hilfen erbringen,
3. die Organisation von Erfahrungsaustauschen des Bundesministeriums für Arbeit und Soziales für Personen, die an der Durchführung dieses Buches beteiligt sind,
4. die Entwicklung von Arbeitshilfen und Formularen,
5. das Führen eines Verzeichnisses von im Sozialen Entschädigungsrecht erfahrenen medizinischen Gutachtern,
6. das Erstellen und Führen der amtlichen Statistik nach § 126,
7. die Erstellung des Berichts nach § 132 sowie
8. die Abwicklung von Forschungsprojekten im Bereich der Sozialen Entschädigung.

(5) Die Bundesstelle für Soziale Entschädigung erledigt weitere Aufgaben des Bundes, die mit den in den Absätzen 2 bis 4 genannten Aufgaben zusammenhängen und mit deren Durchführung sie vom Bundesministerium für Arbeit und Soziales beauftragt wird.

(6) Die Wahrnehmung der Aufgaben nach Absatz 4 Nummer 2 bis 5 kann die Bundesstelle für Soziale Entschädigung ganz oder teilweise auf Dritte übertragen oder sich bei der Wahrnehmung der Aufgaben nach Absatz 4 Nummer 2 bis 8 durch Dritte unterstützen lassen.

A. Gesetzesgeschichte

1 § 124 SGB XIV kennt keine Vorgängervorschrift im aktuell geltenden SER. Vereinzelte Aufgaben, wie sie in § 124 Abs. 2 bis 5 SGB XI aufgeführt werden, werden bisher vom **BMAS** ausgeführt. Dies gilt ua für die der **zentralen Behörde** iSd Art. 12 S. 2 des Europäischen Übereinkommens vom 24.11.1983 über die Entschädigung von Opfern von Gewalttaten.[1] Art. 2 des Ausführungsgesetzes zu den Übereinkommen regelt, dass das BMAS die Aufgabe der zentralen Behörde iSd benannten Art. 12 S. 2 des Übereinkommens wahrnimmt (s. auch § 6a OEG).[2] Ebenso ist das BMAS zur **„Unterstützungsbehörde"** iS der Art. 3 Abs. 1 (s. auch § 6a OEG) bestimmt worden – zukünftig soll dies nach § 124 Abs. 2 Nr. 3 SGB XIV die BfSE ausfüllen. Auf dieser Ebene gibt es bisher keine Bundesoberbehörde im SER. Die überwiegend nicht ministeriellen Aufgaben werden zukünftig durch die BfSE wahrgenommen. Aufgabe der BfSE ist ferner eine verstärkte Koordinierung zwischen Bund und Ländern, etwa um Traumaambulanzen einzurichten, zu betreiben und zu finanzieren, oder Regelungen für die Vielzahl von Verwaltungsvereinbarungen vorzubereiten, wie sie zB in der Kooperation für das Fallmanagement erforderlich sind. Insbesondere aber den Abschluss von **Verwaltungsvereinbarungen** zur Regelung des Verfahrens und der Kosten für die Leistungserbringung im Bereich der Krankenbehandlung und Pflege, wie in Zukunft nach §§ 60 Abs. 3 S. 3 und 80 Abs. 3 S. 3 SGB XIV vorgesehen, kennt das geltende SER nicht. §§ 19, 20 BVG regeln bisher die Erstattungsansprüche der Krankenkassen für die Behandlung von nach dem BVG Berechtigten. Dabei zahlt aktuell das BMAS Pauschalbeträge zur Kostenerstattung an den AOK-Bundesverband, der dieses Geld im weitesten Sinne „weiterverteilt". Das BMAS erlässt zudem auf Grundlage von Art. 84 Abs. 2 GG[3] **Verwaltungsvorschriften zum Bundesversorgungsgesetz** (BVGVwV, s. zB → Vor § 1 Rn. 23).[4] Bei der Erledigung dieser Aufgabe soll das BMAS nach § 124 Abs. 4 SGB XIV zukünftig Hilfe von der BfSE bekommen, denn dort ist vorgesehen, dass die BfSE das BMAS bei der bundeseinheitlichen Durchführung des SER unterstützt, etwa bei der Entwicklung von Arbeitshilfen oder sonstigen mit den nach § 124 Abs. 2 bis 4 SGB XIV zusammenhängenden Aufgaben. Grundsätzlich soll die BfSE **koordinierende Funktion** zwischen Bund und Ländern übernehmen und als Kompetenzzentrum das BMAS ua bei der bundeseinheitlichen Durchführung der SE unterstützen (§ 124 Abs. 4 SGG XIV).

1 BGBl. 1996 II 1120.
2 BGBl. 1996 II 1120.
3 Die Bundesregierung kann mit Zustimmung des Bundesrates allgemeine Verwaltungsvorschriften erlassen; s. zur Frage, ob Rechtsgrundlage Art. 84 oder Art. 85 GG ist, BSG 11.12.2008 – B 9 V 3/07 R, juris Rn. 22 und BSG 23.4.2009 – B 9 VG 1/08 R, juris Rn. 24.
4 Allgemeine Verwaltungsvorschriften zum BVG (BVGVwV) idF vom 27.8.1986, BAnz 1986, 12297–12302. Seit dem ist die Verwaltungspraxis auf Grundlage von verschiedenen Rundschreiben des BMAS, die auf die Fassung der BVGVwV-1986 Bezug nehmen, mehrfach modifiziert worden, s. zB zuletzt zum Az.: Va 6 – 54003 – Aufhebung der VV Nr. 3 zu § 36 BVG v. 4.8.2020 rückwirkend zum 1.7.2018 oder zum Az.: Vb 2 – 54424, in dem darum gebeten wird zum 27.1.2014 die Rechtsprechung des BSG (BSG Urt. v. 17.4.2013 – B 9 V 2/12 R, SozR 4-3100 § 37 Nr. 1) im Hinblick auf die Höhe des Sterbegeldes zu beachten.

2 Die Regelung des § 124 SGG XIV wurde im Laufe des Gesetzgebungsverfahrens teilweise geändert. Im Bereich der Leistungen bei Pflegebedürftigkeit war in den ersten Referentenentwürfen zur Reform des SER eine pauschale Erstattung der Leistungen bei Pflegebedürftigkeit durch die TdSE an die Pflegekassen vorgesehen.[5] Die **Erweiterung der Zuständigkeit** der BfSE nach **Abs. 2 Nr. 1** zum Abschluss der Verwaltungsvereinbarung für Leistungen bei Pflegebedürftigkeit nach § 80 Abs. 3 wurde erst später in den Gesetzestext aufgenommen. In der Gesetzesbegründung finden sich hierzu keine Ausführungen.[6]

3 Im Rahmen des **Gesetzgebungsverfahrens** gab es weiterhin Bestrebungen, den **Abs. 4 Nr. 6 zu streichen**. Danach unterstützt die BfSE das BMAS beim Erstellen und Führen der amtlichen Statistik nach § 126. Als Begründung wurde angeführt, dass diese Unterstützungsleistung aus verfassungsrechtlichen, fachlichen und verwaltungsökonomischen Gesichtspunkten abzulehnen sei.[7] Mit dem Änderungsvorschlag wurde bezweckt, dass die Erstellung der Bundesstatistik den fachlich zuständigen Statistischen Landesämtern und dem Statistischen Bundesamt zugewiesen werde.[8] Dieser **Änderungsvorschlag** wurde in der Stellungnahme der Bundesregierung zurückgewiesen. Zur Begründung führte die Bundesregierung aus, dass derzeit beim BMAS anhand von monatlichen Meldungen der Länder eine Statistik zu den Versorgungsleistungen erstellt werde. Aufgrund des Gesetzes über die Durchführung der Statistiken auf dem Gebiet der Kriegsopferfürsorge erstelle das Statistische Bundesamt einmal in zwei Jahren eine Bundesstatistik. Da es künftig keine Unterscheidung zwischen Fürsorge und Versorgung mehr gebe, sei eine Anpassung erforderlich. Die Bündelung der Statistik bei der BfSE sei zulässig. Es handle sich nicht um eine Bundes- oder Landesstatistik, so dass es dem BMAS überlassen bleibe, wen es mit der Durchführung der Geschäftsstatistik beauftrage. Es sei darüber hinaus den Ländern nicht verwehrt, durch ihre Statistikämter eigene Landesstatistiken zu erstellen.[9] Der Änderungsvorschlag des Bundesrates wurde daraufhin nicht in das Gesetz aufgenommen. Zur grundgesetzlichen Kompetenz → Rn. 5 f.

4 Die Norm tritt nach **Art. 60 Abs. 7** G-SER zum 1.1.2024 in Kraft.[10]

B. Normsystematik

5 § 124 SGB XIV regelt die **Aufgaben** der nach § 123 SGB XIV zu errichtenden **„Bundesstelle für Soziale Entschädigung“** (BfSE). Sie hat übergeordnete Aufgaben zu erledigen, ohne in die konkrete Fallbearbeitung eingebunden zu sein. Denn im Auftrag des Bundes führen die Länder die Aufgabe der Kriegsopferversorgungsgesetze (BVG) als eigene Verwaltung nach **Art. 83 und 84 GG** aus. Hierzu gehören ua die Feststellung und Auszahlung von Leistungen. Letztlich trägt zwar der Bund die Kosten dieser Kriegsfolgelast (Art. 120 Abs. 1 GG). Zwischen Bund und Ländern besteht jedoch weder ein Organ- noch Auftragsverhältnis, aus dem der Bund Verwaltungsbefugnisse für den Einzelfall herleiten könnte.[11] Dies hindert gleichwohl nicht, eine zentrale Stelle zu errichten, die koordinierende Aufgaben übernimmt und zur Vereinheitlichung der Rechtsanwendung beiträgt. Die Entscheidung im Einzelfall verbleibt danach bei den TdSE auf Grundlage des Bundesrechts des SGB XIV.

5 Dazu auch Schmidt SGB XIV/Weber § 124 Rn. 3.
6 BT-Drs. 19/13824, 223.
7 BT-Drs. 19/13824, 299.
8 BT-Drs. 19/13824, 299.
9 BT-Drs. 19/13824, 318.
10 BGBl. 2019 I 2652.
11 BSG 27.1.1972 – 4 RJ 79/71, SozR Nr. 8 zu § 72 G 131; 31; Vorberg/van Nuis, Teil I: Allgemeiner Teil, 1966, 47 f.; vgl. auch B 9 VS 1/08 R; BSG 11.12.2008 – B 9 V 3/07 R, juris Rn. 22; BSG 12.6.2001 – B 9 V 5/00 R, BSGE 88, 153.

6 In der Binnensystematik lassen sich die Aufgabenbereiche der BfSE in drei Komplexe unterteilen.[12] In **Abs. 2 Nr. 1** bis 3 werden die **originären Aufgaben** aufgezählt, die der BfSE in eigener Zuständigkeit übertragen wurden. Dabei gilt es zukünftig, die Ausführungsgesetze zu **Nrn. 2 und 3** des § 124 Abs. 2 SGB XIV anzupassen, in denen bisher das BMAS als **Unterstützungs-** und **zentrale Behörde** bestimmt sind. Dies ist bisher durch das G-SER versäumt worden. Anders stellte sich dies nur dann dar, wenn die Regelung des § 123 S. 2 SGB XIV so verstanden werden sollte, dass die **Fachaufsicht** des BMAS gegenüber der Aufgabenzuweisung durch § 124 Abs. 2 SGB XIV vorrangig sei. Der Normtext des § 124 Abs. 2 SGB XIV gibt insoweit nichts her. Im Hinblick auf die Aufgaben nach **§ 124 Abs. 2 Nr. 1 SGB XIV** dürfte allerdings die einfachfachgesetzliche Grundlage den Anforderungen der Art. 83, 84 GG insoweit noch genügen.

7 Darüber hinaus werden der BfSE Tätigkeiten übertragen, bei denen sie als **„Dienstleister"** die Länder bei der einheitlichen Durchführung des SGB XIV unterstützen soll. So hat die BfSE nach **Abs. 3** die Länder zur Wahrung der bundeseinheitlichen Gesetzesanwendung bei der **Aus- und Fortbildung** im Bereich der Sozialen Entschädigung zu unterstützen. Nach **Abs. 4 Nr. 1 bis 8** nimmt die BfSE darüber hinaus die Funktionen als „Kompetenzzentrum für Soziale Entschädigung" wahr. Insoweit hat die BfSE das BMAS bei Aufgaben der Qualitätssicherung und bei der bundeseinheitlichen Durchführung des SER nachhaltig zu unterstützen. Dem **BMAS** obliegt – wie bereits dargelegt (→ § 123 Rn. 3) – nach **§ 123 S. 2 die Fachaufsicht** über die BfSE. Die Aufgaben des BMAS neben der Fachaufsicht ergeben sich aus § 114 SGB XIV (→ § 114 Rn. 1 ff.).

C. Einzelkommentierung

I. Abs. 1 – Zuständigkeit der Bundesstelle für Soziale Entschädigung

8 Zur Aufgabenwahrnehmung → Rn. 1 ff.

II. Abs. 2 – Sachliche Zuständigkeit der Bundesstelle für Soziale Entschädigung

9 **1. § 124 Abs. 2 Nr. 1 – Pauschalvereinbarungen.** Die BfSE ist nach **Abs. 2 Nr. 1** für die Aufgaben nach **§ 60 Abs. 3 S. 3** und **§ 80 Abs. 3 S. 3** sachlich zuständig, dh für den Abschluss von Verwaltungsvereinbarung über die pauschale Erstattung der Kosten, die den Kranken- und Pflegekassen bei der Erbringung (s. § 57 Abs. 2 ff. SGB XIV und § 77 Abs. 1 SGB XIV im Verhältnis zur Durchführung durch die TdSE) der Krankenbehandlung und der Pflegeleistungen nach dem Kap. 5 und 7 SGB XIV entstehen.

10 In einem Übergangszeitraum von drei Jahren nach dem Inkrafttreten des SGB XIV erstatten die zuständigen TdSE den Krankenkassen nach **§ 60 Abs. 1 und Abs. 2** halbjährlich die tatsächlichen Aufwendungen zuzüglich einer Verwaltungskostenpauschale für ihre Tätigkeiten im Rahmen des gesetzlichen **Auftragsverhältnisses** im Sinne des **§ 57 Abs. 2 bis Abs. 4**. Diese sog. „Spitzabrechnung" soll danach auf der Grundlage des § 60 Abs. 3 in ein **Pauschalierungsverfahren** überführt werden. Die näheren Regelungen für diese Pauschalierung werden nach **§ 60 Abs. 3 S. 3** in einer Verwaltungsvereinbarung bestimmt. Für den Abschluss von Verwaltungsvereinbarungen mit dem Spitzenverband Bund der Krankenkassen zur Pauschalierung dieser Erstattungsansprüche der Krankenkassen ist die BfSE zuständig.[13] Die Verwaltungsvereinbarung steht nach **§ 60 Abs. 3 S. 5** unter dem Zustimmungsvorbehalt des BMAS, des BMG und der ausführenden Länder. Wenn sich die BfSE und der Spitzenverband Bund der

12 So auch Schmidt SGB XIV/Weber § 124 Rn. 1.
13 BT-Drs. 19/13824, 223; dazu Schmidt SGB XIV/Weber § 124 Rn. 2.

Krankenkassen nicht auf eine Verwaltungsvereinbarung einigen, ist nach **§ 60 Abs. 4** ein **Schiedsstellenverfahren** vorgesehen.

Für den Bereich der **Leistungen bei Pflegebedürftigkeit** findet sich eine dem § 60 Abs. 3 SGB XIV vergleichbare Regelung in § 80 Abs. 3 SGB XIV. Auch hier gilt, dass auf der Grundlage der §§ 80 Abs. 1 und Abs. 2 für einen Übergangszeitraum von drei Jahren eine sog. „Spitzabrechnung" zwischen den TdSE und den Pflegekassen vorzunehmen ist. Im Anschluss soll nach § 80 Abs. 3 ein **pauschaliertes Verfahren** durchgeführt werden (→ Rn. 10).[14] 11

2. § 124 Abs. 2 Nr. 2 – Zentrale Behörde nach dem Europäischen Übereinkommen über die Opferentschädigung. Nach **Abs. 2 Nr. 2** obliegen der BfSE zukünftig auch die Aufgaben der zentralen Behörde im Rahmen des Europäischen Übereinkommens über die Entschädigung für Opfer von Gewalttaten (im Weiteren **EuOEÜbk**) vom 24.11.1983.[15] Bislang obliegt diese nicht ministerielle Aufgabe nach Art. 2 des Ausführungsgesetzes vom 17.7.1996[16] iVm § 6a Abs. 1 OEG dem BMAS.[17] Im Hinblick auf die nicht geänderte Regelung im Ausführungsgesetz war es erforderlich, dass nach § 123 S. 1 SGB XIV die **Fachaufsicht** auch insoweit **beim BMAS** verbleibt (s. auch → § 123 Rn. 4). Das EuOEÜbk ist im November 1996 von Deutschland ratifiziert worden und trat am 1.3.1997 in Kraft.[18] In einer Zusammenfassung des Europarats[19] (**völkerrechtliche Regelung,** da vom Europarat beschlossenen und nicht Regelung des Europarechts im engeren Sinne, in Abgrenzung zur EGRL 2004/80) heißt es, das „Übereinkommen verpflichtet die Vertragsstaaten, in ihrer Gesetzgebung oder Verwaltungspraxis eine aus öffentlichen Mitteln finanzierte Entschädigung für die Opfer vorsätzlicher Gewalttaten, die eine schwere Körperverletzung oder den Tod zur Folge hatten, vorzusehen. Das Übereinkommen setzt Mindestanforderungen für eine solche Entschädigungsregelung fest und zählt die Schadenselemente auf ... (Es) beruht auf dem Prinzip, dass die soziale Gerechtigkeit einen Staat verpflichtet, nicht nur seine eigenen Staatsbürger zu entschädigen, sondern auch andere Opfer von Gewalttaten, die auf seinem Hoheitsgebiet begangen wurden, wie Wanderarbeitnehmer, Touristen, Studenten usw. ..." Nach **Art. 12 EuOEÜbk** leisten die zuständigen Behörden jeder Vertragspartei den zuständigen Behörden einer anderen Vertragspartei auf Ersuchen die größtmögliche Unterstützung in Angelegenheiten, die von diesem Übereinkommen erfasst sind. Durch **Art. 2 EuOEÜbk** werden die Vertragsstaaten verpflichtet, ua eine Entschädigung für Opfer schwerer Körperverletzungen oder Gesundheitsschäden durch eine vorsätzliche Gewalttat zu leisten, wenn die Entschädigung nicht in vollem Umfang aus anderen Quellen erhältlich ist.[20] Die Entschädigung nach **Art. 4 EuOEÜbk muss** mindestens folgende Schadenselemente decken: 12

- Verdienstausfall,
- Heilbehandlungs- und Krankenhauskosten,
- Bestattungskosten sowie
- bei Unterhaltsberechtigten Ausfall von Unterhalt.

---

14 S. auch Schmidt SGB XIV/Weber § 124 Rn. 3.

15 BGBl. 1996 II 1120; BT-Drs. 19/13824, 223.

16 Ausführungsgesetz zu dem Europäischen Übereinkommen vom 24.11.1983 über die Entschädigung für Opfer von Gewalttaten, BGBl. 1996 II 1120, in Deutschland in Kraft getreten gem. Art. 4 Abs. 2 iVm der Bekanntmachung vom 24.2.1997, BGBl. 1997 II 740 zum 1.3.1997.

17 HK-SozEntschR/Rademacker OEG § 6a Rn. 2.

18 Siehe http://www.coe.int/de/web/conventions/full-list/conventions/treaty/116/signatures.

19 Details zum Vertrag-Nr. 116 nachzulesen unter https://www.coe.int/de/web/conventions/full-list?module=treaty-detail&treatynum=116.

20 Becker, Soziales Entschädigungsrecht, S. 61 f.; Schmidt SGB XIV/Weber § 124 Rn. 4.

Viele **Grundsätze dieser Regelungen** finden sich bereits in den bisherigen Regelungen des OEG. Ua ist es möglich, die wirtschaftlichen Verhältnisse des Opfers zu berücksichtigen bzw. es dürfen Leistungen gekürzt werden. Darüber hinaus dürfen Leistungen aufgrund des Verhaltens des Opfers vor oder nach der Gewalttat vollumfänglich versagt werden. Als **Unterstützungsleistung** nach **Art. 12 EuOEÜbk** kommen insbesondere

- Auskünfte an Antragsteller über das eigene SER und das Verfahren,
- Auskünfte zur Schadensfeststellung sowie
- die Unterstützung bei der Beitreibung von Rückgriffsforderungen des Staates gegen einen im Ausland befindlichen Täter

in Betracht.

13 **3. § 124 Abs. 2 Nr. 3 – Unterstützungsbehörde nach der EGRL 2004/80.** Nach Erwägungsgrund 6 der EGRL 2004/80 sollten Opfer von Straftaten in der Europäischen Union unabhängig davon, an welchem Ort in der Europäischen Gemeinschaft die Straftat begangen wurde, Anspruch auf eine gerechte und angemessene Entschädigung für die ihnen zugefügte Schädigung haben. Dies zu koordinieren ist zukünftig Aufgabe der BfSE aufgrund von § 124 **Abs. 2 Nr. 3** SGB XIV. Sie nimmt die Aufgaben als Unterstützungsbehörde im Sinne des EGRL 2004/80 **Art. 3 Abs. 1** wahr (→ § 123 Rn. 4). Diese nicht ministerielle Aufgabe obliegt gegenwärtig nach § 6a Abs. 2 OEG[21] dem BMAS.[22] Ergänzt werden die Aufgaben durch die Vorgaben der **EURL 2012/29** über Mindeststandards für die Rechte, die Unterstützung und den Schutz von Opfern von Straftaten sowie zur Ersetzung des Rahmenbeschlusses 2001/220/JI.[23] Im Rahmen des Art. 1 der **EGRL 2004/80** vom 29.4.2004[24] zur Entschädigung der Opfer von Straftaten können Personen den Antrag auf Entschädigung in ihrem Wohnsitzstaat stellen, wenn sie in einem anderen EU-Mitgliedstaat Opfer einer Gewalttat geworden sind. Für die Anwendung dieser Regelung sind nach EGRL 2004/80 **Art. 3 Abs. 1** die von jedem Mitgliedstaat zu benennenden **Unterstützungsbehörden** zuständig. Die Unterstützungsbehörde hat nach EGRL Art. 5 und 6 die Aufgabe, dem Antragsteller die erforderlichen **Informationen** und **Antragsformulare** zu Verfügung zu stellen und den Antrag so schnell wie möglich an die Entscheidungsbehörde zu übermitteln. Sie nimmt nach Art. 5 Abs. 3 EGRL 2004/80 keine eigene Bewertung des Antrags vor. Die BfSE als zukünftig zuständige Unterstützungsbehörde ermittelt dann die zuständige Behörde des Staates, in dem sich die Gewalttat ereignet hat, leitet den Antrag weiter und begleitet das weitere Verfahren. Mit Datum vom 20.4.2009 hat die Kommission einen Bericht zur Umsetzung der Richtlinie vorgelegt.[25] Weitere Informationen ua zu den Unterstützungsbehörden und den zu verwendenden Formblättern können auf der Webseite des sog. Europäischen Gerichtsatlas für Zivilsachen unter der in der Fußnote angegebenen Adresse eingesehen werden.[26]

---

21 Zu den Rechtsfolgen der nicht fristgerechten Umsetzung der RL s. EuGH 16.7.2020 – C 129/19.

22 HK-SozEntschR/Rademacker OEG § 6a Rn. 3.

23 Richtlinie 2012/29/EU des Europäischen Parlaments und des Rates vom 25.10.2012 über Mindeststandards für die Rechte, die Unterstützung und den Schutz von Opfern von Straftaten sowie zur Ersetzung des Rahmenbeschlusses 2001/220/JI, Abl. L 315 v. 14.11.2012, S. 57 ff.

24 ABl. EU L 261 S. 15.

25 Bericht der Kommission an den Rat, das Europäische Parlament und den Europäischen Wirtschafts- und Sozialausschuss über die Anwendung der Richtlinie 2004/80/EG des Rates zur Entschädigung der Opfer von Straftaten, KOM(2009) 170.

26 Unter http://ec.europa.eu/justice_home/judicialatlascivil (Entschädigung der Opfer von Straftaten).

Durch die **Übertragung der Aufgaben auf die BfSE** soll das BMAS nach dem Willen des Gesetzgebers von diesen Tätigkeiten entlastet werden.[27] Der Unterstützungsbehörde obliegt eine Koordinierungs- und Vermittlerfunktion zwischen den Betroffenen und der Entscheidungsbehörde. Nach dem **Erwägungsgrund 12** der EGRL 2004/80 sollen in diesen grenzüberschreitenden Fällen praktische Probleme bei der Durchführung des **Verwaltungsverfahrens** und **Sprachbarrieren** verringert und leichter überwunden werden. Dies soll einen **effizienteren und erleichterten Zugang** von EU-Ausländern zum SER ermöglichen.[28] 14

Zu den für die Antragsteller kostenfreien **koordinierenden Hauptaufgaben**[29] der Unterstützungsbehörde gehören dabei: 15

- die **Information von Betroffenen** über mögliche staatliche Entschädigungsansprüche des Tatlandes (EGRL 2004/80 Art. 4 und Art. 5 sowie Art. 8),
- die formgerechte **Weitergabe von Antragsformularen** und antragsbegründenden Unterlagen von Betroffenen (EGRL 2004/80 Art. 6 und Art. 11),
- die **Entgegennahme von Antragsformularen und antragsbegründenden Unterlagen** von Betroffenen (EGRL 2004/80 Art. 6 Abs. 1),
- die **Anfertigung von Übersetzungen von Antragsformularen und antragsbegründenden Unterlagen** (EGRL 2004/80 Art. 11 und Art. 13),
- die **Weiterleitung von Unterlagen und Formularen** an das Land in dem sich die Gewalttat zugetragen hat,
- die weitere **Begleitung des Entschädigungsverfahrens bis zur abschließenden Entscheidung** der Entscheidungsbehörde; insbesondere gibt sie dem Antragsteller Hinweise wie für die Entscheidungsbehörde erforderliche Zusatzinformationen zur abschließenden Entscheidung über den Antrag beigebracht werden können (EGRL 2004/80 Art. 8),
- die **Kontaktaufnahme und -haltung mit in- und ausländischen Entscheidungsbehörden** sowie zentralen Kontaktstellen (EGRL 2004/80 Art. 16).

Die Europäische Kommission hat nach **Art. 13 Abs. 2 RL 2004/80/EG** auf der Grundlage von Informationen aus den EU-Mitgliedsstaaten ein **Handbuch** zu den jeweiligen nationalen Entschädigungsregelungen und zur Antragstellung im Internet veröffentlicht.[30] 16

III. Abs. 3 – Unterstützung der Länder bei der Aus- und Fortbildung

Grundsätzlich obliegt die **Aus- und Fortbildung der Beschäftigten** der Behörden den Ländern als TdSE (zur Kompetenz → Rn. 5 f.). Die Implementierung des SGB XIV und die praktische Anwendung des SER, insbesondere durch die neue Struktur des Rechts, die neuen Instrumente, wie zB die SH, aber auch die Übergangs- Besitzstandsregelungen werden zu einem erheblichen Anstieg des Aus- und Fortbildungsbedarf bei den TdSE führen. Aufgrund der zT erheblichen Abweichungen vom bisherigen SER, geprägt durch das BVG als Leitgesetz (→ Vor § 1 Rn. 14), ist nicht in allen Bereichen – insbesondere nicht bei den neuen Leistungsbereichen – ein Rückgriff auf die Rechtsprechung der Sozialgerichtsbarkeit möglich. Es bedarf insoweit übergreifenderer Hilfestellungen, um zu vermeiden, dass die TdSE die neuen rechtlichen Regelungen in erheblichem Maße unterschiedlich anwenden. Zuvörderst dient es den Interessen der Antragstellenden eine möglichst bundeseinheitliche Rechtsanwendung zu gewährleisten. Vor diesem Hintergrund soll die **BfSE** die Träger der Sozialen Entschädigung bei 17

27 BT-Drs. 19/13824, 223.
28 Schmidt SGB XIV/Weber § 124 Rn. 5.
29 BT-Drs. 19/13824, 223.
30 Siehe http://e-justice.europa.eu/content_if_my_claim_is_to_be_considered_in_this_country-491-de.do; vgl. zur EU-Strategie für die Rechte von Opfern (2020–2025), BR-DRs. 378/20 v. 26.6.2020.

der anspruchsvollen und umfangreichen Aufgabe, die Beschäftigten hinreichend aus- und fortzubilden unterstützen.[31] Bei den Ländern und Kommunalverbänden ist die Leistungsfähigkeit, diesen Bedarf zu decken, unterschiedlich stark ausgeprägt. Mit Blick auf die Einführung des SGB XIV und den damit verbundenen Herausforderungen haben die zuständigen Länder und Sozialverbände eine **Kooperation in der Bundesarbeitsgemeinschaft der Integrationsämter und Hauptfürsorgestellen (BIH)** vereinbart. Auch hierdurch soll ua eine angemessene Aus- und Fortbildung der Beschäftigten länderübergreifend erreicht werden.[32] Weiterhin gilt es hier wichtige **Arbeitshilfen** insoweit zu erarbeiten.

IV. Abs. 4 – Kompetenzzentrum für Soziale Entschädigung

18 Nach **Abs. 4** unterstützt die BfSE das BMAS auch als Kompetenzzentrum für Soziale Entschädigung. Die BfSE erbringt **Dienstleistungen bei der Durchführung und Begleitung** des Gesetzes und steht dem Bund und den Ländern zum Austausch und zur Vernetzung zur Verfügung.[33] Die Unterstützungsleistungen der BfSE sollen in diesem Zusammenhang zur Qualitätssicherung und der bundeseinheitlichen Durchführung des SER beitragen.[34]

19 **Aufgaben** der BfSE im Rahmen des **Kompetenzzentrums** sind ua (die Aufzählung ist **nicht abschließend**, s. auch § 124 Abs. 5 SGB XIV):

1. die Begleitung der Umsetzung und Fortschreibung der Rechtsverordnung nach § 40 SGB XIV; Verordnung zu Standards, die Organisationen oder andere Dritte erfüllen müssen, um durch eine Kooperationsvereinbarung in die Umsetzung des Fallmanagements nach § 30 SGB XIV einbezogen zu werden,
2. die Organisation von Veranstaltungen des Bundesministeriums für Arbeit und Soziales für Mitarbeiterinnen und Mitarbeiter der Behörden und der Personen, die Leistungen der Schnellen Hilfen erbringen. Dies betrifft insbesondere die Aus- und Fortbildung, wie schon als Aufgabe nach § 124 As. 3 SGB XIV benannt (→ Rn. 17),
3. die Organisation von Erfahrungsaustauschen des Bundesministeriums für Arbeit und Soziales für Personen, die an der Durchführung dieses Buches beteiligt sind. Auch dies hängt mit der Aus- und Fortbildung zusammen. Zugleich dient diese Aufgabenzuweisung auch vorbereitend zur Erfüllung der unter Nrn. 4–8 benannten weiteren Aufgaben, die ohne Praxisbezug „blutleer" blieben,
4. die Entwicklung von Arbeitshilfen und Formularen, um eine länderübergreifend einheitliche Anwendung des neuen Rechts zu gewährleisten (zur Kompetenz → Rn. 5 und zur Vereinheitlichung → Rn. 17),
5. das Führen eines Verzeichnisses von im Sozialen Entschädigungsrecht erfahrenen medizinischen Gutachtern. Dies wird von Weber als besonders gewichtige Aufgabe des BfSE hervorgehoben, da zum einen die Zahl der fachlich kompetenten medizinischen Gutachterinnen und Gutachter gering sei und zum zweiten dies zu einer Verfahrensverzögerung führe. Zwar mehre sich durch die Regelung die Zahl der verfügbaren Sachverständigen nicht, das Verzeichnis könne den Überblick über die ansprechbaren Gutachterinnen und Gutachter jedoch verbessern,[35]
6. das Erstellen und Führen der amtlichen Statistik nach § 126 (zu den Einzelheiten → § 126 Rn. 4),

---

31 BT-Drs. 19/13824, 223.
32 Dazu www.integrationsaemter.de.
33 BT-Drs. 19/13824, 223.
34 Vertiefend Schmidt SGB XIV/Weber § 124 Rn. 8.
35 Schmidt SGB XIV/Weber § 124 Rn. 8a.

7. die Erstellung des Berichts nach § 132, um die Auswirkungen des neuen SER zu ermitteln und ggf. bestehenden Bedarf der Weiterentwicklung zu ermöglichen,[36] sowie
8. die Abwicklung von Forschungsprojekten im Bereich der Sozialen Entschädigung. Zu denken ist dabei an die Fortschreibung der Untersuchung über die Wirkung schneller Hilfen, vergleichbar TRAVESI.[37]

V. Abs. 5 – Beauftragung mit weiteren Aufgaben

Nach **Abs.** 5 kann das BMAS die BfSE mit **weiteren Aufgaben** aus dem Bereich des SER beauftragen. Voraussetzung ist allerdings, dass diese weiteren Aufgaben mit denen nach § 124 Abs. 2 bis 4 SGB XIV zusammenhängen. Darüber hinausgehende Aufgaben dürfen der BfSE nicht zugewiesen werden. Weber sieht in dieser Öffnungsklausel eine Möglichkeit des BMAS, sich von nicht ministeriellen Aufgaben zu entlasten. Zu denken ist auch daran, dass der Gesetzgeber nicht sicher war, alle Aufgaben insbesondere nach § 124 Abs. 4 SGB XIV erfasst zu haben und bisher unerkannte Aufgaben gerade durch die neue Struktur des SER sowie europarechtlicher Regelungen mit erfasst werden sollten. Auf jeden Fall bleibt es jedoch auch dann bei der Fachaufsicht des BMAS ISd § 123 S. 2 SGB XIV. Eine weitere Aufgabe ist bereits in § 125 Abs. 6 SGB XIV geregelt. Danach obliegt der BfSE die Geschäftsführung des Fachbeirats nach § 125 SGB XIV. 20

VI. Abs. 6 – Übertragung auf Dritte

Die BfSE kann im Rahmen des **Abs. 6** die Aufgaben nach § 124 Abs. 4 Nr. 2 bis Nr. 5 (→ Rn. 19) ganz oder teilweise auf Dritte übertragen oder sich bei der Wahrnehmung der Aufgaben nach Abs. 4 Nr. 8 durch Dritte unterstützen lassen. Gerade die **Erstellung von Arbeitshilfen und Formularen** (Abs. 4 Nr. 4) bietet eine gute Möglichkeit, die **Aufgaben auf die BIH** als Arbeitsgemeinschaft der TdSE im Bereich des SER zu übertragen und sich abzustimmen. Im Hinblick auf die Organisation von Veranstaltungen iSd § 124 Abs. 4 Nrn. 2 und 4 SGB XIV ist ebenfalls gut vorstellbar, dass diese durch Dritte durchgeführt werden. Dies betrifft jedoch nur die „äußere Hülle" und nicht den Inhalt der dortigen Tagungen und Treffen, was schon in dem Wort „Organisation" zum Ausdruck kommt. 21

D. Anhang

I. OEG

§ 6a OEG Zuständigkeiten des Bundesministeriums für Arbeit und Soziales 22

(abgedruckt bei → § 114 Rn. 7)

II. EGRL 2004/80

Art. 3 EGRL 2004/80 – Zuständige Behörden und Verwaltungsverfahren 23

(1) Die Mitgliedstaaten errichten oder benennen eine oder mehrere Behörden oder andere Stellen, nachstehend als «Unterstützungsbehörde» bzw. «Unterstützungsbehörden» bezeichnet, die für die Anwendung von Artikel 1 zuständig sind.

(2) Die Mitgliedstaaten errichten oder benennen eine oder mehrere Behörden oder andere Stellen, nachstehend als «Entscheidungsbehörde» bzw. «Entscheidungsbehörden» bezeichnet, die über Anträge auf Entschädigung zu entscheiden haben.

(3) Die Mitgliedstaaten sind bestrebt, die Förmlichkeiten, die von Entschädigung beantragenden Personen zu erledigen sind, auf ein Mindestmaß zu reduzieren.

---

36 BT-Drs. 19/13824, 224.
37 S. BT-Drs. 19/13824, 184.

Art. 12 EGRL 2004/80

(1) Die in dieser Richtlinie festgelegten Vorschriften über den Zugang zur Entschädigung in grenzüberschreitenden Fällen stützen sich auf die Regelungen der Mitgliedstaaten für die Entschädigung der Opfer von in ihrem jeweiligen Hoheitsgebiet vorsätzlich begangenen Gewalttaten.

(2) Alle Mitgliedstaten tragen dafür Sorge, dass in ihren einzelstaatlichen Rechtsvorschriften eine Regelung für die Entschädigung der Opfer von in ihrem jeweiligen Hoheitsgebiet vorsätzlich begangenen Gewalttaten vorgesehen ist, die eine gerechte und angemessene Entschädigung der Opfer gewährleistet.

Art. 16 EGRL 2004/80 – Zentrale Kontaktstellen

Die Mitgliedstaaten benennen eine zentrale Kontaktstelle zum Zweck der

a) Unterstützung bei der Durchführung von Artikel 13 Absatz 2;
b) Förderung einer engen Zusammenarbeit und des Informationsaustauschs zwischen den Unterstützungs- und den Entscheidungsbehörden der Mitgliedstaaten und
c) Unterstützung und Erarbeitung von Lösungen für Probleme, die möglicherweise bei der Anwendung der Artikel 1 bis 10 auftreten.

Die Vertreter der Kontaktstellen kommen regelmäßig zusammen.

III. Europäisches Übereinkommen vom 24.11.1983 über die Entschädigung für Opfer von Gewalttaten – Auszug -

24 **Teil II – Internationale Zusammenarbeit – Art. 12 EuOEÜbk**

Vorbehaltlich der Anwendung von zwischen Vertragsstaaten geschlossenen zwei- oder mehrseitigen Übereinkünften über Rechtshilfe leisten die zuständigen Behörden jeder Vertragspartei den zuständigen Behörden einer anderen Vertragspartei auf Ersuchen die größtmögliche Unterstützung in Angelegenheiten, die von diesem Übereinkommen erfasst sind. Zu diesem Zweck bestimmt jeder Vertragsstaat eine zentrale Behörde, welche die Rechtshilfeersuchen entgegennimmt und bearbeitet, und teilt dies dem Generalsekretär des Europarats bei der Hinterlegung seiner Ratifikations-, Annahme-, Genehmigungs- oder Beitrittsurkunde mit.

IV. Gesetz zu dem Europäischen Übereinkommen vom 24.11.1983 über die Entschädigung für Opfer von Gewalttaten

25 **Art. 1 EuOEÜbkG**

Dem in Straßburg am 24. November 1983 von der Bundesrepublik Deutschland unterzeichneten Europäischen Übereinkommen über die Entschädigung für Opfer von Gewalttaten wird zugestimmt. Das Übereinkommen wird nachstehend mit einer amtlichen deutschen Übersetzung veröffentlicht.

Art 4. EuOEÜbkG

(1) Dieses Gesetz tritt mit Ausnahme der Artikel 2 und 3 am Tage nach seiner Verkündung in Kraft. Die Artikel 2 und 3 treten gleichzeitig mit dem Übereinkommen in Kraft.

(2) Der Tag, an dem das Übereinkommen nach seinem Artikel 15 Abs. 2 für die Bundesrepublik Deutschland in Kraft tritt, ist im Bundesgesetzblatt bekanntzugeben.

§ 125 Fachbeirat Soziale Entschädigung

(1) Der Fachbeirat berät das Bundesministerium für Arbeit und Soziales und die Bundesstelle für Soziale Entschädigung in grundsätzlichen Fragen der Aufgabenwahrnehmung im Bereich der Sozialen Entschädigung.

(2) [1]Mitglieder des Fachbeirats sind:

1. **fünf Vertreterinnen oder Vertreter von Verbänden, die die Interessen von Gruppen der Berechtigten der Sozialen Entschädigung wahrnehmen,**
2. **fünf Vertreterinnen oder Vertreter der Länder und**

3. vier Vertreterinnen oder Vertreter der Wissenschaft, die sich mit den medizinischen, psychischen und sozialen Folgen schädigender Ereignisse im Sinne dieses Buches beschäftigen.

[2]Die Vertreterinnen oder Vertreter der Länder werden auf gemeinsamen Vorschlag der Länder ernannt.

(3) [1]Die Mitglieder des Fachbeirats werden für einen Zeitraum von drei Jahren vom Bundesministerium für Arbeit und Soziales ernannt. [2]Das Bundesministerium für Gesundheit hat ein Vorschlagsrecht zur Benennung eines Mitglieds für die Wahrnehmung der Interessen von Impfgeschädigten. [3]Das Bundesministerium für Familie, Senioren, Frauen und Jugend hat ein Vorschlagsrecht zur Benennung eines Mitglieds für die Wahrnehmung der Interessen der Betroffenen von sexualisierter Gewalt in Kindheit und Jugend. [4]Scheidet ein Mitglied vorzeitig aus, wird für den Rest der Amtszeit eine Nachfolgerin oder ein Nachfolger berufen.

(4) [1]Die Mitglieder des Fachbeirats sind ehrenamtlich tätig. [2]Sie haben Anspruch auf Erstattung ihrer notwendigen Auslagen.

(5) Der Fachbeirat arbeitet auf der Grundlage einer Geschäftsordnung, die das Bundesministerium für Arbeit und Soziales erlässt.

(6) Die Geschäftsführung des Fachbeirats erfolgt durch die Bundesstelle für Soziale Entschädigung.

A. Gesetzesgeschichte und Normsystematik

1 Das BMAS und die BfSE werden in grundsätzlichen Fragen des SER zukünftig von einem Fachbeirat beraten.[1] Auch im Geltungsbereich des BVG gibt es bislang ein beratendes Gremium. Beim BMAS ist für den besonderen Bereich der Kriegsopferfürsorge (KOF) der **Bundesausschuss der Kriegsbeschädigten- und Kriegshinterbliebenenfürsorge** angesiedelt.[2] Dieser Bundesausschuss berät das BMAS in allen grundsätzlichen Fragen der Kriegsopferfürsorge[3] und gibt Empfehlungen zum Verfahren hinsichtlich ausgewählter Leistungen der Kriegsopferfürsorge. Bei ihm sind (waren[4]) folgende Arbeitsausschüsse eingerichtet für: Hinterbliebenenfürsorge, Sanatorium Valbella/Davos, Allgemeines, Ausweis- und Vergünstigungswesen, Kriegsopferfürsorge, Schwerbeschädigtenfürsorge sowie Verwaltung des Vermögens und des Ausgleichsfonds. Er besteht aus insgesamt 19 Mitgliedern. Hierzu zählen 8 Vertreter der Hauptfürsorgestellen der Länder, weitere 8 Vertreter von Kriegsbeschädigten- und Kriegshinterbliebenenvereinigungen und 3 weiteren Personen, die auf dem Gebiet der sozialen Fürsorge erfahren sind. Durch den neu zu bildenden Fachbeirat wird der bisherige Bundesausschuss abgelöst. Zugleich wird sein Aufgabenbereich erweitert, denn der bisherige Bundesausschuss beriet allein (noch) in Fragen der Kriegsopferfürsorge, die in Zukunft in den BLiE aufgeht, aber im Verhältnis zum BVG einen anderen Stellwert erhält, da auf die meisten Leistungen nach dem SGB XIV ein Anspruch unabhängig von der Hilfebedürftigkeit besteht.

2 Auf Grundlage der Verordnungsermächtigung nach § 30 Abs. 16 BVG iVm der daraufhin erlassenen VersMedV ist nach § 3 VersMedV beim BMAS bereits ein **„Ärztlicher Sachverständigenbeirat Versorgungsmedizin“** gebildet worden. Er berät das BMAS in allen versorgungsärztlichen Angelegenheiten und bereitet die Fortentwick-

1 BT-Drs. 19/13824, 224.
2 Die wissenschaftlichen Beratungsgremien bei der Bundesregierung und im Bundestag sind unter www.bundestag.de; WD 3 – 3000 – 327/10 aufgelistet; dazu auch Schmidt SGB XIV/Weber § 125 Rn. 2.
3 Vgl. auch BT-Drs. 16/3550, 3 und zur Zusammensetzung s. S. 4.
4 https://www.deutsche-digitale-bibliothek.de/item/UHX2BDKTR3DXGCSHD6XQUDV5FFXWVGM7.

lung der Anlage zu § 2 VerMedV entsprechend dem aktuellen Stand der medizinischen Wissenschaft und versorgungsmedizinischer Erfordernisse vor. Insoweit geht es vor Allem um die Weiterentwicklung der Versorgungsmedizinischen Grundsätze in der VersMedV, auf deren Grundlage die festzustellenden GdS-Werte für die Teilhabebeeinträchtigung aufgrund der bestehenden Schädigungsfolgen vergeben werden. Die Zusammensetzung des Sachverständigenbeirats ergibt sich grundsätzlich aus § 3 Abs. 2 VersMedV. Er kann auch im Rahmen des SGB XIV auf Basis der Verordnungsermächtigung in § 5 Abs. 2 SGB XIV wiederum gebildet werden, zumal die VersMedV im Grundsatz wie bisher weiter gelten soll.[5] Möglicherweise kommt es insoweit allerdings, insbesondere wenn medizinische Fragen betroffen sind, zu thematischen Überschneidungen mit dem neu einzurichtenden Fachbeirat nach § 125 SGB XIV. Aus der Entwurfsbegründung zum SGB XIV folgt, dass der neu zu bildende Fachbeirat iSd § 125 SGB XIV die Aufgaben, Befugnisse und Beschlüsse anderer Gremien nicht berühren soll. Dies kommt im Wortlaut der Vorschrift nicht eindeutig zum Ausdruck und ist wohl nur über die nach § 125 Abs. 5 SGB XIV zu erlassende Geschäftsordnung einer ausdrücklichen Regelung zugänglich.

3 Die Norm tritt nach **Art. 60 Abs. 7** G-SER vom 12.12.2019 am **1.1.2024** in Kraft.[6] Im Rahmen des Gesetzgebungsverfahrens war die Regelung kein Gegenstand intensiver Diskussionen, so dass sie ohne weitere Änderungen aus dem Regierungsentwurf übernommen wurde.

B. Einzelkommentierung

I. Abs. 1 – Aufgaben des Fachbeirates

4 Der **neu zu gründende Fachbeirat** berät nach dem Willen des Gesetzgebers das BMAS und die BfSE (s. § 123 SGB XIV) in grundsätzlichen Fragen deren Aufgabenwahrnehmung (s. § 114 SGB XIV und § 124 SGB XIV) im Bereich des SER. Die Tätigkeit des Beirates soll die Aufgaben, Befugnisse und Beschlüsse anderer Gremien nicht berühren (s. aber → Rn. 2).[7] Die Aufgaben des BMAS ergeben grundsätzlich aus § 114. Danach wirkt das BMAS ua auf die **bundeseinheitliche Durchführung des SGB XIV** durch geeignete Maßnahmen hin. Welche geeigneten Maßnahmen dies sind, kann das BMAS mit dem Fachbeirat beraten. Insoweit können ua untergesetzliche Maßnahmen wie Rundschreiben des BMAS mit dem Fachbeirat vorab abgestimmt werden.

5 Die **Aufgaben der BfSE** ergeben sich aus § 124 (s. zu den Einzelheiten § 124 Abs. 2 bis 5 SGB XIV).

II. Abs. 2 und Abs. 3 – Zusammensetzung des Fachbeirates

6 Die **Abs. 2 und 3** SGB XIV regeln die Zusammensetzung des Fachbeirats, wobei nach Abs. 3 Besonderheiten in der Zusammensetzung für bestimmte Regelungsbereiche – Impfschadensrecht und Ansprüche nach sexualisierter Gewalt – vorgesehen sind.

7 Nach § 125 Abs. 2 SGB XIV ist der Fachbeirat mit Vertreterinnen und Vertretern aus drei unterschiedlichen Bereichen zu besetzen. Insgesamt besteht der Fachbeirat regelmäßig **aus 14 Mitgliedern**. Die **Interessenverbände** von Gruppen der Berechtigten des SER können nach **Abs. 2 S. 1 Nr. 1 fünf Vertreterinnen oder Vertreter** in den Fachbeirat entsenden. Die **Länder** als TdSE haben nach **Abs. 2 Nr. 2** ebenfalls die Möglichkeit, fünf Vertreterinnen oder Vertreter als Mitglieder des Fachbeirates zu benennen. Ergänzt wird die Besetzung des Fachbeirates **nach Abs. 2 Nr. 3** durch vier Vertreterinnen oder Vertreter der **Wissenschaft**, die sich mit medizinischen, psychischen und

5 BT-Drs. 19/13824, 172.
6 BGBl. 2019 I 2652, 2724.
7 BT-Drs. 19/13824, 224.

sozialen Folgen schädigender Ereignisse im Sinne des SGB XIV beschäftigen (→ Rn. 2).

Die Mitglieder des Fachbeirates werden nach **Abs. 3 S. 1** durch das BMAS für einen Zeitraum von **drei Jahren ernannt**. Wenn ein Mitglied des Fachbeirates vor dem Ablauf des Drei-Jahres-Zeitraumes aus dem Fachbeirat ausscheidet, dann wird für die verbliebene Amtszeit nach **Abs. 3 S. 4** eine Nachfolgerin oder ein Nachfolger berufen. Problematisch erscheint die Findung der Vertreterinnen und Vertreter der Länder. Diese sollen nach **Abs. 2 S. 2** auf einen gemeinsamen Vorschlag der Länder durch das BMAS ernannt werden. Hier wäre es hilfreich gewesen, wenn zumindest in der Gesetzesbegründung näher ausgeführt worden wäre, wie dieser Findungsprozess ausgestaltet sein soll. Es ist nicht konkret geregelt, wie und durch welche Gremien dieser gemeinsame Vorschlag der Länder zustande kommen soll. Darüber hinaus ist nicht erkennbar, auf welcher Behördenebene (zB obere Landesbehörde oder Ministerium) die Ländervertreter tätig sein sollen.[8] Weber meint, die Länder sollten bestrebt sein, eine fachlich angemessene Vertretung zu gewährleisten.[9] Grundsätzlich gilt jedoch, dass § 125 Abs. 2 SGB XIV keine Regelung zum Findungsverfahren trifft; dies betrifft insbesondere auch die Vertreterinnen und Vertreter der Interessenverbände. Unklar bleibt insoweit welche Interessenverbände sich im Fachbeirat wiederfinden können sollen. Dies wird noch einmal verschärft durch die Regelung des § 125 Abs. 3 S. 2 und 3 SGB XIV. Danach besteht für zwei der Plätze der Interessenvertreter ein Vorschlagsrecht des BMG und des BMFSFJ (→ Rn. 10). 8

In den Fachbeirat werden **besondere Interessenvertreter** aufgenommen. Das **BMG** hat nach **Abs. 3 S. 2** ein Vorschlagsrecht zur Benennung eines Mitglieds für die Wahrnehmung der Interessen von Impfgeschädigten. Darüber hinaus hat das **BMFSFJ** auf der Grundlage des **Abs. 3 S. 3** ein Vorschlagsrecht bzgl. eines Mitglieds für die Wahrnehmung der Interessen der Betroffenen von sexualisierter Gewalt in Kindheit und Jugend. 9

Ob diese besonderen Interessenvertreter weitere ständige Mitglieder des Fachbeirats sein sollen oder zulasten der unter § 125 Abs. 2 Nr. 1 SGB XIV benannten fünf Vertreterinnen oder Vertreter der Interessenverbände in den Fachbeirat entsandt werden, ergibt sich aus dem Gesetz nicht. Der Wortlaut des **Abs. 2** gibt eine klare Begrenzung der Zahl der Vertreterinnen und Vertreter des Fachbeirats vor. Auch war eine paritätische Besetzung des Fachbeirats mit Interessen- und Ländervertretern das erkennbare Ziel des Gesetzgebers. Gleichwohl legt die ausdrückliche Benennung der „Verbandsvertreter“ in § 125 Abs. 2 S. 1 Nr. 1 SGB XIV die Annahme nahe, dass die besonderen Vertreterinnen und Vertreter auf Vorschlag des BMG und BMFSFJ daneben zu Mitgliedern des Fachbeirats werden können. Sie sind zwar im weitesten Sinne auch Interessenvertreter, die der Impfgeschädigten und der von sexualisierter Gewalt in Kindheit und Jugend Betroffenen. Aber sie sollen nicht von einem Verband, sondern von den benannten Ministerien, also der Exekutive vorgeschlagen werden können.[10] Weber schlägt insoweit vor, nach § 125 **Abs. 5** SGB XIV auf der Grundlage einer noch zu erarbeitenden Geschäftsordnung insoweit eine Regelung zu treffen.[11] 10

III. Abs. 4 bis 6 – ehrenamtliche Tätigkeit und Geschäftsführung des Fachbeirates

Die Mitglieder des Fachbeirates üben nach § 125 **Abs. 4 S. 1** SGB XIV ihre Tätigkeit **ehrenamtlich** aus. Ihnen steht nach § 125 **Abs. 4 S. 2** SGB XIV ein Anspruch auf 11

8 Dazu Schmidt SGB XIV/Weber § 124 Rn. 4.
9 Schmidt SGB XIV/Weber § 124 Rn. 4.
10 So im Ergebnis auch Schmidt SGB XIV/Weber § 124 Rn. 5.
11 Schmidt SGB XIV/Weber § 125 Rn. 5.

Erstattung der in diesem Zusammenhang angefallenen notwendigen Auslagen zu. Insoweit gelten für die Mitglieder des Fachbeirates die Grundsätze der ehrenamtlichen Tätigkeit nach den **§§ 81 ff. VwVfG.**

12 Der Fachbeirat wird nach § 125 **Abs. 5** SGB XIV auf der Grundlage einer noch zu erlassenden **Geschäftsordnung** tätig. Erlassen wird die Geschäftsordnung durch das BMAS. Die **Geschäftsführung** des Fachbeirates obliegt nach § 125 **Abs. 6** SGB XIV der BfSE (§ 124 Abs. 5 SGB XIV).

Kapitel 20 Statistik und Bericht

§ 126 Amtliche Statistik

(1) Die Bundesstelle für Soziale Entschädigung erstellt eine amtliche Statistik

1. zur Zahl der Leistungsempfängerinnen und Leistungsempfänger sowie
2. zu den Ausgaben und Einnahmen der Sozialen Entschädigung.

(2) Grundlage der amtlichen Statistik sind die Daten, die der Bundesstelle für Soziale Entschädigung von den Trägern der Sozialen Entschädigung übermittelt werden.

(3) Die Bundesstelle für Soziale Entschädigung legt die amtliche Statistik kalenderhalbjährlich dem Bundesministerium für Arbeit und Soziales vor und veröffentlicht sie in geeigneter Form.

A. Gesetzesgeschichte

1 Bis zum 31.12.2023 werden Statistiken zum SER insbesondere auf der Grundlage des „Gesetzes über die Durchführung von Statistiken auf dem Gebiet der Kriegsopferfürsorge" erhoben. Dieses Gesetz wird durch Art. 58 Nr. 1 G-SER zum 1.1.2024 aufgehoben[1] und durch die nach **Art. 60 Abs. 7** G-SER am **1.1.2024 in Kraft tretenden**[2] §§ 126 ff. abgelöst. § 126 ist im Gesetzgebungsverfahren zum G-SER nicht geändert worden; die im BGBl. verkündete Fassung stimmt mit der des Regierungsentwurfs überein. Änderungswünsche des Bundesrates hatte die Bundesregierung zurückgewiesen. Insoweit wird ergänzend auf → Rn. 8 und auf die Kommentierung zu § 124 (→ § 124 Rn. 3) verwiesen.

B. Normsystematik

2 § 123 SGB XIV ist die **Einleitungsnorm** des Kap. 20 des SGB XIV, das die Erstellung einer amtlichen Statistik nach Maßgabe der §§ 126 bis 131 durch die Bundesstelle für Soziale Entschädigung und eines Berichts der Bundesregierung über die Auswirkungen des SGB XIV sowie über die ggfs. notwendige Weiterentwicklung der Vorschriften nach § 132 zum Gegenstand hat. Die Erstellung einer amtlichen Statistik wird in § 124 Abs. 4 Nr. 6 und die Unterstützung der Bundesregierung bei der Erstellung des gennannte Berichts in § 124 Abs. 4 Nr. 7 als Aufgaben der Bundesstelle für soziale Entschädigung definiert (→ § 124 Rn. 19). Die einzelnen Erhebungsmerkmale der amtlichen Statistik ergeben sich aus §§ 127 f. Die Statistik dient der **Information** der Öffentlichkeit sowie der Bundesregierung. Darüber hinaus wird die Statistik eine wichtige Grundlage im Bereich der **Haushaltsplanung** und der Kostenlastverteilung zwischen Bund und Ländern bilden. Die Kostenlastverteilung ist für die einzelnen Leistungsbereiche der Sozialen Entschädigung in §§ 133 ff. näher geregelt. Die ausschließliche **Gesetzgebungskompetenz** des Bundes folgt aus § 73 Abs. 1 Nr. 11 GG (Statistik für Bundeszwecke). Nach Auffassung der Bundesregierung handelt es sich

1 BGBl. 2019 I 2652, 2723 f.
2 BGBl. 2019 I 2652, 2724.

bei der amtlichen Statistik nach §§ 126 ff. SGB XIV nicht um eine – alleine von den Statistikämtern zu erstellende – Bundes- bzw. Landesstatistik.[3]

Eine mit § 126 weitgehend identische, jedoch auf die Träger der Eingliederungshilfe bezogene Regelung enthält § 143 SGB IX. Vergleichbare Regelungen zur Statistik gibt es aber auch zB im Kap. 9 des SGB VIII (§§ 98 ff.) im Kapitel 15 des SGB XII und in § 12 AsylbLG. Im Unterschied zum SGB XIV werden die Daten dort aber an die statistischen Landesämter und das statistische Bundesamt übermittelt und auch nach dem BStatG werden Bundesstatistiken durch das Statistische Bundesamt und die statistischen Ämter der Länder durchgeführt. Die nach §§ 126 ff. erhobenen Daten werden dagegen der Bundesstelle für Soziale Entschädigung übermittelt, das die amtliche Statistik erstellt (§ 126 Abs. 1), veröffentlicht (§ 126 Abs. 2) und dem BMAS vorlegt (§ 126 Abs. 3). Die Schaffung einer solchen Sonderzuständigkeit für Statistik in einem Amt, das nach § 123 S. 2 SGB XIV der Fachaufsicht des BMAS unterliegt, ist im Gesetzgebungsverfahren vom Bundesrat mit guten Gründen kritisiert worden (→ Rn. 8). 3

C. Einzelkommentierung

I. Abs. 1 – Amtliche Statistik

Nach Abs. 1 Nr. 1 ist „die Zahl der Leistungsempfängerinnen und Leistungsempfänger" Gegenstand der von der Bundesstelle für soziale Entschädigung zu erstellenden amtlichen Statistik. Für den Bereich der Kriegsopferfürsorge trifft § 3 Nr. 1 Hs. 1 des Gesetzes über die Durchführung von Statistiken auf dem Gebiet der Kriegsopferfürsorge vom 15.1.1963[4] für die Zeit bis zum Ablauf des Jahres 2023 eine in den Grundzügen ähnliche Regelung. Danach wird „zweijährlich" – also alle zwei Jahre – die Zahl der Empfänger der Kriegsopferfürsorge erfragt. Die Angabe, dass sich die amtliche Statistik auf die Zahl der Leistungsempfänger bezieht, könnte zu der Annahme verleiten, dass keine detaillierten Daten erhoben würden. Das trifft nicht zu. Art und Umfang der zu erhebenden Daten zu den Leistungsempfängern erschließen sich jedoch erst mit Blick auf § 127 (→ § 127 Rn. 4). 4

Nach Abs. 1 Nr. 2 sind Gegenstand der amtlichen Statistik ferner die „Ausgaben und Einnahmen der Sozialen Entschädigung". Eine ähnliche Regelung, die sich jedoch auf das Gebiet der Kriegsopferfürsorge beschränkt, trifft § 3 Nr. 1 Hs. 2, Nr. 2 des Gesetzes über die Durchführung von Statistiken auf dem Gebiet der Kriegsopferfürsorge vom 15.1.1963 (abgedr. unter → Rn. 10) für die Zeit bis zum 31.12.2023. Welche Daten bezogen auf die Ausgaben und Einnahmen im Einzelnen zu erheben sind, bestimmt § 128 iVm § 127 Abs. 3 SGB XIV. 5

Die amtliche Statistik soll nach **Art. 59 G-SER** – neben Erhebungen bei den TdSE – auch Grundlage einer im Benehmen mit den Ländern durchzuführenden **Untersuchung** für die Jahre 2023 bis 2026 zur Entwicklung der jährlichen **Einnahmen und Ausgaben** bei den Leistungen der Sozialen Entschädigung sein.[5] Art. 59 war auf Beschlussempfehlung des Ausschusses für Arbeit und Soziales eingefügt worden, um einem Anliegen des Bundesrates zu entsprechen und die Regelungen des SGB XIV auf ihre Haushaltswirksamkeit hin untersuchen zu können.[6] Die Vorschrift ist bereits zum 20.12.2019 in Kraft getreten.[7] §§ 126 ff. treten allerdings erst zum 1.1.2024 in Kraft. 6

3 BT-Drs. 19/13824, 318, zu Ziffer 26.
4 BGBl. 1963 I 49, zuletzt geändert durch Art. 3 des Gesetzes zur Änderung des Bundesstatistikgesetzes und anderer Statistikgesetze vom 21.7.2016, BGBl. 2016 I 1768, abgedr. unter → Rn. 10.
5 BGBl. 2019 I 2652, 2724.
6 BT-Drs. 19/14870, 38, zu Nr. 13.
7 Art. 60 Abs. 3 Nr. 5 G-SER.

Die Statistiken werden dem entsprechend erst ab diesem Zeitpunkt nach Maßgabe dieser Regelungen erhoben. Bis zum 31.12.2023[8] bleibt das Gesetz über die Durchführung von Statistiken auf dem Gebiet der Kriegsopferfürsorge maßgebend. Die nach diesem Gesetz erhobenen empirischen Daten beziehen sich allein auf die Kriegsopferfürsorge und sind auch im Übrigen weniger detailliert als die nunmehr vorgesehene amtliche Statistik, was sich deutlich aus den umfangreichen Erhebungsmerkmalen des § 127 ergibt. Bezogen auf das Jahr 2023 werden deshalb jedenfalls die auf der Grundlage dieses Gesetzes erhobenen Daten vermutlich keine ausreichende Grundlage für eine Untersuchung zur Entwicklung der jährlichen Einnahmen und Ausgaben bei den Leistungen der Sozialen Entschädigung liefern können.

II. Abs. 2 – Statistik als Aufgabe der Bundesstelle für soziale Entschädigung

7 Die von der Bundesstelle für soziale Entschädigung zu führende Statistik beruht nach Abs. 2 auf den monatlichen (vgl. § 131 Abs. 2 S. 1) **Meldungen** der für die Durchführung der Sozialen Entschädigung sachlich zuständigen Stellen in den Ländern (vgl. §§ 111, 112). Die amtliche Statistik ist dem BMAS durch die Bundesstelle für soziale Entschädigung vorzulegen.

8 Im Gesetzgebungsverfahren zum G-SER hat der Bundesrat in seiner Stellungnahme[9] die Auffassung vertreten, dass die Aufgabe der Führung der Statistik nicht der Bundesstelle für soziale Entschädigung, sondern dem Statistischen Bundesamt und den statistischen Ämtern der Länder zu übertragen sei. In der ausführlichen und fundierten Begründung der Empfehlung werden **verfassungsrechtliche** (Grundsatz der Landeseigenverwaltung aus **Art. 83 GG**), statistisch-methodische sowie **verwaltungsökonomische** Gesichtspunkte angeführt. Die Bedenken des Bundesrates können auch deshalb in weiten Teilen nachvollzogen werden, weil die entsprechenden Aufgaben für andere Sozialleistungsbereiche (vgl. zB Kap. 9 SGB VIII, Kap. 10 SGB IX, Kap. 15 SGB XII) den statistischen Ämtern der Länder und dem statistischen Bundesamt übertragen worden sind. Die Erstellung der Statistik durch die Bundesstelle für Soziale Entschädigung, macht die in § 131 Abs. 3 SGB XIV vorgegebene aufwändige räumliche, organisatorische und personelle Trennung in unterschiedliche Einheiten erforderlich (→ § 131 Rn. 6). Die Bundesregierung hat die Vorschläge des Bundesrates jedoch zurückgewiesen und die Auffassung vertreten, dass der unter Geltung des Gesetzes über die Durchführung von Statistiken auf dem Gebiet der Kriegsopferfürsorge vom 15.1.1963 bestehende Status Quo beibehalten bleiben solle.[10] Dieser Hinweis der Bundesregierung auf den Status Quo lässt den Umstand unberücksichtigt, dass sich das genannte Gesetz allein auf die Kriegsopferfürsorge bezieht, die es künftig nicht mehr als eigenständige Leistung gibt. Mit dem G-SER werden diese Strukturen insgesamt auf die Statistik für die Soziale Entschädigung übertragen. Nach Auffassung der Bundesregierung soll damit „der **Datenschutz** und auch die **Objektivität** gewahrt" werden. Den Ländern sei es – so wird von der Bundesregierung weiter formuliert – nicht verwehrt, durch ihre Statistikämter eigene Landesstatistiken zu erstellen.[11] Dabei wird aber nicht mitgeteilt, auf welcher rechtlichen Grundlage (Befugnisnorm) diese die erforderlichen Daten erhalten sollen. Zudem ist die Bundesregierung offenbar der Auffassung, dass das Statistische Bundesamt und die statistischen Ämter der Länder den Anforderungen bezogen auf Datenschutz und Objektivität nicht ausreichend gerecht würden. Das erstaunt insofern, als § 1 S. 2 BStatG für Bundesstatistiken – die im Regelfall vom Statistische Bundesamt und den statistischen Ämtern der Länder durchgeführt werden – die Geltung der Grundsätze der Neutralität, Objektivität

8 Vgl. Art. 58 Nr. 1 G-SER.
9 BT-Drs. 19/13824, 285, 299 ff.
10 BT-Drs. 19/13824, 318.
11 BT-Drs. 19/13824, 318.

und fachlichen Unabhängigkeit anordnet. Nach § 16 Abs. 1 Satz 1 BStatG sind die mit der Durchführung von Bundesstatistiken betrauten Amtsträger und für den öffentlichen Dienst besonders Verpflichteten – und damit auch die Bediensteten der statistischen Bundes- und Landesämter – verpflichtet, die Einzelangaben über persönliche und sachliche Verhältnisse, die für eine Bundesstatistik gemacht werden, geheim zu halten. Dass die Objektivität durch die Erstellung einer Statistik in einem unselbständigen Behördenteil der Bundesamtes für Soziale Sicherung (→ § 123 Rn. 2), der der Fachaufsicht des BMAS untersteht (§ 123 S. 2 iVm § 124 Abs. 4 Nr. 6 SGB XIV), eher gewahrt werden kann, als bei der Erfüllung dieser Aufgabe durch statistische Bundes- und Landesämter, kann mit guten Gründen in Zweifel gezogen werden.

III. Abs. 3 – Veröffentlichung der Statistik

Nach **Abs. 3** ist die Bundesstelle für soziale Entschädigung verpflichtet die statistisch erfassten Daten kalenderhalbjährlich **dem BMAS vorzulegen** und in geeigneter Form zu veröffentlichen. Eine Veröffentlichung auf der Homepage der Bundesstelle für soziale Entschädigung wäre hinreichend transparent und sinnvoll. Bis zur Ablösung des Gesetzes über die Durchführung von Statistiken auf dem Gebiet der Kriegsopferfürsorge vom 15.1.1963 durch §§ 126 ff. zum 1.1.2024 wird die Statistik nur „zweijährlich" – also nur einmal in zwei Jahren – durch die für die Durchführung der Kriegsopferfürsorge sachlich zuständigen Stellen übermittelt. 9

D. Anhang

Gesetz über die Durchführung von Statistiken auf dem Gebiet der Kriegsopferfürsorge[12] 10

Vom 15. Januar 1963 (BGBl. I 49)
(FNA 2170-3)
zuletzt geändert durch Art. 58 Nr. 1 G-SER vom 12. Dezember 2019 (BGBl. I S. 2652)

Der Bundestag hat das folgende Gesetz beschlossen:

§ 1 [Auftrag und Umfang]

(1) Auf dem Gebiet der Kriegsopferfürsorge werden statistische Erhebungen als Bundesstatistik durchgeführt.

(2) Die Bundesregierung wird ermächtigt, durch Rechtsverordnung mit Zustimmung des Bundesrates höchstens einmal in zwei Jahren Zusatzstatistiken über Sonderfragen auf diesem Gebiet anzuordnen.

§ 2 [aufgehoben]

§ 3 [Erhebungstatbestände der Kriegsopferfürsorge]

In der Statistik der Kriegsopferfürsorge werden jährlich ab 2000 zweijährlich erfragt

1. die Zahl der Empfänger der Kriegsopferfürsorge und die Aufwendungen im Berichtsjahr, aufgegliedert nach Empfängergruppen und Leistungsarten,
2. die Einnahmen im Berichtsjahr, aufgegliedert nach Einnahmearten.

§ 4

Hilfsmerkmale für die Bundesstatistik nach § 1 sind

1. Name, Anschrift, Telefonnummer und Adresse für elektronische Post der nach § 5 Absatz 2 auskunftgebenden Stelle,
2. Name und Kontaktdaten der für Rückfragen zur Verfügung stehenden Personen.

§ 5 [Auskunftspflichtige Zusatzstatistiken]

(1) [1]Für die Erhebungen besteht Auskunftspflicht. [2]Die Angaben zu § 4 Nummer 2 sind freiwillig.

---

12 **Aufgehoben mit Ablauf des 31.12.2023** durch Art. 58 Nr. 1 G v. 12.12.2019 (BGBl. I 2652).

(2) Auskunftspflichtig sind die für die Durchführung der Kriegsopferfürsorge sachlich zuständigen Stellen.

(3) [1]Die Zusatzstatistiken nach § 1 Absatz 2 werden repräsentativ für bis zu 20 Prozent der Empfänger dieser Hilfen durchgeführt. [2]Werden die Zusatzstatistiken auf einen Teilbereich dieser Hilfen beschränkt, kann von dem bezeichneten Auswahlsatz abgewichen werden, wenn dies für die Gewinnung zuverlässiger Ergebnisse notwendig ist.

§ 6 [aufgehoben]

§ 7 [Inkrafttreten]

Dieses Gesetz tritt mit Wirkung vom 1. Januar 1963 in Kraft.

§ 127 Erhebungsmerkmale

(1) Zur Beurteilung der Auswirkungen dieses Buches und zu dessen Fortentwicklung werden folgende Merkmale erhoben:

1. Geschlecht, Geburtsjahr, Staatsangehörigkeit und gewöhnlicher Aufenthaltsort,
2. das Land und die Kennnummer des zuständigen Trägers der Sozialen Entschädigung,
3. die Zugehörigkeit zu den Empfängergruppen:
   a) Geschädigte, aufgegliedert nach dem Grad der Schädigungsfolgen,
   b) Angehörige, Hinterbliebene und Nahestehende,
4. die Art des schädigenden Ereignisses:
   a) Art der Gewalttat, aufgegliedert nach Gruppen von Straftatbeständen und Täter-Opfer-Beziehung,
      aa) Gewalttat im Inland oder
      bb) Gewalttat im Ausland,
   b) nachträgliche Weltkriegsauswirkung,
   c) Schutzimpfung oder eine andere Maßnahme der spezifischen Prophylaxe, aufgegliedert nach:
      aa) Datum der Schutzimpfung oder der anderen Maßnahme der spezifischen Prophylaxe,
      bb) Bezeichnung und Chargen-Bezeichnung des Impfstoffes oder der anderen Maßnahme der spezifischen Prophylaxe sowie
      cc) Name der Krankheit, gegen die geimpft oder eine andere Maßnahme der spezifischen Prophylaxe getroffen wird,
5. das Vorliegen des Krankenversicherungsverhältnisses und die Angabe, ob es sich um eine gesetzliche oder private Krankenversicherung handelt,
6. die Art und Anzahl der erbrachten einmaligen Leistungen im Laufe des Erhebungsmonats sowie die Art und Anzahl der erbrachten laufenden Leistungen zum letzten Tag des Berichtsjahres,
7. die Zahl der Anträge im Erhebungsmonat, aufgegliedert nach Empfängergruppen,
8. die Zahl der im Erhebungsmonat erledigten Anträge, aufgegliedert nach
   a) Leistungsempfängergruppen und
   b) der Art der Erledigung.

(2) In den Fällen, die von der Richtlinie 2004/80/EG erfasst werden, werden zudem folgende Merkmale erhoben:

1. die Staatsangehörigkeit der Person, die eine Entschädigungsleistung erhält,
2. der Staat, in dem die gesundheitliche Schädigung eingetreten ist,
3. Art und Umfang der Entschädigungsleistung sowie
4. die Dauer des Verwaltungsverfahrens einschließlich eines etwaigen Widerspruchsverfahrens.

(3) Zusätzliche Erhebungsmerkmale von Absatz 1 Nummer 6 sind:
1. Schnelle Hilfen, aufgegliedert nach
   a) Leistungen des Fallmanagements und
   b) Leistungen in einer Traumaambulanz,
2. Leistungen der Krankenbehandlung der Sozialen Entschädigung, aufgegliedert nach
   a) Krankenbehandlung,
   b) ergänzenden Leistungen der Krankenbehandlung,
   c) Versorgung mit Hilfsmitteln,
   d) Krankengeld der Sozialen Entschädigung,
   e) Beihilfen bei erheblicher Beeinträchtigung der Erwerbsgrundlage,
   f) Zuschüsse bei Zahnersatz,
   g) Erstattung von Kosten bei selbst beschaffter Krankenbehandlung,
   h) Erstattung von Kosten für Krankenbehandlung bei vorübergehendem Auslandsaufenthalt sowie
   i) Beiträgen zur Arbeitsförderung, zur gesetzlichen Rentenversicherung und zur Alterssicherung,
   j) Reisekosten,
3. Leistungen zur Teilhabe, aufgegliedert nach
   a) Leistungen zur Teilhabe am Arbeitsleben,
   b) unterhaltssichernden und anderen ergänzenden Leistungen,
   c) Leistungen zur Teilhabe an Bildung sowie
   d) Leistungen zur Sozialen Teilhabe,
4. Leistungen bei Pflegebedürftigkeit,
5. Leistungen bei Blindheit,
6. Entschädigungszahlungen an Geschädigte, aufgegliedert nach
   a) monatlichen Entschädigungszahlungen und
   b) Abfindungen,
7. Entschädigungszahlungen an Witwen und Witwer sowie an hinterbliebene Partner einer eheähnlichen Gemeinschaft, aufgegliedert nach
   a) monatlichen Entschädigungszahlungen und
   b) Abfindungen,
8. monatliche Entschädigungszahlungen an Waisen,
9. monatliche Entschädigungszahlungen an hinterbliebene Eltern,
10. Berufsschadensausgleich,
11. Besondere Leistungen im Einzelfall, aufgegliedert nach
    a) Leistungen zum Lebensunterhalt,
    b) der Leistung zur Förderung einer Ausbildung,
    c) Leistungen zur Weiterführung des Haushalts sowie
    d) Leistungen in sonstigen Lebenslagen,
12. Leistungen bei Überführung und Bestattung,
13. Ausgleich in Härtefällen sowie
14. Leistungen nach den Vorschriften zu Besitzständen, aufgegliedert nach
    a) der Zugehörigkeit zu den Empfängergruppen
       aa) Geschädigte oder
       bb) Nichtgeschädigte,
    b) der jeweiligen Vorschrift zu Besitzständen des Kapitels 23 sowie
    c) der Art des schädigenden Ereignisses.

A. Gesetzesgeschichte und Normsystematik

1 Die Vorschrift tritt nach **Art. 60 Abs.** 7 G-SER[1] zum 1.1.2024 in Kraft. Im Gesetzgebungsverfahren zum G-SER sind auf Beschlussempfehlung des Ausschusses für Arbeit und Soziales redaktionelle Änderungen und Klarstellungen in Abs. 1 Satz 1 (→ Rn. 3) und Abs. 3 Nr. 7 vorgenommen worden. Die Einfügung von Abs. 3 Nr. 9 trägt der Einführung einer Entschädigungszahlung an hinterbliebene Eltern Rechnung (vgl. § 88).[2] Im Übrigen entspricht die im BGBl.[3] verkündete Fassung der des Regierungsentwurfs[4] eines G-SER. Nach der Verkündung des G-SER ist die Vorschrift nicht mehr geändert worden.

2 Die Aufzählung der **Erhebungsmerkmale** konkretisiert die Regelung des **§ 126** SGB XIV zum Inhalt der durch die Bundesstelle für Soziale Entschädigung zu führenden amtlichen Statistik. Eine solche umfassende Statistik wurde vor dem Inkrafttreten der Vorschrift zum 1.1.2024 nicht geführt. Aus § 128 wird erkennbar, dass die Merkmale ua zu dem Zweck erhoben werden, die finanziellen Auswirkungen der Leistungen in Bezug auf Einnahmen und Ausgaben im Sozialen Entschädigungsrecht hinreichend zu überblicken. § 131 Abs. 2 S. 2, Abs. 3 SGB XIV bezeichnet statistische Zwecke und Zwecke der Planung.

B. Einzelkommentierung

3 **Abs. 1** enthält die **allgemeinen Erhebungsmerkmale**. Diese umfassen insbesondere personenbezogene Daten und weitere Daten zu den erbrachten Leistungen. Der Regierungsentwurf eines G-SER hatte vorgesehen, dass die Merkmale „für jede **Leistungsempfängerin** und jeden Leistungsempfänger" erhoben werden. Auf Beschlussempfehlung des Ausschusses für Arbeit und Soziales[5] sind diese Worte mit der Begründung gestrichen worden, dass nach Abs. 1 Nr. 7 auch bereits die **Antragstellung** erfasst werde. Im Widerspruch dazu schreibt **Abs. 1 Nr. 7** allerdings weiterhin eine Aufgliederung der Antragsteller „nach Empfängergruppen" verbindlich vor. Bei Personen, über deren Anträge noch nicht entschieden wurde oder deren Anträge vollständig abgelehnt wurden, ist eine solche Aufgliederung ausgeschlossen. Ähnlich unlogisch ist **Abs. 1 Nr. 8**, der bei den erledigten Anträgen eine Aufgliederung nach Leistungsempfängergruppen verbindlich vorgibt. Offenbar hat der Gesetzgeber den Fall unberücksichtigt gelassen, dass über Anträge auch ablehnend entschieden werden kann und dass Anträge auch zurückgenommen werden können mit der Folge, dass der Antragsteller kein Leistungsempfänger wird. Im Ergebnis ist davon auszugehen, dass die Merkmale nach Abs. 1 Nr. 1, 3 bis 6 und 8 Buchst. a allein auf Leistungsempfänger zu beziehen sind. Antragsteller, die keine Leistungsempfänger sind, sind nach Abs. 1 Nr. 7 nur zahlenmäßig und nicht unter Angabe der „Empfängergruppe" zu erfassen und im Falle der vollständigen Ablehnung oder der Rücknahme eines Entschädigungsantrags kann nur die Art der Erledigung (Abs. 1 Nr. 8 Buchst. b) ohne Zuordnung zu einer „Leistungsempfängergruppe" (Abs. 1 Nr. 8 Buchst. a) erfasst werden. Eine Aufgliederung nach der Art der **beantragten Leistung** sieht § 127 nicht vor.

4 Der Bundesrat hatte vorgeschlagen, einen Teil der in Abs. 1 geregelten Erhebungsmerkmale zu streichen, weil deren Erhebung nicht erforderlich und damit datenschutzrechtlich zweifelhaft sei.[6] Dem ist die Bundesregierung nicht gefolgt und hat

1 BGBl. 2019 I 2652, 2724.
2 BT-Drs. 19/14870, 34 f.
3 BGBl. 2019 I 2652, 2683 f.
4 BT-Drs. 19/13824, 70, 224.
5 BT-Drs. 19/14870, 10, 34.
6 BT-Drs. 19/13824, 301.

dies näher begründet.[7] Auch von Weber[8] wird die Erforderlichkeit und damit die Vereinbarkeit mit datenschutzrechtlichen Vorgaben jedenfalls bezogen auf einen Teil der nach Abs. 1 zu erhebenden Daten in Frage gestellt. Beispielhaft wird auf das Merkmal der **Staatsangehörigkeit** verwiesen. Es sei nicht ohne Weiteres nachvollziehbar, weshalb nach **Abs. 1 Nr. 1** zwingend die Staatsangehörigkeit statistisch zu erfassen sei. Richtig ist, dass Ausländer nach § 7 dieselben Ansprüche wie Deutsche haben, so dass diese im SER vollumfänglich gleichgestellt werden. Für die Bearbeitung des Antrags auf Leistungen der sozialen Entschädigung bedarf es daher im Regelfall nicht mehr der Abfrage der Staatsangehörigkeit bei dem Antragsteller. Das schließt es allerdings nicht aus, dass die Erhebung der Staatsangehörigkeit zur Beurteilung der Auswirkungen des SGB XIV und zu dessen Fortentwicklung (vgl. § 128) erforderlich ist. Andererseits ist eine konkrete Begründung für die Erhebung des Merkmals der Staatsangehörigkeit auch den Gesetzgebungsmaterialien nicht zu entnehmen. Nach § 67a SGB X ist die Kenntnis von Daten nur dann erforderlich, wenn diese notwendig ist, um die gestellte Aufgabe rechtmäßig, vollständig und in angemessener Zeit erfüllen zu können.[9] Ferner ist der in Art. 5 Abs. 1 Buchst. c DS-GVO verankerte Grundsatz der Datensparsamkeit und der Datenvermeidung („Datenminimierung") zu berücksichtigen.[10]

Zu den Merkmalen, die erhoben werden, gehört nach Abs. 1 Nr. 2 auch das Land und die **Kennnummer des zuständigen Trägers**. Die Kennnummer wird von der Bundesstelle für Soziale Entschädigung im Einvernehmen mit den Ländern zur Erleichterung von Auswertung und Prüfung für jeden TdSE vergeben.[11] 5

In **Abs. 2** werden die zusätzlichen Erhebungsmerkmale in den **grenzüberschreitenden Entschädigungsfällen** festgelegt, die von der EGRL 2004/80 (zu dieser RL vgl. auch → § 114 Rn. 5 f.) erfasst werden. Nach §§ 123, 124 Abs. 2 Nr. 3 hat die Bundesstelle für Soziale Entschädigung insbesondere Aufgaben als Unterstützungsbehörde im Sinne des Art. 3 RL 2004/80/EG wahrzunehmen (→ § 123 Rn. 4, → § 124 Rn. 13 ff.). Da Abs. 2 zusätzliche Merkmale regelt, ist ein Anwendungsbereich von **Abs. 2 Nr. 1** nicht ersichtlich. Das dort angesprochene Merkmal der Staatsangehörigkeit einer Person, die eine Entschädigung erhält, ist bereits nach Abs. 1 Nr. 1 zu erheben (dazu auch → Rn. 4). 6

Abs. 3 konkretisiert die Vorgabe aus Abs. 1 Nr. 6 zur Erhebung von Art und Anzahl der erbrachten (einmaligen und laufenden) Leistungen. Die Merkmale nach **Abs. 3** orientieren sich am Katalog der Leistungen des SER.[12] Erfasst sind nach **Abs. 3 Nr. 1** ua **die Leistungen der Schnellen Hilfen nach Kapitel 4 (§§ 29 ff.)**. Diese Daten sind insofern von besonderem Interesse, als es sich hierbei um neue verpflichtende Leistungsarten handelt, zu denen bislang keine bundesweiten belastbaren Daten hinsichtlich des Leistungsumfanges und des Leistungsaufwandes vorliegen.[13] Der nach **Abs. 3 Nr. 2** vorgeschriebenen Erhebung der unterschiedlichen Leistungen der Krankenbehandlung nach Kapitel 5 (§§ 41 ff.) sowie der nach Abs. 3 Nr. 4 vorgeschriebenen Erhebung der Leistungen bei Pflegebedürftigkeit und der darauf bezogenen Erhebung der Ausgaben (§ 128 Nr. 1) kommt auch Bedeutung für die nach § 60 Abs. 3 vorgesehene Pauschalierung der Erstattungsbeträge für die Aufwendungen der Krankenkassen im Rahmen 7

7 Vgl. dazu BT-Drs. 19/13824, 318 f.
8 Schmidt SGB XIV/Weber § 127 Rn. 2.
9 Dazu Schütze/Bieresborn SGB X § 67a Rn. 11 mwN; Schmidt SGB XIV/Weber § 127 Rn. 2.
10 Vgl. auch Schmidt SGB XIV/Weber § 127 Rn. 2, der jedoch auf den bereits mWv 25.5.2018 außer Kraft getretenen § 78a SGB X (offenbar gemeint: § 78b SGB X aF) Bezug nimmt.
11 BT-Drs. 19/13824, 224, zu § 127.
12 BT-Drs. 19/13824, 224.
13 Vgl. Schmidt SGB XIV/Weber § 127 Rn. 4.

der Krankenbehandlung (→ § 60 Rn. 10) und der nach § 80 Abs. 3 vorgesehenen Pauschalierung der Erstattung der Aufwendungen der Pflegekassen (→ § 80 Rn. 8 ff.) ab dem 1.1.2027 zu.[14]

8 Bei den Leistungen nach den Vorschriften zu den **Besitzständen** nach dem Kapitel 23 (§§ 142 ff.) trifft Abs. 3 Nr. 14 eine besondere Regelung, nach der zwischen Geschädigten und Nichtgeschädigten (zB Ehegatten oder Hinterbliebenen), der jeweiligen Besitzstandsregelung und der Art des schädigenden Ereignisses zu differenzieren ist. Der Begriff des schädigenden Ereignisses wird für das SGB XIV in § 1 Abs. 2 definiert. Zu differenzieren ist insoweit also zwischen Gewalttaten bzw. gleichgestellten Taten iS der §§ 13 f., Kriegsereignissen iSd § 21, Ereignissen im Zusammenhang mit der Ableistung des Zivildienstes iSd § 23 und Schutzimpfungen oder anderen Maßnahmen der spezifischen Prophylaxe iSd § 24 als Ursache der gesundheitlichen Schädigung.[15]

§ 128 Erhebungsmerkmale zu den Ausgaben und Einnahmen der Sozialen Entschädigung

Zur Beurteilung der Auswirkungen dieses Buches und zu dessen Fortentwicklung werden folgende Merkmale zu den Ausgaben und Einnahmen der Sozialen Entschädigung erhoben:

1. **die Ausgaben, aufgegliedert nach den in § 127 Absatz 3 genannten zusätzlichen Erhebungsmerkmalen, sowie**
2. **die Einnahmen, aufgegliedert nach Einnahmearten, jeweils im Inland und Ausland.**

1 Die Vorschrift tritt nach **Art. 60 Abs. 7** G-SER[1] zum 1.1.2024 in Kraft. Sie ist im Gesetzgebungsverfahren zum G-SER nicht geändert worden; die im BGBl. verkündete Fassung entspricht der aus dem Regierungsentwurf.[2] Während § 127 die in § 126 Abs. 1 Nr. 1 SGB XIV angesprochenen Ergebungsmerkmale (Zahl der Leistungsempfänger) konkretisiert, trifft § 128 nähere Regelungen zu § 126 Abs. 1 Nr. 2 SGB XIV (Ausgaben und Einnahmen der Sozialen Entschädigung).

2 Die Erhebung **der Merkmale für die Ausgaben** nach **Nr. 1** ist ua relevant für die Kostenverteilung nach § 133 ff. SGB XIV und für die Haushaltsplanungen der TdSE. Nach **Art. 59** G-SER soll in den Jahren 2023 bis 2026 die **Entwicklung der jährlichen Einnahmen und Ausgaben** bei den Leistungen des SER auf der Grundlage der amtlichen Statistik und von Erhebungen bei den TdSE ermittelt werden (→ § 126 Rn. 5). Für die Leistungen der Krankenbehandlung (Kapitel 5) und die Leistungen bei Pflegebedürftigkeit (Kapitel 7) dienen die Daten ua der Ermittlung eines später mit den Krankenkassen und den Pflegekassen in einer Verwaltungsvereinbarung festzulegenden erstattungsfähigen Pauschalbetrages nach **§ 60 Abs. 3** bzw. **§ 80 Abs. 3**.[3]

3 Nach **Nr. 2** sollen die Einnahmen nach **Einnahmearten** im In- und Ausland aufgegliedert werden. In Betracht kommen ua nach § 120 Abs. 1 SGB XIV iVm § 116 SGB X übergegangene Schadensersatzansprüche, **Erstattungsansprüche** der TdSE gegenüber anderen Leistungsträgern nach § 102 ff. SGB X, gegenüber einem anderen Rehabilita-

---

14 Vgl. auch Schmidt SGB XIV/Weber § 127 Rn. 4.
15 Vgl. dazu auch die Begründung zu § 124 des Referentenentwurfs; die Begründung des Regierungsentwurfs eines G-SER (BT-Drs. 19/13824, zu § 127) ist in diesem Punkt aufgrund eines offensichtlichen redaktionellen Fehlers nicht ganz vollständig; der letzte Satz der Begründung wurde kurz vor dem Ende „abgeschnitten".
1 BGBl. 2019 I 2652, 2724.
2 Vgl. BT-Drs. 19/13824, 72.
3 So auch Schmidt SGB XIV/Weber § 127 Rn. 4.

tionsträger nach § 16 SGB IX oder gegenüber anderen öffentlich-rechtliche Stellen nach § 121 SGB XIV, Ansprüche auf Erstattung zu Unrecht erbrachter Leistungen nach § 50 SGB X, die Rücküberweisung durch ein Geldinstitut nach dem Tod des Berechtigten nach § 122 SGB XIV iVm § 118 Abs. 3 SGB VI sowie Rückzahlungen aus darlehensweise gewährten Leistungen. Im Gesetzgebungsverfahren zum G-SER hatte der Bundesrat vorgeschlagen, die Aufgliederung auf Einnahmen nach § 120, nach § 121 und nach § 122 SGB XIV zu beschränken.[4] Dem ist die Bundesregierung mit der Begründung entgegengetreten, dass diese Aufzählung unvollständig sei, weil zB Einnahmen aus Darlehen und aus Rückzahlungen in anderen Fällen bei überzahlten Geldleistungen fehlen würden.[5]

§ 129 Hilfsmerkmale

Hilfsmerkmale sind:

1. **Name und Anschrift des Auskunftspflichtigen sowie**
2. **Name, Telefonnummer und E-Mail-Adresse der für eventuelle Rückfragen zur Verfügung stehenden Person.**

1 Die Norm tritt wie die übrigen Normen des Kap. 20 nach **Art. 60 Abs. 7** GSER am **1.1.2024** in Kraft.[1] Sie ist im Gesetzgebungsverfahren zum G-SER nicht geändert worden; die im BGBl. verkündete Fassung entspricht der des Regierungsentwurfs.[2]

2 Mit § 129 vergleichbare und teilweise wörtlich übereinstimmende Regelungen gelten auch für andere Sozialleistungsbereiche wie zB die Rehabilitation und Teilhabe von Menschen mit Behinderung (§ 145 Abs. 1 Nr. 1 und 2 SGB IX), die Jugendhilfe (§ 100 SGB VIII) oder die Sozialhilfe (§ 123 SGB XII).

3 Nach § 9 Abs. 1 BStatG muss eine Rechtsnorm, welche die Führung einer Bundesstatistik anordnet, neben den Erhebungsmerkmalen ua die Hilfsmerkmale festlegen; Bundesstatistiken werden nach § 10 Abs. 1 Satz 1 BStatG auf der Grundlage von Erhebungs- und Hilfsmerkmalen erstellt. Während Erhebungsmerkmale nach § 10 Abs. 1 S. 2 BStatG Angaben über persönliche und sachliche Verhältnisse umfassen, die zur statistischen Verwendung bestimmt sind, sind **Hilfsmerkmale** Angaben, die der technischen Durchführung von Bundesstatistiken dienen. § 129 Nr. 1 und 2 SGB XIV legt solche Hilfsmerkmale fest. Die Erhebungsmerkmale werden in §§ 127, 128 SGB XIV festgelegt.

4 Bei den nach **Nr. 1** Auskunftspflichtigen handelt es sich nicht um die Geschädigten iSd § 2 Abs. 2 oder Berechtigte der Sozialen Entschädigung iSd § 2 Abs. 1 SGB XIV, sondern um die für die Durchführung der sozialen Entschädigung zuständigen Stellen die nach § 131 Abs. 1 S. 2 SGB XIV auskunftspflichtig sind.[3] Bei den Angaben zu den in **Nr. 2** SGB XIV genannten Hilfsmerkmalen (Name, Telefonnummer und E-Mail-Adresse der für eventuelle Rückfragen zur Verfügung stehende Person) handelt es sich nach § 131 Abs. 1 Nr. S. 3 – anders als bei den Angaben nach Nr. 1 – um **freiwillige Angaben** der zuständigen Stellen (→ § 131 Rn. 3).

4 BT-Drs. 19/13824, 301.
5 Vgl. BT-Drs. 19/13824, 319.
1 BGBl. 2019 I 2652, 2724.
2 Vgl. BT-Drs. 19/13824, 72.
3 Vgl. auch zB jurisPK-SGB VIII/Bregger § 100 Rn. 6 zu der § 129 Nr. 1 SGB XIV entsprechenden Regelung des § 100 Nr. 1 SGB VIII.

§ 130 Stichtag für die Erhebungen

Stichtag für die Erhebungen ist der letzte Kalendertag des jeweiligen Monats.

1 Die Vorschrift tritt nach **Art. 60 Abs. 7** G-SER[1] zum 1.1.2024 in Kraft. Sie ist im Gesetzgebungsverfahren zum G-SER nicht geändert worden; die im BGBl. verkündete Fassung entspricht der des Regierungsentwurfs[2].

2 Die Norm entspricht – gemeinsam mit § 131 Abs. 2 Satz 1 – den Vorgaben des § 9 Abs. 1 BStatG, der bestimmt, dass die eine Bundesstatistik anordnende Rechtsvorschrift ua den Berichtszeitraum, den Berichtszeitpunkt und die Periodizität zu bestimmen hat. Nach § 131 Abs. 2 Satz 1 sind die Erhebungsmerkmale monatlich von den TdSE an die Bundesstelle für Soziale Entschädigung zu übermitteln.

§ 131 Auskunftspflicht, Übermittlung statistischer Daten

(1) [1]Für die Erhebungen besteht Auskunftspflicht. [2]Auskunftspflichtig sind die für die Durchführung der Sozialen Entschädigung sachlich zuständigen Stellen. [3]Die Angaben zu den Hilfsmerkmalen nach § 129 Nummer 2 sind freiwillig.

(2) [1]Die Auskunftspflichtigen übermitteln die Datensätze aus der Erhebung monatlich in elektronischer Form an die Bundesstelle für Soziale Entschädigung. [2]Diese Daten dürfen bei der Bundesstelle für Soziale Entschädigung ausschließlich für statistische Zwecke und durch eine von Verwaltungsaufgaben räumlich, organisatorisch und personell getrennte Einheit genutzt werden.

(3) Die Bundesstelle für Soziale Entschädigung stellt dem Bundesministerium für Arbeit und Soziales die monatlichen Meldungen unverzüglich in elektronischer Form für die Verwendung gegenüber den gesetzgebenden Körperschaften und für Zwecke der Planung zur Verfügung, jedoch nicht für die Regelung von Einzelfällen.

(4) [1]Datensätze nach Absatz 2 dürfen auch dann in tabellarischer Form an die Bundesstelle für Soziale Entschädigung übermittelt werden, wenn Tabellenfelder nur einen einzigen Fall ausweisen. [2]Tabellen, deren Tabellenfelder nur einen einzigen Fall ausweisen, dürfen nur dann übermittelt werden, wenn sie nicht differenzierter als auf Regierungsbezirksebene, bei Stadtstaaten auf Bezirksebene, aufbereitet sind.

A. Gesetzesgeschichte und Normsystematik

1 Die Vorschrift tritt nach Art. 60 Abs. 7 G-SER vom 12.12.2019 am **1.1.2024** in Kraft.[1] Sie ist im Gesetzgebungsverfahren zum G-SER nicht geändert worden; die im BGBl. verkündete Fassung entspricht der des Regierungsentwurfs.

2 § 131 regelt eine **Auskunftspflicht** der TdSE gegenüber der Bundesstelle für Soziale Entschädigung, die **Übermittlung der Datensätze** und deren Weiterleitung an das BMAS. Die Vorschrift enthält damit die nach § 69a Abs. 2 S. 2 Nr. 1 Buchst. a SGB X erforderliche Befugnis zur Übermittlung der Daten an die erhebende Stelle ohne Mitwirkung der betroffenen Person sowie die nach § 69b Abs. 1 S. 1 SGB X erforderliche Erlaubnis oder Anordnung zur Übermittlung von Daten.

1 BGBl. 2019 I 2652, 2724.
2 Vgl. BT-Drs. 19/13824, 72.
1 BGBl. 2019 I 2552, 2724.

B. Einzelkommentierung

I. Abs. 1 – Auskunftspflicht

Nach Abs. 1 S. 1 und 2 sind die für die Durchführung der Sozialen Entschädigung sachlich zuständigen Stellen auskunftspflichtig. Die sachliche Zuständigkeit wird nach § 112 S. 1 von den Ländern als TdSE (§ 111) festgelegt. Als Ausnahme zu der in Satz geregelten Auskunftspflicht bestimmt Satz 3, dass Angaben zu den Hilfsmerkmalen nach § 129 Nr. 2 freiwillig sind. Bei diesen Hilfsmerkmalen handelt es sich um Name, Telefonnummer und E-Mail-Adresse der für eventuelle Rückfragen zur Verfügung stehenden Person. Dagegen ist die zuständige Stelle verpflichtet, die Erhebungsmerkmale nach §§ 127, 128 sowie „Name und Anschrift" des nach § 129 Nr. 1 „Auskunftspflichtigen" zu übermitteln. Mit dem Auskunftspflichtigen ist die nach § 112 S. 1 für die Durchführung der Sozialen Entschädigung zuständige Stelle gemeint und nicht der Geschädigte oder der Leistungsberechtigte (→ § 129 Rn. 4). 3

Mit Abs. 1 **vergleichbare Regelungen** zur Auskunftspflicht des Leistungsträgers gelten auch für andere Sozialleistungsbereiche. So statuiert § 100 Abs. 1 SGB VIII eine Auskunftspflicht für den Bereich der Kinder- und Jugendhilfe mit einer § 131 Abs. 1 S. 2 SGB XIV entsprechenden Ausnahmeregelung (Freiwilligkeit) bezogen auf das Hilfsmerkmal nach § 100 Nr. 4 SGB VIII (Name und Kontaktdaten der für eventuelle Rückfragen zur Verfügung stehenden Person). Weitere vergleichbare Regelungen finden sich zB in § 12 Abs. 6 AsylbLG sowie in § 125 Abs. 1, § 128g Abs. 1 SGB XII. 4

II. Abs. 2 – Datenübermittlung

Nach **Abs. 2 S. 1** sind die Datensätze **monatlich** von der für die Durchführung der sozialen Entschädigung sachlich zuständigen Stelle in elektronischer Form an die Bundesstelle für Soziale Entschädigung zu **übermitteln**. Die Norm entspricht – gemeinsam mit § 130 – den Vorgaben des § 9 Abs. 1 BStatG, der bestimmt, dass die eine Bundesstatistik anordnende Rechtsvorschrift ua den Berichtszeitraum, den Berichtszeitpunkt und die Periodizität zu bestimmen hat. Der Bundesrat hatte in seiner Stellungnahme zum Regierungsentwurf eines G-SER eine jährliche anstelle der monatlichen Übermittlung vorgeschlagen; dies sei ausreichend, um einen aussagefähigen Bericht erstellen zu können.[2] Dem hat sich die Bundesregierung nicht angeschlossen.[3] 5

Die Daten dürfen nach **Abs. 2 S. 2** von der Bundesstelle für Soziale Entschädigung ausschließlich für statistische von den Verwaltungsaufgaben räumlich, organisatorisch und personell **getrennte Einheit** genutzt werden. Mit der Bezeichnung des **Zwecks** wird Art. 5 DS-GVO Rechnung getragen, der bestimmt, dass personenbezogene Daten für festgelegte, eindeutige und legitime Zwecke erhoben werden und nicht in einer mit diesen Zwecken nicht vereinbaren Weise weiterverarbeitet werden dürfen. Die Nutzung und Speicherung von Sozialdaten ist im Rahmen der **§§ 67c, 78 SGB X** möglich, wenn sie für die Zwecke erfolgt, für die sie erhoben worden sind.[4] Die Bundesstelle für Soziale Entschädigung ist unselbständiger Teil der Behörde „Bundesamt für Soziale Sicherung" (→ § 123 Rn. 2) und zudem nicht allein für die Erstellung der amtlichen Statistik zuständig. Neben weiteren in § 124 SGB XIV genannten Aufgaben hat sie nach § 124 Abs. 2 SGB XIV auch die Aufgaben nach § 60 Abs. 3 S. 3 SGB XIV und § 80 Abs. 3 S. 3 SGB XIV, die Aufgaben der zentralen Behörde im Sinne des Art. 12 S. 2 des Europäischen Übereinkommens über die Entschädigung für Opfer von Gewalttaten vom 24.11.1983 und Aufgaben als Unterstützungsbehörde im Sinne des Art. 3 Abs. 1 EGRL 2004/80 wahrzunehmen und in diesem Rahmen ua Antragsteller 6

---

2 BT-Drs. 19/13824, 301 f., zu Ziffer 27 Buchst. c).
3 BT-Drs. 19/13824, 319, zu Ziffer 27.
4 Zu dieser Zweckbindung vgl. auch Art. 6 Abs. 4 DS-GVO; BVerfG Urt. v. 15.12.1983 – 1 BvR 209/83, BVerfGE 65, 41.

zu beraten und zu unterstützen (→ § 124 Rn. 12 ff.). Die Nutzung der Daten für die Regelung von Einzelfällen wird auch durch Abs. 3 ausgeschlossen (→ Rn. 7). Daher machen die genannten datenschutzrechtlichen Vorgaben die **räumliche, organisatorische und personelle Trennung** der Einheiten erforderlich. Der damit verbundene erhebliche Aufwand wäre vermeidbar gewesen, wenn sich die Bundesregierung dem Vorschlag des Bundesrates angeschlossen und die Führung der Statistik den statistischen Bundes- und Landesämtern übertragen hätte (→ § 126 Rn. 8).

III. Abs. 3 – Weitergabe der Daten an das BMAS

7 Nach **Abs. 3** ist die Bundesstelle für Soziale Entschädigung verpflichtet dem BMAS die monatlichen Meldungen unverzüglich in elektronischer Form zur Verfügung zu stellen. Nach der Gesetzesbegründung soll damit sichergestellt werden, dass die monatlichen Meldungen auch dem **BMAS für Auswertungen** zur Verfügung stehen.[5] Daneben erfolgt eine datenschutzrechtlich notwendige Konkretisierung des Verwendungszwecks der erhobenen Daten. Diese sollen nach **Abs. 3 Hs. 2** für die Verwendung gegenüber den gesetzgebenden Körperschaften und für Planungszwecke zur Verfügung stehen. Die Daten dürfen hingegen ausdrücklich nicht für die Regelung von Einzelfällen genutzt werden (zu der damit im Zusammenhang stehenden räumlichen, organisatorischen und personellen Trennung → Rn. 6).

IV. Abs. 4 – Grenzen der Übermittlungsbefugnisse

8 In **Abs. 4** regelt die **Grenzen der Übermittlungsbefugnisse**. Damit soll dem Schutz der individuellen Sozialdaten der einzelnen Leistungsempfänger Rechnung getragen werden.[6] In Abs. 4 S. 2 ist deshalb geregelt, dass Tabellenfelder zwar auch dann übermittelt werden dürfen, wenn sie nur einen einzigen Fall ausweisen. Die regionale Differenzierung wird in diesem Fall aber auf die Regierungsbezirksebene bzw. bei Stadtstaaten auf die Bezirksebene begrenzt. Damit werden die für das Statistische Bundesamt und die Statistischen Landesämter geltenden Vorgaben zur **Geheimhaltung** aus § 16 BStatG auf die Bundesstelle für Soziale Entschädigung übertragen. Nach § 16 Abs. 1 S. 1 und 2 BStatG sind Einzelangaben über persönliche und sachliche Verhältnisse, die für eine Bundesstatistik gemacht werden, geheim zu halten. Die Geheimhaltungspflicht gilt nach § 16 Abs. 1 S. 2 Nr. 4 BStatG ua nicht für Einzelangaben, wenn sie den Befragten oder Betroffenen nicht zuzuordnen sind. Diese Vorgabe kann in Frage gestellt werden, wenn Tabellenfelder nur einen einzigen Fall ausweisen. Vor diesem Hintergrund bestimmt § 16 Abs. 4 BStatG, dass den obersten Bundes- oder Landesbehörden vom Statistischen Bundesamt und den statistischen Ämtern der Länder Tabellen mit statistischen Ergebnissen für die Verwendung gegenüber den gesetzgebenden Körperschaften und für Zwecke der Planung, jedoch nicht für die Regelung von Einzelfällen, übermittelt werden dürfen, auch soweit Tabellenfelder nur einen einzigen Fall ausweisen. Die Übermittlung ist in diesem Fall nur zulässig, soweit in den eine Bundesstatistik anordnenden Rechtsvorschriften die Übermittlung von Einzelangaben an oberste Bundes- oder Landesbehörden zugelassen ist. Eine solche Regelung wird mit § 131 Abs. 4 SGB XIV getroffen.

§ 132 Bericht

(1) [1]Die Bundesregierung legt dem Deutschen Bundestag einen Bericht über die Auswirkungen dieses Buches sowie über die gegebenenfalls notwendige Weiterentwick-

5 BT-Drs. 19/13824, 225.
6 BT-Drs. 19/13824, 225.

lung dieser Vorschriften vor. ²Der Bericht darf keine personenbezogenen Daten enthalten.

(2) Der Bericht ist erstmals bis zum 1. Januar 2028 und sodann alle vier Jahre vorzulegen.

Die Regelung tritt nach **Art. 60 Abs. 7 G-SER** vom 12.12.2019 am **1.1.2024** in Kraft.[1] 1
Die Bundesregierung wird verpflichtet, dem Deutschen Bundestag alle vier Jahre einen Bericht über die Auswirkungen der Regelungen des SGB XIV und die möglicherweise bestehenden Bedarfe zur Weiterentwicklung dieser Vorschriften vorzulegen. Der Gesetzgeber stellt in der Gesetzesbegründung für etwaige Weiterentwicklungsbedarfe beispielhaft auf den Zeitpunkt der Antragstellung in der Traumaambulanz ab.[2] Die Berichtspflicht besteht nach Abs. 2 erstmals **zum 1.1.2028**. Die Regelungen zu den Schnellen Hilfen (§§ 31 ff. SGB XIV), die die Behandlung in Traumaambulanzen einschließen, sind bereits zum 1.1.2021 in Kraft getreten.[3] Somit erstreckt sich die Berichtspflicht der Bundesregierung für diesen Leistungsbereich zunächst auf einen Zeitraum von sieben Jahren. Nach § 124 Abs. 4 Nr. 7 SGB XIV wird die Bundesregierung bei der Erstellung des Berichts von der Bundesstelle für Soziale Entschädigung „als Kompetenzzentrum für Soziale Entschädigung“ unterstützt.

Kapitel 21 Kostentragung

§ 133 Aufteilung der Kosten zwischen Bund und Ländern

¹Der Bund trägt die Ausgaben für Geldleistungen wegen schädigender Ereignisse im Geltungsbereich dieses Buches nach Kapitel 2 Abschnitt 2 Unterabschnitt 1 zu 40 Prozent, die Länder zu 60 Prozent. ²Die Ausgaben für Sachleistungen tragen die Länder in voller Höhe. ³Geldbeträge, die zur Abgeltung oder an Stelle einer Sachleistung gezahlt werden, gehören nicht zu den Geldleistungen. ⁴Soweit die Kostenträgerschaft bei den Ländern liegt, ist Kostenträger das nach § 113 zuständige Land.

A. Gesetzesgeschichte

Die Aufteilung der Kosten zwischen dem Bund und den Ländern für die Leistungen 1
des SER ist naturgemäß eine umstrittene Frage. Durch § 133 SGB XIV übernimmt der Gesetzgeber für die Geldleistungen an Opfer von Gewalttaten (§§ 13 bis 20 SGB XIV) im Inland die bisherige Regelung des § 4 Abs. 7 S. 1 und S. 2 OEG. Nicht übernommen wurde das in § 4 Abs. 7 S. 3 und S. 4 OEG vorgesehene Pauschalierungsverfahren. Dieses pauschalierte Verfahren ist aber für die Besitzstandsleistungen in § 155 Abs. 1 Nr. 3 iVm § 156 Abs. 1 Nr. 1 und Abs. 2 SGB XIV aufgenommen worden (→ § 156 Rn. 1ff.). Die Norm wurde ohne weitere Änderungen aus dem Regierungs-

1 BGBl. 2019 I 2652, 2724.
2 BT-Drs. 19/13824, 225.
3 Siehe Art. 60 Abs. 5 G-SER – BGBl. 2019 I 2652, 2724.

entwurf übernommen, auch wenn sie inhaltlich nicht unumstritten war. Der Bundesrat hatte ua angeregt, eine Klarstellung in den Gesetzestext aufzunehmen, was unter einer Geldleistung zu verstehen sei. In diesem Zusammenhang wurde vorgeschlagen, sich am Leistungskatalog des § 144 SGB XIV zu orientieren.[1] Danach sollte ein „Abs. 2" eingefügt werden, der die von S. 1 erfassten Geldleistungen aufzählt.[2] In ihrer Gegenäußerung vom 9.10.2019 hat die Bundesregierung eine Definition der Geldleistung zwar auch für erforderlich erachtet, die Aufnahme aber aufgrund der Komplexität abgelehnt. Vielmehr verwies die Bundesregierung darauf, dass der erfasste Katalog an Geldleistungen weiterhin durch untergesetzliche Rundschreiben festgelegt werden soll.[3]

I. Kostenträgerschaft nach § 4 Abs. 7 S. 1 und S. 2 OEG

2 Die Frage der Kostenträgerschaft war auch bei der Einführung des OEG heftig umstritten.[4] Als Kompromiss regelt § 4 Abs. 7 OEG für den Regelfall die **Kostenträgerschaft** der Länder, denen jedoch 40 Prozent der Ausgaben zu erstatten sind, die ihnen durch Geldleistungen nach diesem Gesetz entstehen. In der Folge erwies sich, dass die erforderliche **Abgrenzung** zwischen **Geld- und Sachleistungen** erhebliche Schwierigkeiten bereitet.

3 Die Vorschrift steht in engem Zusammenhang mit **Art. 104a GG**, der von dem Grundsatz getragen ist, dass die Körperschaft, die die Verwaltungskompetenz besitzt, auch die Ausgaben trägt (sog. **Konnexität** von Ausgaben- und Aufgabenverantwortung).[5] Art. 104a Abs. 1 GG stellt dagegen keinen Bezug zur Gesetzgebungskompetenz her. Jedenfalls in den Fällen des § 4 Abs. 1 OEG, in denen die Länder Kostenträger sind, führen diese das OEG nach **Art. 83, 84 GG** als **eigene Angelegenheit** aus.[6] Nach der Gesetzesbegründung zum 3. OEG-Änderungsgesetz soll das jedoch nicht für die Fälle des **Abs. 6** (Abs. 2 aF) gelten, in denen der Bund Kostenträger ist.[7] Zur Begründung wird auf **Art. 104a Abs. 3 S. 2 GG** verwiesen. Danach wird ein Gesetz, das Geldleistungen gewährt, im Auftrag des Bundes (**Art. 85 GG**) durchgeführt, wenn es bestimmt, dass der Bund mindestens die Hälfte der Ausgaben trägt. Dies trifft für die Fälle zu, in denen der Bund Kostenträger ist. Allerdings stellt sich die Frage, ob die in **Art. 104a Abs. 3 S. 2 GG** festgelegte **Quote von mindestens 50 Prozent der Ausgaben** isoliert auf einen kleinen Teil der Geldleistungen eines Gesetzes bezogen werden kann, mit der Folge, dass dieser Teil als **Bundesauftragsverwaltung** durchzuführen ist und dass die Landesbehörden nach **Art. 85 Abs. 3 GG** insoweit den Weisungen der zuständigen obersten Bundesbehörde unterstehen. Als Voraussetzung für eine solche gesonderte Betrachtung eines Teils der Leistungen eines Gesetzes wird jedenfalls zu fordern sein, dass eine sinnvolle Trennung in der Ausführung möglich ist.[8]

4 Durch **Art. 3 Nr. 3 G-SER** vom 12.12.2019 wurde **§ 4 Abs. 1 OEG neu gefasst.**[9] Eine weitere Änderung des § 4 OEG erfolgte durch **Art. 2a** des **Gesetzes zur Änderung des Gesetzes über Finanzhilfen des Bundes zum Ausbau der Tagesbetreuung für Kinder**

---

1 Stellungnahme des Bundesrates vom 20.9.2019 BR-Drs. 351/19 (Beschluss), 28 f.
2 BR-Drs. 351/19 (Beschluss), Ziffer 30, 28 f.
3 BT-Drs. 19/13824 Gegenäußerung der BReg, 320.
4 Zur Auffassung der Bundesregierung vgl. BT-Drs. 7/2506, 16, 24 und zur Auffassung des Bundesrats vgl. BT-Drs. 7/2506, 20 (jeweils zu § 5 des Entwurfs).
5 Ausführlich zu § 4 OEG HK-SozEntschR/Rademacker OEG § 4 Rn. 2.
6 Vgl. Kessler ZfS 2001, 235 (238); BT-Drs. 16/12273, 7; offen gelassen dagegen: BSG Urt. v. 23.4.2009 – B 9 VG 1/08 R.
7 BT-Drs. 16/12273, 7.
8 Schmidt-Bleibtreu/Hofmann/Hopfauf/Hennecke GG, 11. Aufl. 2008, § 104a Rn. 31; vertiefend HK-SozEntschR/Rademacker OEG § 4 Rn. 2.
9 BGBl. 2019 I 2652, 2690 f.

und des Kinderbetreuungsfinanzierungsgesetzes vom 15.4.2020 (dazu ausführlich → § 113 Rn. 8 ff.).[10]

§ 4 **Abs. 7 S. 1 und 2 OEG** entsprechen § **4 Abs. 3 S. 1 und 2 OEG aF** in der seit der 1.7.2009 geltenden Fassung des 3. OEG-Änderungsgesetzes.[11] Danach trägt der Bund 40 Prozent der Ausgaben, die den Ländern durch **Geldleistungen** nach dem OEG entstehen. Zu den Geldleistungen zählen dabei nicht Leistungen, die zur Abgeltung oder anstelle von Sachleistungen gezahlt werden. Der Begriff der Geldleistung entspricht dem in **Art. 104a Abs. 3 GG.**[12] Das folgt aus der Tatsache, dass Art. 104a Abs. 1 GG das grundsätzliche **Verbot einer Mischfinanzierung** zu entnehmen ist und Art. 104a Abs. 3 GG davon eine **Ausnahme nur für Geldleistungen** vorsieht. In der Praxis erwies sich die Unterscheidung zwischen Sach- und Geldleistungen als ausgesprochen schwierig und konfliktträchtig. Unterschiedliche Auffassungen von Bund und Ländern gab es ua bezogen auf die Kosten der Heimpflege nach **§ 35 Abs. 6 BVG.**[13] Zudem wurde bei einer Prüfung durch den Bundesrechnungshof festgestellt, dass die Länder Sachleistungen teilweise zu Unrecht als Geldleistungen deklariert hatten.[14]

II. Pauschalierungsverfahren nach § 4 Abs. 7 S. 3 und 4 OEG

Mit dem **3. OEG-Änderungsgesetz**[15] wurde § 4 OEG auf Vorschlag des **Ausschusses für Arbeit und Soziales**[16] mit Wirkung vom 1.1.2009 dahin geändert, dass der Bund zur Vereinfachung der Abrechnung **pauschal 22 Prozent** der gesamten entstandenen Ausgaben erstattet. Eine § 4 Abs. 7 Satz 3 und 4 OEG (§ 4 Abs. 3 S. 3 und 4 OEG aF) im Wesentlichen entsprechende Pauschalierung wurde in **§ 17 des Verwaltungsrechtlichen Rehabilitierungsgesetzes** (VwRehaG) geregelt. Dieser Anteil entspricht etwa dem vom Bund zu tragenden Anteil an den Ausgaben der Länder für Geldleistungen. Nach § 4 Abs. 7 S. 4 OEG unterliegt die Pauschalierung nach Satz 3 einer **Überprüfung nach 5 Jahren,** erstmals im Jahr 2014, um möglichen Veränderungen des Verhältnisses von Geld- und Sachleistungen an den Gesamtkosten Rechnung tragen zu können.[17] 5

Die Pauschalierung nach Abs. 4 Sätze 3 und 4 dürfte nicht gegen das **Verbot der Mischfinanzierung** nach Art. 104a Abs. 1 GG verstoßen, weil in Übereinstimmung mit der Ausnahmeregelung in Art. 104a Abs. 3 GG allein die Geldleistungen Grundlage für die Ermittlung der pauschalen Beteiligung des Bundes sind.[18] Ferner wird nicht gegen die Anforderung verstoßen, dass **vorab feststehen** muss, ob die hälftige Bundesbeteiligungsquote nach **Art. 104a Abs. 3 S. 2 GG** erreicht wird.[19] Die Pauschalierung hat im Grundsatz keinen Einfluss auf die 40-prozentige Finanzierung allein der Geld- 6

10 BGBl. 2020 I 811, 812; dazu Knickrehm/Mushoff/Schmidt Neues SozEntschR Rn. 394.
11 Drittes Gesetz zur Änderung des Opferentschädigungsgesetzes vom 25.6.2009, BGBl. I 1580.
12 Vgl. Rundschreiben des Bundesministeriums für Arbeit und Sozialordnung – VI1–52036, VI1–51028, BArbBl. 1997 Nr. 9, 98; dazu auch BVerfG Beschl. v. 17.4.2013 – 2 BvL 20/08.
13 Vgl. BT-Drs. 16/12697, 14; nach Auffassung des BSG handelt es sich um eine „generalisierte Sachleistung“, ua BSG Urt. v. 10.12.2003 – B 9 V 7/03 R, BSGE 92, 42 = SozR 4-3100 § 35 Nr. 3 mwN.
14 Bemerkungen des Bundesrechnungshofes 2008 zur Haushalts- und Wirtschaftsführung des Bundes, BT-Drs. 16/11000, 158 f.
15 Drittes Gesetz zur Änderung des Opferentschädigungsgesetzes vom 25.6.2009, BGBl. I 1580.
16 BT-Drs. 16/12697, 5, 15.
17 BT-Drs. 16/12697, 15.
18 Zur Zulässigkeit einer Pauschalierung vgl. auch Prokisch in BK, Stand Mai 2003, GG Art. 104a Rn. 200 mwN.
19 Vgl. Schmidt-Bleibtreu/Hofmann/Hopfauf/Henneke GG, 11. Aufl. 2008, Art. 104a Rn. 33.

leistungen durch den Bund, da **die Quote von 22 Prozent** der Gesamtkosten damit jedenfalls in etwa übereinstimmt. Grundlage der Festlegung auf 22 Prozent sind Feststellungen des Bundesrechnungshofes und seiner Prüfungsämter aus den Jahren 2004 und 2006.[20] Für die Besitzstandsverfahren hat der Gesetzgeber die Pauschalierung unverändert in § 155 Abs. 1 Nr. 3 iVm § 156 Abs. 1 Nr. 1 und Abs. 2 SGB XIV übernommen (→ § 156 Rn. 1 f.).

III. Inkrafttreten

7 Die Norm tritt nach **Art. 60 Abs. 7 G-SER** vom 12.12.2019 am **1.1.2024** in Kraft. Nach **§ 138 Abs. 7 SGB XIV** sollen für Taten im **Zeitraum vom 1.1.2021 bis 31.12.2023** unter bestimmten Voraussetzungen bereits **Leistungen nach §§ 31 bis 36 SGB XIV** erbracht werden (→ § 138 Rn. 40 ff.). Für diese Leistungen ergeben sich bis zum **31.12.2023** die örtliche Zuständigkeit und die Kostenträgerschaft entsprechend aus dem OEG. Soweit sich weiterhin aufgrund von Gewalttaten Leistungsansprüche aus dem OEG ergeben, ergibt sich die Kostenlastverteilung aus § 4 OEG. Für die Besitzstandsverfahren kommen ab 1.1.2024 die §§ 155, 156 SGB XIV zur Anwendung.

B. Normsystematik

8 Die Vorschrift enthält die grundsätzliche Regelung zur Kostenaufteilung zwischen Bund und Ländern für Geldleistungen an Opfer von Gewalttaten, die sich im Inland ereignet haben.[21] In **S. 1** wird grundsätzlich geregelt, dass Geldleistungen, die aufgrund von erlittenen Gewalttaten erbracht werden, zu **40 Prozent durch den Bund** und zu **60 Prozent durch die Länder** getragen werden. Durch **S. 2** wird klargestellt, dass die Länder als TdSE die **Ausgaben für Sachleistungen** in **voller Höhe** zu tragen haben. Soweit zur **Abgeltung oder an Stelle einer Sachleistung** durch die TdSE Geldbeträge gezahlt werden, sind diese **nach S. 3** nicht als Geldleistungen im Sinne des S. 1 anzusehen. Die Kostenträgerschaft der Länder orientiert sich nach **S. 4** ausschließlich an der örtlichen Zuständigkeit des § 113 SGB XIV.

C. Einzelkommentierung

I. Satz 1 – Kostenaufteilung zwischen Bund und Ländern bei Geldleistungen

9 Soweit bei **Gewalttaten im Inland** durch die TdSE an die Berechtigten Leistungen in Form von **Geldleistungen** erbracht werden, sieht **S. 1** eine Teilung der Kostenlast vor. Danach trägt der **Bund 40 Prozent** und die **Länder tragen jeweils 60 Prozent** der Ausgaben. Dies entspricht dem bisherigen Grundsatz des **§ 4 Abs. 7 S. 1 OEG** (→ Rn. 2 ff.). In **§ 26 Abs. 1 SGB XIV** sind die generellen Leistungsformen des SER verankert. Danach können die Leistungen im SER in Form von **Dienstleistungen, Sachleistungen und Geldleistungen** erbracht werden. Nach **§ 26 Abs. 2 SGB XIV** werden **Geldleistungen als Einmalzahlungen** oder als **laufende Zahlungen** erbracht. Weitergehende Definitionen zur Abgrenzung der Leistungsformen enthält das SGB XIV nicht (→ § 26 Rn. 9 ff.). Auch die Gesetzesbegründung zu den Leistungsformen ist nicht weiter hilfreich.[22] In ihrer Gegenäußerung vom 9.10.2019 zum Beschluss des Bundesrates hat die Bundesregierung ausgeführt, dass sie in einen konstruktiven Dialog mit den Ländern treten und den Katalog der **Geldleistungen im Sinne des Art. 104a Abs. 3 GG** anhand des verfassungsrechtlichen Geldleistungsbegriffs durch untergesetzliche Rundschreiben festlegen möchte.[23] Es ist durchaus fraglich, ob die

20 Vgl. BT-Drs. 16/12697, 14.
21 BT-Drs. 19/13824, 225.
22 BT-Drs. 19/13824, 182 und 225.
23 BT-Drs. 19/13824, 320 Gegenäußerung BReg.

Konkretisierung der von S. 1 erfassten Geldleistungen durch ein Rundschreiben des BMAS erfolgen kann.[24]

Welche Leistungen das SER allgemein umfasst, ergibt sich aus **§ 3 SGB XIV** sowie **§ 24 SGB I**.

10 Weder das BVerfG noch die obersten Gerichtshöfe des Bundes haben bisher die genaue **Reichweite des Begriffs der Geldleistung** im Sinne des Art. 104a Abs. 3 GG konkretisiert.[25] Grundsätzlich werden Geldleistungen nach Art. 104a Abs. 3 GG als einmalige oder laufende Zahlungen aus öffentlichen Mitteln an Dritte definiert, die nicht Gegenleistung für eine empfangene Leistung sind.[26]

In Ermangelung weiterer entgegenstehender Hinweise ist davon auszugehen, dass der Gesetzgeber sich bei der Abgrenzung und dem Verständnis der Leistungsformen auch an **§ 11 SGB I** orientiert, so dass diese Grundsätze auf das SER übertragen werden können. Danach besteht eine **Geldleistung** immer in der **Übergabe von Bargeld** bzw. in der **Überweisung eines Geldbetrags.**[27] Die Unterscheidung, ob es sich um eine einmalige oder eine laufende Geldleistung handelt, ist für die Kostentragung nach **S. 1** unerheblich.[28]

11 Unter einer **Sachleistung** wird hingegen grundsätzlich das zur Verfügung stellen von Sachen oder Sachgesamtheiten mit Ausnahme von Geld verstanden.[29] Demgegenüber ist eine **Dienstleistung** eine Sozialleistung, die eine Tätigkeit beinhaltet, ohne dass es sich um eine Zahlung von Geld oder die Zurverfügungstellung von Sachen handelt. Die Dienstleistung erfasst somit **alle Formen persönlicher Betreuung und Hilfe.**[30]

12 Unter Berücksichtigung dieser Abgrenzung sind zB folgende Leistungen nach § 3 SGB XIV als **Geldleistungen** zu qualifizieren:

- Leistungen bei Blindheit nach Kapitel 8 (§ 82 SGB XIV),
- Entschädigungszahlungen nach Kapitel 9 (§§ 83 ff. SGB XIV),
- Berufsschadensausgleich nach Kapitel 10 (§§ 89 ff. SGB XIV) und
- Leistungen bei Überführung und Bestattung nach Kapitel 12 (§ 99 SGB XIV).

13 Problematisch kann sich die **Einordnung von Kostenerstattungsansprüchen** (zB § 50 SGB XIV) darstellen. Hierbei handelt es sich um Leistungen von Geldbeträgen als Surrogat von Dienst- bzw. Sachleistungen.[31] Der Gesetzgeber hat hierzu ausgeführt, dass es sich bei dieser Leistung um eine Durchbrechung des Sachleistungsprinzips bei der Krankenbehandlung nach § 44 Abs. 1 SGB XIV handelt.[32] Vor diesem Hintergrund kann ein Anspruch auf Kostenerstattung als Geldleistung betrachtet werden.[33] Vergleichbar verhält es sich mit dem Anspruch auf **Zuschüsse bei Zahnersatz nach § 49 SGB XIV**. Auch hier kann von einer Geldleistung im Sinne des S. 1 ausgegangen werden.[34]

14 Nach **§ 26 Abs. 3 SGB XIV** können auf Antrag unter den entsprechenden Voraussetzungen des § 29 SGB IX bestimmte **Leistungen auch in Form eines Persönlichen Bud-**

24 Schmidt SGB XIV/Kerner § 133 Rn. 9.
25 Dazu anschaulich BSG Urt. v. 10.3.2015 – B 1 AS 1/14 KL, BSGE 118, 148 mwN.
26 Sachs/Sieckmann GG Art. 104a Rn. 27 mwN; Schmidt SGB XIV/Kerner § 133 Rn. 9.
27 KassKomm/Spellbrink SGB I § 11 Rn. 32 ff.
28 Vertiefend ua Mrozynski SGB I § 11 Rn. 20 ff. mwN.
29 KassKomm/Spellbrink SGB I § 11 Rn. 30 f.; Mrozsynski SGB I § 11 Rn. 25.
30 Zu § 11 SGB I siehe BT-Drs. 7/868, 24; KassKomm/Spellbrink SGB I § 11 Rn. 27; Mrozynski SGB I § 11 Rn. 30.
31 Allgemein KassKomm/Spellbrink SGB I § 11 Rn. 34 f.
32 BT-Drs. 19/13824, 192; dazu auch Knickrehm/Mushoff/Schmidt Neues SozEntschR Rn. 144, 169.
33 Grundlegend BSG Urt. v. 18.7.2006 – B 1 KR 24/05 R, BSGE 97, 6; KassKomm/Spellbrink SGB I § 11 Rn. 35.
34 BT-Drs. 19/13824, 192; Knickrehm/Mushoff/Schmidt Neues SozEntschR Rn. 168.

gets erbracht werden. Aus **§ 29 Abs. 2 S. 1 SGB IX** ergibt sich, dass Leistungen, die als Persönliches Budget erbracht werden, in der Regel als **Geldleistung** ausgeführt werden.

II. Sätze 2 und 3 – Sachleistungen und Geldbeträge als Surrogate für Sachleistungen

15 **Ausgaben für Sachleistungen** sind nach **S. 2** durch die **Länder in voller Höhe** zu tragen. Aus verfassungsrechtlichen Gründen ist es dem Bund nach Art. 104a GG nicht gestattet, sich an den Kosten von Sach- und Dienstleistungen zu beteiligen.[35] Deshalb ist eine konsequente Unterscheidung zwischen Geld- und Sachleistungen bei der Kostenbeteiligung des Bundes im Rahmen des SER unumgänglich.

16 Als **Sachleistungen** (→ Rn. 11) sind regelmäßig zB folgende Leistungen zu qualifizieren:

- Leistungen der Schnellen Hilfen (§§ 29 ff. SGB XIV; Fallmanagement ist wohl eher eine Dienstleistung[36]; eine Ausnahme ist ua auch die Fahrkostenübernahme nach § 36 SGB XIV),
- Leistungen der Krankenbehandlung nach Kapitel 5 (§§ 41 ff. SGB XIV; Ausnahme ua § 50 SGB XIV → Rn. 13),
- Versorgung mit Hilfsmitteln (§ 46 SGB XIV) und
- Leistungen zur Teilhabe nach Kapitel 6 (§§ 62 ff. SGB XIV; hier muss mitunter eine differenzierte Betrachtung erfolgen, ua sind Leistungen zur Unterhaltssicherung nach § 64 SGB XIV regelmäßig Geldleistungen).

17 Wenn durch die TdSE Geldbeträge an die Berechtigten gezahlt werden, um eine Sachleistung abzugelten oder an Stelle einer Sachleistung zu erbringen, dann sind diese Leistungen nach **S. 3** nicht als Geldleistungen anzusehen. Durch diese Regelung soll wohl verhindert werden, dass das **Sachleistungsprinzip, das ua nach § 44 Abs. 1 SGB XIV** ausdrücklich im Bereich der Krankenbehandlung gilt, von den **Ländern als Kostenträger durchbrochen wird** und dem Bund hierdurch weitere Kosten entstehen. Die Regelung des **S. 3 findet keine Anwendung** bei Leistungen, bei denen der Gesetzgeber grundsätzlich eine Durchbrechung des Sachleistungsprinzips annimmt (zB die Zuschüsse bei Zahnersatz nach § 49 SGB XIV und der Kostenerstattung nach § 50 SGB XIV → Rn. 13).

18 Aufgrund der weiterhin bestehenden erheblichen Schwierigkeiten bei der Abgrenzung von Geld- und Sachleistungen sollte der Gesetzgeber auch im **Rahmen des § 133 SGB XIV eine Pauschalierung** der Kostenlastverteilung zwischen dem Bund und den Ländern in Erwägung ziehen. Das Pauschalierungsverfahren nach § 4 Abs. 7 S. 3 und 4 OEG (→ Rn. 5 f.) hat sich in der Praxis als tragfähig und verwaltungsökonomisch erwiesen. Für die Besitzstände hat der Gesetzgeber die Pauschalierung in § 155 Abs. 1 Nr. 3 iVm §§ 156 Abs. 1 Nr. 1, Abs. 2 SGB XIV übernommen. Nach **Art. 59 G-SER** soll für die Jahre 2023 bis 2026 durch das BMAS im Benehmen mit den Ländern eine Finanzuntersuchung ua zur Entwicklung der jährlichen Ausgaben erfolgen.[37] Diese Finanzuntersuchung sollte eine hinreichende Gelegenheit bieten, auf der Grundlage der erhobenen empirischen Daten ein erneutes Pauschalierungsverfahren zu normieren.

35 BeckOK GG/Kube Art. 104a Rn. 37; Schmidt SGB XIV/Kerner § 133 Rn. 10.
36 So Schmidt SGB XIV/Kerner § 133 Rn. 13.
37 BGBl. 2019 I 2652, 2724.

III. Satz 4 – Länder als Kostenträger nach § 113 SGB XIV

Nach S. 4 ist Kostenträger das nach § 113 SGB XIV zuständige Land. Für die **Entschädigung von Gewaltopfern** nach den **§§ 13 bis 15 SGB XIV** sowie deren Angehörigen, Hinterbliebenen und Nahestehenden im Sinne des **§ 2 Abs. 3 bis Abs. 5 SGB XIV** ist das Land zuständig, in dem die berechtigte Person ihren Wohnsitz oder bei Fehlen eines Wohnsitzes ihren gewöhnlichen Aufenthalt hat (→ § 113 Rn. 26 ff.). Wenn sich **der Wohnsitz oder der gewöhnliche Aufenthaltsort** der berechtigten Person über eine Landesgrenze hinaus ändert, dann ändert sich auch die örtliche Zuständigkeit entsprechend.[38] Bei der Entschädigung von Gewaltopfern ändert sich in diesen Fällen auch regelmäßig die Kostenträgerschaft nach **S. 4**. 19

D. Anhang

§ 4 OEG Kostenträger 20
(abgedruckt bei → § 113 Rn. 39)

§ 134 Kostentragung durch den Bund

(1) [1]Der Bund trägt die Ausgaben für Leistungen nach Kapitel 2 Abschnitt 2 Unterabschnitt 1 in voller Höhe, wenn der oder die Geschädigte zur Tatzeit den Wohnsitz oder gewöhnlichen Aufenthalt nicht im Geltungsbereich dieses Buches hatte. [2]Das Gleiche gilt, wenn die Schädigung auf einem deutschen Schiff, einem deutschen Luftfahrzeug oder an einem Ort im Ausland eingetreten ist.

(2) Der Bund trägt die Ausgaben für Leistungen nach Kapitel 2 Abschnitt 2 Unterabschnitt 2 und Unterabschnitt 3 in voller Höhe.

A. Gesetzesgeschichte und Normsystematik

Die Regelung entspricht bis auf kleinere Änderungen der bisherigen Systematik des SER zur Kostentragung des Bundes bei **Gewalttaten mit Auslandsbezug**. So orientiert sich **Abs. 1** für Leistungen an Opfer von Gewalttaten grundsätzlich an der bisherigen Norm des **§ 4 Abs. 5 und Abs. 6 OEG**. In **Abs. 2** ist der Bund für Leistungen an **Opfer von Kriegsauswirkungen beider Weltkriege** im Sinne des **§ 21** sowie für Geschädigte durch Ereignisse im Zusammenhang mit der **Ableistung des Zivildienstes** nach **§ 23 alleiniger Kostenträger.**[1] Im Rahmen des Gesetzgebungsverfahrens war diese Kostenlastverteilung zwischen dem Bund und den Ländern weitgehend unumstritten, sodass die Regelung ohne Änderungen aus dem Regierungsentwurf übernommen wurde. 1

Nach **§ 4 Abs. 6 S. 1 OEG** soll der Bund Kostenträger sein, wenn der Geschädigte zur Tatzeit seinen Wohnsitz oder gewöhnlichen Aufenthalt nicht im Geltungsbereich des OEG hatte.[2] Nach der bis zum 30.6.2009 geltenden Vorgängerregelung in Abs. 1 S. 3 galt das eindeutig nur für den Fall, dass auch nicht festgestellt werden konnte, in welchem Land die Schädigung eingetreten ist. Wie aus der Gesetzesbegründung[3] hervorgeht, sollte sich daran durch die Neufassung mit dem 3. OEG-Änderungsgesetz nichts ändern. Die Kostenträgerschaft des Bundes nach § 4 Abs. 6 S. 1 OEG setzt daher voraus, dass die **Zuständigkeit eines Landes nach Abs. 1 nicht** gegeben ist. 2

Auf der Grundlage des **§ 4 Abs. 6 S. 2 Alt. 1 und Alt. 2 OEG** trägt der Bund die Kosten der Versorgung auch dann, wenn die Schädigung auf einem deutschen **Schiff oder** 3

38 Soweit es innerhalb eines Bundeslandes unterschiedliche regionale Zuständigkeiten iSd § 113 Abs. 1 SGB XIV gibt, ändern sich auch insoweit die örtlichen Zuständigkeiten.
1 BT-Drs. 19/13824, 225.
2 Siehe dazu HK-SozEntschR/Rademacker OEG § 4 Rn. 5 ff.
3 BT-Drs. 16/12273, 7.

Luftfahrzeug eingetreten ist. Nach der bis zum 30.6.2009 geltenden Vorgängerregelung in Abs. 1 S. 3 galt dies nur unter der weiteren Voraussetzung, dass die Schädigung außerhalb des Geltungsbereichs des OEG eingetreten ist. Wenn die Schädigung also zB in einem Flugzeug auf dem Flughafen in Frankfurt am Main eingetreten ist, dann war Kostenträger das Land Hessen und nicht der Bund. Da die Neufassung nach der Gesetzesbegründung[4] nur der „besseren Lesbarkeit" dienen sollte, ist davon auszugehen, dass auch in diesem Punkt lediglich eine sprachliche Ungenauigkeit vorliegt und dass mit der Neufassung durch das 3. OEG-Änderungsgesetz insoweit keine Änderung der Rechtslage eintreten sollte. Die Kostenträgerschaft des Bundes beschränkt sich daher auf die Schädigung in deutschen Flugzeugen oder Schiffen **außerhalb des deutschen Hoheitsgebiets.**

4 Nach **§ 4 Abs. 6 S. 2 letzte Alt. OEG** trägt der Bund die Kosten der Versorgung ebenfalls, wenn die Schädigung an einem Ort im Ausland eingetreten ist. Damit sind die Fälle gemeint, in denen Anspruch auf Leistungen bei Gewalttaten im Ausland nach **§ 3a OEG** besteht.

Die Zuständigkeit für die Durchführung des OEG richtet sich in diesen Fällen nach **§ 6 Abs. 1 Sätze 2 und 3 OEG.**

5 Die Norm tritt nach Art. 60 Abs. 7 G-SER vom 12.12.2019 am 1.1.2024 in Kraft.[5] Nach **§ 138 Abs. 7** sollen für Taten im **Zeitraum vom 1.1.2021 bis 31.12.2023** unter bestimmten Voraussetzungen bereits **Leistungen der Schnellen Hilfen nach §§ 31 bis 36** erbracht werden (→ § 138 Rn. 40 ff.). Für diese Leistungen ergibt sich bis zum **31.12.2023** die örtliche Zuständigkeit und die Kostenträgerschaft entsprechend aus dem OEG. Soweit sich weiterhin aufgrund von Gewalttaten Leistungsansprüche aus dem OEG ableiten lassen, ergibt sich die **Kostenlastverteilung aus § 4 OEG.**

B. Einzelkommentierung

I. Abs. 1 – Opfer von Gewalttaten ohne Wohnsitz oder gewöhnlichen Aufenthalt im Inland

6 Der Bund ist nach **Abs. 1 S. 1** alleiniger Träger der Kosten, wenn das Opfer einer Gewalttat im Sinne der §§ 13 ff. **zur Tatzeit keinen Wohnsitz oder gewöhnlichen Aufenthalt** im Geltungsbereich des SGB XIV hatte. Hier ergibt sich eine Änderung zur bisherigen Regelung des § 4 Abs. 5 S. 1 OEG. Danach ist bislang in diesen Fallkonstellationen das Land zur Versorgung verpflichtet, in dem die Schädigung eingetreten ist. Nur wenn nach **§ 4 Abs. 6 S. 1 OEG** eine Feststellung, in welchem Land eine Schädigung eingetreten ist, nicht möglich ist, dann trägt der Bund die Kosten der Versorgung (→ Rn. 2). Durch die allgemeine Abkehr vom sog. Tatortprinzip zum sog. Wohnortprinzip nach § 113 Abs. 2 (→ § 113 Rn. 12, 26) erscheint die grundsätzliche Kostentragungslast des Bundes bei Fehlen eines Wohnsitzes oder eines gewöhnlichen Aufenthaltsortes im Inland als konsequent.[6] Welche Leistungen erbracht werden, ergibt sich insbesondere aus § 101.

7 Die **Begriffsbestimmungen** des Wohnsitzes und des gewöhnlichen Aufenthalts finden sich in **§ 30 Abs. 3 SGB I.**[7] Nach **Satz 1** dieser Vorschrift hat jemand einen **Wohnsitz** dort, „wo er eine Wohnung unter Umständen innehat, die darauf schließen lassen, dass er die Wohnung beibehalten und benutzen wird". Für die Begründung eines Wohnsitzes ist deshalb entscheidend, ob ein an den objektiven Verhältnissen zu messender realisierbarer Wille vorhanden ist, an einem bestimmten Ort zu wohnen, die-

---

4 BT-Drs. 16/12273, 7.
5 BGBl. 2019 I 2652, 2724.
6 So Schmidt SGB XIV/Kerner § 134 Rn. 4.
7 KOVVfGVwV zu § 3 Nr. 2, die eine entsprechende Anwendung der §§ 7 ff. BGB vorsieht, ist insoweit durch die Vorschriften des SGB I überholt.

sen also zum Mittelpunkt der Lebensbeziehungen zu machen. Die polizeiliche Meldung allein reicht nicht aus.[8] Bei einer Wohnung iS dieser Vorschrift muss es sich um Räumlichkeiten handeln, die tatsächlich und rechtlich zur dauernden Wohnnutzung geeignet und vom Verfügungsberechtigten dazu bestimmt sind.[9] Durch die Worte „beibehalten und benutzen“ wird auch eine gewisse Dauer des Verbleibs gefordert, die im Wege einer vorausschauenden Betrachtung (Prognose) zu beurteilen ist,[10] in die alle rechtlichen und tatsächlichen Gesichtspunkte einzubeziehen sind, die einen Einfluss auf den Verbleib haben können.[11]

Den **gewöhnlichen Aufenthalt** hat nach **§ 30 Abs. 3 S. 2 SGB I** jemand dort, „wo er sich unter Umständen aufhält, die erkennen lassen, dass er an diesem Ort oder in diesem Gebiet nicht nur vorübergehend verweilt“. Auch insoweit sind allein die **tatsächlichen Gegebenheiten** maßgebend, die auf einen **Zustand längeren Verweilens** schließen lassen (→ § 113 Rn. 27 f.).

Sollte bei **mehraktigen Tatgeschehen** über einen längeren Zeitraum (zB Nachstellen im Sinne des § 13 Abs. 2) zwischenzeitlich ein Wohnsitz oder ein gewöhnlicher Aufenthalt im Inland begründet gewesen sein, dann erfolgt die Kostentragung regelmäßig nach der Grundregel des § 133.[12] 8

Darüber hinaus trägt der Bund nach **Abs. 1 S. 2** die Kosten der Versorgung auch dann, wenn die Schädigung auf einem deutschen **Schiff oder Luftfahrzeug** bzw. an **einem Ort im Ausland** eingetreten ist. Hier ergeben sich keine Änderungen zur bisherigen Regelung des § 4 Abs. 6 S. 2 OEG (→ Rn. 3 f.). 9

II. Abs. 2 – Opfer von Kriegsauswirkungen beider Weltkriege und für Ereignisse im Zusammenhang mit der Ableistung des Zivildienstes

Der Bund ist auf der Grundlage des Abs. 2 zukünftig auch alleiniger Kostenträger für Leistungen an Opfer von Kriegsauswirkungen der beiden Weltkriege nach § 21. Hier geht der Gesetzgeber zugunsten der Länder über die bisherige Regelung des **§ 1 Abs. 1 Nr. 8 Erstes Überleitungsgesetz**[13] hinaus. Bislang wurde für die originären Leistungen des BVG bei der Kostentragung grundsätzlich unterschieden zwischen Versorgungsleistungen der KOV, die der Bund zu 100 Prozent als Kostenträger übernahm, und Fürsorgeleistungen der KOF, die regelmäßig nur zu 80 Prozent vom Bund übernommen wurden. Die Auswirkungen hinsichtlich des Leistungsaufwands für den Bund sind in diesem Zusammenhang überschaubar, da diese Regelung nur für Neufälle ab 1.1.2024 gilt. Hinsichtlich der **Besitzstandsverfahren gilt grundsätzlich § 155 Abs. 1 Nr. 1**. Danach übernimmt der Bund für Leistungen nach dem BVG die Kosten in **Höhe von 94,5 Prozent** (→ § 155 Rn. 2). 10

Für **Leistungen an Geschädigte durch Ereignisse im Zusammenhang mit der Ableistung des Zivildienstes** im Sinne des § 23 trägt der Bund ebenfalls die gesamte Kostenlast nach **Abs. 2**. Dies entspricht der bisherigen Regelung des § 51 Abs. 4 S. 1 ZDG. 11

8 Hierzu ua BSG Urt. v. 3.12.2009 – B 10 EG 6/08 R, BSGE 105, 70 = SozR 4-7833 § 1 Nr. 10; BSG Beschl. v. 10.3.2010 – B 12 SF 2/10 S; BSG Urt. v. 29.4.2010 – B 9 SB 2/09 R, Breith 2010, 1075; BSG Urt. v. 12.12.2017 – B 11 AL 21/16R, BSGE 125, 38.

9 Vgl. KassKomm/Seewald SGB I § 30 Rn. 17; Mrozynski SBG I § 30 Rn. 18.

10 Vgl. BSG Urt. v. 23.2.1988 – 10 RKg 17/87, BSGE 63, 47, 49 = SGb 1989, 437; BSG Urt. v. 17.5.1989 – 10 RKg 19/88, BSGE 65, 84, 86 = SozR 1200 § 30 Nr. 17; hierzu auch Mrozynski SGB I § 30 Rn. 19.

11 Vgl. BSG Urt. v. 17.5.1989 – 10 RKg 19/88, BSGE 65, 84, 87 = SozR 1200 § 30 Nr. 17 = DVBl 1990, 212.

12 Anschaulich Schmidt SGB XIV/Kerner § 134 Rn. 5 f.

13 Erstes Gesetz zur Überleitung von Lasten und Deckungsmitteln auf den Bund – Erstes Überleitungsgesetz – BGBl. 1964 III, Gliederungsnummer 603–3.

C. Anhang

I. OEG

12 **§ 4 OEG Kostenträger**

(1) bis (4) …

(5) [1]Haben berechtigte Personen ihren Wohnsitz oder gewöhnlichen Aufenthalt außerhalb des Geltungsbereiches dieses Gesetzes, ist das Land zur Gewährung der Versorgung verpflichtet, in dem die Schädigung eingetreten ist. [2]Abweichend von Satz 1 bleibt das nach den Absätzen 1 bis 4 bestimmte Land zur Gewährung der Versorgung verpflichtet, wenn der Wohnsitz, bei Fehlen eines Wohnsitzes der gewöhnliche Aufenthalt nach der Schädigung ins Ausland verlegt wird.

(6) [1]Wenn der Geschädigte zur Tatzeit seinen Wohnsitz oder gewöhnlichen Aufenthalt nicht im Geltungsbereich dieses Gesetzes hatte und eine Feststellung, in welchem Land die Schädigung eingetreten ist, nicht möglich ist, trägt der Bund die Kosten der Versorgung. [2]Das Gleiche gilt, wenn die Schädigung auf einem deutschen Schiff, einem deutschen Luftfahrzeug oder an einem Ort im Ausland eingetreten ist.

(7) und (8) …

II. Erstes Überleitungsgesetz

13 **§ 1 Erstes Überleitungsgesetz [Aufwendungen des Bundes]**

(1) Der Bund trägt nach Maßgabe der §§ 21, 21a und 21b

…

8. die Aufwendungen für Kriegsbeschädigte, Kriegshinterbliebene, ihnen gleichgestellte Personen und für Angehörige von Kriegsgefangenen, jedoch die Aufwendungen für die Kriegsopferfürsorge nach den §§ 25 bis 27e des Bundesversorgungsgesetzes nur zu 80 vom Hundert, soweit nicht die Leistungen der Kriegsopferfürsorge an Empfänger außerhalb des Geltungsbereiches dieses Gesetzes gewährt werden; die Aufwendungen umfassen auch die Kosten der Heilbehandlung in Versorgungskuranstalten, Versorgungsheilstätten für Tuberkulöse und in Versorgungskrankenhäusern innerhalb des Geltungsbereiches des Gesetzes nach näherer Bestimmung einer Rechtsverordnung der Bundesregierung, die der Zustimmung des Bundesrates bedarf,

…

III. ZDG

14 **§ 51 ZDG Durchführung der Versorgung**

(1) bis (3) …

(4) [1]Die Aufwendungen für die Versorgungsleistungen trägt der Bund. [2]Die Ausgaben sind für Rechnung des Bundes zu leisten. [3]Die damit zusammenhängenden Einnahmen sind an den Bund abzuführen.

(5) …

§ 135 Kostentragung durch die Länder

(1) Die Länder tragen die Ausgaben für Leistungen nach Kapitel 2 Abschnitt 2 Unterabschnitt 4 in voller Höhe.

(2) Verpflichtet zur Zahlung der Entschädigung nach § 24 ist das nach § 113 Absatz 5 zuständige Land.

A. Gesetzesgeschichte und Normsystematik

1 Die Norm entspricht der bisherigen Regelung des **§ 66 IfSG.**[1] Danach tragen bisher schon regelmäßig die Länder die Kosten für Leistungen aufgrund von Schädigungen durch Schutzimpfungen oder anderen Maßnahmen der spezifischen Prophylaxe. § 66

1 Dazu näher HK-SozEntschR/Meßling IfSG § 66 Rn. 1 ff.

IfSG bestimmt die **Kostenträgerschaft für die nach § 60 IfSG** zu gewährenden Leistungen; aus dieser Regelung ergibt sich folglich auch die örtliche Zuständigkeit. Aufgrund der **Ausbreitung des Coronavirus SARS-CoV-2** und der besonderen weltweiten Pandemielage wurde das IfSG durch den Gesetzgeber in den Jahren 2020 und 2021 mehrfach geändert und an die Bedarfslage im Rahmen der Pandemie angepasst. Zuletzt wurde die hier einschlägige Zuständigkeitsregelung für Impfschäden des § 66 Abs. 2 IfSG durch **Art. 1 Nr. 6** des Zweiten Gesetzes zur Änderung des Infektionsschutzgesetzes und weiterer Gesetze vom 28.5.2021 geändert.[2] Hierdurch erfolgte durch den Gesetzgeber eine Ergänzung des § 66 Abs. 2 Nr. 1 IfSG für Fälle, bei denen eine ursächliche Schutzimpfung oder eine andere Maßnahme der spezifischen Prophylaxe im Ausland vorgenommen wurde. Die **Ergänzung entspricht dem am 1.1.2024 in Kraft tretenden § 113 Abs. 5 S. 2 iVm § 135 Abs. 2 SGB XIV**.[3]

B. Einzelkommentierung

In **Abs. 1** wird geregelt, dass die **Länder** die Kosten für Leistungen an Geschädigte durch Schutzimpfungen oder andere Maßnahmen der spezifischen Prophylaxe im Sinne des **§ 24** in **voller Höhe** zu tragen haben. 2

Nach **Abs. 2** ist das Land zur Zahlung der Entschädigung nach § 24 verpflichtet, das nach **§ 113 Abs. 5** zuständig ist. Grundsätzlich ist nach **Abs. 5 S. 1** für die im Rahmen des § 24 geschützten Tatbestände das Land zuständig, in dem die ursächliche Schutzimpfung oder andere Maßnahme der spezifischen Prophylaxe vorgenommen wurde. Hier hat der Gesetzgeber, anders als bei den Gewalttaten nach Abs. 2, am Prinzip festgehalten, dass die Zuständigkeit an den **Ort der „Tathandlung"** geknüpft ist. Dies ist im Ergebnis folgerichtig. Die Schutzimpfungen bzw. Maßnahmen der spezifischen Prophylaxe knüpfen u.a. nach **§ 24 S. 1 Nr. 1 und Nr. 3** vielfach an **landesrechtliche Regelungen und Vorgaben** an; zB wird in § 24 S. 1 Nr. 1 ausdrücklich auf § 20 Abs. 3 IfSG Bezug genommen (→ § 113 Rn. 34 f.). Wenn die ursächliche **Schutzimpfung** oder andere Maßnahme der spezifischen Prophylaxe **im Ausland** vorgenommen wurde, ist nach **Abs. 5 S. 2** abweichend das Land zuständig, in dem die antragstellende Person **zum Zeitpunkt der Antragstellung** ihren Wohnsitz oder gewöhnlichen Aufenthalt hat. 3

Am **1.1.2024** tritt die Norm nach **Art. 60 Abs. 7 G-SER** in Kraft.[4] Im Rahmen des Gesetzgebungsverfahrens war die Norm nicht weiter umstritten, sodass sie **ohne Änderungen aus dem Regierungsentwurf** übernommen wurde.[5] Bis zum Inkrafttreten findet die Regelung des § 66 IfSG weiterhin Anwendung; ab dem 1.1.2024 ist die Regelung entsprechend anders gefasst. 4

C. Anhang

§ 66 IfSG Zahlungsverpflichteter 5

(1) ...

(2) Versorgung wegen eines Impfschadens nach den §§ 60 bis 63 ist zu gewähren

1. in den Fällen des § 60 Absatz 1
   a) von dem Land, in dem der Schaden verursacht worden ist oder,
   b) wenn die Schutzimpfung oder andere Maßnahme der spezifischen Prophylaxe aufgrund einer Rechtsverordnung nach § 20i Absatz 3 Satz 2 Nummer 1 Buchstabe a, auch in Verbindung mit Nummer 2, des Fünften Buches Sozialgesetzbuch im Ausland vorgenommen wurde, von dem Land, in dem der Geschädigte zum Zeitpunkt der Antragstellung seinen Wohnsitz oder seinen gewöhnlichen Aufenthalt hat oder, wenn im Zeitpunkt der Antragstellung ein Wohnsitz oder gewöhnlicher Aufenthalt im Geltungsbereich dieses Gesetzes nicht vorhanden ist, von dem

---

2 BGBl. 2021 I 1174, 1178.
3 BT-Drs. 19/29287, 13.
4 BGBl. 2019 I 2652, 2724.
5 BT-Drs. 19/13824, 73, 225.

Land, in dem der Geschädigte zuletzt seinen Wohnsitz oder gewöhnlichen Aufenthalt gehabt hat oder in dem die Behörde oder die Einrichtung ihren Sitz hat, für die der Geschädigte oder dessen Angehöriger tätig ist oder war,

2. in den Fällen des § 60 Abs. 2
   a) von dem Land, in dem der Geschädigte bei Eintritt des Impfschadens im Geltungsbereich dieses Gesetzes seinen Wohnsitz oder gewöhnlichen Aufenthalt hat,
   b) wenn bei Eintritt des Schadens ein Wohnsitz oder gewöhnlicher Aufenthalt im Geltungsbereich dieses Gesetzes nicht vorhanden ist, von dem Land, in dem der Geschädigte zuletzt seinen Wohnsitz oder gewöhnlichen Aufenthalt gehabt hat oder
   c) bei minderjährigen Geschädigten, wenn die Wohnsitzvoraussetzungen der Buchstaben a oder b nicht gegeben sind, von dem Land, in dem der Elternteil oder Sorgeberechtigte des Geschädigten, mit dem der Geschädigte in häuslicher Gemeinschaft lebt, seinen Wohnsitz oder gewöhnlichen Aufenthalt im Geltungsbereich dieses Gesetzes hat oder, falls ein solcher Wohnsitz oder gewöhnlicher Aufenthalt nicht gegeben ist, zuletzt seinen Wohnsitz oder gewöhnlichen Aufenthalt gehabt hat,
3. in den Fällen des § 60 Abs. 3 von dem Land, in dem der Geschädigte seinen Wohnsitz oder gewöhnlichen Aufenthalt im Geltungsbereich dieses Gesetzes hat oder erstmalig nimmt. Die Zuständigkeit für bereits anerkannte Fälle bleibt unberührt.

(3) In den Fällen des § 63 Abs. 1 sind die Kosten, die durch das Hinzutreten der weiteren Schädigung verursacht werden, von dem Leistungsträger zu übernehmen, der für die Versorgung wegen der weiteren Schädigung zuständig ist.

§ 136 Kostentragung beim Zusammentreffen von Ansprüchen

[1]In den Fällen des § 8 Absatz 2 sind die Kosten, die durch das Hinzutreten einer weiteren Schädigung verursacht werden, von dem Land zu tragen, das für die Entscheidung über Ansprüche aus der weiteren Schädigung zuständig ist. [2]Das gilt entsprechend für den Bund, soweit dieser nach allgemeinen Regeln die Kosten zu tragen hat.

A. Gesetzesgeschichte und Normsystematik

1 Die Norm ist an die bisherige Regelung des **§ 4 Abs. 8 OEG** angelehnt. Durch § 136 SGB XIV wird die Kostenteilung der betroffenen Länder sowohl für den Fall, dass Ansprüche bestehen, die auf unterschiedlichen schädigenden Ereignissen nach § 1 Abs. 3 SGB XIV (→ § 1 Rn. 37 ff.) beruhen, als auch für den Fall, dass Ansprüche aus dem SGB XIV mit Ansprüchen aus anderen Gesetzen, die eine entsprechende Anwendung des SGB XIV vorsehen, zusammentreffen, geregelt.[1] Eine **vergleichbare Kostenregelung** findet sich auch in **§ 66 Abs. 3 IfSG.**

2 Im Rahmen des **Gesetzgebungsverfahrens** wurde die Regelung noch um **den S. 2 ergänzt.**[2] Hierdurch soll **klargestellt** werden, dass die Regelung des S. 1 auch für Fälle gilt, in denen der Bund der zuständige Kostenträger ist.[3]

3 Die Regelung tritt nach Art. 60 Abs. 7 G-SER vom 12.12.2019 am 1.1.2024 in Kraft.[4] Nach **§ 138 Abs. 7 SGB XIV** sollen für Taten im **Zeitraum vom 1.1.2021 bis 31.12.2023** unter bestimmten Voraussetzungen bereits **Leistungen der Schnellen Hilfen nach §§ 31 bis 36 SGB XIV** erbracht werden (→ § 138 Rn. 40 ff.). Für diese Leistungen ergeben sich bis zum **31.12.2023** die örtlichen Zuständigkeiten und die Kostenträgerschaft entsprechend aus dem OEG. Soweit sich weiterhin aufgrund von Gewalttaten Leistungsansprüche aus dem OEG ergeben, ergibt sich die **Kostenlastverteilung ua aus § 4 Abs. 8 OEG.**

---

1 BT-Drs. 19/13824, 225.
2 BT-Drs. 19/14870, 11, 35.
3 BT-Drs. 19/14870, 35.
4 BGBl. 2019 I 2652, 2724.

B. Einzelkommentierung

I. Satz 1 – Kostentragung der Länder beim Zusammentreffen von Ansprüchen

Die **Verteilung der Kostenlast** ergibt sich – je nach Fallkonstellation – allgemein aus den **§§ 133 bis 135 SGB XIV**. Die Regelung des **S. 1** schafft eine (klarstellende) **Sonderregelung** für Fallkonstellationen, in denen im Sinne des § 8 Abs. 2 SGB XIV (→ § 8 Rn. 15 ff.) weitere Schädigungsfolgen, die durch andere Schädigungstatbestände verursacht wurden (zB Gewalttaten oder Impfschädigungen), bei der leistungsberechtigten Person hinzutreten. Nach § 8 Abs. 2 SGB XIV ist entsprechend der **bisherigen Systematik des SER** ein einheitlicher GdS festzusetzen, wenn Ansprüche aus mehreren schädigenden Ereignissen nach § 1 Abs. 3 SGB XIV (→ § 1 Rn. 37 ff.) zusammentreffen. Dies gilt auch für Ansprüche nach dem SGB XIV, die mit Ansprüchen aus anderen Gesetzen, die eine entsprechende Anwendung des SGB XIV vorsehen (zB StrRehaG oder VwRehaG), zusammentreffen. 4

Die in der Vergangenheit für die TdSE schwierigen Fallgestaltungen von sog. „Mehrfachtaten" haben durch die grundsätzliche Umstellung vom „Tatortprinzip" auf das „Wohnortprinzip" im Rahmen des § 113 SGB XIV bei der örtlichen Zuständigkeit an Relevanz verloren. Dies waren Verfahren, in denen, mitunter in einem erheblichen zeitlichen und örtlichen Abstand, **mehrere – auf neuen Tatentschlüssen beruhende – tätliche Angriffe** auf ein Opfer stattfanden und in der Zusammenwirkung zu einer gesundheitlichen Beeinträchtigung führten (zB psychische Beeinträchtigungen in Form einer Posttraumatischen Belastungsstörung). Wenn die unterschiedlichen tätlichen Angriffe in verschiedenen Bundesländern stattfanden, dann waren nach dem **„Tatortprinzip" des § 4 Abs. 1 S. 1 OEG aF** auch unterschiedliche Leistungsträger für die Versorgung der (Einzel-)Schädigung zuständig. Das **BSG hatte 2015** hierzu noch entschieden, dass bei unterschiedlichen Schädigungstatbeständen im Sinne des OEG in verschiedenen Bundesländern **nicht nur § 3 Abs. 1 OEG analog** anzuwenden ist, sondern auch die Regelung des **§ 4 Abs. 4 OEG aF** mit der entsprechenden Folge, dass die **Kosten von den jeweiligen Bundesländern anteilig** zu tragen sind.[5] Schwierigkeiten bereitete den Ländern hierbei die entsprechende **Erstattung der Kosten untereinander** für den entsprechenden Anteil an der Gesamtschädigung des Opfers. Dadurch, dass der Bezugspunkt für die örtliche Zuständigkeit des TdSE nunmehr der gegenwärtige Wohnsitz bzw. der gewöhnliche Aufenthaltsort ist, ist dieser TdSE auch ausschließlich für die Entscheidung über alle Schädigungen aus Gewalttaten zuständig, unabhängig in welchem Bundesland diese stattgefunden haben (→ § 113 Rn. 12). 5

Die Regelung des S. 1 hat insbesondere dann Bedeutung, wenn mehrere unterschiedliche Schädigungskategorien erfüllt sind und somit unterschiedliche TdSE für die einzelnen Entschädigungstatbestände örtlich zuständig sind. Fallkonstellationen, in denen eine leistungsberechtigte Person sowohl Opfer einer Gewalttat wird und zuvor oder später eine Impfschädigung erleidet, sind in der Praxis selten. Größere Praxisrelevanz haben Fallkonstellationen, in denen die **leistungsberechtigte Person**, die aufgrund **erlittenen DDR-Unrechts** Leistungen wegen gesundheitlicher Schädigungen nach dem **StrRehaG** erhält, auch im späteren Verlauf ihres Lebens **Opfer einer Gewalttat** wird. 6

Für die **Festsetzung des einheitlichen GdS** nach § 8 Abs. 2 SGB XIV ist grundsätzlich nach **§ 113 Abs. 3 SGB XIV das Land** zuständig, das über die Ansprüche aus dem letzten schädigenden Ereignis entscheidet. Die TdSE müssen sich im **Innenverhältnis** die finanziellen Lasten aufteilen. Hier können sinngemäß die Grundsätze herangezogen werden, die das BSG aufgestellt hat.[6] Das Land, welches über das letzte schädigende Ereignis zu entscheiden hat, hat den für den Erstschaden festgestellten GdS 7

5 BSG Urt. v. 18.11.2015 – B 9 V 1/14 R, BSGE 120, 89; dazu Jörk Streit 2016, 129.
6 BSG Urt. v. 18.11.2015 – B 9 V 1/14 R, BSGE 120, 89.

ohne erneute Prüfung seiner Beurteilung zugrunde zu legen. Wenn sich durch das zweite schädigende Ereignis die Kosten zB bei den monatlichen Entschädigungszahlungen **nach § 83 SGB XIV** nicht erhöhen (zB nach § 83 Abs. 1 SGB XIV bei einem Gesamt-GdS, der von 30 auf 40 erhöht wird), dann hat der weitere TdSE keine Kosten zu übernehmen. Anders verhält es sich, wenn es **abgrenzbare Leistungen** gibt, die nur wegen des zweiten schädigenden Ereignisses anfallen (zB Krankenbehandlung).[7]

II. Satz 2 – Kostentragung zwischen Bund und Ländern bei Zusammentreffen von Ansprüchen

8 Im Rahmen des Gesetzgebungsverfahrens wurde S. 2 eingefügt (→ Rn. 2). In welchen Fallkonstellationen der Bund als alleiniger Kostenträger in Betracht kommt, ergibt sich grundsätzlich aus § 134 SGB XIV. Bei diesen Fallkonstellationen, in denen eine weitere Schädigung hinzutritt, bei der der Bund alleiniger Kostenträger ist, kommt eine Kostenaufteilung für Geldleistungen nach § 133 SGB XIV nicht zum Tragen. Hinsichtlich der anderen Gewalttat verbleibt es aber bei einer Kostenübernahme von 40 Prozent durch den Bund nach § 133 SGB XIV. Dies betrifft insbesondere Gewalttaten mit Auslandsbezug. Der Umfang der Leistungen bei Gewalttaten im Ausland ergibt sich aus § 102 SGB XIV. Wie im Rahmen des S. 1 hat auch zwischen dem Bund und den Ländern bei einer unterschiedlichen Kostenträgerschaft im Innenverhältnis eine **Aufteilung der finanziellen Lasten** zu erfolgen.

C. Anhang

I. OEG

9 **§ 4 OEG Kostenträger**

…

(8) In den Fällen des § 3 Abs. 1 sind die Kosten, die durch das Hinzutreten der weiteren Schädigung verursacht werden, von dem Leistungsträger zu übernehmen, der für die Versorgung wegen der weiteren Schädigung zuständig ist.

II. IfSG

10 **§ 66 IfSG Zahlungsverpflichteter**

…

(3) In den Fällen des § 63 Abs. 1 sind die Kosten, die durch das Hinzutreten der weiteren Schädigung verursacht werden, von dem Leistungsträger zu übernehmen, der für die Versorgung wegen der weiteren Schädigung zuständig ist.

Kapitel 22 Übergangsvorschriften

§ 137 Zeitlicher Geltungsbereich

Dieses Buch gilt für Anträge auf Leistungen der Sozialen Entschädigung, die ab dem 1. Januar 2024 gestellt werden, soweit die Vorschriften dieses Kapitels nichts Abweichendes bestimmen.

A. Gesetzesgeschichte

1 Es gibt **keine** unmittelbar **Vorgängerregelung** in dem bis zum 31.12.2024 geltenden Recht. Im Gesetzgebungsverfahren zum G-SER und auch danach ist die Vorschrift

---

7 Schmidt SGB XIV/Kerner § 136 Rn. 10.

nicht geändert worden, so dass die geltende Fassung dem Regierungsentwurf[1] entspricht. Die Vorschrift tritt zum 1.1.2024 in Kraft.[2]

B. Normsystematik und Zweck der Regelung

§ 137 SGB XIV stellt den Grundsatz auf, dass das SGB XIV für Leistungen gilt, die **ab dem 1.1.2024 beantragt** worden sind. Über Anträge, die **bis zum 31.12.2023** gestellt worden sind, ist dagegen – auch wenn darüber bis zu diesem Datum noch nicht bestandskräftig entschieden worden ist (§ 142 Abs. 1, Abs. 2 SGB XIV) – im Grundsatz nach dem zum Zeitpunkt der Antragstellung geltenden Recht zu entscheiden. Eine Ausnahme von der Geltung des SGB XIV für Anträge, die ab dem 1.1.2024 gestellt worden sind, regelt § 145 SGB XIV für Anträge auf Weiterbewilligung befristeter Leistungen. Innerhalb eines Monats nach Eintritt der Bestandskraft des Bescheides über die Besitzstandsleistungen nach dem Kapitel 23 (§§ 142 ff. SGB XIV) können Berechtigte gem. § 152 SGB XIV anstelle der Besitzstandsleistungen die Leistungen nach dem SGB XIV wählen (vgl. im Einzelnen § 152). 2

§§ 138 ff. SGB XIV enthalten umfangreiche **Ausnahmen** von dem Grundsatz, dass über Anträge, die ab dem 1.1.2024 gestellt werden, nach neuem Recht zu entscheiden ist. Infolgedessen kommt dem Grundsatz aus § 137 SGB XIV nur eingeschränkte Bedeutung zu. 3

C. Einzelkommentierung

Nach § 137 SGB XIV gilt für Anträge auf Leistungen der Sozialen Entschädigung, die ab dem 1.1.2024 gestellt werden, grundsätzlich das SGB XIV. Praktische Bedeutung kann das zB für den Zeitpunkt der Stellung des Antrags auf Bestattungsgeld haben, weil sich die Regelung in § 36 BVG von der des § 99 SGB XIV erheblich unterscheidet.[3] Im Übrigen wird der genannte **Grundsatz** jedoch insbesondere bezogen auf die Frage, ob sich die Voraussetzungen für die Anerkennung der gesundheitlichen und der wirtschaftlichen Folgen einer gesundheitlichen Schädigung nach altem oder nach neuem Recht richten, durch die §§ 138 bis 141 SGB XIV umfassend eingeschränkt. Ausschlaggebend für die Frage, ob das SGB XIV maßgebend ist, ist nach §§ 138 bis 141 SGB XIV regelmäßig der **Zeitpunkt der Schädigung**; nur für Schädigungen, die ab dem 1.1.2024 eintreten, gelten uneingeschränkt die Voraussetzungen nach dem SGB XIV. Personen, die vor dem 1.1.2024 geschädigt worden sind, haben dagegen in der Regel nur Anspruch auf Leistungen, wenn die Voraussetzungen nach dem bis zum 31.12.2023 geltenden Recht erfüllt waren. Regelmäßig entscheidet also nicht der Tag der Antragstellung, sondern der Zeitpunkt der Schädigung darüber, ob die Voraussetzungen für den Anspruch auf Leistungen der Sozialen Entschädigung bereits auf der Grundlage der Vorschriften des SGB XIV oder noch auf der Grundlage des bis zum 31.12.2023 geltenden Rechts zu beurteilen sind. Von besonderer praktischer Bedeutung ist das aufgrund der Erweiterung der Entschädigungstatbestände im Bereich der Gewaltopferentschädigung (vgl. §§ 13, 14 SGB XIV). 4

Leistungen der Sozialen Entschädigung werden nach § 10 SGB XIV **auf Antrag** erbracht.[4] Das galt auch bereits vor dem 1.1.2024 (vgl. § 1 Abs. 1 BVG, § 4 Abs. 1 HHG, § 60 Abs. 1 S. 1 IfSG, § 1 Abs. 1 S. 1 OEG, § 21 Abs. 1 S. 1 StrRehaG, § 80 S. 1 SVG, § 3 Abs. 1 S. 1 VwRehaG). Daran knüpft § 137 SGB XIV an und regelt, dass das 5

1 BT-Drs. 19/13824, 74, 225.
2 Art. 60 Abs. 7 G-SER.
3 Vgl. Schmidt SGB XIV/Kerner § 137 Rn. 8.
4 Das BMAS hat mit Rundschreiben vom 4.4.2014 (Az.: Vb 2 53425) ein bundeseinheitliches Antragsformular empfohlen, dass auch über die Internetseite des BMAS abgerufen werden kann.

Datum der Antragstellung im Grundsatz auch für die Frage Bedeutung hat, ob die Vorschriften des SGB XIV zur Anwendung kommen. Für die Beurteilung, ob ein Antrag gestellt ist, ist nicht die gewählte Formulierung, sondern der unter Berücksichtigung aller Umstände des Einzelfalles **erkennbare Wille des Antragstellers** maßgebend.[5] Das Antragserfordernis dient auch dem Schutz des Selbstbestimmungsrechts des Geschädigten und gewährleistet, dass dieser nicht nur auf Leistungen verzichten, sondern vor allem auch unerwünschte Ermittlungen der Versorgungsbehörde in seinem unantastbaren persönlichen Bereich verhindern kann.[6] Allerdings können erstattungsberechtigte Träger der Jugendhilfe nach § 97 SGB VIII[7] und erstattungsberechtigte Träger der Sozialhilfe nach § 95 SGB XII die Feststellung einer Sozialleistung betreiben und damit auch Anträge auf Leistungen der Sozialen Entschädigung stellen.

6 Der in § 137 SGB XIV genannte Stichtag (1.1.2024) trägt dem Umstand Rechnung, dass die meisten Regelungen des SGB XIV nach Art. 60 Abs. 7 G-SER an diesem Tag in Kraft treten. Das gilt jedoch nicht für alle Leistungen. So treten die Regelungen zu den Leistungen in einer **Traumaambulanz** nach Kapitel 4 Abschnitt 13 SGB XIV (§§ 31 bis 38 SGB XIV) gem. Art. 60 Abs. 5 G-SER bereits **am 1.1.2021 in Kraft**. Auch diese Leistungen werden gem. § 10 Abs. 1 SGB XIV auf Antrag erbracht, wobei es nach § 10 Abs. 5, § 11 Abs. 4 S. 2 SGB XIV (die offenbar irrtümlich ebenfalls erst zum 1.1.2024 in Kraft treten) genügt, wenn der Antrag unverzüglich nach der zweiten Sitzung gestellt wird; die Kosten der ersten beiden Sitzungen in der Traumaambulanz sowie die erste Kontaktaufnahme durch das Fallmanagement werden nach § 11 Abs. 5 SGB XIV selbst dann getragen, wenn die Voraussetzungen für Ansprüche auf Leistungen der Sozialen Entschädigung nach dem SGB XIV insgesamt nicht vorliegen.[8] Dass ab der dritten Sitzung die Voraussetzungen nach dem **OEG** in der zum Tatzeitpunkt geltenden Fassung maßgeblich bleiben, wird in **§ 138 Abs. 7 SGB XIV** klargestellt. Das gilt allerdings nur für die Frage, ob überhaupt Anspruch auf Leistungen der sozialen Entschädigung besteht. Inhalt und Umfang der in einer Traumaambulanz erbrachten Leistungen, die im OEG nicht enthalten sind, richten sich nach den bereits zum 1.1.2021 in Kraft getretenen Vorschriften der §§ 31 bis 38 SGB XIV. Das folgt zwar nicht aus § 137 SGB XIV, der erst zum 1.1.2024 in Kraft tritt, aber aus den **Grundsätzen des intertemporalen Rechts**. Danach ist ein Rechtssatz (nur) auf solche Sachverhalte anwendbar, die nach seinem Inkrafttreten verwirklicht werden.[9] Insofern wird in den Gesetzgebungsmaterialien[10] zu Recht darauf hingewiesen, dass die Regelung in § 137 SGB XIV zur Klarstellung erfolgt.

§ 138 Besonderer zeitlicher Geltungsbereich für Opfer von Gewalttaten

(1) [1]Personen, die in der Zeit vom 16. Mai 1976 bis 31. Dezember 2023 geschädigt worden sind, erhalten Leistungen nach diesem Buch, wenn die Voraussetzungen nach dem Opferentschädigungsgesetz in der zum Tatzeitpunkt geltenden Fassung erfüllt waren. [2]Wurde die Schädigung durch mehrere Taten herbeigeführt, findet diese Vorschrift Anwendung, wenn die letzte Tat in dem in Satz 1 genannten Zeitraum stattgefunden hat.

5 BSG Urt. v. 28.4.2005 – B 9a/9 VG 3/04 R, SozR 4-3800 § 1 Nr. 9.
6 Zu § 1 Abs. 1 S. 1 OEG: BSG Beschl. v. 8.9.2018 – B 9 V 22/18 B, juris Rn. 8.
7 Vgl. dazu BSG Urt. v. 16.3.2016 – B 9 V 6/15 R, SGb 2017, 230 = juris Rn. 31; Kirchhoff SGb 2020, 524.
8 Knickrehm/Mushoff/Schmidt Neues SozEntschR Rn. 93; → § 11 Rn. 28 ff.
9 Vgl. zB BSG Urt. v. 27.6.2019 – B 10 EG 3/18 R, juris Rn. 24; BSG Urt. v. 27.8.2019 – B 1 KR 14/19 R, ZMGR 2019, 303 = juris Rn. 10 mwN.
10 Vgl. BT-Drs. 18/13824, 225: „Die Vorschrift stellt klar, …“.

(2) Hinterbliebene einer in der Zeit vom 16. Mai 1976 bis 31. Dezember 2023 geschädigten Person erhalten Leistungen nach diesem Buch, wenn für die geschädigte Person die Voraussetzungen nach Absatz 1 erfüllt waren.

(3) [1]Personen, die in der Zeit vom 23. Mai 1949 bis 15. Mai 1976 geschädigt worden sind, erhalten Leistungen nach diesem Buch, wenn sie

1. **die Voraussetzungen nach dem Opferentschädigungsgesetz in der zum 31. Dezember 2023 geltenden Fassung erfüllen,**
2. **allein in Folge dieser Schädigung einen Grad der Schädigungsfolgen von mindestens 50 haben,**
3. **bedürftig sind und**
4. **ihren Wohnsitz oder gewöhnlichen Aufenthalt im Inland haben.**

[2]Bedürftig sind Personen, wenn sie nicht oder nicht ausreichend in der Lage sind, ihren Lebensunterhalt aus ihrem Einkommen und Vermögen zu decken. [3]Für den Einsatz von Einkommen und Vermögen gilt Kapitel 16. [4]Die Entschädigung umfasst alle nach diesem Buch vorgesehenen Leistungen mit Ausnahme des Berufsschadensausgleichs.

(4) [1]Hinterbliebene einer in der Zeit vom 23. Mai 1949 bis 15. Mai 1976 geschädigten Person erhalten Leistungen für Hinterbliebene nach diesem Buch, solange sie bedürftig sind und ihren Wohnsitz oder ständigen Aufenthalt im Inland haben. [2]Absatz 3 Satz 2 und 3 gilt entsprechend.

(5) [1]In dem in Artikel 3 des Einigungsvertrages genannten Gebiet gilt dieses Buch nur für Ansprüche aus Taten, die nach dem 2. Oktober 1990 begangen worden sind. [2]Die Absätze 1 und 2 gelten entsprechend. [3]Die Absätze 3 und 4 gelten mit der Maßgabe, dass auf die Zeit vom 7. Oktober 1949 bis zum 2. Oktober 1990 abgestellt wird.

(6) [1]Für Taten vor dem 23. Mai 1949 werden keine Leistungen nach diesem Buch erbracht. [2]In dem in Artikel 3 des Einigungsvertrages genannten Gebiet gilt dies für Taten vor dem 7. Oktober 1949.

(7) Für Taten im Zeitraum vom 1. Januar 2021 bis zum 31. Dezember 2023 sollen für Geschädigte, Angehörige, Hinterbliebene und Nahestehende im Sinne des § 2 die Leistungen nach den §§ 31 bis 36 erbracht werden, wenn die Voraussetzungen nach dem Opferentschädigungsgesetz in der zum Tatzeitpunkt geltenden Fassung erfüllt sind.

A. Gesetzesgeschichte

I. Bisheriges Recht

1 § 138 Abs. 1 bis 6 SGB XIV sind im Gesetzgebungsverfahren zum G-SER und auch danach nicht geändert worden, so dass die geltende Fassung insoweit dem Regierungsentwurf[1] entspricht. **Abs. 1 bis 6** treten zum **1.1.2024** in Kraft.[2] Der die Leistungen in Traumaambulanzen betreffende **Abs. 7** ist im Gesetzgebungsverfahren zum G-SER[3] angefügt worden und bereits zum **1.1.2021**[4] in Kraft getreten.

2 Zu § 138 Abs. 1, Abs. 2 und Abs. 7 SGB XIV gibt es **keine** unmittelbare **Vorgängerregelung** in dem vor Inkrafttreten des SGB XIV geltenden Recht.

3 **§ 138 Abs. 3 bis 6 SGB XIV** entsprechen inhaltlich weitgehend **§§ 10, 10a OEG** (abgedr. → Rn. 46). **§ 10 S. 1 OEG** ist mit der Einführung des OEG zum 16.5.1976 in Kraft getreten. Danach waren Ansprüche aus Taten, die vor dem Inkrafttreten begangen wurden, zunächst vollständig ausgeschlossen. Nach den Motiven sollten damit nicht absehbare Kostenfolgen vermieden werden.[5] Mit dem **1. OEG-Änderungsgesetz**[6] wurde die Härteregelung des § 10a für Personen, die in der Zeit vom 23.5.1949 bis zum 15.5.1976 geschädigt wurden sowie die Übergangsregelung des 10b (entspricht dem heute und noch bis zum 31.12.2013 geltenden § 10c) eingefügt. Darauf verweist § 10 **S. 2**. Mit dem **2. OEG-Änderungsgesetz** wurde ein § 10 **S. 3** OEG angefügt. Danach galt die mit dem 2. OEG-Änderungsgesetz eingeführte Erweiterung der Ansprüche von nicht privilegierten Ausländern (vgl. **§ 1** Abs. 5, Abs. 6 OEG vor deren Streichung durch das G-SER mWv 1.7.2018) nur für Gewalttaten, die nach dem 30.6.1990 begangen wurden. Mit der Erweiterung des § 10 S. 3 OEG durch das **Gesetz zur Änderung des Opferentschädigungsgesetzes und anderer Gesetze** vom 6.12.2000[7] wurde klargestellt, dass für Taten gegenüber nicht privilegierten Ausländern, die vor dem 1.7.1990 begangen wurden, die Härteregelung des § 10a OEG entsprechend gilt. Durch Art. 3 Nr. 4 G-SER ist § 10 S. 3 OEG (zusammen mit dem in Bezug genommenen § 1 Abs. 5 und 6 OEG) mWv 1.7.2018 gestrichen worden und eine entsprechende Reglung ist auch in § 138 SGB XIV nicht mehr enthalten. Mit der Anfügung der **Sätze 4 bis 6** durch das **Gesetz zur Änderung des Bundesversorgungsgesetzes und anderer Vorschriften**[8] wurde klargestellt, dass Anspruch auf Leistungen bei Gewalttaten im Ausland nur für Gewalttaten besteht, die seit dem Inkrafttreten des § 3a OEG am 1.7.2009 begangen worden sind. Ferner wurden Maßgaben für das Beitrittsgebiet aus dem Einigungsvertrag[9] in das OEG übernommen.

4 § 10a (abgedr. → Rn. 46) regelt in der noch bis zum 31.12.2023 geltenden Fassung Ansprüche von Gewaltopfern, die seit der Verkündung des Grundgesetzes am 23.5.1949 und vor dem Inkrafttreten des OEG am 16.5.1976 geschädigt worden sind. Leistungen nach § 10a OEG setzen die Bedürftigkeit des Schwerbeschädigten oder des Hinterbliebenen und einen Wohnsitz oder gewöhnlichen Aufenthalt in Deutschland

1 BT-Drs. 19/13824, 74, 225.
2 Art. 60 Abs. 7 G-SER.
3 Vgl. die Beschlussempfehlung des Ausschusses für Arbeit und Soziales, BT-Drs. 19/14870, 11.
4 Art. 60 Abs. 5.
5 BT-Drs. 7/2506, 18 zu § 11 des Gesetzentwurfs.
6 Art. 1 Nr. 4 und Nr. 5 des Ersten Gesetzes zur Änderung des Gesetzes über die Entschädigung für Opfer von Gewalttaten vom 20.12.1984, BGBl. I 1723.
7 BGBl. I 1676.
8 Vom 20.6.2011, BGBl. I 1114.
9 Vgl. im Einzelnen HK-SozEntschR/Rademacker OEG § 10 Rn. 6.

voraus. Sie sollen den notwendigen Lebensunterhalt sicherstellen.[10] Die Vorschrift ist mit dem **1. OEG-Änderungsgesetz**[11] eingeführt und mit Art. 5 KOV-Anpassungsgesetz 1991[12] lediglich redaktionell[13] geändert worden. Grund für die Einführung war die Einschätzung, dass die Stichtagsregelung des § 10 S. 1 OEG zu Härten führt. Der Anwendungsbereich ist auf Schwerbeschädigte und auf Hinterbliebene beschränkt, die ihren Wohnsitz oder gewöhnlichen Aufenthalt in Deutschland haben. In den Fällen, in denen das Opfer wegen der Folgen der Gewalttat schwerbeschädigt (§ 31 Abs. 2 BVG) ist, erschien der Ausschluss von der Versorgung nach den Motiven[14] unbillig und es wurde davon ausgegangen, dass angesichts der Schwere der Straftat die erforderlichen Beweismittel erbracht werden könnten. Allerdings können auch weniger schwere Straftaten eine schwere Schädigung zur Folge haben und auch schwere Straftaten wie zB der sexuelle Missbrauch von Kindern in der Familie sind vielfach besonders für lange zurückliegende Zeiträume schwer aufzuklären. Mit dem **Gesetz zur Änderung des Bundesversorgungsgesetzes und anderer Vorschriften**[15] ist mWv 1.7.2011 § 10a Abs. 1 S. 2 OEG eingefügt worden. Dieser übernimmt Regelungen aus dem Einigungsvertrag ohne inhaltliche Änderung in das Gesetz.[16]

II. Änderungen gegenüber dem OEG

§ 138 **Abs. 1, Abs. 2 und Abs.** 7 SGB XIV regeln den Übergang zu den am 1.1.2024 bzw. am 1.1.2021 in Kraft tretenden Regelungen des SGB XIV unter Bezugnahme auf die Anspruchsvoraussetzungen nach dem OEG. § 138 **Abs. 3 bis 6** SGB XIV führen die Übergangs- und Härteregelungen der **§§ 10, 10a OEG** fort, unterscheiden sich von diesen aber insofern, als die im Zusammenhang mit der Erweiterung des Anwendungsbereichs des OEG (insbesondere für Ausländer und für Auslandstaten) in § 10 OEG geregelten **Stichtage** nicht übernommen wurden. So galt die durch § 1 Abs. 5 und Abs. 6 OEG idF des 2. OEG-Änderungsgesetz vom 21.7.1993[17] bewirkte Erweiterung auf weitere Gruppen von Ausländern gem. § 10 S. 3 OEG aF für Taten, die nach dem 2.10.1990 begangen worden sind. Diese Stichtagsregelung ist mit Art. 3 Nr. 4 G-SER mWv 1.7.2018 gestrichen worden. Ebenfalls mWv 1.7.2018 wurde § 10b OEG gestrichen, der die Möglichkeit eröffnete, näher bezeichnete einmalige Leistungen zu gewähren, wenn sich aus der Anwendung der § 1 Abs. 5 und Abs. 6 OEG idF des 2. OEG-Änderungsgesetz vom 21.7.1993 eine besondere Härte ergibt. Die Stichtagsregelung in § 10 S. 5 OEG (entspricht S. 6 vor der Streichung des Satzes 3) für Auslandstaten ist zwar bis zum 31.12.2023 erhalten geblieben, aber nicht in § 138 SGB XIV übernommen worden. Spätere Erweiterungen des Anwendungsbereichs des OEG in Gestalt der vollständigen Gleichstellung von Ausländern mit Deut- 5

10 BT-Drs. 10/2103, 5.
11 Art. 1 Nr. 4 und Nr. 5 des Ersten Gesetzes zur Änderung des Gesetzes über die Entschädigung für Opfer von Gewalttaten vom 20.12.1984, BGBl. I 1723.
12 Gesetz über die Anpassung der Leistungen nach dem Bundesversorgungsgesetz vom 21.7.1991, BGBl. I 1310.
13 Vgl. BT-Drs. 12/452, 15, zu Art. 1d: Änderung des § 10a Abs. 4 S. 3 als Folgeänderung zur Neufassung des in Bezug genommenen § 48 BVG.
14 BT-Drs. 10/2103, 5.
15 Vom 20.6.2011, BGBl. I 1114.
16 Vgl. im Einzelnen HK-SozEntschR/Rademacker OEG § 10a Rn. 2.
17 BGBl. 1993 I 1262, vgl. dazu und zu der verfassungskonformen Auslegung der Vorschrift durch das BSG mit der Verpflichtung, Entschädigungsleistungen in Härtefällen auch für Taten zu gewähren, die vor dem Stichtag begangen worden sind: HK-SozEntschR/Rademacker OEG § 1 Rn. 114, § 10 Rn. 5.

schen mWv 1.7.2018[18] und der Einbeziehung tätlicher Angriffe durch den Gebrauch eines Kraftfahrzeugs oder eines Anhängers[19] sind von vornherein nicht auf Gewalttaten beschränkt worden, die sich an einem bestimmten Stichtag ereignet haben. Stattdessen macht § 138 SGB XIV Ansprüche nach dem SGB XIV entweder davon abhängig, dass die Voraussetzungen nach **OEG** „in der **zum Tatzeitpunkt geltenden Fassung**" (so in Abs. 1 S. 1 und Abs. 7) oder „in der **am 31.12.2023 geltenden Fassung**" (Abs. 3 S. 1 Nr. 1) vorgelegen haben. Sachliche Gründe dafür, dass einerseits auf den Tatzeitpunkt und andererseits auf den 31.12.2023 abgestellt wird, sind nicht ersichtlich und es ist auch nicht erkennbar, ob mit dem Verzicht auf die in § 10 OEG enthaltenen Stichtagsregelungen eine inhaltliche Änderung beabsichtigt war (→ Rn. 12 f.). Auch der Gesetzesbegründung[20] ist dazu nichts zu entnehmen.

6 Die im Rahmen der Härteregelung nach § 138 Abs. 3 S. 1 Nr. 3, S. 2 SGB XIV ab dem 1.1.2024 für Leistungen nach dem SGB XIV geltenden Einkommens- und Vermögensgrenzen unterscheiden sich von den nach der Vorgängerregelung des § 10a Abs. 1 S. 1 Nr. 2, Abs. 2, Abs. 3 OEG maßgebenden Einkommensgrenzen (→ Rn. 32 f.).

B. Normsystematik und allgemeiner Regelungsgehalt

7 Die Vorschrift regelt speziell für Leistungen an Opfer von Gewalttaten iSd § 1 Abs. 1, Abs. 2 OEG bzw. §§ 13, 14 SGB XIV, welches Recht in zeitlicher Hinsicht maßgebend ist (vgl. den Überblick bei → § 13 Rn. 34). Abweichend von dem in § 137 SGB XIV geregelten Grundsatz, nach dem das Datum der Antragstellung maßgebend ist, bleiben für die im Geltungszeitraum des OEG erlittenen Schädigungen nach § 138 Abs. 1, Abs. 2 SGB XIV weiterhin die zum **Zeitpunkt der Tat** geltenden Voraussetzungen nach dem OEG maßgebend. Das gilt sowohl für Leistungen an Gewaltopfer (**Abs. 1**) als auch für Leistungen an Hinterbliebene (**Abs. 2**). Hintergrund ist die erhebliche Erweiterung des leistungsberechtigten Personenkreises durch die Erstreckung auch auf psychische Gewalttaten (§ 13 Abs. 1 Nr. 2, Abs. 2 SGB XIV) sowie die Erweiterung der Gleichstellungssachverhalte durch § 14 Abs. 1 Nr. 5 und Nr. 6 SGB XIV (Vernachlässigung von Kindern, Herstellung, Verbreitung und öffentliche Zugänglichmachung von Kinderpornographie). Durch das Abstellen auf den Tatzeitpunkt soll nach der Gesetzesbegründung[21] vermieden werden, dass Personen, die ihren Antrag nach dem 1.1.2024 stellen, gegenüber Personen privilegiert werden, die den Antrag bereits vor diesem Datum gestellt hatten.

8 Mit § 138 **Abs. 3 bis Abs. 6** SGB XIV werden die bereits in **§§ 10, 10a OEG** enthaltenen Übergangsregelungen fortgeführt. Diese beziehen sich in erster Linie auf Schädigungen in der Zeit von der Gründung der BRD bzw. im Beitrittsgebiet seit der Gründung der DDR bis zum Tag vor dem Inkrafttreten des OEG (15.5.1976 im damaligen Gebiet der BRD und in Westberlin und 2.10.1990 in der DDR/im Beitrittsgebiet).

9 **Abs. 7** enthält eine Sonderregelung zu den Traumaambulanzen, die dem Umstand Rechnung trägt, dass die entsprechenden Vorschriften der §§ 31 ff. SGB XIV bereits zum 1.1.2021 in Kraft getreten sind.[22] Bezogen auf Taten, die sich in der Zeit vom 1.1.2021 bis zum 31.12.2023 ereignet haben, wird der Anspruch auf diese Leistungen

18 Änderung des § 1 Abs. 4 OEG durch Art. 2a Nr. 1 Buchst. a des Gesetzes zur Änderung des Gesetzes über Finanzhilfen des Bundes zum Ausbau der Tagesbetreuung für Kinder und des Kinderbetreuungsfinanzierungsgesetzes vom 15.4.2020 – BGBl. 2020 I 811, 812.
19 Änderung des § 1 Abs. 8 OEG durch Art. 11a Teilhabestärkungsgesetz vom 2.6.2021, BGBl. 2021 I 1387, 1399 mWv 10.6.2021.
20 BT-Drs. 19/13824, 226.
21 Vgl. BT-Drs. 19/13824, 226.
22 Vgl. BT-Drs. 19/14870, 35.

davon abhängig gemacht, dass die zum Tatzeitpunkt geltenden Voraussetzungen nach dem OEG erfüllt waren (→ Rn. 40 ff.).

C. Einzelkommentierung

I. Schädigungen im Geltungszeitraum des OEG (Abs. 1)

1. Übergang vom OEG zum SGB XIV. Nach **§ 138 Abs. 1 S. 1 SGB XIV** haben Opfer von Gewalttaten, die im Geltungszeitraum des OEG (16.5.1976 bis 31.12.2023) geschädigt worden sind, nur dann Anspruch auf Leistungen nach dem SGB XIV, wenn die Voraussetzungen nach dem **OEG** in der **zum Tatzeitpunkt geltenden Fassung** erfüllt waren. Mit den „Voraussetzungen nach dem Opferentschädigungsgesetz" sind die Voraussetzungen des **Anspruchs** auf Versorgung **nach § 1 OEG** einschließlich des Fehlens von **Versagungsgründen nach § 2 OEG** gemeint. Bezogen auf die einzelnen Leistungen, zu denen das OEG im Wesentlichen auf das BVG verweist, bleiben die Regelungen des SGB XIV maßgebend, soweit der Antrag nach dem 31.12.2023 gestellt worden ist (vgl. § 137, § 142 Abs. 1, Abs. 2 SGB XIV). 10

Die Vorschrift regelt eine **Ausnahme zu § 137** SGB XIV, der bestimmt, dass vorbehaltlich der §§ 138 bis 141 SGB XIV der Antragszeitpunkt maßgeblich ist. Personen, die eine Schädigung vor dem 1.1.2024 erlitten haben, haben – selbst wenn die Voraussetzungen nach §§ 13, 14 SGB XIV erfüllt sind – keinen Anspruch auf Leistungen nach dem SGB XIV, wenn sie nicht Opfer einer Gewalttat iSd OEG geworden sind. Praktische Bedeutung hat das besonders für **Opfer psychischer Gewalttaten** sowie für **Kinder**, die **erheblich vernachlässigt** worden sind. Unter Geltung des OEG sind die ab 1.1.2024 in § 13 Abs. 1 Nr. 2, Abs. 2 SGB XIV bezeichneten psychische Gewalttaten nur in ganz besonderen Fallkonstellationen (vor allem beim sexuellen Missbrauch von Kindern) als tätlicher Angriff iSd § 1 Abs. 1 OEG angesehen worden und ein § 14 Abs. 1 Nr. 5 SGB XIV (erhebliche Vernachlässigung von Kindern) oder § 14 Abs. 1 Nr. 6 SGB XIV (Herstellung, Verbreitung und öffentliche Zugänglichmachung von Kinderpornografie) entsprechender Gleichstellungssachverhalt existiert im OEG nicht. Im Gesetzgebungsverfahren zum G-SER ist dies von der Fraktion DIE LINKE im Bundestag[23] und von verschiedenen Verbandsvertreterinnen im Rahmen der öffentlichen Anhörung[24] kritisiert worden. Allerdings hätte eine Erstreckung der ab 1.1.2024 geltenden Neureglungen auf Taten, die sich in der Zeit seit dem Inkrafttreten des OEG oder sogar davor ereignet haben, zur Folge gehabt, dass in einer unübersehbar großen Zahl von Fällen mehrere Jahrzehnte zurückliegende Sachverhalte hätten aufgeklärt werden müssen. Der im Strafrecht für fast alle Straftatbestände geltende Eintritt der Verjährung nach spätestens 30 Jahren trägt auch dem Umstand Rechnung, dass eine Aufklärung von länger zurückliegenden Sachverhalten regelmäßig nicht mehr möglich ist. Im OEG gelten keine vergleichbaren Beschränkungen (vgl. dazu im Einzelnen → Rn. 45). 11

2. Rechtsänderungen im Geltungszeitraum des OEG. Einen § 138 Abs. 1 S. 1 SGB XIV entsprechenden Grundsatz, wonach das OEG in der **zum Tatzeitpunkt geltenden Fassung** maßgebend ist, gibt es im OEG nicht, und auch die Härtefallregelung nach § 138 Abs. 3 S. 1 Nr. 1 SGB XIV stellt nicht auf die zum Tatzeitpunkt geltende Fassung des OEG, sondern auf die am 31.12.2023 geltende Fassung des OEG ab. Nach der Gesetzesbegründung hat der Gesetzgeber die Folgen dieser Neuregelung allein bezogen auf den **Übergang vom OEG zum SGB XIV** bedacht und verhindern 12

23 BT-Drs. 19/14870, 28.

24 Vgl. zB für den Bundesverband der Frauenberatungsstellen und Frauennotrufe / Frauen gegen Gewalt e.V.: Bundestagsausschuss für Arbeit und Soziales, Ausschuss-Drs. 19(11)492, 41 (43 f.); ebenso die Sachverständige Dr. Drohsel, Ausschuss-Drs. 19(11)492, 34 (40).

wollen, dass der Anspruch auf Leistungen nach dem SGB XIV vom Zeitpunkt der Antragstellung abhängt. Dagegen gibt es keinen Hinweis darauf, dass die Auswirkungen bedacht worden sind, die sich im Hinblick auf die verschiedenen **Erweiterungen des Anwendungsbereichs** auch in der Zeit der Geltung **des OEG** ergeben können. Das betrifft etwa die rückwirkende Einbeziehung bestimmter Gruppen von Ausländern durch das 2. OEG-Änderungsgesetz vom 21.7.1993,[25] die nach § 10 S. 3 OEG aF[26] ausdrücklich auf Gewalttaten erstreckt worden ist, die sich ab dem 1.7.1990 ereignet haben. Entsprechendes gilt für die (eingeschränkte) Einbeziehung von Gewalttaten im Ausland durch die Einfügung des § 3a OEG durch das 3. OEG-Änderungsgesetz[27] mWv 1.7.2009. Nach **§ 10 S. 5 OEG** gilt dieses Gesetz in den Fällen des § 3a OEG „erst für Ansprüche aus Taten, die nach dem 30.6.2009 begangen worden sind". Ferner bestimmt **§ 10c S. 1 OEG**, dass neue Ansprüche, die sich aufgrund einer Änderung dieses Gesetzes ergeben, nur auf Antrag festgestellt werden – und setzt damit voraus, dass durch Gesetzesänderungen auch neue Ansprüche begründet werden können. Daher spricht einiges dafür, dass die am 10.6.2021 in Kraft getretene Erweiterung des Anwendungsbereichs des OEG durch die Änderung von **§ 11 Abs. 8 OEG**[28] auf Opfer eines tätlichen Angriffs, die durch den **Gebrauch eines Kraftfahrzeugs** oder eines Anhängers geschädigt worden sind, auch Gewaltopfern zugutekommt, die die Schädigung in der Zeit vor dem Inkrafttreten der Änderung erlitten haben, und dass lediglich der Beginn der Leistungen durch § 10c S. 2 OEG begrenzt wird (→ § 18 Rn. 11, 14). Entsprechendes dürfte für die am 1.7.2018 in Kraft getretene erneute Erweiterung des Kreises der Ausländer gelten, die in den Schutz des OEG einbezogen werden. Durch die Änderung des § 1 Abs. 4 OEG, die Streichung von § 1 Abs. 5, 6 und 7 OEG[29] und eine erneute ebenfalls rückwirkend zum 1.7.2018 in Kraft getretene Änderung des § 1 Abs. 4 OEG[30] sind Ausländer im Vorgriff auf die gleichlautende Regelung in § 7 SGB XIV Deutschen gleichgestellt worden. Anders als bei der Erweiterung des Kreises der Ausländer durch das 2. OEG-Änderungsgesetz (vgl. dazu § 10 S. 3 OEG aF) und die Einbeziehung von Auslandstaten durch das 3. OEG-Änderungsgesetz (vgl. § 10 S. 5 OEG) ist die Anwendbarkeit der zum 1.7.2018 in Kraft getretenen Neuregelung nicht auf Gewalttaten beschränkt worden, die sich ab einem bestimmten Stichtag ereignet haben. Vielmehr ist die mit dem 2. OEG-Änderungsgesetz eingeführte Stichtagsregelung in § 10 S. 3 OEG mit Art. 3 Nr. 4 G-SER mWv 1.7.2018 aufgehoben worden.

13 § 138 SGB XIV greift keine der vorgenannten im Zusammenhang mit der Erweiterung des Anwendungsbereichs des OEG vorgesehenen Stichtagsregelungen auf, sondern verweist in Abs. 1 Satz 1 lediglich auf das OEG in der **zum Tatzeitpunkt geltenden Fassung**. Wenn für den Anspruch auf Leistungen nach dem SGB XIV bei Schädigungen in der Zeit vom 16.5.1976 bis 31.12.2023 das OEG in der zum Tatzeitpunkt geltenden Fassung maßgebend wäre, könnten Ansprüche in vielen Fällen ab dem 1.1.2024 nicht mehr mit Aussicht auf Erfolg geltend gemacht werden. Nur wenn der Antrag vor dem 1.1.2024 bewilligt oder wenigstens gestellt worden ist, kämen die Vorschriften zu den Besitzständen aus dem Kapitel 23 zur Anwendung, soweit nicht

---

25 BGBl. 1993 I 1262, vgl. dazu und zu der verfassungskonformen Auslegung der Vorschrift durch das BSG mit der Möglichkeit, Entschädigungsleistungen in Härtefällen auch für Taten zu gewähren, die vor dem Stichtag begangen worden sind: HK-SozEntschR/Rademacker OEG § 1 Rn. 114, § 10 Rn. 5.
26 Aufgehoben durch Art. 3 Nr. 4 G-SER, dazu nachfolgend.
27 Vom 25.6.2009, BGBl. 2009 I 1580.
28 Art. 11a Teilhabestärkungsgesetz vom 2.6.2021, BGBl. 2021 I 1387, 1399.
29 Art. 3 Nr. 1 Buchst. a und b G-SER.
30 Art. 2a Nr. 1 Buchst. a des Gesetzes zur Änderung des Gesetzes über Finanzhilfen des Bundes zum Ausbau der Tagesbetreuung für Kinder und des Kinderbetreuungsfinanzierungsgesetzes vom 15.4.2020 – BGBl. 2020 I 811, 812.

angenommen wird, dass diese ebenfalls durch § 138 Abs. 1 S. 1 SGB XIV („… erhalten Leistungen nach diesem Buch, wenn …“) ausgeschlossen werden. Sinnvoll wäre eine solche Regelung nicht und es spricht auch nichts dafür, dass der Gesetzgeber diese Folgen beabsichtigt hat.

Vor diesem Hintergrund dürfte § 138 Abs. 1 S. 1 SGB XIV dahin auszulegen sein, dass **Erweiterungen des Anwendungsbereichs des OEG in der Zeit bis zum 31.12.2023** auch unter Geltung des SGB XIV zugunsten des Antragstellers zu berücksichtigen sind und dass der Zeitpunkt der Gesetzesänderung und auch der Antragstellung lediglich Bedeutung für den Beginn der Leistung hat. Rechtlicher Anknüpfungspunkt dafür wäre § 10c OEG. Die Wendung „Opferentschädigungsgesetz in der zum Tatzeitpunkt geltenden Fassung“ in § 138 Abs. 1 S. 1 SGB XIV dürfte also dahin zu verstehen sein, dass auch § 10c OEG in Bezug genommen wird, so dass durch Änderungen des OEG in der Zeit bis zum 31.12.2023 Ansprüche auf Leistungen nicht nur nach dem OEG, sondern ebenso nach dem SGB XIV begründet werden können. Für diese Auslegung spricht auch, dass nach der Härtefallregelung in § 138 Abs. 3 S. 1 Nr. 1 SGB XIV die Voraussetzungen nach dem OEG „in der zum 31.12.2023 geltenden Fassung“ maßgebend sind. Es gibt keinen sachlichen Grund, Personen, die vor dem Inkrafttreten des OEG am 16.5.1976 geschädigt worden sind und die deshalb nur Anspruch auf Härteleistungen haben, insoweit günstiger zu behandeln und ihnen alle Erweiterungen des OEG in der Zeit bis zum 31.12.2023 zugute kommen zu lassen, Personen die im Geltungszeitraum des OEG geschädigt worden sind, dagegen nur dann einzubeziehen, wenn sich die Tat nach dem Zeitpunkt der Erweiterung des Anwendungsbereichs ereignet hat. 14

3. Tat oder Schädigung. Nicht ganz eindeutig ist die Formulierung des § 138 Abs. 1 SGB XIV auch bezogen auf die Frage, ob der Zeitpunkt der **Tat oder** der Eintritt der **Schädigung** maßgebend ist. § 138 Abs. 1 S. 1 SGB XIV kommt nur zur Anwendung, wenn die **Schädigung** vom 16.5.1976 bis zum 31.12.2023 stattgefunden hat. Auf der anderen Seite wird der Anspruch auf Leistungen davon abhängig gemacht, dass die Voraussetzungen nach dem OEG in der zum **Tatzeitpunkt** geltenden Fassung erfüllt sind. Anders als in Abs. 1 wird in Abs. 5 bis Abs. 7 allein auf die Tat und nicht (auch) auf die Schädigung abgestellt, ohne dass ein sachlicher Grund für diesen Unterschied in der Formulierung ersichtlich wäre. Der Begriff des Tatzeitpunkts wird im SGB XIV nicht definiert. Die Verwendung der beiden unterschiedlichen Begriffe in § 138 Abs. 1 S. 2 SGB XIV spricht aber jedenfalls dafür, dass die Tat nicht mit der gesundheitlichen Schädigung gleichzusetzen ist.[31] Auch dürfte der **Begriff der Tat** nicht mit dem entsprechenden Begriff im strafrechtlichen Sinne übereinstimmen, sondern mit dem in § 13 Abs. 1 Nr. 1 SGB XIV verwendeten Begriffen des **tätlichen Angriffs** (bei körperlichen Gewalttaten) bzw. der in § 13 Abs. 1 Nr. 1 SGB XIV enthaltenen Wendung des gegen die freie Willensentscheidung einer Person gerichteten **schwerwiegenden Verhaltens** (bei psychischen Gewalttaten) gleichzusetzen sein. Das folgt schon daraus, dass nicht jeder Gewalttat iSd SGB XIV eine Straftat zugrunde liegt. Soweit mit der Gewalttat auch ein Straftatbestand verwirklicht wird, stimmt der Tatzeitraum im strafrechtlichen Sinne und der Zeitraum des tätlichen Angriffs zwar im Regelfall überein und auch die Tat und die dadurch verursachte gesundheitliche Schädigung sind idR zeitlich eng miteinander verbunden.[32] Sie können jedoch auch auseinanderfallen. So ist das BSG davon ausgegangen, dass der durch den tätlichen Angriff in Gang gesetzte schädigende Vorgang bei der Aussetzung des Opfers in hilfloser Lage nicht mit der Vollendung des Straftatbestands nach § 221 StGB endet, sondern bis zur Ret- 15

31 Vgl. zur entsprechenden Regelung in Abs. 7: jurisPK-SGB XIV/Braun § 138 Rn. 10.
32 Bezogen auf den Begriff des Angriffs vgl. Gelhausen, Soziales Entschädigungsrecht, 2. Aufl. 1998, Rn. 766.

tung aus der hilflosen Lage andauert. Mit dieser Begründung ist das BSG[33] davon ausgegangen, dass eine alte gehbehinderte Person, die an einsamer Stelle zum Verlassen ihres Fahrzeugs gezwungen wird, Anspruch auf Versorgung auch für Verletzungen hat, die sie nach Vollendung der Aussetzung bei Stürzen in unwegsamem Gelände erleidet. Auch die auf der Flucht vor einer bereits vorliegenden Gewalttat erlittenen Sturzverletzungen sind gesundheitliche Schädigungen infolge der Gewalttat.[34]

16 Noch deutlicher können Tat und gesundheitliche Schädigung bei **Schockschäden** iSd § 14 Abs. 2 SGB XIV auseinanderfallen, wenn zB die Nachricht von einer Gewalttat erst zu einem späteren Zeitpunkt übermittelt wird und dann die Schädigung auslöst, wobei einiges dafür spricht, dass – in Anknüpfung an die Rspr. des BSG zum räumlichen Geltungsbereich des OEG[35] – auf die Primärschädigung abzustellen ist. Anderenfalls wären Konstellationen denkbar, in denen das bis zum 31.12.2023 geschädigte Primäropfer Anspruch nur unter den engeren Voraussetzungen des OEG hat, das Sekundäropfer dagegen unter den weiter gefassten Voraussetzungen nach dem SGB XIV, und dass es ein Sekundäropfer ohne Primäropfer geben könnte. Das dürfte jedoch ausgeschlossen sein.

17 Der Zeitpunkt von Tat und Schädigung können sich auch bei der Herstellung, Verbreitung und öffentlichen **Zugänglichmachung von Kinderpornographie** nach § 14 Abs. 1 Nr. 6 SGB XIV erheblich voneinander unterscheiden, wenn zB eine Person erst lange Zeit nach der Tat von einer öffentlichen Zugänglichmachung kinderpornografischer Inhalte erfährt und dadurch eine Schädigung erleidet. Bei einer Gewalttat im Geltungszeitraum des OEG (bis 31.12.2023) und einer Schädigung zu einem Zeitpunkt, in dem das OEG bereits nicht mehr gilt (ab 1.1.2024) dürften die Voraussetzungen nach dem SGB XIV maßgebend sein, wenn der Antrag ab dem 1.1.2024 gestellt worden ist (vgl. § 137 SGB XIV), weil die Voraussetzungen nach § 138 Abs. 1 S. 1 Hs. 1 SGB XIV („Personen, die in der Zeit vom 16.5.1976 bis 31.12.2023 geschädigt worden sind, …") nicht erfüllt sind, auch wenn die Tat vor dem 1.1.2024 begangen wurde.

18 **4. Maßgeblichkeit der letzten Tat (Abs. 1 S. 2).** Nach § 138 **Abs. 1 S. 2** SGB XIV findet „diese Vorschrift" Anwendung, wenn die „letzte Tat" in dem in S. 1 genannten Zeitraum stattgefunden hat. Die Regelung ist in verschiedener Hinsicht **unklar** gefasst. Das betrifft ua die Verwendung der Worte **„diese Vorschrift"**. Unter Berücksichtigung des erkennbaren Sinns der Regelung sollte wohl zum Ausdruck gebracht werden, dass § 137 Abs. 1 S. 1 SGB XIV bei einer Schädigung durch mehrere Taten mit der Maßgabe zur Anwendung kommt, dass auf die letzte Tat abzustellen ist. Allerdings geht die Gesetzesbegründung[36] auf Abs. 1 S. 2 nicht ein, so dass diese nicht für die Auslegung herangezogen werden kann.

19 Fragen wirft auch die Formulierung **„letzte Tat"** in **Abs. 1 S. 2** auf. Da die Vorschriften zur Gewaltopferentschädigung im SGB XIV an verschiedenen Stellen auf strafrechtliche Regelungen Bezug nehmen (vgl. § 13 Abs. 2, § 14 Abs. 1 Nr. 6 SGB XIV), könnte der **Begriff der Tat** im strafrechtlichen Sinne zu verstehen sein. Beim wiederholten sexuellen Missbrauch von Kindern (§ 13 Abs. 1 Nr. 2, Abs. 2 SGB XIV iVm § 176 StGB) werden nach der Rspr. des BGH seit dem Beschluss vom 3.5.1994[37] zur **fortgesetzten Handlung** regelmäßig mehrere Taten vorliegen. Eine einheitliche Tat im

---

33 BSG Urt. v. 24.9.1992 – 9a RVg 5/91, NJW 1993, 880.

34 BSG Urt. v. 30.11.2006 – B 9a VG 4/05 R, SozR 4-3800 § 1 Nr. 10; anders im Falle der Sturzverletzung bei einer „präventiven" Flucht vor einer drohenden Gewalttat: BSG Urt. v. 28.3.1984 – 9a RVg 1/83, BSGE 56, 234.

35 Vgl. BSG Urt. v. 10.12.2002 – B 9 VG 7/01 R, BSGE 90, 190, Rn. 22 ff.

36 Vgl. BT-Drs. 19/13824, 226.

37 GSSt 2/93, GSSt 3/93, BGHSt 40, 138 = NJW 1994, 1663; vgl. Fischer, 69. Aufl. 2022, StGB Vor § 52 Rn. 48 mwN.

strafrechtlichen Sinne liegt dagegen vor, wenn sich rechtsgutverletzendes Handeln des Täters in „natürlicher Betrachtung“ als Einheit darstellt. Bei der erheblichen Vernachlässigung von Kindern iSd § 14 Abs. 1 Nr. 5 SGB XIV wird vielfach ein **„Dauerdelikt“** vorliegen. Wenn eine solche Tat nach dem 31.12.2023 beendet wird, stellt sich die Frage, ob nach § 138 Abs. 1 S. 2 SGB XIV der Beginn dieser Tat, die Beendigung oder aber der Schwerpunkt in inhaltlicher oder zeitlicher Hinsicht maßgebend sein soll. Wenn davon auszugehen wäre, dass hier der strafrechtliche Begriff der Tat maßgebend ist und dass in der genannten Konstellation also nur eine einzige Tat vorliegt, könnte § 138 Abs. 1 S. 2 SGB XIV, der das Vorliegen mehrerer Taten voraussetzt, keine Antwort auf diese Frage entnommen werden.

Der erkennbare Sinn der Regelung spricht indes gegen eine am strafrechtlichen Begriff der Tat orientierte Differenzierung. Der Begriff der Tat dürfte in § 138 Abs. 1 S. 2 SGB XIV gleichbedeutend mit dem der Tathandlung zu interpretieren sein. Ausschlaggebende Bedeutung für die Frage der Maßgeblichkeit der Voraussetzungen nach dem OEG dürfte danach idR der Frage nach der **letzten Tathandlung** zukommen. Ebenso wie Abs. 1 S. 1 („Tatzeitpunkt“) ist der Begriff der Tat nicht im strafrechtlichen Sinne zu interpretieren, sondern mit den in § 13 Abs. 1 Nr. 2 SGB XIV verwendeten Begriffen des **tätlichen Angriffs** (bei körperlichen Gewalttaten) bzw. der in § 13 Abs. 1 Nr. 1 SGB XIV enthaltenen Wendung des gegen die freie Willensentscheidung einer Person gerichteten **schwerwiegenden Verhaltens** (bei psychischen Gewalttaten) gleichzusetzen. Der Anspruch auf Leistungen nach dem SGB XIV hängt von der Erfüllung der Voraussetzungen nach dem OEG ab, wenn die letzte Tathandlung bis zum 31.12.2023 stattgefunden hat und wenn auch die Schädigung in diesen Zeitraum fällt. Wenn die letzte Tathandlung zu einem späteren Zeitpunkt stattgefunden hat, oder wenn die Schädigung nach dem 31.12.2023 eingetreten ist (vgl. dazu Abs. 1 S. 1), sind die Voraussetzungen nach dem SGB XIV maßgeblich.[38] 20

Abs. 1 S. 2 macht die Antwort auf die Frage, ob die Anspruchsvoraussetzungen nach dem SGB XIV oder nach dem OEG maßgeblich sind, nicht davon abhängig, welchen Beitrag die Tathandlung in der Zeit ab dem 1.1.2024 für den Eintritt der Schädigung geleistet hat. Insbesondere findet keine Zuordnung entweder zu den Anspruchsvoraussetzungen nach dem OEG oder nach dem SGB XIV in Abhängigkeit von der Frage statt, in welchem Zeitraum der **Schwerpunkt der Tat** lag. Für die Anwendbarkeit der Anspruchsvoraussetzungen nach dem SGB XIV genügt, dass die für die gesundheitliche Schädigung iSd § 4 SGB XIV ursächliche **Gewalttat** iSd § 13 SGB XIV oder das dem Gleichstellungssachverhalt iSd § 14 SGB XIV zugrunde liegende Verhalten **am 31.12.2023 noch nicht abgeschlossen** war. 21

Die Frage, ob sich die Anspruchsvoraussetzungen nach dem OEG oder bereits nach dem SGB XIV richten, ist besonders im Zusammenhang mit der Erweiterung des Anwendungsbereichs des SGB XIV auf **Opfer psychischer Gewalt** und im Zusammenhang mit der Gleichstellung der **erheblichen Vernachlässigung von Kindern** mit einer Gewalttat relevant. Gerade die erhebliche Vernachlässigung von Kindern kann sich über einen langen Zeitraum erstrecken. Maßgebend für die Bestimmung des Zeitraums ist die Frage, wann die Fürsorgepflicht, um deren Verletzung es geht, bestanden hat, und wann diese Fürsorgepflicht letztmalig so gravierend verletzt worden ist, dass darin eine erhebliche Vernachlässigung zu sehen ist. Wenn § 138 Abs. 1 S. 2 SGB XIV – mit der hier vertretenen Auffassung – dahin zu verstehen ist, dass das SGB XIV in allen Fällen Anwendung findet, in denen die Tat am 31.12.2023 noch nicht abgeschlossen war, kommt die in § 14 Abs. 1 Nr. 5 SGB XIV getroffene Regelung zur Gleichstellung der **erheblichen Vernachlässigung von Kindern** auch in Fällen zur Anwendung, in denen der Beginn der Tat bereits lange Zeit zurückliegt und in denen 22

38 So wohl auch im Ergebnis Schmidt SGB XIV/Kerner § 138 Rn. 7.

die wesentliche Ursache der Schädigung bereits im Geltungszeitraum des OEG gesetzt worden ist.

II. Hinterbliebene einer im Geltungszeitraum des OEG geschädigten Person (Abs. 2)

23 **Abs. 2** überträgt die die Leistungen an Geschädigte betreffende Regelung des Abs. 1 auf Leistungen für **Hinterbliebene**. Hinterbliebene sind nach § 2 Abs. 4 S. 1 SGB XIV Witwen, Witwer, Waisen, Eltern sowie Betreuungsunterhaltsberechtigte einer an den Folgen einer Schädigung verstorbenen Person. Die Leistungen, auf die Hinterbliebene Anspruch haben, werden in **§ 6 SGB XIV** bezeichnet. Dazu gehören auch Entschädigungszahlungen für Hinterbliebene nach Kapitel 9 Abschnitt 2 (§§ 85 bis 88 SGB XIV). Die Anknüpfung an das für das Gewaltopfer geltende Recht trägt dem Umstand Rechnung, dass Hinterbliebene ihre **Ansprüche** von denen des Gewaltopfers **ableiten**. Mit dieser Begründung hat das BSG[39] in ständiger Rspr. zu § 2 OEG entschieden, dass sich Hinterbliebene die gegenüber dem Gewaltopfer bestehenden Versagungsgründe entgegenhalten lassen müssen. Insofern erscheint es konsequent, dass auch die Frage, ob die Voraussetzungen nach dem OEG oder aber nach dem SGB XIV ausschlaggebend sind, für Hinterbliebene nicht eigenständig, sondern in Abhängigkeit von den für das Gewaltopfer maßgebenden Regelungen beantwortet wird. Soweit Hinterbliebene Leistungen als Opfer eines **Schockschadens** geltend machen, ist nicht § 138 Abs. 2 SGB XIV, sondern Abs. 1 maßgebend, weil sie dann keine vom Gewaltopfer abgeleiteten Ansprüche geltend machen, sondern selbst Gewaltopfer sind (→ § 16 Rn. 15, → § 19 Rn. 8).

24 **Angehörige** (§ 2 Abs. 3 SGB XIV) und **Nahestehende** (§ 2 Abs. 5 SGB XIV) finden in § 138 Abs. 2 SGB XIV keine Erwähnung. Soweit es um **Leistungen in Traumaambulanzen** geht, auf die auch Angehörige und Nahestehende Anspruch haben, trifft § 138 Abs. 7 SGB XIV eine spezielle Regelung, soweit es um Taten im Zeitraum vom 1.1.2021 bis zum 31.12.2023 geht. Auf Taten in der Zeit vor dem 1.1.2021 und auch auf **besondere psychotherapeutische Leistungen** nach § 43 Abs. 2 Nr. 1 SGB XIV iVm § 43 Abs. 4 SGB XIV, auf die auch Angehörige und Nahestehende nach § 6 Abs. 1, § 43 Abs. 4 SGB XIV Anspruch haben, bezieht sich § 138 Abs. 7 SGB XIV jedoch nicht, so dass nach § 137 SGB XIV in Ermangelung einer abweichenden Bestimmung das Datum der Antragstellung maßgebend sein müsste. Allerdings erscheint fraglich, ob diese Folge beabsichtigt war. Es ist auch nicht sinnvoll, Angehörigen und Nahestehenden in Abhängigkeit vom Datum der Antragstellung Ansprüche auf Leistungen der Sozialen Entschädigung zu eröffnen, die der geschädigten Person selbst und einem Hinterbliebenen nicht zustehen, wenn bei einer Gewalttat vor dem 1.1.2024 die Voraussetzungen nach dem OEG nicht erfüllt waren. Die Erbringung von Leistungen an Angehörige und Nahestehende in Fällen, in denen dem Geschädigten keine Leistungen zustehen, würde auch im Widerspruch zu dem Umstand stehen, dass es sich dabei um vom Geschädigten **abgeleitete Ansprüche** handelt. Mit der Begründung, dass Ansprüche Hinterbliebener von denen des Gewaltopfers abgeleitet sind, geht das BSG[40] in stRspr davon aus, dass sich Hinterbliebene – ohne dass es dazu einer ausdrücklichen gesetzlichen Regelung bedürfte – auch die gegenüber dem Gewaltopfer bestehenden Ausschlussgründe nach § 2 OEG entgegenhalten lassen müssen. Diese zu § 2 OEG

---

39 BSG Urt. v. 7.11.1979 – 9 RVg 2/78, BSGE 49, 104, 106 = juris Rn. 16; BSG Urt. v. 3.10.1984 – 9a RVg 6/83, BSGE 57, 168 = juris Rn. 11; BSG Urt. v. 15.8.1996 – 9 RVg 6/94, BSGE 79, 87 = juris Rn. 12; vgl. BSG Urt. v. 18.4.2001 – B 9 VG 3/00 R, BSGE 88, 96.

40 BSG Urt. v. 7.11.1979 – 9 RVg 2/78, BSGE 49, 104, 106 = juris Rn. 16; vgl. BSG Urt. v. 18.4.2001 – B 9 VG 3/00 R, BSGE 88, 96; BSG Urt. v. 15.8.1996 – 9 RVg 6/94, BSGE 79, 87.

entwickelten Grundsätze sind auf das SGB XIV und die in § 138 Abs. 1 SGB XIV getroffene Übergangsregelung zu übertragen. Danach haben Angehörige und Nahestehende einer Person, die in der Zeit vom 16.5.1976 bis 31.12.2023 geschädigt worden sind, keinen Anspruch auf Leistungen nach dem SGB XIV, wenn die geschädigte Person die Voraussetzungen nach dem OEG in der zum Tatzeitpunkt geltenden Fassung nicht erfüllt. Für sie gilt also im Ergebnis nichts anderes als für die in Abs. 2 ausdrücklich genannten Hinterbliebenen.

Nach § **138 Abs. 2** SGB XIV ist der Anspruch Hinterbliebener auf Leistungen nach dem SGB XIV davon abhängig, dass der Geschädigte die Voraussetzungen nach Abs. 1 erfüllt. Ob für den Anspruch Hinterbliebener die Voraussetzungen nach dem OEG oder aber die Voraussetzungen nach dem SGB XIV erfüllt sein müssen, hängt also ebenso wie beim Opfer der Gewalttat vom **Tatzeitpunkt** bzw. dem **Zeitpunkt der Schädigung** ab. Bei einer Schädigung innerhalb des Geltungszeitraums des OEG müssen die Voraussetzungen nach dem OEG erfüllt sein, wenn die Schädigung dagegen zu einem späteren Zeitraum stattgefunden hat oder wenn jedenfalls die letzte Tathandlung nach dem 31.12.2023 beendet worden ist, sind die Voraussetzungen nach dem SGB XIV maßgebend. 25

III. Schädigung im Zeitraum vor Inkrafttreten des OEG (Abs. 3)

1. Allgemeines. § 138 **Abs. 3 bis Abs. 6** übertragen die **Übergangs- und Härteregelungen** der §§ 10, 10a OEG in das SGB XIV. § 138 Abs. 3 S. 1 SGB XIV entspricht im Wesentlichen § 10a Abs. 1 S. 1 OEG. Diese sog. Härteregelung gilt nach § 138 **Abs. 3 S. 1** SGB XIV für Personen, die seit der Gründung der BRD am 23.5.1949 und vor dem Inkrafttreten des OEG geschädigt worden sind. Wer im Geltungszeitraum des OEG vom 16.5.1976 bis zum 31.12.2023 geschädigt worden ist, hat nach § 138 Abs. 1 S. 1 SGB XIV ab dem 1.1.2024 Anspruch auf Leistungen nach dem SGB XIV ohne die Beschränkungen des § 138 Abs. 3 S. 1 SGB XIV, wenn die Voraussetzungen nach dem OEG in der zum Tatzeitpunkt geltenden Fassung erfüllt sind. 26

Die Frage, ob die Härteregelung nach Abs. 3 in Fällen anzuwenden ist, in denen sich die schädigende Einwirkung **über einen längeren Zeitraum** erstreckt und über den 15.5.1976 hinaus fortbesteht, war auch schon unter Geltung der Vorgängerregelung des § 10a OEG nicht geklärt.[41] Insofern stellen sich insbesondere bei Dauerdelikten die bereits (→ Rn. 19 ff.) mit Bezug auf Abs. 1 erörterten Fragen. Maßgebend dürfte in solchen Fällen die **letzte Tathandlung** sein, die zu der Schädigung beigetragen hat. Eine Abs. 1 S. 2 entsprechende Regelung, nach der in Fällen, in denen die Schädigung durch mehrere Taten herbeigeführt wurde, die letzte Tat maßgebend ist, gibt es bezogen auf die Härteregelung nach Abs. 3 nicht. Allerdings spricht einiges dafür, dass Abs. 1 S. 2 im Rahmen der Härteregelung nach Abs. 3 entsprechend anzuwenden ist. 27

2. OEG in der am 31.12.2023 geltenden Fassung (Abs. 3 S. Nr. 1). § 138 **Abs. 3 S. 1 Nr. 1** bestimmt, dass ein Anspruch auf Härtefallleistungen für Gewaltopfer, die vor dem Inkrafttreten des OEG geschädigt worden sind, nur besteht, wenn die Voraussetzungen nach dem **OEG in der am 31.12.2023 geltenden Fassung** erfüllt werden. Die Erweiterung des Anwendungsbereichs der Opferentschädigung durch die Einbeziehung auch der Opfer psychischer Gewalt, die Gleichstellung der erheblichen Vernachlässigung von Kindern, ua erstreckt sich also nicht auf die Härtefallleistungen nach § 138 Abs. 3 SGB XIV. Das erscheint konsequent, weil die Erweiterung des Anwendungsbereichs nach § 138 Abs. 1, Abs. 2 SGB XIV auch den im Geltungszeitraum des OEG geschädigten Personen und ihren Hinterbliebenen nicht zugutekommt. Unter diesen Umständen können die vor Inkrafttreten des OEG geschädigten Personen, die 28

41 Vgl. HK-SozEntschR/Rademacker OEG § 10a Rn. 4.

nur unter Härtegesichtspunkten in den Schutz des OEG einbezogen worden sind, erst recht nicht von den ab 1.1.2024 geltenden Erweiterungen profitieren.

29 Ob die Voraussetzungen nach dem OEG vorlagen, richtet sich gem. § 138 Abs. 3 S. 1 Nr. 1 SGB XIV nach dem **OEG in der am 31.12.2023 geltenden Fassung.** Daraus folgt, dass Personen, die die übrigen Voraussetzungen nach der Härteregelung des § 138 Abs. 3 SGB XIV erfüllen, die bis zu diesem Zeitpunkt in Kraft getretenen Erweiterungen des Anwendungsbereichs des OEG (→ Rn. 12 ff.) zugutekommen. Das betrifft die schrittweise Einbeziehung von Ausländern und schließlich deren Gleichstellung mit Deutschen ebenso wie die Einbeziehung der Personen, die durch einen Angriff unter Einsatz eines Kraftfahrzeugs oder eines Anhängers geschädigt worden sind. Zwar sind bezogen auf einen Teil der für Ausländer geltenden Erweiterungen des Anwendungsbereichs des OEG in § 10 OEG Stichtage geregelt worden (→ Rn. 12). Die Regelung in § 10 S. 3 OEG aF, nach der die Erweiterung des Anwendungsbereichs durch § 1 Abs. 5 und 6 OEG aF – vorbehaltlich der Härteregelung – nur für Taten gilt, die nach dem 30.6.1990 begangen worden sind, ist jedoch bereits mit Art. 3 Nr. 4 G-SER gestrichen. Die ursprünglich in § 10 S. 3 OEG enthaltene Stichtagsregelung galt also am 31.12.2023 nicht mehr und ist auch nicht in § 138 SGB XIV übernommen worden. Durch die Änderung des § 1 Abs. 4 OEG und die Streichung von § 1 Abs. 5, 6 und 7 OEG[42] und eine erneute ebenfalls rückwirkend zum 1.7.2018 in Kraft getretene Änderung des § 1 Abs. 4 OEG[43] sind Ausländer im Vorgriff auf die gleichlautende Regelung des § 7 SGB XIV Deutschen gleichgestellt worden. Über die Bezugnahme auf die am 31.12.2023 geltende Fassung des OEG kommt diese Gleichstellung mit Deutschen auch den Ausländern zugute, die im Zeitraum vom 23.5.1949 bis zum 15.5.1976 geschädigt worden sind. Etwas Anderes könnte nach dem Wortlaut von § 138 Abs. 1 S. 1 SGB XIV für die in der Zeit vom 16.5.1976 bis zum 31.12.2013 geschädigten Ausländer gelten, weil hier auf die **zum Tatzeitpunkt geltende Fassung** des OEG abgestellt wird. Für diese Differenzierung fehlt es indes an einem sachlichen Grund (→ Rn. 14).

30 Nach § 10 S. 5 OEG (abgedr. → Rn. 46, vor der Aufhebung von S. 3 durch Art. 3 Nr. 4 G-SER: S. 6) gilt das OEG in den Fällen des **§ 3a OEG** erst für Ansprüche aus Taten, die nach dem 30.6.2009 begangen worden sind. Der zum 1.7.2009 in Kraft getretene § 3a OEG regelt die **Entschädigung für Auslandstaten**[44] (vgl. § 102). Da § 10 S. 5 OEG (anders als § 10 S. 3 OEG aF, s. o.) am 31.12.2023 noch gilt, wird die Bezugnahme in § 138 Abs. 3 S. 1 Nr. 1 SGB XIV auch auf diese Regelung zu beziehen sein. Damit bleibt es auch unter Geltung des SGB XIV bei der im OEG enthaltenen Begrenzung auf Auslandstaten, die nach dem 30.6.2009 begangen worden sind.

31 **3. Schwerbeschädigung, Inlandswohnsitz (Abs. 3 S. 1 Nr. 2, Nr. 4).** Nach **Abs. 3 S. 1 Nr. 2** setzt ein Anspruch voraus, dass die in der Zeit vom 23.5.1949 bis zum 15.5.1976 geschädigte Person allein in Folge dieser Schädigung einen Grad der Schädigungsfolgen von mindestens 50 hat. Außerdem muss sie nach Abs. 1 S. 1 Nr. 4 ihren **Wohnsitz** oder gewöhnlichen Aufenthalt (vgl. § 30 Abs. 3 SGB I) **in Deutschland** haben. Der Grad der Schädigungsfolgen richtet sich ab dem 1.1.2024 nach § 5 Abs. 1 SGB XIV und der auf der Grundlage von § 5 Abs. 2 SGB XIV erlassenen Rechtsverordnung des BMAS (vgl. im Einzelnen § 5).

32 **4. Bedürftigkeit (Abs. 3 S. 1 Nr. 3, S. 2).** Der Anspruch auf Leistungen nach der Härteregelung des Abs. 3 setzt Bedürftigkeit voraus (Abs. 3 S. 1 Nr. 3). Wer bedürftig ist, richtet sich nach § 138 Abs. 3 S. 2 SGB XIV iVm den Vorschriften für den Einsatz von

42 Art. 3 Nr. 1 Buchst. a und b G-SER.

43 Art. 2a Nr. 1 Buchst. a des Gesetzes zur Änderung des Gesetzes über Finanzhilfen des Bundes zum Ausbau der Tagesbetreuung für Kinder und des Kinderbetreuungsfinanzierungsgesetzes vom 15.4.2020 – BGBl. 2020 I 811, 812.

44 Vgl. im Einzelnen HK-SozEntschR/Rademacker OEG § 3a.

Einkommen und Vermögen im Kapitel 16 (§§ 105 bis 109). Damit gelten für die Leistungen an Personen, die in der Zeit vom 23.5.1949 bis zum 15.5.1976 Opfer einer Gewalttat geworden sind, die Einkommens- und Vermögensgrenzen, die nach § 92 Abs. 2 SGB XIV für die besonderen Leistungen im Einzelfall nach Kapitel 11 maßgebend sind. Wegen der Einzelheiten zu den Einkommens- und Vermögensgrenzen wird auf die Kommentierung zu §§ 105 ff. und wegen des **Schutzes der Besitzstände** von Personen, die Leistungen der Sozialen Entschädigung bis zum 31.12.2023 beantragt haben, auf die Kommentierung zu §§ 142 ff. verwiesen.

Die ab dem 1.1.2024 für Leistungen nach dem SGB XIV im Rahmen der Härteregelung geltenden Einkommens- und Vermögensgrenzen unterscheiden sich von den Einkommensgrenzen, die vorher galten. Nach **§ 10a Abs. 2 OEG** war ein Antragsteller bedürftig, wenn sein Einkommen im Sinne des § 33 BVG den Betrag, von dem an die nach der Anrechnungsverordnung (§ 33 Abs. 6 BVG) zu berechnenden Leistungen nicht mehr zustehen, zuzüglich des Betrages der jeweiligen Grundrente, der Schwerstbeschädigtenzulage sowie der Pflegezulage nicht übersteigt. Wegen der Einzelheiten der recht komplexen Berechnung nach altem Recht wird auf die Kommentierung im HK-SozEntschR[45] verwiesen. 33

5. Härteleistungen. Personen, die die Voraussetzungen nach Abs. 3 erfüllen, werden bezogen auf die Leistungen anderen Anspruchsberechtigten weitgehend gleichgestellt und haben Anspruch auf alle im SGB XIV vorgesehenen **Leistungen** mit **Ausnahme** des **Berufsschadensausgleichs** nach §§ 89 ff. SGB XIV. Eine entsprechende Regelung enthielt bereits **§ 10a Abs. 5 OEG.** Zur Begründung für den Ausschluss des Berufsschadensausgleichs wird in der Gesetzesbegründung[46] zur Einführung des § 10a OEG mit dem Ersten Gesetz zur Änderung des Gesetzes über die Entschädigung für Opfer von Gewalttaten[47] ausgeführt, dass mit der Härteregelung der notwendige Lebensunterhalt sichergestellt werden solle. Dazu gehörten auch Leistungen mit Aufwendungsersatzcharakter wie die Leistungen der beruflichen und medizinischen Rehabilitation sowie die Pflegezulage. Ein darüber hinausgehender Schaden solle jedoch nicht abgegolten werden. 34

IV. Hinterbliebene vor Inkrafttreten des OEG (Abs. 4)

Abs. 4 überträgt die in Abs. 3 für Gewaltopfer getroffene Regelung auf **Hinterbliebene** eines Gewaltopfers, das in der Zeit vom 23.5.1949 bis zum 15.5.1976 geschädigt worden ist. Bezogen auf die Bedürftigkeit sind die Einkommens- und Vermögensverhältnisse des Hinterbliebenen maßgebend. Nach Abs. 4 S. 2 iVm Abs. 3 S. 3 gelten auch hier für den Einsatz von Einkommen und Vermögen die Vorschriften aus dem Kapitel 16. Außerdem muss der Hinterbliebene seinen **Wohnsitz** oder ständigen Aufenthalt im Inland haben. Wegen der fehlenden Erwähnung von Angehörigen und Nahestehenden wird auf die Kommentierung zu Abs. 2 (→ Rn. 24) verwiesen. 35

V. Geltung im Beitrittsgebiet (Abs. 5)

Das OEG gilt in den **neuen Bundesländern** (Artikel 3 des Einigungsvertrages genanntes Gebiet) uneingeschränkt nur für Gewalttaten, die seit dem Tag der Wiedervereinigung (3.10.1990) begangen worden sind. Das folgte zunächst aus Anlage I Kapitel VIII Sachgebiet K Abschnitt III Nr. 18 Buchst. c S. 1 Einigungsvertrag[48] in der durch 36

45 HK-SozEntschR/Rademacker OEG § 10a Rn. 7.
46 BT-Drs. 10/2103, 5.
47 Vom 20.12.1984, BGBl. 1984 I 1723.
48 Vgl. Zustimmungsgesetz vom 23.9.1990, BGBl. II 885.

Art. 2 Buchst. a) des 2. OEG-Änderungsgesetzes[49] geänderten Fassung. Mit der Anfügung des heutigen[50] § 10 **S. 4** OEG durch das Gesetz zur Änderung des Bundesversorgungsgesetzes und anderer Vorschriften[51] sind die genannten Bestimmungen aus dem Einigungsvertrag[52] in das OEG übernommen worden. § 138 Abs. 5 S. 1 SGB XIV übernimmt diese Regelung in das SGB XIV.

37 Nach § 138 **Abs. 5 S. 2** SGB XIV gelten Abs. 1 und 2 entsprechend. Daraus ergibt sich bezogen auf § 138 Abs. 1 S. 1 SGB XIV folgende Regelung: „Personen, die in der Zeit vom 3.10.1990 bis 31.12.2023 in dem in Artikel 3 des Einigungsvertrags genannten Gebiet geschädigt worden sind, erhalten Leistungen nach diesem Buch, wenn die Voraussetzungen nach dem Opferentschädigungsgesetz in der zum Tatzeitpunkt geltenden Fassung erfüllt waren.“ Ebenso wie im alten Bundesgebiet gilt, dass die letzte Tat maßgebend ist, wenn die Schädigung durch mehrere Taten herbeigeführt wurde. Damit stellen sich auch bezogen auf das **Beitrittsgebiet** die oben angesprochenen Fragen, ob für Ansprüche nach dem SGB XIV das **OEG in der zum Tatzeitpunkt** geltenden Fassung maßgebend sein kann, oder ob es nicht vielmehr auf die am 31.12.2023 geltende Fassung ankommen muss (→ Rn. 12 ff.) und welche Rechtslage bei **Dauerdelikten** maßgebend ist (→ Rn. 19 ff.), die sich über den maßgebenden Stichtag (hier: 2.10.1990) hinaus erstrecken. Bei Hinterbliebenen einer im Beitrittsgebiet geschädigten Person ist Abs. 2 mit der Maßgabe anzuwenden, dass der maßgebende Schädigungszeitraum vom 3.10.1990 bis 31.12.2023 läuft.

38 § 138 **Abs. 5 S. 3** SGB XIV überträgt die **Härteregelung** aus § 138 Abs. 3 und 4 SGB XIV für Personen, die vor dem Inkrafttreten des OEG Opfer einer Gewalttat geworden sind, mWv 1.1.2024 auf das **Beitrittsgebiet**. Für die Zeit bis zum 31.12.2023 trifft § 10a Abs. 1 S. 2 OEG eine entsprechende Regelung. In Übereinstimmung mit der für das alte Bundesgebiet geltenden Regelung findet die Härteregelung im Beitrittsgebiet bei Schädigung in der Zeit von der Staatsgründung bis zum Tag vor dem Inkrafttreten des OEG und damit vom 7.10.1949 (Gründung der DDR) bis zum 2.10.1990 (Tag vor der Wiedervereinigung) Anwendung. Die für Gewalttaten im Beitrittsgebiet aus der Zeit vor der Wiedervereinigung geltende Beschränkung auf Härtefälle ist nicht verfassungswidrig.[53]

VI. Ausschluss für Gewalttaten vor der Staatsgründung (Abs. 6)

39 § 138 Abs. 6 SGB XIV stellt klar, dass für Zeiträume in denen auch die Härteregelung nach Abs. 3 bis 5 nicht eingreift, **kein Anspruch** auf Leistungen **nach dem SGB XIV** besteht. Bezogen auf das alte Bundesgebiet, betrifft das Gewalttaten, die vor dem Tag der Gründung der BRD am **23.5.1949** begangen wurden. Für Gewalttaten im Beitrittsgebiet tritt an dessen Stelle der Tag der Gründung der DDR am **7.10.1949**. Unschärfen entstehen dadurch, dass es nach Abs. 6 – ebenso wie nach Abs. 5 und Abs. 7 – auf den Tatzeitpunkt, nach Abs. 1 bis Abs. 4 dagegen (auch) auf den Zeitpunkt der Schädigung ankommt (→ Rn. 15 ff.)

---

49 Zweites Gesetz zur Änderung des Gesetzes über die Entschädigung für Opfer von Gewalttaten vom 21.7.1993, BGBl. I 1262.

50 Ursprünglich S. 5; durch die Streichung von S. 3 durch Art. 3 Nr. 4 G-SER wurde dieser mWv 1.7.2018 zu S. 4.

51 Vom 20.6.2011, BGBl. I 1114.

52 Nicht mehr anzuwenden gem. Art. 1 Nr. 6 Buchst. g D Buchst. bb bbb des Gesetzes über die weitere Bereinigung von Übergangsrecht aus dem Einigungsvertrag v. 21.1.2013 I, 91 mWv 29.1.2013.

53 BSG Urt. v. 24.7.2002 – B 9 VG 5/01 R; BSG Urt. v. 18.6.1996 – 9 RVg 2/95, BSGE 78, 274; BVerfG Kammerbeschl. v. 29.1.2003 – 1 BvR 1660/02.

VII. Leistungen in Traumaambulanzen (Abs. 7)

Die die **Traumaambulanzen** betreffenden Regelungen der §§ 31 bis 37 SGB XIV treten – anders als die meisten anderen Vorschriften des SGB XIV – nicht zum 1.1.2024, sondern bereits **zum 1.1.2021** in Kraft. Dem trägt die – ebenfalls bereits zum 1.1.2021 in Kraft tretende – Übergangsregelung des § **138 Abs. 7** SGB XIV Rechnung. Danach werden die Leistungen nach §§ **31 bis 36** SGB XIV „für Taten im Zeitraum vom 1.1.2021 bis zum 31.12.2023" erbracht, wenn die Voraussetzungen nach dem OEG in der zum Tatzeitpunkt geltenden Fassung erfüllt sind. Gemeint sind damit ersichtlich nicht die Voraussetzungen nach dem OEG für einen Anspruch auf Leistungen in einer Traumaambulanz; entsprechende Regelungen enthält das OEG schließlich nicht. Vielmehr sollen die Voraussetzungen des Anspruchs auf Versorgung nach § 1 Abs. 1 bis Abs. 9 OEG einschließlich des Fehlens von Versagungsgründen nach § 2 OEG in Bezug genommen werden.[54] Anders als nach Abs. 1 kommt es nach Abs. 7 nicht darauf an, ob die **Schädigung** im genannten Zeitraum stattgefunden hat. Maßgeblich ist vielmehr der **Tatzeitpunkt** und zwar sowohl bezogen auf den angegebenen Zeitraum als auch bezogen auf die zugrunde zu legende Fassung des OEG. Damit stellen sich die unter → Rn. 15 ff. zu Abs. 1 S. 1 diskutierten Fragen nicht in gleicher Weise bezogen auf Abs. 7. Ein sachlicher Grund für die unterschiedliche Formulierung in Abs. 1 S. 1 einerseits und Abs. 7 andererseits ist allerdings nicht ersichtlich. 40

Nach dem Wortlaut der Vorschrift ist davon auszugehen, dass Leistungen in Traumaambulanzen an Geschädigte, Angehörige, Hinterbliebene und Nahestehende eine **Gewalttat** voraussetzen, die sich **nicht vor dem 1.1.2021** ereignet hat. Zwar ist der Wortlaut insofern nicht ganz eindeutig,[55] da Abs. 7 nur regelt, dass für Taten in dem Zeitraum vom 1.1.2021 bis zum 31.12.2023 die **Voraussetzungen nach dem OEG** in der zum Tatzeitpunkt geltenden Fassung maßgebend sind. Damit sollte aber ganz offensichtlich nicht die Möglichkeit eröffnet werden, bei Gewalttaten in der Zeit vor dem 1.1.2021 Leistungen in Traumaambulanzen auch unabhängig vom Vorliegen der Voraussetzungen nach dem OEG zu gewähren. Vielmehr wird in Abs. 7 vorausgesetzt, dass Leistungen in Traumaambulanzen nach §§ 31 ff. SGB XIV nur bei Gewalttaten in Betracht kommen, die sich ab dem 1.1.2021 ereignet haben.[56] Insofern modifiziert Abs. 7 die in Abs. 1 S. 1 getroffene Regelung, die Ansprüche nach dem SGB XIV im Grundsatz davon abhängig macht, dass sich die Schädigung nicht vor dem 16.5.1976 ereignet hat. Die Schwierigkeiten, die für die Auslegung der Vorschrift aus der Bezugnahme auf die Voraussetzungen nach dem OEG „**... in der zum Tatzeitpunkt geltenden Fassung ...**" resultieren (vgl. dazu die Kommentierung zu Abs. 1 S. 1, → Rn. 12), können sich bezogen auf die Leistungen in Traumaambulanzen allein bezogen auf Konstellationen stellen, in denen ein tätlicher Angriff iSd § 1 Abs. 1 OEG durch den **Gebrauch eines Kraftfahrzeugs** oder eines Anhängers verübt worden ist, weil die Erweiterung des Anwendungsbereichs des OEG auf solche Gewalttaten erst mit der Änderung des § 1 Abs. 8 OEG durch Art. 11a Teilhabestärkungsgesetz[57] **mWv 10.6.2021** – und damit nach dem 1.1.2021 – erfolgt ist (dazu → § 18 Rn. 11). In der Praxis dürfte sich das Problem allerdings kaum stellen, weil die bis zum 9.6.2021 geltende Ausschlussregelung des § 1 Abs. 8 OEG aF auch schon vorher von den zuständigen Behörden idR nicht angewandt wurde.[58] Die vollständige **Gleichstellung von Aus-** 41

54 Ebenso: jurisPK-SGB XIV/Braun § 138 Rn. 7.
55 So auch Schmidt SGB XIV/Kerner § 138 Rn. 18.
56 Wohl aA Schmidt SGB XIV/Kerner § 138 Rn. 18.
57 Vom 2.6.2021, BGBl. 2021 I 1387, 1399.
58 BMJV, Abschlussbericht des Bundesbeauftragten für die Opfer und Hinterbliebenen des Terroranschlags auf dem Breitscheidplatz, S. 20; zur Vereinbarung der Länder, die Regelung auch in weiteren vergleichbaren Fällen nicht anzuwenden vgl. BT-Drs. 129/21, zu Art. 12a Nr. 1, vgl. → § 18 Rn. 7 (Fn. 16).

ländern mit Deutschen (Neufassung von § 1 Abs. 4 OEG durch Art. 2a Nr. 1 Buchst. a des Gesetzes zur Änderung des Gesetzes über Finanzhilfen des Bundes zum Ausbau der Tagesbetreuung für Kinder und des Kinderbetreuungsfinanzierungsgesetzes vom 15.4.2020[59], → Rn. 12, 29) ist rückwirkend zum 1.7.2018 in Kraft getreten[60] und gilt deshalb im gesamten hier in Betracht kommenden Zeitraum (Taten im Zeitraum vom 1.1.2021 bis 31.12.2023). Im Ergebnis folgt aus der Bezugnahme auf das OEG in der zum Tatzeitpunkt geltenden Fassung hier also im Regelfall nichts anderes als aus der Bezugnahme auf die am 31.12.2023 geltende Fassung des OEG, die nach § 138 Abs. 3 S. 1 Nr. 1 SGB XIV maßgebend ist (→ Rn. 12).

42 Abs. 7 trifft keine von § 137 SGB XIV abweichende Regelung zu Gewalttaten, die sich **ab dem 1.1.2024** ereignen. Daraus sowie aus den Grundsätzen des intertemporalen Rechts (→ § 137 Rn. 6) folgt, dass insoweit auch für die Inanspruchnahme von Leistungen in Traumaambulanzen die **Voraussetzungen nach dem SGB XIV** maßgebend sind, so dass auch Opfer psychischer Gewalttaten (§ 13 Abs. 1 Nr. 1, Abs. 2 SGB XIV) sowie Personen, auf die die neu eingeführten Gleichstellungssachverhalte nach § 14 Abs. 1 Nr. 5 und Nr. 6 SGB XIV (erhebliche Vernachlässigung von Kindern sowie Herstellung, Verbreitung und öffentliche Zugänglichmachung von Kinderpornographie) zutreffen, einbezogen werden.

43 Zusammen mit Abs. 7 sind neben den Vorschriften zu den Leistungen in Traumaambulanzen auch die Vorschriften zum **erleichterten Verfahren** nach §§ 115, 116 SGB XIV mWv 1.1.2021 in Kraft getreten. Danach genügt es bei den Leistungen der schnellen Hilfen nach dem Kapitel 4 – zu denen auch die Leistungen in einer Tramaambulanz gehören –, wenn eine summarische Prüfung ergibt, dass die antragstellende Person nach dem Recht der Sozialen Entschädigung anspruchsberechtigt sein kann.[61] Abs. 7 nimmt allerdings nicht auf die speziell die Leistungen in Traumaambulanzen betreffenden Bestimmungen zum Beginn der Leistungserbringung in § 11 Abs. 4 S. 2 SGB XIV und zur Kostentragung für die ersten beiden Sitzungen in der Traumaambulanz auch unabhängig von der Erfüllung der Anspruchsvoraussetzungen durch den Empfänger der Leistungen (§ 11 Abs. 5 SGB XIV, vgl. → § 11 Rn. 28 ff, → § 137 Rn. 6) Bezug. Diese treten erst zum 1.1.2024 in Kraft. Dabei dürfte es sich jedoch um ein Redaktionsversehen handeln.[62]

44 Nach Abs. 7 **sollen** die dort genannten Personenkreise unter den bezeichneten Voraussetzungen Leistungen in einer Traumaambulanz erhalten. Mit der Verwendung des Begriffs „sollen" wird dem Umstand Rechnung getragen, dass auch die durch Abs. 7 in Bezug genommenen § 32 SGB XIV (Psychotherapeutische Intervention) und § 33 SGB XIV (Psychotherapeutische Intervention in anderen Fällen) Soll-Regelungen sind, und damit einen Anspruch nur für den Regelfall vorsehen.[63] Andererseits haben Geschädigte nach dem Wortlaut des § 34 Abs. 1 S. 1 SGB XIV einen „**Anspruch** auf insgesamt bis zu 15 Sitzungen in der Traumaambulanz nach Maßgabe der folgenden

59 BGBl. 2020 I 811, 812.

60 Art. 3 Nr. 1 des Gesetzes über Finanzhilfen des Bundes zum Ausbau der Tagesbetreuung für Kinder und des Kinderbetreuungsfinanzierungsgesetzes vom 15.4.2020, BGBl. 2020 I 811, 813.

61 Vgl. dazu auch die Begründung der Ausschussempfehlung, BT-Drs. 19/14870, 35 zu Nr. 1 Buchst. ll.

62 Ebenso Schmidt SGB XIV/Kerner § 138 Rn. 19.

63 Vgl. BT-Drs. 19/13824, 185, zu § 32: „Geschädigte erhalten im Regelfall die psychotherapeutische Frühintervention nach dieser Norm, der Zugang kann nur in Ausnahmefällen verneint werden."; wie hier auch Schmidt SGB XIV/Bienert § 32 Rn. 10; vgl. auch jurisPK-SGB XIV/Braun § 138 Rn. 13.1; aA Schmidt SGB XIV/Kerner § 138 Rn. 17, der eine Ablehnung aus Ermessensgründen generell für ausgeschlossen hält.

Absätze, sofern die Voraussetzungen nach § 32 oder § 33 vorliegen“[64] (vgl. dazu im Einzelnen → § 32 Rn. 29 ff., → § 33 Rn. 23 ff., → § 34 Rn. 10).

VIII. Rechtsdurchsetzung

Ein Anspruch nach der Härteregelung der **Abs. 3 bis 5** hängt davon ab, ob die Voraussetzungen nach dem OEG erfüllt sind und damit insbesondere von der Frage, ob die Schädigung ursächlich auf einen vorsätzlichen rechtswidrigen **tätlichen Angriffs** iSd § 1 Abs. 1 OEG zurückzuführen ist. Insoweit gelten keine geringeren **Beweisanforderungen** als für Schädigungen, die seit dem Inkrafttreten des OEG eingetreten sind[65] (zu den Beweisanforderungen § 117, zu Leistungen in Traumaambulanzen ab dem 1.1.2021 vgl. § 11 Abs. 4 S. 2, Abs. 5, § 34 Abs. 2 S. 4, § 115 SGB XIV). Anders als für die Verfolgungsverjährung im Strafrecht, die nach § 78a StGB beginnt, sobald die Tat beendet oder ein zum Tatbestand gehörender Erfolg eingetreten ist und die nach Ablauf eines bestimmten Zeitraums eintritt, müssen im OEG und im SGB XIV durch die Anknüpfung an feste **Stichtage** immer weiter zurückliegende Taten aufgeklärt werden. Taten, die sich im Jahr 1949 ereignet haben, liegen im Jahr 2024 bereits 75 Jahre zurück und selbst seit den Taten, die im Jahr des Inkrafttretens des OEG begangen wurden, sind im Jahr 2024 bereits 48 Jahre vergangen. Wenn ein 77-jähriger im Jahr 2024 geltend macht, als Kind im Alter von zwei oder drei Jahren von einem vor 50 Jahren verstorbenen Verwandten missbraucht worden zu sein und deshalb nun an einer schweren psychischen Erkrankung mit einem GdS von 50 zu leiden, ist es Aufgabe der zuständigen Behörden und Gerichte, den entscheidungserheblichen Sachverhalt aufzuklären. Im Strafrecht beträgt die **Verjährung** dagegen (mit Ausnahme von Mord [§ 78 Abs. 2 StGB] und den im VStGB geregelten Verbrechen [vgl. § 5 VStGB]) nach § 78 Abs. 3 StGB höchstens 30 Jahre und auch dies gilt nur für Straftaten, die mit lebenslanger Freiheitsstrafe bedroht sind. Eine auch nur einigermaßen zuverlässige Aufklärung von mehr als 30 Jahre zurückliegenden Sachverhalten ist erfahrungsgemäß vielfach nicht mehr möglich. Vor diesem Hintergrund wäre es sinnvoll gewesen, die Härteregelung im SGB XIV auf Bestandsfälle zu begrenzen und auch bezogen auf Ansprüche aus Taten, die in der Zeit nach dem Inkrafttreten des OEG begangen wurden, eine der strafrechtlichen Verjährung vergleichbare zeitliche Begrenzung einzuführen. Dieser Weg ist mit dem SGB XIV jedoch nicht beschritten worden, so dass sich Behörden und Gerichte der genannten Aufgabe stellen müssen, auch wenn sie in einigen Fällen kaum erfüllbar sein wird. 45

D. Anhang

§ 10 OEG Übergangsvorschriften 46

[1]Dieses Gesetz gilt für Ansprüche aus Taten, die nach seinem Inkrafttreten begangen worden sind. [2]Darüber hinaus gelten die §§ 1 bis 7 mit Ausnahme des § 3a für Ansprüche aus Taten, die in der Zeit vom 23. Mai 1949 bis 15. Mai 1976 begangen worden sind, nach Maßgabe der §§ 10a und 10c. [3]In dem in Artikel 3 des Einigungsvertrages genannten Gebiet gilt dieses Gesetz für Ansprüche aus Taten, die nach dem 2. Oktober 1990 begangen worden sind. [4]Darüber hinaus gelten die §§ 1 bis 7 mit Aus-

---

64 Vgl. dazu auch die Gesetzesbegründung, BT-Drs. 19/13824, 186 zu § 34, die die Widersprüchlichkeit eher betont, als auflöst: „Berechtigte haben nach Absatz 1 Anspruch auf bis zu 15 Sitzungen. Dieser Anspruch setzt voraus, dass die zuständige Verwaltungsbehörde die Voraussetzungen auf eine Intervention nach § 32 oder § 33 geprüft und nach einer dieser Vorschriften einen Anspruch auf Leistungen der Traumaambulanz dem Grunde nach bejaht hat. Hat die Behörde ihr im Rahmen der §§ 32 und 33 zustehendes Ermessen dahin gehend ausgeübt, dass der Zugang zur Traumaambulanz eröffnet ist, besteht ein Anspruch auf erforderliche Leistungen in der Traumaambulanz, maximal auf 15 Sitzungen.“

65 BSG Urt. v. 6.9.1989 – 9 RVg 4/88; BSG Urt. v. 27.4.1989 – 9 RVg 1/88, SozR 3800 § 1 Nr. 13.

nahme des § 3a für Ansprüche aus Taten, die in dem in Satz 4 genannten Gebiet in der Zeit vom 7. Oktober 1949 bis zum 2. Oktober 1990 begangen worden sind, nach Maßgabe der §§ 10a und 10c. [5]In den Fällen des § 3a gilt dieses Gesetz erst für Ansprüche aus Taten, die nach dem 30. Juni 2009 begangen worden sind.

§ 10a OEG Härteregelung

(1) [1]Personen, die in der Zeit vom 23. Mai 1949 bis 15. Mai 1976 geschädigt worden sind, erhalten auf Antrag Versorgung, solange sie

1. allein infolge dieser Schädigung schwerbeschädigt sind und
2. bedürftig sind und
3. im Geltungsbereich dieses Gesetzes ihren Wohnsitz oder gewöhnlichen Aufenthalt haben.

[2]Versorgung nach Maßgabe des Satzes 1 erhalten auch Personen, die in dem in Artikel 3 des Einigungsvertrages genannten Gebiet ihren Wohnsitz oder gewöhnlichen Aufenthalt haben oder zum Zeitpunkt der Schädigung hatten, wenn die Schädigung in der Zeit vom 7. Oktober 1949 bis zum 2. Oktober 1990 in dem vorgenannten Gebiet eingetreten ist. [3]§ 31 Abs. 4 Satz 2 erster Halbsatz des Bundesversorgungsgesetzes gilt.

(2) Bedürftig ist ein Anspruchsteller, wenn sein Einkommen im Sinne des § 33 des Bundesversorgungsgesetzes den Betrag, von dem an die nach der Anrechnungsverordnung (§ 33 Abs. 6 Bundesversorgungsgesetz) zu berechnenden Leistungen nicht mehr zustehen, zuzüglich des Betrages der jeweiligen Grundrente, der Schwerstbeschädigtenzulage sowie der Pflegezulage nicht übersteigt.

(3) [1]Übersteigt das Einkommen den Betrag, von dem an die vom Einkommen beeinflußten Versorgungsleistungen nicht mehr zustehen, so sind die Versorgungsbezüge in der Reihenfolge Grundrente, Schwerstbeschädigtenzulage und Pflegezulage um den übersteigenden Betrag zu mindern. [2]Bei der Berechnung des übersteigenden Betrages sind die Einkünfte aus gegenwärtiger Erwerbstätigkeit vor den übrigen Einkünften zu berücksichtigen. [3]§ 33 Abs. 4, § 33a Abs. 2 und § 33b Abs. 6 des Bundesversorgungsgesetzes gelten nicht.

(4) [1]Die Hinterbliebenen eines Geschädigten erhalten auf Antrag Versorgung in entsprechender Anwendung der §§ 38 bis 52 des Bundesversorgungsgesetzes, solange sie bedürftig sind und im Geltungsbereich dieses Gesetzes ihren Wohnsitz oder ständigen Aufenthalt haben. [2]Die Absätze 2 und 3 gelten entsprechend. [3]Unabhängig vom Zeitpunkt des Todes des Beschädigten sind für die Witwenbeihilfe die Anspruchsvoraussetzungen des § 48 Abs. 1 Satz 1, 5 und 6 des Bundesversorgungsgesetzes in der im Zeitpunkt der Antragstellung geltenden Fassung maßgebend.

(5) Die Versorgung umfaßt alle nach dem Bundesversorgungsgesetz vorgesehenen Leistungen mit Ausnahme von Berufsschadens- und Schadensausgleich.

§ 10c OEG Übergangsregelung

[1]Neue Ansprüche, die sich auf Grund einer Änderung dieses Gesetzes ergeben, werden nur auf Antrag festgestellt. [2]Wird der Antrag binnen eines Jahres nach Verkündung des Änderungsgesetzes gestellt, so beginnt die Zahlung mit dem Zeitpunkt des Inkrafttretens, frühestens jedoch mit dem Monat, in dem die Voraussetzungen erfüllt sind.

§ 139 Besonderer zeitlicher Geltungsbereich für Kriegsopfer beider Weltkriege

[1]Personen, die vor dem 1. Januar 2024 geschädigt worden sind, erhalten Leistungen nach diesem Buch, wenn die Voraussetzungen nach dem Bundesversorgungsgesetz in der bis zum 31. Dezember 2023 geltenden Fassung erfüllt waren. [2]Die monatliche Entschädigungszahlung wird erbracht, ohne dass in diesem Zeitraum geprüft wird, ob die Anspruchsvoraussetzungen weiterhin vorliegen.

1 Die Übergangsvorschrift betrifft die wenigen Personen, die ihre Ansprüche auf Kriegsopferversorgung nach dem BVG trotz der langen seit Ende beider Weltkriege vergangenen Zeit bis zum **31.12.2023** noch nicht geltend gemacht haben. Auf **erstmals nach** diesem Datum gestellte **Anträge** wegen **davor erlittener Schädigungen** erhalten sie Leistungen nach dem SGB XIV, sofern in der Zeit vor dem 31.12.2023 die Voraussetzungen für Kriegsopferversorgung nach dem BVG erfüllt waren.

Satz 2 führt nicht etwa in erweiterter Form die Bestandsschutzvorschriften des § 62 Abs. 2 S. 1, Abs. 3 S. 1 BVG fort. Er sollte vielmehr monatliche Entschädigungszahlungen von einer zunächst geplanten Befristung auf jeweils fünf Jahre[1] ausnehmen. Nach § 83 SGB XIV werden die Leistungen jetzt unbefristet gewährt. Die Vorschrift hat deshalb **keinen Anwendungsbereich.**[2] 2

Die Ansprüche von Personen, die noch nach dem 31.12.2023 durch Auswirkungen kriegerischer Vorgänge beider Weltkriege geschädigt werden, richten sich nach § 21 SGB XIV. 3

§ 140 Besonderer zeitlicher Geltungsbereich für Zivildienstgeschädigte

Personen, die vor dem 1. Januar 2024 geschädigt worden sind, erhalten Leistungen nach diesem Buch, wenn die Voraussetzungen nach dem Zivildienstgesetz in der bis zum 31. Dezember 2023 geltenden Fassung erfüllt waren.

A. Gesetzesgeschichte

Zur Geschichte der Versorgung nach §§ 47 ff. ZDG vgl. insgesamt Kommentierung bei § 23 SGB XIV. Durch Art. 1 des G-SER vom 12.12.2019[1] wird die Soziale Entschädigung Zivildienstgeschädigter (vgl. § 23 SGB XIV) **zum 1.1.2024** als SGB XIV in das Sozialgesetzbuch eingeordnet. Zugleich wird das BVG, auf welches das ZDG hinsichtlich der Ansprüche auf Ausgleich und Versorgung verweist, aufgehoben. 1

B. Normsystematik

Die Vorschrift enthält eine **Übergangsregelung** für Zivildienstgeschädigte (vgl. § 23 SGB XIV). 2

C. Einzelkommentierung

Nach der Gesetzesbegründung ist die Regelung erforderlich, wenn Ansprüche nach dem ZDG in Verbindung mit dem BVG erstmals zum Zeitpunkt des Außerkrafttretens des BVG und Inkrafttretens des SGB XIV zum 1.1.2024 geltend gemacht werden.[2] Sie bezieht sich somit auf **Zivildienstbeschädigungen,** die **vor dem 1.1.2024 eingetreten** sind, deren Entschädigung aber **erst ab dem 1.1.2024 geltend gemacht** wird. Für diese Ansprüche bewirkt der Zeitpunkt der Antragstellung eine **zeitliche Zäsur.** Die Leistungsansprüche der geschädigten Personen oder ihrer Hinterbliebenen richten sich nunmehr ausschließlich nach dem SGB XIV. Für die Frage allerdings, ob eine Zivildienstbeschädigung eingetreten ist oder nicht, sind die Vorschriften des ZDG maßgeblich. Dadurch wird einerseits erreicht, dass ab 1.1.2024 keine neuen originären Leistungsansprüche nach dem ZDG iVm dem BVG mehr begründet werden. Andererseits hat der Zeitpunkt der Antragstellung keine Auswirkungen auf die Beurteilung, ob es sich bei dem in der Vergangenheit liegenden schädigenden Ereignis um eine Zivildienstbeschädigung gehandelt hat oder nicht. Diesbezüglich bewirkt eine Antragstellung ab 1.1.2024 weder eine Besser- noch eine Schlechterstellung. 3

Bestand ein **Anspruch** auf Leistungen nach dem ZDG iVm dem BVG bereits **bis zum 31.12.2023** bzw. war bis zu diesem Zeitpunkt zumindest ein **Antrag** auf Leistungen gestellt, aber noch nicht bestandskräftig beschieden worden, finden grundsätzlich 4

1 Vgl. Schmachtenberg Sozialrecht aktuell, Sonderheft 2017, 18 (21).
2 Schmidt SGB XIV/Kerner § 139 Rn. 21.
1 BGBl. 2019 I 2652.
2 Vgl. BT-Drs. 19/13824, 226 zu § 140.

§ 142 Abs. 1 und 2 SGB XIV bzw. § 142 Abs. 3 SGB XIV iVm § 152 SGB XIV Anwendung.

§ 141 Besonderer zeitlicher Geltungsbereich für Geschädigte durch Schutzimpfungen oder einer anderen Maßnahme der spezifischen Prophylaxe

[1]Personen, die vor dem Inkrafttreten dieses Buches geschädigt worden sind, erhalten Leistungen nach diesem Buch, wenn die Voraussetzungen nach § 60 des Infektionsschutzgesetzes in der bis zum 31. Dezember 2023 geltenden Fassung erfüllt waren. [2]Hinterbliebene einer bis zum 31. Dezember 2023 geschädigten Person erhalten Leistungen nach diesem Buch, wenn für die geschädigte Person die Voraussetzungen nach Satz 1 erfüllt waren.

A. Entstehungsgeschichte

1 Durch Art. 1 des G-SER[1] wird die soziale Entschädigung Impfgeschädigter und Geschädigter infolge von Maßnahmen spezifischer Prophylaxe[2] mit Wirkung vom 1.1.2024 in das Sozialgesetzbuch eingeordnet (vgl. § 24 SGB XIV). Zugleich werden die bislang insoweit maßgeblichen Anspruchsnormen der §§ 60 ff. IfSG aufgehoben (vgl. Art. 46 G-SER). Mit § 141 SGB XIV wird zeitgleich eine Übergangsregelung für „Altfälle" geschaffen.

Vgl. zur Geschichte des Rechts der Impfgeschädigten insgesamt die Kommentierung zu § 24 SGB XIV.

B. Normsystematik

2 § 141 SGB XIV enthält eine Übergangsregelung für Impfgeschädigte (vgl. § 24 SGB XIV). Die Norm regelt, welche Anspruchsnormen (§§ 60 ff. IfSG oder § 24 SGB XIV) in zeitlicher Hinsicht zur Anwendung kommen (vgl. den Überblick bei → § 13 Rn. 34 und → § 137 Rn. 3 ff.). Abweichend von dem in **§ 137 SGB XIV geregelten Grundsatz,** nach dem das Datum der Antragstellung maßgebend ist (Antragstellung bis zum 31.12.2023: Bescheidung auf der Grundlage alten Rechts, Antragstellung ab 1.1.24: Bescheidung auf der Grundlage neuen Rechts), bleiben im Impfschadensrecht[3] die zum Zeitpunkt der Impfung geltenden Voraussetzungen nach dem IfSG maßgebend. Das gilt sowohl für Leistungen an Impfgeschädigte selbst (Satz 1) als auch für Leistungen an Hinterbliebene (Satz 2).

3 Die Regelung ist abzugrenzen vom Besitzstandsschutz nach § 142 SGB XIV. Dessen Anwendbarkeit setzt voraus, dass Leistungen noch nach bisherigem Recht bewilligt wurden oder noch bis zum 31.12.2023 ein Antrag auf entsprechende Leistungen gestellt worden ist. Dann besteht ein Anspruch auf Leistungen nach altem Recht aufgrund von Besitzstandsschutz – mit der Möglichkeit der Ausübung des Wahlrechts nach § 152 SGB XIV. § 141 SGB XIV normiert demgegenüber eine Regelung für den Fall, dass Leistungen erst nach dem 31.12.2023 beantragt wurden, die Schädigung aber vor dem 1.1.2024 lag. Dann gilt nach § 141 SGB XIV, dass eine Entschädigung nur erfolgen kann bei Vorliegen der Voraussetzungen nach altem Recht.

1 BGBl.2019 I 2652.
2 Im Folgenden vereinfachend nur: Impfgeschädigte.
3 Vgl. zum Begriff des Impfschadensrechts die Kommentierung bei § 24.

C. Einzelkommentierung

Die Übergangsvorschrift betrifft die Personen, die ihre Ansprüche auf Impfentschädigung nach den §§ 60 ff. IfSG erst nach Inkrafttreten des neuen Impfschadensrechts geltend machen. Auf erstmals nach dem 1.1.2024 geltend gemachte Ansprüche wegen davor erlittener Schädigungen erhalten sie Leistungen nach Maßgabe der Voraussetzungen des IfSG. 4

Voraussetzung für die Anwendbarkeit der Übergangsregelung ist, dass die Person vor dem 1.1.2024 „geschädigt" worden ist. Nach den Begrifflichkeiten des SGB XIV ist Voraussetzung daher, dass (innerhalb der dreigliedrigen Kausalkette, vgl. dazu → § 24 Rn. 29) sowohl das schädigende Ereignis (also die Impfung oder die Maßnahme der spezifischen Prophylaxe) als auch die Schädigung (also die unübliche Impfreaktion, vgl. dazu → § 24 Rn. 94 ff.) vor dem 1.1.2024 eingetreten sein muss. Das folgt auch aus dem Verweis auf die Voraussetzungen nach § 60 IfSG. Dagegen muss die Schädigungsfolge (vgl. dazu → § 24 Rn. 101) nicht vor dem 1.1.2024 eingetreten sein. 5

Entsprechende Regelungen enthalten auch die §§ 138 bis 140 SGB XIV – allerdings besteht in den dortigen Fällen jedenfalls zumeist nicht die (faktische) Besonderheit, dass **Ereignis und Schädigung zeitlich überwiegend auseinanderfallen**, was bei Impfung und Schädigung aber der Fall ist.[4] Wer also am 31.12.2023 geimpft wird, aber erst am 1.1.2024 eine unübliche Impfreaktion aufweist, der wurde nicht „vor dem Inkrafttreten dieses Buches" geschädigt. Die Schädigung ist erst am 1.1.2024 eingetreten. In einem solchen Fall ist § 141 SGB XIV seinem Wortlaut nach nicht anwendbar und greift § 137 SGB XIV ein: Da der Antrag nach dem 1.1.2024 gestellt worden ist (sonst griffe § 142 SGB XIV), ist § 24 SGB XIV die einschlägige Anspruchsnorm – eine Versorgungslücke entsteht dadurch nicht.[5] 6

Ob die Herausnahme solcher Fallgruppen aus der Übergangsregelung gesetzgeberisch gewollt war, kann allerdings zweifelhaft erscheinen. Die Gesetzesbegründung macht deutlich, dass sie § 141 SGB XIV für die „noch nicht bestandskräftig entschiedenen" – und also für alle offenen Altfälle – maßgeblich erachtet.[6] Andererseits zeigt gerade der systematische Kontext mit den anderen Übergangsregelungen, dass offenbar auch unterschiedliche Konstruktionen in der tatbestandlichen Formulierung gewählt worden sind. In § 138 SGB XIV ist formuliert, dass maßgeblich ist, ob die Tat (also das schädigende Ereignis[7]) bis zum 31.12.2023 erfolgt ist (vgl. § 138 Abs. 1 S. 2 SGB XIV) – während § 141 SGB XIV nicht das schädigende Ereignis mit seinen Formulierungen aufgreift, sondern vielmehr an den „Voraussetzungen nach § 60 IfSG" anknüpft – die wiederum eine Schädigung gerade erfordern. Auch dies spricht dafür, dem Wortlaut der Norm entsprechend nur Fälle zugrunde zu legen, in denen auch schon die Schädigung vor dem 31.12.2023 eingetreten ist. 7

Nach § 141 S. 2 SGB XIV folgt die **Entschädigung von Hinterbliebenen** den Regelungen für die geschädigte Person selbst. Hätte die verstorbene Person den Impfschaden nach Maßgabe von Satz 1 geltend machen können, dann kann auch die hinterbliebene Person dies tun. Ist Satz 1 nicht einschlägig, gilt die Regelung des § 137 SGB XIV mit der Folge, dass die hinterbliebene Person nach § 2 SGB XIV zu berücksichtigen ist. 8

Rechtsfolge sind „Leistungen nach diesem Buch". Nur für die Voraussetzungen, nicht also die Leistungsinhalte stellt § 141 SGB XIV folglich auf das alte Recht ab. 9

4 Vgl. allerdings zB zu den Besonderheiten eines Schockschadens → § 138 Rn. 15 ff.
5 AA Schmidt SGB XIV/Kerner § 141 Rn. 3.
6 BT-Drs. 19/13824, 227.
7 Vgl. allerdings zu den Auslegungsschwierigkeiten, die sich wiederum aus den uneinheitlich gewählten Begrifflichkeiten innerhalb des § 138 SGB XIV ergeben, → § 138 Rn. 15 ff.

Kapitel 23 Vorschriften zu Besitzständen

Abschnitt 1 Grundsätze und Leistungen

§ 142 Grundsätze

(1) [1]Personen, deren Ansprüche nach dem Bundesversorgungsgesetz oder nach einem Gesetz, das das Bundesversorgungsgesetz ganz oder teilweise für anwendbar erklärt, in der bis zum 31. Dezember 2023 geltenden Fassung bis zum 31. Dezember 2023 bestandskräftig festgestellt sind, erhalten diese Leistungen nach dem Bundesversorgungsgesetz oder nach dem Gesetz, das das Bundesversorgungsgesetz für anwendbar erklärt, in der am 31. Dezember 2023 geltenden Fassung weiter, soweit dieses Kapitel nichts Abweichendes bestimmt. [2]Kurzfristige Unterbrechungen im Leistungsbezug unmittelbar vor dem 31. Dezember 2023 lassen die Ansprüche auf Leistungen nach Satz 1 jeweils unberührt.

(2) [1]Über einen bis zum 31. Dezember 2023 gestellten und nicht bestandskräftig beschiedenen Antrag auf Leistungen nach dem Bundesversorgungsgesetz oder nach einem Gesetz, das das Bundesversorgungsgesetz ganz oder teilweise für anwendbar erklärt, ist nach dem im Zeitpunkt der Antragstellung geltenden Recht zu entscheiden. [2]Wird hierbei ein Anspruch festgestellt, werden ebenfalls Leistungen nach Absatz 1 Satz 1 erbracht.

(3) Abweichend von den Absätzen 1 und 2 können im Rahmen des Wahlrechts nach § 152 Leistungen nach den Kapiteln 1 bis 22 in Anspruch genommen werden.

A. Gesetzesgeschichte

1 Die Vorschrift wurde durch Art. 1 G-SER[1] eingeführt; nach dessen Art. 60 Abs. 7 tritt sie am 1.1.2024 in Kraft.

2 Das Versorgungsrecht kennt **Bestandsschutzvorschriften** wegen großer geschichtlicher Umbrüche aber auch bei (geringfügig) nachteiligen Rechtsänderungen. Nach § 85 S. 1 BVG blieben alle Entscheidungen zum **ursächlichen Zusammenhang** von Gesundheitsstörung und Schädigung verbindlich, die für die Opfer zweier Weltkriege aufgrund des vor dem 1.10.1950 geltenden Versorgungsrechts getroffenen worden waren.[2] § 85 S. 2 BVG übernimmt eine Vorgabe des Einigungsvertrages und bewirkt damit, dass auch im Beitrittsgebiet nach Ende des Zweiten Weltkrieges getroffene **positive Entscheidungen zum Ursachenzusammenhang** Bestand haben.[3] Da unter der Herrschaft des BVG Leistungen fortlaufend ausgeweitet und ständig verbessert aber kaum eingeschränkt oder abgebaut wurden, gab es nur wenige Fälle schutzbedürftiger Besitzstände. So bewahrt etwa § 87 Abs. 1 S. 1 BVG Bezieher von BSA vor Anspruchseinbußen durch geringere Vergleichseinkommen nach dem ab 2011 geltenden reformierten Recht[4] und § 87 Abs. 1 S. 3 BVG schützt seit 1990 den bis dahin gewährten, inzwischen dynamisierten Pauschalbetrag des Haushaltsführungs-BSA gegen eine Verschlechterung durch Ausgleich nur schädigungsbedingten Mehraufwandes.[5]

---

1 BGBl. 2019 I 2652.

2 Auf die Verbindlichkeit negativer Entscheidungen konnte die Versorgungsverwaltung „verzichten“: BSG Urt. v. 5.5.1960 – 9 RV 422/56, juris Rn. 8.

3 Wilke/Sailer, Soziales Entschädigungsrecht, 7. Aufl. 1992, BVG § 85 Rn. 11; BT-Drs. 17/5311, 23.

4 BT-Drs. 17/5311, 23.

5 Ein skurriles Beispiel für Besitzstandswahrung findet sich in § 18 Abs. 6 OrthV. Danach haben Berechtigte auch heute noch Anspruch auf Lieferung elektrischer Rasiergeräte, Aktentaschen mit Tragriemen und von Schlüpf-schuhen, wenn bei ihnen vor dem 1.1.1990 die Voraussetzungen für eine Versorgung mit diesen Gegenständen vorgelegen haben.

B. Normsystematik

I. Allgemeiner Regelungsgehalt

Die Vorschrift stellt Grundsätze zur Besitzstandswahrung für Ansprüche auf, die bei Außerkrafttreten des BVG am 31.12.2023 bereits **bestandskräftig festgestellt** oder bis dahin **beantragt** worden sind. Nach Abs. 1 S. 1 werden bestandskräftig festgestellte Leistungen **prinzipiell** nach den am 31.12.2023 geltenden Bestimmungen des BVG **weitergewährt,** es sei denn, die – umfassenden – Vorschriften des Kap. 23 regeln Abweichendes. Besitzstandsschutz gilt nach S. 2 auch dann, wenn der **Leistungsbezug** kurz vor dem 31.12.2023 **unterbrochen** wird, aber bei Fortgeltung bis dahin geltenden Rechts alsbald nach diesem Datum fortgesetzt worden wäre. Abs. 2 erstreckt den Besitzstandsschutz auf Ansprüche, über die am 31.12.2023 noch gar **nicht entschieden** ist, die bis dahin **aber beantragt** sind und später festgestellt werden. Abs. 3 verweist auf das **Wahlrecht** nach § 152 SGB XIV: statt der Leistungen nach den Abs. 1 und 2 lassen sich auch Leistungen nach den Kap. 1 bis 22 beanspruchen. 3

II. Systematische Einordnung und Normzweck

§ 142 SGB XIV geht zu Recht von der Prämisse aus, dass nach dem **Leistungsrecht** des **BVG bestandskräftig** festgestellte (oder nach Abs. 2 **noch festzustellende**) **Ansprüche** von Kriegsopfern oder sonstigen Geschädigten als **Besitzstand** geschützt sind und deshalb mit Außerkrafttreten bisherigen Rechts **nicht ersatzlos untergehen,** sondern im SGB XIV besitzstandswahrend zu regeln sind. Diese Verpflichtung folgt aus dem Grundgesetz, auch wenn die verfassungsrechtliche Herleitung noch nicht vollständig geklärt ist. Nach der Rechtsprechung des BSG[6] stehen Leistungen der **Kriegsopferversorgung** unter **Eigentumsschutz** gem. Art. 14 Abs. 1 GG. Es handele sich bei ihnen um gesetzlich normierte **Aufopferungsansprüche.** Sie dienten dem Ausgleich für das dem Staat an Gesundheit und Leben erbrachte besondere Opfer und beruhten nicht auf Billigkeitserwägungen wegen ausschließlicher staatlicher Fürsorgepflicht. Nach anderer Auffassung fehlt zwar die für eine **vermögenswerte Rechtsposition** erforderliche nicht unerhebliche **Eigenleistung.** Aus den Verfassungsprinzipien der Rechts- und Sozialstaatlichkeit folge gleichwohl die Pflicht des Staates, von ihm zu verantwortende **Sonderopfer** abzugelten.[7] Die staatliche Gemeinschaft müsse in der Regel Lasten mittragen, die Folge eines die Gesamtheit treffenden Schicksal sind und mehr oder weniger zufällig nur einige Bürger oder bestimmte Gruppen getroffen haben.[8] 4

Die höchst differenzierten, auch entlegene Einzelfälle erfassenden Besitzstandsvorschriften des Kap. 23 gehen allerdings weit über das **verfassungsrechtlich** gebotene **Minimum** hinaus.[9] Das gilt für die Höhe der Leistungen an Geschädigte ebenso wie für die fürsorgerisch geprägten Teile des Leistungsspektrums und für die umfassende Berücksichtigung von Hinterbliebenenleistungen.

C. Einzelkommentierung

Abs. 1 erweckt den Eindruck, Kriegsopfern, sonstigen Geschädigten und Hinterbliebenen würden die ihnen bis zum 31.12.2023 nach dem **BVG bewilligten Leistungen** sämtlich (Geld-, Sach- und Dienstleistungen sowie persönliche Budgets) **umfassend** über dieses Datum hinaus nach dem bis dahin geltenden Recht **weitergewährt.** Dieser 5

6 BSG Urt. v. 7.5.1986 – 9a RV 20/85, juris Rn. 11 unter Berufung auf BVerfG Beschl. v. 30.5.1976 – 1 BvL 26/76, juris Rn. 27; vgl. auch BT-Ausschussdrucksache 19(11)505, 64 f. Schriftliche Stellungnahme der Sachverständigen Knickrehm.
7 Vgl. jurisPK-SGB I/Voelzke, 3. Aufl. 2019, § 5 Rn. 9.
8 BVerfG Beschl. v. 3.12.1969 – 1 BvR 624/56, juris Rn. 83.
9 Vgl. Schmidt SGB XIV/Kerner § 142 Rn. 1b f.

Grundsatz gilt aber nur **ausnahmsweise** (vgl. etwa § 145 SGB XIV). Die **Regel** sind **abweichende Bestimmungen** in Kap. 23.

6 Abs. 1 S. 2 gewährt grundsätzlichen Besitzstandsschutz auch dann, wenn der **Leistungsbezug** unmittelbar vor dem 31.12.2023 **kurzfristig unterbrochen** war. Damit sind nicht etwa Unterbrechungen von kurzer Dauer gemeint, die bereits vor dem Stichtag wieder geendet haben. Dann ist die Voraussetzung des Leistungsbezuges am 31.12.2023 gem. S. 1 erfüllt. Die Regelung soll berechtigte Personen einbeziehen, die bis **kurz vor** diesem Datum Leistungen bezogen haben und **alsbald danach** wieder bezogen hätten, wenn das bisherige Recht nicht außer Kraft getreten wäre.[10] Erfasst sind also die **Jahresgrenze 2023/2024 überschreitende Unterbrechungen**, die nach dem Wortlaut der Vorschrift zwei Anforderungen erfüllen: sie müssen „unmittelbar" vor dem 31.12.2023 begonnen haben und sie müssen „kurzfristig" sein. Entgegen dieser doppelten zeitlichen Vorgabe dürfte es lediglich darauf ankommen, dass der Unterbrechungszeitraum **insgesamt** von **kurzer Dauer** ist, unabhängig davon wie er sich auf die Zeit vor und nach dem 31.12. 2023 verteilt. Das Merkmal „unmittelbar" lässt sich nach dem Regelungszweck nicht etwa als Zeitabstand von nur wenigen Tagen zum 31.12 2023 interpretieren.

Ebenso wie in der verwandten Besitzstandsvorschrift des § 141 Abs. 1 S. 4 SGB XI hat der Gesetzgeber die exakte Dauer unschädlicher Leistungsunterbrechung offen gelassen. Als **kurzzeitig** wird jedenfalls ein Zeitraum **von bis zu sechs Wochen** zu gelten haben[11]

7 Nach Abs. 1 S. 1 sind nur die nach dem BVG bis zum 31.12.2023 bestandskräftig festgestellten Ansprüche besitzstandsgeschützt. Abs. 2 S. 1 **erweitert** den **Besitzstandsschutz,** wenn **Anträge** bis zu diesem Datum **gestellt** aber noch **nicht bestandskräftig beschieden** sind. Über solche Anträge ist nach dem am 31.12.2023 außer Kraft getretenen Recht zu entscheiden, weil Besitzstandswahrung nicht von der Dauer eines vom Antragsteller nicht weiter beeinflussbaren Verwaltungsverfahrens abhängen soll.[12] Wird ein Anspruch festgestellt, sind Leistungen nach Abs. 1 zu erbringen (Abs. 2 S. 2); mithin **bis zum 31.12.2023** nach dem **BVG** und **anschließend** – überwiegend – nach den abweichenden Bestimmungen des Kap. 23, **wahlweise** auch nach Kap. 1 bis 22. Angesichts der Dauer von Verwaltungs- und sozialgerichtlichen Verfahren wird das BVG deshalb noch lange nach seinem Außerkrafttreten bedeutsame Rechtsquelle bleiben.

8 Abs. 3 trifft keine eigenständige Regelung; er verweist lediglich auf das Wahlrecht nach § 152 SGB XIV, wonach Berechtigte sich anstelle der Leistungen nach Kap. 23 für solche nach den Kap. 1 bis 22 entscheiden können.

§ 143 Heil- und Krankenbehandlung

(1) [1]Geschädigte, deren Anspruch auf Heilbehandlung nach dem Bundesversorgungsgesetz oder nach einem Gesetz, das das Bundesversorgungsgesetz ganz oder teilweise für entsprechend anwendbar erklärt, bestandskräftig festgestellt worden ist, erhalten ab 1. Januar 2024 Leistungen der Krankenbehandlung nach Kapitel 5. [2]§ 45 und die §§ 54 bis 61 gelten entsprechend.

(2) [1]Abweichend von Absatz 1 erhalten Geschädigte, deren Ansprüche auf einzelne Leistungen der Heilbehandlung nach dem Bundesversorgungsgesetz oder nach einem Gesetz, das das Bundesversorgungsgesetz ganz oder teilweise für entsprechend

10 BT-Drs. 19/18324, 227.

11 Knickrehm/Mushoff/Schmidt Neues SozEntschR Rn. 431; Schmidt SGB XIV/Kerner § 142 Rn. 6a.

12 BT-Drs. 19/18324, 227.

anwendbar erklärt, bis zum 31. Dezember 2023 bestandskräftig festgestellt worden sind, diese Leistungen in dem bewilligten Umfang. [2]Dies gilt auch für Ansprüche auf einzelne Leistungen der Heilbehandlung, die bis zum 31. Dezember 2023 beantragt, aber noch nicht bestandskräftig beschieden worden sind.

(3) [1]Personen, deren Ansprüche auf einzelne Leistungen der Krankenbehandlung nach dem Bundesversorgungsgesetz oder eines Gesetzes, das das Bundesversorgungsgesetz ganz oder teilweise für entsprechend anwendbar erklärt, bis zum 31. Dezember 2023 bestandskräftig festgestellt worden sind, erhalten für sich oder die jeweils berechtigten Leistungsempfängerinnen und Leistungsempfänger diese Leistungen in dem bewilligten Umfang. [2]Dies gilt auch für Ansprüche auf einzelne Leistungen der Krankenbehandlung, die bis zum 31. Dezember 2023 beantragt, aber noch nicht bestandskräftig beschieden worden sind.

(4) Zuständig für die Erbringung der Leistungen nach den Absätzen 2 und 3 bleiben die bis zum Außerkrafttreten des Bundesversorgungsgesetzes zuständigen Verwaltungsbehörden oder Krankenkassen.

(5) [1]Den Krankenkassen werden von der zuständigen Verwaltungsbehörde halbjährlich die Aufwendungen erstattet, die ihnen nach den Absätzen 2 und 3 entstehen. [2]Als angemessene Verwaltungskosten werden ihnen von der zuständigen Verwaltungsbehörde halbjährlich 5 Prozent des Erstattungsbetrages nach Satz 1 erstattet.

A. Gesetzesgeschichte

1 § 143 geht zurück auf den Gesetzentwurf der Bundesregierung vom 9.10.2019, BT-Drs. 19/13824, 228; die Vorschrift tritt mWz 1.1.2024 in Kraft.[1] Im bis 31.12.2023 geltenden Recht finden sich für die Heil- und Krankenbehandlung keine Vorschriften zum Besitzstand oder Übergangsvorschriften.[2]

B. Normsystematik

I. Allgemeiner Regelungsgehalt

2 Abweichend von den in § 142 geregelten Grundsätzen des Besitzstandsschutzes wegen des Außerkrafttretens des BVG gilt aufgrund § 143 für Besitzstände im Bereich der Heil- und Krankenbehandlung grundsätzlich, dass Geschädigte, deren Anspruch auf Heilbehandlung bereits bis zum 31.12.2023 bestandskräftig anerkannt war, ab Inkrafttreten des SGB XIV am 1.1.2024 ausschließlich Leistungen der Krankenbehandlung nach dem 5. Kapitel erhalten (Abs. 1 S. 1).[3] Abs. 2 regelt eine Ausnahme zu Abs. 1 und eröffnet die Möglichkeit, einzelne Leistungen der Heilbehandlung in dem bewilligten Umfang auf der Grundlage des bisherigen Rechts zu erbringen. Nach Abs. 3 gilt dies auch für Personen, deren Ansprüche auf einzelne Leistungen der Krankenbehandlung nach dem BVG oder einem Gesetz, das das BVG ganz oder teilweise

1 Art. 60 Abs. 7 G-SER v. 12.12.2019, BGBl. 2019 I 2652.
2 Schmidt SGB XIV/Kerner § 143 Rn. 2.
3 Knickrehm/Mushoff/Schmidt Neues SozEntschR Rn. 434.

für entsprechend anwendbar erklärt, vor Außerkrafttreten des BVG bestandskräftig festgestellt oder beantragt wurden.[4] Abs. 4 regelt die Zuständigkeit für die Leistungserbringung; Abs. 5 normiert einen Aufwendungsersatzanspruch der Krankenkassen.

II. Systematische Einordnung und Normzweck

3 Die Vorschriften des 1. Abschnitts des 23. Kapitels enthalten Regelungen über den Besitzstandsschutz in Bezug auf Leistungen, die bis zum Außerkrafttreten des BVG, IfSG, OEG und ZDG sowie sonstiger Normen, die auf das BVG verweisen, am 31.12.2023 bestandskräftig festgestellt sein werden, oder die bis zu diesem Zeitpunkt beantragt sein werden.[5] Der Besitzstandsschutz ist grundsätzlich in § 142 geregelt; bei § 143 handelt es sich um eine **Sonderregelung** zu den Besitzständen für den Bereich der Heil- und Krankenbehandlung.[6] §§ 144 bis 148 beinhalten weitere Sonderreglungen für Geldleistungen (§ 144), befristete oder auf Zeit erbrachte Leistungen (§ 145), Pflegeleistungen für Geschädigte (§ 146), Pflegeausgleich bei langjähriger schädigungsbedingter Pflege (§ 147) und Entschädigungszahlungen für Witwen und Witwer bei nicht schädigungsbedingtem Tod des Geschädigten (§ 148).[7]

4 § 143 steht im Zusammenhang mit § 144: Soweit Ansprüche auf Geldleistungen im 5. Kapitel nicht mehr vorgesehen sind, wie etwa die Führzulage nach § 14 BVG oder die Kleiderverschleißpauschale nach § 15 BVG, werden sie pauschal nach § 144 Abs. 1 S. 3 abgegolten.[8]

5 Vertrauensschutz für die Absicherung gegen Krankheit ist nach § 151 gegeben, welcher sicherstellt, dass Schwerbeschädigte, die nach bisherigem Recht unter bestimmten Voraussetzungen auch Anspruch auf die Behandlung von Nichtschädigungsfolgen hatten, weiterhin umfassend abgesichert bleiben.[9] Versorgungslücken entstehen daher durch die Neuregelung der Krankenbehandlung der SE nicht. Sofern sich im Einzelfall eine besondere Härte ergibt, besteht die Möglichkeit eines Härteausgleiches nach § 100.[10] Die Leistungen nach § 143 gehen denjenigen nach § 151 vor (§ 151 Abs. 1 S. 3).

C. Einzelkommentierung

I. Anspruch auf Krankenbehandlung nach dem 5. Kapitel, Abs. 1

6 Geschädigte haben bis zum 31.12.2023 nach § 10 Abs. 1 BVG Anspruch auf Leistungen der Heilbehandlung für Gesundheitsstörungen, die als Folge einer Schädigung anerkannt oder durch eine anerkannte Schädigungsfolge verursacht worden sind. Schwerbeschädigte haben einen Anspruch auf Heilbehandlungen nach dem BVG auch für Gesundheitsstörungen, die nicht als Folge einer Schädigung anerkannt sind.[11] Für diesen Personenkreis regelt Abs. 1 S. 1, dass nach dem Inkrafttreten des SGB XIV am 1.1.2024 nur Anspruch auf **Leistungen der Krankenbehandlung der SE** (zur geänderten Terminologie → § 41 Rn. 2) nach dem 5. Kapitel des SGB XIV besteht. Art und Umfang des Anspruches auf Krankenbehandlung der SE richten sich gem. § 42 Abs. 1 grundsätzlich nach dem 3. Kapitel, 5. Abschnitt, 1. Titel und 7. Abschnitt des SGB V bzw. nach § 43. Der Leistungskatalog der Heilbehandlung nach dem BVG stimmt im

4 BT-Drs. 19/13824, 228.
5 Knickrehm/Mushoff/Schmidt Neues SozEntschR Rn. 430.
6 BT-Drs. 19/13824, 228.
7 Knickrehm/Mushoff/Schmidt Neues SozEntschR Rn. 432.
8 BT-Drs. 19/13824, 228.
9 Knickrehm/Mushoff/Schmidt Neues SozEntschR Rn. 434.
10 BT-Drs. 19/13824, 228.
11 Vgl. HK-SozEntschR/Vogl BVG § 10 Rn. 11 ff.

Wesentlichen mit dem der Krankenbehandlung nach Kapitel 5 überein.[12] Der Leistungsumfang ist aber in Teilbereichen anders als bis zum 31.12.2023 nach dem BVG;[13] so ist ein Anspruch auf Brillengläser und Kontaktlinsen (§ 11 Abs. 1 Nr. 3 BVG) bzw. ein Brillengestell (§ 11 Abs. 6 S. 2 BVG) sowie die Gewährung einer Badekur (§ 11 Abs. 2 BVG) nach dem 5. Kapitel des SGB XIV nicht mehr vorgesehen.[14]

Voraussetzung nach Abs. 1 S. 1 ist, dass der Anspruch auf Heilbehandlung der Geschädigten nach dem BVG oder einem Gesetz, das das BVG ganz oder teilweise für entsprechend anwendbar erklärt, **bestandkräftig festgestellt** worden ist. 7

Abs. 2 S. 2 ordnet die entsprechende Anwendung von § 45 für die **Nachweispflicht** der Geschädigten über ihre Berechtigung (→ § 45 Rn. 6) und §§ 54 bis 61 über die Vergütung der Leistungserbringer, Zuständigkeiten, Datenübermittlung und die Erstattung von Aufwendungen und Verwaltungskosten an. 8

II. Ausnahme für einzelne Leistungen der Heilbehandlung, Abs. 2

Abs. 2 stellt eine Ausnahme zu Abs. 1 dar[15] und regelt die Erbringung einzelner **Leistungen der Heilbehandlung** auf der Grundlage des bisherigen Rechtes. Voraussetzung ist nach S. 1, dass der Anspruch auf einzelne Leistungen der Heilbehandlung Geschädigter vor dem Inkrafttreten des SGB XIV bis zum 31.12.2023 nach den Vorgaben des BVG bereits **bestandskräftig festgestellt** worden ist. So kann zB eine unter Geltung des BVG bestandskräftig bewilligte Badekur auch noch nach Außerkrafttreten des BVG, also nach dem 31.12.2023, angetreten oder (weiter) durchgeführt werden.[16] 9

Der Besitzstandsschutz soll nicht von der Dauer des Verwaltungsverfahrens abhängen; daher regelt S. 2 die Leistungserbringung nach den Vorgaben des BVG auch für die Fällen, in denen Ansprüche auf Leistungen der Heilbehandlung unter Geltung des bisherigen Rechts, also bis zum 31.12.2023 **beantragt** wurden,[17] aber noch keine bestandkräftige Entscheidung vorliegt.[18] Die Folge hiervon ist, dass in Einzelfällen – etwa wenn aufwendige Ermittlungen notwendig sind oder Streit über Leistungsvoraussetzungen oder Umfang der Leistungen besteht – das BVG über längere Zeit nach seinem Außerkrafttreten zu Anwendung kommt. 10

III. Ausnahme für einzelne Leistungen der Krankenbehandlung, Abs. 3

Abs. 3 trifft eine dem Abs. 2 entsprechende Regelung für Personen, deren Ansprüche auf einzelne **Leistungen der Krankenbehandlung** nach dem BVG oder einem Gesetz, das das BVG ganz oder teilweise für entsprechend anwendbar erklärt, vor Außerkrafttreten des BVG mit Ablauf des 31.12.2023 bestandskräftig festgestellt (S. 1) oder beantragt, aber noch nicht bestandkräftig entschieden (S. 2) wurden.[19] 11

Zu dem erfassten Personenkreis gehören **Schwerbeschädigte** für den Ehegatten oder Lebenspartner und für die Kinder sowie für sonstige Angehörige, die mit ihm in häuslicher Gemeinschaft leben und von ihm überwiegend unterhalten werden, Empfänger einer Pflegezulage für Personen, die seine unentgeltliche Wartung und Pflege nicht nur vorübergehend übernommen haben sowie Witwen und hinterbliebene Lebenspartner, Waisen und versorgungsberechtigte Eltern (§ 10 Abs. 4 S. 1 BVG), Beschädigte mit 12

---

12 BT-Drs. 19/13824, 228.
13 Schmidt SGB XIV/Kerner § 143 Rn. 6; vgl. zum Leistungsumfang nach bisherigem Recht HK-SozEntschR/Vogl BVG § 11.
14 Schmidt SGB XIV/Kerner § 143 Rn. 6.
15 BT-Drs. 19/13824, 228.
16 BT-Drs. 19/13824, 228.
17 BT-Drs. 19/13824, 228.
18 Schmidt SGB XIV/Kerner § 143 Rn. 10.
19 BT-Drs. 19/13824, 228.

einem GdS von weniger als 50 für sich und für die in § 10 Abs. 4 Buchstabe a BVG genannten Angehörigen sowie Witwen und hinterbliebene Lebenspartner für die in § 4 Abs. 4 Buchstabe a BVG genannten Angehörigen (§ 10 Abs. 5 BVG).[20] Berechtigte des Anspruchs auf Krankenbehandlung nach § 10 Abs. 4 Satz 1 und Abs. 5 BVG und damit auch des Besitzstandanspruches nach Abs. 3 sind die Beschädigten bzw. die Hinterbliebenenrenten- und -beihilfeberechtigten selbst, die die Leistung für die genannten dritten Personen als Sachleistung erhalten; diese Dritten sind nicht selbst Inhaber des Anspruches, sondern lediglich Leistungsempfänger.[21]

13 Der **Umfang** des Krankenbehandlungsanspruches bestimmt sich nach § 12 BVG und entspricht im Wesentlichen dem Leistungskatalog des § 11 Abs. 1 BVG mit Ausnahme der Versorgung mit Zahnersatz nach § 11 Abs. 1 S. 1 Nr. 4 BVG.[22] Zuschüsse zu den Kosten der Beschaffung von Zahnersatz können nach § 12 Abs. 2 BVG geleistet werden.[23]

14 Hintergrund der Besitzstandsregelung ist, dass Angehörige von Schwerbeschädigten, Hinterbliebene etc Leistungen der Krankenbehandlung nach dem 5. Kapitel nur als **subsidiäre Auffanghilfe im Härtefalle** erhalten (→ § 42 Rn. 28). Da dieser Personenkreis mit dem Außerkrafttreten des BVG Vertrauensschutz für die Absicherung gegen Krankheit nach § 151 hat, entsteht keine Versorgungslücke. Auch besteht in begründeten Einzelfällen die Möglichkeit eines Härteausgleiches nach § 100.[24]

IV. Zuständigkeit, Abs. 4

15 Abs. 4 bestimmt, dass die besitzstandsgeschützten Leistungen der Heil- und Krankenbehandlung nach Abs. 2 und 3 durch die **Verwaltungsbehörden bzw. Krankenkassen** erbracht werden, die bis zum Außerkrafttreten des BVG mit Ablauf des 31.12.2003 nach § 18c BVG zuständig waren. Die Verwaltungsbehörden sind nach § 18c Abs. 2 S. 2 BVG zuständig für

- die Erbringung von Zahnersatz,
- die Versorgung mit Hilfsmitteln,
- Bewegungs-, Sprach-, Beschäftigungstherapie, Belastungserprobung, Arbeitstherapie,
- Badekuren nach § 11 Abs. 2 und § 12 Abs. 3 BVG,
- Ersatzleistungen,
- Versehrtenleibesübungen,
- Zuschüsse zur Beschaffung von Zahnersatz,
- die Führhundzulage und Beihilfe zu den Aufwendungen für fremde Führung,
- den Pauschbetrag als Ersatz für Kleider- und Wäscheverschleiß,
- Erstattungen nach § 16g BVG,
- die Beihilfe nach § 17 BVG,
- Leistungen nach § 18 Abs. 3 bis 8 BVG (Kostenerstattung, Zuschüsse) und § 24 BVG (Reisekosten), soweit die Verwaltungsbehörde für die Erbringung der Hauptleistung zuständig ist,
- Kostenerstattungen an Krankenkassen,
- Beiträge zur gesetzlichen Rentenversicherung für Zeiten des Bezugs von Versorgungskrankengeld,

20 HK-SozEntschR/Vogl BVG § 10 Rn. 30 f.
21 HK-SozEntschR/Vogl BVG § 10 Rn. 30.
22 HK-SozEntschR/Vogl BVG § 12 Rn. 9.
23 Vgl. im Einzelnen HK-SozEntschR/Vogl BVG § 12 Rn. 14 f.
24 BT-Drs. 19/13824, 228.

- den Ersatz der Aufwendungen für die Alterssicherung sowie Beiträge zur Arbeitsförderung.[25]

Für alle übrigen Leistungen sind die **Krankenkassen** zuständig.[26] Sind Berechtigte und Leistungsempfänger Mitglied einer Krankenkasse, so bestimmt sich die Zuständigkeit nach der **Mitgliedschaft**; bei familienversicherten Berechtigten oder Leistungsempfängern nach der Mitgliedschaft in der Krankenkasse, von der die Familienversicherung nach § 10 SGB V abgeleitet wird. Für alle übrigen Beschädigten und zur Krankenbehandlung Berechtigten sowie Leistungsempfänger, die weder selbst noch deren Familienangehörige Mitglied einer Krankenkasse sind, ist die Allgemeine Ortskrankenkasse des Wohnortes zuständig (vgl. § 18c Abs. 2 BVG).[27] 16

V. Kostenerstattung, Abs. 5

Soweit die Krankenkassen nach Abs. 4 zuständig sind, erbringen sie Leistungen **kraft gesetzlichen Auftrages.**[28] Abs. 5 normiert daher einen Anspruch auf Erstattung ihrer Aufwendungen (S. 1) und Verwaltungskosten (S. 2).[29] 17

Der **Ersatz der Aufwendungen** für die erbrachten Leistungen nach S. 1 erfolgt in Höhe der tatsächlich entstandenen Kosten. Es erfolgt eine Erstattung im Wege einer halbjährlichen **Spitzabrechnung.**[30] Eine Pauschalabrechnung wie nach § 60 Abs. 2 (→ § 60 Rn. 8) ist nicht vorgesehen. 18

Für die Höhe der ebenfalls halbjährlich abgerechneten **Verwaltungskosten** regelt S. 2, dass 5 % des Erstattungsbetrages nach S. 1 angemessen sind. Hiermit werden die tatsächlich angefallenen Verwaltungskosten im Zusammenhang mit der Leistungserbringung nach Abs. 2 und 3 **pauschal** abgegolten.[31] 19

§ 144 Geldleistungen

(1) [1]Berechtigte nach § 142 Absatz 1, die im Dezember 2023 Geldleistungen erhalten haben, erhalten einen monatlichen Betrag, der sich aus der Summe dieser Geldleistungen ergibt. [2]Geldleistungen im Sinne des Satzes 1 sind folgende Leistungen nach dem Bundesversorgungsgesetz in der am 31. Dezember 2023 geltenden Fassung:

1. **die Führzulage nach § 14,**
2. **der Pauschalbetrag für Kleider- und Wäscheverschleiß nach § 15,**
3. **der Berufsschadensausgleich nach § 30 Absatz 3 bis 12,**
4. **die Grundrente nach § 31 Absatz 1 Satz 1 und den §§ 38, 40, 42, 45, 46,**
5. **die Alterszulage nach § 31 Absatz 1 Satz 2,**
6. **die Schwerstbeschädigtenzulage nach § 31 Absatz 4,**
7. **die Ausgleichsrente nach den §§ 32, 34, 41, 47,**
8. **der Ehegattenzuschlag nach § 33a,**
9. **der Kinderzuschlag nach § 33b,**
10. **die Pflegezulage nach § 35 Absatz 1,**
11. **der nach § 35 Absatz 6 Satz 2 den Beschädigten und Hinterbliebenen von den Versorgungsbezügen zu belassende Betrag,**
12. **der Schadensausgleich nach § 40a,**
13. **der Pflegeausgleich nach § 40b,**

25 HK-SozEntschR/Vogl BVG § 18c Rn. 5.
26 HK-SozEntschR/Vogl BVG § 18c Rn. 5 f.
27 HK-SozEntschR/Vogl BVG § 18c Rn. 9.
28 HK-SozEntschR/Vogl BVG § 18c Rn. 5.
29 BT-Drs. 19/13824, 228.
30 Schmidt SGB XIV/Kerner § 143 Rn. 14.
31 Schmidt SGB XIV/Kerner § 143 Rn. 14.

14. die Witwen- und Waisenbeihilfe nach § 48 sowie
15. die Elternrente nach den §§ 49 bis 52.

[3]Der sich nach Satz 2 ergebende Betrag wird um 25 Prozent erhöht. [4]Bei der Berechnung der von Einkommen beeinflussten Leistungen nach Satz 2 bleiben Anrechnungen von einmaligen Leistungen im Wege der Verrentung unberücksichtigt. [5]Ist eine Grundrente kapitalisiert nach § 72 Bundesversorgungsgesetz oder nach § 1 Absatz 1 Rentenkapitalisierungsgesetz-KOV, verringert sich der Betrag nach Satz 1 während des Abfindungszeitraums um den kapitalisierten Betrag. [6]Bei der Feststellung der Geldleistungen bleiben Beträge unberücksichtigt, die nach § 65 des Bundesversorgungsgesetzes zum Ruhen der Versorgungsleistungen geführt haben.

(2) Der Anspruch nach Absatz 1 Satz 1 und 2 erlischt

1. bei Witwen und Witwern durch Wiederverheiratung einer Witwe oder eines Witwers,
2. bei Waisen durch Wegfall der Voraussetzungen nach § 45 des Bundesversorgungsgesetzes in der bis zum 31. Dezember 2023 geltenden Fassung.

(3) Der Betrag nach Absatz 1 Satz 1 und 2 verringert sich um folgende Anteile, wenn die Anspruchsvoraussetzungen der folgend genannten Leistungen dem Grunde nach wegfallen:

1. den Anteil des Ehegattenzuschlags nach § 33a,
2. den Anteil des Kinderzuschlags nach § 33b

des Bundesversorgungsgesetzes in der bis zum 31. Dezember 2023 geltenden Fassung.

(4) Für Berechtigte nach § 142 Absatz 2 gilt Absatz 1 entsprechend, wenn für Dezember 2023 ein Anspruch auf die in Absatz 1 genannten Geldleistungen festgestellt wird.

A. Gesetzesgeschichte

1 Die Vorschrift wurde durch Art. 1 G-SER[1] eingeführt; nach dessen Art. 60 Abs. 7 tritt sie am 1.1.2024 in Kraft.

B. Normsystematik

I. Allgemeiner Regelungsgehalt

2 **Abs. 1 S. 1** bestimmt die **Form,** in der Besitzstandsberechtigten des § 142 Abs. 1 SGB XIV ab 1.1.2024 weiterhin **Geldleistungen** aufgrund bestandkräftig festgestellter Ansprüche nach dem BVG erhalten: als **monatlichen Betrag** aus der **Summe** im **Dezember 2023** erhaltener Geldleistungen. **S. 2** zählt abschließend die BVG-Geldleistungen auf, die in den monatlichen Betrag eingehen. Nach **S. 3** wird dieser **pauschal** um **25 % erhöht.** Die **S. 4 bis 6** bestimmen Einzelheiten zur Höhe des monatlichen Betrages bei Anrechnung einmaliger Leistungen durch Verrechnung, bei kapitalisierten Leistungen und beim Ruhen von Versorgungsleistungen. Nach **Abs. 2 erlischt** der **Anspruch** auf den monatlichen Betrag, wenn Verwitwete wieder heiraten oder die Voraussetzungen des § 45 BVG für Waisengrundrente wegfallen. Nach **Abs. 3 verringert** sich der monatliche Betrag um den **Anteil** des Ehegatten- und des Kinderzuschlages, sobald deren Voraussetzungen wegfallen. **Abs. 4** stellt klar, dass in den monatlichen Betrag auch Leistungen aufgrund erst nach dem 31.12.2023 festgestellter Ansprüche einfließen.

II. Systematische Einordnung und Normzweck

3 Die Vorschrift ist eine der in § 142 Abs. 1 S. 1 SGB XIV angesprochenen Bestimmungen, die **„Abweichendes“** von dem **Grundsatz** regeln, dass besitzstandsberechtige Per-

1 BGBl. 2019 I 2652.

sonen auch nach dem 31.12.2023 weiterhin Leistungen nach dem BVG erhalten. Das verzweigte **Leistungsspektrum** des **BVG** wird für unbefristete Geldleistungen **aufgegeben**. Sie werden nach dem Stand vom Dezember **addiert** und ab Januar 2024 als **monatlicher Einheitsbetrag** gezahlt. Für befristete oder auf Zeit erbrachte Geldleistungen gilt § 145 SGB XIV.

C. Einzelkommentierung

In den monatlichen Betrag gehen nur Geldleistungen ein, die Berechtigte **„im"** Dezember 2023 **„erhalten"**[2] haben. Damit ist **keine** zeitliche **Zuordnung** nach dem (strengen) **Zuflussprinzip** gemeint. Andernfalls gäbe es praktisch keine Leistungen, die in den monatlichen Betrag eingingen. Denn nach § 66 Abs. 1 S. 1 BVG werden Versorgungsbezüge in Monatsbeträgen zuerkannt und monatlich im Voraus gezahlt, letztmalig also im November 2023 für den Folgemonat. Entscheidend ist deshalb, ob Berechtigte Leistungen **schon** oder **noch „für"** den Monat Dezember 2023 erhalten haben.[3] Das ergibt sich auch aus Abs. 4. Danach erhalten Berechtigte des § 142 Abs. 2 SGB XIV den monatlichen Betrag des Abs. 1 auch dann, wenn ein Anspruch auf Geldleistungen erst nach dem 31.12.2023 festgestellt wird. 4

Die in **Abs. 1 S. 3** angeordnete pauschale **Erhöhung** des monatlichen Betrages um 25 % soll nach den Materialien berücksichtigen, dass sich bei Weitergeltung des BVG für besitzstandsberechtigte Personen **weitere Leistungsansprüche** hätten ergeben können, etwa auf eine Badekur, auf Versehrtenleibesübungen, auf Kranken-, Alten- oder Erholungshilfe.[4] Verfassungsrechtlich wäre ein so weitgehender Besitzstandsschutz jedenfalls nicht geboten und er widerspricht der gesetzgeberischen Grundüberlegung, dass die Erwartung, bestimmte Leistungen in der Zukunft in Anspruch nehmen zu können, nicht dem Besitzstandsschutz unterfällt.[5] 5

In nicht eben häufigen Fällen hat neben dem **Anspruch** auf **Hinterbliebenenversorgung** noch ein **weiterer Anspruch** auf BVG-Geldleistungen als **selbst Geschädigter** bestanden, die nach S. 1 zu einem einheitlichen **Monatsbetrag addiert** worden sind. Nach dem Wortlaut des Abs. 2 müsste der Anspruch auf den **gesamten** monatlichen Betrag auch dann **„erlöschen"**, wenn **lediglich** die Voraussetzungen für Hinterbliebenenleistungen **wegfallen**, weil Verwitwete wieder geheiratet haben oder die Waisenrenten-Voraussetzungen nach § 45 BVG nicht länger vorliegen.[6] Dieses grob sachwidrige Ergebnis lässt sich unter Annahme einer entlegenen, vom Gesetzgeber übersehenen Regelungslücke vermeiden. Sie ist nach dem Modell des Abs. 3 zu schließen, indem der monatliche Betrag um den **Anteil** der Hinterbliebenenversorgung **verringert** wird. Zum selben Ergebnis führt auch eine gedankliche Aufspaltung des monatlichen Betrages in Teilbeträge wegen Hinterbliebenen- und Geschädigtenversorgung. Beide Wege gelten auch für den umgekehrten Fall, dass lediglich der Anspruch auf Geschädigtenversorgung wegfällt, der auf Hinterbliebenenversorgung aber weiterbesteht. 6

2 Im Gesetzgebungsverfahren ist das Wort „bezogen" (BT-Drs. 19/13824, 77) rein sprachlich durch „erhalten" ersetzt worden (BT-Drs. 19/14870, 11, 35), im benachbarten § 145 Abs. 1 Nr. 1 SGB XIV ist es bei „bezogen" geblieben.
3 So wohl auch Schmidt SGB XIV/Kerner § 144 Rn. 4, 8.
4 BT-Drs. 19/13824, 228.
5 BT-Drs. 19/13824, 227.
6 So aber wohl Schmidt SGB XIV/Kerner § 144 Rn. 33 ff.

§ 145 Befristete oder auf Zeit erbrachte Leistungen

(1) Berechtigte nach § 142 Absatz 1 oder Absatz 2, die

1. im Dezember 2023 befristete Geldleistungen oder befristete Sachleistungen nach dem Bundesversorgungsgesetz in der am 31. Dezember 2023 geltenden Fassung oder nach einem Gesetz, das das Bundesversorgungsgesetz ganz oder teilweise für entsprechend anwendbar erklärt, bezogen haben, und
2. binnen zwei Wochen nach Ablauf der Befristung die Weiterbewilligung der Leistung nach dem Bundesversorgungsgesetz in der am 31. Dezember 2023 geltenden Fassung oder nach einem Gesetz, das das Bundesversorgungsgesetz ganz oder teilweise für entsprechend anwendbar erklärt, in der am 31. Dezember 2023 geltenden Fassung beantragen,

erhalten die bezogenen Leistungen nach dem Bundesversorgungsgesetz in der am 31. Dezember 2023 geltenden Fassung oder nach einem Gesetz, das das Bundesversorgungsgesetz ganz oder teilweise für entsprechend anwendbar erklärt, weiter bis längstens zum 31. Dezember 2033.

(2) Leistungen im Sinne des Absatzes 1 sind insbesondere folgende Leistungen nach dem Bundesversorgungsgesetz in der am 31. Dezember 2023 geltenden Fassung:

1. die Hilfe zur Pflege nach § 26c,
2. die Leistungen zur Weiterführung des Haushalts nach § 26d für Hinterbliebene,
3. die Erziehungsbeihilfe nach § 27,
4. die Ergänzende Hilfe zum Lebensunterhalt nach § 27a für Hinterbliebene sowie
5. die Eingliederungshilfe für Menschen mit Behinderungen nach § 27d Absatz 1 Nummer 3.

(3) Soweit die Weiterbewilligung der Leistung für Zeiten ab dem 1. Januar 2024 beantragt wird, richtet sich der Einsatz von Einkommen und Vermögen nach dem Bundesversorgungsgesetz und nach der Verordnung zur Kriegsopferfürsorge jeweils in der am 31. Dezember 2023 geltenden Fassung mit der folgenden Maßgabe, dass:

1. an die Stelle der Einkommensgrenze nach § 25e Absatz 1 in der am 31. Dezember 2023 geltenden Fassung des Bundesversorgungsgesetzes die Einkommensgrenze nach § 107 Absatz 1 tritt,
2. an die Stelle des Grundbetrags nach § 27d Absatz 5 Satz 2 Nummer 1 des Bundesversorgungsgesetzes in der am 31. Dezember 2023 geltenden Fassung ein Betrag in Höhe des Vierfachen der Regelbedarfsstufe 1 nach der Anlage zu § 28 des Zwölften Buches tritt,
3. an die Stelle des Grundbetrags nach § 27d Absatz 5 Satz 2 Nummer 1 des Bundesversorgungsgesetzes in der am 31. Dezember 2023 geltenden Fassung ein Betrag in Höhe des Achtfachen der Regelbedarfsstufe 1 tritt,
4. an die Stelle der Einkommensfreibeträge nach der Verordnung zur Kriegsopferfürsorge in der am 31. Dezember 2023 geltenden Fassung die Einkommensfreibeträge der Verordnung nach § 109 treten und
5. an die Stelle der Vermögensschonbeträge nach § 25f des Bundesversorgungsgesetzes in der am 31. Dezember 2023 geltenden Fassung in Verbindung mit der Verordnung zur Kriegsopferfürsorge in der am 31. Dezember 2023 geltenden Fassung die Vermögensschonbeträge der Verordnung nach § 109 treten.

(4) Die Absätze 1 bis 3 gelten nicht, wenn die Leistungen nach Kapitel 1 bis 22 erbracht werden können und diese für die Berechtigten mindestens gleichwertig sind.

A. Gesetzesgeschichte

Die Vorschrift wurde durch Art. 1 G-SER[1] eingeführt; nach dessen Art. 60 Abs. 7 tritt sie am 1.1.2024 in Kraft. Die vom Bundestag in 3. Lesung beschlossene Fassung[2] wurde in Abs. 1 Nr. 2 redaktionell geändert. Die Jahreszahl 2031 wurde durch 2033 ersetzt. 1

B. Normsystematik

I. Allgemeiner Regelungsgehalt

Abs. 1 bestimmt, dass Besitzstandsberechtigte des § 142 SGB XIV, die im Dezember 2023 nach dem BVG **befristet** bewilligte oder **auf Zeit** erbrachte Leistungen bezogen haben, diese Leistungen ab 1.1.2024 für einen **Übergangszeitraum** von **zehn Jahren** weiterhin nach dem außer Kraft getretenen Recht auch dann erhalten, wenn sie binnen zwei Wochen nach **Fristende** einen **Antrag** auf **Weiterbewilligung** stellen. **Abs. 2** zählt beispielhaft unter diese Regelung fallende Leistungen auf. **Abs. 3** zufolge richtet sich der **Einsatz** von **Einkommen** und **Vermögen** bei Fürsorgeleistungen im Grundsatz **weiterhin** nach dem **BVG** und der **KFürsV**. Bei Weiterbewilligung für Zeiträume nach dem 31.12.2023 gelten nach den Maßgaben 1 bis 5 **modifizierte** Einkommensgrenzen, Einkommensfreibeträge und Vermögensschonbeträge. **Abs. 4** nimmt vom Besitzstandsschutz solche Weiterbewilligungsfälle aus, in denen Berechtigten mindestens gleichwertige Leistungen nach den Kap. 1 bis 22 erbracht werden können. 2

II. Systematische Einordnung und Normzweck

Die Vorschrift realisiert zunächst den Grundsatz des § 142 SGB XIV, dass **Besitzstandsberechtigte** ihre **Leistungen** über den 31.12.2023 hinaus weiterhin **nach altem Recht** erhalten. Der an sich mit Fristablauf endende **Besitzstandsschutz** wird aber auf die Zeit danach **erstreckt**, wenn Berechtigte innerhalb von zwei Wochen einen Weiterbewilligungsantrag stellen. Damit macht die Vorschrift, begrenzt auf den **Übergangszeitraum** bis zum 31.12.2033, eine Ausnahme von § 137 SBG XIV, wonach das neue Recht für Anträge auf Leistungen der Sozialen Entschädigung gilt, die nach dem 31.12.2023 gestellt werden. 3

C. Einzelkommentierung

Der Besitzstandsschutz gilt nicht nur fort, wenn **erstmals** nach dem 31.12.2023 befristete oder auf Zeit bewilligte Leistungen weiterzubewilligen sind. Er gilt auch bei **jeder folgenden**, spätestens jeweils zwei Wochen nach Ablauf eines Leistungszeitraums beantragten **Weiterbewilligung**. Die **Kette** besitzstandsgeschützter **Weiterbewilligungen** kann mithin bis zum gesetzlich bestimmten **Ende** am **31.12.2033** reichen. 4

Abs. 3 macht **Ausnahmen** von dem Grundsatz, wonach sich der Einsatz von Einkommen und Vermögen nach dem BVG und der KFürsV richtet, soweit die **Weiterbewilligung** für Zeiten **ab Inkrafttreten** des **neuen Rechts** beantragt wird. Die höchst differenzierten Bestimmungen der Maßgaben 1 bis 5 sollen die Rechtsanwendung erleichtern und auch künftig eine jährliche Anpassung der dort genannten Freibeträge sicherstellen.[3] 5

1 BGBl. 2019 I 2652.
2 Plenarprotokoll 19/124, 15436B 15445A.
3 BT-Drs. 19/13824, 229.

§ 146 Pflegeleistungen für Geschädigte

(1) Personen, die Leistungen nach § 35 Absatz 2 und 6 des Bundesversorgungsgesetzes in der am 31. Dezember 2023 geltenden Fassung erhalten haben oder nach § 142 Absatz 2 erhalten würden, erhalten ab dem 1. Januar 2024 Leistungen nach Kapitel 7.

(2) [1]Personen, die bis zum 31. Dezember 2023 Leistungen der Pflegezulage nach § 35 Absatz 1 Bundesversorgungsgesetz erhalten haben, können nach Feststellung des monatlichen Betrags nach § 144 Leistungen im Sinne des Absatzes 1 beantragen. [2]Der monatliche Betrag nach § 144 ist dann um den Betrag zu mindern, der der Pflegezulage nach § 35 Absatz 1 des Bundesversorgungsgesetzes im Dezember 2023 entsprach.

A. Gesetzesgeschichte

1 Besondere Vorschriften zu Besitzständen, wie sie die §§ 142 ff. SGB XIV enthalten, kennt das BVG nicht; auch § 146 SGB XIV knüpft nicht an eine Vorgängervorschrift an.

B. Normsystematik

I. Allgemeiner Regelungsgehalt

2 **§ 146 Abs. 1 SGB XIV** regelt die Wahrung der Besitzstände in der Weise, dass an die Stelle von Leistungen nach § 35 Abs. 2 BVG (Erhöhung der pauschalen Pflegezulage nach § 35 Abs. 1 BVG um darüber hinausgehende Kosten für die fremde Hilfe von Dritten aufgrund eines Arbeitsvertrages) und § 35 Abs. 6 BVG (Kostenübernahme für erforderliche Heimpflege) zukünftig (ab Inkrafttreten des SGB XIV) die Leistungen nach Kapitel 7 SGB XIV treten. Die Besitzstandswahrung liegt für Personen, die bisher Leistungen nach § 35 Abs. 2 und/oder Abs. 6 BVG erhalten haben, in dem Verzicht auf die erneute Prüfung der Voraussetzungen sowie darin, dass die Leistungen nach Kapitel 7 des SGB XIV nach ihrem Inhalt und Umfang mindestens auch die Leistungen nach § 35 Abs. 2 und Abs. 6 BVG umfassen.

3 In **§ 146 Abs. 2 SGB XIV** geht es um die Pflegezulage nach § 35 Abs. 1 BVG, die nach §§ 142 Abs. 1, 144 Abs. 1 Satz 1 und Satz 2 Nr. 10, Satz 3 SGB XIV zur Besitzstandswahrung gemeinsam mit anderen Geldleistungen nach dem BVG in einer um 25 % erhöhten Gesamtsumme weitergewährt wird, falls nicht nach § 152 Abs. 1 SGB XIV stattdessen die Leistungen nach dem SGB XIV gewählt werden. § 146 Abs. 2 SGB XIV erlaubt Geschädigten, trotz des Bezugs des erhöhten Gesamtbetrags nach § 144 SGB XIV Leistungen nach dem Kapitel 7 des SGB XIV zu beantragen. In diesem Fall wird der erhöhte Gesamtbetrag nach § 144 SGB XIV lediglich um die Pflegezulage nach § 35 Abs. 1 BVG gemindert.

II. Systematische Einordnung und Normzweck

4 § 146 SGB XIV gehört zu den **Besitzstandsregelungen** des Kapitels 23, die sich an die im Kapitel 22 geregelten Übergangsvorschriften anschließen. Die Vorschrift erschließt sich daher nur im Zusammenhang mit den übrigen Vorschriften zu Besitzständen (§§ 142 ff. SGB XIV).

5 **1. § 142 SGB XIV: Grundsätze.** Die **Grundsätze** der Vorschriften zu Besitzständen sind in **§ 142 SGB XIV** normiert. Danach werden die Leistungen aus bei Inkrafttreten des SGB XIV bereits bestandskräftig festgestellten Ansprüchen nach dem BVG oder einem Gesetz, das das BVG ganz oder teilweise für anwendbar erklärt, **weitergewährt,** soweit dieses Kapitel nichts Abweichendes bestimmt (§ 142 Abs. 1 S. 1 SGB XIV). Kurzfristige Unterbrechungen im Leistungsbezug bleiben nach Satz 2 außer Betracht.

Auch bis zum Inkrafttreten des SGB XIV noch nicht bestandkräftig beschiedene Leistungsanträge werden noch nach dem im Zeitpunkt der Antragstellung geltenden Recht beschieden (§ 142 Abs. 2 SGB XIV). 6

2. §§ 144, 145 SGB XIV: (Weiter-)Gewährung von Leistungen nach dem BVG. Entscheiden sich die Pflegebedürftigen für die (Weiter-)Gewährung der Leistungen nach dem BVG oder einem Gesetz, das das BVG ganz oder teilweise für anwendbar erklärt, wird grundsätzlich die Summe der bezogenen Geldleistungen, zu denen u.a. die Pflegezulage nach § 35 Abs. 1 BVG und der Pflegeausgleich nach § 40b BVG gehören, **um 25 % erhöht** (§ 144 Abs. 1 Satz 1 und Satz 2 Nrn. 10 und 13, Satz 3 SGB XIV). Befristete oder auf Zeit erbrachte Leistungen, wie die Hilfe zur Pflege nach § 26c BVG, werden für einen **Übergangszeitraum bis zum 31.12.2031** auf Antrag weiterhin gewährt (§ 145 SGB XIV). 7

3. § 149 SGB XIV: Neufeststellungen. Neufeststellungen zur Anspruchsberechtigung und zum Grad der Schädigungsfolgen erfolgen auf Antrag; sie können auch von Amts wegen getroffen werden. Es bleibt aber auch nach einer Neufeststellung dabei, dass grundsätzlich mindestens die nach den Vorschriften zu Besitzständen (§§ 142 ff. SGB XIV) bezogenen Leistungen weiter erbracht werden müssen, es sei denn, es ergibt sich eine Verringerung des Grades der Schädigungsfolgen. 8

4. § 152 SGB XIV: Wahlrecht. Den Berechtigten steht ein **Wahlrecht** nach § 152 SGB XIV zu. Sie können anstelle der Leistungen nach dem BVG oder einem Gesetz, das das BVG ganz oder teilweise für anwendbar erklärt, auch Leistungen nach den Kapiteln 1 bis 22 des SGB XIV wählen. In dem Fall gelten die bisher anerkannten Schädigungsfolgen sowie die Feststellung des Grades der Schädigungsfolgen als rechtsverbindlich festgestellt. 9

C. Einzelkommentierung

I. Absatz 1

Während die Regelungen zur Besitzstandswahrung nach § 144 Abs. 1 Satz 1 und Satz 2 Nr. 10, Satz 3 SGB XIV – einschließlich der darin enthaltenen Erhöhung um 25 Prozent – nur den Pauschalbetrag der Pflegezulage nach § 35 Abs. 1 BVG erfassen, regelt § 146 Abs. 1 SGB XIV die Wahrung der Besitzstände für Leistungen nach § 35 Abs. 2 und Abs. 6 BVG. 10

Nach § 35 Abs. 2 BVG wird der Betrag der pauschalen Pflegezulage nach § 35 Abs. 1 BVG erhöht, um darüber hinausgehende **Kosten für die fremde Hilfe** von Dritten aufgrund eines **Arbeitsvertrages** zu decken. In § 35 Abs. 6 BVG ist die Kostenübernahme für erforderliche **Heimpflege** geregelt. 11

Personen, die diese Leistungen nach dem BVG erhalten haben oder nach § 142 Abs. 2 SGB XIV erhalten würden, werden stattdessen **Leistungen nach Kapitel 7** des SGB XIV zugestanden. Die Leistungen des SGB XIV bei Pflegebedürftigkeit umfassen die volle Erstattung der angemessenen Kosten der ambulanten Pflege, einschließlich der häuslichen Pflege im Arbeitgebermodell, und der stationären Pflege. Die Umstellung auf Leistungen nach dem Kapitel 7 SGB XIV ist daher für die Geschädigten jedenfalls nicht nachteilig. 12

II. Absatz 2

Die Vorschrift erlaubt Geschädigten, die einen monatlichen Gesamtbetrag nach § 144 SGB XIV erhalten, jederzeit (nur) hinsichtlich der Leistungen bei Pflegebedürftigkeit in das Modell der Erstattung der tatsächlichen Kosten einer ambulanten oder stationären Pflege nach dem SGB XIV zu wechseln. Das kann zB erforderlich werden, wenn der Pflegebedarf nur noch in einer stationären Einrichtung gedeckt werden kann. Sie erhalten dann die Leistungen bei Pflegebedürftigkeit nach Kapitel 7 des SGB XIV und 13 beziehen im Übrigen den Gesamtbetrag nach § 144 SGB XIV unter Abzug der Pflegezulage nach § 35 Abs. 1 BVG weiter. Ein Herausrechnen des auf die pauschale Pflegezulage entfallenden dynamisierten Betrags wäre nach der Gesetzesbegründung zu aufwändig.[1]

§ 147 Pflegeausgleich bei langjähriger schädigungsbedingter Pflege

[1]Witwen und Witwer erhalten einen monatlichen Pflegeausgleich, wenn

1. **die oder der Geschädigte schädigungsbedingt pflegebedürftig war,**
2. **sie die Geschädigte oder den Geschädigten während ihrer Ehe bereits vor Inkrafttreten dieses Buches gepflegt haben und**
3. **die Pflegezeit insgesamt mehr als zehn Jahre betragen hat.**

[2]Der monatliche Pflegeausgleich beträgt für jedes Jahr der über zehn Jahre hinausgehenden Pflegezeit 20 Euro. [3]Kalendermonate, in denen die Pflege nicht unentgeltlich geleistet wurde, werden dabei nicht mitgezählt. [4]Die anzurechnende Gesamtpflegezeit wird auf volle Jahre aufgerundet.

A. Gesetzesgeschichte

I. Geltendes und neues Recht

1 Nach **§ 40b Abs. 1 BVG** erhalten die Witwe oder der hinterbliebene Lebenspartner eines Beschädigten, der hilflos im Sinne des § 35 Abs. 1 BVG war, einen **Pflegeausgleich,** wenn sie den Beschädigten während ihrer Ehe oder Lebenspartnerschaft länger als 10 Jahre gepflegt haben. Als Pflegezeit zählen die Kalendermonate, in denen der Beschädigte während der Ehe oder der Lebenspartnerschaft infolge der Schädigung mindestens in einem der Stufe II entsprechenden Umfang hilflos im Sinne des § 35 Abs. 1 BVG oder der Beschädigte infolge der Schädigung blind war. Kalendermonate, in denen die Ehefrau oder der Lebenspartner die Pflege nicht unentgeltlich geleistet hat, werden nicht mitgezählt. Dies gilt auch für Kalendermonate, in denen ein mehr als nur geringfügiger Teil der Pflege von Dritten erbracht worden ist, es sei denn, diese Pflegetätigkeit Dritter hat jeweils nicht länger als drei Monate gedauert. Die anzurechnende Gesamtpflegezeit wird auf volle Jahre aufgerundet.

2 Der Pflegeausgleich beträgt nach § 40b Abs. 2 BVG für jedes Jahr der über 10 Jahre hinausgehenden Pflegezeit 0,5 **vom Hundert** des im Zeitpunkt des Leistungsbeginns geltenden Betrags **der Pflegezulagestufe,** nach der der Beschädigte jeweils Anspruch auf Pflegezulage hatte oder die dem Umfang seiner Hilflosigkeit nach § 35 Abs. 1 entsprochen hätte.

3 Außerdem ist eine jährliche **Anpassung** (§ 40b Abs. 2 S. 3 BVG), eine entsprechende Geltung für Elternteile (§ 40b Abs. 3 BVG), ein Mindestbetrag von 10 Euro (§ 40b

1 BT-Drs. 19/13824, 230.

Abs. 4 BVG), sowie die Geltung in dem in Art. 3 des Einigungsvertrags genannten Gebiets (§ 40b Abs. 5 BVG) geregelt.

Die Gleichstellung der Witwer ergibt sich aus § 43 BVG. 4

Es handelt sich um einen (der Höhe nach nur sehr geringen) **einkommensunabhängigen Anspruch** für jahrzehntelange Pflege Geschädigter, deren Hilflosigkeit mindestens den Umfang der Stufe II nach § 35 Abs. 1 BVG erreicht. Der gesondert aufgeführten Blindheit kommt keine eigenständige Bedeutung zu, da Blinde nach § 35 Abs. 1 S. 6 BVG die Pflegezulage nach der Stufe III erhalten.[1] 5

Mit **§ 147 SGB XIV** soll diese Leistung **übergangsweise** für diejenigen **erhalten** werden, die zum Teil bereits seit Jahrzehnten auf den Erhalt eines Pflegeausgleichs vertraut haben.[2] Die Höhe der Leistung orientiert sich nach der Gesetzesbegründung an dem Höchstbetrag von Pflegeausgleichen nach dem Recht des BVG und berücksichtigt die bis zum Inkrafttreten dieses Gesetzes zu erwartenden Anpassungen.[3] 6

II. Änderungen im SGB XIV gegenüber dem BVG und Parallelität

Mit der Orientierung der Höhe der Leistung am Höchstbetrag von Pflegeausgleichen nach dem BVG fällt die Rechtsfolge nach § 147 Sätze 2–4 SGB XIV **großzügiger** aus. Dennoch werden mit dem Pflegeausgleich in Höhe von 20 Euro für jedes Jahr der über zehn Jahre hinausgehenden Pflege (§ 147 Satz 2 SGB XIV) auch weiterhin nur relativ kleine Beträge für langjährige Pflegeleistungen ausgekehrt. 7

Auch bei den Voraussetzungen für einen **Anspruch dem Grunde nach** war der Gesetzgeber des SGB XIV **großzügiger**. Nach § 147 Satz 1 Nr. 3 SGB XIV genügt eine Pflegezeit von mehr als zehn Jahren, wobei – anders als nach § 40b Abs. 1 BVG – auch Kalendermonate mitgezählt werden, in denen die Pflege nicht unentgeltlich geleistet wurde oder nicht während der Ehezeit erfolgte oder in denen sie neben dem Witwer bzw. der Witwe zu einem erheblichen Teil von einem Dritten erbracht wurde. 8

B. Normsystematik

In den übrigen Vorschriften zu **Besitzständen nach §§ 142 ff. SGB XIV** ist die – teils modifizierte – Weitergewährung bestandskräftig festgestellter oder beantragter Leistungen nach dem BVG oder einem Gesetz, das das BVG für anwendbar erklärt, geregelt. Demgegenüber wird in § 147 SGB XIV ein von Ansprüchen nach dem BVG oder einem Gesetz, das das BVG für anwendbar erklärt, unabhängiger Anspruch statuiert. Die systematische Zuordnung dieses **eigenständigen Anspruchs** zum Kapitel 23 des SGB XIV: **„Vorschriften zu Besitzständen"** beruht auf der Anspruchsvoraussetzung, dass der Witwer oder die Witwe den/die Geschädigte(n) bereits **vor Inkrafttreten des SGB XIV** gepflegt haben muss (§ 147 Nr. 2 SGB XIV). Ein Anspruch nach dem BVG oder einem Gesetz, das das BVG für anwendbar erklärt, ist jedoch nicht Voraussetzung. Für die Zeit vor Inkrafttreten des SGB XIV ist auch keine Mindestpflegezeit erforderlich. Bei Vorliegen der übrigen Anspruchsvoraussetzungen dürfte daher bereits ein Pflegetag vor Inkrafttreten des SGB XIV zur Anspruchsbegründung ausreichen. Es handelt sich mithin zwar derzeit um eine **Übergangsleistung**, allerdings kann die Vorschrift noch sehr lange Zeit Ansprüche für Witwer und Witwen neu begründen. 9

---

1 Vgl. hierzu zB HK-SozEntschR/Dau BVG § 40b Rn. 1–3.
2 BT-Drs. 19/13824, 230.
3 BT-Drs. 19/13824, 230.

C. Einzelkommentierung

I. Satz 1

10 § 147 Satz 1 SGB XIV enthält die Anspruchsvoraussetzungen. Die Voraussetzungen aller drei Ziffern müssen kumulativ vorliegen.

11 **1. Anspruchsberechtigung.** Anspruchsberechtigt sind nach dem Wortlaut nur **Witwer und Witwen.** Der/die Anspruchsberechtigte muss also mit dem/der Geschädigten verheiratet gewesen sein. Dies umfasst auch hinterbliebene Lebenspartner, nicht aber rechtlich nicht gleichgestellte Lebensgemeinschaften.

12 **2. Nr. 1: Pflegebedürftigkeit.** § 147 Satz 1 Nr. 1 SGB XIV setzt voraus, dass die oder der Geschädigte **schädigungsbedingt pflegebedürftig** war. Unklar ist allerdings, welcher Pflegebedürftigkeitsbegriff dem zugrunde liegt.

13 Umfasst sind jedenfalls solche Geschädigte, für die schädigungsbedingte **Pflegebedürftigkeit nach § 72 SGB XIV iVm dem SGB XI** festgestellt wurde.

14 § 147 Satz 1 Nr. 1 SGB XIV erfasst darüber hinaus aber zumindest auch alle Geschädigten, bei denen Pflegebedürftigkeit nach dem **jeweils geltenden Pflegebedürftigkeitsbegriff** festgestellt war. Denn mit der grundlegenden Neugestaltung des Pflegebedürftigkeitsbegriffs mit Wirkung zum 1.1.2017[4] wurde der Begriff der Pflegebedürftigkeit deutlich ausgeweitet. Er erfasst seitdem grundsätzlich auch alle Personen, deren Pflegebedürftigkeit bereits nach dem früheren Pflegebedürftigkeitsbegriff festgestellt war.

15 Eine solche Feststellung ist aber möglicherweise nicht für jede/n Geschädigte/n (zu Lebzeiten) erfolgt, die/der Leistungen nach dem BVG bezogen hat. Denn die **Pflegezulage** nach § 35 BVG knüpft nicht an den Begriff der Pflegebedürftigkeit nach dem SGB XI an, sondern an einen **eigenständigen Begriff der Hilflosigkeit** und wird – in Abhängigkeit von der Schwere der Gesundheitsstörung – in sechs Stufen gewährt. Deshalb knüpft auch § 40b BVG für den Pflegeausgleich nicht an das Vorliegen von Pflegebedürftigkeit, sondern an Kalendermonate an, in denen der/die Beschädigte mindestens in einem der Stufe II entsprechenden Umfang hilflos war.

16 Nach § 147 Satz 1 Nr. 1 SGB XIV kommt es demgegenüber auf das Vorliegen von schädigungsbedingter Pflegebedürftigkeit an. Dabei kann im Einzelfall fraglich sein, ob aufgrund des Vorliegens eines Zustandes des/der Geschädigten, der die **Pflegezulage nach der Stufe II** rechtfertigt, ohne Weiteres auch vom Vorliegen einer schädigungsbedingten Pflegebedürftigkeit auszugehen ist. Um der mit der Vorschrift bezweckten Besitzstandswahrung und Gewährung von Vertrauensschutz hinreichend gerecht zu werden, sollte grundsätzlich die Gewährung der Pflegezulage nach der Stufe II nach § 35 BVG auch für die Annahme zu dieser Zeit vorliegender Pflegebedürftigkeit ausreichen. Denn der Gesetzgeber hat erkennbar mindestens die bereits nach dem BVG vorgesehenen Leistungen zum Pflegeausgleich gewähren wollen.

17 Diese Argumente gelten aber nicht, wenn nur eine **Pflegezulage nach der Stufe I** gewährt wurde. Dann spricht zwar der Umstand, dass § 147 Satz 1 Nr. 1 SGB XIV gerade nicht eine bestimmte Pflegestufe oder einen bestimmten Pflegegrad erfordert dafür, dass jede Pflegebedürftigkeit ausreicht. Die **nachträgliche Feststellung,** ob die/der inzwischen verstorbene Geschädigte tatsächlich pflegebedürftig war, könnte aber schwierig sein. Zudem stellt sich die Frage nach dem hierfür zugrunde zu legenden Pflegebedürftigkeitsbegriff, insbesondere wenn die Pflege bereits vor Änderung des Pflegebedürftigkeitsbegriffs endete (zB weil der Geschädigte verstorben ist) und bis dahin keine Pflegebedürftigkeit festgestellt wurde.

---

4 Durch das Zweite Gesetz zur Stärkung der pflegerischen Versorgung und zur Änderung weiterer Vorschriften (Zweites Pflegestärkungsgesetz – PSG II) vom 21.12.2015, BGBl. I 2424.

3. Nr. 2: Pflege während der Ehe und vor Inkrafttreten des SGB XIV. § 147 Satz 1 Nr. 2 SGB XIV enthält zwei Voraussetzungen: die Pflege muss **während der Ehe** durchgeführt worden sein und **zugleich** bereits **vor Inkrafttreten des SGB XIV**. Es reicht also nicht aus, wenn eine Pflegezeit vor dem Inkrafttreten des SGB XIV vorlag, die Ehe aber erst später geschlossen wurde. 18

Der Anspruch auf Pflegeausgleich setzt voraus, dass der/die Geschädigte bereits **vor Inkrafttreten des SGB XIV** gepflegt wurde. Diese Voraussetzung basiert darauf, dass es sich lediglich um eine Übergangsleistung handeln soll, um denen Vertrauensschutz bzw. Besitzstandsschutz zu gewähren, die zum Teil bereits seit Jahrzehnten auf den Erhalt eines Pflegeausgleichs vertraut haben.[5] Der Gesetzgeber geht also davon aus, dass eine Pflegeausgleichsleistung nicht erforderlich ist, wenn die Pflege nur unter Geltung des SGB XIV stattgefunden hat. Das ist insbesondere deshalb erstaunlich, weil das SGB XIV für die Pflegepersonen keine Leistungen vorsieht. Die Leistungen für Hinterbliebene richten sich nicht danach, ob sie den/die Geschädigte gepflegt haben. Es wird also offensichtlich davon ausgegangen, dass pflegende Ehepartner unter Geltung des SGB XIV ausreichend von den den Geschädigten selbst zustehenden (und deutlich ausgeweiteten) Ansprüchen auf Leistungen bei Pflegebedürftigkeit profitieren. 19

Eine **Mindestpflegezeit** ist für die Zeit vor Inkrafttreten des SGB XIV nicht erforderlich. Bei Vorliegen der übrigen Anspruchsvoraussetzungen reicht daher bereits ein Pflegetag vor Inkrafttreten des SGB XIV zur Anspruchsbegründung aus. 20

4. Nr. 3: Mehr als zehn Jahre Pflege. Die nach § 147 Satz 1 Nr. 3 SGB XIV erforderliche Pflegezeit von mehr als zehn Jahren muss nicht vor Inkrafttreten des SGB XIV liegen und ist – im Unterschied zu § 40b BVG – auch an keine sonstigen Voraussetzungen gebunden. In die Berechnung können vielmehr **alle Pflegezeiten** einfließen („die Pflegezeit insgesamt"). 21

Insbesondere kommt es – anders als nach § 40b BVG – weder darauf an, dass die Pflege während der Ehezeit erfolgte, noch darauf, ob sie neben dem Witwer bzw. der Witwe zu einem erheblichen Teil von einem Dritten erbracht wurde oder ob sie von dem Witwer oder der Witwe unentgeltlich erbracht wurde. 22

II. Sätze 2–4

§ 147 Sätze 2–4 SGB XIV regeln die **Rechtsfolge** bei Vorliegen der Voraussetzungen nach Satz 1. In die **Berechnung des Pflegeausgleichs** fließen dann nur die über zehn Jahre hinausgehenden Pflegezeiten ein (§ 147 Satz 3 SGB XIV). Nur zur Berechnung der über zehn Jahre hinausgehenden Pflegezeit werden Kalendermonate nicht mitgezählt, in denen die Pflege nicht **unentgeltlich** geleistet wurde. Das ergibt sich aus der systematischen Stellung dieses Satzes innerhalb des § 147 SGB XIV. Zudem bezieht sich das Wort „dabei" in Satz 3 auf die unmittelbar vorhergehende Berechnung nach Satz 2, während § 147 Satz 1 Nr. 3 SGB XIV ausdrücklich auf „die Pflegezeit insgesamt" abstellt. 23

Die Rechtsfolge nach § 147 Sätze 2–4 SGB XIV ist deutlich **großzügiger** gestaltet als die nach § 40b BVG, dürfte aber regelmäßig trotzdem nur zu relativ kleinen Gesamtbeträgen führen. Mit einem Betrag von 20 Euro für jedes Jahr der über zehn Jahre hinausgehenden Pflege (§ 147 Satz 2 SGB XIV) ist die Höhe der Leistung an dem **Höchstbetrag von Pflegeausgleichen** nach dem Recht des **BVG orientiert** und berücksichtigt die bis zum Inkrafttreten dieses Gesetzes zu erwartenden Anpassungen.[6] Zudem wird die anzurechnende Gesamtpflegezeit **auf volle Jahre aufgerundet** (§ 147 Satz 4 SGB XIV). 24

---

5 BT-Drs. 19/13824, 230.
6 BT-Drs. 19/13824, 230.

§ 148 Monatliche Entschädigungszahlung für Witwen und Witwer bei nicht schädigungsbedingtem Tod

(1) Witwen und Witwer eines oder einer nicht schädigungsbedingt verstorbenen Geschädigten erhalten eine monatliche Entschädigungszahlung, wenn

1. die Schädigung bereits vor dem Inkrafttreten dieses Buches eintrat,
2. die Ehe bereits vor Inkrafttreten dieses Buches bestand und
3. der oder die Geschädigte aufgrund der Schädigungsfolgen gehindert war, eine entsprechende Erwerbstätigkeit auszuüben und dadurch die von dem oder der Geschädigten abgeleitete Witwenrente oder Witwerrente aus der gesetzlichen Rentenversicherung nachweislich um mindestens 10 Prozent gemindert ist.

(2) Die Voraussetzungen des Absatzes 1 Nummer 3 gelten als erfüllt, wenn der oder die Geschädigte zum 31. Dezember 2023 Anspruch auf

1. die Grundrente eines Beschädigten nach § 31 des Bundesversorgungsgesetzes mit einem Grad der Schädigungsfolgen von 100 oder
2. eine Pflegezulage nach § 35 Absatz 1 des Bundesversorgungsgesetzes oder
3. mindestens fünf Jahre Berufsschadensausgleich nach § 30 des Bundesversorgungsgesetzes

hatte.

(3) Die Voraussetzungen des Absatzes 1 Nummer 3 gelten auch als erfüllt, wenn der oder die Geschädigte nach dem 31. Dezember 2023 Anspruch auf

1. eine Entschädigungszahlung eines Geschädigten mit einem Grad der Schädigungsfolgen von 100 nach § 83 Absatz 1 oder
2. Leistungen wegen Pflegebedürftigkeit nach Kapitel 7 nach einem Pflegegrad mindestens der Stufe 3 oder
3. mindestens fünf Jahre Berufsschadensausgleich nach Kapitel 10

hatte.

(4) Der Anspruch auf die in Absatz 2 Nummer 1 und 2 und Absatz 3 Nummer 1 und 2 genannten Leistungen muss im Zeitpunkt des Todes des Geschädigten bestanden haben.

(5) [1]Die monatliche Entschädigungszahlung beträgt 500 Euro. [2]Sie beträgt 750 Euro für Witwen und Witwer von Geschädigten mit einem Grad der Schädigungsfolgen von 100.

(6) [1]Berechtigte nach Absatz 1 erhalten auf Antrag eine Abfindung anstelle der monatlichen Entschädigungszahlung. [2]Der Antrag ist innerhalb eines Jahres nach Bewilligung der Entschädigungszahlung zu stellen.

(7) Die Abfindung beträgt 60 000 Euro bei einer monatlichen Entschädigungszahlung nach Absatz 5 Satz 1, 90 000 Euro bei einer monatlichen Entschädigungszahlung nach Absatz 5 Satz 2.

(8) [1]Auf die Abfindung sind bereits geleistete monatliche Entschädigungszahlungen anzurechnen. [2]Mit der Zahlung der Abfindung sind alle Ansprüche auf die monatlichen Entschädigungszahlungen bei nicht schädigungsbedingtem Tod abgegolten.

A. Gesetzesgeschichte

1 Die Vorschrift wurde durch Art. 1 G-SER[1] eingeführt; nach dessen Art. 60 Abs. 7 tritt sie am 1.1.2024 in Kraft. Sie geht zurück auf die Witwenbeihilfe des § 48 BVG.

1 BGBl. 2019 I 2652.

B. Normsystematik

I. Allgemeiner Regelungsgehalt

Die Vorschrift begründet für **Witwen** und **Witwer** Geschädigter einen Anspruch auf monatliche Entschädigungszahlungen, wenn der **Geschädigte nicht schädigungsbedingt** verstorben ist. **Grundvoraussetzung** nach Abs. 1 ist neben Eintritt der Schädigung vor dem 1.1.2024 und bereits vor diesem Datum bestehender Ehe, dass der verstorbene Ehepartner schädigungsbedingt nur eine **unzureichende**, weil um mindestens 10 % geminderte **Hinterbliebenenversorgung** aus der GRV aufzubauen vermochte. **Abs. 2** nennt Fälle, in denen die Schädigung als **Grund** der Minderung **vermutet** wird, weil der Geschädigte vor dem 31.12.2023 Anspruch auf bestimmte Versorgungsleistungen nach dem BVG hatte. Eine Vermutung gilt nach **Abs. 3** auch dann, wenn der Geschädigte nach diesem Datum Anspruch auf entsprechende Leistungen nach neuem Recht hatte. **Abs. 4** stellt klar, dass sich die **Vermutungstatbestände nicht nachträglich** feststellen lassen, sondern bereits beim Tod des Geschädigten erfüllt sein müssen. **Abs. 5 bis 8** regeln die Höhe der Entschädigungszahlung, ihre Abfindung und die Anrechnung bereits geleisteter Entschädigungszahlungen. 2

II. Systematische Einordnung und Normzweck

Sterben Geschädigte nicht an den Folgen der Schädigung, fehlt die **Grundvoraussetzung** für Entschädigungszahlungen an ihre Witwe oder ihren Witwer: der **schädigungsbedingte Tod.** Die wirtschaftliche Lage Verwitweter ist dennoch schädigungsbedingt beeinträchtigt, wenn die Schädigungsfolgen den Geschädigten daran gehindert haben, während seines Erwerbslebens eine **Hinterbliebenenversorgung** aufzubauen, wie es ihm als **Nichtbeschädigter** möglich gewesen wäre. Deshalb entstandene **Versorgungsdefizite** von Gewicht sollte die **Witwenbeihilfe** nach § 48 BVG ausgleichen. Sie war dort Teil eines ganzen Bündels an Hinterbliebenenleistungen, hat im SGB XIV **keine Nachfolgerin** und wird mit der **monatlichen Entschädigungszahlung** nach Abs. 1, begrenzt auf den dort genannten (kleinen) Personenkreis, aus **Vertrauensschutzgründen**[2] übergangsrechtlich in vereinfachter Form fortgeführt. 3

C. Einzelkommentierung

Die Entschädigungsleistung soll **nicht jegliche**, auch unbedeutende, sondern **nur** eine **erhebliche Minderung** der Gesamtversorgung Verwitweter um mindestens 10 % ausgleichen. Eine **Versorgungslücke** dieser Größe braucht in den drei in **Abs. 2** genannten Fällen **nicht** aufwändig **errechnet** und festgestellt zu werden. Sie wird unter denselben Voraussetzungen wie nach § 48 Abs. 1 S. 5 und 6 BVG **vermutet**; mit dem Unterschied, dass der Geschädigte Anspruch auf die dort genannten Leistungen bereits bei Außerkrafttreten des BVG zum 31.12 2023 gehabt haben muss. **Abs. 3** stellt aber **dieselben Vermutungen** für den Fall auf, dass der Geschädigte erst nach dem 31.12.2023 Anspruch auf **funktionsgleiche Leistungen** nach neuem Recht gehabt hat. Für die auf fünfjährigen BSA-Anspruch gegründete Vermutung sind **Zeiten** bis zum 31.12. 2023 und danach **zusammenrechnen**. 4

Abs. 4 stellt klar, dass der Geschädigte bei seinem Tod Anspruch auf die in den Vermutungstatbeständen genannten Leistungen gehabt haben muss, sich ein solcher Anspruch also nicht erst aufgrund post mortem angestellter Ermittlungen zum GdS und zur Pflegebedürftigkeit ergibt. Das gilt für den in Abs. 4 nicht genannten **Vermutungstatbestand** eines mindestens **fünfjährigen Anspruchs** auf **BSA** nur eingeschränkt. BSA braucht vom Geschädigten nicht bezogen, nicht einmal beantragt worden zu sein. Es genügt, wenn die Anspruchsvoraussetzungen nach den über den Geschädigten 5

2 BT-Drs. 19/13824, 230.

geführten Versorgungsakten für jeden Kundigen ohne weitere Ermittlungen, auf den ersten Blick erkennbar, vorliegen.[3]

6 Greifen die Vermutungsregelungen der Abs. 2 und 3 nicht, muss sich eine **Versorgungslücke** von 10 % **feststellen** lassen. Zu deren Ermittlung ist der **hypothetischen** Versorgung aus einer von **Schädigungsfolgen unbeeinflussten** Erwerbstätigkeit des Geschädigten **nicht** etwa die **tatsächliche** Versorgung Verwitweter gegenüberzustellen, **maßgeblich** ist vielmehr diejenige Hinterbliebenenversorgung, die der Geschädigte **trotz** seiner **Schädigung** zumutbar **hätte aufbauen können.**[4] Denn Witwenbeihilfe – und nach neuem Recht die monatliche Entschädigungszahlung für Verwitwete – soll lediglich eine **schädigungsbedingte** Versorgungsminderung ausgleichen, nicht eine vom Geschädigten **schädigungsunabhängig** nur **unzureichend** getroffene Vorsorge **nachträglich aufbessern**; schädigungsunabhängig entstandene Versorgungsdefizite bleiben unberücksichtigt. Zur tatsächlichen Versorgung Verwitweter gehören sämtliche aus der Ehe hergeleiteten Versorgungsansprüche, insbesondere auch Betriebsrenten und die Zusatzversorgung des öffentlichen Dienstes.[5]

Abschnitt 2 Neufeststellungen und Anpassung

§ 149 Neufeststellungen

(1) [1]Neufeststellungen zur Anspruchsberechtigung und zum Grad der Schädigungsfolgen erfolgen auf Antrag und richten sich nach den Kapiteln 1 bis 22. [2]Neufeststellungen können auch von Amts wegen erfolgen.

(2) [1]Könnten nach Kapitel 1 bis 22 keine oder geringere Leistungen als vor Stellung des Neufeststellungsantrags beansprucht werden, werden mindestens die nach diesem Kapitel vor Stellung des Neufeststellungsantrags bezogenen Leistungen weiter erbracht. [2]Dies gilt nicht, wenn sich die nicht mehr bestehende Anspruchsberechtigung oder der geringere Leistungsumfang aus einer festgestellten Verringerung des Grades der Schädigungsfolgen ergeben.

A. Gesetzesgeschichte

1 Die Vorschrift wurde durch Art. 1 G-SER[1] eingeführt; nach dessen Art. 60 Abs. 7 tritt sie am 1.1.2024 in Kraft. Zuvor gelten nach § 62 BVG besondere Regeln für die Neufeststellung von Versorgungsbezügen.

B. Normsystematik

I. Allgemeiner Regelungsgehalt

2 **Abs. 1 S. 1** gewährleistet den unter § 142 SGB XIV fallenden Personen das **Recht**, eine **Neufeststellung** zu ihrer **Anspruchsberechtigung** sowie des **GdS** zu beantragen und bestimmt als Entscheidungsmaßstab für die Neufeststellung das neue Recht der Kap. 1 bis 22. Nach **Abs. 1 S. 2** kann der **TdSE** derartige Neufeststellungen auch unabhängig von einem solchen Antrag **von Amts wegen** treffen. Abs. 2 S. 1 verhindert eine **Schlechterstellung**, wenn die nach Kap. 1 bis 22 neu festzustellenden Leistungen das Niveau der Besitzstandsschutzleistungen **unterschreiten**. Nach Abs. 2 S. 2 gibt es aber

---

3 BSG Urt. v. 10.2.1993 – 9/9a 31/91, juris Rn. 11.
4 Bei Selbstständigen ist entscheidend, was sie aufgrund ihrer nach der Schädigung gezeigten Leistungsfähigkeit als Unselbstständige auf dem Arbeitsmarkt noch hätten erzielen können: BSG Urt. v. 16.5.1995 – 9 RV 13/93, juris Rn. 13.
5 BSG Urt. v. 13.8.1997 – 9 RV 31/95, juris Rn. 17 f.
1 BGBl. 2019 I 2652.

keinen Schutz gegen **Leistungsminderungen** oder -wegfall wegen eines – ggf. bis auf Null – verringerten GdS.

II. Systematische Einordnung und Normzweck

In § 62 BVG gab es umfangreiche Regegelungen zur Neufeststellung des GdS und daran anknüpfender Leistungen der Beschädigtenversorgung. Nach § 37 S. 1 SGB I verdrängten diese Regelungen – im Rahmen ihres Anwendungsbereiches – die allgemeinen Vorschriften der §§ 44 ff. SGB X zur Änderung bestandskräftiger Verwaltungsakte. Das SGB XIV kennt als besondere Vorschrift nur noch § 149 SGB XIV. Dessen **Abs. 2 S. 1** soll sicherstellen, dass Berechtigte nach § 142 SGB XIV durch **Neufeststellung** unter Anwendung neuen Rechts **nicht schlechter** gestellt werden als nach den von ihnen bis dahin bezogenen **Besitzstandsschutzleistungen.**[2] Anders als nach § 62 Abs. 2 S. 1, Abs. 3 S. 1 BVG ist der einmal zuerkannte **GdS** selbst aber weder zeitweise noch dauernd gegen **Herabsetzung** geschützt. Deshalb besteht kein Grund, die Besitzstandsleistung unverändert weiter zu zahlen, wenn die neu festgestellte Leistung nach Kap. 1 bis 22 allein wegen Herabsetzung des GdS geringer ausfällt. 3

C. Einzelkommentierung

Beantragt ein unter § 142 SGB XIV fallender Berechtigter eine Neufeststellung oder eröffnet der TdSE von Amts wegen ein Neufeststellungsverfahren, hat die Verwaltung ihre Entscheidung nach Maßgabe der Kap. 1 bis 22 zu treffen. Eine getroffene **Neufeststellung** führt danach, wie eine **Wahlentscheidung** nach § 152 SGB XIV, zum **Wechsel** in das **neue Recht**. Unter dem Regime des § 142 SGB XIV bleibt nur, wer nach dem Ergebnis des Neufeststellungsverfahrens weiterhin Besitzstandsschutzleistungen erhält, weil die Leistungen nach Kap. 1 bis 22 dahinter zurückgeblieben wären. 4

Bei einem **Wechsel** in das **neue Recht** aufgrund Neufeststellung ist das dortige **Leistungsspektrum**, anders als bei einer **Wahlentscheidung** nach § 152 SBGB XIV, **nicht eingeschränkt**. Nach § 84 SGB XIV haben Geschädigte auch Anspruch auf **Abfindung** der monatlichen Entschädigungszahlung (für jeweils fünf Jahre) und ebenso können sich Witwen und Witwer nach § 86 SGB XIV wegen der monatlichen Entschädigungszahlung (endgültig) abfinden lassen. Es gibt keinen Grund, das Leistungsspektrum analog § 152 Abs. 1 S. 1 SGB XIV einzuschränken. Denn Anlass für die dortige Regelung waren Befürchtungen des Gesetzgebers, die hohen Abfindungsbeträge des § 84 Abs. 2 S. 1 SGB XIV und des § 86 Abs. 2 S. 1 SGB XIV könnten zu massenhaftem Wechsel in das neue Recht anreizen und die gehäufte Auszahlung von Abfindungen könnte zu Haushaltsproblemen führen.[3] Solche Befürchtungen bestehen bei Neufeststellungen allein des GdS oder zur Anspruchsberechtigung nicht. Sie werden während eines langen Zeitraums nur vereinzelt getroffen. 5

Der TdSE wird von seinem Ermessen auf Einleitung eines Neufeststellungsverfahrens regelmäßig dann Gebrauch machen, wenn die rechtlichen oder tatsächlichen Verhältnisse sich wesentlich geändert haben (§ 48 SGB X) oder weil der Anspruch – nach dem Maßstab „alten“ Rechts – von Beginn an nicht oder nicht in der festgestellten Höhe bestanden hat (§ 45 SGB X).[4] 6

---

2 BT-Drs. 19/13824, 230.
3 BT-Drs. 19/14870, 36.
4 Knickrehm/Mushoff/Schmidt Neues SozEntschR Rn. 441.

§ 150 Anpassung, Verordnungsermächtigung

[1]Der nach den §§ 144 und 145 festgestellte Geldbetrag sowie die Beträge aus den §§ 147 und 148 werden jeweils entsprechend dem Prozentsatz angepasst, um den sich der aktuelle Rentenwert in der gesetzlichen Rentenversicherung verändert. [2]Die sich nach Satz 1 ergebenden Beträge sind bis 0,49 Euro auf volle Euro abzurunden und ab 0,50 Euro auf volle Euro aufzurunden. [3]Die Anpassung erfolgt durch Rechtsverordnung des Bundesministeriums für Arbeit und Soziales mit Zustimmung des Bundesrates jeweils zum gleichen Zeitpunkt, zu dem die Renten der gesetzlichen Rentenversicherung angepasst werden.

1 Die Vorschrift trifft zur Anpassung des monatlichen Betrags nach § 144 SGB XIV, der befristeten oder auf Zeit erbrachten Leistungen des § 145 SGB XIV, des Pflegeausgleichs-Betrags (§ 147 SGB XIV) und der monatlichen Entschädigung für Witwen und Witwer bei nicht schädigungsbedingtem Tod (§ 148 SGB XIV) eine Parallelregung zu § 110 SGB XIV. Auf die dortige Kommentierung wird verwiesen.

Abschnitt 3 Vertrauensschutz für die Absicherung gegen Krankheit

§ 151 Absicherung gegen Krankheit

(1) [1]Personen, die bis zum 1. Januar 2024 nach § 10 des Bundesversorgungsgesetzes oder in entsprechender Anwendung des § 10 des Bundesversorgungsgesetzes Leistungen der Heil- oder Krankenbehandlung für Nichtschädigungsfolgen erhalten haben, haben hinsichtlich der Behandlung von Nichtschädigungsfolgen Anspruch auf Leistungen bei Krankheit nach dem Dritten Kapitel des Fünften Buches. [2]§ 44 Absatz 2 gilt entsprechend. [3]Ansprüche nach § 143 bleiben von Satz 1 unberührt. [4]Die Leistungen nach Satz 1 erbringt für die zuständige Verwaltungsbehörde die Krankenkasse, die von der Person entsprechend § 173 des Fünften Buches gewählt wurde. [5]§ 175 Absatz 4 Satz 1 bis 5 des Fünften Buches gilt entsprechend. [6]§ 45 Satz 1 und 2 gilt entsprechend. [7]Die Berechtigten erhalten von der gewählten Krankenkasse eine elektronische Gesundheitskarte nach § 291 des Fünften Buches.

(2) [1]Den Krankenkassen werden von der zuständigen Verwaltungsbehörde halbjährlich die Aufwendungen erstattet, die ihnen durch die Übernahme der Leistungen nach Absatz 1 entstehen. [2]Als angemessene Verwaltungskosten werden ihnen von der zuständigen Verwaltungsbehörde halbjährlich 5 Prozent des Erstattungsbetrages nach Satz 1 erstattet.

(3) Der Anspruch nach Absatz 1 ruht für die Dauer einer Mitgliedschaft in der gesetzlichen Krankenversicherung.

A. Gesetzesgeschichte

1 § 151 geht zurück auf den Gesetzentwurf der Bundesregierung vom 9.10.2019, BT-Drs. 19/13824, 231 und wurde durch die Beschlussempfehlung und den Bericht des Ausschusses für Arbeit und Soziales (11. Ausschuss) vom 6.11.2019, BT-Drs. 19/14870, 31, in Abs. 1 S. 5 ergänzt. Die Vorschrift tritt mWz 1.1.2024 in Kraft.[1] Im bis 31.12.2023 geltenden Recht finden sich für die Heil- und Krankenbehandlung keine Übergangsvorschriften.[2]

B. Normsystematik

I. Allgemeiner Regelungsgehalt

2 Abs. 1 S. 1 normiert einen Anspruch auf **Leistungen der Krankenbehandlung** hinsichtlich der **Behandlung von Nichtschädigungsfolgen** für Personen, die bis zum Inkrafttreten des SGB XIV am 1.1.2024 Leistungen der Heil- und Krankenbehandlung nach § 10 BVG oder in dessen entsprechender Anwendung erhalten haben. Abs. 1 S. 3 bestimmt das Verhältnis zu § 143; Abs. 1 S. 4 und 5 regeln, welche Krankenkasse für die Leistungserbringung zuständig ist. Abs. 1 S. 6 und 7 befassen sich mit dem Nachweis der Anspruchsberechtigung gegenüber den Leistungserbringern. Abs. 2 konstituiert einen Aufwendungs- und Verwaltungskostenersatzanspruch der leistungserbringenden Krankenkassen. Abs. 3 normiert das Ruhen des Leistungsanspruches für die Dauer einer Mitgliedschaft in der GKV.

II. Systematische Einordnung und Normzweck

3 Mit § 151 wird sichergestellt, dass Personen, die bis zum Außerkrafttreten des BVG nach § 10 Abs. 2 und 4 bis 6 BVG Leistungen der Heil- oder Krankenbehandlung für Nichtschädigungsfolgen erhalten haben,[3] weiterhin umfassend gegen das Risiko Krankheit abgesichert bleiben.[4] Die **Vertrauensschutzregelung** steht in engem Zusammenhang mit § 143 über den Besitzstandsschutz im Bereich der Heil- und Krankenbehandlung.[5]

C. Einzelkommentierung

I. Vertrauensschutz für die Absicherung gegen Krankheit, Abs. 1

4 **1. Anspruch auf Leistungen bei Krankheit, Abs. 1 S. 1.** Nach Abs. 1 S. 1 haben Personen Anspruch auf **Leistungen der Krankenbehandlung** nach dem 3. Kapitel des SGB V (§§ 11–68c SGB V), die bis zum Außerkrafttreten des BVG nach § 10 Abs. 2 und 4 bis 6 BVG Leistungen der Heil- oder Krankenbehandlung für **Nichtschädigungsfolgen** erhalten haben.

5 Der **Umfang** der Leistungen entspricht dem in § 42 Abs. 3 bis 5 ab 1.1.2024 gewährten Leistungen für Schwergeschädigte für Nichtschädigungsfolgen und Angehörige,

1 Art. 60 Abs. 7 G-SER v. 12.12.2019, BGBl. 2019 I 2652.
2 Schmidt SGB XIV/Kerner § 143 Rn. 2.
3 Vgl. hierzu HK-SozEntschR/Vogl BVG § 10 Rn. 23 ff.
4 BT-Drs. 19/13824, 231.
5 Knickrehm/Mushoff/Schmidt Neues SozEntschR Rn. 434.

Nahestehende von Schwergeschädigten bzw. Hinterbliebene im Rahmen der Auffanghilfe (→ § 42 Rn. 28). Sie erhalten Leistungen bei Krankheit in gleichem Umfang wie Versicherte der **gesetzlichen Krankenversicherung** und bleiben somit auch nach dem Außerkrafttreten des BVG am 31.12.2023 umfassend gegen das Risiko Krankheit abgesichert,[6] sind aber von Leistungen im Umfang der ergänzenden Leistungen der Krankenbehandlung der SE (§ 43) ausgeschlossen. Dies ist konsequent, da auch nach dem BVG Heilbehandlungen grundsätzlich nur für Gesundheitsstörungen gewährt werden, die auf das schädigende Ereignis und eine dabei erlittene Gesundheitsschädigung kausal zurückzuführen sind,[7] eine Ausweitung des Heilbehandlungsanspruches auf Gesundheitsstörungen, die nicht als Schädigungsfolge anerkannt sind, oder ein in Umfang und Inhalt demgegenüber eingeschränkter Anspruch auf Krankenbehandlung für Personen, die nicht selbst geschädigt sind, ist nach § 10 Abs. 2 und 4 bis 6 BVG nur als Ausnahme gegeben.[8]

6 a) **Berechtigter Personenkreis.** Begünstigte der Norm sind zunächst **Schwerbeschädigte**, die für Gesundheitsstörungen Leistungen der Heilbehandlung erhalten haben, die nicht als Folge einer Schädigung anerkannt sind (§ 10 Abs. 2 BVG). Eine **Schwerbeschädigung** liegt gemäß § 31 Abs. 2 BVG vor, wenn ein GdS von mindestens 50 festgestellt ist. Darüber hinaus gelten gemäß § 31 Abs. 3 S. 2 BVG als Schwerbeschädigte auch Beschädigte mit Anspruch auf Pflegezulage nach § 35 Abs. 1 BVG; diese Personen erhalten gemäß § 31 Abs. 3 S. 3 BVG mindestens Versorgung nach einem GdS von 50, somit auch die Heilbehandlung nach § 10 Abs. 2 BVG.[9]

7 Anspruch auf Krankenbehandlung nach Abs. 1 S. 1 haben auch **Dritte**, die dadurch gekennzeichnet sind, dass sie **zu der geschädigten Person in einem gewissen Abhängigkeitsverhältnis** stehen. Bis zum 31.12.2023 sind diese Personen regelmäßig nicht selbst Inhaber des Anspruches, vielmehr werden der beschädigten Person als Teil ihrer Versorgung gem. § 9 Nr. 1 BVG auch medizinische Maßnahmen für dritte Personen gewährt, die ihrerseits lediglich Leistungsempfänger sind.[10] Nach § 10 Abs. 4 und 5 BVG anspruchsberechtigt sind

- Schwerbeschädigte (§ 31 Abs. 2 und 3 S. 1 BVG) gem. § 10 Abs. 4 S. 1 Buchst. a BVG für Ehegatten, Lebenspartner, Kinder und sonstige Angehörige, die mit ihnen in häuslicher Gemeinschaft leben und von ihnen überwiegend unterhalten werden. Maßgeblich ist das Bestehen einer häuslichen Gemeinschaft und der Umstand, dass die Schwerbeschädigten mindestens zur Hälfte zum Unterhalt dieser Angehörigen beitragen;[11]
- Empfänger einer Pflegezulage (§ 35 BVG) gem. § 10 Abs. 4 S. 1 Buchst. b BVG für Personen, die ihn unentgeltlich und nicht nur vorübergehend pflegen, dh für einen Zeitraum von mindestens sechs Monaten;[12]
- Beschädigte mit einem GdS von unter 50 gem. § 10 Abs. 5 S. 1 Buchst. a BVG für sich und für ihre Angehörigen iSv § 10 Abs. 4 S. 1 Buchst. a BVG.

8 Ab 1.1.2024 sind diese begünstigen dritten Personen nach dem Wortlaut von Abs. 1 S. 1 **selbst Berechtigte** des Anspruches auf Krankenbehandlung.

9 Anspruch auf Krankenbehandlung gemäß § 10 Abs. 4 S. 3 BVG haben bis 31.12.2023 auch bisherige Leistungsempfänger im Sinne von § 10 Abs. 4 S. 1 Buchst. a und c BVG nach dem Tode des (ursprünglich berechtigten) Schwerbeschädigten, wenn sie weder

6 BT-Drs. 19/13824, 231.
7 HK-SozEntschR/Vogl BVG § 10 Rn. 12.
8 Schmidt SGB XIV/Kerner § 151 Rn. 4; vgl. zur Rechtslage bis zum 31.12.2023 HK-SozEntschR/Vogl BVG § 10 Rn. 23 ff.
9 HK-SozEntschR/Vogl BVG § 10 Rn. 23–25.
10 HK-SozEntschR/Vogl BVG § 10 Rn. 27, 30.
11 Schmidt SGB XIV/Kerner § 151 Rn. 8 mwN.
12 Schmidt SGB XIV/Kerner § 151 Rn. 9 mwN.

Anspruch auf Hinterbliebenenrente oder -beihilfe haben – und somit nicht zum Personenkreis gemäß § 10 Abs. 4 S. 1 Buchst. c BVG gehören – noch einen wirksamen Krankenversicherungsschutz unter zumutbaren Bedingungen erreichen können.[13]

Anspruchsberechtigt nach § 10 BVG sind auch **Hinterbliebene**, nämlich 10

- Witwen, hinterbliebene Lebenspartner, Waisen und Eltern gem. § 10 Abs. 4 S. 1 Buchst. c BVG, wenn sie Hinterbliebenenrente bzw. -beihilfe beziehen und
- Witwen und hinterbliebene Lebenspartner gemäß § 10 Abs. 5 S. 1 Buchst. b BVG, wenn sie Hinterbliebenenrente bzw. -beihilfe beziehen, für ihre Angehörigen iSv § 10 Abs. 4 S. 1 Buchst. a BVG.

Nach § 10 Abs. 6 BVG haben Anspruch auf **Leistungen zur Verhütung und Früherkennung von Krankheiten und Leistungen bei Schwangerschaft** bis zum Außerkrafttreten des BVG die nach § 10 Abs. 2, 4 oder 5 BVG Berechtigten für sich und die in § 10 Abs. 4 und 5 BVG genannten Empfänger der Krankenbehandlungsleistungen.

b) **Leistungsausschluss.** Der Anspruch auf Heilbehandlung für schädigungsunabhängige Gesundheitsstörungen und der Anspruch auf Krankenbehandlung sind in den Fällen des **§ 10 Abs. 7 BVG ausgeschlossen,**[14] denn diese unabhängig vom Vorliegen einer Schädigungsfolge zu erbringenden Leistungen stehen eigentlich außerhalb der Ziele des Entschädigungsrechtes im engeren Sinne und sollen lediglich eine Lücke schließen, die sonst im Leistungsrecht offen bliebe; sie entspringen ausschließlich der Fürsorgepflicht des Versorgungsträgers.[15] Als Auffanghilfen[16] sind sie subsidiär gegenüber zweckentsprechenden Leistungen und werden erbracht, weil der Versorgungsberechtigte oder Leistungsempfänger sonst ohne Krankenversicherungsschutz wäre. 11

Der Anspruch ist ausgeschlossen, 12

- wenn der Berechtigte ein Einkommen über der Jahresarbeitsentgeltgrenze nach § 6 SGB V hat, es sei denn, es besteht Anspruch auf Pflegezulage oder die Heilbehandlung wegen der als Folge einer Schädigung anerkannten Gesundheitsstörung kann nicht durch eine Krankenversicherung sichergestellt werden (§ 10 Abs. 7 S. 1 Buchst. a BVG), oder
- wenn der Berechtigte oder Leistungsempfänger nach dem 31.12.1982 von der Versicherungspflicht in der gesetzlichen Krankenversicherung auf Antrag befreit (§ 8 SGB V) worden ist (§ 10 Abs. 7 S. 1 Buchst. b BVG) oder
- wenn der Leistungsempfänger ein Einkommen hat, das die Jahresarbeitsentgeltgrenze der gesetzlichen Krankenversicherung übersteigt, es sei denn, der Berechtigte hat Anspruch auf Pflegezulage (§ 10 Abs. 7 S. 1 Buchst. c BVG).[17]

Diese Fallgruppen gehen davon aus, dass bei Nichtschädigungsfolgen die Möglichkeit eines **Krankenversicherungsschutzes durch Beitritt zu einer privaten Krankenversicherung** dem Schutz nach dem BVG vorgeht. Privilegiert werden insoweit nur Empfänger von Pflegezulagen sowie diejenigen Beschädigten, die wegen der Schädigungsfolgen keine private Krankenversicherung abschließen können.[18] Der Begriff **„Einkommen"** ist im BVG nicht näher definiert. Wegen der Bezugnahme auf die Jahresarbeitsentgeltgrenze der GKV ist der Begriff an das Recht der gesetzlichen Krankenversicherung anzulehnen, es ist deshalb von Bruttobeträgen auszugehen. Das Leistungsvermögen des Beschädigten bestimmt sich aber nicht nur nach Erwerbseinkommen, sondern 13

13 HK-SozEntschR/Vogl BVG § 10 Rn. 31.
14 Vgl. hierzu auch BSG 20.5.1992 – 9a RV 18/90, USK 9227.
15 Wilke/Fehl § 10 Rn. 26; hierzu auch ausführlich Heinz ZfF 2009, 97 (98 ff.).
16 BSG 24.1.1979 – 9 RV 50/77, SozR 3100 § 10 Nr. 13; BSG 28.1.1981 – 9 RV 40/80, SozR 3100 § 10 Nr. 18.
17 Zur Abgrenzung der Buchst. a, b und c des § 10 Abs. 7 vgl. BSG 28.1.1981 – 9 RV 40/80, SozR 3100 § 10 Nr. 18.
18 HK-SozEntschR/Vogl BVG § 10 Rn. 39.

wird durch sonstige Einkünfte ergänzt oder ersetzt, so dass die Jahresarbeitsentgeltgrenze nur der Höhe nach, nicht der Einkommensart nach gilt.[19] Die Ansprüche des Beschädigten selbst auf Leistungen nach § 10 Abs. 2, 4, 5, und 6 BVG werden durch das Bestehen einer Familienversicherung gemäß § 10 SGB V nicht ausgeschlossen, vgl. § 10 Abs. 7 S. 4 BVG.

14 Der Anspruchsausschluss greift ferner,

- wenn ein Sozialversicherungsträger (§ 29 SGB IV) zu einer entsprechenden Leistung verpflichtet ist (§ 10 Abs. 7 S. 1 Buchst. d BVG) oder
- wenn Anspruch auf entsprechende Leistungen aus einem Vertrag, ausgenommen aus einer privaten Kranken- oder Unfallversicherung, besteht (Abs. 7 Satz 1 Buchst. e) oder
- wenn und soweit die Heil- oder Krankenbehandlung durch ein anderes Gesetz sichergestellt ist (§ 10 Abs. 7 S. 1 Buchst. f BVG).

Dabei definiert § 10 Abs. 6 S. 2 BVG, dass entsprechende Leistungen im Sinne dieses Absatzes Leistungen sind, die nach ihrer **Zweckbestimmung und der Art der Leistungserbringung** übereinstimmen. Dies gilt auch, soweit Sachleistungen durch andere Träger erbracht werden, die dem gleichen Zweck dienen, wie Kostenübernahmen, Geldleistungen oder Zuschüsse nach dem BVG, vgl. § 10 Abs. 6 S. 3 BVG.

15 Die Tatbestände, die zum Leistungsausschluss nach § 10 Abs. 7 BVG führen, gehen von der unwiderleglichen Vermutung aus, dass in bestimmten typisierten Fällen der allgemein unterstellte Bedarf nicht vorliegt. Der erweiterte Krankenschutz soll nicht denjenigen zugute kommen, von denen angenommen werden kann, dass sie entweder durch eigene Kraft (§ 10 Abs. 7 S. 1 Buchst. a und c BVG) oder durch die Solidargemeinschaft der Sozialversicherten (§ 10 Abs. 7 S. 1 Buchst. d BVG) eine ausreichende soziale und wirtschaftliche Sicherheit erlangen konnten. Dieser Krankenschutz soll vielmehr nur denjenigen gewährt werden, die nicht arbeiten konnten und deshalb weder sozialversichert sind noch ein Einkommen haben, das den Sozialversicherungsschutz erübrigt.[20]

16 Der Leistungsausschluss nach § 10 Abs. 7 BVG wirkt als **negatives Tatbestandsmerkmal**, dh die Entstehung des Anspruches auf Heil- und Krankenbehandlung nach § 10 Abs. 2 und 4 bis 6 BVG ist unter den beschriebenen Voraussetzungen gehindert; die Aufzählung ist abschließend.[21]

17 c) **Heil- oder Krankenbehandlung für Nichtschädigungsfolgen erhalten.** Abs. 1 S. 1 setzt nach seinem Wortlaut weiter voraus, dass Personen, die dem anspruchsberechtigten Personenkreis angehören, Leistungen der Heil- oder Krankenbehandlung für Nichtschädigungsfolgen „erhalten haben“, dh Leistungen der Gesundheitsversorgung iSv § 10 BVG **tatsächlich bezogen** haben. Nicht ausreichend ist daher, dass die Betroffenen lediglich zu abstrakt zu dem berechtigten Personenkreis nach Abs. 1 S. 1 gehören; ihnen wird daher auch kein Vertrauensschutz gewährt.

18 **2. Zuzahlungsfreiheit, Abs. 1 S. 2.** Nach Abs. 1 S. 2 gilt § 44 Abs. 2 entsprechend, weshalb abweichend vom Recht der gesetzlichen Krankenversicherung Sachleistungen nach § 151 ohne Beteiligung der Leistungsberechtigten an den Kosten erbracht werden.[22]

19 **3. Zuständigkeit der Krankenkasse und Wahl, Abs. 1 S. 4 und 5.** Die Leistungen nach Abs. 1 S. 1 werden gem. S. 4 von der **Krankenkasse** erbracht, die die berechtigte Person zum Zeitpunkt des Außerkrafttretens des BVG nach den Grundsätzen des § 173

19 BSG 12.11.1996 – 9 RV 25/94, SozR 3-3100 § 10 BVG Nr. 4.
20 BSG 29.9.1993 – 9/9a RV 34/92, SozSich 1994, 473.
21 Schmidt SGB XIV/Kerner § 151 Rn. 11; HK-SozEntschR/Vogl BVG § 10 Rn. 43.
22 BT-Drs. 19/13824, 231.

SGB V **wählt**. Die zuständige Verwaltungsbehörde informiert die Berechtigten rechtzeitig vor Außerkrafttreten des BVG über die notwendigen Schritte.[23]

Aufgrund S. 5 können Berechtigte die nach S. 4 gewählte Krankenkasse entsprechend § 175 Abs. 4 S. 1 bis 5 SGB V **wechseln**. Es gibt nach Auffassung des Gesetzgebers keinen sachlichen Grund, ihnen dieses Recht vorzuenthalten.[24] Nach § 175 Abs. 1 S. 1 SGB V besteht eine Bindung an die Wahlrechtserklärung und damit an die gewählte Krankenkasse für eine Dauer von mindestens 12 Monaten. Nach § 175 Abs. 4 S. 2 SGB V bedarf es bei Ausübung des Wahlrechtes weder einer Kündigung noch der Einhaltung des Mindestzeitraumes, wenn die Versicherungspflicht oder -berechtigung kraft Gesetzes endet. Für das Rechtsverhältnis zu der nach Abs. 1 S. 4 gewählten Krankenkasse bedeutet dies, dass die Bindung entfällt, wenn die Voraussetzungen von Abs. 1 S. 1 wegfallen. Entsprechend § 175 Abs. 4 S. 3 SGB V ist zum oder nach Ablauf der Mindestbindungsfrist von 12 Monaten eine Kündigung zum Ablauf des übernächsten Kalendermonates möglich, gerechnet von dem Monat, in dem die Kündigung erklärt wird; eine erneute Ausübung des Wahlrechtes des Geschädigten ist dann möglich. Bei einem Wechsel in eine andere Krankenkasse ersetzt die Meldung der neuen Krankenkasse über die Ausübung des Wahlrechtes die Kündigungserklärung (§ 175 Abs. 4 S. 5 SGB V), dh eine Kündigungserklärung ist in diesen Fällen nicht mehr erforderlich, es reicht die Anmeldung bei der neuen Krankenkasse. 20

4. Nachweispflicht durch elektronische Gesundheitskarte, Abs. 1 S. 5 bis 7. Abs. 1 S. 5 ordnet die entsprechende Anwendung von § 45 S. 1 und 2 an, dh die berechtigten Personen haben ihre Leistungsberechtigung gegenüber Ärzten und anderen Leistungserbringern nachzuweisen. Für die **Nachweispflicht** gilt nach § 45 S. 2 der § 15 Abs. 2 bis 6 SGB V entsprechend. Danach ist die **elektronische Gesundheitskarte** (§ 291 SGB V) zum Nachweis der Berechtigung zur Inanspruchnahme von Leistungen grundsätzlich vor Beginn der Behandlung auszuhändigen (§ 15 Abs. 2 S. 1 SGB V). Ab dem 1.1.2024 kann der Nachweis der Berechtigung aber auch durch eine digitale Identität nach § 291 Abs. 8 SGB V erbracht werden (§ 15 Abs. 2 S. 1 SGB V). Für die Inanspruchnahme anderer als ärztlicher, zahnärztlicher oder psychotherapeutischer Leistungen ist der Nachweis auch durch Berechtigungsscheine möglich (§ 15 Abs. 3 SGB V), die die Angaben nach § 291a Abs. 2 Nr. 1 bis 9 und 11 SGG V und bei befristeter Gültigkeit das Datum des Fristablaufes zu enthalten haben (§ 15 Abs. 4 SGB V). In dringenden Fällen kann die elektronische Gesundheitskarte oder der Berechtigungsschein nachgereicht werden (§ 15 Abs. 5 SGB V). Berechtigte, die Mitglied einer gesetzlichen Krankenkasse sind, erhalten nach Maßgabe von § 15 Abs. 6 SGB V die elektronische Gesundheitskarte bei der erstmaligen Ausgabe und bei Beginn der Versicherung bei einer Krankenkasse sowie bei jeder weiteren, nicht vom Versicherten verschuldeten erneuten Ausgabe gebührenfrei. 21

Nach Abs. 1 S. 7 werden Berechtigte von der von ihnen gewählten Krankenkasse mit einer elektronischen Gesundheitskarte ausgestattet und können so die Leistungen in Anspruch nehmen wie Versicherte der gewählten Krankenkasse, dh sie haben insbesondere Zugang zu den Leistungserbringern wie diese. Mit der elektronischen Gesundheitskarte werden die sog. Bundesbehandlungsscheine (§ 18b BVG) abgelöst. Über die Telematikinfrastrukur sind unter Nutzung dieser Karte als Authentisierungs- und Autorisierungsmittel Dienste anzubieten, die eine Differenzierung zwischen schädigungsbedingt und nicht schädigungsbedingt erforderlichen Behandlungen zulassen. Diese Differenzierung ist erforderlich, weil sonst die Erstattungsansprüche der Krankenkassen nach Abs. 2 (→ Rn. 24) und nach § 60 Abs. 1 und 2 nicht unterscheid- und bezifferbar wären.[25] 22

23 BT-Drs. 19/13824, 231.
24 BT-Drs. 19/14870, 36.
25 BT-Drs. 19/13824, 231.

II. Verhältnis zu § 143, Abs. 1 S. 3

23 Nach Abs. 1 S. 3 bleiben Ansprüche nach der Besitzstandsregelung des § 143 von Abs. 1 S. 1 **unberührt**, dh, dass ein sich bereits aus § 143 ergebender Anspruch auf Leistungen der Heil- und Krankenbehandlung dem Anspruch nach Abs. 1 S. 1 vorgeht (→§ 143 Rn. 5).[26]

III. Kostenerstattung, Abs. 2

24 Nach Abs. 2 werden den Krankenkassen, die die Leistungen nach Abs. 1 S. 1 für die zuständige Verwaltungsbehörde erbringen, ihre **Aufwendungen** sowie ein angemessener Anteil ihrer **Verwaltungskosten** von der zuständigen Verwaltungsbehörde erstattet. Die Erstattung ist erforderlich, um eine Belastung der Beitragszahler der GKV mit Aufwendungen und Verwaltungskosten für die gesamtgesellschaftliche Aufgabe der Sozialen Entschädigung zu vermeiden.[27] Gegenüber der Rechtslage bis zum 31.12.2023 stellt dies keine Besserstellung der Krankenkassen dar, die zwar nach § 19 S. 2 BVG keinen Anspruch auf Aufwendungsersatz für die Behandlungskosten ihrer Mitglieder für Nichtschädigungsfolgen haben,[28] wegen des Anspruchsausschlusses nach § 10 Abs. 7 BVG jedoch Mitglieder der Krankenkassen bereits nicht anspruchsberechtigt nach Abs. 1 S. 1 sein können (→ Rn. 11 ff.).

25 Der Ersatz der **Aufwendungen** für die erbrachten Leistungen nach S. 1 erfolgt in Höhe der **tatsächlich entstandenen Kosten**. Die Erstattung geschieht im Wege einer halbjährlichen **Spitzabrechnung**.[29]

26 Für die Höhe der ebenfalls halbjährlich abgerechneten **Verwaltungskosten** regelt S. 2, dass 5 % des Erstattungsbetrages nach S. 1 angemessen sind. Hiermit werden die tatsächlich angefallenen Verwaltungskosten im Zusammenhang mit der Leistungserbringung nach Abs. 1 **pauschal** abgegolten.

IV. Ruhen des Anspruches, Abs. 3

27 Abs. 3 regelt das **Konkurrenzverhältnis** zwischen dem Anspruch nach Abs. 1 und einer Mitgliedschaft in der gesetzlichen Krankenversicherung.[30] Das Mitgliedschaftsverhältnis geht – nach dem Wortlaut unabhängig davon, ob als Pflichtmitgliedschaft oder freiwillige Mitgliedschaft ausgestaltet[31] – den Leistungen nach Abs. 1 vor, die **für die Dauer der Mitgliedschaft ruhen**. Ähnlich wie die Tatbestände des § 10 Abs. 7 BVG, die zum Leistungsausschluss führen, weil sie von der unwiderleglichen Vermutung ausgehen, dass in bestimmten typisierten Fällen der allgemein unterstellte Bedarf nicht vorliegt,[32] soll Vertrauensschutz für die Absicherung gegen Krankheit nicht denjenigen zugute kommen, von denen angenommen werden kann, dass sie durch die Solidargemeinschaft der Sozialversicherten hinreichend gegen Krankheit abgesichert sind.

D. Anhang

I. BVG

28 Bis 31.12.2023 ist § 10 BVG in Kraft, Normtext abgedruckt bei → § 41 Rn. 20.

---

26 Schmidt SGB XIV/Kerner § 151 Rn. 17.
27 BT-Drs. 19/13824, 231; hierzu kritisch Schmidt SGB XIV/Kerner § 151 Rn. 22.
28 HK-SozEntschR/Vogl BVG § 19 Rn. 6.
29 Schmidt SGB XIV/Kerner § 151 Rn. 22.
30 BT-Drs. 19/13824, 231.
31 Andere Ansicht Schmidt SGB XIV/Kerner § 151 Rn. 24, auf ein Pflichtversicherungsverhältnis abstellend.
32 HK-SozEntschR/Vogl BVG § 10 Rn. 43.

II. BVGVwV

Die Allgemeinen Verwaltungsvorschriften zum Bundesversorgungsgesetz[33] (BVGVwV) zu § 10 BVG sind abgedruckt bei → § 41 Rn. 21. 29

Abschnitt 4 Wahlrecht

§ 152 Wahlrecht

(1) [1]Anstelle der Leistungen nach diesem Kapitel können Berechtigte nach § 142 die Erbringung von Leistungen nach den Kapiteln 1 bis 22 mit Ausnahme der §§ 84 und 86 wählen. [2]In diesem Fall gelten die bisher anerkannten Schädigungsfolgen sowie die Feststellung des Grades der Schädigungsfolgen für die Entscheidung über die Leistungen nach den Kapiteln 1 bis 22 als rechtsverbindlich festgestellt.

(2) [1]Das Wahlrecht ist innerhalb von zwölf Monaten nach Eintritt der Bestandskraft der Entscheidung über Leistungen nach diesem Kapitel auszuüben. [2]Die Ausübung des Wahlrechts ist unwiderruflich.

(3) Ist eine Rente kapitalisiert nach § 72 des Bundesversorgungsgesetzes oder nach § 1 Absatz 1 des Rentenkapitalisierungsgesetzes-KOV, verringert sich die Entschädigungszahlung nach § 83 während des Abfindungszeitraums um den kapitalisierten Betrag.

A. Gesetzesgeschichte

Die Vorschrift wurde durch Art. 1 G-SER[1] eingeführt; nach dessen Art. 60 Abs. 7 tritt sie am 1.1.2024 in Kraft. Sie hat im vorangegangenen Recht keine Vorgängerin. 1

B. Normsystematik

I. Allgemeiner Regelungsgehalt

Die unter § 142 SGB XIV fallenden Berechtigten haben nach **Abs. 1 S. 1** das Recht, statt **besitzstandsgeschützter Leistungen** des Kap. 23 die Leistungserbringung nach dem **neuen Recht** der Kap. 1 bis 22 zu **wählen,** allerdings **ohne** die **Abfindungsvorschriften** in § 84 SGB XIV und § 86 SGB XIV. Wählen Berechtigte Leistungen nach neuem Recht, sind die zuvor **anerkannten Schädigungsfolgen** und der **festgestellte GdS** als **bestandsgeschützt** weiter zugrunde zu legen (Abs. 1 S. 2). **Abs. 2** setzt Wahlberechtigten eine **Frist** von einem Jahr ab Bestandskraft der Entscheidung über Leistungen nach Kap. 23, innerhalb derer sie die **Wahl** – unwiderruflich – zu **erklären** haben. Nach **Abs. 3** führen **Rentenkapitalisierungen** zu verringerten Leistungen auch des gewählten neuen Rechts. 2

II. Systematische Einordnung und Normzweck

Das SER kannte bisher kein **Wahlrecht**; anders vor allem das Krankenversicherungsrecht; so etwa in § 44 Abs. 2 S. 1 Nr. 1 und 2 SGB V (Mitgliedschaft mit Anspruch auf Krankengeld), § 73b Abs. 3 SGB V (Teilnahme an der hausarztzentrierten Versorgung) und § 140a Abs. 4 SGB V (Teilnahme an der besonderen Versorgung). Im Unterschied zu diesen Regelungen wählen Berechtigte aber **nicht Leistungsmodifikationen**. Sie können sich nach Opportunitätsgesichtspunkten zum Wechsel in ein **prinzipiell anderes Leistungssystem** entscheiden. 3

---

33 Vom 26.6.1969, Beilage Nr. 15/69 zum BAnz. Nr. 119, geändert durch Allgemeine Verwaltungsvorschrift vom 25.4.1974, BAnz. Nr. 83, und Zweite Allgemeine Verwaltungsvorschrift vom 27.8.1986, BAnz. Nr. 161, 12297.

1 BGBl. 2019 I 2652.

C. Einzelkommentierung

4 Für Entscheidungen über die vom Berechtigten gewählten Leistungen nach Kap. 1 bis 22 macht Abs. 1 S. 2 eine **Vorgabe**: zugrunde zu legen sind auch nach neuem Recht die zuvor **anerkannten Schädigungsfolgen** sowie der **festgestellte GdS**. Es handelt sich um eine bestandsschützende Vorschrift. Sie verbietet deshalb nicht, im Zuge dieser Entscheidungen auch **weitere Schädigungsfolgen** anzuerkennen oder den **GdS** zu erhöhen. **Abs. 1 S. 1** schränkt das Leistungsspektrum der Kap. 1 bis 22 ein: Geschädigte haben entgegen § 84 SGB XIV **keinen** Anspruch auf **Abfindung** der monatlichen Entschädigungszahlung (für jeweils fünf Jahre), ebenso wenig können Witwen und Witwer sich nach § 86 SGB XIV wegen der monatlichen Entschädigungszahlung (endgültig) abfinden lassen. Grund für diese Regelung waren Befürchtungen des Gesetzgebers, die hohen Abfindungsbeträge von bis zu 120.000 Euro für Geschädigte (bei einem GdS von 100) und von generell 126.000 Euro für Witwen und Witwer könnten zusätzlicher Anreiz zum Wechsel in das Leistungsrecht des SGB XIV sein und dies könnte zu Haushaltsproblemen führen.[2]

5 Berechtigte können das **Wahlrecht** erst **ausüben**, wenn ihnen der Bescheid über Besitzstandsleistungen bekanntgegeben und bestandskräftig geworden ist.[3] Damit steht zwar die **Höhe** der Besitzstandsleistungen **fest**. Eine sachgerechte Wahl lässt sich aber erst treffen, wenn die Berechtigten außerdem wissen, wie **hoch** ihre **Leistungen** nach **neuem Recht** voraussichtlich sein werden. Berechtigte haben deshalb aus § 14 SGB I Anspruch gegen die TdSE auf eine **Vergleichsberechnung** und eine umfassende Beratung über Vor- und Nachteile beider Leistungssysteme.

6 Das Wahlrecht ist **fristgebunden**. Die Zwölf-Monats-Frist **beginnt** nach Abs. 2 S. 1 mit dem Tag, an dem die **Entscheidung** über Leistungen nach Kap. 23 **bestandskräftig** wird,[4] und **endet** nach § 26 Abs. 1 SGB X iVm § 188 Abs. 2 BGB an dem Tag des **folgenden Jahres**, der zahlenmäßig dem fristauslösenden Tag entspricht. Der **Fristbeginn** kann sich mehrere Jahre **hinauszögern**, sei es, dass im Verwaltungs- oder sozialgerichtlichen Verfahren noch über die bestandsgeschützte Leistung gestritten wird, sei es, dass die Entscheidung über Besitzstandsleistungen wegen eines solchen Streits noch nicht bestandskräftig geworden ist.

7 Abs. 2 S. 2 stellt fest, dass die **„Ausübung des Wahlrechts unwiderruflich** ist".[5] Einer solchen Feststellung hätte es **nicht bedurft**, weil der Wahlakt als einseitige (amts)empfangsbedürftige Willenserklärung mit Zugang beim Empfänger wirksam wird, es sei denn, sie wird vorher oder gleichzeitig widerrufen (§ 130 Abs. 3 iVm § 130 Abs. 1 S. 2 BGB). Nur eine davon **abweichende Widerruflichkeit** wirksam gewordener Wahlerklärungen hätte geregelt werden müssen, so wie etwa in § 73b Abs. 3 S. 3 SGB V und in § 140a Abs. 4 S 2 SGB V.

8 Das Gesetz lässt offen, **ab wann** die nach den Kap. 1 bis 22 gewählten **Leistungen** zu **erbringen** sind: erst für die Zeit nach der Wahlerklärung (**ex nunc**) oder bereits ab Inkrafttreten des neuen Rechts am 1.1.2024 (**ex tunc**). Da die Optionsmöglichkeit für das neue Recht Berechtigte begünstigen soll und von ihnen nur genutzt werden wird, wenn sie dadurch Vorteile gegenüber Besitzstandsleistungen haben, erscheint ein Leistungsbeginn ex tunc geboten.[6] Andernfalls würden Berechtigten gesetzlich ihnen zugedachte Vorteile regelmäßig für längere Zeit vorenthalten; mindestens bis zur Bestandskraft des Bescheides über (zunächst aufgezwungene) Besitzstandsleistungen.

---

2 BT-Drs. 19/14870, 36.
3 Schmidt SGB XIV/Kerner § 152 Rn. 26.
4 Zum Beginn der Widerspruchsfrist bei Bekanntgabe durch die Post nach § 37 Abs. 2 S. 1SGB X s. Dau jurisPR-SozR 1/2015, Anm. 1.
5 BT-Drs. 19/13824, 231.
6 AA Schmidt SGB XIV/Kerner § 152 Rn. 21.

Dieser Bescheid ergeht nach einem Verwaltungsverfahren, auf dessen Dauer Berechtigte kaum Einfluss haben. Anschließend vergeht weitere Zeit bis zur unwiderruflichen Wahlerklärung, die Berechtige erst nach gründlicher Beratung und sorgfältiger Abwägung abgeben können.

Berechtigte Personen können das neue Recht nach Kap. 1 bis 22 nur vollständig 9
wegen aller Leistungen wählen, ihre Wahl nicht auf einzelne Leistungen beschränken und im Übrigen unter dem Regime des Kap. 23 verbleiben. Das gilt auch in Fällen zweifacher Anspruchsberechtigung als Geschädigter und als Hinterbliebener.

Eine indirekte, nicht fristgebundene Möglichkeit zum Wechsel in das Recht der Kap. 1 bis 22 haben Berechtigte über erfolgreiche Anträge auf Neufeststellung (vgl. dazu → § 159 Rn. 4 f.).

Abs. 3 soll Doppelleistungen verhindern.[7] Dazu käme es, wenn die Regelung in § 144 10
Abs. 1 S. 5 SGB XIV, wonach sich für den nach Kapitalisierung einer Grundrente noch laufenden Abfindungszeitraum die festzustellende (Besitzstands-)Geldleistung um den kapitalisierten Betrag verringert, beim Wechsel in das neue Recht kein Gegenstück hätte. Deshalb mindert sich die Entschädigungszahlung nach § 83 SGB XIV entsprechend.

§ 153 Schriftform

Die Geltendmachung des Wahlrechts bedarf der Schriftform und ist gegenüber dem Träger der Sozialen Entschädigung zu erklären.

A. Gesetzesgeschichte

Die Vorschrift wurde durch Art. 1 G-SER[1] eingeführt; nach dessen Art. 60 Abs. 7 tritt 1
sie am 1.1.2024 in Kraft.

Anträge in Versorgungsangelegenheiten waren nach § 6 KOVVfG „schriftlich oder 2
mündlich unter Aufnahme einer Niederschrift bei dem Versorgungsamt zu stellen". Der damit geforderten Schriftform sollten allerdings auch Telefax und E-Mail genügen, sofern sich daraus der Antragsteller als Absender erkennen ließ.[2] Das Schriftformerfordernis wurde 2017 gestrichen.[3] Die Formanforderungen für Anträge im Sozialrecht seien allgemein nicht hoch und im SER strengere Maßstäbe als im übrigen Sozialrecht nicht notwendig. Deshalb sollten die Regeln des allgemeinen Sozialrechts (SGB I und SGB X) gelten[4] und damit der Grundsatz der Nichtförmlichkeit des Verwaltungsverfahrens aus § 9 S. 1 SGB X. Das nach Art. 58 Nr. 12 G-SER am 31.12.2023 außer Kraft tretende KOVVfG schreibt deshalb nur noch vor, dass Anträge an das Versorgungsamt zu adressieren sind. § 153 SGB XIV kehrt für die Ausübung des Wahlrechts zur Förmlichkeit zurück.

B. Normsystematik

I. Allgemeiner Regelungsgehalt

Die Vorschrift bestimmt, dass die Ausübung des Wahlrechts nach § 152 SGB XIV der 3
Schriftform bedarf und gegenüber dem Träger der Sozialen Entschädigung zu erfolgen hat.

7 BT-Drs. 19/14870, 36.
1 BGBl. 2019 I 2652.
2 HK-SozEntschR/Knörr KOVVfG § 6 Rn. 4.
3 Art. 156 G. v. 29.3.2017, BGBl. I 626.
4 BT-Drs. 18/10183, 129.

II. Systematische Einordnung und Normzweck

4 § 153 SGB XIV gehört zu den besonderen, in § 9 S. 1 Hs. 2 SGB X angesprochenen Rechtsvorschriften, die den **Grundsatz der Nichtförmlichkeit** des Verwaltungsverfahrens (§ 9 S. 1 Hs. 1 SGB X) **durchbrechen.**[5] Das Schriftformerfordernis trägt den **weitreichenden** Folgen einer **unwiderruflichen** Entscheidung zwischen zwei **unterschiedlichen Leistungssystemen** Rechnung; es soll vor unbedachten Entscheidungen warnen, den Gehalt des Wahlrechts deutlich machen und getroffene Entscheidungen beweissicher dokumentieren.

C. Einzelkommentierung

5 Das Wahlrecht wird durch einseitige, (amts-)empfangsbedürftige **öffentlich-rechtliche Willenserklärung** ausgeübt. Dafür gelten über § 61 S. 2 SGB X die Vorschriften des Bürgerlichen Gesetzbuches entsprechend; so zum **Zugang** der Erklärung (§ 130 BGB), zu ihrer **Auslegung** (§ 133 BGB) und zur **Anfechtung** bei Willensmängeln (§§ 116 ff. BGB).[6] Die in § 152 Abs. 2 S. 2 SGB XIV angeordnete **Unwiderruflichkeit** einmal ausgeübten Wahlrechts ändert nichts daran, dass eine Wahlerklärung nach § 130 Abs. 1 S. 2 BGB nicht wirksam wird, wenn dem TdSE vorher oder gleichzeitig ein Widerruf zugeht.

6 Schriftform erfordert nach dem über § 61 S. 2 SGB X entsprechend anwendbaren § 126 BGB, dass die Willenserklärung als **Text** in einer Urkunde **verkörpert** und vom Aussteller **eigenhändig** mit **Namensunterschrift**[7] räumlich abschließend unterzeichnet ist. Auf das Material der Urkunde und ihre Herstellung kommt es nicht an. Der Text selbst kann von Hand, mit Maschine oder PC geschrieben oder gedruckt sein, auch von einem Dritten,[8] etwa von einem Mitarbeiter des TdSE.

Geringere Anforderungen an die Schriftform lassen sich aus **prozessrechtlichen** Vorschriften nicht herleiten. Zwar ist dem Merkmal „schriftlich" in § 84 Abs. 1 S. 1 und § 151 Abs. 1 SGG auch dann genügt, wenn eine Unterschrift fehlt, sich aber aus anderen Anhaltspunkten eine vergleichbare Gewähr dafür ergibt, dass die Erklärung vom Widerspruchsführer/Kläger stammt und das Schriftstück mit dessen Willen in Verkehr gebracht worden ist.[9] Das beruht aber auf der **Eigenständigkeit** des **Prozessrechts**, die keine unmittelbare oder entsprechende Anwendung des § 126 BGB auf Prozesshandlungen zulässt.[10]

7 Nach § 36a Abs. 2 S. 1 SGB I lässt sich die gesetzlich angeordnete Schriftform der Wahlerklärung durch die elektronische Form ersetzen, weil insoweit durch Rechtsvorschrift nichts anderes bestimmt ist.

Abschnitt 5 Anrechnung

§ 154 Anrechnungsvorschrift

Geldleistungen nach diesem Kapitel bleiben bei anderen Sozialleistungen und bei Leistungen nach dem Asylbewerberleistungsgesetz als Einkommen unberücksichtigt,

5 Weitere Beispiele bei Schütze/Roller, 9. Aufl. 2020, SGB X § 9 Rn. 5.
6 HK-SozEntschR/Knörr KOVVfG § 6 Rn. 3; Schütze/Engelmann, 8. Aufl. 2020, SGB X § 61 Rn. 12.
7 Zur Erkennbarkeit des Namens s. Palandt/Ellenberger, 80. Aufl. 2021, BGB § 126 Rn. 10.
8 Palandt/Ellenberger, 80. Aufl. 2021, BGB § 126 Rn. 2.
9 B. Meyer-Ladewig/Keller/Leitherer/Schmidt/Schmidt, 13. Aufl. 2020, SGG § 84 Rn. 3; Meyer-Ladewig/Keller/Leitherer/Schmidt/Keller, 13. Aufl. 2020, SGG § 151 Rn. 3a.
10 BSG Urt. v. 21.6.2001 – B 13 RJ 5/01 R, juris Rn. 16 f.

soweit sie den Betrag einer Grundrente nach § 31 Absatz 1 Satz 1 des Bundesversorgungsgesetzes in der am 31. Dezember 2023 geltenden Fassung nach einem Grad der Schädigungsfolgen von 100 zuzüglich der seitdem vollzogenen Anpassungen nach § 150 nicht überschreiten.

A. Gesetzesgeschichte

Die Vorschrift wurde durch Art. 1 G-SER[1] eingeführt; nach dessen Art. 60 Abs. 7 tritt sie am 1.1.2024 in Kraft. Sie hat im BVG kein kodifiziertes Vorbild. 1

Das BVG bestimmte nicht selbst über die **Anrechenbarkeit** von Versorgungsbezügen auf einkommensabhängige Sozialleistungen nach anderen Vorschriften. Diese stellten aber vielfach **Beschädigtengrundrenten** wegen ihres immateriellen Gehalts vom anzurechnenden Einkommen frei und ebenso, trotz wohl überwiegender Unterhaltsersatzfunktion, die Hinterbliebenengrundrenten. Daraus wurde der sogenannte „Grundsatz von der **Unantastbarkeit** der Grundrente" abgeleitet.[2] 2

B. Normsystematik

I. Allgemeiner Regelungsgehalt

Die Vorschrift bestimmt, dass besitzstandsgeschützte **Geldleistungen** nach § 144 SGB XIV **nicht** als **Einkommen** auf Sozialleistungen außerhalb des SGB XIV **anzurechnen** sind und ebenso wenig auf Leistungen nach dem AsylbLG.[3] Anrechnungsfrei sind die Leistungen aber nur bis zu dem genannten **Höchstbetrag.** 3

II. Systematische Einordnung und Normzweck

Das SGB XIV regelt in § 28 Abs. 2 SGB XIV nur die **Anrechnungsfreiheit** der **Entschädigungsleistungen** nach Kap. 9 und von **Einmalzahlungen** nach § 102 Abs. 4 und 5 SGB XIV auf andere einkommens- und/oder vermögensabhängige **Sozialleistungen** sowie auf Leistungen nach dem **AsylbLG.** Für den nicht darunter fallenden monatlichen Betrag **besitzstandsgeschützter Geldleistungen** des § 144 Abs. 1 SGB XIV bedurfte es, anknüpfend an die überkommene Anrechnungsfreiheit der BVG-Grundrente, einer eigenständigen Regelung,[4] um dies auch künftig sicherzustellen. 4

C. Einzelkommentierung

Der anrechnungsfrei gestellte monatliche Geldbetrag des § 144 Abs. 1 SGB XIV umfasst **sämtliche** dort aufgezählten 15 **Einzelleistungen.** Darunter finden sich neben den Grundrenten und Leistungen zum Ausgleich schädigungsbedingten Mehraufwandes auch solche, die **weggefallenes Einkommen** oder **entgangenen Unterhalt** ersetzen sollen, wie der Berufsschadensausgleich nach § 30 Abs. 3 bis 12 BVG, die Schwerstbeschädigtenzulage nach § 31 Abs. 4 S. 1 BVG, die Ausgleichsrente nach § 32 Abs. 1 S. 1 BVG, der Schadensausgleich nach § 40a BVG, die Witwen- und Waisenbeihilfe nach § 48 BVG und die Elternrente nach §§ 39 bis 52 BVG. Deren **Anrechnungsfreiheit** ist **nicht** mehr **gedeckt** durch die bisher tragende Begründung für die Privilegierung bestimmter Versorgungsbezügen bei der Berechnung anderer einkommensabhängiger Sozialleistungen: die zur „Unantastbarkeit" führende **immaterielle Funktion** von Beschädigten- und Hinterbliebenengrundrenten. 5

---

1 BGBl. 2019 I 2652.
2 BT-Drs. III, 1825, S. 6; BSG Urt. v. 12.6.2003 – B 9 V 5/02 R, juris Rn. 22; HK-SozEntschR/Dau BVG § 31 Rn. 1, § 40 Rn. 4.
3 Leistungen nach dem AsylbLG sind klarstellend genannt, weil sie nicht zu den Sozialleistungen des § 11 S. 1 SGB I zählen.
4 BT-Drs. 19/13824, 232.

6 Die Ausdehnung von **Anrechnungsfreiheit** auf alle im monatlichen Betrag des § 144 Abs. 1 SGB XIV zusammenfassten Geldleistungen wird zum Teil durch eine **Höchstbetragsregelung** kompensiert. Anrechnungsfrei bleibt nur ein Betrag in Höhe der Grundrente bei einem GdS von 100 am 31.12.2023, der sich ab dann im Zuge von Anpassungen nach § 150 SGB XIV erhöhen wird. Der Begründung des Gesetzentwurfs zufolge sollen mit dieser allgemeinen Anrechnungsgrenze aufwendige Einzelfallberechnungen entfallen.[5]

7 Das Argument **„Verwaltungsvereinfachung"** muss zwei **Defizite** aufwiegen: Einmal gibt es **keinen** nachvollziehbaren **Grund**, auch Leistungen zum Einkommens- und zum Unterhaltsersatz bei der Berechnung anderer einkommensabhängiger Sozialleistungen **nicht anzurechnen**. Zum anderen haben gerade **Schwerstgeschädigte** von der sonst begünstigend erweiterten Anrechnungsregelung **keinen Vorteil**. Sie schöpfen den Höchstbetrag (Stand 1.7.2022: 854 Euro) bereits mit ihrer, auch in der Vergangenheit schon anrechnungsfreien, Grundrente nach einem GdS von 100 aus, während Mindergeschädigten neben ihrer Grundrente künftig weitere Leistungen zusätzlich anrechnungsfrei verbleiben.

Abschnitt 6 Kostentragung und Zuständigkeit

§ 155 Kostentragung

(1) Der Bund trägt die Kosten für Leistungen an Personen, deren nach § 142 festgestellter Anspruch am 31. Dezember 2023

1. **auf dem Bundesversorgungsgesetz oder dem Häftlingshilfegesetz beruhte, in Höhe von 94,5 Prozent der Ausgaben, die den Ländern entstehen,**
2. **auf dem Zivildienstgesetz beruhte, in voller Höhe,**
3. **auf dem Opferentschädigungsgesetz beruhte, in Höhe von 40 Prozent der Ausgaben, die den Ländern durch Geldleistungen entstehen,**
4. **auf dem Opferentschädigungsgesetz beruhte, in voller Höhe, wenn die Voraussetzungen von § 4 Absatz 2 des Opferentschädigungsgesetzes erfüllt waren,**
5. **auf dem Strafrechtlichen Rehabilitierungsgesetz beruhte, in Höhe von 65 Prozent der Ausgaben, die den Ländern durch Geldleistungen entstehen,**
6. **auf dem Verwaltungsrechtlichen Rehabilitierungsgesetz beruhte, in Höhe von 60 Prozent der Ausgaben, die den Ländern durch Geldleistungen entstehen.**

(2) Zu den Geldleistungen gehören nicht solche Geldbeträge, die zur Abgeltung oder an Stelle einer Sachleistung gezahlt werden.

A. Kommentierung

1 Die Norm überführt für die **Besitzstandsfälle** im Sinne des § 142 SGB XIV (→ § 142 Rn. 5 ff.) die bisherigen Regelungen zur **Kostenlastverteilung zwischen dem Bund und den Ländern** hinsichtlich des jeweiligen SER-Leistungsgesetzes.[1] Es werden aber nicht alle Kostentragungsregelungen ohne Änderungen übernommen. Die bislang angewandten **pauschalierten Abrechnungsverfahren** ua für die Leistungen nach dem OEG wurden für die Besitzstandsfälle in **§ 156 SGB XIV** übernommen.

2 Eine Änderung ergibt sich in Bezug auf die Kostenlastverteilung bei Leistungen, die auf dem **BVG** und dem **HHG** beruhen. Nach **Abs. 1 Nr. 1** übernimmt der Bund zukünftig **94,5 Prozent** der Kosten. Bislang trägt der Bund nach **§ 1 Abs. 1 Nr. 8** Ers-

5 BT-Drs. 19/13824, 232.
1 BT-Drs. 19/13824, 232.

tes **Überleitungsgesetz**[2] für fürsorgerische Leistungen grundsätzlich 80 Prozent der Ausgaben und die Länder tragen die restlichen 20 Prozent. Hinsichtlich der Versorgungsleistungen ist der Bund hingegen alleiniger Kostenträger. Nach den Ausführungen in der Gesetzesbegründung soll durch die Änderung dem Umstand Rechnung getragen werden, dass es nach dem SGB XIV **keine gesplittete Kostentragungsregelung** für Entschädigungsleistungen des Besitzstandes gibt.[3] Die Grundlage für die Berechnung ergibt sich aus einem Vergleich der **durchschnittlichen Ist-Ausgaben in den Jahren 2010 bis 2018.**[4] Hier lag der Anteil der Länder bei rund 5,3 Prozent. Der Anteil der Ausgaben für fürsorgerische Leistungen an den Gesamtausgaben steigt wohl kontinuierlich an.[5]

Eine **weitere Änderung** findet sich in **Abs. 1 Nr. 5.** Die bisherige Kostentragung nach **§ 20 StrRehaG** wurde nicht übernommen. Danach trägt der Bund bisher 65 Prozent der Ausgaben, die den Ländern entstehen. Eine Unterscheidung ua nach Geld- oder Sachleistung findet nicht statt. Zukünftig übernimmt der Bund nach Abs. 1 Nr. 5 nur noch 65 Prozent, die den Ländern durch Geldleistungen entstehen. Hintergrund dieser Änderung sind wohl vergleichbare verfassungsrechtliche Erwägungen wie bei § 133 SGB XIV (→ § 133 Rn. 4). Es wäre hilfreich gewesen, wenn der Gesetzgeber in der Gesetzesbegründung hierzu Ausführungen getätigt hätte.[6] 3

In **Abs. 2** ist wie in § 133 S. 3 SGB XIV eine klarstellende Regelung aufgenommen worden (→ § 133 Rn. 17). Wenn durch die TdSE Geldbeträge an die Berechtigten gezahlt werden, um eine Sachleistung abzugelten oder anstelle einer Sachleistung zu erbringen, dann sind diese Leistungen nicht als Geldleistungen anzusehen. Durch diese Regelung soll wohl verhindert werden, dass das **Sachleistungsprinzip, das nunmehr ua nach § 44 Abs. 1 SGB XIV** (zuvor § 18 Abs. 1 S. 1 BVG)[7] ausdrücklich im Bereich der Krankenbehandlung gilt, von den Ländern als Kostenträger durchbrochen wird und dem Bund hierdurch weitere Kosten entstehen. 4

Die Norm tritt nach **Art. 60 Abs. 7 G-SER** vom 12.12.2019 **am 1.1.2024** in Kraft.[8] Im Rahmen des Gesetzgebungsverfahrens wurde die Norm nicht weiter verändert. 5

B. Anhang

§ 1 Erstes Überleitungsgesetz [Aufwendungen des Bundes] 6

(§ 1 Abs. 1 Nr. 8 ÜblG1 abgedruckt bei → § 134 Rn. 12)

§ 13 HHG Kostenregelung

Der Bund trägt die Aufwendungen für Leistungen nach diesem Gesetz jeweils in dem gleichen Umfange wie die Aufwendungen für Leistungen, die unmittelbar auf Grund der Gesetze gewährt werden, die in diesem Gesetz für entsprechend anwendbar erklärt sind.

§ 4 OEG Kostenträger

(abgedruckt bei → § 113 Rn. 39)

---

2 Erstes Gesetz zur Überleitung von Lasten und Deckungsmitteln auf den Bund – Erstes Überleitungsgesetz – BGBl. 1964 III, Gliederungsnummer 603-3.
3 BT-Drs. 19/13824, 232.
4 Zu den Haushaltsausgaben ohne Erfüllungsaufwand siehe BT-Drs. 19/13824, 153 ff.
5 BT-Drs. 19/13824, 232.
6 So auch Schmidt SGB XIV/Kerner § 155 Rn. 6.
7 Knickrehm/Mushoff/Schmidt Neues SozEntschR Rn. 144.
8 BGBl. 2019 I 2652, 2724.

§ 51 ZDG Durchführung der Versorgung

(1) bis (3) ...

(4) [1]Die Aufwendungen für die Versorgungsleistungen trägt der Bund. [2]Die Ausgaben sind für Rechnung des Bundes zu leisten. [3]Die damit zusammenhängenden Einnahmen sind an den Bund abzuführen.

(5) ...

§ 156 Pauschaliertes Abrechnungsverfahren

(1) Zur Vereinfachung der Abrechnung erstattet der Bund den Ländern in einem pauschalierten Verfahren

1. für Leistungen nach § 155 Absatz 1 Nummer 3 jeweils 22 Prozent der ihnen entstandenen Ausgaben und

2. für Leistungen nach § 155 Absatz 1 Nummer 6 jeweils 57 Prozent der ihnen entstandenen Ausgaben.

(2) Der Bund überprüft in einem Abstand von fünf Jahren, erstmals im Jahr 2024, die Voraussetzungen für die in Absatz 1 genannten Quoten.

1 Die Regelung übernimmt in **Abs. 1** das bekannte pauschalierte Abrechnungsverfahren zwischen dem Bund und den Ländern (dazu → § 133 Rn. 5 f.).[1] Dieses wurde eingeführt, um den Abgrenzungsschwierigkeiten zwischen Geld- und Sachleistungen verwaltungsökonomisch begegnen zu können. Mit dem **3. OEG-Änderungsgesetz**[2] wurde § 4 OEG auf Vorschlag des **Ausschusses für Arbeit und Soziales**[3] mit Wirkung vom 1.1.2009 dahin gehend geändert, dass der Bund zur Vereinfachung der Abrechnung **pauschal 22 Prozent** der gesamten entstandenen Ausgaben erstattet. Eine **§ 4 Abs. 7 Satz 3 und 4 OEG** (dazu → § 155 Rn. 6; § 4 Abs. 3 S. 3 und 4 OEG aF) im Wesentlichen entsprechende Pauschalierung wurde in **§ 17 des Verwaltungsrechtlichen Rehabilitierungsgesetzes** (VwRehaG) geregelt. Dieser Anteil entspricht etwa dem vom Bund zu tragendem Anteil an den Ausgaben der Länder für Geldleistungen.

2 Die Pauschalierungen betreffen Leistungen des Besitzstandes, die aufgrund des OEG bzw. VwRehaG erbracht werden. Dabei werden die nach bisherigem Recht geltenden Quoten fortgeführt.

3 Nach **Abs. 2** unterliegt die Pauschalierung einer **Überprüfung nach 5 Jahren,** erstmals im Jahr 2024, um möglichen Veränderungen des Verhältnisses von Geld- und Sachleistungen an den Gesamtkosten Rechnung tragen zu können.[4]

4 Die Norm tritt nach **Art. 60 Abs. 7 G-SER** vom 12.12.2019 am **1.1.2024** in Kraft.[5]

§ 157 Zuständigkeit

Für die Durchführung dieses Kapitels sind die Träger der Sozialen Entschädigung zuständig, die zum 31. Dezember 2023 sachlich zuständig waren.

---

1 BT-Drs. 19/13824, 232.
2 Drittes Gesetz zur Änderung des Opferentschädigungsgesetzes vom 25.6.2009, BGBl. I 1580.
3 BT-Drs. 16/12697, 5, 15.
4 BT-Drs. 19/13824, 232.
5 BGBl. 2019 I 2652, 2724.

A. Kommentierung

1 Die Regelung bestimmt nach ihrem Wortlaut und der systematischen Stellung, dass für Verfahren im Bereich des **Besitzstandes** die vor Außerkrafttreten des BVG und seiner Nebengesetze und Verordnungen zuständigen Träger weiterhin zuständig bleiben.[1] Der Wortlaut ist vom Gesetzgeber missverständlich gewählt, da das bisherige SER keine Träger der Sozialen Entschädigung kennt (→ § 111 Rn. 5 ff.).[2]

2 Nach **§ 2 Abs. 1 S. 1 KOVVfG** sind grundsätzlich die Versorgungsämter in den Ländern zuständig. Die Länder sind bislang verpflichtet, für die Bereiche der Durchführung des SER eine **besondere Verwaltungsstruktur** in Form der Versorgungsverwaltung vorzuhalten. Dies ergibt sich aus dem Gesetz über die Errichtung der Verwaltungsbehörden der Kriegsopferversorgung (**KOVVwG**). Hier ist in **§ 1 Abs. 1 KOVVwG** festgelegt, dass die Versorgung der Kriegsopfer von Versorgungsämtern und Landesversorgungsämtern durchgeführt wird (→ § 112 Rn. 6). Entsprechend ist auch in § 24 Abs. 2 SGB I geregelt, dass für die Versorgungsleistungen bei Gesundheitsschäden die Versorgungsämter, Landesversorgungsämter und orthopädischen Versorgungsstellen zuständig sind. Es wird im bisherigen SER noch unterschieden zwischen den Trägern der Kriegsopferversorgung (KOV) und den Trägern der Kriegsopferfürsorge (KOF).[3] Vor diesem Hintergrund ist die Regelung wohl so auszulegen, dass die bisher auf Landes- oder Kommunalverbandsebene sachlich zuständigen Behörden auch weiterhin für die Besitzstandsverfahren nach dem Kapitel 23 zuständig sein sollen.[4]

3 Die Norm tritt nach **Art. 60 Abs. 7 G-SER** vom 12.12.2019 **am 1.1.2024** in Kraft.[5] Im Rahmen des Gesetzgebungsverfahrens wurde die Norm nicht weiter verändert.

B. Anhang

4 **§ 1 KOVVfG [Anwendungsbereich]**

Das Gesetz findet Anwendung bei der Ausführung des Bundesversorgungsgesetzes und anderer Gesetze, die dieses Gesetz für anwendbar erklären, soweit die Leistungen von den im Gesetz über die Errichtung der Verwaltungsbehörden der Kriegsopferversorgung vom 12. März 1951 (Bundesgesetzblatt I S. 169), zuletzt geändert durch das Vierte Gesetz zur Anpassung der Leistungen des Bundesversorgungsgesetzes vom 24. Juli 1972 (Bundesgesetzblatt I S. 1284), genannten Verwaltungsbehörden und Stellen gewährt werden.

§ 2 KOVVfG [Sachliche Zuständigkeit]

[1]Die Versorgungsämter sind für alle Versorgungsangelegenheiten zuständig, soweit durch Gesetz nichts anderes bestimmt ist. [2]Das Bundesministerium für Arbeit und Soziales kann mit Zustimmung des Bundesrates durch Rechtsverordnung für bestimmte Versorgungsangelegenheiten die Zuständigkeit der Landesversorgungsämter oder der obersten Landesbehörden oder der in § 2 des Gesetzes über die Errichtung der Verwaltungsbehörden der Kriegsopferversorgung vom 12. März 1951 (Bundesgesetzbl. I S. 169), zuletzt geändert durch das Vierte Gesetz zur Anpassung der Leistungen des Bundesversorgungsgesetzes vom 24. Juli 1972 (Bundesgesetzbl. I S. 1284), genannten Stellen begründen. [3]Die für die Kriegsopferversorgung zuständigen obersten Landesbehörden können sich selbst oder den Landesversorgungsämtern die Zustimmung zu Entscheidungen über bestimmte Versorgungsangelegenheiten vorbehalten.

---

1 BT-Drs. 19/13824, 232.
2 Schmidt SGB XIV/Kerner § 157 Rn. 2.
3 Schmidt SGB XIV/Kerner § 157 Rn. 2.
4 So auch Schmidt SGB XIV/Kerner § 157 Rn. 4.
5 BGBl. 2019 I 2652, 2724.

Abschnitt 7 Umsetzung

§ 158 Umsetzungsbegleitung

[1]Zur Begleitung der Umsetzung der Vorschriften zu Besitzständen treffen sich Bund und Länder einmal jährlich, erstmalig zwei Jahre nach Inkrafttreten dieses Buches, zum Erfahrungsaustausch, insbesondere zu

1. der Wirkung der Regelungen zu Besitzständen,
2. der Praktikabilität der Abläufe bei der Umsetzung der Regelungen sowie
3. dem Übergang vom Bundesversorgungsgesetz und dem Opferentschädigungsgesetz auf dieses Buch.

[2]Die Erkenntnisse sollen bei der Weiterentwicklung des Sozialen Entschädigungsrechts berücksichtigt werden.

1 Nach der zutreffenden Ansicht des Gesetzgebers führt die Umstellung auf das neue Recht des SER sowie das Erfordernis, das bisherige Recht in Besitzstandsfällen weiter anwenden zu müssen, zu einem **erhöhten Verwaltungsaufwand**. Deshalb sollen im Rahmen der **Implementierungsbegleitung** die sich in diesem Zusammenhang ergebenden Herausforderungen für die Verwaltung untersucht werden. Es soll nach dem Willen des Gesetzgebers überprüft werden, ob die Vorschriften zu den Besitzständen die **intendierten Wirkungen** erreichen und welche Fragestellungen sich bei der **praktischen Umsetzung** ergeben.[1] Hierdurch strebt der Gesetzgeber eine frühzeitige Identifizierung von Problemstellungen an, so dass diese einer einvernehmlichen Lösung in Abstimmung mit den Ländern zugeführt werden können.[2]

2 Die Umsetzungsbegleitung ist eine wichtige Schnittstelle zu den Aufgaben der BfSE und deren **Aufgaben nach § 124 SGB XIV** sowie zu den Aufgaben des **Fachbeirats Soziale Entschädigung nach § 125 SGB XIV**. Nach **S. 2** sollen die Erkenntnisse bei der **Weiterentwicklung des SER** berücksichtigt werden. Eine einvernehmliche Lösung kann ua dann erzielt werden, wenn die Verbandsvertreter im Fachbeirat nach § 125 Abs. 2 Nr. 1 SGB XIV die zwischen dem Bund und den Ländern vorgesehenen Lösungsansätze mittragen. Hierdurch könnte mitunter eine erhebliche Anzahl von Rechtsbehelfsverfahren vermieden werden.

3 Die Regelung tritt nach **Art. 60 Abs. 7 G-SER** vom 12.12.2019 am **1.1.2024** in Kraft.[3]

---

1 BT-Drs. 19/13824, 232 f.
2 BT-Drs. 19/13824, 233.
3 BGBl. 2019 I 2652, 2724.

Gesetz über die Hilfe für durch Anti-D-Immunprophylaxe mit dem Hepatitis-C-Virus infizierte Personen (Anti-D-Hilfegesetz – AntiDHG)

Vom 2. August 2000 (BGBl. I 1270)
(FNA 2172-5)
zuletzt geändert durch Art. 2d G über die Ausbildung zur Anästhesietechnischen Assistentin und zum Anästhesietechnischen Assistenten und über die Ausbildung zur Operationstechnischen Assistentin und zum Operationstechnischen Assistenten vom 14. Dezember 2019 (BGBl. I 2768)

§ 1 AntiDHG Anspruch auf Hilfe

(1) [1]Frauen, die in dem in Artikel 3 des Einigungsvertrages genannten Gebiet infolge einer in den Jahren 1978 und 1979 durchgeführten Anti-D-Immunprophylaxe mit den Chargen des Bezirksinstituts für Blutspende- und Transfusionswesen des Bezirkes Halle Nrn. 080578, 090578, 100678, 110678, 120778, 130778, 140778, 150878, 160978, 171078, 181078, 191078, 201178, 211178 und 221278 mit dem Hepatitis-C-Virus infiziert wurden, sowie Kontaktpersonen, die von ihnen mit großer Wahrscheinlichkeit mit dem Hepatitis-C-Virus infiziert wurden, erhalten aus humanitären und sozialen Gründen Krankenbehandlung und eine finanzielle Hilfe. [2]Eine finanzielle Hilfe erhalten auch die Hinterbliebenen eines nach Satz 1 Berechtigten.

(2) Kontaktpersonen im Sinne des Absatzes 1 Satz 1 sind

1. **die seit der Immunprophylaxe von den in Satz 1 genannten Frauen geborenen Kinder,**
2. **Stief-, Adoptiv- und Pflegekinder sowie sonstige Kinder, Ehegatten und Lebenspartner, die mit den in Satz 1 genannten Frauen nicht nur vorübergehend in häuslicher Gemeinschaft gelebt haben oder leben.**

A. Gesetzesgeschichte

Das AntiDHG betrifft einen Sachverhalt, der sich während des Bestehens der **ehemaligen DDR** zugetragen hat. Grund für den Erlass des Gesetzes war, dass die Situation der Frauen, die durch die in § 1 Abs. 1 S. 1 AntiDHG näher bezeichnete **Anti-D-Immunprophylaxe** mit dem Hepatitis-C-Virus infiziert worden waren, nach der Herstellung der deutschen Einheit als unbefriedigend empfunden worden war. In der ehemaligen DDR wurde der Sachverhalt rechtlich wie ein Impfschaden behandelt, so dass die erkrankten Frauen Leistungen nach dem Gesetz zur Verhütung und Bekämpfung übertragbarer Krankheiten beim Menschen erhalten hatten. Dementsprechend wurden diese Leistungen, sofern sie bereits zuerkannt waren, nach dem EinigVtr[1] auf Leistungen nach dem Bundesseuchengesetz (BSeuchG) iVm dem BVG umgestellt, obwohl streng genommen kein Impf-, sondern ein **Arzneimittelschaden** gegeben war. Neufälle wurden, rechtlich unbefriedigend, aufgrund einer zwischen Bund und Ländern abgestimmten Rechtspraxis einbezogen. Zudem wurde die Höhe der Leistungen als nicht ausreichend angesehen.[2] 1

Vor diesem Hintergrund ist das AntiDHG am 1.1.2000 **in Kraft getreten**. Hinsichtlich Art und Umfang bestimmter Leistungen **verweist** das AntiDHG **auf das BVG**. Durch Art. 2d des Gesetzes über die Ausbildung zur Anästhesietechnischen Assistentin und 2

1 Vgl. Anlage 1 Kapitel X Sachgebiet D Abschnitt III Nr. 3 Buchst. c.
2 BT-Drs. 14/2958, 1, 7; vgl. hierzu auch: Lersch NJW 2000, 3404; BSG Urt. v. 10.12.2003 – B 9 VJ 2/02 R, BSGE 92, 34.

zum Anästhesietechnischen Assistenten und über die Ausbildung zur Operationstechnischen Assistentin und zum Operationstechnischen Assistenten vom 14.12.2019 wurde mit § 7a mit Wirkung zum 1.1.2020 insbes. eine Bestandsschutzregelung eingeführt.[3]

3 **Zum 1.1.2024** wird durch das Gesetz zur Regelung des sozialen Entschädigungsrechts vom 12.12.2019 (G-SER)[4] das SER in einem eigenen Buch des Sozialgesetzbuchs geregelt,[5] dh das **SGB XIV tritt in Kraft** und das BVG wird aufgehoben. Dabei wird das AntiDHG zwar nicht in das Sozialgesetzbuch eingeordnet. Hintergrund dürfte sein, dass es sich bei den Regelungen des AntiDHG nicht um einen klassischen Bereich des SER (vgl. hierzu § 68 Nr. 7 SGB I) handelt. Als Folgeänderung werden jedoch durch Art. 48 G-SER diejenigen Vorschriften des AntiDHG, die auf das BVG verweisen, zum 1.1.2024 an die Regelungen des SGB XIV angepasst.

B. Normsystematik

I. Allgemeiner Regelungsgehalt

4 Nach § 1 Abs. 1 S. 1 AntiDHG **erfasst** das Gesetz als Erstgeschädigte **ausschließlich** Frauen, die im Beitrittsgebiet anlässlich der Durchführung einer dort gesetzlich vorgeschriebenen Anti-D-Immunprophylaxe in den Jahren 1978 und 1979 durch bestimmte, abschließend benannte Chargen dieses Präparates schuldhaft mit dem Hepatitis-C-Virus infiziert worden sind. Darüber hinaus werden bestimmte Kontaktpersonen dieser Frauen in den Schutzbereich miteinbezogen.

II. Systematische Einordnung und Normzweck

5 Das AntiDHG kann insoweit als rechtsystematisch ungewöhnlich bezeichnet werden, als es sich lediglich auf eine einzelne Erkrankung sowie einen begrenzten, im Wesentlichen namentlich bekannten und abgeschlossenen Personenkreis bezieht. Nach dem Willen des Gesetzgebers handelt es sich nicht um einen Anspruch, der dem Aufopferungsgedanken entspringt, sondern um eine Leistung mit Fürsorgecharakter. Eigentumsschutz kommt jedoch in Betracht, soweit die Leistungen Schmerzensgeldcharakter haben (→ § 3 Rn. 3 und 6). Nach der Rspr. des BSG stellt das AntiDHG einen Teilbereich des SER dar.[6] Rechtssystematisch ist diese Einordnung gut vertretbar, wenn auch nicht zwingend.

6 Von den sonstigen Normen des SER unterscheidet sich das AntiDHG deutlich dadurch, dass es keinen Anspruch auf (verschiedene Lebensbereiche umfassende) Soziale Entschädigung iSd SGB XIV bzw. Versorgung iSd BVG, sondern einen **Anspruch auf Hilfe aus humanitären und sozialen Gründen** (§ 1 AntiDHG) gewährt. Der **Leistungsumfang** ist gegenüber dem SGB XIV (bzw. bis 31.12.2023 dem BVG), auf das (jeweils) nur punktuell verwiesen wird, reduziert[7] und **beschränkt** sich auf Heil- und Krankenbehandlung (§ 2 AntiDHG) und finanzielle Hilfen in Form einer monatlichen Rente und einer Einmalzahlung (§ 3 AntiDHG) für die Berechtigten sowie finanzielle Hilfen für Hinterbliebene (§ 4 AntiDHG). Nicht umfasst sind insbes. Leistungen zur Teilhabe am Arbeitsleben, Leistungen bei Pflegebedürftigkeit oder bei Überführung und Bestattung sowie ein Berufsschadensausgleich. Insgesamt sind die Hilfen für Berechtigte und Hinterbliebene nach dem AntiDHG stark **pauschaliert,** was sich durch den eingeschränkten persönlichen Anwendungsbereich des Gesetzes

---

3 BGBl. 2019 I 2768, 2787; BT-Drs. 19/14872, 65, 73 f.
4 BGBl. 2019 I 2652.
5 BT-Drs. 19/13824, 2.
6 BSG Beschl. v. 24.4.2008 – B 9 VJ 7/07 B, juris Rn. 8; anders noch: LSG LSA Urt. v. 30.1.2008 – L 7 VI 11/05.
7 Vgl. BSG Beschl. v. 6.10.2011 – B 9 V 3/11 B, juris Rn. 14.

erklärt. Der Gesetzgeber selbst sieht ausweislich der Gesetzesmaterialien Parallelen zu den Komplexen „Hilfswerk für behinderte Kinder“ (Contergan) und der HIV-Hilfe. Andererseits werden einzelne, durchaus wesentliche Komponenten in Anlehnung an das SGB XIV (bzw. das BVG) gestaltet bzw. bestimmte Regelungen des SGB XIV (bzw. des BVG) für entsprechend anwendbar erklärt.[8] Zu nennen ist insoweit insbes. die Einstufung des GdS, die Gewährung einer monatlichen Rente, die Heil- und Krankenbehandlung sowie die Ausgestaltung des Verfahrens und des Rechtsweges.

C. Einzelkommentierung

I. Berechtigte

§ 1 AntiDHG definiert abschließend den anspruchsberechtigten Personenkreis sowie die Anspruchsvoraussetzungen dem Grunde nach. 7

Berechtigte sind (als Erstgeschädigte) **Frauen,** die in der ehemaligen DDR **infolge** der dort gesetzlich vorgeschriebenen **Anti-D-Immunprophylaxe in den Jahren 1978 und 1979** durch bestimmte, abschließend genannte Chargen **mit dem Hepatitis-C-Virus infiziert** worden sind. Ebenfalls berechtigt sind **bestimmte enge Kontaktpersonen,** die von den genannten Frauen mit großer Wahrscheinlichkeit mit dem Hepatitis-C-Virus infiziert worden sind (§ 1 Abs. 1 S. 1 AntiDHG). Diese Kontaktpersonen sind in § 1 Abs. 2 AntiDHG abschließend definiert. Der Gesetzgeber ist davon ausgegangen, dass bei weitgehend ungeklärten Übertragungswegen nur bei späteren leiblichen Kindern bzw. enger häuslicher Gemeinschaft ein Ansteckungsrisiko nicht ausgeschlossen werden kann.[9] Eine Ausdehnung der Regelung auf weitere Personen kommt nicht in Betracht. 8

Die Anspruchsberechtigung von Hinterbliebenen ergibt sich aus § 1 Abs. 1 S. 2 AntiDHG iVm § 4 AntiDHG. Dabei kann es sich auch um Hinterbliebene einer Kontaktperson iSd § 1 Abs. 2 AntiDHG handeln. 9

II. Kausalitätsanforderungen

Die gesetzlichen Voraussetzungen für den Erhalt von Leistungen nach dem AntiDHG entsprechen dem Grunde nach denjenigen für einen Anspruch auf Soziale Entschädigung iSd SGB XIV (zu diesen Kausalitätsanforderungen → SGB XIV § 1 Rn. 23 ff.) bzw. Versorgung iSd BVG: Ein **schädigendes Ereignis** muss zu einer **gesundheitlichen Schädigung** und weiter zu sog. **Schädigungsfolgen** geführt haben. Dabei sind das primär schädigende Ereignis sowie die gesundheitliche Schädigung durch § 1 Abs. 1 S. 1 AntiDHG abschließend definiert als Infektion mit dem Hepatitis-C-Virus entweder unmittelbar durch die Anti-D-Immunprophylaxe mit einer der genannten Chargen oder mittelbar durch den in § 1 Abs. 2 AntiDHG näher beschriebenen Kontakt mit einer derart infizierten Frau. Als Schädigungsfolgen, deren Vorliegen von §§ 2 und 3 AntiDHG vorausgesetzt wird, kommen alle gesundheitlichen Folgen in Betracht, die durch die Infektion mit dem Hepatitis-C-Virus verursacht sind. Das schädigende Ereignis, die gesundheitliche Schädigung und die Schädigungsfolgen müssen im **Vollbeweis,** dh mit an Sicherheit grenzender Wahrscheinlichkeit, bewiesen sein. 10

Die drei Glieder dieser Kette müssen nach § 1 Abs. 1 S. 1 AntiDHG außerdem kausal („infolge“) miteinander verbunden sein. Allerdings enthält das AntiDHG keine Regelung zu den Beweisanforderungen, die an diesen Ursachenzusammenhang zu stellen sind. Geht man jedoch davon aus, dass das AntiDHG einen Teilbereich des SER darstellt, liegt es nahe, die **Wahrscheinlichkeit des ursächlichen Zusammenhangs** (vgl. § 4 Abs. 4 S. 1 SGB XIV bzw. bis 31.12.2023 § 1 Abs. 3 S. 1 BVG) genügen zu lassen. Sie 11

8 BT-Drs. 14/2958, 7, 8; BT-Drs. 14/3538, 10.
9 Vgl. BT-Drs. 14/2958, 8, 9 zu § 1.

ist gegeben, wenn nach dem aktuellen Stand der medizinischen Wissenschaft mehr für als gegen einen ursächlichen Zusammenhang spricht (§ 4 Abs. 4 S. 2 SGB XIV). Hierfür spricht auch der Wortlaut des § 1 Abs. 1 S. 1 AntiDHG, der – bezogen auf die Kontaktpersonen – eine „große Wahrscheinlichkeit" verlangt. In Bezug auf die Kontaktpersonen ist der Gesetzgeber ausdrücklich davon ausgegangen, dass sich der Vollbeweis einer Ansteckung nicht erbringen lässt.[10] Gleiches muss letztlich auch für die Infektionsquelle der Frauen iSd § 1 Abs. 1 S. 1 AntiDHG sowie eine geltend gemachte Schädigungsfolge gelten. Der Gesetzesbegründung lässt sich zudem an keiner Stelle entnehmen, dass die frühere Rechtsgrundlage für die Leistungsgewährung (BSeuchG iVm BVG) deshalb als unbillig empfunden worden wäre, weil die Kausalitätsanforderungen nicht streng genug gewesen wären. Die gesetzliche Neuregelung sollte im Gegenteil die rechtliche und finanzielle Situation der betroffenen Frauen verbessern. Somit genügt die Wahrscheinlichkeit des ursächlichen Zusammenhangs.[11] Ob im Rahmen des AntiDHG auch eine sog. **Kann-Versorgung** in Betracht kommt (vgl. § 4 Abs. 6 SGB XIV bzw. bis 31.12.2023 § 1 Abs. 3 S. 2 BVG), ist höchstrichterlich noch nicht geklärt.[12]

12 Soweit § 1 Abs. 1 S. 1 AntiDHG hinsichtlich der haftungsbegründenden Kausalität zwischen dem schädigenden Ereignis und der Infektion bei **Kontaktpersonen** ausdrücklich eine „große Wahrscheinlichkeit" fordert, handelt es sich dabei allerdings um **gesteigerte Anforderungen an den Ursachenzusammenhang**. Der Gesetzgeber ging aber offensichtlich davon aus, dass sich regelmäßig keine Beweisschwierigkeiten und somit hierdurch keine besonderen Einschränkungen des Personenkreises ergeben würden, da mit den gängigen Beweismitteln (hier Genomanalyse des Erregers) die Infektionsquelle weitgehend, wenn auch nicht mit vollständiger Sicherheit festgestellt werden kann.[13]

§ 2 AntiDHG Krankenbehandlung

Berechtigte nach § 1 Abs. 1 Satz 1 erhalten für die durch die Hepatitis-C-Virus-Infektion verursachten gesundheitlichen Folgen Heil- und Krankenbehandlung in entsprechender Anwendung der §§ 41 bis 53 des Vierzehnten Buches Sozialgesetzbuch.

A. Gesetzesgeschichte und Normsystematik

1 Zur Geschichte des AntiDHG insgesamt vgl. Kommentierung bei § 1 AntiDHG. § 2 AntiDHG verweist hinsichtlich der Heil- und Krankenbehandlung bis 31.12.2023 auf die insoweit maßgeblichen Vorschriften des BVG.[1] **Zum 1.1.2024** wird das SER in einem eigenen Buch des Sozialgesetzbuchs geregelt,[2] womit das BVG aufgehoben wird. Als Folge davon verweist § 2 AntiDHG ab 1.1.2024 auf die entsprechenden Regelungen im **SGB XIV**.

10 Vgl. BT-Drs. 14/2958, 8, 9 zu § 1.
11 Ebenso SächsLSG Urt. v. 16.2.2017 – L 9 VE 25/13, juris Rn. 77 ff.; im Ergebnis auch LSG LSA Urt. v. 30.1.2008 – L 7 VI 11/05, obwohl das Gericht das AntiDHG nicht als Teilbereich des sozialen Entschädigungsrechts einordnet.
12 Ablehnend LSG LSA Urt. v. 30.1.2008 – L 7 VI 11/05.
13 Vgl. BT-Drs. 14/2958, 8, 9 zu § 1.
1 Der Gesetzentwurf zum AntiDHG hatte ursprünglich vorgesehen, dass die Krankenbehandlung nach den Vorschriften des Fünften Buches Sozialgesetzbuch erfolgen sollte (BT-Dr. 14/2958, 4 und 9). Aufgrund der Beschlussempfehlung des Ausschusses für Gesundheit verblieb es jedoch – entsprechend der vor dem 1.1.2000 geltenden Rechtlage – bei der entsprechenden Anwendung des BVG (BT-Drs. 14/3538, 4 f. und 11).
2 BT-Drs. 19/13824, 2.

B. Einzelkommentierung

Für die gesundheitlichen Folgen, die durch die Hepatitis-C-Virus-Infektion verursacht worden sind (zu den Kausalitätsanforderungen → § 1 Rn. 23 ff.), erhalten Berechtigte nach § 2 Abs. 1 S. 1 AntiDHG Heil- und Krankenbehandlung in entsprechender Anwendung der §§ 41 bis 53 SGB XIV bzw. bis 31.12.2023 der §§ 10 bis 24a BVG.[3] Zum Besitzstand im Hinblick auf die Heil- und Krankenbehandlung vgl. auch § 13 Abs. 2 AntiDHG in der ab 1.1.2024 geltenden Fassung iVm § 143 SGB XIV. 2

C. Anhang

Gesetzestext in der aktuell (vsl. bis 31.12.2023) geltenden Fassung: 3

§ 2 AntiDHG Heil- und Krankenbehandlung

Berechtigte nach § 1 Abs. 1 Satz 1 erhalten für die durch die Hepatitis-C-Virus-Infektion verursachten gesundheitlichen Folgen Heil- und Krankenbehandlung in entsprechender Anwendung der §§ 10 bis 24a des Bundesversorgungsgesetzes.

§ 3 AntiDHG Finanzielle Hilfe

(1) Berechtigte nach § 1 Abs. 1 Satz 1 erhalten als finanzielle Hilfe eine monatliche Rente und eine Einmalzahlung.

(2) Die monatliche Rente beträgt bei einem Grad der Schädigungsfolgen infolge der Hepatitis-C-Virus-Infektion

von 30	**272 Euro,**
von 40	**434 Euro,**
von 50	**598 Euro,**
von 60	**815 Euro,**
von 70 und mehr	**1 088 Euro.**

(3) [1]Die Einmalzahlung nach Absatz 1 beträgt bei einem Grad der Schädigungsfolgen infolge der Hepatitis-C-Virus-Infektion

von 10 und 20	**3 579 Euro,**
von 30	**6 136 Euro,**
von 40	**7 669 Euro,**
von 50	**10 226 Euro,**
von 60 und mehr	**15 339 Euro.**

[2]Maßgebend für die Höhe der Einmalzahlung ist der Grad der Schädigungsfolgen im Zeitpunkt der erstmaligen Bewilligung von Leistungen nach Absatz 1. [3]Ist ein Antrag nach § 7 erforderlich, wird die Einmalzahlung nur gewährt, wenn sie bis zum 31. Dezember 2000 beantragt wurde.

(4) [1]Der Grad der Schädigungsfolgen bestimmt sich nach § 5 Absatz 1 des Vierzehnten Buches Sozialgesetzbuch. [2]Die Voraussetzungen für die Gewährung der finanziellen Hilfe nach Absatz 1 werden unabhängig anderweitiger Anerkennungen über das Ausmaß der Schädigungsfolgen festgestellt.

A. Gesetzesgeschichte

Zur Geschichte des AntiDHG insgesamt vgl. Kommentierung bei § 1 AntiDHG. Die Anpassung der Beträge der Hilfeleistungen nach § 3 Abs. 2 und 3 AntiDHG, § 4 1

3 Zur Versorgung mit einem Arzneimittel, welches nicht zum Leistungskatalog der gesetzlichen Krankenversicherung gehört, vgl. LSG LSA Urt. v. 16.7.2014 – L 7 VE 1/13.

Abs. 1 AntiDHG sowie der Regelung in § 8 Abs. 1 AntiDHG aufgrund der Währungsumstellung von Deutscher Mark auf Euro erfolgte erst durch das Gesetz zur Änderung des BVG und anderer Vorschriften des Sozialen Entschädigungsrechts mit Wirkung zum 21.12.2007.[1] § 3 Abs. 4 S. 1 AntiDHG verweist hinsichtlich der Bestimmung des GdS bis 31.12.2023 auf die insoweit maßgeblichen Vorschriften des BVG. **Zum 1.1.2024** wird das SER in einem eigenen Buch des Sozialgesetzbuchs geregelt,[2] womit das BVG aufgehoben wird. Als Folge davon verweist § 3 Abs. 4 S. 1 AntiDHG ab 1.1.2024 auf die entsprechenden Regelungen im **SGB XIV**.

B. Normsystematik

I. Allgemeiner Regelungsgehalt und systematische Einordnung

2 Das AntiDHG sieht **Leistungen für Berechtigte in einem klar umgrenzten Umfang** vor (→ § 1 Rn. 6). Neben der Heil- und Krankenbehandlung (§ 2 AntiDHG) haben Berechtigte nach § 3 AntiDHG Anspruch auf finanzielle Hilfen in Form einer monatlichen Rente (§ 3 Abs. 1 und 2 AntiDHG) und einer Einmalzahlung (§ 3 Abs. 1 und 3 AntiDHG).

II. Normzweck

3 Nach dem Willen des Gesetzgebers soll die **Rente pauschalierend** einen Ausgleich schaffen für Mehraufwendungen und berufliche Beeinträchtigungen infolge der Krankheit, für wirtschaftliche Folgen und – in Anlehnung an den Schmerzensgeldgedanken – für den immateriellen Schaden. Eine **Einmalzahlung** wird geleistet, weil die in der Vergangenheit gewährte Versorgung der Zielrichtung eines **Ausgleichs** für den immateriellen Schaden in Anlehnung an den Schmerzensgeldcharakter nur teilweise entsprochen hat.[3]

C. Einzelkommentierung

I. Allgemeines

4 Finanzielle Hilfe wird Berechtigten nach § 3 Abs. 1 S. 1 AntiDHG in Form einer monatlichen Rente und einer Einmalzahlung gewährt. Die **Höhe** beider Leistungen richtet sich nach dem GdS, der sich nach § 3 Abs. 4 AntiDHG iVm den abschließend genannten Vorschriften des SGB XIV bzw. bis 31.12.2023 des BVG bestimmt. Eine Anrechnung von Einkommen und/oder Vermögen der Berechtigten findet nicht statt. Allerdings wird die monatliche Rente bei der Gewährung von einkommensabhängigen Sozialleistungen hälftig als Einkommen berücksichtigt (§ 6 Abs. 1 S. 2 AntiDHG).

II. Monatliche Rente nach § 3 Abs. 1 und 2 AntiDHG

5 Die Zahlung einer monatlichen Rente setzt einen GdS von mindestens 30 voraus. Die **pauschalen Beträge** steigen bei einem höheren GdS in Zehnerschritten an. Die maximale Rentenhöhe wird bei einem GdS von 70 erreicht. Hinsichtlich der **Höhe** der jeweiligen Beträge ließ sich der Gesetzgeber beim Inkrafttreten des AntiDHG von der Überlegung leiten, dass sich die monatliche Rente zwischen der (niedrigeren) Grundrente nach dem BVG einerseits und den (höheren) Leistungen nach HIV-Hilfegesetz andererseits bewegen sollte.[4] Die **Anpassung** der Rente erfolgt nach § 8 AntiDHG.

1 BT-Drs. 16/6541, 16, 39.
2 BT-Drs. 19/13824, 2.
3 BT-Drs. 14/2958, 8, 9.
4 BT-Drs. 14/2958, 9 zu § 3; BSG Beschl. v. 6.10.2011 – B 9 V 3/11 B, juris Rn. 16.

III. Einmalzahlung nach § 3 Abs. 1 und 3 AntiDHG

Anders als die monatliche Rente wird die **Einmalzahlung** bereits ab einem GdS von 10 gezahlt und daher auch an Personen, die keine monatliche Rente erhalten. Da diese Leistung **Hilfedefizite aus der Vergangenheit kompensieren** soll, ist nach § 3 Abs. 3 Satz 2 AntiDHG der GdS zum Zeitpunkt der Erstbewilligung maßgebend.[5] Es handelt sich um einen Ausgleich für einen immateriellen Schaden in Anlehnung an den Schmerzensgeldgedanken, soweit die in der Vergangenheit gewährte Versorgung dieser Zielrichtung nur teilweise entsprochen hat.[6] 6

IV. GdS (Abs. 4)

Für die **Bestimmung des GdS** verweist § 3 Abs. 4 S. 1 AntiDHG abschließend auf § 5 Abs. 1 SGB XIV bzw. bis 31.12.2023 auf § 30 Abs. 1 und § 31 Abs. 2 BVG. Es gelten dieselben Grundsätze. Eine Bindung an oder sonstige Abhängigkeit von anderweitigen Anerkennungen über das Ausmaß der Schädigungsfolgen besteht jedoch nicht (§ 3 Abs. 4 S. 2 AntiDHG). Grundsätzlich kann auf die **VersMedV** (die seit 1.1.2009 die AHP abgelöst haben[7]) zurückgegriffen werden.[8] Nur die genannten Vorschriften des SGB XIV bzw. des BVG finden entsprechende Anwendung. Nicht anwendbar ist insbes. die Regelung über die Höherbewertung des GdS bei besonderer beruflicher Betroffenheit nach § 30 Abs. 2 BVG. Diese ist nach den Gesetzesmaterialien bereits pauschal in der Rentenhöhe berücksichtigt.[9] Das SGB XIV sieht eine entsprechende Regelung nicht mehr vor. Die klarstellende Übergangsregelung, die § 3 Abs. 4 S. 3 AntiDHG seit dem Inkrafttreten des AntiDHG für anhängige Verfahren nach dem BSeuchG iVm dem BVG vorsieht,[10] wird nicht mehr benötigt und daher ab 1.1.2024 aufgehoben. 7

D. Anhang

Gesetzestext in der aktuell (vsl. bis 31.12.2023) geltenden Fassung: 8

§ 3 AntiDHG Finanzielle Hilfe

(1) Berechtigte nach § 1 Abs. 1 Satz 1 erhalten als finanzielle Hilfe eine monatliche Rente und eine Einmalzahlung.

(2) Die monatliche Rente beträgt bei einem Grad der Schädigungsfolgen infolge der Hepatitis-C-Virus-Infektion

von 30	272 Euro,
von 40	434 Euro,
von 50	598 Euro,
von 60	815 Euro,
von 70 und mehr	1 088 Euro.

(3) [1]Die Einmalzahlung nach Absatz 1 beträgt bei einem Grad der Schädigungsfolgen infolge der Hepatitis-C-Virus-Infektion

von 10 und 20	3 579 Euro,
von 30	6 136 Euro,
von 40	7 669 Euro,
von 50	10 226 Euro,
von 60 und mehr	15 339 Euro.

[2]Maßgebend für die Höhe der Einmalzahlung ist der Grad der Schädigungsfolgen im Zeitpunkt der erstmaligen Bewilligung von Leistungen nach Absatz 1. [3]Ist ein Antrag nach § 7 erforderlich, wird die Einmalzahlung nur gewährt, wenn sie bis zum 31. Dezember 2000 beantragt wurde.

5 BT-Drs. 14/2958, 8, 9.
6 BT-Drs. 14/2958, 9 zu § 3 und 10 zu § 6.
7 Vgl. zu deren Anwendbarkeit BSG Beschl. v. 24.4.2008 – B 9 VJ 7/07 B, juris Rn. 5 ff.
8 LSG LSA Urt. v. 19.2.2014 – L 7 VE 15/11, juris Rn. 40.
9 BT-Drs. 14/2958, 9, 10; BSG Beschl. v. 6.10.2011 – B 9 V 3/11 B, juris Rn. 12 ff.
10 BT-Drs. 14/3538, 11 zu § 3 Abs. 4 Satz 3.

(4) [1]Der Grad der Schädigungsfolgen bestimmt sich nach § 30 Abs. 1 und § 31 Abs. 2 des Bundesversorgungsgesetzes. [2]Die Voraussetzungen für die Gewährung der finanziellen Hilfe nach Absatz 1 werden unabhängig anderweitiger Anerkennungen über das Ausmaß der Schädigungsfolgen festgestellt. [3]Sind Verfahren im Rahmen des Bundes-Seuchengesetzes in Verbindung mit dem Bundesversorgungsgesetz im Antrags-, Widerspruchs- oder Klageverfahren anhängig, so gilt für das vorliegende Gesetz deren rechtskräftiger Abschluss.

§ 4 AntiDHG Hilfe für Hinterbliebene

(1) Stirbt ein nach § 1 Abs. 1 Satz 1 Berechtigter an den Folgen einer im Zeitpunkt des Todes bestandskräftig anerkannten Hepatitis-C-Virus-Infektion, erhalten der hinterbliebene Ehegatte eine monatliche finanzielle Hilfe in Höhe von 434 Euro, Halbwaisen von 327 Euro und Vollwaisen von 544 Euro.

(2) Die Hilfe nach Absatz 1 wird dem Ehegatten für die 60 auf den Sterbemonat folgenden Monate gewährt.

(3) [1]Waisen erhalten die finanzielle Hilfe nach Absatz 1 ab dem auf den Sterbemonat folgenden Monat bis zur Vollendung des 18. Lebensjahres, darüber hinaus nur für die Dauer einer Schul- oder Berufsausbildung, die die Arbeitskraft überwiegend in Anspruch nimmt und nicht mit der Zahlung von Dienstbezügen, Arbeitsentgelt oder sonstigen Zuwendungen in entsprechender Höhe verbunden ist, längstens jedoch bis zur Vollendung des 27. Lebensjahres. [2]Als Waisen gelten auch

1. Stiefkinder, die mit dem verstorbenen Berechtigten im Zeitpunkt des Todes in häuslicher Gemeinschaft gelebt haben oder wesentlich von ihm unterhalten worden sind sowie

2. Pflegekinder im Sinne des § 2 Abs. 1 Nr. 2 des Bundeskindergeldgesetzes.

A. Gesetzesgeschichte

1 Zur Geschichte des AntiDHG insgesamt vgl. Kommentierung bei § 1 AntiDHG. Die Anpassung der Beträge der Hilfeleistungen nach § 3 Abs. 2 und 3 AntiDHG, § 4 Abs. 1 AntiDHG sowie der Regelung in § 8 Abs. 1 AntiDHG aufgrund der Währungsumstellung von Deutscher Mark auf Euro erfolgte erst durch das Gesetz zur Änderung des BVG und anderer Vorschriften des Sozialen Entschädigungsrechts mit Wirkung zum 21.12.2007.[1]

B. Normsystematik

2 Ebenso wie das AntiDHG Leistungen für Berechtigte nur pauschal und in einem klar umgrenzten Umfang vorsieht (→ § 1 Rn. 6), haben Hinterbliebene nach § 4 AntiDHG Anspruch auf eine **pauschalierte finanzielle Hilfe**, die monatlich gezahlt wird. Den Begriff der Rente verwendet das Gesetz zu Recht nicht, nachdem die Hilfe dem Ehegatten nur zeitlich befristet gewährt wird (§ 4 Abs. 2 AntiDHG).

C. Einzelkommentierung

I. Allgemeine Voraussetzungen

3 Die Hilfe für Hinterbliebene setzt zunächst voraus, dass eine Berechtigte bzw. ein Berechtigter (erstgeschädigte Frau oder Kontaktperson) nach § 1 Abs. 1 S. 1 AntiDHG an den Folgen einer Hepatitis-C-Virus-Infektion gestorben ist. Der Gesetzgeber ging beim Inkrafttreten des AntiDHG davon aus, dass entsprechende Todesfälle als Folge einer Hepatitis-C-Infektion in dieser Personengruppe sehr selten vorgekommen

1 BT-Drs. 16/6541, 16, 39.

waren.[2] Für den **Kausalzusammenhang** genügt die Wahrscheinlichkeit des ursächlichen Zusammenhangs (→ § 1 Rn. 10 ff.). Die Hepatitis-C-Virus-Infektion muss außerdem im Zeitpunkt des Todes bereits **bestandskräftig anerkannt** sein. Dies schließt es aus, dass Hinterbliebene die Anerkennung nach dem Tod der dem Grunde nach Berechtigten erstmals selbst beantragen.

Sind die Voraussetzungen erfüllt, steht die monatliche finanzielle Hilfe den **Hinterbliebenen** iSd § 4 AntiDHG zu. Dies sind Ehegatten und (Halb-)Waisen. § 4 Abs. 1 AntiDHG sieht die Zahlung der Hilfe als **festen monatlichen Betrag** vor, der nicht davon abhängig ist, nach welchem GdS die monatliche Rente des Berechtigten (§ 3 Abs. 2 AntiDHG) gezahlt worden ist. Die **Anpassung** der monatlichen finanziellen Hilfe für Hinterbliebene erfolgt nach § 8 AntiDHG. 4

II. Ehegatten

Hinterbliebene sind zunächst die Ehegatten (§ 4 Abs. 1 AntiDHG). Ihnen wird die monatliche finanzielle Hilfe **zeitlich befristet** für die Dauer von 60 Monaten ab dem Monat gewährt, der auf den Sterbemonat folgt (§ 4 Abs. 2 AntiDHG). Der Anspruch besteht unabhängig vom Lebensalter des hinterbliebenen Ehegatten und **unabhängig von** der Höhe eines etwaigen **eigenen Einkommens oder Vermögens**. Die Regelung soll dem hinterbliebenen Ehegatten Zeit geben, sich auf die geänderte wirtschaftliche Lage einzustellen. 5

III. Waisen

Hinterbliebene sind – unabhängig von der Existenz eines hinterbliebenen Ehegatten[3] – außerdem Waisen, dh die **leiblichen Kinder** der Berechtigten nach § 1 Abs. 1 S. 1 AntiDHG. Als Waisen gelten nach der gesetzlichen Definition zudem **Stiefkinder** sowie **Pflegekinder**, die die Voraussetzungen des § 4 Abs. 3 S. 2 Nr. 1 bzw. Nr. 2 AntiDHG erfüllen. Bis zur Vollendung des 18. Lebensjahres erhalten Waisen die finanzielle Hilfe unabhängig vom Vorliegen weiterer Voraussetzungen; die Höhe der Leistung richtet sich nach dem Status als Halbwaise oder (Voll-)Waise. Über das 18. Lebensjahr hinaus bis **längstens zur Vollendung des 27. Lebensjahres** wird die finanzielle Hilfe nur dann gewährt, wenn die Waisen ihren Lebensunterhalt nicht selbstständig sichern können, weil sie sich in Schul- oder Berufsausbildung befinden, die ihre Arbeitskraft überwiegend in Anspruch nimmt und ihrerseits nicht mit der Erzielung eines Einkommens (Dienstbezug, Arbeitsentgelt oder sonstige Zuwendung) in entsprechender Höhe verbunden ist. 6

§ 5 AntiDHG Härteausgleich, Hilfe bei Wohnsitz im Ausland

§ 100 und § 101 Absatz 3 des Vierzehnten Buches Sozialgesetzbuch gelten entsprechend.

A. Gesetzesgeschichte

Zur Geschichte des AntiDHG insgesamt vgl. Kommentierung bei § 1 AntiDHG. § 5 AntiDHG verweist bis 31.12.2023 auf die insoweit maßgeblichen Vorschriften des BVG. **Zum 1.1.2024** wird das SER in einem eigenen Buch des Sozialgesetzbuchs geregelt,[1] womit das BVG aufgehoben wird. Als Folge davon verweist § 5 AntiDHG ab 1.1.2024 auf die entsprechenden Regelungen im **SGB XIV**. 1

2 BT-Drs. 14/2958, 10 zu § 4.
3 BT-Drs. 14/2958, 10 zu § 4.
1 BT-Drs. 19/13824, 2.

B. Normsystematik

2 Leistungen nach dem AntiDHG werden grundsätzlich auch an Berechtigte und Hinterbliebene im **Ausland** gezahlt. Außerdem ist ein **Ausgleich in Härtefällen** möglich.

C. Einzelkommentierung

I. Härteausgleich

3 § 5 AntiDHG verweist uneingeschränkt auf den **Ausgleich in Härtefällen** nach § 100 SGB XIV bzw. bis 31.12.2023 auf den Härteausgleich nach § 89 BVG (insoweit ist anstelle der Zustimmung des BMAS die Zustimmung der obersten Landesbehörde erforderlich).

II. Leistungen im Ausland

4 Bis 31.12.2023 finden die in § 5 AntiDHG abschließend genannten Regelungen des BVG zur Auslandsversorgung (vgl. §§ 64 ff. BVG) entsprechende Anwendung, soweit diese Vorschriften den beschränkten Leistungsumfang des AntiDHG betreffen. Ab 1.1.2024 verweist § 5 AntiDHG zu **Leistungen** bei Wohnsitz oder gewöhnlichem Aufenthalt **im Ausland** auf § 101 Abs. 3 SGB XIV, der sich allerdings lediglich auf die Heil- und Krankenbehandlung bezieht. Ein Verweis auf § 101 Abs. 6 S. 1 und 2 SGB XIV, der § 64 S. 2 Nr. 1 BVG entspricht und bis 31.12.2023 über § 5 AntiDHG entsprechend anwendbar ist, erfolgt demgegenüber nicht. Möglicherweise handelt es sich um ein Versehen des Gesetzgebers, denn dieser beschreibt die Neuregelung als Folgeänderung aufgrund der Aufhebung des BVG und des Inkrafttretens des SGB XIV;[2] eine inhaltliche Änderung war offenbar nicht beabsichtigt.

D. Anhang

5 Gesetzestext in der aktuell (vsl. bis 31.12.2023) geltenden Fassung:

§ 5 AntiDHG Hilfe bei Wohnsitz im Ausland, Härteausgleich

Die §§ 64, 64a Abs. 1 und Abs. 3 Satz 1, §§ 64d sowie 64f und 89 des Bundesversorgungsgesetzes sind entsprechend anzuwenden mit der Maßgabe, dass an die Stelle der Zustimmung des Bundesministeriums für Arbeit und Soziales die Zustimmung der zuständigen obersten Landesbehörde tritt.

§ 6 AntiDHG Zusammentreffen mit anderen Ansprüchen, Übertragbarkeit

(1) [1]Einmalzahlungen nach § 3 Abs. 3 bleiben als Einkommen und Vermögen unberücksichtigt, wenn bei Sozialleistungen die Gewährung oder die Höhe von anderen Einkommen abhängt. [2]Monatliche Renten nach § 3 Abs. 2 werden hälftig als Einkommen berücksichtigt, wenn bei Sozialleistungen die Gewährung oder die Höhe von anderen Einkommen abhängt.

(2) Unabhängig davon werden Einmalzahlung und monatliche Rente bei sonstigen gesetzlich vorgesehenen Ermittlungen von Einkommen und Vermögen nicht berücksichtigt.

(3) Ansprüche auf Hilfen nach diesem Gesetz können nicht übertragen, verpfändet oder gepfändet werden.

2 BT-Drs. 19/13824, 270 zu § 5.

A. Gesetzesgeschichte

Zur Geschichte des AntiDHG insgesamt vgl. Kommentierung bei § 1 AntiDHG. § 6 AntiDHG ist seit Inkrafttreten des AntiDHG unverändert geblieben. 1

B. Normsystematik

§ 6 AntiDHG regelt das Zusammentreffen mit anderen Ansprüchen, namentlich die Frage, ob und inwieweit die finanziellen Hilfen nach § 3 Abs. 2 und 3 AntiDHG Einkommen oder Vermögen darstellen. Die Regelung trägt der Funktion der Leistungen, auch immaterielle Schäden auszugleichen, Rechnung.[1] 2

C. Einzelkommentierung

Nach § 6 AntiDHG bleiben Einmalzahlungen nach § 3 Abs. 3 AntiDHG als Einkommen und Vermögen generell unberücksichtigt (§ 6 Abs. 1 S. 1 und Abs. 2 AntiDHG). Auch monatliche Renten nach § 3 Abs. 2 AntiDHG bleiben als Einkommen und Vermögen generell unberücksichtigt. Eine Ausnahme gilt ausschließlich, wenn bei Sozialleistungen die Gewährung oder die Höhe von anderen Einkommen abhängt; in diesem Fall werden die Renten hälftig als Einkommen berücksichtigt (§ 6 Abs. 1 S. 2 und Abs. 2 AntiDHG). § 6 Abs. 2 AntiDHG gewinnt Bedeutung zB bei einer Entscheidung über Unterhaltszahlungen.[2] Nach § 6 Abs. 3 AntiDHG können die Ansprüche auf Hilfen nach dem AntiDHG nicht übertragen, verpfändet oder gepfändet werden. Auch diese Regelung entspricht dem Charakter der Leistungen als humanitäre Hilfe.[3] 3

§ 7 AntiDHG Beginn, Änderung und Zahlung der Hilfe

(1) [1]Die Hilfen nach den §§ 3 und 4 werden auf Antrag gewährt. [2]Rentenleistungen nach § 3 Abs. 2 und Hilfen nach § 4 beginnen mit dem Monat, in dem die dafür geltenden Voraussetzungen erfüllt sind, jedoch frühestens mit dem Antragsmonat bei Renten nach § 3 Abs. 2 und frühestens mit dem auf den Sterbemonat folgenden Monat bei Hilfen nach § 4. [3]Werden Hilfen im Sinne des Satzes 2 innerhalb eines Jahres nach Verkündung dieses Gesetzes beantragt, beginnt die Leistungsgewährung frühestens mit seinem Inkrafttreten.

(2) [1]Der Grad der Schädigungsfolgen Berechtigter darf nicht vor Ablauf von zwei Jahren nach Bekanntgabe des Feststellungsbescheids niedriger festgesetzt werden. [2]Ist durch Krankenbehandlung eine wesentliche oder nachhaltige Besserung des schädigungsbedingten Gesundheitszustandes erreicht worden, so ist die niedrigere Festsetzung schon früher zulässig, jedoch frühestens nach Ablauf eines Jahres nach Abschluss dieser Behandlung.

(3) [1]Die Versorgungsbezüge werden in Monatsbeträgen zuerkannt, auf volle Euro aufgerundet und monatlich im Voraus gezahlt. [2]Das Krankengeld der Sozialen Entschädigung nach § 47 des Vierzehnten Buches Sozialgesetzbuch und eine Beihilfe nach § 48 des Vierzehnten Buches Sozialgesetzbuch werden tageweise zuerkannt und mit Ablauf jeder Woche gezahlt. [3]§ 47 Absatz 1 des Ersten Buches Sozialgesetzbuch und § 118 Absatz 3 bis 4a des Sechsten Buches Sozialgesetzbuch gelten entsprechend.

(4) Abweichend von Absatz 1 Satz 1 wird über die Hilfen nach den §§ 3 und 4 von Amts wegen entschieden, wenn bereits eine Anerkennung nach dem Bundes-Seuchengesetz vorliegt oder beantragt ist, die auf einem Tatbestand des § 1 beruht.

---

1 BT-Drs. 14/2958, 10 zu § 6.
2 BT-Drs. 14/3538, 11 f. zu § 6 Abs. 2.
3 BT-Drs. 14/2958, 10 zu § 6.

A. Gesetzesgeschichte

1 Zur Geschichte des AntiDHG insgesamt vgl. Kommentierung bei § 1 AntiDHG. § 7 Abs. 2 AntiDHG verweist hinsichtlich der (Zahlung der) Hilfen nach §§ 3, 4 AntiDHG bis 31.12.2023 auf § 66 BVG, bis 31.12.2019 auch auf § 62 Abs. 2 BVG. **Zum 1.1.2024** wird das SER in einem eigenen Buch des Sozialgesetzbuchs geregelt,[1] womit das BVG aufgehoben wird. Als Folge davon werden die Regelungen des § 62 Abs. 2 BVG und des § 66 BVG ab 1.1.2024 inhaltsgleich in § 7 Abs. 2 und Abs. 3 AntiDHG übernommen.

B. Normsystematik

2 Die Vorschrift regelt den **Beginn** der Leistungsgewährung, die Modalitäten der **Zahlung** sowie die **Neufestsetzung des GdS** bei Änderungen zuungunsten der Berechtigten.

C. Einzelkommentierung

I. Beginn der Hilfen (§ 7 Abs. 1 und 4 AntiDHG)

3 Wie grundsätzlich die Leistungen nach dem SGB XIV (§ 10 Abs. 1 SGB XIV) bzw. dem BVG (vgl. § 1 Abs. 1 BVG) werden die finanziellen Hilfen an Berechtigte und Hinterbliebene nach dem AntiDHG (§§ 3 und 4 AntiDHG) nur auf **Antrag** gewährt (§ 7 Abs. 1 S. 1 AntiDHG). Von einem erneuten Antrag nach dem AntiDHG wird allerdings für die Fälle abgesehen, in denen die Betroffenen wegen desselben Sachverhalts bereits Leistungen nach dem BSeuchG beantragt haben (§ 7 Abs. 4 AntiDHG bzw. bis 31.12.2023 § 7 Abs. 3 AntiDHG).[2] In diesen Fällen können die Hilfen (frühestens) am 1.1.2000 (Inkrafttreten des AntiDHG) beginnen.

4 Voraussetzung für die Zahlung der laufenden Leistungen (Renten nach § 3 Abs. 2 AntiDHG sowie Hilfen für Hinterbliebene nach § 4 AntiDHG) ist neben dem Antrag zusätzlich, dass **materiellrechtlich** die jeweiligen Tatbestandsvoraussetzungen erfüllt sind; dies gilt auch für die Geltendmachung höherer Leistungen. Eine Zahlung für Zeiträume vor der Antragstellung ist grds. ausgeschlossen. Dies gilt auch für Hilfen an Hinterbliebene, die frühestens mit dem auf den Sterbemonat folgenden Monat beginnen. Eine rückwirkende Leistungsgewährung frühestens ab Inkrafttreten des AntiDHG kam nur bei Antragstellung innerhalb eines Jahres nach Verkündung des Gesetzes am 11.8.2000 in Betracht (§ 7 Abs. 1 S. 2 und 3 AntiDHG). Die Jahresfrist des § 11 Abs. 2 SGB XIV bzw. bis 31.12.2023 des § 60 Abs. 1 Satz 2 und 3 BVG ab Eintritt der gesundheitlichen Schädigung findet naturgemäß keine Anwendung, da die gesundheitliche Schädigung iSd AntiDHG bereits bei Inkrafttreten des Gesetzes lange in der Vergangenheit lag. Allerdings greift bis 31.12.2023 auch die Jahresfrist für die Hinterbliebenenversorgung nach § 61 lit. a iVm § 60 BVG nicht; das SGB XIV sieht ab 1.1.2024 eine entsprechende Sonderregelung nicht vor.

II. Neufestsetzung des GdS (§ 7 Abs. 2 AntiDHG)

5 § 7 Abs. 2 AntiDHG regelt den **Zeitpunkt der Neufestsetzung des GdS**, wenn dieser durch eine **Änderung**, insbes. eine Verbesserung des Gesundheitszustandes, niedriger festzusetzen ist. **Ursprünglich** verwies § 7 Abs. 2 AntiDHG auf die Schutzvorschrift des § 62 Abs. 2 BVG. Danach durfte der GdS nicht vor Ablauf von zwei Jahren nach Bekanntgabe des Feststellungsbescheids niedriger festgesetzt werden. War eine wesent-

---

1 BT-Drs. 19/13824, 2.

2 Ggf. sind Betroffene nach den Grundsätzen des sozialrechtlichen Herstellungsanspruchs so zu stellen, als hätten sie die Anerkennung nach dem BSeuchG rechtzeitig beantragt (vgl. LSG Bln-Bbg Urt. v. 1.7.2015 – L 13 VJ 29/12, juris Rn. 25 ff.; BSG Urt. v. 10.12.2003 – B 9 VJ 2/02 R, BSGE 92, 34 Rn. 29 ff.

liche und nachhaltige Besserung des schädigungsbedingten Gesundheitszustandes durch Heilbehandlung erreicht worden, so war die niedrigere Festsetzung frühestens nach Ablauf eines Jahres nach Abschluss dieser Heilbehandlung zulässig. Die Vertrauensschutzregelung des § 62 Abs. 3 BVG für ältere Leistungsempfänger war hingegen nicht anwendbar.

Durch Art. 2d Nrn. 1 und 2 des Gesetzes über die Ausbildung zur Anästhesietechnischen Assistentin und zum Anästhesietechnischen Assistenten und über die Ausbildung zur Operationstechnischen Assistentin und zum Operationstechnischen Assistenten vom 14.12.2019[3] wurde die Verweisung auf § 62 Abs. 2 BVG **mit Wirkung zum 1.1.2020** gestrichen, weil mit einem neu eingefügten § 7a AntiDHG spezielle Bestandsschutzregelungen geschaffen wurden. 6

Zum 1.1.2024 wird durch Art. 48 Nr. 4 lit. a G-SER vom 12.12.2019[4] eine eigenständige Regelung zum Zeitpunkt der Neufestsetzung des GdS in § 7 Abs. 2 AntiDHG eingefügt, die der früheren Regelung in § 62 Abs. 2 BVG entspricht.[5] Unklar erscheint das Verhältnis zu § 7a AntiDHG, welcher durch das G-SER nicht aufgehoben wird (→ § 7a Rn. 5). 7

III. Art und Weise der Zahlung (§ 7 Abs. 3 AntiDHG)

Bis 31.12.2023 gilt für die Zahlung der Hilfen § 66 BVG entsprechend (§ 7 Abs. 2 AntiDHG aF). Ab 1.1.2024 enthält § 7 Abs. 3 AntiDHG eine § 66 BVG entsprechende eigenständige Regelung.[6] 8

D. Anhang

Gesetzestext in der aktuell (vsl. bis 31.12.2023) geltenden Fassung: 9

§ 7 AntiDHG Beginn, Änderung und Zahlung der Hilfe

(1) [1]Die Hilfen nach den §§ 3 und 4 werden auf Antrag gewährt. [2]Rentenleistungen nach § 3 Abs. 2 und Hilfen nach § 4 beginnen mit dem Monat, in dem die dafür geltenden Voraussetzungen erfüllt sind, jedoch frühestens mit dem Antragsmonat bei Renten nach § 3 Abs. 2 und frühestens mit dem auf den Sterbemonat folgenden Monat bei Hilfen nach § 4. [3]Werden Hilfen im Sinne des Satzes 2 innerhalb eines Jahres nach Verkündung dieses Gesetzes beantragt, beginnt die Leistungsgewährung frühestens mit seinem Inkrafttreten.

(2) Für die Zahlung der Hilfen nach den §§ 3 und 4 gilt § 66 des Bundesversorgungsgesetzes entsprechend.

(3) Abweichend von Absatz 1 Satz 1 wird über die Hilfen nach den §§ 3 und 4 von Amts wegen entschieden, wenn bereits eine Anerkennung nach dem Bundes-Seuchengesetz vorliegt oder beantragt ist, die auf einem Tatbestand des § 1 beruht.

§ 7a AntiDHG Bestandsschutz

(1) Berechtigte nach § 1 Absatz 1 Satz 1 erhalten die monatliche Rente nach § 3 Absatz 2 weiterhin in der für den letzten bei ihnen festgestellten Grad der Schädigungsfolgen vorgesehenen Höhe, wenn nach dem 31. Dezember 2019 auf Grund einer Neufestsetzung des Grades der Schädigungsfolgen eine niedrigere oder keine Rente zu leisten wäre.

(2) [1]Berechtigte nach § 1 Absatz 1 Satz 1 erhalten die monatliche Rente nach § 3 Absatz 2 auf Antrag in der Höhe, die für den vor dem 1. Januar 2014 zuletzt bei ihnen festgestellten Grad der Schädigungsfolgen vorgesehen ist, wenn auf Grund von

3 BGBl. 2019 I 2768, 2787.
4 BGBl. 2019 I 2652, 2717 f.
5 BT-Drs. 19/13824, 270 zu Art. 48, Nr. 4, Buchst. a.
6 BT-Drs. 19/13824, 270 zu Art. 48, Nr. 4, Buchst. b.

Neufestsetzungen des Grades der Schädigungsfolgen ab dem 1. Januar 2014 bis einschließlich 31. Dezember 2019 eine niedrigere oder keine Rente zu leisten war. [2]Wurde der Antrag nach Satz 1 bis zum Ablauf des 30. Juni 2020 gestellt, besteht der Anspruch ab dem 1. Januar 2020, andernfalls ab dem Ersten des Monats, in dem der Antrag gestellt wurde.

(3) Anpassungen nach § 8 bleiben von den Absätzen 1 und 2 unberührt.

A. Gesetzesgeschichte

1 Zur Geschichte des AntiDHG insgesamt vgl. Kommentierung bei § 1 AntiDHG. § 7a AntiDHG wurde durch Art. 2d Nrn. 2 des Gesetzes über die Ausbildung zur Anästhesietechnischen Assistentin und zum Anästhesietechnischen Assistenten und über die Ausbildung zur Operationstechnischen Assistentin und zum Operationstechnischen Assistenten vom 14.12.2019[1] eingefügt und ist am 1.1.2020 in Kraft getreten.

B. Normsystematik

I. Allgemeiner Regelungsgehalt

2 § 7a Abs. 1 und 2 AntiDHG enthalten **spezielle Bestandsschutzregelungen**, die vorsehen, dass die Berechtigten ihre zuletzt bestehende monatliche Rente beibehalten, auch wenn ihr GdS durch eine Besserung des Gesundheitszustandes niedriger festgesetzt wird. Die Regelung eines Bestandsschutzes entspricht im Grundsatz sowohl einer Forderung der Betroffenen als auch der Anti-D-Verbände.[2]

II. Normzweck

3 Nach der Gesetzesbegründung soll eine Besserung des schädigungsbedingten Gesundheitszustands der Berechtigten **nicht** zu einer **Einstellung oder Absenkung der monatlichen Rente** nach § 3 Abs. 2 AntiDHG führen. Hintergrund war, dass insbesondere durch medizinische Fortschritte in der antiviralen Therapie bei der Behandlung der Hepatitis C in den letzten Jahren in einer Vielzahl von Fällen eine Viruselimination und Heilung der Infektion erzielt werden konnte. Oftmals klagen die Betroffenen dennoch über vielfältige mittelbare Schäden oder Folgeerkrankungen, die sich nicht im Virusstatus abbilden und das gesundheitliche Wohlbefinden erheblich beeinträchtigen. Da der weit überwiegende Teil der Berechtigten einen GdS von 30 besitzt, gehen Herabstufungen mit einer Einstellung der monatlichen Rente einher. Aufgrund ihres regelmäßig fortgeschrittenen Alters ist es den Berechtigten jedoch kaum möglich, diese finanziellen Einbußen auszugleichen.[3]

C. Einzelkommentierung

I. Bestandsschutzregelungen in § 7a Abs. 1 und 2 AntiDHG

4 § 7a Abs. 1 und 2 AntiDHG enthalten **besondere Bestandsschutzregelungen**, welche die Zahlung der monatlichen Renten nach § 3 Abs. 2 AntiDHG an Berechtigte nach § 1 Abs. 1 S. 1 AntiDHG betreffen und für die Fälle gelten, in denen (unter Anwendung von § 48 SGB X) **aufgrund einer Neufestsetzung des GdS** entweder nach dem 31.12.2019 eine niedrigere oder keine Rente zu leisten wäre (Abs. 1) oder bereits ab dem 1.1.2014 bis einschließlich 31.12.2019 eine niedrigere oder keine Rente zu leisten war (§ 7a Abs. 2 AntiDHG). In den Fällen des § 7a Abs. 1 AntiDHG unterbleibt eine Herabsetzung der monatlichen Rente nach § 3 Abs. 2 AntiDHG. In den Fällen des § 7a Abs. 2 AntiDHG wird die Rente zukünftig wieder in der Höhe gezahlt, die

1 BGBl. 2019 I 2768, 2787.
2 BT-Drs. 19/14872, 65.
3 BT-Drs. 19/14872, 74; vgl. auch LSG LSA Urt. v. 19.2.2014 – L 7 VE 15/11.

für den vor dem 1.1.2014 zuletzt bei den Berechtigten festgestellten GdS vorgesehen ist; für die Vergangenheit bleibt es bei der Herabsetzung oder dem Entzug der Rente. Dabei greift der Bestandsschutz nach § 7a Abs. 2 AntiDHG nur auf **Antrag**. Der Anspruch auf die (höhere) Rente besteht ab dem 1.1.2020 (Inkrafttreten des § 7a AntiDHG), wenn der Antrag bis zum 30.6.2020 gestellt wurde, anderenfalls ab dem Ersten des Monats, in dem der Antrag gestellt wurde (§ 7a Abs. 2 S. 2 AntiDHG).

Zum 1.1.2024 wird durch Art. 48 Nr. 4 lit. a G-SER vom 12.12.2019[4] eine eigenständige Regelung zum Zeitpunkt der Neufestsetzung des GdS in § 7 Abs. 2 AntiDHG eingefügt, die der früheren Regelung in § 62 Abs. 2 BVG entspricht.[5] Unklar erscheint das Verhältnis zu § 7a Abs. 1 und 2 AntiDHG, welche durch das G-SER nicht aufgehoben werden. Ein Anwendungsbereich des § 7 Abs. 2 AntiDHG erscheint neben § 7a Abs. 1 AntiDHG kaum denkbar. Aufgrund der zeitlichen Parallelität der Gesetzgebungsverfahren erscheint ein gesetzgeberisches Versehen nicht ausgeschlossen. 5

II. Anpassung der bestandsgeschützten Renten

Die bestandsgeschützten monatlichen Renten nehmen weiterhin an den jährlichen Anpassungen nach § 8 AntiDHG teil.[6] 6

§ 8 AntiDHG Anpassung

(1) [1]Die Hilfen nach § 3 Abs. 2 und § 4 ändern sich entsprechend dem Vomhundertsatz und jeweils zum gleichen Zeitpunkt, zu dem die Renten der gesetzlichen Rentenversicherung angepasst werden. [2]Dabei sind die sich ergebenden Beträge bis 0,49 Euro nach unten, ab 0,50 Euro nach oben auf volle Euro zu runden. [3]Die Änderungsbeträge werden durch das Bundesministerium für Gesundheit im Bundesanzeiger bekannt gemacht.

(2) Abweichend von Absatz 1 werden die Hilfen nach § 3 Abs. 2 und § 4 zum 1. Juli 2000 entsprechend dem Vomhundertsatz angepasst, um den sich die Renten der gesetzlichen Rentenversicherung verändern.

A. Gesetzesgeschichte

Zur Geschichte des AntiDHG insgesamt vgl. Kommentierung bei § 1 AntiDHG. Die Anpassung der Beträge der Hilfeleistungen nach § 3 Abs. 2 und 3 AntiDHG, § 4 Abs. 1 AntiDHG sowie der Regelung in § 8 Abs. 1 AntiDHG aufgrund der Währungsumstellung von Deutscher Mark auf Euro erfolgte erst durch das Gesetz zur Änderung des BVG und anderer Vorschriften des Sozialen Entschädigungsrechts mit Wirkung zum 21.12.2007.[1] 1

B. Normsystematik

Die Vorschrift regelt die jährliche Anpassung der monatlichen Hilfen nach demselben Vomhundertsatz sowie zum selben Zeitpunkt wie die Anpassung der Renten der gesetzlichen Rentenversicherung. 2

C. Einzelkommentierung

Die Regelung in § 8 Abs. 1 AntiDHG stellt einen Anpassungsverbund mit der Einkommensentwicklung der Arbeitnehmer und den Renten der gesetzlichen Rentenversi- 3

4 BGBl. 2019 I 2652, 2717 f.
5 BT-Drs. 19/13824, 270 zu Art. 48, Nr. 4, Buchst. a.
6 BT-Drs. 19/14872, 74.
1 BT-Drs. 16/6541, 16, 39.

cherung her. Die Regelung über die jährliche Anpassung der Hilfen entspricht derjenigen über die Anpassung der Entschädigungszahlungen im SGB XIV (§ 110 SGB XIV) bzw. bis 31.12.2023 derjenigen über die Anpassung der Versorgungsbezüge im BVG (§ 56 BVG).[2] § 8 Abs. 2 AntiDHG enthält eine Sonderreglung für einen bestimmten Anpassungszeitpunkt.[3]

§ 9 AntiDHG Übergang gesetzlicher Schadensersatzansprüche

(1) § 120 des Vierzehnten Buches Sozialgesetzbuch gilt mit der Maßgabe, dass der gegen Dritte bestehende gesetzliche Schadensersatzanspruch auf das nach § 11 Abs. 1 für die Durchführung dieses Gesetzes jeweils zuständige Land übergeht.

(2) Die eingezogenen Beträge führt das Land an den Bund und die in § 10 Abs. 3 genannten Länder in dem Verhältnis ab, in dem diese sich an der Kostenlast beteiligt haben.

A. Gesetzesgeschichte

1 Zur Geschichte des AntiDHG insgesamt vgl. Kommentierung bei § 1 AntiDHG. § 9 Abs. 1 AntiDHG verweist hinsichtlich des Überganges gesetzlicher Schadensersatzansprüche bis 31.12.2023 auf die insoweit maßgebliche Vorschrift des BVG. **Zum 1.1.2024** wird das SER in einem eigenen Buch des Sozialgesetzbuchs geregelt,[1] womit das BVG aufgehoben wird. Als Folge davon verweist § 9 Abs. 1 AntiDHG ab 1.1.2024 auf die entsprechende Regelung im **SGB XIV**.

B. Normsystematik

2 Die Vorschrift regelt den theoretisch denkbaren[2] Übergang gesetzlicher Schadensersatzansprüche.

C. Einzelkommentierung

3 § 9 Abs. 1 AntiDHG erklärt § 120 SGB XIV bzw. bis 31.12.2023 § 81a BVG hinsichtlich des Überganges gesetzlicher Schadensersatzansprüche für anwendbar; diese Ansprüche gehen systemgerecht auf das jeweils zuständige Land über (nicht wie im BVG auf den Bund). Der praktische Anwendungsbereich dieser Norm ist gering, da Rechtsansprüche gegen die Verantwortlichen in der ehemaligen DDR kaum noch realisierbar sein dürften.[3] § 9 Abs. 2 AntiDHG knüpft an die Regelung zur Kostentragung nach § 10 AntiDHG an.

D. Anhang

4 Gesetzestext in der aktuell (vsl. bis 31.12.2023) geltenden Fassung:

§ 9 AntiDHG Übergang gesetzlicher Schadensersatzansprüche

(1) § 81a des Bundesversorgungsgesetzes gilt mit der Maßgabe, dass der gegen Dritte bestehende gesetzliche Schadensersatzanspruch auf das nach § 11 Abs. 1 für die Durchführung dieses Gesetzes jeweils zuständige Land übergeht.

(2) Die eingezogenen Beträge führt das Land an den Bund und die in § 10 Abs. 3 genannten Länder in dem Verhältnis ab, in dem diese sich an der Kostenlast beteiligt haben.

---

2 BT-Drs. 14/2958, 10 zu § 8.
3 BT-Drs. 14/2958, 10 zu § 8.
1 BT-Drs. 19/13824, 2.
2 BT-Drs. 14/2958, 10 zu § 9.
3 BT-Drs. 14/2958, 10 zu § 9.

§ 10 AntiDHG Kostenträger

(1) Die Kosten der Einmalzahlung trägt der Bund.

(2) Die anderen durch Leistungen nach diesem Gesetz entstehenden Kosten trägt jeweils das Land, zu dessen heutigem Gebiet der Ort gehört, an dem die Anti-D-Immunprophylaxe durchgeführt wurde.

(3) [1]Den in Absatz 2 bezeichneten Ländern werden für Leistungen nach § 3 Absatz 2 in Verbindung mit Absatz 1 sowie in Verbindung mit § 7a, §§ 4 und 13 Abs. 1 und Abs. 2 vom Bund 50 vom Hundert und von den Ländern Baden-Württemberg, Bayern, Bremen, Hamburg, Hessen, Niedersachsen, Nordrhein-Westfalen, Rheinland-Pfalz, Saarland und Schleswig-Holstein 12,4 vom Hundert der entstandenen Kosten erstattet. [2]Das Anteilsverhältnis unter den zur Erstattung verpflichteten Ländern wird zu zwei Dritteln nach dem Verhältnis ihrer Steuereinnahmen und zu einem Drittel nach dem Verhältnis ihrer Bevölkerungszahl bestimmt.

A. Gesetzesgeschichte

Zur Geschichte des AntiDHG insgesamt vgl. Kommentierung bei § 1 AntiDHG. 1
Infolge von Besitzstandsregelungen, die mit Art. 48 Nr. 9 G-SER vom 12.12.2019[1] und Art. 2d Nr. 2 des Gesetzes über die Ausbildung zur Anästhesietechnischen Assistentin und zum Anästhesietechnischen Assistenten und über die Ausbildung zur Operationstechnischen Assistentin und zum Operationstechnischen Assistenten vom 14.12.2019[2] eingefügt worden sind, wurde auch der Wortlaut des § 10 AntiDHG jeweils angepasst.[3]

B. Normsystematik und Einzelkommentierung

Die Vorschrift regelt die Verteilung der Kostentragung für die Leistungen nach dem 2
AntiDHG zwischen Bund und den nach § 11 Abs. 1 S. 1 AntiDHG zuständigen Ländern (§ 10 Abs. 1 und 2 AntiDHG) sowie die Erstattung der Kosten durch den Bund sowie die übrigen Länder zugunsten der zuständigen Länder (§ 10 Abs. 3 AntiDHG).[4]

C. Anhang

Gesetzestext in der aktuell (vsl. bis 31.12.2023) geltenden Fassung: 3

§ 10 AntiDHG Kostenträger

(1) Die Kosten der Einmalzahlung trägt der Bund.

(2) Die anderen durch Leistungen nach diesem Gesetz entstehenden Kosten trägt jeweils das Land, zu dessen heutigem Gebiet der Ort gehört, an dem die Anti-D-Immunprophylaxe durchgeführt wurde.

(3) [1]Den in Absatz 2 bezeichneten Ländern werden für Leistungen nach § 3 Absatz 2 in Verbindung mit Absatz 1 sowie in Verbindung mit § 7a, §§ 4 und 13 Abs. 1 vom Bund 50 vom Hundert und von den Ländern Baden-Württemberg, Bayern, Bremen, Hamburg, Hessen, Niedersachsen, Nordrhein-Westfalen, Rheinland-Pfalz, Saarland und Schleswig-Holstein 12,4 vom Hundert der entstandenen Kosten erstattet. [2]Das Anteilsverhältnis unter den zur Erstattung verpflichteten Ländern wird zu zwei Dritteln nach dem Verhältnis ihrer Steuereinnahmen und zu einem Drittel nach dem Verhältnis ihrer Bevölkerungszahl bestimmt.

1 BGBl. 2019 I 2652.
2 BGBl. 2019 I 2768, 2787.
3 BT-Drs. 19/13824, 271 zu Art. 48, Nr. 6 sowie BT-Drs. 19/14872, 74 zu Nr. 3.
4 BT-Drs. 14/2958, 10 zu § 10.

§ 11 AntiDHG Zuständigkeit, Verfahren

(1) [1]Die Gewährung von Leistungen nach diesem Gesetz obliegt den für die Durchführung des Vierzehnten Buches Sozialgesetzbuch zuständigen Behörden des Landes, zu dessen heutigem Gebiet der Ort gehört, an dem die Anti-D-Immunprophylaxe durchgeführt wurde. [2]Die örtliche Zuständigkeit der Behörden bestimmt sich nach den für den Vollzug des Infektionsschutzgesetzes geltenden landesrechtlichen Regelungen.

(2) [1]Das Erste und Zehnte Buch Sozialgesetzbuch sowie die Vorschriften des Sozialgerichtsgesetzes über das Vorverfahren sind anzuwenden. [2]Die §§ 117, 118 und 119 Absatz 2 des Vierzehnten Buches Sozialgesetzbuch gelten entsprechend.

A. Gesetzesgeschichte

1 Zur Geschichte des AntiDHG insgesamt vgl. Kommentierung bei § 1 AntiDHG. Durch das Gesetz zur Änderung des BVG und anderer Vorschriften des Sozialen Entschädigungsrechts vom 13.12.2007[1] wurde mit Wirkung zum 21.12.2007 das Wort BSeuchG durch das Wort Infektionsschutzgesetz ersetzt. **Zum 1.1.2024** wird das SER in einem eigenen Buch des Sozialgesetzbuchs geregelt,[2] womit das BVG und das KOVVfG aufgehoben werden. Als Folge davon waren die Verweise in § 11 AntiDHG ab 1.1.2024 entsprechend anzupassen.[3]

B. Normsystematik und Einzelkommentierung

2 Hinsichtlich Zuständigkeit und Verfahren knüpfte das AntiDHG an die bis zum 31.12.1999 geltende **Rechtslage nach dem BSeuchG iVm dem BVG** an. Das AntiDHG sollte durch dieselben Stellen und nach denselben verfahrensrechtlichen Regelungen durchgeführt werden.[4] Anwendung finden grds. KOVVfG, SGB I und SGB X sowie die Vorschriften des SGG über das Vorverfahren.

3 Wenn **zum 1.1.2024** das BVG und das KOVVfG aufgehoben und die §§ 12, 13 und 15 KOVVfG in das SGB XIV überführt werden, verweist § 11 Abs. 2 AntiDHG hinsichtlich des Verfahrens auf die insoweit einschlägigen Regelungen im SGB XIV.[5] Zur sachlichen Zuständigkeit nach dem SGB XIV vgl. § 112 SGB XIV iVm Landesrecht.

C. Anhang

4 Gesetzestext in der aktuell (vsl. bis 31.12.2023) geltenden Fassung:

§ 11 AntiDHG Zuständigkeit, Verfahren

(1) [1]Die Gewährung von Leistungen nach diesem Gesetz obliegt den für die Durchführung des Bundesversorgungsgesetzes zuständigen Behörden des Landes, zu dessen heutigem Gebiet der Ort gehört, an dem die Anti-D-Immunprophylaxe durchgeführt wurde. [2]Die örtliche Zuständigkeit der Behörden bestimmt sich nach den für den Vollzug des Infektionsschutzgesetzes geltenden landesrechtlichen Regelungen.

(2) Das Gesetz über das Verwaltungsverfahren der Kriegsopferversorgung, mit Ausnahme der §§ 3 und 4, das Erste und Zehnte Buch Sozialgesetzbuch sowie die Vorschriften des Sozialgerichtsgesetzes über das Vorverfahren sind anzuwenden.

---

1 BGBl. 2007 I 2904, 2915.
2 BT-Drs. 19/13824, 2.
3 BT-Drs. 19/13824, 271 zu Art. 48, Nr. 7.
4 BT-Drs. 14/2958, 10 f. zu § 11.
5 BT-Drs. 19/13824, 271 zu Art. 48, Nr. 7.

§ 12 AntiDHG Rechtsweg

Für öffentlich-rechtliche Streitigkeiten in Angelegenheiten dieses Gesetzes ist der Rechtsweg zu den Gerichten der Sozialgerichtsbarkeit gegeben.

A. Gesetzesgeschichte

Zur Geschichte des AntiDHG insgesamt vgl. Kommentierung bei § 1 AntiDHG. Zum 1.1.2024 wird das SER in einem eigenen Buch des Sozialgesetzbuchs geregelt,[1] womit das BVG sowie die Trennung zwischen den bisherigen Rechtsbereichen der Kriegsopferversorgung und der Kriegsopferfürsorge aufgehoben[2] werden. Als Folge davon wird § 12 S. 2 AntiDHG mit Wirkung ab 1.1.2024 aufgehoben. 1

B. Normsystematik und Einzelkommentierung

Der Rechtsweg zu den Sozialgerichten ist in Angelegenheiten des AntiDHG eröffnet. Bis 31.12.2023 finden die besonderen Vorschriften des SGG für die Kriegsopferversorgung Anwendung (§ 12 S. 2 AntiDHG). Diese besonderen Vorschriften entfallen ab 1.1.2024 ebenso wie § 12 S. 2 AntiDHG. Die einheitliche Rechtswegzuweisung für sämtliche Streitigkeiten in Angelegenheiten des SER zu den Gerichten der Sozialgerichtsbarkeit ist Folge der Aufhebung der Trennung zwischen den bisherigen Rechtsbereichen der Kriegsopferversorgung und der Kriegsopferfürsorge.[3] Die Vorschrift war infolgedessen entsprechend anzupassen.[4] 2

C. Anhang

Gesetzestext in der aktuell (vsl. bis 31.12.2023) geltenden Fassung: 3

§ 12 AntiDHG Rechtsweg

[1]Für öffentlich-rechtliche Streitigkeiten in Angelegenheiten dieses Gesetzes ist der Rechtsweg zu den Gerichten der Sozialgerichtsbarkeit gegeben. [2]Soweit das Sozialgerichtsgesetz besondere Vorschriften für die Kriegsopferversorgung enthält, gelten diese auch für die Streitigkeiten nach Satz 1.

§ 13 AntiDHG Übergangsvorschriften

(1) Solange die Hilfen nach § 3 Abs. 2 und § 4 nicht die Höhe der beim Inkrafttreten dieses Gesetzes nach dem Bundes-Seuchengesetz gezahlten Leistungen erreichen, wird der jeweilige Differenzbetrag als Besitzstand weiter gezahlt.

(2) Abweichend von § 2 wird die Heil- und Krankenbehandlung ab dem 1. Januar 2024 nach § 143 des Vierzehnten Buches Sozialgesetzbuch erbracht.

(3) [1]Soweit Ansprüche auf Hilfen nach diesem Gesetz bestehen, ist Anlage I Kapitel X Sachgebiet D Abschnitt III Nummer 3 Buchstabe c des Einigungsvertrages nicht mehr anzuwenden. [2]Nach dem Bundes-Seuchengesetz festgestellte Ansprüche erlöschen, soweit sie auf einem Tatbestand des § 1 dieses Gesetzes beruhen. [3]Die bis zum Inkrafttreten dieses Gesetzes geleisteten Zahlungen nach dem Bundes-Seuchengesetz werden, soweit sie auf einem Tatbestand des § 1 beruhen, jedoch so lange weiter gewährt, bis über Ansprüche nach § 3 Abs. 2 in Verbindung mit Abs. 1 und § 4 entschieden wurde; sie sind auf Zahlungen nach § 3 Abs. 2 in Verbindung mit Abs. 1 und § 4 für denselben Zeitraum anzurechnen. [4]Dies gilt entsprechend für bisher gewährte Heil- und Krankenbehandlung.

---

1 BT-Drs. 19/13824, 2.
2 BT-Drs. 19/13824, 245 zu Art. 16, Nr. 11.
3 BT-Drs. 19/13824, 245 zu Art. 16, Nr. 11.
4 BT-Drs. 19/13824, 271 zu Art. 48, Nr. 8.

A. Gesetzesgeschichte

1 Zur Geschichte des AntiDHG insgesamt vgl. Kommentierung bei § 1 AntiDHG. **Zum 1.1.2024** wird das SER in einem eigenen Buch des Sozialgesetzbuchs geregelt.[1] Zwar bleibt das AntiDHG weiterhin in Kraft, ein neu eingefügter § 13 Abs. 2 AntiDHG sieht jedoch eine Besitzstandsregelung im Hinblick auf die Heil- und Krankenbehandlung vor.

B. Normsystematik

2 Die Vorschrift enthält seit ihrem Inkrafttreten am 1.1.2000 in § 13 Abs. 1 AntiDHG eine **Bestandsschutzregelung** für diejenigen Berechtigten und Hinterbliebenen, denen nach der bis 31.12.1999 geltenden Rechtslage nach dem BSeuchG iVm dem BVG eine höhere monatliche Leistung zugestanden hatte. § 13 Abs. 3 AntiDHG (bzw. bis 31.12.2023 § 13 Abs. 2 AntiDHG) regelt den **Übergangzeitraum** von den Leistungen nach dem BSeuchG iVm dem BVG auf das AntiDHG.[2] Der ab 1.1.2014 neu eingefügte § 13 Abs. 2 AntiDHG beinhaltet eine Besitzstandsregelung im Hinblick auf die Heil- und Krankenbehandlung.[3]

C. Einzelkommentierung

I. Bestandsschutzregelung nach § 13 Abs. 1 AntiDHG

3 § 13 Abs. 1 AntiDHG regelt den **Besitzstand** für die (seltenen) Fälle, in denen Berechtigten oder Hinterbliebenen bei Inkrafttreten des AntiDHG am 1.1.2000 **nach** der zuvor geltenden **Rechtslage unter Anwendung des BSeuchG iVm dem BVG** Geldleistungen zugestanden haben, die höher waren als die Hilfen nach § 3 Abs. 2 AntiDHG bzw. § 4 AntiDHG. Der Gesetzgeber ging davon aus, dass dies solche Einzelfälle betreffen konnte, bei denen nach bisherigem Recht ein Berufsschadensausgleich anerkannt war. Eine Verschlechterung sollte vermieden werden. Ein Abschmelzen des gewährten Differenzbetrages bei Erhöhung der monatlichen Rente an Berechtigte bzw. der Hilfen für Hinterbliebene sollte jedoch erfolgen.[4]

II. Übergangsregelung nach § 13 Abs. 3 AntiDHG (bzw. bis 31.12.2023 § 13 Abs. 2 AntiDHG)

4 Ziel des AntiDHG war es, die zuvor geltende Entschädigungsregelung abzulösen. Deshalb ist für diese Fälle die bezeichnete Maßgabe des EinigVtr nicht mehr anzuwenden und Ansprüche nach dem BSeuchG erlöschen, wenn sie auf einem Tatbestand des § 1 AntiDHG beruhen (§ 13 Abs. 3 S. 1 und 2 AntiDHG). Die bis zum Inkrafttreten des AntiDHG geleisteten **Zahlungen nach dem BSeuchG** sollten jedoch in der **Übergangzeit** bis zu einer Entscheidung nach dem AntiDHG in gleicher Höhe weitergezahlt werden, um Zahlungsunterbrechungen zu vermeiden. Um Doppelzahlungen zu vermeiden, war eine Anrechnung der monatlichen Renten an Berechtigte und der Hilfe für Hinterbliebene nach dem AntiDHG vorgesehen. Entsprechendes galt für die bisher gewährte Heil- und Krankenbehandlung.[5]

III. Besitzstandsschutz nach § 13 Abs. 2 AntiDHG (neu)

5 Mit der Einfügung eines neuen § 13 Abs. 2 AntiDHG zum 1.1.2024 wird der **Besitzstand** im Hinblick auf die **Heil- und Krankenbehandlung nach § 143 SGB XIV** gere-

1 BT-Drs. 19/13824, 2.
2 BT-Drs. 14/2958, 11 zu § 13.
3 BT-Drs. 19/13824, 271 zu Art. 48, Nr. 9, Buchst. a.
4 BT-Drs. 14/2958, 11 zu § 13.
5 BT-Drs. 14/2958, 11 zu § 13 und BT-Drs. 14/3538, 12 zu § 13 Abs. 2.

gelt.[6] Danach erhalten die Berechtigten nach § 1 Abs. 1 S. 1 AntiDHG, deren Anspruch auf Leistungen der Heil- und Krankenbehandlung nach § 2 AntiDHG iVm §§ 10 bis 24a BVG bereits bestandskräftig festgestellt worden war, ab 1.1.2024 grundsätzlich Leistungen der Krankenbehandlung nach Kap. 5 des SGB XIV (§§ 41 ff. SGB XIV). Dies führt regelmäßig nicht zu einer Schlechterstellung gegenüber der bisherigen Rechtsposition, da der Leistungskatalog der Heilbehandlung nach dem BVG im Wesentlichen mit dem der Krankenbehandlung nach Kap. 5 des SGB XIV übereinstimmt.[7] Die bloße Erwartung, bestimmte Leistungen in der Zukunft in Anspruch nehmen zu können, soll nach der Intention des Gesetzgebers nicht dem Besitzstandsschutz unterfallen.[8] Nach § 143 Abs. 2 SGB XIV besteht jedoch ein Anspruch auf einzelne Leistungen der Heilbehandlung in dem nach § 2 AntiDHG iVm §§ 10 bis 24a BVG bewilligten Umfang, wenn die konkrete Leistung bis zum 31.12.2023 bestandskräftig festgestellt oder zumindest beantragt worden ist; dies kann zB relevant sein für eine bereits bewilligte Badekur.[9]

D. Anhang

Gesetzestext in der aktuell (vsl. bis 31.12.2023) geltenden Fassung: 6

§ 13 AntiDHG Übergangsvorschriften

(1) Solange die Hilfen nach § 3 Abs. 2 und § 4 nicht die Höhe der beim Inkrafttreten dieses Gesetzes nach dem Bundes-Seuchengesetz gezahlten Leistungen erreichen, wird der jeweilige Differenzbetrag als Besitzstand weiter gezahlt.

(2) [1]Soweit Ansprüche auf Hilfen nach diesem Gesetz bestehen, ist Anlage I Kapitel X Sachgebiet D Abschnitt III Nummer 3 Buchstabe c des Einigungsvertrages nicht mehr anzuwenden. [2]Nach dem Bundes-Seuchengesetz festgestellte Ansprüche erlöschen, soweit sie auf einem Tatbestand des § 1 dieses Gesetzes beruhen. [3]Die bis zum Inkrafttreten dieses Gesetzes geleisteten Zahlungen nach dem Bundes-Seuchengesetz werden, soweit sie auf einem Tatbestand des § 1 beruhen, jedoch so lange weiter gewährt, bis über Ansprüche nach § 3 Abs. 2 in Verbindung mit Abs. 1 und § 4 entschieden wurde; sie sind auf Zahlungen nach § 3 Abs. 2 in Verbindung mit Abs. 1 und § 4 für denselben Zeitraum anzurechnen. [4]Dies gilt entsprechend für bisher gewährte Heil- und Krankenbehandlung.

6 BT-Drs. 19/13824, 271 zu Art. 48, Nr. 9, Buchst. a.
7 Vgl. BT-Drs. 19/13824, 228 zu § 143.
8 Vgl. BT-Drs. 19/13824, 227 zu Kap. 23, Abschn. 1, § 142.
9 Vgl. BT-Drs. 19/13824, 228 zu § 143.

Gesetz über Hilfsmaßnahmen für Personen, die aus politischen Gründen außerhalb der Bundesrepublik Deutschland in Gewahrsam genommen wurden (Häftlingshilfegesetz – HHG)

In der Fassung der Bekanntmachung vom 2. Juni 1993[1] (BGBl. I 838)
(FNA 242-1)
zuletzt geändert durch Art. 9 G zur Regelung des Sozialen Entschädigungsrechts vom 12. Dezember 2019 (BGBl. I 2652)

§ 4 HHG Leistungen der Sozialen Entschädigung bei gesundheitlicher Schädigung

(1) [1]Ein nach § 1 Absatz 1 Nummer 1 Berechtigter, der infolge des Gewahrsams eine gesundheitliche Schädigung erlitten hat, erhält wegen der gesundheitlichen und wirtschaftlichen Folgen dieser Schädigung auf Antrag Leistungen der Sozialen Entschädigung in entsprechender Anwendung der Vorschriften des Vierzehnten Buches Sozialgesetzbuch. [2]Dies gilt nicht, soweit ihm wegen desselben schädigenden Ereignisses bereits folgende Leistungen zustehen:

1. **Versorgung aufgrund des Bundesversorgungsgesetzes,**
2. **Versorgung aufgrund eines Gesetzes, das das Bundesversorgungsgesetz für entsprechend anwendbar erklärt,**
3. **Leistungen der Sozialen Entschädigung nach dem Vierzehnten Buch Sozialgesetzbuch oder**
4. **Leistungen der Sozialen Entschädigung in entsprechender Anwendung des Vierzehnten Buches Sozialgesetzbuch.**

(2) Einer Schädigung im Sinne des Absatzes 1 steht eine gesundheitliche Schädigung gleich, die durch einen Unfall unter den Voraussetzungen des § 4 Absatz 2 Nummer 1 des Vierzehnten Buches Sozialgesetzbuch herbeigeführt worden ist.

(3) Wer als Berechtigter oder Leistungsempfänger nach Absatz 1 oder § 5, als Pflegeperson oder als Begleitperson bei einer notwendigen Begleitung einer geschädigten Person durch einen Unfall unter den Voraussetzungen des § 4 Absatz 2 Nummer 2 des Vierzehnten Buches Sozialgesetzbuch eine gesundheitliche Schädigung erleidet, erhält Leistungen der Sozialen Entschädigung nach Absatz 1.

(4) Einer gesundheitlichen Schädigung im Sinne der Absätze 1 bis 3 steht die Beschädigung eines am Körper getragenen Hilfsmittels, einer Brille, von Kontaktlinsen oder von Zahnersatz gleich.

(5) [1]Zur Anerkennung einer Gesundheitsstörung als Folge einer Schädigung genügt die Wahrscheinlichkeit des ursächlichen Zusammenhanges. [2]Sie ist gegeben, wenn nach dem aktuellen Stand der medizinischen Wissenschaft mehr für als gegen einen ursächlichen Zusammenhang spricht.

(6) Bei psychischen Gesundheitsstörungen wird die Wahrscheinlichkeit des ursächlichen Zusammenhangs im Einzelfall vermutet, wenn diejenigen medizinischen Tatsachen vorliegen, die nach den Erfahrungen der medizinischen Wissenschaft geeignet sind, einen Ursachenzusammenhang zwischen einem nach Art und Schwere geeigneten schädigenden Ereignis und der gesundheitlichen Schädigung und der Schädigungsfolge zu begründen, und diese Vermutung nicht durch einen anderen Kausalverlauf widerlegt wird.

---

1 Neubekanntmachung des HHG v. 4.2.1987 (BGBl. I 512) in der ab 1.1.1993 geltenden Fassung.

(7) [1]Wenn die zur Anerkennung einer Gesundheitsstörung als Schädigungsfolge erforderliche Wahrscheinlichkeit nur deshalb nicht gegeben ist, weil über die Ursache der Gesundheitsstörung in der medizinischen Wissenschaft Ungewissheit besteht, kann mit Zustimmung des Bundesministeriums für Arbeit und Soziales die Gesundheitsstörung als Schädigungsfolge anerkannt werden. [2]Die Zustimmung kann allgemein erteilt werden.

A. Gesetzesgeschichte

1 Das HHG ist am 10.8.1955 in Kraft getreten.[1] Erfasst werden sollten insbes. Personen, die deshalb in Gewahrsam genommen wurden, weil sie geeignet erschienen, die Errichtung und Sicherung kommunistischer Herrschaftssysteme in der ehemaligen DDR oder den Staaten Osteuropas einschließlich der ehemaligen Sowjetunion zu hindern oder zu stören. Das HHG begünstigt nicht Deutsche schlechthin, sondern nur die Gruppe der politischen Häftlinge, mithin diejenigen, die ein **Sonderschicksal** erlitten haben.[2] Es bezweckt die Wiedergutmachung früheren Unrechts, das **von einer anderen Staatsgewalt zu verantworten** ist. Bei der Regelung eines derartigen Sachverhalts hat der Gesetzgeber einen besonders weiten auch finanziellen Gestaltungsspielraum.[3]

2 Das Gesetz wurde nach Herstellung der deutschen Einheit und in Anbetracht der weitreichenden politischen Veränderungen in den Aussiedlungsgebieten zum 1.1.1993

1 Vgl. BT-Drs. II/1450, 5 ff.; zu nachfolgenden Änderungen vgl. BT-Drs. III/1111 und BT-Drs. V/2877 (Entwurf eines Zweiten bzw. Dritten Gesetzes zur Änderung und Ergänzung des Häftlingshilfegesetzes).

2 BVerwG Urt. v. 30.5.1978 – VIII C 58.77, Buchholz 412.6 § 1 HHG Nr. 21.

3 Vgl. BVerfG Beschl. v. 27.4.2000 – 2 BvR 1922/94, NJW 2000, 2418.

im Leistungsumfang angepasst und neu gefasst.[4] Mit dem EinigVtr ist das HHG in leicht geänderter Fassung[5] und mit bestimmten Maßgaben[6] auf das **Beitrittsgebiet** übergeleitet worden. Das Gesetz sollte insbes. weiterhin Geltung haben für ehemalige politische Häftlinge, die im Beitrittsgebiet in Gewahrsam genommen worden waren und ihren gewöhnlichen Aufenthalt nach der Entlassung dort beibehalten oder genommen haben.[7] Seither ist der Inhalt der hier kommentierten Vorschriften des HHG im Wesentlichen unverändert geblieben.

3 **Zum 1.1.2024** wird das SER in einem eigenen Buch des Sozialgesetzbuchs (SGB XIV) geregelt.[8] Bis 31.12.2023 nimmt das HHG hinsichtlich des Anspruches auf Versorgung umfassend Bezug auf das BVG, welches jedoch zum 1.1.2024 aufgehoben wird. Es kann daher bedauert werden, dass das HHG (entgegen der in § 68 Nr. 7e SGB I in der bis 31.12.2023 geltenden Fassung angelegten Vorstellung des Gesetzgebers) nicht ebenfalls in das Sozialgesetzbuch eingeordnet worden ist.[9] Im Ergebnis ergeben sich für das HHG Folgeänderungen und sprachliche Anpassungen. Denn das HHG nimmt ab 1.1.2024 anstelle der Vorschriften des BVG auf diejenigen des SGB XIV Bezug.[10] Als Grund für die fehlende Einordnung des HHG in das SGB XIV kann angenommen werden, dass sich das SGB XIV auf solche schädigenden Ereignisse bezieht, für die die staatliche Gemeinschaft eine besondere Verantwortung trägt (vgl. § 1 Abs. 1 SGB XIV), weil sie den Eintritt einer gesundheitlichen Schädigung trotz ihrer „Garantenstellung" nicht verhindern konnte.[11] Eine dementsprechend unmittelbare Verantwortung kommt dem deutschen Staat jedoch bei den Leistungsberechtigten nach dem HHG nicht zu.

B. Normsystematik

I. Allgemeiner Regelungsgehalt und systematische Einordnung

4 Das HHG ist mit seinen §§ 4 und 5 HHG Teil des SER und gilt auch weiterhin als **besonderer Teil des Sozialgesetzbuches** (§ 68 Nr. 7c SGB I in der ab 1.1.2024 geltenden Fassung). Der leistungsberechtigte Personenkreis ergibt sich aus den §§ 1 bis 3 HHG, §§ 4 bis 6 HHG regeln ab 1.1.2024 iVm dem SGB XIV die Ansprüche auf Leistungen der Sozialen Entschädigung bzw. bis 31.12.2023 iVm dem BVG die Ansprüche auf Versorgung und das Zusammentreffen von Ansprüchen, §§ 9a bis 9c sehen Eingliederungshilfen vor, beide Leistungen werden ergänzt um einen Härteausgleich nach § 12 HHG. § 10 HHG enthält Verfahrensvorschriften. Die Leistungen nach dem HHG werden auf **Antrag** gewährt.

5 § 4 HHG beinhaltet iVm dem SGB XIV ab 1.1.2024 die **Rechtsgrundlage** für den Anspruch auf **Leistungen** der Sozialen Entschädigung **bei gesundheitlicher Schädigung**; dem entspricht bis 31.12.2023 der Anspruch auf Versorgung nach § 4 HHG iVm dem BVG. In ihrer Formulierung entspricht die Vorschrift § 4 Abs. 1 S. 1 SGB XIV bzw. § 1 Abs. 1 BVG; die dortigen Auslegungsgrundsätze können herangezo-

---

4 BGBl. 1993 I 838; zu den Gesetzesmaterialien vgl. insbes. auch: BT-Drs. 12/1254, 4 und 8 f. (Entwurf eines Gesetzes zur Aufhebung des Heimkehrergesetzes und zur Änderung anderer Vorschriften), BT-Drs. 12/1608, 11 und 31 (Erstes SED-Unrechtsbereinigungsgesetz – 1. SED-UnBerG) und BT-Drs. 12/3212, 14, 21 f. und 32 ff. (Kriegsfolgenbereinigungsgesetz – KfbG).

5 Vgl. Anlage I Kapitel II Sachgebiet D Abschnitt II Nr. 2 EinigVtr.

6 Vgl. Anlage I Kapitel II Sachgebiet D Abschnitt III Nr. 3 EinigVtr: Danach sind die Maßgaben nach Anlage I Kapitel VIII Sachgebiet K Abschnitt III EinigVtr zu beachten.

7 Vgl. BT-Drs. 12/3212, 21 f., 32 f. zu Art. 6 Nr. 3 Buchst. a.

8 BT-Drs. 19/13824, 2.

9 Ausschussdrucksache 19(11)503 Stellungnahme S. Knickrehm Nr. I) 5.

10 BT-Drs. 19/13824, 89 f., 236 ff.

11 Knickrehm/Mushoff/Schmidt Neues SozEntschR Rn. 16.

gen werden. Inhalt und Umfang der Leistungen der Sozialen Entschädigung richten sich nach dem SGB XIV (vgl. zB § 3 SGB XIV) bzw. für die Versorgung nach dem BVG (vgl. zB § 9 BVG). Es handelt sich um eine Rechtsfolgenverweisung. Dadurch erfolgt eine Gleichstellung mit den nach dem SGB XIV bzw. dem BVG anspruchsberechtigten Personen.

Auf Opfer politischer Verfolgung in der ehemaligen DDR finden neben dem HHG ua auch das StrRehaG,[12] das VwRehaG und das BerRehaG Anwendung. 6

II. Normzweck

Wesentliches Element der Leistungen nach dem HHG ist die **Beschädigtenversorgung** nach § 4 HHG, die in entsprechender Anwendung der Vorschriften des BVG bzw. ab 1.1.2024 der Vorschriften des SGB XIV gewährt wird. Anders jedoch als im Falle der Leistungen nach dem BVG bzw. dem SGB XIV liegt dem Versorgungsanspruch nach dem HHG ein Sachverhalt zugrunde, der weder dem Einfluss- noch dem unmittelbaren Verantwortungsbereich der Bundesrepublik Deutschland zugerechnet werden kann.[13] Eine mittelbare Verantwortung besteht dadurch, dass angenommen werden kann, dass die politische Entwicklung in Europa in der Zeit nach dem Zweiten Weltkrieg ohne das vorhergehende Kriegsgeschehen einen anderen Verlauf genommen hätte und es in der sowjetischen Besatzungszone nicht zu politisch motivierten Verurteilungen und Verhaftungen gekommen wäre. Nach der Rspr. des BSG kommt den Leistungen nach dem HHG **Fürsorgecharakter** zu. Die Leistung beruht nicht auf dem Aufopferungsgedanken.[14] Der Gesetzgeber wollte ua unter gesamtdeutschen Aspekten dem Fehlen der Grundsätze eines demokratischen Rechtsstaates und den zahlreichen Verhaftungen aus politischen Gründen Rechnung tragen. Vor diesem Hintergrund ist der **persönlich, zeitlich und örtlich eng umgrenzte Schutzbereich des Gesetzes** (vgl. §§ 1, 2 HHG) zu verstehen, der durch das BSG zu Recht keine erweiternde Auslegung erfahren hat. Erweiterungen des Personenkreises sind nur durch eine auf § 3 HHG beruhende Rechtsverordnung möglich. Ein Eigentumsschutz nach Art. 14 GG ist nach der Rspr. des BSG zu verneinen.[15] 7

C. Einzelkommentierung

I. Berechtigte nach § 1 Abs. 1 Nr. 1 HHG (§ 4 Abs. 1 S. 1 HHG)

Geschädigte müssen in ihrer Person die **Voraussetzungen** für eine Leistungsberechtigung nach § 1 Abs. 1 Nr. 1 HHG erfüllen oder dem erweiterten Personenkreis nach § 3 HHG angehören. Ausschließungsgründe nach § 2 HHG dürfen nicht vorliegen.[16] Der Nachweis ist durch eine Bescheinigung iSd § 10 Abs. 4 HHG zu erbringen (→ § 10 Rn. 4 ff.). 8

---

12 Zum Verhältnis der Anspruchsgrundlagen nach § 4 HHG und StrRehaG vgl. LSG BW Urt. v. 23.2.2012 – L 6 VU 6118/09, juris Rn. 32 und Urt. v. 12.1.2017 – L 6 VH 2746/15, juris Rn. 41 ff. mwN; LSG Bln-Bbg Urt. v. 28.1.2016 – L 11 VU 37/14, juris Rn. 31.

13 Vgl. BSG Urt. v. 12.2.1992 – 8 RKn 12/90, SozR 3-2200 § 1259 Nr. 10.

14 BSG Urt. v. 27.3.1974 – 10 RV 11/73, BSGE 37, 206; BSG Urt. v. 30.8.1979 – 4 RJ 119/78, BSGE 49, 13; BSG Urt. v. 23.4.1981 – 1 RA 87/79, BSGE 51, 275.

15 Vgl. BSG Urt. v. 13.3.1985 – 9a RVh 1/84, SozR 7190 § 1 Nr. 4; BSG Urt. v. 23.4.1981 – 1 RA 87/79, BSGE 51, 275; BSG Urt. v. 27.3.1974 – 10 RV 11/73, BSGE 37, 206; BT-Drs. 2/1450, 5 ff.

16 Vgl. BT-Drs. 2/1450, 8; den Ausschließungsgründen gemeinsam ist der Gedanke, dass es unbillig wäre, Personen Leistungen für erlittenes politisches Unrecht zu gewähren, die selbst nicht unerhebliches Unrecht begangen bzw. sogar an einem System politischer Unterdrückung mitgewirkt haben. Die Regelung knüpft an vergleichbare Regelungen in anderen Gesetzen an, zB § 3 Abs. 2 BVFG.

9 **Schutzgut** des HHG ist die durch den Gewahrsam beeinträchtigte **persönliche Freiheit** der Berechtigten (vgl. § 1 Abs. 1 Nr. 1 HHG). Dabei ist der **Schutzbereich** eingegrenzt auf die **aus politischen Gründen** außerhalb der Bundesrepublik Deutschland in **Gewahrsam** genommenen Personen (§ 1 Abs. 5 HHG). Andere Maßnahmen der politischen Verfolgung, Unterdrückung und Diskriminierung sind nicht gleichgestellt.[17]

10 **1. Leistungsberechtigte Personen (§ 1 Abs. 1 HHG).** In den persönlichen Schutzbereich des Gesetzes sind einbezogen **deutsche Staatsangehörige und deutsche Volkszugehörige.** Zur Auslegung des letztgenannten Begriffes kann auf die Definition in § 6 BVFG zurückgegriffen werden.[18] Dieser Status muss nicht nur in dem Zeitpunkt vorliegen, in dem Leistungen beantragt werden, sondern auch im Zeitpunkt des Beginns des Gewahrsams.[19] Nach Auffassung des BSG ist der **Ausschluss ausländischer Staatsangehöriger** verfassungsrechtlich nicht zu beanstanden.[20]

11 **2. Gewahrsam (§ 1 Abs. 1 Nr. 1, Abs. 5 und Abs. 6 HHG).** Der **Begriff des Gewahrsams** ist in § 1 Abs. 5 S. 1 HHG legaldefiniert. Nach § 1 Abs. 5 S. 2 HHG gilt als Gewahrsam auch die sog. Verschleppung.[21] Der Gewahrsam iSd § 1 Abs. 5 S. 2 HHG wird auch als sog. **Anschlussgewahrsam** bezeichnet; er setzt voraus, dass zuvor ein Gewahrsam iSd § 1 Abs. 5 S. 1 HHG bestanden hat und dass bei den Betroffenen ein Rückkehrwille besteht.[22] Damit ist das Tatbestandsmerkmal des Gewahrsams durch das Gesetz abschließend und eng umschrieben. Ergänzungen sind nur möglich durch die nach § 3 HHG erlassene Rechtsverordnung. Eine Unterbringung iSd § 1 Abs. 6 HHG stellt keinen Gewahrsam dar.[23]

12 **3. Politische Gründe (§ 1 Abs. 1 Nr. 1 HHG).** Die Person muss aus bestimmten Gründen in Gewahrsam genommen worden sein. § 1 Abs. 1 Nr. 1 HHG spricht von **politischen Gründen,** die die Person nach freiheitlich-demokratischer Auffassung nicht zu vertreten hat. Was politische Gründe sind, definiert das Gesetz nicht näher. Nach der Gesetzesbegründung sollte eine Abgrenzung gegenüber einer Haft aus kriminellen Gründen einerseits sowie einer kriegsursächlichen Internierung andererseits erfolgen.[24]

---

17 BSG Urt. v. 15.7.2004 – B 9 V 6/03 R, BSGE 93, 131 mwN; BSG Urt. v. 13.3.1985 – 9a RVh 1/84, SozR 7190 § 1 Nr. 4.

18 BSG Urt. v. 27.9.2018 – B 9 V 2/17 R, BSGE 127, 1 mwN.

19 BVerwG Urt. v. 30.5.1978 – VIII C 58.77, Buchholz 412.6 § 1 HHG Nr. 21.

20 BSG Urt. v. 23.4.1981 – 1 RA 87/79, BSGE 51, 275 gestützt auf die damals geltende EWG-VO 1408/71; diese wurde zum 1.5.2010 abgelöst durch die EG-VO 883/2004 iVm der Durchführungsverordnung EG-VO 987/2009; da Art. 3 Abs. 5 EG-VO 883/2004 hinsichtlich der Nichtanwendung der Regelung auf Leistungssysteme für Opfer des Krieges und seiner Folgen Art. 4 Abs. 4 EWG-VO 1408/71 entspricht, hat die Entscheidung im Ergebnis weiterhin Bestand.

21 Vgl. BSG Urt. v. 25.2.1992 – 5 RJ 34/91, SozR 3-2200 § 1252 Nr. 2; vgl. zum Begriff der Internierung iSd § 1 Abs. 2 lit. c BVG auch: BSG Urt. v. 27.9.2018 – B 9 V 2/17 R, BSGE 127, 1 = juris Rn. 23 ff. und 31 mwN; BSG Urt. v. 12.9.2019 – B 9 V 4/18 R, SozR 4-3100 § 1 Nr. 5 Rn. 20 mwN.

22 BSG Urt. v. 12.9.2019 – B 9 V 2/18 R, BSGE 129, 87 = juris Rn. 22 f. mwN; BVerwG Urt. v. 28.10.1983 – 8 C 38/82, Buchholz 412.6 § 1 HHG Nr. 26 mwN.

23 Vgl. BVerwG Urt. v. 3.9.1980 – 8 C 8/78, BVerwGE 60, 343.

24 Vgl. BT-Drs. 2/1450, 7; BVerwG Urt. v. 15.11.1985 – 8 C 7/83, Buchholz 412.6 § 1 HHG Nr. 27 mwN; BSG Urt. v. 23.4.1980 – 4 RJ 3/79, SozR 2200 § 1251 Nr. 7 mwN; nicht ausreichend zB: BSG Urt. v. 12.2.1992 – 8 RKn 12/90, SozR 3-2200 § 1259 Nr. 10; BSG Urt. v. 23.4.1980 – 4 RJ 3/79, SozR 2200 § 1251 Nr. 7; BSG Urt. v. 13.3.1985 – 9a RVh 1/84, SozR 7190 § 1 Nr. 4; BVerwG Urt. v. 28.10.1983 – 8 C 38/82, Buchholz 412.6 § 1 HHG Nr. 26 mwN; grundlegend auch BVerwG Urt. v. 28.6.1978 – VIII C 65.77, Buchholz 412.6 § 1 HHG Nr. 22; zu weiteren Beispielen vgl. BVerwG Urt. v. 3.9.1980 – 8 C 8/78, BVerwGE 60, 343; OVG Bln Urt. v. 20.1.2005 – 6 B 2.04.

Das Tatbestandsmerkmal des **Nicht-Vertretenmüssens** bezieht sich allein auf die politischen Gründe des Gewahrsams, nicht auf die Zurechenbarkeit der Verhaftung.[25] Es begrenzt eine Leistungsberechtigung nach dem HHG auf die Fälle, in denen dem Betroffenen eine Anpassung an das politische System seines Gewahrsamsstaates nach freiheitlich-demokratischer Auffassung nicht zugemutet werden konnte.[26] 13

4. Zeitliche und räumliche Komponente (§ 1 Abs. 1 Nr. 1 HHG). Der Gewahrsam begründet nur dann eine Leistungsberechtigung nach § 1 Abs. 1 HHG, wenn dieser durch die politische Entwicklung der Nachkriegszeit nach dem Zweiten Weltkrieg bedingt war und in den in § 1 Abs. 1 Nr. 1 HHG **abschließend genannten Gebieten** erfolgte. Dies wird im Gesetz deutlich durch die **zeitliche Einschränkung** auf Gewahrsamsnahmen „nach dem 8.5.1945" (Kapitulationstag).[27] 14

5. Gewöhnlicher Aufenthalt (§ 1 Abs. 1 HHG). Es muss ein **gewöhnlicher Aufenthalt** in der Bundesrepublik Deutschland bestehen (§ 1 Abs. 1 HHG). 15

6. Abkömmlinge (§ 1 Abs. 7 HHG). Keine Leistungen nach dem HHG erhalten die im Gewahrsam geborenen Abkömmlinge von im Gewahrsam geborenen Berechtigten (**Abkömmlinge der zweiten Generation**). Gleiches gilt für die Leibesfrucht einer im Gewahrsam geborenen Berechtigten.[28] **Demgegenüber** sind **im politischen Gewahrsam geborene Kinder** (Abkömmlinge der ersten Generation) leistungsberechtigt; sie teilen insofern das Schicksal ihrer Eltern; dies gilt auch für den Anschlussgewahrsam.[29] 16

II. Vorrang anderer Leistungen (§ 4 Abs. 1 S. 2 HHG)

Besteht wegen desselben schädigenden Ereignisses ein Anspruch auf Versorgung unmittelbar aufgrund des BVG oder aufgrund eines Gesetzes, welches das BVG für entsprechend anwendbar erklärt, bzw. stehen den geschädigten Personen Leistungen der Sozialen Entschädigung unmittelbar nach dem SGB XIV oder in entsprechender Anwendung des SGB XIV zu, so ist dieser Anspruch vorrangig (§ 4 Abs. 1 S. 2 HHG). Da aufgrund der Vorschriften zu Besitzständen in den §§ 142 ff. SGB XIV bestimmte Personen auch ab 1.1.2024 Leistungen nach dem BVG oder nach einem Gesetz erhalten, das das BVG ganz oder teilweise für entsprechend anwendbar erklärt hat, bedarf es auch weiterhin eines Verweises auf das BVG und die Gesetze, die das BVG für entsprechend anwendbar erklärt haben.[30] 17

III. Gesundheitliche Schädigung (§ 4 Abs. 1 HHG)

Die Berechtigten müssen wie in den Fällen des § 4 Abs. 1 S. 1 SGB XIV bzw. des § 1 Abs. 1 BVG eine gesundheitliche Schädigung erlitten haben.[31] Andere, insbes. rein wirtschaftliche Schäden bleiben außer Betracht. Bei Vorliegen einer rechtserheblichen 18

25 BVerwG Urt. v. 15.11.1985 – 8 C 7/83, Buchholz 412.6 § 1 HHG Nr. 27 mwN.
26 Vgl. BVerwG Urt. v. 3.9.1980 – 8 C 8/78, BVerwGE 60, 343; BT-Drs. 2/1450, 7.
27 Vgl. BSG Urt. v. 7.12.1972 – 1 RA 97/72, BSGE 35, 99; BT-Drs. II/1450, 5, 7; BT-Drs. V/2877, 5.
28 BSG Urt. v. 15.7.2004 – B 9 V 6/03 R, BSGE 93, 131; die gegen das Urteil eingelegte Verfassungsbeschwerde wurde nicht zur Entscheidung angenommen.
29 Vgl. BSG Urt. v. 15.7.2004 – B 9 V 6/03 R, BSGE 93, 131 mwN; BSG Urt. v. 27.9.2018 – B 9 V 2/17 R, BSGE 127, 1 = juris Rn. 21 mwN; BSG Urt. v. 12.9.2019 – B 9 V 2/18 R, BSGE 129, 87 = juris Rn. 18 mwN; BSG Urt. v. 12.9.2019 – B 9 V 4/18 R, SozR 4-3100 § 1 Nr. 5 Rn. 18, 21 mwN; BVerwG Urt. v. 3.9.1980 – 8 C 8/78, BVerwGE 60, 343.
30 BT-Drs. 19/13824, 236 zu Art. 9, Nr. 1, Buchst. b.
31 Einen Überblick über die „Entschädigung und Begutachtung psychischer Störungen nach politischer Haft in der SBZ/DDR" liefern Denis/Kummer/Priebe in MedSach 2000, 77 in einer Bestandsaufnahme aus medizinischer und juristischer Sicht; vgl. hierzu auch Denis/Baum NJW 1999, 3298.

gesundheitlichen Schädigung, die nach den allgemeinen Beweisgrundsätzen des SER im Vollbeweis erwiesen sein muss (§ 117 SGB XIV bzw. bis 31.12.2023 die Beweiserleichterungen nach dem KOVVfG finden insoweit keine Anwendung), werden aber auch die wirtschaftlichen Folgen ausgeglichen. Eine Schädigung bestimmter Gegenstände steht nach § 4 Abs. 4 HHG einer gesundheitlichen Schädigung gleich.

IV. Gesundheitliche Schädigung infolge des Gewahrsams (§ 4 Abs. 1 HHG)

19 Schädigendes Ereignis iSd HHG ist grds. der Gewahrsam. Wenn das Gesetz fordert, dass der Berechtigte die gesundheitliche Schädigung infolge des Gewahrsams erlitten haben muss, setzt dies dem Wortlaut nach neben einem zeitlichen Zusammenhang auch einen **engen inneren Zusammenhang mit dem politischen Gewahrsam** voraus. § 4 Abs. 1 HHG enthält den **Kausalitätsgrundsatz**, der eine tragende und unverzichtbare Säule der Sozialen Entschädigung (zu den Kausalitätsanforderungen nach dem SGB XIV → SGB XIV § 1 Rn. 23 ff.) darstellt. Für die Erbringung einer staatlichen Entschädigung ist die ursächliche Verbindung sowohl zwischen schädigendem Ereignis und gesundheitlicher Schädigung als auch zwischen gesundheitlicher Schädigung und Schädigungsfolge unabdingbar.[32]

20 Als rechtlich wesentliche Ursachen für eine Gesundheitsstörung kommen nach der Rspr. des BSG **nur bestimmte Einwirkungen** in Betracht, **die dem politischen Gewahrsam als eigentümlich zuzurechnen sind**. Dies sind nur diejenigen Umstände, die dem Gewahrsam seiner Art nach als spezifische Gefahren eigentümlich zuzurechnen sind und vor deren Folgen das Gesetz die Gewahrsamsunterworfenen deshalb schützen soll. Es darf sich hingegen nicht um Ereignisse handeln, die als Teil des allgemeinen Lebensrisikos üblicherweise überall vorkommen. Dies ist insbes. auch in den Fällen des § 1 Abs. 5 S. 2 HHG zu beachten. Als gewahrsamseigentümlich sind nicht die gesamten Lebensumstände zu berücksichtigen, die durch die Verschleppung aus der Heimat bedingt sind. Anspruchserheblich sind nur Belastungen oder besondere Zwangslagen, die unter vergleichbaren normalen Verhältnissen nicht vorkommen. Die spezifischen Verhältnisse müssen mit dem Gewahrsam zwingend verbunden sein; dabei kann es sich auch um natürliche oder vom Menschen künstlich erzeugte Umweltbedingungen (zB Strahlenkontamination) handeln.[33]

21 Aufgrund der gesundheitsschädigenden **Folgen einer Operation** erwächst dann ein Leistungsanspruch nach dem HHG iVm dem SGB XIV (bzw. bis 31.12.2023 dem BVG), wenn der Inhaftierte aus seinem Verhältnis zur Gewahrsamsmacht zur Duldung des operativen Eingriffs gehalten war. Gleiches gilt, wenn die nach der Operation auftretenden Komplikationen durch einen ärztlichen Kunstfehler oder durch eine mangelhafte medizinische Versorgung entstanden sind. Der Leistungsanspruch ist jedoch zu verneinen, wenn nach § 1 Abs. 1 Nr. 1 HHG Berechtigte wegen eines erheblichen, wenn auch nicht lebensbedrohlichen Krankheitszustandes operiert worden sind und dieser Zustand nach den wohlverstandenen Eigeninteressen eine Einwilligung in die Operation erwarten ließ.[34]

22 Den naturgemäß in den Sachverhaltsgestaltungen des HHG bestehenden **Beweisschwierigkeiten** bzgl. der anspruchsbegründenden, mit der Schädigung im Zusammen-

32 BT-Drs. 19/13824, 170 zu Art. 1, Kap. 1, § 1; vgl. zB BSG Urt. v. 12.9.2019 – B 9 V 2/18 R, BSGE 129, 87 = juris Rn. 20 mwN.

33 BSG Urt. v. 2.3.1983 – 9a RVh 1/82, VersorgB 1983, 83; BSG Urt. v. 12.9.2019 – B 9 V 2/18 R, BSGE 129, 87 = juris Rn. 21 ff. mwN; vgl. auch BSG Urt. v. 27.9.2018 – B 9 V 2/17 R, BSGE 127, 1 = juris Rn. 33 ff. mwN sowie BSG Urt. v. 12.9.2019 – B 9 V 4/18 R, SozR 4-3100 § 1 Nr. 5 Rn. 27 f., 29 ff. mwN zu einem mit einer Internierung iSd § 1 Abs. 2 lit. c BVG zusammenhängenden schädigenden Ereignis (Strahlenkontamination durch in der Nähe des Internierungsortes durchgeführte Atomwaffenversuche).

34 BSG Urt. v. 29.10.1980 – 9 RVh 1/79, SozR 7190 § 4 Nr. 1.

hang stehenden Tatsachen trägt § 117 SGB XIV bzw. bis 31.12.2023 § 15 KOVVfG Rechnung (vgl. § 10 Abs. 1 S. 2 HHG); danach genügt unter den dort genannten Voraussetzungen die Glaubhaftigkeit der Angaben der Antragsteller.

V. Gleichgestellte gesundheitliche Schädigungen (§ 4 Abs. 2, Abs. 4 HHG)

§ 4 Abs. 2 HHG nimmt Bezug auf § 4 Abs. 1 HHG und stellt gesundheitliche Schädigungen gleich, die durch einen Unfall unter den Voraussetzungen des § 4 Abs. 2 Nr. 1 SGB XIV bzw. bis 31.12.2023 des § 1 Abs. 2 lit. e und f BVG herbeigeführt worden sind. Nach der Rechtslage bis 31.12.2023 ist eine bereits geschädigte Person geschützt auf dem Hin- und Rückweg zu einer der in § 1 Abs. 2 lit. e BVG abschließend bezeichneten Maßnahmen und Leistungen bzw. bei deren Durchführung. Der ab 31.12.2024 geltende Katalog des § 4 Abs. 2 Nr. 1 SGB XIV ist demgegenüber offener formuliert und umfasst gesundheitliche Schädigungen **bei der Inanspruchnahme oder auf dem Weg zu oder von einer Leistung** nach dem SGB XIV;[35] eine einschränkende Aufzählung dieser Leistungen erfolgt nicht. 23

Die bis 31.12.2023 geltende Regelung des § 1 Abs. 2 lit. f BVG entspricht zB derjenigen in § 81 Abs. 2 Nr. 2b SVG. Die insoweit geltenden Grundsätze können daher zumindest vorerst weiterhin herangezogen werden. Dass der Gesetzgeber mit der ab 1.1.2024 geltenden Regelung in § 4 Abs. 2 Nr. 1 lit. b SGB XIV eine inhaltliche Änderung vornehmen wollte, lässt sich weder dem geänderten Wortlaut („Inanspruchnahme" anstelle von „Durchführung") noch den Gesetzesmaterialien[36] entnehmen. Danach setzt der Schädigungstatbestand voraus, dass bei der Durchführung bzw. Inanspruchnahme von Leistungen bzw. Maßnahmen (zB Krankenhausbehandlung) solche Risiken zum Unfall führen, denen die geschädigten Personen gerade durch diese Leistung ausgesetzt sind. Die Leistung muss wesentliche Unfallursache sein; neben dem zeitlichen und örtlichen muss vor allem ein **innerer Zusammenhang** mit der Leistung (zB Heilbehandlung) gegeben sein. Ereignet sich der Unfall hingegen bei einer privaten Verrichtung, die nur bei Gelegenheit einer entsprechenden Maßnahme vorgenommen wird, entsteht grds. kein Anspruch auf Leistungen der sozialen Entschädigung bzw. (bis 31.12.2023) auf Versorgung; etwas anderes gilt, wenn eine Verrichtung des täglichen Lebens mit der Maßnahme eng verbunden ist. Versorgungsschutz besteht auch, soweit sich Gefährdungen der konkreten Umgebung auswirken, wenn sie von baulichen Anlagen, dem Gelände, bestimmten zu benutzenden Geräten oder den dort befindlichen Menschen wesentlich mit verursacht sind.[37] **Nicht erfasst** wird aber zB die Schädigung unmittelbar infolge einer medizinischen Behandlung. Derartige Gesundheitsstörungen können als mittelbare Schädigungsfolgen anerkannt werden.[38] 24

Nach **§ 4 Abs. 4 HHG** steht auch eine **Schädigung bestimmter Gegenstände** einer gesundheitlichen Schädigung gleich. Dabei nimmt § 4 Abs. 4 HHG auf § 4 Abs. 1 bis 3 HHG und somit alle insoweit umfassten schädigenden Ereignisse Bezug. 25

VI. Ausdehnung des Schutzes auf weitere schädigende Ereignisse und bestimmte Personenkreise (§ 4 Abs. 3 HHG)

§ 4 Abs. 3 HHG **erweitert den Schutz des HHG** auf die genannten Personenkreise, wenn und soweit diese durch einen Unfall unter den Voraussetzungen des § 4 Abs. 2 Nr. 2 SGB XIV (bzw. bis 31.12.2023 des § 8a BVG, der einen abschließenden Katalog 26

35 BT-Drs. 19/13824, 171 zu Art. 1, Kap. 2, Abschn. 1, § 4.
36 BT-Drs. 19/13824, 171 zu Art. 1, Kap. 2, Abschn. 1, § 4.
37 Vgl. insg. BSG Urt. v. 6.9.1989 – 9 RV 21/88, SozR 3200 § 81 Nr. 35 mwN.
38 Vgl. BSG Urt. v. 25.3.2004 – B 9 VS 1/02 R, SozR 4-3200 § 81 Nr. 1 mwN; vgl. auch BSG Urt. v. 6.9.1989 – 9 RV 21/88, SozR 3200 § 81 Nr. 35 mwN.

von Leitungen und Maßnahmen erfasst) eine gesundheitliche Schädigung erleiden. Diese Personen leiten ihren Schutz von der geschädigten Person ab und erhalten ebenso wie Berechtigte nach § 1 Abs. 1 Nr. 1 HHG Leistungen der Sozialen Entschädigung (bzw. Versorgung) nach § 4 Abs. 1 HHG. Es handelt sich um einen **besonderen Unfallschutz** bestimmter Personenkreise.

VII. Kausalität (§ 4 Abs. 5 bis 7 HHG)

27 **1. Änderungen zum 1.1.2024.** Der bisherige **§ 4 Abs. 5 HHG** entspricht der Regelung in § 1 Abs. 3 BVG. Mit Inkrafttreten des SGB XIV zum 1.1.2024 werden die **Regelungen sprachlich angepasst und ergänzt.**[39] § 4 Abs. 5 S. 1 HHG wird in einem neuen § 4 Abs. 5 S. 2 HHG um die nach der stRspr des BSG geltende Definition für die Wahrscheinlichkeit eines ursächlichen Zusammenhanges erweitert. Der bisherige § 4 Abs. 5 S. 2 HHG wird Abs. 7. Mit einem neuen § 4 Abs. 6 HHG wird eine Vermutungsregelung für den ursächlichen Zusammenhang zwischen einer psychischen Gesundheitsstörung und einem schädigenden Ereignis ergänzt. Die sprachlichen Änderungen und Ergänzungen entsprechen § 4 Abs. 4 bis 6 SGB XIV; vgl. daher auch die Kommentierungen dort.

28 **2. Wahrscheinlichkeit des ursächlichen Zusammenhangs (§ 4 Abs. 5 HHG).** Wie generell im SER (vgl. § 4 Abs. 1 und 4) setzen auch Ansprüche auf Soziale Entschädigung nach dem HHG grundsätzlich eine **dreigliedrige Kausalkette** aus schädigendem Ereignis, (primärer) gesundheitlicher Schädigung und Schädigungsfolge voraus (zu den Kausalitätsanforderungen vgl. → SGB XIV § 1 Rn. 23 ff.). Dabei müssen sich die drei Glieder der Kausalkette selbst mit an Sicherheit grenzender Wahrscheinlichkeit (Vollbeweis) feststellen lassen.[40] Für den Ursachenzusammenhang zwischen den drei Gliedern genügt die Wahrscheinlichkeit des ursächlichen Zusammenhangs (§ 4 Abs. 5 S. 1 HHG). Entsprechend der stRspr des BSG wird die **Wahrscheinlichkeit des ursächlichen Zusammenhangs** in § 4 Abs. 5 S. 2 HHG (neu) dahin gehend definiert, dass nach dem aktuellen Stand der medizinischen Wissenschaft mehr für als gegen den Ursachenzusammenhang spricht. Wie bisher genügt die reine Möglichkeit nicht.[41] Die sog. **Theorie der wesentlichen Bedingung** findet Anwendung.[42]

29 **3. Vermutung des ursächlichen Zusammenhangs bei psychischen Gesundheitsstörungen (§ 4 Abs. 6 HHG).** Mit **§ 4 Abs. 6 HHG (neu)** übernimmt der Gesetzgeber wesentliche Erwägungen aus dem Urteil des BSG vom 12.6.2003.[43] Eingeführt wird die gesetzliche **Vermutung der Wahrscheinlichkeit eines ursächlichen Zusammenhanges** zwischen einem nach Art und Schwere geeigneten schädigenden Ereignis und einer gesundheitlichen Schädigung sowie einer Schädigungsfolge. Die Vermutung bezieht sich ausschließlich auf im Vollbeweis nachgewiesene **psychische Gesundheitsstörungen** und darf nicht durch einen anderen Kausalverlauf widerlegt werden. In der Begründung des Gesetzentwurfes[44] werden folgende Ausführungen aus dem Urteil des BSG (Rn. 20) ausdrücklich zitiert: „Insbesondere bei Krankheiten, die auf seelischen Einwirkungen beruhen, bestehen – anders als bei Verletzungsfolgen – regelmäßig erhebli-

---

39 BT-Drs. 19/13824, 236 zu Art. 9, Nr. 1, Buchst. e und f.

40 BSG Urt. v. 27.9.2018 – B 9 V 2/17 R, BSGE 127, 1 = juris Rn. 33 mwN; BSG Urt. v. 12.9.2019 – B 9 V 2/18 R, BSGE 129, 87 = juris Rn. 20.

41 BT-Drs. 19/13824, 171 zu Art. 1, Kap. 2, Abschn. 1, § 4.

42 BSG Urt. v. 12.9.2019 – B 9 V 2/18 R, BSGE 129, 87 = juris Rn. 21; BSG Urt. v. 16.12.2014 – B 9 V 6/13 R, SozR 4-7945 § 3 Nr. 1 Rn. 16 ff.; BSG Beschl. v. 3.3.2014 – B 9 V 51/13 B, juris Rn. 13; vgl. zu den Grundsätzen der Theorie der wesentlichen Bedingung beispielhaft ausführlich BSG Urt. v. 9.5.2006 – B 2 U 1/05 R, BSGE 96, 196 Rn. 13 ff. mwN bzw. zu möglichen kleineren Unterschieden im SER BSG Urt. v. 16.12.2014 – B 9 V 6/13 R, SozR 4-7945 § 3 Nr. 1 Rn. 16 ff.

43 B 9 VG 1/02 R, BSGE 91, 107 = juris Rn. 19 ff.

44 BT-Drs. 19/13824, 171 f. zu Art. 1, Kap. 2, Abschn. 1, § 4.

che Schwierigkeiten, den rechtlich nach den jeweiligen Entschädigungsgesetzen entscheidenden Vorgang – also das die Entschädigungspflicht auslösende Ereignis – als die wesentliche medizinische Ursache festzustellen. Es verbleibt meistens die Unsicherheit, ob nicht andere wesentlich mitwirkende Bedingungen, etwa eine bereits vorbestehende Anlage von Krankheitswert, für die Ausbildung einer seelischen Dauererkrankung (des seelischen Dauerschadens) vorhanden sind. Dieses bedeutet, dass im Regelfall zahlreiche Möglichkeiten des Ursachenzusammenhanges bestehen. Wenn jedoch ein Vorgang nach den medizinischen Erkenntnissen – etwa fußend auf dem Erfahrungswissen der Ärzte – in signifikant erhöhtem Maße geeignet ist, eine bestimmte Erkrankung hervorzurufen, liegt die Wahrscheinlichkeit nahe, dass sich bei einem hiervon Betroffenen im Einzelfall die Gefahr einer Schädigung auch tatsächlich verwirklicht hat; die Möglichkeit verdichtet sich dann zur Wahrscheinlichkeit."

Gegen die Einfügung des § 4 Abs. 6 HHG (neu) wurde im Gesetzgebungsverfahren 30
(im Ergebnis ohne Erfolg) **eingewandt**, dass die gesetzliche Vermutung zu einer Beweislastumkehr bei psychischen Gesundheitsstörungen führe und nicht mit der zwingenden Kausalitätsbetrachtung des SER vereinbar sei. Eine Vermutung sei lediglich eine Möglichkeit eines ursächlichen Zusammenhangs. Die Regelung führe zu einer Besserstellung eines Teils der Geschädigten und gehe über den Inhalt des zitierten Urteils des BSG weit hinaus.[45]

4. Sog. Kann-Versorgung (§ 4 Abs. 7 HHG). § 4 Abs. 7 HHG (neu) bzw. 31
bis 31.12.2023 § 4 Abs. 5 S. 2 HHG ermöglicht – wie auch andere Gebiete des SER (vgl. § 4 Abs. 6 SGB XIV bzw. bis 31.12.2023 § 1 Abs. 3 S. 2 BVG) – eine sog. **Kann-Versorgung**, wenn die Wahrscheinlichkeit des ursächlichen Zusammenhangs nur deshalb nicht gegeben ist, weil über die Ursache der (festgestellten) Gesundheitsstörung in der medizinischen Wissenschaft Ungewissheit besteht.[46] Ungewissheit besteht, wenn es über die Ursachen einer Erkrankung **keine allgemeine, ausreichend gesicherte medizinische Lehrmeinung** gibt. Gemeint ist eine **abstrakt-theoretische Ungewissheit**, nicht eine konkrete im Einzelfall. Auch Ungewissheiten im Sachverhalt sind nicht ausreichend. Ausreichend ist aber, wenn die Ursächlichkeit einzelner, beim Betroffenen vorliegender Umstände nicht gesichert ist. Eine abweichende Einzelmeinung begründet keine Ungewissheit. Eine Anerkennung der Gesundheitsstörung als Schädigungsfolge kommt jedoch auch nach § 4 Abs. 7 HHG **nicht** in Betracht, wenn die Ungewissheit über den Ursachenzusammenhang darauf beruht, dass über die **Art der Krankheit** trotz Ausschöpfung aller diagnostischen Mittel keine Klarheit zu gewinnen ist.[47]

§ 4 Abs. 7 S. 2 HHG verlangt einen **geringeren Grad der Wahrscheinlichkeit des Ursa-** 32
chenzusammenhangs zwischen dem schädigenden Ereignis und einer Gesundheitsstörung. Die Regelung gilt nur für die **sog. haftungsausfüllende Kausalität.**[48] Verlangt wird mehr als eine nur theoretische Möglichkeit; das BSG spricht teilweise von der „guten Möglichkeit".[49] Der Ursachenzusammenhang ist zu bejahen, wenn es wenigstens eine wissenschaftliche Lehrmeinung gibt, die die Wahrscheinlichkeit des Ursachenzusammenhangs nachvollziehbar vertritt.[50] Dies wird regelmäßig voraussetzen,

45 BR-Drs. 351/1/19, 47 f.
46 Vgl. BSG Urt. v. 12.12.1995 – 9 RV 17/94, SozR 3-3200 § 81 Nr. 13; BT-Drs. 19/13824, 172 zu Art. 1, Kap. 2, Abschn. 1, § 4.
47 Vgl. BSG Urt. v. 12.12.1995 – 9 RV 17/94, SozR 3-3200 § 81 Nr. 13 mwN.
48 Vgl. BSG Urt. v. 17.7.2008 – B 9/9a VS 5/06 R, SozR 4-3200 § 81 Nr. 5 mwN.
49 ZB BSG Urt. v. 17.7.2008 – B 9/9a VS 5/06 R, SozR 4-3200 § 81 Nr. 5; BSG Beschl. v. 19.6.1996 – 9 BV 105/95; BSG Urt. v. 12.12.1995 – 9 RV 17/94, SozR 3-3200 § 81 Nr. 13; BSG Urt. v. 16.3.1994 – 9 RV 11/93, BSGE 74, 109; etwas anders: BSG Urt. v. 10.11.1993 – 9/9a RV 41/92, BSGE 73, 190.
50 BSG Urt. v. 10.11.1993 – 9/9a RV 41/92, BSGE 73, 190 mwN; BSG Urt. v. 12.12.1995 – 9 RV 17/94, SozR 3-3200 § 81 Nr. 13 mwN; etwas anders noch BSG Urt. v. 26.2.1992 – 9a RV 4/91, SozR 3-3200 § 81 Nr. 3 mwN.

dass Erkenntnisse vorliegen, die für einen generellen, in der Regel durch statistische Erhebungen untermauerten Zusammenhang zwischen besonderen Einwirkungen und der festgestellten Gesundheitsstörung sprechen. Die Lehrmeinung hat sich nur noch nicht so zur allgemeinen Lehrmeinung verdichtet, dass von gesicherten Erkenntnissen bzw. dem aktuellen Stand der medizinischen Wissenschaft gesprochen werden kann. Gibt es überhaupt noch keine wissenschaftliche Lehrmeinung, fehlt es an den Mindestvoraussetzungen für eine sog. Kann-Versorgung. Die Verwaltung ist nicht ermächtigt, bei allen Krankheiten ungewisser Genese die Möglichkeit des Ursachenzusammenhangs – die so gut wie nie widerlegt werden kann – ausreichen zu lassen.[51] Auch handelt es sich nach der Rspr. des BSG **nicht** um eine **Ermessensvorschrift.** Liegen die Voraussetzungen für eine Kann-Versorgung vor, so ist die Verwaltung verpflichtet, Versorgung zu gewähren.[52]

D. Anhang

33 Gesetzestext in der aktuell (vsl. bis 31.12.2023) geltenden Fassung:

§ 4 HHG Beschädigtenversorgung

(1) Ein nach § 1 Abs. 1 Nr. 1 Berechtigter, der infolge des Gewahrsams eine gesundheitliche Schädigung erlitten hat, erhält wegen der gesundheitlichen und wirtschaftlichen Folgen dieser Schädigung auf Antrag Versorgung in entsprechender Anwendung der Vorschriften des Gesetzes über die Versorgung der Opfer des Krieges (Bundesversorgungsgesetz), soweit ihm nicht wegen desselben schädigenden Ereignisses ein Anspruch auf Versorgung unmittelbar auf Grund des Bundesversorgungsgesetzes zusteht.

(2) Einer Schädigung im Sinne des Absatzes 1 steht eine gesundheitliche Schädigung gleich, die durch einen Unfall unter den Voraussetzungen des § 1 Abs. 2 Buchstabe e oder f des Bundesversorgungsgesetzes herbeigeführt worden ist.

(3) Wer als Berechtigter oder Leistungsempfänger nach Absatz 1 oder § 5 in Verbindung mit § 10 Abs. 4 oder 5 des Bundesversorgungsgesetzes, als Pflegeperson oder als Begleitperson bei einer notwendigen Begleitung des Beschädigten durch einen Unfall unter den Voraussetzungen des § 8a des Bundesversorgungsgesetzes eine gesundheitliche Schädigung erleidet, erhält Versorgung nach Absatz 1.

(4) Einer gesundheitlichen Schädigung im Sinne der Absätze 1 bis 3 steht die Beschädigung eines am Körper getragenen Hilfsmittels, einer Brille, von Kontaktlinsen oder von Zahnersatz gleich.

(5) [1]Zur Anerkennung einer Gesundheitsstörung als Folge einer Schädigung genügt die Wahrscheinlichkeit des ursächlichen Zusammenhanges. [2]Wenn die Wahrscheinlichkeit nur deshalb nicht gegeben ist, weil über die Ursache des festgestellten Leidens in der medizinischen Wissenschaft Ungewißheit besteht, kann mit Zustimmung des Bundesministeriums für Arbeit und Soziales die Gesundheitsstörung als Folge einer Schädigung anerkannt werden; die Zustimmung kann allgemein erteilt werden.

§ 5 HHG Leistungen der Sozialen Entschädigung für Hinterbliebene

[1]Ist die geschädigte Person an den Folgen der Schädigung gestorben, so erhalten die Hinterbliebenen Leistungen der Sozialen Entschädigung in entsprechender Anwendung des Vierzehnten Buches Sozialgesetzbuch. [2]Dies gilt nicht, soweit den Hinterbliebenen bereits folgende Leistungen zustehen:

1. **Versorgung aufgrund des Bundesversorgungsgesetzes,**
2. **Versorgung aufgrund eines Gesetzes, das das Bundesversorgungsgesetz für entsprechend anwendbar erklärt,**

---

51 Vgl. Art. 80 GG; BSG Urt. v. 10.11.1993 – 9/9a RV 41/92, BSGE 73, 190 mwN; BSG Urt. v. 12.12.1995 – 9 RV 17/94, SozR 3-3200 § 81 Nr. 13 mwN.

52 Vgl. BSG Urt. v. 16.3.1994 – 9 RV 11/93, BSGE 74, 109 = SozR 3-3100 § 1 Nr. 14; aA Hansen in seiner Anm. SGb 1995, 134.

3. **Leistungen der Sozialen Entschädigung nach dem Vierzehnten Buch Sozialgesetzbuch oder**
4. **Leistungen der Sozialen Entschädigung in entsprechender Anwendung des Vierzehnten Buches Sozialgesetzbuch.**

[3]§ 4 Absatz 3 dieses Gesetzes und § 148 des Vierzehnten Buches Sozialgesetzbuch sind entsprechend anzuwenden.

A. Gesetzesgeschichte

Zur Geschichte des HHG insgesamt vgl. Kommentierung bei § 4 HHG. **Zum 1.1.2024** wird das SER in einem eigenen Buch des Sozialgesetzbuchs (SGB XIV) geregelt.[1] Zwar wird das HHG nicht in das SGB XIV eingeordnet, es ergeben sich jedoch einige Folgeänderungen und sprachliche Anpassungen. Denn das HHG nimmt ab 1.1.2024 anstelle der Vorschriften des BVG auf diejenigen des SGB XIV Bezug.[2] 1

B. Normsystematik und Einzelkommentierung

Die Norm regelt den Anspruch auf Leistungen der Sozialen Entschädigung für **Hinterbliebene** (bis 31.12.2023: Hinterbliebenenversorgung) in den Fällen, in denen die geschädigte Person an den Folgen der Schädigung gestorben ist (§ 5 S. 1 HHG). Dies setzt grundsätzlich voraus, dass die gesundheitliche Schädigung die **wesentliche Bedingung für den Tod** gewesen ist. § 148 SGB XIV (bzw. bis 31.12.2023 §§ 48 und 52 BVG) finden jedoch ausdrücklich entsprechende Anwendung (§ 5 S. 2 HHG). Die Leistungen (bzw. die Versorgung) werden in entsprechender Anwendung des SGB XIV (bzw. des BVG) erbracht. Danach bemisst sich auch, wer Hinterbliebener ist (vgl. § 2 Abs. 4 SGB XIV). § 4 Abs. 3 HHG ist ebenfalls entsprechend anzuwenden (§ 5 S. 3 HHG). 2

Besteht bereits ein Anspruch auf Versorgung unmittelbar aufgrund des BVG oder aufgrund eines Gesetzes, welches das BVG für entsprechend anwendbar erklärt, bzw. stehen den Hinterbliebenen Leistungen der Sozialen Entschädigung unmittelbar nach dem SGB XIV oder in entsprechender Anwendung des SGB XIV zu, so ist dieser Anspruch **vorrangig** (§ 5 S. 3 HHG). Da aufgrund der Vorschriften zu Besitzständen in den §§ 142 ff. SGB XIV bestimmte Personen auch ab 1.1.2024 Leistungen nach dem BVG oder nach einem Gesetz erhalten, das das BVG ganz oder teilweise für entsprechend anwendbar erklärt hat, bedarf es auch weiterhin eines Verweises auf das BVG und die Gesetze, die das BVG für entsprechend anwendbar erklärt haben.[3] 3

C. Anhang

Gesetzestext in der aktuell (vsl. bis 31.12.2023) geltenden Fassung: 4

§ 5 HHG Hinterbliebenenversorgung

[1]Ist der Beschädigte an den Folgen der Schädigung gestorben, so erhalten die Hinterbliebenen Versorgung in entsprechender Anwendung der Vorschriften des Bundesversorgungsgesetzes, soweit ihnen nicht ein Anspruch auf Versorgung unmittelbar auf Grund des Bundesversorgungsgesetzes zusteht. [2]§ 4 Abs. 3 dieses Gesetzes und die §§ 48 und 52 des Bundesversorgungsgesetzes sind entsprechend anzuwenden.

1 BT-Drs. 19/13824, 2.
2 BT-Drs. 19/13824, 89 f., 236 ff.
3 BT-Drs. 19/13824, 237 zu Art. 9, Nr. 2.

§ 6 HHG Zusammentreffen von Ansprüchen

(1) Treffen Ansprüche aus § 4 mit folgenden Ansprüchen zusammen, werden die Leistungen der Sozialen Entschädigung unter Berücksichtigung des durch die gesamten Schädigungsfolgen bedingten Grades der Schädigungsfolgen nach dem Vierzehnten Buch Sozialgesetzbuch gewährt:

1. **Ansprüchen aus § 1 des Bundesversorgungsgesetzes,**
2. **Ansprüchen aus einem anderen Gesetz, das eine entsprechende Anwendung des Bundesversorgungsgesetzes vorsieht,**
3. **Ansprüchen nach § 21, § 23, § 24 oder Kapitel 23 des Vierzehnten Buches Sozialgesetzbuch oder**
4. **Ansprüchen aus anderen Gesetzen, die eine entsprechende Anwendung des Vierzehnten Buches Sozialgesetzbuch vorsehen.**

(2) *[aufgehoben]*

(3) [1]Bei der Feststellung der Elternrente sind auch die Kinder zu berücksichtigen, die an den Folgen einer nach dem Vierzehntes Buch[1] Sozialgesetzbuch anzuerkennenden Schädigung gestorben. [2]Besteht ein Anspruch auf Elternrente unmittelbar nach den Vorschriften des Vierzehntes Buch[2] Sozialgesetzbuch, so wird sie nach diesem Gesetz nicht gewährt.

A. Gesetzesgeschichte

1 Zur Geschichte des HHG insgesamt vgl. Kommentierung bei § 4 HHG. **Zum 1.1.2024** wird das SER in einem eigenen Buch des Sozialgesetzbuchs (SGB XIV) geregelt.[3] Zwar wird das HHG nicht in das SGB XIV eingeordnet, es ergeben sich jedoch einige Folgeänderungen und sprachliche Anpassungen. Denn das HHG nimmt ab 1.1.2024 anstelle der Vorschriften des BVG auf diejenigen des SGB XIV Bezug.[4]

B. Normsystematik

2 Die Vorschrift regelt das Zusammentreffen von bestimmten Ansprüchen nach dem HHG mit bestimmten anderen Ansprüchen auf Leistungen der Sozialen Entschädigung und legt fest, in welchen Fällen die Leistungen ausschließlich nach dem SGB XIV gewährt werden (bzw. in welchen Fällen bis 31.12.2023 Ansprüche nach dem BVG vorrangig sind).

C. Einzelkommentierung

I. Zusammentreffen von Ansprüchen nach § 4 HHG und den abschließend aufgezählten anderen Ansprüchen auf Leistungen der Sozialen Entschädigung (§ 6 Abs. 1 HHG)

3 Die Vorschrift **vermeidet ein Nebeneinander verschiedener Leistungen** in solchen Fällen, in denen verschiedene Schädigungstatbestände des SER verwirklicht sind. Besteht zB aufgrund verschiedener schädigender Ereignisse oder in den Fällen des § 4 Abs. 2 oder 3 HHG zugleich ein Anspruch auf Leistungen der Sozialen Entschädigung (bzw. bis 31.12.2023: Anspruch auf Versorgung) nach § 4 HHG und einer der in § 6 Abs. 1 HHG ausdrücklich genannten Ansprüche (bis 31.12.2023: ein Versorgungsanspruch nach § 1 BVG), werden die Leistungen der Sozialen Entschädigung unter Berücksichtigung des durch die gesamten Schädigungsfolgen bedingten GdS nach dem SGB XIV

1 Wortlaut amtlich.
2 Wortlaut amtlich.
3 BT-Drs. 19/13824, 2.
4 BT-Drs. 19/13824, 89 f., 236 ff.

gewährt (bzw. wird die Versorgung ausschließlich unmittelbar nach den Vorschriften des BVG gewährt). Dabei werden für die Bestimmung des GdS, der für den Umfang bestimmter Leistungen maßgeblich ist, alle nach den genannten Gesetzen und Vorschriften anzuerkennenden **Schädigungsfolgen insgesamt berücksichtigt**.

Da aufgrund der Vorschriften zu Besitzständen in den §§ 142 ff. SGB XIV bestimmte Personen auch ab 1.1.2024 Leistungen nach dem BVG oder nach einem Gesetz erhalten, das das BVG ganz oder teilweise für entsprechend anwendbar erklärt hat, bedarf es auch weiterhin eines Verweises auf das BVG und die Gesetze, die das BVG für entsprechend anwendbar erklärt haben.[5] 4

II. Bis 31.12.2023: Entsprechende Anwendung des § 55 BVG

§ 55 BVG **vermeidet Doppelleistungen**. Kommt es trotz des Vorrangs der Leistungen nach dem BVG (vgl. § 4 Abs. 1 HHG und § 6 Abs. 1 HHG) zu dem Fall, dass Leistungen nach § 4 HHG oder insbes. nach § 5 HHG mit Leistungen zusammentreffen, die unmittelbar nach dem BVG gewährt werden, so sind die Leistungen nach § 4 HHG und § 5 HHG im Rahmen der Anwendung des § 55 BVG wie Leistungen unmittelbar nach dem BVG zu behandeln. 5

Die Regelung wird **zum 1.1.2024 aufgehoben**. Eine § 55 BVG entsprechende Regelung ist im SGB XIV nicht enthalten, da ein Zusammentreffen der im SGB XIV enthaltenen Leistungsarten deutlich seltener auftreten wird bzw. dort, wo ein Zusammentreffen weiterhin vorkommen kann (zB bei Leistungsansprüchen als geschädigte Person einerseits und als Hinterbliebene andererseits), ist dies gewollt. Diese die Betroffenen **begünstigende Rechtslage** soll durch die Aufhebung des § 6 Abs. 2 HHG auch im HHG nachvollzogen werden.[6] 6

III. Elternrente (§ 6 Abs. 3 HHG)

§ 6 Abs. 3 S. 2 HHG regelt den Vorrang der **Elternrente** unmittelbar nach den Vorschriften des SGB XIV (bzw. bis 31.12.2023 des BVG). Sofern jedoch eine Elternrente nach dem HHG iVm dem SGB XIV (bzw. dem BVG) zu gewähren ist, sind bei der Feststellung der Elternrente auch Kinder zu berücksichtigen, die an den Folgen einer nach dem SGB XIV (bzw. dem BVG) anzuerkennenden Schädigung gestorben (oder verschollen) sind (§ 6 Abs. 3 S. 1 HHG). 7

D. Anhang

Gesetzestext in der aktuell (vsl. bis 31.12.2023) geltenden Fassung: 8

§ 6 HHG Zusammentreffen von Ansprüchen

(1) Treffen Ansprüche aus § 4 dieses Gesetzes mit Ansprüchen aus § 1 des Bundesversorgungsgesetzes zusammen, wird die Versorgung unter Berücksichtigung des durch die gesamten Schädigungsfolgen bedingten Grades der Schädigungsfolgen unmittelbar nach den Vorschriften des Bundesversorgungsgesetzes gewährt.

(2) § 55 des Bundesversorgungsgesetzes findet Anwendung, wenn Leistungen nach § 4 oder § 5 mit Leistungen zusammentreffen, die unmittelbar nach dem Bundesversorgungsgesetz gewährt werden.

(3) [1]Bei der Feststellung der Elternrente sind auch die Kinder zu berücksichtigen, die an den Folgen einer nach dem Bundesversorgungsgesetz anzuerkennenden Schädigung gestorben oder verschollen sind. [2]Besteht ein Anspruch auf Elternrente unmittelbar nach den Vorschriften des Bundesversorgungsgesetzes, so wird sie nach diesem Gesetz nicht gewährt.

---

5 BT-Drs. 19/13824, 237 zu Art. 9, Nr. 3, Buchst. a.

6 BT-Drs. 19/13824, 237 zu Art. 9, Nr. 3, Buchst. b.

§ 10 HHG Zuständigkeit und Verfahren

(1) [1]Für die Gewährung von Leistungen nach den §§ 4 und 5 sind die Behörden zuständig, denen nach Landesrecht die Durchführung des Vierzehnten Buches Sozialgesetzbuch obliegt. [2]Das Verfahren für die Gewährung von Leistungen nach den §§ 4 und 5 richtet sich nach dem Ersten und Zehnten Buch Sozialgesetzbuch; die §§ 115 bis 119 des Vierzehnten Buches Sozialgesetzbuch gelten entsprechend.

(2) Für die Gewährung der Leistungen nach den §§ 9a bis 9c und die Ausstellung der Bescheinigung nach Absatz 4 sind die von den Landesregierungen bestimmten Stellen zuständig; hat der Antragsteller seinen gewöhnlichen Aufenthalt im Ausland, so bestimmt die Regierung des Landes, in welchem die Bundesregierung ihren Sitz hat, die zuständige Behörde.

(3) [1]Über öffentlich-rechtliche Streitigkeiten über Leistungen nach den §§ 4 und 5 entscheiden die Gerichte der Sozialgerichtsbarkeit. [2]Für das Verfahren vor den Gerichten der Sozialgerichtsbarkeit sind die Vorschriften des Sozialgerichtsgesetzes für Angelegenheiten des Sozialen Entschädigungsrechts maßgebend. [3]Über öffentlich-rechtliche Streitigkeiten bei der Anwendung der §§ 9a bis 9c entscheiden die allgemeinen Verwaltungsgerichte.

(4) [1]Der Nachweis darüber, daß die Voraussetzungen des § 1 Abs. 1 vorliegen und daß Ausschließungsgründe nach § 2 Abs. 1 Nr. 1 und 2 weder gegeben noch gemäß § 2 Abs. 4 wirksam sind, ist durch eine Bescheinigung zu erbringen, soweit zugleich ein Anspruch nach den §§ 9a bis 9c besteht. [2]Im übrigen wird das Vorliegen dieser Voraussetzungen nur auf Ersuchen einer anderen Behörde festgestellt, wenn hiervon die Gewährung einer Leistung, eines Rechtes oder einer Vergünstigung abhängt.

(5) Über die Anträge mehrerer Antragsteller, die Erben oder weitere Erben einer in § 1 Abs. 1 Nr. 1 bezeichneten Person sind, entscheidet die Behörde, bei welcher der erste Antrag gestellt worden ist.

(6) Hält die Behörde zur Feststellung des Gewahrsams oder von Ausschließungsgründen nach § 2 Abs. 1 Nr. 1 und 2 und nach § 2 Abs. 4 die eidliche Vernehmung eines Zeugen oder eines Sachverständigen für geboten, so ist das Amtsgericht, in dessen Bezirk der Zeuge oder Sachverständige seinen Wohnsitz oder Aufenthaltsort hat, um die eidliche Vernehmung zu ersuchen.

(7) [1]Die Entscheidung über die Ausstellung einer Bescheinigung nach Absatz 4 ist für alle Behörden und Stellen verbindlich, die für die Gewährung von Rechten und Vergünstigungen nach diesem oder einem anderen Gesetz zuständig sind. [2]Hält eine Behörde oder Stelle die Entscheidung über die Ausstellung der Bescheinigung nicht für gerechtfertigt, so kann sie nur ihre Änderung oder Aufhebung durch die für die Ausstellung der Bescheinigung zuständige Stelle beantragen. [3]Die Ausstellungsbehörde entscheidet auch über Rücknahme und Widerruf und über die Ausstellung einer Zweitschrift einer Bescheinigung.

(8) Wird die Bescheinigung eingezogen oder für ungültig erklärt, so sind die Leistungen nach diesem Gesetz einzustellen.

A. Gesetzesgeschichte

1 Zur Geschichte des HHG insgesamt vgl. Kommentierung bei § 4 HHG. Seit der Neufassung des HHG zum 1.1.1993 wurde § 10 HHG zunächst dreimal redaktionell geändert. Die erste Änderung erfolgte mit Wirkung vom 2.1.2002 und enthielt eine Anpassung des § 10 Abs. 3 S. 3 HHG an die Neufassung von § 51 SGG.[1] Erst mit Wirkung zum 24.5.2007 war die Verweisung an eine Änderung des § 15 BVFG ange-

1 BT-Drs. 14/5943, 31 zu Art. 6.

passt worden.[2] Die dritte Änderung betraf § 10 Abs. 7 HHG und ist zum 11.7.2009 in Kraft getreten. Nachdem der Verweis auf § 15 BVFG nach einer Änderung dieser Norm nicht mehr zutreffend war, wurde das, was bisher durch Bezugnahme auf das BVFG galt, inhaltsgleich unmittelbar in § 10 Abs. 7 HHG geregelt.[3] **Zum 1.1.2024** wird das SER in einem eigenen Buch des Sozialgesetzbuchs (SGB XIV) geregelt.[4] Zwar wird das HHG nicht in das SGB XIV eingeordnet, es ergeben sich jedoch einige Folgeänderungen und sprachliche Anpassungen. Denn das HHG nimmt ab 1.1.2024 anstelle der Vorschriften des BVG auf diejenigen des SGB XIV Bezug.[5]

B. Normsystematik

2 Die Vorschrift bestimmt im Wesentlichen die Zuständigkeiten für bestimmte Leistungen. Daneben enthält sie Regelungen zum Verwaltungsverfahren und zum Rechtsweg.

C. Einzelkommentierung

I. Zuständigkeit (§ 10 Abs. 1, Abs. 2 und Abs. 5 HHG)

3 Für die Gewährung der dem SER zugehörigen **Leistungen nach § 4 HHG und § 5 HHG** sind nach **§ 10 Abs. 1 HHG** die Behörden sachlich zuständig, denen nach Landesrecht die Durchführung des SGB XIV (bzw. bis 31.12.2023 des BVG und des Unterhaltsbeihilfegesetzes) obliegt. Das Verfahren richtet sich nach dem SGB I und dem SGB X sowie den Sonderregelungen für das Verfahren zur Prüfung des Leistungsanspruchs nach §§ 115 bis 119 SGB XIV (bzw. bis 31.12.2023 nach den für die Kriegsopferversorgung geltenden Vorschriften, insbes. KOVVfG, soweit die Versorgungsverwaltungen zuständig sind). Für die **Eingliederungshilfen nach §§ 9a bis 9c HHG** und die Ausstellung der **Bescheinigung** nach § 10 Abs. 4 HHG sind die von den Landesregierungen bestimmten Stellen, idR Behörden der inneren Verwaltung, sachlich zuständig. Für Antragstellerinnen und Antragsteller mit gewöhnlichem Aufenthalt im Ausland bestimmt das Land Berlin die zuständige Behörde (**§ 10 Abs. 2 HHG**). Für den Fall der Antragstellung durch **mehrere Antragsteller**, die (weitere) Erben einer Person nach § 1 Abs. 1 Nr. 1 HHG sind, konzentriert **§ 10 Abs. 5 HHG** die Zuständigkeit auf die Behörde, bei welcher der erste Antrag gestellt worden ist.

II. Nachweis bestimmter Tatbestandvoraussetzungen durch eine Bescheinigung und deren Bindungswirkung (§ 10 Abs. 4, Abs. 7 und Abs. 8 HHG)

4 Die **Bescheinigung nach § 10 Abs. 4 HHG** wird von den nach § 10 Abs. 2 HHG zuständigen Behörden ausgestellt. Sie wird im Zusammenhang mit der Gewährung von Leistungen nach §§ 9a bis 9c HHG ausgestellt (§ 10 Abs. 4 S. 1 HHG). Besteht ein solcher Anspruch nicht, hängt jedoch die Gewährung einer anderen Leistung, eines Rechtes oder einer Vergünstigung vom Vorliegen dieser Voraussetzungen ab, so ist die hierfür zuständige Behörde verpflichtet, bei der nach § 10 Abs. 2 HHG zuständigen Stelle um Ausstellung der Bescheinigung nach § 10 Abs. 4 HHG zu ersuchen.[6] Die Bescheinigung ist damit **notwendiges Beweismittel**; ein Gegenbeweis kann nicht

---

2 BT-Drs. 16/4017, 15 zu Art. 2.
3 BT-Drs. 16/12593, 9 zu Art. 2.
4 BT-Drs. 19/13824, 2.
5 BT-Drs. 19/13824, 89 f., 236 ff.
6 Die Bearbeitungshinweise des Bundesministeriums des Innern für Feststellungen iSv § 10 Abs. 4 S. 2 HHG vom 24.6.2003 (M II 1 – 906 171/2) enthalten Auslegungshinweise zum HHG.

erbracht werden.[7] Damit wird erreicht, dass die Tatbestandsmerkmale der §§ 1 Abs. 1, 2 Abs. 1 Nr. 1 und 2 HHG ausschließlich von einer zuständigen, fachkompetenten Stelle geprüft werden. Dies bewirkt eine weitestgehende Gleichbehandlung aller Berechtigten und **vermeidet abweichende Entscheidungen** (vgl. auch § 10 Abs. 7 HHG).[8]

5 Die Bescheinigung dient ausschließlich als **Nachweis** dafür, dass die in § 1 Abs. 1 HHG genannten Tatbestandsvoraussetzungen vorliegen sowie die in § 2 Abs. 1 Nr. 1 und 2 HHG genannten Ausschließungsgründe weder gegeben noch gemäß § 2 Abs. 4 HHG wirksam sind. Das Vorliegen weiterer Anspruchsvoraussetzungen oder Tatbestandsmerkmale wird dadurch nicht bewiesen, auch nicht das Vorliegen eines Anspruchs auf Leistungen der Sozialen Entschädigung (bzw. der Versorgung) nach § 4 HHG.[9] Ob ein Ausschließungsgrund nach § 2 Abs. 1 Nr. 3 HHG gegeben ist, ist jeweils von der Behörde zu prüfen, die für die Entscheidung über die beantragte Leistung zuständig ist. Dieser Ausschließungsgrund ist in § 10 Abs. 4 HHG bewusst nicht genannt, da diese Prüfung keine besonderen Kenntnisse und Erfahrungen über die in den Vertreibungsgebieten herrschenden Umstände oder **besondere Sachkunde** auf dem Gebiet des Vertriebenenrechts voraussetzt.[10]

6 Die **Bindungswirkung nach § 10 Abs. 7 HHG** korrespondiert mit § 10 Abs. 4 HHG und vermeidet vor dem Hintergrund der Zuständigkeit verschiedener Behörden Doppelprüfungen sowie abweichende Entscheidungen. Sie gilt zB für die Versorgungsverwaltung im Rahmen der Prüfung eines Anspruchs nach § 4 HHG.[11] Die Reichweite der Bindungswirkung nach § 10 Abs. 7 HHG korrespondiert mit der Reichweite der Beweiswirkung der Bescheinigung nach § 10 Abs. 4 HHG.[12]

7 Die Bindungswirkung bleibt solange bestehen, wie die Bescheinigung nicht geändert, zurückgenommen oder widerrufen wurde (vgl. § 10 Abs. 7 S. 3 HHG). **Rücknahme und Widerruf** richten sich nach den allgemeinen Vorschriften (§§ 48 f. VwVfG). Zuständig ist ausschließlich die Ausstellungsbehörde. Bei Zweifeln an der Rechtmäßigkeit kann eine andere Behörde lediglich die Änderung oder Rücknahme beantragen (§ 10 Abs. 7 S. 2 HHG).

8 Die **Folgen** einer Rücknahme oder eines Widerrufs für die Leistungen nach dem HHG ergeben sich aus **§ 10 Abs. 8 HHG**. Die Vorschrift verdeutlicht dabei nochmals die Wirkung der Bescheinigung. Wird die Bescheinigung eingezogen oder für ungültig erklärt, so **sind die Leistungen** nach dem HHG **einzustellen**. Ein Ermessen besteht insoweit nicht.

9 Die Regelung über die Bindungswirkung ist erst am 1.6.1969 in Kraft getreten; sie wurde durch das Dritte Gesetz zur Änderung und Ergänzung des HHG (3. HHÄndG) vom 30.5.1969[13] eingefügt. Bindungswirkung entfalten daher nur solche Bescheinigungen, die ab dem Inkrafttreten der Vorschrift ausgestellt worden sind, nicht jedoch sog. **Altbescheinigungen**. Letztere entfalten nur Wirkung als notwendiges Beweismit-

7 BVerwG Urt. v. 23.7.1980 – 8 C 90/79, BVerwGE 60, 316; zur Beweis- und Bindungswirkung vgl. auch BSG Urt. v. 12.9.2019 – B 9 V 2/18 R, BSGE 129, 87 = juris Rn. 17 mwN; BSG Urt. v. 12.9.2019 – B 9 V 4/18 R, SozR 4-3100 § 1 Nr. 5 Rn. 40 mwN.
8 BT-Drs. 2/1450, 10.
9 BSG Urt. v. 2.3.1983 – 9a RVh 1/82, VersorgB 1983, 83.
10 BSG Urt. v. 27.3.1974 – 10 RV 11/73, BSGE 37, 206.
11 BSG Urt. v. 2.3.1983 – 9a RVh 1/82, VersorgB 1983, 83.
12 Zur Beweis- und Bindungswirkung vgl. auch BSG Urt. v. 12.9.2019 – B 9 V 2/18 R, BSGE 129, 87 = juris Rn. 17 mwN; BSG Urt. v. 12.9.2019 – B 9 V 4/18 R, SozR 4-3100 § 1 Nr. 5 Rn. 40 mwN.
13 BGBl. 1969 I 451.

tel. Allein aufgrund der fehlenden Bindungswirkung besteht jedoch kein Anspruch auf Ausstellung einer neuen Bescheinigung.[14]

III. Verfahren (§ 10 Abs. 6 HHG)

§ 10 Abs. 6 HHG richtet sich allein an die nach § 10 Abs. 2 HHG für die Ausstellung der Bescheinigung nach § 10 Abs. 4 HHG zuständigen Behörden, da nur diese für die in § 10 Abs. 6 HHG genannten Feststellungen zuständig sind. Die Vorschrift regelt die Zuständigkeit für eine eidliche **Vernehmung von Zeugen oder Sachverständigen,** soweit die Behörde dies für geboten hält. 10

IV. Rechtsweg (§ 10 Abs. 3 HHG)

Für die Fälle des § 10 Abs. 1 HHG bestimmt § 10 Abs. 3 S. 1 HHG den Sozialrechtsweg; es gelten die Vorschriften des SGG für Angelegenheiten des SER (bzw. bis 31.12.2023 der Kriegsopferversorgung). Die bis 31.12.2023 geltende Trennung zwischen den bisherigen Rechtsbereichen der Kriegsopferversorgung und der Kriegsopferfürsorge (vgl. § 10 Abs. 3 S. 3 HHG in der Fassung bis 31.12.2023) wird aufgehoben. Ab 1.1.2024 gilt eine **einheitliche Rechtswegzuweisung** für sämtliche Streitigkeiten in Angelegenheiten des **SER** zu den Gerichten der **Sozialgerichtsbarkeit.**[15] Für öffentlich-rechtliche Streitigkeiten bei der Anwendung der §§ 9a bis 9c HHG bzw. im Hinblick auf die Bescheinigung nach § 10 Abs. 4 HHG verbleibt es beim Rechtsweg zu den **allgemeinen Verwaltungsgerichten** (§ 10 Abs. 3 S. 4 HHG). In beiden Fällen fallen keine Gerichtskosten an (§ 183 SGG bzw. § 188 VwGO). 11

D. Anhang

Gesetzestext in der aktuell (vsl. bis 31.12.2023) geltenden Fassung: 12

§ 10 HHG Zuständigkeit und Verfahren

(1) [1]Für die Gewährung von Leistungen nach den §§ 4, 5 und 8 sind die Behörden zuständig, denen die Durchführung des Bundesversorgungsgesetzes und des Unterhaltsbeihilfegesetzes obliegt. [2]Soweit die Versorgungsbehörden zuständig sind, richtet sich das Verfahren nach den für die Kriegsopferversorgung geltenden Vorschriften.

(2) Für die Gewährung der Leistungen nach den §§ 9a bis 9c und die Ausstellung der Bescheinigung nach Absatz 4 sind die von den Landesregierungen bestimmten Stellen zuständig; hat der Antragsteller seinen gewöhnlichen Aufenthalt im Ausland, so bestimmt die Regierung des Landes, in welchem die Bundesregierung ihren Sitz hat, die zuständige Behörde.

(3) [1]Über öffentlich-rechtliche Streitigkeiten entscheiden die Gerichte der Sozialgerichtsbarkeit, soweit dieses Gesetz von den für die Kriegsopferversorgung zuständigen Verwaltungsbehörden durchgeführt wird. [2]Für das Verfahren vor den Gerichten der Sozialgerichtsbarkeit sind die Vorschriften des Sozialgerichtsgesetzes für Angelegenheiten der Kriegsopferversorgung maßgebend. [3]§ 51 Abs. 1 Nr. 6 zweiter Halbsatz des Sozialgerichtsgesetzes bleibt unberührt. [4]Über öffentlich-rechtliche Streitigkeiten bei der Anwendung der §§ 9a bis 9c entscheiden die allgemeinen Verwaltungsgerichte.

(4) [1]Der Nachweis darüber, daß die Voraussetzungen des § 1 Abs. 1 vorliegen und daß Ausschließungsgründe nach § 2 Abs. 1 Nr. 1 und 2 weder gegeben noch gemäß § 2 Abs. 4 wirksam sind, ist durch eine Bescheinigung zu erbringen, soweit zugleich ein Anspruch nach den §§ 9a bis 9c besteht. [2]Im übrigen wird das Vorliegen dieser Voraussetzungen nur auf Ersuchen einer anderen Behörde festgestellt, wenn hiervon die Gewährung einer Leistung, eines Rechtes oder einer Vergünstigung abhängt.

(5) Über die Anträge mehrerer Antragsteller, die Erben oder weitere Erben einer in § 1 Abs. 1 Nr. 1 bezeichneten Person sind, entscheidet die Behörde, bei welcher der erste Antrag gestellt worden ist.

---

14 BVerwG Urt. v. 23.7.1980 – 8 C 90/79, BVerwGE 60, 316.

15 BT-Drs. 19/13824, 237 f. zu Art. 9, Nr. 4, Buchst. b, Doppelbuchst. bb und cc sowie 245 zu Art. 16 Nr. 11.

(6) Hält die Behörde zur Feststellung des Gewahrsams oder von Ausschließungsgründen nach § 2 Abs. 1 Nr. 1 und 2 und nach § 2 Abs. 4 die eidliche Vernehmung eines Zeugen oder eines Sachverständigen für geboten, so ist das Amtsgericht, in dessen Bezirk der Zeuge oder Sachverständige seinen Wohnsitz oder Aufenthaltsort hat, um die eidliche Vernehmung zu ersuchen.

(7) [1]Die Entscheidung über die Ausstellung einer Bescheinigung nach Absatz 4 ist für alle Behörden und Stellen verbindlich, die für die Gewährung von Rechten und Vergünstigungen nach diesem oder einem anderen Gesetz zuständig sind. [2]Hält eine Behörde oder Stelle die Entscheidung über die Ausstellung der Bescheinigung nicht für gerechtfertigt, so kann sie nur ihre Änderung oder Aufhebung durch die für die Ausstellung der Bescheinigung zuständige Stelle beantragen. [3]Die Ausstellungsbehörde entscheidet auch über Rücknahme und Widerruf und über die Ausstellung einer Zweitschrift einer Bescheinigung.

(8) Wird die Bescheinigung eingezogen oder für ungültig erklärt, so sind die Leistungen nach diesem Gesetz einzustellen.

§ 13 HHG Kostenregelung

[1]Der Bund trägt die Aufwendungen für Leistungen nach diesem Gesetz jeweils in dem gleichen Umfange wie die Aufwendungen für Leistungen, die unmittelbar auf Grund der Gesetze gewährt werden, die in diesem Gesetz für entsprechend anwendbar erklärt sind. [2]Für diese Leistungen, die ab dem 1. Januar 2024 nach dem Vierzehnten Buch Sozialgesetzbuch erfolgen, ist § 134 Absatz 2 des Vierzehnten Buches Sozialgesetzbuch entsprechend anwendbar.

A. Gesetzesgeschichte

1 Zur Geschichte des HHG insgesamt vgl. Kommentierung bei § 4 HHG. **Zum 1.1.2024** wird das SER in einem eigenen Buch des Sozialgesetzbuchs (SGB XIV) geregelt.[1] Zwar wird das HHG nicht in das SGB XIV eingeordnet, es ergeben sich jedoch einige Folgeänderungen und sprachliche Anpassungen. Denn das HHG nimmt ab 1.1.2024 anstelle der Vorschriften des BVG auf diejenigen des SGB XIV Bezug.[2]

B. Normsystematik und Einzelkommentierung

2 Die Vorschrift regelt die **Kostentragung** durch den Bund. Bei § 13 S. 2 HHG (neu) handelt sich um eine Folgeänderung aufgrund der Aufhebung des BVG und des Inkrafttretens des SGB XIV zum 1.1.2024. Angesichts unterschiedlicher Regelungen zur Tragung der Kosten im SGB XIV bedarf es eines konkreten Verweises auf die maßgebliche Regelung für Fälle, die nach Inkrafttreten des SGB XIV erstmalig Leistungen nach dem HHG beantragen und erhalten. Für Leistungen im Besitzstand für Berechtigte nach dem HHG gilt § 155 Abs. 1 Nr. 1 SGB XIV.[3]

C. Anhang

3 Gesetzestext in der aktuell (vsl. bis 31.12.2023) geltenden Fassung:

§ 13 HHG Kostenregelung

Der Bund trägt die Aufwendungen für Leistungen nach diesem Gesetz jeweils in dem gleichen Umfange wie die Aufwendungen für Leistungen, die unmittelbar auf Grund der Gesetze gewährt werden, die in diesem Gesetz für entsprechend anwendbar erklärt sind.

---

1 BT-Drs. 19/13824, 2.
2 BT-Drs. 19/13824, 89 f., 236 ff.
3 BT-Drs. 19/13824, 238.

Gesetz über die Rehabilitierung und Entschädigung von Opfern rechtsstaatswidriger Strafverfolgungsmaßnahmen im Beitrittsgebiet (Strafrechtliches Rehabilitierungsgesetz – StrRehaG)

In der Fassung der Bekanntmachung vom 17. Dezember 1999 (BGBl. I 2664)
(FNA 253-1)
zuletzt geändert durch Art. 12 Teilhabestärkungsgesetz vom 2. Juni 2021
(BGBl. I 1387)

Abschnitt 1 Rehabilitierung und Folgeansprüche

§ 1 StrReha Aufhebung rechtsstaatswidriger Entscheidungen

(1) Die strafrechtliche Entscheidung eines staatlichen deutschen Gerichts in dem in Artikel 3 des Einigungsvertrages genannten Gebiet (Beitrittsgebiet) aus der Zeit vom 8. Mai 1945 bis zum 2. Oktober 1990 ist auf Antrag für rechtsstaatswidrig zu erklären und aufzuheben (Rehabilitierung), soweit sie mit wesentlichen Grundsätzen einer freiheitlichen rechtsstaatlichen Ordnung unvereinbar ist, insbesondere weil

1. die Entscheidung politischer Verfolgung gedient hat; dies gilt in der Regel für Verurteilungen nach folgenden Vorschriften:
   a) Landesverräterische Nachrichtenübermittlung (§ 99 des Strafgesetzbuches der Deutschen Demokratischen Republik vom 12. Januar 1968 in der Fassung der Bekanntmachung vom 14. Dezember 1988, GBl. 1989 I Nr. 3 S. 33);
   b) Staatsfeindlicher Menschenhandel (§ 105 des Strafgesetzbuches der Deutschen Demokratischen Republik vom 12. Januar 1968 in der Fassung der Bekanntmachung vom 14. Dezember 1988, GBl. 1989 I Nr. 3 S. 33);
   c) Staatsfeindliche Hetze (§ 106 Abs. 1 Nr. 1 bis 4, Abs. 2 und 3 des Strafgesetzbuches der Deutschen Demokratischen Republik vom 12. Januar 1968 in der Fassung der Bekanntmachung vom 14. Dezember 1988, GBl. 1989 I Nr. 3 S. 33);
   d) Ungesetzliche Verbindungsaufnahme (§ 219 des Strafgesetzbuches der Deutschen Demokratischen Republik vom 12. Januar 1968 in der Fassung der Bekanntmachung vom 14. Dezember 1988, GBl. 1989 I Nr. 3 S. 33);
   e) Ungesetzlicher Grenzübertritt (§ 213 Abs. 1, 2, 3 Satz 2 Nr. 3 bis 6, oder Abs. 4 des Strafgesetzbuches der Deutschen Demokratischen Republik vom 12. Januar 1968 in der Fassung der Bekanntmachung vom 14. Dezember 1988, GBl. 1989 I Nr. 3 S. 33);
   f) Boykotthetze gemäß Artikel 6 Abs. 2 der Verfassung der Deutschen Demokratischen Republik vom 7. Oktober 1949 (GBl. I Nr. 1 S. 5);
   g) Wehrdienstentziehung und Wehrdienstverweigerung (§ 256 des Strafgesetzbuches der Deutschen Demokratischen Republik vom 12. Januar 1968 in der Fassung der Bekanntmachung vom 14. Dezember 1988, GBl. 1989 I Nr. 3 S. 33) oder § 43 des Gesetzes über den Wehrdienst in der Deutschen Demokratischen Republik vom 25. März 1982 (GBl. I Nr. 12 S. 221);
   h) nach Vorschriften, die den unter den Buchstaben a bis g genannten Vorschriften inhaltlich entsprechen, sowie
   i) Hochverrat, Spionage, Anwerbenlassen zum Zwecke der Spionage, Landesverräterische Agententätigkeit, Staatsverbrechen, die gegen einen verbündeten Staat gerichtet sind, Unterlassung der Anzeige einer dieser Straftaten, Geheimnisverrat (§§ 96, 97, 98, 100, 108, 225 Abs. 1 Nr. 2 in Verbindung mit diesen Vorschriften, §§ 245 oder 246 des Strafgesetzbuches der Deutschen Demokra-

tischen Republik vom 12. Januar 1968 in der Fassung der Bekanntmachung vom 14. Dezember 1988, GBl. 1989 I Nr. 3 S. 33) oder nach inhaltlich entsprechenden Vorschriften, wenn die Tat für die Bundesrepublik Deutschland, einen mit ihr verbündeten Staat oder für eine Organisation begangen worden sein soll, die den Grundsätzen einer freiheitlichen rechtsstaatlichen Ordnung verpflichtet ist, oder

2. die angeordneten Rechtsfolgen in grobem Missverhältnis zu der zu Grunde liegenden Tat stehen.

(2) Mit wesentlichen Grundsätzen einer freiheitlichen rechtsstaatlichen Ordnung unvereinbar sind die Entscheidungen des Landgerichts Chemnitz, Außenstelle Waldheim, aus dem Jahr 1950 („Waldheimer Prozesse").

(3) Ist eine Entscheidung auf die Verletzung mehrerer Strafvorschriften gestützt und liegen die Voraussetzungen des Absatzes 1 nur hinsichtlich eines Teiles der Strafvorschriften vor, kann die Entscheidung insgesamt aufgehoben werden, wenn die übrigen Gesetzesverletzungen für die Anordnung der Rechtsfolgen von untergeordneter Bedeutung gewesen sind.

(4) Kommt eine vollständige Aufhebung der Entscheidung nicht in Betracht, hebt das Gericht den Teil der Entscheidung auf, für den die Voraussetzungen des Absatzes 1 vorliegen.

(5) Für strafrechtliche Maßnahmen, die keine gerichtlichen Entscheidungen sind, gelten die Vorschriften dieses Gesetzes entsprechend.

(6) [1]Ein Antrag nach Absatz 1 ist unzulässig, soweit nach dem 2. Oktober 1990 über einen auf denselben Sachverhalt gestützten zulässigen Antrag auf Rehabilitierung oder Kassation rechtskräftig entschieden worden ist. [2]Dies gilt nicht, soweit dargelegt wird, dass der frühere Antrag nach den Vorschriften dieses Gesetzes Erfolg gehabt hätte.

§ 2 StrReha Rechtsstaatswidrige Entscheidungen über Freiheitsentzug außerhalb eines Strafverfahrens

(1) [1]Die Vorschriften dieses Gesetzes finden auf eine außerhalb eines Strafverfahrens ergangene gerichtliche oder behördliche Entscheidung, mit der eine Freiheitsentziehung angeordnet worden ist, entsprechende Anwendung. [2]Dies gilt insbesondere für eine Einweisung in eine psychiatrische Anstalt sowie eine Anordnung einer Unterbringung in einem Heim für Kinder oder Jugendliche, die der politischen Verfolgung oder sonst sachfremden Zwecken gedient hat.

(2) Der Freiheitsentziehung werden Leben unter haftähnlichen Bedingungen oder Zwangsarbeit unter haftähnlichen Bedingungen gleichgestellt.

§ 3 StrReha Folgeansprüche

(1) Die Aufhebung einer Entscheidung nach § 1 begründet Ansprüche nach Maßgabe dieses Gesetzes.

(2) Wird eine Einziehung von Gegenständen oder eine Vermögenseinziehung aufgehoben, richtet sich die Rückübertragung oder Rückgabe von Vermögenswerten nach dem Vermögensgesetz und dem Investitionsvorranggesetz.

§ 4 StrReha Beendigung der Vollstreckung

(1) [1]Die Vollstreckung einer strafgerichtlichen Entscheidung endet mit der Rechtskraft der aufhebenden Entscheidung, wenn die Vollstreckung noch nicht beendet ist. [2]Durch einen Antrag nach § 1 wird die Vollstreckung einer noch nicht vollstreckten Rechtsfolge nicht gehemmt. [3]Das Gericht kann einen Aufschub oder eine Unterbrechung der Vollstreckung anordnen.

(2) Soweit die Entscheidung nicht aufgehoben wird, hat das Gericht die Vollstreckung für erledigt zu erklären, wenn ihre Fortsetzung unter Berücksichtigung der bereits vollstreckten Rechtsfolgen unverhältnismäßig wäre.

§ 5 StrReha Bundeszentralregister

(1) Die rechtskräftige Entscheidung und die durch Beschwerde angefochtene stattgebende Entscheidung des Gerichts sind dem Bundeszentralregister mitzuteilen; dies gilt nicht, wenn der Betroffene verstorben ist.

(2) [1]In das Bundeszentralregister ist die durch Beschwerde angefochtene stattgebende Entscheidung einzutragen, wenn die dem Rehabilitierungsverfahren zu Grunde liegende Entscheidung in das Bundeszentralregister eingetragen ist. [2]Verurteilungen, bei denen die stattgebende Entscheidung vermerkt ist, werden nicht in das Führungszeugnis aufgenommen; wird in der Entscheidung dem Rehabilitierungsantrag nur teilweise stattgegeben, ist im Führungszeugnis darauf hinzuweisen. [3]Ist das Rehabilitierungsverfahren rechtskräftig abgeschlossen, wird die Eintragung nach Satz 1 aus dem Bundeszentralregister entfernt.

(3) [1]Eintragungen im Strafregister der Deutschen Demokratischen Republik, die auf einer gerichtlichen Entscheidung beruhen, die nach diesem Gesetz aufgehoben wird, werden nicht in das Bundeszentralregister übernommen. [2]Ist die aufgehobene Entscheidung nicht im Strafregister der Deutschen Demokratischen Republik oder im Bundeszentralregister eingetragen, erfolgt keine Eintragung in das Bundeszentralregister. [3]Eine Eintragung im Bundeszentralregister, die auf einer gerichtlichen Entscheidung beruht, die nach diesem Gesetz aufgehoben ist, wird entfernt.

(4) [1]Die Zurückweisung eines Antrags nach § 1 ist im Bundeszentralregister zu vermerken, falls die angegriffene gerichtliche Entscheidung im Bundeszentralregister eingetragen ist. [2]Ist die angegriffene Entscheidung im Strafregister der Deutschen Demokratischen Republik eingetragen, wird die Eintragung in das Bundeszentralregister übernommen und die Zurückweisung des Antrags vermerkt; § 64a Abs. 3 des Bundeszentralregistergesetzes bleibt unberührt.

(5) Für die Fristberechnung gelten § 36 Nr. 3, § 64a Abs. 5 des Bundeszentralregistergesetzes entsprechend.

§ 6 StrReha Erstattung von Geldstrafen, Kosten des Verfahrens und notwendigen Auslagen des Betroffenen

(1) [1]Soweit eine Entscheidung aufgehoben wird, besteht ein Anspruch auf Erstattung gezahlter Geldstrafen, Kosten des Verfahrens und notwendiger Auslagen des Betroffenen im Verhältnis von zwei Mark der Deutschen Demokratischen Republik zu einer Deutschen Mark. [2]Bereits erfolgte Erstattungen sind anzurechnen.

(2) Die Höhe des Erstattungsanspruchs nach Absatz 1 kann geschätzt werden, wenn eine genaue Feststellung nicht oder nur mit unverhältnismäßigem Aufwand möglich wäre.

(3) § 25 Absatz 1 gilt entsprechend.

Abschnitt 2 Gerichtliches Verfahren

§ 7 StrReha Antrag

(1) Der Antrag nach § 1 kann

1. von dem durch die Entscheidung unmittelbar in seinen Rechten Betroffenen oder seinem gesetzlichen Vertreter,
2. nach dem Tode des Betroffenen von seinem Ehegatten, seinen Verwandten in gerader Linie, seinen Geschwistern oder von Personen, die ein berechtigtes Interesse an der Rehabilitierung des von der rechtsstaatswidrigen Entscheidung Betroffenen haben, oder
3. von der Staatsanwaltschaft, jedoch nicht, soweit der unmittelbar in seinen Rechten Betroffene widersprochen hat,

gestellt werden.

(2) [1]Der Antrag kann bei jedem Gericht schriftlich oder zu Protokoll der Geschäftsstelle erklärt werden. [2]Der Antrag ist zu begründen.

(3) Der Antrag kann auf bestimmte Beschwerdepunkte beschränkt werden.

(4) [1]Die in Absatz 1 Nr. 1 und 2 genannten Verfahrensbeteiligten können sich durch einen Bevollmächtigten vertreten lassen. [2]Zu Bevollmächtigten können die im Geltungsbereich dieses Gesetzes zugelassenen Rechtsanwälte sowie Rechtslehrer an deutschen Hochschulen gewählt werden. [3]Andere Personen können mit Zustimmung des Gerichts zu Bevollmächtigten gewählt werden. [4]Für die Prozesskostenhilfe gelten dieselben Vorschriften wie in bürgerlichen Rechtsstreitigkeiten.

(5) Verstirbt der Betroffene nach Antragstellung, können die nach Absatz 1 Nr. 2 oder 3 Antragsberechtigten binnen sechs Monaten die Fortsetzung des Verfahrens beantragen.

§ 8 StrReha Zuständiges Gericht

(1) [1]Für die Entscheidung nach § 1 ist das Bezirksgericht oder das an dessen Sitz errichtete Landgericht zuständig, in dessen Bezirk nach Maßgabe der Bezirksgerichtsgrenzen vom 3. Oktober 1990 das erstinstanzliche Strafverfahren oder das Ermittlungsverfahren durchgeführt worden ist. [2]Soweit in erster Instanz das Oberste Gericht der Deutschen Demokratischen Republik entschieden hat, ist das Landgericht Berlin zuständig.

(2) Hat sich der Gerichtsbezirk nach Erlass der angegriffenen Entscheidung geändert, bleibt das Gericht örtlich zuständig, das zum Zeitpunkt des Ergehens der angegriffenen Entscheidung nach Absatz 1 zuständig gewesen wäre.

§ 9 StrReha Besetzung der Rehabilitierungssenate oder Rehabilitierungskammern

(1) Das Bezirksgericht entscheidet durch Rehabilitierungssenate, das Landgericht durch Rehabilitierungskammern, die jeweils mit drei Berufsrichtern besetzt sind.

(2) [1]Wer vor dem 3. Oktober 1990 im Beitrittsgebiet als Berufsrichter oder Staatsanwalt tätig war, ist von der Mitwirkung an Rehabilitierungsentscheidungen kraft Gesetzes ausgeschlossen, solange er nicht auf Grund des Deutschen Richtergesetzes und der dazu ergangenen Maßgaben des Einigungsvertrages in ein Richterverhältnis berufen worden ist. [2]An einer Rehabilitierungsentscheidung darf nicht mehr als ein Richter mitwirken, der vor dem 3. Oktober 1990 im Beitrittsgebiet als Berufsrichter oder Staatsanwalt tätig war.

§ 10 StrReha Ermittlung des Sachverhalts

(1) [1]Das Gericht ermittelt den Sachverhalt von Amts wegen. [2]Dabei bestimmt es Art und Umfang der Ermittlungen, insbesondere etwaiger Beweiserhebungen, nach pflichtgemäßem Ermessen.

(2) [1]Das Gericht kann dem Antragsteller aufgeben, für die Entscheidung benötigte Unterlagen und andere Beweismittel vorzulegen oder zu bezeichnen und die den Antrag begründenden Tatsachen glaubhaft zu machen. [2]§ 11 Abs. 4 Satz 2 und 3 dieses Gesetzes sowie § 294 Abs. 1 der Zivilprozessordnung gelten entsprechend.

(3) [1]Es wird vermutet, dass die Anordnung der Unterbringung in einem Heim für Kinder oder Jugendliche der politischen Verfolgung oder sonst sachfremden Zwecken diente, wenn eine Einweisung in ein Spezialheim oder in eine vergleichbare Einrichtung, in der eine zwangsweise Umerziehung erfolgte, stattfand. [2]Darüber hinaus wird vermutet, dass die Anordnung der Unterbringung in einem Heim für Kinder oder Jugendliche der politischen Verfolgung oder sonst sachfremden Zwecken diente, soweit gleichzeitig mit der Unterbringung freiheitsentziehende Maßnahmen gegen die Eltern oder Elternteile aufgrund von Entscheidungen, die im Wege der Rehabilitierung für rechtsstaatswidrig erklärt und aufgehoben worden sind, vollstreckt wurden. [3]Eine gleichzeitige Vollstreckung freiheitsentziehender Maßnahmen liegt vor, wenn zwischen der Unterbringung in einem Heim und der Vollstreckung der freiheitsentziehenden Maßnahmen ein Sach- und Zeitzusammenhang besteht.

(4) Dem Antragsteller sind auf sein Verlangen Abschriften der angegriffenen Entscheidung und der Anklageschrift zu erteilen, soweit diese zugänglich sind.

(5) Das Gericht kann die Durchführung einzelner Ermittlungen der Staatsanwaltschaft übertragen.

§ 11 StrReha Gerichtliches Verfahren

(1) Ein Antrag soll bevorzugt bearbeitet werden, wenn dies unter den Gesichtspunkten der sozialen Dringlichkeit oder des Lebensalters des Antragstellers geboten erscheint.

(2) [1]Vor der Entscheidung gibt das Gericht der Staatsanwaltschaft Gelegenheit zur Stellungnahme. [2]Hat die Staatsanwaltschaft den Antrag gestellt, ist der nach § 7 Abs. 1 Nr. 1 Antragsberechtigte zu hören.

(3) [1]Das Gericht entscheidet in der Regel ohne mündliche Erörterung. [2]Es kann eine mündliche Erörterung anordnen, wenn es dies zur Aufklärung des Sachverhalts oder aus anderen Gründen für erforderlich hält.

(4) [1]Das Gericht kann das persönliche Erscheinen des Antragstellers anordnen. [2]Leistet der Antragsteller dieser Anordnung keine Folge, kann das Gericht das Ruhen des Verfahrens anordnen. [3]Der Antragsteller kann binnen sechs Monaten die Fortsetzung des Verfahrens beantragen.

(5) [1]Ist zu erwarten, dass die Entscheidung über den Antrag unmittelbare Wirkung auf die Rechte eines Dritten haben wird, so ist auch dieser an dem Verfahren zu beteiligen. [2]Absatz 1 und Absatz 3 Satz 1 gelten insoweit entsprechend.

§ 12 StrReha Rehabilitierungsentscheidung

(1) [1]Das Gericht entscheidet durch Beschluss. [2]Die Entscheidung ergeht im schriftlichen Verfahren, wenn nicht die Voraussetzungen einer Verkündung nach § 35 Abs. 1 der Strafprozessordnung vorliegen.

(2) [1]In den Beschluss sind die Namen der Richter, der Verfahrensbeteiligten und ihrer Bevollmächtigten aufzunehmen. [2]Der Beschluss enthält weiterhin
1. die Bezeichnung der angegriffenen Entscheidung,
2. die Feststellung, hinsichtlich welchen Vorwurfs und welcher Rechtsfolge die angegriffene Entscheidung aufgehoben wird,
3. die Dauer der zu Unrecht erlittenen Freiheitsentziehung,
4. den Betrag einer nach § 6 zu erstattenden Geldstrafe sowie die Feststellung, ob sonst ein Anspruch nach § 6 dem Grunde nach besteht.

(3) Der Beschluss ist zu begründen, soweit er mit der Beschwerde anfechtbar ist.

(4) Der Beschluss ist mit einer Rechtsmittelbelehrung zu versehen und den Verfahrensbeteiligten zuzustellen.

§ 13 StrReha Beschwerde

(1) Gegen den Beschluss kann innerhalb eines Monats nach seiner Zustellung Beschwerde eingelegt werden.

(2) [1]Der Beschluss unterliegt nicht der Beschwerde, soweit
1. einem Rehabilitierungsantrag stattgegeben worden ist und kein Verfahrensbeteiligter dem Antrag widersprochen hat,
2. das Gericht einstimmig und auf Antrag der Staatsanwaltschaft, der zu begründen ist,
   a) entschieden hat, dass die Rechtsfolgen der angegriffenen Entscheidung nicht in grobem Missverhältnis zu der zu Grunde liegenden Tat stehen, oder
   b) einen Antrag nach § 1 Abs. 6 als unzulässig verworfen hat.

[2]Satz 1 Nr. 2 gilt nicht, soweit die erfolgreiche Anfechtung zur Verkürzung einer noch zu vollstreckenden Freiheitsstrafe führen würde.

(3) [1]Über die Beschwerde entscheidet das Bezirksgericht oder das Oberlandesgericht, in dessen Bezirk die Landesregierung ihren Sitz hat, in Berlin das Kammergericht. [2]Das Beschwerdegericht entscheidet durch besondere Beschwerdesenate für Rehabilitierungssachen. [3]§ 9 gilt entsprechend.

(4) Will der Beschwerdesenat bei der Entscheidung einer Rechtsfrage von einer Entscheidung eines anderen Bezirksgerichts oder eines Oberlandesgerichts oder des Bundesgerichtshofes abweichen, hat er die Sache dem Bundesgerichtshof in entsprechender Anwendung von § 121 Abs. 2 des Gerichtsverfassungsgesetzes vorzulegen.

§ 14 StrReha Kosten des Verfahrens und notwendige Auslagen

(1) Kosten des Verfahrens werden nicht erhoben.

(2) [1]Wird dem Antrag ganz oder teilweise stattgegeben, fallen die notwendigen Auslagen des Antragstellers der Staatskasse zur Last. [2]Im Übrigen kann das Gericht die

notwendigen Auslagen des Antragstellers ganz oder teilweise der Staatskasse auferlegen, wenn es unbillig wäre, den Antragsteller damit zu belasten.

(3) Die Entscheidung nach Absatz 2 Satz 2 ist unanfechtbar.

(4) Für die notwendigen Auslagen des Antragstellers im Beschwerdeverfahren gilt § 473 Abs. 1 bis 4 der Strafprozessordnung entsprechend.

§ 15 StrReha Anwendbarkeit des Gerichtsverfassungsgesetzes und der Strafprozessordnung

Soweit in diesem Gesetz nichts anderes bestimmt ist, gelten die Vorschriften des Gerichtsverfassungsgesetzes und der Strafprozessordnung entsprechend.

Abschnitt 3 Soziale Ausgleichsleistungen

§ 16 StrReha Soziale Ausgleichsleistungen

(1) Die Rehabilitierung begründet einen Anspruch auf soziale Ausgleichsleistungen für Nachteile, die dem Betroffenen durch eine Freiheitsentziehung entstanden sind.

(2) Soziale Ausgleichsleistungen nach diesem Gesetz werden nicht gewährt, wenn der Berechtigte oder derjenige, von dem sich die Berechtigung ableitet, gegen die Grundsätze der Menschlichkeit oder Rechtsstaatlichkeit verstoßen oder in schwerwiegendem Maße seine Stellung zum eigenen Vorteil oder zum Nachteil anderer missbraucht hat.

(3) Die sozialen Ausgleichsleistungen nach Absatz 1 werden auf Antrag als Kapitalentschädigung, besondere Zuwendung für Haftopfer und Unterstützungsleistung nach Maßgabe der §§ 17 bis 19 sowie als Versorgung nach Maßgabe der §§ 21 bis 24 gewährt.

(4) Die Leistungen nach den §§ 17 bis 19 bleiben als Einkommen bei Sozialleistungen, deren Gewährung von anderen Einkommen abhängig ist, unberücksichtigt.

§ 17 StrReha Kapitalentschädigung

(1) Die Kapitalentschädigung beträgt 306,78 Euro für jeden angefangenen Kalendermonat einer mit wesentlichen Grundsätzen einer freiheitlichen rechtsstaatlichen Ordnung unvereinbaren Freiheitsentziehung.

(2) Auf die Kapitalentschädigung sind auf Grund desselben Sachverhaltes unmittelbar nach anderen gesetzlichen Vorschriften erbrachte Entschädigungsleistungen, insbesondere nach dem Häftlingshilfegesetz, anzurechnen.

(3) Die Kapitalentschädigung ist ab Antragstellung, frühestens jedoch ab dem 18. September 1990, übertragbar und vererblich.

(4) [1]Berechtigte, denen bereits eine Kapitalentschädigung nach § 17 Abs. 1 in Verbindung mit Abs. 2 in der bis zum 31. Dezember 1999 geltenden Fassung gewährt worden ist, erhalten auf Antrag eine Nachzahlung. [2]Soweit die zusätzliche Kapitalentschädigung nach § 17 Abs. 1 Satz 2 in der bis zum 31. Dezember 1999 geltenden Fassung bewilligt worden ist, beträgt die Nachzahlung 25,56 Euro, in den übrigen Fällen 153,39 Euro für jeden angefangenen Kalendermonat einer mit wesentlichen Grundsätzen einer freiheitlichen rechtsstaatlichen Ordnung unvereinbaren Freiheitsentziehung. [3]Der Anspruch auf Nachzahlung ist übertragbar und vererblich, soweit auch die Kapitalentschädigung gemäß Absatz 3 übertragbar und vererblich ist.

§ 17a StrReha Besondere Zuwendung für Haftopfer

(1) [1]Berechtigte nach § 17 Abs. 1, die in ihrer wirtschaftlichen Lage besonders beeinträchtigt sind, erhalten auf Antrag eine monatliche besondere Zuwendung für Haftopfer, wenn sie eine mit wesentlichen Grundsätzen einer freiheitlichen rechtsstaatlichen Ordnung unvereinbare Freiheitsentziehung von insgesamt mindestens 90 Tagen erlitten haben. [2]Die monatliche besondere Zuwendung für Haftopfer beläuft sich auf 330 Euro. [3]Das Bundesministerium der Justiz und für Verbraucherschutz überprüft im Einvernehmen mit dem Bundesministerium der Finanzen in einem Abstand von fünf Jahren, erstmals im Jahr 2025, die Höhe der monatlichen besonderen Zuwendung für Haftopfer.

(2) [1]Berechtigte gelten als in ihrer wirtschaftlichen Lage besonders beeinträchtigt, wenn ihr Einkommen die in den Sätzen 7 bis 9 bestimmten Einkommensgrenzen nicht übersteigt. [2]Das monatliche Einkommen ist entsprechend § 82 Absatz 1 Satz 1 bis 3, Absatz 2 Satz 1 und Absatz 7 Satz 1 bis 3 des Zwölften Buches Sozialgesetzbuch in Verbindung mit der Verordnung zur Durchführung des § 82 des Zwölften Buches Sozialgesetzbuch zu ermitteln; Renten wegen Alters, verminderter Erwerbsfähigkeit, Arbeitsunfalls oder Berufskrankheit sowie wegen Todes oder vergleichbare Leistungen, Arbeitsförderungsgeld und Kindergeld bleiben unberücksichtigt. [3]Neben den in § 82 Absatz 2 Satz 1 des Zwölften Buches Sozialgesetzbuch genannten Beträgen sind die angemessenen Beiträge zur betrieblichen Altersvorsorge vom Einkommen abzuziehen. [4]Soweit

1. die Einkünfte als Jahreseinkünfte berechnet werden oder
2. bei laufenden monatlichen Einnahmen zu erwarten ist, dass diese in unterschiedlicher Höhe zufließen,

kann das Einkommen vorläufig festgesetzt werden und ist jeweils nachträglich endgültig festzustellen. [5]Das bei der vorläufigen Entscheidung berücksichtigte Einkommen ist bei der abschließenden Entscheidung als Einkommen zugrunde zu legen, wenn das tatsächliche durchschnittliche monatliche Einkommen des Kalenderjahres das bei der vorläufigen Entscheidung zugrunde gelegte Einkommen um nicht mehr als 5 Euro monatlich übersteigt. [6]§ 11 Absatz 2 der Verordnung zur Durchführung des § 82 des Zwölften Buches Sozialgesetzbuch gilt entsprechend. [7]Die Einkommensgrenze wird festgelegt

1. bei alleinstehenden Berechtigten auf das Dreifache,
2. bei verheirateten oder in Lebenspartnerschaft lebenden Berechtigten sowie in eheähnlicher oder in lebenspartnerschaftsähnlicher Gemeinschaft lebenden Berechtigten auf das Vierfache

der Regelbedarfsstufe 1 nach der Anlage zu § 28 des Zwölften Buches Sozialgesetzbuch. [8]Für jedes Kind, für das der Berechtigte einen Kindergeldanspruch nach dem Einkommensteuer- oder Bundeskindergeldgesetz hat, wird die Einkommensgrenze um das Einfache der Regelbedarfsstufe 1 nach der Anlage zu § 28 des Zwölften Buches Sozialgesetzbuch erhöht. [9]Dies gilt unabhängig davon, ob für das Kind Unterhalts- oder sonstige Sozialleistungsansprüche bestehen.

(3) Ergibt sich, dass das zu berücksichtigende Einkommen die maßgebliche Einkommensgrenze um einen Betrag übersteigt, der geringer ist als der Betrag der besonderen Zuwendung für Haftopfer nach Absatz 1 Satz 2, erhält der Berechtigte die besondere Zuwendung in Höhe des auf volle Euro aufgerundeten Differenzbetrages.

(4) [1]Die besondere Zuwendung für Haftopfer wird monatlich im Voraus gezahlt, beginnend mit dem auf die Antragstellung folgenden Monat. [2]Änderungen des Einkommens sind von Berechtigten unverzüglich der zuständigen Behörde mitzuteilen. [3]Turnusmäßige und anlassunabhängige Einkommensüberprüfungen finden nicht statt. [4]§ 118 Absatz 3 bis 4a des Sechsten Buches Sozialgesetzbuch gilt entsprechend.

(5) Der Anspruch auf die besondere Zuwendung für Haftopfer nach Absatz 1 ist unpfändbar, nicht übertragbar und nicht vererbbar.

(6) [1]Das Erste und das Zehnte Buch Sozialgesetzbuch finden entsprechende Anwendung, soweit nicht dieses Gesetz etwas anderes bestimmt. [2]Führt eine Änderung dieses Gesetzes zu einer Änderung laufend gewährter Leistungen nach Absatz 1, sind diese von Amts wegen neu festzustellen. [3]Von einer förmlichen Bescheiderteilung kann abgesehen werden; ausgenommen hiervon sind Fälle nach Absatz 3.

(7) Die besondere Zuwendung für Haftopfer wird Personen nicht gewährt, gegen die eine Freiheitsstrafe von mindestens drei Jahren wegen einer vorsätzlichen Straftat rechtskräftig verhängt worden ist, sofern die Entscheidung in einer Auskunft aus dem Zentralregister enthalten ist.

§ 18 StrReha Unterstützungsleistungen

(1) [1]Berechtigte nach § 17 Abs. 1, die in ihrer wirtschaftlichen Lage besonders beeinträchtigt sind, erhalten Unterstützungsleistungen, wenn die Dauer der mit wesentlichen Grundsätzen einer freiheitlichen rechtsstaatlichen Ordnung unvereinbaren Freiheitsentziehung insgesamt weniger als 90 Tage betragen hat. [2]Das gilt nicht für Berechtigte, denen in Härtefällen nach § 19 eine besondere Zuwendung nach § 17a gewährt wird. [3]Für die Gewährung der Leistungen nach Satz 1 ist die nach § 15 des Häftlingshilfegesetzes errichtete Stiftung für ehemalige politische Häftlinge zuständig.

(2) [1]Der Stiftungsrat der Stiftung für ehemalige politische Häftlinge stellt Richtlinien für die Verwendung der Mittel auf, in denen er bestimmt, unter welchen Voraussetzungen und bis zu welcher Höhe Unterstützungsleistungen gewährt werden. [2]Die Richtlinien bedürfen der Genehmigung des für dieses Gesetz federführenden Bundesministeriums im Einvernehmen mit dem Bundesministerium des Innern, für Bau und Heimat und dem Bundesministerium der Finanzen. [3]Die §§ 22 und 23 des Häftlingshilfegesetzes gelten entsprechend.

(3) [1]Nach dem Tod des Berechtigten gilt für seine nächsten Angehörigen (Ehegatten, Kinder und Eltern) Absatz 1 in Verbindung mit Absatz 2 entsprechend, soweit sie durch die Freiheitsentziehung nicht unerheblich unmittelbar mitbetroffen waren. [2]Das gilt auch für die nächsten Angehörigen der Berechtigten nach § 17a. [3]Die nächsten Angehörigen von

1. Hingerichteten oder
2. während der Freiheitsentziehung oder im Anschluss an die Freiheitsentziehung an deren Folgen Verstorbenen

erhalten die Leistungen nach Satz 1 auch dann, wenn sie nicht in ihrer wirtschaftlichen Lage besonders beeinträchtigt sind.

(4) [1]Ein Antragsteller, der in einem Heim für Kinder oder Jugendliche untergebracht war, erhält auch Unterstützungsleistungen, wenn

1. die Unterbringung angeordnet wurde, weil zeitgleich mit dieser eine freiheitsentziehende Maßnahme, die mit wesentlichen Grundsätzen einer freiheitlichen rechtsstaatlichen Ordnung unvereinbar ist, an Eltern, Elternteilen oder einer Person vollstreckt wurde, die ihn nicht nur vorübergehend in ihren Haushalt aufgenommen und dort gepflegt, erzogen und beaufsichtigt hat,
2. er in seiner wirtschaftlichen Lage besonders beeinträchtigt ist,
3. er einen Antrag auf Rehabilitierung gestellt hat, der rechtskräftig abgelehnt worden ist, und
4. die Person nach Nummer 1 infolge der freiheitsentziehenden Maßnahme nach § 1 auch in Verbindung mit § 2 rehabilitiert worden ist, für sie eine Bescheinigung nach § 10 Absatz 4 Satz 1 des Häftlingshilfegesetzes ausgestellt worden ist oder

für sie festgestellt worden ist, dass die Voraussetzungen nach § 1 Absatz 1 des Häftlingshilfegesetzes vorliegen.

[2]Absatz 1 Satz 3 und Absatz 2 gelten entsprechend.

(5) Absatz 3 gilt entsprechend für die nächsten Angehörigen von Personen, die aus den in § 1 Abs. 1 Nr. 1 des Häftlingshilfegesetzes genannten Gründen aus dem Beitrittsgebiet fliehen wollten oder geflohen sind und infolge von Maßnahmen zur Verhinderung der Flucht ihr Leben verloren haben, soweit eine Bescheinigung nach § 10 Abs. 4 des Häftlingshilfegesetzes ausgestellt worden ist.

(6) Absatz 3 gilt entsprechend für die nächsten Angehörigen von Personen, die aus Anlass der Niederschlagung des Aufstandes vom 17. Juni 1953 im Beitrittsgebiet ihr Leben verloren haben, soweit eine Entscheidung nach § 12 des Verwaltungsrechtlichen Rehabilitierungsgesetzes ergangen ist.

§ 19 StrReha Härteregelung

Ergibt sich eine besondere Härte daraus, dass keine Kapitalentschädigung oder keine besondere Zuwendung gezahlt wird, kann die zuständige Behörde dem Antragsteller diese Leistung zuerkennen.

§ 20 StrReha Kostenregelung

Der Bund trägt 65 vom Hundert der Ausgaben, die den Ländern durch Leistungen nach diesem Gesetz entstehen.

§§ 21–24 StrReha

Zu den §§ 21 bis 24 siehe die nachfolgenden Kommentierungen

§ 25 StrReha Zuständigkeiten

(1) [1]Für die Gewährung der Leistungen nach den §§ 17, 17a und 19 und zur Prüfung der Voraussetzungen des § 16 Abs. 2 ist die Landesjustizverwaltung zuständig, in deren Geschäftsbereich die Rehabilitierungsentscheidung ergangen ist. [2]Die Landesregierungen können durch Rechtsverordnung andere Zuständigkeiten begründen. [3]Über Streitigkeiten bei der Anwendung des § 16 Abs. 2 sowie der §§ 17, 17a und 19 entscheidet das nach § 8 zuständige Gericht. [4]Die Vorschriften des Abschnitts 2 dieses Gesetzes gelten sinngemäß. [5]Der Antrag auf gerichtliche Entscheidung ist innerhalb eines Monats seit Zustellung der Entscheidung nach Satz 1 zu stellen.

(2) [1]Die Leistungen nach den §§ 17 bis 19 werden auch Personen gewährt, die eine Bescheinigung nach § 10 Abs. 4 des Häftlingshilfegesetzes erhalten haben

1. für einen Gewahrsam, der auf einer Verurteilung durch ein deutsches Gericht oder auf einer der in § 1 Abs. 5 genannten strafrechtlichen Maßnahmen beruht, wenn diese Bescheinigung vor Inkrafttreten dieses Gesetzes beantragt worden ist, oder
2. weil sie im Zusammenhang mit der Errichtung oder Aufrechterhaltung der kommunistischen Gewaltherrschaft im Beitrittsgebiet dort ohne Verurteilung durch ein deutsches Gericht oder ohne eine der in § 1 Abs. 5 genannten strafrechtlichen Maßnahmen in Gewahrsam genommen oder in Gewahrsam gehalten wurden.

[2]Für die Gewährung der Leistungen nach den §§ 17, 17a und 19 an Berechtigte nach Satz 1 sind ausschließlich die in § 10 Abs. 2 des Häftlingshilfegesetzes bestimmten

Stellen zuständig. [3]Über Streitigkeiten bei der Anwendung der Sätze 1 und 2 entscheidet das Verwaltungsgericht.

(3) Die Bundesregierung wird ermächtigt, durch Rechtsverordnung mit Zustimmung des Bundesrates den Zeitpunkt und die Reihenfolge der Gewährung der Leistung, auf die nach Absatz 2 ein Anspruch besteht, nach den Gesichtspunkten der sozialen Dringlichkeit zu bestimmen.

(4) [1]Für die Gewährung von Leistungen nach den §§ 21 und 22 sind die nach Landesrecht zur Durchführung des Vierzehnten Buches Sozialgesetzbuch bestimmten Behörden zuständig. [2]Das Verfahren für die Gewährung von Leistungen nach den §§ 21 und 22 richtet sich nach dem Ersten und Zehnten Buch Sozialgesetzbuch; die §§ 115 bis 119 des Vierzehnten Buches Sozialgesetzbuch gelten entsprechend.

(5) [1]In Streitigkeiten über Leistungen nach den §§ 21 und 22 entscheiden die Gerichte der Sozialgerichtsbarkeit. [2]Für diese Verfahren sind die Vorschriften des Sozialgerichtsgesetzes für Angelegenheiten des Sozialen Entschädigungsrechts maßgebend.

§ 25a StrReha Verarbeitung von personenbezogenen Daten

Personenbezogene Daten aus einem strafrechtlichen Rehabilitierungsverfahren dürfen auch für andere Verfahren zur Rehabilitierung, Wiedergutmachung oder Gewährung von Leistungen nach dem Häftlingshilfegesetz soweit erforderlich verarbeitet werden.

Abschnitt 4 Überleitungs- und Schlussvorschriften

§ 26 StrReha Übergangsvorschrift

(1) Anhängige Rehabilitierungs- und Kassationsverfahren sind nach den Vorschriften dieses Gesetzes fortzuführen.

(2) War ein Gericht in einem Verfahren, das vor dem Inkrafttreten dieses Gesetzes anhängig geworden ist, örtlich zuständig, bleibt diese Zuständigkeit auch nach dem Inkrafttreten dieses Gesetzes bestehen.

(3) [1]Ist ein Rehabilitierungsverfahren bis zum Inkrafttreten dieses Gesetzes abgeschlossen, gelten für die Folgeansprüche die Vorschriften dieses Gesetzes entsprechend. [2]Ist ein Kassationsverfahren nach den vom 3. Oktober 1990 bis zum Inkrafttreten dieses Gesetzes geltenden Vorschriften abgeschlossen, treten an die Stelle von Entschädigungsansprüchen die Folgeansprüche nach den Vorschriften dieses Gesetzes.

Kommentierung der §§ 1–20, 25, 26 StrRehaG

A. Gesetzesgeschichte und Normsystematik

Das Strafrechtliche Rehabilitierungsgesetz regelt die **Rehabilitierung der Opfer rechtsstaatswidriger Entscheidungen der Strafjustiz** der früheren sowjetischen Besatzungszone (SBZ) sowie der Deutschen Demokratischen Republik (**DDR**). Unter bestimmten Voraussetzungen bestand bereits seit den 1950er Jahren nach § 15 des Gesetzes über 1 die innerdeutsche Rechts- und Amtshilfe vom 2.5.1953[1] die Möglichkeit, die Unzulässigkeit der Vollstreckung des Urteils eines Gerichts aus der SBZ oder der DDR und auf dieser Grundlage die Anerkennung als politischer Häftling nach § 10 Abs. 4 Häftlingshilfegesetz (HHG) vom 6.8.1955[2] zu erreichen.[3] Politische Häftlinge, die infolge des Gewahrsams eine gesundheitliche Schädigung erlitten haben, haben Anspruch auf Entschädigung unter den Voraussetzungen des § 4 HHG (s. dazu → Rn. 13 sowie die Kommentierung zum HHG).

2 In der DDR begann die strafrechtliche Rehabilitierung Anfang des Jahres 1990 mit **Kassationsverfahren nach § 311 Strafprozessordnung der DDR** (DDR-StPO).[4] Auf dieser Grundlage wurden prominente Kritiker des politischen Systems der DDR wie Rudolf Bahro, Walter Janka und Erich Loest rehabilitiert.[5] Am 6.9.1990 verabschiedete die Volkskammer der DDR ein sehr weitreichendes **Rehabilitierungsgesetz.**[6]

3 Mit Art. 17 des **Einigungsvertrags** vom 31.8.1990[7] bekräftigten die Vertragsparteien ihre Absicht, dass unverzüglich eine gesetzliche Grundlage für die Rehabilitierung der Opfer politisch motivierter Strafverfolgungsmaßnahmen und rechtsstaatswidriger gerichtlichen Entscheidungen geschaffen wird. Die strafrechtlichen Teile des Rehabilitierungsgesetzes galten zunächst ebenso wie das Kassationsrecht nach §§ 311 ff. DDR-StPO mit einigen Modifikationen auch nach der Wiedervereinigung fort.[8]

4 Der Auftrag aus Art. 17 Einigungsvertrag wurde mit dem Ersten Gesetz zur Bereinigung von SED-Unrecht (Erstes SED-Unrechtsbereinigungsgesetz) vom 29.10.1992[9] und dem als Art. 1 dieses Gesetzes am 4.11.1992 in Kraft getretenen Gesetz über die Rehabilitierung und Entschädigung von Opfern rechtsstaatswidriger Strafverfolgungsmaßnahmen im Beitrittsgebiet (**Strafrechtliches Rehabilitierungsgesetz** – StrRehaG) umgesetzt. Gleichzeitig wurden die bis dahin fortgeltenden Vorschriften des Rehabilitierungsgesetzes der DDR und des Kassationsrechts nach der DDR-StPO aufgehoben.[10] Nach § 26 Abs. 1 StrRehaG waren anhängige Rehabilitierungs- und Kassationsverfahren nach den Vorschriften des StrRehaG fortzuführen.

5 Die **Antragstellung** nach § 7 StrRehaG war ursprünglich bis zum 31.12.1994 begrenzt. In mehreren Änderungsgesetzen war die Antragsfrist jedoch immer wieder verlängert worden, zuletzt mit dem Vierten Gesetz zur Verbesserung rehabilitationsrechtlicher Vorschriften vom 2.12.2010[11] bis zum 31.12.2019. Mit dem Gesetz zur Verbesserung rehabilitierungsrechtlicher Vorschriften für Opfer der politischen Verfolgung in der ehemaligen DDR und zur Änderung des Adoptionsvermittlungsgesetzes vom 22.11.2019[12] wurde die Frist schließlich vollständig gestrichen. Zur Begründung wird auf die fortbestehende erhebliche gesellschaftliche Bedeutung der Aufarbeitung des politisch motivierten staatlich verübten Unrechts in der DDR hingewiesen. Viele Betroffene hätten erst langsam die Fähigkeit erlangt, über das erlittene Unrecht zu

---

1 BGBl. 1953 I 161.
2 BGBl. 1955 I 498.
3 Vgl. Heinatz NJW 2000, 3022.
4 Vom 12.1.1968, GBl. I S. 49; vgl. Heinatz NJW 2000, 3022.
5 Vgl. Pfister/Mütze/Mütze Vor § 16 Rn. 3; Dollase DRiZ 2010, 328; Heinatz NJW 2000, 3022 mwN.
6 DDR GBl. I S. 1459.
7 BGBl. 1990 II 889.
8 Vgl. Pfister/Mütze/Mütze Vor § 16 Rn. 10 ff. mwN.
9 BGBl. I 1814.
10 Vgl. § 27 StrRehaG.
11 BGBl. 2010 I 1744.
12 BGBl. 2019 I 1752.

sprechen und sich mit Fragen der Rehabilitierung und ihnen möglicherweise zustehenden Leistungen zu befassen.[13]

6 Auch der **Anwendungsbereich des StrRehaG** wurde wiederholt erweitert. Ursprünglich war die Anfechtung gerichtlicher oder behördlicher Entscheidungen, mit denen außerhalb eines Strafverfahrens eine Freiheitsentziehung angeordnet worden war, auf Fälle der Einweisung in eine psychiatrische Anstalt beschränkt. Seit dem Inkrafttreten des Zweiten Gesetzes zur Bereinigung von SED-Unrecht (Zweites SED-Unrechtsbereinigungsgesetz) vom 23.6.1994[14] gilt die Einweisung in eine psychiatrische Anstalt, die der politischen Verfolgung oder sonst sachfremden Zwecken gedient hat, nur als ein mögliches Beispiel einer rechtsstaatswidrigen Freiheitsentziehung und mit dem Vierten Gesetz zur Verbesserung rehabilitierungsrechtlicher Vorschriften für Opfer der politischen Verfolgung in der ehemaligen DDR wurde zur Klarstellung[15] die Unterbringung in einem Heim für Kinder und Jugendliche der Unterbringung in einer psychiatrischen Anstalt ausdrücklich gleichgestellt (§ 2 Abs. 1 S. 2 StrRehaG).

7 Allerdings erwies sich die **Aufklärung** des entscheidungserheblichen Sachverhalts gerade in Fällen der Heimunterbringung von Kindern häufig als schwierig.[16] Allein aus den Verhältnissen in der Einrichtung kann nicht ohne Weiteres darauf geschlossen werden, dass die Anordnung der Unterbringung der politischen Verfolgung oder sonst sachfremden Zwecken gedient hat. Ausgesprochen problematische Verhältnisse in Kinderheimen gab es im Übrigen jedenfalls in dem Zeitraum, in dem die DDR existierte, auch im alten Bundesgebiet. Die Maßstäbe für die Beurteilung der Frage, wann eine Unterbringung im Kinderheim als rechtsstaatswidrige Maßnahme der politischen Verfolgung anzusehen ist, waren gerade in der Anfangszeit uneinheitlich.[17] Umstrittene Fragen zu den Rehabilitierungsvoraussetzungen bei Heimunterbringung wurden ua durch einen Beschluss des BGH vom 25.3.2015[18] geklärt. Danach hat die Anordnung der Unterbringung eines Betroffenen in einem Heim für Kinder oder Jugendliche nicht allein deshalb im Sinne des § 2 Abs. 1 S. 2 StrRehaG der politischen Verfolgung gedient, weil sie aus Anlass des Umstandes erfolgte, dass die **Eltern des Betroffenen** infolge ihrer Inhaftierung **als Opfer politischer Verfolgung** an der Ausübung der elterlichen Sorge gehindert waren. Auch nach dem Inhalt dieser Entscheidung blieb es zudem dabei, dass die Nichterweislichkeit der anspruchsbegründenden Tatsachen zulasten des Antragstellers geht.[19] Das entspricht zwar allgemeinen Grundsätzen, kann sich aber als unüberwindliche Hürde für Menschen erweisen, die als Kind und ohne eigene Kenntnis von den Gründen untergebracht worden sind.[20] Entscheidungen des LG Schwerin vom 2.9.2015[21] und des OLG Rostock vom 24.5.2016[22] waren nach einem Kammerbeschluss des BVerfG vom 9.12.2021[23] gar mit der Begründung aufzuheben, dass durch die mangelnde Ermittlung der Umstände der Heimunterbringung eines Antragstellers dessen Grundrechte aus Art. 2 Abs. 1 GG iVm dem Rechts-

---

13 Ausführlich dazu: BT-Drs. 19/10817, 3, 10 ff.; BT-Drs. 19/14427, 3; vgl. auch → VwRehaG §§ 1–18 Rn. 3.

14 BGBl. 1994 I 1311.

15 Vgl. BT-Drs. 17/3233, 8; vgl. auch BVerfG 13.5.2009 – 2 BvR 718/08, EuGRZ 2009, 401 = DVBl 2009, 909.

16 Vgl. BT-Drs. 19/10817, 22.

17 Vgl. Schmitz-Dörner NJ 2012, 190; Fritsche NJ 2020, 208 f.; Riedel-Krekeler, Die Rehabilitierung ehemaliger Heimkinder der DDR nach dem Strafrechtlichen Rehabilitierungsgesetz, S. 155 ff.

18 BGH Beschl. v. 25.3.2015 – 4 StR 525/13, BGHSt 60, 218.

19 BGH Beschl. v. 25.3.20154 – StR 525/13, BGHSt 60, 218, juris Rn. 18.

20 Vgl. dazu auch BT-Drs. 19/10817, 22.

21 LG Schwerin Beschl. v. 2.9.2015 – 41 Rh 19/14.

22 OLG Rostock Beschl. v. 24.5.2016 – 22 Ws_Reha 9/16.

23 BVerfG Beschl. v. 9.12.2021 – 2 BvR 1985/16.

staatsprinzip aus Art. 20 Abs. 3 GG verletzt worden seien, die Fachgerichte ihre Aufgabe zur Gewährleistung effektive Rechtsschutzes verfehlt hätten und dass das OLG zudem gegen das Willkürverbot aus Art. 3 Abs. 1 GG verstoßen habe, soweit dessen Sachverhaltsfeststellungen nicht nachvollziehbar seien. Auf die Schwierigkeiten bei der Aufklärung des Sachverhalts und die als unbillig empfundenen Ergebnisse von Verwaltungs- und Gerichtsverfahren zur Rehabilitierung ehemaliger DDR-Heimkinder reagiert das Gesetz zur Verbesserung rehabilitierungsrechtlicher Vorschriften für Opfer der politischen Verfolgung in der ehemaligen DDR und zur Änderung des Adoptionsvermittlungsgesetzes vom 22.11.2019[24] mit einer **Vermutungsregelung** (§ 10 Abs. 3 StrRehG). Danach wird vermutet, dass die Anordnung der Unterbringung in einem Heim für Kinder oder Jugendliche der politischen Verfolgung oder sonst sachfremden Zwecken diente, wenn eine Einweisung in ein **Spezialheim** oder in eine vergleichbare Einrichtung, in der eine zwangsweise Umerziehung erfolgte, stattfand. Darüber hinaus wird vermutet, dass die Anordnung der Unterbringung in einem Heim für Kinder oder Jugendliche der politischen Verfolgung oder sonst sachfremden Zwecken diente, soweit gleichzeitig mit der Unterbringung freiheitsentziehende **Maßnahmen gegen die Eltern** oder Elternteile aufgrund von Entscheidungen, die im Wege der Rehabilitierung für rechtsstaatswidrig erklärt und aufgehoben worden sind, vollstreckt wurden. Die Vermutung des § 10 Abs. 3 StrRehaG kann auch durch ein im Heimeinweisungsbeschluss pauschal angeführtes delinquentes Verhalten nicht entkräftet werden,[25] sondern nur durch die positive Feststellung, dass die Unterbringung aus anderen als den dort genannten Gründen erfolgt ist, etwa aus Fürsorgeerwägungen.[26] Die ohne Übergangsregelung mWv 29.11.2019 eingeführte Vorschrift des § 10 Abs. 3 StrRehaG, findet auch auf die im Zeitpunkt seines Inkrafttretens bereits anhängigen Verfahren Anwendung.[27]

8 Weitere Änderung durch das **Gesetz zur Verbesserung rehabilitierungsrechtlicher Vorschriften** für Opfer der politischen Verfolgung in der ehemaligen DDR und zur Änderung des Adoptionsvermittlungsgesetzes vom 22.11.2019[28] betrafen die Mindest**dauer der Freiheitsentziehung** als Voraussetzung für den (im Jahr 2007 mit dem Dritten Gesetz zur Verbesserung rehabilitierungsrechtlicher Vorschriften für Opfer der politischen Verfolgung in der ehemaligen DDR[29] eingeführten) Anspruch auf eine besondere Zuwendung für Haftopfer nach **§ 17a StrRehaG** (sog. **Opferrente**); anstelle einer Freiheitsentziehung von 180 Tagen wird nur noch eine solche von 90 Tagen vorausgesetzt. Mit der Einfügung eines neuen § 18 Abs. 4 StrRehG wurde der Anspruch auf **Unterstützungsleistungen** auf Personen erstreckt, die in einem **Heim** untergebracht wurden, weil ihre Eltern (oder andere Personen, von der sie in den Haushalt aufgenommen, gepflegt, erzogen und beaufsichtigt worden sind) Opfer einer iSd § 1 StrRehaG rechtsstaatswidrigen freiheitsentziehenden Maßnahme geworden oder diese unter den in § 1 Abs. 1 HHG genannten Umständen in Gewahrsam genommen worden sind.

9 Ferner wurden die **Leistungen** nach dem StrRehaG mehrfach **erweitert**. Hervorzuheben ist in diesem Zusammenhang die Erhöhung der Kapitalentschädigung nach § 17 StrRehaG von 300 DM auf 600 DM (heute: 306,78 Euro) für jeden angefangenen Kalendermonat der mit wesentlichen Grundsätzen einer freiheitlichen rechtsstaatli-

24 BGBl. 2019 I 1752.
25 OLG Naumburg Beschl. v. 18.11.2021 – 1 Ws (Reha) 14/21.
26 Vgl. OLG Rostock Beschl. v. 12.1.2022 – 22 Ws Reha 19/21, juris Rn. 11 ff.; OLG Brandenburg Beschl. v. 7.1.2021 – 2 Reha 15/20, juris Rn. 3, jeweils mwN.
27 Vgl. OLG Rostock Beschl. v. 12.2.2020 – 22 Ws_Reha 2/20, juris Rn. 4.
28 BGBl. 2019 I 1752.
29 Vom 21.8.2007, BGBl. 2007 I 2118.

chen Ordnung unvereinbaren Freiheitsentziehung[30] sowie die Einführung einer „Besonderen Zuwendung für Haftopfer" (§ 17a StrRehaG), die heute eine Haftdauer von mindestens 90 Tagen voraussetzt und 330 Euro monatlich beträgt.[31]

Mit Art. 12 G-SER[32] sind im StrRehaG in erster Linie Folgeänderung im Zusammenhang mit der Einführung des SGB XIV umgesetzt worden. In diesem Zuge wurden durch die Neufassung von **§ 21 Abs. 5 bis 7 StrRehaG** auch die Voraussetzungen, unter denen eine Gesundheitsstörung als Folge einer Schädigung anzuerkennen ist, an die nach § 4 Abs. 4 bis 6 SGB XIV geltenden Maßstäbe angepasst (→ § 21 Rn. 11 f.). Die Änderungen des StrRehaG durch Art. 12 G-SER treten gem. Art. 60 Abs. 7 mWz 1.1.2024 in Kraft, so dass bis zum 31.12.2023 weiterhin die Fassung des Gesetzes zur Verbesserung rehabilitierungsrechtlicher Vorschriften für Opfer der politischen Verfolgung in der ehemaligen DDR und zur Änderung des Adoptionsvermittlungsgesetzes vom 22.11.2019[33] maßgebend bleibt. 10

B. Einzelkommentierung

I. Rehabilitierung

Nach § 1 Abs. 1 Hs. 1 und 2 StrRehaG ist die **strafrechtliche Entscheidung** eines staatlichen deutschen Gerichts im **Beitrittsgebiet** aus der Zeit **vom 8.5.1945 bis zum 2.10.1990** auf Antrag für rechtswidrig zu erklären und aufzuheben (**Rehabilitierung**), soweit sie mit wesentlichen Grundsätzen einer freiheitlichen rechtsstaatlichen Ordnung unvereinbar ist. Für die Frage der **Unvereinbarkeit mit wesentlichen Grundsätzen der rechtsstaatlichen Ordnung** kommt den in § 1 Abs. 1 Nr. 1 StrRehaG genannten Regelfällen (Verurteilung wegen: Landesverräterische Nachrichtenübermittlung, Staatsfeindliche Hetze, Ungesetzlicher Grenzübertritt ua) große praktische Bedeutung zu.[34] Die Aufhebung nach dem StrRehaG ist nach § 1 auf Entscheidungen staatlicher **deutscher Gerichte** beschränkt. Entscheidungen **sowjetischer Militärtribunale** können – auch aus völkerrechtlichen Gründen – nicht nach dem StrRehaG angefochten werden. Der Anspruch auf soziale Ausgleichsleistungen nach §§ 17 bis 19 StrRehaG wird jedoch nach § 25 Abs. 2 Nr. 2 StrRehaG auf Personen erstreckt, die durch Maßnahmen der sowjetischen Besatzung in Gewahrsam genommen wurden (→ Rn. 13, 19). Für **strafrechtliche Maßnahmen**, die keine gerichtlichen Entscheidungen sind, gelten die Vorschriften des StrRehG nach § 1 Abs. 5 entsprechend. **Enteignungen** im Zuge der in der Zeit der sowjetischen Besatzung durchgeführten **Bodenreform** stellen nach ständiger Rechtsprechung keine strafrechtlichen Maßnahmen in diesem Sinne dar.[35] Nach § 2 finden die Vorschriften des StrRehaG auf eine außerhalb eines Strafverfahrens ergangene gerichtliche oder behördliche Entscheidung, mit der eine Freiheitsentziehung angeordnet worden ist, entsprechende Anwendung. Das gilt nach § 2 Abs. 1 S. 2 StrRehaG insbesondere für die Einweisung in eine **psychiatrische Anstalt oder in ein Heim** für Kinder oder Jugendliche aus politischen oder sonst sachfremden Gründen (→ Rn. 7). 11

30 Änderung von § 17 Abs. 1 mit dem Zweiten Gesetz zur Verbesserung rehabilitationsrechtlicher Vorschriften für Opfer der politischen Verfolgung in der ehemaligen DDR vom 17.12.1999, BGBl. I 2662.

31 Einfügung von § 17a mit dem Dritten Gesetz zur Verbesserung rehabilitierungsrechtlicher Vorschriften für Opfer der politischen Verfolgung in der ehemaligen DDR vom 21.8.2007, BGBl. I 2118; in der Folge wurden die Anspruchsvoraussetzungen abgesenkt und die Leistungen schrittweise auf den genannten Betrag angehoben.

32 BGBl. 2019 I 2652, 2696 f.

33 BGBl. 2019 I 1752.

34 Vgl. Wermelskirchen NJ 2008, 342 (343); Heinatz NJW 2000, 3022 (3026 f.).

35 Wermelskirchen NJ 2008, 342 (346) mwN; zum Ausschluss von Ansprüchen nach dem VwRehaG vgl. → VwRehaG §§ 1–18 Rn. 12 f.

12 Soweit der Anwendungsbereich des StrRehaG reicht, geht dieses als lex specialis dem **Gesetz über die Entschädigung für Strafverfolgungsmaßnahmen** vor.[36]

II. Soziale Ausgleichsleistungen

13 **1. Personenkreis.** Die Rehabilitierung begründet nach § 16 Abs. 1 StrRehaG einen Anspruch auf **soziale Ausgleichsleistungen** für Nachteile, die dem Betroffenen durch eine Freiheitsentziehung entstanden sind. Neben Rehabilitierten gehören nach § 25 Abs. 2 Satz 1 Nr. 1 auch Personen, die eine **Bescheinigung nach § 10 Abs. 4** HHG erhalten und bereits vor dem Inkrafttreten des StrRehaG (also vor dem 4.11.1992) beantragt haben, zum berechtigten Personenkreis. Es handelt sich dabei um Personen, die bereits als ehemalige politische Häftlinge anerkannt sind und damit regelmäßig die Voraussetzungen für die Rehabilitierung nach dem StrRehaG erfüllen. Ihnen soll die Durchführung eines weiteren Verfahrens nach dem StrRehaG nicht mehr zugemutet werden.[37] Der Anspruch erstreckt sich für diesen Personenkreis auf die Leistungen nach §§ 17 bis 19 (unter Anrechnung der Leistungen nach dem HHG), nicht jedoch auf Versorgung nach §§ 21 bis 23 StrRehaG.[38] Einen Anspruch auf Versorgung haben diese Personen jedoch unter den Voraussetzungen des § 4 HHG. Ferner haben Personen, die als ehemalige politische Häftlinge anerkannt worden sind, weil sie durch **Maßnahmen der sowjetischen Besatzung** ihrer Freiheit beraubt worden sind, unter den in § 25 Abs. 2 Nr. 2 StrRehaG genannten Voraussetzungen Anspruch auf Leistungen nach §§ 17 bis 19. Soziale Ausgleichsleistungen werden gem. § 16 Abs. 3 nur **auf Antrag** erbracht.

14 **2. Versagungsgründe.** Vom Anspruch auf soziale Ausgleichsleistungen sind nach § 16 Abs. 2 StrRehaG Personen **ausgeschlossen**, die gegen die **Grundsätze der Menschlichkeit oder Rechtsstaatlichkeit** verstoßen oder in schwerwiegendem Maße ihre **Stellung** zum eigenen Vorteil oder zum Nachteil anderer **missbraucht** haben (vgl. auch → VwRehaG §§ 1–18 Rn. 17). Dem liegt der Gedanke zugrunde, dass in den Genuss der Ausgleichsleistungen nicht auch die Täter kommen sollen.[39] Nach der Gesetzesbegründung[40] sollen die **Versagungsgründe** nur bei Vorliegen schwerwiegender Gründe zur Anwendung kommen.[41] Hauptanwendungsfall soll die Spitzeltätigkeit eines inoffiziellen Mitarbeiters im Auftrag des Ministeriums für Staatssicherheit sein.[42] Wer sich freiwillig als Spitzel betätigt, um daraus eigene Vorteile zu erlangen, soll damit gegen die Grundsätze der Menschlichkeit verstoßen.[43] Angesichts der Maßstäbe, die zu der teilweise übereinstimmenden Regelung in § 1a Abs. 1 S. 1 BVG in der bis zum 31.12.2023 geltenden Fassung (für die Zeit ab dem 1.1.2024 vgl. § 22 Abs. 1 S. 1 SGB XIV) entwickelt worden sind, erscheint jedoch fraglich, ob die Voraussetzungen bereits durch eine verdeckte Spitzeltätigkeit erfüllt werden können. Nach der zu § 1a S. 1 BVG ergangenen Rspr. verstößt gegen die Grundsätze der Menschlichkeit ua, wer „arbeitsteilig" an der Vernichtung von Menschen durch Zwangsarbeit und massenhafte Tötung mitwirkt, indem er ein Konzentrationslager bewacht,[44] oder wer als Angehöriger einer SS-Infanterie-Brigade an einer Erschießungsaktion von Zivilisten

36 Vgl. § 16a Gesetz über die Entschädigung für Strafverfolgungsmaßnahmen vom 8.3.1971, BGBl. I 157; vgl. MüKoStPO/Kunz StrEG § 16a Rn. 1.
37 Vgl. BT-Drs. 12/1608, 29.
38 Vgl. § 21 Abs. 1 S. 2 StrRehaG, § 22 Abs. 1 S. 2 StrRehaG.
39 Pfister/Mütze/Mütze § 16 Rn. 37.
40 BT-Drs. 12/1608, 24.
41 Vgl. dazu zB KG Berlin Beschl. v. 25.7.2017 – 4 Ws 74/17 REHA, juris Rn. 41; → VwRehaG §§ 1–18 Rn. 17.
42 Wermelskirchen NJ 2008, 342 (347).
43 BT-Drs. 12/1608, 24.
44 BSG Urt. v. 6.7.2006 – B 9a V 5/05 R, SozR 4-3100 § 1a Nr. 2 = BSGE 96, 303.

teilnimmt[45] (s. die Kommentierung zu § 22 SGB XIV). Vergleichbar hohe Anforderungen werden in der Rspr. zu § 16 Abs. 2 StrRehaG indes nicht gestellt.[46] Nach einer Entscheidung des OLG Thüringen[47] soll der Ausschlusstatbestand des § 16 Abs. 2 StrRehaG allerdings nicht auf Fälle unmenschlichen Verhaltens im Rahmen allgemeiner Kriminalität außerhalb systembedingten Staatsunrechts anwendbar sein. Zwar würden gem. § 16 Abs. 2 StrRehaG soziale Ausgleichsleistungen nach diesem Gesetz nicht gewährt, wenn der Berechtigte gegen die Grundsätze der Menschlichkeit oder Rechtsstaatlichkeit verstoßen habe. Der Verstoß gegen die Grundsätze der Menschlichkeit oder Rechtsstaatlichkeit setze im vorliegenden Zusammenhang jedoch voraus, dass das zugrundeliegende Verhalten einen Bezug zum System der DDR aufweise. Eine § 22 Abs. 2 und 3 SGB XIV entsprechende Regelung zur Entziehung bereits bestandskräftig bewilligter Leistungen gibt es im StrRehaG nicht, so dass insoweit allein die allgemeinen verwaltungsverfahrensrechtlichen Voraussetzungen maßgebend sind. Für die Entscheidung über das Vorliegen von Ausschließungsgründen nach § 16 Abs. 2 StrRehaG ist nach § 25 Abs. 1 S. 1 StrRehaG die Landesjustizverwaltung zuständig, in deren Geschäftsbereich die Rehabilitierungsentscheidung ergangen ist (→ Rn. 19).

Personen, die über eine bestandskräftige Bescheinigung nach § 10 Abs. 4 HHG verfügen und die nach § 25 Abs. 2 Anspruch auf soziale Ausgleichsleistungen haben, dürfen diese Leistungen nicht unter Bezugnahme auf **§ 16 Abs. 2 versagt** werden. Voraussetzung ist vielmehr, dass zunächst die Bescheinigung nach § 10 Abs. 4 HHG zurückgenommen wird.[48] Nach einer Entscheidung des OVG Lüneburg[49] soll dem Anspruch nach §§ 25 Abs. 2, 17 StrRehaG eines Berechtigten aus einer bestandskräftigen Häftlingshilfebescheinigung gemäß § 10 Abs. 4 HHG gleichwohl der Einwand der unzulässigen Rechtsausübung entgegenstehen können. Dieser Versuch als unbillig empfundene Rechtsfolge unter Verweis auf den allgemeinen Grundsatz von Treu und Glauben zu vermeiden, überzeugt nicht. 15

3. Leistungen. Der Anspruch auf soziale Ausgleichsleistungen umfasst 16

- **Kapitalentschädigung** nach § 17 in Höhe von 306,78 Euro für jeden angefangenen Kalendermonat einer mit wesentlichen Grundsätzen einer freiheitlichen rechtsstaatlichen Ordnung unvereinbaren Freiheitsentziehung sowie Leistungen nach der **Härteregelung** des § 19;
- **Besondere Zuwendung für Haftopfer** nach § 17a in Höhe von 330 Euro monatlich für Haftopfer mit einer Haftdauer von mindestens 90 Tagen;
- **Unterstützungsleistungen** nach § 18 für Berechtigte, die in ihrer wirtschaftlichen Lage besonders beeinträchtigt sind, wenn die Freiheitsentziehung weniger als 90 Tage betragen hat, sowie für in ihrer wirtschaftlichen Lage besonders beeinträchtigte Personen, die in einem Heim untergebracht worden sind, weil an ihren Eltern (oder andere Personen, die sie erzogen haben) rechtsstaatswidrige freiheitsentziehende Maßnahmen vollstreckt worden sind;
- **Beschädigtenversorgung** nach §§ 21 bis 23 in entsprechender Anwendung der Vorschriften des BVG (bis 31.12.2023) bzw. des SGB XIV (ab 1.1.2024) für Betroffene, die infolge der Freiheitsentziehung eine gesundheitliche Schädigung erlitten haben, und für deren Hinterbliebene (s. dazu im Einzelnen die Kommentierung zu §§ 21 ff.).

---

45 BSG 24.11.2005 – B 9a/9 V 8/03 R, SozR 4-3100 § 1a Nr. 1 = BSGE 95, 244.
46 Vgl. zB OVG Bln-Bbg Beschl. v. 11.7.2018 – OVG 11 N 2.16.
47 OLG Thüringen Beschl. v. 14.6.2016 – Ws Reha 3/16.
48 BVerwG 19.1.2006 – 3 C 11/05, Buchholz 428.7 § 16 StrRehaG Nr. 2; BVerwG 24.10.2002 – 3 C 7.02, Buchholz 428.7 § 16 StrRehaG Nr. 1.
49 NdsOVG Beschl. v. 7.9.2015 – 4 LA 231/14, juris Rn. 4.

III. Verfahren und Rechtsweg

17 Das Verfahren nach dem StrRehaG ist **zweistufig** ausgestaltet. Zu unterscheiden ist zwischen der Rehabilitierungsentscheidung und den Entscheidungen über Ansprüche auf soziale Ausgleichsleistungen. Die **Rehabilitierung** setzt nach § 1 einen entsprechenden **Antrag** voraus. Der Antrag kann nach § 7 Abs. 1 Nr. 1 StrRehaG in der Fassung des Vierten Gesetzes zur Verbesserung rehabilitierungsrechtlicher Vorschriften für Opfer der politischen Verfolgung in der ehemaligen DDR vom 2.12.2010[50] unmittelbar von dem in seinen Rechten Betroffenen oder gem. § 7 Abs. 1 Nr. 2 StrRehaG nach dessen Tod von dem Witwer bzw. der Witwe oder von näher bezeichneten Verwandten gestellt werden, die ein berechtigtes Interessen an der Rehabilitierung des von der rechtsstaatswidrigen Entscheidung Betroffenen haben. Ein solches berechtigtes Interesse besteht jedenfalls bei Personen, die im Falle der Rehabilitierung anspruchsberechtigt nach § 22 StrRehaG sind.[51] Für die Entscheidung über die Rehabilitierung ist nach § 8 das Landgericht zuständig, in dessen Bezirk nach Maßgabe der Bezirksgrenzen vom 3.10.1990 das erstinstanzliche Verfahren oder das Ermittlungsverfahren durchgeführt wurde. Das Gericht entscheidet durch Beschluss (§ 12).

18 Die Rehabilitierung ist im Grundsatz[52] Voraussetzung des Anspruchs auf **soziale Ausgleichsleistungen nach §§ 16 ff.** StrRehaG. Auch die sozialen Ausgleichsleistungen werden nach § 16 Abs. 3 StrRehaG nur **auf Antrag** gewährt. Der Antrag kann nach der Rechtsprechung des BGH[53] bereits vor Rechtskraft der Rehabilitierungsentscheidung gestellt werden, so dass Anspruch auf die monatlich zu zahlende Besondere Zuwendung für Haftopfer nach § 17a Abs. 4 StrRehaG für die Zeit davor bestehen kann. Für die Entscheidung über einen Anspruch auf Kapitalentschädigung (§ 17) und auf Besondere Zuwendung für Haftopfer (§ 17a) einschließlich der Härteregelung nach § 19 und für die Entscheidung über das Vorliegen eines Ausschlussgrundes nach § 16 Abs. 2 ist nach § 25 Abs. 1 S. 1 im Grundsatz die **Landesjustizverwaltung** zuständig, in deren Geschäftsbereich die Rehabilitierungsentscheidung ergangen ist. Einige Bundesländer haben jedoch von der nach § 25 Abs. 1 S. 2 StrRehaG bestehenden Möglichkeit Gebrauch gemacht, eine davon abweichende Zuständigkeit zu begründen, und auch in den Bundesländern, in denen die Landesjustizverwaltung zuständig ist, sind die Aufgaben unterschiedlichen Behörden übertragen worden.[54] Über Streitigkeiten bei der Anwendung der §§ 16 Abs. 2, 17, 17a, 19 StrRehaG entscheiden nach § 25 Abs. 1 S. 3 iVm § 8 StrRehaG die **Landgerichte**, die auch für die Entscheidung über die Rehabilitierung nach § 1 StrRehaG zuständig sind. Ein Widerspruchsverfahren ist nicht vorgesehen.

19 Besonderheiten gelten hinsichtlich des Verfahrens für die in **§ 25 Abs. 2** StrRehaG bezeichneten Personen mit einer **Bescheinigung nach § 10 Abs. 4 HHG**, wenn diese bereits vor Inkrafttreten des StrRehaG beantragt worden ist, sowie für Personen mit einer Bescheinigung nach § 10 Abs. 4 HHG, die vom Anwendungsbereich des § 1 StrRehaG nicht erfasst werden, weil sie durch **Maßnahmen der sowjetischen Besatzung** ihrer Freiheit beraubt worden sind. Für die Entscheidung über soziale Ausgleichsleistungen nach §§ 17, 17a, 19 sind in den Fällen des § 25 Abs. 2 die nach § 10 Abs. 2 HHG bestimmten Stellen (sog. **HHG-Behörden**) zuständig (§ 25 Abs. 2 S. 2 StrRehaG).[55] Das Verfahren richtet sich nach den Landesverwaltungsverfahrensgeset-

50 BGBl. I 1744.
51 Vgl. Pfister/Mütze/Pfister, Rehabilitierungsrecht, Stand August 1997, StrRehaG § 7 Rn. 7.
52 Zu den Ausnahmen nach § 25 Abs. 2 → Rn. 13.
53 BGH Beschl. v. 10.8.2010 – 4 StR 646/09.
54 Vgl. im Einzelnen Lemke NJ 1996, 399 (401).
55 Vgl. zum Verfahren im Einzelnen: Pfister/Mütze/Mütze StrRehaG § 25 Rn. 81 ff.

zen der Länder. Über Streitigkeiten entscheidet nach Durchführung des Widerspruchsverfahrens das **Verwaltungsgericht** (§ 25 Abs. 2 S. 3 StrRehaG).

Für die Gewährung von **Unterstützungsleistungen nach § 18** StrRehaG ist nach § 18 Abs. 1 S. 3 StrRehaG die nach § 15 HHG errichtete **Stiftung für ehemalige politische Häftlinge** mit Sitz in Bonn zuständig. 20

Nach § 21 Abs. 1 S. 1 StrRehaG setzt auch der **Anspruch auf Versorgung** für Betroffene, die infolge der Freiheitsentziehung eine gesundheitliche Schädigung erlitten haben, einen **Antrag** voraus.[56] Der Zeitpunkt der Antragstellung hat namentlich Bedeutung für den Beginn der Versorgung (→ § 21 Rn. 16). Für die Gewährung von Beschädigtenversorgung und von Hinterbliebenenversorgung sind nach § 25 Abs. 4 StrRehaG die Behörden zuständig, denen die Durchführung des Bundesversorgungsgesetzes (bis 31.12.2023) bzw. des SGB XIV (ab 1.1.2024, vgl. §§ 111 SGB XIV) obliegt. Das Verfahren richtet sich insoweit nach den für das Sozialverwaltungsverfahren geltenden Vorschriften, also insbesondere dem **SGB I**, dem **SGB X** sowie bis zu dessen Aufhebung zum 31.12.2023[57] auch nach dem **KOVVfG** und ab dem 1.1.2024 nach den speziellen Regelungen der **§§ 115 bis 119 SGB XIV**. Für Streitigkeiten über die Gewährung von Beschädigten- oder Hinterbliebenenversorgung nach §§ 21, 22 StrRehaG iVm den Vorschriften des BVG (ab 1.1.2024: Leistungen der Sozialen Entschädigung bei gesundheitlicher Schädigung und Leistungen der Sozialen Entschädigung für Hinterbliebene nach §§ 21, 22 StrRehaG iVm den Vorschriften des SGB XIV) ist nach § 25 Abs. 5 StrRehaG der **Rechtsweg zu den Sozialgerichten** gegeben. Dies folgt im Übrigen aus § 51 Abs. 1 Nr. 6 SGG. Die Rechtswegzuweisung entspricht der aus anderen Gesetzen des Sozialen Entschädigungsrechts. 21

§ 21 StrReha Leistungen der Sozialen Entschädigung bei gesundheitlicher Schädigung

(1) [1]Ein Betroffener, der infolge der Freiheitsentziehung eine gesundheitliche Schädigung erlitten hat, erhält wegen der gesundheitlichen und wirtschaftlichen Folgen dieser Schädigung auf Antrag Leistungen der Sozialen Entschädigung in entsprechender Anwendung des Vierzehnten Buches Sozialgesetzbuch. [2]Dies gilt nicht, soweit er wegen desselben schädigenden Ereignisses bereits folgende Leistungen erhält:

1. Versorgung aufgrund des Bundesversorgungsgesetzes,

2. Versorgung aufgrund eines Gesetzes, das das Bundesversorgungsgesetz für entsprechend anwendbar erklärt,

3. Leistungen der Sozialen Entschädigung nach dem Vierzehnten Buch Sozialgesetzbuch oder

4. Leistungen der Sozialen Entschädigung in entsprechender Anwendung des Vierzehnten Buches Sozialgesetzbuch.

(2) Einer Schädigung im Sinne des Absatzes 1 steht eine gesundheitliche Schädigung gleich, die durch einen Unfall unter den Voraussetzungen des § 4 Absatz 2 Nummer 1 des Vierzehnten Buches Sozialgesetzbuch herbeigeführt worden ist.

(3) Wer als Berechtigter oder Leistungsempfänger nach Absatz 1 dieser Vorschrift oder § 22 dieses Gesetzes, als Pflegeperson oder als Begleitperson bei einer notwendigen Begleitung einer geschädigten Person durch einen Unfall unter den Voraussetzungen des § 4 Absatz 2 Nummer 2 des Vierzehnten Buches Sozialgesetzbuch eine gesundheitliche Schädigung erleidet, erhält Leistungen der Sozialen Entschädigung nach Absatz 1.

---

56 Vgl. auch § 10 SGB XIV.

57 Art. 58 Nr. 12, Art. 60 Abs. 7 G-SER.

(4) Einer gesundheitlichen Schädigung im Sinne der Absätze 1 bis 3 steht die Beschädigung eines am Körper getragenen Hilfsmittels, einer Brille, von Kontaktlinsen oder von Zahnersatz gleich.

(5) [1]Zur Anerkennung einer Gesundheitsstörung als Folge einer Schädigung genügt die Wahrscheinlichkeit des ursächlichen Zusammenhanges. [2]Sie ist gegeben, wenn nach dem aktuellen Stand der medizinischen Wissenschaft mehr für als gegen einen ursächlichen Zusammenhang spricht.

(6) Bei psychischen Gesundheitsstörungen wird die Wahrscheinlichkeit des ursächlichen Zusammenhangs im Einzelfall vermutet, wenn diejenigen medizinischen Tatsachen vorliegen, die nach den Erfahrungen der medizinischen Wissenschaft geeignet sind, einen Ursachenzusammenhang zwischen einem nach Art und Schwere geeigneten schädigenden Ereignis und der gesundheitlichen Schädigung und der Schädigungsfolge zu begründen, und diese Vermutung nicht durch einen anderen Kausalverlauf widerlegt wird.

(7) [1]Wenn die zur Anerkennung einer Gesundheitsstörung als Schädigungsfolge erforderliche Wahrscheinlichkeit nur deshalb nicht gegeben ist, weil über die Ursache der Gesundheitsstörung in der medizinischen Wissenschaft Ungewissheit besteht, kann mit Zustimmung des Bundesministeriums für Arbeit und Soziales die Gesundheitsstörung als Schädigungsfolge anerkannt werden. [2]Die Zustimmung kann allgemein erteilt werden. [3]Die Zustimmung kann allgemein erteilt werden.

A. Gesetzesgeschichte und Normsystematik

1 Die Vorschrift ist seit dem Inkrafttreten des StrRehaG insoweit geändert worden, als die von §§ 45, 48 SGB X abweichende Sonderregelung zur **Rücknahme von Verwaltungsakten** in Abs. 5 S. 3 gestrichen wurde.[1] Damit wurde die Streichung des § 1 Abs. 3 S. 3 BVG durch das Gesetz zur Änderung des Bundesversorgungsgesetzes vom 11.4.2002[2] auch für das StrRehaG nachvollzogen.[3] Mit Art. 12 G-SER[4] sind im StrRehaG in erster Linie Folgeänderung[5] im Zusammenhang mit der Einführung des SGB XIV umgesetzt worden. In diesem Zuge wurden durch die Neufassung von **§ 21 Abs. 5 bis 7 StrRehaG** auch die Voraussetzungen, unter denen eine Gesundheitsstörung als Folge einer Schädigung anzuerkennen ist, an die nach § 4 Abs. 4 bis 6 SGB XIV geltenden Maßstäbe angepasst (→ Rn. 11). Die Änderungen des StrRehaG durch Art. 12 G-SER treten gem. Art. 60 Abs. 7 G-SER mWz 1.1.2024 in Kraft.

---

1 Vgl. Art. 5 des Gesetzes zur Änderung des Bundesversorgungsgesetzes und anderer Vorschriften des Sozialen Entschädigungsrechts vom 13.12.2007, BGBl. I 2904.
2 BGBl. I 1302.
3 BT-Drs. 16/6541, 40.
4 BGBl. 2019 I 2652, 2695 f.
5 Vgl. BT-Drs. 19/13824, 239 zu Art. 12 Nr. 1.

§ 21 regelt die Voraussetzungen des Anspruchs auf Beschädigtenversorgung im Wesentlichen entsprechend § 4 **HHG**. Ebenso wie in anderen Gesetzen des sozialen Entschädigungsrechts wird wegen des Anspruchs auf Versorgung auf die Vorschriften des BVG (bis 31.12.2023) bzw. des SGB XIV (ab 1.1.2024) verwiesen. 2

B. Einzelkommentierung

I. Personenkreis

Ein **Betroffener**, der infolge der Freiheitsentziehung eine gesundheitliche Schädigung erlitten hat, erhält nach Abs. 1 S. 1 wegen der gesundheitlichen und wirtschaftlichen Folgen dieser Schädigung Versorgung in entsprechender Anwendung des BVG bzw. ab dem 1.1.2024 des SGB XIV. **Betroffener** ist der durch Beschluss des Landgerichts nach § 12 Rehabilitierte. Personen die vor dem Inkrafttreten des StrRehaG nach den Vorschriften des Rehabilitierungsgesetzes der DDR, die nach dem Beitritt fortgalten, oder nach §§ 311 ff. DDR-StPO (→ §§ 1–20 Rn. 2 f.) rehabilitiert worden sind, werden nach § 26 Abs. 3 StrRehaG gleichgestellt.[6] 3

II. Freiheitsentziehung

Abweichend von § 4 HHG knüpft der Anspruch nach § 21 an eine **Freiheitsentziehung** und nicht an den weiteren Begriff des Gewahrsams an. Nach der Gesetzesbegründung[7] ist die weite Auslegung des Begriffs des Gewahrsams in § 4 HHG historisch aus Maßnahmen gegen deutsche Volkszugehörige in der Sowjetunion zu verstehen. Im vorliegenden Zusammenhang wurde deshalb der engere Begriff der Freiheitsentziehung verwendet. Mit „der Freiheitsentziehung" in Abs. 1 S. 1 ist die **zu Unrecht erlittene Freiheitsentziehung** gemeint, deren Dauer in dem Beschluss des Landgerichts nach § 12 Abs. 2 S. 2 Nr. 3 StrRehaG anzugeben ist (zur Berücksichtigung einer Freiheitsentziehung, die außerhalb eines Strafverfahrens angeordnet worden ist, insbesondere in Form der Einweisung in eine psychiatrische Anstalt und der Anordnung einer Unterbringung in einem Heim für Kinder oder Jugendliche → §§ 1–20 Rn. 6 ff.). Eine Gesundheitsstörung, die Folge einer unter rechtsstaatlichen Gesichtspunkten nicht zu beanstandenden Freiheitsentziehung ist, kann keinen Versorgungsanspruch nach § 21 StrRehaG begründen.[8] Bezogen auf die Frage der **Dauer** der zu Unrecht erlittenen Freiheitsentziehung und die Abgrenzung von einer – möglicherweise daneben erlittenen – unter rechtsstaatlichen Gesichtspunkten **unbedenklichen Freiheitsentziehung** dürfte dem Rehabilitierungsbeschluss nach § 12 StrRehaG Tatbestandswirkung zukommen.[9] Dafür spricht auch die Gesetzesbegründung,[10] nach der mit der Bezeichnung der Dauer der zu Unrecht erlittenen Freiheitsentziehung in dem Rehabilitierungsbeschluss den für die Entscheidungen über die Kapitalentschädigung zuständigen Stellen eine klare und verbindliche Berechnungsgrundlage gegeben werden sollte. Schwierigkeiten können auftreten, wenn der Rehabilitierungsbeschluss keinen festen Zeitraum, sondern einen Anteil bezeichnet, zu dem die Freiheitentziehung zu Unrecht erlitten wurde. Nach Auffassung von Mütze[11] soll davon auszugehen sein, dass in einem solchen Fall zunächst die unter rechtsstaatlichen Gesichtspunkten nicht zu beanstandende Freiheitsentziehung verbüßt wurde und der Versorgungsschutz erst nach Ablauf dieses Zeitraums einsetzt. 4

6 Vgl. OLG Sachsen Beschl. v. 2.2.2009 – 1 Reha Ws 85/08.
7 BT-Drs. 12/1608, 27.
8 Ebenso: Pfister/Mütze/Mütze StrRehaG § 21 Rn. 16.
9 Ebenso: Pfister/Mütze/Mütze StrRehaG § 21 Rn. 16; SG Aachen Urt. v. 3.9.2019 – S 12 VU 17/16, ZOV 2019, 160 = juris Rn. 23; zur entsprechenden Frage der Dauer der Freiheitsentziehung iSd § 17a StrRehaG vgl. OLG Jena 22.9.2009 – 1 Ws Reha 21/09.
10 BT-Drs. 12/1608, 22.
11 Pfister/Mütze/Mütze StrRehaG § 21 Rn. 16.

III. Schädigendes Ereignis und gesundheitliche Schädigung

5 § 21 StrRehaG unterscheidet ebenso wie § 1 Abs. 1 BVG (bis 31.12.2023) bzw. § 4 Abs. 1 S. 1 SGB XIV zwischen dem schädigenden Ereignis, der dadurch hervorgerufenen gesundheitlichen Schädigung und den gesundheitlichen und wirtschaftlichen Folgen der Schädigung. Insoweit wird auf → SGB XIV § 1 Rn. 23 ff. verwiesen.

6 Als **schädigendes Ereignis** kommen nur Vorgänge in Betracht, die der Freiheitsentziehung als ihr eigentümlich zuzurechnen sind. Es darf sich also nicht um ein Ereignis handeln, das üblicherweise überall vorkommen kann, sondern es muss **gerade durch die Freiheitsentziehung geprägt** sein. In Betracht kommen sowohl Gewalteinwirkungen als auch durch die besonderen Bedingungen der Haft geprägte gesundheitsschädliche Einflüsse.[12] Im Übrigen wird auf die Kommentierung zu § 4 HHG verwiesen.

IV. Unfallversorgungsschutz und Versorgung bei Beschädigung von Hilfsmitteln (Abs. 2 bis 4)

7 Nach **Abs. 2** steht der Schädigung im Sinne des Abs. 1 eine gesundheitliche Schädigung gleich, die durch einen **Unfall** unter den Voraussetzungen des § 1 Abs. 2 Buchst. e oder f BVG (bis 31.12.2023) bzw. § 4 Abs. 2 Nr. 1 SGB XIV (ab 1.1.2024) herbeigeführt wurde. Wegen der Einzelheiten wird auf → SGB XIV § 4 Rn. 7 ff., 13 ff. verwiesen.

8 **Abs. 3** erweitert den Unfallversorgungsschutz aus Abs. 2 auf bestimmte **Familienangehörige, Hinterbliebene sowie Pflege- und Begleitpersonen**. Nach § 21 Abs. 3 StrRehaG in der bis zum 31.12.2023 geltenden Fassung besteht der Anspruch von Berechtigten und Leistungsempfängern nur bei einer gesundheitlichen Schädigung „unter den Voraussetzungen des § 8a des Bundesversorgungsgesetzes". Wegen der Einbeziehung von Berechtigten, Leistungsempfängern und Hinterbliebenen verweist § 21 Abs. 3 StrRehaG in der bis zum 31.12.2023 geltenden Fassung auf § 10 Abs. 4 und 5 BVG. Damit wird § 8a Abs. 1 BVG auf das StrRehaG übertragen. Der Unfallversorgungsschutz für den definierten Personenkreis besteht nach § 8a Abs. 1 S. 1 BVG für Schädigungen durch einen Unfall bei einer stationären Krankenbehandlung oder einer stationären Leistung zur medizinischen Rehabilitation, einer stationären Vorsorgekur sowie bei einer stationären Maßnahme zur Teilhabe am Arbeitsleben und auf dem notwendigen Hin- und Rückweg.[13] Der in Bezug genommene § 8a Abs. 2 BVG erstreckt den Versorgungsanspruch auf Pflegepersonen, die bei einer **Badekur** nach § 12 Abs. 3 BVG einen Unfall erleiden. Wegen der weiteren Einzelheiten wird auf die Kommentierung in der Vorauflage zu der mit § 21 Abs. 3 StrRehaG (in der bis zum 31.12.2023 geltenden Fassung) inhaltlich übereinstimmenden Regelung des § 1 Abs. 6 OEG (in der bis zum 31.12.2023 geltenden Fassung)[14] verwiesen.

9 Der Versuch, § 21 **Abs. 3** StrRehaG mWv 1.1.2024 im Hinblick auf die Aufhebung des BVG und die Einführung des SGB XIV anzupassen, ist fehlgeschlagen; die Neuregelung ist **unverständlich**. Berechtigte sind nach § 2 Abs. 1 SGB XIV in der ab dem 1.1.2024 geltenden Fassung Geschädigte sowie deren Angehörige, Hinterbliebene und Nahestehende. Hinterbliebene werden zusätzlich durch den Verweis auf § 22 StrRehaG einbezogen. Darüber hinaus ist § 21 Abs. 3 StrRehaG über den Verweis in § 22 Abs. 1 S. 2 StrRehaG auf Hinterbliebene entsprechend anwendbar. Ausdrücklich erwähnt werden zudem Pflegepersonen und Begleitpersonen. Die Wendung „unter den Voraussetzungen des § 4 Abs. 2 Nr. 2" SGB XIV dürfte nicht auf Berechtigte

12 Zur entsprechenden Regelung in § 4 HHG vgl. BSG 2.3.1983 – 9a RVh 1/82; BSG 29.10.1980 – 9 RVh 1/79, SozR 7190 § 4 Nr. 1.
13 Vgl. im Einzelnen HK-SozEntschR/Knickrehm SVG § 8a Rn. 5 ff.
14 Vgl. dazu im Einzelnen HK-SozEntschR/Rademacker OEG § 1 Rn. 83 ff. (zu § 1 Abs. 9 OEG aF).

sowie Leistungsempfänger und auch nicht auf die Pflegeperson, sondern allein auf Begleitpersonen bei einer notwendigen Begleitung zu beziehen sein. § 4 Abs. 2 Nr. 2 SGB XIV regelt den Anspruch auf Leistungen der Sozialen Entschädigung von Personen, die eine gesundheitliche Schädigung bei einem näher definierten Unfall „bei einer notwendigen Begleitung einer geschädigten Person" erlitten haben. Für die Berechtigten ergibt diese Bezugnahme keinen Sinn. Dasselbe gilt für die mit dem Verweis auf § 22 StrRehaG einbezogenen Hinterbliebenen, weil bei einem verstorbenen Geschädigten nicht die in § 4 Abs. 2 Nr. 2 SGB XIV geforderte Notwendigkeit einer Begleitung bestehen kann. Auf der anderen Seite kann der Wendung „als Berechtigter oder Leistungsempfänger" bzw. „als Pflegeperson" entnommen werden, dass diese – ebenso wie nach der bis zum 31.12.2023 geltenden Rechtslage – nicht generell in den Unfallversicherungsschutz einbezogen werden sollen. Im Übrigen ergibt sich auch aus den Gesetzgebungsmaterialien, dass eine Änderung gegenüber der bis zum 31.12.2023 geltenden Fassung des § 21 Abs. 3 StrRehaG nicht beabsichtigt war. Vielmehr sollte es sich um eine bloße „Folgeänderung sowie sprachliche Anpassung aufgrund der Aufhebung des BVG und des Inkrafttretens des SGB XIV" handeln.[15] Weil die Neuregelung jedoch keinen Verweis auf eine § 8a Abs. 1 und Abs. 2 oder § 10 Abs. 4, Abs. 5 BVG entsprechende Regelung mehr enthält, wird der Kreis der einzubeziehenden Berechtigten, Hinterbliebenen und Pflegepersonen nicht mehr definiert. Auch unter Berücksichtigung von Sinn und Zweck kann die Neuregelung nicht eindeutig interpretiert werden. Am ehesten bietet sich eine Auslegung in Anlehnung an den bis zum 31.12.2023 geltenden Wortlauts an; allerdings enthält das SGB XIV keine Regelung mehr, die zB der des § 12 Abs. 3 BVG (**Badekur**) vollständig entsprechen würde, so dass auch die uneingeschränkte Fortgeltung der bis zum 31.12.2023 geltenden Regelung nicht in Betracht kommt. Nachvollziehbar und verständlich ist die Regelung lediglich bezogen auf Begleitpersonen. Diese haben – ebenso wie nach der bis zum 31.12.2023 geltenden Rechtslage – Anspruch auf Leistungen der Sozialen Entschädigung wegen der Folgen einer gesundheitlichen Schädigung, die sie bei einem Unfall bei einer **notwendigen Begleitung** einer geschädigten Person erleiden.

Abs. 4 regelt eine Ausnahme von dem Grundsatz, dass Ansprüche auf Versorgung eine gesundheitliche Schädigung voraussetzen, und stellt die Schädigung eines am Körper getragenen **Hilfsmittels**, einer Brille, von Kontaktlinsen oder von Zahnersatz der gesundheitlichen Schädigung gleich. Die Vorschrift entspricht § 8b BVG, § 1 Abs. 7 OEG sowie § 81 Abs. 5 SVG jeweils in der bis zum 31.12.2023 geltenden Fassung. Davon unterscheidet sich § 4 Abs. 3 SGB XIV in der ab dem 1.1.2024 geltenden Fassung insofern, als der Anspruch auf Fälle der Beschädigung oder des Verlusts eines im oder am Körper getragenen „Hilfsmittels" erstreckt wird. Die Versorgung mit Hilfsmitteln ist Gegenstand des § 46 SGB XIV. Nach § 46 Abs. 1 S. 2 SGB XIV gilt Zahnersatz nicht als Hilfsmittel (→ SGB XIV § 4 Rn. 21). Andererseits gibt die Gesetzesbegründung[16] zu § 4 Abs. 3 SGB XIV keinen Hinweis darauf, dass eine Änderung gegenüber der bis zum 31.12.2023 geltenden Rechtslage beabsichtigt worden wäre. Wegen der von § 4 Abs. 3 SGB XIV abweichenden Formulierung des § 21 Abs. 4 StrRehaG stellen sich die daraus folgenden Fragen zur Auslegung bezogen auf schädigende Ereignisse nach dem StrRehaG nicht; der Zahnersatz wird ebenso wie andere am Körper getragene Hilfsmittel, zu den im Übrigen auch die in § 21 Abs. 4 StrRehaG ausdrücklich genannten Brillen und Kontaktlinsen gehören, erfasst. 10

15 BT-Drs. 19/13824, 239, zu Art. 12 Nr. 1 Buchst. d.
16 BT-Drs. 19/13824, 171, zu § 4.

V. Kausalität (Abs. 1, Abs. 5)

11 Obwohl § 21 Abs. 1 S. 1 nur wegen der Folgen der Schädigung ausdrücklich auf die Vorschriften des BVG (bis 31.12.2023) bzw. des SGB XIV (ab 1.1.2024) verweist, gilt – wie im übrigen sozialen Entschädigungsrecht – auch hier die Kausalitätstheorie der **wesentlichen Bedingung** (s. im Einzelnen → SGB XIV § 1 Rn. 27). **§ 21 Abs. 5** stellt klar, dass – ebenso wie nach § 1 Abs. 3 S. 1 BVG (bis zum 31.12.2023) bzw. § 4 Abs. 4 SGB XIV (ab 1.1.2024) – die Wahrscheinlichkeit des ursächlichen Zusammenhangs ausreicht und dass auch die Grundsätze der sog. **„Kannversorgung"** aus § 1 Abs. 3 S. 2 BVG (bis 31.12.2023) bzw. § 4 Abs. 6 SGB XIV (ab 1.1.2024) anzuwenden sind (im Einzelnen → SGB XIV § 4 Rn. 30 ff.). Für die Zeit ab dem 1.1.2024 wird das durch den mit den G-SER angefügten **§ 21 Abs. 7** StrRehaG klargestellt. Maßgeblich ist der Ursachenzusammenhang zwischen den der Freiheitsentziehung als eigentümlich zuzurechnenden Umständen (→ Rn. 6) und der gesundheitlichen Schädigung.

12 Erhebliche Probleme bereitet vielfach die Beurteilung der Kausalität bei psychischen Erkrankungen[17] (→ SGB XIV § 13 Rn. 66, 83 ff.; → SGB XIV § 14 Rn. 27). Eine Umkehr der **Beweislast** sieht § 21 StrRehaG – ebenso wie andere Gesetze des sozialen Entschädigungsrechts – nicht vor (zu der im gerichtlichen Verfahren nach §§ 7 ff. StrRehaG geltenden Vermutungsregelung nach § 10 Abs. 3 StrRehaG → §§ 1–20 Rn. 7). Gewisse Erleichterungen bezogen auf den Kausalitätsnachweis bei psychischen Gesundheitsstörungen folgen aus der Rspr. des BSG[18] zur sog. „bestärkten Möglichkeit" (→ SGB XIV § 1 Rn. 32, → SGB XIV § 4 Rn. 2, 28 f.) und aus **§ 21 Abs. 6 StrRehaG** der mWz 1.1.2024 die in § 4 Abs. 5 SGB XIV getroffene Regelung übernimmt. Für die Zeit bis zum 31.12.2023 gibt es im StrRehaG zwar keine § 4 Abs. 5 SGB XIV entsprechende Regelung. Allerdings sind die praktischen Auswirkungen begrenzt, weil § 4 Abs. 5 SGB XIV in erster Linie die auf der Grundlage des bisherigen Rechts ergangene Rspr. des BSG zur sog. „bestärkten Möglichkeit" nachvollzieht. Wegen weiterer Einzelheiten wird auf die Kommentierung zu → SGB XIV § 1 Rn. 32, → SGB XIV § 4 Rn. 2, 28 f. verwiesen.

VI. Leistungen

13 Mit der Verweisung auf die Leistungen nach dem BVG entspricht § 21 in der bis zum 31.12.2024 geltenden Fassung anderen Gesetzen des sozialen Entschädigungsrechts wie zB § 1 OEG, § 80 SVG oder § 4 HHG. Zum 1.1.2024 tritt an die Stelle der Verweisung auf das BVG die Verweisung auf das SGB XIV (→ Rn. 1). Wegen der Einzelheiten wird auf die Kommentierung zu den in Bezug genommenen Vorschriften des SGB XIV verwiesen.

VII. Zusammentreffen mit Ansprüchen nach dem BVG oder dem SGB XIV (Abs. 1 S. 2)

14 Ein und dasselbe schädigende Ereignis kann Ansprüche nach mehreren sozialen Entschädigungsgesetzen begründen. Ein **Konkurrenzverhältnis** kann zB im Verhältnis zu Leistungen nach dem **HHG** auftreten oder zu Leistungen für Opfer von Gewalttaten nach dem **OEG** (bis 31.12.2023) bzw. nach dem SGB XIV (ab dem 1.1.2024), wenn ein Gefangener Opfer einer Gewalttat wird.[19] Nach **Abs. 1 S. 2** sind die Leistungen

17 Vgl. Denis/Baum, Entschädigung psychischer Gesundheitsstörungen nach politischer Haft in der SBZ/DDR, NJW 1999, 3298.

18 BSG Urt. v. 12.6.2003 – B 9 VG 1/02 R, BSGE 91, 107; vgl. dazu mit Bezug auf § 3 Abs. 1 Satz 1 VwRehaG: LSG Bln-Bbg Urt. v. 10.5.2012 – L 11 VE 47/09, juris Rn. 51 ff.

19 Vgl. BT-Drs. 12/1608, 27; vgl. dazu auch BayLSG Urt. v. 26.11.2020 – L 20 VU 2/17, juris Rn. 68 ff.

nach § 21 StrRehaG in einem solchen Fall nachrangig. Für politische Gefangene, die Leistungen nach dem HHG beziehen, bleiben jedoch die sozialen Ausgleichsleistungen nach §§ 17 bis 19 von praktischer Bedeutung.[20] Nach einer Entscheidung des LSG Bayern[21] soll der Nachrang nach Abs. 1 S. 2 nicht erst eingreifen, wenn der betroffene die genannten Leistungen erhält, sondern bereits wenn wegen desselben schädigenden Ereignisses ein Anspruch auf Versorgung unmittelbar aufgrund des BVG oder aufgrund von Gesetzen, die das BVG für anwendbar erklären, besteht. Im Verhältnis zu den Leistungen nach dem OEG wird das Vorrang-Nachrang-Verhältnis mit Abs. 1 S. 2 in der bis zum 31.12.2023 geltenden Fassung allerdings nicht eindeutig geregelt, weil auch § 3 Abs. 2 OEG eine vergleichbare Subsidiaritätsklausel enthält. Nach der Gesetzesbegründung[22] ist davon auszugehen, dass der Gesetzgeber einen Nachrang der Leistungen nach § 21 StrRehaG auch gegenüber den Leistungen regeln wollte, die aufgrund desselben schädigenden Ereignisses nach dem OEG gewährt werden. Ab dem 1.1.2024 gilt das in gleicher Weise für den Fall, dass gleichzeitig Anspruch auf Leistungen der Sozialen Entschädigung nach dem **SGB XIV** oder in entsprechender Anwendung des SGB XIV besteht. Der Verweis auf das BVG und die Gesetze, die eine entsprechende Anwendung des BVG vorsehen, bleibt auch nach der Neufassung des § 21 StrRehaG durch Art. 12 Nr. 1 G-SER mWv 1.1.2024 erhalten. Hintergrund sind die Vorschriften zu den Besitzständen nach §§ 142 ff. SGB XIV, die es bestimmten Personen weiterhin ermöglichen, Leistungen nach dem BVG zu beziehen.[23]

Der Nachrang nach Abs. 1 S. 2 gilt nicht, wenn die Ansprüche nach dem StrRehaG und nach dem BVG oder einem anderen Gesetz, das eine entsprechende Anwendung des BVG vorsieht, wegen **unterschiedlicher schädigender Ereignisse** bestehen. In diesem Fall ist nach § 23 Abs. 1 StrRehaG unter Berücksichtigung des durch die gesamten Schädigungsfolgen bedingten GdS eine einheitliche Rente nach dem StrRehaG festzusetzen (→ § 23 Rn. 3 f.). Für den Fall des Zusammentreffens mit Ansprüchen nach dem OEG bestimmt bis zum 31.12.2023 auch § 3 Abs. 1 OEG[24] und ab dem 1.1.2024 § 8 Abs. 2 SGB XIV, dass unter Berücksichtigung des durch die gesamten Schädigungsfolgen bedingten GdS eine einheitliche Rente festzusetzen ist (→ § 23 Rn. 4). 15

VIII. Antrag

Der Antrag ist nach dem Wortlaut des § 21 Abs. 1 S. 1 („auf Antrag") **materiellrechtliche Voraussetzung** des Anspruchs auf Versorgung in entsprechender Anwendung des BVG (bis 31.12.2023) bzw. auf Leistungen der sozialen Entschädigung in entsprechender Anwendung des SGB XIV (zum Antragserfordernis vgl. auch § 10 SGB XIV). Der Zeitpunkt der Antragstellung hat über die Verweisung auf die Vorschriften des BVG (bis 31.12.2023) bzw. des SGB XIV (ab 1.1.2024) zudem Bedeutung für den **Beginn** der Leistung (vgl. §§ 60, 61 BVG, § 11 SGB XIV). Nach § 60 Abs. 1 S. 1 BVG (bis 31.12.2023) bzw. § 11 Abs. 1 SGB XIV (ab 1.1.2024) beginnt die Leistung im Grundsatz mit dem Antragsmonat, soweit auch die übrigen materiellrechtlichen Voraussetzungen erfüllt sind. Wenn der Antrag innerhalb eines Jahres nach Eintritt der Schädigung gestellt wird, wird die Versorgung nach § 60 Abs. 1 S. 2 BVG bzw. § 11 Abs. 2 S. 1 SGB XIV auch für Zeiträume vor der Antragstellung geleistet. Diese Frist verlängert sich nach § 60 Abs. 1 S. 3 BVG bzw. § 11 Abs. 2 S. 2 SGB XIV um Zeiten, in denen der Betroffene ohne sein Verschulden an der Antragstellung verhindert war. 16

20 Vgl. § 25 Abs. 2 StrRehaG.
21 BayLSG Urt. v. 26.11.2020 – L 20 VU 2/17, juris Rn. 74.
22 Vgl. BT-Drs. 12/1608, 27.
23 BT-Drs. 19/13824, 239, zu Art. 12 Nr. 1 Buchst. c.
24 Vgl. HK-SozEntschR/Rademacker OEG § 3 Rn. 3.

Wegen der Einzelheiten wird auf die Kommentierung zu → SGB XIV § 11 Rn. 7 verwiesen.

17 Für die Beurteilung, ob ein Antrag gestellt ist, ist nicht die gewählte Formulierung, sondern der unter Berücksichtigung aller Umstände des Einzelfalles **erkennbare Wille** des Antragstellers maßgebend[25] (vgl. auch → SGB XIV § 10 Rn. 5 f.). Es ist nicht zwingend erforderlich, dass der Antragsteller die begehrten Leistungen benennt, wenn seine Erklärung entsprechend ausgelegt werden kann.[26] Ein Antrag, der umfassend auf soziale Ausgleichsleistungen gerichtet ist, wird regelmäßig so zu verstehen sein, dass er sich auch auf Versorgung nach Maßgabe der §§ 21 bis 24 StrRehaG erstreckt, weil die sozialen Ausgleichsleistungen nach § 16 Abs. 3 StrRehaG die Versorgung einschließen. Dagegen wird ein Antrag auf Rehabilitierung nach § 1 StrRehaG nur dann auch als Antrag nach § 21 StrRehaG anzusehen sein, wenn er den Willen erkennen lässt, soziale Ausgleichsleistungen bzw. Entschädigung zu beanspruchen.[27] Nach der Rechtsprechung des BGH[28] zu der besonderen Zuwendung für Haftopfer nach § 17a StrRehaG kann der Antrag bereits vor Rechtskraft der Rehabilitierungsentscheidung gestellt werden, mit der Folge, dass die Zuwendung bereits entsprechend früher beginnt. Für den Antrag auf Versorgung nach § 21 StrRehaG kann nichts anderes gelten.

C. Anhang

18 § 21 StrRehaG in der bis zum 31.12.2023 geltenden Fassung des Gesetzes zur Änderung des Bundesversorgungsgesetzes und anderer Vorschriften des Sozialen Entschädigungsrechts vom 13.12.2007, BGBl. 2007 I 2904:

§ 21 StrRehaG Beschädigtenversorgung

(1) [1]Ein Betroffener, der infolge der Freiheitsentziehung eine gesundheitliche Schädigung erlitten hat, erhält wegen der gesundheitlichen und wirtschaftlichen Folgen dieser Schädigung auf Antrag Versorgung in entsprechender Anwendung des Bundesversorgungsgesetzes. [2]Dies gilt nicht, soweit er wegen desselben schädigenden Ereignisses bereits Versorgung auf Grund des Bundesversorgungsgesetzes oder auf Grund von Gesetzen, die eine entsprechende Anwendung des Bundesversorgungsgesetzes vorsehen, erhält.

(2) Einer Schädigung im Sinne des Absatzes 1 steht eine gesundheitliche Schädigung gleich, die durch einen Unfall unter den Voraussetzungen des § 1 Abs. 2 Buchstabe e oder f des Bundesversorgungsgesetzes herbeigeführt worden ist.

(3) Wer als Berechtigter oder Leistungsempfänger nach Absatz 1 dieser Vorschrift oder § 22 dieses Gesetzes in Verbindung mit § 10 Abs. 4 oder 5 des Bundesversorgungsgesetzes, als Pflegeperson oder als Begleitperson bei einer notwendigen Begleitung des Beschädigten durch einen Unfall unter den Voraussetzungen des § 8a des Bundesversorgungsgesetzes eine gesundheitliche Schädigung erleidet, erhält Versorgung nach Absatz 1.

(4) Einer gesundheitlichen Schädigung im Sinne der Absätze 1 bis 3 steht die Beschädigung eines am Körper getragenen Hilfsmittels, einer Brille, von Kontaktlinsen oder von Zahnersatz gleich.

(5) [1]Zur Anerkennung einer Gesundheitsstörung als Folge einer Schädigung genügt die Wahrscheinlichkeit des ursächlichen Zusammenhanges. [2]Wenn die Wahrscheinlichkeit nur deshalb nicht gegeben ist, weil über die Ursache des festgestellten Leidens in der medizinischen Wissenschaft Ungewissheit besteht, kann mit Zustimmung des Bundesministeriums für Arbeit und Soziales die Gesundheitsstörung als Folge einer Schädigung anerkannt werden; die Zustimmung kann allgemein erteilt werden.

25 BSG 28.4.2005 – B 9a/9 VG 3/04 R, SozR 4-3800 § 1 Nr. 9.
26 BSG 28.4.2005 – B 9a/9 VG 3/04 R, SozR 4-3800 § 1 Nr. 9, mwN.
27 Vgl. Pfister/Mütze/Mütze, Rehabilitierungsrecht, Stand August 1997, § 21 Rn. 78, § 25 Rn. 19.
28 BGH 10.8.2010 – 4 StR 646/09.

§ 22 StrRehaG Leistungen der Sozialen Entschädigung für Hinterbliebene

(1) [1]Ist der Betroffene an den Folgen der Schädigung gestorben, erhalten die Hinterbliebenen auf Antrag Leistungen der Sozialen Entschädigung in entsprechender Anwendung des Vierzehnten Buches Sozialgesetzbuch. [2]Dies gilt nicht, soweit die Hinterbliebenen bereits folgende Leistungen erhalten:

1. Versorgung aufgrund des Bundesversorgungsgesetzes,
2. Versorgung aufgrund eines Gesetzes, das das Bundesversorgungsgesetz für entsprechend anwendbar erklärt,
3. Leistungen der Sozialen Entschädigung nach dem Vierzehnten Buch Sozialgesetzbuch oder
4. Leistungen der Sozialen Entschädigung in entsprechender Anwendung des Vierzehnten Buches Sozialgesetzbuch.

[3]§ 21 Absatz 3 dieses Gesetzes und § 148 des Vierzehnten Buches Sozialgesetzbuch sind entsprechend anzuwenden.

(2) Ist ein Todesurteil infolge einer strafrechtlichen Entscheidung nach § 1 am Betroffenen vollstreckt worden, gilt Absatz 1 entsprechend.

A. Gesetzesgeschichte und Normsystematik

1 Der Anspruch auf Hinterbliebenenversorgung ist in Abs. 1 nach dem Vorbild des § 5 **HHG** geregelt worden.[1] Entsprechend einer Prüfbitte des Bundesrates[2] und auf Beschlussempfehlung des Rechtsausschusses des Bundestages[3] wurde im Gesetzgebungsverfahren **Abs. 2** angefügt, um sicherzustellen, dass Hinterbliebene der durch Todesurteil ums Leben gekommenen erfasst werden. Mit **Art. 12 G-SER**[4] sind im StrRehaG in erster Linie Folgeänderung im Zusammenhang mit der Einführung des SGB XIV umgesetzt worden.[5] Die Änderungen des StrRehaG durch Art. 12 G-SER treten gem. Art. 60 Abs. 7 mWz 1.1.2024 in Kraft.

B. Einzelkommentierung

2 Nach Abs. 1 haben Hinterbliebene des Rehabilitierten Anspruch auf Versorgung. In Übereinstimmung mit § 38 Abs. 1 S. 1 BVG (bis 31.12.2023) bzw. § 85 Abs. 1 S. 1 SGB XIV (ab 1.1.2024) wird vorausgesetzt, dass der Betroffene **„an den Folgen der Schädigung"** gestorben ist. Dazu wird auf die Kommentierung der entsprechenden Regelung in § 85 SGB XIV verwiesen. Ergänzend ist **Abs. 2** zu beachten, der die entsprechende Geltung für den Fall der Vollstreckung eines Todesurteils infolge einer rechtsstaatswidrigen strafrechtlichen Entscheidung anordnet. Die Rechtsprechung des BSG,[6] nach der die vollstreckte Todesstrafe in der Regel keine durch die Kriegsgefangenschaft herbeigeführte Schädigung ist, ist daher auf die Hinterbliebenenversorgung nach § 22 nicht zu übertragen. Wenn der Betroffene nicht an den Folgen der Schädigung gestorben ist, kommt nur ein Anspruch auf Witwenbeihilfe in Betracht (→ Rn. 7).

3 Ebenso wie der Anspruch des Betroffenen (s. § 21 Abs. 1 S. 2) ist auch der Anspruch der Hinterbliebenen gegenüber Ansprüchen nach dem BVG oder nach Gesetzen, die eine entsprechende Anwendung des BVG vorsehen, gem. **§ 22 Abs. 1 S. 2** nachrangig.

1 Vgl. BT-Drs. 12/1608, 28.
2 BT-Drs. 12/1608, 38, 45.
3 BT-Drs. 12/2820, 32.
4 BGBl. 2019 I 2652, 2696 f.
5 Vgl. BT-Drs. 19/13824, 239 f. zu Art. 12 Nr. 2.
6 BSG Urt. v. 31.7.1962 – 9 RV 934/57, BSGE 17, 225 = SozR Nr. 62 zu § 1 BVG.

Der **Nachrang** betrifft Fälle, in denen dasselbe schädigende Ereignis Ansprüche nach mehreren sozialen Entschädigungsgesetzen begründet (→ § 21 Rn. 14).

4 Da der Begriff des **Hinterbliebenen** in § 22 StrRehaG nicht eigenständig definiert ist, ist davon auszugehen, dass damit die in § 38 Abs. 1 S. 1, § 43 BVG (bis 31.12.2023) genannten Personen bzw. der in § 2 Abs. 4 SGB XIV definierte Personenkreis gemeint ist.[7] Nach der ab dem 1.1.2024 geltenden Rechtslage sind Hinterbliebene also Witwen, Witwer, Waisen, Eltern sowie Betreuungsunterhaltsberechtigte einer an den Folgen einer Schädigung verstorbenen Person. Als Waisen gelten auch in den Haushalt der an den Folgen einer Schädigung verstorbenen Person aufgenommene Stiefkinder sowie Pflegekinder iSd § 2 Abs. 1 S. 1 Nr. 2 BKGG. Geschwister sowie Partner einer eheähnlichen Lebensgemeinschaft gehören dagegen nicht zu den durch § 22 begünstigten Hinterbliebenen;[8] § 2 Abs. 5 SGB XIV bezeichnet sie in Abgrenzung zu den Hinterbliebenen als „Nahestehende“. Eine § 85 Abs. 2 SGB XIV entsprechende Regelung, die den Anspruch auf Entschädigungszahlungen auf Partner einer eheähnlichen Lebensgemeinschaft bis zum vollendeten dritten Lebensjahr eines gemeinsamen Kindes erstreckt, enthält das StrRehaG nicht.

5 Die in Abs. 1 S. 1 geregelte „entsprechende Anwendung des Bundesversorgungsgesetzes“ beinhaltet in der Zeit bis zum 31.12.2023 den Ausschluss nach § 38 Abs. 2 BVG bei einer sog. **„Versorgungsehe“**,[9] deren Vorliegen vermutet wird, wenn die Ehe oder die Lebenspartnerschaft erst nach der Schädigung geschlossen worden ist und nicht mindestens ein Jahr gedauert hat. Das SGB XIV enthält keine § 38 Abs. 2 BVG entsprechende Regelung mehr. Wegen der Einzelheiten wird auf → SGB XIV § 85 Rn. 14 verwiesen.

6 Ebenso wie die Beschädigtenversorgung nach § 21 StrRehaG (→ § 21 Rn. 16 f.) wird die Hinterbliebenenversorgung nur auf **Antrag** gewährt. Der Antrag auf Versorgung hat ferner Bedeutung für den Beginn der Leistung. Nach § 7 Abs. 1 Nr. 2 StrRehaG sind Ehegatten, Verwandte in gerader Linie, Geschwister und Personen, die ein berechtigtes Interesse an der Rehabilitierung des von der rechtsstaatswidrigen Entscheidung Betroffenen haben, nach dem Tod des Betroffenen auch zur Stellung des Rehabilitierungsantrags nach § 1 befugt. Bei Personen, die im Falle der Rehabilitierung anspruchsberechtigt nach § 22 StrRehaG sind, besteht ein solches berechtigtes Interesse.[10]

7 Nach § 22 Abs. 1 S. 3 StrRehaG sind § 21 Abs. 3 StrRehaG und §§ 48, 52 BVG (bis 31.12.2023) bzw. § 148 SGB XIV entsprechend anzuwenden. Die Regelung entspricht § 5 S. 2 HHG (bis 31.12.2023) bzw. § 5 S. 3 HHG (ab 1.1.2024). Eine ähnliche Regelung trifft § 4 S. 2 VwRehG (bis 31.12.2023) bzw. § 4 S. 3 VwRehaG (ab 1.1.2024). § 148 SGB XIV ist Teil der Regelungen zu den Besitzständen. Sie führt die Vorschriften aus dem BVG zur Entschädigungszahlung für Witwen und Witwer bei nicht schädigungsbedingt verstorbenen Geschädigten aus Vertrauensschutzgründen[11] unter der Voraussetzung fort, dass die Schädigung bereits vor dem 1.1.2024 eingetreten ist. Weiter wird vorausgesetzt, dass die Ehe vor dem 1.1.2024 bestand (vgl. § 148 SGB XIV).

---

7 In diesem Sinne auch die Materialien, BT-Drs. 1606, 28: „Satz 1 verweist wegen der Hinterbliebenenversorgung auf § 38 BVG, was sich aus der Einschränkung „an den Folgen der Schädigung gestorben“ ergibt.“; vgl. ebenso: Pfister/Mütze/Mütze Rehabilitierungsrecht, Stand August 1997, StrRehaG § 22 Rn. 5.

8 Ebenso: Pfister/Mütze/Mütze Rehabilitierungsrecht, Stand August 1997, StrRehaG § 22 Rn. 11.

9 Vgl. BT-Drs. 12/1608, 28.

10 Vgl. Pfister/Mütze/Pfister Rehabilitierungsrecht, Stand August 1997, StrRehaG § 7 Rn. 7.

11 Vgl. BT-Drs. 19/13824, 230.

Der ebenfalls in Bezug genommene § 21 Abs. 3 StrRehaG regelt den **Unfallversorgungsschutz** bestimmter Familienangehöriger, Hinterbliebener sowie von Pflege- und Begleitpersonen (→ § 21 Rn. 8). Ein eigenständiger Anwendungsbereich der Verweisung auf § 21 Abs. 3 StrRehaG ist nicht ersichtlich, weil § 21 Abs. 3 StrRehaG bereits Berechtigte und Leistungsempfänger nach § 22 einbezieht. Wegen der misslungenen Neuregelung des § 21 Abs. 3 StrRehaG durch das G-SER mWz 1.1.2024 wird auf die Kommentierung zu → § 21 Rn. 9 verwiesen. 8

C. Anhang

§ 22 StrRehaG in der bis zum 31.12.2023 geltenden Fassung Bekanntmachung der Neufassung des Strafrechtlichen Rehabilitierungsgesetzes vom 17.12.1999, BGBl. 1999 I 2664: 9

§ 22 StrRehaG Hinterbliebenenversorgung

(1) [1]Ist der Betroffene an den Folgen der Schädigung gestorben, erhalten die Hinterbliebenen auf Antrag Versorgung in entsprechender Anwendung des Bundesversorgungsgesetzes. [2]Dies gilt nicht, soweit die Hinterbliebenen bereits Versorgung auf Grund des Bundesversorgungsgesetzes oder auf Grund von Gesetzen, die eine entsprechende Anwendung des Bundesversorgungsgesetzes vorsehen, erhalten. [3]§ 21 Abs. 3 dieses Gesetzes und die §§ 48 und 52 des Bundesversorgungsgesetzes sind entsprechend anzuwenden.

(2) Ist ein Todesurteil infolge einer strafrechtlichen Entscheidung nach § 1 am Betroffenen vollstreckt worden, gilt Absatz 1 entsprechend.

§ 23 StrRehaG Zusammentreffen von Ansprüchen

(1) Treffen Ansprüche aus § 21 mit folgenden Ansprüchen zusammen, werden die Leistungen der Sozialen Entschädigung unter Berücksichtigung des durch die gesamten Schädigungsfolgen bedingten Grades der Schädigungsfolgen nach diesem Gesetz gewährt:

1. **Ansprüchen aus § 1 des Bundesversorgungsgesetzes,**
2. **Ansprüchen aus einem anderen Gesetz, das eine entsprechende Anwendung des Bundesversorgungsgesetzes vorsieht,**
3. **Ansprüchen nach § 21, § 23, § 24 oder Kapitel 23 des Vierzehnten Buches Sozialgesetzbuch oder**
4. **Ansprüchen aus anderen Gesetzen, die eine entsprechende Anwendung des Vierzehnten Buches Sozialgesetzbuch vorsehen.**

(2) *[aufgehoben]*

(3) [1]Bei der Feststellung der Elternrente sind auch die Kinder zu berücksichtigen, die infolge einer Schädigung im Sinne des Vierzehnten Buches Sozialgesetzbuch gestorben[1]. [2]Besteht bereits ein Anspruch auf Elternrente nach dem Vierzehnten Buch Sozialgesetzbuch, wird sie nach diesem Gesetz nicht gewährt. [3]Die Sätze 1 und 2 gelten entsprechend für den Anspruch auf Elternrente nach Gesetzen, die eine entsprechende Anwendung des Vierzehnten Buches Sozialgesetzbuch vorsehen.

A. Gesetzesgeschichte und Normsystematik

§ 23 ist seit dem Inkrafttreten des StrRehaG nur redaktionell geändert worden.[2] Die Vorschrift regelt in der bis zum 31.12.2023 geltenden Fassung die **Konkurrenz** bei Zusammentreffen von Leistungen nach §§ 21, 22 StrRehaG mit Ansprüchen nach 1

1 Richtig wohl: „gestorben sind".
2 Vgl. Art. 5 Nr. 2 des Gesetzes zur Änderung des Bundesversorgungsgesetzes und anderer Vorschriften des Sozialen Entschädigungsrechts vom 13.12.2007, BGBl. I 2904.

dem BVG oder mit Ansprüchen nach Gesetzen, die eine entsprechende Anwendung des BVG vorsehen. Mit Art. 12 Nr. 3 G-SER[3] sind in § 23 StrRehaG in erster Linie Folgeänderungen[4] im Zusammenhang mit der Einführung des SGB XIV umgesetzt worden, die zum 1.1.2024 in Kraft treten.[5]

B. Einzelkommentierung

I. Zusammentreffen von Ansprüchen aus unterschiedlichen Schädigungen (Abs. 1)

2 Anders als § 21 Abs. 1 S. 2 StrRehaG, der die Folgen des Zusammentreffens bei Ansprüchen aufgrund ein und desselben schädigenden Ereignisses regelt (→ § 21 Rn. 14), betrifft § 23 Abs. 1 den Fall, dass **Ansprüche auf unterschiedlichen Ursachen** beruhen. Vergleichbare Vorschriften finden sich bis zum 31.12.2023 in § 3 Abs. 1 OEG, § 63 Abs. 1 IfSG und § 84 Abs. 3 S. 1 SVG und auch über dieses Datum hinaus in § 6 Abs. 1 HHG.

3 Wenn aufgrund unterschiedlicher schädigender Ereignisse Ansprüche nach dem StrRehaG und nach dem BVG oder nach Gesetzen, die das BVG für entsprechend anwendbar erklären, bestehen, ist nach Abs. 1 in der bis zum 31.12.2023 geltenden Fassung die Versorgung unter Berücksichtigung des **Gesamtgrades der Schädigungsfolgen nach dem StrRehaG** zu gewähren. Anders als § 6 Abs. 1 HHG, der im Falle des Zusammentreffens die einheitliche Versorgung unmittelbar nach den Vorschriften des BVG vorsieht, sieht § 23 Abs. 1 StrRehaG die Versorgung nach dem StrReha vor. Dies hat zur Folge, dass sich die Verteilung der gesamten Kosten zwischen Bund und Ländern nach § 20 StrRehaG richtet.[6] Bei den Gesetzen, die das BVG bis zum 31.12.2023 für entsprechend anwendbar erklären, handelt es sich ua um das HHG, das IfSG, das OEG, das SVG, das VwRehaG und das ZDG.

4 In der ab dem 1.1.2024 geltenden Fassung des G-SER bezieht § 23 Abs. 1 StrRehaG Ansprüche nach § 21 (Opfer von Kriegsauswirkungen), § 23 (geschädigte Zivildienstleistende) und 24 (Geschädigte durch Schutzimpfungen) sowie Kap. 23 SGB XIV (Vorschriften zu den Besitzständen) und Ansprüche aus anderen Gesetzen ein, die eine entsprechenden Anwendung des SGB XIV vorsehen. Die Ansprüche der Opfer von Gewalttaten nach §§ 13 ff. SGB XIV (Kap. 2 Abschn. 2 Unterabschn. 1 SGB XIV) werden von § 23 Abs. 1 StrRehaG jedoch nicht erfasst. Dasselbe gilt für die Parallelvorschrift in § 5 Abs. 1 VwRehaG (→ VwRehaG §§ 1–18 Rn. 20). Eine Erklärung dafür kann auch der Gesetzesbegründung[7] nicht entnommen werden. Soweit es um die Bildung des Gesamt-GdB geht – nicht jedoch bezogen auf die Qualifizierung der Leistungen unter Berücksichtigung der gesamten Schädigungsfolgen als eine solche nach dem StrRehaG – wird diese **Lücke** durch § 8 Abs. 2 S. 2 SGB XIV gefüllt (vgl. auch → VwRehaG §§ 1–18 Rn. 20). Auf der anderen Seite werden die Bezieher von Besitzstandsleistungen nach §§ 142 ff. SGB XIV durch § 23 Abs. 1 StrRehaG doppelt erfasst, nämlich zum einen durch die Einbeziehung der Ansprüche aus § 1 BVG bzw. in entsprechender Anwendung des BVG (§ 23 Abs. 1 Nr. 1, Nr. 2 StrRehaG), die nach der Aufhebung des BVG zum 31.12.2023 nur noch als Besitzstandsleistungen nach Kap. 23 SGB XIV (§§ 142 SGB XIV) beansprucht werden können[8] und zum anderen durch den Verweis auf das Kap. 23 SGB XIV (Besitzstandsleistungen nach §§ 142 SGB XIV) in § 23 Abs. 1 Nr. 3 StrRehaG. Jedenfalls bei der **doppelten Erfassung** der

3 BGBl. 2019 I 2652, 2695 f.
4 Vgl. BT-Drs. 19/13824, 240, zu Art. 12 Nr. 3.
5 Art. 60 Abs. 7 G-SER.
6 BT-Drs. 12/1608, 28.
7 BT-Drs. 19/13824, 240, zu Art. 12 Nr. 3 Buchst. a.
8 So auch die Gesetzesbegründung: BT-Drs. 19/13824, 240, zu Art. 12 Nr. 3 Buchst. a.

Besitzstandsleistungen in § 23 Abs. 1 StrRehaG dürfte es sich um **redaktionelle Versehen** handeln. Ob das in gleicher Weise für die fehlende Berücksichtigung der Ansprüche der Opfer von Gewalttaten nach §§ 13 ff. SGB XIV gilt, ist unklar. Wenn § 23 Abs. 1 StrRehaG beim Zusammentreffen von Ansprüchen nach dem StrRehaG mit solchen für Opfer von Gewalttaten nach §§ 13 ff. SGB XIV (Kap. 2 Abschn. 2 Unterabschn. 1 SGB XIV) keine Anwendung fände, hätte das zur Folge, dass der Bund die Ausgaben für Geldleistungen nach § 133 S. 1 SGB XIV zu 40 % und die Länder zu 60 % zu tragen hätten; die Ausgaben für Sachleistungen tragen die Ländern nach § 133 S. 2 SGB XIV in voller Höhe (dazu und zu der bis zum 31.12.2023 geltenden Regelung in § 4 OEG → SGB XIV § 113 Rn. 8 ff., → SGB XIV § 133 Rn. 4). Ein Anspruch auf Kostentragung durch den Bund in Höhe von 65 % der Ausgaben bestünde nach § 136 SGB XIV, § 20 StrRehaG nur, soweit durch das Hinzutreten der Schädigung infolge der Freiheitsentziehung iSd § 21 Abs. 1 StrRehaG (oder eines Gleichstellungssachverhalts nach § 21 Abs. 2 bis 4 StrRehaG) Kosten verursacht werden (zur Anwendbarkeit des § 136 SGB XIV auch beim Zusammentreffen mit Ansprüchen nach dem StrRehaG → SGB XIV § 136 Rn. 4).

II. Zusammentreffen unterschiedlicher Rentenansprüche (Abs. 2 aF)

Abs. 2 regelt in der noch bis zum 31.12.2023 geltenden Fassung den Fall, dass eine Person Anspruch auf **unterschiedliche Renten** hat, durch die Verweisung auf § 55 BVG.[9] Beim Zusammentreffen einer Beschädigtenrente mit einer Witwen- oder Waisenrente ist nach § 55 Abs. 1 S. 1 Buchst. a BVG in der bis zum 31.12.2023 geltenden Fassung neben den Grundrenten die günstigere Ausgleichsrente zu gewähren. Hat ein Betroffener sowohl Anspruch auf Berufsschadensausgleich nach § 30 Abs. 3 BVG als auch Anspruch auf Schadensausgleich nach § 40a BVG als Witwe oder Witwer, ist nach § 55 Abs. 1 S. S. 1 Buchst. b BVG zunächst der Berufsschadensausgleich zu berechnen und dann bei der Festsetzung des Schadensausgleichs als Einkommen zu berücksichtigen. Wenn ein Anspruch auf Beschädigten- oder auf Witwenrente mit einem Anspruch auf Elternrente zusammentrifft, sind nach § 55 Abs. 1 S. 1 Buchst. c BVG die Ausgleichsrente nach §§ 32, 41 BVG, der Ehegattenzuschlag nach § 33a BVG, der Berufsschadensausgleich nach § 30 Abs. 3 BVG und der Schadensausgleich für Witwen nach § 40a BVG zu berechnen und bei der Festsetzung der Elternrente als Einkommen zu berücksichtigen. Das ab 1.1.2024 geltende SGB XIV enthält keine § 55 BVG entsprechende Regelung mehr. Daher ist die Verweisung auf § 55 BVG in § 23 Abs. 2 StrRehaG ebenfalls mWz 1.1.2024 ersatzlos gestrichen worden. Bei der dadurch bewirkten Begünstigung handelte es sich nicht um ein redaktionelles Versehen; sie ist gewollt.[10] 5

III. Zusammentreffen von Ansprüchen auf Elternrente (Abs. 3)

Die **Höhe der Elternrente** hängt nach § 22 Abs. 1 S. 1 StrRehaG iVm § 51 Abs. 2 BVG (bis 31.12.2023) bzw. iVm § 88 Abs. 2 SGB XIV (ab 1.1.2024) von der Zahl der an der Schädigung verstorbenen Kinder ab. Nach § 23 Abs. 3 S. 1 und 3 StrRehaG in der bis 31.12.2023 geltenden Fassung sind bei dem Anspruch auf Elternrente nach dem StrRehaG auch Kinder zu berücksichtigen, die aufgrund einer Schädigung iSd BVG oder im Sinne eines Gesetzes, das die entsprechende Anwendung des BVG vorsieht, gestorben oder verschollen sind. Ab dem 1.1.2024 gilt dies mit der Maßgabe, dass an die Stelle der Schädigung iSd BVG die Schädigung iSd SGB XIV bzw. nach Gesetzen, die eine entsprechende Anwendung des SGB XIV vorsehen, tritt. Hinterbliebene, die bereits Anspruch auf Elternrente nach dem BVG bzw. dem SGB XIV oder nach einem 6

9 Vgl. dazu HK-SozEntschR/Dau BVG § 55.
10 Vgl. BT-Drs. 19/13824, 240, zu Art. 12 Buchst. b.

Gesetz haben, das die entsprechende Anwendung des BVG bzw. des SGB XIV vorsieht, sind nach Abs. 3 S. 2 vom Anspruch auf Elternrente nach § 22 StrRehG iVm §§ 49 ff. BVG (bis 31.12.2023) bzw. iVm § 88 SGB XIV (ab 1.1.2024) ausgeschlossen. Sie haben Anspruch auf Elternrente allein nach dem BVG bzw. dem SGB XIV oder nach dem Gesetz, das die entsprechende Anwendung des BVG bzw. des SGB XIV vorsieht. Ausschlaggebend ist danach, welcher Anspruch zuerst besteht. Diese Lösung wurde aus Gründen der Verwaltungspraktikabilität gewählt.[11]

C. Anhang

7 § 23 StrRehaG in der bis zum 31.12.2023 geltenden Fassung des Gesetzes zur Änderung des Bundesversorgungsgesetzes und anderer Vorschriften des Sozialen Entschädigungsrechts vom 13.12.2007, BGBl. 2007 I 2904:

§ 23 StrRehaG Zusammentreffen von Ansprüchen

(1) Treffen Ansprüche aus § 21 dieses Gesetzes mit Ansprüchen aus § 1 des Bundesversorgungsgesetzes oder aus anderen Gesetzen zusammen, die eine entsprechende Anwendung des Bundesversorgungsgesetzes vorsehen, wird die Versorgung unter Berücksichtigung des durch die gesamten Schädigungsfolgen bedingten Grades der Schädigungsfolgen nach diesem Gesetz gewährt.

(2) Treffen Leistungen nach § 21 oder § 22 dieses Gesetzes mit Leistungen zusammen, die nach dem Bundesversorgungsgesetz oder nach Gesetzen, die eine entsprechende Anwendung des Bundesversorgungsgesetzes vorsehen, gewährt werden, findet § 55 des Bundesversorgungsgesetzes Anwendung.

(3) [1]Bei der Feststellung der Elternrente sind auch die Kinder zu berücksichtigen, die infolge einer Schädigung im Sinne des Bundesversorgungsgesetzes gestorben oder verschollen sind. [2]Besteht bereits ein Anspruch auf Elternrente nach dem Bundesversorgungsgesetzes, wird sie nach diesem Gesetz nicht gewährt. [3]Die Sätze 1 und 2 gelten entsprechend für den Anspruch auf Elternrente nach Gesetzen, die eine entsprechende Anwendung des Bundesversorgungsgesetzes vorsehen; § 51 Abs. 2 Satz 2 des Bundesversorgungsgesetzes ist entsprechend anzuwenden.

§ 24 StrRehaG (weggefallen)

1 Nach § 84a BVG galten für das Beitrittsgebiet besondere Maßgaben aus dem Einigungsvertrag zur Absenkung von Leistungen. Nach dem **Gesetz zur Änderung des Bundesversorgungsgesetzes und anderer Vorschriften** vom 20.6.2011[1] sind diese seit dem 1.7.2011 nicht mehr anzuwenden.[2] Dabei ist offenbar **versäumt worden,** § **24 StrRehaG,** der die Geltung der Maßgaben des Einigungsvertrags ausdrücklich anordnet, entsprechend zu ändern oder **zu streichen.** Gleichwohl war die Änderung des § 84a BVG auf das StrRehaG zu übertragen.[3] Eine Schlechterstellung der Betroffenen nach dem StrRehaG war ersichtlich nicht beabsichtigt. In der Gesetzesbegründung zur Änderung des § 84a BVG[4] wurde ausdrücklich darauf hingewiesen, dass auch Geschädigten und Hinterbliebenen nach dem StrRehaG ab dem 1.7.2011 in den neuen Ländern „Entschädigung in voller Höhe“ erbracht werden soll. Mit Art. 12 Nr. 4 G-SER[5] ist das redaktionelle Versehen durch die Streichung von § 24 StrRehaG behoben wor-

11 Vgl. BT-Drs. 12/1608, 28.
1 BGBl. 2011 I 1114.
2 Wegen weiterer Einzelheiten und auch der Entwicklung der Rechtslage bis zum 30.6.2011 vgl. HK-SozEntschR/Rademacker StrRehaG § 24.
3 Vgl. dazu auch die Gesetzesbegründung zur Streichung des § 24 StrRehaG durch Art. 12 Nr. 4 G-SER, BT-Drs. 19/13824, 240, zu Art. 12 Nr. 4.
4 BR-Drs. 51/11, 35.
5 BGBl. 2019 I 2652, 2696.

den.[6] Das Inkrafttreten der Streichung erst zum 1.1.2024[7] ändert nichts daran, dass die Vorschrift bereits seit dem 1.7.2011 nicht mehr anzuwenden war.

6 Vgl. die Gesetzesbegründung, BT-Drs. 19/13824, 240, zu Art. 12 Nr. 4.
7 Art. 60 Abs. 7 G-SER.

Gesetz über die Aufhebung rechtsstaatswidriger Verwaltungsentscheidungen im Beitrittsgebiet und die daran anknüpfenden Folgeansprüche (Verwaltungsrechtliches Rehabilitierungsgesetz – VwRehaG)

In der Fassung der Bekanntmachung vom 1. Juli 1997 (BGBl. I 1620)
(FNA 254-1)
zuletzt geändert durch Art. 13 G zur Regelung des Sozialen Entschädigungsrechts vom 12. Dezember 2019 (BGBl. I S. 2652)

§ 1 VwRehaG Aufhebung rechtsstaatswidriger Verwaltungsentscheidungen

(1) [1]Die hoheitliche Maßnahme einer deutschen behördlichen Stelle zur Regelung eines Einzelfalls in dem in Artikel 3 des Einigungsvertrages genannten Gebiet (Beitrittsgebiet) aus der Zeit vom 8. Mai 1945 bis zum 2. Oktober 1990 (Verwaltungsentscheidung), die zu einer gesundheitlichen Schädigung (§ 3), einem Eingriff in Vermögenswerte (§ 7) oder einer beruflichen Benachteiligung (§ 8) geführt hat, ist auf Antrag aufzuheben, soweit sie mit tragenden Grundsätzen eines Rechtsstaates schlechthin unvereinbar ist und ihre Folgen noch unmittelbar schwer und unzumutbar fortwirken. [2]Auf Verwaltungsentscheidungen in Steuersachen und auf Maßnahmen, die vom Vermögensgesetz oder vom Entschädigungsrentengesetz erfaßt werden, findet dieses Gesetz keine Anwendung. [3]Dies gilt auch für die in § 1 Abs. 8 des Vermögensgesetzes erwähnten Fallgruppen.

(2) Mit tragenden Grundsätzen eines Rechtsstaates schlechthin unvereinbar sind Maßnahmen, die in schwerwiegender Weise gegen die Prinzipien der Gerechtigkeit, der Rechtssicherheit oder der Verhältnismäßigkeit verstoßen haben und die der politischen Verfolgung gedient oder Willkürakte im Einzelfall dargestellt haben.

(3) [1]Mit tragenden Grundsätzen eines Rechtsstaates schlechthin unvereinbar sind die Zwangsaussiedlungen aus dem Grenzgebiet der früheren Deutschen Demokratischen Republik auf der Grundlage der Verordnung über Maßnahmen an der Demarkationslinie zwischen der Deutschen Demokratischen Republik und den westlichen Besatzungszonen Deutschlands vom 26. Mai 1952 (GBl. Nr. 65 S. 405) oder der Verordnung über Aufenthaltsbeschränkung vom 24. August 1961 (GBl. II Nr. 55 S. 343). [2]Das gleiche gilt für die mit den Zwangsaussiedlungen in Zusammenhang stehenden Eingriffe in Vermögenswerte.

(4) [1]Besteht die Maßnahme nach Absatz 1 in der Aufhebung einer Verwaltungsentscheidung, so wird die Maßnahme nur aufgehoben, wenn eine Verwaltungsentscheidung gleichen Inhalts erneut erlassen werden könnte. [2]Andernfalls tritt an die Stelle der Aufhebung der Maßnahme die Feststellung ihrer Rechtsstaatswidrigkeit. [3]Satz 2 gilt auch für Maßnahmen, die einen Eingriff in ein Ausbildungsverhältnis oder ein Dienstverhältnis bei den bewaffneten Organen zum Gegenstand haben.

(5) [1]Für eine hoheitliche Maßnahme, die nicht auf die Herbeiführung einer Rechtsfolge gerichtet ist, gelten die Vorschriften dieses Gesetzes entsprechend. [2]An die Stelle der Aufhebung der Maßnahme tritt die Feststellung ihrer Rechtsstaatswidrigkeit.

(6) Für Maßnahmen der Sozialistischen Einheitspartei Deutschlands oder der von ihr beherrschten Parteien und gesellschaftlichen Organisationen gelten die Vorschriften dieses Gesetzes entsprechend.

§ 1a VwRehaG Feststellung der Rechtsstaatswidrigkeit in sonstigen Fällen

(1) Für eine Verwaltungsentscheidung nach § 1 Abs. 1 oder eine Maßnahme nach § 1 Abs. 5 Satz 1 oder Abs. 6, die nicht zu einer Beeinträchtigung der in § 1 Abs. 1 Satz 1 genannten Rechtsgüter geführt hat, ist auf Antrag die Rechtsstaatswidrigkeit festzustellen, soweit die Verwaltungsentscheidung oder die Maßnahme mit tragenden Grundsätzen eines Rechtsstaates schlechthin unvereinbar ist und aus Gründen der politischen Verfolgung zu einer schweren Herabwürdigung des Betroffenen im persönlichen Lebensbereich geführt hat.

(2) [1]Ist die Rechtsstaatswidrigkeit wegen einer Maßnahme, die mit dem Ziel der Zersetzung erfolgte, festgestellt worden, erhält der Betroffene auf Antrag eine einmalige Leistung in Höhe von 1 500 Euro. [2]Der Anspruch auf die Leistung nach Satz 1 ist unpfändbar, nicht übertragbar und nicht vererbbar. [3]Die Leistung nach Satz 1 bleibt bei Sozialleistungen, deren Zahlung von anderen Einkommen abhängig ist, als Einkommen unberücksichtigt.

(3) § 1 Abs. 3 Satz 1 in Verbindung mit Abs. 2 gilt entsprechend.

§ 2 VwRehaG Folgeansprüche

(1) Die Aufhebung oder die Feststellung der Rechtsstaatswidrigkeit einer Maßnahme nach § 1 begründet Ansprüche nach Maßgabe dieses Gesetzes.

(2) Folgeansprüche nach diesem Gesetz sind ausgeschlossen, wenn der Berechtigte oder derjenige, von dem er seine Rechte herleitet, gegen die Grundsätze der Menschlichkeit oder Rechtsstaatlichkeit verstoßen oder in schwerwiegendem Maße seine Stellung zum eigenen Vorteil oder zum Nachteil anderer mißbraucht hat.

(3) [1]Andere Ansprüche wegen Maßnahmen nach § 1 können gegen die Bundesrepublik Deutschland oder andere Körperschaften oder Anstalten des öffentlichen Rechts nur geltend gemacht werden, wenn sie in einem Gesetz, das Ansprüche dieser Art regelt, vorgesehen sind. [2]Für Ansprüche aus Pacht- oder Nutzungsverträgen zwischen dem Rat des Kreises und dem Eigentümer eines landwirtschaftlichen Grundstücks oder Betriebes wegen mangelnder Instandhaltung oder sonstiger Verschlechterung der verpachteten oder zur Nutzung überlassenen Sache gilt Satz 1 entsprechend.

(4) [1]Bei den Folgeansprüchen sind auf Grund desselben Sachverhalts erbrachte andere Ausgleichsleistungen zu berücksichtigen, soweit diese tatsächlich zugeflossen sind. [2]Dies gilt insbesondere für die von der Deutschen Demokratischen Republik gewährten Entschädigungen. [3]Bei Folgeansprüchen im Sinne des § 7 Abs. 1 Satz 1 sind Entschädigungen für lebendes oder totes Inventar, das nicht wesentlicher Bestandteil eines Grundstückes oder Gebäudes ist, nur zu berücksichtigen, soweit das Inventar zurückübertragen oder zurückgegeben wird. [4]In Mark der Deutschen Demokratischen Republik gezahlte Beträge sind im Verhältnis 2 : 1 auf Deutsche Mark umzustellen. [5]Wurde als Entschädigung ein Ersatzgrundstück übereignet, so hat der Berechtigte das Eigentum an diesem aufzugeben oder dessen Verkehrswert zu entrichten. [6]Befindet sich das Ersatzgrundstück nicht mehr im Eigentum des Berechtigten, so ist dessen Wert zum Zeitpunkt des Eigentumsverlustes maßgebend. [7]Das Ersatzgrundstück betreffende Maßnahmen oder Rechtsgeschäfte des Berechtigten bleiben bei der Ermittlung des Verkehrswerts außer Betracht. [8]Das Aneignungsrecht an dem Ersatzgrundstück oder der Anspruch auf dessen Verkehrswert sowie der Anspruch auf herauszugebende andere Ausgleichsleistungen stehen dem Entschädigungsfonds zu. [9]Abweichend von Satz 1 ist der Folgeanspruch nach § 1a Absatz 2 Satz 1 ausgeschlossen, wenn auf

Grund desselben Sachverhalts Ausgleichsleistungen gewährt wurden oder zukünftig gewährt werden.

§ 3 VwRehaG Leistungen der Sozialen Entschädigung bei gesundheitlicher Schädigung

(1) [1]Ein Betroffener, der infolge einer Maßnahme nach § 1 eine gesundheitliche Schädigung erlitten hat, erhält wegen der gesundheitlichen und wirtschaftlichen Folgen dieser Schädigung auf Antrag Leistungen der Sozialen Entschädigung in entsprechender Anwendung des Vierzehnten Buches Sozialgesetzbuch. [2]Dies gilt nicht, soweit er wegen desselben schädigenden Ereignisses bereits folgende Leistungen erhält:

1. Versorgung aufgrund des Bundesversorgungsgesetzes,
2. Versorgung aufgrund eines Gesetzes, das das Bundesversorgungsgesetz für entsprechend anwendbar erklärt,
3. Leistungen der Sozialen Entschädigung nach dem Vierzehnten Buch Sozialgesetzbuch oder
4. Leistungen der Sozialen Entschädigung in entsprechender Anwendung des Vierzehnten Buches Sozialgesetzbuch.

(2) Einer Schädigung im Sinne des Absatzes 1 steht eine gesundheitliche Schädigung gleich, die durch einen Unfall unter den Voraussetzungen des § 4 Absatz 2 Nummer 1 des Vierzehnten Buches Sozialgesetzbuch herbeigeführt worden ist.

(3) Wer als Berechtigter oder Leistungsempfänger nach Absatz 1 dieser Vorschrift oder § 4 dieses Gesetzes, als Pflegeperson oder als Begleitperson bei einer notwendigen Begleitung einer geschädigten Person durch einen Unfall unter den Voraussetzungen des § 4 Absatz 2 Nummer 2 des Vierzehnten Buches Sozialgesetzbuch eine gesundheitliche Schädigung erleidet, erhält Leistungen der Sozialen Entschädigung nach Absatz 1.

(4) Einer gesundheitlichen Schädigung im Sinne der Absätze 1 bis 3 steht die Beschädigung eines am Körper getragenen Hilfsmittels, einer Brille, von Kontaktlinsen oder von Zahnersatz gleich.

(5) [1]Zur Anerkennung einer Gesundheitsstörung als Folge einer Schädigung genügt die Wahrscheinlichkeit des ursächlichen Zusammenhanges. [2]Sie ist gegeben, wenn nach dem aktuellen Stand der medizinischen Wissenschaft mehr für als gegen einen ursächlichen Zusammenhang spricht.

(6) Bei psychischen Gesundheitsstörungen wird die Wahrscheinlichkeit des ursächlichen Zusammenhangs im Einzelfall vermutet, wenn diejenigen medizinischen Tatsachen vorliegen, die nach den Erfahrungen der medizinischen Wissenschaft geeignet sind, einen Ursachenzusammenhang zwischen einem nach Art und Schwere geeigneten schädigenden Ereignis und der gesundheitlichen Schädigung und der Schädigungsfolge zu begründen, und diese Vermutung nicht durch einen anderen Kausalverlauf widerlegt wird.

(7) [1]Wenn die zur Anerkennung einer Gesundheitsstörung als Schädigungsfolge erforderliche Wahrscheinlichkeit nur deshalb nicht gegeben ist, weil über die Ursache der Gesundheitsstörung in der medizinischen Wissenschaft Ungewissheit besteht, kann mit Zustimmung des Bundesministeriums für Arbeit und Soziales die Gesundheitsstörung als Schädigungsfolge anerkannt werden. [2]Die Zustimmung kann allgemein erteilt werden.

§ 4 VwRehaG Leistungen der Sozialen Entschädigung für Hinterbliebene

[1]Ist der Betroffene an den Folgen der Schädigung gestorben, erhalten die Hinterbliebenen auf Antrag Leistungen der Sozialen Entschädigung in entsprechender Anwendung des Vierzehnten Buches Sozialgesetzbuch. [2]Dies gilt nicht, soweit die Hinterbliebenen bereits folgende Leistungen erhalten:

1. Versorgung aufgrund des Bundesversorgungsgesetzes,
2. Versorgung aufgrund eines Gesetzes, das das Bundesversorgungsgesetz für entsprechend anwendbar erklärt,
3. Leistungen der Sozialen Entschädigung nach dem Vierzehnten Buches Sozialgesetzbuch oder
4. Leistungen in entsprechender Anwendung des Vierzehnten Buches Sozialgesetzbuch.

[3]§ 3 Absatz 3 dieses Gesetzes und § 148 des Vierzehnten Buches Sozialgesetzbuch sind entsprechend anzuwenden.

§ 5 VwRehaG Zusammentreffen von Ansprüchen

(1) Treffen Ansprüche aus § 3 mit folgenden Ansprüchen zusammen, werden die Leistungen der Sozialen Entschädigung unter Berücksichtigung des durch die gesamten Schädigungsfolgen bedingten Grades der Schädigungsfolgen nach diesem Gesetz gewährt:

1. Ansprüchen aus § 1 des Bundesversorgungsgesetzes,
2. Ansprüchen aus einem anderen Gesetz, das eine entsprechende Anwendung des Bundesversorgungsgesetzes vorsieht,
3. Ansprüchen nach § 21, § 23, § 24 oder Kapitel 23 des Vierzehnten Buches Sozialgesetzbuch oder
4. Ansprüchen aus einem anderen Gesetz, das eine entsprechende Anwendung des Vierzehnten Buches Sozialgesetzbuch vorsieht.

(2) *[aufgehoben]*

(3) [1]Bei der Feststellung der Elternrente sind auch die Kinder zu berücksichtigen, die infolge einer Schädigung im Sinne des Vierzehnten Buches Sozialgesetzbuch gestorben sind. [2]Besteht bereits ein Anspruch auf Elternrente nach dem Vierzehnten Buch Sozialgesetzbuch, wird sie nach diesem Gesetz nicht gewährt. [3]Die Sätze 1 und 2 gelten entsprechend für den Anspruch auf Elternrente nach Gesetzen, die eine entsprechende Anwendung des Vierzehnten Buches Sozialgesetzbuch vorsehen.

§ 6 VwRehaG *[aufgehoben]*

§ 7 VwRehaG Eingriff in Vermögenswerte

(1) [1]Hat die Maßnahme nach § 1 die Entziehung eines Vermögenswertes im Sinne des § 2 Abs. 2 des Vermögensgesetzes zur Folge, so richtet sich nach deren Aufhebung oder Feststellung der Rechtsstaatswidrigkeit die Rückübertragung, Rückgabe oder Entschädigung nach dem Vermögensgesetz, dem Investitionsvorranggesetz und dem Entschädigungsgesetz. [2]§ 5 Abs. 2 des Vermögensgesetzes und § 7 Abs. 1 und 2 des Vermögensgesetzes finden mit der Maßgabe Anwendung, daß die maßgeblichen tatsächlichen Umstände am 15. Februar 1992 vorgelegen haben müssen. [3]Der Antragsteller erhält von der Rehabilitierungsbehörde eine Bescheinigung über die Antragstel-

lung zur Vorlage bei der nach dem Vermögensgesetz zuständigen Behörde, sofern sein Antrag nicht offensichtlich unbegründet ist. [4]Mit Vorlage der Bescheinigung bei dieser Behörde treten die Verfügungsbeschränkungen des § 3 Abs. 3 des Vermögensgesetzes ein. [5]Die nach dem Vermögensgesetz zuständige Behörde trifft in dem Bescheid über die Rückübertragung des entzogenen Vermögenswertes auch die nach § 2 Abs. 4 erforderlichen Entscheidungen.

(2) [1]Wurde durch eine sonstige Maßnahme nach § 1 in ein Grundstück eingegriffen und dadurch an diesem eine Wertminderung verursacht, so kann der Eigentümer das Eigentum an dem Grundstück aufgeben und statt dessen Entschädigung nach dem Entschädigungsgesetz wählen. [2]Mit dem Wirksamwerden des Verzichts wird er von allen Verpflichtungen frei, die aus dem durch den Eingriff verursachten Zustand des Grundstücks bestehen. [3]Die Verpflichtungen gehen auf das Bundesland über, in dessen Gebiet das Grundstück liegt.

§ 8 VwRehaG Berufliche Benachteiligung

[1]Hatte eine Maßnahme nach § 1 Auswirkungen auf den Beruf oder ein Ausbildungsverhältnis und wurde dadurch eine Benachteiligung nach § 1 Abs. 1 des Beruflichen Rehabilitierungsgesetzes oder nach § 3 Abs. 1 des Beruflichen Rehabilitierungsgesetzes verursacht, so findet nach der Aufhebung oder Feststellung der Rechtsstaatswidrigkeit der Maßnahme das Berufliche Rehabilitierungsgesetz Anwendung. [2]Eine schwere und unzumutbare Folge im Sinne des § 1 Abs. 1 liegt insbesondere dann vor, wenn infolge der Maßnahme ein Ausgleich von Nachteilen in der Rentenversicherung nach dem Beruflichen Rehabilitierungsgesetz in Betracht kommt.

§ 9 VwRehaG Antrag

(1) Der Antrag nach § 1 kann von einer natürlichen Person, die durch die Maßnahme unmittelbar in ihren Rechten betroffen ist und nach deren Tod von demjenigen, der ein rechtliches Interesse an der Rehabilitierung des unmittelbar Betroffenen hat, gestellt werden.

(2) [1]Der Antrag nach § 1a Absatz 1 kann von einer natürlichen Person, die durch die Maßnahme unmittelbar betroffen ist, und nach deren Tod von demjenigen, der ein berechtigtes Interesse an der Rehabilitierung des unmittelbar Betroffenen hat, gestellt werden. [2]Der Antrag nach § 1a Absatz 2 kann von einer natürlichen Person, die durch die Maßnahme unmittelbar betroffen ist, gestellt werden.

(3) Der Antrag nach § 1 oder § 1a ist schriftlich bei der zuständigen Rehabilitierungsbehörde zu stellen.

§ 10 VwRehaG Inhalt des Antrags

(1) Der Antrag soll enthalten

1. Angaben zu den persönlichen und wirtschaftlichen Verhältnissen,
2. eine Darstellung das die Aufhebung der Maßnahme rechtfertigenden Sachverhalts,
3. Angabe von Beweismitteln,
4. Angaben über Art und Umfang von Folgeansprüchen sowie
5. eine Erklärung, ob der Antragsteller andere Ausgleichsleistungen bereits erhalten und ob und wo er schon früher einen Antrag gestellt hat.

(2) Der Antrag nach § 1a soll neben den notwendigen Angaben zu den persönlichen Verhältnissen, die in Absatz 1 Nummer 2, 3 und 5 vorgeschriebenen Angaben enthalten.

§ 11 VwRehaG Verarbeitung von personenbezogenen Daten

Personenbezogene Daten aus einem verwaltungsrechtlichen Rehabilitierungsverfahren dürfen auch für andere Verfahren zur Rehabilitierung, Wiedergutmachung oder Gewährung von Leistungen nach dem Häftlingshilfegesetz soweit erforderlich verarbeitet werden.

§ 12 VwRehaG Rehabilitierungsbehörde

(1) [1]Die Aufhebung oder die Feststellung der Rechtsstaatswidrigkeit einer Maßnahme nach § 1 sowie die Entscheidung über Ausschließungsgründe nach § 2 Abs. 2 obliegt der Rehabilitierungsbehörde des Landes, in dessen Gebiet nach dem Stand vom 3. Oktober 1990 die Maßnahme ergangen ist. [2]Sind hiernach die Rehabilitierungsbehörden mehrerer Länder zuständig, so entscheidet die Behörde, die zuerst mit der Sache befaßt worden ist. [3]Die Feststellungen der Rehabilitierungsbehörde sind für die Behörden und Stellen bindend, die über die Folgeansprüche entscheiden.

(2) Die Feststellung der Rechtsstaatswidrigkeit einer Maßnahme im Sinne des § 1a, die Gewährung der einmaligen Leistung nach § 1a Absatz 2 Satz 1 und die Entscheidung über die Ausschließungsgründe nach § 2 Absatz 2 und 4 Satz 9 obliegen der Rehabilitierungsbehörde des Landes, in dessen Gebiet nach dem Stand vom 3. Oktober 1990 die Maßnahme ergangen ist.

(3) Rehabilitierungsbehörden werden in den Ländern Berlin, Brandenburg, Mecklenburg-Vorpommern, Sachsen, Sachsen-Anhalt und Thüringen errichtet.

(4) [1]Werden Ansprüche nach den §§ 3 und 4 geltend gemacht, trifft die Rehabilitierungsbehörde Feststellungen zur Rechtsstaatswidrigkeit der Maßnahme im Sinne des § 1 sowie über Ausschließungsgründe nach § 2 Abs. 2. [2]Die nach dem Vierzehnten Buch Sozialgesetzbuch erforderlichen Feststellungen treffen die nach Landesrecht zur Durchführung des Vierzehnten Buches Sozialgesetzbuch bestimmten Behörden. [3]Das Verfahren für die Gewährung von Leistungen nach den §§ 3 und 4 richtet sich nach dem Ersten und Zehnten Buch Sozialgesetzbuch; die §§ 115 bis 119 des Vierzehnten Buches Sozialgesetzbuch gelten entsprechend.

§ 13 VwRehaG Verwaltungsverfahren

(1) [1]In dem Verfahren vor der Rehabilitierungsbehörde sind Zeugen zur Aussage und Sachverständige zur Erstattung von Gutachten verpflichtet. [2]§ 65 des Verwaltungsverfahrensgesetzes gilt entsprechend.

(2) [1]Die Angaben des Antragstellers, die sich auf die Rechtsstaatswidrigkeit einer Maßnahme im Sinne des § 1 oder § 1a beziehen, können, wenn Beweismittel nicht vorhanden oder nicht zu beschaffen oder ohne Verschulden des Antragstellers oder desjenigen, von dem er seine Rechte herleitet, verlorengegangen sind, der Entscheidung zugrunde gelegt werden, soweit sie glaubhaft erscheinen. [2]Unter den Voraussetzungen des Satzes 1 kann die Rehabilitierungsbehörde vom Antragsteller die Versicherung an Eides Statt gemäß § 27 des Verwaltungsverfahrensgesetzes verlangen.

(3) Soweit in diesem Gesetz nichts anderes bestimmt ist, gelten bis zum Erlaß entsprechender landesrechtlicher Bestimmungen die Vorschriften des Verwaltungsverfah-

rensgesetzes, des Verwaltungszustellungsgesetzes und des Verwaltungs-Vollstreckungsgesetzes.

§ 14 VwRehaG Kosten

[1]Das Verwaltungsverfahren vor den Rehabilitierungsbehörden einschließlich des Widerspruchsverfahrens ist kostenfrei. [2]Wurde ein Antrag im Verwaltungsverfahren oder ein Widerspruch als offensichtlich unbegründet zurückgewiesen, so können dem Antragsteller die Kosten auferlegt werden.

§ 15 VwRehaG Bestandskraft nach allgemeinen Vorschriften

[1]Für die Wirksamkeit von Verwaltungsentscheidungen gelten die verwaltungsverfahrensrechtlichen Nichtigkeitsbestimmungen erst ab dem 3. Oktober 1990. [2]Soweit diese Maßnahmen noch wirksam sind, finden die allgemeinen Aufhebungsvorschriften Anwendung. [3]Eine Aufhebung mit Wirkung für die Vergangenheit darf nicht für die Zeit vor dem 3. Oktober 1990 erfolgen.

§ 16 VwRehaG Rechtsweg

(1) [1]In Streitigkeiten nach diesem Gesetz ist der Verwaltungsrechtsweg gegeben. [2]Die Berufung gegen ein Urteil und die Beschwerde gegen eine andere Entscheidung des Verwaltungsgerichts sind ausgeschlossen. [3]Das gilt nicht für die Beschwerde gegen die Nichtzulassung der Revision nach § 135 in Verbindung mit § 133 der Verwaltungsgerichtsordnung und die Beschwerde gegen Beschlüsse über den Rechtsweg nach § 17a Abs. 2 und 3 des Gerichtsverfassungsgesetzes. [4]Auf die Beschwerde gegen die Beschlüsse über den Rechtsweg findet § 17a Abs. 4 Satz 4 bis 6 des Gerichtsverfassungsgesetzes entsprechend Anwendung.

(2) [1]In Streitigkeiten über Leistungen nach den §§ 3 und 4 entscheiden die Gerichte der Sozialgerichtsbarkeit. [2]Für diese Verfahren sind die Vorschriften des Sozialgerichtsgesetzes für Angelegenheiten des Sozialen Entschädigungsrechts maßgebend.

§ 17 VwRehaG Kostenregelung

[1]Der Bund trägt 60 vom Hundert der Ausgaben, die den Ländern durch Geldleistungen nach diesem Gesetz entstehen. [2]Zu den Geldleistungen gehören nicht solche Geldbeträge, die zur Abgeltung oder anstelle einer Sachleistung gezahlt werden.

§ 18 VwRehaG Übergangsregelung

Ist die zu zahlende Entschädigung entgegen § 2 Abs. 4 Satz 3 festgesetzt worden, ist der Verwaltungsakt insoweit mit Wirkung für die Vergangenheit zurückzunehmen und ein bereits gezahlter Betrag zu erstatten.

A. Textgeschichte und Einführung

Das Verwaltungsrechtliche Rehabilitierungsgesetz regelt die **Aufhebung rechtsstaatswidriger Verwaltungsentscheidungen**, die im Beitrittsgebiet nach dem Ende des zweiten Weltkrieges bis zur Wiedervereinigung ergangen sind. Die verwaltungsrechtliche Rehabilitierung war bereits Gegenstand des von der Volkskammer der DDR verabschiedeten **Rehabilitierungsgesetzes vom 6.9.1990,**[1] das zwar noch kurz vor dem Beitritt in Kraft trat, jedoch nicht mehr umgesetzt wurde und das – anders als der Teil, der die strafrechtliche Rehabilitierung betraf – nach dem Einigungsvertrag nicht als bundesdeutsches Recht fortgalt.[2] Nach **Art. 19 Einigungsvertrag** bleiben verwaltungsrechtliche Entscheidungen der DDR grundsätzlich wirksam. Sie können aufgehoben werden, wenn sie mit rechtsstaatlichen Grundsätzen oder den Regelungen des Einigungsvertrages unvereinbar sind. Die Regelung der Einzelheiten sollte dem gesamtdeutschen Gesetzgeber vorbehalten bleiben.[3] 1

Nachdem das Strafrechtliche Rehabilitierungsgesetz bereits im Jahre 1992 als Art. 1 des Ersten SED-Unrechtsbereinigungsgesetzes in Kraft getreten war (→ §§ 1–20 StrRehaG Rn. 4), wurde das Verwaltungsrechtliche Rehabilitierungsgesetz gemeinsam mit dem beruflichen Rehabilitierungsgesetz als Art. 1 und Art. 2 des **Zweiten SED-Unrechtsbereinigungsgesetzes**[4] eingeführt, das in seinen wesentlichen Teilen zum **1.7.1994 in Kraft** trat. Ausgangspunkt dieser Gesetzgebung ist, dass weder die BRD noch die neuen Länder für die Folgen von Unrechtsmaßnahmen von Organen der DDR haften, weil sie nicht Gesamtrechtsnachfolger geworden sind. Den von Unrechtsmaßnahmen am schwersten Betroffenen sollte jedoch Genugtuung verschafft werden.[5] Dabei ging der Gesetzgeber davon aus, dass sich 40 Jahre DDR auch angesichts der wirtschaftlichen Lage der neuen Bundesländer nicht „rückabwickeln" lassen.[6] Deshalb sollten **nur gravierende Unrechtsfälle** mit bis heute fortwirkenden erheblichen Beeinträchtigungen einbezogen werden. 2

In der Folge ist das Verwaltungsrechtliche Rehabilitierungsgesetz wiederholt geändert worden. Hervorzuheben ist in diesem Zusammenhang die Einführung einer **„moralischen Rehabilitierung"** (**§ 1a**), die keine fortwirkende Beeinträchtigung von Rechtsgütern voraussetzt, mit dem Gesetz zur Verbesserung rehabilitierungsrechtlicher Vorschriften für Opfer der politischen Verfolgung in der ehemaligen DDR vom 1.7.1997.[7] Weitere Änderungen bezogen sich auf die **Frist zur Antragstellung**, die ursprünglich am 31.12.1995 ablaufen sollte, in der Folge jedoch immer wieder – zuletzt bis zum 31.12.2019[8] – verlängert worden war. Mit dem Gesetz zur Verbesserung rehabilitierungsrechtlicher Vorschriften für Opfer der politischen Verfolgung in der ehemaligen DDR und zur Änderung des Adoptionsvermittlungsgesetzes vom 3

1 DDR GBl. I S. 1459.
2 Vgl. die Zusatzvereinbarung zum Einigungsvertrag vom 18.9.1990, BGBl. II 1239.
3 Vgl. den Bericht des Ausschusses Deutsche Einheit, BT-Drs. 11/7931, 18; zum Verhältnis des Verwaltungsrechtlichen Rehabilitierungsgesetzes zu Art. 19 Einigungsvertrag vgl. im Einzelnen Lehmann/Tritt/Wimmer NJ 1994, 350 (351 f., 401 f.).
4 Vom 23.6.1994, BGBl. 1994 I 1311.
5 Vgl. BT-Drs. 12/4994, 16.
6 Vgl. BT-Drs. 12/4994, 16 sowie die Denkschrift zum Einigungsvertrag, BT-Drs. 11/7760, 363.
7 BGBl. 1997 I 1609; vgl. dazu BVerwG 10.12.2009 – 3 C 25/08, Buchholz 428.6 § 1a VwRehaG Nr. 1 = ZOV 2010, 36.
8 Vgl. Art. 2 des Vierten Gesetzes zur Verbesserung rehabilitierungsrechtlicher Vorschriften für Opfer der politischen Verfolgung in der ehemaligen DDR vom 2.12.2010, BGBl. 2010 I 1744.

22.11.2019[9] wurde die Frist schließlich vollständig **gestrichen.**[10] Gleichzeitig wurde mWv 29.11.2019 die **Einmahlzahlung** nach **§ 1a Abs.** 2 in Höhe von 1500 Euro für die Opfer von als rechtsstaatswidrig festgestellten **„Zersetzungsmaßnahmen"** eingeführt.[11]

4 Mit. Art. 13 G-SER[12] sind im VwRehaG in erster Linie Folgeänderung im Zusammenhang mit der Einführung des SGB XIV umgesetzt worden. In diesem Zuge wurden durch die Neufassung von **§ 3 Abs. 5 bis 7 VwRehaG** auch die Voraussetzungen, unter denen eine Gesundheitsstörung als Folge einer Schädigung anzuerkennen ist, an die nach § 4 Abs. 4 bis 6 SGB XIV geltenden Maßstäbe angepasst (→ Rn. 14 f.). Die Änderungen des VwRehaG durch Art. 13 G-SER treten gem. Art. 60 Abs. 7 mWz 1.1.2024 in Kraft, so dass bis zum 31.12.2023 weiterhin die Fassung des Gesetzes zur Verbesserung rehabilitierungsrechtlicher Vorschriften für Opfer der politischen Verfolgung in der ehemaligen DDR und zur Änderung des Adoptionsvermittlungsgesetzes vom 22.11.2019[13] maßgebend bleibt.

B. Rehabilitierung

5 Die Rehabilitierung setzt nach § 1 Abs. 1, Abs. 5 neben der Antragstellung voraus,[14]

- dass eine hoheitliche Maßnahme (entweder Verwaltungsentscheidung oder eine sonstige nicht auf die Herbeiführung einer Rechtsfolge gerichtete Maßnahme) einer deutschen behördlichen Stelle aus der Zeit vom 8.5.1945 bis zum 2.10.1990 vorliegt,
- dass es sich nicht um eine Verwaltungsentscheidung in Steuersachen handelt,
- dass die Maßnahme nicht vom VermG oder vom Entschädigungsrentengesetz erfasst wird,
- dass es sich um eine einzelfallbezogene Maßnahme im Beitrittsgebiet handelt,
- dass die Entscheidung oder sonstige hoheitliche Maßnahme mit tragenden Grundsätzen eines Rechtsstaates „schlechthin unvereinbar" ist,
- dass die Entscheidung zu einem Eingriff in die Rechtsgüter Gesundheit oder Vermögen oder zu einer beruflichen Benachteiligung geführt hat und
- dass die Folgen des Eingriffs noch unmittelbar schwer und unzumutbar fortwirken.

6 Die zur Verhinderung eines bestimmten **Grenzübertritts** ausgelösten Grenzsicherungsmaßnahmen der DDR waren nach der Rspr. des BVerwG[15] **hoheitliche Maßnahmen** im **Einzelfall,** die sich individuell und konkret gegen den Betroffenen richteten. Sie unterliegen deshalb nach § 1 Abs. 5 iVm Abs. 1 S. 1 VwRehaG bei Vorliegen der weiteren gesetzlichen Voraussetzungen der verwaltungsrechtlichen Rehabilitierung. Jede durch einen bestimmten Fluchtversuch ausgelöste, der Verhinderung dieser Flucht dienende staatliche Maßnahme konkretisiert die allgemeinen Regelungen und Vorkehrungen zur Grenzsicherung in Bezug auf den jeweiligen Einzelfall. Sie bezieht sich

---

9 BGBl. 2019 I 1752.
10 Vgl. dazu die ausführliche Begründung in BT-Drs. 19/10817, 10 ff.; vgl. auch → §§ 1–20 StrRehaG Rn. 5.
11 Vgl. dazu BT-Drs. 19/14427, 30, zu Art. 2 Nr. 3.
12 BGBl. 2019 I 2652, 2696 f.
13 BGBl. 2019 I 1752.
14 Zu den Einzelheiten vgl. Keßler NJ 2008, 439; Lehmann/Tritt/Wimmer NJ 1994, 401.
15 BVerwG Urt. v. 24.7.2019 – 8 C 1/19, BVerwGE 166, 200 Rn. 13; vgl. dazu auch bereits BVerwG Urt. v. 26.9.1996 – 7 C 61/94, BVerwGE 102, 89 (93); BVerwG Urt. v. 23.8.2001 – 3 C 39/00, Rn. 13; BVerwG Beschl. v. 5.12.2013 – 3 PKH 8/13 (3 B 30/13) Rn. 6; BVerwG Beschl. v. 1.10.2018 – 3 B 20/17 Rn. 11.

konkret auf den betreffenden Fluchtversuch und richtet sich individuell gegen die flüchtende Person.[16]

7 Entsprechend der genannten Zielsetzung des Gesetzes (→ Rn. 2) ist nicht jedes rechtswidrige Verhalten von DDR-Stellen rehabilitierungsfähig.[17] § 1 Abs. 2 VwRehaG definiert die in Abs. 1 S. 1 geforderte **Unvereinbarkeit mit tragenden Grundsätzen des Rechtsstaates** restriktiv dahin, dass es sich um Maßnahmen handeln muss, die in schwerwiegender Weise gegen die Prinzipien der Gerechtigkeit, der Rechtssicherheit oder der Verhältnismäßigkeit verstoßen haben und die der politischen Verfolgung gedient oder **Willkürakte** im Einzelfall dargestellt haben. Willkür im Einzelfall setzt voraus, dass die Maßnahme von der Tendenz und Absicht getragen ist, ihren Adressaten bewusst zu benachteiligen.[18] Die von der DDR zur Verhinderung der sog. „Republikflucht" getroffenen Grenzsicherungsmaßnahmen (Mauer, Stacheldraht, Todesstreifen und Schießbefehl), waren mit den tragenden Grundsätzen eines Rechtsstaats unvereinbar.[19] Dasselbe gilt für Zwangsaussiedlungen, die der politischen Verfolgung dienten.[20]

8 Auf **steuerrechtliche** Entscheidungen aus der DDR findet das Verwaltungsrechtliche Rehabilitierungsgesetz nach § 1 Abs. 1 S. 2 VwRehaG keine Anwendung; insoweit richtet sich die Aufhebung von Verwaltungsakten weiterhin nach Art. 19 S. 2 Einigungsvertrag.[21]

9 Für **Realakte** und andere Maßnahmen wie jahrelange **Drangsalierung und Bespitzelung**[22] oder einzelfallbezogene Maßnahmen zur **Verhinderung des Grenzübertritts,**[23] die nicht auf die Herbeiführung einer Rechtsfolge gerichtet sind, gelten die Vorschriften des VerwRehaG nach § 1 Abs. 5 entsprechend. Verwaltungsentscheidungen, die nicht zu einer Beeinträchtigung der Rechtsgüter Gesundheit, Vermögen oder Beruf geführt haben, begründen einen Anspruch auf eine **„moralische Rehabilitierung"** unter den Voraussetzungen des § 1a Abs. 1 VwRehaG, wenn die Verwaltungsentscheidung zu einer schweren Herabwürdigung des Betroffenen im persönlichen Lebensbereich geführt hat (→ Rn. 13).

10 Für rechtsstaatswidrige Maßnahmen, die mit dem Ziel der **Zersetzung** erfolgten, sieht der mit dem Gesetz zur Verbesserung rehabilitierungsrechtlicher Vorschriften für Opfer der politischen Verfolgung in der ehemaligen DDR und zur Änderung des Adoptionsvermittlungsgesetzes vom 22.11.2019 eingefügte § 1a Abs. 2 **einmalige Leistungen** in Höhe von 1500 Euro vor. Nach der Gesetzesbegründung[24] sind mit **Zersetzungsmaßnahmen** Maßnahmen gemeint, mit denen auf die Einstellung des Betroffenen systematisch und zielgerichtet eingewirkt wurde, damit dieser nach Sicht der SED-Diktatur unerwünschte Positionen oder Betätigungen aufgibt. Beispiele derartiger Zersetzungsmaßnahmen nenne die Richtlinie 1/76 der Staatssicherheit zur Bearbeitung operativer Vorgänge. Der Anspruch auf die Leistung ist unpfändbar, nicht übertragbar und nicht vererbbar. Eine Berücksichtigung als Einkommen bei anderen Sozialleistun-

---

16 Zur Konkretisierung sogenannter Zersetzungsmaßnahmen des MfS vgl. BVerwG Beschl. v. 1.10.2018 – 3 B 20/17, ZOV 2018, 228 f. Rn. 11.

17 BVerwG Beschl. v. 18.4.2016 – 3 B 39/15, juris Rn. 2; BVerwG Beschl. v. 3.3.2016 – 3 PKH 3/15, juris Rn. 11.

18 Vgl. BVerwG 25.7.2000 – Buchholz 115 Nr. 32 = ZOV 2000, 424; vgl. auch Keßler NJ 2008, 439; Lehmann/Tritt/Wimmer NJ 1994, 401 (403).

19 BVerwG Urt. v. 24.7.2019 – 8 C 1/19, BVerwGE 166, 200 Rn. 16 ff.

20 BVerwG Urt. v. 10.12.2009 – 3 C 25/08, juris Rn. 15.

21 Vgl. BFH Beschl. v. 17.2.2010 – VII R 41/08, BFHE 228, 396 = NVwZ-RR 2010, 581; BFH Beschl. v. 5.2.2015 – X B 117/14, juris Rn. 8 mwN.

22 Vgl. BVerwG 9.10.2003 – 3 C 1/03, BVerwGE 119, 102 = DÖV 2004, 163; BayLSG Urt. v. 19.11.2014 – L 15 VU 1/10, juris Rn. 51.

23 Vgl. dazu. BVerwG Urt. v. 24.7.2019 – 8 C 1/19, BVerwGE 166, 200 Rn. 13.

24 BT-Drs. 19/14427, 30, zu Nr. 3.

gen erfolgt nicht. Der Anspruch ist nach § 2 Abs. 2 S. 9 VwRehaG ausgeschlossen, wenn aufgrund desselben Sachverhaltes Ausgleichsleistungen gewährt wurden oder in Zukunft gewährt werden. Für die Entscheidung über das Vorliegen dieses Ausschlussgrundes ist die Rehabilitierungsbehörde zuständig (→ Rn. 23).

C. Folgeansprüche

11 Welche Folgeansprüche in Betracht kommen, hängt davon ab, welche der in § 1 Abs. 1 VwRehaG genannten Rechtsgüter durch die Verwaltungsentscheidung verletzt wurden. Betroffene, die eine **berufliche Benachteiligung** erlitten haben, haben Anspruch auf Leistungen unter den Voraussetzungen des **beruflichen Rehabilitierungsgesetzes.** In Betracht kommt insbesondere der Ausgleich von Nachteilen in der Rentenversicherung.

12 Bei **Vermögensschäden** richten sich die Folgeansprüche gem. § 7 VwRehaG nach dem **Vermögensgesetz,** dem Investitionsvorranggesetz und dem Entschädigungsgesetz. Auf Verwaltungsentscheidungen und Maßnahmen, die vom Vermögensgesetz erfasst werden, findet das Verwaltungsrechtliche Rehabilitierungsgesetz keine Anwendung (§ 1 Abs. 1 S. 2 VwRehaG). Die Abgrenzung des Anwendungsbereichs hat namentlich im Zusammenhang mit der Frage Bedeutung gewonnen, ob Beschränkungen des Vermögensgesetzes wie der Ausschluss von Restitutionsansprüchen für Betroffene der **Bodenreform** aus der Zeit der sowjetischen Besatzung durch die Anwendung des Verwaltungsrechtlichen Rehabilitierungsgesetzes umgangen werden können.[25] Derartigen Bestrebungen ist das Bundesverwaltungsgericht[26] mit seiner Rechtsprechung entgegengetreten, nach der Ansprüche auf verwaltungsrechtliche Rehabilitierung wegen eines Eingriffs in Vermögenswerte durch § 1 Abs. 1 S. 2 VwRehaG ausgeschlossen sind, wenn der Eingriff vorrangig gegen das Vermögen des Geschädigten und nicht gegen dessen Person gerichtet war. Das ist jedenfalls bei Enteignungen von mehr als 100 ha Land im Zuge der sog. Bodenreform gegeben, die ohne Rücksicht auf die individuelle politische Gesinnung der Eigentümer erfolgt sind. Restitutionsansprüche von Betroffenen der Boden- oder Industriereform aus der Zeit der sowjetischen Besatzung nach dem zweiten Weltkrieg sind auch verfassungsrechtlich nicht zu begründen.[27]

13 Von der Frage, ob Beschränkungen des Vermögensgesetzes wie der Ausschluss von Restitutionsansprüchen für Betroffene der Bodenreform aus der Zeit der sowjetischen Besatzung durch die Anwendung des VwRehaG umgangen werden können, ist die Frage zu unterscheiden, ob mit der Bodenreform zusammenhängende **Zwangsaussiedlungen** einer Rehabilitierung gemäß **§ 1a Abs. 1 VwRehaG** (Feststellung der Rechtsstaatswidrigkeit, sog. **moralische Rehabilitierung,** → Rn. 9) zugänglich sind. Die nach dem zweiten Weltkrieg in der sowjetischen Besatzungszone durchgeführte Bodenreform war nach der Rspr. des BVerwG[28] eine Maßnahme der politischen Verfolgung, und zwar ungeachtet des Umstandes, dass sie – jedenfalls bei der Personengruppe, die ausschließlich wegen des Umfangs ihres Grundeigentums in Anspruch genommen wurde – primär der Landbeschaffung diente und daher nach der Rechtsprechung des BverwG[29] nach § 1 Abs. 1 S. 2 VwRehaG unter den **Anwendungsvorrang des Vermö-**

25 Vgl. Redeker, Zehn Jahre Wiedervereinigung – Bewältigung eigentums- und vermögensrechtlicher Fragen NJW 2000, 3031.
26 BVerwG 28.2.2007 – 3 C 18/06, ZOV 2007, 67 = Buchholz 428.6 § 1 VwRehaG Nr. 9; BVerwG 21.2.2002 – 3 C 16/01, BVerwGE 116, 42; zusammenfassende Wiedergabe in NJ 2002, 381 mit zust. Anm. von Keßler.
27 Vgl. BVerfG 5.12.2008 – 2 BvR 2462/07, mwN; BVerfG 26.10.2004 – 2 BvR 955/00, 2 BvR 1038/01, BVerfGE 112, 1.
28 BVerwG Urt. v. 10.12.2009 – 3 C 25/08, juris Rn. 17.
29 BVerwG Urt. v. 28.2.2007 – BVerwG 3 C 18/06, juris Rn. 10 ff.

gensgesetzes fällt.[30] Auch wenn die Enteignungen in diesen Fällen erst bei einer bestimmten Betriebsgröße ansetzten, richteten sie sich erklärtermaßen gegen die „Junker und Großgrundbesitzer“, also gegen eine bestimmte Personengruppe, die nach ihrer sozialen „Klasse“ definiert war. Insofern war die **Bodenreform politische Verfolgung**. Diese Charakterisierung gilt verstärkt für die im Zusammenhang mit der Bodenreform verübten und sie kennzeichnenden Schikanen und Drangsalierungen, die wie die Bodenreform selbst von der Motivation getragen waren, die Betroffenen aus der Gesellschaft auszugrenzen. Zu diesen diskriminierenden Maßnahmen zählen auch die sogenannten Kreisverweisungen. Der Anspruch auf moralische Rehabilitierung nach § 1a VwRehaG wird auch nicht wegen des Zusammenhangs der Kreisverweisung mit der Enteignung ausgeschlossen.[31]

Bei einer **gesundheitlichen Schädigung** infolge einer rechtsstaatswidrigen Verwaltungs- 14
entscheidung kommen Ansprüche auf **Beschädigtenversorgung (§ 3 Abs. 1 S. 1 VwRehaG)** und auf **Hinterbliebenenversorgung** (§ 4 S. 1 VwRehaG) in entsprechender Anwendung der Vorschriften des BVG und – ab dem 1.1.2024 – der Vorschriften des SGB XIV in Betracht. § 3 Abs. 1 S. 1 VwRehaG unterscheidet ebenso wie § 1 Abs. 1 BVG (bis zum 31.12.2023) und § 4 Abs. 1 SGB XIV (ab 1.1.2024) zwischen dem schädigenden Ereignis, der dadurch hervorgerufenen gesundheitlichen Schädigung und den gesundheitlichen und wirtschaftlichen Folgen der Schädigung (s. dazu im Einzelnen → SGB XIV § 1 Rn. 23 ff.). Obwohl § 3 Abs. 1 VwRehaG in der bis zum 31.12.2023 geltenden Fassung nur wegen der Folgen der Schädigung ausdrücklich auf die Vorschriften des BVG verweist, gilt wie im übrigen sozialen Entschädigungsrecht auch hier die **Kausalitätstheorie der wesentlichen Bedingung.**[32] **§ 3 Abs. 5** stellt klar, dass ebenso wie nach § 1 Abs. 3 BVG oder § 81 Abs. 6 SVG auch für die Folgeansprüche nach dem Verwaltungsrechtlichen Rehabilitierungsgesetz die **Wahrscheinlichkeit** des ursächlichen Zusammenhangs genügt. Daraus folgt auch, dass die Grundsätze der sog. „**Kannversorgung**“ anzuwenden sind (s. im Einzelnen → SGB XIV § 4 Rn. 30 ff.). Für die Zeit ab dem 1.1.2024 wird das durch den mit den G-SER angefügten **§ 3 Abs.** 7 VwRehaG klargestellt.

Auch rechtsstaatswidrige Verwaltungsentscheidungen, die mit den tragenden Grund- 15
sätzen des Rechtsstaates unvereinbar sind, werden vielfach keine gesundheitliche Schädigung zur Folge haben. In Betracht kommen am ehesten **psychische Schäden** durch sonstige hoheitliche Maßnahmen iSd § 1 Abs. 5 VwRehaG. Die Wahrscheinlichkeit des ursächlichen Zusammenhangs zwischen der Verwaltungsentscheidung iSd § 1 Abs. 1 VwRehaG oder der sonstigen hoheitlichen Maßnahme iSd § 1 Abs. 5 VwRehaG und der gesundheitlichen Schädigung ist in derartigen Fällen jedoch im Regelfall schwer zu beweisen.[33] Eine Umkehrung der Beweislast sieht das Verwaltungsrechtliche Rehabilitierungsgesetz – ebenso wie andere Gesetze des sozialen Ent-

---

30 Zu Zwangsaussiedlungen aus dem Grenzgebiet der früheren DDR auf der Grundlage der Verordnung über Maßnahmen an der Demarkationslinie zwischen der Deutschen Demokratischen Republik und den westlichen Besatzungszonen Deutschlands vom 26.5.1952 (GBl. Nr. 65 S. 405) oder der Verordnung über Aufenthaltsbeschränkung vom 24.8.1961 (GBl. II Nr. 55 S. 343) nach § 1 Abs. 3 VwRehaG vgl. Lehmann/Tritt/Wimmer NJ 1994, 401 (404 f.).

31 BVerwG Urt. v. 10.12.2009 – 3 C 25/08, juris Rn. 22.

32 BSG Urt. v. 16.12.2014 – B 9 V 6/13 R SGb 2016, 232 (235), Rn. 16.

33 Vgl. zB LSG Nds-Brem 29.4.2008 – L 13 VU 1/04, ZMR 2009, 49; LSG Bln-Bbg 19.2.2008 – L 13 VU 53/06; LSG Bln-Bbg Urt. v. 12.1.2011 – L 11 VU 24/09, juris Rn. 38; zur Frage der Verursachung einer Alkoholerkrankung vgl. LSG MV Urt. v. 12.12.2018 – L 3 VE 18/12, juris Rn. 43; den ursächlichen Zusammenhang von einer „Zwangsexmatrikulation“ mit einer psychischen Erkrankung bejahend: LSG Bln-Bbg Urt. v. 12.5.2016 – L 13 VE 33/12, juris Rn. 26; anders bezogen auf eine rechtswidrige Exmatrikulation aus einer Ingenieurschule: BayLSG Urt. v. 19.11.2014 – L 15 VU 1/10, juris Rn. 55.

schädigungsrechts – (jedenfalls außerhalb des für die sog. schnellen Hilfen geltenden erleichterten Verfahrens nach § 115 SGB XIV[34]) nicht vor, so dass der Betroffene nach dem Grundsatz der objektiven **Beweislast** ggf. die Nachteile der Nichterweislichkeit der **Kausalität** zu tragen hat. Die definitionsgemäßen Bedingungen einer **Posttraumatischen Belastungsstörung**[35] werden durch rechtsstaatswidrige Verwaltungsentscheidungen und sonstige hoheitliche Maßnahmen regelmäßig nicht erfüllt.[36] Nach F43.1 ICD 10 handelt es sich bei der Posttraumatischen Belastungsstörung um die Reaktion auf ein belastendes Ereignis oder eine Situation kürzerer oder längerer Dauer, „mit außergewöhnlicher Bedrohung oder katastrophenartigem Ausmaß, die bei fast jedem eine tiefe Verzweiflung hervorrufen würde." Gewisse Erleichterungen bezogen auf den Kausalitätsnachweis bei psychischen Gesundheitsstörungen folgen aus Rspr. des BSG zur sog. „bestärkten Möglichkeit" (→ SGB XIV § 1 Rn. 32, → SGB XIV § 4 Rn. 2, 28 f.) und aus **§ 3 Abs. 6 VwRehaG** der mWz 1.1.2024 die in § 4 Abs. 5 SGB XIV getroffene Regelung übernimmt. Für die Zeit bis zum 31.12.2023 gibt es im VwRehaG zwar keine § 4 Abs. 5 SGB XIV entsprechende Regelung. Allerdings sind die praktischen Auswirkungen begrenzt, weil § 4 Abs. 5 SGB XIV in erster Linie die auf der Grundlage des bisherigen Rechts ergangene Rspr. des BSG[37] zur sog. „bestärkten Möglichkeit" nachvollzieht. Wegen weiterer Einzelheiten wird auch insoweit auf die Kommentierung zu → SGB XIV § 1 Rn. 32 und → SGB XIV § 4 Rn. 2, 28 f. verwiesen.

16 Wegen der Einzelheiten zum Anspruch auf **Beschädigtenversorgung** und auf **Hinterbliebenenversorgung** nach §§ 3 bis 5 wird auf die Kommentierung zu den entsprechenden Regelungen in §§ 21 bis 23 StrRehaG verwiesen. Die Berechtigten nach dem VwRehaG sind ebenso wie die Berechtigten nach dem StrRehaG von der **Absenkung der Grundrente** und der Schwerstbeschädigtenzulage nach § 84a BVG ausgenommen (→ StrRehaG § 24 Rn. 1). Seit der Änderung des § 84a BVG durch das Gesetz zur Änderung des Bundesversorgungsgesetzes und anderer Vorschriften mWv 1.7.2011 finden auch die übrigen die Absenkung der Leistungen betreffenden Maßgaben des Einigungsvertrags keine Anwendung mehr. Zwar gilt § 6 VwRehaG, der auf die Regelung des Einigungsvertrags zur Absenkung der Leistungen verweist, noch bis zum 31.12.2023. Dem liegt aber ein redaktionelles Versehen zugrunde (→ StrRehaG § 24 Rn. 1), das mit der Streichung dieser Vorschrift durch Art. 13 Nr. 4 G-SER mWz 1.1.2024 bereinigt wurde.[38]

17 Nach § 2 Abs. 2 VwRehaG sind Folgeansprüche nach diesem Gesetz **ausgeschlossen**, wenn der Berechtigte oder derjenige, von dem er seine Rechte herleitet, gegen die Grundsätze der **Menschlichkeit** oder **Rechtsstaatlichkeit** verstoßen oder in schwerwiegendem Maße seine Stellung zum eigenen Vorteil oder zum Nachteil anderer missbraucht hat. Eine vergleichbare Regelung trifft § 1a Abs. 1 S. 1 BVG (bis 31.12.2023) bzw. § 22 Abs. 1 S. 1 SGB XIV (ab dem 1.1.2024) für den Fall, dass der Berechtigte oder derjenige, von dem sich die Berechtigung ableitet, während der Herrschaft des Nationalsozialismus gegen die Grundsätze der Menschlichkeit oder Rechtsstaatlichkeit verstoßen hat und er nach dem 13.11.1997 einen Antrag auf Leistungen gestellt hat. Auch zB § 2 Abs. 1 Nr. 2 HHG, § 16 Abs. 2 StrRehaG (→ StrRehaG §§ 1–20 Rn. 14) und § 3 Abs. 2 Nr. 2 BVFG enthalten vergleichbare Ausschlussregelungen.

34 Zur Vermutungsregelung des § 10 Abs. 3 StrRehaG, die sich jedoch nicht unmittelbar auf die Leistungen der Sozialen Entschädigung bei gesundheitlicher Schädigung bezieht → §§ 1–20 StrRehaG Rn. 7.

35 Vgl. dazu bereits Schmitt VSSR 2006, 69.

36 Vgl. LSG BW Urt. v. 26.6.2014 – L 6 VU 2236/13 ZVW, juris Rn. 81 ff.

37 BSG Urt. v. 12.6.2003 – B 9 VG 1/02 R BSGE 91, 107; vgl. dazu mit Bezug auf § 3 Abs. 1 Satz 1 VwRehaG: LSG Bln-Bbg Urt. v. 10.5.2012 – L 11 VE 47/09, juris Rn. 51 ff.

38 Vgl. BT-Drs. 19/13824, 242, zu Art. 12 Nr. 4.

Hintergrund ist die Überlegung, dass wegen der Folgen einer Schädigung nicht leistungsberechtigt sein soll, wer selbst **Täter** gewesen ist (→ SGB XIV § 22 Rn. 4). Ähnliche Überlegungen liegen auch den Ausschluss- und Versagungsgründen nach §§ 16, 17, 19, 20 SGB XIV zugrunde. Eine § 22 Abs. 2 und 3 SGB XIV entsprechende Regelung zur Entziehung bereits bestandskräftig bewilligter Leistungen gibt es im VwRehaG nicht, so dass insoweit allein die allgemeinen verwaltungsverfahrensrechtlichen Voraussetzungen maßgebend sind. Nach den Vorstellungen des Gesetzgebers[39] sollen bei der Prüfung der Frage, ob infolge des früheren Verhaltens des Anspruchstellers Folgeansprüche ausgeschlossen sind, „die tatsächlichen Verhältnisse in dem untergegangenen Unrechtsstaat" berücksichtigt werden. Abs. 2 solle nur bei einer vorwerfbaren **nicht nur unerheblichen Verstrickung** in das politische System der ehemaligen DDR eingreifen. Gegen die Grundsätze der Menschlichkeit verstoße etwa, wer sich als Denunziant oder **Spitzel** freiwillig betätigt, um hieraus Vorteile zu erlangen. Gegen die Grundsätze der Menschlichkeit verstoße zB, wer einen Menschen seiner Gesinnung wegen verfolgt oder an seiner Verfolgung mitwirkt, einen anderen an der Ausübung seiner politischen Rechte gewaltsam oder aus moralisch verwerflicher Gesinnung hindere oder sich „bewusst zum Vollstrecker von Unrechtsmaßnahmen" gemacht habe, durch die die „natürlichen Menschenrechte" oder die Grundsätze der Rechtsstaatlichkeit verletzt wurden. Ergänzend wird auf die Kommentierung zu der § 2 Abs. 2 VwRehaG entsprechenden Regelung in § 16 Abs. 2 StrRehaG verwiesen (→ StrRehaG §§ 1–20 Rn. 14 f.). Für die Entscheidung über das Vorliegen von Ausschließungsgründen nach § 2 Abs. 2 VwRehaG ist die Rehabilitierungsbehörde zuständig (→ Rn. 24).

Wenn ein Betroffener neben einem Anspruch auf Leistungen nach § 3 VwRehaG 18
wegen desselben schädigenden Ereignisses **Anspruch auf Leistungen nach dem BVG** oder aufgrund von Gesetzen hat, die eine entsprechende Anwendung des BVG vorsehen, entfällt der Anspruch auf Leistungen nach dem VwRehaG gem. § 3 Abs. 1 S. 2 VwRehaG.[40] Ab dem 1.1.2024 gilt das in gleicher Weise für den Fall, dass gleichzeitig Anspruch auf Leistungen der Sozialen Entschädigung nach dem **SGB XIV** oder in entsprechender Anwendung des SGB XIV besteht. Der Verweis auf das BVG und die Gesetze, die eine entsprechende Anwendung des BVG vorsehen, bleibt auch nach der Neufassung des § 3 VwRehaG durch Art. 13 Nr. 1 G-SER mWv 1.1.2024 erhalten. Hintergrund sind die Vorschriften zu den Besitzständen nach §§ 142 ff. SGB XIV, die es bestimmten Personen weiterhin ermöglichen, Leistungen nach dem BVG zu beziehen.[41] Ergänzend wird auf die Kommentierung der entsprechenden Regelung in § 21 Abs. 1 Satz 2 StrRehaG (→ StrRehaG § 21 Rn. 14 f.) verwiesen.

Ergänzend bestimmt **§ 5 Abs. 1 S. 1** VwRehaG, dass eine **einheitliche Rente** unter 19
Berücksichtigung des durch die gesamten Schädigungsfolgen bedingten GdS festzusetzen ist, wenn Ansprüche auf Leistungen der Sozialen Entschädigung nach § 3 VwRehaG mit **Ansprüchen** aus § 1 BVG oder aus anderen Gesetzen **zusammentreffen**.[42] Da ein solches Zusammentreffen bei ein und demselben Schädigung bereits durch § 3 Abs. 1 S. 2 SGB XIV ausgeschlossen wird, dürfte § 5 VwRehaG nur Bedeutung für Fälle zukommen, in denen Ansprüche aus **mehreren schädigenden Ereignissen** zusammentreffen. Dazu bestimmt bereits § 8 Abs. 2 SGB XIV, dass ein einheitlicher GdS festzusetzen ist, wenn Ansprüche aus mehreren schädigenden Ereignissen nach § 1 Abs. 3 SGB XIV zusammentreffen oder wenn Ansprüche aus anderen Gesetzen, die eine entsprechende Anwendung des SGB XIV vorsehen, mit solchen nach dem SGB XIV zusammentreffen. § 5 Abs. 1 VwRehaG regelt, dass die Leistungen der

39 BT-Drs. 12/4994, 28 f.
40 Zu der entsprechenden Regelung des § 6 Abs. 2 OEG in der bis zum 31.12.2023 geltenden Fassung vgl. Rademacker in HK-SozRntschR OEG § 3 Rn. 7.
41 BT-Drs. 19/13824, 241, zu Art. 13 Nr. 1 Buchst. b Doppelbuchst. bb.
42 Vgl. LSG BW Urt. v. 27.5.2020 – L 6 VU 3716/19 ZVW, juris Rn. 35.

Sozialen Entschädigung insgesamt und nicht nur wegen der Folgen von Schädigungen iSd § 1 VwRehaG nach dem VwRehaG gewährt werden. Dass hat zur Folge, dass sich die Verteilung der gesamten Kosten zwischen Bund und Ländern nach § 17 VwRehaG richtet.[43]

20 In der **ab dem 1.1.2024** geltenden Fassung des G-SER bezieht **§ 5 Abs. 1** VwRehaG Ansprüche nach § 21 (Opfer von Kriegsauswirkungen, § 23 (geschädigte Zivildienstleistende) und 24 (Geschädigte durch Schutzimpfungen) sowie Kap. 23 SGB XIV (Vorschriften zu den Besitzständen) und Ansprüche aus anderen Gesetzen ein, die eine entsprechenden Anwendung des SGB XIV vorsehen. Die Ansprüche der Opfer von Gewalttaten nach §§ 13 ff. SGB XIV werden von § 5 Abs. 1 VwRehaG jedoch nicht erfasst. Eine Erklärung dafür kann auch der Gesetzesbegründung[44] nicht entnommen werden. Soweit es um die Bildung des Gesamt-GdB geht – nicht jedoch bezogen auf die Qualifizierung der Leistungen unter Berücksichtigung der gesamten Schädigungsfolgen als solche nach dem VwRehaG – wird diese **Lücke** durch § 8 Abs. 2 S. 2 SGB XIV gefüllt (vgl. auch → StrRehaG § 23 Rn. 4). Auf der anderen Seite werden die Bezieher von Besitzstandsleistungen nach §§ 142 ff. SGB XIV durch § 5 Abs. 1 VwRehaG doppelt erfasst, nämlich zum einen durch die Einbeziehung der Ansprüche aus § 1 BVG bzw. entsprechend § 1 BVG (§ 5 Abs. 1 Nr. 1, Nr. 2 VwRehaG), die nach der Aufhebung des BVG zum 31.12.2023 nur noch als Besitzstandsleistungen nach Kap. 23 SGB XIV (§§ 142 SGB XIV) beansprucht werden können[45] und zum anderen durch den Verweis auf das Kap. 23 SGB XIV (Besitzstandsleistungen nach §§ 142 SGB XIV) in § 5 Abs. 1 Nr. 3 VwRehaG. Jedenfalls bei der **doppelten Erfassung** der Besitzstandsleistungen in § 5 Abs. 1 VwRehaG dürfte es sich um ein **redaktionelles Versehen** handeln. Ob das in gleicher Weise für die fehlende Berücksichtigung der Ansprüche der Opfer von Gewalttaten nach §§ 13 ff. SGB XIV gilt, ist unklar (zu den Auswirkungen auf die Anwendung der Regelung zu Kostenerstattung durch den Bund nach § 17 VwRehaG → StrRehaG § 23 Rn. 4 zu den entsprechenden Regelungen in §§ 20, 23 Abs. 1 StrRehaG).

21 Nach § 5 Abs. 2 VwRehaG in der bis zum 31.12.2023 geltenden Fassung findet **§ 55 BVG**, der ua das Zusammentreffen von Beschädigtenrente mit einer Witwen- oder Waisenrente zum Gegenstand hat, entsprechende Anwendung (zur der Parallelregelung in § 23 Abs. 2 StrRehaG in der bis zum 31.12.2023 geltenden Fassung → StrRehaG § 23 Rn. 5). Das ab 1.1.2024 geltende SGB XIV enthält keine § 55 BVG entsprechende Regelung mehr. Daher ist die Verweisung auf § 55 BVG in § 5 Abs. 2 VwRehaG ebenfalls mWz 1.1.2024 ersatzlos gestrichen worden. Bei der dadurch bewirkten Begünstigung handelte es sich nicht um ein redaktionelles Versehen; sie ist gewollt.[46]

D. Verfahren und Rechtsweg

22 Das Verfahren nach dem VwRehaG ist – ähnlich wie das Verfahren nach dem StrRehaG – **zweistufig** ausgestaltet. Das Gesetz unterscheidet zwischen der **Rehabilitierungsentscheidung** (§§ 1, 1a VwRehaG), die den Rehabilitationsbehörden obliegt (§ 12 Abs. 1 bis 3 VwRehaG), und der Entscheidung über die **Folgeansprüche** (§§ 2 ff. VwRehaG). Soweit es um Folgeansprüche in Gestalt von Leistungen der Sozialen Entschädigung nach §§ 3, 4 VwRehaG geht, treffen nach § 12 Abs. 4 VwRehaG die Versorgungsämter bzw. – ab dem 1.1.2024 – die für die Durchführung des SGB XIV

43 Zur entsprechenden Regelung in § 23 StrRehaG vgl. BT-Drs. 12/1608, 28.
44 BT-Drs. 19/13824, 242, zu Art. 13 Nr. 3 Buchst. a.
45 So auch die Gesetzesbegründung: BT-Drs. 19/13824, 242, zu Art. 13 Nr. 3 Buchst. a.
46 Vgl. BT-Drs. 19/13824, 242, zu Art. 13 Nr. 3 Buchst. b.

zuständigen Behörden die nach dem SGB XIV erforderlichen Feststellungen[47] (zu Abgrenzungsfragen nachfolgend → Rn. 26)

Die **Rehabilitierungsentscheidung** nach § 1 Abs. 1 VwRehaG, die in der Aufhebung der inkriminierten Maßnahme oder der Feststellung der Rechtsstaatswidrigkeit besteht, setzt einen entsprechenden **Antrag** voraus. Nach § 9 VwRehaG in der Fassung des Vierten Gesetzes zur Verbesserung rehabilitierungsrechtlicher Vorschriften für Opfer der politischen Verfolgung in der ehemaligen DDR vom 2.12.2010[48] kann der Antrag unmittelbar von dem in seinen Rechten Betroffenen und nach seinem Tod von demjenigen, der ein berechtigtes Interesse an der Rehabilitierung des unmittelbar Betroffenen hat, gestellt werden. Der Antrag auf die einmalige Entschädigung nach Feststellung der Rechtsstaatswidrigkeit (§ 1a Abs. 2 VwRehG) kann gem. § 9 Abs. 2 S. 2 VwRehaG von einer natürlichen Person gestellt werden, die durch die Maßnahme unmittelbar betroffen ist. Für die Entscheidung über die Rehabilitierung ist nach § 12 VwRehaG die **Rehabilitierungsbehörde** des Landes zuständig, in dessen Gebiet die Maßnahme ergangen ist. Im Falle der Zuständigkeit mehrerer Behörden entscheidet die zuerst mit der Sache befasste Behörde. Die Gewährung der einmaligen Leistung nach § 1a Abs. 2 S. 1 VwRehaG und die Entscheidung über die Ausschließungsgründe nach § 2 Abs. 2 und Abs. 4 S. 9 VwRehaG obliegen der Rehabilitierungsbehörde des Landes, in dessen Gebiet nach dem Stand vom 3.10.1990 die Maßnahme ergangen ist. Ähnlich wie nach § 15 KOVVfG (bis zum 31.12.2023) bzw. § 117 SGB XIV (ab 1.1.2024) genügt auch bei dem Verfahren vor der Rehabilitierungsbehörde unter den in § 13 Abs. 2 VwRehaG geregelten Voraussetzungen die Glaubhaftmachung von Angaben des Antragstellers. 23

Die behördliche **Zuständigkeit für Folgeansprüche** hängt davon ab, welche der in § 1 Abs. 1 VwRehaG genannten Rechtsgüter beeinträchtigt wurden. Die Entscheidung über die Rückübertragung oder Entschädigung bei **Eingriffen in Vermögenswerte** erfolgt nach § 7 Abs. 1 VwRehaG durch die nach dem Vermögensgesetz zuständigen Behörden. Das Verfahren bei **beruflicher Benachteiligung** ist im Beruflichen Rehabilitierungsgesetz geregelt. 24

Der Anspruch auf Beschädigtenversorgung oder auf Hinterbliebenenversorgung setzt nach § 3 Abs. 1, § 4 Abs. 1 einen entsprechenden **Antrag** voraus. Der Zeitpunkt der Antragstellung hat über die Verweisung auf die Vorschriften des BVG (bis 31.12.2023) bzw. des SGB XIV (vgl. § 11 SGB XIV) Bedeutung für den **Beginn** der Leistung (vgl. §§ 60, 61 BVG, → SGB XIV § 11 Rn. 1 ff.). Ein Antrag auf Rehabilitierung nach § 1 VwRehaG wird nur dann auch als Antrag nach § 3 Abs. 1 bzw. § 4 Abs. 1 VwRehaG anzusehen sein, wenn er den Willen erkennen lässt, Folgeansprüche einschließlich Versorgung geltend zu machen.[49] 25

Werden Versorgungsansprüche nach § 3 oder Ansprüche auf Hinterbliebenenversorgung nach § 4 VwRehaG geltend gemacht, trifft die Rehabilitierungsbehörde gem. § 12 Abs. 4 VwRehaG Feststellungen zur **Rechtswidrigkeit** der Maßnahme im Sinne des § 1 sowie über **Ausschließungsgründe** nach § 2 Abs. 2 und Abs. 4 S. 9 VwRehaG. Die entsprechenden Feststellungen der Rehabilitierungsbehörde sind gem. § 12 Abs. 1 S 3 VwRehaG für die Behörden, die über Folgeansprüche entscheiden – und damit ab dem 1.1.2024 auch für die nach Landesrecht für die Durchführung des SGB XIV zuständigen Behörden – bindend.[50] Die nach dem BVG oder dem SGB XIV erforderlichen Feststellungen treffen dagegen nach § 12 Abs. 4 S. 2 VwRehaG die für die 26

47 BSG Urt. v. 16.12.2014 – B 9 V 6/13 R SGb 2016, 232 Rn. 12.
48 BGBl. I 1744.
49 Zu der entsprechenden Problematik im Strafrechtlichen Rehabilitierungsgesetz vgl. Pfister/Mütze/Mütze, Rehabilitierungsrecht, Stand August 1997, § 21 Rn. 78, § 25 Rn. 19.
50 BSG Urt. v. 16.12.2014 – B 9 V 6/13 R SGb 2016, 232 Rn. 14.

Durchführung des BVG (bis zum 31.12.2023) bzw. des SGB XIV (ab dem 1.1.2024) zuständigen Behörden. Das Verfahren richtet sich insoweit nach den für das Sozialverwaltungsverfahren geltenden Vorschriften, also insbesondere dem **SGB I**, dem **SGB X**, sowie bis zu dessen Aufhebung zum 31.12.2023[51] auch nach dem **KOVVfG** und ab dem 1.1.2024 nach den speziellen Regelungen der **§§ 115 bis 119 SGB XIV**.

27 **Überschneidungen der Zuständigkeit** der Rehabilitierungsbehörde und der für die Durchführung des BVG zuständigen Behörde können dadurch entstehen, dass eine Rehabilitierung nach § 1 Abs. 1 VwRehaG die Verletzung eines der dort genannten Rechtsgüter voraussetzt. Daher kann bereits die Rehabilitierungsbehörde die Frage zu beantworten haben, ob die Verwaltungsentscheidung zu einer gesundheitlichen Schädigung geführt hat und ob die Folgen „unmittelbar schwer und unzumutbar fortwirken". Da die Versorgungsämter bei der Entscheidung über Ansprüche auf Versorgung die haftungsbegründende und die haftungsausfüllende Kausalität (zu diesen Begriffen → SGB XIV § 1 Rn. 23 ff.; → SGB XIV § 4 Rn. 5, 26) zu prüfen haben, besteht die Gefahr, dass Doppelprüfungen zu einander **widersprechenden Entscheidungen** führen. Das BVerwG[52] und BSG[53] versuchen diesen Konflikt dadurch zu entschärfen, dass es die Prüfung der Rehabilitierungsbehörde bei Eingriffen in das Rechtsgut Gesundheit auf eine bloße **Schlüssigkeitsprüfung** beschränkt und die endgültigen Feststellungen den Versorgungsämtern vorbehält. Diese Rechtsprechung steht im Einklang mit § 12 Abs. 4 VwRehaG, der den Versorgungsämtern (bis 31.12.2023; ab 1.1.2024: den für die Durchführung des SGB XIV zuständigen Behörden) die Prüfung der nach dem BVG (ab 1.1.2024: nach dem SGB XIV) erforderlichen Feststellungen überträgt. Dem entsprechend können die auf einer bloßen Schlüssigkeitsprüfung beruhenden Feststellungen der Rehabilitierungsbehörde, die sich auf die Ursächlichkeit einer Verwaltungsentscheidung für eine gesundheitliche Schädigung und auf die Fortwirkung der Folgen iSd § 1 Abs. 1 VwRehaG beziehen, für die Versorgungsämter und die für die Durchführung des SGB XIV zuständigen Behörden **nicht verbindlich** sein.[54] Abweichend von einer Entscheidung des LSG Niedersachsen-Bremen vom 29.4.2008[55] gilt dies nicht nur für die haftungsausfüllende, sondern bereits für die haftungsbegründende Kausalität.[56] Aus § 12 Abs. 4 VwRehaG folgt, dass sich die in § 12 Abs. 1 S. 3 VwRehaG geregelte Bindungswirkung bei Ansprüchen nach §§ 3, 4 VwRehaG auf die Feststellungen der Rehabilitierungsbehörde zur Rechtsstaatswidrigkeit der Maßnahme und zu den Ausschließungsgründen nach § 2 Abs. 2 VwRehaG beschränkt.

28 Gegen **Entscheidungen der Rehabilitierungsbehörden** ist – nach Durchführung des Widerspruchsverfahrens – der **Rechtsweg** zu den **Verwaltungsgerichten** gegeben. Nach § 16 Abs. 1 S. 2 VwRehaG ist die Berufung gegen ein Urteil des Verwaltungsgerichts ausgeschlossen. Für Streitigkeiten, die Ansprüche auf Beschädigten- oder auf Hinterbliebenenversorgung nach §§ 3, 4 VwRehaG iVm den Vorschriften des BVG (ab 1.1.2024: Leistungen der Sozialen Entschädigung bei gesundheitlicher Schädigung und Leistungen der Sozialen Entschädigung für Hinterbliebene nach §§ 3, 4 VwRehaG iVm den Vorschriften des SGB XIV) zum Gegenstand haben, sind nach § 16 Abs. 2 VwRehaG die **Sozialgerichte** zuständig. Dies folgt im Übrigen aus § 51 Abs. 1 Nr. 6 SGG. Mit der Verweisung in § 16 Abs. 2 S. 3 VwRehaG in der bis zum 31.12.2023 geltenden Fassung auf § 51 Abs. 1 Nr. 6 SGG in der bis zum 31.12.2023 geltenden Fassung wird klargestellt, dass für Streitigkeiten in Angelegenheiten der **Kriegsopferfürsorge** bis zu diesem Zeitpunkt die Verwaltungsgerichte zuständig sind.

51 Art. 58 Nr. 12, Art. 60 Abs. 7 G-SER.
52 BVerwG Urt. v. 9.10.2003 – 3 C 1/03, BVerwGE 119, 102 = DÖV 2004, 163.
53 BSG Urt. v. 16.12.2014 – B 9 V 6/13 R, SGb 2016, 232 Rn. 14.
54 BSG Urt. v. 16.12.2014 – B 9 V 6/13 R, SGb 2016, 232 Rn. 14.
55 L 13 VU 1/04, ZMR 2009, 49.
56 Vgl. BSG Urt. v. 16.12.2014 – B 9 V 6/13 R, SGb 2016, 232 (235), Rn. 14.

Artikel 8 G-SER Änderung des Gesetzes zu dem Zusatzvertrag vom 7. Februar 1969 zur Durchführung und Ergänzung des Vertrages vom 7. Mai 1963 zwischen der Bundesrepublik Deutschland und der Republik Österreich über Kriegsopferversorgung und Beschäftigung Schwerbehinderter

Das Gesetz zu dem Zusatzvertrag vom 7. Februar 1969 zur Durchführung und Ergänzung des Vertrages vom 7. Mai 1963 zwischen der Bundesrepublik Deutschland und der Republik Österreich über Kriegsopferversorgung und Beschäftigung Schwerbehinderter vom 27. April 1970 (BGBl. 1970 II S. 197, 292) wird wie folgt geändert:

1. **In Artikel 2 werden die Wörter „Landesversorgungsämter und in Fällen der Berufsförderung die Hauptfürsorgestellen" durch die Wörter „Träger der Sozialen Entschädigung" ersetzt.**
2. **In Artikel 4 wird das Wort „Bundesversorgungsgesetz" durch die Wörter „Bundesversorgungsgesetz in der am 31. Dezember 2023 geltenden Fassung oder dem Vierzehnten Buch Sozialgesetzbuch" ersetzt.**

Deutschland hat mit mehreren Staaten **Abkommen über Kriegsopferversorgung** geschlossen. Im Einzelnen sind dies: 1

- Vertrag vom 11.7.1959 zwischen der Bundesrepublik Deutschland und dem Großherzogtum Luxemburg,[1]
- Vertrag vom 29.5.1962 zwischen der Bundesrepublik Deutschland und dem Spanischen Staat über Kriegsopferversorgung und zu dem Notenwechsel vom 16.5.1963;[2]
- Vertrag zwischen der Bundesrepublik Deutschland und dem Königreich Belgien über Kriegsopferversorgung vom 21.9.1962[3] sowie Zusatzabkommen vom 5.12.1973;[4]
- Vertrag vom 7.5.1963 zwischen der Bundesrepublik Deutschland und der Republik Österreich über Kriegsopferversorgung und Beschäftigung Schwerbeschädigter[5] sowie Zusatzvertrag v. 7.2.1969.[6]

Gegenstand von Art. 8 G-SER ist allein eine Änderung des Zustimmungsgesetzes zu dem mit Österreich geschlossenen Abkommen.

Durch Art. 8 G-SER vom 12.12.2019[7] wird das Bundesgesetz zu dem Zusatzvertrag 2 vom 7.2.1969 zur Durchführung und Ergänzung des Vertrags vom 7.5.1963 zwischen der Bundesrepublik Deutschland und der Republik Österreich über Kriegsopferversorgung und Beschäftigung Schwerbeschädigter vom 27.4.1970[8] an die geänderte Versorgungsstruktur im deutschen Recht angepasst (Nr. 1). Zum anderen handelt es sich um Folgeänderungen anlässlich des Außerkrafttretens des BVG (Nr. 2).[9]

1 BGBl. 1960 II 2077, 2078.
2 BGBl. 1965 II 273, 274.
3 BGBl. 1964 II 455, 456.
4 BGBl. 1974 II 1251.
5 BGBl. 1964 II 220, 221.
6 BGBl. 1970 II 197.
7 BGBl. 2019 I 2652.
8 BGBl. 1970 II 197.
9 BT-Drs. 19/13824, 236.

Zu Artikel 26 G-SER Änderung der Versorgungsmedizin-Verordnung

Die Anlage zu § 2 der Versorgungsmedizin-Verordnung vom 10.12.2008 (BGBl. I 2412), die zuletzt durch Artikel 18 des Gesetzes vom 17.7.2017 (BGBl. I 2541) geändert worden ist, ist durch Art. 26 Nr. 2 G-SER geändert worden. Durch die Neufassung erhält der **Teil C der Versorgungsmedizinischen Grundsätze folgende Überschrift und folgenden Inhalt:**

Teil C: Begutachtung im Sozialen Entschädigungsrecht

1 Grundsätze zur Begutachtung im Sozialen Entschädigungsrecht

Die Grundsätze, die im Sozialen Entschädigungsrecht zur Anerkennung einer Gesundheitsstörung als Folge einer Schädigung maßgebend sind, werden in diesem Teil der Versorgungsmedizinischen Grundsätze aufgestellt. Die Auswirkungen der als Schädigungsfolgen anerkannten Gesundheitsstörungen werden mit einem Grad der Schädigungsfolgen bewertet. Die ärztliche Bewertung der Auswirkungen der Schädigungsfolgen erfolgt nach Teil A und Teil B.

Als Voraussetzung für die ärztliche Begutachtung des ursächlichen Zusammenhangs müssen alle Tatsachen festgestellt sein. Die Feststellung der Tatsachen erfolgt unabhängig von kausalen Erwägungen. Es muss unterschieden werden zwischen ärztlicher Begutachtung im Rahmen der Tatsachenermittlung und der ärztlichen Begutachtung des ursächlichen Zusammenhangs.

2 Tatsachen für die Begutachtung des ursächlichen Zusammenhangs

2.1 Tatsachen

Vor der ärztlichen Begutachtung des ursächlichen Zusammenhangs müssen folgende Tatsachen festgestellt und voll bewiesen sein:

a) das Ereignis, das bei nachgewiesenem ursächlichem Zusammenhang das schädigende Ereignis ist,
b) die Gesundheitsstörung, die bei nachgewiesenem ursächlichem Zusammenhang die gesundheitliche Schädigung ist (primäre Gesundheitsstörung), und
c) die Gesundheitsstörung, die bei nachgewiesenem ursächlichem Zusammenhang die Schädigungsfolge ist (sekundäre Gesundheitsstörung).

2.2 Ereignis

Die in Betracht kommenden schädigenden Ereignisse unterscheiden sich je nach den Voraussetzungen der verschiedenen Gesetze des Sozialen Entschädigungsrechts. Ereignis in diesem Sinne kann sein:

a) ein zeitlich begrenztes Ereignis,
b) ein über einen längeren Zeitraum einwirkendes Ereignis (andauerndes Ereignis) oder
c) wiederkehrende Ereignisse, die sich in ihrer Gesamtheit auswirken.

Es gibt aktiv einwirkende Ereignisse und passive Ereignisse durch Unterlassen.

2.3 Primäre Gesundheitsstörung

Primäre Gesundheitsstörungen sind solche, die nach dem aktuellen Stand der medizinischen Wissenschaft durch ein unter Nummer 2.2 beschriebenes Ereignis hervorgerufen werden können und zeitlich als erste auftreten.

2.4 Sekundäre Gesundheitsstörung

Sekundäre Gesundheitsstörungen sind solche, die nach dem aktuellen Stand der medizinischen Wissenschaft aus der primären Gesundheitsstörung entstehen können.

3 Ursächlicher Zusammenhang

3.1 Allgemeines

Nur wenn die unter Nummer 2.1 genannten Tatsachen ermittelt und im Sinne von Nummer 2.1 bewiesen sind, kann die ärztliche Begutachtung des ursächlichen Zusammenhangs erfolgen. Die Gesundheitsstörungen, die vor Eintritt des schädigenden Vorgangs bestanden haben oder bei Eintritt bestehen, sind von der primären und sekundären Gesundheitsstörung abzugrenzen.

3.2 Kausalkette

Zwischen dem Ereignis, der primären und der sekundären Gesundheitsstörung muss ein nach dem aktuellen Stand der medizinischen Wissenschaft nicht unterbrochener ursächlicher Zusammenhang bestehen. Die primäre Gesundheitsstörung muss durch das Ereignis verursacht sein und die sekundäre

Gesundheitsstörung muss durch die primäre Gesundheitsstörung verursacht sein. Erst in diesem Fall ist der ursächliche Zusammenhang gegeben.

3.3 Schädigendes Ereignis, gesundheitliche Schädigung, Schädigungsfolge

Ist der ursächliche Zusammenhang im Sinne von Nummer 3.2 zu bejahen, ist

a) das Ereignis das schädigende Ereignis,
b) die primäre Gesundheitsstörung die gesundheitliche Schädigung und
c) die sekundäre Gesundheitsstörung die Gesundheitsstörung als Folge der Schädigung (Schädigungsfolge).

3.4 Wahrscheinlichkeit des ursächlichen Zusammenhangs

3.4.1

Für die Annahme des ursächlichen Zusammenhangs genügt entschädigungsrechtlich die Wahrscheinlichkeit. Sie ist gegeben, wenn nach dem aktuellen Stand der medizinischen Wissenschaft mehr für als gegen einen ursächlichen Zusammenhang spricht. Es reicht für die Annahme des ursächlichen Zusammenhangs nicht aus, dass dieser nur möglich ist.

3.4.2

Haben konkurrierende Ursachen zur primären Gesundheitsstörung beigetragen und kommt einem Ereignis gegenüber der Gesamtheit der anderen Ursachen eine mindestens gleichwertige Bedeutung zu, ist alleine jenes Ereignis schädigendes Ereignis und wesentliche Ursache im entschädigungsrechtlichen Sinn.

3.4.3

Nummer 3.4.2 gilt entsprechend, wenn die sekundäre Gesundheitsstörung auf konkurrierenden Ursachen beruht.

4 Kann-Versorgung

4.1

Im Sozialen Entschädigungsrecht muss anhand des Sachverhaltes in jedem Einzelfall stets zuerst geprüft werden, ob nach Nummer 3.4 der ursächliche Zusammenhang mit Wahrscheinlichkeit beurteilt werden kann. Lässt sich dabei die Frage des ursächlichen Zusammenhangs bereits in ihrer Gesamtheit bejahen oder verneinen, ist die entsprechende Prüfung abgeschlossen und eine Kann-Versorgung kommt nicht in Betracht.

4.2

Lässt sich die Frage des ursächlichen Zusammenhangs im Sinne von Nummer 3.4 nicht bejahen oder verneinen, kann in Ausnahmefällen eine Gesundheitsstörung im Sinne der Kann-Versorgung als Schädigungsfolge anerkannt werden. Voraussetzung dafür ist, dass die zur Anerkennung einer Gesundheitsstörung als Folge einer Schädigung erforderliche Wahrscheinlichkeit nur deshalb nicht gegeben ist, weil über die Ursache der festgestellten Gesundheitsstörung in der medizinischen Wissenschaft Ungewissheit besteht.

4.3

Eine Kann-Versorgung kommt nur dann in Betracht, wenn die einer Gesundheitsstörung zugrundeliegende Ursache (Ätiologie) nicht durch den aktuellen Stand der medizinischen Wissenschaft gesichert ist und wenn fundierte wissenschaftliche Arbeitshypothesen einen ursächlichen Zusammenhang begründen. Eine von dem aktuellen Stand der medizinischen Wissenschaft abweichende subjektive Auffassung eines einzelnen Wissenschaftlers oder einer einzelnen Wissenschaftlerin ist nicht mit Ungewissheit in der medizinischen Wissenschaft gleichzusetzen.

4.4

Eine Kann-Versorgung rechtfertigen nicht:

a) Zweifel über den Zeitpunkt der Entstehung der Gesundheitsstörung,
b) mangelnde diagnostische Klärung,
c) unzureichende Sachverhaltsaufklärung oder
d) sonstige Ungewissheiten im Sachverhalt.

4.5

Ist die Wahrscheinlichkeit des ursächlichen Zusammenhangs nur für einen Teil einer Gesundheitsstörung gegeben, so ist zu prüfen, ob für den verbleibenden Teil der Gesundheitsstörung die Voraussetzungen für eine Kann-Versorgung vorliegen.

5 Anerkennung der Schädigungsfolge im Sinne der Entstehung und Anerkennung der Schädigungsfolge im Sinne der Verschlimmerung

5.1 Allgemeines

Bei Vorliegen des ursächlichen Zusammenhangs ist auf der Grundlage des aktuellen Stands der medizinischen Wissenschaft zu beurteilen, ob das schädigende Ereignis zur Entstehung oder zur Verschlimmerung der Gesundheitsstörung geführt hat.

5.2 Anerkennung im Sinne der Entstehung

Die Anerkennung einer Gesundheitsstörung als Schädigungsfolge im Sinne der Entstehung setzt voraus, dass keine medizinischen Tatsachen festzustellen sind, die rückblickend nach dem aktuellen Stand der medizinischen Wissenschaft belegen, dass die Gesundheitsstörung zur Zeit der Einwirkung des schädigenden Ereignisses bereits bestand.

5.3 Anerkennung im Sinne der Verschlimmerung

Wenn medizinische Tatsachen festzustellen sind, die rückblickend nach dem aktuellen Stand der medizinischen Wissenschaft belegen, dass die Gesundheitsstörung zur Zeit der Einwirkung des schädigenden Ereignisses bereits – auch unbemerkt – bestand, kommt nur eine Anerkennung der Gesundheitsstörung als Schädigungsfolge im Sinne der Verschlimmerung in Betracht. Eine solche Anerkennung setzt voraus, dass das schädigende Ereignis dazu führt,

a) dass der Zeitpunkt vorverlegt wird, an dem die Gesundheitsstörung sonst in Erscheinung getreten wäre, oder
b) dass die Gesundheitsstörung in stärkerer Ausprägung auftritt, als es sonst zu erwarten wäre.

5.4 Zunahme der Ausprägung der Gesundheitsstörung

Bei jeder weiteren Zunahme der Ausprägung der als Schädigungsfolge anerkannten Gesundheitsstörung ist zu prüfen, ob auch diese Zunahme noch ursächlich auf das schädigende Ereignis zurückzuführen ist. Bei jeder weiteren Zunahme der Ausprägung der Gesundheitsstörung muss der ursächliche Zusammenhang dieser Weiterentwicklung beurteilt werden.

6 Bestimmung des Grades der Schädigungsfolgen

6.1 Vorübergehende Gesundheitsstörungen

Vorübergehende Gesundheitsstörungen sind bei der Feststellung des Grades der Schädigungsfolgen nicht zu berücksichtigen. Als vorübergehend gilt ein Zeitraum von bis zu sechs Monaten.

6.2 Bereits bestehende Gesundheitsstörungen

6.2.1

Vor der Feststellung des Grades der Schädigungsfolgen ist zu prüfen, ob vor dem schädigenden Ereignis bereits eine Teilhabebeeinträchtigung durch eine nicht schädigungsbedingte Gesundheitsstörung (bereits bestehende Gesundheitsstörung) vorlag. Diese Teilhabebeeinträchtigung muss festgestellt werden. Auch für die Gesamtauswirkung der vorhandenen Gesundheitsstörungen ist ein Grad der Behinderung anzugeben. Der Grad der Schädigungsfolgen gibt allein das Ausmaß der Auswirkungen der Schädigungsfolgen wieder.

6.2.2

Befinden sich die bereits bestehende Gesundheitsstörung und die Schädigungsfolge an verschiedenen Körperteilen und beeinflussen sich nicht gegenseitig, hat die bereits bestehende Gesundheitsstörung keine Auswirkung auf den Grad der Schädigungsfolgen.

6.2.3

Hat die Schädigung eine Gliedmaße oder ein Organ mit bereits bestehender Gesundheitsstörung betroffen, muss der Grad der Schädigungsfolgen niedriger sein als der Grad der Behinderung, der sich aus der nun bestehenden gesamten Gesundheitsstörung ergeben würde. Der Grad der Schädigungsfolgen lässt sich dabei nicht einfach dadurch ermitteln, dass die Teilhabebeeinträchtigung der bereits bestehenden Gesundheitsstörung vom Grad der Behinderung der gesamten Gesundheitsstörung abgezogen wird. Maßgeblich ist vielmehr, zu welchen zusätzlichen Auswirkungen die Schädigung geführt hat. Wenn jedoch die bereits bestehende Gesundheitsstörung nach ihrem Umfang oder nach ihrer Art keine wesentliche Bedeutung für die gesamte Gesundheitsstörung hat, ist der Grad der Schädigungsfolgen genauso hoch wie der Grad der Behinderung, der sich aus der nun bestehenden gesamten Gesundheitsstörung ergibt.

6.2.4

Sind durch die bereits bestehende schädigungsunabhängige Gesundheitsstörung und durch die Schädigungsfolge verschiedene Organe, Gliedmaßen oder paarige Organe betroffen und verstärkt die bereits bestehende schädigungsunabhängige Gesundheitsstörung die Auswirkungen der schädigungsbedingten Funktionsstörung, ist der Grad der Schädigungsfolgen höher zu bewerten als bei isolierter Betrachtung der Schädigungsfolge.

6.3 Veränderung des Grades der Schädigungsfolgen

6.3.1

Ein schädigendes Ereignis kann zu einer zeitlich begrenzten Zunahme der Ausprägung einer Gesundheitsstörung führen und damit zu keinem oder nur zeitlich begrenzt zu einem Grad der Schädigungsfolgen.

6.3.2

Ein schädigendes Ereignis kann anhaltend, aber abgrenzbar den weiteren Verlauf der Gesundheitsstörung beeinflussen und damit zu einem gleichbleibenden Grad der Schädigungsfolgen führen.

6.3.3

Ein schädigendes Ereignis kann aber auch den weiteren Verlauf der Gesundheitsstörung richtunggebend bestimmen und damit Anlass für einen ansteigenden Grad der Schädigungsfolgen sein.

6.4 Nachfolgende Gesundheitsstörung

Eine Gesundheitsstörung, die zeitlich nach der Schädigungsfolge eingetreten ist und nicht in ursächlichem Zusammenhang mit der Schädigung steht, wird bei der Bewertung des Grades der Schädigungsfolgen nicht berücksichtigt.

7 Folgeschaden

Tritt nach einer Schädigung eine weitere Gesundheitsstörung ein und kommt der Schädigung oder deren Folgen für die Entstehung dieser Gesundheitsstörung eine mindestens gleichwertige Bedeutung gegenüber der Gesamtheit der anderen Ursachen zu, handelt es sich um einen Folgeschaden. Dieser ist bei der Feststellung des Grades der Schädigungsfolgen zu berücksichtigen. In diesem Falle ist stets zu prüfen, ob die anerkannte Schädigungsfolge auch gemäß dem gegenwärtig aktuellen Stand der medizinischen Wissenschaft anerkannt würde.

8 Folgen von medizinischen Maßnahmen

Haben diagnostische oder therapeutische Maßnahmen, die wegen Schädigungsfolgen durchgeführt werden, nachteilige gesundheitliche Folgen, so sind auch diese gesundheitlichen Folgen Schädigungsfolgen. Auch das Unterlassen einer medizinisch gebotenen Maßnahme kann zu einer gesundheitlichen Schädigung und damit zu einer Schädigungsfolge führen.

9 Absichtlich herbeigeführte Gesundheitsstörungen

Eine von der antragstellenden Person absichtlich herbeigeführte Schädigung führt entschädigungsrechtlich nicht zu einer Schädigungsfolge. Eine Selbsttötung, die Folgen eines Selbsttötungsversuchs oder eine absichtlich herbeigeführte Gesundheitsstörung können nur dann Schädigungsfolge sein, wenn eine Beeinträchtigung der freien Willensbestimmung durch entschädigungsrechtlich geschützte Tatbestände wahrscheinlich ist.

10 Ursächlicher Zusammenhang zwischen Schädigung und Tod

10.1

Hat eine als Schädigungsfolge anerkannte Gesundheitsstörung den Tod verursacht und liegt zum Zeitpunkt des Todes eine Anerkennung der Gesundheitsstörung vor, gilt der Tod als Schädigungsfolge. Eine erneute Begutachtung der Wahrscheinlichkeit des ursächlichen Zusammenhanges ist nicht erforderlich, es sei denn, die bisherige Anerkennung ist aus heutiger Sicht zweifelsfrei unrichtig.

10.2

Stirbt eine geschädigte Person an einer im Sinne der Verschlimmerung anerkannten Gesundheitsstörung, so gilt der Tod als Schädigungsfolge, wenn die schädigungsbedingte Verschlimmerung für den Tod ursächlich gewesen ist.

10.3

Haben mehrere Gesundheitsstörungen zum Tod beigetragen und sind nicht alle diese Gesundheitsstörungen auch Schädigungsfolgen, ist zu prüfen, ob die Schädigungsfolgen eine mindestens gleichwertige Bedeutung für den Eintritt des Todes hatten. In diesem Fall gilt der Tod als Schädigungsfolge.

10.4

In Ausnahmefällen kann bei der Prüfung nach Nummer 10.2 auch der Zeitpunkt des Todes eine wichtige Rolle spielen, wenn neben den Schädigungsfolgen eine schwere, schädigungsunabhängige Gesundheitsstörung vorgelegen hat, die nach dem aktuellen Stand der medizinischen Wissenschaft ohne die Schädigungsfolgen noch nicht zu diesem Zeitpunkt, jedoch in absehbarer Zeit für sich allein zum Tode geführt hätte. In diesem Fall gilt der Tod als Schädigungsfolge, wenn die geschädigte Person ohne die Schädigungsfolgen wahrscheinlich mindestens ein Jahr länger gelebt hätte als mit den Schädigungsfolgen.

11. [aufgehoben]

12. [aufgehoben]

13. Voraussetzungen für die Pflegezulage, Pflegezulagestufen

a) Pflegezulage wird bewilligt, solange Beschädigte infolge der Schädigung so hilflos sind, dass sie für eine Reihe von häufig und regelmäßig wiederkehrenden Verrichtungen zur Sicherung ihrer persönlichen Existenz im Ablauf eines jeden Tages fremder Hilfe dauernd bedürfen. Diese Voraussetzungen sind auch erfüllt, wenn die Hilfe in Form einer Überwachung oder Anleitung zu den genannten Verrichtungen erforderlich ist oder wenn die Hilfe zwar nicht dauernd geleistet werden muss, jedoch eine ständige Bereitschaft zur Hilfeleistung erforderlich ist.

b) Die Hilflosigkeit muss durch die Folgen der Schädigung verursacht sein. Dabei ist es nicht erforderlich, dass sie ausschließlich oder überwiegend auf eine Schädigungsfolge zurückzuführen ist. Es genügt, dass für den Eintritt der Hilflosigkeit – oder auch für eine Erhöhung des Pflegebedürfnisses – die Schädigungsfolge eine annähernd gleichwertige Bedeutung gegenüber anderen Gesundheitsstörungen hat.

c) Die Pflegezulage wird in sechs Stufen bewilligt. Für dauerndes Krankenlager oder dauernd außergewöhnliche Pflege sind die Stufen II bis VI vorgesehen.

d) Ein dauerndes außergewöhnliches Pflegebedürfnis liegt vor, wenn der Aufwand an Pflege etwa in gleichem Umfang wie bei dauerndem Krankenlager einer beschädigten Person notwendig ist. Dauerndes Krankenlager setzt nicht voraus, dass man das Bett überhaupt nicht verlassen kann.

e) Bei Doppelamputierten ohne weitere Gesundheitsstörungen – ausgenommen Doppel-Unterschenkelamputierten – ist im allgemeinen eine Pflegezulage nach Stufe I angemessen, ohne Rücksicht darauf, ob es sich um paarige oder nichtpaarige Gliedverluste (Oberarm, Unterarm, ganze Hand, Oberschenkel, Unterschenkel, ganzer Fuß) handelt. Sofern nicht besondere Umstände eine höhere Einstufung rechtfertigen sind folgende Stufen der Pflegezulage angemessen:

1.	Bei Verlust beider Beine im Oberschenkel:	Stufe II
2.	Bei Verlust beider Hände oder Unterarme:	Stufe III
3.	Bei Verlust beider Arme im Oberarm oder dreier Gliedmaßen:	Stufe IV.

f) Die Pflegezulage nach Stufe V kommt in Betracht, wenn ein außergewöhnlicher Leidenszustand vorliegt und die Pflege besonders hohe Aufwendungen erfordert. Dies trifft immer zu bei

1. Querschnittgelähmten mit Blasen- und Mastdarmlähmung,
2. Hirnbeschädigten mit schweren psychischen und physischen Störungen,
3. Ohnhändern mit Verlust beider Beine im Oberschenkel,

4. blinden Doppel-Oberschenkelamputierten,
5. Blinden mit völligem Verlust einer oberen und einer unteren Gliedmaße.

g) Besonders schwer betroffene Beschädigte erhalten eine Pflegezulage nach Stufe VI. Es handelt sich dabei um
1. Blinde mit völligem Gehörverlust,
2. blinde Ohnhänder,
3. Beschädigte mit Verlust beider Arme im Oberarm und beider Beine im Oberschenkel,
4. Beschädigte, bei denen neben einem Leidenszustand, der bereits die Gewährung einer Pflegezulage nach Stufe V rechtfertigt, noch eine weitere Gesundheitsstörung vorliegt, die das Pflegebedürfnis wesentlich erhöht (z.B. erhebliche Gebrauchsbehinderung beider Arme bei vollständiger Lähmung beider Beine mit Blasen- und Mastdarmlähmung), sowie
5. andere Beschädigte, deren außergewöhnlicher Leidenszustand und deren Pflegebedürfnis denen der vorgenannten Beschädigten vergleichbar sind.

h) Bei Säuglingen und Kleinkindern ist – auch hinsichtlich der Pflegezulagestufe – nur der Teil der Hilflosigkeit zu berücksichtigen, der den Umfang des Hilfsbedürfnisses eines gesunden gleichaltrigen Kindes überschreitet.

i) Erwerbsunfähige Hirnbeschädigte erhalten eine Pflegezulage mindestens nach Stufe I, wenn die Hirnbeschädigung allein die Erwerbsunfähigkeit bedingt. Ob bei erwerbsunfähigen Hirnbeschädigten eine höhere Pflegezulage als Stufe I in Betracht kommt, ist im Einzelfall nach den Auswirkungen der Krankheitserscheinungen zu entscheiden. Der Grad der psychischen Störungen und die Art und Häufigkeit von Anfällen sind dabei besonders zu berücksichtigen.

j) Bei Beschädigten mit schweren geistigen oder seelischen Störungen, die wegen dauernder und außergewöhnlicher motorischer Unruhe ständiger Aufsicht bedürfen (z.B. erethische Kinder), sind die Voraussetzungen für eine Pflegezulage mindestens nach Stufe III gegeben.

k) Blinde erhalten mindestens die Pflegezulage nach Stufe III. Treten bei Blinden weitere Gesundheitsstörungen, vor allem Störungen der Ausgleichsfunktion hinzu, die unter Beachtung von Buchstabe b bei der gebotenen Gesamtbetrachtung das Pflegebedürfnis über den tatsächlichen Bedarf der Stufe III hinaus erhöhen, so ist die Pflegezulage nach Stufe IV zu bewilligen, wenn nicht nach Buchstabe f oder g die Pflegezulage nach Stufe V oder VI zusteht. Hochgradig Sehbehinderte erfüllen grundsätzlich die Voraussetzungen für die Gewährung einer Pflegezulage nach Stufe I.

A. Gesetzesgeschichte

Art. 26 G-SER[1] beinhaltet neben redaktionellen Folgeänderungen (Art. 26 Nr. 1) in Art. 26 Nr. 2 eine Neufassung des Teils C der Versorgungsmedizinischen Grundsätze (VMG) zur **„Begutachtung im Sozialen Entschädigungsrecht"**, die gemäß Art. 60 Abs. 3 Nr. 4 G-SER bereits **am 20.12.2019 in Kraft getreten** ist. Die bisher im SER geltenden **Kausalitätsgrundsätze** werden hierdurch nicht geändert. Es ging dem 1

1 BGBl. 2019 I 2652.

Gesetzgeber vielmehr darum, die Erläuterungen hierzu in den VMG im Lichte des neuen SGB XIV in Sprachgebrauch, Systematik und Struktur zu modernisieren.[2]

B. Systematische Einordnung und Zweck

2 Die auf der Grundlage der Verordnungsermächtigung des § 5 Abs. 2 SGB XIV fortbestehende **VersMedV** enthält als Anlage zu § 2 die **VMG**, die seit dem 1.1.2009 die bisherigen „Anhaltspunkte für die ärztliche Gutachtertätigkeit im sozialen Entschädigungsrecht und nach dem Schwerbehindertenrecht (Teil 2 SGB IX)“ (AHP) abgelöst und weiterentwickelt haben.[3] Es handelt sich bei den VMG – wie zuvor bei den AHP – um **antizipierte Sachverständigengutachten**, die wegen ihrer **normähnlichen Wirkungen** wie untergesetzliche Normen anzuwenden sind.[4] Die VMG enthalten neben allgemeinen Grundsätzen (Teil A), der im Teil B geregelten GdS-Tabelle und Regelungen zu den Merkzeichen (Teil D) in dem durch das G-SER neu gefassten Teil C **Grundsätze zur Begutachtung im SER**.

3 Die VMG haben das **Ziel**, zu einer dem **aktuellen wissenschaftlichen Erkenntnisstand** Rechnung tragenden sachgerechten und bei gleichen Sachverhalten einheitlichen Rechtsanwendung im SER beizutragen. Der Zweck des **Teils C** besteht darin, die Grundsätze, die im SER zur Anerkennung einer Gesundheitsstörung als Folge einer Schädigung maßgebend sind, festzulegen (Teil C Abschn. 1).

C. Einzelkommentierung

I. Grundsätze zur Begutachtung im Sozialen Entschädigungsrecht

4 Der neue **Abschn. 1 des Teil C der VMG** skizziert die Bedeutung und Rolle des Teils C der VMG.[5] In ihm werden die Grundsätze, die im SER zur Anerkennung einer Gesundheitsstörung als Folge einer Schädigung maßgebend sind, aufgestellt. Die Auswirkungen der als Schädigungsfolgen anerkannten Gesundheitsstörungen werden den Vorgaben des § 5 Abs. 1 SGB XIV entsprechend mit einem **GdS** bewertet. Die ärztliche Bewertung der Auswirkungen der Schädigungsfolgen erfolgt hingegen nach den allgemeinen Grundsätzen des Teils A und der GdS-Tabelle des Teils B. Eine sachgerechte Beurteilung des ursächlichen Zusammenhangs setzt voraus, dass alle für die Beurteilung relevanten Tatsachen festgestellt werden. Abschn. 1 Abs. 2 hebt in methodischer Hinsicht hervor, dass streng zwischen der ärztlichen Begutachtung im Rahmen der **Tatsachenermittlungen** (zB Diagnosestellung) und derjenigen des **ursächlichen Zusammenhangs** unterschieden werden muss.[6] Vor der Prüfung möglicher Kausalzusammenhänge zwischen geltend gemachten Gesundheitsstörungen und einem schädigenden Ereignis muss geklärt werden, ob und ggf. welche Gesundheitsstörungen in einem bestimmten Fall überhaupt vorliegen.[7] Hierzu ist die Verwaltung gehalten, nach der Entbindung von der ärztlichen Schweigepflicht, **Befundberichte** und **sonstige medizinische Unterlagen** der behandelnden Ärztinnen und Ärzte einzuholen.[8]

---

2 BT-Drs. 19/13824, 249.
3 Versorgungsmedizin-Verordnung vom 10.12.2008 (BGBl. I 2412), zuletzt geändert durch Art. 18 des Gesetzes v. 17.7.2017 (BGBl. I 2514). S. dazu eingehend Dau jurisPR-SozR 4/2009 Anm. 4.
4 BSG Urt. v. 11.8.2015 – B 9 SB 2/14 R, SozR 4-3250 § 69 Nr. 19 Rn. 12.
5 BT-Drs. 19/13824, 249.
6 BT-Drs. 19/13824, 249.
7 Gelhausen/Weiner/Reinelt Anlage zu § 2 der Versorgungsmedizin-Verordnung Rn. 144.
8 Vgl. Rösner MEDSACH 1996, 40 ff.

II. Tatsachen für die Begutachtung des ursächlichen Zusammenhangs

Abschn. 2 enthält Anforderungen zu den **Tatsachenfeststellungen.** Nach **2.1** müssen vor der ärztlichen Begutachtung der Wahrscheinlichkeit des ursächlichen Zusammenhangs (§ 4 Abs. 4 SGB XIV) 5

a) das **Ereignis,** das bei nachgewiesenem ursächlichen Zusammenhang das schädigende Ereignis ist,
b) die Gesundheitsstörung, die bei nachgewiesenem ursächlichen Zusammenhang die gesundheitliche Schädigung ist (**primäre Gesundheitsstörung**), und
c) die Gesundheitsstörung, die bei nachgewiesenem ursächlichen Zusammenhang die Schädigungsfolge ist (**sekundäre Gesundheitsstörung**),

festgestellt und voll bewiesen sein. Diese Anforderungen folgen aus § 4 Abs. 1 SGB XIV und entsprechen den von der Rspr. entwickelten Grundsätzen.[9] Für den **Vollbeweis** muss sich der Rechtsanwender die volle Überzeugung vom Vorhandensein oder Nichtvorhandensein einer Tatsache verschaffen. Ausreichend ist dabei eine an Gewissheit grenzende Wahrscheinlichkeit.[10] Denn ein darüber hinausgehender Grad an Gewissheit ist so gut wie nie zu erlangen. Verbleibende Restzweifel sind unschädlich, solange sie sich nicht zu gewichtigen Zweifeln verdichten.[11] In besonderen Fallkonstellationen kommen den Antragstellerinnen und Antragstellern die **Beweiserleichterungen des § 117 SGB XIV** zugute.[12] Zur Überzeugungsbildung sind, wie die Entwurfsbegründung hervorhebt, alle (entscheidungserheblichen) verfügbaren Informationen und wissenschaftlichen Erkenntnisse zu berücksichtigen. Dies entspricht den Vorgaben des im Verwaltungsverfahren (§ 20 SGB X) und im sozialgerichtlichen Verfahren (§ 103 SGG) geltenden Amtsermittlungsgrundsatzes. Neben medizinischen Erkenntnissen können auch historische und soziologische Erkenntnisse (zB die wissenschaftliche Aufarbeitung von Haftbedingungen in der ehemaligen DDR) von Bedeutung sein.[13]

2.2. enthält Erläuterungen zu den unterschiedlichen potenziell relevanten Ereignissen. 6
Es sind **zeitlich begrenzte Ereignisse, über einen längeren Zeitraum einwirkende Ereignisse** (zB rechtsstaatswidrige Haft) und **wiederkehrende Ereignisse,** die sich in ihrer Gesamtheit auswirken (zB Fälle wiederholter häuslicher Gewalt), zu unterscheiden.[14]

2.3 und **2.4** normieren Regelungen zur primären und sekundären Gesundheitsstörung. 7
Primäre Gesundheitsstörungen sind nur solche, die nach dem aktuellen Stand der medizinischen Wissenschaft durch ein unter 2.2 beschriebenes Ereignis hervorgerufen werden können und zeitlich als erste auftreten. **Sekundäre Gesundheitsstörungen** sind solche, die nach dem aktuellen Stand der medizinischen Wissenschaft aus der primären Gesundheitsstörung entstehen können. Die VMG verwenden im Abschn. 2 bewusst diese **neutralen Begriffe** anstelle derjenigen des „schädigenden Ereignisses", der gesundheitlichen „Schädigung" und der „Schädigungsfolge", da diese Begriffe bereits einen ursächlichen Zusammenhang unterstellen. Die neuen Begrifflichkeiten sind in der Medizin üblich.[15]

---

9 Vgl. BSG Urt. v. 7.4.2011 – B 9 VJ 1/10 R, SozR 4-3851 § 60 Nr. 4; BayLSG Urt. v. 14.5.2019 – L 15 VJ 9/17, Rn. 42 ff.
10 BSG Urt. v. 17.4.2013 – B 9 V 1/12 R, BSGE 113, 205 = SozR 4-3800 § 1 Nr. 20 Rn. 33.
11 LSG BW Urt. v. 18.11.2021 – L 6 VG 815/20, juris Rn. 60.
12 BT-Drs. 19/13824, 250.
13 BT-Drs. 19/13824, 250.
14 Vgl. auch Gelhausen/Weiner/Reinelt Anlage zu § 2 der Versorgungsmedizin-Verordnung Rn. 151.
15 BT-Drs. 19/13824, 250.

III. Ursächlicher Zusammenhang

8 **Abschn. 3** behandelt die Grundsätze zur Feststellung des **ursächlichen Zusammenhangs**. Die VMG sind insoweit sprachlich überarbeitet, inhaltlich jedoch nicht geändert worden.[16] **3.1** stellt klar, dass eine ärztliche Begutachtung des ursächlichen Zusammenhangs nur erfolgen kann, wenn die unter 2.1 genannten Tatsachen ermittelt und iSd Vollbeweises bewiesen sind. Die Gesundheitsstörungen, die bereits vor Eintritt des schädigenden Vorgangs bestanden haben oder bei Eintritt bestehen, sind von den primären und sekundären Gesundheitsstörungen abzugrenzen.[17] Dieses Erfordernis entspricht den bislang im Abschn. C 12 lit. a behandelten Grundsätzen zum **Vorschaden.**[18]

9 Zwischen dem Ereignis, der primären und der sekundären Gesundheitsstörung muss gemäß **3.2** ein nach dem aktuellen Stand der medizinischen Wissenschaft nicht unterbrochener ursächlicher Zusammenhang im Sinne einer **Kausalkette** bestehen. Insoweit greifen die VMG die von der Rspr. entwickelten Grundsätze auf.[19] Ist der ursächliche Zusammenhang im Sinne von 3.2 zu bejahen, ist

a) das Ereignis das schädigende Ereignis,
b) die primäre Gesundheitsstörung die gesundheitliche Schädigung und
c) die sekundäre Gesundheitsstörung die Schädigungsfolge (**3.3**).

10 Für den Ursachenzusammenhang genügt – wie auch bisher – nach **3.4** gemäß der Vorgabe des § 4 Abs. 4 SGB XIV die (einfache) **Wahrscheinlichkeit**. Sie ist gegeben, wenn nach dem aktuellen Stand der medizinischen Wissenschaft mehr für als gegen einen ursächlichen Zusammenhang spricht. Die bloße Möglichkeit eines ursächlichen Zusammenhangs genügt nicht (3.4.1). Auch diese Vorgaben entsprechen den von der Rspr. entwickelten Anforderungen.[20] Haben konkurrierende Ursachen zur primären Gesundheitsstörung beigetragen und kommt einem Ereignis gegenüber der Gesamtheit der anderen Ursachen eine mindestens gleichwertige Bedeutung zu, ist alleine jenes Ereignis schädigendes Ereignis und wesentliche Ursache iSd SER (3.4.2).

IV. Kann-Versorgung

11 **Abschn. 4** fasst die Begutachtungsgrundsätze hinsichtlich der in § 4 Abs. 6 SGB XIV geregelten **Kann-Versorgung** zusammen.

12 Nach 4.1 ist zunächst zu prüfen, ob sich der Ursachenzusammenhang mit Wahrscheinlichkeit beurteilen lässt. Ist dies der Fall, besteht über den Ursachenzusammenhang bereits keine **Ungewissheit** iSd § 4 Abs. 6 S. 1 SGB XIV und ein Rückgriff auf die Grundsätze zur Kann-Versorgung scheidet aus.[21]

13 **4.2** und **4.3** legen die **Voraussetzungen** fest, wann eine Kann-Versorgung in Betracht kommt. Erforderlich ist, dass die einer Gesundheitsstörung zugrunde liegende Ursache nicht durch den aktuellen Stand der medizinischen Wissenschaft gesichert ist und fundierte wissenschaftliche Arbeitshypothesen einen Ursachenzusammenhang bejahen. Diese Anforderungen entsprechenden den Vorgaben der Rspr.[22] Eine vom aktuellen Stand der Wissenschaft abweichende (subjektive) Einzelmeinung ist dabei nicht mit einer Ungewissheit in der medizinischen Wissenschaft gleichzusetzen (4.3).

---

16 BT-Drs. 19/13824, 250.
17 Vgl. Gelhausen/Weiner/Reinelt Anlage zu § 2 der Versorgungsmedizin-Verordnung Rn. 152.
18 Vgl. Vießmann SGb 2013, 68 ff.
19 Vgl. etwa BSG Urt. v. 12.9.2019 – B 9 V 2/18 R, juris Rn. 20 mAnm Mushoff NZS 2020, 505 f.; BSG Urt. v. 15.12.2016 – B 9 V 3/15 R, juris Rn. 25.
20 S. etwa BSG Urt. v. 7.4.2011 – B 9 VJ 1/10 R, juris Rn. 38.
21 Gelhausen/Weiner/Reinelt Anlage zu § 2 der Versorgungsmedizin-Verordnung Rn. 165.
22 Vgl. BayLSG Urt. v. 28.7.2011 – L 15 JV 8/09, juris Rn. 66.

In **4.4** sind Sachverhalte aufgeführt, bei denen ein Anspruch nicht auf eine Kann-Versorgung gestützt werden kann. Sie lassen sich auf den **gemeinsamen Nenner** bringen, dass die Ungewissheit über den Ursachenzusammenhang nicht durch den noch unzureichenden aktuellen Stand der medizinischen Wissenschaft bedingt ist, sondern auf eine unzureichende Aufklärung oder – trotz Ausschöpfung der Ermittlungsmöglichkeiten – auf Ungewissheiten des Sachverhalts zurückzuführen ist. Die Fallgruppen orientieren sich dabei an den von der Rspr. entwickelten Grundsätzen.[23] 14

Ist die Wahrscheinlichkeit eines Ursachenzusammenhangs **nur für einen Teil** einer Gesundheitsstörung gegeben, ist nach **4.5** zu prüfen, ob für den verbleibenden Teil die Voraussetzungen einer Kann-Versorgung in Betracht kommen. Dies setzt allerdings voraus, dass sich eine Gesundheitsstörung in mehrere Teile abgrenzen lässt. 15

V. Ankerkennung im Sinne einer Entstehung oder Verschlimmerung

Abschn. 5 beinhaltet eine Neuformulierung des bisherigen Abschn. C 7 zur **Anerkennung der Schädigungsfolge im Sinne der Entstehung** oder **Verschlimmerung.**[24] Klarstellend wird hervorgehoben, dass sich die Beurteilung jeweils am **aktuellen Stand der medizinischen Wissenschaft**[25] zu orientieren hat. 5.2 behandelt die Voraussetzungen der Anerkennung einer Gesundheitsstörung iS der Entstehung, 5.3 iS der Verschlimmerung und 5.4 behandelt die Zunahme der Ausprägung einer Gesundheitsstörung. Bei allen Fallgruppen sind schädigungsbedingte und schädigungsunabhängige Faktoren sorgfältig voneinander abzugrenzen.[26] 16

VI. Bestimmung des Grades der Schädigungsfolgen

Abschn. 6 enthält § 5 SGB XIV ergänzende Bestimmungen, wie sich bestimmte Gesundheitsstörungen auf den GdS auswirken können und wie sie bei der Begutachtung berücksichtigt werden müssen.[27] 17

Lediglich **vorübergehende Gesundheitsstörungen** mit einer Dauer von bis zu sechs Monaten sind – wie bisher (§ 30 Abs. 1 S. 3 BVG) und entsprechend § 5 Abs. 1 S. 4 SGB XIV – beim GdS nicht zu berücksichtigen (**6.1**). Sie können allerdings Ansprüche auf **Krankenbehandlung der SE** nach Kap. 5 SGB XIV bergründen. 18

6.2 vertieft die Grundsätze, die nach bisheriger Terminologie zum Vorschaden (bisher C 12 lit. a) entwickelt wurden,[28] verwendet jedoch stattdessen die treffendere Begrifflichkeit der **bereits bestehenden Gesundheitsstörungen**. Die bereits bestehende Gesundheitsstörung muss klar von der durch den schädigenden Vorgang entstandenen Schädigung und der Schädigungsfolge abzugrenzen sein.[29] 19

Grundsätze zu einer **Veränderung des GdS** sind in **6.3** niedergelegt. **6.4** übernimmt die zuvor unter C 12 lit. b zum Nachschaden geregelten Grundsätze.[30] Danach wird eine Gesundheitsstörung, die zeitlich nach der Schädigungsfolge eingetreten ist und nicht in ursächlichem Zusammenhang mit der Schädigung steht, bei der Bewertung des GdS 20

23 S. etwa BSG Urt. v. 12.12.1995 – 9 RV 17/94, SozR 3-3200 § 81 Nr. 13.
24 BT-Drs. 19/13824, 251.
25 Vgl. BSG Urt. v. 7.4.2011 – B 9 VJ 1/10 R, SozR 4-3851 § 60 Nr. 4; jurisPK-SGG/Mushoff § 103 Rn. 114.
26 Vgl. Gelhausen/Weiner/Reinelt Anlage zu § 2 der Versorgungsmedizin-Verordnung Rn. 178 ff.
27 BT-Drs. 19/13824, 251.
28 S. etwa BSG Beschl. v. 4.10.1984 – 9a BV 100/84, juris.
29 BT-Drs. 19/13824, 251.
30 BSG Urt. v. 6.9.1989 – 9 RV 26/88, SozR 3100 § 30 Nr. 79; Vießmann SGb 2014, 537 ff.

nicht berücksichtigt. Die Neuregelung löst dabei den missverständlichen Begriff des Nachschadens durch denjenigen der **nachfolgenden Gesundheitsstörung** ab.[31]

VII. Folgeschaden

21 Tritt nach einer Schädigung eine weitere Gesundheitsstörung ein und kommt der Schädigung oder deren Folgen für die Entstehung dieser Gesundheitsstörung eine mindestens gleichwertige Bedeutung gegenüber der Gesamtheit der anderen Ursachen zu, handelt es sich nach der Begriffsbestimmung des **Abschn.** 7 um einen **Folgeschaden**. So kann ein gesetzeskonformer „Deal" im Strafverfahren zugunsten eines Straftäters für das Opfer einer Gewalttat als weiteres traumatisierendes Erlebnis eine Gesundheitsstörung auslösen, die als Folgeschaden der Tat anzuerkennen ist.[32] Ein Folgeschaden ist bei der Bestimmung des GdS nach § 5 SGB XIV zu berücksichtigen.

VIII. Folgen von medizinischen Maßnahmen

22 Haben diagnostische oder therapeutische Maßnahmen, die wegen Schädigungsfolgen durchgeführt wurden, nachteilige gesundheitliche Folgen, so sind auch diese nach **Abschn.** 8 Schädigungsfolgen. Zu denken ist etwa an Verwachsungsbeschwerden in der Bauchgegend nach einem infolge der Schädigung notwendigem therapeutischen Eingriff[33] oder an die gesundheitliche Schädigung durch Krankenhauskeime während eines wegen der Schädigungsfolgen notwendigen stationären Aufenthalts.[34] Auch das Unterlassen einer medizinisch gebotenen Maßnahme kann zu einer gesundheitlichen Schädigung und damit zu einer Schädigungsfolge führen. Die Grundsätze entsprechen den bisherigen Abschn. C 9 („Fehlen einer fachgerechten Behandlung") und C 10 („Folgen von diagnostischen Eingriffen, vorbeugenden und therapeutischen Maßnahmen").

IX. Absichtlich herbeigeführte Gesundheitsstörungen

23 **Abschn.** 9 behandelt die Regelungen zu von der antragstellenden Person absichtlich herbeigeführten Gesundheitsstörungen. Sie führen entschädigungsrechtlich grundsätzlich nicht zu einer Schädigungsfolge. Auch im Bereich des Sozialversicherungsrechts (zB § 103 SGB VI) sind Versicherte bei der absichtlichen Herbeiführung des Versicherungsfalls von den in Betracht kommenden Sozialleistungen ausgeschlossen.[35] Eine Selbsttötung, die Folgen eines Selbsttötungsversuchs oder eine absichtlich herbeigeführte Gesundheitsstörung können nur dann eine (entschädigungspflichtige) Schädigungsfolge sein, wenn eine Beeinträchtigung der freien Willensbildung durch entschädigungsrechtlich geschützte Tatbestände wahrscheinlich ist. Es ist daher in jedem Einzelfall eine sorgfältige Aufklärung des Sachverhalts geboten.

X. Ursächlicher Zusammenhang zwischen Schädigung und Tod

24 Die im **Abschn.** 10 behandelten Grundsätze zum **ursächlichen Zusammenhang zwischen Schädigungsfolge und Tod** sind für die im Kap. 9 Abschn. 2 SGB XIV geregelten Entschädigungszahlungen an Hinterbliebene von Bedeutung und orientieren sich an den von der Rspr. entwickelten Grundsätzen (→ § 85 Rn. 15 ff.). Sie entsprechen dem bisherigen Abschn. 11.

---

31 Vgl. BT-Drs. 19/13824, 251.
32 LSG BW Urt. v. 7.12.2017 – L 6 VG 6/17.
33 Vgl. BSG Urt. v. 27.9.1968 – 8 RV 139/68.
34 Vgl. BSG Urt. v. 7.5.2019 – B 2 U 34/17, BSGE 128, 104 = SozR 4-2700 § 2 Nr. 50; Gelhausen/Weiner/Reinelt Anlage zu § 2 der Versorgungsmedizin-Verordnung Rn. 209.
35 Vgl. BSG Urt. v. 1.6.1982 – 1 RA 45/81, SozR 2200 § 1277 Nr. 5; Voelzke, Die Herbeiführung des Versicherungsfalls im Sozialversicherungsrecht, S. 159.

XI. Abschnitte 11, 12 und 13

Der bisherige **Abschn. 11** („Ursächlicher Zusammenhang zwischen Schädigung und Tod") entspricht dem heutigen Abschn. 10. Die Ziffer 11 wurde nicht neu besetzt. Auch der bisherige **Abschn. 12** („Vorschaden, Nachschaden, Folgeschaden") ist in den Neuregelungen, namentlich in den Abschn. 6 und 7, aufgegangen und die Ziffer 12 ist unbesetzt geblieben. 25

Die Regelungen des **Abschn. 13** zu den Voraussetzungen für die Pflegezulage (§ 35 BVG) und zu den Pflegezulagestufen[36] wurden durch Art. 26 G-SER nicht geändert. 26

Artikel 27 G-SER Änderung der Versorgungsmedizin-Verordnung zum Jahr 2022

Die Versorgungsmedizin-Verordnung vom 10. Dezember 2008 (BGBl. I S. 2412), die zuletzt durch Artikel 26 dieses Gesetzes geändert worden ist, wird wie folgt geändert:

1. **§ 1 wird wie folgt gefasst:**
   „§ 1 Zweck der Verordnung
   Diese Verordnung regelt die medizinischen Grundsätze und Kriterien, die bei der ärztlichen Begutachtung nach Teil 3 des Neunten Buches Sozialgesetzbuch und nach dem Vierzehnten Buch Sozialgesetzbuch anzuwenden sind, sowie das dafür maßgebende Verfahren."
2. **Die Anlage zu § 2 wird wie folgt geändert:**
   a) **Im Inhaltsverzeichnis wird die Angabe zu Teil C Nummer 13 gestrichen.**
   b) **In Teil C wird die Nummer 13 aufgehoben.**

A. Gesetzesgeschichte

Art. 27 G-SER[1] enthält Änderungen der VersMedV, die laut **amtlicher Überschrift bereits zum Jahr 2022** in Kraft treten. Dies dürfte jedoch nicht zutreffen, da es für einen entsprechenden Zeitpunkt des Inkrafttretens in Art. 60 G-SER keine Grundlage gibt. Es ist auch nicht davon auszugehen, dass Art. 27 G-SER im Rahmen des Art. 60 G-SER nur versehentlich nicht erwähnt wurde. Dagegen spricht dessen Regelungsgehalt, der zum einen mit der Neufassung des § 1 VersMedV auf das Inkrafttreten des SGB XIV und das Außerkrafttreten des BVG reagiert und zum anderen mit der Streichung des Abschn. C 13 der VMG („Voraussetzungen für die Pflegezulage, Pflegezulagestufen") Änderungen im Zuge der Aufhebung des BVG berücksichtigt.[2] Im Hinblick darauf, dass das SGB XIV grundsätzlich erst zum 1.1.2024 in Kraft (Art. 60 Abs. 7 G-SER) und das BVG erst zu diesem Zeitpunkt außer Kraft tritt (Art. 58 Nr. 2 iVm Art. 60 Abs. 7 G-SER), ist von einem **redaktionellen Versehen in der Überschrift des Art. 27 G-SER** auszugehen.[3] Art. 27 G-SER tritt somit ebenfalls erst ab dem 1.1.2024 in Kraft (Art. 60 Abs. 7 G-SER). 1

B. Kommentierung

§ 5 Abs. 2 Nr. 2 SGB XIV ermächtigt das BMAS, mit Zustimmung des Bundesrates durch Rechtsverordnung die notwendigen Grundsätze aufzustellen, die für die Anerkennung einer Gesundheitsstörung als Schädigungsfolge nach § 4 Abs. 4 bis 6 SGB XIV maßgebend sind. Die Verordnungsermächtigung befindet sich bisher in § 30 2

36 Vgl. HK-SozEntschR/Vogl BVG § 35 Rn. 8 ff.
1 BGBl. 2019 I 2652.
2 BT-Drs. 19/13824, 252.
3 Knickrehm/Mushoff/Schmidt Neues SozEntschR Rn. 470.

Abs. 16 BVG.[4] Es handelt sich bei dieser Rechtsverordnung – wie bisher – um die **VersMedV**.[5] § 1 VersMedV behandelt den Zweck der Verordnung und nimmt in seinem jetzigen Wortlaut auf die §§ 30 Abs. 1, 1 Abs. 3 und 35 Abs. 1 BVG Bezug. Als **Folgeänderung** war der Wortlaut des § 1 VersMedV daher an das SGB XIV anzupassen.[6] Dies ist durch Art. 27 Nr. 1 G-SER geschehen. Die Zielsetzung des § 1 VersMedV, über den Zweck der VersMedV zu informieren, hat sich durch die Änderung nicht geändert.

3 Die Anlage zu § 2 VersMedV enthält die **Versorgungsmedizinischen Grundsätze (VMG)**, die seit dem 1.1.2009 die bisherigen „Anhaltspunkte für die ärztliche Gutachtertätigkeit im sozialen Entschädigungsrecht und nach dem Schwerbehindertenrecht (Teil 2 SGB IX)" (AHP) abgelöst und weiterentwickelt haben. Es handelt sich bei den VMG – wie zuvor bei den AHP – um **antizipierte Sachverständigengutachten**, die wegen ihrer normähnlichen Wirkungen wie untergesetzliche Normen anzuwenden sind.[7] Sie enthalten im Teil C Grundsätze zur Begutachtung im SER. Art. 26 G-SER hat die Abschn. 1 bis 12 des Teils C der VMG durch neue Abschn. 1 bis 10 ersetzt. Der Abschn. 13 zu den Voraussetzungen für die Pflegezulage (§ 35 BVG) und zu den Pflegezulagestufen wurde durch Art. 26 G-SER hingegen nicht geändert (→ G-SER Art. 26 Rn. 26). Als **Folgeänderung zur Aufhebung des BVG zum 1.1.2024** werden jedoch ab diesem Zeitpunkt auch die Grundsätze des Abschn. 13 des Teils C der VMG aufgehoben und das Inhaltsverzeichnis der VMG an diese Änderung angepasst.[8] Die entsprechenden Änderungen erfolgen auf der Grundlage des Art. 27 Nr. 2 G-SER.

Artikel 41 G-SER Änderung der Kraftfahrzeughilfe-Verordnung

§ 13 der Kraftfahrzeughilfe-Verordnung vom 28. September 1987 (BGBl. I S. 2251), die zuletzt durch Artikel 117 des Gesetzes vom 23. Dezember 2003 (BGBl. I S. 2848) geändert worden ist, wird wie folgt geändert:

1. **In Absatz 1 werden die Wörter „Beschädigte im Sinne des Bundesversorgungsgesetzes und der Gesetze, die das Bundesversorgungsgesetz" durch die Wörter „Geschädigte im Sinne des Vierzehnten Buches Sozialgesetzbuch und der Gesetze, die das Vierzehnte Buch Sozialgesetzbuch" ersetzt.**
2. **Absatz 3 wird wie folgt gefasst:**
   „(3) Für Personen, die Leistungen nach dem Soldatenversorgungsgesetz in der Fassung der Bekanntmachung vom 16. September 2009 (BGBl. I S. 3054), das zuletzt durch Artikel 19 des Gesetzes vom 4. August 2019 (BGBl. I S. 1147) geändert worden ist, in Verbindung mit dem Bundesversorgungsgesetz in der Fassung der Bekanntmachung vom 22. Januar 1982 (BGBl. I S. 21), das zuletzt durch Artikel 1 der Verordnung vom 13. Juni 2019 (BGBl. I S. 793) geändert worden ist, erhalten, gelten die Vorschriften der §§ 1 und 13 Absatz 1 in der am 31. Dezember 2023 geltenden Fassung weiter."

4 S. dazu HK-SozEntschR/Dau BVG § 30 Rn. 13.
5 Versorgungsmedizin-Verordnung vom 10.12.2008 (BGBl. I 2412), zuletzt geändert durch Art. 18 des Gesetzes v. 17.7.2017 (BGBl. I 2514).
6 BT-Drs. 19/13824, 252.
7 BSG Urt. v. 11.8.2015 – B 9 SB 2/14 R, SozR 4-3250 § 69 Nr. 19 Rn. 12; LSG BW Urt. v. 3.8.2017 – L 6 VK 3713/16, juris Rn. 24.
8 BT-Drs. 19/13824, 252.

A. Gesetzesgeschichte

1 Aufgrund des § 9 Abs. 2 des Reha-Angleichungsgesetzes[1] wurde die „Verordnung über Kraftfahrzeughilfe zur beruflichen Rehabilitation" (Kraftfahrzeughilfe-Verordnung, KfzHV)[2] vom 28.8.1987 erlassen und trat am 1.10.1987 in Kraft. Seitdem richtet sich die Kraftfahrzeughilfe zur Teilhabe behinderter Menschen am Arbeitsleben bei den Trägern der gesetzlichen Unfallversicherung, der gesetzlichen Rentenversicherung, der Kriegsopferfürsorge und der Bundesagentur für Arbeit sowie den Trägern der begleitenden Hilfe im Arbeits- und Berufsleben nach der KfzHV, vgl. § 1 KfzHV. Darüber hinaus nimmt die KfzHV inzwischen auch in anderen Bereichen des Rehabilitations- und Teilhaberechts, vor allem im Bereich der sozialen Teilhabe im Rahmen der Leistung zur Mobilität, eine wichtige Funktion ein, vgl. nur § 83 Abs. 3 S. 2 SGB IX und § 66 Abs. 2 (→ SGB XIV § 66 Rn. 19).

2 Die Leistungen zur Teilhabe im Rahmen des SER umfassen sowohl nach dem BVG als auch nach dem SGB XIV Leistungen zur Kraftfahrzeughilfe. Die KfzHV ist in ihrer Geltung unabhängig von der Reform des SER und gilt daher über den 31.12.2023 hinaus fort. Die KfzHV hat aktuell bereits eine wichtige Änderung mit der Anhebung des Bemessungsbetrages für die Anschaffung eines Kfz (von 9.500 auf 22.000 EUR, vgl. § 5 Abs. 1 KfzHV aF und nF) erfahren.[3]

3 Kern der Reform des SER ist die Ablösung des BVG und seiner verschiedenen Anwendungsgesetze durch das neue SGB XIV (→ SGB XIV § 62 Rn. 4). Im Zuge dieser Reform mussten daher zahlreiche Gesetze und Verordnungen sprachlich hinsichtlich der Ablösung des BVG durch das SGB XIV geändert werden, so auch die KfzHV. Die Folgeänderungen betreffend die KfzHV finden sich in Art. 41 G-SER. Danach ist die KfzHV an zwei Stellen geändert, zum einen in § 13 Abs. 1 und durch Ergänzung um einen neuen Abs. 3.

4 § 13 KfzHV enthielt von Beginn an eine Besitzstandsbestimmung.[4] In der bis 31.12.2023 geltenden Fassung regelt Abs. 1, dass auf Beschädigte iSd BVG und seiner Anwendungsgesetze, die vor Inkrafttreten der KfzHV, also **vor dem 1.10.1987,** Hilfe zur Beschaffung eines Kraftfahrzeugs im Rahmen der Teilhabe am Arbeitsleben erhalten haben, die **bis dahin geltenden Bestimmungen** weiterhin anzuwenden sind, wenn sie günstiger sind und der Beschädigte es beantragt. In Abs. 2 ist vorgesehen, dass über bei Inkrafttreten der KfzHV bereits beantragte Leistungen nach den dahin geltenden Bestimmungen zu entscheiden ist, soweit diese für die Antragsteller günstiger sind.

5 Mit der Änderung in Nr. 1 des Art. 41 des Gesetzes zur Reform des SER wird nun die Übergangsregelung in § 13 Abs. 1 KfzHV angepasst und ab 1.1.2024 auf Geschädigte iSd SGB XIV und dessen Anwendungsgesetze erstreckt. Dh, dass auch weiterhin für Altfälle, dh für Schädigungsfälle vor dem 1.10.1987, die bis dahin geltenden Bestimmungen im Zusammenhang mit der Beantragung von Kfz-Hilfe gelten, wenn das vom Geschädigten beantragt ist. Der **persönliche Besitzstand** wird also auch unter der Einführung des SGB XIV weiter geschützt.

6 Mit der Änderung durch Nr. 2 des Art. 41 des Gesetzes zur Reform des SER wird die Übergangsregelung des § 13 KfzHV vorübergehend für Soldatinnen und Soldaten gesondert in einem neu eingefügten § 13 Abs. 3 KfzHV normiert. Hintergrund ist, dass sich die Beschädigtenversorgung der Soldatinnen und Soldaten nicht nach dem

---

1 Gesetz über die Angleichung der Leistungen zur Rehabilitation vom 7.8.1974 (BGBl. I 1881).
2 Zur Begründung BT-Drs. 266/87.
3 § 5 Abs. 1 KfzHV geändert durch Art. 13d des Teilhabestärkungsgesetzes v. 2.6.2021, BGBl. 2021 I 1387 mWv 10.6.2021.
4 BT-Drs. 266/87, 34.

SGB XIV richten wird. Bisher galt das BVG durch die Rechtsfolgenverweisung in § 80 S. 1 SVG grundsätzlich auch für die Soldatinnen und Soldaten. Der Gesetzgeber hat sich, wegen der vorrangigen Schutzrichtung des SGB XIV auf Opfer sogenannter „ziviler“ und terroristischer Gewalttaten für eine eigenständige Regelung der Geschädigtenversorgung der Soldatinnen und Soldaten entschieden.[5] Das **neue Soldatenentschädigungsgesetz** tritt zum 1.1.2025 in Kraft.[6] Im Rahmen der Neuregelungen der Soldatenentschädigung wurden dann die Übergangsregelungen in § 13 KfzHV wiederum rein sprachlich angepasst, vgl. Art. 50 und Art. 51 des Gesetzes über die Entschädigung der Soldatinnen und Soldaten und zur Neuordnung des Soldatenversorgungsrechts. Auch über den 31.12.2024 hinaus soll für diejenigen, die nach den Soldatenversorgungsgesetz Kfz-Hilfe vor Inkrafttreten der KfzHV erhalten haben, Besitzstand gem. § 13 KfzHV weitergewährt werden.[7]

B. Normsystematik

7 Art. 41 enthält Folgeänderungen aufgrund der Aufhebung des BVG sowie des Inkrafttretens des SGB XIV.[8] Diese betreffen die Übergangsregelungen in § 13 KfzHV zum Schutz von Besitzständen vor Inkrafttreten der KfzHV zum 1.10.1987. Den Beschädigten bzw. Geschädigten soll die Anwendung von günstigeren Bestimmungen zur Gewährung von Kfz-Hilfe für schädigende Ereignisse vor Inkrafttreten der KfzHV auch weiterhin gesichert bleiben.

8 Art. 41 umfasst zwei Nummern, mit denen einmal § 13 Abs. 1 KfzHV geändert wird (Nr. 1) und mit dem ein neuer Abs. 3 eingefügt wird (Nr. 2). Beide Änderungen sind reine Folgeänderungen zur Besitzstandswahrung für diejenigen, die schon vor dem 1.10.1987 Kfz-Hilfe beanspruchten.

9 Die Änderung in § 13 Abs. 1 KfzHV greift zum einen den durch die SER-Reform geänderten Terminus auf – „Geschädigte“ statt bisher „Beschädigte“ – und zum anderen den geänderten Rechtsrahmen SGB XIV statt BVG.

10 Die Änderung in § 13 Abs. 3 KfzHV ist vorübergehend. Sie musste wegen der gesonderten Reform der Beschädigtenversorgung der Soldatinnen und Soldaten außerhalb des SGB XIV bis zum Inkrafttreten des neuen Soldatenversorgungsgesetzes eingeführt werden (→ Rn. 6).

Artikel 60 G-SER Inkrafttreten

(1) Artikel 31 Nummer 1 Buchstabe c tritt mit Wirkung zum 1. Januar 2018 in Kraft.

(2) Die Artikel 2 und 3 treten mit Wirkung zum 1. Juli 2018 in Kraft, soweit nicht Absatz 3 etwas Abweichendes regelt.

(3) Am Tag nach der Verkündung treten in Kraft:

1. **in Artikel 1 die §§ 38, 40, 91, 109 und 113 Absatz 6 des Vierzehnten Buches Sozialgesetzbuch,**
2. **Artikel 2 Nummer 1,**
3. **Artikel 3 Nummer 3,**
4. **Artikel 26 sowie**
5. **Artikel 59.**

5 Gesetzentwurf für Gesetz über die Entschädigung der Soldatinnen und Soldaten und zur Neuordnung des Soldatenversorgungsrechts, BT-Drs. 19/27523, 1.
6 G v. 20.8.2021, BGBl. 2021 I 3932.
7 BT-Drs. 19/27523, 284.
8 BT-Drs. 19/13824, 267.

(4) Artikel 16 Nummer 7, Artikel 23 Nummer 4 Buchstabe b, Artikel 30 Nummer 6 und 9, Artikel 31 Nummer 1 Buchstabe a, Nummer 4 und 6, Artikel 32 Nummer 10 Buchstabe b, Nummer 14 und 15, Artikel 34 Nummer 17, Artikel 35 Nummer 7 bis 9, Artikel 38 Nummer 4, Artikel 39 Nummer 10 und 11 sowie Artikel 57 treten am 1. Januar 2020 in Kraft.

(5) Artikel 1 § 2, §§ 31 bis 37, §§ 111 bis 112, §§ 115 bis 116 und § 138 Absatz 7 tritt am 1. Januar 2021 in Kraft.

(6) Artikel 31 Nummer 3 Buchstabe b und Artikel 34 Nummer 5 treten am 1. Juli 2021 in Kraft.

(7) Im Übrigen tritt dieses Gesetz am 1. Januar 2024 in Kraft.

Stichwortverzeichnis

Fette Zahlen bezeichnen die Paragrafen, magere die Randnummern.